공무원 9급 한국사 기출 체킹

최근 14개년 2024-2011

한국사 100점
합격 Check!

국가직 / 지방직 / 서울시 / 법원직 / 국회직

책을 출간하며...

지금 이 순간에도 공무원 시험 준비에 최선을 다하고 있는 전국의 수험생 여러분에게 응원의 박수를 보냅니다. 예전에 비해 경쟁률이 낮아졌다고는 하지만 아직도 공무원 시험의 경쟁률은 무척 높습니다. 철저한 준비를 하지 않는다면 합격 가능성은 그만큼 낮아질 수밖에 없습니다.

본 한국사 기출 체킹은 수험생 입장에서 어떻게 하면 한국사를 최대한 짧은 시간 안에 완벽하게 마스터할 수 있을지를 고민하는 과정에서 나왔습니다. 여러 직렬에서 유사한 내용의 자료[사료]와 선지[보기]들이 반복해서 출제되는데 이것들을 있는 그대로 모아 한눈에 볼 수 있다면 학습 효율성이 그만큼 높아질 것은 자명하다는 생각이 들었습니다. 어쩌면 지극히 자연스럽고 당연한 생각이지만 그때까지 그러한 자료[수험서]는 없었습니다. 그리하여 하나둘 모으다 보니 욕심이 나서 2011년도에서 최신 년도까지의 기출문제 자료와 선지[보기]들을 모두 모으게 된 것입니다. 그 이상은 자료가 지나치게 많아져 오히려 효율성이 떨어지리라 판단하여 멈추었습니다.

각 직렬마다 질문 스타일과 문제 형식에 차이가 나는 것은 사실입니다. 난이도도 달라 시험에 대비하는 수험생 입장에서는 여간 골치아픈 일이 아닐 수 없습니다. 출제자들 역시 경쟁시험 특성상 난이도를 높인답시고 이리저리 함정을 파다 출제 오류를 내기도 합니다. 같은 자료라도 자료로 가져온 부분이 다르거나 우리말 풀이가 달라 수험생 입장에서는 헷갈리기 쉽습니다. 본서에서 완전히 같은 내용이 아니면 주어진 자료를 출처가 같더라도 그대로 다시 가져왔는데 자료의 미세한 변화까지도 수험생 여러분 눈으로 직접 확인시켜드리기 위해서입니다. 직접 보면 자료와 선지[보기]에 대한 이해력이 더욱 향상될 것입니다.

해설은 반대로 출제자 입장에서 접근하였습니다. 출제자가 왜 이 문제를 출제하였는지를 깊이 고민하였습니다. 그리고 문제를 푸는 데 필요한 최소한으로 간단명료하게 하되 필요할 때에는 원 출처까지 확인하여 상세하게 설명함으로써 수험생들의 이해를 최대한 돕는 것을 원칙으로 하였습니다. 같은 내용을 두고도 실제 시험에서 묻는 것은 사건명이거나 관련 인물, 발생 연도(시대 및 시기) 등 다양합니다. 하지만 알고 있어야 할 기본적인 사실은 같기 때문에 자주 출제된 자료[사료]와 선지[보기]들을 미리 모두 알고 있으면 그만큼 정답을 더 쉽고 빠르게 맞힐 수 있을 것입니다.

전공자 입장에서 기출문제들을 살펴보면서 대부분의 자료[사료]와 선지[보기]들은 출제 범위를 넘어서지 않아 출제될 만하다고 여겼지만, 이따금 너무 지엽적이거나 고난도의 것들이 출제되어 유감스러운 것들도 있었습니다. 특히 동아시아사 관련 자료와 선지[보기]는 관련성은 느끼지만 한국사 문제로 출제되는 것은 바람직하지 않다고 봅니다. 못다 한 말은 해설 동영상을 통해 하겠습니다. 수험생 여러분을 항상 응원하며 원하는 공무원 합격이 꼭 이루어지기를 바랍니다. 미래는 여러분의 것입니다.

해설자 올림

일러두기

1. 본서는 2024년도부터 2011년도까지 국가직을 비롯한 모든 직렬의 9급 한국사 시험의 모든 기출 자료 및 선지[<보기> 포함]를 수록하였습니다. 또 본서에서 사용한 시대 및 시기 구분은 임의적인 것으로, 해당 내용이 없는 경우는 제목만 제시하였습니다.

   ※ 출제 해당 직렬과 연도 표시는 다음과 같습니다.

   > 국가직 → [국], 지방직 → [지], 서울시 → [서], 법원직 → [법], 국회직 → [회], 경찰직 → [경], 소방직 → [소], 기상직 → [기] / 2024년도 → [24], 2019년 → [19] / 또한 해당 연도 시험 회차에 따라 괄호 문자 번호(1차 → ①, 2차 → ②, 3차 → ③) 부여 / 따라서 2024년 국가직 시험의 경우 '[국24]', 2022년도 서울시 2차 시험의 경우 '[서22②]', 2015년 경찰직 3차 시험의 경우 '[경15③]' 등으로 표시함.

2. 자료(사료 및 일반 자료)는 별도로 박스(BOX)로 정리하였습니다. 중복되는 주제의 자료는 같은 박스에 넣었고, 해당 자료의 원문 및 내용을 살펴 순서대로 수록하였습니다. 일부 자료는 박스가 아닌 선지쪽에 넣는 것이 좋을 것으로 판단하여 선지쪽으로 넣어 정리하였습니다. 중요도가 극히 떨어진다고 판단되는 자료는 제외하였습니다. 출제된 자료는 최대한 출제된 그대로 표시하되 띄어쓰기의 경우 한글 맞춤법 및 검정 한국사 교과서 편수 용어에 맞추었습니다.

3. 시험 범위를 넘거나 너무 세부적인 내용이라 재출제 가능성이 낮다고 판단된 선지는 끝부분에 '*'로 표시하였습니다(자료는 제목 끝부분에 표시).

4. 해설은 해당 시험에서 해당 문제를 푸는데 필요한 최소한으로 제한하는 것을 원칙으로 하였습니다. 중복되는 내용은 가급적 삭제하였으나 필요에 따라 일부러 중복시킨 경우도 있습니다.

5. 관련 내용이 많은 선지나 자료는 그만큼 자주 출제되었다는 것을 뜻하고, 재출제 가능성도 높다는 것을 의미합니다. 따라서 (빠르게 건너뛰지 말고) 서로 비교하면서 천천히 꼼꼼하게 살펴복 것을 권합니다.

※ 2025 한국사 100 Project 안내

- 취지: 2025년도 공무원 9급 시험에서 한국사 과목 100점 획득을 목표로 하는 프로젝트입니다.

  '2025 한국사 100 Project'는 다음과 같은 과정으로 진행됩니다(카페 및 유튜브에 코너 개설).

- ◆ **1 Step: Killer Check (카페)**

  최근 치른 24년도 국가직부터 킬러 문항으로 판단되는 문제를 집중 분석, 풀이법 및 대응법 제시(매주 2~3회)

- ◆ **기출 체킹 특강 (유튜브)**

  본 교재인 기출 체킹 특강(대단원별 검토, 공지 포함 총 11강 구성)*. 필요 시 보강 특강 수시 제시

  *재출제 가능성이 낮은 고난도 자료 및 선지 대상

- ◆ **2 Step: Mid Test(1회~4회) (카페)**

  2025년도 시험 대비 중간 모의고사 평가, 2025년 1~2월 실시(총 4회)

- ◆ **3 Step: Final Test(5회~7회) (카페)**

  2025년도 시험 대비 최종 모의고사 평가, 2025년 2~3월 실시(총 3회)

※ 카페 주소 https://cafe.naver.com/historyofkoreaq9po / 유튜브 주소 https://www.youtube.com/@큐히스토리

차 례

I 선사 시대의 전개와 국가의 형성

01 구석기 시대와 신석기 시대 10
02 청동기 시대와 철기 문화의 수용 24
03 고조선의 성립과 발전 35
04 여러 나라의 성장 44

II 고대 국가의 형성과 발전

05 삼국의 형성과 성장 70
06 가야의 형성과 성장 87
07 삼국 간의 경쟁 91
08 고구려와 수·당의 전쟁 111
09 신라의 삼국 통일 115
10 삼국의 경제와 사회 122
11 삼국의 문화(불교) 130
12 삼국의 문화(불교 외) 135
13 삼국과 가야 문화의 일본 전파 145

III 남북국 시대의 형성과 발전

14 통일 신라의 발전과 사회 동요 148
15 발해의 성립과 발전 162
16 남북국의 경제와 사회 172
17 남북국의 문화 182
18 남북국의 대외 교류 200

IV 고려의 성립과 변천

19 고려의 성립과 후삼국 통일 206
20 고려의 통치 체제 정비 210
21 고려 전기의 대외 관계 238
22 문벌 귀족 사회의 성립과 동요 247
23 무신 정권 253
24 대몽 항쟁 264
25 고려 후기의 정치 변동 270
26 고려의 경제 285
27 고려의 사회 302
28 고려의 문화(불교) 314
29 고려의 문화(불교 외) 332

V 조선의 성립과 발전

30 조선의 성립과 통치 체제의 정비 356
31 조선 전기의 대외 관계 382
32 사림의 성장과 붕당의 형성 389
33 조선 전기의 경제 401
34 조선 전기의 사회 414
35 조선 전기의 문화 424
36 왜란과 호란(양 난의 극복) 450

VI 조선 후기의 사회 변화

37 조선 후기 통치 체제의 변화 464

38 붕당 정치의 전개와 탕평 정치 481

39 양 난 이후의 대외 관계 505

40 상품 화폐 경제의 발달 511

41 신분제의 동요와 향촌의 변화 523

42 실학의 발전과 새로운 사상의 등장 535

43 서민 문화의 발전 570

44 세도 정치와 농민 봉기 576

45 흥선 대원군의 개혁 정치와 양요 582

VII 개항과 근대 국가 수립 노력

46 개항과 개화 정책의 추진 594

47 개화파의 형성과 갑신정변 612

48 동학 농민 운동 622

49 갑오·을미개혁 633

50 독립 협회의 창립과 활동 643

51 대한 제국과 광무개혁 652

52 일제의 국권 침탈 658

53 일제의 국권 침탈에 대한 항거 670

54 열강의 경제 침탈과 경제적 구국 운동 681

55 근대 문물의 수용과 근대 의식의 성장 690

VIII 일제의 강점과 민족 운동의 전개

56 일제의 무단 통치와 문화 통치 704

57 일제의 민족 말살 통치와 전시 동원 체제 717

58 1910년대 국내외 민족 운동 727

59 3·1 운동 735

60 대한민국 임시 정부의 수립과 활동 739

61 실력 양성 운동의 추진 748

62 민족 협동 전선 운동 755

63 사회·경제적 민족 운동 763

64 민족 문화 수호 운동 767

65 1920년대의 무장 독립 투쟁 779

66 의혈 투쟁과 1930년대 무장 독립 투쟁 785

67 일제 강점기 경제·사회·문화의 변화 803

68 건국 준비 활동 805

IX 대한민국의 발전

69 8·15 광복과 통일 정부 수립을 위한 노력 816

70 대한민국 정부의 수립 832

71 6·25 전쟁 843

72 이승만 정부와 4·19 혁명 847

73 5·16 군사 정변과 박정희 정부 859

74 5·18 민주화 운동과 민주주의의 발전 868

75 산업화와 경제 성장 877

76 사회·문화의 변화 884

77 통일을 위한 노력 887

X 특별 주제

78 한국사의 바른 이해 900

79 통시대 902

80 지역사(향토사) 905

81 간도와 독도 910

82 유네스코 등재 유산 915

학습 방법

1 대학 교양 수준의 한국사 기본서를 선택하자(7회독 주기적 반복 학습)!

원래 9급 공무원 한국사는 고등학교 검정 한국사 범위 내에서 출제되어야 하지만 실제로는 대학 교양 수준의 한국사가 출제되고 있습니다. 따라서 수험생 여러분 역시 대학 교양 수준의 한국사 교재를 기본서로 선택해서 공부해야 합니다. 기본서는 한국사의 기본 내용과 흐름, 시대별·시기별 특징을 파악하기 위해 수시로 읽고 확인해야하는 말 그대로 기본적인 교재입니다. 여러 학습 방법이 있을 수 있으나 제가 추천하는 기본서 학습 방법은 '7회독 주기적 반복 학습법'입니다. 상세한 내용은 카페*에 올린 글을 참고하시기를 바라며 핵심 사항은 다음과 같습니다. 회독 일정은 여러분 스스로 설정하셔도 좋습니다.

① 1회독: 모든 내용 정독(14일~한 달)

② 2회독: 이해나 암기가 잘 안 되는 부분을 중심으로 통독(14일~한 달): 제1회 동형 실전 모의고사 시행

③ 3회독: 취약한 부분을 중심으로 정독(10일 이내)

④ 4회독: 고난도 출제 부분을 중심으로 정독(21일 이내): 제2회 동형 실전 모의고사 시행

⑤ 5회독: 취약한 부분을 중심으로 정독(10일 이내)

⑥ 6회독: 모든 내용 속독(14일 이내): 제3회~제5회 동형 실전 모의고사 시행

⑦ 7회독: 취약한 부분을 중심으로 정독(14일 이내): 제6회~(최종) 제7회 동형 실전 모의고사 시행

* https://cafe.naver.com/historyofkoreaq9po '기출 체킹 학습 방법' 참고

2 국가직, 지방직 수험생은 한국사 전체 기본 사실에 충실하자!

2024년도 국가직, 지방직 시험은 난이도가 매우 낮았습니다. 기본적인 내용 중심으로 출제되었고, 킬러 문항이 없거나 매우 적어 아주 쉬웠다고 볼 수 있습니다. 2025년도에는 이보다 약간 더 난이도가 올라갈 것으로 예상되며 다시 크게 어려워지지는 않을 것으로 봅니다(킬러 문항 1~2개 출제 예상). 따라서 국가직, 지방직에 응시할 수험생은 한국사 전체의 기본 사실을 철저히 확인하는 방식으로 공부하는 것이 바람직합니다. 그렇지만 난이도를 함부로 예측하여 그에 맞춰 안일하게 공부하는 것만큼 위험한 일은 없으므로, '어렵게 공부하고 시험은 쉽게 쳐라'는 격언처럼 준비는 철저하게 해야 하겠습니다.

3 서울시, 국회직, 법원직 수험생은 세부 사실까지도 꼼꼼하게 확인하자!

2024년도 서울시와 국회직, 법원직은 국가직, 지방직에 비해 난이도가 더 높은 수준이었다고 평가할 수 있습니다. 킬러 문항이 평균 2개 정도 출제되었습니다. 따라서 여기에 응시할 수험생은 기본 사실은 물론 더 세부적인 사실까지도 꼼꼼하게 확인하는 방식으로 공부해야 하겠습니다. 재출제 가능성이 낮다고 판단되어 본서에 '*'로 표시한 선지 및 자료까지 하나도 놓치지 말고 학습하도록 합니다.

4 [질문] 문제풀이의 첫걸음은 질문을 정확하게 읽기!

문제를 풀 때 가장 기본적이고 중요한 사항은 주어진 질문을 정확하게 읽는 것입니다. 특히 긍정형과 부정형을 잘못 읽어 착각하

는 일이 일어나서는 안 되겠습니다(시간 낭비로 이어짐). 그러므로 평소 문제를 풀 때 해당 부분에 밑줄을 표시하는 습관을 들일 것을 권합니다. 자주 출제되는 질문 형태는 다음과 같습니다.

- ~설명으로 옳은 것은? (긍정형)
- ~설명으로 가장 옳은 것은? (긍정형)
- ~설명으로 옳지 않은 것은? (부정형)
- ~설명으로 가장 옳지 않은 것은? (부정형)
- ~(보기에서)(옳은 것만을) 모두 고르면? [모두 고른 것은?] (긍정형)
- ~바르게 나열한 것은? (긍정형)
- ~바르게 연결한 것은? [옳게 짝지은 것은?] (긍정형)
- ~연결이 옳지 않은 것은? (부정형)
- ~(사실)(정책)(활동)(모습) 등으로 (가장) 옳은 것은? (긍정형)
- ~(사실)(정책)(활동)(모습) 등으로 옳지 않은 것은? (부정형)

기타 '~주장을 한 인물은?', '~설명하는 신문은?' 등 개별적인 형태가 있습니다.

5 [자료(사료)] 문제 해결을 위한 키워드 찾기에 주력하자!

주어진 자료[사료]에서는 질문에서 요구한 문제 해결을 위한 키워드(Keyword) 찾기에 주력해야 합니다. 출제자가 임의로 만든 자료든 어려운 한자어가 섞인 원사료든 키워드 발견이 관건입니다. 특히 많은 내용의 자료가 길게 서술된 경우는 특정 문장이나 문구, 단어에 휘둘리지 말고 속독하면서 키워드 발견을 통해 전체 문맥을 파악하고자 노력해야 합니다. 이해가 잘 가지 않으면 선지[보기]를 빠르게 살펴보는 것도 키워드 발견에 도움을 줍니다. 중요하다고 생각되는 부분에 표시를 하도록 합니다.

6 [선지(보기)] 문장 전체를 정독하면서 낱말 하나도 놓치지 말고 꼼꼼히 살펴보자!

질문과 자료 다음에는 정답으로 직결될 선지[보기]를 정독해야 합니다. 선지의 일부에 함정을 판 경우가 있기 때문에 자료와 달리 선지는 속독이 아니라 정독해야 합니다. ○X를 표시해 가면서 하나씩 꼼꼼하게 점검하는 습관을 들이세요. 사선(/)을 긋거나 체크 표시(√)를 하셔도 됩니다. 자신만의 고유한 표시 방법이 있다면 그것을 사용하세요. 본 교재(기출 체킹)는 이것에 특화된 책입니다. 교재 전체가 거대한 ○X 체크집입니다.

7 [실전 대비 모의고사] 질 좋은 모의 평가가 합격의 핵심!

제가 추천한 '7회독 주기적 반복 학습법'에 따르면 '2회독 후: 제1회 동형 실전 모의고사 시행', '4회독 후: 제2회 동형 실전 모의고사 시행', '6회독 후: 제3회~제5회 동형 실전 모의고사 시행', '7회독 후: 제6회~(최종) 제7회 동형 실전 모의고사 시행'을 하도록 되어 있습니다. 중요한 점은 모쪼록 최선의 동형 실전 모의고사를 확보하여 시험 전에 실제 시험과 최대한 유사한 환경에서 많이 시행해 보는 것입니다(모의 평가 시행은 다다익선). 다시 강조하지만 '어렵게 공부하고 시험은 쉽게 쳐라'는 격언처럼 실전 연습을 충분히 하실 것을 권합니다. 카페에 올린 '기출 체킹 학습 방법' 속 [4보] 실제 시험 현장에서의 풀이 방식'도 반드시 읽어보세요.

학습 진행 상황 체크(√)

* 학습 진행 상황을 스스로 체크하는 체크표입니다(가로 번호는 회차). 회차별로 체크해 보세요.

주제	1	2	3	4	5	6	7	주제	1	2	3	4	5	6	7
1								42							
2								43							
3								44							
4								45							
5								46							
6								47							
7								48							
8								49							
9								50							
10								51							
11								52							
12								53							
13								54							
14								55							
15								56							
16								57							
17								58							
18								59							
19								60							
20								61							
21								62							
22								63							
23								64							
24								65							
25								66							
26								67							
27								68							
28								69							
29								70							
30								71							
31								72							
32								73							
33								74							
34								75							
35								76							
36								77							
37								78							
38								79							
39								80							
40								81							
41								82							

I 선사 시대의 전개와 국가의 형성

주제 01 구석기 시대와 신석기 시대

주제 02 청동기 시대와 철기 문화의 수용

주제 03 고조선의 성립과 발전

주제 04 여러 나라의 성장

주제 01 구석기 시대와 신석기 시대

1 구석기 시대

- 주로 동굴이나 강가의 막집에 거주하였다. [국17②] □
  - 주로 동굴에 거주하거나 막집에 살았다. [법21] □
  - 주로 동굴이나 막집에서 살았다. [법19] □
  - 주로 동굴이나 막집, 바위 그늘에 살았다. [기16] □
  - 주로 동굴이나 바위 그늘에서 생활하였다. [회24] □
  - 동굴이나 바위 그늘, 강가의 막집 등에서 살았다. [지23] □
  - 동굴이나 바위 그늘에서 살거나 강가에 막집을 짓고 살았다. [경16②] [경14②] □
  - 동굴이나 바위 그늘에 주로 살았고, 때로는 막집을 짓고 살았다. [경12②] □
  - 동굴, 바위 그늘에서 살거나 강가에 막집을 짓고 살았다. [지12②] □
  - 동굴, 바위 그늘, 강가의 막집에서 생활하였다. [회22] □
  - 동굴이나 막집 등에서 생활하였다. [회14] □
  - 구석기 시대 사람들은 대부분 동굴이나 바위 그늘에 거주하였고 일부 막집도 짓고 살았다. [경19①] □
  - 사람들이 이동 생활을 하며 동굴, 바위 그늘, 막집에서 살았다. [경18③] □
  - 대체로 동굴이나 바위 그늘에서 생활하였으며 불을 사용할 줄 알았다. [서18②] □
  - 채집과 사냥을 주로 하며 동굴이나 막집에서 살았다. [법13] □

  [해설] 구석기 시대는 약 70만 년 전부터 시작되었다. 구석기 시대에 사람들은 동굴이나 강가의 막집, 바위 그늘 등에서 살았다. / 동굴, 강가의 막집, 바위 그늘 등에 막집을 짓고 살았다. / 이동 생활을 하였으며 불을 사용하였다. 또한 채집과 사냥, 어로 활동을 하였다(농경 X). / 참고로 구석기 시대는 석기를 다듬는 수법에 따라 전기(70~10만 년 전), 중기(10~4만 년 전), 후기(4~1만 년 전)의 세 시기로 구분하기도 한다.

- 무리를 지어 살면서 공동체적 생활을 영위하였다. [경12②] □
  - 계급이 없는 평등 사회였다. [기17] □

  [해설] 구석기 시대에는 가족 단위로 무리 생활을 하였으며, 불과 언어를 사용하였다. 무리 집단 구성원 중 연장자나 경험이 많고 지혜로운 사람이 지도자가 되었다. 지배와 피지배 관계는 성립하지 않은 평등 사회였다(신석기 시대도 마찬가지로 평등 사회).

- 용호동 유적에서 불 땐 자리가 확인되었다.* [국17②] □

  [해설] 용호동 유적은 구석기 시대 유적 중 하나이다. 대전 대덕구 용호동에 위치한다(대전시 기념물 제42호). 불 땐 자리 유적은 구석기 시대에 불을 사용한 흔적을 뜻한다.

- 사냥이나 물고기잡이 등을 통해 식량을 얻었다. [국20] □

  [해설] 구석기 시대에 사람들은 사냥과 채집, 그리고 어로[물고기잡이, 고기잡이] 활동을 하였다.

- 최초의 예술품이 나타났다. [법18] □

[해설] 최초의 예술품이 나타난 것은 구석기 시대이다. 석회암이나 동물의 뼈, 뿔 등을 이용한 조각품을 남겼다(사냥감의 번성을 바라는 주술적인 기원 반영).

- 공주 석장리 유적 – 미송리식 토기[x] [국21] ☐
  ┗ 공주 석장리 유적(남한) 웅기 굴포리 유적(북한) [국14] ☐
  ┗ 공주 석장리 유적과 청원 두루봉 동굴 유적이 대표적인 유적지이다. [서20] ☐
  ┗ 공주 석장리 유적 [경12②] ☐

[해설] (충남) 공주 석장리 유적은 구석기 시대의 대표 유적 중 하나이다. 미송리식 토기는 청동기 시대의 토기의 대표 중 하나이다(관련 선지 및 해설 참조). / 공주 석장리 유적은 전기에서 후기에 걸친 구석기 유적이다. (함북) 웅기 굴포리 유적은 1963년에 발굴된 유적으로 구석기뿐만 아니라 신석기, 청동기의 유적도 함께 발견되었다.

- 연천 전곡리에서는 사냥 도구인 주먹도끼가 출토되었다. [국19] ☐
  ┗ 연천 전곡리 유적(남한) 평양 만달리 유적(북한) [국14] ☐
  ┗ [연천 전곡리] 아슐리안 석기 형태를 갖춘 주먹도끼와 박편도끼가 동아시아에서 처음 발견됨. [법15] ☐
  ┗ 경기 연천 전곡리에서는 아슐리안 주먹도끼를 비롯하여 방대한 석기가 출토되었다. [경17②] ☐
  ┗ 연천 전곡리 유적 – 아슐리안형 주먹도끼 [경21②] ☐
  ┗ 연천 전곡리 유적 [경12②] ☐
  ┗ (가) - 돌을 갈아서 돌도끼 만들기 [x] [법15] ☐
  ┗ 주먹도끼 [회18] ☐

[해설] (경기) 연천 전곡리 유적은 구석기 시대의 대표 유적 중 하나이다. 또한 전기 구석기 유적으로 1978년부터 1979년까지 발굴되었는데, 아시아에서 최초로 아슐리안형 주먹도끼가 발견되었다. / [국14] 평양 만달리 유적은 후기 구석기 유적으로 만달인 화석이 발견되었다. / [법15] '갈아서 만든 돌도끼', 즉 '바퀴날 도끼' 또는 '톱니날 도끼'는 청동기 시대에 처음으로 출현하는 유물이다.

■ **연천 전곡리 유적** [지23] [회22] ☐

- 1978년 연천의 전곡리에서 ㉠이/가 처음 발견되었다. ㉠은/는 손에 쥐고 사용하기 때문에 붙여진 이름이다.

[해설] '연천 전곡리'와 '손에 쥐고 사용하기 때문에 붙여진 이름이다'는 부분에서 주어진 '㉠'은 구석기 시대에 사용된 뗀석기의 하나인 주먹도끼를 가리킴을 알 수 있다.

- 이 유적은 경기도 연천군 한탄강 언저리에 넓게 위치하고 있다. 이곳에서 아슐리안 계통의 주먹도끼가 다량으로 출토되어 더욱 많은 관심이 집중되었다. 이곳에서 발견된 주먹도끼는 그 존재 유무로 유럽과 동아시아 문화가 나뉘어진다고 한 모비우스의 학설을 무너뜨리는 결정적 증거가 되었다.

[해설] 아슐리안형 주먹도끼가 사용된 것은 구석기 시대의 일이다. 경기도 연천 전곡리 유적에서 박편도끼와 함께 처음 발견되었다. 한 미군 병사가 발견하였는데 아슐리안형 주먹도끼의 발견으로 인하여 동아시아 구석기 시대에는 찍개 문화만 존재하고 주먹도끼 문화는 없었다는 모비우스(H. Movius)*의 학설을 뒤집는 증거가 되었다.

*모비우스(Hallam L. Movius, 1907~1987): 미국의 고고학자

- (ㄱ) - 반달 돌칼과 함께 농경의 발전을 보여준다[x]. [회18] ☐

[해설] (ㄱ)의 주먹도끼는 주로 사냥 도구로 사용된 구석기 시대의 대표 유물로, 신석기 시대에 시작된 농경과 관련이 없다. 반달 돌칼은 일종의 수확기로, 청동기 시대에 곡식의 낟알을 거두어들이는 데 사용되었다.

- 단양 수양개, 연천 전곡리, 공주 석장리 등 강가에 살던 사람들은 주로 고기잡이와 밭농사를 하며 생활하였다[x]. [서18②] ☐

[해설] 단양 수양개, 연천 전곡리, 공주 석장리 등 강가에 살던 사람들이 주로 고기잡이를 한 시대는 구석기 시대이다. 그러나 밭농사를 지은 것은 청동기 이후이다. 단양 수양개 유적은 충북 단양군 적성면 애곡리 수양개에 있는 구석기 시대에서 청동기 시대에 걸친 유적이다. 석회암 동굴과 강을 낀 자연환경을 갖추고 있어 선사인의 살림터로 알맞다. (충북) 제천 점말 용굴[동굴] 유적, 단양 상시 바위 그늘 유적, 단양 금굴 유적 등이 가까이에 있다.

• 유적으로는 상원의 검은모루, 제천 창내, 공주 석장리 등이 있다. [지12②] □
└ 평안남도 상원 검은모루 동굴에서는 주먹도끼와 외날찍개가 출토되었다. [경17②] □
└ 상원 검은모루 유적 [경12②] □

[해설] (평양) 상원의 검은모루, (충북) 제천 창내, (충남) 공주 석장리는 대표적인 구석기 시대 유적이다. 참고로 (경기) 연천 전곡리 유적, (충북) 제천 점말 용굴[동굴] 유적, (평남) 상원 검은모루 동굴 모두 전기 구석기 시대 유적이다.

• 단양 상시리 유적(남한) 덕천 승리산 유적(북한) [국14] □
[해설] (충북) 단양 상시리 유적은 전기 구석기 유적으로, 남한 최초의 인류 화석이 발견되었다. (평남) 덕천 승리산 유적은 구석기에서 청동기에 걸친 유적이다. 승리산인과 덕천인 등의 인류 화석이 발견되었다.

• 단양 수양개에서 발견된 아이의 뼈를 '흥수아이'라 부른다[X]. [서17①] □
└ 단양 수양개 유적 [경12②] □

[해설] (충북) 단양 수양개 유적은 후기 구석기 유적으로 몸돌, 슴베찌르개 등이 발견되었다. '흥수 아이'가 발견된 것은 (충북) 청원 두루봉 동굴 유적으로 장례 의식을 치른 것으로 보이는 국화 꽃가루가 발견되었다.

• 제주 빌레못 유적(남한) 상원 검은모루 유적(북한) [국14] □
[해설] 제주 빌레못 유적은 중기 구석기 유적이다. (평양) 상원 검은모루 유적은 전기 구석기 유적이다. 두 유적에서 동물 화석과 석기가 발견되었다.

■ 함북 종성 동관진 유적* [국20] □

1935년 두만강 가의 함경북도 종성군 동관진에서 한반도 최초로 (가) 시대 유물인 석기와 골각기 등이 발견되었다. 발견 당시 일본에서는 (가) 시대 유물이 출토되지 않은 상황이었다.

[해설] 함북 종성의 동관진은 대표적인 (후기) 구석기 시대 유적 중의 하나이다(후기 구석기의 대표적인 유적으로는 제주 빌레못 동굴, (충북) 단양 수양개, 평양 만달리 동굴, (충북) 청원 두루봉 동굴, (충북) 제천 창내 유적 등이 있음). 참고로 골각기는 구석기 시대는 물론 신석기 시대에도 출토되는 유물이다(물론 신석기 시대의 것이 더 세련된 형태).

• 충북 제천 점말 동굴에서는 사람 얼굴을 새긴 동물의 뼈가 출토되었다. [경17②] □
[해설] 충북 제천 점말 용굴[동굴] 유적은 전기 구석기 시대의 유적이다. 남한 지역에서 최초로 확인된 구석기 시대의 동굴 유적이다. 다양한 종류의 동물 화석과 식물 화석 등이 발견되었다(코뿔소 앞팔뼈에 사람 얼굴을 새긴 화석 발견).

• 뗀석기를 주로 이용하였다. [법21] □
└ 동물의 뼈로 만든 뼈도구와 뗀석기를 도구로 사용하였다. [지12②] □
└ 뗀석기를 가지고 사냥과 채집을 위주로 생활하였다. [경12②] □

[해설] 구석기 시대 사람들은 뗀석기와 뼈도구(골각기)를 사냥 및 채집을 위한 도구로 사용하였다.

• 구석기 시대에는 뗀석기를 사용하였다. 처음에는 찍개, 주먹도끼 등과 같이 하나의 도구를 여러 용도로 사용했으나 점차 자르개, 밀개, 찌르개 등 쓰임새가 정해진 도구를 만들어 사용하였다. [서12] □
└ 구석기 시대에는 뗀석기를 사용하고 동굴과 바위 그늘에서 거주하였으며, 쐐기 같은 것을 대고 형태가 같은 여러 개의 돌날

격지를 제작하여 사용하였다. [경13②] □

└찍개와 주먹도끼 등이 사냥과 채집에 주로 활용되었다. [회19] □

[해설] 주먹도끼는 손에 쥐고 쓰는 도끼로 짐승을 사냥하거나 털과 가죽을 벗길 때 사용하였다. 또 땅을 파서 풀이나 나무뿌리를 캐는 등 만능 도구로 두루 사용되었다. 찍개는 자갈돌을 한쪽 방향에서만 타격을 가하여 격지가 떨어져 나간 면과 원래의 자갈 돌면이 날을 이루는 석기로, 나무를 자르거나 사냥할 때 사용하였다. / [경13②] 돌날 격지[石刃石片(석인석편)]는 몸돌에서 직접떼기로 떼어낸 돌날 모양의 도구로, 길이가 너비에 비해 두 배 이상 길고 양옆 날이 서로 거의 평행한 형태를 지닌 격지이다(구석기 중기 이후 사용).

※ 석기를 다듬는 수법에 따라 구석기 시대를 다음과 같이 구분할 수 있다(구석기 시대 구분).

구 분	특 징	종 류
전기	한 개의 큰 석기를 여러 가지 용도로 사용	주먹도끼, 찍개
중기	큰 몸돌에서 떼어 낸 돌 조각인 격지를 잔손질을 하여 석기 만듦. → 한 개의 석기가 하나의 쓰임새를 지니게 됨.	밀개, 긁개, 찌르개
후기	쐐기 같은 것을 대고 형태가 같은 여러 개의 돌날 격지 만듦.	슴베찌르개

• (ㄱ) - 찍개와 더불어 전기 구석기 시대를 대표하는 석기이다. [회18] □

└전기 구석기 시대에는 찍개 같은 자갈돌 석기를 주도 만들었고 주먹도끼도 일부 제작했다. [경19①] □

[해설] (ㄱ)의 주먹도끼는 찍개와 더불어 전기 구석기 시대를 대표하는 석기[뗀석기]이다. 구석기 시대의 대표 뗀석기는 주먹도끼이지만 찍개가 제작이 더 쉽기 때문에 시기상 앞선다. 후기에 이르러 석기 제작 기법이 더욱 발전해 슴베찌르개와 같은 잔석기(세석기)가 등장하였다(주의).

• 아슐리안형 주먹도끼가 사용되었다. [국23] □

└주먹도끼, 가로날도끼, 민무늬 토기 등의 도구를 사용했다[✗]. [서18②] □

└주먹도끼를 제작하는 사람들 [법17] □

[해설] 아슐리안형 주먹도끼가 사용된 것은 구석기 시대의 일이다. 경기도 연천 전곡리 유적에서 박편도끼와 함께 발견되었다(연천 전곡리 유적 관련 선지 및 해설 참조). / [서18②] 주먹도끼, 가로날도끼는 구석기 시대의 도구가 맞다. 그러나 민무늬 토기는 청동기 시대의 유물[대표 토기]이다. 가로날도끼는 주먹도끼와 형태적으로 유사하지만 넓적하고 날카로운 자르는 날을 가지고 있어 마치 오늘날의 도끼 모양을 하고 있다.

• 긁개와 밀개 등을 이용하여 동물을 사냥하였다. [회14] □

[해설] 긁개와 밀개 등의 뗀석기를 사용한 것은 구석기 시대의 일이다(중기 구석기 시대). 긁개는 분리된 격지에 날을 만들어 사용한 석기로 짐승을 사냥한 다음 가죽을 벗겨 손질하는 데 사용하였다(나무를 깎거나 고기를 저밀 때도 이용). 밀개는 돌날 또는 격지의 한쪽 끝을 잔손질하여 만든 석기로 끝부분에 대칭으로 날이 있어 주로 나무껍질을 벗기는 데 사용하였다.

• 구석기 시대 전기에는 주먹도끼와 슴베찌르개 등이 사용되었다[✗]. [지17①] □

[해설] 슴베찌르개는 구석기 시대 후기에 사용된 도구이다. 구석기는 석기를 다듬은 정도에 따라 전기(찍개, 주먹도끼), 중기(밀개, 긁개), 후기(슴베찌르개)로 나누어진다.

• 중기 구석기 시대에는 몸돌에서 떼어 낸 돌조각인 격지를 잔손질하여 석기를 만들었다.* [경20①] □

└구석기 중기에는 큰 몸돌에서 떼어 낸 돌조각인 격지들을 가지고 잔손질을 하여 석기를 만들었다.* [경17①] □

[해설] 중기 구석기 시대에는 몸돌에서 떼어 낸 돌조각인 격지[박편]를 잔손질하여 석기를 만들었다. 밀개, 긁개, 자르개, 뚜르개, 찌르개 등의 뗀석기가 해당한다. 구석기도 후기로 갈수록 더욱 정교한 뗀석기를 만들었다(즉, 몸돌석기에서 격지석기로 발전). 후기 구석기 시대에 이르러서는 쐐기 등을 대고 때려 같은 모양의 규칙적인 격지를 여러 개 만드는 데까지 발전하게 된다.

- 중기 구석기 시대에는 르발루아 기법으로 만들어진 슴베찌르개가 한반도 북부에 등장한다.*[X] [경19①] □

[해설] (화살촉으로 변화, 발전하는) 슴베가 있는 찌르개인 슴베찌르개는 중기가 아니라 후기 구석기 시대에 등장하는 뗀석기이다(격지석기). 또 르발루아 기법이란 구석기 시대의 몸돌과 격지 제작 기법으로, 20만 년 이전 유럽의 중기 구석기 문화를 대표하는 석기 제작 기법이다. 참고로 구석기 시대에 사용된 뗀석기는 크게 몸돌석기[자갈돌석기]와 격지석기로 나눌 수 있는데, 몸돌석기는 초기 구석기 시대에 주로 만들어졌으며, 중기 이후의 구석기 시대에는 격지석기가 많이 만들어졌다. 또 격지석기는 다시 박편석기와 돌날석기로 나누어진다.

- 슴베찌르개 – 벼농사를 짓기 시작하였고 나무로 만든 농기구를 사용하였다[X]. [지18] □
  └후기 구석기 시대에는 슴베찌르개가 제작되었다. [경19②] □
  └슴베찌르개는 주로 구석기 시대 후기에 사용하였는데, 이것은 창의 기능을 하였다. [경16①] □
  └슴베찌르개 [서22②] □

[해설] 구석기는 흔히 석기를 다듬은 정도에 따라 전기(찍개, 주먹도끼), 중기(밀개, 긁개), 후기(슴베찌르개)로 나눠진다. / 슴베찌르개는 구석기 시대 후기에 사용된 뗀석기이다(격지석기). 슴베는 이후 화살촉으로 변화, 발전하는데 말 그대로 찌르개는 (사냥감 등을) 찌르는 도구이다. 후기 구석기 유적인 (충북) 단양 수양개 유적 등에서 몸돌, 슴베찌르개 등이 다량으로 발견된 바 있다(공주 석장리 유적, 순천 외서면 월암리 유적 등 곳곳에서 발견)(주의). 참고로 후기 구석기 시대 석기로 새기개를 추가할 수 있다. 돌날의 주변부에 잔손질을 한 후 끝부분을 크게 때려 날카로운 날을 만든 석기로, 나무나 뿔, 뼈를 자르거나 새기는 용도로 사용되었다. / [지18] 벼농사를 짓기 시작한 것은 청동기 시대이다. 한반도 남부의 일부 지역, 즉 저습지에서 벼농사가 시작되었다('농경'과 '벼농사'는 다른 개념)(주의). 농경이 시작된 신석기 시대부터 청동기 시대까지 농기구는 주로 돌(석제 농기구)과 나무(목제 농기구)로 만들었다.

- 후기 구석기 시대에는 간접떼기나 눌러떼기와 같은 방법으로 돌날석기를 주로 만들었다.* [경19①] □

[해설] 뗀석기를 만드는 방법으로 몇 가지가 있는데, 모루떼기 → 직접떼기 → 간접떼기 → 눌러떼기 순으로 발전하였다. 또 돌날석기는 넓은 의미에서는 돌날로 만든 석기를 말하지만 돌날의 가장자리에 간단한 잔손질을 한 석기를 돌날석기라고 표현하기도 한다. 주로 구석기 시대 후기에 나타난다.

- 이 시대의 후기에 이르러 사람들은 석회암이나 동물의 뼈 또는 뿔을 이용하여 조각품을 만들었는데, 조각품에는 당시 사람들의 주술적인 기원이 담겨 있었다. [경12③] □

[해설] 구석기 시대 후기에 이르러 사람들은 석회암이나 동물의 뼈 또는 뿔 등을 이용하여 조각품을 만들었다(골각기). 조각품에는 당시 사람들의 주술적인 기원이 담겨 있었다. 덧붙여 골각기는 신석기 시대에도 만들어졌으며, 더욱 세련되고 정교해졌다.

2 신석기 시대

- 기원전 약 70만 년 전부터 시작되었다[X]. [경20②] □

[해설] 기원전 약 70만 년 전부터 시작된 것은 (신석기 시대가 아니라) 구석기 시대이다. 신석기 시대는 기원전 8000년경, 즉 약 1만 년 전부터 시작되었다.

- B.C. 5000년경 한반도에서 볼 수 있는 장면 [회23] □

[해설] B.C. 5000년경이면 신석기 시대에 해당한다. 구석기 시대는 약 70만 년 전부터 시작되었고, 신석기 시대는 B.C. 즉 기원전 8000년경(약 1만 년 전)부터 시작되었다. 청동기 시대는 기원전 2000년경에서 기원전 1500년경(약 4천 년 전부터 약 3천5백 년 전)에, 초기 철기 시대는 기원전 5세기경에 시작된 것으로 본다.

- 씨족들이 모여서 부족 사회를 이루었다. [법18] □
  └부족은 혈연을 바탕으로 한 씨족을 기본 구성단위로 하였다. [국11] □
  └혈연에 바탕을 둔 씨족을 기본 구성단위로 하였다. [경14②] □

[해설] 씨족들이 모여서 부족 사회를 이룬 것은 신석기 시대이다. 신석기의 부족은 혈연을 바탕으로 한 씨족을 기본 구성단위로 하였으며 족외혼을 통해 부족 사회로 발전하였다.

■ 신석기 시대의 사회 [소19①] □

이 시대에는 인류가 농경과 목축을 시작하여 스스로 식량을 생산하는 단계에 이르렀다. 한반도 일대에 살았던 이 시대 사람들은 주로 강가나 바닷가에 움집을 짓고 마을을 이루었으며, 부족 사회를 형성해 갔다.

[해설] 신석기 시대 사회의 모습에 대한 설명이다.

- 신석기 시대는 아직 지배와 피지배의 관계가 발생하지 않았고, 연장자나 경험이 많은 자가 자기 부족을 이끌어 나가는 평등 사회였다. [경17①] □

[해설] 신석기 시대는 구석기 시대와 마찬가지로 평등 사회였다.

- 신석기 시대 집터는 대부분 움집으로 바닥은 원형이나 모서리가 둥근 사각형이다. [지17①] □
  └ 신석기 시대의 집터는 대개 움집 자리로, 바닥은 원형이나 모서리가 둥근 사각형이며, 움집의 중앙에 화덕이 위치하였다. [경16①] □
  └ 집터는 대개 움집 자리로, 바닥은 원형이나 모서리가 둥근 사각형이다. [경15②] □
  └ 움집의 중앙에 화덕을 설치하고, 햇빛을 많이 받는 남쪽으로 출입문을 내었다. [회15] □
  └ 내부에 화덕이 있는 움집이 일반적인 주거 형태였다. [지23] □
  └ 취사와 난방이 가능한 움집에 살았다. [서14] □
  └ 움집을 만들고, 정착 생활을 하였다. [경20②] □

[해설] 신석기 시대의 집터는 대부분 강가나 해안가에 위치한 움집으로, 바닥은 원형 혹은 모서리가 둥근 사각형(방형) 구조였다. 다시 말해 움집[수혈주거]은 원형 또는 사각형으로 땅을 파고 둘레에 기둥을 세워 이엉을 덮어 만든 반지하 가옥이다. 그리고 신석기 시대에는 움집 바닥은 대개 진흙을 깔고 중앙에 취사와 난방을 위한 화덕을 설치하였는데 청동기 시대에 이르러서는 움집 중앙에 있던 화덕이 한쪽 벽으로 옮겨지고, 저장 구덩도 따로 설치되었다(움집 밖으로 돌출시킨 감실에 설치). / 내부에 화덕이 있는 움집이 일반적인 주거 형태였던 시대는 신석기 시대이다. 화덕으로 인해 신석기 시대 움집은 취사와 난방이 가능하였다.

■ 신석기 시대의 주거[집터] [지13] [서21] [기15] □

- 이 시기에는 도구가 발달하고 농경이 시작되면서 주거 생활도 개선되어 갔다. 집터는 대개 움집 자리로, 바닥은 원형이거나 모서리가 둥근 사각형이었다. 움집의 중앙에는 불씨를 보관하거나 취사와 난방을 하기 위한 화덕이 위치하였다. 집터의 규모는 4·5명 정도의 한 가족이 살기에 알맞은 크기였다.

[해설] '농경이 시작', '움집', '바닥은 원형이거나 모서리가 둥근 사각형', '취사와 난방을 하기 위한 화덕'은 신석기 시대와 관련한 사실들이다. 신석기 시대에는 농경과 목축의 시작으로 정착 생활이 가능해지면서 사람들은 강가나 해안가에 움집을 짓고 생활하였다.

- · 주로 움집에서 거주하였다.
  · 유적은 주로 큰 강이나 해안 지역에서 발견된다.
  · 농경 생활을 시작하였고, 조·피 등을 재배하였다.

[해설] <보기>로 제시되었으며, 신석기 시대의 주거 형태, 유적, 농경에 대한 설명이다.

- 이 시기 집터는 대개 움집 자리로, 바닥은 원형이나 모서리가 둥근 사각형이다. 움집의 중앙에서는 불씨를 보관하거나 취사와 난방을 위한 화덕이 위치하였다. 햇빛을 많이 받는 남쪽으로 출입문을 내었으며, 화덕이나 출입문 옆에는 저장 구덩을 만들어 식량이나 도구를 저장하였다.

[해설] 신석기 시대 움집의 구조에 대한 설명이다.

- 농경과 목축이 시작되었다. [국17②] [법13] [기17] □
  - 처음으로 농경이 시작되었다. [법21] [법18] □
  - 농경이 시작되었다. [법19] □
  - 농경을 처음으로 시작하였다. [법14] □
  - 조, 피 등을 재배하는 농경이 시작되었다. [지14②] □
  - 조, 기장, 수수 등의 작물을 재배하는 농경이 시작되었다. [경12②] □
  - 일부 지역에서는 농경이 시작되어 조, 피, 수수 등을 재배하였다. [지24] □
  - 신석기 시대에는 조, 피, 수수 등이 재배되었고 벼농사가 본격적으로 이루어졌다[X]. [경19②] □
  - 농경에 의한 식량 생산 경제를 배경으로 전개되었다. [경18③] □
  - 농경을 시작하고 생산된 식량을 저장하기도 하였다. [회14] □
  - 농경 생활이 시작되었고, 돌괭이, 돌삽, 돌보습, 돌낫 등의 농기구를 사용하였다. [경15②] □
  - 황해도 봉산 지탑리와 평양 남경의 유적에서는 탄화된 좁쌀이 발견되는 것으로 보아 신석기 시대에 잡곡류를 경작하였음을 알 수 있다. [경16①] □
  - 황해 봉산 지탑리에서 발견된 탄화된 좁쌀과 여러 유적에서 발견된 갈돌과 갈판은 신석기 시대에 이미 농경 생활이 시작되었음을 보여준다. [경13②] □

[해설] 조, 피 등을 재배하는 농경과 목축이 처음으로 시작된 시대는 신석기 시대이다. 서울 암사동 유적, (황해도) 봉산 지탑리 유적 등에서는 탄화된 좁쌀이 발견되어 잡곡류를 경작하였음을 유추할 수 있다. 농경과 목축의 시작으로 식량 생산이 가능해지면서 정착 생활이 이루어졌다. 참고로 일부 지역[한반도 남부 지역(저습지)]에서 벼농사가 시작된 것은 청동기 시대이다('농경'과 '벼농사'는 다른 개념으로 시작 시대 다름, 주의). / 신석기 시대에 이르러 처음으로 사람들은 개와 돼지 등의 동물을 키우는 목축도 시작하였다.

- 농경과 정착 생활이 이루어졌다. [지16②] □
  - 농경, 사냥, 고기잡이를 통해 경제생활을 하였다. [경20②] □

[해설] 구석기 시대에 사람들은 이동 생활을 하면서 사냥과 채집, 어로[물고기잡이] 활동을 하였다. 하지만 신석기 시대에 이르러 사람들은 점차 농경과 목축을 하는 등 정착하기 시작하였다(사냥과 고기잡이도 병행).

■ 신석기 시대의 경제 [국15] [회14] □

- 이 시대의 황해도 봉산 지탑리와 평양 남경 유적에서 탄화된 좁쌀이 발견되는 것으로 보아 잡곡류 경작이 이루어졌음을 알 수 있다. 농경의 발달로 수렵과 어로가 경제생활에서 차지하는 비중이 줄어들기 시작하였지만, 여전히 식량을 얻는 중요한 수단이었다. 한편 가락바퀴나 뼈바늘을 이용하여 옷이나 그물을 만드는 등 원시적인 수공업 생산이 이루어지기 시작하였다.

[해설] '잡곡류 경작이 이루어졌다'는 내용과 '가락바퀴나 뼈바늘을 이용하여 옷이나 그물을 만들었다'는 점 등에서 주어진 자료는 신석기 시대를 가리킴을 알 수 있다. 신석기 시대의 경제에 대한 설명이다.

- 이 시기에는 뼈바늘을 비롯하여 실을 뽑는 도구인 가락바퀴도 발견되어, 옷을 만들어 입었음을 알 수 있다.

[해설] 주어진 자료 속 밑줄 친 '이 시기'는 신석기 시대를 가리킨다.

- [신석기 혁명] 일반적으로 ⓒ 은 식량 채집 단계로부터 식량 생산 단계로의 변화를 낳은 농업 혁명을 말한다. [국12] □

[해설] ⓒ에 들어갈 말은 신석기 혁명이다.

- 조개무지(패총)를 많이 남겼다. [서18①] □

└굴, 홍합 등의 조개류를 먹었고, 때로는 깊은 곳에 사는 조개류를 따서 장식으로 사용하기도 하였다. [회15] □

[해설] 조개무지, 즉 패총(貝塚)을 많이 남긴 시대는 신석기 시대이다. 패총이란 해안과 강변 등에 살던 신석기인들이 버린 조개, 굴 등의 껍데기가 쌓여서 무덤처럼 이루어진 유적으로 조개무덤이라고도 한다. 조개껍질이 지닌 석회질로 인해 그 안에 있던 토기, 석기 및 짐승의 뼈, 뿔 등이 잘 보전되어 고고학상 귀중한 연구 자료가 된다.

■ 신석기 시대의 사회 변화 [소21] □

수행 평가 보고서

∘ 주제: (가) 시대의 사회 변화
∘ 조사 내용: 약 1만 년 전 빙하기가 끝나면서 한반도에는 오늘날과 유사한 자연환경과 기후가 나타나게 되었다. 당시 (가) 시대의 사람들은 강가나 바닷가에 머물면서 농경과 목축을 시작함으로써 조, 수수, 피 등 잡곡류를 생산할 수 있게 되었다. 또한 이들은 간석기 등의 정교한 돌 도구를 제작하기 시작하였다.

[해설] '약 1만 년 전(기원전 8000년경)'부터 사람들이 '강가나 바닷가에 머물면서', '농경과 목축을 시작한' 것은 신석기 시대의 일이다. 따라서 주어진 '(가)'에 들어갈 말은 '신석기'이다.

• 애니미즘, 토테미즘 등 원시적 신앙이 출현하였다. [회16] □

└영혼이나 하늘을 인간과 연결시켜 주는 존재인 무당과 그 주술을 믿는 샤머니즘도 있었다. [경15②] □

[해설] 애니미즘, 토테미즘 등 원시적 신앙이 출현한 시대는 신석기 시대이다. 애니미즘(Animism)은 자연 현상이나 자연물에 정령이 있다고 믿는 신앙이고, 토테미즘(Totemism)은 특정한 동식물을 자기 부족의 기원이라고 여기고 숭배하는 신앙이다. 단군 신화의 곰과 호랑이, 박혁거세의 말, 석탈해의 까치 등이 그에 해당한다. / 신석기 시대에 이르러 애니미즘, 샤머니즘, 토테미즘, 조상 숭배 사상, 영혼 불멸 사상과 같은 원시 신앙이 비로소 발생하였다. 샤머니즘(Shamanism)은 신이나 악령 같은 초자연적인 존재와 직접 소통하는 샤먼의 주술을 믿는 신앙이다.

• 영혼 숭배 사상이 있어 사람이 죽으면 흙 그릇 안에 매장하였다. [국20] □

[해설] 조상 숭배 신앙, 영혼 불멸 사상과 같은 원시 신앙이 생겨난 것은 신석기 시대의 일이다(후반에는 거석 숭배 의식도 출현).

■ 신석기 시대의 원시 신앙 [기16] □

• ∘ 태양, 물 등의 자연물이나 자연 현상에 정령이 있다고 믿었다.
  ∘ 특정 동식물을 부족의 수호신으로 섬겼으며, 무당과 그 주술을 믿었다.
  ∘ 사람은 죽어도 영혼은 없어지지 않는다고 생각하여 영혼과 조상을 숭배하였다.

[해설] 신석기 시대에 발생한 원시 신앙들을 설명하고 있다. 가장 위는 애니미즘(Animism)을, 가운데는 주술 신앙인 샤머니즘(Shamanism)을, 가장 아래는 각 영혼 불멸 사상 조상 숭배 사상을 가리킨다.

• 신석기 시대 사람들은 조개류를 많이 먹었으며, 때로는 장식으로 이용하기도 하였다. [지17①] □

└동물 뼈나 조개껍데기로 된 목걸이나 팔찌를 만들어 착용하였다. [지24] □

└조개껍질을 이용하여 장식을 만들고 있다. [회23] □

[해설] 신석기 시대 사람들은 굴이나 홍합 등 조개류를 많이 먹었으며, 조개류를 장식으로 이용하였다. 조개무지[패총]를 많이 남겼는데, 조개무지란 해안과 강변 등에 살던 신석기인들이 버린 조개, 굴 등의 껍데기가 쌓여서 무덤처럼 이루어진 유적이다. 대표적인 신석기 시대 유적으로 서울 암사동 유적, 제주 고산리 유적, 양양 오산리 유적, 부산 동삼동 유적이 있다. / [지24] 신석기 시대에 사람들은 동물 뼈나 조개껍데기로 된 목걸이나 팔찌를 만들어 착용하였다. 동물의 뼈와 뿔, 치아, 조개껍데기(패각) 등을 소재로 만든 도구를 골각기라고 하는데, 동물의 뼈로 만든 것은 구석기 시대부터 등장하였다(신석기 시대에는 더욱 세련된 골각기 제작). / [회23] 조개껍데기[조개껍질]를 사용한 것은 신석기 시대로, 참고로 부산 동삼동 유적과 인천 옹진 소야도 등에서 조개껍데기 가면이 출토되어 신석기 시대 사람들의 예술 활동을 잘 보여준다.

- 대표적 유적은 대부분 강가나 바닷가에 자리잡고 있다. [회16] □
  - 신석기 시대의 주거 생활 유적지로는 서울 암사동, 봉산 지탑리, 온천 궁산리, 양양 지경리 등이 있다. [경13①] □
  - 이 시대의 대표적인 유적으로서 부산 동삼동 조개더미, 제주도 한경 고산리 유적 등을 들 수 있다. [경12③] □
  - 서울 암사동과 부산 동삼동 유적은 사유재산이 발생하고 계급이 형성된 모습을 보여주는 대표적 유적이다[x]. [경13②] □

[해설] 신석기 시대의 유적들은 대부분 강가나 바닷가에 자리잡고 있다. / 신석기 시대의 주거 생활 유적지로는 서울 암사동, (황해도) 봉산 지탑리, (평남) 온천 궁산리, (강원도) 양양 지경리 등이 있다. / [경13②] 사유 재산이 발생하고 계급이 형성된 것은 청동기 시대이다. 신석기 시대는 혈연을 기반으로 한 씨족 사회로 구석기 시대와 마찬가지로 지배와 피지배 관계가 발생하지 않은 평등 사회이다.

- 서울 암사동 유적 – 빗살무늬 토기 [국21] □
  - 서울 암사동 움집 [지15①] □
  - 대표적인 유적으로는 제천 창내 유적, 서울 암사동 유적 등이 있다[x]. [지12①] □
  - [서울 암사동] 한강변에 위치하며, 원형 또는 귀퉁이를 없앤 사각형의 움집이 다수 발굴됨. [법15] □
  - (나) - 반달 돌칼로 벼 이삭 따기 [x] [법15] □

[해설] 서울 암사동 유적은 신석기 시대의 대표 유적 중 하나이다. 빗살무늬 토기 역시 신석기 시대의 (대표) 토기이다. 바르게 연결되었다. / 서울 암사동 움집은 신석기 시대의 집터가 남아 있는 유적으로 우리나라 신석기 유적 중 최대 규모이다. / [지12①] (충북) 제천 (사기리) 창내 유적은 구석기 시대의 유적이다. / [법15] 반달 돌칼은 청동기 시대의 유물이다.

- 제주 고산리 유적 – 덧무늬 토기 [경21②] □
  - 덧무늬 토기 [기12] □

[해설] 제주 고산리 유적은 신석기 시대의 대표 유적 중 하나이다. 덧무늬 토기 역시 신석기 시대의 토기이다.

■ **신석기 시대 대표 유적** [서18①] [경18③] □

- ·서울 암사동 유적   ·제주 고산리 유적
  ·양양 오산리 유적   ·부산 동삼동 유적

[해설] 주어진 유적들은 모두 신석기 시대의 대표 유적들이다.

- ·봉산 지탑리   ·서울 암사동
  ·양양 오산리   ·부산 동삼동

[해설] (황해도) 봉산 지탑리, 서울 암사동, (강원도) 양양 오산리, 부산 동삼동은 모두 신석기 시대를 대표하는 유적들이다.

- 양양 오산리 유적 – 덧무늬 토기* [국21] □
  - 양양 오산리 유적 – 토제 인면(人面)상* [경21②] □
  - 양양 오산리 유적 – 뼈 낚시바늘* [경14①] □

[해설] (강원) 양양 오산리 유적은 신석기 시대의 유적이다. 덧무늬 토기 역시 신석기 시대의 토기이다. 토제 인면상과 뼈 낚시바늘 역시 해당 유적에서 출토된 유물들이다.

- 강원 양양 지경리 유적은 신석기 시대 사람들이 살았던 움집 자리로, 동그란 모양의 바닥 중앙에 화덕 자리가 있다.* [경17①] □

[해설] 강원 양양 지경리 유적에서는 신석기 시대와 초기 철기 시대의 주거지가 조사되었다. 해당 선지는 선석기 시대 주거지에 대한 설명이다. 빗살무늬

토기와 숫돌 등이 출토되었다.

- 신석기 시대에는 제주 고산리나 양양 오산리 등에서 목책, 환호 등의 시설이 만들어졌다[×]. [경20①] ☐

  [해설] 제주 고산리와 양양 오산리는 신석기 시대의 대표 유적지이다. 하지만 (마을 주변에 방어 및 의례 목적의) 목책, 환호(도랑) 등의 시설이 만들어진 것은 청동기 시대의 일이다.

- 부산 동삼동 유적 – 아슐리안형 주먹도끼[×] [국21] ☐
  └부산 동삼동 패총에서는 주춧돌을 사용한 지상 가옥이 발견되었다[×]. [서17①] ☐
  └동삼동 패총에서는 조개껍데기 가면이 출토되어 신석기 시대 사람들의 예술 활동을 알려준다. [경19②] ☐
  └동삼동 패총에서는 조가비 가면이 출토되어 제의를 행할 때 주술과 관련된 의기로 사용되었을 것으로 보여진다. [경13①] ☐
  └부산 동삼동에서 출토된 조개 가면은 국자 가리비에 사람의 눈과 입 모양으로 구멍을 뚫은 형상으로, 집단의 공동체 의식에 사용되었을 가능성이 크다. [경17②] ☐
  └부산 동삼동 유적 – 조개껍데기 가면 [경21②] ☐
  └부산 동삼동 유적 – 빗살무늬 토기 [경14①] ☐

  [해설] [국21] 부산 동삼동 유적은 신석기 시대의 대표적인 유적 중 하나이다([경17②]에서 구석기 시대 유적과 관련된 문제의 선지로도 출제). 하지만 아슐리안형 주먹도끼는 구석기 시대의 유적인 (경기) 연천 전곡리에서 출토된 유물이다. 바르게 연결되지 않았다. / [서27①] 부산 동삼동 패총은 신석기 시대의 유적이다. 신석기 사람들은 원형 혹은 방형의 움집에서 생활하였다. 주춧돌[받침돌, 초석]을 사용한 지상 가옥이 등장하기 시작한 것은 청동기 시대부터이다.

- 서포항 유적에서는 개, 뱀, 망아지 등으로 여겨지는 장신구가 출토되었는데, 이들을 통해 토테미즘(Totemism)의 가능성을 엿볼 수 있다.* [경13①] ☐

  [해설] (함북 웅기 굴포리의) 서포항 유적은 구석기 시대에서 청동기 시대까지의 문화층이 확인되었는데, 해당 선지는 신석기 시대와 관련된 내용이다. 장신구인 치레거리와 함께 뼈피리, 흙인형, 돼지 조각품 등의 예술품이 많이 출토된 것이 특징이다.

- 농포동 유적에서는 흙으로 만든 남성 조각품이 출토되어 신석기 시대 후기에는 이미 가부장제 사회로 진입하였음을 확인할 수 있다[×]. [경13①] ☐

  [해설] (함북 청진) 농포동 유적에서는 흙으로 만든 조소품이 많이 출토되었는데, 남성 조각품은 없다. 여성 조상(造像)과 개의 머리, 납석제 새의 조상 등이 나왔다. 또한 신석기 시대는 혈연을 기반으로 한 씨족 사회로, 지배와 피지배가 아직 발생하지 않은 평등 사회이지 가부장제 사회가 아니다.

- [신석기 시대] 대표적인 토기는 빗살무늬 토기이다. [지13] ☐
  └저장 및 조리 도구로 빗살무늬 토기가 널리 사용되었다. [회19] ☐
  └곡식을 저장하기 위해 주로 빗살무늬 토기를 이용하였다. [회24] ☐
  └빗살무늬 토기를 사용하였다. [회22] ☐
  └빗살무늬 토기 [서21] ☐

  [해설] 빗살무늬 토기는 신석기 시대의 대표 토기이다. 바닥이 뾰족한 포탄 모양의 형태를 하고 있으며 겉면은 점과 선으로 구성된 기하학적인 문양으로 장식되어 있다. 신석기 시대 사람들은 다양한 종류의 빗살무늬 토기를 만들어 식량을 저장하거나 조리하는데, 또 식기나 기타 의식[의례]용 등 다양한 목적으로 사용하였다.

- 빗살무늬 토기와 가락바퀴가 제작되었다. [지13] ☐

  [해설] 신석기 시대에는 빗살무늬 토기를 제작하여 음식을 조리하거나 저장하였으며, 가락바퀴와 뼈바늘을 이용하여 그물과 의복을 만드는 원시적 형태의 수공업이 이루어졌다.

- 토기를 만들어 음식을 조리하거나 식량을 저장하였다. [지23] □

[해설] 토기를 만들어 음식을 조리하거나 식량을 저장한 시대는 신석기 시대이다.

- 서울 암사동에서는 곡물을 담은 빗살무늬 토기가 나왔다. [국19] □

└[빗살무늬 토기] (다): 주춧돌을 사용한 집터에서 주로 발견된다[x]. [법11] □

[해설] 빗살무늬 토기는 신석기 시대의 대표 토기이다. 그 외에도 이른 민무늬 토기, 덧무늬 토기 등이 있다. / 주춧돌[받침돌, 초석]을 사용한 집터가 만들어지기 시작한 것은 청동기 시대부터이다. 하지만 빗살무늬 토기는 신석기 시대를 대표하는 토기이다.

■ 빗살무늬 토기 [지16②] [서14] □

- · 팽이처럼 밑이 뾰족하거나 둥글고, 표면에 빗살처럼 생긴 무늬가 새겨져 있다.
  · 곡식을 담는 데 많이 이용되었다.

[해설] 팽이처럼 밑이 뾰족하거나 둥글고, 표면에 빗살처럼 생긴 무늬가 새겨져 있으며, 곡식을 담는 데 이용된 것은 신석기 시대에 제작된 빗살무늬 토기이다.

- 이 토기는 팽이처럼 밑이 뾰족하거나 둥글고, 표면에 빗살처럼 생긴 무늬가 새겨져 있다. 곡식을 담는 데 많이 이용된 이 토기는 전국 각지에서 출토되고 있는데, 대표적 유적지는 서울 암사동, 봉산 지탑리 등이다.

[해설] '팽이처럼 밑이 뾰족하거나 둥글고, 표면에 빗살처럼 생긴 무늬'가 새겨져 있다는 부분에서 제시된 토기가 신석기 시대의 대표 토기인 빗살무늬 토기임을 알 수 있다.

- 모양을 낸 진흙을 불에 구워 그릇을 만들고 있다. [회23] □

[해설] 모양을 낸 진흙을 불에 구워 그릇, 즉 토기를 만든 것은 신석기 시대의 일이다. 신석기 시대에는 이른 민무늬 토기, 덧무늬 토기, 눌러찍기무늬 토기, 빗살무늬 토기(대표 토기) 등을 만들어 사용하였다.

- 신석기 시대에는 민무늬 토기 이외에 입술 단면에 원형, 방형, 삼각형의 덧띠를 붙인 덧띠 토기, 검은 간 토기 등도 사용되었다. [x] [경17①] □

└이 시대의 대표적인 토기는 민무늬 토기이다[x]. [경15②] □

[해설] 민무늬 토기는 청동기 시대, 이외에 (입술 단면에 원형, 방형, 삼각형의 덧띠를 붙인) 덧띠 토기, 검은 간 토기가 사용된 것은 초기 철기 시대이다. 여기서 방형(方形)은 네모 반듯한 모양을 뜻한다['방(方)' 자의 한자 훈과 음이 '모 방'임].

- 눌러찍기무늬 토기 – 가락바퀴와 뼈바늘을 이용하여 옷이나 그물을 만들어 사용하였다. [지19] □

[해설] 눌러찍기무늬 토기는 손가락이나 동물뼈, 나뭇가지 등으로 무늬를 찍어 만든 신석기 시대 토기이다. 압날문 토기(押捺文土器)라고도 한다. 한반도의 남해안 지역에서 많이 출토되었다. 가락바퀴와 뼈바늘을 이용하여 옷이나 그물을 만들어 사용한 것 역시 신석기 시대이다.

■ 신석기 시대의 토기 [서20] □

- · 이른 민무늬 토기   · 덧무늬 토기
  · 눌러찍기무늬 토기   · 빗살무늬 토기

[해설] 주어진 토기 모두 신석기 시대에 만들어진 토기들이다.

- 가락바퀴와 뼈바늘을 이용하여 옷을 만들었다. [기16] □

- ㄴ(가)와 뼈바늘을 활용해서 옷과 그물을 만들었어요. [법12] □
- ㄴ가락바퀴와 뼈바늘로 옷이나 그물을 만들었다. [지24] □
- ㄴ가락바퀴나 뼈바늘로 옷이나 그물을 만들었다. [회15] □
- ㄴ가락바퀴나 뼈바늘을 이용하여 의복이나 그물을 만들어 사용하였다. [경16②] □
- ㄴ이 시대의 사람들은 가락바퀴나 뼈바늘을 이용하여 옷이나 그물을 만들었다. [경15③] □
- ㄴ가락바퀴로 실을 뽑고 있는 사람들 [법17] □
- ㄴ(가)는 조개껍데기로 만든 치레걸이였어요[x]. [법12] □
- ㄴ가락바퀴를 사용하는 사람 [소21] □
- ㄴ가락바퀴 [회18] [기12] □
- ㄴ뼈바늘 [기12] □

[해설] 실을 뽑는 도구인 가락바퀴*는 신석기 시대의 대표 유물이다. / [법12] 가락바퀴의 재료는 골재, 토재, 석재 등 다양하다. 또 형태도 반구형, 원기둥형 등 다양하다. 단, 조개껍데기로 만든 치레걸이(장신구)는 아니다. / [소21] 직조 도구인 가락바퀴는 신석기 시대의 대표적인 간석기[마제 석기]이다.

*가락바퀴: 실을 감는 도구인 '가락'을 끼워 사용했기 때문에 가락바퀴라고 부르며, 가락의 다른 이름인 방추를 붙여 '방추차'라고도 한다. 이로써 원시적 수공업이 행해졌음을 알 수 있다(청동기 시대까지 사용).

- 방추를 이용하여 베나 옷감을 짜기 시작하였다. [회24] □

[해설] 방추(紡錘)를 이용하여 베나 옷감을 짜기 시작한 것은 신석기 시대의 일이다. 방추는 곧 가락(실을 감는 가락)을 가리킨다. 즉 신석기 시대에 가락바퀴를 이용하여 실을 뽑았다.

- (ㄴ) - 토기를 만들 때에 이용되었다[x]. [회18] □
- ㄴ(ㄴ) - 다산과 풍요를 기원하는 주술적 용도로 사용되었다[x]. [회18] □
- ㄴ(ㄱ), (ㄴ) – 주로 무덤에서 출토된다[x]. [회18] □

[해설] (ㄴ)의 가락바퀴는 (토기가 아니라) 뼈바늘과 함께 옷을 지을 때 이용되었다(신석기 시대). / 다산과 풍요를 기원하는 주술적 용도로 사용된 유물로는 대표적으로 농경무늬[농경문] 청동기를 들 수 있다[청동기 시대의 의기(儀器)]. / (ㄱ)의 주먹도끼와 (ㄴ)의 가락바퀴는 실제 생활에서 사용되고 소모된 일상용품이었지 무덤에 껴묻거리(부장품)로 넣는 유물이 아니다. 껴묻거리로 사용된 유물로는 죽은 자가 생전에 몸에 걸쳤던 의관(衣冠), 장신구, 무구(武具), 애완용품 등을 들 수 있다.

■ 신석기 시대의 유물 [지14②] □

- ○ 충북 청주 산성동 출토 가락바퀴
  ○ 경남 통영 연대도 출토 치레걸이
  ○ 인천 옹진 소야도 출토 조개껍데기 가면
  ○ 강원 양양 오산리 출토 사람 얼굴 조각상

[해설] '가락바퀴', '치레걸이', '조개껍데기 가면', '사람 얼굴 조각상'은 신석기 시대의 유물이다. 신석기 시대 사람들은 가락바퀴와 뼈바늘로 의복이나 그물 등을 만들어 사용하였다. 치레걸이, 조개껍데기 가면, 사람 얼굴 조각상은 신석기 시대 예술품으로 주술적인 신앙이 있었음을 알 수 있다.

- 가락바퀴, 뼈바늘, 돌보습 [국11] □

[해설] 가락바퀴, 뼈바늘은 신석기 시대에 옷이나 그물을 만드는 데 사용된 도구이다. 돌보습은 농사를 지을 때 씨를 뿌리기 위하여 땅을 갈아엎는 데 사용하는 농기구로 신석기 시대부터 사용하기 시작하였다(청동기 시대에도 출토).

- 갈돌과 갈판 등 간석기를 사용하였다. [서20] □
  - 갈돌과 갈판을 이용하였다. [회22] □
  - 갈돌과 갈판을 이용해 석기를 갈아서 사용하였다. [경20②] □
  - 넓적한 돌 갈판에 옥수수를 갈아서 먹었다. [국20] □

  [해설] 갈돌과 갈판을 이용한 것은 신석기 시대의 일이다[간석기(마제 석기)](신석기 시대의 대표 유물). 갈돌과 갈판은 일반적으로 열매나 씨앗의 껍질을 벗기거나 가루를 만드는 조리용 도구로 사용되나 석기를 가는 등 다용도로 활용되었다.

- 신석기 시대에 사람들은 돌을 갈아 다양한 모양의 간석기를 만들고, 조리나 식량 저장에 사용할 수 있는 토기를 만들었다. [서12] □
  - 신석기 시대에는 간석기를 사용하였고, 원형이나 모서리가 둥근 사각형 모양의 바닥에 움집을 짓고 살았다. [경13②] □

  [해설] 간석기란 돌의 전면 또는 필요한 부분을 갈아 만든 석기를 가리킨다('마제 석기'라고도 함). 신석기 시대에 처음 만들어졌으며 청동기 시대까지 사용되었다.

- 신석기인들부터는 도구를 사용하였을 뿐만 아니라 불을 이용하고, 언어를 구사하였다[x]. [서12] □

  [해설] (신석기인들부터가 아니라) 구석기인들부터 도구를 사용하였을 뿐만 아니라 불을 이용하고, 언어를 구사하였다.

- 흑요석의 출토 사례로 보아 원거리 교류나 교역이 있었음을 알 수 있다. [국15] □
  - 신석기 시대에는 백두산이나 일본에서 유입된 것으로 보이는 흑요석이 사용되었다. [경20①] □

  [해설] 흑요석은 화산 지대 등 특정 지역에서만 산출되는 광물로 신석기 시대 수렵 및 어로를 위한 도구로 널리 사용되었다. / 신석기 시대에는 백두산이나 일본에서 유입된 것으로 보이는 흑요석이 사용되었다. 참고로 흑요석은 화산 지대 등 특정 지역에서만 산출되는 광물로 신석기 시대 수렵 및 어로를 위한 도구로 널리 사용되었다. 또 흑요석의 출토는 당시에도 원거리 교류나 교역이 있었음을 보여 주는 증거라 할 수 있다(교환 수단으로서의 화폐 기능 수행 추정).

● 사진으로 보는 구석기와 신석기 시대

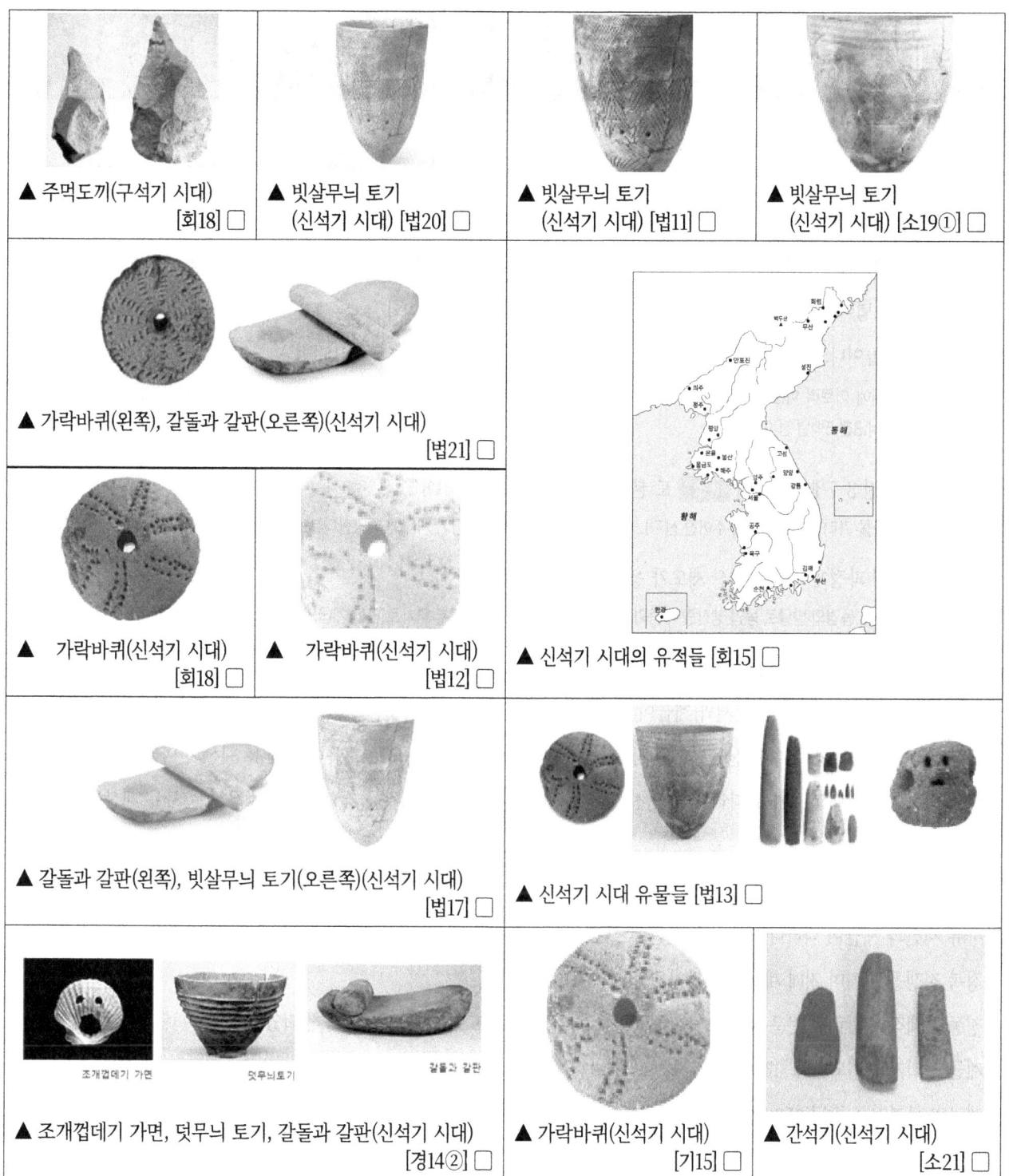

[해설] [법20] [법11] 신석기 시대의 빗살무늬 토기. 빗살무늬 토기는 바닥이 뾰족한 포탄 모양의 형태를 하고 있으며 겉면은 점과 선으로 구성된 기하학적인 문양으로 장식되어 있다. 신석기 시대 사람들은 다양한 종류의 빗살무늬 토기를 만들어 식량을 저장하거나 조리하는데, 또 식기나 기타 의식[의례]용 등 다양한 목적으로 사용하였다.

[해설] [회15] 신석기 시대의 유적들. 제시된 지도에 적혀 있는 유적들을 살펴보면, 모두 해안이나 강가에 위치해 있는 것을 알 수 있다. '봉산', '양양', '서울', '부산', '제주도 한경(면)' 등은 신석기 시대의 대표 유적이 있는 지명들이다.

[해설] [법13] 신석기 시대 유물들. 왼쪽부터 가락바퀴, 빗살무늬 토기, 간석기(들), 흙으로 빚은 얼굴상이다.

주제 02 청동기 시대와 철기 문화의 수용

1 청동기 시대

- 청동기 시대에는 일부 지역에서 벼농사가 시작되는 등 농경이 더욱 발달하였다. 농경의 발달에 따라 토지와 생산물에 대한 사유 재산 개념이 발생하여 빈부의 차가 생기고 계급이 분화되었다. [서12] ☐
  - 식량 생산이 늘어나고 인구가 증가하면서 빈부 격차와 사회 분화가 나타났다. [경18①] ☐

  [해설] 청동기 시대에 이르러 이른바 '계급'이 발생하였다. 만주와 한반도에 청동기 시대가 본격화된 것은 기원전 2000년(약 4천 년 전)에서 기원전 1500년경(약 3천 5백년 전)이다.

- [벼농사] 기원전 8~7세기 무렵에 ㉠ 도 본격화되기 시작했다. [국12] ☐

  [해설] ㉠은 벼농사를 가리킨다(문제에서 주어진 선지). 기원전 8~7세기 무렵은 청동기 시대에 해당한다(초기 철기 시대는 기원전 5세기경에 시작).

- 생산물의 분배 과정에서 사유 재산 제도가 등장하였다. [국15] ☐

  [해설] 청동기 시대에 농경의 발달로 농업 생산량이 증가하면서 사유 재산 제도와 빈부 격차로 인한 계급의 분화가 이루어졌다.

- 빈부의 격차가 나타나고 계급이 발생하였다. [지16②] ☐
  - 생산력이 발전하면서 사유 재산제와 계급이 발생하였다. [서23] ☐
  - 생산력의 증가에 따라 잉여 생산물이 생기자 힘이 센 자가 이것을 개인적으로 소유하여 사유 재산이 나타났다. [지12②] ☐
  - 이 시대에는 생산력의 증가에 따라 잉여 생산물이 생기자 힘이 센 자가 이것을 개인적으로 소유하는 사유 재산이 나타났다. [경12③] ☐
  - 사유 재산과 계급이 발생하였다. [법18] ☐
  - 사유 재산과 계급이 나타나면서 사회 전반에 걸쳐 큰 변화가 일어났다. [경14②] ☐
  - 정복 전쟁을 거치며 지배 계급이 등장하였다. [서14] ☐
  - 청동기 제작과 관련된 전문 장인이 출현하였으며, 사유 재산 제도와 계급이 나타나게 되었다. [경15①] ☐
  - 계급 사회가 성립되었다. [법19] ☐
  - 계급의 분화가 시작되었다. [법14] ☐
  - 계급이 등장하여 지배와 피지배 관계가 형성되었다. [회14] ☐

  [해설] 청동기 시대에 농경의 발달로 생산량이 증가하면서 사유 재산 제도가 나타났으며, 빈부 격차로 인한 계급의 발생 및 분화가 이루어졌다. 또한 정복 전쟁을 통해서도 지배 계급이 나타났다(계급 발생 및 분화 원인: 사유 재산의 발생, 빈부의 격차, 활발한 정복 활동).

- 권력을 가진 지배자가 등장하였다. [법21] ☐
  - 청동기를 무기로 사용하였다. [기16] ☐
  - 청동 무기의 보급으로 정복 활동이 활발해졌다. [법13] ☐
  - 청동 무기의 보급을 정복 활동이 활발해지면서 점차 계급 분화가 뚜렷해지고, 막강한 권력과 경제력을 가진 지배자인 군장이 등장하였다. [서12] ☐

┗청동제 무기를 사용하여 정복 활동이 활발해지면서 빈부 격차와 계급이 발생하였다. [경15③] □

┗무리 가운데 경험이 많은 사람이 지도자가 되었으나 정치권력을 갖지는 못하였다[x]. [지12①] □

[해설] 청동기 시대 이전에 해당한다. 청동기 시대에는 사유 재산 제도로 인한 빈부의 격차, 활발한 정복 활동 등으로 계급이 발생·분화되어 정치권력을 가진 지배자인 군장이 등장하였다. / 청동기는 재료를 구하기 어렵고 만들기가 어려워 주로 지배 계급의 무기나 공구, 장신구, 제사용 도구로 사용되었다(농기구 X).

• 다른 씨족과의 혼인을 통해 부족 사회를 형성하였다. [회22] □

[해설] 다른 씨족과의 혼인, 즉 족외혼을 통해 부족 사회가 형성된 것은 청동기 시대의 일이다.

• 군장이 부족의 풍요와 안녕을 기원하는 제사를 지냈다. [지16②] □

[해설] 청동기 시대에 이르러 권력과 경제력을 가진 지배자가 등장하였는데, 이를 '군장' 혹은 '족장'이라 한다.

• 주거지가 하천이나 바닷가에서 구릉지로 이동하였다. [기13] □

[해설] 청동기 시대의 주거지는 신석기 시대와 달리 (방어가 유리한) 구릉지로 이동하여 발달하였다.

• 청동기 시대에는 마을 주변에 방어를 위해 목책이나 환호를 둘렀다. [서24①] □

┗구릉에 마을을 형성하고 그 주변에 도랑을 파고 목책을 둘렀다. [지23] □

┗마을 주변에 방어 및 의례 목적으로 환호(도랑)를 두르기도 하였다. [국15] □

┗마을 주위에 목책이나 환호 등의 방어 시설이 조성되었다. [회19] □

┗마을을 보호하기 위한 방어 시설이 발전하였다. [서18①] □

[해설] 구릉에 마을을 형성하고 그 주변에 도랑을 파 환호(環濠)를 만들고, 목책(木柵)과 망루(望樓) 등의 마을 방어 시설[유적]을 설치한 시대는 청동기 시대이다. 대체로 배산임수 지역에서 집자리 유적*이 발견되고 있다(즉 청동기인들은 배산임수의 집단적인 촌락 생활을 함). / 환호는 취락[마을]의 주위에 일종의 도랑을 파서 돌리는 시설물이고(환호를 갖춘 취락을 '환호취락'이라 함), 목책은 말뚝 따위를 쭉 잇따라 박아 만든 울타리이다. 망루는 감시, 조망을 위하여 잘 보이도록 높은 장소에 또는 건물을 높게 하고 사방에 벽을 설치하지 않은 건물 또는 그와 같은 장소를 가리킨다. 청동기 시대에 이르러 사유 재산과 계급이 발생하고 정복 활동이 활발해진 탓이다.

*집자리 유적: 주거 활동이 중지되어 폐기된 상태의 터(주거지 유적).

■ 청동기 시대의 사회 모습 [서22②] □

이 시대에는 농경이 더욱 발달하여 조, 기장, 수수 등 다양한 잡곡이 재배되었다. 한반도 남부 지역에는 벼농사도 보급되었다. 한편 돼지와 같은 가축을 우리에 가두고 기르는 일도 흔해졌다. 사람들은 농경이 이루어지는 강가나 완만한 구릉에 마을을 이루어 살았다. 농경의 발달로 생산력이 늘어나자 인구가 늘어나고 빈부 차이와 계급이 발생하였다. 또한 식량을 둘러싼 집단 간의 싸움이 자주 일어나면서 마을에는 방어 시설이 만들어지기도 하였다.

[해설] 농경이 '더욱' 발달하여 다양한 잡곡이 재배되고, 한반도 남부 지역(저습지)에는 벼농사도 보급되었다는 점, 잉여 농산물의 발생으로 '빈부 격차와 계급이 발생'하였다는 점, 마을에 '방어 시설'이 만들어졌다는 점 등에서 주어진 자료 속 밑줄 친 '이 시대'는 청동기 시대를 가리킴을 알 수 있다.

• 집자리는 주거용 외에 창고, 작업장, 집회소, 공공 의식 장소 등도 확인되었다. [국15] □

[해설] 발굴된 청동기 시대의 집자리[주거지] 유적에는 주거용 외에 창고, 작업장, 집회소, 공공 의식 장소 등 다양한 형태의 건물터가 있다. 일정 규모의 마을을 이루었음을 알 수 있다.

• 움집 중앙에 있던 화덕은 한쪽 벽으로 옮겨지고, 저장 구덩이도 따로 설치하였다. [국11] □

[해설] 움집 중앙에 있던 화덕이 한쪽 벽으로 옮겨지고, 저장 구덩이를 따로 설치한 것은 청동기 시대의 일이다. 신석기 시대의 화덕은 움집의 중앙에 위치

- 일부 저습지에서는 벼농사를 지었다. [국11] □
  - 밭농사가 중심이었지만, 일부 저습지에서는 벼농사를 지었다. [경14②] □
  - 보리, 밀, 팥, 콩, 조, 기장 등이 재배되었으나, 아직 벼농사는 이루어지지 않았다[x]. [경18①] □

  [해설] 청동기 시대에 한반도 남부의 일부 저습지에서 벼농사를 짓기 시작하였다. 이러한 사실은 청동기 시대 유적에서 발견된 탄화미, 볍씨 자국, 농경무늬 청동기 등을 통해 확인할 수 있다. / 신석기 시대에 농경이 처음 시작되었으며, 청동기 시대에 이르러 조·피·수수 등의 잡곡류[밭농사]를 경작하였다(청동기 시대는 밭농사 중심, 벼농사도 일부 지음).

- 불에 탄 쌀이 여주 흔암리, 부여 송국리 유적에서 발견되었다. [서13] □
  - [여주 흔암리] 구릉 경사지에 반움집 형태의 주거지를 형성하였으며 탄화된 쌀이 발견됨. [법15] □
  - (다) - 흙을 빚어 그릇 만들기 [법15] □
  - 여주 흔암리 유적 – 붉은 간 토기 [경21②] □
  - 여주 흔암리 유적 – 오수전 [x] [경14①] □
  - 부여 송국리 유적 – 비파형 동검 [경21②] [경14①] □

  [해설] 여주 흔암리, 부여 송국리 유적은 청동기 시대의 대표 유적으로 벼농사가 행해졌음을 알려주는 불에 탄 볍씨가 출토되었다. 부여 송국리 유적 역시 청동기 시대의 집터 유적으로, 평면 형태가 둥근 것과 네모꼴인 것이 있다. 다수의 저장용 구덩이 발견되었으며, 안에서 토기와 석기가 많이 출토되었고, 비파형 동검과 서까래의 흔적도 발견되어 청동기 시대 사람들의 생활 모습을 보여준다. / [법 15] 흙을 빚어 그릇을 만드는 것은 신석기 시대 이후 등장하였고, 청동기 시대에도 여전히 진행된 일이다. 따라서 관련 체험 활동을 할 수 있다(미송리식 토기, 민무늬 토기, 붉은 간 토기 등)(질문과 관련된 내용). / 오수전은 중국의 화폐로, 초기 철기 시대의 유적에서 발굴되었다(관련 선지 및 해설 참조).

- 금속 도구가 만들어지면서 석기 농기구는 사라지고 농업이 발전하였다[x]. [서23] □
  - 청동기가 보급된 이후에도 농기구는 주로 돌이나 나무로 만들었다. [서24①] □
  - 청동제 농기구가 보급되어 농업이 발전하였다[x]. [회21] □

  [해설] 청동기 시대에 이르러 농업이 발전하였는데(밭농사 중심, 일부 지역에서 벼농사 시작), 농기구는 여전히 석기(석제 농기구)와 나무(목제 농기구)를 사용하였다. 청동기는 주로 의례용으로 쓰였다.

- 청동기 시대에는 수공업 생산과 관련된 가락바퀴가 처음으로 사용되었다[x]. [서13] □

  [해설] 가락바퀴가 '처음' 사용된 것은 신석기 시대이다(청동기 시대에도 가락바퀴가 사용되었으나 '처음'은 아니었음, 문장의 구성 성분 일부를 더하거나 빼는 방식으로 정답 여부를 결정짓는 이런 식의 선지 표현들 주의).

- 청동기 시대 유적은 한반도 지역에 국한하여 주로 분포되어 있다[x]. [서13] □

  [해설] 청동기 시대 유적은 한반도뿐만 아니라 중국의 요령성, 길림성 지방을 포함하는 만주 지역에 널리 분포되어 있다.

- 고인돌이나 돌널무덤을 만들었다. [지16②] □
  - 고인돌과 돌널무덤이 많이 만들어졌다. [지14②] □
  - 고인돌과 돌널무덤을 사용하였다. [서20] □
  - 고인돌, 돌널무덤, 돌무지무덤 등이 나타나게 되었다. [경15①] □
  - 군장이 죽으면 그의 권력을 상징하는 고인돌을 만들었다. [지24] □
  - 무덤은 일반적으로 고인돌이 사용되었다. [지14②] □
  - 죽은 자를 위한 고인돌 무덤을 만들었다. [서14] □

┗이 시기의 대표적인 무덤 형식은 고인돌과 돌널무덤이다. [서18②] ☐
┗청동기 시대에는 고인돌이 등장하고 미송리식 토기가 사용되었다. [경19②] ☐
┗고인돌 무덤을 만들기 위해 돌을 나르고 있다. [회23] ☐
┗고인돌을 조성하였다. [회14] ☐
┗고인돌의 굄돌을 끌고 가는 사람들 [법17] ☐
┗고인돌 [서22②] [서21] ☐

[해설] 고인돌[지석묘]과 돌널무덤[석관묘]은 (계급이 형성되고 군장 국가가 등장한) 청동기 시대의 대표적인 무덤 양식이다. 돌무지무덤[적석총]도 청동기 시대의 무덤 양식에 속한다.

■ 청동기 시대의 문화 유적 [회24] ☐

이 시대의 문화 유적으로는 고인돌을 비롯하여 돌널무덤, 돌무지무덤, 집자리 등이 있다. 또한 이 시대를 대표하는 민무늬 토기는 빛깔이 적갈색을 띠고 있으며 형태가 매우 다양한 점이 특징이다.

[해설] 고인돌[지석묘], 돌널무덤[석관묘], 돌무지무덤[적석총], 집자리, 민무늬 토기를 통해 주어진 자료 속 밑줄 친 '이 시대'는 청동기 시대를 가리킴을 알 수 있다.

• 강화 부근리에서는 탁자식 고인돌이 발견되었다. [국19] ☐
┗[강화 부근리] 높이 2.6m, 덮개돌의 추정 무게 약 50톤 이상의 탁자식 고인돌을 비롯한 여러 기의 고인돌이 있음. [법15] ☐
┗(라) - 쇠쟁기로 밭 갈기 [X] [법15] ☐

[해설] 고인돌은 청동기 시대를 대표하는 유물 중 하나이다. / [법15] 철제 농기구인 쇠쟁기로 밭을 가는 것은 초기 철기 시대의 일이다.

• 고창 고인돌 [지15①] ☐

[해설] 고인돌은 청동기 시대 지배층[군장]의 무덤 양식이다(지배층이 아니라 일반 백성들의 무덤으로도 사용되었다는 반론 있음). 전북 고창과 전남 화순, 인천 강화에는 세계적인 고인돌 유적이 있다.

• 농기구는 주로 석기로 만들어졌는데, 반달 돌칼, 바퀴날 도끼, 홈자귀 등이 대표적이다. [경16②] ☐
┗농기구는 주로 석기로 만들어졌는데, 반달 돌칼, 바퀴날 도끼, 홈자귀 등이 사용되었다. [경15③] ☐

[해설] 청동기 시대에 농기구는 주로 석기(석제 농기구)로 만들어졌는데, 반달 돌칼, 바퀴날 도끼, 홈자귀, (괭이) 등이 대표적이다. 반달 돌칼은 곡식의 낟알을 거두어들이는 데 사용된 도구이며, 바퀴날 도끼는 둥근 모양으로 가운데에 구멍이 뚫리고 한 면은 둥그스름하지만 다른 한 면은 편편한 모습을 한 도구이다. 바퀴날 도끼의 용도로는 타격용 무기로 사용되었다는 설, 의식 용구로 제작되었다는 설, 불을 일으킬 때 발화봉의 중심을 잡아주는 수로 사용뇌었을 것이라는 설 등도 있다. 홈자귀는 돌자귀의 일종으로, 도끼 등으로 잘라낸 목재를 가공하는 데 사용된 도구이다. 도끼날과 달리 사귀날이 사부에 직각 방향으로 박혀 있다.

• 반달 돌칼, 홈자귀, 미송리식 토기, 붉은 간 토기 [경12③] ☐

[해설] 모두 청동기 시대의 유물들이다. 참고로 붉은 간 토기와 이름이 유사한 '검은 간 토기'는 초기 철기 시대의 유물이다(주의).

• 반달 돌칼을 이용하여 벼를 수확하였다. [국20] [회22] ☐
┗반달 돌칼을 사용하여 벼를 수확하였다. [회21] ☐
┗반달 돌칼로 농작물을 수확하였다. [기17] ☐
┗추수용 도구인 반달 돌칼을 사용하였다. [지12①] ☐
┗조, 피 등의 곡물을 반달 돌칼로 이삭을 추수하는 등 농경을 발전시켰다. [지12②] ☐
┗벼농사가 시작되고 반달 돌칼을 사용하여 수확을 하였다. [기13] ☐

┗곡식의 이삭을 자르기 위한 반달형 돌칼이 사용되었다. [회24] □

┗나무로 만든 농기구로 땅을 개간하여 곡식을 심고, 가을에는 반달 돌칼로 이삭을 잘라 추수하였다. [회15] □

┗(나)는 벼 이삭을 자를 때 사용했어요(반달 돌칼). [법12] □

┗반달 돌칼을 농사에 이용하는 사람들 [법17] □

┗반달 돌칼 [서22②] □

[해설] 반달 돌칼[반달형 돌칼]은 청동기 시대의 대표 유물 중 하나로 벼를 수확하는 데[곡식의 낟알을 거두어들이는 데(곡물의 이삭을 따는 데)(이삭을 추수하는 데)] 사용된 농기구이다(수확 도구). 생김새가 대체로 한쪽이 곧고 다른 한쪽이 둥근 반달처럼 생겼다 해서 반달 돌칼이라는 이름이 붙여졌다.

• 반달 돌칼 - 농사를 짓기 시작했지만 아직 지배와 피지배 관계는 발생하지 않았다[×]. [지18] □

┗(가)와 (나)는 신석기 시대의 대표적인 도구였어요[×]. [법12] □

[해설] 반달 돌칼은 곡물의 이삭을 따는 데 사용된 청동기 시대의 농기구이다. 농사를 짓기 시작했지만 아직 지배와 피지배 관계가 발생하지 않은 것은 신석기 시대이다(평등 사회). / [법12] (가)의 가락바퀴는 신석기 시대의 (대표적인) 도구이지만 (나)의 반달 돌칼은 청동기 시대의 (대표적인) 도구이다.

• 대표적 유물은 반달 돌칼과 비파형 동검 등이다. [회16] □

[해설] 반달 돌칼과 비파형 동검은 (초기 철기 시대가 아니라) 청동기 시대의 대표적인 유물이다.

• 비파형 동검과 민무늬 토기를 제작하였다. [회21] □

┗비파형 동검과 미송리형 토기를 만들었다. [서24①] □

┗비파형 동검과 고인돌이 만들어졌다. [경18③] □

[해설] 비파형 동검은 청동기 시대의 대표적인 무기이다(제사에서 사용하는 '제기'라는 설 있음). 중국의 악기인 비파를 닮아 비파형 동검이라 부른다. 중국 랴오닝[요녕] 지역에서 많이 발견되어 '랴오닝식 동검', 고조선을 상징하는 유물이라는 뜻에서 '고조선식 동검'이라고도 부른다. 미송리형[미송리식] 토기 역시 청동기 시대를 대표하는 토기 중 하나로 민무늬 토기의 한 형식이다. 밑바닥이 납작하고 몸체는 통통한 편이며 목이 위로 올라가면서 넓어져 그 생김새가 마치 표주박의 아래위를 잘라버린 것처럼 생겼다.

• 청동기 시대의 전형적인 유물로는 비파형 동검·붉은 간 토기·반달 돌칼·홈자귀 등이 있다. [지17①] □

┗비파형 동검이 제작되기 시작하였다. [법16] □

[해설] 청동기 시대의 대표 유물로 비파형 동검, 붉은 간 토기, 반달 돌칼 등을 들 수 있다.

• 비파형 동검이 사용되었다. [국23] □

┗비파형 동검을 의식에 사용하였다. [서14] □

┗(가): 한반도 안에서 독자적인 발전을 이룬 청동기 형태이다[×]. [법11] □

┗비파형 동검을 보고 있는 군장 [소21] □

[해설] 비파형 동검이 사용된 것은 청동기 시대의 일이다. 초기 철기 시대는 세형 동검(한국식 동검)이 만들어졌다. / [법11] 한반도 안에서 독자적인 발전을 이룬 청동기 동검은 세형 동검이다.

• ㉢ 과 뒤를 이른 ㉣ 을 대표적인 유물로 하는 청동기 문화는 황하나 내몽골 지역의 것과는 구별되는 독자적인 개성을 지닌 것이었다. [국12] □

┗청동기 시대 후기에 이르면서 한반도 내에서는 비파형 동검이 세형 동검으로, 거친무늬 거울이 잔무늬 거울로 바뀌었다.
[경18①] □

└청동기 문화가 독자적 발전을 이룩하면서, 잔무늬 거울은 거친무늬 거울로 그 형태가 변하여 갔다[✗]. [경15①] □

[해설] [국12]의 ⓒ은 비파형 동검(요령식 동검)을, ⓔ은 세형 동검을 가리킨다(문제에서 주어진 선지). 세형 동검은 '한국식 동검'으로 보통 초기 철기 시대의 유물로 제시되는데 이 문제에서는 '청동기 문화'로 보고 있다(한국사 교과서에서 서술)(청동기 말부터 세형 동검 제작)(주의). / [경15①] (가공 기술의 발달로) 청동기 시대의 거친무늬 거울이 더 세련된 형태의 잔무늬 거울로 바뀐 것은 초기 철기 시대의 일이다.

• 청동기로 의례용 도구를 만들었다. [회21] □

[해설] 청동기 시대에 청동기는 소중하고 귀한 금속이므로 대부분 의례용으로 만들었다. 단단하지 않고 무른 청동의 금속적 성질상 농기구나 무기로 사용될 수 없다.

• 동검, 청동 거울, 청동 방울 등을 제작하였다. [서23] □

[해설] 동검, 청동 거울, 청동 방울 등을 제작한 것은 청동기 시대의 일이다. 여기서 동검은 '비파형 동검'을 가리킨다[초기 철기 시대는 세형 동검(한국식 동검)이 만들어짐]. 청동 거울은 일상생활의 화장 도구가 아니라 당시의 통치자 내지 지배 계급의 상징물로 사용된 것이다(추정).

• 미송리식 토기, 팽이형 토기, 붉은 간 토기 [국23] □

└목을 길게 단 미송리식 토기가 사용되었다. [국17②] □

└미송리식 토기를 널리 사용하였다. [국11] □

└이 시대의 전형적인 유물로는 미송리식 토기, 민무늬 토기, 붉은 간 토기 등의 토기가 있다. [경15①] □

└미송리식 토기, 민무늬 토기, 붉은 간 토기가 사용되었던 시대 [경15③] □

└청동기 시대에 미송리식 토기, 팽이형 토기, 민무늬 토기, 붉은 간 토기 등이 제작되었다. [경18①] □

└청동기 시대의 토기로는 미송리식 토기, 이른 민무늬 토기, 덧무늬 토기가 대표적이다[✗]. [경16①] □

└[미송리식 토기] (나): 애니미즘과 토테미즘이 등장하던 시기에 처음 제작되었다[✗]. [법11] □

└야요이 토기는 이 시기에 만들어진 미송리식 토기의 영향을 받은 것이다. [회16] □

[해설] 미송리식 토기와 함께 팽이형 토기, 붉은 간 토기는 모두 청동기 시대의 민무늬 토기이다(지역에 따라 형태와 문양 등 형식 다양, 일명 '무문토기'). 하지만 덧띠 토기', '검은 간 토기'는 초기 철기 시대의 유물이다(주의). [국17②]에서 '목이 길다는 것'을 한자로 '장경(長頸)'이라 한다. 따라서 목이 긴 미송리식 토기는 곧 '장경토기'라 부를 수 있다. / 팽이형 토기는 민무늬 토기의 한 형식 가운데 가장 이른 시기에 출현한 토기로, 평안도와 황해도 지역을 중심으로 하는 서북 지역에 집중 분포되어 있다(지역성이 강한 토기). 전체 모양이 팽이 모양과 같다 하여 붙여진 이름이다. / 팽이형 토기를 계승한 것으로 추정되는 화분형 토기(민무늬 토기의 형식 중 하나)는 초기 철기 시대의 토기이다. / [경16①] 이른 민무늬 토기와 덧무늬 토기는 신석기 시대의 토기이다. / [법11] 애니미즘과 토테미즘이 등장하던 시기는 신석기 시대이다. 하지만 미송리식 토기는 청동기 시대의 토기이다((민무늬 토기 형식 중 하나). / [회16] (일본의) 야요이(彌生) 토기는 청동기 시대에 만들어진 미송리식 토기의 영향을 받은 것이다. 참고로 일본의 야요이 시대는 기원전 400년 전후부터 기원후[서기] 300년 전후에 걸치는 시대이다(청동기 시대와 초기 철기 시대).

• 민무늬 토기, 미송리식 토기 등을 사용하였다. [회15] □

[해설] 청동기 시대의 대표 토기들이다. 미송리식[미송리형] 토기는 민무늬 토기의 한 형식이다.

• 일상생활에서 민무늬 토기가 이용되었다. [서23] □

└민무늬 토기, 덧무늬 토기, 붉은 간 토기 등을 사용하였다[✗]. [기13] □

└민무늬 토기 [서22②] [기12] □

[해설] 민무늬 토기는 청동기 시대에 일상생활에서 사용된 대표 토기이다(청동기 시대의 민무늬 토기로는 미송리식 토기, 팽이형 토기, 붉은 간 토기 등)(초기 철기 시대에는 검은 간 토기, 덧띠 토기, 화분형 토기 등). / [기13] 덧무늬 토기는 신석기 시대의 토기이다.

• 붉은 간 토기 – 거친 무늬 거울을 사용하여 제사를 지내거나 의식을 거행하였다. [지18] □

[해설] 붉은 간 토기는 토기의 표면에 산화철을 바르고 반들거리게 문질러서 구운 토기(민무늬 토기 형식 중 하나)로 청동기 시대의 유물이다. 거친무늬

(청동) 거울을 사용하여 제사를 지내거나 의식을 거행한 것 역시 청동기 시대에 해당한다.

- 청동기 시대 토기로는 몸체에 덧띠를 붙인 덧무늬 토기가 대표적이다[x]. [서13] □

[해설] 청동기 시대의 대표 토기로는 민무늬 토기(미송리식 토기, 팽이형 토기, 붉은 간 토기는 그 형식 중 하나)가 있다. 덧무늬 토기는 신석기 시대의 유물이다.

■ 청동기 시대의 대표 유물 [국17②] [기12] □

- 이 시기에는 반달 돌칼 등 다양한 간석기가 사용되었고 민무늬 토기를 비롯한 토기의 종류가 다양해졌으며, 고인돌과 돌널무덤이 만들어졌다.

[해설] 반달 돌칼과 민무늬 토기는 청동기 시대의 대표적인 유물이다. 고인돌은 지석묘, 돌널무덤은 석관묘라고도 한다.

- "○○ 지역의 문화재를 발굴한 결과 우측 지층도 (가) 층에서는 반달 돌칼과 미송리식 토기 등이 출토되었고, (다) 층에서는 주먹도끼와 슴베찌르개 등이 출토되었습니다."
  (문화재 발굴단장의 발표문과 지층도)

(가)
(나)
(다)

[해설] 주어진 자료 속 '(가) 층'은 청동기 시대이고, '(다) 층'은 구석기 시대를 가리킨다. 따라서 그 중간인 '(나) 층'은 신석기 시대의 유물이 발굴되어야 함을 추론할 수 있다.

- 거친 무늬 거울 [서21] □

[해설] 거친 무늬 거울은 일종의 청동 거울로 다양한 기하학적 무늬가 새겨졌다(초기 철기 시대에는 더욱 세련된 잔무늬 거울이 제작).

- 청동기 시대에는 조개껍데기 가면 등의 예술품도 많이 제작되었다[x]. [서13] □
  └ 청동기 시대에는 어로 활동이나 조개 채집의 비중이 줄어들어 패총이 많이 발견되지 않는다. [경20①] □

[해설] 조개껍데기 가면은 신석기 시대의 유물이다. / 패총은 신석기 시대의 대표적인 유적이다. 청동기 시대에는 패총이 많이 발견되지 않는다.

- 당시 사람들은 사냥 및 고기잡이의 성공과 풍요를 기원하기 위해 바위그림을 그렸다. [경15③] □
  └ 사냥과 고기잡이의 성공과 풍성한 수확을 비는 다양한 바위그림들이 만들어지고 있었다. [기11] □
  └ 울주 반구대에는 사각형 또는 방패 모양의 그림이 주로 새겨져 있다[x]. [서17①] □

[해설] [서17①] 울주 (대곡리) 반구대 바위그림[암각화]에는 거북이, 사슴, 새와 같은 동물과 고래, 그물에 걸린 물고기, 우리 안의 동물 등이 새겨져 있다. 사각형 또는 방패 모양의 그림이 주로 새겨져 있는 바위그림은 울주 천전리 각석이다(그중 제1암각화가 해당, 제2암각화에는 사냥과 관련된 그림). / 사냥과 고기잡이의 성공과 풍성한 수확을 비는 다양한 바위그림들이 만들어지고 있었던 것은 청동기 시대에 해당한다. 앞에서 설명했듯이 한반도에서 청동기 시대가 본격화된 것은 기원전 2000년경에서 기원전 1500년경으로 본다. 또 초기 철기 시대가 시작된 것은 기원전 5세기경으로 본다.

2 철기 문화의 수용

- 춘천 율문리 철자형 집터* [지15①] □

[해설] 강원 춘천의 율문리 철자형(凸) 집터는 초기 철기 시대의 유적 중 하나이다. 철기류가 다수 출토되었다. 철자형(凸) 집터는 여자형(呂) 집터와 함께 초기 철기 시대 한반도 중부 지방에서 주로 나타나는 집터 형식이다(초기 국가 동예의 집터 특징이기도 함).

- [한국 철기 시대의 주거 양상] 부뚜막이 등장하였다.* [지11①] □
  └ 지상식 주거가 등장하였다. [지11①] □
  └ 움집을 청산하고 지상 가옥에서 거주하기 시작하였다. [서18①] □
  └ 원형의 송국리형 주거가 등장하였다[x]. [지11①] □

┗출입구 시설이 붙은 '여(呂)'자형 주거가 등장하였다. [지11①] □

[해설] 부뚜막이 처음 출토된 것은 초기 철기 시대인 기원전 1세기를 전후한 고구려의 유적에서이다(철제와 도제의 부뚜막 출토). 무덤 벽화 중에도 부뚜막이 그려진 예가 있다. / [지11①] [서18①] 신석기 시대와 청동기 시대에 사람들은 움집에서 생활하였다. 그리고 청동기 시대 후기에 이르러 지상 가옥화된 움집에서 거주하였다. 사실 움집[수혈주거]이라는 말 자체에 반지하 가옥의 뜻이 담겨 있다. 하여튼 이때는 바닥[구덩]의 깊이가 얕은 형태였고(반지하를 달리 말하면 '반지상'), 초기 철기 시대에 이르러 움집과 같이 구덩을 파는 구조가 아니라 아예 땅에 기둥을 박고 그 위에 집을 짓는 형태인, 즉 완전한 형태의 '지상식 주거'가 등장하였다(주의). / [지11①] 원형의 송국리형 주거는 청동기 시대의 집터에 해당한다. 부여 송국리 유적은 청동기 시대의 대표 유적이다. / 철기 시대에 해당하는 동예 지역에 바닥이 '철(凸)' 자 모양과 '여(呂)' 자 모양의 가옥이 출현하였다.

• 철제 무기와 공구를 청동기와 함께 사용하였다(청동기 문화).* [회21] □

[해설] 철제 무기와 공구를 청동기와 함께 사용한 것은 초기 철기 시대의 일이다. 그런데 해당 문제의 질문이 '청동기 문화에 대한 설명'으로 초기 철기 시대의 문화적 측면(청동기 문화라는 측면)에서는 옳은 설명으로 볼 수 있다(철기 시대에도 청동기는 사라지지 않고 의례용으로 제작). 분명한 점은 석기와 목기, 철기 농기구는 있어도 '청동제 농기구'가 보급된 적은 없다는 사실이다(해당 문제에서 '청동제 농기구가 보급되어 농업이 발전하였다'는 틀린 선지 제시).

• 철제 농기구로 농사를 지었다. [서14] □
┗철제 농기구의 사용이 보편화되었다. [법14] □
┗철제 농기구를 사용하였다. [기17] □
┗이 시대에는 철기로 농기구를 제작하여 사용함으로써 농업 생산력이 증대되고 경제 기반이 확대되었다. [경12③] □

[해설] 철제 농기구는 초기 철기 시대에 사용되었다.

• 벼농사를 위하여 각종 수리 시설이 축조되었다. [서18①] □

[해설] 벼농사를 위하여 각종 수리시설이 축조된 것은 초기 철기 시대부터이다. 삼한 시대에 이르러 제천의 의림지, 김제의 벽골제, 밀양의 수산제와 같은 저수지가 만들어져 농사에 이용되었다.

• 한자의 전래로 붓이 사용되었다. [지14②] □
┗창원 다호리에서는 문자를 적는 붓이 출토되었다. [국19] □

[해설] 경남 창원 다호리 유적에서 붓이 출토되어 초기 철기 시대에 한자를 사용했음을 알 수 있다.

• 한국식 동검이라 일컫는 세형 동검을 사용하였다. [지13] □

[해설] 한국식 동검이라 불리는 세형 동검은 초기 철기 시대에 사용되었다.

• 반량전, 오수전 등의 중국 화폐가 사용되었다. [지14②] □
┗유적시에서 명도선, 반량선 등의 중국 화폐가 출토되었다. [회16] □
┗명도전, 오수전 등이 출토되어 우리나라와 중국의 교역이 활발했음을 알 수 있다. [서24①] □
┗명도전, 왕망전 등을 사용하였다. [기16] □
┗오수전 등의 화폐가 사용되었다. [국23] □

[해설] 반량전, 오수전 등의 중국 화폐가 사용된 시대는 초기 철기 시대이다. 이를 통해 당시 중국 지역의 국가들과 활발하게 교류하였음을 알 수 있다. / 반량전(半兩錢)은 중국 진(秦)나라 때 사용된 화폐[동화((銅貨)]이다. '반량(半兩)'이라는 글자가 새겨져 있다. / 오수전(五銖錢)은 중국 한 대[한 무제]에 주로 사용된 동전으로, 초기 철기 시대에 해당한다(위진 남북조를 거쳐 수 대까지 유통). 동전의 무게가 오 수, 즉 3.35g인 관계로 오수(五銖)라는 두 글자가 표시되었다[일 수(銖)는 한 량(兩)의 1/24](초기에는 동전이었다가 후대에는 철전도 주조). / 명도전(明刀錢)은 중국 전국 시대에 사용된 화폐이다(연나라, 제나라). 손칼 모양의 청동 화폐로 '명(明)'자가 장식되어 있어 '명도전'이라 부른다. / 왕망전(王莽錢)은 중국 신(新) 대(기원후 8-23)에 발행된 여러 종류의 화폐를 가리킨다('신'은 왕망이 전한의 황제 권력을 찬탈하고 세운 나라).

• [명도전, 반량전, 창원 다호리 붓] 중국과 활발하게 교류하였다. [법14] □

[해설] 제시된 세 유물은 모두 초기 철기 시대의 것들이다. 세 유물을 통해 초기 철기 시대에 중국과 활발하게 교류하였음을 알 수 있다.

- 사천 늑도 유적에서 반량이라는 글자가 새겨진 청동 화폐가 출토되었다. [서17①] ☐

[해설] 경남 사천 늑도 유적에서 청동 화폐인 반량전과 오수전, 한(漢)의 거울 등이 출토되었다(사적 제450호). 늑도는 경남 사천시 삼천포항과 남해군 창선도 사이에 위치한 조그만 섬으로 섬 전체가 대규모 유적이다.

- 옹관묘(독무덤), 목관묘(널무덤) [회16] ☐
  └ 널무덤과 독무덤 등이 만들어졌다. [기13] ☐
  └ 나주 복암리 옹관묘* [지15①] ☐

[해설] 독무덤(옹관묘)와 널무덤(목관묘, 토광묘)*, 이들 무덤이 만들어진 시대는 초기 철기 시대이다. / 삼국 시대의 (전남) 나주 복암리 고분군에서 초기 철기 시대의 옹관묘를 비롯해 구덩식 돌방무덤, 돌무지덧널무덤, 굴식 돌방무덤 등 다양한 형태의 무덤이 발견되었다(사적 제404호).

*널무덤: 선사 시대 이래 가장 널리 사용된 원초적이고 보편적인 묘제로, 통나무를 파거나 판재로 짜서 만든 나무 널[木棺(목관)]에 시신을 안치하고, 땅에 구덩이를 파고 널을 묻은 무덤이다. 대체로 고분에서는 나무로 만든 장구의 흔적이 남아 있는 경우가 거의 없었기 때문에 예전에는 널무덤[木棺墓(목관묘)]을 움무덤[土壙墓(토광묘)]**과 동일한 의미로 사용하였다. 그런데 최근은 나무 널이나 나무 덧널[木槨(목곽)] 시설이 확인되면서 (순)움무덤[土葬墓(토장묘), 구덩무덤]과 널무덤, 덧널무덤[木槨墓(목곽묘)]을 세분화해 부르고 있는 추세에 있다(참고).

**움무덤은 특별한 시설 없이 땅을 파서땅을 파서 시신과 토기 등의 물품을 묻고 흙으로 덮어 마무리[매장]하는 무덤 양식이다. 무덤 구덩 내 시설에 따라 (순)움무덤, 널무덤, 덧널무덤으로 구분하는 것은 방금 널무덤에서 설명한 바와 같다.

- 세형 동검 [서21] ☐
  └ 세형 동검, 잔무늬 거울 등을 사용하였다. [서20] ☐

[해설] 세형 동검(한국식 동검), 잔무늬 거울 등을 사용한 것은 초기 철기 시대이다.

■ 세형 동검과 잔무늬 거울 [기13] ☐

비파형 동검이 세형 동검으로, 거친무늬 거울이 잔무늬 거울로 그 형태가 바뀌었다.

[해설] 이와 같은 변화가 일어났던 시기는 초기 철기 시대이다.

- [초기 철기 시대] 부여, 고구려, 옥저, 동예, 삼한 등의 국가가 성립되었다. [서20] ☐

[해설] 부여, 고구려, 옥저, 동예, 삼한 등의 (초기) 국가가 성립된 것은 초기 철기 시대이다.

- [초기 철기 시대] 가까운 사람을 함께 매장하는 순장 풍습이 있었다. [회24] ☐

[해설] 가까운 사람을 함께 매장하는 순장 풍습은 초기 국가, 부여에서부터 있었다(『삼국지』 위서 동이전 부여조)(초기 철기 시대). 즉 부여에서는 왕이 죽으면 옥갑(玉匣)을 사용하고 많은 사람을 순장하였다(귀족의 사망 시에도 순장, 가족이나 노비 등을 함께 순장). 하지만 6세기에 이르러 신라 지증왕은 농업 생산력이 상승함에 따라 노동력을 확보하기 위하여 순장을 금지하였다(502, 지증왕 3).

● 사진으로 보는 청동기 시대와 철기 문화의 수용

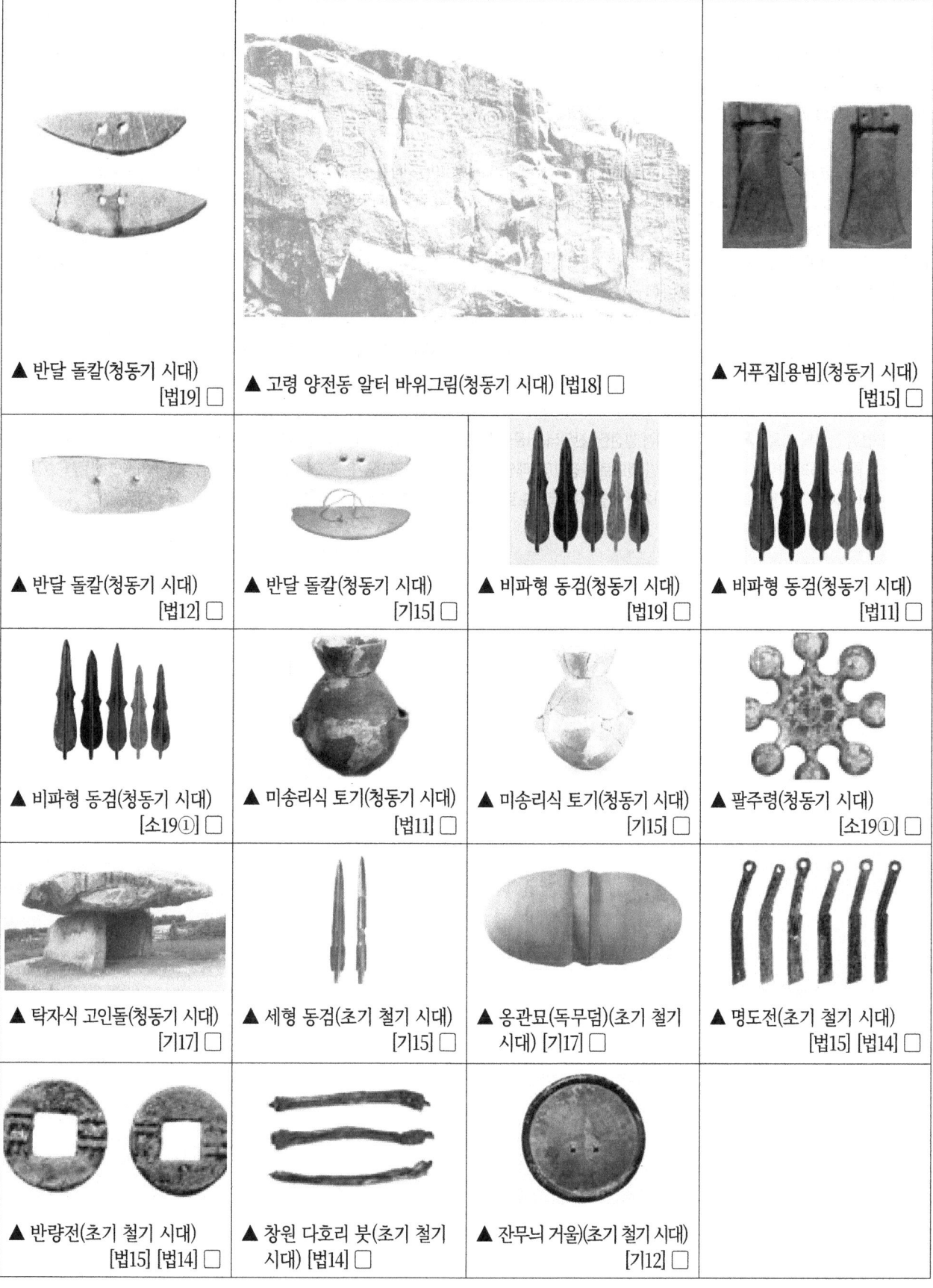

[해설] [법19] [법12] [기15] 반달 돌칼. 청동기 시대에 사용된 일종의 수확기이다

[해설] [법18] 고령 장기리 암각화[고령 양전동 알터 바위그림]. 삼각형, 원, 십자형, 동심원 등 기하학적 무늬가 새겨져 있는데, 이와 같은 바위그림이 그려진 때는 청동기 시대이다. 풍요를 기원하는 의미를 갖는 것으로 해석하고 있다. 고령 장기리 암각화는 경북 고령의 양전동 알터 바위그림으로 일명 '양전동 암각화' 또는 '알터 암각화'라고도 한다. 참고로 유명한 울산의 울주 대곡리 반구대 암각화는 신석기 시대부터 만들어지기 시작했다는 설과 청동기 시대의 작품이라는 설이 있다.

[해설] [법15] 고령 거푸집(용범). 한반도에서 청동기 문화가 독자적으로 발전하였음을 잘 보여주는 유물이다. 이 외에도 세형 동검과 잔무늬 거울을 들 수 있다.

[해설] [법19] [법11] [소19①] 비파형 동검. 한반도뿐 아니라 만주 일대에도 널리 분포하는 청동기 시대 유물이다. 중국의 악기인 비파를 닮아 이런 이름이 붙었다. 중국의 랴오닝(요녕) 지역에서 많이 발견되어 '랴오닝식(요녕식) 동검'이라고도 한다. 또 고조선을 상징하는 유물이라는 뜻에서 '고조선식 동검'이라고도 부른다.

[해설] [소19①] 팔주령. 청동기 시대의 유물이다(청동 방울). 팔두령, 팔령구라고도 하며 샤먼이 사용하는 의기(儀器) 중의 하나이다(방울 외 거울, 칼 등).

[해설] [법14] [법15] 명도전. 초기 철기 시대에 사용된 중국의 화폐로, 중국 전국 시대의 연나라와 제나라에서 사용된 화폐이다. 손칼 모양의 청동 화폐로 '명(明)'자가 장식되어 있어 '명도전(明刀錢)'이라 부른다. 중국과 활발한 교류가 이루어졌음을 알 수 있다.

[해설] [법15] [법14] 반량전. 초기 철기 시대에 사용된 중국의 화폐로, 중국 진(秦)나라 때 사용되었다[동화((銅貨)]. '반량(半兩)'이라는 글자가 새겨져 있다.

[해설] [법14] (경남) 창원 다호리 출토 붓. 초기 철기 시대의 유물

[해설] [기12] 잔무늬 거울. (거친무늬 거울에서 발전한) 잔무늬 거울이 등장한 것은 청동기 시대 후기와 초기 철기 시대이며 주로 제사 의식에 사용하였거나 족장들의 권위를 상징하는 유물인 것으로 추정한다. 태양 숭배 사상과 관련이 깊은 것으로 알려져 있다. 엄격하게 따지면 천문과 일정한 관련이 있지만 그것을 '상징'할 뿐 측정하거나 관찰하는 목적으로 제작된 것과는 다르다고 볼 수 있다.

주제 03 고조선의 성립과 발전

1 고조선의 성립

- 기원전 2333년 단군의 등장 [국16] □
  - 고조선은 기원전 10세기경에 철기 문화를 바탕으로 성립되었다[x]. [경11②] □
  - 고조선 시대 [기11] □

[해설] 고조선은 기원전 2333년경 단군왕검에 의해 성립되었다. 즉 고조선은 청동기 시대의 국가이다. 기원전 2000년경에서 1500년경, 혹은 1000년경부터 청동기 시대가 본격화되었다고 보며, 기원전 5세기경부터 중국의 유이민들에 의해 철기 문화가 한반도로 전래되기 시작한 것으로 본다.

- 『삼국사기』의 기록에 따르면 단군왕검이 고조선을 건국하였다[x]. [서12] □

[해설] (『삼국사기』가 아니라) 『삼국유사』의 기록에 따르면 단군왕검이 고조선을 건국하였다.

- 단군은 제정일치(祭政一致)의 지배자로 주변 부족을 통합하고 지배하기 위해 자신의 조상을 곰, 호랑이와 연결시켰다. [x] [서13] □

[해설] '단군왕검'이라는 명칭에서 고조선이 제정일치 사회였음을 알 수 있다. 단군 신화는 선민사상을 가지고 이주해온 환웅 부족이 곰을 토템으로 믿는 부족과 연합하였음을 의미한다.

- ㉠ - 천손 사상으로 부족의 우월성을 과시했다. [법21] □
  - ㉡ - 고조선의 농경 사회 모습이 반영되어 있다. [법21] □
  - ㉢ - 특정 동물을 수호신으로 여기는 샤머니즘이 존재했다[x]. [법21] □
  - ㉣ - 정치적 지배자와 제사장이 일치된 사회였음을 알 수 있다. [법21] □

[해설] 자료(단군의 건국 이야기) 참조. ㉠ '환인의 아들 환웅'이 제시된 것은 천손 사상으로 부족의 우월성을 과시하는 부분이다. 적절한 해석이다. / ㉡ '풍백, 우사, 운사', 즉 '바람의 신, 비의 신, 구름의 신'은 곧 농사와 깊은 관련이 있는 신들이다. 고조선이 농경 사회임을 반영한다. / ㉢의 '곰과 호랑이'와 같은 특정 동물을 수호신으로 여기는 원시 신앙은 토테미즘(Totemism)이다. 주술 신앙이라고도 하는 샤머니즘(Shamanism)은 무당과 주술(呪術)에 대한 신앙이다. 고조선의 단군, 삼한의 천군과 같은 제사장과 연관된다. / ㉣의 '단군'은 제사장을, '왕검'은 정치적 지배자를 가리킨다. 따라서 '단군왕검'이라는 명칭은 곧 고조선이 정치적 지배자와 제사장이 일치된 (제정일치의) 사회였음을 말해 준다.

▌개천절 [국23] □

- 단군왕검이 우리 역사상 최초의 국가인 **고조선**을 건국한 것을 기리는 뜻으로 제정된 국경일입니다.
- 1909년 대종교에서 개천일로 이름 짓고 기념한 것에서 유래되었습니다.
- 매년 10월 3일에는 마니산 참성단에서 **고조선의 건국**을 기념하는 행사가 거행됩니다.

▌단군의 건국 이야기(『삼국유사』) [서15] [법21] □

- 곰과 호랑이가 찾아와 사람이 되기를 원하므로 환웅이 그들에게 쑥과 마늘을 주면서 "이것을 먹고 100일 동안 햇빛을 보지 않으면 사람이 될 것이다."라고 하였다. 곰은 이를 지켜 여자의 몸이 되었으나 호랑이는 사람이 되지 못하였다. 환

웅이 사람으로 변신하여 웅녀와 결혼하였다. 아들을 낳으니 이가 단군왕검이다.

[해설] 널리 알려진 단군의 건국 이야기이다. 『삼국유사』, 『제왕운기』, 『세종실록지리지』, 『응제시주』, 『동국여지승람』, 『동국통감』 등에 실려 있다.

· 옛날 ㉠환인의 아들 환웅이 천부인 3개와 3,000명의 무리를 이끌고 태백산 신단수 밑에 내려왔는데, 이곳을 신시라 하였다. 그는 ㉡풍백, 우사, 운사로 하여금 인간의 360여 가지의 일을 주관하게 하였는데 그 중에서 곡식, 생명, 질병, 형벌, 선악 등 다섯 가지 일이 가장 중요한 것이었다. 이로써 인간 세상을 교화시키고 인간을 널리 이롭게 하였다. 이때 ㉢곰과 호랑이가 사람이 되기를 원하므로 환웅은 쑥과 마늘을 주고 …… 곰은 금기를 지켜 21일 만에 여자로 태어났고 환웅과 혼인하여 아들을 낳았다. 이가 곧 ㉣단군왕검이었다.

[해설] 관련 선지 및 해설 참조

- [단군 신화 수록 사서] 『삼국유사』 [회15] □
  - 『제왕운기』 [회15] □
  - 『응제시주』 [회15] □
  - 『동명왕편』 [X] [회15] □
  - 『세종실록지리지』 [회15] □

[해설] 단군 신화를 수록한 서적으로는 다음과 같은 것이 있다. 『삼국유사』(일연), 『제왕운기』(이승휴), 『응제시주』(권람, 조선 세조 대), 『세종실록지리지』, 『동국여지승람』(노사신·양성지·강희맹 등, 조선 성종 대), 『신증동국여지승람』, 『동국통감』, 『동국역대총목』(홍만종, 단군 정통론), 『동사강목』(안정복, 삼한 정통론). / 『동명왕편』은 이규보(1168~1241)가 명종 23년인 1193년에 무신 집권기의 사회 혼란 속에서 고려의 역사 전통을 고취할 목적으로 저술한 사서이다. 고구려의 건국 설화를 민족 자주적 입장에서 5언시 형태로 표현하였다(장편 영웅 서사시).

- 『삼국사기』에 따르면 요임금 때 건국되었다 [X].* [지12②] □
  - 건국 사실이 『제왕운기』에도 기술되어 있다. [지12②] □
  - 사람의 생명과 사유재산을 보호하는 사회였다. [지12②] □
  - 이 나라의 이름이 『관자』라는 책에도 나오고 있다. [지12②] □
  - 최초로 고조선을 언급하는 문헌은 중국 춘추전국 시대에 편찬된 『관자(管子)』이다. [경19①] □

[해설] 고조선을 요임금 때 건국되었다고 기록한 사서는 『삼국유사』이다(1285, 고려 충렬왕 11). 요임금은 고대 중국의 전설상의 제왕으로 태평성대를 이끌었던 성군인 이제삼왕(二帝三王) 중 한 사람이다. 『삼국사기』에는 고조선에 대한 언급 없이 단군에 관한 내용이 단 한 줄 나온다. / 『제왕운기』(이승휴)는 고조선 건국이 기술된 사서 중 하나이다(1287, 충렬왕 13). / 8조법에는 사람의 생명과 사유 재산을 보호하는 내용이 담겨 있다. / 고조선 관련 중국 사료로 『관자』, 『위략(魏略)』, 『산해경(山海經)』이 있다.

- 중국 측 기록인 『관자』나 『산해경』 등에는 고조선과 관련된 기록이 등장한다. [서17①] □

[해설] 고조선에 관한 가장 오래된 기록은 중국의 『관자(管子)』*이다(기원전 7세기 초). 『관자』, 『산해경』에는 고조선이 중국의 랴오닝 성을 중심으로 성장하였음이 기록되어 있다.

*관자(管子): 춘추 시대 제나라의 사상가이자 정치가인 관중(?~기원전 645)이 지은 것으로 되어 있으나, 그 내용으로 보아 후대의 사람들이 썼고, 전국 시대에서 한 대에 걸쳐 성립된 것으로 추정하고 있다.

- [단군 조선의 역사를 다룬 책] 『표제음주동국사략』 [서17②] □
  - 『삼국사기』 [X] [서17②] □
  - 『연려실기술』 [X] [서17②] □
  - 『고려사절요』 [X] [서17②] □

[해설] 단군 조선을 다룬 책으로는 『삼국유사』, 『제왕운기』, 『세종실록지리지』, 『응제시주』, 『동국여지승람』, 『동국통감』, 『표제음주동국사략』 등이 있다. 『표제음주동국사략』[유희령(1480~1552)]는 『동국통감』을 바탕으로 하여 단군 조선에서 고려까지의 역사를 축약하여 서술한 일종의 통사이다(조선 중종)(1540~1550년대로 추정). / 『삼국사기』(김부식)에는 단군 조선에 대한 내용이 없다(1145, 고려 인종 23). / 『연려실기술』(이

긍익)은 조선 왕조의 정치사를 야사를 참고하여 실증적이고 객관적으로 서술하였다(1776, 조선 영조 52). 단군 조선에 대한 내용은 없다. / 『고려사절요』(김종서 등)는 고려 시대의 역사를 편년체로 서술한 것으로 단군 조선에 대한 내용은 다루지 않았다(1452, 조선 문종 2년). 재상 중심의 고려사이기도 하다.

- 조선 시대에는 기자동래설(箕子東來說)을 인정하고 있었다.* [경19①] □

[해설] 조선 시대는 기자동래설(箕子東來說)을 인정하였다. 그리하여 조선 초기에는 기자를 숭배하는 풍토가 형성되었다.

- 『삼국사기』와 『동국통감』에 해당 국가 기록이 남아 있다[x]. [경20②] □
  └ 『동국통감』의 기록에 의하면 단군왕검이 고조선을 건국하였다. [경14①] □

[해설] [경20②] 『동국통감』은 맞지만 『삼국사기』에는 고조선에 대한 기록이 없다. 『삼국유사』로 바꾸어야 한다. / 『동국통감』의 기록에 의하면 단군왕검이 고조선을 건국하였다. 참고로 『동국통감』에서는 기자 조선과 그 후계자인 마한, 그리고 신라의 역사적 위치를 높이고, 단군 조선, 고구려, 백제, 발해, 고려의 위치를 상대적으로 낮추었다.

2 고조선의 발전과 멸망

- 고조선은 요령 지방을 중심으로 성장하여 점차 한반도까지 발전하였다. [지14①] □
  └ 고조선은 한반도를 중심으로 성장하여 점차 세력을 확대하면서 요령 지방까지 발전하였다[x]. [서12] □

[해설] 중국 사서에 나타난 고조선은 랴오허[요하] 유역에서 한반도 서북 지방에 걸쳐 성장한 모습으로 기록되어 있다. 따라서 고조선의 중심지는 랴오허[요하] 유역, 즉 요령[요녕] 지방이고 이후 성장하면서 한반도 서북 지방까지 세력을 확대하였다고 볼 수 있다.

- 『삼국지』<동이전>에 인용된 『위략』에 따르면 연나라가 강성해져 스스로 왕을 칭하자 조선후가 왕을 자칭하지 않았다는 기록이 있다[x]. [서17①] □

[해설] 중국의 연(燕)이 강성해져 스스로 왕을 칭하자 (고조선의 국왕인) 조선후(朝鮮候) 역시 스스로 왕으로 칭하였다. 이로 인해 연과 대립하게 되었다[연 장수 진개(?~?)의 공격]. 조선후는 이름이 아닌 작호이다. 유향(기원전 79?~기원전 8?)의 『전국책(戰國策)』*에는 기자의 후손으로 기록되어 있다.

*『전국책(戰國策)』: 중국 전한 시대의 학자 유향이 동주 후기인 전국 시대(기원전 475~기원전 222) 전략가들의 책략을 편집한 책이다.

- 중국 연(燕)의 침략으로 요서 지역을 잃었다. [법16] □

[해설] 중국 연(燕)의 침략으로 고조선이 요서 지역을 잃은 것은 기원전 3세기 초의 일이다.

- 고조선은 기원전 3세기 무렵 진나라를 공격하여 현재의 요서 일대를 새 영토로 편입하였다[x]. [회19] □

[해설] 고조선은 기원전 4세기 무렵 요서 지방을 경계로 중국의 전국 시대 7웅 중 하나인 연(燕)과 대립할 만큼 강성하였다. 그러다 기원전 3세기 후반부터 연이 동방으로 진출하면서 고조선이 밀리기 시작하였다. 기원전 300년을 전후한 시기(기원전 3세기 초)에는 연의 장수 진개의 공격을 받아 요서의 서쪽 영역을 잃고 세력이 위축되었다(이후 고조선은 그 중심지를 요하 유역에서 평양 지역으로 옮긴 것으로 추정). 그 뒤 진(秦)이 기원전 222년에 연을 멸망시키고 요동군에 대한 지배권을 강화하였다. 고조선의 부왕(否王)은 진의 심략이 걱정되어 복속할 것을 청하였지만, 식섭 조회(朝會)하는 것은 거부하였다. 부왕 사후 아들 준왕(準王)이 즉위할 무렵 진이 내란으로 망하고, 대신 기원전 202년에 한(漢)이 중국을 다시 통일하였다(이른바 진한 교체기). 요컨대 고조선이 기원전 3세기 무렵 진을 공격하여 현재의 요서 일대를 새 영토로 편입한 사실은 없다.

- 부왕, 준왕과 같은 강력한 왕이 등장하여 왕위를 세습하였다. [지14①] □
  └ 기원전 3세기경에는 강력한 왕이 등장하여 왕위를 세습하였으며, 그 밑에 상, 대부, 장군 등의 관직도 두었다. [경15②] □
  └ 상, 대부, 장군 등의 관직을 두었다. [지24] □

[해설] 고조선에서는 기원전 3세기경에 강력한 왕이 등장하여 왕위를 세습하였으며, 그 밑에 상, 대부, 장군, 대신, 박사 등의 관직도 두었다 / 부왕(3세기 말경 즉위), 준왕(부왕의 아들)과 같은 강력한 왕이 등장하여 왕위를 세습한 것은 기원전 3세기이다(기원전 3세기 말~기원전 2세기 초).

- 고조선은 기원전 2세기 말 왕을 칭할 정도로 국가 체제를 갖추었다[x]. [서12] □

[해설] 고조선은 (기원전 2세기 말이 아니라) 기원전 3세기 말과 2세기 초에 왕을 칭할 정도의 국가 체제를 갖추었다(부왕과 준왕과 같은 강력한 왕 등장, 왕위 세습).

■ 위만의 고조선 망명 [법16] ☐

노관이 한을 배반하고 흉노로 도망한 뒤, 연나라 사람 위만도 망명하여 오랑캐 복장을 하고 동쪽으로 패수를 건너 준에게 항복하였다.
- 위략 -

[해설] 연왕 노관(기원전 265~기원전 193)이 한에 반기를 들고 흉노로 들어간 것은 기원전 195년의 일이다. 따라서 위만이 망명한 것도 이 시기임을 추정할 수 있다.

- 위만은 고조선에 망명해 올 때 상투를 틀고 왔다. [회14] ☐
    └ 위만은 고조선으로 들어올 때 상투를 틀고 오랑캐의 옷을 입었다. [경14①] ☐

[해설] 중국의 사서『삼국지』위서 동이전에 인용되어 있는『위략(魏略)』에 이와 같이 기록되어 있다(직역한 것, '조선인의 옷' 착용 포함).

- 위만은 준왕의 신임을 얻어 서쪽 변경을 수비하는 임무를 맡았다. [지14①] ☐

[해설] 위만은 진한 교체기에 천여 명의 무리를 이끌고 고조선으로 들어 왔는데 준왕의 신임을 받아 서쪽 변경을 수비하는 임무를 맡았다.

- 기원전 194년 위만의 집권 [국16] ☐
    └ 위만의 이동과 집권 과정 [서19②] ☐
    └ 기원전 194년 위만은 우거왕을 몰아내고 스스로 왕이 되었다[×]. [경14①] ☐
    └ 기원전 2세기 초, 위만은 고조선에 망명해 와 있다가 준왕을 몰아내고 왕이 되었다. [서17①] ☐
    └ 위만이 준왕을 몰아내고 왕이 되었다. [지24] ☐
    └ 위만이 고조선의 준왕을 축출하고 스스로 왕이 되었다. [경17②] ☐

[해설] 위만(?~?)이 고조선으로 이동한 것은 기원전 195년 연왕 노관(기원전 265~기원전 193)이 한에 반기를 들고 흉노로 망명하여 연 지방이 큰 혼란에 휩싸였을 때이다. 따라서 위만이 유이민 무리 약 1천여 명을 이끌고 고조선으로 망명한 시기도 이와 같은 시기로 볼 수 있다. 그리고 위만은 준왕의 신임을 받아 서쪽 변경을 수비하는 임무를 맡았다. 그리고 기원전 194년에 위만은 (중국 군대가 침입하여 온다는 구실을 허위로 내세워) 왕검성을 공격하여 준왕을 쫓아내고 스스로 왕이 되었다(위만 조선).* 이에 준왕은 남쪽 진국으로 이주한 후 자신을 한왕(韓王)이라 칭하였다. / [경14①] 우거왕(재위 ?~기원전 108)은 고조선의 마지막 왕이자 위만의 손자이다.

*한 전문 학자는 위만 조선의 건국 연대에 대해서는 분명한 기록이 없다고 하면서,『사기』조선열전을 참조해 위만 조선의 건국을 기원전 195년에서 180년 사이로 추정한다.

- 위만은 왕이 된 후 고조선의 준왕을 한왕(韓王)으로 책봉하였다[×]. [회14] ☐
    └ 위만은 정권을 잡은 후에도 고조선의 전통을 계승하였다. [회14] ☐
    └ 위만은 왕위에 오른 후에도 조선이라는 이름을 그대로 사용하였다. [회14] ☐

[해설] [회14] 위만(?~?)은 기원전 194년에 왕검성을 공격하여 준왕을 몰아내고 스스로 왕이 되었다. 이에 준왕은 남쪽 진국으로 이주한 후 자신을 한왕(韓王)이라 칭하였다. / 조선이라는 이름을 그대로 사용하였기에 위만의 고조선이 단군의 고조선을 계승한 것으로 볼 수 있다(위만 조선).

■ 위만 조선 [지14①] ☐

- (가) 위만 왕조는 철기 문화를 기반으로 자신의 세력을 점차 확대하였다.
  (나) ▓▓▓▓▓▓▓▓▓▓▓▓▓▓▓▓▓▓▓▓▓▓▓▓▓▓
  (다) 한 무제의 대규모 무력 침략을 받아 마침내 왕검성이 함락되었다.

[해설] (가)에 위만 왕조가 철기 문화를 기반으로 자신의 세력을 점차 확대하였다는 내용이 나와 있다. 위만 조선이 성립한 기원전 194년 이후의 일에

해당한다고 볼 수 있다. (나)에는 한 무제(재위 기원전 140-기원전 86, 제7대)(성명 '유철')의 대규모 무력 침략을 받아 마침내 왕검성이 함락되었다는 내용이 나와 있다. 위만 조선이 멸망한 기원전 108년의 상황임을 알 수 있다.

- 위만 왕조의 고조선은 철기 문화를 본격적으로 수용해 상업과 무역도 발달하게 되었다. [서13] ☐
  - 위만 조선은 발전된 철기 문화를 적극 수용하여 경제적 기반을 확대하였고, 그 토대 위에서 중앙 정치 조직을 갖춘 강력한 국가로 성장해갔다. [서12] ☐
  - 위만 조선(衛滿朝鮮)은 발달된 철기에 기반을 둔 문화를 보유하고 있었다. [경19①] ☐

[해설] 위만 조선은 철기 문화를 본격적으로 수용하여 농기구와 무기가 발달하였고, 이에 따라 상업과 무역도 발전하였다. / 위만 조선이 발전된 철기 문화를 적극 수용하여 경제적 기반을 확대하였고, 그 토대 위에서 중앙 정치 조직을 갖춘 강력한 국가로까지 성장하였다. 하지만 최고 수장인 국왕을 정점으로 하여 재지 수장층의 누층적 지배를 기본으로 하는 국가 형태였으며 충분한 관직 및 통치 체제는 발전하지 못하였다. 다만 우세한 병기와 군사력을 바탕으로 주변 지역에 대한 정복을 통해 영토를 확장하였다(정복 지역에 대한 공납적 지배 관계 실현). / 위만 조선이 성립된 것은 기원전 194년으로 기원전 2세기에 해당한다. 철기 문화가 중국의 유이민들에 의해 전래되기 시작한 것은 기원전 5세기경부터이다(초기 철기 시대의 시작).

- [위만 조선] 고조선 지역에 한(漢)의 창해군이 설치되었다. [국16] ☐
  - 예(濊)의 남려가 28만여 명의 주민을 이끌고 한(漢)에 투항하였다. [경17②] ☐

[해설] 위만 조선에 반기를 든 예의 남려(?~?)가 인구 28만을 이끌고 한의 요동에 복속해오자 한 무제는 창해군을 설치하였다(기원전 128). 남려의 투항은 위만의 통치에 대한 반발로 일어난 사건이다.

- [위만 조선] 중국의 한과 대립할 정도로 성장하였다. [지15②] ☐

[해설] 위만 조선은 철기 문화를 본격적으로 수용하고 정복 활동을 통해 세력을 확장하였으며 지리적 이점을 이용하여 중국의 한과 한반도의 예·진 사이에 중계 무역을 이용하여 이익을 얻었다.

- 고조선은 중국 대륙과 한반도 남부의 직접 교역을 막아 중계 무역의 이익을 독점하였다. [지14①] ☐
  - 위만은 동방의 예, 남방의 진이 한(漢)과 교역할 때 중계 무역을 펼쳤다. [회14] ☐
  - 중국의 한과 한반도 남부 사이에서 중계 무역을 하였다. [지24] ☐
  - 중국의 한과 한반도 남부의 진국 사이에서 중계 무역을 하였다. [법16] ☐
  - 철기 문화를 본격적으로 수용하며, 중계 무역의 이득을 취하였다. [국16] ☐
  - 고조선은 중계 무역을 통해 중국과 한의 우호 관계를 유지하려 했다[✗]. [서13] ☐

[해설] 위만 조선은 고조선의 시리석 이섬을 이용하여 한반노 남무의 예와 진[진국(辰國)]이 숭국 한(漢)과 직접 교역히는 것을 막고 중계 무역의 이득을 독점아였나. 한 무세가 위반 소선을 심층한 배경이기도 한다. / [서13] 위만 조선은 한반도 남부의 예와 진이 중국의 한과 직접 교역하는 것을 막고 중계 무역을 통해 이득을 독점하면서 한과 대립하게 되었다.

- 왕 아래 대부, 박사 등의 직책이 있었다. [국16] ☐
  - 관직명으로 상·대부·박사·장군 등이 있었다. [국11]
  - 상, 대부, 장군 등의 관직을 두었다. [법22] ☐
  - 상·대부·장군 등의 관직이 있었다. [소20] ☐
  - 왕 밑에서 국무를 관장하던 상이라는 관직이 있었다. [법20] ☐

[해설] 고조선에는 왕 아래 상(相), 대부(大夫), 장군(將軍), 대신(大臣), 박사(博士) 등의 관직이 있었다(위만이 망명했을 때 '박사'라는 관직을 주었다는 기록이 있음). / 고조선에서는 왕 밑에서 국무를 관장하던 상(相)이라는 관직이 있었다. 참고로 고조선에서는 그 외 대부, 장군, 대신, 박사 등의 관

직이 있었고, 지방관으로 도위(都尉)가 파견되었다.

- 『한서』 지리지에 해당 국가의 법 일부가 기록되어 남아 있다. [경20②] □
[해설] 『한서』 지리지에 해당 국가의 법 일부가, 즉 8조법[8조 범금, 범금 8조] 관련 내용이 기록되어 남아 있다.

- 사회 질서 유지를 위해 범금 8조를 만들었다. [법17] □
  └사회 질서를 유지하기 위한 8조법이 있었다. [소19①] □
  └8조법을 만들어 사회 질서를 유지하였다. [소22] □
  └범금 8조(8조법)에 나타난 사회상 [서19②] □
  └사람의 생명과 노동력을 중시하였다. [소20] □
  └인간의 생명을 경시하였다[X]. [기12] □
  └형벌과 노비가 발생하였다. [기12] □
  └형벌과 노비가 존재한 계급 사회였다. [소20] □
  └가부장적 사회의 특성이 있었다. [기12] □
  └재산의 사유가 이루어지지 못하였다[X]. [기12] □

[해설] 범금 8조(8조법)는 고조선의 법령이다. 그중 3개 조가 남아 있는 데 이를 통해 고조선의 사회 모습을 알 수 있다(『한서』 지리지에 기록). / [기12] 관련 자료 참조. 특히 '여자가 모두 정조를 지켰다'는 부분에서 가부장적 사회의 특성이 있었음을 알 수 있다.

- 고조선 – 남에게 상처를 입힌 자는 곡식으로 갚게 하였다. [지12①] □
  └남에게 상처를 입힌 자는 곡식으로 갚게 했다. [서20] □
[해설] 고조선의 범금 8조 중에는 '사람을 상해한 자는 곡물로써 배상하게 한다'는 내용이 있다.

- 도둑질한 자를 노비로 삼으라는 판결이 내려졌다. [회23] □
  └남의 물건을 훔친 자는 노비로 삼는 법률이 있었다. [회19] □
[해설] 도둑질한 자를 노비로 삼으라는 판결이 내려진 것은 청동기 시대에 속하는 고조선에서의 일이다(범금 3조 중 하나)("사람을 죽인 자는 즉시 죽이고, 남에게 상처를 입힌 자는 곡식으로 갚는다. 도둑질한 자는 노비로 삼는다. 용서받고자 하는 자는 한 사람마다 50만 전을 내야 한다. ……").

- 고조선의 사회상은 현재 전하는 8조 법금 법조문 전체로 파악이 가능하다[X]. [서13] □
[해설] 고조선에는 8조법이 있었는데 현재 3개의 조항만이 전해진다(법조문 전체 X). '사람을 죽인 자는 사형에 처한다', '남을 다치게 한 자는 곡식으로 갚아야 한다', '도둑질을 한 자는 데려다 노비로 삼는다. 만일 도둑질한 사람이 죄를 벗으려면 많은 돈을 내야 한다'는 내용이다.

- 고조선 시대의 사회는 계급 분화가 이루어지지 못했다[X]. [서13] □
[해설] 고조선의 법 조항 중 "남의 물건을 훔친 자는 노비로 삼되, 용서를 받으려는 자는 돈 50만 전을 내야 한다"는 내용을 통해 노비가 존재하는 등 계급의 분화가 이루어졌음을 알 수 있다.

■ **고조선의 범금 8조[8조법]** [지24] [지15②] [지12②] [법23] [법20] [경20②] [경15②] [기12] [소20] □

- ○ 사람을 죽이면 즉시 사형에 처한다.
  ○ 남에게 상처를 입히면 곡식으로 배상한다.
  ○ 남의 물건을 훔친 자는 그 집의 노비로 삼는데, 스스로 죄를 면제받고자 하는 자는 50만을 내야 한다.

[해설] 유명한 고조선의 범금 8조를 가리킨다. 아래 자료들과 비교하면서 읽어보도록 한다.

- 대개 사람을 죽인 자는 즉시 죽이고, 남에게 상처를 입힌 자는 곡식으로 배상한다. 도둑질한 자가 남자면 그 집의 노, 여자면 비로 삼는다. 단, 스스로 용서받고자 하는 자는 1인당 50만 전을 내야 한다.

[해설] 고조선의 범금 8조, 즉 8조법의 내용이다. 『한서』 지리지에 기록되어 있다.

- 대개 사람을 죽인 자는 즉시 죽이고, 남에게 상처를 입힌 자는 곡식으로 갚는다. 도둑질을 한 자는 노비로 삼는다. 용서를 받고자 하는 자는 한 사람마다 50만 전을 내게 한다. 비록 용서를 받아 보통 백성이 되어도 이를 수치스럽게 여겨 결혼을 하고자 해도 짝을 구할 수 없었다.

[해설] 위와 같은 내용의 자료이다.

- 사람을 죽인 자는 즉시 죽이고, 남에게 상처를 입힌 자는 곡식으로 갚는다. 도둑질을 한 자는 노비로 삼는다. 용서를 받고자 하는 자는 한 사람마다 50만 전을 내야 한다.

  - 『한서』 -

[해설] 위와 같은 내용의 자료이다.

- 사람을 죽인 자는 즉시 죽이고, 남에게 상처를 입힌 자는 곡식으로 갚는다. 도둑질을 한 자는 노비로 삼는다. 용서를 받고자 하는 자는 한 사람마다 50만 전을 내야 한다. …… 여자는 모두 정조를 지키고 신용이 있어 음란하고 편벽된 짓을 하지 않았다.

  - <한서> -

[해설] 위와 같은 내용의 자료이다.

- (㉠)에서는 백성들에게 금하는 법 8조가 있었다. 그것은 대개 사람을 죽인 자는 즉시 죽이고, 남에게 상처를 입히는 자는 곡식으로 갚는다. 도둑질을 한 자는 노비로 삼는다. 용서받고자 하는 자는 한 사람마다 50만 전을 내야 한다. 비록 용서를 받아 보통 백성이 되어도 사람들이 이를 부끄럽게 여겨 혼인을 하고자 해도 짝을 구할 수 없다.

[해설] '백성들에게 금하는 법 8조'가 있었다는 내용을 통해 자료 속 '㉠ 국가'는 고조선임을 알 수 있다. 청동기 문화를 바탕으로 건국된 고조선은 우리 역사상 최초의 국가로 왕 아래 상, 경, 대부, 장군 등의 관직을 두었다. 고조선에는 8조법이 있었는데『한서』지리지에 주어진 자료와 같이 3개 조항만 전해지고 있다.

- 서로 죽이면 그 때에 곧 죽인다. 서로 상하게 하면 곡식으로 배상하게 한다. 도둑질 한 자는 남자는 그 집의 가노(家奴)로 삼고 여자는 비(婢)로 삼는다. 노비에서 벗어나기를 원하는 자는 50만전을 내야하는데 비록 면하여 민의 신분이 되어도 사람들이 이를 부끄럽게 여겨 장가들고자 하여도 결혼할 사람이 없다. 이런 까닭에 그 백성들이 끝내 서로 도둑질 하지 않았고 문을 닫는 사람이 없었다. 부인들은 단정하여 음란한 일이 없었다.

  - 『한서 지리지』 -

[해설] '서로 죽이면 그 때에 곧 죽인다', '서로 상하게 하면 곡식으로 배상하게 한다' 등을 통해 제시된 자료는 고조선의 8조법에 대한 것임을 알 수 있다.

- 백성들에게 금하는 법 8조를 만들었다. 사람을 죽인 자는 즉시 죽이고, 남에게 상처를 입힌 자는 곡식으로 갚는다. 도둑질한 자는 노비로 삼는다. 용서받고자 하는 자는 한 사람마다 50만 전을 내야 한다. …… 여자들은 모두 정숙하여 음란하고 편벽된 짓을 하지 않았다.

  - 『한서』 -

[해설] '범금 8조'가 나온 것으로 보아 주어진 자료 속 나라는 고조선을 가리킴을 알 수 있다.

- 백성들에게 금하는 법 8조가 있었다. 그것은 대개 사람을 죽인 자는 즉시 죽이고, 남에게 상처를 입힌 자는 곡식으로 갚는다. 도둑질을 한 자는 노비로 삼는다. 용서받고자 하는 자는 한 사람마다 50만 전을 내야 한다. 비록 용서를 받아 보통 백성이 되어도 풍속에 역시 그들은 부끄러움을 씻지 못하여 혼인을 하고자 해도 짝을 구할 수 없다. 이러해서 백성은 도둑질을 하지 않아 대문을 닫고 사는 일이 없었다. 여자는 모두 정조를 지키고 신용이 있어 음란하고 편벽된 짓을 하지 않았다.

  - 『한서』 -

[해설] 고조선의 범금 8조이다. 출제된 자료 중 내용이 가장 충실하다.

- 8조에 불과하던 법 조항이 60여 조로 늘어났다. [법16] □

[해설] 8조에 불과하던 법 조항이 60여 조로 늘어난 것은 고조선 멸망 후 한 4군이 설치된 시기의 일이다(기원전 1세기).

- 비파형 동검과 고인돌의 분포를 통하여 통치 지역을 알 수 있다. [국16] □
  └비파형 동검과 고인돌이 출토된 지역의 분포를 통해 해당 국가의 문화 범위를 알 수 있다. [경20②] □
  └비파형 동검 문화권과 국가의 성립 [서19②] □
  └ (가) 의 문화 및 세력 범위를 추정할 수 있는 유물들(비파형 동검, 고인돌) [법22] □
  └(가) - 이 나라의 영역은 비파형 동검과 북방식 고인돌의 출토 지역과 대체로 일치한다. [기14] □
  └(가), (나): 우리 민족이 최초로 세운 국가의 특징적인 유물이다. [법11] □
  └비파형 동검, 미송리식 토기는 고조선의 대표적인 유물이다. [경11②] □
  └송국리식(형) 토기와 비파형 동검의 분포지를 통해 세력 범위를 짐작할 수 있다[×]. [경19①] □

[해설] 고조선은 청동기 시대에 발전한 국가로 비파형 동검(이 분포한) 문화권을 통해 고조선의 세력 범위를 알 수 있다. / 고조선의 대표 유물로 비파형 동검과 탁자식[북방식] 고인돌, 미송리식 토기, 거친 무늬 거울 등이 있다(주제 첨부 사진 참조). / 문제에서 (가)는 비파형 동검, (나)는 미송리식 토기이다. 비파형 동검과 미송리식 토기는 우리 민족이 최초로 세운 국가, 즉 고조선의 특징적인 유물이다. 그 외 고인돌과 거친무늬 거울을 들 수 있다(모두 청동기 시대의 유물). / [경19①] 고조선의 세력 범위는 [송국리식(형) 토기가 아니라] 미송리식(형) 토기와 비파형 동검의 분포지를 통해 짐작할 수 있다. / [기14]의 (가)는 부여를 가리키나 무시함.

- 고조선의 경제적, 군사적 발전에 불안을 느낀 한 문제는 대규모의 침략을 감행하였다[×]. [서12] □

[해설] 고조선의 경제적, 군사적 발전(과 흉노와의 연결)에 불안을 느낀 한 무제(재위 기원전 140-기원전 86, 제7대)(성명 '유철')는 대규모의 침략을 감행하였다(기원전 109)('한 문제'로 표시한 것이 오류)

- 위만에게 한나라의 침입을 알리는 장군 [×] [지20] □

[해설] 한나라가 위만 조선을 침입한 것은 기원전 109년의 일이다. 위만 조선은 1년여 간 저항하였으나 주화파들의 항복과 우거왕의 피살 등으로 마침내 왕검성이 함락됨으로써 멸망하였다(기원전 108).
※ [위만 조선이나 위만의 손자인 우거왕(재위 ?-기원전 108)이 아니라] 위만(?~?)에게 누군가가 한나라의 침입을 알릴 수는 없다. 한나라가 침입한 기원전 109년에 위만은 이미 사망한 상태이기 때문이다. 옥저와 관련된 문제의 잘못된 선지 중 하나로 제시되었는데, 사실적 측면에서도 틀린 선지라 할 수 있다.

- 고조선이 군대를 보내 요동도위 섭하를 살해하였다.* [경17②] □

[해설] 고조선이 군대를 보내 (국경 주변에서 한의 사신인) 요동도위 섭하(涉河)를 살해한 것은 기원전 109년의 일이다

- 위만 조선은 한의 침략에 맞서 1차 접전(패수)에서 대승을 거두기도 했다. [경14①] □

[해설] 위만 조선의 우거왕은 한의 침략에 맞서 양복의 수군을 무찌름은 물론 순체의 육군 병력을 패수에서 맞아 대승을 거두었다(기원전 109). 하지만 이어진 두 번째 교전에서는 패하여 왕검성이 포위되었다.

- 한 무제의 침략을 받아 멸망하였다. [회24] □
  └한 무제가 보낸 군대의 침공으로 멸망하였다. [법23] □
  └중국 한나라의 무제에 의해 해당 국가가 멸망하였다. [경20②] □

[해설] 고조선은 한 무제(재위 기원전 141-기원전 87, 제7대)가 보낸 군대의 침공으로 왕검성이 함락되면서 멸망하였다(기원전 108).

- 기원전 108년 왕검성 함락 [국16] □
  └우거왕이 살해되고, 왕검성이 함락되었다. [경17②] □
  └위만 조선은 기원전 108년 한나라의 침입에 의해 멸망했고, 이 지역에는 한의 군현이 설치되었다. [서17①] □

[해설] 위만 조선이 성장하자 한 무제가 대규모 군대를 이끌고 침략하였다. 지배층에 내분이 일어나 결국 도읍인 왕검성이 함락되어 고조선은 멸망하였다(기원전 108). 한은 고조선 지역에 4개의 군현을 설치하였다.

고조선 멸망 [법16] □

원봉 3년 여름(B.C.108), 니계상 삼이 사람을 시켜서 조선왕 우거를 죽이고 항복했다. …… 이로써 드디어 조선을 평정하고 사군을 삼았다.
- 사기 조선전 -

[해설] 고조선이 한[한 무제]의 침입으로 멸망한 것을 가리킨다(고조선 멸망, 기원전 108).

• 한(漢)은 고조선 영토에 네 개의 군현을 설치하였다. [경17②] □

[해설] 한(漢)은 고조선을 멸망시킨 후 고조선 영토에 네 개의 군현, 즉 낙랑·진번·임둔·현도 4군을 설치하였다. 이때 많은 고조선인들이 한반도 남쪽으로 이주하였다.

◉ 사진으로 보는 고조선의 성립과 발전

▲ 비파형 동검 [법22] □   ▲ 탁자식 고인돌 [법22] □

주제 04 여러 나라의 성장

1 부여

• 고조선 시대 → (　　　) → 삼국 시대 [기11] ☐

[해설] 고조선 시대와 삼국 시대 사이의 시대는 '원삼국 시대' 또는 '초기 국가 시대'로 부를 수 있다.

• 동이(東夷) 지역에서 가장 넓고 평탄한 곳이라 기록되어 있었다. [지14②] ☐

[해설] 동이 지역에서 가장 넓고 평탄한 곳이라 (『삼국지』위지 동이전에) 기록되어 있는 나라는 부여이다.

• 쑹화강 유역의 평야 지대에서 성장하였다. [서16] ☐
  └ 부여는 만주 송화강 유역의 평야 지대를 중심으로 성장하였다. [서12] ☐
  └ 만주 길림시 일대를 중심으로 송화강 유역의 평야 지대에서 성장하였다. [경14①] ☐
  └ 송화강 유역의 평야 지대를 중심으로 성장하여 농경과 목축이 성하였다. [경12①] ☐
  └ 송화강의 평야 지대를 중심으로 하였고 말, 주옥, 모피가 유명하였다. [서11] ☐
  └ 농경과 목축을 주로 하였고, 특산물로는 말, 주옥, 모피 등이 유명하였다. [경15①] ☐
  └ 부여 [서11] ☐

[해설] 부여는 만주 길림시 일대를 중심으로 쑹화강[송화강] 유역의 평야 지대를 중심으로 성장하였다. 농경과 목축을 주로 하였고, 특산물로 말, 주옥, 모피 등이 유명하였다.

■ 초기 국가, 부여 [지21] [지17①] [지15①] [서13] [법20] [경14①] ☐

• 토질은 오곡에 알맞고, 동이 지역 중에서 가장 넓고 평탄한 곳이다.

[해설] 부여의 토질과 영역에 대한 설명이다.

• 구릉과 넓은 못이 많아서 동이 지역 중에서 가장 넓고 평탄한 곳이다. 토질은 오곡을 가꾸기에는 알맞지만, 과일은 생산되지 않았다. …(중략)… 형벌은 엄하고 각박하여 살인자는 사형에 처하고 그 가족은 노비로 삼았다. 도둑질을 하면 12배로 변상케 하였다.　　　　　　　　　　　　　　　　　　　　　　　　　　- 삼국지 -

[해설] '동이 지역 중에는 가장 넓고 평탄한 곳'이라는 부분, '형벌은 엄하고 각박하'다는 부분, '도둑질을 하면 12배로 변상(1책 12법)'케 한다는 부분에서 부여를 가리킴을 알 수 있다. 부여는 쑹화강 유역의 평야 지대를 중심으로 성장하였고, 반농반목 경제로 말, 주옥, 모피 등이 유명하였다.

• 이 나라는 구릉과 넓은 못이 많아 동이 지역 중에서 가장 넓고 평탄한 곳이다. 토질은 오곡을 가꾸기에는 알맞지만, 과일은 생산되지 않았다. 왕이 죽으면 순장을 하는데 많을 때는 백 명을 헤아린다. 수해나 한재를 입어 곡식이 잘 익지 않으면 그 책임을 왕에게 묻기도 하였다.　　　　　　　　　　　　　　　　　　　　　-『삼국지』위서 동이전 -

[해설] 부여를 가리킨다. 순장 풍습이 있었고, 왕권의 미약했음을 알 수 있다.

• (가) 은/는 쑹화강 상류의 넓은 평야 지대에서 성장하여, 농경과 목축이 발달하였으며, 서쪽으로는 북방 유목 민족인 선비족과, 남쪽으로는 고구려와 대립하였다. 1세기경에 이르면 왕권이 안정되고 영역도 사방 2000여 리에 달하였다.

[해설] 주어진 자료 속 '(가)'에 들어갈 나라는 부여이다.

• 국내에 있을 때의 의복은 흰색을 숭상하며, 흰 베로 만든 큰 소매 달린 도포와 바지를 입고 가죽신을 신는다. 외국에 나

갈 때는 비단옷·수 놓은 옷·모직옷을 즐겨입는다.　　　　　　　　　　　　　　　　　　　　　　　　-『삼국지』위서 동이전 -

[해설] 부여인들의 의복 문화에 대한 설명이다.
- 옷은 흰색을 숭상하며, 흰 베로 만든 큰 소매 달린 도포와 바지를 입고 가죽신을 신는다.　　　　-『삼국지』위서 동이전 -

[해설] 위와 같은 내용의 자료이다.

- 왕 아래 가축의 이름을 딴 여러 가(加)들이 있었다. [서16] ☐
  └ 왕 아래 가축의 이름을 딴 관리가 있었으며, 이들은 저마다 따로 행정 구획인 사출도를 다스리고 있었다. [경15②] ☐
  └ 왕 아래 마가, 우가, 저가, 구가 등이 사출도를 다스렸다. [서24①] ☐
  └ 국왕을 중심으로 가장 유력한 대가인 우가, 마가, 저가, 구가 등이 주요 국가 정책을 논의하였다. [서24②] ☐
  └ 대가들의 호칭에 말, 소, 돼지, 개 등 가축의 이름을 붙였다. [경18③] ☐
  └ 대가들의 호칭에 말, 소, 돼지, 개 등의 가축 이름을 붙였다. [소21] ☐

[해설] 부여에는 왕 아래 가축의 이름을 딴 가(加)[대가]들, 즉 마가[말], 우가[소], 저가[돼지], 구가[개]가 있었다. 이들은 저마다 각자의 행정 구역인 사출도를 다스렸다(제가 회의). 가(加)는 일종의 부족장을 가리킨다(삼국 시대에는 고관 직명으로 바뀜).

- 사출도라는 구역이 있었다. [지19] ☐
  └ 사출도가 존재하였다. [소18②] ☐
  └ 사출도라 불리는 독자적인 영역이 있었다. [법24] ☐
  └ 별도의 행정 구역인 사출도가 있었다. [지15②] ☐
  └ 지방 행정 구획으로 사출도가 있었다. [서19①] ☐
  └ 여러 가(加)들이 사출도를 다스렸다. [법17] ☐
  └ 가(加)들이 사출도를 나누어 다스렸다. [소22] ☐
  └ 족장들은 저마다 따로 행정 구획인 사출도를 다스렸다. [지13] ☐
  └ 가(加)들은 저마다 따로 행정 구획인 사출도를 다스렸다. [경14①] ☐
  └ (나) 족장들은 저마다 따로 행정 구획인 사출도를 다스렸다. [경18①] ☐
  └ ⓒ과 ⓔ은 가(加)들이 행정 구획인 사출도를 다스렸다. [기13] ☐

[해설] 부여는 왕권이 미약하여 대가들이 대사자, 사자, 대사 등의 관리를 두었을 뿐 아니라 사출도(四出道)*를 독자적으로 다스렸다. 즉 왕 아래 마가, 우가, 저가, 구가라는 대가[부족장]들이 사출도라는 별도의 행정 구역을 다스렸다(제가 회의)(또 대가들은 각자 대사자, 사자, 대사 등의 관리를 둠). / [경18①]의 (나)는 해당 문제에서 동예를 가리키나 무시할 / [기13]의 ⓒ과 ⓔ은 각 옥저와 동예를 가리키나 무시함.

*사출도(四出道): 부여의 지방 관할 구역을 가리킨다. 부여는 수도를 중심으로 동서남북 방위에 따라 지방을 4개의 구역으로 나누었다. 중앙에는 가장 강력한 부족이 있고, 사방에는 그 지방에서 우세한 부족이 다스렸다. 부족장인 제가(諸加)[대가]가 관할하였는데 큰 부족으로는 가축의 이름을 딴 마가(馬加)·우가(牛加)·저가(猪加)·구가(狗加) 등이 있었다. 처음에 제가는 부족의 대표적인 역할만 했으나 점차 귀족화되며 국가의 지배층이 되었다. 세력의 크기에 따라 수천 가(家) 또는 수백 가의 호(戶)를 지배하였다.

- 가축 이름을 딴 마가, 우가, 저가, 구가 등이 있었다. [지21] ☐
  └ 마가, 우가, 저가 등 관직을 두었다. [서22①] ☐
  └ 왕 아래에 마가, 우가, 저가, 구가와 대사자, 사자 등의 관리가 있었다. [회18] ☐
  └ 부여에는 왕 아래에 가축의 이름을 딴 마가, 우가, 저가, 구가 등이 있었고, 왕이 5부를 모두 통치해 왕권이 강했다[✗].
  　　[경16②] ☐
  └ 해당 국가에는 마가·우가·저가·구가가 존재했다. [경20②] ☐

└ 국가의 중요한 일을 논의하고 있는 마가와 우가 [지20] □

[해설] 부여에는 가축 이름을 딴 대가(大加)이자 부족장인 마가, 우가, 저가, 구가 등이 있었다. 부여도 고구려와 마찬가지로 국가의 중요한 일을 논의한 제가 회의가 있었다[단 시험에서 '제가 회의'라는 말이 나오면 고구려의 것으로 간주해야 함(교과서에서 그렇게 제시)](주의). 여기서 제가(諸加)란 마가, 우가, 저가, 구가라는 대가(大加)를 가리킨다. / [경16②] 부여는 왕권이 미약하였고, 마가·우가·저가·구가와 같은 대가(大加)들이 자신의 구역[이른바 '사출도(四出道)']을 다스렸다.

■ · 부여의 대가[제가](사출도) [법14] [회21] [회15] [경18②] [기14] □

- 나라에는 왕이 있다. 가축 이름을 관명으로 삼았다. 관명에는 마가·우가·저가·구가 등이 있다. …(중략)… 제가들은 별도로 사출도를 주관하는데, 큰 곳은 수천 가이며, 작은 곳은 수백 가였다.

[해설] 주어진 자료가 가리키는 국가는 초기 국가, 부여임을 알 수 있다. 부여의 대가들에 대한 설명이다.

- 나라에는 군왕이 있으며, 가축의 이름을 벼슬 이름을 부르고 있다. 제가는 사출도(四出道)를 나누어 맡아 본다. … 가뭄이나 장마가 계속되어 오곡이 영글지 않으면 그 허물을 왕에게 돌려 "왕을 마땅히 바꾸어야 한다"라고 하였다.

[해설] 부여의 왕과 제가[대가]들에 대한 설명이다. 중국의 사서인 『삼국지』 위서 동이전에 나오는 내용이다.

- 가축 이름으로 관직명을 정하여 마가·우가·저가·구가는 별도로 사출도를 주관하였다. 적군이 침입하면 제가들이 몸소 전투를 하고, 하호는 양식을 져날라 음식을 만들어준다.   -『삼국지』위서 동이전 -

[해설] 부여의 대가[제가]들에 대한 설명이다.

- 이 나라에는 왕 아래에 가축의 이름을 딴 마가·우가·저가·구가와 대사자·사자 등의 관리가 있었다. 이들 가는 저마다 따로 행정 구획인 사출도를 다스리고 있어서, 왕이 직접 통치하는 중앙과 합쳐 5부를 이루었다. 왕이 죽으면 많은 사람을 껴묻거리와 함께 묻는 순장의 풍습이 있었다.

[해설] 부여를 가리킨다. 부여가 5부를 이룬 사회였고 순장의 풍습이 있었음을 보여준다.

- 왕 아래 가축의 이름을 딴 마가·우가·저가·구가 등의 벼슬이 있었으며, 왕은 이들과 협의하여 국가의 중요한 일을 결정하였다.

[해설] 부여를 가리킨다.

- 왕이 나온 대표 부족의 세력은 궁궐, 성책, 감옥, 창고 등의 시설을 갖추고 있었다. [회17] □

[해설] 부여의 중심지였던 부여성[지금의 중국 지린성 농안과 장춘 일대로 비정]에서 궁실과 성책, 감옥, 창고 등의 유적이 발굴되었다.

- 농사가 흉년이 들면 국왕을 바꾸거나 죽이기도 하였다. [지14②] □

└ 재해가 발생하면 왕은 교체 혹은 죽음을 당하기도 하였다. [서19①] □

[해설] 부여는 농사가 흉년이 들면, 즉 재해가 발생하면 그 책임을 왕에게 물어 바꾸거나 죽이기도 하였다. 그만큼 왕권이 미약하였음을 알 수 있다. 또한 부여는 왕권이 미약하여 대가들이 (별도로) 다스리는 사출도가 있었다.

■ 부여의 미약한 왕권 [서16] [회19] □

- 풍속에 장마와 가뭄이 연이어 오곡이 익지 않을 때, 그때마다 왕에게 허물을 돌려 '왕을 마땅히 바꾸어야 한다'라거나 혹은 '왕은 마땅히 죽어야 한다'라고 하였다.   -『삼국지』위서 동이전 -

[해설] '장마와 가뭄이 연이어 오곡이 익지 않을 때 왕을 마땅히 바꾸거나 죽이는' 초기 국가, 부여의 풍속이 나와 있다. 이를 통해 부여의 왕권이 미약했음을 알 수 있다(사출도).

- 옛 풍속에 장마와 가뭄이 연이어 오곡이 익지 않을 때, 왕에게 허물을 돌려 '왕을 마땅히 바꾸어야 한다'라거나 '왕을 마

땅히 죽어야 한다'라고 하였다.   -『삼국지』위서 동이전 -

[해설] 위와 같은 내용의 자료이다.

- 왕이 죽으면 노비 등을 함께 묻는 순장의 풍습이 있었다. [서16] □
  - 왕이 죽으면 주변 사람을 함께 묻는 순장의 풍습이 있었다. [회19] □
  - 왕이 죽으면 많은 사람들을 껴묻거리와 함께 묻는 순장의 풍습이 있었다. [경12②] □
  - 부여: 왕이 죽으면 옥갑(玉匣)을 사용하고 많은 사람을 순장하였다. [경21②] □
  - 사람을 죽여서 순장을 하는데, 많을 때는 백여 명이나 되었다. [경12①] □

[해설] 부여에는 왕이 죽으면 부장품[껴묻거리]과 함께 노비 등을 함께 묻는 순장의 풍습이 있었다. / [경21②] 옥갑(玉匣)은 국왕의 장례에 사용한 옥으로 만든 수의(壽衣)이다. 중국 한나라에 조공품으로 바치기도 하였다.

- 1세기 초 왕호를 사용하였다.* [법21] □
  - 이미 1세기 초에 왕호를 사용하였다.* [경14①] □

[해설] 부여는 이미 1세기 초 중국식 왕호를 사용하였고, 중국과 외교 관계를 맺는 등 발전된 국가의 모습을 보여 주었다. 그러나 북쪽으로는 선비족, 남쪽으로는 고구려와 접하고 있다가 3세기 말에 선비족의 침략을 받아 크게 쇠퇴하였다.

- 호민이라는 지배층과 하호라는 피지배층이 있었다.* [회24] □

[해설] 부여에는 호민(豪民)이라는 지배층과 하호(下戶)라는 피지배층이 있었다. 중국 사서인『삼국지』위서 동이전 부여조에 나오는 말이다. 보통 호민은 가난한 민(농업에 종사하는 평민들)을 가리키는 하호의 상대어로, 관직을 갖지 않은 부유한 상층민을 가리킨다(촌의 유력자, 족장층)(하호 아래의 최하층에 노비 있음). 사실 호민과 하호는 비단 부여뿐 아니라 고구려, 동예와 옥저, 삼한에 모두 존재한 신분 제도라 할 수 있다.

- 12월에 영고라는 제천 행사를 지냈다. [국13] □
  - 해마다 영고라는 제천 행사를 열었다. [법23] □
  - 해마다 영고라는 제천 행사를 거행하였다. [회23] □
  - 매년 12월에 영고라는 제천 행사를 열었다. [법20] □
  - 영고라고 하는 제천 행사를 개최하였다. [법22] □
  - 영고라고 하는 제천 행사가 있었다. [소20] □
  - (ㄷ) -농사일이 모두 끝난 12월에 영고를 행하여, 하늘에 제사를 지내고 가무를 즐겼다. [회15] □
  - 12월에 영고라는 제천 행사가 열렸으며, 1세기 초에 왕호를 사용하였다. [지16①] □
  - 영고라는 제천 행사를 하였는데 수렵 사회의 유풍으로 전 국민적인 축제였다. [지12②] □
  - 부여에는 영고라는 제천 행사가 있었는데, 이는 수렵 사회의 전통을 보여 주는 것으로 매년 5월에 열렸다[x]. [경16②] □
  - 부여 – 영고라는 제천 행사는 농경 사회의 유풍으로 매년 여름에 개최되었다[x]. [회16] □
  - 제천 행사 기간 동안에 국가의 중요한 문제를 토의하고, 죄인을 재판하여 풀어주었다. [경12①] □
  - 수렵 사회의 전통으로 영고라는 제천 행사가 12월에 열렸다. [서11] □
  - (가)는 10월에 추수 감사제인 동맹이라는 제천 행사를 지냈다[x]. [서13] □
  - 부여는 10월에 추수 감사제인 동맹이라는 제천 행사를 성대하게 치르고, 왕과 신하들이 국동대혈에 모여 함께 제사를 지냈다. [x] [경15③] □

[해설] 부여는 영고(迎鼓)라는 제천 행사를 매년 12월에 열었다. 영고는 부여의 국중대회(國中大會)로 풍성한 수확에 감사하는 수렵 또는 농경의례 성

격의 기원제이자 감사제이다(국중대회라는 명칭은 부여와 고구려 제천 행사에만 해당)(주의). / [경16②] 매년 5월(과 10월)에 연 제천 행사는 삼한의 계절제이다. / [서13] 동맹은 매년 10월에 열리는 고구려의 제천 행사이다.

■ 부여의 제천 행사, 영고 [국19] [지21] [지19] [서24②] [서20] [서19①] [서16] [회17] [경15①] □

- 정월에 지내는 제천 행사는 국중대회로 날마다 마시고 먹고 노래하고 춤추는데 그 이름은 영고라 한다.

  -『삼국지』위서 동이전 -

[해설] 부여의 제천 행사인 영고를 가리킨다.

- 음력 12월에 지내는 제천 행사가 있는데, 이를 영고라고 한다. 이때에는 형옥을 중단하고 죄수를 풀어 주었다.

  -『삼국지』-

[해설] 위와 같은 내용의 자료이다.

- 은력(殷曆) 정월에 지내는 제천 행사는 나라에서 여는 대회로 날마다 먹고 마시고 노래하고 춤추는데, 이를 영고라 하였다. 이때 형옥을 중단하고 죄수를 풀어주었다.

  -『삼국지』위서 동이전 -

[해설] 위와 같은 내용의 자료이다.

- 은력(殷曆) 정월에 하늘에 제사를 지내며 나라에서 대회를 열어 연일 마시고 먹고 노래하고 춤추는, 영고(迎鼓)라고 한다. 이때 형옥(刑獄)을 중단하여 죄수를 풀어주었다. (3회 출제)   -『삼국지』권30,「위서」30 오환선비동이전 -

[해설] <보기>에서 설명하는 나라는 초기 국가, 부여임을 알 수 있다. 은력 정월, 즉 은정월은 은나라 때의 정월을 가리키는 말로 지금의 음력 12월에 해당한다.

*은력(殷曆): 중국 한나라 초기에 있던 음양력 역법의 하나이다. 옛 제왕이나 왕조의 이름을 붙인 6종류로 되어 있으며, 1년을 365일 6시간으로 하였다.

- 은정월(殷正月)에 제천 행사를 행하면서 국중대회를 열었다.

[해설] 위와 같은 내용의 자료이다.

- 12월에 지내는 제천 행사는 국중대회로 날마다 마시고 먹고 노래하고 춤춘다. 이름을 영고라 하였다. 이때는 형옥을 중단하고 죄수를 풀어주었다. 형이 죽으면 형수를 아내로 삼는다. 여름에 사람이 죽으면 모두 얼음을 넣어 장사 지낸다. 사람을 죽여서 순장하는데 많을 때는 백 명 가량이나 된다.   -『삼국지』「위서」동이전 -

[해설] 주어진 자료에 해당하는 국가는 초기 국가, 부여를 가리킨다.

- 수렵 사회의 전통을 보여 주는 제천 행사가 12월에 열렸으며, 이때에는 하늘에 제사를 지내고 노래와 춤을 즐겼으며, 죄수를 풀어주기도 하였다. 전쟁이 일어났을 때에는 제천 의식을 행하고, 소를 죽여 그 굽으로 길흉을 점치기도 하였다.

[해설] 부여를 가리킨다. 영고와 우제점법(牛蹄占法)에 대한 기록이다. 고구려에서도 행해졌다.

- [부여, 고구려] 남의 물건을 훔친 자는 12배의 배상을 하게 하였다[1책 12법]. [국17②] □
  - 남의 물건을 훔쳤을 때는 12배로 배상하게 하였다. [지17①] □
  - 남의 물건을 훔쳤을 때는 물건 값의 12배를 배상하게 하였다. [서19①]
  - 남의 물건을 훔치면 물건 값의 12배를 배상하게 하였다. [법12] [경19②] □
  - 남의 물건을 훔쳤을 때 물건 값의 12배로 배상하고, 간음한 자는 사형에 처했다. [국11] □
  - (가)는 남의 물건을 훔쳤을 때 물건 값의 12배를 배상하게 하는 법이 있었다. [서13] □
  - 도둑질을 하면 그 물건의 12배를 변상케 했다. [서20] □
  - 도둑질을 하면 물건 값의 12배를 변상하게 하였다. [서17②] □
  - 도둑질한 자에게는 12배를 배상하게 하였다. [지11②] □
  - 도둑질하면 12배를 배상하게 하였다. [회21] □

[해설] 남의 물건을 훔친 자는 물건 값의 12배의 배상을 하게 한 초기 국가는 부여와 고구려이다(1책12법). 부여의 경우 『삼국지』 위서[위지] 동이전에 명확하게 기록되어 있다. 단 간음한 자와 투기가 심한 자를 사형에 처한 것은 (고구려가 아닌) 부여에만 해당한다(주의).

- [부여, 고구려] 남의 물건을 훔쳤을 때는 물건 값의 12배로 배상하게 하고, 소의 발굽으로 길흉을 점치기도 하였다. [기11] ☐

[해설] 남의 물건을 훔쳤을 때는 물건 값의 12배로 배상하게 하고, 소의 발굽으로 길흉을 점치기도 한 초기 국가는 부여와 고구려이다(각 1책12법/우제점법)(우제점법 관련 선지 및 해설 참조).

- [부여] 형벌이 매우 엄하여 사람을 죽인 사람은 사형에 처하고 그 집안사람은 노비로 삼았다. [서20] ☐

[해설] 부여의 형벌에 대한 설명이다.

- [부여] 남녀 간에 간음을 하거나 투기하는 부인은 모두 죽였다. [서20] ☐
  └ 간음한 자와 투기가 심한 부인을 사형에 처하는 엄격한 법이 있었다. [서14] ☐

[해설] 초기 국가, 부여의 형벌이다(일부).

> ■ **부여의 형벌** [지14②] [회24] [경12①] ☐
>
> - 살인자는 사형에 처하고 그 가족은 노비로 삼았다. 도둑질을 하면 12배로 변상케 했다. 남녀 간에 음란한 짓을 하거나 부인이 투기하면 모두 죽였다. 투기하는 것을 더욱 미워하여, 죽이고 나서 시체를 산 위에 버려서 썩게 했다. 친정에서 시체를 가져가려면 소와 말을 바쳐야 했다. - 삼국지 -
>
> [해설] '살인자는 사형', '도둑질을 하면 12배로 변상', '투기하면 모두 죽였다'는 내용에서 부여에서 행해진 형벌을 가리킴을 알 수 있다.
>
> - 살인한 자는 죽이고, 그 가족은 노비로 삼는다. 도둑질한 자는 열두 배로 갚으며, 남녀가 음탕하거나 부인이 투기하면 모두 죽인다. 특히 투기를 미워하여 죽이고 나서 시체를 수도의 남쪽 산 위에 두고 썩힌다. 여자 집에서 그 시신을 가져가려면 소나 말을 바쳐야 내준다. - 『삼국지』 위서 동이전 -
>
> [해설] 위의 같은 내용의 자료이다.
>
> - 형벌은 엄격하고 각박하여 사람을 죽인 자는 사형에 처하고, 그 가족은 적몰(籍沒)하여 노비로 삼았다. 도둑질을 하면 (도둑질한 물건의) 12배를 배상하게 하였다. 남녀 간에 음란한 짓을 하거나 부인이 투기하면 모두 죽였다. 투기하는 것을 더욱 미워하여 죽이고 나서 그 시체를 나라의 남산에 버려서 썩게 하였다. 친정집에서 (그 부인의 시체를) 가져가려면 소와 말을 바쳐야 하였다. - 『삼국지 위지 동이전』 -
>
> [해설] 위의 같은 내용의 자료이다.

- [부여, 고구려] 형이 죽으면 형수를 부인으로 맞아들였다. [서19①] ☐
  └ 형이 죽으면 형수를 아내로 삼는 풍습이 있었다. [서17②] [법20] ☐
  └ 형사취수제 [경18②] ☐

[해설] '형이 죽으면 형수를 부인으로 맞아들이는' 이른바 형사취수제의 풍습이 있었던 나라는 초기 국가, 부여와 고구려이다.

- 대우혼제* [X] [경18②] ☐

[해설] 대우혼(對偶婚)제는 원시 사회에서 한 혈족의 형제 또는 자매와 다른 혈족의 형제나 자매 사이에 남자 한 사람에 여자 한 사람씩 짝을 지어 결혼시키는 방식의 혼인 풍습이다. 루이스 헨리 모건(1818~1881)이라는 미국의 인류학자가 제시한 것으로, 우리나라의 초기 국가의 혼인 풍습으로 기록된 바는 없다. 해당 문제에서는 부여와 고구려의 공통된 혼인 풍속을 묻는 문제의 선지로 제시되었다. 대학 교양 수준을 넘어서는 인류학 관련 내용이다.

- [부여, 고구려] 전쟁에 나갈 때 우제점(牛蹄占)을 쳐서 승패를 예측했다. [지17②] ☐
  └ 전쟁이 일어났을 때는 소를 죽여 그 굽으로 길흉을 점쳤다. [서19①] ☐
  └ 전쟁이 일어났을 때 제천 의식을 행하고, 소를 죽여 그 굽으로 길흉을 점치기도 하였다. [회17] ☐

┗전쟁이 일어났을 때 소를 죽여 그 굽으로 점을 치는 풍습이 있었다. [서14] □

┗소를 죽여 그 굽으로 길흉을 점치기도 하였다. [지15①] □

┗(가)에서는 소 굽으로 길흉을 점쳤다. [법14] □

[해설] 전쟁에 나갈 때 제천 행사를 거행하고 소를 죽여 그 굽으로 우제점(牛蹄占)을 쳐서 승패를 예측한[길흉을 점친] 나라는 초기 국가, 부여와 고구려이다(우제점법).*

※ [지17②] 고구려에 대한 옳지 않은 설명을 고르는 문제에서 이 선지가 (틀렸다고 봐서, 즉 고구려에 대한 틀린 설명으로 봐서) 본래 정답으로 제시되었으나, 수험생 A씨(원고)가 이전 6차 교육과정 고등학교 『국사』 국정 교과서에 '부여의 풍속에는 소를 죽여 그 굽으로 길흉을 보는 점복을 하기도 하였다. 한편 고구려에서도 부여와 같은 점복의 풍습이 있었다'고 서술되어 있었던 점과 국사편찬위원회 발간 (신편)『한국사』에서도 '우제점과 같은 점복은 흉노 사회에서는 물론 고구려·삼한 등 북방, 동북아시아 일대에서 보편적 관습으로 행해졌던 것'이라는 기술이 있다는 점 등을 이유로 ①번 선지도 옳은 선지로 볼 수 있다는 주장에 대해 서울고등법원(2심)이 2019년 8월 '우제점 풍습이 다른 지역에서 발견할 수 없는 부여만의 독특한 풍습이라고 단정하는 것은 무리가 있다' 등의 이유로 원고 승소 판결('해당 사건은 고구려에 우제점 풍습이 있었다는 학설과 그러한 풍습이 없었다는 학설이 서로 대립하고 있는 경우가 아니며 고구려의 우제점 풍습이 있었다는 견해가 통설로 인정받지 못하고 있을 뿐 … 결국 고구려에 우제점 풍습이 존재하지 않았다는 점이 통설에 따른 객관적 역사적 진실이라고 볼 수는 없다'고 판결)을 내려 결국 본 문제는 '정답 없음'으로 최종 결정이 났다.

• 부여 - 길흉을 점치기 위해 소를 죽였고, 매년 10월에 제천 행사를 열었다[✗]. [지12①] □

[해설] 부여에서는 소를 죽여 굽으로 길흉을 점치는 우제점법이 행해졌으며, 10월이 아닌 12월에 영고라는 제천 행사를 열었다. 우제점법은 고구려에서도 행해진 풍습이다.

• (가)는 족외혼을 엄격하게 지켰다[✗]. [법14] □

[해설] 족외혼을 엄격하게 지킨 나라는 (부여가 아니라) 동예이다[해당 문제에서 (가)는 부여를 가리킴].

• 국력이 쇠퇴하여 광개토 대왕 때 고구려에 완전 병합되었다[✗]. [서16] □

┗3세기 말 읍루족의 침략을 받아 크게 쇠퇴하였고 결국 고구려에 편입되었다[✗]. [경14①] □

[해설] 부여는 3세기 말인 285년에 선비족인 모용씨의 침략으로 (수도가 함락되는 등) 쇠퇴하였다. 또 4세기 중엽인 346년에 (5호 16국의 하나인) 선비족 모용씨가 세운 전연(337-370)의 공격을 받아 큰 타격을 입었다. 그리하여 결국 (광개토 대왕 때가 아니라) 고구려 문자명왕 때 고구려에 병합되었다(493, 고구려 문자명왕 3).

2 고구려

• 고구려는 압록강 지류인 동가강 유역의 졸본 지방에 자리 잡고 활발한 정복 전쟁을 통해 한의 군현을 공략하면서 세력을 확장하였다. [서12] □

┗고구려 [서11] □

[해설] 고구려는 결국 미천왕 대(재위 300-331, 제15대)에 이르러 낙랑군과 대방군을 축출하는 데 성공하였다[각 313(미천왕 14)/314(미천왕 15)].

• 5부족 연맹체로, 왕 아래 대가들이 사자, 조의, 선인 등을 거느렸다. [서24①] □

[해설] 초기 국가, 고구려는 5부족 연맹체로 왕 아래 대가들이 사자, 조의, 선인 등을 거느렸다(기원전 1세기경). 5부족은 소노부, 계루부, 관노부, 절노부, 순노부를 가리키며 본래 소노부가 왕을 하였지만 이후 계루부가 대신하였다(절노부는 왕비족). 왕의 종족 가운데 대가는 모두 '고추가'라고 불렀으며 여러 대가는 또한 스스로 사자, 조의, 선인을 두고 명단을 모두 왕에게 보고하였다.

• 소노부를 비롯한 5부가 정치적 자치력을 갖고 있었다. [서22①] □

[해설] 소노부를 비롯한 5부*가 정치적 자치력을 갖고 있었던 나라는 초기 국가, 고구려이다.

*5부: 소노부, 계루부, 절노부, 순노부, 관노부를 가리킨다. 처음에는 소노부에서 임금을 내었으나, 뒤에 계루부에 주도권을 빼앗겼다.

- 5부가 있었으며, 계루부에서 왕위를 차지하였다. [국19] ☐
  - 계루부 집단이 권력을 장악하였다. [지19] ☐
  - 계루부 출신의 왕이 5부의 대가들과 함께 통치하였다. [법22] ☐

[해설] 고구려는 초기에는 5부족 연맹 왕국[국가](소노부, 계루부, 절노부, 순노부, 관노부)이었다.

- 고구려의 소노부는 자체의 종묘와 사직에 제사를 지내기도 하였다. [국11] ☐

[해설] 중국 사서인 『위지(魏志)』(『삼국지』위서 동이전)에 따르면 소노부는 종묘를 가지고 있고, 따로 영성사직(靈星社稷)을 모셨다. 고국천왕 사후 산상왕(재위 197-227, 제10대) 즉위 시 산상왕의 형 발기의 난에 가담하였다가 패하자 고구려 부족 연맹에서 이탈하여 공손강에게 신속하였다 한다(197. 산상왕 원년).

■ 초기 국가, 고구려 [지17①] [서13] [경15①] [기17] [소22] ☐

- 큰 산과 깊은 골짜기가 많고, 사람들의 성품이 흉악하고 노략질을 좋아하였다.

[해설] 주어진 자료는 고구려를 가리킨다. 지세와 고구려인들의 성품에 대한 설명이다.

- 부여의 별종(別種)이라 하는데, 말이나 풍속 따위는 부여와 많이 같지만 기질이나 옷차림이 다르다.

  -『삼국지』위서 동이전 -

[해설] 주어진 자료는 고구려를 가리킨다.

- 건국 초기부터 주변의 소국들을 정복하고 평야 지대로 진출하고자 하였다. 그리하여 압록강 가의 국내성으로 옮겨 5부족 연맹을 토대로 발전하였다. 그 후, 활발한 정복 전쟁으로 한의 군현을 공략하여 요동 지방으로 진출하였다.

[해설] 주어진 자료는 고구려를 가리킨다.

- (가) 에서는 본래 소노부에서 왕이 나왔으나 점점 미약해져서 지금은 계루부에서 왕위를 차지하고 있다. 절노부는 대대로 왕실과 혼인을 하였으므로 그 대인은 고추가(古鄒加)의 칭호를 더하였다. 모든 대가(大加)들은 스스로 사자·조의·선인을 두었는데, 그 명단을 모두 왕에게 보고하여야 한다. …… 감옥은 없고 범죄자가 있으면 제가들이 모여서 평의하여 사형에 처하고 처자는 몰수하여 노비로 삼는다.

  -『삼국지』위서 동이전 -

[해설] 주어진 자료 속 '(가)'는 초기 국가, 고구려를 가리킨다. 맨 마지막 문장은 고구려의 형벌 제도에 관한 것이다.

- (가) 에는 모두 다섯 부족이 있으니, 소노부, 절노부, 순노부, 관노부, 계루부 등이다. 본래는 소노부에서 왕이 나왔으나, 점점 미약해져서 뒤에는 계루부에서 왕위를 차지하였다. 그들이 설치한 관계(官階)에는 상가, 대로, 패자, 고추대가, 주부, 우태, 사자, 조의, 선인이 있다. (중략) (가) 의 동쪽에 큰 굴이 있는데 그것을 수신(襚神)이라 부르며, 또한 10월에 그 신을 맞이하여 제사를 지냈다.

  -『후한서』-

[해설] 주어진 자료 속 '(가)'는 초기 국가, 고구려를 가리킨다(10월의 제사는 곧 추수 감사제이자 제천 행사인 10월 동맹).

- 왕 아래에는 상가·고추가 등의 대가가 있었으며, 이들은 각기 사자·조의·선인 등의 관리를 거느리고 있었다. 중대한 범죄자는 제가 회의를 통해 사형에 처하였다.

[해설] 고구려의 대가와 관리, 그리고 제가 회의에 대한 설명이다.

- (가)에는 감옥이 없다. 범죄가 있으면 제가들이 의논하여 죽이며 처자는 노비가 되게 한다.

[해설] (가)는 고구려를 가리킨다.

- 왕 아래에는 상가, 고추가 등의 대가가 있었다. [지14②] ☐
  - 왕 아래 상가, 대로, 패자, 고추가 등의 관료 조직이 있었다. [서24②] ☐
  - 왕 아래 상가, 고추가 등의 대가들이 있었으며, 이들은 각기 사자, 조의, 선인 등 관리를 거느리고 있었다. [회17] ☐
  - 상가, 고추가 등의 대가들은 각기 사자, 조의, 선인 등 관리를 거느리고 있었다. [경12②] ☐

┗상가, 고추가 등이 제가 회의를 열어 국가 대사를 결정하였다(제가 회의). [서17②] ☐

┗중대한 범죄자가 있으면 제가 회의에서 사형에 처하였으며, 서옥제의 풍습이 있었다. [회18] ☐

┗(가) 중대한 범죄자가 있으면 제가 회의를 통해 사형시키고 그 가족은 노비로 삼는다. [경18①] ☐

┗대가들은 스스로 사자, 조의, 선인을 두었다. [경21①] ☐

┗고구려는 왕 아래에 가축의 이름을 딴 마가, 우가, 저가, 구가와 대사자, 사자 등의 관리가 있었다[✗]. [경15③] ☐

[해설] 왕 아래 상가, 고추가 등의 대가(大加)가 있던 나라는 고구려이다(『삼국지』위서 동이전 '고구려조'에 고구려의 관등으로, 상가, 대로, 패자, 고추가, 주부, 우태, 승, 사자, 조의, 선인이 차례로 제시), 이들이 일종의 귀족 회의인 제가 회의를 열어 국가의 중대사를 결정하였다. 부족장인 이들은 각 독립적으로 사자, 조의, 선인 등의 관리를 두었다. / [경18①]의 (가)는 해당 문제에서 옥저를 가리키나 무시함. / [경15③] 왕 아래에 가축의 이름을 딴 마가, 우가, 저가, 구가와 대사자, 사자 등의 관리가 있었던 초기 국가는, (고구려가 아니라) 부여이다.

• 사자·조의, 서옥제, 동맹 [국11] ☐

[해설] 사자·조의는 고구려의 관리이며, 서옥제(데릴사위제, 예서제)는 남자가 여자 집에서 생활하는 고구려의 혼인 풍습, 동맹은 10월에 행해진 고구려의 제천 행사이다.

• 고구려는 이미 1세기 초에 왕호를 사용하였다. [경16②] ☐

[해설] 고구려는 이미 1세기 초에 왕호를 사용하였다. 『삼국사기』와 『삼국사기』에 의하면 건국 초부터 사용한 것으로 나온다. 참고로 부여도 마찬가지로 1세기 초에 왕호를 사용하였다.

• 10월에 동맹이라는 제천 행사를 실시하였다. [서17②] ☐

┗10월에 동맹이라는 제천 행사를 치르고, 아울러 왕과 신하들이 국동대혈에 모여 함께 제사를 지냈다. [국12] ☐

┗10월에는 동맹이라고 하는 제천 행사를 거행하였다. [경19②] ☐

┗동맹이라는 제천 행사가 있었다. [지24] [회19] ☐

┗농경과 관련하여 동맹이라고 하는 제천 행사가 있었다. [소21] ☐

┗제천 행사는 '동맹'이었으며 국동대혈에서의 제사가 있었다. [서19①] ☐

┗왕과 지배층이 국동대혈에 모여 제사를 지냈다. [회24] ☐

┗국동대혈에서 하늘에 제사를 지냈다. [기19] ☐

┗건국 시조와 그 어머니를 조상신으로 섬겨 제사를 지냈고, 10월에 동맹이라는 제천 행사를 성대하게 치렀다. [경15②] ☐

┗고구려 – 매년 12월에 전 국민이 하늘에 제사를 지내는데 이것을 동맹이라고 하였다[✗]. [회16] ☐

┗고구려에서는 수렵 사회의 전통을 보여 주는 제천 행사가 12월에 열렸다[✗]. [경16①] ☐

[해설] 제천 행사가 '동맹'이고, 국동대혈에서 제사가 있었던 나라는 초기 국가, 고구려이다. 동맹은 매년 10월에 전 국민이 하늘에 제사를 지내는 제천 행사이다(국중대회).

• 집집마다 부경이라는 창고를 두었다. [국17②] ☐

┗집집마다 부경이라는 작은 창고가 있었다. [법17] ☐

[해설] 부경(桴京)은 이른바 빼앗은 식량 저장 창고이다. 고구려가 약탈 경제였음을 보여준다.

■ 고구려의 경제 [지17②] [법17] ☐

• ○ 대가(大家)들은 농사를 짓지 않고, 앉아서 먹는 자[座食者]가 1만여 명이나 된다. 하호가 멀리서 쌀, 곡물, 물고기, 소금을 져서 날라 공급한다.

○ 큰 창고가 없고 집집마다 작은 창고가 있어 부경(桴京)이라고 부른다.　　　　　　　　　　　-『삼국지』-

[해설] 약탈 경제 구조인 초기 국가, 고구려를 가리킨다.

· 그 나라 안의 대가들은 농사를 짓지 않으며 좌식자(坐食者)가 만여 명이나 된다. 하호는 식량과 고기와 소금을 멀리서 져다 이들에게 공급하고 있다. 10월에 하늘에 제사지내는데, 온 나라가 대회를 가지므로 이를 동맹(同盟)이라고 한다.

　　　　　　　　　　　　　　　　　　　　　　-『삼국지』 위서 동이전 -

[해설] 고구려의 경제와 동맹에 대한 설명이다.

· (ㄱ) - 서옥제라는 풍속과 동맹이라는 제천 행사를 실시하였다. [회15] □
└ ㉠은 서옥제라는 풍속과 동맹이라는 제천 행사를 실시하였다. [기13] □

[해설] 서옥제라는 풍속과 동맹이라는 제천 행사를 실시한 나라는 고구려이다. [회15]의 (ㄱ)은 옥저를 가리키나 무시함. / [기13]의 ㉠은 부여를 가리키나 무시함.

■ 서옥제와 동맹 [서24①] □

10월에 지내는 제천 행사는 국중대회로서 동맹이라 부른다. 그 나라의 풍속에 혼인을 할 때에는 말로 미리 정한 다음, 여자 집에서 본채 뒤에 작은 집을 짓는데 그 집을 서옥이라 부른다.

[해설] '10월 동맹'과 '서옥제'라는 혼인 풍속이 나온 것에서 주어진 자료는 초기 국가, 고구려를 가리킨다.

· 서옥제라는 혼인 풍속이 있었다. [법23] [법20] [소22] [소18②] □
└ 서옥제라는 혼인 풍속이 있었다. [지13] □
└ 서옥제의 풍습이 있었다. [회21] □
└ 혼인 풍속으로 서옥제가 있었다. [법22] □
└ 서옥제(婿屋制)라는 데릴사위제 풍속이 있었다. [경12①] □
└ 서옥제라는 풍습이 있고, 10월에는 추수 감사제인 동맹이라는 제천 행사를 치렀다. [기11] □
└ 고구려의 결혼 풍속으로 서옥제와 제천 행사인 무천이 있었다[×]. [경11②] □
└ 형사취수혼과 서옥제가 행해졌다. [지16①] □

[해설] 서옥제(婿屋制/壻屋制)는 신랑이 처가 쪽에 머물며 자식이 장성한 다음에야 부인을 데리고 본가로 돌아오는 고구려의 혼인 풍습이다. 일종의 데릴사위제[예서제]라고도 한다. 혼인할 때 말로 미리 정하고, 여자의 집에서 자기들이 살고 있는 큰 집 뒤에 조그만 집을 짓는 데 이곳이 곧 서옥, 사위의 집이다. 사위[신랑, 남편]가 이곳에 머무르다 자식을 낳아서 장성하면 부인[신부]과 함께 자신의 집으로 돌아갔다. / [경11②] 무천(舞天)은 고구려가 아니라 초기 국가, 동예의 제천 행사이다(매년 10월) / [지16①] 형사취수혼은 관련 선지 및 해설 참조.

· [서옥제] 신랑은 처가 쪽에 머물며 자식이 장성한 다음에야 부인을 데리고 본가로 돌아왔다. [지17②] □
└ 남자가 일정 기간 처가에서 살다가 본가로 돌아가는 풍속이 있었다. [서14] □
└ 고구려 - 신부 집 뒤에 집을 짓고 살다가 자식을 낳아 장성하면 아내를 데리고 신랑 집으로 돌아가는 제도가 있었다. [지12①] □
└ (가) 신부의 집 뒤에 서옥을 짓고 훗날 자녀가 태어나 성장하면 아내와 함께 신랑 집으로 돌아가는 풍습이 있었다. [경18①] □
└ 혼인을 정한 뒤 신부 집 뒤꼍에 조그만 집을 짓고, 거기서 자식을 낳아 장성하면 아내를 데리고 신랑 집으로 돌아가는 풍습이 있었다. [경15①] □
└ 혼인을 정한 뒤 신랑은 신부 집 뒤꼍에 조그만 집을 짓고, 함께 살다가 돌아오는 풍속이 있었다. [경14②] □

└ 서옥제 [경18②] □

[해설] 고구려에는 신부 집 뒤에 집을 짓고 살다 자식을 낳고 장성하면 아내를 데리고 신랑 집으로 돌아가는 서옥제라는 혼인 풍습이 있었다. / [경18①]의 (가)는 옥저를 가리키나 무시함.

■ 고구려의 서옥제 [국14] [국12] [경21①] □

- 그 풍속에 혼인을 할 때 구두로 이미 정해지면 여자의 집에는 대옥(大屋) 뒤에 소옥(小屋)을 만드는데, 이를 서옥(婿屋)이라고 한다. 저녁에 사위가 여자의 집에 이르러 문밖에서 자신의 이름을 말하고 꿇어 앉아 절하면서 여자와 동숙하게 해줄 것을 애걸한다. 이렇게 두세 차례 하면 여자의 부모가 듣고는 소옥에 나아가 자게 한다. 그리고 옆에는 전백(錢帛)을 놓아둔다.

  -『삼국지』「동이전」-

[해설] 혼인을 할 때 구두로 이미 정해지면 여자의 집에 서옥을 만든다는 내용을 통해 고구려의 혼인 풍습인 서옥제를 가리킴을 알 수 있다.

- 혼인하는 풍속을 보면, 구두로 약속이 정해지면 신부 집에서 본채 뒤에 작은 별채를 짓는데, 이를 서옥(婿屋)이라 한다. 해가 저물 무렵, 신랑이 신부집 문 밖에 와서 이름을 밝히고 꿇어앉아 절하며 안에 들어가 신부와 잘 수 있도록 요청한다. 이렇게 두세 번 청하면 신부의 부모가 별채에 들어가 자도록 허락한다. … 자식을 낳아 장성하면 신부를 데리고 자기 집으로 간다.

  - 삼국지 -

[해설] '신부 집에서 본채 뒤에 작은 별채를', '서옥', '자식을 낳아 장성하면 신부를 데리고 자기 집으로 간다'는 내용에서 고구려의 서옥제를 가리킴을 알 수 있다.

- 혼인할 때 말로 미리 정하고, 여자의 집에서 자기들이 살고 있는 큰 집 뒤에 조그만 집을 짓는다. …… 자식을 낳아서 장성하면 부인은 남편의 집으로 돌아간다.

[해설] 고구려의 서옥제를 가리킨다.

- [부여, 고구려] 형이 죽으면 형수를 부인으로 맞아들였다. [서19①] □

└ 형이 죽으면 형수를 아내로 삼는 풍습이 있었다. [서17②] [법20] □

└ 고구려 – 혼인 풍속으로 형사취수제와 민며느리제가 있었다[✗]. [기12] □

└ 형사취수제 [경18②] □

[해설] 형이 죽으면 형수를 부인으로 맞아들이는 이른바 형사취수제의 풍습이 있었던 나라는 초기 국가, 부여와 고구려이다. 형사취수혼은 형이 죽은 뒤에 동생이 형수와 결혼하여 함께 사는 혼인 제도로, 수계혼(收繼婚)의 한 형식이다. 유목 민족에게서 자주 나타나는 혼인 풍습으로, 형의 죽음으로 인한 재산의 혈족 외 유출을 막고 형수의 부양 등을 목적으로 생겨난 것으로 추정하고 있다. / [기12] 민며느리제는 옥저의 풍습이다.

- 건국 시조인 주몽과 그 어머니 유화 부인을 조상신으로 섬겨 제사를 지냈다. [국12] □

[해설] 고구려는 건국 시조인 주몽(기원전 58~기원전 19, 재위 기원전 37-기원전 19)과 유화 부인(?~?)을 조상신으로 모시고 제사를 지냈다. (고)주몽이 곧 동명(성)왕이다.

- 거처의 좌우에 큰 집을 지어 귀신을 제사하고, 영성과 사직에도 제사했다.* [지17②] □

[해설] 중국의 사서인『삼국지』위서 동이전에 '고구려' 관련 사실로 나오는 내용이다.『삼국지』위서 동이전 전체 내용이 많지 않으므로 시간을 내서 한 번 일독할 필요가 있다.

- (나)는 자신의 생활권에 침범하면 노비나 소와 말로 변상하게 하였다[✗]. [서13] □

[해설] 다른 부족의 생활권을 침범하면 노비나 소, 말 등으로 변상한 것은 동예의 풍습인 책화(責禍)에 대한 설명이다.

- (나)는 가족이 죽으면 시체를 가매장했다가 뼈만 추려서 커다란 목곽에 안치하였다[✗]. [서13] ☐

[해설] 가족이 죽으면 시체를 가매장하였다가 뼈만 추려 커다란 목곽에 안치하는 것은 옥저의 장례 풍습인 골장제에 대한 설명이다.

- 옥저와 동예를 정복하였다. [지15②] ☐
  └ 부전고원을 넘어 옥저를 정복하여 공물을 받았다. [경12②] ☐

[해설] 옥저와 동예를 정복한 국가는 고구려이다. 고구려 태조왕 대(재위 53-146, 제6대)에 복속되었다. (동)옥저가 복속된 것은 태조왕 4년인 56년이고, 동예는 정확한 기록이 없으나 여러 정황상 태조왕 대에 복속된 것으로 추정하고 있다[(북)옥저는 고구려 동명성왕 10년인 기원전 28년에 멸망(고구려 영토로 편입, 이후 일부 잔여 세력 남음), 부전고원은 함경 부전군에 위치한 고원]. 옥저가 최종적으로 멸망한 것은 고구려가 직접 지배하기 시작한 285년(고구려 서천왕 16)의 일이다. 한 전문 연구자에 의하면 동예는 245년(고구려 동천왕 19) 이전에 멸망하였다고 한다.

- (가)와 (나) 모두 연맹 왕국 단계에서 멸망하였다[✗]. [서13] ☐

[해설] 부여[(가)]는 연맹 왕국 단계에서 멸망하였으나, 고구려[(나)]는 중앙 집권 국가로 발전하였다.

3 옥저와 동예

- 함경도 및 동해안 지역에 위치한 옥저와 동예는 변방에 위치하여 부여의 압력을 받아 크게 성장하지 못하였다[✗]. [서12] ☐

[해설] 함경도 및 강원도의 동해안 지역에 위치한 옥저와 동예는 변방에 위치하여 (부여가 아니라) 고구려의 압력을 받아 크게 성장하지 못하였다. 옥저와 동예는 고구려 태조왕 대(재위 53-146, 제6대)에 복속되었는데, (동)옥저는 태조왕 4년인 56년에 복속되었고, 동예는 정확한 기록이 없으나 여러 정황상 태조왕 대에 '일단' 복속된 것으로 추정하고 있다[(북)옥저는 고구려 동명성왕 10년인 기원전 28년에 멸망(고구려 영토로 편입, 이후 일부 잔여 세력 남음)]. 옥저가 최종적으로 멸망한 것은 고구려가 직접 지배하기 시작한 285년(고구려 서천왕 16)의 일이다. 또 한 전문 학자에 따르면 동예는 245년(고구려 동천왕 19) 이전에 멸망하였다(동예의 남쪽 일부 지역은 신라에 편입)(복속과 멸망은 다른 역사적 의미를 가짐에 주의).

- [옥저, 동예] 왕권이 강화된 중앙 집권 국가로 발전하였다[✗]. [국13] ☐
  └ 각 읍락에는 읍군, 삼로라는 군장이 부족을 다스렸으나 크게 성장하지 못했다. [서11] ☐
  └ 대군장이 없었고 후, 읍군, 삼로가 읍락을 다스렸다. [회19] ☐
  └ (ㄹ) 읍군과 삼로가 각각 자신의 부족을 다스렸다. [회15] ☐
  └ (라) - 선진 문화의 수용이 늦어서 왕이 없었고 읍군이나 삼로가 자기 부족을 다스렸다. [기14] ☐
  └ 부족을 지배하는 읍군과 삼로 [소21] ☐
  └ 읍군, 삼로 등이 하호를 통치하였다. [법22] ☐

[해설] [국13] 옥저와 동예의 각 읍락에는 읍군, 삼로라는 군장이 부족을 다스렸으나 중앙 집권 국가로까지 발전하지는 못하였다.* 즉 읍군, 삼로 등 군장이 부족을 다스리는 군장 국가 수준에서 멸망하였다. / [회15]의 (ㄹ)은 삼한을 가리키나 무시함. / [기14]의 (라)는 삼한을 가리키나 무시함.

*일반적으로 고대 국가의 성립 과정은 '군장 국가', '연맹 왕국', '중앙 집권적 고대 국가(고구려, 백제, 신라)' 순으로 보고 있다. 그런데 초기 국가, 옥저와 동예는 연맹 왕국 단계에도 이르지 못하고 그 전 단계인 '군장 국가' 단계에 머물렀다.

- [옥저] 함경도 동해안 지역에 위치하였으며, 민며느리제, 가족 공동 무덤이 있었다. [서24①] ☐

[해설] 초기 국가, 옥저의 지리적 위치와 풍습에 대한 설명이다.

▌초기 국가, 옥저 [지20] [지16①] [지13] ☐

- 지형이 동북은 좁고 서남은 길어서 1,000리 정도나 된다. 북쪽은 읍루·부여, 남쪽은 예맥과 맞닿아 있다. …(중략)… 나라가 작아서 큰 나라 틈바구니에서 핍박받다가 결국 고구려에 복속되었다. …(중략)… 땅은 기름지며 산을 등지고 바다를 향해 있어 오곡이 잘 자라며, 농사짓기에 적합하다.
  - 『삼국지』-

[해설] '지형이 동북은 좁고 서남은 길어서'라는 부분과 '결국 고구려에 복속되었다'는 부분, '오곡이 잘 자라며, 농사짓기에 적합하다'는 부분에서 초기 국가 옥저를 가리킴을 알 수 있다.

- 이 나라는 대군왕이 없으며, 읍락에는 각각 대를 잇는 장수(長帥)가 있다. …… 이 나라의 토질은 비옥하며, 산을 등지고 바다를 향해 있어 오곡이 잘 자라며 농사짓기에 적합하다. 사람들의 성질은 질박하고, 정직하며 굳세고 용감하다. 소나 말이 적고, 창을 잘 다루며 보전(步戰)을 잘한다. 음식, 주거, 의복, 예절은 고구려와 흡사하다. 그들은 장사를 지낼 적에는 큰 나무 곽(槨)을 만드는데 길이가 십여 장(丈)이나 되며 한쪽 머리를 열어 놓아 문을 만든다.
  - 『삼국지』위서 동이전 -

[해설] '대군왕이 없다'는 점과 "장사를 지낼 때의 풍습(골장용으로 가족 공동 무덤인 커다란 목곽을 만드는 것)'으로 미루어 보아 제시된 자료 속 '이 나라'는 초기 국가, 옥저임을 알 수 있다. 보전(步戰)은 보병들이 벌이는 전투이다.

- [옥저] 해산물이 풍부하였으며, 민며느리제가 있었다. [지16①]
  └해산물이 풍부하였고 민며느리제가 있었다. [지15①]
  └옥저는 해산물이 풍부하고 농사가 잘되었으며, 민며느리제와 가족 공동묘제의 풍속이 있었다. [경16②]
  └옥저는 토지가 비옥하고 해산물이 풍부하여 농경, 어로 등 경제 생활이 윤택하였고, 매년 10월에는 무천이라는 제천 행사를 열었다[x]. [경15③]
  └농경이 발달하였고, 어물과 소금 등 해산물이 풍부하였다. [서17②]
  └옥저 [서11]

[해설] 옥저는 해산물이 풍부하였으며, 어릴 때 혼인을 약속하고 여자가 남자 집에서 생활하다 성장하면 남자가 예물을 치르고 혼인을 하는 민며느리제의 풍습이 있었다.

- 옥저 – 읍락끼리 각자의 영역을 침범하면 책화라고 하여 노비, 소, 말 등으로 변상하였다[x]. [회16]

[해설] 옥저가 아니라 동예의 풍습이다.

- 옥저에서는 전쟁이 일어났을 때 제천 의식을 행하고, 소를 죽여 그 굽으로 길흉을 점치는 풍속이 있었다[x]. [경16①]

[해설] 전쟁이 일어났을 때 제천 의식을 행하고, 소를 죽여 그 굽으로 길흉을 점치는 풍속, 즉 우제점(牛蹄占)의 풍속이 있었던 초기 국가는 (옥저가 아니라) 부여와 고구려이다.

- [옥저] 민며느리제라는 혼인 풍습이 있었다. [국22] [법21]
  └민며느리제라는 혼인 풍속이 있었다. [국14]
  └민며느리제라는 혼인 풍속이 있었다. [경18③]
  └혼인 풍속으로 민며느리제가 있었다. [지17①] [서24②]
  └혼인 제도로 민며느리제가 있었다. [경19②]
  └매매혼의 일종인 민며느리제가 행하여졌다. [지11②]
  └일종의 매매혼인 민며느리제의 풍습이 있었다. [법12]
  └족내혼과 함께 민며느리제라는 혼인 풍속이 있었다. [서17②]
  └처녀를 미리 신랑 집에 데려다 놓고 살다가 뒤에 며느리로 삼는 민며느리제가 있었다. [지12②]
  └고구려와 같이 부여족의 한 갈래였으나 풍속이 달랐으며 민며느리제가 있었다. [회18]
  └옥저에는 혼인을 정한 뒤 신부집 뒤꼍에 조그만 집을 짓고, 거기서 자식을 낳아 장성하면 아내를 데리고 신랑집으로 돌아가는 풍습이 있었다[x]. [경17①]

└민며느리의 풍속이 있었다. [회21] □

└민며느리를 받아들이는 읍군 [지20] □

└민며느리제 [경18②] □

[해설] 옥저에는 어릴 때 약속을 하고 여자가 남자 집에서 살다가 성인이 되면 대가를 지불하고 결혼을 하는 민며느리제라는 풍습이 있었다(민며느리제는 일종의 매매혼). / [경17①] 혼인을 정한 뒤 신부집 뒤꼍에 조그만 집을 짓고, 거기서 자식을 낳아 장성하면 아내를 데리고 신랑집으로 돌아가는, 서옥제의 풍습이 있었던 나라는 (옥저가 아니라) 초기 국가, 고구려이다.

■ 옥저의 민며느리제 [지19] [지13] [회15] [경18①] [기14] [소21] □

- 고구려 개마대산 동쪽에 있는데 개마대산은 큰 바닷가에 맞닿아 있다. …(중략)… 그 나라 풍속에 여자 나이 10살이 되기 전에 혼인을 약속한다. 신랑 집에서는 여자를 맞이하여 다 클 때까지 길러 아내를 삼는다.

[해설] '고구려 개마대산 동쪽'에 위치하며, '여자 나이 10살이 되기 전에 혼인을 약속하여 다 클 때까지 길러 아내를 삼는다'는 내용은 민며느리제에 대한 설명으로 옥저임을 알 수 있다. 민며느리제는 일종의 매매혼이다.

- 고구려 개마대산 동쪽에 있는데 개마대산은 큰 바닷가에 맞닿아 있다. …… 그 나라 풍속에 여자 나이 10살이 되기 전에 혼인을 약속한다. 신랑 집에서는 맞이하여 장성하도록 길러 아내를 삼는다. 성인이 되면 다시 친정으로 돌아가게 한다. 여자의 친정에서는 돈을 요구하는데, 돈을 지불한 후 다시 신랑 집으로 돌아온다.

[해설] 일종의 매매혼인 초기 국가, 옥저의 민며느리제를 가리킨다.

- 그 나라의 혼인 풍속에 여자의 나이가 열 살이 되면 서로 혼인을 약속하고, 신랑 집에서는 (그 여자를) 맞이하여 장성하도록 길러 아내로 삼는다. (여자가) 성인이 되면 다시 친정으로 돌아가게 한다. 여자의 친정에서는 돈을 요구하는데, (신랑 집에서) 돈을 지불한 후 다시 신랑 집으로 돌아온다.

[해설] '혼인 풍속으로 여자의 나이가 열 살이 되면 서로 혼인을 약속하고, 신랑 집에서 그 여자를 장성하도록 길러 아내로 삼는다'는 내용이 나와 있다. 초기 국가, 옥저의 민며느리제임을 알 수 있다.

- 소녀가 10여 세가 되면 양가에서 서로 혼인할 것을 약속한 뒤, 남자집에 보내졌다. 소녀가 장성하여 처녀가 되면 다시 본가로 돌려보낸다. 처녀집에서는 돈을 요구하고 그것이 지불된 뒤에야 처녀는 신랑집으로 가게 되었다.

[해설] 일종의 매매혼인 초기 국가, 옥저의 민며느리제임을 알 수 있다.

- 그들이 장가들고 시집가는 법은 여자가 10세가 되면 이미 혼인을 허락한다. 남편될 사람이 여자를 자기 집으로 데려가 길러서 아내를 삼는다. … 사람이 죽으면 누구나 가매장을 하되, 나중에 뼈를 취하여 곽 가운데 넣는다.

[해설] 옥저의 민며느리제와 골장제를 가리킨다.

- (가) 의 혼인하는 풍속은 여자의 나이가 10살이 되기 전에 혼인을 약속하고, 신랑 집에서는 (그 여자를) 맞이하여 장성하도록 길러 아내로 삼는다. (여자가) 성인이 되면 다시 친정으로 돌아가게 한다. 여자의 친정에서는 돈을 요구하는데, (신랑 집에서) 돈을 지불한 후 다시 신랑 집으로 돌아온다.
　　　　　　　　　　　　　　　　　　　　　　　　　　　　　-『삼국지』, 위서 동이전 -

[해설] 옥저의 혼인 풍속인 민며느리제에 대한 것임을 알 수 있다. (가)에 들어갈 나라는 옥저이다.

- [옥저] 사람이 죽으면 가매장한 다음 뼈만 추려 목곽에 안치하였다. [국17①] □

└사람이 죽으면 가매장을 하였다가 뼈만 추려서 목곽에 넣는 풍습이 있었다. [서14] □

└사람이 죽으면 뼈만 추려 가족 공동 무덤인 목곽에 안치하였다. [지21] □

└사람이 죽으면 가매장한 다음 뼈만 추려 목곽에 안치하였다. [법22] □

└가족이 죽으면 시체를 가매장하였다가 나중에 그 뼈를 추려서 가족 공동의 무덤인 커다란 목곽에 안치하였다. [회17] □

└가족이 죽으면 시체를 가매장하였다가 나중에 그 뼈를 추려서 가족 공동의 무덤인 커다란 목곽에 안치하였다. [기11] □

└ 시체를 가매장하였다가 뼈를 추려 가족 공동 무덤인 큰 나무 덧널에 넣었다. [소21]

└ 부여에서는 가족이 죽으면 시체를 가매장하였다가 나중에 그 뼈를 추려서 가족 공동 무덤인 커다란 목곽에 안치하는 풍속이 있었다[✗]. [경16①]

└ 옥저: 시체를 가매장하였다가 뼈만 추려 가족 공동 무덤에 안치하였다. [경21②]

[해설] 시신을 가매장한 다음 뼈만 추려 목곽에 안치하는 것은 옥저의 장례 풍습이다(골장제).

■ 옥저의 장례 풍습(골장제) [국22] [법12] [경15①]

- O 가족이 죽으면 시체를 가매장하였다가 나중에 그 뼈를 추려서 가족 공동 무덤인 커다란 목곽에 안치하였다.
  O 목곽 입구에는 죽은 자가 먹을 양식으로 쌀을 담은 항아리를 매달아 놓기도 하였다.   - 『삼국지』 위서 동이전 -

[해설] 위의 자료는 초기 국가, 옥저의 '골장제'를 가리킨다. 아래의 자료 역시 옥저의 장례 풍습 중 일부이다. 목곽(木槨)은 무덤에 관과 부장품(꺼묻거리)을 넣기 위하여 나무로 만든 시설이다.

- 토질은 비옥하며, 산을 등지고 바다를 향해 있어 오곡이 잘 자라며 농사짓기에 적합하다. 그들은 장사 지낼 적에는 큰 나무 곽을 만드는데, 길이가 10여 척이나 되며 한쪽 머리를 열어 놓아 문을 만든다. 사람이 죽으면 시체는 모두 가매장을 하되 겨우 형체만 덮을 만큼 묻었다가 가죽과 살이 다 썩은 다음에 뼈만 추려 곽 속에 안치한다.
  - 삼국지 위서 동이전 -

[해설] 옥저의 장례 풍습인 골장제를 가리킨다.

- 어물과 소금 등 해산물이 풍부하였고, 토지가 비옥하여 농사가 잘 되었으며, 가족이 죽으면 시체를 가매장하였다가 나중에 그 뼈를 추려서 가족 공동 무덤인 커다란 목곽에 안치하였다.

[해설] 옥저의 경제와 골장제에 대한 설명이다.

- [동예] 단궁, 과하마, 반어피가 유명하였고, 제천 행사로는 무천이 있었으며, 족외혼, 책화 등의 풍습이 있었다. [서24①]

[해설] 초기 국가, 동예의 특산품과 제천 행사(매년 10월, 무천), 풍습에 대한 설명이다.

■ 초기 국가, 동예 [법21] [법11] [회23] [경19②]

- 이 나라는 남쪽으로는 진한과 북쪽으로는 고구려·옥저와 맞닿아 있고, 동쪽으로는 큰 바다에 닿았으니 오늘날 조선 동쪽이 모두 그 지역이다. 호수는 2만이다. …… 대군장이 없고 한 시대 이래로 후·읍군·삼로라는 관직이 있어 하호(下戶)를 다스렸다.
  - 『삼국지』 위서 동이전 -

[해설] 주어진 자료 속 밑줄 친 '나라'는 초기 국가, 동예임을 알 수 있다.

- (가) 에는 대군장(大君長)이 없고, … 후(侯)·읍군(邑君)·삼로(三老)의 관직이 있어서 하호(下戶)를 통치하였다. … 언어와 예절 및 풍속은 대체로 고구려와 같지만 의복은 다르다. … 풍속은 산천을 중요시하여 산과 내마다 각기 구분이 있어 함부로 들어가지 않는다. 동성끼리는 결혼하지 않는다. … 해마다 10월이면 하늘에 제사를 지내는 데 … 주야로 술 마시며 노래 부르고 춤춘다.
  - <삼국지> -

[해설] 주어진 자료 속 '(가)'는 초기 국가, 동예임을 알 수 있다. 동성끼리는 결혼하지 않는다는 내용은 족외혼을 가리킨다.

- 대군장(大君長)이 없고 한(漢) 시대 이래로 후(侯), 읍군(邑君), 삼로(三老)라는 관직이 있어 하호(下戶)를 다스렸다. [중략] 풍속은 산천을 중요시하여 산과 내마다 각기 구분이 있어 함부로 들어가지 않는다.
  - 『삼국지』 위서 동이전 -

[해설] 주어진 자료에서 가리키는 나라는 초기 국가, 동예이다.

*시험지에 '후'의 한자가 '候'로 잘못 표시되어 이와 같이 수정하였다. 헷갈리기 쉬운 한자어이다.

- 큰 나라 사이에서 시달리다가 마침내 고구려에 복속되었다. 고구려는 이 나라 사람 가운데 세력이 큰 사람을 사자(使者)

로 삼아 다스리게 하고, 고구려의 대가로 하여금 조세 수취를 책임지도록 했다.　　　　　　　　　　　- 『삼국지』 위서 동이전 -

[해설] 주어진 자료 속 나라는 초기 국가, 동예를 가리킨다. 동예는 (동)옥저와 마찬가지로 고구려 태조왕 대(재위 53-146, 제6대)에 복속되었다가 245년(고구려 동천왕 19) 이전에 멸망한 것으로 추정된다(한 전문 연구자의 견해, 동예의 남쪽 일부 지역은 신라에 편입).

- [동예] 후·읍군·삼로 등이 하호를 통치하였다. [국17①] ☐
  └읍군이나 삼로라고 불린 군장이 자기 영역을 다스렸다. [지21] ☐
  └하호는 주인에게 예속되어 생활하는 천민층이었다[✗]. [법11] ☐
  └사회 분화가 미숙하여 천민층은 나타나지 않았다[✗]. [회23] ☐
  └동예 [서11] ☐

[해설] 후·읍군·삼로 등은 동예의 군장들이다. / [법11] 하호(下戶)는 주인에게 예속되어 생활하는 천민층이 아니라 읍락의 일반민을 가리키는 통칭이다. 물론 천민[노비]과 함께 피지배층이었다. / [회23] 해당 문제의 사료에도 나와 있듯이 노비*와 같은 천민층이 존재하였다. 참고로 사료에 "대군장이 없고, 한(漢) 이래로 후(侯)·읍군·삼로가 있어서 하호를 통치하였다"는 기록이 있는데 여기서 하호(下戶)란 주인에게 예속되어 생활하는 천민층이 아니라 읍락의 일반민을 가리키는 통칭이다.

*사료에서는 노비를 '생구(生口)'라고 표현하기도 하는데, 여기서 생구란 "산 채로 사로잡힌 자", 즉 전쟁 노예를 가리킨다.

- [동예] 무천이라는 제천 행사를 열었다. [국22] ☐
  └무천이라는 제천 행사가 있었다. [지19] [법24] ☐
  └무천이라는 제천 행사를 거행하였다. [소18②] ☐
  └(나)에는 '무천'이라는 제천 행사가 있었다. [기17] ☐
  └해마다 무천이라는 제천 행사를 열었다. [법21] ☐
  └해마다 10월에 무천이라는 제천 행사를 열었다. [회22] ☐
  └10월에 무천이라는 제천 행사를 개최하였다. [법20] ☐
  └매년 10월 무천이라는 제천 행사를 열었고 족외혼을 엄격히 지켰다. [서11] ☐
  └동예는 매년 동맹이라는 제천 행사를 열었으며, 각각의 부족이 영역을 엄격히 지켰다[✗]. [경16②] ☐
  └수렵 사회의 전통을 계승한 제천 행사를 열었다[✗]. [법11] ☐

[해설] 초기 국가, 동예는 매년 10월에 무천(舞天)이라는 제천 행사를 열었다. / [법11] 수렵 사회의 전통을 계승한 제천 행사를 연 초기 국가는 부여이다. 동예의 무천은 부여의 영고, 고구려의 동맹과 같은 제천 행사이지만 동예가 처한 상황에 따라 그 성격이 제각각 달랐다. 삼한에서 매년 (5월과) 10월에 계절제를 거행한 것처럼 동예의 무천도 부족의 내부 결속을 다지는 수확제적 성격을 갖고 있었을 것으로 추정한다. / [기17]의 (나)는 발해를 가리키나 무시함.

▎동예의 무천 [국19] [국17①] [지13] [지12②] [서22①] [경18①] ☐

- 남쪽으로는 진한과 북쪽으로는 고구려·옥저와 맞닿아 있고 동쪽으로는 큰 바다에 닿았다. …(중략)… 해마다 10월이면 하늘에 제사를 지내는데 밤낮으로 술 마시며 노래 부르고 춤추니, 이를 무천이라고 한다.

[해설] 동예의 위치와 제천 행사, 무천에 대한 설명이다.

- 남쪽으로는 진한과, 북쪽으로는 고구려·옥저와 맞닿아 있고 동쪽으로는 큰 바다에 닿았다. …… 해마다 10월이면 하늘에 제사를 지내는데 밤낮으로 술 마시며 노래 부르고 춤추니, 이를 무천이라고 한다.

[해설] '고구려 옥저와 맞닿아 있고', '10월이면 하늘에 제사를 지내는데', '무천'을 통해 동예임을 알 수 있다.

- 그 나라는 대군장이 없고 한(漢) 시대 이래로 후(侯)·읍군(邑君)·삼노라는 관직이 있어 하호(下戶)를 다스렸다. …(중략)… 해마다 10월이면 하늘에 제사를 지내는데 밤낮으로 술 마시며 노래 부르고 춤추니 이를 무천(舞天)이라고 한다.

- 『삼국지』-

[해설] '대군장이 없고 한 이래 후·읍군·삼노라는 관직이 있다'는 점, 10월의 제천 행사로 무천(舞天)이 있다는 점이 나와 있다. 이를 통해 초기 국가, 동예임을 알 수 있다. 참고로 밤낮으로 먹고 마시고 노래하고 춤추는 행위는 고대 제천 행사의 공통된 내용이다.

• 해마다 10월 하늘에 제사를 지내는데, 밤낮으로 술마시며 노래부르고 춤추니 이를 무천이라고 한다. - 『삼국지』-

[해설] 주어진 자료는 동예의 무천에 대한 설명이다.

• 이 나라에서는 해마다 10월이면 하늘에 제사를 지내는데, 주야로 술을 마시며 노래를 부르고 춤추니 이를 무천이라 한다. 또 호랑이를 신으로 여겨 제사지낸다.

[해설] 동예의 무천에 대한 설명이다. 특이하게 호랑이를 토템으로 삼는다는 내용도 나와 있다.

• 해마다 10월이면 하늘에 제사를 지내는데, 밤낮으로 술을 마시고 노래 부르며 춤을 추니 이를 무천이라 한다. 또 호랑이를 신(神)으로 여겨 제사지낸다. 읍락을 함부로 침범하면 노비와 소, 말로 변상하는데, 이를 책화라 한다.

[해설] '해마다 10월이면 하늘에 제사'를 지낸다는 부분('무천')과 '책화'라는 말에서 초기 국가, 동예임을 알 수 있다.

• [동예] 호랑이를 신으로 섬기고 제사를 지냈다. [회24]

[해설] 호랑이를 신으로 섬기고(토템으로 삼고) 제사를 지낸 나라는 초기 국가, 동예이다.

• [동예] 족외혼과 책화의 풍습이 있었다. [지15②]

└(나) 씨족끼리는 혼인하지 않는 족외혼 풍습과 다른 읍락의 경계를 침범하면 소, 말, 노비로 보상하는 책화라는 풍습이 있었다. [경18①]

└동예는 족외혼을 엄격하게 지켰으며, 각 부족의 영역을 함부로 침범하지 못하게 하였다. [경15③]

└책화라는 풍습이 있었다. [법11]

[해설] 동예로, 같은 씨족끼리 결혼하지 않는 족외혼과 다른 부족의 경계를 침범하였을 때는 가축이나 노비로 변상하는 책화의 풍습이 있었다.

■ **동예의 족외혼** [회18]

동성(同性)끼리는 결혼하지 않는다. … 해마다 10월이면 하늘에 제사를 지내는데, 주야로 술 마시며 노래 부르고 춤추니 이를 무천이라 한다. 또 호랑이를 신으로 여겨 제사 지낸다. -『삼국지』위서 동이전-

[해설] 주어진 자료는 초기 국가, 동예이다. 동성끼리 결혼하지 않는다는 것은 같은 씨족이 아닌 다른 씨족과 혼인하는 족외혼 풍습을 가리키는 것으로 볼 수 있다. 호랑이를 토템으로 받든 사실도 나와 있다.

• 동예 – 어린 여자아이를 미리 신랑집에 데려다 놓고 살다가 결혼시키는 민며느리제가 있었다 [×]. [회16]

[해설] 민며느리제의 풍습이 있었던 국가는 (동예가 아니라) 옥저이다.

• [동예] 읍락의 경계를 중시하여 책화라는 풍습이 있었다. [법22]

└산과 내마다 각기 구분이 있어서 함부로 들어가지 못하였다. [서17②]

[해설] 산과 내마다 구분이 있어 다른 부족의 영토에 함부로 들어가지 못한 나라는 초기 국가, 동예이다. 책화(責禍)*는 다른 읍락을 함부로 침범하면 노비, 소 등으로 변상하는 풍습이다.

*책화(責禍): 중국의 역사서 『삼국지』 「위서」 동이전에 "산천을 중시하며, 산과 내마다 읍락의 경계가 있어 함부로 들어가지 않는다. 다른 읍락을 침범하면 소, 말 등으로 변상하게 하는 책화(責禍)가 있다"고 기록되어 있다.

• [동예] 다른 부족의 영역을 침범하면 책화라 하여 노비나 소, 말로 변상하였다. [국19]

└다른 부족의 영역을 침범하면 책화라고 하여 노비, 소, 말로 변상하였다. [지13]

└다른 부족의 영역을 침범하면 노비나 가축으로 변상하게 하였다. [지11②] ☐

└다른 부족의 생활권을 침범하면 책화라 하여 노비와 소, 말로 변상하게 하였다. [회18] ☐

└다른 부족의 생활권을 침범하면 책화라고 하여 노비, 소, 말로 변상하게 하였다. [지12②] ☐

└다른 부족의 생활권을 침범하면 노비와 소, 말로 변상하게 하였다. [경15①] ☐

└남의 부족의 영역을 침범하면 소나 말 등으로 변상하는 책화라는 풍습이 있었다. [국12] ☐

└다른 부족의 경계를 침범할 경우에는 가축이나 노비로 변상해야 하는 풍습이 있었다. [서14] ☐

└다른 읍락을 함부로 침범하면 노비, 소 등으로 변상하는 책화가 있었다. [서22①] ☐

└다른 읍락 영역을 침범하면 배상금을 내는 책화 제도가 있었다. [회21] ☐

└다른 마을을 함부로 침범하면 소, 말 등으로 배상하였다. [경21①] ☐

[해설] 남의 부족의 영역을 침범하면 노비나 소, 말 등으로 변상하는 책화(責禍)는 동예의 풍습이다.

• 동예 – 다른 부족의 영역을 침범하면 노비와 소, 말로 변상하게 하였다. [지12①] ☐

└동예는 명주와 삼베를 짜는 등 방직 기술이 발달하였으며, 다른 부족의 생활권을 침범하면 노비와 소, 말로 변상하게 하였다.
[경17①] ☐

[해설] 동예에는 다른 부족의 영역을 침범할 경우 노비와 소, 말로 변상하게 하는 책화의 풍습이 있었다.

• [동예] 읍락 사회의 공동체적 결속력이 강하였다. [회23] ☐

[해설] 읍락의 경계를 중시하여 책화(責禍)라는 풍습이 있었던 것에서 알 수 있듯이 읍락 사회의 공동체적 결속력이 강했음을 추정할 수 있다.

■ 동예의 책화 [국13] [회23] [회15] [기14] [소18②] ☐

• 산천을 중요시하여 산과 내마다 구분이 있어 함부로 들어가지 않으며, 이를 어기면 우마로 배상하였다.

[해설] 동예의 책화에 대한 설명이다.

• 산천을 중요시하여 함부로 들어가지 않고 동성끼리 혼인하지 않는다. … 해마다 10월이면 하늘에 제사를 지내는데 이를 무천이라 한다. 부락을 함부로 침범하면 노비와 소, 말로 변상하게 하였다.

[해설] 초기 국가, 동예임을 알 수 있다. 동예의 풍습인 책화, 족외혼, 무천이 차례로 제시되어 있다.

• 산과 하천을 경계로 구역을 정하여 함부로 들어갈 수 없다. 읍락의 경계를 침범하면 노비와 소, 말을 내도록 벌을 주니 이를 책화라고 한다. 대군장이 없고 예로부터 후, 읍군, 삼로가 하호를 다스렸다.

[해설] 동예의 책화와 지배층에 대한 설명이다.

• 이 나라는 산천을 중요시하여 산과 내마다 각기 구분이 있어 함부로 들어가지 않는다. 같은 씨족끼리 결혼하지 않는다. …(중략)… 부락을 함부로 침범하면 벌로 노비와 소·말을 부과하는데, 이를 책화라 한다.

[해설] 주어진 자료 속 밑줄 친 '이 나라'는 초기 국가, 동예를 가리킴을 알 수 있다.

• 언어와 풍습은 대체로 고구려와 같았다. 그 읍락은 산과 내[川]를 경계로 하여 구역이 나뉘어 있어 함부로 다른 구역에 들어갈 수 없었다 한다. 그리고 이를 어겼을 경우 곧 벌책을 가하여 생구(生口), 즉 노예와 소나 말로 보상하게 하였는데, 이를 일컬어 '책화(責禍)'라 하였다.

[해설] 동예의 책화를 가리킨다. 언어 풍습이 고구려와 비슷하다는 내용도 나와 있다.

• [동예] 사람이 죽으면 옛 집을 버리고 새 집을 짓고 살았다.* [회19] ☐

[해설] (꺼리는 것이 많아서 병을 앓거나) 사람이 죽으면 옛 집을 버리고 새 집을 짓고 산 나라는 초기 국가, 동예이다. 중국의 사서『삼국지』위서 동이전

의 '예'와 관련된 부분에 나오는 내용이다.

- [동예] 특산물인 단궁, 과하마, 반어피 등을 수출하였다. [국17②] □
  └특산물로 단궁, 과하마, 반어피가 유명하였다. [법20] □
  └특산물로 단궁이라는 활과 과하마, 반어피가 유명하였다. [법12] □
  └특산물로는 단궁이라는 활과 과하마, 반어피 등이 유명하였다. [회18] □
  └특산물로 단궁과 과하마 등이 유명하였다. [회23] □
  └특산물로 단궁(檀弓), 반어피(斑魚皮), 과하마(果下馬) 등이 유명하였다. [경19②] □
  └단궁이라는 활과 과하마·반어피 등이 유명하였다. [지17①] □
  └단궁, 반어피(바다표범 가죽), 과하마 등의 특산물로 중국과 교역하였다. [소21] □
  └동예에서는 명주와 삼베를 짜는 방직 기술이 발달하였고, 특산물로는 말, 주옥, 모피 등이 유명하였다[✗]. [경16①] □
  └명주와 삼베를 짜는 등 방직 기술이 발달하였으며, 단궁과 과하마, 반어피 등이 유명하였다. [경15②] □

[해설] 단궁(활), 과하마, 반어피 등이 유명한 나라는 동예이다. 단궁(檀弓)은 박달나무로 만든 동예족의 특산물[짧은 활]로 중국에까지 널리 알려졌다. 과하마(果下馬)는 키가 작아[3척] 말을 타고서도 능히 과실나무[과일나무] 밑을 지나갈 수 있다는 데서 유래된 이름이다['삼척마(三尺馬)'라고도 함]. 동예와 고구려에서 많이 산출되었는데 역시 중국에까지 수출되었다. 반어피(斑魚皮)는 바다표범 가죽으로 동예의 또 다른 특산물이다(이후 신라에서도 대당 무역품의 하나). / [경16①] 동예에서는 명주와 삼베를 짜는 방직 기술이 발달하였고, 특산물로는 단궁, 과하마(일종의 조랑말), 반어피(바다표범의 가죽) 등이 유명하였다. 말, 주옥, 모피 등이 유명하였던 초기 국가는 부여이다.

*[경19②] 시험지에는 '班漁皮'로 되어 있는데 '斑魚皮'가 더 정확한 한자어라 이와 같이 수정하였다.

■ 동예의 특산물 [경15①] □

명주와 삼베를 짜는 등 방직 기술이 발달하였고, 특산물로는 단궁과 과하마, 반어피 등이 유명하였다.

[해설] 동예의 방직 기술과 특산물에 대한 설명이다.

- [동예] 정치 체제는 연맹 왕국 단계였다[✗]. [법11] □
  └중앙에서 지방관을 파견하여 주민들에게 조세를 걷었다[✗]. [회23] □

[해설] (초기 국가 동예는) 연맹 왕국 단계에는 이르지 못하고 그 전 단계인 '군장 국가' 단계에 머물러 있었다. / 일반적으로 고대 국가의 성립 과정은 '군장 국가', '연맹 왕국', '중앙 집권적 고대 국가(고구려, 백제, 신라)' 순으로 보고 있다. 그런데 초기 국가, 동예는 연맹 왕국 단계에도 이르지 못하고 그 전 단계인 '군장 국가' 단계에 머물렀다. 따라서 중앙에서 지방관을 파견하여 주민들에게 조세를 걷는 '중앙 집권적 고대 국가' 수준은 아니었다.

- 동예: 무덤 양식으로 돌무지덧널무덤이 유행하였다[✗]. [경21②] □

[해설] 무덤 양식으로 돌무지덧널무덤이 유행한 국가는 (통일 이전의) 신라이다.

- (다) - 이 나라가 있었던 지역에서 철(凸) 자 모양과 여(呂) 자 모양의 집터가 발굴되고 있다. [기14] □

[해설] 철자형(凸) 집터와 여자형(呂) 집터 형식은 초기 철기 시대 한반도 중부 지방에서 주로 나타나는 집터 형식이다. 이러한 모양의 집터가 주로 발굴된 곳은 동해안으로 초기 국가, 동예에 영역에 해당한다.

4 삼한

- 남부 지방에 있던 마한, 진한, 변한의 연맹체들을 합쳐 삼한이라 한다. [서12] □
  └[삼한] 여러 개의 소국으로 구성된 연맹체였다. [법24] □
  └삼한 중에서 마한의 세력이 가장 컸으며, 마한을 이루고 있는 소국의 하나인 목지국의 지배자가 마한왕 또는 진왕으로 추

대되어 삼한 전체의 주도 세력이 되었다. [경17①] ☐
└삼한 [서11] ☐

[해설] 삼한은 마한·진한·변한을 가리키며, 여러 개의 소국으로 구성된 연맹체였다. 중국 사서인『후한서』에 따르면 마한에는 54국, 진한에는 12국, 변한에는 12국이 있다고 하였다.

• 제정일치의 사회였다[✕]. [국12] ☐
└ⓒ은 정치와 제사가 분리된 제정 분리 사회였다. [기13] ☐
└(ㄴ) - 정치와 제사가 분리된 제정 분리 사회였으며, 천군이 소도라는 영역을 지배하였다. [회15] ☐
└제사장의 존재에서 고대 신앙의 변화와 제정의 분리를 엿볼 수 있다. [경14②] ☐

[해설] 삼한은 정치적 지배자 외에 천군이라는 제사장이 존재하는 제정 분리 사회였다. 천군은 소도에서 농경과 종교에 관한 의례를 주관하였는데 죄인이 도망쳐도 이곳에 숨으면 잡을 수 없었다. / [기13]에서 ⓒ은 고구려를 가리키나 무시함. / [회15]에서 (ㄴ)은 동예를 가리키나 무시함.

• 정치적 지배자로 신지, 읍차 등이 있었다. [국19] ☐
└신지, 읍차라고 불리는 지배자들이 다스렸다. [법20] ☐
└신지, 읍차 등의 지배자가 사람들을 다스렸다. [법12] ☐
└신지, 읍차 등의 지배자가 다스렸다. [회21] ☐
└소국의 지배자는 신지, 읍차 등으로 불렸다. [회22] ☐
└삼한의 지배자 중에서 세력이 큰 것은 신지, 작은 것은 읍차 등으로 불렸다. [경16①] ☐
└지배자 중에서 세력이 큰 것은 신지, 작은 것은 읍차 등으로 불렸다. [경14②] [경12②] ☐

[해설] 신지, 읍차 등의 지배자가 사람들을 다스린 나라는 삼한이다. / [회22] 삼한은 수많은 소국들로 이루어졌는데 그 소국의 지배자는 신지, 읍차 등으로 불렸다. / [경16①] [경14②] [경12②] 삼한의 지배자 중에서 세력이 큰 것은 신지(견지도 있음), 작은 것은 읍차(부례도 있음) 등으로 불렸다.

■ 삼한 [국17②] [법24] ☐

• 이 나라는 서쪽에 자리 잡고 있으며 그 민인은 토착하여 곡식을 심고 누에치기와 뽕나무를 가꿀 줄 알며 면포를 만든다. 각기 장수(長帥)가 있어 큰 세력을 지닌 이는 스스로 신지(臣智)라 하고 그 다음은 읍차(邑借)라 한다. -『삼국지』-

[해설] 주어진 자료 속 밑줄 친 '이 나라'는 삼한을 가리킨다.

• (가) 에는 각각 우두머리가 있어서 세력이 강대한 사람은 스스로 신지라 하고, 그 다음은 읍차라 하였다. … 귀신을 믿기 때문에 국읍에 각각 한 사람씩 세워 천신의 제사를 주관하게 하는데, 이를 천군이라 부른다. -『삼국지』「위서 동이전」-

[해설] 신지, 읍차 등의 우두머리[지배자]가 있었던 나라는 초기 국가, 삼한이다. 삼한에는 또한 제사장인 천군과 신성 지역인 소도(蘇塗)가 존재하였다.

• 제사장인 천군이 다스리는 소도가 있었다. [지17①] ☐
└소도라는 신성 구역이 존재하였다. [국22] ☐
└소도라고 불린 신성 구역이 존재하였다. [소18②] ☐
└신성 구역인 소도가 존재하였다. [법22] ☐
└신성 지역인 소도가 존재하였다. [소22] ☐
└신성 구역인 소도가 있었다. [회22] ☐
└죄를 지은 사람이 소도에 들어가면 잡아가지 못하였다. [국19] ☐

[해설] 삼한에는 천신을 섬기는 제사장인 천군이 머무는 별읍인 소도(蘇塗)*가 있었다.

*소도(蘇塗): 『삼국지』 동이전에 다음과 같은 내용이 기록되어 있다. "귀신을 믿기 때문에 국읍마다 한 사람을 세워 천신의 제사를 주관하게 하니 천군이라고 하였다. 또 나라마다 별읍이 있으니 소도라 하였다. 그곳에서는 큰 나무를 세우고 방울과 북을 매달아 놓고 귀신을 섬겼다. 그 안으로 도망쳐 온 사람들은 모두 돌려보내지 않았다."

- 국읍에 천군을 두어 천신에 대한 제사를 주관하였다. [서24②]
  └ 국읍에 각기 한 사람씩 세워 천신의 제사를 주관하게 하였다. [서17②]

[해설] 국읍에 제사장인 천군(天君)을 두어 (천신의) 제사를 주관한 나라는 삼한이다. 천군은 신성 지역인 소도(蘇塗)에서 제사를 지냈다.

- 국읍마다 천신에 대한 제사를 주관하는 천군이 있었다. [국17①]
  └ 천신을 섬기는 제사장인 천군이 있었다. [지21]
  └ 제사 의식을 주관하는 천군이 있었다. [회22]
  └ 천군이라 불리는 종교 지도자가 따로 있었다. [회23]

[해설] 천신에 대한 제사를 주관하는 제사장 천군(天君)이 있었던 나라는 삼한이다(제정 분리 사회).

- 신성 구역으로 소도가 있었는데, 이곳에서 천군은 농경과 종교에 대한 의례를 주관하였다. [회17]
  └ 제사장인 천군은 신성 지역인 소도에서 농경과 종교에 대한 의례를 주관하였다. [국11]
  └ 제사장 천군은 신성 지역 소도에서 농경과 종교에 대한 의례를 주관하였다. [경12②]
  └ 천군은 제사장으로서 소도라는 별읍(別邑)에서 농경 예식과 종교 의례를 주관하였다. [지12②]
  └ 천군이 나라의 제사를 주관하였다. [회24]
  └ 천군이 신성 지역인 소도에서 농경의례 등을 올렸다. [서19①]

[해설] 제사장인 천군이 신성 지역인 소도에서 의례를 주관하였다는 내용이다.

- 천군과 소도는 제정일치 사회임을 알려준다[✗]. [회22]
  └ 삼한의 천군을 통해 제정의 일치를 엿볼 수 있다[✗]. [경16②]

[해설] 천군과 천군이 지배하는 소도가 있다는 것은 삼한이 제정일치가 아니라 제정 분리 사회임을 알려준다.

■ 삼한의 천군과 소도 [지14②] [지11②] [법14] [경14②] [기14]

- 귀신을 믿기 때문에 국읍에 각각 한 사람씩 세워 천신에 대한 제사를 주관하게 했다. 이를 천군이라 했다. 여러 국(國)에는 각각 소도라고 하는 별읍이 있었다. 큰 나무를 세우고 방울과 북을 매달아 놓고 귀신을 섬겼다. 다른 지역에서 거기로 도망쳐 온 사람은 누구든 돌려보내지 않았다.
  - 삼국지 -

[해설] '천신에 대한 제사를 주관', '천군', '소도'를 통해 주어진 나라는 삼한을 가리킴을 알 수 있다.

- 귀신을 믿기 때문에 국읍에 각각 한 사람씩 세워 천신의 제사를 주관하게 하는데, 이를 천군이라 부른다. 또 여러 나라에는 각각 별읍이 있으니 소도라 한다. 거기에 큰 나무를 세우고 방울과 북을 매달아 놓고 귀신을 섬긴다. 다른 지역에서 그 지역으로 도망온 사람은 누구든 돌려보내지 않았다.
  - 『삼국지』 위서 동이전 -

[해설] 주어진 자료 속 나라는 초기 국가, 삼한임을 알 수 있다.

- 귀신을 믿기 때문에 국읍에 각각 한 사람씩 세워 천신의 제사를 주관하게 하는데, 이를 천군이라 부른다. 또 여러 나라에는 각각 별읍이 있으니, 소도라 한다. 거기에 큰 나무를 세우고 방울과 북을 매달아 놓고 귀신을 섬긴다.   (『삼국지』 위서 동이전)

[해설] 일종의 제정 분리 사회였던 초기 국가, 삼한을 가리킨다.

- 국읍(國邑)마다 한 사람을 뽑아 천신에게 제사지내는 일을 맡아 보게 하며, 그를 천군이라 하였다. 또한 이들 여러 고을

에는 각각 특정한 별읍(別邑)이 있어 그곳을 소도라고 불렀다.

[해설] 주어진 자료 속 나라는 초기 국가, 삼한임을 알 수 있다.
- 천군이 지배하는 소도라는 독립 영역을 두고, 죄인이 들어오더라도 잡아가지 못하게 하였다.

[해설] 삼한의 소도에 대한 설명이다.

- 5월과 10월에 계절제를 열어 하늘에 제사를 지냈다. [국12] □
  └ 파종한 5월과 추수한 10월에는 제의를 행하였다. [국17②] □
  └ 제천 행사는 5월과 10월의 계절제로 구성되어 있었다. [지14②] □
  └ 5월에 씨를 뿌리고 하늘에 제사를 지내는 천군 [지20] □
  └ 계절제를 주관하는 천군 [소21] □
  └ 삼한 – 해마다 씨를 뿌리고 난 뒤인 5월과 가을 곡식을 거두어들이는 10월에 계절제를 열었다. [회16] □
  └ 해마다 씨를 뿌리고 난 뒤인 5월과, 가을 곡식을 거두어들이는 10월에 하늘에 제사를 지냈다. [경15①] □
  └ 해마다 씨를 뿌리고 난 뒤인 5월과 곡식을 거두어들이는 10월에 계절제를 열어 하늘에 제사를 지냈다. [경14②] □
  └ (나)에서는 12월에 영고라는 제천 행사를 열었다[✗]. [법14] □

[해설] 삼한에서는 매년 5월과 10월에 계절제를 열어 하늘에 제사를 지냈다. / [법14] 매년 12월에 영고라는 제천 행사를 연 나라는 (삼한이 아니라) 부여이다.

■ **삼한의 계절제** [회15] □

이 나라에서는 벼농사를 중심으로 한 농업이 발달하였다. 이에 따라 해마다 씨뿌리기가 끝난 5월과 추수가 끝난 10월에 하늘에 제사를 지냈다. 이때 낮이나 밤이나 술자리를 베풀고 축제를 벌였다. 춤출 때에는 수십 명이 줄을 서서 땅을 밟으며 장단을 맞추었다.

[해설] 주어진 자료 속 '이 나라'는 초기 국가, 삼한을 가리킨다. 삼한의 제천 행사인 제절제에 대한 설명이다. 중국 사서인『삼국지』위서 동이전에 기록된 내용이다.

- 삼한은 청동기 문화를 바탕으로 농업이 발달하였다[✗]. [경11②] □

[해설] 삼한은 (청동기 문화가 아니라) 초기 철기 문화를 바탕으로 성립되었다. 농업이 발달한 것은 옳다.

- 저수지가 축조되고 벼농사가 발달하였다. [국12] □

[해설] 삼한은 벼농사가 발달하였다. 따라서 벼농사에 필요한 물을 확보하기 위하여 김제 벽골제, 밀양 수산제, 제천 의림지와 같은 저수지가 곳곳에 많이 축조되었다.

- [삼한] 반움집이나 귀틀집에서 살았고 두레 조직을 통해 공동 작업을 하였다[✗].* [서11] □
  └ 초가지붕의 반움집이나 귀틀집에서 살며, 5월과 10월에 하늘에 제사지냈다. [경12②] □

[해설] 반움집과 귀틀집은 청동기 시대 이후 삼한은 물론 세계 곳곳에서 등장한 주택 형식이다. 특히 귀틀집은 중국 사서인『삼국지』위지 동이전에 나온다('변진조'). 귀틀집은 긴 통나무 양 끝단에 홈을 파 서로 모지게 물려 쌓아 벽체를 만들고 지붕을 덮은 집이다. 통나무 사이의 틈은 진흙과 잔돌 등으로 발라 막고, 지붕은 널판 조각[너와]을 덮거나 얇고 넓은 돌판[돌너와]으로 덮는다. / 두레 조직은 조선 후기 이앙법의 보급과 더불어 향촌 사회에 새롭게 출현한 공동 노동 조직이다.

- (나)에는 서옥제라는 혼인 풍습이 있었다[✗]. [법14] □

[해설] (나)는 삼한을 가리킨다. 하지만 서옥제라는 혼인 풍습이 있었던 나라는 (삼한이 아니라) 고구려이다.

- [마한] 목지국의 지배자가 왕으로 추대되었다. [법23] [법21] ☐
[해설] 목지국의 지배자가 왕으로 추대된 나라는 삼한 중 마한이다. 삼한에는 목지국, 사로국, 구야국 등 여러 소국들이 존재하였다.

- [마한, 변한] 소와 말을 순장하였고 큰 새의 깃털을 장례에 사용하였다.* [서19①] ☐
  └[변한] 큰 새의 깃털을 사용하여 장사를 지냈다.* [경21①] ☐
[해설] 권력자가 죽으면 소와 말을 순장한 나라는 초기 국가, 삼한 중 마한이고, 큰 새의 깃털을 장례에 사용하는 풍속이 있었던 나라는 삼한 중 변한이다

- [진한] 아이가 출생하면 돌로 머리를 눌러 납작하게 하는 풍습이 있었다.* [국17①] ☐
[해설] 출생한 아이의 머리를 돌로 눌러 납작하게 하는 '편두' 풍습은 삼한의 하나인 진한의 풍습이다. 『삼국지』 위서[위지] 동이전에 나오는 내용이다.

- 삼한 사회는 철기 문화를 바탕으로 하는 농경 사회로, 특히 마한에서는 철이 많이 생산되어 낙랑, 왜 등에 수출하였다[×].
  [경16②] ☐
  └삼한은 철제 농기구의 사용으로 농경이 발달하였고, 특히 진한에서는 철이 많이 생산되어 낙랑, 왜 등에 수출하였다[×].
  [경15③] ☐
  └ⓒ~ⓢ은 철제 농기구를 사용하여 농경이 발달하였다. [기13] ☐
[해설] [경16②] [경15③] 철이 많이 생산되어 낙랑, 왜 등에 수출한 나라는 ('마한'이나 '진한'이 아니라) '변한'이다. / [기13]의 ⓒ~ⓢ은 마한, 진한, 변한 즉 삼한을 가리킨다.

- [변한] 철이 많이 생산되어 낙랑과 왜에 수출되었다. [국23] ☐
  └철이 많이 생산되어 낙랑과 왜 등에 수출하였다. [국12] ☐
  └철이 많이 생산되어 낙랑, 왜 등에 수출하였다. [지16①] [지15①] ☐
  └철이 많이 생산되어 왜, 낙랑 등에 수출하였다. [서22①] ☐
  └철이 많이 생산되어 낙랑과 왜에 수출하였다. [지19] ☐
  └철이 많이 생산되어 왜에 수출하였다. [법17] ☐
  └철이 많이 생산되어 교역 수단으로 활용되었다. [지11②] ☐
[해설] 철이 많이 생산되어 낙랑과 왜에 수출한 것은 초기 국가, 변한이다(삼한 중 하나). 교역에서 철을 화폐처럼 사용하였다.

- 변한은 철을 많이 생산하여 낙랑과 왜 등에 수출하였으며, 철을 교역에서 화폐처럼 사용하기도 하였다. [서12] ☐
  └(나) - 이 나라는 철이 풍부하여 교역에서 화폐처럼 사용하였고 중국이나 왜에 수출하였다. [기14] ☐
  └덩이쇠가 생산되어 여러 나라에 공급되었다. [경18③] ☐
[해설] 덩이쇠가 생산되어 낙랑과 신라, 마한은 물론 왜 등 여러 나라에 공급된 것은 초기 철기 시대이다(특히 삼한의 변한 지역). 이러한 모습은 전기 가야 연맹을 주도한 금관가야로 계승되었다(김해 대성동 2호분에서 다량의 덩이쇠와 판갑옷, 재갈 등의 철제 용품 출토). 덩이쇠는 일명 '철정(鐵鋌)'이라고도 한다. / [기14]의 (나)는 옥저를 가리키나 무시함.

- (ㄱ)~(ㄹ) 모두 중앙 집권 국가로 발전하였다[×]. [회15] ☐
[해설] 해당 문제에서 ㄱ은 옥저, ㄴ은 동예, ㄷ은 부여, ㄹ은 삼한을 가리킴. 삼한을 제외한 옥저와 동예, 부여는 중앙 집권 국가로 발전하지 못하고 멸망하였다.

● 사진으로 보는 여러 나라의 성장

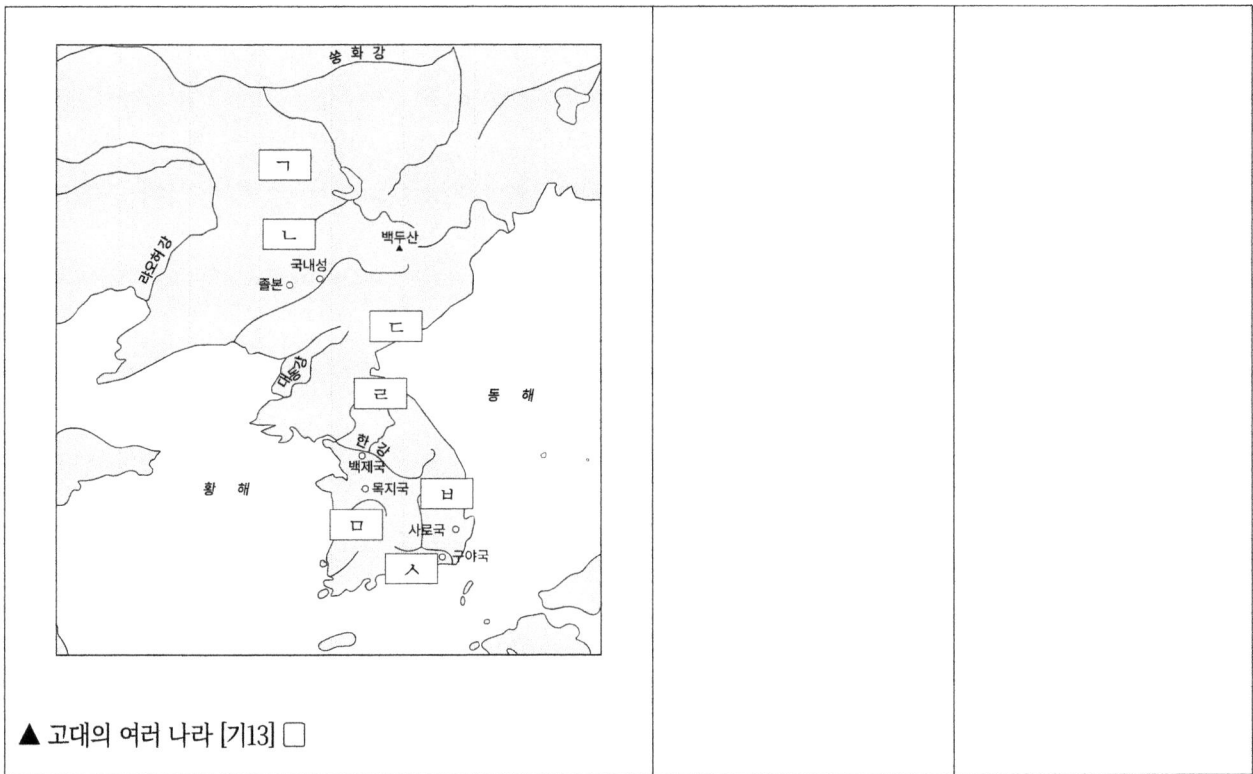

▲ 고대의 여러 나라 [기13]

[해설] [기13] 초기 국가들이 표시된 지도가 제시되어 있다. ㉠은 부여이고, ㉡은 고구려이다. ㉢은 옥저이고, ㉣은 동예이다. ㉤은 마한이고, ㉥은 진한, 마지막으로 ㉦은 변한이다.

기출 Check! 합격 Check!

II 고대 국가의 형성과 발전

주제 05 삼국의 형성과 성장

주제 06 가야의 형성과 성장

주제 07 삼국 간의 경쟁

주제 08 고구려와 수·당의 전쟁

주제 09 신라의 삼국 통일

주제 10 삼국의 경제와 사회

주제 11 삼국의 문화(불교)

주제 12 삼국의 문화(불교 외)

주제 13 삼국과 가야 문화의 일본 전파

주제 05 삼국의 형성과 성장

1 삼국의 성립

- 삼국 시대 [기11] □

- 삼국의 관등제와 관직 제도 운영은 신분제에 의하여 제약을 받았다. [지18] □

[해설] 삼국은 중앙 집권 체제를 형성하면서 왕권을 강화하고 관등제를 정비하였으며 각 부의 귀족들과 그 밑에 있던 관리들은 왕의 신하가 되었다. 따라서 관등제와 관직 체제 운영은 신분제로서 제약이 있었다. 특히 신라는 골품제를 결합하여 운영하였다.

- [고구려 유리왕] 졸본에서 국내성으로 천도하였다. [국21] □

  └고구려가 국내성으로 수도를 옮겼다. [소22] □

  └국내성 [경18①] □

[해설] (압록강 중류의) 졸본에서 (지금의 통구 지역인) 국내성으로 도읍을 옮긴 고구려의 왕은 유리왕(기원전 19-기원후 18, 제2대)이다(3, 유리왕 22).

■ 고구려 유리왕의 황조가* [국21] □

펄펄 나는 저 꾀꼬리

암수 서로 정답구나

외로울사 이 내 몸은

뉘와 더불어 돌아가랴

[해설] 고구려의 제2대 왕인 유리왕이 지은 시가인 '황조가(黃鳥歌)'이다. 두 계실*인 화희(禾姬)와 치희(雉姬)의 다툼으로 치희가 떠나자 이를 두고 지은 가요로 알려져 있다. 이와 같이 (국어나 문학 교과서 등에 실린) 문학 작품을 제시하고 특정 시대와 시기, 인물을 연계시키는 문제가 가끔 출제되곤 한다(작품 분석이 아니라 작품과 관련된 역사적 배경이나 사실 관계 파악이 중요).

*계실(繼室): 다시 얻은 처. 계처(繼妻)

- 태조왕이 옥저를 복속하였다. [법24] □

  └태조왕이 동옥저를 정벌하고 빼앗아 성읍으로 삼았다. [법21] □

  └요동 지역으로 진출을 도모하고, 동옥저를 복속하였다. [법18] □

  └고구려가 동쪽으로 진출하여 동옥저를 정복하였다. [회18] □

  └고구려 태조왕은 계루부 고씨의 왕위 세습권을 확립하였으며, 옥저를 복속시켰다. [경17①] □

[해설] (고구려의) 태조왕이 함흥 일대를 중심으로 한 동옥저를 정벌하고 빼앗아 성읍으로 삼은 것은 재위 4년인 (기원후) 56년의 일이다[태조왕(재위 53-146), 제6대]. 이때 두만강 유역을 중심으로 한 북옥저(북쪽에 흩어져 있던 옥저 잔여 세력)는 간신히 명맥만 유지하다가 광개토 대왕 대(재위 391-412, 제19대)에 이르러 고구려의 한 지방[성]으로 편입되어 소멸하였다.*

*남북에 흩어져 있던 옥저 잔여 세력이 285년(고구려 서천왕 16) 고구려가 직접 지배하기까지(만) 존속하였다[서천왕(재위 270-292), 제13대]는 견해가 있다.

- 기원전 1세기경에는 고구려, 백제, 신라와 더불어 부여, 동예, 옥저 등이 공존하고 있었다. [경17①] □

[해설] 동옥저가 고구려에 복속된 것은 기원후 56년이고, 동예는 기원후 244~245년경이다. 동옥저 복속 이후에도 3세기 내지 4세기까지 남북에 옥저 잔여 세력이 남아 있었다.

• [고구려 고국천왕] 순노부, 소노부 등의 5부를 행정 단위 성격의 5부로 개편하였다. [법18] □

[해설] 순노부, 소노부 등의 5부를 행정 단위 성격의 5부로 개편한 것은 고구려 고국천왕 대(179-197, 제9대)의 일이다(191년 을파소 국상 임명 이후로 추정).

• [고구려 고국천왕] 왕위 계승이 형제 상속에서 부자 상속으로 바뀌었다. [법13] □
└고국천왕 – 왕위 계승이 형제 상속에서 부자 상속으로 바뀌었다. [경12③] □
└2세기 고구려 고국천왕 때에는 왕위 계승이 형제 상속에서 부자 상속으로 바뀌었으며, 부족적인 전통을 지녀온 5부에서 수도와 그 주변 지역의 행정 단위를 의미하는 5부로 개편되었다. [경17①] □
└고국천왕 [경18①] □

[해설] 왕위 계승이 형제 상속에서 부자 상속으로 바뀐 것은 고구려 고국천왕 대의 일이다.

■ 삼국의 국가 체제 정비 [경18①] □

삼국 중에서 가장 먼저 국가 체제를 정비한 것은 고구려였다. 졸본성에서 (가) 으로 도읍을 옮긴 고구려는 1세기 후반 태조왕 때에 이르러 정복 활동을 활발히 전개하였다. 이러한 정복 활동 과정에서 커진 군사력과 경제력을 토대로 왕권이 안정되어 왕위가 독점적으로 세습되었고, 통합된 여러 집단은 5부 체제로 발전하였다. 이후 2세기 후반 (나) 때에는 부족적인 전통을 지녀 온 5부가 행정적 성격의 5부로 개편되었다. 이후 왕위 계승도 형제 상속에서 부자 상속으로 바뀌었으며, 족장들이 중앙 귀족으로 편입되는 등 왕권 강화와 중앙 집권화가 더욱 진전되었다.

백제는 기원 후 1세기 중엽에 마한을 공격하고, 3세기 중엽 (다) 때에는 위(魏) 지배하의 낙랑군과 대방군 그리고 말갈족을 북으로 밀어 내면서 영토를 넓히고, 국가 체제를 새롭게 정비했다. 즉 중앙에 6개의 좌평(佐平)을 두어 업무를 분장시키고, 16품의 관등제와 백관의 공복(公服)을 제정하여 지방 족장들을 차등 있게 중앙 관료로 흡수함으로써 정비된 고대 왕국의 모습을 갖추었다.

신라가 세습 왕권을 확립하고 지금의 경상북도 일대를 장악하게 된 것은 4세기 후반의 (라) 때부터이다. 이때부터 3성 교대가 끝나고 김씨가 세습적인 왕권을 확립하고 군장의 칭호도 이사금에서 마립간으로 바뀌었다. 부족 집단인 6촌도 이 무렵 행정적인 6부로 개편되었다.

[해설] 첫 번째 문단에서 고구려가 처음으로 도읍을 옮긴 곳은 국내성으로 유리왕 때인 기원후(서기) 3년의 일이다. 또 왕위 계승도 형제 상속에서 부자 상속으로 바뀌었다는 내용이 연이어 나오는데, 고구려의 제9대 왕인 고국천왕 대(재위 179-197)의 일이다. 두 번째 문단에서 (다)는 백제의 기반을 확립한 고이왕(재위 234-286)을 가리킨다. 마지막 세 번째 문단에서 (라)는 신라의 제17대 왕인 내물마립간(재위 356-402)을 가리킨다. 즉 (가)는 국내성, (나)는 고국천왕, (다)는 고이왕, (라)는 내물마립간[내물왕]이 들어간다. / (이하 선지에 제시된 내용 해설) 고구려가 평양성으로 천도한 것은 장수왕 15년인 427년의 일이다. 고국원왕은 고구려의 제16대 왕(재위 331-371)이다. 백제 근초고왕의 평양성 공격 때 전사하였다. 근초고왕은 백제의 제13대 왕(재위 346-375)이다. 백제의 전성기를 이끌었다. 지증왕은 신라의 제22대 왕(재위 500-514)이다. 이때에 이르러서야 비로소 '신라'라는 국호, '왕'이라는 호칭을 사용하였다(503, 지증왕 4).

• 동천왕 [서22①] □

[해설] 동천왕은 고구려의 제11대 왕(재위 227-248)이다(3세기 전반).

• [고구려 동천왕] 관구검이 이끄는 위나라 군대의 침략을 받았다. [지19] □
└고구려는 3세기에 위나라 관구검의 침입을 받아 환도성을 빼앗기는 위기를 맞았다. [회19] □

└위(魏)의 장수 관구검에 의해 환도성이 함락 당했다. [경17②] □

└관구검과의 전쟁 [서18①] □

[해설] (고구려가) 관구검(?~255)이 이끄는 위 군대의 침략을 받은 것은 244년(동천왕 18)의 일이다(「관구검기공비」, 『삼국유사』에는 246년으로 기록되었으나 오류로 판정), 고구려 동천왕은 재위 16년인 242년에 서안평을 공격하였으나 실패하고 도리어 위의 공격을 받아 환도성이 함락되는 시련을 겪었다. / 관구검(?~255)은 중국 위(魏)의 무장으로 두 차례 고구려를 침공하여 한때 고구려의 국기를 위태롭게 하였다. 자신의 전공을 기록한 「관구검기공비」를 남겼다.

- [백제] 기원전 18년 건국 [국16] □

- [백제] 온조는 한강 하류에 이르러 도읍을 정하였다. [법21] □

[해설] (백제의 시조) 온조(재위 기원전 18-기원후 28)가 한강 하류에 이르러 도읍을 정한 것은 기원전 18년의 일이다.

- [백제 고이왕] 백제의 율령 반포 [기17] □

[해설] 백제가 율령*을 반포한 것은 고이왕 대(재위 234-286, 제8대)의 일이다(3세기 중반인 260~261년경으로 추정).
*율령(律令): 고대 국가의 법률이다. '율(律)'은 형벌 법규이고, '령(令)'은 행정 법규를 가리킨다. 통치 기반을 확립하고 왕권을 강화하는 데 기여하였다.

- [백제 고이왕] 중앙에 6좌평의 관제를 마련하였다. [지22] □

└6좌평과 16관등제를 마련하였다. [지24] □

└좌평 제도와 관등제를 마련하였다. [법21] □

└고이왕 – 6좌평을 두어 업무를 분장시키고, 16품의 관등제와 백관의 공복을 제정하였다. [경12③] □

└6좌평제와 16관등제 및 백관의 공복을 제정하였다. [서19②] □

└백제에는 16관등 제도가 있었다. [경13②] □

└고이왕이 좌평과 관등제의 기본 골격을 마련하였다. [법23] □

└고이왕 때 국가 체제를 정비하며 6좌평 16관등제의 골격을 마련하였다. [경16②] □

└관등제를 정비하고 공복제를 도입하는 등 국가 통치 체제의 근간을 마련하였다. [국16] □

└관등제를 정비하고 관복제를 도입하여 지배 체제를 정비하였다. [경15③] □

└16품의 관등제를 시행하고, 품계에 따라 옷의 색을 구별하여 입도록 하였다. [지17①] □

└백제는 관품 구별에 따라 자·단·비·녹색의 공복을 입었다[X]. [서17①] □

└고이왕 [경18①] □

[해설] 고이왕 대(재위 234-286, 제8대)의 일이다(3세기 중반). 중앙에 6좌평의 관제를 마련한 것은 고이왕 27년인 260년의 일이다(또는 261년으로 보기도 함, 즉 260~261년경). 16관등제를 실시하면서 관등에 따라 자색, 비색, 청색의 공복을 입도록 한 것도 같은 해의 일이다(『삼국사기』). 다만 이때는 백제 관등이 처음 설치되기 시작한 시기(4~5세기경에 처음 설치되기 시작하였다는 견해 있음)이고, 16관등이 완성된 것은 성왕(재위 523-554, 제26대) 또는 무왕 대(재위 600-641, 제30대)(7세기 전반)라는 의견도 있다.*

*백제의 중앙 관제인 '6좌평·16관등제'의 완성 시기를 고이왕 대로 보기 어렵다는 견해가 많음(토대 마련만 인정).

- [고이왕] 관등제의 골격을 마련하고 낙랑군·대방군과 공방을 벌였다. [경18③] □

└한강 유역을 장악하고 한 군현과 대립하였다. [기18] □

[해설] 관등제의 골격을 마련하고, 한 군현(낙랑군·대방군)과 공방을 벌인 백제의 왕은 고이왕이다. 즉 고이왕 대에 백제는 한강 유역을 장악하고 한 군현(낙랑군과 대방군)과 대립하였다.

- [백제] 좌평이 국정을 총괄하였다. [법17] □

[해설] 좌평(佐平)은 백제의 벼슬 등급을 나타내는 16관등 중 제1품으로, 좌평(左平)·좌술(左率)로도 기록되어 있다(6좌평 관련 선지 및 자료, 해설 참

조). 원래 신분과 벼슬의 높고 낮음만을 표시하는 관등이었으나, 점차 구체적인 업무를 가진 관직으로 쓰인 것으로 추정한다.

■ 백제 6좌평의 업무 [기18] □

내신좌평을 두어 왕명 출납을, 내두좌평은 물자와 창고를, 내법좌평은 예법과 의식을, 위사좌평은 숙위 병사를, 조정좌평은 형벌과 송사를, 병관좌평은 지방의 군사에 관한 일을 각각 맡게 하였다.
- 삼국사기 -

[해설] 6좌평과 16관등제를 정비하고, 관리의 복색까지 제정한 백제 고이왕 대(재위 234-286, 제8대)의 일임을 알 수 있다.

■ 박혁거세 신화(신라) [회23] □

모두 높은 데 올라가 남쪽을 바라보니 양산(楊山) 밑 나정(蘿井) 곁에 이상한 기운이 번개처럼 땅에 드리우더니 흰 말 한 마리가 무릎을 꿇고 절하는 시늉을 하고 있었다. 잠시 뒤 그곳을 다시 살펴보니 보랏빛 알 한 개가 있었다. … 그 알을 쪼개어 보니 형용이 단정하고 아름다운 사내아이가 있었다. 놀랍고도 이상하여 아이를 동천(東泉)에서 목욕시키니 몸에는 광채가 나고 새와 짐승들이 모조리 춤을 추며 천지가 진동하고 해와 달이 밝게 빛났다.

[해설] 『삼국유사』에 나오는 유명한 신라의 박혁거세 관련 설화이다.

- 거서간·차차웅 – 정치적 군장과 제사장의 기능 분리 [경14①] □
  - ㉠ - 혁거세 [기19] □
  - ㉡ - 남해 [기19] □

[해설] 거서간은 제1대 '혁거세'에만 해당하고, 차차웅은 제2대 '남해'에게만 해당하는 칭호이다.

- [신라] 박, 석, 김씨가 교대로 왕위를 계승하였다. [지21] □
  - (나)가 왕호였던 시기에 신라 왕위는 박·석·김의 3성이 교대로 차지하였다[X]. [법14] □

[해설] 박, 석, 김씨가 교대로 왕위를 계승한 나라는 신라이다. / [법14]의 '(나)'는 마립간을 가리킴. '마립간'이라는 왕호를 처음으로 사용하기 시작한 것은 제17대인 내물마립간 대(재위 356-402, 제17대)부터로, 이때부터 김씨의 독점적인 왕위 세습이 이루어졌다. 박·석·김의 3성이 교대로 왕위를 차지한 것은 '이사금'이 왕호로 사용되던 시기였다(제3대 유리이사금에서 제16대 흘해이사금까지).

- 이사금 – 연장자의 의미로, 박·석·김 3부족이 연맹하여 교대로 왕을 선출 [경14①] □
  - 이사금을 왕호로 사용하였다. [소19①] □
  - ㉢ - 파사 [기19] □
  - ㉣ - 미추 [기19] □

[해설] 이사금을 왕호로 처음 사용한 신라의 왕은 제3대 왕인 유리(재위 24-57)이다. 제16대 왕인 흘해(재위 310~356)까지 사용하였다(4대 탈해이사금, 5대 파사이사금, 6대 지마이사금, 7대 일성이사금, 8대 아달라이사금, 9대 벌휴이사금, 10대 내해이사금, 11대 조분이사금, 12대 첨해이사금, 13대 미추이사금, 14대 유례이사금, 15대 기림이사금). / 파사는 신라의 제5대왕(재위 80-112)이므로, 파사이사금이 된다. 또 미추는 신라의 제13대왕(재위 262-283)이므로, 미추이사금이 된다. 이사금에 해당하는 왕명을 모두 기억하기보다는 거서간, 차차웅, 마립간에 해당하는 왕명을 외우고 그에 해당하지 않는 왕들은 이사금에 해당한다고 보는 것이 더 편하다(지증왕 이후는 모두 '왕'에 해당).

- [신라 내물왕] 김씨에 의한 왕위 계승권이 확립되었다. [지15②] □
  - 김씨 왕위 계승 체제가 확립되었다. [경17②] □
  - 3성이 권력을 주고받던 시대가 끝나고 김씨 세습이 이루어졌다. [회20] □
  - 마립간 – 김씨가 왕위 계승권을 독점하면서 왕권 강화 [경14①] □

└내물왕 [경18①] □

[해설] 내물마립간 대(재위 356-402, 제17대)에 이르러 김씨에 의한 왕위 계승권[김씨 세습]이 확립되었다. 왕의 칭호도 마립간으로 바뀌었다.

• [신라] (가)가 왕호였던 시기에 이르러 독자적 세력을 유지해 온 6부가 행정 구역으로 재편되었다[x]. [법14] □

[해설] ('이사금'이 왕호였던 때가 아니라) 내물마립간 대(재위 356-402, 제17대)에 이르러 독자적 세력을 유지해 온 6부가 행정 구역으로 재편되었다 ['(가)'는 이사금을 가리킴, 아래도 동일].

• [신라] (가)가 왕호였던 시기에 신라는 낙동강 유역의 가야 세력을 정복하고 영토를 확장하였다[x]. [법14] □

[해설] 신라가 낙동강 유역의 가야 세력, 즉 금관가야를 정복하고 영토를 확장한 것은 법흥왕 대(재위 514-540, 제23대)의 일이다(532, 법흥왕 19)

• [신라] (나)는 대군장의 뜻을 지니며 왕권의 성장이 그 이름에 반영되어 있다(마립간). [법14] □

└신라에서 '마립간'이라는 왕호를 사용하던 시대 [기11] □

[해설] '마립간'이란 대군장(대수장, 통치자)의 뜻을 지니며 왕권의 성장이 그 이름에 반영되어 있다. 신라에서 '마립간'이라는 왕호를 사용하던 시대는 제17대 내물마립간(재위 356-402)에서 제21대 소지마립간(재위 479-500) 사이의 시기이다. 마립간에 해당하는 국왕으로는 '내물(17대) → 실성(18대) → 눌지(19대) → 자비(20대) → 소지(20대)'가 있다.

• [신라 내물왕] 왕호를 이사금에서 마립간으로 바꾸었다. [국12] □

└마립간이라는 왕호를 처음 사용하였다. [법24] □

└신라 내물왕은 마립간이란 왕호를 썼는데, 왕호에는 무당, 제사장이란 의미가 있다[x]. [서11] □

[해설] 왕호를 이사금에서 마립간으로 바꾼 왕은 내물왕(재위 356-402, 제17대)이다. 신라의 왕호는 거서간(박혁거세) → 차차웅(남해) → 이사금(유리) → 마립간(내물) → 왕(지증)으로 바뀌었다. / 마립간이란 왕호는 대군장, 대수장, 통치자라는 의미가 있다. 무당, 제사장이란 의미가 있는 왕호는 '차차웅'이다.

■ 신라 왕호의 변천 [법14] [회20] [기19] □

거서간 ⇒ 차차웅 ⇒ (가) ⇒ (나) ⇒ 왕

[해설] 신라 왕호의 변천 과정이 제시되어 있다. '거서간' 다음에는 '차차웅'이고, 차차웅 다음에는 '이사금'이다[(가)]. 또 이사금 다음에는 '마립간'이 나와야 한다[(나)]. 마립간 다음이 '왕'이다.

· 건국과 발전 과정에서 신라의 왕호는 여러 번 바뀐 것으로 알려져 있다. 특히, 4세기 무렵에는 이사금이라는 칭호가 마립간으로 바뀌었다.

[해설] 왕호가 마립간으로 바뀐 것은 신라의 제17대 왕인 내물마립간 대(재위 356-402)이고, 제21대 왕인 소지마립간 대(재위 479-500)까지 유지되었다.

· 왕을 부르기를 거서간(居西干)이라고 하는데, 진(辰)의 말로 왕이며 혹은 귀인(貴人)을 부르는 칭호라고도 한다. 또 차차웅(次次雄) 혹은 자충(慈充)이라고도 한다. …… 또 이사금(尼師今)이라고도 하는데, 잇금을 이른 말이다. …… 혹자는 (왕을) 마립간(麻立干)이라고도 부른다. …… 거서간과 차차웅으로 불린 사람이 (각) 1명, 이사금으로 불린 사람이 16명, 마립간으로 불린 사람이 4명이다.
-『삼국유사』-

[해설] 거서간은 제1대 '혁거세'에만 해당하고, 차차웅은 제2대 '남해'에게만 해당한다. 이사금은 제3대 유리에서 제16대 흘해까지 해당하고, 마립간은 제17대 내물에서 제21대 소지까지 해당한다. 주지하듯이 제22대 지증 이후부터는 '왕'이 붙는다.

• [신라 내물왕] 광개토 대왕의 지원으로 왜군을 격파하였다. [법22] □

└광개토 대왕의 도움을 받아 가야와 왜의 연합군을 물리쳤다. [기18] □

└왜를 물리치는 과정에서 고구려의 군대가 신라의 영토 내에 머무르기도 하였다. [기11] □

[해설] 고구려 광개토 대왕의 지원으로 왜군을 격파한 것은 신라 내물마립간 45년인 400년의 일이다. 광개토 대왕의 지원은 내물마립간의 요청에 의한

것이며, 이때 고구려의 군대가 신라의 영토 내에 머물렀다.

- 호우명 그릇 – 5세기 초 고구려와 신라가 밀접한 관계를 맺고 있었다. [지23] ☐
  └ 호우총 출토 청동 호우의 존재를 통해 신라와 고구려 관계를 살펴볼 수 있다. [지14②] ☐

[해설] 경주 호우총에서 출토된 고구려의 호우명 그릇을 통해 5세기 초 고구려와 신라가 밀접한 관계를 맺고 있었음을 알 수 있다. 호우명 그릇[호우총 청동 그릇] 밑바닥에 '광개토 태왕'이라 적힌 명문이 있다[415(장수왕 3), '을묘년국강상광개토지호태왕호우십(乙卯年國岡上廣開土地好太王壺杆十)'].

2 삼국의 정치적 발전

- [백제 근초고왕] 남쪽의 마한 잔여 세력을 정복하고, 수군을 정비하여 요서 지방까지 진출하였다. [국16] ☐
  └ 남쪽으로는 마한을 멸하여 전라남도 해안까지 확보하였다. [서14] ☐
  └ 마한 세력을 정복하여 전라도 남해안에 이르렀으며, 낙동강 유역의 가야에 대해서도 지배권을 행사하였다. [경12②] ☐
  └ 마한 세력을 정복하고 북으로는 흥안령 일대의 초원 지대를 장악하였다[✗]. [경15③] ☐
  └ 백제가 마한의 잔여 세력을 복속하였다. [소22] ☐
  └ 남으로 마한을 통합하였다. [법21] ☐
  └ 마한을 복속시켰다. [서24①] ☐

[해설] 백제의 영토가 전라남도 남해안까지 확대된 것은 제13대 왕인 근초고왕 대(재위 346-375)의 일이다(369, 근초고왕 24)(근초고왕이 마한의 남은 영역 정복*)[북쪽으로 고구려의 평양성을 공격하고, 남쪽으로는 가야와 (전남) 영산강 유역의 세력을 평정하여 섬진강 하구 장악, 왜와 통교 시작]. / [경15③] 북으로 흥안령 일대의 초원 지대를 장악한 왕은 고구려의 장수왕이다(479, 장수왕 67). 흥안령 산맥 일대에 거주하던 지두우족의 분할 점령을 꾀하고 거란족에 압력을 가하였다. 흥안령 산맥은 중국 북동부 내몽골 자치구 동부 지역에 위치한다. 산맥 서쪽에 몽골 고원이 있다.

* 근초고왕의 재위 2년(347)부터 21년(366) 사이의 행적에 대해서는 자세한 기록이 전해지지 않고 있는데 아마도 이 시기에 마한 지역을 복속시킨 것으로 추정된다. 왜냐 하면 이후 근초고왕은 재위 26년인 371년에 한강에 접한 한산(위치와 관련해 여러 설 있음)으로 도읍을 옮기고 북쪽의 고구려와 계속해서 싸우는 한편 중국의 동진과 외교 관계를 수립(372, 근초고왕 27)하기 때문이다(『삼국사기』). 이와 같은 행보는 남쪽의 마한 지역이 복속되지 않았다면 불가능하다.

> **■ 백제 근초고왕의 세력 확장** [기13] ☐
>
> 백제는 마한을 통합하고 가야에까지 지배권을 행사하였으며 중국의 요서 지방, 산둥 지방과 일본의 규슈 지방으로 진출하였다.
>
> [해설] 백제 제13대 왕인 근초고왕 시기(재위 346-375)의 일임을 알 수 있다. 북으로 황해도 일대를 장악하고, 남으로는 마한 전 지역을 확보하였다. 중국의 동진, 가야, 왜와 외교 관계를 맺고 고구려를 견제하였다. 참고로 마한의 중심 세력인 목지국을 병합하고, 한반도의 중부 지역을 확보한 것은 고이왕 대(재위 234-286, 제8대)의 일이다.

- [백제 근초고왕] 마한을 병합하고 평양을 공격하였다. [법24] ☐
  └ 근초고왕은 마한의 여러 소국을 복속시키고 고구려의 평양성을 공격하였다. [서24②] ☐

[해설] 마한을 병합하고 평양을 공격한 '왕'은 백제의 제13대 왕인 근초고왕(재위 346-375)이다. 근초고왕은 재위 2년(347)부터 21년(366) 사이의 행적에 대해서는 자세한 기록이 전해지지 않고 있는데 아마도 이 시기에 마한 지역을 복속시킨 것으로 추정된다. 평양성을 공격하여 고구려의 고국원왕(재위 331-371, 제16대)을 전사시킨 것은 재위 26년인 371년(고구려 고국원왕 41)의 일이다.

- [백제 근초고왕] 백제가 고구려의 평양성을 공격하였다. [국18] ☐
  └ 고구려의 평양성을 공격하였다. [서19②] [기19] ☐
  └ 근초고왕이 고구려 평양성을 공략하였다. [지15①] ☐
  └ [백제] 평양성을 공격해 고국원왕을 전사시켰다. [회24] ☐

┌백제가 고구려의 평양성을 공격하여 고국원왕이 전사하였다. [국13] □

├백제가 고구려를 침략하여 고국원왕을 살해하였다. [경15②] □

├백제가 평양성 전투에서 고국원왕을 전사시켰다. [서24①] □

├백제군의 평양성 공격 [서22②] □

├백제의 평양성 공격 [기17] □

├평양성까지 진군하여 고국원왕을 전사시켰다. [지17②] □

├고구려의 평양성을 공격하여 고국원왕을 전사하게 하였다. [경20①] □

├북쪽으로는 고구려의 평양성까지 쳐들어가 고국천왕을 전사시켰다[x]. [서14] □

├고국원왕(백제 근초고왕과 대립한 고구려의 왕) [서22①] □

└근초고왕 [경18①] □

[해설] 백제가 고구려의 평양성을 공격한 것은 근초고왕 대(재위 346-375, 제13대)의 일이다(371, 백제 근초고왕 26/고구려 고국원왕 41)(평양성 전투). 이때 고구려의 (고국천왕이 아니라) 고국원왕(재위 331-371, 제16대)이 전사하였다(평양성을 빼앗지는 못함). 참고로 2년 전인 369년에 근초고왕은 고구려와 치양성(지금의 황해도 배천) 싸움을 벌였다]. 이때 황해도의 일부 지역(대방고지)*을 차지한 바 있다.

*대방고지(帶方故地): 경기도 북부에서 황해도 황주 자비령 이남 지역에 있었던 대방군(313년에 고구려 미천왕에 의해 정복되어 고구려의 영토가 됨)을 가리킨다.

■ **백제 근초고왕의 평양성 공격** [법14] [회18] □

• 겨울에 왕이 태자와 함께 정예 군사 3만 명을 거느리고 고구려에 쳐들어가 평양성을 공격하였다. 고구려의 왕 사유가 힘을 다해 싸워 막다가 빗나간 화살에 맞아 죽었다. 왕이 군사를 이끌고 물러났다.

[해설] 백제 근초고왕(재위 346-375, 제13대)이 평양성을 공격하였고 그 결과 고구려의 고국원왕(재위 331-371, 제65대)이 전사한 사실을 나와 있다 (371, 근초고왕 26).

• 겨울에 왕(근초고왕)이 태자와 함께 정예 군사 3만 명을 거느리고 고구려에 쳐들어가 평양성을 공격하였다. 고구려왕 사유(고국원왕)가 힘을 다해 싸워 막았으나 빗나간 화살에 맞아 죽었다.   - 삼국사기 -

[해설] 위와 같은 내용의 자료이다.

• [백제 근초고왕] 중국의 동진, 일본과 무역 활동을 전개하였다. [서14] □

├동진과 국교를 맺고 요서 지방에 진출하였다. [기18] □

├중국 요서 지방까지 진출하였고, 이어서 산둥 지방과 일본 규슈 지방까지 진출하였다. [경15③] □

├㉤ - 중국 산둥 지방과 일본의 규슈 지방에까지 진출하는 등 대외 활동을 벌였다. [경12②] □

└근초고왕 때에는 산둥 지방과 일본의 규슈 지방에까지 진출하는 등 활발한 대외 활동을 벌였다. [경12①] □

[해설] 근초고왕은 중국의 동진(317-419) 및 일본과 통교하고 중국의 요서 지방에 진출하였으며, 산둥 지방과 일본 규슈 지방까지 진출하였다.

• [백제 근초고왕] 칠지도를 제작하여 일본에 전해 주었다. [법16] □

└일본의 석상 신궁에 있는 칠지도는 백제 근초고왕이 일본왕에게 선사한 것으로 알려져 있다. [경12①] □

[해설] 칠지도(七支刀)를 제작하여 일본에 전해 준 것은 근초고왕 대(재위 346-375, 제13대)의 일이다(372, 근초고왕 27). / 일본 (나라현 덴리시)의 석상[이소노카미] 신궁에 있는 칠지도는 백제 근초고왕(재위 346-375)이 일본왕에게 선사한 것으로 알려져 있다. 칠지도 제작 시기를 백제 전지왕 4년(408)으로 보는 설도 있다.

- [백제 근초고왕] 왕위의 부자 상속을 확립하였다. [서14] ☐
  - 왕위의 부자 상속이 확립되었다. [법21] ☐
  - 근초고왕 때 부자 상속에 의한 왕위 계승이 시작되었다. [경16②] ☐

[해설] 백제는 근초고왕 대에 이르러 왕위의 부자 상속이 확립되었다(형제 상속 → 부자 상속, 진씨를 왕비족으로 고정).

- [삼국 시대] 불교를 받아들였다. [법19] ☐
  - 고대 삼국 중 백제가 가장 먼저 수용했다[×]. [회23] ☐
  - [불교] 고구려 제가 회의와 신라 화백 회의의 사상적 배경이 되었다[×]. [회23] ☐

[해설] 불교를 받아들인 것은 삼국 시대이다. / 고구려가 불교를 수용한 것은 소수림왕 2년인 372년의 일이고, 백제가 중국의 동진으로부터 불교를 받아들여 공인한 것은 침류왕 원년인 384년의 일이다(동진의 마라난타). 또 신라가 이차돈(506~527)의 순교를 계기로 불교를 공인한 것은 법흥왕 14년인 527년*의 일이다. 따라서 고대 삼국 중 불교를 가장 먼저 수용한 국가는 고구려이다. / 고구려의 제가 회의와 신라 화백 회의는 일종의 귀족 회의이다. 불교와는 상관없다.

*528년(법흥왕 15) 혹은 529년(법흥왕 16)에 공인되었다는 설 있음.

- 백제 침류왕이 불교를 받아들였다. [국20] [회15] ☐
  - [침류왕] 동진으로부터 불교를 받아들여 공인하였다. [지23] ☐
  - 동진으로부터 불교를 수용하여 공인하였다. [지13] ☐
  - 중국 동진으로부터 불교를 받아들여 왕실의 권위를 높였다. [서19②] ☐
  - 동진에서 온 마라난타에 의해 불교가 전래되었다. [경20①] ☐
  - 침류왕 때 동진에서 온 마라난타를 통해 불교가 전래되었다. [경16②] ☐
  - 백제는 불교를 수용하여 새로운 통치 이념을 정비하였다. [경13②] ☐
  - 불교를 받아들여 통치 이념을 정비하였다. [서19②] ☐
  - 불교를 공인하여 중앙 집권 체제를 사상적으로 뒷받침하였다. [경15③] ☐
  - (나) 시기에 백제는 불교를 받아들여 정치 안정을 꾀하였다. [법13] ☐
  - 백제가 동진의 승려 마라난타를 통하여 불교를 수용함 [경19①] ☐
  - 백제의 불교 수용 [기17] ☐
  - 불교를 공인하였다. [지17②] [법16] ☐

[해설] 백제 침류왕(재위 384-385, 제15대)이 불교를 받아들인 것은 재위 원년인 384년의 일이다(동진의 마라난타). 백제와 고구려의 경우 신라와 달리 불교의 수용(전래)과 공인이 동시에 일어났다. / [법13]의 (나)는 신라의 전성기인 6세기를 가리키나 무심함(백제 침류왕 때의 일).

- [고구려 동천왕] 위군의 침략으로 환도성 함락 [서22②] ☐
  - 3세기 고구려 동천왕은 서안평을 공격하였다. [경17①] ☐

[해설] 위군[위의 유주자사 관구검(?~255)]의 침략으로 환도성이 함락된 것은 244년의 일이다(2년 전인 242년에 고구려의 동천왕이 서안평을 공격하였으나 실패)[동천왕(재위 227-248), 제11대]. 다시 말해 동천왕이 재위 16년인 242년에 서안평을 공격하였으나 공격에 실패하고 도리어 2년 뒤인 244년에 위(魏)의 장군 관구검의 침략을 받아 수도(환도성)가 함락되는 등 시련을 겪었다.

*환도성: 209년(산상왕 13)에서 427년(장수왕 15)까지 고구려의 수도였다. 환도성은 평지성인 국내성(중국 지린성 지안시)에서 북쪽으로 약 3km 떨어진 포곡식 산성으로, 오늘날 산성자산성으로 비정되고 있다.

- [고구려 미천왕] 고구려의 서안평 점령 [국23] ☐

[해설] 고구려가 (마침내) 서안평을 점령한 것은 미천왕 12년인 311년의 일이다.

05 삼국의 형성과 성장

- [고구려 미천왕] 낙랑군을 축출하였다. [국23] [국21] □
  - 고구려가 낙랑군을 축출하였다. [법16] [회16] □
  - 미천왕이 낙랑군을 축출했다. [경18③] □
  - 낙랑군을 축출하고 대동강 유역을 차지하였다. [서21] □
  - 낙랑군을 축출하여 대동강 유역을 확보하였다. [법18] □
  - 고구려 – 낙랑군을 완전히 몰아내고 대동강 유역을 확보하였다. [서20] □
  - 낙랑군을 점령하고 한 군현 세력을 몰아내었다. [국22] □
  - 낙랑군을 차지하여 한반도로 진출하는 발판을 마련하였다. [국17①] □
  - 낙랑군을 공격하여 중국 세력을 영토에서 완전히 쫓아냈다. [기18] □
  - 고구려의 낙랑군·대방군 축출 [서22②] □
  - 고구려의 낙랑 축출 [기17] □
  - 낙랑군을 몰아내었다. [법14] □
  - 낙랑군 축출 [국20] □

[해설] 낙랑군을 축출한 왕은 고구려의 미천왕(재위 300-331, 제15대)이다(313, 미천왕 14). 이듬해인 314년(미천왕 15)에는 대방군까지 정벌하고 영토로 삼았다. 이를 통해 고구려는 한반도의 서북부 지역을 확보하게 되었다. 동시에 중국 세력을 완전히 쫓아내고 고조선의 옛 영토를 회복하였다.

- [고구려 고국원왕] 모용황의 공격을 받았다. [국17②] □
  - 전연 모용황의 침입으로 어려움을 겪었다. [기17] □
  - 전연의 침략을 받아 왕릉이 도굴되기도 하였다. [회23] □
  - 전연의 모용황의 침입을 받아 궁궐이 불타고, 남녀 5만여 명이 포로로 잡혀갔다. [경17②] □

[해설] 전연 모용황(재위 337-348, 제1대)의 공격을 받은 것은 고구려 고국원왕 12년인 342년의 일이다. 이때 도읍인 국내성이 함락되었다. 참고로 국내성은 고구려의 두 번째 수도이다(3-427). / 전연 모용황(재위 337-348)의 침략을 받아 왕릉이 도굴되기도 한 나라는 고구려이다(342, 고국원왕 12). 고구려는 이때 수도가 함락되었는데, 고국원왕의 부친 무덤인 미천왕릉이 도굴되어 미천왕의 시신을 빼앗기고 왕모 주씨와 왕비가 납치되는 수모를 당하였다(이후 모두 되찾음). 전연은 선비쪽 모용씨가 세운 나라로 중국 5호 16국 중의 하나이다(337-370).

- [고구려 고국원왕] 백제의 침입으로 전사하였다. [국23] □
  - 고국원왕이 평양성 전투에서 전사하였다. [지15②] □
  - 백제군의 공격으로 고국원왕이 전사하였다. [법23] □
  - 고구려의 고국원왕이 평양성에서 전사함 [경19①] □
  - 고구려의 고국원왕이 백제의 공격을 받고 전사하였다. [경18②] □
  - 고국원왕이 근초고왕의 군사와 벌인 전투에서 전사했다. [경18③] □
  - 고국원왕의 전사 [서18①] □
  - 고국원왕 [경18①] □

[해설] 백제 근초고왕의 침입으로 고구려의 고국원왕(재위 331-371, 제16대)이 전사하였다(평양성 전투)(371, 고구려 고국원왕 41)(고구려의 국가적 위기).

■ 고국원왕의 전사 [지19] [서21] [법22] [회16] □

• 백제왕이 병력 3만 명을 거느리고 평양성을 공격해 왔다. 왕이 출병하여 막다가 날아오는 화살에 맞아 서거하였다.

[해설] 주어진 자료 속 백제왕은 근초고왕을 가리킨다. 고구려의 고국원왕(재위 331-371, 제65대)이 전사한 사실이 나와 있다(371).

• 고구려는 백제를 선제공격하였다가 패하고 고국원왕이 전사하는 위기를 맞았다.

[해설] 고구려 고국원왕 41년인 371년인 신미년의 일이다. 백제 근초고왕 26년이기도 하다.

• 왕 41년 겨울 10월, 백제왕이 군사 3만 명을 거느리고 평양성을 공격하였다. 왕이 군사를 이끌고 방어하다가 화살에 맞았다. 23일에 왕이 죽었다. 고국 언덕에 장사지냈다.   - 『삼국사기』, 고구려본기 -

[해설] 백제 근초고왕의 공격으로 고구려의 고국원왕이 평양성 전투에서 전사한 사실을 가리킨다.

• 왕 재위 41년 백제의 왕이 병력 3만 명을 거느리고 평양성을 공격해 왔다. 이에 왕이 군대를 내어 막다가 화살에 맞아 서거하였다.   - 『삼국사기』, 고구려본기 -

[해설] 고국원왕이 평양성에서 전사한 것은 재위 41년인 371년의 일이다.

• 소수림왕은 전진과 수교하여 대외 관계를 안정시키고, 태학 설립, 불교 수용, 율령 반포 등을 통해 중앙 집권적 국가 체제를 강화하였다. [서12] □

└고구려 소수림왕은 율령 반포, 불교 공인 등을 통해 지방의 부족 세력을 효율적으로 통제하였다. [경15①] □

└전진을 통해 불교를 수용하고, 태학을 설립하여 귀족의 자제들에게 유학을 가르쳤다. [경17②] □

└고구려의 불교 수용, 태학 설립, 율령 반포 [경11②] □

└태학을 설립하고 율령을 반포하였으며 불교를 수용하였다. [법13] □

└태학을 설립하고 율령을 반포하였다. [법24] □

└고구려는 태학을 설립하고 율령을 반포하였다. [경13②] □

[해설] 태학을 설립하고, 불교를 수용[공인]하였으며, 율령을 반포한 고구려의 왕은 소수림왕(재위 371-384, 제17대)이다[각 372(소수림왕 2)/372(소수림왕 2)/373(소수림왕 3)].

• [고구려 소수림왕] 태학을 설립하였다. [국17①] [소21] □

└유학 교육 기관인 태학을 설치하였다. [국16] □

└태학이라는 교육 기관을 설립하였다. [지24] □

└태학을 창설하여 유교를 교육하였다. [경21①] □

└고구려의 태학 창설 [기17] □

└태학을 설립하고 율령을 반포하였다. [지19] □

└태학을 설립하고 율령을 반포하여 체제 안정화 정책을 실시하였다. [서21] □

└율령을 반포하였다. [법14] □

[해설] (귀족의 자녀를 교육한) 국립 교육 기관인 태학이 설립된 것은 고구려 소수림왕 2년인 372년의 일이다. 율령을 반포한 것은 소수림왕 3년인 373년의 일이다.

• [고구려 소수림왕] 불교를 수용하고, 율령을 반포하였다. [지15②] □

└불교를 공인하고 율령을 반포했다. [경18③] □

└고구려는 불교를 받아들이고 율령을 반포하였다. [기13] □

└소수림왕이 불교를 수용하였다. [법23] □

└고구려에서 율령이 반포되었다. [경15②]

└율령을 반포하였다. [기17]

[해설] 고구려에서 불교를 수용[공인]한 것은 소수림왕 2년인 372년의 일이다. 또 율령을 반포한 것은 이듬해인 373년(소수림왕 3)의 일이다.

• [고구려 소수림왕] 율령을 반포하여 중앙 집권 체제를 강화하였다. [국21]

[해설] 고구려에서 율령을 반포하여 중앙 집권 체제를 강화한 것은 소수림왕 3년인 373년의 일이다.

• 고구려 소수림왕은 형제 상속이던 왕위 계승을 부자 상속으로 바꾸어 왕권을 강화하였다[x]. [서11]

[해설] 형제 상속이던 왕위 계승을 부자 상속으로 바꾸어 왕권을 강화한 고구려의 왕은 (소수림왕이 아니라) 고국천왕(재위 179-197, 제9대)이다.

■ 고구려 소수림왕 [국17②]

전진에서 불교를 받아들였고, 유학 교육 기관으로 태학을 설립하였으며, 율령을 공포하였다.

[해설] (중국 5호 16국 중의 하나인) 전진(351-394)에서 불교를 받아들였고(372, 소수림왕 2), 유학 교육 기관으로 태학을 설립하였으며(372, 소수림왕 2), 율령을 공포한 것은(373, 소수림왕 3) 모두 고구려 소수림왕 대(재위 371-384, 제17대)의 일이다.

■ 고구려 장수왕 대 초 신라와의 관계 [기17]

눌지왕 3년 고구려 왕이 사신을 보내 와서 "우리 임금님께서 대왕의 아우 보해가 지혜와 재주를 갖추었다는 소식을 듣고 서로 가깝게 지내기를 원하여 특별히 소신을 보내어 간청하기에 이르렀습니다."라 하였다. 이에 왕은 매우 다행스럽게 생각하여 화친을 맺기로 하고 아우 보해를 고구려로 보냈다.
- 삼국유사 -

[해설] 눌지왕 또는 눌지마립간은 신라의 제19대 왕으로 417년에서 458년까지 재위하였다. 따라서 눌지왕 3년은 곧 419년이 되고, 이때 재위한 고구려 왕은 장수왕(재위 413-491, 제20대)임을 알 수 있다. 고구려 장수왕이 남하 정책을 추진하기 전인 재위 초에는 신라와 화의를 도모하였음을 알 수 있다. 하지만 신라에게 왕의 아우를 볼모로 보내라고 요구할 만큼 국력은 고구려가 강세였고 신라는 강한 압박을 받았다.

• [신라 눌지왕] 신라가 백제와 친선 정책을 추진하였다. [서15]

└나·제 동맹을 체결하였다. [법20①]

└나제 동맹 결성 [경12②]

└나·제 동맹 체결 [소20]

└나·제 동맹으로 고구려를 견제하고 있었다. [기16]

└(가) 시기에 신라와 백제가 동맹 관계를 맺었다. [법13]

└신라는 6세기 후반 고구려의 남진에 저항하기 위해 백제 및 왜와 동맹을 맺었다[x]. [회19]

[해설] 고구려 장수왕(재위 413-491, 제20대)이 남하 정책을 추진하자 백제의 비유왕(재위 427-455, 제20대)과 신라의 눌지왕[눌지마립간](재위 417-458, 제19대)은 나제 동맹을 체결하였다(433, 백제 비유왕 7/신라 눌지마립간 17/고구려 장수왕 21). / [법13]의 (가)는 고구려의 전성기(5세기)를 가리킨다. / [회19] 신라는 (6세기 후반이 아니라) 5세기 전반에 고구려의 남진에 저항하기 위하여 백제 및 왜와 동맹을 맺었다[나제 동맹(433)].

※ 나제 동맹이 맺어진 것은 433년의 일이고 나·제 동맹이 결렬된 것은 554년의 일이다. 나제 동맹이 유지되던 시기와 관련된 문제가 출제될 가능성이 높다.

• [신라 소지왕] 사방에 우역을 설치하였다.* [국18]

[해설] 사방에 우역(郵驛)을 설치한 왕은 소지왕(소지마립간)(재위 479-500, 제21대)이다. 우역 혹은 역관(驛館)은 공적인 교통·통신 기관으로 역참(驛

站)이라 하였으며 먼 여행을 하는 사람들의 숙식도 제공하였다. 소지왕 9년인 487년에 각 지방에 우역을 설치하고, 국내 기간도로인 관도(官道)를 개척하였다. 참고로 소지왕 12년인 490년에는 경주에 처음으로 시장이 열려 각 지역의 물자가 유통되기도 하였다.

- [신라 소지왕] 백제 동성왕과 혼인 동맹을 맺었다. [지15②] □

[해설] 고구려(장수왕)의 팽창에 대항하기 위해 신라의 소지왕은 백제 동성왕(재위 479-501, 제24대)과 혼인 동맹을 맺었다(493).

- 신라 지증왕 3년의 순장 금지 사료(史料) [국15] □
  └신라 무덤에서 출토한 순장 대용(代用) 흙인형 [국15] □
  └전쟁 노비의 소멸로 순장할 대상이 없어졌다[✗]. [국15] □
  └농업 생산력의 상승에 따라 노동력을 중시하였다. [국15] □
  └죽음에 대한 의식(儀式)에 도교 사상이 반영되었다[✗]. [국15] □
  └왕실은 귀족층의 사치와 허례허식을 막기 위해 노력하였다[✗]. [국15] □

[해설] '순장 금지 사료(502, 지증왕 3)', '순장 대용 흙인형'이라는 부분을 통해 고대 사회의 사회·경제적 발전을 짐작할 수 있다. 순장은 왕이나 귀족이 죽으면 가족이나 노비 등을 함께 죽여 매장하던 풍습으로 부여 때부터 그 기록이 남아 있다. / 6세기에 이르러 신라 지증왕은 농업 생산력이 상승함에 따라 노동력을 확보하기 위하여 순장을 금지하였다. 삼국 시대에는 전쟁이 빈번하여 전쟁 노비가 많았다. / 고구려의 고분 벽화에 남아 있는 사신도는 도교의 방위신으로 죽은 자의 사후를 지키기 위해 그렸다[즉 신라가 아닌 고구려의 4~5세기의 일]. / 통일 이후 신라는 나라가 안정되면서 귀족들의 사치가 더욱 심해지자 흥덕왕은 사치 금지령을 내렸으나 효과를 거두지는 못했다[즉 통일 신라 시대의 일, 834(흥덕왕 9)].

■ **순장 금지와 우경 확대(지증왕)** [회16][경18②] □

- 왕 재위 3년 순장을 금지하는 명령을 내렸다. 3월에는 주와 군의 수령에게 명하여 농사를 권장케 하였고, 처음으로 소를 부려서 논밭을 갈았다.   -『삼국사기』, 신라본기 -

[해설] 신라 지증왕 3년인 502년에 있었던 순장 금지와 우경 확대 시행에 대한 것임을 알 수 있다.

- 왕 재위 3년에 순장을 금지하는 명령을 내렸다. 3월에는 주와 군의 수령에게 명하여 농사를 권장케 하였다. 처음으로 소를 부려서 논밭을 갈았다.   -『삼국사기』-

[해설] 위와 같은 내용의 자료이다.

- [신라 지증왕] 국호를 한자식 표현인 '신라'로 바꾸었다. [국12] □
  └지증왕이 국호를 '신라'로 정하였다. [법24] □
  └신라 지증왕은 국호를 신라로 바꾸고, 왕의 칭호도 마립간에서 왕으로 고쳤다. [경15①] □
  └지증왕 - 국호를 신라로 바꾸고, 왕의 칭호도 마립간에서 왕으로 고쳤다. [경12③] □
  └국호를 사로국에서 '신라'로, 왕호를 마립간에서 '왕'으로 고쳤다. [서19①] □
  └국호를 신라로 확정하고, 왕의 칭호를 사용하였다. [소21] □
  └국호를 신라로 바꾸고 주군제를 도입하였다.* [회20] □
  └국호를 '신라'로 확정하였다. [지22] □
  └국호를 신라로 정하였다. [경18②][소19①] □
  └국호 '신라' 확정 [국19] □
  └신라의 국호 정립 및 우경 도입 [경11②] □
  └신라는 왕호를 중국식으로 바꾸었다. [법18] □
  └'신라국왕'이라는 칭호를 처음 사용하였다. [기16] □

└왕호를 중국식 호칭인 '왕'으로 정하였다. [서24①] □

└왕이라는 중국식 칭호를 사용하였다. [경18②] □

└왕 – 지증왕이 처음 사용하였고, 중국식 정치 제도를 받아들이기 시작 [경14①] □

└지증왕 [경18①] □

[해설] 국호를 '신라'로 정하고, (마립간에서) '왕(王)'의 호칭을 사용한 것은 지증왕 4년인 503년의 일이다[지증왕(재위 500 - 514), 제22대]. / [회20] 주군제(州郡制)를 도입한 것은 지증왕 6년인 505년의 일이다.. 주(州)·군(郡)·현(縣)의 지방 행정 체계를 정하였다. / [경11②] 우경을 도입한 것은 지증왕 3년인 502년의 일이다.

■ 국호 확정 및 왕호 사용(지증왕) [지15②] [경19②] [경16①] □

· 국호를 신라로 바꾸고, 왕의 칭호도 마립간에서 왕으로 고쳤다. 대외적으로는 우산국을 복속시켰다.

[해설] 국호를 '신라'로 바꾸고, 왕의 칭호를 마립간에서 '왕'으로 고치고, 우산국을 복속한 왕은 신라의 지증왕이다.

· "신들의 생각으로는 신(新)은 '덕업이 날로 새로워진다.'는 뜻이고 나(羅)는 '사방을 망라한다.'는 뜻이므로, 이를 국호로 삼는 것이 마땅하다고 여겨집니다. [중략] 이제 여러 신하들이 한마음으로 삼가 신라국 왕이라는 칭호를 올립니다."라고 하니, 왕이 이에 따랐다.

[해설] 신라 지증왕 4년인 504년에 '신라'라는 국호를 정하고 '왕'의 호칭을 사용한 사실에 대한 것이다(『삼국사기』).

· 여러 신하들이 아뢰기를 "시조께서 나라를 세우신 이래 국호(國號)를 정하지 않아 사라(斯羅)라고도 하고, 혹은 사로(斯盧) 또는 신라(新羅)라고도 칭하였습니다. 신들의 생각으로는 신(新)은 '덕업이 날로 새로워진다.'는 뜻이고 나(羅)는 '사방을 망라한다.'는 뜻이므로, 이를 국호로 삼는 것이 마땅하다고 여겨집니다. …… 이제 뭇 신하들이 한마음으로 삼가 신라국 왕이라는 칭호를 올립니다."라고 하니, 왕이 이에 따랐다. - 삼국사기 -

[해설] 위와 같은 내용의 자료이다(좀 더 상세).

· [신라 지증왕] 포항 중성리비* [경20①] □

[해설] 포항 중성리 신라비가 축조된 것은 신라 지증왕 2년인 501년의 일이다. 중성리비는 현존하는 가장 오래된 신라비이다.

· [신라 지증왕] 영일 냉수리비 [국14] [경20①] □ (포항 냉수리 신라비)

└영일 냉수리비 [경12②] □

[해설] 영일 냉수리비가 세워진 것은 신라 지증왕 4년인 503년의 일이다. 6부의 행정 제도와 사유 재산을 둘러싼 분쟁, 상속 문제 등이 기록되어 있다. 지명의 변경으로 현재는 '포항 냉수리 신라비'로 부르고 있다

· 영일 냉수리 신라비와 울진 봉평 신라비에 의하면 왕은 소속부의 명칭을 띠고 있었다. [국11] □

└울진 봉평리 신라비를 통해 신라가 동해안의 북쪽 방면으로 세력을 확장하였음을 알 수 있다. [지14②] □

└[법흥왕] '신라 육부'가 새겨진 울진 봉평 신라비가 세워졌다. [서19①] □

[해설] 신라는 6부 연맹체로 강한 부에서 왕이 나왔는데 영일 냉수리 신라비[포항 냉수리 신라비](503, 지증왕 4)와 울진 봉평 신라비(524, 법흥왕 11)에는 왕이 어느 부에서 나왔는지 기록되어 있다. / 영일 냉수리 신라비[포항 냉수리 신라비]는 갈문왕의 재산권 분쟁을 기록한 것으로 신라를 사라(斯羅)로 칭하고 있다. / 울진 봉평(리) 신라비는 척경비[순수비]로 영토 확장, 율령 반포, 관등이 기록되어 있다. (울진 봉평리 신라비는 법흥왕이 동북 방향으로 세력을 확장하는 과정에서 울진 지역 주민들의 반발을 진압하고 관련자들을 처벌한 내용도 기록되어 있다). / 참고로 법흥왕 대에 세워진 또 다른 비로 영천 청계비가 있다(536, 법흥왕 23).

· [신라 지증왕] 수도와 지방의 행정 구역을 정리하였고, 대외적으로는 우산국을 복속시켰다.* [기11] □

[해설] 지증왕은 재위 4년(503)에 국명을 신라로 정하고 왕호를 중국식인 왕으로 바꾸는 등 왕권과 지배 조직을 강화하였다. 그리고 재위 6년인 505년

에 주군제(州郡制)를 도입하였다. 즉 주(州)·군(郡)·현(縣)의 지방 행정 체계를 정하였다. 고구려·백제·가야 등 삼국과의 전쟁에서 얻은 점령지의 통치와 영토 확장을 위한 수단이라는 의미도 있다. 같은 해에 실직주(지금의 강원도 삼척)를 설치하고 이사부를 군주(軍主)로 삼기도 하였다. 또한 재위 13년인 512년에는 이사부(?~?)를 보내 우산국을 복속시켰다.

- [신라 지증왕] 신라의 우산국 복속 [국23]□
  └신라 지증왕이 우산국을 정복하였다. [회15]□
  └이사부를 시켜 우산국을 정복하였다. [국13] [경18②]□
  └이사부를 파견하여 우산국을 복속시켰다. [법22]□
  └이사부로 하여금 우산국(于山國)을 정벌케 하였다. [경17②]□
  └이사부가 우산국을 정벌하였다. [경15②]□
  └신라의 이사부가 우산국을 정벌함 [경19①]□
  └신라의 이사부가 우산국(울릉도)을 복속시켰다. [경19②]□
  └신라의 우산국을 복속시켜 영토에 편입했다. [서24①]□
  └신라는 우산국을 정복하고 경상도 북부와 낙동강 유역으로 진출하였다. [기13]□
  └우산국을 복속시켜 영토로 편입하였다. [국12] [경16①]□
  └우산국으로 불리던 울릉도를 정복하여 영토로 편입하였다. [서22②]□
  └울릉도를 정복해서 영토로 편입하였다. [지20]□
  └우산국을 정벌하는 장군 [소20]□

[해설] 신라가 이사부(?~?)를 보내 (지금의 울릉도인) 우산국을 복속시킨 것은 지증왕 13년인 512년의 일이다.

■ 이사부의 우산국 정복 [지22] [소19①]□

- 이찬 이사부가 하슬라주 군주가 되어, '우산국 사람이 우매하고 사나워서 위엄으로 복종시키기는 어려우니 계책을 써서 굴복시키는 것이 좋겠다.'라고 생각하였다. 이에 나무로 사자 모형을 많이 만들어 배에 나누어 싣고 우산국 해안에 이르러, 속임수로 통고하기를 "만약에 너희가 항복하지 않는다면 곧바로 이 맹수들을 풀어 너희를 짓밟아 죽이겠다."라고 하였다. 그 나라 사람이 두려워 즉시 항복하였다.

[해설] 주어진 자료는 신라의 장군이자 정치가인 이사부(?~?)가 지금의 울릉도, 즉 우산국을 복속한 일을 가리킨다(512, 신라 지증왕 13).

- 왕 13년 여름 6월 우산국이 항복하여 매년 토산물을 공물로 바치기로 하였다. 우산국은 명주의 정동쪽 바다에 있는 섬인데, 울릉도라고도 한다. 그 섬은 사방 일백리인데, 그들은 지세가 험한 것을 믿고 항복하지 않았다. 이찬 이사부가 …(중략)… 우산국의 해안에 도착하였다. 그는 거짓말로 "너희들이 만약 항복하지 않는다면 이 맹수를 풀어 너희들을 밟아 죽이도록 하겠다."라고 말하였다. 우산국의 백성들이 두려워하여 곧 항복하였다. -『삼국사기』-

[해설] 주어진 자료 속 밑줄 친 '왕'은 신라의 제22대 왕인 지증왕(재위 500-514)을 가리킨다. 왕 13년은 우산국을 복속시킨 512년이다.

- 신라 법흥왕은 병부의 설치와 상대등의 설치 등을 통하여 통치 질서를 확립하였다. [경17①]□
  └법흥왕은 병부의 설치, 율령의 반포, 공복의 제정 등을 통하여 통치 질서를 확립하였다. [경12①]□
  └병부의 설치와 율령의 반포, 공복의 제정 등을 통하여 통치 질서를 확립하였다. [기11]□
  └신라의 법흥왕은 병부를 설치하고 율령을 반포하는 등 중앙 집권 체제를 강화하였다. [기13]□

[해설] 병부의 설치와 율령의 반포, 17관등 및 백관의 공복 제정 등을 통하여 통치 질서를 확립한 신라의 왕은 법흥왕(재위 514-540, 제23대)이다. 병부

의 설치는 재위 4년인 517년. 율령 반포와 17관등 및 백관의 공복 제정은 재위 7년인 520년의 일이다. / [경17①] 상대등을 설치한 것은 법흥왕 18년인 531년의 일이다.

- [신라 법흥왕] 처음으로 병부를 설치하였다. [국13] □
  - 병부를 처음으로 설치하여 군권을 장악하였다. [지23] □
  - 병부를 설치하고, 백관의 공복을 제정하였다. [지15②] □
  - 신라에 병부가 설치되었다. [법23] [법16] □

[해설] 병부를 처음 설치한 것은 법흥왕 4년인 517년의 일이다(그 전해인 516년에 병부령 1인 임명). 종래 임시적으로 처리하던 군사 업무를 제도화하고 군령권과 군정권을 분화함으로써 국왕의 병권 장악을 강화한 조치이다.

- [신라 법흥왕] 율령을 공포하고, 백관의 공복을 제정하였다. [지16①] □
  - 신라 – 율령을 반포하고 백관의 공복을 제정하였다. [지16②] □
  - 법흥왕이 율령을 반포하고, 처음으로 관리의 공복을 정하였다. [법21] □
  - 율령의 반포, 공복의 제정 등을 통하여 통치 질서를 확립하였다. [경16①] □
  - 율령을 반포하고 불교를 공인하였다. [회20] □
  - 신라가 율령을 반포하였다. [회16] □
  - 신라가 율령을 반포함 [경19①] □
  - 백관의 공복을 제정하여 귀족을 관료로 등급화시켰다. [서22②] □

[해설] 법흥왕 대에 이르러 율령이 공포되었으며 17관등 및 백관의 공복이 제정되었다(520, 법흥왕 7). 삼국 모두 각자 공복을 제정하였는데 신라의 경우는 법흥왕이 해당한다. / [회20] 불교를 공인한 것은 법흥왕 14년인 527년의 일이다.

- [신라 법흥왕] 이차돈의 순교를 계기로 불교가 공인되었다. [국21] □
  - 이차돈의 순교를 계기로 불교를 공인하였다. [국12] □
  - 불교를 공인하였다. [소19①] □

[해설] 이차돈(506~527)의 순교를 계기로 (신라에서) 불교가 공인된 것은 신라 법흥왕 14년인 527년*의 일이다.

*528년(법흥왕 15) 혹은 529년(법흥왕 16)에 공인되었다는 설도 있다.

■ 이차돈의 순교 [법22] [기16] □

- 이때에 이르러 왕 또한 불교를 일으키려고 하였으나, 여러 신하들이 믿지 않고 이런저런 불평을 많이 하였으므로 왕이 근심하였다. …… 이차돈이 왕에게 아뢰기를, "바라건대 하찮은 신의 목을 베어 여러 사람들의 논의를 진정시키십시오." 라고 하였다.
  -『삼국사기』-

[해설] 이차돈(506~527)의 순교를 계기로 (신라에서) 불교가 공인된 것은 신라 법흥왕 14년인 527년의 일이다.

- 이차돈은 왕의 얼굴을 쳐다보고 심정을 눈치 채어 왕에게 아뢰었다. … "일체를 버리기 어려운 것은 자기 목숨입니다." … 옥리(獄吏)가 목을 베니 허연 젖이 한 길이나 솟았다.
  - 삼국유사 권3 -

[해설] 신라가 불교를 공인하게 된 이차돈(506~527)의 순교에 대한 내용이다.

- [신라 법흥왕] 상대등을 설치하여 정치 조직을 강화하였다. [법22] □
  - 신라의 상대등 설치 [기17] □
  - 상대등이 귀족 회의를 주관하였다. [법17] □

[해설] 상대등을 설치하여 정치 조직을 강화한 것은 신라 법흥왕 18년인 531년의 일이다. / 상대등이 귀족 회의를 주관한 나라는 신라이다.

- [신라 법흥왕] 신라가 김해 지역의 금관가야를 정복하였다. [회17] □
  - 금관가야를 정복하여 영토를 확장하였다. [기17] □
  - ⓒ - 금관가야를 정복하여 낙동강 서쪽을 장악하였다. [경12②] □
  - 신라가 금관가야를 병합하였다. [회16] □
  - 신라의 금관가야 병합 [국23] □

[해설] 신라가 금관가야를 병합한 것은 법흥왕 19년인 532년의 일이다. / [경12②]의 ⓒ은 신라 진흥왕을 가리키나 무시함.

■ **신라 법흥왕 대의 사실** [국13] [지16①] [서19①]

- 국왕은 병부를 설치하여 직접 병권을 장악하였고, 건원이라는 독자적인 연호를 사용하였다. 또한 영토 확장에 힘을 기울여 금관가야를 정복하였다.

[해설] '병부를 설치하여 직접 병권을 장악'하였다는 점(517, 법흥왕 4), '건원'이라는 독자적인 연호를 사용하였다는 점(536, 법흥왕 23), 금관가야를 정복하였다는 점(532, 법흥왕 19)에서 자료 속 국왕은 신라 법흥왕[(재위 514-540), 제23대]을 가리킴을 알 수 있다.

- · 병부를 설치하여 왕이 직접 병권을 장악하고, 상대등을 설치하여 재상의 지위를 부여하였다.
  · 김해 지역의 금관가야를 정복하여 낙동강으로 진출하는 길을 열었다.

[해설] 위의 자료에서 신라에 병부가 설치된 것은 법흥왕 4년인 517년의 일이고, 상대등을 설치하여 정치 조직을 강화한 것은 법흥왕 18년인 531년의 일이다. 아래 자료에서 금관가야를 정복하고 낙동강까지 영토를 확장한 것은 법흥왕 19년인 532년의 일이다.

- ○ 왕 7년에 율령을 반포하고, 처음으로 백관의 공복을 제정하였다.
  ○ 왕 19년에 금관국의 왕인 김구해가 왕비와 세 아들을 데리고 와 항복하였다.

[해설] '율령 반포', '백관의 공복 제정', '금관국의 왕이 와서 항복하였다'는 내용은 신라의 법흥왕과 관련이 있다. 법흥왕은 병부를 설치하고 상대등 제도와 골품 제도를 정비하는 등 통치 질서를 확립하였다. 또한 이차돈의 순교를 계기로 불교를 공인하고(527, 법흥왕 14), 금관가야를 정복하였다(532, 법흥왕 19).

- 재위 19년에는 금관국주인 김구해가 비와 세 아들을 데리고 와 항복하자 왕은 예로서 대접하고 상등(上等)의 벼슬을 주었으며, 23년에는 처음으로 연호를 칭하여 건원(建元) 원년이라 하였다.

[해설] 신라 법흥왕의 재위 19년은 532년이며, 재위 23년은 536년이다. 따라서 536년은 건원 원년이기도 하다. 김구해는 금관가야의 제10대 왕(재위 521-532)으로, 구형왕이자 마지막 왕이다(『삼국유사』). 김유신(595-673)의 증조할아버지이기도 하다.

- [신라 법흥왕] '건원'이라는 연호를 사용하였다. [국13] □
  - 건원이라는 독자적인 연호를 사용하였다. [지21] □
  - 건원(建元)이라는 신라 최초의 연호를 사용하였다. [경17②] □
  - 신라 - 건원(建元)이라는 독자적인 연호를 만들었다. [서20] □
  - 신라가 건원이라는 연호를 사용하였다. [서21] □
  - 신라가 건원이라는 연호를 처음으로 사용하였다. [회18] □
  - 신라가 처음으로 연호를 사용하였다. [지14①]
  - 독자적인 연호를 사용하여 자주 국가로서의 위상을 높였다. [회20] □
  - 건원 [경21①] □

[해설] 건원(建元)이라는 독자적인 연호를 사용한 것은 법흥왕 23년인 536년의 일이다. 신라로서는 처음으로 연호를 제정하고 536년을 '건원 원년'이라

기록하였다.

- 신라의 법흥왕은 고구려의 도움으로 왜구를 격퇴하였다[x]. [서11] ☐

[해설] 고구려의 도움으로 왜구를 격퇴한 신라의 왕은 (법흥왕이 아니라) 내물왕(재위 356-402, 제17대)이다(400, 내물왕[내물마립간] 45).

- [신라 법흥왕] 왕호를 '성법흥대왕'이라 쓰기도 하였다.* [서19①] ☐

[해설] 대왕(大王)이란 유력 귀족들의 상위에 군림하는 '왕중왕(王中王)'의 의미를 가진 칭호이다. 삼국은 물론 가야에서도 대왕을 칭하였는데, 신라의 경우 법흥왕 21(534)에 기록된 울산 천전리 서석 '갑인명'에 '대왕'이라는 글자가 보이고, 이듬해에 만들어진 '을지명'에 '성법흥대왕절(聖法興大王節)'이라는 기록이 남아 있다. 참고로 법흥왕 26(539)에 기록된 '추명'에서는 법흥왕을 '무즉지대왕(另卽知大王)'으로 적고 있다[이로써 신라에서의 대왕 칭호의 성립은 법흥왕 11년(524)~21년(534) 사이로 추정].

- [신라 법흥왕] 울진 봉평비* [경20①] [경12②] ☐

[해설] 울진 봉평비가 축조된 것은 신라 법흥왕 11년인 524년의 일이다. 울진 봉평비는 영토 확장, 율령 반포, 관등 관련 사실이 새겨진 척경비이다.

◉ 사진으로 보는 삼국의 형성과 성장

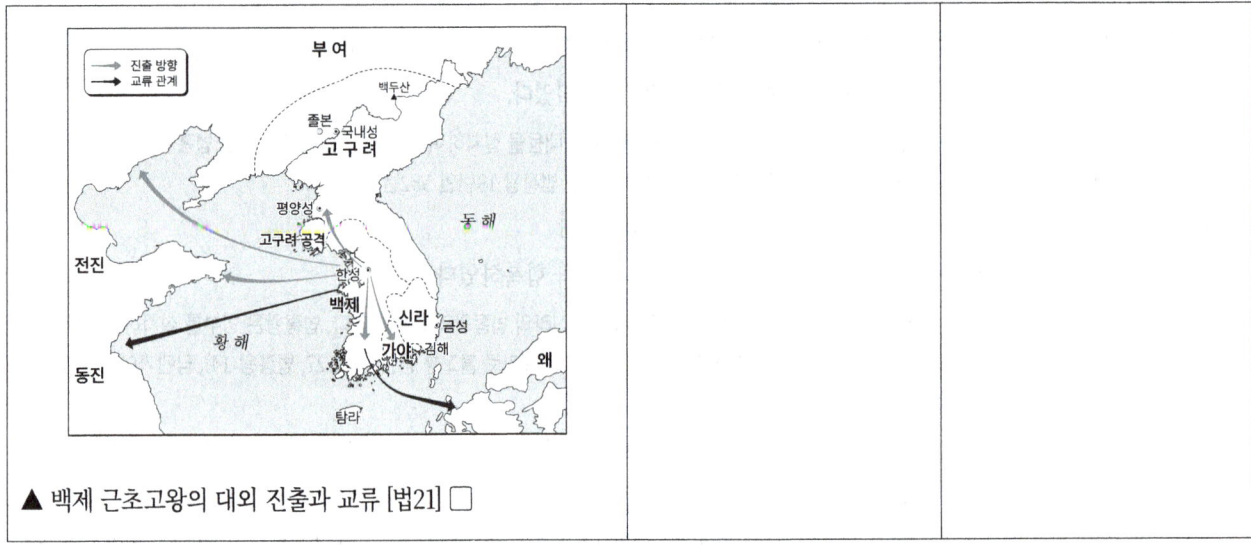

▲ 백제 근초고왕의 대외 진출과 교류 [법21] ☐

주제 06 가야의 형성과 성장

1 전기 가야 연맹의 성립

- [가야] 철기 문화를 바탕으로 변한 지역에서 출현하였다. [회23] □
  └ 낙동강 하류의 변한 지역에서 성장하였다. [법24] □
  └ 낙동강 유역인 변한 지역에서 성립하였다. [기15] □
  └ 5세기에 한강 유역을 차지하여 전성기를 이룩하였다[x]. [기15] □
  └ 중앙 집권 국가로 발전하지 못하였다. [기15] □

[해설] 철기 문화를 바탕으로 낙동강 유역[하류]의 변한 지역에서 출현한 나라는 가야이다. 대략 3세기 중반 이후에 변한 지역 12개국 가운데 일부 국가들이 가야 연맹체를 형성하면서 가야라는 명칭을 사용한 것으로 보고 있다(『삼국유사』에 근거)(가야 연맹체 형성을 부정하는 설 있음). / [기15] 5세기에 한강 유역을 차지하여 전성기를 이룩한 나라는 고구려이다. 장수왕이 재위 63년인 475년에 한성(위례성)을 점령하여 한강 유역을 차지하였다. 이로써 고구려는 죽령 일대에서부터 남양만을 연결하는 지역까지 세력을 넓혔다[충주(중원) 고구려비, 449(장수왕 37)].

■ 수로왕 난생 설화(금관가야) [지21] [서19②] [기15] □

- 천지가 개벽한 뒤로 이곳에는 아직 나라가 없고 또한 왕과 신하도 없었다. 단지 아홉 추장이 각기 백성을 거느리고 농사를 지으며 살았다. …… 아홉 추장과 사람들이 노래하고 춤추면서 하늘을 보니 얼마 뒤 자주색 줄이 하늘로부터 내려와서 땅에 닿았다. 줄 끝을 찾아보니 붉은 보자기에 금빛 상자가 싸여 있었다. 상자를 열어 보니 황금색 알 여섯 개가 있었다. …… 열 사흘 째 날 아침에 다시 모여 상자를 열어 보니 여섯 알이 어린아이가 되어 있었다. 용모가 뛰어나고 바로 앉았다. 아이들이 나날이 자라 십수 일이 지나니 키가 9척이나 되었다. 얼굴은 한고조, 눈썹은 당의 요임금, 눈동자는 우의 순임금과 같았다. 그달 보름에 맏이를 왕위에 추대하였는데, 그가 곧 이 나라의 왕이다. - 『삼국유사』 -

[해설] '알 여섯 개', '여섯 알이 어린아이가 되었다'는 부분에서 밑줄 친 '이 나라'는 가락국, 곧 금관가야를 가리킴을 알 수 있다(『삼국유사』권 제2 기이 가라국기 '수로왕의 탄생과 육가야의 성립 설화').

- 북쪽 구지에서 이상한 소리로 부르는 것이 있었다. …(중략)… 구간(九干)들은 이 말을 따라 모두 기뻐하면서 노래하고 춤을 추었다. 자줏빛 줄이 하늘에서 드리워져서 땅에 닿았다. 그 줄이 내려온 곳을 따라가 붉은 보자기에 싸인 금으로 만든 상자를 발견하고 열어보니, 해처럼 둥근 황금알 여섯 개가 있었다. 알 여섯이 모두 변하여 어린아이가 되었다. …(중략)… 가장 큰 알에서 태어난 수로(首露)가 왕위에 올라 (가) 를/을 세웠다. - 『삼국유사』 -

[해설] 금관가야의 시조인 수로왕 난생 설화이다(위의 자료와 출처 동일). 주어진 자료 속 '(가)'에 들어갈 나라는 금관가야이다.

- 이 나라에는 왕이 없어서 아홉 명의 족장이 백성을 다스리고 있었다. 어느 날, 김해에 있는 구지봉에서 소리가 들려 왔다. 족장들은 백성들을 구지봉에 모아 놓고 신이 하라는 대로 흙을 파헤치고 춤을 추며 노래를 불렀다.
  "구하구하(龜何龜何) 수기현야(首其現也) 약불현야(若不現也) 번작이끼야(燔灼而喫也)" 그러자 하늘에서 금으로 만들어진 상자가 내려왔고, 그 상자에는 붉은 보자기로 싼 여섯 개의 황금알이 들어 있었다. - 『삼국유사』 -

[해설] 주어진 자료 속 노래는 일종의 영신가(迎神歌)인 '구지가(龜旨歌)'로 이를 통해 주어진 설화와 관련된 나라는 금관가야임을 알 수 있다(출처 동일). 한문으로 된 구지가의 해석은 '거북아 거북아/머리를 내놓아라/그렇지 않으면/구워서 먹으리'이다.

■ 아유타국 공주, 허황후 이야기(금관가야)* [기19]

"저는 아유타국의 공주로 성은 허이고 이름은 황옥이며 나이는 16살입니다. 본국에 있을 때 금년 5월에 부왕과 모후께서 저에게 말씀하시기를, '우리가 어젯밤 꿈에 함께 황천을 뵈었는데, 황천은 가락국의 왕 수로라는 자는 하늘이 내려보내서 왕위에 오르게 하였으니 곧 신령스럽고 성스러운 것이 이 사람이다. 또 나라를 새로 다스림에 있어 아직 배필을 정하지 못했으니 경들은 공주를 보내서 그 배필을 삼게 하라 하고, 말을 마치자 하늘로 올라갔다. 꿈을 깬 뒤에도 황천의 말이 아직도 귓가에 그대로 남아 있으니, 너는 이 자리에서 곧 부모를 작별하고 그곳을 향해 떠나라'라고 하였습니다. 저는 배를 타고 멀리 증조를 찾고, 하늘로 가서 반도를 찾아 이제 아름다운 모습으로 용안을 가까이하게 되었습니다."

[해설] 주어진 자료는 『삼국유사』의 「가락국기」에 나오는 내용이다(『삼국유사』 권 제2 기이 가락국기 '수로왕이 아유타국의 공주를 왕후로 맞이하다'). 허황옥, 즉 허황후(33~89)는 금관가야의 시조인 수로왕의 비로 김해 김씨, 김해 허씨의 시조모이다.

- 금관가야가 가야 연맹을 주도하였다. [서15] □
  - 금관가야가 전기 가야 연맹의 중심이었다. [경18③] □
  - 금관가야를 중심으로 전기 가야 연맹이 결성되었다. [법24] □
  - (라)는 김해의 금관가야를 중심으로 번영하였다. [기17] □

[해설] 4세기를 전후해 변한의 구야국에서 발전한 김해의 금관가야가 전기 가야 연맹을 주도하였는데, 5세기 초인 400년(신라 내물마립간 45, 고구려 광개토 대왕 9)에 고구려 광개토 대왕의 왜 격퇴 과정에서 공격을 받고 세력이 약화되었다(42~532, 전기 가야 연맹). / [기17]의 (라)는 백제를 가리키나 무시함.

- [금관가야] 낙동강 동쪽의 진한 지역에서 독자적 세력으로 성장하였다[×]. [경19①] □
  - 낙랑군 등과의 원거리 교역을 통해 중계 무역을 해 왔다. [경19①] □
  - 낙랑과 왜를 연결하는 중계 무역이 발달하였다. [기19] □
  - 소백산맥 이남에서 이례적으로 비옥한 농경 지대를 기반으로 성장하였다[×]. [경19①] □
  - 포상 8국(浦上八國)의 난을 계기로 신라 세력을 축출하고 가야 연맹의 맹주로 등극하였다[×]. [경19①] □

[해설] 낙동강 동쪽의 진한 지역에서 독자적 세력으로 성장한 것은 (금관가야가 아니라) 신라이다. 금관가야는 건국(기원후 42) 초부터 낙랑(군)*, 일본 등과의 원거리 교역을 통해 중계 무역을 하였다. / [경19①] 소백산맥 이남에서 '이례적으로' 비옥한 농경 지대를 기반으로 성장한 것은 대가야이다. / 209년 포상 8국(浦上八國)의 난** 때 가라(김해의 변진구야국으로 추정, 즉 금관가야)는 신라의 도움을 받았다.

**낙랑(군): 고조선이 멸망한 기원전 108년에 세워져 기원후 313년까지 존속하였다(고구려 미천왕이 재위 14년인 313년에 낙랑군 축출).
**포상 8국(浦上八國)의 난: 포상 8국은 낙동강 하류 및 경상남도 남해안 일대에 있었다고 전해지는 8개의 소국을 가리킨다. 이들 소국이 연합하여 아라가야와 신라를 공격하였다고 기록되어 있다(『삼국사기』, 『삼국유사』).

- [금관가야] 해상 교역을 통해 우수한 철을 수출하였다. [지21] □
  - 철기를 활발히 생산하여 주변국에 수출하였다. [법24] □
  - 가야 – 농경 문화가 발달하였고, 철을 산둥과 규슈 지방으로 수출하였다. [기12] □

[해설] 4세기를 전후해 변한의 구야국에서 발전한 (김해의) 금관가야는 (철이 풍부하게 생산되었기에) 해상 교역을 통해 우수한 철을 낙랑, 중국[산둥 지방], 왜[일본의 규슈 지방] 등 주변국에 수출하였다.

- 철기를 만들 때 사용하는 덩이쇠를 화폐와 같은 교환 수단으로 이용하기도 하였다. [서19②] □
  - 덩이쇠를 화폐로 사용하였다. [기15] □

[해설] 금관가야는 철기를 만들 때 사용하는 덩이쇠를 화폐와 같은 교환 수단으로 이용하기도 하였다.

- 전기 가야 연맹의 약화 [지12①] ☐
  - 금관가야 중심의 전기 가야 연맹이 무너졌다. [법16] ☐
  - 5세기 초 고구려와 신라 연합군의 공격을 받고 타격을 입었다. [경18③] ☐

[해설] 금관가야 중심의 전기 가야 연맹이 약화[붕괴]된 것은 5세기 초인 400년에 고구려 광개토 대왕이 내물왕[내물마립간]의 요청에 따라 신라에 침입한 왜를 격퇴하는 과정에서이다. 금관가야는 532년(신라 법흥왕 19) 신라에 병합되어 멸망하였다.

- 가야 연맹은 7세기에 금관가야를 마지막으로 완전히 몰락하였다[x]. [회19] ☐
  - 금관가야는 신라에 의해 결국 병합되었다. [경19②] ☐
  - 금관가야가 신라에 병합되었다. [경14①] ☐
  - 금관가야 멸망 [회19] ☐

[해설] 가야 연맹은 신라 진흥왕 23년인 562년에 대가야가 신라에 병합됨으로써 완전히 몰락하였다(6세기 중엽)(후기 가야 연맹의 붕괴이기도 함). (세력이 약해진) 금관가야가 신라에 병합되어 멸망한 것은 532년의 일이다(신라 법흥왕 19).

2 후기 가야 연맹의 성립과 멸망

- [대가야] 호남 동부 지역까지 세력을 확장하였다. [지20] ☐
  - 고령의 대가야는 소백산맥 서쪽까지 세력을 확장하였다. [기13] ☐
  - 후기 가야 연맹은 소백산맥 너머 호남 동부 지역까지 권역을 넓혔다. [경18③] ☐

[해설] 대가야는 5세기 후반 소백산맥 서쪽인 호남 동부 지역(전북 북동부 지역)까지 세력을 확장하였다(6세기 초 백제에게 합병). 이때 대가야는 중국 남조에 사신을 파견하여 교통하기도 하였으며, 고구려의 침입을 받은 신라를 백제와 함께 구원하기도 하였다. 참고로 전북 남원의 유곡리와 두락리 고분군에는 40여 기의 가야계 고분이 모여 있다(그 외 남원 가야 고분군에는 남원 월산리 고분군, 남원 청계리 고분군도 있음).

■ 대가야(고령 가락국) [국24] [지20] ☐

- 5세기 후반 가야의 주도 세력으로 성장한 이 나라는 낙동강 유역이라는 지리적 이점과 풍부한 철을 활용하여 후기 가야 연맹의 맹주가 되었다.

[해설] '5세기 후반'과 '후기 가야 연맹의 맹주'라는 표현 등을 통해 주어진 자료 속 밑줄 친 '이 나라'는 (경북) 고령의 대가야를 가리킴을 알 수 있다.

- 이 나라는 삼한의 종족이며, 지금의 고령에 있었다. 건원 원년(479)에 그 국왕 하지(荷知)는 사신을 보내 남제에 공물을 바쳤다. 남제에서는 국왕 하지에게 "보국장군 본국왕"을 제수하였다.

[해설] '고령'이라는 말에서 알 수 있듯이 제시된 자료 속 '이 나라'는 '(대)가야(고령 가락국)'를 가리킨다. 중국의 정사인 『남제서』 「동남이열전」 가라조[가라국 편]에 나오는 내용으로, 원문은 다음과 같다[남제(479~502)]. 중국 정사 중 유일한 가야 관련 기록이다.
*가리국(加羅國)은 삼한의 한 종족이다. 건원 원년(479) 국왕 하지(荷知)가 사신을 보내 조공을 바쳤다. 이에 조서를 내려 이르되, "널리 헤아려 비로소 조정에 올라오니 멀리 있는 오랑캐(夷)가 두루 덕에 감화됨이라. 가라왕 하지는 먼 동쪽 바다 밖에서 폐백을 받들고 관문을 두드렸으니 보국장군(輔國將軍) 본국왕(本國王)을 제수함이 합당하리라."

- 대가야는 신라와 결혼 동맹을 체결하였다. [경19②] ☐

[해설] 대가야가 신라와 결혼 동맹을 체결한 것은 법흥왕 9년인 522년의 일이다(대가야 이뇌왕, 제9대, 생몰년 미상).

- 대가야는 가야 연맹의 맹주로서의 위상이 흔들리게 되었다.* [기11] ☐

[해설] 대가야가 가야 연맹의 맹주로서의 위상이 흔들리게 된 것은 6세기 후반의 일이다. 결국 대가야는 신라 진흥왕 23년(562)에 신라에 병합되었다.

대가야가 (후기) 가야 연맹의 맹주가 된 것은 금관가야가 신라에 병합(532, 신라 법흥왕 19)된 이후의 일이다.

※ 해당 문제는 중원[충주] 고구려비 건립(449, 고구려 장수왕 37)과 단양 적성비 건립(550, 신라 진흥왕 11) 사이의 역사적 사실을 묻는 문제로, 본 선지는 오답 중 하나로 제시되었다. '위상이 흔들리게 되었다'는 문장 자체가 모호하여 특정 시기를 확정할 수 없기 때문에 이 선지가 어떻게 두 사실 사이의 역사적 사실에 해당되지 않는지 설명하기가 어렵다. 출제 오류에 해당된다고 판단된다. 출제자가 본 선지가 들어간 어떤 글에서 맥락을 무시한 채 본 선지만을 무심코 가져온 탓이 아닐까 생각한다.

- 가야 – 고령 지역의 대가야가 신라의 공격으로 멸망하였다. [지16②] □
- 가야 – 대가야가 멸망하면서 가야 연맹이 완전히 해체되었다. [서20] □
- 가야 연맹은 중앙 집권 국가로 발전하지 못하였고, 마지막으로 대가야가 신라에 병합됨으로써 해체되었다. [서24②] □
- 고령 지역에 있던 대가야가 멸망하였다. [회15] □
- 신라 진흥왕의 공격으로 멸망하였다. [기19] □
- 진흥왕에 의해 멸망하였다. [국24] □
- 대가야가 신라에 병합되었다. [경14①] □

[해설] 고령 지역의 대가야는 신라 진흥왕의 공격으로 멸망하였다(562, 진흥왕 23). 신라의 장군이자 정치가인 이사부(?~?)와 화랑 사다함(?~?) 등이 참전하였다.

- 백제 멸망 후 부흥군을 도와 백강 전투를 벌였으나 당나라 군대에게 패배했다[✗]. [경18③] □

[해설] 후기 가야 연맹을 이끌던 대가야가 신라에 의해 정복된 것은 진흥왕 23년인 562년의 일이다. 백제 멸망 후 (백제의) 부흥군을 도와 백강 전투를 벌였다가 패배한 것은 왜군이다(663, 신라 문무왕 3).

- 가야 출신의 우륵에 이해 가야금이 신라에 전파되었다. [지19] □

[해설] 가야인 우륵(490년경~?)은 대가야 멸망 전인 진흥왕 12년인 551년에 신라에 투항하였다. 투항 전 가실왕(?~?)[가보왕](어느 가야국의 왕이었는지 불확실)의 총애를 받았으며 왕의 뜻을 받들어 가야금[12 현금]을 만들고 이 악기의 연주곡으로 12곡을 지었다.

주제 07 삼국 간의 경쟁

1 고구려

• [광개토 대왕] 영락이라는 독자적인 연호를 사용하였다. [국23] ☐
  └ '영락'이라는 독자적인 연호를 사용하였다. [법13] ☐
  └ 영락이라는 독자적인 연호를 사용했다. [경19②] ☐
  └ 고구려에서 영락이라는 연호가 최초로 사용되었다. [경15②] ☐
  └ 독자적인 연호를 사용하였다. [소21] ☐

[해설] 영락(永樂)이라는 독자적인 연호*를 사용한 왕은 고구려의 광개토 대왕(재위 391-412, 제19대)이다(391, 광개토 대왕 원년). 지금까지 확인된 고구려 연호 가운데 가장 오래된 것으로, 고구려 중심의 천하관(天下觀)을 잘 보여준다.

*연호(年號)란 중국에서 비롯된 군주 국가의 기년법(紀年法)(과거의 어떤 해를 기점으로서 해를 계산하는 방법)으로, 군주의 치세(治世)에 붙이는 칭호이다. 원호(元號) 또는 다년호(大年號)라고도 하며, 중국 한(漢) 무제(武帝) 때의 건원(建元)이 최초의 연호이다. 원칙적으로 연호는 황제만이 사용하고, 제후왕은 독자적 연호를 사용하지 못하였다. 따라서 연호가 있다 함은 그 나라의 '독자성'을 보여준다고 할 수 있다.'

■ 고구려 광개토 대왕의 거란족 패려 정벌* [법23] ☐

영락 5년 왕은 패려(稗麗)가 …… 하지 않는다고 생각하고 친히 군사를 이끌고 가서 토벌하였다. 부산(富山)·부산(負山)을 지나 염수(鹽水) 가에 이르렀다. 600~700영(營)을 격파하니, 노획한 소·말·양의 수가 헤아릴 수 없이 많았다.

[해설] 영락 5년은 광개토 대왕 5년인 395년으로, 이때 광개토 대왕은 염수로 진출하여 거란족 패려를 정벌하였다(출처, 광개토왕릉비문).

■ 고구려 광개토 대왕의 백제 공략 [경20①] ☐

영락 6년에 왕이 몸소 수군을 이끌고 백잔을 토벌했다. 우리 군사가 [중략] 어느덧 백잔의 도성에 근접했다. 백잔이 항복하지 않고 군사를 동원하여 덤비자 왕은 노하여 아리수를 건너 백잔성으로 진격시켰다. [중략] 백잔의 군주는 남녀 1천 명과 세포(細布) 1천 필을 바치고 왕 앞에 무릎을 꿇고 맹세하였다. "지금부터 이후로 영원히 노객이 되겠습니다."

[해설] 여기서 '영락'은 고구려 광개토 대왕 때의 연호로 영락 6년은 곧 396년을 가리킨다. 또 자료에서 밑줄 친 '백잔(百殘)'은 백제를 적대시하여 낮추어 부른 말이다(일종의 비칭)(출처, 광개토왕릉비문). 당시 광개토 대왕은 10만의 병력으로 백제의 수도(위례성)를 공략하였고, 백제의 아신왕(재위 392-405, 제17대)은 항복하면서 고구려에 조공할 것을 약속하였다.

• [광개토 대왕] 요동을 포함한 만주 일대를 장악하였다. [법24] ☐
  └ 북쪽으로 숙신을 정복하였다.* [국17②] ☐

[해설] 고구려의 광개토 대왕은 재위 2년(영락 2)인 392년부터 북으로 거란을 정벌하였고, 재위 5년(영락 5)인 395년에는 거란의 일부로 추정되는 비려를 또한 정벌하였다. 재위 8년(영락 8)인 398년에는 북쪽으로 숙신(만주 북동부 지역에 거주)을 정복하였으며, 재위 15년(영락 15)인 405년과 재위 16년(영락 16)인 406년에는 후연(모용희)의 침입을 연이어 격퇴함으로써 요동 지역을 확고히 장악하였다. 재위 20년(영락 20)인 410년에는 동부여를 정벌하였다.

- [광개토 대왕] 신라에 침입한 왜군을 낙동강 유역에서 물리쳤다. [국22] □
  - 고구려 광개토 대왕은 신라 지역으로 쳐들어온 왜국의 침략을 격퇴하였다. [서16] □
  - 광개토왕은 신라 내물왕의 요청을 받아들여 신라에 침입한 왜를 격퇴하였다. [서12] □
  - 광개토 대왕이 신라에 쳐들어 온 왜군을 물리쳤다. [법17] □
  - 광개토 대왕이 왜군을 격퇴하였다. [법23] □
  - 5만의 군대를 보내 신라를 침략한 왜군을 물리쳤다. [기17] □
  - 신라를 도와 낙동강 유역에서 왜병을 대파하였다. [국17②] □
  - 신라를 도와 낙동강 유역에 진출한 왜를 격파하였다. [지20] □
  - 신라를 도와 왜를 격퇴하였다. [국17①] □
  - 고구려군이 신라를 침략한 왜군을 격퇴하였다. [회18] □
  - 고구려가 신라 내정 간섭을 강화하였다. [국18] □
  - 금관가야가 가야 지역의 중심 세력으로 대두하였다[X]. [국18] □

[해설] 신라에 침입한 왜군을 낙동강 유역에서 물리친 것은 광개토 대왕 10년(영락 10)인 400년(경자년)의 일이다(신라 내물왕[내물마립간]의 요청). 고구려의 신라 구원은 곧 고구려의 신라 내정 간섭이 강화되는 계기가 됨은 물론 고구려의 영향력이 한반도 남부 지방 전체에까지 확대되는 계기가 되었다. 금관가야도 이때 고구려군의 공격을 받고 쇠퇴하다가 결국 신라 법흥왕에 의해 병합되었다(532, 법흥왕 19)(전기 가야 연맹 해체).

■ 고구려 광개토 대왕의 신라 구원 [국18] [지19] [서21] [법24] [법16] [법14] [법13] [경17②] [소21] □

- (영락) 6년 병신(丙申)에 왕이 직접 수군을 이끌고 백제를 토벌하였다. (백제왕이) 우리 왕에게 항복하면서 "지금 이후로는 영원히 노객(奴客)이 되겠습니다."라고 맹세하였다. …(중략)… 10년 경자(庚子)에 왕이 보병과 기병 5만 명을 보내어 신라를 구원하게 하였다.

[해설] '영락'은 고구려 광개토 대왕의 연호이다(우리나라 최초의 연호). 영락 6년(396)*에 광개토 대왕은 친히 수군을 거느리고 백제를 정벌(58성을 얻어 한강 이북과 예성강 이동의 땅을 차지)하고 백제의 왕제(王弟)와 대신 10인을 볼모로 삼아 개선하였다. 이어 영락 10년인 경자년(400, 광개토 대왕 10)에 신라에 침입한 왜군(가야도 참전)을 고구려군이 격퇴하였다. 400년은 신라 내물왕[내물마립간] 45년이기도 하다.

*영락 연호는 다른 고구려 연호와 마찬가지로 사서에는 보이지 않고 금석문에서만 확인된다. 즉, 만주 집안현(輯安縣)에 있는 광개토왕릉비문과 평안남도 대안시 덕흥리에서 발굴된 고분 벽면에 남아 있는 유주자사(幽州刺史) 진(鎭)의 묵서명(墨書銘)에 보이고 있다. 그런데 광개토왕릉비문과 유주자사 진의 묵서명에 적힌 영락 연호에 의한 기년(紀年)은 『삼국사기』 고구려본기에 기재된 광개토왕의 즉위년과 1년의 차이를 보이고 있다. 즉 광개토왕의 즉위년은 『삼국사기』에 의하면 392년 임진년이지만, 광개토왕릉비문에 의하면 영락 5년은 을미년이므로, 영락 1년은 391년, 즉 신묘년이 된다. 이 경우 당대의 금석문인 광개토 왕릉비문의 기년(紀年)이 옳다고 보는 것이 통설이다.

- 왕 9년 기해에 백잔(百殘)이 맹서를 어기고 왜와 화통하였다. 이에 왕이 평양으로 내려갔다. 그 때 신라가 사신을 보내 아뢰기를 …(중략)… 왕 10년 경자에 보병과 기병 5만을 보내 신라를 구원하게 하였다.

[해설] 광개토 대왕릉비에 적힌 내용으로, 신라 내물마립간(재위 356~402, 제17대)의 요청으로 고구려 광개토 대왕이 신라를 구원한 일을 가리키는 것임을 알 수 있다(400).

- 9년(399) 기해에 백잔(百殘)이 맹서를 어기고 왜와 화통하였다. 이에 왕이 평양으로 행차하여 내려갔다. 그 때 신라가 사신을 보내 아뢰기를, "왜인이 그 국경에 가득 차 성지를 부수고 노객으로 하여금 왜의 민으로 삼으려 하니 이에 왕께 귀의하여 구원을 요청합니다"라고 하였다. … 10년(400) 경자에 보병과 기병 5만을 보내 신라를 구원하게 하였다.

[해설] 주어진 자료 속 밑줄 친 '왕'은 고구려의 제19대 왕인 광개토 대왕(재위 391~412)을 가리킨다.

- 왕이 평양을 살피고자 내려오시니 신라가 사신을 보내어 말하였다. '왜인들이 가득히 몰려와 성을 부숩니다. 이 종은 왕의 백성으로 도와주시기를 바라옵니다.' …… 남거성부터 신라성까지 왜가 가득하더니 왕의 군대가 이르자 왜적이 도망을 쳤다. <u>도망하는 뒤를 급히 쫓아서 임나가라까지 따라가 공격을 하니 항복하였다.</u>

— ○○○왕비 —

[해설] 고구려 광개토 대왕이 신라 내물마립간의 요청으로 신라에 침입한 왜(가야도 왜와 연합하여 신라 공격)를 격퇴한 사실에 대한 것임을 알 수 있다(400). 광개토 대왕의 역공으로 금관가야 중심의 전기 가야 연맹이 무너졌다(밑줄은 시험지 표시).

- 신라가 사신을 보내 왕에게 말하기를, "왜인이 그 국경에 가득 차 성을 부수었으니, 노객은 백성된 자로서 왕에게 귀의하여 분부를 청한다."고 하였다. …… 10년 경자(庚子)에 보병과 기병 5만을 보내 신라를 구원하게 하였다. …… 관군이 이르자 왜적이 물러가므로, 뒤를 급히 추격하여 임나가라(任那加羅)의 종발성에 이르렀다. 성이 곧 귀순하여 복종하므로, 순라병을 두어 지키게 하였다.

[해설] 주어진 자료 속 '왕'은 신라 내물마립간의 요청으로 신라를 도와 왜적(과 가야)을 물리친 고구려의 광개토 대왕(재위 391-412, 제19대)을 가리킨다. 이로써 고구려의 영향력이 신라는 물론 한반도 남부 지방까지 미치게 되었으며, 금관가야를 중심으로 한 전기 가야 연맹이 해체되는 결과가 발생하였다.

- 신라가 사신을 보내 왕에게 말하기를, "왜인이 그 국경에 가득 차 성을 부수었으니, 노객은 백성된 자로서 왕에게 귀의하여 분부를 청합니다."라고 하였다. … 10년(400)에 보병과 기병 5만을 보내 (신라를) 구원하게 하였다.

[해설] 위와 같은 내용의 자료이다.

- 왕이 보병과 기병 5만 명을 보내 신라를 구원하게 하였다. (고구려군이) 남거성을 통해 신라성에 이르렀는데 그곳에 왜가 가득하였다. 관군이 도착하자 왜적이 퇴각하였다.

[해설] 위의 같은 내용의 자료이다.

- 광개토 대왕은 왜국의 침략을 받은 신라를 도와 왜병을 낙동강 유역에서 섬멸하였다.

[해설] 위의 같은 내용의 자료이다.

- 왜의 침입을 받은 신라를 구원하기 위해 원병을 보내고 낙동강 하류까지 진출하였다.

[해설] 위의 같은 내용의 자료이다.

- [고구려 광개토 대왕] 후연을 공격하여 요동 지방에 진출하였다. [국17②] ☐
  └ 후연을 격파하여 요동 지역을 확보했다. [경19②] ☐
  └ 고구려는 후연을 격파하여 오랜 숙원이던 요동 지역을 차지하게 되었다. [기11] ☐

[해설] 후연(384~407)을 공격하여 요동 지역에 진출한 것은 광개토 대왕 재위 17년인 407년의 일이다.

- 광개토왕 때에는 후연, 거란 등을 격파하여 요동을 포함한 만주 지역에서의 지배권을 확대하였으며 평양성으로 천도하고, 백제를 공격하여 한강 유역을 장악하였다[✗]. [서12] ☐

[해설] 평양성으로 천도(427, 장수왕 15)하고, 백제를 공격하여 한강 유역을 장악(475, 장수왕 63)한 것은 장수왕 대(재위 413-491, 제20대)의 일이다.

- 장수왕 [서22①] ☐

[해설] 장수왕은 고구려의 제20대 왕(재위 413-491)이다.

- [장수왕] 광개토 대왕릉비 건립 [국20] ☐
  └ 광개토왕릉비 건립 [서18①] ☐
  └ 광개토왕비의 건립 [경12②] ☐
  └ 광개토왕릉비 [회24] [경14①] [경13①] ☐
  └ 광개토비 [국14] ☐

[해설] 광개토 대왕릉비가 건립된 것은 고구려 장수왕 2년인 414년의 일이다. 고구려의 건국, 광개토 대왕의 업적, 왕릉을 지키는 임무를 맡은 수묘인들의 연호(烟戶) 목록 등이 기록되어 있다. 중국 지린성 지안시 태왕진에 위치해 있다. 중국과 일본에서는 호태왕비라고 부른다.

- [장수왕] 평양으로 도읍을 천도하였다. [국22] ☐
  └ 장수왕이 평양으로 수도를 옮겼다. [회24] ☐

- 고구려의 평양 천도 [지22] [서22②] □
- 고구려 평양 천도 [경12②] □
- 고구려가 평양으로 천도하였다. [법23] [법22] [회15] □
- 고구려가 평양으로 수도를 옮겼다. [회16] □
- 고구려가 국내성에서 평양으로 천도하였다. [지14①] [기16] □
- 고구려가 도읍을 평양으로 옮겼다. [서15] □
- 수도를 평양성으로 천도하였다. [서21] □
- 수도를 평양으로 천도하였다. [기17] □
- 도읍지를 국내성에서 평양으로 옮겼다. [경19②] □
- 평양으로 천도하였다. [법14] □
- 평양 천도 [서18①] □
- 427 평양 천도 [법14] □
- 평양으로 수도를 옮기고, 남진 정책을 추진하였다. [국24] □
- 평양으로 도읍을 옮기고, 백제의 수도인 한성을 함락하였다. [국17①] □
- 남진 정책을 펼쳐 국내성에서 평양으로 천도하였다. [서24①] □
- 고구려가 평양으로 도읍을 옮기고, 백제의 수도 한성을 함락하였다. [국13] □
- 장수왕은 평양으로 도읍을 옮기고, 뒤이어 백제의 수도 한성을 함락하는 등 세력을 넓혔다. [경12①] □
- 도읍을 평양으로 옮기고, 한강 유역을 차지하였다. [법13] □
- 평양으로 도읍을 옮기고, 한성을 함락하였다. [지19] □

[해설] 고구려가 평양(성)으로 도읍을 옮긴 것[천도]은 장수왕 15년인 427년의 일이다(평양 천도). 장수왕이 백제의 수도인 한성[위례성]을 함락시킨 것은 475년(고구려 장수왕 63, 백제 개로왕 21)의 일이다. 이때 백제 개로왕(재위 455-475, 제21대)이 전사하였다. 장수왕의 평양(성) 천도는 고구려 남진 정책[남하 정책]의 시작이라 볼 수 있다.

• [장수왕] 집안 고구려비* [국14] □

[해설] 집안 고구려비[지안 고구려비]는 중국 길림성 집안(지안)에서 발견된 것으로 장수왕 15년(427) 또는 장수왕 75년(487)에 만들어진 것으로 추정한다. 왕릉을 관리하는 제도인 수묘제에 대한 내용을 담고 있어 수묘비로 추정된다.

• 장수왕이 남진 정책을 추진하였다. [법24] □
- 장수왕의 남진 정책으로 고구려의 영토는 남한강 유역까지 확대되었다. 이러한 사실은 중원 고구려비를 통해 알 수 있다. [서12] □
- 고구려는 남하 정책을 추진하였다. [법18] □
- 고구려 장수왕은 죽령 일대부터 남양만을 연결하는 선까지 판도를 넓혔다. [경14①] □
- 한강 전 지역을 포함하여 죽령 일대에서 남양만을 연결하는 선까지 영토를 넓혔다. [경12②] □

[해설] 장수왕의 남진 정책으로 고구려의 영토는 '한강 유역[한강 전 지역]'은 물론 그 이남인 '남한강 유역'까지 확대되었는데[죽령 일대부터 남양만(아산만)을 연결하는 지역], 이러한 사실은 충주[중원] 고구려비를 통해 알 수 있다(449, 장수왕 37)(비의 건립 연대와 목적에 대해서는 관련 선지 및 해설 참조). 참고로 신라 시대 충주의 옛 지명에서 비롯된 '중원 고구려비'의 공식 명칭[교과서 편수 용어]은 '충주 고구려비'이다.

※ [서12]에 원래 '마한강'으로 표시되어 있었는데 출제 오류로 보인다. 일부 강사들은 '남한강'으로 고쳐 사용하고 있다. [지23] 시험지를 보더라도 남한강의 오타로 판단된다.

- [장수왕] 충주 고구려비 – 고구려가 5세기에 남한강 유역까지 진출하였다. [지23] ☐

└충주 고구려비(중원 고구려비)를 통해 신라가 고구려에게 자신을 '동이(東夷)'라고 낮추어 표현했음을 알 수 있다[x].

[지14②] ☐

└중원 고구려비 건립 [기11] ☐

└중원 고구려비 [경13①] ☐

└중국에서 남북조가 대립하였다.* [법18] ☐ (자료의 시기에 해당하는 상황)

[해설] 충주 고구려비를 통해 고구려가 5세기에 남한강 유역까지 진출한 것을 알 수 있다. 충주 고구려비는 장수왕이 충북 충주 지역까지 진출하여 세운 비*로 고구려가 한강 유역을 차지한 것을 알려주는, 한반도에서 발견된 유일한 고구려 비이다(449, 장수왕 37). 신라를 '동이(東夷)', 신라 왕을 '매금(寐錦)'(마립간의 이칭, 일종의 비칭)으로 낮춰 부르고 있다(신라 스스로가 아님). / 중국에서 남북조가 대립한 시기는 420년에서 589년까지이다.

*비의 건립 시기에 대해서는 광개토 대왕 대(397, 광개토 대왕 6), 장수왕 대(449, 장수왕 37)(480, 장수왕 68), 문자명왕 대(495, 문자명왕 5), 평원왕(平原王) 대 등이 제기된 바 있는데 대체로 5세기 초~5세기 말의 범위에서 찾는 경우가 일반적이다. 이 중에서도 장수왕 대 말기 내지 문자명왕 대 초기인 5세기 후반설이 우세한 편이나 최근에는 5세기 중엽 장수왕 대설을 주장하는 이들도 늘고 있다(2019년 광개토 대왕 대 건립 가설 다시 제시).

*충추 고구려비의 성격과 건립 목적에 대해서는 고구려의 태자(太子) 공(共)이 신라와 싸워 우발성을 재정복해 무훈을 세우고 만든 공적비로 보는 견해, 비문에 등장하는 대사자(大使者) 다우환노(多亐桓奴)의 기공비로 보는 견해, 장수왕의 공적 기념비로 보는 견해 등이 있는가 하면, 고구려가 신라와 국경을 확정하며 세운 정계비(定界碑)나 척경비(拓境碑)로 보는 견해도 있다. 고구려 왕의 순수비(巡狩碑)로 보는 견해도 있으며, 고구려와 신라 양국의 왕이 만나 세운 회맹비(會盟碑)로 파악하기도 한다.

■ 충주 고구려비 [국14] [법18] ☐

- O 고구려의 군대가 신라 영토에 주둔했던 것으로 이해할 수 있는 기록이 보인다.
  O 고구려가 신라의 왕을 호칭할 때 '동이 매금(東夷 寐錦)'이라고 부르고 있다.
  O 고구려가 신라의 왕과 신하들에게 의복을 하사하는 의식을 거행한 것으로 보인다.

[해설] '고구려의 군대가 신라 영토에 주둔', '동이 매금', '의복 하사'의 내용은 충주[중원] 고구려비에 기록되어 있다. 충주 고구려비는 장수왕이 한강 유역을 차지한 것을 알려주는 것으로 한반도에서 발견된 유일한 고구려 비이다(449, 고구려 장수왕 37/신라 눌지마립간 33).

- 고려대왕 상왕공과 신라 매금은 세세토록 형제같이 지내기를 원하며 수천(守天)하기 위해 동으로 …… 동이 매금의 옷을 내려 주었다.

[해설] 주어진 자료는 고구려 장수왕 재위 37년인 449년에 세워진 충주(중원) 고구려비이다[장수왕(재위 413-491), 제20대]. 참고로 여기서 '매금(寐錦)'이란 당시 동북아시아의 강자로 군림하던 고구려가 고구려에 의존적이던 신라의 왕을 낮추어 부른 말(비칭)이다. 주로 5세기 고구려의 금석문에 집중적으로 나타난다. 수천(守天)하다는 것은 천도(天道)를 지키다는 뜻이다.

- [장수왕] 남진 정책을 추진하여 한성을 점령하였다. [지21] ☐

└백제의 수도 한성을 공격하여 함락시켰다. [기17] ☐

└한성을 공격하여 함락시키고 개로왕을 죽였다. [지15②] ☐

└장수왕은 백제의 수도 한성을 점령한 후 한강 유역을 차지하였다. [서24②] ☐

└백제의 수도 한성을 함락하고 죽령 일대에서 남양만을 연결하는 선까지 그 판도를 넓혔다. [경17②] ☐

[해설] 남진 정책을 추진하여 한성(위례성)을 점령한 인물은 고구려의 장수왕(재위 413-491, 제20대)이다(475, 장수왕 63). 이때 백제의 개로왕(재위 455-475, 제21대)이 전사함과 동시에 백제의 한성 시대(기원전 18~기원후 475)가 끝나고 웅진 시대(475~538)가 시작되었다.

고구려 장수왕의 백제 한성 공략 [국22] [국17②] [서15] [법23] [경19②] [기19] [소22]

- 수도를 평양으로 옮기고, 백제의 수도 한성을 공격하여 개로왕을 죽였다.

[해설] 수도를 평양으로 옮기고(427, 장수왕 15), 백제의 수도 한성을 공격하여 개로왕을 죽인 것(475, 장수왕 63)은 모두 고구려 장수왕 대(재위 413-491, 제20대)의 일이다.

- 백제 개로왕은 장기와 바둑을 좋아하였는데, 도림이 고하기를, "제가 젊어서부터 바둑을 배워 꽤 묘한 수를 알게 되었으니 개로왕께 알려드리기를 원합니다."라고 하였다. …(중략)… 개로왕이 (도림의 말을 듣고) 나라 사람을 징발하여 흙을 쪄서 성(城)을 쌓고 그 안에는 궁실, 누각, 정자를 지으니 모두가 웅장하고 화려하였다. 이로 말미암아 창고가 비고 백성이 곤궁하니, 나라의 위태로움이 알을 쌓아 놓은 것보다 더 심하게 되었다. 그제야 도림이 도망을 쳐 와서 그 실정을 고하니 이 왕이 기뻐하여 백제를 치려고 장수에게 군사를 나누어 주었다. - 『삼국사기』 -

[해설] 백제 개로왕(재위 455-475, 제21대)과 고구려 장수왕 대에 활약한 고구려 첩자인 '도림(道琳, ?~?)'이라는 승려가 나온 것으로 보아 주어진 자료 속 밑줄 친 '이 왕'은 고구려의 제20대 왕 장수왕(재위 413-491)임을 알 수 있다(『삼국사기』 권 제25 백제본기 제3 개로왕 '한성이 함락되고 개로왕이 살해되다')(475년 9월). 고구려 장수왕의 백제 한성 공략과 관련된 자료이다(475, 장수왕 63/개로왕 21).

- 당시의 백제 왕 근개루는 장기와 바둑을 좋아하였다. 도림이 대궐 문에 이르러, "제가 어려서부터 바둑을 배워 상당한 묘수의 경지를 알고 있으니, 원컨대 곁에서 알려 드리고자 합니다."라고 하였다. 왕이 그를 불러들여 대국을 하여 보니 과연 국수(國手)였다. …… 이에 도림이 도망쳐 돌아와 이를 보고하니, 장수왕이 기뻐하며 백제를 치기 위해 장수들에게 군사를 나누어 주었다. 근개루가 이 말을 듣고 아들 (가)에게 말했다. "내가 어리석고 총명하지 못하여 간사한 사람의 말을 믿고 썼다 이렇게 되었다." - 『삼국사기』 -

[해설] 주어진 자료 속 도림(道琳)(?~?)은 장수왕이 백제를 치려고 모의할 때 백제에 가서 첩자 노릇을 한 인물[승려]이다. 또 이때의 백제 왕 근개루는 백제의 제21대 왕 개로왕(재위 455-475)이다. 도림의 권유로 개로왕은 성곽과 궁에 대한 대대적인 공사를 일으켰고, 그 결과 국고가 탕진되고 백성들의 원망이 높아지는 등 국력이 낭비되었다(도림 이야기)(위의 자료와 출처 같음). 이윽고 장수왕의 공격으로 백제는 한성(위례성)이 함락되고 개로왕은 전사하고 만다(475). 주어진 자료 속 '(가)'는 개로왕의 아들인 문주왕(재위 475-477, 제22대)이다.

- 왕이 군사 3만을 이끌고 백제에 침입하여, 백제왕의 도읍 한성을 함락시키고 백제왕 부여경을 죽이고, 남녀 8천명을 사로잡아 돌아왔다. - 『삼국사기』 -

[해설] 백제에 침입하여 한성을 함락시키고, '백제왕 부여경(개로왕)'을 죽였다는 내용이 나와 있다. 이를 통해 백제의 한성을 함락시키고 개로왕을 죽인 고구려의 장수왕(재위 413-491)을 가리킴을 알 수 있다(475).

- 고구려왕 거련(巨璉)이 병사 3만 명을 거느리고 한성을 포위하였다. 고구려 사람들이 병사를 네 방면의 길로 나누어 협공하고 또 바람을 이용해서 불을 질러 성문을 태우니, 성 밖으로 나가 항복하려는 자도 있었다. 임금은 기병 수십 명을 거느리고 성문을 나가 서쪽으로 달아났는데, 고구려 병사에게 살해되었다.

[해설] 거련(巨璉)은 고구려의 제20대 왕인 장수왕(재위 413-491)의 이름으로, 주어진 자료는 장수왕이 재위 63년인 475년에 백제 한성을 함락시킨 사건을 가리킨다(이때 백제 개로왕 전사).

- 고구려왕 거련(巨璉)이 군사 3만 명을 거느리고 와서 한성을 포위하였다. 임금이 성문을 닫고 나가 싸우지 못하였다. [중략] 임금은 상황이 어렵게 되자 어찌할 바를 모르다가 기병 수십 명을 거느리고 성문을 나가 서쪽으로 달아났는데, 고구려 병사가 추격하여 임금을 살해하였다.

[해설] '고구려왕 거련'은 고구려 장수왕(재위 413-491)을 가리키는 바 이를 통해 주어진 자료는 장수왕의 한성(위례성) 공격으로 백제의 개로왕(재위 455-475)이 전사한 475년의 일에 대한 것임을 알 수 있다.

- 고구려 왕 거련이 군사 3만 명을 이끌고 와서 왕도인 한성을 포위하였다. 고구려 군대가 군사를 네 방향으로 나누어 협공하였고, 바람을 타고 불을 놓아 성문을 불태웠다. - 『삼국사기』 -

[해설] 주어진 자료는 장수왕이 재위 63년인 475년에 백제 한성을 함락시킨 사건을 가리킨다(이때 백제 개로왕 전사).

- [장수왕] 고구려의 흥안령 일대 장악* [지12①] □
[해설] 고구려 장수왕은 북위(386-534)와 긴밀한 관계를 유지하는 한편 북위와 적대 관계에 있는 북아시아 유목 민족인 유연(4세기 초-552)과도 관계를 가졌다. 그리하여 재위 67년인 479년에 요동 지역의 흥안령 일대(의 초원 지대)에 거주하던 지두우족의 분할 점령을 꾀하였다.

- [장수왕] 고구려가 중국의 남북조와 동시에 교류하였다. [서21] □
  └고구려의 장수왕은 중국 남북조와 모두 교류하며 중국을 견제하였다. [기13] □
  └ⓒ -중국 남북조와 각각 교류하면서, 두 세력을 조정하는 외교 정책을 써서 중국을 견제하였다. [경12②] □
[해설] 장수왕은 중국의 남북조와 동시에 교류하였다. 북중국을 통일한 북위와 우호 관계를 강화하는 한편 남조인 동진, 송, 제 등에도 계속해서 사신을 파견하였다.

- 5세기 말 고구려는 한반도 중부 지방과 요동을 포함한 만주 땅을 차지하며 명실상부한 동북아시아의 강국이 되었다. [서12] □
[해설] 5세기 말 고구려는 한반도 중부 지방과 요동을 포함한 만주를 차지하여 명실상부한 동북아시아의 강국이 되었다. 이때가 고구려의 전성기라고 할 수 있다.

- 문자명왕 [서22①] □
  └고구려가 부여를 점령 후 복속함 [경19①] □
  └부여를 복속하여 고구려 최대 영토를 확보했다. [경19②] □
  └부여가 고구려에 항복하며 멸망하였다. [기17] □
[해설] 문자(명)왕은 고구려의 제21대 왕(재위 491-519)이다. / 고구려가 부여를 점령한 후 복속한 것은 문자(명)왕 4년인 494년의 일이다.

- [영양왕] 장군 온달이 죽령 이북의 땅을 되찾고 신라를 압박하였다. [법15] □
[해설] 고구려의 장군 온달(?~590)*이 죽령(경북 영주와 충북 단양 사이에 있는 고개) 이북의 땅을 되찾고 신라를 압박한 것은 영양왕 원년인 590년의 일이다. 정확하게 온달은 계립현과 죽령 서쪽을 귀속시키겠다고 출전하여 아단성(지금의 서울 아차성) 아래에서 전사하였다.
*온달은 고구려 평원왕 대(재위 559-590, 제25대)과 영양왕 대(재위 590-618, 제26대)의 명장이다.

■ **온달 장군의 출정** [회24] □
온달이 왕에게 아뢰었다. "신라가 우리 한강 북쪽 땅을 빼앗아 군과 현으로 만들었으므로, 백성들이 원통하여 언제나 부모의 나라를 잊지 않고 있습니다. 대왕께서 불초한 신을 어리석게 여기지 마시고 군사를 주신다면, 한번 나가 싸워서 반드시 우리의 땅을 회복하겠습니다." 왕은 이를 허락했다. - 『삼국사기』 -
[해설] 『삼국사기』권 제45 열전 온달 '온달의 출정을 왕이 허락하다'. 온달(?~590)이 590년(고구려 영양왕 원년) 영양왕에게 자청하여 신라 진흥왕에 의해 복속된 죽령(경북 영주와 충북 단양 사이에 있는 고개) 이북의 땅을 회복하겠다며 자청하여 출전한 일을 가리킨다.

2 백제

- [아신왕] 왕성이 고구려 광개토왕의 군대에 점령당하였다.* [지15①] □
[해설] 고구려 광개토 대왕은 백제의 한성을 침공하고 백제의 아신왕을 굴복시켜 한강 이북 지역을 차지하였다(396, 백제 아신왕 5/고구려 광개토 대왕 6)[아신왕(재위 392-405), 제17대](광개토 대왕 관련 선지 및 자료 참조).

- [비유왕] 고구려의 남진 정책에 맞서 나제 동맹을 처음 결성하였다. [지16②] □
  └비유왕이 신라 눌지마립간과 동맹을 맺었다. [지15①] □

┗비유왕이 눌지마립간과 동맹을 맺었다. [경18③] □

┗신라 눌지마립간과 동맹을 체결하였다. [기19] □

┗백제의 비유왕과 신라의 눌지왕이 나제 동맹을 맺었다. [지14①] □

┗고구려의 남하 정책에 대항하여 신라의 눌지왕과 동맹을 체결하였다. [경20①] □

┗신라의 눌지왕과 백제의 비유왕이 나·제 동맹을 맺음 [경19①] □

┗나·제 동맹을 체결하였다. [법20] □

┗나제 동맹 결성 [경12②] □

┗433 나·제 동맹 [법14] □

[해설] 백제의 비유왕(재위 427-455, 제20대)과 신라의 눌지마립간[눌지왕](재위 417-458, 제19대)은 고구려 장수왕(재위 413-491, 제20대)의 남진 정책[고구려의 팽창 정책]에 맞서 나제 동맹을 결성하였다(433, 백제 비유왕 7/신라 눌지마립간 17/고구려 장수왕 21)(~554년까지 유지).

• [개로왕] 북위에 국서를 보내 고구려를 공격해줄 것을 요청했다. [지17②] □

[해설] (고구려 장수왕의 남진으로 인한 군사적 압박을 받자) 중국의 북위(386-534)에 국서를 보내 고구려를 공격해줄 것을 요청한 백제의 왕은 개로왕이다(472, 개로왕 18)[개로왕(재위 455-475), 제21대].

• [개로왕] 장수왕의 공격을 받아 한성이 함락되었다. [지13] □

┗고구려의 공격을 받아 수도가 함락되었다. [경20②] □

┗백제의 개로왕은 고구려로부터 한강 유역을 되찾았다[✗]. [서11] □

┗백제 한성은 고구려의 공격을 받아 함락되고 개로왕이 처형되었다. [경18②] □

┗한성이 함락당하고 개로왕이 살해되었다. [경18③] □

[해설] 고구려 장수왕의 공격을 받아 한성(위례성)이 함락된 것은 개로왕 때로 475년(개로왕 21)의 사실이다. / 고구려로부터 한강 유역을 되찾은 백제의 왕은 (개로왕이 아니라) 성왕(재위 523-554)이다(551, 성왕 29).

■ **개로왕의 전사** [서21] □

가을 9월에 고구려 왕 거련(巨璉)이 군사 3만 명을 이끌고 왕도(王都) 한성을 포위하였다. 왕은 성문을 닫고 나가 싸우지 않았다. …… 왕은 곤궁하여 어찌할 바를 모르다가, 기병 수십을 거느리고 성문을 나가 서쪽으로 도망쳤다. 고구려인이 쫓아가 그를 살해하였다.

[해설] 주어진 <보기> 속 사건은 고구려 장수왕(재위 413-491, 제20대, <보기> 속 '거련')의 한성 공격으로 백제의 개로왕(재위 455-475, 제21대)이 전사한 일을 가리킨다(475, 개로왕 21/장수왕 63).

• [문주왕] 고구려의 침입으로 한성이 함락되자, 수도를 웅진으로 옮겼다. [국21] □

┗백제는 고구려의 침략으로 말미암아 수도를 웅진으로 옮겼다. [서16] □

┗백제 - 수도인 한성이 함락되고 왕이 죽자 도읍을 웅진으로 옮겼다. [서20] □

┗고구려의 남진으로 인해 수도를 웅진으로 옮겼다. [회23] □

┗도읍을 금강 유역의 웅진으로 옮겼다. [지13] □

┗웅진 천도를 단행하였다. [기19] □

└백제가 웅진으로 천도하였다. [법23] □
└백제의 웅진 천도 [지22] [경12②] □
└475년 웅진 천도 [국16] □
└475 웅진 천도 [법14] □
└웅진 천도 [소20] □

[해설] 고구려 장수왕(재위 413-491, 제20대)의 침입으로 (백제의) 한성이 함락된 것은 475년(고구려 장수왕 63/백제 개로왕 21)의 일이다. 이때 백제의 개로왕(재위 455-475, 제21대)이 전사하였다. 개로왕을 이은 문주왕(재위 475-477, 제22대)은 고구려의 세력권에서 벗어나기 위해 수도를 웅진(지금의 충남 공주)으로 옮겼다(475, 문주왕 원년). 이로써 백제의 '한성 시대(기원전 18-기원후 475)'가 끝나고 '웅진 시대(475~538)'가 시작되었다.

■ 문주왕의 즉위 [지15①] □

문주가 신라에서 군사 1만 명을 얻어 가지고 돌아왔다. 고구려 군사는 물러갔지만 이미 왕은 죽었고 성은 파괴되었다. 이에 문주가 왕으로 즉위하였다.

[해설] 5세기 후반 개로왕이 고구려 장수왕과의 전투에서 전사한 후 문주왕이 왕위에 올랐다. 문주왕은 고구려의 남하 정책에 밀려 웅진(지금의 충남 공주)으로 도읍을 옮겼다(475)[문주왕(재위 475-477), 제22대].

• 백제는 4세기에 한성에서 웅진으로 천도하여 한반도 남부 일대에 대한 장악력을 강화하였다[X]. [회21] □

[해설] 백제가 4세기인 375년에 한성에서 웅진으로 천도한 것은 고구려의 장수왕에게 한성(위례성)을 빼앗겼기 때문이다(백제 개로왕 전사). 즉 문주왕이 단행한 웅진으로의 천도는 한반도 남부 일대에 대한 장악력을 강화하고자 하는 차원에서의 천도가 아니라 고구려의 침입에 대한 방어 차원에서의 천도였다.

• [문주왕] 5세기 백제 동성왕은 고구려를 피해 남쪽 금강 유역의 웅진으로 도읍을 옮겼다[X]. [경17①] □
└무령왕 - 웅진(공주)으로 도읍을 옮긴 후, 백제의 중흥을 도모하였다[X]. [경12③] □

[해설] 개로왕의 전사(475)로 웅진으로 도읍을 옮긴 왕은 문주왕(재위 475-477, 제22대)이다(475, 문주왕 원년). 동성왕은 그 다음다음 왕(재위 479-501, 제24대)이다. / 웅진(공주)으로 도읍을 옮긴 후, 백제의 중흥을 도모한 왕은 (무령왕이 아니라) 문주왕이다.

• [동성왕] 백제의 왕이 신라 귀족의 딸과 결혼하여 신라와 동맹을 체결하였다. [경15②] □
└백제의 동성왕은 신라와의 동맹을 강화하며 국력의 신장을 위해 노력하였다. [기13] □

[해설] 백제의 왕이 신라 귀족의 딸과 결혼하면서 신라와 동맹을 체결한 것은 493년[5세기 후반]의 일이다(백제 동성왕 15/신라 소지마립간 15). 백제 동성왕(재위 479-501, 제24대)이 신라 왕족인 이벌찬 비지의 딸과 혼인하였다[신라 소지마립간 시기(재위 479-500, 제21대)]. 백제의 동성왕과 신라의 소지마립간이 이와 같은 결혼 동맹을 맺은 것은 고구려의 압박에 공동으로 대응하기 위해서였다(나제 동맹 강화).

■ 동성왕의 결혼 동맹[혼인 동맹] [지13] [법14] □

• 동성왕은 신라에 사신을 보내 혼인을 청하였는데, 신라의 왕이 이벌찬(伊伐飡) 비지(比智)의 딸을 시집보냈다.

[해설] 백제 동성왕(재위 479-501, 제24대)이 신라에 결혼 동맹을 요청한 내용으로, 신라의 소지마립간(재위 479-500, 제21대)과 493년 결혼 동맹을 체결하여 고구려에 대항하였다.

• 신라와 백제 왕실은 신라 소지왕의 친척인 이찬 비지의 딸과 백제 동성왕이 결혼할 것임을 발표하였다. 이는 양국 간의 우호 증진과 협력 강화를 위한 방편으로, 이에 대해 신라의 한 관리는 "고구려의 간섭에서 벗어나 신라가 우뚝 설 수 있

는 계기가 될 것"이라고 말해, 양국이 서로의 발전을 위해 결혼 동맹을 선택한 것으로 분석된다.

[해설] 주어진 자료는 신라의 소지마립간과 백제의 동성왕이 493년에 맺은 결혼 동맹에 대한 것이다. 결혼 동맹은 고구려의 압박에 대항하기 위해 나제 동맹을 더욱 공고히 하고자 하는 목적에서 취해진 조치이다. 삼국 시대에는 국가들 사이에 왕가들의 '결혼을 통한 동맹'이 전략적 차원에서 종종 이루어졌다.

- [무령왕] 백제는 중국의 남조와 교류를 맺고 22담로에 왕족을 파견하였다. [기13] ☐

[해설] 백제가 중국의 남조와 교류를 맺고 22담로의 왕족을 파견한 것은 무령왕 대(재위 501-523, 제25대)의 일이다.

- [무령왕] 22담로에 왕족을 파견하였다. [소19①] [소18②] ☐
  └지방에 22담로를 두고 왕족을 파견하여 지방에 대한 통제를 강화하였다. [지16②] ☐
  └백제의 무령왕은 22담로를 설치하여 지방에 대한 통제를 강화하였다. [서11] ☐
  └백제 무령왕은 대외 진출이 쉬운 사비(부여)로 도읍을 옮기고, 지방의 22담로에 왕족을 파견함으로써 지방에 대한 통제를 강화하였다[✗]. [경15①] ☐
  └백제는 지방에 22담로를 만들고 왕족을 파견하여 지방 통제를 강화하였다. [기11] ☐
  └담로에 왕족을 파견하여 지방에 대한 통제를 강화하였다. [경21①] ☐
  └22담로에 왕족을 파견하여 지방을 통제하였다. [기19] ☐
  └무령왕이 지방의 22담로에 왕족을 파견하였다. [지15①] ☐
  └백제가 22담로에 왕족을 파견하였다. [소22] ☐
  └지방의 22담로에 왕족을 파견하였다. [경13②] ☐
  └22담로에 왕족을 파견하였다. [법20] ☐
  └지방에 22담로를 설치하였다. [서19②] [법16] ☐

[해설] 백제 무령왕(재위 501-523, 제25대)은 지방에 22담로(擔魯)를 설치하고 왕족을 파견하여 지방에 대한 통제를 강화하였다(6세기 초, 구체적인 연도는 불명). 무령왕은 중국 남조의 양과 교류하였다. / 대외 진출이 쉬운 사비(부여)로 도읍을 옮긴 백제의 왕은 무령왕이 아니라 성왕이다(538, 성왕 16).

■ 백제 무령왕 [경19①] ☐

이름이 사마(斯摩)이고 모대왕의 둘째 아들이다. [중략] 사신을 양(梁)나라에 보내 조공하였다. 12월에 양 고조(高祖)가 조서를 보내 왕을 책봉하여 말하기를, "[중략] 그의 정성이 지극하여 짐은 이를 가상히 여긴다. 마땅히 옛 법에 따라 이 영광스러운 책명을 보내는 바, 사지절(使持節) 도독(都督) 백제제군사(百濟諸軍事) 영동대장군(寧東大將軍)으로 봉함이 가하다."라고 하였다.

[해설] '사마'는 백제의 제25대 왕인 무령왕(재위 501-523)을, '모대왕(牟大王)'은 전대 왕인 동성왕(재위 479-501, 제24대)을 가리킨다. 무령왕이 묻힌 무덤은 공주 무령왕릉이다(현 공주 무령왕릉과 왕릉원 소재). 주어진 자료는『삼국사기』백제본기 무령왕편으로, 후반부는 중국『양서』동이 열전 백제편에 그대로 나온다(521, 무령왕 21).

- 성왕은 사비로 도읍을 옮겼다. [국21] ☐
  └백제 – 사비로 도읍을 옮기고 국호를 남부여로 고쳤다. [지16②] ☐
  └사비로 천도하고 국호를 남부여로 하였다. [국24] ☐

└사비로 천도하고 국호를 남부여로 바꾸었다. [회24] □

└사비로 천도하고 국호를 남부여로 고쳤다. [경18③] □

└사비로 도읍을 옮기고, 중국의 남조와 활발하게 교류하고 일본에 불교를 전하기도 하였다. [경12②] □

└성왕 때 대외 진출이 쉬운 웅진으로 천도하고, 국호를 남부여로 고치며 중흥을 꾀하였다[x]. [경16②] □

└백제의 성왕은 수도를 사비로 천도하였다. [기13] □

└백제 성왕은 수도를 사비로 옮기고 신라와 연합하였다. [경14①] □

└백제는 수도를 사비로 천도하였다. [법18] □

└백제가 사비성으로 천도하였다. [지14①] □

└백제의 사비 천도 [지12①] □

└538년 사비 천도 [국16] □

└사비 천도 [회19] [소20] □

[해설] 백제 성왕이 중흥을 꾀하기 위해 웅진(지금의 충남 공주)에서 사비(지금의 충남 부여)로 도읍을 옮긴 것은 재위 16년인 538년의 일이다[성왕(재위 523-554), 제26대]. 이때 국호도 남부여로 바꾸었다. 이로써 백제의 '웅진 시대(475-538)'가 끝나고 '사비 시대(538-660)'가 시작되었다. / [기17]의 (가)는 고구려를 가리키나 무시함.

• [성왕] 국호를 남부여로 바꾸었다. [지23] □

└국호를 남부여로 고쳤다. [지17②] □

└백제가 국호를 남부여로 고쳤다. [서15]

└백제의 국호가 남부여로 바뀌었다. [법16] □

└(가)는 국호를 '남부여'라고 개칭하였다. [기17] □

└국호를 남부여로 바꾸었다. [법20] [경20②] [기19] □

└국호를 남부여로 고치고 중흥을 꾀하였다. [지13] □

└백제 성왕 때에는 수도를 사비로 천도하고 국호를 '남부여'로 바꾸었으며, 아직기가 일본에 건너가서 태자에게 한자를 가르쳤다[x]. [경17①] □

[해설] 국호를 남부여로 바꾼 것은 백제 성왕 16년인 538년의 일이다('사비 천도'도 행해짐)(백제 멸망 시인 660년까지 사용). / [경17①] 아직기(?~?)가 일본에 건너가서 태지에게 한자를 가르친 것은 근초고왕 때(재위 346-375, 제13대)의 일이다. 참고로 성왕 때는 달솔인 노리사치계(?~?)가 일본에 사신으로 가서 불교를 치음으로 전하였다(552, 성왕 30).

■ 백제 성왕의 사비 천도와 국호 개정 [지15①] □

봄에 사비로 서울을 옮기고 국호를 남부여라 하였다.

[해설] 6세기 중반 성왕은 부여로 도읍을 옮기고 국호를 남부여로 바꾸고 중흥을 꾀하였다(538, 성왕 16).

• 백제 성왕은 중앙 관청을 22부로 확대 정비하고 수도를 5부로, 지방을 5방으로 정비하였다. [국11] □

└백제 성왕은 중앙 관청을 22부로 확대 정비하고, 수도를 5부로 지방을 5방으로 정비하였다. [경15①] □

└[성왕] 중앙에는 22부 관청을 두고 지방에는 5방을 설치하였다. [지16②] □

└백제의 22부 중앙 관제 성립 및 5부 5방의 지방 제도 정비 [경11②] □

└중앙 관청을 22부로 확대하였다. [법21] □

└백제의 지방은 5방으로 나뉘어 있었다. [경13②] □

[해설] 백제 성왕은 5부 5방 제도를 정비하고 중앙 관청을 22부(내관 12부, 외관 10부)로 확대하는 등 관제를 정비하였다(사비 천도 직후로 추정)(16관등 제도 정비).

- [성왕] 방군제를 실시하여 지방 제도를 재정비하였다.* [경21①] □

  [해설] 방군제(方郡制)를 실시하여 지방 제도를 재정비한 국가는 백제이다[백제 성왕 대(재위 523-554), 538년 사비 천도 이후]. 백제 성왕은 관등제, 중앙 정치 제도, 지방 행정 제도 등을 대대적으로 정비하여 통치 조직을 완비하였다. 지방 행정 제도는 방(方)이라는 최상위 단위를 두고, 각 방마다 6~10개의 군(郡)을 배속시켜 주변의 여러 성(城)을 관리·감독하는 이른바 '방·군·성 체제'를 갖추었다(무령왕 대의 '담로 체제' 대체). 전국을 동·서·남·북·중의 5방으로 나누었기 때문에 '5방제(五方制)'라고도 한다. 왕도(王都) 이외에 전국의 동·서·남·북 중의 중요한 거점에 설치된 방(方)은 군사적·행정적 거점 역할을 하였다.

- 성왕이 군사를 보내 고구려를 공격하였다. [국16] □

└신라와 연합하여 한강 유역을 회복하였다. [법16] □

└신라와 연합하여 한강 유역 일부 지역을 수복했으나 얼마 후 신라에게 빼앗겼다. [국16] □

└㉠ - 신라와 연합하여 한강 유역을 부분적으로 수복하였지만, 곧 신라에게 빼앗겼다. [경12②] □

└한강 유역을 신라에 빼앗겼다. [경20②] □

[해설] (백제의) 성왕이 군사를 보내 고구려를 공격한 것은 재위 29년인 551년의 일이다(한강 하류 지역 탈환). 하지만 2년 뒤인 553년(성왕 31)에 수복한 한강 하류 지역을 신라에게 빼앗겼다.

- 성왕이 신라군에게 살해되었다. [서21] □

[해설] 백제 성왕(재위 523-554, 제26대)이 신라군에게 살해된 것은 554년의 일이다.

- [성왕] 관산성 전투에서 국왕이 전사하였다. [지20] □

└백제 성왕이 관산성 전투에서 전사하였다. [서16] □

└백제의 왕이 관산성 전투에서 전사하였다. [회17] □

└백제 성왕은 관산성 전투에서 신라의 공격을 받고 죽었다. [경18②] □

└성왕이 관산성 전투에서 신라군에게 목숨을 잃었다. [회24] □

└관산성에서 전사하였다. [소21] □

└554 관산성 전투 [법14] □

└관산성 전투 [지22] [회19] [소22] □

[해설] 신라와 백제 사이에 관산성 전투가 벌어진 것은 554년의 일이다(신라 진흥왕 15, 백제 성왕 32). 신라 진흥왕이 동맹을 깨고 백제가 차지한 한강 유역을 점령하자 백제 성왕이 신라의 관산성을 공격하였다. 관산성 전투에서 백제 성왕이 전사하였다. 관산성은 지금의 충북 옥천 지역에 위치하였다(『일본서기』에는 함산성으로 표기).

■ 백제 성왕의 전사 [지13] [법22] [법20] [소22] [소20] □

- 왕은 신라를 습격하기 위하여 친히 보병과 기병 50명을 거느리고 밤에 구천(狗川)에 이르렀는데, 신라의 복병이 나타나 그들과 싸우다가 살해되었다.

[해설] 백제 성왕(재위 523-554, 제26대)이 신라의 진흥왕(재위 540-576, 제24대)에게 한강 유역을 빼앗기고 554년 관산성 전투에서 싸우다 살해된 내용이다.

- 왕이 신라를 습격하기 위하여 직접 보병과 기병 50명을 거느리고 밤에 구천에 이르렀는데, 신라의 복병이 나타나 그들과 싸우다가 난병들에게 살해되었다. 시호를 성(聖)이라 하였다.
  -『삼국사기』-

[해설] 백제 성왕이 관산성(지금의 충북 옥천) 전투에서 전사한 사실을 가리킨다(554).

- 왕 32년 가을 7월, 왕이 신라를 습격하기 위하여 직접 보병과 기병 50명을 거느리고 밤에 구천에 이르렀는데, 신라의 복병이 나타나 그들과 싸우다가 왕이 난병들에게 살해되었다. 시호를 성이라 하였다.　　-『삼국사기』, 백제본기 -

[해설] 백제의 성왕이 관산성 전투에서 전사한 사실을 가리킨다(554, 백제 성왕 32).

- (가) 왕이 관산성을 공격하였다. 각간 우덕과 이찬 탐지 등이 맞서 싸웠으나 전세가 불리하였다. 신주의 김무력이 주의 군사를 이끌고 나가서 교전하였는데, 비장인 산년산군(충북 보은)의 고간 도도가 급히 쳐서 (가) 왕을 죽였다.
  - 삼국사기 신라본기 -

[해설] '관산성 공격'과 '고간 도도'가 '(가) 왕'을 죽였다는 내용 등을 통해 제시된 자료 속 '(가) 왕'은 백제의 제26대 왕인 성왕(재위 523-554)임을 알 수 있다. 백제 성왕은 신라와 연합하여 한강 지역을 탈환하였으나 신라(진흥왕)의 배신으로 다시 한강 지역을 상실하자 신라의 관산성(지금의 충북 옥천)을 공격하다 전사하였다(관산성 전투). 이로써 100여 년간 지속되던 나제 동맹은 결렬되고 말았다.

- 백제 왕이 가량(加良)과 함께 와서 관산성을 공격하였다. …… 신주의 김무력이 주의 군사를 이끌고 나가 교전하였는데, 비장인 삼년산군 고간(高干) 도도(都刀)가 재빨리 공격하여 백제 왕을 죽였다. 이때 신라 군사들이 승세를 타고 싸워 대승하여 좌평 4명, 병졸 29,600명을 베어 한 필의 말도 돌아가지 못하게 하였다.
  -『삼국사기』-

[해설] 백제 성왕(재위 523-554)이 전사한 관산성 전투를 기록한 자료이다(554. 백제 성왕 32) 관산성은 지금의 충북 옥천 지역에 위치하였다.

- [무왕] 6세기 후반 백제 왕을 지냈다[×]. [회23] □
  └지방에 22개의 담로를 설치하였다[×]. [회23] □
  └신라 왕실과 혼인 관계를 맺었던 것으로 알려져 있다. [회23] □
  └당나라와 일본과의 친선을 강화하면서 국가의 부흥을 도모하였다. [회23] □

[해설] 백제 무왕(재위 600-641, 제30대)은 6세기 후반이 아니라 7세기 전반에 백제 왕을 지냈다. / 지방에 22개의 담로를 설치한 백제의 왕은 무령왕(재위 501-523, 제25대)이다. /『삼국유사』의 '서동설화'에 따르면 백제 무왕의 비가 신라의 제26대 왕인 진평왕(재위 579-632)의 공주인 선화공주(?~?)로 되어 있다. 하지만 2009년 초 미륵사지 석탑 심초에서 백제 무왕의 왕후가 넣은 사라기에 발견되었는데, 여기에서는 백제 무왕의 왕후가 백제의 귀족 사택적덕(?~?)의 딸로 기록되어 있다. 아무튼 신라 왕실과 혼인 관계를 맺었던 것으로 알려져 있다는 표현 자체는 틀린 부분은 없기 때문에 옳은 것으로 봐야 한다. / 무왕은 재위 시 당, 일본과의 친선을 강화하면서 국가의 부흥을 도모하였다.

- [무왕] 익산에 미륵사를 창건하였다. [경20②] □

[해설] (전북) 익산에 미륵사가 창건된 것은 백제 무왕 40년인 639년의 일이다.

사비 왕흥사[미륵사] 창건(무왕) [회23] □

이듬해 경신(庚申)에는 승려 30명을 득도(得度)케 하고, 당시의 서울인 사비성에 왕흥사(王興寺)를 세우게 하여 겨우 그 기초를 세우다가 승하하였다. (가)이/가 왕위를 계승하여 아버지가 닦은 터에 건물을 세워 수십 년 만에 완성했는데, 그 절 또한 미륵사(彌勒寺)라고도 불렀다. 산을 등지고 물에 임했으며 꽃나무가 수려하여 사시의 아름다움을 구비하였다.

[해설] 주어진 자료 속 '(가) 인물'은 백제의 제30대 왕인 무왕(재위 600-641)을 가리킨다. 그런데 부여(사비성)가 아니라 (전북) 익산에 미륵사가 창건된 것은 백제 무왕 40년인 639년의 일이다. 이의 해석과 관련해 여러 설이 있는데, 자료 속 경신년[600년(백제 법왕 2)]에 왕흥사가 창건되었고, 다시 무왕 때 익산의 미륵사가 완성***되었다고 보는 것이 첫째 설이고, 왕흥사도 미륵과 관련된 절이기 때문에 그냥 미륵사로 불렀다(범칭)는 것이 둘째 설이다. 셋째 설은 찬자인 일연 선사가 사비와 익산이라는 두 개의 왕성을 제대로 이해하지 못한 데서, 즉 헷갈려서 잘못 기록하였다는 해석이다. 해설자가 보기에는 둘째 설이 타당한 듯하다(자료에서도 '그 절 또한 미륵사라고도 불렀다'는 부분에서 무왕이 사비(성)의 왕흥사를 완공한 것으로 보는 것이 무난).

*독도(得度)는 첫째, 미혹의 세계를 넘어 깨달음의 경지에 이름을, 둘째 재가(在家)의 사람이 출가하여 승려가 됨의 뜻을 갖고 있다. 여기서는 둘째의 의미로 사용되었다.

**백제가 사비성(지금의 충남 부여)을 서울로 삼은 시기를 이전의 '한성 시대', '웅진 시대'와 대비하여 '사비 시대'라 한다. 백제의 제26대 왕인 성왕(재위 523-554)이 사비(지금의 부여)로 천도한 538년부터 백제가 멸망한 660년(의자왕 26, 제31대)까지의 시기에 해당한다.

***『삼국유사』에 따르면 왕흥사는 백제 무왕 원년인 600년에 창건하기 시작하여 재위 35년인 634년에 완성된 것으로 나온다(현재 정설). 하지만 2007년 왕흥사지에서 발견된 '창왕[위덕왕] 청동사리함 명문'에 의거하면 창건 시기가 위덕왕 24년인 577년으로 나온다.

3 신라

- [진흥왕] 왕은 연호를 고쳐 '개국(開國)'이라 하였으며『국사』를 편찬토록 하였다. [서19①] □

  └개국(開國), 대창(大昌), 홍제(鴻濟)라는 연호를 사용하였다. [경17②] □

  [해설] 진흥왕은 '개국' 외 '대창', '홍제'라는 연호를 사용하였다. 진흥왕은 어머니 지소 부인 김씨(?-?)의 섭정을 받다가 재위 12년인 551년에 친정을 시작하였는데, 이때 개국 연호를 사용하였다(~567). 이어 재위 29년인 568년에는 '크게 일어나 잘 뻗어간다'는 뜻의 대창이라는 연호를 사용하였다(~571). 마지막으로 재위 33년인 572년에는 '크게 다스린다'는 뜻의 홍제를 연호로 사용하였다[~583(진평왕 5)].

- [진흥왕] 단양 적성비를 세웠다. [법20] □

  └단양에 적성비를 세웠다. [회24] □

  └단양 적성비 건립 [회17] [기11] □

  └단양 적성비 [경20①] [경13①] □

  [해설] 단양 적성비가 세워진 것은 신라 진흥왕 11년인 550년의 일이다. 진흥왕이 충북 단양군 단성면 하방리의 적성(赤城)을 점령하고 세운 비석[척경비]이다. 새겨진 기록을 통해 신라가 한강 상류에 진출했다는 사실과 관직, 율령을 정비한 사실을 알 수 있다(삼국의 한강 유역 쟁탈 과정과 관련).

- [진흥왕] 신라의 한강 유역 확보. [지22] □

  └백제 성왕과 동맹하여 고구려가 장악했던 한강 유역을 차지했다. [서22②] □

  └백제와 연합하여 고구려에게 빼앗긴 한강 유역을 되찾았다. [회20] □

  └진흥왕은 고구려와 백제를 모두 공격하여 한강 유역을 차지하였다. [서24①] □

  [해설] 신라 진흥왕(재위 540-576, 제24대)이 백제 성왕(재위 523-554, 제26대)과 연합하여 고구려를 공격하여 한강 상류 유역을 확보한 것은 재위 12년인 551년(백제 성왕 29/고구려 영양왕 7)의 일이고, 이어 백제를 공격하여 백제가 차지하고 있던 한강 하류 유역까지 차지한 것은 재위 14년인 553년(백제 성왕 31)의 일이다(신주 설치, 북한산 순수비를 세운 것은 555년의 일). 백제 성왕은 진흥왕의 배신에 복수하기 위해 싸우다 관산성 전투에서 신라 복병의 기습 공격을 받아 전사하였다(554, 성왕 32)(관산성은 지금의 충북 옥천 지방으로,『일본서기』에는 함산성으로 표기됨).

▌ 신라의 한강 유역 수복 [서22②] □

재위 12년 신미년에 왕이 거칠부 및 대각찬 구진, 각찬 비태, 잡찬 탐지, 잡찬 비서, 파진찬 노부, 파진찬 서력부, 대아찬 비차부, 아찬 미진부 등 여덟 장군에게 명하여 백제와 더불어 고구려를 공격하도록 하였다. 백제인들이 먼저 평양을 공격하여 깨뜨리자, 거칠부 등은 승기를 타서 죽령 바깥, 고현 이내의 10군을 빼앗았다. -『삼국사기』-

[해설] 신라 진흥왕 12년 신미년인 551년에 백제와 신라가 힘을 합쳐 한강 유역을 부분적으로 수복한 사건을 가리킨다(백제는 성왕 29년, 고구려는 양원왕 7). 하지만 이후 진흥왕의 배신으로 백제는 그 지역을 신라에게 빼앗기고 이를 되찾으려 한 성왕은 554년 관산성(지금의 충북 옥천)에서 전사하였다.

- 5세기에 신라가 한강을 차지하여 강성해지자 고구려와 백제가 신라를 공격하였다.[x]. [기16] □

  [해설] 신라가 한강을 차지하여 강성해지자 고구려와 백제가 신라를 공격한 것은 (5세기가 아니라) 6세기의 일이다. 신라의 진흥왕은 백제와 함께 한강

을 고구려로부터 빼앗은 후 백제가 점령하고 있던 한강 하류 지역까지 차지하고자 백제를 기습 공격하였다(553, 신라 진흥왕 14/백제 성왕 31). 그리고 이에 반발하여 백제 성왕이 이듬해 신라를 공격함으로써 100여 년 넘게 유지되어 오던 나·제 동맹이 결렬되었다(554, 신라 진흥왕 15/백제 성왕 32).

• [진흥왕] 신라가 관산성 전투에서 백제 성왕을 살해하였다. [국18] ☐

[해설] 신라가 관산성(지금의 충북 옥천) 전투에서 백제 성왕을 살해한 것은 진흥왕 15년인 554년의 일이다.

■ 신라의 백제 성왕 살해 [경18③] ☐

왕이 관산성에 쳐들어왔다. 신주(新州)의 군주 김무력이 병사를 이끌고 나아가 싸웠는데, 비장인 삼년산군의 고간 도도가 빠르게 공격하여 왕을 죽였다.
- 『삼국사기』-

[해설] 밑줄 친 '왕'은 신라의 배신에 분노하여 관산성(지금의 충북 옥천)을 공격하다가 전사한 백제의 26대 왕인 성왕(재위 523-554)임을 알 수 있다.

• [진흥왕] 북한산 순수비 건립 [지20] ☐
└ 신라의 북한산 순수비 설립 [기17] ☐
└ 북한산비 건립 [회17] ☐
└ 북한산비 [경13①] [경12②] ☐
└ 진흥왕이 북한산 순수비를 세웠다. [회24] ☐
└ 진흥왕이 한강 하류 지역을 차지하고 북한산에 순수비를 세웠다. [경18③] ☐
└ 한강을 차지하고, 북한산에 순수비를 세웠다. [소21] ☐
└ 한강 유역을 장악하여 경제 기반을 강화하고, 이후 삼국 경쟁의 주도권을 장악하는 계기를 마련하였다. [경12②] ☐
└ 신라 진흥왕은 북한산을 순행하고 순수비를 세웠다. [경14①] ☐
└ 황초령, 북한산 등에 순수비를 세웠다. [회24] ☐
└ (가), (나) 시기를 입증하는 비석이 다수 발견되었다. [법13] ☐
└ (가)는 6세기, (나)는 7세기 한반도의 세력 판도이다[×]. [법13] ☐
└ 진흥왕의 순수비 건립 [소22] ☐

[해설] 북한산 순수비*가 건립된 것은 진흥왕 16년인 555년의 일이다. 한강 하류 확보를 기념하여 세워진 순수비이다(삼국의 한강 유역 쟁탈 과정과 관련). / [법13]의 (가)는 고구려의 전성기(5세기), (나)는 신라의 전성기(6세기)를 보여주는 지도이다(관련 자료 참조). 고구려의 전성기를 보여주는 비석으로는 광개토 대왕릉비(414)와 충주[중원] 고구려비(449)가 있고, 신라의 전성기를 보여주는 비서오로는 단양 적성비(550, 진흥왕 11)와 4개의 순수비 등을 들 수 있다[북한산비(서울 북한산), 창녕비(경남 창녕), 황초령비(함남 함주), 마운령비(함남 이원), 이상 555년~568년 사이에 건립]. 진흥왕 순수비들은 진흥왕이 국토 확장과 국위 선양을 목적으로 세운 일종의 기념비이다. / [법13]의 지도에서 (가)는 (6세기가 아니라) 5세기, (나)는 (7세기가 아니라) 6세기 한반도의 세력 판도이다(관련 지도 참조).

*순수비(巡狩碑): 말 그대로 왕이 순수한 곳을 기념하기 위해 세운 비석으로, 진흥왕 순수비란 진흥왕이 국토를 넓힌 후 사방의 국경을 순수하고 세운 4개의 비를 가리킨다(북한산비, 창녕비, 황초령비, 마운령비).

• 창녕비 건립 [회17] ☐
└ 창녕비 [경12②] ☐

[해설] 대가야 정복 관련 내용이 기록된 창녕비가 건립된 것은 진흥왕 22년인 561년의 일이다. 참고로 경남 창녕군 창녕읍 주민들과 문화재청에서는 순수비가 아니라 '척경비'로 부르고 있다('창녕 신라 진흥왕 척경비'). / [경12②]에서는 진흥왕 대에 세워진 순수비로 간주함.

• 신라의 마운령비 건립 [지12①] ☐

└마운령비 [경12②] □

└황초령비 건립 [회17] □

└황초령 순수비를 세웠다. [국21] □

[해설] 신라 진흥왕이 함경도 지역 진출을 기념하여 마운령 순수비[마운령비]와 황초령 순수비[황초령비]를 건립한 것은 진흥왕 29년인 568년의 일이다.

- [진흥왕] 신라 역사상 최대 영역을 확보했다. [서22②] □

[해설] 신라 역사상 최대 영역을 확보한 신라의 왕은 진흥왕이다. 재위 29년인 568년에 함경도 지역까지 진출하여 황초령비와 마운령비를 세웠다(신라의 전성기, 지도를 통해 확인).

■ 신라 진흥왕의 영토 확장 [지15②] □

한강 유역을 빼앗고, 고령 지역의 대가야를 정복하였다. 북쪽으로는 함경도 지역까지 진출하였다.

[해설] 한강 유역을 빼앗고, 대가야를 정복하고 함경도 지역까지 진출한 왕은 신라의 제24대 왕인 진흥왕(재위 540-576)이다. 진흥왕의 영토 확장은 진흥왕 순수비를 통해 확인할 수 있다.

- [진흥왕] 대가야를 정복하였다. [국21] [소21] [소19①] □

└신라가 대가야를 병합하였다. [회20] [소22] □

└신라가 대가야를 병합했다. [서24①] □

└신라가 고령 지역의 대가야를 정복하였다. [회17] □

└고령의 대가야를 정복하여 낙동강 유역을 확보하였다. [국12] □

└[이사부] 대가야를 정벌하여 낙동강 유역을 확보하였다. [지22] □

└신라가 대가야를 정복하면서 가야 연맹이 완전히 해체되었다. [국13] □

└대가야를 정벌하여 가야 연맹을 소멸시켰다(진흥왕). [서22②] □

└대가야를 정복하여 가야 연맹을 해체시켰다. [법22] □

└활발한 대외 정복 전쟁으로 한강 유역을 차지하고 가야를 완전히 정복하였다. [지16②] □

[해설] 신라가 이사부(?~?)를 보내어 대가야를 정복한 것은 진흥왕 23년인 562년의 일이다.

■ 진흥왕의 대가야 정복 [법23] [회18] [경20①] □

- 진흥왕이 이사부에게 토벌을 명하고 사다함에 보좌하게 하였다. …… 이사부가 군사를 이끌고 다다르자, 대가야가 모두 항복하였다.
  - 『삼국사기』 -

[해설] 신라 진흥왕(재위 540-576, 제24대)이 대가야를 정복한 것은 재위 23년인 562년의 일이다.

- 9월에 가야가 반란을 일으켰으므로, 왕(진흥왕)이 이사부에 명하여 토벌케 하였는데, 사다함이 부장이 되었다. 사다함은 5천 명의 기병을 이끌고 앞서 달려가 전단문에 들어가 흰 깃발을 세우니, 성 안의 사람들이 두려워 어찌할 바를 몰랐다. 이사부가 군사를 이끌고 거기에 다다르자, 일시에 모두 항복하였다.
  - 삼국사기 -

[해설] '전단문(栴檀門)'은 대가야 왕성의 문이름으로 추정한다. '전단량(旃檀梁)'이라고도 한다.

- 9월 대가야가 반란을 일으켰다. 왕이 이사부에 명하여 그들을 토벌하도록 하였는데, 사다함이 그 부장이 되었다. [중략] 이사부가 병력을 이끌고 그곳에 이르니 모두 항복하였다. 전공을 논하는데 사다함이 최고였으므로 왕이 상으로 좋

은 토지와 포로 200명을 주었다.　　　　　　　　　　　　　　　　　　　　　　　　　　　　　　　　- 『삼국사기』-

[해설] 신라가 대가야를 정벌한 것은 진흥왕 23년인 562년의 일이다. 이때 세워진 비석이 바로 진흥왕의 4대 순수비 중 하나인 창녕비이다(기타 순수비는 북한산비, 황초령비, 마운령비).

- "대가야가 모반하였다. 왕은 이사부로 하여금 그들을 토벌케 하고, 사다함으로 하여금 이사부를 돕게 하였다. … 이사부가 군사를 인솔하고 그곳에 도착하니, 그들이 일시에 모두 항복하였다. 공로를 평가하는데 사다함이 으뜸이었기에 왕이 좋은 밭과 포로 2백 명을 상으로 주었다."

[해설] 신라 진흥왕의 대가야 정벌과 관련된 내용이다(562, 진흥왕 23).

- [진흥왕] 화랑도를 국가적인 조직으로 개편하였다. [국13] [법12] [경16①] □
  └화랑도를 국가적 조직으로 개편하였다. [지23] [법20] [소18②] □
  └화랑도를 제도화하여 국가적인 조직으로 개편하였다. [회18] □
  └청소년 조직인 화랑도를 국가적인 조직으로 개편하였다. [지16①] □
  └인재를 양성하기 위하여 화랑도를 국가적 조직으로 개편하였다. [서22②] □
  └진흥왕이 화랑도를 개편하였다. [법24] □
  └화랑도에 소속되어 산천을 돌아다니며 심신을 연마하기도 하였다. [지12②] □
  └화랑도를 통해 양성한 인재를 관료로 선발했다. [경18③] □

[해설] 신라의 청소년 조직인 화랑도가 국가적 조직으로 개편한 것은 진흥왕 37년인 576년의 일이다(화랑도의 제도화). 화랑도 출신들은 이후 삼국 통일 전쟁 시기 정치와 군사 분야에서 크게 활약하였다. 신라 말에 이르러 화랑도는 국선도, 풍류도, 풍월도로 불리기도 하였다.

- [진평왕] 원광에게 수나라에 군사를 청하는 걸사표를 짓게 하였다. [지16①] □

[해설] 신라의 고승 원광(542/555~630/640)에게 수에 군사를 청하는 「걸사표」를 짓게 한 왕은 진평왕(재위 579-632, 제26대)이다. 진평왕은 재위 30년인 608년에 고구려가 자주 신라를 침범하므로 이를 우려하여 수의 군사를 청하여 고구려를 치고자 원광에게 「걸사표」를 지어보내도록 명하였다(진평왕 대에는 진흥왕 대에 빼앗긴 영토를 되찾으려는 고구려, 백제와 자주 충돌). 이에 대하여 원광은 "자기가 살려고 하여 남을 멸망시키는 것은 승려로서 할 행실이 아닙니다. 그러나 빈도(貧道)가 대왕의 땅에 살고, 대왕의 수초(水草)를 먹으면서 어찌 감히 이 명령에 쫓지 아니하오리까" 하고, 곧 「걸사표」를 지어 바쳤다고 한다(원문은 현재 전하지 않음).

■ 원광의 걸사표(진평왕) [회24] □

왕이 ㉠ 이/가 자주 강역을 침략하는 것을 근심하여 수나라에 군사를 요청하여 ㉠ 을/를 정벌하고자 원광(圓光)에게 명하여 걸사표(乞師表)를 짓게 하였다. 원광이 아뢰기를, "자기가 살고자 남을 죽이는 것은 승려가 할 행동이 아닙니다만, 저는 대왕의 영토에서 살며 대왕의 물과 풀을 먹고 있으므로 감히 명을 따르지 않을 수 없습니다."라고 하고, 곧 걸사표를 지어 올렸다.
　　- 『삼국사기』-

[해설] 『삼국사기』 권 제4 신라본기 제4 진평왕 '원광이 걸사표를 짓다'. 신라의 고승, 원광(542/555~630/640)이 왕명으로 (고구려의 침략에 대응하기 위해) 수에 군사를 청하는 「걸사표(乞師表)」를 지은 것은 진평왕 30년인 608년의 일이다. 「걸사표」는 수[양제](재위 604-618, 제2대)에게 사신을 통해 3년 뒤인 611년에 보내졌다(「걸사표」의 원문은 현재 전하지 않음). 이를 통해 주어진 자료 속 '㉠'은 고구려를 가리킴을 알 수 있다.

- [선덕 여왕] 연호를 '인평(仁平)'으로 고쳤으며 분황사와 영묘사를 창건하였다.* [서19①] □

[해설] 연호를 '인평(仁平)'으로 고쳤으며 분황사와 영묘사를 창건한 왕은 선덕 여왕(재위 632-647, 제27대)이다. 분황사는 634년(선덕 여왕 3)에 영묘

사는 635년(선덕 여왕 4)에 창건되었다.

- [선덕 여왕] 자장의 권유로 황룡사 9층 탑을 건립하였다. [지16①] □
  └자장의 건의를 받아들여 황룡사 9층 목탑을 건립하였다. [서22②] □
  └자장의 건의로 황룡사 9층 목탑이 축조되었다. [경20①] □
  └신라는 선덕 여왕 때 황룡사 9층 목탑을 지어 나라를 지키고자 하였다(7세기). [기16] □
  └삼국 통일을 기념하여 황룡사 9층탑을 창건하였다[×]. [회18] □
  └황룡사 9층 목탑을 건립하였다. [법20] □

[해설] 대국통인 자장 율사(590~658)의 권유[건의]에 따라 황룡사 9층 목탑을 건립한 왕은 선덕 여왕이다(646, 선덕 여왕 15)(자장 율사가 건의한 것은 선덕 여왕 12년인 643년). / 황룡사 9층 목탑을 창건한 것은 삼국 통일(676, 문무왕 16) 이전의 일이다.

■ **황룡사 9층 목탑** [회21] □

이 탑을 건립한 목적은 이웃 나라들의 침략을 막고 나라가 태평해지기를 빌기 위한 것이었다. 이 탑은 금동장육존상, 천사 옥대와 함께 신라의 세 가지 보물로 인식되었다.

[해설] 주어진 자료 속 '이 탑'은 황룡사 9층 목탑을 가리킨다(646, 신라 선덕 여왕 15).

- [선덕 여왕] 첨성대 건립 [지20] □
  └선덕 여왕 때에 첨성대를 세웠다. [지19] □
  └경주 첨성대 [기15] □
  └첨성대 [회24] □

[해설] 첨성대는 신라의 천문대로, 신라 선덕 여왕 대(재위 632-647, 제27대)에 조성되었다(『삼국유사』)[633(선덕 여왕 2) 혹은 647(선덕 여왕 16)].

- [선덕 여왕] 비담과 염종 등 귀족 세력의 반란이 일어났다. [경20①] □
  └[김유신] 비담, 염종 등이 일으킨 반란을 진압하였다. [기19] □

[해설] 상대등 비담(?~647)이 진골 귀족 염종(?~647) 등과 함께 반란을 일으킨 것은 선덕 여왕 17년인 647년 정월의 일이다. 김유신(595~673)이 진압 하였는데, 그 와중에 선덕 여왕이 사망하였다.

- [진덕 여왕] 독자적인 연호를 폐지하고 당 고종의 연호를 사용하였다.* [경20①] □

[해설] 독자적인 연호[태화]를 폐지하고 당 고종의 연호[영휘]를 사용한 것은 진덕 여왕 4년인 650년의 일이다. 나당 동맹 후 당의 호의를 염두에 둔 신라의 국가적 결정이었다.

- 신라는 진덕 여왕 때 집사부와 창부를 통합해 정무 기관인 품주를 설치하였다[×](진흥왕).* [서17②] □
  └신라의 집사부* [서24②] □

[해설] 신라 진덕 여왕은 품주(稟主)를 집사부와 창부로 분리하였다(651, 진덕 여왕 3)[진덕 여왕(재위 647-654), 제28대]. 반대로 설명하였다. 품주는 신라 최고의 행정 기관인 집사부의 전신으로 조세를 관장하는 기구였다[조조(租調)(조세로 받던 곡식과 특산물)의 출납을 담당하는 재정 기관, 565(진흥왕 26)]. / 신라의 집사부는 최고의 중앙 행정 기구[기관, 관청]이다(13부 중 최고). 진덕 여왕 5년인 651년에 본래의 품주를 개편하여 설치하였다. 왕정의 기밀 사무를 관장하였다(위로는 왕명을 받들고, 아래로는 행정을 분장하는 여러 관부를 거느림).

● 사진으로 보는 삼국 간의 경쟁

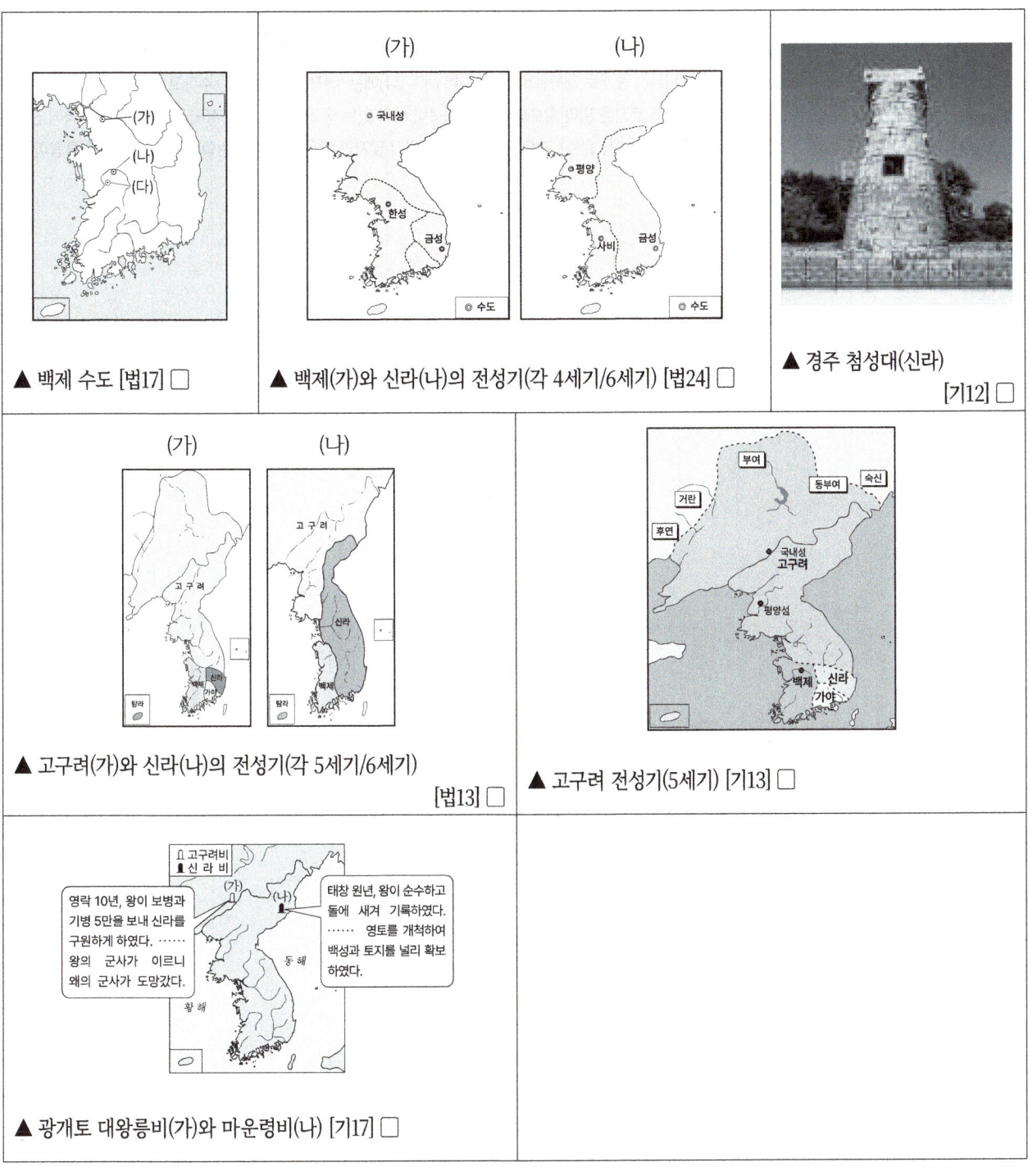

[해설] [법17] (가), (나), (다)는 백제의 수도들을 표시한 것이다. (가)는 오늘날의 서울인 '한성(위례성)'이고 (나)는 오늘날의 공주인 '웅진', (다)는 오늘날의 부여인 '사비'이다. 각 백제의 한성 시대(기원전 18~기원후 475), 웅진 시대(475~538), 사비 시대(538~660)의 수도[도읍]이다.

[해설] [법24] (가) 지도는 한성을 도읍[수도]으로 하는 백제의 영토[세력]가 가장 큰 백제의 전성기의 모습을 보여주는 지도(4세기)이고, (나)지도는 금성을 도읍[수도]으로 하는 신라의 영토[세력]가 함경도 지역과 한강 하류까지 크게 늘어난 신라의 전성기를 보여주는 지도(6세기)임을 알 수 있다. 일반적으로 백제의 전성기는 4세기로 근초고왕 대(재위 346-375, 제13대)를, 신라의 전성기는 6세기로 진흥왕 대(재위 540-576, 제24대)를 꼽는다[참고로 고구려의 전성기는 5세기로 장수왕 대(재위 413-491), 제20대)](통론).

[해설] [기12] 신라의 경주 첨성대로 천문을 관측하던 시설이다. 선덕 여왕 대(재위 632-647, 제27대)에 세워졌다(633 혹은 647).

[해설] [법13] (가) 와 (나) 두 개의 지도가 제시되어 있는 바 왼쪽은 고구려의 영토[세력]가 가장 큰 고구려의 전성기를 보여주는 지도(5세기)이고, 오른쪽은 신라의 영토[세력]가 함경도 지역과 한강 하류까지 크게 늘어난 신라의 전성기를 보여주는 지도(6세기)임을 알 수 있다.

[해설] [기13] 제시된 지도를 살펴보면 고구려의 세력이 전성기일 때의 모습임을 짐작할 수 있다(평양성도 표시). 5세기 장수왕 대(재위 413-491, 제20대)이다.

[해설] [기17] 제시된 지도에 (가)와 (나) 비석이 표시되어 있다. (가)는 고구려비로 '영락 10년, 왕이 보병과 기병 5만을 보내 신라를 구원하게 하였다'는 내용이 새겨져 있다. 장수왕 2년인 414년에 세워진 광개토 대왕릉비임을 알 수 있다. (나)에는 '태창 원년, 왕이 순수하고 돌에 새겨 기록하였다'는 내용이 나와 있다. 이어 '영토를 개척하여 백성과 토지를 널리 확보하였다'는 내용이 나와 있는 바 진흥왕(재위 540-576)이 함경도 지역에 진출한 후 세운 마운령비임을 알 수 있다(568, 진흥왕 29)(태창 원년). 지도에는 표시되어 있지 않지만 마운령비 약간 왼쪽에는 같은 해에 진흥왕이 세운 황초령비도 있다.

주제 08 고구려와 수·당의 전쟁

1 고구려와 수의 전쟁

- 6세기 후반 남북조로 분열되었던 중국을 통일한 수나라가 고구려에게 굴복을 요구하였다. [경18②] □

[해설] 수가 남북조로 분열되었던 중국을 통일한 것은 581년의 일이다(~618).

- 고구려 영양왕이 요서 지방을 선제공격하였다. [국20] □
  - 고구려는 요서 지역을 선제공격함으로써 수나라를 견제하였다. [서19①] □
  - 고구려가 요서 지역을 선제공격해 수나라를 견제하였다. [회14] □
  - 고구려는 말갈 세력과 손잡고 요서를 먼저 공격하였다. [법15] □
  - 고구려가 요서 지방을 먼저 공격하였다. [경18②] □
  - 고구려가 요서 지방을 공격한 결과 수나라의 침입을 받게 되었다. [기11] □
  - 영양왕이 요서 지방을 선제공격하였다. [법17] □
  - 요서 지역에 대해 선제공격을 감행하였다. [서21] □
  - 왕이 직접 말갈 병사를 거느리고 요서 지방을 공격하였다. [지19] □

[해설] 고구려 영양왕(재위 590-618, 제26대)이 수[수나라]를 견제하기 위하여 말갈병을 이끌고 요서 지방을 선제공격한 것은 재위 9년인 598년의 일이다. 말갈의 1만 병력을 동원하여 요서의 영주를 공격하였다. 영양왕은 이후 수 문제(재위 581-604, 제1대)와 수 양제(재위 604-617, 제2대)의 침입을 막아내며 이른바 고·수 전쟁[여·수 전쟁]을 승리로 이끌었다.

- 수 양제의 침략에 대비하기 위해 천리장성을 축조하였다[x]. [서19①] [회14] □
  - 천리장성을 쌓아 당의 침입에 대비하였다. [소18②] □
  - 고구려는 천리장성을 쌓아 이에 대비하였다. [경18②] □

[해설] 고구려가 천리장성을 축조한 것은 (수 양제의 침략이 아니라) 당의 침략에 대비한 것이다. / 천리장성을 쌓아 당의 침입에 대비한 것은 고구려 영류왕(재위 618-642, 제27대)과 보장왕 대(재위 642-668, 제28대)의 일이다. 영류왕 14년인 631년에 축성을 시작해 보장왕 6년인 647년에 완성하였다(부여성~비사성).

- 수가 고구려를 침입하였다. [법22] □
  - 수나라의 고구려 공격 [경20②] □
  - 수는 4차례에 걸쳐 고구려를 침략하였으나 실패하였다. [경18②] □

[해설] 수의 고구려 공격은 크게 수 문제 대와 수 양제 대로 구분할 수 있다(총 4차례 침략). 수 문제(재위 581-604, 제1대)가 고구려를 침입한 해는 598년(고구려 영양왕 9)이고, 수 양제(재위 604-618, 제2대)가 침입한 대표적인 해는 612년(고구려 영양왕 23)(제1차 침공)(을지문덕의 살수 대첩). 수 양제는 이듬해인 613년에 제2차 침공하였으며, 614년에 제3차 침입하였다. 615년에도 고구려 원정을 계획하였으나 전국에서 반란이 일어나고, 수의 약화를 틈탄 돌궐이 수를 위협하여 취소되었다.

■ 수 양제의 고구려 침공(제2차) [법17] ☐

대업 9년(613년) 양제가 다시 친히 정벌하였다. 이때는 모든 군대에 상황에 맞게 적절히 대응하라고 하였다. 여러 장수가 길을 나누어 성을 공격하니 적의 군세가 날로 위축되었다.
— 수서 —

[해설] '양제'라는 말과 출처가 '『수서』'인 점 등에서 주어진 자료는 수 양제의 고구려 공격임을 알 수 있다(613, 영양왕 24).

- 을지문덕은 당 태종의 2차 침입을 살수 대첩으로 막아냈다[x]. [서19①] ☐
  └ 을지문덕은 당 태종에 의한 2차 침입 때 살수 대첩으로 막아냈다[x]. [회14] ☐

[해설] 을지문덕(?~?)이 살수 대첩에서 승리한 것은 [당 태종의 2차 침입(647, 보장왕 6)이 아니라] 수 양제의 2차 침입 때의 일이다(612, 영양왕 23)(제2차 여수 전쟁).

- 고구려가 살수에서 수나라에 크게 승리하였다. [지14①] ☐
  └ 고구려가 살수에서 수의 군대를 격퇴하였다. [회20] ☐
  └ 고구려가 수나라 군대를 살수에서 격퇴하였다. [법23] ☐
  └ [을지문덕] 살수에서 수의 군대를 물리쳤다. [지22] ☐
  └ 을지문덕이 살수에서 수의 군대를 물리쳤다. [서21] ☐
  └ 을지문덕이 살수에서 수나라 군대를 물리쳤다. [법17] ☐
  └ 을지문덕이 수의 군대를 살수에서 크게 무찔렀다. [회24] ☐
  └ 수나라의 군대를 살수에서 격퇴하였다. [지21] ☐
  └ 고구려 – 살수에서 수 양제의 군대를 격파하였다. [지16②] ☐
  └ 살수 대첩 승리 [국20] ☐
  └ 살수 대첩 [소22] ☐

[해설] 살수에서 수(양제)의 군대를 물리친 인물은 고구려의 을지문덕(?~?)이다(살수 대첩). 고구려 영양왕 23년인 612년의 일이다.

■ 살수 대첩 [법15] [경18②] ☐

- 을지문덕은 평양으로 직접 쳐들어오려는 수의 30만 대군을 청천강 부근에서 궤멸시키며 대승을 거두었다.

[해설] 고구려의 명장 을지문덕(?~?)이 수의 대군을 격파한 살수 대첩을 가리킨다(612, 영양왕 23).

- 을지문덕이 장수 우중문에게 보낸 시이다. "신비로운 계책은 하늘의 이치를 헤아리고／ 기묘한 꾀는 땅의 이치를 꿰뚫는구나.／ 싸움에서 이긴 공이 이미 높으니／ 족한 줄 알고 그만하기를 바라노라."

[해설] 주어진 자료는 을지문덕(?~?)이 수의 장수 우중문(?~?)에게 보낸 시이다. 이른바 '여수장우중문시(與隋將于仲文詩)'이다(『삼국사기』). 살수 대첩 직전의 일이다.

■ 안시성 전투 [법15] ☐

당 태종은 10만 명의 군대를 이끌고 고구려를 침략하였다. 고구려는 요동성을 비롯한 여러 성을 빼앗기고 곤경에 처하였으나, 안시성 전투에서 승리하여 당군을 물리쳤다.

[해설] 고구려 보장왕 4년인 645년에 있었던 제1차 여당 전쟁(안시성 전투 포함)에 대한 설명이다.

2 고구려와 당의 전쟁

• 고구려는 요동 지방에 천리장성을 쌓기 시작하였다. [법15] □
└고구려가 천리장성을 완공하였다. [회17] □
└고구려는 수의 공격을 막기 위해 천리장성을 쌓았다[x]. [기16] □
└천리장성을 쌓았다. [법14] □
└천리장성 완공 [경21②] □

[해설] 고구려가 당의 침략에 대비하기 위해 요동 지방에 천리장성을 쌓기 시작한 것은 영류왕 14년인 631년의 일이다(보장왕 6년인 647년에 완공). / 고구려가 천리장성을 쌓은 것은 (수가 아니라) 당의 공격을 막기 위해서였다.

• [연개소문] 천리장성의 축조를 맡아 수행하였다. [지21] □
[해설] 연개소문(?~665)은 (당의 침략에 대비한) 천리장성의 축조를 맡아 수행한 적이 있다[631(영류왕 14)~647(보장왕 6)].

• 연개소문이 정변을 일으켜 권력을 장악하였다. [법15] □
[해설] (동부대인 대대로) 연개소문(?~665)이 정변을 일으켜 권력을 장악한 것은 642년의 일이다(영류왕 25). 영류왕을 죽이고 왕의 동생인 장(藏)을 왕으로 내세웠다[보장왕(재위 642-668, 제28대)].

■ 연개소문의 정변 [기19] □

건무 왕 재위 25년에 (가)이/가 왕을 죽이고 장(臧)을 세워 왕위를 계승하게 하였다. …… (가)이/가 죽고 장자인 남생이 대신 막리지가 되었다.
- 『삼국사기』 -

[해설] 주어진 자료 속 '(가)'는 고구려의 연개소문(?~665)을 가리킨다. '건무(建武)'는 고구려의 제27대 왕인 영류왕(재위 618-642)의 이름이다. 따라서 건무 왕 재위 25년은 곧 642년을 가리킨다. 연개소문이 사망한 해는 보장왕 24년인 665년이다.

• 연개소문은 당과 우호 관계를 유지하였다[x]. [회14] □
└연개소문이 권력을 장악하고, 당에 강경책으로 대응하였다. [소22] □

[해설] 연개소문(?~665)은 정변으로 집권한 이후 당과 (우호 관계가 아니라) 대립[대결] 관계를 유지[추구]하였다.

• 안시성 전투 승리 [국20] □
└당 태종이 이끈 당군의 침략을 안시성에서 물리쳤다. [법17] □
└고구려가 당 태종이 이끄는 대군을 안시성에서 격퇴하였다. [소22] □
└양만춘은 수나라의 별동대를 안시성에서 격퇴하였다[x]. [서19①] [회14] □
└당나라의 안시성 공격 [경20②] □

[해설] 안시성 전투에서 고구려가 당에게 승리를 거둔 것은 고구려 보장왕 4년인 645년의 일이다. 양만춘(?~?)은 안시성주로 알려진 인물이며(정사에는 안시성주의 이름이 나와 있지 않음), 수나라의 별동대가 격퇴된 것은 살수 대첩 때의 일이다[을지문덕, 612(영양왕 23)].

■ **당 태종의 고구려 침공 방식 변경** [법17]

당 태종이 다시 고구려를 정벌하려 했으나, 조정에서 의논하기를 "고구려가 산에 의지하여 성을 만들어 갑자기 함락할 수 없습니다. …… 지금 소부대를 자주 보내어 그 지방을 피곤하게 하고 쟁기를 놓고 보루에 들어가게 하여 1,000리가 쓸쓸해지면 인심이 저절로 떠나 압록강 이북은 싸우지 않고도 얻을 수 있습니다." 하니 이에 따랐다.   - 삼국사기 -

[해설] 제1차 여당 전쟁(645, 보장왕 4)에서 패배한 당 태종이 전략을 바꾸어 제2차 여당 전쟁(647, 보장왕 6)을 일으키는 내용이다(『삼국사기』 647년 2월 기사 '당 태종, 고구려 원정군을 편성하다').

● 사진으로 보는 고구려와 수·당의 전쟁

▲ 7세기의 국제 관계 [기16]

[해설] [기16] 주어진 지도를 살펴보면 남북 진영으로, 돌궐과 고구려, 백제, 왜가 연결되어 있고, 동서 진영으로 수·당과 신라가 연결되어 있다. 특히 수·당과 고구려가 적대 관계이고, 신라가 고구려·백제와 적대 관계에 놓여 있음을 알 수 있다. 7세기의 국제 관계를 나타낸 지도임을 알 수 있다.

주제 09 신라의 삼국 통일

1 나·당 동맹의 형성

• [백제 의자왕] 백제의 대야성 점령 [국23] □
  └백제가 신라 대야성을 공격하여 함락시켰다. [국20] □
  └백제 의자왕은 신라의 대야성을 함락시켰다. [서16] □
  └백제가 신라의 대야성을 공격하여 차지하였다. [회18] □
  └백제가 신라의 대야성을 비롯한 40여 성을 빼앗았다. [국13] □
  └백제 의자왕이 신라의 서쪽 지역을 공격하여 대야성 등 40여 성을 함락시켰다. [서24②] □
  └백제가 대야성을 함락시켰다. [회16] □
  └백제의 대야성 공격 [경20②] □

[해설] 백제가 신라의 대당 교통로의 요충지이자 전략적 요충지(지금의 경남 합천 지역)에 위치한 대야성을 점령한 것은 의자왕 2년인 642년(신라 선덕 여왕 11)의 일이다[의자왕(재위 641-660), 제31대]. 이때 신라 김춘추(604~661)의 사위인 품석(당시 대야성 성주)과 딸인 고타소가 피살되었다.

■ 백제의 대야성 함락 [법20] □

대야성의 패전에서 도독 품석의 아내도 죽었는데, 그녀는 춘추의 딸이었다. … 왕에게 나아가 아뢰기를, "신이 고구려에 가서 군사를 청해 원수를 갚고 싶습니다."라고 하니 왕이 허락했다.
 - 삼국사기 -

[해설] 백제의 대야성 함락으로 김춘추(604~661)는 사위인 도독 김품석과 자신의 딸 고타소를 잃었다. 이 사건은 김춘추가 백제에 대한 복수를 결심하는 결정적인 계기가 되었다.

• [선덕 여왕] 대야성 상실로 신라가 위기를 맞이하였다. [회21] □
  └신라의 대야성은 백제의 공격을 받고 함락되었다. [경18②] □

[해설] 선덕 여왕은 재위 11년인 642년에 백제에게 대야성을 상실하여 위기를 맞이하였다.

• 여·제 동맹과 신라의 친당 정책 [기14] □

[해설] 여·제 동맹은 642년을 전후하여 고구려와 백제가 신라를 누르기 위해 맺었다는 군사적 제휴 관계이다(신라는 동맹을 맺었다고 주장). 하지만 고구려와 백제가 이때 동맹까지 맺었다는 확실한 기록은 없다. 당시 위기에 처한 신라가 당에게 구원을 요청하면서 당시의 한반도 정세를 설명하는 중에 고구려와 백제가 매우 밀착되어 있다는 주장으로 추정된다. 즉 여·제 동맹은 신라가 당을 끌어들이기 위하여 내세운 허구적 주장으로 보인다. 하지만 동맹 관계를 인정하는 전문가의 글도 많다.

• [김춘추] 당나라와 동맹을 체결하였다. [지21] □
  └나·당 동맹 체결 [경21②] □

[해설] 당[당 태종]과 동맹을 체결한 인물은 신라의 김춘추(604~661)이다(648, 진덕 여왕 2).

■ 나당 동맹 체결 [회20] [경20①]

• 김춘추가 무릎을 꿇고, "…… 만약 폐하께서 당의 군사를 빌려주어 흉악한 것들을 잘라내지 않는다면 …… 산과 바다 건너 행하는 조회도 바랄 수 없을 것입니다."라고 하였다. 태종이 매우 옳다고 여겨서 군사의 출동을 허락하였다.

[해설] 신라와 당 사이에 맺어진 나당 동맹을 가리킨다(648, 진덕 여왕 2)(『삼국사기』 권 제5 신라본기 제5 진덕왕 '김춘추를 당나라에 보내다').

• "신의 나라가 대국을 섬긴 지 여러 해가 되었습니다. 그러나 백제는 강성하고 교활하여 침략을 일삼아 왔습니다. [중략] 만약 폐하께서 군사를 보내 그 흉악한 무리들을 없애지 않는다면 우리나라 백성은 모두 포로가 될 것입니다. 육로와 수로를 거쳐 섬기러 오는 일도 다시는 기대할 수 없을 것입니다." 태종이 크게 동감하고 군사를 보낼 것을 허락하였다.

[해설] 여기서 '태종'은 당 태종(재위 626-649, 제2대)를 가리키는 바 제시된 자료는 사신으로 파견된 김춘추(604~661)의 출병 요청을 당 태종이 수용함으로서 맺어진 나당 동맹에 대한 자료임을 알 수 있다(648)(위와 같은 출처의 자료).

■ 나당 동맹 체결 직후 김춘추와 김유신의 대화 [국20]

김춘추가 당나라에 들어가 군사 20만을 요청해 얻고 돌아와서 (가) 을/를 보며 말하기를, "죽고 사는 것이 하늘의 뜻에 달렸는데, 살아 돌아와 다시 공과 만나게 되니 얼마나 다행한 일입니까?"라고 하였다. 이에 (가) 이/가 대답하기를, "저는 나라의 위엄과 신령함에 의지하여 두 차례 백제와 크게 싸워 20 성을 빼앗고 3만여 명을 죽이거나 사로잡았습니다. 그리고 품석 부부의 유골이 고향으로 되돌아왔으니 천행입니다."라고 하였다. -『삼국사기』-

[해설] 주어진 자료는 후일 신라의 제29대 태종 무열왕(재위 654-661)이 되는 김춘추(604~661)가 648년(진덕 여왕 2) 당에 가서 나당 동맹을 성사시키고 돌아와 김유신(595~673)과 나누는 대화이다(『삼국사기』 권 제41 열전 제1 김유신 상 '김유신과 김춘추가 재회하다'). 따라서 '(가)'는 김유신을 가리킨다. 김춘추는 귀국 시 고구려 순라병을 만나 목숨이 위험했으나 종사관인 온군해가 옷을 바꿔입고 대신 희생되어 무사 귀국할 수 있었다.

• [김춘추(태종 무열왕)] 진덕 여왕의 뒤를 이어 신라왕으로 즉위하였다. [국20]

[해설] (신라의 제28대 왕인) 진덕 여왕(재위 647-654)의 뒤를 이어 신라왕으로 즉위한 인물은 김춘추(604~661)이다[태종 무열왕(재위 654-661) 제29대].

• [김춘추(태종 무열왕)] 진골 출신으로서 처음 왕위에 올랐다. [지21]

└ 최초의 진골 출신 왕이 즉위하였다. [기16]

└ 진골 귀족에 의한 왕위 계승권이 확립되었다. [기11]

[해설] 진골 출신으로서 654년 처음 왕위에 오른 인물은 김춘추(604~661)로, 즉 태종 무열왕(재위 654-661, 제29대)이다. 이후부터 진골 귀족들이 왕위를 계승하였다. / 진골보다 위의 신분인 성골이 생겨난 것에 대한 여러 견해가 있으나 신평왕(재위 579-632, 제26대)이 진흥왕의 장자인 동륜을 직계로 내세우며 다른 왕족과 구별하기 위해 성골을 만들었다는 견해가 가장 유력하다(진평왕이 바로 동륜의 아들인 백정). 하지만 성골은 진덕 여왕(재위 647-654, 제28대)을 끝으로 사라지고 태종 무열왕부터 마지막 경순왕까지 진골 출신의 왕들이 계승하였다.

• [김유신] 김춘추의 신라 왕위 계승을 지원하였다. [지22]

[해설] 김유신(595~673)은 (진덕 여왕 사후 왕으로 추대된) 이찬 알천(?~?)과 상의해 진지왕(재위 576-579, 제25대)의 손자인 김춘추(604~661)를 왕으로 세웠다.

■ 태종 무열왕의 즉위 [지11②]

진덕왕이 죽자, 여러 신하들이 이찬 알천에게 섭정하기를 청하였다. 알천이 한결같이 사양하며 말하기를, "신은 늙고 이렇다 할 만한 덕행도 없습니다. 지금 덕망이 높은 이는 춘추공만한 자가 없습니다. 실로 가히 빈곤하고 어려운 세상을 도울 영웅호걸입니다." 마침내 (김춘추를) 봉하여 왕으로 삼았다. 김춘추는 세 번 사양하다가 부득이하게 왕위에 올랐다.

-『삼국사기』-

[해설] 주어진 자료는 신라의 제29대 왕인 태종 무열왕(재위 654-661)의 즉위와 관련된 내용임을 알 수 있다(『삼국사기』 권 제5 신라본기 제5 태종 무열왕 '태종 무열왕이 왕위에 오르다')(654년 3월).

- [김인문] 당에서 숙위 활동을 하다가 부대총관이 되어 신라로 돌아왔다.* [국20] ☐

[해설] 당에서 숙위 활동을 하다가 (신구도행군) 부대총관(대총관은 소정방)이 되어 (660년에) 신라로 돌아온 인물은 김춘추의 둘째 아들이자 문무왕의 아우인 김인문(629~694)이다.

2 백제의 멸망

- 백제가 나당 연합군의 공격을 받았다. [법22] ☐

[해설] 백제가 나당 연합군의 공격을 받은 것은 660년(백제 의자왕 20)의 일이다.

- 신라가 황산벌 전투에서 백제군을 무찔렀다. [지18] ☐
  - [김유신] 황산벌에서 백제군을 물리쳤다. [국20] ☐
  - 신라의 황산벌 공격 [경20②] ☐
  - 황산벌 전투 [경21②] ☐

[해설] 상대등 김유신(595~673)이 대장군이 되어 이끈 백제 정벌군은 황산벌에서 계백이 이끄는 백제군을 물리쳤다(황산벌 전투, 660.7).

■ 황산벌 전투 [법23] ☐

백제군 한 사람이 1,000명을 당해냈다. 신라군은 이에 퇴각하였다. 이와 같이 진격하고 퇴각하길 네 차례에 이르러, 계백은 힘이 다하여 죽었다.
- 『삼국사기』 -

[해설] 백제의 계백(?~660)이 이끄는 결사대가 황산벌에서 신라군에 맞서 싸운 것은 660년(백제 의자왕 20/신라 태종 무열왕 7) 7월의 일이다.

- [계백] 의열사(義烈祠)와 충곡 서원에 제향되었다.* [기19] ☐

[해설] (충남 부여의) 의열사(義烈祠)와 (충남 논산의) 충곡 서원에 제향된 인물은 백제의 계백(?~660)이다.

■ 황산벌 전투 직후 소정방과 김유신의 갈등 [지22] ☐

이날 소정방이 부총관 김인문 등과 함께 기벌포에 도착하여 백제 군사와 마주쳤다. …(중략)… 소정방이 신라군이 늦게 왔다는 이유로 군문에서 신라 독군 김문영의 목을 베고자 하니, 그가 군사들 앞에 나아가, "황산 전투를 보지도 않고 늦게 온 것을 이유로 우리를 죄주려 하는구나. 죄도 없이 치욕을 당할 수는 없으니, 결단코 먼저 당나라 군사와 결전을 한 후에 백제를 쳐야겠다."라고 말하였다.

[해설] 황산벌 전투 직후 소정방과 김유신이 갈등한 내용이 나와 있다. 자료 속 밑줄 친 '그'는 김유신(595~673)을 가리킨다.

- 660년 사비성 함락 [국16] ☐
  - 백제가 멸망하였다. [회20] ☐
  - 백제의 멸망 [기14] ☐
  - 백제 멸망 [소22] ☐

┗계백의 저항에도 불구하고 사비성이 함락되었다. [서17②] □

┗나·당 연합군의 공격으로 사비성이 함락되자 웅진에 있던 의자왕이 항복하였다. [지16①] □

[해설] 계백의 저항에도 불구하고 나·당 연합군의 공격으로 사비성(충남 부여)이 함락된 것은 660년 7월의 일이다. 웅진은 지금의 충남 공주 지역이다.

- 웅진도독부가 설치되었다. [국23] □

┗웅진도독부 설치 [경21②] □

┗당은 한반도에 웅진도독부·계림도독부 등을 설치하였다. [기14] □

[해설] 당이 백제를 멸망시킨 후 웅진도독부를 설치한 것은 660년(태종 무열왕 7) 9월의 일이다. / 계림(대)도독부를 설치한 것은 663년(문무왕 3) 6월의 일이다.

- 문무왕이 왕위에 올랐다. [지18] □

┗문무왕 즉위 [경21②] □

[해설] 신라의 문무왕(재위 661-681, 제30대)이 왕위에 오른 것은 661년의 일이다.

- 복신과 도침이 부여풍과 함께 백제 부흥 운동을 일으켰다. [국23] □

┗복신과 도침 등이 주류성에서 군사를 일으켜 사비성의 당나라 군대를 공격하였다. [국16] □

[해설] 복신(?~663)과 도침(?~661)이 (의자왕의 다섯째 왕자인) 부여풍(?~?)을 왕으로 추대하고 주류성을 근거지로 삼아 백제 부흥 운동을 일으킨 것은 660년(태종 무열왕 7) 10월의 일이다(당시 일본에 있었던 부여풍은 일본에서 5천여 지원군과 함께 이듬해인 661년 9월에 귀국)(백제 부흥 운동, 660~663). 참고로 임존성(현 충남 예산 봉수산 지역)에서도 흑치상지(630~689)가 다른 200여 성과 호응하여 항거하였다.

- 당나라가 신라를 계림대도독부로 삼았다. [지18] □

┗계림도독부 설치 [경21②] □

[해설] 당이 신라를 계림대도독부로 삼은 것은 663년 4월의 일이다. 당은 또한 문무왕을 계림주대도독으로 임명하는 등 노골적으로 신라를 그들의 예속 하에 두려고 시도하였다.

- 백제·왜 연합군이 나·당 연합군과 백강에서 전투를 벌였다. [서17②] □

┗왜와 백제가 고구려를 구원하기 위해 백강 전투에 참전하였다[✗]. [기16] □

┗663 백강 전투 [법14] □

┗백강 전투 [경21②] □

[해설] 백제·왜 연합군이 나당 연합군과 백강에서 전투를 벌인 것은 663년 9월의 일이다(백강 전투). 전투의 패배로 말미암아 주류성을 중심으로 전개되던 백제의 부흥 운동은 결정적인 타격을 입었다. 백강은 지금의 금강 하구(또는 동진강 하구)로 추정하고 있다. / [기16] 왜가 백강 전투에 참전한 것은 (고구려가 아니라) 백제를 구원하기 위해서였다.

- 665년 문무왕과 회맹* [국16] □

┗취리산 회맹* [경21②] □

[해설] 취리산 회맹이란 신라 문무왕 5년인 665년 8월 신라의 문무왕과 백제 왕자 부여융(扶餘隆)이 취리산(충남 공주)에서 국경에 대하여 맺은 동맹으로, 당이 신라와 당의 연합군에 의하여 멸망한 백제 땅에 웅진도독부(熊津都督府)를 설치하여 이 지역을 직접 지배하는 과정에서 허수아비 정권인 백제를 내세워 신라에게 백제와 화친하도록 강요하여 이루어졌다.

3 고구려의 멸망

• 연개소문 사망 [경21②] □

[해설] 연개소문(?~665)이 사망한 해는 665년이다.

• 나·당 연합군이 평양성을 함락시켰다. [서17②] □

└ 나·당 연합군의 공격으로 평양성을 지키던 연개소문의 아들인 남산이 항복하였다. [지16①] □

└ 당나라의 평양성 공격 [경20②] □

[해설] 연개소문(?~665) 사후 지배층의 권력 쟁탈전으로 내부가 분열된 고구려는 나당 연합군의 공격으로 668년 9월 평양성이 함락되어 멸망하였다)(『삼국사기』 '추구월(秋九月)'로 기록).

• 고구려 멸망 [국20] □

└ 고구려의 멸망 [기14] □

[해설] 고구려가 나당 연합군에게 멸망한 것은 668년 9월의 일이다.

• 안동도호부 설치 [경21②] □

[해설] 당에 의해 안동도호부가 평양에 설치된 것은 고구려가 멸망한 직후인 668년의 일이다. 이후 검모잠(?~670) 등 고구려 유민들이 일으킨 고구려 부흥 운동으로 인하여 670년(신라 문무왕 10) 안동 도호부를 요동 지역에 있는 신성으로 옮겼고, 또 676년(문무왕 16) 다시 요동성으로 이동하였다. 하지만 이듬해인 677년 보장왕을 요동 도독으로 삼으면서 다시 신성으로 복귀시켰다(이후 폐지와 복구를 반복하다 안녹산의 난을 계기로 758년경 완전 폐지됨).

4 나당 전쟁

• 신라가 안승을 고구려왕에 봉했다. [지18] □

└ [안승] 신라에 투항하여 보덕국왕에 봉해졌다. [기19] □

└ 안승 보덕국왕에 임명 [경21②] □

└ 안승의 보덕국 건국 [소22] □

[해설] 신라가 (고구려 보장왕의 외손자이자 왕족인) 안승(?~?)을 보덕국왕[고구려왕]에 봉한 것은 670년 8월의 일이다. 검모잠이 안승을 받들고 고구려 부흥 운동을 벌였으나 안승은 검모잠을 죽이고 신라에 투항하였다. 이어 674년(신라 문무왕 14) 금마저(지금의 전북 익산)에 머물고 있던 안승은 보덕(국)왕으로 봉해졌다(674년에서 683년까지 지속).

• 신라는 사비성을 탈환하고 웅진도독부를 대신하여 소부리주를 설치하였다*. [지16①] □

[해설] 신라(문무왕)가 사비성을 탈환하고 웅진도독부를 대신하여 소부리주를 설치한 것은 문무왕 11년인 671년 7월의 일이다. 소부리주는 지금의 충남 부여 지역을 가리킨다. 이후 신문왕 5년(685)에 웅천주가 설치되면서 군(郡)이 되었다.

• 당나라가 문무왕의 동생 김인문을 신라왕으로 임명하고 군대를 동원하였다*. [서24②] □

[해설] 당[당 고종]이 문무왕(재위 661-681, 제30대)의 동생 김인문(629~694)을 신라왕으로 임명[책봉]하고 군대를 동원한 것은 나당 전쟁 중이던 674년(문무왕 14) 1월의 일이다(문무왕의 관작을 삭제). 신라가 노골적인 대당 항쟁을 계속하자 이와 같은 조치를 취한 것이다. 이에 문무왕이 당에 형식적인 사죄사(謝罪使)를 보내고, 김인문도 도중에 돌아가 임해군으로 봉해졌다.

• 신라는 당군을 당항성에서 격파하여 나·당 전쟁의 주도권을 장악하였다[×]. [기14] □

[해설] 나당 전쟁의 20여 차례의 전투 중에서 당항성(지금의 경기 화성 구봉산)에서 싸운 전투는 없다. 신라가 나당 전쟁의 주도권을 장악한 전투는 675년 9월(신라 문무왕 15)에 있었던 매소성 전투이다.

- [신라 문무왕] 고구려 부흥 운동을 지원하였다. [서20] [법20] ☐
  └신라는 고구려 부흥 운동 세력을 지원하였다. [기14] ☐

[해설] (고구려 멸망 후) 고구려 부흥 운동이 일어난 것은 669년의 일이다(~674). 신라 문무왕은 나당 전쟁을 치르면서[당과의 일전을 준비하면서] 당군에 대항하기 위하여 고구려 부흥 세력의 도움을 받고자 이들을 지원하기 시작하였다(670, 문무왕 10). 구체적으로 670년 3~4월에 있었던 오골성 전투에서 보듯 신라의 설오유(?~?)와 고구려 부흥 세력의 고연무(?~?)가 아예 2만의 연합군으로 함께 압록강을 건너 요동을 선제공격한 것과 674년에 고구려 왕족(보장왕의 외손자)인 안승을 보덕(국)왕에 봉한 것을 들 수 있다. / 당이 노골적으로 고구려의 영토를 차지하려 하자 문무왕은 670년 3월 고구려 부흥군과 함께 압록강을 건너 요동 지역으로 진공[오골성 전투(4월 초)]하는 연합 작전을 개시하였다(나당 전쟁의 발발).

■ 문무왕과 김유신의 마지막 대화 [법18] ☐

대왕을 도와 조그마한 공을 이루어 삼한을 한 집으로 만들었으며, 백성들은 두 마음이 없게 되었습니다(三韓爲一家 百姓無二心). 비록 아직 태평한 세상에 이르지는 못하였으나 조금 편안한 상태는 되었습니다.

[해설] 『삼국사기』 열전 '김유신(조)'에 나오는 내용으로, 문무왕(재위 661-681, 제30대)이 병에 걸려 위급해진 김유신을 위문차 왕림했을 때 김유신(595~673)이 문무왕에게 마지막으로 한 말이다(673, 문무왕 13).

- 매소성과 기벌포 전투에서 승리하였다. [소18②] ☐
  └당나라의 매소성·기벌포 공격 [경20②] ☐

[해설] 당의 매소성 공격은 675년 9월(신라 문무왕 15), 기벌포 공격은 676년 11월(신라 문무왕 16)의 일이다(매소성 전투와 기벌포 전투[해전] 관련 선지 및 자료 참조).

- 신라가 매소성에서 당군을 격파하였다. [국20] ☐
  └신라가 매소성에서 당군을 크게 물리쳤다. [서17②] ☐
  └당이 매소성 전투에서 신라에 패하였다. [법22] ☐
  └나·당 전쟁 중 신라가 당의 20만 대군을 격파한 격전지를 알아본다[탐구 주제]. [법11] ☐
  └매소성 전투의 전개 [소22] ☐

[해설] 신라가 매소성에서 당의 20만 대군을 크게 물리친 것은 문무왕 15년인 675년 9월의 일이다(매소성 전투).

- 신라군이 당나라 군대 20만 명을 매소성에서 크게 물리쳤다. [지16①] ☐

[해설] 신라군이 이근행(?~682)이 이끄는 당의 20만 대군을 매소성에서 크게 물리친 것은 675년(문무왕 15) 9월의 일이다(매소성 전투*). 매소성은 오늘날 '경기도 연천'에 위치하며 당시 천험의 요새로 매초성이라고도 불렀다.

*매소성 전투에 대한 이설: 『삼국사기』가 참조한 원전인 중국의 사서 『신당서』에는 '매초성 전투'가 675년 2월로 나오며 신라가 패배한 것으로 기록되어 있다. 또 임진강 유역의 '매소성'이 아니라 임진강 이북의 '매초성', 즉 '수곡성[매차홀]'으로 봐야 한다는 주장이 있다.

■ 매소성 전투 [국23] [회20] ☐

- 이근행이 군사 20만 명의 대군을 이끌고 매소성(買肖城)에 머물렀다. 우리 군사가 공격하여 달아나게 하고 전마 30,380필을 얻었는데, 남겨놓은 병장기도 그 정도 되었다.   -『삼국사기』-

[해설] 신라가 매소성에서 이근행의 당군을 물리친 것은 문무왕 15년인 675년 9월의 일이다(매소성 전투). 참고로 이근행(?~?)은 말갈계 고구려인 2세이다. 토번과의 전투에서 공을 세워 사후 당 고종의 곁에 묻혔다.

- 당의 군사가 와서 매소성을 공격하니, 원술이 이를 듣고 죽음으로써 지난번의 치욕을 씻고자 하였다. 드디어 힘껏 싸워

서 공을 세워 상을 받았다.

[해설] 나당 전쟁 당시에 벌어진 매소성 전투를 가리킨다(675, 문무왕 15). 여기서 원술(?~?)은 김유신의 둘째 아들이다.

• 신라가 기벌포에서 당의 수군을 격파하였다. [지18] □
  └ 신라가 기벌포에서 당군을 물리쳤다. [법23] □
  └ 신라는 금강 하구의 기벌포에서 당의 수군을 섬멸하였다. [기14] □
  └ 기벌포 해전 [소22] □

[해설] 사찬 시득(?~?)이 이끄는 신라군이 (소부리주의) 기벌포에서 설인귀(614~683)가 이끄는 당의 수군을 격파한 것은 676년(문무왕 16) 11월의 일이다[기벌포 전투(해전)]. 이 전투를 마지막으로 신라는 사실상 당 세력을 축출하고 삼국 통일을 이루었다. 기벌포는 지금의 충남 서천 장항 지역이다.

• 보장왕이 요동 지역에서 고구려 부흥을 꾀했다. [지18] □

[해설] 보장왕(재위 642-668, 제28대)이 요동 지역에서 당의 도움을 받아 고구려 부흥을 꾀한 것은 677년에서 681년의 일이다. 668년 고구려 멸망 후 당에 압송된 보장왕은 당에 의해 사평대상백원외동정(司平大常伯員外同正)에 책봉되었다(관직명 기억하지 않아도 됨). 이후 고구려 유민의 부흥 운동이 지속되자 677년(문무왕 17)에 당은 그를 요동주도독 조선왕(遼東州都督朝鮮王)에 봉하고 안동도호부로 부임하게 하여 고구려 유민을 무마하고자 하였다. 그러나 보장왕은 그 지역의 말갈족과 손을 잡고 고구려 부흥을 도모하다가 실패하여 결국 681년(신문왕 원년) 공주(쓰촨성 소재)에 유배되었다.

주제 10 삼국의 경제와 사회

1 삼국의 경제

• 신라에서는 4~5세기를 지나면서 철제 농기구가 점차 보급되었다. [경14①] □

[해설] 신라뿐 아니라 삼국에서 4~5세기경 철제 농기구가 널리 보급되기 시작하였다. 또한 새로운 농기구가 다수 출현하였다. 철제 농기구 중 철제 따비와 괭이류 및 살포, 삽날, 쇠스랑 등 보급으로 심경이 가능하게 되었고, 제초 작업의 효율화, 지력 회복 기간의 단축, 그리고 황무지 개간에 의한 경작 면적의 확대 등의 효과가 발생하였다. 특히 낫 종류의 확대 보급으로 말미암아 수확 작업에서 획기적인 변화가 일어났다.

• 우경이 보급되면서 농업 생산력이 급증하였다. [회19] □

[해설] 삼국 시대에 철제 농기구뿐 아니라 우경(牛耕)이 보급되면서 농업 생산력이 급증하였다. 황무지를 개간하거나 곳곳에 저수지를 축소하기도 하였다.

• 삼국 시대에는 개인 소유의 토지가 사실상 존재했으며 일반 백성은 이를 경작하거나 남의 토지를 빌려 경작하기도 했다.
[경20①] □

[해설] 삼국 시대에 '모든 국토는 왕의 토지'라는 왕토사상(王土思想)이 생겨났지만 실제로 모든 땅이 왕의 소유였던 것은 아니다. 국유지와 함께 귀족이나 백성이 소유한 사유지인 민전(民田)이 존재하였다. 그리하여 일반 백성인 농민은 자기 소유의 토지인 민전을 경작하거나 부유한 자의 토지를 빌려 경작하였다.

• [신라 지증왕] 처음으로 소를 이용한 밭갈이가 시작되었다. [국12] □

└소를 이용한 밭갈이 농사를 하였다. [지13] □

[해설] 소를 이용한 밭갈이, 즉 우경*이 시작되고, 국호를 '신라'로 바꾼 왕은 신라 지증왕(재위 500-514, 제22대)이다(기록상 지증왕 3년인 502년). / 소를 이용하여 깊이갈이를 한 것은 삼국 시대의 일이다. 우경이 널리 보급되어 가능해진 것인데, 특히 6세기에 이르러 쟁기, 호미, 괭이 등 철제 농기구 사용이 일반화되면서 우경이 확대되었다.

* 우경(牛耕): 소를 이용해 농사를 짓는 일. 우경이 사료에 처음으로 등장하는 것은 지증왕 3년인 502년의 일이다(즉 사료상의 우경 시작 기록, 실질적으로 그 이전부터 우경이 실시된 것으로 짐작, "주주(州主)와 군주(郡主)에게 각각 명하여 농사를 권장케 하였고, 처음으로 소를 부려서 농사를 지었다."(『삼국사기』). 아울러 이때 수리 사업도 장려하여 농업 생산력이 크게 증대되었다.

• [신라 지증왕] 철제 농기구가 점차 보급되고 우경이 시작되었다. [지14①] □

└철제 농기구를 일반 농민에게 보급하고, 우경을 장려하였다. [기11] □

[해설] 쟁기, 호미, 괭이 등 철제 농기구가 보급되고 우경이 시작된 것은 기록상 신라 지증왕 대(502, 지증왕 3)이다. 연구자들은 대부분 우경이 실제로 시작된 것은 훨씬 전의 일로 추정한다.

• [고구려 고국천왕] 「진대법」을 시행하였다. [국23] [국21] □

└진대법을 처음으로 시행하였다. [국22] □

└고국천왕이 을파소를 국상으로 등용하여 진대법을 실시했다. [서24①] □

└을파소를 등용하여 진대법을 실시하였다. [지15②] □

└을파소를 국상으로 채용하여 진대법을 실시하였다. [경13②] □

└진대법을 도입하였다. [국17①] □

└백성의 구휼을 위하여 진대법을 제정하였다. [국19] □
└빈민을 구제하기 위해 진대법을 실시하였다. [기15] □
└진대법이라는 구휼 제도를 시행하였다. [국24] □
└진휼 제도로 진대법을 도입하였다. [국16] □
└진대법과 빈민 구제 [서19②] □
└봄에 곡식을 빌려 주었다가 가을에 추수한 것으로 갚게 하는 진대법을 실시하였다. [지16②] □
└춘궁기인 봄에 곡식을 빌려 주고 추수기인 가을에 돌려받는 진대법이 시행되었다. [경19①] □
└진대법의 실시 [경12①] □ (농민의 경제 안정)

[해설] 고국천왕이 을파소(?~203)를 국상으로 등용하여 진대법(賑貸法)을 실시한 것은 재위 16년인 194년의 일이다[고국천왕(재위 179-197), 제9대] (진대법은 일종의 빈민 구제책).

■ **고구려 고국천왕**(진대법) [국23] [경17②] □

· 16년 겨울 10월, 왕이 질양(質陽)으로 사냥을 갔다가 길에 앉아 우는 자를 보았다. 왕이 말하기를, "아! 내가 백성의 부모가 되어 백성들이 이 지경에 이르게 하였으니 나의 죄로다." …(중략)… 그리고 관리들에게 명하여 매년 봄 3월부터 가을 7월까지 관청의 곡식을 내어 백성들의 식구 수에 따라 차등 있게 빌려주었다가, 10월에 이르러 상환하게 하는 것을 법규로 정하였다.
- 『삼국사기』 -

[해설] 진대법을 시행하게 된 내력에 대한 설명이다(194, 고국천왕 16).

· 고국천왕은 한미한 신분의 을파소를 국상으로 등용하여 소농민을 보호하는 정책을 실시하였다.

[해설] '소농민을 보호하는 정책'이 곧 진대법이다.

· 삼국 시대에는 점차 국가 체제가 정비되면서 관청을 두고 여기에 수공업자를 배정하여 무기나 비단 등 필요한 물품을 생산하였다. [경20①] □

[해설] 삼국은 노비 중에서 기술이 뛰어난 자에게 국가가 필요로 하는 무기, 장신구 등을 생산하게 하였다. 그러나 점차 국가 체제가 정비되면서 무기, 비단 등 수공업 제품을 생산하는 관청을 두고 여기에 수공업자를 배정하여 필요한 물품을 생산하였다(7차 고등학교 국사 교과서).

· [신라] 시장을 감독하는 관청인 동시전을 신설하였다. [국19] □
└시장을 감독하는 관청으로 동시전을 설치하였다. [국13] □
└시장을 감독하는 관청으로 동시전이 설치되었다. [기19] □
└시장 감독 관청인 동시전을 설치하였다. [법12] □
└동시전이 설치되어 시장을 감독하였다. [국17①] □

[해설] 시장을 감독하는 관청인 동시전을 (도읍인 경주에) 신설한 것은 신라 지증왕 10년인 509년의 일이다.

· 삼국 시대에는 농업 생산력이 발달하여 수도뿐 아니라 농촌 각지에서도 시장이 번성하였다[X]. [경14①] □

[해설] 삼국 시대에는 농업 생산력이 발달하였지만 수도와 같은 도시(예를 들어 경주)에만 시장이 형성되었다. 농촌 각지에서 시장이 번성한 것은 아니다.

· 삼국은 전쟁에서 공을 세운 사람에게 일정 지역의 토지와 농민을 식읍으로 주었다. [경14①] □

[해설] 신라는 초기에 내항자(항복한 사람), 전공자(戰功者), 귀족들에게 식읍(食邑)을 주었는데 일정한 지역 내의 민[호(戶)]에게 조세를 거둘 수 있는 권리[수조권]를 부여한 것이었다. 하지만 여기에는 단순히 수조권 차원에서 토지를 지배하는 것 이상의 권한이 있었다. 즉 조세뿐만 아니라 공물

의 수취와 역역(力役)이라 불린 노동력 징발까지 포함해 지역에 거주하는 인정(人丁)을 지배한다는 성격도 있었다. 그리하여 후기에 이르러서는 녹읍과 달리 최고위의 귀부 인물이나 왕족 등으로 제한되었다(반면 녹읍의 지급 대상자는 귀부 호족과 공신, 관료 등으로 상대적으로 범위가 넓음). 또 식읍은 원칙상 당대에 한정된 권리로 세습이 불가하였으나 간혹 세습되기도 하였다. 또 7세기 중엽에 이르러 종래 지역 단위로 지급하던 것이 당의 영향을 받아 호수(戶數) 단위로 바뀌었다. 식읍을 채읍(采邑)이라고도 한다.

2 삼국의 사회

- [고구려] 백제 - 상무적 기풍이 있어 말타기와 활쏘기를 좋아하였다[x]. [기12] □

  [해설] 상무적 기풍이 있어 말타기와 활쏘기를 좋아한 국가는 (백제가 아니라) 고구려이다.

- 고구려의 5부나 신라의 6부가 중앙의 지배 집단이 되었다. [지11①] □
  - 각 부의 귀족들은 각자의 관리를 거느렸다. [지11①] □
  - 각 부는 독자적인 대외 교섭권을 가지고 있었다[x]. [지11①] □
  - 국가의 중요한 일은 각 부의 귀족들로 구성된 회의체에서 결정하였다. [지11①] □
  - 고구려의 지방은 5부로 나뉘어 있었다. [경13②] □

  [해설] 삼국이 중앙 집권 국가화되면서 고구려와 백제의 5부, 신라는 6부는 중앙의 지배 집단으로 변화하였다. 고구려의 5부는 원래 소노부, 계루부, 절노부, 순노부, 관노부의 다섯 부족을 가리키는데, 고국천왕 대에 부족 명을 없애고 동·서·남·북·내부로 명칭을 바꾸었다(즉 5부족 제도를 5부의 행정 구역으로 개편). 신라의 5부는 양부, 사량부, 본피부, 점량부, 한기부, 습비부를 가리킨다. / 부여나 고구려에는 왕 아래 귀족이 있었으며, 그들은 각자 관리들을 거느렸다. / 과거 연맹 왕국에서 귀족들은 독자적인 세력을 가지고 있었으나 대외 교섭권과 군사권은 왕이 가지고 있었다. / [지11①] 국가의 중요한 일은 제가 회의(고구려), 정사암 회의(백제) 등 각 부의 귀족들로 구성된 회의체에서 결정하였다. / 고구려의 지방은 5부로 나뉘어 있었다. 5부 장관은 욕살이었으며 5부 아래로 성과 촌이 있었다.

- 관등제와 관직 체계의 운영은 신분제에 의해서 크게 제약을 받았다. [경14②] □

  [해설] 삼국의 관등제와 관직 체계의 운영은 신분제에 의하여 제약을 받았다. 신라는 관등제를 골품 제도와 결합하여 운영하였다. 즉 개인이 승진할 수 있는 관등의 상한을 골품에 따라 정하고, 일정한 관직을 맡을 수 있는 관등의 범위를 한정하였다. 고구려와 백제에서도 신라와 비슷하게 운영하였다(7차 고등학교 국사 교과서).

- [고구려] 제가 회의에서 국가의 중대사를 결정하였다. [지22] □
  - 대가들이 제가 회의라는 부족장 회의를 운영하였다. [국13] □
  - 중대한 범죄자가 있으면 제가 회의를 통하여 사형에 처하였다. [지13] □
  - 중대한 범죄자는 제가 회의를 열어 사형에 처했다. [법20] □
  - 중대한 범죄자는 제가 회의를 통하여 사형에 처하고, 그 가족을 노비로 삼았다. [경12②] □
  - 중대한 범죄자가 있으면 제가 회의를 통해 사형에 처하고, 그 가족을 노비로 삼았다. [국11] □

  [해설] 고구려의 귀족 회의로 제가 회의가 있었으며, 여기서 국가의 중대사를 결정하였다.

- [고구려의 혼인 풍습] 계루부 고씨의 왕위 계승권이 확립된 이후 연나부 명림씨 출신의 왕비를 맞이하는 관계가 있었다(태조왕).*

  [국14] □
  - 고국천왕 사후, 왕비인 우씨와 왕의 동생인 산상왕과의 결합은 취수혼의 실례를 보여준다.* [국14] □
  - 관나부인(貫那夫人)이 왕비를 모함하여 죽이려다가 도리어 자기가 질투죄로 사형을 받았다.* [국14] □

  [해설] 2세기 태조왕 대에 계루부 고씨의 왕위 계승권이 확립된 이후 연나부(절노부) 명림씨 출신의 왕비를 맞이하는 관례가 생겨났다[태조왕(재위 53-146), 제6대]. 고구려에는 형이 죽으면 형수를 아내로 맞이하는 형사취수혼의 풍습이 있었는데 고국천왕 사후 왕비인 우씨와 왕의 동생인 산상왕(재위 197-227, 제10대)과의 결혼은 이와 관련이 있다. 관나부인은 고구려 중천왕(재위 248-270, 제12대)의 소실로 왕후 연씨를 모함하여 죽이

려다 도리어 자기가 질투죄로 사형을 받았다.

- [고구려] 중앙 정치는 대대로를 비롯하여 10여 등급의 관리들이 나누어 맡았다. [지17①] ☐
  └ 국상, 대대로, 막리지 등은 고구려에서 재상의 직위를 지칭한다. [서17①] ☐
  └ 고구려는 평양 천도 이후에 수상격으로 대대로가 있었고 그 아래에 재정을 담당하는 주부와 내무를 담당하는 내평과 외무 업무를 외평이 국정을 분장하였다.* [경11②] ☐

[해설] 고구려의 통치 체제에 대한 설명이다. 고구려에는 대대로(대막리지), 대태형, 대태사자, 대사자 등의 10여 관등이 있었으며, 수상인 (제1관등) 대대로는 3년마다 선출되었다(국정 총괄). / 국상은 고구려 초기 국가 전체 실무를 총괄하던 최고 관직이다. 반면 막리지는 고구려 후반인 6세기 후반경에 국사를 총괄하는 관직으로 성립되었다(연개소문 집권 후 국정을 전담하는 최고 관직이 됨)(막리지의 실체에 대해서는 고구려의 제1관등인 대대로와 같다고 보는 견해와 제2관등인 태대형으로 보는 견해가 있음). / [경11②] 울절(鬱折)이라고도 불리는 고구려의 주부(主簿)는 고구려의 제3관등으로 왕명의 출납과 국가의 문서, 장부[재정] 등을 맡아보던 왕의 직속 관직이다. 그리고 내평(內評)과 외평(外評)에 대해서는 다양한 해석이 있는데 일반적으로 내평은 왕도를 포함한 수도권 지역의 행정을, 외평을 지방 지역의 행정을 관장한 관직으로 본다.

※ [경11②] 대학 교양 수준의 기본서에서는 고구려 주부를 표시하기는 해도 어떤 일을 담당하는지 관련 내용이 서술되어 있지 않다. 내평과 외평에 대해서는 언급조차 없다. 따라서 본 선지는 사실상 '출제 오류'에 해당한다고 판단된다. 해당 문제의 나머지 선지는 오답이 확실하여 본 선지를 옳은 선지로 선택할 수는 있지만 난이도가 지나치게 높다. 또한 해석이 다양하여 어느 정도 확실하게 합의되지 않은 사실을 출제하는 것은 위험하다.

- 대대로 – 대내상(고구려와 발해의 최고 관직) [지18] ☐

[해설] '대대로'는 고구려의 제1위의 관등으로, 국정을 총괄하는 수상이다. 제가 회의(귀족 회의체)의 수장이기도 한데 3년마다 한 번씩 선출되었다. '대내상'은 발해의 최고 행정기관인 정당성을 관장하는 관직이다. 행정을 총괄하는 최고 관직이라는 점에서 양자는 일치한다(성격이 유사한 것끼리 옳게 짝지은 것을 묻는 문제).

- 고구려의 관등제는 경위(京位)와 외위(外位)의 2원적 체계로서 '형(兄)'과 '사자(使者)'의 명칭이 붙은 관등이 많았다[×].*

  [경11②] ☐

[해설] 고구려의 관등제에 '형(兄)'과 '사자(使者)'의 명칭이 붙은 관등이 많았던 것은 옳다. 하지만 경위(京位)와 외위(外位)의 2원적 체계를 갖추었던 나라는 신라이다. 경위(京位) 17관등, 외위(外位) 11관등을 두었다.

- 고구려는 대성(大城)에는 처려근지, 그 다음 규모의 성에는 욕살을 파견하였다[×]. [지18] ☐
  └ 지방 통치를 위해 욕살과 처려근지를 파견하였다. [서23] ☐

[해설] 고구려 후기의 지방 지배 조직은 대성(大城)·성(城)·소성(小城)의 3단계로 나누고 각각 지방관을 파견했는데, 그중 부(部)에 해당하는 대성의 지방관이 욕살이다. 다시 말해 고구려의 대성은 군(郡)에 해당하는 여러 성을 거느리는 상급의 행정 구역이다[전국을 5부(五部)로 나누어 각 부에 욕살을 파견]. 욕살 아래에는 각 성에 처려근지[도사]가 파견되었고, 소성에는 가라달(可邏達)·누초(婁肖)가 파견되었다. 고구려의 지방관은 행정과 군정을 모두 관장하는 군정적 성격을 띠고 있었다.

- 백제의 지배층은 왕족인 부여씨와 8성의 귀족으로 이루어졌다. [경14②] ☐

[해설] 백제의 지배층은 왕족인 부여씨와 8성의 귀족으로 이루어졌다(부여씨→고구려 동명왕 계통). 왕비족으로 진씨와 해씨가 있었고, 귀족으로 사씨(사택씨), 연씨, 국씨, 목씨, 백씨, 협씨가 있었다.

■ 백제의 여덟 씨족 대성 [기17] ☐

(라)에는 여덟 씨족의 대성이 있는데 사씨, 연씨, 협씨, 해씨, 정씨, 국씨, 목씨, 백씨이다. 나라의 서남쪽에 사람이 살고 있는 섬이 15군데 있다.

[해설] 백제의 8성 귀족을 가리키는 것임을 알 수 있다[(라)는 백제를 가리킴]. '정씨'는 중국쪽 사서에 나오는 것으로, 『삼국사기』에는 '진씨'로 되어 있다. 참고로 왕족은 고구려 동명왕 계통의 부여씨이고, 왕비족으로 '진씨(정씨)'와 '해씨'가 있었다.

- [백제] 정사암 회의를 통해 재상을 선발하였다. [지21] □
  └호암사에 있는 정사암에서 중대한 회의가 이루어졌다. [기18] □
  └재상을 뽑을 때 정사암에 후보 이름을 써서 넣은 상자를 봉해두었다(정사암 회의). [서19②] □

[해설] (귀족 회의인) 정사암 회의를 통해 재상을 선발한 나라는 백제이다. 호암사의 정사암이라는 바위 위에 후보 3, 4명의 이름을 써서 상자에 넣고 봉해 바위 위에 두었다가 얼마 후에 가지고 와서 열어 보고 그 이름 위에 도장이 찍혀 있는 사람을 재상으로 삼았다(『삼국유사』). 호암사는 충남 부여의 규암면 천정대 아래에 위치한 사찰이다.

■ 백제의 정사암 회의 [지24] [지17①] [서23] □

- (가) 의 호암사에는 정사암이란 바위가 있다. 나라에서 장차 재상을 의논할 때에 뽑을 후보 서너 명의 이름을 써서 상자에 넣고 봉해서 바위 위에 두었다. 얼마 후에 열어 보고 이름 위에 도장이 찍힌 자국이 있는 사람을 재상으로 삼았다. 이런 까닭에 정사암이라 했다.
  -『삼국유사』-

[해설] 주어진 자료 속 '(가) 국가'는 백제를 가리킨다. 백제는 정사암에 모여 국가 중대사를 논의하였다(천정대와 호암사지에서 정사암 회의 열림). 정사암 회의는 백제의 귀족 회의이다.

- 호암사에는 (가) (이)라는 바위가 있다. 나라에서 장차 재상을 뽑을 때에 후보 3, 4명의 이름을 써서 상자에 넣고 봉해 바위 위에 두었다가 얼마 후에 가지고 와서 열어 보고 그 이름 위에 도장이 찍혀 있는 사람을 재상으로 삼았다.
  -『삼국유사』-

[해설] '호암사'라는 말과 재상을 뽑을 때 상자에 넣고 봉해 바위 위에 둔다는 내용에서 백제의 귀족 회의인 정사암 회의임을 짐작할 수 있다.

- 나라에서 장차 재상을 뽑을 때에 후보 서너 명의 이름을 써서 상자에 넣고 봉해 이를 호암사에 있는 바위에 두었다. 얼마 뒤에 가지고 와서 열어보고 이름 위에 도장이 찍혀 있는 사람을 재상으로 삼았다.

[해설] 『삼국유사』에 나오는 내용으로, 백제의 귀족 회의인 정사암 회의를 통해 재상을 선발하는 내용을 담고 있다.

- 백제는 수상격인 상좌평 또는 내신좌평을 3년마다 정사암 회의에서 선출하였고, 내법좌평은 형옥 업무를 관장하였다[×].* [경11②] □

[해설] 백제는 수상격인 상좌평 또는 내신좌평을 3년마다 정사암 회의에서 선출하였고, 내법좌평은 (형옥 업무가 아니라) 의례와 교육 업무를 관장하였다. 형옥 업무를 관장한 것은 조정좌평이다(고이왕 대의 좌평 관련 선지 및 해설 참조).

- [백제] 중앙 관청을 22개로 확대하고 수도는 5부, 지방은 5방으로 정비하였다. [지17①] □

[해설] 중앙 관청을 22개로 확대하고 수도를 5부, 지방을 5방으로 정비한 국가는 백제이다(백제 성왕).

- 백제는 도성에 5부, 지방에 방(方)-군(郡) 행정 제도를 시행하였다. [지18] □
  └전국을 5방으로 나누고 그 책임자를 방령이라고 불렀다. [서23] □

[해설] 백제는 도성에 5부, 지방에 방(方)-군(郡) 행정 제도를 시행하였다. 방령은 곧 고구려의 욕살에 해당하는 백제의 지방 장관이다.

- 백제의 관리는 뇌물을 받거나 국가의 재물을 횡령했을 때 3배를 배상하고, 죽을 때까지 금고형에 처하였다.* [지12②] □
  └관리가 뇌물을 받으면 3배를 추징하였다.* [경21①] □

[해설] 백제의 형벌에 관한 내용이다. 백제의 관리는 뇌물을 받거나 국가의 재물을 횡령했을 때 3배를 배상하였고, 죽을 때까지 금고형에 처하였다.

- 신라의 6부 행정 구역 개편 및 백제와의 혼인 동맹 결성 [경11②] □

[해설] 신라의 6부 행정 구역 개편[우역제 실시] 및 백제와의 혼인 동맹(493, 백제 동성왕 15/ 신라 소지마립간 15) 결성은 소지마립간 대(재위 479-500, 제21대)의 일이다. 우역제(郵驛制)는 봉수(烽燧)와 더불어 전 근대 국가에서 가장 중요하고 보편적인 교통·통신 수단이었다. 공문서의 전

달, 관물의 운송, 공무를 띤 출장 관리의 숙박 편의 등을 위해 설치하였다[고역전(尻驛典)과 경도역(京都驛) 설치].

- [신라의 관등 제도] 6세기 초 법흥왕 때 완성되었다. [경13①] □
  - 왕경인에 대한 경위(京位) 17관등과 지방인에 대한 외위(外位) 11관등으로 구성되었다.* [경13①] □
  - 6두품은 아찬(阿湌)까지, 5두품은 대사(大舍)까지 승진의 한계가 정해져 있다[x]. [경13①] □
  - 신라는 법흥왕 때 17관등제를 정비하였고, 관등 승진의 상한선은 골품에 따라 정해져 있었는데 6두품은 이벌찬의 관등까지 승진할 수 있었다[x]. [경11②] □
  - 삼국 통일을 전·후한 시기에 이르면 6두품 이하에 속한 사람들에게 중위(重位) 제도라는 일종의 특진의 길을 개방하기도 하였다. [경13①] □

[해설] [경13①] 신라의 관등 제도는 6세기 초, 즉 법흥왕 7년인 520년에 완성되었다(17관등). / 왕경인에 대한 경위(京位) 17관등과 지방인에 대한 외위(外位) 11관등으로 구성되었다. / 6두품은 (6관등인) 아찬(阿湌)까지, 5두품은 (대사가 아니라) (10관등인) 대나마(大奈麻)까지 승진의 한계가 정해져 있다. 또 4두품은 (12관등인) 대사(大舍)까지가 승진의 한계였다. / [경11②] 신라는 법흥왕 때 17관등제를 정비하였고, 관등 승진의 상한선은 골품에 따라 정해져 있었는데 6두품은 (1관등인 이벌찬이 아니라) 6관등인 아찬까지 승진할 수 있었다. / [경13①] 삼국 통일을 전후한 시기에 이르러 6두품 이하에 속한 사람들에게 중위(重位) 제도라는 일종의 특진의 길을 개방하기도 하였다. 진골 중심의 골품제를 유지하면서도 비진골 중심의 관료제를 활성화시키려는 타협안으로 성립된 것이다. 그리하여 아찬에 4등급, 사찬에 3등급, 대나마에 9등급, 나마[내마]에 7등급 등의 중위를 설치하여 관등상의 상한성에 오른 비진골 관료들에게 특진의 기회를 열어주었다.

■ 신라의 17관등 [기17] □

(다)의 관직은 17등급이 있다, 문자와 군사는 중국과 같고, 건장한 남자는 모두 뽑아 군대에 편입시켰으며, 군영마다 대열이 조직되어 있다.

[해설] 신라에 대한 것으로, 군의 경우 신문왕 7년인 687년에 9서당 10정으로 정비되었다. 참고로 고구려의 관직은 14등급, 백제의 관직은 16등급이다.

- [신라] 제5관등 이상의 귀족들이 모여 주요 국사를 처리하였다. [서23] □

[해설] 제5관등 이상의 귀족들[진골]이 모여 주요 국사를 처리한 국가는 신라이다(골품제). 신라에서는 진골만이 제5관등인 대아찬 이상의 최고 관등에 오를 수 있으며, 각 중앙 관서의 장관직을 독점할 수 있었다. 또 이들은 국가로부터 녹읍과 식읍을 받았으며 사병을 양성하고, 사원을 경영하여 재산을 빼돌리는 등 호사스러운 생활을 하였다.

- [신라 골품제] 자색(紫色)의 공복을 착용하였다. [국17①] □

[해설] 자색(紫色)은 보라색으로, 제1관등인 이벌찬에서 제5관등인 대아찬까지 해당한다. 진골만이 오를 수 있다(자색 공복 착용).

- [신라 진흥왕] 사정부를 두어 관리를 감찰하였다.* [지17②] □

[해설] 사정부를 두어 관리를 감찰한 것은 신라 진흥왕 대(재위 540-576, 제24대)의 일이다(544, 진흥왕 5).

- [신라] 성골 출신의 국왕이 재위하였다. [지22] □

[해설] 성골 출신의 국왕이 재위한 것은 진평왕(재위 579-632, 제26대)에서 진덕 여왕(재위 647-654, 제28대)까지의 일이다. 태종 무열왕(재위 654-661, 제29대) 이후에는 진골 출신이 왕위를 계승하였다.

- [태종 무열왕의 즉위] 성골 골품이 소멸하였다. [지11②] □
  - 이후 진골 출신도 왕이 될 수 있었다. [지11②] □
  - 국왕의 조언자 역할을 하는 상대등의 권한이 강화되었다[x]. [지11②] □
  - 갈문왕 제도가 사실상 폐지되고 상대등의 권한이 약화되었다. [경20①] □

┗집사부 시랑직에 6두품 출신들이 진출하였다.* [지11②] □

[해설] 태종 무열왕은 진골 출신으로는 최초로 왕이 되었다. 성골 골품은 진덕 여왕을 마지막으로 소멸하였다. / 태종 무열왕 이후에는 진골 출신이 왕위를 계승하였다. / 왕으로 즉위하기 전에 김춘추는 선덕 여왕 대 말에 일어난 상대등 비담의 난을 김유신과 함께 진압한 일이 있다(647, 선덕 여왕 16) 따라서 김춘추는 즉위 후 감찰 기관인 사정부를 설치하고 갈문왕 제도를 폐지하는 등 왕권을 전제화하였다. 상대등의 권한이 약화될 수밖에 없었다. / [경20①] 김춘추(604~661)는 654년에 신라의 제29대 왕으로 즉위(태종 무열왕, 재위 654-661)하는데, 왕권 강화를 위해 갈문왕(葛文王)* 제도를 폐지하고(구체적인 연도는 미상), 감찰 기관인 사정부를 설치하였다(659, 태종 무열왕 6). 또 집사부(의 장관인) 중시의 권한을 강화시켜(구체적인 연도는 미상) 상대적으로 상대등의 권한을 약화시켰다(647년에 난을 일으킨 비담이 상대등의 지위에 있었음). / [지11②] (왕의 명령을 집행하고 보고하며 중요한 기밀 업무 등을 담당한) 집사부 시랑직에는 6두품 출신들이 진출하였다[중시 아래 시랑(전대등) 2인을 둠]. 집사부의 책임자(장관)는 중시이다[진덕 여왕 5년(651)에 처음 설치, 경덕왕 6년인 747년에 명칭이 시중으로 바뀜].

* 갈문왕(葛文王): 왕의 근친에게 주던 봉작[존칭]으로, 혈통을 달리하여 왕위를 이은 왕의 생부나 왕의 장인 등에게 추봉하였다(조선 시대의 대원군, 부원군과 같은 성질의 것).

- [신라] 6두품이 학문적 식견을 바탕으로 국왕의 조언자로 활동하였다. [국13] □

┗학문과 종교 분야에서 활발히 활동하였다. [기18] □

┗강수는 외교 문서를 잘 지은 문장가로 유명하며 불교를 세외교(世外敎)라고 비판하였다. [경16②] □

┗진골 출신의 설총은 이두를 정리하여 한문 교육에 공헌하였고 신문왕에게 '화왕계'라는 글을 바쳤다[x]. [경16②] □

[해설] 6두품은 신라 중대*에 학문적 식견을 바탕으로 국왕의 조언자로 활약하였다(설총, 강수, 최치원 등). / 강수(?~692)의 대표적인 글로는 「답설인귀서」와 「청방인문표」**가 있다. / 설총(655~?)은 6두품이지 진골 출신이 아니다. 하지만 설총이 국왕[신문왕]에게 조언하는 내용인 「화왕계」를 집필하여 바친 것은 옳다(680년대).

*신라 중대: 김부식의 『삼국사기』는 신라를 상대, 중대, 하대로 구분하였다. 상대는 성골이 왕위를 독점하였던 박혁거세부터 제28대 진덕 여왕 대(기원전 57~654)까지이고, 중대는 진골이 왕위를 독점하였던 제29대 무열왕부터 제36대 혜공왕 대(654~780)까지이며, 하대는 내물왕계 진골 왕실이 주도하던 제37대 선덕왕부터 제56대 경순왕 대(780~935)까지이다.

**「청방인문표(請放仁問表)」는 태종 무열왕의 둘째 아들이자 문무왕의 아우인 김인문(629~694)의 석방을 청하는 글이고, 「답설인귀서(答薛仁貴書)」는 671년(문무왕 11)에 지은 당의 행군총관 설인귀의 서신에 대한 답서이다. 당에 숙위 중이던 김인문이 옥에 갇힌 것은 고구려를 멸한 후 신라가 당군에 대항하여 군사를 발하자 당 고종이 화가 났기 때문이다(671년경으로 추정). 이후 당 고종은 「청방인문표」를 읽고 인문을 석방하였다[672년경으로 추정(신라가 9월에 사죄사 파견), 단지 표문뿐 아니라 두 차례의 침략이 실패하고, 신라가 천왕사를 짓고 당 황제의 만년 수명을 축원하는 법석을 연다는 보고, 김인문을 문무왕 견제 수단으로 활용하려는 속셈 등도 김인문의 석방에 영향을 미친 것으로 보임(『삼국유사』)].

■ 강수(6두품 출신) [기18] □

태종대왕(太宗大王)이 즉위하자 당의 사신이 와서 조서를 전했는데, 해독하기 어려운 부분이 있었다. 왕이 그를 불러 물으니, 그가 왕 앞에서 한번 보고는 설명하고 해석하는데 의심스럽거나 막히는 데가 없었다. 왕이 놀랍고도 기뻐 서로 만남이 늦은 것을 한탄하고 그의 성명을 물었다. 그가 대답하여 아뢰었다. "신은 본래 임나가량(任那加良) 사람이며 이름은 우두(牛頭)입니다." 왕이 말했다. "경의 두골을 보니 강수 선생이라고 부를 만하다." 왕은 그에게 당 황제의 조서에 감사하는 회신의 표를 짓게 하였다. 문장이 세련되고 뜻이 깊었으므로, 왕이 더욱 그를 기특히 여겨 이름을 부리지 않고 임생(任生)이라고만 하였다.

- 삼국사기 -

[해설] 자료 속 밑줄 친 '그'는 외교 문서 작성에 능했던 신라의 강수(?~692)를 가리킨다. 강수는 가야 출신 6두품 출신이다.

- [신라] 화백 회의에서 중요한 일을 결정하였다. [법24] □

┗큰일이 있을 때에는 반드시 화백 제도를 통해 여러 사람의 의견을 따랐다. [서19②] □

┗화백 회의에서 국왕을 폐위시킨 일이 있었다. [국13] □

└신라에는 상대등(上大等)을 의장으로 하는 민장일치 합의체인 화백 회의가 있었다. [경13②] □

└신라 화백 회의는 만장일치 원칙이며 회의의 의장은 상좌평이다[x]. [서17①] □

└신라 – 개인의 많은 활동 범위를 제한하는 화백 제도가 있었다[x]. [기12] □

└[신라 귀족 회의] 화백 회의에 참여하였다. [소19①] □

└화백 회의 [경11②] □

[해설] 큰일이 있을 때에는 반드시 화백(和白) 제도를 통해 여러 사람의 의견을 따른 나라는 신라이다(신라의 귀족 회의인 '화백 회의')(만장일치제로 운영). / 579년에 진지왕(재위 576-579, 제25대)이 화백 회의의 결정으로 폐위된 바 있다. / 신라의 화백 회의는 상대등을 의장으로 중요 국사를 논의할 때 개최되었으며, 만장일치가 원칙이었다. '상좌평'은 백제의 최고 관직이다. / [기12] 개인의 많은 활동 범위를 제한한 제도는 골품제이다.

- [신라의 혼인 풍습] 김흠운의 딸을 왕비로 맞이하는 과정은 국왕이 중국식 혼인 제도를 수용했다는 사실을 알려주고 있다.* [국14] □

[해설] 김흠운(?~655)은 신라의 화랑으로 655년 백제와의 전투에서 전사하였다. 그의 작은 딸이 683년(신문왕 3)에 왕비가 되었다[신문왕(재위 681-692), 제31대]. 주 대 혼례의 육례(六禮) 가운데 하나인 납채(納采, 남자 집에서 혼인을 하고자 예를 갖추어 청하면 여자 집에서 이를 받아들이는 것)를 하였다[납채례].

- [신라의 군사 제도] 방령은 각각 700~1,200명의 군사를 거느렸다[x].* [경14②] □

└군주는 주 단위로 설치한 부대인 정을 거느렸다. [경14②] □

└전쟁과 사냥에 대한 교육을 받았던 화랑은 직접 전투에 참여하였다. [경14②] □

└8세기 후반 이후 경제 기반을 확대한 진골 귀족들은 사병을 거느렸다. [경14②] □

[해설] 방령은 백제의 지방 장관으로 지방 행정 및 군대의 최고 책임자이다. 따라서 방령이 각 700~1,200명의 군사를 거느렸다는 것은 신라가 아니라 백제의 군사 제도에 대한 설명이다. / 군주는 주 단위로 설치한 부대인 정을 거느렸다. 참고로 신라에는 정 외에도 서당, 사자대(중앙 특수 부대), 위병(수도 방위) 등의 군대가 있었다. / 전쟁과 사냥에 대한 교육을 받았던 화랑은 직접 전투에 참여하였다. 삼국 통일 전쟁 때도 화랑들이 참전하였다. / 혜공왕(재위 765-780, 제36대)의 피살 이후 귀족들 간의 왕위 쟁탈전이 심해짐에 따라 진골 귀족들은 사병을 거느리게 되었다.

주제 11 삼국의 문화(불교)

1 고구려의 불교

- [삼국 시대의 불교] 삼국 불교의 윤회설은 왕이나 귀족, 노비는 전쟁의 업보에 의해 타고났다고 보기 때문에 신분 질서를 정당화하는 관념을 제공하였다. [서16] □
  - 삼국의 불교는 왕실에 의해 적극 수용되었으나 귀족들의 반대에 부딪쳐 공인되지는 못하였다[×]. [경12③] □
  - 삼국의 불교는 모두 왕실에서 먼저 받아들여지고 점차 민간에게로 전파되었다. [경12③] □

[해설] 삼국은 새로운 정치사상으로 불교를 수용하였다. 불교의 윤회설을 통해 지배층의 지배를 정당화하였는데, 신라에서는 왕즉불(王卽佛)사상으로 나타나기도 하였다. / 삼국의 불교는 왕실에 의해 적극 수용되었고, 또 공인되었다. 귀족들도 적극 수용하여 삼국의 불교는 귀족적인 성격도 공통으로 갖고 있다. / 삼국의 불교는 모두 왕실에서 먼저 받아들여지고 점차 민간에게로 전파되었다. 삼국의 불교는 또 현세구복적이고 호국적인 성격을 공통으로 갖고 있다.

■ 소수림왕 대의 불교 전파 [국16] □

- ○ 왕 재위 2년에 전진 국왕 부견이 사신과 승려 순도를 보내며 불상과 경문을 전해왔다. (이에 우리) 왕께서 사신을 보내 사례하며 토산물을 보냈다.
- ○ 왕 재위 5년에 비로소 초문사를 창건하고 순도를 머물게 하였다. 또 이불란사를 창건하고 아도를 머물게 하였다. 이것이 해동 불법(佛法)의 시작이었다. - 『삼국사기』 -

[해설] 고구려 제17대 왕인 소수림왕 때(재위 371~384)의 일이다. 위의 자료는 소수림왕 2년인 372년, 아래의 자료는 소수림왕 5년인 375년의 일이다.

- 고구려의 겸익은 인도에서 율장을 가지고 돌아온 계율종의 대표적 승려로서 일본 계율종의 성립에도 영향을 주었다[×].

[서16] □

[해설] 겸익(?~?)은 (고구려가 아니라) 백제의 승려이다(6세기 전반 무령왕과 성왕 대에 활약). 인도에서 불경을 가져와 번역하였다. 고구려에서는 삼론종이 발달하였으며, 승랑(?~?)이 중국에 건너가 중국 삼론종의 발전에 기여하였다. 참고로 노리사치계(?~?)가 백제 성왕의 사신으로 일본에 불교를 전하였다(552, 성왕 30).

- 연가 7년명 금동 여래 입상 [기15] □

[해설] 금동 연가 7년명 여래 입상은 고구려의 불상이다(국보 제119호). 고구려의 승려들이 만들어 유포한 천불(千佛) 중의 하나로 경상남도 의령에서 출토되었다(539, 안원왕 9). 광배 뒷면에 연가(延嘉) 7년이라는 명문이 새겨져 있어 불상의 제작 연대를 추정할 수 있다. 우리나라에서 가장 오래된 기년명(紀年名) 금동불로 전체 높이는 16.2cm이다. 고구려의 승려들이 천불(千佛)을 조성하는 과정에서 만든 것으로 알려져 있다.

2 백제의 불교

- 창왕명 석조 사리감* [서15] □

[해설] 창왕명 석조 사리감은 부여 능산리 절터에서 발견된 사리 보관 용기로 성왕의 아들 창왕[위덕왕(재위(554-598), 제27대]의 누이가 사리를 공양하였다는 내용이 새겨져 있다[성왕의 아들로 창(昌) 또는 부여창으로 불렸다].

- 정림사지 5층 석탑 [서15] □

[해설] (부여) 정림사지 5층 석탑은 백제의 대표적인 석탑으로, 미륵사지 석탑을 계승하였으며 안정적이고 경쾌한 형태를 갖추고 있다.

- 부여 정림사지 5층 석탑에서는 백제 무왕의 왕후가 넣은 사리기가 발견되었다[✗]. [국19] □

[해설] 백제 무왕의 왕후가 넣은 사리기가 발견된 석탑은 (부여 정림사지 5층 석탑이 아니라) 익산 미륵사지 석탑이다. 2009년 초 미륵사지 석탑 심초에서 사리기가 발견되었는데 이로써 미륵사를 창건한 이가 무왕(재위 600-641, 제30대)과 선화 공주(?~?)라고 기록한 『삼국유사』의 신빙성이 의심받게 되었다. 사리기를 통해 백제 무왕의 왕후는 백제 귀족 좌평 사택적덕(?~?)의 딸인 것으로 밝혀졌다.

■ 익산 미륵사지 서탑 금제 사리봉안기 [국24]

우리 왕후께서는 좌평 사택적덕의 따님으로 지극히 오랜 세월에 선인(善因)을 심어 이번 생에 뛰어난 과보를 받아 만민을 어루만져 기르시고 삼보(三寶)의 동량(棟梁)이 되셨기에 능히 가람을 세우시고, 기해년 정월 29일에 사리를 받들어 맞이하셨다. 원하옵나니, 영원토록 공양하고 다함이 없어 이 선(善)의 근원을 배양하여, 대왕 폐하의 수명은 산악과 같이 견고하고 치세는 천지와 함께 영구하며, 위로는 정법을 넓히고 아래로는 창생을 교화하게 하소서.

[해설] 주어진 자료 속 밑줄 친 '가람', 즉 사찰은 익산 미륵사를 가리킨다(639, 백제 무왕 40). 『삼국유사』의 '서동설화'에 따르면 백제 무왕의 비가 신라의 제26대 왕인 진평왕(재위 579-632)의 공주인 선화 공주(?~?)로 되어 있다. 하지만 2009년 1월 익산 미륵사지 석탑 심초(心礎)(탑의 가운데에 세우는 기둥의 기초)에서 백제 무왕(재위 600-641, 제30대)의 왕후가 넣은 사리기에 발견되었는데, 여기에서는 백제 무왕의 왕후가 백제의 귀족 사택적덕(?~?)의 딸(사택 왕후)로 기록되어 있다(주어진 자료는 '익산 미륵사지 서탑 금제 사리봉안기').

*삼보(三寶)란 불자가 귀의해야 한다는 불보, 법보, 승보의 3가지를 가리킨다. 동량(棟梁)은 기둥과 들보로 집안이나 나라를 떠받치는 중대한 일을 맡을 만한 인재를 이르는 말이다. 불교의 승려를 가리키기도 하는데 여기서는 문맥상 앞의 뜻으로 보는 것이 합당하다.

- [무왕] 목탑 양식의 미륵사지 석탑이 건립되었다. [지19] □
  - [익산 미륵사] 목탑의 양식을 간직한 석탑이 있다. [국24] □
  - [익산 미륵사지 석탑] 목조탑의 양식을 간직하고 있는 석탑이다. [지17②] □
  - 무구정광대다라니경이 발견되었다[✗]. [서23] □

[해설] 목조탑의 양식을 간직하고 있는 석탑은 익산 미륵사지 석탑이다(639, 백제 무왕 339)(국보 제11호). 미륵사는 백제 무왕(재위 600-641, 제30대) 대에 창건된 백제 최대의 사찰로 알려져 있다. 미륵사지 석탑은 2018년에 20년 만에 복원이 완료되었다. / [서23] [세계 최고(最古)의 목판 인쇄물인] 무구정광대다라니경[불경 인쇄본]이 발견된 곳은 (익산 미륵사지 석탑이 아니라) 경주 불국사 삼층 석탑(석가탑)이다(탑신부)(700년대 초에서 751년 사이에 제작된 것으로 추정)(1966년 발견).

- 정진과 사색하는 모습의 미륵 반가 사유 상이 많이 만들어졌다. [서12] □
  - 금동 미륵보살 반가 사유상 [지18] □
  - 금동 미륵보살 반가상 [기15] □

[해설] 6세기 중엽 내지 그 직후에 제작된 삼국 시대의 보살상이다(6~7세기, 삼국 시대 말이자 통일 신라 시대 초기). 국보 제78호, 국보 제83호 두 개가 유명하다[삼산관(三山冠)을 쓴 83호가 더 유명, 백제의 작품으로 추정]. 돈자형(墩子形) 의자 위에 앉아 왼발은 내리고, 오른발은 왼쪽 다리 위에 걸쳤으며 오른쪽 팔꿈치를 무릎 위에 올려놓고 손가락을 뺨에 댄 채 명상에 잠긴 이른바 반가 사유의 자세를 취하고 있다. 금동으로 만든 이러한 반가 사유상은 삼국 시대에 걸쳐 크게 유행하였다.

- 백제 말기에는 미래에 중생을 구제한다는 미륵 신앙이 유행하기도 하였다. [서19②] □

[해설] 미륵 신앙은 (미래불인) 미륵불이 세상을 구원한다고 믿는 신앙으로 백제 무왕 대의 익산 미륵사의 창건을 통해 알 수 있다(639, 무왕 40)(신라 진흥왕도 국가 통치 이념으로 응용). 참고로 미륵 신앙은 조선 후기에도 널리 유행하였다.

3 신라의 불교

- [법흥왕] 신라가 불교를 공인하였다. [지14①] □
  └ 이차돈의 순교를 계기로 불교를 공인하였다. [법20] □
  └ 신라에서는 이차돈의 순교를 계기로 불교가 공인되었다. [경19②] □
  └ 불교를 공인하였다. [서24①] □

[해설] 이차돈(506~527)의 순교를 계기로 불교를 공인한 것은 신라 법흥왕 14년인 527년의 일이다(*528년 공인설 있음)[법흥왕(재위 514-540), 제23대].

- 신라의 진흥왕은 두 아들의 이름을 동륜 등으로 짓고 자신은 전륜성왕으로 자처했다.* [서19②] □

[해설] 신라의 진흥왕(재위 540-576, 제24대)은 두 아들의 이름을 동륜 등으로 짓고 자신은 전륜성왕으로 자처하였다. 참고로 백제 무왕(재위 600-641, 제30대)과 발해의 문왕(재위 737-793, 제3대)도 자신을 전륜성왕으로 자처하였다.

- [원광] 화랑이 지켜야 할 세속 오계를 제시하였다. [국20] □
  └ 화랑이 지켜야 할 세속 오계를 지었다. [지19] □
  └ 세속 5계를 만들어 젊은이에게 규범을 제시하였다. [지13] □
  └ 젊은이들에게 세속 5계를 가르쳤다. [회19] □
  └ 원광 법사가 제정한 세속 오계의 윤리를 배웠다. [지12②] □
  └ 세속 5계를 만들었다. [소18②] □
  └ 원광 [지24] [지15①] □

[해설] 화랑이 지켜야 할 세속 오계[세속 5계]를 지어 화랑도의 규범으로 제시한 인물은 신라의 고승, 원광(542/555~630/640)이다(601, 신라 진평왕 23). 신라 진평왕의 요청으로 세속 오계를 지었다.

■ 원광의 세속 오계(세속 5계) [지21] □

(가) 가/이 귀산 등에게 말하기를, "세속에도 5계가 있으니, 첫째는 충성으로써 임금을 섬기는 것, 둘째는 효도로써 어버이를 섬기는 것, 셋째는 신의로써 벗을 사귀는 것, 넷째는 싸움에 임하여 물러서지 않는 것, 다섯째는 생명 있는 것을 죽이되 가려서 한다는 것이다. 그대들은 이를 실행함에 소홀하지 말라."라고 하였다. - 『삼국사기』 -

[해설] 주어진 자료 속 인물은 화랑에게 세속 오계를 제시한 신라의 고승 원광(542-640)을 가리킨다(600, 진평왕 22).

- [원광] 왕에게 수나라에 군사를 청하는 글을 지어 바쳤다. [지21] □
  └ 진평왕의 명으로 수나라에 군사를 청하는 글을 지어 바쳤다. [기18] □

[해설] 원광(542/555~630/640)은 왕(진평왕)에게 수나라에 군사를 청하는 글을 지어 바친 적이 있다(608, 진평왕 30). 「걸사표(乞師表)」 또는 「걸병표(乞兵表)」라는 글이 그것이다.

- 자장이 세속 오계를 정하고 수나라에 군사를 청하는 표문을 작성했다[×]. [경18③] □

[해설] 세속 오계[세속 5계]를 정하고(600), 수나라에 군사를 청하는 표문(「걸사표」, 608)을 작성한 승려는 [자장(율사)(590~658)이 아니라] 원광이다(관련 자료 참조).

- [자장] 대국통으로 있으면서 계율을 지키는 일에 힘을 보탰다. [지19] □

[해설] (진골 출신) 자장(율사)이 대국통이 된 것은 선덕 여왕 대(재위 632-647, 제27대)의 일이다(선덕 여왕 12년인 643년에 귀국한 직후 임명됨). 교종

5교 중 하나인 계율종을 개종하였다.

■ 자장 율사 [국22] [지19]

- 진골 귀족 출신으로 대국통을 역임하였으며, 선덕 여왕에게 황룡사 9층탑의 건립을 건의하였다.

[해설] 신라의 자장 율사(590~658)를 가리킨다. 자장이 황룡사 구층 목탑의 건립을 건의한 것은 선덕 여왕 12년인 643년의 일이고, 황룡사 구층 목탑이 축조된 것은 그로부터 3년 뒤인 646년(선덕 여왕 15)의 일이다.

- 그는 중국 유학을 마치고 귀국한 다음, 국왕에게 황룡사에 9층탑을 세울 것을 건의했다. 그가 9층탑 건립을 건의한 데에는 주변 나라의 침입을 막고자 하는 호국 정신이 담겨 있다.

[해설] 선덕 여왕에게 황룡사 9층 목탑을 세우도록 건의한 인물은 자장 율사이다(643, 선덕 여왕 12). 자장 율사는 귀국 후 (경남 양산) 통도사에서 계율종을 개창하였다(관련 기록은 없음, 계율종을 전문으로 하는 종파인 남산종이 있었다는 사료를 통해 유추).

- 신라 진흥왕이 황룡사를 짓고 대규모의 9층탑을 만든 것은 불교의 호국 신앙적 성격을 보여준다[×]. [경12③]
  ㄴ[진흥왕] 황룡사를 건립하여 왕권을 강화하였다. [소18①]

[해설] 황룡사가 창건된 것은 진흥왕 14년인 553년이나, 대규모의 9층탑, 즉 황룡사 9층 목탑을 만든 것은 선덕 여왕 15년인 646년의 일이다[자장 율사(590~658)가 건립을 건의한 것은 선덕 여왕 12년인 643년].

- [황룡사 9층 목탑] 자장 율사가 건의하여 세워졌다. [지17②]
  ㄴ[자장] 황룡사 9층 목탑의 건립을 왕에게 건의하였다. [지13]

[해설] 황룡사 9층 목탑의 건립은 당에서 유학하고 돌아온 자장 율사의 건의로 이루어졌다. 건의한 것은 귀국 직후인 643년(선덕 여왕 12)이고 목탑이 건립된 것은 3년 후인 646년(선덕 여왕 15)의 일이다.

■ 황룡사 9층 목탑 [지17②]

신인(神人)이 말하기를, "황룡사의 호법룡은 나의 아들로서 범왕(梵王)의 명을 받아 그 절을 보호하고 있으니, 본국에 돌아가 그 절에 답을 세우시오. 그렇게 하면 이웃 나라가 항복하고 구한(九韓)이 와서 조공하여 왕업이 길이 태평할 것이오."라고 하였다. …… 백제에서 아비지(阿非知)라는 공장을 초빙하여 이 탑을 건축하고 용춘이 이를 감독했다.

- 『삼국유사』 -

[해설] 밑줄 친 '이 탑'은 신라 선덕 여왕 때 왕도인 경주에 만들어진 황룡사 9층 목탑이다(643). 참고로 (경주) 황룡사 9층 목탑은 고려 시대 때 몽골군의 침입 때(3차 침입, 1235~1239) 소실되어 현재는 황룡사지 터의 '심초석'들만 남아 있다.

- [경주 분황사 모전 석탑] 돌을 벽돌 모양으로 다듬어 쌓았다. [지17②]
  ㄴ[분황사] 돌을 벽돌 모양으로 만들이 쌓은 모진 석탑이 있다. [국24]
  ㄴ(가) - 석재를 벽돌 모양으로 만들어 쌓은 신라 시대의 대표적인 탑이다. [기14]
  ㄴ분황사탑 [지16①]

[해설] 돌을 벽돌 모양으로 다듬어 쌓은 탑은 경주 분황사 모전 석탑이다(634, 선덕 여왕 3)(국보 제30호). 황룡사 9층 목탑과 마찬가지로 선덕 여왕 때, 즉 분황사 창건과 함께 조성된 것으로 추정한다. 분황사탑은 건립 초기에는 9층이었으나 현재는 3층까지만 남아 있다. / [기14]의 (가)는 익산 미륵사지 석탑을 가리키나 무시함.

● 사진으로 보는 삼국의 문화(불교)

▲ 익산 미륵사지 석탑 [서23] ☐
▲ 익산 미륵사지 석탑 [법19] ☐
▲ 익산 미륵사지 석탑 [법17] ☐
▲ 익산 미륵사지 석탑 [기18] ☐
▲ 익산 미륵사지 석탑 [기14] ☐
▲ 익산 미륵사지 석탑 [소22] ☐
▲ 부여 정림사지 5층 석탑 [법17] ☐
▲ 부여 정림사지 5층 석탑 [법16] ☐
▲ 금동 미륵보살 반가 사유상 [법22] ☐

[해설] [서23] [법19] [법17] [기18] [기14] [소22] 익산 미륵사지 석탑. 목탑 양식을 계승한 백제의 대표적인 석탑이다. 백제 무왕 대(재위 600-641, 제30대)에 세워졌다(639, 무왕 40). 사비 시대의 석탑에 해당한다.

[해설] [법 17] [법16] 부여 정림사지 5층 석탑. 사비 시대의 석탑에 해당한다(7세기). 오늘날 익산 미륵사지 석탑과 함께 두 기만 남아 있는 백제 시대의 석탑이다. 전형적인 백제탑 형식이자 우리나라 석탑의 시원 양식[시조] 중 하나로 평가받고 있다.

[해설] [법22] 삼국 시대 신라의 금동 미륵보살 반가 사유상이다. 제시된 것은 부처의 머리에 3면이 둥근 산 모양의 보관(寶冠), 즉 삼산관(三山冠)을 쓴, 국보 제83호 금동 미륵보살 반가 사유상이다. 참고로 부처가 복잡한 보관을 쓴 국보 제78호 금동 미륵보살 반가 사유상도 있다. 또 일본 교토 고류지 목조 미륵보살 반가 사유상은 현재 일본의 국보 제1호이다(7세기경). 정진과 사색하는 모습의 미륵 반가 사유상이 많이 만들어진 것은 6~7세기의 일이다(삼국 시대 말이자 통일 신라 시대 초기).

주제 12 삼국의 문화(불교 외)

1 유교

- [백제 근초고왕] 박사 고흥으로 하여금 백제의 역사서인 『書記(서기)』를 편찬하게 하였다. [서14] ☐
  - 백제에서는 근초고왕 때 고흥이 「서기」를 편찬하였다. [경16①] ☐
  - 박사 고흥이 『서기』를 편찬하였다. [경20①] ☐

[해설] 백제의 근초고왕은 박사 고흥(?~?)으로 하여금 역사서인 『서기』를 편찬하게 하였다(375, 근초고왕 30).

- [고구려 장수왕] 경당을 설치하여 학문과 무예를 가르쳤다. [지21] ☐
  - 경당에서 유교와 활쏘기 등 무예를 배웠다. [지12②] ☐
  - [경당] 지방에 설치되어 한학과 함께 무술을 가르쳤다. [기19] ☐
  - 경당에서 공부하는 학생 [법16] ☐

[해설] 경당(扃堂)을 설치하여 학문과 무예를 가르친 나라는 고구려이다. 경당은 고구려 장수왕이 평양 천도 직후(427, 장수왕 15) 지방에 설치한 교육 기관이다(지방 교육 기관). 한학[유교]과 활쏘기 등의 무술을 교육하였다.

- [고구려 영양왕] 역사서인 『신집』을 편찬하였다. [국16] ☐
  - 고구려는 영양왕 때 이문진이 『유기』를 간추려 『신집』 5권을 편찬했다. [서19②] ☐
  - 고구려에서는 일찍부터 「유기」가 편찬되었으며, 영양왕 때 이문진이 이를 간추려 「신집」 5권을 편찬하였다. [경16①] ☐
  - 『신집』이라는 역사서가 있었다. [회24] ☐
  - 『신집』 편찬 [회19] ☐

[해설] 고구려가 『유기(留記)』 100권을 고쳐 『신집』 5권을 편찬한 때는 영양왕 대(재위 590-618, 제26대)이다(600, 영양왕 11). 4세기 후반 소수림왕 대에 편찬된 것으로 추정되는 『유기』 100권을 태학박사 이문진(?~?)이 집약[고사(古史)를 축약]하여 5권으로 편찬하였다(『삼국사기』 고구려본기). 『유기』와 『신집』 모두 현재 전해지지 않고 있으나, 고구려에서도 역사 편찬이 중시되었음을 보여준다.

- [진흥왕] 거칠부가 『국사』를 편찬하였다. [국21] [경21①] [경13②] ☐
  - 거칠부에게 국사를 편찬하게 하였다. [법12] ☐
  - [국사] 진흥왕의 명을 받아 거칠부가 편찬하였다. [지21] ☐
  - 신라의 거칠부가 『국사』를 편찬하였다. [회17] ☐
  - 이사부의 건의로 『국사』를 편찬하였다. [경18②] ☐
  - 신라의 역사를 정리하여 국사를 편찬하였다. [서22②] ☐
  - 신라에서는 진흥왕 때 거칠부가 「국사」를 편찬하였다. [경16①] ☐
  - 역사서인 『국사』를 편찬하였다. [회21] ☐

[해설] 거칠부(502~579)가 왕명으로 역사서인 『국사』를 편찬한 것은 신라 진흥왕 6년인 545년의 일이다[진흥왕(재위 540-576), 제24대](건의한 인물은 이사부).

■ 삼국의 역사서 [지23] [지20] [서22①]

- 삼국의 역사서로는 고구려에 『유기』가 있었는데, 영양왕 때 이문진이 이를 간추려 『신집』 5권을 편찬하였다. 백제에서는 __(가)__ 시기에 고흥이 『서기』를, 신라에서는 __(나)__ 시기에 거칠부가 『국사』를 편찬하였다.

[해설] 백제의 박사 고흥(?~?)이 『서기』를 편찬한 것은 근초고왕 30년인 375년의 일이고, 신라의 거칠부(?~579)가 『국사』를 편찬한 것은 진흥왕 6년인 545년의 일이다.

- 겨울 11월에 왕이 돌아가셨다. 옛 기록[古記]에 다음과 같이 전한다. "백제는 나라를 연 이래 문자로 일을 기록한 적이 없는데 이때에 이르러 박사(博士) 고흥(高興)을 얻어 『서기(書記)』를 갖추게 되었다."

[해설] 주어진 <보기>가 가리키는 왕은 백제의 근초고왕(재위 346-375, 제13대)임을 알 수 있다(서기가 편찬된 것은 근초고왕 30년인 375년).

- 이찬 이사부가 왕에게, "국사라는 것은 임금과 신하들의 선악을 기록하여, 좋고 나쁜 것을 만대 후손들에게 보여 주는 것입니다. 이를 책으로 편찬해 놓지 않는다면 후손들이 무엇을 보고 알겠습니까?"라고 아뢰었다. 왕이 깊이 동감하고 대아찬 거칠부 등에게 명하여 선비들을 널리 모아 그들로 하여금 역사를 편찬하게 하였다. -『삼국사기』-

[해설] 주어진 자료는 신라 제24대 왕인 진흥왕 대(재위 540-576)에 편찬된 『국사』를 가리킨다(545, 진흥왕 6).

- 임신서기석 – 신라에서 청년들이 유교 경전을 공부하였다. [지23]
  └ 임신서기석을 보면 신라에서도 청소년이 유교 경전을 공부하였던 사실을 알 수 있다. [경14②]
  └ 유교 경전을 통하여 유학을 공부하였다. [지12②]
  └ 임신서기석 [경12②]

[해설] 임신서기석은 신라의 두 청년이 국가에 충성하고 유학을 힘써 배울 것을 다짐하는 내용이 새겨져 있는 비이다(진흥왕 13년인 552년 또는 진평왕 34년인 612년에 새겨진 것으로 추정). 이를 통해 신라에서 청년들이 유교 경전을 공부하였음을 알 수 있다(신라 화랑도에서 유교 경전을 통하여 유학을 공부).

* '하늘 앞에 맹세한다. 지금부터 3년 이후까지 충도(忠道)를 지키고 잘못이 없기를 맹세한다. 만약 이 서약을 어기면 하늘로부터 큰 벌을 받을 것을 맹세한다'는 내용이 새겨져 있다.

■ 임신서기석 [지12②] [경21①]

- 임신년 6월 16일에 두 사람이 함께 맹세하여 쓴다. 지금부터 3년 후에 충도(忠道)를 지키고 허물이 없게 할 것을 하늘 앞에 맹세한다. 만일 이 서약을 어기면 하늘에 큰 죄를 짓는 것이라고 맹세한다. 또한 신미년 7월 22일에 크게 맹세한 바 있다. 곧 『시경(詩經)』, 『상서(尙書)』, 『예기(禮記)』, 『춘추전(春秋傳)』을 3년 안에 차례로 습득하겠다고 하였다.

[해설] 임신년에 두 사람이 맹세하여 쓴다는 내용으로, 3년 안에 『시경』, 『상서』, 『예기』, 『춘추전』을 차례로 습득하겠다는 다짐이 나와 있다. 신라의 임신서기석을 가리킴을 알 수 있다(두 젊은이가 유교 경전 공부를 3년 안에 익힐 것을 맹세). 여기서 임신년은 진흥왕 13년인 552년, 또는 진평왕 34년인 612년으로 추정한다(신미년은 임신년의 1년 전 간지).

- 하늘 앞에 맹세한다. 지금부터 3년 이후까지 충도(忠道)를 지키고 잘못이 없기를 맹세한다. 만약 이 서약을 어기면 하늘로부터 큰 벌을 받을 것을 맹세한다.

[해설] 위와 같은 내용의 자료이다.

2 도교

- 불교의 전파는 사신도, 산수무늬 벽돌 등에서 확인할 수 있다[×]. [경12③]

[해설] 사신도, 산수무늬 벽돌 등에서 확인할 수 있는 것은 (불교가 아니라) 도교의 전파이다.

- [백제 대향로] 부여 능산리에서 발견된 백제 대향로에는 신선이 산다는 봉래산이 조각되어 있어 백제인의 신선 사상을 엿볼 수 있다. [서16] □

└백제 금동 대향로가 출토되었다. [기18] □

[해설] 백제 대향로는 1993년 능산리 고분군*과 나성 사이의 절터에서 발견되었는데 신선들이 사는 이상 세계인 봉래산과 용, 봉황 등이 표현되어 있어 백제인의 신선 사상을 알 수 있다.
*2021년 9월 부여 능산리 고분군에서 '부여 왕릉원'으로 명칭이 변경되었다.

- 사택지적비 – 백제가 영산강 유역까지 영역을 확장하였다[X].* [지23] □

└사택지적비를 통해 당시 백제가 도가(道家)에 대한 이해를 하고 있었음을 알 수 있다. [지14②] □

└사택지적비 [경13①] □

[해설] 백제 부여의 사택지적비에는 백제의 귀족인 사택지적(?~?)이 지난날의 영광과 세월의 덧없음을 노래하면서 말년에 늙어가는 것을 탄식하여[인생의 무상함을 슬퍼하여] 불교에 귀의하고 원찰[불당과 탑]을 건립했다는 내용이 새겨져 있다[654(의자왕 14) 추정][사택지적비는 불당과 탑을 건립한 것을 기념하여 세운 당탑비(堂塔碑)]. 그리고 사택지적비에서 (도교에 깊은 영향을 준) 노장사상의 유행을 알 수 있다는 평가가 많다.* 아무튼 부여 사택지적비는 백제 금석문을 대표하는 귀중한 자료로 백제의 수준 높은 문화를 잘 보여준다. / [지23] 백제가 (전남) 영산강 유역까지 영역을 확장한 것은 (마한의 잔여 세력을 정복한) 근초고왕 대(재위 346-375, 제13대)의 일이다.
※ [지14②]에서 삼국 시대 금석문 자료로 부여 사택지적비가 제시된 후 '사택지적비를 통해 당시 백제가 도가(道家)에 대한 이해를 하고 있었음을 알 수 있다'가 옳은 설명으로 나와 있다.

- [연개소문] 숙달 등 8명의 도사를 맞아들이고 도교를 육성하였다.* [기19] □

[해설] 연개소문(?~665)의 건의로 고구려는 당에 도교 지원을 요청하였다. 당 태종은 보장왕 2년인 643년 고구려의 요청을 받아들여 숙달(?~?) 등 8명의 도사를 파견하였다(『노자도덕경(老子道德經)』을 가지고 옴).

■ 연개소문의 도교 장려 정책 [법22] □

- 불로장생과 신선이 되기를 추구하는 (가) 은/는 삼국에 전래되어 귀족 사회를 중심으로 유행했으며 예술에도 많은 영향을 주었다. 7세기 고구려의 연개소문은 귀족과 연결된 불교 세력을 억누르기 위해 (가) 을/를 장려하는 정책을 펼쳤다.

[해설] 주어진 자료 속 '(가)'는 도교를 가리킨다.

- 그가 왕에게 아뢰었다. "삼교는 솥의 발과 같아서 하나라도 없어서는 안 됩니다. 지금 유교와 불교는 모두 흥하는데 도교는 아직 번성하지 않으니, 소위 천하의 도술(道術)을 갖추었다고 할 수 없습니다. 엎드려 청하오니 당에 사신을 보내 도교를 구해 와서 나라 사람들을 가르치게 하소서."
- 『삼국사기』 -

[해설] 주어진 자료와 같은 주장을 한 인물은 고구려의 연개소문(?~665)이다(643, 보장왕 2)(『삼국사기』 권 제21 고구려본기 제9 보장왕 '연개소문의 요청으로 당에 도교를 요청하다')(643년 3월).

- 신라 후기 민간 사회에서는 주문으로 질병 치료나 자식 출산 등을 기원하는 현실+복적 밀교가 유행하였다.* [서16] □

[해설] 신라 후기 민간 사회에서는 현실 구복적인 밀교(密敎)가 유행하였다. 밀교는 대승 불교의 한 분야로, 붓다가 깨우친 진리를 은밀하게 전하는 비밀 불교의 줄임말이다(대승 불교의 신비적, 주술적 요소, 상대 개념은 '현교').

3 고분 축조

- 고구려: 돌무지무덤을 조성하고 그 앞에 소나무와 잣나무를 심었다.* [경21②] □

└고구려 돌무지무덤: 백제 초기 무덤에 영향을 미쳤다. [국12] □

┗백제 건국 세력이 고구려와 관계있음을 보여주는 무덤 양식이다. [법15] □

┗백제는 초기에 고구려의 영향으로 계단식 돌무지무덤을 만들었다. [경12①] □

┗금, 은의 폐물로써 후하게 장례를 치렀으며 돌무지무덤(적석총)을 만들었다. [지17②] □

┗[돌무지무덤] 장군총 [지15①] □

┗고구려의 초기 무덤 형태이다. [법19] □

┗고구려에는 초기에 돌무지무덤(積石塚)이 유행했는데, 이른 시기의 것들은 단순한 돌무지였지만 점차 기단을 만들고 피라미드 형태로 정교하게 돌을 쌓아 올렸다. [경20①] □

[해설] 돌무지무덤[적석총]은 고구려의 초기 고분 양식이다(광개토 대왕릉과 장군총이 대표적). 서울 석촌동에 남아 있는 백제의 계단식 돌무지무덤은 초기 고구려 고분과 유사한 형태로, 백제의 건국 세력이 고구려 계통임을 알려준다(서울 석촌동 고분). / [경21②] 중국 사서인 『삼국지』위서 동이전에 고구려에서는 남녀가 결혼하면 죽어서 입고 갈 수의(壽衣)를 조금씩 만들기 시작하고, 죽은 이후에는 장례를 성대하게 지낸다고 하였다. 또한 돌을 쌓아서 봉분을 만들고 소나무와 잣나무를 그 주위에 벌려 심는다고 하였다. / [지15①] 장군총은 대표적인 고구려 초기의 돌무지무덤이다(다듬은 돌을 계단식으로 7층까지 쌓아올림).

• 고구려의 고분 벽화는 초기에는 생활상을 표현한 그림이 많았지만 후기로 갈수록 추상화되었다. [경20①] □

┗고구려의 고분 벽화는 초기에 주로 사신도와 같은 상징적인 그림이 많았으나, 후기로 갈수록 무덤 주인의 생활을 표현한 그림이 많아졌다[✕]. [경15②] □

[해설] 고구려의 고분 벽화는 초기에는 무덤 주인의 생활상을 표현한 그림[생활(인물) 풍속도]이 많았지만 후기로 갈수록 장식 문양을 거쳐 사신도(四神圖)와 같은 추상적이고 상징적인 그림으로 변화하였다(6세기 후반~7세기 초).

• [고구려 고분] 흰 수염의 노인이 호랑이를 탄 채로 담배를 피우는 모습[✕] [국11] □

┗무명옷을 입고 목화밭을 일구는 여인의 모습[✕] [국11] □

┗은하수 사이에 두고 견우와 직녀가 만나는 모습 [국11] □

┗초가지붕 옆에서 감자, 고추 등의 농작물을 재배하는 모습[✕] [국11] □

[해설] 담배는 임진왜란 때 일본을 통해 유입되었다. 목화는 고려 말에 문익점(1329~1398)이 원에서 처음 들여왔다. 고구려 덕흥리 고분의 벽화에 은하수를 사이에 두고 소를 끄는 견우와 개를 데리고 서있는 직녀의 모습이 그려져 있다. 고구려 시대에도 목축(견우)과 길쌈(직녀)이 행해졌으므로 고구려의 생활상으로 적절하다. 고추는 임진왜란 때 일본을 통해 유입되었으며, 감자는 19세기 청에서 들어온 길러진 구황 작물이다.

• 사신도가 그려진 강서대묘는 돌무지무덤으로 축조되었다[✕](굴식 돌방무덤). [지19] □

┗[강서대묘] 도교의 영향을 받은 벽화가 그려져 있다. [서23] □

[해설] 사신도가 그려진 강서대묘는 돌무지무덤이 아니라 굴식 돌방무덤 양식의 무덤이다. 돌무지무덤은 광개토 대왕릉과 장군총과 같은 고구려 초기의 고분 양식이다. 참고로 강서대묘는 6세기 후반에서 7세기 초에 조성된 고분으로 평남 강서군 강서면 삼묘리에 위치한다. 강서 삼묘 중 가장 큰 (벽화) 고분이다. / 강서대묘에는 도교의 영향을 받은 벽화, 즉 사신도*가 그려져 있다(굴식 돌방무덤 양식).

*강서대묘의 사신도 중 하나인 현무도가 출제된 바 있다. 널방 북벽에 그려져 있는 현무는 사신(四神)의 하나로 북쪽을 관장하는 신령[수호신]이다. 거북과 뱀이 얽혀 있는 모습으로 묘사되어 있다.

• [사신도] 사신도의 하나로, 북쪽 방위신이다(현무도). [지12①] □

┗돌무지덧널무덤의 벽면에 그려진 것이다[✕]. [지12①1] □

┗죽은 자의 사후 세계를 지켜주리라는 믿음을 표현하였다. [지12①] □

┗고구려 시대의 고분에 그려졌는데 도교의 영향이 나타나 있다. [지12①] □

[해설] 주어진 그림은 고구려 고분인 강서 대묘에서 발견된 사신도, 그중에서도 현무도이다. 현무는 도교의 사신 중 하나로 북쪽을 지키는 방위신이다. / 돌무지덧널무덤은 나무 덧널 위에 냇돌을 쌓고 흙으로 봉분을 만든 신라의 통일 전 고분 양식으로 구조상 벽화가 남아 있지 않다. 현무도가 그려진 강서 대묘는 시신을 모셔두는 돌방이 있는 굴식 돌방무덤이다. / 사신도는 죽은 자의 사후 세계를 지켜줄 것이라는 믿음이 반영된 벽화이다. / 현무도는 고구려 강서 대묘 벽화의 일부로 도교의 영향이 나타나 있다.

- [백제] 서울 석촌동 3호 고분 [경19①] □
  - 석촌동 고분군 [경14①] □
  - 백제는 한강 유역에 있던 초기 한성 시기에 벽돌무덤을 만들었는데, 이는 백제 건국의 주도 세력이 고구려와 같은 계통이라는 건국 이야기의 내용을 뒷받침하고 있다[x]. [경15②] □

[해설] 서울 석촌동 3호 고분은 백제의 한성 시대 고분이다. 백제는 한강 유역에 있던 초기 한성 시기에 (벽돌무덤이 아니라) 고구려 계통의 계단식 돌무지무덤을 만들었다(서울 석촌동 고분군)(~475).

■ 백제 고분 양식의 변화 [법12] □

한강 유역에 있던 초기 한성 시기에 (가)계단식 돌무지무덤을 만들었는데, 서울 석촌동에 일부가 남아 있다. 웅진 시기의 고분은 굴식 돌방무덤 또는 벽돌로 쌓은 (나)벽돌무덤으로 바뀌었다. 벽돌무덤은 중국 남조의 영향을 받은 것이다. 사비 시기에는 규모는 작지만 세련된 굴식 돌방무덤을 만들었다.

[해설] 백제 고분 양식의 시기별 변화에 대한 설명이다.

- 백제 벽돌무덤: 중국 남조의 영향을 받았다. [국12] □
  - 무령왕릉 – 중국 남조의 영향을 받은 벽돌무덤이다. [서23] □
  - [벽돌무덤 양식] 무령왕릉으로 추정되는 묘지석이 이러한 양식의 무덤에서 나왔다. [법15] □
  - 무덤 속에는 왕과 왕비의 삶과 죽음에 관한 여러 내용들이 새겨진 지석이 있었다. [경14②] □
  - 중국의 영향을 받아 연꽃 등 화려한 무늬의 벽돌로 무덤 내부를 쌓았다. [법11] □
  - 중국 남조의 영향을 크게 받아 화려한 무늬를 새긴 벽돌로 무덤 내부를 쌓았다. [경14②] □
  - 벽돌을 쌓아서 무덤을 제작하였다. [경20②] □
  - 22개의 담로에 왕족을 파견함으로써 지방에 대한 통제를 강화한 국왕이 묻혔다. [경14②] □
  - 무덤의 주인공은 신라와 동맹을 맺고, 일본에 불교를 전해주었다[x]. [경14②] □
  - 왕릉 내부에 사신도 벽화가 그려져 있다[x]. [서13] □
  - 왕릉 주위 둘레돌에 12지신상을 조각하였다[x]. [서13] □
  - 왕릉의 천장은 모줄임 구조를 지니고 있다[x]. [서13] □
  - 무덤의 구조는 중국 남조의 영향을 받았다. [서13] □
  - 중국 남조 양식의 벽돌로 축조되었다. [경18②] □
  - 중국 남조의 영향을 받았다. [법19] □
  - 말꾸미개 장식에 천마의 그림이 그려진 유물이 발견되었다[x]. [서13] □
  - 금제 관장식이 나왔다. [경18②] □
  - 돌짐승[石獸]이 나왔다. [경18②] □

└충남 부여에 있다[x]. [경18②] ☐

└공주 무령왕릉 [경19①] ☐

[해설] 백제의 벽돌무덤인 무령왕릉은 중국 남조의 영향을 받아 제작되었다. 연꽃 등 화려한 무늬의 벽돌로 무덤 내부를 쌓았다. 무령왕릉은 1971년 공주 송산리 고분군(현 공주 무릉왕릉과 왕릉원) 배수로 공사 중에 우연히 발견되었다. 묘지석[지석]을 통해 무덤의 주인이 백제의 제25대 왕은 무령왕(재위 501-523)으로 밝혀짐으로써 삼국의 고분 중 유일하게 무덤의 주인을 알 수 있게 되었다. / [경14②] 신라와 동맹을 맺고, 일본에 불교를 전해준 백제의 왕은 (무령왕이 아니라 그 다음 왕인) 성왕(재위 523-554)이다[노리사치계, 552(성왕 30)]. / [서13] 무령왕릉에는 벽화가 그려져 있지 않다. 사신도는 주로 고구려 고분에 그려져 있다. 참고로 사신도는 도교에서 동서남북을 지키는 방위 수호신이다. 동은 청룡, 서는 백호, 남은 주작, 북은 현무이다. / [법15] 무령왕릉으로 추정되는 묘지석이 나온 것은 백제 무령왕릉으로, 벽돌무덤 양식이다. / [서13] 능 주변에 둘레돌을 두르고 12지신상을 조각하는 것은 통일 신라 때 발달하였는데 경덕왕릉, 헌덕왕릉, 김유신묘 등이 대표적이다. / [서13] 모줄임천장 구조는 고구려의 고분과 발해 문왕의 둘째 딸이었던 정혜 공주(731~777) 무덤에서 주로 발견된다(발해 육정산 고분군). / 무령왕릉은 중국 남조의 영향을 받아 벽돌무덤 양식으로 축조되었다. / [서13] 말꾸미개 장식에 그려진 천마도는 신라 경주 천마총에서 발견되었다. / [경18②] 관장식(冠裝飾)이란 말 그대로 갓인 관(冠)을 꾸미는 데 쓰던 물건을 뜻한다. 또 돌짐승[석수]란 외부의 침입자로부터 죽은 자를 보호하고 죽은 이의 영혼이 하늘로 올라갈 수 있도록 돕는 역할을 하는 수호신으로, 무령왕릉에서 출토된 진묘수를 가리킨다.

■ (백제 공주) 무령왕릉 [지16②] [서13] [법11] [경18②] ☐

- 이 왕릉은 송산리 고분군의 배수로 공사 중에 우연히 발견되었다. 이 왕릉은 피장자가 누구인지를 알려주는 묘지석이 발견되어 연대를 확실히 알 수 있는 무덤이다.

[해설] '송산리 고분군 배수로 공사 중 우연히 발견'되었고, '묘지석이 발견되어 연대를 확실히 알 수 있는 무덤'은 백제의 공주 무령왕릉임이다.

- 1971년 7월, 공주시 송산리 고분군 배수로 공사 도중 벽돌무덤 하나가 우연히 발견되었다. 무덤 입구를 열자, 무덤 주인을 알려주는 지석이 놓여 있었으며, 백제는 물론 중국의 남조와 왜에서 만들어진 갖가지 유물들이 고스란히 남아 있었다.

[해설] '송산리 고분군', '벽돌무덤'과 '지석'이라는 말, '중국의 남조와 왜에서 만들어진' 등의 내용을 통해 백제의 공주 무령왕릉을 가리킴을 알 수 있다.

- 1971년 7월, 송산리 고분군 배수로 공사 도중 무덤 하나가 우연히 발견되었다. 그 입구를 열자, 무덤 주인을 알리는 지석이 놓여 있었다. 그 내용의 일부는 이러하다. "영동대장군인 사마왕은 62세가 되는 계묘년 5월 임진일인 7일에 돌아가셨다. 을사년 8월 갑신일인 12일에 안장하여 대묘에 모시었다."

[해설] 여기서 말하는 '사마왕'은 백제의 제25대 왕인 무령왕(재위 501-523)을, 발굴된 왕릉은 무령왕릉을 가리킨다. 송산리 고분군은 (충남 부여가 아니라) 충남 공주에 있는 고분군이다(부여에는 능산리 고분군이 있다).

- 이 무덤은 1971년 공주 송산리 고분군의 배수로 공사 중에 우연히 발견되었다. 그래서 무덤의 봉토가 드러난 다른 무덤과는 달리, 완전한 형태로 빛을 보게 되었다. 무덤의 안에서는 지석이 발견되어 무덤의 주인공이 누구인지를 정확히 알려주고 있다. 또한, 왕과 왕비의 장신구와 금관 장식, 귀고리, 팔찌 등 껴묻거리가 출토되어 백제 미술의 귀족적 특성을 알려준다. 아울러 무덤의 연도 입구에서는 진묘수가 발견되었다.

[해설] 돌짐승인 진묘수는 무덤 속에 놓아두는 신상(神像)이다.

- [백제] 무령왕릉과 송산리 6호분은 중국 남조의 영향을 받은 벽돌무덤(塼築墳)이다.* [경20①] ☐

[해설] 충남 공주의 무령왕릉(송산리 7호분)은 중국 남조의 영향을 받아 벽돌로 축조된 벽돌무덤이다. 또한 (공주) 송산리 6호분 역시 중국 남조의 영향을 받은 벽돌무덤(塼築墳, 전축분)이다. 그리고 공주 송산리 6호분에서는 벽과 천장에 사신도와 산수도 벽화가 그려져 있음이 발견되었다(같은 벽돌무덤인 백제 무령왕릉에서는 벽화가 발견되지 않음), 참고로 (송산리 고분군*) 북쪽에 위치한 4기의 고분과 남쪽의 5호분은 현실과 현실로 들어가는 길인 연도를 네모꼴로 다듬은 돌로 축조한 석실분[돌방무덤]이다.

*2021년 9월 공주 송산리 고분군에서 '공주 무릉왕릉과 왕릉원'으로 명칭이 변경되었다.

- [백제] 부여 능산리 고분 [경19①] ☐

[해설] 부여 능산리 고분은 백제의 사비 시대의 고분이다(538-660).
*2021년 9월 부여 능산리 고분군에서 '부여 왕릉원'으로 명칭이 변경되었다.

- [백제] 익산 쌍릉* [경19①] □

[해설] 익산 쌍릉은 백제 말기의 고분이다. 마한 무강왕과 무강왕비의 능이라는 설도 있는데, 현재로서는 백제 무왕과 무왕비의 능으로 추정한다.

- [신라] 돌무지덧널무덤을 묘제로 사용하였다(삼국 통일 이전). [국16] □
  └신라 돌무지덧널무덤: 나무 덧널을 설치하고 그 위에 돌만 쌓았다[×]. [국12] □
  └지배층의 무덤으로 돌무지덧널무덤이 축조되었다. [회19] □
  └왕족과 귀족을 돌무지덧널무덤에 장사지냈다. [경18③] □
  └거대한 돌무지덧널무덤이 많이 만들어졌다. [서12] □
  └돌무지덧널무덤에 시신과 부장품을 매장하였다. [회23] □
  └무덤 안에서 많은 부장품이 출토되었는데 서봉총 등의 사례가 있다. [지14①] □
  └도굴이 어려워 많은 양의 부장품이 출토되었다. [법19] □
  └많은 부장품을 남긴 신라의 돌무지덧널무덤 양식은 고구려로부터 영향을 받은 것이다[×]. [경12①] □
  └황남대총, 장군총, 천마총 등의 사례가 있다[×]. [지14①] □
  └[돌무지덧널무덤] 천마도가 발견되어 천마총이라 이름 붙은 무덤도 이러한 양식이다. [법15] □
  └[천마총] 천마도가 벽화로 그려져 있다[×]. [법19] □
  └말의 배가리개에 하늘을 나는 천마를 그린 그림을 그려 넣었다(천마총). [법11] □
  └돌로 방을 만들고 외부와 연결하는 통로를 설치하였다[×](굴식 돌방무덤). [지14①] □
  └무덤 안에 벽돌로 널방을 만들고 그 안에 돌로 덧널을 설치하였다[×](벽돌무덤, 공주 무령왕릉). [지14①] □

[해설] 돌무지덧널무덤은 시신과 껴묻거리[부장품]를 넣은 나무 덧널 위에 돌을 쌓고, 그 위에 흙을 덮는 구조로 신라에서 4세기 전반부터 6세기 전반까지 유행한 고분 양식이다['적석목곽분'이라고도 부름](즉 돌무지덧널무덤은 삼국 통일 이전 신라 지배층의 주된 무덤 양식). 이후 점차 굴식 돌방무덤으로 변화하였다(삼국 통일 이후, 즉 통일 신라 시대의 무덤 양식). / [지14①] [법19] 신라의 돌무지덧널무덤은 (지상이나 지하에 시신과 껴묻거리[부장품]를 넣은) 나무 덧널을 설치하고, 그 위에 냇돌을 쌓은 후 흙으로 봉분을 만든 형태로, 도굴이 어려워 부장품이 많이 남아 있다(즉 부장품이 많이 출토, 서봉총 등). / [경12①] 많은 부장품을 남긴 신라의 돌무지덧널무덤 양식은 통일 이전 신라의 독자적인 무덤 양식이다. 물론 고구려의 무덤 양식으로부터 받은 영향도 일부 있으나 여러 경로를 통해 들어온 다양한 무덤 양식을 단계적으로 소화해 등장한 것으로 보는 것이 통론이다. / [지14①] 황남 대총과 천마총은 신라의 돌무지덧널무덤이나 장군총은 고구려의 돌무지무덤이다. / [법19] 천마도는 벽화가 아니라 마구의 하나인 장니(말을 탈 때 필요한 안장의 부속구)에 그려진 그림이다. 천마도가 출토된 천마총은 돌무지덧널무덤이다. / [지14①] 돌로 방을 만들고 외부와 연결되는 통로를 설치한 것은 굴식 돌방무덤이다. 또 무덤 안에 벽돌로 널방을 만들고 그 안에 돌로 덧널을 실시한 것은 벽돌무덤에 대한 설명이다. 공주 무령왕릉이 있다.

- 신라의 돌무지덧널무덤(積石木槨墳)은 고구려와 백제의 영향을 받았다. 황남대총, 호우총을 그 사례로 들 수 있다[×].

  [경20①] □

[해설] 신라의 돌무지덧널무덤(積石木槨墳, 적석목곽분)은 (고구려와 백제의 영향을 받은 것이 아니라) 신라의 독자적인 고분(무덤) 양식이다. 황남대총, 호우총, 천마총을 그 예로 들 수 있다. 참고로 황남대총에서는 금관을 포함한 다수의 금제 장신구가 출토되었으며, 호우총에서는 고구려 광개토 대왕을 기념하는 명문이 새겨진 청동 호우(壺杅)가 출토되었다. 또 호우총은 8·15 광복 이듬해인 1946년, (일본인이 아닌) 우리 손에 발굴된 최초의 고분이기도 하다.

- 통일 신라 시대에는 불교의 영향으로 화장이 유행하였고, 고분 양식도 돌무지덧널무덤에서 점차 규모가 작은 굴식 돌방무덤으로 바뀌었다. [경15②] □

[해설] 전체적으로 옳은 설명이다. 굴식 돌방무덤은 돌로 1개 이상의 방을 만들고 그것을 통로로 연결한 무덤 양식이다.

- [통일 신라] (가) - 도굴이 어려워 많은 껴묻거리가 발굴되었다. [법12] □
  - (가) - 봉토 주위를 둘레돌로 두르고 12지 신상을 조각하였다. [법12] □
  - 봉토 주위에 둘레돌을 두르고, 12지 신상을 조각하였다. [법11] □
  - (나) - 벽과 천장에 사신도 등을 그렸다[✕]. [법12] □
  - (나) - 무덤의 천장을 모줄임 구조로 만들었다[✕]. [법12] □

  [해설] (가)는 백제의 '계단식 돌무지무덤'을, (나)는 '백제의 벽돌무덤'을 가리키나 무시함. 도굴이 어려워 많은 껴묻거리[부장품]가 발굴된 고분 양식은 신라의 돌무지덧널무덤이다. / 봉토 주위를 둘레돌로 두르고 12지 신상을 조각한 것은 통일 이후 신라의 굴식 돌방무덤이다. 대표적으로 김유신묘를 들 수 있다. / 공주 송산리 6호분의 벽과 천장에는 사신도와 산수도 벽화가 그려져 있다(같은 벽돌무덤인 백제 무령왕릉에서는 벽화가 발견되지 않음)(공주 송산리 1호분~5호분은 굴식 돌방무덤). / 무덤의 천장을 모줄임 구조로 만든 것은 고구려의 굴식 돌방무덤이다.

- 굴식 돌방무덤: 삼국은 모두 굴식 돌방무덤을 조영했다. [국12] □
  - 돌로 1개 이상의 방을 만들고 그것을 통로로 연결한 무덤 양식이다. [법11] □
  - 내부에 무용도, 수렵도, 사신도와 같은 벽화가 남아 있다(고구려의 굴식 돌방무덤). [법15] □
  - 쌍영총* [지15①] □
  - 무용총* [지15①] □
  - 각저총* [지15①] □

  [해설] 굴식 돌방무덤은 돌로 널방을 짜고 그 위에 흙을 덮어 봉분을 만든 형태로 고구려, 백제, 신라 삼국에서 모두 조영되었다. 쌍영총은 고구려 후기에 제작된 굴식 돌방무덤으로, 서역의 영향을 받은 팔각형 돌기둥이 있으며 기마 무사도*가 남아 있다. 무용총은 고구려 후기에 제작된 굴식 돌방무덤으로, 무용도[남녀 군무상]와 수렵도가 그려져 있다. / 각저총은 고구려 후기에 제작된 굴식 돌방무덤으로, 서역의 인물이 그려진 씨름도가 남아 있다.

  *고구려 고분에는 개마무사(鎧馬武士)가 많이 그려져 있다. 통구 12호분, 삼실총, 개마총, 안악 3호분, 쌍영총 등 여러 곳을 들 수 있다(일종의 기마[갑주] 무사도). 개마무사는 철로 온몸을 감싼 무사라는 뜻으로, 삼국 시대의 중장기병(重裝騎兵)을 총칭하여 일컫는 말이다. 보통 철갑기병(鐵甲騎兵)의 일종으로 분류된다.

4 과학 기술의 발달

- [삼국 시대 금속 제작 기술] 백제에서 제작해 왜에 보낸 칠지도는 강철로 만들고 금으로 글씨를 상감해 새겨 넣었다. [지16①] □

  [해설] 철지도는 4세기 후반 백제에서 제작하여 왜에 보낸 것으로 강철로 만들었으며, 금으로 글씨를 상감해 새겨 넣었다. 칠지도는 당시 백제의 수준 높은 제철 기술을 보여준다.

- [삼국 시대 금속 제작 기술] 고구려 고분 벽화에는 철을 단련하고 수레바퀴를 제작하는 인물의 모습이 그려져 있다.* [지16①] □

  [해설] 고구려의 고분인 오회분에는 야철신, 수레 바퀴신 등 철을 단련하고 수레바퀴를 제작하는 모습이 그려져 있다.

- [삼국 시대 금속 제작 기술] 신라 고분에서 출토된 금관은 뛰어난 제작 기법과 형태를 보여주고 있다. [지16①] □

  [해설] 신라 고분에서 출토된 금관은 순금 금관, 도금 금관 등이 있으며, 제작 기법과 형태가 매우 뛰어나다.

- [삼국 시대 금속 제작 기술] 철광석 생산이 풍부하고 제작 기술이 발달한 가야에서는 철로 만든 불상이 유행하였다[✕].* [지16①] □

  [해설] 철로 만든 불상이 유행한 것은 고려 전기의 사실이다. 가야의 고분에서는 금동관, 철제 무기와 갑옷 등이 출토되어 가야의 수준 높은 제철 기술을 짐작할 수 있다.

• 신라 토기는 규산(석영) 성분의 태토를 구워 만드는데, 유약을 사용하지 않는 것이 원칙이다.* [지11①] □

[해설] 신라 토기는 규산 성분의 태토를 구어 만들며 유약을 사용하지 않았다. 따라서 회색의 광택이 없는 토기가 만들어졌다. 신라 토기는 대부분 흑색·흑회색·회청색 등의 색조를 띠며 흡수성이 없고 표면이 단단하여 때리면 금속성이 나는데, 이는 밀폐된 가마에서 태토[바탕흙] 속의 철분이 환원염으로 구워졌기 때문이다. 형태상으로는 목항아리[장경호(莊頸壺)]와 굽다리접시[고배(高杯)]가 기본이지만 이후 다양한 변형들이 등장하였다.

※ 신라 토기의 특징이나 변천에 대한 내용은 대학 교양 수준을 뛰어넘는다. 바람직한 출제 범위가 아니다.

■ 굴식 돌방무덤 [지15①] □

돌로 방을 만들고 그것을 통로로 연결한 무덤으로 그 위에 흙으로 덮어 봉분을 만들었다. 일반적으로 앞방과 널방으로 구분하고 벽에 그림을 그려 넣기도 하였다.

[해설] '돌로 방을 만들고 그것을 통로로 연결한 무덤'이라는 부분에서 자료에서 설명하고 있는 무덤 양식은 굴식 돌방무덤임을 알 수 있다. 널방의 벽과 천장에는 벽화를 그리기도 하였는데 도굴이 용이하여 부장품은 거의 남아 있지 않다.

◉ 사진으로 보는 삼국의 문화(불교 외)

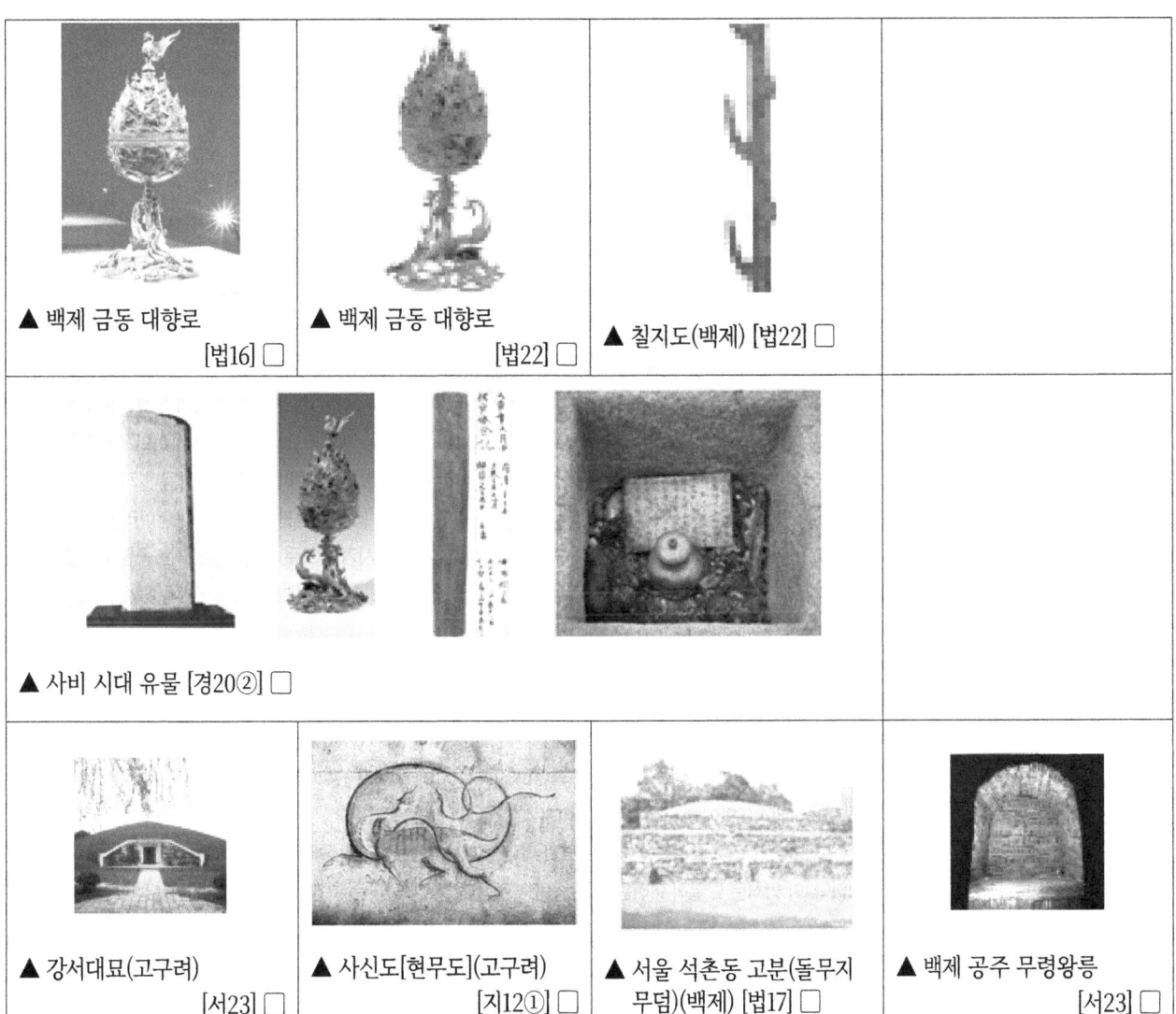

▲ 백제 금동 대향로 [법16] □
▲ 백제 금동 대향로 [법22] □
▲ 칠지도(백제) [법22] □

▲ 사비 시대 유물 [경20②] □

▲ 강서대묘(고구려) [서23] □
▲ 사신도[현무도](고구려) [지12①] □
▲ 서울 석촌동 고분(돌무지무덤)(백제) [법17] □
▲ 백제 공주 무령왕릉 [서23] □

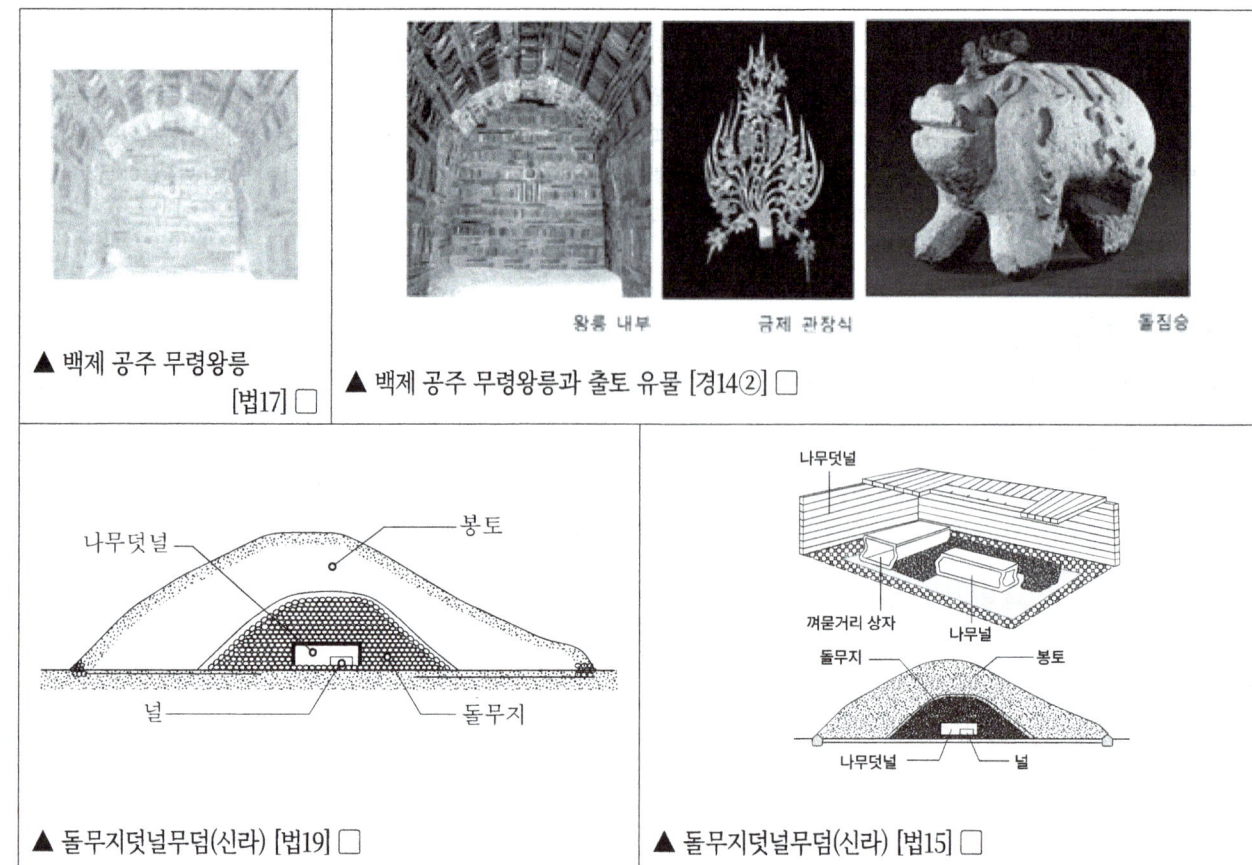

▲ 백제 공주 무령왕릉 [법17]
▲ 백제 공주 무령왕릉과 출토 유물 [경14②]
▲ 돌무지덧널무덤(신라) [법19]
▲ 돌무지덧널무덤(신라) [법15]

[해설] [법22] [법16] 백제의 금동 대향로: 도교의 신선들이 사는 이상 세계인 봉래산과 용, 봉황 등이 표현되어 있다. 백제인의 신선 사상을 잘 보여 주는 문화재로 1993년 부여 능산리 고분군*과 나성 사이의 절터에서 출토되었다.
*2021년 9월 부여 능산리 고분군에서 '부여 왕릉원'으로 명칭이 변경되었다.

[해설] [법22] 백제의 칠지도: 백제의 문화재로, 근초고왕 때(재위 346-375, 제13대) 일본에 전해졌다(372, 근초고왕 27).

[해설] [경20②] 사비 시대 유물. 맨왼쪽 유물은 백제의 사택지적비이다. (부여의) 사택지적비는 백제의 귀족인 사택지적이 인생의 무상함을 슬퍼하는 내용이 새겨져 있다[654(의자왕 14) 추정]. 왼쪽에서 두 번째 유물은 백제의 금동 대향로이다. 부여 능산리 고분군과 나성 사이의 절터에서 출토되었다. 왼쪽에서 세 번째 유물은 역시 부여에서 출토된 백제의 목간이다. 목간(木簡)이란 종이가 귀하여 종이 대용으로 사용한 작은 나무 조각을 뜻한다(폭 1~3cm, 길이 20~30cm 정도). 맨오른쪽 유물은 익산 미륵사지 석탑에서 발견된 사리 봉안 기록판과 금제 사리 항아리이다. 익산 미륵사지 석탑이 조성된 것은 백제 무왕 40년인 639년의 일이다. 이를 통해 이들 유물이 제작되었던 시기는 모두 '사비 시대'라는 공통점이 있음을 알 수 있다. 사비 시대는 백제의 제26대 왕인 성왕(재위 523-554)이 사비(지금의 부여)로 천도한 538년부터 백제가 멸망한 660년(의자왕 26, 제31대)까지의 시기에 해당한다[사비 시대, 538-660].

[해설] [서23] 강서대묘. 평남 강서군에 있는 고구려의 무덤이다. 사신도와 장식무늬 관련 벽화가 있다. 강서 삼묘 중 가장 큰 (벽화) 고분이다.

[해설] [지12①] (평남 강서에 있는) 고구려의 강서대묘의 현무도(6세기 후반 7세기 초, 사신도의 하나). 널방 북벽에 그려져 있는 현무는 사신(四神)의 하나로 북쪽을 관장하는 신령[수호신]이다. 거북과 뱀이 얽혀 있는 모습으로 묘사된다.

[해설] [법17] 서울 석촌동 고분(돌무지무덤). 백제 초기인 한성[위례성] 시대의 무덤이다[한성 시대, 기원전 18-기원후 475].

[해설] [서23] [법17] 백제 공주 무령왕릉. 웅진 시대의 무덤에 해당한다[웅진 시대, 475-538]

[해설] [법19] [법15] 신라의 돌무지덧널무덤. 제시된 그림을 살펴보면, 나무덧널과 나무널이 보이고, 그 위로 돌무지와 봉토를 쌓은 것을 알 수 있다. 신라가 삼국을 통일하기 전의 무덤 양식이다. 이 양식은 도굴이 어려워 많은 양의 부장품이 출토되었다는 특징과 벽화가 없다는 특징이 있다.

주제 13 삼국과 가야 문화의 일본 전파

1 삼국·가야 문화의 교류

(관련 기출 자료 없음)

2 삼국·가야 문화의 왜 전파

• [백제] 왕인은 일본에 건너가 천자문과 논어를 전하고 가르쳤다. [경15①] ☐

[해설] (백제의 박사) 왕인(?~?)이 일본에 건너가 천자문과 논어를 전하고 가르친 시기는 보통 근초고왕 대(재위 346-375, 제13대)부터 아신왕 대(재위 392-405, 제17대)에 걸친 시기로 보고 있다(일본 역사서인 『고사기』와 『일본서기』). 일본 역사서의 두 기록을 모두 믿지 않고 왕인을 아예 6세기경의 인물로 보려는 견해도 있다.

• [백제] (나) 오경박사 파견 [법15] ☐

[해설] 백제는 오경박사를 일본에 파견하여 한학을 전해 주었다[무령왕 대(재위 501-523, 제25대)].

• [백제 성왕] 백제: 노리사치계가 일본에 불경과 불상을 전하였다. [국21] ☐
  └노리사치계가 일본에 불경과 불상을 전하였다. [지12①] ☐
  └노리사치계는 일본에 불경과 불상을 전하였다. [경15①] ☐
  └[노리사치계] 백제가 일본에 처음으로 불교를 전하였다. [지14①] ☐

[해설] 백제의 승려 노리사치계(?~?)가 일본에 불경과 불상을 전한 것은 성왕 30년인 552년의 일이다[성왕(재위 523-554), 제26대]. 바둑을 잘 두어 일본에 바둑을 알린 인물로도 알려져 있다.

▌노리사치계 파견(백제 성왕) [지17②] ☐

왕 30년, 달솔 노리사치계를 왜에 보내 석가여래상과 불경을 전했다.

[해설] 왕 30년에 달솔 노리사치계(?~?)가 (왕의 명에 의해) 왜에 가서 석가여래상과 불경을 전했다는 내용이 나와 있다. 성왕 30년인 552년의 일이다.

• [고구려] 혜자는 일본 쇼토쿠 태자의 스승이 되었다. [경15①] ☐

[해설] 고구려 승려 혜자(?~622)는 (백제의 승려인 혜총과 함께) 일본 쇼토쿠 태자의 스승이 된 인물이다. 영양왕 고구려 6년인 595년에 일본으로 건너갔으며, 쇼토쿠 태자에게 20여 년 동안 불교의 교리 등을 가르쳤다고 한다(『일본서기』). 호류사에 혜자의 모습을 조각한 좌상이 오늘날까지 전해지고 있다.

• [고구려 영양왕] 왜에 종이와 먹의 제작 방법을 알려 주었다(담징). [국16] ☐

[해설] 고구려 승려 담징(579~631)이 일본에 건너가 유교 5경을 가르치고 종이와 먹의 제작 방법을 전해주었으며 호류사 금당 벽화를 남긴 것은 영양왕 대(재위 590-618, 제26대)이다(610, 영양왕 21)(혜자와 마찬가지로 담징도 『일본서기』에만 기록).

- [고구려] (가) 벽화 제작 기법 [법15] ☐
  └ 일본 나라시의 다카마쓰 고분에서 고구려 수산리 벽화 고분의 영향을 받은 벽화가 발견되었다. [경12①] ☐

[해설] 고구려의 담징(579~631)은 종이, 먹, 맷돌 제조법을 전하였고, 호류사의 벽화를 그렸다. 또 일본의 다카마쓰 고분 벽화가 고구려의 수산리 고분 벽화의 영향을 받은 것을 통해 고구려가 일본에 벽화 제작 기법을 전수해 주었음을 알 수 있다.

- [신라] (라) 왜관을 통해 전파 [X] [법15] ☐

[해설] 신라는 조선술(과 축제술)을 일본에 전해 주었다(이른바 '한인의 연못'). 일본인의 입국과 교역을 위한 왜관이 (처음) 설치된 것은 조선 시대의 일이다(1407, 태종 7).

- [가야] (다) 스에키 토기에 영향 [법15] ☐

[해설] 가야는 일본의 스에키 토기에 영향을 주었다. 스에키(須惠器)는 일본 고훈 시대(3세기 말~8세기 초)부터 헤이안 시대(794-1185)까지 사용된 도질 토기를 가리킨다. 스에키의 기원은 한반도의 백제, 신라, 가야 토기로 이해되고 있다. 대략 5세기 전반부터 한반도의 생산 기술이 일본으로 전래되었고, 한반도에서 건너온 도질 토기가 스에키의 원형이 되었다.

- 일본이 임나일본부설의 근거로 이용하고 있다. [회20] ☐

[해설] 임나일본부설은 (야마토)왜[大和倭]가 4세기 중엽에 가야 지역을 군사적으로 정벌해 임나일본부라는 통치 기관을 설치하고 6세기 중엽까지 한반도 남부를 경영했다는 주장이다. 식민사학 중의 하나이다. 백두산정계비를 묻는 문제의 오답 중 하나로 제시되었다.

● 사진으로 보는 삼국과 가야 문화의 일본 전파

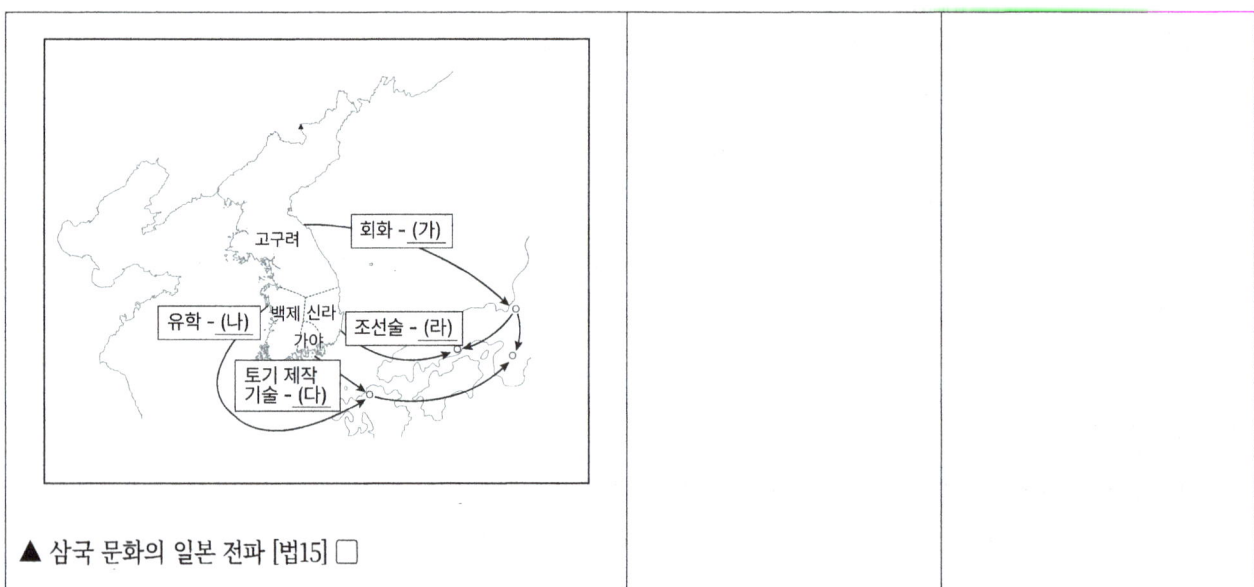

▲ 삼국 문화의 일본 전파 [법15] ☐

III 남북국 시대의 형성과 발전

주제 14 통일 신라의 발전과 사회 동요

주제 15 발해의 성립과 발전

주제 16 남북국의 경제와 사회

주제 17 남북국의 문화

주제 18 남북국의 대외 교류

주제 14 통일 신라의 발전과 사회 동요

1 통일 신라의 발전

- [문무왕] ㉠ - 태자로서 참전하여 백제를 멸망시켰다. [국18] □ (자료 '문무왕의 유언' 참조)
  - ㉡ - 당나라 군대와 함께 고구려를 멸망시켰다. [국18] □
  - ㉢ - 백제 부흥 운동을 주도한 복신을 공격하였다. [국18] □
  - ㉣ - 임존성에서 저항하던 지수신의 투항을 받아주었다[x]. [국18] □

[해설] ㉠에서 서쪽을 정벌하였다는 것은 문무왕(재위 661-681, 제30대)이 부친인 태종 무열왕(재위 654-661, 제29대)을 따라 종군하여 백제를 멸망시킨 일을 가리킨다(660, 태종 무열왕 7). 또 ㉡에서 북쪽을 멸망시켰다는 말은 스스로 당 군대와 함께 고구려를 멸망시킨 일을 가리킨다(668, 문무왕 8). ㉢에서 배반하는 무리란 백제와 고구려의 부흥 운동을 진압한 일에 해당한다. [백제 왕족 출신인 복신(?~663)은 승려 도침(?~661)과 함께 주류성(현 전북 부안 우금산성 추정)에서 항거하였다. 임존성(현 충남 예산 봉수산 지역)에 웅거한 흑치상지(630~689)는 사타상여(?~?)와 함께 타 200여 성과 호응하여 대항하였다.] 마지막으로 협조하는 무리를 불러들였다는 것은 백제와 고구려의 유민을 포섭한 것은 물론 부흥 운동에서 돌아선 고구려의 안승(?~?) 등을 회유한 일(금마저<익산>에 머물게 하고 보덕국왕으로 삼음, 재위 14년인 674년)을 가리킨다. ㉣은 틀린 설명이다. 백제의 무신 출신 지수신(?~?)은 백강 전투 패배(663.9) 직후 당의 장수인 유인궤(602~685)에게 항복하였다(흑치상지와 사타상여가 먼저 항복한 후 임존성을 공격하여 지수신 항복). 이후 지수신은 고구려로 피신하였다.

- [문무왕] 주(州)에는 지방 감찰관으로 보이는 외사정이 배치되었다. [국15] □
  - 중앙에서 지방을 견제하기 위해 외사정을 파견하였다. [경19②] [소20] □

[해설] 주(州)에는 감찰 임무를 지닌 외사정을 파견하였다(673, 문무왕 13).

- [문무왕] 신라는 백제와 고구려 옛 지배층에게 관등을 주어 포섭하였다. [지14①] □

[해설] 신라는 당과 전쟁을 치르면서 고구려 왕족(보장왕의 외손자)인 안승(?~?)을 보덕왕으로 삼는 등(674, 문무왕 14) 백제와 고구려 옛 지배층에게 신라의 관등을 주어 포섭하였다.

- [문무왕] 당의 세력을 몰아내고 삼국 통일을 완수하였다. [법16] □
  - 삼국 통일을 이룩하였다. [소21] □
  - 삼국 통일(676) [기14] □

[해설] 당의 세력을 몰아내고 삼국 통일을 완수한 왕은 문무왕(재위 661-681, 제30대)이다(676, 문무왕 16).

■ 문무왕의 유언 [국18] □

과인은 운수가 어지럽고 전쟁을 하여야 하는 때를 만나서 ㉠ 서쪽을 정벌하고 ㉡ 북쪽을 토벌하여 영토를 안정시켰고, ㉢ 배반하는 무리를 토벌하고 ㉣ 협조하는 무리를 불러들여 멀고 가까운 곳을 모두 안정시켰다.

- 『삼국사기』 -

[해설] 문무왕의 유언이다(『삼국사기』 권 제7 신라본기 제7 문무왕 '문무왕이 죽다'(681년 7월). 관련 선지 및 해설 참조

■ 신문왕 즉위 교서 [법17] [소18②]

- 과인이 위로는 하늘과 땅의 도움을 받고 아래로는 조상의 신령스러운 돌보심 덕분에 흠돌 등의 악이 쌓이고 죄가 가득 차서 그 음모가 탄로 나고 말았다. 이는 곧 사람과 신이 함께 배척하는 바요 하늘과 땅 사이에 용납될 수 없는 바이니, 도의를 범하고 풍속을 훼손함에 있어 이보다 더 심한 것은 없을 것이다.

[해설] '흠돌 등의 악'이라는 부분을 통해 신문왕 원년에 일어난 '김흠돌의 난'과 관련이 있음을 알 수 있다. 주어진 자료는 김흠돌의 난을 진압하고 왕권을 강화시킨 신문왕의 즉위 교서이다(681.8, 신문왕 원년)[신문왕(재위 681-692), 제31대].

- 내가 위로는 천지 신령의 도움을 받고 아래로는 종묘 영령의 보살핌을 받아, 흠돌 등의 악행이 쌓이고 가득 차자 그 음모라 탄로나게 되었다. …… 이제는 이미 요망한 무리들을 숙청하여 멀고 가까운 곳에 염려할 것이 없으니, 소집하였던 병마를 속히 돌려보내고 사방에 포고하여 이 뜻을 알게 하라.   - 삼국사기 -

[해설] 위의 같은 내용의 자료이다.

■ 신문왕의 중앙 집권적 통치 체제 정비 [기15]

통일 전쟁을 수행하는 과정에서 왕권이 크게 강화되었다. 이는 8세기 후반까지 무열왕계 직계 후손이 왕위를 계승하는 기틀이 되었다. 문무왕의 뒤를 이은 신문왕은 즉위 직후 김흠돌의 난을 진압하고 왕권에 도전하는 진골 귀족을 대거 숙청하였으며 늘어난 영토와 백성을 효율적으로 통치하기 위해 중앙 집권적 통치 체제를 정비하였다.

[해설] 신문왕의 즉위 시 정황과 중앙 집권적 통치 체제 정비 정책을 묻는 문제이다(밑줄은 시험지 표시).

- [신문왕] 김흠돌이 반란을 일으켰다. [국23]
└김흠돌의 반란을 진압하고 왕권을 강화하였다. [법16]
└김흠돌의 모역을 진압하고 진골 귀족을 숙청하였다. [기17]
└김흠돌의 모역 사건을 계기로 귀족에 대한 대대적인 숙청이 행해졌다. [경17①]
└김흠돌의 난을 진압하는 군인 [소20]

[해설] 소판 김흠돌(?~681)이 (파진찬 흥원, 대아찬 진공 등과 함께) 반란을 일으킨 것은 신문왕 원년인 681년 8월의 일이다(신문왕 재위 681-692, 제31대). 신문왕은 이를 계기로 진술 귀족 세력을 숙청하고 전제 왕권을 강화하였다. 김흠돌은 김유신의 조카이자 사위였으며, 또한 신문왕의 장인이었다.

■ 김흠돌의 난 신압과 달구벌 천도 시도 등(신문왕의 업적) [국18] [법12] [회24] [소21]

- ○ 왕 원년: 소판 김흠돌, 파진찬 흥원, 대아찬 진공 등이 반역을 도모하다가 사형을 당하였다.
  ○ 왕 9년: 달구벌로 서울을 옮기려다 실현하지 못하였다.   -『삼국사기』-

[해설] 681년(신문왕 원년)에 발생한 김흠돌의 난에 대한 것이다. 김흠돌은 김유신의 조카이자 신문왕의 장인이었다. 신문왕(재위 681-692, 제31대)은 이를 계기로 진골 세력을 숙청하고 전제 왕권을 강화하였다. 달구벌은 지금의 대구 지역이다.

- 원년 8월 – 김흠돌, 흥원, 진공 등이 반역을 모의하다가 참형을 당하였다.
  2년 4월 – 위화부령 두 명을 두어 선거 사무를 맡게 했다.
  5년 봄 – 완산주를 설치하였다. 거열주를 승격시켜 청주를 설치하니 비로소 9주가 갖추어졌다. 서원과 남원에 각각 소경을 설치하였다. (9주 5소경 정비)

[해설] 주어진 자료는 신라 제31대 왕인 신문왕 대에 있었던 일들이다. 신문왕 원년은 681년, 2년은 682년, 5년은 685년이다.

- ◦ 1년, 병부령 군관을 죽이고 교서를 내렸다. "병부령 이찬 군관은 …… 반역자 흠돌 등과 교섭하여 역모 사실을 알고도 말하지 않았다. …… 군관과 맏아들은 스스로 목숨을 끊게 하고, 이를 온 나라에 널리 알려라."
- ◦ 9년, 정월에 명을 내려 내외관의 녹읍을 없애고 해마다 조(租)를 차등 있게 주었다. -『삼국사기』-

[해설] 위의 자료는 신라 신문왕이 장인인 김흠돌의 난을 진압한 일을 가리킴을 알 수 있다(681, 신문왕 원년). 아래의 자료는 신문왕 9년(689)에 단행한 녹읍(祿邑) 폐지를 가리키는 것임을 알 수 있다. 2년 전인 재위 7년(687)에 신문왕은 수조권만을 주는 (문무)관료전을 지급한 바 있다.

- 역적의 우두머리 흠돌, 흥원, 진공 등은 지위가 재능으로 오른 것이 아니고 관직이 실로 은혜로써 오른 것임에도 불구하고, 처음부터 끝까지 근신하여 부귀를 보전하지 못하였다. …… 지금 이미 요망한 무리들인 말끔하게 제거되어 먼 곳이나 가까운 곳 모두에 걱정거리가 없게 되었으니, 불러 모은 군사와 말들을 마땅히 신속하게 돌려보내라. -『삼국사기』-

[해설] 『삼국사기』권 제8 신문왕 '흠돌 등의 반란을 진압하고 교서를 내리다'. 신문왕이 장인인 김흠돌(?~681)의 난을 진압하고 귀족들을 숙청한 것은 재위 원년인 681년의 일이다(681.8).

- [신문왕] 9주 5소경의 지방 제도를 마련하였다. [국11] ☐
  └전국을 9주 5소경 체제로 정비하였다. [소18②] ☐
  └신문왕 대에 9주 5소경 체제로 정비하였다. [국15] ☐
  └신문왕은 9주 5소경 체제의 지방 행정 조직을 완비하였고 녹읍을 폐지하였다. [경12①] ☐
  └지방 행정 조직을 9주 5소경 체제로 정비하였다. [지17①] [기15] ☐
  └9주 5소경 체제로 지방 행정 조직을 정비하였다. [회18] ☐
  └중앙과 지방에 각각 6부와 9주를 두어 다스렸다. [지17②] ☐
  └9주 5소경을 설치하였다. [서20] ☐
  └9주 5소경을 정비하였다. [법16] ☐
  └9주 5소경 설치 [국19] ☐
  └9주 5소경 [경21①] ☐
  └전국을 9주로 나누고, 주 아래에는 군이나 현을 두어 지방관을 파견하였다. [지16②] ☐
  └전국을 9주로 나누고 군사·행정상의 요지에 5경을 설치하여 균형 있는 발전을 꾀하였다. [회21] ☐
  └넓어진 영토를 관리하기 위해 지방 행정을 구획하였는데, 5소경도 이에 해당한다. [서18②] ☐
  └특별 행정 구역인 5소경을 설치하였다. [소19①] ☐
  └군사, 행정상의 요지에 5소경을 설치하였다. [경13②] ☐
  └5소경을 전략적 요충지에 두고, 도독이 행정을 관할토록 하였다[✗]. [국15] ☐
  └촌주가 관할하는 촌 이외에, 향·부곡이라는 행정 구역도 있었다. [국15] ☐

[해설] 신문왕은 삼국 통일로 넓어진 영토를 효과적으로 다스리기 위해 지방 제도를 9주 5소경으로 정비하였다(685, 신문왕 5). 군사 및 행정상의 요충지에는 5소경을 설치하고, 사대등(仕大等)[또는 사신(仕臣)]이라는 장관을 임명하였다[9주는 도독이 지방관(장관)]. 그리고 말단 행정 구역인 촌은 토착 세력인 촌주가 다스렸으며, 향과 부곡이라는 특수 지역을 설치하였다[향(鄕)과 부곡(部曲)은 삼국 시대부터 있었으며, 소(所)가 고려 시대에 들어와 처음으로 생김(주의)]. / 5소경은 중원경(충주), 북원경(원주), 서원경(청주), 남원경(남원), 금관경(김해)을 가리킨다. / [경12①] 녹읍을 폐지한 것은 재위 9년인 689년의 일이다. / [지17②] 신라의 중앙은 6부 체제이다(사로 6촌에서 발전). 6세기 초 왕권 중심의 중앙 집권 국가로 발전하면서 각 부의 독자성과 자치성은 점차 약화되고 수도의 행정 구역으로 성격이 변화하였다(삼국 통일 이후에도 그대로 유지, 6부 유력자들은 왕권 아래 중앙 귀족으로 변모).

- [신문왕] 중앙군을 9개의 서당으로 개편하였다. [국17②] ☐
  └중앙의 핵심 군단으로 9서당이 있었다. [지17②] ☐

150 III 남북국 시대의 형성과 발전

└중앙군을 옷의 색깔을 기준으로 9개의 서당으로 편성하였다. [회17] □

└신라의 9서당은 징병에 의해 조직된 국왕에 직속된 특수 부대였다[x]. [기12] □

[해설] 중앙군을 9개의 서당으로 개편한 것은 신문왕 7년인 687년의 일이다(9서당). 이전 왕 대부터 서당이 몇 개씩 차츰 생겨나다가 이때에 이르러 9서당으로 최종 편성된 것이다. / [기12] 신라의 9서당은 (징병이 아니라) 모병에 의해 조직된 국왕에 직속된 특수 부대이다(중앙군). 전제 왕권을 뒷받침하였다.

• 통일 후에는 주로 진골 귀족으로 구성된 9서당을 국왕이 장악함으로써 왕실이 주도하는 교육 제도를 구축하였다[x].

[서18②] □

[해설] 9서당은 통일 신라의 중앙군으로, 교육 제도와는 관련이 없다. 9서당은 국왕 직속 부대로, 신라의 삼국 통일 이후 전제 왕권을 뒷받침한 중앙 군사 조직(중앙군)이다. 신라인을 위시하여 고구려·백제·말갈인까지 포함하여 조직되었는데 9개의 서당은 녹금서당, 백금서당, 벽금서당, 비금서당, 자금서당, 적금서당, 청금서당, 황금서당, 흑금서당을 가리킨다.

• [신문왕] 9서당 10정의 군사 조직을 갖추었다. [지22] □

└군사 조직으로 중앙에 9서당과 지방에 10정을 두었다. [서11] □

└(중앙) 9서당 (지방) 10정 [지17①] □

└9서당 10정 [경21①] □

└(가): 지방군으로 10정을 두었는데, 한주(한산주)에는 2정을 두었다. [법11] □

└신라는 10정 군단을 바탕으로 영역을 확장하고 삼국 통일을 이루었다[x]. [지18] □

└각 주에 정을 두고 진골 출신의 장군이 지휘하였다. [서23] □

└지방군은 10정으로 조직하였다. [국24] □

[해설] 9서당 10정의 군사 조직을 갖춘 나라는 (통일) 신라이다[각 687(신문왕 7)/685(신문왕 5)]. / 신라의 10정은 통일 이후의 지방군 체제이다. 9주에 1개의 정을 설치하고, 국경 지역인 한주[한산주]에 1개 정을 더 두어 10정이 된 것이다(한주는 지역이 넓고 국방상 요충지). / [지18] 신라는 삼국 통일 후 각 주에 정(停)을 두고 진골 출신의 장군이 지휘하도록 하였다(685, 신문왕 5)(지방군 10정), 구역이 넓고 국경 지대인 한주에는 2정을 두었다. / 군사력의 핵심인 중앙군인 9서당은 신문왕 7년인 687년에 정비되었다.

• [신문왕] 관료전을 지급하고 녹읍을 폐지하였다. [지22] [법24] □

└관료전이 지급되고 녹읍이 혁파되었다. [소19①] □

└관료에게 관료전을 지급하고, 녹읍을 폐지하였다. [기15] □

└신문왕은 관료전을 지급하고 녹읍을 폐지하였다. [서17①] □

└신문왕이 관료전을 지급하였다. [법23] □

└신문왕 때 관료전이 지급되었다. [법20] □

└문무 관리에게 관료전을 지급하였다. [법12] □

└[관료전] 하급 관료와 군인의 유가족에게 지급하였다[x]. [지12①] □

└교서를 내려 문무 관료들에게 토지를 차등 있게 주었다(관료전). [서18②] □

└녹읍이 폐지되고 관료전이 지급되었다. [법14] □

└귀족과 관리에게 주던 녹읍을 폐지하였다. [서18①] □

└관리의 녹읍을 혁파하고 매년 조(租)를 내리되 차등이 있게 하였다. [국13] □

└중앙과 지방 관리들의 녹읍을 폐지하고 해마다 조(租)를 차등 있게 주었으며 이를 일정한 법으로 삼았다. [서18②] □

┗귀족 중심 관료 체제의 운영 강화 [경12①] □

┗신문왕 때 녹읍이 폐지되었다. [법20] □

┗신라에서 녹읍이 폐지되었다. [회20] □

┗녹읍이 폐지되었다. [법17] □

┗녹읍 폐지 [지20] □

┗녹읍의 혁파 [경12①] □ (농민의 경제 안정)

┗녹읍 [지15①] □

[해설] 관료전을 지급하고 녹읍을 폐지한 것은 (통일) 신라 신문왕 때의 일이다[각 687(신문왕 7)/689(신문왕 9)](관료전 지급이 녹읍 폐지에 앞섬). / 관료전은 관리에게 지급한 토지로 수조권만 인정되었다. / 하급 관료와 군인의 유가족에게 지급한 토지는 고려의 전시과 중 하나인 '구분전'이다. / 녹읍은 신라 시대 귀족에게 직무의 대가로 지급한 토지로 세금을 수취할 수 있는 수조권뿐 아니라 토지에 딸린 노동력을 징발하거나 공물을 수취할 수 있는 특권이 부여되어 귀족들의 세력 기반으로 역할하였다(6세기).

■ (문무)관료전 지급, 녹읍 폐지와 부활 [국17②] [국14] [지14①] [서22①] □

• 왕 7년 5월에 왕이 하교하여 문무관료전을 차등 있게 지급하였다. … 왕 9년 정월에 하교하여 중외 관리들의 녹읍을 파하고 세조(歲租)를 차등 있게 지급하는 것을 항식(恒式)으로 삼도록 했다. - 『삼국사기』 -

[해설] 신라 신문왕 7년(687)에 있었던 관료전 지급, 9년(689)에 있었던 녹읍 폐지를 가리킨다. '항식(恒式)'이란 늘 따라야할, 정해진 형식이나 법식을 뜻한다.

• 재위 9년 봄 정월에 교를 내려 내외 관료의 녹읍을 폐지하고, 1년 단위로 조(租)를 차등 있게 하사하는 것을 항식(恒式)으로 삼았다.

[해설] 관료의 녹읍을 폐지한 것은 (통일) 신라 신문왕 9년인 689년의 일이다.

• 전제 왕권이 강화되면서 신문왕 9년(689)에 이것을 폐지하였다. 이를 대신하여 조(租)의 수취만을 허락하는 관료전이 주어졌고, 한편 일정한 양의 곡식이 세조(歲租)로서 또한 주어졌다. 그러나 경덕왕 16년(757)에 이르러 다시 이것이 부활되는 변화 과정을 겪었다.

[해설] '전제 왕권이 강화되면서 신문왕 9년(689)에 폐지되었고 경덕왕 대에 다시 부활했다(757, 경덕왕 16)'는 내용을 통해 밑줄 친 '이것'은 녹읍을 가리킴을 알 수 있다. 녹읍은 관료에게 지급한 토지로, 조세뿐 아니라 그 토지에 속한 노동력을 징발할 수 있어 귀족 세력의 경제적 기반이 되었다.

• ○ 신문왕 7년, ㉠ 을 차등 있게 지급하였다.
  ○ 신문왕 9년, 내외관의 ㉡ 을 혁파하였다.
  ○ 성덕왕 21, 처음으로 백성에게 ㉢ 을 지급하였다.
  ○ 경덕왕 16년, 다시 ㉣ 을 지급하였다.

[해설] ㉠ 신문왕은 귀족 세력을 약화시키기 위해 수조권만을 인정하는 (문무)관료전'을 지급하였다(687, 신문왕 7). ㉡ 신문왕은 수조권뿐만 아니라 노동력도 징발할 수 있는 '녹읍'을 혁파하였다(689, 신문왕 9). ㉢ 성덕왕은 처음으로 일반 백성들에게 '정전'을 지급하여 국가에 세금을 바치게 하였다(722, 성덕왕 21). ㉣ 경덕왕 때 왕권이 약해지고 귀족들의 세력이 강해지면서 다시 '녹읍'을 지급하였다(757, 경덕왕 16).

■ 만파식적 고사[설화] [서20] [법16] □

• 왕이 행차에서 돌아와 그 대나무로 피리를 만들어 월성의 천존고(天尊庫)에 간직하였다. 이 피리를 불면 적병이 물러가고 병이 나으며, 가뭄에는 비가 오고 장마에는 날씨가 개며, 바람이 잦아지고 물결이 평온해졌다. 이를 만파식적으로 부르고 나라의 보물이라 칭하였다. - 『삼국유사』 -

[해설] 유명한 '만파식적(萬波息笛) 고사[설화]'로, 신라 제31대 왕인 신문왕(재위 681-692)과 관련되어 있다. 만파식적 고사는 문무왕과 김유신의 권

위를 빌어 국왕의 정통성을 널리 선양함과 동시에 해양 방어에 대한 백성들의 의식을 고취하고자 유포된 설화이다.
- '왕'은 놀라고 기뻐하여 오색 비단과 금과 옥으로 보답하고 사자를 시켜 대나무를 베어서 바다에서 나오자, 산과 용이 갑자기 사라져 나타나지 않았다. '왕'이 행차에서 돌아와 그 대나무로 피리를 만들었는데, 이 피리를 불면, 적병이 물러가고 병이 나으며, 가뭄에는 비가 오고 장마는 개며, 바람이 자자지고 물결이 평온해졌다. - 삼국유사 -

[해설] 위와 같은 내용의 자료이다.

■ 감은사와 대왕암 [지21] □

문무왕이 왜병을 진압하고자 감은사를 처음 창건하려 했으나, 끝내지 못하고 죽어 바다의 용이 되었다. 뒤이어 즉위한 이 왕이 공사를 마무리하였다. 금당 돌계단 아래에 동쪽을 향하여 구멍을 하나 뚫어 두었으니, 용이 절에 들어와서 돌아다니게 하려고 마련한 것이다. 유언에 따라 유골을 간직해 둔 곳은 대왕암(大王岩)이라고 불렀다. -『삼국유사』-

[해설] 주어진 자료 속 밑줄 친 '이 왕'은 신라의 제31대 왕인 신문왕(재위 681-692)을 가리킨다.

- [경덕왕] 여러 관리의 월봉을 없애고, 다시 녹읍을 나누어 주었다. [국13] □
  └중앙과 지방의 여러 관리에게 매달 주던 녹봉을 없애고 다시 녹읍을 주었다. [서18②] □
  └진골 귀족 세력의 반발로 녹읍이 부활되었다. [지15②] □
  └헌강왕 대에 녹읍이 부활되고, 경덕왕 대에 관료전이 폐지되었다[x]. [서17①] □
  └경덕왕은 왕권을 강화하기 위하여 관료전을 지급하고 녹읍을 폐지하였다[x]. [서17①] □
  └녹읍을 부활시켰다. [지15②] □

[해설] 폐지하였던 녹읍을 다시 나누어 준 것은 경덕왕 16년인 757년의 일이다[경덕왕(재위 742-765), 제35대]. 귀족 세력이 강해지고 왕권이 약해진 탓이다. / 헌강왕은 신라의 제49대 왕(재위 875-886)이다. 녹읍이 부활하면서 자연히 관료전은 폐지되었다. / (문무)관료전을 지급(687, 신문왕 7)하고 녹읍을 폐지(689, 신문왕 9)한 왕은 (경덕왕이 아니라) 신문왕(재위 681-692, 제31대)이다.

- [경덕왕] 관직과 주군현의 명칭을 중국식 한자명으로 바꾸었다. [국17②] □
  └관직과 주현의 이름을 중국식 한자로 바꾸었다. [서18①] □

[해설] 주군현의 명칭(지방 행정 지명)을 중국식 한자명으로 바꾼 것은 경덕왕 16년인 757년이고(757.12), 중앙 부서[관부]와 관직의 명칭을 중국식 한자명으로 바꾼 것은 2년 뒤인 759년의 일이다(759.1~2)[경덕왕(재위 742-765), 제35대][경덕왕의 한화(漢化) 정책이자 왕권 강화책].

- [경덕왕] 불국토의 이상을 표현한 불국사를 세웠다. [회21] □

[해설] 불국토의 이상을 표현한 불국사가 세워진 것은 (통일) 신라 경덕왕 10년인 751년의 일이다(~혜공왕 10년인 774년에 완공). 정확하게는 지증왕의 왕비이자 법흥왕의 모친인 영제 부인(박씨)(?~?)이 불국사를 창건한 것은 528년(법흥왕 15)이고, 경덕왕 대는 재상 김대성(?~774)에 의해 크게 중건[중창]된 것이다.

- [선덕왕] 지금의 황해도 지역에 패강진이라는 군진을 개설하였다.* [서22②] □

[해설] 지금의 황해도 지역에 패강진이라는 군진(軍鎭)을 개설한 것은 선덕왕 4년인 783년의 일이다. 성덕왕 34년인 735년에 패강(대동강으로 추정) 유역의 고구려 옛 땅(패강 이남의 땅, 즉 예성강 이북에서 대동강 사이 지역)에 대해 당으로부터 정식으로 영유권을 인정받게 되면서 개척에 착수하여 선덕왕 3년인 782년에 비로소 황해도 평산에 패강진을 설치하고 이듬해인 783년에 군주를 임명함으로써 설치를 완료하였다(군정 방식으로 통치).

- 신라 중대 때는 주로 원성왕의 후손들이 즉위하면서 비교적 강력한 왕권을 행사하였다[x]. [서18②] □

[해설] 신라 중대 때는 원성왕(재위 785-798, 제38대)이 아닌 무열왕계 후손들이 즉위하면서 비교적 강력한 왕권을 행사하였다. 참고로 『삼국사기』에

14 통일 신라의 발전과 사회 동요 153

의하면 신라 중대는 제29대 태종 무열왕(재위 654-661)에서 제36대 혜공왕(재위 758-780)까지의 기간을 말한다. 원성왕 후손들이 즉위한 것은 신라 하대 때의 일이고, 또 이때는 중앙 귀족들의 갖은 왕위 다툼으로 왕권이 약해졌다.

- 신라는 통일 이후 상대등의 권한이 약화되고 시중의 권한이 강화되었다. [기12] □
  - [신라 하대] 집사부 장관인 시중의 권한이 강화되었다[x]. [법14] □
  - 왕권은 약화되고 집사부 시중보다 상대등의 세력이 강해졌다(신라 하대). [기11] □

[해설] 신라는 통일 이후 (귀족을 대표하는) 상대등의 권한이 약화되고 (왕의 명령을 집행하고 보고하는 일종의 수상인) 시중의 권한이 강화되었다(왕권 강화를 의미). 경덕왕 대(재위 742-765, 제35대)에 중시가 시중으로 격상되었다(747, 경덕왕 6). 하지만 하대에 이르러 집사부 장관인 시중[수상]의 권한이 약화되고(이는 곧 왕권의 약화를 의미) (귀족을 대표하는) 상대등의 권한이 다시 강화되었다.

- [흥덕왕] 장보고의 건의에 따라 청해진이 설치되었다. [국20] □
  - 해적을 소탕하기 위해 청해진을 세웠다. [서18①] □
  - 완도에 청해진이 설치되었다. [법17] □

[해설] 장보고(?~846)의 건의에 따라 (전남 완도에) 청해진이 설치된 것은 신라 흥덕왕 3년인 828년의 일이다(문성왕 13년인 851년에 철폐)[흥덕왕(재위 826-836), 제42대][문성왕(재위 839-857), 제46대].

■ **청해진 설치(흥덕왕)** [지a16①] □

그가 돌아와 흥덕왕을 찾아보고 말하기를 "중국에서는 널리 우리나라 사람을 노비로 삼으니, 청해진을 만들어 적으로 하여금 사람들을 약탈하지 못하도록 하기를 원하나이다."라고 하였다. …(중략)… 대왕은 그에게 군사 만 명을 거느리고 해상을 방비하게 하니, 그 후로는 해상으로 나간 사람들이 잡혀가는 일이 없었다. -『삼국사기』-

[해설] '흥덕왕'과 '청해진'이라는 말, '군사 만 명을 거느리고 해상을 방비하게 하니'라는 부분을 통해 밑줄 친 '그'는 해상왕 장보고(?~846)를 가리킴을 알 수 있다.

- (가): 당의 영향을 받아 3성 6부의 정치 제도를 갖추었다[x]. [법11] □

[해설] 당의 영향을 받아 3성 6부의 정치 제도를 갖춘 것은 (신라가 아니라) 발해이다(발해 문왕 대).

- 상수리 제도 [경21①] [경11②] [소22] □
  - 중앙의 지방에 대한 통제 강화 [경12①] □

[해설] 상수리 제도는 신라의 지방 세력 통제책이자 왕권 강화를 위한 정책이다(5세기 이전부터 실시 추정). 각 주의 지방 세력의 자제들 중 한 명을 뽑아 중앙에 볼모로 와 있게 하였다. 고려의 기인 제도에 영향을 주었다.

2 신라 말의 동요

- 진골과 6두품 세력 사이에 왕위 쟁탈전이 벌어졌다[x]. [법14] □

[해설] 진골과 6두품 세력 사이에 왕위 쟁탈전이 벌어진 적은 없다. 신라 하대에 이르러 진골 귀족끼리의 왕위 쟁탈전이 벌어졌다.

- 8세기 후반 혜공왕이 피살된 이후 150여 년 동안 20여 명의 왕이 교체되는 등 진골 귀족의 왕위 쟁탈전이 심화되었다. [경18①] □
  - 혜공왕을 마지막으로 무열왕계가 단절되었다. [서24②] □

[해설] 혜공왕(재위 765-780, 제36대)이 귀족 세력에게 피살된 것은 재위 16년인 780년의 일이다. 반란을 일으킨 이찬 김지정(?~780)에 의해 왕비와 함

께 피살되었다(김지정의 난)*. 이후 통일 신라는 150여 년 동안[155년 동안] 20여 명의 왕이 교체되는 등 극심하게 동요하였다(진골 귀족의 왕위 쟁탈전이 치열하게 전개되어 사회가 극히 혼란해짐). / 혜공왕을 마지막으로 무열왕계의 직계 왕통은 단절되었다. 이때 신라 중대가 끝나고 내물왕계의 하대가 시작된다(통설).

*이후 상대등 김양상(?~785)이 이찬 김경신(?~798)과 함께 김지정의 반란을 진압하고, 혜공왕의 뒤를 이어 선덕왕(재위 780-785, 제37대)으로 즉위하였다. 그리고 다시 김경신이 선덕왕을 이어 원성왕(재위 785-798, 제38대)으로 즉위하게 된다. 이처럼 신라 하대에 이르러 진골 귀족 간의 왕위 쟁탈전이 심하게 일어나 정치적 상황이 꽤 복잡하게 흘러간다. 특징적인 것은 원성왕 이후 왕위에 오르는 18명의 왕들 중 박씨 출신의 세 왕, 즉 신덕·경명·경애왕을 제외한 15명의 왕들이 모두 원성왕계 후손이라는 점이다. 따라서 이때의 왕위 쟁탈전이라는 것은 사실 같은 혈족 집단 내부의 유력자를 중심으로 한 종족 혹은 거기서 더 세분된 가문 단위로 나뉘어 이뤄졌던 셈이다.

• [혜공왕] 대공의 난 발발* [국19] ☐

└대공의 난* [경21①] ☐

[해설] 각간 대공(大恭)이 반란을 일으킨 것은 (통일) 신라 혜공왕 4년인 768년의 일이다(『삼국사기』). 일길찬(一吉湌)의 관등에 있던 대공(?~768)과 그의 아우 아찬(阿湌) 대렴이 무리를 모아 난을 일으켰다. 그리고 이를 시작으로 같은 해 7월에 96각간(角干)이 왕궁파(친왕파)와 김대공파(반왕파)로 나뉘어 왕권을 놓고 싸운 이른바 '96각간의 난[구십육각간의 난]'이 이어졌다(768.7, 혜공왕 4)*. 참고로 각간(角干)은 본래 신라의 최고 관등인 이벌찬(伊伐湌)을 지칭하는 용어이므로 96각간은 각간의 수를 나타내는 것이 아니라 당시 이 난을 일으킨 귀족과 진압한 귀족 전체를 포함하여 일컫는 말이다.

*이후에도 대아찬 김융이 770년(혜공왕 6)에, 이찬 김은거가 775년(혜공왕 11)에 난을 일으켰다(각 김융의 난/김은거의 난).

■ 신라 하대의 왕위 쟁탈전 [소20] ☐

혜공왕 이후 진골 귀족들의 왕위 쟁탈전이 치열해진 이 시기에는 집사부 시중보다 상대등의 권한이 강화되었고, 20명의 왕이 교체되는 등 정치적인 혼란이 거듭되었다. 또한 중앙 정부의 통제력이 약화되면서 김헌창의 난 등이 발생하였다.

[해설] 신라 하대*의 정치적 혼란상을 뜻하는 자료임을 알 수 있다. 혜공왕은 신라의 제36대 왕(재위 765-780)이고 김헌창의 난이 발생한 것은 헌덕왕 14년인 822년의 일이다.

*신라 하대: 혜공왕 다음 왕인 제37대 선덕왕(재위 780-785)에서부터 제56대이자 신라의 마지막 왕인 경순왕 대(재위 927-935)까지의 시기를 가리킨다. 이 시기 약 155년 동안 신라는 20명의 왕이 교체될 정도로 극심한 정치적 혼란을 겪다 결국 멸망하였다.

• [김헌창] 웅주를 근거지로 반란을 일으켜 장안(長安)이라는 나라를 세웠다. [지17①] ☐

└웅주를 근거지로 반란을 일으켰다. [서23] ☐

└웅천주를 기반으로 반란을 일으켰다. [법17] ☐

└왕권 경쟁에서 밀려난 김헌창이 공주를 근거지로 반란을 일으켜 국호를 장안이라고 하였다. [경13②] ☐

└반란 세력은 국호를 '장안', 연호를 '경운'이라 하였다. [국24] ☐

└주동자의 아버지가 왕이 되지 못한 것에 대한 불만으로 일어났다. [국24] ☐

└나라를 세우고 국호를 장안이라 하였다. [회22] ☐

└헌덕왕 17년(825) 내물계 후손 김헌창이 난을 일으켰다[✗]. [기18] ☐

└무열왕 직계가 단절되고 내물왕계가 다시 왕위를 차지하는 결과를 가져왔다[✗]. [국24] ☐

└천민이 중심이 된 신분 해당 운동 성격을 가졌다[✗]. [국24] ☐

└김헌창의 난이 발생하였다. [법17] ☐

└김헌창의 반란이 진압되었다. [법24] ☐

└김헌창의 난 [경21①] ☐

[해설] 웅주[웅천주]를 근거지로 반란을 일으켜 장안(長安)이라는 나라를 세운 인물은 김헌창(?~822)이다(김헌창의 난) (822, 헌덕왕 14)[연호 '경운(慶

雲')'](헌덕왕(재위 809-826, 제41대). 김헌창은 태종 무열왕의 후손[7대손]이자 김주원(?~?)의 아들로 당시 웅천주의 도독이었다. 웅주 혹은 웅천주는 지금의 충남 공주 지역이다. / [기18] 신라 헌덕왕 17년(825) (내물계가 아니라) (태종) 무열왕계 후손[7대손] 김헌창이 난을 일으킨 곳은 웅천주, 즉 오늘날의 공주이다. 더구나 김헌창이 난을 일으킨 것은 헌덕왕 14년인 822년의 일이다. / [국24] 난의 주동자 김헌창은 아버지인 (상대등) 김주원(?~?)이 왕위에 오르지 못함에 불만을 품고 있었다(선덕왕이 사망한 785년의 일)*. 그리고 김헌창은 태종 무열왕계 후손[7대손]이다. 따라서 이 난 이후 무열왕계 후손들은 왕위권 다툼에서 멀어지게 되었다. 하지만 '무열왕 직계가 단절'된 것은 그 전인 제36대 혜공왕 대(654~780)부터이며, 이미 제37대 선덕왕 대(재위 780-785)부터 내물왕계 진골 왕실이 제56대 경순왕 대(780~935)까지 이어졌다(혜공왕을 살해하고 왕위에 오른 선덕왕이 바로 내물왕의 10대손인 김양상, 신라 하대의 첫 왕). / 천민이 중심이 된 신분 해방 운동의 성격을 가진 것은 고려 신종 원년인 1198년에 일어난 만적의 난을 들 수 있다.

*김헌창의 아들 김범문도 825년(헌덕왕 17)에 고달산(지금의 경기도 여주)에서 초적과 더불어 반란을 일으켜 북한산주를 공격하였으나 진압되었다(김범문의 난).

■ 김헌창의 난 [국24]

혜공왕 '웅천주 도독 헌창이 반란을 일으켜, 무진주·완산주·청주·사벌주 네 주의 도독과 국원경·서원경·금관경의 사신 및 여러 군현의 수령들을 위협하여 자신의 아래에 예속시키려 하였다.

[해설] 주어진 자료는 신라 헌덕왕 14년인 822년 웅천주(지금의 충남 공주)에서 김헌창(?~822)이 일으킨 '김헌창의 난'을 가리킴을 알 수 있다. 당시 김헌창은 웅천주의 도독이었다.

- 장보고의 도움을 받아 신무왕이 즉위하였다. [법18]
  - 국제 무역을 독점하던 일부 해상 세력이 반란을 일으키기도 하였다. [경19①]
  - 장보고의 난 [경21①]

[해설] 장보고의 도움을 받아 김우징(800년대?~839)이 신무왕(재위 839, 제45대)으로 즉위한 것은 839년의 일이다. / 장보고의 난이 일어난 것은 (통일) 신라 문성왕 8년인 846년의 일이다(『삼국사기』에 청해진에서 반란을 일으켰다고 기록되어 있으나 군사 행동을 실제로 일으킨 구체적인 정황은 나와 있지 않다). / 해상왕 장보고(?~846)가 당에서 귀국한 후 오늘날의 완도인 청해에 진영(즉 '청해진')을 설치할 것을 권했는데 이때 이를 허락한 왕이 바로 흥덕왕(재위 826-836, 제42대)이다. 흥덕왕 사후 왕위 쟁탈전이 벌어지는데, 839년에 장보고는 김우징, 김양 등과 함께 군사를 일으켜 민애왕(재위 838-839, 제44대)을 죽이고 김우징을 왕(신무왕)으로 추대하였다. 참고로 신라 제43대 국왕은 원성왕의 증손자인 김제륭, 즉 희강왕(재위 836-838)이다.

- 귀족과 호족의 대토지 소유가 확대되면서 농민들은 토지를 잃고 노비가 되거나 초적(草賊)이 되었다. [경13①]

[해설] 왕위 쟁탈전이 심화된 신라 하대의 사회적 상황이다.

- 원종과 애노가 사벌주에서 봉기하였다. [법24]
  - 원종·애노가 사벌주(지금의 상주)에서 반란을 일으켰다. [경13②]
  - 원종과 애노의 난 등 농민 반란이 일어났다. [법14]
  - 농민에 대한 수탈이 심해지면서 원종과 애노의 난을 시작으로 농민 봉기가 전국 각지에서 일어났다. [경18①]
  - 원종, 애노의 난이 발생하자 왕이 나마 벼슬의 영기에게 진압하라고 명하였다. [경17①]
  - 원종과 애노의 난 발생 [소22]
  - 원종과 애노의 난 [경21①]

[해설] 신라 말에 이르러 전국 곳곳에서 난이 일어났는데, 진성 여왕 3년인 889년에는 사벌주에서 원종(?~?)과 애노(?~?)의 난이 일어났다(사벌주는 지금의 경북 상주). 나마 관등의 장군 영기(令奇)(?~889)는 진압에 실패하여 처형되었다.

■ 원종과 애노의 난 [국20] [지24] [지16②] [서24②] [서18①] [서12] [법24] [법18] [기11]

- 나라 안의 여러 군현에서 공부(貢賦)를 바치지 않으니 창고가 비어 버리고 나라의 쓰임이 궁핍해졌다. 왕이 사신을 보내어 독촉하자, 이로 말미암아 곳곳에서 도적이 벌떼처럼 일어났다. 이때 원종과 애노 등이 사벌주에 웅거하여 반란을 일으켰다.

[해설] 신라 말의 혼란상을 보여 주는 유명한 자료로, 원종(?~?)과 애노(?~?)의 난이 일어난 것은 진성 여왕 3년인 889년의 일이다[진성 여왕(재위 887-897), 제51대].

- 나라 안의 여러 주와 군에서 공부(貢賦)를 바치지 않으니, 창고가 텅 비고 나라의 쓰임이 궁핍해졌다. 왕이 사신을 보내 독촉하였지만, 오히려 이로 말미암아 곳곳에서 도적이 벌떼같이 일어났다. 이에 원종, 애노 등이 상주에서 의거하여 반란을 일으켰다.

[해설] 주어진 상황은 신라 말이다(원종과 애노의 난이 진성 여왕 3년인 889년에 발생).

- 나라 안의 여러 주군에서 세금을 바치지 않으니, 창고가 비고 나라의 쓰임이 궁핍하였다. 왕이 독촉하자 곳곳에서 도적이 벌떼같이 일어났다. 이에 원종, 애노 등이 사벌주(상주)에 의거하여 반란을 일으키니, 왕이 나마 벼슬의 영기를 시켜 사로잡게 하였다. -『삼국사기』-

[해설] 나라 곳곳에서 도적이 벌떼같이 일어났는데, 그중 사벌주(상주)에서 원종, 애노 등이 반란을 일으켰다는 내용이 나와 있다. 원종과 애노의 난이 일어난 것은 진성 여왕 3년인 889년의 일이다.

- 나라 안의 모든 주군(州郡)에서 공물과 부세를 보내지 않아, 창고가 텅텅 비어 나라 재정이 궁핍하였다. 왕이 사신을 보내 독촉하니 곳곳에서 도적이 벌떼처럼 일어났다. 이때 원종(元宗)과 애노(哀奴) 등이 사벌주를 근거지로 하여 반란을 일으켰다.

[해설] 원종(?~?)과 애노(?~?)가 사벌주에서 봉기한 것은 신라 진성 여왕 3년인 889년의 일이다(사벌주는 지금의 경북 상주).

- 국내 여러 주군에서 공부를 납부하지 않으므로 국고가 고갈되어 국용이 궁핍해졌다. 이에 왕이 사신을 보내 독촉하니 도둑이 들고 일어났다. 이때 원종과 애노 등이 사벌주를 근거지로 하여 반란을 일으켰다. 서쪽 변방의 주군에 크게 흉년이 들었다. 도적이 벌떼같이 일어나니 군사를 동원해 이들을 토벌하였다.

[해설] 주어진 자료는 신라 말의 상황이다(원종과 애노의 난이 진성 여왕 3년인 889년에 발생).

- '여러 주·군에서 공물과 조세를 보내지 않아 나라의 씀씀이가 궁핍하게 되었으므로 왕이 사자를 보내 독촉하였다. 이로 인해 도적들이 곳곳에서 벌떼처럼 일어났다. 원종과 애노 등이 사벌주를 근거지로 반란을 일으켰다.

[해설] 원종과 애노의 난이 (지금의 경북 상주인) 사벌주에서 일어난 것은 신라 진성 여왕 3년인 889년의 일이다.

- 진성 여왕 3년 나라 안의 여러 주·군에서 공부(貢賦)를 바치지 않으니 창고가 비고 나라의 쓰임이 궁핍해졌다. 왕이 사신을 보내어 독촉하였지만, 이로 말미암아 곳곳에서 도적이 벌떼같이 일어났다.

[해설] 신라 말의 상황이다. (사벌주에서) 원종, 애노의 난이 발생한 것도 바로 이때이다(889, 진성 여왕 3).

- 왕 3년(889) 나라 안의 여러 주(州)·군(郡)에서 공물과 조세를 보내지 않아 나라의 창고가 텅 비어 나라의 씀씀이가 궁핍하게 되었으므로 왕이 사자를 보내 독촉하였다. 이로 말미암아 도적들이 곳곳에서 벌떼처럼 일어났다.

[해설] 주어진 자료 속 밑줄 친 '왕'은 신라의 제51대 왕인 진성 여왕(재위 887-897)을 가리킨다.

- 곳곳에서 도적이 벌 떼같이 일어났다. 이에, 원종, 애노 등이 사벌주(상주)에 의거하여 반란을 일으키니, 왕이 나마 벼슬의 영기에게 명하여 잡게 하였다.

[해설] '도적'이라는 말, '원종, 애노 등'의 인물 등을 통해 주어진 자료에 나타난 시기는 전국 각지에서 봉기가 발생한 신라 말을 가리킴을 알 수 있다.

- 원종과 애노 등이 사벌주에서 반란을 일으키니 왕이 나마(관직명) 영기에게 명하여 잡게 하였으나 영기가 적진을 쳐다보고는 두려워하여 나아가지 못하였다.

[해설] 위와 같은 내용의 자료이다.

- 당에서 돌아온 6두품 계열의 유학생들이 제시한 개혁안이 정치에 반영되었다.[X]. [경18①] □

[해설] 당에서 돌아온 6두품 계열의 유학생들이 제시한 개혁안은 정치에 반영되지 않았다. 대표적으로 고운 최치원(857~?)이 진성 여왕에게 시무 10조를 건의하였지만 받아들여지지 않았다(894, 진성 여왕 8).

- 붉은 바지를 입은 도적인 적고적의 반란이 일어났다. [경13②] □
  └ 적고적의 난이 발생하였다. [법24] □

[해설] 붉은 바지를 입은 도적인 적고적(赤袴賊)의 반란이 (서남 지역에서) 일어난 것은 진성 여왕 10년인 896년의 일이다. 한때 동쪽으로 진격하여 신라의 수도인 경주 서남 방면까지 진격할 정도로 기세를 보였다고 한다(그 뒤 기록 없음).

- [진성 여왕] 최치원이 시무책 10여 조를 건의하였다. [국20] □
  └ ⓒ 은(는) 진성 여왕에게 시무책 10여 조를 올렸다. [국17①] □ (6두품)
  └ 진성 여왕에게 시무책을 올리며 개혁을 추구하였다. [기17] □
  └ 최치원이 과거 제도 등 신라 개혁안이 담긴 시무 10조를 올렸다. [경13②] □
  └ 최치원은 당나라의 빈공과에 급제하고 문장가로 이름을 떨친 후 귀국하여 개혁안 10여 조를 건의하였다. [경14②] □
  └ 최치원은 당의 빈공과에 급제하고 문장가로 이름을 떨친 뒤 귀국하여 성덕왕에게 개혁안 10여 조를 건의하였다[X].
    [경16②] □
  └ 진성 여왕에게 시무책을 바쳤다(최치원). [국17①] □

[해설] 도당 유학생 출신이자 6두품인 고운 최치원(857~?)이 (유교적 정치 이념을 실현하고자 귀국 후) 진성 여왕에게 시무책 10여 조를 건의한 것은 894년(진성 여왕 8)의 일이다[성덕왕 대(재위 702-737, 제33대) 아님]. 하지만 시무책은 진골 귀족들의 반대로 무산되었다[진성 여왕(재위 887-897), 제51대]. ⓒ은 최치원을 가리키며, 최치원은 6두품 출신이다. 최치원이 신라에 귀국한 해는 헌강왕 11년인 885년이다.

■ 최치원의 시무 10여 조 제안과 은둔 [서22①] [법17] [기19] □

- 진성왕 8년(894) 봄 2월에 __(가)__ 이 시무 10여 조를 올리자, 왕이 이를 좋게 여겨 받아들이고 아찬으로 삼았다.

[해설] <보기> 속 '(가)'는 고운 최치원(857~?)을 가리킨다.

- 나는 13세 때 당으로 유학을 떠났어. 당나라에서 벼슬살이를 하던 중 황소의 난이 일어나자 황소를 격퇴하자는 글을 써서 꽤 유명해졌지. 이후 벼슬살이를 그만 두고 고국으로 돌아와 개혁안 10여 조를 건의하였지만 뜻을 이루지 못했지. 이에 절망하고 속세를 떠나 은둔 생활을 하였어.

[해설] 최치원의 불우한 생애에 대한 설명이다(은둔 후 효공왕 12년인 908년까지 생존해 있었던 것만 확인).

- 당에 가서 벼슬을 하다가 고국에 돌아왔는데 전후에 난세를 만나서 처지가 곤란하였으며, 모함을 받아 죄에 걸리겠으므로 스스로 때를 만나지 못한 것을 한탄하고 다시 벼슬에 뜻을 두지 않았다. 그는 세속과 관계를 끊고 자유로운 몸이 되어 숲속과 강이나 바닷가에 정자를 짓고 소나무와 대나무를 심으며 책을 벗하며 자연을 노래하였다.

[해설] 위와 유사한 내용의 자료이다(『삼국사기』 권46, 열전 제6 최치원 '관직에서 물러나 자유롭게 노닐다.').

- 6두품 출신의 최치원은 골품제의 신분적 제약으로 인해, 당에 유학하여 유학(儒學)을 공부하고 돌아와 개혁을 주장하였으나 받아들여지지 않았다. [서11] □

[해설] 6두품 출신의 최치원(857~?)은 골품제의 신분적 제약으로 인해, 당에 유학하여 유학(儒學)을 공부하고 돌아와 894년에 (진성 여왕에게) 개혁을 주장(시무 10조 건의)하였으나 진골 귀족들의 반대로 개혁안이 받아들여지지 않았다(최치원이 귀국한 해는 헌강왕 11년인 885년).

- 최치원 – 『제왕연대력』* [서22①] □

└최치원 - 『한산기』[X] [서22①]

[해설] 최치원의 저술 중에는 신라의 연대기를 정리·편찬한 것으로 보이는 『제왕연대력』이 있다. 『삼국사기』에 책 이름이 전하며 일부 내용이 인용되어 있다. 『삼국유사』 왕력과 『제왕운기』에 영향을 주었다. / 『한산기』는 신라 진골 출신의 귀족이자 문장가인 김대문(?~?)의 저술이다(신라 중대인 7세기 말~8세기 초 활동).

- [신라 말] 지방에서는 호족 세력이 성장하였다. [지16②]
  └신라 말기에 중앙 정부의 통제에서 벗어나 반독립적인 세력으로 성장한 세력을 '호족'이라 한다. [서11]
  └중앙 정부의 지방에 대한 통제력이 약화되면서 지방에서는 군사력과 경제력을 갖춘 호족 세력이 성장하였다. [경13①]
  └[신라 하대] 호족이 지방의 행정권과 군사권을 장악하였다. [국13]
  └자신의 근거지에 군대를 보유하여 군사권을 장악하였다. [경15②]
  └지방의 정치적, 군사적 실권을 장악하고 중앙 정부와 대립하였다. [기12]
  └자기 근거지에 성을 쌓고 군대를 보유하며 스스로 성주, 장군이라 칭했다. [경12②]
  └[호족] 지방에서 성주, 장군이라 자칭한 세력이 일어났다. [법15]
  └스스로 성주 또는 장군이라고 칭하였다. [경15②]
  └스스로 성주 또는 장군이라 칭하였다. [소19①]
  └대부분 지방 향리의 자제들로 과거를 통하여 중앙 관리로 진출하였다[X]. [경15②]
  └중앙 귀족이 위축되고 자영농의 성장으로 인하여 지방 호족이 득세하였다[X]. [경19①]
  └[호족] 고대 사회로부터 중세 사회로의 전환을 주도하였다. [기12]
  └혈통이 아닌 경제력이나 군사력 등 실력을 중시하는 사회로 변하였다. [기11]

[해설] 신라 하대 중앙 정부의 권위가 약해지면서 지방에서는 '호족 세력'이 성장하였다. 이들은 스스로 '성주(城主)' 혹은 '장군'이라 칭하며 군대를 보유하였으며, 농민들에게 세금을 걷는 등 지방의 행정권, 군사권, 경제권을 장악하였다. / [경15②] 대부분 지방 향리의 자제들로 과거를 통하여 중앙 관리로 진출한 이들은 고려 말의 신진 사대부들이다. / [경19①] 신라 말에 지방 호족이 득세한 것은 맞지만 자영농의 성장으로 인한 것은 아니다. 호족으로 성장하는 경우는 여러 가지였는데, 첫째 낙향한 진골 귀족 출신이거나, 둘째 군진(軍鎭)을 기반으로 하거나(예를 들어 황해도 평산의 패강진, 전남 완도의 청해진 등), 셋째 촌주(村主) 출신인 경우 등이 대표적이었다. / [기12] 고대 사회로부터 중세 사회로의 전환을 주도한 정치 세력으로는 신라 말에 등장하여 고려 초까지 존재하였던 호족을 들 수 있다. / [기11] 신라 말에는 혈통이 아닌 경제력이나 군사력 등 실력을 중시하는 사회로 변하였다. 전국 각지에 분포한 호족들이 그 중심이었다.

- 신라 말기에 6두품과 선종 승려들은 호족과 연계하였다. [서11]
  └신분직 제약이 있는 6두품은 호족과 연계하여 사회 개혁을 추구하였다. [경15②]
  └6두품 세력은 왕권 강화를 시도하는 국왕과 결탁하여 진골 귀족에 도전하였다[X]. [기11]

[해설] 신라 말기에 지방의 지배자로 등장한 호족은 6두품 및 선종 승려들과 연계하였다. 중앙 귀족인 진골 귀족들은 골품제를 바탕으로 권력을 독점하였고 교종을 중시하였기에 자연히 6두품과 선종 승려들도 호족과 연계할 수밖에 없었다. / [기11] 6두품 세력이 왕권 강화를 시도하는 국왕과 결탁하여 진골 귀족에 도전한 것은 통일 직후의 일이다(신라 중대). 진골 귀족 간의 왕위 쟁탈전이 격화되는 하대 이후에는 국왕이 아니라 전국 곳곳의 호족들에게 접근하였다. 주지하듯이 6두품 출신이자 도당 유학생 출신인 최치원(857~?)이 귀국 후 진성 여왕에게 시무책 10조를 올렸지만 받아들여지지 않았다. (894, 진성 여왕 8)

- 견훤은 완산주에 도읍을 정하고 후백제를 세웠고, 궁예는 송악에 도읍을 정하고 후고구려를 세웠다. [경18①]

[해설] 견훤이 완산주(지금의 전북 전주)에 도읍을 정하고 후백제를 세운 것은 900년(효공왕 4)의 일이고, 궁예가 송악(지금의 황해도 개성)에 도읍을 정하고 후고구려를 세운 것은 이듬해인 901년(효공왕 5)의 일이다.

- 백제의 부흥을 내걸고 완산주에 도읍을 정했다(후백제). [서22②]

┗[견훤] ㉠ - 완산주에서 후백제를 건국하였다. [경21②] □

┗㉡ - 서남해를 지키는 군인 생활을 하다가 농민을 규합하여 나라를 세우고 완산주를 도읍으로 정하였다. [회17] □

┗견훤이 900년에 무진주에서 후백제를 건국하였다[×]. [지12①] □

┗견훤이 후백제를 건국하였다. [법23] □

[해설] 백제의 부흥을 내걸고 완산주(지금의 전북 전주)에 도읍을 정한 나라는 후백제이다(900, 효공왕 4). / 견훤(재위 900~935, 제1대)이 후백제를 건국한 곳은 무진주(전남 광주)가 아닌 완산주이다. 참고로 그 전인 892년(진성 여왕 6) 무진주에 입성해서는 왕을 칭하였을 뿐이다.

■ 견훤의 후백제 건국 [경13①] □

왕은 아첨하는 소인들을 항상 옆에 두고 남몰래 희롱하며 정사를 돌보지 않으므로 기강이 문란해졌고 또한 기근이 심하여 백성들은 사방으로 유리하고, 도적이 벌떼처럼 일어나서 국내가 어지럽게 되자, 견훤은 몰래 딴 마음을 먹고 많은 사람을 불러 모아가지고 서남쪽 주현의 적도들을 토벌하니 가는 곳마다 모든 사람들이 그에게 호응하여 한 달 사이에 5천 명의 무리가 모여들었다.

[해설] 견훤이 후백제를 건국한 과정에 대한 설명이다.

• [궁예] 기훤, 양길의 휘하에서 세력을 키웠다.* [서21] □

[해설] 신라 말 지방 세력가이자 반란자인 기훤(?~)과 양길(?~?)의 휘하에서 세력을 키운 인물은 궁예(857/869~918)이다.

• 궁예는 901년에 송악에서 후고구려를 건국하였다. [지12①] □

┗궁예가 개성을 수도로 삼고 후고구려를 건국하였다. [법18] □

[해설] 궁예는 901년에 송악(지금의 황해도 개성)에 도읍을 정하고 후고구려를 건국하였다(901).

■ 후삼국의 성립 [회21] □

궁예는 국호를 마진, 태봉 등으로 고치며 영토를 확장해 나갔다. 그는 새로운 관제를 마련하고 신라의 전통적 권위에 타격을 가하였다.

[해설] 궁예가 후고구려를 세운 것은 900년이고, 마진으로 고친 것은 904년 태봉으로 바꾼 것은 911년의 일이다(후삼국의 성립).

• 후삼국의 정립으로 신라의 지배권은 왕경 부근의 경상도 일대로 축소되었다. [경13①] □

[해설] 후백제(900)와 후고구려(901)의 성립으로 신라의 지배권은 자연히 왕경 부근의 경상도 일대로 축소될 수밖에 없었다.

• 왕건이 이끄는 군대가 후백제의 금성을 함락하였다. [법21] □

┗㉢ - ㉠의 신하로 있으면서 후백제의 나주를 점령하는 등 많은 전공을 세웠다. [회17] □

┗㉡ - 금성(나주)을 점령하여 후백제를 견제하였다. [경21②] □

[해설] 왕건(877~943)이 이끄는 군대가 후백제의 금성(지금의 전남 나주)을 함락한 것은 903년의 일이다.

■ 고려 태조 왕건의 정통성 [회17] □

"신라는 그 운이 끝나고 도의가 땅에 떨어지자 온갖 도적들이 고슴도치의 털과 같이 일어났다. 가장 심한 자가 ㉠과 ㉡ 두 사람이다. ㉠은 신라의 왕자이면서 신라를 원수로 여겨 반란을 일으켰다. ㉡은 신라의 백성으로 신라의 녹을 먹으면서 모반의 마음을 품고 도읍에 쳐들어가 임금과 신하 베기를 짐승 죽이듯, 풀 베듯 하였다. 두 사람은 천하의 극악한 사람이다. ㉠은 신하에게 버림을 받았고, ㉡은 아들에게 화를 입었는데, 그것은 스스로 자초한 짓이다. (중략) 흉악한 두 사람이 어찌 ㉢에 항거할 수 있겠는가? 그들은 ㉢을 위해 백성을 몰아다 준 사람일 뿐이었다."

[해설] 주어진 자료는 고려의 김부식이 『삼국사기』를 편찬하면서 후삼국 시기의 세 인물 즉 고려 태조 왕건과 후백제 견훤, 후고구려 궁예를 평가한 글이다(『삼국사기』 견훤 열전). 신라를 정통으로 보고, 신라와 민심의 지지를 얻은 고려 태조 왕건이 전쟁의 승패를 결정지었다는 생각이 오롯이 담겨 있다. / 자료 속 '㉠'은 후고구려의 궁예(?~918)를, '㉡'은 후백제의 견훤(867~936)을 가리킨다. 그리고 '㉢'은 고려를 세운 태조 왕건(877~943)을 가리킨다.

- [후삼국 성립 시기의 동아시아 국제 정세] 절도사 안록산이 반란을 일으켜 당의 뤄양을 함락시켰다[x].* [회21] □
  └중국에서 당이 멸망하고 5대 10국이 난립하는 시대가 열렸다. [회21] □
  └송이 거란과의 전쟁에 패하여 '전연의 맹약'을 맺었다[x].* [회21] □
  └일본에서는 나라에서 교토로 천도하여 '헤이안 시대'를 열었다[x].* [회21] □
  └일본에서 최초의 무사 정권인 가마쿠라 막부가 수립되었다[x].* [회21] □

[해설] 절도사 안록산(703?~757)이 반란을 일으켜 뤄양[허난성의 도시 낙양]을 함락시킨 것은 8세기 중반인 755년의 일이다. / 후삼국 성립 시기인 10세기 전반에 중국에서는 당이 (후량의 주전충에게) 멸망하고(618~907) 5대 10국이 난립하는 시대가 열렸다(907~979). / 송이 거란과의 전쟁에 패하여 '전연의 맹약'을 맺은 것은 11세기 초인 1004년의 일이다. / 일본의 (간무 천황이) 나라에서 교토로 천도하여 '헤이안 시대'가 열린 것은 8세기 말인 794년의 일이다(~1185). / 일본에서 최초의 무사 정권인 가마쿠라 막부가 [미나모토노 요리토모(1147~1199)에 의해] 수립된 것은 12세기 후반인 1185년의 일이다.

※ 한국사 시험에 동아시아 관련 선지가 나오는 것은 잘못된 것이다(사실상의 출제 오류에 해당).

주제 15 발해의 성립과 발전

1 발해의 건국과 발전

- [고왕(대조영)] 고구려 유민과 말갈족을 이끌고 동모산에 도읍을 정하였다. [국22] □
  - 대조영이 고구려 유민과 말갈 집단을 이끌고 나라를 세웠다. [회23] □
  - 길림성 돈화 부근 동모산 기슭에서 나라를 세웠다. [지13] □
  - 대조영이 발해를 건국하였다. [회20] □
  - 동모산에 나라를 세웠다. [서18①] □
  - 이들 집단이 처음으로 터를 잡았던 동모산(東牟山)은 오늘날의 연변 조선족 자치주 돈화시에 있는 성산자 산성으로 여겨진다.*
    [경13①] □
  - 대조영은 목단강 상류의 동모산 지역에 정착하여 698년 나라를 세우고, 국호를 진국이라 하였다. [회19] □
  - 부여의 옛 땅을 중심으로 건국하였다. [회14] □
  - (가)은/는 고구려의 왕족 출신이다[×]. [법24] □
  - 발해를 건국하였다. [소22] □
  - 발해 건국 [소22] □

[해설] 고구려 유민과 말갈족을 이끌고 동모산(東牟山)을 도읍으로 나라를 세운 인물은 (발해) 고왕 대조영(재위 698-719, 제1대)이다(698)[신라 효소왕 7)[신라 효소왕(재위 692-702, 제32대)]. / [법24] 대조영은 고구려의 귀족 출신 유민이다.『신당서』에 아버지가 사리(舍利) 걸걸중상(?~?),『오대사』에는 대걸걸중상으로 기록되어 있는데, 사리란 '수령' 또는 '족장'의 뜻이다.

■ 발해의 건국 [지22] [법24] [경18③] [경15②] [기17] [소20] □

- (가)은/는 본래 고구려의 별종이다. 고구려가 망하자, 그는 그 무리를 이끌고 영주로 이사하였다. … 그는 드디어 그 무리를 이끌고 동쪽 계루의 옛 땅으로 들어가 동모산을 거점으로 하여 성을 쌓고 거주하였다. 그는 용맹하고 병사 다루기를 잘하였으므로, 말갈의 무리와 고구려의 남은 무리가 점차 그에게 들어왔다. -『구당서』-

[해설] (가)는 698년에 동모산에서 발해를 건국한 고왕 대조영(재위 698-719)을 가리킨다.

- (가) 은/는 본래 고구려의 별종이다. … 무리를 이끌고 동쪽으로 가서 계루부의 옛 땅을 차지하고 동모산에 성을 쌓고 살았다.

[해설]『구당서』(940~945)에 나오는 내용으로, 주어진 자료 속 '(가)'는 발해를 건국한 대조영을 가리킨다.

- 이 나라의 땅은 영주(營州)의 동쪽 2천 리에 있으며, 남으로는 신라와 서로 접한다. 월희말갈에서 동북으로 흑수말갈에 이르는데, 사방 2천 리, 호는 십여 만, 병사는 수만 명이다. -『구당서』-

[해설] 주어진 자료 속 밑줄 친 '이 나라'는 발해를 가리킨다. 발해의 영역이 기술되어 있다.

- (나)는 남으로 신라와 접하고 있다. 사방이 2천 리이며, 십여만 호가 살고, 병사가 수만 명이다. 풍속은 고구려, 거란과 같고, 문자 및 서책도 발달했다.

[해설] (나)는 발해를 가리킨다. 출처가 나와 있지 않지만, 위의 자료와 같으므로『구당서』의 기록임을 알 수 있다.

- 그 나라는 사방 2천 리에 이른다. 주와 현 및 객사와 역참이 없고 곳곳에 촌락이 있는데 모두 말갈 부락이다. 그 백성은

말갈이 많고 토인이 적다.　　　　　　　　　　　　　　　　　　　　　　　　　　　　　　　　　　　　　-『유취국사』-

[해설] 이원적인 주민 구성(소수의 고구려 유민이 지배층, 다수의 말갈인이 피지배층)이었던 발해를 가리키는 것임을 알 수 있다. 출처인 『유취국사』는 일본 헤이안 시대인 892년에 편찬된 (일본의) 역사서이다.

- 그 넓이는 2,000리이고, 주·현의 숙소나 역은 없으나 곳곳에 마을이 있는데, 대다수가 말갈의 마을이다. 백성은 말갈인이 많고 원주민은 적다. 모두 원주민을 마을의 우두머리로 삼는데, 큰 마을은 도독이라 하고 그다음 마을은 자사라 한다. 백성들은 마을의 우두머리를 수령이라고 부른다.　　　　　　　　　　　　　　　　　-『유취국사』-

[해설] '땅이 넓고, 대다수가 말갈의 마을이다'는 부분에서 주어진 자료가 가리키는 나라는 '발해'임을 알 수 있다.

- 『구당서』와 『신당서』에서는 대조영을 고려의 별종이라 전하고 있다[x]. [회19] ☐

[해설] 대조영을 고려의 별종이라 전하고 있는 중국 사서는 『구당서』이다. 『신당서』에서는 '속말말갈 대조영'이라고 칭하고 있다. '속말수(송화강) 지역 시골사람 대조영'이라는 의미 정도로 해석할 수 있다.

- 발해는 영역을 확대하여 옛 고구려의 영토를 대부분 차지하였지만 그 영역에는 말갈족이 다수 거주하였다. [경14①] ☐

[해설] 대조영은 고구려 유민과 말갈인을 아울러 나라를 세웠다. 그리하여 발해는 소수의 고구려 유민이 지배층을 이루고, 다수의 말갈인이 피지배층을 이루는 이원적인 주민 구성을 가지게 되었다. 또한 발해는 영역 확장 과정에서 더 많은 타 종족을 구성원으로 포함시켰다. 즉 소수이지만 거란계, 투르크계, 소그드계, 심지어 신라계도 있었다.

- [고왕(대조영)] 국호를 진국에서 발해로 바꾸었다. [국19] ☐
  └ 당나라는 대조영을 발해군왕으로 책봉하여 현실적인 세력으로 인정하였다. [회19] ☐
  └ 대조영이 698년 길림성 돈화시 동모산 기슭에서 국호를 '진(震)'이라 하고 건국하였으며 2대 무왕에 이르러 '발해'로 개칭하였다[x]. [경14①] ☐

[해설] 국호를 진국에서 발해로 바꾼 것은 고왕 16년인 713년의 일이다. 고왕이 당으로부터 '발해군왕'으로 책봉되었기 때문이다.

- [고왕(대조영)] 천통(天統)이라는 연호를 사용하였다.* [경21②] ☐

[해설] '천통(天統)'이라는 연호를 사용한 것은 발해의 대조영, 즉 고왕(재위 698-719)이다(698~719). 하지만 발해 관련 기본 사서인 『구당서』, 『신당서』는 물론 유득공의 『발해고』에도 관련 언급이 없다(부정론 강함).

- 고왕은 당의 압력에 대항하여 산둥반도의 덩저우를 공격했다[x]. [회23] ☐
  └ (가)은/는 당의 산둥반도를 공격하였다[x]. [법24] ☐

[해설] 당의 압력에 대항하여 산둥반도의 덩저우[등주](지금의 산둥성 옌타이)에 장문휴(?~?)의 수군을 보내 공격한 것은 발해 고왕 대조영(재위 698-719, 제1대)이 아니라 발해 무왕 대무예(재위 719-739, 제2대)이다(732, 무왕 14).

■ 발해 무왕의 즉위 [국22] [지14②] ☐

- 당 현종 개원 7년에 대조영이 죽으니, 그 나라에서 사사로이 시호를 올려 고왕(高王)이라 하였다. 아들 (가) 이/가 뒤이어 왕위에 올라 영토를 크게 개척하니, 동북의 모든 오랑캐가 겁을 먹고 그를 섬겼으며, 또 연호를 인안(仁安)으로 고쳤다.　　　　　　　　　　　　　　　　　　　　　　　　　　　　-『신당서』-

[해설] 주어진 자료 속 '(가)'는 발해의 제2대 왕인 무왕 대무예(재위 719-737, 제2대)를 가리킨다. 참고로 당 현종(재위 712-756, 제9대) 개원 7년은 발해를 건국한 대조영(?~719)이 사망한 719년이다.

- 대조영의 뒤를 이어 즉위하였다. 영토 확장에 힘을 기울여 동북방의 여러 세력을 복속하고 북만주 일대를 장악하였다.

[해설] 대조영의 뒤를 이어 즉위한 인물은 발해 무왕 대무예이다(719, 발해 무왕 원년)(신라 성덕왕 18).

- [무왕(대무예)] 대문예로 하여금 흑수말갈을 공격하게 하였다.* [회22]

[해설] (발해 무왕의 친아우인) 대문예(?~?)로 하여금 흑수말갈을 공격하게 한 것은 발해 무왕 8년인 726년의 일이다.

- [무왕(대무예)] 동북방의 여러 세력을 복속하고 북만주 일대를 장악하였다. [지15①]

[해설] 발해 무왕(재위 719-737, 제2대)은 8세기 전반 동북방의 여러 세력을 복속하고 북만주 일대를 장악하였다.

- [무왕(대무예)] 북만주 일대를 차지하고 산둥의 등주를 공격하였다. [지13]

[해설] 북만주 일대를 차지하고 장문휴(?~?)로 하여금 등주를 공격하도록 한 왕은 무왕이다(732, 발해 무왕 14).

- [무왕(대무예)] 장문휴를 시켜 당의 등주(산둥성)를 공격하였다. [국22]
  - 장문휴를 보내 당의 등주를 공격하였다. [지22]
  - 장문휴를 보내어 산둥 지방을 공격하였다. [지15①]
  - 장문휴가 당의 등주를 공격하였다. [국19]
  - [장문휴] 당의 등주를 공격하였다. [서23]
  - 장문휴가 당의 산둥지방 등주를 공격하였다. [국17②]
  - 발해의 장문휴가 산둥반도를 공격하였다. [법18]
  - 장문휴가 군사을 이끌고 등주를 공격하였다. [회24]
  - 장문휴의 수군으로 당의 산둥 지방을 공격하였다. [서24②]
  - 장문휴가 수군을 이끌고 당(唐)의 산둥(山東) 지방을 공격하였다. [지14②]
  - 장문휴로 하여금 수군을 거느리고 당의 산둥 지방을 공격하게 하였다. [회17]
  - 산둥 지방에 수군을 보내 당을 공격하였다. [서18①]
  - 산둥 지방의 덩저우에 수군을 보내어 당을 공격하였다. [회22]
  - 수군으로 당의 산둥 지방을 공격하는 한편, 요서 지역에서 당나라 군대와 격돌하기도 하였다. [경14②]

[해설] 발해 무왕이 북만주 일대를 장악하는 등 영토를 확장하자 당은 흑수부 말갈과 신라를 이용하여 발해를 견제하였다. 그리고 흑수말갈 문제로 당과 대립하던 발해 무왕 대무예는 결국 재위 14년인 732년에 (장군) 장문휴(?~?)를 보내 당의 등주(산둥성)[산둥반도의 등주]를 선제공격하였다. 그리고 요서 지방에서도 당군과 충돌하였다.

발해 무왕의 대외 관계[산둥반도 등주(덩저우) 선제공격] [국19] [지13] [서16] [법18] [법14]

- 발해와 당은 발해 건국 과정에서부터 대립적이었으며 발해의 고구려 영토 회복 정책으로 양국의 대립은 더욱 노골화되었다. 당은 발해를 견제하기 위해 흑수말갈 지역에 흑수주를 설치하고 통치관을 파견하였다. 이러한 당과 흑수말갈의 접근을 막기 위하여 발해의 ▮▮▮ 은 흑수말갈에 대한 정복을 추진하였다. 이 계획을 둘러싼 갈등이 비화되어 발해는 산둥 지방의 덩저우에 수군을 보내 공격하였다. 이에 대응하여 당은 발해를 공격하는 한편, 남쪽의 신라를 끌어들여 발해를 제어하려고 하였다.

[해설] 당과 흑수말갈의 접근을 막기 위해 흑수말갈에 대한 정복을 추진한 왕은 발해 무왕(재위 717-737, 제2대)이다(빈칸에 들어갈 왕은 곧 무왕). 무왕은 또한 산둥 지방의 덩저우에 (장문휴의) 수군을 보내 공격하기도 하였다(732, 무왕 14).

- 왕이 신하들을 불러 "흑수말갈이 처음에는 우리에게 길을 빌려서 당나라와 통하였다. …(중략)… 그런데 지금 당나라에 관직을 요청하면서 우리나라에 알리지 않았으니, 이는 분명히 당나라와 공모하여 우리나라를 앞뒤에서 치려는 것이다." 라고 하였다. 이리하여 동생 대문예와 외숙 임아상으로 하여금 군사를 동원하여 흑수말갈을 치려고 하였다.

[해설] '흑수말갈', '당나라와 공모', '동생 대문예로 군사를 동원하여 흑수말갈을 치려고 하였다' 등의 내용은 발해 무왕(재위 719-737)과 관련이 있다.

당이 흑수말갈과 신라를 이용해 발해를 견제하자 무왕은 등주를 공격하였다.
- 당나라 수군의 거점인 등주성에 한바탕 난리가 벌어졌다. 장문휴가 이끄는 발해 군대가 등주성을 기습했기 때문이다. 등주 자사까지 전사했다는 소식에 당 조정은 신라에 군사 지원을 요청하였다. 신라군은 발해를 공격했지만 추위와 폭설로 철수할 수밖에 없었다.

[해설] 발해 무왕 대무예의 등주 공격을 받은 당 측의 상황을 보여주는 내용이다.

- (가) 은/는 흑수말갈이 당과 통하려고 하자 군사를 동원하여 흑수말갈을 치게 하였다. 또한 일본에 보낸 사신 고제덕 등을 통해 "여러 나라를 관장하고 여러 번(番)을 거느리며, 고구려의 옛 땅을 회복하고 부여의 옛 습속을 지니고 있다."라고 하여 강국임을 자부하였다.

[해설] 주어진 자료 속 나라는 '발해'이며, (가)는 발해의 제2대 왕인 무왕(재위 719-737)을 가리킨다. 흑수말갈 문제로 당과 대립하던 무왕은 재위 14년인 732년에 장문휴(?~?)로 하여금 산둥 반도의 등주를 선제공격하도록 하였다.

- 개원 20년 무예가 장수 장문휴를 보내 해적을 이끌고 등주자사(登州刺史) 위준을 공격하자, 당이 문예를 보내 병사를 징발하여 토벌하게 하였다. 이어 김사란을 신라로 보내 병사를 일으켜 발해 남쪽 국경을 공격하게 하였다. -『신당서』-

[해설] 732년(발해 무왕 14)에 있었던 발해 무왕의 당 산둥반도 등주(덩저우) 선제공격을 가리키는 것으로, 자료에 나온 '(대)문예(?~?)'는 무왕인 대무예의 아우이다. 당을 공격하는 문제에 대한 의견 차로 당시 (대)문예는 당으로 망명해 있었다.

- [무왕(대무예)] 돌궐, 일본 등과 연결하면서 당, 신라를 견제하였다. [지15①] ☐
  └ 돌궐·일본과 친교를 강화하며 당·신라에 맞섰다. [법18] ☐
  └ 발해의 무왕은 신라와 연합해 당을 공격하였다[x]. [서15] ☐

[해설] 발해 무왕은 재위 후반경에 당과 신라를 견제하기 위해 돌궐 및 왜[일본]와 긴밀한 관계를 유지[연합]하였다(727, 무왕 9).

- [무왕(대무예)] 일본에 보낸 외교 문서에서 고구려 계승 의식을 천명하였다. [서16] ☐
  └ 일본에 보낸 국서에 고려 또는 고려 국왕이라는 명칭을 사용한 사실에서 고구려를 계승한 국가임을 알 수 있다. [경14②] ☐

[해설] 무왕은 일본에 보낸 국서에 "우리 발해는 고구려 옛 땅을 수복하였고, 부여의 유속을 이어 받았다"고 하여 고구려 계승 의식을 천명하였다. / 일본에 보낸 국서[외교 문서]에 고려 또는 고려 국왕이라는 명칭을 사용한 사실에서 고구려를 계승한 국가임을 알 수 있다. '고려'라는 명칭은 무왕이, '고려 국왕'이라는 명칭은 문왕이 사용하였다(주의).

- [무왕(대무예)] 중국과 대등한 지위에 있음을 과시하기 위해 독자적인 연호를 사용하였다. [법14] ☐
  └ 인안이라는 독자적인 연호를 사용하였다. [지24] ☐
  └ 인안, 대흥 등의 독자적인 연호를 사용하였다[x]. [회17] ☐
  └ 인안 [경21①] ☐

[해설] 발해 무왕은 당시 중국(당)과 대등한 지위에 있음을 과시하기 위해 독자적인 연호를 사용하였다(연호 '인안' 사용). / '인안(仁安)'은 발해 무왕이 사용한 연호이자 발해 최초의 연호이다(719). 즉위 후 내조영의 시호를 고왕(高王)이라 하고 인안이라는 연호를 사용함으로써 독립국의 면모를 보여주었다. / 참고로 고왕인 대조영('천통')은 물론 무왕 후대 왕인 문왕('대흥'·'보력')과 선왕('건흥') 등도 연호를 사용하였다. '대흥'이라는 연호를 사용한 발해의 왕은 문왕이다.

- [문왕(대흠무)] 대흥이라는 독자적인 연호를 사용하였다. [국19] ☐
  └ '대흥'이라는 연호를 사용하였다. [법18] ☐
  └ 대흥 [경21①] ☐

[해설] 대흥(大興)이라는 독자적인 연호를 사용한 왕은 문왕(재위 737-793, 제3대)이다. 즉위한 737년부터 사망한 793년까지 사용하였다. 참고로 문왕은 '보력'이라는 연호도 (잠시) 사용한 적이 있다는 기록(보력이라는 연호로 개원)이 있다(774, 문왕 37).

- [발해] 인안, 대흥 등 연호를 사용하였다. [법14] □

[해설] '인안'이라는 연호를 사용한 것은 무왕 대, '대흥'이라는 연호를 사용한 것은 문왕 대이다. 발해('대씨의 나라') 자체를 묻는 문제이다.

- 발해 문왕은 당의 문물을 수용하여 체제 정비를 하였으며, 건흥이라는 독자 연호를 사용하였다[x]. [경20②] □

[해설] 발해의 제3대 왕인 문왕은 당의 문물을 수용하여 체제 정비를 하였으며, '대흥' 또는 '보력'이라는 독자 연호를 사용하였다. '건흥'이라는 연호를 사용한 발해의 왕은 제10대 왕인 선왕 대인수(재위 818-830)이다.

- [문왕(대흠무)] 수도를 상경성으로 옮겼다. [국22] □
  └수도를 중경에서 상경으로 옮겼다. [지14②] □
  └수도를 중경 현덕부에서 상경 용천부로 옮겼다. [회22] □
  └수도를 중경 현덕부에서 북쪽의 상경 용천부로 옮겼다. [국17②] □
  └수도를 중경에서 상경, 동경으로 옮겨 중흥을 꾀하였다. [지13] □
  └발해 문왕이 상경 용천부에서 동경 용원부로 수도를 옮겼다. [법18] □
  └선왕 대에 지배 체제의 정비를 위해서 수도를 중경에서 상경으로 옮기고, 신라와도 상설 교통로를 개설하여 대립 관계를 해소하려 하였다[x]. [경14②] □
  └발해의 수도 이동은 당 세력의 팽창에 대응하기 위한 것이었다[x]. [기12] □

[해설] 수도를 상경성으로 옮긴 왕은 (발해) 문왕 대흠무(재위 737-793, 제3대)이다(756, 문왕 20). 참고로 이후 문왕은 재위 49년인 785년경에 동경 용원부로 다시 수도를 옮겼다. 그리고 이후 성왕(재위 793-794, 제5대)이 동경 용원부에서 상경 용천부로 '환도'하였다(793년으로 추정). / [기12] 발해가 처음 동모산에서 중경으로, 중경에서 다시 상경으로, 다시 (상경에서) 동경으로 옮겼다가 상경으로 재차 옮기는 과정(이상 4차례 도읍 이전)은 대내외적 필요에 의한 것이지 당 세력의 팽창에 기인한 것은 아니다.
*발해의 첫 도읍지는 동모산(만주 지린성 돈화시)이다. 무왕 대(재위 719-737, 제2대)에 동모산에서 중경 현덕부(지린성 화룡현)로 처음 도읍을 옮겼고[문왕 시기(재위 737-793, 제3대)로 보는 설 있음], 문왕 20년인 756년경에 북쪽의 상경 용천부(헤이룽장성 영안현)로 다시 도읍을 옮겼다. 그 후 문왕 49년인 785년경에 동경 용원부(지린성 훈춘시)로 다시 수도를 옮겼다가 성왕 대(재위 793-794, 제5대)에 상경 용천부로 '환도'하였다(793년으로 추정).

- [문왕(대흠무)] 당과 친선 관계를 맺었고, 신라도를 통해 신라와 대립 관계를 해소하였다. [법14] □
  └[발해] 초기에는 당과 대립하였으나 문왕(文王) 대에 이르러 국교를 수립하였다. [회14] □

[해설] 발해 문왕은 즉위 후 선왕인 무왕이 정복과 외치에 치중한 데 비하여 내치에 치중하고 외교에 힘을 기울였다. 740년대에 당과도 친선 관계를 맺고, 신라도 개설하였다(추정). 그리하여 문왕 26년인 762년에 이르러 당은 종래 '발해군(渤海郡)'이라고 호칭하던 것을 '발해국(渤海國)'으로 바꾸고 문왕을 발해국왕으로 책봉하였다. 문왕은 재위 57년 동안 당에 61회 이상의 사신을 파견할 정도로 활발한 대당 관계를 펼쳤다. 그리고 발해와 신라가 신라도를 이용하여 자주 교류한 것은 8세기 후반에서 9세기 전반의 일이다.

- 무왕의 뒤를 이은 문왕은 고려국왕임을 자처하였다. [회19] □
  └일본에 보낸 국서에 고려국왕이라는 명칭을 사용하기도 하였다. [회14] □

[해설] 무왕(재위 719-737)의 뒤를 이은 문왕(재위 737-793)은 고구려 계승 의식을 가지고 있어 (일본에 보낸 국서에서) 고려국왕(高麗國王)임을 자처하였다('고려국왕 대흠무'로 표현). 구체적으로 758년(문왕 22)에 양승경을 대표로 한 사신단을 일본에 파견하면서 보낸 국서에 그렇게 표현하였다. 그러자 일본에서도 문왕을 '고려왕'이라고 표현한 국서를 보냈다.

- [문왕(대흠무)] 당으로부터 '발해군왕'에서 '발해국왕'으로 봉해졌다. [국17②] □

[해설] 당으로부터 '발해군왕'(713, 고왕 16)에서 '발해국왕'으로 봉해진 것은 발해 문왕 26년인 762년의 일이다.

- [문왕(대흠무)] 전륜성왕을 자처하고 황상이라는 칭호를 사용하였다. [서18①] □
  └불교의 전륜성왕 이념을 이용해 왕권 강화를 도모하였다. [회22] □
  └왕을 '황상(皇上)'이라고 칭하여 황제국을 표방하였다. [서16] □

[해설] '전륜성왕'을 자처하고 '황상'이라는 칭호를 사용한 발해의 왕은 문왕이다. 전륜성왕은 인도 신화와 불교에서 이상적인 왕(제왕)을 칭하는 말이다. 참고로 발해 문왕 외에 신라 진흥왕과 백제 무왕도 자신을 전륜성왕으로 칭한 바 있다.

- [문왕(대흠무)] 당시 국왕을 '대왕'이라 표현한 정혜 공주의 묘비가 만들어졌다. [지14②]

[해설] 정혜 공주(737~777)는 문왕의 둘째 딸로, 묘비에 777년 사망하고, 780년에 무왕 대무예의 무덤 서쪽에 매장하였다고 기록되어 있다. 따라서 문왕 대에 해당한다.

▌발해 문왕 [지20] [서18①]

- O 대흥이란 독자적인 연호를 사용하였다.
  O 수도를 중경 → 상경 → 동경으로 옮겼다.
  O 일본에 보낸 외교 문서에서 천손(하늘의 자손)이라 표현하였다.
  O 당과 친선 관계를 맺으며 당의 문물을 도입하여 체제를 정비하였다.

[해설] 대흥이란 독자적인 연호를 사용한 것은 발해 문왕 대(재위 737-793, 제3대)의 일이다(737, 문왕 즉위년). 수도를 중경 → 상경 → 동경으로 옮긴 것도 발해 문왕 대이다(각 756/785). 일본에 보낸 외교 문서에 천손(하늘의 자손)이라 표현한 것도 문왕 대이다. 당과 친선 관계를 맺으며 당의 문물을 도입하여 체제를 정비한 것도 문왕 대이다.

- 왕은 당이 내분으로 어지러워진 틈을 타서 영토를 넓히고, 수도를 중경에서 상경으로, 다시 동경으로 옮겼다. 또한 대흥, 보력 등 독자적인 연호를 사용하였다.

[해설] 수도를 중경에서 상경으로, 다시 동경으로 옮겼다는 내용이 나와 있다. 또 대흥, 보력 등의 연호를 사용하였다는 내용이 나와 있다. 이를 통해 제시된 <보기>의 왕은 발해의 제3대 왕인 문왕(재위 737-793)임을 알 수 있다. 동모산(만주 지린성 돈화현)에서 상경으로 수도를 옮긴 것은 756년(문왕 20)이고, 다시 동경으로 천도한 것은 785년(문왕 49)이다. 그리고 10년 뒤인 성왕 원년인 793년에 수도를 다시 상경으로 옮겼다(이후 멸망 시까지 상경이 수도).

- [성왕(대화여)] 수도를 동경에서 상경으로 옮겼다. [회17]

[해설] 수도를 동경에서 상경(용천부)으로 (다시) 옮긴 것은 발해의 제5대 왕인 성왕 대(재위 793-794)의 일이다(793). 참고로 문왕 대에 수도를 중경에서 상경으로 옮겼다가 동경으로 (재차) 옮긴 바 있다. 성왕 대화여는 문왕의 손자이자 대굉림(?~793?)의 아들이다. 대굉림이 문왕을 이을 태자였으나 일찍 사망하여 793년에 문왕의 족제 대원의가 즉위했으나 포악무도하여 살해되자 왕으로 추대 받아 즉위하였다(연호 '중흥').

- [선왕(대인수)] '건흥'이라는 연호를 사용하였다. [국17②]
  └ '건흥' 연호를 사용하고, 지방 행정 조직을 정비하였다. [지14②]

[해설] '건흥'이라는 연호를 사용한 것은 발해 선왕 2년인 819년의 일이다(~830). 또 넓은 영토를 효과적으로 다스리기 위해 (5경) 15부 62주로 지방 제도를 정비하였다[선왕(재위 818-830), 제10대]. 참고로 발해를 중흥시킨 군주로 평가 받는 선왕 대인수는 대조영, 즉 고왕의 아우 대야발의 4세손이다.

- 선왕은 대부분의 말갈족을 복속시키고 지방 제도를 정비했다.* [회23]
  └ 발해는 9세기 전반의 선왕 때 대부분의 말갈족을 복속시키고 요동 지역으로 진출하였다.* [경12①]
  └ 선왕 때 대부분의 말갈족을 복속시키고 요동 지역으로 진출하였다.* [경15③]

[해설] 대부분의 말갈족을 복속시키고 지방 제도를 정비한 발해의 왕은 선왕 대인수이다. 선왕 대에 이르러 5경 15부 62주의 지방 행정 조직이 확립되었으며, 당으로부터 해동성국이라는 칭호를 들을 정도로 전성기를 이루었다. / 선왕은 즉위 후 곧장 남과 북쪽으로 정벌 활동을 벌여 요동 지역을 완전히 장악하였다(요동 지역에 있던 '소고구려' 통합).

- [선왕(대인수)] 5경 15부 16주의 행정 제도가 완비되었다. [지13]

└전국을 5경 15부 62주로 정비하였다. [소20] □

└지방 행정 구역을 5경 15부 62주로 나누었다. [국24] □

└5경 15부 62주 [경21①] □

[해설] 5경 15부 62주의 행정 제도를 완비한 왕은 발해 선왕 대인수이다(발해의 전성기). 넓어진 영토를 효과적으로 다스리기 위해 정비하였다.

• [선왕(대인수)] 신라와 국경을 접할 정도로 넓은 영토를 차지하였다.* [회17] □

[해설] 발해가 신라와 국경을 접할 정도로 넓은 영토를 차지한 것은 제10대 선왕 대(재위 818-830)이다.

• [선왕(대인수)] '해동성국'이라고 불릴 만큼 전성기를 이루었다. [국22] □

└전성기를 맞아 해동성국이라고 불리었다. [지15①] □

└전성기를 맞이하여 '해동성국'이라고 불리었다. [법18] □

└전성기를 맞이하여 중국인들이 해동성국이라 불렀다. [서24②] □

└9세기 전반 선왕 때 최대의 영토를 확보했고, 이후 해동성국으로 불렸다. [회22] □

└9세기에 융성하여 당으로부터 해동성국이라는 칭호를 얻었다. [회19] □

└중국인들이 해동성국이라 부를 정도로 전성기를 맞이하였다. [법14] □

└중국으로부터 해동성국이라고 불리기 시작하였다. [회17] □

└전성기를 맞은 발해에 대해서 중국인들은 해동성국이라고 부르기도 하였다. [경14②] □

└당으로부터 해동성국이라는 칭호를 들었다(발해). [서22②] □

└선왕 시기에 '해동성국'으로 불렸다. [법23] □

└선왕 때에는 '해동성국'으로 불리기도 하였다. [경15②] □

└당으로부터 '해동성국'이라 불렸다. [서18①] □

└융성한 발해는 '해동성국'이라는 칭호를 얻었다. [서16] □

[해설] '해동성국(海東盛國)'으로 불릴 만큼 전성기를 이룬 왕은 (발해의 제10대 왕인) 선왕 대인수이다(9세기 전반). 선왕 대에 이르러 말갈족을 대부분 복속시키고 요동 지역으로 진출하였으며 남으로는 신라와 국경을 접할 정도로 넓은 영토를 차지하였다(발해의 전성기). 그리고 이를 효율적으로 통치하기 위해 지방 제도를 (5경) 15부 62주로 정비하였다.

■ **발해 선왕** [지14②] □

대부분의 말갈족을 복속시키고, 요동 지역으로 진출하였다. 이후 전성기를 맞은 발해를 중국에서는 해동성국(海東盛國)이라고 불렀다.

[해설] 발해가 해동성국으로 불린 시기는 9세기 전반인 선왕 대인수 대(재위 818-830, 제10대)이다.

• (나): 지방 세력을 통제하기 위하여 상수리 제도를 실시하였다[X]. [법11] □

[해설] (나)는 발해를 가리킴. 지방 세력을 통제하기 위하여 상수리 제도를 실시한 것은 (발해가 아니라) 신라이다(5세기 이전부터 실시 추정).

• (나): 군사·행정상의 요지에는 5소경을 설치하고 장관으로 사신을 두었다[X].* [법11] □

[해설] (나)는 발해를 가리킴. 군사·행정상의 요지에는 5소경을 설치하고 장관으로 사신(仕臣)[또는 사대등(仕大等)]을 임명한 것은 (발해가 아니라) 신라이다(685, 신문왕 5).

• 발해가 멸망하였다. [국20] [법23] [법14] □

┖발해가 거란에 의하여 멸망하였다. [경16①]□
┖(나)은/는 거란의 침략으로 멸망하였다. [법24]□
┖거란의 침략을 받아 멸망하였다. [서13]□
┖거란의 침입으로 멸망하였다. [경13①]□
┖거란(요)이 발해를 멸하였다. [경11②]□
┖부족을 통일한 여진족의 침략으로 멸망하였다[x]. [법14]□
┖10세기 초반 여진족의 침입으로 멸망하였다[x]. [회14]□

[해설] 10세기에 이르러 내분을 겪고 있던 발해가 (여진족이 아니라) 거란[요] 태조(재위 907-926)에 의해 불과 보름 만에 멸망한 것은 신라 경애왕 3년이자 고려 태조 9년인 926년(발해 대인선 21)의 일이다[경애왕(재위 924-927), 제55대]. / 여진족이 부족을 통일하고 금을 세운 것은 1115년(예종 10)의 일이다. 또한 발해가 926년에 멸망한 것은 여진이 아니고 거란에 의해서였다.

2 발해의 통치 체제

• 발해의 중앙 정치 조직은 3성 6부이며, 지방 행정 구역은 5경 15부 62주이다. [경20②]□

[해설] 발해의 중앙 정치 조직은 3성 6부, 지방 행정 구역은 5경 15부 62주로 정비되었다(각 문왕 대/선왕 대).

• [문왕] 3성 6부의 중앙 정치 조직을 갖추었다. [소18②]□
┖3성 6부의 중앙 행정 조직 [국18]□
┖3성 6부를 비롯한 중앙 관서를 정비하였다. [서16]□
┖3성 6부제의 중앙 관제를 정비하였다. [법18]□
┖3성 6부를 중심으로 중앙 정치 조직을 정비하였다. [기15]□
┖중앙의 정치 조직으로 3성 6부를 두었다. [지15②]□
┖중앙 관제로 당을 모방한 3성 6부를 두었다. [회23]□
┖중앙에 3성 6부를 두고, 정당성을 관장하는 대내상이 국정을 총괄하도록 하였다. [지17①]□
┖중앙 정치 조직은 3성 6부를 근간으로 중대성의 장관인 대내상이 국정을 총괄하였다[x]. [경15③]□
┖선왕(宣王) 때에는 3성 6부의 지방 행정 구역이 완비되었다[x]. [경13①]□
┖당의 제도를 수용하였으나 명칭과 운영에서 독자성이 나타난다. [기13]□
┖3성 6부 [경21①]□

[해설] 3성 6부를 중심으로 중앙 정치 조직을 정비한 것은 발해의 문왕(재위 737-793, 제3대)이다. / 3성 6부는 발해 통치 체제의 독자성을 보여 주는 제도로 원래 당의 3성 6부 제도를 골격으로 한 것이다(즉 당의 3성 6부제를 수용[모방]하되 명칭과 운영 방식[기능][관장 업무] 등에서 독자적인 성격을 띰). / [경15③] (중대성이 아니라) 정당성을 관장한 대내상(大內相)이 최고 관직인 수상이다. 정당성 아래에 좌사정과 우사정이 있었고, 또 좌사성에는 충·인·의부[충부·인부·의부]를, 우사정에는 지·예·신부[지부·예부·신부]를 두었다. / [경13①] 중앙 정치 조직인 3성 6부는 발해 문왕 대(재위 737-793, 제3대)에 정비되었다(지방 행정 구역이 아니라 중앙 관제). / [기13] 관련 자료(발해의 통치 조직) 참조

• [발해의 중앙 관제] 정당성의 대내상이 국정을 총괄하였다. [소20]□
┖대대로가 수상이 되어 국정을 이끌었다[x]. [회18]□
┖집사부를 두어 기밀을 관장하게 하였다[x]. [회18]□
┖중국의 제도를 수용하여 중추원을 두었다[x].* [회18]□
┖중정대는 신라의 사정부와 비슷한 기능을 수행하였다. [회18]□

└당의 문하성에 해당하는 기구로 중대성을 설치하였다[x]. [회18] ☐

[해설] 발해는 3성 6부의 중앙 관제를 두었는데 정당성의 대내상이 국정을 총괄하였다[정당성 아래에 좌사정(충·인·의부)과 우사정(지·예·신부)을 둠]/ [회18] 대대로가 수상이 되어 국정을 이끈 나라는 고구려이다. 대대로는 고구려의 제1위 관등으로 국정을 총괄하는 임무를 지닌 수상직이다. 귀족 회의인 제가 회의에서 3년마다 한 번씩 선출되었다. 행정을 총괄하는 최고 관직이라는 점에서 일치하는 발해의 관직은 대내상이다. 대내상은 발해의 최고 행정 기관인 정당성을 관장하는 관직이다. / 집사부를 두어 기밀을 관장하게 한 나라는 발해가 아니라 신라이다. 진덕 여왕 때인 651년에 설치되었다. / 중국의 제도를 수용하여 중추원을 (처음) 둔 것은 고려 성종 때의 일이다(성종 10, 991). / 중대대는 일종의 비리 감찰 기구로 신라의 사정부(감찰·규찰 기구)와 비슷한 기능을 수행하였다. / 정책 심의 기구인 당의 문하성에 해당하는 발해의 기구는 선조성이다. 참고로 정책을 집행하는 기구[행정 기관]인 당의 상서성에 해당하는 발해의 기구가 정당성(그 아래 좌사정과 우사정)이고, 정책 기초 기구[정책을 입안하고 조칙을 기초]인 중서성에 해당하는 (발해의) 기구가 중대성이다.

• 정당성 아래에 있는 6부가 정책을 집행하였다. [지17②] ☐

└정당성의 장관인 대내상이 국정을 총괄하였고, 그 아래에 있는 좌사정이 충·인·의 3부를, 우사정이 지·예·신 3부를 각각 나누어 관할하였다. [경15②] ☐

└관청의 명칭을 유교식으로 변화시켜 사용하였다. [기13] ☐

└좌사정과 우사정이 각각 3부씩 나누어 맡는 이원적 통치 체제를 운영하였다. [기13] ☐

[해설] 정당성 아래에 있는 6부가 정책을 집행한 것은 발해의 정치 체제이다. 정당성 아래의 좌사정에서는 충부·인부·의부가, 우사정에서는 지부·예부·신부가 설치되었다. / 6부의 명칭에서 관청의 명칭을 유교식으로 변화시켜 사용하였음을 알 수 있다. / [기13] 관련 자료(발해의 통치 조직) 참조

• 선조성의 장관을 좌상, 중대성의 장관을 우상이라 불렀다. [회21] ☐

└선조성과 중대성의 장관이 국정을 총괄하였다[x]. [기13] ☐

[해설] 선조성의 장관을 좌상, 중대성의 장관을 우상이라 불렀다. / 선조성과 중대성의 장관이 국정을 총괄한 것이 아니라, 정당성의 장관인 대내상이 국정을 총괄하였다.

• 감찰 기관으로 중정대가 있었다. [지15②] ☐

└발해의 중정대 [서24②] ☐

└중정대 - 승정원 [x] [지18] ☐

[해설] 중정대는 관리들의 비리를 감찰하는 발해의 중앙 기관이다. 승정원은 왕명의 출납을 맡은 조선의 비서 기관으로 수장은 도승지이다(성격이 유사한 것끼리 옳게 짝지은 것을 묻는 문제로, 조선의 경우 '사헌부'가 나와야 한다). / 3성 6부 다음에 중정대가 기록되어 있을 정도로 중요한 기구였다. 참고로 고려의 감찰 기구는 어사대이다(995, 성종 14).

• [선왕] 지방을 5경 15부 62주로 편성하였다. [지22] ☐

└지방의 행정 조직으로 5경 15부 62주가 있었다. [지15②] ☐

└전략적 요충지에는 5경을, 지방 행정의 중심부에는 15부를 두었다. [경15②] ☐

└발해는 지방을 5경 15부 62주로 나누었으며, 지방 행정의 말단 단위인 촌락에 수령을 파견하여 다스렸다[x]. [경14①] ☐

[해설] 지방을 5경 15부 62주로 편성한 것은 발해 선왕 대(재위 818-830, 제10대)의 일이다. 5경*은 전략적 요충지였으며, 15부는 지방 행정의 중심지로 하부의 행정 구획인 62주를 거느렸다. / [경14①] 발해는 지방을 5경 15부 62주로 나누었으며, 지방 행정의 말단 단위인 촌락에는 촌장이 있었다. 이들이 '수령'으로 불렸다. 조선 시대처럼 수령을 파견하여 다스린 것이 아니다. 참고로 15부의 장관은 도독이며, 주의 장관은 자사, 그리고 주 밑의 현의 장관은 현승이다. 모두 도독의 지휘를 받았다.

*5경: 상경 용천부, 중경 현덕부, 동경 용원부, 남경 남해부, 서경 압록부

• 중앙군으로 10위를 두었다. [법17] ☐

└군사 조직은 중앙군으로 10위를 두어 왕궁과 수도의 경비를 맡겼다. [경15③] ☐

└(나)의 군사 제도로 9서당 10정이 있었다[✗]. [법24] ☐
└군사 조직은 중앙군으로 10정을 두어 왕궁과 수도의 경비를 맡겼다[✗]. [경15②] ☐

[해설] 발해는 중앙군으로 10위를 두어 왕궁과 수도의 경비를 맡겼다. 각 위마다 대장군과 장군을 두어 통솔하게 하였다. / [법24] (나)는 발해를 가리킴. 군사 제도로 9서당 10정이 있었던 나라는 신라이다[각 687(신라 신문왕 7)/685(신문왕 5)]. / [경15②] '10정'은 통일 신라의 지방군이다(685, 신문왕 5)('10위'와 '10정' 구분, 주의). 각 주에 1정씩 두었으며 북방 국경 지대인 한주에 2정을 두었다.

◉ 사진으로 보는 발해의 성립과 발전

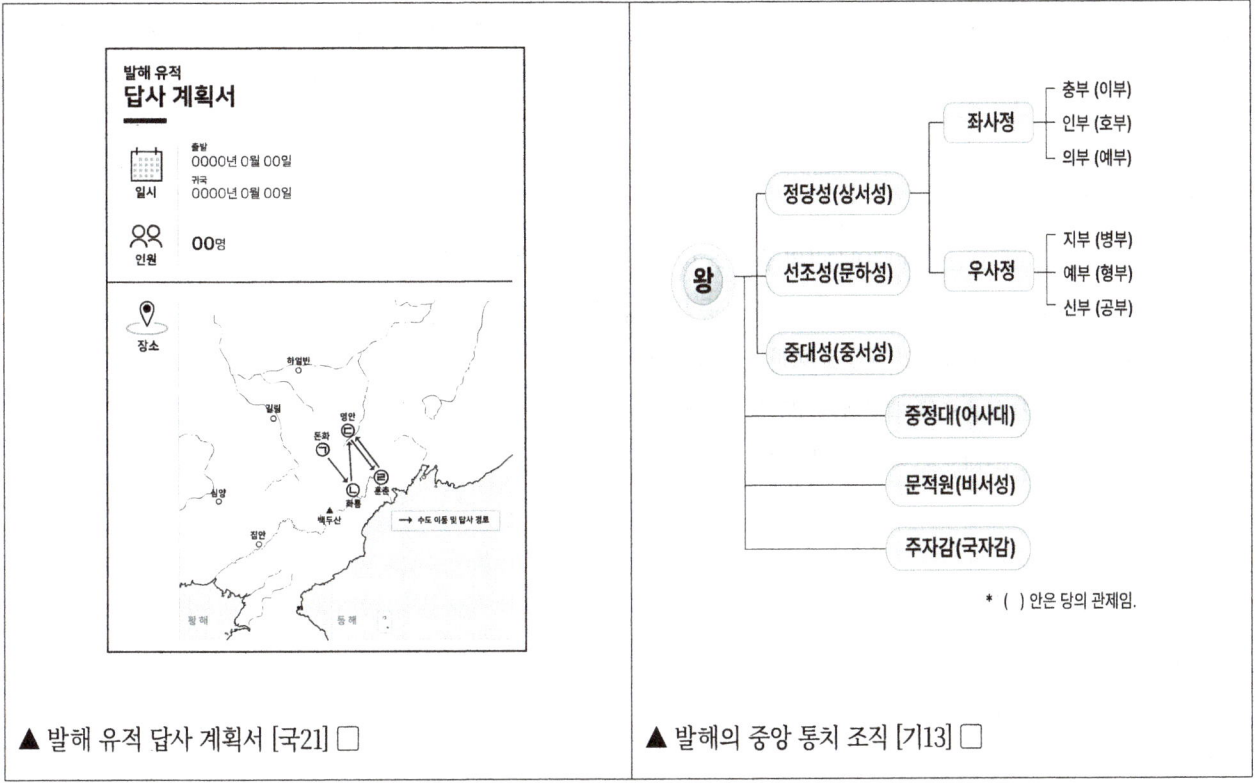

▲ 발해 유적 답사 계획서 [국21] ☐   ▲ 발해의 중앙 통치 조직 [기13] ☐

[해설] [국21] 문제의 질문과 지도에 나타나 있듯이 'ㄱ~ㄹ'은 발해의 수도들이다. 'ㄱ 돈화'는 발해의 첫 도읍지인 동모산(지린성 돈화시), 'ㄴ 화룡'은 중경 현덕부(지린성 화룡현), 'ㄷ 영안'은 상경 용천부(헤이룽장성 영안현), 'ㄹ 훈춘'은 동경 용원부(지린성 훈춘시)이다. 무왕 시기(재위 719-737, 제2대)에 동모산에서 중경 현덕부로 처음 도읍을 옮겼고[문왕 시기(재위 737-793, 제3대)로 부는 설도 있음], 문왕 20년인 756년경에 **북쪽**의 상경 용천부로 다시 도읍을 옮겼다. 그 후 문왕 49년인 785년경에 동경 용원부로 다시 수도를 옮겼다가 성왕 대(재위 793-794, 제5대)에 상경 용천부로 '환도'하였다(793년으로 추정).

[해설] [기13] 발해의 중앙 통치 조직이 표로 나타나 있다(3성 6부).

주제 16 남북국의 경제와 사회

1 남북국의 경제 생활

• 신라는 통일 이후에 관료전과 정전(丁田)을 지급하였다. [지11①] □

[해설] 신라 신문왕은 관료전을 지급(687, 신문왕 7)하고 녹읍을 폐지(689, 신문왕 9)하여 귀족들의 경제 기반을 약화시켰으며, 성덕왕은 일반 백성들에게 정전(丁田)을 지급(722, 성덕왕 21)하여 국가의 토지 지배력을 강화시켰다[성덕왕(재위 702-737), 제33대].

■ 신라의 토지 제도 [지12①] □

• ○ 문무왕 8년(668) 김유신에게 태대각간의 관등을 내리고 식읍 500호를 주었다.
  ○ 신문왕 7년(687) 문무 관리들에게 관료전을 차등 있게 주었다.
  ○ 신문왕 9년(689) 내외 관료의 녹읍을 혁파하고 매년 조(租)를 주었다.
  ○ 성덕왕 21년(722) 처음으로 백성에게 정전을 지급하였다.

[해설] 식읍, 관료전, 녹읍, 정전과 관련된 내용이다(각 관련 선지 및 해설 참조).

• [성덕왕] 백성에게 정전을 처음으로 지급하였다. [국19] □
└성덕왕 대에는 일반 백성들에게 정전을 지급하였다. [서17①] □
└백성들에게 정전을 지급하였다. [국17②] [법16] □
└백성에게 처음으로 정전을 지급하였다. [지21] □
└처음으로 백성들에게 정전(丁田)을 지급하였다. [서18②] □
└정전을 받아 농사짓는 농민 [법14] □
└정전을 지급하였다. [서20] □
└정전(丁田)의 지급 [경12①] □ (농민의 경제 안정)
└정전 지급 [지20] □
└관료에게는 관료전을, 백성에게는 정전을 지급하였다. [지16②] □
└[정전] 왕권이 약화되는 배경이 되었다[✗]. [지12①] □

[해설] 백성에게 정전(丁田)을 처음으로 지급한 것은 성덕왕 21년인 722년의 일이다[성덕왕(재위 702-737), 제33대]. 관료에게 관료전을 지급하기 시작한 것은 신문왕 7년인 687년의 일이다. / 국가에 일정한 역(役)을 담당하는 '정(丁)'(16세~60세까지의 평민 남성)에게 지급된 것으로 토지를 실제로 지급했다기보다는 이미 가지고 있던 토지(사유지)를 법적으로 인정하고 귀족의 침탈로부터 보호해 준 것으로 추정하고 있다. 물론 토지가 원래 없는 '정'에게는 국유지를 지급했던 것으로 추정하고 있다. / [지12①] 정전은 일반 백성에게 지급한 토지로, 조세를 국가에 바치게 하여 농민과 토지에 대한 국가의 지배력이 강화되는 효과가 있다.

• 민전 [지14①] □

[해설] 민전(民田)은 일반 백성들이 조상대대로 전래하여 경작한 사유지이다(↔국유지, 관유지)(신라 토지 제도의 전개와 관련된 선지에서 일종의 보기

중에 들어가는 용어 중 하나로 제시됨). 참고로 고려 시대 이후 토지의 소유권은 어디까지나 국가에만 있다는 것을 전제로 하여 수조권이 국가에 귀속하는 토지는 공전(公田), 사인(私人)에게 귀속되는 토지는 사전(私田)이라는 개념이 생겨났다.

- [소성왕] 청주(菁州)의 거로현을 국학생의 녹읍으로 삼았다.* [국19] □

[해설] 청주(菁州)의 거로현을 국학생의 녹읍으로 삼은 것은 신라 소성왕 원년인 799년의 일이다[소성왕(재위 799-800), 제39대]. 청주는 지금의 경남 진주 지역이다.

- 일본 정창원에서 발견된 '신라 촌락 문서'는 서원경 부근의 4개 촌락을 대상으로 한 것이다. [서17①] □
  └ 사해점촌, 살하지촌 등 서원경을 중심으로 하는 4개의 자연 촌락에 대한 조사이다. [경16②] □
  └ [신라 촌락 문서] 통일 신라 때의 문서로, 당시 촌락의 경제 상황과 국가의 세무 행정을 알 수 있는 자료이다. [경15①] □
  └ 통일 신라 민정 문서는 남녀 인구수와 소·말의 수, 토지 면적 등을 조사하여 3년마다 작성되었다. [경14①] □
  └ 이 문서에는 토지 면적, 호수, 인구수, 나무 종류와 수까지 기록하고 있다. [경12③] □
  └ 정부가 조세와 요역 부과의 자료로 파악하였다. [경12③] □
  └ 1933년 일본 도다이 사(東大寺) 쇼소인(正倉院)에서 발견되었다. [경15①] □

[해설] 일본 동대사[도다이지] 정창원[쇼소인]에서 1933년 발견된 신라 촌락 문서(민정 문서)는 서원경을 중심으로 하는 4개의 자연 촌락을 대상으로 촌주가 3년마다 작성한 것으로 조세 수취와 노동력 징발을 목적으로 하였다(755, 경덕왕 14)(신라 촌락 문서는 작성 시기와 관련해 여러 설이 있으나 이것이 현재 통설, 최근 효소왕 7년인 698년설이 인정되는 추세).

- [신라 촌락 문서] 촌락의 토지 결수, 인구 수, 소와 말의 수 등을 파악하였다(경덕왕). [지19] □
  └ 인구·토지 면적 등을 기록한 장적(帳籍, 촌락 문서)이 작성되었다. [지17①] □
  └ 각 촌락의 인구와 토지의 종류, 면적만 조사했다[✗]. [기16] □
  └ 인구, 가호, 노비 및 소와 말의 증감까지 매년 작성하였다[✗]. [지14②] □
  └ 인구를 중시하여 소아의 수까지 파악했다. [지17②] □
  └ 인구는 남녀 모두 연령에 따라 6등급으로 나누어 파악하였다. [지16②] □
  └ 사람은 남녀로 나누고, 연령을 기준으로 하여 6등급으로 구분하였다. [지14②] □
  └ 남녀를 연령에 따라 6등급으로 구분하였다. [기16] □
  └ 호(戶)는 상상호(上上戶)에서 하하호(下下戶)까지 9등급으로 구분하였다. [지14②] □
  └ 호(戶)는 9등급으로, 인구는 연령에 따라 6등급으로 나누었으며 성별도 구별하였다. [경16②] □
  └ 토착 세력인 촌주가 변동 사항을 조사하여 3년마다 작성하였다. [경15①] □
  └ 촌주가 변동 사항을 조사하여 촌 단위로 매년 다시 작성하였다[✗]. [경16②] □
  └ 조세, 역, 공물 수취를 위해 촌주가 매년 작성하였다[✗]. [기16] □
  └ 민정 문서는 3년마다 각 호의 정남에 의해 작성되었다[✗]. [경12③] □
  └ 토지는 내시령답, 관모답, 촌주위답, 연수유전답 등으로 나누어 조사하였다. [경16②] □
  └ 토지에는 연수유전답, 촌주위답, 내시령답이 포함되어 있다. [지14②] □
  └ 촌민들은 자기의 연수유답을 경작하여 수확을 거둬들이는 대가로 관모답, 내시령답 등을 공동 경작하였다. [경12③] □
  └ 내시령과 같은 관료에게 토지가 지급되었다. [지17②] □
  └ 비옥도와 풍흉의 정도에 따라 토지의 종류와 면적을 기록하였다[✗]. [경15①] □
  └ 촌락의 경제력을 파악할 때 유실수의 상황을 반영했다. [지17②] □

└ 촌락을 통제하기 위해서 지방관으로 촌주가 파견되었다[x]. [지17②] □

└ 재산 상속과 분배에 대한 내용이 담겨 있다[x]. [기16] □

[해설] 1933년 일본 동대사(도다이지) 정창원(쇼소인)에서 발견된 신라 촌락 문서(신라 민정 문서[신라 장적])에서 이와 같은 사실을 확인할 수 있다[경덕왕 14년인 755년에 작성(통설), 최근 효소왕 7년인 698년설이 인정되는 추세]. / [기16] 신라 촌락 문서에는 서원경(청주) 부근 4개 촌의 인구와 토지의 종류, 면적 뿐 아니라 가축과 나무의 종류와 수까지 조사하여 기록하였다(인구, 가호, 노비, 가축, 나무의 수와 3년 동안의 사망, 이동, 변동 내용을 꼼꼼하게 기록) / [지14②] [경16②] [기16] [경12③] 신라 촌락 문서는 인구, 가호, 노비 및 소와 말 등의 가축, 나무의 증감을 매년 조사하여 3년마다 촌주가 작성하였다(각 호의 정남 X). / 신라 촌락 문서는 남녀 모두 연령에 따라 6등급으로 나누어 파악하였다(평민, 천민, 아이, 노인 모두 포함). 남자의 경우는 정(丁)·조자(助子)·추자(追子)·소자(小子)·제공(除公)·노공(老公)의 연령층으로 나누었고, 여자의 경우는 정녀(丁女)·조녀자(助女子)·추자(追女子)·소녀자(小女子)·제모(除母)·노모(老母)의 연령층으로 나누었다. / 호는 인정의 다수에 따라 상상호에서 하하호까지 9등급으로 구분하였다. / 촌락 문서에 등장하는 토지로는 촌민들이 경작하는 연수유전답, 촌주위답, 내시령답, 공동 경작지인 마전(麻田) 등이 있다. / [경16②] 내시령답은 내시령과 같은 관료에게 지급[할당]된 토지[전답]이고(관료에게 할당된 관료전), 연수유전답은 농민들이 호별로 경작하는 토지이다(성덕왕 때 주어진 정전으로 추정), 또 촌주위답은 촌주에게 할당된 토지이고, 관모(전)답은 각 촌락에 분산된 국가 소유의 토지이다. / [지17②] 촌락의 경제력을 파악할 때 유실수(뽕나무·잣나무·호두나무)의 상황을 반영하였다. / [경15①] 비옥도와 풍흉의 정도에 따라 토지의 종류와 면적을 기록한 것은 조선 세종 26년(1444)에 시행된 공법(貢法) 때의 일이다. / [지17②] 촌주는 중앙에서 파견된 지방관이 아니다. 지방의 유력자에게 준 말단 관직이다. 촌주가 (신라) 촌락 문서를 3년마다 작성하였다. / [기16] 재산 상속과 분배에 대한 내용은 담겨 있지 않다.

■ 신라 촌락 문서 [지16②] [경15①] [경12③] [기16] □

- 서원경(청주) 부근 사해점촌 및 4개 촌락에 대한 문서로 당시 촌락의 경제 상황과 조세 제도 운영을 잘 보여주는 자료이다. 1933년 일본 도다이사(동대사) 쇼소인(정창원)에서 발견되었으며, '신라 장적'이라고도 한다.

[해설] 신라 촌락 문서에 대한 일반적인 설명이다.

- 토지는 논, 밭, 촌주위답, 내시령답 등 토지의 종류와 면적을 기록하고, 사람들은 인구, 가호, 노비의 수와 3년 동안의 사망, 이동 등 변동 내용을 기록하였다. 그 밖에 소와 말의 수, 뽕나무, 잣나무, 호두나무의 수까지 기록하였다.

[해설] '논, 밭, 촌주위답, 내시령답 등 토지의 종류와 면적을 기록'하였다는 점과 '인구, 가호, 노비의 수를 기록'하였다는 점, '소와 말의 수, 뽕나무, 잣나무, 호두나무의 수까지 기록'하였다는 점에서 제시된 문서는 신라 촌락 문서(민정 문서)임을 알 수 있다.

- 토지는 논, 밭, 촌주위답, 내시령답 등 토지의 종류와 면적을 기록하고, 사람들은 인구, 가호, 노비의 수와 3년 동안의 사망, 이동 등 변동 내용을 기록하였다. 그 밖에 소와 말의 수, 뽕나무, 잣나무, 호두나무의 수까지 기록하였다.

특히, 사람은 남녀별로 구분하고, 16세부터 60세의 남자의 연령을 기준으로 나이에 따라 6등급으로 구분하여 기록하였다. 호(가구)는 사람의 많고 적음에 따라 상상호(上上戶)에서 하하호(下下戶)까지 9등급으로 나누어 파악하였다. 기록된 4개 촌은 호구 43개에 총인구는 노비 25명을 포함하여 442명(남 194, 여 248)이며, 소 53마리, 말 61마리, 뽕나무 4,249그루 등의 재산을 소유하고 있었다.

[해설] 주어진 자료는 신라 경덕왕 대(재위 742~765, 제35대)에 작성된 신라 촌락 문서이다(755, 경덕왕 14)(최근 효소왕 7년 698년설 유력).

- 사해점촌(沙害漸村)은 11호인데, 중하 4호, 하상 2호, 하하 5호이다. 인구는 147명인데, 남자는 정(丁)이 29명(노비 1명 포함), 조자 7명(노비 1명 포함), 추자 12명, 소자 10명, 3년간 태어난 소자가 5명, 제공 1명이다. 여자는 정녀 42명(노비 5명 포함), 조여자 11명, 추여자 9명, 소여자 8명, 2년간 태어난 소여자 8명(노비 1명 포함), 제모 2명, 노모 1명, 다른 마을에서 이사 온 추자 1명, 소자 1명 등이다. 논은 102결 정도인데, 관모답 4결, 촌민이 받은 것은 94결이며, 그 가운데 19결은 촌주가 받았다. 밭은 62결, 마전은 1결 정도이다. 뽕나무는 914그루가 있었고, 3년간 90그루를 새로 심었다. 잣나무는 86그루가 있었고, 3년가 34그루를 새로 심었다.

-『민정문서』-

[해설] 신라 촌락 문서로 4개 촌 중 사해점촌의 인구수와 인구 구성에 대한 내용이다. 논밭의 면적과 나무의 종류별 수까지 제시되어 있음을 알 수 있다.

- [경덕왕] 관료에게 지급하는 녹읍을 부활하였다. [국18] ☐

[해설] 관료에게 지급하는 녹읍(祿邑)을 부활한 것은 경덕왕 대(재위 742-765, 제35대)인 757년(경덕왕 16)의 일이다. 신문왕 때 관료전을 지급(687, 신문왕 7)한 후 녹읍을 폐지(689, 신문왕 9)한 적이 있다.

- [녹읍, 식읍] 해당 지역의 조세와 역 징발권을 부여하였다. [법13] ☐

[해설] 해당 지역의 조세와 역 징발권을 부여한 것은 신라의 녹읍과 식읍이다.

- [녹읍] 이것이 폐지되자 전국의 모든 국토는 '왕토(王土)'라는 사상이 새롭게 나오게 되었다[X]. [국14] ☐
  - 수급자가 토지로부터 조(租)를 받을 뿐 아니라, 그 지역의 주민을 노역(勞役)에 동원할 수 있었다. [국14] ☐
  - 삼국 통일 이후 국가에 큰 공을 세운 육두품 신분의 사람들에게 특별히 지급하였다[X][식읍]. [국14] ☐
  - 전쟁에서 큰 공을 세운 사람에게 공로의 대가로 지급하였다[X][식읍]. [지12①] ☐
  - 촌락에 거주하는 양인 농민인 백정이 공동으로 경작하였다[X][고려 시대]. [국14] ☐
  - 귀족의 경제 기반 확대 [경12①] ☐
  - 녹읍 [지14①] ☐

[해설] 왕토사상은 녹읍 폐지와 관련 없이 이전부터 존재하였다. / 녹읍은 (일반) 관료들에게 지급한 토지로, 조세뿐만 아니라 노동력도 징발할 수 있었다. / [지12①] 국가에서 왕족과 공신(공로가 큰 고위 관료, 전쟁에서 큰 공을 세운 인물)에게 (특별히) 지급한 것은 (녹읍이 아닌) 식읍(食邑)이다[녹읍에 비해 규모가 훨씬 컸다. 일종의 '자치령'과 유사, 7세기 중엽 이후 종래 지역 단위 지급 방식에서 호수(戶數) 단위 지급 방식으로 변화, 주제 10의 식읍 관련 해설 참조)(조선 초에 완전히 소멸). / 양인 농민을 백정이라고 부른 것은 고려 시대이다. 참고로 신라 촌락 문서에 촌락민이 공동 경작한 곳은 '마전(麻田)'으로 기록되어 있다.

- 식읍 [지14①] ☐
  - [식읍] 조세를 수취하고 노동력을 징발할 권리를 부여하였다. [지12①] ☐

[해설] 식읍은 왕족, 공신들에게 지급한 것으로 조세를 수취하고 노동력을 징발할 수 있었다.

- [효소왕] 수도에 서시와 남시를 설치하였다.* [국18] ☐
  - 왕경에 서시전과 남시전이 설치되었다.* [지19] ☐
  - 삼국 통일 후 인구 증가와 상품 생산의 확대에 따라 경주에 서시와 남시가 설치되었다.* [경20①] ☐

[해설] 수도인 경주에 서시와 남시를 (추가로) 설치한 왕은 효소왕(재위 692-702, 제32대)이다. 효소왕 4년인 695년에 금성에 서시전(西市典)과 남시전(南市典)을 실시하여 상업을 장려하였다. 주지아듯이 신라는 지증왕 10년 509년에 도읍인 경주에 동시[시장]를 감독하는 관청인 동시전을 설치한 바 있다.

- 당과의 교류 확대 [경12①] ☐

[해설] 통일 신라 시대[남북국 시대]의 사실 3개를 주고서 공통적으로 추론할 수 있는 역사적 사실을 묻는 문제의 오답 중 하나로 제시되었다. 해당 시대에 신라와 당, 발해(문왕 이후)와 당 사이에는 교류*가 활발하였다(신라와 발해 X).
*통일 신라 시대[남북국 시대] 신라의 최대 무역항을 울산항으로 당과 주변국은 물론 아라비아 상인들까지 왕래하였다. 당항성과 영암도 국제 무역항으로 번성하였다. 당항성은 중국의 산둥반도와 연결된 일종의 무역 북로, (전남) 영암은 중국의 양쯔강 지역과 연결된 무역 남로의 무역항이었다. 9세기 전반에는 청해진도 국제 무역항으로서의 역할을 하였다[828(흥덕왕 3)~851(문성왕 13)].

- 어아주, 조하주 등 고급 비단을 생산하여 당나라에 보냈다.* [국18] ☐

[해설] 어아주, 조하주 등 고급 비단을 생산하여 당에 보낸 나라는 통일 신라이다. 성덕왕, 경덕왕, 혜공왕 등 8세기에 당에 토산품으로서 보낸 사실이 『삼국사기』 등에 기록되어 있다

- 산둥반도와 양쯔강 하류에 신라방과 신라소가 있었다. [지16①] □
  └ 산둥반도의 신라원에 도착한 신라 사신 [법17] □

[해설] 통일 신라 시대 대당 무역이 활발해지면서 산둥반도와 양쯔강 하류에 신라방과 신라촌(거주지), 산라소(행정 기관), 신라원(사찰), 신라관(여관) 등이 설치되었다.

- 통일 신라에는 녹비법, 퇴비법 등의 시비법이 발달하고 윤작법이 보급되어 생산력이 증가하였다[✗]. [경20①] □

[해설] 녹비법, 퇴비법 등의 시비법이 발달하고 윤작법이 보급되어 생산력이 증가한 것은 고려 시대의 일이다. 참고로 시비법이란 토양이나 작물에 비료 성분을 공급하여 농작물의 생육을 촉진시키는 농작업으로, 이 중 녹비법은 땅이 척박한 곳에 지력을 높이기 위해 녹두·참깨 등을 심었다가 어느 정도 자라면 갈아엎는 시비법이고, 퇴비법은 동물의 배설물을 거름으로 사용하는 시비법이다.

- [발해] 기후가 좋지 않고 토지가 척박하여 농업은 콩, 보리, 조 등을 재배하는 밭농사 중심이었다. [경19②] □
  └ 목축이 발달하였고, 농업은 밭농사 중심이었지만 일부 지역에서는 벼농사도 지었다. [경15③] □

[해설] 발해의 농경과 목축에 대한 옳은 설명이다(밭농사 중심).

- [발해] 당, 신라, 거란, 일본 등과 무역하였는데, 대신라 무역의 비중이 가장 컸다[✗]. [서19②] □

[해설] 발해는 당, 신라, 거란, 일본 등과 무역하였는데, 대신라 무역의 비중이 (가장 큰 것이 아니라) 가장 적었다. 당, 일본과의 무역이 매우 컸다.

- [발해] 말(馬)이 주요한 수출품이었다. [서13] □

[해설] 발해에서 솔빈부의 말은 주요 수출품이었다(솔빈부의 특산물). 솔빈부는 발해의 지방 행정 구역 중 하나이다(남북국 시대).

■ **발해의 특산물** [지22] □

이 나라에서 귀하게 여기는 것에는 태백산의 토끼, 남해부의 다시마, 책성부의 된장, 부여부의 사슴, 막힐부의 돼지, 솔빈부의 말, 현주의 베, 옥주의 면, 용주의 명주, 위성의 철, 노성의 쌀 등이 있다.

- 『신당서』 -

[해설] 밑줄 친 '이 나라'는 발해를 가리킨다. 발해의 각 지역별 특산물이 제시되어 있다.

2 남북국의 사회 모습

- [신라 골품제] 통일 신라기에 성립하였다[✗]. [서19①] □
  └ 국학이 설립되면서 폐지되었다[✗]. [서19①] □
  └ 골품제로서 관료제를 운영하였다. [법12] □
  └ (다)에는 '골품제'라는 신분제가 존재하였다. [기17] □
  └ 골품에 따라 관등이나 관직 승진에 제한이 있었다. [지24] [법24] □
  └ 진골은 대아찬 이상의 고위 관등만 받을 수 있었다[✗]. [서19①] □
  └ 혈통에 따른 신분제로서 승진의 상한선을 결정했다. [서19①] □
  └ 신라의 골품 제도는 가옥의 규모와 장식물은 물론, 복색이나 수레 등 신라인의 일상생활까지 규제하였다. [지12②] □
  └ 골품 제도는 가옥의 규모와 장식물은 물론, 복색이나 수레 등 일상생활까지 규제하는 기준으로서 유지되었다. [경14②] □
  └ 골품 제도 [소22] □

[해설] 골품제는 혈통에 따른 신분제(폐쇄적 신분제)로 통일 신라기가 아니라 그 이전부터 성립되어 작용하였다. / (신라에) 국학이 설립된 것은 신문왕 2년인 682년의 일이다. / 진골은 5등급인 대아찬 이상의 고위 관등만 받을 수 있었던 것이 아니라 제한 없이 모든 관등을 받을 수 있었다. 그리고 6두품 이하는 6등급인 아찬까지만 오를 수 있었고 대아찬 이상은 오를 수 없었다(6두품은 6관등인 아찬까지, 5두품은 10관등인 대나마까지, 4두품은 12관등인 대사까지만 승진할 수 있었음). / 신라의 골품 제도는 관직 임용[승진의 상한선]뿐 아니라 가옥의 규모와 복색 같은 일상생활까지 규제하였다

■ 신라의 골품제 [서19①] □

신라에서는 사람을 등용하는 데에 ____㉠____ 을(를) 따진다. [때문에] 진실로 그 족속이 아니면, 비록 큰 재주와 뛰어난 공이 있더라도 넘을 수가 없다. 나는 원컨대, 서쪽 중국으로 가서 세상에서 보기 드문 지략을 떨쳐서 특별한 공을 세워 스스로 영광스러운 관직에 올라 고관대작의 옷을 갖추어 입고 칼을 차고서 천자의 곁에 출입하면 만족하겠다.

[해설] 자료 속 '㉠'에 들어갈 말은 신라의 폐쇄적인 신분 제도인 골품제임을 알 수 있다.

- [신라 진골(골품제)] 왕이 될 수 있는 신분이었다. [국17①] □
- └ 중앙 관부와 지방 행정 조직의 장관직에 오를 수 있었다. [지17②] □
- └ 중앙 관부의 최고 책임자를 독점하였다. [국17①] □
- └ 관등과 상관없이 특정 색깔의 관복을 입었다[✗]. [지17②] □
- └ 식읍·전장 등을 경제적 기반으로 하였다. [국16] □
- └ 죄를 지으면 본관지로 귀향시키는 형벌이 적용되었다[✗]. [지17②] □

[해설] 신라에서 왕이 될 수 있는 신분은 '성골'과 '진골'뿐이다. 성골이 단절된 태종 무열왕부터는 진골이 왕위를 계승하였다. / 진골은 중앙 관부의 최고 책임자를 독점하여 중앙의 정치권과 군사권을 장악하였다. 즉 진골은 제5관등인 대아찬 이상의 최고 관등에 오를 수 있으며, 각 중앙 관서의 장관직을 독점하였다. 또 국가로부터 식읍과 녹읍을 받았으며, 사병을 양성하고, 사원을 경영하여 재산을 빼돌리는 등 호사스런 생활을 하였다. / [지17②] 제6관등 이상은 자주색, 제7관등에서 제10관등까지는 붉은색, 제11관등과 제12관등은 파란색, 제13관등에서 제17관등까지는 노란색의 관복을 입었다. / 식읍·전장(田莊) 등은 진골의 경제적 기반이었다. / [지17②] 죄를 지으면 본관지로 귀향시키는 형벌(귀향형)이 적용된 신분층은 고려의 귀족들에게 해당한다(고려의 형벌).

■ 신라 진골 [국16] [지17②] □

- (그들의) 집에는 녹(祿)이 끊이지 않았다. 노동(奴僮)이 3천 명이며, 비슷한 수의 갑병(甲兵)이 있다. 소, 말, 돼지는 바다 가운데 섬에서 기르다가 필요할 때 활로 쏘아 잡아먹는다. 곡식을 남에게 빌려 주어 늘리는데, 기간 안에 갚지 못하면 노비로 삼아 부린다.
  - 『신당서』 -

[해설] '(그들의) 집에 녹(祿)이 끊이지 않았다'는 부분과 '노동(奴僮)이 3천 명이며 비슷한 수의 갑병(甲兵)이 있다'는 부분 등을 통해 제시된 통일 신라 시대의 신분층은 지배층인 귀족(진골)을 가리킴을 알 수 있다.

- ㅇ 진덕 여왕 2년, 김춘추가 돌아오는 길에 고구려의 순라병을 만났는데, 종자인 온군해가 대신 피살되었고 그는 무사히 신라로 귀국했다.
- ㅇ 마침 알천의 물이 불어 김주원이 왕궁으로 건너오지 못해 상대등 김경신이 왕위에 올랐다.
  - 『삼국사기』 -

[해설] 위의 자료에서 김춘추(604~661)는 신라의 제29대 왕인 태종 무열왕(재위 654-661)으로 진골 출신으로는 최초로 왕위에 오른 인물이다. 자료의 내용은 김춘추가 진덕 여왕 2년인 647년에 당에 입조(入朝)한 후 돌아오는 뱃길에 고구려 순라병을 만나게 되자 종사관인 온군해가 춘추의 옷을 입고 앉아 대신 해를 입은 것을 가리킨다. 아래의 자료에서 김주원(?~?)은 신라 하대의 진골 귀족으로 태종 무열왕의 6대손이다. 김경신은 내물마립간의 12대손으로, 신라의 제38대 왕인 원성왕(재위 785-798)이다. 역시 진골 귀족 출신이다. 김경신이 김주원 대신 왕위에 오르게 된 내용을 다루고 있다(785년). 참고로 '알천'은 오늘날 경주 남산 서북 일대의 한 지명이다.

- **[신라의 관등제와 골품제]** (가)는 1등급에서 5등급까지의 관직에만 임용되어 중앙 관청의 장관직을 담당하였다[x]. [기14] ☐
  - (나)는 삼국 통일 후 학문적 식견과 실무 능력을 바탕으로 정치적 진출을 활발히 하였다. [기14] ☐
  - (다)는 신라 말 농민 항쟁을 주도하면서 지방 호족 세력으로 성장하였다[x]. [기14] ☐
  - (라)는 삼국 통일 후 골품으로서의 실질적 의미를 잃고 평민과 동등하게 간주되었다[x]. [기14] ☐

[해설] [기14] 관련 자료[그래프] 참조. 신라의 관등제와 골품제가 도표로 제시되어 있다. (가)는 진골 귀족, (나)는 6두품, (다)는 5두품, (라)는 4두품이다. / 진골 귀족은 1등급에서 5등급까지의 관직에만 임용된 것이 아니라 전 등급의 관직에 임명되었다. 물론 중앙 관청의 장관직을 독점하였다. / 6두품 출신들은 삼국 통일 후 학문적 식견과 실무 능력을 바탕으로 정치적 진출을 활발히 하였다. / 신라 말에 농민 항쟁을 주도하면서 지방 호족(豪族) 세력으로 성장한 이들은 정계에서 밀려난 중앙 귀족과 외관(지방관) 출신에서부터 이(吏)·촌주 출신, 부민(富民) 출신까지 다양하였다. 그리고 6두품 출신으로 호족이 된 경우가 있는데, 5두품 출신으로도 호족이 된 경우가 있는지는 아직 확인되지 않고 있다. 따라서 엄밀히 말하면 5두품도 충분히 호족이 될 수는 있지만 그렇다고 하여 이들만이 호족으로 성장한 것은 아니기 때문에 해당 선지를 옳은 설명으로 볼 수는 없다. 특히 농민 항쟁을 주도한 것은 아니다. 대표적인 농민 항쟁인 원종과 애노의 난(889, 진성 여왕 3)은 농민층의 항쟁이다. 아무튼 이들 호족들은 지방의 행정·군사·경제권을 장악하면서 스스로 성주, 장군이라고 칭하였으며, 선종과 풍수지리설을 신봉하고, 6두품과 연합하면서 점차 고려를 건국하는 중심 세력으로 자리잡아갔다. / 삼국 통일 후 골품으로서의 실질적 의미를 잃고 평민과 동등하게 간주된 것은 3두품 이하에 해당한다(3~1두품). 하지만 신라 말에 이르러서는 4두품도 사실상 평민화되었다.

- 귀족들의 왕권에 대한 견제 강화 [경12①] ☐

[해설] 통일 신라 시대[남북국 시대]의 사실 3개를 주고서 공통적으로 추론할 수 있는 역사적 사실을 묻는 문제의 오답 중 하나로 제시되었다. 신라 하대에는 진골 귀족들 간의 왕위 쟁탈전이 벌어졌다.

- **[신라 6두품]** 관등 승진에서 중위제(中位制)를 적용받았다.* [국17①] ☐
  - 관등 승진의 상한은 아찬까지였다. [국16] ☐
  - 주로 중앙 관청의 우두머리나 지방 장관직을 담당하였다[x]. [경15①] ☐
  - 도당 유학생의 대부분을 차지하였다. [국16] ☐
  - 신라 말기에 이 출신이었던 일부 당(唐) 유학생은 신라 골품제 사회를 비판하면서 새로운 정치 이념을 제시하였다. [경15①] ☐
  - 6두품 세력은 골품제를 비판하며 새로운 정치 이념으로 성리학을 제시하였다[x]. [경13①] ☐
  - 신라의 6두품 출신들은 학문과 실무 능력을 바탕으로 정치적 진출을 활발하게 하였다. [지14①] ☐
  - 신라 중대에는 왕의 정치적 조언자로 활동하였다. [경15①] ☐
  - 강수, 설총, 최치원이 이 골품에 해당하는 자들이었다. [경15①] ☐
  - 골품제의 모순을 비판하며 과거제 도입을 주장하였다. [지17②] ☐

[해설] 중위제(中位制)란 6두품 이하에 속한 인물들이 각각의 상한선을 넘지 않는 선에서 승진을 할 수 있도록 한 제도이다. / 6두품은 6관등인 아찬까지 승진할 수 있었다. / [경15①] 중앙 관청의 우두머리나 지방 장관직을 담당한 신분은 (6두품이 아니라) 진골 귀족들이다. / 통일 이후 당과의 교류가 활발해지면서 도당 유학생이 증가하였는데, 최치원, 김운경 등 6두품이 대부분을 차지하였다. / [경13①] 6두품 세력이 골품제를 비판한 것은 맞지만 새로운 정치 이념으로 성리학을 제시한 것은 고려 말의 신진 사대부들이다. / 정치적으로 한계를 느낀 6두품은 주로 종교 및 학문에서 두각을 나타냈다. 특히 신라 중대에는 왕의 정치적 조언자로 활동하였다. 강수(?~692)와 설총(655~?)이 대표적이다(강수 및 설총 관련 선지 참조). 즉 신라의 6두품 출신들은 왕권과 결탁하여 학문적 식견과 실무 능력을 바탕으로 왕의 정치적 조언자로 활동하거나 행정 실무를 맡아보는 등 정치적 진출을 활발하게 하였다. / 신라 말에 이르러 6두품 출신들은 골품제의 모순을 비판하며 과거제 도입을 주장하기도 하였다. 최치원(857~?)이 대표적이다(최치원 관련 선지 및 해설 참조).

■ 6두품 출신 [경15①] □

- ·관등 승진의 상한선은 아찬까지였다.
  - ·이 골품에 해당하는 자는 비색 공복(公服)은 입을 수 있었으나, 자색 공복(公服)은 입을 수 없었다.

[해설] 주어진 <보기>의 출신은 신라의 6두품인 것을 알 수 있다. 아찬 관등은 6등급에 해당한다. 자색[자주색] 공복은 5등급 이상인 관등만이 입을 수 있었다(5등급 대아찬 이상). 참고로 비색[붉은색]은 6~9관등(6두품), 청색은 10~11관등(5두품), 황색은 12~17관등(4두품)(이른바 '자·비·청·황'), 그리고 일반 백성들은 흰색의 옷을 착용하였다.

- 도당 유학생의 파견 [경12①] □ (유학의 보급)

[해설] 도당(渡唐) 유학생이 (본격적으로) 파견된 것은 삼국 통일 이후의 일이다.『삼국사기』에 의하면 최초로 도당 유학생을 파견한 것은 선덕 여왕 9년인 640년의 일이다. '견당(遣唐) 유학생'이라고도 한다. / 도당 유학생의 파견은 국학의 설치, 독서삼품과의 시행과 더불어 통일 신라에 유학이 널리 보급되었음을 알려주는 역사적 사실이다.

- 신라 말에는 6두품도 능력에 따라 최고 지위에 오를 수 있었다[×]. [경20②] □
  └6관등인 아찬까지만 승진할 수 있었다. [기18] □

[해설] 신라 말에 6두품이 능력에 따라 최고 지위에 오늘 수 있었다는 것은 잘못된 것이다. 대표적인 경우가 6두품 출신이자 도당 유학생 출신인 고운 최치원(857~?)이다. 귀국 후 진성 여왕에게 시무 10여 조를 올렸지만 귀족들의 반대로 받아들여지지 않았다(894, 진성 여왕 8). 요컨대 골품제는 신라가 망하는 날까지 지속되었다.

- [신라] 빈공과 합격을 위해 당에서 공부하는 신라 유학생 [법17] □

[해설] 빈공과(賓貢科)는 당이 외국인을 대상으로 실시한 과거(제)이다. 신라인과 발해인 등 당 주변국 사람들이 많이 응시하였다.

- [신라 최치원, 최승우, 최언위] 당나라에 유학하여 빈공과(賓貢科)에 급제하였다. [지17①] □
  └당나라의 빈공과에 급제한 후 귀국하였다(김운경, 최치원, 최언위, 최승우). [서18②] □
  └당에 건너가 빈공과에 합격하였다. [회22] □
  └국립 교육 기관인 태학(太學)에서 공부하였다[×]. [지17①] □
  └고려 출신으로 당나라에서 유학했다[×]. [서18②] □
  └7세기와 8세기에 활약했던 신라의 대문장가이다[×]. [서18②] □
  └숙위 학생으로 당 황제의 호위 무사가 되었다[×]. [서18②] □
  └골품제를 비판하고 호족 억압을 주장하였다[×]. [지17①] □
  └신라뿐만 아니라 고려 왕조에서도 벼슬하였다[×]. [지17①] □

[해설] [지17①] 관련 자료(6두품 출신들의 글) 참조. 최치원(857~?), 최승우(?~?), 최언위(868~944)는 모두 신라의 6두품 출신으로 당에 유학하여 유학생을 상대로 치르는 빈공과에 급제하였다. / 김운경(?~?)은 신라의 숙위 학생으로서는 최초로 821년(헌덕왕 13)에 당의 빈공과에 급제하였다. 841년(문성왕 3)에 귀국하였다(숙위 학생들의 신분은 통일 초에는 진골 출신들이 대부분이었으나 하대에는 6두품 이하 출신들이 주류를 이룸, 김운경은 6두품 출신으로 추정). / [지17①] 태학은 고구려의 최고 교육 기관이다(372, 고구려 소수림왕 2). / [서18②] 이들은 고려 출신이 아니라 신라 출신들이다. / 7~8세기에 활약했던 신라의 대문장가로는 설총(655~?)과 강수(?~692)가 있다. 9세기에 활동한 최치원과 함께 신라의 3대 문장가로 꼽힌다. / 최치원 등이 숙위 학생으로 당 황제의 호위무사가 된 적은 없다. 참고로 숙위 학생이란 신라에서 당의 국자감에 입학하여 문화적인 교류를 담당했던 관비(官費) 유학생을 말한다. 처음에는 볼모 성격의 유학생이었지만, 차츰 신라와 당나라 사이의 외교사절 역할을 하였다. 선덕 여왕 9년(640)에 신라가 처음으로 당의 국자감에 자제를 보내 입학시킨 뒤, 고구려와 백제의 많은 학생들이 '숙위 학생(宿衛學生)'이란 이름으로 당에 유학하였다. / [지17①] 6두품들이 신라의 골품제를 비판한 것은 사실이지만, 호족의 억압을 주장하지는 않았다. 오히려 각 지역의 호족과 연합하였다. / 신라뿐만 아니라 고려에서도 벼슬한 인물은 최언위 한 명뿐이다. 최치원은 신라에서만 벼슬을 하였으며, 최승우는 신라와 고려

모두 벼슬을 하지 않았다.

■ 6두품 출신들의 글* [지17①]

- (가) 낭혜화상백월보광탑비문(郞慧和尙白月葆光塔碑文)
- (나) 대견훤기고려왕서(代甄萱寄高麗王書)
- (다) 낭원대사오진탑비명(朗圓大師悟眞塔碑銘)

[해설] (가) '(성주사)낭혜화상백월보광탑비문'은 최치원(857~?)이 지은 비문이다('사산비명' 중 하나). '해동 신동', '동방 대보살', '성주 대사' 등으로 불린 승려 무주(801~888)의 탑비로 897년(진성 여왕 11)을 전후로 지은 것으로 추정하고 있으며 탑비는 충남 보령 성주사지에 위치해 있다(국보 제8호). (나) '대견훤기고려왕서'는 927년에 견훤을 대신하여 최승우(?~?)가 고려의 왕건에게 보낸 서신이다. 고려와 신라가 연합하여 후백제를 치는 것에 대한 부당함을 지적하며 서로 화친할 것을 청하는 내용을 담고 있다. (다) '낭원대사오진탑비명'은 최언위(868~944)가 지은 비문이다. 사굴산문의 선승인 낭원대사 개청(835~930)의 탑비로, 940년(태조 23)에 세워졌다(강릉 보현사 위치)(보물 제192호). 최치원, 최승우, 최언위는 6두품 출신으로 '나말 3최'라고도 불렸다.

- [성주사] 성주산문을 개창한 낭혜 화상의 탑비가 있다(최치원)[×].* [국24]

[해설] 성주산문을 개창한 낭혜 화상의 탑비[즉 (충남) '보령 성주사지 대낭혜화상탑비']는 9산선문 중 하나인 성주산문을 개창한 낭혜 화상[무염(800~888)]의 공덕을 기리기 위해 만들어진 통일 신라 시대의 탑비이다(국보 제8호). 고운 최치원(857~)이 비석의 글을 지었다('사산비명' 중 하나인 '낭혜화상백월보광탑비문').

*사산비명(四山碑銘): 최치원이 지은 4개의 비문을 가리킨다. (전남·전북·경남) 지리산의 '쌍계사진감선사대공탑비', (충남) 만수산의 '성주사낭혜화상백월보광탑비', (전남) 초월산의 '대숭복사비', (충북·경북) 희양산의 '봉암사지증대사적조탑비'에 적혀 있는 금석문이다. 이 중 대숭복사비는 현재 비문만 전한다. 신라 말과 고려 초의 불교·역사·문학·정치·사상을 살필 수 있는 귀중한 문헌으로 평가받고 있다.

- [신라] 최치원은 빈공과에 합격한 뒤에 황소를 격퇴하는 글을 써서 당에서 명문장가로 유명해졌다. [법18]
  └『계원필경』을 저술하는 6두품(최치원) [소20]

[해설] 고운 최치원(857~?)이 빈공과에 합격한 뒤에 황소를 격퇴하는 글('토황소격문')을 써서 당에서 명문장가로 유명해진 것은 당 희종 광명 2년인 881년의 일이다(신라 헌강왕 7). /『계원필경』을 저술한 6두품 출신이 바로 고운 최치원(857~?)이다.『계원필경』은 최치원이 중국에서 귀국한 이듬해인 886년(정강왕 원년)에 정강왕에게 바친 자신의 시문집이다.

- 평민의 생활이 크게 향상되어서 기와로 지붕을 이었고 밥 짓는 데도 숯을 사용하였다[×]. [경19①]

[해설] 귀족들의 경우 기와로 지붕을 이었고 밥 짓는 데도 숯을 사용하였지만 평민의 생활이 크게 향상된 것은 아니다. 도리어 평민들의 생활은 더욱 나빠졌다.

■ 사치 금지령(흥덕왕) [경19①]

사람은 상하가 있고 지위는 존비가 있어서, 그에 따라 호칭이 같지 않고 의복도 다른 것이다. 그런데 풍속이 점차 경박해지고 백성들이 사치와 호화를 다투게 되어, 오직 외래 물건의 진기함을 숭상하고 도리어 토산품의 비야함을 혐오하니, 신분에 따른 예의가 거의 무시되는 지경에 빠지고 풍속이 쇠퇴하여 없어지는 데까지 이르렀다. 이에 감히 옛 법에 따라 밝은 명령을 펴는 바이니, 혹시 고의로 범하는 자가 있으면 진실로 일정한 형벌이 있을 것이다.

[해설] 신라의 신라 제42대 왕인 흥덕왕(재위 826-836)이 재위 9년 때 내린 사치 금지령이다(834, 흥덕왕 9). 해상왕 장보고(?~846)가 당에서 귀국한 후 오늘날의 완도인 청해에 진영(청해진)을 설치할 것을 권해 허락받은 왕이 바로 흥덕왕이다. 흥덕왕 사후 왕위 쟁탈전이 또 벌어지는데, 839년에 장보고는 김우징, 김양 등과 함께 군사를 일으켜 민애왕(재위 838-839, 제44대)을 죽이고 김우징을 왕(신무왕)으로 추대하였다.

- 통일 신라 이후에도 전쟁 포로로, 혹은 진 빚을 갚지 못하여 노비가 되는 경우가 많았다[X].* [경14②] □

[해설] 통일 신라 이후에는 전쟁 포로로 노비가 되는 경우는 사실상 소멸하였다. 단, 진 빚을 갚지 못하여 노비가 되는 경우는 여전히 많았다(부채 노비).

- [발해] 주민은 고구려 유민과 말갈인으로 구성되었다. [서19②] □
  └ 발해의 주민은 고구려인과 말갈인으로 구성되어 있었다. [경12①] □
  └ 고구려 유민이 촌장이 되어 지방을 다스렸다. [경18③] □

[해설] 발해는 이원적인 주민 구성으로 소수의 고구려 유민(지배층)과 다수의 말갈인(피지배층)으로 이루어졌다(『유취국사』).

- 발해의 주민 중 다수는 말갈인이었는데 이들은 지배층에 편입되지 못하였다[X]. [지14①] □
  └ 발해의 주민 중 다수는 고구려계 사람들이며, 이들 중의 일부는 지배층이 되었다[X]. [경15①] □

[해설] 발해는 지배층인 소수의 고구려계와 피지배층인 다수의 말갈계로 구성되었다(이원적인 주민 구성). 주민의 대다수를 차지하는 것은 말갈족으로 이들 중 일부는 지배층에 편입되거나 촌락을 다스리는 촌장이 되기도 하였다.

● 사진으로 보는 남북국의 경제와 사회

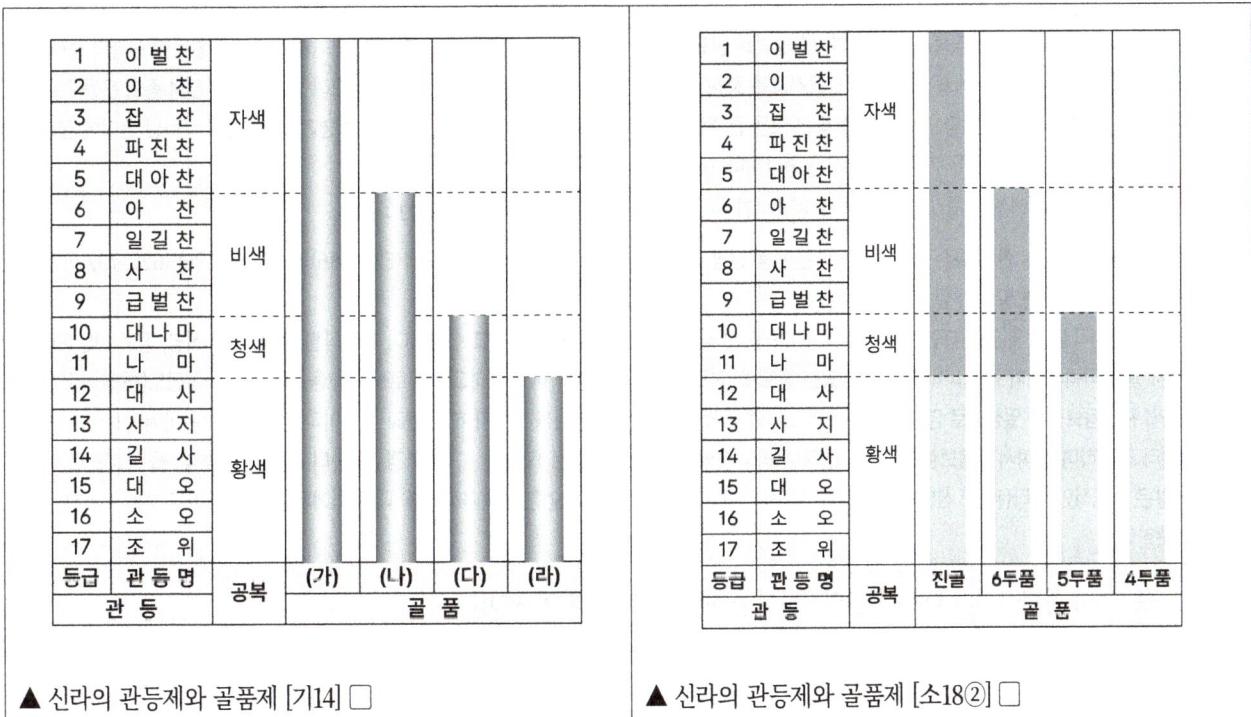

▲ 신라의 관등제와 골품제 [기14] □   ▲ 신라의 관등제와 골품제 [소18②] □

[해설] [기14] [소18②] 신라의 17관등과 골품제를 표로 제시한 것이다. 관등의 등급과 관등명, 그에 따른 공복(公服)이 나와 있다. 덧붙여 골품에 따른 관등 승진 상한선이 막대그래프로 표시되어 있다.

주제 17 남북국의 문화

1 불교 사상

- [원측] 삼장법사 현장에게 유식학을 배워 서명학파를 이루었으며, 티벳 불교에 큰 영향을 주었다. [지12②] ☐
  - 진표는 당에서 현장으로부터 유식학을 전수받아 독자적 유식 학파를 세웠다[×](원측). [경17②] ☐
  - 백제의 승려 원측은 당나라에 가서 유식론(唯識論)을 발전시켰다[×]. [서19②] ☐
  - 원측 – 유식 사상 [회14] ☐
  - 해심밀경소 [국12] ☐
  - 원측 [지15①] ☐

[해설] 중국의 삼장법사 현장(602~664)에게서 유식학을 배운 후 자신만의 독자적인 유식 사상 체계를 수립한 인물[승려]은 신라 출신의 원측(613~693)이다. 원측이 머물렀던 곳이 중국 장안의 서명사였기에 서명학파로 불렸다. 경전 해석을 둘러싸고 자은학파와 대립하였다. / 당에서 유식 불교를 깨달은 후 (『해심밀경』을 주석한)『해심밀경소』를 지었다. 이 외에도『인왕경소』,『성유식론소』,『유식이십론소』,『유가론소』등 다수의 논소(論疏)(일종의 주석서)를 지었다. / [경17②] 진표(?~?)는 경덕왕 대(재위 742-765, 제35대)인 8세기 중엽에 활동한 신라의 승려로, 법상종을 (전북) 김제 금산사에서 개종하였다. 금산사를 중심으로 미륵불을 설파[미륵 신앙을 확립]하였으며 법상종을 실천적 종교 운동으로 바꾸어 놓았다는 평가를 받고 있다. 참고로 법상종은 모든 존재란 허상에 불과하며 마음의 작용인 식(識)이 연기(緣起)하여 나타난 현상에 불과하다고 보는 유식론과 미륵 신앙을 기반으로 창시된 종파이다(교종).

- 아미타 신앙과 함께 현세에서 구난 받고자 하는 관음 신앙이 널리 설파되었다. [경11②] ☐

[해설] 아미타 신앙*과 함께 현세에서 구난 받고자 하는 관음 신앙**이 널리 설파된 것은 화쟁국사 원효(617~686)와 원교국사 의상(625~702)이 활동하던 7세기의 일이다(통일 신라 말 X).
*아미타 신앙: 아미타불을 염[염불]하면서 서방 정토(西方淨土) 극락세계의 왕생을 믿는 불교 신앙이다. 아미타불 신앙, 미타 신앙, 정토 신앙이라고도 한다. 다시 말해 극락세계가 곧 아미타불이 살고 있는 정토로, 괴로움이 없으며 지극히 안락하고 자유로운 세상을 가리킨다[극락정토(極樂淨土)].
**관음 신앙: 관세음보살을 일심으로 염불하여 현세의 고난에서 벗어날 수 있는 영험을 얻고자 하는 불교 신앙이다. 관세음보살은 광세음보살, 관세음자재보살이라고도 하며 줄여서 관음보살이라고 부른다. 우리나라의 관음 신앙은 주로『화엄경』,『법화경』,『아미타경』,『능엄경』을 중심으로 하였다. 관음 신앙은 대표적인 이타(利他) 신앙이기도 하다. 여기서 이타 신앙이란 자기가 얻은 공덕과 이익을 다른 이에게 베풀어 주며 중생을 구제하는 신앙 형태를 뜻한다.

- [원효] 모든 것이 한마음에서 나온다는 일심사상을 제시하였다. [국22] [지21] ☐
  - 원효는 모든 것이 한마음에서 나온다는 일심사상의 이론적 체계를 마련하였다. [법18] ☐
  - 일심(一心)사상을 주장하여 불교 교리의 대립을 극복하고자 하였다. [지19] ☐
  - 원효는 일심사상을 바탕으로 다른 종파들과의 사상적 대립을 조화시키고자 노력하였다. [지12①] ☐
  - 원효 [지24] [지15①] ☐

[해설] 모든 것이 한마음에서 나온다는 일심(一心)사상을 제시한 승려는 신라의 (대성)화쟁국사 원효(617~686)이다(7세기 후반). / 원효는 일심사상을 바탕으로 다른 종파들과의 사상적 대립을 조화시키고자 노력하였다. 또한 원효는『대승기신론소』,『십문화쟁론』,『금강삼매경론』,『화엄경소』등을 저술하였다. 나무아미타불만 염불하면 극락왕생할 수 있다는 아미타 신앙을 통해 불교를 대중화하였다.

- 원효는 미륵 신앙을 전파하며 불교 대중화의 길을 열었다[×]. [국15] ☐
  - 아미타 신앙을 바탕으로 불교를 널리 전파하는 데 앞장섰다. [회14] ☐

└원효는 극락에 가고자 하는 아미타 신앙을 자신이 직접 전도하며 불교 대중화의 길을 열었다. [경14②]

└아미타 정토 신앙을 널리 전도하였다. [지18]

└원효 – 정토사상 [회14]

[해설] 원효는 '나무아미타불'만 외우면 극락왕생할 수 있다는 아미타 신앙[내세 신앙][정토종]을 전파하여 불교 대중화의 길을 열었다(아미타 신앙은 선종과 같은 자력 신앙이 아닌 타력 신앙). 원효는 분황사를 근본 도량으로 삼아 [일체 만유는 같은 법성을 가졌고 모두 성불할 수 있다는 종지(宗旨)(교리)를 펼침]. 법성종을 개창한 승려이기도 하다. / [국15] 미륵 신앙을 확립시킨 인물은 진표[?~?, 신라 중기(8세기)의 승려]로 금산사를 창건하였다(진표 관련 선지 및 해설 참조). / [회14] 정토사상은 부처의 본원력에 의지하여 정토의 실현을 추구하는 불교 교리이다. 선종과 같은 자력 신앙과 비교하여 타력 신앙이라고 할 수 있다.

• 원효는 무애가라는 노래를 유포하며 일반 백성을 교화하였다. [국15]

└무애가를 지어 불교 대중화에 기여하였다. [법23] [회18]

└(가) - 무애가를 지어 불교의 대중화에 힘썼다. [회16]

[해설] 원효는 무애가(無㝵歌)라는 노래를 지어 이를 부르며 전국을 돌아다니면서 일반 백성에게 불교를 알리고 백성을 교화시켰다. 무애가란 원효가 지은 불교 가요로,『화엄경』의 "일체무애인 일도출생사(一切無㝵人 一道出生死)"라는 구절에서 연유한 것이다(『삼국유사』). 원효는 파계하고 한때 속인 행세를 하며 소성거사(小性居士)라 일컬을 때, 광대들이 큰 바가지를 들고 춤추며 노는 것을 보고 그 모습을 본떠 무애라 이름하고 이 노래를 지었으며 전국 방방곡곡을 돌아다니면서 불교를 민중에게 널리 전파하였다.

■ 원효의 불교 대중화 노력(무애가와 나무아미타불) [법17] [기19]

• 모든 것이 한마음에서 나온다는 일심사상을 바탕으로 다른 종파와의 사상적 대립을 완화하고자 화쟁사상을 주장하였다. 또한, 극락에 가고자 하는 아미타 신앙을 직접 전도하며 불교 대중화의 길을 열었다.

[해설] 화쟁국사 원효(617~686)가 불교 대중화를 위해 노력한 사실에 대한 설명이다.

• 그는 화엄경의 '일체 무애인은 한 길로 생사를 벗어난다.'라는 구절을 따다 이름을 무애라 하고 노래를 지어 세상에 퍼뜨렸다. 일찍이 이것을 가지고 많은 촌락에서 노래하고 춤추며 교화하고 읊다가 돌아왔으므로 가난하고 무지몽매한 무리들까지도 모두 부처의 이름을 알게 되었고 나무아미타불을 부르게 되었다.
- 삼국유사 -

[해설] 원효의 불교 대중화 노력에 대한 설명이다.

• [원효] 십문화쟁론을 저술하여 종파 간의 사상적 대립을 조화시키고자 하였다. [지16②]

└『십문화쟁론』을 지어 종파 간의 대립을 해소하고자 하였다. [지15②]

└『십문화쟁론』등 수많은 저술을 통하여 화쟁사상을 주창하면서 불교를 대중화하였다. [지12②]

└십문화쟁론을 저술하였다. [법17] [소18②]

└다른 종파들과 사상적 대립을 조화시키고 분파 의식을 극복하려는『십문화쟁론』을 지었다. [회17]

└원효는 다른 종파들 간의 사상적 대립을 조화시키고 분파 의식을 극복하기 위해『십문화쟁론』을 저술하였다. [경17②]

└십문화쟁론 [국12]

[해설] 화쟁국사 원효(617~686)는 각 종파(중관파와 유식파)의 사상적 대립을 조화시키고 분파 의식을 극복하기 위해 일심사상을 바탕으로 한『십문화쟁론』을 저술하였다(7세기 후반).

• [원효]『대승기신론소』 [서20]

└『대승기신론소』와『금강삼매경론』을 저술하였다. [회19]

└『대승기신론소』,『금강삼매경론』을 저술하였다. [경15③]

└대승기신론소, 금강삼매경론 등을 저술하였다. [기18]

└불교 경전을 폭넓게 이해하여『대승기신론소』와『금강삼매경론』을 저술하였다. [회14]

└『금강삼매경론』을 저술하였다. [경21②]

[해설] 원효의 저술로『대승기신론소』,『십문화쟁론』,『금강삼매경론』,『화엄경소』 등이 있다(100여 종 240여 권 추정).

원효의 대승기신론소 [경21②] [경15③]

- 기신론(起信論)에서, "여래(如來)의 넓고 크며, 끝없는 도리를 총섭(總攝)하고자 이 논(論)을 설(說)하였다."라고 말하였다. 이 논의 뜻은 이와 같다. 펼치면 무량무변(無量無邊)의 도리를 본질[宗]로 삼고, 합하면 이문일심(二門一心)의 법을 핵심으로 한다. 이문의 안은 만 가지 뜻을 포용하나 어지럽지 않다. 무변이라는 뜻은 일심과 같고 또한 혼융(混融)된다.

[해설] 주어진 자료는 화쟁국사 원효(617~686)의『대승기신론소』에 나오는 내용이다.『대승기신론』에 대하여 원효가 주석한 책으로, 그 책의 대의(大意)를 한 마디로 정리하여 불타(佛陀)의 광대무변한 설법(說法)을 총섭(總攝)*하는 것이 이 논(論)의 요지라고 하면서, 일심(一心)이 만물의 주추(主樞)**라고 보았다. 일심사상을 도출하고 있음을 알 수 있다.

*총섭(總攝): 모두 거느려 포함한다는 뜻이다. 즉 일원의 진리가 진리의 양면을 두루 포함한다는 의미이다.
**주추(主樞): 기둥 밑에 괴는 돌 따위의 물건이나 여기서는 일의 바탕을 비유적으로 이르는 말

- 열면 헬 수 없고 가없는 뜻이 대종(大宗)이 되고, 합하면 이문(二門) 일심(一心)의 법이 그 요체가 되어 있다. 그 이문 속에 만 가지 뜻이 다 포용되어 조금도 혼란됨이 없으며 가없는 뜻이 일심과 하나가 되어 혼융된다. 이런 까닭에 전개, 통합이 자재하고, 수립, 타파가 걸림이 없다. 펼친다고 번거로운 것이 아니고 합친다고 좁아지는 것도 아니다. 그리하여 수립하되 얻음이 없고 타파하되 잃음이 없다.

[해설] 복잡한 자료로 보이나 반복되어 나오는 '일심'이라는 말에 주목하면, 주어진 자료는 일심사상을 바탕으로 하여 화쟁을 강조한 신라의 고승, 화쟁국사 원효(617~686)의 글임을 추론할 수 있다(『대승기신론소』).

- [원효] 화쟁국사(和諍國師)라는 시호를 받았다. [경21②]

[해설] 사후 화쟁국사(和諍國師)라는 시호를 받은 인물은 원효(617~686)이다.

화쟁국사 원효와 (해동화엄시조)원교국사 의상 [국15] [기18]

- (㉠)은(는) 불교 서적을 폭넓게 이해하고, 일심(一心)사상을 바탕으로 여러 종파들의 사상적 대립을 조화시키며, 분파의식을 극복하려고 노력하였다. 한편 (㉡)은(는) 모든 존재가 상호 의존적인 관계에 있으면서 서로 조화를 이룬다는 화엄사상을 정립하고, 교단을 형성하여 많은 제자를 양성하였다.

[해설] '일심(一心)사상을 바탕으로 여러 종파들의 사상적 대립을 조화'시켰다는 부분에서 '㉠'은 신라의 승려인 화쟁국사 원효(617~686)를, '화엄사상을 정립하고, 교단을 형성하여 많은 제자를 양성'하였다는 부분에서 '㉡'은 (해동화엄시조)원교국사 의상(625~702)을 가리킴을 알 수 있다.

- 이 승려가 입적한 후 100여 년이 지난 애장왕 대(재위 800-809)에 후손 중업과 각간 김언승 등이 중심이 되어 그를 추모하는 비(고선사 서당화상비)를 세웠으며, 1101년 8월 고려 숙종이 화쟁국사(和諍國師)라는 시호(諡號)를 추증(追贈)하였다.

[해설] 주어진 자료 속 밑줄 친 '이 승려'는 신라의 고승 화쟁국사 원효(617~686)를 가리킨다. 원효의 생몰 연대가 언제인지를 대략이나마 기억할 수 있다면 추론할 수도 있다(의상은 625~702). 애장왕(재위 800-809)은 신라의 제40대 왕이며, 김언승은 신라의 제41대 왕인 헌덕왕(재위 809-826)이다.

- 신라 원효는 부석사에서 화엄사상을 설파하며 화엄종을 열었다[X](의상). [회23] ☐
  └원효는 『화엄일승법계도』를 저술하고 부석사를 건립하였다[X](의상). [경13①] ☐

[해설] 경북 영주에서 부석사를 세워 화엄사상을 설파하며 화엄종을 연 인물은 [신라의 화쟁국사 원효(617~686)가 아니라] (해동화엄시조)원교국사 의상(625~702)이다(676, 문무왕 16). / 『화엄일승법계도』를 저술하고 부석사를 건립한 이는 (화쟁국사 원효가 아니라) (해동화엄시조)원교국사 의상(625~702)이다(668, 문무왕 8).

- [의상] 진골 출신으로 화엄종을 개창하여 융성시켰다. [기18] ☐

[해설] 원교국사 의상은 진골 출신이다. 문무왕 원년인 661년에 당의 사신을 따라 뱃길로 중국 유학을 떠났고, 양주에 머무르다가 이듬해부터 종남산 지상사에서 중국 화엄종의 2대 조사인 지엄(602~668)에게서 화엄사상을 배웠다. 귀국 후 문무왕 16년인 676년 왕명에 따라 죽령 인근에 부석사를 짓고 그곳에서 화엄의 교리를 널리 전파하고 제자를 양성하여 '해동 화엄의 초조(初祖)'라 불리게 되었다.

- [의상] 통일 이후의 사회 갈등을 통합으로 이끄는 화엄사상을 강조하였다. [지19] ☐
  └모든 존재는 상호 의존적인 관계에 있으면서 서로 조화를 이루고 있다는 화엄사상을 정립하였다. [경15③] ☐
  └의상은 모든 존재가 상호 의존적인 관계에 있으면서 서로 조화를 이루고 있다는 화엄사상을 정립하였다. [경14②] ☐

[해설] 신라의 삼국 통일 이후에 발생한 사회 갈등을 통합으로 이끄는 화엄사상을 강조한 인물은 (해동화엄시조)원교국사 의상(625~702)이다. 의상은 진골 출신으로 화엄종을 창설하였으며, '일즉다 다즉일'의 화엄사상으로 전제 왕권 강화를 뒷받침하였다.

- [의상] 왕권 우위의 중앙 집권적 귀족 사회에 적합한 이념 체계를 제공하였다. [지14①] ☐

[해설] 중앙 집권적 귀족 사회에 적합한 이념 체계를 제공한 인물은 신라의 원교국사 의상(625~702)이다.

- [의상] 부석사를 창건하고 화엄사상을 선양하였다. [지16②] ☐
  └의상은 화엄사상 뿐 아니라 관음 신앙을 이끌며 많은 사찰을 세웠다. [경13①] ☐
  └의상 - 화엄사상 [회14] ☐
  └의상 [지24] ☐

[해설] 부석사를 창건*하고 화엄사상을 선양한 인물은 원교국사 의상(625~702)이다(676, 문무왕 16). 한편 의상은 관음 신앙과 미타 신앙을 중심으로 불교를 널리 보급하는 데에도 기여하였다. 의상의 관음 신앙은 그가 관음보살의 진신(眞身)을 친견했다는 낙산사 창건 설화에 잘 나타나며, 미타 신앙은 부석사의 가람 배치에서 확인된다. 미타 신앙이란 아미타불이 있는 정토로의 왕생을 기원하는 믿음을 가리킨다.

*부석사 창건 설화: 당에 유학했던 대사가 공부를 마치고 귀국길에 오르자 그를 사모했던 선묘라는 여인이 용으로 변하여 귀국길을 도왔다. 신라에 돌아온 대사는 불법을 전파하는 중 자신이 원하는 절을 찾았다. 그런데 그곳은 이미 다른 종파의 무리들이 있었다. 이때 선묘룡이 나타나 공중에서 커다란 바위로 변신하여 절의 지붕 위에서 떨어질 듯 말 듯 하자 많은 무리들이 혼비백산하여 달아났다. 이러한 연유로 이 절을 '돌이 공중에 떴다'는 외미의 부석사(浮石寺)로 불렀다.

▍(해동화엄시조)원교국사 의상 [국22] [국12] [지15②] [법23] [법11] ☐

- 성은 김씨이다. 29세에 황복사에서 머리를 깎고 승려가 되었다. 얼마 후 중국으로 가서 부처의 교화를 보고자 하여 원효(元曉)와 함께 구도의 길을 떠났다. …(중략)… 처음 양주에 머무를 때 주장(州將) 유지인이 초청하여 그를 관아에 머물게 하고 성대하게 대접하였다. 얼마 후 종남산 지상사에 가서 지엄(智儼)을 뵈었다. ─『삼국유사』─

[해설] 황복사에서 승려가 되었고, 원효(元曉)와 함께 구도의 길을 떠났다는 내용(661, 신라 문무왕 원년), (당의) 종남산 지상사에서 지엄(智儼)(602~668)을 뵈었다는 내용에서 신라의 승려 원교국사 의상(625~702)을 가리킴을 알 수 있다.

- 중국 유학에서 돌아와 부석사를 비롯한 여러 사원을 건립하였으며, 문무왕이 경주에 성곽을 쌓으려 할 때 만류한 일화로 유명하다.

[해설] 신라의 (해동화엄시조)원교국사 의상(대사)(625~702)을 가리킨다. 경북 영주 부석사가 창건된 것은 문무왕 16년인 676년의 일이다.

- 그는 당나라에 유학하여 지엄의 문하에서 수학하고 돌아와 영주에 부석사를 창건하고 문무왕의 정치적 자문도 맡았다. 그는 모든 우주만물이 대립적인 존재가 아니라 서로 조화하고 포용하는 관계를 가졌다고 주장해 유명한 '일즉다 다즉일(一卽多 多卽一)'이라는 독특한 논리를 폈다. 즉 하나가 전체요 전체가 하나라는 것이다.

[해설] 당에 유학하고 돌아와 영주 부석사를 창건하였고, 문무왕의 정치적 자문도 맡았다는 설명을 통해 밑줄 친 '그'는 원교국사 의상을 가리킴을 알 수 있다. '일즉다 다즉일'은 화엄종의 주요 교리이다.

- 당에서 유학하고 돌아온 (가) 은/는 '모든 존재가 서로 의존하며 조화를 이루고 있다' 라는 사상을 강조하여 통일 직후 신라 사회를 통합하는 데 큰 역할을 하였다. 또한 (가) 은/는 부석사를 중심으로 많은 제자를 양성하여 교단을 형성하고 각지에 사찰을 세웠다. 또한, 현세에서 겪는 고난을 구제받고자 하는 관음 신앙을 전파하였다.

[해설] 주어진 자료 속 '(가)'는 신라의 (해동화엄시조)원교국사 의상(625~702)을 가리킨다. 의상이 경북 영주에서 부석사를 세운 것은 신라 문무왕 16년인 676년의 일이다.

- 그는 화엄사상을 바탕으로 교단을 형성하여 많은 제자를 양성하고, 부석사를 비롯한 여러 사원을 건립하여 불교문화의 폭을 확대하였다.

[해설] 자료 속 밑줄 친 '그'는 신라의 (해동화엄시조)원교국사 의상(625~702)을 가리킨다.

- [의상] 화엄사상을 연구하여「화엄일승법계도」를 작성하였다. [지21] □
  └『화엄일승법계도』를 저술하여 화엄사상을 정리하였다. [지15②] □
  └화엄일승법계도를 지어 화엄사상을 정립하였다. [법23] □
  └(나) - 화엄일승법계도를 지어 화엄사상을 정리하였다. [회16] □
  └『화엄일승법계도』를 저술하고 화엄종을 창설하였다. [경21②] □
  └원효가 중국 유학에서 돌아와『화엄일승법계도』를 지어 화엄의 정수를 제시했다[X]. [경18③] □
  └『화엄일승법계도』를 지었으며, 부석사, 낙산사 등의 화엄종 사찰을 중심으로 불교의 가르침을 폈다. [지12②] □
  └「화엄일승법계도」를 저술하여 모든 존재는 상호 의존적인 관계에 있으면서 서로 조화를 이루고 있다고 주장하였다. [회17] □
  └의상은『화엄일승법계도』를 저술하여 화엄사상을 확립하고, '일즉다 다즉일(一卽多 多卽一)'의 원융 사상으로 지배층과 피지배층의 대립이나 지배층 내부의 갈등을 지양하는 사회 통합 논리를 제시하였다. [경17②] □
  └『화엄일승법계도』를 만들었다. [국22] □
  └화엄일승법계도를 지었다. [법17] [회18] □
  └화엄일승법계도. [국12] [서20] □

[해설]『화엄일승법계도』를 지은 인물은 신라의 (해동화엄시조)원교국사 의상(625~702)이다(668, 문무왕 8). 이를 통해 의상은 모든 존재는 상호 의존적인 관계이면서 서로 조화를 이루고 있다는 화엄사상을 정립하고 이를 바탕으로 교단을 형성하였다. 화엄사상은 '일즉다 다즉일'의 원융 사상으로 전제 왕권을 중심으로 하는 중앙 집권적 통치 체제를 사상적으로 뒷받침하였다.

- 의상은 관음 신앙과 함께 아미타 신앙을 화엄 교단의 주요 신앙으로 삼았다. [국15] □

[해설] 의상은 아미타 신앙과 관음 신앙으로 불교의 대중화에 기여하였으며, 화엄사상을 바탕으로 교단을 형성하고 제자들을 양성하였다. 관음 신앙은 관세음보살을 신봉하는 현세적 신앙이고 아미타 신앙은 미타 신앙 또는 정토 신앙이라고도 하는데(아미타불이 살고 있는 정토) 아미타불을 염하면서 서방 정토 극락세계의 왕생을 바라는 내세적 신앙이다.

- 의상은 국왕이 큰 공사를 일으켜 도성을 새로이 정비하려 할 때 백성을 위해 이를 만류하였다. [국15] □

[해설] 의상은 문무왕이 도성을 새롭게 지으려고 하자 "비록 궁벽한 시골 띳집에 있다고 해도 바른 도를 행하면 복된 일이 오래 갈 것이고, 만일 그렇지 못하면 사람을 수고롭게 하여 성을 쌓을지라도 아무 이익이 없을 것이다"라고 하면서 이를 말렸다(『삼국사기』권 제7 신라본기 문무왕 '왕경에 성을 새로 쌓으려고 하다')(681년 6월).

■ 문무왕의 도성 정비 중단 (의상) [지13] [지12②] □

- 문무왕이 도성을 새롭게 짓고자 하니, ㉠ 이(가) 말하기를 "비록 궁벽한 시골[草野] 띳집[茅屋]에 있다고 해도 바른 도를 행하면 복된 일이 오래 갈 것이고, 만일 그렇지 못하면 사람을 수고롭게 하여 성을 쌓을 지라도 아무 이익이 없을 것입니다."하니, 왕이 곧 그 성을 쌓는 것을 그만두었다.

[해설] 문무왕의 도성 건설을 막은 인물 '㉠'은 신라의 승려 원교국사 의상(625~702)이다. 문무왕이 삼국 통일[나당 전쟁](676) 직후 경주[서라벌]의 나성[외성 또는 도성]을 쌓으려고 대대적인 토목 공사를 계획하고 의상에게 자문하자 간언한 내용이다(『삼국사기』권 제7 신라본기 문무왕 '왕경에 성을 새로 쌓으려고 하다')(681년 6월).

- 문무왕이 도읍의 성을 새롭게 하고자 승려에게 문의하였다. 승려는 말하였다. "비록 궁벽한 시골과 띳집(茅屋)이 있다 해도 바른 도(道)만 행하면 복된 일이 영구히 지속될 것이요, 만일 그렇지 못하면 여러 사람이 수고롭게 하여 훌륭한 성을 쌓을지라도 아무 이익이 없을 것입니다." 왕이 공사를 그쳤다. -『삼국사기』-

[해설] 문무왕이 도읍의 성을 새롭게 하고자 했으나 승려가 이를 말렸다는 내용이다(위의 자료와 출처 동일). 의상은 성곽을 쌓는 것보다 왕의 정교(政敎)를 밝히는 것이 더욱 중요하다는 글을 올렸다.

- [혜초]『왕오천축국전』이라는 여행기를 남겼다. [국22] □
  └ 인도를 여행하여『왕오천축국전』을 썼다. [지21] □
  └ 인도와 중앙아시아를 여행하고 왕오천축국전을 저술하였다. [법23] □
  └ 인도와 중앙아시아 지역을 여행하고 돌아와『왕오천축국전』을 저술하였다. [지15②] □
  └ 혜초는 인도와 중앙아시아 등의 성지를 순례하고『왕오천축국전』을 남겼다. [경17②] □
  └ 혜초는 인도를 순례한 후『왕오천축국전』을 남겼다. [경13①] □
  └ 혜초는 자신이 돌아본 인도와 중앙아시아의 풍물을 생생하게 기록한『왕오천축국전』을 남겼다. [경14②] □
  └ 혜초 – 왕오천축국전 [회14] □
  └ 왕오천축국전을 남겼다. [법24] □
  └『왕오천축국전』 [서20] □
  └ 혜초 [지24] □

[해설] 구법 순례기인『왕오천축국전』을 남긴 승려는 신라의 고승, 혜초(704~787)이다(727, 성덕왕 26). 순례 중 방문한 여러 나라의 풍물을 기록하였다.

■ 혜초의 왕오천축국전 [지24] □

 (가) 은/는 중앙아시아와 인도 지역의 다섯 천축국을 순례하고 각국의 지리, 풍속, 산물 등에 관한 기행문을 남겼다. 기행문은 중국의 둔황 막고굴에서 발견되었으며 현재 프랑스 국립도서관에 있다.

[해설] 주어진 자료 속 인물은 구법 순례기인『왕오천축국전』을 지은 승려인 신라의 고승, 혜초(704~787)를 가리킴을 알 수 있다(727, 성덕왕 26).

- [진표] 김제 금산사를 중심으로 미륵불이 지상에 와서 이상 사회를 건설한다는 믿음을 가르쳤다. [지12②] □
  - 진표 – 법상종 사상 [회14] □
  - 법상종을 개창하였다. [경21②] □
  - 진표는 법성종 승려로서 현세에서 고난을 구제받고자 하는 관음 신앙을 이끌었다[✗]. [경14②] □

[해설] 신라의 승려 진표(眞表 ?~?)는 경덕왕 대(재위 742-765, 제35대)인 8세기 중엽에 활약한 인물로, 법상종*을 (전북) 김제 금산사에서 열었다(즉 신라 중기에 활약한 법상종 승려). 법상종을 실천적 종교 운동으로 바꾸어 놓았다는 평가를 받고 있다. / 금산사를 창건하고 금산사를 중심으로 미륵불을 설파[미륵 신앙 확산]하고 불교 대중화[점찰법회]에 크게 이바지하였다. / [경14②] 현세에서 고난을 구제받고자 하는 관음 신앙을 이끈 승려는 원묘국사 의상(625~702)이다. 법성종은 법상종과 같이 5개 교종 중 하나로 일체 만유는 동일한 법성을 지녔으며, 일체 중생은 모두 성불할 성품이 있다고 하는 종지를 가지고 있다. 원효가 분황사를 근본 도량으로 삼고 전파한 바 있다.

*법상종(法相宗): 제법(諸法)의 성상(性相)을 분별하는 종(宗)이란 뜻으로, 모든 존재란 허상에 불과하며 마음의 작용인 식(識)이 연기(緣起)하여 나타난 현상에 불과하다고 보는 유식론[유식사상]과 미륵 신앙을 기반으로 창시된 종파이다(교종 중 하나). 중국 현장의 제자였던 원측(圓測, 613~696)을 중심으로 연구되어 그 제자들에 의해 유식학 연구가 시작되었다가 순경(順憬, ?~?)·태현(太賢, ?~?) 등에 의해 종파(법상종)로 성립된 것으로 추정한다. 흔히 법상종의 조사(祖師)로 알려진 진표는 법상종의 한 계통으로 생각되며 법상종의 정통으로는 인정되지 않는다(단, 법상종을 실천적 종교 운동으로 바꾸어 놓았다는 평가를 받고 있음).

- 불교가 크게 융성한 통일 신라의 수도인 경주에서는 주로 천태종이 권력과 밀착하며 득세하였다[✗]. [서18②] □

[해설] 천태종(天台宗)은 고려 시대인 11세기 말경 대각국사 의천(1055~1101)에 의해 개창되었다(숙종 2년인 1097년에 국청사를 중심으로 해동 천태종 창시).

- 신라 말에는 실천 수행을 통하여 마음속에 내재된 깨달음을 얻는다는 선종 불교가 널리 확산되었다. [지11②] □
  - 신라 말에 중국에서 선종이 들어와 교종과는 다른 유파를 형성하였다. [경20②] □
  - 심성 도야를 중시하는 교종에 대시하여 경전 중심의 선종이 유행하였다[✗]. [경11②] □

[해설] 신라 말에는 실천 수행을 통하여 마음속에 내재된 깨달음을 얻는다는 선종 불교가 널리 확산되었다(9산 선문 형성). 신라 말에 이르러 5교 9산이 성립하였다('9산'이 선종). / [경11②] 신라 말에 경전 중심의 교종에 대신하여 심성 도야를 중시하는 선종이 유행하였다. 교종과 선종의 특성이 서로 바뀌었다.

- [선종] 왕실은 이 사상을 포섭하려는 노력에 관심을 기울이지 않았다[✗]. [국14] □
  - 지방에서 새로이 대두한 호족들의 사상으로 받아들여졌다. [국14] □
  - 선종의 승려와 6두품 출신의 유학자들은 사상적인 차이 때문에 서로 대립하였다[✗]. [경11②] □
  - 인도에까지 가서 공부해 온 승려들에 의해 전파되었다[✗]. [국14] □

[해설] 선종은 개인적인 정신세계를 찾는 경향이 강해 독자적인 세력을 형성한 호족의 이념적 지주가 되었다. 왕실에서도 선종에 관심을 가졌으나, 선종은 주로 지방 세력과 결합하여 본거지를 두고 여러 종파를 이루었다. / 선종의 승려와 6두품 출신의 유학자들이 사상적인 차이 때문에 서로 대립한 적은 없었다. 오히려 지방 호족을 매개로 반(反) 신라적 움직임에 동참하고, 지방 문화의 발전에 기여하였다. / [국14] 신라에서는 인도가 아닌 중국에서 공부해 온 승려들에 의해 선종이 전파되었다.

■ 신라 하대, 선종의 유행 [국14] [지18] □

- 불립문자(不立文字)라 하여 문자를 세워 말하지 않는다고 주장하고, 복잡한 교리를 떠나서 심성(心性)을 도야하는 데 치중하였다. 그러므로 이 사상에서 주장하는 바는 인간의 타고난 본성이 곧 불성(佛性)임을 알면 그것이 불교의 도리를 깨닫는 것이라는 견성오도(見性悟道)에 있었다.

[해설] '불립문자', '견성오도'라는 말은 선종과 관련이 깊다. 선종은 교종에 비해 실천적 경향이 중시하였으며, 좌선과 참선, 사색을 중시하였다. 승려들

이 중국에서 신라로 들여와 유행하였으며 호족과 결합하여 발전하면서 9산 선문이 성립되었다.
- 이 불교 사상은 개인적 정신세계를 추구하는 경향이 강하였기 때문에 지방에서 독자적인 세력을 이루어 성주나 장군을 자처하던 자들로부터 큰 호응을 받았다.

[해설] 통일 신라 말에 유행한 선종에 대한 것이다. 이때 승려의 사리를 봉안하는 승탑(부도)과 탑비가 유행하였다. 승탑의 경우 팔각[8각]원당형으로 제작되었다.

- [교종] 전제 왕권을 강화해주는 이념적 도구로 크게 작용하였다. [국14] □

[해설] 신라 하대에 전제 왕권(專制王權)*을 강화해주는 이념적 도구로 크게 작용한 불교 종파는 교종이다.
*전제 왕권(專制王權): 한자어 뜻 그대로, 왕이 권력을 오로지[절대적으로] 장악하고 왕의 의사에 따라 모든 일을 처리하는 정치 형태를 가리킨다.

- [발해] 고구려 불교를 계승한 발해의 불교는 왕실과 귀족을 중심으로 성행하였다. [지11②] □

[해설] 발해는 왕실에서부터 귀족층 그리고 일반 백성까지 불교를 숭상하였다. 또 관음 신앙과 법화 신앙*이 유행한 것으로 보고 있다. 발해 초기의 불교는 고구려의 전통을 계승하여 불상 상당수가 고구려 시기의 양식을 취하였다. 불교가 왕실과 귀속 중심으로 성행한 것도 옳은 설명이다.
*법화 신앙:『법화경』을 주 경전으로 하는 불교 신앙이다.『법화경』은 진실한 가르침의 연꽃이라는 뜻의『묘법연화경(妙法蓮華經)』의 약칭으로 대승 불교 초기 경전 중의 하나이다. 천태종을 비롯한 여러 불교 종파에서 불교의 정수를 담고 있는 경전으로 존중되어 왔으며 대승 불교 전통에서 가장 중시되며 널리 읽혀진 경전 중 하나이다.

- [발해] 불교가 장려됨에 따라 여러 불상이 제작되었다. [경19②] □
  └ 이불병좌상 [기15] □

[해설] 불교가 장려됨에 따라 여러 불상이 제작되었다. 특히 이불병좌상이 유명하다. 이불병좌상은 고구려의 불상 양식을 계승한 것으로(주의), 석가불(석가여래불)과 다보불(다보여래불)이 만나 함께 나란히 앉아 있는 모습을 불상으로 형상화한 것이다(『법화경』속 내용).

- 발해는 이중 기단에 3층으로 쌓는 석탑 양식이 유행하였으며, 흙으로 구워 만든 이불병좌상이 많이 보인다[x]. [경14①] □

[해설] 이중 기단에 3층으로 쌓는 석탑 양식이 유행한 것은 통일 신라 시대의 일이다. 대표적으로 경주 불국사 3층 석탑(석가탑), 경주 불국사 다보탑, 경주 감은사지 동·서 3층 석탑을 들 수 있다. 단, 흙으로 구워 만든 이불병좌상이 발해에서 많이 볼 수 있는 것은 맞다. 전체적으로 틀린 설명이다.

■ 발해의 이불병좌상과 주작대로 [서13] [경12②] □

- 이 나라에서 만들어진 두 분의 부처가 나란히 앉아 있는 이불병좌상은 고구려 양식을 계승한 것으로 현재 일본에 있으며, 수도인 상경에는 당의 장안의 도로망을 본뜬 주작대로가 있다.

[해설] '이불병좌상', '고구려의 양식 계승', '수도인 상경에는 당의 장안의 도로망을 본뜬 주작대로' 등의 내용을 통해 발해와 관련이 있음을 알 수 있다.

- 상경과 동경의 절터에서는 고구려 양식을 계승한 것으로 여겨지는 불상도 발굴되었다. 이 불상은 흙으로 구워 만든 것으로, 두 분의 부처가 나란히 앉아 있는 모습을 하고 있다. 또 벽돌이나 기와 무늬는 고구려의 영향을 받아 소박하고 힘찬 모습을 띠고 있다.

[해설] 발해의 이불병좌상과 고구려의 영향을 받은 벽돌, 기와 무늬에 대한 설명이다.

- [영광탑] 발해 때 세워진 5층 벽돌탑이다. [서23] □
  └ 영광탑 [기15] □

[해설] 영광탑*은 발해에 세워진 5층 벽돌탑[전탑]이다. 누각식(樓閣式) 전탑(塼塔)으로 당의 영향을 받았다(주의).
*(발해) 영광탑: 중국 지린성 창바이조선족자치현 서북쪽 탑산에 위치해 있다. 8~10세기에 건립된 발해 시대의 누각식(樓閣式) 전탑(塼塔)[모전 석탑]으로 창바이 영광탑 또는 발해 전탑으로도 불린다. 1908년 장평타이라는 청의 관리가 이 탑에 대해 공자 사당의 영광전(靈光殿)처럼 오랜 세월 속에서도 의연하게 남아 있다고 평한 뒤로 영광탑이라 부르게 되었다고 한다.

2 유학

- 유학의 보급 [경12①] ☐

[해설] 국학의 설치(682, 신문왕 2), 독서삼품과의 시행(788, 원성왕 4), 도당 유학생의 파견* 등을 통해 신라에 유학이 널리 보급되었음을 알 수 있다(공통적으로 추론할 수 있는 역사적 사실을 묻는 문제).

*『삼국사기』에 따르면 최초로 도당 유학생을 파견한 것은 선덕 여왕 9년인 640년의 일이다. '견당 유학생'이라고도 한다. 삼국 통일 이후 본격적으로 파견되었다.

- [신문왕] 교육 기관인 국학이 설립되었다. [국23] ☐
  - 국학을 설치하였다. [국20] ☐
  - 국학을 설치하여 유학을 교육하였다. [국18] ☐
  - 국학을 설립하여 유학을 교육하였다. [지21] ☐
  - 국학을 설립하여 관료를 양성하였다. [소21] ☐
  - 유교 정치 이념을 적극적으로 수용하고 국학을 설립하였다. [기15] ☐
  - 유학 교육을 위해 국학을 설립하였다. [국13] [경16①] ☐
  - 유교 교육을 강화하기 위해 국학을 설치하였다. [서22①] ☐
  - 유교 교육을 진흥시키기 위하여 국학을 설립하였다. [회18] ☐
  - 국학의 설치 [경12①] ☐ (유학의 보급)
  - 국학 설치 [지20] ☐

[해설] (유교) 교육 기관인 국학(國學)이 설립된 것은 신문왕 2년인 682년의 일이다[신문왕(재위 681-692), 제31대]. 관료들의 유교적 자질을 향상시키기 위해 설치하였으며, 유교 경전을 가르치는 박사와 조교를 두었다.『논어』와『효경』이 필수 교과목이었다.

■ 국학 [회22] [기19] ☐

- ㉠은/는 예부에 속하였는데, 신문왕 2년(682)에 설치하였다. 경덕왕이 태학감으로 고쳤으나 혜공왕이 옛 이름대로 하였다.
  -『삼국사기』-

[해설] '㉠'은 (통일) 신라 신문왕 2년인 682년에 설치된 국학(國學)을 가리킨다. 경덕왕 6년인 747년에 태학감으로 고쳤으나 혜공왕 12년인 776년에 다시 국학으로 환원하였다.

- 모든 학생은 관등이 대사(大舍) 이하로부터 관등이 없는 자로, 15세에서 30세까지인 사람을 들였다. 재학 연한은 9년이고, 재주와 도량은 이룰만한데 인재가 될 가능성이 없는 자는 그만두게 하였다. 만약 재주와 도량은 이룰만한데 아직 미숙한 자는 비록 9년을 넘더라도 (가) 에 남아 있는 것을 허락하였다. 관등이 대나마(大奈麻)와 나마(奈麻)에 이른 이후에는 (가) 에서 내보낸다.

[해설] 주어진 자료 속 '(가) 교육 기관'은 신문왕 2년(682)에 설치된 국학을 가리킨다(9년제). 대사(大舍)는 12관등, 대나마(大奈麻)는 10관등, 나마(奈麻)는 11관등이다.

- 국학에 공자와 10철 등의 호상을 안치하여 유교 교육을 강화하였다.* [서22①] ☐

[해설] 국학에 공자*와 10철** 등의 화상을 안치하여 유교 교육을 강화한 것은 신라 성덕왕 16년인 717년의 일이다[성덕왕(재위 702-737), 제33대]. 이른바 '석전 의식'은 오늘날도 석전대제(釋奠大祭)(문묘에서 지내는 큰 제사, 음력 2월과 8월)로 이어져 내려오고 있다.

*공자의 존호는 '문선왕'이다.
**10철[十哲]: 공자의 제자 중 학덕이 뛰어난 10명을 가리킨다. 이 외에도 당시 72제자의 화상도 가져왔다.

- [국학] 학업 기한은 일반적으로 9년이었다. [회22] □
  - 진골 귀족만이 입학할 수 있었다[x]. [회22] □
  - 당의 교육 기관인 국자감을 참고하였다. [회22] □
  - 관등이 대나마·나마에 이르면 내보냈다. [회22] □
  - 박사(博士)와 조교(助敎)가 교육을 담당하였다. [회22] □
  - 박사와 조교를 두고 유교 경전을 가르쳤다. [기19] □

[해설] 국학은 15세부터 30세까지 학업을 수행할 수 있었으며, 9년을 기한으로 했는데 우둔해서 교화되지 않는 자는 그만두게 하고, 재기(才器)가 이루어질 수 있으나 익숙하지 못한 자는 비록 9년이 넘더라도 재학을 허락하였다. / [회22] 국학에는 대사(12관등) 이하의 관위(京位)를 가지고 있거나, 또는 관등을 가지고 있지 못하더라도 장차 가질 수 있는 사람이 입학하였다. 또 원칙적으로 왕경인만 입학할 수 있었으며, 기껏해야 소경인이 여기에 포함되었을 것이고, 왕경인 중에서도 나마가 될 수 없는 사두품은 제외되었을 것으로 추정한다. 그리고 (9년간의) 학업을 마치고 나올 때는 나마(11관등)나 대나마(10관등)의 관등을 주었다. 따라서 진골은 관심을 두지 않았다. 6두품[육두품]이 국학 학생으로 가장 적합하였으므로 대개 6두품들이 입학하였을 것으로 추정한다. / 당의 교육 기관인 국자감을 참고하였다. / 관등이 대나마(10관등)·나마(11관등)에 이르면 내보냈다. 정확하게 표현하면 앞서 밝혔듯이 (9년간의) 학업을 마치고 나올 때는 나마(11관등)나 대나마(10관등)의 관등을 주었다. / 박사(博士)와 조교(助敎)가 교육을 담당하였다. 박사와 조교직은 전공별로 나누어졌으며 그 인원수는 일정하지 않았다.

- [경덕왕] 국학을 태학감으로 고치고 박사와 조교 등을 두었다. [서22①] □
  - 국학을 태학(감)으로 고치고 학문을 장려하였다. [법18] □
  - 신문왕 대에는 국학을 태학으로 고치고, 박사와 조교를 두어 『논어』와 『효경』 등의 유교 경전을 가르쳤다[x]. [경14②] □

[해설] 국학을 태학감으로 고치고 박사와 조교 등을 둔 것은 경덕왕 6년인 747년의 일이다(이후 혜공왕 12년인 776년에 다시 국학으로 환원함)[경덕왕(재위 742-765), 제35대].

- [설총] ㉠ 은(는) 신문왕에게 화왕계를 통하여 조언하였다. [국17①] □ [6두품]

[해설] 신문왕에게 「화왕계」를 통해 조언한 인물은 설총(655~?)이다(680년대). 설총은 6두품 출신으로, 부친이 화쟁국사 원효(617~686)이다.

- [김대문] 『화랑세기』를 저술하였다. [서23] □
  - 김대문 – 『화랑세기』 [서22①] □
  - 김대문 – 『계원필경』[x] [서22①] □
  - 삼국 통일 이후, 김대문은 「화랑세기」, 「고승전」, 「제왕연대력」을 편찬하였다[x]. [경16①] □
  - 김대문이 『계림잡전』을 비롯하여 화랑들의 전기를 모은 『화랑세기』, 음악에 관한 『악본』을 지어 왕에게 바쳤다. [경13②] □
  - 김대문은 신라의 대표적인 문장가로 '한산기', '계림잡전', '사륙집', '고승전' 등을 저술하였다[x]. [경16②] □
  - [김대문] 통일 신라 이전 고승 30여 명의 전기를 지었다(고승전). [서24①] □

[해설] 『화랑세기』를 저술한 인물은 신라 진골 출신의 귀족이자 문장가인 김대문(?~?)이다[신라 중대인 7세기 말~8세기 초 활동, 효소왕(재위 692-702), 제32대/성덕왕(재위 702-737), 제33대]. 『한산기』, 『계림잡전』, 『고승전』 등도 저술하였다. / [시22①] 『계원필경』은 고운 최치원(857~?)의 시문집이다. / [경16①] (신라 역대 왕을 중심으로 서술한 것으로 추정되는) 「제왕연대력」이라는 역사서를 지은 이 역시 (김대문이 아니라) 최치원이다. / [경16②] 변려문 형식의 글을 수록한 『사륙집』 역시 최치원의 저술이다(『신당서』 예문지 기록).

- [원성왕] 독서삼품과를 시행하였다. [소19①] □
  - 독서삼품과가 시행되었다. [국17②] □
  - 독서삼품과를 실시하였다. [서22①] □
  - 독서삼품과가 실시되었다. [법17] [기19] □
  - 유교 경전에 대한 이해 수준에 따라 관리를 채용하는 독서삼품과를 실시하였다. [법18] □

└원성왕 대에는 유교 경전의 이해 수준을 시험하여 관리를 채용하는 독서삼품과를 마련하였다. [경14②] ☐

└독서삼품과를 실시하여 유교 교육을 진흥시켰다. [법16] ☐

└독서삼품과는 골품 위주의 관리 등용을 지양하려는 것이었다. [기12] ☐

└신문왕 때 처음 시행되었다[✗]. [법13] ☐

└독서삼품과의 시행 [경12①] ☐ (유학의 보급)

└독서삼품과 실시 [국19] ☐

└독서삼품과 설치 [지20] ☐

└독서삼품과 [법24] [소22] ☐

[해설] (인재 등용을 위해) 독서삼품과를 실시[시행]한 것은 (통일) 신라 원성왕 4년인 788년의 일이다[원성왕(재위 785-798), 제38대]. 골품 위주의 관리 등용을 지양하고 능력 위주의 관리를 선발하고자 도입하였으나 진골 귀족의 반발로 실패하고 말았다. 하지만 유학 보급에는 도움이 되었다[독서삼품과는 국학 내에 설치하였으며 국학 출신자들의 관직 진출을 제도적으로 보장하는 장치, 유교 경전 독해 능력에 따라 상(上)·중(中)·하(下)의 3등급으로 구분하는 일종의 국학생 졸업 시험]. / 당시 발해에서는 문왕(재위 737-793, 제3대)이 재위 중이었다. / [법13] 독서삼품과는 신문왕 때가 아니라 원성왕 때에 처음 시행되었다. 참고로 신문왕은 재위 2년인 682년에 국학을 설치하였다. 유교 경전을 가르치기 위해 박사와 조교를 두었고, 『논어』와 『효경』을 필수 교과목으로 삼았다. / [기12] '지양(止揚)'이라는 말은 '더 높은 단계로 오르기 위하여 어떠한 것을 하지 아니함'을 뜻한다. 쉽게 말해 '하지 아니함' 정도로 알아두면 된다.

■ 독서삼품과 실시 [법13] [소22] ☐

- 춘추좌씨전이나 예기나 문선을 읽어 그 뜻을 잘 통하고 논어·효경에도 밝은 자를 상(上)으로 하고, 곡례·논어·효경을 읽은 자를 중(中)으로 하고, 곡례·효경을 읽은 자를 하(下)로 하되, 만일 5경·3사와 제자백가의 서(書)를 능히 겸통하는 자가 있으면 등급을 넘어 등용한다.

[해설] 주어진 자료는 신라 원성왕 4년인 788년에 시행된 독서삼품과에 대한 설명이다.

- 여러 학생이 글을 읽어 3등급으로 벼슬길에 나갔는데, 『춘추좌씨전』 혹은 『예기』, 『문선』을 읽고 그 뜻에 능통하며, 『논어』와 『효경』에 모두 밝은 자를 상품(上品)으로, 『곡례』와 『논어』, 『효경』을 읽은 자를 중품(中品)으로, 『곡례』와 『효경』을 읽은 자를 하품(下品)으로 삼았다. 예전에는 오직 궁술로써만 사람을 선발하였으나, 이때에 이르러 이를 개정하였다.

- 『삼국사기』 -

[해설] 주어진 자료는 신라 원성왕 4년인 788년에 도입한 독서삼품과를 가리킨다.

- [독서삼품과] 6두품은 이 제도의 시행을 적극 지지하였다. [법13] ☐

└학문과 유학을 널리 보급시키는 데 이바지하였다. [법13] ☐

└골품 제도 때문에 그 기능을 제대로 발휘하지는 못하였다. [법13] ☐

[해설] 독서삼품과는 유교 정치사상에 입각한 정치 운영을 목적으로 국학 내에 설치되었다. 유교 경전 독해 능력에 따라 3등급으로 구분하였는데, 출신 신분보다 학문적 능력을 중시하는 6두품들은 적극 지지하였다. 학문과 유학을 널리 보급시키는 데도 이바지하였다. 하지만 독서삼품과는 골품 제도 때문에 그 기능을 제대로 발휘하지는 못하였다. 이후 도당 유학생이 늘어나 국학의 중요성이 점점 약해지고, 진골 귀족들의 외면으로 독서삼품과의 중요성과 비중은 점차 줄어들었다.

- [발해] 최고 교육 기관으로 주자감을 두었다. [소19①] ☐

└유학 교육 기관인 주자감을 설치하여 귀족 자제에게 유교 경전을 가르쳤다. [서19②] ☐

└유학 교육 기관인 주자감 [국18] ☐

└국립 대학인 주자감이 수도에 설치되었다. [법17] ☐

└최고 교육 기관으로 태학감을 두었다[×].* [지15②] □

└주자감 [경21①] □

[해설] 주자감은 발해의 최고 유학 교육 기관으로, 문왕 대(재위 737-793, 제3대)에 왕족과 귀족 자제를 대상으로 설립하였다(당의 국자감 관제를 그대로 본뜸). 유학 자체는 동아시아 전체의 공통된 문화이다. / [지15②] 태학감은 신라의 국학을 경덕왕 때 고쳐 부른 명칭이다(747, 경덕왕 6).

3 도교와 풍수지리설의 유행

- 신라 말 중국으로부터 도입되어 민간에서 크게 유행하였다. [기16] □

└풍수지리사상의 유행 [경12①] □

[해설] 신라 말 중국으로부터 도입되어 민간에서 크게 유행한 것으로는 승려 도선(827~898)의 풍수지리설을 들 수 있다. / [경12①] 통일 신라 시대[남북국 시대]의 사실 3개를 주고서 공통적으로 추론할 수 있는 역사적 사실을 묻는 문제의 오답 중 하나로 제시되었다.

- 신라 말기에 교종 승려들은 중국에서 유행한 풍수지리설을 들여왔다[×]. [경13①] □

[해설] 신라 말기에 중국에서 유행한 풍수지리설을 들여온 승려들은 (교종 승려들이 아니라) 선종 승려들이다.

- [도선] 중국에서 풍수지리설을 들여와 지세의 중요성을 일깨웠다. [지15②] □

└풍수지리사상을 정립하여 궁궐과 사찰 건립의 입지 선정에 큰 영향을 미쳤다. [경13①] □

[해설] 요공국사 도선(827~898)은 신라 말에 음양지리설, 풍수상지법(風水相地法) 등 풍수지리설을 정립한 인물이다. 『도선비기』를 지었다. 고려 인종에게서 선각국사라는 시호를 받기도 하였다.

- [풍수지리설] 신라 말기에 안정된 사회를 염원하는 일반 백성의 인식이 반영되었다. [국16] □

└신라 말기에 도선이 당에서 들여온 풍수지리설이 호족과 연결되어 발전을 보았다. [경11②] □

└신라 말기에 호족이 자기 지역의 중요성을 자부하는 근거로 이용하였다. [국16] □

[해설] 신라 말기는 매우 혼란한 시대로 안정된 사회가 되기를 희망하는 일반 백성들이 많았다. 지방의 호족들은 풍수지리설을 이용하여 자기 지역의 중요성을 강조하였다. 그 결과 상대적으로 경주 중심인 신라 중앙 정부의 권위는 약화되었다.

▌신라 말의 풍수지리설 [국16] □

신라 말기에 도선과 같은 선종 승려들이 중국에서 유행한 이 사상을 전하였다. 이는 산세와 수세를 살펴 도읍·주택·묘지 등을 선정하는, 경험에 의한 인문 지리적 사상이다. 아울러 지리적 요인을 인간의 길흉화복과 관련하여 생각하는 자연관 및 세계관을 내포하고 있다.

[해설] '신라 말기'와 '도선'이라는 말, '산세와 수세를 살펴 도읍·주택·묘지 등을 선정'한다는 내용, '지리적 요인을 인간의 길흉화복과 관련하여 생각하는 자연관 및 세계관을 내포하고 있다'는 내용에서 제시된 사상은 풍수지리설임을 알 수 있다.

- [나말여초] 유교와 불교, 그리고 풍수도참사상이 결합되는 변화가 나타났다. [기11] □

[해설] 나말여초의 격변기에 이르러 사회가 극심한 혼란에 빠지자 유교와 불교를 비롯한 각종 풍수도참사상*이 혼합하는 양상을 보였다. 이러한 경향은 후삼국 통일 전쟁을 거치면서 더욱 강화되었다(각종 길지설 유행, 전국 각지에 비보사찰** 건립).

*풍수도참사상: 풍수지리설과 도참사상이 결합한 것이다. 도참(圖讖)이란 원래 징후·전조 또는 신탁(神託)·점언(占言) 등의 뜻을 지닌 말로 그것은 장차 닥쳐올 길흉화복을 예언·암시 혹은 약속하는 신비적·미신적 성격이 농후한 사상 체계였는데, 이러한 관념이 풍수지리설과 결부되어 정치·사회 및 일반생활에 이르기까지 매우 큰 영향을 미쳤다.

*비보사찰(裨補寺刹): 도선의 비보사탑설에 따라 전국의 명처 명산에 세워진 사원을 뜻한다. 도선의 비보사탑설[비보사상]은 도참설[도참사상]과 불교의 밀교사상이 결합되어 형성된 것이다. 당시 전국에 약 3,800개가 세워졌다고 한다.

4 과학 기술과 문화

- [무구정광대다라니경] 세계 최고(最古)의 목판 인쇄물이 만들어졌다. [서12] ☐

[해설] 세계 최고(最古)의 목판 인쇄물인 '무구정광대다라니경'[불경 인쇄본]이 만들어진 것은 8세기 전반의 일이다(700년대 초에서 751년 사이로 추정). (경남) 경주 불국사 삼층 석탑(석가탑) 탑신부에서 발견되었다(1966).

- 불국토의 이상을 조화롭고 균형 있게 표현한 불국사가 건립되었다. [서12] ☐

[해설] 불국토의 이상을 조화롭고 균형 있게 표현한 불국사가 중건[중창]된 것은 통일 신라 경덕왕 10년인 751년의 일이다.

- 감은사지 3층 석탑 [지16①] [회16] [경19②] ☐
  └감은사지 동·서 3층 석탑 [기17] ☐

[해설] 경주 동·서 감은사지 3층 석탑은 통일 신라 초기 석탑으로 장중하고 웅대하며 두 개의 탑으로 조성되었다. 감은사는 신문왕 2년인 682년(7세기 후반)에 창건된 것으로 추정하고 있다(『삼국유사』).

- 불국사 3층 석탑 [지16①] [회16] [기17] ☐
  └불국사 3층 석탑(석가탑) [경19②] ☐

[해설] 경주 불국사 3층 석탑은 통일 신라 시대의 것으로 석가탑이라고도 불린다. 경주 불국사는 경덕왕 10년인 751년경에 중건되었다(8세기 중엽)[김대성(700~774)에 의해 불국사 중건 시, 751(경덕왕 10)~774(혜공왕 10)].

- 화엄사 쌍사자 3층 석탑* [회16] ☐

[해설] (전남) 구례 화엄사 쌍사자[사사자] 3층 석탑은 8세기 중엽에 조성된 것으로 추정되고 있다. 불국사 다보탑과 함께 우리나라 이형(異形) 석탑의 쌍벽을 이룬다는 평가를 받고 있다.

- 진전사지 3층 석탑* [지16①] ☐
  └(다) - 3층 석탑의 기단과 탑신에 부조로 불상을 새겨 장식성이 강하다. [기14] ☐

[해설] (강원) 양양 진전사지 3층 석탑은 신라 말기에 제작된 것으로 기단과 탑신에 새겨진 불상이 유명하다(8세기 후반).

- [통일 신라의 석탑] 말기에는 기단과 탑신에 불상의 부조를 새기는 등 다양한 변화가 나타났다. [회16] ☐
  └이중의 기단 위에 5층으로 쌓은 석탑이 전형적인 양식이다[X]. [회16] ☐
  └석재를 벽돌 모양으로 다듬어 쌓은 탑으로 분황사 탑이 있다[X]. [회16] ☐
  └선종이 널리 퍼지면서 석종형을 기본으로 하는 승탑과 탑비가 유행하였다[X]. [회16] ☐
  └다각다층의 석탑이 많이 만들어졌다[X]. [회16] ☐

[해설] 통일 신라 말기(정확하게는 8세기 중엽 이후)에는 기단과 탑신에 불상의 부조를 새기는 등 다양한 변화가 나타났다(탑 표면에 다양한 조각상을 새김). / 통일 신라의 석탑은 이중의 기단 위에 (5층이 아니라) 3층으로 (탑신을) 쌓은 석탑이 전형적인 양식이다. / 석재를 벽돌 모양으로 다듬어 쌓은 탑으로 분황사 탑은 선덕 여왕 3년인 634년에 조성된 것으로 추정한다(삼국 통일 이전). 좀 전문적으로 설명하자면, 이런 식으로 목조 건축을 만들듯 수많은 석재를 결합하여 완성하는 방식의 석탑을 '결구식 석탑'이라고 하고(백제식 석탑에서 유래), 경주 동·서 감은사지 3층 석탑처럼 거대한 판석을 다듬어 조합하는 방식의 석탑을 '판석식 석탑'이라고 한다. / 선종이 널리 퍼지면서 석종형을 기본으로 하는 승탑(부도)과 탑비가 유행한 것은 고려 시대 말의 일이다. 참고로 신라 말에 유행한 승탑[부도]은 (석종형이 아니라) 주로 '팔각[8각]원당형'으로 제작되었다. / 다각다층의 석탑이 많이 만들어진 것은 고려 말과 조선 초의 일이다.

- 법주사 쌍사자 석등 [서15] ☐
  └단아하고 균형 잡힌 석등이 꾸준히 만들어졌으며 법주사 쌍사자 석등이 대표적인 작품이다. [경20①] ☐

[해설] (충북) 보은 법주사 쌍사자 석등은 통일 신라 시대의 대표적인 석등으로 단아함과 균형감으로 유명하다(720, 성덕왕 19). 쌍사자가 마주 보고 서서 앞발로 중대(中臺)를 받들고 뒷발 밑에 연화좌가 있다. / 석등(石燈)은 사찰의 경내, 능묘 등에 돌로 만들어 세운 등기(燈器)(불을 켜는 데 필요한 도구)이다. 불교에서 등불을 밝히는 공양을 으뜸으로 여겼기 때문에 등불을 안치하는 공양구의 하나로서 만들어졌다.

• 백률사 석당(이차돈 순교비)* [서15] □

[해설] 백률사 석당은 이차돈의 순교비를 달리 이르는 표현으로 6세기 신라 법흥왕 때 순교한 이차돈을 기리기 위해 헌덕왕(재위 809-826, 제41대)이 건립하였다(818, 헌덕왕 10). 원래 경주 백률사에 있었다(지금은 국립 경주 박물관 소재). / 석당(石幢)은 돌에 다라니 경문을 새겨 높은 기둥 형태로 조각한 석조물이다. 당(幢)은 불전이나 불당 앞에 세워 부처의 공덕을 나타내는 기(旗)로 석당은 일종의 석경(石經)이라고 볼 수 있다.

• 승려의 사리를 봉안하는 승탑과 탑비(塔碑)가 유행하였다. [서12] □

└[승탑] 선종이 보급되면서 승려의 사리를 봉안하기 위해 세웠다. [지17②] □

[해설] (통일 신라 말기에) 선종이 보급되면서 승려의 사리를 봉안하기 위해 세워진 것은 승탑(과 탑비)이다. 승탑과 탑비는 신라 말의 문화적 특징 중의 하나이다. 양양 진전사지 도의 선사 탑을 우리나라 최초의 승탑으로 본다(이설 있음).

• [선종] 흥법사지 염거 화상 탑을 건립하였다(문성왕).* [회21] □

[해설] (강원) 원주 흥법사지 염거 화상 탑이 건립된 것은 (통일) 신라 문성왕 6년인 844년으로 추정되고 있다[문성왕(재위 839-857, 제46대). 사료로 입증된 우리나라 최초의 승탑이다(국립 중앙 박물관 전시). 염거 화상[염거 선사](?~844)은 당에서 귀국해(821, 헌덕왕 13) 가지산파를 연 도의 선사(?~?)의 제자이다.

• [선종] 쌍봉사 철감 선사 탑 [지18] □

└쌍봉사 철감 선사 승탑 [기15] □

└(나) - 신라 말 선종이 유입되면서 나타난 양식으로 팔각원당형의 승탑이다. [기14] □

[해설] (전남) 화순 쌍봉사 철감 선사 탑은 승탑[쌍봉사 철감 선사 승탑]으로, 선종의 유행과 관련이 있는 문화재이다(868, 경문왕 8)[경문왕(재위 861-875), 제48대]. 선종 9산문 중 하나인 사자산문의 시조인 철감 선사 도윤(798~868)의 묘탑이다. 탑신에 목조 건축물과 방불할 정도의 정밀한 표현이 돋보여 단연 걸작에 속한다.

• 성덕 대왕 신종 [지18] □

[해설] 성덕 대왕 신종은 경덕왕(재위 742-765, 제35대)이 아버지인 성덕왕(재위 702-737, 재33대)의 공덕을 널리 알리기 위해 만들기 시작한 종이다. 혜공왕 대(재위 765-780, 제36대)에 완성되었다(771, 혜공왕 7).

• [신라]『삼대목』편찬 [지20] □

└위홍 등이 향가를 모아『삼대목』을 편찬하였다(진성 여왕). [서18①] □

[해설] 향가 모임집인『삼대목』이 편찬된 것은 (통일) 신라 진성 여왕 2년인 888년의 일이다. 각간(角干) 위홍(魏弘)(?~888)과 대구화상(大矩和尙)(?~?)이 왕명을 받아 편찬하였다. 현재는 전해지지 않는다(『삼국사기』). 위홍은 진성 여왕의 숙부이자 정치적 후원자로, 병부령과 상대등을 역임한 권세가였다.

▍삼대목과 향가 문학 [경13②] □

___(가)___ 왕은 각간 위홍과 승려 대구에게 명을 내려 역대 향가를 모아『삼대목(三代目)』이라는 향가집을 편찬하였는데, 지금 전하지 않는다. 그러나 다행히『삼국유사』에 14수의 향가가 수록되어 있어서 향가 문학의 일부를 이해할 수 있다.

[해설] 주어진 자료 속 '(가) 왕'은 신라의 제51대 왕인 진성 여왕(재위 887-897)을 가리킨다.

• [발해] 중앙 문화는 고구려 문화를 바탕으로 당의 문화가 가미된 형태를 보였다. [서19②] ☐

└발해는 고구려의 문화를 토대로 당 문화를 받아들였다. [경20②] ☐

[해설] 발해의 중앙 문화는 고구려 문화를 바탕으로 당의 문화가 가미된 형태를 보였다. 발해 초기에는 고구려 문화가 중심이었고, 이후 시간이 갈수록 당의 문화가 그 위에 덧붙여지는 형태로 발전하였다.

• 발해는 당의 제도와 문화를 받아들였으나 고구려와 말갈의 전통을 유지하였다. [지14①] ☐

[해설] 발해의 지배층은 당의 제도와 문화를 수용하였으나 고구려의 문화도 남아 있었으며 하층민들은 말갈 사회의 전통을 오랫동안 유지하였다.

• [발해] 수도는 당의 수도인 장안을 본떠 건설하였다. [소20] ☐

└발해는 당의 수도인 장안성을 본떠 상경성을 바둑판 모양으로 반듯하게 구획하였다. [경15①] ☐

└오봉루 성문터를 찾아 성의 구조를 당의 장안성과 비교해 본다(상경성). [국21] ☐

└주작대로 [서21] ☐

[해설] 발해의 수도 상경성은 당의 장안성을 본떠 만들었다. 외성을 쌓고 남북으로 넓은 주작대로를 낸 후 그 안에 궁궐과 각종 사원을 조성하였다. / 상경의 주작대로(발해 상경성의 주작대로)는 당의 수도인 장안(의 중앙 도로인 주작대로)을 본떠 건설한 것이다. / 오봉루 성문은 중국 헤이룽장성 영안현에 위치한 발해 상경성의 10개 성문 중 남쪽 성벽 중앙에 있는 성문이다.

• [발해] 정혜 공주 묘, 정효 공주 묘를 만들었다. [서24②] ☐

└정혜 공주 묘 [회24] ☐

[해설] 정혜 공주(737~777)는 발해 문왕(재위 737-793, 제3대)의 둘째 딸이고, 정효 공주(757~792)는 문왕의 넷째 딸이다. 정혜 공주 묘는 육정산 고분군(중국 지린성 돈화시 육정산)에 위치하며(고구려 문화의 영향), 정효 공주 묘는 용두산 고분군(중국 지린성 화룡현 용두산)에 위치한다(당 문화의 영향). 정혜 공주 묘를 만든 것은 정혜 공주 사망 시인 777년, 정효 공주 묘를 만든 것은 정효 공주 사망 시인 792년이다(묘지).

• [발해] 정혜 공주 무덤을 찾아 고구려 무덤과의 계승성을 탐구한다. [국21] ☐

└무덤 양식은 굴식 돌방무덤이고, 돌사자상이 나왔다. [경18②] ☐

└초기 왕족 등 지배층의 무덤인 육정산 고분군은 고구려계 양식인 석실 봉토분이다. [경13①] ☐

└굴식 돌방무덤 [서21] ☐

[해설] 정혜 공주 묘(무덤)는 육정산 고분군(지금의 중국 지린성 돈화시)에 위치해 있다. / 굴식 돌방무덤은 (모줄임 천장 구조와 함께) 고구려의 전통을 계승한 무덤 양식이다. 육정산 고분군에 위치한 정혜 공주 묘가 대표적이다. 정혜 공주(737~777)는 발해 문왕 대흠무의 둘째 딸이다. / 육정산 고분군은 고구려계 양식인 석실 봉토분, 즉 굴식 돌방무덤이다.

• [발해] 정효 공주 묘는 고구려 고분 구조를 닮았지만 모줄임 천장은 말갈 문화의 영향이다[x]. [회21] ☐

└발해의 정효 공주 묘는 굴식 돌방무덤으로 모줄임 천장 구조가 고구려 고분과 닮았으며, 이곳에서 나온 돌사자상은 매우 힘차고 생동감이 있다[x].* [경15②] ☐

[해설] (용두산 고분군의) 정효 공주 묘는 벽돌무덤 양식을 취하고 있으며, 이는 당의 영향을 받은 것이다. 묘지와 벽화가 발견되었다. 고구려 고분 구조(굴식 돌방무덤)를 닮고 모줄임 천장 구조를 한 것은 (육정산 고분군의) 정혜 공주 묘이다(고구려 문화의 영향). 정효 공주(757~792)는 발해 문왕 대흠무의 넷째 딸이다. / 돌사자상이 매우 힘차고 생동감이 있는 묘는 발해의 (정효 공주 묘가 아니라) 정혜 공주 묘이다. 정혜 공주(737~777)는 발해 문왕의 둘째 딸이다.

■ 정효 공주 묘 [경18②] [기16] ☐

- 무릇 오래 전에 읽었던 <상서>를 돌이켜보건대, 요 임금은 … <좌전>을 널리 상세히 보건대, 주나라 천자가 딸을 제나라에 시집보낼 때 … 어머니로서 갖춘 규범이 아름답고 아름다우면 선인들이 쌓은 은혜가 어찌 무궁하게 전해지지 않으리오.
- 정효 공주 묘지(墓誌) -

[해설] 출처가 '정효 공주 묘지(墓誌)'로 되어 있는 바 발해 문왕의 넷째 딸인 정효 공주(757~792)의 묘와 관련된 것임을 알 수 있다. 묘지란 죽은 사람의 이름이나 신분, 행적 따위를 기록한 글이다.

- 공주는 우리 대흥보력효감금륜성법대왕(발해 문왕)의 넷째 딸이다. 공주는 대흥 56년(792) 여름 6월 9일 임진일에 궁궐 밖에서 사망하니, 나이는 36세였다. 이 해 겨울 11월 28일 기묘일에 염곡의 서쪽 언덕에 매장하였으니 이것은 예의에 맞는 것이다.

[해설] '대흥보력효감금륜성법대왕(발해 문왕)의 넷째 딸'이라는 내용이 나와 있다. 이를 통해 중국 지린성 화룡현의 용두산 고분군에 있는 정효 공주(757~792)임을 알 수 있다.

- [발해] 정효 공주 무덤을 찾아 벽화에 그려진 인물들의 복식을 탐구한다. [국21] ☐
  └ 늘어서 있는 인물들의 벽화가 있다. [경18②] ☐
  └ 묘지가 발견된 무덤에 벽화가 그려져 있다. [기16] ☐
  └ 죽은 자의 가족 관계를 기록한 묘지(墓誌)가 있다. [경18②] ☐
  └ [묘지] 당시 유학이 매우 발달하였음을 알 수 있다. [기16] ☐
  └ 변려체로 작성되어 한문 사용이 능숙했음을 알 수 있다.* [기16] ☐

[해설] (발해 문왕의 넷째 딸인) 정효 공주(757~792)의 묘(무덤)가 있는 곳은 중국 지린성 화룡시에 있는 '용두산 고분군'이다. 정효 공주 묘에서 정효 공주의 생애와 가족 관계 등을 기록한 묘지와 벽화가 발견되었다. 참고로 발해의 건국지인 동모산이 있는 곳(첫 도읍지, 지린성 돈화시)에는 (발해 문왕의 둘째 딸인) 정혜 공주(737~777)의 묘('육정산 고분군')가 있다. / 묘지(墓誌)에『상서』[『서경』],『좌전』등의 서적이 언급된 것으로 보아 당시 유학이 매우 발달하였음을 알 수 있다. / 묘지는 또한 변려체로 작성되어 한문 사용이 능숙했음을 알 수 있다. 변려체란 4언구[4자]와 6언구[6자]를 기본으로 하여 대구(對句)만으로 문장을 구성하는 한문 문체를 뜻한다. 변문, 사륙문, 사륙변려문이라고도 한다.

- [발해] 용두산 고분군을 찾아 벽돌무덤의 특징을 탐구한다. [국21] ☐
  └ [정효 공주 묘] 벽돌로 축조되어 있다. [경18②] ☐
  └ 고구려의 전형적인 고분 양식을 계승한 굴식 돌방무덤에서 출토되었다[x]. [기16] ☐
  └ 벽돌무덤 [서21] ☐

[해설] 중국 지린성 화룡시에는 발해의 용두산 고분군이 위치해 있으며, 정효 공주 묘는 당나라 식의 벽돌무덤이다. 반면 지린성 돈화현의 육정산 고분군에 있는 정혜 공주 묘는 (고구려의 전형적인 고분 양식을 계승한) 굴식 돌방무덤이고, 모줄임 천장 구조를 가지고 있다. 즉 고구려의 전통을 계승하였다(돌사자상 출토)(주의). / [기16] 벽돌무덤은 당나라 식의 무덤 양식이다. 용두산 고분군에 위치한 정효 공주(757~792) 묘가 대표적이다. 정효 공주는 발해 문왕 대흠무의 넷째 딸이고 정혜 공주는 둘째 딸이다(정혜 공주 묘와 정효 공주 묘의 차이점에 주의).

- [발해] 상경성 출토 온돌 장치 [국18] ☐
  └ 온돌 장치 [서21] ☐

[해설] 발해의 수도였던 상경성에서 출토된 온돌 장치는 발해가 고구려의 문화와 유사한 부분이 많았음을 보여주는 증거로서 발해가 한국사의 일부임을 보여주는 유력한 증거가 될 수 있다. / 온돌 장치는 고구려적 요소이다. 참고로 치미, 연꽃무늬의 막새, 석등, 불상 등도 들 수 있다.

발해사에 대한 중국과 러시아 입장 [국18]

- O 중　국: 소수 민족 지역의 분리 독립 의식을 약화시키려고, 국가라기보다는 당 왕조에 예속된 지방 민족 정권 차원에서 본다.
- O 러시아: 중국 문화보다는 중앙아시아나 남부 시베리아의 영향을 강조하여 러시아의 역사에 편입시키려 한다.

[해설] 발해사에 대해 중국은 한국사가 아니라 당에 예속된 지방 민족 정권으로 본다고 나와 있다. 러시아의 입장 역시 중국이 아니라 중앙아시아나 남부 시베리아의 영향을 강조하여 아예 발해사를 러시아의 역사에 편입시키려고 한다고 나와 있다. 이 역시 발해사의 한국사 소속을 거부하고 있다. 참고로 중국은 2002년부터 현 중국 국경 안에서 전개된 모든 역사를 중국 역사로 만들기 위한 동북공정(東北工程)을 시행하여 역사 분쟁을 야기하고 있다.

● 사진으로 보는 남북국의 문화

▲ 석가탑 [법19]
▲ 불국사 다보탑 [기14]
▲ 화순 쌍봉사 철감 선사 승탑 [법22]
▲ 화순 쌍봉사 철감 선사 승탑 [법19]
▲ 화순 쌍봉사 철감 선사 승탑 [법14]
▲ 화순 쌍봉사 철감 선사 승탑 [기14]
▲ 발해 석등 [법17]
▲ 이불병좌상(발해) [법17]
▲ 영광탑(발해) [서23]

[해설] [법19] 경주 불국사 3층 석탑(석가탑). 신라 경덕왕 대(재위 742-765)에 세워졌다(751년경 추정).

[해설] [법22] [법19] [법14] [기14] 화순 쌍봉사 철감 선사 승탑. (통일) 신라 말에 유행한 (불교의) 선종과 관련이 있는 문화재이다(시기와 관련된 자료로 자주 출제). 팔각[8각]원당형 (승)탑으로 신라 경문왕 8년인 868년에 조성되었나(추정)[경문왕(재위 861-875), 제48대]. 철감선사 도윤(798~868)은 선종 9산문 중 사자산문의 시조이다. 탑신에 목조 건축물과 방불할 정도의 정밀한 표현이 돋보여 단연 걸작에 속한다. / 신라 말기에 이르러 선종이 유행하면서 이처럼 승려의 사리를 봉안하는 승탑과 탑비가 유행하였다.

[해설] [서23] 영광탑은 8~10세기에 건립된 발해의 누각식 전탑(모전 석탑)이다. 중국 지린성 창바이조선족자치현 서북쪽 탑산에 위치해 있다. 창바이 영광탑 또는 발해 전탑으로도 불린다. 1908년 장펑타이라는 청의 관리가 이 탑에 대해 공자 사당의 영광전(靈光殿)처럼 오랜 세월 속에서도 의연하게 남아 있다고 평한 뒤로 영광탑이라 부르게 되었다고 한다.

주제 18 남북국의 대외 교류

1 통일 신라의 대외 교류

• 원효, 강수, 설총이 발전시킨 불교와 유교 문화는 일본 아스카 문화의 성립에 기여하였다[×]. [경15①] □

[해설] 원효, 강수, 설총이 발전시킨 불교와 유교 문화는 일본 (아스카 문화가 아니라) 하쿠호 문화의 성립에 기여하였다. 참고로 일본의 아스카 문화는 6세기 말부터 7세기 전반까지 스이코 일왕[황후](재위 592-628,, 제33대)의 치세를 중심으로 한 일본 최초의 불교문화를 가리킨다. 또 하쿠호 문화는 아스카 시대를 잇는 7세기 후반부터 8세기까지, 덴무(재위 673-686, 제40대)에서 지토[황후](재위 690-697, 제41대)까지의 시대를 중심으로 하는 문화이다.

■ 신라의 사신 파견 [지15②] □

원성왕 6년 3월 북국(北國)에 사신을 보내 빙문(聘問)하였다. …(중략)… 요동 땅에서 일어나 고구려의 북쪽 땅을 병합하고 신라와 서로 경계를 맞대었지만, 교빙한 일이 역사에 전하는 것이 없었다. 이때 와서 일길찬 백어(伯魚)를 보내 교빙하였다.

[해설] '요동 땅에서 일어나 고구려의 북쪽 땅을 병합하고 신라와 서로 경계를 맞대었다'는 내용을 통해 밑줄 친 '북국'이 발해임을 알 수 있다. 신라 원성왕 6년은 790년(발해 문왕 54)이다[원성왕(재위 785-798), 제38대](『삼국사기』790년 3월 기사).

• 신라는 급찬 숭정을 발해에 사신으로 보냈다.* [국19] □

[해설] 신라가 급찬 숭정(?~?)을 발해에 사신으로 보낸 것은 헌덕왕 4년인 812년의 일이다(『삼국사기』812년 9월 기사). 발해로서는 제7대 정왕 대(재위 809-812)에 해당한다. 790년(원성왕 6)의 일길찬 백어(?~?)에 이어 2차로 발해에 파견된 것으로 되어 있다. 신라와 발해의 외교적 접근을 시도한 기록이다.

• 통일 신라: 장보고가 청해진을 설치하여 해상권을 장악하였다. [국21] □
  ┗[장보고] 청해진을 설치하고 해상 무역을 전개하였다. [지22] □
  ┗장보고는 청해진을 중심으로 동아시아의 무역을 장악하였다. [서15] □
  ┗청해진이 설치되어 무역권을 장악하였다. [국17①] □
  ┗청해진 설치 [지20] □

[해설] 장보고(?~846)가 전남 완도에 청해진을 설치하여 (해적을 소탕하면서) 해상권을 장악한 것은 통일 신라 흥덕왕 3년인 828년의 일이다[~851(문성왕 13)](9세기 전반).

• [장보고] 법화원을 건립하고 이를 지원하였다. [지17①] □
  ┗적산법화원을 건립하였다. [서23] □
  ┗당나라에 가서 서주 무령군 소장이 되었다.* [지17①] □
  ┗회역사, 견당매물사 등의 교역 사절을 파견하였다. [지17①] □
  ┗당에 견당매물사와 교관선을 보냈다. [회22] □

[해설] 장보고(?~846)가 산둥 반도 적산에 신라인들을 위한 사찰인 법화원(적산법화원)을 건립한 것은 823년(신라 헌덕왕 15)의 일이다. 당의 서주(지금의 산둥성 동남부와 장강 북부의 장쑤성 일대)에 건너가 무령군(외국인 용병 부대) 소장이 된 인물도 장보고이다. / 장보고는 귀국 후 흥덕왕 3년인 828년에 완도에 청해진을 세우고 당과 일본 간의 무역을 독점하였다. 회역사(廻易使)는 장보고가 일본에 파견한 무역[교역] 사절단(상인들)이고, 견당매물사(遣唐買物使)는 장보고가 당에 파견한 무역[교역] 사절단이다. 교관선(交關船)은 장보고가 신라, 당, 일본 사이의 중개 무역에 사용한 무역선이다.

■ 엔닌의 『입당구법순례행기』 [지17①] [서23] [회22] □

- 이 엔닌은 대사의 어진 덕을 입었기에 삼가 우러러 뵙지 않을 수 없습니다. 저는 이미 뜻한 바를 이루기 위해 당나라에 머물러 왔습니다. 부족한 이 사람은 다행히도 대사께서 발원하신 적산원(赤山院)에 머물 수 있었던 것에 대해 감경(感慶)한 마음을 달리 비교해 말씀드리기가 어렵습니다. - 『입당구법순례행기』 -

[해설] '엔닌'이 나와 있고, '대사께서 발원하신 적산원(赤山院)'이 언급되어 있다. 이를 통해 제시된 '대사'는 장보고(?~846)를 가리킴을 알 수 있다. 엔닌(794~864)은 당에 유학한 일본의 승려이고, 적산원은 장보고가 당의 산둥반도 적산에 세운 사찰 법화원이다(적산 법화원)(824, 헌덕왕 16). 엔닌은 839년(신라 신무왕 원년) 6월에 적산원을 방문하였고, 이때 적산원을 장보고가 처음으로 세웠다고 일기에 적었다.

- 6월 27일에 사람들이 말하기를, ㉠ 의 교역선 2척이 단산포(旦山浦)에 도착했다고 한다. …… 28일 당의 천자가 보내는 사신들이 이곳으로 와 만나보았다. …… 밤에 ㉠ 의 견대당매물사(遣大唐賣物使)인 최훈(崔暈) 병마사(兵馬使)가 찾아와서 위문하였다. - 『입당구법순례행기』 -

[해설] 출처가 일본 헤이안 시대의 승려인 엔닌(794~864)의 여행기인 『입당구법순례행기』이다(838년에서 847년, 9년간 당의 불교 성지를 순례하면서 기록). 이를 통해 주어진 자료 속 '㉠'은 (통일) 신라의 해상왕 장보고(?~846)를 가리킴을 알 수 있다. 장보고는 당에서 귀국한 후 완도에 청해진을 세우고 당과 일본 간의 무역을 독점하였다. 당에 교역 사절(상인들)인 회역사, 견당매물사와 무역선인 교관선을 보냈다[828(흥덕왕 3)~851(문성왕 13)].

- ○ 이른 아침에 신라인이 작은 배를 타고 왔다. 문득 듣건대, "㉠이/가 신라 왕자와 공모하여 신라국을 징벌하고 곧 그 왕자를 신라국의 왕으로 삼았다"라고 하였다.
- ○ 산 속에 절이 있어 그 이름은 적산법화원인데, 이는 ㉠이/가 처음 세운 것이다. 오랫동안 장전(莊田)을 갖고 있어 양식을 충당할 수 있었다. - 『입당구법순례행기』 -

[해설] 출처가 위와 같은 『입당구법순례행기』이다. 이를 통해 주어진 '㉠'은 (통일) 신라의 해상왕 장보고(?~846)를 가리킴을 알 수 있다.
*장전(莊田): 여기서는 적산법화원의 사유지인 장원(莊園)에 딸린 논과 밭을 가리킨다.

2 발해의 대외 교류

- 북으로는 돌궐, 남으로는 일본과 통교하였다. [회14] □
  └ 당과 신라를 견제하기 위해 돌궐과 외교 관계를 맺기도 하였다. [국12] □
  └ 발해는 당과 신라의 위협을 막아내기 위해 처음에는 북으로 돌궐, 남으로 일본과 가까운 관계를 맺었다. [경12①] □
  └ 당을 견제하기 위해 북으로는 거란, 남으로는 일본과 통교하였다[×]. [경19②] □

[해설] 발해는 당과 신라를 견제하기 위해 북으로는 (거란이 아니라) 돌궐, 남으로는 일본과 통교하였다.

- 8세기 전반에는 당과 대립하였으나 8세기 후반부터 친선 관계로 바뀌었다. [경19②] □
  └ 발해 문왕 때에는 당과 친선 관계를 맺은 이후, 교역이 활발하게 이루어졌다. [경15①] □

[해설] 8세기 전반, 정확하게는 발해 무왕 대(재위 719-737, 제2대)까지는 당과 대립하였으나 문왕(재위 737-793, 제3대)이 즉위한 후부터는 친선 관계로 돌아섰다(740년대로 추정, 늦어도 750년대). 따라서 '8세기 후반부터'라는 표현이 약간 미묘하지만 해당 문제에서는 다른 선지가 명확한 오답이어서 적절한 설명으로 처리되었다.

- [신라도] 신라와의 교통로 [국18]☐

  └발해는 신라도라는 교통로를 이용해 신라와도 무역하였다. [서15]☐

  └9세기에 들어서 비로소 신라와 상설 교통로를 개설하였다[✗]. [서13]☐

[해설] 신라와의 교통로인 신라도는 당시 발해와 신라와의 교류 관계를 보여주는 증거이다. 신라도는 상설 교통로이다. / 발해와 신라는 8세기 중반 무렵에 신라도라는 상설 교통로를 개설하였다(740년대로 추정). 하지만 발해와 신라가 신라도를 이용하여 자주 교류한 것은 8세기 후반에서 9세기 전반부터의 일이다.

- 당에 유학생을 보냈는데 빈공과에 급제한 사람이 여러 명 나왔다. [국12]☐

  └당과 교류하면서 빈공과의 합격자를 배출하였다. [서13]☐

  └빈공과 [경21①]☐

[해설] 발해는 당과 교류하면서 유학생을 보냈는데 빈공과에 급제한 사람이 여럿 나왔으며 신라의 유학생과 빈공과 급제를 두고 다툼을 벌였다. / 빈공과는 당에서 외국인을 대상으로 실시한 과거제이다(신라나 발해의 제도 X).

■ 발해와 신라의 '쟁장 사건' [서22②] [경21①]☐

- 신(臣) 아무개가 아룁니다. 본국 숙위원의 보고를 접하니, 지난 건녕 4년 7월에 ___㉠___ 의 하정사(賀正使)인 왕자 대봉예가 호소문을 올려 그들이 우리보다 위에 있도록 허락해 주기를 청했다고 합니다. 삼가 칙지를 받들건대, "나라 이름의 선후는 본래 강약을 따져서 칭하는 것이 아니다. 조정 제도의 등급을 지금 어떻게 성쇠를 가지고 고칠 수가 있겠는가. 그동안의 관례대로 함이 당연하니, 이 지시를 따르도록 하라."라는 내용이었습니다.- -『고운집』-

[해설] 출처가 통일 신라 말에 활동한 학자이자 문장가, 관료인 고운 최치원(857~?)의 시문집인 『고운집』으로 되어 있는 바 이를 통해 주어진 자료 속 '㉠'은 발해를 가리킴을 알 수 있다. 발해와 신라 사이의 의전 서열 다툼인 쟁장(爭長) 사건과 관련된 내용이다. 발해와 신라는 빈공과의 등제 서열 다툼인 '빈공과 쟁장 사건'을 일으킨 바도 있다[875(경문왕 15)/906(효공왕 10)].

*건녕(乾寧): 중국 당의 제22대 황제인 소종 대(재위 888-904)의 네 번째 연호이다. 894부터 898년까지 5년 동안 사용되었다. 따라서 건녕 4년은 897년을 가리킨다.

- 신이 숙위원(宿衛院)의 보고를 보았더니, 왕자 대봉예가 글을 올려 (㉠)를 (㉡)보다 윗자리에 앉게 해 달라고 주청하였던 사실을 알게 되었습니다.

[해설] 여기서 대봉예(?~?)는 '발해의 왕자'이다. 897년에 당에 사신으로 파견된 발해 왕자 대봉예(大封裔)가 발해의 국세가 신라보다 강성함을 들어 발해가 신라보다 우선해야 한다고 당 소종(재위 888-900/901-904, 제19대)에게 요구하였다. 그런데 소종은 이를 거절하고 신라 우선의 옛 관습대로 하였고, 이러한 소식을 접한 신라에서 당 소종에게 감사의 글을 보냈다. 감사의 글은 신라의 대문장가 최치원(857-?)이 작성하였다. 따라서 자료 속 '㉠'은 발해이고, '㉡'은 신라를 가리킨다.

- 발해는 통일 신라와 경쟁의식을 가져 국제 무대에서 대립하기도 하였으나, 때때로 사신을 파견하여 우의를 다졌다.

[경15①]☐

[해설] 발해와 신라는 빈공과 쟁장 사건에서 알 수 있듯이 국제 무대에서 대립하였다. 하지만 8세기 중반에 상설 교통로인 신라도를 개설하였고 8세기 후반과 9세기 초반부터는 이를 통해 자주 교류하기 시작하였다.

- 발해는 일본과 교류하며 무역에도 힘썼다. [서15]☐

  └동해를 통해 일본과 무역을 활발하게 전개하였다. [서13]☐

[해설] 발해는 당과 신라를 견제하기 위해 일본과 친선 관계를 유지하였는데 일본과의 무역은 동해의 일본도를 통해 이루어졌다. / 일본과의 무역을 활발히 전개하여 한 번에 수백 명이 오갈 정도였으며, 발해의 모피는 일본에서 매우 인기를 끌었다.

■ 발해 무왕의 국서 [회22] [회17] [경13①] [기15] □

- 갑인일에 일본 천황이 중궁에 나갔는데, 발해 사신 고제덕 등이 (가)의 교서와 방물을 바쳤다. ……(중략)…… "(가)은/는 대국(大國)을 맡아 외람되게 여러 번(蕃)을 함부로 총괄하며, 고구려의 옛 땅을 회복하고 부여의 습속을 가지고 있습니다. 그러나 다만 너무 멀어 길이 막히고 끊어졌습니다. 어진 이와 가까이하며 우호를 맺고 옛날의 예에 맞추어 사신을 보내어 이웃을 찾는 것이 오늘에야 비롯하게 되었습니다". ……(하략)…… 발해 사신 고제덕 등에게 잔치를 베풀고 활쏘기 대회와 아악료(雅樂寮)의 음악을 내렸다.
  -『속일본기』-

[해설] 주어진 자료는 발해의 제2대 국왕인 무왕 대무예(재위 719-737)가 재위 9년인 727년에 일본 왕에게 보낸 국서이다. 당시 발해는 신라와 당 사이에서 고립되어 있었는데 무왕은 여기에 벗어나기 위하여 일본과 외교적 관계를 맺고자 시도한 것이다. 원사료 (가)에는 '무예(武藝)'라는 말이 적혀 있다.

- 발해왕이 아룁니다. 산하(山河)가 다른 곳이고, 국토가 같지 않지만 어렴풋이 풍교도덕(風教道德)을 듣고 우러르는 마음이 더할 뿐입니다. 공손히 생각하건대 대왕은 천제(天帝)의 명을 받아 일본의 기틀을 연 이후 대대로 명군(明君)의 자리를 이어 자손이 번성하였습니다. 발해왕은 황송스럽게도 대국(大國)을 맡아 외람되게 여러 번(蕃)을 함부로 총괄하며, 고려의 옛 땅을 회복하고 부여의 습속(習俗)을 가지고 있습니다. 그러나 다만 너무 멀어 길이 막히고 끊어졌습니다. 어진 이와 가까이 하며 우호를 매고 옛날의 예에 맞추어 사신을 보내어 이웃을 찾는 것이 오늘에야 비롯하게 되었습니다.

[해설] 위와 같은 출처(『속일본기』)의 자료이다((727, 무왕 9). 원사료 '무예'를 출제자가 '발해왕'으로 바꾸었다.

- 고구려의 옛 땅을 회복하였고, 부여의 유속을 잇게 되었다.
  <일본에 보낸 무왕의 국서>

[해설] 출처에 표시된 '일본에 보낸 무왕의 국서'라는 점을 고려할 때 주어진 자료가 나타내는 고대 국가는 발해임을 알 수 있다. 유속(流俗)이란 예로부터 전하여 오는 풍속을 뜻한다.

- ■ 우리는 고(구)려의 옛 땅을 되찾고, 부여의 전통을 이어받았다. (발해 무왕)
- ■ 발해왕에게 칙서를 내렸다. (일본) 천황은 삼가 고(구)려 국왕에게 문안한다. (발해 문왕)
  -『속일본기』-

[해설] 발해가 고구려를 이은 나라임을 보여주는 일본 측의 자료이다. 위의 자료는 발해 무왕이 재위 9년인 727년에 일본 왕에게 보낸 국서이고, 아래의 자료는 일본 왕[천황]이 772년(문왕 36) 발해 문왕에게 보낸 국서이다. 발해왕을 '고(구)려 국왕'으로 칭하고 있음을 알 수 있다('발해와 일본 사이의 사신 파견' 해설 참조).

- 문왕은 일본에 보낸 국서에서 '고려 국왕 대흠무'라 칭했다. [회23] □
  └ 발해는 일본에 보낸 국서에 고려 또는 고려 국왕이라는 명칭을 사용하기도 하였다. [경12①] □
  └ 발해는 외교 문서에서 발해를 고려로, 발해왕을 고려왕이라 칭하였다. [기12] □

[해설] 발해 문왕 대흠무(재위 737-793, 제3대)는 고구려 계승 의식을 가지고 있어 일본에 보낸 국서에서 스스로 '고려 국왕 대흠무'라고 칭하였으며, 일본 역시 발해의 왕을 '고려왕'으로 표현하였다[각 759년(문왕 23)/772년(문왕 36)] '고(구)려'라는 명칭은 발해 무왕이 보낸 국서에도 나온다 (727, 무왕 9).

*발해와 일본 사이의 사신 파견: 발해가 일본에 사신을 처음 보낸 것은 무왕 9년인 727년의 일이다(발해 무왕의 국서). 이후 두 번째 사신을 보낸 것은 문왕 3년인 739년이고, 세 번째 사신을 보낸 것은 문왕 16년인 752년의 일이다(이때는 사신이 국서를 갖고 가지 않아 문제 발생). 그리고 문왕 22년인 758년에는 일본이 신라를 공격하려는 계획에 발해를 끌어들이고자 사신을 먼저 파견하였는데 발해가 답방 형식으로 이듬해(759, 문왕 23) 네 번째 사신을 파견하였다. 이후 문왕 28년인 764년 사이에 신라 정벌 문제로 사신이 빈번하게 왕래하였다. 그 다음 문왕 35년인 771년에 문왕이 다시 대규모 사신단(대사 일만복을 비롯한 325명)을 파견하였다(772년 정월 귀국). 그런데 이때 일본은 발해 문왕에게 보내는 국서를 통해 이들이 가져온 발해 국서의 내용이 전례에 어긋나고 무례하다고 하여 공식적인 접대를 중지하고 국서와 물건도 수령하지 않았다고 밝혔다. 또한 발해 문왕이 국서의 날짜 아래에 일본 신하로서의 관품과 성명을 기록하지 않았고, 글의 끝부분에는 허망하게 천손(天孫)이라는 칭호를 썼으며, 옛날 고구려 때와 같이 양국 관

계를 형제로서 칭하지 않고 '외숙과 조카[구생(舅甥)]'라고 칭하였다고 하여 발해를 꾸짖었다고 밝혔다(772, 문왕 36). 아무튼 이 사건은 발해 사신이 국서의 내용을 고치고 왕 대신에 사과함으로써 일단락되었지만, 이 사건을 통하여 발해가 이전과 달리 일본보다 우월한 지위를 요구하였음을 알 수 있다. 발해가 고구려의 계승국으로서, 고구려가 그러했듯이 천손 의식을 가지고 황제국으로서의 외교적 자신감을 보여주는 또 하나의 증거라 할 수 있다.

• 일본과는 서경 압록부를 통해 여러 차례 사신이 왕래하였다[×]. [국12] ☐

[해설] 발해에서 일본으로 가는 일본도는 (서경이 아닌) 동경[동경 용원부]에서 동해를 통해 연결되었다.

• 일본은 발해에 보낸 국서에서 발해왕을 '고려왕'으로 표현하기도 하였다. [국12] ☐

[해설] 발해는 고구려 계승 의식을 가지고 있어 발해 문왕은 일본에 보낸 국서에서 스스로 '고려 국왕 대흠무'라고 칭하였으며 일본 역시 발해의 왕을 '고려왕'으로 표현하였다(관련 자료 및 해설 참조).

◉ 사진으로 보는 남북국의 대외 교류

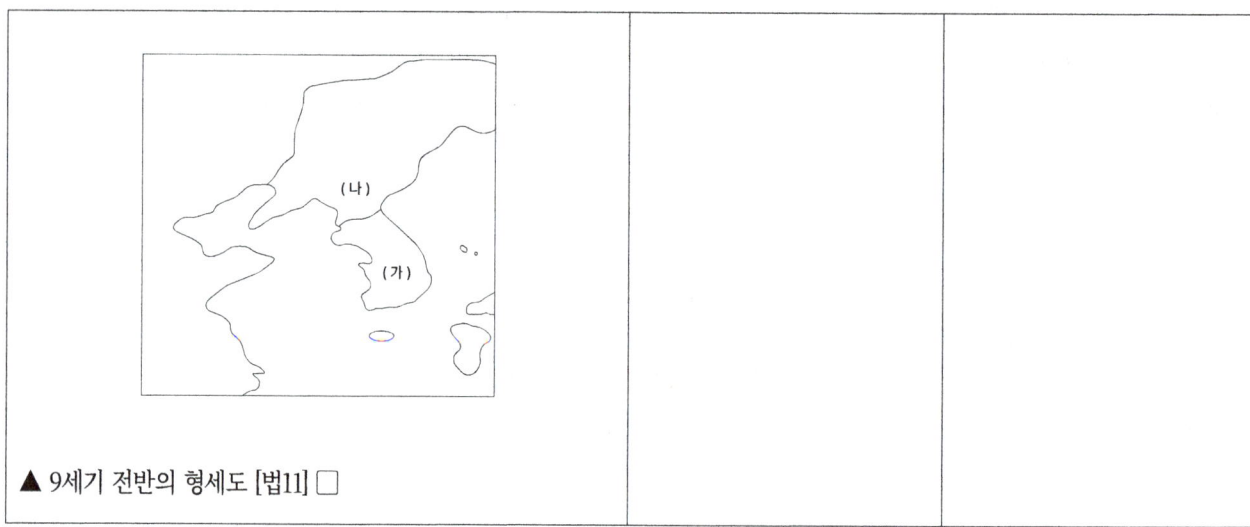

▲ 9세기 전반의 형세도 [법11] ☐

[해설] [법11] 9세기 전반의 남북국 형세도가 제시되어 있다. (가)는 통일 신라이고, (나)는 발해를 가리킴을 알 수 있다.

IV 고려의 성립과 변천

주제 19 고려의 성립과 후삼국 통일

주제 20 고려의 통치 체제 정비

주제 21 고려 전기의 대외 관계

주제 22 문벌 귀족 사회의 성립과 동요

주제 23 무신 정권

주제 24 대몽 항쟁

주제 25 고려 후기의 정치 변동

주제 26 고려의 경제

주제 27 고려의 사회

주제 28 고려의 문화(불교)

주제 29 고려의 문화(불교 외)

주제 19 고려의 성립과 후삼국 통일

1 고려의 건국

• 궁예는 국호를 마진으로, 바꾸고, 도읍을 철원으로 옮겼다. [지12①] □
  └ 마진, 태봉 등의 국호를 사용하였다(후고구려). [서22②] □

[해설] 궁예(재위 901-918)는 영토가 확장되자 국호를 (후고구려에서) 마진으로 바꾸고(904), 도읍을 철원으로 옮겼다(905). 후에 국호를 다시 태봉으로 바꾸었다(911). / 마진, 태봉 등의 국호를 사용한 나라는 후고구려이다.

• [궁예] ㉠ - 국정을 총괄하는 광평성을 비롯한 여러 관서를 설치하고 9관등제를 실시하였다. [회17] □

[해설] 궁예가 (최고 중앙 관서인) 광평성을 비롯한 각종 정치 기구를 마련한 것은 904년의 일이다.

• [궁예] 송악에서 철원으로 도읍을 옮겼다. [서21] □
  └ 철원에 수도를 정하였다. [소22] □

[해설] 송악에서 철원으로 도읍을 옮긴 인물은 후고구려의 궁예(?~918)이다(905).

• [궁예] 수덕만세라는 연호가 등장하였다. [법23] □
  └ ㉠ - 연호를 무태, 수덕만세, 정개, 천수 등으로 바꾸면서 새로운 정치를 추구하였다[X]. [회17] □
  └ 수덕만세 [경21①] □

[해설] 후고구려의 연호, 수덕만세(水德萬歲)가 등장한 것은 911년의 일이다. 궁예는 904년에 국호를 마진으로 고치고, 연호를 무태(武泰)로 정하였다. 이어 905년에 송악에서 철원으로 도읍을 옮기면서 연호를 다시 성책(聖冊)으로 바꾸었다. 그리고 911년에 이르러 국호를 마진에서 다시 태봉(국)으로 고치면서 연호를 수덕만세로 고쳤다. 이후 914년에 다시 연호를 정개(政開)로 고칠 때까지 약 4년간 사용되었다. / '천수(天授)'라는 연호는 왕건이 918년에 고려를 건국하면서 사용한 연호이다(933년까지 사용).

• [왕건] 예성강을 중심으로 성장한 해상 세력이다.* [서21] □

[해설] 예성강을 중심으로 성장한 해상 세력은 고려 태조 왕건(재위 918-943)이다(송악 호족 출신).

■ 고려 태조 왕건과 장화 왕후 오씨 부인의 만남* [법17] □

전하는 말에 의하면, __(가)__ 은(는) 나주에 10년간 머무르게 되었는데, 어느 날 진 위쪽 산 아래에 다섯 가지 색의 상서로운 구름이 있어 가보니 샘에서 아리따운 여인이 빨래를 하고 있어 그가 물 한 그릇을 청하자, 여인이 버들잎을 띄워 주었는데, 급히 물을 마시지 않게 하기 위함이었다 한다. 여인의 총명함과 미모에 끌려 그녀를 아내로 맞이하였는데 그 분이 장화 왕후 오씨 부인이고, 그 분의 몸에서 태어난 아들 무(武)가 혜종이 되었다.

[해설] 주지하듯이 혜종은 고려의 제2대 왕(재위 943-945)이므로 주어진 자료 속 '(가)'는 고려 태조 왕건(재위 918-943)을 가리킴을 알 수 있다[원문, '왕건이 고려를 건국하기 전' (나주에)]. 왕건이 궁예에 의해 나주에 파견된 것은 903년의 일이다. 이때 (전남) 나주의 토착 세력이자 호족인 오씨 가문 출신인 '장화 왕후' 오씨 부인'을 만났다('나주 완사천', 관련 사진 참조)(출처. 나주 완사천 국가유산 설명)(『고려사』 권88 열전 권제1 후비 '태조 후비 장화 왕후 오씨').

• 고려 건국 [서24①] ☐
└ 태조가 포정전에서 즉위하여 국호를 고려라 하고 연호를 고쳐 천수라 하였다(『고려사』). [법21] ☐
└ 왕건은 고구려 계승을 내세워 국호를 고려라 하고 송악으로 도읍을 옮겼다. [경16①] ☐
└ 왕건이 국호를 고려라 정하고 송악으로 천도하였다. [경20①] ☐
└ '천수'라는 연호를 사용하였다. [소22] ☐
└ 천수 [경21①] ☐

[해설] 고려가 건국된 것은 918년 6월의 일이다. 포정전(布政殿)은 고려 태조 왕건이 즉위식을 올리고 고려의 건국을 선언한 철원에 위치한 궁궐의 전각이다[태봉국(후고구려) 철원성]. 태조는 고려 건국 이듬해인 919년 1월에 철원을 떠나 송악[개경]으로 천도하였다. / '천수(天授)'는 고려 태조가 즉위 시에 사용한 연호이다(918~933).

• 견훤은 후당(後唐), 오월(吳越)과도 통교하는 등 대중국 외교에 적극적이었다. [지12①] ☐
└ 독자적으로 오월과 거란에 사신을 보냈다. [회22] ☐
└ 오월에 사신을 보내 교류하였다(견훤). [서21] ☐

[해설] 견훤(재위 892-936)은 오월이나 거란, 후당 등 중국과 적극적으로 외교하였으며, 일본에도 사신을 파견하였다. 구체적으로 후백제는 건국을 전후하여 오월과 교류하다 925년 이후에는 새롭게 건국된 후당과 교류하였으며 927년에는 거란과의 교류를 시도하였다.

2 후삼국 통일 전쟁

• 견훤이 경주를 습격하여 경애왕을 살해하였다. [회21] ☐
└ 후백제의 견훤이 경주를 침공해 경애왕을 죽였다. [경20①] ☐
└ 견훤이 경주를 침략하고 경순왕을 옹립하였다. [서24②] ☐

[해설] 후백제의 견훤(재위 900-935)이 신라의 도읍인 경주를 침략하여 (신라의 제55대 왕인) 경애왕(재위 924-927)을 죽인 것은 927년 11월의 일이다 [경순왕(재위 927-935, 제56대) 옹립]. 당시 경애왕은 이미 같은 해 9월에 고려의 왕건에게 원군을 요청하였으나 고려군이 도착하기 전에 견훤의 기습을 받아 죽었다. 이 사건 직후 공산(지금의 대구 팔공산 일대)에서 후백제군과 신라를 도우러 온 고려군 사이에 전투가 벌어졌는데, 왕건의 고려군이 대패하였다(공산 전투).

■ **신라 경애왕의 피살** [경21②] ☐

가을 9월, (㉠)이/가 고울부에서 우리 군사를 공격하므로, 왕이 (㉡)에게 구원을 요청하였다. (㉡)이/가 장수에게 명령하여 정병 1만 명을 출동하여 구원하게 하였다. (㉠)은/는 이 구원병이 도착하지 않은 틈을 이용하여, 겨울 11월에 수도를 습격하였다. 이때 왕은 왕비 및 후궁과 친척들을 데리고 포석정에서 연회를 베풀며 놀고 있었다.

-『삼국사기』-

[해설] 후삼국 시대의 일로, 후백제 견훤(867-936)이 신라를 공격하자 신라 국왕 경애왕(재위 924-927, 제55대)이 고려의 태조 왕건(877-943)에게 도움을 청한 사실을 가리킨다(927, 신라 경애왕 4). 따라서 '㉠'은 견훤이고, '㉡'은 왕건이다.

• 공산 전투가 전개되었다. [법23] ☐
└ 고려가 공산 전투에서 후백제에게 패하였다. [경20①] ☐

[해설] 공산 전투가 전개된 것은 927년(태조 10) 11월의 일이다. 공산은 지금의 대구 팔공산 일대이다. 당시 왕건은 신라 경애왕의 구원 요청(9월)에 호응

해 신라를 도우러 오는 길이었으나 이미 늦어 공산에서 후백제군을 기다렸다가 싸웠다. 하지만 공산 전투에서 왕건의 고려군은 견훤의 후백제군에게 대패하였다.

- 고려군이 고창에서 견훤의 후백제군을 패퇴시켰다. [법21] □

[해설] 고려군이 고창(지금의 경북 안동)에서 견훤의 후백제군을 패퇴시킨 것은 930년 1월의 일이다(고창 전투).

■ 공산 전투와 고창 전투 [서21] □

- ·태조는 정예 기병 5천 명을 거느리고 공산(公山) 아래에서 __(가)__ 을/를 맞아서 크게 싸웠다. 태조의 장수 김락과 신숭겸은 죽고 모든 군사가 패하였으며, 태조는 겨우 죽음을 면하였다.
- __(가)__ 이/가 크게 군사를 일으켜 고창군(古昌郡)의 병산 아래에 가서 태조와 싸웠으나 이기지 못하였다. 전사자가 8천여 명이었다.

[해설] 위의 자료는 927년 고려와 후백제 사이에 있었던 공산 전투를 가리킨다. 아래 자료는 930년에 있었던 고창 전투를 가리킨다. 이상을 통해 <보기> 속 '(가)'는 후백제의 견훤(867~936)임을 알 수 있다.

- 신라의 경순왕은 스스로 나라를 고려에 넘겨주었다. [법21] □
  └ 신라의 경순왕이 왕건에게 항복하였다. [경16①] □

[해설] 신라의 (마지막 왕) 경순왕(재위 927-935, 제56대)이 고려에 귀부한 것은 935년 11월의 일이다(경순왕 귀부)(신라 투항).

- [견훤] ⓒ - 지배 세력들 사이에서 분열이 일어나자 ⓒ에게 귀부하였다. [회17] □
  └ 후백제의 신검이 견훤을 금산사에 유폐시켰다. [경20①] □
  └ 고려에 귀순하였다. [소22] □

[해설] ⓒ은 '견훤'으로 지배 세력들 사이에서 분열이 일어나자 ⓒ의 '왕건'에게 귀부하였다. 상술하자면 후백제를 세운 견훤(재위 900-935, 제1대)은 왕위 계승을 둘러싼 내분으로 935년 3월 아들 신검(재위 935-936, 제2대)에 의해 전북 김제에 위치한 금산사(金山寺)에 유폐되었다가(935.3-6). 세 달 뒤 탈출하여 고려 태조 왕건에게 귀부[귀순, 투항]하였다[935년(고려 태조 18) 6월].

*금강(?~935): 후백제의 건국자 견훤의 넷째 아들이다. 체구가 매우 크고 지략이 많아 견훤이 자신의 왕위를 계승시키려고 하였다. 이에 그의 형들인 신검, 양검, 용검 등이 이를 시기하여 모반을 일으켰다(금강을 죽이고 견훤을 금산사에 가둠).

■ 견훤의 투항 [소22] □

왕께서 부지런히 힘쓴 지 40여 년에 큰 공이 거의 이루어졌는데, 하루아침에 집안사람들의 화로 인하여 설 땅을 잃고 투항하였습니다. (중략) 충신은 두 임금을 섬기지 않는다고 하였습니다. 만약 자기의 임금을 버리고 반역한 아들을 섬긴다면 무슨 얼굴로 천하의 의로운 선비들을 보겠습니까. 하물며 듣자니 고려의 왕공께서는 마음이 어질고 후하며 근면하고 검소하여 민심을 얻었다고 하니 하늘의 계시인 듯합니다. 반드시 삼한의 주인이 될 것이니 어찌 편지를 보내 우리 왕을 문안, 위로하고 겸하여 왕공에게 겸손하고 정중함을 보여 장래의 복을 도모하지 않겠습니까.   - 『삼국사기』 -

[해설] '왕께서 부지런히 힘쓴 지 40여 년', '하루아침에 집안사람들의 화로 인하여 설 땅을 잃고 투항', '반역한 아들', '고려의 왕공', '삼한의 주인'이라는 내용들을 통해 주어진 자료에서 밑줄 친 '왕'은 후백제의 견훤(867~936)을 가리킴을 알 수 있다. 주어진 자료는 견훤의 사위인 장군 영규(?~?)가 그의 부인에게 은밀히 한 말이다(936년 2월). 부인 역시 찬성하여 태조 왕건에게 뜻을 전달하였고 태조 왕건은 이를 크게 환영하였다(『삼국사기』 열전 '견훤').

• 왕건이 후백제를 정벌하여 후삼국을 통일하였다. [경16①] □

└후삼국 통일 [서24①] □

[해설] 고려 태조 왕건(재위918~943)이 후백제를 정벌하여 후삼국을 통일한 것은 936년의 일이다(936.9).

▌일리천 전투와 후백제의 항복 [법21] □

고려군의 군세가 크게 성한 것을 보자 갑옷을 벗고 창을 던져 견훤이 탄 말 앞으로 와서 항복하니 이에 적병이 기세를 잃어 감히 움직이지 못하였다. …… 신검이 두 동생 및 문무 관료와 함께 항복하였다.   -『고려사』-

[해설] 고려와 후백제의 마지막 전투인 일리천 전투와 이후 후백제의 신검(재위 935-936, 제2대)이 고려 태조 왕건에게 항복한 사건을 가리키는 사건임을 알 수 있다(936.9, 고려 태조 19). 이로써 고려의 왕건은 후삼국을 통일하였다. 일리천은 지금의 경북 구미 선산에 위치한 하천이다.

◉ 사진으로 보는 고려의 성립과 후삼국의 통일

▲ (전남) 나주 완사천(왕건)　[법17] □

[해설] [법17] 자료('고려 태조 왕건과 장화 왕후 오씨 부인의 만남') 참조.

주제 20 고려의 통치 체제 정비

1 고려 초기 집권 체제의 구축

- [고려 초기] 지방 세력으로 호족이 존재하였다. [지22] □
  - ㄴ ⓒ - 지방에 근거를 둔 세력으로 결혼 정책에 의하여 왕권에 포섭되었다. [경11②] □

[해설] 고려 초기[전기]에는 지방 세력으로 호족이 존재하였으며 그들의 영향력이 강하였다. 광종 대에 각종 개혁이 이루어진 것도 중앙 권력, 즉 왕권을 강화함으로써 지방 호족들의 힘을 약화시키기 위해서였다.

- [태조] 독자적 연호를 처음으로 사용하였다. [지15①] □

[해설] 고려에서 독자적 연호를 처음으로 사용한 국왕은 태조 왕건이다('천수')(918). 참고로 우리 역사에서는 고구려 광개토 대왕이 '영락'이라는 연호를 처음으로 사용하였다(391).

- [태조] 혼인 정책과 사성 정책을 통해 호족을 포섭하였다. [지19] □
  - ㄴ호족과의 혼인 정책을 적극적으로 추진하였다. [서19②] □
  - ㄴ귀순한 호족에게 성(姓)을 내려주어 포섭하였다(사성 정책). [서22①] □
  - ㄴ지방 호족들에게 성씨를 내려주기 시작하였다. [회17] □

[해설] 고려 태조는 귀순한 호족을 회유하기 위한 포섭 정책의 일환으로 혼인 정책과 사성(賜姓) 정책을 시행하였다.

- [태조] 발해군 세자 대광현과 수만 명이 고려에 귀화하였다. [법21] □
  - ㄴ발해의 유민들을 받아들였으며, 발해 세자 대광현을 왕족으로 대우하였다. [지12①] [회15] □
  - ㄴ발해의 유민을 대대적으로 포용하였다. [소18②] □

[해설] 고려 태조는 발해가 거란에 멸망하자 발해의 유민들을 받아들이고, 발해 세자 대광현(?~?)[발해의 마지막 왕 대인선의 아들]을 왕족으로 대우하였다.(934, 태조 17) 대광현은 태조로부터 '왕계'라는 성명을 받고 원보의 작위에 올랐다.

▌발해 세자 대광현의 투항 [경21①] □

세자 대광현이 수만 명을 이끌고 투항하였다. 왕이 대광현에게 성과 이름을 하사하고 그들을 후하게 대우하였다.

[해설] 발해의 세자 대광현(?~?)이 고려 태조에게 투항한 것은 태조 17년인 934년의 일이다.

- [태조] 기인 제도를 최초로 실시하여 호족들을 통제하였다. [서21] □

[해설] 기인 제도를 최초로 실시하여 호족들을 통제한 고려의 왕은 제1대 태조 왕건(재위 918-943)이다.

- [태조] 지방 호족을 견제하기 위해 사심관과 기인 제도를 도입하였다. [지16②] □
  - ㄴ호족을 견제하기 위해 사심관과 기인 제도를 마련하였다. [서15] □
  - ㄴ사심관과 기인 제도로써 호족 세력을 견제하였다. [법12] □
  - ㄴ사심관 제도와 기인 제도를 실시하였다. [서12] □

- 지방 호족을 견제하고 지방 통치를 보완하고자 하였다. [경12③]
- 지방 호족을 옹호하면서 향촌 자치를 위해 실시하였다[x]. [경12③]
- 지방 출신 고급 관리를 사심관으로 임명하여 향리를 견제하도록 한 한편, 상수리 제도를 실시하여 향리 자제를 개경에 강제로 이주시켜 지방 일의 자문에 응하게 했다[x]. [경18①]
- 기인·사심관제와 함께 과거제를 실시하였다. [지19]
- 문신 관료들을 등용하기 위해 실시하였다[x]. [경12③]
- 사심관 제도를 실시하였다. [회21]
- 사심관 제도(호족 견제책, 왕권 강화책) [서12]
- 사심관 제도 실시 [서11]
- 사심관 제도 [경21①]
- 기인 제도(호족 견제책, 왕권 강화책) [서12] [법24]
- 퇴직한 관료를 사심관으로 임명하여 출신 지역에 거주하게 하였다[x]. [지12②]
- [기인 제도] 지방 향리의 자제를 상수리로 임명하여 궁중의 잡역을 담당하게 하였다[x]. [지12②]
- 상수리 제도 [x] [서12]

[해설] 일종의 호족 견제책이자 왕권 강화책인 사심관 제도, 기인 제도를 실시한 왕은 태조 왕건(935, 태조 18)이나 과거제를 실시한 왕은 광종(재위 949-975)이다(958, 광종 9). 사심관 제도가 실시된 것은 태조 18년인 935년의 일이다. 사심관 제도는 지방에 연고가 있는 고관에게 자기의 고장을 다스리도록 임명한 특수 관직이다. / 기인(其人) 제도는 지방 호족의 자제를 중앙에 인질로 둔 제도로 사심관 제도와 마찬가지로 일종의 지방 세력 견제 제도이다(구체적 시행 연도 미상, 920년대~930년대로 추정). 고려 태조 왕건이 후삼국을 정복·통일해가는 과정에서 지방 호족 세력을 견제 또는 포섭하기 위해 취한 조처이다. 선발된 기인들은 고려 초기 중앙 관아의 이속으로 잡무를 수행하였으며, 그들 고향의 과거 응시자에 대한 신원 조사나 사심관을 뽑을 때 자문에 응하는 일을 맡았다. 참고로 기인 제도가 최종적으로 폐지된 것은 조선 광해군 원년인 1609년이다. / [경12③] 사심관 제도와 기인 제도는 지방 호족을 옹호하려는 목적에서 실시된 것이 아니다. 즉 '향촌 자치'와는 반대되는 제도이다. / [경12③] 문신 관료들을 등용하기 위해 실시한 것은 고려 광종의 과거제 도입과 관련이 있다. / [지12②] 퇴직한 관료가 사심관으로 임명된 것은 아니며, 출신 지역에 거주하지도 않았다. / [서12] 상수리 제도는 (고려가 아닌) 신라의 지방 세력 견제 정책[제도]이다(5세기 이전부터 실시 추정)(고려 시대에 그에 해당하는 것은 기인 제도).

- 기인 제도 – 녹읍 제도[x] [지18]

[해설] 기인 제도는 지방 호족의 자제를 중앙에 인질로 둔 고려의 호족 견제 제도이고, 녹읍 제도는 관료들에게 직무의 대가로 지급한 신라의 토지 제도이다(성격이 유사한 것끼리 옳게 짝지은 것을 묻는 문제로, 통일 신라의 경우 '상수리 제도'가 나와야 한다).

■ 사심관과 기인 제도 [법24] [경12③]

- 신라 왕 김부가 항복해 오니 그를 경주의 사심관으로 임명하여 부호장 이하의 관직 등에 관한 일을 맡게 하였다. 이에 여러 공신들 역시 이를 본받아 각각 자기 주의 사심관이 되게 하였다.

[해설] 신라의 마지막 왕인 경순왕 김부(재위 927-935, 제56대)가 고려에 귀부하여 경주의 사심관으로 임명된 것은 935년(태조 18)의 일이다(귀부한 것은 935년 11월, 정성공에 봉해지고 경주의 사심관으로 임명된 것은 935년 12월, 경주를 식읍으로 받음). 사심관이란 지방에 연고가 있는 중앙 고관에게 자기의 고장을 다스리도록, 정확하게는 감독하도록 임명한 특수 관직으로 고려가 지방 견제 정책의 일환으로 부여한 것이다.

- 태조 18년 신라왕 김부(경순왕)가 항복해 오니 신라국을 없애고 경주라 하였다. 김부로 하여금 경주의 사심이 되어 부호장 이하의 임명을 맡게 하였다. 이에 여러 공신이 이를 본받아 각기 자기 출신 지역의 사심이 되었다.

- 『고려사』 -

- 건국 초에 향리의 자제를 뽑아 서울에 볼모로 삼고, 또한 출신지의 일에 대하여 자문에 대비하게 하였다.

- 『고려사』 -

[해설] 위의 자료는 고려 태조 18년인 935년부터 시행된 사심관 제도를 가리킴을 알 수 있다(호족 통제책 중의 하나). 참고로 고려 초기에는 덕망이 높고 문벌이 좋은 사람을 사심관으로 삼았지만 후기에는 전직 품관들을 사심관에 임명하면서 '유향품관' 또는 '한량관'이라 하였다. 아래 자료는 일종의 인질 제도로, 기인 제도를 가리킴을 알 수 있다.

- [태조] 고구려의 옛 땅을 되찾기 위해 북진 정책을 추진하였다. [서13]☐
  └고려 초에는 북진 정책을 추진하였다. [경20②]☐
  └고구려의 수도였던 평양을 서경이라 하였다. [경21①]☐
  └청천강에서 영흥에 이르는 국경선을 확보하였다. [법13]☐
  └적극적인 북진 정책의 결과로 북쪽 국경선이 대동강을 넘어 청천강 선으로, 동북으로는 원산만에서 영흥(永興)까지 확대되었다. [경18①]☐
  └북진 정책 [법24]☐

[해설] 고구려 옛 땅을 되찾기 위해 북진 정책을 추진한 왕은 고려 태조이다. 고구려의 수도였던 평양을 북진 정책의 전진 기지로 삼아 서경(西京)이라 하고, 분사(分司) 제도까지 마련하였다[각 921(태조 4)/922(태조 5)]. 분사 제도란 중앙 행정 부서의 분소를 설치하는 것을 말한다(921년에 기록상 '서경'이라는 명칭이 처음 보임). / 적극적인 북진 정책의 결과로 태조의 재위 말경 북쪽 국경선이 대동강을 넘어 청천강 선으로, 동북으로는 영흥(永興)까지 확대되었다(청천강~영흥만).

- [태조] 정계, 계백료서 등을 지어 관리가 지켜야 할 규범을 제시하였다. [서13]☐
  └『정계』와 『계백료서』를 지어 관리가 지켜야 할 규범을 제시하였다. [회23] [경15③]☐
  └정계와 계백료서를 지어 관리가 지켜야 할 규범을 제시하였다. [경15②]☐
  └정계와 계백료서를 지어 관리의 규범을 제시하였다. [소19①]☐
  └정계와 계백료서를 편찬하였다. [법12]☐

[해설] 『정계(政誡)』(1권)와 『계백료서(誡百寮書)』(8편)를 지어 관리가 지켜야할 규범을 마련한 왕은 고려 태조(재위 918-943)이다(936, 태조 19).

- [태조] 훈요 10조를 남겼다. [법17]☐
  └후대의 왕들에게 훈요 10조를 남겼다. [소18②]☐
  └ⓒ - '훈요 10조'를 유훈으로 남겼다. [경21②]☐
  └태조는 훈요 십조에서 전국에 비보사찰을 제한없이 늘려 불국토를 이루도록 당부하였다[✗]. [서19①]☐
  └태조 왕건은 불교를 지원하였다. [경20②]☐

[해설] 고려 태조 왕건은 재위 26년인 943년에 「훈요 십조[훈요 10조]」를 지어 세자[혜종]의 후견인이자 개국 공신인 박술희(?~945)에게 전하였다['신서 십조' 또는 '십훈'이라고도 하며, 신서(信書)와 총 10개 조의 본문으로 구성]. / 태조는 훈요 십조 중 1조에서 국가의 대업이 제불(諸佛)의 호위와 지덕에 힘입었으니 불교를 잘 위할 것을 당부하였다. 또 2조에서는 비보사찰*을 정해놓은 이외의 땅에 함부로 세우면 안 된다는 당부를 하였다. 즉 신라 말에 사탑을 다투어 세워 지덕이 손상된 탓에 나라가 망한 것이니 경계해야 한다고 보았다.

*비보사찰(裨補寺刹): 불교의 밀교사상과 도참사상에 따라 전국 산천지세 중 역처(逆處)나 배처(背處)에 인위적으로 사탑을 건립해서 지기(地氣)를 보완하기 위해 세운 절이다. 요컨대 국가·왕실의 흥망성쇠 및 인간의 길흉화복을 바로잡기 위해 세운 사찰이다.

- [훈요 10조] (가)를 발표할 당시 과거 제도를 실시하였다[✗]. [법18]☐
  └(가)를 발표할 당시 양현고를 설치하였다[✗]. [법18]☐

[해설] 주어진 (가)는 훈요 10조[훈요 십조] 중 제5조를 가리킴(943, 태조 26). 과거 제도를 실시한 왕은 (태조가 아니라) 광종이다(958, 광종 9). / 관학을 진흥하기 위하여 장학 재단인 양현고를 설치한 왕은 예종이다(1119, 예종 14).

- [훈요 10조] 궁궐을 지을 때에는 도선의 풍수 사상에 맞게 지을 것. [X] [회16] □
  - 왕위는 장자 상속을 원칙으로 하되, 장자가 현명하지 못할 때에는 신하들의 추대를 받은 다른 아들이 이을 것.
    [회16] □ (제3조)
  - 간쟁을 따르고 참언을 멀리하여 신민의 지지를 얻을 것. [회16] □ (제7조)
  - 농민의 요역과 세금을 가볍게 하여 민심을 얻고 부국안민을 이룰 것. [회16] □ (제7조)
  - 경사(經史)를 널리 읽어 옛날을 거울삼아 오늘을 경계할 것. [회16] □ (제10조)

[해설] 훈요 10조에 '궁궐'을 짓는 것과 관련된 내용은 없다. 단, 사원과 관련하여 2조에 '이미 개창한 사원들을 쟁탈하는 일이 없게 하라'는 것과 '이미 개창한 사원들은 도선의 풍수지리에 따라 세운 것이므로, 정해놓은 이외의 땅에 함부로 또 사찰을 짓지 말라'고 당부하는 내용이 있다. / '왕위는 장자 상속을 원칙으로 하되, 장자가 현명하지 못할 때에는 신하들의 추대를 받은 다른 아들이 이을 것'은 3조의 내용이다. / '간쟁을 따르고 참언을 멀리하여 신민의 지지를 얻을 것'은 7조의 내용이다. / '농민의 요역과 세금을 가볍게 하여 민심을 얻고 부국안민을 이룰 것' 역시 7조의 내용이다 (앞의 뒷부분). / '경사(經史)를 널리 읽어 옛날을 거울삼아 오늘을 경계할 것'은 10조의 내용이다. /

■ 훈요 10조(태조 왕건) [지19] [서22①] [법23] [법18] [법17] [소19①] □

- 임금이 대광 박술희에 말하였다. "짐은 미천한 가문에서 일어나 그릇되게 사람들의 추대를 받아 몸과 마음을 다하여 노력한 지 19년 만에 삼한을 통일하였다. 외람되게 25년 동안 왕위에 있었으니 몸은 이미 늙었으나 후손들이 사사로운 정에 치우치고 욕심을 함부로 부려 나라의 기강을 어지럽힐까 크게 걱정된다. 이에 훈요를 지어 후세에 전하니 바라건대 아침저녁으로 살펴 길이 귀감으로 삼기 바란다."

[해설] 주어진 자료 속 임금은 고려의 태조 왕건(재위 918-943, 제1대)을 가리킨다. 훈요 10조[훈요 10조]를 남긴 것은 재위 26년인 943년의 일이다. (『고려사』권2 세가 권제2 태조 26년(943) 4월 '왕이 훈요 10조를 내리다.')

- 제1조 우리나라의 대업은 부처께서 지켜 주는 힘에 의지한 것이니, 후세에 간신들이 정권을 잡아, 승려들의 청에 따라 각자 맡은 사원을 다투어 서로 빼앗지 못하게 하라.

  제2조 모든 사원은 도선이 세울 곳을 정해 개창하였으니 함부로 더 짓지 마라.

  제6조 연등회와 팔관회를 가감하지 말고 시행하라.

  제7조 신하의 의견을 존중하고 백성의 부역과 세금을 경감하라.

  - 『고려사』-

[해설] 주어진 자료(유훈)는 고려 태조 왕건이 재위 26년인 943년에 남긴 훈요 10조이다.

- · 불교의 힘으로 나라를 세웠으므로 사찰을 서로 빼앗지 말 것. (제1조)
  - 사찰을 지을 때에는 도선의 풍수사상에 맞게 지을 것. (제2조)
  - 연등회와 팔관회를 성실하게 지킬 것. (제6조)
  - 농민의 요역과 세금을 가볍게 하여 민심을 얻고 부국안민을 이룰 것. (제7조)

[해설] <보기>는 고려 태조 왕건이 후왕들에게 남긴 훈요 10조이다(943, 태조 26).

- 우리 동방은 옛날부터 중국의 풍속을 흠모하여 문물과 예악이 모두 그 제도를 따랐으나, 지역이 다르고 인성도 각기 다르므로 꼭 같게 할 필요는 없다. 거란은 짐승과 같은 나라로 풍속이 같지 않고 말도 다르니 의관 제도를 삼가 본받지 말라. (제4조)

  - 『고려사』에서 -

[해설] 고려 태조 왕건이 남긴 훈요 10조 중 한 조항이다(제4조).

- 5조 - 나는 삼한 산천 신령의 도움을 받아 왕업을 이루었다. 서경은 수덕이 순조로워 우리나라 지맥의 근본이 되니 만대 왕업의 땅이다. 1년에 100일 이상 머물러 왕실의 안녕을 이루어야 할 것이다.

  - 고려사 -

[해설] 훈요 10조 중 5조이다.
- 연등은 부처를 섬기는 것이고, (가)은/는 하늘의 신령과 5악, 명산, 대천, 용신을 섬기는 것이다. 후세에 간신이 가감을 건의하는 자가 있으면, 마땅히 이를 금지시키도록 하라. (제6조)   - 훈요 10조 -

[해설] 훈요 10조 중 6조의 내용으로 '(가)'는 팔관(회)를 가리킨다. '가감(加減)'은 더하거나 뺀다는 뜻이다.

- [혜종] 왕규의 난이 일어났다.* [경21①] □

[해설] 왕규의 난이 일어난 것은 고려 혜종 2년인 945년의 일이다(945.9). 왕실의 외척 왕규(?~945)가 자신의 외손자인 광주원군을 왕위에 등극시키기 위하여 일으킨 반란이다. 왕요(이후 정종)와 결탁한 왕식렴(?~949)의 서경 군사력이 개입하여 진압하였다.

- [정종] 서경 천도를 추진하였다.* [국15] [서21] [소21] □

[해설] 개경의 개국 공신 세력을 약화시키기 위해 서경으로 천도하고자 한 왕은 정종(재위 945-949, 제3대)으로, 서경[평양]에 성을 쌓게 했지만 정종이 죽으면서 무산되었다(947, 정종 2).

- [정종] 광군 30만을 조직하여 거란의 침략에 대비하였다. [지19] □
└거란의 침입에 대비하기 위하여 광군 30만을 조직했다. [서22②] □
└광군을 조직하여 거란의 침략에 대비하였다. [경21①] □
└[광군] 거란의 침입에 대비하기 위한 조직으로 편성되었다. [국14] □
└이 국가의 침략에 대비하여 광군을 설치하였다. [서18②] □
└30만 명의 광군이 조직되었다. [회15] □
└광군사를 설치하여 거란의 침입에 대비하였다. [법14] □
└정종 2년에 설치되었다. [지20] □
└최광윤의 보고에 따라 거란 침입에 대비하여 광군 조직* [경13①] □
└(라) - 광군 설치 [서24①] □
└광군 [서22①] □

[해설] 거란의 침입에 대비하기 위해 고려 정종은 광군[광군 30만]을 조직하였다(947, 정종 2). 광군은 지방 호족의 지휘 아래에 있었던 일종의 농민 예비군으로 약 30만 명 규모였다(같은 시기 광군사*가 조직되어 통할). 광군은 고려에서 조직된 최초의 전국적인 군사 조직으로 외적[거란]과 직접 전투를 벌인 적은 없다. / [경13①] 문신 최광윤(?~?)은 후진에 빈공진사로 갔다가 거란의 포로가 되었다. 그곳에서 벼슬살이를 하다가 거란이 고려를 침입하려 한다는 사실을 편지로 알려 고려에서 광군을 창설하는 계기가 되었다(광군 창설 외 청천강 이북 지대에 성을 쌓아 대비). 최언위(868~944)의 아들이다.

*지방 농민으로 조직된 광군을 통할하기 위해 광군사가 조직되었다. 광군은 처음에 지방 실권자인 호족이 지휘권을 행사하고 광군사는 이들 호족을 통하여 광군을 통할하였으나, 이후 광군이 주현군[지방군]으로 편입되면서 광군사가 직접 관장하기 시작하였다.

고려 광종 [서15] [법13] [법12] □

- 왕의 이름은 소(昭)다. 치세 초반에는 신하에게 예를 갖추어 대우하고 송사를 처리하는 데 현명하였다. 빈민을 구휼하고, 유학을 중히 여기며, 노비를 조사하여 풀어주었다. 밤낮으로 부지런하여 거의 태평의 정치를 이루었다. 중반 이후로는 신하를 많이 죽이고, 불법(佛法)을 지나치게 좋아하며 절도가 없이 사치스러웠다.
                                                                                          -『고려사절요』-

[해설] '노비를 조사하여 풀어 주었다'는 내용과 치세 초반에는 밤낮으로 부지런하여 태평의 정치를 이루었지만, 중반 이후에는 절도가 없이 사치스러웠다는 내용을 통해 고려 광종(재위 949-975, 제4대)을 가리킴을 알 수 있다. 광종은 재위 초반에는 과거 제도를 실시하여 신진 인사를 등용하였으며 백관의 공복을 제정하는 등 개혁 정치를 실시해 고려 왕조의 기반을 닦았다.

- 왕의 이름은 소(昭)다. 치세 초반에는 신하에게 예를 갖추어 대우하고 송사를 처리하는 데 현명하였다. [중략] 밤낮으로 부지런하여 거의 태평의 정치를 이루었다. 중반 이후로는 신하를 많이 죽이고, 불법(佛法)을 지나치게 좋아하며 절도가 없이 사치스러웠다.

[해설] 위 자료와 같은 출처의 자료이다(『고려사절요』). 최승로(927~989)의 「오조[5조]정적평」[오조치적평(五祖治績評)] 중 광종에 대한 평가 부분(일부)이다(상서문에서 시무 28조와 함께 제시).

- 태조가 죽은 후 기반이 약했던 혜종이 왕위에 오르자 외척 세력 사이에 왕위 다툼이 벌어졌다. 왕권의 안정은 광종이 즉위한 이후 이루어졌다. 광종은 26년 동안 왕위에 있으면서 왕권 강화를 위해 여러 정책을 추진하였다.

[해설] 광종의 왕권 강화 정책을 묻는 문제의 자료로 제시되었다.

- 검색 요약: 공신과 호족에 대한 숙청을 단행했고, 노비안검법을 실시하여 호족의 경제적, 군사적 기반을 약화시키고 국가의 수입 기반을 확대하였다. 백관의 공복(公服)을 제정했으며, 동북계·서북계에 많은 성을 쌓는 등 치적이 많다.

별칭: 자는 일화(日華), 휘는 소(昭), 시호는 대성(大成)
활동 분야: 정치
업적: ▓▓▓▓▓▓▓(가)▓▓▓▓▓▓▓

[해설] 주어진 자료가 가리키는 인물은 고려의 제4대 왕인 광종(재위 949-975)이다.

- [광종] 왕권을 강화하기 위해 과거 제도를 시행하고 독자적인 연호를 사용하였다. [지16②] □

[해설] 왕권을 강화하기 위해 새로운 관리 선발 방법인 과거 제도를 실시하였으며(958, 광종 9) 광덕, 준풍 등의 독자적인 연호를 사용하고 황제를 칭한 왕은 광종(재위 949-975), 제4대)이다(960, 광종 11).

- 광종은 황제라 칭하였고, 개경을 황도(皇都)라 불렀으며, 독자적 연호를 사용하였다. [지12①] □
  └ 광종은 스스로 황제라 칭하였고, 개경을 황도(皇都)라 불렀으며, 독자적 연호를 사용하였다. [회15] □
  └ 황제를 칭하고 독자적인 연호를 사용하였다. [법13] □
  └ 황제를 칭하며 독자적인 연호를 사용하였다. [기18] □
  └ 황제로 자칭하고 독자 연호를 사용 [회14] □

[해설] 고려 광종은 국왕의 권위를 높이기 위해 스스로 황제라 칭하고 광덕, 준풍 등의 독자적인 연호를 사용하였으며, 개경을 황도(皇都), 서경을 서도(西都)로 불렀다(960, 광종 11). / '광덕(光德)'은 고려 광종 즉위년(949)에 사용된 연호이다. 이어 광종 11년(960)에는 '준풍(峻豊)'이라는 연호를 새로 사용하였다.

- [광종] 개경을 황도로 칭하였다. [법20] □

[해설] 개경을 황도(皇都), 서경을 서도(西都)로 칭한 것은 고려 광종 11년인 960년의 일이다.

▌광종의 칭제건원 [지20] [법14] □

- O 광덕, 준풍 등의 연호를 사용하였다.
  O 개경을 고쳐 황도라 하고 서경을 서도라고 하였다.

[해설] 위의 두 정책 모두 고려 광종 대의 일이다. 광덕이라는 연호를 사용한 것은 광종 즉위년(949)의 일이고, 준풍이라는 연호를 사용한 것은 광종 11년(960)의 일이다. 개경을 황도(皇都)라 하고 서경을 서도(西都)라 칭한 것 역시 광종 11년의 일이다.

- 왕은 여러 가지 과감한 조치를 통하여 왕권을 강화시켰다. 혁신 정치를 대체적으로 일단락 지은 즉위 11년에 칭제건원하고, 개경을 황도, 서경을 서도라 칭한 것은 그와 같은 기반 위에서 취한 자부심의 한 표현이라 볼 수 있다.

[해설] 주어진 자료 속 밑줄 친 '왕'은 광종을 가리킨다.

- [광종] 광덕, 준풍 등의 연호를 사용하였다. [서21] [회24] □
  - 광덕, 준풍이라는 연호를 사용하였다. [법22] □
  - 광덕, 준풍 등의 독자적인 연호를 사용하였다. [서13] [경21②] □
  - 광덕, 준풍 등 독자적인 연호를 사용하였다. [회13] [소18②] □
  - 광덕, 준풍 [경21①] □

[해설] 광종은 광덕, 준풍 등의 연호를 사용하였다[각 949(광종 즉위년)/960(광종 11)].
*광종 즉위년(949)부터 광종 4년(953)까지는 '광덕'이라는 연호를 사용하였고, 이후 중국 후주의 연호를 사용하였다. 그러다가 광종 11년인 960년부터 다시 '준풍'이라는 독자적인 연호를 사용하였다. 그러나 광종 14년인 963년에 중국 송과 국교를 연 후에는 송의 연호를 다시 사용하면서 자국의 연호[준풍]를 폐지하였다.

- [광종] 개국 공신들을 숙청하고 왕권을 강화하였다. [회20] □

[해설] 광종은 재위 11년인 960년부터 호족 세력에 대한 무자비한 숙청을 시작하였다. 옥이 가득 차 임시 감옥을 두었으며 죄 없이 죽은 사람이 많았다고 한다.

- [광종] 노비안검법을 제정하였다. [지22] □
  - 노비안검법을 시행하였다. [지20] □
  - 노비안검법이 시행되었다. [법23] □
  - 노비안검법을 실시하였다. [법12] □
  - 노비안검법을 실시하여 억울하게 노비가 된 자를 해방하였다. [서20] □
  - 노비안검법을 시행하여 호족의 세력을 약화시켰다. [경15②] □
  - 『노비안검법』을 실시하여 호족 세력을 약화시켰다. [지24] □
  - 노비안검법을 실시하여 호족의 경제력을 약화시켰다. [서19②] [소19①] □
  - 노비안검법을 실시하여 호족의 세력을 약화시키고 국가 수입 기반을 확대하였다. [경13①] □
  - 호족 세력을 약화시키기 위해 노비안검법을 실시하였다. [경19②] □
  - 노비의 신분을 조사해 본래 양인인 사람들을 환속시켰다. [서19①] □
  - 노비안검법 시행을 환영하는 농민 [소20] □
  - 노비안검법 시행 [회18] □
  - 노비안검법 실시 [서24①] [서11] [회14] □
  - 노비안검법(호족 견제책, 왕권 강화책) [서12] [경11②] □

[해설] 광종은 재위 7년인 956년에 노비안검법을 제정[시행]하여 본래 양인인 사람들을 환속시킴으로써 호족들의 군사력과 경제력을 약화시켰다[광종(재위 949-975), 제4대)].

▎노비안검법 시행 [서21] [법24] [법20] [기18] □

- 왕이 명령하여 노비를 안검하고 시비를 살펴 분별하게 하였다. (이 때문에) 종이 그 주인을 배반하는 자가 헤아릴 수 없을 정도였다. 이 때문에 윗사람을 능멸하는 기풍이 크게 행해지니, 사람들이 모두 원망하였다. 왕비가 간절히 말렸는데도 듣지 않았다.

[해설] 밑줄 친 '왕'은 노비안검법을 시행한 고려의 제4대 왕인 광종임을 알 수 있다(956, 광종 7)(『고려사』 권88 열전 권제1 후비 광종 '후비 대목 왕

후 황보씨').

- 왕이 명령하여 노비를 안검하여 시비를 살펴 분별하게 하였다. 이 때문에 윗사람을 능멸하는 기풍이 크게 행해지니, 사람들이 모두 원망하였다. 왕비가 간절히 말렸는데도 듣지 않았다.

[해설] 위와 같은 내용의 자료이다.

- 노비를 상세히 조사하고 살펴서 옳고 그름을 따져 밝혀내도록 명하였다. 주인을 배반하는 노비들이 이루 다 셀 수가 없을 정도였다. 이로 말미암아 상전을 능멸하는 풍조가 크게 일어나 사람들이 모두 탄식하고 원망하므로 왕비가 간절하게 간언하였으나, 왕이 받아들이지 않았다.

[해설] 위와 같은 내용의 자료이다.

- (가) 7년(956)에 노비를 조사해서 옳고 그름을 분명히 밝히도록 명령하였다. 이 때문에 주인을 배반하는 노비들을 도저히 억누를 수 없었으므로, 주인을 업신여기는 풍속이 크게 유행하였다. - 고려사 -

[해설] 주어진 자료의 내용상 '(가)'에는 광종이 들어가야 함을 알 수 있다.

- [노비안검법, 과거제] 지방 호족 세력의 약화 [법11] □
  └과거 제도를 도입하여 신구 세력의 교체를 도모하였다. [회23] □
  └과거의 폐단 [소22] □

[해설] 지방 호족 세력이 강하였던 것은 고려 초기까지의 일이다. 이에 광종이 그들의 힘을 약화시키고자 하는 목적에서 노비안검법(956, 광종 7)과 과거제(958, 광종 9)를 실시하였다. / [소22]는 자료를 활용한 탐구 주제 중 하나로 제시됨.

- [광종] 과거 제도를 시행하고, 광덕·준풍 등 독자적인 연호를 사용하는 등 왕권이 강화되었다. [경15①] □
  └과거 제도가 마련되고, 광덕·준풍 등의 연호가 사용되면서 왕권이 한층 안정되었다. [기13] □

[해설] 과거 제도를 시행하고(958, 광종 9), 광덕·준풍 등 독자적인 연호를 사용하는 등[각 949(광종 즉위년)/960(광종 11)] 왕권을 강화시킨 인물은 고려의 광종이다(광덕 및 준풍 등 연호 관련 선지 해설 참조). / [기13] 이 시기는 시정 전시과(976, 경종 원년) 실시 전의 시기이다(해당 문제의 질문과 관련, 시기를 묻는 문제).

- [광종] 중국에서 귀화한 쌍기의 건의를 받아들여 과거제를 시행하였다. [소19①] □
  └중국에서 귀화한 쌍기의 건의에 따라 과거(科擧) 제도를 시행하였다. [서22①] □
  └쌍기의 건의로 과거제를 실시하였다. [서15] □
  └쌍기의 건의를 받아들여 과거 제도를 도입하였다. [법14] □
  └쌍기의 건의를 수용하여 과거제를 시행하였다. [회20] □
  └쌍기의 과거 시행 건의를 듣는 왕 [법16] □
  └공신 자제의 우선 등용을 막기 위해 과거제를 실시하였다. [경19②] □
  └광종은 과거제를 실시하였으나, 승과는 두지 않았다[x]. [경15①] □
  └과거제를 실시하여 관리를 선발하였다. [회17] □
  └과거제가 처음으로 도입되었다. [기19] □
  └과거제를 시행하였다. [법20] □
  └과거제를 실시하였다. [소21] □
  └과거제를 도입하였다. [법16] □
  └과거 제도를 도입하였다. [법17] □

└(다) - 과거제 도입 [서24①] ☐

└과거제의 시행 [서11] ☐

└과거제 실시 [회14] ☐

[해설] 중국 후주(951-960)(중국 5대 최후의 왕조)에서 귀화한 쌍기(?~?)의 건의에 따라 (유교 경전 및 문예를 시험하여 과거를 선발하는) 과거(科擧) 제도를 시행한 것은 광종 9년인 958년의 일이다(중국 후주의 개혁을 추진했던 쌍기를 영입하여 단행). / 광종이 시행한 과거제에서는 문과, 잡과, 승과, 무과를 두었다. 단 무과는 고려의 마지막 왕인 공양왕 대 처음 시행되어 사실상 고려 시대에는 시행되지 않았다고 봐야 한다.

■ 과거제 시행 [지22] [서13] [기15] ☐

- 고려는 왕권을 강화할 목적으로 958년에 처음으로 과거를 실시하고 관리를 등용하였다.

[해설] 고려 광종 9년인 958년에 시행된 과거제에 대한 설명이다.

- "왕이 쌍기를 등용한 것을 옛 글대로 현인을 발탁함에 제한을 두지 않은 것이라 평가할 수 있을까. 쌍기가 인품이 있었다면 왕이 참소를 믿어 형벌을 남발하는 것을 왜 막지 못했는가. 과거를 설치하여 선비를 뽑은 일은 왕이 본래 문(文)을 써서 풍속을 변화시킬 뜻이 있는 것을 쌍기가 받들어 이루었으니 도움이 없다고는 할 수 없다."

[해설] '쌍기(?~?)를 등용', '과거를 설치하여 선비를 뽑은 일'은 고려 광종(재위 949-975, 제4대)의 대표 업적 중 하나이다.

- ○ 평농서사 권신(權信)이 대상(大相) 준홍(俊弘)과 좌승(佐丞) 왕동(王同) 등이 반역을 꾀한다고 참소하자 왕이 이들을 내쫓았다.

  ○ 왕이 쌍기의 건의를 받아 처음으로 과거를 실시하였다. 시(詩)·부(賦)·송(頌) 및 시무책을 시험하여 진사를 뽑았으며, 더불어 명경업·의업·복업 등도 뽑았다.

[해설] 위의 자료는 고려 광종 11년인 960년에 광종이 (공신과) 호족 세력에 대한 무자비한 숙청을 가한 사실과 관련된 자료이다. 아래 자료는 쌍기(?~?)의 건의로 과거가 처음으로 실시된 것을 가리킨다(958, 광종 9). 이를 통해 주어진 두 자료에서 밑줄 친 '왕'은 고려의 제4대 국왕인 광종(재위 949-975)을 가리킴을 알 수 있다.

- [광종] 호족과 결탁하여 문신 귀족 탄압 [×] [회14] ☐

[해설] 고려 광종이 노비안검법과 과거제 등을 시행한 것은 호족의 세력 기반을 약화시키기 위해서였다[각 956(광종 7) / 958(광종 9)].

- [광종] 유교의 학식과 능력에 따른 관리 선발 제도인 과거제를 실시하였고, 백관의 공복을 제정하였다. [경13①] ☐

[해설] 유교의 학식과 능력에 따른 관리 선발 제도인 과거제를 실시한 것은 광종 9년인 958년의 일이고, 백관의 공복을 제정한 것은 광종 11년인 960년의 일이다.

- [광종] 관료 제도를 안정시키기 위해 공복(公服)을 등급에 따라 제정하였다. [서22①] ☐

└백관의 공복(公服)을 제정하면서 관등에 따라 복색을 자색, 비색, 청색, 황색으로 나누었다[×]. [경17②] ☐

└관리의 등급에 따라 자색, 단색, 비색, 녹색으로 공복을 구분하였다. [경19②] ☐

└자색(紫色), 단색(丹色), 비색(緋色), 녹색(綠色)으로 백관의 공복을 제정하였다. [경18①] ☐

└지배층의 위계질서를 확립하기 위하여 백관의 공복을 제정하였다. [경15③] ☐

└관리의 공복을 제정하였다. [기18] ☐

└백관의 공복 제정 [서11] ☐

[해설] 관료 제도를 안정시키기 위해 (백관의) 공복(公服)을 등급에 따라 제정한 것은 광종 11년인 960년의 일이다. 자색, 단색, 비색, 녹색의 4색으로 구분하였다. 자색은 자주색으로 짙은 남빛을 띤 붉은색이다. 또 단색은 짙고 선명한 붉은색이며, 비색은 고려청자와 빛깔과 같은 푸른색이다.

- [광종] 대상(大相) 준홍(俊弘), 좌승(佐丞) 왕동(王同)을 모역죄로 숙청하였다.* [경17②] ☐

[해설] 광종 재위 11년인 960년에 평농서사 권신(權信)(?~?)이 대상 준홍(俊弘)과 좌승 왕동(王同)이 역모를 꾸민다고 참소하였는데, 광종이 받아들여 이들을 즉시 귀향 보냈다(권신의 참소 사건). 이 일이 있은 뒤 종이 상전을 무고하고 자식이 아비를 참소하는 등 무고와 참소가 성행하여 감옥이 부족하므로 전옥서 외에 따로 가옥을 설치하여 죄수를 수용하였다 한다. 광종이 참소를 믿으며 시기가 심하여, 형벌을 함부로 하고 옥사가 자주 일어났음을 보여주는 사건 중 하나이다.

- 광종은 처음으로 중요 거점 지역에 상주하는 지방관을 파견하였다[x]. [지12②]
  └ 전국의 주요 지역에 12목을 설치하고 목사를 파견하였으며, 과거 제도를 시행하여 신구 세력의 교체를 도모하였다[x].
  [경15③]

[해설] 중요 거점 지역(12목)에 상주하는 지방관[목사, 외관]을 처음으로 파견한 왕은 성종이다(983, 성종 2).

- [참고] [광종] 주현공부법을 시행하였다. [기18]
[해설] 주현공부법(州縣貢賦法)은 광종 즉위년인 949년에 시행된 조세 제도로 재정 수입을 확대하기 위하여 주·현 단위로 공물(과 부역)의 액수를 부과하여 징수하도록 한 법령이다[현종이 시행한 과거 관련 주현공거법(州縣貢擧法)과 구별(주의)]. 일정한 양의 특산물을 바치도록 하였다.

- [광종] 송과 외교 관계를 맺고 이후 송의 연호를 사용하였다*. [기18]
[해설] 광종은 재위 14년인 963년에 중국의 송과 외교 관계를 맺고 송의 연호[건덕(乾德)]를 사용하였다(~968)(당시 사용하던 자국 연호인 '준풍' 폐지). 이러한 조치는 거란을 견제하려는 목적도 있었다.

▌최승로의 「오조정적평」 (광종) [서12] [경17②]

- 선왕은 정종의 유명(遺命)을 받고 아우로서 왕위를 계승한 후 예로써 아랫사람을 접하며 밝은 관찰력으로 사람을 잘 알아보았습니다. 종친과 귀족이라 해서 사정을 두지 않고 항상 호족과 공신 세력을 억제하였으며 소원하고 미천한 사람이라 해서 버리지 않고 의탁할 데 없는 백성들에게 혜택을 베풀었습니다. 그가 즉위한 해로부터 8년간 정치와 교화가 청백 공평하였고 형벌과 표창을 남용하지 않았습니다. 그러나 쌍기(雙冀)를 등용한 후로부터 문사를 존중하고 대우하는 것이 지나치게 풍후하였습니다.

[해설] 주어진 자료(상서문)는 고려의 제4대 왕은 광종(재위 949-975)에 대한 평가이다. 최승로(927~989)의 상서문 중 「오조[5조]정적평」[오조치적평(五祖治績評)]에 나오는 광종에 대한 평가 부분(일부)이다(상서문에서 시무 28조와 함께 제시)(982, 성종 원년)(『고려사』 열전 권 제6).

- 말년에 무고한 사람을 많이 죽이니 우둔한 신의 생각으로는 만약 광종(光宗)이 항상 공검절약(恭儉節約)을 생각하고 정사를 처음같이 부지런히 하였다면 어찌 그 녹과 수명이 길지 못하여 겨우 향년 50에 그쳤겠습니까?

[해설] 고려 광종(재위 949-975)의 말년 통치가 바르지 못하였음을 비판한 것으로 위와 동일한 자료이다(위 자료 아랫부분).

- 신의 어리석은 생각으로 만약 왕이 처음과 같이 늘 공손하고 아끼며 정사를 부지런히 하였다면, 어찌 타고난 수명이 길지 않고 겨우 50으로 그쳤겠습니까. 마침내 잘하지 못했음은 진실로 안타까운 일이 아닐 수 없습니다. 더욱이 경신년부터 을해년까지 16년간은 간사하고 흉악한 자가 다투어 나아가고 참소가 크게 일어나 군사는 용납되지 못하고 소인은 뜻을 얻었습니다. 마침내 아들이 부모를 거역하고, 노비가 주인을 고발하고, 상하가 마음이 다르고, 군신이 서로 갈렸습니다. 옛 신하와 장수들은 잇달아 죽음을 당하였고, 가까운 친척이 다 멸망을 하였습니다.
- 『고려사』 -

[해설] 밑줄 친 '왕'은 고려의 제4대 왕은 광종(재위 949-975)을 가리킨다. 위와 동일한 자료이다(위 자료 아랫부분, 윗문장 겹침).

- [최승로] 성종에게 유교 정치를 확립할 것을 건의하였다. [기17]
[해설] (고려) 성종의 명에 따라 올린 상서문을 통해 유교 정치를 확립할 것을 건의한 인물은 문정공 최승로(927~989)이다. 시무 28조를 성종 원년인 982년에 건의하였다(982.6).

■ 고려 성종의 통치 [회18] [경15②]

- 이 왕의 할아버지가 태조(太祖)이고, 아버지는 대종(戴宗) 욱(旭)이다. 981년에 왕위에 올랐으며, 재위 기간 동안에 최승로가 올린 시무(時務) 28조를 바탕으로 정치·사회·문화 전반에 걸친 개혁을 통해 중앙집권적 국가 체제의 기틀을 마련하였다.

[해설] 밑줄 친 '이 왕'의 할아버지가 태조이고, 981년에 왕위에 올랐다는 점, 재위 때 최승로가 올린 시무 28조를 바탕으로 정치·사회·문화 전반에 걸친 개혁을 추진하였다는 점 등을 통해 밑줄 친 '이 왕'은 고려의 제6대 왕인 성종(재위 981-997)을 가리킴을 알 수 있다. 참고로 대종 욱(?~969)은 태조 왕건의 일곱 번째 아들이다(시호 '예성선경대왕').

- 최승로는 시무 28조를 올려 유교의 진흥과 과도한 재정 낭비를 가져오는 불교 행사의 억제를 요구하고, 태조로부터 경종에 이른 5대 왕의 치적에 대한 잘잘못을 평가하여 교훈을 삼도록 하였다. (가)은/는 최승로의 건의를 수용하여 통치 체제를 정비하였다.

[해설] '최승로'와 '시무 28조'라는 내용을 통해 밑줄 친 '(가)'는 고려의 성종임을 알 수 있다.

■ 최승로의 상서문 [회23]

우리 태조께서 개국한 이래로 신이 알게 된 것은 모두 신이 마음에 새기고 있습니다. 이제 태조로부터 경종에 이르기까지 다섯 왕의 정치와 교화에서 본받을 만하거나 경계로 삼을 만한 잘잘못을 기록하고, 시무책을 조목별로 나누어 국왕께 올립니다.

[해설] 고려 성종 원년인 982년에 성종이 '중앙관 5품 이상은 모두 봉사(封事)를 올려 현재 정치의 옳고 그름에 대해 논하라'는 명을 내리자 당시 정광 행선관어사 상주국(正匡行選官御事上柱國)의 관직으로 인사권을 담당한 중견 관리였던 최승로(927~989)가 태조 이래 경종까지 고려 왕의 정치를 평가한 「오조(5조)정적평」[오조치적평(五祖治績評)]과 「시무 28조(시무이십팔조)」로 구성된 상서문을 올렸다[성종(재위 981-997), 제6대].

- [성종] 시무 28조를 수용하여 유교 정치를 구현하였다. [국17①]
  └불교의 폐단을 막기 위해 시무 28조를 수용하였다. [경19②]
  └성종 대에 최승로는 시무 28조를 건의하는 등 유교 정치 이념의 토대를 닦았다. [서16]
  └[최승로] 유교 사상을 치국의 근본으로 삼아 시무 28조의 개혁안을 올렸다. [지15②]
  └최승로는 시무 28조 개혁안을 올려 유교를 치국의 근본으로 삼을 것을 주장하였다. [지12①]
  └최승로가 올린 시무 10조의 건의를 수용하여 통치 체제를 정비하였다[X]. [경14①]
  └최승로가 시무 28조의 개혁안을 제시하였다. [법22]
  └최승로가 시무 28조를 제시하였다. [법23]
  └[시무 28조] 유교적 정치 질서를 완성하고자 하였다. [경12③]

[해설] 최승로(927~989)의 시무 28조를 수용한 왕은 성종(재위 981-997, 제6대)이다(982, 성종 원년)[성종(재위 981-997), 제6대]. / [경14①] ('시무 10조'가 아니라) '시무 28조'이다.

- (나)가 (가)보다 먼저 발표되었다[X]. [법18]

[해설] 해당 문제에서 주어진 (가)는 훈요 10조[훈요 십조] 중 제5조를 가리키고(943, 태조 26), (나)는 시무 28조 중 제20조를 가리킨다(982, 성종 원년). (가)가 (나)보다 먼저 발표되었다. 순서가 서로 바뀌었다.

최승로의 시무 28조 [국21] [국15] [지24②] [지15①] [서24②] [서19②] [법18] [법17] [법16] [회20] [경18①] [경13①] [기15] [소18②]

- 제7조. 국왕이 백성을 다스림은 집집마다 가서 날마다 일을 보는 것이 아닙니다. … 청컨대 외관을 두소서.

[해설] 주어진 자료는 문신 최승로(927~989)가 고려 성종(재위 981-997, 제6대)에게 건의한 상서문 중 제시된 시무 28조이다(982, 성종 원년). 총 28개 조목 중 현재 22개 조만 알려져 있다. 7조에서 외관[지방관]을 파견할 것을 권하였으며, 20조에서는 불교의 폐단을 지적하며 유교를 정치 이념으로 제시하였다. 유교 정치의 실현을 강조한 셈이다.

- 우리 태조께서는 나라를 통일한 뒤에 외관을 두고자 하였으나, 대개 초창기이므로 일이 번거로워 겨를이 없었습니다. 이제 가만히 보건대, 향호가 매양 공무를 빙자하여 백성을 침해하여 횡포를 부리어 백성이 견디지 못하니, 청컨대 외관을 두도록 하십시오. (제7조)

[해설] 위와 같은 내용의 자료이다.

- 우리 (가) 께서는 나라를 통일한 뒤에 외관을 두고자 하였으나, 대개 초창기이므로 일이 번거로워 겨를이 없었습니다. 이제 가만히 보건대, 향호가 매양 공무를 빙자하여 백성을 침해하여 횡포를 부리어 백성이 견디지 못하니, 청컨대 외관을 두도록 하십시오. (제7조)

[해설] 위와 같은 내용의 자료이다. '(가) 왕'은 고려 태조 왕건(재위 918-943)을 가리킨다.

- 우리 태조께서 통일하신 후에 외관을 두고자 하였으나, 대개 초창기였으므로 일이 번잡하여 미처 그럴 겨를이 없었습니다. 이에 제가 가만히 보건대 향리 토호들이 늘 공무를 빙자하여 백성들을 침해하고 학대하므로 백성들이 명령을 감당하지 못하니, 청하건대 외관을 두시옵소서. (제7조)

[해설] 최승로의 시무 28조 중 7조로, 고려 성종(재위 981-997, 제6대)은 이를 받아들여 이듬해인 983년(성종 2) 지방 요충지에 12목을 설치하고 외관[지방관]을 파견하였다.

- ■ 우리 태조께서 나라를 통일한 후에 군현에 수령을 두고자 하였으나 대개 초창기임으로 인하여 일이 번거로워 시행할 겨를이 없었습니다. …… 청컨대 외관을 두소서. (제7조)

[해설] 위와 같은 내용의 자료이다.

- 7조 왕이 백성을 다스린다고 해서 집집마다 가거나 날마다 그들을 살펴보는 것은 아닙니다. 그러므로 수령을 나누어 보내어 백성의 이익과 손해를 살피게 하는 것입니다. … 요청하건대 외관을 두시옵소서. -『시무 28조』-

[해설] 위와 같은 내용의 자료이다.

- 임금이 백성을 다스릴 때 집집마다 가서 날마다 그들을 살펴보는 것이 아닙니다. 그래서 수령을 나누어 파견하여, (현지에) 가서 백성의 이해(利害)를 살피게 하는 것입니다. 우리 태조께서도 통일한 뒤에 외관(外官)을 두고자 하셨으나, 대개 (건국) 초창기였기 때문에 일이 번잡하여 미처 그럴 겨를이 없었습니다. 이제 제가 살펴보건대, 지방 토호들이 늘 공무를 빙자하여 백성들을 침해하며 포악하게 굴어, 백성들이 명령을 견뎌내지 못합니다. 외관을 두시기 바랍니다. (제7조)

[해설] 위와 같은 내용의 자료이다.

- 우리나라는 봄에 연등을 베풀고, 겨울에는 (가)을/를 열어 널리 사람을 동원하고 노역이 매우 번다하오니 원컨대 이를 감하여 백성들이 힘을 펴게 하소서. (제13조) - 시무 28조 -

[해설] 최승로의 시무 28조 중 13조로, 주어진 자료 속 '(가)'는 팔관(회)를 가리킨다. 연등회와 팔관회의 규모를 줄일 것을 건의한 것이다.

- 겸손한 마음을 가지고 항상 조심하고 두려워하며 신하를 예로써 대우할 때 신하는 충성으로써 임금을 섬기는 것입니다. (제14조)

[해설] 최승로의 시무 28조 중 14조이다.

- 석교(釋敎)를 행하는 것은 수신(修身)의 근본이요, 유교를 행하는 것은 이국(理國)의 근원입니다. 수신은 내생의 자(資)요, 이국은 금일의 요무(要務)로서, 금일은 지극히 가깝고 내생은 지극히 먼 것인데도 가까움을 버리고 먼 것을 구함은 또한 잘못이 아니겠습니까. (제20조)

[해설] 최승로의 시무 28조 중 20조이다. 불교의 폐단을 지적하며 유교를 정치 이념으로 제시하고 있다.

*석교: 불교(佛敎)

- 불교를 행하는 것은 수신의 도요, 유교를 행하는 것은 치국의 본입니다. 수신은 내생의 자(資)요, 치국은 금일의 요무(要務)로서, 금일은 지극히 가깝고 내생은 지극히 먼 것인데도 가까움을 버리고 먼 것을 구함은 또한 잘못이 아니겠습니까? (제20조)

[해설] 최승로의 시무 28조 중 20조이다.

- ■ 불교를 행하는 것은 수신의 근본이요, 유교를 행하는 것은 치국의 근원입니다. 수신은 내생의 복을 구하는 것이며, 치국은 금일의 임무입니다. (제20조)

[해설] 위와 같은 내용의 자료이다.

- 제20조. 불교는 수신(修身)의 근본이요, 유교를 행하는 것은 치국(治國)의 근원입니다. 수신은 내생의 복을 구하는 것이며, 치국은 금일의 임무입니다.

[해설] 위와 같은 내용의 자료이다.

- 불교는 몸을 닦는 근본이며 유교는 나라를 다스리는 근원입니다. 몸을 닦는 것은 내생을 위한 것이며, 나라를 다스리는 일은 곧 오늘의 할 일입니다. 오늘은 극히 가깝고 내생은 지극히 먼 것이니, 가까운 것을 버리고 먼 것을 구하는 일이 그릇된 일이 아니겠습니까? (제20조)

[해설] 위와 같은 내용의 자료이다.

- 20조 – 불교는 몸을 닦는 근본이며 유교는 나라를 다스리는 근원이니, 몸을 닦는 것은 내생을 위한 것이며, 나라를 다스리는 일은 곧 오늘의 할 일입니다. 오늘은 극히 가깝고 내생은 지극히 먼 것이니, 가까운 것을 버리고 먼 것을 구하는 일이 그릇된 일이 아니겠습니까? - 고려사 -

[해설] 위와 같은 내용의 자료이다.

- 불교를 믿는 것은 자신을 다스리는 근원이며, 유교를 행하는 것은 나라를 다스리는 근원을 구하는 것입니다. 자신을 다스리는 것은 내세에 복을 구하는 일이며, 나라를 다스리는 것은 오늘의 급한 것입니다. 오늘은 아주 가까운 것이요, 내세는 지극히 먼 것입니다. 가까운 것을 버리고 먼 것을 구하는 것은 또한 그릇된 것이 아니겠습니까? - <고려사> -

[해설] 위와 같은 내용의 자료이다.

- ◦ 불교를 믿는 것은 자신을 다스리는 근원이며, 유교를 행하는 것은 나라를 다스리는 근원을 구하는 것입니다. 자신을 다스리는 것은 내세에 복을 구하는 일이며, 나라를 다스리는 것은 오늘의 급한 일입니다. (제20조)
  ◦ 풍속은 각기 그 토질에 따라 다른 것이므로 모든 것을 반드시 구차하게 중국과 같게 할 필요는 없습니다. (제11조)

[해설] 위의 자료는 최승로의 시무 28조 중 20조이고, 아래 자료는 11조이다.

- [오조(5조)정적평(오조치적평)] 태조는 통일을 이룬 이래로 정사에 부지런하였다.* [경20②] □
  └ 혜종은 예를 갖추어 사부를 높이지 않았지만 빈객(賓客)과 관료들을 잘 대우해, 처음 즉위하였을 때 여러 사람이 기뻐하였다.* [X] [경20②] □
  └ 광종은 밤마다 사람들을 접견하고 혹은 날마다 손님을 초대하는 것을 즐거움으로 삼아 정사를 게을리 하였다.* [경20②] □
  └ 경종은 거짓과 참(邪正)의 구분이 없어서, 임금이 내리는 상과 벌이 균일하지 않았다.* [경20②] □

[해설] 혜종(재위 943-945, 제2대)은 예를 갖추어 사부를 높이고 빈객(賓客)과 관료들을 잘 대우해, 처음 즉위하였을 때 여러 사람이 기뻐하였다. '사부를 높이지 않았지만' 부분이 잘못된 내용이다. / 광종(재위 949-975, 제4대)은 밤마다 사람들을 접견하고 혹은 날마다 손님을 초대하는 것을 즐거움으로 삼아 정사를 게을리 하였다. 적절한 내용이다. 다만 광종 즉위 초에 대한 평은 긍정적이었다('아랫사람을 예로서 접대하고 사람을 알아보는 데 실수하지 않으며 친하고 귀한 사람에게 치우치지 않았다. … 왕위에 오른 후부터 8년 만에 정치와 교화가 많고 공평하며 형벌과 은상이 지나침이 없었다.')

※ 문정공 최승로(927~989)가 역대 왕을 평가한 '오조(5조)정적평[오조치적평]'은 성왕에게 올린 상서문에서 시무 28조와 함께 제시되었다(982, 성왕

원년). 오조(5조)정적평의 내용을 묻는 이 문제는 오조(5조)정적평을 읽어보거나 핵심 내용을 알고 있어야 맞힐 수 있는 단순 명료한 문제이다. 출제된 직렬에서 알 수 있듯이 경찰직 외에는 아직 출제된 바 없다. 그만큼 대학 교양 수준 이상의 내용에 해당한다(출제 경향이 획기적으로 어려워지지 않는 이상 9급 한국사에서 재출제될 가능성 매우 낮음).

- [최승로] 지방관 파견을 건의하였다. [서12] □
  └ 독자적인 연호(年號) 사용을 건의하였다[x]. [서12] □
  [해설] 최승로는 고려 성종에게 올린 시무 28조에서 지방관 파견을 건의하였다. 이를 성종이 수용하여 재위 2년인 983년에 새로 설치된 12목에 지방관[외관]이 파견되었다. / 독자적인 연호(年號) 사용을 건의한 적은 없다.

- [성종] 12목을 설치하였다. [지15①] [서12] □
  └ 성종 때 12목이 설치되었다. [서20] □
  └ (나) - 12목 설치 [서24①] □
  └ 현종 때에 12목을 설치하였다[x]. [회18] □
  └ 12목에 지방관을 파견하였다. [법17] □
  └ 12개 주요 지역에 지방관을 파견하였다. [소18②] □
  └ 12목을 설치하고 지방관을 파견하였다. [지22] [지20] [서15] □
  └ 전국에 12목을 두고 지방관을 파견하였다. [회24] □
  └ 주요 지역에 12목을 설치하고 목사를 파견하였다. [지16②] □
  └ 전국의 주요 지역에 12목을 설치하였다. [지24] [경21②] □
  └ 전국의 주요 지역에 12목을 설치하고 목사를 파견하였다. [회23] [경15②] □
  └ 전국의 주요 지역에 12목을 설치하고 지방관을 파견하였다. [소19①] □
  └ 지방에 12목과 향리 제도가 만들어져 지방에 대한 통제력이 강화되어 중앙 집권 체제가 강화되었다. [기13] □
  └ 지방관을 파견하여 지방 세력을 견제하였다. [기15] □
  └ 각 지역에 지방관을 파견하였다. [법16] □
  [해설] 성종이 최승로(927~989)의 건의를 수용하여 지방에 12목을 설치한 것은 재위 2년인 983년의 일이다. 12목에 지방관[외관]인 목사를 파견하여 지방 세력을 견제하였다[지방관=외관=목사]. 최승로의 시무 28조 중 제7조의 마지막 문장은 "청컨대 외관을 두소서"로 끝난다. / [회18] 12목을 설치한 것은 현종 때(재위 1009-1031, 제8대)가 아니라 성종 때(재위 981-997, 제6대)이다(983, 성종 2). / [기13] 이 시기는 시정 전시과가 실시된 시기에 속한다[976, 경종 원년, 개정 전시과가 시행된 목종 원년(998)까지 시행]. 성종 대의 향리 제도에 대해서는 관련 선지 및 해설 참조(호장·부호장)

- [성종] 10도제의 실시* [회18] □
  [해설] 당의 제도를 채용하여 10도제를 실시한 것은 성종 14년인 995년의 일이다(관내도. 중원도, 하남도, 강남도, 영남도, 영동도, 산남도, 해양도, 삭방도, 패시도). 도 아래에 주, 군, 현, 진이 설치되었다. 또 이때 전국의 요충지에 5도호부를 설치하였다. 군사적인 지방 행정 체제를 정비하여 중앙 집권을 강화하려는 목적만이 아니라, 거란의 재침에 대비하여 방어 체제를 강화하려는 의도도 담겨 있었다(거란의 제1차 침입 이후). 참고로 이때의 10도를 정상적인 행정 구획으로 보지 않은 견해가 있다(순찰 구획으로 간주). 10도제는 이후 현종 대 시행되는 5도제의 기원이 되었다는 점에서 역사적 의의가 있다.

- [성종] 지방관을 파견하고 향리 제도를 마련하였다. [서21] [법13] □
  └ 지방관을 파견하고 향리 제도를 마련하여 지방 세력을 견제하였다. [경14①] □
  └ 12목을 설치하고 지방관을 파견하였으며, 지방 중소 호족을 향리로 편입하여 통제하였다. [경13①] □
  └ 향리 제도를 마련하였다. [법17] □

[해설] 지방관을 파견하고 향리 제도를 마련한 고려의 왕은 제6대 성종(재위 981-997)이다(983, 성종 2). 정확하게는 향직을 개편한 것이다(호장, 부호장과 같은 향리 직제를 마련).

- [성종] 노비환천법을 실시하였다. [경17②] □
  └ 노비환천법 실시 [서11] □

[해설] 노비환천법(奴婢還賤法)을 실시한 것은 성종 6년인 987년의 일이다. 노비안검법(956, 광종 7) 이후 종량된 노비 가운데 옛 주인을 경멸하는 자를 환천시키도록 한 조치이다(최승로의 시무 28조에서 건의한 바 있음). 일종의 귀족 무마책의 일환으로 제정되었다(환천하지 않는 예외 조항도 둠).

■ 노비환천법 실시 [법24] □

가을 7월, 교(敎)하기를, "양민이 된 노비들은 해가 점차 멀어지면 반드시 그 본래의 주인을 가벼이 보고 업신여기게 된다. … 만약 그 주인을 욕하는 자가 있으면, 다시 천민으로 되돌려 부리게 할 것이다."라고 하였다.

[해설] 고려 성종 6년인 987년에 실시된 노비환천법을 가리킨다(최승로가 시무 28조에서 건의한 바 있음)[『고려사』 권85 지 권제39 형법2 노비 '면천된 노비가 본 주인을 욕하거나 주인의 친족과 다투면 환천하게 하다.'].

IV

- [성종] 과거 제도를 정비하고 과거 출신자들을 우대하였다.* [법13] □
  └ 과거 제도를 정비하고 과거 출신자들을 우대하여 유학에 조예가 깊은 인재들의 정치 참여를 유도하였다.* [경14①] □

[해설] 성종은 국자감을 정비하고, 지방에 경학박사와 의학박사를 파견하여 유학 교육의 진흥에 노력하였다. 아울러 과거 제도를 정비하고 과거 출신자들을 우대하여 유학에 조예가 깊은 인재들의 적극적인 정치 참여를 유도하였다(과거제와 교육 제도는 깊이 관련됨). 7차 고등학교 국사 교과서에 실린 내용으로 유교적 정치 질서 강화의 일환으로 추진된 정책들이다. / 성종은 재위 2년(983)에 처음으로 최종 고시인 예부시 합격자들을 왕이 다시 친히 시험하는 복시를 실시하였다. 또 과거를 거의 매년 실시하였다(급격한 횟수 증가). 뽑는 인원수도 성종 8년 이후 급증하였다[이전에 가장 많이 뽑은 것이 8명이었지만 성종 8년(989)에는 19명, 13년(994)에는 17명의 급제자 선발]. 참고로 성종은 재위 11년인 992년에 문재(文才)와 무략(武略)이 있는 자는 대궐에 나와서 자천(自薦)하라는 교를 내리기도 하였다. 유학 관련 인재를 적극 채용하려는 조치로 볼 수 있다.

- [성종] 국자감을 정비하고, 지방에 경학박사와 의학박사를 파견하였다. [경14①] □
  └ 국자감을 정비하고, 지방에 경학박사와 의학박사를 파견하여 유학 교육의 진흥에 노력하였다. [경15③] □
  └ 국자감을 정비하고, 유학 교육의 진흥에 노력하였다. [기15] □

[해설] 국자감을 정비하고, 지방에 경학박사와 의학박사를 파견하여 유학 교육의 진흥에 노력한 것은 성종이다[각 992(성종 11)/987(성종 6)].

- [성종] 개경에 국자감을 설립하였다. [지20] □
  └ (나)가 작성될 당시의 왕이 국자감을 설치하였다. [법18] □
  └ 유교 정치 이념을 채택하고 국자감을 정비하였다. [법14] □
  └ 국자감에는 율학, 산학, 서학과 같은 유학부와 국자학, 태학, 사문학 등의 기술학부가 있었다[x]. [경15②] □
  └ [국자감] 국자학, 태학, 사문학으로 나누어 교육하였다. [기19] □
  └ 국자감을 설치하였다. [법16] □
  └ 국자감을 정비하였다. [법12] □
  └ 국자감 설치 [국11] □

[해설] 국자감은 성종이 설치한 고려 최고 교육 기관으로 유학 교육을 담당하였다(992, 성종 11). 정확하게 말하면 성종이 국자감을 처음 설치한 것이 아니라 새롭게 정비한 것이다(명칭 변경, 건물 신축). / [법18] 주어진 (나)는 시무 28조 중 제20조를 가리킴(982, 성종 원년). / [경15②] 국자감에는 국자학, 태학, 사문학 등의 유학부와 율학, 산학, 서학과 같은 기술학부가 있었다. 유학부와 기술학부의 구성이 서로 바뀌었다.

- [성종] 지방 교육을 위해 경학박사를 파견하였다. [국15] ☐
  - 지방에 경학박사를 파견하였다. [법12] ☐
  - 지방에 경학박사와 의학박사를 파견하였다. [회20] ☐

[해설] 성종은 유학 교육 진흥을 위해 교육 조서를 반포하여 국자감과 향교를 세웠으며, 지방[12목]에 경학박사와 의학박사를 파견하였다[순서대로 각 992(성종 11)/987(성종 6)].

- [성종] 강동 6주의 땅을 고려 영토로 편입시켰다. [서22①] ☐
  - 강동 6주를 얻어 압록강 유역까지 국경을 넓혔다. [법12] ☐
  - 10세기: 거란으로부터 강동 6주를 획득하였다. [회19] ☐
  - 압록강 동쪽의 강동 6주를 확보 [기11] ☐
  - 강동 6주 획득 [경17②] ☐

[해설] 강동 6주의 땅을 고려 영토로 편입시킨 것은 고려 성종 12년인 993년의 일이다(거란의 제1차 침입 시).

- [성종] 연등회를 축소하고 팔관회를 폐지하여 국가적인 불교 행사를 억제하였다. [서19②] ☐
  - 유교 이념과는 별도로 연등회, 팔관회 행사를 장려하였다[x]. [국15] ☐
  - 연등회와 팔관회를 성대하게 개최하였다[x]. [회20] ☐

[해설] 성종은 불교를 개인적 신앙으로 인정하였으나 연등회는 축소하고 팔관회*는 지나친 재정 낭비를 초래한다하여 (일시) 폐지하였다(987, 성종 6). / 최승로(927~989)가 올리고 성종이 수용한 시무 28조에는 연등회를 축소(사실상 폐지)하고 팔관회를 폐지하여 국가적인 불교 행사를 억제할 것을 당부하는 항목이 있다(제13조). / 시무 28조에서는 유교를 정치 이념으로 제기하였다.

*팔관회(八關會): 개경에서는 11월 15일, 즉 중동(仲冬)에, 그리고 서경에서는 10월 15일에 베풀어졌다. 이때 지방의 장관들이 글을 올려 하례하고, 송 상인이나 여진 및 탐라 등 각국의 사절이 축하의 선물을 바치고 무역을 크게 행하는 국제적 행사였다.

- [현종] 연등회, 팔관회 부활 [회18] ☐

[해설] (성종 때 폐지되었던) 연등회(규모 축소, 사실상 폐지), 팔관회가 부활한 것은 제8대 왕인 현종 대(재위 1009-1031)의 일이다(1010, 현종 원년). 참고로 연등회는 2020년에 '연등회, 한국의 등 축제'라는 명칭으로 유네스코 인류 무형 문화유산에 등재되었다.

2 통치 체제의 정비

- 초기에는 광평성, 순군부 등 신라의 관제가 존속되었다[x].* [경18③] ☐

[해설] 고려 초기에는 광평성, 순군부의 관제가 존속하였는데, 이들은 신라의 관제가 아니라 후고구려(정확하게는 '태봉')의 관제이다.

- [성종] 정치 제도는 당과 송의 제도를 참고하여 2성 6부제로 정비하였다. [서16] ☐
  - 당 관제를 받아들여 중추원과 2성 6부를 설치하였다[x]. [기15] ☐
  - 2성 6부제를 중심으로 하는 중앙 관제를 마련하였다. [서13] ☐
  - 3성 6부제를 중심으로 하는 중앙 관제를 마련하였다[x]. [경14①] ☐
  - 2성 6부제의 중앙 정치 조직을 운영하였다. [법12] ☐
  - 중앙 관제를 2성 6부로 정비하였다. [법23] ☐

[해설] 고려는 초기에는 신라와 태봉의 관제를 모방하였으나 점차 당과 송의 제도를 참고하여 고려의 실정에 맞게 2성 6부로 정비하였다. / 2성 6부제의 중앙 관제를 마련한 왕은 고려 성종(재위 981-997, 제6대)이다(995, 성종 14). 사실 이때는 형식상 3성 6부제를 취하였는데 실질적으로는 2성 6부제처럼 운영되기 시작하였다(중앙 관제는 문종 대에 거의 완성). / 성종은 당 관제를 받아들여 2성 6부를, 송의 관제를 받아들여 중추원을 설치

- 2성 6부 – 5경 15부 [×] [지18] □

[해설] 2성 6부는 고려의 중앙 통치 제도이고, 5경 15부는 발해의 지방 통치 제도이다(성격이 유사한 것끼리 옳게 짝지은 것을 묻는 문제로, 발해의 경우 '3성 6부'가 나와야 한다). 고려의 2성은 중서문하성과 상서성을 가리킨다.

- 고려는 중서성과 문하성을 합해 중서문하성이라는 단일 기구를 만들어 정치의 최고 관부로 삼았다. [서22②] □
  └ (가) - 국정을 총괄하고 정책을 심의·결정하는 최고 관서이다. [법18] □
  └ 최고의 관서인 중서문하성은 문하시중이 국정을 총괄하였고, 2품 이상의 재신과 3품 이하의 낭사로 구성되었다. [경13②] □
  └ ㈋ - 국정을 총괄하는 문하시중이 최고 책임자였다. [기11] □
  └ [관부] ㄱ [장관] 문하시중(종1) [특징] 정치의 최고 관부로서 재부라고 불리움. [지11①] □
  └ 중서문하성은 국가의 정책을 심의하는 재신과 정치의 잘못을 비판하는 낭사로 구성되었다. [경16①] □
  └ ㄱ의 관직은 2품 이상의 재신과 3품 이하의 낭사로 구분되었다. [지11①] □
  └ [문하시중] (나) - 재신과 낭사로 구성된 최고 기관의 장이었다. [법12] □
  └ (가) - 소속 관원인 승선은 대간으로 불렸다 [×]. [법18] □

[해설] 고려 정치의 최고 관부[관서]로서 재부(宰府)라고 불린 기구는 중서문하성(ㄱ)이다. 국정을 총괄하고 정책을 심의·의결하였다. 종2품 이상의 재신(백관을 통솔하고 국가의 중요 정책을 심의·결정)과, 정3품 이하의 관리인 낭사(郎舍)(간쟁과 봉박, 서경)로 이루어졌다. / 중서문하성은 재신과 낭사로 구성되었다. 여기서 '낭사'는 어사대의 관원과 함께 대간으로 불렸다. '승선'은 왕명의 출납을 관장하는 중추원의 소속 관원(정3품)이다(중추원은 추밀과 승선으로 구성).

- 상서성 [지21] □
  └ 정책을 집행하는 기능을 담당했으며, 그 밑에 6부를 두었다. [지13] □
  └ ㈌ - 실제 정무를 나누어 담당하는 6부를 두고 정책의 집행을 담당하였다. [기11] □
  └ 상서성: 6부를 거느리고 정책의 집행을 담당하였다. [경12①] □
  └ 상서성에 소속된 6부가 각각 국무를 분담했다. [경18③] □
  └ 상서성의 6부가 각기 국무를 분담하였지만, 중서문하성에 강하게 예속되어 있었다. [서22②] □
  └ 상서성은 정책을 집행하는 기능을 담당하였고, 중추원의 승선은 왕명을 출납하였으며, 추밀은 군사 기밀을 담당하였다.
     [경13②] □

[해설] 정책을 집행하는 기능을 담당하였고, 밑에 6부를 둔 기구는 상서성이다. 상서성은 정무를 집행하는 기관이자 백관을 총령하던 관아이기도 하다(상서성의 6부는 정책 집행 부서). / 중서문하성은 정책 심의 기구이고, 상서성은 백관을 총령하는 관아이자, 정책을 집행하는 기관이다. / [경13②] 중추원에 대해서는 관련 선지 및 해설 참조

고려의 중앙 관제 [법18] [법11] □

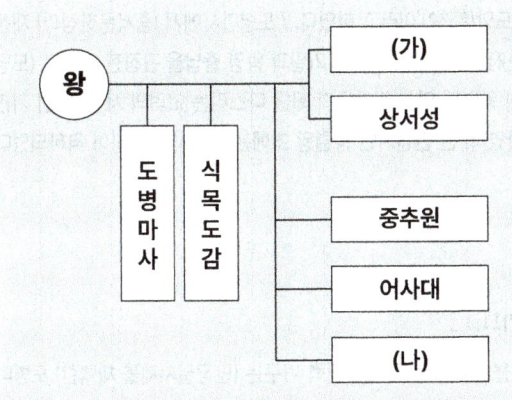 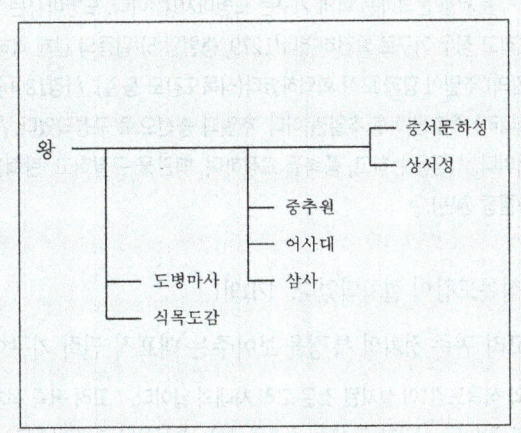

[해설] '도병마사'와 '식목도감' 등의 기구가 나온 것으로 보아 제시된 도표는 고려의 중앙 관제[중앙 정치 제도]를 나타내는 것임을 알 수 있다. 상서성 위에 있는 '(가)'는 중서문하성이고, 어사대 아래에 있는 '(나)'는 삼사이다.

- [중추원] 고려와 조선에서는 왕명 출납, 군사 기무, 숙위의 일을 맡았다. [서14] □
  └ 중추원: 군사 기밀과 왕명의 출납을 담당하였다. [경12①] □
  └ ⓷ - 군사 기밀과 왕명의 출납을 담당하였다. [기11] □
  └ 중추원은 군사 기밀을 담당하는 추밀과 왕명의 출납을 담당하는 승선으로 구성되었다. [경16①] □
  └ 중추원(고려) 중추부(조선) [X] [회15] □

[해설] 고려와 조선 시대에 중추원은 군사 기밀과 왕명의 출납을 담당하였다. / [회15] 조선의 중추부는 특정한 관장 사항이 없이 문무의 당상관으로서 소임이 없는 자들을 소속시켜 대우하던 기관이다. 해당 문제는 현재의 감사원과 유사한 기능을 했던 고려와 조선의 관청을 짝짓는 것이었다.

- [관부] ㄴ [장관] 판원사(종2) [특징] 왕명 출납, 숙위, 군기(軍機) [지11①] □
  └ ㄱ과 ㄴ의 고관인 재추들이 모여 국가의 중대사를 협의·결정하는 기구가 ㄷ과 ㄹ이었다. [지11①] □

[해설] 왕명의 출납, 숙위, 군기 등을 담당한 기구는 중추원(ㄴ)이다(ㄱ은 중서문하성). 도병마사(ㄷ)와 식목도감(ㄹ)은 중서문하성의 재신과 중추원의 추밀이 모여 국가의 중대사를 협의 결정하는 기구이다.

- 추밀원은 추부라고도 불렸는데 군기를 관장하고 왕명을 출납하는 등 중요한 기능을 담당했다. [서22②] □

[해설] 추밀원*은 궁중의 숙위도 담당하였다. 중서문하성과 더불어 양부(兩府)로 불리었다.
*추밀원: 중추원의 후신으로, 고려 숙종 즉위년인 1095년에 중추원을 추밀원으로 명칭을 바꾸었다.

- [관부] ㄷ [장관] 판사(재신 겸) [특징] 국방, 군사 문제의 회의 기관 [지11①] □
  └ 도병마사는 재신과 추밀이 함께 모여 회의하는 곳이다. [법11] □
  └ 도병마사는 추부라고 불리며 군사 기밀과 왕명 출납을 관장했다 [X]. [경18③] □
  └ 도병마사는 중서문하성의 재신과 중추원의 승선이 참여하여 국가의 중요한 사항을 결정하는 회의를 개최하였다 [X].
  [경13②] □
  └ 도병마사: 왕명에 의해 귀족들의 죄를 다스리는 사법 기관이었다 [X]. [경12①] □
  └ 원 간섭기에 도평의사사로 명칭이 바뀌었다. [회22] □

┗ㄷ은 고려 후기에 이르러 국가의 모든 정무를 관장하는 최고 기구로 발전하였다. [지11①] □

[해설] 국방과 군사 문제를 논의하는 회의 기구는 도병마사(ㄷ)이다. 도병마사는 임시 회의 기구로 성종 때 처음 설치되었으나 충렬왕 때 도평의사사로 개편되면서 최고 정무 기구로 발전하였다(1279, 충렬왕 5)(일종의 관제 격하). 일명 '도당(都堂)'이라고 하였다. / 도병마사에서 (중서문하성의) 재신과 (중추원의) 추밀이 함께 모여 회의하였다(식목도감도 동일). / [경18③] '추부(樞府)'라고 불리며 군사 기밀과 왕명 출납을 관장한 기구는 (도병마사가 아니라) 중추원[이후 추밀원]이다. 추밀과 승선으로 구성되었다. / [경12①] 왕명에 의해 귀족들의 죄를 다스리는 고려의 사법[감찰] 기관은 어사대이다. 시정을 논하고, 풍속을 교정하며, 백관을 규찰하고, 탄핵을 담당하였다. 원 간섭기인 충렬왕 초에는 감찰사로 명칭이 격하되었다(1275, 충렬왕 원년).

• 도병마사와 식목도감이 설치되었다. [기19] □

┗㉯와 ㉰는 고려 귀족 정치의 특징을 보여주는 대표적 권력 기구이다. [기11] □

[해설] 도병마사와 식목도감*이 설치된 것은 고려 시대의 일이다. / 고려 귀족 정치의 특징을 보여주는 대표적 권력 기구는 (만장일치제를 채택한) 도병마사와 식목도감이다. / [기11]의 ㉯는 중추원, ㉰는 상서성을 가리키나 무시함.

*고려 시대에 중서문하성(재부[재신]과 낭사로 구성)과 중추원(추밀[추신]과 승선[승제]로 구성)의 고위 관료들(중서문하성의 재부[재신]와 중추원의 추밀[추신])은 도병마사와 식목도감에서 국가의 중요한 일을 논의하였다. 요컨대 도병마사와 식목도감은 재추(宰樞)의 회의 기관이다. 특히 식목도감은 고려 성종 이후 현종 초 사이에 설치된 것으로 보고 있으며 문종 때 관제가 정비되었다. 고종 이후 몽골과의 전쟁 과정에서 도병마사의 기능이 확대되면서 단지 문서를 보관하는 기능만을 가진 기구로 전락하였고, 조선 초까지 지속되다가 태종 12년인 1412년에 의정부로 흡수되었다.

• [성종] 고려 실정에 맞는 독특한 식목도감을 설치하였다. [기15] □

[해설] 성종은 재위 말경에 고려 실정에 맞는 독특한 식목도감을 설치하였다(추정). 식목도감의 기능이 구체적으로 나타난 것은 현종 14년(1023)의 일이다.

• [식목도감] 법제의 세칙을 만드는 고려의 독자적인 기구이다. [지13] □

┗중추원의 추밀과 함께 법제와 격식 제정 [법24] □

┗식목도감 [지24] [지21] □

[해설] 식목도감은 중추원의 추밀[추신]과 함께 대내외의 법제와 격식을 제정하는 고려의 기구이다(성종 이후 현종 초 사이 설치 추정). 도병마사와 같이 재추(宰樞)의 회의 기관이다. 고려 성종 이후 현종 초 사이에 설치된 것으로 보고 있으며 문종 때 관제가 정비되었다. 고종 이후 몽골과의 전쟁 과정에서 도병마사의 기능이 확대되면서 단지 문서를 보관하는 기능만을 가진 기구로 전락하였고, 조선 초까지 지속되다가 태종 12년인 1412년에 의정부로 흡수되었다.

• 중서문하성과 추밀원의 합좌 기구인 식목도감은 국가의 재정 회계를 관장하였다[X]. [서22②] □

[해설] 식목도감은 중서문하성과 중추원[추밀원]의 합좌 기구로 대내적인 법제와 격식을 관장한 회의 기구이다(대외적인 국방과 군사 문제는 도병마사에서 담당). 재정 회계를 관장한 기구는 삼사(三司)이다.

• [관부] ㄹ [장관] 판사(재신 겸) [특징] 법제, 격식 문제의 회의 기관 [지11①] □

┗식목도감은 백관을 규찰·탄핵하는 언관의 역할을 맡았다[X]. [경18③] □

┗ㄷ은 당의 관제를, ㄹ은 송의 관제를 본 딴 것이었다[X]. [지11①] □

┗㉯와 ㉰의 고관들은 국가 중대사 결정, 국내 정치에 관한 시행 규정 등을 정하기 위한 회의 기구를 구성하였다. [기11] □

┗식목도감(고려) 선혜청(조선) [X] [회15] □

[해설] 법제 및 격식 문제를 논의하는 회의 기구는 식목도감(ㄹ)이다. / [경18③] 백관을 규찰·탄핵하는 언관의 역할을 맡은 기구는 (식목도감이 아니라) 어사대이다. 도병마사와 식목도감은 고려의 독자적 기구로 중서문하성과 중추원의 고관인 재신과 추신이 모여 국가 중대사를 결정하는 회의 기구이다. / [지11①] 도병마사(ㄷ)와 식목도감(ㄹ)은 고려의 독자적인 제도이다. / [기11] ㉯는 중추원, ㉰는 중서문하성을 가리킨다. / [회15] 조선의 선혜청은 대동미와 대동포의 출납을 관장한 관청이다. 해당 문제는 현재의 감사원과 유사한 기능을 했던 고려와 조선의 관청을 짝짓는 문제이다.

■ 식목도감 [지21]

고려 시대 중서문하성과 중추원의 고위 관료들은 도병마사와 (가) 에서 국가의 중요한 일을 논의하였다. 도병마사에서는 국방과 군사 문제를 다루었고, (가) 에서는 제도와 격식을 만들었다.

[해설] 주어진 자료 속 '(가)'는 (법제와 격식을 논의한) 식목도감을 가리킨다.

- 중서문하성의 낭사는 어사대와 함께 대간으로 불렸다. [법23]
  ↳ [대간] 관리의 임명이나 법령의 개폐를 동의하는 서경권을 행사하였다. [지13]
  ↳ 대간은 어사대의 관원과 중서문하성의 낭사를 말하며, 이들은 간쟁·봉박·서경권을 가지고 있어 정국 운영에서 견제와 균형을 도모하였다. [경13②]
  ↳ 대간은 왕의 잘못을 논하는 간쟁과 잘못된 왕명을 시행하지 않고 되돌려 보내는 봉박, 관리의 임명과 법령의 개정이나 폐지 등에 동의하는 서경권을 가지고 있었다. [경16①]
  ↳ ㉮와 ㉯의 관원들은 간쟁, 봉박, 서경권을 가지고 정치 운영에 견제와 균형을 이루는데 중심 역할을 하였다. [기11]
  ↳ 간쟁, 서경, 봉박의 업무를 담당하였다(대간). [회22]
  ↳ 왕의 잘못을 논하는 간쟁 [법24]
  ↳ 관원 임명 시 동의 여부에 서명할 수 있는 서경 [법24]
  ↳ 잘못된 왕명을 시행하지 않고 되돌려 보내는 봉박 [법24]

[해설] 중서문하성의 낭사는 어사대와 함께 대간(臺諫)을 이루었고, 간쟁*과 서경**, 봉박***과 같은 언론 권한을 행사하였다(왕권 견제). / 관리의 임명이나 법령의 개폐를 동의하는 서경권을 행사한 기구는 대간을 이룬 중서문하성의 낭사와 어사대이다. / [기11]의 ㉮는 어사대, ㉯는 중추원을 가리키나 무시함.

*간쟁(권): 왕의 잘못을 직언할 수 있는 권리
**서경(권): 관리의 임명이나 법령의 개폐에 동의할 권리
***봉박(권): 잘못된 왕명을 돌려보낼 수 있는 권리

■ 대간(臺諫) [법24]

○○: 고려 시대 중서문하성의 낭사와 어사대의 관원을 합쳐서 불렀다. 이들은 (가) 의 역할을 담당하였다.
- 「한국사 용어 사전」-

[해설] 주어진 자료 속 '○○'은 탄핵과 감찰을 맡은 대관과 간쟁과 봉박을 맡은 간관의 합칭인 '대간(臺諫)'을 가리킨다. 대간은 언론권(서경권, 간쟁권, 봉박권)을 행사하였다.

- [어사대] 발해의 중정대와 같은 기능을 하는 기구가 있다. [법11]
  ↳ 어사대는 중서문하성의 낭사와 더불어 대간으로 불렸다. [법11]
  ↳ ㉮ - 정치의 잘잘못을 논하고 관리들의 비리를 감찰하는 업무를 맡았다. [기11]
  ↳ ㉮와 ㉯의 역할을 조선 시대에는 사간원과 사헌부에서 각각 담당하게 되었다[x]. [기11]
  ↳ 어사대(고려) 사헌부(조선) [회15]
  ↳ 어사대 [지21]

[해설] 어사대는 고려의 감찰 기관으로, 정치의 잘잘못을 논하고 풍속을 교정하며 백관을 규찰하고 탄핵하는 일을 맡아보던 관청이다. / 어사대는 발해

의 중정대와 같은 기능을 하는 기구이다(감찰 기구). / 어사대는 중서문하성의 낭사와 더불어 대간으로 불렸다. 서경과 간쟁, 봉박의 권한을 행사하였다. / 현재의 감사원과 유사한 기능을 했던 고려의 관청은 어사대이고, 조선의 관청은 사헌부이다. 감사원은 행정 기관과 공무원의 직무에 대한 감찰을 목적으로 설립된 대통령 직속의 국가 최고 감사 기관이다. / [기11]의 ㉮는 어사대, ㉯는 중추원을 가리킨다. 어사대와 중추원의 역할을 조선 시대에는 (사간원이 아니라) 사헌부와 (사헌부가 아니라) 승정원에서 각 담당하였다. / [회15] 현재의 감사원과 유사한 기능을 했던 고려와 조선의 관청을 짝짓는 문제이다. 국초에 설치한 사헌대를 995년(성종 14)에 어사대로 개편하였다. 원 간섭기 초인 1275년(충렬왕 원년)에 감찰사로 명칭이 격하되기도 하였다(이후 사헌부, 감찰사, 어사대, 다시 사헌부로 자주 개칭됨).

- [삼사] 국가 재정의 출납과 회계 업무를 총괄하였다. [국23] ☐
  └재정을 운영하는 관청으로 삼사를 두었다. [국22] ☐
  └삼사는 화폐와 곡식의 출납에 대한 회계를 담당하였다. [법17] ☐
  └(나) - 관리의 비리를 감찰하는 기구이다[x](어사대). [법18] ☐
  └(나) - 재신과 추밀이 모여 관리 임용을 결정하였다[x](식목도감). [법18] ☐
  └삼사의 언론은 고관은 물론 왕이라도 함부로 막을 수 없었다[x]. [법11] ☐
  └삼사 [지21] ☐

[해설] 국가 재정의 출납과 회계 업무를 총괄한 고려의 기구는 삼사(三司)이다. 고려 시대의 삼사는 화폐와 곡식의 출납 및 회계를 담당하였다. / [법18] 관리의 비리를 감찰하는 기구는 (삼사가 아니라) 어사대이다. 삼사는 화폐와 곡식의 출납 및 회계를 담당하였다. 또 재신과 추밀이 모여 관리 임용을 결정한 기구는 식목도감이다. 식목도감은 '식목(式目)'이라는 말에서 알 수 있듯이 법제와 격식을 논의하는 기구였는데(『식목편수록』), 특히 관리 등용에서의 엄격한 신분성을 강조하였다. 문신 귀족의 세력 기관으로 엄격한 신분 격식의 유지를 기도하였음을 보여 준다. / [법11] 고려의 삼사(三司)는 화폐와 곡식의 출납 및 회계를 담당하였다. 반면 조선 시대의 삼사(三司)는 기능이 완전히 다른 언론 기관이다(언론 삼사).

- 비서성(고려) 승정원(조선) [x] [회15] ☐

[해설] 고려의 비서성은 경적과 축문 작성 등에 관한 일을 관장하던 관청이다. 조선의 승정원은 왕명의 출납과 군사 기밀을 담당한 기관이다(고려의 중추원과 유사). 해당 문제는 현재의 감사원과 유사한 기능을 했던 고려와 조선의 관청을 짝짓는 것이다.

- 한림원(고려) 혜민국(조선) [x] [회15] ☐
  └고려의 한림원 [서24②] ☐

[해설] 고려의 한림원은 국왕의 교서 작성과 외교 문서 작성 등을 담당한 기구이다. 문한서, 사림원, 예문춘추관, 예문관 등 명칭이 여러 차례 바뀌었다. 혜민국은 고려 시대에 빈민들에게 무료로 약을 주고 치료해 준 기구로, 조선에서는 '혜민서'로 명칭이 바뀌었다. [회15]는 현재의 감사원과 유사한 기능을 했던 고려와 조선의 관청을 짝짓는 문제이다.

- 태의감에 의학박사를 두어 의학을 가르치고, 의원을 뽑는 의과를 시행하였다.* [경12③] ☐

[해설] 태의감은 왕실의 의약과 질병 치료에 관한 일을 맡아보던 고려 시대의 관청이다(1000년 전후 설립 추정)(의료 행정 총괄). 목종 대(재위 997-1009, 제7대)에 태의감과 상약국을 설치하여 의료 제도를 정비한 기록이 있다.

- [고려 전기 문산계와 무산계] 중앙 문반에게 문산계를 부여하였다. [지18] ☐
  └성종 때에 문산계를 정식으로 채택하였다. [지18] ☐
  └성종] 중앙 문관에게는 문산계를, 지방 호족인 향리와 노병 등에게는 무산계를 부여하는 등 관료와 호족들의 서열화를 더욱 확실하게 만들었다. [경18①] ☐
  └중앙 무반에게 무산계를 제수하였다[x]. [지18] ☐
  └탐라의 지배층과 여진 추장에게 무산계를 주었다.* [지18] ☐

[해설] 관계(官階)라는 것은 관료의 지위와 신분을 나타내는 공적인 질서 체제이다. 일반적으로 문반에게는 문산계(文散階)를, 무반에게는 무산계(武散階)를 주었으나, 고려에서는 문·무 관리 모두 문산계를 받았고, 무산계는 탐라의 왕족과 여진의 추장, 향리와 노병(老兵), 공장(工匠)과 악인

(樂人) 등에게는 무산계를 수여하였다. 중앙 문반에게 문산계를 부여한 것은 맞는 설명이다(995, 성종 14). / 고려 초는 태봉 때의 관계를 사용하다가 광종 대에 중국식 관계가 함께 사용되었다. 성종 대에 이르러 중국식 관계를 정식 관계로 사용하면서 종래의 관계는 향직(鄕職)으로 변화하였다(995, 성종 14). / [지18] 고려 전기에는 중앙 무반에게 무산계가 아니라 문산계를 제수하였다. 또 특이하게도 탐라의 지배층과 여진 추장에게 무산계를 주었다. 참고로 실직(實職)과 산직(散職)이라는 개념의 구분도 중요한데, 실직이란 일정한 직임을 맡은 직사(職事)가 있는 관직이고, 산직이란 일정한 직임이 없는 허직(虛職)을 말한다.

- **[고려의 지방 제도]** 5도 양계를 기틀로 한 지방 제도를 마련하였다. [서24②] ☐
  - 지방 제도는 5도 양계 및 경기로 구성되었고 태조 때부터 12목을 설치하였다[×]. [서16] ☐
  - 전국을 크게 5도와 양계, 경기로 나누고, 그 안에 3경, 4도호부, 8목을 비롯하여 군·현·진을 설치하였다. [경18①] ☐
  - 경은 중앙과 지방의 군현을 잇는 중간 역할을 담당한 기구의 하나로, 서경(평양), 동경(경주), 남경(양주, 지금의 서울)이 설치되었다. [경18①] ☐

[해설] 5도 양계를 기틀로 한 지방 제도를 마련한 것은 현종 대(재위 1009-1031, 제8대)이다[현종 3년(1012)과 현종 9년(1018)에 대폭적으로 개편]. 이때 전국을 5도와 양계로 크게 나누었으며(광역 조직), 5도 아래에 4도호부, 8목, 주·군·현을, 양계 아래에는 진(鎭)을 설치하였다(기초 조직). / [서16] 고려의 지방 제도는 현종 대에 5도와 양계, 경기로 구성되었다. 12목을 설치한 것은 태조가 아닌 성종이다(983, 성종 2). / [경18①] 3경은 중앙과 지방의 군현을 잇는 중간 역할을 담당한 기구의 하나이다. 도참사상(풍수지리설)에 따라 설치되었는데, 중경(개경), 서경(평양), 동경(경주), 남경(양주, 지금의 서울)[문종 이후 동경 대신 남경이 사실상 3경(京)에 포함]이 있었다. 시기에 따라 일정치 않았으나 중경·서경·동경 또는 중경·서경·동경 또는 서경·동경·남경 중 하나를 가리킨다.

- **[현종]** 5도 양계의 지방 제도를 확립하였다. [국15] ☐
  - 5도 양계의 지방 제도를 확립하였다. [지15①] ☐
  - 5도 양계를 중심으로 지방 제도가 마련되었다. [법18] ☐
  - 전국을 5도와 양계, 경기로 나누었다. [국11] ☐
  - 전국을 5도와 양계로 구획하였다. [서12] ☐
  - 전국을 5도와 양계로 나누었다. [회23] ☐
  - 전국을 5도 양계로 나누었다. [법20] ☐

[해설] 지방 행정 조직으로 5도 양계[(경기와) 5도, 양계]*를 설치한 왕은 현종(재위 1009-1031, 제8대)이다(1018, 현종 9). / 경기는 개성부에서 관할하였고, 5도 아래에는 4도호부와 8목을(4도호부 8목 체제), 양계 아래에는 진(鎭)을 설치하였다. 4도호부와 8목 아래에는 56개의 주(州)와 군(郡), 20개의 현(縣)을 두어 군현제의 틀을 완성시켰다(진은 28개).

*5도 양계: 도읍인 개경 남쪽으로 5도, 즉 양광도(지금의 경기도·충청도)와 경상도, 전라도, 서해도(지금의 황해도), 교주도(지금의 강원도)를 두었고[수도인 개경과 주변 지역 별도], 개경 북쪽으로는 양계를 두었는데 북계와 동계로 나누었다(동북 국경 지대). 도(道)에는 안찰사, 계(界)에는 병마사를 파견하였다.

- 5도는 양광도, 경상도, 전라도, 충청도, 교주도를 말한다[×]. [회17] ☐

[해설] 5도는 양광도, 경상도, 전라도, (충청도가 아니라) 서해도, 교주도를 말한다. 참고로 양광도가 대체로 오늘날의 충청도 지역에 해당한다. 서해도는 대체로 황해도 지역에 해당하며, 교주도는 대체로 강원도 지역에 해당한다.

- **[현종]** 4도호부, 8목, 56주·군 등에 지방관을 파견하였다. [회17] ☐

[해설] 4도호부, 8목, 56주·군을 정비하고 그곳에 지방관을 파견한 것은 고려 현종 대의 일이다(1018, 현종 9).

- **[현종]** 개성부를 경중(京中) 5부와 경기로 구획하였다.* [지17②] ☐

[해설] 개성부가 처음 설치된 것은 성종 14년인 995년의 일이다. 이어 현종 9년인 1018년에 개성부를 폐지하고 경중(京中) 5부와 경기로 구획하였다. 참고로 문종 16년에 지개성부사를 두었고, 충렬왕 34년인 1308년에 이르러 도성 안을 관할하는 개성부를 다시 두었다.

- 5도에 안찰사가 파견되었으며, 북방의 국경 지대에는 병마사를 파견하였다. [경13②] ☐

   [해설] 5도에 안찰사를, 북방의 국경 지대에는 병마사를 파견한 것은 고려 시대의 일이다.

- [고려의 지방 제도] 양계 지역은 계수관이 관할하였다[✗]. [서20] ☐
  - 북방의 국경 지대에는 동계·북계의 양계를 설치하여 병마사를 파견하였다. [경15③] ☐
  - 북방의 국경 지대에는 동계·북계의 양계를 설치하고 도독을 파견하였다[✗]. [경19②] ☐
  - 북방의 국경 지대에 동계·북계를 설치하고 병마사를 파견하였다. [회18] ☐
  - 북방의 국경 지대에는 동계·북계의 양계를 설치하여 병마사를 파견하고, 국방상의 요충지에는 진을 설치하였는데, 이것은 군사적인 특수 지역이었다. [경18①] ☐
  - 군사 행정 구역인 양계에 파견된 병마사는 안찰사보다 지위가 높았다. [회17] ☐

   [해설] 양계 지역을 관할한 이는 병마사이다(정3품). 계수관(界首官)이란 주현 중에서도 중심이 되는 대읍(大邑), 다시 말해 일반 군현보다 상급인 경(京), 도호부(都護府), 목(牧)의 수령(내지 그들이 관할하는 행정 구획)을 가리킨다. 5도제가 성립하기 전(고려 예종 내지 인종 때) 중앙과 지방을 잇는 중간 기구로 기능하였다. / 고려는 북방의 국경 지대에 동계(東界)-북계(北界)를 설치하고 (정3품의) 병마사를 파견하였다(5도 양계)(989, 성종 8). 또 국방상의 요충지에는 진(鎭)을 설치하였다. / [경19②] '도독'은 일종의 군관직으로 여러 시대, 여러 나라에서 사용되었는데 통일 신라 9주의 장관(지방관)직과 발해 (5경 15부 62주의) 15부 장관(지방관)직을 가리킨 사례를 대표적으로 들 수 있다. / [회17] 양계를 관할한 병마사는 정3품이었지만 5도에 파견된 안찰사에는 5, 6품의 낮은 품이 임명되었다(6개월 임기[교대]의 임시직, 병마사도 같은 6개월이지만 상주직).

- [북계] 중앙에서 병마사가 파견되었다. [기15] ☐
  - 군사적 요충지에 진이 설치되었다. [기15] ☐
  - 묘청 등이 풍수지리설을 내세워 난을 일으켰다. [기15] ☐
  - 공민왕이 무력으로 공격하여 원으로부터 되찾았다[✗]. [기15] ☐

   [해설] 주어진 지도('북계') 참조(본 주제 맨 마지막 쪽). 고려 시대의 지방 행정 구역이 지도로 제시되어 있다(5도 양계). 지도에 표시된 '(가) 지역'은 양계 중 북계에 해당한다. / 북계에는 중앙에서 병마사가 파견되었다(989, 성종 8). / 군사적 요충지에 진이 설치되었다. 진(鎭)은 특수 군사 지역이다. / 묘청 등이 풍수지리설을 내세워 난을 일으킨 곳은 서경(오늘날의 평양)이다(1135, 인종 13). / [기15] 공민왕이 무력으로 공격하여 원으로부터 되찾은 지역은 쌍성총관부가 관할하고 있던 철령 이북의 땅이었다(1356, 공민왕 5). 지도로 치면, (북계 오른쪽의) '동계' 위쪽에 해당한다(오늘날의 함경도).

- [지방 행정 제도] (가) - 5도에 관찰사가 파견되었다[✗]. [법18] ☐
  - 5도에는 안찰사가 파견되었으며 도내의 지방을 순찰하였다. [경15③] ☐
  - 5도에 파견된 안찰사는 상설 행정 기관 없이 순회하며 수령을 감독하였다. [회17] ☐

   [해설] 5도에 (관찰사가 아니라) 안찰사가 파견되었다(관찰사는 조선 시대). 5도에 파견된 안찰사는 상설 행정 기관 없이 순회하며 수령을 감독하였다. 5, 6품의 낮은 품이 안찰사로 임명되었으며, 6개월 임기[교대]의 임시직이었다.

- [지방 행정 조직] 고려의 지방은 지방관이 파견된 주현과 파견되지 않은 속현으로 구성되었다. [서18①] ☐
  - 군현을 지방관이 파견되는 주현과 파견되지 않는 속현으로 구분하였다. [서24②] ☐
  - 수령이 파견된 주현보다 수령이 파견되지 않은 속현의 수가 많았다. [서20] ☐
  - 외관이 파견된 주현보다 외관이 파견되지 않은 속현이 더 많았다. [회17] ☐
  - 지방의 모든 군현에 지방관이 파견되어 행정을 담당하였다[✗]. [지12①] [회15] ☐
  - 전국의 주민을 직접적으로 지배하기 위하여 모든 군·현에 수령을 파견하였다[✗]. [경15③] ☐
  - (가) - 모든 군현에 수령이 파견되었다[✗]. [법18] ☐

└모든 군현에 수령이 파견되었다[x]. [법23] ☐

└주현보다 속현의 수가 많았다. [회18] ☐

└주현이 속현보다 적었다. [법23] ☐

[해설] 고려 시대 군현은 지방관이 파견되는 주현과 파견되지 않는 속현으로 구분[구성]되었다. 그리고 현까지 지방관이 파견되는 것이 원칙이었지만 실제로 지방관이 파견된 주현보다 지방관이 파견되지 않은 속현이 (훨씬) 더 많았다. 따라서 지방관이 파견된 주현이 몇 개의 속현을 관할하였다. 지방의 모든 군현에 지방관이 파견되어 행정을 담당한 것은 조선 시대의 일이다.

- [지방 행정 조직] 향·소·부곡 등 특수 행정 조직이 있었다. [서20] ☐

└향, 소, 부곡은 모두 농업에 종사하는 천민들이 거주하던 곳이다[x]. [회18] ☐

└소는 특정한 물품을 조달하는 특수 행정 구역이었다. [회17] ☐

└향·부곡·소는 향리가 행정 업무를 담당하였다. [서24②] ☐

[해설] 특별 행정 구역인 향, 부곡, 소는 (주·군·현의 행정 기관을 매개로 하여) 호장 이하의 향리가 다스렸는데(참고로 속현도 향리가 행정 업무 담당), 거주민은 일반 군현에 비해 과도한 수취 부담을 졌다. 이 지역 사람들의 신분은 양민이지만, 천민과 비슷한 특수한 열등 신분의 지위에 있었다(차별대우). 그리고 향과 부곡에 거주하는 주민은 농사를 주로 하였으나 소(所)는 고려 시대에 신설된 구역으로 이곳의 거주민은 국가가 필요로 하는 수공업에 종사하였다[향(鄕)과 부곡(部曲)은 삼국 시대부터 있었으며, 소(所)가 고려 시대에 들어와 처음으로 생김(주의)].

- [지방 행정 조직] 향·소·부곡 등 특수 행정 구역이 주현으로 승격되기도 하였다. [국17②] ☐

└향·부곡·소를 일반 군현으로 승격할 것을 주장하였다. [법22] ☐

[해설] 향·소·부곡 등 특수 행정 구역이 주현으로 승격되기도 하였다. 자료[망이·망소이의 난(공주 명학소의 난)]에서 알 수 있듯이 (비록 기만적으로 승격시켰다가 바로 취소한 사례가 있음) 그러하였다. 또 다른 예로 고종 19년인 1232년 제2차 몽골 침입 시 처인부곡민이 공을 세우자 처인현으로 승격된 것을 들 수 있다. / 향·부곡·소가 일반 군현으로 승격된 것은 조선 시대에 들어가서이다.

- [예종] 우봉·파평 등의 지역에 감무관을 파견하였다.* [국17②] ☐

└지방관이 없는 속군에 감무를 파견하였다.* [지17②] ☐

[해설] 지방관이 없는 속군(과 현)에 감무(監務)(관)[지방 관직]가 파견된 것은 고려 예종 원년인 1106년의 일이다[예종(재위 1105-1122), 제16대]. 이때 우봉·파평 등의 지역에 감무관이 파견되었다. 예종이 감무관을 파견한 것은 중앙의 관원을 파견하지 못했던 속군현이나 부곡제(향·부곡·소) 등 말단 지방 행정 단위에 유망민을 안착시켜, 국가에서 필요로 했던 조세와 역을 직접 확보하기 위해서였다(중앙 집권화, 왕권 강화책의 일환, 당시는 이자겸으로 대표되는 인주 이씨 가문 등 문벌 귀족의 세도가 강했던 시기). 참고로 우봉은 황해도 금천, 파평은 경기도 파주의 옛 지명이다. 이로써 속군과 속현이 점차 소멸하기 시작하는데, 모든 지역에 지방관이 파견되는 것(즉 속군·속현 소멸)은 조선 태종 13년인 1413년에 이르러서이다.

- 성종은 호장·부호장과 같은 향리 직제를 마련하였다. [지12②] ☐

└당대등을 호장으로 개칭하였다. [회17] ☐

[해설] 성종(재위 981-997, 제6대)은 지방 제도를 정비하였는데, 12목을 설치(절도사 파견)하고, 호장·부호장과 같은 향리 직제를 마련하였다(983, 성종 2). 호장(戶長)은 고려와 조선 시대 향리직의 우두머리이다. 당대등(堂大等)은 당시 향직위 위계상 최고위에 해당하였다(추정).

- [호장] 지방의 실질적 지배자였으나 제도적으로 문과에 응시할 수 없었다[x]. [기16] ☐

└호장은 대개 백정(白丁)이라고 불렸으며 잡과에 응시할 자격이 있었다[x]. [기16] ☐

└호장은 국가에서 경제적 보수를 받지 않았다[x]. [서24②] ☐

└호장의 직역을 세습하였으나 그 대가를 국가로부터 받지 못하였다[x]. [기16] ☐

└호장 고려 말 재지사족이 증가하면서 향촌 사회의 주도권을 상실해갔다. [기16] ☐

20 고려의 통치 체제 정비

[해설] [기16] 고려 말에 이르러 재지사족(즉 신진 사대부)이 증가하면서 호장(戶長)은 향촌 사회의 주도권을 상실해갔다. / 호장의 직역을 세습하였으며 일정한 대가를 국가로부터 받았다(외역전). / 호장은 지방의 실질적 지배자였으며 제도적으로 문과에 응시할 수 있었다. / 고려 시대에 백정(白丁)이란 일반 농민을 가리킨다. 잡과에 응시한 것도 이들이었다. / [서24②] 호장(戶長)은 고려 시대 향직의 우두머리로서 부호장과 더불어 호장층을 형성하였다. 지방의 실무 행정을 총괄하는 지방의 실질적 지배자이다. 호장은 또한 제도적으로 문과에 응시할 수도 있었다. 호장이라는 명칭은 성종 2년(983)에 호장, 부호장과 같은 향리 직제를 마련하면서 처음 등장하였다(당시의 최고위직인 당대등을 호장으로, 장대등을 부호장으로 개칭). 그리고 호장은 외역전이라고 하여 직역에 대한 대가를 지급받았다. 외역전은 직역 세습을 대가로 세습 가능한 영업전이기도 하다.

■ 호장 [기16]

신라 말 모든 읍(邑)의 토인(土人)으로 그 읍을 다스리고 호령하는 자가 있었는데, 고려가 후삼국을 통일한 이후에 직호를 내리고 토인에게 해당 지방의 일과 백성들을 다스리게 하였으니 이를 일러 호장이라 하였다.
- 연조귀감 -

[해설] 호장(戶長)은 향리직의 우두머리이다. 부호장과 함께 호장층을 형성하여 향촌의 실무 행정을 총괄하였다(조선 시대까지 존속). 출처인 『연조귀감』은 조선 정조 때 (상주의 향리) 이진흥(?~?)이 향리들의 사적을 집약, 정리한 책이다(1777, 정조 원년).

IV

- [향리] 부호장 이하의 향리는 사심관의 감독을 받았다. [국21] □
  - 상층 향리는 과거로 중앙 관직에 진출할 수 있었다. [국21] □
  - 고려에서 상급 향리는 과거 응시에 제한을 두지 않아 고위 관리가 될 수 있었다. [서18①] □
  - 일부 향리의 자제들은 기인으로 선발되어 개경으로 보내졌다. [국21] □
  - 속현에서 농민들의 실질적인 지배 세력이었다. [기18] □
  - 속현의 행정 실무는 향리가 담당하였다. [국21] □

[해설] 사심관은 부호장 이하의 향직(관직)에 관한 사무를 관장하였다. 따라서 부호장 이하의 향리는 사심관의 감독을 받았다. / (호족 출신과 같은) 상층[상급] 향리는 과거로 중앙 관직에 진출할 수 있었다. 고려는 법제적으로 양인 이상이 과거에 응시할 수 있었고, 실제로 문과(제술과와 명경과)에는 주로 귀족과 향리의 자제들이 응시하였다. / 기인 제도는 지방 호족 및 토호의 자제들이 중앙에 볼모로 와서 머물던 제도이다. 따라서 일부 향리의 자제들도 기인으로 선발되어 개경으로 보내졌다. 그런데 고려 후기로 갈수록 기인의 사회적 지위가 낮아져 '기인의 천역화'가 가속화되었다. / 속현과 촌, 향·소·부곡의 실질적 행정을 향리가 담당하였다(실질적인 지배 세력).

- [향리] 지방의 중심 세력으로 사심관에 임명되었다[X]. [국11] □
  - 지방관이 파견되지 않은 속현이나 부곡의 실질적인 지배층이었다. [국11] □
  - 읍사(邑司)를 구성하여 지방 행정의 실무를 담당하였다. [국11] □
  - 조세와 공물의 징수 등 지방 행정의 실무는 향리가 담당하였다. [경19②] □
  - 조세나 공물의 징수와 노역 징발 등 실제적인 행정 사무는 향리가 담당하였다. [경15③] □
  - 속현의 조세와 공물의 징수, 노역 징발 등을 담당하였다. [법22] □
  - 고려 초 토성(土姓)을 분정 받아 그 근거지를 본관으로 인정받기도 하였다. [국11] □

[해설] 사심관은 향리가 아닌 중앙의 고위 관료가 임명되었다. 즉 사심관 제도는 고려 초기에 중앙의 고관을 자기 출신 지역 사심관으로 임명하고 그 지역의 치안을 유지하는 데 연대 책임을 지게 한 제도이다. / 고려 시대의 향리는 지방관이 파견되지 않은 속현이나 특수 행정 구역인 부곡의 실질적인 지배층이었다(지방의 지배 세력). / 고려 시대 향리는 향직을 세습하면서 읍사(邑司)를 구성하여 지방의 속현과 향·부곡·소의 조세 수취 업무 등 지방 행정 실무를 자치적으로 담당[집행]하였다. / 또 중소 호족 출신으로 토성(土姓)을 받아 그 근거지를 본관으로 인정받기도 하였으며, 문과에 응시하여 중앙 정계에 진출할 수 있었다.

■ **고려의 향리** [법22] □

이들의 첫 벼슬은 후단사이며, 두 번째 오르면 병사(兵史)·창사(倉史)가 되고, 세 번째 오르면 주·부·군·현의 사(史)가 되며, 네 번째 오르면 부병정(副兵正)·부창정(副倉正)이 되며, 다섯 번째 오르면 부호정(副戶正)이 되고, 여섯 번째 오르면 호정이 되며, 일곱 번째 오르면 병정·창정이 되고, 여덟 번째 오르면 부호장이 되고, 아홉 번째 오르면 호장(戶長)이 된다.

-『고려사』-

[해설] 주어진 자료 속 밑줄 친 '이들'은 향리를 가리킴을 알 수 있다. 향리는 일반적으로 고려 시대부터 조선 시대까지 지방의 행정을 담당했던 하급 관리를 일컫는다. 고려 시대와 조선 시대 향리의 사회적 역할과 위상은 달랐다(조선 시대에 하락).

- (중앙) 2군과 6위 (지방) 주현군과 주진군 [지17①] □
  - 중앙군은 2군 6위, 지방군은 주현군·주진군으로 편성되었다. [지12①] [회14] □
  - 중앙군은 2군 6위제로 운영하였다. [국24] □
  - 2군 6위가 중앙과 국경을 수비하였다. [서21] □
  - [주진군] 좌군, 우군, 초군으로 구성되어 진에 주둔하여 국경 수비를 전담하는 체제 [경12②] □

[해설] 고려는 중앙군으로 2군과 6위, 지방군으로 주현군과 주진군이 있었다(고려의 군사 제도). 중앙군 중 2군은 국왕 친위 부대로 응양군과 용호군으로 구성되었고, 6위는 수도 경비 및 국경 방어를 담당하였다. 응양군은 1령, 용호군은 2령이었는데, 한 령은 천 명으로 구성되었다(2군 6위 총 44령). 6위는 보통 성종 14년인 995년에 설치된 것으로 추정하며, 상위의 부대인 2군은 현종 대, 정확하게는 거란군의 침략을 당한 직후에 설치된 것으로 추정하고 있다[응양군과 용호군의 칭호가 현종 8년(1017)과 현종 9년(1018)에 처음으로 언급]. 지방군은 주현군과 주진군으로 편성되었다(상비군). / [경12②] 좌군, 우군, 초군으로 구성되어 진에 주둔하여 국경 수비를 전담한 군대는 곧 고려의 양계에 주둔한 주진군이다(상비군). 참고로 주현군은 5도에 주둔하면서 치안과 경비를 담당하였다(보승·정용·일품군, 향리가 지휘).

- 응양군, 용호군, 신호위 등 2군과 6위로 편성되었다. [지20] □
  - 2군(二軍)인 응양군과 용호군은 왕의 친위 부대였다. [서19②] □
  - 6위(六衛) 중의 감문위는 궁성과 성문 수비를 맡았다.* [서19②] □

[해설] 응양군, 용호군, 신호위 등의 2군과 6위로 편성된 것은 고려의 중앙군이다. 2군(응양군, 용호군)은 국왕의 친위 부대이자 직업 군인으로 구성되어 있었으며 군인전을 지급받았다(직역 세습). 6위 중 좌우위, 신호위, 흥위위는 개경 및 변방 수비의 임무를, 금오위는 경찰, 천우위는 의장, 감문위는 궁성 수비를 담당하였다.

- [주진군] 양계 지방에서 국경 지역 방어를 맡았던 상비적인 전투 부대였다. [지23] □
  - 북방의 양계 지역에는 주현군을 따로 설치하였다[X]. [서19②] □

[해설] (북방의) 양계 지역에서 국경 지역 방어를 맡았던 상비적인 전투 부대는 주진군이다(지방군). 주진군은 양계의 상비군으로 좌군, 우군, 초군으로 구성되어있다. 주현군은 5도에 주둔한 군인이다(지방군).

- [과거제] 원칙적으로 대역죄나 불효·불충죄를 저지르지 않은 양인이면 누구든지 응시할 수 있었다. [경19①] □

[해설] 고려 시대의 과거에는 이와 같은 죄를 저지르지 않은 양인(良人) 이상이면 누구나 과거에 응시할 수 있었다. 하지만 과거의 핵심에 해당하는 제술업의 경우는 긍정과 부정으로 견해가 갈린다. 현재로서는 백정(일반 백성)과 장정들에게 제술업의 응시 자격이 주어지지 않았다는 견해가 유력하다. 양인 신분으로 제술업에 급제한 사례가 확인되지 않기 때문이다. 제술업에 대한 규정 자체가 없는 것도 백정이나 장정이 응시할 자격이 없었음을 말해준다. 제술업과 명경업의 경우 사실상 귀족 관료의 자제인 문음자제, 국자감 유생, 향리의 경우 부호장 이상의 손(孫)이나 부호정 이상의 자(子) 등이 응시하였다. 향리 중에서도 일정한 선 이상의 상층의 자손만 응시를 허용하였다. 요컨대 양인은 제술업에 응시할 수 없었지만 명경업과 잡업에는 응시할 수 있었던 것으로 정리할 수 있다.

- 관리 등용 제도로는 과거와 음서 등이 있었으며 무과는 거의 실시되지 않았다. [서16] □
  - 5품 이상 고위 관리의 자손에게는 음서의 특혜가 주어졌다. [법17] □
  - 사위와 외손자에게도 음서의 혜택이 주어졌다. [법15] □

[해설] 고려의 관리 등용 제도로는 과거와 음서가 있었다. 과거 제도는 광종 때 쌍기의 건의에 따라 실시되었는데 문관을 뽑는 문과, 기술관을 뽑는 잡과, 승려를 대상으로 하는 승과가 있었으며, 무과는 거의 실시되지 않았다. 음서는 공신과 종실의 자손, 5품 이상의 고위 관료의 자손에게 주어지는 혜택으로 과거를 거치지 않고 관료가 될 수 있었다. / 고려 시대에는 사위와 외손자에게도 음서의 혜택이 주어졌다.

- ㉠은 시험 과목에 따라 제술업, 명경업, 잡업 등으로 구분하였다. [기15] □
  - 제술업 시행 [국11] □

[해설] [기15]의 ㉠은 과거제를 가리킨다. 고려의 과거는 시험 과목에 따라 제술업, 명경업, 잡업 등으로 구분하였다. 또한 고려의 과거제에는 승과(교종선·선종선)도 있었다. / 제술업은 과거에서 가장 중시된 시험으로 문학적 재능과 정책을 기준으로 하였다.

- 무예 솜씨와 실무 능력을 존중하는 무관은 음서 제도보다는 과거 제도를 통해 선발하였다[x]. [경19①] □

[해설] 고려 시대에 무과는 고려 마지막 왕인 공양왕 대(재위 1389-1392)에 이르러서야 정식으로 채택되어 사실상 시행되지 않았다고 볼 수 있다. 따라서 무관을 음서 제도보다는 과거 제도를 통해 선발하였다는 말은 맞지 않다.

- [지공거] 고려 시대의 과거를 관장한 시험관 [기19] □
  - ㉠을 통해 지공거와 합격자는 좌주와 문생이 되었다. [기15] □

[해설] 지공거(知貢擧)는 예부시(禮部試)라 불린 과거의 본고시를 관장한 시관(試官), 즉 시험관이다. 처음에는 1인을 두었다가 나중에 정·부(正副)를 두었는데 이를 지공거, 동지공거(同知貢擧)라고 하였다. 지공거는 좌주(座主)라고도 불리며, 좌주·문생 관계를 형성하여 관료 사회에서 중요한 위상을 차지하였다. / [기15]의 ㉠은 과거제를 가리킴.

- 음서제 시행 [국11] □
  - 왕실 및 공신의 후손, 5품 이상 관원의 자손은 ㉡의 혜택을 받았다. [기15] □
  - 공신의 후손을 위한 음서도 있었다. [지14①] □
  - 음서 출신자는 5품 이상의 고위 관직에 오를 수 없었다[x]. [지14①] □
  - ㉡을 통해 관직에 오른 사람은 제술업을 거쳐야 고관으로 승진할 수 있었다[x]. [기15] □
  - 10세 미만이 음직을 받은 사례도 있었다. [지14①] □
  - 왕의 즉위와 같은 특별한 시기에만 주어졌다[x]. [지14①] □

[해설] 음서제는 공신과 종실의 자손, 5품 이상의 고위 관료의 자손 등이 과거를 거치지 않고 관료가 될 수 있는 제도로 문벌 귀족 세력의 정치적 특권이었다. 음서 제도는 5품 이상의 고위 관료와 공신의 후손에게 적용되었다. / [지14①] [기15] 음서 출신이 고관으로 진출하는 데 제약이 없었으며, 최고 권력층인 재추에도 오를 수 있었다. 즉 음서를 통해 관직에 오른 사람이 제술업을 거쳐야 고관으로 승진할 수 있었던 것은 아니다. 오히려 음서 출신자가 과거 출신자보다 고관으로 승진하는 경우가 더 많았다. 따라서 고려 시대에 과거는 조선 시대와 달리 제한적인 관리 등용 제도에 머물렀다고 볼 수 있다([기15]의 ㉡은 음서제를 가리킴). / [지14①] 음서 대상자의 나이 규정이 없어 10세 미만이 음직을 받은 사례도 있었다. / 음서는 5품 이상 관료의 자손들을 대상으로 매년 시행되었다.

■ **고려의 음서** [기15] □

고려의 음서는 가문을 기준으로 관리의 후보자를 선발하였는데, 이는 관료 체계의 귀족적 특성을 보여준다.

[해설] 고려의 음서(제)에 대한 설명이다. 음서제는 고려 사회를 (관료제 사회가 아니라) 귀족제 사회로 보는 유력한 근거 중 하나이다.

• [현종] 국가 수입의 증대를 위해 주현공거법을 실시하였다[X].* [경17②] □
└주현공거법 시행으로 향리의 자제에게 과거 응시 자격을 부여하였다.* [기18] □

[해설] 주현공거법(州縣貢擧法)을 실시한 왕은 현종(재위 1009-1031, 제8대)이다(1024, 현종 15). 광종 때 실시한 과거 제도를 확대 실시한 것으로, 지방의 주·현을 단위로 향리의 자제에게 과거 응시 자격을 부여한 제도이다(고려를 관료제 사회로 이해하면 본 규정은 과거의 제도화가 심화된 것이지만 귀족제 사회로 이해하면 과거 응시 자격 및 응시 기회를 엄격히 제한한 것이 됨). 상술하자면 (중앙 관리의 자제인 국학생과 별도인) 지방 출신의 향공(鄕貢)의 (선발) 숫자를 주현의 크기에 기준하여 3~1인씩[1000정(丁) 이상 주현은 3인, 500정 이상 주현 2인, 그 이하 주현 1인]으로 제한하는 한편 이들은 반드시 계수관이 주관하는 계수관시를 거치도록 한 후, 다시 서울의 국자감에 재시험을 치뤄 합격한 다음에야 본시험인 예부시[동당시]에 응시할 수 있도록 한 것이다(즉 비교적 단순했던 광종 때의 과거 제도에 좀 더 복잡한 규정을 도입한 것으로 이후에도 계속 변화하여 고려 공민왕 대 전까지 '국자감시와 예부시 체제'로 일관). / [경17②] 국가 수입의 증대를 위해 광종이 실시한 것은 (과거와 관련된 주현공거법이 아니라) '주현공부법(州縣貢賦法)'이다(949, 광종 즉위년). 지방의 주·현에서 해마다 바치는 공물(과 부역)의 액수를 정한 법령이다. 일정한 양의 특산물을 바치도록 하였다.

• 승과는 교종선(敎宗選)과 선종선(禪宗選)의 두 가지 방법으로 나누어 실시하였다. [경19①] □
└광종 때부터 승과 제도를 실시하여 합격한 자에게는 승계(僧階)를 주고 승려의 지위를 보장하였다. [경16①] □

[해설] 광종 9년(958) 처음으로 과거를 실시하면서 이와 병행하여 승과를 설치하였다. 처음에는 부정기적으로 실시하다가 선종 대(재위 1049-1094, 제13대)에 문과처럼 3년마다 시행하는 정기 시험으로 하였다. 교종선은 교종의 승려를, 선종선은 선종의 승려를 뽑았는데, 교종선은 교종의 도회소인 개경의 왕륜사에서, 선종선은 선종의 도회소인 개경 광명사에서 시행하였다.

• 엄격한 신분 제도로 인하여 과거에 합격하고도 관직에 진출하지 못하는 경우가 많았다. [경19①] □

[해설] 고려가 신라처럼 폐쇄적인 신분 제도를 갖고 있었던 것은 아니나 귀족 중심의 신분 제도가 강했던 나라였음을 기억할 필요가 있다. 과거제는 왕권 또는 소수 귀족들의 권력 강화를 위해 '보조적으로' 도입·시행된 측면도 있다(귀족제 사회론). 후기로 갈수록 비록 급제자라 하더라도 오랫동안 대기하였다가 관직에 나가는 경우가 많았고, 심지어는 아예 취임하지 못하는 일도 있었다(정확한 표현).

● 사진으로 보는 고려의 통치 체제 정비

▲ 북계 [기15] □

[해설] [기15] 북계. 관련 선지 및 해설 참조

주제 21 고려 전기의 대외 관계

1 송과의 관계

• 송나라 사신 서긍이 고려를 방문하고 『고려도경』을 지었다. [서19①] □

[해설] 송나라 사신 서긍(1091~1153)이 고려를 방문하고 귀국 후 『고려도경』을 지은 것은 고려 인종 원년인 1123년의 일이다. 책의 본래 명칭은 『선화봉사고려도경』(40권)이다. 참고로 고려는 송과 대체로 친선 관계를 늘 유지하였다. 성종 12년 993년 거란과의 강화로 공식적인 외교 관계가 일시 중단되었으나 문종 때(재위 1046-1083, 제11대) 다시 회복되었다(1071, 문종 25)(그 사이에도 양국 간 외교 교류, 다수의 민간 교역이 이루어짐).*

*광종 13년(962)에서 명종 3년(1174)까지 친선 관계 유지(국사편찬위원회, 『신편 한국사』 서술)

2 거란[요]과의 관계

• 거란이 사신과 함께 낙타 50필을 보내왔다. [회24] □

[해설] 거란이 사신과 함께 낙타 50필을 보내온 것은 고려 태조 25년인 942년의 일이다. 하지만 태조 왕건은 사신 30인을 섬으로 유배보내고 선물 받은 낙타는 만부교에서 굶어 죽게 하였다(이른바 거란을 배척한 '만부교 사건')[『고려사』 권2 세가 권제2 태조 25년 10월 '거란과의 국교를 단절하다.'].

> **■ 만부교 사건** [회21] □
>
> 거란에서 사신과 낙타 50필을 보내왔다. 왕은 거란이 일찍이 발해와 동맹을 맺고 있다가 갑자기 의심을 품어 맹약을 어기고 그 나라를 멸망시켰으니 이는 심히 무도한 나라로서 친선 관계를 맺을 수가 없다고 하여, 드디어 국교를 단절하고 사신 30명은 섬으로 귀양을 보냈으며, 낙타는 만부교 아래 매어 두었더니 다 굶어 죽었다.
>
> [해설] 고려 태조 왕건의 반거란 정책을 잘 보여 주는 '만부교 사건'을 가리킴을 알 수 있다(942, 고려 태조 25). 만부교는 개경의 보정문 안에 있던 다리이다.

• 거란이 내원성을 쌓아 고려와 송의 교통로를 차단하였다.* [회24] □

[해설] 거란이 내원성을 쌓아 고려와 송의 교통로를 차단한 것은 고려 성종 10년인 991년의 일이다. 내원성은 압록강의 검동도에 있었던 것으로 추정한다. 내원성은 고려와 거란이 만나는 최전방에 위치한 요충지로, 거란의 전진 기지 역할을 담당하거나 양국의 문서를 주고받는 통로 역할을 하였다.

• 거란과 세 차례에 걸친 전쟁을 겪었다. [회21] □

└거란의 침공 [회16] □

[해설] (고려가) 거란과 세 차례에 걸친 전쟁을 겪은 것은 10세기 말과 11세기 초의 일이다[발발한 연도는 각 993(성종 12)/1010(현종 원년)/1018(현종 9)].

■ 거란 [지21]

건국 초부터 북진 정책을 추진한 고려는 발해를 멸망시킨 (가) 를/을 견제하고 송과 친선 관계를 맺었다. 이에 송과 대립하던 (가) 는/은 고려를 경계하여 여러 차례 고려에 침입하였다.

[해설] 주어진 '(가)'는 거란을 가리킨다. 거란은 고려를 세 차례 침입하였다[각 993(성종 12)/1010(현종 원년)/1018(현종 9)].

- [거란의 제1차 침입] 거란 장수 소손녕이 대군을 이끌고 침입하였다. [소19①]
  - 거란의 소손녕이 수십만 대군을 이끌고 고려를 침입하여, 서희가 외교 담판으로 거란군의 철수를 이끌어냈다. [서19①]
  - 거란의 1차 침입 [서24①]

[해설] 거란 장수 소손녕(?~996)이 수십만 대군을 이끌고 침입한 것은 고려 성종 12년인 993년의 일이다(거란의 제1차 침입).* 이때 문신 서희(942~998)가 소손녕과의 외교 담판으로 거란군의 철수를 이끌어 냈다. 오히려 이때 강동 6주를 획득하기까지 하였다.

*거란의 침입을 6차례로 구분하는 경우도 있지만 대체로 전쟁의 규모에 따라 1차(993년 10월), 2차(1010.11~1011.1), 3차(1018.12~1019.2) 총 3차례로 구분한다(통설).

- [서희] 거란과 협상하여 강동 6주 지역을 고려 영토로 확보하였다. [지22]
  - 서희는 거란과 협상하여 강동 6주를 확보하였다. [회23]
  - 서희는 거란과 담판을 해 강동 6주를 확보하였다. [서24①]
  - 서희의 외교 담판으로 강동 6주 지역을 획득하였다. [국24]
  - 소손녕과 담판하여 강동 6주를 획득하였다. [국23]
  - [강동 6주] 서희가 거란과의 담판으로 획득하였다. [법19]
  - 서희는 (다)와 협상하여 강동 6주를 확보하였다[×]. [법17]
  - 거란의 1차 침입 때 서희의 담판으로 압록강 동쪽의 9성을 확보하였다[×]. [경16②]
  - 서희가 송과의 관계를 끊는 조건으로 압록강 동쪽 280여리 지역을 거란으로부터 돌려받음.* [경13①]
  - 압록강 동쪽의 강동 6주를 확보하는 성과를 거두었다. [경12③]
  - 서희의 강동 6주 획득 [회14]
  - [강동 6주] 압록강 인근까지 영토가 확장되었다.* [회24]
  - (가): 고려가 강동 6주를 확보하였다. [법11]
  - 강동 6주를 획득하였다. [소18②]
  - 강동 6주 경략 [국18]

[해설] 거란[요][소손녕(?~996)]과 협상하여 강동 6주 지역을 고려 영토로 확보한 인물은 문신 서희(942~998)이다(993, 고려 성종 12). 강동 6주는 흥화, 용주, 통주, 철주, 구주, 곽주 등 압록강 하류와 청천강의 중간 지역으로, 현재의 평안노 지역이나([회24] '압록강 인근'). / [법17]의 (다)는 송을 가리킴.

■ 서희의 외교 담판 [국23] [국18] [지14②] [법23] [회24] [경21②] [소18②]

- 성종이 서경(西京)으로 가서 안북부(安北府, 안주)까지 나아가 머물렀는데, 거란(契丹)의 소손녕(蕭遜寧)이 봉산군(蓬山郡)을 공격하여 파괴하였다는 소식을 듣자 더 가지 못하고 돌아왔다. 서희(徐熙)를 보내 화의(和議)를 요청하니 ······
  - 『고려사』-

[해설] 『고려사』 권3 세가 권제3 성종 12년 윤 10월 '서희를 보내 거란에 화의를 요청하다'. 고려의 문신 서희(942~998)가 거란의 적장 소손녕(?~?)과

의 외교 담판을 통해 강동 6주를 획득한 것은 고려 성종 12년인 993년의 일이다(거란의 제1차 침입 시).

- 왕이 여러 신하들을 모아 놓고, "누가 말[言]로 적병을 물리치고 만대의 공을 세우겠는가?"라고 묻자 서희가 혼자 아뢰기를, "신(臣)이 명령에 따르겠습니다."라고 말하였다. 왕이 강가까지 나가서 위로하며 전송하였고, 서희가 국서를 가지고 소손녕의 군영에 갔다. -『고려사』-

[해설] 거란의 제1차 침입 시 적장 소손녕(?~996)과 외교 담판을 벌여 강동 6주를 획득한 서희(942~998)에 대한 자료임을 알 수 있다(993, 성종 12).

- 서희가 소손녕에게 "우리나라는 고구려의 옛 땅이오. 그러므로 국호를 고려라 하고 평양에 도읍하였으니, 만일 영토의 경계로 따진다면, 그대 나라의 동경이 모두 우리 경내에 있거늘 어찌 침식이라 하리요."라고 주장하였다.

[해설] '서희'와 '소손녕'이라는 인물명을 통해 거란의 1차 침입 시에 있었던 서희의 외교 담판을 가리킴을 알 수 있다(993, 성종 12). 이때 서희는 거란과의 외교 담판으로 거란을 물리치고 강동 6주까지 확보하였다.

- 우리나라가 곧 고구려의 옛 땅이다. 그리고 압록강의 안팎 또한 우리의 지역인데 지금 여진이 그 사이에 몰래 점거하여 저항하고 교활하게 대처하고 있어서 …(중략)… 만일 여진을 내쫓고 우리 옛 땅을 되찾아서 성보(城堡)를 쌓고 도로를 통하도록 하면 우리가 어찌 사신을 보내지 않겠는가? (서희) -『고려사』-

[해설] 거란의 제1차 침입 시 적장 소손녕(?~996)과 외교 담판을 벌인 문신 서희(942~998)가 소손녕의 물음에 답한 말이다. 즉 소손녕이 고구려의 땅이 거란의 소유인데 고려가 침범해 있고, 또 거란과 영토를 맞대고 있으면서도 바다를 건너 송(宋)을 섬기고 있기에 토벌하러 온 것이라는 말에, 위와 같이 응답하였다. 그 결과 거란을 물러가게 하고 나아가 강동 6주까지 획득하는 성과를 거두었다(993, 성종 12).

*성보(城堡): 적을 막으려고 성 밖에 임시로 만든 소규모의 요새(要塞)를 가리킨다. 산성(山城)의 한 가지로, 성자(城子)라고도 한다.

- (갑) 그대 나라는 신라 땅에서 일어났고 고구려 땅은 우리의 소유인데 그대들이 침범했다. (소손녕)

  (을) 아니다. 우리야말로 고구려를 이은 나라이다. 그래서 나라 이름도 고려라 했고, 평양에 도읍하였다. 만일 땅의 경계로 논한다면 그대 나라 동경도 모두 우리 강역에 들어 있는 것인데 어찌 침범이라 하겠는가. (서희)

[해설] (갑)과 (을)의 대화는 거란의 제1차 침입 시 벌어졌던 서희와 거란 적장 소손녕과의 담판에서 나온 것이다(993, 성종 12). 서희는 거란의 적장인 소손녕과의 담판을 통해 오히려 강동 6주를 획득하여 고려의 국경을 압록강까지 확대하는 데 기여하였다.

- 소손녕: 그대 나라는 신라 땅에서 일어났고, 고구려 땅은 우리 땅인데 너희들이 쳐들어와 차지하였다.

  서 희: 우리는 고구려를 계승하여 나라 이름을 고려라 하였다. 땅의 경계를 논한다면 그대 나라의 동경도 다 우리 땅이다.

[해설] 거란의 제1차 침입 시 문신 서희가 적장 소손녕과 외교 담판을 벌인 내용이다. 담판 결과 서희는 거란을 물러가게 하고 나아가 강동 6주까지 획득하는 성과를 거두었다(993, 성종 12).

- 소손녕: 고려는 옛 신라 땅에서 나라를 세웠고, 고구려의 옛 땅은 거란의 소유인데 고려가 차지하였다. 또 고려는 거란과 국경을 맞대고 있는데도 송을 섬기고 있어 출병하였다.

  서 희: 그렇지 않다. 우리 고려는 고구려의 후예이다. 그래서 나라 이름도 고려라고 하였다. 오히려 거란의 동경이 우리 국경 안에 있다. 그리고 압록강 근처도 우리 땅인데 현재 여진이 차지하여 길을 막아 거란과 국교를 이루지 못하고 있다. 여진을 쫓아내고 길을 통하면 국교를 통할 수 있을 것이다.

[해설] 위와 같은 내용의 자료이다.

- [강조] 목종을 폐위하였다. [국23] ☐
  └목종을 폐위하고 현종을 옹립하였다. [지22] ☐
  └강조가 정변을 일으켰다. [법24] ☐
  └강조의 정변 [경17②] ☐

[해설] 1009년에 목종을 폐위[피살]하고 현종을 옹립한 인물은 서북면 도순검사 강조(?~1010)이다[강조의 정변, 1009(목종 12)]. 거란은 이를 구실로 이듬해에 재차 침입하였다(거란의 제2차 침입, 1010년 현종 원년).

- [거란의 제2차 침입] 강조의 정변을 구실로 고려를 침략하였다. [지21] ☐
  └강조의 정변을 구실로 거란이 침입해 왔다. [서24①] ☐

- 강조를 토벌한다는 명분으로 거란이 침략하였다. [서23] □
- 거란은 강조의 정변을 구실로 두 번째 침입을 하였다가 현종의 입조를 조건으로 물러갔다. [경16②] □
- 거란이 강조의 정변을 계기로 강동 6주의 반환을 요구하며 40만의 대군으로 침입했지만, 양규의 선전으로 강화를 맺고 물러갔다. [서13] □

[해설] 고려 목종 12년(1009)에 일어난 강조의 정변을 구실로 거란은 고려를 재차[다시] 침략하였다(1010, 현종 원년, 거란의 제2차 침입, 1010~1011). 이때 현종이 (전남) 나주로 피란한 적이 있다(1011, 현종 2). / [서13] 이 시기는 개정 전시과가 실시된 시기에 속한다[998, 목종 원년, 경정 전시과가 시행된 문종 30년(1076)까지 시행](해당 문제의 질문에서 물은 내용, 정치·경제·사회·문화 각 분야들을 개별적으로 묻기보다는 서로 연결시켜 물을 수도 있음을 보여줌)(주의).

■ 강조의 정변 [국24] [지22] [지17②] [서22①] □

- 목종의 모후(母后)인 천추 태후와 김치양의 불륜 관계를 맺고 왕위를 엿보자, 서북면도순검사 강조가 군사를 일으켜 김치양 일파를 제거하고 목종을 폐위시켰다.

[해설] 강조의 정변은 목종 12년인 1009년에 일어났다. 강조의 정변으로 현종(재위 1009-1031, 제8대)이 즉위하였다. 참고로 목종은 현종의 이종사촌 형이었다.

- 개경으로 돌아온 강조(康兆)는 김치양 일파를 제거함과 동시에 국왕마저 폐한 후 살해하였다. 이 같은 소용돌이 속에서 대량원군이 임금으로 즉위하였다.

[해설] 강조의 정변(1009, 고려 목종 12)으로 새로운 왕이 즉위하였다는 내용으로 자료 속 밑줄 친 '대량원군'은 고려의 제8대 왕인 현종(재위 1009-1031)을 가리킨다. 참고로 대량원군은 현종의 즉위 이전의 작위이다(이름은 왕순, 자는 안세).

- 강조의 군사들이 궁문으로 마구 들어오자, 목종이 모면할 수 없음을 깨닫고 태후와 함께 목 놓아 울며 법왕사로 옮겼다. 잠시 후 황보유의 등이 (가) 을/를 받들어 왕위에 올렸다. 강조가 목종을 폐위하여 양국공으로 삼고, 군사를 보내 김치양 부자와 유행간 등 7인을 죽였다.

[해설] 고려 목종 12년(1009)에 있었던 (서북면도순검사) 강조(?~1010)의 정변으로, 이를 통해 주어진 자료 속 '(가)'는 현종을 가리킴을 알 수 있다. 강조의 정변은 이후 거란의 제2차 침입의 빌미가 되었다(1010, 현종 원년).

- 군대를 이끌고 통주성 남쪽으로 나가 진을 친 (가) 은/는 거란군에게 여러 번 승리를 거두었다. 하지만 자만하게 된 그는 결국 패해 거란군의 포로가 되었다. 거란의 임금이 그의 결박을 풀어 주며, "내 신하가 되겠느냐?"라고 물으니, (가) 은/는 "나는 고려 사람인데 어찌 너의 신하가 되겠느냐?"라고 대답하였다. 재차 물었으나 같은 대답이었으며, 칼로 살을 도려내며 물어도 대답은 같았다. 거란은 마침내 그를 처형하였다.

[해설] 주어진 자료 속 '(가)'는 고려의 무신 강조(?~1010)를 가리킨다(당시 서북면 도순검사). 또 '거란의 임금'은 거란[요]의 제6대 황제인 성종(재위 982-1031)이다.

- [거란의 제2차 침입] 거란이 개경을 점령하였다. [법24] □
- 개경이 함락되자 현종이 나주로 피난하였다. [서24①] □
- 이 국가의 침입으로 인해 국왕은 나주로 피난하였다. [서18②] □

[해설] 국왕(현종)이 (전라도) 나주로 피란한 것은 거란의 2차 침입 때이다(1010.11~1011.1). 현종 2년인 1011년 1월 1일 거란군이 개경에 입성하였으며, 이때 국왕 현종은 나주까지 피란을 갔다. 참고로 이때부터 현종은 국난 극복을 기원하며 『초조대장경』을 조판하기 시작하였다(~선종 4년인 1087년까지).

- [강감찬] 귀주에서 거란군을 물리쳤다(거란의 제3차 침입). [국23] □
- 강감찬이 귀주 대첩에서 승리하였다. [법13]

- (가): 강감찬이 귀주에서 거란을 물리쳤다. [법11]
  - 강감찬이 이끄는 고려군이 귀주 대첩에서 거란군을 격파하였다. [서24①]
  - 귀주 대첩에서 큰 활약을 하였다. [지20]
  - 고려왕의 친조를 요구하며 침입한 거란군을 강감찬이 귀주에서 전멸시킴. [경13①]
  - [귀주 대첩] 퇴각하는 거란군을 귀주에서 크게 격파하였다. [회24]
  - 강감찬의 귀주 대첩 [회14] [경17②]
  - 귀주 대첩 [국18] [경19②]

[해설] 귀주에서 거란군을 물리친 인물은 강감찬(948~1031)이다[귀주 대첩, 1019(현종 10)](거란의 제3차 침입, 1018~1019). 강감찬은 1019년 2월 거란 소배압(?~?)의 대군을 귀주에서 크게 물리쳤다. 귀주는 평안북도에 위치하였다(강동 6주 중 하나). 참고로 이후 양국 사이에 사신이 왕래하면서 국교가 회복되었다. 고려는 거란[요]의 제안을 받아들여 송의 연호를 정지하고 요*의 연호를 사용하는 대신 거란은 자신들이 요구한 국왕의 친조와 강동 6주 반환을 철회하였다.

*거란은 916년에 대요(大遼)를 세웠다(~1125).

■ **귀주 대첩** [법14] [법12] [소21]
- 강감찬이 산골짜기 안에 병사를 숨기고 큰 줄로 쇠가죽을 꿰어 성 동쪽의 큰 개천을 막아서 기다리다가, 적이 이르자 물줄기를 터뜨려 크게 이겼다.

[해설] 거란의 제3차 침입 때 있었던 강감찬(948~1031)의 귀주 대첩을 가리킨다(1019, 현종 10).

- 거란의 군사가 귀주를 지나니 강감찬 등이 동쪽 들에서 맞아 싸웠는데, …(중략)… 죽은 적의 시체가 들판을 덮고 사로잡은 군사와 말, 낙타, 갑옷, 투구, 병기는 이루 다 헤아릴 수가 없었다.

[해설] 강감찬이 거란군을 크게 물리친 귀주 대첩을 가리킨다(1019, 현종 10).

- 거란 군사가 귀주를 지나니 강감찬 등이 동쪽 들에서 맞아 크게 싸웠는데, …(중략)… 넘어져 죽은 적의 시체가 들판을 덮고, 사로잡은 군사와 말, 낙타, 갑옷, 투구, 병기는 이루 다 헤아릴 수가 없었다.

[해설] 위와 같은 내용의 자료이다.

- [목종~현종] 개경에 나성을 쌓았다(강감찬 건의). [지24]
  - 개경에 나성을 축조하였다. [경21②]
  - 북방 지역에 천리장성을 쌓기 시작하였다. [회24]
  - 북쪽 국경 일대에 천리장성을 쌓아 외적의 침략에 대비하였다. [경15②]
  - 고려는 국경 지대에 나성과 천리장성을 쌓아 거란과 여진의 침략에 대비하였다[X]. [경16②]

[해설] 강감찬(948~1031)의 건의로 개경을 방어하기 위하여 개경에 나성(羅城)을 축조한 것은 1009년(현종 즉위년)에서 1029년(현종 20)까지의 일이다. / [경16②] 고려가 국경 지대에 쌓은 것은 천리장성이다(나성은 국경 일대가 아니라 개경 주위). / 나성은 내성(內城) 또는 자성(子城)·왕성(王城)·재성(在城)의 바깥에 있는 넓은 주거지까지 에워싼 이중의 성벽으로, 나곽(羅郭) 또는 외성(外城)이라고도 한다. 고려에서는 938년(태조 21)에 서경에 나성을 쌓고 그 방비를 강화하였으며, 거란 침입을 물리친 후 이에 대한 방비를 위해 1010년부터 개경에 나성을 쌓아 21년 만에 완성하였다(거란과 여진 등 외적의 침략에 대비하여 국경 지대에 천리장성을 쌓았다는 식의 내용은 옳은 설명).

- [덕종~정종] 천리장성을 축조하였다. [국17①]
  - 북쪽 국경 일대에 천리장성이 축조되었다. [법12]
  - 압록강과 도련포에 걸쳐 천리장성을 쌓았다. [회23]

┗압록강에서 도련포에 이르는 천리장성을 축조하였다. [소21] ☐

┗(나): 압록강 입구에서 도련포까지 천리장성을 쌓았다. [기12] ☐

┗천리장성 축조 [국18] [회14] [경19②] [경17②] ☐

[해설] 우리나라 역사[한국사]에서 천리장성을 축조한 것은 두 차례이다. 첫 번째는 고구려가 당 태종의 침략에 대비해 쌓은 천리장성으로, 631년(영류왕 14)에서 647년(보장왕 7)에 걸쳐 축조하였다(비사성~부여성). 두 번째는 고려가 거란과 여진의 침입에 대비해 쌓은 천리장성이다. 1033년(덕종 2)에서 1044년(정종 10)에 걸쳐 축조하였다(압록강 어귀~동해안의 도련포)(강감찬의 권유로 천리장성과 나성 축조). / [기12]의 (나)는 성종과 문종 대 사이의 시기를 가리킴.

3 여진[금]과의 관계

- [윤관] 별무반의 편성을 건의하였다. [지22] ☐

┗윤관이 별무반 편성을 건의하였다. [국24] ☐

┗[별무반] 윤관의 건의로 편성된 기병 중심의 부대였다. [지23] ☐

┗여진족에 대처하기 위해 조직되었다. [지20] ☐

┗[숙종] 여진 정벌을 위해 윤관이 건의한 별무반을 설치하였다. [지16②] ☐

┗윤관은 (가)를 정벌하기 위해 별무반을 편성하였다. [법17] ☐

┗신기군, 신보군, 항마군으로 별무반을 편성하였다. [회17] ☐

┗신기군, 신보군, 항마군으로 구성되었다. [소20] ☐

┗군사의 기동력을 높이기 위해 기병 부대인 신기군이 설치되었다. [회15] ☐

┗별무반이 편성되었다. [법14] ☐

┗윤관의 별무반 설치 [회14] ☐

┗별무반 창설 [경17②] ☐

┗별무반 [서22①] ☐

[해설] 윤관(1040~1111)의 건의로 편성[창설]된 기병 중심의 부대는 별무반이다(1104, 숙종 9)(1104.12). 별무반은 신기군, 신보군, 항마군(승병)으로 편성되었다[여진족(금)의 침입 대비]. 이후 예종 2년인 1107년에 별무반을 동원하여 여진을 몰아내고 북계 지역에 동북 9성을 쌓았다(여진의 간청과 수성의 어려움으로 1109년에 반환).

■ 윤관의 별무반 편성 건의와 수용 [지20] [지14②] [서22①] [경12③] ☐

- 윤관이 "신이 여진에게 패한 이유는 여진군은 기병인데 우리는 보병이라 대적할 수 없었기 때문입니다."라고 아뢰었다.

[해설] '윤관'과 '여진군'이라는 말을 단서로 윤관(1040~1111)의 여진 정벌(1107, 예종 2)과 관련된 사실임을 알 수 있다. 자료 속 윤관의 건의는 별무반 편성에 관한 것이다(1104, 숙종 9).

- "제가 전날에 패한 원인은 적들이 모두 말을 탔고, 우리는 보병으로 전투한 까닭에 대적할 수 없었기 때문입니다."라고 하자, 이때 비로소 __(가)__ 을/를 만들기로 하였다.　　　　　　　　　　　- 『고려사』 -

[해설] <보기>의 (가)에 들어갈 군대는 윤관이 고려 숙종(재위 1095-1105, 제15대)에게 건의하여 편성한 '별무반'임을 알 수 있다(1104, 고려 숙종 9). 별무반은 신기군, 신보군, 항마군(승병)으로 편성되었다(여진족의 침입 대비).

- 윤관이 아뢰기를, "신이 적의 기세를 보건대 예측하기 어려울 정도로 굳세니, 마땅히 군사를 쉬게 하고 군관을 길러서 후일을 기다려야 할 것입니다. 또 신이 싸움에서 진 것은 적은 기병(騎兵)인데 우리는 보병(步兵)이라 대적할 수가 없었기 때문입니다."라 하였다. 이에 그가 건의하여 처음으로 이 부대를 만들었다.

[해설] 주어진 자료 속 '이 부대'는 윤관의 건의에 의해 만들어진 고려의 별무반을 가리킨다(1104, 숙종 9).

- "신이 오랑캐에게 패한 것은 그들은 기병인데 우리는 보병이라 대적할 수 없었기 때문이었습니다." 이에 왕에게 건의하여 새로운 군대를 편성하였다. 문·무 산관, 이서, 상인, 농민들 가운데 말을 가진 자를 신기군으로 삼았고, 과거에 합격하지 못한 20살 이상 남자들 중 말이 없는 자를 모두 신보군에 속하게 하였다. 또 승려를 뽑아서 항마군으로 삼았다.
  - 『고려사절요』-

[해설] 윤관의 건의가 받아들여져 별무반이 편성된 것은 고려 숙종 9년인 1104년의 일이다.

- 윤관이 새로운 부대를 창설했는데, 말을 가진 자는 신기군으로 삼았고, 말이 없는 자는 신보군 등에 속하게 하였으며, 승려들을 뽑아 항마군으로 삼았다.

[해설] 주어진 자료는 윤관이 여진(족)의 침략에 대비하여 별무반을 편성한 사건을 가리킨다(1104, 숙종 9).

- [예종] 윤관을 원수로 하여 여진 정벌을 단행하였다. [국17②] ☐
  - 윤관이 별무반을 이끌고 여진족을 몰아내었다. [법19] ☐
  - 별무반과 함께 여진 정벌에 나서는 윤관 [법20] ☐
  - 윤관의 여진 정벌 [경19②] [기18] ☐

[해설] 고려의 명신이자 명장인 윤관(1040~1111)을 원수로 하여 여진 정벌을 단행한 것은 예종 2년인 1107년의 일이다(동북 9성 설치, 별무반 편성은 숙종 9년인 1104년)(17만여 명 동원)(1107.10~1109.7).

- [윤관] 여진을 몰아내고 동북 9성을 쌓았다. [국23] ☐
  - 여진을 축출하고 동북 9성을 쌓았다. [법13] ☐
  - 여진족을 북방으로 몰아내고 동북 지방에 9성을 쌓았다. [경12③] ☐
  - 윤관이 별무반을 이끌고 동북 지방 일대에 9성을 쌓았다. [법11] ☐
  - 12세기 초 윤관의 건의로 별무반을 편성하여 여진족을 북방으로 밀어 내고 동북 지방 일대에 9개의 성을 쌓았다.
    [경18①] ☐
  - 별무반을 이용하여 여진을 토벌하고 동북 지방 일대에 9성을 축조 [기11] ☐
  - 기병 중심의 별무반을 이끌고 윤관은 여진을 정벌하고 동북 9성 축조 [경13①] ☐
  - 동북 지방 일대에 9성을 쌓았다. [경21②] ☐
  - (다) - 동북 9성을 건설한 계기가 되었다. [법12] ☐
  - 동북 9성 설치 [회14] ☐
  - 9성 설치 [국18] ☐

[해설] 여진을 몰아내고 동북 9성을 쌓은 인물은 윤관(1040~1111)이다(1107, 예종 2). 동북 9성은 함주, 영주, 웅주, 길주, 복주, 공험진, 숭녕진, 통태진, 진양진을 가리킨다.

■ 동북 9성 설치 [법22] [법12] [회23] ☐

- 왕은 윤관이 이끄는 별무반을 파견하여 여진을 정벌한 후 동북쪽에 9개의 성을 쌓아 방어하도록 하였다.

[해설] 윤관(1040~1111)이 별무반으로 여진을 정벌하고 동북 9성을 쌓은 것은 고려 예종 2년인 1107년의 일이다[예종(재위 1105-1122), 제16대].

- 이때부터 별무반을 만들기로 결정하였다. … 윤관이 임금에게 포로 346명과 말 96필, 소 300여 두를 바쳤다. 그리고 통

태진 등 지방에 성을 쌓았는 바, 이것이 북계의 9성이다.

[해설] 윤관의 건의로 기병 중심의 부대로 별무반이 편성된 것은 고려 숙종 9년인 1104년의 일이다[신기군, 신보군, 항마군(승병)으로 편성]. 그리고 별무반을 동원하여 여진을 몰아내고 북계 지역에 동북 9성을 쌓은 것은 예종 2년인 1107년의 일이다.

- 윤관이 여진을 쳐서 적을 크게 패퇴시켰다. 여러 장수들을 보내어 경계를 정하고 웅주, 영주, 복주, 길주의 4개 주에 성을 쌓았다.

[해설] 윤관의 동북 9성 설치에 대한 설명이다.

- [고려정계비] 고려가 여진을 쫓아내고 국경을 정한 비석이다. [회20] □

[해설] 고려가 여진을 쫓아내고 국경을 정한 것은 고려 예종 2년인 1107년의 일이다. 윤관이 별무반을 이끌고 여진을 정벌하고 동북 9성을 쌓았다. 예종 3년인 1108년 2월, 동북 9성의 가장 북쪽에 있는 공험진 선춘령에 고려정계비(高麗定界碑)를 세웠다(국경 경계비). 참고로 조선 후기에 제작된 『북관유적도첩』 중 '척경입비도'에는 윤관이 9성 중 하나인 선춘령에 '고려지경(高麗之境)'이라고 새긴 비석을 세워 국경선을 표시한 일이 그려져 있다.

- [여진] 고려에 동북 9성을 돌려달라고 요구하였다. [지21] □
└ 동북 9성 환부 [경19②] □

[해설] 조공을 약속하며 고려에 동북 9성을 돌려달라고 요구한 나라는 여진(족)이다. 고려는 논의 끝에 화친을 청한 여진의 요구를 받아들여 윤관(?~1111)이 구축한 동북 9성을 돌려주었다(1109, 예종 4)(윤관 반대)(1109.7). 동북 9성 설치 후 여진의 강력한 공세로 9성을 지키기가 어려웠다는 점도 반환의 한 이유이다.

■ 동북 9성 반환 [법14] □

여진의 추장들은 땅을 돌려달라고 떼를 쓰면서 해마다 와서 분쟁을 벌였다, …(중략)… 이에 왕은 신하들을 모아 의논한 후에 그들의 요구에 따라 9성을 돌려주었다.

[해설] 동북 9성을 쌓은지 2년 만에 동북 9성을 여진에게 반환해주었다는 내용이다(1109, 예종 4).

■ 고려의 영토 확장 [기13] □

고려는 후삼국을 통일한 이후 꾸준히 영토를 확장해 갔다. ㉠태조는 북진 정책을 추진하여 청천강까지 영토를 확장하였다. 성종 때 거란이 침입하자 ㉡서희는 담판을 통해 강동 6주를 획득하였고, ㉢윤관은 여진의 확대에 대비하여 4군과 6진을 개척하였다. 또한, 고려 말 ㉣공민왕은 원에 빼앗겼던 철령 이북의 땅을 수복하였다.

[해설] 태조는 북진 정책을 추진하여 청천강(에서 영흥만)까지 영토를 확장하였다. / (성종 때 거란이 침입하자) 서희는 (소손녕과의) 담판을 통해 강동 6주를 획득하였다(993, 성종 12). / 윤관(?~1111)이 여진의 확대에 대비하여 (4군과 6진이 아니라) 동북 9성을 설치하였다(1107, 예종 2). 4군과 6진을 개척한 것은 조선 세종 때의 일이다[1433(세종 15), 최윤덕과 김종서]. / 공민왕은 재위 초 원에 빼앗겼던 철령 이북의 땅을 수복하였다(1356, 공민왕 5). 무신 유인우(?~1364)로 하여금 쌍성총관부를 공격하게 하여 쌍성총관부가 관할하고 있던 철령 이북의 땅을 수복하였다.

- 여진이 금을 건국하고 요를 멸하였다.* [경11②] □

[해설] 여진이 금을 건국한 것은 예종 10년인 1115년이고, (금이) 요를 멸한 것은 인종 3년인 1125년의 일이다. 동아시아사 관련 내용이다.

● 사진으로 보는 고려 전기의 대외 관계

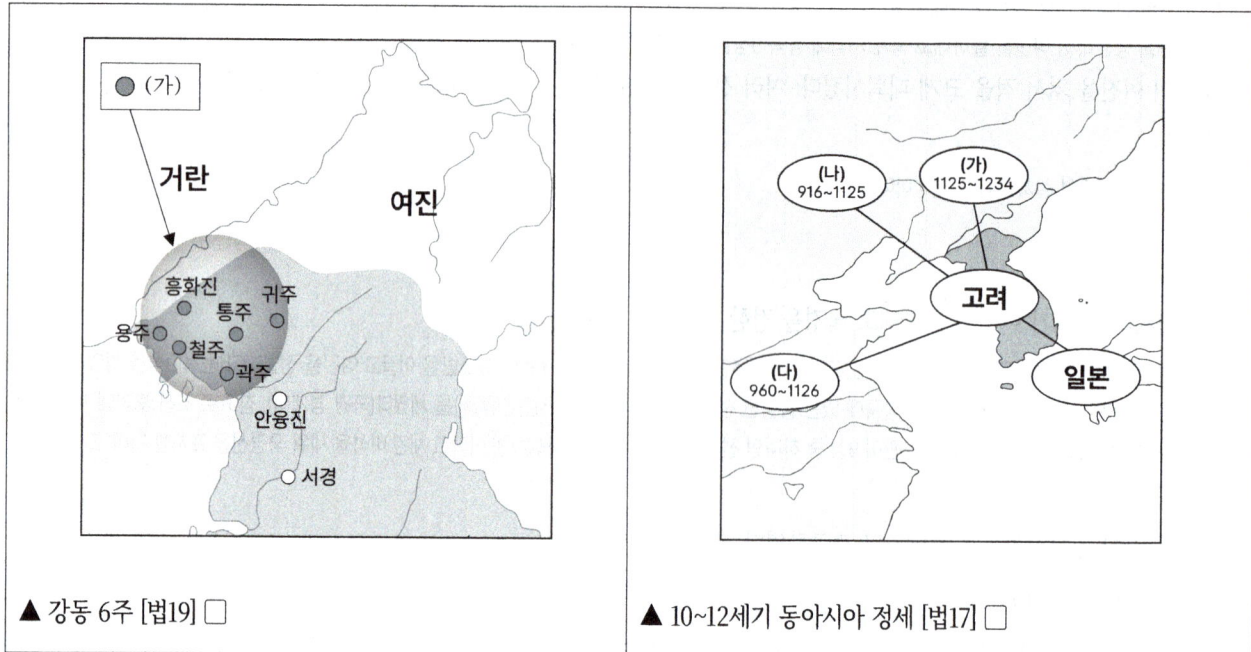

▲ 강동 6주 [법19]

▲ 10~12세기 동아시아 정세 [법17]

[해설] [법19] 지도(강동 6주)에 흥화진, 용주, 통주, 철주, 귀주, 곽주가 표시되어 있다. 이를 통해 거란의 1차 침입 시 서희가 소손녕과의 외교 담판을 통해 획득한 강동 6주 지역임을 알 수 있다(993, 성종 12).

[해설] [법17] 지도(10~12세기 동아시아 정세)에서 (가)(1125-1234)는 '금[여진]'이고, (나)(916-1125)는 '요[거란]'을 가리킨다. 나머지 (다)(960-1126)는 '송'이다.

주제 22 문별 귀족 사회의 성립과 동요

1 문별 귀족 사회의 성립

- [고려 귀족제설] 공음전시는 5품 이상의 관료에게 세습되어 귀족의 지위를 유지하는 경제적 기반이 되었다. [기12] □
  - 음서제는 서양 귀족 사회의 습관제(襲官制)와 같이 법제적으로 귀족의 지위를 세습하는 제도였다[x].* [기12] □
  - 정치 제도상 소수의 문별 귀족이 재상이 되어 그들 중심으로 정치를 운영하였다. [기12] □
  - 귀족들은 왕실이나 유력 가문과 폐쇄적인 통혼권을 형성하여 자신들의 가문을 유지하였다. [기12] □
  - 문별의 형성 [소22] □
  - 훈척의 소멸* [소22] □

[해설] 공음전시는 5품 이상의 관료에게 세습되어 귀족의 지위를 유지하는 경제적 기반이 되었다. 고려 귀족제설의 옳은 근거이다. / [기12] 음서제는 왕실과 공신의 자손, 5품 이상 관원의 자손 등을 과거를 거치지 않고도 관료가 될 수 있도록 하는 제도로 고려 사회의 '귀족적 성격'을 보여주는 강력한 근거 중 하나이다. 하지만 서양 귀족 사회의 습관제(襲官制)와 같이 법제적으로 귀족의 지위를 그대로 세습하는 제도[가업(家業)의 전수제]가 아니라 고관이나 유공자에 대한 국가적인 보은제(報恩制)라는 반론도 만만찮게 제기되고 있다. 사실 음서제는 초직(初職) 임용에만 해당하는 것이지 승진까지 보장하는 것이 아니어서 아버지의 지위를 그대로 물려받는 서양의 습관제와는 다른 측면이 있다(즉 아버지가 백작이면 아들도 백작 지위를 그대로 물려받는 방식은 아니다). / 정치 제도상 소수의 문별 귀족이 재상이 되어 그들 중심으로 정치를 운영하였다. 옳은 근거이다. / 귀족들은 왕실이나 유력 가문과 폐쇄적인 통혼권을 형성하여 자신들의 가문을 유지하였다. 옳은 근거이다. / [소22] 훈척(勳戚)이란 나라에 훈공이 있는 임금의 친척을 가리킨다. '훈척의 소멸'은 자료를 활용한 탐구 주제 중 하나로 제시됨.

▌문별 귀족의 형성과 분화 [기12] [소22] □

- 고려 지배 세력의 근원은 나말여초에 대두한 호족이었다. 고려 초기 사회는 이들 세력의 연합에 의해 주도되었으며, 그 정치 형태는 호족 연합 정권이었다. 고려 중기 이후 유교 정치 이념을 기반으로 한 집권화 정책이 추진되면서 지방 세력은 점차 약화되고 분화되었다. 그중 일부는 향리층으로 고착화되었고, 중앙 관인화한 세력은 문별 귀족이 되어 고려 중기 이후 고려 사회를 이끌어갔다.

[해설] 고려 사회의 정치적 지배 세력을 귀족으로 보는, 다시 말해 고려 사회의 '귀족적 성격'을 강조하는 연구자들의 주장이다(귀족제설)(반대로 고려 사회의 '관료적 성격'을 강조하는 관료제설 있음).

- ·· 나라에 벼슬하는 자는 바로 귀한 가문 출신의 관리들이며, 이들은 가문의 명망으로 서로를 높인다. (중략) 나라의 재상은 대부분 훈척(勳戚)을 임명한다. 선종부터 이씨의 후손을 비로 맞이하였는데, 예종도 세자 때 이씨의 딸을 맞아 비로 삼았다. -『선화봉사고려도경』-
- · 최사추는 문헌공 최충의 손자이다. 어려서부터 공부에 힘써 글을 잘하였다. 문종 때에 과거에 급제하였다. (중략) 최사추의 아들은 최원과 최진이다. 최원은 여러 차례 승진하여 상서우복야가 되었고, 최진은 문하시랑평장사가 되었다. 이자겸, 문공미, 유인저가 모두 최사추의 사위이니 문별의 성대함이 당시에 비길 바가 없었다. -『고려사』-

[해설] 위의 자료는 '선종부터 이씨의 후손을 비로 맞이하였다'는 부분에서 인주 이씨 가문이 외척 가문으로 발전하여 문별 귀족화되어감을 알 수 있다. 아래의 자료 역시 최충의 자손들이 과거와 혼인을 통해 문별 귀족화되어감을 알 수 있다. 요컨대 위의 두 자료는 고려 전기에 나타난 문별 귀족의 형성과 관련된 것임을 알 수 있다.

2 문벌 귀족 사회의 동요

• [이자겸] 예종과 인종 때 왕실과 혼인 관계를 맺어 외척으로서의 지위를 이용하여 정권을 장악하였다. [경15②] □

[해설] 예종(재위 1105-1122, 제16대)과 인종(재위 1122-1146, 제17대) 대에 왕실과 혼인 관계를 맺어 외척으로서의 지위를 이용하여 정권을 장악한 인물은 이자겸(?~1126)이다.

• 금이 군신 관계를 요구해 오자 이자겸이 그 요구를 받아들였다. [법11] □
 └이자겸이 금의 사대 요구를 받아들였다. [회23] □
 └군신 관계 요구를 수용하였다. [소18②] □

[해설] 금이 군신 관계를 요구해 오자 문벌 귀족 이자겸(?~1126)이 그 요구[사대 요구]를 수용할 것을 주장한 것은 고려 인종 4년인 1126년의 일이다.

■ 금의 사대 요구 수용 [국19] [서18②]

• 이자겸, 척준경이 말하기를 "금이 예전에는 작은 나라여서 요와 우리나라를 섬겼으나, 지금은 갑자기 흥성하여 요와 송을 멸망시켰다. …(중략)… 작은 나라로서 큰 나라를 섬기는 것은 선왕의 도이니, 마땅히 우선 사절을 보내야 합니다."라고 하니 (가) 이/가 그 의견을 따랐다. -『고려사』-

[해설] 금이 강성해지자 금에 대한 사대를 받아들여야 한다고 주장한 문벌 귀족 이자겸(?~1126)과 그에 따른 인종(재위 1122-1146, 제17대)이 나와 있다(1126, 인종 4).

• • 모든 관리들을 소집해 ▓▓ 을/를 상국으로 대우하는 일의 가부를 의논하게 하자 모두 불가하다고 했으나, 이자겸과 척준경만이 찬성하고 나섰다.
 • ▓▓ 은/는 전성기를 맞아 우리 조정이 그들의 신하임을 칭하도록 하고자 하였다. 여러 의견들이 뒤섞여 어지러운 가운데, 윤언이가 홀로 간쟁하여 말하기를 …… 여진은 본래 우리 조정 사람들의 자손이기 때문에 신하가 되어 차례로 우리 임금께 조공을 바쳐왔고, 국경 근처에 사는 사람들은 모두 우리 조정의 호적에 올라있는 지 오래 되었습니다. 우리 조정이 어찌 거꾸로 그들의 신하가 될 수 있겠습니까?

[해설] 주어진 자료 속 빈칸에 공통적으로 해당하는 국가는 여진이 세운 나라 즉, 금이다(1115-1234).

• 고려의 대표적인 문벌 가문인 경원 이씨가 성장하였으며, 이후 경원 이씨인 이자겸이 난을 일으키기도 하였다. [기13] □

[해설] 고려의 대표적인 문벌 가문인 경원 이씨가 성장하였으며, 이후 경원 이씨인 이자겸이 난을 일으킨 것은 인종 4년인 1126년의 일이다. 이 시기는 경정 전시과(1076, 문종 30)가 실시된 시기에 속한다(해당 문제와 관련, 시기를 묻는 문제).

• [이자겸의 난] 이자겸이 척준경과 더불어 난을 일으켰다. [지21] □
└이자겸이 척준경을 끌어들여 난을 일으켰다. [소21] □
└딸들을 왕에게 시집보내어 권력을 잡고 척준경과 함께 난을 일으켰다. [서20] □
└왕의 측근 세력을 제거하고 인종을 감금하였다. [법17] □
└㉣ - 이자겸의 난은 문벌 귀족 사회 붕괴를 촉진하는 계기가 되었다. [경11②] □
└이자겸이 난을 일으켰다. [법23] □
└이자겸의 난 [서11] [회16] [기18] □

[해설] 이자겸(?~1126)이 척준경(?~1144)과 더불어 난을 일으킨 것은 고려 인종 4년인 1126년의 일이다[인종(재위 1109-1146, 제17대](1126.2~5). 이자겸의 난을 계기로 문벌 귀족 사회의 붕괴가 촉진되었다.

■ 이자겸의 난 [법13] [소19①] □

- 왕이 어느 날 홀로 한참 동안 통곡하였다. 이자겸의 십팔자(十八字)가 왕이 된다는 비기(秘記)가 원인이 되어 왕위를 찬탈하려고 독약을 떡에 넣어 왕에게 드렸던 바, 왕비가 은밀히 왕에게 알리고 떡을 까마귀에게 던져주었더니 그 까마귀가 그 자리에서 죽었다.
  - <고려사> -

[해설] 주어진 자료는 고려 인종 4년인 1126년에 발생한 이자겸의 난과 관련이 있음을 알 수 있다.『고려사』열전 권제40 '이자겸'조에 나오는 내용이다. 왕의 독살을 막은 왕비는 이자겸의 넷째 딸이었다.

- 이자겸이 척준경과 함께 반란을 일으켜 궁궐을 불태우고 왕의 측근 세력들을 제거하였으며, 인종을 감금하였다.

[해설] 고려 인종 4년(1126)에 발생한 이자겸의 난을 가리키는 것임을 알 수 있다.

- 척준경이 이자겸을 제거하였다. [소22] □

[해설] 이자겸(?~1126)과 사이가 벌어진 척준경(?~1144)이 이자겸 세력을 제거한 것은 인종 4년인 1126년의 일이다(1126.5).

■ 척준경의 이자겸 제거 [법23] □

최사전의 회유에 따라 척준경은 마음을 돌려 계책을 정하고 이자겸을 제거하였다.

[해설] 고려 인조 4년인 1126년에 발생한 이자겸의 난 때 발생한 일이다(1126.5). 이자겸과 척준경 사이에 틈이 생기자 그 틈을 타 의관 최사전(1067~1139)이 척준경을 설득하였다. 최사전은 그 공으로 병부상서에 추충위사공신이 되었다(후에 문하시랑평장사에 이름, 인종의 묘정(廟庭)에도 배향됨).

- [인종] 이자겸의 난을 수습하고 민생을 안정시켰다. [소18②] □

[해설] 이자겸의 난을 수습하고 민생을 안정시킨 왕은 고려 인종(재위 1122~1146, 제17대)이다(1126, 인종 4).

- [서경파] 서경에 대화궁을 짓게 하고 칭제건원을 주장하였다. [국19] □
  └[인종] 서경에 대화궁을 지었다. [지15①] □
  └서경에 대화궁을 짓고 그 안에 팔성당을 설치하였다. [경17②] □
  └서경파가 대화궁을 축조하였다. [법13] □

[해설] 고려 인종 13년인 1135년에 서경파인 묘청(?~1135) 등의 서경 천도 운동이 발생하게 되는데, 이때 서경파는 서경(오늘날의 평양)에 대화궁을 짓고 칭제건원할 것을 주장하였다. 대화궁을 지은 것은 인종 6년인 1128년의 일이다.

- [묘청] 풍수지리설을 앞세워 서경 천도를 적극 추진하였다. [서20] □
  └묘청이 서경 천도를 주장하였다. [소19①] □
  └묘청이 서경 천도 운동을 벌였다. [법14] □
  └(나): 묘청이 서경 천도 운동을 일으켰다. [법11] □
  └묘청의 서경 천도 운동 [기18] □
  └도읍(都邑)을 옮겨서 혁신 정치를 시행하려고 하였다. [서12] □

[해설] 풍수지리설을 앞세워 서경 천도를 적극 추진한 인물은 묘청(?~1135)이다[1135(인종 13), 서경 천도 운동]. / 묘청은 도읍을 옮겨서 혁신 정치를 시행하고자 하였다(묘청을 포함한 서경 세력).

묘청 등 서경 세력의 서경 천도론[풍수지리설] [국17①] [서17②] [회23] [회16] [소21]

- 분사 검교소감 백수한 등이 스스로 음양의 술법을 안다고 칭하여 허황되고 불경한 말로 여러 사람을 현혹시켰다. 정지상 또한 서경 사람이라 그 말을 깊이 믿고 이르기를, "상경은 터전이 이미 쇠퇴하였고 궁궐이 모두 타서 남은 것이 없으나, 서경에는 왕기가 있으니 마땅히 왕의 거처를 옮겨서 상경으로 삼아야 한다."라고 하였다. - 고려사 -

[해설] 주어진 자료는 서경 세력들의 서경 천도 주장에 대한 것이다(『고려사』열전 권제40 '묘청') 서경파인 정지상(?~1135)이 '궁궐이 모두 타서 남은 것이 없다'는 말은 이미 인조 4년인 1126년에 발생한 이자겸의 난으로 인하여 개경의 궁궐들이 불탄 것을 가리킨다.

- 신(臣)들이 서경의 임원역 지세를 관찰하니, 이곳이 곧 음양가들이 말하는 매우 좋은 터입니다. 만약 궁궐을 지어서 거처하면 천하를 병합할 수 있고, 금나라가 폐백을 가지고 와 스스로 항복할 것이며, 36국이 모두 신하가 될 것입니다.

[해설] '서경의 임원역 지세', '음양가들', '좋은 터', '금나라가 폐백을 가지고 와 스스로 항복할 것'이라는 부분에서 묘청의 서경 천도 운동과 관련된 사실임을 알 수 있다(위와 출처 동일). 인종도 서경 천도론에 관심을 가지고 재위 5년인 1127년부터 자주 서경에 거동하였다(인종 7년인 1129년 서경에 새 궁궐이 완성되었을 때 서경 행차).

- 제가 보건대 서경 임원역의 땅은 풍수지리를 하는 사람들이 말하는 아주 좋은 땅입니다. 만약 이곳에 궁궐을 짓고 전하께서 옮겨 않으시면 천하를 다스릴 수 있습니다. 또한 금나라가 선물을 바치고 스스로 항복할 것이고 주변의 36나라가 모두 머리를 조아릴 것입니다.

[해설] '서경 임원역의 땅', '아주 좋은 땅', 금이 스스로 항복할 것이라는 부분에서 묘청의 서경 천도론을 가리킴을 알 수 있다.

- 또 왕에게 아뢰기를 "개경의 지세(地勢)가 쇠퇴하였으므로 하늘이 재앙을 내려 궁궐이 모두 타 버렸습니다. 그러니 자주 서경으로 행차하여 재앙을 물리치고 복을 맞이하여 무궁한 큰 업적을 이룩하소서!"라고 하였다. 이에 왕이 여러 일관(日官)에게 물으니 모두 다 "아닙니다"라고 하였다. -『고려사』-

[해설] 고려 인종 대(재위 1122-1146, 제17대)에 일어난 묘청(?~1135)의 서경 천도 운동과 관련된 내용이다(1135, 고려 인종 13). 주어진 자료는 서경파 묘청과 백수한(?~1135)이 인종 10년인 1132년 인종에게 한 말이다(위와 출처 동일).

- 왕에게 건의하기를, "저희가 보니 서경 임원역의 땅은 음양가들이 말하는 대화세(大華勢)입니다. 만약 이곳에 궁궐을 세우고 수도를 옮기면 …… 금이 공물을 바치고 스스로 항복할 것이며, 36개 나라가 모두 신하가 될 것입니다."라고 하였다. …… 국호를 대위(大爲), 연호를 천개(天開), 그 군대를 천견충의군(天遣忠義軍)이라고 불렀다. -『고려사』-

[해설] 주어진 자료에서 말하는 사건은 묘청(?~1135)의 서경 천도 운동을 가리킨다(1135, 인종 13). 주어진 자료 속 마지막 문장은 서경 천도 운동 실패 후 반란을 일으킨 인종 13년(1135)의 일이다(위와 출처 동일).

서경 천도론에 대한 김부식의 반론 [서17②]

금년 여름 서경 대화궁에 30여 개소나 벼락이 떨어졌습니다. 서경이 만약 좋은 땅이라면 하늘이 이렇게 하였을 리 없습니다. 또 서경은 아직 추수가 끝나지 않았습니다. 지금 거동하시면 농작물을 짓밟을 것이니 이는 백성을 사랑하고 물건을 아끼는 뜻과 어긋납니다.

[해설] 서경이 좋은 땅이 아니며 (왕이) 거동해서는 안 된다는 주장을 펼치는 것으로 보아 서경 천도론에 반대하는 김부식(1075~1151)의 주장임을 알 수 있다. 당시 김부식은 개경 세력을 대표하였다.

- [묘청의 난] 국호를 대위, 연호를 천개로 정하고 반란을 일으켰다. [서17②]
  - 묘청이 국호를 대위로 정하였다. [소22]
  - 연호를 천개, 군대를 천견충의군이라 하였다. [경21②]
  - 칭제건원과 금국 정벌을 주장하였다. [서11]
  - 11세기: 개경 천도 문제를 둘러싸고 묘청의 난이 일어났다[X]. [회19]

┗김부식이 이끄는 관군에게 진압당하였다. [소21] □

┗묘청의 난 [서11] [회15] □

[해설] 묘청 세력[묘청을 중심으로 한 서경 세력]은 서경 천도 운동이 좌절되자 국호를 대위, 연호를 천개로 하고 반란을 일으켰다(1135, 인종 13)[정확하게는 1135년 1월 4일(음력)/1월 19일(양력)]. / 묘청을 포함한 서경 세력은 (인종에게) 칭제건원과 금국 정벌을 주장하였다. / 개경 천도 문제를 둘러싸고 묘청의 난이 일어난 것은 고려 인종 13년인 1135년의 일이다(12세기). / 묘청의 서경 천도 운동은 (개경파인) 김부식(1075~1151)이 이끄는 관군에게 진압당하였다.

• [금국정벌론] 묘청 일파는 이 국가의 정벌을 주장하였다. [서18②] □

┗칭제건원과 요나라 정벌을 주장하였다[✗]. [서17②] □

[해설] 묘청 세력은 금국정벌론을 주장하였다[묘청의 난, 1135(인종 13)]. 요 정벌이 아니라 금 정벌을 주장하였다.

• [묘청의 난] 귀족 사회 내부의 족벌과 지역 세력 간의 대립 양상이었다. [회14] □

┗풍수사상 등 전통 사상과 유학 사상의 대립적 성격을 띠었다. [회14] □

┗묘청은 거란의 압력에 대항하여 칭제건원(稱帝建元)을 주장하였다[✗]. [회14] □

┗민족주의 사학자 신채호는 묘청 세력의 자주적 성격을 높이 평가하였다. [회14] □

┗난의 결과 서경파(西京派)가 몰락하고 서경의 분사(分司) 제도가 폐지되었다. [회14] □

[해설] 묘청의 난은 귀족 사회 내부의 족벌과 지역 세력 간의 대립 양상이었다. 김부식으로 대표되는 개경 세력과 묘청으로 대표되는 서경 세력의 대결로 본다. / 풍수사상 등 전통 사상과 유학 사상의 대립적 성격을 띠었다. / 묘청(?~1135)은 (거란의 압력이 아니라) 금[여진]의 압력에 대항하며 칭제건원(稱帝建元)을 주장하였다. / 민족주의 사학자 신채호(1880~1936)는 묘청 세력의 자주적 성격을 높이 평가하였다.『조선사연구초』에서 '조선역사상 일천년래 제일대사건'이라고 평가하였다(1929). / 난의 결과 서경파(西京派)가 몰락하고 서경[평양]의 분사(分司) 제도가 폐지되었다. 분사 제도란 서경에 중앙 부서의 분소를 설치한 제도를 가리킨다. 즉 중앙 정부의 행정 기구와 비견되는 독립적인 행정 기구를 설치한 것으로 그만큼 서경을 중시한 것인데, 묘청의 난이 서경을 새로운 수도로 삼자고 하였기 때문에 ['서경 천도 운동'] 묘청의 난을 진압하면서 폐지시킨 것이다.

■ **묘청의 난** [법17] □

임술일에 왕이 다음과 같은 조서를 내렸다. "…… 나에게 불평을 품은 나머지 당돌하게 병란을 일으켜 관원들을 잡아 가두었으며 천개(天開)라는 연호를 표방하고 군호(軍號)를 충의(忠義)라고 하였으며 공공연히 병졸들을 규합하여 서울을 침범하려 한다. 사변이 뜻밖에 발생하여 그 세력을 막을 도리가 없다."
- 고려사 -

[해설] '천개'라는 연호와 '충의'라는 군호는 묘청의 난 때 서경 세력(서경파)이 사용한 것이다. 고려 인종 13년인 1135년에 난을 일으킨 후 이들은 국호를 대위국, 연호를 천개, 자신들의 군대 이름을 천견충의군이라 하였다. 주어진 자료는『고려사』1135년(인종 13) 윤2월(음력)의 기록이다(양력으로는 4월). 서경 반군의 섬멸을 당부하고 자책하는 인종의 조서이다.

• [묘청과 김부식] (가)는 금을 정벌할 것을 주장하였다. [법20] □

┗(가)는 전민변정도감 설치를 건의하였다[✗]. [법20] □

┗(나)는 당시 대표적인 성리학자였다[✗]. [법20] □

┗(나)는『삼국유사』를 편찬하였다[✗]. [법20] □

┗(가) - 서경 천도를 둘러싸고 대결하였다. [법15] □

[해설] [법20]의 (가)는 묘청(?~1135), (나)는 김부식(1075~1151)을 가리킴. [법15]의 (가)는 묘청과 김부식을 가리킴. 묘청을 비롯한 서경 세력(서경파)은 황제 칭호와 금나라 정벌을 주장하였다. / 전민변정도감 설치를 건의한 인물[승려]는 공민왕 대의 신돈(?~1371)을 들 수 있다. / 김부식은 유학자이긴 하지만 성리학자는 아니다. 성리학이 고려에 처음 들어온 것[도입·소개]은 충렬왕 대의 회헌 안향(1243~1306)을 통해서이다(1290년경). 이후 익재(역옹) 이제현(1287~1367)이 만권당(1314, 충숙왕 원년)에서 원 학자들과 교류하면서 본격적으로 수입되었다. / 김부식이 편찬한 역사서는 (『삼국유사』가 아니라)『삼국사기』이다(1145, 고려 인종 23).『삼국유사』는 승려 일연(1206~1289)이 지었다(1285, 충렬왕 11).

- [김부식] 묘청의 난을 진압하였다. [지22] ☐
  └ 개경 중심의 문벌 귀족 세력의 대표였다. [서17②] ☐

[해설] 묘청의 난을 진압한 인물은 김부식(1075~1151)이다(1135, 고려 인종 13). 김부식은 개경 세력을 대표하였다.

■ 김부식의 묘청의 난 진압 [법23] ☐

김부식이 군대를 모아서 서경을 공격하였다. 서경이 함락되자 조광은 스스로 불에 뛰어들어 죽었다.

[해설] 고종 인종 13년인 1135년 1월에 일어난 묘청의 난과 관련이 있다. 뇌천 김부식(1075~1151)이 서경에서 묘청의 난을 진압한 것은 이듬해인 1136년(인종 14) 2월의 일이다. 조광(?~1136)은 당시 분사 시랑으로 묘청, 유참 등과 함께 반란을 일으킨 주모자이다. 토벌하러 온 김부식이 보낸 조유문을 받고 묘청 등을 참살한 뒤 분사 대부경 윤첨 등을 개경에 보내 항복을 청하였지만 윤첨 등이 투옥되었다는 소문이 있자 다시 반란을 일으켰다가 김부식에 의해 서경이 함락되자 분사(焚死)하였다.

■ 단재 신채호의 묘청의 난 평가 [지16②] [법20] [경15②] ☐

- 묘청의 천도 운동에서 그가 패하고 묘청이 이겼더라면 조선사는 독립적·진취적으로 진전하였을 것이니 이것이 어찌 일천년래 제일 사건이라 하지 아니하랴.

[해설] 묘청의 천도 운동을 '일천년래 제일 사건'이라고 보고 있다. 주어진 자료는 단재 신채호(1880~1936)의 『조선사연구초』(1929)이고, 밑줄 친 '그'는 묘청의 천도 운동을 제압한 김부식(1075~1151)을 가리킨다.

- 이 싸움은 낭가 및 불교 대 유교의 싸움이며, 국풍파 대 한학파의 싸움이다. 또 독립당 대 사대당의 싸움이고, 진취 사상 대 보수 사상의 싸움이다. (가)은/는 전자의 대표요, (나)은/는 후자의 대표였다. 이 싸움에서 (가)이/가 패하고 (나)이/가 승리하였으므로, 조선의 역사가 사대적이고 보수적인 유교에 정복되고 말았다.

[해설] 주어진 자료는 한말의 대표적인 민족주의 사학자 단재 신채호(1880~1936)가 『조선사연구초』(1929)에서 '일천년래 제일대사건'으로 꼽은 묘청의 난(1135, 고려 인종 13)을 평가하면서 한 말이다. 자연히 '(가)'는 서경 세력의 대표인 묘청(?~1135)이고, '(나)'는 개경 세력의 대표인 김부식(1075~1151)을 가리킨다.

- 묘청의 천도 운동에 대하여 역사가들은 단지 왕사(王師)가 반란한 적을 친 것으로 알았을 뿐인데 이는 근시안적인 관찰이다. 그 실상은 낭가(郞家)와 불교 양가 대 유교의 싸움이며, 국풍파(國風派) 대 한학파(漢學派)의 싸움이며, 독립당 대 사대당의 싸움이며, 진취 사상 대 보수 사상의 싸움이니, 묘청은 전자의 대표요 김부식은 후자의 대표였던 것이다. 묘청의 천도 운동에서 묘청 등이 패하고 김부식이 이겼으므로 조선사가 사대적, 보수적, 속박적 사상인 유교 사상에 정복되고 말았다. 만약 김부식이 패하고 묘청이 이겼더라면 조선사가 독립적, 진취적으로 진전하였을 것이니 이것이 어찌 일천년래 제일대사건이라 하지 아니하랴.

[해설] 묘청의 서경 천도 운동을 크게 중시한 단재 신채호의 글이다[『조선사연구초』(1929)].

주제 23 무신 정권

1 무신 정권의 성립

- [무신 정변] 정중부와 이의방이 정변을 일으켰다. [지21] □
  - 정중부, 이의방 등 무신들이 정권을 장악하였다. [소21] □
  - 이의방 등이 보현원 사건을 일으켰다. [기19] □
  - 이의방이 정변을 일으켰다. [소22] □
  - 차별에 따른 불만으로 정변을 일으켜 의종을 폐하고 명종을 세워 정권을 장악하였다(무신). [경12②] □
  - 정변을 축하하기 위해 연산에 개태사를 세웠다[✗]. [서24②] □
  - 무신 정변 발생 [지16②] □
  - 무신의 난 [서11] □

[해설] 대장군 정중부(1106~1179)와 이의방(?~1174), 이고(?~1171) 등이 정변을 일으킨 것은 고려 의종 24년인 1170년의 일이다. / 이의방 등이 보현원 사건*을 일으킨 것은 1170년(의종 24)의 일이다. 이후 대장군 정중부, 이의방, 이고 등은 개경으로 돌아가 의종을 폐하고 정권을 장악하였다(무신 정변). / [서24②] (충남) 논산 개태사(開泰寺)는 고려 태조 왕건(재위 918-943)이 신검의 후백제를 제압한 후(일리천 전투) 이를 기념하기 위하여 세운 사찰이다(936, 태조 19).

*보현원 사건: 의종이 재위 24년인 1170년 6월 신하들을 거느리고 흥왕사에서 경기도 장단 남쪽에 위치한 보현원에 행차하였을 때 의종이 신하들과 함께 술을 마시며 무신들에게 씨름을 하게 했는데, 이때 젊은 문신인 한뢰가 씨름에서 진 대장군 이소응의 뺨을 때리며 모욕하는 일이 일어났다. 이에 정중부 등이 보현원에 도착하여 순검군을 동원, 다수의 문신들과 환관을 살해하였다. 이어 개경으로 가서 다시 50여 명의 문신들을 없애고 의종을 폐하였다.

▌무신 정변 [법23] [경21] □

- 이고 등이 임종식, 이복기, 한뢰를 비롯하여 왕을 모시던 문관 및 대소 신료들을 살해하였다. 정중부 등이 왕을 모시고 궁으로 돌아왔다.

[해설] 정중부(1106~1179), 이의방(?~1174) 등의 무신에 의해 고려 의종 24년인 1170년에 일어난 무신 정변을 가리킨다(보현원 사건). 당시 이고(?~1171)는 문신을 모두 죽이자고 주장하였으나, 정중부 등이 만류하였다. 1171년에 정권을 독차지하기 위해 거짓으로 문서[제서]를 꾸미고 태지의 관례(冠禮)를 계기로 이의방을 제거하려 하다가 오히려 이의방에게 피살되었다.

- 이의방 → 정중부 → (㉠) → 이의민 → 최충헌

[해설] 무신 집권자의 변화가 제시되어 있다. ㉠은 경대승(1154~1183; 집권 1179-1183)이다. 이를 확장하면 이의방(1170) → 정중부(1174) → 경대승(1179) → 이의민(1183) → 최충헌(1196) → 최우(1219) → 최항(1249) → 최의(1257) → 김준(1258) → 임연(1268) → 임유무(1270)가 된다(괄호 안은 집권한 해). 최충헌 이하 최씨 집권자들이 권력을 장악한 시기를 '최씨 무신 정권기'라고 한다.

- [정중부] 이의방을 제거하고 권력을 장악하였다. [국20] □

[해설] 이의방(?~1174)을 제거하고 권력을 장악한 인물은 정중부(1106~1179)이다(1174, 고려 명종 4). 정중부와 이의방은 무신 정변을 같이 일으킨 바 있다(1170, 고려 의종 24).

- ㉠ - 중방, 도방, 교정도감 등을 통해서 정권을 장악하였다. [경11②] □

[해설] 중방, 도방, 교정도감 등을 통해서 (무신 집권자들이) 정권을 장악한 것은 무신 정권 시기의 일이다(1170~1270).

• 무신 집권기 초반 정권을 잡은 무신들은 상장군·대장군의 회의 기관이었던 기존의 회의체 중방을 권력 기구로 삼았다. [서19①]

└무신들은 중방을 중심으로 권력을 행사하면서 주요 관직을 독차지하였다. [경14①]

└중방을 중심으로 권력을 행사하였다. [법17]

└중방 [서23]

[해설] 중방은 최고위 무신 합좌 기구로, 무신 정변 이후 특히 정중부와 이의민 집권 시기에 (국정의 전반을 통치하는) '중방 정치'가 행해졌다(각 1170-1179/1183-1196)(최충헌 집권 시기에는 교정도감이 사실상 중방의 역할을 함).

• [정중부, 최씨 무신 정권] 일부 무신들은 왕실과 혼인을 시도하였다.* [서24②]

[해설] 일부 무신, 즉 정중부(집권 1170-1179)는 왕실과의 혼인을 시도한 바 있다. 또 최충헌은 강종(재위 1211-1213, 제22대)의 서녀를 취하여 아예 자신이 직접 왕실과 통혼하였다. 최우 대(집권 1219-1249)에도 최우의 사위인 김약선(?~?)의 아들이 왕실과 혼인하였고, 김약선의 딸은 원종(재위 1260-1274, 제24대)의 왕비가 되었다. 최씨 집권자들은 이처럼 왕실과의 통혼을 통해 왕실과 밀착하였다. 참고로 최씨 집권자들을 포함한 무신들은 문벌 귀족 가문들과도 폭넓은 혼인 관계를 맺었고, 이들은 원 간섭기에 권문세족으로 변화하였다.

• [경대승] 사병 집단인 도방을 처음으로 조직하였다. [경21①]

[해설] 사병 집단인 도방을 처음으로 조직한 무신 집권자는 경대승(집권 1179-1183)이다. 이후 최충헌(집권 1196-1219)이 교정도감과 함께 도방을 운영하였다.

경대승의 도방 설치 [기19]

무관 중 일부가 공공연히 말하기를 "정시중이 문관들을 억눌러 우리들의 울분을 씻어 주고 무관의 위세를 펼쳤는데 시해 당하다니, 누가 공을 시해한 그를 토벌할 것인가?"라고 하였다. 그는 두려워 결사대 1백 수십 명을 불러 모아 자기 집에 머물게 하고 도방이라 불렀다.

[해설] 자료 속 밑줄 친 '그'는 정중부(집권 1170-1179)를 시해하고 집권한 경대승(집권 1179-1183)을 가리킨다(『고려사』 권100 열전 권제13 경대승 '경대승이 정중부를 죽이고 도방을 열다'). 참고로 경대승 이후에는 이의민(집권 1183-1196)과 최충헌(집권 1196-1219)이 연이어 집권하였다.

• 천민 출신의 이의민이 무신 정권의 최고 책임자가 되었다 [국15]

└㉠ - 하층민 출신의 권력자였다. [법24]

└이의민의 권력 장악 [서16]

└이의민 [서21]

[해설] 이의민(?~1196)은 천민 출신으로 김보당의 난(1173) 당시 의종을 제거하면서 정계에 진출하였다. 이후 무신 정권의 최고 권력자가 되었다(1183, 명종 13). / [법24]의 ㉠은 최충헌을 가리키나 무시함. 이의민은 아버지가 소금 장수, 어머니가 경주 남산에 위치한 옥령사의 노비인 천민 출신이었다.

무신 집권자 이의민 [서21]

경주 사람이다. 아버지는 소금과 체(篩)를 파는 것을 업(業)으로 하였고, 어머니는 영일현(延日縣) 옥령사(玉靈寺)의 노비였다. … 그는 수박(手搏)을 잘했기에 의종의 총애를 받아 대정에서 별장으로 승진하였고, … 그가 무신 정변 때 참여하여 죽인 사람이 많으므로 중랑장(中郞將)으로 임명되었다가 얼마 후 장군으로 승진하였다.   -『고려사』 권128, 반역전 -

[해설] 주어진 <보기> 속 인물(고려 무신 정권기 집권자)은 이의민(집권 1183-1196)임을 알 수 있다.

- 김보당과 조위총은 최충헌의 집권에 항거하여 군사를 일으켰다[x]. [서19①]
  - 무신 정권을 반대하는 김보당, 귀법사 승도의 반란이 일어났다. [경18③]
  - 김보당의 난 발생 [서16]

[해설] 동북면 병마사 김보당(?~1173)과 서경유수 조위총(?~1176)이 무신 집권(정중부)에 항거하여 군사를 일으킨 것은 각각 명종 3년(1173)과 명종 4년~6년간(1174~1176)에 해당한다(김보당의 난이 최초의 반무신 난). 최충헌이 집권한 것은 1196년이다(~1219). / 무신 정권을 반대하는 귀법사 승도의 반란이 일어난 것은 명종 4년인 1174년의 일이다. 귀법사 승도(僧徒)의 반란은 '개경 승도의 난'이라고 하기도 한다.

- 조위총은 백제 부흥을 위해 봉기하였다[x]. [서18②]
  - [조위총] 서경의 유수로서, 정권 탈취를 목적으로 하였다. [법18]
  - 서경 유수 조위총이 난을 일으켰다. [법22]
  - 서경 유수를 중심으로 봉기하였다. [경21②]
  - 조위총의 난 [서11][기14]

[해설] 서경 유수 조위총(?~1176)이 무신 집권(정중부)에 항거하여 군사를 일으킨 것은 명종 4년인 1174년의 일이다(~1176). / 백제 부흥을 목표로 한 난으로는 이연년의 난(1237, 고종 24)을 들 수 있다(일명 '백적의 난').

- 13세기: 무신 정권이 등장하여 과전법을 시행하였다[x]. [회19]

[해설] 무신 정권이 등장한 것은 고려 의종 24년인 1170년의 일이다(12세기). 과전법을 시행한 것은 고려 공양왕 3년인 1391년의 일이다(14세기).

2 최씨 무신 정권

- 최충헌이 이의민을 제거하고 권력을 잡았다. [지21]
  - 최충헌 집권 [지16②]
  - 최씨 정권의 형성 [소22]
  - 최충헌 [서21]

[해설] 최충헌(1149~1219, 집권 1196~1219)이 이의민(?~1196)을 제거하고 권력을 잡은 것은 고려 명종 26년인 1196년의 일이다. 최씨 무신 정권을 연 인물(무신)이다. / 최충헌의 집권으로 최씨 무신 정권이 형성되었다(~최충헌의 증손자 최의가 피살된 1258년까지 '최씨 무신 정권기'라 부름).

■ 최충헌의 집권 [법24]

이지영이 장군이 되었다. 그가 최충수 집의 비둘기를 빼앗았는데, 최충수가 화가 나서 그 형인 ㉠최충헌에게 그 사실을 아뢰고 ㉡이의민 부자를 죽이자고 하니, 최충헌이 그렇게 하자고 하였다. 이의민이 미타산 별장에 갔을 때, 최충헌 등이 가서 그를 죽이고 머리를 저자에 내걸었다. 당시 이지순은 대장군이었고, 이지광은 장군이었는데, 변란의 소식을 듣고 가동을 이끌고 길에서 싸웠다.
- 『고려사』 -

[해설] 이지영(?~1196), 이지순(?~1196), 이지광(?~1196)은 당시 무신 집권자인 이의민(집권 1183-1196)의 아들들이다(이지순이 장남이었을 것으로 추정). 최충헌(집권 1196-1219), 최충수(?~1197) 형제가 이의민을 제거하고 최씨 무신 정권을 열었다.

- [최충헌] 봉사 십조를 올려 사회 개혁안을 제시하였다. [국20]
  - ㉡ - 개혁안 봉사 10조를 올렸다. [법24]

└ 왕에게 봉사 10조를 올려 개혁안을 제시하였다. [경21①]

└ 명종에게 폐정의 시정을 요구하는 개혁을 건의하였다. [기17]

└ 사회적 모순을 해결하기 위해 개혁안 10여 조를 제시하였다. [서12]

[해설] (고려 명종에게) 봉사 십조[봉사 10조]를 올려 사회 개혁안을 제시한 인물은 최충헌이다. 최충헌은 이의민을 타도하여 집권한 직후 명종에게 개혁안을 올렸다(1196, 명종 26). / [법24]의 ⓒ은 이의민을 가리키나 무시함.

■ 최충헌의 봉사 10조 [서12] [회21] [경18③] [기17] [소22]

- (가)은/는 이의민 세력을 숙청하고 정권을 잡자 무신 정권 초기의 혼란을 극복하기 위하여 봉사 10조와 같은 사회 개혁책을 제시하였다. 그렇지만 오히려 많은 토지와 노비를 차지하고 사병을 양성하여 권력 유지에 치중하였다.

[해설] 주어진 자료 속 '(가)'는 최씨 무씨 정권을 연 최충헌(집권 1196-1219)을 가리킨다[집권 후 봉사 10조를 명종(재위 1170-1197, 제19대)에게 제시, 1196(명종 26)].

- 적신 이의민은 성품이 사납고 잔인하여 윗사람을 업신여기고 아랫사람을 능멸하여 주상의 자리를 흔들고자 하니 신(臣) ㉠ 등이 폐하의 위험에 힘입어 일거에 소탕하였습니다. 원컨대 폐하께서는 새로운 정치를 도모하시어 태조의 바른 법을 따라 빛나게 중흥을 여소서, 삼가 열 가지 일을 조목으로 나누어 아룁니다. -『고려사』-

[해설] ㉠은 무신 집권자 이의민(?~1196)을 제거한 후 명종에게 시무 10조를 올린 최충헌(집권 1196-1219)을 가리킨다(1196, 명종 26).

- 엎드려 살펴보건대, 적신 이의민은 성품이 맹수처럼 잔인하여 임금님을 업신여기고, 아랫사람을 능멸하였습니다. 임금의 자리마저 흔들려고 했기에 화가 불꽃처럼 일어나고 백성들은 살길이 아득해졌습니다. 신들은 폐하의 신령스러운 위엄을 빌려 단번에 그들을 소탕하였습니다. 원하건대 폐하께서는 낡은 제도를 혁파하고 새로운 정치를 도모하심에 오로지 태조의 올바른 법을 따르시어 중흥의 길을 환히 여시길 바랍니다. 이에 삼가 10가지 사항을 아뢰옵니다. -『고려사』-

[해설] 주어진 자료는 최충헌(1149~1219)이 군사 정변을 일으키고 이를 합리화하기 위해 명종에게 올린 봉사 10조와 관련이 있음을 알 수 있다(1196, 명종 26). 이후 최충헌은 아들 최우(?~1249), 손자 최항(?~1257), 증손자 최의(?~1258)에 이르는 이른바 '최씨 무신 정권'을 구축하였다.

- 1. 국왕은 참위설을 믿어 새로 지은 궁궐에 들지 않고 있는데, 길일을 택하여 들어갈 것.
  2. 근래 관제에 어긋나게 많은 관직을 제수해 녹봉이 부족하게 됐으니 원제도에 따라 관리의 수를 줄일 것.
  3. 근래 벼슬아치들이 공·사전을 빼앗아 토지를 겸병함으로써 국가의 수입이 줄고 군사가 부족하게 되었으니, 토지대장에 따라 원주인에게 돌려줄 것.
  4. 세금을 거두는데 향리의 횡포와 권세가의 거듭되는 징수로 백성의 생활이 곤란하니 유능한 수령을 파견하여 금지케 할 것.
  5. 근래 각 지역의 관리들이 공물 진상을 구실로 약탈 행위를 일삼고 사취하기도 하니 공물 진상을 금할 것. …(하략)…

[해설] 최충헌(1149~1219)이 이의민을 죽이고 권력을 찬탈한 후 명종에게 제시한 '봉사 10조'이다(1196, 명종 26). 1조에서 '국왕은 참위설을 믿어 새로 지은 궁궐에 들지 않고 있는데, 길일을 택하여 들어갈 것'이 나와 있다. 이어 2조에서는 '관리의 수를 줄일 것'을, 3조에서는 '벼슬아치들이 빼앗은 토지를 원주인에게 돌려줄 것'이 나와 있다.

- 2. 필요 이상의 관원 수를 줄일 것.
  3. 지위 있는 자들이 겸병하고 약탈한 토지는 모두 주인에게 돌려줄 것.
  5. 안찰사들이 공물을 바치는 것을 금하고, 지방관 감독과 민생 조사를 직분으로 할 것.
  9. 비보사찰(裨補寺刹)을 제외하고는 철거할 것.
  10. 적합한 사람을 선발하여 조정에서 직언을 하게 할 것.

[해설] 최충헌(집권 1196-1219)이 이의민을 타도한 후 명종에게 제시한 봉사 10조이다(1196, 명종 26). 주어진 자료는 봉사 10조의 내용을 직역한 것이 아니라 주요 각 조의 내용을 중심으로 요약한 것이다.

- [최충헌] 진강후라는 벼슬을 받고, 흥녕부라는 기구를 설치하였다.* [경15②] □

[해설] 최충헌은 희종으로부터 진강후(晋康侯)로 봉해지고(작위* 책봉), 봉작에 수반한 후작관부(侯爵官府)로 흥녕부(興寧府)를 설치하였다(1206, 흥녕부는 뒤에 진강부로 개칭).

*작위(爵位): 왕족이나 공적이 뛰어난 귀족에게 부여하던 명예의 칭호 또는 그 신분을 가리킨다. 관작과 (신분) 위계를 함께 이르는 말이며, 작위를 봉해 주는 일을 봉작이라 한다.

- 최충헌은 군국의 정사를 관장하는 교정도감을 설치했고, 최우는 정방과 서방을 사저에 설치했다. [서19①] □
  └최충헌은 최고 집정부 구실을 하는 교정도감을 설치하였고, 도방을 확대하여 군사적 기반을 확립하였다. [경14①] □

[해설] 최충헌(1149~1219, 집권 1196-1219)은 군국의 정사를 관장하는 교정도감을 설치(1209, 희종 5)하였고, 그의 아들 최우(?~1249, 집권 1219-1249)는 정방과 서방을 사저에 설치하였다[각 1225(고종 12) / 1227(고종14)]. / 정방과 서방, 도방에 대해서는 각 관련 선지 및 해설 참조.

- [최충헌] 국정을 총괄하는 교정도감이 처음 설치되었다. [지16②] □
  └국정을 총괄하는 정치 기구인 교정도감을 설치하였다(희종). [서13] □
  └최충헌이 교열도감을 설치하여 권력 기관으로 삼았다[x]. [서24②] □
  └교정도감이라는 독자적인 집정부가 만들어졌다. [경18③] □
  └교정도감을 설치하여 국정을 장악하는 한편 도방을 통해 군사적 기반을 강화하였다. [서20] □
  └교정도감을 설치하여 권력 기반을 강화하였다. [경21①] □
  └교정도감을 설치하여 권력을 행사하였다. [회21] □
  └㉠ - 교정도감을 설치하여 국정을 장악하였다. [법24] □
  └교정도감이 설치되어 국정을 총괄하였다. [기19] □
  └교정도감의 설치 [서16] □
  └교정도감 [지24] [서23] □

[해설] 교정도감은 무신 집권기의 최고 권력 기구이자 최고 정치 기관이다(1209, 희종 5)(관리의 감찰, 인사 행정 및 재정권까지 담당). 최씨 무신 정권을 연 최충헌(집권 1196-1219)이 반대 세력의 숙청을 위하여 처음 설치하였다. 교정소(敎定所)라고도 하였다. / [서24②] 한국사에 '교열도감'이란 기구는 없다.

- [도방] 최충헌이 신변 보호와 집권 체제 강화를 위해 조직하였다. [국14] □
  └도방을 두어 신변을 경호하였다. [회21] □
  └도방 [서23] [서22①] □

[해설] 도방(都房)은 고려 무신 정권기, 집권 무신의 사병 집단이자 숙위 기관이다. 처음 도방을 둔 인물은 경대승(1154~1183, 집권 1179-1183)이고(1179, 고려 명종 9), 최씨 무신 정권을 연 최충헌(집권 1196-1219)도 자신의 신변 보호와 집권 체제 강화를 위해 사병 기구인 도방을 부활시켜 운영하였다.(1209, 희종 5)(도방 확대). 최우 이후 도방은 한층 더 강화되었다(무신 정권 붕괴와 함께 폐지).

■ **최충헌의 무단 통치** [경15②] [소19①] □

- 최충헌은 최고 집권 기구로 교정도감을 설치하였으며 신변 경호를 위하여 도방을 운영하였다.

[해설] 무신 집권자 최충헌이 교정도감을 설치하고 도방을 운용하기 시작한 것은 희종 5년인 1209년의 일이다.

- (가)은/는 임금을 폐하고 세우는 것을 자기 마음대로 하였으며, 항상 조정 안에 있으면서 자기 부하들과 함께 가만히 정안(政案, 관리들의 근무 성적을 매긴 것)을 가지고 벼슬을 내릴 후보자로 자기 당파에 속하는 자를 추천하는 문안을 작성하고, 승선이라는 벼슬아치에게 주어 임금께 아뢰게 하면 임금이 어쩔 수 없이 그대로 쫓았다. 그리하여 (가)의 아들

이(훗날의 우), 손자 항, 항의 아들 의의 4대가 정권을 잡아 그런 관행이 일반화되었다.

- 이제현, 『역옹패설』 -

[해설] 주어진 자료 속 '(가)'는 최씨 무신 정권을 연 최충헌(집권 1196-1219)을 가리킨다.

- [최충헌] 막강한 권력을 갖고 왕의 폐립도 자행하였다. [회21] □
  └ 농민 항쟁을 적극 진압하였다. [회21] □

[해설] 최충헌은 막강한 권을 갖고 왕의 폐립도 자행하였다. 2명의 왕(명종과 신종)을 폐하고, 4명의 왕(신종, 희종, 강종, 고종)을 세웠다. / 최충헌은 집권 전에 일어난 김사미·효심의 난(1193, 명종 23)은 물론 집권 후에 일어난 하층민(농민·천민)들의 항쟁, 예를 들어 만적의 난(1198, 신종 원년), 이비·패좌의 난(1202, 신종 5)(경주) 등을 적극 진압하였다.

- 최우 집권 [지16②]

[해설] 최충헌의 아들[장자] 최우(?~1249)가 최충헌의 뒤를 이어 집권한 것은 고종 6년인 1219년의 일이다[~1249(고종 36)].

- [최우] 정방을 설치하여 인사권을 장악하였다. [국20] [경21①] □
  └ 자기 집에 정방을 설치하여 인사권을 장악하였다. [경15②] □
  └ 정방을 설치하고 관리의 인사를 처리하였다. [회21] □
  └ 정방이 설치되어 인사 문제가 처리되었다. [경18③] □
  └ ⓒ - 정방을 통해 인사권을 장악하였다. [법24] □
  └ 정방: 최씨 무신 정권 때 최우가 설치하였으며, 인사 행정을 관장하였다. [경12①] □
  └ 정방 설치를 지시하는 무신 집권자 [법16] □
  └ 정방의 설치와 폐지 과정 [법15] □
  └ 정방과 삼별초가 설치되었다. [소22] □
  └ 최우는 교정도감 외에 정방과 삼별초를 설치하였다. [소21] □
  └ 공민왕의 개혁으로 일시 폐지되었다. [회22] □
  └ 을묘왜변을 계기로 설치되었다[×]. [회22] □
  └ 정방 [서23] □

[해설] 정방(政房)을 (처음) 설치하여 인사권을 장악한 인물은 최우(집권 1219-1249)이다(1225, 고종 12). / 정방은 공민왕의 개혁으로 일시 폐지되었다(1356, 공민왕 5). 정방은 사실 충선왕과 충목왕 때도 폐지되었다가 다시 설치되는 등 우여곡절을 겪었다. 정방이 최종적으로 폐지된 것은 고려 창왕 즉위년인 1388년의 일이다(상서사 설치). / [법24]의 ⓒ은 이의민을 가리키나 무시함. / [소22]와 [소21]의 삼별초에 대해서는 삼별초 관련 선지 및 해설 참조 / [회22] 을묘왜변을 계기로 상설 기구화된 기구는 비변사이다(1555, 조선 명종 10). 비변사는 원래 3포 왜란 때 임시 군무 협의 기구로 처음 설치되었다(1510, 중종 5).

■ 정방 [서23] [회22] □

- 고종 12년(1225)에 최우(崔瑀)가 자신의 집에 ㉠ 을 두고 백관의 인사를 다루었는데 문사(文士)를 뽑아 이에 속하게 하고 필자적(必者赤)이라 불렀다.

- 『고려사』 -

[해설] '고종 12년(1225)에 최우(崔瑀)가 자신의 집에 ㉠을 두고 백관의 인사를 다루었는데 문사(文士)를 뽑아 이에 속하게 하고 필자적(必者赤)이라 불렀다'는 내용이 나와 있다. 이를 통해 주어진 자료 속 '㉠'은 최씨 무신 정권의 두 번째 집권자 최우(집권 1219-1249)가 독자적인 인사 행정 기

구로 설치한 정방을 가리킴을 알 수 있다(1225, 고려 고종 12).
- 최우가 자신의 집에 ⊙을/를 두고 백관의 인사를 다루었는데 문사를 뽑아 이에 속하게 하고 필자적(必者赤)이라 불렀다. 옛 제도에는 이부는 문신 인사를, 병부는 무신 인사를 관장하였는데, 근무 연한의 순서를 정하여 관리의 근면함과 태만함, 공과, 재능이 있고 없음을 논한 후 모든 문서에 기재한 것을 정안(政案)이라 하였다. ……(중략)…… 정권을 마음대로 하면서부터 관부와 관료를 두고 사사로이 정안을 취하여 관직을 제수하였다.
-『고려사』-

[해설] 주어진 자료 속 '⊙'은 곧 최우가 독자적인 인사 행정 기구로 설치한 정방을 가리킨다(1225, 고종 12).

- [최우] 서방에서 문신들이 숙위하며 정책을 자문했다. [경18③] ☐
  └ 서방이 설치되어 행정 실무 능력을 갖춘 문신들이 등용되었다. [서24②] ☐
  └ 최우는 문무백관의 인사 행정을 담당하는 서방과 능력 있는 문신을 등용하기 위한 정방을 설치하였다[✗]. [경14①] ☐

[해설] 최우는 고종 12년인 1225년 자신의 집에 정방을 설치하여 문무백관의 인사 행정을 마음대로 하였다. 또한 2년 뒤인 1227년(고종 14)에는 서방(書房)을 설치하여 문사[문인]들로 하여금 숙위하며 정책[국정]을 자문하게 하였다(문한 작성). / [경14①]의 경우 정방과 서방의 위치가 서로 바뀌었다.

- [최우] 치안 유지를 위해 야별초를 설립하였다. [국20] ☐

[해설] 치안 유지를 위해 야별초를 설립한 인물 역시 최우이다(1220년대로 추정). 야별초는 처음에 나라 안의 도적을 막기 위해 조직되었으며, 이들이 궁성과 향촌 사회의 치안을 함께 담당하였다. 참고로 여기서 '도적'이란 비단 남의 물건을 훔치는 좀도둑만이 아니라 최씨 정권의 정적(政敵)과 향촌 사회의 저항 세력들(민란 주동 세력)을 동시에 가리키는 말이다. 따라서 야별초는 관군과도 같은 성격을 지니며, 최우가 최씨 정권의 권력을 강화하려는 목적에서 조직하였음을 알 수 있다.

- [삼별초] 최우가 도적을 막기 위해 만든 조직에서 비롯되었다. [국14] ☐
  └ 도적을 잡기 위해 설치한 야별초에서 시작되었다. [지23] ☐
  └ 야별초를 좌·우로 나누고, 신의군과 합쳐 조직을 확대하였다. [회17] ☐
  └ 삼별초는 좌별초와 우별초 및 몽골에 포로로 잡혀갔다가 돌아온 병사들로 조직된 신의군으로 구성되었다. [경14①] ☐
  └ 이들은 규모가 커진 야별초(좌별초, 우별초)와 대몽 항쟁 과정에서 포로로 잡혔다가 탈출한 이들로 창설된 신의군을 합하여 만들어졌다. [경13①] ☐
  └ 그 구성원인 특별히 선발된 뛰어난 무사들로 구성되었는데, 관군과 귀족 장교로만 선발하였다[✗]. [경13①] ☐
  └ 이들은 최씨 무신 정권의 사병이자 무력적 기반이었다. [경13①] ☐
  └ 무신 정권의 사병적인 기능뿐만 아니라 국왕의 시위와 도적의 체포도 담당했다[✗]. [경13①] ☐
  └ 삼별초 [서22①] ☐

[해설] 삼별초는 고려 무신 정권기, 특히 최씨 무신 정권의 사병(私兵) 집단이자 무신 정권의 군사적 기반으로 조직된 특수 부대이다. 최우(?~1249, 집권 1219-1249)가 도적을 잡기 위해 고종 19년인 1232년에 설치한 야별초에서 처음 시작하여 좌별초와 우별초, (1250년대) 몽골과의 전투에서 몽골군에게 포로로 잡혀갔다가 돌아온 병사들로 조직된 신의군이 합쳐져 구성되었다(1232~1273). 참고로 별초(別抄)란 '용사들로 조직된 선발군'이라는 뜻이다. / [경13①] 삼별초는 최씨 무씨 정권의 사병이자 무력적 기반이었지 '국왕의 시위'를 담당하지는 않았다.

- 김준 집권 [지16②] ☐
  └ 김준 [서21] ☐

[해설] 무신 김준(집권 1258-1268)은 최의를 제거(1258.3)하여 최씨 무신 정권을 타도하고 왕권을 회복시킨 인물이다.

- 임연 [서21] ☐

[해설] 임연(집권 1268-1270)은 김준을 제거(1268.12)하고 자신의 아들인 임유무와 함께 실권을 장악한 인물(권신)이다. 1270년(원종 11) 2월 등창으로 병사하였다.

- 왕정 복구 [지16②]

[해설] 임연의 아들 임유무(집권 1270)는 1270년 5월 당시 몽골에 있던 원종(재위 1260-1274, 제24대)이 개경으로 환도하라는 명령을 내리자 환도하지 못하게 막고 야별초를 강화도 교동에 주둔하게 하여 몽골병에 대비하였으나 살해되었다. 그를 마지막으로 무신 정권은 몰락하고 왕정 복구와 개경 환도가 이루어졌다.

3 농민·천민의 봉기

- 망이·망소이의 난이 일어났다. [법23] □
  └ 망이·망소이 등 명학소민이 봉기하였다. [지16②]
  └ 망이·망소이의 난은 일반 군현이 아닌 소에서 일어났다. [서18②] □
  └ 공주 명학소에서 망이·망소이가 봉기하였다. [경17①] □
  └ 공주 명학소에서 신분 차별에 반발하여 봉기를 일으켰다. [법18] □
  └ 남적이라고도 불렸으며, 아주(충남 아산) 지역까지 세력을 확장하였다.* [회17] □
  └ 명종 6년(1176) 망이·망소이의 난이 벌어졌다. [기18] □
  └ 최충헌의 집권기에 일어났다[X]. [회17] □
  └ 서북 지역의 조위총과 공동 전선을 펴기도 하였다[X].* [회17] □
  └ 망이·망소이의 난 [경16②] [기14] □

[해설] 망이·망소이의 난은 공주 명학소민들이 신분 해방을 주장하며 일으킨 봉기로 정중부 집권 시에 발생하였다(1176, 명종 6)('공주 명학소의 난'이라고도 함). 공주 명학소는 지금의 대전광역시 서구 탄방동 일대로 추정하고 있다. 탄방동(炭坊洞)이라는 현재의 지명이 숯방이·숯뱅이, 즉 숯을 굽는 마을이라는 뜻으로 망이와 망소이를 비롯한 명학소민이 숯을 생산하는 하층의 신분과 관련이 있음을 짐작할 수 있다. / 공주 명학소의 난은 당시 남적(南賊)*이라고도 불렸으며, 아주(충남 아산) 지역을 점령하고 청주를 위협하였다(청주를 제외한 청주목 관내의 55개 고을 점령). / 최충헌(1149~1219)의 집권기는 1196년부터 1219년까지이다. / [회17] 망이·망소이가 서북 지역의 조위총(?~1176)과 공동 전선을 펴지는 않았다(공주 명학소의 난은 1176년 1월에 발생, 조위총의 난은 1176년 6월까지 지속). 참고로 조위총의 난은 명종 4년인 1174년 9월에 발생하여 명종 6년인 1176년 6월까지 지속되었으며, 전국 각처에서 민란이 유발되는 계기가 되었다.

※ [기18]은 해당 지역('이 도시')을 묻는 문제로 충남 공주 지역과 관련된 역사적 사실이 나와야 한다. 그런데 공주 명학소의 난이라고도 하는 망이·망소이의 난이 일어난 '공주 명학소'는 지금의 대전광역시 서구 탄방동 일대로 추정되고 있다. 따라서 이 사건을 충남 공주 지역에서 일어난 일로 봐야 하는지는 의문이 있다(출제자가 '공주 명학소'에서 '공주'라는 지명에만 착안하여 공주 명학소의 오늘날 실제 위치를 잘 살피지 않고 출제한 의혹이 든다. 아니면 현재의 행정 구역과는 달랐던 당시의 지방 행정 구역만을 염두에 두고 출제한 것일 수도 있다.).

*남적(南賊): 개경 이남 남부 지방의 민란을 남적이라 하였다. 반면 조위총의 난 등 서북계 지방의 민란은 '서적(西賊)'이라 하였다.

- 명학소가 충순현으로 승격되었다.* [기19] □

[해설] 공주 명학소가 충순현(忠順縣)으로 승격된 것은 1176년(명종 6)의 일이다(정중부 집권 시기). 공주 명학소의 난(망이·망소이의 난)이 일어났을 때 조위총의 난을 진압하는 데 어려움을 겪고 있던 고려 조정은 이들을 회유하였지만 듣지 않았다. 그리하여 진압을 하려 했으나 이 역시 패하여 명학소를 충순현으로 승격시키고 현령과 현위를 파견하여 저항 세력을 위로하고 달래는 회유책을 썼다. 그렇지만 망이, 망소이 등이 이에 응하지 않고 재차 봉기하자 강경책을 펼쳐 이듬해(1177, 명종 7) 5월 충순현을 다시 명학소로 강등시키고 군대를 보내 토벌하였다(같은 해 7월 진압, 약 1년 동안 진행). 참고로 향·소·부곡 등 특수 행정 구역을 주현으로 승격시킨 다른 예로 고종 19년인 1232년 제2차 몽골 침입 시 처인부곡민이 공을 세우자 (처인부곡이) 처인현으로 승격된 것을 들 수 있다.

■ 망이·망소이의 난(공주 명학소의 난) [국17②] [법24] [회17] □

- 명학소를 충순현으로 승격시켰다. 수령까지 두어 위무하더니 태도를 바꿔 군대를 보내와서 토벌하니 어찌된 까닭인가?

[해설] 무신 정권기인 고려 명종 6년(1176) 공주 명학소에서 일어난 난(망이·망소이의 난)과 관련이 있다. 공주 명학소는 지금의 대전광역시 지역이다.

- 이미 우리 고향을 현으로 승격하고 또 수령을 두어 어루만지고 위로하더니, 돌이켜 다시 군대를 일으켜 토벌하러 와서 우리 어머니와 아내를 옥에 가두었으니 그 뜻은 어디에 있는가?

  [해설] 무신 정권기인 고려 명종 6년(1176) 공주 명학소에서 일어난 난(망이·망소이의 난)과 관련된 내용이다.

- 내가 봉기하자 나의 고향을 현(縣)으로 승격시키고 수령을 두어 편안하게 살게 해주겠다고 회유하더니, 오래지 않아 다시 군사를 보내 토벌하고 나의 어머니와 아내를 옥에 가둔 것은 무슨 뜻인가? 차라리 칼날 아래서 죽을지언정 끝내 항복하지 않을 것이며 반드시 왕경에 이르고야 말겠다.

  [해설] 단서가 될 만한 부분은 '내가 봉기하자 나의 고향을 현(縣)으로 승격시키고'는 구절이 유일하다. 고려 명종 6년(1176)에 발생한 공주 명학소의 난, 일명 '망이·망소이의 난'과 관련된 자료이다『고려사절요』권12 명종광효대왕1 명종 7년(1177) 3월 '망이 등이 흥경원을 불태우고 왕경을 공격할 것임을 선언하다.']. 이때 고려 조정에서는 난 진압을 위해 일시적으로 명학소를 '충순현'으로 승격시키는 조치를 취하였다[『고려사』세가 권제19 명종6년(1176) 6월 13일 '망이의 고향인 명학소를 충순현으로 승격시키다.'].

- 전주 관노의 난(죽동의 난)* [경20②] [경16②] [기14] □
  └전주 관노의 난이 진압되었다.* [기19] □

  [해설] 전주 관노의 난이 일어난 것은 명종 12년인 1182년의 일이다. 일명 '죽동의 난'이라고도 한다. 관리를 쫓아내고 불을 지르고, 전주성의 문을 굳게 닫고 관군에 항거하다가 40여 일 만에 내부 분열이 일어나 죽동 등 40여 명이 살해됨으로써 평정되었다.

- 김사미와 효심의 난 발생 [서16] □
  └경주 지역 세력과 연합하여 신라 부흥을 주장하였다. [법18] □
  └운문과 초전 등지에서 신라 부흥 운동을 전개하였다. [경21②] □
  └신라의 부흥을 외치며 고려 정부에 저항하였다. [회17] □
  └김사미·효심의 난 [경20②] □
  └김사미, 효심의 난 [기14] □
  └김사미의 난 [경16②] □

  [해설] [경상도 운문(청도)과 초전(울산)에서] 김사미(?~1194)와 효심(?~?)의 난이 일어난 것은 명종 23년인 1193년의 일이다. 경주 지역 세력과 연합하여 신라 부흥 운동을 주장하였다. 경주를 비롯한 남부 지방에서 주로 초적의 봉기가 이어졌기 때문에 이들을 통틀어 남적(南賊)이라고 불렸다. 이듬해인 1194년 2월 김사미가 항복하였고, 같은 해 12월 효심이 사로잡히면서 김사미와 효심의 난은 막을 내리게 된다.

■ 김사미와 효심의 난 [지24] □

남쪽 지방에서 반란군이 봉기하였다. 가장 심한 자들은 운문을 거점으로 한 김사미와 초전의 효심이었다. 이들은 유랑민을 불러 모아 주현을 습격하여 노략질하였다.

[해설] 경상도 운문(청도)과 초전(울산)에서 김사미와 효심의 난이 일어난 것은 고려 명종 23년인 1193년의 일이다.

- 만적은 노비 해방을 내세우며 반란을 모의하였다. [서18②] □
  └[만적] 개경에서 노비들을 모아서 노비 해방을 주장하였다. [법18] □
  └개경의 노비 세력을 규합하여 봉기하였다. [회17] □
  └만적이 신분 해방을 주창하였다. [법24] □
  └(다) - 천주교의 평등사상을 배경으로 하였다[X]. [법12] □
  └만적의 난 [회16] [회15] [경16②] □

[해설] 당시 무신 집권자 최충헌의 노비[사노(私奴)]인 만적(?~1198)은 노비 해방을 내세우며 다른 노비들과 함께 반란을 모의하였다(1198, 신종 원년) (만적의 난은 일종의 '신분 해방 운동'). / [법12] 천주교의 평등사상이 알려진 것은 조선 후기인 18세기 이후의 일이다. 만적의 난은 무신 정변 발생 이후 혼란해진 신분 질서를 배경으로 한다.

■ 만적의 난 [국20] [서20] [서19②] [법18] [법12] □

- 신종 원년 사노비 만적 등이 북산에서 땔나무를 하다가 공사의 노비들을 모아 모의하기를, "우리가 성 안에서 봉기하여 먼저 (가) 등을 죽인다. 이어서 각각 자신의 주인을 죽이고 천적(賤籍)을 불태워 삼한에서 천민을 없게 하자. 그러면 공경장상이라도 우리가 모두 할 수 있을 것이다."라고 하였다.

[해설] 유명한 만적의 난에 대한 자료로 만적(?~1198)이 난(일종의 '신분 해방 운동')을 도모한 것은 고려 신종 원년인 1198년의 일이다. 그리고 이때 집권하고 있던 인물은 무신 최충헌(집권 1196-1219)이다. 즉 '(가)'는 최충헌을 가리킨다. '천척(賤籍)'은 노비 문서이다. 천안(賤案)이라고도 한다.

- (㉠)의 노비인 만적 등 여섯 명이 북산(北山)에 나무하러 갔다가 공사(公私) 노비들을 모아 놓고 말하기를, "장군과 재상이 어찌 타고난 씨가 따로 있겠는가? 때만 만나면 누구나 될 수 있는 것이다. 우리라고 어찌 뼈 빠지게 일만 하고 채찍 아래에서 고통만 당하겠는가?"라고 하였다. (중략) "각자 자기 주인들을 때려죽이고 노비 문서를 불태워버리자. 이로써 이 나라에 다시는 천인이 없게 하면, 공경장상을 우리들이 모두 차지할 수 있을 것이다."라고 하였다.

[해설] 고려 신종 원년인 1198년에 시도된 만적의 난을 가리킨다. 만적은 당시 무신 집권자인 최충헌(집권 1196-1219)의 노비였다.

- 사노 만적 등 6인이 북산에서 나무하다가 공사 노비들을 불러 모의하였다. "요즈음 고관이 천민과 노비에서 많이 나왔다. 장수와 재상이 어찌 씨가 따로 있으랴. 때가 오면 누구나 할 수 있다. 우리가 왜 근육과 뼈를 괴롭게 하며 채찍 밑에서 고통을 겪어야 하는가?" 여러 노비가 그렇게 여겼다.

[해설] 주어진 자료는 고려 신종 원년인 1198년에 일어난 만적의 난과 관련된 것임을 알 수 있다.

- 그가 북산에서 나무하다가 공, 사노비를 불러 모아 모의하기를, "나라에서 경인, 계사년 이후로 높은 벼슬이 천한 노비에게서 많이 나왔으니, 장수와 재상이 어찌 씨가 따로 있으랴. 때가 오면 누구나 할 수 있는데, 우리들이 어찌 고생만 하면서 채찍 밑에 곤욕을 당해야 하겠는가?"라고 하니, 여러 노비들이 모두 그렇게 여겼다. -『고려사』-

[해설] 위와 같은 내용의 자료이다.

- 경계 이후 공경대부는 천예 속에서 많이 나왔다. 장상의 종자가 어찌 따로 있겠는가? 때가 오면 누구나 할 수 있는 것이다. 우리가 어찌 상전의 채찍 밑에서 힘겨운 일에 시달리기만 하겠는가. (중략) 모두 자신의 주인을 죽이고 천예들의 호적을 불살라서 삼한에 천인이 없게 하면 공경과 장상은 우리 모두 할 수 있다. - 고려사 -

[해설] '천예(賤隷)'는 곧 천한 노비를 가리킨다. '공경(公卿)'은 삼공(三公)과 구경(九卿)으로 높은 벼슬아치를, '장상(將相)'은 곧 장수와 재상을 일컫는다.

- 진주의 공·사노비와 합주의 부곡민이 합세하였다.* [서21] □

[해설] 진주의 공·사노비와 합주(지금의 경남 합천)의 부곡민이 합세한 것은 진주 민란이다(1200, 신종 3). 향리들의 탐학에 견디다 못한 공·사노비들이 난을 일으켰다(~1201). 그리고 이를 진압하던 진주의 향리들이 도리어 난을 일으켜 평소 원한을 가진 사람들을 마구 죽였다.

- 광명·계발의 난* [경20②] □

[해설] [경상도 합주(합천)에서] 광명(?~1200?)·계발(?~1200?)의 난이 일어난 것은 신종 3년인 1200년의 일이다. 천민인 노올부곡민이 진주민과 함께 지방관의 탐학에 항거하여 일으킨 민란이다. 진주 민란을 일으킨 향리, 즉 정방의·정창대 형제의 반란을 치고자 진주에 갔으나 오히려 크게 패하였다.

- [이비와 패좌의 난] 경주 일대에서 고려 왕조를 부정하는 신라 부흥 운동이 일어났다.* [서19②] □

└경주를 중심으로 한 지역에서는 신라 부흥을 내걸고 반란이 일어나기도 했다.* [서18②] □

└이비·패좌의 난* [경20②] □

[해설] 경주를 중심으로 한 지역[경주 일대]에서 이비(?~1203)와 패좌(?~1203)가 신라 부흥을 내걸고 반란을 일으켰다(1202, 이비·패좌의 난)(~1203). 경주에서 일어난 반란 가운데 가장 대규모였다. 참고로 신라 부흥을 목표로 내건 이전의 또 다른 반란으로 운문(경북 청도)과 초전(경남 울산)에서 일어난 김사미·효심의 난(1193, 명종 23)이 있다(경주 지역 세력과 연합을 도모). 또 고구려 부흥을 목표로 한 난으로 서경[평양]에서 일어난 최광수의 난(1217, 고종 4), 백제 부흥을 목표로 한 난으로 전라도 담양 일대에서 일어난 이연년[이연년 형제]의 난(1237, 고종 24)이 있다(일명 '백적의 난').

• 최광수의 난* [경20②] [기14] □
[해설] (평양에서) 최광수(?~1217)의 난이 일어난 것은 고종 4년인 1217년의 일이다. 고구려 부흥을 표방하였다. 최광수는 당시 서경[평양] 군대의 하급 병졸이었다. / 만적의 난(1198, 신종 원년), 진주 민란(1200, 신종 3)(공·사노비/향리), 광명·계발의 난(1200, 신종 3), 이비·패좌의 난(1202, 신종 5), 최광수의 난(1217, 고종 4)은 모두 최충헌(1149~1219, 집권 1196-1219)이 집권한 시기에 일어난 하층민(농민·천민)의 난[저항 운동]이다.

• [백적의 난] 이연년 형제의 난* [경20②] [경16②] [기14] □
[해설] (전라도 담양에서) 이연년 형제의 난이 일어난 것은 고종 24년인 1237년의 일이다. 백제 부흥을 표방하였다(일명 '백적의 난'). 이연년은 자신을 '백적도원수(百賊都元帥)'라 칭했다 한다. 나주성에 진주한 전라도 지휘사 김경손(?~1251)에 의해 진압되었다.

• 14세기: 많은 민란이 발생하면서 노비의 인구가 격감하였다[✗]. [회19] □
[해설] 많은 민란이 발생한 것은 무신 정권 등장 직후인 1170년대 이후부터 13세기 전반까지의 시기이다(12~13세기). 노비의 인구가 격감된 것은 조선 후기의 일이다.

주제 24 대몽 항쟁

1 몽골과의 전쟁

- 이 국가와 함께 강동성에 포위된 거란족을 격파하였다. [서18②] □
  └ 고려가 몽골과 연합하여 강동성에서 거란족을 몰아냈다. [경18③] □

[해설] 강동성에 포위된 거란의 잔적(殘賊)을 함께 격파한 국가는 몽골(과 동진)이다[이른바 '강동의 역', 1218~1219년(고종 5~6)]. 강동성은 평양 동쪽에 위치하였다.

- 몽고 사신 저고여가 국경 지대에서 피살당하였다. [경11②] □

[해설] 몽골 사신 저고여(?~1225)가 귀국길에 피살된 것은 고종 12년인 1225년 정월의 일이다(대진국[동진국])의 포선만노(?~1233)가 저지른 일로 추정]. 고려는 금나라 강도의 소행이라 주장하였지만 몽골은 이 사건을 고려를 침략하는 빌미로 삼았다.

■ 몽골 사신 저고여의 피살과 몽골의 침략 [법16] □

사신으로 온 저고여가 수달피 1만 령, 가는 명주 3천 필, 가는 모시 2천 필 등을 요구하였다. 저고여가 돌아가는 길에 압록강 부근에서 피살되는 사건이 일어나자 살리타가 대군을 이끌고 침입하였다.
— 고려사절요 -

[해설] 고려 고종 12년인 1225년에 저고여의 피살이 일어나고 이를 빌미로 고종 18년인 1231년에 몽골이 침입해 온 사실을 가리킨다[몽골의 제1차 침입, 1231.8~1232.3(음력)](이하 몽골 침략 시기 관련 내용 모두 음력 표기).

- 몽골이 금을 공격한 후 고려를 침공하였다. [법11] □
  └ 몽골의 침략 [회16] □

[해설] 몽골이 금을 공격한 후 남송과 일본을 정벌하기 위한 기지를 구하고자 고려를 침공한 것은 고종 18년인 1231년의 일이다(몽골의 제1차 침입). 고려의 강화 요청을 받아들여 철수하였다. 몽골은 이후 고종 46년인 1259년까지 약 30년에 걸쳐 모두 6차례 침입하였다(6차 이후의 침입을 네 개로 나누어 모두 9차례로 보는 경우도 있으나 이를 연속된 침입으로 간주하는 전문 연구자의 견해에 따라 하나로 봄).

*몽골의 침입: (1) 몽골의 제1차 침략: 1231(고종 18).8~1232(고종 19).3. (이하 음력)
(2) 몽골의 제2차 침략: 1232(고종 19).8~12.
(3) 몽골의 제3차 침략: 1235(고종 22).윤달7~1239(고종 26).4.
(4) 몽골의 제4차 침략: 1247(고종 34).윤달7~1248(고종 35).3.
(5) 몽골의 제5차 침략: 1253(고종 40).7~1254(고종 41).1.
(6) 몽골의 제6차 침략: 1254(고종 41).7~12.
  1255(고종 42).9~1259(고종 46).3. *이를 나누어 제7차~제9차 침략으로 보는 견해 있음.

- 귀주성 전투* [경21①] □
  └ 박서의 귀주성 전투* [경17①] □

[해설] 귀주성 전투가 일어난 것은 고종 18년인 1231년의 일이다(몽골의 제1차 침입). 1231년 음력 9월부터 이듬해 정월까지 귀주(성)에서 전투가 벌어졌는데 구주성 전투라고도 한다. 서북면 병마사 박서(?~?)가 김경손(?~1251) 등과 함께 성을 지키며 항전하였다. 이듬해 정월 고려 조정의 권유로 항복하였다.

■ 충주성 전투(몽골의 제1차 침입 시) [서24②] [서21]

- 몽고군이 이르니 우종주와 유홍익은 양반들과 더불어 모두 성을 버리고 도망치고 말았다. 다만 노비군과 천민들이 힘을 합하여 몽고군을 물리쳤다.
  -『고려사절요』-

[해설] 충주 부사 '우종주'와 판관 '유홍익'이 언급된 것으로 보아 주어진 자료인 <보기 1>은 몽골의 제1차 침입 시 있었던 충주(산)성 전투를 가리킨다(1232, 고종 19)('충주 노군의 항전'이라고도 함).

- 처음 충주 부사 우종주가 매양 장부와 문서로 인하여 판관 유홍익과 틈이 있었는데, 몽골군이 장차 쳐들어 온다는 말을 듣고 성 지킬 일을 의논하였다. 그런데 의견상 차이가 있어서 우종주는 양반 별초를 거느리고, 유홍익은 노군과 잡류 별초를 거느리고 서로 시기하였다. 몽골군이 오자 우종주와 유홍익은 양반 등과 함께 다 성을 버리고 도주하고, 오직 노군과 잡류만이 힘을 합하여 쳐서 이를 쫓았다.

[해설] <보기>의 사건은 몽골의 제1차 침입 시 있었던 충주(산)성 전투를 가리킨다(1232, 고종 19)*. 참고로 충주(산)성 전투는 두 차례 있었는데, 방금 언급한 것이 첫 번째이고 김윤후(?~?)가 주도한 두 번째 충주(산)성 전투가 제5차 침입 시[1253년(고종 40)]에 있었다.
*1232년 정월에 전투가 벌어짐.

- 몽골의 침략에 대응하기 위해 강화도로 도읍을 옮겼다. [국19] □
└ 몽골이 침략하자 강화도로 천도하였다. [회21] □
└ 수도를 강화도로 옮기고 주민을 산성과 섬으로 피난시켰다. [서21] □
└ 최우는 (나)에 대항하여 강화도로 천도하여 항전하였다[✗]. [법17] □
└ 12세기: 여진의 침공을 막기 위해 강화도로 천도하였다[✗]. [회19] □
└ 강화 천도 [경21①] □

[해설] 몽골의 침략에 대응하기 위해 강화도로 도읍을 옮긴 것은 고종 19년인 1232년의 일이다(1232.7, 강화도 천도)(최우가 천도 주도, 몽골의 제2차 침입의 빌미가 됨). 당시 무신 집권자인 최우(집권 1219-1249)가 주도하였으며 최씨 무신 정권에 의한 강화도 천도는 몽골의 제2차 침입(1232.8~12)의 빌미가 되었다. / [법17] 문제에서 (나)는 요[거란]이다. / [회19] 강화도로 천도한 것은 고려 고종 19년인 1232년으로 (여진이 아니라) 몽골의 침공을 막기 위해서였다(13세기).

■ 강화도 천도 반대론 [지14②] [법23]

- 유승단이 "성곽을 버리며 종사를 버리고, 바다 가운데 있는 섬에 숨어 엎드려 구차히 세월을 보내면서, 변두리의 백성으로 하여금 장정은 칼날과 화살 끝에 다 없어지게 하고, 노약자들은 노예가 되게 함은 국가를 위한 좋은 계책이 아닙니다."라고 반대하였다.

[해설] '성곽을 버리며 종사를 버리고, 바다 가운데 있는 섬에 숨어'라는 부분을 통해 고려의 강화 천도에 대한 내용임을 알 수 있다. 몽골이 2차로 침입(1232)하자 당시 집권자인 최우는 강화도로 천도할 것을 논의하였는데 문신 유승단(1168~1232)이 이에 반대하는 상소를 올렸다.

- 몽골의 대군이 경기 지역으로 침입하자 최이가 재추 대신들을 모아 놓고 (가) 천도를 의논하였다. 사람들은 옮기기를 싫어하였으나 최이의 세력이 두려워서 감히 한마디도 발언하는 자가 없었다. 오직 유승단이, "작은 나라가 큰 나라를 섬기는 것은 도리에 맞는 일이니, 예로써 섬기고 믿음으로써 사귀면 그들도 무슨 명목으로 우리를 괴롭히겠는가? 성곽과 종사를 내버리고 섬에 구차히 엎드려 세월을 보내면서 장정들을 적의 칼날에 죽게 만들고, 노약자들을 노예로 잡혀가게 하는 것은 국가를 위한 계책이 아니다."라고 반대하였다.

[해설] 최씨 무신 정권의 제2대 집권자 최이[최우](집권 1219-1249)의 주도로 수도를 '강화도'로 옮기고 장기적인 항전을 준비한 것은 고종 19년인 1232년의 일이다(강화도 천도, 1232.6). 몽골의 제1차 침입(1231, 고종 18)이 끝나고 제2차 침입(1232, 고종 19)이 시작되기 전의 일이다.

- [김윤후] 처인성 전투에서 적의 장수 살리타를 사살하였다. [지20]
  - 처인성에서 김윤후가 적장 살리타를 사살하였다. [법12]
  - 처인성에서 김윤후가 쏜 화살을 맞고 살리타가 전사했다. [경18③]
  - 처인성(경기 용인)에서 몽골 장수 살리타의 군대를 물리쳤다. [경12③]
  - 처인성에서 몽골 장수를 사살하였다. [서21]
  - 처인성에서 적장 살리타를 사살하였다. [소20]
  - 김윤후가 대몽 항쟁 중 살리타를 무찌른 전투를 조사한다[탐구 주제]. [법11]
  - 김윤후가 이끄는 민병과 승군이 처인성에서 몽골 장수 살리타 사살 [경13①]
  - 몽골군을 물리치는 김윤후와 처인부곡민 [법20] (대몽 항쟁기)
  - 김윤후의 처인성 전투 [회14]
  - 살리타(撒禮塔) 사살 [경21①]

[해설] 승장(僧將) 김윤후(?~?)가 처인성 전투에서 처인부곡민과 함께 항전하면서 몽골 장수 살리타(撒禮塔)(?~1232)를 사살한 것은 고려 고종 19년인 1232년의 일이다[몽골의 제2차 침입 시, 1232.8~12]. 처인성은 지금의 경기도 용인에 위치한다. 처인성 전투는 처인부곡 전투, 처인부곡의 항전, 처인성 승첩 등으로도 불린다.

■ 처인성 전투 [법13] [회23]

- 김윤후는 … 몽골군이 이르자 처인성으로 난을 피하였는데, 몽골의 장수 살리타가 와서 성을 공격하므로 그를 사살하였다.
  - 『고려사』-

[해설] 김윤후(?~?)가 처인성에서 몽골 장수인 적장 살리타(?~1232)를 사살한 것은 몽골의 제2차 침입 시인 1232년(고종 19)의 일이다(처인성 전투). 살리타의 피살로 몽골군은 퇴각하였다.

- 몽골병이 이르자 윤후가 처인성으로 난을 피하였는데, 몽골의 원수 살리타가 와서 성을 치매 윤후가 그를 사살하였다. 왕은 그 공을 가상히 여겨 상장군의 벼슬을 주었으나 이를 사양하고 받지 않았다.
  - <고려사> -

[해설] 몽골의 제2차 침입 때인 1232년(고종 19)에 김윤후(?~?)가 처인성(지금의 경기 용인)에서 몽골의 적장 살리타를 사살한 내용임을 알 수 있다. 참고로 이때 대구 부인사에 보관 중이던『초조대장경』이 소실되었다.

- 몽골군이 경주의 황룡사 9층탑을 불태웠다. [서21]
  - 황룡사 9층 목탑 등 문화재가 소실되었다. [법22]
  - 몽골의 침입으로 황룡사 9층탑, 부인사 대장경을 비롯한 많은 문화재가 소실되는 피해를 입었다. [경18①]
  - 황룡사 9층 목탑 소실 [경20①]

[해설] 몽골군이 경주의 황룡사 9층 목탑을 불태운 것은 몽골의 제3차 침입 시인 1238년(고종 25)의 일이다(몽골의 제3차 침입: 1235.윤달7~1239.4). 대구 부인사에 보관 중이던『초조대장경』이 소실된 것은 그 전인 몽골의 제2차 침입 때의 일이다(1232, 고종 19).

- 충주성에서 천민들이 몽골군에 맞서 싸웠다. [지21]

[해설] 충주(산)성에서 천민들이 (김윤후의 지휘로) 몽골군에 맞서 싸운 것은 고려 고종 40년인 1253년의 일이다(몽골의 제5차 침입, 1253.7~1254.1). / 참고로 몽골의 제4차 침입 시기는 1247년 윤달 7월에서 1248년 3월까지이다(이후 1259년 3월까지 6차례 침략, 몽골의 침략 시기 관련 해설 참조).

■ 원 세조의 약속(세조 구제) [국17②]

- O 옷과 머리에 쓰는 관은 고려의 풍속을 유지하고 바꿀 필요가 없다.
  O 압록강 둔전과 군대는 가을에 철수한다.
  O 몽고에 자원해 머문 사람들은 조사하여 모두 돌려보낸다.

[해설] 고려 원종(재위 1260-1274)이 세자 때 원의 세조인 쿠빌라이(제위 1260-1294)를 만나 약속받은 세조 구제(世祖舊制)를 가리킨다(1260, 원종 원년). 자료로 제시된 것 외에도, '사신은 오직 원 조정이 보내는 것 이외에는 모두 금한다', '개경 환도는 고려 조정에서 시간을 조절할 수 있다', '전에 보낸 다루가치는 모두 철수한다'가 있다.

2 개경 환도와 삼별초의 항쟁

- 무신 정권 몰락 [국22]
  └무신 정권이 무너지고 개경으로 환도했다. [경18③]
  └몽골에 저항하던 고려 정부가 개경으로 환도하였다. [경18①]
  └고려는 몽고와 강화하고 개경으로 환도하였다. [경11②]
  └강화를 맺고 개경으로 환도하였다. [소18②]
  └원종의 개경 환도 [경17①]
  └고려 정부가 개경으로 환도하자, 삼별초는 진도와 제주도로 근거지를 옮기면서 대몽 항쟁을 계속하였다. [경18①]

[해설] (임유무를 마지막으로) 무신 정권이 (최종) 몰락한 것은 고려 원종 11년인 1270년의 일이다(1270.5)*. 이로서 고려는 왕정을 복귀하고 개경 환도도 이루어졌다(이른바 '출륙환도'와 '삼별초 해산령'). 하지만 그에 반발한 삼별초는 진도와 제주도로 근거지를 옮기면서까지 대몽 항쟁을 계속하였다(삼별초의 대몽 항쟁, 1270.6~1273.2).

* 임유무(?~1270)의 부친인 무신 집권자 임연(?~1270)이 1269년(원종 10) 6월 원종을 폐하고 안경공 (왕)창을 즉위(즉 영종)시켰다. 하지만 몽골의 위협에 굴복하여 같은 해 11월 안경공을 폐위시키고 원종을 다시 복위시켰다. 그리고 같은 해 12월 몽골이 입조하라고 하였으나 이를 거부하고(원종만 입조) 대몽 항전의 의지로 야별초를 내륙 각지에 파견하여 백성들에게 해도입거(海島入居)를 명하고 장기 항전하고자 하였다. 그러다 몽골에 간 원종이 출륙환도(개경 환도)를 약속하고 임연에게도 1270년 1월 개경으로 환도하라고 명하였지만 임연은 이를 거부하다 같은 해 2월에 병(등창)으로 죽었다. 이때 임연의 둘째 아들인 임유무(?~1270)가 교정별감이 되어 실권을 장악하고[즉 무신 정권기의 마지막 집권자(집권 1270)] 부친인 임연과 마찬가지로 원종의 개경 환도 명을 거역하다 원종에게 포섭된 임유무 측근들의 배신으로 붙잡혀 처형되었다[1270년 5월(양력 6월)].

- 삼별초가 난을 일으켰다. [법13]
  └삼별초가 반란을 일으켜 대몽 항쟁을 계속하였다. [지22]
  └삼별초가 몽골과의 강화에 반대하여 대몽 항쟁을 전개하였다. [회23]
  └강화도에서 몽골에 대항하는 삼별초 군인 [기17]
  └삼별초가 진도와 제주도에서 항쟁을 전개하였다. [법22]
  └진도, 제주도로 옮겨가며 조정에 대항하였다. [회22]
  └삼별초가 배중손의 지휘로 몽골과의 항쟁을 계속하였다. [소19①]
  └삼별초는 배중손의 지휘 아래 제주도로 근거지를 옮겨 끝까지 대몽 항쟁을 벌였다[X]. [경16②]
  └강화도에서 진도로 이동하면서 김통정의 지휘를 받았으나, 여·몽 연합군의 공격으로 김통정이 전사하자 배중손이 그 지휘를 이어받아 제주도에서 항전을 계속하였다[X]. [경13①]
  └삼별초는 개경 환도에 반대하며 강화도, 진도, 제주도로 이동하며 대몽 항쟁 추진 [경13①]
  └근거지를 옮기며 몽골에 저항하였다. [소20]

└(나): 삼별초가 대몽 항쟁을 전개하였다. [법11]

[해설] 삼별초가 강화도에서 처음 반란을 일으켜 (진도와 제주도로 근거지를 옮기면서) 대몽 항쟁을 계속한 것은 고려 원종 11년(1270.6)에서 원종 14년 (1273.6)까지의 일이다(1270년대 전반, 강화도 → 진도 → 제주도). (전남) 진도에서 1270년 6월에서 1271년 5월까지, 제주도에서는 1271년 5월에서 1273년 6월까지 항쟁하였다. / 삼별초는 고려 원종 11년인 1270년 6월 조정의 개경 환도령에 반기를 들고 이후 진도와 제주도로 근거지를 옮겨가며 몽골에 3년여 간 저항하였다(1270~1273). 배중손(?~1271)이 이끄는 삼별초가 (전남 진도의) 용장산성에서 항전하였고('진도 삼별초', 1270.6~1271.5). 배중손이 전사한 후에는 김통정(?~1273)이 삼별초를 이끌고 다시 제주도로 옮겨가 항파두리성에서 끝까지 항전하였다('제주도 삼별초', 1271.6~1273.2). / [경16②] [경13①] 삼별초가 배중손의 지휘 아래 대몽 항쟁을 시작한 것은 맞지만 제주도로 근거지를 옮길 때는 (배중손이 전사하여) 김통정이 지휘하였다.

■ 삼별초의 항쟁 [지23] [경21②] [경13①] [소20]

- 개경으로 환도하면서 날짜를 정하여 기일 내에 돌아가게 하였으나 (가) 은/는 다른 마음이 있어 따르지 아니하였다. 그리하여 (가) 은/는 난을 일으키고 나라를 지키려는 자는 모이라고 하였다.

[해설] 개경 환도에 다른 마음이 있어 따르지 아니하였다는 내용이므로 제시된 '(가)'는 곧 고려의 삼별초를 가리킴을 알 수 있다. 삼별초는 고려 원종 11년인 1270년 조정의 개경 환도령에 반기를 들고 진도와 제주도로 근거지를 옮겨가며 몽골에 3년여 간 저항하였다(1270~1273)(『고려사』열전 권제43 배중손). 삼별초가 난을 일으킨 원인 중의 하나는 원종이 삼별초를 혁파하면서 그 명단을 가지고 오게 한 조치 때문이었다. 『고려사』에는 삼별초가 그 명단이 몽골에 알려질까 염려하여 반란할 마음을 더욱 갖게 되었다고 기록하고 있다.

- 고려 정부는 몽골과 강화를 맺고 개경으로 환도하였다. 대몽 항전에 적극적이었던 (가) 은/는 개경 환도를 반대하고 반란을 일으켰다. 이어 진도로 근거지를 옮기면서 항쟁을 전개하였다.

[해설] 주어진 자료 속 '(가)'는 삼별초를 가리킨다.

- 김방경이 몽골 원수(元帥) 등과 더불어 삼군(三軍)을 거느리고 적(敵)을 격파하니, …… 적의 장수 김통정이 남은 무리를 이끌고 탐라에 들어가 숨었다. -『고려사』-

[해설] 주어진 자료 속 밑줄 친 '적'은 삼별초임을 알 수 있다(탐라는 '제주도'의 옛 명칭).

- ㉮ 은(는) 고려와 몽골 간의 전쟁 과정에서 뛰어난 전투력을 바탕으로 두각을 나타냈다. 1270년에 고려와 몽골 사이에 강화가 체결되면서 개경 환도가 결정되자 이들은 조정의 결정에 불복하였다. 이후 승화후 온(溫)을 내세워 강화도에서 진도로 근거지를 옮기면서 대몽 항쟁을 계속하였는데, 이때 육지의 반몽 세력과 연합하여 강력한 해상 왕국을 건설하였다.

[해설] 주어진 자료 속 '㉮'는 삼별초를 가리킨다.

- [삼별초] 승화후 온을 왕으로 삼았다.* [경21②]

[해설] 삼별초는 개경 환도에 반대하고 항몽했을 때 승화후 (왕)온(溫)(?~1271)을 왕으로 추대하였다(1270, 원종 11). 현종의 8대손으로 삼별초를 따라 항전하다 진도가 함락될 때 원군에게 피살되었다.

■ 삼별초의 외교 문서* [국14]

- ○ 이전 문서에서는 몽고의 연호를 사용했는데, 이번 문서에서는 연호를 사용하지 않았다.
  ○ 이전 문서에서는 몽고의 덕에 귀의하여 군신 관계를 맺었다고 하였는데, 이번 문서에서는 강화로 도읍을 옮긴지 40년에 가깝지만, 오랑캐의 풍습을 미워하여 진도로 도읍을 옮겼다고 한다. -『고려첩장(高麗牒狀)』-

[해설] 주어진 자료의 출처로 제시된 『고려첩장(高麗牒狀)』은 1271년(원종 12) 삼별초의 진도 정부가 일본에 보낸 외교 문서의 내용 중 일본이 이상하게 여긴 내용을 12조목으로 정리한 문서이다. 정식 명칭은 『고려첩장불심조조(高麗牒狀不審條條)』이다.

3 원과의 교류

- 몽골어에 능통하여 원 황실의 신임을 받게 된 역관 [기14] □

[해설] 몽골어에 능통하여 원 황실의 신임을 받게 된 역관은 원 간섭기*에서 볼 수 있다.

*원 간섭기가 언제부터 언제까지인지는 여러 설[1259~1356(년)으로 보는 설, 1270~1356(년)으로 보는 설, 1273~1356(년)으로 보는 설]이 있지만 대체로 원종의 환도령으로 강화도에서 개경으로 환도한 1270년(원종 11)부터 시작되어(개경 환도), 공민왕의 반원 정책이 '성공'한 1356년(공민왕 5)까지로 보는 것이 일반적이다.

▌몽골풍의 유행 [범14] □

- · 증류 방식의 술인 소주가 등장하였다.
- · 임금의 음식을 가리키는 '수라'라는 말이 사용되었다.
- · 남자들 사이에서 머리의 뒷부분만 남겨놓고 주변의 머리털을 깎아 나머지 모발을 땋아서 등 뒤로 늘어뜨리는 머리 스타일이 나타났다.

[해설] 주어진 자료는 원 간섭기에 고려에 나타난 '몽골풍'에 대한 것이다. 마지막 내용은 '변발'을 가리킨다.

주제 25 고려 후기의 정치 변동

1 원의 내정 간섭

• 고려 전체가 몽골의 직할지로 편입되었다[×]. [서19①] □

[해설] 고려가 원에게 항복하였지만 고려는 원의 부마국이 되어 몽골의 직할지로 편입되지는 않았다.

• 다루가치를 배치하여 고려의 내정을 간섭하였다. [지21] □

[해설] 다루가치[達魯花赤]*를 배치하여 고려의 내정을 간섭한 나라는 원(元)이다. 다루가치가 처음으로 고려에 배치된 것은 몽골의 제1차 침입 시인 1231년(고종 18)의 일이다.

*다루가치: 원이 고려의 내정을 간섭하기 위해 설치한 관리(민정 담당자)로, 일종의 '총독' 또는 '지사'이다.

• [고종] 쌍성총관부를 설치하였다. [국17②] □
└쌍성총관부를 두어 철령 이북의 땅을 지배하였다. [지21] □

[해설] 쌍성총관부가 설치된 것은 고려 고종 45년인 1258년의 일이다.

• [원종] 동녕부가 설치되었다. [법23] □

[해설] 동녕부(東寧府)가 설치된 곳은 서경, 즉 지금의 평양 지역이다(1270, 원종 11). 동녕부는 충렬왕 16년인 1290년에 고려의 끈질긴 요구로 돌려받았다.

■ 원 간섭기 [법22] □

< ○○ 왕조 계보도 >

원종 — 충렬왕 — 충선왕 — 충숙왕 — 충혜왕 — 충목왕 — 충정왕 — 공민왕
         └─────────────── (가) ───────────────┘

[해설] '<○○ 왕조 계보도>'라는 제목 아래 '원종-충렬왕-충선왕-충숙왕-충혜왕-충목왕-충정왕-공민왕'이 차례로 제시되어 있다. 여기서 충렬왕에서 충정왕까지의 '(가) 시기'는 이른바 '원 간섭기'*에 해당한다.

*원 간섭기: '1259~1356(년)'으로 보는 설, '1270~1356(년)'으로 보는 설, '1273~1356(년)'으로 보는 설 등이 있다. 두 번째 설이 통설이다.

• [충렬왕] 도병마사를 도평의사사로 개편하여 국정을 총괄하게 하였다. [국16] □
└도평의사사를 중심으로 정치를 주도하였다. [국19] □
└도당으로 불렸으며 조선 건국 초에 폐지되었다(도평의사사). [지13] □
└도평의사사로 출근하는 관리 [법16] □

[해설] 성종 대에 임시 회의 기구로 도병마사가 설치되었는데 충렬왕 대[원 간섭기]에 이르러 도평의사사로 개편되면서 국정 전반에 걸친 사항을 담당하는 최고 정무 기관으로 발전하였다(1279, 충렬왕 5)(일종의 관제 격하). 일명 '도당(都堂)'이라고 하였다. 도평의사사가 정치를 주도한 것은 원 간섭기[충렬왕 대] 이후의 일이다.

■ 도평의사사 [지13] [소20] □

- 도병마사는 성종 때 처음 설치되어 국방 문제를 담당하였다. …(중략)… 원 간섭기에 (㉠)(으)로 개칭되면서 국정 전반에 걸친 중요 사항을 관장하는 최고 기구로 발전하였다.

  [해설] 도병마사는 고려 성종 대에 국방 문제를 담당하는 임시 회의 기구로 처음 설치되었다가 충렬왕 때 '도평의사사'로 개칭되어 국정 전반에 걸친 중요 사항을 담당하는 최고 기구로 발전하였다.

- 이 왕이 원의 제국 대장 공주와 결혼하여 고려는 원의 부마국이 되었고, 도병마사는 도평의사사로 개편되었다.

  [해설] 원 세조 쿠빌라이의 딸인 제국 대장 공주(1259~1297, 이름이 '홀도로게리미실')와 결혼한 왕은 고려의 제25대 왕인 충렬왕(재위 1274-1308)이다. 도병마사가 도평의사사로 개편된 것은 충렬왕 5년인 1279년의 일이다(관제 격하).

- 관제 격하의 일환으로 중서문하성과 상서성은 첨의부로 통합되었다. [서19①] □
  └ 원 간섭기에 중서문하성과 중추원을 합쳐 첨의부로 하고, 6부는 4사로 통폐합되었다[x]. [경16①] □
  └ 중서문하성과 상서성이 합쳐져 첨의부가 되었다. [경18③] □
  └ [중추원] 밀직사에서 업무를 보는 관리 [기17] □
  └ 관제 격하와 문종 대 관제로의 복구 [법15] □

  [해설] 고려가 원의 부마국으로 전락함에 따라 충렬왕 원년인 1275년에 관제가 격하, 변경되었다. 2성 6부는 '1부 4사'가 되었고, 중서문하성과 상서성이 통합되어 '첨의부'가 되었다. / 충선왕 대는 이미 충렬왕에 이어 원 간섭기에 해당하며, 이때에는 관제가 격하되어 중추원이 '밀직사'가 되었다. / 문종 대 관제로의 복구가 이루어진 것은 공민왕 대의 일이다(1356, 공민왕 5).

- 대막리지가 집정 대신으로서 국정을 총괄하였다[x]. [서19①] □

  [해설] 대막리지는 고구려 말기에 행정과 군사권을 장악한 최고 관직이다. 막리지에서 분화된 관직으로, 사실상 연개소문(?~666)이 집권 후 신설한 것이다(642, 영류왕 25). 원 간섭기 고려의 국가 체제에 대한 설명으로는 옳지 않다.

- 국왕 측근 세력이 응방을 통해 관리의 인사를 담당하였다[x]. [서24①] □
  └ 응방을 통해 왕실에서 경제적 이익을 추구하였다. [서24②] □

  [해설] 응방(鷹坊)은 매의 사냥과 사육을 위해 두었던 관청이다(1275, 충렬왕 원년). 관리의 인사를 담당한 기구는 최우가 자기 집에 처음 설치한 정방(政房)이다(1225, 고종 12). 응방에 속한 관원들이 왕의 권력을 배경으로 횡포가 극심하였던 것은 사실이나 인사 담당 기구는 정방이었다. 정방은 무신 정권이 무너진 뒤에는 국가 기관으로 존속하였는데 충선왕, 충렬왕, 충목왕, 공민왕 때 혁파되었다가 다시 설치되는 과정을 반복하였다. 최종적으로 우왕 14년인 1388년에 폐지되었다. / 응방은 몽골에 해동청[사냥매]을 조공품으로 보내기 위해 충렬왕 원년인 1275년에 설치한 기구이다. 몽골에서 매를 보내라는 요구가 잦자 충렬왕 9년인 1283년에 응방을 관장하는 응방도감을 두기도 하였다. 그리고 응방에서 길들인 매는 몽골뿐 아니라 고려 왕실에도 바쳤다. 그리하여 응방에 속한 관원들은 왕의 권력을 배경으로 횡포가 극심하였다(부원 세력화, 부원배화, 응방은 여러 부원 기구 중 하나). 응방은 단순히 매를 잡고 사육함은 물론 원에 매를 헌납하는 행사, 왕의 사냥 행사에도 참여하고 왕과 왕비에 자주 향연을 베풀어 총애를 받는 기구였다. 따라서 면역·면세의 특권을 가지고 있었으며, 경제적으로도 많은 사전(賜田)을 받고, 수많은 노비와 소작인을 거느렸다. 자연히 왕실도 응방을 통해 막대한 경제적 이익을 추구하였다. 참고로 충렬왕은 응방을 통해 민간으로부터 은을 수집하여 국제 교역[무역]의 자금으로 삼으려고까지 하였다. 응방은 폐해가 심해 폐지와 (재)설치가 반복되다 조선 중종 12년인 1517년에 이르러 평안도·함경도에만 응방을 두고 남부 지방은 매의 진상과 응방을 최종 폐지하였다.

■ 권문세족이 된 부원배 윤수 [국17②] □

윤수는 매와 사냥개를 잘 다루어 응방 관리가 되었으며, 그의 가문은 권세가가 되었다.

[해설] 충렬왕 대 부원 세력가로 성장한 무신 윤수(?~?)에 대한 내용이다. 권신인 임연(?~1270) 제거 계획을 밀고한 것이 두려워 원으로 도망갔다가 충렬왕이 즉위하자 귀국하여 대장군으로 응방을 관장하였다.

- 고려의 풍속을 바꾸지 않는다는 원칙에 따라 왕실 용어도 그대로 유지되었다[X]. [서24①]

  [해설] 고려가 원의 부마국으로 전락함에 따라 충렬왕 원년(1275)에 관제가 격하되었다. 또 이듬해인 충렬왕 2년(1276)에는 왕실 용어도 격하되었다[선지(宣旨) → 왕지(王旨), 짐(朕) → 고(孤), 사(赦) → 유(宥), 주(奏) → 정(呈)].

- [충렬왕] 정동행성이 설치되었다. [국22]
  └정동행성을 설치하였다. [국17②] [소20]
  └일본 원정을 위해 정동행성이 설치되었다. [서24②] [소20]
  └정동행성의 승상은 몽골의 다루가치가 전담하였다[X]. [서19①]
  └정동행성 이문소가 내정을 간섭하였다. [법22]

  [해설] (원이 일본 원정을 위하여 개경에) 정동행성을 처음 설치한 것은 충렬왕 6년인 1280년의 일이다. 정동행성의 정식 명칭은 '정동행중서성(征東行中書省)'으로, 여기서 '정동'은 일본 정벌을 뜻하고, '행중서성'은 중앙 정부 기관인 (원) 중서성의 지방 파견 기관을 뜻한다. 정동행성은 일본 원정을 위한 일종의 전방 사령부였다. 일본 원정 실패 이후에도 폐지되지 않고 남아 고려의 내정을 간섭하는 기구로 기능하였다. 이후 공민왕 5년인 1356년에 정동행성 이문소가 폐지됨으로서 사실상 기능이 정지되었다. / 정동행성의 승상은 (몽골의 다루가치가 아니라) 고려의 왕이 겸임하였다. 참고로 승상 아래에는 평장정사, 우승, 좌승, 참지정사, 원외랑, 낭중, 도사 등이 있었다. 정동행성은 충렬왕 6년인 1280년에 설치되었다가 공양왕 5년인 1356년에 철폐되었다(정동행성 이문소를 혁파하고 친원파 숙청).

- [충렬왕] 새로운 군사 기구로 만호부가 설치되었다.* [법12]

  [해설] 새로운 군사 기구로 만호부를 (처음으로) 설치한 것은 충렬왕 7년인 1281년의 일이다(이후 공민왕, 우왕, 공양왕 때도 설치, 1369/1372/1374/1388/1390). 조선 시대에도 만호부 조직 자체는 소멸되었으나 '만호'라는 직위 명칭은 그대로 남아 무반의 외관직으로 사용되었다.

- [충렬왕] 2차 여몽 연합군은 일본 원정에 실패하였다. [국17②]
  └원의 일본 원정에 동원되는 백성 [기17]

  [해설] 여몽 연합군의 제1차 일본 원정은 충렬왕 즉위년인 1274년에 있었고, 제2차 일본 원정은 충렬왕 7년인 1281년에 있었다. 두 차례 모두 실패하였다.

- [충선왕] 사림원을 설치하였다. [국17②]
  └사림원을 두어 신진학자들과 함께 개혁을 추진하였다. [지12②]
  └사림원을 설치하고 신흥 사대부를 등용하여 왕권을 강화하고자 했다. [경18③]
  └사림원을 설치하고 개혁 정치를 주도하였다. [경11②]
  └왕권을 강화하고 개혁을 주도하기 위한 기구로 사림원을 두었다. [서16]

  [해설] (왕권을 강화하기 위하여 개혁의 중심 기구인) 사림원이 설치된 것은 충선왕 즉위년인 1298년 초의 일이다. 또 정방을 폐지하고 그 권한(인사 행정)을 맡겼다(즉 이때 사림원은 왕명의 출납과 문서 작성, 인사 행정을 관장)(처음 명칭은 '한림원')(충선왕의 강제 퇴위로 1298년 8월까지만 존속). / [경 18③] 문음이 아닌 과거 출신의 신진 관료, 즉 신흥 사대부를 등용하였다.

■ 충선왕의 복위 교서 [지12②] [경15③]

- 지금부터 만약에 종친으로서 동성과 혼인하는 자는 (원의 세조) 성지(聖旨)를 어긴 것으로 논죄할 터인즉, 마땅히 (종친은) 누대의 재상을 지낸 집안의 딸을 아내로 맞고, 재상 집안의 아들은 종실들의 딸들에게 장가들 것이다. …(중략)… 경원 이태후와 안산 김태후 및 철원 최씨, 해주 최씨, 공암 허씨, 평강 채씨, 청주 이씨, 당성 홍씨, 황려 민씨, 횡천 조씨, 파평 윤씨, 평양 조씨는 모두 누대의 공신이요, 재상지종(宰相之宗)이니 가히 대대로 혼인을 하여 아들은 종실의 여자에게 장가들고 딸은 왕비로 삼을 만하다.

  -『고려사』-

  [해설] 주어진 자료는 충선왕이 복위하면서 발표한 교서, 즉 복위 교서이다(1308, 충선왕 복위년)[『고려사』세가 권제33 충선왕 복위년(1308) 11월

'왕이 공평한 조세 부과 등의 각종 개혁 정책을 발표하다']. 여기서 기강의 확립, 공평한 조세 부과, 인재 등용과 공신 자제의 중용, 농·잠업의 장려, 왕실 내의 동성혼 금지, 귀족의 횡포 억제 등 과단성 있는 혁신 정치를 표방하였다. 또한 위 자료에 나온 바와 같이 종친과 혼일할 수 있는 가문들을 정하여 왕실과 권문세족과의 연계를 강화하고자 하였다. '종친(宗親)'은 국왕의 부계 친족, 즉 왕족이다. '종실(宗室)' 또한 종친과 같은 뜻으로, 왕족을 가리킨다.

- 이제부터 만약 종친으로서 같은 성에 장가드는 자는 황제의 명령을 위배한 자로서 처리할 것이니 마땅히 여러 대를 내려오면서 재상을 지낸 집안의 딸을 취하여 부인을 삼을 것이며 재상의 아들은 왕족의 딸과 혼인함을 허락할 것이다. 만약 집안의 세력이 미비하면 반드시 그러할 필요는 없다. … 철원 최씨, 해주 최씨, 공암 허씨, 평강 채씨, 청주 이씨, 당성 홍씨 … 평양 조씨는 다 여러 대의 공신 재상의 종족이니 가히 대대로 혼인할 것이다.

[해설] 위와 같은 내용의 자료이다.

■ 충선왕의 정책 [국16]

그는 즉위하여 정방을 폐지하고 사림원을 설치하는 등의 관제 개혁을 추진하는 한편, 권세가들의 농장을 견제하고 소금 전매제를 실시하여 국가 재정을 확충하고자 하였다.

[해설] '정방을 폐지하고 사림원을 설치'하였다는 내용, '소금 전매제'를 실시하였다는 내용을 통해 고려 제26대 왕인 충선왕(재위 1298/1308-1313)을 가리킴을 알 수 있다. 소금 전매제[각염법]는 복위 직후 시행하였다(1309, 충선왕 복위 원년)(의염창 설치).

- [충선왕] 국가가 소금을 전매하는 각염법을 시행하였다. [지12②]
  └ 의염창을 설치하여 국가 재정을 확충하였다. [경11②]

[해설] 각염법[소금 전매제]을 시행한 왕은 충선왕(재위 1298/1308-1313, 제26대)이다(1309, 충선왕 복위 원년). 각 주현에 의염창을 설치하여 소금의 저장과 배급을 맡아보게 하였다(조선 시대 태조 때 사재감에 병합).

■ 각염법(충선왕) [회24]

원년 2월에 왕이 명하기를, "옛날에 소금을 전매하던 법은 국가 재정에 대비하려는 것이었다. 본국의 여러 궁원·사사(寺社)와 권세가들이 사사로이 염분(鹽盆)을 설치하여 그 이익을 독점하고 있으니 국가 재정을 무엇으로써 넉넉하게 할 수 있을 것인가? …… 소금을 쓰는 자는 모두 의염창에 가서 사도록 하고, 군현 사람들은 모두 본관의 관사에 나아가 포를 바치고 소금을 받도록 하라. 만약 사사로이 염분을 설치하거나 몰래 서로 무역하는 자가 있으면 엄히 죄로 다스려라."고 하였다.
- 『고려사』-

[해설] 『고려사』권79 지(志) 권제33 식화 2 염법 '소금전매제를 실시하다'. 주어진 자료 속 밑줄 친 '왕'은 고려의 제26대 국왕인 충선왕(재위 1298/1308-1313)을 가리킨다. 충선왕은 2번째 즉위 직후인 1309년(충선왕 원년)에 국가 재정 수입을 늘리기 위해 소금 전매제[각염법]를 시행하였다(의염창 설치).

- 충선왕 대에 사대부와 함께 여러 가지 폐단을 시정하기 위한 개혁이 시도되었으나, 원의 간섭으로 제대로 추진되지 못하였다. [경14②]

[해설] 충선왕은 처음 즉위할 때나 복위 시 교서를 통해 강력한 개혁[혁신] 정치를 표방하였다. 하지만 원의 직접적인 간섭과 충렬왕 지지 세력들의 반대로 제대로 추진되지 못하였다. 그리고 충선왕 자신이 복위 후 3달 만에 다시 원으로 가서 재위 기간 동안 계속해서 원에 머무르면서 사신을 통해 고려의 국정을 관리한 것은 오늘날 쉽게 납득하기 어렵다. 어쩌면 충선왕은 진정한 고려의 국왕이기보다는 절반은 고려인, 절반은 원 제국의 관료(모친이 제국 대장 공주)로서의 정체성을 갖고 있었던 것이 아닌지 판단된다(정치적 한계 명확).

- 입성책동 사건이 일어났다. [소20]
  └ 친원 세력은 고려를 원의 행성(行省)으로 만들고자 시도하였다. [서24①]

[해설] (부원배들에 의해 고려를 원의 한 지방으로 편입되도록 획책한) 입성책동(立省策動) 사건이 일어난 것은 모두 4차례로, 충선왕 복위 때부터 시작하여 충혜왕 복위 때까지 약 30여 년에 걸쳐 단발적으로 제기되었다(첫 번째는 충선왕 복위 원년인 1309년, 두 번째는 충숙왕 10년인 1323년. 세 번째는 충혜왕 즉위년인 1330년, 마지막으로 네 번째는 충혜왕 복위 4년인 1343년). 4차례 모두 고려의 왕위 계승과 관련되어 일어났다는 공통점이 있다. 그때마다 고려 조정은 "고려의 국체와 풍속을 보존하라[不改土風]"는 원 세조 쿠빌라이 칸[재위 1260-1294, 몽골 제국 제5대 칸이자 원의 시조]이 남긴 '세조구제(世祖舊制)'를 들어 이를 저지하였다. 아무튼 입성책동 사건을 통해 원의 정치적 영향력이 더욱 커졌으나 이를 통해 당시 정동행성이 원의 다른 행성들과는 달리 형식적인 기관이었음을 말해주는 반증(고려의 상대적 독자성)이기도 하다는 점을 알 수 있다.

■ 익재[역옹] 이제현의 입성 반대 상서 [회22]

지금 들으니 원나라 조정에서 우리나라에 행성(行省)을 설치하여 중국과 다른 지방과 같은 행정 구역으로 만든다고 합니다. 만일 그것이 사실이라면 우리나라의 공로는 막론하고라도 세조(世祖) 황제의 조서(詔書)는 어떻게 할 것입니까? ……(하략)…… 폐하의 조서는 실로 온 세상 사람의 복인데 유독 우리나라의 일에 대해서만 세조 황제의 조서를 따르지 않을 수 있겠습니까? ……(하략)……
- 『고려사』 -

[해설] 몽골이 고려를 중국 내의 행성 중 하나로 종속시키고 고려의 백성들을 원의 군민(軍民)으로 삼으려 하자, 이를 반대하여 익재[역옹] 이제현(1287~1367)이 고려가 독립 국가임을 주장하며 반대하여 올린 글이다(이른바 '입성 반대 상서')(1320, 고려 충숙왕 7)[충숙왕(재위 1313-1330; 1332-1339), 제27대].

■ 충숙왕의 복위 [기17]

원(元)이 유수 보수와 전 이문낭중 장백상 등을 보내오자 왕이 교외에서 영접하였다. 장백상이 성지(聖旨)를 전하며 말하기를, "이미 정월 2일에 상왕(上王)에게 복위하라고 명하셨습니다."라고 하였다. 왕과 좌우 신하들이 모두 놀라서 얼굴빛이 달라졌다. 장백상이 국새를 회수하고 모든 창고를 봉하였으며, 왕은 드디어 원으로 갔다.

[해설] '장백상이 국새를 회수하고 모든 창고를 봉하였으며, 왕은 드디어 원으로 갔다'는 내용이 나와 있다. 좀 복잡한 배경을 가진 자료로, 결론을 말하면 고려의 제27대 왕인 충숙왕(재위 1313-1330/1332-1339)의 복위와 관련된 자료이다[『고려사』권36 세가 권제36 충혜왕 2년(1332) 2월 '원 황제가 상왕을 복위시키고 국새의 회수를 명하다.']. 충숙왕은 정사에 염증을 느껴 재위 17년인 1330년 태자 정에게 왕위를 넘기고 원으로 간 적이 있다[심양왕 고(暠)와 역신인 조적 일당의 계속되는 비난과 거짓 고발]. 따라서 자료 속 '상왕'은 충숙왕이고, '왕'은 고려의 제28대 충혜왕(재위 1330-1332/1339-1443)을 가리킨다.

• [충목왕] 정치도감을 설치하여 국가 재정 수입의 기반을 확대하였다. [국12] □
└정치도감을 두어 부원 세력을 척결하였다. [서16] □
└원의 도움으로 정치도감의 개혁은 성공하였다[×]. [서24①] □
└정치도감을 설치하였다. [소20] □

[해설] 정치도감을 설치하여 부원 세력을 척결하고 국가 재정 수입의 기반을 확대한 왕은 충목왕(재위 1344-1348, 제29대)이다(1347, 충목왕 3). 하지만 부원 세력들의 반발로 정치도감의 본격적 활동은 3개월 만에 와해되고, 결국 2년 뒤인 1349년(충정왕 원년)에 폐지되고 말았다. 사실 정치도감을 설치하게 된 계기는 원 혜종(재위 1333-1368, 제15대)의 명령 때문이었다.

■ 수령 옹주 묘지명 [법20]

옹주는 지극히 예뻐하던 딸이 공녀로 가게 되자 근심하고 번민하다가 병이 생겼다. 결국 지난 9월에 세상을 떠나니 나이가 55세였다. 우리나라의 자녀들이 서쪽 원나라로 끌려가기를 거른 해가 없다. 비록 왕실의 친족과 같이 귀한 집안이라도 숨기지 못하였으며 어미와 자식이 한번 이별하면 만날 기약이 없다.
- 수령 옹주 묘지명 -

[해설] 원의 강요로 원에 주기적으로 공녀를 바친 것은 고려 시대 원 간섭기(1270~1356)의 일이다. 수령 옹주 김씨(1281~1335)는 왕족과 혼인한 고려 왕족(종친)의 부인으로 29세에 남편(왕온)을 여의고 3남 1녀를 홀로 키웠으나 고명딸을 원에 공녀로 보내게 되자 그 슬픔으로 병이 나서 죽었다(1335, 충숙왕 복위 4년). 지금까지 공녀 관련 문제가 거의 출제되지 않은 점이 의아스럽다.

2 공민왕의 개혁 정치

- 공민왕 즉위 [국22] □

[해설] 공민왕이 즉위한 것은 1351년의 일이다[공민왕(재위 1351-1374), 제31대].

- 친명 정책을 추진하였다. [경20②] □
  └ 원나라 연호와 관제를 폐지하였다. [서16] □
  └ 몽골풍의 의복과 변발을 폐지하였다. [서16] □

[해설] 공민왕은 즉위 후 반원 정책을 추진하였다. 그리하여 재위 5년인 1356년에 이르러 원의 연호 사용을 중지하고, 몽골식 관제를 폐지하였다. 또한 몽골풍의 의복과 변발을 폐지하였다. 명의 건국(1368) 이후에는 친명 정책을 추구하였다(권신 이인임 파견).

■ 공민왕의 반원 자주 성향 [국14] [서14] [서13] [경20②] □

- 충숙왕의 둘째 아들로서 원나라 노국 대장 공주를 아내로 맞이하고 원에서 살다가 원의 후원으로 왕위에 올랐으나 고려인의 정체성을 결코 잃지 않았다.

[해설] '충숙왕의 둘째 아들'이며, '노국대장 공주를 아내로 맞이했다'는 부분에서 고려 공민왕(재위 1351-1374, 제31대)을 가리킴을 알 수 있다. 공민왕은 원 간섭기에 고려의 정체성을 잃지 않기 위해 노력하며 원·명 교체기의 혼란을 이용하여 반원 자주 정책과 왕권 강화 정책을 펼쳤다. 참고로 공민왕이 노국 대장 공주와 혼인한 것은 왕으로 즉위하기 전인 1349년(충정왕 원년)의 일이다.

- 왕이 변발(辮髮)을 하고 호복(胡服)을 입고 전상에 앉아 있었다. 이연종이 간하려고 문 밖에 기다리고 있었더니, 왕이 사람을 시켜 물었다. 이연종이 말하기를 …… "변발과 호복은 선왕(先王)의 제도가 아니오니, 원컨대 전하는 본받지 마소서."

[해설] '변발과 호복은 선왕의 제도가 아니오니, 원컨대 전하는 본받지 마소서'라는 내용을 통해 주어진 자료의 밑줄 친 왕은 고려의 공민왕을 가리킴을 알 수 있다. 주어진 자료는 공민왕이 왕위를 계승하기 위하여 원에서 돌아올 때 밀직사 겸 감찰대부 이연종(?~?) 금교역에서 공민왕을 영접하면서 간한 내용이다(『삼국사기』 권106 열전 권제19 제신 이승휴 '이연종'). 이연종은 오랫동안 감찰사로 있으면서 직언을 하였고, 권세가에 아부하지 않아 사람들이 '철석간장(鐵石肝腸)'으로 칭송하였다 한다.

- 왕이 원의 제도를 따라 변발(辮髮)을 하고 호복(胡服)을 입고 전상에 앉아 있었다. 이연종이 간하려고 문 밖에서 기다리고 있었더니 [중략] 말하기를 "변발과 호복은 선왕(先王)의 제도가 아니오니, 원컨대 전하께서는 본받지 마소서."라고 하니, 왕이 기뻐하면서 즉시 변발을 풀어버리고 그에게 옷과 요를 하사하였다.

[해설] 반원 정책을 펼친 공민왕과 관련된 일화이다.

- (　　)이 원나라의 제도를 따라 변발(辮髮)을 하고 호복(胡服)을 입고 전상(殿上)에 앉아 있었다. 이연종이 간하려고 문밖에서 기다리고 있었더니, 왕이 사람을 시켜 물었다. …(중략)… 답하기를 "변발과 호복은 선왕의 제도가 아니오니, 원컨대 전하께서는 본받지 마소서."라고 하니, 왕이 기뻐하면서 즉시 변발을 풀어버리고 그에게 옷과 요를 하사하였다.

- 『고려사』 -

[해설] 위와 같은 내용으로 괄호 안은 고려의 제31대 왕, 공민왕(1351-1374)을 가리킨다.

- (㉠)은/는 원의 제도를 따라 변발을 하고, 호복을 입고, 전상(殿上)에 앉아 있었다. 이연종이 간하려고 문밖에서 기다리고 있었더니, (㉠)이/가 사람을 시켜 무슨 일인지 물었다. 이연종이 말하기를 "임금 앞에 나아가 직접 대면해서 말씀 드리고자 합니다."라고 하였다. (㉠) 앞에 와서는 왕의 측근을 물리치고 말하길 "변발과 호복은 선왕의 제도가 아니오니

다. 전하께서는 본받지 마십시오."라고 말했다. (㉠)이/가 기뻐하면서 즉시 변발을 풀어버리고 그에게 옷과 허리띠를 하사하였다.

[해설] 몽골풍 폐지와 관련된 내용으로 자료 속 '㉠'은 즉위 직후부터 반원 정책을 펼친 공민왕이 들어가야 함을 알 수 있다.

- 기철을 비롯한 부원 세력을 숙청하고 자주적 반원 개혁을 추진하였다. [국16] ☐
  └ 기철 일파를 제거하고 쌍성총관부의 관할 지역을 수복하였다. [지20] ☐
  └ 기철을 제거하고 정동행성 이문소를 혁파했다. [경18③] ☐

[해설] 원·명 교체기를 이용해 기철(?~1356)을 비롯한 친원 세력을 숙청하고 자주적 반원 개혁(친원파의 본거지인 정동행성 폐지, 관제 복구, 몽골풍 폐지 등)을 추진한 왕은 공민왕이다(1356, 공민왕 5). 이때 쌍성총관부를 공격하여 관할 지역이던 철령 이북의 땅도 수복하였다.

원나라 연호 사용 중지 [서24②]

6월 원나라 연호인 지정을 쓰지 않고 교지를 내렸다. - 『고려사』 -

[해설] 기철(?~1356) 등 친원파를 제거한 고려 공민왕 5년인 1356년에 있었던 일이다[『고려사』 세가 권제39, 공민왕 5년(1356) 6월 '원 연호 사용을 중지하고 역모 평정을 기념하여 사면을 베풀다'].

- 쌍성총관부를 공격하였다. [소19①] ☐
  └ 쌍성총관부가 수복되었다. [국22] ☐
  └ 쌍성총관부를 무력으로 수복하였다. [서11] ☐
  └ [쌍성총관부] 공민왕 때 무력으로 수복하였다. [법19] ☐
  └ 쌍성총관부를 공격해 철령 이북 지역을 수복하였다. [지22] ☐
  └ 쌍성총관부를 공격하고 철령 이북의 땅을 수복하였다. [경19①] ☐
  └ 쌍성총관부를 공격하여 철령 이북의 땅을 회복했다. [경18③] ☐
  └ 쌍성총관부를 공격하여 철령 이북의 영토를 획득 [기11] ☐
  └ 유인우로 하여금 쌍성총관부를 비롯한 철령 이북의 땅을 무력으로 수복하게 하였다. [경17②] ☐
  └ 철령 이북의 땅이 수복되었다. [법12] ☐
  └ 철령 이북의 땅을 회복하였다. [소18②] ☐
  └ 쌍성총관부 탈환에 주도적인 역할을 한 조직이었다. [국14] ☐
  └ 원으로부터 쌍성총관부 탈환 [회24] ☐
  └ 쌍성총관부가 폐지되었다. [법14] ☐
  └ 쌍성총관부와 동녕부를 무력으로 탈환하였다.[✗]. [경11②] ☐

[해설] 쌍성총관부가 무력으로 탈환된 것은 공민왕 5년인 1356년의 일이다(쌍성총관부가 설치된 것은 고종 45년인 1258년). 이로써 쌍성총관부가 관할하고 있던 철령 이북의 땅이 수복되었다. / 동북면 병마사 유인우(?~?)가 이끄는 군대가 쌍성총관부 탈환에 주도적인 역할을 하였다[총관 조소생과 천호 탁도경이 항거하였으나 조휘의 손자인 조돈과 이 지역에 토착해 살던 이자춘(1315~1360)(이성계의 부친)이 고려군에 내응하여 탈환 성공]. / [경11②] 동녕부는 (공민왕이 탈환한 것이 아니라) 고려의 끈질긴 반환 요구로 충렬왕 16년인 1290년에 돌려받은 것이다.

- 정동행성 이문소를 폐지하고 요동 지방을 공략하였다. [국14] ☐

┗고려에 내정 간섭을 하던 정동행성 이문소를 혁파하였다. [지12②] □

┗내정 간섭 기관이었던 정동행성의 이문소를 폐지하였다. [경11②] □

┗정방과 정동행성의 이문소를 폐지하였다. [법14] □

┗정동행성의 이문소를 폐지하였다. [서14] □

┗정동행성 이문소를 폐지하였다. [회23] □

┗정동행성 이문소의 횡포와 폐지 [법15] □

[해설] 원의 내정 간섭 기구인 정동행성 이문소를 폐지한 것은 공민왕 5년인 1356년의 일이다. 그 직후 장군 인당은 압록강 유역과 요동의 길목에 있는 파사부를 공격하여 정복하였다(고려 영토로 편입). 이후 공민왕 19년인 1370년에 서북면도통사 이인임(?~1388)을 보내 요동성을 점령하였다(기철의 아들인 기사인테무르 저항)(요동성을 점령하였으나 실수로 군량미가 불타 불과 한 달여 만에 퇴각, 명군이 다시 요동성 점령)(요동성 함락 전에 이성계가 졸본에 위치한 오녀산성 함락시킴). / 정동행성 이문소는 원래 개경에 설치된 대원 관계 범죄 담당 기구였다. 정동행성은 일본을 정벌하기 위해 설치되었으나(1280, 충렬왕 6) 두 차례의 일본 원정 실패 후에도 그대로 남아 고려의 정치에 간섭하는 기구가 되었다(부원 세력들의 이익을 대변하는 기구로 변질). 이후 공민왕에 의해 정동행성 이문소가 혁파됨에 따라 정동행성이 사실상 폐지되었다(1356, 공민왕 5).

• 공민왕이 반원 자주 정책을 추진하는 과정에서 신진 사대부들의 등장을 억제하고 있던 정방을 폐지하였다. [경14②] □

┗정방을 폐지하였다. [경20②] [소21] □

[해설] 최우에 의해 설치된(1225, 고종 12) 정방은 여러 차례 혁파되었다가 다시 설치되곤 하였다. 공민왕 때도 재위 원년인 1352년에 폐지되었으나(실제로는 1356년에 혁파) 이후 다시 설치되었는데, 최종적으로는 (위화도 회군 후) 창왕 즉위년인 1388년에 혁파되었다.

■ 공민왕의 왕권 강화 정책 [서11] □

• • 왕권을 제약하던 권문세족을 누르기 위해, 신진 사대부의 등장을 억제하고 있던 정방을 폐지하였다.

• 전민변정도감을 설치하여 권문세족이 부당하게 빼앗은 토지와 노비를 돌려주거나 양민으로 해방시켰다.

• 권문세족들의 경제 기반을 약화시키고 국가 재정 수입의 기반을 확대하였다.

[해설] '왕권을 제약하던 권문세족을 누르기 위해, 신진 사대부의 등장을 억제하고 있던 정방을 폐지하였다'는 내용이 나와 있다(1356, 공민왕 5, 신돈 집권 시 다시 부설, 최종적으로는 창왕 원년인 1388년에 혁파). 이어 '전민변정도감을 설치하여 권문세족이 부당하게 빼앗은 토지와 노비를 돌려주거나 양민으로 해방시켰다'는 내용이 나와 있다(1366, 공민왕 15). 마지막으로 '권문세족들의 경제 기반을 약화시키고 국가 재정 수입의 기반을 확대하였다'는 내용이 나와 있다. 이 모든 것이 권문세족을 누르고 왕권을 강화하기 위한 정책들이었다는 점을 알 수 있다.

• 김용이 왕을 시해할 목적으로 흥왕사에 침범했다가 최영에 의해 격퇴되었다.* [경17②] □

[해설] 김용(金鏞)(?~1363)이 '왕'을 시해할 목적으로 흥왕사에 침범했다가 최영에 의해 격퇴된 것은 1363년 3월로, 이때의 '왕'은 공민왕이다.*

*김용은 공민왕이 세자로 원에 있을 때 시종한 측근 세력 중 한명이다. 공민왕 10년 1361년 정세운(鄭世雲)·안우(安祐) 등이 홍건적을 격퇴하여 공을 세우자, 이를 시기하여 1362년 공민왕의 가짜 편지를 써서 안우와 이방실로 하여금 정세운 장군을 죽이게 하였다. 그리고 나서 다시 주장(主將)을 죽였다는 죄를 씌워 안우마저 죽였고 이어 이 사건의 진상을 알고 있는 김림, 이방실, 김득배를 모두 죽였다. 김용은 자신의 죄상이 폭로됨이 두려워, 원나라에 있는 덕흥군(德興君)을 왕으로 옹립하여 자신의 권세를 더욱 공고히 하고자 하였다. 1363년 때마침 흥왕사(興王寺)의 행궁에 있는 공민왕을 부하를 시켜 시해하게 하였으나, 환관 안도치(安都赤)를 왕으로 오인하여 살해하고 우정승 홍언박(洪彦博), 김장수(金長壽) 등을 죽였다. 하지만 공민왕 암살이 실패로 돌아가자 그는 입장을 바꾸어 개경에서 여러 대신을 시켜 흥왕사의 변(變)에 참여한 적도(賊徒)를 토벌하게 하고 잡혀오는 적도를 심문도 안하고 즉결 살해함으로써 음모의 누설을 방지하였다. 난이 평정된 뒤 1등 공신에 책록되었으나, 잡혀온 반란군을 심문도 하지 않고 죽인 사실 때문에 의심을 받게 되었다. 모든 사실이 발각되었지만 김용에 대한 공민왕의 신임이 두터웠기에 밀성(密城: 밀양)으로 유배되는데 그쳤다. 하지만 모든 계략의 김용이 꾸민 사실이 발각되자 계림부(鷄林府: 경주)에 투옥된 뒤 사지가 찢기는 극형을 받고 처형되었다.

• 전민변정도감을 설치하였다. [지22] [법22] □

25 고려 후기의 정치 변동 277

└전민변정도감의 설치 [서17②] □

└전민변정도감 설치 [법19] □

└전민변정도감의 실시와 반발 [법15] □

└신돈을 등용하고 전민변정도감을 설치하였다. [회24] □

└승려인 신돈을 등용하여 전민변정도감을 설치하였다. [서15] □

└신돈을 등용하고 전민변정도감을 설치하여 권신들을 억압했다. [경18③] □

└전민변정도감을 통해 신돈이 개혁을 시도하였다. [법12] □

└정방을 폐지하고 전민변정도감을 설치하여 권문세족의 경제 기반을 약화시키고 국가 재정 수입의 기반을 확대하였다.
[경13①] □

└기존 정방의 권한을 강화하고 전민변정도감을 설치하여 권문세족을 보호하였다[×]. [경19①] □

[해설] 전민변정도감*을 설치하여 국가 재정 수입 확보 및 민생 안정을 꾀한 대표적인 고려의 왕은 공민왕(재위 1351-1374, 제31대)이다(1366, 공민왕 15)[승려 신돈(?~1371)을 책임자인 판사로 등용]. 권세가에게 점탈된 토지나 농민을 되찾아 바로잡기 위하여(권문세족의 경제 기반을 약화) 설치된 임시 개혁 기관인 전민변정도감은 사실 그 전에도 역대에 걸쳐 여러 번 설치되었다가 혁파되곤 하였다. 사실 공민왕은 재위 원년인 1352년에도 전민변정도감을 설치하였다가 권문세족의 반발로 폐지한 바 있었다. / [경19①] 공민왕이 정방을 폐지한 것은 1352년(공민왕 원년)의 일이다. 하지만 조일신(?~1352) 등 권신들의 반발로 1356년까지 실시되지 못하였다(이후 신돈 집권 시에 다시 부설).

*전민변정도감: 고려 원종 10년인 1269년, 충렬왕 14년인 1288년, 충렬왕 27년인 1301년, 공민왕 원년인 1352년(권문세족의 반발로 폐지), 공민왕 15년인 1366년, 마지막으로 우왕 7년인 1381년에 각 설치되었다. 전민변정도감을 이처럼 여러 번 설치한 것은 부원파(친원파)를 비롯한 권문세족의 힘을 약화시키고, 더불어 국가 재정 수입의 기반을 확대하고자 한 데 있었다. 하지만 재차 설치된 것에서 알 수 있듯이 그만큼 원 간섭기 이후 권문세족의 권세가 막강하였음을 의미한다.

• [전민변정도감 실시 목적] 국가의 재정 수입 기반 확대 [법11] □

[해설] 권세가에게 점탈된 토지나 농민을 되찾아 바로잡기 위하여 설치된 임시 개혁 기관인 전민변정도감은 사실 그 전에도 역대에 걸쳐 여러 번 설치되었다가 혁파되곤 하였다. 공민왕도 재위 원년인 1352년에도 전민변정도감을 설치하였다 권문세족의 반발로 폐지한 바 있었다. 공민왕이 전민변정도감을 재차 설치한 것은 부원파(친원파)를 비롯한 권문세족의 힘을 약화시키고, 더불어 국가 재정 수입의 기반을 확대하고자 한 데 있었다.

• [전민변정도감] 불법적으로 점유된 토지와 노비를 조사하였다. [국23] □

└전민변정도감에서 노비 소유권 소송을 처리했다.* [서24②] □

[해설] 전민변정도감은 권세가들에게 불법적으로 점유된 토지와 노비를 조사하여 원상회복시킴으로써 민생을 안정시키고 동시에 국가의 재정을 확보하기 위한 개혁 기구였다. 하지만 그만큼 기득권자인 권문세족의 반발이 거세어 도감 자체가 자주 혁파되곤 하였다. / 전민변정도감은 고려 후기에 권세가의 대토지 불법 소유 및 농민 문제를 해결하기 위하여 설치한 관청이다. 처음에는 숙청되거나 실각한 권세가들의 자산을 정리하는 데에 1차적인 목적이 있었으나 고려의 관습과 다르게 풀린 노비를 추쇄하는 등 노비제의 정비를 담당하기도 하였다. 따라서 전민변정도감에서는 토지와 노비 소유(권)의 소송과 관련한 일을 주로 취급하였다.

• [신돈] 공민왕의 비호 아래에서 개혁 정책을 펼쳤다. [기17] □

[해설] (고려) 공민왕의 비호 아래 개혁 정책을 펼친 인물은 승려 신돈(?~1371)이다.

■ 전민변정도감 설치 [국23] [법15] [법11] [경11②] [소19①] □

• 신돈이 (가) 을/를 설치하자고 요청하자, …(중략)… 이제 도감이 설치되었다. …(중략)… 명령이 나가자 권세가 중에 전민을 빼앗은 자들이 그 주인에게 많이 돌려주었으며, 전국에서 기뻐하였다.
-『고려사』-

[해설] 주어진 자료 속 '(가)'는 전민변정도감을 가리킨다. 전민변정도감을 설치하여 국가 재정 확보 및 민생 안정을 꾀한 것은 고려 공민왕 15년인

1366년의 것이 대표적이다[청한거사 신돈(?~1371)이 주도]. 권세가에게 점탈된 토지나 농민을 되찾아 바로잡기 위하여 설치된 임시 개혁 기관인 전민변정도감은 그 전에도 역대에 걸쳐 여러 번 설치되었다가 혁파되곤 하였다.

- 신돈은 왕에게 전민변정도감을 설치할 것을 청원하고, "…(중략)… 근래에 기강이 파괴되어 …(중략)… 공전과 사전을 권세가들이 강탈하였다. …(중략)… 스스로 토지를 반환하는 자는 과거를 묻지 않는다."라고 공포하였다. 권세가들이 강점했던 전민(田民)을 그 주인에게 반환하였으므로 온 나라가 모두 기뻐하였다.

[해설] 자료 속 밑줄 친 '왕'은 고려의 제31대 왕인 공민왕(재위 1351-1374)을 가리킨다.

- 신돈이 전민변정도감을 두기를 청하였다. 스스로 판사(장관)가 되어 전국에 알렸다. "요즈음 기강이 크게 무너져서 탐욕스러움이 풍속으로 되었다. 종묘·학교·창고·사사·녹전·군수의 땅은 백성이 대대로 지어온 땅이나 권세가들이 거의 다 뺏었다. 돌려주라고 판결한 것도 그대로 가지며 양민을 노예로 삼고 있다. (줄임) 이제 그 잘못을 알고 스스로 고치는 자는 묻지 않을 것이다. 하지만, 기한을 지났는데도 고치지 않고 있다가 발각되면 조사하여 엄히 다스릴 것이다."

- 『고려사』 -

[해설] 고려 공민왕 재위 15년인 1366년에 승려 신돈(?~1371)을 등용하면서 설치한 전민변정도감에 대한 자료이다.

- 신돈이 전민변정도감을 두기를 청하고, "종묘, 학교, 창고, 사원 등의 토지와 세업전민(世業田民)을 호강가(豪强家)가 거의 다 빼앗아 차지하고는 혹 이미 돌려주도록 판결난 것도 그대로 가지고 있으며, 혹 양민을 노예로 삼고 있다. 이제 전민변정도감을 두어 고치도록 하니 잘못을 알고 스스로 고치는 자는 죄를 묻지 않을 것이나, 기한이 지나 일이 발각 되는 자는 엄히 다스릴 것이다."

[해설] 위와 같은 내용의 자료이다.

- · 원종 10년에 설치하였는데 사, 부사가 있었다.
  · 충렬왕 14년에 설치하였고, 27년에도 설치하였다.
  · 공민왕 원년에 다시 설치하였다,
  · 우왕 7년에 또 한 번 설치하였고, 14년에도 두었다.

[해설] 전민변정도감이 이토록 자주 설치된 것은 그만큼 원 간섭기 이후 권문세족에 의한 횡포가 극심하였음을 의미한다. 제시된 자료에서는 빠졌지만 사실 가장 유명한 전민변정도감은 주지하듯이 공민왕 15년인 1366년에 설치된 것이다(신돈). 원종 10년은 1269년, 충렬왕 14년은 1288년, 충렬왕 27년은 1301년, 공민왕 원년은 1352년, 우왕 7년은 1381년, 우왕 14년은 1388년이다.

- 노국 공주의 죽음을 슬퍼하는 국왕* [기17] □

[해설] 노국 공주(?~1365)는 고려 공민왕의 왕비이다. 노국 대장 공주, 보탑실리 공주라고도 한다. 참고로 대장(大長) 공주라는 호칭은 황제의 고모뻘일 때 주는 호칭이다. 황제와 남매 관계일 때는 장(長) 공주라는 호칭을 내렸다. 공민왕 14년인 1365년 2월 출산 중 난산으로 아들을 유산하고 사망하였다.

- 원나라의 순제가 주원장의 군대에게 패해서 사망했다.* [경19①] □

[해설] 원의 순제인 혜종(재위 1333-1370, 제11대)가 주원장의 군대에 패해서 대도에서 도망간 것은 1368년이고, 사망한 것은 2년 뒤인 1370년이다. 동아시아사 관련 내용이다.

3 신진 사대부와 신흥 무인 세력의 성장

- 신진 사대부가 대두하여 권문세족을 비판하였다. [지16②] □
  - 이들은 대부분 지방의 향리 자제들로, 무신 집권기 이래 과거를 통하여 중앙 관리로 진출하였다. [경14②] □
  - 주로 향리의 자제들로 과거를 통해 관리로 진출한 이들은 성리학을 학문의 기반으로 삼고 새로운 개혁을 시도하였다.

[경12②] □

└권문세족과 대립하면서 고려 말 개혁을 추구하였다. [기12] □

└성리학을 통해 불교의 폐단을 지적하였다. [법21] □

└[성리학] 윤회전생과 인과응보를 주장하였다[×]. [기16] □

└[성리학] 권문세족의 불법 행위를 공격하는 배경이 되었다. [기16] □

└『소학』과 『주자가례』를 중시하고 권문세족과 불교의 폐단을 비판하였다. [지15②] □

└[성리학] 고려 말 신진 사대부들의 성장에 사상적 기반이 되었다. [지14①] □

└성리학을 수용하여 학문적 기반으로 삼고, 불교의 폐단을 시정하려 하였다. [경15③] □

└[신진 사대부] 실천적 기능을 중시하는 신유학을 수용하였다. [서12] □

└[성리학] 고려 초 북진 정책을 추진하는 사상적 근거로 작용하였다[×]. [기16] □

[해설] 신진 사대부는 고려 공민왕의 개혁 정치를 통해 성장한 정치 세력[중앙 정계에 진출]으로 기존의 집권 세력인 권문세족의 비리와 불법을 비판하였다. 또한 권문세족의 친원적·친불교적 성향에 반대하였다. 따라서 자연히 윤회전생과 인과응보 등의 교리를 가진 불교의 폐단에 대해 비판적이었다[대표적으로 조선 왕조의 설계자로 불리는 삼봉 정도전(1342~1398)의 『불씨잡변』을 들 수 있음(1398, 태조 7)]. / 고려 말에 등장한 신진 사대부는 실천적 기능을 중시하는 신유학인 성리학을 수용하여 학문적 기반으로 삼았으며 불교를 비판하였다. / 성리학을 처음 소개한 이는 회헌 안향(1243~1306)이다(1290년경). / 고려 초 북진 정책은 고려 말에 도입된 성리학과 전혀 관련이 없다.

※ 고려 말에 신진 사대부뿐 아니라 권문세족도 성리학을 수용했으며, 출신 배경과 관계없이 성리학자로서 현실 인식을 공유하고 개혁에 참여하였다는 유력한 견해가 있다. 그리고 이들을 신진 사대부와 구별하기 위해 '신흥 유신'이라고 지칭한다. 즉 충목왕 때의 개혁에서 신흥 유신의 존재가 확인되며, 그때부터 고려 말 전제 개혁(과전법) 전까지는 신흥 유신이 개혁 정치에 참여했다고 본다.

■ 신진 사대부의 성장 [법21] □

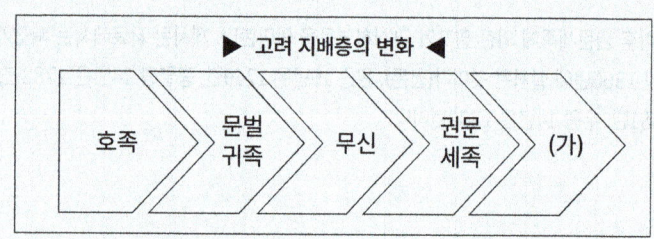

▶ 고려 지배층의 변화 ◀

호족 → 문벌 귀족 → 무신 → 권문세족 → (가)

[해설] '고려 지배층의 변화'라는 제목 아래 '호족 → 문벌 귀족 → 무신 → 권문세족 → (가)'가 차례로 제시되어 있다. 이를 통해 제시된 '(가)'는 최씨 무신 정권기부터 관료로 진출하기 시작하여 고려 말에 '신흥 무인'과 더불어 새로운 지배층으로 대두한 '신진 사대부'를 가리킴을 알 수 있다.

• [이제현] 사대부의 대표적 인물인 이규보는 원에 설립된 만권당에서 원의 학자들과 교류하였다[×]. [경14②] □

[해설] 원에 설립된 만권당에서 원의 학자들과 교류한 대표적 인물은 백운거사 이규보(1168~1241)가 아니라 익재[역옹] 이제현(1287~1367)이다. 상왕으로 물러난 충선왕에 의해 만권당이 설립된 것은 1314년의 일이다. 공민왕 대 초 신진 사대부들은 이제현을 중심으로 세력을 결집하였다.

• [신진 사대부의 분화] (가)는 신흥 무인 세력과 결탁하여 정치적 실권을 장악하였다. [기11] □

└(나)는 사전을 혁파하고 토지를 재분배하는 전제 개혁에 반대하였다. [기11] □

└대외 관계에서 (가)는 친명적인 태도를, (나)는 친원적인 태도를 취하였다[×]. [기11] □

└(가)와 (나)는 대부분 과거를 통해 진출한 지방의 중소지주 출신들이다. [기11] □

[해설] [기11] 관련 자료(신진 사대부의 분화) 참조[(가)는 급진 개혁파, (나)는 온건 개혁파를 가리킴]. 급진 개혁파는 신흥 무인 세력과 결탁하여 정치적 실권을 장악하였다. 우왕 14년(1388)에 단행된 위화도 회군이 결정적이었다. / 온건 개혁파는 사전을 혁파하고 토지를 재분배하는 전제 개혁에

반대하였다. / 급진 개혁파이든 온건 개혁파이든 신진 사대부는 대외 관계에서 친명적인 태도를 취하였다. 친원적인 태도를 취한 정치 세력은 권문세족과 부원파들이다. 급진 개혁파와 온건 개혁파는 대부분 과거를 통해 진출한 지방의 중소지주 출신들이었다.

■ 신진 사대부의 분화 [서11] □

신진 사대부	급진 개혁파(혁명파)	⇨	훈구파
	점진 개혁파(온건파)	⇨	㉠

[해설] 신진 사대부의 분화 결과를 보여 주는 도표가 나와 있다. 급진 개혁파(혁명파)는 조선 수립 후 훈구파로 변화하였고, 점진 개혁파(온건파)는 ㉠으로 변화하였다고 나와 있다. ㉠은 곧 훈구파에 대응하는 '사림파'임을 알 수 있다.

- 이들은 고려 왕조의 폐단을 비판하며 사회 개혁을 주장하였으나 이성계의 정권 장악과 새 왕조의 개창을 둘러싸고, (가)와 (나)로 분열되었다. (가)는 개혁을 위해 왕조를 바꾸려 하였고, (나)는 왕조는 그대로 유지한 채 사회의 모순을 고치려 하였다.

[해설] 고려 말에 등장한 신진 사대부의 분화 과정을 설명한 글로 제시된 '(가)'는 급진 개혁파, '(나)'는 온건 개혁파[점진 개혁파]를 가리킴을 알 수 있다.

- [공민왕] 홍건적의 침입으로 왕이 복주로 피신하였다(홍건적의 제2차 침입 시). [법22] □
- └홍건적이 침입해 국왕이 안동까지 피난하였다. [회23] □
- └두 차례의 홍건적 침입을 당하며 왕이 복주(안동)까지 피신하기도 하였다. [경19①] □
- └홍건적이 침입하여 개경이 함락되고 왕이 안동으로 피난하였으나 정세운, 이방실 등이 격퇴시킴. [경13①] □
- └개경까지 침입했던 홍건적을 격퇴하였다. [경12③] □
- └몽골의 침입으로 공민왕이 복주(안동)까지 피난하는 등 국가적 위기가 찾아왔다[x]. [경18①] □
- └외적이 침입하여 국왕이 복주(안동)로 피난하였다. [국24] □
- └홍건적이 침략하였다. [경20②] □
- └홍건적의 난 [회16] □
- └1359 홍건적 침입 [법12] □

[해설] 홍건적은 백련교도가 중심이 된 한족의 농민 반란군이다(1351~1366). 홍건적의 침입으로 공민왕이 복주(지금의 경북 안동)로 피신[피란]한 것은 1361년(공민왕 10) 11월(10월에 침입)의 일이다(홍건적의 제2차 침입 시)(1361.10~1362.11)(20만여 명)(1362년 11월에 공민왕 개경 복귀). 참고로 홍건적의 제1차 침입(4만여 명)은 공민왕 8년인 1359년 12월에 있었다(~1360.1). 이때 편장 이방실(?~1362)과 안주만호 안우(?~1362) 등이 맹렬히 반격하여 퇴각시켰다.

- [홍건적] 그들로부터 개경을 수복한 정세운, 이방실, 김득배는 김용의 주도하에 살해되었다.* [서17①] □

[해설] 1362년 정월 총병관 정세운(?~1362)이 이방실, 안우, 김득배(1312~1362) 등의 원수(元帥)들과 함께 물리친 적은 왜구가 아닌 홍건적이다(홍건적의 제 2차 침입 시). 당시 동북면의 상만호이던 이성계도 참전하여 적장을 베는 등 큰 공을 세웠다. 김용(?~1363)이 저지른 악행에 대해서는 '❷ 공민왕의 개혁 정치'의 김용 관련 선지 및 해설 참조

■ 최영의 호기가* [경18①] □

좋은 말 살지게 먹여 시냇물에 씻겨 타고

서릿발 같은 칼 잘 갈아 어깨에 둘러메고

대장부의 위국충절을 세워 볼까 하노라

- 「호기가(豪氣歌)」 -

[해설] 호기가(豪氣歌)는 전장에 나간 무장이나 문인들이 자주 불렀던 시조로, 위와 같은 내용의 호기가는 고려 말의 명장 최영(1316-1388)의 것이다. 참고로 조선 세종 때 6진을 개척한 김종서(1383~1453)의 호기가도 유명하다(1433, 세종 15).

- [왜구] 조운선이 그들의 목표물이 되어 국가 재정이 곤란해졌다. [서17①] □
  └ 그들이 자주 출몰하자 수도를 옮기자는 주장이 제기되었다. [서17①] □

[해설] 왜구는 13세기부터 고려에 침략하였다. 주로 해안가를 약탈하였으며 점차 활동 범위를 넓혀 개경 부근에도 출몰하였다. / 공민왕과 우왕 대 왜구가 개경까지 출몰하자 내륙 지방인 철원으로의 천도가 계획되기도 하였다.

- 최영과 이성계 등 신흥 무인 세력이 성장하였다. [소19①] □

[해설] 최영(1316~1388)과 이성계(1335~1408) 등 신흥 무인 세력이 성장한 것은 고려 말인 14세기 후반의 일이다. 홍건적과 왜구를 격퇴하는 과정에서 두각을 나타냈다.

■ 홍건적의 침입 [지20] □

개경을 떠나 피난 중인 왕이 안성현을 안성군으로 승격시켰다. 홍건적이 양광도를 침입하자 수원은 항복하였는데, 작은 고을인 안성만이 홀로 싸워 승리함으로써 홍건적이 남쪽으로 내려오지 못하게 하였기 때문이다.

[해설] '홍건적'이라는 말이 나오고 '왕이 개경을 떠나 피난 중'이었다는 내용으로 보아 주어진 자료에서 가리키는 사건은 고려 공민왕 10년인 1361년 10월에 있었던 홍건적의 제2차 침입 시의 일임을 알 수 있다. 당시 공민왕은 홍건적의 침입을 피하여 복주(안동)까지 피난하였다[공민왕 8년(1359.12)에 있었던 홍건적의 제1차 침입 때는 홍건적이 서경까지 침입하였으나 이방실, 이승경 등이 격퇴].

- [최영] 침입하는 왜구를 홍산에서 격퇴하였다. [경18①] □

[해설] 고려의 명장이자 충신인 최영(1316~1388)은 고려 우왕 2년인 1376년 7월에 벌어진 홍산(지금의 충남 부여 지역) 대첩을 승리로 이끈 바 있다(홍산 대첩).

- 최무선은 중국인 이원에게서 염초 만드는 기술을 배워 화약 제조법을 터득하였다.* [경12③] □

[해설] 무신 최무선(1325~1395)은 화약의 중요한 원료인 염초 굽는 장인으로 알려진 이원(李元)(?~?)을 자신의 집으로 모셔두고 대우를 매우 후하게 하였다. 그러면서 집에서 부리는 종 몇 명을 시켜 은밀히 그 기술, 즉 염초자취술(焰硝煮取術)을 익히게 하였다.

- [최무선] 화약 무기를 사용해 진포 해전에서 승리하였다. [지20] □
  └ 화통도감을 설치하여 각종 화약 무기를 제조했다. [서24②] □
  └ 화통도감에서 각종 화기를 제조하여 왜구 격퇴에 사용하였다. [경18①] □

[해설] 최무선이 화약 무기를 사용해 진포 해전에서 승리한 것은 고려 우왕 6년인 1380년 8월의 일이다(진포 대첩). 진포는 오늘날 금강 하류 일대로 충남 서천 남쪽이다(전북 군산이라는 소수설도 있음). 당시 왜군은 금강 입구인 진포에 500여 척의 함선을 이끌고 와서 충청·전라·경상 3도의 연안 지방을 약탈하여 참상이 극도에 달하고 있었다. / 최무선의 건의로 화통도감을 설치하여 각종 화약 무기를 제조하기 시작한 것은 고려 우왕 3년인 1377년의 일이다.

■ 진포 대첩 [법16] □

왜구가 500여 척의 함선을 이끌고 진포로 쳐들어와 충청·전라·경상 3도 연해의 주군을 돌며 약탈과 살육을 일삼았다. 고려 조정에서 최무선이 만든 화포로 왜선을 모두 불태워버렸다.
― 고려사 ―

[해설] 최무선(1325~1395)이 크게 활약한 진포 대첩에 대한 것임을 알 수 있다(1380.8, 우왕 6). 연이어 같은 해 9월에 이성계가 황산에서 아지발도(?~1380)를 포함한 왜구(진포 대첩 전에 먼저 상륙한 왜구들과 진포 대첩에서 패한 잔적)를 크게 물리쳤다(황산 대첩).

- [이성계] 황산 대첩에서 왜구를 토벌하였다. [국 24] □
└ 황산에서 적장 아지발도를 사살하는 등 왜구를 섬멸하였다. [경18①] □

[해설] 지금의 전라도 지리산 부근 지역인 황산(荒山:黃山)에서 적장 아지발도(?~1380)를 사살하는 등 왜구를 섬멸한 인물은 이성계(1335~1408)이다(황산 대첩, 1380.9). 진포 대첩에서 왜선이 격파되자 퇴로를 잃은 왜구[왜적]가 이 그 전에 상륙한 왜구와 합세하여 노략질을 일삼아 그 피해가 막심하였다. 그리하여 이성계는 여러 장수를 거느리고 남원에서 군대를 정비한 다음 운봉을 넘어 황산 북서쪽으로 나아가 왜군을 대파하였다. 최영의 홍산 대첩과 더불어 가장 특기할 만한 왜구 격퇴전으로 평가되고 있다. / 황산 대첩은 이성계가 신흥 무인 세력으로 성장하는 중요한 계기가 되었다.

■ 황산 대첩 [서17①] □

운봉을 넘어온 ~ 중략 ~ 이 싸움에서 아군은 1,600여 필의 군마와 여러 병기를 노획하였고, 살아 도망간 자는 70여 명 밖에 없었다고 한다.
《고려사》에서 인용·요약

[해설] 『고려사』에서 인용·요약한 내용으로, '운봉(남원 운봉)[전라도 지리산 근방인 황산]'이 언급되었다는 점에서 제시된 자료는 왜구를 크게 물리친 이성계(1335~1408)의 황산 대첩에 관한 것이다(1380, 우왕 6). 이성계가 신흥 무인 세력으로 성장하는 계기가 된 전투이다.

- [정지] 관음포 앞바다에서 왜선 120여 척을 격침시켰다.* [경18①] □

[해설] 관음포 앞바다에서 왜선 120여 척을 격침시킨 인물은 무신 정지(1347~1391)이다(관음포 대첩 또는 남해 대첩, 1383.5). 참고로 관음포는 남해현 북방, 오늘날의 여수반도 동쪽에 위치하였다.

- [박위] 왜구의 소굴인 쓰시마섬을 정벌하였다. [국17①] □
└ 그들의 소굴인 대마도가 정벌되어 그 기세가 꺾이게 되었다. [서17①] □

[해설] 쓰시마섬을 정벌한 대표적인 인물로 박위(고려 창왕)와 김사형(조선 태조), 이종무(조선 세종) 3인이 있다. 무신 박위(?~1398)가 대마도[쓰시마섬]을 정벌한 것은 고려 창왕 원년인 1389년의 일이다(1389.2). 조선 시대에는 문신 김사형(1341~1407)이 태조 5년인 1396년에, 무신 이종무(1360~1425)가 세종 원년인 1419년에 쓰시마섬을 다시 토벌하였다(각 1396.12~1397.1/1419.6~7). 참고로 이종무의 쓰시마섬 정벌을 기해동정(己亥東征)이라고 부른다.

● 사진으로 보는 고려 후기의 정치 변동

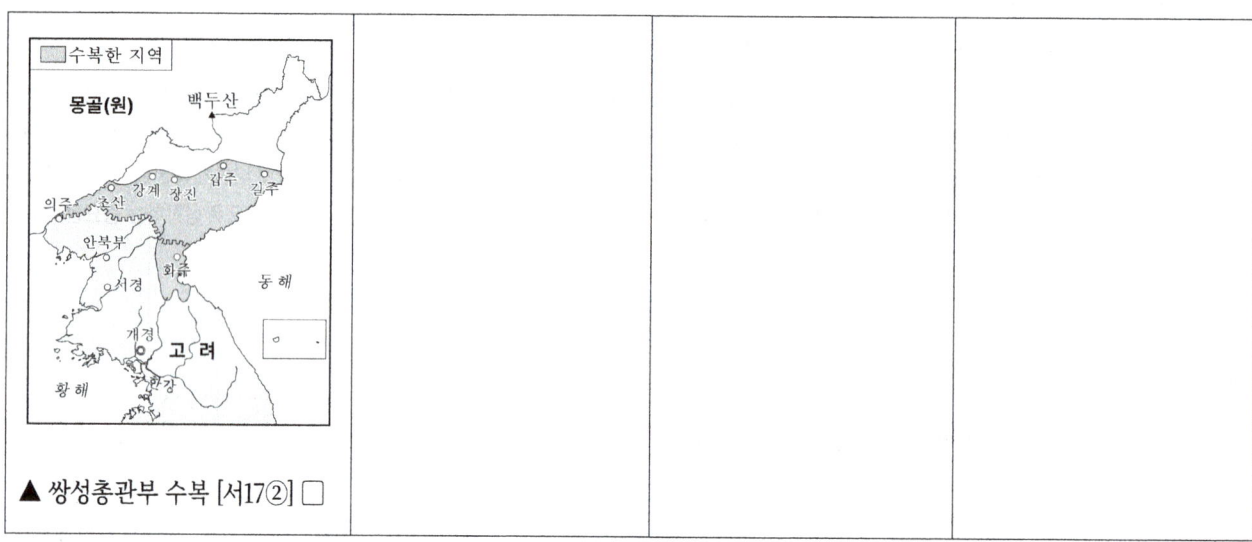

▲ 쌍성총관부 수복 [서17②]

[해설] [서17] 지도에 표시된 수복 지역은 쌍성총관부가 있던 철령 이북이다. 공민왕 대(재위 1351-1374, 제31대)에 이르러 쌍성총관부를 공격(유인우)하여 철령 이북의 땅을 수복하였다(1356, 공민왕 5).

주제 26 고려의 경제

1 토지 제도

고려의 경제 정책 [국17②]
고려는 국가가 주도하여 산업을 재편하면서 경작지를 확대하고, 상업과 수공업의 체제를 확립하여 안정된 경제 기반을 확보하였다. 또 수취 체제를 정비하면서 양전 사업을 실시하고 토지 제도를 정비하였다.

[해설] 고려의 경제에 대한 전반적인 내용이 제시되어 있다. '㉠ 경작지 확대, ㉡ 상업과 수공업의 체제 확립, ㉢ 수취 체제 정비(양전 사업 실시), ㉣ 토지 제도 정비'가 차례로 나와 있다.

- [역분전] 고려의 건국 과정에서 충성도와 공로에 따라 차등 지급되었다. [국19] □
  - (가) - 후삼국 통일 전쟁에 공이 있는 사람들에게 지급하였다. [서20] □
  - 공신들에게 역분전이 지급되었다. [법24] □
  - 공신의 공로에 따라 차등 지급하였다. [법20] □
  - 공을 세운 신하들에게 역분전을 지급하였다. [소21] □
  - 공로가 많은 사람들에게 인품을 기준으로 역분전을 차등 지급하였다. [지13] □
  - 인품과 행동의 선악, 공로의 대소를 고려하여 토지를 차등 있게 지급하였다. [소20] □
  - 그 사람의 성품과 행동의 선악, 공로의 크고 작음을 참작하여 역분전을 차등 있게 주었다. [법22] □
  - 태조 때 역분전이 설치되어 개국 공신들에게 충성도, 공훈, 인품 등을 반영하여 토지를 지급하였다. [경20①] □
  - 후삼국을 통일한 태조 왕건은 공신, 군인 등을 대상으로 그들의 공로에 따라 차등을 두어 역분전을 지급하였다. [서17②] □
  - 조신(朝臣)이나 군사들의 관계(官階)를 따지지 않고 그 사람의 성품, 행동의 선악(善惡), 공로의 크고 작음을 보고 차등 있게 역분전을 지급하였다. [서20] □
  - (가) - 역분전 지급 [서24①] □
  - (ㄱ) - 역분전 지급 [회19] □
  - 역분전 [지16①] □

[해설] 고려의 개국 공신에게 역분전을 지급한 것은 고려 태조 23년인 940년의 일이다(시정 전시과에서도 '인품'을 반영한 점에 주의). 충성도와 공로의 대소 여하, 인품[인성]에 따라 역분전을 지급(경기 지역)하였다('공로' 중요). 논공행상의 성격을 지녔다.

고려 초의 토지 제도(역분전과 시정 전시과) [지16①] [법22] [법19] □

- 태조 23년에 처음으로 ㉠ 제도를 설정하였는데, 삼한을 통합할 때 조정의 관료들과 군사들에게 그 관계(官階)가 높고 낮은 지를 논하지 않고 그 사람의 성품과 행동이 착하고 악한 지, 공로가 크고 작은 지를 참작하여 ㉠ 을 차등 있게 주었다. 경종 원년 11월에 비로소 직관(職官), 산관(散官) 각 품의 ㉡ 을(를) 제정하였는데, 관품의 높고 낮은 것은 논하지 않고 다만 인품만 가지고 ㉡ 의 등급을 결정하였다. - 『고려사』-

[해설] 태조 23년(940)에 처음으로 설정하였다는 내용, '성품과 행동이 착하고 악한지' 등을 참작하여 주었다는 부분에서 '㉠'은 역분전을 가리킨다. 경종 원년(976) 11월에 제정하였는데, 관품의 높고 낮은 것은 논하지 않고 다만 인품만 가지고 등급을 결정*하였다는 부분에서 '㉡'은 (시정) 전시과를 가리킨다. 참고로 산관(散官)이란 관리가 될 자격은 있으나 실직이 없는 사람, 즉 일정한 관직[이른바 직책]이 없고, 관계(官階)[이른바 직위]만을 보유하던 관원을 가리킨다.

*『고려사』의 역분전 관련 규정에서 유사한 문장이 있는데 역분전의 경우는 그렇다 치더라도 시정 전시과에서 '관품의 높고 낮은 것은 논하지 않고(원문, '勿論官品高低), 다만 인품만 가지고 전시과의 등급을 결정'하였다는 문장이 있다는 것은 이상하다. 일단 『고려사』의 규정이 그러한데, 이 문장[전문(前文)] 다음에 그 수급자를 4색 공복(자삼·단삼·비삼·녹삼)을 기준으로 나누고 다시 문반, 무반, 잡업으로 나누어 지급 결수를 정한 내용이 연이어 나온다. 그래서 한 전문가는 이 규정을 인품만 가지고 등급을 결정하였다고 표방하고 있지만 '4색 공복이 관등과 관직의 고하에 따른 구별인 만큼 그 자체에 관품적 요소가 포괄되어 있다고 할 수 있으므로 이것은 그같은 관품적 요소와 인품을 병용한 급전제라고 해야 좋을 듯싶다'고 말하고 있다. 요컨대 시정 전시과는 인품만으로 등급을 결정한다고 표방하고 있지만 실제 기록상으로 볼 때 관품과 인품을 병용(인품과 함께 관품도 고려)하고 있다고 해석해야 하는 셈이다. 참고로 관품(官品)은 '관리나 벼슬의 등급'이란 뜻으로, 관계(官階), 관등(官等), 관위(官位), 관질(官秩), 관차(官次)와 같은 뜻이다.

- 고려의 토지 제도는 대체로 당(唐)의 제도를 모방하였다. 경작하는 토지의 수를 헤아리고 그 비옥함과 척박함을 나누어, 문무의 백관으로부터 부병(府兵)과 한인(閑人)에 이르기까지 과(科)에 따라 받지 않은 자가 없었으며, 또한 과에 따라 땔나무를 베어낼 땅도 지급하였으니, 이를 일컬어 _____(가)_____ 라고 하였다. - 고려사 -

[해설] 주어진 '(가)'는 전지와 함께 시지를 지급한 고려의 토지 제도인 전시과를 가리킴을 알 수 있다(『고려사』지 권제32 식화1 전제 서).

- 문무의 백관으로부터 부병(府兵)과 한인(閑人)에 이르기까지 과(科)에 따라 받지 않은 자가 없었으며, 또한 과에 따라 땔나무를 베어낼 땅도 지급하였다

[해설] 위와 같은 내용의 자료이다.

- 국가에 봉사하는 대가로 관료에게 토지를 나누어 주는 전시과 제도를 운영하였다. [지16②] □
  └국가에 봉사하는 대가로 관료에게 수조권을 지급하는 전시과 제도를 운영하였다. [회15] □
  └전시과 제도를 통해 관료에게 전지와 시지를 지급하였다. [서24②] □
  └전지(농지)뿐 아니라 땔감을 채취하는 시지도 함께 지급하였다. [회24] □
  └[전시과] 관직이나 직역을 담당하는 사람들에게 농지와 땔감을 채취하는 시지를 주었다. [지13] □
  └과전으로 곡물을 수취할 수 있는 전지와 땔감을 얻을 수 있는 시지를 주었다. [경12③] □
  └전시과 제도에 따라 지급된 토지는 수조권과 소유권을 가지는 토지였다[x]. [경15②] □
  └관리에게 보수로 지급된 과전은 수조권만 가지는 토지였다. [경12③] □
  └지급한 토지의 권리는 소유권이 아니라 수조권이었다. [회24] □
  └[전시] 고려 시대에 곡물을 수취하도록 관리들에게 지급한 땅. 논과 밭을 아울러 이르는 말 [기19] □

[해설] 전시과는 고려 시대에 지급된 토지 제도이다(976, 경종 원년). 전지*와 시지*를 지급하였다. 단, 경정 전시과에서는 전지와 달리 시지는 18등급 중 14등급까지만 지급하였다. / 전시과 제도에 따라 지급된 토지는 수조권(조세를 거두어들일 수 있는 권리)을 가지는 토지였다. 소유권을 준 것은 아니었다.

*전지(田地)와 시지(柴地): 전지는 말 그대로 논과 밭을 이르는 말이고, 시지는 땔나무를 공급하기 위해서 지급했던 토지를 가리킨다. 시지는 땔나무를 공급하기 위한 것이었으므로 대개 수도인 개경[개성] 부근에 위치하였다.

- [전시과] 개정을 거듭하면서 등급별 지급 액수는 조금씩 늘어났다[x]. [회24] □

  [해설] 개정을 거듭하면서 전시과의 등급별 지급 액수는 조금씩 줄어들었다(귀족과 관료의 토지 독점 및 세습으로 인해 신규 관리들에게 지급할 토지가 부족해짐)(관련 자료인 [지15②] '전시과의 토지 지급 결수' 참조).

- [전시과] 토지를 받은 사람이 퇴임하면 나라에 반납하는 것이 원칙이었다. [회24] □

  [해설] 경정 전시과에서는 (퇴직 관리를 제외하고) 현직 관리들에게만 과전을 지급하고 퇴직할 때 반납하도록 하였다(1076, 문종 30). 직역 세습을 대가로 지급한 외역전과 군인전과 같은 영업전도 직역이 세습되지 않을 경우 반납하여야 하였다. 요컨대 영업전을 포함해 모든 전시과는 '세습되지 않는 것이 원칙'이었다.

- 시정 전시과(경종 1년, 976) [국16] □
  - 시정 전시과(경종 1년) [회16] □
  - 시정 전시과 시행 [서24①] □
  - 시정 전시과 제정 [회19] □
  - [경종] 토지 제도로서 전시과를 시행하였다. [지22] □
  - 경종 때 시정 전시과를 실시하였다. [법20] □
  - 광종 때 처음으로 만들어졌다[x]. [법19] □
  - [경종] 경제 개혁을 수행하여 전시과(田柴科)를 실시하였다. [서22①] □
  - 경종 원년 11월에 비로소 직관(職官), 산관(散官)의 각 품(品)의 전시과를 제정하였다. [서20] □
  - 전지(田地)와 시지(柴地)를 실직(實職)이 있는 사람과 없는 사람 모두에게 처음 지급하였다. [서19①] □
  - (나)는 '전시과'로, 전지와 시지를 나누어 주는 것이다. [서24①] □
  - 전지와 시지를 함께 주는 전시과를 처음 시행하였다. [회23] □
  - 전시과 제도를 처음 실시하였다. [지24] □
  - 전시과가 처음으로 제정되었다. [법24] □
  - (가): 전시과를 처음으로 제정하였다. [기12] □
  - 전시과 제도를 시행하였다. [지20] □
  - 전시과 제도를 실시하였다. [법17] □
  - 전시과 제도의 실시 [법11] □
  - 전시과 [지16①] [지15①] □

  [해설] 경제 개혁을 수행하여 전시과(田柴科)를 (처음으로) 실시한 왕은 고려의 경종이다(976, 경종 원년)(시정 전시과)[경종(재위 975-981), 제5대]. 이후 목종 원년인 998년에 개정 전시과가, 다시 문종 30년인 1076년에 또다시 경정 전시과가 시행되었다(전시과의 완성). / [서24①]의 (나)는 '수신전'을 가리키나 무시함. / [기12]의 (가)는 태조와 성종 대 사이의 시기를 가리킴.

- [시정 전시과] 4색 공복을 기준으로 등급을 나누었다. [국16] □
  - 4색 공복을 기준으로, 문반, 무반, 잡업으로 나누어 지급 결수를 정하였다. [국19] □
  - ㉠ - 4색 공복제에 입각하여 전시를 지급하였다. [회16] □
  - 경종 원년의 시정 전시과는 4색 공복을 기준으로 관품과 인품을 병용하여 토지와 시지를 지급하였다. [경11②] □
  - 경종 때의 전시과 제도는 문무 관리의 지위와 직역, 인품에 따라 전지와 시지를 지급하였다. [국17②] □

- 경종 때 만들어진 전시과 제도는 전·현직 관리를 대상으로 전지와 시지를 지급하였다. [경15②]
- 성종 때 시정 전시과가 실시되어 관품과 인품을 고려하여 전지와 시지를 지급하였다[x]. [경20①]
- 인품과 관품에 따라 전지와 시지를 지급하였다. [법13]
- 인품과 공복을 기준으로 토지를 지급하였다. [기18]
- 토지를 전지와 시지로 분급하였다. [소20]
- 전지와 시지를 지급하였다. [서23]
- (가) - 전지와 시지를 함께 지급하였다. [회20]
- [시정 전시과] 관품과 함께 인품도 고려되었다. [지15②]
- 관등과 인품을 기준으로 지급하였다. [법20]
- (나) - 인품을 반영하여 토지를 지급하였다. [서20]

[해설] 경종 원년인 976년에 제정된 시정 전시과에서는 문무 관리의 관품(관등, 지위와 직역, 관직의 고하)과 인품을 반영하여 전지(田地)와 시지(柴地) [수조권]를 차등 지급하였다(소유권 X). 또 .광종 때 제정된 4색 공복[공복 제도]을 기준으로 문반, 무반, 잡업으로 나누어 지급 결수를 정하였다. / 전시과는 고려 시대의 토지 제도로 관료들에게 전지와 시지를 차등 지급하였다(976, 경종 원년).

■ 시정 전시과(경종) [국19] [법21] [회20] [소20]

- 경종 원년(976) 11월 …… 관품의 높고 낮음은 논하지 않고 다만 인품을 가지고 등급을 정하였다.

[해설] 고려 경종 원년인 976년에 제정된 (시정) 전시과를 가리킨다. 시정 전시과에서는 광종 때 제정된 4색 공복(자, 단, 비, 녹)을 기준으로 하여 문반, 무반, 잡업으로 나누어 지급 결수를 정하였다. 또한 관품의 높고 낮음과 함께 인품을 반영함으로써 역분전의 성격을 벗어나지 못하였다는 평가를 받고 있다('관품의 높고 낮은 것은 논하지 않고 다만 인품만 가지고 그 등급을 결정하였다'는 문장의 해석에 대해서는 앞의 자료 '고려 초의 토지 제도(역분전과 시정 전시과)' 해설 참조).

- 원년 11월에 처음으로 직관과 산관 각 품의 전시과를 제정했는데, 관품의 높고 낮음은 따지지 않고 단지 인품으로만 이를 정하였다.

[해설] 위와 같은 내용의 자료이다.

- 비로소 직관(職官)·산관(散官) 각 품(品)의 ＿(가)＿ 을/를 제정하였는데, 관품의 높고 낮은 것은 논하지 않고 다만 인품만 가지고 그 등급을 결정하였다. -『고려사』-

[해설] 위와 같은 내용의 자료이다.

- 자삼(紫衫) 이상은 18품으로 나눈다. …… 문반 단삼(丹衫) 이상은 10품으로 나눈다. …… 비삼(緋衫) 이상은 8품으로 나눈다. …… 녹삼(綠衫) 이상은 10품으로 나눈다. …… 이하 잡직 관리들에게도 각각 인품에 따라서 차이를 두고 나누어 주었다. -『고려사』-

[해설] 주어진 자료가 가리키는 토지 제도는 전시과, 그것도 고려 경종 원년(976)에 시행된 시정 전시과이다.

- 시정 전시과는 토지의 수조권을 지급한 것이 아니고, 소유권을 지급한 것이다[x]. [회14]

[해설] 시정 전시과는 토지의 (소유권을 지급한 것이 아니라) 수조권을 지급한 것이다(976, 경종 원년).

- (가) - 무인에 대한 차별 대우가 사라졌다[x]. [회20]

[해설] 시정 전시과에서는 무인[무관]에 대한 차별 대우가 사라지지 않았다. 오히려 목종 원년(998)에 있었던 개정 전시과에서는 무관에 대한 문관의 우위가 나타났다. 경정 전시과(1077, 문종 30)에 이르러 무관에 대한 지급액이 증가하여 무반에 대한 대우가 현저히 상승하였으나 그렇다고 하여 무관에 대한 차별 대우가 (완전히) 사라졌다고 볼 수는 없다.

- 경종 때 처음 전시과 제도를 만들었으며, 문종 때에는 지급 대상을 현직 관료로 제한하였다. [경16①]

[해설] 경종 대에 처음 전시과 제도를 만들었으며[시정 전시과, 976(경종 원년)], 문종 대에는 지급 대상을 현직 관료로 제한하였다[경정 전시과, 1076(문종 30)].

- 개정 전시과(목종 1년, 998) [국16] ☐
  - 개정 전시과(목종 1년) [회16] ☐
  - 개정 전시과 시행 [회19] ☐
  - 개정 전시과 제정 [회18] ☐
  - 목종 원년 12월에 양반 및 군인들의 전시과를 개정하였다. [서20] ☐
  - 문무 양반과 군인들의 전시과를 개정하였다. [기18] ☐
  - 관등에 따라 18등급으로 구분하여 지급하였다. [법20] ☐
  - 목종 때에는 인품을 기준으로 토지를 지급하였다[×]. [법19] ☐
  - 목종 대에는 인품을 반영하여 18과로 세분하여 토지를 지급하였다[×]. [회16] ☐
  - 목종 때 개정 전시과가 실시되어 인품이 배제되고 관품만을 기준으로 토지를 지급하였다. [경20①] ☐
  - 목종 원년의 개정 전시과는 18과로 나누어 직·산관을 대상으로 지급하고, 한외과(限外科)가 없어졌다[×]. [경11②] ☐
  - 목종 때 개정 전시과는 현직 관료에게만 토지를 지급하였다[×]. [경15②] ☐
  - 전시과 제도와 관련하여 목종 때에는 지급 대상을 현직 관료로 제한하였다[×]. [경15③] ☐
  - 개정 전시과는 관직의 고하와 인품을 고려하여 지급하였다[×]. [서12] ☐
  - 개정 전시과에서는 관등의 고하와 인품을 함께 반영하여 토지를 지급하였다[×]. [경16①] ☐
  - ⓒ - 실직자뿐 아니라 산직자에게도 전시를 지급하였다. [회16] ☐
  - (다) - 실직이 없는 산관은 토지 지급 대상에서 제외되었다[×]. [서20] ☐
  - ⓒ - 문반, 무반, 잡업 계층으로 구분하여 전시를 지급하였다[×]. [회16] ☐
  - 한외과가 소멸되었다[×]. [지15②] ☐

[해설] 개정 전시과에서는 전·현직 관리에게 인품을 제거하고 관직만을[관직의 고하만을] 기준으로 반영하여 지급하였다(998. 목종 원년). 군인전이 전시과에 처음으로 포함되었다. / 관등에 따라 18관등으로 구분하여 지급하였다(18과). / 개정 전시과에서는 실직자(현직 재임 중인 자, 현직 관료)뿐 아니라 산직자(재임에서 물러난 전직인 자, 퇴직 관료)에게도 전시를 지급하였다(단 1과에서 4과까지 인하). 실직이 없는 산관(散官)*[산직자]이 토지 지급 대상에서 (완전히) 제외된 것은, 즉 현직 관료에게만 토지를 지급한 것은 (개정 전시과가 아니라) 경정 전시과 때의 일이다(1076, 문종 30). / 문반, 무반, 잡업 계층으로 구분하여 전시를 지급한 것은 (개정 전시과에서가 아니라) 시정 전시과에서이다. 다시 말해 시정 전시과 때 4색 공복을 기준으로 문반, 무반, 잡업으로 나누어 지급 결수를 정하였다. / 18과(등급)에 들지 못한 이들을 한외과(限外科)로 구분하여 전지[전지 17결]를 지급하였다(한외과가 소멸된 것은 경정 전시과 때).

* 산관(散官): 고려와 조선 시대에 일정한 관직[해당 업무], 즉 실직(實職)이 없고 관품(官品) 혹은 관계(官階)만을 가진 관리[권원]을 가리킨다. 산직자와 같은 뜻이다.

- [경정 전시과] (가) (문종 30년, 1076). [국16] ☐
  - 경정 전시과(문종 30년) [회16] ☐
  - 경정 전시과 실시 [회19] ☐
  - 문종 30년에 양반 전시과를 다시 개정하였다. [서20] ☐
  - 전지(田地)와 시지(柴地)를 지급하는 경정 전시과를 실시하였다. [국21] ☐
  - 현직 관리에게만 토지가 지급되고, 문·무관의 차별이 거의 사라졌다. [서20] ☐
  - 현직 관리만을 대상으로 지급하였다. [법20] ☐

26 고려의 경제

┌ 현직 관리에게만 토지를 지급하였다. [기18] □
├ 문종 때에는 지급 대상을 현직 관리로 제한하였다. [법19] □
├ 문종 때 경정 전시과가 설치되어 현직 관리들에게만 과전을 지급하고 퇴직할 때 반납하도록 하였다. [경20①] □
├ 문종 때 경정 전시과는 관등의 고하와 인품을 함께 반영하여 토지를 지급하였다[x](시정 전시과). [경15②] □
├ 산관이 지급 대상에서 제외되었으며 무반의 차별 대우가 개선되었다. [국19] □
├ 산직(散職)이 전시의 지급 대상에서 배제되었다. [국16] □
├ 등급별 전시의 지급 액수가 전보다 감소하였다. [국16] □
├ 경정 전시과의 과등(科等, 등급)별 토지 지급 액수는 개정 전시과보다 많았다[x]. [경15③] □
├ 문종 30년의 경정 전시과는 18과로 나누어 지급하고, 지급 액수가 전체적으로 이전보다 감소하였으며, 한인·잡류에게도 지
│   급되었다[x]. [경11②] □
├ 전시과를 고쳐 제1과(科)는 전지 100결, 시지 50결을 지급하였다.* [기18] □
├ 무반과 일반 군인에 대한 대우가 전반적으로 향상되었다. [국16] □
├ ⓒ - 무반에 대한 대우가 상승하였다. [회16] □
├ 승인과 지리업에게 별사전이 지급되었다. [지15②] □
└ ⓒ - 일부 관료에게는 시지를 지급하지 않았다. [회16] □

[해설] 경정 전시과를 실시한 것은 고려 문종 30년인 1076년의 일이다(전시과의 완성). 문종이 경정 전시과를 실시한 첫째 이유는 귀족과 관료의 토지 독점 및 세습으로 인해 신규 관리들에게 지급할 토지가 부족해졌기 때문이다. 따라서 경정 전시과에서는 산관[퇴직 관리]을 지급 대상에서 제외하고 현직 관리[실직 관리]에게만 수조권을[토지를] 지급하였다(토지의 지급량 줄어듦). 그리고 등급별 전시의 지급 액수가 전반적으로 전보다 감소하였다. 다만 무관[무반]에 대한 차별 대우가 사라짐은 물론 군인에 대한 대우가 이전보다 나아졌다. / [경15③] 경정 전시과의 과등(科等, 등급)별 토지 지급 액수는 개정 전시과보다 많지 않았다. 즉 지급 액수가 전체적으로 이전보다 감소하였다. 1등급은 100결로 같았지만 2등급 이하부터는 경정 전시과의 등급이 개정 전시과의 등급보다 5결씩 적었다(16등급까지, 17등급과 18등급은 3결씩 적음). / [경11②] 경정 전시과에서는 지급 대상을 모두 18과 내로 흡수하여 한외과가 소멸되었으며(즉 한인·잡류가 과 내로 흡수되어 소멸), 공음전(5품 이상의 관리), 한인전(하급 관리), 별사전(승려, 승직)이 규정되었다(지리업(地.理業), 지리업자(地理業者)는 궁궐과 왕릉의 터, 태(胎)를 묻는 곳 등을 선정하는 일, 또는 그런 일을 하는 관원을 뜻함). / [기18] 전시과를 고쳐 제1과(科)는 전지 100결, 시지 50결을 지급한 것은 경정 전시과이다. 참고로 개정 전시과에서는 전지 100결과 시지 70결을 지급하였고, 시정 전시과에서는 전지 110결과 시지 110결을 지급하였다. 후대로 올수록 (지급 토지의 부족으로) 지급 결수가 줄어듦을 알 수 있다. / 경정 전시과에서는 일부 관료에게 시지를 지급하지 않았다. 즉 15과에서 18과에 해당하는 관료에게는 전지만 지급하였을 뿐 시지를 지급하지 않았다.

■ 경정 전시과(문종) [기13] □

관료에게 지급하는 토지가 부족해지면서 기존의 전·현직 관료에게 모두 지급하던 방식을 현직 관료에게만 지급하기 시작하였다. 이에 따라 관료들은 퇴직과 함께 토지를 국가에 반납하여야 했다.

[해설] 산직자(퇴직자)를 배제하고 실직자(현직자)를 중심으로 토지를 지급한 고려 문종 30년(1076)의 경정 전시과에 대한 것임을 알 수 있다

• [경정 전시과] 문종 대에는 관료에게 지급할 토지가 부족하여 현직 관료에게 경기 지역의 토지를 지급하였다[x]. [회14] □
  └ 경기 8현에 한하여 지급되었다[x](녹과전). [지15②] □

[해설] (경정) 전시과는 (경기 지역에 한정한 것이 아니라) 전국의 토지를 대상으로 지급되었다. 경기 지역[경기 8현]에 한하여 수조권을 지급한 것은 녹과전이다(1271, 원종 12).

- [전시과] 양반전은 원칙적으로 세습이 허용되었다[×]. [법19]☐
[해설] 양반전은 원칙적으로 세습이 불가하였다(국가 반납 원칙). 양반전은 군인전·한인전·별사전 등에 대칭되는 용어로, 양반전시라고도 하였다. 지위가 낮은 품관에게는 시지가 분급되지 않았으며, 과전법과는 달리 수조권의 분급이 아니었다.

- 전시과에서는 문무 관리, 군인, 향리 등을 9등급으로 나누어, 토지를 주었다[×]. [서17②]☐
[해설] 전시과는 문무 관리, 군인, 한인 등을 '18등급'으로 나누어 곡물을 수취할 수 있는 전지와 땔감을 얻을 수 있는 시지를 지급하였다.

■ 전시과의 토지 지급 결수 [지15②]☐

과		1	2	3	4	5	6	7	8	9	10	11	12	13	14	15	16	17	18
(가)	전지	110	105	100	95	90	85	80	75	70	65	60	55	50	45	42	39	36	32
(가)	시지	110	105	100	95	90	85	80	75	70	65	60	55	50	45	50	35	30	25
(나)	전지	100	95	90	85	80	75	70	65	60	55	50	45	40	35	30	27	23	20
(나)	시지	70	65	60	55	50	45	40	35	33	30	25	22	20	15	10			
(다)	전지	100	90	85	80	75	70	65	60	55	50	45	40	35	30	25	22	20	17
(다)	시지	50	45	40	35	30	27	24	21	18	15	12	10	8	5				

-『고려사』식화지-

[해설] 전지와 시기의 지급 액수가 달라지는데, (가)는 경종 때의 시정 전시과이고, (나)는 목종 때의 개정 전시과, (다)는 문종 때의 경정 전시과이다. 개정을 거듭하면서 전시과의 등급별 지급 액수는 조금씩 줄어들고 있음을 알 수 있다

- 공음전을 5품 이상의 관료에게 주어 세습을 허용하였다. [국15]☐
  └공음전은 5품 이상의 관리에게 지급하여 세습을 허용하였다. [서12]☐
  └공음전은 5품 이상의 관료가 되어야 받을 수 있는데, 자손에게 세습할 수 있었다. [경15②]☐
  └5품 이상의 관료에게는 공음전을 지급하였고 자손에게 세습할 수 있었다. [경12③]☐
  └5품 이상의 고위 관리에게는 공음전을 따로 주는 경우가 있었다. [회24]☐
  └(ㄱ) -양반공음전시법 제정 [회19]☐
  └훈전, 공음전 [지16①]☐
  └공음전 [지17②]☐

[해설] 공음전은 과전 외 토지로 5품 이상의 관료에게 지급되었으며 자손에게 세습할 수 있어 문벌 귀족의 경제적 기반이 되었다[자손에게 상속 가능한 영업전(永業田)](1049, 문종 3). 음서와 함께 고려 귀족 사회설의 유력한 근거이다. / 훈전(勳田)이란 경종이 개국 공신 및 고려에 투항한 후삼국의 성주에게 지급한 토지이다(977, 경종 2)(공음전의 전신). / 양반공음전시법이 제정된 것은 고려 문종 3년인 1049년의 일이다. 일종의 공음전시[공음전]로, 시기에 따라 훈전, 공음전, 양반공음전시법으로 불린 것으로 보면 된다. / 세습 가능한 토지, 즉 영업전으로 공음전과 공신전, 외역전, 군인전 등이 있었다(영업전이란 직업을 세습하는 대가로 국가에서 지급한 토지의 명칭).

- 6품 이상의 관리는 전시과 이외에도 공음전을 받아 자손에게 물려줄 수 있었다[×]. [서17②]☐
[해설] 공음전은 6품이 아니라 5품 이상의 관리에게 지급된 토지로, 자손에게 세습할 수 있었다.

- 직업 군인인 경군에게 군인전을 지급하고 그 역을 자손에게 세습시켰다. [서19②]☐

┌군인전은 군역의 대가로 주는 토지로, 하급 관료나 군인의 유가족에게 지급되었다[x]. [경15③]

┌군인전, 외역전 [지16①]

┌향리와 군인에게 주는 외역전과 군인전은 모두 세습되지 않는 것이 원칙이었다. [경11②]

┌군인전 [지12②]

[해설] 군인전은 중앙군에게 군역의 대가로 지급된 토지이고,. 외역전은 향리에게 향역의 대가로 지급된 토지이다. 둘 다 역의 세습으로 토지도 세습되었다. / (자손이 없는) 하급 관료나 군인의 유가족에게 지급된 토지는 (군인전이 아니라) 구분전이다. / 향리와 군인에게 주는 외역전과 군인전은 모두 (직역 세습을 대가로) 세습 가능한 영업전이다. 공음전과 공신전도 그러하였다. 하지만 일단 영업전을 포함해 모든 전시과는 '세습되지 않는 것이 원칙'이었다(사후 직역이 세습되지 않을 경우 국가에 반납). / 군인전이 전시과에 포함된 것은 개정 전시과 때의 일이다(998, 목종 원년).

• 외역전은 관직을 얻지 못한 하급 관리 자제에게 지급하였다[x](한인전). [서12]

[해설] 관직을 얻지 못한 하급 관리 자제에게 지급한 토지는 (외역전이 아니라) 한인전이다. 외역전은 향리에게 직역에 대한 대가로 지급한 토지이다.

• 내장전은 중앙과 지방 관청의 경비를 충당하기 위해 지급하였다[x](공해전). [서12]

┌국가는 왕실 경비를 마련하기 위해서 공해전을 지급하였다[x](내장전). [서17②]

┌왕실에는 공해전, 중앙과 지방의 관청에는 내장전을 지급하여 경비에 충당케 하였다[x]. [회14]

┌중앙과 지방의 각 관청에는 내장전(內莊田)을 지급하여 경비를 충당하게 하였다[x]. [경16①]

┌중앙과 지방의 각 관청에는 내장전이 지급되어 경비를 충당하게 하였다[x]. [경15③]

┌지방의 각 관청에는 구분전을 지급하고, 사원에는 사원전을 지급하였다[x]. [경12③]

┌내장전, 둔전 [지16①]

[해설] 중앙과 지방 관청의 경비를 충당하기 위해 지급한 토지는 (내장전이나 구분전이 아니라) 공해전(公廨田)이다. 내장전(內莊田)은 왕실의 경비를 충당하기 위해 지급한 토지이다. 또 구분전은 자손이 없는 하급 관료와 군인의 유가족에게 지급된 토지이다. / 사원에 사원전을 지급한 것은 옳다. / [지16①] 둔전(屯田)은 국경 지역의 군대를 위한 토지이다.

• 구분전 [지17②] [지12②]

┌구분전은 왕실의 경비를 충당하기 위해 지급되었다[x]. [서12]

┌6품 이하의 하급 관료의 자제로서 관직에 오르지 못한 사람에게 구분전을 지급하였다[x]. [경15②]

┌군인의 유가족에게는 군인전(軍人田)을, 6품 이하 하급 관료의 자제로서 관직에 오르지 못한 사람에게는 구분전(口分田)을 지급하였다[x]. [경16①]

┌(다)는 '구분전'으로, 수조권을 지급하는 것이다. [서24①]

[해설] 구분전(口分田)은 자손이 없는 하급 관리와 군인의 유가족에게 지급되었다(공음전과 같이 과전 외의 토지). / 왕실의 경비를 충당하기 위해 지급한 토지는 (구분전이 아니라) 내장전이다. / 6품 이하 하급 관료의 자제로서 관직에 오르지 못한 사람에게는 (구분전이 아니라) 한인전이 지급되었다(한인전 관련 아래 해설 참조). / [서24①]의 (다)는 '휼양전'을 가리키나 무시함.

• 관리가 되었으면서도 관직을 받지 못한 사람들에게 한인전을 지급하였다. [지13]

┌한인전은 6품 이하 하급 관료의 자제로서 관직에 오르지 못한 사람에게 지급되었다. [경15③]

┌한인전 [지12②]

[해설] 관리가 되었으나 관직을 받지 못한 이들에게 한인전(閑人田)을 지급한 것은 고려의 전시과이다(976, 경종 원년). '한인(閑人)'의 실체에 대해 논쟁이 있는데, 일반 농민과 구별되는 직업적 무인으로서 유사시 정규군으로 징발 편성되는 존재라는 견해와 6품 이하 관리 중 벼슬에 나가지 않은 자의 자녀라는 견해가 있다.

■ 한인전과 구분전 [지12②] □

5품 이상 관리의 자손이 공음전시를 받을 수 있었던 것에 대응하여 6품 이하 관리의 자손에게는 (㉠)을 지급하였다. 그리고 자손이 없는 하급 관리와 군인 유가족에게는 (㉡)을 지급하여 생활 대책을 마련해 주었다.

[해설] 5품 이상 관리의 자손에게 공음전시가 지급되었다는 내용이 나와 있다. 6품 이하 관리의 자손에게는 '한인전(閑人田)'이, 자손이 없는 하급 관리와 군인 유가족에게는 '구분전(口分田)'이 지급되었다. 한인전이 실직이 아닌 동정직(同正職)*이라는 산직을 받아 관리 임명을 대기하고 있는 일종의 예비 관인들에게 지급한 토지라는 주장도 있다(논쟁으로 두 가지 모두 출제).

*동정직(同正職): 정원이 제한된 실직의 한계를 극복하고 많은 사람을 관료 체제에 흡수하기 위해 마련한 직제로, 성종 대에 설치된 것으로 추정한다. 문반 정6품 이하와 무반 정5품 이하, 남반(南班)[궁중에 숙직하고 국왕을 시종하며 왕명을 전달하는 일을 맡은 내료]과 승관(僧官) 등에 설정되었다. 초입사직으로 활용되었으며, 음서로 벼슬한 자에게는 모두 이 산직을 주었고, 훈직으로 활용되기도 하여 실직과 동정직을 함께 가지는 경우도 있었다.

- 전시과 체제 하의 민전은 사유지이지만, 수조권의 귀속을 기준으로 하면 공전인 경우도 있다. [지14①] □

[해설] 전시과 체제 하의 민전은 소유권상으로는 사유지이나 수조권상으로 국가에 조세를 낼 경우에는 공전에 해당한다.

- [사전] 수조권이 개인에게 있는 토지 [기19] □

[해설] 수조권이 개인에게 있는 토지를 '사전(私田)'이라고 한다.

- 무신 정변 이후 전시과 체제의 문란이 심화되었다. [회14] □

[해설] 무신 정변(1170, 의종 24) 이후 무신 권력자들의 불법적 농장 확대로 전시과 체제의 문란이 심화되었다. 무신 정권을 거치면서 전시과 체제는 사실상 붕괴하였다.

- 고려 후기의 녹과전은 수조권을 지급한 토지에 해당한다. [지11①] □
  └ 부족한 녹봉을 보충하고자 관료에게 녹과전을 지급하였다. [국23] □
  └ 급전도감을 설치하고 녹과전을 지급하였다. [회24] □
  └ (ㄴ) - 녹과전 지급 [회19] □

[해설] 녹과전은 무신 정변(1170) 이후 전시과 체제가 붕괴되어 관리에게 지급할 토지가 부족해지자 현직 관리의 녹봉을 충당[보충]하기 위해 지급한 토지이다. 경기 8현에 한정하여 수조권만을 지급하였다(1271, 원종 12)(1270년 개경 환도 이듬해). / [회24] 급전도감(給田都監)은 원래 전시과 제도를 시행하면서 관리들에게 전지를 공정하게 나누어주기 위해 설치한 관청으로 문종 대에 확립되었다. 이후 한때 폐지되었다가 고종 44년인 1257년에 다시 설치되었고 원종 12년인 1271년에 이르러 녹과전 제도를 마련하였다. 하지만 토지를 광점(廣占)한 왕과 그 측근들의 녹과전 반대로 이후 그 역할은 지지부진하였다[1309년(충선왕 원년) 개성부에 병합되고, 공양왕 폐지됨, 조선 시대 호조로 이어짐].

■ 녹과전(원종) [지17②] □

원종 12년 2월에 도병마사가 아뢰기를, "근래 병란이 일어남으로 인해 창고가 비어서 백관의 녹봉을 지급하지 못하여 사인(士人)을 권면할 수 없었습니다. 청컨대 경기 8현을 품등에 따라 (㉠)으로 지급하소서."라고 하였다. -『고려사』-

[해설] (전시과가 붕괴한) 개경 환도(원종 11, 1270) 후 경기 지역[경기 8현]에 한하여 수조권을 지급한 녹과전을 가리킴을 알 수 있다(1271, 원종 12).

- 개간을 장려하기 위해 사패전을 부농층에 분급하였다.* [국17①] □
  └ 사패전* [지17②] □

[해설] 사패전은 사전(賜田)*의 한 형태로, 사급전이라고도 불렀다. 공을 세운 왕족과 신하에게 준 공신사패전과 토지 개간을 목적으로 준 개간사패전이 있다(수조권 지급). 개간사패전은 원과의 전쟁 이후에 황폐해진 토지를 개간하기 위해 토지를 분급한 것이다. 공신사패전은 공신전의 일종으로 개

간된 땅을 주었다. 조선 초기까지도 사패를 통해 공신전을 지급하였다. 하지만 토지의 부족으로 조선 선조 이후에는 사패에 결수만 기록하고 실제로는 지급하지 않았다(사실상 소멸).

*사전(賜田): 국왕이 신하에게 특별히 지급한 토지를 말한다. 주로 외교와 국방 따위의 분야에서 나라에 큰 공을 세운 왕족이나 벼슬아치에게 내려 주었다. 세습이 되는 토지와 안 되는 토지가 있었다. '훈전(勳田)'이라고도 부른다.

2 수취 제도

- 취민유도 원칙을 내세워 백성에 대한 과도한 수취를 금했다. [회23]

[해설] 취민유도 원칙을 내세워 백성에 대한 과도한 수취를 금한 것은 고려 태조 초의 일이다(918년 고려 건국 직후). 취민유도(取民有道)란 "백성에게 조세를 수취할 때는 일정한 법도가 있어야 한다"는 뜻으로, 유교적 민본 이념을 나타내는 말이다. 고려 태조 왕건은 수취 체제 개선을 통한 민심 안정을 위하여 이와 같은 조세 정책을 취하였다. 기록에는 전세의 경우 수확량의 10분의 1을 거둔 것으로 나온다(차후 광종 즉위년인 949년에 이를 보완하기 위하여 조세를 마을 단위로 거두어들이는 주현공부법 도입).

- 생산량의 10분의 1에 해당하는 조세를 거두었다. [국22]

└국초부터 군현 단위로 20년마다 양전을 실시하여 1/10의 조세를 거두었다[×]. [국17②]

└고려 시대는 민전을 공전(公田)이라 하여 수확의 4분의 1을 조(租)로 거두어 들였다[×]. [경11②]

[해설] 고려 시대에는 태조 때부터 생산량[수확량]의 10분의 1에 해당하는 조세를 거두었다(토지세). 참고로 공전(公田)의 소작료는 1/4, 사전(私田)의 소작료는 1/2이었다(소작료와 조세는 다름). / [국17②] 국초부터 군현 단위로 20년마다 양전을 실시하여 1/10의 조세를 거둔 것은 (고려가 아니라) 조선이다(과전법,『경국대전』에 양전 사업을 20년마다 실시하도록 규정, 고려 초에도 민전의 경우 1/10세를 부과), 그 결과 고려 말 50만 결에 불과하던 과세전이 세종 대에 이르러 160만 결로 증가하였다. / [경11②] 고려 시대는 민전을 공전(公田)이라 하여 수확의 (4분의 1이 아니라) 10분의 1을 조(租)로 거두어 들였다. 한 규정에 의하면 민전을 3과 공전 *으로 파악한 것이 있는데, 이는 곧 토지에 대한 왕토사상(王土思想)이 반영된 탓이다. 공전에 소유권적 의미로서의 국유지와 국가 수조지로서의 민전이 있다고 본 것이다.

*3과 공전: 공전(公田)은 고려 시대 및 조선 시대에 국가나 왕실의 소유지이거나 수조지(收租地)였던 토지를 일컫는다. 고려 시대에 공전의 종류는 내장전(內莊田), 장처전(莊處田), 공해전(公廨田), 둔전(屯田), 학전(學田), 적전(籍田) 등이 있었는데, 1과 공전·2과 공전·3과 공전으로 나누어졌다. 1과 공전은 국가나 왕실 소유지, 2과 공전은 공공 기관 소속의 공해전, 3과 공전은 일반 민전(民田)을 가리킨다. 참고로 고려 말 사전 혁파를 실행에 옮겨 탄생한 조선 왕조에서는 과전법(科田法)을 제정하여 외방(外方)의 사전을 공전화(公田化)하여 국가 수조지로 만들었다.

3 농업의 발달

- 소를 이용한 깊이갈이가 일반화되고, 2년3작의 윤작법이 보급되었다. [기12]

└밭농사에 2년 3작의 윤작법이 시작되었다. [지14①]

└밭농사는 2년 3작의 윤작법이 보급되었고, 중국의 농서인 '농상집요'가 소개되었다. [기11]

└밭농사에서는 조, 보리, 콩의 2년 3작이 시작되었다. [회16]

[해설] 소를 이용한 깊이갈이가 일반화되고, 2년3작의 윤작법이 보급된 것은 고려 시대의 일이다. / 밭농사에서 2년 3작의 윤작법은 고려 시대에 처음 '시작'되어 조선 시대에 널리 '보편화'되었다(조선 시대의 농업 변화와 비교하는 문제로 출제). / [기11] 중국의 농서인『농상집요』가 [이암(1297~1364)에 의해] 소개된 것은 고려 공민왕 대의 일이다(1372, 공민왕 21). 목화 재배와 양잠 등 중국 화북 지방의 농법을 소개하고 있다.

- 농민이 황무지를 개간하면 일정 기간 소작료나 조세를 감면해 주었고, 여러 수리 시설도 개축하였다. [국17②]

└개간지는 일정 기간 면세하여 줌으로써 농민의 부담을 경감해 주었다. [국15]

[해설] [경작지(농토) 확대를 위하여 고려 조정은] 농민이 황무지를 개간하거나 진전을 새로 경작한 경우에 일정 기간 소작료나 조세를 감면해 주었다. 또 고려 시대에는 여러 수리(水利) 시설(김제의 벽골제, 밀양의 수산제 등)도 개축하였다.

■ 고려의 전시과와 농업의 발달 [국22] ☐

이 나라에는 관리에게 정해진 면적의 토지에서 조세를 거둘 수 있는 권리를 나누어주는 전시과라는 제도가 있었다. 농민은 소를 이용해 깊이갈이를 하기도 했으며, 시비법의 발달로 휴경지가 점차 줄어들었다. 밭농사는 2년 3작의 윤작법이 점차 보급되었다. 이 나라의 말기에는 직파법 대신 이앙법이 남부 지방 일부에 보급될 정도로 논농사에 변화가 나타났다. 또한 이암에 의해 중국 농서인『농상집요』도 소개되었다.

[해설] 주어진 자료에서 밑줄 친 '이 나라'는 고려를 가리킨다. 중국으로부터『농상집요』등의 농서가 (이암에 의해) 수입되어 발달된 농업 기술이 보급된 것은 고려 말의 일이다(1372, 공민왕 21).

- •『농상집요』를 통해 이앙법이 남부 지방에 보급될 정도로 논농사가 발전하였다. [지16②] ☐
- └중국으로부터『농상집요』등의 농서가 수입되어 발달된 농업 기술이 보급되었다. [회15] ☐

[해설] 고려 말에 이암(1297~1364)이 원의『농상집요』를 소개하였다(1372, 공민왕 21). 또한 남부 지방에서 이앙법이 보급되기 시작하였다.『농상집요』는 조선 초기 밭농사에까지 영향을 주었다.

- • [농상집요]『농가집성』은 고려 말 이암이 원에서 들여온 것이다[×]. [국15] ☐
- └이암이 중국 화북 지역의 농사법을 반영한『농상집요』를 도입하였다. [법22] ☐
- └이암이 중국의 농서인 농상집요를 소개하였다. [서13] ☐
- └이암이 원(元)의『농상집요』를 가져왔는데, 지방관인 강희맹이 간행하여 널리 보급하였다[×]. [경11②] ☐
- └농상집요 [법16] [소22] ☐

[해설]『농상집요』*는 고려 말에 행촌 이암(1297~1364)이 원으로부터 수입하여 간행한 농서이다(1372, 공민왕 21)(『원조정본농상집요』). / [국15]의『농가집성』은 조선 효종 대 이지당 신속(1600~1661)이『농사직설』과『금양잡록』등을 묶어 편찬한 것으로 벼농사 중심의 수전 농법을 소개하여 이앙법[모내기법] 보급에 영향을 주었다(1655, 효종 6). / [경11②] 이암이 원(元)의『농상집요』를 가져온 것은 맞다(공민왕 21년인 1372년에 고려에서 간행). 하지만 지방관인 강희맹(1424~1483)이 간행하여 널리 보급한 것은『금양잡록』이다(1492, 조선 성종 23).

*『농상집요』: 중국 최초의 관찬 농서로, 원에서 1273년에 집성하고 1286년에 간행·공포되었다.

- • 정천익(鄭天益)은 기후와 풍토가 다른 우리나라에서 목화 재배에 성공하고, 중국 승려로부터 씨아와 물레의 기술을 배워 의류 혁명에 크게 기여했다.* [경11②] ☐

[해설] 문신 문익점(1329~1398)의 장인인 정천익(鄭天益)(?~?)이 기후와 풍토가 다른 우리나라에서 목화 재배에 성공하고(1366년경), 중국 승려(원 승려 홍원)로부터 (씨를 바르는) 씨아와 (실을 뽑는) 물레의 기술을 배워 의류 혁명에 크게 기여하였다(면포 짜냄).

4 수공업의 발달

- • 고려 시대의 수공업은 관청 수공업, 소(所) 수공업, 사원 수공업, 민간 수공업으로 구분할 수 있다. [지11①] ☐

[해설] 고려의 수공업은 관청에 기술자를 소속시켜 국가에서 필요한 물품을 생산하는 관청 수공업, 특수 행정 구역인 소(所)에서 물품을 생산하는 소 수공업, 불교의 융성에 따른 사원 수공업, 민간 수공업 등으로 구분할 수 있는데 전기에는 관청 수공업과 소 수공업이, 후기에는 민간 수공업과 사원 수공업이 발달하였다.

- • 중앙과 지방의 관청에서는 그곳에서 일할 기술자들을 공장안(工匠案)에 등록해 두었다. [지11①] ☐

[해설] 고려 전기 관청 수공업은 중앙과 지방의 관청에서는 일할 기술자들을 공장안(工匠案)에 올려 물품을 생산하게 하였다.

- • '소'라는 행정 구역의 주민이 국가에서 필요로 하는 물품을 생산하였다. [국22] ☐

┖소라 불리는 특수 지역에서 수공업이 이루어졌다. [서17②] □

[해설] '소(所)'라는 (특별) 행정 구역의 주민이 국가에서 필요로 하는 물품(특산물과 수공업품)을 생산하였다. 향, 부곡, 소 주민들은 일반 군현에 비해 과도한 수취 부담을 졌다. 조선 시대에 들어와 폐지되었다.

• 소(所)의 거주민은 금, 은, 철 등 광업품이나 수공업 제품을 생산하여 바치기도 하였다. [서19②] □

┖소(所)에서는 금, 은, 철 등 광산물과 실, 종이, 먹 등 수공업 제품 외에 생각을 생산하기도 하였다. [지11①] □

[해설] 소(所)에서는 금, 은, 철, 구리, 실, 옷감, 종이, 먹뿐만 아니라 차, 생강 등도 생산하였다.

*해당 사실은 고려 시대의 특정 시기에 한정되지 않으므로 무신 정권기에도 해당하는 것으로도 볼 수 있다(노비 만적이 활동하던 12세기 후반의 사실을 묻는 문제[서19②]).

■ 고려의 '소' 수공업 [지16②] □

고려 시기에 ㉠ 은(는) 금, 은, 구리, 쇠 등 광산물을 채취하거나 도자기, 종이, 차 등 특정한 물품을 생산하여 국가에 공물로 바쳤다.

[해설] '금, 은, 구리, 쇠'가 나와 있고, '도자기, 종이, 차 등 특정한 물품을 생산'하였다는 내용이 나와 있다. 이를 통해 '㉠'은 고려 시대 수공업을 담당한 특수 행정 구역인 소(所)를 가리킴을 알 수 있다.

• 고려 후기 관청 수공업이 쇠퇴하면서 민간 수공업이 발달하였다. [서18②] □

┖고려 후기에는 소(所)에서 죽제품, 명주, 삼베 등 다양한 물품을 만들어 민간에 팔기도 하였다[×]. [지11①] □

[해설] 고려 후기에는 소(所) 수공업이 쇠퇴하고 민간 수공업이 발전하여 죽제품이나 명주, 삼베 등을 만들어 팔았다.

5 상업의 발달과 대외 무역

• 책, 차 등을 파는 관영 상점을 두었다. [국17①] □

┖개경에 시전을 만들어 관영 점포를 열었고, 소는 생산한 물품을 일정하게 공물로 납부하였다. [국17②] □

┖대도시에 주점, 다점 등의 관영 상점을 두었다. [국13] □

┖대도시에는 서적점, 약점과 주점, 다점 등 관영 상점을 두기도 하였다. [기11] □

┖시전을 설치하고, 개경·서경 등 대도시에 주점, 다점 등 관영 상점을 두었다. [지16①] □

┖주점과 다점 등 관영 상점이 크게 늘어났다. [지14①] □

┖서적점, 다점 등의 관영 상점이 운영되었다. [기19] □

[해설] 고려 시대에 개경, 서경, 동경 등 대도시에는 관영 수공업장에서 생산한 물품[책, 차 등]을 판매하는 관영 상점(서적점, 다점, 약점, 주점 등)이 설치되었다(고려 전기). 참고로 시전이 처음으로 설치된 것은 신라 소지왕 12년(490) 경주에서이다. 신라 지증왕 9년(508)에는 동시(東市)가 개설되었다(동시전이 시장 및 시전 감독).

• [경시서] 시전의 물가를 감독하는 임무를 담당하였다. [국23] □

┖경시서를 두어 시전과 지방의 장시를 통제하였다[×]. [지12①] □

┖불법적인 상행위를 감시하는 경시서 관리 [법23] □

[해설] 경시서 관리들은 시전 상인들의 불법적인 상행위를 통제하고, 물가 조절, 도량형 검사 등의 관장하였다. 이후 경시서는 조선 세조 대 평시서로 개칭할 때까지 존속하였다(조선 세종 대에도 존속). / 경시서는 서울의 불법적인 상행위를 통제하기 위한 부서로 지방의 장시와는 관련이 없다.

*경시서의 관리들이 수도[개경]의 시전을 감독하기 시작한 것은 고려 목종 대(재위 997-1009, 제7대)로 추정된다(경시서 자체는 그 이전에 설치되었을 것으로 추정). 그러다 문종 대(재위 1046-1083, 제11대)에 이르러 경시서의 직제가 확대되었다. 이후 경시서는 조선 초에도 계속 존속되다가 세조 12년(1466)에 관제를 개혁할 때 평시서(平市署)로 개칭되었다.

- 성종은 건원중보를 만들어 전국적으로 사용하게 하려 했으나 성공하지 못하였다. [서18②]
  - 건원중보가 발행되었으나 널리 이용되지 못하였다. [국24]
  - 그릇을 팔고 건원중보를 받는 보부상 [법17]
  - (ㄱ) - 건원중보 발행 [회19]

[해설] 고려 성종은 건원중보를 만들어 전국적으로 사용하게 하려 했으나 성공하지 못하였다(996, 성종 15). 건원중보는 우리나라 최초의 철전으로, 유통에는 실패하였다. / 건원중보에는 액면가 표시가 없었는데, 종전까지 화폐 대용으로 사용된 포(布), 토산물과 함께 사용되었으나 다점(茶店)이나 주점(酒店), 식미점(食味店) 등에서만 사용되는 등 널리 유통되지 못하였다. / 건원중보 발행은 시정 전시과 제정(976, 경종 원년)과 개정 전시과 시행(998, 목종 원년) 사이의 시기에 해당한다(해당 문제에서 사이 시기에 시행된 조치로 묻는 내용).

한언공의 상소[건원중보(철전) 사용 중지] [기19]

"시중 한언공이 상소하기를, '사람을 편안하게 하고 물건으로 이익을 보려고 하면 모름지기 옛 제도에 따라 일관성이 있어야 합니다. 지금 선왕을 계승하여 철전을 사용하게 하고 추포 사용을 금지함으로써 풍속을 소란스럽게 하였으니, 나라의 이익이 되지 못하고 오히려 민의 원만만을 일으킵니다.'라고 하였다. …… 이에 철전을 사용하던 것을 쓰임에 따라 중단하고자 한다. 차와 술, 음식 등 여러 점포에서 교역할 때는 전과 같이 철전을 쓰도록 하고, 이외에 백성 등이 사사로이 서로 교역할 때는 토산물을 임의로 사용하게 하라."

[해설] 문하시중 한언공(940~1004)의 상소에 따라 철전(건원중보) 사용을 중지한 일에 대한 것임을 알 수 있다(1001, 목종 4). 철전이 최초로 발행된 것은 고려 성종 15년인 996년의 일이다.

- [숙종] 의천 등의 건의를 받아들여 주전도감을 설치하였다. [법22]
  - 의천이 화폐 주조를 건의하였다. [법22]

[해설] 대각국사 의천(1055-1101) 등의 건의를 받아들여 주전도감을 설치한 왕은 고려의 제15대 왕인 숙종(재위 1095-1105)이다(1097, 숙종 2). / 의천이 (송에서 귀국한 후 자신의 형인 숙종에게) 화폐 주조를 건의한 것은 사실이다.

- 해동통보가 발행되었다. [법22]
  - (ㄴ) -해동통보 발행 [회19]
  - 해동통보 주조 [기18]
  - 해동통보 [기16]
  - 삼한통보, 해동통보, 해동중보 등의 화폐가 주조되었다. [지16①]
  - 삼한통보의 유통 [법19]

[해설] 해동통보가 발행된 것은 숙종 7년인 1102년의 일이다. 삼한통보와 해동중보가 주조[발행]된 시기도 동일하다(추정, 이하 동일). 문벌 귀족들의 반대로 널리 유통되지는 못하였다.

- [숙종] 해동통보와 은병(銀甁) 같은 화폐를 만들어 사용하였다. [지17①]

[해설] 해동통보와 은병(銀甁) 등의 화폐가 만들어 사용된 때는 고려 숙종 대이다(1102, 고려 숙종 7).

■ 해동통보 등 화폐의 주조 [국13] [서23] [기15] ☐

- 왕이 옛 법제에 따라 조서를 내리어 삼한통보, 삼한중보, 해동중보를 주조하게 하였다. 수년 동안 만든 돈꿰미가 창고에 가득 찼고 쓰기에 편리하였다. 그리하여 대신들에게 축하연을 베풀 것을 명령하고 좋은 날을 택하여 통용시키었다.

[해설] 삼한통보, 삼한중보, 해동중보를 주조한 고려 숙종 7년인 1102년의 일이다. 그런데 주어진 자료는 원래『고려지』권79 식화2[목종 5년(1002) 7월]의 사료로 성종 대에 발행된 철전[건원중보]의 유통이 활발하지 못하여 목종이 다점·주점·식미점에서만 이를 사용하고 일반 백성들의 개인적인 교역에서는 이전대로 포와 쌀[물품 화폐, 즉 포화]을 주로 사용하게 조치한 내용이다. 출제자가 원문의 '청부(青蚨)' 즉 화폐라는 말을 위 자료에서 '삼한통보, 삼한중보, 해동중보'로 바꾼 것이다.

- 해동통보를 비롯한 돈 15,000관을 주조하여 관리들에게 나누어 주었다.

[해설] 해동통보가 발행된 것은 고려 숙종 7년인 1102년의 일이다. 이때 해동중보와 삼한통보도 같이 발행되었다.

- 왕이 명령하기를, "백성들을 부유하게 하고 나라에 이익을 가져오게 하는 데 돈보다 중요한 것은 없다. …… 그러므로 이제 비로소 금속을 녹여 돈을 만드는 법령을 제정한다. 부어서 만든 돈 15,000꾸러미를 재추와 문무 양반과 군인들에게 나누어 주어 돈 통용의 시초로 삼고 돈에 새기는 글은 해동통보라 한다. ……" 라고 하였다.

[해설] 주어진 자료는『고려사』권79 식화2(1102년 12월)에 나오는 내용이다. 화폐 유통에 대한 숙종의 강력한 의지를 엿볼 수 있다.

- 해동중보 [서23] ☐

[해설] 고려 시대에 주조된 8종의 동전* 중 하나로, 고려 숙종 7년인 1102년에 발행되었다(소액 화폐). 당시 교환 경제가 성숙하지 못하고 경제력이 약하여 활발히 유통되지는 못하였다.

*고려 시대 발행 8종 동전: 건원중보, 동국통보, 동국중보, 해동원보, 해동중보, 해동통보, 삼한통보, 삼한중보

- 삼한통보 [서23] ☐

[해설] 숙종 7년인 1102년 주전도감에서 화폐를 만들 때 주조되었다. 상하좌우에 '삼한통보'라는 글자가 각 한 글자씩 새겨져 있다. 이것의 가치는 확실히 알 수 없으며, 예종 대 용전(用錢)의 불편을 이유로 통용이 중지되었다.

- 고액 화폐인 은병(활구)이 주조되었다. [소19①] ☐
  └활구의 제작으로 은의 수요가 크게 늘어났다. [지14①] ☐
  └활구로 토지를 사들이는 귀족 [법14] ☐

[해설] 고액 화폐인 은병(활구)이 만들어진 시기는 고려 숙종 대(재위 1095-1105, 제15대)이다(1101, 숙종 6). 은병은 병 모양의 은화(銀貨)로 은 1근으로 만든 고액 화폐이다[병의 입이 넓어 활구(闊口)라고도 함]. 은병 제작에 동(銅)을 많이 넣어 주조하는 등의 문제점이 야기되어 은병의 품질을 보증하는 표시를 하도록 조치하거나 충혜왕 원년(1331)에는 종래의 은병 유통을 금지시키고 은의 순도를 높여 새로 제작한 소은병으로 대체하기도 하였다(조선 초에 공식적으로 유통 금지).

■ 은병[활구] 주조 [국17①] [국13] [지16②] [법22] [법21] ☐

- 주전도감에서 왕에게 아뢰기를, "백성들이 화폐를 사용하는 유익함을 이해하고 그것을 편리하게 생각하고 있으니 이 사실을 종묘에 알리십시오."라고 하였다. 이 해에 또 은병을 만들어 화폐로 사용하였는데, 은 한 근으로 우리나라의 지형을 본떠서 만들었고 민간에서는 활구라고 불렀다.

[해설] '주전도감'이라는 말, '은병', '활구'라는 말 등을 통해 제시된 왕은 고려의 숙종임을 알 수 있다. 주전도감은 숙종 2년인 1097년에, 은병[활구]을 만든 것은 숙종 6년인 1101년의 일이다. 고려 시대에 상업 활동이 활발해지면서 성종 때 건원중보를 시작으로 숙종 때 삼한통보, 해동통보, 해동중보, 활구 등 다양한 화폐가 만들어졌으나 농민들은 계속해서 곡물이나 삼베 등의 물품 화폐[포화]를 이용하였고 귀족들도 화폐 사용에 반발하여 화폐 유통에는 실패하였다.

- 주전도감에서 왕에게 아뢰기를, "나라의 백성이 돈을 사용하는 유리함을 이해하고 그것을 편리하다고 생각하게 되었으

니 이 사실을 종묘에 고하십시오."라고 하였다. 이 해에 또 은병도 만들어 화폐로 사용하였는데, 그 제도는 은 한 근으로 만들되 우리나라의 지형을 따서 만들었고 민간에서는 활구라고 불렀다.

[해설] 위의 자료와 동일한데 번역이 약간 다르다.

- 초기에는 은 1근으로 우리나라 지형을 본떠 만들었는데 그 가치는 포목 100필에 해당하는 고액이었다. 주로 외국과의 교역에 사용되었으며 후에 은의 조달이 힘들어지고 동을 혼합한 위조가 성행하자, 크기를 축소한 소은병을 만들었다.

[해설] '은 1근으로 우리나라 지형을 본떠' 만들었다는 점, '소은병'을 만들었다는 점에서 고려 숙종 때 만들어진 은병(활구)임을 알 수 있다(1101, 숙종 6). 그리고 숙종 때 은병 외 삼한통보, 해동통보, 해동중보 등도 만들어졌다(1102, 숙종 7).

- 은병을 만들어 화폐로 썼는데, 은 한 근으로 만들되 우리나라 지형을 본떴다. 민간에서는 활구라 불렀다.

[해설] 은병[활구]을 발행한 사실이 나와 있다(1101, 숙종 6).

- 은 한 근으로 우리나라 지형을 본 딴 은병을 만들어 통용시켰는데, 민간에서는 이를 활구(闊口)라 불렀다.

[해설] 위와 같은 내용의 자료이다.

- 원 간섭기에는 원의 지폐인 보초가 들어와 유통되기도 하였다.* [서18②]□
  └원의 화폐인 지원보초가 유통되었다.* [법22]□

[해설] 원 간섭기에는 원의 지폐[화폐]인 (지원)보초가 들어와 유통되기도 하였다. 옳은 설명이다. 참고로 원 초기에는 금의 제도를 받아들여 교초(交鈔)를 발행하였으나 원 세조 때(재위 1260-1294, 제5대 칸)부터 지폐전용책을 추진하면서 중통보초(中統寶鈔)·지원보초(至元寶鈔) 등을 만들어 유통시켰다. 이후 고려로 다량 유입되어 공적으로나 사적으로 통용되는 한편, 고려의 대원 교섭에 소요되는 경비로도 사용되었다('지원'은 원 세조 집권 시의 연호 중 하나). 참고로 송의 지폐는 교자(交子), 남송은 회자(會子), 금과 원은 (일반적으로) 교초, 명은 보초 등의 명칭으로 불렸다.

- 고려: 예성강 하구의 벽란도가 국제항으로 번성하였다. [국21]□
  └예성강 어귀의 벽란도는 고려의 국제 무역항이었다. [서18②]□
  └예성강 입구의 벽란도는 국제 무역항으로 번성하였으며, 송나라 상인뿐만 아니라 아라비아 상인까지 왕래하였다. [경14②]□
  └벽란도가 국제 무역항으로 크게 발전하였다. [지14①]□
  └벽란도가 국제 무역항으로 번성하였다. [기15]□
  └벽란도에서 송나라 선원과 흥정하는 상인 [법23]□
  └벽란도에서 비단을 파는 중국 상인 [법17]□

[해설] 예성강 하구의 벽란도가 국제항[국제 무역항]으로 번성[발전]한 것은 고려 전기의 일이다(벽란도라는 항구의 이름이 벽란정에서 유래).

■ 국제 무역항, 벽란도 [국13]□

대외 무역이 발전하면서 예성강 어귀의 벽란도가 국제 무역항으로 번성했으며, 대식국(大食國)으로 불리던 아라비아 상인들도 들어와 수은·향료·산호 등을 팔았다.

[해설] '예성강 어귀의 벽란도가 국제 무역항으로 번성'하였다는 점에서 제시된 시기는 고려 시대임을 알 수 있다(고려 전기).

- [고려의 대외 문물교류] 고려와 가장 활발하게 교역을 한 나라는 거란이었다[x]. [서12]□
  └고려의 북진 정책으로 인해 여진과의 교류는 없었다[x]. [서12]□
  └북방의 거란과 여진에게는 은, 모피, 말을 수출하고, 고려는 농기구, 곡식을 수입하였다[x]. [경14②]□
  └대식국인으로 불린 아라비아 상인들은 주로 요를 거쳐 고려와 교역하였다[x]. [서12]□

┗대식국인에게 향료를 구입하는 상인 [법14] ☐

┗고려는 송으로부터 비단, 약재, 책, 악기 등을 수입하였다. [서12] ☐

┗서해안의 해로를 통해 송나라로 종이, 인삼 등 수공업품과 토산물을 수출하는 한편, 왕실과 귀족의 수요품을 수입하였다.
[경14②] ☐

┗고려와의 무역을 추구했던 일본은 11세기 후반부터 수은, 황을 가지고 와서 식량, 인삼, 서적과 바꾸어갔다. [경14②] ☐

┗대외 무역이 발전함에 따라 청해진은 국제 무역항으로 번성하였다[x]. [서12] ☐

[해설] 고려와 가장 활발하게 교역을 한 나라는 (거란이 아니라) 송이었다. / 고려는 북진 정책을 추진하였지만 여진과도 교류하였다(주로 거란과 대립). 농기구·곡식·문방구 등을 수출하고, 은·모피·말 등을 수입하였다. / [서12] 대식국인으로 불린 아라비아 상인들은 주로 (요를 거친 것이 아니라) 송을 거쳐 고려와 (벽란도에서) 교역하였다. 대식국인, 즉 아라비아 상인은 고려 시대에 국제 무역항인 벽란도까지 왕래하였다(수은·향료·산호 판매). 이들 대식국인에 의해 '고려'라는 명칭이 서방 세계에까지 널리 알려지게 되었다. / 고려는 금과 은, 인삼, 종이, 먹, 부채, 나전 칠기, 화문석 등이 수출하고(대송 수출품), 송으로부터는 비단과 약재, 서적[책], 악기 등을 수입하였다(대송 수입품). / [경14②] 고려와 일본은 정식 국교를 맺지 않아 양국과의 무역 관계는 그리 활발하지 못하였다. 주로 민간 상인들이 진주, 수은, 유황 등을 가지고 와서 하사품을 받아가는 진봉무역(進奉貿易)*이 더러 이루어졌다. / 장보고의 청해진이 설치된 것은 통일 신라 때의 일이다(828~851). 고려 때의 국제 무역항은 벽란도이다.

*진봉무역(進奉貿易): 진봉 무역은 일본인이 고려 국왕에게 특산품을 헌납하고 고려 국왕은 그에 대한 답례품을 주는 진헌하사(進獻下賜)의 형식으로 이루어졌다. 이때 파견된 무역선을 진봉선이라고 부른다. 동아시아 특유의 질서 체제인 조공·책봉 방식이 아니라 고려적인 특성이 강한 팔관회적 질서에 의해 이루어졌다. 11세기 무렵 시작되어 대몽 항쟁기를 거쳐 1263년(원종 4)까지 지속되었다.

• [12세기 고려의 대외 무역] (가) 국가와는 수출입을 통해 활발하게 교역하는 한편 침공에 대비해 별무반을 만들었다[x].
[기14] ☐

┗(나) 국가와는 지속적인 친선 관계를 유지하며 비단, 서적, 자기 등을 주도 수출하였다[x]. [기14] ☐

┗(다)는 국제 무역항으로 아랍 상인이 일본을 거쳐 왕래하며 고려를 서방에 알렸다[x]. [기14] ☐

┗(라) 국가와는 한때 군신 관계를 맺기도 하였으며 농기구, 곡식, 포목 등을 수출하였다. [기14] ☐

[해설] [기14]의 지도(12세기의 동아시아 국제 관계) 참조. (가)는 거란, (나)는 송, (다)는 울산, (라)는 여진이다. 수출입을 통해 활발하게 교역한 나라는 (거란이 아니라) 송이다[(나)]. 또한 별무반을 만든 것은 (거란이 아니라) 여진의 침공에 대비하기 위해서였다(1104, 숙종 9). / 송과는 지속적인 친선 관계를 유지하며 비단, 서적, 자기 등을 주로 (수출한 것이 아니라) 수입하였다. 수출한 물품으로는 금과 은, 인삼, 종이, 먹, 부채, 나전 칠기, 화문석 등을 들 수 있다. / 고려의 국제 무역항은 (울산이 아니라) 황해도 예성강 하류에 있던 벽란도이다. 울산이 국제 무역항이었던 때는 통일 신라 시대의 일이다. / 여진과는 한때 군신 관계를 맺기도 하였으며(금으로 성장한 12세기) 농기구, 곡식, 포목 등을 수출하였다. 반대로 고려가 여진으로부터 수입한 물품으로는 은과 모피, 말 등이 있다.

● 사진으로 보는 고려의 경제

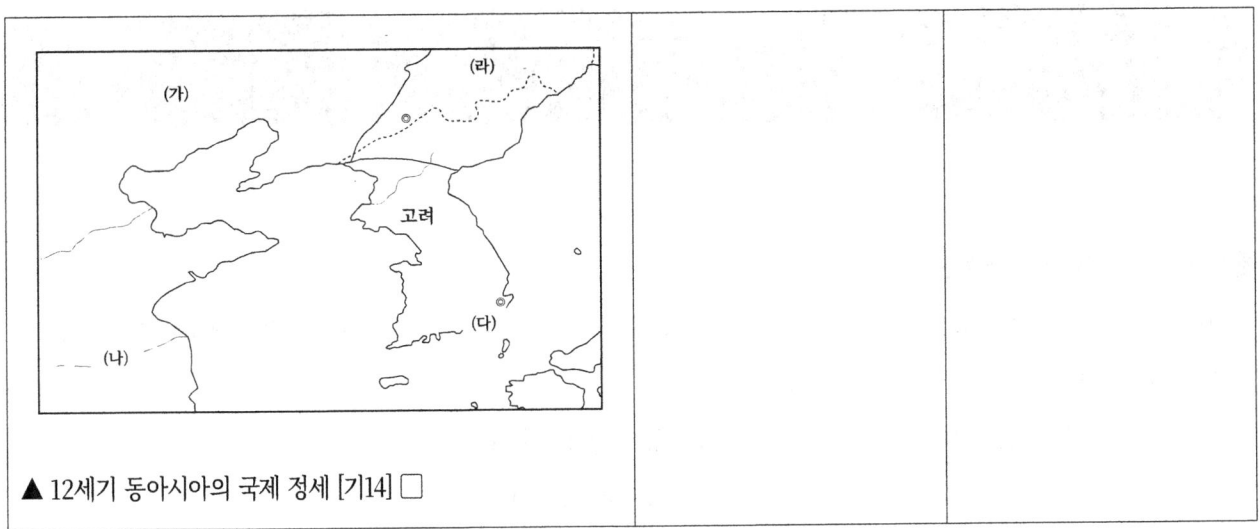

▲ 12세기 동아시아의 국제 정세 [기14]

[해설] [기14] 주어진 지도(12세기 동아시아의 국제 정세)에서 (가)는 거란, (나)는 송, (다)는 울산, (라)는 여진을 가리킴을 알 수 있다.

주제 27 고려의 사회

1 고려의 신분 제도와 동요

- [고려의 귀족(문벌 귀족)] 여러 세대에 걸쳐 고위 관직자를 배출한 가문으로 중서문하성과 중추원의 재상이 되어 정국을 주도하였다. [경12②] ☐
  - 귀족 세력은 왕족을 비롯하여 7품 이상의 고위 관료가 주류를 형성하였다[✗]. [서17①] ☐
  - 귀족은 대대로 고위 관직을 차지하여 사림 세력을 형성하였다[✗]. [서17①] ☐
  - 귀족의 자제는 음서를 통해 관직에 진출할 수 있었다. [서17①] ☐
  - 주로 음서를 통하여 관직에 진출하였다. [법21] ☐
  - 자손이 음서의 혜택을 받았다*. [법22] ☐
  - 향리의 자제는 과거를 통하여 귀족의 대열에 들 수 없었다[✗]. [서17①] ☐

[해설] 고려의 귀족 세력은 왕족을 비롯하여 (7품이 아니라) '5품' 이상의 고위 관료가 주류를 형성하였다. / 사림은 조선 시대에 등장하는 재야 세력으로, 정몽주, 길재 등 고려의 온건 개혁파를 계승하였다. 조선 성종 때 중앙 정계에 본격적으로 진출하기 시작하였다. / 고려의 귀족은 음서를 통해 관직에 진출하였으며, 공음전으로 경제적 혜택까지 받았다. / 고려 시대에 자손이 음서의 혜택을 받은 이들은 초기의 문벌 귀족들이다. / 고려 시대 호족 출신 향리는 지방의 실질적 지배층으로 과거에 응시하여 출세할 수 있었다.

- [원 간섭기] 친원적 성향이 강한 권문세족이 지배 세력으로 등장하였다. [소21] ☐
  - 새로운 지배 세력으로 권문세족이 출현했다. [서24②] ☐

[해설] 친원적 성향이 강한 권문세족이 지배 세력으로 등장한 것은 원 간섭기* 이후의 일이다(13세기 후반 이후). / 권문세족은 대몽 항쟁 이후인 고려 후기에 새롭게 형성된 지배 세력이다. 권문(權門)과 세족(世族)을 합쳐 부르는 말이다. 대체로 원 간섭기에 출현한 것으로 본다.

*원 간섭기가 언제부터 언제까지인지는 여러 설[1259~1356(년)으로 보는 설, 1270~1356(년)으로 보는 설, 1273~1356(년)으로 보는 설]이 있지만 대체로 원종의 환도령으로 강화도에서 개경으로 환도한 1270년(원종 11)부터 시작되어(개경 환도), 공민왕의 반원 정책이 '성공'한 1356년(공민왕 5)까지로 보는 것이 일반적이다.

- [권문세족] 고려 후기에 정계 요직을 장악한 최고 권력층이었다. [경15③] ☐
  - ㉠은 가문의 권위보다는 현실적인 관직을 통하여 정치권력을 행사하였다. [서15] ☐
  - 공민왕은 ㉠의 경제력을 약화시키기 위해 전민변정도감을 설치하였다. [서15] ☐
  - ㉠은 사원 세력의 대표인 신돈과 연대하여 신진 사대부에 대항하였다[✗]. [서15] ☐
  - ㉠에는 종래의 문벌 귀족 가문, 무신 정권기에 등장한 가문, 원과의 관계에서 성장한 가문 등이 포함되었다. [서15] ☐
  - 원과의 관계를 통해 성장한 기철 세력은 남의 토지를 빼앗아 농장을 확대하고 양민을 노비로 삼는 등의 권세를 부렸다. [경12②] ☐
  - 가문의 힘을 이용하여 음서로써 신분을 세습하여 자신들의 권력을 유지하였다. [경15③] ☐

[해설] 고려 초기의 문벌 귀족이 가문의 권위를 이용하여 귀족적 특권을 대대로 누린 것에 비해 원 간섭기의 권문세족은 고위 관직을 독점하면서 정치권력을 행사하였다. / 공민왕은 권문세족의 경제력을 약화시키기 위해 전민변정도감을 설치하고 권문세족이 부당하게 빼앗은 토지와 노비를 소유주에게 돌려주거나 양민으로 해방시켰다(1366, 공민왕 15). / 공민왕은 권문세족을 견제하기 위해 세력이 없는 집안 출신의 승려 신돈을 등용하였

다. / [서15] 고려 후기에 권문세족을 구성한 가문들이다. 가문의 힘[권위]을 이용하여 음서로써 신분을 세습하여 자신들의 권력을 유지한 지배층은 고려 전기의 문벌 귀족들이다. 주의할 점은 이들 중 일부도 고려 후기에 권문세족화하였다는 점이다. 따라서 권문세족들이 가문의 힘[권위]보다는 현실적인 관직을 분명 중시(주요 특징)하였지만 그렇다고 해서 가문의 힘을 이용한 음서로써 신분을 세습하지 않은 것은 아니었다(주의). 권문세족의 구성에 대한 세밀한 이해가 요구되는 선지라고 할 수 있다. 문장이 모호할 때에는 주어진 다른 선지들 중에서 분명한 답이 있는지를 먼저 확인해 봐야 한다.

- [권문세족] 권력을 앞세워 대규모 농장을 소유하였다. [법21] ☐
  - 강과 하천을 경계로 할 만큼 대농장을 소유하고도 국가에 세금을 내지 않았다. [경15③] ☐
  - 농민의 토지를 빼앗아 농장을 확대하는 권문세족 [법20] ☐ (원 간섭기)

[해설] 권력을 앞세워 대규모 농장을 소유한 지배 세력은 권문세족이다. 권문세족은 원 간섭기에 지배 세력으로 등장하였다.

- [권문세족] 친원적 성향의 이들은 도평의사사를 장악하였다. [법21] ☐
  - ⓒ - 첨의부 등의 고위 관직을 독점하고 도평의사사의 구성원이 되어 권력을 장악하였다. [경11②] ☐

[해설] 친원적 성향으로 도평의사사를 장악한 지배 세력은 권문세족이다(이른바 '친원파'). 도평의사사는 고려 충렬왕 5년(1279)에 국초의 도병마사(都兵馬使)를 개칭한 관아로, 국정 전반에 걸친 중요 사항을 담당하는 최고 정무 기구이다. / 첨의부 등의 고위 관직을 독점하고 도평의사사의 구성원이 되어 권력을 장악한 것은 원 간섭기 이후의 권문세족들이다. 중서문하성과 상서성 2성이 원 간섭 이후 격하된 것이 첨의부이다(2성 6부 → 1부 4사)(1275, 충렬왕 원년). 도평의사사도 도병마사가 격하된 것이다(1279, 충렬왕 5). 도평의사사를 일명 '도당(都堂)'이라고 하였다.

고려 후기의 지배층, 권문세족 [서15] ☐

원의 간섭을 받으면서 그에 의존한 고려의 왕권은 이전 시기에 비하여 상대적으로 안정되었고 ㉠중앙 지배층도 개편되었다. …… 그들은 왕의 측근 세력과 함께 권력을 잡아 농장을 확대하고 양민을 억압하여 노비로 삼는 등 사회 모순을 격화시켰다.

[해설] '원의 간섭을 받으면서'라는 부분과 '왕의 측근 세력과 함께 권력을 잡아 농장을 확대하고'라는 부분을 통해 ㉠의 중앙 지배층은 권문세족을 가리킴을 알 수 있다.

- [중류층] 남반은 궁중의 잡일을 맡는 내료직(內僚職)이다.* [국14] ☐
  - 남반* [서17①] ☐
  - 하급 장교들도 이 신분층에 포함되는 것으로 분류되고 있다. [국14] ☐
  - 군반 [서17①] ☐
  - 서리는 중앙의 각 사(司)에서 기록이나 문부(文簿)의 관장 등 실무에 종사하였다. [국14] ☐
  - 잡류 [서17①] ☐
  - 향리에게는 양반으로 신분을 상승시킬 수 있는 길을 열어 놓지 않았다[✗]. [국14] ☐
  - 역리 [서17①] ☐

[해설] 고려의 남반은 궁중의 잡일[실무]을 담당한 내료직이다. 여기서 '내료직'이란 궁중[궁궐]에서 명령 전달, 심부름 따위의 잡무에 종사하던 벼슬아치를 통틀어 일컫는 말이다. / 직업 군인으로 하급 장교 역할을 담당한 군반도 중류층에 해당한다. 서리는 잡류라고도 불리었으며 중앙의 관청에서 기록이나 문부의 관장 등 실무를 담당하였다['문부(文簿)'란 참고하거나 검토할 문서와 장부를 가리킴]. / 고려의 향리는 두 계층으로 나눌 수 있는데 호족 출신의 향리는 호장, 부호장을 대대로 배출하는 지방의 실질적 지배층으로 과거에 응시할 수 있었다. 하층 향리는 말단 행정직으로 그 직역이 세습되었으며 토지를 지급받았다. / 역리(驛吏)는 역의 실무를 담당한 아전[하급 관리](이서 및 서리라고도 함), 즉 향리를 가리킨다.

고려의 중류층 [서17①]

고려의 지배층과 피지배층 사이에는 중류층이 자리잡고 있었다. 중앙 관청의 말단 서리인 (㉠), 궁중 실무 관리인 (㉡), 직업 군인으로 하급 장교인 (㉢) 등이 있었다.

[해설] ㉠은 서리 혹은 잡류를, ㉡은 남반을, ㉢은 군반을 가리킨다. 모두 고려의 중류층에 해당한다.

- [향리] 지방 호족 출신으로 지방 행정의 실무를 담당하였다. [지16②]

[해설] 지방 호족 출신으로 지방 행정의 실무를 담당한 이는 향리이다(주제 20의 향리 관련 선지 및 해설 참조).

- 지방 향리의 자제가 과거(科擧)를 통해 귀족의 대열에 진입할 수 있었다. [국15]

[해설] 고려의 향리는 호족 출신의 향리와 하층 향리로 나뉘었다. 호장·부호장을 대대로 배출한 호족 출신의 향리는 지방의 실질적 지배층으로 과거를 통해 귀족의 대열에 진입할 수 있었다.

고려의 향리 엄수안* [법23]

엄수안은 영월군의 향리로 키가 크고 담력이 있었다. 나라의 법에 향리에게 아들 셋이 있으면 아들 하나는 벼슬하는 것이 허락되어서, 엄수안은 관례에 따라 중방 서리로 보임되었다. 원종 때 과거에 급제하여 도병마녹사에 임명되었다.

[해설] '중방* 서리', '원종**', '도병마녹사***'라는 표현을 통해 주어진 자료는 고려 시대와 관련이 있음을 알 수 있다(다음 사실이 있었던 시대에 대한 내용으로 옳은 것을 <보기>에서 고르는 문제).

*중방은 고려 무신 정권기 최고위 무신 합좌 기구로, 특히 정중부와 이의민 집권 시기에 (국정의 전반을 통치하는) 중방 정치가 행해졌다(각 1170-1179/1183-1196)(최충헌 집권 시기에는 교정도감이 사실상 중방의 역할을 함).

**원종은 고려의 제24대 국왕(재위 1260-1274)이다.

***도병마녹사는 도병마사의 직제[벼슬] 중 하나이다. 도병마사 초기에는 판사, 병마사, 지병마사, 부사, 판관, 녹사 등으로 구성되었다.

- 향리 이하의 층도 문·무반으로 신분 상승을 할 수 있었다. [국17②]

[해설] 향리 이하의 층도 문·무반으로 신분 상승을 할 수 있었다. 특히 무신 정권기와 원 간섭기에는 사회적 격변으로 신분 제도가 크게 흔들려 이와 같은 신분 이동 현상이 빈번하게 발생하였다.

- 양민의 대다수를 차지한 농민을 백정(白丁)이라고 하였다. [지16②]

[해설] 양민의 대다수를 차지한 농민을 백정이라고 부른 시기는 고려 시대이다. 조선 시대의 백정은 도살업자를 의미한다.

- 향·부곡·소의 백성도 일반 군현민과 동일한 수준의 조세·공납·역을 부담하였다[x]. [국15]

[해설] 향·부곡·소의 주민들은 양민이지만 일반 양민보다 하층 신분으로 여겨졌으며 일반 군현민에 비해 (동일한 수준이 아니라) 더 많은 세금 부담을 지고 있었고 다른 거주지로 이동하는 것도 금지되었다. 참고로 향·부곡은 신라 시대부터 있었던 특수 행정 구역이고 소(所)는 고려 시대에 새로 생긴 특수 행정 구역이다.

- 부곡민은 조세를 부담하지 않았다[x]. [국12]

[해설] 부곡민들도 조세를 부담하였다.

- 부곡민은 과거에 응시하여 관리가 될 수 있었다[x]. [국12]

[해설] 부곡민은 과거에 응시할 수 없었다.

- [소의 주민] 군현민과 같은 양인이지만 사회적 차별을 받았다. [지16②]

[해설] 특수 행정 구역인 '소'에 거주한 주민들은 신분상 양인에 속하였으나 일반 양인에 비해 세금을 더 많이 내었으며, 다른 지역으로 이주하는 것이 금지되는 등 사회적 차별을 받았다.

- 소의 주민은 주로 농사를 지었다[x]. [국12] ☐

[해설] 소(所)의 주민들은 주로 수공업에 종사하였다.

- 소의 주민이 공을 세우면 소가 현으로 승격될 수 있었다. [국12] ☐

[해설] 소의 주민이 공을 세우면 소가 현으로 승격될 수 있었다(주제 23 '명학소가 충순현으로 승격되었다' 해설 참조). 반대로 일반 군현민들이 반란을 일으킨 경우 군현이 향·부곡·소로 강등되기도 하였다.

▌고려의 특수 행정 구역, '향·부곡·소' [국12] ☐

- ○ 삼사에서 말하기를 "지난 해 밀성 관내의 뇌산부곡 등 세 곳은 홍수로 논 밭 작물이 피해를 보았으므로 청컨대 1년치 조세를 면제하십시오."라고 하니, 이를 따랐다.
  ○ 향 부곡 악공 잡류의 자손은 과거에 응시하는 것을 허락하지 않는다.
  ○ 익안폐현은 충주의 다인철소인데, 주민들이 몽고의 침입을 막는데 공이 있어 현으로 삼아 충주의 속현이 되었다.

　　- 고려사 -

[해설] '밀성 관내의 뇌산부곡'의 조세 면제 요청과 '향·부곡·악공·잡류 자손'의 과거 응시 불가능, '충주의 다인철소'가 공이 있어 현으로 승격되었다는 내용으로 고려 시대 특수 행정 구역인 향·부곡·소에 대한 설명이다[향(鄕)과 부곡(部曲)은 삼국 시대부터 있었으며, 소(所)가 고려 시대에 들어와 처음으로 생김(주의)].

- [고려의 다양한 사회적 지위] ㉢는 국가로부터 토지를 지급받았다. [소22] ☐
  └ ㉠와 ㉡에는 수령이 파견되지 않았다. [소22] ☐
  └ ㉣는 ㉢와 달리 직역을 수행하지 않았다. [소22] ☐
  └ ㉡의 주민은 과거를 통해 하급 관료가 될 수 있었다[x]. [소22] ☐

[해설] 관련 자료(고려의 다양한 사회적 지위) 참조. ㉠는 속현, ㉡는 향·소·부곡, ㉢는 정호, ㉣는 백정을 가리킴. 정호(丁戶)는 일종의 중간 계층(경제적으로 부유한 호)으로 직역을 담당[부담]하였다. 그리하여 국가로부터 외역전, 군인전 등의 토지를 지급받았다. / 속현과 향·소·부곡에는 수령이 파견되지 않았다. / 일반 농민인 백정(白丁)은 정호와 달리 직역을 수행하지 않았다. 신분적으로는 자유민으로 과거 응시가 가능하였고 중앙군으로 선발될 수도 있었다. 공민으로 조세, 공납, 역의 의무가 있었다. / 향·소·부곡의 주민은 심한 규제를 받아 과거에 응시할 수 없었다. 또 승려로 출가하거나 국학 입학이 금지되었다. 심지어 거주 이전의 자유도 없었다.

▌고려의 다양한 사회적 지위 [소22] ☐

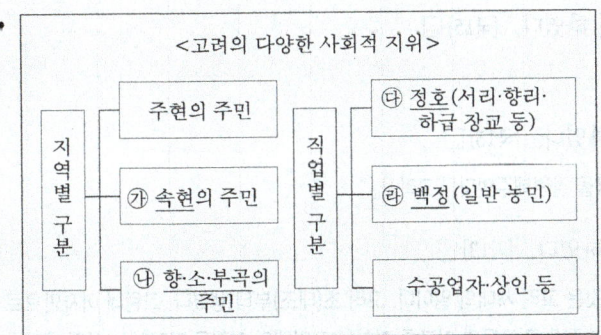

[해설] '고려의 다양한 사회적 지위'라는 제목 아래 '지역별 구분'과 '직업별 구분'이 나와 있다. 지역별 구분에서는 '주현의 주민', '속현의 주민', '향·소·부곡의 주민'이, 직업별 구분에서는 '정호(서리·향리·하급 장교 등)', '백정(일반 농민)', '수공업자·상인 등'이 나와 있다.

- [노비] 재산으로 간주되어 매매·상속·증여의 대상이 되었다. [지16②] □

[해설] 천민의 대다수를 차지한 노비는 재산으로 간주되어 매매·상속·증여의 대상이 되었다. 이 점은 조선 시대도 동일하였다.

- 외거 노비가 재산을 늘려, 그 처지가 양인과 유사해질 수 있었다. [국15] □

[해설] 외거 노비는 주인과 따로 살면서 주인의 토지에서 농사를 짓고 그 대가로 신공을 납부하였다. 재산을 소유할 수 있어 신분상으로는 주인에게 예속되어 있었으나 경제적으로는 양인과 유사해 질 수 있었다.

- [외거 노비] 평량은 자신의 토지를 소유할 수 있었다[관련 자료 참고].* [국13] □
  └ 평량은 주인집에 살면서 잡일을 돌보았다[x].* [국13] □
  └ 평량의 처는 국가에 일정량의 신공을 바쳤다[x].* [국13] □
  └ 평량의 처는 매매·증여·상속의 대상이 되었다.* [국13] □

[해설] 외거 노비는 가옥, 토지, 노비 등을 소유할 수 있었고 재산을 늘릴 수 있어 경제적으로는 양민 백정과 비슷하였다. 평량은 주인과 따로 살면서 농업에 종사하고 일정량의 신공을 납부하는 외거 노비이다. 평량의 처는 왕원지의 사노비이므로 국가가 아닌 주인에게 일정량의 신공을 바쳤다. 노비는 재산으로 여겨져 매매, 증여, 상속의 대상이 되었다.

▌외거 노비 평량과 평량의 처* [국13] □

평량은 평장사 김영관의 사노비로 경기도 양주에 살면서 농사에 힘써 부유하게 되었다. 평량의 처는 소감 왕원지의 사노비인데, 왕원지는 집안이 가난하여 가족을 데리고 와서 의탁하고 있었다. 평량이 후하게 위로하여 서울로 돌아가기를 권하고는 길에서 몰래 처남과 함께 왕원지 부부와 아들을 죽이고, 스스로 그 주인이 없어졌음을 다행으로 여겼다.

- 『고려사』 중에서 -

[해설] '사노비', '경기도 양주에 살면서 농사에 힘써 부유하게 되었다', '왕원지는 집안이 가난하여 가족을 데리고 와서 의탁하였다'는 내용을 통해 평량과 평량의 처는 사노비 중에서도 주인과 따로 떨어져 사는 외거 노비임을 알 수 있다.

2 사회 정책과 농민 공동체

- [태조] 흑창 [지16①] [소21] □

[해설] 흑창은 고려 태조 왕건이 설치한 진휼 기관[빈민 구제 기관]이다(918, 태조 원년). 고구려의 진대법(賑貸法)과 유사하게, 궁민(窮民)에게 곡식을 빌려주었다가 추수기에 상환하도록 하는 진대를 행하였다. 성종 대에 의창으로 확대되었다(986, 성종 5).

- 농번기에는 잡역 동원을 금지하여 농사에 지장을 주지 않으려 하였다. [국15] □

[해설] 농사에 지장이 생기지 않도록 농번기에는 잡역 동원을 금지하였다.

- 재해를 당했을 때에는 세금을 감면해 농민 생활의 안정을 꾀하였다. [국15] □

[해설] 성종 때부터 자연재해를 당한 농민들을 위해 그 피해 정도에 따라 세금을 감면해주었다(『고려사』).

- 기금의 이자로 공적인 사업 경비를 충당하는 각종 '보'가 출현하였다. [기13] □

[해설] 기금의 이자로 공적인 사업 경비를 충당하는 각종 '보(寶)'가 출현한 것은 고려 시대의 일이다. 고려 초(태조)부터 생겼다. 그런데 이자만으로 운영되는 보의 특성상 도리어 보가 고리대의 속성을 띄게 되어, 결국 불법적으로 고율의 이자를 취하는 고리대의 성행을 야기하는 사회 문제를 일으켰다.

- [태조] 장학 재단인 학보를 설치하였다. [회21] □

[해설] (일종의) 장학 재단인 학보(學寶)가 서경[평양]에 처음 설치된 것은 고려 태조 13년인 930년의 일이다. 교육을 장려하기 위해 국가에서 설치하였

으며 이자로 운영하였다.

- **[정종] 광학보** [지16①]
  - 농민 자제의 과거를 위한 기금으로 광학보를 설치하였다[✗]. [국15]
  - [해설] 고려 시대의 '보(寶)'는 특정 사업의 경비 충당을 위해 만든 기금으로, 광학보(廣學寶)는 승려들의 면학을 위해 정종 때 설치한 장학 재단이다 (946, 정종 원년). 과거는 법제적으로는 양인 이상이 응시할 수 있었으나 실제적으로 농민들은 주로 잡과에 응시하였다.

- **[광종] 제위보** [국20] [지16①]
  - 제위보: 기금을 마련한 뒤 이자로 빈민을 구제하는 기관이었다. [경12①]
  - 기금을 마련한 뒤 이자로 빈민을 구제하는 제위보가 설치되었다. [경17①]
  - [해설] 제위보(濟危寶)는 기금을 마련한 뒤 이자로 빈민 구호[구제] 및 질병 치료를 행한 기관으로, 일종의 재단이다(963, 광종 14).

- **[성종] 의창** [국20] [소21]
  - 의창: 흉년에 빈민을 구제하는 기관이었다. [경12①]
  - 흉년이 되면 의창에서 곡식을 빌릴 수 있었다. [지11②]
  - 고려는 흉년 등 어려운 때에 백성을 구제하기 위해 의창을 만들어 봄에 곡식을 빌려 주고 가을에 갚게 하였다. [경18②]
  - 의창과 상평창을 설립하였다. [법20②]
  - [해설] 의창은 태조 대의 흑창을 확대하여 설립한 것으로 (흉년 및 춘궁기에) 빈민을 구제하는 기구이다(986, 성종 5). 즉 흉년이나 춘궁기[봄]에 빈민에게 곡식[양식]과 종자를 빌려주고 가을에 회수하였다(환곡)(춘대추납). 조선 시대로 계승되었다(원곡 부족으로 16세기 이후에는 물가 조절 기구인 상평창에서 환곡 담당). / 의창이 설립된 것은 고려 성종 5년인 986년의 일이며, 상평창이 설립된 것은 성종 12년인 993년의 일이다.

- **[성종] 양경과 12목에 상평창을 설치하였다.** [국21]
  - 상평창: 물가 조절 기관으로 개경과 서경, 12목에 설치되었다. [경12①]
  - 고려는 개경과 서경 및 12목에 상평창을 설치하여 물가를 조절하였다. [경18②]
  - 개경, 서경 및 각 12목에는 상평창을 두어 물가의 안정을 꾀하였다. [경17①]
  - 물가 조절을 위해 상평창을 설치하였다. [지19]
  - 상평창 [소21]
  - [해설] 양경(개경과 서경)과 12목에 물가 조절 기관인 상평창을 설치한 것은 고려 성종 12년인 993년의 일이다.

- **[문종] 대비원은 환자를 진료하고 갈 곳이 없는 어려운 사람들을 돌보아주었다.** [경18②]
  - 대비원: 구료 기관으로 개경과 3경에 설치되었다[✗]. [경18③]
  - 동·서 대비원 [소21]
  - [해설] (동·서) 대비원은 고려 문종 3년인 1049년에 설치되었다(처음 설치 연대는 미상). 환자의 치료를 주로 하고 기한자(飢寒者)(굶주리고 헐벗어 배고프고 추위에 떠는 사람)나 무의무탁자(無依無托者)(의지할 곳 없는 몹시 궁핍하고 외로운 사람)을 수용하였다. / 대비원은 (국립) 의료 기관[구료(救療)* 기관]으로, 개경의 동쪽과 서쪽 두 곳에 설치되어, 동·서 대비원으로 불렀다. 또 서경(평양)에 분사(分司)가 설치되었다. 고려의 3경은 보통 중경(개경)·서경(평양)·남경(서울), 또는 중경(개경)·서경(평양)·동경(경주), 또는 서경(평양)·남경(서울)·동경(경주)을 가리킨다. (동·서) 대비원은 조선 시대에 활인원(1414, 태종 14) 또는 활인서(1466, 세조12) 등의 명칭으로 개칭되었다.
  - *구료(救療): 병을 치료할 능력이 없는 가난한 병자를 구원하여 치료해 줌을 뜻한다.

■ (동·서) 대비원 [소21]

고려는 백성의 생활을 안정시키기 위한 여러 정책을 추진하였다. 가난한 백성을 진료하고, 의탁할 곳이 없는 백성들을 돌보기 위해 개경에 (가) 을 설치하였다.

[해설] 주어진 '(가)'는 고려의 동·서 대비원임을 알 수 있다(1049, 문종 3). 개경의 동쪽과 서쪽 두 곳에 설치되어, 동·서 대비원이라 불렀다. 환자를 진료하고 갈 곳이 없는 어려운 사람들을 돌보아 주었다. 서경(평양)에 분사(分司)가 설치되었다.

• [예종] 구제도감 [국20]

[해설] 구제도감[구급도감]은 고려 시대에 재해가 발생하였을 때 응급 구조를 위해 임시로 설치한 기구이다(1109, 고려 예종 4).

■ 구제도감(구급도감) [국20]

5월에 조서를 내리기를, "개경 내의 사람들이 역질에 걸렸으니 마땅히 (가) 을/를 설치하여 이들을 치료하고, 또한 시신과 유골은 거두어 묻어서 비바람에 드러나지 않게 할 것이며, 신하를 보내어 동북도와 서남도의 굶주린 백성을 진휼하라."라고 하였다. -『고려사』-

[해설] 주어진 자료는 고려 예종 4년인 1109년 개경에서 벌어진 상황이다(『고려사』권80 지 권제34 식화3 진휼 가뭄과 홍수 및 전염병 피해자들에 대한 진대 제도 '구제도감을 설치해 병자를 치료하다')(1109년 5월).

• [예종] 혜민국 [국20]

[해설] 혜민국은 빈민들에게 무료로 약을 주고 치료해 주던 기구이다(1112, 예종 7). 조선에서는 혜민서(1459, 세조 5)로 명칭이 바뀌었다.

• [향도] 농민은 향도와 같은 공동체 조직을 결성하고 있었다. [지11②]
  └ 향도를 조직하여 공동으로 신앙 활동을 하였다. [지13]
  └ 불교의 신앙 조직인 향도가 널리 확산되었다. [지16②]
  └ 미래불의 도래를 통한 민중의 구원을 바라는 불교 신앙과 관련이 있었다. [기18]
  └ 불교 신앙 조직이자 동계 조직으로 어려울 때 서로 돕는 역할을 하였다. [서13]
  └ 어려운 일이 생겼을 때에 서로 돕는 역할을 하였고, 상두꾼도 이 조직에서 유래하였다. [국13]
  └ 농촌 공동체 생활을 주도하는 향도가 등장하였다. [지15①]
  └ 마을의 노역, 혼례와 상장례, 마을 제사 등을 주관하는 농민 공동 조직의 기능을 수행하였다. [기18]
  └ 향도는 고려 후기에 이르러 자신들의 이익을 위하여 조직되는 향도에서 점차 신앙적인 향도로 변모되었다[X]. [경17①]
  └ 국가가 농민의 생활을 안정시켜 국가 재정을 확보하기 위해 조직하였다[X]. [기18]
  └ 향도 [경12①]

[해설] 어려운 일이 있을 때 서로 도우며, 상두꾼(상여꾼)도 유래한 조직은 향도(香徒)이다. 향도는 삼국 시대에 처음 조직되었는데, 원래 석탑·불상·종 등을 조성하거나 법회 보시·매향과 같은 불사(佛事)를 행하기 위한 목적으로 조직되었다가 고려 말부터는 향촌 공동체로 면모가 부각되는 방향으로 성격이 바뀌었다[경17①], 요컨대 불교 신앙 조직이었다가 고려 후기에 이르러 사회(농민) 공동 조직으로 변화. 조선 시대에는 향약의 하부 조직으로 편입되기도 하였으며, 조선 후기에는 두레가 공동 노동 조직으로서의 역할을 수행하게 됨에 따라 향도의 역할은 크게 위축되어 겨우 명맥을 유지하였다. / [경12①]의 질문은 다음 '보기와 관련된 조선 시대 조직으로 가장 적절한 것은?'으로 되어 있다(관련 자료 참조). 요컨대 향도는 삼국 시대에 처음 조직되었고 고려 시대(성격 변화)를 거쳐 조선 후기까지 존속한 조직체이다(주의).

■ 향도 [경12①][기18] □

- 경남 사천에서 발견된 사천 매향비는 향나무를 묻고 세운 것으로, 내세의 행운과 국태민안(國泰民安)을 기원하는 내용을 담고 있다.

[해설] 여러 가지 공동의 목적을 달성하기 위해 조직된 단체인 향도(香徒)에 대한 설명이다[사천 매향비(1387, 고려 우왕 13)]. 향도는 삼국 시대에 처음 조직되었는데, 그때는 불교 신자들의 결사체로 석탑·불상·종 등을 조성하거나 법회 보시·매향과 같은 불사(佛事)를 행하였다. 그러다가 고려 말 이후부터는 향촌의 여러 공동 목적을 수행하기 위한 조직으로 성격이 바뀌었다. 국태민안(國泰民安)이란 말 그대로 '나라가 태평하고 백성이 살기가 편안함'을 뜻하며, 이상적인 나라의 모습을 가리킨다.

- 소승이 (　) 천명과 더불어 크게 발원(發願)하여 침향(沈香)을 땅에 묻고 미륵보살이 하생(下生)되기를 기다려서 용화회(龍華會) 위에 세 번이나 모셔 이 매향불사(埋香佛事)로 공양을 올려 …… 미륵보살께서 우리의 동맹을 위하여 미리 이 나라에 나시고, …… 모두가 구족(具足)한 깨달음을 이루어 임금님의 만세와 나라의 융성, 그리고 중생의 안녕을 비옵니다.

[해설] 주어진 자료의 (　)에 들어갈 사회 조직은 삼국 시대에 불교가 수용된 이후부터 결성된 승속(僧俗)의 단체, '향도(香徒)'임을 알 수 있다[출처: 사천 매향비문, '고려 우왕 13년(1387) 정묘 8월 28일 묻고, 김용이 새기고 수안이 글을 쓰다/기혼 미혼 남녀 불자 도합 4천 1백인 대표 대화주 각선 주상님께']. 석탑·불상·종 등을 조성하거나 법회 보시·매향과 같은 불사(佛事)를 행하기 위해 조직되었다. 용화회(龍華會)는 미륵불의 법회를 상징하는 종교 의례이다. 부처님이 열반하시고 59억 7천만년 뒤에 도솔천에서 미륵보살이 새로운 부처님으로 내려오는데, 그때 '용화수'라는 나무 아래에서 깨달음을 얻고 세 차례 설법을 한다는 설화에서 나온 것이다. 또 '구족(具足)하다'는 빠짐없이 골고루 갖추어져 있다는 뜻이다.

- [고려 시대 불교문화] 삼국 시대부터 있어 왔던 향도를 계승하여 신앙의 결속을 다졌으며, 매향 행위를 함으로써 내세의 복을 빌기도 했다. [서19①] □
  └ 향나무를 땅에 묻는 매향 활동이 이루어졌다. [법17] □
  └ [매향] 내세의 복을 빌기 위하여 향을 강이나 바다에 잠가 둠. 또는 그런 일 [기19] □

[해설] 고려 사람들은 삼국 시대부터 있어 왔던 향도를 계승하여 신앙의 결속을 다졌으며, 매향 행위를 함으로써 내세의 복을 빌기도 했다. 다만, 12세기 이후 초기의 불교의 신앙 조직으로서의 성격에서 많이 탈색되어 마을 공동체의 일을 주도하는 농민 조직으로 발전하였다. / 향나무를 땅에 묻는 매향 활동이 이루어진 것은 향도들이 모인 행사에서이다.

3 법률 제도

- 주로 당나라의 것을 끌어다 썼으며, 때에 따라 고려의 실정에 맞는 율문도 만들었다. [국14] □

[해설] 고려는 당·송, 특히 당의 법률[형률]을 중심으로 하되 신라로부터 고려 시기까지 이어오는 나름의 율문(律文), 즉 (형률의) 법조문도 만들어 사용하였다.

- 행정과 사법이 명확하게 분리·독립되어 있었다[x]. [국14] □

[해설] 고려 시대에는 행정권과 사법권이 분리되지 않아 지방관이 주요 사건을 제외한 사건을 직접 판결하였다.

- 실형주의(實刑主義)보다는 배상제(賠償制)를 우위에 두고 있었다[x].* [국14] □

[해설] 고려의 형벌은 배상제보다는 실형주의를 우위에 두고 있었다. 속동(贖銅)이라 하여 재산을 내어 5형을 대신하게 하는 당률을 따른 것이 있었으나 지배 신분층인 관료들에 한해 그것도 제한적으로 허락되었을 뿐이다.

- 기본적으로 태형(笞刑), 장형(杖刑), 도형(徒刑), 유형(流刑)의 4형 체계를 가지고 있었다[x]. [국14] □

[해설] 고려의 형벌은 태형, 장형, 도형[징역형], 유형, 사형으로 5형 체계로 정리할 수 있다(『고려사』 형법지 명례조). 태형과 장형은 신체형, 도형과 유형은 자유형, 사형은 생명형에 해당한다. 관리의 경우 죄를 지으면 특권을 박탈하고 본관지로 보내는 귀향형(歸鄕刑)이 행해지기도 하였다. 거주지의 제한과 더불어 중앙의 특권적 신분층으로부터 분리시킨다는 의미가 있었다.

- 법전에 의해 형벌과 민사에 관한 사항을 규율하였다[x].* [국14] □

[해설] 법전에 의해 형벌과 민사에 관한 사항을 규율한 것은 조선 전기의 일이다(『경국대전』과 『대명률』).

- [문벌 귀족] 죄를 지으면 본관지로 귀향시키는 형벌이 적용되었다. [지17②] □
  └ 죄를 지으면 형벌로 귀향을 시키는 처벌을 받았다. [지16②] □
  └ 고려 시대에는 귀족이 죄를 지으면 형벌로 귀향을 시키기도 하였다. [지12②] □
  └ 귀양형을 받은 사람이 부모상을 당하였을 때에는 유형지에 도착하기 전에 7일간의 휴가를 주어 부모상을 치를 수 있도록 하였다.* [경17①] □

[해설] 죄를 지으면 본관지로 귀향시키는 형벌, 즉 귀향형*이 적용된 신분층은 고려의 문벌 귀족들이다(신라 진골 X)(5형 체계 중 하나인 유형과 달리 귀향형은 신분을 서인으로 떨어뜨려 본관에 편호(編戶)시키는 것을 주된 행형 내용으로 함). 당시 고려의 문벌 귀족들은 대부분 개경에 거주하였다. / [경17①] 옳은 설명이다. '귀양형'에서 '귀양'의 원말은 '귀향(歸鄕)'이다. 죄를 지어 관직에 나갈 수 없는 자들을 귀향하게 한 것에서 비롯되었다. 조선 시대에도 처음에는 방축향리(放逐鄕里)의 뜻으로 사용되다가 후기에 이르러, 도배, 유배, 찬배, 정배 등의 뜻으로 쓰였다. 또 고려 시대에는 70세 이상의 노부모를 두고 봉양할 가족이 없을 경우에는 형벌의 집행을 보류하였다.

*특정 범죄에 부가형(附加刑)으로 집행하거나 양이(量移), 즉 유배된 사람의 죄를 감등하여 가까운 곳으로 옮겨줄 때의 한 단계로 집행하는 두 경우가 있었다(5형 중의 유형과 구분).

■ 고려 시대의 형벌 [법15] □

- 감찰하는 관리 자신이 도적질하거나 감찰할 때에 재물을 받고 법을 어긴 자는 도형(徒刑)과 장형(杖刑)으로 논하지 말고 직전(職田)을 회수한 다음 귀향시킨다.
- 승인(僧人)으로 사원의 미곡을 훔친 자는 귀향시켜 호적에 편제한다.
- 관가의 물품을 무역한 자는 귀향형을 제외하고는 법에 따라 단죄한다.

[해설] '귀향형'이라는 말이 나와 있는 것으로 보아 제시된 자료의 형벌 제도는 고려 시대의 법률임을 알 수 있다. 도형(徒刑)은 일종의 징역형이자 일정 기간 지정된 장소에서 중노동[강제 노역]에 종사하게 하는 강제노동형이다. 장형(杖刑)은 태형보다 중한 형벌로 큰 곤장[장]으로 볼기를 치는 신체형이다.

- 공을 세운 사람의 부모는 물론, 장인과 장모도 함께 상을 받았다. [경15②] □

[해설] 음서의 혜택에서 알 수 있듯이 고려 시대에는 공을 세운 사람의 부모는 물론, 장인과 장모도 함께 상을 받았다. 즉 고려 시대에는 친가와 외가의 차이가 크지 않아 상벌이 친가와 외가에 공통적으로 적용되었다.

4 가족 제도와 여성의 지위

■ 재상 박유의 처첩제 주장 [지13] [법16] [경20①] □

- 박유가 왕에게 글을 올려 말하기를, "[중략] 청컨대 여러 신하, 관료들로 하여금 여러 처를 두게 하되, 품계에 따라 그 수를 줄이도록 하여 보통 사람에 이르러서는 1인 1첩을 둘 수 있도록 하며 여러 처에게서 낳은 자식들도 역시 본가가 낳은 아들처럼 벼슬을 할 수 있게 하기를 원합니다."라고 하였다. [중략] 당시 재상들 가운데 그 부인을 무서워하는 자들이 있었기 때문에 그 건의는 결국 실행되지 못하였다.

[해설] 고려 충렬왕 때 대부경[재상]이었던 박유(?~?)라는 문신이 당시 이슈가 된 원의 공녀(貢女) 문제에 대한 해결책으로 주장한 것이다. 박유에 따르면 당시 고려에는 여자의 수가 남자보다 많으므로 관리의 직위에 따라 첩의 수에 차등을 두고, (첩들의 불만을 무마하기 위해) 첩의 소생도 벼슬할 수 있게 하자는 것이었다. 하지만 이러한 박유의 주장은 재상 부인들의 반대로 결국 실시되지 못하였다(1275, 충렬왕 원년).

- 재상 박유가 아뢰기를 "청컨대 여러 신하, 관료로 하여금 여러 처를 두게 하되, 품위에 따라 그 수를 점차 줄이도록 하여 보통 사람에 이르러서는 1처 1첩을 둘 수 있도록 하며, 여러 처에서 낳은 아들도 역시 본처가 낳은 아들처럼 벼슬을 할 수 있게 하기를 원합니다."라고 하였다. 연등회 날 저녁 박유가 왕의 행차를 호위하여 따라갔는데, 어떤 노파가 그를 손가락질하면서 "첩을 두고자 요청한 자가 저 늙은이다."라고 하였다. 듣는 사람들이 서로 전하여 서로 가리키니 무서워하는 자들이 있었기 때문에 그 건의를 정지하고, 결국 시행하지 못하였다.

[해설] 재상[대부경] 박유(?~?)의 건의를 모르더라도 '연등회'를 통해 고려 시대임을 알 수 있다. 고려는 일부일처제가 일반적이었는데 원 간섭기에 이르러 원의 영향으로 충렬왕 대 박유가 처첩제를 주장[첩제 수용]한 사실이 있다(1275, 충렬왕 원년). 정확하게는 원의 공녀 문제 해결책[원의 공녀 요구 반발]으로 관리의 직위에 따라 첩[서처]의 수에 차등을 두고, 첩의 소생도 벼슬할 수 있도록 할 것을 주장한 것이다(재상 부인들의 반대로 무산).

- ○○왕 원년 2월 대부경 박유가 다음과 같은 글을 올렸다. '우리나라에는 남자가 적고 여자가 많습니다. 그런데 지위 고하를 막론하고 한 아내로 그치고 아들이 없는 사람도 감히 첩을 두지 못합니다. 다른 나라 사람이 와서는 아내를 얻는데 제한이 없습니다. 장차 인물이 모두 북쪽으로 흘러갈까 두렵습니다. 신하들에게 첩을 두는 것을 허락하면 짝이 없어 원망하는 남녀가 없어지고 인물이 밖으로 흘러가지 않으니 인구가 점차 늘어나게 될 것입니다.' 이때 재상과 장군 가운데 아내를 무서워하는 자가 많아 그 논의를 중지하여 실행하지 못하였다.

[해설] 위의 자료들과 같은 내용의 자료이다.

- 충선왕 대 이후에도 왕실 족내혼이 널리 행해졌다[X].* [국17②] ☐

[해설] 고려 왕실의 족내혼은 전기에 특히 널리 행해졌다. 하지만 고려 중기 이후에는 여러 번의 금령이 내려져 엄격히 규제하였다. 충선왕도 1308년 복위 교서에서 왕실 족내혼을 금지하고 종실과 통혼할 수 있는 재상지종 가문 15개를 규정하였다(자료 '충선왕의 복위 교서' 참조). 그 결과 왕실 족내혼은 잠시 사그라졌다. 그렇다고 하여 왕실 족내혼 풍습이 완전히 사라진 것은 아니다. 기록상으로는 제31대 공민왕 대까지 이어졌다.

- 태어난 차례대로 호적에 기재하여 남녀 차별을 하지 않았다. [서14] ☐
  └ 적서의 차별이 없었을 것이다. [법14] ☐

[해설] 고려 시대에는 남녀 차별을 두지 않고 태어난 순서대로 호적에 기재하였다.

- 사위가 처가의 호적에 입적하는 경우도 자주 있었다. [경19②] ☐

[해설] 고려 시대에는 사위가 처가의 호적에 입적하여 처가에서 생활하는 경우가 적지 않았으며, 사회와 외손자에게까지 음서의 혜택이 있었다.

■ 고려 시대의 혼인 풍습(처가살이) [서14] ☐

지금은 남자가 장가늘면 여자 집에 거주하여, 남자가 필요로 하는 것은 모두 처가에서 해결하고 있습니다. 그리하여 장인과 장모의 은혜가 부모의 은혜와 똑같습니다. 아아, 장인께서 저를 두루 보살펴 주셨는데 돌아가셨으니, 저는 장차 누구를 의지해야 합니까.

- 『동국이상국집』 -

[해설] '남자가 장가들면 여자 집에 거주', '장인과 장모의 은혜가 부모의 은혜와 똑같습니다'라는 구절을 통해 여성의 지위가 비교적 높았던 고려 시대의 상황임을 알 수 있다. 출처인 『동국이상국집』은 고려의 문신 이규보(1168~1241)의 시문집이다.

- 친영 제도가 일반화되었을 것이다[X]. [법14] ☐

[해설] 친영 제도가 일반화된 것은 조선 후기의 일이다. 조선 전기까지는 신부집(외가)에서 혼례를 치르고 신부집(외가)에서 혼인 생활을 시작하는 남귀여가혼[서류부가혼, 부귀부가혼]의 풍습이 더 일반적이었다.

- 여성의 재가는 비교적 자유롭게 이루어졌다. [경19②] ☐
  └여성의 재혼을 규제하려는 움직임이 나타났다. [국17②] ☐
  └여성의 재가는 비교적 자유롭게 이루어졌으나, 그 소생 자식의 사회적 진출에는 차별을 두었다[×]. [경15②] ☐

[해설] 고려 시대에 여성의 재혼은 금지 사항은 아니었으나 후기에 이르러 점차 규제하려는 움직임이 나타났다(주의). 특히 공양왕 대에는 도당에서 구체적으로 논의되기까지 하였다. / 여성의 재가는 비교적 자유롭게 이루어졌으며, 그 소생 자식의 사회적 진출에도 차별은 없었다. 단, 여성의 관직 진출에는 제한을 두었다.

■ **과부 허씨의 재가[순비 허씨]*** [국17②] ☐

순비 허씨는 일찍이 평양공 왕현에게 시집가서 3남 4녀를 낳았는데, 왕현이 죽은 후 충선왕의 비가 되었다.

[해설] 고려의 제26대 왕인 충선왕(재위 1308-1313)의 제6비인 순비 허씨(1271~1335)에 대한 내용이다. 본래 과부였으나 충선왕과 재혼하였다. 왕실에서도 여성의 재가가 수용되었음을 알 수 있다.

IV

- 부모의 유산은 일반적으로 자녀에게 골고루 분배되었다. [지11②] ☐
  └부모의 유산은 대체로 자녀에게 골고루 분배되었으며, 사위나 외손자에게도 음서의 혜택이 있었다. [경15②] ☐
  └부모의 재산은 남녀 관계없이 고루 분배되었으며, 출생 순서에 따라 차등을 두었다[×]. [경19②] ☐
  └재산은 균분 상속되었을 것이다. [법14] ☐

[해설] 고려 시대에 부모의 유산은 일반적으로 자녀에게 골고루 분배되었다(균분 상속). / '출생 순서에 따라 차등을 두었다'는 부분이 잘못되었다.

- 제사는 불교식으로 자녀들이 돌아가면서 지냈다[×]. [서14] ☐
  └제사는 형제자매가 돌아가면서 지냈다. [경19②] ☐

[해설] 고려 시대 제사는 유교적 규범에 따라 시행하라는 정부와는 달리 보통 '불교식'으로 이루어졌으며, 자녀들이 돌아가며 지냈다(윤회봉사). 그런데 ㉠의 '불교식'이란 말이 내용상 애매하다는 지적(즉 질문에서 요구하는 고려 시대 가족 제도의 특징으로 옳지 않다는 수험생들의 지적)이 있었다(해당 문제 복수 정답 처리). / (고려 시대의 '윤회봉사'는) 조선 후기에 이르러 '장남 봉사'로 바뀌었다.

- 아들이 없을 때에는 양자를 들이지 않고 딸이 제사를 지냈다. [서14] [경15②] ☐
  └제사는 반드시 큰아들이 지냈을 것이다[×]. [법14] ☐

[해설] 고려 시대에는 아들이 없을 경우 양자를 들이지 않고 딸이 제사를 지냈다. / 제사를 반드시 큰 아들[적장자]이 지낸 것은 종법적(宗法的) 가족 질서가 정착되어간 조선 후기의 일이다(적장자 봉사).

● 사진으로 보는 고려의 사회

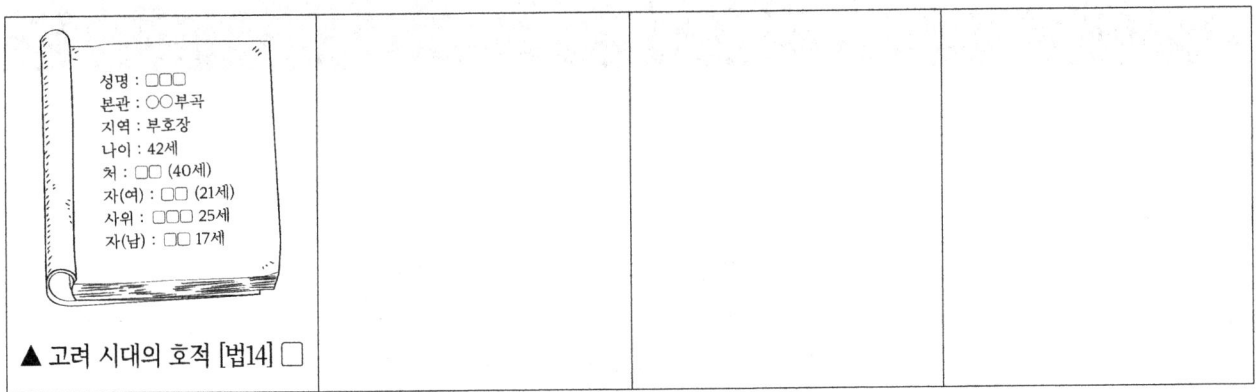

▲ 고려 시대의 호적 [법14]

[해설] 주어진 자료(호적)에는 본관이 '○○부곡'으로 되어 있고, 직역이 '부호장'이라고 적혀 있다. 이를 통해 제시된 인물은 고려 시대에 살았던 사람임을 알 수 있다.

주제 28 고려의 문화(불교)

1 불교의 발달

- 호족이 주축이 되어 건국한 고려 왕조는 정책적으로 선종을 우대하고 교종을 억제하였다[X]. [지11②] □

[해설] 고려 왕조가 호족이 주축이 되어 건국한 것은 맞지만 정책적으로 선종을 우대하고 교종을 억제하지는 않았다. 단, 대각국사 의천(1055~1101)의 활동에서 알 수 있듯이 시간이 흐르면서 교종과 선종의 대립이 심해져 교종과 선종 간의 통합을 추구하는 움직임이 일어났다(불교 통합 운동).

- [팔관회] 국제 교류의 장이었다. [국18] □
└ 외국 상인에게 무역의 장이 되기도 하였다. [법17] □
└ 정월 보름에 개최되었다[X]. [국18] □
└ 토속 신에게 제사를 지냈다. [국18] □
└ 훈요 10조에서 시행할 것을 강조하였다. [국18] □

[해설] 팔관회는 지방의 장관들이 글을 올려 하례하고 송(宋) 상인이나 여진(女眞) 및 탐라(耽羅)의 사절이 축하의 선물을 바치고 무역을 크게 행하는 국제적 행사였다. / 개경에서는 11월 15일 즉 중동(仲冬)에, 그리고 서경에서는 10월 15일에 베풀어졌다(개경 → 중동팔관회). 정월 보름에 개최된 행사는 연등회이다. / 또 고려 태조 왕건 때부터 토속신에 대한 제례를 행하였다. 이런 재회(齋會)를 통해 호국의 뜻을 새기고 복을 빌었다. / 그리고 고려 태조는 훈요 10조에서 팔관회를 계속 시행할 것을 강조하였다(943, 태조 26)(제6조).

■ 팔관회 [국18] □

예전에 성종이 ┃ (가) ┃ 시행에 따르는 잡기가 정도(正道)에 어긋나는데다가 번거롭고 요란스럽다 하여 이를 모두 폐지하였다. …(중략)… 이것을 폐지한 지가 거의 30년이나 되었는데, 이때에 와서 정당문학 최항이 청하여 이를 부활시켰다.

[해설] 유교를 정치 이념으로 삼은 성종(재위 981-997, 제6대)은 전통 행사로 이어져오던 팔관회 행사를 재위 6년인 987년에 폐지하였다[최승로가 성종에게 올린 '시무 28조' 수용, 연등회는 축소(사실상 폐지)]. 하지만 현종 대인 1010년(현종 원년)에 최항(?~1024)의 건의로 팔관회는 부활하였다('정당문학'은 이 고려 시대 중서문하성의 종2품 관직).

- [제관] 『천태사교의』를 저술하였다. [회22] [소20] □
└ 천태사교의를 저술하였다. [회20] □
└ 남중국에 파견되어 천태학을 전했다. [경13①] □
└ 천태사교의 [국12] □

[해설] 고려의 승려 제관(?~970)은 960년(광종 11) 광종의 명으로 남중국 오월(893-978)로 건너갔고, 그곳에서 『천태사교의』를 저술하여 천태종의 기본 교리를 정리하였다(광종 대인 963년과 967년 사이 추정). 천태종의 중심 사상인 '제법실상일념삼천(諸法實相一念三千)'의 요지를 표현하고자 저술하였다. 제관을 체관(諦觀)이라고도 불렀다.

- 제관과 의통이 남중국에 가서 천태학을 전하였다. [경13②] □

[해설] 제관(?~970)과 의통(927~988)이 남중국 오월(893-978)에 건너가 천태학을 전한 것은 광종 대(재위 949-975, 제4대)의 일이다. 제관은 그곳에서 『천태사교의』를 저술하여 천태종의 기본 교리를 정리하였고, 의통 역시 오월에 건너가 중국 천태종의 13대 교조가 되어 교세를 떨쳤다.

■ 광종의 불교 진흥 [지15②]

왕은 중국에 36명의 승려를 파견하여 법안종을 배우도록 하였다. 또한 제관과 의통을 파견하여 천태학에 대한 관심을 보였다.

[해설] 중국에 승려를 파견하여 '법안종'을 배우도록 하였다는 부분, '제관과 의통'을 파견하여 천태학에 대한 관심을 보였다는 부분에서 제시된 왕은 광종임을 알 수 있다. 광종은 법안종을 들여와 선종을 통합하고자 하였다. 제관과 의통은 중국의 천태종을 부흥시키는데 큰 공을 세웠는데 제관은 『천태사교의』를 저술하였으며, 의통은 중국 천태종의 교조가 되었다.

- [광종] 균여를 귀법사 주지로 삼아 불교를 정비하였다. [국21]
  └ 귀법사를 창건하여 화엄종을 통합하게 하였다. [경21①]
  └ 고려 초기에는 화엄사상을 정비하고 보살의 실천행을 폈던 균여의 화엄종이 성행하였다. [경16①]
  └ 귀법사의 초대 주지를 역임하였다(균여). [회22]

[해설] 원통대사 균여(923~973)를 귀법사 주지로 삼아 불교를 정비하고자 한 것은 고려 광종 14년인 963년의 일이다. / 광종은 균여로 하여금 개경에 귀법사를 창건(963, 광종 14)하여 화엄종을 통합하게 하였다.

■ 원통대사 균여 [서23] [회18]

- ·새로 창건한 귀법사의 주지가 되었다.
- ·불교 대중화에 관심이 있어 『보현십원가』를 지었다.
- ·화엄학에 대한 주석서를 쓰는 등 화엄 교학을 정비하였다.

[해설] 주어진 자료인 <보기>에서 가리키는 인물은 원통대사 균여(923~973)임을 알 수 있다(963, 광종 14). 균여는 고려 광종 14년인 963년에 귀법사의 초대 주지가 되었으며 이 직후 『보현십원가』를 지어 불교 교리를 대중에게 전파하였다(광종 대인 963년과 967년 사이 추정).

- 스님은 항상 남악과 북악 종문(宗門)의 취지가 모순인 채 분명하지 않음을 탄식하고, 그것이 여러 갈래로 갈라짐을 막아 한길로 돌리고자 했다. …… 나라에서 왕륜사(王輪寺)에 선석(選席)을 베풀고 승과를 시행할 때 우리 스님의 의리(義理)의 길을 정통으로 삼고 나머지는 방계로 했으니, 모든 재주와 명망있는 무리들이 어찌 이 길을 따르지 않으랴.

[해설] 주어진 자료 속 밑줄 친 '스님'이 누구를 가리키는지 알기 어렵다. 결론만 말하면, 원통대사 균여(923~973)이다. 광종에 의해 균여는 화엄종의 본찰이 되는 귀법사를 창건하였다(963, 광종 14). 자료는 문종 29년인 1075년에 혁련정(赫連挺)(?~?)(흉노 계통 인물)이 지은 『균여전』 가운데 '뜻을 세우고 종통을 바로 잡음'의 뜻을 가진 '입의정종분(立意定宗分)' 중 일부분이다. '선석(選席)'이란 말 그대로 '시험을 하여 인재를 뽑는 자리'라는 뜻이다.

- [광종] 승과 제도를 시행하였다. [지15②]

[해설] 광종은 승과를 실시하여 합격한 자에게 승려의 지위를 보장하였으며, 국사와 왕사 제도를 실시하였다.

- [광종] 중국에 승려들을 보내 법안종을 수용하였다(선종). [서23]
  └ 고려 광종은 균여를 통해 교종과 선종을 화엄종 중심으로 통합했다[×]. [회23]
  └ 교종과 선종의 불교계를 정리하기 위해 교종의 여러 종파를 화엄종을 중심으로 통합하고, 선종의 여러 종파를 법안종을 중심으로 정리하고자 했다. [경18①]
  └ 법안종(法眼宗) 중심으로 교단 통합 시도 [회14] (선종)

[해설] 중국에 승려들을 보내 법안종(法眼宗)을 수용한 것은 광종(재위 949-975, 제4대)이다(균여 활용). / [회23] 광종은 법안종을 들여와 선종을 통합하고자 하였고, 교종은 화엄종을 중심으로 통합하고자 하였다. / 광종은 원통대사 균여(923~973)를 통해 (교종과 선종이 아닌) 교종을 화엄종

중심으로 통합하고자 하였다(선종은 법안종 중심으로 통합). 균여는 고려 광종 14년인 963년에 귀법사의 초대 주지가 되었으며 이 직후「보현십원가」를 지어 불교 교리를 대중에게 전파하였다(광종 대인 963년과 967년 사이 추정).

- [균여] 성속무애사상을 주장하면서 종단을 통합하려 하였다.* [지17②] ☐
  └ 성상융회를 표방하였다.* [회18] ☐
  └ 광종 시기 불교 개혁을 주도하였다. [회22] ☐

[해설] 성속무애(聖俗無碍)사상을 주장하면서 종단을 통합하려 한 승려는 원통대사 균여(923~973)이다. 균여는 광종의 지원으로 귀법사를 창건하고, 이를 화엄종의 본찰로 삼았다(963, 광종 14). 성속무애사상이란 성[진(眞), 성(聖), 혹은 승(僧)]과 (세)속(俗)을 구별하지 않고 하나로 묶고자(융합하고자) 하는 강력한 통합 사상으로, 공(空)을 뜻하는 성(性)과 색(色)을 뜻하는 상(相)을 원만하게 융합시키는 성상융회(性相融會)사상에 기초하고 있다(성상융회는 균여 화엄사상의 특징). 요컨대 균여의 성상융회사상이 법상종의 사상을 융합해 교종 내의 대립[모순]을 해소시키기 위한 융합 사상이라면 성속무애사상은 여기서 더 나아가 불교계는 물론 세속계까지를 융회하려는 통합 사상으로 정리할 수 있다.

■ **의천의 도당 유학** [법24] [회19] ☐

- 후(煦)는 문종의 넷째 아들로서 송나라 황제와 이름이 같으므로 그것을 피하여 자(字)로 행세하였다. 문종이 여러 아들에게, "누가 승려가 되어 복전(福田)의 이익을 짓겠느냐?"라고 물으니 후(煦)가, "상(上)의 명령대로 하겠다." 하고, 출가하여 영통사(靈通寺)에 거처하였다. 그는 송나라에 들어가 법을 구하려 했으나 문종이 허락하지 않았다. 하지만 후(煦)는 송나라로 들어가 황제를 만나 여러 절을 다니며 법을 묻겠다고 하였다.

[해설] 주어진 자료 속 밑줄 친 '후(煦)'는 고려 문종(재위 1046-1083, 제11대)의 넷째 아들이자 순종(재위 1083, 12대), 선종(재위 1083-1094, 제13대), 숙종(재위 1095-1105, 제15대)의 친동생인 대각국사 의천(1055-1101)을 가리킴을 알 수 있다. '후(煦)'는 휘(諱)*이고 '의천(義天)'이 자(字)**이다. 의천은 조정의 반대를 무릅쓰고 1085년(선종 2) 5월 중국 송으로 유학하였으며 이듬해인 1086년(선종 3) 6월 1천여 권의 불교 서적[불전과 경서]을 가지고 귀국한 바 있다.

*휘(諱): 왕이나 제후 등이 생전에 쓰던 이름이다. 죽은 사람의 생전의 이름을 삼가 부르지 않는다는 뜻에서 나온 말이다.
**자(字): 주로 남자가 성인이 되었을 때에 본이름 외에 부르는 호칭이다. 실제의 이름이 아닌 부명(副名)이라 할 수 있다.

- 그는 선종 2년 을축(1085) 4월에 불법을 구하기 위해 배를 타고 가서 백파(百派)를 도입하니, 대소(大小)·시종(始終)·원돈(圓頓) 등 5교가 각각 그 자리를 얻어 다시 제자리로 돌아갔다. 그런데 주나라에서 근원이 흘러 한나라에서 갈라졌으며, 진(晉)·위(魏)에서 넓어지고 수(隋)·당(唐) 대에 넘쳐흘렀고, 송(宋)에서 물결쳐 해동에 깊이 고인 것이다.

[해설] 주어진 자료에서 단서가 될 만한 키워드를 찾기가 쉽지는 않지만 연도와 관련 내용을 꼼꼼히 따져보면, 결국 제시된 자료에서 말하는 '그'는 대각국사 의천(1055~1101)임을 미루어 짐작할 수 있다. 주어진 자료는 각훈(?~?)의『해동고승전』에 실려 있는 글이다(1215, 고려 고종 2). 자료 속 '그는'은 원 출처에서 '태조의 4대손인 대각국사는'으로 표현되어 있다.

- [의천] 이론과 실천을 같이 강조하는 교관겸수를 제시하였다. [국22] ☐
  └ 이론적인 교리 공부와 실천적인 수행을 아우를 것을 주장하였다. [지23] ☐
  └ 이론의 연마와 실천을 아울러 강조하는 교관겸수를 제창하였다. [서17②] ☐
  └ 이론과 실천을 병행하는 수행 방법을 중시하였다. [회19] ☐
  └ 이론과 실천의 양면을 강조하였다(교관겸수). [지14②] ☐
  └ 교관겸수의 수행 방법을 내세웠다. [법17] ☐
  └ 교관겸수를 제창하였다. [법24] ☐
  └ 의천 [지15①] ☐

[해설] 이론과 실천을 같이 강조한 이른바 '교관겸수(敎觀兼修)'를 제시[중시][제창]한 승려는 고려의 대각국사 의천(1055~1101)이다. 참고로 의천은 고려 숙종(재위 1095-1105, 제15대)의 친동생으로 왕자 출신이다.

■ 의천의 교관겸수 [지17①] [지14②] [법18] [기14] □

- 나는 도(道)를 구하는 데 뜻을 두어 덕이 높은 스승을 두루 찾아다녔다. 그러다가 진수대법사 문하에서 교관(敎觀)을 대강 배웠다. 법사께서는 강의하다가 쉬는 시간에도 늘 "관(觀)도 배우지 않을 수 없고, 경(經)도 배우지 않을 수 없다."라고 제자들에게 훈시하였다. 내가 교관에 마음을 다 쏟는 까닭은 이 말에 깊이 감복하였기 때문이다.

[해설] '관도 배우지 않을 수 없고, 경도 배우지 않을 수 없다', '교관에 마음을 다 쏟는 까닭'이라는 내용들을 통해 밑줄 친 '나'는 교관겸수를 주장한 고려의 승려 대각국사 의천(1055~1101)임을 알 수 있다. 여기서 '교(敎)'는 경전과 교리 공부를 의미하고, '관(觀)'은 지관(止觀)을 의미한다. 지관이란 정신을 집중하여 마음을 고요하게 하는 지(止)와, 있는 그대로의 실상을 관찰하는 관(觀)을 합친 것으로 천태종의 대표적인 이론이자 수행 방식이다.

- (가)는 "교(敎)를 배우는 이는 대개 안의 마음을 버리고 외면에서 구하고, 선(禪)을 익히는 이는 인연을 잊고 안의 마음을 밝히기를 좋아하니, 모두 한쪽에 치우친 것으로 두 극단에 모두 막힌 것이다."라고 주장하였다.

[해설] '교(敎)'와 '선(禪)'을 모두 한쪽에 치우친 것이라고 주장하고 있다. 『대각국사문집』에 나오는 글로, 의천의 교관겸수를 언급한 내용이다['(가)'는 곧 대각국사 의천].

- 교(敎)를 배우는 이는 대개 안의 마음을 버리고 외면에서 구하고, 선(禪)을 익히는 이는 인연을 잊고 안의 마음을 밝히기를 좋아하니, 모두 한쪽에 치우친 것으로 두 극단에 모두 막힌 것이다.

[해설] 위와 같은 내용의 자료이다.

- 문종의 왕자로 승려가 되었다, 그는 "교종을 공부하는 사람은 내적인 것을 버리고 외적인 것을 구하는 경향이 강하고, 선종을 공부하는 사람은 외적인 대상을 잊고 내적으로만 깨치려는 경향이 강하다. 이는 양 극단에 치우친 것으로, 양자를 고루 갖추어 안팎으로 모두 조화를 이루어야 한다."고 하였다.

[해설] 주어진 자료 속 '문종의 왕자'는 곧 교관겸수를 강조한 대각국사 의천(1055~1101)을 가리킨다.

- [의천] 교장도감을 설치하여 속장경을 간행하였다. [국17①] □
  └[속장경] 흥왕사에 교장도감을 설치하여 간행하였다. [소19①] □
  └대장경에 대한 주석서인 교장을 간행하였다(속장경). [서23] □
  └(가) - 불교 경전에 대한 주석서를 모아 교장(教藏)을 편찬하였다. [회16] □
  └송과 요 등의 대장경 주석서를 모아 교장도감에서 간행하였다. [기19] □
  └의천은 송과 금의 대장경 주석서를 모아 속장경을 편찬하였다[X]. [서16] □
  └속장경(교장)은 의천이 경(經), 율(律), 논(論) 삼장의 불교 경전을 모아 간행한 것이다[X]. [지11①] □
  └속장경의 제작에 주도적으로 참여하였다. [소20] □
  └의천 - 교장도감 두어 『교장』을 편찬 [경13②] □

[해설] 개경 근처의 흥왕사에 교장도감을 설치하여 『속장경』을 간행한 이는 대각국사 의천(1055~1101)이다[1086(선종 3)~1101(숙종 6)]. 흔히 『속장경』이라 일컬어지는 불교 경전 주석서[대장경에 대한 주석서, 즉 장소(章疏)]를 모아 간행한 것이 바로 『교장(敎藏)』이다(정식 대장경 X). 따라서 『속장경』을 간행하였다는 말은 곧 불교 경전에 대한 주석서를 모아 『교장』을 편찬하였다는 말과 같다. / 의천은 『초조대장경』을 보완하기 위해 개경 근처에 있던 사찰인 흥왕사에 교장도감을 두어 『속장경』을 만들었다. 이를 위해 (송과 금이 아니라) 송과 요 등의 대장경 주석서[장소(章疏)]를 모았다. / [지11①] 경, 율, 논 삼장의 불교 경전을 모은 것은 (『속장경』이 아닌) 『초조대장경』(고려 최초의 대장경)이다. / 『교장』인 『속장경』의 목록집이 곧 「신편제종교장총록」이다(1090, 선종 7). 즉 「신편제종교장총록」은 『속장경』의 내용인 '송'과 '요'의 대장경에 대한 주석서, 경전의 소, 초 등의 목록집이다.

■ 의천의 속장경(교장) 간행 [법24] [경21②]

- 지승법사의 호법(護法)하는 뜻을 본받아 교장(敎藏)을 널리 찾아내는 것을 나의 책임으로 삼았다. …… 여러 종파의 의소(義疏)를 얻게 되면, 감히 사사로이 비장(秘藏)하지 않고 간행했으며, 책을 낸 후에 새로 발견된 것이 있으면 그 뒤에 계속해서 수록하고자 하였다. 이렇게 편집된 권질이 삼장(三藏)의 정문(正文)과 더불어 무궁하게 전해져 내려감이 나의 소원이다.

[해설] 주어진 '교장'이라는 말을 통해 밑줄 친 '나'는 고려의 승통[국사], 대각국사 의천(1055~1101)을 가리킴을 알 수 있다. 개경 흥왕사에 교장도감을 두어 『속장경』을 간행하였다(1089~1101). 그 목록집이 「신편제종교장총록」이다(1090, 선종 7).

- 의천이 불전과 경서 1,000권을 바치고, 또 흥왕사에 교장도감을 둘 수 있기를 아뢰었다. 요와 송에서 책을 사들여 4,000권에 이를 정도로 많았는데 죄다 간행하였으며, 천태종을 처음 열어 국청사에 두었다.

[해설] 대각국사 의천이 국청사의 주지가 되어 해동 천태종을 개창한 것은 고려 숙종 2년인 1097년의 일이다. 또 의천이 불전과 경서 1,000권을 바친 것은 중국 송으로 유학갔다가 돌아왔을 때이다[1085년(선종 2) 5월~1086년(선종 3) 6월].

- [의천] (㉠)는/은 『신편제종교장총록』을 편찬하였다. [지19]
  └ 송, 요, 일본의 불교 서적을 모아 『신편제종교장총록』을 간행하였다. [경13①]
  └ 『신편제종교장총록』을 편찬한 승려 [지17②]

[해설] 대각국사 의천(1055~1101)이 개경의 흥왕사에 교장도감을 두어 『속장경』을 간행하였는데, 「신편제종교장총록」은 그 목록(집)이다(1090, 선종 7).

- 『초조대장경』과 속장경은 몽골의 침입으로 소실되었다. [서16]
  └ 『초조대장경』] 대구 부인사에 보관되었다가 몽골 침입 때 소실되었다. [기19]

[해설] 『초조대장경』(고려 최초의 대장경)과 『속장경』*은 몽골의 침입으로 소실되었으며, 인쇄본의 일부와 목록만 전해진다[『초조대장경』은 대구 부인사에, 『속장경』은 개경 흥왕사에 보관 중 몽골 침입 때 소실되었다(각 1232(고종 19)(몽골의 제2차 침입 시)/1235(고종 22)(몽골의 제3차 침입 시)].

*『속장경』의 경우 일본의 도다이사[東大寺] 도서관 등에 일부가 보관되어 있고, 우리나라에는 조선 초 중수 간행된 것이 순천 송광사에 전해오고 있다.

- [의천] 교종의 입장에서 선종을 통합하였다. [지14②]
  └ 의천이 교종과 선종의 통합을 위해 노력하였다. [법16]
  └ 의상은 흥왕사를 근거지로 삼아 화엄종을 중심으로 교종을 통합하려 하였다[✗]. [경17①]

[해설] 의천은 화엄종을 중심으로 교종을 통합하고, 또한 교종을 중심으로 선종을 통합하려 하였다. / (개경) 흥왕사를 근거지로 삼아 화엄종을 중심으로 교종을 통합하려 한 이는 신라의 고승인 원효국사 의상(625~702)이 아니라 대각국사 의천(1055~1101)이다.

- [의천] (가) - 중국에서 도입한 법안종을 중심으로 선종을 정리하였다[✗](혜거). [법18]

[해설] 중국에서 도입한 법안종을 중심으로 선종을 정리한 승려는 혜거 국사(?~974)이다. 고려 최초의 국사(國師)이기도 하다

■ 의천의 불교 통합 시도 [지23] [법11] [경13①]

- 그는 화엄종을 중심으로 교종을 통합하고 해동 천태종을 창시하여 선종까지 포섭하려 하였다. 그러나 그의 사후에 교단은 다시 분열되었고, 권력층과 밀착되어 타락하는 양상까지 나타났다.

[해설] 밑줄 친 '그'는 대각국사 의천(1055~1101)을 가리킨다(숙종 2년인 1097년 국청사를 중심으로 해동 천태종 창시).

- 그는 흥왕사를 근거지로 삼아 화엄종을 중심으로 교종을 통합하려 하였으며, 또 선종을 통합하기 위하여 국청사를 창건하여 천태종을 창시하였다.

[해설] 고려의 고승 대각국사 의천을 가리킨다.
- 숙종의 후원을 받아 국청사를 중심으로 해동 천태종을 창건하여 법상종과 선종의 여러 종파의 대립을 극복하려고 하였다.

[해설] 주어진 자료 속 고려 시대의 승려는 대각국사 의천이다.

- [의천] 국청사를 창건하고 천태종을 창시하였다. [지16②] ☐
  └국청사를 중심으로 고려 천태종을 창시하였다. [지13] ☐
  └국청사를 중심으로 해동 천태종을 개창하였으며, 수행 방법으로 교관겸수를 제시하였다. [회16] ☐
  └불교 교단을 통합하기 위해 천태종을 개창하였다. [법23] ☐
  └법상종과 선종의 여러 종파의 대립을 극복하기 위해 해동 천태종을 창시하였다. [경13②] ☐
  └의천이 해동 천태종을 창시하였다. [법14] ☐
  └의천이 천태종을 개창하여 선종을 포섭함으로써 화엄종을 억압하고자 하였다[x]. [경18③] ☐
  └의천은 대립 상태에 있었던 교종과 선종의 통합을 위해 노력하고자, 먼저 선종의 여러 종파를 종합하고, 해동 천태종을 열어 교종을 융합하고자 하였다[x]. [경15①] ☐
  └해동 천태종을 창시하였다. [지14②] [소18②] ☐
  └천태종을 개창하였고, 교종을 중심으로 선종을 통합하고자 하였다. [서24①] ☐
  └천태종을 창시하였다. [회20] [회18] ☐
  └의천이 주관한 천태종 교학 강의에 참여하러 가는 귀족 [기14] ☐
  └국청사를 창건하였다. [경21②] ☐
  └(가) - 천태종의 신앙 결사체인 백련사를 조직하였다[x]. [법18] ☐
  └광종 대 균여는 국청사를 중심으로 해동 천태종을 창시하고, 교종과 선종의 대립을 완화하기 위해 노력하였다[x].
  [서19①] ☐

[해설] 국청사를 창건하고 또 국청사의 주지가 되어 국청사를 중심으로 해동 천태종을 창시한 인물은 대각국사 의천(1055~1101)이다(1097, 숙종 2). 의천은 (지눌과는 반대로) 교종을 중심으로 선종을 통합하려 하였다. / [경18③] 천태종을 개창하여 선종을 포섭하려고 한 승려는 대각국사 의천(1055~1101)이 맞다. 하지만 천태종은 교종, 그중에서도 화엄종을 중심으로 한 것이기 때문에 화엄종을 억압하려고 한 것은 아니다(정반대로 표현). / [경15①] 의천은 대립 상태에 있었던 교종과 선종의 통합을 위해 노력하였다. 먼저 (선종이 아니라) 교종의 여러 종파를 종합하고자 해동 천태종을 열었다. / [법18] 천태종의 신앙 결사체인 백련사를 조직한 승려는 원묘국사 요세(1163~1245)이다. / 국청사를 중심으로 해동 천태종을 창시한 고승은 균여(923~973)가 아니라 대각국사 의천(1055~1101)이다. 광종 대에 균여가 활동한 것은 맞으며 귀법사를 창건하였다(963, 광종 14).

- [의천] 우리나라 천태교학의 전통을 원효에게서 찾았다. [지17②] ☐

[해설] 우리나라 천태교학의 전통을 화쟁국사 원효(법성종)에게서 찾은 승려는 대각국사 의천(1055~1101)이다. 의천은 화쟁을 강조한 원효를 매우 존경하였다. 법상종과 천태종의 개조인 규기와 지의가 각각 상(相)과 성(性)만을 강조하는 데 비해 원효만이 성(性)과 상(相)을 겸하여 두루 밝혔다고 높이 기렸다[즉 성상(性相)의 겸학 강조]. 이후 의천은 숙종 2년인 1097년에 국청사를 중심으로 해동 천태종 창시하였다.

- [숙종] 의천이 국청사를 창건하는 것을 후원하였다. [지15②] ☐

[해설] 숙종은 대각국사 의천이 국청사를 창건하는 것을 후원하였다. 해동 천태종의 기반이 되는 사찰인 국청사는 문종의 왕비이자 의천의 모친인 인예태후(?~1092)의 발원으로 1089년(선종 6)에 창건하여 1097년(숙종 2)에 완공되었다.

- 의천이 죽은 뒤 교단은 분열되고 귀족 중심이 되었다. [서14] ☐
  └(나)가 죽은 후 교단이 다시 분열되고 귀족 중심의 불교가 지속되었다. [기14] ☐

28 고려의 문화(불교) 319

[해설] 대각국사 의천은 화엄종을 중심으로 교종을 통합하고, 교종을 중심으로 선종을 통합하였으나 의천이 죽은 뒤 교단은 분열되고 귀족 불교가 계속되었다. 지배층인 위로부터의 '강제적' 통합이 실상 허약했음을 보여준다. / [기14]의 (나)는 지눌을 가리키나 무시함.

- [칠곡 선봉사 대각국사비] 김부식이 지은 대각국사비가 세워져 있다.* [서13] □

[해설] 김부식(1075~1151)이 지은 대각국사비가 세워져 있는 사찰은 경북 칠곡 선봉사이다(칠곡 선봉사 대각국사비).

- [지눌] 거조암, 길상사 등에서 정혜결사를 주도하였다. [지17②] □
  └ 정혜결사를 조직하였다. [회18] □

[해설] 거조암, 길상사 등에서 정혜결사를 주도한 승려는 (불일)보조국사 지눌(1158~1210)이다(호는 목우자). 지눌이 이미 고려 명종 12년인 1182년(임인년) 개경 보제사에서 열린 담선 법회에 참여해 10여 명의 동료들과 결사를 하기로 약속하였다. 이후 명종 20년인 1190년 공산(公山, 지금의 경북 영천 팔공산)의 거조사(居祖寺)['거조암'이라고도 함]에서 정혜결사(일명 '정혜사')를 조직하였고, 이때 「권수정혜결사문」을 지어 발표하였다. 이후 모여드는 인파로 장소가 좁아지자 신종 3년인 1200년 더욱 넓은 곳을 찾아 (전남 순천에 위치한) 송광산 길상사(오늘날의 송광사)로 옮겼다. 희종 원년인 1205년 왕명에 의해 결사의 이름을 수선사(修禪社)로 개칭하였다(산 이름도 송광산에서 조계산으로 바뀜).

- [지눌] 참선과 독경은 물론 노동에도 힘을 쓰자고 하면서 결사를 제창하였다. [지23] □

[해설] 고려 명종 20년인 1190년 (불일)보조국사 지눌(1158~1210)이 정혜결사를 조직할 때 지어 발표한 「권수정혜결사문」에 나오는 내용이다. 명종 12년인 1182년 정월 개경 보제사에서 동학(同學) 10여 명과 결사를 약속한 사실을 회상한 내용이다.

■ 보조국사 지눌 [소20] □

- ㅇ 승과 합격
- ㅇ 승려 10여 명과 신앙 결사를 약속
- ㅇ 결사문 완성
- ㅇ 신앙 결사 운동 전개
- ㅇ 돈오점수·정혜쌍수 강조

[해설] 주어진 인물은 고려 시대의 고승 보조국사 지눌(1158~1210)을 가리킴을 알 수 있다.

■ 지눌의 권수정혜결사문 [지13] [서24①] [법18] □

- 지금의 불교계를 보면, 아침저녁으로 하는 일들이 비록 부처의 법에 의지하였다고 하나, 자신을 내세우고 이익을 구하는 데 열중하여 세속의 일에 골몰한다. 도덕을 닦지 않고 옷과 밥만 허비하니, 비록 출가하였다고 하나 무슨 덕이 있겠는가?

[해설] 「권수정혜결사문」에 나오는 글로 보조국사 지눌(1158-1210)이 결사를 결심한 이유가 잘 나와 있다(1190, 명종 20). 결사문은 여섯 개의 문답 형식으로 이루어져 있다. 먼저 선정과 지혜를 함께 닦는 것이 모든 수행의 근본임을 밝혔다. 두 번째로는 지혜와 선정에 수행하여 온갖 망상을 제거하면 신통은 시간이 지남에 따라서 저절로 생겨난다 하였다. 셋째로는 밖으로는 계율을 지니면서 구속이나 집착을 잊고, 안으로는 선정을 닦아 애써 누르지 않게 될 수만 있다면 마음에 맡겨 심성을 자유로이 할 수 있다 하였다. 넷째로는 부처는 중생이 제 마음의 신령함과 자재함을 깨달아 스스로 불법을 닦도록 하고 있다 하였다. 다섯째, 교종의 온갖 행은 결국 무념(無念)을 종(宗)으로, 무작(無作)을 근본으로 하는 것이므로, 선종에서의 적적(寂寂) 성성(惺惺), 즉 성적등지문(惺寂等持門)의 수행과 다를 바 없다 하였다. 마지막으로는 정토왕생을 위한 수행과 선정과 지혜를 함께 닦는 수행의 차이점을 말하면서, 지혜와 선정을 닦으면 저절로 정토왕생하게 된다고 하였다.

- 임인년 정월에 개경 보제사에서 열린 담선 법회가 파한 연후에 ⓒ 은(는) 동문 10여 인과 함께 "명예와 이익을 버리고 산림에 은둔하여 같은 모임을 맺자. 항상 선정을 익히고 지혜를 고르는 데 힘쓰고, 예불하고 경전을 읽으며 힘들여 일하는 것에 이르기까지 각자 맡은 바 임무에 따라 경영한다."라고 결의하였다.

[해설] 「권수정혜결사문」에 나오는 글로 위의 자료 아래에 위치한다(중간에 세 문장 있음). 명종 12년인 1182년 임인년에 개경 보제사에서 열린 담선 법회에 참여해 10여 명의 동료들과 결사를 하기로 약속했던 내용이다(과거를 회상한 내용).

- 이 모임이 파한 연후에 마땅히 명예와 이익을 버리고 산림에 은둔하여 동사(同社)를 결성하고 항상 선정을 익히고 지혜

를 고르게 하기에 힘쓰고 예불과 독경을 하고 나아가서는 노동하기에도 힘쓰자. 각기 소임에 따라 경영하고 인연에 따라 심성을 수양하여 한평생을 자유롭게 지내며, 멀티 달사와 진인의 고행을 좇는다면 어찌 기쁘지 않으리오.

[해설] 「권수정혜결사문」에 나오는 글로 위의 자료와 같은 내용이다.

- [지눌] 조계산에서 수선사를 개창하였다. [소20] □

[해설] 지눌(1158~1210)은 조계산에서 수선사(修禪社)를 개창, 즉 새로 세웠다. 여기서 수선사는 지눌이 주창한 혁신 불교적인 신앙 결사의 단체명인 동시에 사찰의 명칭이다. 지눌은 명종 20년인 1190년에 처음 공산(公山)[지금의 경북 영천 팔공산의 거조사(居祖社)](거조암)에서 정혜결사[정혜사(定慧社)]를 조직한 바 있다(이때 「권수정혜결사문」 발표). 이후 모여드는 인파로 장소가 좁아지자 (전남 순천에 위치한) 송광산에 있는 길상사를 택해 근거지를 옮겼다(1200, 신종 3). 그리고 1205년(희종 원년) 왕명에 의해 송광산이 조계산으로, 또 정혜사가 수선사로 개칭되었다 (송광산 정혜사 → 조계산 수선사).

- [지눌] 불교계를 개혁하기 위해 수선사 결사를 주도하였다. [지16②] □
  └ 순천 송광사에서 수선 결사 운동을 전개하였다. [지13] □
  └ [송광사] 지눌이 수선사 결사 운동을 전개하였다. [서13] □
  └ 송광사를 중심으로 승려 본연의 자세로 돌아가 독경과 선 수행, 노동에 힘쓰자고 주장하였다. [경15③] □
  └ 지눌은 승려 본연의 자세로 돌아가 독경과 선 수행, 노동에 고루 힘쓰자는 개혁 운동인 수선사 결사를 제창하였다. [경16①] □
  └ 불교 본연의 자세를 확립하자는 결사 운동이 일어나 수선사 결사가 제창되어 승려들과 지방민의 호응을 받았다. [기11] □
  └ 지눌이 불교계를 개혁하기 위해 결사 운동을 펼치고 교종과 선종을 통합하는 이론 체계를 제시하였다. [경18③] □
  └ 수선사 결사를 통해 불교계를 개혁하고자 하였으며, 수행 방법으로 정혜쌍수를 제시하였다. [회16] □
  └ 정혜쌍수와 돈오점수를 주장하는 수선 결사 운동이 전개되었다. [서19②] □
  └ 정혜쌍수와 돈오점수를 내세워 교종과 선종의 갈등을 해소하려고 하였다. [경13①] □
  └ 돈오점수와 정혜쌍수를 바탕으로 결사 운동을 전개하였다. [서24①] □
  └ 수선사 결사를 제창하였다. [법17] [경21②] □
  └ 수선사 결사를 조직하였다. [법24] □

[해설] 지눌(1158~1210)은 불교계의 타락을 비판하며 수선사 결사를 조직하여 승려 본연의 자세로 돌아가 독경, 선 수행, 노동에 힘쓰자는 개혁 운동을 주도하였다(1205, 고려 희종 원년). 수선사(修禪社)*는 곧 순천 송광사를 가리킨다. / 교종과 선종을 통합하는 이론 체계란 곧 정혜쌍수와 돈오점수를 가리킨다.

*수선사(修禪社): 지눌은 신종(神宗) 3년(1200) 송광산 길상사(吉祥寺)로 그 근거지를 옮겼고, 신종 7년(1204) 무신 집권자 최충헌(1149~1219)의 지원으로 수선사라는 절 이름을 사액받았다['사(社)'로 표현된 것에서 알 수 있듯이 단체명이자 사찰의 명칭](주의).

- [지눌] 고려 후기의 불교계를 선종 중심으로 혁신하려는 운동을 전개하였다. [지14①] □
  └ (나) - 선을 중심으로 교학을 포용하고자 하였다. [법18] □
  └ 교학 일변도에 반대하고 선법을 전파하였다. [회19] □

[해설] 지눌은 당시 불교의 타락을 비판하면서 불교계를 선종 중심으로 혁신하려는 운동을 전개하였다. 이에 수선사 결사를 제창하고 승려 본연의 자세로 돌아가 독경 및 선(禪) 수행, 노동에 고루 힘쓰자고 주장하였다. / 지눌은 선(禪)을 중심으로 교학을 포용하고자 하였다. 옳은 설명이다. / 교학 일변도에 반대하고 선법을 전파한 대표적인 이는 보조국사 지눌(1158~1210)이다. 돈오점수를 주장하면서 수행 방법으로 정혜쌍수를 내세웠다.

- 지눌은 깨달음과 더불어 실천을 강조하는 돈오점수를 주장했다. [서19②] □

└정혜쌍수로 대표되는 결사 운동을 일으켰다(지눌). [지14②] ☐

└깨달은 후에도 꾸준한 실천이 필요하다는 돈오점수를 중시하였다. [서17②] ☐

└승려 본연의 자세로 돌아가 독경과 선 수행, 노동에 두루 힘쓰자며 '정혜쌍수', '돈오점수'를 주장하였다. [회17] ☐

└돈오점수를 주장하였다. [회20] [소18②] ☐

└(나) - 돈오점수를 바탕으로 한 꾸준한 수행을 강조하였다. [회16] ☐

└정혜쌍수를 교리로 강조하였다. [회22] ☐

└정혜쌍수 [법24] ☐

[해설] (불일)보조국사 지눌(1158~1210)은 깨달음과 더불어 실천을 강조하는 돈오점수를 주장하였다. / 정혜쌍수는 선정(禪定)과 지혜(智慧)를 함께 닦아야 한다는 지눌(1158~1210)의 사상이다(선정의 상태인 '정'과 사물의 본질을 파악하는 지혜인 '혜'를 함께 닦아 수행). 지눌은 「권수정혜결사문」에서 선정과 지혜를 함께 닦을 것을 결의하면서 먼저 선정과 지혜를 함께 닦아야 하는 이유를 설명하고, 수행자들이 갖기 쉬운 의문을 제시하고 그에 답한 다음, 정혜결사를 하게 된 경위를 밝힌 바 있다(1190, 고려 명종 20). / 지눌은 수선사 결사를 통해 불교 혁신 운동을 전개하였다.

■ 지눌의 돈오점수와 정혜쌍수 [지17①] [지16②] [지14①] [법11] [기14] [소18②] ☐

- 그의 사상은 돈오점수와 정혜쌍수로 요약할 수 있다. 이는 인간의 마음이 곧 부처라는 사실을 깨닫고(선 돈오) 이를 바탕으로 수련을 계속해야 하며(후 점수) 그 수행에 있어서는 정과 혜를 함께 닦아야 한다는 것이다.

[해설] '돈오점수'와 '정혜쌍수'는 고려의 승려인 (불일)보조국사 지눌(1158~1210)이 주장한 수행 방법이다.

- ○ 한 마음(一心)을 깨닫지 못하고 한없는 번뇌를 일으키는 것이 중생인데, 부처는 이 한 마음을 깨달았다. 깨닫는것과 깨닫지 못하는 것은 오직 한 마음에 달려 있으니 이 마음을 떠나서 따로 부처를 찾을 수 없다.

  ○ 먼저 깨치고 나서 후에 수행한다는 뜻은 못의 얼음이 전부 물인 줄은 알지만 그것이 태양의 열을 받아 녹게 되는 것처럼 범부가 곧 부처임을 깨달았으나 불법의 힘으로 부처의 길을 닦게 되는 것과 같다.

[해설] '한 마음(一心)'이라는 말, '먼저 깨치고 나서 후에 수행한다'는 부분은 보조국사 지눌의 일심사상, 즉 '돈오점수'와 관련된다. 지눌(1158~1210)은 수선사 결사를 주도하여 불교계를 개혁하였다.

- 그는 '내가 곧 부처'라는 깨달음을 위한 노력과 함께, 꾸준한 수행으로 깨달음의 확인을 아울러 강조한 돈오점수를 주장하였다.

[해설] 지눌은 선과 교학이 근본에 있어 둘이 아니라는 사상 체계인 정혜쌍수를 사상적 바탕으로 하여 철저한 수행을 선도하였다. 또 지눌은 내가 곧 부처라는 깨달음을 위한 노력과 함께, 꾸준한 수행으로 깨달음의 확인을 아울러 강조한 돈오점수를 주장하였다. 선종을 중심으로 교종을 포용하여 교와 선의 대립을 극복하고자 한 지눌의 논리는 고려 불교가 지향하던 선교 일치 사상을 완성한 것이었다(7차 고등학교 국사 교과서).

- 명리에 집착하는 당시 불교계의 타락성을 비판하였다. 그는 "선(禪)은 부처의 마음이요, 교(敎)는 부처의 말씀이다. 깨닫는 것[悟]과 수련하는 것[修]은 분리될 수 없으며, 정(定)과 혜(慧) 또한 같이 닦아야 한다."고 하였다.

[해설] 주어진 자료 속 '그'는 정혜쌍수와 돈오점수를 강조한 보조국사 지눌(1158~1210)을 가리킨다. 지눌의 마지막 말 중 앞부분이 '돈오점수', 뒷부분이 '정혜쌍수'를 뜻한다.

- (나)는 "정(定)은 본체이고 혜(慧)는 작용이다. 작용은 본체를 바탕으로 존재하므로 혜가 정을 떠나지 않고, 본체가 작용을 가져오게 하므로 정은 혜를 떠나지 않는다."라고 주장하였다.

[해설] '정(定)'과 '혜(慧)'가 서로 떠나지 않음을 주장하고 있다. 지눌의 '정혜쌍수'에 대한 설명이다.

- (가) 은/는 승려 본연의 자세로 돌아가 독경, 선(禪) 수행, 노동에 고루 힘쓰자는 불교 개혁 운동을 전개하였다. 특히 당시 승려들의 타락상을 신랄히 비판하면서 "명리(名利)를 버리고 산림에 은거하여 정혜(定慧)에 힘쓰자."라고 주장하였다.

[해설] 고려 중기의 고승 보조국사 지눌(1158~1210)임을 알 수 있다. 지눌은 교종과 선종의 통합을 강조하면서 정혜쌍수와 돈오점수를 내세웠다(돈오점수를 주장하면서 수행 방법으로 정혜쌍수를 내세움).

- [지눌] (㉣)는/은 『목우자수심결』을 지어 마음을 닦고자 하였다. [지19] □

  [해설] 『목우자수심결(牧牛子修心訣)』은 보조국사 지눌(1158~1210)이 선문에 입문한 초학자에게 선 수행의 요체가 될 핵심 내용을 저술한 지침서이다(신종 원년인 1198년 이후 저술 추정). 『보조국사수심결』이라고도 한다. 참고로 조선 세조 13년인 1467년에 혜각존자 신미(?~?)가 언해한 『목우자수심결언해』가 간경도감에서 간행되었다.

- [지눌] 선종의 입장에서 교종을 통합한 조계종이 성립되었다. [국14] □
  ㄴ선종을 중심에 두고 교종의 화엄사상을 흡수하여 교선 통합을 추구하였다. [경13②] □
  ㄴ고려 무신 정권의 비호 아래 천태종의 사상적 기반이 되었다[x]. [지14①] □
  ㄴ천태종의 지눌은 선종을 중심으로 교종을 포용하는 선교일치를 주장하였다[x]. [서14] □
  ㄴ선교일치를 추진한 지눌의 조계종 사찰에서 참선하는 승려 [서14] □

  [해설] 조계종을 창설한 인물은 고려 무신 집권기 때의 승려인 (불일)보조국사 지눌(1158~1210)이다. / 조계종은 고려 시대의 11종(宗), 조선 시대의 7종 가운데 하나이며, 근대 불교계 유일의 종파로 재발족되었던 종단이다. 고려 시대에 처음 성립되었으나 언제 누구에 의하여 어떻게 이루어진 종파인지에 대해서는 자세한 것을 알 수 없다(이설 분분). 다만 의천이 1097년 천태종을 세우고 난 후 그 무렵에 조계종이라는 종명[종파명]이 붙여진 것으로 추정하고 있다. 즉 고려 때의 조계종은 신라 말부터 형성되기 시작한 각 산문선파(山門禪派)가 9개 산문을 이루어오다가 11세기 말이나 12세기 초에 하나의 종으로 결합된 것으로 볼 수 있다. 고려 후기로 내려오면서 조계종은 당시 불교계의 중심적인 종파가 되었다. 1941년 종단이 새로운 조계종으로 발족하였다(아무튼 지눌은 조계종과 연결). / [지14①] 천태종은 대각국사 의천(1055~1101)이 창시하였다(1097, 숙종 2). 지눌은 무신 정권의 비호 아래 조계종을 성립시켰다. / [서14] 선종을 중심에 두고 교종의 화엄사상을 흡수하여 교선 통합을 추구한 것은 12세기 후반의 일이다. 대표적인 승려가 바로 보조국사 지눌(1158~1210)이다.

- [의천과 지눌] 의천과 지눌은 서로 다른 방법으로 교종과 선종의 통합을 시도하였다. [지17①] □
  ㄴ(가)와 (나)는 각각 교종과 선종의 입장에서 두 종파를 통합하려 하였다. [기14] □
  ㄴ(가)는 왕실의 후원을 받았고, (나)는 무신 정권의 후원을 받았다. [기14] □
  ㄴ의천과 지눌은 지방 호족과 연합하여 신라 정부의 권위를 약화시켰다[x]. [지17①] □
  ㄴ(가)는 수선사 결사 운동을 주도하였고, (나)는 천태종을 개창하였다[x]. [기14] □
  ㄴ지눌은 수선사 결성을 제창하여 불교계의 개혁을 추진하였다. [지17①] □

  [해설] 의천은 교종을 중심으로 선종을 통합하려 하였으며, 지눌은 선종을 중심으로 교종을 통합하고자 하였다. / [기14]의 (가)는 의천, (나)는 지눌을 가리킴. / 의천은 왕실의 후원을, 지눌은 무신 정권의 후원을 받았다. 또 지눌 사후 그의 영향으로 성립된 조계종은 계속해서 무신 정권의 후원을 받았다. / [지17①] 지방 호족과 연합하여 신라 왕조의 권위를 약화시킨 것은 선종이다. 의천과 지눌은 모두 고려 시대의 승려이다. / [기14] 천태종을 개창한 이가 (가), 즉 의천이고, 수선사 결사 운동을 주도한 이가 (나), 즉 지눌이다. 위치가 서로 바뀌었다. / 수선사 결성을 제창하여 불교계의 개혁을 추진한 인물은 지눌이다.

- [지눌] 선교일치 사상이 완성되었다.* [기19] □

  [해설] 선교일치 사상이 완성된 것은 지눌이 활동한 고려 중기의 일이다(13세가). 대각국사 의천(1055~1101)이 천태종을 열어 교종 중심으로 통합을 시도하였지만(교선일치) 형식적으로 흘렀고, 이후 보조국사 지눌(1158~1210)의 결사 운동에 의해 조계종이 성립됨으로써 완성을 보게 되었다(정혜쌍수, 돈오점수).

- [의천] (나) - 유교와 불교의 통합을 시도하며 유불 일치설을 주장하였다[x]. [법18] □

  [해설] 유교와 불교의 통합을 시도하며 유불 일치설을 주장한 승려는 진각국사 혜심(1178~1234)이다.

- [요세] 강진의 토호 세력의 도움을 받아 백련사를 결성하였다. [서17②] □
  ㄴ(㉢)는/은 강진에 백련사를 결사하여 법화 신앙을 내세웠다. [지19] □

└강진에서 보현도량을 개설하였다. [경21②]

└[불교 결사 운동] 강진 만덕사, 조계종 발달[x] [법14]

[해설] 원묘국사 요세(1163~1245)는 (전남) 강진 만덕사에서 백련결사를 제창하고 자신의 행동을 진정으로 참회하는 법화 신앙을 강조하였다. / 강진 만덕사에서 원묘국사 요세(1163~1245)가 (법화 신앙을 중심으로 하는) 백련사 결사를 주도하였다. 그런데 요세는 지눌의 조계종 계열이 아니라 천태종 계열이다(주의).

- [요세] 백련사를 결성하여 극락왕생을 기원하는 참회와 염불 수행을 강조하였다. [지23]

└요세는 참회 수행과 염불을 통한 극락왕생을 주장하며 백련사를 결성했다. [서14]

└참회 수행과 염불을 통한 백련결사를 주장하였다. [소20]

└백련결사를 제창한 요세는 참회와 수행에 중점을 두는 등 복잡한 이론보다 종교적 실천을 강조했다. [서19②]

└천태지관을 강조하는 백련결사 운동을 전개하였다. [회19]

└백성들의 신앙 욕구를 고려하여 백련결사를 제창하였다. [경15③]

└백련결사를 주도하였다. [회22] [회20]

[해설] (신앙 결사체인) 백련사를 결성하여 극락왕생을 기원하는 참회와 염불 수행을 강조한 인물은 원묘국사 요세(1163~1245)이다(천태종 계열). 고종 3년인 1216년에 (전남) 강진 만덕사에서 본격적으로 백련결사를 결행하여 고종 19년인 1232년에 보현도량을 개설하는 것으로 나아갔다. / [회19] 천태지관(天台止觀)*을 강조하는 백련결사 운동을 전개한 이는 원묘국사 요세이다. 요세는 출가 후 균정을 은사로 삼아 천태교관(天台敎觀)을 닦았다. 이후 천태종지(天台宗旨)에 뜻을 둔 지 몇 년 만에 높은 덕망을 얻었다. 요세는 천태교관(天台敎觀)을 이루기 위해 실천행을 강조하였다. 참회[참회행, 참회 수행]와 염불 정토 신앙[정토 신앙, 아미타(불) 신앙, 미타 신앙]을 강조한 요세의 사상은 지눌의 선사상과는 달리 피지배층에 더 호소력이 있었다. 요세는 지눌의 돈오점수는 근기(根機)**가 높은 자를 대상으로 하는 것이고, 근기가 낮고 업장(業障)***이 깊은 중생에게는 이론화된 천태선의 일심삼관(一心三觀)과 참회 수행이 더욱 유효하다고 보았다. 보조국사 지눌과 마찬가지로 결사 운동을 벌였지만 지눌은 조계종 계열이고 요세는 천태종 계열에 속한다[요세과 지눌은 법우(法友)(불법으로 맺어진 벗), 참선에서 천태 법화 신앙에 의한 수행으로 방향 전환].

*지관(止觀): 마음을 고요히 하여 진리의 실상을 관찰하는 불교 수행법이다. 앞서 설명했듯이 대각국사 의천의 교관겸수에서 [교(敎)는 경전과 교리 공부를 의미하고,] 관(觀)은 지관(止觀)을 의미한다. 지관은 천태종의 대표적인 이론이자 수행 방식이다.

**근기(根機): 불법을 받을 수 있는 능력을 뜻한다. 기근(機根)이라고도 한다. 부처님의 가르침을 듣고 그대로 발동할 수 있는 능력에 따라 중생을 분류한 것이다.

***업장(業障): 전생에 악업을 지은 죄로 인하여 받게 되는 온갖 장애, 마장(魔障)이라고도 한다. 삼독 오욕심이 많다든가, 시기 질투심이 강하다든가, 중상모략을 좋아한다든가 하는 것은 다 업장이 된다. 또 금생에 가난하다거나 게으른 것도 전생의 악업으로 인한 업장이다. 업장이 두터운 사람은 정도 수행을 방해하므로 업장이 다 녹을 때까지 끊임없이 참회 개과하고 수행 정진해야 한다.

- [요세] 의천은 불교와 유교 모두 도를 추구한다는 점에서 같다는 유·불 일치설을 주장하였다[x]. [지17①]

└의천은 불교와 유교가 심성 수양이라는 면에서 차이가 없다고 하였다[x]. [서14]

[해설] 유·불 일치설을 주장한 승려는 (의천이 아닌) 진각국사 혜심(1178~1234)이다(성리학 수용의 사상적 토대를 마련한 것으로도 평가). 지눌에 이어 조계종의 2세(世)가 되었다.

■ 원묘국사 요세 [서17②] [회22] [회20]

- 그는 『묘종초』를 설법하기 좋아하여 언변과 지혜가 막힘이 없었고, 대중에게 참회를 닦기를 권하였다. …(중략)… 대중의 청을 받아 교화시키고 인연을 맺은 지 30년이며, 결사에 들어온 자들이 3백여 명이 되었다.

[해설] 『묘종초(妙宗鈔)』를 설법하기 좋아하였고, 대중에게 참회를 닦기를 권하였다. '결사'에 들어온 자들이 3백여 명이 되었다고 하는데, 솔직히 주어진 자료만으로는 누구인지 쉽게 추론하기 어렵다. 단, 고려의 요세(1163~1245)가 백련결사를 제창하고, 지방 농민과 천민 등에게 정토 신앙을 강조한 사실 등을 알고 있다면 어렵게 연결지을 수는 있다. 『묘종초(妙宗鈔)』는 천태종을 부흥한 인물로 추앙받는 사명(존자) 지례(960~1028)의 저술로 요세가 즐겨 강설한 책이다(원명은 『관무량수불경묘종초(觀無量壽佛經疏妙宗鈔)』).

- 무자년 여름 5월 유생 여러 명이 개경에서 내려와 뵈니 대사가 제자로 받아들여 머리를 깎고『묘법연화경』을 가르쳐 통달하게 하였다. 임진년 4월 8일 대사가 처음 보현도량을 결성하고 법화삼매를 수행하여, 극락정토에 왕생하기를 구하였는데, 모두 천태삼매의(天台三昧儀)를 그대로 따랐다. 오랫동안 법화참(法華懺)을 수행하고 전후에 권하여 발심(發心)시켜 이 경을 외우도록 하여 외운 자가 1천여 명이나 되었다.

[해설] 주어진 자료는 원묘국사 요세(1163~1245)와 관련되어 있다. 자료에서 무자년은 1228년(고종 15), 임진년은 1232년(고종 19)이다.

- 임진년(1232년) 여름 4월 8일 처음 보현도량(普賢道場)을 결성하고 법화삼매(法華三昧)를 수행하여, 극락정토에 왕생하기를 구하였는데, 모두 천태삼매의(天台三昧儀)를 그대로 따랐다. 오랫동안 법화참(法華懺)을 수행하고 전후에 권하여 발심시켜 이 경을 외우도록 하여 외운 자가 1000여 명이나 되었다.

[해설] 주어진 자료에서 가리키는 '승려'는 참회에 바탕을 둔 법화 신앙을 강조한 원묘국사 요세(1163~1245)이다.

- [최씨 무신 정권] 요세가 세운 백련사를 후원하였다. [지15②] □

[해설] 원묘국사 요세(1163~1245)는 강진 만덕사에서 백련결사를 제창하고 불교의 폐단과 혁신 및 민중 교화를 위해 노력하였다. 최씨 무신 정권이 후원하였다.

- [혜심] 유불 일치설을 강조하였다. [회20] □
  └ 유불 일치설을 주장하였다. [법24] [경21②] □
  └ 지눌의 뒤를 이은 혜심은 유·불 일치설을 주장하였다. [경15①] □

[해설] (심성의 도야를 강조한) 유불 일치설을 주장한 인물은 고려의 고승, 진각국사 혜심(1178~1234)이다. 혜심은 또한 중국과 한국의 역대 선사들의 어록을 모은 공안집[화두집]인『선문염송집(禪門拈頌集)』을 편찬하였다(1226, 고종 13). 참고로 혜심은 출가 전에 사마시에 합격하여 국자감의 태학에 입학한 유학도였다. / 혜심은『선문염송禪門拈頌』과『선문강요(禪門綱要)』등을 지었다.

■ 진각국사 혜심 [법11] □

그는 유불 일치설을 주장하며 심성의 도야를 강조하여 장차 성리학을 수용할 수 있는 사상적 토대를 마련하기도 하였다.

[해설] 고려의 고승, 진각국사 혜심(1178~1234)에 대한 설명이다.

- 지눌과 혜심의 활동은 교종을 후원하고자 하는 무신 정권의 지원을 받았다[✗]. [경15①] □

[해설] 보조국사 지눌(1158~1210)과 진각국사 혜심(1178~1234)은 선종 계열의 승려이다. 무신 정권이 지원한 것은 교종이 아니라 선종, 구체적으로는 조계종이다.

- 각훈 [지19] □

[해설] 각훈(覺訓)(?~?)은 고려 고종 대(재위 1213-1259, 제23대)의 승려로, 이규보와 사귀었다, 영통사 주지로 있으면서『해동고승전』을 편찬하였다 (1215, 고종 2).

- 수기* [지19] □

[해설] 수기(守其)(?~?)는 고려 고종 대의 승려로, 수진(守眞)이라고도 하였다. 도승통으로 개태사의 주지였으며, 학문이 뛰어나『고려대장경』을 재조할 때 착오된 것을 교정하였다.

- [보우] (㉡)는/은 원의 불교인 임제종을 들여와서 전파시켰다. [지19] □
  └ 선종의 일파인 임제종을 들여와 전파하였다. [지17②] □
  └ 새로이 중국에서 들어온 임제종이 불교계의 새로운 주류로 떠올랐다. [경13②] □
  └ 불교계 폐단을 개혁하기 위해 9산 선문의 통합을 주장하였다. [서17②] □

┗막대한 토지를 소유하고 상업에도 관여하는 불교계의 폐단을 바로잡기 위해 교단의 통합 정리에 노력하였다. [회17] □

[해설] 원의 불교인 임제종을 들여와서 전파시킨 인물은 고려의 태고화상[시호 원증국사] 보우(1301~1382)이다. / 보우는 선종 가지산문파의 승려로 공민왕 대에 왕사로 책봉되었고(이후 국사로 책봉), 광명사에 머물면서 원융부를 설치 '9산의 원융과 5교의 홍통(弘通)'에 진력하여 불교계 통합 사업을 전개하였다(1350년대 후반 이후). 참고로 조선 시대에도 문정 왕후(1501~1565)와 가까웠던 허응당[나암] 보우(1509~1565)가 있다. / [경13②] 새로이 중국에서 들어온 임제종이 불교계의 새로운 주류로 떠오른 것은 고려 말인 14세기의 일이다. 태고화상 보우(1301~1382)가 원의 임제종을 고려에 전하였다.

- [현종] 대장경 조판 사업을 시작하였다. [지17②] □
  ┗불교 경전을 집대성한 『초조대장경』 조판이 시작되었다. [국24] □
  ┗거란과의 전쟁을 물리치기 위해 『초조대장경』을 조성하였다. [지15②] □
  ┗『초조대장경』의 제작은 거란의 침입을 받으면서 시작되었다. [서16] □
  ┗『초조대장경』은 거란의 침입 때 부처의 힘을 빌려 적을 물리치고자 만들었다. [지11①] □
  ┗고려는 (다)의 침략을 물리치는 과정에서 대장경을 제작하였다. [법17] □
  ┗현종 대에는 거란의 대장경을 수입하여 고려의 독자적인 『초조대장경』을 만들기 시작했고, 완료한 후 흥왕사에 보관하였다.
  [×] [서19①] □

[해설] 대장경 조판 사업이 시작된 것은 현종 대(재위 1009-1031, 제8대)이다(『초조대장경』). 거란의 침입(제2차 침입, 1010)으로 피란까지 간 현종은 부처님의 가호에 힘입어 외적으로부터 나라와 백성을 지키겠다는 신앙심으로 대장경을 조판하였다. 『초조대장경』은 현종 2년(1011)에 발원하여 선종 4년(1087)에 걸쳐 완성된 고려 최초의 대장경이다[참고로 1019년(현종 10)부터 조판을 시작했다는 설, 1051년(문종 5)에 완성했다는 설 등이 있음]. 대구 부인사에 보관하였는데 몽골의 제2차 침입 때인 고종 19년(1232)에 소실되었다. / [법17]의 (다)는 '송'을 가리키나 무시함. / [서19①] 현종 대에 고려의 독자적인 『초조대장경』이 일단락[완료]된 것은 맞다. 하지만 거란의 대장경은 1031년에서 1054년 사이에 완성된 것이기 때문에 현종 대(재위 1009-1031)에 수입될 수는 없다. 참고로 『초조대장경』의 전체 판각 시기에 대해 여러 설이 있으나 현종 재위 기간(1009-1031)인 1011년에서 1029년에 걸쳐 일단 완성된 것으로 본다. 또한 이후 『거란대장경』을 포함한 새로운 경전들을 꾸준히 보완하여 최종적인 마무리를 시점은 선종 4년인 1087년이다. 흥왕사 대장전에 한동안 보관되었다가 대구 팔공산의 부인사[대구 부인사]로 옮겨졌는데, 고종 19년인 1232에 몽골군의 제2차 침입으로 소실되었다.

■ 초조대장경(현종) [소19①] □

이것은 고려 최초의 대장경으로 거란의 침입을 받았던 현종 때 부처의 힘을 빌려 이를 물리치려는 염원에서 만들기 시작하였다.

[해설] 주어진 자료 속 밑줄 친 '이것'은 『초조대장경』을 가리킨다. 『초조대장경』은 대구 부인사에 보관되어 있었으나 몽골 2차 침입 때 소실되었다 (1232, 고종 19).

- 대장경이란 경(經)·율(律)·논(論) 삼장으로 구성된 불교 경전을 말한다. [서16] □

[해설] 대장경은 부처가 설(법)한 근본 교리인 경(經)[경전], 교단에서 지켜야할 윤리 조항과 생활 규범을 다룬 율(律)[계율], 경과 율에 대한 승려 및 학자의 의론과 해석인 논(論)의 삼장으로 구성된 불교 경전을 말한다.

- 고려에서 대장경을 간행했다는 것은 불교의 교리 체계에 대한 정리가 이루어졌음을 의미한다. [지11②] □

[해설] 대장경은 불교의 경장, 율장, 논장 등을 집대성한 불교 경전이다. 불교의 교리 체제에 대한 이해와 정리가 선행되어야만 이루어질 수 있는 문화적 의의가 높은 유산이다. 특히 고려가 간행한 대장경[『팔만대장경』]은 방대한 내용을 담았으면서도 잘못된 글자나 빠진 글자가 거의 없는 제작의 정밀성과 글자의 아름다움 등으로 현재 세계에서 가장 우수한 대장경으로 꼽히고 있다.

- [현종] 부모의 명복을 빌고자 현화사를 창건하였다.* [지17②] ☐
  - 부모의 명복을 빌기 위해 현화사(玄化寺)를 창건했다.* [서22②] ☐
  - 현화사를 창건하였다.* [서23] ☐

[해설] 현종(재위 1009-1031, 제8대)이 부모의 명복을 빌기 위해 개경[개성]에 현화사(玄化寺)를 창건한 것은 재위 9년인 1018년의 일이다. 이후 고려의 여러 왕이 현화사에 행차하여 법회를 베풀었다.

- 공민왕 때 개혁 정치를 추진한 신돈은 9산 선문의 통합을 주장하였다[x]. [경16①] ☐

[해설] (5교) 9산 선문이 성립된 것은 고려 말이 아니라 신라 말이다.

2 조각과 건축의 발달, 기타

- 초기에는 광주 춘궁리 철불 같은 대형 철불이 많이 조성되었다. [지12①] ☐
  - (가) - 고구려에서 제작된 불상이다[x]. [기16] ☐
  - 통일 신라 불상의 양식이 계승되기도 하였지만 논산 관촉사 석조 미륵보살 입상, 안동 이천동 석불, 파주 용미리 석불 입상과 같은 거대 석불도 조성되었다. [경19①] ☐

[해설] 대형 철불은 신라 하대부터 제작되기 시작하였는데, 고려 초기에 광주 춘궁리 철불[하남 하사창동 철조 석가여래 좌상]이 조성되었다. / [기16]의 (가)는 광주 춘궁리 철불을 가리킴. 고려 초기에 제작된 불상이다. / 논산 관촉사 석조 미륵보살 입상, 안동 이천동 석불, 파주 용미리 석불 입상과 같은 거대 석불이 조성된 것은 고려 초기이다. 이 시기에는 지방 호족들의 후원을 받은 (대형) 철불과 거대 석불이 유행하였다(지방 사찰에 봉안).

- [영주 부석사 소조 아미타여래 좌상] 신라 양식을 계승한 불상이 있다. [서13] ☐
  - (나) - 백제 불상 양식을 계승한 철불이다[x]. [기16] ☐
  - 관촉사의 석조 미륵보살 입상은 부석사 소조 아미타여래 좌상과는 달리, 신라 시대 양식을 계승한 것이다[x]. [경15①] ☐

[해설] 영주 부석사 무량수전의 소조 아미타여래 좌상은 고려 중기의 불상으로 신라 양식을 계승하였다. 이처럼 고려 중기에는 신라 양식의 불상이 유행하였다. / [기16]의 (나)는 영주 부석사 소조 아미타여래 좌상이다. 백제가 아니라 신라 불상 양식을 계승하였다. 또 철불이 아니라 흙으로 제작되었다['소조(塑造)'라는 말(찰흙, 석고 따위를 빚거나 덧붙여서 만드는 조형 미술) 참조].

- [논산 관촉사 석조 미륵보살 입상] 거대한 미륵보살 입상이 있다. [서13] ☐
  - (다) - 고려 시대의 석불로 은진미륵이라 불린다. [기16] ☐
  - 신라 불상의 양식을 계승한 논산 관촉사 석조 미륵보살 입상은 균형미가 뛰어난 걸작이다[x]. [경18①] ☐
  - 관촉사 석조 미륵보살 입상 [회24] ☐

[해설] 거대한 미륵보살 입상이 있는 사찰은 논산 관촉사이다. 논산 관촉사 석조[은진] 미륵보살 입상은 신라 불상에 비해 예술미가 떨어지는 고려 초기의 기대 불상이다[광종(재위 949-975, 제4대)과 목종(재위 997-1009, 제7대) 대에 걸쳐 제작[970(광종 21)~1006(목종 9)]. 얼굴과 달리 몸이 괴체감이 있는 몇 개의 돌을 쌓아 만들었기에 인체 비례의 균형을 맞지 않다.

- [파주 용미리 마애이불 입상] (라) - 석굴암 본존불상의 양식을 계승하였다[x]. [기16] ☐

[해설] 파주 용미리 마애이불 입상은 석굴암 본존불상의 양식을 계승하지 않았다. 무엇보다 신체 비례가 불균형하다.

■ 고려 초기의 불상 [지22] □

이 시기의 불교 조각은 지역에 따라 다양하게 제작되었다. 처음에는 하남 하사창동의 철조 석가여래 좌상과 같은 대형 철불이 많이 제작되었다. 또한 덩치가 큰 석불이 유행하였는데, 논산 관촉사 석조 미륵보살 입상이 대표적이다. 이 불상은 큰 규모에 비해 조형미는 다소 떨어지지만, 소박한 지방 문화의 모습을 잘 보여 준다.

[해설] 주어진 자료에서 밑줄 친 '이 시기'는 고려 초기[전기]를 가리킨다.

- 안동 봉정사 극락전 [국24] □
  └ 봉정사 극락전은 현존하는 가장 오래된 목조 건축물이다. [경15①] □

[해설] 안동 봉정사 극락전은 현존하는 가장 오래된 목조 건축물이다(13세기 초 내지 중반경으로 추정). 주심포 양식의 건물로, 맞배지붕을 갖추고 있다. 최근에 봉정사 대웅전이 가장 오래되었다는 설이 제기되었다.

■ 안동 봉정사 극락전 [국22] □

이 건물은 주심포 양식에 맞배지붕 건물로 기둥은 배흘림 양식이다. 1972년 보수 공사 중에 공민왕 때 중창되었다는 상량문이 나와 우리나라에서 가장 오래된 목조 건물로 보고 있다.

[해설] 주어진 자료가 가리키는 문화유산은 안동 봉정사 극락전이다(13세기 초나 중엽으로 추정).

- [건축, 목조 건축] 안동 봉정사, 다포 양식 건물 [✕] [법14] □
  └ 지붕의 무게를 기둥에 전달하면서 건물을 치장하는 장치인 공포가 기둥 위에만 짜여져 있는 건축 양식이 주로 유행하였다. [경15③] □
  └ 주심포 양식과 다포 양식이 유행하였는데, 영주 부석사 무량수전과 예산 수덕사 대웅전은 주심포, 안동 봉정사 극락전은 다포 양식이다[✕]. [경19①] □
  └ 예산 수덕사 대웅전은 고려 시대의 대표적인 다포식 양식 건물에 해당한다[✕]. [경17①] □
  └ 충남 예산 수덕사 대웅전은 주심포 양식을 대표하는 건축물로, 우리나라에 현존하는 가장 오래된 목조 건축물이다[✕]. [경17②] □
  └ 다포 양식은 공포가 기둥 위뿐만 아니라 기둥 사이에도 짜여져 있는 양식으로 황해도 사리원의 성불사 응진전은 대표적인 고려 시대의 다포 양식의 건물이다. [경18①] □

[해설] [법14] [경19①] [경17①] 안동 봉정사는 다포 양식*의 건물이 아니라 주심포 양식**의 건물이다(정확하게는 '안동 봉정사 극락전'). 영주 부석사 무량수전과 예산 수덕사 대웅전도 그러하다(세 건물 기둥 모두 배흘림 양식도 공통). / [경15③] 지붕의 무게를 기둥에 전달하는 장치인 공포(栱包)***가 기둥 위에만 짜여져 있는 건축 양식, 즉 주심포 양식이 주로 유행한 것은 고려 전기의 일이다. 고려 후기 이후에는 기둥과 기둥 사이에도 공포가 들어가는 '다포 양식'이 유행하였다. / [경17②] 충남 예산 수덕사 대웅전은 주심포 양식을 대표하는 건축물인 것은 맞다. 하지만 우리나라에서 현존하는 가장 오래된 목조 건축물은 안동 봉정사 극락전이다(안동 봉정사 대웅전이라는 설 있음). / [경18①] 다포 양식으로는 사리원 성불사 응진전, (황해도) 황주 심원사 보광전, (강원도) 고산 석왕사 응진전 등이 있다. 다포 양식이 주심포 양식보다 복잡하고 장중한 구조와 형식이다(중국에서 전래).

*다포 양식: 목조 건축 양식의 하나로, 기둥머리 위와 기둥과 기둥 사이의 공간에 공포(栱包)를 짜 올린 양식이다. 중국에서 전래되었으며 주심포 양식보다 뒤늦게 성립 발전되었다.

**주심포 양식: 지붕의 무게를 기둥에 전달하면서 건물을 치장하는 장치인 공포가 기둥 위에만 짜여 있는 양식이다.

***공포(栱包): 전통 목조 건물에서 처마 끝의 하중을 받치기 위해 기둥머리 같은데 짜맞추어 댄 나무 부재

- 영주 부석사 무량무전 [국24] [국22] [지24] [경14①] ☐
  └ 영주 부석사 무량수전은 주심포식 목조 건물이다. [국19] ☐
  └ 영주의 부석사 무량수전은 주심포 양식과 배흘림기둥이 잘 어우러진 건축물이다. [경14②] ☐
  └ (가) 은 고려 시대 건축물이며 배흘림기둥과 주심포 양식으로 단아하면서도 세련된 아름다움을 담고 있다. [지24] ☐
  └ 부석사 무량무전은 배흘림기둥을 갖고 있다. [지18] ☐

[해설] (경북) 영주 부석사 무량수전은 고려의 목조 건축물이다(고려 중기, 13세기 초 건립 추정, 고려 우왕 2년인 1376년에 다시 중수, 조선 광해군 4년인 1612년에 새로 단청). 안동 봉정사 극락전, 예산 수덕사 대웅전과 함께 주심포 양식을 갖추고 있다. 단층 팔작지붕이며, 기둥은 배흘림(기둥) 양식이다(정면 5칸, 측면 3칸, 단층 팔작지붕, 주심포계 건물) / [경14①]에서는 이규보의 『동명왕편』(1193, 명종 23)이 저술된 시대에 만들어진 문화유산으로 제시되었다. / 영주 부석사 무량수전은 배흘림기둥*을 갖고 있는 대표적인 건축물이다. 고구려의 고분 벽화에 이미 기둥의 배흘림이 뚜렷이 나타나며, 조선 시대의 강진 무위사 극락전, 구례 화엄사 대웅전 등에서도 볼 수 있다. 배흘림기둥은 중국이나 일본의 건축에서도 고대에는 흔히 사용되었으며, 서양 건축에서도 같은 형태의 기둥이 많이 발견된다(엔타시스). / 무량수전 내부에는 소조 (아미타)여래 좌상이 봉안되어 있다. 무량수전은 부석사의 본전(本殿)으로 신라 문무왕 16년인 676년에 의상 대사(625~702)가 왕명을 받들어 창건되었다.

*배흘림기둥: 건축물 기둥의 중간이 굵고 위·아래로 가면서 점차 가늘어지는 형식을 말한다. 보통 기둥 높이의 3분의 1 지점이 제일 굵고 위는 아래보다 더 가늘게 한다.

- 부석사 조사당 벽화(고려 시대 회화 작품) [서21] ☐

[해설] (영주) 부석사 조사당 벽화는 고려 말기의 벽화이다.

■ 영주 부석사 [서13] ☐

이 절은 의상이 세웠으며, 공포가 주심포 양식인 유명한 건축물이 있고, 조사당에는 고려 시대의 사천왕상 벽화가 유명하다.

[해설] 원교국사 의상(625~702)이 세운 사찰로 공포가 주심포 양식인 건물(무량수전)이 있고 더하여 조사당에 사천왕상 벽화가 유명한 사찰은 영주 부석사이다(676, 문무왕 16).

- 예산 수덕사 대웅전 [국24] ☐
  └ 수덕사 대웅전은 주심포 양식의 건물이다. [지18] ☐

[해설] 예산 수덕사 대웅전 역시 고려 시대인 충렬왕 대에 지어진 목조 건축물이다(1308, 충렬왕 34). 정면 3칸, 측면 4칸의 단층 맞배지붕 주심포 양식을 갖추고 있다. 대웅전에는 석가모니불을 모시고 있으며, 고려 시대 건축물 중 특이하게 백제적 곡선미를 갖춘 것으로 평가받고 있다(수덕사는 삼국 시대 백제 말인 7세기 중엽에 창건). / 예산 수덕사 대웅전은 주심포 양식을 갖고 있는 고려의 대표적인 목조 건축물이다. 주심포 양식이란 지붕의 무게를 기둥에 전달하면서 건물을 치장하는 장치인 공포가 기둥 위에만 짜여 있는 양식을 말한다.

- [원 간섭기] 다포 양식 건물이 등장하여 지붕을 웅장하게 얹거나 건물을 화려하게 꾸밀 때 쓰였다. [경20①] ☐

[해설] 다포 양식 건물이 등장한 것은 원의 영향을 받을 때, 즉 원 간섭기(대략 1270~1356)의 일이다(즉 해당 문제에서 묻는 '원 간섭기의 문화').

- 황해도 사리원 성불사 응진전은 다포 양식의 건물이다. [국23] ☐

[해설] 황해도 사리원 성불사 응진전은 다포 양식의 건물로 맞다. 그런데 시험에서 문제지에는 '응진전'이 아니라 '웅진전'으로 잘못 표기되어 심의 끝에 정답으로 처리하였다(복수 정답, 중복 정답). 사리원 성불사 웅진전은 고려 후기의 건축물로 조선 시대 건축에 영향을 주었다. 그리고 고려 전기에는 안동 봉정사 극락전, 영주 부석사 무량수전과 같이 주심포 양식이 유행하였다는 점도 기억할 필요가 있다. 참고로 '다포식'이란 기둥 상부 이외의 기둥 사이에도 공포를 배열한 것을 가리킨다.

- 후기에는 사리원의 성불사 응진전과 같은 다포식 건물이 출현하여 조선 시대 건축에 큰 영향을 끼쳤다. [지12①] ☐

[해설] 고려 후기에는 사리원 성불사 응진전과 같은 다포식 건물이 출현하여 조선 시대 건축에 영향을 주었다. 고려 전기에는 안동 봉정사 극락전, 영주 부석사 무량수전과 같이 주심포 양식이 유행하였다. 참고로 '다포식'이란 기둥 상부 이외의 기둥 사이에도 공포를 배열한 것을 가리킨다. 또 '공포'란 전통 목조 건물에서 처마 끝의 하중을 받치기 위해 기둥머리 같은데 짜맞추어 댄 나무 부재를 뜻한다.

- 개성의 만월대 궁궐터는 경사진 면에 축대를 높이 쌓고 계단식으로 건물을 배치하고 있어 웅장하게 보였을 것이다.*

  [경14②] □

  [해설] 고려 시대의 건축은 궁궐과 사원이 중심이었는데, 남아 있는 것이 거의 없다. 개성 만월대 터를 보면 당시 궁궐 건축을 짐작할 수 있다. 경사진 면에 축대를 높이 쌓고 건물을 계단식으로 배치하였기 때문에 건물이 층층으로 나타나 웅장하게 보였을 것이다(7차 고등학교 국사 교과서).

- 지역에 따라서 고대 삼국의 전통을 계승한 석탑이 조성되기도 하였다. [지12①] □

  [해설] 고려 전기의 개성 불일사 5층 석탑은 고구려, 부여 무량사 5층 석탑과 익산 왕궁리 5층 석탑은 백제, 개성 현화사 7층 석탑은 신라의 영향을 계승하여 조성되었다.

- 월정사 팔각 9층 석탑은 원의 석탑을 모방하여 제작하였다[×]. [국23] □
  └월정사 팔각 구층 석탑은 강원도 평창에 위치해 있으며 송나라의 영향을 받았다. [경17②] □

  [해설] 평창 월정사 팔각 구층 석탑은 (원이 아니라) 송의 영향을 받은 고려 전기를 대표하는 석탑이다(주의).

- 여주 고달사지 승탑은 통일 신라의 팔각원당형 양식을 계승하였다. [국23] □
  └팔각원당형의 승탑이 많이 만들어졌는데, 그 대표적인 예로 법천사 지광국사 현묘탑을 들 수 있다[×]. [지12①] □

  [해설] (경기도) 여주 고달사지 승탑은 통일 신라의 (승탑 양식인) 팔각원당형 양식을 계승하였다. 참고로 고려 시대의 승탑으로 추가로 알아 둘만한 것으로는 (전남) 구례 연곡사지 북부도[구례 연곡사 북승탑]와 (강원도) 원주 법천사지 지광국사 (현묘)탑을 들 수 있다. 특히 후자(지광국사 현묘탑)는 탑신이 사각형으로 된 특수한 형태의 승탑이다.

- 개경 경천사지 10층 석탑은 원의 석탑을 본떠 만들어졌다. [국19] □
  └개경에 경천사지 십층 석탑이 세워졌다. [법14] □
  └경천사지 십층 석탑 [지18] □
  └경천사지 10층 석탑 [경19②] [기17] □
  └경천사 10층 석탑 [지16①] □
  └(라) - 원의 석탑을 본 뜬 것으로 원각사지 10층 석탑에 영향을 주었다. [기14] □
  └대리석으로 만든 10층 석탑이 있다(경천사·원각사). [국24] □

  [해설] 개경[개성] 경천사지 십층[10층] 석탑은 원(의 라마교)의 영향을 받은 석탑이다. 대리석으로 제작되었으며 조선의 (서울) 원각사지 십층[10층] 석탑에 영향을 주었다(1467, 세조 13). 개경 경천사지 십층 석탑은 충목왕 대(재위 1344-1348, 제29대) 세워졌다(1345, 충목왕 원년). / 대리석으로 만든 10층 석탑으로는 원의 영향을 받아 제작된 고려의 개성 경천사지 10층 석탑과 이의 영향을 받은 조선의 서울 원각사지 10층 석탑(1467, 세조 13)이 있다.

- [원 간섭기] 이 시대에는 불화가 많이 그려졌는데 혜허의 관음보살도가 유명하다. [경20①] □

  [해설] 고려 후기, 특히 원 간섭기에는 관음 신앙*이 성행하여 이와 같은 관음보살도가 많이 그려졌으며, 혜허의 수월관음(보살)도도 14세기 전반기의 작품으로 추정된다. 참고로 수월관음도는 관음보살이 보타락가산의 물가 바위에 앉아 깨달음을 구하러 온 선재동자를 만나는 모습을 그린 불화로, 『화엄경』'입법계품' 중의 한 장면을 묘사한 것이다. 관음보살의 자비심은 맑은 물에 두루 비치는 달, 즉 수월(水月)과 같다 하여 생겨난 명칭이다.
*관음 신앙: 관세음보살을 일심으로 염불하여 현세의 고난에서 벗어날 수 있는 영험을 얻고자 하는 불교 신앙이다. 관세음보살은 광세음보살, 관세음자재보살이라고도 하며 줄여서 관음보살이라고 부른다. 우리나라의 관음 신앙은 주로 『화엄경』, 『법화경』, 『아미타경』, 『능엄경』을 중심으로 한다. 관음 신앙은 대표적인 이타(利他) 신앙이기도 하다. 이타 신앙이란 자기가 얻은 공덕과 이익을 다른 이에게 베풀어 주며 중생을 구제하는 신앙 형태를 뜻한다.

- 고려 후기 왕실과 권문세족의 구복적 요구에 따라 극락왕생을 기원하는 아미타불도와 지장보살도 같은 불화가 많이 그려졌다.*

  [경18①] □

  [해설] 고려 후기에는 왕실과 권문세족의 구복적 요구에 따라 극락왕생을 기원하는 아미타불도와 지장보살도 같은 불화가 많이 그려졌다. 아미타불은

서방 극락정토의 주존(主尊)(불)이고, 지장보살은 인간의 사후 세계[명부 세계]를 관장하는 주존(불)이다.

● 사진으로 보는 고려의 문화(불교)

▲ 광주 춘궁리 철불
[기16]

▲ 영주 부석사 소조 아미타여래 좌상 [기16]

▲ 논산 관촉사 석조 미륵보살 입상 [기16]

▲ 파주 용미리 마애이불 입상
[기16]

▲ 익산 왕궁리 오층 석탑
[소22]

▲ 평창 월정사 팔각 구층 석탑
[법19]

▲ 개성 경천사지 십층 석탑
[법19]

▲ 개성 경천사지 십층 석탑
[기14]

[해설] [기16] 광주 춘궁리 철불. 고려 초기의 불상으로 하남 하사창동 철조 석가여래 좌상이다. 이전까지 석불, 금동불이 주류를 이루다가 고려 초인 10세기 말부터 철불이 유행하였다. 대지를 짚어 마왕에게서 항복을 받은 항마촉지인(降魔觸地印)을 취하고 있다[석가모니(불)가 취하는 수인].

[해설] [기16] 영주 부석사 소조 아미타여래 좌상. 신라 시대의 양식을 계승한 고려 시대의 불상으로, 흙으로 만들어졌다(높이 2.78m, 광배 높이 3.8m). 13세기 초에 조성된(추정) 영주 부석사 무량수전 안에 동남쪽을 향하여 결가부좌의 자세로 봉안되어 있다.

[해설] [기16] 논산 관촉사 석조[은진] 미륵보살 입상. 불상에서 발견된 기록을 통해 고려 초기인 광종(재위 949~975, 제4대)과 목종(재위 997~1009, 제7대) 대에 걸쳐 제작된 것으로 밝혀졌다[970(광종 21)~1006(목종 9)]. 파격적이고 대범한 미적 감각을 담고 있다고 인정받고 있다. '은진 미륵'으로 불리기도 한다.

[해설] [기16] 파주 용미리 마애이불 입상. 천연암벽을 적절히 활용하여 불신(佛身)을 표현하였다. 불두(佛頭)는 따로 만들어 얹었다. 왼쪽의 마애불은 둥근 갓을 쓰고 왼손을 어깨높이로, 오른손은 가슴 높이로 들어 연꽃 줄기를 붙잡고 있다(미륵으로 추정). 오른쪽의 마애불에서는 네모난 갓을 쓰고 합장하고 있다. 옷자락의 흐름이 바위와 절묘한 조화를 이루고 있다.

[해설] [소22] 익산 왕궁리 오층 석탑. 고려 전기의 백제계 석탑이다.

[해설] [법19] 평창 월정사 팔각 구층 석탑. 송의 영향을 받아 조성된 고려 전기의 다각다층형 석탑이다.

[해설] [법19] [기14] 개성 경천사지 십층 석탑. 원의 영향을 받아 조성된 고려 후기의 다각다층형 석탑이다(1348, 고려 충렬왕 4). 서울 원각사지 십층 석탑에 영향을 주었다(1467, 조선 세조 13). 현재 서울 용산 국립 중앙 박물관에 전시되어 있다.

주제 29 고려의 문화(불교 외)

1 유학의 발달과 역사서의 편찬

• 고려는 불교 국가여서 유교 문화가 발전하지 못하였다[x]. [서18②]

[해설] 고려 시대의 사상계는 불교와 함께 유교가 2대 주류를 이루어 공존을 모색하고 상호 영향을 주면서 발전하였다.

• [성종] 수서원 설립* [국11]

[해설] 수서원은 고려 성종 대 서경에 설치한 도서관으로 학생들에게 역사 서적을 필사하여 보관하도록 하였다(990, 성종 9).

■ 문신월과법(성종) [국11]

중앙에 있는 문신은 매달 시 3편·부 1편을, 지방관은 매년 시 30편·부 1편씩을 바치도록 하라.

[해설] 주어진 자료[조서]는 고려 성종이 시행한 '문신월과법'으로 유학의 진흥과 관리의 질적 향상을 위해 실시하였다(995, 성종 14).

• [문종 대(11세기 후반)] 최충이 9재 학당을 설치하였다. [법23]
  └최충이 9재 학당을 세웠다. [법14]
  └최충의 9재 학당을 비롯한 사학 12도가 융성하였다. [서19②]
  └최충의 문헌공도를 비롯한 사학 12도가 융성하였다. [서13]
  └9재 학당을 건립하여 후진을 양성하였다(최충). [회22]
  └(라) -양현고의 지원을 받아 번성하였다[x]. [법12]
  └9재 학당 설립 [법22]

[해설] (해동공자로 불린) 문헌공 최충(984~1068)이 9재 학당을 설치한 것은 고려 문종 9년인 1055년의 일이다. 그리고 문종 대(재위 1046-1083, 제11대)에 9재 학당을 본받은 사학 12도가 형성되어 번성하기 시작하였다(이중 11개가 도읍인 개경에 설치). / (일종의 장학 재단인) 양현고가 설치된 것은 예종 4년인 1119년의 일이다. 예종이 양현고를 설치한 것은 관학(官學) 진흥책의 일환이다. 반면 최충의 9재는 사학(私學)이다.

• [문헌공도(9재 학당)] 9경과 3사를 중심으로 교육하였다.* [지15②]

[해설] 최충의 문헌공도에서는 학생들을 9재(齋)로 나누고 각각 전문 강좌를 개설하였다. 그리고 각 재명에 따라 학생들의 진학 과정도 구분한 것으로 보이며 특히 9경(經)·3사(史)를 중심으로 하고 겸하여 시부(詩賦)·사장(詞章)도 공부시켰다.

■ 최충의 문헌공도[9재 학당] [지15②] [법20] [기18]

• 그는 송악산 아래의 자하동에 학당을 마련하여 낙성(樂聖), 대중(大中), 성명(誠明), 경업(敬業), 조도(造道), 솔성(率性), 진덕(進德), 대화(大和), 대빙(待聘) 등의 9재(齋)로 나누고 각각 전문 강좌를 개설토록 하였다. 그리하여 당시 과거보려는 자제들은 반드시 먼저 그의 학도로 입학하여 공부하는 것이 상례로 되었다.

[해설] 송악산 아래의 자하동에 학당을 마련하였다는 내용, '9재(齋)'로 나누고 전문 강좌를 개설토록 하였다는 내용 등에서 밑줄 친 '그'는 고려의 문

신, 최충(984~1068)을 가리킴을 알 수 있다. 최충은 문종 대(재위 1046-1083, 제11대) 인물로 '해동공자'로 불리었으며 관직에서 물러난 후에는 9재 학당(문헌공도)을 세워 후진 양성을 위해 힘썼다.

- 최충이 후진들을 모아 열심히 교육하니, 유생과 평민이 그의 집과 마을에 차고 넘치게 되었다. 마침내 9재로 나누었다. …… 이를 시중 최공의 도(徒)라고 불렀다. 의관자제로서 과거에 응시하려는 자들은 반드시 먼저, 12도라 일컫는 이 도에 속하여 공부하였는데, 최충의 도가 가장 성하였다.

[해설] 주어진 자료는 고려 전기에 발달한 '사학 12도'를 가리키는 것임을 알 수 있다. 그리고 자료에 나와 있듯이 최충(984~1068)의 9재 학당, 즉 문헌공도가 그중 가장 유명하였다.

- (㉠)이/가 죽으니 시호를 문헌(文憲)이라 하였다. 후에 대개 과거에 응시하려는 사람은 역시 모두 9재의 명부에 이름을 올렸으니, 이들을 일러 문헌공도(文憲公徒)라 하였다.   - 고려사 -

[해설] '㉠'은 고려 문종 대에 9재를 설립한 최충(984~1068)을 가리킨다. 그런데 독특하게도 해당 문제의 질문은 '㉠'이 과거에 급제한 당시의 왕이 개편한 토지 제도의 내용을 묻고 있다. 최충의 관직 이력이 실제 시험에서 자료로 제시된 바가 있어([법12]), 이와 관련된 문제가 나올 법은 하지만 특정 인물의 과거 급제 시기, 그것도 고려 시대 인물의 과거 급제 시기까지 알고 있어야 할 필요는 전혀 없다(지나치게 세세한 부분). 결국 선지들을 살펴보면서 유추[경정 전시과에 대한 선지가 2개 나오므로, 최충의 생몰 연대를 고려해서 목종 대(재위 997-1009, 제7대)로 추론]해서 문제를 풀 도리밖에 없는데, 수험생들을 헷갈리게 하기 위해 너무 꼬아 낸 문제로 보인다.

■ 최충의 이력 [법12]

- · 목종 8년 과거에 장원으로 급제
- · 현종 4년 국사수찬관으로 《칠대실록》을 편찬
- · 정종 1년 지공거(知貢擧)가 되어 과거를 주관
- · 문종 1년 문하시중이 되어 율령서산(律令書算)을 정함
- · 문종 4년 도병마사를 겸하게 되자 동여진에 대한 대비책을 건의함
- · 문종 9년 퇴직 후 학당을 설립, 9개의 전문 강좌를 개설

[해설] '목종 8년(1005)에 과거에 장원으로 급제'한 내용이 나와 있다. 이어 '현종 4년(1013)에 국사수찬관으로『칠대실록』을 편찬'한 내용이 나와 있다. 마지막으로 '문종 9년(1055)에 퇴직 후 학당을 설립, 9개의 전문 강좌를 개설'한 내용이 나와 있다. 이를 통해 제시된 자료는 9재 학당(문헌공도)을 세운 고려의 문신 최충(984~1068)의 이력임을 알 수 있다. 참고로 정종[제10대] 원년[1년]은 1035년, 문종 원년[1년]은 1047년, 문종 4년은 1050년이다. 또 동여진에 대한 대비책이란 변경을 침범하다 개경에 억류된 추장을 포함한 수십 명의 동여진인을 풀어주어 그들의 원망을 풀어주는 것을 가리킨다(일종의 온건책, 억류 비용도 절감, 건의 수용됨).

- [문종] 예종 내에는 사립 학교 구재(九齋)를 설치하였다[✗]. [서22②]

[해설] 사립 학교[사학]인 구재(九齋)가 설치된 것은 고려 문종 9년인 1055년의 일이다. 문헌공 최충(984~1068)에 의해 만들어졌는데, 이들 9재[구재] 학당을 문헌공도(文憲公徒)·시중최공도(侍中崔公徒)·구재 학당이라고도 하였다[문종 대(재위 1046-1083), 제11대]. 그리고 9재 학당을 본받은 사학 12도가 문종 대에 형성되어 번성하기 시작하였다(이중 11개가 도읍인 개경에 설치). 참고로 예종 대에는 국자감 안에 전문 강좌인 7재(七齋)가 설치된 바 있다(1109, 예종 4).

- [충렬왕] 원으로부터 성리학을 수용하였다. [법20]

└ 충렬왕 때에는 경사교수도감을 설치하여 경학과 사학을 장려하였고, 유교 교육 기관에 공자 사당인 문묘를 새로 건립하여 유교 교육의 진흥에 나섰다. [경17①]

[해설] 원으로부터 성리학이 수용[도입·소개]된 것은 고려 제25대 왕인 충렬왕 대(재위 1274-1308)의 일이다(안향, 1290년경). / 충렬왕 때 (유교의 진흥 업무를 관장하는) 경사교수도감이 설치되어 [경(經)과 사(史)에 능한 교수들을 소속시킴으로써] 경학과 사학이 장려되었다(1296, 충렬왕 22). 7품 이하의 하급 관리들을 가르쳤다. 또 유교 교육 기관에 공자 사당인 문묘를 새로 건립하여 유교 교육의 진흥에 나섰다. 충렬왕 31년인 1303년

에 안향(1243~1306)이 문묘 황폐를 개탄해 국학[성균관] 대성전을 신축하고, 박사 김문정(?~?)을 원에 보내 공자와 70제자의 화상 및 제기·악기·경서 등을 가져와 비치한 것으로 알려져 있다.

- [충선왕] 만권당이 만들어졌다. [국22] ☐
  - 만권당을 설치하였다. [소20] ☐
  - 연구 기관인 만권당을 설립하였다. [서14] ☐
  - 원의 수도에 만권당을 설치하였다. [회24] ☐
  - 만권당을 통해 고려와 원나라 학자들의 문화 교류에 힘썼다. [국16] ☐
  - 만권당을 설립하여 문물 교류를 진흥하였다. [국12] ☐
  - 만권당을 짓고 유명한 학자들을 초청하였다. [법20] ☐
  - 북경에서 만권당을 설립하여 학문 연구를 지원하였다. [지12②] ☐
  - 원나라에 만권당을 설치하여 고려의 학자들이 원의 학자들과 교류하게 하였다. [경17②] ☐
  - [이제현] 만권당에서 원의 학자들과 교류하였다. [지19] ☐
  - 이제현 – 만권당에서 원의 학자들과 교류하였다. [서22①] ☐
  - 만권당을 통해 원의 성리학자와 교유하였다. [지15①] ☐
  - 원의 수도에 세워진 만권당에서 활동하였다(이제현). [회22] ☐
  - 만권당 설치 [경17①] ☐

[해설] 원의 수도 연경[북경]에 상왕인 충선왕(재위 1298/1308-1313, 제26대)에 의해 일종의 독서당[서재]인 만권당이 만들어진 것은 충숙왕 원년인 1314년의 일이다. 충선왕은 그 전해인 1313년에 아들인 충숙왕에게 선양한 뒤 (상왕이 되어) 원에 만권당을 설치하였고, 익재[역옹] 이제현(1287~1367)과 같은 고려의 학자들을 초빙하여 원의 학자들[조맹부(1254~1322), 원명선(1269~1322), 우집(1272~1348), 요수(1238~1313) 등]과 교류[교유]하게 하였다.

- [안향] 원 간섭기에 성리학을 국내로 소개하였다. [국21] ☐
  - 이색 – 충렬왕 때 고려에 성리학을 본격적으로 소개하였다[X]. [서22①] ☐
  - 안향이 소개한 성리학을 공부하기 위해 찾아가는 학자 [기14] ☐

[해설] 고려 시대의 원 간섭기[충렬왕 대])에 성리학을 국내로 소개한 인물은 회헌 안향(1243~1306)이다(1290년경). 안향의 주 활동 시기는 1270년 이후, 즉 원 간섭기이다.

■ 회헌 안향의 성리학 [기16] ☐

성인의 도는 바로 현실 생활에서 윤리를 실천하는 것이다. 자신 된 자는 효도하고, 신하 된 자는 충성하고, 예의로 집안을 다스리고…. 그런데 불교는 어떠한가. 부모를 버리고 집을 나서서 윤리를 파괴하니 이는 오랑캐 무리이다. - 회헌실기 -

[해설] 출처가 『회헌실기』로 나오는데, '회헌'은 고려의 문신이자 유학자인 안향(1243~1306)의 호이다. 충렬왕 때 원에서 성리학을 처음으로 도입·소개하였다. 『회헌실기』는 안향의 행적을 엮은 실기(實記)*이다. 『문성공실기』라고도 한다(조선 후기 이후 5차례 간행).
*실기(實記): 사전적 의미는 '실제의 사실을 있는 그대로 적은 기록'으로, 『회헌실기』에는 관향사실, 진상(眞像), 세계(世系), 시문, 연보, 제문류, 언행록, 묘지, 비명 등 안향과 관련된 다양한 정보들이 수록되어 있다.

- [공민왕] 성균관을 부흥시켜 유학 교육을 강화하였다. [국12] ☐
  - 성균관을 부흥시켜 순수한 유교 교육 기관으로 개편하고 성리학을 연구하게 하였다. [서11] ☐
  - 성균관을 순수 유교 교육 기관으로 개편하였다. [서13] ☐

└성균관을 통하여 유학 교육을 강화하고 과거 제도를 정비하였다. [경11②]□

└성균관 [서14]□

[해설] 공민왕은 성균관을 부흥시켜 유학 교육을 강화하고, 유교적 소양을 갖춘 인재를 양성하였다. (재위 5년인 1356년에 배원 정책에 따른 관제의 복구로 성균관의 명칭을 '국자감'으로 환원하였다가) 재위 11년인 1362년에 국자감을 '성균관'으로 다시 칭하고(명칭 환원), 이어 재위 16년인 1367년에 종래까지 유교학부와 함께 설치되어 있던 율학, 서학, 산학 등의 기술학부를 완전히 분리시켜 따로 교육시키게 함으로써 성균관을 명실공히 유학 교육만을 전담하는 최고 학부로 개편하였다[오경사서재(五經四書齋) 설치].

• 안향 – 공민왕이 중영한 성균관의 대사성이 되었다[X](이색). [서22①]□

[해설] 공민왕이 중영(重營)*한 성균관의 대사성이 된 인물은 (안향이 아니라) 목은 이색(1328~1396이다(1367, 공민왕 16).
*중영(重營): '다시 짓다', '다시 경영하다'의 뜻으로 성균관 건물을 다시 짓고 성균관의 교육 체제를 혁신한 것을 가리킨다.

■ **성균관 중건(공민왕)** [법24]□

성균관을 다시 정비하고 이색을 판개성부사 겸 성균대사성으로 삼았다. … 이색이 다시 가르치는 방법을 정하고 매일 명륜당에 앉아서 경전을 나누어 수업하는데, 강의를 마치면 함께 논쟁하느라 지루함을 잊을 정도였다.

[해설] 성균관을 다시 정비하여 유학 교육을 강화한 것은 고려 공민왕 16년인 1367년의 일이다(성균관 중건). 공민왕은 성균관을 부흥시켜 종래까지 유교학부와 함께 설치되어 있던 율학, 서학, 산학 등의 기술학부를 완전히 분리시켜 따로 교육시키게 함으로써, 성균관을 명실공히 유학 교육만을 전담하는 최고 학부로 개편하였다[오경사서재(五經四書齋) 설치].

• [정몽주] 성리학을 연구하여 '동방 이학(理學)의 조(祖)'라고 불렸다. [회22]□

[해설] 성리학을 연구하여 '동방 이학의 조'로 불린 인물은 포은 정몽주(1337~1392)이다.

• 숙종 대에 서적포라는 국립 출판사를 두어 책을 간행하였다.* [서22②]□

[해설] 숙종 6년인 1101년에 서적포라는 국립 출판사를 국자감에 두어 책을 간행한 바 있다. 참고로 공양왕 4년인 1392년에는 서적원을 설치하여 활자의 주조와 인쇄를 맡게 한 바 있다.

• [예종] 국자감에 7재를 두어 관학을 부흥하고자 하였다. [국21]□

└국학 7재를 설치하여 관학을 진흥하였다. [국17②]□

└국학 7재의 설치 [회18]□

[해설] 국자감에 (전문 강좌인) 7제를 두어 관학을 부흥[진흥]하고자 한 것은 고려 예종 4년인 1109년의 일이다[예종(재위 1005-1022), 제16대].

• [예종] 양현고를 설치하여 관학을 진흥시키고자 하였다. [법22]□

└양현고를 설치하고 보문각과 청연각을 세워 유학을 진흥시켰다. [서19②]□

└관학의 재정 기반을 마련하고자 양현고를 설치하였다. [법16]□

└국학에 처음으로 양현고를 설치하였다. [법20]□

└(다): 국학의 진흥을 위해 양현고를 설치하였다. [기12]□

└양현고를 설치하였다. [소21]□

└문종은 양현고라는 장학 재단을 설치하여 운영하였다[X]. [서22②]□

└예종 때 도서관 겸 학문 연구소인 청연각, 보문각을 설치하였다. [경15②]□

└청연각이라는 도서관 겸 학문 연구소를 설치하였다. [회20]□

[해설] 일종의 장학 재단인 양현고를 설치하여 관학을 진흥시키고자 한 것은 예종 14년인 1119년의 일이다. 보문각과 청연각 설치는 그 전인 예종 11년, 즉 1116년의 일이다. / 청연각은 경서(經書)를 강론하며, 임금에게 진강하는 등 문예와 예악으로써 유학을 진흥시키기 위하여 설치된 일종의 궁중 도서관이다. 또 이때 보문각도 함께 설치하였는데, 보문각은 청연각이 궁중에 있기 때문에 학자들이 출입과 숙직이 불편하다 하여 따로 설치한 문한 관서로, 경연과 장서(藏書)를 맡아 보던 관청이다. / [기12]의 (다)는 문종과 숙종 대 사이의 시기를 가리키나 무시함.

• 인종 때 전문 강좌인 7재를 9재 학당으로 정비하였다[X].(경사 6학).* [경15②] ☐

[해설] 인종이 정비한 것은 (사학인) 9재 학당이 아니라 경사 6학이다. 또 향교를 중심으로 지방 교육을 강화하였다. (관학 진흥을 위해) 전문 강좌 7재를 국자감에 개설한 것은 예종 때이다(1109, 예종 4).

• 고려의 국립 대학 국자감은 충선왕 대에 국학으로 개칭되었다[X]. [서22②] ☐

└[예종] 중앙 교육 기관인 국자감을 '국학'으로 개칭하고, 양현고를 설치하였다. [경17②] ☐

[해설] 국립 대학인 국자감을 '국학'으로 개칭한 것은 고려 예종 대(재위 1105-1122)이다(1119, 예종 14). 예종이 국자감을 '국학'으로 개칭한 것인지 아니면 국자감에 대한 일반적인 명칭으로 '국학'이라고 부른 것인지에 대해 학자들 사이에 견해 차이가 있다(일단 전자로 기억). 참고로 충렬왕도 집권 초기에 국자감을 '국학'으로 개칭한 적이 있다(1275, 충렬왕 원년). 1298년 충선왕 즉위 시에는 국자감을 성균감으로 바꾸었고, 1308년에 충선왕이 다시 즉위할 때 성균관으로 개칭하였다.

• [충렬왕] 국학 진흥을 위해 섬학전을 설치하였다.* [회22] ☐

└섬학전의 부실을 보충하기 위해 충렬왕 때 양현고를 설치하였다[X].* [경15②] ☐

[해설] 국학 진흥을 위해 (안향의 건의로) 섬학전(贍學錢)을 설치한 것은 고려 충렬왕 30년인 1304년의 일이다. 섬학전은 국학생들의 학비를 보조하기 위하여 설치한 장학 기금이다(관리들이 품위에 따라 기금 납부). 참고로 안향은 갹출된 자금 중 일부를 원에서 공자와 그 제자 70자(子)의 초상을 그려오고 여러 서적과 제기, 악기 등을 구하는 데 사용하였다. / 충렬왕 때 양현고의 부실을 보충하기 위해 섬학전을 설치하였다. 양현고와 섬학전의 위치가 서로 바뀌었다(1304, 충렬왕 30).

• 성리학을 수용하면서 『주자가례』를 보급하였다. [국19] ☐

[해설] 성리학이 수용되면서 『주자가례』가 보급되기 시작한 것은 고려 말부터이다. 신진 사대부들이 주도하였다. 참고로 『주자가례』가 사대부에서 일반 서민에까지 '널리' 보급되기 시작한 것은 조선 전기 사림[파]에 의해서이다.

• [칠대실록] (가) - 현존하는 가장 오래된 관찬 역사서이다[X]. [법12] ☐

└건국 초기 왕조 실록을 편찬하였으나 몽고의 침입으로 소실되었다[X]. [경16②] ☐

└거란의 침략으로 불타 없어진 실록을 다시 편찬하였다(현종). [회23] ☐

└거란의 침입으로 소실된 왕조 실록이 복원되었다. [기13] ☐

└『7대 실록』 [회15] ☐

[해설] 거란의 제2차 침입 시인 현종 2년(1011)에 소실된 (왕조) 실록을 복원하여 『칠대실록(7대 실록)』을 편찬한 것은 덕종 3년인 1034년의 일이다[태조, 혜종, 정종, 광종, 경종, 성종, 목종까지 7대를 다룸, 수찬관으로 황주량(?~?), 최충(984~1068), 윤징고(?~1021) 등이 편찬에 참여]. 즉 현종 대(재위 1009-1031, 제8대)인 현종 4년(1013)에 고려 태조에서부터 목종까지 7대에 걸친 『칠대실록』을 편찬되기 시작하여 덕종 3년인 1034년에 완성하였다. 『고려사』에는 '칠대사적기(七代事蹟記)'라는 명칭으로 기록되어 있다. 『칠대실록』은 임진왜란 때 소실된 것으로 추정되며 현전하지는 않는다.

※ 『삼국사기』 편찬 이전인 고려 전기의 역사서들은 (신라가 아닌) 고구려 계승 의식을 표방하였다. 주요 역사서(및 관련 문건)로는 『(구)삼국사』(편찬 추정)(현전하지 않음), 「오조[5조]정적평」[오조치적평(五祖治績評)][최승로, 982(성종 원년)], 『고려왕조실록』(거란 침입 시 소실)과 『칠대실록(7대 실록)』(황주량 등, 1013(현종 4)~1034(덕종 3))(현전하지 않음), 『가락국기』[저자 미상(김양감?), 1075(문종 29)~1084(선종 원년)](현전하지 않음), 『고금록』[박인량(?~1096), 선종→숙종 대 완성](현전하지 않음), 『편년통재』(저자, 편찬 연대 미상), 『속편년통재』[홍관(?~1126), 1116(예종 11)](현전하지 않음)이 있다(참고).

• [삼국사기] 현존하는 우리나라의 역사서 가운데 가장 오래된 것이다. [국12] ☐

└[김부식] 현존하는 우리나라의 최고(最古) 역사서를 편찬하였다. [지16②] ☐

└현존하는 가장 오래된 역사서로 편년체로 기술되어 있다[x]. [경17②]

└현존하는 우리나라의 가장 오래된 역사서이다. [서15]

└김부식은 기전체 역사서인 『삼국사기』를 편찬하였다. [지12①]

└[김부식] 편년체 역사서인 『삼국사기』를 편찬하였다[x]. [서17②]

└김부식이 삼국사기를 편찬하였다. [법14]

└[인종] 김부식으로 하여금 『삼국사기』를 편찬토록 하였다. [회23]

└왕명을 받아 『삼국사기』를 편찬하는 김부식 [법20]

└김부식이 진삼국사기표를 지었다. [지13]

└김부식 – 『삼국사기』의 편찬 [경13②]

└『삼국사기』 [회15]

[해설] 김부식(1075~1151)은 인종의 명에 따라 『삼국사기』를 편찬하였는데, 『삼국사기』는 유교의 합리주의 사관에 입각하여 (편년체가 아니라) 기전체(紀傳體)로 서술된 우리나라 최고(最古)의 역사서이다(1145, 고려 인종 23). / 『삼국사기』 편찬을 끝낸 후 김부식은 일종의 서문[서론]격인 「진삼국사기표」를 지어 인종에게 바쳤다.

• [삼국사기] 고구려 계승 의식보다는 신라 계승 의식이 좀 더 많이 반영되었다고 평가된다. [국12]

└『삼국사기』는 고구려 정통 의식을 반영하였다[x]. [지15①]

└유교적 입장에서 고구려 중심으로 기록하였다[x]. [경17②]

[해설] 『삼국사기』는 유교적 합리주의 사관에 기초하여 쓰였으며, 신라 계승 의식이 반영되었다(신라 중심으로 기록). 고구려 정통 의식이 반영된 사서로는 이규보의 『동명왕편』이 있다(1193, 명종 23).

• 『삼국유사』는 인종 때 왕명으로 편찬되었다[x]. [지15①]

└김부식을 비롯한 유학자들이 편찬한 역사서이다. [서15]

[해설] 고려 인종 때 왕명으로 편찬된 역사서는 『삼국유사』가 아니라 『삼국사기』이다(1145, 인종 23). / 『삼국사기』는 김부식을 비롯한 유학자들이 왕명을 받아 편찬한 관찬 사서이다.

• [삼국사기] 유교적 사관에 기초하여 기전체로 서술하였다. [국19]

└유교적 합리주의 사관에 기초하여 기전체로 서술하였다. [국13]

└유교적 합리주의 사관에 기초하여 신이 사관을 배격하였다. [경17②]

└유교적인 합리주의 사관에 따라 기전체로 서술되었다. [지21]

└[김부식] 유교적 합리주의 사관에 기초하여 『삼국사기』를 편찬하였다. [지15②]

└김부식이 지은 『삼국사기』는 유교 사관에 의한 편년체의 역사서로 자주성을 강조하고 있다[x]. [경11②]

└인종 때 김부식 등이 왕명을 받아 편찬한 '삼국사기'는 고려 초에 편찬된 '구삼국사'를 기본으로 유교적 합리주의 사관에 기초하여 편년체로 서술되었다[x]. [경16②]

└유교 사관에 입각한 삼국사기가 편찬되었다. [법16]

└(가)와 같은 역사 인식이 반영된 대표적인 사서는 삼국사기이다. [기11]

└(가)가 반영된 역사서는 정통과 대의명분을 강조하며 합리주의적이다. [기11]

└기전체로 서술되어 본기, 지, 열전 등으로 나누어 구성되었다. [국12]

└도덕적 합리주의를 표방하였다. [국16] ☐

└삼국사기 [국18] ☐

[해설] 유교적 사관에 기초하여 기전체(紀傳體)로 서술한 사서는 『삼국사기』이다(1145, 인종 23). 김부식(1075~1151)이 편찬을 주도하였다. / '신이 사관(神異史觀)'을 반영한 대표적 역사서는 일연의 『삼국유사』이다(1285, 충렬왕 11). 신이 사관이란 신이한 일, 즉 불교와 도교의 종교적인 이적이니 초자연적인 현상을 역사적 현상으로 보는 사관이다. / 김부식이 편찬한 『삼국사기』는 유교 사관에 의한 (편년체가 아니라) 기전체의 역사서이다(1145, 인종 23). 또 '자주성'이 아니라 '사대성'이 강조되었다. '신라 중심적'·'개경 중심적'으로 편향되어 있다는 평가도 받고 있다. / [경16 ②] '구삼국사(舊三國史)'는 고려 전기에 편찬된, 삼국 시대에 관한 역사서이다. 이 책은 현전하지 않으며 저자도 알 수 없고 기전체로 구성되었을 것으로 보이며, 『삼국사기』와 『삼국유사』를 편찬할 때 많이 인용된 것으로 판단된다. 김부식의 『삼국사기』와 달리 고구려 계승 의식을 강조하는 입장에 있었던 것으로 추정된다. / [기11]의 (가)는 관련 자료(삼국유사←본서 자료명) 참조

*기전체(紀傳體): 역사적 사실을 서술할 때 본기(本紀)·세가(世家)·열전(列傳)·지(志)·연표(年表) 등으로 구성하는 역사 서술 체제를 가리킨다(가장 중요한 '기'와 '전'의 이름을 따서 기전체라 함). 중국 전한의 역사가 사마천(기원전 145?~기원전 86?)이 쓴 『사기(史記)』에서 비롯되었다(중국 역대 왕조의 정사를 서술하는 기본 체재가 됨). '기(紀)'는 제왕의 정치와 행적을 중심으로 역대 왕조의 변천을 편년체로 서술한 것이고, '세가(世家)'는 제후국의 역사를 편년체로 기록한 것이다. 또 '전(傳)'은 열전으로 각 시대를 풍미했던 다양한 인물들에 대한 기록이고, '지(志)'는 제례나 천문, 경제, 법률 등 문물과 제도에 관해 항목별로 연혁과 변천을 기록한 일종의 문화사나 제도사이다. 마지막으로 '표(表)'는 각 시대의 역사적 흐름을 연표로 간략히 나타낸 것이다.

IV

- [삼국사기] 원의 간섭을 받던 상황에서 우리 민족의 고유한 문화를 강조하였다[×]. [경17②] ☐

[해설] 『삼국사기』가 편찬된 것은 고려 인종 23년인 1145년으로 원의 간섭을 받던 상황이 아니었다. 그리고 우리 민족의 고유한 문화를 강조한 역사서는 일연의 『삼국유사』이다(1285, 충렬왕 11).

- 김부식의 『삼국사기』에는 단군 신화가 수록되어 있다[×]. [지22] ☐

[해설] 김부식(1075~1151)의 『삼국사기』에는 단군 신화가 수록되어 있지 않다(1145, 인종 23). 『삼국유사』에 해당한다.

■ 진삼국사기표(김부식) [국22] [국12] [지21] [경15③] ☐

- 신 부식은 아뢰옵니다. 옛날에는 여러 나라들도 각각 사관을 두어 일을 기록하였습니다. … 해동의 삼국도 지나온 세월이 장구하니, 마땅히 그 사실이 책으로 기록되어야 하므로 마침내 늙은 신에게 명하여 편집하게 하셨사오나, 아는 바가 부족하여 어찌할 바를 모르겠습니다.

[해설] '신 부식', '사관을 두어 일을 기록', '해동의 삼국', '신에게 명하여' 등을 통해 김부식(1075~1151)이 고려 인종의 명을 받아 저술한 『삼국사기』를 가리킴을 알 수 있다(1145, 인종 23). 주어진 자료는 『삼국사기』 서문 중 일부다['삼국사기를 올리는 글', 즉 「진삼국사기표(進三國史記表)」]. 『삼국사기』는 가장 대표적인 기전체 사서이다.

- (가) 역사서의 저자는 다음과 같은 글을 지어 왕에게 바쳤다. "성상 전하께서 옛 사서를 널리 열람하시고, '지금의 학사 대부는 모두 오경과 제자의 책과 진한(秦漢) 역대의 사서에는 널리 통하여 상세히 말하는 이는 있으나, 도리어 우리나라의 사실에 대하여서는 망연하고, 그 시말(始末)을 알지 못하니 심히 통탄할 일이다. 하물며 신라·고구려·백제가 나라를 세우고 정립하여 능히 예의로써 중국과 통교한 까닭으로 범엽의 『한서』나 송기의 『당서』에는 모두 열전이 있으나 국내는 상세하고 국외는 소략하게 써서 자세히 실리지 않았다. …(중략)… 일관된 역사를 완성하고 만대에 물려주어 해와 별처럼 빛나게 해야 하겠다.'라고 하셨다."

[해설] 김부식(1075~1151)이 인종에게 『삼국사기』를 편찬해 바치면서 올린 글이다(「진삼국사기표」). 따라서 자료 속 '(가) 역사서'는 『삼국사기』를 가리킨다.

- 왕께서는, "우리나라 사람들은 유교 경전과 중국 역사에 대해서는 자세히 말하는 사람이 있으나 우리나라의 사실에 이르러서는 잘 알지 못하니 매우 유감이다. 중국 역사서에 우리 삼국의 열전이 있지만 상세하게 실리지 않았다. 또한, 삼국의 고기(古記)는 문제가 거칠고 졸렬하며 빠진 부분이 많으므로, 이런 까닭에 임금의 선과 악, 신하의 충과 사악, 국가의

안위 등에 관한 것을 다 드러내어 그로써 후세에 권계(勸戒)를 보이지 못했다. 마땅히 일관된 역사를 완성하고 만대에 물려주어 해와 별처럼 빛나도록 해야 하겠다."라고 하셨습니다.

[해설] 김부식의「진삼국사기표」이다. 위와 같은 내용의 자료이다.

- 그에 관한 옛 기록은 표현이 거칠고 졸렬하며, 사건의 기록이 빠진 것이 있으므로, 이로써 군후(君后)의 착하고 악함, 신하의 충성됨과 사특함, 나랏일의 안전함과 위태로움 등을 모두 펴서 드러내어 권하거나 징계할 수가 없다. 그러므로 마땅히 재능과 학문과 식견을 겸비한 인재를 찾아 권위 있는 역사서를 완성하여 만대에 전하여 빛내기를 해와 별처럼 하고자 한다.

[해설] 위와 같은 내용의 자료이다.

- [삼국사기] 상대·중대·하대로 시기를 나누는 것은 삼국사절요이다[x]. [경13②]
  └ 중대는 혜공왕까지이고, 하대는 선덕왕부터이다. [경13②]

[해설] 신라를 상대와 중대, 하대로 시기 구분한 것은『삼국사기』이다. 상대는 제1대 박혁거세(재위 기원전 57~기원후 4)에서 제28대 진덕여왕(재위 647~654) 대까지이다. 중대는 제29대 태종 무열왕(재위 654~661)에서 36대 혜공왕(재위 765~780) 대까지이다. 하대는 제37대 선덕왕(재위 780~785)에서 제56대 경순왕(재위 927~935) 대까지이다.『삼국사절요』는 조선 세조 때 편찬을 시작하여 성종 때 노사신, 서거정 등이 완성한 삼국의 역사책이다(1476, 성종 7)(단군 조선~삼국).『동국통감』의 고대사 부분을 다시 손질해 간행한 것이다(편년체).

삼국사기 [국16]

  (가) 은(는) 현존하는 우리나라의 가장 오래된 역사서로 고려 인종 때 편찬되었다. 본기 28권, 연표 3권, 지 9권, 열전 10권 등 총 50권으로 구성되어 있다.

[해설] 주어진 자료 속 '(가)'는『삼국사기』를 가리킨다.

- 편년통록 – 성리학적인 역사 인식이 반영되었다[x].* [회21]

[해설]『편년통록』은 고려 의종 대(재위 1146~1170, 제18대) 김관의(?~?)가 편찬한 역사서이다. 고려 왕건과 왕실의 신성화를 목적으로 편찬된 것으로, 설화 중심의 신이한 내용을 많이 담고 있는 야사를 '유교적인 합리주의 역사관'에 의해 수정하였다. 하지만 이 책은 고려 말에 새롭게 등장한 (유학의 새 조류인) 성리학에 의해 비판받았다. 성리학자 익재[역옹] 이제현(1287~1367)은 자신의 시문집인『익재집』의 '역옹패설'에서『편년통록』의 내용을 조목조목 비판하였다.

- 민족의 자주의식이 높아지면서 역사에 대한 관심이 늘어나 제왕운기, 해동고승전 등의 사서가 편찬되었다. [기11]

[해설] 민족의 자주의식이 높아지면서 역사에 대한 관심이 늘어나『제왕운기』,『해동고승전』등의 사서가 편찬된 것은 고려 후기의 일이다. 각훈(?~?)의『해동고승전』은 고종 2년인 1215년에, 이승휴(1224~1300)의『제왕운기』는 충렬왕 13년인 1287년에 편찬되었다. 이규보(1168~1241)의『동명왕편』을 그 시초로 볼 수 있다(1193, 명종 23).

고려 후기의 자주적 역사서 [경18②]

고려는 후기에 오랜 기간 동안 몽골의 침략을 당하고, 이어 원의 간섭을 받았다. 이러한 상황을 반영하여 민족적 자주의식을 바탕으로 전통 문화를 이해하려는 역사서가 나타났다.

[해설] 고려 후기에 몽골의 침략과 원의 간섭을 받은 상황을 반영하여 '민족의 자주의식'을 바탕으로 전통 문화를 이해하려는 역사서가 나타났다는 내용이 나와 있다. 각훈(?~?)의『해동고승전』(1215, 고종 2), 이승휴(1224~1300)의『제왕운기』(1287, 충렬왕 13) 등이 그에 해당한다. 이규보(1168~1241)의『동명왕편』을 자주적 역사서 편찬의 시초로 볼 수 있다(1193, 명종 23).

- 동명왕편이 지어졌다. [서12]
  └ 이규보는『동명왕편』을 지어 고려가 천손의 후예인 고구려의 전통을 계승하고 있다는 자부심을 표현했다. [지16②]

┗동명왕편 - 고려가 성인의 나라임을 알리기 위해 편찬하였다. [회21] ☐

┗(나)는 고구려의 동명왕, 신라의 박혁거세가 이에 해당한다. [기11] ☐

┗『동명왕편』 [경18②] ☐

┗동명왕편 [국18] ☐

[해설] 백운거사 이규보(1168-1241)가 『동명왕편』을 지은 것은 고려 명종 23년인 1193년의 일이다. / [기11]의 (나)는 관련 자료(삼국유사←본서 자료명) 참조

• [이규보] 동명왕의 업적을 칭송한 영웅 서사시인 동명왕편을 저술하였다. [지16②] ☐

┗무신 집권기의 사회 혼란 속에서 고려의 역사 전통을 고취할 목적으로 썼다. [회14] ☐

┗고구려의 발전 과정에서 왕실의 권위를 높이고 충성심을 고취할 목적으로 썼다[x]. [회14] ☐

┗대몽 항전기에 역사 전통을 내세워 항전 의식을 고취할 목적으로 썼다[x]. [회14] ☐

┗조선 초기에 새 왕조의 정통성에 대한 명분을 밝힐 목적으로 썼다[x]. [회14] ☐

┗조선 후기에 실학자가 민족적 자각 의식을 바탕으로 쓴 작품이다[x]. [회14] ☐

[해설] 동명왕의 업적을 칭송한 영웅 서사시인 『동명왕편』을 저술한 인물은 이규보(1168~1241)이다(1193, 명종 23). 일종의 영웅 서사시이다. / 조선 초기에 새 왕조의 정통성에 대한 명분을 밝힐 목적으로 쓴 것으로는 『용비어천가』와 『월인천강지곡』 등을 들 수 있다[각 1447(세종 29)/1449(세종 31)].

• [동명왕편] 동명왕의 업적을 칭송한 영웅 서사시이다. [국22] ☐

┗『동명왕편』은 이규보가 쓴 것으로 고구려 건국 영웅인 동명왕의 업적을 칭송한 서사시이다. [지14①] ☐

┗이규보의 『동명왕편』은 고구려 계승 의식을 강조하였다. [지22] ☐

┗이규보의 『동명왕편』은 단군의 건국 과정을 다루고 있다[x]. [국19] ☐

┗『동명왕편』은 단군의 건국 이야기를 수록하였다[x]. [지15①] ☐

┗고구려 계승 의식을 반영하고 고구려의 전통을 노래하였다. [국13] ☐

┗'동명왕편'은 신라 계승 의식을 반영하고 신라의 전통을 노래하였다[x]. [경16②] ☐

┗이 책은 고구려 건국 영웅을 소재로 서사시를 지은 것으로, 고구려 전통을 계승하려는 의식이 강조되어 있다. [회20] ☐

┗고구려 계승 의식을 강조하였다. [국16] ☐

[해설] 동명왕편은 고구려 건국 영웅인 동명왕(재위 기원전 37-기원전 19)의 업적을 칭송한 장편 영웅 서사시로, 이규보(1168~1241)가 저술하였다(1193, 명종 23). 동명왕(주몽) 탄생 이전의 계보를 밝힌 서장(序章)과 출생에서 건국에 이르는 본장(本章), 그리고 후계자인 유리왕의 경력과 작가의 느낌을 붙인 종장(終章)으로 구성되어 있다. 따라서 동명왕편은 단군이 아니라 고구려의 건국 과정을 다루고 있다. 이규보는 고구려의 건국 설화를 민족 자주적 입장에서 표현함으로써 우리 민족의 자부심을 드러냈다(고구려의 계승 의식을 반영하고 고구려의 전통을 노래). 그리고 이처럼 고구려 계승 의식을 강조한 사서로는 고려 전기에 편찬한 『칠대실록(7대 실록)』도 있다. 단군의 건국 이야기를 수록한 고려 시대 사서로는 『삼국유사』와 『제왕운기』가 있다.

• [이규보] 김부식의 『삼국사기』에 동명왕의 신이한 사적이 생략되어 있다고 평하였다. [지23] ☐

[해설] 『동명왕편』 서문에서 이규보는 김부식의 『삼국사기』에 동명왕의 신이한 사적이 생략되어 있다고 평하였다. 주어진 자료[동명왕편(지23)] 바로 다음에 아래와 같은 내용이 나온다. "하물며 국사(國史)는 사실 그대로 쓴 글이니 어찌 함부로 전하였겠는가. 김부식 공은 국사를 다시 편찬할 때에 자못 그 일을 생략하였으니, 공은 국사란 세상을 바로잡는 글이므로 크게 이상한 일은 후세에 보일 것이 아니라고 여겨 생략한 것이 아니겠는가?"

■ **동명왕편(서문)** [지23] [회14] [경14①] ☐

- 세상에서 동명왕의 신이(神異)한 일을 많이 말한다. …(중략)… 지난 계축년 4월에 『구삼국사』를 얻어 「동명왕 본기」를 보니 그 신기한 사적이 세상에서 얘기하는 것보다 더하였다. 그러나 처음에는 믿지 못하고 귀신이나 환상이라고만 생각하였는데, 두세 번 반복하여 읽어서 점점 그 근원에 들어가니 환상이 아닌 성스러움이며, 귀신이 아닌 신성한 이야기였다.

[해설] 고려의 문신 이규보(1168~1241)가 지은 장편 영웅 서사시인 『동명왕편』의 서문(서론 부분)이다(1193, 고려 명종 23). 『동명왕편』은 무신 집권기의 사회 혼란 속에서 고려의 역사 전통을 고취할 목적으로 쓴 것이다(고려가 성인의 나라임을 밝힘).

- 동명왕의 본기를 보니 그 신비한 사적이 세상에서 이야기하는 것보다 더했다. 처음에는 믿지 못하고 귀신이나 환상 이야기로 여겼는데, 반복하여 읽어서 그 근원에 들어가니, 환상과 귀신이 아니고 신성한 것이었다. … 나라를 창시한 신기한 사적이니, 이것을 기술하지 않으면 후세 사람들이 앞으로 무엇을 보고 알 것인가? 그러므로 시를 지어 기록하여 우리나라가 본래 성인(聖人)의 나라라는 것을 천하에 알리려고 한다.

[해설] 주어진 자료는 이규보(1168~1241)가 명종 23년(1193)에 지은 장편 영웅 서사시 『동명왕편』(서문)임을 알 수 있다.

- 동명왕의 사적은 변화와 신이로 여러 사람의 눈을 현혹시킬 일이 아니요, 실로 나라를 세운 신의 자취인 것이다. 이러하니 이 일을 기술하지 않으면 앞으로 후세에 무엇을 볼 수 있으리오.

[해설] 이규보가 명종 23년인 1193년에 저술한 『동명왕편』이다.

- [각훈] 삼국 시대 이래 고승들의 전기를 정리하여 『해동고승전』을 편찬하였다. [지23] ☐

  └각훈은 삼국 시대 이래 승려들의 전기를 정리하여 『해동고승전』을 지었다. [서19②] ☐

  └통일 신라 이전 고승 30여 명의 전기를 지었다. [서24①] ☐

  └『해동고승전』 [경18②] ☐

[해설] 삼국 시대 이래 고승들의 전기를 정리하여 『해동고승전』을 편찬한 인물은 각훈(?~?)이다(1215, 고려 고종 2). 원래 『해동고승전』은 삼국 시대의 고승뿐 아니라 고려 시대의 고승까지를 대상으로 하였으나 현재 남아 있는 자료는 삼국 시대에 활동한 승려 30여 명뿐이다(『해동고승전』 관련 선지 및 해설 참조).

- [해동고승전] 불교 승려의 전기를 수록한 고승전이다. [국19] ☐

  └『해동고승전』은 삼국 시대 이래 고려 시대까지 승려 30여 명의 계통을 밝힌 책이다[x]. [지14①] ☐

  └삼국에서 고려까지 고승들의 전기를 정리하여 편찬한 책이다. [서15] ☐

  └해동고승전 [지12①] [서20] ☐

  └『해동고승전』 [회15] ☐

[해설] 불교 승려의 전기를 수록한 고승전은 각훈(?~?)이 왕명에 따라 편찬한 『해동고승전』을 가리킨다(1215, 고종 2)(민족적 자주 의식을 반영한 고려 후기의 역사서). / [지14①] 『해동고승전』은 삼국 시대의 고승뿐 아니라 고려 시대(고려 고종 대까지)의 고승까지를 대상으로 한 것으로 보이나(본래 의도는 이러함. 따라서 [서15] 옳음). 현재 남아 있는 자료(유통편 2권 1책, 권1과 권2)는 삼국 시대에 활동한 승려 30여 명의 전기뿐이다(정전에 18명, 방전에 17명, 모두 35명)(따라서 '삼국 시대 이래 고려 시대까지 승려 30여 명'이라는 부분이 틀림)(남아 있는 극히 적은 자료는 삼국 시대 불교의 전래와 수용, 구법승 등을 소개). 또한 『해동고승전』은 중국과 대등한 입장에서 우리나라 불교사를 서술한 책으로, 주관적이고 문학적인 서술 형식을 취하고 있다는 단점이 있으나 우리나라 불교사에서 의문시되던 내용들을 밝힌 귀중한 책으로 높이 평가되고 있다.

- 『삼국유사』, 『제왕운기』 등의 역사서가 편찬되었다. [서24②] ☐

[해설] 보각국사 일연(1206~1289)이 불교사를 중심으로 고대의 민간 설화를 수록한 역사서, 『삼국유사』를 지은 것은 충렬왕 11년인 1285년의 일이다. 또 이승휴(1224~1300)가 『제왕운기』를 저술한 것은 충렬왕 13년인 1287년의 일이다. 『제왕운기』는 단군부터 충렬왕까지의 역사를 서사시(7

언과 5언의 운율)로 서술하였다.

- 일연 선사가 『삼국유사』를 찬술하였다. [지13] ☐
  - 일연 – 『삼국유사』의 편찬 [경13②] ☐
  - (라): 일연이 삼국유사를 편찬하였다. [기12] ☐
  - [삼국유사] 왕력, 기이, 흥법, 탑상, 의해 등으로 구성되어 있다. [서15] ☐
  - 『삼국유사』 편찬 [경20①] ☐
  - 「삼국유사」 편찬 [경17①] ☐
  - 『삼국유사』 [회15] ☐

[해설] 보각국사 일연(1206~1289)이 『삼국유사』를 찬술한 것은 고려 충렬왕 대의 일이다(1285, 고려 충렬왕 11). / 『삼국유사』는 일연이 저술한 역사서로 불교사를 중심으로 민간 설화 및 전래 기록 등을 수록하였다. 단군의 건국 이야기를 실은 가장 오래된 사서로 왕력, 기이, 흥법, 탑상, 의해, 신주, 감통, 피은, 효선으로 구성되어 있다. / [기12]의 (라)는 숙종과 의종 대 사이의 시기를 가리키나 무시함. / 『삼국유사』의 집필이 언제 끝났는지를 놓고 충렬왕 7년인 1281년설, 충렬왕 7년에서 9년 사이인 1281년~1283년설, 충렬왕 11년인 1285년설 등이 있는데 불교계에서는 충렬왕 11년인 1285년을 통설로 본다(본서 채택).

IV

- 삼국유사 – 신라 역사를 상고·중고·하고로 나누어 인식하였다. [회21] ☐
  - 상고·중고·하고로 시기를 나누는 것은 삼국유사이다. [경13②] ☐
  - 중고는 진덕 여왕까지이고, 하고는 무열왕부터이다. [경13②] ☐

[해설] 『삼국유사』에서는 신라 역사를 상고·중고·하고로 나누어 인식하였다(1285, 충렬왕 11). 반면 『삼국사기』는 신라 역사를 상대, 중대, 하대로 시기를 나누었다(1145, 인종 23). 상고는 제1대 박혁거세(재위 기원전 57~기원후 4)에서 제22대 지증왕(재위 500~514) 대까지이고, 중고는 제23대 법흥왕(재위 514~540)에서 제28대 진덕 여왕(재위 647~654) 대까지이다. 하고는 제29대 태종 무열왕(재위 654~661)에서 제56대 경순왕(재위 927~935) 대까지이다.

- 『삼국유사』는 인종 때 왕명으로 편찬되었다[X]. [지15①] ☐

[해설] 인종 때 왕명으로 편찬된 역사서는 『삼국사기』이다(1145, 인종 23). 『삼국유사』는 충렬왕 때 일연이 쓴 것으로 불교사를 중심으로 민간 설화와 전래 기록 등을 수록하였다(1285, 충렬왕 11).

- [삼국유사] 몽골 침략의 위기를 겪으며 우리의 전통 문화를 올바르게 이해하려는 움직임에서 편찬되었다. [국12] ☐
  - 몽고의 침략을 받아 원나라의 간섭을 받고 있었다. [기13] ☐
  - 무신 정권이 수립되어 역사서 역시 무신들의 취향을 반영하였다[X]. [기13] ☐
  - 중국의 영향을 많이 받은 문벌 귀족들이 역사서를 집필하였다[X]. [기13] ☐

[해설] 일연이 『삼국유사』를 지을 당시는 충렬왕 대(재위 1274-1308, 제25대)로 몽골의 침략을 받아 원의 간섭을 받고 있던 시기였다(1285, 충렬왕 11). / 『삼국유사』가 지어진 시기는 무신 정권기 이후인 원 간섭기 때의 일이다. / 중국의 영향을 많이 받은 문벌 귀족들이 역사서를 집필한 것은 11세기 후반과 12세기 전반의 일이다(최충과 김부식). 대표적으로 김부식이 편찬한 『삼국사기』를 들 수 있다(1145, 인종 23). 『삼국유사』가 쓰일 당시의 일이 아니다(해당 문제의 질문에서 물은 사항).

- [삼국유사] 단군 신화와 전설 등 민간에서 전승되는 자료를 광범위하게 수록하였다. [지23] ☐

[해설] 단군 신화와 전설 등 민간에서 전승되는 자료를 광범위하게 수록한 것은 『삼국유사』로, 일연이 지었다(1285, 고려 충렬왕 11).

- [삼국유사] 우리의 고유문화와 전통을 중시하였으며 단군 신화를 수록하였다. [국13] ☐
  - 고조선의 역사를 중시하였다. [국16] ☐
  - 민족적 자주의식을 고양하였다. [국16] ☐
  - 단군의 건국 이야기를 『삼국유사』에 수록하였다(일연). [회22] ☐

┗단군의 건국 이야기가 수록되었다. [법22] □

┗삼국유사 [국18] [지12①] □

[해설] 보각국사 일연(1206~1289)의 『삼국유사』는 불교사를 중심으로 민간 설화와 전래 기록을 수록하여 우리 민족의 고유문화와 전통을 중시하였다(단군의 건국 이야기도 수록)(민족적 자주의식을 반영한 고려 후기의 역사서).

• [삼국유사] (다)와 같은 인식은 귀족 문화의 최전성기인 문종 대에 나타났다[x]. [기11] □

[해설] 관련 자료(삼국유사←본서 자료명) 참조. 삼국의 시조가 모두 신비스러운 데서 탄생하였다는 것이 괴이하지 않다는 인식은 고려 말에 나타났다. 일연의 『삼국유사』가 대표적이다(1285, 충렬왕 11). 고려 전기에 해당하는 문종 대(재위 1046~1083)가 아니다. 참고로 『삼국유사』의 이러한 인식을 '불교적 신이 사관(神異史觀)'이라고 한다.

• [삼국유사] 불교를 중심으로 고대 설화를 수록하였다. [국22] □

┗불교 중심의 고대 민간 설화를 수록하였다. [국19] □

┗불교를 중심으로 신화와 설화를 정리하였다. [지21] □

┗일연이 불교사를 중심으로 고대의 민간 설화와 전래 기록을 수록한 역사서를 저술하였다. [경18①] □

┗[일연] 불교사를 중심으로 설화와 야사를 수록한 역사책을 저술하였다. [서24①] □

┗충선왕 때에 일연이 쓴 '삼국유사'는 불교사를 중심으로 고대의 민간 설화나 전래 기록을 수록하는 등 우리의 고유문화와 전통을 중시하였다[x]. [경16②] □

[해설] 불교를 중심으로 고대의 민간 설화와 신화, 전래 기록 등을 수록한 역사서는 보각국사 일연이 저술한 『삼국유사』이다(1285, 충렬왕 11). / 『삼국유사』는 충선왕 대가 아니라 충렬왕 대에 저술되었다.

■ 삼국유사 [국19] [국16] [국13] [법22] [기13] [기11] □

• 이 책은 보각국사 일연의 저서로 왕력(王歷)·기이(紀異)·흥법(興法)·탑상(塔像)·의해(義解)·신주(神呪)·감통(感通)·피은(避隱)·효선(孝善) 등 9편목으로 구성되어 있다. 여러 고대 국가의 역사, 불교 수용 과정, 탑과 불상, 고승들의 전기, 효도와 선행 이야기 등 불교사와 관련된 일화를 중심으로 서술한 것이 특징이다.

[해설] 주어진 자료의 밑줄 친 '이 책'은 일연(1206~1289)의 『삼국유사』를 가리킴을 알 수 있다(1285, 고려 충렬왕 11).

• 대저 옛 성인은 예악으로 나라를 일으키고 인의로 가르쳤으며 괴력난신(怪力亂神)은 말하지 않았다. 그러나 제왕이 장차 일어날 때는 부명(符命)과 도록(圖籙)을 받게 되므로 반드시 남보다 다른 일이 있었다. 그래야만 능히 큰 변화를 타고 대업을 이룰 수 있는 것이다. …(중략)… 그러니 삼국의 시조가 모두 신비하고 기이한 일을 연유하여 태어났다는 것을 어찌 괴이하다 할 수 있겠는가. 이것이 신이(神異)로써 이 책의 앞머리를 삼는 까닭이다.

[해설] 일연(1206~1289)이 『삼국유사』를 지은 까닭을 밝힌 부분이다(1285, 충렬왕 11). 『삼국유사』의 서문(서론 부분)이다.

• (가) 대체로 성인은 예악으로 나라를 일으키고 인의로 가르침을 베푸는데 괴이하고 신비한 것은 말하지 않는 것이었다. (나) 그러나 제왕이 장차 일어날 때에는 천명과 비기록을 받게 되므로 반드시 남보다 다른 일이 있었다. 그래야만 능히 큰 변화를 타고 대기를 잡고 큰일을 이룰 수 있는 것이다. 그 때문에 하수에서 그림이 나오고 낙수에서 글이 나오고 성인이 일어났던 것이다. …… (다) 그렇다면 삼국의 시조가 모두 신비스러운 데서 탄생하였다는 것이 무엇이 괴이하랴.

(『동국이상국집』)

[해설] 위와 같은 내용의 자료이다. 시험지의 제시된 자료 끝부분에 이규보의 시문집인 '(『동국이상국집』)'이 덧붙여져 있는데 잘못 붙인 오류로 보인다(밑줄은 시험지 표시)([기11] 관련 선지 및 해설 참조).

• ·제왕이 장차 일어날 때는 하늘의 명령과 상서로운 기운을 받아서 보통 사람과는 다른 점이 있으니, 그런 뒤에야 능히 큰 변화를 타서 제왕의 지위를 얻고 대업을 이루었다. …(중략)… 삼국의 시조들이 모두 신이(神異)한 일로 탄생했음이 어

찌 괴이하겠는가. 이것이 책 첫머리에 「기이(紀異)」편이 실린 까닭이며, 그 의도도 여기에 있는 것이다.

[해설] 위와 같은 내용의 자료이다.

- (나) 은(는) 충렬왕 때 한 승려가 일정한 역사 서술 체계에 구애받지 않고 자유로운 형식으로 저술한 역사서이다. 총 5권으로 구성되었으며, 민간 설화와 불교에 관한 내용들이 많이 수록되어 있다.

[해설] 주어진 자료 속 '(나)'는 일연이 지은 『삼국유사』를 가리킨다.

- · 단군을 우리 민족의 시조로 여겨 단군 신화를 서술하였다.
  · 불교사를 중심으로 서술하였다.
  · '기이편'을 두어 우리 고유의 설화, 전래 기록 등을 서술하였다.

[해설] 주어진 역사서는 보각국사 일연(1206~1289)이 저술한 『삼국유사』임을 알 수 있다(1285, 충렬왕 11).

- [삼국유사] 기전체 형식으로 서술되었다[X]. [법22] □
  └현존하는 가장 오래된 역사서이다[X]. [법22] □
  └대의명분을 중시하는 성리학적 사관을 반영하였다[X]. [법22] □

[해설] 기전체 형식으로 서술된 대표적인 역사서는 김부식(1075~1151)의 『삼국사기』이다(1145, 인종 23). 『삼국유사』는 기사본말체 형식이다. / 현존하는 가장 오래된 역사서 역시 김부식의 『삼국사기』이다. / 대의명분을 중시하는 성리학적 사관을 반영한 대표적인 역사서는 이제현(1287~1367)의 『사략』이다(1357, 공민왕 6).

- [이승휴]『제왕운기』가 저술되었다. [국22] □
  └이승휴의 『제왕운기』 편찬 [서17②] □
  └제왕운기 - 중국과 우리나라의 역사를 운율시 형식으로 서술하였다. [회21] □
  └제왕운기 [국18] [지12①] □
  └『제왕운기』 [경18②] □

[해설] 『제왕운기』가 이승휴(1224~1300)에 의해 저술된 것은 충렬왕 13년인 1287년의 일이다(민족적 자주의식을 반영한 고려 후기의 역사서). 단군부터 서술하였으며, 우리 역사를 중국사와 대등하게 파악하는 자주성이 드러난다.

- [제왕운기] 원 간섭기에 중국과 구별되는 우리 역사의 독자성을 강조하였다. [국20] □
  └『제왕운기』는 우리 역사를 중국사와 대등하게 파악하였다. [지15①] □
  └『제왕운기』는 우리 역사의 서술을 단군부터 시작하여 중국의 역사만큼 유구하다고 보았다. [지14①] □
  └ '제왕운기'는 우리나라의 역사를 고구려에서부터 서술하여 우리 역사를 중국사와 대등하게 파악하는 자주성을 나타낸다. [X] [경16②] □
  └이승휴의 『제왕운기』에서는 우리 역사를 단군부터 서술하였다. [국19] □
  └[이승휴] 우리나라 역사를 단군에서부터 서술한 역사서를 저술하였다. [지16②] □
  └단군부터 고려 충렬왕 때까지의 역사를 서사시로 기록하였다. [지23] □
  └이 책은 단군 신화를 서술하면서 예맥, 부여, 옥저, 삼한, 삼국이 모두 단군의 후손임을 밝혀 놓았다. [회20] □

[해설] 『제왕운기』는 이승휴(1224~1300)가 단군부터 고려 충렬왕 때까지의 역사를 서사시로 기록한 역사서이다(1287, 충렬왕 13). 『제왕운기』 하권에서 고조선과 충렬왕까지의 사적이 통사적 형태로 수록되어 있다(7언 시 또는 5언 시 형태로 수록). 유교적 인식에 기초하고 있지만 『제왕운기』는 (『삼국유사』와 마찬가지로) 단군을 우리 민족의 시조로 삼고 있다. 원 간섭기에 집필된 탓에 중국과 구별되는 우리 역사의 독자성을 강조하고 있다. 또한 우리 역사를 단군으로부터 서술할 뿐만 아니라 발해를 고구려의 계승국으로 보는 등 우리 역사를 강조하여 중국사와 대등하게 파악하였다.

■ 제왕운기 [국20] □

신(臣)이 이 책을 편수하여 바치는 것은 …(중략)… 중국은 반고부터 금국에 이르기까지, 동국은 단군으로부터 본조(本朝)에 이르기까지 처음 일어나게 된 근원을 간책에서 다 찾아보아 같고 다른 것을 비교하여 요점을 취하고 읊조림에 따라 장을 이루었습니다.

[해설] '반고(盤古)*부터 금국(金國)**에 이르기까지(이상 상권), 동국(東國)은 단군(檀君)으로부터 본조(本朝)에 이르기(이상 하권, 고려 충렬왕 대까지)'라는 내용을 통해 주어진 자료 속 '이 책'은 이승휴의 『제왕운기』를 가리킴을 알 수 있다(1287, 고려 충렬왕 12).

*반고(盤古): 중국 신화(고대 전설)에 등장하는 천지를 창조한 인물(즉 신의 이름)

**금국(金國): 금나라

- [민지(본조편년강목)] 사실의 기록보다 평가를 강조한 강목체 사서를 편찬하였다.* [지23] □
  ㄴ이 책은 고려의 역사를 편년체와 강목체를 결합하여 서술한 것으로, 우리나라 최초의 강목체 사서로 평가된다.* [회20] □
  ㄴ『본조편년강목』* [서18②] □

[해설] 사실의 기록보다 평가를 강조한 강목체* 사서로 최초의 것은 문신인 (묵헌) 민지(1248~1326)의 『본조편년강목』을 들 수 있다(1317, 충숙왕 4). 『본조편년강목』은 고려 충숙왕 때 민지가 고려의 역사를 정리한 책이다. 『본조편년강목』은 줄여서 『편년강목』이라고도 하는데 『세대편년절요』**를 보완하기 위해 편찬된 것으로 추정한다. 태조 왕건의 증조부인 문덕 대왕으로부터 고종 때까지의 사실들을 기록하였으며, 우리나라 최초의 강목체** 사서이다.

*강목체(綱目體): 역사를 연대순으로, 즉 연·월·일순에 따라 기술하되, 그중 중요한 것과 정통(正統)·의(義)에 합당하는 것들의 요체를 강(綱)으로 설정하여 큰 글씨로 기록하고, 부차적인 내용 또는 구체적인 사실 등은 목(目)으로 설정하여 작은 글씨로 기록하는 편년체 역사 서술 형식을 가리킨다. 주희(1130~1200)의 『(자치)통감강목』이 사마광의 『자치통감』을 강(綱)과 목(目)으로 나누어 편찬한, 강목체의 효시가 되는 사서이다. 줄여서 그냥 『강목』이라고도 부른다. 강목체를 편년체의 변종으로 보기도 한다.

**『세대편년절요』: 정가신(1224~1298)이 지은 『천추금경록』을 민지(1248~1326)와 권보(1262~1346)가 충렬왕의 명으로 증수하여 편찬한 역사서이다(정확한 편찬 연도는 알 수 없다. 충선왕 복위 원년인 1308년 12월에 『세대편년절요』를 원에 바치게 한 기록이 있다).

- [사략] 성리학적 유교 사관이 반영되어 대의명분을 강조하였다. [국20] □
  ㄴ[이제현] 성리학적 유교 사관에 입각한 사략을 저술하였다. [지16②] □
  ㄴ정통 의식과 대의명분을 강조하였다. [국13] □
  ㄴ이 책은 고려 태조부터 숙종까지의 역사를 정리한 것으로, 그 가운데 국왕들의 업적에 대한 평가 부분이 지금 전하고 있다. [회20] □
  ㄴ정몽주 – 역사서 『사략』을 저술하였다[X]. [서22①] □

[해설] 성리학적 유교 사관이 반영되어 대의명분을 강조한 (고려의) 책으로는 익재[역옹] 이제현(1287~1367)의 『사략』을 들 수 있다(1357, 공민왕 6). / 역사서 『사략』을 저술한 인물은 (정몽주가 아니라) 익재[역옹] 이제현이다. 『사략』은 고려 태조부터 숙종까지의 역사를 정리한 것으로, 그 가운데 국왕들의 업적에 대한 평가 부분이 지금 전하고 있다.

2 도교, 풍수지리설, 토착 신앙의 발달

- 태조 때에 환구단(圜丘壇)에서 풍년을 기원하는 제사를 올렸다[X]. [지18] □

[해설] 고려 태조 때에 환구단(圜丘壇)에서 풍년을 기원하는 제사를 올렸다고 하는데, 환구단이 설치된 것은 고종이 황제로 등극한 대한 제국 때의 일이다(1897.10)(국가 제사에 대해 묻는 문제).

- 성종 때에 사직(社稷)을 세워 지신과 오곡 신에게 제사를 지냈다.* [지18] □

[해설] 고려 성종 때에 사직(社稷)을 세워 지신과 오곡 신에게 제사를 지낸 것은 옳은 사실이다. 참고로 문헌상 신라 선덕왕(재위 780~785, 제37대)이

재위 4년인 783년에 처음으로 사직단을 세웠던 것으로 나와 있고, 그 뒤 고려는 성종(재위 981~997, 제6대), 조선은 태조(재위 1392~1398) 때 각 사직단을 세웠다(국가 제사에 대해 묻는 문제).

- 숙종 때에 기자(箕子) 사당을 세워 국가에서 제사하였다.* [지18] □

[해설] 고려 숙종(재위 1095~1105, 제15대) 때에 기자(箕子) 사당을 세워 국가에서 제사한 것은 옳은 사실이다(1102, 숙종 7). 평양에 세웠는데, 이때 기자의 묘까지 만들었다(국가 제사에 대해 묻는 문제).

- [예종] 복원궁을 건립하여 도교를 부흥시켰다. [국17①] □
  └ 예종 대에 도관(道觀)인 복원궁을 세워 초제를 올렸다. [지18] □
  └ 초제(醮祭)를 통하여 나라의 안녕과 왕실의 번영을 기원하였다. [기18] □

[해설] 복원궁을 건립하여 도교를 부흥시킨 왕은 예종(재위 1105-1122, 제16대)이다(복원궁은 도교 사원). 정확한 설치 연대는 알 수 없지만 1120년(예종 15)에 왕이 직접 제사를 지낸 친초(親醮) 기록이 있고, 『고려도경』에 1110년에 송 휘종이 우류(즉 '도사') 2명을 보냈고 예종이 정화(휘종 연호, 1111~1117) 연간에 복원관[복원궁]을 세우고 도사 10인을 두었다고 한 것으로 보아 이 시기를 전후로 설치된 것으로 추정할 수 있다. 초제(醮祭)란 국가의 안녕과 왕실의 번영을 기원하는, 도사가 주관한 국가적 수준의 도교 제례이다(국가 제사에 대해 묻는 문제). / 마니산 초제가 대표적으로, 소전색(燒錢色)과 같은 관아에서 맡아 진행하였다.

■ 복원궁[복원관] 건립 [국17②] □

대관(大觀) 경인년에 천자께서 저 먼 변방에서 신묘한 도(道)를 듣고자 함을 돌보시어 신사(信使)를 보내시고 우류(羽流) 2인을 딸려 보내어 교법에 통달한 자를 골라 훈도하게 하였다. 왕은 신앙이 돈독하여 정화(政和) 연간에 비로소 복원관(福源觀)을 세워 도가 높은 참된 도사 10여 인을 받들었다. 그러나 그 도사들은 낮에는 재궁(齋宮)에 있다가 밤에는 집으로 돌아가고는 하였다. 그래서 후에 간관이 지적, 비판하여 다소간 법으로 금하는 조치를 취하게 되었다. 간혹 듣기로는, 왕이 나라를 다스렸을 때는 늘 도가의 도록을 보급하는 데 뜻을 두어 기어코 도교로 호교(胡敎)를 바꿔 버릴 생각을 하고 있었으나 그 뜻을 이루지 못해 무엇인가를 기다리는 것이 있는 듯하였다고 한다.
- 『고려도경』-

[해설] 어려운 용어들이 나와 있으나 도교 사원인 '복원관(또는 '복원궁'이라고도 함)'이라는 결정적인 말을 통해 주어진 자료는 고려 제16대 왕인 예종 대(재위 1105-1122)의 도교와 관련된 것임을 추론할 수 있다(1115, 예종 10). 자료 속에 나오는 '재궁(齋宮)'은 국왕(임금)이 제사를 올리기 전에 심신을 깨끗이 하고 금기를 범하지 않으려고 머무는 궁전을 뜻한다. 또 출처로 제시된 『고려도경』은 고려 인종 원년인 1123년에 사절로 온 송의 문신 서긍(?~?)이 지은 책이다. 원명은 『선화봉사고려도경』이다.
* '대관'은 송 휘종의 제3연호(1107~1110)로 경인년이면 예종 5년인 1110년이다.
** '정화'는 송 휘종의 제4연호(1111~1117)이다.
*** 호교(胡敎)는 곧 불교를 가리킨다.

- [도교] 하늘에 제사 지내는 초제의 사상적 근거가 되었다. [국17①] □

[해설] 하늘에 제사 지내는 초제는 도교 행사이다. 태조 때 도교 사원인 구요당(九曜堂)을 세우고 초제(醮祭)를 거행하였다. 제사 대상에는 도교의 상제, 오방산해신군 및 성신[별] 등이 모두 포함되었다.

- [숙종] 김위제의 건의로 남경 건설을 추진하였다.* [국17②] □

[해설] 풍수지리사 김위제(?~?)의 건의로 남경 건설을 추진한 것은 고려 제15대 왕인 숙종 대(재위 1095-1105)의 일이다. 김위제는 도선의 풍수지리를 배운 술사(術士)[풍수지리사]로, 숙종에게 남경(한양)으로 도읍을 옮기도록 청하였다. 이에 숙종이 재위 4년인 1099년에 친히 남경에 행차하여 지세를 살폈고, 재위 6년인 1101년에는 남경개창도감을 두게 하였다[문종 21년인 1067년에 남경 처음 설치, 1099년에 결정한 것은 남경 재설치(문종 30년인 1076년에 명칭이 양주로 바뀌었음)].

- [풍수지리설] 고려 시대에 묘청이 서경 천도의 필요성을 주장하는 논리로 활용하였다. [국16] □
  └ 고려 시대에 국가와 왕실의 안녕과 번영을 기원하는 초제로 행하여졌다[×]. [국16] □

[해설] 묘청(?~1135)은 풍수지리설을 기반으로 지력이 쇠한 개경을 벗어나 서경으로 천도하여야 한다고 주장하였다. 초제(醮祭)는 국가와 왕실의 안녕을 기원하며 하늘에 지내는 제사로 도교와 관련된 행사이다.

- [풍수지리설] 서경 천도 운동의 배경이 되었다. [국17①] ☐
  - 문종 때 남경 설치의 배경이 되었다. [국17①] ☐
  - 공민왕과 우왕 때 한양 천도 주장의 근거가 되었다. [국17①] ☐

[해설] 묘청(?~1135)의 서경 천도 운동의 배경이 된 사상은 풍수지리설이다. 문종 때 북진 정책이 퇴조하면서 남경(한양)이 새로운 명당으로 대두되었다. 그리고 문종 때 등장한 남경 길지설은 공민왕과 우왕 때에 이르러 한양 천도 주장으로 이어졌다(문종 21년인 1067년에 남경 처음 설치).

3 과학 기술의 발달

- 고려는 세계 최초로 금속 활자를 발명하였다. [서18②] ☐
  - 일찍부터 금속 활자 인쇄술을 발명하였으며, 후기에는 활판 인쇄술의 개발에 힘을 기울였다[x]. [경14②] ☐

[해설] 고려는 세계 최초의 금속 활자를 발명하였다. 현존하지는 않으나 이규보(1168~1241)의 『동국이상국집』에 대몽 항쟁기인 1234년(고종 21)에 금속 활자로 『상정고금예문』을 찍었다[간행하였다]는 기록이 있다(우리나라 최초의 금속 활자본)(『상정고금예문』은 인조 대 편찬). 그리고 현존하는 최고(最古)의 금속 활자본은 1377년(우왕 3)에 간행된 『직지심체요절』이다. / 신라 때부터 발달한 목판 인쇄술은 한 가지의 책을 다량으로 인쇄하는 데는 적합하지만, 여러 가지의 책을 소량으로 인쇄하는 데에는 활판 인쇄술보다 못하였다. 따라서 고려에서는 일찍부터 활판 인쇄술의 개발에 힘을 기울였으며, 후기에 금속 활자 인쇄술을 발명하였다(7차 고등학교 국사 교과서). 요컨대 활판 인쇄술의 개발에 힘을 기울이다가 후기에 이르러 금속 활자 인쇄술을 발명한 것이다. '활판 인쇄술'과 '금속 활자 인쇄술'의 순서가 서로 바뀌었다. 활판 인쇄술이란 나무나 점토를 이용해 만든 활자를 활판에 배치하여 찍어내는 기술이다. 아무래도 금속 활자 인쇄술에 비해 내구성이 떨어진다.

- 금속 활자는 한 번 만들면 여러 종류의 책을 쉽게 찍을 수 있었다. [서12] ☐

[해설] 금속 활자 이전에는 나무를 통째로 판을 만드는 목판, 그 후에는 목활자로 인쇄하였다. 따라서 한 번 판각을 하면 계속해서 인쇄할 수는 있었지만 다른 종류의 책을 만들 수는 없었다(다시 판각). 목활자 역시 금속 활자보다 내구성이 약해 책을 여러 번 찍기 힘들었다. 금속 활자의 개발은 이러한 어려움을 해소하였다.

- 금속 활자로 상정고금예문을 인쇄하였다. [지16②] ☐
  - 『상정고금예문』이 금속 활자로 인쇄되었다. [경18①] ☐
  - 우리나라 최초의 금속 활자본인 상정고금예문이 인쇄되었다. [서13] ☐
  - 고종 21년(1234)에 『상정고금예문』을 인쇄했다는 기록이 있다. [서12] ☐
  - 몽골과 전쟁 중이던 강화도 피난 시에는 금속 활자로 상정고금예문을 인쇄하였다. [경14②] ☐
  - [상정고금예문] 최윤의 등이 지은 의례서를 인쇄한 것이다. [지24] ☐
  - 「상정고금예문」 간행 [경17①] ☐
  - 『상정고금예문』 간행 [경13②] ☐
  - 『상정고금예문』 [경12③] ☐

[해설] 『상정고금예문』은 고려 인종 대(재위 1122-1146, 제17대) 최윤의(1102~1162) 등 학자 17명이 왕명으로 고금의 예의(禮儀)를 수집·고증하여 묶은 전례서(典禮書)이다(50권으로 엮은 예서로 현존하지 않음, 정식 서명은 「상정예문」). 백운거사 이규보(1168~1241)의 『동국이상국집』에 고려 고종 대 무신 집권자 최우(집권 1219-1249)가 금속 활자로 『상정고금예문』 50권을 인쇄하여 관청에 배포하였다는 기록이 남아 있다[1234(고종 21)~1241(고종 28)]. / [경14②] 『상정고금예문』을 금속 활자를 사용하여 인쇄하기 시작한 때는 고종 21년인 1234년이고 끝마친 때는 고종 28년인 1241년이므로(대몽 항쟁은 1231년에서 1259년 사이), 옳은 설명이다.

- [고종] 몽골의 침입 때 불타 버렸다(초조대장경). [지16②] ☐
  - 고려 대장경을 다시 조판하여 완성하였다(팔만대장경). [지16②] ☐
  - 적의 침략을 물리치기 위한 염원에서 팔만대장경을 만들었다. [지20] ☐

┗외적을 물리치기 위해 만들어진, 팔만대장경 [법17] □

┗[팔만대장경] 몽골의 침략을 물리치려는 염원을 담고 있다. [지24] □

┗팔만대장경은 거란의 침입을 물리치기 위한 염원을 담아 만든 것이다[x]. [서19②] □

┗종교적 염원이 담긴 팔만대장경이 조판되었다. [법16] □

┗몽고와의 전쟁 중에 부처님의 힘으로 국난을 극복하고자『재조대장경』을 간행하였다. [경13②] □

┗몽골 침략으로 소실된『초조대장경』을 대신하여 재조대장경(팔만대장경)을 조판하였다(최우). [경15②] □

┗재조대장경은 몽고 침략으로『초조대장경』이 소실된 후 고종 때 다시 만든 것이다. [지11①] □

┗재조대장경은 고려 전기에 만들어졌던 대장경 판목이 거란의 침입으로 불타버렸기 때문에 무신 집권기에 다시 만든 것이다.
　　　　　　　　　　　　　　　　　　　　　　　　　　　　　　　　　　　　　　　[x] [서19②] □

┗재조대장경의 각판 사업에 착수했다. [서22①] □

┗강화도와 진주에 도감을 설치하고 새로이 대장경을 판각하여 완성하였다(팔만대장경). [경18①] □

┗대장도감을 설치하여 16년에 걸쳐 판각하였다. [소19①] □

┗대장도감 [지24] □

┗팔만대장경(재조대장경) 완성 [경20①] □

┗현재 합천 해인사에 보관되어 있는 팔만대장경은 재조대장경을 가리킨다. [지11①] □

┗현재 합천 해인사에 보관되어 있다. [소19①] □

[해설]『초조대장경』은 대구 부인사에 보관되어 있었으나 몽골 2차 침입 때 소실되었다(1232, 고종 19). / 외적[몽골]의 침략을 물리치기 위한 염원에서『팔만대장경(판)』[『재조대장경』]을 만든 것은 고려 고종 대(재위 1213-1259, 제23대)의 일이다[1236~1251(고종 23~38), 최우 집권기이자 강화도 천도기]. 당시 무신 집권자였던 최우(집권 1219-1249, 제2대)가 조판 사업을 주도하였다(대몽 항쟁이 상대적으로 소강상태에 접어든 1238년(고종 25)부터 1247년(고종 34) 사이에 조판이 집중적으로 이루어짐). / 고종 대에 강화도와 진주에 도감[대장도감]*을 설치하고 새로이 대장경을 판각하여 완성하였다(1236~1251,『팔만대장경』)[진주에 분사대장도감 설치, 경남 남해에서 판각 작업 진행, 승려 수기(?~?)가 총책임자]. /『초조대장경』(거란의 침입을 막고자 고려 전기에 만들어졌던 대장경 판목, 고려 최초의 대장경)은 대구 부인사에 보관하였으나 몽골의 제2차 침입 때인 고종 19년(1232)에 소실되었다(고종 22년인 1235년에는 개성 흥왕사에 보관 중이던 의천의『속장경』도 소실). /『재조대장경』은 조선 태조 때 합천 해인사로 이관되어 현재까지 보관 중이며, 그 양이 8만 매가 넘는다 하여 흔히 '『팔만대장경』'이라고 불린다.

*대장도감은『팔만대장경』[『재조대장경』]의 판각 업무를 담당한 관청이다(1236, 고려 고종 23). 강화(도)에 본사(本司)가 설치되어 업무를 주관하였고, (경남) 진주 관내인 남해현(南海縣)에 분사(分司)를 두어 일을 분담하였다.

■ 팔만대장경 조판(고종) [기19] □

이제 집정자와 문무백관 등과 함께 큰 서원(誓願)을 발하여 이미 담당 관사(官司)를 두어 그 일을 경영하게 하였습니다. 처음의 역사(役事)를 살펴보았더니, 옛날 현종 2년(1011)에 거란주(契丹主)가 크게 군사를 일으켜 와서 정벌하자 현종은 남쪽으로 피난하고, 거란 군사는 송악성에 주둔하고 물러가지 않았습니다. 현종은 이에 여러 신하들과 함께 더 할 수 없는 큰 서원을 발하여 대장경 판본을 판각하자 거란 군사가 스스로 물러갔습니다. 그렇다면 대장경도 같고 전후로 판각한 것도 같으며, 군신이 함께 서원한 것도 또한 동일한데, 어찌 그때만 거란 군사가 스스로 물러가고 지금의 달단(達旦)은 그렇지 않겠습니까?
-『동국이상국집』-

[해설] 자료 속 밑줄 친 '그 일'은 대장경을 간행한 일을 뜻하는 것으로, 출처가 이규보(1168~1241)의『동국이상국집』임을 감안하면 재조된 대장경, 곧 '『팔만대장경』'(정식 명칭은 '『고려대장경』')임을 알 수 있다[이규보의「대장각판군신기고문(大藏刻板君臣祈告文)」]. 참고로 달단(達旦)은 '몽골(족)'을 뜻한다.

- ㉠은 송과 연합하여 요를 멸망시킨 후 송을 침략하여 강남으로 몰아냈다[x]. [경16①] □
  ㄴ㉠과의 전쟁이 끝난 후 고려는 개경에 나성을 쌓아 도성 수비를 강화하였으며, 북쪽 국경 일대에 천리장성을 쌓았다[x]. [경16①] □
  ㄴ㉡은 부처의 도움으로 여진을 퇴치하려고 만든 금속 활자 인쇄본이다[x]. [경16①] □
  ㄴ㉢에 따라 만들어진 대장경판은 현재 합천 해인사에 보관되어 있다. [경16①] □

[해설] [경16①]의 ㉠은 몽골, ㉡은 『초조대장경』, ㉢은 『팔만대장경』[『재조대장경』]을 가리킴. 송과 연합하여 요를 멸망시킨 후 송을 침략하여 강남으로 몰아낸 나라는 몽골이 아니라 금이다(1127, 남송). / 고려가 개경에 나성을 쌓아 도성 수비를 강화하고(1030, 현종 21), 북쪽 국경 일대에 천리장성을 쌓은 것[1033(덕종 2)~1044(정종 10)]은 (몽골이 아니라) 거란과의 전쟁이 끝난 후의 일이다. / 『초조대장경』은 부처의 도움으로 (여진이 아니라) 거란의 침입을 퇴치하려고 만든 고려 최초의 대장경이다. 현종 2년(1011)에 발원하여 선종 4년(1087)에 걸쳐 완성된 고려 최초의 대장경이다[1019년(현종 10)부터 조판을 시작했다는 설, 1051년(문종 5)에 완성했다는 설 등이 있음]. 그리고 『초조대장경』은 목판 인쇄본이지 금속 활자 인쇄본이 아니다. / 『팔만대장경판』[『재조대장경판』, 『고려대장경판』]은 현재 합천 해인사 장경판전에 보관되어 있다.

■ 몽골 침략으로 인한 대장경 소실 [경16①] □

심하도다. (㉠)의 환란이여. 잔인한 것은 말할 것도 없고, 지극히 어리석기는 짐승보다 심하니, 어찌 천하에서 공경하는 바를 알겠으며, 불법(佛法)이 있음을 알겠습니까? 그들은 지나가는 곳마다 불상과 불서를 모두 불태워 ㉡부인사에 소장된 대장경 판본도 남기지 않고 쓸어버렸습니다. …… 이런 큰 보물이 없어졌는데 어찌 감히 역사(役事)가 클 것을 염려하며, ㉢고쳐 만드는 일을 주저할 수 있겠습니까?
- 이규보, 「동국이상국집」 -

[해설] 몽골의 제2차 침입 시 대구 부인사에 보관 중이던 『초조대장경』이, 제3차 침입 시 개성 흥왕사에 보관 중이던 『속장경』이 소실되었다[각 1232(고종 19)/1235(고종 22)]. 따라서 위 자료에서 '㉠'은 몽골을, '㉡'은 『초조대장경』(1011~1029, 1232년 소실)을, '㉢'은 『팔만대장경』(『재조대장경』, 원래 이름은 '『고려대장경』')을 가리킨다.

- 고려대장경의 판목은 고려의 목판 인쇄술이 최고의 수준에 이르렀음을 입증해주고 있다. [경14②] □

[해설] 고려 시대의 기술에서 가장 뛰어난 것은 인쇄술의 발달이었다. 신라 때부터 발달한 목판 인쇄술은 고려 시대에 이르러 더욱 발달하였다. 고려대장경의 판목은 고려의 목판 인쇄술이 최고의 수준에 이르렀음을 입증해주고 있다(7차 고등학교 국사 교과서).

- 『직지심체요절』은 세계 기록 유산으로 등재된 현존하는 가장 오래된 금속 활자본이다. [국23] □
  ㄴ[직지심체요절(하권)] 현존하는 금속 활자본 중에서 가장 오래된 것이다. [지24] □
  ㄴ현존하는 세계 최초의 금속 활자본이 제작되었다. [법15] □
  ㄴ현존하는 금속 활자본 중에서 가장 오래된 것이다. [지24] □
  ㄴ흥덕사에서 직지심체요절을 간행하였다. [국17①] □
  ㄴ[흥덕사] 금속 활자인 직지심체요절이 간행되었다. [서13] □
  ㄴ청주 흥덕사에서 간행한 직지심체요절이 현존하는 세계 최고의 금속 활자본으로 공인받고 있다. [경14②] □
  ㄴ[인쇄술, 금속 활자] 청주 흥덕사, 상정고금예문 인쇄 [x] [법14] □
  ㄴ『직지심체요절』은 구텐베르크의 금속 활자보다 시기가 앞선다. [서12] □
  ㄴ프랑스에 있는 『직지심체요절』은 청주 용두사에서 간행했다[x]. [서12] □

[해설] 『직지심체요절』은 세계 기록 유산으로 등재된 현존하는 가장 오래된 금속 활자본이다(2001년 『승정원일기』와 함께 세계 기록 유산으로 지정). 즉 구텐베르크의 활자보다 70여 년 앞선 세계 최고의 금속 활자본으로 충북 청주 (교외의) 흥덕사에서 인쇄하여 간행되었다(1377, 고려 우왕 3). 정식 서명은 『백운화상초록불조직지심체요절(白雲和尙抄錄佛祖直指心體要節)』이다. 『(불조)직지심체요절』은 승려 경한(1299~1374)[별칭 백운화상]이 선(禪)의 요체를 깨닫는 데 필요한 내용을 발췌한 불교 교리서[불교 서적]이다. 현재 프랑스 파리 국립 도서관에 보관되어 있다. / [서12] 요하네스 구텐베르크(1394~1468)가 금속 활자 인쇄술을 발명한 것은 1440년경의 일이다. 그의 새로운 인쇄법은 (독일) 마인츠에서 전 유럽

으로 급속히 퍼져 나가, 이미 1455년에 원색의 라틴어판 『구텐베르크 성경』이 출판되었다. 구텐베르크의 발명은 유럽의 학문적 교류를 폭발적으로 확대시키는 결과를 초래하였다.

■ 직지심체요절(하권) [지24] □

(가) 은/는 1377년 청주 흥덕사에서 인쇄한 것이다. 독일 구텐베르크가 인쇄한 책보다 70여 년 앞서 간행된 것으로 밝혀졌다. 현재 유네스코 세계 기록 유산으로 등재되어 있다.

[해설] 주어진 자료 속 '(가)'는 『직지심체요절』(하권)(상권은 전하지 않음)을 가리킨다.

• 공양왕은 서적원을 설치하여 활자의 주조와 인쇄를 맡게 했다.* [서12] □

[해설] 공양왕은 서적원을 설치하여 활자의 주조와 인쇄를 맡게 하였다(1392, 공양왕 4). 참고로 숙종 때는 서적포를 국자감에 설치하여 책을 간행하였다(1101, 숙종 6).

• [충선왕] 수시력 도입 [법16] □
  └ 고려 초에는 당의 선명력을 사용하였으나, 충선왕 때에는 원의 수시력을 받아들였다. [경12③] □
  └ 충선왕 때에는 원의 선명력을 채용하고 그 이론과 계산법을 충분히 소화하였다[✗]. [경17①] □

[해설] (원의) 수시력을 도입한 것은 고려 충선왕 대(재위 1298/1308-1313, 제26대)의 일이다. / 충선왕 때 채용한 것은 원의 수시력이다(충렬왕 7년인 1281년 수시력 전래). 선명력은 당의 역법으로 고려 초기에 사용되었다. 참고로 공민왕 때는 명의 대통력이 사용되었다.

• [공민왕] 역법(曆法)은 명(明)의 수시력을 채용하였다[✗](대통력). [경11②] □

[해설] 고려 공민왕 대(문제의 질문에서 묻은 내용) 역법(曆法)은 (명의 수시력이 아니라) 원의 수시력을 채용하였다. 그러다가 명이 1384년(고려 우왕 10/명 홍무 17) 수시력을 약간 수정한 대통력[大統曆]을 만들어 채용하였는데 이를 고려도 받아들였다[이후 조선 효종 4년(1653) 시헌력(時憲曆)을 채택할 때까지 사용]. 대통력은 1년을 365.2425일로 하는 역법은 수시력과 다름이 없고, 100년마다 1만분의 1씩을 줄이는 소장법(消長法)을 수시력에서 뺀 것만이 수시력과 다르다.

• 고려 시대에 천문과 역법을 맡은 관리들은 첨성대에서 관측 업무를 수행하였다. [기11] □

[해설] 고려 충렬왕 34년인 1308년에 서운관(書雲觀)이 설치되었다(조선 세종 7년인 1427년에 관상감으로 변경). 고려 문종 대에 사천대와 태사국으로 분리해서 운영되던 기구가 통합되어 새로운 이름으로 바뀐 것이다. 이때부터 고려의 천문·역학은 중국 의존에서 차츰 벗어나 자주적 성향을 나타내기 시작한 것으로 평가받고 있다. 아직도 개성 천문대(첨성대)가 남아 있는데 이곳에서 관리들이 관측 업무를 수행한 것으로 추정한다. 다만 천문대의 설립 연대나 관측 시설 또는 관측 기기에 대해서는 알려진 것이 없다.

• [고종] 『향약구급방』 [지19] [경12③] □
  └ 『향약구급방(鄕藥救急方)』 [서19②] □
  └ 현존하는 최고(最古) 의학 서적인 향약구급방이 편찬되었다. [서13] □
  └ 향약을 이용하여 처방할 수 있는 방법을 기록한 『향약구급방』이 편찬되었다. [서24①] □
  └ 『삼화자향약방』은 조선 초기 『향약구급방((鄕藥救急方)』의 편찬에 많은 기여를 하였다[✗].* [경11②] □
  └ 『향약구급방』 간행 [경20①] □

[해설] 『향약구급방』이 간행[편찬]된 것은 고려 고종 23년인 1236년의 일이다(고려 시대의 의서, 조선 시대의 의서 또는 과학 기술과 관련된 문제로 자주 출제). 이때 처음 상권이 편찬되었고 1251년(고종 38)까지 중·하권이 편찬되었다(총 3권). / ※ [경20①]에서 『향약구급방』의 간행 연도가 아직 불확실한 상태라는 수험생들의 이의 제기가 수용되어 해당 문제가 복수 정답 처리된 적이 있다. / [경11②] (고려 말의 의학서인) 『삼화자향약방』은 [고려 고종 때 간행된 『향약구급방(鄕藥救急方)』(1236~1251)이 아니라] 조선 초기 『향약제생집성방』과 『향약집성방』의 편찬에 많은 기여를 하였다[각 1398(태조 7)/1433(세종 15)].

• [우왕] 화통도감을 설치하였다. [지23] □

┗1377 화통도감 설치 [법12]

┗화통도감 [지24]

[해설] 화통도감이 설치된 것은 고려 우왕 3년인 1377년의 일이다[~1389(창왕 원년)]. 화약 및 화기의 제조를 담당하였다.

■ 화통도감 설치 [국17①] [지24]

- 조정은 중국의 화약 제조 기술을 터득하고 이 기구를 두고, 대장군포를 비롯한 20여 종의 화기를 생산하였으며, 화약과 화포를 제작하였다.

[해설] '화약와 화포를 제작'하였다는 부분에서 고려 우왕 때 설치된 화통도감임을 알 수 있다(1377, 고려 우왕 3).

- 비로서 (가) 을 설치했다. 판사 최무선의 말을 따른 것이다. 이때에 원나라의 염초 장인 이원이 최무선과 같은 동네 사람이었다. 최무선이 몰래 그 기술을 물어서 집의 하인들에게 은밀하게 배워서 시험하게 하고 조정에 건의했다.

-『고려사절요』-

[해설] 주어진 자료 속 '(가)'에 해당하는 기구는 최무선(1325~1395)의 건의로 고려 우왕 3년인 1377년에 설치된 화통도감이다. 최무선은 화통도감에서 만든 화포로 진포 대첩[해전]에서 왜구를 물리쳤다(1380.8, 고려 우왕 6). 진포는 오늘날 금강 하류 일대로 충남 서천 남쪽이다(전북 군산이라는 소수설도 있음).

4 자기 공예와 문학의 발달, 기타

- 고려청자는 물에는 묽어지고 불에는 굳어지는 자토로 모양을 만들고 무늬를 새긴 후 유약을 발라 대략 1,250~1,300도 사이의 온도로 구워서 만든다.* [지11①]

[해설] 고려청자는 물에는 묽어지고 불에는 굳어지는 자토로 모양을 만들고 무늬를 새긴 후 유약을 발라 구운 것이다.

- 독창적 기법인 상감법이 개발되어 상감 청자가 유행하였다. [서13]

┗12세기 중엽에는 고려의 독창적인 상감법이 개발되어 도자기에 활용되었다. [경15①]

┗상감법을 개발하여 자기 제작에 활용하였다. [법14]

┗상감 기법을 도자기 제작에 응용해서 만들어진 상감 청자는 무늬를 다양하고 화려하게 넣을 수 있었기 때문에 청자의 새로운 경지를 열었다. [경14②]

┗상감 청자는 강화도에 도읍한 13세기 중엽까지 주류를 이루었으나 원 간섭기 이후에는 제작 기법이 퇴조하였다. [경15①]

┗자기 제작에 상감 기법이 개발되어 무늬를 내는 데 활용되었으나 원 간섭기 이후에는 퇴조하였다. [경20①]

┗[공예, 자기 기술] 부안·강진 도요지, 상감 청자 제작법 [법14]

[해설] 고려 중기인 12세기 중반경 독창적 기법인 상감법[상감 기법]이 개발되었고, 12세기 후반경부터 상감 청자가 유행하기 시작하였다. 그리고 13세기 대몽 항쟁기 때 강화도에서 전성기를 이루었다. 하지만 이후 원으로부터 북방 기마의 기술을 받아들이면서 청자의 빛깔이 퇴조하고 점차 소박한 분청사기로 바뀌어갔다(원 간섭기 이후 쇠퇴). / [법14] 상감 청자 제작법을 답사하기 위해서는 전북 부안과 전남 강진 도요지로 찾아가야 한다. 옳게 연결되었다.

■ 상감 청자 [국24]

송나라 사신 서긍은 그의 저술에서 이 나라 자기의 빛깔과 모양에 대해, "도자기의 빛깔이 푸른 것을 사람들은 비색이라고 부른다. 근래에 와서 만드는 솜씨가 교묘하고 빛깔도 더욱 예뻐졌다. 술그릇의 모양은 오이와 같은데, 위에 작은 뚜껑이 있고 연꽃이나 엎드린 오리 모양을 하고 있다. 또, 주발, 접시, 사발, 꽃병 등도 있었다."라고 하였다.

[해설] 고려청자, 특히 상감 청자에 대한 내용으로 이를 통해 주어진 자료 속 밑줄 친 '이 나라'는 고려를 가리킴을 알 수 있다. 송나라 사신 서긍(?~?)이 고려를 방문하고 귀국한 후 『고려도경』을 지은 것은 고려 인종 1년인 1123년의 일이다. 책의 본래 명칭은 『선화봉사고려도경』(40권)이다.

- 고려의 귀족 문화를 대표하는 백자는 상감 기법을 이용한 것이다[X]. [서18②]

[해설] 고려의 귀족 문화를 대표하는 자기는 '백자'가 아닌 '청자'이다. 상감 기법을 이용하여 상감 청자를 만들었다. 참고로 상감 기법이란 흙으로 만든 도자기에 조각칼로 문양을 새긴 다음에, 자토(赭土)[적토]와 흑토(黑土), 백토(白土) 등으로 새긴 문양[무늬]을 메운 후 유약을 발라 구워 낸다. 12세기 중엽에 본격화된 것으로 추정한다.

- 사치스러운 귀족 문화와 불교 의식의 수요가 결합하면서 다양한 공예 기법이 발달하였는데, 대표적으로 은입사, 나전 칠기 및 상감 청자 등을 들 수 있다. [경19①]

[해설] 은입사(銀入絲)는 청동이나 철, 구리 등 금속 그릇에 은실을 이용하여 문양을 넣는 세공 기법이다. 나전 칠기는 얇게 간 조개껍데기를 여러 형태로 오려 기물의 표면에 감입시켜 꾸미는 칠공예의 장식 기법이다. 상감 청자의 상감법(象嵌法)은 나전 칠기나 은입사 공예에서 응용된 것이다.

- 무신 집권기에는 패관 문학과 가전체 문학이 유행하였는데, 이후 신진 사대부 사이에서는 경기체가, 일반 대중 사이에서는 속요가 각각 유행하기 시작하였다. [경19①]

[해설] 패관 문학이란 가설항담(길거리나 세상 사람들 사이에 떠도는 이야기나 뜬소문 등)에 창의성과 윤색이 가미된 일종의 산문적인 문학 양식이다. 참고로 패관(稗官)이란 옛날 중국에서 임금이 민간의 풍속이나 정사를 살피기 위하여 거리의 소문을 모아 기록시키던 벼슬 이름으로 이 뜻이 발전하여 이야기를 짓는 사람도 패관이라 일컫게 되었다. 가전체 문학이란 우화적, 의인적 수법을 쓴 짧은 전기체(傳記體)의 설화이다. 경기체가는 특정 구절이 제4·6구에 있어 붙여진 시가[장가]이다. '경기하여가(景幾何如歌)', '경기하여체가', '별곡체', '별곡체가' 등으로 불린다(고려 고종 대부터 조선 선조 대까지 약 350년간 이어짐). 속요(俗謠)는 말 그대로 고려 시대에 평민들이 부르던 노래로 민요적 성격이 강한 서정 가요이다.

- 임춘은 술을 의인화한 「국순전」을 저술하여 현실을 풍자했다. [경17①]
└이제현은 삼국 시대부터 고려 시대까지의 유명한 시화를 모은 「백운소설」을 저술하였다[X]. [경17①]
└이규보는 흥미 있는 사실, 불교, 부녀자들의 이야기를 수록한 「보한집」을 저술하였다[X]. [경17①]
└이인로는 「파한집」에서 개경, 평양, 경주 등 역사적 유적지의 풍속과 풍경 등을 묘사하였다.* [경17①]
└박인량의 「역옹패설」은 고려 시대의 대표적 설화 문학에 해당한다[X]. [경17①]

[해설] 임춘(?~?)이 술을 의인화한 가전체 소설* 「국순전」을 저술하여 현실을 풍자하였다(고려 중·후기)(「공방전」도 지음). / 『백운소설』을 저술한 이는 (이제현이 아니라) 백운거사 이규보(1168~1241)이다. / 『보한집』을 저술한 이는 (이규보가 아니라) 최자(1188~1260)이다(1254년경). / 이인로(1152~1220)는 개경, 평양, 경주 등 역사적 유적지의 풍속과 풍경 등을 묘사한 『파한집』을 저술하였다. / 고려 시대의 대표적 설화 문학에 해당하는 『역옹패설』은 [박인량(?~1096)이 아니라] 익재[역옹] 이제현(1287~1367)의 저술이다(1342, 충혜왕 후 3)[충혜왕(재위 1330-1332/1339-1344), 제28대].

*가전체(假傳體) 소설: 사물을 의인화하여 전기(傳記) 형식으로 서술하는 고려 시대의 문학 양식이다. 고려 중기 이후에 성행하였다.

■ 진화의 시* [국18]

서쪽 송나라는 이미 기울고 북쪽 오랑캐는 아직 잠자고 있네. 앉아서 문명의 아침을 기다려라, 하늘의 동쪽에서 태양이 떠오르네.

[해설] 고려의 문신이자 문장가인 매호 진화(1180?~1220?)의 시이다. 진화는 어려서부터 글재주가 있었고, 시에 능하고 사(詞)에 쓰인 말이 맑고 고와 높은 경지에 달하였다는 평을 받았다. 풍부한 표현으로 당시 이규보와 더불어 이름을 떨쳤다. 문집 『매호유고』를 포함해 현재 59수의 시가 전한다. 그중 금에 사신으로 가면서 지은 '사금통주구일(使金通州九日) 봉사입금(奉使入金)'은 뛰어난 작품으로 알려져 있다. 참고로 진화는 자연을 소재로 청담하게 노래한 시와 비판적인 자세를 굳게 지켜 시대의 압력에 굽히지 않는 청렴한 관료 문인의 면모를 보여주는 시 등을 지었다. 무신의 난 이후 피폐한 농촌을 사실적으로 묘사한 '도원가(挑源歌)'가 유명하다. 문제의 질문에서 이규보가 진화와의 교류를 통해 자부심을 공유한 인물로 소개하고 있다.

- 서예는 고려 전기 구양순체가 주류를 이루었고, 후기에는 송설체가 유행했다. [경18①] □

  [해설] 고려 문화의 귀족적 특징은 서예, 회화, 음악에서도 나타났다. 서예는 고려 전기에는 구양순체가 주류를 이루었는데, 왕희지체의 대가인 탄연(1070~1159)의 글씨가 특히 뛰어났다. 후기에는 송설체가 유행하였는데, 이암(1297~1364)이 뛰어났다(7차 고등학교 국사 교과서). 행촌 이암은 묵죽에도 뛰어났고, 예·초서를 잘 써 중국 원의 조맹부(1254~1322)와 쌍벽을 이루었다고 한다.

- 예성강도(고려 시대 회화 작품) [서21] □

  [해설] 예성강도는 고려 시대의 화가(화원) 이녕(?~?)이 그린 실경 산수화이다(12세기 중반). 아들이 명종 대(재위 1170-1197, 제19대)에 활약한 화원인 이광필(?~?)이다.

- 고려 시대에는 동동, 대동강, 오관산 등이 창작 유행되었다. [지11①] □

  [해설] 고려 시대에는 향악과 속요가 어울려 「동동」, 「대동강」, 「오관산」, 「정과정」 등의 곡이 유행하였다(고려 가요[고려 속요]). 애정, 군신, 유람 등의 주제로 나누어지는데 선지에 든 것 외에 「청산별곡」, 「서경별곡」, 「만전춘(滿殿春)」, 「가시리」, 「쌍화점」, 「이상곡(履霜曲)」, 「정석가」, 「도이장가」 등을 더 들 수 있다.

- 고려 시대 향악은 주로 제례 때 연주되었다[x]. [지11①] □

  [해설] 고려 시대에 주로 제례 때 연주된 음악은 향악이 아닌 아악(雅樂)('정아한 음악'이란 뜻으로, 송에서 수입된 대성악이 제례 음악인 아악으로 발전)이다. 향악(鄕樂)은 당악(唐樂)의 영향을 받은 우리 고유의 음악이다.

◉ 사진으로 보는 고려의 문화(불교 외)

| 
▲ 개성 첨성대(고려)
[기12] □ | 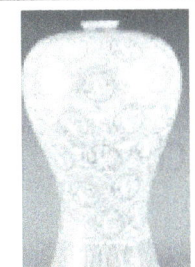
▲ 상감 청자 운학문 매병
[법20] □ | | |

[해설] [기12] 고려의 개성 첨성대. 개성 만월대 서쪽에 위치한다. 고려 충렬왕 대(재위 1274-1308, 제25대)인 1308년(충렬왕 34)에 세워진 것으로 추정한다(서운관 창설).

[해설] [법20] 상감 청자 운학문 매병. 고려 시대 중기인 12세기 후반부터 등장하였는데, 특유의 비색(翡色)에 독특한 상감 기법이 적용되었다.

기출 Check! 합격 Check!

V 조선의 성립과 발전

주제 30 조선의 성립과 통치 체제의 정비

주제 31 조선 전기의 대외 관계

주제 32 사림의 성장과 붕당의 형성

주제 33 조선 전기의 경제

주제 34 조선 전기의 사회

주제 35 조선 전기의 문화

주제 36 왜란과 호란(양 난의 극복)

주제 30 조선의 성립과 통치 체제의 정비

1 조선의 건국과 초기의 정치

■ 고려 우왕 [지22]
왕의 어릴 때 이름은 모니노이며, 신돈의 여종 반야의 소생이었다. 어떤 사람은, "반야가 낳은 아이가 죽어서 다른 아이를 훔쳐서 길렀는데, 공민왕이 자신의 아들이라고 칭하였다."라고 하였다. 왕은 공민왕이 죽은 뒤 이인임의 추대로 왕위에 올랐다. 이후 이인임, 염흥방, 임견미 등이 권력을 잡아 극심하게 횡포를 부렸다.

[해설] 주어진 자료 속 밑줄 친 '왕'은 고려의 제32대 국왕인 우왕(재위 1374-1388)을 가리킨다.

- [고려 우왕] 철령위의 설치 [서17②]
  └명의 철령위 설치 통보 [경17②]

[해설] 고려 우왕 때 명[명 태조 주원장]이 철령 이북의 땅(쌍성총관부)이 원래 원의 땅이었으므로 명에 귀속시키겠다는 이유로 철령위를 설치하겠다고 통보하였다(1387.12). 이에 우왕(재위 1374-1388, 제32대)과 최영(1316~1388)이 반발하며 요동 정벌을 단행하였다(1388, 우왕 14).

■ [참고] 명의 철령위 설치 주장과 고려의 반발 [한능검 심화 67회]
명 황제가 말하기를, "철령을 따라 이어진 북쪽과 동쪽과 서쪽은 원래 개원로(開元路)가 관할하던 군민(軍民)이 속하던 곳이니, 한인·여진인·달달인·고려인을 그대로 요동에 소속시켜라."라고 하였다. …… 왕은 최영과 함께 요동을 공격하기로 계책을 결정하였으나, 감히 드러내어 말하지 못하고 사냥 간다는 핑계를 대고 서쪽으로 해주에 행차하였다.

*개원로(開元路): 원이 설치한 행정 구역

[해설] 고려 우왕 13년인 1387년 12월에 명 태조 주원장(재위 1368-1398)이 우왕(재위 1374-1388, 제32대)에게 국서를 보내 통보한 사실이다. 이른바 명의 철령위 설치 주장으로, 이에 반발한 우왕과 최영(1316~1388)이 요동 정벌을 추진하였다.

- [고려 우왕] 철령 이북의 영토 귀속 문제를 계기로 요동 정벌을 단행하였다. [국16]
  └명의 철령위 설치 요구로 인해 요동 정벌을 단행하였다. [국12]
  └우왕 때 최영은 명이 철령위 설치를 통고하자 요동을 공격할 계획을 세웠다. [서16]
  └최영이 요동 정벌을 추진하였다. [경20②]
  └이성계가 '4불가론'을 왕에게 건의 [회24]

[해설] 철령 이북의 영토 귀속 문제를 계기로 요동 정벌을 단행한 왕은 우왕이다(1388, 우왕 14). 최영은 즉각 출병하여 요동을 공격해야 한다고 주장하였다. 하지만 이성계(1335~1408)의 위화도 회군으로 우왕은 퇴위하였다가 이듬해인 1389년에 피살되었다[최영은 유배 후 개경에서 참형(1388)]. / [회24] 이성계가 4불가론*을 내세워 요동 정벌에 반대한 것은 고려 우왕 14년인 1388년의 일(요동 정벌 논의 과정에서 주장)이다(이후

음력 5월 위화도 회군 발생).

*4불가론: "작은 나라가 큰 나라를 공격할 수 없는 것이 첫 번째요, 여름에 군사를 동원할 수 없는 것이 두 번째요, 왜구가 빈틈을 노릴 수 있는 것이 세 번째요, 장마철이어서 활은 아교가 풀어지고 질병이 들 것이니 이것이 네 번째이다."

- [고려 우왕] 요동 정벌을 위해 출병한 이성계가 위화도에서 회군하였다. [지22] □
  └이성계가 압록강의 위화도에서 회군하였다. [서11] □
  └위화도 회군이 단행되었다. [법24] □
  └이성계, 위화도 회군 [법19] □
  └1388 위화도 회군 [법12] □
  └위화도 회군 [경17②] □
  └이성계 휘하의 고려군 [지11②] □

[해설] 요동 정벌을 위해 출병(1388.4)한 이성계(1335~1408)가 위화도에서 회군한 것은 우왕 14년인 1388년 5월의 일이다. / 당시 우군 도통사 이성계(1335~1408)는 4불가론을 내세워 반대하였지만 그럼에도 불구하고 우왕과 최영에 의해 요동 정벌이 강행되자 위화도에서 회군하여 정권을 장악하였다.

- 공양왕 즉위 [회24] □

[해설] 공양왕이 즉위한 것은 1389년 11월(음력)의 일이다[공양왕(재위 1389-1392), 제34대].

- [고려 말 급진 개혁파] 전제 왕권 중심의 통치 체제를 정비하였다[x]. [지14①] □
  └이색, 정몽주, 윤소종 등을 숙청하였다[x]. [지14①] □
  └정몽주가 살해되었다. [국24] □
  └전제 개혁을 추진하여 과전법을 시행하였다. [지14①] □
  └군제를 개혁하여 삼군도총제부를 설치하였다.* [지14①] □
  └삼군도총제부를 설치하였다.* [서14] □

[해설] 급진 개혁파의 대표 인물인 삼봉 정도전(1342~1398)은 재상 정치를 추구하였다. / (온건 개혁파인 이색, 정몽주를 숙청한 것은 맞으나) 윤소종(1345~1393)은 급진 개혁파로 과전법 실시에 참여하였으며, 조선 건국 이후 개국공신이 된 인물이다. / [국24] 고려 말의 대표적인 온건 개혁파인 포은 정몽주(1337~1392)가 개경의 선죽교에서 이성계의 다섯째 아들인 이방원(1367~1418)(이후 태종) 세력에게 피살된 것은 공양왕 4년인 1392년 3월의 일이다. / 급진 개혁파는 신진 사대부의 경제적 토대를 마련하기 위해 과전법을 시행하였다. / 급진 개혁파는 군제를 개혁하여 삼군도총제부를 설치하였다(1391, 공양왕 3).

- 이성계 일파는 폐가입진을 명목으로 우왕과 창왕을 연이어 폐위시켰다. [경17②] □

[해설] 이성계 일파는 폐가입진을 명목으로 우왕(재위 1374-1388, 제32대)과 창왕(재위 1388-1389, 제33대)을 연이어 폐위시켰다(1389년 공양왕 옹립). 여기서 폐가입진(廢假立眞)이란 말 그대로 가왕(假王)을 몰아내고 진왕(眞王)을 세운다는 말이다.

■ 급진 개혁파의 공양왕 옹립(폐가입진론)* [지14①] □

우와 창은 본래 왕씨가 아니기 때문에 종사를 받들 수 없으며, 또한 천자의 명이 있으니 마땅히 가를 폐하고 진을 세울 것이다. 정창군 왕요는 신종의 7대 손으로 그 족속이 가장 가까우니 마땅히 세울 것이다.

[해설] '우와 창은 본래 왕씨가 아니기 때문에 종사를 받들 수 없으며', '정창군 왕요는 신종의 7대 손으로 그 족속이 가장 가까우니 마땅히 세울 것이다'라는 폐가입진론은 고려 말 급진 개혁파와 관련이 있다(공양왕 옹립)(1389).

- 조선 건국(1392) [서16] ☐
  - 조선 건국 [경17②] ☐
  - 공양왕 폐위, 이성계 즉위(1392) [법19] ☐

[해설] 공양왕을 폐위하고 이성계가 즉위한 것은 1392년 5월(음력)(양력으로는 7월)이다[1392.5.30(음력)/7.17(양력)].

- [정도전] 맹자의 역성혁명론을 조선 건국에 적용하였다. [지19] ☐
  - 왕도 정치의 구현 [법14] ☐

[해설] 맹자의 역성혁명론(易姓革命論)(『맹자』양혜왕 하 제8장)을 내세워 조선 건국을 정당화한 인물은 삼봉 정도전이다. 평화로운 방법으로 전 왕조의 총 책임자인 황제가 다음 왕조의 황제에게 물려주는 것을 선양(禪讓), 무력을 써서 덕을 잃은 황제를 몰아내고 새로이 왕조를 세우는 것을 방벌(放伐)이라 한다. 지금의 천자가 포악무도하여 백성과 하늘의 뜻을 저버렸을 때, 새로운 천명을 받은 사람이 그 왕조를 무너뜨릴 수 있다는 것이 역성혁명의 조건이다.

- [정도전] 『조선경국전』을 편찬하여 왕조의 통치 규범을 마련하였다. [국17①] ☐
  - 정도전이『조선경국전』을 저술하였다. [지13] ☐
  - [태조] 법전 편찬에 심혈을 기울여『조선경국전』,『경제육전』등도 간행하였다. [지14①] ☐
  - 통치 규범을 마련하려는 목적에서 조선경국전, 경제육전 등의 법전을 편찬하였다. [경16①] ☐

[해설] 『조선경국전』을 편찬한 인물은 당시 판삼사사로 재직 중이던 삼봉 정도전(1342~1398)이다(1394, 태조 3). 『조선경국전』은 정도전이 개인적으로 편찬한 이른바 사찬(私撰) 법전으로, 조선 최초의 법전이다. 『경제육전』은 당시 영의정이었던 송당[우재] 조준(1346~1405)의 책임 하에 (위화도 회군 이후 실시된) 법령과 장차 시행할 법령을 (6전의 형태로 나누어) 편찬한 최초의 성문 법전이다(1397, 태조 6). 두 법전 모두 태조 때 편찬되었다.

- 정도전이 고려국사를 편찬하였다. [법12] ☐
  - 『고려국사』[경17②] ☐
  - 조선 건국 초기에는 고려 멸망의 부당성을 알리고 조선 건국을 비판하기 위하여『고려국사』가 편찬되었다[✗]. [경11②] ☐

[해설] 삼봉 정도전 등이『고려국사』를 편찬한 것은 태조 4년인 1395년의 일이다. 조준, 정도전, 정총, 박의중, 윤소종 등이 왕명을 받아 편찬한 편년체 사서로 현존하지 않는다(총 37권). /『고려국사』는 조선 건국의 정당성을 목적으로 삼봉 정도전 등이 저술한 역사서이다.

- 한양으로 도읍을 이전하였다. [국24] ☐
  - 수도를 한양으로 옮겼다. [서14] ☐

[해설] 한양으로 도읍을 이전한 것은 조선 태조 3년인 1394년 10월의 일이다(한양 천도). 한양은 한수(漢水), 즉 한강의 북쪽이라는 뜻을 담고 있다. / 수도를 한양으로 옮긴 왕은 태조 이성계이다(1394, 태조 3).

- [정도전] 한양 도성의 성문과 궁궐 등의 이름을 지었다. [지19] ☐
  - 경복궁 근정전의 이름은 정도전이 지었다. [지17①] ☐

[해설] 근정전(勤政殿)이란 이름은 '천하의 일은 부지런하면 잘 다스려진다'는 뜻으로, 『서경(書經)』에서 가져왔다

- [한양 도성] 경복궁의 동쪽에 사직이, 서쪽에 종묘가 각각 배치되었다[✗]. [지17①] ☐
  - 유교 사상인 인·의·예·지 덕목을 담아 도성 4대문의 이름을 지었다. [지17①] ☐
  - 도성 밖 10리 안에는 개인의 무덤을 쓰거나 벌채를 하지 못하도록 규제하였다. [지17①] ☐

[해설] 경복궁의 동쪽에는 '종묘'가, 서쪽에는 '사직'을 배치하였다. 종묘와 사직의 위치가 서로 바뀌었다. / 동대문은 흥인지문, 서대문은 돈의문, 남대문은 숭례문, 북대문은 숙정문이라고 하였다. / 한양의 도성 밖 10리 안에는 개인의 무덤을 쓰거나 벌채를 하지 못하게 규제하였다. 이를 '성저십리'라고 한다.

- [정도전]『경제문감』을 저술하여 재상 중심의 정치를 주장하였다. [지19] □

[해설]『경제문감』을 저술한 인물은 삼봉 정도전이다(1395, 태조 4). 조선 왕조의 정치 조직에 관한 책이다.

- 정도전은 성리학에만 국한하지 않고 다양한 사상을 포용하였으며, 특히『춘추』를 국가의 통치 이념으로 중요하게 여겼다.*
[X] [국14] □

[해설] 정도전이 성리학뿐만 아니라 불교, 도교, 풍수지리 사상 등 다양한 사상을 포용하였다는 내용은 맞지만『춘추』가 아닌 주나라의 제도를 기록한『주례』를 국가의 통치 이념으로 중요하게 여겼다.

- [정도전] 불교비판서인『불씨잡변』을 남겼다. [지15①] □

[해설] 정도전은 성리학을 통치 이념으로 확립시키고 불교를 비판하기 위해『불씨잡변』을 저술하였다(1394, 태조 3).

■ **삼봉 정도전** [국17①] [지15①]
- 그는 공민왕 때에 성균관에서 성리학을 강론하였고, 이인임의 친원 외교를 비판하여 전라도 나주로 유배되었다. 조선 왕조의 제도와 문물을 정리하고, 성리학을 통치 이념으로 확립하는 데에 커다란 역할을 하였다.

[해설] 고려 말의 권신 이인임(?~1388)의 친원 외교를 비판하다가 전라도 나주로 유배되었으며[1375(우왕 원년)~1377(우왕 3)], '조선 왕조의 제도와 문물을 정리'하였다는 부분에서 삼봉 정도전(1342~1398)을 가리킴을 알 수 있다.

- 그는 이성계를 추대하여 조선 왕조를 개창한 공으로 개국 1등 공신이 되었으며, 의정부를 중심으로 하는 재상 중심의 관료 정치를 주장하였다. 그리고『불씨잡변』을 저술하여 불교의 사회적 폐단을 비판하였다.

[해설] 조선의 개국 1등 공신으로, '재상 중심의 관료 정치를 주장'하였으며,『불씨잡변』을 저술하였다는 점에서 밑줄 친 '그'는 삼봉 정도전을 가리킴을 알 수 있다(1394, 태조 3).

- 태조 이성계는 요동 정벌을 추진하였고 정도전과 남은은 군사 훈련을 강화하였다. [서16] □
  └ 이방원은 태조의 요동 정벌 운동을 적극 지지하였다[X]. [서16] □

[해설] 고려 말 이성계는 요동 정벌을 반대하고 위화도 회군을 통해 군사력을 장악하였다(1388 우왕 14). 하지만 조선 건국 이후 이성계는 요동 정벌을 추진하였고 정도전과 남은은 군사 훈련을 강화하였다. / 이방원(후일 태종)은 태조의 요동 정벌을 반대하였다. 정도전이 이방원에 의해 살해당한 1398년 이후 조선의 요동 정벌 운동은 힘을 잃었다.

- 정도전의 요동 정벌 추진 [지20] [법19] □
  └ 정도전이 요동 정벌을 주장하는 계기가 되었다. [회20] □
  └ 명은 정도전을 '조선의 화근'이라며 명으로 압송할 것을 요구하였다. [서16] □
  └ 명은 표문의 글귀가 불손하다는 구실로 정도전을 명으로 압송할 것을 요구했다. [경17②] □

[해설] 삼봉 정도전(1342~1398)이 요동 정벌을 (본격적으로) 추진한 것은 (표전문 사건*으로 명이 조선의 내정을 간섭한) 1396년(태조 5)부터 1398년(태조 7)까지의 일이다. 정도전이 명[명 태조]의 고압적 태도에 격분하여 일련의 요동 정벌을 계획하였다. 또 정도전은 원의 쇠퇴와 명의 등장으로 인한 요동 지역의 정치적 공백도 고려하였다. 고토(古土) 회복에 대한 역사의식을 갖고 있었던 정도전에게는 '요동 정벌'이 아니라 일종의 '요동 수복 운동'이었다. 하지만 명의 철령위 설치 통고(1387)에 반발하는 무력시위의 하나로 요동 정벌이 추진되었다는 주장도 있다. 실제로 이후 명은 (고려 및 조선에) 양보하여 한반도 내에 철령위를 설치하려던 계획을 철회하였다. / [서16] 정도전이 진도(陳圖)를 편찬하고 군사 훈련을 강화하는 등 요동 정벌을 추진하자 명은 정도전을 '조선의 화근'이라고 하여 명으로 압송할 것을 요구하였으나, 조선은 이에 응하지 않았다.

*표전문 사건[표전 문제]: 태조 4년인 1395년 조선이 명에 보낸 일종의 외교 문서[사대문서]인 표전문(황제·황태후·황후 등에게 올리는 글)의 글귀가 예의가 어긋난다고 명[명 태조]이 트집을 잡고 글의 찬자(撰者), 즉 표전문 작성의 중심인물인 개국 중신 정도전을 압송할 것을 요구한 사건이다(1397년에도 발생).

■ 정도전의 요동 정벌론 [지19]

그와 남은이 임금을 뵈옵고 요동을 공격하기를 요청하였고, 그리하여 급하게 「진도(陳圖)」를 익히게 하였다. 이보다 먼저 좌정승 조준이 휴가를 받아 집에 있을 때, 그와 남은이 조준을 방문하여, "요동을 공격하는 일은 지금 이미 결정되었으니 공(公)은 다시 말하지 마십시오."라고 말하였다.

[해설] '그'와 남은(1354~1398)이 임금을 뵙고 요동을 공격하기를 요청하였다는 내용 등에서 주어진 자료는 삼봉 정도전(1342~1398)의 요동 정벌론과 관련된 내용임을 알 수 있다.

- [정도전] 왕자의 난 때 죽임을 당했다. [지22]

[해설] 왕자의 난이 일어난 것은 태조 7년인 1398년(제1차)과 정종 2년인 1400년(제2차) 두 차례이다. 제1차 왕자의 난 때 죽임을 당한 대표적인 인물이 삼봉 정도전(1342~1398)이다.

- 제1차 왕자의 난 발생 [법19]
  └ 1차 왕자의 난 [경17②]

[해설] 제1차 왕자의 난이 발생한 것은 태조 7년인 1398년 8월이다. 제1차 왕자의 난은 방원의 난, 정도전의 난, 무인정사라고도 부른다.

■ 제1차 왕자의 난 [법24]

봉화백(奉化伯) 정도전·의성군(宜城君) 남은과 부성군(富城君) 심효생(沈孝生) 등이 여러 왕자들을 해치려 꾀하다가 성공하지 못하고 형벌에 복종하여 참형을 당하였다.

[해설] 조선 태조 7년인 1398년 8월 왕위 계승을 둘러싸고 발생한 제1차 왕자의 난을 가리킨다.

- [제2차 왕자의 난] 박포가 논공행상에 불만을 품고 난을 일으켰다. [경17②]

[해설] 제2차 왕자의 난은 정조 2년인 1400년 1월에 발생하였으며, 방간의 난 또는 박포(朴苞)의 난이라고 한다. 제1차 왕자의 난에 큰 공을 세운 무신 박포(?~1400)가 논공행상에 불만을 품고 있었는데 이방원[태종]에 대한 시의심으로 역시 불만을 품고 있던 (태조의 4남) 회안 대군 방간(1364~1421)과 서로 뜻이 맞아 공모한 후 난을 일으켰다.

- [태조] 한양으로 도읍을 옮겼다. [지22]

[해설] 한양으로 도읍을 옮긴 것은 조선 태조 3년인 1394년 10월의 일이다. 참고로 정종 즉위 후 1398년에 (한양에서) 송도[개경]로 되돌아간 후, 태종 5년인 1405년에 다시 한양으로 돌아왔다.

- [태조] 경복궁 [지20]

[해설] 경복궁은 조선 왕조의 정궁(正宮)이자 법궁(法宮)이다(1395, 태조 4). 도성의 북쪽에 있다고 하여 북궐(北闕)로 불리었다. 임진왜란 때 전소된 후 오랫동안 폐허로 남아 있다가 고종 때 흥선 대원군에 의해 중건되어 잠시 궁궐로 사용되었다.

- 태조 때에는 정도전 등 공신들의 주도로 재상 중심의 정치 체제가 갖추어졌다. [서12]

[해설] 삼봉 정도전은 『경제문감』에서 재상 중심의 정치를 주장하였다(1395, 태조 4). 여기서 알 수 있듯이 정도전을 중심으로 한 공신들은 재상 중심의 정치 체제를 구축하였다(의정부 서사제와 관련). 참고로 도평의사사를 개편하여 의정부를 설치한 것은 정종 원년인 1399년이며, 의정부 서사제를 실제로 시행한 것은 세종 대이다(1436, 세종 18). 그리고 의정부 서사제는 재상의 권한을 중시하는 제도이기는 하지만 정확하게는 왕권과 신권의 조화를 추구하는 제도라고 봐야 한다.

- [정종, 태종] 사병을 혁파하였다. [국24] [회21]

└사병을 혁파하여 군사권을 장악하였다. [소18②]

└사병을 혁파하여 군사권을 국왕에 집중시켰다. [회18]

└사병을 모두 혁파하고 양인 개병제를 처음 실시하였다. [경19①]

└사병을 혁파하고 양전 사업을 실시하였다(태종). [기15]

[해설] (권신들의) 사병이 혁파된 것은 정종 2년인 1400년의 일이다. 하지만 사병 혁파는 사실상 제2차 왕자의 난에서 승리한 정안(대)군 방원[태종]의 뜻에 따른 것이었다. 혁파된 사병은 삼군부에 편입시켰다. / [기15] 본래 양전은 20년마다 한 번씩 실시하도록 하였으나 비용과 행정력이 많이 투입되는 작업이기 때문에 실제로는 이러한 규칙이 준수되지 못하였다(『경국대전』에 법제화). 고려 말 조선 건국 직전에 시행되었던 기사양전(1388~1389)을 포함하여 조선 초에는 모두 3번의 전국적인 양전이 실시되었고, 도 단위의 양전도 여러 차례 실시되었다. 조선 태종 5년인 1405년에 남부 6도에 대한 양전[을유양전]이 있었으며, 1413년(태종 13)에는 양계 지역을, 세종 원년인 1419년에는 제주 지방을 양전하였다.

• 태종 즉위 [경17②]

[해설] 태조 이성계의 다섯째 아들인 이방원(1367~1422)이 조선의 제3대 국왕 태종(재위 1400-1418)으로 즉위한 것은 1400년 11월의 일이다.

• [태종] 한양으로 다시 천도하면서 이궁인 창덕궁을 창건하였다. [국21]

└경복궁의 이궁으로 창덕궁을 건립하였다. [회18]

└왕자들의 권력 투쟁이 일어난 경복궁을 피하여 응봉산 자락에 창덕궁을 새로 건설하였다. [서22②]

[해설] 한양으로 다시 천도하면서 이궁인 창덕궁을 창건한 것은 태종 5년인 1405년의 일이다. / 왕자들의 권력 투쟁이 일어난 경복궁을 피하여 응봉산 자락에 창덕궁을 새로 건설하였다(1405, 태종 5) (경복궁 동쪽 향교동).

■ 조선 태종 [법22]

참찬문하부사 하륜 등이 청하였다. "정몽주의 난에 만일 그가 없었다면, 큰일이 거의 이루어지지 못하였을 것이고, 정도전의 난에 만일 그가 없었다면, 또한 어찌 오늘이 있었겠습니까? …… 청하건대, 그를 세워 세자를 삼으소서." 임금이 말하기를, "경 등의 말이 옳다."하고, 드디어 도승지에게 명하여 도당에 전지하였다. "…… 나의 동복(同腹) 아우인 그는 개국하는 초에 큰 공로가 있었고, 또 우리 형제 4, 5인이 성명(性命)을 보전한 것이 모두 그의 공이었다. 이제 명하여 세자를 삼고, 또 내외의 여러 군사를 도독하게 한다."

[해설] 주어진 자료 속 밑줄 친 '그'는 조선의 제3대 왕인 태종 이방원(재위 1400-1418)을 가리킨다.

• [태종] 경회루를 건설하였다.* [회21]

└경복궁 경회루에서 사신을 대접하는 관리* [기17]

[해설] 경회루가 건설된 것은 태종 12년인 1412년의 일이다. 임진왜란 때 불탔는데, 흥선 대원군에 의해 고종 4년인 1867년에 재건되었다.

• [태종] 유교적 통치 규범을 담은 『속육전』을 편찬하였다.* [지15①]

[해설] 『경제육전』 시행 후 새롭게 쌓은 법령까지 정리하여 『속육전』을 공포, 시행한 것은 태종 13년인 1413년의 일이다. 이후 세종 대인 1428년(세종 10)에 『신속육전』을, 다시 1433년(세종 15)에 『신찬경제속육전』을 등록과 함께 편찬하였다.

• [태종] 호패법을 시행하였다. [법22]

└호패법을 실시하였다. [법17] [소20]

└호패법을 도입하였다. [소21]

└국가의 경제 기반을 확충하기 위해 호패법을 실시하였다. [회22]

[해설] 백성의 직임(職任)과 호구(戶口)의 실태 등을 파악하기 위한 목적으로 호패법을 처음 실시한 것은 태종 13년인 1413년의 일이다. 그리고 세조 대에 호패법을 강화하였고(1458, 세조 4), 인조 대에 다시 호패법을 시행하고자 하였다(1626, 인조 4)(1627년 폐지). 그렇지만 호패법이 지속적으로 실시되기 시작한 1675년(숙종 원년)까지의 260여 년 사이에 실제로 실시된 것은 불과 10년여에 불과하였다. 『세종실록』에서는 그나마 호패를 받은 사람은 전체 인구 중 1~2할이라 하였고, 『성종실록』에서는 호패를 받은 사람 가운데 실제로 국역을 담당한 양인은 1~2할에 불과하였다고 하였다. 그만큼 호패법은 백성들에게 크게 호응 받은 정책은 아니었다고 볼 수 있다.

- [태종] 문하부의 낭사를 사간원으로 독립시켜 언론 기능을 강화하고 대신들을 견제하도록 하였다. [회20]☐
  - 낭사가 사간원으로 독립하였다. [경21②]☐

[해설] 문하부의 낭사를 사간원으로 독립시켜 언론 기능을 강화하고 대신들을 견제하도록 한 것은 태종 원년인 1401년의 일이다.

- [태종] 태종은 6조 직계제를 실시하여 왕을 중심으로 국정을 운영하였다. [서12]☐
  - 6조 직계제를 채택하고 사간원을 독립시켜 대신을 견제하였다. [서17②]☐
  - 상서사에서 맡고 있던 인사권을 이조와 병조에 귀속시켜 6조의 기능을 강화하였다.* [회20]☐
  - 6조 직계제를 실시하였다. [법22] [소19①]☐
  - 6조 직계제를 시행하였다. [국24]☐
  - 6조 직계제가 시행되었다. [법24]☐
  - 6조 직계제 시행 [회23]☐
  - 6조 직계제 [경11②]☐

[해설] (의정부 서사제를 폐지하고) 6조 직계제를 처음 시행한 것은 태종 14년인 1414년의 일이다(국왕 중심의 정치 체제 구축). 이후 세종 때 폐지되었다가(1436, 세종 18) 세조 원년인 1455년에 다시 부활되었다. 6조 직계제는 국왕 중심의 정치 체제 구축을 위한 것이다(반면 재상 중심의 관료 정치의 의정부 서사제와 연결). / 6조 직계제를 채택하고 사간원을 독립시킨 것은 태종의 업적이다(각 1414/1401년). 태종 원년인 1401년에 문하부를 폐지하고 낭사를 사간원으로 독립시켰다. / [회 20] 상서사(尙瑞司)*에서 맡고 있던 인사권을 이조와 병조에 귀속시켜 6조의 기능을 강화한 것은 태종 5년인 1405년의 일이다.

*상서사(尙瑞司): 최우가 1225년(고종 12) 설치한 정방을 혁파한 후 설치한 인사 담당 기관이다(1388, 창왕 즉위년). 조선 태조 원년인 1392년에 재설치되었다.

■ 6조 직계제 (최초) 시행(태종) [법19] [법17] [경20②]☐

- 의정부의 서사를 나누어 6조에 귀속시켰다. …… 처음에 왕은 의정부 권한이 막중함을 염려하여 이를 혁파할 생각이 있었지만, 신중하게 여겨 서둘지 않았는데 이 시기에 이르러 단행하였다. 의정부가 관장한 것은 사대문서와 중죄수의 심의 뿐이었다.

- 『㉠실록』-

[해설] 주어진 자료는 곧 태종이 6조 직계제를 (처음) 시행한 일을 가리킨다(1414, 태종 14). 따라서 '㉠'은 곧 태종(재위 1400-1418, 제3대)이다. '사대문서(事大文書)'란 중국에 보내던 외교 문서를 가리킨다(표문과 전문 포함).

- 의정부의 여러 일을 나누어 6조에 귀속시켰다. …… 처음에 왕은 의정부의 권한이 막중함을 염려하여 이를 없앨 생각이 있었지만, 신중히 여겨 서둘지 않았다가 이때에 이르러 단행하였다. 의정부가 관장한 일은 사대문서와 중죄수의 심의에 관한 것뿐이었다.

[해설] 위와 같은 내용의 자료이다.

- 내가 일찍이 송도에 있을 때 의정부를 없애자는 의논이 있었으나, 지금까지 겨를이 없었다. 지난 겨울에 대간에서 작은 허물로 인하여 의정부를 없앨 것을 청하였으나 윤허하지 않았었다. 지난번에 좌정승이 말하기를 "중국에도 승상부가 없으니 의정부를 폐지해야 한다."라고 하였다. 내가 골똘히 생각해보니 모든 일이 내 한 몸에 모이면 결재하기가 힘은 들겠

지만, 임금인 내가 어찌 고생스러움을 피하겠는가.

[해설] 주어진 자료는 조선 태종 때 실시된 '6조 직계제'에 대한 것임을 알 수 있다. '송도'는 당시 고려의 도읍이던 개경으로, 왕자의 난을 겪으면서 정종 즉위 후인 1398년에 (한양에서) 송도로 되돌아간 후, 태종 5년인 1405년에 다시 한양으로 돌아왔다. 태종이 6조 직계제를 채택한 것은 재위 14년인 1414년의 일이다.

- [세종] 집현전을 설치하여 제도, 문물, 역사에 대한 연구와 편찬 사업을 전개하였다. [지13] ☐
  - 문화와 제도를 유교식으로 갖추기 위해 집현전을 창설하였다. [국18] ☐
  - 집현전을 설치하였다. [법17] [소20] ☐
  - 집현전의 설치 [국13] ☐
  - 집현전 [서14] ☐

[해설] 집현전이 창설된 것은 세종 2년인 1420년의 일이다. 정확하게는 기존의 집현전을 확대하여 실제의 정책[학술] 연구 기관으로 개편한 것이다. 이후 집현전에서는 문물을 연구하고 정책의 방향을 제시하였다.

- 세종은 의정부 서사제를 실시하여 왕의 권한을 더욱 강화하였다[x]. [서12] ☐

[해설] 세종이 의정부 서사제를 실시한 것은 왕의 권한을 강화하기 위해서가 아니라 왕권과 신권 사이의 조화를 통하여 왕도 정치를 구현하고자 한 것이다(1436, 세종 18)(이른바 '의정부 3정승 합의 제도'). 참고로 도평의사사를 개편하여 의정부를 설치한 것은 정종 원년인 1399년의 일이다. 의정부 서사제는 재상의 권한을 중시하는 제도이기는 하지만 정확하게는 왕권과 신권의 조화를 추구하는 제도이다(물론 6조 직계제와 비교해서는 신권을 더 중시한 제도라고 봐야 함).

■ 의정부 서사제 시행(세종) [기15] ☐

육조 직계제를 시행한 이후, 일에 대소경중(大小輕重)이 없고 모두 육조로 돌아가 의정부와 관련을 맺지 않고 의정부 관여 사항은 오직 사형수를 논결하는 일뿐이므로 옛날부터 재상을 임명한 뜻에 어긋난다. … 육조는 저마다 모든 직무를 먼저 의정부에 알리고, 의정부는 가부를 헤아린 뒤에 계문하고 전지를 받아 육조에 내려 보내 시행토록 한다.

- 『조선왕조실록』 -

[해설] 세종이 6조 직계제를 혁파하고 다시 시행한 의정부 서사제에 대한 자료이다(1436, 세종 18).

- [세종] 불교 종파를 선·교 양종으로 병합하였다.* [법22] ☐
  - 불교 종파를 선교 양종으로 병합하고 사원이 가지고 있던 토지와 노비를 정비하였다.* [지13] ☐

[해설] 세종은 불교 종파를 정리하여 선교 양종으로 병합하여 전국에 36개 사찰만 인정하고 사찰에서 가지고 있던 토지와 노비를 정비하였다(1424, 세종 6). 양종별로 18개사, 합쳐 36개사만 남겨 두고 모든 사원을 폐지하였는데, 흥덕사를 교종도회소로, 흥천사를 선종도회소로 정하였다.

- [단종] 계유정난 [서20] ☐
  - 계유정난을 통해 정권을 장악(세조) [회18] ☐

[해설] 계유정난이 일어난 것은 조선 단종 원년인 1453년의 일이다(1453.10). 후일 세조가 되는 수양 대군이 이때 난을 일으켜 단종의 보좌 세력이자 원로대신인 황보인(1387~1453), 김종서(1383~1453) 등 수십 인을 제거하고 정권을 장악하였다.

■ 계유정난 [법22]

황보인, 김종서 등이 역모를 품고 몰래 안평 대군과 연결하고, 환관들과 은밀히 내통하여 날짜를 정하여 반란을 꾀하고자 하였다. 이에 (가) 와 정인지, 한확, 박종우, 한명회 등이 그 기미를 밝혀 그들을 제거하였다.

[해설] 세종의 둘째 아들인 수양 대군(1417~1468, 이후 세조)이 왕위를 빼앗기 위하여 단종 원년인 1453년에 일으킨 계유정난을 가리킨다['(가)'는 수양 대군].

- [세조] 수양 대군이 단종을 내쫓고 왕위에 올랐다. [법23]
  ㄴ조카를 몰아내고 왕위를 차지했으나, 왕권을 안정시키고 중앙 집권 체제를 강화하는 데 기여하였다. [서22②]

[해설] 세종의 둘째 아들인 수양 대군(1417~1468, 이후 세조)이 단종을 내쫓고 왕위에 오른 것은 1455년 윤6월의 일이다. 수양 대군은 이미 단종 원년인 1453년 10월에 계유정난을 일으켜 정권을 잡은 상태였다.

■ 세조의 정책 [서22②] [서17②] [법22]

- · 종친을 정치에 참여시켜 왕실의 울타리를 튼튼하게 만들었다.
  · 진관 체제를 실시하여 변방 중심의 방어 체제를 전국적인 지역 중심 방어 체제로 바꾸었다.
  · 퇴직 관료에게도 지급하던 과전을 현직 관료에게만 지급하는 직전법으로 바꾸었다.
  · 호적 사업과 호패법을 강화하고 보법을 실시하였다.

[해설] 주어진 자료와 관련된 왕은 조선의 세조(재위 1455-1468, 제7대)임을 알 수 있다. 진관 체제가 실시된 것은 재위 12년인 1466년이고, 직전법으로 바꾼 것 역시 같은 해이다. 호적 사업과 호패법을 강화한 것은 재위 4년인 1458년이고, (기존의 봉족제에서) 개편된 보법(保法)을 실시한 것은 재위 10년인 1464년의 일이다[군역 편성을 기존의 호(戶) 단위에서 정(丁) 단위로 바꿈].

- 왕은 왕권 강화를 위해 중앙 집권 체제를 강화하고, 변방 중심에서 전국적인 지역 중심 방어 체제로 바꾸는 등 국방을 강화하였다. 또 국가 재정을 안정시키기 위해 과전을 현직 관료에게만 지급하기 시작하였다.

[해설] 왕권 강화를 꾀하고, 전국적인 지역 중심 방어 체제(진관 체제)로 바꾸고, 과전을 현직 관료에게만 지급(직전법)한 것은 모두 조선의 세조가 펼친 정책들이다.

- (가) 이/가 명하기를, "집현전을 없애고, 경연을 정지하며, 거기에 소장하였던 서책은 모두 예문관에서 관장하게 하라."라고 하였다.

[해설] 세조는 재위 2년인 1456년에 단종 복위 운동을 빌미로 사육신 등을 처형하고, 집현전 및 경연을 폐지하였다.

- [세조] 6조 직계제를 실시하여 국왕 중심의 정치 체제를 구축하였다. [국21]
  ㄴ세조는 즉위 후 단종 이후 재상에게 넘어간 정치 실권을 되찾기 위해 다시 6조 직계제를 실시하였다. [서12]
  ㄴ강력한 왕권을 행사하기 위하여 통치 체제를 다시 6조 직계제로 고쳤다. [경16①]
  ㄴ6조 판서들이 국왕에게 직접 보고하는 제도를 부활하여 왕권을 강화하였다. [회20]
  ㄴ6조 직계제를 부활시켰다. [회22]

[해설] 세조는 즉위 후 의정부 서사제를 폐지하고 6조 직계제를 부활시켜 국왕 중심의 정치 체제를 구축하였다(1455, 세조 원년). 참고로 6조 직계제를 (처음) 실시한 것은 태종 14년인 1414년의 일이다. 세종 18년인 1436년에 의정부 서사제가 다시 채택됨에 따라 6조 직계제가 폐지되었다. 세조 때 부활한 6조 직계제는 중종 대에 의정부 서사제가 다시 시행되면서 완전히 사라졌다(1516, 중종 11).

■ 6조 직계제 부활(세조) [법19] [회14] [경16①] [경15①]

- 상왕이 나이가 어려 무릇 조치하는 바는 모두 대신에게 맡겨 논의 시행하였다. 지금 내가 명을 받아 왕통을 물려받아 군국 서무를 아울러 자세히 듣고 헤아려 다 조종의 옛 제도를 되살린다. 지금부터 형조의 사형수를 뺀 모든 서무는 6조가 저마다 직무를 맡아 직계한다.

[해설] 계유정난(1453)을 통해 정권을 장악한 후 즉위한 조선 세조(재위 1455-1468, 제7대)가 시행한 '6조 직계제'임을 알 수 있다[『세조실록』1년 (1455) 8월 기사, 의정부에 전지]. 여기서 말하는 '상왕'은 단종(재위 1452-1455, 제6대)을 가리킨다.

- 상왕이 나이가 어려 무릇 조치하는 바를 모두 의정부 대신에게 논의하게 하였다. 지금 내가 왕통을 계승하여 국가의 모든 일을 처리하며 우리나라의 옛 제도를 복구하고자 한다. 지금부터 형조의 사형수를 제외한 모든 서무는 6조가 각각 그 직무를 담당하여 직계한다.

[해설] '상왕'이 나이가 어리다거나[왕위를 내놓고 물러난 단종] 6조가 '직계'한다는 내용으로 미루어 보아 주어진 자료의 밑줄 친 '내'는 조선 세조를 가리킴을 알 수 있다.

- 상왕이 어려서 무릇 조치하는 바는 모두 김종서 등에게 맡겨 논의, 시행하였다. 지금 '내'가 명을 받아 왕통을 계승하여 군국 서무를 아울러 모두 처리하며, 조종의 옛 제도를 모두 복구한다. 지금부터 형조의 사형수를 제외한 모든 서무는 6조가 각각 그 직무를 담당하여 직계한다.

[해설] 밑줄 친 '내'는 계유정난(1453)을 통해 권력을 찬탈하고 이후 왕위에 오른 세조이다.

- 상왕(단종)이 어려서 무릇 조치하는 바는 모두 대신에게 맡겨 논의 시행하였다. 지금 내가 명을 받아 왕통을 계승하여 군국 서무를 아울러 모두 처리하며, 조종의 옛 제도를 모두 복구한다.

[해설] 계유정난(1453, 단종 원년)을 통해 집권한 후 왕위에 오른 수양 대군, 즉 세조와 관련된 기록이다.

- [세조] 집현전을 폐지하였다. [국24]
  └ 집현전을 혁파하였다. [회18]
  └ 집현전을 혁파하고, 경연 제도를 폐지하였다. [경16①]
  └ 경연을 폐지하였다. [법17]
  └ 경연이 폐지되었다. [법24]
  └ 경연을 폐지하고 직전법을 실시하였다. [회14]

[해설] (단종 복위 운동을 빌미로) 집현전을 혁파한 왕은 세조이다(1456, 세조 2). 집현전을 혁파하면서 동시에 경연도 중단하였다(즉위 초)(사육신 처형). 집현전은 이후 성종 9년인 1478년에 언론 기능을 부여받은 홍문관으로 새롭게 계승되었다.

- [세조] 노비와 관련된 문제를 처리하는 장례원을 설치하였다.* [국14]

[해설] 노비의 주적(簿籍)*과 소송에 관한 일을 관장한 장례원을 설치한 것은 세조 13년인 1467년의 일이다.
*주적(簿籍): 관아의 장부와 문서

- [세조] 이시애의 반란 [지20]
  └ 이시애의 난 [회15]
  └ 함흥부 유향소 별감 이시애가 난을 일으켰다가 진압되었다. [경19①]

[해설] 이시애(?~1467)의 반란이 일어난 것은 세조 13년인 1467년의 일이다.

- [세조] 남이 – 기병을 주축으로 하는 별무반을 조직하여 여진과의 싸움에 대비하였다[x].* [지16①]

[해설] 기병을 주축으로 하는 별무반을 조직하여 여진과의 싸움에 대비한 인물은 고려의 윤관(?~1111)이다. 남이(1441~1468)는 세조 대에 활약한 무신

으로 이시애의 난(1467, 세조 13)과 건주여진 정벌에서 공을 세웠으나 세조 사후 예종 원년인 1468년에 역모죄로 몰려 처형되었다('남이의 옥').

• [세조] 경국대전의 편찬을 시작하였다. [소18②]
  └육전상정소를 설치하고 조선 왕조의 체계적인 법전인『경국대전』을 편찬하기 시작하였다. [지13]

[해설]『경국대전』의 편찬을 시작한 왕은 세조(재위 1455-1468, 제7대)이다. 세조는 즉위하자마자 후대에 길이 전할 법전을 만들기 위해 육전상정소를 설치하였으며, 재위 6년인 1460년에 먼저 '호전(戶典)'을 완성하고, 재위 12년인 1466년에 편찬을 일단락하였으나 보완을 계속하느라 전체적인 시행을 미루었다.

• [성종] 홍문관이 설치되었다. [법24]
  └집현전을 계승한 홍문관을 설치하였다. [소19①]
  └집현전을 계승하여 홍문관을 설치하였다. [소18②]
  └홍문관을 두어 집현전을 계승하였다. [국22]
  └홍문관을 두어 주요 관리들을 경연에 참여하게 하였다. [법19]
  └홍문관을 두어 관원 모두에게 경연관을 겸하게 함으로써 집현전을 계승하였다. [경16①]
  └집현전을 계승한 홍문관을 설치하고 경연을 활성화하였다. [회22]
  └홍문관을 설치하고『경국대전』을 반포하였다. [회14]
  └홍문관은 학술 연구, 정책 자문 등의 역할을 하였으며 장(長)은 정2품의 대제학이었다. [경16②]
  └홍문관 [서14] [경13①]

[해설] (왕의 정책 자문과 경연을 담당하는) 홍문관을 두어 집현전을 계승한 것은 성종 9년인 1478년의 일이다. 홍문관은 궁중의 경서, 사적의 관리, 문한의 처리 및 왕의 자문에 응하는 일을 맡아보던 관청이다. 사간원, 사헌부와 함께 (언론) 3사라 불리었다. 옥당(玉堂), 옥서(玉署), 영각(瀛閣)이라고도 하였다. / [경16①] 시험지에 '경영관'으로 표기된 것은 '경연관'의 명백한 오자로 보인다(수정).

■ 홍문관 설치와 사림 세력 등용(조선 성종) [국24]
• ○ 왕은 집현전을 계승한 홍문관을 설치하고 중단되었던 경연을 다시 열었다.
  ○ 왕은 훈구 세력을 견제하기 위해 사림 세력을 등용하였다.

[해설] 주어진 자료 속 밑줄 친 '왕'은 조선 성종(재위 1469-1494, 제9대)을 가리킴을 알 수 있다. 3사의 하나로 왕의 정책 자문과 경연을 담당한 홍문관이 설치된 것은 성종 9년인 1478년의 일이다.

• [성종]『경국대전』을 완성하였다. [국24] [지22]
  └『경국대전』이 반포되었다. [국23]
  └『경국대전』을 반포하였다. [소20]
  └경국대전을 반포하였다. [소19①]
  └『경국대전』이 편찬되었다. [회23]
  └경국대전을 편찬하였다. [서21] [법22] [법17]
  └『경국대전』의 편찬을 마무리하여 반포하였다. [서17②]
  └경국대전의 편찬을 마무리하고 반포하였다. [경15①]
  └『경국대전』편찬을 완료하여 반포하고, 우리나라 통사인『동국통감』편찬을 완료했다. [서22②]

- ㄴ『경국대전』: 조선의 통치 규범과 법을 정리하였다. [서18①] □
- ㄴ『경국대전』을 반포하여 중앙 집권적 통치 체제를 완성했다. [서24②] □
- ㄴ성종은 통치 체제를 정비하고 기본 법전인『경국대전』을 반포하였다. [서12] □
- ㄴ성종은 기본 법전인『경국대전』을 완성하여 반포하였다. [회21] □
- ㄴ성종 때 완성된『경국대전』은 이, 호, 예, 병, 형, 공의 6전으로 구성된 조선의 기본 법전이다. [회18] □
- ㄴ국가 통치 규범을 확립한『경국대전』이다. [지12②] □
- ㄴ국가 통치의 기본 규범을 확립한『경국대전』이다. [회15] □
- ㄴ경국대전 [지11②] □

[해설] (조선의 기본 법전인)『경국대전』을 완성한 것은 조선 성종 16년인 1485년의 일이다(정부 체제인 육전 체제를 따라 6전으로 구성하여 반포)[경국대전 편찬은 세조 대부터 시작, 1460년(세조 6) 호전(戶典)을 시작으로 1466년(세조 12)까지 일단 6전을 완성하였으나 이후 계속 재검토]. 우리나라 통사인『동국통감』편찬을 완료한 것도 성종 16년인 1485년의 일이다.

- [경국대전] 성종 때 완성되었다. [서19①] □
- ㄴ성종 때 6전 체제로 완성되어 반포되었다. [경21②] □
- ㄴ조준이 편찬을 주도하였다[x]. [서19①] □
- ㄴ『경제육전』편찬의 토대가 되었다[x]. [경21②] □
- ㄴ이·호·예·병·형·공전으로 나뉘어 정리되었다. [서19①] □
- ㄴ법 조항을 원, 속, 증으로 구분하여 표기하였다[x].* [경21②] □
- ㄴ세조 때 만세불변의 법전을 만들기 위해 편찬을 시작하였다. [서19①] □
- ㄴ양 난 이후 새롭게 변화된 사회상을 담았다[x]. [경21②] □

[해설]『경국대전』은 성종 때 완성[일단락]되었다(1485, 성종 16). /『경국대전』은 이·호·예·병·형·공전[6전 체제]으로 나뉘어 정리되었다. / [서19①]『경국대전』완성에 기여한 인물은 최항, 노사신, 강희맹 등이며 조준(1346~1405)은 건국 초의 인물이다(급진 개혁파). / [경21②]『경제육전』이 편찬된 것은 조선 태조 6년인 1397년의 일이다.『경제원육전』또는『원육전』이라고도 한다. 송당[우재] 조준(1346~1405)이 위화도 회군 이후 실시된 조례를 모아 관찬한 최초의 성문 법전이다. / [경21②] 법 조항을 원, 속, 증으로 구분하여 표기한 법전은『대전통편』이다(1785, 정조 9).『경국대전』의 조문을 원(原),『속대전』의 규정을 속(續)으로 표시하였고,『속대전』이후 변경되거나 추가된 조항은 증(增)으로 구분하여 표시하였다. /『경국대전』은 세조 때(재위 1455-1468) 만세불변의 법전을 만들기 위해 편찬을 시작하였다. 세조는 즉위하자마자 통일 법전 편찬의 필요성을 느껴 착수하여 일단락되었다[육전상정소 설치, 1455(세조 원년)]. 하지만 보완을 계속하느라 시행을 미루었다. / [경21②] 양 난 이후 새롭게 변화된 사회상을 담은 법전은『속대전』이다(1746, 영조 22).

■ 경국대전 편찬 [국19] [지14①] [지12②] [서19①] [회15] □

- 이것은 조선 시대 법령의 기본이 된 법전이다. 조선 건국 초의 법전인『경제육전』의 원전과 속전, 그리고 그 뒤의 법령을 종합하여 만든 통치의 기본이 되는 통일 법전이다. (……) 편제와 내용과『경제육전』과 같이 6분 방식에 따랐고, 각 전마다 필요한 항목으로 분류하여 균정하였다.

[해설] 조선 성종 16년에 편찬된『경국대전』을 가리킨다.

- "세조께서 옥쇄를 쥐고 나라를 중흥시키시니, 창업과 수성을 겸비하신 것이다. 일찍이 좌우의 신하들에게 말씀하시기를, …(중략)… 우리 조종의 심후하신 인덕과 크고 아름다운 규범이 훌륭한 전장(典章)에 펴졌으니, …(중략)… 또 여러 번 내린 교지가 있어 법이 아름답지 않은 것은 아니지만, 어리석고 둔한 관리들이 법을 받들어 시행함에 어두웠던 것은 진

실로 그 목차와 조문이 너무 번잡하고 앞뒤가 서로 맞지 않았기 때문이다. …(중략)… 이제 손익을 헤아리고 회통할 것을 산정하여 만대 성법을 만들고자 한다."
- 서거정이 『이 책』을 올리면서 쓴 서문(序文)

[해설] 여기서 '만대 성법'이란 곧 조선의 조종지법을 가리키는 말로, 제시된 자료는 조선 성종 16년인 1485년에 편찬된 『경국대전』임을 알 수 있다. 정확하게는 『경국대전』의 서문으로, '정헌대부 호조판서 겸 예문관 대제학 동지경연사' 서거정(1420~1488)이 이미 예종 원년인 1469년에 작성한 것이다.

- 세조께서 일찍이 말씀하셨다. "우리 조종의 심후하신 인덕과 크고 아름다운 규범이 훌륭한 전장(典章)에 펴졌으니 …(중략)… 또 여러 번 내린 교지가 있어 법이 아름답지 않은 것은 아니지만, 관리들이 재주가 없고 어리석어 제대로 받들어 행하지 못한다. …(중략)… 이제 손익을 헤아리고 회통할 것을 산정하여 만대 성법을 만들고자 한다."

[해설] 주어진 자료는 책의 서문이다. '세조'가 나오고 '만대 성법'을 만들고자 한다는 내용이 나온다. 세조 때 편찬되기 시작하여 성종 때 완성된[일단락된] 『경국대전』임을 알 수 있다(1485, 성종 16[성종(재위 1469-1494), 제9대]. 국가 통치 규범을 확립한 『경국대전』이다. 참고로 '전장(典章)'은 법칙이나 규칙을 적은 글로 '법규'로 보면 된다.

- 세조가 신하들에게 말씀하시기를, "법의 과목(科目)이 너무 번잡하고 앞뒤가 맞지 않았기 때문에 상세히 살펴 다듬어 자손만대의 성법(成法)을 만들고자 한다."라고 하셨다. 『형전(刑典)』과 『호전(戶典)』은 이미 반포되어 시행하고 있으나 나머지 네 법전은 미처 교정을 마치지 못했다. 이에 성상(聖上)께서 세조의 뜻을 받들어 여섯 권의 법전을 완성하게 하여 중외에 반포하셨다.

[해설] 주어진 자료 속 '성상'은 조선의 제9대 왕인 성종을, 반포한 법전은 조선의 기본 법전인 『경국대전』을 가리킨다. 『경국대전』 편찬은 세조 때부터 시작되었다. 주어진 자료는 위 자료의 아랫부분이다.

- 천지가 광대하여 만물이 덮여 있고 실려 있지 않은 것이 없으며, 사시의 운행으로 만물이 생육되지 않은 것이 없으며, 성인이 제도를 만드심에 만물이 기쁘게 보이지 않은 것이 없으니, 진실로 성인이 제도를 만드심은 천지·사시와 같은 것이다.

[해설] 조선 건국 후 법령을 집대성한 『경국대전』 서문의 일부이다. 이를 반포한 국왕은 조선 성종이다. 주어진 자료는 위 자료의 아랫부분이다.

▌조선 시대의 법전 편찬 [국22]

조선 시대 국가를 운영하는 핵심 법전인 『경국대전』은 세조 대에 그 편찬이 시작되어 (가) 대에 완성되었다. 이후 여러 차례의 전쟁으로 혼란에 빠진 국가 체제를 수습하고 새로운 정치·사회적 변화에 대응하기 위해 법전 정비가 필요하게 되었다. 이에 따라 (나) 대에 『속대전』을 편찬하였으며, (다) 대에 『대전통편』을, 그리고 (라) 대에는 『대전회통』을 편찬하였다.

[해설] 『경국대전』이 편찬된 것은 조선 성종 16년인 1485년의 일이고, 『속대전』이 편찬된 것은 영조 22년인 1746년, 『대전통편』이 편찬된 것은 정조 9년인 1785년, 『대전회통』이 편찬된 것은 고종 2년인 1865년의 일이다.

2 통치 체제의 정비

- 의정부 서사제의 시행 [국13]

└ 이 제도의 시행으로 국왕이 재상들을 직접 통솔할 수 있게 되어 왕권 강화에 기여하였다[X]. [서15]

└ 무력으로 집권한 태종과 세조는 이 제도를 이용하여 초기의 불안한 왕권을 안정시켰다[X]. [서15]

└ 민본 정치를 추구한 정도전은 이 제도를 폐지하고 6조의 업무를 국왕에게 직접 보고하게 하였다[X]. [서15]

└ 세종은 안정된 왕권과 경제력을 바탕으로 이 제도를 시행하여 왕권과 신권의 조화를 추구하였다. [서15]

└ 왕권과 신권의 균형적인 조화를 이루고자 하였다. [기12]

[해설] 의정부 서사제는 6조에서 올라오는 일을 의정부에서 논의한 후 합의 된 사항을 왕에게 올리는 정치 체제로 훌륭한 재상을 등용하여 정치를 맡기는 형태이다. / 의정부 서사제는 재상의 권한을 중시하는 제도이지만, 왕권과 신권의 조화를 추구한다. 왕권 강화에 기여한 것은 6조 직계제이다.

／ 의정부 서사제는 세종 대에 실시되었다(1436, 세종 18)(이른바 '의정부 3정승 합의 제도'). 태조와 세조가 불안한 왕권을 안정시키기 위해 실시한 것은 6조 직계제이다. ／ 정도전은 왕도 정치를 바탕으로 재상 중심의 정치를 주장하였으므로 의정부 서사제와 관련이 있다. 6조의 업무를 국왕에게 직접 보고하는 것은 6조 직계제이다. ／ 세종은 의정부 서사제를 실시하였으나 인사와 군사는 직접 처리하여 왕권과 신권의 조화를 추구하였다(조선 전기 통치 체제의 특징).

■ 재상 중심의 정치관(의정부 서사제) [국13] [서15] [법17] □

- 6조에서 올라오는 모든 일을 영의정, 좌의정, 우의정이 중심이 되는 의정부에서 논의하여 합의된 사항을 국왕에게 올려 결재 받게 하였다.

[해설] 6조에서 올라오는 모든 일을 의정부에서 논의한다는 내용에서 의정부 서사제에 대한 설명임을 알 수 있다. 의정부 서사제는 세종 때 실시되었으며, 육조 직계제는 태조와 세조 때 각 실시되었다.

- 6조는 각기 모든 직무를 먼저 의정부에 품의하고, 의정부는 가부를 헤아린 뒤에 왕에게 아뢰어 (왕의) 전지를 받아 6조에 내려보내어 시행한다. 다만 이조·병조의 제수, 병조의 군사 업무, 형조의 사형수를 제외한 판결은 종래와 같이 각 조에서 직접 아뢰어 시행하고 곧바로 의정부에 보고한다.

[해설] 주어진 자료는 조선 시대에 행해진 '의정부 서사제'에 대한 설명이다.

- 임금의 직책은 한 사람의 재상을 논정하는 데 있다 하였으니, 바로 총재(冢宰)를 두고 한 말이다. 총재는 위로는 임금을 받들고 밑으로는 백관을 통솔하여 만민을 다스리는 것이니 직책이 매우 크다. 또 임금의 자질에는 어리석음과 현명함이 있고 강함과 유약함의 차이가 있으니, 옳은 일은 아뢰고 옳지 않은 일은 막아서, 임금으로 하여금 대중(大中)의 경지에 들게 해야 한다. 그러므로 상(相)이라 하니, 곧 보상(輔相)한다는 뜻이다.

[해설] '총재는 위로는 임금을 받들고 밑으로는 백관을 통솔하여 만민을 다스리는 것이니 직책이 매우 크다', '임금으로 하여금 대중의 경지에 들게 해야 한다'는 내용은 재상의 직분과 비중을 언급하고 정치는 재상 중심으로 이끌어야 한다는 정치사상이 나와 있다. 삼봉 정도전(1342~1398)의 『조선경국전』(치전 총서)에 나오는 내용이다(1394, 태조 3).

- [정종] 도평의사사를 개편하여 의정부를 설치하였다.* [지19] □

[해설] 도평의사사를 개편하여 의정부를 설치한 국왕은 정종(재위 1398-1400, 제2대)이다(1399, 정종 원년).

- [의정부] 국정 운영을 총괄하였다. [기16] □

└의정부는 최고의 행정 집행 기관으로 그 중요성에 의해 점차 실권을 강화하였다[✗]. [서14] □

[해설] 의정부는 조선 시대 최고 합의 기구로 국정을 총괄하였다. 영의정, 좌의정, 우의정 이렇게 3의정(재상)을 두었다. 그런데 조선 후기에 이르러 비변사의 권한이 강화되면서 권한이 점차 약해졌다. 그리고 조선 시대의 행정 집행 기관은 (의정부가 아니라) 6조이다.

- [태종, 세조] 육조 직계제의 시행 [국13] □

[해설] 육조 직계제는 6조가 의정부를 거치지 않고 국왕에게 바로 올려 국왕의 재가를 받아 시행하는 것으로 의정부의 세력을 약화시키고 왕권을 강화하려는 제도이다.

- [경연] 세조에 의해 크게 활성화되었다[✗]. [법15] □

└조선 시대에 들어서 처음 도입되었다[✗]. [법15] □

└집현전 학사들이 강의를 맡던 시기도 있었다. [법15] □

└전제 왕권을 강화하기 위하여 도입된 제도였다[✗]. [법15] □

[해설] 조선 세조는 재위 2년인 1456년에 경연을 중단시켰다. ／ 경연은 고려 예종 때(재위 1105-1122)에 처음 도입되었다. 하지만 고려 시대에는 경연이 활성화되지 못하였고, 조선 시대에 들어와 비로소 활성화되었다. ／ 집현전 학자들이 강의를 맡던 시기도 있었다(세종 대 이후). ／ 경연은 왕권 강화보다는 왕권과 신권의 조화를 추구하려는 왕도 정치적 이상에서 도입된 것이다.

- 경연의 실시 [회23]
  └ [재상 중심의 관료 정치] 군주제 타파 **[X]** [회23] □

[해설] 재상 중심의 관료 정치에 근거한 정책으로, 주어진 선지 중에서는 경연(經筵)의 실시가 적절하다. 경연은 왕에게 유교 경전과 사서를 가르쳐 유교의 이상 정치를 실현하려는 것이 목적이다. 교재는 4서 5경과 역사 및 성리학 서적이었으며, 성종 이후에는 홍문관의 관원이 이를 담당하였다.

■ 경연(經筵) [법15] [회23] □

- 왕에게 유교 경전과 사서를 가르쳐 유교의 이상 정치를 실현하려는 것이 목적이었다. 강의는 매일 아침에 실시하는 것(조강 朝講)이 원칙이었으며, 주강(晝講)과 석강(夕講)을 포함하여 세 번 강의하던 시기도 있었다. 교재는 4서 5경과 역사 및 성리학 서적이었으며, 성종 이후에는 홍문관의 관원이 이를 담당하였다.

[해설] 주어진 자료에서 말하는 제도는 '경연(經筵)'을 가리킨다.

- 임금의 자질에는 어리석은 자질도 있고 현명한 자질도 있으며, 강력한 자질도 있고 유약한 자질도 있어서 한결같지 않다. 임금의 아름다운 점은 따르고 나쁜 점은 바로 잡으며, 옳은 일은 받들고 옳지 않은 것은 막아서, 임금이 가장 올바른 경지에 들어가게 해야 한다.

  －『조선경국전』－

[해설] 출처가 삼봉 정도전(1342~1398)이 개인적으로 편찬[사찬]하여 바친 조선 최초의 법전인 『조선경국전』이다(1394, 태조 3). 정도전은 조선의 개국 1등 공신으로, 재상 중심의 관료 정치를 주장하였다.

- 승정원 – 국왕의 명령을 출납하였다. [국22] □
  └ 승정원 – 국왕의 명령을 신하들에게 전달하는 비서 기관 [서19①] □
  └ 왕명을 출납하면서 왕의 비서 기관의 업무를 하였다. [국19] □
  └ 왕명을 출납하였다. [기16] □
  └ 승정원 [지21] [법20] [법13] [경13①] [경11②] □

[해설] 승정원은 국왕의 비서 기관으로 왕명의 출납과 군사 기밀을 담당하였다(1400, 정종 2).

- 사헌부는 관원의 비행을 감찰하는 사법 기관이고, 사간원은 정책을 비판하는 간쟁 기관이었다. [경12③] □
  └ [대간] 관리를 감찰하고 정사를 비판하였다. [기16] □

[해설] 사헌부는 시정, 풍속, 관원에 대한 감찰 행정을 맡았다. 또 관원의 인사에도 관여하여 동의 여부를 결정하는 서경 기관이기도 하였다(즉 서경권 행사). 사간원은 간쟁과 논박을 관장하였다(즉 고유 업무로 간쟁권과 봉박권 행사). 하지만 두 기관은 점차 업무에 명확한 구분을 두지 않고 함께 활동하였으며, 그들 관원을 합하여 대간(臺諫) 또는 언관(言官)이라고 부르고 그 활동을 언론(言論)이라 하였다.

■ 사헌부 [지21] [법15] □

- 시정을 논하여 바르게 이끌고, 모든 관원을 살피며, 풍속을 바로잡고, 원통하고 억울한 일을 밝히며, 건방지고 거짓된 행위를 금하는 등의 일을 맡는다.

[해설] 조선의 3사 중 하나인 사헌부가 담당한 직무에 대한 설명이다.

- ○ 무릇 관직을 받은 자의 고신(임명장)은 5품 이하일 때는 ___(가)___ 과/와 사간원의 서경(署經)을 고려하여 발급한다.
  ○ ___(가)___ 는/은 시정(時政)을 논하고, 모든 관원을 규찰하며, 풍속을 바르게 하는 등의 일을 맡는다.

  －『경국대전』－

[해설] 주어진 '(가)'는 사헌부를 가리킨다.

- 사헌부 [지21] [법20] [법13] □

└왕의 정책을 간쟁하고 관원의 비행을 감찰하였다. [국19] □

└(가)는 발해의 중정대와 비슷한 기능을 수행하였다. [법15] □

└조선의 사헌부는 발해의 중정대, 고려의 어사대와 같은 역할을 하였다. [경16②] □

└사헌부(司憲府)는 임금에게 간언하고 정사의 잘못을 논박하는 직무를 관장한다[x]. [기13] □

[해설] 사헌부는 발해의 중정대, 고려의 어사대와 비슷한 기능[같은 역할]을 수행하였다. 같은 감찰 기관이다. 참고로 신라에서는 '사정부'가 있었다. / 조선의 사헌부는 관리에 대한 감찰과 탄핵 업무를 담당하는 한편 정치 전반에 대한 언론 기능을 수행하였다. / [기13] 임금에게 간언하고 정사의 잘못을 논박하는 직무를 관장한 기관은 (사헌부가 아니라) 사간원이다. 사간원은 국왕에 대한 간쟁(諫諍)과 논박(論駁)을 담당하였다(간쟁권과 봉박권).

■ 사헌부와 사간원(양사) [법20] [기16] □

- 유교 이념에 바탕을 둔 정치를 강조한 조선은 국정 운영 과정에서 왕권과 신권의 조화를 추구하는 한편, <u>권력이 어느 한 편으로 집중되는 문제를 막기 위한</u> 체제를 갖추어 나갔다.

[해설] 조선 시대에 밑줄 친 부분(시험지 표시)과 관련 깊은 통치 기구는 이른바 언론 3사이다. 그중 감찰 기관인 사헌부와 서경·간쟁·봉박[논박]권을 행사[서경은 같이 대간을 이루는 사헌부와 공통 업무, 간쟁·봉박은 고유 업무(이후 삼사 모두 행사)]하는 기관인 사간원이 이른바 '대간(臺諫)' 혹은 '양사(兩司)'로 불리며 큰 역할을 하였다(나머지 한 기관은 홍문관).

- 이것은 마땅히 명망이 우선되어야 하고 탄핵은 뒤에 해야 한다. … 천하의 득실과 백성을 이해하고 사직의 모든 일을 간섭하고 일정한 직책에 매이지 않는 것은 홀로 재상만이 행할 수 있으며 간관만이 말할 수 있을 뿐이니, 간관의 지위는 비록 낮지만 직무는 재상과 대등하다.

— 삼봉집 —

[해설] 주어진 자료의 '이것'은 대관과 간관을 합쳐 부르는 명칭인 '대간'임을 알 수 있다.

- 사간원 – 교지를 작성하였다[x]. [국22] □

└사간원 – 국왕에 대한 간쟁과 논박을 담당한 언론 기관 [서19①] □

└사간원(司諫院)은 시정을 논평하고 모든 관원을 감찰하며 풍속을 바로 잡는 일을 관장한다[x]. [기13] □

└(나)가 하였던 일을 고려 시대에 담당한 기관은 삼사였다[x]. [법15] □

└사간원 [법20] [법13] □

[해설] 교지를 작성한 조선 시대의 관청은 예문관이다. 예문관은 임금의 교지(敎旨)를 작성하거나 회의록[史草]를 작성하였다. / 사간원은 국왕에 대한 간쟁과 논박을 담당한 언론 기관이다('간쟁권'과 '봉박권' 가짐). 간쟁(권)은 왕의 언행이나 정치의 잘못을 바로잡기 위한 언론이며, 논박(권)[봉박권]은 일반 정치에 대한 언론으로 고려 시대 중서문하성 낭사의 기능을 계승한 것이다[태종 원년인 1401년 문하부를 폐지하고 의정부를 설치할 때 문하부의 낭사를 독립시켜 사간원이라 함]. / [기13] 시정을 논평하고 모든 관헌을 감찰하며 풍속을 바로 잡는 일을 관장한 기관은 (사간원이 아니라) 사헌부이다. / [법15] 고려 시대의 삼사(三司)는 조선 시대의 삼사(3사)[언론삼사(言論三司)]와 달리 화폐와 곡식의 출납과 회계를 담당하는 기관이다.

- 사간원의 독립 [국13] □

[해설] 사간원은 간쟁을 하고 정사의 잘못을 논박[봉박]하는 임무를 담당하는 등 권력 독점 및 부정 방지의 역할을 수행한다.

■ 사간원 [법15] □

임금에게 간언하고, 정사의 잘못을 논박하는 직무를 관장한다.

[해설] 조선 시대 3사 중 하나인 사간원의 직무에 대한 설명이다(간쟁권과 봉박권은 사간원의 고유 업무, 차츰 사헌부와 홍문관도 행사).

- [홍문관] 사간원·사헌부와 함께 3사로 지칭되었다. [서11] □
  └홍문관은 정치의 득실을 논하고 관리의 잘못을 규찰하고 풍기·습속을 교정하는 일을 담당하였다[x]. [서14] □
  └홍문관은 원억(冤抑)한 일을 고소하는 자의 소장을 주관하여 관원에 제출하는 일을 맡는다[x]. [기13] □
  └(다)는 집현전을 계승하여 설치하였으며 옥당으로 일컬어졌다. [법15] □
  └영의정이 수장이었다[x]. [서11] □
  └세조가 집권하면서 폐지되었다[x]. [서11] □
  └임진왜란을 계기로 상설 기구로 변화하였다[x]. [서11] □
  └초계문신제를 통해 능력 있는 인재를 양성하였다[x]. [서11] □
  └홍문관 [법13] □

[해설] 홍문관은 사간원, 사헌부와 함께 (언론)3사[삼사(三司)]로 지칭되었다(1478, 성종 9)[참고로 사헌부, 사간원, 형조를 삼성(三省)이라 함]. / [서14] 사헌부에 대한 설명이다. 홍문관은 세조 때 폐지된 집현전을 대신하여 성종이 설치한 기구(옛 집현전의 직제를 예문관에서 분리하여 홍문관에 이양)로 왕의 정책 자문과 경연을 담당하였다[경연과 서연을 담당하고, 경적과 문한을 관리](학술 및 언론 기관의 위상 갖춤). / [기13] 원억(冤抑)한 일을 고소하는 자의 소장을 주관하여 관원에 제출하는 일을 맡은 기관은 (홍문관이 아니라) 사헌부이다(중앙). 지방의 경우 '감사(監司)'가 관련 일을 주관하였다[관찰사, 도백(道伯)]. / [법15] 홍문관은 옥당(玉堂), 옥서(玉署), 영각(瀛閣) 등으로 불렸다. / [서11] 홍문관의 수장은 (영의정이 아니라) 대제학이다. 또한 세조가 집권하면서 폐지된 관청은 (홍문관이 아니라) 집현전이다. / [서11] 임진왜란을 계기로 상설 기구로 변화한 관청은 딱히 없다. 비변사는 명종 10년(1555)에 발생한 을묘왜변 때 이미 상설 기구화되었으며 임진왜란을 거치면서 권한이 더욱 강화되어 모든 정무를 총괄하는 최고 의사 결정 기구로 변화하였다. 홍문관을 묻는 문제에 잘못된 선지로 제시되었는데, 선지 자체가 틀렸다고 할 수 있다. / [서11] 초계문신제를 통해 능력 있는 인재를 양성한 기구는 정조가 설치한 규장각이다(1781, 정조 5).

■ 홍문관 [서11][법15] □

- 궁궐 안에 있는 경적(經籍)을 관리하고, 문서를 처리하며, 왕의 자문에 대비한다. 모두 경연(經筵)을 겸임한다.
  - 경국대전 -

[해설] 홍문관의 직무에 대한 설명이다(1478, 성종 9).

- 궁중의 경서(經書) 및 사적(史籍)을 관리하며 문서를 처리하고 임금의 물음에 응한다.   -『경국대전』-

[해설] 홍문관을 가리킨다.

- [삼사] 여론을 이끄는 언론 활동을 하였다. [소21] □
  └삼사는 권력의 독점과 부정을 방지하는 데 기여하였다. [국15] □
  └(가), (나), (다)는 왕권의 독주와 권신의 대두를 막는 역할을 하였다. [법15] □
  └언관(言官)은 양사(兩司)와 홍문관이 맡은 업무 성격 때문에 부르는 명칭이다. [기13] □
  └사헌부와 사간원, 홍문관은 서경권을 가지고 있었다[x]. [경19①] □

[해설] 삼사(사헌부, 사간원, 홍문관)는 일종의 언론·감찰 기관으로 관력의 독점과 부정을 방지하는 역할을 하였다(언론 3사). / [경19①] 서경권(署經權)은 관리의 임명이나 법령의 제정 등을 할 때 대간의 서명을 거치는 제도이다. 이러한 권한을 가진 대간이 있었던 기구는 고려 시대의 경우는 어사대와 중서문하성이고 조선 시대는 사헌부와 사간원에 있었다. 따라서 홍문관은 포함되지 않는다.

■ 언론 삼사 [법13] □

- ○ 경연을 통해 국왕, 의정부와 6조를 견제하는 역할을 하였다. (홍문관 주관)
  - ○ 5품 이하의 관리를 임명할 때, 인물의 경력, 신분 등을 조사하여 그 가부를 승인하는 권한을 가지고 있었다.

사헌부와 사간원(양사는 곧 '대간'의 서경권(署經權) (홍문관 ×)

○ 왕에게 간언하거나 잘못된 정책을 비판할 수 있었다. 사간원의 간쟁권(이후 삼사 모두 해당)

○ 잘못된 왕명을 시행하지 않고 되돌려 보낼 수 있었다. 사간원의 봉박권(이후 삼사 모두 해당)

[해설] 주어진 자료의 권한은 곧 언론 권한을 가리킴을 알 수 있다. 조선의 언론 3사는 사헌부, 사간원, 홍문관이다. 간쟁권과 봉박권의 경우 원래 사간원의 고유 업무였지만 차츰 사원부와 홍문관도 행사하게 되었다.

- 의금부 – 국왕의 명령을 받아 중대한 죄인을 다스리는 사법 기관 [서19①]
  └ 의금부는 왕명을 받아 중죄인을 심문하는 사법 기관이었다. [회21]
  └ 의금부는 왕명 혹은 세 의정(議政)의 결정으로 반역 죄인을 심문할 수 있는 기관이었다[✗]. [경12③]
  └ 의금부와 승정원은 왕권을 강화하는 데 기여하였다. [경19①][경16②]
  └ 의금부 [법13]

[해설] 의금부는 오직 국왕의 명령만을 받아 중대 범죄와 중죄인을 다스리는 국왕 직속의 특별사법 기관이다. / 승정원은 왕명의 출납을 담당한[맡은] 왕의 비서 기구이다. 따라서 두 기관은 모두 왕권 강화 기구라 할 수 있다.

- 예문관 – 궁중 도서를 관리하고 국왕의 자문에 응하는 학문 기관 [✗] [서19①]
  └ 예문관은 국왕의 교지 작성을 담당하였다. [경19①]

[해설] 예문관은 왕의 교서, 즉 임금의 말이나 명령을 대신하여 짓는 것을 담당한 기관이다. 궁중 도서를 관리하고 국왕의 자문에 응한 대표적인 학문 기관으로는 홍문관을 들 수 있다. 그 전신은 집현전이며, 후일 정조 대에 설치된 규장각도 비슷한 기능을 수행하였다고 볼 수 있다(1776, 정조 즉위년).

- 춘추관 – 외교 문서를 작성하였다[✗]. [국22]
  └ 유학을 가르치고 역사서를 편찬하였다[✗]. [기16]
  └ 춘추관 [법20][법13][경13①]

[해설] 외교 문서를 작성한 조선 시대의 관청은 승문원이다. 춘추관은 시정(時政)의 기록과 역사서 편찬 및 보관을 담당한 관청이다. 조선 개국 당시에는 예문춘추관이었다가 태종 원년인 1401년에 예문관과 분리하여 춘추관으로 독립하였다. / [기16]에서 유학을 가르치는 기관으로는 성균관, 향교, 서원 등을 들 수 있다.

- 예문관과 춘추관은 대간(臺諫)이라 불렸는데, 임명된 관리의 신분·경력 등을 심의·승인하는 역할을 담당하였다[✗]. [서14]

[해설] 사헌부와 사간원에 대한 설명이다. 대간(臺諫)이라 불리었으며 서경권을 행사하였다. 예문관은 교지와 사초를 작성하였으며, 춘추관은 시정(時政)의 기록과 역사서 편찬 및 보관을 담당하였다.

- 한성부 – 시정기를 편찬하였다[✗]. [국??]
  └ 한성부는 서울의 행정과 치안, 사법을 담당하였다. [경19①]

[해설] 시정기(時政記)를 편찬한 조선 시대의 관청은 춘추관이다. 춘추관은 각 관청에서 작성한 업무일지인 '등록'을 모아 해마다 시정기를 편찬하고, 실록이 편찬되면 이를 보관하였다.

- 승문원 [지21]
  └ 승문원은 국왕의 명령을 출납하는 비서 기관이었다[✗]. [경12③]
  └ 조선의 승문원 [서24②]

[해설] 승문원은 사대교린에 관한 문서, 즉 (중국과 일본, 여진 등 외국에 보내는) 외교 문서를 담당한 기구이다(1411, 태종 11). 외교 문서에 쓰이는 이문(吏文)의 교육도 담당하였다. 성균관, 교서원과 합칭하여 삼관(三館)이라고도 하였다. / 국왕의 명령을 출납하는 비서 기관은 승정원이다.

- [교서관] 서적 출판 및 간행의 업무를 전담하였다. [국19]

- 교서관은 국왕의 교서를 작성하는 역할을 하였다[x]. [경16②] ☐
  - 교서관 [지21] ☐

[해설] 교서관은 서적을 간행하고 관리하는 업무를 전담한 일종의 궁중 인쇄소이다. 교서감(校書監) 또는 운각(芸閣)이라고도 하였다. / 국왕의 교서를 작성하는 역할을 한 조직은 교서관이 아니라 예문관이다.

*교서관: 경적(經籍)[서적]의 인쇄와 제사 때 쓰이는 향과 축문·인신(印信)(도장) 등을 관장하기 위하여 설치된 관서이다. 태조 원년인 1392년에 교서감으로 처음 설치하였다가 태종 원년인 1401년에 교서관으로 명칭을 고쳤다.

- 소격서가 행사를 주관하였다. [법17] ☐

[해설] 소격서가 주관한 행사는 도교 제전인 초제(醮祭)이다. 초제는 도사(道士)가 재앙을 물리치고 복을 빌기 위해 도교의 여러 신들에게 지내는 제례 의식이다.

■ 서운관* [기12] ☐

고려 말부터 조선 초까지 천문·역수·측후·각루 등의 일을 맡아보던 관청으로 천변지이를 관측하여 기록하고, 역서를 편찬하며, 절기와 날씨를 측정하고 시간을 관장하던 곳이었다.

[해설] 주어진 자료에서 말하는 관청은 서운관(1308, 고려 충렬왕 34)이며, 이와 관련된 학문은 곧 천문학임을 알 수 있다(문제의 질문과 관련).

- [조선 전기(15~16세기)] 합리적인 인사 행정 제도가 갖추어져 이전 시기보다 관료제적 성격이 강해졌다. [국15] ☐
  - 권력의 집중과 부정을 막고자 친인척을 같은 부서에 두지 않는 상피제가 실시되었다. [기13] ☐
  - 같은 관서 또는 서로 연관이 있는 관직에 친인척을 임명하지 않도록 하거나, 지방관을 연고가 있는 지역으로 보내지 못하도록 한 서경 제도가 있었다[x]. [경15③] ☐

[해설] 조선 전기에 이르러 관직 제도와 함께 인사 행정 제도도 새롭게 정비되었다(품계에 맞게 관리 등용, 상피제 실시). / 같은 관서 또는 서로 연관이 있는 관직에 친인척을 임명하지 않도록 하거나, 지방관을 연고가 있는 지역으로 보내지 못하도록 한 것은 (서경 제도가 아니라) 상피 제도이다. 서경 제도란 인사의 공정성을 확보하기 위하여 5품 이하 관리의 등용에 사헌부와 사간원 소속 대간의 서명을 받도록 한 제도를 가리킨다. 이를 서경권(署經權) 또는 대성권(臺省權)이라고 한다.

- [태종] 전국을 8도로 나누고 도 아래에는 부·목·군·현을 두었다. [국11] ☐
  - 전국을 8도로 나누고 그 아래 부·목·군·현을 두었다. [법23] ☐
  - 전국을 8도로 나누고, 그 아래에 부·목·군·현을 설치하였다. [법18] ☐

[해설] 전국을 8도로 나누고 도 아래에 부·목·군·현을 둔 것은 태종 13년인 1413년의 일이다(8도제)(조선 전기). 이전까지는 6도 2면 체제였다[경기도, 양광도(충청), 전라도, 경상도, 교주강원도, 서해도(황해), 서북면(평안), 동북면(함경)].

- 향·부곡·소를 일반 행정 구역으로 바꾸었다. [서12] ☐

[해설] 조선 초 태종 대에 전국 300여 군현에 모두 지방관을 파견하였다(호구 조사와 호패법 실시). 고려에서 자치적인 유향소를 통해 유향품관들이 지방을 장악했던 것과 달리 조선에서는 향촌 사회가 중앙의 통치 체제의 한 부분으로 온존하게 편입된 것이다. / 고려 시대에 생겨난 특수 행정 구역인 소(所)는 15세기 후반에 군·현으로 승격되거나 소속 군·현에 흡수되어 완전 소멸하였다.

- 지방 행정 말단 조직으로 면·리·통을 두었다.* [경19②] ☐

[해설] 지방 행정의 말단 조직으로 면·리·통을 둔 것은 조선 전기의 일이다. 여말 선초의 군현에는 직촌(直村)과 임내*가 병존하였고, 임내는 다시 속현과 향·소·부곡으로 구분되었다. 직촌과 임내에는 규모에 따라 다소의 자연촌이 존재하였으며, 리(里)와 면(面)이라는 명칭도 혼용되고 있었다. 조선 왕조는 임내를 정리하여 모든 군현에 수령을 파견하는 방식으로 군현제를 정비하고, 군현의 하부 단위인 촌락까지 지배력을 확대하여 면리제를 새롭게 실시하고자 하였다. 다만 임내의 혁파와 동시에 전국적인 면리제를 실시한 것은 아니어서 면리제의 정착에는 시간이 걸렸다.

*임내(任內): 지방관이 파견되지 않은 속현

- 전국 모든 군현에 수령이 파견되었다. [서22①] □
  └ 모든 군현에 수령이 파견되었다. [법17] □
  └ 전국의 주민을 국가가 직접 지배하기 위하여 모든 군현에 수령을 파견하였다. [경12③] □
  └ 모든 군현에 수령을 파견하고 전국 8도에 관찰사를 파견하였다. [경13②] □

  [해설] 조선 시대에 들어와서는 (고려 시대와 달리) 전국 모든 군현에 수령이 파견되었다. 전국 8도에는 관찰사를 파견한 것도 조선 시대의 일이다(고려 시대의 안찰사와 구분).

- [수령 7사(수령칠사)] 농상(農桑)을 성하게 하는 것입니다. [법23] □ (농업과 양잠을 장려하는 것)
  └ 인구를 늘리는 것이 수령의 중요한 임무 중 하나였다. [서22①] □
  └ 호구를 늘리는 것입니다. [법23] □
  └ 호구를 늘게 하는 것. [소21] □
  └ 학교 교육을 장려하는 것. [소21] □
  └ (군사 훈련을 실시하는 것)
  └ 역을 고르게 부과하는 것입니다. [법23] □
  └ 공정하게 세금을 징수하는 것. [소21] □
  └ 사송(詞訟)을 간략하게 하는 것입니다. [법23] □ (소송을 신속하게 해결하는 것)
  └ (간교한 것을 없애는 것)
  └ 수령의 비리를 감찰하는 것. [X] [소21] □

  [해설] 인구를 늘리는 것이 수령의 중요한 임무 중 하나이다. 수령 7사[수령칠사]* 중 '호구증'을 가리킨다.
  *수령 7사: 농상성(農桑盛: 농상을 성하게 함)[농업과 양잠을 장려하는 일]·호구증(戶口增: 호구를 늘림)[인구를 늘리는 일]·학교흥(學校興: 학교를 일으킴)[학교 교육을 장려하는 일]·군정수(軍政修: 군정을 닦음)[군사 훈련을 실시하는 일]·부역균(賦役均: 역의 부과를 균등하게 함)[공정하게 세금을 징수하는 일]·사송간(詞訟簡: 소송을 간명하게 함)[소송을 신속하게 처리함]·간활식(奸猾息: 교활하고 간사한 버릇을 그치게 함)[간교한 것을 없애는 일]의 일곱 가지로서『경국대전』이전(吏典) 고과조(考課條)에 실려 있다. / [소21] 수령의 비리를 감찰하는 것은 (수령을 지휘, 감독하는) 관찰사(도백, 감사)의 임무이다.

■ 수령 7사[수령칠사] [법23] [소21] □

- 평택 현감 변징원이 하직하니, 임금이 그를 내전으로 불러 만났다. 임금이 변징원에게, "그대는 이미 수령을 지냈으니, 백성을 다스리는 데 무엇을 먼저 하겠는가?"라고 물었다. 이에 변징원이, "마땅히 칠사(七事)를 먼저 할 것입니다"라고 하였다. 임금이, "칠사라는 것은 무엇인가?"라고 질문하니, 변징원이 대답하기를, _____(가)_____

  -『성종실록』-

  [해설] 주어진 문제는 조선 시대 지방 수령의 근무 성적을 평가하는 준거로 삼았던 일곱 가지 사항, 즉 수령 7사에 대해 묻는 문제이다(고려 시대는 '수령 5사', 조선 시대에 여기에 학교와 군정에 관한 일이 추가). 수령 7사는『경국대전』에 실렸지만, 15세기 말부터 관찰사의 조사가 형식적이 되면서 본래의 의미를 잃어갔다.

- 변징원에게 임금이, "그대는 이미 흡곡현령(歙谷縣令)을 지냈으니 백성을 다스리는 데 무엇을 먼저 하겠는가?"라고 물었다. 그는, "마땅히 칠사(七事)를 먼저 할 것입니다."라고 하였다. 임금이 말하기를, "이른바 칠사라는 것은 무엇인가?"라고 하니 변징원이, "칠사란 (가) 이 바로 그것입니다."라고 답하였다.

  -『성종실록』-

  [해설] 자료 속 '(가)'에는 이른바 조선 시대의 '수령 7사(칠사)'와 관련된 내용이 들어가야 한다(고려 시대는 '수령 5사').

- 조선에서 지방관은 행정·사법권을, 별도로 파견된 진장·영장은 군사권을 보유하였다[x]. [서18①]
  - 지방관은 행정의 권한만을 위임받았는데, 자기 출신지에는 임명될 수 없었다[x]. [서14]
  - 지방에서 관찰사와 수령은 관할 구역의 사법권을 가졌다. [회21]

[해설] 조선의 지방관은 행정·군사·사법권을 모두 행사하였다. 관찰사의 경우 각 도의 병마절도사·수군절도사를 겸임하기도 하였다. 진장(鎭將)·영장(營將)은 진영장(鎭營將)이라고도 하는데 인조 대 각 도의 지방 군대를 관할하기 위하여 설치한 진영의 장관이다(정3품). 모두가 겸직이어서 해당 지방 수령들(부윤·부사·목사·현감 등)이 겸하였다. / [서14] 지방관이 자기 출신지에는 임명되지 않는 상피제가 적용되었다.

- 경재소는 중앙 정부가 현직 관료로 하여금 연고지의 유향소를 통제하게 하는 제도로서, 중앙과 지방의 연락 업무를 맡았다. [경16①]
  - 경재소 설치 [서12]

[해설] 경재소는 조선 전기에 중앙의 고위 관리가 자기 출신 지역 유향소의 품관들을 관리 감독하며 정부와 지역 간의 여러 가지 일을 주선하던 중앙 기구이다.

- 유향소는 수령을 보좌하고 향리를 감찰하기 위한 기구였다. [국12]
  - 유향소는 수령을 보좌하고 향리를 감찰하며 향촌 사회의 풍속을 바로잡기 위한 기구였다. [경16①]
  - 유향소는 수령을 보좌하고, 향리를 감찰하며 향촌 사회의 풍속을 바로잡기 위한 기구였다. [경14②]
  - 수령을 보좌하고 향리를 감찰하는 역할을 하였다. [법22]
  - (나) - 유향소를 설치하여 수령을 보좌하였다. [법18]
  - 조선에서 지역 양반은 유향소를 구성하여 향리를 규찰하고 향촌 질서를 바로잡았다. [서18①]
  - 지역 양반들로 조직된 향청은 수령을 보좌하고 풍속을 바로 잡고 향리를 규찰하는 등의 임무를 맡았다. [서14]
  - 향촌의 자치를 위하여 각 군현에 유향소를 설치하였다. [경12③]
  - 향촌 사회의 풍속을 교화하는 데 기여하였다. [법22]
  - 중앙에서 유향소를 통해 경재소를 통제하였다[x]. [서22①]
  - 경재소를 통해 중앙의 통제를 받았다. [법22]

[해설] 조선에서 지역 양반들은 유향소[향청, 향소, 향소청, 이아(貳衙)로도 불림]를 구성하여 수령을 보좌하고 지역의 풍속을 바로 잡고[향풍 교정], 향리를 규찰[감찰]하는 등의 활동을 통해 지방 행정에 참여하였다. / 유향소의 우두머리는 좌수였고, 차석은 별감으로 향회에서 선출되었다(임기 2년). / 고려의 사심관 제도가 경재소와 유향소로 분화, 발전된 것이며 경재소에는 경저리[경주인]이 머물면서 유향소를 통제하는 업무를 보았다. / 중앙에서 유향소를 통해 경재소를 통제한 것이 아니라 반대로 경재소를 통해 유향소를 통제하였다. 반대로 설명되었다.

- [성종] 유향소를 다시 설치하고, 사창제를 도입하였다[x].* [지12①]

[해설] 성종 대에 사림의 영향력 강화로 유향소가 부활하였다(1488, 성종 19). 그러나 양반 지주들이 자치적으로 곡식을 저장해두고 백성들에게 대여해주는 제도인 사창제(사창은 민간에서 자치적으로 운영한 민간 관리 기구, 반관영의 성격도 있음)는 세종 대 말과 문종 대 초에 시행되었다가[1448년(세종 30), 1451년(문종 원년)] 성종 원년(1470)에 폐지되었다(즉 조선 전기에 일시 시행, 고종 4년인 1867년에 이르러 사창제를 전국적으로 시행).

■ 유향소(향청) [법22]

- · 앞서 이 기구의 사람들이 향중(鄕中)에서 권위를 남용하여 불의한 짓을 행하니, 그 폐단이 많았습니다. 그래서 선왕께서 폐지하였던 것입니다. 간사한 아전을 견제하고 풍속을 바로잡는 것은 수령이 해야 할 일인데, 만약 모두 이 기구에 위임한다면 수령은 할 일이 없지 않겠습니까?
- · 전하께서 다시 이 기구를 세우고 좌수와 별감을 두도록 하였는데, 나이가 많고 덕망이 높은 자를 추대하여 좌수로 일

컷고, 그 다음으로 별감이라 하여 한 고을을 규찰하고 관리하게 하였다.   -『성종실록』-

[해설] 주어진 두 자료의 밑줄 친 '이 기구'는 유향소(향청)를 가리킴을 알 수 있다.

- 향회를 통한 사족들의 향촌 지배력 강화 [기15] ☐

[해설] 향회를 통한 사족들(구향)의 향촌 지배력 강화는 조선 전기의 일이다. 조선 후기에 이르러 향회를 신향들이 차지하기 시작하면서 향전이 발생하였다.

- 향리는 6방으로 나누어 실무를 맡았다. [서22①] ☐
  └(나) - 향리는 행정·사법·군사권을 행사하는 국왕의 대리인이다[✗]. [서22①] ☐

[해설] 향리는 6방으로 나누어 실무를 맡았다. 6방은 이방, 호방, 예방, 병방, 형방, 공방을 가리킨다. / (조선 시대에) 행정·사법·군사권을 행사하는 국왕의 대리인은 (향리가 아니라) 수령이다.

- (중앙) 5위 (지방) 진관 체제 [지17①] ☐
  └[5위] 갑사와 정군으로 구성되었다.* [법18] ☐

[해설] 5위와 진관 체제는 조선 전기의 군사 제도이다(1457, 세조 3). / 갑사와 정군으로 구성된 군사 조직은 조선 전기의 중앙군인 5위(의흥위, 충좌위, 용양위, 충무위, 호분위)이다. 참고로 조선 후기의 중앙군은 훈련도감을 포함한 5군영이다.

- [세조] 진관 체제를 도입하였다(지방군). [소20] ☐
  └국방력 강화를 위해 진관 체제를 실시하였다. [지19] ☐
  └지방군은 진관 체제를 바탕으로 조직되었다. [서21] ☐
  └지방군을 육군과 수군으로 나누어 군사 요지인 영과 진에 배치하였다. [기14] ☐
  └국경 지대에서 시행되던 방어 체제를 전국으로 확대하여 지역 중심 방어 체제로 개편하였다. [회20] ☐
  └세조 이후에는 지역 단위의 방어 전략인 진관 체제를 실시하였다. [기14] ☐
  └[진관 체제] 지역 단위의 방위 체제로 각 도에 한 두 개의 병영을 두어 병사가 관할 지역 군대를 장악하고, 병영 밑에 몇 개의 거진(巨鎭)을 설치하여 거진(巨鎭)의 수령이 그 지역 군대를 통제하는 체제* [경12②] ☐

[해설] 국방력 강화를 위해 지방군을 지역 중심 방어 체제, 즉 '진관 체제'로 개편한 국왕은 세조(재위 1455-1468, 제7대)이다(1457, 세조 3). 세조는 중앙의 오위 체제를 정비하면서 지방의 지역 단위의 방어 체제인 진관 체제로 바꾸었다.* 진관 체제는 각 군사적 요충지마다 진관(鎭管)을 설치하여 진관을 중심으로 독자적으로 적을 방어하는 체제이다(진을 중심으로 스스로 적을 방어하는 자전자수의 체제이자 거점 방어 체제). / 진관 체제가 완성된 것은 세조 3년인 1457년의 일이다. 진관 체제는 '지역 단위의 방위 체제'로 각 도에 한 두 개의 병영을 두어 병사가 관할지역 군대를 장악하고, 병영 밑에 몇 개의 거진(巨鎭)을 설치하여 거진(巨鎭)의 수령이 그 지역 군대를 통제하는 체제이다.

*조선 초기 함경도·평안도 등의 북방 국경 지대는 일종의 향군인 익군(翼軍)을 두어 국경 방어에 임하였다(군익도 체제). 그 밖의 남방 시내는 연해(沿海) 요지에 진(鎭)을 설정하고 영진군(營鎭軍) 등을 두어 외침에 대비하였다(영진 체제). 반면 내륙 지방은 모든 지방 수령에게 병마직(兵馬職)을 겸하게 했으나 실제적인 군사 조직이 이루어지지 못하였다. 또한 잡색군(雜色軍)이라는 명목으로 군역 의무가 없는 각종 인정(人丁)을 동원해 편제했으나 이 역시 훈련에도 참가하지 않는 유명무실한 존재였다. 따라서 외침을 받아 연해 지대의 진이 무너지면 내륙 지방은 무인지경이 되는 모순을 내포하고 있었다. / 세조 원년인 1455년에 그때까지 북방의 익군(翼軍)과 남방의 영진군(營鎭軍)으로 이원화되어 있던 군사 조직을 북방의 예를 따라 군익도 체제(軍翼道體制)로 통일하였다. 하지만 군익도 체제는 2년 뒤인 1466년(세조 3), 다시 진관 체제로 바뀌어 비로소 지방 군제가 완성되게 된다.

- [명종] 진관 체제에서 제승방략 체제로 변경하였다. [서17②] ☐
  └제승방략 체제에 맞는 군사 조직이었다. [법18] ☐
  └임진왜란이 발생하자 진관을 폐지하고 제승방략 체제를 수립하였다[✗]. [기14] ☐
  └유사시에 필요한 방어처에 각 지역의 병력을 동원하여 중앙에서 파견되는 장수가 지휘하는 방어 체제(제승방략 체제)
  [경12②] ☐

[해설] 진관 체제(세조)가 제승방략 체제(명종)로 전환된 것은 을묘왜변 때문이다(1555, 명종 10). 즉 을묘왜변을 계기로 진관 체제를 버리고 제승방략 체제(制勝方略體制)를 마련하였다(지방 군사 제도). 제승방략 체제는 거점 방어 대신 지역 방어 개념을 써서, 적이 침입하면 그 지역의 병력을 한데 집결시킨 다음 중앙에서 파견된 장수의 지휘로 적과 일대 결전을 벌여 격퇴한다는 것이었다. 하지만 임진왜란으로 제승방략 체제의 문제점이 드러나자 진관이 복구되면서 속오군 체제로 다시 바뀌었다. / 제승방략 체제를 수립한 것은 조선 명종 때이다[을묘왜변(1555, 명종 10)을 계기로 진관 체제에서 전환]. 즉 임진왜란이 발생하기 전의 일이다.

- [잡색군] 정규군 외에 서리, 잡학인, 신량역천인, 노비 등으로 일종의 예비군을 구성하였다. [회17] ☐
  └정규군 외에 일종의 예비군인 잡색군을 두었다. [회15] ☐
  [해설] 정규군 외에 서리, 잡학인, 신량역천인, 노비 등으로 일종의 예비군을 구성한 것은 조선 세종 23년인 1441년의 일이다(잡색군).

- [관리 등용 제도] 권력의 집중과 부정을 막기 위하여 상피제를 마련하였다. [법15] ☐
  └음서 출신은 문과 합격자보다 고관으로 승진할 수 있었다[x]. [법15] ☐
  └재가한 여자의 아들과 손자, 서얼은 문과에 응시할 수 없었다. [법15] ☐
  └과거에 응시하지 않아도 취재를 통해 하급 실무직에 임명될 수 있었다. [법15] ☐
  [해설] 권력의 집중과 부정을 막기 위하여 상피제를 마련하였다. / 음서 출신이 문과 합격자보다 고관으로 승진할 수 있었던 것은 고려 시대에 해당한다. 조선 시대에서는 음서로 관직에 나가더라도 승진을 위하여 다시 과거를 보는 경우가 많았다. / 재가한 여자의 아들과 손자, 서얼은 문과에 응시할 수 없었다. 소과(생원과와 진사과)에도 응시할 수 없었다. 『경국대전』에서 그렇게 규정되었다. / 과거에 응시하지 않아도 되는 취재를 통해 하급 실무직에 임명될 수 있었다.

- [조선의 과거 제도] 법적으로 양반에게만 응시 자격이 주어졌다[x]. [경13②] ☐
  └문과와 잡과가 있으며 무과는 시행되지 않았다[x]. [경13②] ☐
  └소과에 합격하면 성균관에 입학할 자격이 주어졌다. [경13②] ☐
  └문과는 법제적으로 양인에게 응시 자격이 주어졌으나, 실제로는 생원, 진사 시험을 거쳐 성균관에 입학한 유생이 응시할 수 있었다. [경11②] ☐
  └과거(科擧)보다 음서(蔭敍)를 통해 관직에 진출하는 것이 고관으로 승진하기가 더 쉬웠다[x]. [경13②] ☐
  [해설] 법적으로 양인이면 응시 자격이 주어졌다. 양반에게만 주어진 것이 아니다. / 문과와 무과, 잡과가 있었다. 고려 시대와 달리 무과도 시행되었다. / 소과, 즉 '생진과(생원과와 진사과)'에 합격(백패 수여)하면 대과 응시 자격 및 성균관 입학 자격이 부여되었다. 초급 문관에도 임명될 수 있었다. 참고로 소과는 초시와 복시로 구성되어 있었고, '문과'로도 칭한 대과는 초시와 복시, 전시로 구성되어 있었다(대과 최종 합격자에는 홍패 수여). / 문과는 법제적으로 양인에게 응시 자격이 주어졌으나, 실제로는 (소과인) 생원, 진사 시험을 거쳐 성균관에 입학한 유생이 응시할 수 있었다. 주의할 것은 '성균관에 입학한 유생만이' 문과[대과]에 응시할 수 있었다는 말이 아니라 '성균관에 입학한 유생은' 응시할 수 있었다는 말로 이해해야 한다는 점이다. 따라서 소과에 합격한 후 성균관에 들어가지 않고 (하급) 관리가 되거나 문음 등으로 관리가 된 자들도 (이른바 '출세'를 위하여) 다시 문과에 응시할 수 있었다. / [경13②] 과거(科擧)보다 음서(蔭敍)를 통해 관직에 진출하는 것이 고관으로 승진하기가 (더 쉬운 것이 아니라) 더 어려웠다. 그리하여 음서로 진출한 자들도 과거에 응시하는 경우가 많았다.

- 문과와 무과, 잡과 등이 있었고, 간단한 시험을 치러 하급 관원을 선발하는 취재도 시행되었다. [경16②] ☐
  └문과는 3년마다의 식년시와 부정기적인 별시, 알성시 등으로 구분된다. [기13] ☐
  └문과는 3년마다 시행하는 정기 시험인 식년시 외에도 증광시, 알성시 등의 부정기 시험이 있었다. [경16②] ☐
  └문과의 정기 시험에는 현직 관원도 응시할 수 있었고, 합격하면 관품을 1~4계 올려주었다. [서22②] ☐
  [해설] 문과와 무과, 잡과 등이 있었고, 간단한 시험을 치러 하급 관원을 선발하는 취재(取才)도 시행되었다. / 문과는 3년마다 시행하는 정기 시험인 식년시 외에도 별시, 증광시, 알성시(성균관 유생 대상) 등의 부정기 시험이 있었다. 별시(別試)는 경사가 있거나, 10년에 한 번 당하관을 대상으로 한 중시기 있을 때 시행하였다. 증광시(增廣試) 역시 나라에 큰 경사가 있거나 작은 경사가 여러 개 겹쳤을 때 임시로 실시하였다. 알성시(謁聖試)는 국왕이 문묘에 참배한 뒤 성균관 유생들을 대상으로 치른 시험이다. 알성과(謁聖科)라고도 하였다. / 문과의 정기 시험에는 현직 관원도 응시할 수 있었고, 합격하면 관품을 1~4계 올려주었다(주의).

- [문과] 식년시는 해마다 실시되었다[x]. [서13]
  - [초시] 초시에서 33명을 선발하였다[x]. [서13]
  - [초시] 조선 시대 각 도에서 실시하던 문과·무과·생원진사시의 제1차 시험 [기19]
  - 문과(대과)의 복시에서는 33명을 뽑았고, 이들은 다시 전시를 보았다. [경18①]
  - 문과(대과)의 최종 합격자는 지역과 상관없이 성적에 따라 갑·을·병으로 나뉘었다. [경18①]
  - 백정 농민이 주로 응시하였다[x]. [서13]
  - 재가한 여자의 손자는 응시할 수 없었다. [서13]
  - 생원시 합격만으로는 관리가 될 수 없었다[x]. [서13]

[해설] 문과 식년시(式年試)는 정기 시험으로 3년에 한 번씩 전국적으로 시행하였다. / [서13] 초시에서 각도의 인구 비율로 약 240여 명을 뽑은 후 복시에서 성적순으로 33명을 뽑고 전시를 통해 최종 등급을 정하였다. 갑은 3명, 을은 7명, 병은 23명이었다(홍패 수여). / [서13] 백정 농민은 고려 시대에 토지를 직접 경작하던 일반 농민이다. 조선 시대의 백정은 도살업, 유기제조업, 육류판매업 등을 주로 하며 생활하던 천민을 가리킨다. / 조선 초『경국대전』에 재가한 여성의 자손(아들 및 손자), 서얼은 문과에 응시하는 것을 금지하는 규정이 만들어졌다[재가녀 및 실행(失行)한 부녀자] 무과와 잡과 응시는 가능하였다. / [서13] 생원·진사시에만 합격하고 문과를 치르지 않더라도 음사(음관)를 통해 관직에 나아갈 수 있었다.

- 생원과는 한문학에 뛰어난 인재를, 진사과는 유교 경전에 뛰어난 인재를 선발하였다[x]. [경16②]
  - 소과에는 시·부 등의 문학을 시험하는 생원시와 경서를 시험하는 진사시가 있었다[x]. [경15③]

[해설] (소과인) 생원과는 (한문학이 아니라) 유교 경전에 뛰어난 인재를, 진사과는 (유교 경전이 아니라) 한문학에 뛰어난 인재를 선발하였다. 옳지 않은 설명으로, 서로 위치가 바뀌었다. / [경15③] 진사시와 생원시의 위치가 서로 바뀌었다.

- 생원과 진사를 선발하는 사마시의 1차 시험(초시)에서는 합격자의 수를 각 도의 인구 비율로 배분하였다. [서22②]
  - 소과 복시의 합격자 수는 각 도의 인구 비율로 배분하였다[x]. [경18①]

[해설] 생원과 진사를 선발하는 사마시의 초시(1차 시험)에서는 합격자의 수를 각 도의 인구 비율로 배분하였다(2차 시험은 복시). 소과[생진과] 복시의 합격자 수는 생원과 100명, 진사과 100명이다. 각 도의 인구 비율로 배분한 것은 (복시가 아니라) 초시의 합격자를 정할 때이다. 이는 대과[문과] 초시도 마찬가지이다. 즉 각 도의 인구 비율로 배분하는 것은 소과나 대과[문과]나 '초시'의 경우이며, 복시와 전시의 경우는 해당하지 않는다. / 이른바 소과(小科)인 생원진사시는 감시(監試)·사마시(司馬試)로도 불렀다.

- 소과 합격자는 성균관에 입학하거나 문과에 응시할 수 있었으며, 하급 관리가 되기도 하였다. [경15③]

[해설] 문과에 응시하기 위해서는 소과에 합격하여 생원이나 진사가 되어야 했으나, 후에는 큰 제한이 없었다. 소과 합격자는 성균관에 입학하거나 문과[대과]에 응시할 수 있었으며, 하급 관리가 되기도 하였다(7차 고등학교 국사 교과서).

- 무과 식년시는 3년에 한 번씩 시행했고, 서얼도 응시할 수 있었다. [서22②]
  - 무과는 주로 서얼과 중간 계층이 응시하였고, 최종 선발 인원은 33명이었다[x]. [경16②]
  - 무과는 문과처럼 대과와 소과의 구별은 없었으나 초시·복시·전시를 치르는 것은 문과와 마찬가지였다. [경18①]
  - 무과가 실시되어 문무 양반 제도가 확립되었다. [경11②]

[해설] 무과의 정기 시험인 식년시는 3년에 한 번씩 시행하였고, 문과 응시가 금지된 서얼도 무과에는 응시할 수 있었다. / 무과의 최종 선발 인원은 (33명이 아니라) 28명이다. / 무과는 문과처럼 대과와 소과의 구별은 없었으나 초시·복시·전시를 치르는 것은 문과와 마찬가지였다. 초시에서 190명을, 복시에서 28명을 선발하였고, 전시에서 28명의 최종 등급을 정하여 홍패를 수여하였다(갑 3인, 을 5인, 병 20인).

■ 조선 시대의 과거 제도 [지23] [서13]

- 조선 시대 과거 제도에는 문과·무과·잡과가 있었는데, 이 가운데 문과를 가장 중시하였다.『경국대전』에 따르면 문과 시험 업무는 (가) 에서 주관하고, 정기 시험인 식년시는 (나) 마다 실시하는 것이 원칙이었다.

[해설] 문과* 시험 업무 자체는 예조**에서 맡아 보았고, 식년시는 3년마다 시행되는 정기시(定期試)이다.
*문과: 문반 관원을 선발하기 위하여 실시한 시험으로, 『경국대전』에 응시 자격, 고시 과목, 급제자 배출, 급제자 관직 제수 등을 규정하고 있다. 조선 후기인 영조 22년(1746)에 편찬된 『속대전』에서는 식년시 이외에 다양한 종류의 별시가 법제화되었다.
**예조(禮曹): 중앙 관청인 육조[6조]의 하나로 예의, 제향, 조회, 교빙, 학교, 과거에 관한 일을 관장하였다. 남궁(南宮)·춘관(春官)이라고도 하였다. 참고로 이조(吏曹)는 문선(문관의 선임), 고훈(공훈의 사정), 고공(관리 성적의 평정) 등의 일을 관장하였으며 육조 중 수석 관서라 하여 천관(天官)이라고도 불렸다[이 외 동전(東銓)·문부(文部)·선부(選部)·전리(典理) 등의 별칭도 있음]. 또 이조의 관원을 전관(銓官)이라 불렀다.

- [문과] 이 시험은 식년시, 증광시, 알성시로 나누어 실시하였으며, 소과를 거쳐 대과에서는 초시, 복시, 전시로 합격자를 선발하였다.

[해설] 조선의 과거 시험 중 문과에 대한 설명이다. 문과는 문관을 뽑기 위해 실시하였다.

- 잡과는 해당 기술 관청의 필요에 따라 수시로 시행되었다[x]. [경16②] □
  └기술관을 뽑는 잡과는 2년마다 치러지는데, 분야별로 정원이 있었다[x]. [경15③] □

[해설] 잡과는 해당 기술 관청의 필요에 따라 수시로 시행된 것이 아니다. 원칙적으로 3년마다 치러진 식년시였으며, 간혹 특별한 일이 있을 때 치러지기도 하였다. 초시와 복시 두 차례의 시험만 있었으며 문·무과와 달리 (이른바 3차 시험인) 전시(殿試)는 없었다. / 기술관을 뽑는 잡과는 (2년이 아니라) 3년마다 치러지는데, 분야별로 정원이 있었다.

- 조선 시기에는 고려 시기와 달리 과거를 보지 않고 관직으로 진출할 수 있는 음서 제도가 폐지되었다[x]. [서22②] □
  └고려와 달리 조선은 관직의 세습을 막고자 음서를 통한 관직 진출을 금지하였다[x]. [기13] □
  └과거 이외에도 5품 이상 관리의 자제를 등용하는 문음과 특별 채용 시험인 취재 등으로 임용되는 경우도 있었으나, 이 경우에는 요직으로 나가기 어려웠다[x]. [경11②] □
  └재주가 부족하거나 나이가 많은 이들은 취재라는 특별 채용 시험을 거쳤다. [기13] □
  └양반은 과거를 통하지 않고는 관직에 나아갈 수 없었다[x]. [경21①] □

[해설] 조선 시대에도 고려 시대와 마찬가지로 과거를 보지 않고 관직으로 진출할 수 있는 음서 제도[문음(門蔭)]이 존재하였다. 단 고려 시대에는 문무 5품 이상 관리(와 공신)의 자손을 대상으로 하였으나, 조선 시대에는 음서의 범위가 2품 이상으로 대폭 강화되어 그 영향이 대폭 축소되었다(『경국대전』 규정). 즉 혈통을 중시한 고려 시대와 달리 실력을 중요시하는 양반 관료제 사회로 바뀌었으며, 따라서 조선 시대에는 음서로 관직에 나가더라도 승진을 위하여 다시 과거를 보는 경우가 많았다. / [기13] 취재의 경우 하급 관직에 임용되었다. / [경21①] 양반은 과거를 통하지 않고도 문음(2품 이상의 고관 자제에만 해당)을 통해 관직에 나아갈 수 있었다. 참고로 음서(蔭敍), 문음(門蔭), 공음(功蔭), 음보(蔭補), 음사(蔭仕), 음직(蔭職), 음덕(蔭德) 모두 같은 말이다.

- 조선 초 승과 시험 제도를 실시하고, 승려들에게 도첩을 발급했다. [회23] □
  └도첩제 폐지 [경21①] □

[해설] 승과 시험 제도가 실시된 것은 고려 광종 9년인 958년의 일이다. 이때 시행된 과거제는 문과·잡과·승과·무과*로 나누어졌다. 이후 승과는 조선 초에도 계승되어 3년에 한 번씩 실시되다가 연산군 대(재위 1494-1506, 제10대)에 폐지되었다(1504, 연산군 10). 명종 대(재위 1545-1567, 제13대)에 문정 왕후(1501~1561)의 호불(好佛) 정책에 따라 잠시 복구되어 실시된 적이 있으나 문정 왕후 사후 재차 폐지되었다[각 1552(명종 7)/1566(명종 21)]. 그리고 국가에서 승려의 신분을 인정해주는 증명서인 도첩(度牒)을 처음 시행한 것은 고려 충숙왕 12년인 1325년의 일이다. 공민왕 20년인 1371년에는 정전(丁錢)으로 50필의 포(布)를 받고 발급했다는 기록이 있다. 조선 시대에 들어와서는 고려 말의 도첩제를 한층 강화하였는데, 이는 승려의 수를 줄이는 방향으로 통제하기 위해서였다. / 도첩제가 폐지된 것은 조선 성종 23년인 1492년의 일이다.
*무과는 고려의 마지막 왕인 공양왕 대(재위 1389-1392, 제34대)에 정식으로 채택되었으므로, 고려 시대에 무과는 사실상 없었던 것과 같다.

● 사진으로 보는 조선의 성립과 통치 체제의 정비

▲ 서운관 [기12]

[해설] [기12] 서운관. 서운관(書雲觀)은 고려 말부터 조선 초까지 천문, 역수*, 측후**, 각루*** 등의 일을 맡아보던 관청이다.
*역수(曆數): 천체의 운행과 기후의 변화를 살피는 일
**측후(測候): 천문의 이동이나 천기의 변화를 살펴 기상의 상태를 관측하는 일
***각루(刻漏): 일정한 간격으로 물이 떨어지게 만든 기구를 통해 시간을 측정하는 일

주제 31 조선 전기의 대외 관계

1 명과의 관계

- [조선 초기의 대외 관계] 화이관(華夷觀)이라는 세계관에 바탕을 두고 사대교린(事大交隣)을 기본 정책으로 삼았다. [서19①] □
  - 북진 정책 하에 고구려 고토의 회복을 도모하였다[X]. [서19①] □

[해설] 고려와 달리 조선은 건국 초기부터 화이관(華夷觀)이라는 세계관에 바탕을 두고 사대교린(事大交隣)을 기본 정책으로 삼았다. / 북진 정책 하에 고구려 고토의 회복을 도모한 것은 고려 태조 때의 일이다. 고구려 계승 의식을 바탕으로 하여 반거란 정책을 펼쳤다.

- [조선 건국 직후 명과의 갈등] 조선으로 넘어온 여진인의 송환을 명이 요구함으로써 생긴 갈등* [지12①] □
  - 조선이 명에 보낸 외교 문서에 무례한 표현이 있다는 명의 주장에 따른 갈등 [지12①] □
  - 이성계가 이인임의 아들이었다는 중국 측 기록을 둘러싼 갈등 [지12①] □
  - 조선의 조공에 대해 명 황제가 내린 회사품의 양과 가치가 지나치게 적은 데 따른 갈등 [X] [지12①] □

[해설] 명이 조선으로 넘어온 여진인의 송환을 요구하였는데 조선이 이를 거부하면서 명과 조선 사이에 갈등이 생겼다. / 조선이 명에 보낸 표전에 명을 모욕하는 내용이 있다고 지적하고 이를 작성한 정도전을 명으로 압송할 것을 요구하여 갈등이 생겼다(표전 문제). / 명의『대명회전』에 이성계가 고려 말의 권신이었던 이인임(?~1388)의 아들로 고려의 왕을 넷이나 시해했다고 기록되어 있어 조선에서 국가의 체면과 왕의 종계를 위해 수정해 달라고 요청하면서 갈등이 생겼다(종계변무* 문제). 이인임은 공민왕 때 홍건적의 침입을 격퇴하여 일등 공신이 되었으나 공민왕 암살 이후 정권을 잡고 독재[권신]를 하다가 최영과 이성계 일파에게 추방되어 처형당한 인물이다. / [지12①] 조공에 관해서는 명의 회사품이 적어 문제가 된 것이 아니라 명의 과다한 금·은 요구로 갈등이 발생하였다.

*종계변무(宗系辨誣): 조선 개국 초부터 선조 대까지 약 200년간 명의 행정법전에 잘못 기록된 조선 태조 이성계의 종계(宗系)를 개록해 줄 것을 주청한 사건. 명의 행정법전인『대명회전』조선국조(朝鮮國條)의 주에 이성계가 이인임의 아들로 기록된 것을 태조 대부터 고쳐줄 것을 계속 요청하여 결국 받아들여진 일을 가리킨다(사신 유홍이 선조 22년인 1589년에 고쳐진『대명회전』을 가져옴).

▎ 조선 건국 직후 명과의 외교 갈등 [지12①] □

이성계는 즉위 직후 명에 사신을 보내어 조선의 건국을 알리고, 자신의 즉위를 승인해줄 것과 국호의 제정을 명에 요청하였다. 명으로부터 승인을 받아 국내의 정치 상황을 안정시키기 위함이었다. 그러나 이후 조선은 명과 외교적 갈등을 빚었다.

[해설] 조선 건국 이후 조선과 명 사이에 있었던 외교적 갈등에 대한 설명이다.

2 여진과의 관계

- 여진에 강경책과 회유책을 동시에 추구 [법15] □

[해설] 여진에 강경책과 회유책을 동시에 추구한 것은 조선 전기의 기본 외교 정책인 사대교린(事大交隣)에 의한 것이다('교린' 관계 추구).

- [세종] 압록강과 두만강 지역에 4군 6진을 설치하였다. [지17②] □
  - 여진을 정벌하고 4군 6진을 설치하였다. [소18②] □
  - 여진을 정벌하고 4군 6진을 개척하여 영토를 확장하였다. [회22] □
  - 태조는 북방의 여진족을 몰아내고 4군 6진을 개척하였다[X]. [서18②] □

└ 4군 6진을 개척하고 쓰시마섬을 정벌하였다. [회14]

└ 평안도 도절제사 최윤덕이 파저강의 건주위를 정벌하였다. [경19①]

└ 4군 6진이 개척되었다. [법22]

└ 4군 6진을 개척하였다. [법19][경20②]

└ 4군 6진을 개척하는 계기가 되었다. [회24]

└ 1434 6진 설치 [법12]

[해설] 압록강과 두만강 지역에 4군 6진을 설치한 조선의 왕은 세종(재위 1418-1450, 제4대)이다[1433, 이후 10여 년에 걸쳐 개척(6진은 1434년부터)]. / 세종 15년인 1433년에 평안도 절제사로 임명된 최윤덕(1376~1445)이 군사 약 1만 5천을 이끌고 압록강 유역의 여진족을 소탕[파저강의 건주위 정벌]하고 4군(여연·자성·무창·우예)을 설치하면서 4군 지역이 개척되기 시작하였다(1433~1443). 또 이듬해인 1434년(세종 16)에는 김종서도 함길도(지금의 함경도) 지방의 여진족을 물리치고 두만강 유역에 6진(종성·온성·회령·경원·경흥·부령)을 설치하였다(1434~1449). 4군과 6진의 개척 모두 완성하기까지는 이후 대략 10여 년이 걸렸다.

- [김종서] 여진족을 두만강 밖으로 몰아내고 6진을 개척하였다. [국17①]

└ 김종서 - 세종의 명으로 두만강 유역의 여진족을 몰아내고 6진을 개척하였다. [지16①]

└ 김종서가 6진을 설치하였다. [법19]

[해설] 압록강과 두만강 지역을 개척하여 4군 6진을 개척한 것은 세종 대(재위 1418-1450, 제4대)의 일이다(여진족 대비). / (조선 세종 때) 김종서가 설치한 6진은 함경북도 지역이다(1433년 이후 10여 년간 개척). 6진은 경원, 경흥, 종성, 온성, 회령, 부령이다.

- 압록강, 두만강 이남 개발을 위한 사민 정책 실시 및 토착민에 대한 토관 제도 시행 [기11]

[해설] 압록강, 두만강 이남 개발을 위한 사민 정책을 실시하고 토착민에 대한 토관 제도를 시행한 것은 4군 6진을 개척한 조선 세종 대 이후의 일이다.

■ 토관 제도와 사민 정책 [회21]

병조에서 아뢰기를, "이번에 설치하는 경원부와 영북진에 우선 성벽을 쌓고 토관의 제도를 마련한 뒤, 그 도의 주민 중에서 1,100호는 영북진에, 1,100호는 경원부에 이주시켜야 합니다. …(중략)… 만약 그 도 안에서 이주시킬 수 있는 호가 2,200호가 못 된다면 충청도, 강원도, 경상도, 전라도 등의 도에서 자원하여 이주할 사람을 모집하되, 양민이라면 그곳의 토관직을 주어 포상해야 합니다. …(중략)…"라고 하니, 그대로 따랐다.

[해설] 세종 대에 함경북도, 구체적으로는 두만강 하류 지역에 설치되었던 6진을 지키고자 실시된 토관 제도, 사민 정책을 가리킴을 알 수 있다(영북진은 6진 중 하나인 부령)[『세종실록』 권62 세종 15년(1433) 11월 21일 '병조에서 경원부·영북진에의 주민 이주와 방위 대책에 대한 상세한 사항들을 아뢰다.'].

3 일본 및 동남아시아와의 관계

- [조선 초기의 대외 관계] 일본과 여진에 대해서는 무력 진압을 위주로 하였다[x]. [서19①]

└ 동남아시아 국가와는 교류가 없었다[x]. [서19①]

[해설] 일본과 여진에 대해서는 교린의 정책에 따라 회유책과 강경책(무력 진압)을 두루 사용하였다. / 조선은 류큐, 시암, 자바 등 동남아시아 국가와도 교류하였다. 류큐는 오늘날 일본 오키나와 현에 있었던 왕국이고, 시암은 타이 왕국의 옛 이름이다. 자바는 오늘날 인도네시아의 자바 섬 지역을 가리킨다(인도네시아어로는 '자와'섬).

- [이종무] 왜구의 소굴인 쓰시마섬을 정벌하였다(세종). [국17①]

└이종무가 왜구의 소굴인 대마도를 정벌하였다. [지22]
└이종무 등이 왜구의 소굴인 대마도를 정벌하였다. [경13②]
└이종무가 병사 1만 7천명을 이끌고 쓰시마섬을 토벌하였다. [경15①]
└[세종] 이종무를 파견하여 왜구의 소굴인 쓰시마(대마도)를 정벌하게 하였다. [서22②]
└조선은 왜구의 약탈을 근절하고자 대마도를 정벌하였다. [법24]
└왜구의 근거지인 대마도를 토벌하였다. [소18②]
└조선 수군이 쓰시마를 정벌하였다. [법16]
└이종무의 대마도 정벌 [지20]
└1419 대마도 정벌 [법12]
└쓰시마 토벌(1419) [서16]

[해설] 고려 말과 조선 초에 왜구의 소굴인 쓰시마섬[대마도]을 정벌한 것은 세 차례이다. 고려 말인 창왕 원년(1389)에 무신 박위(?~1398)가 쓰시마섬[대마도]을 정벌하였고, 조선 초에는 문신 김사형(1341~1407)이 태조 5년(1396)에, 무신 이종무(1360~1425)가 세종 원년(1419)에 다시 토벌한 적이 있다(각 1389.2/1396.12~1397.1/1419.6~7). 참고로 이종무의 쓰시마섬 정벌을 기해동정(己亥東征)이라고 부른다.

■ **이종무의 쓰시마섬 정벌** [법24]

상왕이 말하기를, "만일 물리치지 못하고 항상 침노만 받는다면, 한(漢)나라가 흉노에게 욕을 당한 것과 무엇이 다르겠는가. … 구주(九州)에서 온 왜인만은 구류하여 경동하는 일이 없게 하라. 또 우리가 약한 것을 보이는 것은 불가하니, 후일의 환이 어찌 다함이 있으랴." 하고, 곧 이종무를 삼군 도체찰사로 명하여, 중군을 거느리게 하였다.

[해설] 무신 이종무(1360~1425)가 왜구의 근거지인 쓰시마섬을 토벌한 것은 조선 세종 원년인 1419년 6월의 일이다[『세종실록』권4 세종 1년(1419) 5월 14일 '상왕과 임금이 대신들을 불러 대마도 치는 문제를 의논하다.']. 자료 속 '상왕'은 조선 태종(재위 1400-1418, 제3대)이다.

- 대마도주의 청원에 따라 삼포를 개항하여 교역을 허락하였고, 계해약조를 맺어 1년에 50척으로 무역선(세견선)을 제한하였다.

[경13②]

[해설] 대마도주의 청원에 따라 삼포를 개항하여 교역을 허락한 것은 세종 8년인 1426년의 일이다(3포 개항). 또 계해약조를 맺어 1년에 50척으로 무역선(세견선)을 제한한 것 역시 세종 25년 1443년의 일이다(세사미두 200석).

- [3포 개항] 부산포, 제포, 염포 등 3포를 개항하였다(세종). [서16]
└부산포, 제포, 염포에 왜관이 설치되었다. [법22]

[해설] 대마도주의 요청에 의한 3[삼]포(부산포·제포·염포) 개항은 세종 8년인 1426년의 일이다. 참고로 정식으로 조약[계해약조]을 맺고 개항한 것은 세종 25년인 1443년의 일이다.

- [세종] 계해약조를 맺어 일본과 교류하였다. [회18]
└계해약조를 체결하여 쓰시마 주의 제한적 무역을 허락하였다. [서16]
└계해약조를 통해 일본과의 제한된 교역을 허가하였다. [법14]
└대마도주와 계해약조를 맺어 무역선을 1년에 50척으로 제한하였다. [서17②]
└계해약조 [경19②]

[해설] (3포 개항 이후 교역량이 지나치게 늘어나자 조선 정부는) 대마도주와 계해약조를 맺어 이를 제한하였다(1443, 세종 25). 계해약조는 조선이 대마도주와 세견선[무역선] 등 무역에 관해 맺은 조약[세견선 50척, 세사미두 200석, 거류 왜인 60명으로 제한]으로, 1426년(세종 8)에 있었던 3[삼]포의 개항을 비롯한 무역에 관한 여러 가지 사항에 대해 정식으로 맺은 조약이다(제한된 조공 무역 허락).

■ 계해약조(세종)와 임신약조(중종) [회22]

- (가) (대마도) 도주에게는 해마다 쌀과 콩을 합하여 200석을 주기로 하였다. 세견선은 50척으로 하였다.
  (나) 도주 세견선을 25척으로 감하고, 도주에게 내려준 세사미두 200석 중에 100석을 감하였다.

[해설] (가)는 조선이 왜의 제한된 조공 무역을 허락하여 세종 25년인 1443년에 맺은 계해약조이다. (나)에서 무역량을 반으로 줄인 이와 같은 내용의 약조는 중종 7년인 1512년에 맺은 임신약조이다. 중종 5년인 1510년에 발생한 삼포왜란[3포왜란]으로 삼포를 폐쇄하였는데 일본이 다시 강화를 요청하자 더욱 엄격한 제한을 가한 임신약조를 체결해주었다.

- [중종] 삼포왜란이 발발하였다. [국23]
  └ 삼포왜란이 일어났다. [회22]
  └ 삼포에서 4~5천 명의 일본인이 난을 일으켰다. [지20]
  └ 삼포왜란 [지19]
  └ 3포왜란(1510) [서16]
  └ 3포왜란으로 입은 피해를 걱정하는 어부 [법23]

[해설] 삼포[3포](부산포·내이포·염포)에서 일본인[일본 거류민들]이 난을 일으킨 것은 조선 중종 5년인 1510년의 일이다(삼포왜란)(3포 폐쇄, 임시 군무 협의 기구로 비변사 처음 설치). 이때 삼포를 폐쇄하였는데 일본[대마도주]의 강화 요청으로 2년 뒤에 더욱 엄격한 제한을 가한 임신약조를 체결하였다(1512, 중종 7).

- [명종] 16세기: 을묘왜변이 일어나자 비변사로 하여금 군사 문제를 처리하도록 하였다. [지12①]
  └ 왜선 침입하여 을묘왜변을 일으켰다. [서16]
  └ 을묘왜변이 발발하였다. [회22]
  └ 을묘왜변 [서20]

[해설] 16세기 명종 때 을묘왜변(1555, 명종 10)이 발생하여 왜구들이 전남 연안 지방을 습격하였다. 이로 인해 조선 정부는 일본과의 국교를 단절하고 비변사를 상설 기구화하여 군사 문제를 처리하도록 하였다. 비변사는 중종 때 일어난 삼포왜란(1510)을 계기로 임시 기구로 처음 설치되었으며, 임진왜란 이후에는 의정부를 대신하는 정치의 중추 기관[국전 최고 기관]이 되었다.

- [명종] 정미약조* [경19②]

[해설] (조선과 왜가) 정미약조를 맺은 것은 명종 2년인 1547년의 일이다. 3년 전에 발생한 사량진 왜변 이후 중단된 일본과의 국교를 다시 허용한 조약이다(이때 임신약조를 파기하고 왜인의 내왕을 금함). 사량진은 지금의 경남 통영시 원량면 진동). 허용 여부를 놓고 찬반 양론이 맞섰으나 일본 국왕사가 계속 내왕하며 중종의 영전에 부의(賻儀)도 올리는 등 성의를 보이자 선왕[중종]의 대상(大喪)이 지난 직후 다시 일본인의 내왕 및 무역을 허용하였다.

- [비변사] 임시 기구로 비변사를 설치하였다(중종). [법15]
  └ 비변사(임시 기구) 설치 [경19②]
  └ 삼포 왜란을 계기로 설치된 임시 관청이며, 1555년 을묘왜변을 계기로 정식 관청이 되었다. [경13①]
  └ 정청(政廳)과 권부(權府)라는 이중성이 상존된 것이며, 이의 존치는 결국 중앙집권적 관료주의를 심화시킨 것이다.* [경13①]
  └ 왜구의 침입에 대비하여 16세기 초 상설 기구로 설치되었다[X]. [서22①][경19①]

└세종 대에 설치되었다[x]. [서22①]

└붕당 정치의 폐단을 막기 위해 설치되었다[x]. [서18①]

└오직 군사 문제만을 다루었다[x]. [서22①]

└의정부와 6조의 정무 기능을 분담하였다[x]. [법16]

└을묘왜변 이후 상설 기구로 발전하였다. [법16]

└명종 때 삼포왜란을 계기로 상설 기구가 되었다[x]. [기19]

└명종 때에 을묘왜변을 계기로 처음 만들어진 임시 회의 기구이다[x]. [경14①]

└임진왜란이 끝난 후 위상이 추락하였다[x]. [서22①]

└비변사는 16세기 중종 초에 여진과 왜구를 대비하기 위해 설치되었으나, 임진왜란 이후 기능이 강화되자 의정부와 6조 중심의 행정 체제는 유명무실해졌다. [경15③]

└임진왜란 이후 국정의 모든 사무를 담당하게 되면서 최고 정무 기관의 역할을 담당하였다. [경13①]

└의정부 3정승 등 고위 관료들이 참여하였다. [법16]

└현직의 3정승이 우두머리인 도제조를 겸임하기도 하였다. [기19]

└의정부의 의정과, 공조판서를 제외한 판서 등 주요 관직자가 참여하는 합좌 기관이다.* [경14①]

└[임진왜란 이후] 비변사의 기능이 강화되어 의정부 6조 체제가 약화되었다. [기13]

└기능이 강화됨에 따라 의정부와 6조의 기능이 약화되었다. [기19]

└의정부의 기능을 약화시켰다. [서18①]

└의정부를 견제하고 왕권을 강화하는 역할을 하였다[x]. [경19①]

└세도 정치기에도 핵심적인 정치 기구로 자리 잡았다. [경14①]

└안동 김씨와 풍양 조씨 등에 의한 세도 정치 시기에 기능이 크게 약화되었다[x]. [경19①]

└조선 후기 확대 강화되면서 의정부와 6조를 중심으로 하던 국가 행정 체계를 무너뜨렸으며 왕권도 약화시켰다. [경13①]

└비변사의 기능이 약화되었다[x]. [회24]

└고종 때에 흥선 대원군에 의해 사실상 폐지되었다. [경14①]

└흥선 대원군 때 완전히 폐지되었다. [경19①]

└흥선 대원군 때 축소·폐지되었다. [소21]

└대원군에 의해 기능이 강화되었다[x]. [서18①]

└고종 대에 폐지되었다. [서22①]

└비변사 [경13①] [경11②]

[해설] 중종 5년(1510)에 발생한 삼포 왜란[3포 왜란]으로 비변사가 처음 설치될 시는 상설 기구가 아니라 임시 기구(임시 군무 협의 기구)였다. / 비변사가 처음 설치될 때는 군사 문제만을 다루었지만 차츰 국정 전반을 다루게 되었다. 비변사가 처음의 임시 기구[임시 군무 협의 기구]에서 상설 기구로 바뀐 것은 을묘왜변이 일어난 명종 10년인 1555년의 일이다(비변사의 상설 기구화). / [법16] 비변사가 의정부와 6조의 정무 기능을 분담한 것이 아니라 사실상 전담하였다(특히 임진왜란 이후). / [서22①] 비변사는 임진왜란이 끝난 후 위상이 추락된 것이 아니라 더 올라가 사실상의 국가 최고 정무 기구(국정 총괄 기구)가 되었다. / (임진왜란 후) 의정부 3정승 등 고위 관료들이 비변사에 참여하였다. 즉 임진왜란 이후 전·현직 정승을 비롯하여 공조를 제외한 5조의 판서와 참판, 각 군영 대장, 대제학, 강화 유수 등 국가의 중요 관원들로 확대되었다. 그 때문에 정작 의정부의 기능은 약화되었다(의정부가 아니라 비변사에서 국정 논의). 동시에 왕권도 약화되었다. 참고로 비변사 관원으로 도제조, 제조, 부제조, 낭청을 두었는데, 도제조는 시임 삼의정(三議政)과 과거에 의정을 지낸 사람이 자동으로 겸임하였다. 또 도제조, 제조, 부제조를 비변사 당상이라 하였다. /

안동 김씨와 풍양 조씨 등에 의한 세도 정치 시기에도 비변사는 기능이 전혀 약화되지 않았다(19세기 전반). / 비변사는 조선 고종 2년인 1865년에 집권자인 흥선 대원군(1821~1898)에 의해 폐지되었다(비변사를 혁파하고 의정부와 삼군부 부활).

■ 비변사 설치와 권한 확대 [서22①] [서18①] [법16] [경19①] [경14①] [기19] [소21]

- 임시로 __(가)__ 를 설치하였는데, … 이것은 일시적인 전쟁 때문에 설치한 것으로서, 국가의 중요한 모든 일을 다 맡긴 것은 아니었다. 그런데 오늘에 와서 … 의정부는 한갓 헛이름만 지니고 6조는 모두 그 직임을 상실하였다.

[해설] 주어진 자료 속 '(가)'는 임진왜란 이후 국가 최고 정무 기구(국정 총괄 기구)가 된 비변사를 가리키는 것임을 알 수 있다. 위 자료는 『효종실록』 5년(1654) 11월 16일 기사('치국에 대한 대사헌 김익희의 상소문')로 성균관 대사성 (창주) 김익희(1610~1656)가 제출한 상소문의 일부이다(기능이 강화되고 있는 비변사 혁파 주장). 참고로 김익희는 사계 김장생(1548~1631)의 손자이다.

- 중종 12년(1517) 6월 경술 정광필, 김응기, 신용개가 말하였다. '여진에 대비하여 성을 쌓는 것은 중요한 일입니다. 정승 가운데 한 사람이나 모두 함께 의논해서 조치하도록 하시고, 이름은 __(가)__ (이)라 하십시오.'

    - 중종실록 -

[해설] 여진에 대비하여 정승을 비롯한 모두 함께 의논해서 조치하도록 한다는 점에서 제시된 '(가)'는 비변사를 가리킨다. 비변사는 중종 5년인 1510년에 3포 왜란으로 인해 처음으로 임시로 설치되었다. 1517년에도 '축성사'를 설치(비변사로 곧 개칭)하였고, 1520년에도 다시 비변사가 임시로 설치되었다(즉, 초기에 임시 기구로 비변사가 여러 번 설치됨).

- 명칭은 '변방의 방비를 담당하는 것'이라고 하면서 과거에 대한 판하(判下)나 비빈(妃嬪)을 간택하는 등의 일까지도 모두 여기를 경유하여 나옵니다. 신의 어리석은 생각으로는 __(가)__ 을/를 혁파하는 것이 상책이라 생각합니다.

    -『효종실록』-

[해설] 주어진 자료의 '(가)'는 임진왜란 이후 임시 군무 협의 기구에서 국정 총괄 기구로 급상한 비변사를 가리킨다.

*판하(判下): 신하가 상주한 안건에 대하여 임금이 검토하여 그 가부를 재가하는 것을 말한다. 일명 판부(判付)라고도 한다.
**비빈(妃嬪): 왕비와 후궁들

- 김익희가 상소하여 말하기를, "요즘 이 기구가 큰일이건 작은 일이건 모두 취급합니다. 의정부는 한갓 겉이름만 지니고 육조는 할 일을 모두 빼앗기고 말았습니다. 이름은 '변방을 담당하는 것'이라고 하면서 과거에 대한 판정이나 비빈 간택까지도 모두 여기서 합니다."라고 하였다. (중복 출제)

[해설] 밑줄 친 '이 기구'는 3포 왜란(1510, 중종 5)을 계기로 처음 설치(임시 군무 협의 기구)되었다가 이후 기능이 강화되어 국가 최고 정무 기구로까지 성장한 비변사를 가리킨다(명종 19년인 1555년에 일어난 을묘왜변을 계기로 상설 기구화). 비변사는 흥선 대원군이 왕권 강화 차원에서 의정부와 삼군부를 부활시키면서 혁파되었다(1865, 고종 2).

- 재신(宰臣)으로서 이 일을 맡은 사람을 지변재상(知邊宰相)이라고 불렀습니다. 그러나 이것은 일시적인 전쟁 때문에 설치한 것으로 국가의 중요한 모든 일들을 참으로 다 맡긴 것은 아니었습니다. 오늘에 와서 큰일이건 작은 일이건 중요한 것으로 취급되지 않는 것이 없는데, 정부는 한갓 헛이름만 지니고 육조는 모두 그 직임을 상실하였다. 명칭은 '변방의 방비를 담당하는 것'이라고 하면서 과거에 대한 판하(判下)나 비빈(妃嬪)을 간택하는 등의 일까지도 모두 여기를 경유하여 나옵니다.

    -『효종실록』-

[해설] <보기>에서 설명하고 있는 기구는 비변사이다(위 해설 참조). 비변사를 비국(備局)·주사(籌司)라고도 불렀다.

- 성묘조(成廟朝)에 건주위의 역에 임시로 __(가)__ 을/를 설치하였는데, 재신(宰臣)으로서 이 일을 맡은 사람을 지변재상(知邊宰相)이라고 불렀습니다. 그러나 이것은 일시적인 전쟁 때문에 설치한 것으로 국가의 중요한 모든 일들을 참으로 다 맡긴 것은 아니었습니다. 그런데 오늘에 와서 큰일이건 작은 일이건 중요한 것으로 취급되지 않는 것이 없습니다. 그 결과 정부는 한갓 헛이름만 지니고 육조는 모두 그 직임을 상실하였습니다. 명칭은 '변방의 방비를 담당하는 것'이라고 하면서 과거 시험에 대한 판하(判下)나 비빈(妃嬪)을 간택하는 등의 일까지도 모두 여기를 경유하여 나옵니다.

    -『효종실록』-

[해설] 위와 같은 내용의 자료이다. 자료 속 '(가)'는 비변사를 가리킨다. '성묘조(成廟朝)'는 성종(재위 1469-1494, 제9대)이다.

31 조선 전기의 대외 관계

- 15세기: 류큐에 불경이나 불종을 전해주어 그곳 불교문화 발전에 기여하였다.* [지12①]

[해설] 류큐는 유구국(流球國), 즉 지금의 일본 오키나와이다(1429-1872). 조선 전기인 15세기에 조선은 류큐에 불경과 불종(범종) 등을 전해주었다. 유구 외 섬라[태국], 자바[인도네시아] 등과도 교류하였는데 이들은 조선에 조공 혹은 진상을 하는 형식으로 토산품을 바쳤고 의복 재료, 문방구, 서적, 불종, 불상 등을 회사품으로 받아갔다. / 유구국은 1609년에 침략을 받아 사쓰마번의 속국이 되지만 1874년 일본에 의해 류큐번으로 전환될 때까지는 법적인 독립을 유지하였다.

◉ 사진으로 보는 조선 전기의 대외 관계

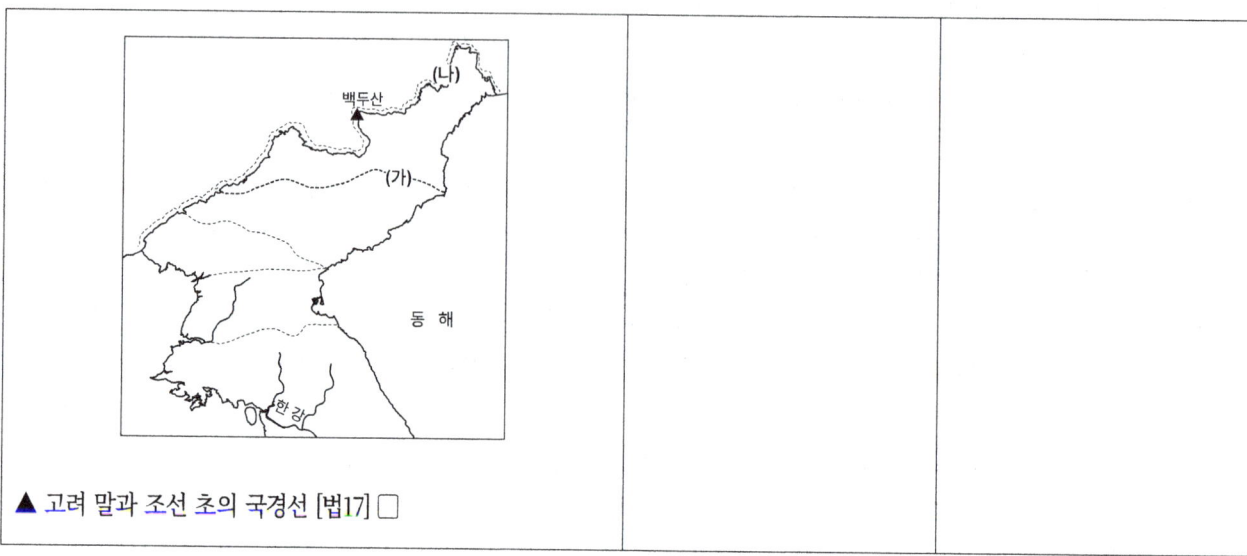

▲ 고려 말과 조선 초의 국경선 [법17]

[해설] [법17] 주어진 지도에서 (가)의 국경선은 고려 공민왕 때 쌍성총관부를 공격하여 이를 철폐시키고, 쌍성총관부가 관할하고 있던 철령 이북의 땅을 수복한 이후의 국경선이다(1356, 공민왕 5). / (나)의 국경선은 4군 6진을 개척한 조선 세종 대 이후의 국경선이다(1433년 이후 10여 년에 걸쳐 개척).

주제 32 사림의 성장과 붕당의 형성

1 훈구와 사림의 형성

• [훈구] 조선 건국을 주도하였다. [소19①] □
└세조 이후 공신 세력으로서 정권을 장악하였다. [법14] □
└정치 활동의 목표를 부국강병과 민생 치안에 두었다. [지11②] □
└부국강병과 왕권 강화를 통한 중앙 집권 체제를 추구하였다. [서11] □
└공신으로서 정치적 실권을 장악한 사람들이 많았다. [지11②] □
└대체로 서울에 거주하며 고위 관직을 독차지하였다. [지11②] □
└많은 토지를 소유한 대지주층으로 성장했다. [서11] □

[해설] 조선 건국을 주도한 정치 세력은 (사림이 아니라) 훈구(이른바 신진 사대부 출신)이다(신흥 무인 세력 포함). / 또한 훈구(파)는 세조 이후 공신* 세력으로서 중앙 정치를 주도하면서 정치적 실권을 장악하였다. / 관학파로도 불리는 훈구파들은 대체로 서울[한성]에 거주하며 조선 초기 고위 관직을 독차지하면서 대지주층으로 성장하였다. 또한 정치 활동의 목표를 부국강병과 민생 치안에 두었다. 둔 것 역시 훈구 세력이다. 실용적인 학문에 능하였으며, 편찬 사업에 종사하여 많은 서적을 편찬하였다. 학문적으로는 사장(詞章), 즉 문장과 시부에 치중하여 성리학 본연의 철학적인 면은 소홀하였다.

*공신(功臣): 조선 시대 개국이나 반정, 반란 진압 등 공을 세운 사람들에게 내려준 칭호와 관직이다. 가장 영예로운 종묘 배향공신은 따로 구분한다.

_____	조선의 공신
전 시기	종묘배향공신
전기	개국공신, 정사공신, 좌명공신, 정난공신, 좌익공신, 적개공신, 익대공신, 좌리공신
중기	정국공신, 정난공신, 위사공신, 평난공신, 광국공신, 호성공신, 선무공신, 익운공신, 청난공신, 위성공신
후기	정운공신, 익사공신, 형난공신, 정사공신, 진무공신, 소무공신, 영사공신, 영국공신, 보사공신, 부사공신, 분무공신
기타	원종공신*

*원종공신: 큰 공을 세운 정공신을 정할 때 그에 따라 작은 공을 세운 사람들에게 준 공신 칭호

(1) 개국공신: 1392년(태조 원년) 조선의 개국에 참여한 공신들이다.
(2) 정사공신(定社功臣): 1398년(태조 7) 제1차 왕자의 난을 평정하는 데 참여한 공신들이다.
(3) 좌명공신: 1400년(정조 2) 제2차 왕자의 난을 평정하는 데 참여한 공신들이다.
(4) 정난공신: 1453년(단종 원년) 수양 대군이 일으킨 계유정난에 참여한 공신들이다.
(5) 좌익공신: 1455년(세조 원년) 단종을 퇴위시키고 세조를 즉위시키는 데 참여한 공신들이다.
(6) 적개공신: 1467년(세조 13) 이시애의 난을 진압하는 데 참여한 공신들이다.
(7) 익대공신: 1468년(예종 즉위년) 남이의 역모를 진압하는 데 참여한 공신들이다.
(8) 좌리공신: 1471년(성종 2) 성종을 즉위시키는 데 참여한 공신들이다.
(9) 정국공신: 1506년(중종 원년) 중종반정 때 중종을 왕으로 세우는 데 참여한 공신들이다.
(10) 정난공신(定難功臣): 1507년(중종 2) 이과의 역모를 진압하는 데 참여한 공신들이다. 1517년, 노영손을 제외하고 완전히 삭제되었다. (4)의 정난공신(靖難功臣)과 한자가 다름. (이하 내용은 참고만 할 것)

(11) 위사공신: 1546년(명종 원년) 을사사화(1545, 명종 즉위년)에 참여한 공신들이다. 1577년에 완전히 삭제되었다. 처음에는 보익공신이라 하였다.
(12) 평난공신: 1590년(선조 23) 정여립의 난(1589, 선조 22)을 진압하는 데 참여한 공신들이다. 그러나 조선 시대 사화와 같고 대부분이 훈구파와 서인이라서 또한 많은 선비를 죽여 비난을 많이 받았다.
(13) 광국공신: 1590년(선조 23) 종계변무(1589, 선조 22)에 참여한 공신들이다('종계변무' 해설 참조).
(14) 임진왜란 공신: 1592년 임진왜란을 막는 데 참여한 공신들이다. 위성공신을 제외한 나머지 세 개는 1604년(선조 37)에 부여되었다.
  ① 호성공신: 선조가 피란할 때 호종했던 공신들이다.
  ② 선무공신: 전장에서 공을 세웠거나 후방을 지원한 공신들이다.
  ③ 청난공신: 1596년에 발생한 이몽학의 난을 진압하는 데 참여한 공신들이다.
  ④ 위성공신: 임진왜란 당시 광해군의 항일 활동을 보좌하는 데 참여한 공신들이다. 1613년(광해군 5)에 부여되었다. 인조반정 이후 완전히 삭제되었다.
(15) 정운공신: 1608년(인조 즉위년) 계축옥사 당시 류영경[유영경] 일파를 처형하는 데 참여한 공신들이다. 1612년(광해군 4)에 부여되었다. 인조반정 이후 완전히 삭제되었다.
(16) 익사공신: 1608년 임해군을 살해하는 데 참여한 공신들이다. 1613년(광해군 5)에 부여되었다. 인조반정 이후 완전히 삭제되었다.
(17) 형난공신: 1612년 김재직의 역모를 진압하는 데 참여한 공신들이다. 1612년(광해군 4)에 부여되었다. 인조반정 이후 완전히 삭제되었다.
(18) 정사공신(靖社功臣): 1623년(인조 즉위년) 인조반정 때 인조를 왕으로 세우는 데 참여한 공신들이다. (2)의 정사공신(定社功臣)과 한자가 다름.
(19) 진무공신: 1624년(인조 2) 이괄의 난을 진압하는 데 참여한 공신들이다.
(20) 소무공신: 1627년(인조 5) 이인거의 난을 진압하는 데 참여한 공신들이다.
(21) 영사공신: 1628년(인조 6) 유효립의 역모를 진압하는 데 참여한 공신들이다.
(22) 영국공신: 1644년(인조 22) 심기원의 역모를 진압하는 데 참여한 공신들이다.
(23) 보사공신: 1680년(숙종 6) 복선군*과 허견의 역모를 진압하는 데 참여한 공신들이다
  * 복선군(?~1680): 인조의 손자이며 인평 대군의 아들이다. 경신환국 때 무고로 형 복창군, 아우 복평군과 함께 역모죄로 몰려 사사되었다.
(24) 부사공신: 1722년(경종 2) 신임사화(1721~1722)를 일으켜 노론을 제거하는 데 참여한 공신들이다. 영조 즉위 후 완전히 삭제되었다.
(25) 분무공신: 1728년(영조 4) 이인좌의 난을 진압하는 데 참여한 공신들이다.

• [훈구] 성리학 이외의 학문과 사상에 대해 관용적이었다. [법14] ☐
[해설] 훈구(파)들은 사림과 달리 성리학 이외의 학문과 사상에 대해서도 관용적이었다.

• [성종] 훈구 세력을 견제하기 위해 사림을 적극 중용하였다. [지17②] ☐
└공신들을 견제하기 위해 지방의 사림을 대거 등용하였다. [법19] ☐
└사림 등장 [지11②] ☐
[해설] 훈구 세력을 견제하기 위해 사림을 적극 중용한 조선의 왕은 성종(재위 1469-1494, 제9대)이다. / 공신들을 견제하기 위해 지방의 사림을 대거 등용한 것은 조선 성종 대의 일이다.

• [성종] 왕권을 안정시키고 사림 정치의 기반을 조성하였다. [지14②] ☐
[해설] 성종은 훈구 세력을 견제하고 왕권을 안정시키기 위해 김종직 등 영남 사림을 기용하였다.

• [사림] 왕도 정치와 향촌 자치를 주장하였다. [법14] ☐
└도덕과 의미를 바탕으로 하는 왕도 정치를 강조하였다. [서11] ☐
└향촌 자치를 내세우며, 도덕과 의리를 바탕으로 한 왕도 정치를 강조하였다. [국13] ☐
└3사의 언관직을 차지하고, 자신들의 의견을 공론으로 표방하였다. [국13] ☐
└3사에서 언론과 문한을 담당하였다. [법14] ☐
└중소지주적인 배경을 가지고, 지방 사족이 영남과 기호 지방을 중심으로 성장하였다. [국13] ☐
└서원과 향약을 기반으로 세력을 확대하였다. [소19①] ☐
└서원과 향약을 통해 향촌 사회에서 꾸준히 세력을 확대했다. [서11] ☐

└향약과 서원을 기반으로 향촌 사회에서 지배력을 행사하였다. [기12] ☐

└향사례·향음주례의 보급, 사창제의 실시를 주장하였다. [지11②] ☐

[해설] 사림은 성리학적 향촌 자치를 내세우며 도덕과 의리를 바탕으로 한 왕도 정치를 강조하였다. 성종 때 점필재 김종직(1431~1492)과 그 문인들이 정계에 진출하면서 성장한 사림은 주로 전랑과 3사(사헌부·사간원·홍문관)의 언관직을 차지하고 자신들의 의견을 '공론(公論)'으로 표방하였다. / 사림들은 향사례·향음주례의 보급, 사창제의 실시를 주장하였다(향사례와 향음주례에 대해서는 주제 34의 **2** 향촌 사회의 운영에서 관련 선지 및 해설 참조. 또 사창제에 대해서는 주제 45의 **2** 민생 안정을 위한 삼정 문란 시정 노력에서 관련 선지 및 해설 참조).

2 사화의 발생

• 급진적인 사림의 정치 참여로 사화를 촉발하게 되었다. [법15] ☐

└훈구파의 권력 독점에 대항하여 유교적 도덕 국가를 수립하려는 사림파의 도전이 16세기 사화를 낳았다. [경11②] ☐

└사화가 일어나 사림이 피해를 입었다. [법15] ☐

[해설] 급진적인 사림의 정치 참여로 사림이 피해를 입은 사화(士禍)가 촉발된 것은 15세기 말부터의 일이다. 훈구파의 권력 독점(성종 대 공신 세력이 의정부를 장악하고 원상제(院相制)*를 운영하여 정권을 독점하고 권력을 남용)에 대항하여 유교적 도덕 국가를 수립하려는 사림파의 도전이 16세기 사화를 낳았다.

*원상제(院相制): 어린 임금이 즉위할 경우 재상들이 임금을 보좌하여 정사를 돌보았던 제도이다. 세조 사후 19세의 예종이 즉위하자 한명회, 신숙주 등이 원상제를 채택하였고, 성종 대에도 원상제를 시행하였다. 또한 명종과 선조 대에서 섭정을 하면서 원상제가 시행되었다. 원상제는 임금의 권한을 재상들과 공유하는 제도로 이로써 왕권이 약화되고 신권이 강화되었다.

• 언론을 장악하고 왕권을 견제하던 사림 세력을 탄압하였다. [법19] ☐

[해설] 언론을 장악하고 왕권을 견제하던 사림 세력이 탄압받은 것은 15세기 말과 16세기 전반의 일이다. 대표적으로 4대 사화[무오사화(1498, 연산군 4), 갑자사화(1504, 연산군 10), 기묘사화(1519, 중종 14), 을사사화(1545, 명종 즉위년)]가 있다.

• [김종직] 길재의 학통을 이어받고 김굉필 등 제자들을 길렀다. [법13] ☐

[해설] 점필재 김종직(1431~1492)은 야은 길재(1353~1419)의 학통을 이어받고 김굉필(1454~1504) 등 제자들을 길렀다.

• [김일손] 조의제문을 사초에 실었다. [국21] ☐

[해설] 점필재 김종직이 작성한 조의제문을 사초에 실은 인물은 그 제자인 탁영 김일손(1464~1498)이다. 무오사화가 발발하는 빌미가 되었다.

▌조의제문 [법13] ☐

꿈속에 신선이 나타나서, "나는 초나라 회왕 손심인데 서초패왕에게 살해되어 빈강에 버려졌다"고 말하고 사라졌다. 잠에서 깨어나 생각해보니 희왕은 중국 초나라 사람이고, 나는 동이 사람으로 거리가 만리(萬里)나 떨어져 있는데 꿈에 나타난 징조는 무엇일까? 역사를 살펴보면 시신을 강물에 버렸다는 기록이 없으니 아마 항우가 사람을 시켜서 회왕을 죽이고 시체를 강물에 버린 것인지 알 수 없는 일이다. 이제야 글을 지어 의제를 조문한다.

[해설] 주어진 자료는 무오사화 발단의 빌미가 된 점필재 김종직(1431~1492)의 글 「조의제문」이다. '서초패왕'은 항우(기원전 232~기원전 202)를, '의제'는 곧 초나라 회왕 손심(미상~기원전 205)을 가리킨다.

• 무오사화 [국22] [서20] ☐

└[연산군 대] 무오사화와 갑자사화가 일어났다. [국17①] ☐

└[무오사화] 김일손의 사초가 발단이 되었다. [회16] ☐

└김종직의 무덤을 파헤쳐 시신을 참수하였다. [서14] ☐

└김종직의 제자들이 피해를 입었다. [법16]

└훈구 세력은 김일손 등의 사림학자를 죽이거나 귀양 보내었다. [경18②]

└김종직, 김일손, 정여창, 김굉필 [지11②]

[해설] 탁영 김일손이 스승인 점필재 김종직의「조의제문」을 사초에 실은 것을 구실로 이극돈(1435~1503)과 유자광(1439~1512), 윤필상(1427~1504) 등 훈구 세력에 의해 무오사화가 발생하였다(1498, 연산군 4). 김종직의 제자들[사림들]이 피해를 입었다. 또한 김종직의 무덤이 파헤쳐져 시신이 참수되었다(부관참시). / 김종직(1431~1492), 김일손(1464~1498), 정여창(1450~1504), 김굉필(1454~1504) 등은 이름과 생몰연도에서 알 수 있듯이, 연산군과 훈구 세력이 일으킨 무오사화(1498)와 갑자사화(1504) 때 희생된 사림들이다.

■ 무오사화 [법16] [회16] [기19]

· 김종직의 조의제문이 문제가 되어 그를 대역죄로 다스려 부관참시하고 그 무리들을 능지처참하였다.

[해설] '김종직의 조의제문'이라는 부분에서 연산군 4년인 1498년에 발생한 무오사화에 대한 설명임을 알 수 있다.

· 이극돈: (능청맞게) 여보게, 계운(김일손의 호) 자네가 이번 사초에 내가 정희 왕후 국상 중에 관기를 불러 주연을 베푼 사실을 썼다던데, 그것 좀 빼주면 안 되겠나?
  김일손: (단호한 어조로) 그건 불가하오.

[해설] (당시 훈구파의 거물이었던) 이극돈(1435~1503)이 김일손에게 사초에 내가 정희 왕후 국상 중에 관기를 불러 주연을 베푼 사실을 쓴 것을 좀 빼달라고 요구하였지만, 김일손(1464~1498)이 단호하게 불가하다고 말하는 내용이 나와 있다. 이에 앙심을 품은 이극돈에 의해 일어난 사건이 곧 연산군 4년(1498)에 발생한 무오사화이다(유자광과 윤필상도 주도).

· 임금께서 전지(傳旨)를 내리기를, "…… 지금 그 제자 김일손이 찬수한 사초 내에 부도(不道)한 말로 선왕조의 일을 터무니없이 기록하고, 또 그 스승 김종직의「조의제문」을 실었다."

[해설] '그 제자 김일손', '그 스승 김종직의「조의제문」'이라는 부분에서 연산군 4년(1498)에 발생한 무오사화임을 알 수 있다.

· 연산군의 생모 윤씨를 폐비하는 데 동조하였다. [국21]

[해설] 연산군의 생모 윤씨(?~1482)가 폐비된 것은 성종 10년인 1479년의 일이다. 또 폐비된 윤씨가 사사(賜死)된 것은 1482년(성종 13)의 일이다. 갑자사화의 배경으로 작용하였다.

· 갑자사화 [국22]

└갑자사화를 주도하여 훈구 세력을 몰아내었다(연산군). [국11]

└연산군은 생모 윤씨의 폐비 사건에 관여한 사림을 몰아냈다. [서14]

└연산군은 생모인 윤씨의 폐출사사 사건에 관여한 사림을 몰아냈다. [경18②]

└폐비 윤씨 사건과 연관이 있다. [법16]

└연산군이 훈구파들을 제거하고 권력을 강화하였다. [법23]

└[연산군] 관리들에게 '신언패(愼言牌)'를 차고 다니게 하였다. [국11]

[해설] 갑자사화가 일어난 것은 조선 연산군 10년인 1504년의 일이다. 연산군의 모친인 폐비 윤씨 사건*과 관련되어 일어났다. 김굉필, 정여창 등 사림 세력과 함께 훈구 세력**도 큰 피해를 입었다.

*폐비 윤씨 사건: 성종의 계비이자 연산군의 친어머니인 (폐비) 윤씨(?~1482)는 성종 10년인 1479년에 폐출되었다가 3년 뒤인 성종 13(1482)에 사사(賜死)되었다.

**갑자사화는 '사림이 화를 입었다'는 뜻의 사화(士禍)라는 명칭처럼 사림이 많은 피해를 입었지만 훈구파도 적지 않은 피해를 입은 사건이다. 윤필상, 이세좌, 이극균, 성준 등이 화를 당했고 부관참시를 당한 한명회, 한치형, 정창손, 심회 등도 역시 훈구파였다. 이른바 갑자사화는 연산군과 신하들 간의 정치 투쟁이었고(연산군의 친위 쿠데타), 훈구파까지 제거하면서 자신의 권력[왕권]을 강화한 셈이다[이를 연산군을 중심으로 한 궁중(宮中) 세력과 그에 반대하는 훈구·사림파 중심의 부중(府中) 세력 간의 갈등으로 보는 견해 있음/갑자사화는 훈구와 사림의 대립으로 일어났다기보다는 많은 선비가 희생되었다는 의미에서 사화로 간주하는 견해 있음, 을사사화도 마찬가지]. 참고로 연산군은 갑자사화 이후 관리들에게 말을 삼가하라는 뜻에서 신언패(愼言牌)를 차게 하였다.

■ 갑자사화 [법23] □

왕이 어머니 윤씨가 왕비 자리에서 쫓겨나고 죽은 것이 성종의 후궁인 엄씨와 정씨의 참소 때문이라 여기고, 밤에 그들을 궁정에 결박해 놓고 손으로 함부로 치고 짓밟았다.
- 『조선왕조실록』-

[해설] 『연산군일기』에 나오는 내용(1504년 음력 3월 20일 기사)으로, 연산군의 모친인 폐비 윤씨 사건과 관련하여 갑자사화가 일어나기 직전의 일이다(1504, 연산군 10).

- [중종] 조광조를 등용하여 개혁 정치를 실시하였다. [지22] □

[해설] 정암 조광조(1482~1519)를 등용하여 개혁 정치를 실시한 것은 조선 중종 대(재위 1506-1544, 제11대)의 일이다.

- 조광조가 내수사 장리의 폐지, 소격서 폐지 등을 주장하였다.* [지20] □

[해설] 정암 조광조(1482~1519)가 내수사 장리의 폐지, 소격서 폐지 등을 주장한 것은 조선 중종 대의 일이다(1518, 중종 13). 정암 조광조(1482~1519)는 도학(道學) 정치의 실현을 꿈꾸었지만 결국 기묘사화로 인해 사사되었다(1519, 중종 14). 내수사 장리란, 왕실의 비용을 조달하기 위해 만든 관청인 내수사(內需司)가 감사나 수령의 권한 밖에서 농민들에게 연 5할의 고리(高利)인 장리(長利)를 취한 것을 가리킨다. 농민들에게 경제적 부담을 가중시켜 파산에 이르게 하였기에 폐지를 주장하였다.

- [중종] 현량과를 실시하였다. [국17①] □
  └현량과가 실시되었다. [경21②] □
  └소격서를 혁파하고 현량과를 실시하였다. [경15②] □
  └현량과 실시 [법22] [경12②] □
  └현량과 [소22] □

[해설] 정암 조광조의 건의로 현량과를 실시한 것은 중종 14년인 1519년의 일이다. 현량과는 학문과 덕행이 뛰어난 인재를 천거하게 하여 대책만으로 시험한 제도이다.

- [조광조] 소격서 폐지, 위훈 삭제, 방납의 폐단 시정 [국11] □
  └소격서를 폐지하였다. [소20] □
  └소격서(도교 기관) 폐지 [경12②] □
  └조광조가 훈구 세력의 위훈 삭제를 주장하였다. [법21] □
  └공납 제도 폐단 시정 노력 [경12②] □

[해설] 소격서는 도교의 보존과 도교 의식, 즉 초제를 관장한 관청이다(예조의 속아문 중 하나). 중종 때 중용된 정암 조광조(1482~1519)이 소격서의 폐지를 주장하였다(1518, 중종 13). 위훈 삭제는 중종반정에 공을 세운 훈구 세력(정국공신)의 비리를 척결하기 위해 위훈을 삭제하자는 것(공신호를 박탈하고 그들에게 준 토지와 노비를 환수)으로 마찬가지로 조광조의 주장이다. 또한 방납의 폐단을 시정하고 농민의 부담을 줄이기 위해 수미법을 건의하는 등 개혁 정책을 실시하였다.

- [조광조] 경연을 강화하고 언론 활동을 활성화하였다. [국11] □
  └경연 등 언론 활동 약화[×] [경12②] □

[해설] 조광조는 경연 강화, 언론 활동 활성화를 통한 왕도 정치를 강조하였다.

- [조광조] 향약의 보급* [경12②] □

[해설] 향약이 설치되기 시작한 것은 조선 시대인 16세기 후반 이후부터이다. 중종 대에 정계에 진출한 정암 조광조(1482~1519)를 중심으로 하는 사림

이 훈척들의 지방 통제 수단으로 이용되던 경재소와 유향소 등의 철폐를 주장하고 그 대안으로 향약의 보급을 처음 제안하였다[여씨 향약 도입 (1517, 중종 12)].

■ 정암 조광조의 개혁 [국21] [법22] [법14] [기12] [소19①]

- 사진 속 건물은 조광조의 학문과 덕행을 추모하기 위해 설립된 심곡 서원이다. 그는 사림의 여론을 바탕으로 왕도 정치를 실현하기 위한 개혁을 추진하였으나 훈구 대신들의 반발로 사사되었다. 그러나 선조 때 사림이 정치 주도권을 장악하면서 신원되었고, 그를 추모하는 서원이 여러 곳에 설립되었다. ([법22] 주제 첨부 사진 참조)

[해설] 주어진 자료 속 '인물'은 정암 조광조(1482~1519)를 가리킨다. 심곡 서원은 경기도 용인시 수지구에 위치한다.

- · 소격서는 본래 이단이며 예(禮)에도 어긋나는 것이니 비록 수명을 빌고자 해도 복을 얻을 수 없습니다. 소비가 많고 민폐도 커서 나라의 근본을 손상시키니 어찌 애석하지 않겠습니까. (소격서 폐지 주장)
  · 지방에서는 감사와 수령이, 서울에서는 홍문관과 육경(六卿), 대간이 등용할 만한 사람을 천거하여, 대궐에 모아놓고 친히 대책으로 시험한다면 인물을 많이 얻을 수 있을 것입니다. 이는 이전에 우리나라에서 하지 않았던 일이요, 한(漢)나라 현량과의 뜻을 이은 것입니다. (현량과 시행 주장)

[해설] 주어진 자료는 조선 중종 대 정암 조광조(1482~1519)가 주장한 것이다. 조광조는 당시 도학 정치의 실현을 위해 적극적으로 활동하던 대표 사림(士林)이었다.

- 경연의 강화, 언론 활동의 활성화, 위훈 삭제, 소격서의 폐지, 소학의 보급, 방납의 폐단 시정 등을 주요 정책으로 삼았다.

[해설] 조선 중종 대 정암 조광조(1492~1519)를 중심으로 한 사림 세력에 대한 것임을 알 수 있다(이른바 '기묘사림[기묘명현]').

- 조광조를 비롯한 (가) 은/는 왕도 정치를 실현하기 위해 급진적 개혁을 단행하였다. 현량과를 통해 (가) 을/를 등용하고, 중종반정의 공신을 조사하여 부적격한 사람의 공훈을 삭제하였다. 또한 불교 및 도교와 관련된 종교 행사를 폐지하고, 『소학』을 널리 보급하여 유교적 가치관을 사회에 정착시키려 하였다.

[해설] 주어진 자료 속 '(가) 정치 세력'은 사림(士林)이다.

- (가) 이/가 올립니다. "지방의 경우에는 관찰사와 수령, 서울의 경우에는 홍문관과 육경(六卿), 그리고 대간(臺諫)들이 모두 능력 있는 사람을 천거하게 하십시오. 그 후 대궐에 모아 놓고 친히 여러 정책과 관련된 대책 시험을 치르게 한다면 인물을 많이 얻을 수 있을 것입니다. 이는 역대 선왕께서 하지 않으셨던 일이요, 한나라의 현량과와 방정과의 뜻을 이은 것입니다. 덕행은 여러 사람이 천거하는 바이므로 반드시 헛되거나 그릇되는 일이 없을 것입니다."

[해설] '천거', '현량과' 등의 표현에서 주어진 자료 속 '(가)'는 조선 중종에게 천거제(薦擧制)의 일종인 현량과 실시를 건의한 정암 조광조(1482~1519)임을 알 수 있다.

- 기묘사화 [국22] [서20]
  └ 조광조를 비롯한 많은 사람이 피해를 입었다. [법23]
  └ 기묘사화가 일어나 사림이 피해를 입었다. [법21]
  └ 도학 정치를 주장한 조광조 등이 제거되었다. [회16]
  └ 훈구 세력의 모략으로 조광조 일파가 제거되었다. [경18②]
  └ 위훈 삭제에 대한 훈구 세력의 반발이 원인이 되었다. [회16]
  └ 위훈 삭제를 감행한 사림 세력들이 제거되었다. [법19]
  └ 위훈 삭제에 반발하여 일어났다. [법16]

[해설] 기묘사화가 일어난 것은 조선 중종 14년인 1519년의 일이다. / 도학 정치를 이루고자 급격한 개혁을 추구한 정암 조광조(1482~1519)를 비롯한 많은 사람이 피해를 입은 것은 기묘사화 때의 일이다(1519, 중종 14). / 훈구 대신들은 자신들의 위훈 삭제를 주장하는 조광조와 그를 따르는 사

림들에게 크게 반발하였다.

- [조광조] 기묘사화로 탄압받았다. [국21] ☐
  └ 조광조가 능주로 귀양가서 사약을 받고 죽었다. [서14] ☐

[해설] 기묘사화로 탄압받은 대표적인 인물은 정암 조광조(1482~1519)이다. / 조광조가 능주(지금의 전남 화순)로 귀양을 가 사약을 받고 죽은 것은 기묘사화 때이다. 중종 때 등용된 사림 조광조는 적극적인 개혁 정치를 펼치다 중종과 훈구파에 의해 죽임을 당하였다.

■ 기묘사화 [국22] ☐

- 중종에 의해 등용된 조광조는 현량과를 통해 사림을 대거 등용하였다. 그는 3사의 언관직을 통해 개혁을 추진해 나갔고, 위훈삭제를 주장하기도 하였다. 이러한 움직임은 반발을 불러일으켰으며, 중종도 급진적인 개혁 조치에 부담을 느껴 조광조 등을 제거하였다. 이 사건으로 사림은 큰 피해를 입었다.

[해설] 도학 정치를 이루고자 급격한 개혁을 추구한 정암 조광조(1482~1519)가 제거된 기묘사화를 가리킨다(1519, 중종 14).

- [명종] 문정 왕후의 수렴청정을 지지하였다. [국21] ☐
  └ 문정 왕후가 수렴청정하며 불교를 옹호하였다. [지20] ☐
  └ [보우] 왕실의 지원을 받아 승과를 부활시키는 등 불교 진흥 정책을 펼쳤다. [회17] ☐

[해설] 문정 왕후(1501~1565)가 수렴청정을 한 것은 조선 명종 대(재위 1545-1567, 제13대)이다. 명종이 12세의 나이로 즉위하자 모친인 문정 왕후 윤씨가 대왕대비로서 8년 동안 수렴청정을 하였다*. / 왕실의 지원을 받아 승과를 부활(1552, 명종 7)시키는 등 불교 중흥 정책을 펼친 승려는 허응당 또는 나암이라는 호를 가진 승려 보우(1509~1565)이다. 참고로 고려 시대에도 이름이 같은 태고화상 보우(1301~1382)가 있다(주의). 태고화상 보우는 원의 불교인 임제종을 들여와서 전파시킨 인물이다.

*문정 왕후는 중종의 계비이자 명종의 모친(어머니)으로, 1545년 인종이 재위 8개월 만에 죽고 명종이 12세의 나이로 즉위하자 모후(母后)로서 수렴청정을 하였다. 이때 남동생 윤원형(1503~1565)(명종의 삼촌)(소윤의 영수)이 권력을 쥐고 대윤(大尹)인 윤임 일파를 몰아내는 을사사화를 일으켰다(1545, 명종 즉위년). 문정 왕후는 독실한 불교 신자로 도첩제를 실시하여 승려를 뽑았고, 전국 300여 개의 절을 공인하는 등 불교 중흥을 도모하였다. 또 승려 보우(1515~1565)를 봉은사 주지로 임명하고 봉은사 근처(정릉)로 중종의 능을 이장하였다. 1553년(명종 8) 명종에게 친정(親政)하도록 하였으나 형식적인 절차에 그쳤고, 실제로는 남동생 윤원형과 협력하여 정사에 계속 관여하였다.

- 을사사화가 일어났다. [국23] ☐
  └ 을사사화 [국22] ☐
  └ 외척 간의 세력 다툼으로 을사사화가 발생하였다. [법19] ☐
  └ 외척들의 반발로 이 사건에 관련된 훈구 세력과 사림 세력이 제거되었다. [서15] ☐
  └ 대윤과 소윤의 권력 다툼이 계기가 되었다. [회16] ☐
  └ 소윤이 대윤에 대한 보복으로 옥사를 일으켰다. [경18②] ☐
  └ 명종을 해치려 했다는 이유로 윤임 일파가 몰락하였다. [서14] ☐
  └ 명종 대에 일어났다. [법16] ☐

[해설] 을사사화가 일어난 것은 조선 명종 즉위년인 1545년의 일이다. 명종의 외척인 소윤파에 의해 인조의 외척인 대윤파가 제거되었다.* / 명종 때 문정 왕후(1501~1565)가 수렴청정(垂簾聽政)**을 시작하자 인종의 외척인 윤임(대윤)과 명종의 외척인 윤형원(소윤)이 대립하였고, 결국 윤형원이 윤임을 몰아내고 정국을 주도하는 을사사화가 발생하였다(1545, 명종 즉위년). 을사사화는 표면적으로는 윤씨 외척 간의 싸움이었으나 사림파에 대한 훈구파의 공격이었다.*** 참고로 을사사화의 여파로 2년 뒤 양재역 벽서 사건****이 발생하여 다시 많은 사림들이 피해를 입었다. / [서15] 대윤와 소윤 외척들의 싸움[갈등]으로 결국 대윤에 가담한 훈구와 사림 세력이 다수 제거되었다. 훈구파 중 일부는 왕실과의 혼인을 통해 외척으로 성장하였기에 이 시기의 대윤, 소윤 외척도 넓게 보아 훈구파에 속한다고 볼 수 있다. 물론 주지하듯이 이후 선조 대부터 척신 정치의 청

산을 둘러싼 사림 정치가 본격적으로 전개되기 시작하였다.

*대윤파는 윤여필의 딸인 중종의 제1계비 장경 왕후의 친정과 관련된 세력(인종 지지)이고, 소윤파는 윤지임의 딸인 제2계비 문정 왕후의 친정과 관련된 세력(명종 지지)이다. 인종이 재위 8개월 만에 사망하고 뒤를 이어 이복동생인 어린 경원 대군이 명종으로 즉위함으로써 정세가 역전되었다(문정 대비가 수렴청정).

*수렴청정(垂簾聽政): 어린 왕이 즉위하였을 때 왕실의 가장 어른인 왕대비나 대왕대비가 국정을 대리로 처리하는 일을 뜻한다. '수렴동청정(垂簾同聽政)'을 줄인 용어로, 발을 치고 함께 정치를 듣는다는 의미로 왕대비나 대왕대비가 왕과 함께 정치에 참여하는 정치 제도이자 운영 방식이다.

***갑자사화와 마찬가지로 훈구와 사림의 대립으로 일어났다기보다는 많은 선비가 희생되었다는 의미에서 사화로 간주하는 견해가 있다.

****명종 2년인 1547년에 일어난 양재역 벽서 사건은 당시 외척으로 정권을 잡고 있던 윤원형(소윤) 세력이 경기도 과천의 양재역에 붙여진 벽서를 빌미로 을사사화(1545) 이후 잔존한 반대파 인물들(대윤 세력과 사림계)을 재차 숙청한 사건이다. '정미사화'라고도 하는데 후일 소윤 일파 몰락 후 벽서 사건 자체가 무고(誣告)(허위 신고)임이 공인되었다.

■ 을사사화 [회17] [기19] □

- 왕이 즉위하면서 외척끼리의 권력 다툼에 휩쓸려 사림 세력은 또다시 정계에서 밀려났다. 이에 따라 이 왕 때에는 윤원형을 비롯한 왕실 외척인 척신들이 정국을 주도하였고, 사림의 세력은 크게 꺾였다.

[해설] 주어진 자료는 조선 제13대 왕인 명종(재위 1545-1567) 즉위년인 1545년에 발생한 을사사화에 대한 설명이다. 조선 명종 대에는 강력한 권력을 행사하던 문정 왕후(1501~1565)가 불교를 비호하였다.

- 윤임은 화심(禍心)을 품고 오래도록 흉계를 쌓아 왔다. 처음에는 동궁(東宮)이 외롭다는 말을 주창하여 사림들 사이에 의심을 일으켰고, 중간에는 정유삼흉(丁酉三凶)의 무리와 결탁하여 국모를 해치려고 꾀하였고, …… 이에 윤임·유관·유인숙 세 사람에게 사사(賜死)만 명한다.

[해설] '윤임', '유관', '유인숙'이라는 인물(모두 대윤 세력에 속함)이 제시된 것을 통해 조선 명종 즉위년인 1545년에 발생한 을사사화임을 알 수 있다
[『명종실록』권1 명종 즉위년(1545) 8월 28일 '근정문에서 윤임·유인숙·유관의 치죄에 대한 교서를 반포하다.'].

- 사화로 갈등이 격화되면서, 정국이 급격하게 전환되는 환국 정치가 시작되었다[✗]. [국15] □

[해설] 사화(士禍)는 훈구와 사림이 충돌한 사건(일부 훈구도 피해)이고, 환국(換局)은 숙종 때인 17세기에 붕당으로 인해 발생한 사건이다.

3 붕당의 출현

- 16세기 중반부터 성리학 연구가 심화되면서 학설과 지역적 차이에 따라 서원을 중심으로 학파가 형성되기 시작하였다. [서12] □

[해설] 옳은 설명이다. 이후 학파에 따라 사림들 사이에 붕당이 발생하기 시작하였다.

- 성리학에 투철한 사림 세력이 정국을 주도하였다. [지22] □

[해설] 성리학에 투철한 사림 세력이 정국을 주도하기 시작한 것은 16세기 이후의 일이다(조선 중·후기).

- 붕당은 정치적 이념과 학문적 경향에 따라 결집되었다. [국15] □

└붕당(朋黨)은 학파의 대립과도 밀접한 관계가 있는데, ㉠에는 대체로 이이와 성혼 계통이 많다[✗]. [경13②] □

└이 사건 이후 사림을 중심으로 정치적, 학문적 견해 차이에 따른 붕당 정치가 나타났다. [서15] □

[해설] 동인과 서인, 대북과 소북, 노론과 소론 등 조선의 붕당은 사림들의 정치적 이념과 학문적 경향에 따라 나뉘거나 결집하였다. / [경13②]의 ㉠은 동인을 가리킴(㉡은 서인, 이이와 성혼 계통은 서인).

- [선조] 이조 전랑의 임명 문제를 둘러싸고 사림 간 대립이 일어났다. [법23] □

└㉠과 ㉡은 이조 전랑 자리를 놓고 서로 경쟁하였다. [경17①] □

└(나) - 이조 전랑직 문제로 인한 갈등으로 동인이 남인과 북인으로 분열하였다[✗]. [기14] □

[해설] 이조 전랑의 임명 문제를 둘러싸고 사림 간의 대립이 일어난 것은 선조 8년인 1575년의 일이다(동·서 분당). / [경17①]의 ㉠은 동인, ㉡은 서인을 가리킴. / 이조 전랑직 문제로 인한 갈등으로 (동인이 남인과 북인으로 분열한 것이 아니라) 사림이 동인과 남인으로 분열하였다(1575, 선조 8). / 조선 선조 8년인 1575년 을해년에 이르러 대립된 두 세력이 서로 상대방을 소인배 속류라 비방하거나 배격함으로써 붕당의 싹이 트기 시작하였다(동·서 분당의 시초). 이를 '을해당론(乙亥黨論)'으로 부른다. 한성부의 동쪽에 살던 김효원 일파를 동인이라 하고 영수로 대사헌 허엽(許曄)(1517~1580)이 추대되었고, 반면 한성부의 서쪽에 살던 심의겸 일당을 서인이라 하고 좌의정 박순(朴淳)(1523~1589)이 영수로 추대되었다.

• 선조 대 – 사림이 동인과 서인으로 분열하였다. [지23] □
└ 동인과 서인의 붕당이 형성되었다. [지20] □
└ 동인과 서인으로의 분화 [지15②] □
└ (ㄱ)과 (ㄴ)의 분당은 이조전랑 자리를 둘러싼 기성 사림과 신진 사림 간의 경쟁에서 시작되었다. [회15] □
└ ㉠ - 척신 정치의 청산 문제에서 주로 소극적인 부류가 서인, 적극적인 부류가 동인으로 형성되었다. [경14①] □
└ 붕당의 출현 당시 척신 정치의 잔재를 어떻게 청산할 것인가를 두고 기성 사림과 신진 사림 사이의 갈등이 심해졌으며, 기성 사림을 중심으로 동인이 형성되었다[X]. [경15③] □
└ 붕당 정치가 형성되는 배경이 되었다. [소21] □
└ 동서 분당 [기14] □

[해설] 사림이 동인과 서인으로 분열한 것은 선조 대이다(1575, 선조 8). 이조 전랑직 문제로 인한 갈등이 계기가 되었다. / [경14①] [경13③] [소21] 동서 분당을 야기한 이조 전랑직 문제는 사실 명종 대에 형성된 척신(戚臣) 정치*의 잔재를 어떻게 청산할 것인지 문제에 대한 대립이었다(기성 사림과 신진 사림). 즉 심의겸(1535~1587)을 중심으로 하는 서인은 기성 사림[기성세력]으로 척신 정치 개혁에 소극적이었다[심의겸 자신이 명종 비인 인순 왕후(1532~1575)의 동생으로 외척]. 반면 김효원(1542~1590)을 중심으로 하는 동인은 신진 사림[신진세력]으로 척신 정치에 개혁적이었다. / [경15③] 기성 사림을 중심으로 형성된 것은 (동인이 아니라) 서인이다.

*척신(戚臣) 정치: 명종 대 외척(外戚)에 의해 주도된 정치 형태(을사사화, 정미사화 야기)(외척이란 모친 쪽의 친척을 통칭하는 말).

■ **붕당의 발생** [지15②] [서15] [회15] [경19①] [경13②] □

• 이조 전랑 임명을 둘러싼 대립으로 두 파의 갈등이 표면화되어 김효원 등 신진 관료는 ㉠, 심의겸을 중심으로 한 기성 관료는 ㉡이라 하여 분당(分黨)되었다.

[해설] 이조 전랑 임명 문제로 사림은 동인과 서인으로 분당되었다(1575, 선조 8). ㉠은 동인, ㉡은 서인을 가리킨다.

• 이조 전랑 임명을 둘러싼 대립으로 두 파의 갈등이 표면화되어 김효원 등 신진 관료는 ㉠, 심의겸을 중심으로 한 기성 관료는 ㉡이라 하여 분당(分黨)이 생기게 되었다.

[해설] 위의 같은 내용의 자료이다.

• 선조 때에 이르러 사림 학자들이 많이 배출되면서 사림 사회에 갈등과 분화가 일어나 붕당이 형성되었다. 김효원을 지지하는 (ㄱ) 세력과 심의겸을 지지하는 (ㄴ) 세력으로 나뉘었는데, 이후 정여립 모반 사건 등을 계기로 (ㄱ) 세력이 온건파인 (ㄷ) 세력과 급진파인 (ㄹ) 세력으로 다시 나뉘었다.

[해설] 순서대로 '(ㄱ)'은 동인이고, '(ㄴ)'은 서인이다. 또 '(ㄷ)'은 남인이며 '(ㄹ)'은 북인이다. 정여립 모반 사건이 일어난 것은 선조 22년인 1589년의 일이다.

• 김효원이 과거에 장원으로 급제하여 이조 전랑의 물망에 올랐으나, 그가 윤원형의 문객이었다 하여 심의겸이 반대하였다. 그 후에 심충겸(심의겸의 동생)이 장원 급제를 하여 이조 전랑에 천거되었으나, 외척이라 하여 김효원이 반대하였다.

- 『연려실기술』 -

[해설] '김효원'과 '심의겸'이라는 인물, '이조 전랑'이란 말들이 언급되어 있다. 선조 대인 1575년(선조 8)에 이르러 척신 정치의 잔재 청산 및 이조 전랑직을 두고 사림 세력이 심의겸(1535~1587)을 중심으로 한 서인(기성 관료)과 김효원(1542~1590)을 비롯한 동인(신진 사림)으로 분당하였다.

• 김효원이 알성 과거에 장원으로 합격하여 이조 전랑의 물망에 올랐으나, 그가 윤원형의 문객이었다 하여 심의겸이 반대

하였다. 그 후에 심의겸의 동생 심충겸이 장원 급제하여 전랑으로 천거되었으나, 외척이라 하여 김효원이 반대하였다. 이 때 이들을 지지하는 세력이 서로 상대방을 배척하여 붕당이 형성되었다. 심의겸을 지지하는 기성 사림을 중심으로 ㉠ 이 형성되고, 김효원을 지지하는 신진 사림을 중심으로 ㉡ 이 형성되었다.

[해설] 붕당 정치가 시작된 동·서 붕당과 관련된 자료임을 알 수 있다. 자료의 '㉠'은 서인을, '㉡'은 동인을 가리킨다.

- 심충겸이 장원 급제를 하자 전랑으로 천거하려고 하였다. 김효원이 "외척은 쓸 수 없다."하며 막으니, 심의겸이 "외척이 원흉의 문객보다는 낫지 않으냐." 하였다. 이때 김효원 편을 드는 사람들은 "효원의 말은 공론에서 나온 것이다. 그런데 의겸이 사사로운 혐의로 좋은 선비를 배척하니 매우 옳지 못하다." 하였다.

[해설] 김효원과 심의겸이 '전랑'직을 놓고 다투는 내용이 나와 있다. 사림이 동인과 서인이라는 붕당으로 처음 나눠지는 과정과 관련된 자료임을 알 수 있다(1575, 선조 8). 심충겸(1545~1594)은 심의겸의 아우이자 명종비 인순 왕후(1532~1575)의 동생이다.

- [서인] 이이와 성혼의 문인을 중심으로 형성되었다. [국23] ☐
  - (가): 이이의 학맥을 계승하였다. [법11] ☐
  - 성혼의 학파를 중심으로 형성되었다. [법23] ☐
  - ㉠은 대체로 이이와 성혼의 학맥을 이었다. [경19①] ☐
  - ㉠은 이황·조식·서경덕의 문인이 가담하였다[×]. [법12] ☐

[해설] 율곡 이이(1536~1584)와 우계 성혼(1535~1598)의 문인 또는 (기호)학파를 중심으로 형성된 붕당은 서인이다. / 이황·조식·서경덕의 문인은 (서인이 아니라) 동인에 가담하였다. / [법11]의 (가)는 남인을 가리키나 무시함. / [경19①]의 ㉠은 동인을 가리키나 무시함.

- [서인] 심의겸 쪽에는 정치의 도덕성을 강조한 서경덕, 이황, 조식의 문인들이 가세하였다[×]. [서15] ☐

[해설] 이황과 조식, 서경덕의 학문을 계승한 사람을 중심으로 다수의 신진 세력이 참여하여 동인이 형성되었으며, 이이와 성혼의 문인들이 가담하면서 서인이 형성되었다(심의겸은 서인).

- 이이, 성혼의 문인들은 주기론(主氣論)에 입각하여 양쪽을 모두 비판하며 타협안을 제시하였다[×]. [서15] ☐

[해설] 동·서 붕당 초기에 율곡 이이(1536~1584)는 중립적 입장에서 양쪽의 대립을 조정하고자 노력하였다. 하지만 동인 일부의 극단적인 주장에 그 노력을 포기하고 결국 서인임을 자처하게 되었고 그와 성혼(1535~1598)이 서인의 중심을 이루게 되었다(1580년대 초).

- [동인] 이황과 조식의 문인으로 이루어져 있다. [회20] ☐
  - 이조 전랑 자리를 두고 다툰 김효원을 추종하는 세력이다. [회20] ☐
  - (ㄱ) 세력은 선비들의 수기(修己)에 역점을 두어 치자(治者)의 도덕성 제고를 중요하게 여겼다. [회15] ☐
  - 훈구 세력의 비리를 비판하는데 엄격했던 ㉠의 생리는 도덕적 신념을 중시한 주리파와 일치하였다. [경13②] ☐
  - 이황과 조식의 학통을 계승한 동인은 정여립 모반 사건 등을 계기로 온건파인 북인과 급진파인 남인으로 나뉘었다[×]. [경15③] ☐

[해설] 퇴계 이황(1501~1570)과 남명 조식(1501~1572)의 문인으로 이루어져 있는 붕당은 동인이다. / 이조 전랑 자리를 두고 다툰 김효원을 추종하는 세력은 동인이다. 서인은 심의겸을 추종하였다. / [경13②] 주리파인 이황 계통의 문인들이 동인에 속하였다(참고로 조식과 서경덕 계통의 문인들도 동인에 참여). / [경15③]에서 동인은 온건파인 남인과 급진파인 북인으로 나뉘었다. 남인과 북인의 위치가 서로 바뀌었다.*

*동인은 서인에서 제외된 다양한 계열의 신진 세력으로 구성되어 있었는데, 정여립 모반 사건(1589, 선조 22) 이전부터 퇴계 문인인 유성룡 일파와 화담·남명 문인인 이발 일파 사이에 알력이 있었다. 또한 2년 뒤에 발생하는 세자 책봉 문제인 '세자 건저 사건 '에서 정철을 비롯한 서인에 대한 처벌 수위를 둘러싸고도 남인과 북인으로 갈려 대립하였다(1591. 선조 24).

- [서인과 동인] ㉠과 ㉡의 대립으로 예송 논쟁이 발생하였다[×]. [법12] ☐

└㉠은 광해군 때, ㉡은 인조 때 정권을 장악하였다[x]. [법12] □

[해설] 예송이 발생한 것은 (서인과 동인의 대립이 아니라) 서인과 남인의 대립 때문이다[해당 문제에서 ㉠은 서인, ㉡은 동인]. / 광해군 때 정권을 장악한 붕당은 (동인에서 분화되어 나온) '북인'이고, 인조 때 정권을 장악한 붕당은 '서인'이다.

• 기축옥사 및 건저의 사건으로 붕당 간 대립이 심화되었다. [회24] □

[해설] 정여립(1546~1589) 모반 사건을 빌미로 기축옥사가 일어난 것은 선조 22년인 1589년의 일이다. 1591년(선조 24)까지 정여립과 연루된 다수의 동인이 희생되었다. 또 선조 24년인 1591년에 세자 책봉 문제, 즉 건저의 사건이 발생하여 서인(송강 정철이 영수)에 대한 논죄 여부를 두고 동인이 강경파인 북인과 온건파인 남인으로 분화되었다.

• [기축옥사(정여립 모반 사건)] 서인 정치에 한계를 느낀 정여립이 모반을 일으켰다. [지20] □
└[정여립] 대동계라는 비밀 결사를 조직하여 새 왕조를 세우려는 역성혁명을 꿈꾸었다. [지14②] □
└정여립 모반 사건을 계기로 기축옥사를 일으켰다. [법22] □
└㉡이었던 정여립이 모반을 일으켜 기축옥사가 발생하였다. [경19①] □
└정여립 모반 사건이 일어났다. [경21②] □
└정여립 모반 사건이 발생하였다. [소22] □

[해설] 서인 정치에 한계를 느낀 정여립(1546~1589)이 모반[역모]을 일으킨 것은 선조 22년인 1589년의 일이다[이른바 '정여립 모반[역모] 사건(정여립 고변 사건)', 기축옥사(이후 3년여에 걸쳐 천여 명의 동인계가 박해를 받음)로 이어짐]. / 대동계를 조직하여 역성혁명을 꿈꾸었던 인물은 선조 때의 동인 정여립(1546~1589)이다. 정여립은 처음에는 서인에 속하였다가 (기축옥사) 발생 당시에는 당적을 바꿔 동인이었다. / 선조의 명으로 서인 영수인 정철(1536~1593)이 정여립 모반 사건의 규명을 주도하였다(사실상 동인 숙청). 정여립 모반 사건은 동인이 실각하고 서인이 집권하는 계기로 작용하였다. / [경19①]의 ㉡은 서인을 가리키나 무시함.

■ 정여립 모반 사건(기축 옥사) [기19] □

기축년 10월 2일 황해 감사 한준의 비밀 장계가 들어왔다. …… 그 내용은, 수찬을 지낸 전주에 사는 정여립이 모반하여 괴수가 되었는데, 그 일당인 안악에 사는 조구가 밀고한 것이었다.

[해설] 조선 선조 22년이자 기축년인 1589년에 발생한 '정여립 모반 사건'을 가리킨다(기축 옥사)(『연려실기술』 권14 '기축정여립의 옥').

• [동인] 정여립 모반 사건을 계기로 사림 세력이 갈라졌다. [법19] □
└정여립 모반 사건을 계기로 동인은 남인과 북인으로 나뉘었다. [법19] □
└(가) - 정여립의 모반 사건을 계기로 사림이 동인과 서인으로 분열하였다[x]. [기14] □
└㉡ - 정여립 모반 사건 등을 계기로 나뉘어져 처음에는 남인이 정국을 주도하였으나 임진왜란 이후 북인이 집권하였다.
　　　[경14①] □
└정여립 모반 사건에 연루되어 많은 사람들이 실각하였다. [회20] □
└정여립의 모반 사건이 일어나 동인 중 처형된 사람이 많았다. [경18②] □
└㉡은 정여립 모반 사건을 계기로 분열하였다. [법12] □
└(나): 정여립 모반 사건을 계기로 분화되었다. [법11] □
└남북 분당 [기14] □

[해설] 정여립 모반 사건이 일어난 것은 선조 22년인 1589년의 일이다. 사림 세력 중 동인*이 실각함은 물론 남인과 북인으로 갈라지는 주요 계기가 되었

다. 정여립 모반 사건을 '기축옥사'라고도 한다. / [경14①]의 ⓒ은 남인과 북인을 가리킴. / [법11]의 (나)는 서인을 가리키나 무시함.

• [서인] 광해군을 세자로 책봉하자고 건의한 사건으로 피해를 입었다(건저의 사건). [회20] ☐

ㄴⓒ에는 광해군을 세자로 책봉하기를 건의한 정철에 대한 입장 차이로 남인과 북인의 대립이 생겼다[×]. [경13②] ☐

[해설] 서인은 선조 24년인 1591년 광해군을 세자로 책봉하자고 건의한 사건으로 피해를 입었다. 이른바 세자 책봉 문제인 '건저의 문제'[사건]로 옳은 설명이다. 서인이 실각하고 동인이 집권하는 계기가 되었다. / [경13②]의 ⓒ은 서인을 가리킴(ⓒ이 동인).

◉ 사진으로 보는 사림의 성장과 붕당의 형성

▲ 심곡 서원(경기 용인) [법22] ☐

[해설] [법22] 용인 심곡 서원. 조선 후기 정암 조광조(1482~1519)를 추모하기 위하여 창건한 서원이다(1650, 효종 원년).

주제 33 조선 전기의 경제

1 토지 제도의 변화

- 조선은 유교적 민본 정치의 핵심이 되는 민생 안정을 위하여 농본주의 정책을 펼쳤다. [서12] ☐

  [해설] 조선은 재정 확충과 민생 안정을 위한 방안으로 농본주의 경제 정책을 내세웠다. 농경지를 확대하고 농업 생산력을 증가시키며, 농민의 조세 부담을 줄여 농민 생활을 안정시키려 하였다. 그리하여 건국 초부터 토지 개간을 장려하고 양전 사업을 실시한 결과, 고려 말에 50여만 결이었던 경지 면적이 15세기 중엽에는 160여만 결로 증가하였다. 또, 농업 생산력을 향상시키기 위하여 새로운 농업 기술과 농기구를 개발하여 민간에 보급하였다(7차 고등학교 국사 교과서).

- [고려 공양왕] 권문세족의 경제 기반을 무너뜨리기 위해서 과전법을 시행하였다. [국14] ☐
  - [과전법] 국가 재정을 확충하고 신진 사대부의 경제적 기반을 확보하기 위해 만들었다. [경16①] ☐
  - 과전을 지급함으로써 조선 개국 세력의 경제적 기반이 되었다. [지13] ☐
  - 전제 개혁을 단행하여 과전법을 실시하였다. [서11] ☐
  - 전제 개혁이 단행되어 과전법이 마련되었다. [법12] ☐
  - 공양왕 때 과전법이 실시되었다. [법20] ☐
  - 과전법을 공포하였다. [서14] ☐
  - 과전법이 실시되었다. [국24] ☐
  - 1391 과전법의 실시 [기13] ☐
  - 과전법의 시행 [서17②] ☐
  - 과전법 공포 [지20] [회24] ☐
  - 과전법 실시 [법19] ☐
  - 과전법 [지15①] [법13] [기11] ☐

  [해설] 송당[우재] 조준(1346~1405) 등의 건의로 과전법이 실시[시행]된 것은 고려 공양왕 3년인 1391년의 일이다. / 과전법은 고려 공양왕 때 농민들의 생활 안정을 통해 국가 재정의 기반을 마련[국가 재정 확충]하고 동시에 소선 개국 세력인 신진 사대부의 경제직 기빈을 마련[확보]하기 위해 실시[시행]된 것으로, 조선 토지 제도의 기본이 되었다. / 과전법은 고려의 전시과와 마산가지로 농민들에게 전조(田租)를 거둘 수 있는 수조권을 국가 기관이나 관리 등에게 직역에 따라 나누어주는 수조권 분급 제도를 근간으로 한다. 그러나 땔감을 구하기 위한 시지도 함께 지급했던 전시과와는 달리 전지만 지급했으며(시지 ×)(이후 직전법과 관수 관급제에서도 동일), 개인에게 지급하는 사전의 설정 지역을 경기도로 제한하였다. 또한 농민이 수조권자에게 수확량의 50%를 내던 병작반수제를 금지하고 수확량의 10분의 1만 전조로 받을 수 있게 하였다.

▌ 과전법 [지13] [지12①] [서24①] [서23] [법22] [법21] [회20] [기14] ☐

- 국가 재정과 관직에 진출한 신진 사대부의 경제적 기반을 확보하기 위해 만들었다.

  [해설] 고려 공양왕 대에 실시한 과전법에 대한 설명이다(1391, 공양왕 3). 과전법은 경기 지방에 한하여 지급되었다.

- 12월에 새 왕이 즉위하자, 대사헌(大司憲) 조준(趙浚) 등이 또 상소하여 토지 제도에 대해 논하여 말하기를, "하늘이 재앙을 내린 것을 후회하시어 흉악한 무리들을 이미 멸망시켰으며 신돈(辛旽)이 이미 제거되었으니, 마땅히 사전(私田)을 모두 없애 이 민(民)이 부유하고 장수하는 영역을 여는 것, 이것이 그 기회입니다. …… 이를 규정된 법으로 정하셔서 백

성과 더불어 다시 시작하십시오. ……"라고 하였다.

3년 5월 도평의사사(都評議使司)에서 토지를 지급하는 법을 정할 것을 청하니, 그 의견대로 하였다.

[해설] 조준(1346~1405) 등의 건의로 제정된 과전법을 가리키는 것임을 알 수 있다(1391, 고려 공양왕 3)('새 왕'은 공양왕).

- 도평의사사에서 상서하여 과전을 지급하는 법을 정할 것을 청하니, 그 의견을 따랐다. …… 경기는 사방의 근본이므로 마땅히 과전을 두어 사대부를 우대한다.

[해설] 과전법 실시에 대한 설명이다.

- 경기는 무릇 사방의 근본이니 마땅히 과전을 설치하여 사대부를 우대한다.

[해설] 위와 같은 내용의 자료이다.

- 경기는 사방의 근본이니 마땅히 과전을 설치하여 사대부를 우대한다. 무릇 경성에 거주하여 왕실을 시위(侍衛)하는 자는 직위의 고하에 따라 과전을 받는다.

[해설] 위와 같은 내용의 자료이다.

- 경기는 사방의 근본이니 마땅히 과전을 설치하여 사대부를 우대한다. 무릇 경성에 거주하여 왕실을 시위(侍衛)하는 자는 직위의 고하에 따라 과전을 받는다. 토지를 받은 자가 죽은 후, 그의 아내가 자식이 있고 수신하는 자는 남편의 과전을 모두 물려받고, 자신이 없이 수신하는 자의 경우는 반을 물려받는다. 부모가 모두 사망하고 그 자손이 유약한 자는 휼양전으로 아버지의 과전을 전부 물려받고, 20세가 되면 본인의 과에 따라 받는다.

  -『고려사』

[해설] '경기는 … 과전을 설치하여 사대부를 우대한다'는 설명만으로도 충분하지만 '수신하는 자', '휼양전', '『고려사』' 등를 통해 과전법에 대한 설명임을 확실하게 알 수 있다.

- 조선 왕조 개창 당시 관리의 경제적 기반을 보장하기 위해 __(가)__ 을/를 시행하였다. 이는 경기 지방의 토지를 대상으로 했으며, 관리 사후 지급받은 토지를 국가에 반납하는 것이었다. 하지만 관리 사후 아내가 재혼하지 않았다면 그 전부 혹은 일부를 __(나)__ (으)로 지급했으며, 부모가 모두 죽고 자손이 20세 미만이면 이들의 부양을 위해 __(다)__ (으)로 주어졌다. 이후 세조는 이러한 제도를 고쳐 __(라)__ 을/를 시행하여, 그 지급 대상을 축소했다.

[해설] 주어진 자료는 송당 조준(1346~1405)의 건의로 고려 공양왕 3년인 1391년에 제정된 과전법을 가리킨다[(가)]. 그리고 (나)는 '수신전'을, (다)는 '휼양전'을 각 가리킨다. (라)는 현직 관리만을 대상으로 지급한 '직전법'을 가리킨다(1466, 세조 12).

- ○ 중앙의 관료들에게 사전(私田)이라는 명목으로 과전을 지급하였다.
  ○ 죽은 관료의 가족 생계를 위하여 수신전, 휼양전을 지급하였다.
  ○ 특별히 공이 있는 신하에게 공신전이나 별사전을 지급하였다.
  ○ 지방 전주(田主)들의 수조지를 몰수하고 군전(軍田)을 지급하였다.

[해설] 주어진 자료의 토지 제도는 고려 공양왕 3년(1391)에 제정된 과전법이다. 과전법도 전시과와 마찬가지로 전국의 토지를 국가 수조지로 파악하고 국가 기관과 관리[직역자] 등에게 수권권을 분급한 것으로(사전은 경기 지방에 한정하여 지급), 토지[과전]를 개인[개인이나 사적 기관]이 수조권을 지닌 사전(私田)과 왕실이나 국가가 수조권을 지닌 공전(公田)으로 구분하였다. 또 사전은 분급의 명목에 따라 과전(科田)·군전(軍田)·공신전(功臣田)·별사전(別賜田)·외역전(外役田) 등으로 나뉜다. 과전은 현직 관리, 한성[서울]에 거주하는 전직 관리들을 품계에 따라 18과(科)로 구분해 10결에서 150결까지 차등을 두어 지급하였다. 원칙상 세습을 허용하지 않아 죽은 뒤에는 국가에 반환하도록 되어 있었으나 미망인과 미성년 자녀에게 수신전(守信田)·휼양전(恤養田)의 명목으로 지급되어 실질적으로는 세습되었다. 군전은 지방의 한량 관리(閑良官吏)[지방에 거주하며 실무를 담당하지 않은 한량 관리]에게 품계에 관계없이 5결이나 10결을 지급한 수조지이다(경기 이외의 전지, 주의). 공신전은 공신으로 책봉된 자들에게, 별사전은 공을 세운 왕족이 관료에게 지급한 수조지로 세습이 인정되었을 뿐 아니라 전세도 면제되었다. 외역전은 향리와 특수 직역에 종사하는 자들에게 지급한 수조지이다. 공전은 국가 재정을 위한 수조지로 왕실 수조지와 국가 수조지로 나뉜다(세부 내용 생략).

- [과전법] (가)는 관료에게 전지와 시지에 대한 수조권을 함께 지급하였다[X]. [경16①] □
  └ 과전법을 처음 제정하여 수조지를 현임 및 퇴임 관료에게 지급했다. [서24②] □
  └ 전임 관료와 현임 관료를 대상으로 경기 지방에 한하여 지급하였다. [국19] □

ㄴ고려 말 과전법에서 과전은 경기 지방의 토지로 지급하였다. [지11①] ☐

ㄴ(나)에서 사전은 처음에 경기 지방에 한정하여 지급하였다. [지12①] ☐

ㄴ(가)는 경기 지역의 토지에 한해 지급하였다. [기11] ☐

ㄴ관료들의 수조지는 경기도에 한정되었다. [소20] ☐

ㄴ경기 지방의 토지를 관리에게 지급하였다. [기15] ☐

ㄴ(가)는 경기 지방을 비롯한 전국의 토지로 지급하였는데, 받은 사람이 죽거나 반역을 하면 국가에 반환하도록 정해져 있었다. [X] [경16①] ☐

ㄴ경기 지역의 토지만 지급하였다. [서23] ☐

ㄴ경기 8현의 토지를 녹봉 대신 나누어 주었다. [기16] ☐

ㄴ과전법 체제에서는 관료가 사망한 이후 수신전과 휼양전이 죽은 관료의 가족에게 지급되기도 하였다. [경18①] ☐

ㄴ수신전, 휼양전을 죽은 관료의 가족에게 지급하였다. [국15] ☐

ㄴ수신전과 휼양전을 지급하게 되었다. [기16] ☐

ㄴ(나) - 수신전, 휼양전 등이 마련되었다. [회20] ☐

ㄴ수신전 [지12②] ☐

ㄴ휼양전 [지12②] ☐

[해설] 전지와 시지에 대한 수조권을 함께 지급한 것은 고려의 전시과이다. 과전법에서는 전지만 지급하고 시지는 지급하지 않았다(이후 직전법과 관수관급제에서도 동일. / 과전법은 전임 관료[관리]와 현임 관료[관리]를 대상으로 [전국의 토지가 아니라] 경기 지방[경기 지역]의 토지에 한하여 지급되었다(권문세족 약화)(1391, 고려 공양왕 3). 또 전·현직 관리에게 경기 지방[경기 지역]의 수조권을 지급한 과전법은 토지를 받은 자가 죽거나 반역을 일으키면 국가에 반환하는 것이 원칙이었으나 죽은 관료의 가족들이 생계를 유지할 수 있도록 수신전(守信田)과 휼양전(恤養田)*을 지급하였다(직전법 시행 때 수신전과 휼양전 몰수).

*수신전과 휼양전은 과전법 체제하의 토지 제도로, 수신전은 과전을 지급받은 관료가 사망한 후 (재혼하지 않은) 그 처에게 준 토지[수조권 부여]이고, 휼양전은 관료와 처가 모두 사망한 후 자녀가 어린 경우 20세가 될 때까지 지급한 토지이다(전시과의 구분전과 유사).

• 과전법에서는 문무 관료들에게 경기 지방의 토지에 한해서 과전의 수조권을 지급하였고, 군인들에게는 군전을 지급하였다.* [X] [지14①] ☐

[해설] 과전법은 경기 지방의 토지에 한하여 수조권을 지급하였다(사전의 경우). 하지만 과전법 하의 군전(軍田)은 군인들에게 지급된 것이 아니라 지방에 거주하며 실무를 담당하지 않은 한량 관리에게 품계에 관계없이 5결 또는 10결을 수조권으로 지급한 것이다(주의)(경기 이외의 전지)(양인이 급전에서 제외, 긱 지방 도착 세력에 대한 정치적 배려라는 해서 있음).

• [조선 초기의 과전(科田)] 과전은 성종 대까지 경기도에 한정되었다[X]. [서19①] ☐

ㄴ(가)는 '과전법'으로, 현직 관리에게만 지급한 것이다[X]. [서24①] ☐

ㄴ현직 관리에게 소유권과 수조권(收租權)을 부여하였다[X]. [서19①] ☐

ㄴ전직 관리와 현직 관리에게 모두 수조권을 지급하였다. [서19①] ☐

ㄴ(가, 나) - 전직 관리에게도 토지를 지급하였다. [회20] ☐

ㄴ(나) - 수조권을 지급하는 것이 원칙이었다. [회20] ☐

ㄴ관리는 수조권을 가진 과전을 지급받았는데, 관리가 죽으면 반납해야 했다. [서12] ☐

ㄴ과전에 대해서 상속권을 인정해 주었다[X]. [서19①] ☐

[해설] 과전은 성종 대까지가 아니라 과전법 체제 자체가 붕괴되는 명종 대까지 경기도에 한정되었다(1557, 명종 11) / 과전은 수조권(收租權)을 부여한

것이지 소유권을 부여한 것은 아니다(수조권 지급 원칙). / 세조 12년인 1466년에 현직 관리에게만 토지를 지급하는 직전법이 실시되기 전까지 과전법은 시정 전시과와 마찬가지로 전직 관리와 현직 관리에게 모두 수조권을 지급하였다. / [서19①] 과전 중 상속권을 인정해 준 것도 있었지만(수신전, 휼양전, 공신전) 원칙적으로 세습은 불허되었다(수조권을 지급받은 관리가 사망하면 반납하는 것이 원칙). / [회20] (가)의 시정 전시과(976, 경종 원년)와 (나)의 과전법(1391, 공양왕 3)에서는 전직[산직] 관리(퇴직 관리)에게도 토지를 지급하였다. 옳은 설명이다. 하지만 이후 토지의 부족으로 전시과의 경우 경정 전시과에서 전직자[산직자](퇴직자)가 지급 대상에서 배제되었으며(실직, 즉 현직을 중심으로 지급), 과전법도 직전법의 시행(1466, 세조 12)으로 현직자에게만 토지가 지급되었다(전직자 배제).

- [과전법 실시에 따른 변화상] (ㄱ) 사전의 소유권은 전객(佃客)에게 있었고 수조권은 전주에게 있었다. [기14]□
  - (ㄴ) 농민의 생활 안정을 위하여 농민의 토지 소유권을 보장하고 10분의 1세를 공정하게 하여 병작제가 법적으로 허용되었다. [✗] [기14]□
  - (ㄷ) 세습되는 토지가 많아져 관료들에게 지급할 토지가 점차 부족하게 되었다. [기14]□
  - (ㄹ) 관계(官階)만 있고 관직이 없는 사람들은 수조권을 갖지 못하게 되었다[✗]. [기14]□

  [해설] 과전법도 전시과와 마찬가지로 토지[전]를 사전과 공전으로 구분했는데, 사전(私田)에서 수조권을 가진 개인[개인이나 사적 기관], 즉 과전의 수조권자를 전주(田主)라 하고, 전주에게 소정의 전조(田租)를 납부하는 농민을 전객(佃客)이라 한다. 하지만 사전의 소유권은 전객에게 있었다(주의). / 과전법에서는 농민의 생활 안정을 위하여 농민의 토지 소유권을 보장하고 10분의 1세를 수취하도록 하였고, 병작제, 즉 병작반수제(竝作半收制)는 금지하였다. / 세습되는 토지가 많아져 관료들에게 지급할 토지가 점차 부족하게 되었다(경기 지역에 한해 지급). / 관계(官階)만 있고 관직이 없는 사람들, 즉 산직 품관들에게도 토지를 지급하였다(현직과 마찬가지로 18과로 나누어 최고 150결에서 최소 10결까지 차등 지급).

- 지주제의 한 형태인 병작제는 조선 초기에 가장 발달하였다[✗]. [지11①]□

  [해설] 조선 초 과전법의 시행으로 병작제, 즉 전호가 지주에게 토지를 빌려 경작한 대가로 수확량의 1/2를 바치는 병작반수제는 법으로 금지되었다.

- 세조 대에 직전법으로 바꾸어 현직 관리에게만 수조권을 지급하였다. [국15]□
  - 과전의 세습 등으로 관료에게 지급할 토지가 부족해지자 현직 관리에게만 토지를 지급하는 직전법을 시행하였다. [경18①]□
  - 과전의 세습 등으로 관료에게 지급할 토지가 부족해지자 현직 관리에게만 토지를 지급하였다. [경16①]□
  - 과전법을 직전법으로 바꾸었다. [법14]□
  - [직전법] 현직 관리에게만 토지를 지급하였다. [서23]□
  - 현직 관리에게만 전지와 시지를 분급하였다[✗]. [기16]□
  - 현직 관리에 한하여 수조권을 지급하였다. [법13]□
  - 수신전과 휼양전이 폐지되었다. [경21②]□
  - (나)에서 수신전과 휼량전을 폐지하였다. [기11]□
  - 수신전, 휼양전을 폐지하고 현직자에게만 토지를 지급했다. [서24②]□
  - (라)는 '직전법'으로, 그 시행에 따라 수신전이 폐지되었다. [서24①]□
  - 직전법을 시행하여 토지 제도를 정비하였다. [기15]□
  - 직전법을 실시하였다. [경15①]□
  - 1391 (가) [기13]□ (직전법의 실시)
  - 직전법 실시 [회23] [회18]□
  - 직전법 [기11]□
  - 직전제 [지15①]□

  [해설] 수신전, 휼양전 등으로 토지가 세습되면서 신진 관료에게 지급할 토지가 부족해지자 조선의 세조는 수신전과 휼양전을 몰수하고 현직 관리에게만 수조권을 지급하는 직전법[직전제]을 실시하였다(1466, 세조 12). 그리고 지급액도 과전(법)에 비하여 크게 줄어들었다. 하지만 이로 인해 관리들

이 퇴직 후의 생활에 대비하고자 관직에 있을 때 대토지를 차지함으로써 농장이 확대되는 결과로 이어졌다. 참고로 4년 뒤인 성종 원년(1470)에는 국가에서 직접 세금을 거두어 관리에게 지급하는 관수 관급제가 시행되었다. / 수신전과 휼양전이 폐지[몰수]된 것은 직전법 시행 때의 일이다(1466, 세조 12) / [기16] 해당 문제에서는 직전법[직전제]과 관련한 선지로 제시한 것인데, 과전법(1391, 고려 공양왕 3) 이후부터는 전시과와 달리 전지만 지급하고 시지는 지급하지 않았으므로 틀린 선지가 된다(주의). / [기11]의 '휼량전'은 '휼양전'으로 표기해야 한다.

■ 직전법[직전제] [지12①] [경16①]

과전의 세습 등으로 관료에게 지급할 토지가 부족해지자 현직 관리에게만 토지를 지급하였다. (중복 출제)

[해설] 조선 세조 대 실시한 직전법에 대한 설명이다(1466, 세조 12).

- 직전법의 시행으로 농민들의 부담이 늘어났다. [회21]
  └(나)는 (다)가 시행된 이후에 폐지되었다. [경16①]

[해설] 직전법이 시행된 것은 조선 세조 12년인 1466년의 일이다. 이로써 국가 재정이 확충되고, 왕권 중심 체제가 강화되었으나 관리들이 퇴직 후의 생활을 보장하기 위하여 과중한 수조를 하는 폐단이 나타났다. 또한 농장이 확대되고 고리대가 증가하여 농민들의 부담은 오히려 늘어나게 되었다. / [경16①]의 (나)는 직전법을, (다)는 관수 관급제를 가리킴[각 1466(세조 12)/1470(성종 원년)].

- [직전법] (다)가 폐지됨에 따라 지주 전호제 관행이 줄어들었다[×]. [지12①]
  └조선 명종 때 직전법이 폐지됨에 따라 자영농의 숫자가 급속히 늘어나게 되었다[×]. [경18①]

[해설] 명종 대인 1556년(명종 11)에 직전법[직전제]이 폐지(녹봉제 실시)되어 관리들은 녹봉만을 지급받게 되면서 전주 전객제는 소멸하게 되었으나 이후부터는 소유권을 중심으로 하는 지주 전호제가 한층 강화되면서 농장이 더욱 확대되는 계기가 되었다([지12①]의 '(다)'는 직전법을 가리킴). 이로써 농민들은 대부분 토지를 상실하고 소작농으로 전락하게 되었다. / 직전법의 폐지로 직전의 지급이 불가능하게 되었으며, 임진왜란 이후에 직전은 자취를 감추었다.

- 성종 대에는 관수 관급제를 실시하여 전주의 직접 수조를 지양하였다. [국15]
  └직전제 실시 이후 심해진 관리들의 수탈을 방지하기 위하여 관수 관급제를 시행하였다. [지14①]
  └조선 성종 때 시행된 관수 관급제는 수조권자의 과다한 수취를 막기 위해 국가가 수조를 대행하는 제도이다. [경18①]
  └국가에서 직접 세금을 거두어 관료에게 지급하는 관수 관급제를 실시하였다. [경19①]
  └국가가 농민에게 조세를 수취하여 관리에게 지급하였다. [기15]
  └국가에서 직접 세금을 거두어 관리에게 지급하였다. [법13]
  └관(官)에서 수조지의 조세를 거두어 관리들에게 지급하였다. [소20]
  └지방 관청에서 그 해의 생산량을 조사하여 거두고 관리들에게 나누어 주었다. [경16①]
  └1470 관수 관급제의 실시 [기13]
  └관수 관급제의 시행 [법11]
  └관수 관급제 [법13] [기11]

[해설] 직전법의 실시로 현진 관리에게만 수조권이 지급되자 관리들이 이를 남용하여 백성들을 과다하게 수취하기 시작하자 성종은 관청에서 생산량을 조사하여 거둔 후 관리에게 나누어주는 관수 관급제를 실시하였다(1470, 성종 원년)(국왕의 토지 지배권 강화).

■ 관수 관급제 [지12①] [회22]

- 지방 관청에서 그 해의 생산량을 조사하고 조(租)를 거두어 관리에게 나누어 주었다.

[해설] 조선 성종 때 실시한 관수 관급제에 대한 설명이다(1470, 성종 원년).

- (대왕대비가) 전지(傳旨)하기를, "사람들이 직전(職田)의 폐단이 있다고 많이 말하기에 대신에게 의논하니, 모두 말하기를, '우리나라 사대부의 봉록(俸祿)이 박하여 직전을 갑자기 혁파할 수 없다' 하므로, 나도 또한 그렇게 여겼는데, 지금 들으니 조정 관원이 그 세(稅)를 지나치게 거두어 백성들이 심히 괴롭게 여긴다 한다. ……(중략)……" 하였다. 한명회 등이 아뢰기를, "직전의 세(稅)는 관에서 거두어 관에서 주면 이런 폐단이 없을 것입니다. ……(중략)……" 하였다. 전지하기를, "직전의 세는 소재지의 관리로 하여금 감독하여 거두어 주게 하고, 나쁜 쌀을 금하지 말며, 제향 아문(祭享衙門)의 관리는 금후로는 가려서 정하라" 하였다.   -『조선왕조실록』-

[해설] '직전의 세(稅)는 관에서 거두어 관에서 주면 이런 폐단이 없을 것'이라는 부분에서 주어진 자료는 조선 성종 원년인 1470년에 시행된 관수 관급제를 가리킴을 알 수 있다[『성종실록』권4 성종 1년(1470) 4월 '대왕대비가 인수 왕비로 정사 청단하게 할 것을 이르니 원상들이 불가함을 아뢰다'.].

*전지(傳旨): 왕이나 그에 준비하는 왕실 인사가 결정한 명을 승정원이나 해당 관서의 관원을 통하여 전달하는 일 또는 그 명령서[왕명서]를 가리킨다. 왕명을 지칭할 때는 선지(宣旨)와 왕지(王旨)라는 표현을 사용하였고, 조선 시대에 들어서는 왕지와 교지(敎旨)라는 표현을 사용하였다. 왕명이 사안에 따라 승정원을 통하지 않고 전해지기도 하였다.

- [관수 관급제] (가)가 실시되어 국가의 토지 지배권이 한층 강화되었다. [지12①]
  └(다)의 실시로 국가의 토지 지배권이 강화되었다. [기11]
  └(다)가 실시되어 국가의 토지 지배권이 약화되었다[×]. [경16①]

[해설] [지12①]의 (가), [기11]과 [경16①]의 (다)는 모두 '관수 관급제'를 가리킴. 관수 관급제에서는 경작자가 국가에 직접 조를 납부하는 것이기 때문에 국가의 토지 지배권이 강화되었다.

- [녹봉제] 직전법을 폐지하고 관리들에게 녹봉만 지급하였다. [법19]
  └녹봉제 [법13①]

[해설] 직전법을 사실상 폐지하고 관리들에게 녹봉만 지급한 것은 명종 11년인 1556년의 일이다(녹봉제 실시). 이로써 과전법 체제가 붕괴하였다.

■ 녹봉제 실시 직후의 재정 상황 [기16]

근래 흉년이 해마다 더욱 심해진데다가 변경의 일까지 생겨 마구 쓰는 것이 수백 가지여서 국고가 고갈되었습니다. 관원을 줄이고 녹봉을 감하여 대전에 기록되어 있는 관리들의 직전까지도 부득이 주지 않고 있는 것입니다.

[해설] '녹봉'이라는 말과 '관리들의 직전까지도 부득이 주지 않고 있는 것'이라는 부분을 통해 주어진 자료는 녹봉제 실시로 직전법이 사실상 폐지된 이후의 상황임을 짐작할 수 있다. 실제로 주어진 자료는 『명종실록』명종 12년(1557) 2월의 기록이다(사헌부 간쟁). 참고로 당시 사헌부는 명종의 사찰 지원에 반대하면서 위와 같이 말하였다(명종 모친인 문정 왕후의 숭불 정책이 배경).

- 1592 수조권 지급의 법제적 폐지 [기13]
  └직전법 폐지 [기11]

[해설] 직전법이 법제적으로 폐지된 것은 선조 25년인 1592년의 일이다. 명종 11년인 1556년에는 직전법이 사실상 폐지되었다(주의).

- 지주 전호제가 확산되고 농장이 확대되었다. [기16]
  └(라) 이후 자영농이 증가하고 지주 전호제가 발달하였다[×]. [기11]

┗양반 지주들의 농장 확대 [기15] □

[해설] [기11]의 (라)는 '직전법 폐지'를 가리킴. 명종 11년인 1556년에 직전법이 사실상 폐지되었고, 선조 25년인 1592년에 법제적으로 폐지되었다. 이로써 관리들은 오직 녹봉만을 받게 되었는데, 이로 인해 관리들이 생활 수단을 스스로 마련하게 됨에 따라 지주 전호제가 확산되고 농장이 확대되는 현상이 발생하게 되었다(16세기 후반). 이로 인해 농민들은 대부분 토지를 상실하고 소작농으로 전락하였다. 즉, 자영농(자작농)이 증가하기는커녕 오히려 크게 감소하였다. / 지주 전호제(地主田戶制)는 토지 소유주인 지주와 지주로부터 토지를 임대 받아 경작[소작]하는 전호가 있는 형식의 토지 소유 형태를 말한다. 16세기 이후 토지 소유권이 강화됨에 따라 지속적으로 확대되어 갔으며, 18세기 이후에는 사회 저변의 다양한 변화와 함께 지주와 전호의 객체도 변화하였다(18세기 이전의 지주는 양반 관료층이 대다수를 차지, 병작반수제가 일반적).

2 수취 제도의 정비와 문란

- 조선 초에는 국가 재정의 기반이 되는 수취 체제를 정비하여 양인으로부터 전세와 공납을 징수하고 역을 징발하였다. [서12] □

┗국가는 재정의 토대가 되는 수취 체제를 운영하기 위해 토지 대장인 양안과 인구 대장은 호적을 작성하였다. 이는 전세, 역 등을 백성에게 부과하는 근거가 되었다. [경18②] □

┗역에는 교대로 번상해야 하는 군역과 1년에 일정한 기간 노동에 종사해야 하는 요역이 있었다. [경18②] □

[해설] 조선 전기의 수취 체제[수취 제도]에 대한 설명이다. 크게 전세, 공납, 역(군역·요역)으로 구성되었다. 기타 염전, 광산, 산림, 어장, 상인, 수공업자들이 내는 세금도 국가 재정에 충당되었다.

> **■ 양안과 호적 작성** [경20①] □
>
> 국가는 재정의 토대가 되는 수취 체제를 운영하기 위해 토지 대자인 양안과 인구 대장인 호적을 작성하였다. 이를 근거로 전세, 공납, 역을 백성에게 부과하였다.
>
> [해설] 수취 체제를 운영하기 위한 양안(量案)과 호적 작성에 대한 설명이다.

- [조선 시대 호적] 호적은 3년에 한 번씩 관청에서 호주의 신고를 받아 작성하였다. [경20①] □

┗호적에 관료였던 양반은 관직과 품계를 기록하고 관직에 몸담지 않은 양반은 유학이라고 기록하였다.* [경20①] □

┗호적에는 호의 소재지, 호주의 직역과 성명, 호주와 처의 연령, 본관과 4조(부, 조부, 증조부, 외조부) 등을 적었다.* [경20①] □

┗호적에 평민은 보병이나 기병 등 군역을 기록하였으며, 노비는 이름을 기록하였다.* [경20①] □

[해설] 호적은 식년(式年)인 3년마다 개편되었으며, 개편할 때에는 각 호(戶)에서 호주가 호구단자(戶口單子)라는 일종의 호구 신고서를 2부 제출하였다(한 부는 돌려받음). / 호적에 관료였던 양반은 관직과 품계를 기록하고 관직에 몸담지 않은 양반은 통칭하여 유학(幼學)이라고 기록하였다. / 호적에는 호의 소재지, 호주의 직역과 성명, 호주와 처의 연령, 본관과 4조(부, 조부, 증조부, 외조부) 등을 적었다. 조선 시대에는 4조(祖)만을 적었기에 '4조 호구'라 하였다(고려 시대는 4조의 4조까지를 기재하였기에 '8조 호구') / 호적에 평민은 보병이나 기병 등 군역을 기록하였으며, 노비는 이름(과 연령)을 기록하였다.

- [과전법] 토지 소유자에게 수확량의 10분의 1을 조세로 징수하였다. [지17①] □

┗조세는 토지 1결당 수확량 300두의 10분의 1 수취를 원칙으로 삼았다. [지24] □

┗ⓒ 제도에서 조세는 수확량의 10분의 1을 내는데, 1결의 최대 생산량을 300두로 정하고, 매년 풍흉을 조사하여 그 수확량에 따라 납부액을 조정하였다. [경15③] □

┗과전법에서는 토지 수확량의 1/10을 기준으로 1결마다 30말을 거두었으나, 답험손실법을 적용하여 손실에 비례하여 공제해 주도록 하였다. [지14①] □

[해설] 과전법에서는 수확량의 10분의 1을 조세로 내는데 1결의 생산량을 300두로 정하고 책임자가 답험손실법(踏驗損實法)에 따라 매년 풍흉을 조

사하여[작황의 손결에 따라] 그 납부액을 조정하였다(조선 세종 26년인 1444년에 공법을 제정할 때까지 답험손실법 시행)(10분의 1 수취 원칙)(공법 시행 전 과전법에서의 전세 수취 방식). / [경15③] ㉡은 '공법'을 가리키나 무시함.

■ 세종의 공법 시행을 위한 조사 교서 [지17①][경21②] □

- 나는 답험(踏驗)의 폐단을 영원히 없애려고 하여, 모든 대소 신료와 서민들에게까지 의견을 물어본 결과, 시행하기를 원하는 자가 많았으니, 백성들의 의양을 알 수 있었다. 그러나 조정의 의론이 분분해서 잠정적으로 정지하고 시행하지 않은 지 몇 해가 되었다. …… 호조에서는 시행하기에 알맞은 사목(事目)을 자세히 마련하여 아뢰라.

  [해설] 조선 세종 때 시행한 공법(貢法)과 관련된 사실이다(1444, 세종 26)[『세종실록』 권79 세종 19년(1437) 7월]. 세종이 공법의 시행 방안을 의논하여 아뢰게 조치한 내용이다. 세종이 공법을 시행하기 위해 장기간에 걸쳐 일종의 '국민 여론 조사'를 한 것은 유명하다. 이로써 답험손실법이 존속한 것은 1391년(공양왕 3)의 전제 개혁 때부터 1444년(세종 26) 공법 시행 때까지이다. '수손급손법(隨損給損法)' 또는 '손실답험법'이라고도 한다.

- 국왕이 말했다. "나는 일찍부터 이 제도를 시행해 여러 해의 평균을 파악하고 답험(踏驗)의 폐단을 영원히 없애려고 해 왔다. 신하들부터 백성까지 두루 물어보니 반대하는 사람은 적고 찬성하는 사람이 많았으므로 백성의 뜻도 알 수 있다."

  [해설] 위와 같은 내용의 자료이다.

- 전세는 과전법에 있어서 수확량의 10분의 1로 되어 있었으나, 세종 때에는 토지 비옥도와 풍흉의 정도에 따라 전분6등법과 연분9등법을 실시하여 차등 있게 부과하였다. [경18②] □

  [해설] 세종 대에 실시된 공법(貢法)에 대한 설명이다(1444, 세종 26).

- [공법] 답험손실의 폐단을 줄이려는 제도로, 백성들의 여론 조사까지 거쳤다(세종). [서15] □

  [해설] 세종은 답험손실의 폐단을 줄이기 위해 여론 조사를 통해 공법(전분6등법, 연분9등법)을 마련하였다(1444, 세종 26). 답험손실(踏驗損實)이란 한 해의 농업 작황을 현지에 나가 조사하여 수세의 등급을 정하는 '답험'과 조사한 작황 등급에 따라 정해진 비율로 세금을 감면해주는 '손실'을 합칭한 말이다(여러 신하들이 이와 관련한 폐단이 컸다고 지적). 고려 공양왕 3년(1391)의 기록을 보면, "생산량을 10등분해서 1/10의 손실이 발생하면 조(租)의 1/10을, 2/10의 손실이 발생하면 2/10를 감면하고 다음은 차례로 손실율에 따라 감면해 주며 손실이 8/10에 이르면 조를 전부 면제해 준다"는 내용이 나온다.

■ 과전법에서의 조세[전세] 수취* [경15③] □

농부의 둘째 손가락으로 열 번을 재어 상전척(上田尺)으로 삼고, … 1결에서 조(租)는 모두 30두씩 거두는 것을 정수로 하였다.

[해설] 공법 시행 전인 과전법에서의 전세 수취 방식(수확량의 1/10세)에 대한 내용이다[『세종실록』 권49, 세종 12년(1430) 8월 '호조에서 공법에 대한 여러 의논을 갖추어 아뢰다']. 추가로 위 자료가 포함된 관련 사료*를 통해 고려 말의 과전법 체제에서는 동적이세(同積異稅)의 양전·수조제가 운용된 고려의 전시과 체제와 달리 수등이척(隨等異尺)의 양전제와 이적동세(異積同稅)의 수조제가 적용되었음을 확인할 수 있다.

*관련 사료는 무척 장황하나 주요 내용은 대략 다음과 같다. "우리나라는 토지의 지품(地品)이 같지 아니하여… 전조(前朝)에서는 단지 농부의 손가락 둘을 10번 더하여 상전척(上田尺)으로 삼고, 손가락 둘을 5번, 셋을 5번 더하여 중전척(中田尺)으로 삼고, 손가락 셋을 10번 더하여 하전척(下田尺)으로 삼아 3등전(等田)을 정하고, 1결의 수조는 모두 30斗씩을 정수로 하였습니다. 고제(古制)와 어긋남이 있으나 개국 이래 그대로 이 법을 써서 다시 양전하고 있습니다."

- [공법] 세종 때 전분6등법, 연분9등법을 실시하여 전조(田租)를 토지의 비옥도나 풍흉에 따라 차등 징수하였다. [서12] □
- 조세를 토지 비옥도와 풍흉의 정도에 따라 1결당 최고 20두에서 최하 4두로 하였다. [지24] □
- 전조를 토지 비옥도에 따라 6등급, 작황 정도에 따라 9등급으로 나누어 수취했다. [서24②] □
- ㉠ 제도 하에서는 토지의 비옥도와 풍흉의 정도에 따라 전분6등법, 연분9등법으로 나누고, 조세 액수를 1결당 최고 20두

에서 최하 4두를 내도록 하였다. [경15③] □

└[연분9등법] 풍흉에 따라 20~4두까지 9등급으로 나누어 차등 있게 조세를 부과하였다. [기13] □

└풍흉에 따라 세액을 정하였다. [기12] □

└풍흉을 고려하여 토지세를 거두었다. [소18②] □

└㉠은 공평한 조세 수취를 위한 것이다. [기12] □

[해설] 세종 때 전분6등법, 연분6등법을 실시하여 전조(田租)*, 즉 조세를 토지의 비옥도(전분6등법)와 풍흉에 따라[즉 작황 정도에 따라](연분9등법) 차등 징수하였다[공법, 1444(세종 26)]. / [경15③]의 ㉠은 영정법을 가리키나 무시함. / [기12]의 ㉠은 연분9등법을 가리킴.

*전조(田租): 쉽게 말해 논밭에 대한 조세인 전세(田稅)를 뜻한다. 고려 시대의 전시과나 조선 시대의 과전법에서 수조권자가 경작자에게서 받는 일종의 토지 사용료로, 경작자가 토지 수확량의 일정 비율을 국가나 수조권자에게 조세로 바친 것이다. 공전의 조(租)는 국고에 수납되었고, 사전의 조는 당연히 사전주가 취득하였다.

- [세종] 공법을 제정하였다. [지22] □

└공법을 실시하였다. [회21] □

└공법 [지15①] □

└공법 제정 시 조정의 신하와 지방의 촌민에 이르기까지 18만 명의 의견을 물었다. [지13] □

└체계적인 조세 수취를 위해 연분9등법, 전분6등법이 실시되었다. [기13] □

└연분9등법과 전분6등법을 시행하여 조세 제도를 개편하였다. [서19②] □

└전분6등법, 연분9등법의 공법을 시행하였다. [기15] □

└전분6등법과 연분9등법을 실시하였다. [법14] □

└전분6등법과 연분9등법 시행 [지20] □

└[전분6등법] 토지의 비옥도에 따라 조세를 차등 징수하였다. [지17①] □

└연분9등법을 마련하였다. [소21] □

└연분9등법 실시 [국12] □

└[연분9등법] 풍흉의 정도에 따라 조세 액수를 조정하였다. [서20] □

└연분9등법에 따라 세금 액수를 정하였다. [법12] □

[해설] 조세 수취 제도인 공법(전분6등법과 연분9등법)이 제정된 것은 세종 26년인 1444년의 일이다. 공법 시행 전에 세종은 조세 제도를 좀 더 체계적으로 운영하기 위해 조정의 신하와 지방의 촌민에 이르기까지 다양한 의견을 물어보았다. 공법이 지역별로 점차 시행되다 성종 20년인 1489년에 이르러 전국에 걸쳐 실시하게 되었다. 연분9등법은 농사의 풍흉 정도에 따라 상상년부터 하하년까지 9등급으로 나누어 조세를 최고 20두에서 최저 4두까지 차등을 두어 징수하는 조세 제도이다.

- 공법은 토지 결수에 따라 지방의 토산물을 거두는 수취 제도였다[✗]. [경18②] □

[해설] 조선 세종 26년인 1444년에 시행된 공법은 토지 결수에 따라 수취하는 전세이다. 1결당 30두 정도로, 생산량의 1/10에 해당하였다. 지방의 토산물을 거두는 것은 공부(貢賦)이다(보통 '공납'이라고도 함)(조선 전기의 수취 제도는 크게 전세, 공납, 역으로 구성).

■ **공법(전분6등법, 연분9등법)** [국11] [서13] [법22] [경15③] □

- 토지 비옥도와 풍흉의 정도에 따라 전분6등법, 연분9등법으로 바꾸고 조세 액수를 1결당 최고 20두에서 최하 4두를 내도록 하였다.

[해설] '전분6등법'과 '연분9등법'은 조선 세종 때 실시된 조세 제도, 즉 공법이다(1444, 세종 26).

- 경상도·전라도·충청도는 상등, 경기도·강원도·황해도 3도는 중등, 함길도·평안도는 하등으로 삼으며 …… 각 도의 등급과 토지 품질의 등급으로써 수세하는 수량을 정한다.

[해설] 조선 세종 26년인 1444년에 공법을 시행할 때 전국 각 도의 전품(田品)을 상·중·하의 3등급으로 나누어 정한 것을 가리킨다. 주어진 자료는 『세종실록』권78 세종 19년(1437) 7월의 기사로, 세종이 공법의 시행 방안을 의논하여 아뢰게 조치한 것에 대한 호조의 답변이다(즉 공법 확정 전 행한 무수한 논의 과정에서 나온 내용).

- 각 도의 수전(水田), 한전(旱田)의 소출 다소를 자세히 알 수가 없으니, 공법(貢法)에서의 수세액을 규정하기가 어렵습니다. 지금부터는 전척(田尺)으로 측량한 매 1결에 대하여, 상상(上上)의 수전에는 몇 석을 파종하고 한전에서는 무슨 곡종 몇 두를 파종하여, 상상년에는 수전은 몇 석, 한전은 몇 두를 수확하며, 하하년에는 수전은 몇 석, 한전은 몇 석을 수확하는지, … 각 관의 관둔전에서도 과거 5년간의 파종 및 수확의 다소를 위와 같이 조사하여 보고하도록 합니다.

[해설] 토지를 비옥도에 따라 6등급으로 나누고(전분6등법), 한 해 농사의 풍흉 정도를 상상년부터 하하년의 9등급으로 나누어(연분9등법) 조세를 부과한 것은 조선 세종 때의 공법이다. 주어진 자료는 『세종실록』권106 세종 26년(1444) 7월의 기사로, 전제상정소에서 각도의 수확량 측정 방법에 대해 아뢴 것이다.

- 전제상정소에서 다음과 같이 논의하였다. "우리나라는 지질의 고척(膏瘠)이 남쪽과 북쪽이 같지 아니합니다. 하지만 그 전품(田品)의 분등(分等)을 8도를 통한 표준으로 계산하지 않고 있습니다. 다만 1도(道)로써 나누었기 때문에 납세의 경중(輕重)이 다릅니다. 부익부 빈익빈이 심해지니 옳지 못한 일입니다. 여러 도의 전품을 통고(通考)하여 6등급으로 나눈다면 전품이 바로잡힐 것이며 조세도 고르게 될 것입니다." 임금이 이를 그대로 따랐다. (전분6등법 확정)

[해설] 전제상정소가 설치되고 전분6등법이 최종 확정된 것은 조선 세종 26년인 1444년의 일이다 [『세종실록』권106 세종 26년(1444) 11월의 기사]. 토지의 비옥도를 기준으로 면적의 차이(6등분)를 두었다. *고척(膏瘠): 기름짐과 메마름. / **통고(通考): (역사적 사실이나 사정을) 체계적으로 고찰하는 것을 뜻함.

- 소출이 10분이면 상상년(上上年)으로 정해 1결당 20두, … 2분이면 하하년(下下年)으로 4두씩 거두며 1분이면 면세하였다.

(연분9등법 확정)

[해설] 세종 26년인 1444년에 시행된 공법, 그중에서도 연분9등법과 관련된 내용이다(위의 자료와 출처 동일).

- 사족이 군역을 회피하는 풍조가 생기고, 요역을 담당할 장정들이 크게 줄어들자 군인을 요역에 동원하게 되었다. [경13①] □

[해설] 15~16세기경 조선 사회의 풍조이다.

- 군역에 있어서 '보법'이 실시되어 정군이 군대에 복무 시에 이에 소요되는 비용을 보조하는 보인이 등장하였다. [기13] □

[해설] 보법(保法)이 실시되어 보인(保人)이 등장한 것은 세조 대의 일이다(1464, 세조 10).

- 보인(保人)으로부터 조역가를 받아내서 이를 삯전으로 내고, 품을 사서 자신의 역을 대신 지게 하는 대립(代立)이 성립되었다.

[경13①] □

[해설] 보인(保人)에게서 조역가(助役價)를 받아내서 이를 삯전으로 내고, 품을 사서 자신의 역을 대신 지게 하는 대립(代立)이 성립된 것은 15~16세기의 일이다. 특히 16세기에 이르러 크게 성행하였다. 방군수포와 함께 수취 체제[역]가 문란해진 모습을 잘 보여준다. 균역법 시행(1750, 영조 26)의 배경이다.

■ 보법 시행(세조) [서21] [회20] □

- 경성과 지방의 군사에 보인을 지급하는데 차등이 있다. 장기 복무하는 환관도 2보를 지급한다. 장정 2인을 1보로 하고, 갑사에게는 2보를 지급한다. 기병, 수군은 1보 1정을 준다. 보병, 봉수군은 1보를 준다. 보인으로서 취재에 합격하면 군사가 될 수 있다.

[해설] 조선 세조 10년(1464)에 (기존의 봉족제에서) 개편된 보법(保法)을 시행하였다[군역 편성을 기존의 호(戶) 단위에서 정(丁) 단위로 바꿈].

- 이 왕의 정치 가운데 가장 중요한 것은 보법에 의한 군역 제도의 개혁과 직전법의 실시에 의한 토지 제도의 혁신이었다.

보법은 군역의 평준화에 따른 국방 강화에 목적이 있었고, 직전법은 관리들의 경제력을 약화시키는 대신 국가 재정을 강화하는 데 목적이 있었다.

[해설] 보법(保法)에 의한 군역 제도를 개혁은 조선 세조 10년인 1464년의 일이고, 직전법의 실시에 의한 토지 제도의 혁신은 세조 12년인 1466년의 일이다.

- 대립의 만연으로 군포 징수제가 점차 확산되었다. [법19]☐

[해설] 대립(代立)의 만연으로 군포 징수제가 점차 확산된 것은 16세기의 일이다. 구체적으로는 15세기 말부터 음성적으로 대립제와 방군수포제가 일반화되었는데, 16세기에 이르러 대립제를 양성화하여 농민 장정이 1년에 군포 2필을 내면 군역을 면제해주는 군적수포제를 실시하였다(1541, 중종 36). 또 의무 군인인 부병제(府兵制)에서 군인을 모집하는 모병제(募兵制)를 실시하였다.

- [요역] 토지 8결을 기준으로 한 사람씩 동원하고 1년 중 동원할 수 있는 일수를 6일 이내로 제한하는 요역의 규정이 신설되었다.* [기13]☐

[해설] 토지 8결을 기준으로 한 사람씩 동원하고 1년 중 동원할 수 있는 일수를 6일 이내로 제한하는 요역의 규정이 신설된 것은 『경국대전』에서이다(1485, 성종 16). 하지만 실질적으로는 성종 재위 2년인 1471년부터 이와 같은 규정이 적용되었다.
※ 조선 전기 요역과 관련된 지나치게 상세한 내용으로, 9급 한국사 출제 범위를 넘어서는 것으로 판단된다.

3 조선 전기의 산업

- [조선 전기] 남부 지방에서 모내기가 보급되어 일부 지역은 벼와 보리의 이모작이 가능해졌다. [국11]☐

└밭농사는 조, 보리, 콩의 2년 3작이 널리 행해졌으며, 일부 남부 지방에서는 모내기가 보급되어 벼와 보리의 이모작이 가능해 생산량을 증가시킬 수 있었다. [경17①]☐

[해설] 모내기법이 고려 말에 보급되어 조선 전기 남부의 일부 지방에서는 벼와 보리의 이모작이 가능해졌다. / 밭농사에서 2년 3작의 윤작법은 고려 시대에 처음 '시작'되어 조선 시대에 널리 보편화' 되었다(고려 시대의 농업 변화와 비교)(주의).

- 시비법의 발달로 경작지를 묵히지 않고 계속 농사지을 수 있게 되었다. [국11]☐

└시비법이 발달하여 경작지를 묵히지 않고 계속해서 농사지을 수 있었다. [기11]☐

[해설] 조선 전기에 밑거름과 뒷거름 등 시비법이 발달하여 휴경하지 않고 매년 농사를 지을 수 있게 되었다.

- 15세기 후반 이후 장시는 점차 확대되었다. [국13]☐

└농업 생산력의 발달에 힘입어 지방에서 장시가 증가하였다. [국13]☐

[해설] 장시는 조선 초기에 발달하여 15세기 후반부터 점차 확대되었다. 즉 조선 전기 농업 생산력의 발달에 힘입어 서울 근교와 지방을 중심으로 장시가 점차 증가하였다.

- 조선 전기에는 국가가 적극적으로 상공업 활동을 권장하여 사회 발전을 꾀하였다[×]. [서12]☐

[해설] 조선 전기에는 국가가 상공업이나 수공업 활동을 억제[통제]하였다. 단, 관영 수공업은 발달하였다.

- [세조] 평시서를 설치하였다. [소20]☐

[해설] 평시서가 설치된 것은 조선 세조 12년인 1466년의 일이다. 평시서는 시전과 도량형, 그리고 물가 등에 관한 일을 관장한 관청이다.

- [시전 상인] (가)는 왕실이나 관청에 물품을 공급해야 했다. [지11②]☐

└(가)는 16세기 중엽 전국적으로 확대되었다[×]. [지11②]

└시전 상인은 특정 상품에 대한 독점 판매권을 부여받았다. [기12]

[해설] 시전 상인들은 독점 영업을 허가받는 대가로 왕실이나 관청에 물품을 공급하였다. / [지11②] (가)는 시전 상인을 가리킴. 16세기 중엽 전국적으

로 확대된 것은 지방의 장시이다(15세기 후반 전라도에서 등장)(5일장, 7일장). 이때 보부상이 장시에서 농산물, 수공업 제품, 수산물, 약재 등을 판매하여 유통시켰다. 이후 시전 상인 중 일부가 17세기 대동법 시행 시 공인(貢人)으로 변신하였다. / 시전 상인은 특정 상품에 대한 독점 판매권을 부여받았다. 17세기 초에 이르러 조선 정부는 아예 이들에게 금난전권이라는 강력한 특권을 부여하였다(최근 17세기 후반으로 보는 견해 제기)(조선 후기 금난전권 관련 해설 참조). 재정 수입을 늘릴 목적으로 (육의전을 비롯한) 시전 상인에게 한성 도성 안과 도성 아래 십리 이내의 지역에서 난전의 활동을 규제하고 특정 상품에 대한 전매권을 지킬 수 있도록 한 것이다.

■ 세종 대의 상업* [경20②] □

장사꾼이 의복 등속을 판매하며, 심지어는 신·갓끈·빗·바늘·분(粉) 같은 물품을 가지고, 백성에게 교묘하게 말하여 미리 그 값을 정하고 주었다가 가을이 되면 그 값을 독촉해서 받는다.
― 『ⓒ실록』 ―

[해설] 질문(『조선왕조실록』에 기록된 내용)을 통해 조선 시대라는 것은 알 수 있지만 주어진 내용만으로는 질문에서 요구하는 어느 왕 시기에 일어난 사건인지는 알 수 없다. 관련 문제에서 함께 주어진 자료(『㉠실록』)는 '6조 직계제'와 관련된 내용으로 특정 왕을 알 수 있지만 위 자료에서는 도무지 그런 단서를 찾을 수 없다. 사실상의 출제 오류에 해당한다고 본다. 아무튼 위 자료는 『세종실록』권100 세종 25년(1443) 6월 기사로 조선 세종 대 이루어진 상업의 모습을 기술하고 있다. 세종이 여러 신하들과 함길도 단천과 평안도 자산 이북에 환을 돌릴 것인지의 여부*를 의논하는 과정에서 나온 호조(戶曹)의 보고 내용이다(일부).
*회환(回換): 조선 시대, 변방의 군량미의 공급을 장사꾼이 대행하던 제도이다. 현지에서 장사꾼이 일정한 양의 곡물을 사서 바치고 증표로 환(換)을 받아 오면, 서울에서 같은 양의 곡물을 내어 주는데, 여기서 장사꾼은 가격의 차액으로 이득을 보고, 국가에서는 운반비 절감의 이득을 보았다.

- 관영 수공업의 발달 [법19] □

[해설] 관영 수공업이 발달한 것은 조선 전기의 일이다.

- [관청 수공업자] (나)는 부역으로 동원되어 물품을 만들었다. [지11②] □
  └ (가), (나)의 활동은 정부의 통제를 받고 있었다. [지11②] □

[해설] (가)는 시전 상인, (나)는 관청 수공업자를 가리킴. 관청 수공업자들은 부역으로 동원되어 물품을 만들었다. 그리고 시전 상인이나 관청 수공업자의 활동은 모두 정부의 통제를 받았다.

■ 시전 상인과 관청 수공업자 [지11②] □

- (가) 정부는 종로에 상가를 만들어 이들로 하여금 독점 영업을 하게 하고 세금을 거두었다.
  (나) 정부는 이들을 공장안에 등록시켜 서울과 지방의 각급 관청에 소속하게 하고 관청에 필요한 물품을 제조하게 하였다.

[해설] (가)에는 '정부가 종로에 상가를 만들어 이들로 하여금 독점 영업을 하게 하고 세금을 거두었다'는 내용이 나와 있다. 이를 통해 제시된 '이들'은 곧 시전 상인임을 알 수 있다. (나)에는 '정부가 이들을 공장안에 등록시켜 서울과 지방의 각급 관청에 소속하게 하고 관청에 필요한 물품을 제조하게 하였다'는 내용이 나와 있다. 이를 통해 제시된 '이들'은 관청 수공업자임을 알 수 있다.

- 보부상은 장시에서 농산물, 수공업 제품 등을 판매하였다. [국13] □
  └ 보부상은 포구나 지방의 큰 장시에서 금융, 운송업, 숙박 등을 담당하였던 상인이다[X]. [경20②] □

[해설] 포구와 지방의 큰 장시에서 금융, 운송업, 숙박 등을 담당하였던 상인은 (보부상이 아니라) 조선 후기에 발달한 객주와 여각이다. 보부상은 봇짐[보상]이나 등짐[부상]을 지고 각지의 장시를 돌아다니며 행상을 하던 상인을 가리킨다(조선 후기까지 활약). 보부상은 장시에서 농산물, 수공업 제품, 수산물, 약재 등을 판매하여 유통시켰다(7차 고등학교 국사 교과서).

■ **조선 전기 보부상의 상업 활동** [국13]

짚신에 감발차고, 패랭이 쓰고

꽁무니에 짚신 차고 이고 지고

이 장 저 장 뛰어가서

장돌뱅이들 동무들 만나 반기며

이 소식 저 소식 묻고 듣고

목소리 높여 고래고래 지르며

… (중략) …

손잡고 인사하고 돌아서네

다음 날 저 장에서 다시 보세

[해설] 조선 후기의 민요로, 보부상과 관련이 있다. 보부상은 고대 사회에서부터 비롯된 가장 원초적인 상인 집단으로 조선 전기에 이르러 어느 정도 조직화된 것으로 추정하고 있다(특히 부상단).

- 물건을 사고파는 상업적 거래 수단으로 면포를 널리 사용하였다.* [기15]

[해설] 물건을 사고파는 상업적 거래 수단으로 면포[무명]를 널리 사용한 것은 조선 전기의 일이다. 고려 말 문익점(1329~1398)과 그의 장인인 정천익(?~?)의 목면 재배와 보급으로 말미암아 백성들의 옷감이 삼베에서 무명으로 바뀌게 되었다.

- [태종] 사섬서를 두어 지폐인 저화를 발행하였다.* [서19②]

└ 저화라고 불린 지폐가 제작되어 사용되었다. [법22]

[해설] 사섬서를 두어 지폐인 저화(楮貨)를 발행한 것은 조선 태종 2년인 1402년의 일이다. 저화는 닥나무 껍질로 만든 조선 최초의 지폐로 1장은 당시 쌀 1되 또는 마포 1필, 30장은 면화 1필에 해당하는 가치를 지녔다. / (우리나라 최초의 지폐인) 저화라고 불린 지폐가 제작[발행]된 것은 고려 공양왕 4년(1392)의 일이지만 본격적인 유통은 되지 않고 소각되었다. 사섬서를 설치(1401, 태종 원년)하고 이듬해인 1402년에 저화 2,000장을 발행하여 사용된 것이 사실상 최초이다. 돈의 가치가 계속 떨어져 중종 7년(1512)경에 자취를 감추었다.

- [태종, 세종] 저화, 조선통보 등을 발행하였다. [경20②]

[해설] 저화에 대해서는 위 해설 참조. / 조선통보가 발행된 것은 조선 세종 5년인 1423년의 일이다. 하지만 동의 생산량 부족으로 조선통보는 널리 유통되지 못하였다.

- 정부가 조선통보를 유통시킴으로 동전 화폐 유통이 활발해졌다[x]. [국13]

└ 조선통보 [서23]

[해설] 조선 정부는 조선통보를 만들어 유통시키려 하였으나 동의 생산량 부족으로 널리 유통되지 못하였다(1423, 세종 5)(저화와 병용 유통 의도).

- [세조] 팔방통보* [기16]

[해설] 팔방통보가 발행된 것은 조선 세조 10년인 1464년의 일이다. 유엽전, 전폐(箭幣)라고도 하는데 실제로 주조, 유통되지는 못한 것으로 추정한다.

주제 34 조선 전기의 사회

1 조선의 신분 제도

- [양반] 법적으로 규정된 신분이었다[x]. [회23]
  └전현직 문반 관직자들로 제한되었다[x]. [회23]
  └유향소를 통해 향촌 사회에서 영향력을 행사할 수 있었다. [회23]
  └향안(鄕案) 입록을 두고 향촌 사회에서 서로 다투기도 하였다. [회23]

[해설] 조선 시대에 법적으로 규정된 신분은 양천제(良賤制)이다. 갑오개혁(1894) 이전까지 조선 사회를 지탱한 기본적인 신분 제도였다(『경국대전』 규정). 모든 백성을 양인과 천민으로 구분한 것이다(고려 시대에는 덜 뚜렷). 그리하여 천민이 아닌 자는 모두 양인화하여 이들에게 벼슬할 수 있는 권리를 보장하고, 국가에 대한 의무도 부과하였다. 하지만 16세기 이후 양반, 중인, 상민, 천민의 신분 계층이 형성되면서 현실적으로 지배층인 양반과 전체 인구 중 가장 큰 비중을 차지한 상민이 주를 이루는 반상제(班常制)로 변화하였다(신분 계층 간의 갈등과 대립 심화). / 양반에는 (전현직) 문무 양반이 있다(문반, 무반). 따라서 전현직 문반 관직자들로 제한된 것은 아니다. / 유향소[향청]는 악질 향리를 규찰하고 향풍을 바로잡기 위해 지방의 품관들이 조직한 자치 기구로, 향청이라고도 하였다. 지방의 품관들은 곧 지방에 거주하는 양반인 재지사족을 가리킨다. / (사족의 명단인) 향안(鄕案) 입록[등록, 수록]을 두고 향촌 사회에서 서로 다투기도 한 이들은 조선 후기에 경제력을 바탕으로 한 성장한 서얼·부농층, 즉 신향들(신분으로는 중인과 상민에 해당)과 전통적인 양반으로 재지사족들인 구향들이다(조선 후기 향전의 발생)(즉 신향들이 경제력을 바탕으로 지방 양반으로의 신분 상승을 도모하자 구향들이 그에 반발)(향촌 사회의 주도권 다툼).

■ 양반 [회23]

(가)은/는 농사를 짓거나 장사를 하지 않아도 살 수가 있다. 또 조금만 공부를 하면 크게는 문과에 오르고 작아도 진사 벼슬은 할 수 있다. 문과의 홍패는 길이 2자 남짓한 것이지만 백물이 구비되어 있어 그야말로 돈자루인 것이다. … 또한 마을 사람들을 불러내어 자기 밭의 김을 먼저 매게 하는데 어느 누구든지 (가)의 말을 듣지 않으면 코로 잿물을 먹인다. 또한 상투를 붙들어 매고 수염을 자르는 등 갖은 형벌을 가하여도 감히 원망할 수 없다.

[해설] 주어진 자료 속 '(가)'는 조선 시대의 최고 신분층인 (문무) 양반을 가리킨다.

- [중인] 중앙과 지방에 있는 관청의 서리와 향리 및 기술관은 직역을 세습하고, 같은 신분 안에서 혼인하였으며, 관청에서 가까운 곳에 거주하였다. [경17①]
  └㉠에는 의관, 역관, 천문관과 향리 등이 포함되었다[x]. [기12]
  └중앙 관청의 서리는 ㉡에 해당되었다. [기12]
  └양반 첩에게서 태어난 서얼은 중서라고도 불리었으며, 이들은 문과 응시에 제한이 없었다[x]. [경17①]
  └㉠㉡에게는 문과 응시가 금지되었으나 ㉢에게는 허용되었다[x]. [기12]
  └㉡㉢은 조선 후기에 이르러 청요직에도 오를 수 있었다[x]. [기12]
  └[향리] 수령의 행정 실무를 보좌하는 역할을 담당하였다. [기17]
  └향리 [지22]

[해설] 양반 첩에게서 태어난 서얼(庶孼)은 중서(中庶)라고도 불리었는데, 문과 응시에 제한이 있었다. 조선의 기본 법전인 『경국대전』에 따르면 서얼은 문과[대과]와 생원, 진사시[이상 소과]에 응시하지 못하였다. / 향리는 고려와 조선 시대에 지방의 행정 실무를 담당하였던 최하위 관리를 통합하여 지칭하는 말이다. / [기12]의 ㉠은 '좁은 의미의 중인', ㉡은 '넓은 의미의 중인'을 가리킨다. 좁은 의미의 중인은 기술직으로서의 중인(기술관)으로 의관, 역관, 천문관 등이 있다. 넓은 의미의 중인에는 (기술직으로서의 중인과 함께) 향리, 서리, 군교, 토관, 역리 등 경·외의 아전과 서얼까지 포함된다. 따라서 중앙 관청의 서리는 넓은 의미의 중인에 해당한다. '향리'도 넓은 의미의 중인에 해당한다. 넓은 의미의 중인은 문과 응시가 가능하였으나 서얼만은 법적으로 금지되었다(『경국대전』규정). 그리하여 서얼들은 주로 무과나 잡과를 통해 관직에 등용되었고 또한 승진에 제약을 받았다. 하지만 1851년(철종 2) 신해허통으로 말미암아 문과 응시는 물론 청요직(淸要職)*으로의 진출까지 허용되었다. 요컨대 서얼은 19세기 중엽에 이르러 드디어 청요직에도 오를 수 있게 되었으나 다른 중인들에게는 허용되지 않았다(주의).

*청요직(淸要職): 학식과 덕망이 높은 청직(淸職)과 요직(要職)을 뜻한다. 청직은 홍문관이나 예조처럼 청정한 관직이고, 요직은 이조, 병조 관료를 감찰·탄핵하는 대관과 국왕을 간쟁·봉박하는 간관의 대간처럼 실권을 가진 관직이다. 청현직(淸顯職)이라고도 부른다.

■ 중인 [기12] □

조선 시대에는 양반과 상민 사이에 있는 중간 계층을 중인이라 하였다. 중인에는 ㉠좁은 의미의 중인과 ㉡넓은 의미의 중인이 있었다. 한편 ㉢양반 첩에게서 태어난 서얼은 중인과 같은 신분적 대우를 받았다.

[해설] 조선 시대 중인에 대한 설명이다(참조)(관련 선지 및 해설 참조).

- [신량역천] 신분은 양인이었으나 직역이 천해 사회적 차별이 심하였다. [기18] □
  └ 법제상 양인에 속해 있었다. [기17] □
  └ 사람들이 기피하는 천한 역을 담당하였다. [기17] □
  └ 수군, 조례, 역졸, 조졸 등으로 칠반천역이라고도 불렸다. [법22] □
  └ 수군, 조례, 나장, 일수, 봉수군, 역졸, 조졸 [기17] □
  └ 조례, 나장, 일수 등은 상민에 속하였다. [경21①] □
  └ 뱃사공, 백정 등은 법적으로는 양인으로 취급되기도 했으나 노비처럼 천대받으며 특수 직업에 종사하였다. [서18②] □

[해설] 수군, 조례, 역졸, 조졸 등으로 칠반천역(七班賤役)*이라고도 불린 이들은 조선 시대에 신분은 양인[상민]이지만 누구나 기피하는 고된 역에 종사한 사람들인 '신량역천(身良役賤)'**을 가리킨다. 고려와 조선 시대 모두 존재하였으며 양인과 천인의 중간 계층으로 취급되었다. / 조례, 나장, 일수 등은 법제상 양인(상민)에 속한다. 하지만 천한 역을 담당하여 이른바 신량역천(身良役賤)으로 불린다. '조례'는 한성 관청에서 경호·경비·사령 등 잡역에 종사하던 하급 군관(경아전)을, '나장' 역시 한성 관청, 그중에서도 특히 형조와 의금부, 사헌부, 사간원, 오위도총부, 전옥서, 평시서 등과 같은 사정(司正)·형사 업무를 맡는 관청에 배속되어 있던 하급 군관(경아전)을 가리킨다. 나졸이라고도 한다. '일수'는 지방 관청에 딸려 있던 사령으로 주로 형시 사건의 잡무를 담당하였다. 문졸(門卒), 군노(軍奴)라고도 하였다. '조졸'은 조군(漕軍)이라고도 하는데, 조운선에 승선하여 조운 활동에 종사하던 일종의 선원이다. 그 외에 수군, 봉수군, 역졸 등도 있었다. / 뱃사공, 백정 등은 법적으로는 양인이었으나 노비처럼 천대받으며 특수 직업에 종사하였다('신량역천'에 해당).

*칠반천역(七班賤役): 조선 시대에 천대받는 구실아치, 즉 조례(皂隷), 나장(羅將), 일수(日守), 조졸(漕卒)[조군], 수군(水軍), 봉군(烽軍), 역졸(驛卒)을 가리킨다. 원래 양인이 하는 역(役)이었지만 역이 고되므로 중기 이후로 세습하는 경향이 강해지고 천역화되면서 역을 담당하는 사람들이 양인보다 낮은 대우를 받게 되었다. 칠천(七賤)이라고도 한다.
**신량역천(身良役賤): 고려 시대 이래 봉수간(烽燧干)·염간(鹽干·진척(津尺)·화척(禾尺)·양수척(楊水尺) 등 '간(干)'이나 '척(尺)'으로 칭해지는 자가 여기에 해당하였고, 조선 시대에 들어와서는 이 밖에 앞서 언급한 칠반천역[칠천]도 포함되었다.

- [천인] 노비 [지22] □
  └ 매매·상속·증여의 대상이 되는 비자유민이었다(노비). [기17] □
  └ 부모 중 한쪽이 노비이면 자식은 노비가 됨으로써 노비 인구가 증가하게 되었다. [기11] □
  └ 공노비에게 유외잡직이라는 벼슬이 주어지기도 하였다.* [경21①] □

[해설] 노비는 사내종[奴]과 계집종[婢]를 일컫는 말로, 전근대 사회에서 최하층 신분인 천인 중 하나이다. / [기11] 부모 중 한쪽이 노비이면 자식은 노비가 되는 '일천즉천(一賤則賤)'으로 노비 인구가 증가하게 되는 것은 조선 전기의 일이다. / 공노비에게 유외잡직이라는 벼슬이 주어지기도 하였다. 옳은 설명이다. 참고로 유외(流外)란 조선 시대 1품에서 9품까지의 정(正)·종(從)의 양반직 품계를 유내(流內)라 한 데 대해 이외에 관품이 없는 관직을 지칭하는 말이다. 이와 같은 유외에는 내시부(內侍府)의 액정서(掖庭署)* 등의 관직이 해당되었으며 대개 비천한 계급의 사람이 공훈을 세웠을 때 주어졌다.

*액정서(掖庭署): 조선 시대 내시부에 부설되어 왕명 전달, 궁궐 열쇠 보관, 대궐 정원 관리, 임금이 쓰는 붓·벼루·먹 등의 조달을 맡은 관청이다(1392, 태조 원년).

• [천인] 백정 [지22] □

[해설] 백정(白丁)은 조선 시대에는 도살업과 유기제조업, 육류판매업 등을 주로 하며 생활하던 천인 중 하나이다. 하지만 고려 시대에는 토지를 직접 경작하던 일반 농민을 가리킨다(주의).

2 향촌 사회의 운영

• [서원] 학문 연구와 선현의 제사를 위해 설립된 사설 교육 기관이다. [국19] □
  └선현 봉사(奉祀)와 교육을 위한 서원이 설립되기 시작하였다. [지16②] □
  └선현에 대해 제사 지내고 인재 교육, 향음주례 등의 역할을 담당하였다. [서13] □
  └향음주례와 향사례의 절차가 진행되었다(서원, 향교). [법17] □

[해설] 서원은 중종 때 풍기 군수 주세붕(1495~1554)이 세운 백운동 서원이 시초이며, 임진왜란 이후 빠르게 발전하였다(1543, 중종 38). / 향음주례(鄉飲酒禮)의 절차가 진행된 것은 조선 시대의 서원과 향교이며, 매년 가을(음력 10월)에 시행되었다. 향사례(鄉射禮)의 절차가 진행된 것도 향음주례와 같고, 매년 봄(3월)과 가을(9월)에 시행되었다. 사실 양자가 '향촌 풍속 교회'라는 의미에서 공통되므로 딱히 구별해서 이해할 필요는 없다.

*향사례(鄉射禮)와 향음주례(鄉飲酒禮): 향사례는 지방 수령이 효(孝)·제(悌)·충(忠)·신(信)·예(禮)에 뛰어난 자를 초청하여 술과 음식을 베풀고 연회가 끝나면 편을 갈라 활쏘기 행사를 거행하던 향촌 교화 행사이다. 또 향음주례는 향촌의 선비·유생들이 향교·서원 등에 모여 학덕과 유륜이 높은 이를 주빈으로 모시고 술을 마시며 잔치를 하는 향촌[유교] 의례이다. 참고로 도산 서원의 향사례(享祀禮) (한자가 다름)는 퇴계 이황의 유덕(遺德)을 추모하는 제례 행사이다(봄과 가을에 지냄).

• 주세붕이 백운동 서원을 세웠다. [국18] □
  └[주세붕] 백운동 서원을 건립하였다. [지22] □
  └최초의 서원인 백운동 서원을 세웠다. [법13] □
  └서원은 주세붕이 성리학을 도입한 정몽주를 기리기 위해 세운 백운동 서원이 시초이다[×]. [서12] □

[해설] 풍기 군수 주세붕(1495~1554)이 고려 말 성리학을 전래한 회헌 안향(1243~1306)을 제사지내기 위해 (지금의 경북 영주인 경상도 순흥면에) 백운동 서원을 세운 것은 1543년(중종 38)의 일이다. / 백운동 서원은 포은 정몽주(1338~1392)가 아니라 회헌 안향을 기리기 위해 세운 공간이다.

• [주세붕] 소수 서원을 설립하여 유교 윤리를 보급하였다. [국11] □
  └[이황] (나)는 왕에게 주청하여 소수 서원이라는 편액을 하사받았다. [지13] □
  └소수 서원 사액 [경21①] □

[해설] 소수 서원을 설립한 인물은 중종 때의 문신 주세붕(1495~1554)이다. 소수 서원의 원래 이름은 '백운동 서원'이다. 주세붕이 회헌 안향(1243~1306)을 제사지내기 위해 1543년(중종 38)에 설립하여 이후 (같은 풍산 군수가 된) 이황의 건의로 '소수'란 이름을 하사 받아 최초의 사액* 서원이 되었다(1550, 명종 5). '소수(紹修)'란 '이미 무너진 유학을 다시 이어 닦게 했다(旣廢之學 紹而修之)'는 뜻을 담고 있다.

*사액(賜額): 조선 시대에 국왕이 사당이나 서원 등에 이름을 지어 그것을 새긴 편액(扁額)을 내리던 일을 뜻한다.

■ 백운동 서원(회헌 안향) [국21] [국19]

- 풍기 군수 주세붕은 고려 시대 유학자의 고향인 경상도 순흥면 백운동에 회헌사(晦軒祠)를 세우고, 1543년에 교육 시설을 더해서 백운동 서원을 건립하였다.

[해설] 풍기 군수 주세붕(1495~1554)이 중종 38년인 1543년에 세운 백운동 서원에 대한 설명이다. 따라서 '유학자'는 회헌 안향(1243~1306)을 가리킴을 알 수 있다.

- 주세붕이 비로소 (가) 을/를 창건할 적에 세상에서 자못 의심하였으나, 그의 뜻은 더욱 독실해져 무리들의 비웃음을 무릅쓰고 비방을 극복하여 전례 없던 장한 일을 이루었습니다. …(중략)… 최충, 우탁, 정몽주, 길재, 김종직, 김굉필 같은 이가 살던 곳에 (가) 을/를 건립하게 될 것입니다. -『퇴계집』-

[해설] 주어진 자료 속 '(가) 교육 기관'은 서원을 가리킨다. 풍기 군수 주세붕(1495~1554)이 중종 38년인 1543년에 처음으로 백운동 서원을 세웠다. 출처인『퇴계집』은 퇴계 이황(1501~1570)의 문집이다.

- [사림] 조선 중기 – 서원 건립을 주도하고 성현들의 제사를 받들었다. [지12①]
  └ [서원] 국왕으로부터 편액과 함께 서적 등을 받기도 하였다. [기19]

[해설] 서원의 건립을 주도하고 국왕으로부터 사액을 받은 이들은 사림(양반)이다.

- [향약] 전통적 공동 조직에 유교 윤리를 가미하여 만들었다. [법22]
  └ 향약은 중종 때 조광조가 처음 시행한 이후 전국적으로 확산되었다. [경16①]
  └ 향약 [경12①]

[해설] 전통적 공동 조직에 (삼강오륜을 중심으로 한) 유교 윤리를 가미하여 만든 기구는 '향약(鄕約)'이다. / 중종 때 정암 조광조(1482~1519)가 처음 시행[여씨 향약 도입(1517, 중종 17)]한 이후 전국적으로 확산되었다. 조광조의 초기 시도는 기묘사화(1519)로 인해 실패하였으나 이황과 이이의 계속된 노력으로 널리 보급되었다. / 향약은 조선 시대에 사림(양반, 재지사족)들이 만든 향촌 사회(군현 단위)의 자치 규약이다.

- [향약] 향촌 사회의 질서를 유지하고 치안을 담당하는 향촌의 자치 기능을 맡았다. [국13]
  └ 전통적 미풍양속을 계승하면서 삼강오륜을 중심으로 한 유교 윤리를 가미하였다. [국13]
  └ 풍속 교화, 향촌 사회의 질서 유지를 담당하여 사림의 지위 강화에 기여하였다. [서13]
  └ 지방 사족은 향촌 사회를 그들 중심으로 운영하기 위해 향약 조직을 만들었다. [경14②]
  └ 향약에 의해 마을 질서를 자체적으로 유지하였다. [지11②]
  └ 재지사족 중심의 향촌 자치 활성화 [국17①]
  └ 지방 유력자가 주민을 위협, 수탈하는 배경을 제공하는 부작용도 있었다. [국13]

[해설] 향약이 설치되기 시작한 것은 조선 시대인 16세기 후반 이후부터이다. 중종 대에 정계에 진출한 정암 조광조(1482~1519)를 중심으로 하는 사림이 훈척들의 지방 통제 수단으로 이용되던 경재소와 유향소 등의 철폐를 주장하고 그 대안으로 향약의 보급을 처음 제안하였다(1517, 중종 17). / 향약은 향촌의 질서로 이를 어긴 이들을 향촌에서 추방할 수 있어 지방 유력자가 주민을 위협, 수탈하는 부작용이 나타나기도 하였다. / 향약을 만든 지방 사족들이 곧 조선 후기에 발생하는 향전(鄕戰)의 한 당사자인 '구향(舊鄕)'이다.

- [이황] 예안 향약을 만들었다. [지22]
  └ (나)는 향촌 사회의 도덕적 질서를 안정시키기 위해 예안 향약을 만들었다. [지13]

[해설] 예안 향약을 만든 이는 퇴계 이황(1501~1570)이다(1556, 명종 11)(지금의 경북 안동시 예안면, 당시에는 안동과 별개의 행정 단위인 예안현)[향립약조(鄕立約條) 지음]. 이이는 서원(청주) 향약, 해주 향약을 만들어 실시한 바 있다[각 1571년(선조 4) / 1577년(선조 10)].

- [이이] 해주 향약을 보급하였다. [국21]
  └ 향약의 전국 시행, 수미법이 실시 등을 제시하였다. [서17①]

[해설] 해주 향약을 만들어 보급한 유학자는 율곡 이이(1536~1584)이다(1577, 선조 10). 해주 향약은 해주 석담 지방 향민 전체를 대상으로 입약된 것이 아니라 해주 지방의 유생이나 향사족들이 권선징악과 상호부조를 통하여 향사풍(鄕士風)을 강화하기 위해 제정한 향규약(鄕規約)으로 조선후기에 가장 널리 보급된 한국 향약으로는 가장 완벽한 것으로 평가되고 있다. 참고로 이이는 서원(청주) 향약도 제정한 바 있다(1571, 선조 4). / 이이는 방납의 폐단을 막기 위한 (대공)수미법(공물변통론)을 주장하였다.

▌향약 [국13] [서13]

- 가입하기를 원하는 자에게는 반드시 먼저 규약문을 보여 몇 달 동안 실행할 수 있는가를 스스로 헤아려 본 뒤에 가입하기를 청하게 한다. …… 사람을 시켜 약정(約正)에게 바치면 약정은 여러 사람에게 물어서 좋다고 한 다음에야 글로 답하고, 다음 모임에 참여하게 한다.

[해설] 가입하기를 원하면 규약문을 보여주고, 약정이 여러 사람에게 물어 받아들인 것은 이이의 해주 향약이다(1577, 선조 10).

- 가입하기를 원하는 자에게는 반드시 먼저 규약문을 보여주고, 몇 달 동안 실행할 수 있는가를 스스로 헤아려 본 뒤에 가입하기를 청하게 한다. 가입을 청하는 자는 반드시 단자에 참가하기를 원하는 뜻을 자세히 적어 모임이 있을 때에 진술하고, 사람을 시켜 약정(約正)에게 바치면 약정은 여러 사람에게 물어서 좋다고 한 다음에야 글로 답하고, 다음 모임에 참여하게 한다.

-『율곡전서』중에서 -

[해설] '가입하기를 원하는 자에게는 반드시 먼저 규약문을 보여주고', '단자에 참가하기를 원하는 뜻을 자세히 적어', '약정은 여러 사람에게 물어서' 등은 향약과 관련이 있다. 이이의『율곡전서』또한 중요한 단서가 된다.

- [사림] 도덕과 의례의 기본 서적인『소학』을 보급하였다. [국15]
  └주자가례와 소학을 널리 보급하였다. [법20]
  └『주자가례』에 따라 의례를 실천하였다. [회24]
  └소학과 주자가례의 확대 보급 [기12]
  └사림은 도덕과 의리의 기본 서적인『대학』을 보급하고, 가묘와 사당을 건립하여 성리학적 사회 질서를 유지하고자 하였다. [X] [경14②]
  └향사례(鄕射禮), 향음주례(鄕飮酒禮)의 실시를 주장하였다. [국15]
  └향회를 통해서 자신들의 결속을 다지고, 향촌을 교화하였다. [국15]

[해설] 조선 전기 사림은 향촌 사회에 성리학적 생활 관습을 확산시키기 위하여 도덕과 의례의 기본 서적인『소학』과『주자가례』를 보급하였다(조선 전기인 15~16세기).『주자가례』와『소학』은 고려 말부터 신진 사대부들에 의해 보급되기 시작하였는데, 조선 전기에 이르러 사림들에 의해 사대부에서 일반 서민까지 '널리' 보급되었다(향촌 사회에 성리학적 생활 관습 확산). 조선 후기 성리학적 질서의 강화에도 영향을 끼쳤다. / [경14②] 사림이 보급하고자 한 서적은 (『대학』이 아니라)『소학』이다. / 사림들은 또 향촌을 장악하기 위해 향사례, 향음주례의 보급을 주장하였다. 더불어 향회를 통해 자신들의 결속을 다지고, 농민을 지배하면서 향촌 사회에 대한 지배력을 강화하였다.

- 향촌의 안정을 도모하기 위해 오가작통제와 호패법이 시행되었다. [서24②]

[해설] 향촌의 안정을 도모하기 위해 오가작통제와 호패법이 시행된 것은 조선 시대의 일이다. 오가작통제(五家作統制)는 다섯 집을 하나의 통으로 묶은 제도로 촌락 주민에 대한 통제[지배]를 원활히 하기 위하여 시행되었다. 세종 10년인 1428년 이후 단종 연간에 처음 실시된 것으로 추정되며『경국대전』이 완성된 성종 대에 더욱 정비되어 법제화되었다(1485, 성종 16). 그리고 마침내 숙종 원년인 1675년에 백호 윤휴(1617~1680)의 건의에 따라 비변사에서「오가작통사목」('오가통사목 21조')이 제정되면서 전국적으로 실시되었다. 또 일종의 신분 증명서인 호패법은 태종 13년인 1413년에 처음 실시되었다. 16세 이상의 남자에게 나누어 주었으며, 전국의 인구 동태를 파악하고, 조세 징수와 군역 부과의 대상자를 알아보기 위해 시행하였기 때문에 일반 민들로부터 호응을 받지는 못하였다. 그리하여 숙종 초까지 5차례나 시행하다 중단되는 일이 반복되었다.

- 17세기 중엽 이후에는 오가작통제를 통하여 촌락 주민에 대한 지배를 원활히 하고자 하였다. [경14②]
  └오가작통법을 실시하였다. [기12]

┌ 오가작통제 실시 [국12] □

[해설] 오가작통제[오가작통법]는 다섯 집을 하나의 통(統)으로 묶은 제도로 위해 성종과 숙종 대에 실시되었다(단종 대 최초 시행 추정). 성종 16년인 1485년에 편찬한 『경국대전』에 규정되었다. 또한 숙종 원년인 1675년에는 「오가작통사목」을 작성하여 조직을 강화하였다. (촌락) 주민에 대한 지배 정책으로 호패법을 추가할 수 있다.

• [오가작통제(오가작통법)] 농민들의 도망과 이탈 방지 [국17①] □

┌ 부세와 군역의 안정적인 확보 [국17①] □

└ ⓒ은 이웃간의 상부상조를 위한 것이다[✗]. [기12] □

[해설] 오가작통제[오가작통법]을 시행한 목적에 해당한다. 오가작통법은 다섯 집을 1통으로 묶는 호적의 보조 조직이다. 일종의 대민 통제 및 관리(조세 수취, 범죄자 색출 등)를 위해 설치한 것이지 이웃 사이의 상부상조를 위한 것은 아니다. / [기12]의 ⓒ은 오가작통제[오가작통법] 실시를 가리킴.

■ 오가작통법[오가작통제] [국17①] □

• ○ 무릇 민호(民戶)는 그 이웃과 더불어 모으되, 가족 숫자의 다과(多寡)와 재산의 빈부에 관계없이 다섯 집마다 한 통(統)을 만들고, 통 안에 한 사람을 골라서 통수(統帥)로 삼아 통 안의 일을 맡게 한다.

○ 1리(里)마다 5통 이상에서 10통까지는 소리(小里)를 삼고, …(중략)… 리(里) 안에서 또 이정(里正)을 임명한다.

- 『비변사등록』 -

[해설] '다섯 집마다 한 통(統)을 만든다'는 부분에서 조선 시대에 시행된 오가작통법임을 알 수 있다. 조선 최초의 오가작통법은 단종 연간에 시행되었던 것으로 추정된다. 성종 16년인 1485년 한명회의 발의에 따라 채택되어 『경국대전』에 올랐다. 시기에 따라 운영이 한결같지 않았는데, 1675년(숙종 원년)에 「오가작통사목」(오가통사목 21조)를 작성하여 조직을 강화하였다. 조선 후기에 이르러 호패와 더불어 호적의 보조 수단이 되어 만성화된 유적과 도적의 은닉을 방지하는 데 이용되었다(주민 통제 수단).

• [임꺽정] 황해도를 중심으로 경기·강원·평안·함경도 주변 지역에서 활동하였다. [지14②] □

└ (가) - 진주에서 시작된 전국적인 농민 항쟁이었다[✗]. [법12] □

[해설] 진주에서 시작된 전국적인 농민 항쟁은 19세기 세도 정치기에 발생한 진주 농민 봉기(임술 농민 봉기)이다(1862, 철종 13).

■ 임꺽정의 난(조선 명종 대) [지20] [지14②] [법19] [법12] □

• 임꺽정은 양주 백정으로, 성품이 교활하고 날래고 용맹스러웠다. 그 무리 수십 명이 함께 다 날래고 빨랐는데, 도적이 되어 민가를 불사르고 소와 말을 빼앗고, 만약 항거하면 몹시 잔혹하게 사람을 죽였다. 경기도와 황해도의 아전과 백성들이 임꺽정 무리와 은밀히 결탁하여, 관에서 잡으려 하면 번번이 먼저 알려주었다.

[해설] 임꺽정(?~1562)이 '의적'으로 황해도와 함경도 등지에서 활동하던 시기는 조선의 제13대 왕인 명종 대(재위 1545~1567)이다. 명종 대와 관련된 사실을 묻는 문제로 출제되었다(문정 왕후).

• 이 인물을 중심으로 한 도적 무리는 조선 전기 도적 가운데 그 세력이 가장 컸으며, 명종 14년부터 명종 17년까지 주로 활동하였다. 이들이 거점으로 삼았던 지역은 백정들이 많이 사는 지역과 공물이 운송되며 사신들의 왕래가 빈번하여 농민들의 부담이 무거웠던 역촌(驛村) 지대 및 주변에 갈대밭이 많은 곳 등이었다. 이러한 곳을 거점으로 약탈·살인·방화를 서슴지 않았다.

[해설] '조선 전기 도적'으로 '명종' 때 주로 활동하며 '백정들이 많이 사는 지역'과 '농민들의 부담이 무거웠던 역촌 지대'를 거점으로 삼았다는 내용들을 통해 이 인물이 임꺽정(?~1562)임을 알 수 있다. 참고로 조선 명종 14년은 1559년(기미년)이고, 명종 17년은 1562년(임술년)이다.

34 조선 전기의 사회

- 사신은 논한다. …… 저들 도적이 생겨나는 것은 도적질하기를 좋아해서가 아니다. 굶주림과 추위에 몹시 시달리다가 부득이 하루라도 더 먹고살기 위해 도적이 되는 자가 많기 때문이다. 그렇다면 백성을 도적으로 만든 자가 과연 누구인가? 권세가의 집은 공공연히 벼슬을 사려는 자들로 시장을 이루고 무뢰배들이 백성을 약탈한다. 백성이 어찌 도적이 되지 않겠는가?　　　 - "○○실록" -

[해설] 주어진 자료는 권세가의 침탈로 민란이 자주 발생하고, '의적 임꺽정' 등이 활약하던 조선 명종 대의 일이다[『명종실록』 권27 명종 16년(1561) 10월 기사]. 여기서 사신은 곧 사관(史官)을 가리킨다. 즉 '도적 잡는 일'에 대한 사관의 평이다.

- 남치근이 많은 군마를 이끌고 산 아래로 접근하며 1명도 내려오지 못하게 하니 적이 모사꾼 서림이 산에서 내려와 항복하였다. 군사를 몰아 숲을 샅샅이 뒤지며 올라가니 여러 적이 다 항복하되 대여섯 명이 꺽정을 따르므로 서림을 시켜 유인하여 다 죽였다.

[해설] 주어진 자료는 조선 명종 대에 활약하던 의적 임꺽정(?~1562)에 대한 내용이다. 명종 17년인 1562년 정월에 토포사인 무신 남치근(?~1570)이 황해도를 무대로 암약한 의적 임꺽정을 잡아 죽였다.

3 사회 정책, 법률, 가족 제도 및 기타

- [세종] 의창 [지16①] ☐

[해설] 의창은 고려 성종 때 흑창을 개칭한 것으로 조선 시대로 계승되었다. 의창은 춘궁기에 양식과 종자를 빌려주고 가을에 회수하는 환곡을 담당하였는데 의창의 원곡이 부족해지자 16세기 이후에는 물가 조절 기구였던 상평창에서 담당하게 되었다.

■ 세종 대의 의창 [지16①] ☐

호조에서 아뢰기를, ㉠ 은(는) 진제(賑濟)와 환상(還上)을 위해 설치한 것이고, 국고(國庫)는 군국(軍國)의 수요에 대비한 것입니다. 최근 몇 년 사이에 여러 번 흉년이 들어, 백성의 생활이 오로지 진제와 환상만 바라고 있으니, 이 때문에 ㉠ 이(가) 넉넉하지 못하므로 부득이 국고로 지급하여 구휼하게 되어 군수(軍需)가 점차로 거의 없어지게 되니 진실로 염려할 만한 일입니다.　　 -『세종실록』-

[해설] '진제(賑濟)와 환상(還上)을 위해 설치한 것'이라는 점, 최근 몇 년 사이의 흉년으로 국고로 구휼한 결과 군수(軍需)가 거의 없어지게 되었다는 점 등이 나와 있다. 이를 통해 '㉠'은 조선의 부세 중 하나인 환곡과 관련된 의창을 가리킴을 알 수 있다. 참고로 '진제'란 가난하고 어려운 사람을 구제한다는 뜻이고, '환상'은 곧 환곡을 가리킨다.

- [세조] 상평청 [지15②] ☐

[해설] 상평청(상평창)은 물가 조절 기구(1458, 세조 3)로, 중종 때 의창이 폐지되면서 진휼 업무도 담당하게 되었다. 이후 17세기 전반 인조 대인 1624년(인조 2)에 선혜청에 귀속되었다. 진휼청(賑恤廳), 상진청(常賑廳)으로 통칭되기도 하였다.

- [중종] 춘궁기에 빈민에게 식량을 빌려주고 원곡만을 회수하는 의창제를 대신하여 상평창제가 실시되면서 원곡의 10%를 이자로 받았다.* [경13①] ☐

[해설] 춘궁기에 빈민에게 식량을 빌려주고 원곡만을 회수하는 의창제를 대신하여 '상평창제'가 실시되면서 원곡의 10%를 이자로 받게 된 것은 중종 20년인 1525년의 일이다. 이때 원곡의 고갈로 사실상 기능이 정지된 의창을 폐지하고 군사곡(軍資穀)을 새로 공급된 진휼청이 설치되었다. 진휼청은 상평창과 같은 건물을 사용하였고, 관원도 두 관청의 임무를 겸직하였기 때문에 사실상 '상평창제'가 실시된 것과 같이 볼 수 있다(차후 진휼청과 상평창은 대동법이 시행되면서 선혜청에 통합). 사실 환곡 정책은 빈민 구호(구제)가 목적이기 때문에 이식을 붙여서는 안 되지만 원곡(재고)의 고갈로 이식을 붙이게 됨에 따라 점차 구호 기관에서 대여 기관으로서의 성격을 띠게 되었고, 여기에 관리들의 횡포가 더해져 조선 후기에 환정의 문란을 야기하는 원인이 되었다.

- [세조] 혜민서는 유랑자를 수용하고 구휼하였다[x]. [경18②]
[해설] 혜민서는 의약과 일반 서민 환자의 치료를 담당한 조선의 기구이다(1466, 세조 12). 고려의 혜민국을 이때 개칭한 것이다. 고려의 혜민국 역시 비슷한 일을 맡아 하였다(1112, 예종 7). 유랑자를 수용하고 구휼하는 기구로는 조선의 (동·서) 활인서[동서 활인원]가 있다(1466, 세조 12)(고려의 동서 대비원 계승). 1709년(숙종 35)에 혜민서로 이속되었다가 1743년(영조 19)에 완전히 폐쇄되었다.

- [세종, 성종] 한양의 화재 예방을 위해 금화도감을 설치하였다.* [기16]
[해설] 한양의 화재 예방을 위해 금화도감을 처음 설치한 것은 세종 8년인 1426년의 일이다. 이후 성종 12년인 1481년에 다시 부활되어 설치하였다(수성금화도감).

- 소송은 원칙적으로 신분에 관계없이 제기할 수 있었다. [경18③]
[해설] 조선은 신분제 사회였지만 신분에 관계없이 누구라도 소송을 제기할 수 있었다. 여성도 소송을 제기할 수 있었으며, 노비도 상전을 상대로 소송을 제기할 수 있었다. 전근대 시대에 동·서양을 막론하고 여성과 노비에게까지 소송을 제기할 권한을 부여한 예는 드물다. 애민 정치, 휼민 정치를 지향한 조선 사회의 특성으로 볼 수 있다.

- 동일한 범죄에 대해서는 신분에 관계없이 동일한 처벌이 따랐다[x]. [경18③]
[해설] 동일한 범죄에 대해서도 신분에 따라 다른 처벌이 따랐다. 양반과 같은 지배층은 가볍게 처벌된 반면 상민과 천민 같은 피지배층은 (같은 범죄에도) 무겁게 처벌되었다.

- 민간인 사이에 다툼이 있거나 범죄가 발생하면『경국대전』과 명의 형법 규정인『대명률』을 적용하였다. [경18③]
└ 관습법으로 사회 질서를 유지한 고려 시대와 달리, 경국대전과 대명률로 대표되는 법전에 의해 형벌과 민사에 관한 사항을 규율하였으며, 이 중에서 형벌에 관한 사항은 대부분 대명률의 적용을 받았다. [경17①]
[해설] 추가로 설명하면『경국대전』형전(刑典)이 우선 적용되었지만, 규정이 간소하여 주로『대명률』이 적용되었다.

- 유교에서 중요시하는 삼강오륜을 어긴 것을 강상죄라 하여 중대 범죄로 취급하였다. [경18③]
└ 조선 시대 강상죄는 범죄 중에서 가장 무겁게 취급되었지만, 범인에 한정하여 처벌하였다[x]. [지12②]
[해설] 조선 시대는 반역죄와 강상죄*를 중대 범죄로 여겨 무겁게 처벌하였다. 또한 두 죄 모두 연좌제가 적용되었다. 참고로 조선 시대의 형벌로는 태·장·도(징역형)·유·사(사형)의 5형이 있었다.
*강상죄: 강상(綱常)의 윤리, 즉 삼강오상(三綱五常)의 인륜[인의예지신(仁義禮智信)]을 범한 죄

- [세종] 사형의 판결에는 삼복법을 적용하였다.* [지19]
[해설] 세종 대에 사형의 판결에 삼복법을 적용하였다(1426, 세종 8). 이른바 '금부삼복법(禁府三覆法)'으로 삼복법이 처음으로 법제화되었다. 참고로 영조 때에 '사형삼심제'가 적용되는데, 이는 삼복법[삼심제]를 엄격히 적용하여 시행할 것을 명령한 것이다.

■ 세종의 관노 출산 휴가 허용* [지19]

옛적에 관가의 노비는 아이를 낳은 지 7일 후에 입역(立役)하였는데, 아이를 두고 입역하면 어린 아이에게 해로울 것이라 걱정하여 100일간의 휴가를 더 주게 하였다. 그러나 출산에 임박하여 일하다가 몸이 지치면 미처 집에 도착하기 전에 아이를 낳는 경우가 있다. 만일 산기에 임하여 1개월간의 일을 면제하여 주면 어떻겠는가. 가령 저들이 속인다 할지라도 1개월까지야 넘길 수 있겠는가. 상정소(詳定所)로 하여금 이에 대한 법을 제정하게 하라.

[해설] 주어진 자료의 출처는『세종실록』으로, 세종 12년(1430) 10월 기사에 나오는 세종의 말이다. 여기서 세종은 관노에게 출산 1개월 전부터 복무를 면제케 해주라고 명하고 있다. 세종은 4년 뒤 관노의 남편에게도 1개월 간의 산간(産看) 휴가를 줄 것을 명하였다. 참고로 정조도 서얼과 노

비에 대해 관대한 조치를 취한 바 있다. 상정소(詳定所)란 법규나 법전을 제정하거나 정책 및 제도를 마련하기 위해 설치한 임시 기구이다(고려 시대의 '도감(都監)' 같은 성질의 것).

- 백성은 상언·격쟁을 통하여 왕에게 억울함을 호소할 수 있었다. [회21] □

[해설] 백성은 상언과 격쟁 등을 통하여 왕에게 억울함을 호소할 수 있었다. 특히 정조는 화성 행차 시 일반 백성들의 상언(上言)*과 격쟁(擊錚)**의 기회를 늘려 이들의 의견을 정치에 반영하고자 하였다.

*상언(上言): 위로는 관원으로부터 아래로는 공사천(公私賤)에 이르는 모든 사람들이 쓸 수 있는 문서이다. 상언이 상소(上疏)와 다른 점은 상소는 대개 관원과 유생·사림이 국왕에게 올리는 문서 양식이나, 상언은 관원으로서가 아니라 사인(私人)으로서 올리는 것이다. 또 상소에는 이두(吏讀)를 쓰지 않으나 상언에는 이두를 쓴다. 자손들이 조상을 위하여 상언을 올리는 경우도 있다.

**격쟁(擊錚): 억울하고 원통한 일을 당한 사람이 궁궐에 난입하거나 국왕이 거동하는 길가에 나가 징이나 꽹과리[錚], 북 등을 쳐서 이목을 집중시킨 다음 자신의 사연을 국왕에게 직접 하소연하는 행위이다. 명쟁(鳴錚), 명금(鳴金)이라고도 한다. 신문고(申聞鼓)가 폐지된 뒤 이를 대신하여 실시되었다.

- [성종] 재가녀 자손의 관리 등용을 제한하는 법을 공포하였다.* [지12①] □

[해설] (풍속을 교화하기 위하여) 재가녀 자손의 관리 등용을 제한하는 법을 공포한 것은 성종 16년인 1485년의 일이다[『경국대전』이전(吏典) 경관직조(京官職條)]. 또 형제·숙질간에 다투는 자는 변방으로 내쫓았다. 성종 18년인 1487년에는 포은 정몽주(1338~1392)와 야은 길재(1353~1419)의 후손을 임용하여 충효를 권장하였다.

- [조선 전기의 가족 제도] 적서의 차별이 없었을 것이다[✗]. [지14①] □
  └친영 제도가 일반화되었을 것이다[✗]. [지14①] □
  └형제가 돌아가면서 제사를 지냈을 것이다. [지14①] □
  └윤회봉사·외손봉사 등이 행해졌다. [국17②] □
  └재산 상속에서 아들과 딸의 차별이 없었을 것이다. [지14①] □

[해설] 조선 태조 때 서얼차대법 등이 만들어져 이미 조선 전기에 적서 차별이 존재하였다(1415, 태종 15). / 친영 제도는 혼인 후 바로 남자의 집에서 생활하는 것으로 이는 조선 후기에 정착되었다. / 고려부터 조선 중기까지는 형제가 돌아가며 제사를 지냈다(아래 해설 참고). / 고려부터 조선 중기까지는 제사를 형제가 돌아가며 지냈기 때문에 재산 상속에도 차별이 없었다. / [국17②] 고려 시대와 조선 전기에는 윤회봉사·외손봉사 등이 행해졌다. 윤회봉사(輪回奉祀)란 아들과 딸이 돌아가면서 제사를 맡아 지내는 것을 의미하고, 외손봉사(外孫奉祀)란 딸의 자손이 제사를 지내는 걸 의미한다. 또 죽은 장자의 부인이 지내는 총부봉사(冢婦奉祀), 첩이 낳은 아들이 제사를 지내는 첩자봉사(妾子奉祀)도 있었다. 하지만 17세기 이후에는 적장자에 의한 가계 계승을 강조하는 종법적(宗法的) 가족 질서가 정착되어감에 따라 점차 적장자 봉사로 바뀌어갔다.

■ 안동 권씨 성화보 [국17②] [지14①] □

- 우리나라는 자고로 종법이 없고 보첩(譜牒)도 없어서 비록 거가대족(巨家大族)이라도 가승(家乘)이 전혀 없어서 겨우 몇 대를 전할 뿐이므로 고조나 증조의 이름도 호(號)도 기억하지 못하는 이가 있다.   -『안동권씨 성화보』-

[해설] 주어진 자료의 출처인 『안동권씨 성화보』는 조선 성종 7년인 1476년에 간행되었다. 우리나라 족보 중 가장 먼저 편찬된 것으로 평가받고 있다.

- ○ 자녀는 출생 순서에 따라 기재하였다.
  ○ 딸이 재혼하였을 경우 후부(後夫)라 하여 재혼한 남편의 성명을 기재하였다.
  ○ 자녀가 없는 사람은 무후(無後)라 기재하였고, 양자를 들인 사례는 거의 없다.

[해설] 주어잔 자료의 '출생 순서', '딸의 재혼', '양자를 들인 사례는 거의 없다'는 내용들을 통해 고려부터 조선 중기까지의 가족 제도임을 알 수 있다 (질문에서 '현존하는 우리나라 족보들 가운데 가장 오래된 족보의 기재 방식을 설명한 것'으로 밝힘).

- [조선 전기의 사회상] 남녀 차등 상속이 원칙이었다[✗](율곡 이이의 형제자매 분재기). [기16] □
  └성리학적 사회 질서의 확립에 따른 재산 상속의 특성이 나타나 있다[✗]. [기16] □

└ 제사를 승계하는 자식에게 재산의 5분의 1을 더 배정하고 나머지는 균분했다. [기16] □
└ <경국대전>의 재산 분배 원칙을 따랐다. [기16] □

[해설] [기16] 관련 자료(율곡 이이의 형제자매 분재기) 참조. / 남녀 차등 상속이 원칙이었던 것은 조선 후기의 일이다. / 성리학적 사회 질서의 확립에 따른 재산 상속의 특성이 나타난 것 역시 조선 후기의 일이다. / 조선 전기에는 제사를 승계하는 자식에게 재산의 5분의 1을 더 배정하고 나머지는 균분하였다. / 『경국대전』의 재산 분배 원칙을 따랐다.

● 사진으로 보는 조선 전기의 사회

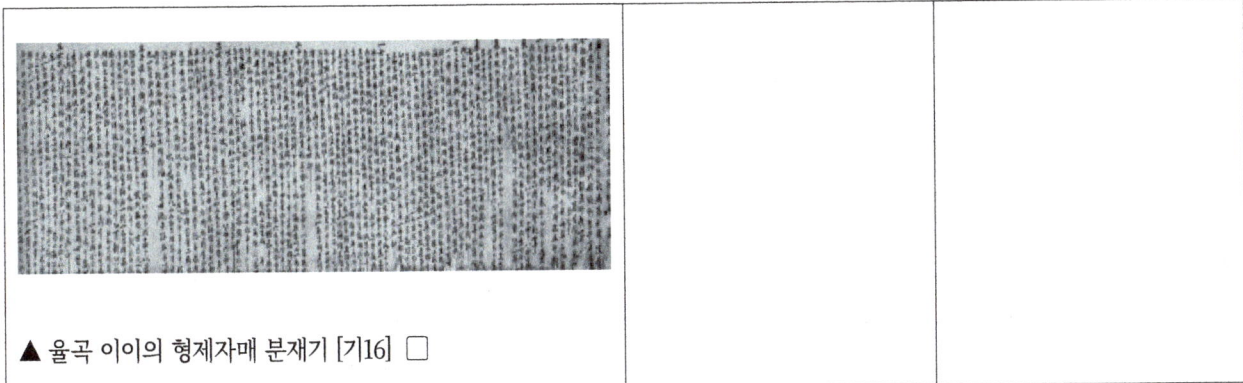

▲ 율곡 이이의 형제자매 분재기 [기16] □

[해설] [기16] 율곡 이이(1536~1584)의 형제자매 분재기. '이이 남매 화회문기(李珥男妹和會文記)'라고도 하는데, 조선 명종 21년인 1566년에 작성되었다. 조선 전기의 재산 상속 사정을 잘 보여주는 자료이다. 각종 제사와 수묘(守墓)를 위한 토지와 노비를 배정하고, 나머지를 4남3녀와 서모인 권씨(權氏)에게 배당한 토지와 노비 등을 구체적으로 적은 다음, 끝에 문서 작성에 참여한 사람들의 이름과 수결(手決)을 표시하였다.

주제 35 조선 전기의 문화

1 훈민정음 창제

- [세종] 훈민정음을 창제·반포하였다. [기15]
  └ 정인지가 훈민정음해례 서문을 지었다. [지13]

[해설] 세종이 『훈민정음』을 창제한 것은 재위 25년인 1443년이고, 반포한 것은 재위 28년인 1446년이다. / 문신 정인지(1396~1478)가 '훈문정음해례 서문'을 작성한 것은 조선 세종 때의 일이다(1446, 세종 28). 『훈민정음』 해례본을 한글로 풀이한 (『훈민정음』) 언해본도 있다.

▌훈민정음 창제 [경13②]

계해년 겨울에 우리 전하께서 정음 28자를 처음으로 만들었다. …… 물건의 형상을 본떠서 글자는 고전(古篆)을 모방하였다. …… 그런 까닭으로 지혜로운 사람은 아침나절이 되기 전에 이를 이해하고, 어리석은 사람도 열흘 만에 배울 수 있게 되었다.

[해설] 주어진 자료 속 밑줄 친 '우리 전하'는 조선 세종(재위 1418-1450, 제4대)을 가리키며, 자료는 세종이 재위 25년인 1443년에 창제한 『훈민정음』과 관련된 내용이다[『세종실록 권113 세종 28년(1446) 9월 29일 '《훈민정음》이 이루어지다. 어제와 예조 판서 정인지의 서문']. 여기서 '계해년 겨울'은 곧 1443년 12월 30일(음력)이다.

- 한글 창제가 요청된 것은 민본 사상이 발달하면서 백성들이 배우기 쉬운 문자를 만들어 국가의 통치 이념을 백성들에게 직접 전달할 필요성이 커졌기 때문이다. [경14②]
  └ 서리들이 행정 실무에 이용할 수 있도록 그들의 채용에 한글을 시험으로 치르게 하였다.* [경14②]
  └ 한글을 보급하기 위해서 왕실 조상의 덕을 찬양하는 『용비어천가』를 편찬하였다. [경14②]
  └ 부처님의 덕을 기리는 『월인천강지곡』과 『석보상절』은 한글로 간행될 수 없었다[X]. [경14②]

[해설] 세종 29년인 1447년 『훈민정음』(한글)이 말단 행정 실무를 보는 서리를 뽑는 시험 과목으로 채택되었다(세조 6년인 1460년에는 문과 시험 과목으로 채택). / 『용비어천가』가 편찬된 것은 세종 27년인 1445년의 일이다(간행된 것은 세종 29년인 1447년). 조선 왕조의 창업을 송영(頌詠)한 노래이다(악장). 모두 125장에 달하는 서사시로, 한글로 엮은 최초의 책이기도 하다. / 부처님의 덕을 기리는 『월인천강지곡』과 『석보상절』은 한글[『훈민정음』]로 간행되었다(1449, 세종 31). 『월인천강지곡』은 용비어천가』와 아울러 『훈민정음』으로 표기된 최고(最古)의 가사(歌詞)이다.

▌용비어천가 [경12③]

불휘 기픈 남군 브루매 아니 뮐씨 곶 됴코 여름하느니 신미 기픈 므른 フ무래 아니 그츨씨 내히 이러 바루래 가느니

-『용비어천가』-

[해설] 주어진 서사시는 『용비어천가』의 처음 내용이다. 조선 세종 시기(재위 1418-1450, 제4대)에 간행되어 보급되었다(1447, 세종 29).

- [세종] 백성과 더불어 즐거움을 함께 나눈다는 뜻을 가진 <여민락>이란 음악이 만들어졌다.* [경13②]

[해설] 「여민락」은 세종 27년인 1445년에 만들어진 『봉래의(鳳來儀)』라는 대곡 가운데 3번째 부분의 곡이다. 정재(呈才, 대궐 안의 잔치 때 하던 춤과 노래)를 위한 무용 음악의 하나인 「봉래의」는 「전인자」, 「진구호」, 「여민락」, 「치화평」, 「취풍형」, 「후인자」, 「퇴구호」 등 모두 7부분으로 구성되어 있는데, 「전인자」는 전주, 「후인자」는 후주에 해당하고, 「진구호」와 「퇴구호」는 춤이 시작되고 끝날 때 외치는 구호이다. 「여민락」을 비롯한 나머지 두 곡은 성악곡이며, 노랫말로 『용비어천가』를 사용하였다.

2 조선 전기의 교육

- 왕세자는 궁 안의 시강원에서 교육을 받았다.* [서17①]

[해설] 조선 시대에 왕세자는 이상적인 군주로 성장하기 위해 시강원에서 교육을 받았다. 즉 시강원에서 왕세자의 교육을 담당하였다.

- [성균관] 성적 우수자는 문과의 초시를 면제해 주었다. [국19]
  └성균관에는 생원이나 진사만 입학할 수 있었다[✗]. [서17①]
  └성균관은 최고 유학 교육 기관으로 과거 준비 기관으로서의 성격도 지녔다. [경11②]
  └성균관 [서14]

[해설] 성균관은 조선 시대 최고의 교육 기관이다. / [서17①] 입학 자격은 생원·진사를 원칙으로 하였지만, 인원이 부족할 경우 4부 학당에서 승보시를 거친 승보생과 문음생들로 충원하기도 하였다.

- [성종] 성균관에 존경각을 짓고 서적을 소장하게 하였다.* [지14①]

[해설] 성균관에 존경각을 짓고 경적을 소장하게 하였으며, 양현고를 충실히 하여 학문 연구를 후원한 것은 성종 6년인 1475년의 일이다. 또 1484년(성종 15)과 1489년(성종 20) 두 차례에 걸쳐 성균관과 향교에 학전(學田)과 서적을 나누어주어 관학을 진흥시켰다.

- 서울에는 서학, 동학, 남학, 중학이 설치되었다. [서17①]

[해설] 한양(한성)에는 성균관과 함께 동학, 서학, 남학, 중학의 4부 학당이 설치되었다. 원래 5부 학당을 설치하기로 하였으나 북부 학당은 끝내 설치되지 못하고, 세종 27년인 1445년에 폐지되었다. 4부 학당을 사학(四學)이라고도 하였다.

- [향교] 지방의 군현에 있던 유일한 관학이다. [국19]
  └군현마다 하나씩 설립되었으며, 중앙에서 교수를 파견하였다. [서13]
  └전국의 부·목·군·현에 하나씩 설립한 학교 [기19]
  └향교의 교생 가운데 시험 성적이 나쁜 사람은 군역에 충정되기도 하였다. [서17①]

[해설] 군현마다 하나씩 설립되었으며, 중앙에서 교수를 파견한 것은 향교이다. / 조선 시대에 학생들의 경우 군역이 면제되었으나 시험 성적이 나쁠 경우 군역에 충정되기도 하였다.

- [서당] 초등 교육을 담당하였으며, 선비와 평민 자제를 교육하였다. [서13]
  └선비와 평민의 자제에게 『천자문』 등을 가르쳤다. [국19]
  └서당 교육이 보급되어 서민 의식이 성장하였다(조선 후기). [법15]

[해설] 초등 교육을 담당하였으며, 선비와 평민 자제를 교육한 것은 서당이다. / 서당 교육이 보급되어 서민 의식이 성장한 것은 조선 후기의 일이다.

- 『동몽선습』은 중국과 우리나라의 역사를 담은 아동 교육서이다. [국19]
  └[박세무] 아동용 수신서인 『동몽선습』을 편찬하였다. [서18②]

[해설] 아동용 수신서인 『동몽선습』을 편찬한 인물은 소요당 박세무(1487~1564)이다(1543, 중종 38). 천자문(千字文)을 익히고 난 후의 학동들이 배우는 초급 교재로, 먼저 부자유친·군신유의·부부유별·장유유서·붕우유신의 오륜(五倫)을 설명하였다. 이어 중국의 삼황오제(三皇五帝)에서부터

명까지의 역대 사실(歷代史實)과 한국의 단군에서부터 조선 시대까지의 역사를 약술하였다.

3 성리학의 발달

- 정도전, 권근 등 관학파는 주례를 국가의 통치 이념으로 중요하게 여겼다. [경12①] □

  └[권근] 초학자를 위한 성리학 입문서인 『입학도설』을 저술하였다.* [지15①] □

[해설] 정도전, 권근 등의 관학파(이후 훈구파)는 성리학에만 국한하지 않고 한·당 유학, 불교, 도교, 풍수지리, 민간 신앙 등을 포용하여 시대적 과제를 해결하려고 하였다(관학파들의 배불론은 학문적[철학적] 비판). 특히 『주례』를 국가의 통치 이념으로 중요하게 여겼다. 고려 시대부터 누적되어 온 대내외적인 모순을 극복하고 왕조 교체에 따른 새로운 문물제도를 정비하고 부국강병을 추진하였다(태조~성종). / 초학자들을 위한 성리학 입문서인 『입학도설』을 저술한 인물은 양촌 권근(1352~1409)이다(1390, 고려 공양왕 2).. 권근이 전라도 익주에서 유배 생활을 할 때 지은 성리학 도해집이다.

- 조선에 들어온 성리학은 '사람이 곧 하늘이다.'를 강조하는 사상이다[✗]. [서12] □

[해설] '사람이 곧 하늘이다'를 강조하는 사상은 (조선에 들어온 성리학이 아니라) 수운 최제우(1824~1864)가 1860년에 창시한 동학이다[인내천(人乃天)*].
*인내천(人乃天): 정확하게 말해 교조인 수운 최제우(1824~1864)가 아니라 동학의 3대 교주인 손병희(1861~1922)가 동학을 천도교로 개편하면서 내세운 사상이다(동학 관련 부분 선지 및 해설 참조).

- 이언적은 기(氣)보다는 이(理)를 중심으로 자신의 이론을 전개하여 후대에 큰 영향을 끼쳤다. [경15①] □

  └이언적은 이(理)보다는 기(氣)를 중심으로 자신의 이론을 전개하여 후대에 큰 영향을 끼쳤다[✗]. [경16①] □

[해설] 회재 이언적(1491~1553)은 조선 성리학 정립에 선구적인 인물로, 주희의 주리론적 입장을 정통으로 확립하여 이황에게 전해준 인물이다. 따라서 이(理)보다는 기(氣)를 중심으로 자신의 이론을 전개하여 후대에 큰 영향을 끼쳤다는 설명은 옳지 않다. 이언적의 주리적 성리설은 퇴계 이황(1501~1570)에게 계승되었다(영남학파, '일강십목소*'). 참고로 한때 같은 동인이었지만 북인은 자신들의 학문적 정통성을 확립하기 위해 남명 조식(1501~1572)을 높이고 (남인이 추종하는) 이언적과 이황을 폄하하였다(광해군 대 집권).
*일강십목소(一綱十目疏): 홍문관 부제학이었던 이언적이 중종 36년인 1541년 4월에 관원들과 함께 올린 1강(綱) 9목(目)의 10조로 된 소(疏)이다. 여기서 이언적은 하늘의 도리에 순응하고 백성의 마음을 바로잡으며 나라의 근본을 배양해야 한다는 왕도 정치의 기본 이념을 추구하면서, 도학적 경세론의 압축된 체계를 제시하였다(김안로 등 훈신들에게 휘둘려 정사를 그르친 중종에게 일갈하는 상소문).

- [서경덕] 우주를 무한하고 영원한 기로 보는 '태허(太虛)설'을 제기하였다. [국18] □

  └우주자연은 기(氣)로 구성되어 있으며, 기는 영원불멸하면서 생명을 낳는다고 보았다. [국16] □

  └이보다 기를 중심으로 세계를 이해하고 노장사상에 개방적이었다. [서17②] □

  └서경덕은 이(理)보다는 기(氣)를 중심으로 세계를 이해하고 불교와 노장사상에 대해서 개방적인 태도를 지녔다. [경16①] □

  └서경덕은 기(氣)보다는 이(理)를 중심으로 세계를 이해하고 불교와 노장사상에 대해서 개방적인 태도를 지녔다[✗].
  [경15①] □

  └서경덕과 조식은 노장사상에 포용적이었다. [경12①] □

[해설] 우주를 무한하고 영원한 기로 보는 '태허설'을 제기한 인물은 화담 서경덕(1489~1546)이다. 서경덕은 기를 중심으로 세상을 이해하고, 불교 및 노장사상에 대해서도 개방적인 태도를 보였다. 그 때문에 서경덕(과 조식)은 성리학자들로부터 비판을 받았다.

■ 주리론과 주기론 [기13] □

- ㉠ 근본적이며 이상주의적인 성격으로 근본으로서의 '이(理)'를 강조하였다.
  ㉡ 상대적으로 '기(氣)'의 역할을 강조하여 현실적이며 개혁적인 성격을 갖는다.

[해설] 자료 속 '㉠'은 주리론(主理論)을, '㉡'은 주기론(主氣論)을 가리킨다.

- [조광조] 향약 보급 운동과 함께 일상에서의 실천 윤리가 담긴 『소학』을 중시하였다. [국18] □
  - 『소학』 보급을 통해 유교 윤리를 확산시키려 하였다. [법13] □

[해설] 향약 보급 운동과 『소학』을 중시한 인물은 정암 조광조(1482~1519)이다.

- 사림의 성장을 바탕으로 성리학적 통치 이념이 강화되었다. [법15] □

[해설] 16세기 후반에 이르러 사림의 성장을 바탕으로 한 성리학적 통치 이념이 강화되어갔다.

- 이황 [서18①] □
  - 그의 학설을 따르는 이들이 처음에는 서인을 형성하였다 [✗]. [서18②] □

[해설] 동인과 서인 사이 갈등이 격해지자 이를 조정하려다 실망한 율곡 이이(1536~1584)는 자신을 서인으로 자처하였다. 이황의 학통을 따르는 이들은 동인을 형성하였다.

- [이황] 이언적의 철학을 발전시켜 주리설(主理說)을 수립하였다. [경13②] □
  - 주희의 성리설을 받아들였으며, 이기철학에서 이(理)의 절대성을 주장하였다. [국16] □
  - 이(理)는 만물의 근본이며 기(氣)를 이끈다고 주장하였다. [기17] □ (이기호발설)
  - 기(氣)보다는 이(理)를 중시했고, 예안 향약을 만들었다. [서18②] □
  - 이기이원론적 이기론을 통하여 이(理)의 자발성이나 독자성을 강조하였다. [서17①] □

[해설] 퇴계 이황(1501~1570)은 회재 이언적(1491~1553)의 철학을 발전시켜 주리설(主理說)을 정립하였다. / 퇴계 이황(1501~1570)은 이기이원론(理氣二元論)*, 이기호발설(理氣互發說)** 등 주리론을 집대성하였다. / [서18②] 예안 향약을 만든 것은 명종 11년인 1556년의 일이다(오늘날의 경북 안동시 예안면, 당시에는 안동과 별개의 행정 단위인 예안현)[향립약조(鄕立約條) 지음].

*이기이원론(理氣二元論): 만물의 존재가 이(理)와 기(氣)의 두 요소로 이루어져 있으며, 만물의 현상 역시 이 두 요소로 설명할 수 있다는 성리학의 이론이다. '이'와 '기'를 서로 독립된 것으로 보는 존재론으로 '이원론적 이기이원론'이라고도 한다. 반면 이이는 '이'와 '기'가 최초부터 동시에 존재하며 영원히 떨어질 수 있는 관계에 있다는 '이기일원론' 혹은 '일원론적 이기이원론'을 주장하였다.
이기호발설(理氣互發說): 유학의 심성론*에서 정(情)에 속하는 사단과 칠정을 각 이의 발현과 기의 발현으로 구분한 이황의 학설이다. '기'뿐만 아니라 '이'도 (초월성, 주재성만이 아니라) 운동성도 있다는 입장이다. 반면 이이는 운동성은 '기'에 있고 (초월자이든, 주재자이든) '이'가 거기에 올라탄 모습으로 세상이 존재한다는 '기발이승론(氣發理乘論)'을 전개하였다.
***유학의 심성론(心性論): 심(心)·성(性)·정(情)을 중심으로 인간 존재의 양상을 다룬 유학 이론이다. 존재론인 이기론(理氣論) 및 수양론인 거경궁리설(居敬窮理說)과도 밀접한 관련이 있다.

- 이황은 이이에 비해 현실적이고 개혁적인 성격을 지녔다 [✗]. [서12] □
  - 이황은 16세기 조선 사회의 모순을 극복하는 방안으로 통치 체제의 정비와 수취 제도의 개혁 등을 주장하였다 [✗]. [국14] □

[해설] (이황이 아니라) 율곡 이이(1536~1584)가 이황에 비해 현실적이고 개혁적인 성격을 지녔다. 그리고 통치 체제의 정비와 수취 제도의 개혁 등을 주장한 인물 역시 이황이 아닌 이이이다. 주리론을 집대성한 이황(1501~1570)의 사상은 인간의 심성을 중시하고, 근본적이며 이상주의적이었다.

■ 퇴계 이황 [국16] [지13] [법20] [경13②] □

- 이 사람은 34세에 문과에 급제하여 관직 생활을 시작하였지만 곧 모친상을 당하여 3년간 상복을 입었다. 삼년상이 끝나고 관직에 복귀하였으나 을사사화 등으로 조정이 어지러워지자 이내 관직 생활의 뜻을 접고, 1546년 40대 중반의 나이에 향리로 퇴거하여 학문 연구에 전념하였다. 이후 경상도 풍기 군수로 있으면서 주세붕이 창설한 백운동 서원에 대한 사액을 청원하여 실현을 보게 되었으니, 이것이 조선 왕조 최초의 사액 서원인 '소수서원'이다.

[해설] '34세에 문과에 급제', '1546년 40대 중반의 나이에 향리로 퇴거'하였다는 내용, 경상도 풍기 군수로 있으면서 백운동 서원에 대한 사액을 청원하였다는 내용들에서 제시된 사람은 퇴계 이황(1501~1570)임을 알 수 있다.

- 주자의 이론에 조선의 현실을 반영하여 나름대로의 체계를 세우고자 하였다. 그의 사상은 도덕적 행위의 근거로서 인간

심성을 중시하고, 근본적이며 이상주의적인 성격이 강하였다. 대표적인 저서로 『성학십도』가 있다.

[해설] '인간의 심성을 중시하고, 근본적이며 이상주의 성격이 강하였다'는 내용, '『성학십도』'이라는 저서 등을 통해 퇴계 이황(1501~1570)에 대한 설명임을 알 수 있다.

- 그는 우주 만물의 본질은 순수하고 착한 형이상의 이(理)로서 모든 만물은 그 점에서 모두 착하고 평등하다고 보았다. 그런데 이가 형이하로 발현되는 것이 기(氣)로서, 기의 세계는 천차만별의 불평등으로 나타난다고 주장했다. 그의 학설은 주자의 견해를 철학적으로 심화시킨 것으로, 결과적으로 형이상학적인 원칙과 규범과 명분을 존중하는 학문으로 발전하게 되었다.

[해설] 주어진 자료 속 '그'는 조선의 주리론을 완성한 퇴계 이황(1501~1570)을 가리킴을 알 수 있다. 이황은 이(理)와 기(氣)를 병존적 존재로 파악하면서(이기이원론), 만물 생성의 원리인 이와 변화 원인인 기가 상발한다는 이기호발설을 주장하였다(이것이 곧 '주리론').

- 그의 사상은 사림이 구체제를 비판하고 훈척과 투쟁하던 시기를 바탕으로 하고 있다. 또한 왕 스스로가 인격과 학식을 수양하기 위해 부단히 노력해야 한다는 점을 강조하였다. 그의 사상이 일본에 전파되면서 일본에서는 그를 '동방의 주자'라고 부르기도 하였다.

[해설] '동방의 주자'로 불린 퇴계 이황을 가리킨다. '왕 스스로의 노력'을 강조한 『성학십도』를 지었다(1568, 선조 원년).

- [이황]『주자서절요』를 저술하였다. [소20] □
  └주자의 중요한 서찰을 뽑아 『주자서절요』를 편찬하였다. [경13②] □
  └이이의 저서 「주자서절요」는 임진왜란 이후 일본에 전해져 일본 성리학 발달에 많은 영향을 주었다[×]. [경16①] □
  └『주자서절요』 [경18③] □

[해설] 퇴계 이황(1501~1570)이 『주자서절요』를 편찬한 것은 명종 16년인 1561년의 일이다. 주희(1130~1200)의 『주자대전』에 수록된 서간 중에서 중요 부분을 발췌한 책이다.

- [이황] 성학십도를 저술하였다. [법20] □
  └『성학십도』를 저술하여 당시 임금인 선조에게 바쳤다. [경13②] □
  └『성학십도』를 저술하여 경연에서 강의하였다. [국21] □
  └ⓒ의 입장에서 서술된 <성학십도>는 군주가 스스로 성학을 따를 것을 제시하였다. [기13] □
  └왕의 수신 교과서인 『성학십도』를 집필한 인물 [서18②] □

[해설] 막 즉위한 선조가 성군이 되기를 바라는 마음에서 『성학십도』(일종의 '상소문')를 짓고 그에 근거하여 경연에서 강의한 인물은 퇴계 이황(1501~1570)이다(1568, 선조 원년). 17세의 어린 나이로 왕위에 오르는 선조가 성군이 되기를 바라는 뜻에서 군왕의 도에 관한 학문의 요체를 도식으로 설명하였다(당시 이황은 68세). / [기13]의 ⓒ은 주기론을 가리키나 무시함.

■ **성학십도(이황)** [지14②] [서13] [법15] [기17] [소21] □

- 이(理)를 강조하였으며 『주자서절요』, 『성학십도』 등을 저술하였다.

[해설] 이황이 『주자서절요』를 저술한 것은 명종 16년인 1561년이고, 『성학십도』를 저술한 것은 선조 원년인 1568년의 일이다.

- 이제 이 도(圖)와 해설을 만들어 겨우 열 폭밖에 되지 않는 종이에 풀어 놓았습니다만, 이것을 생각하고 익혀서 평소에 조용히 혼자 계실 때에 공부하소서. 도(道)가 이룩되고 성인이 되는 요체와 근본을 바로잡아 나라를 다스리는 근원이 모두 여기에 갖추어져 있사오니, 오직 전하께서는 이에 유의하시어 여러 번 반복하여 공부하소서.

[해설] '도와 해설을 만들어 겨우 열 폭밖에 되지 않는 종이에 풀어 놓았습니다'는 부분과, '전하께서는 이에 주의하시어 여러 번 반복하여 공부하소서'라는 부분을 통해 퇴계 이황이 지어 선조에게 올린 『성학십도』임을 알 수 있다(1568, 선조 원년). 『성학십도』는 군왕의 도에 관한 학문의 요체를 10개의 도표로 설명한 책이다(「태극도」, 「서명도」, 「소학도」, 「대학도」, 「백록동규도」, 「심통성정도」, 「인설도」, 「심학도」, 「경재잠도」,

「숙흥야매잠도」).
- 후세 임금들은 천명을 받아 임금의 자리에 오른 만큼 그 책임이 지극히 무겁고 지극히 크지만, 자신을 다스리는 도구는 하나도 갖추어지지 않았습니다. …… 바라옵건대 밝으신 임금께서는 이러한 이치를 깊이 살피시어, 먼저 뜻을 세워, "(순임금은 어떤 사람이고 나는 어떤 사람인가?) 노력하면 나도 순임금처럼 될 수 있다."라고 생각하십시오. (중복 출제)

- 성학십도 -

[해설] 일종의 성학군주론(聖學君主論)으로, 사림의 성장을 바탕으로 성리학적 통치 이념이 강화되어간 16세기 당시(후반)의 모습을 잘 보여준다(이이의『성학집요』도 해당). / [기17]에서는『성학십도』중 첫 번째인「태극도」를 제시하였다.

- (가) 은/는『성학십도』와『주자서절요』등을 저술하여 주자의 학설을 당시 사회 현실에 맞게 체계화하였다. 특히『성학집도』는 태극도 등 10개의 그림과 설명이 들어가 있는 책으로, 당시 임금이었던 선조가 성군(聖君)이 되기를 바라는 마음에서 지어 올린 것이라고 한다.

[해설] 주어진 자료 속 '(가)'는 퇴계 이황(1501~1570)임을 알 수 있다.『성학십도』는 선조 원년(1568)에,『주자서절요』는 이전인 명종 16년(1561)에 집필되었다.

- [이황] 정지운의『천명도』해석을 둘러싸고 사단칠정 논쟁이 시작되었다.* [국18] ☐

[해설] 추만 정지운(1509~1561)의『천명도』해석을 둘러싸고 고봉 기대승(1527~1572)과 사단칠정 논쟁을 벌인 인물은 퇴계 이황(1501~1570)이다. 정지운이『천명도설』*을 지어 조화의 이(理)를 규명한 뒤, 1553년(명종 8)에 이황을 만나 수정을 받았는데(모재 김안국, 사재 김정국에게도 문의함) 이것이 뒷날 사칠 논쟁의 발단이 되었다.

*『천명도설』: 학자 정지운(1509~1561)이 천명과 인성의 관계를 도표로 표시하고 설명한 책이다(1537, 중종 32).

- [이황] 기대승과 8차례 편지를 통해 4단과 7정에 대한 논쟁을 벌였다. [서17②] ☐

[해설] 사단과 칠정의 발생 과정을 이기론적으로 해명하는 문제를 둘러싸고 퇴계 이황과 고봉 기대승 사이에 논쟁이 발생하였다(1559~1566, 서신 왕래). 주된 쟁점은 사단이 이(理)에 속하는지 아니면 기(氣)에 속하는지 하는 문제와, 이(理)가 과연 발동할 수 있는가 없는가 하는 두 가지 문제였다(결국 '이'의 본질에 대한 규명)('사칠논변'이라고도 함). 사단칠정 논쟁은 이후 율곡 이이(1536~1584)와 우계 성혼(1535~1598) 사이에서도 다시 논의되었다(1572~1577, 서신 왕래)(20세기 초까지 거의 모든 성리학자가 다룰 정도로 핵심 논제).

- [기대승]『주자대전』의 중요 부분을 발췌하여『주자문록』을 편찬하였다.* [서18①] ☐

[해설]『주자대전』의 주요 문장을 발췌하여『주자문록』을 편찬한 인물은 고봉 기대승(1527~1572)이다. 본집 3권과 속집 1권으로 엮었다(1561, 명종 16).

- (가)의 문인과 성혼의 문인이 결합해 기호학파를 형성하였다[✗]. [서13] ☐

[해설] '(가)'는 퇴계 이황을 가리킴. (이황이 아니라) 율곡 이이의 문인과 성혼의 문인이 결합하여 기호학파가 형성되었다.

- [이황] 일본의 성리학 발전에 크게 영향을 끼쳤다. [지14②] ☐

└일본의 성리학 발달에 영향을 주었다. [소21] ☐

└(가)의 사상은 일본 성리학 발전에 영향을 끼쳤다. [지13] ☐

└(가)의 사상이 일본의 성리학 발전에 큰 영향을 주었다. [서13] ☐

└㉠의 주장은 이후 일본의 성리학 발전에 큰 영향을 끼쳤다. [기13] ☐

[해설] 일본의 성리학 발전에 크게 영향을 준 인물은 퇴계 이황(1501~1570)이다. / [기13]의 ㉠은 주리론을 가리킴.

- [이황과 이이] (가), (나) 모두 노장사상에 대해 포용적인 자세를 취하였다[✗]. [서13] ☐

└(나)는 근본적이고 이상주의적인 성격이 강하였다[✗]. [서13] ☐

└㉠은 이이가 강조하던 사상적 흐름이다[✗]. [기13] ☐

└이이는 도덕적 행위의 근거로서 심성을 중시하고, 근본적이며 이상주의적인 성격이 강하였다[✗]. [서12] ☐

[해설] [서13]의 (가), (나)는 각 이황과 이이를 가리킴. 이이만이 성리학을 중심으로 노장사상에 대해서도 포용적인 태도를 취하였다(이황 X). 도덕적 행

위의 근거로서 인간의 심성을 중시하고, 근본적이고 이상주의적 성격이 강한 인물은 (이이가 아니라) 이황의 사상이다. / [기13]의 ㉠은 주리론을 가리킴. / [서12] 이이는 이황에 비하여 상대적으로 기의 역할을 강조하며 현실적이고 개혁적인 성격을 가지고 있었다.

- [이이] 현실 세계를 구성하는 기를 중시하여 경장(更張)을 주장하였다. [국18] □
  - '이'와 '기'를 통일적으로 이해하면서 '기'를 중시하였다. [소21] □
  - 이(理)는 두루 통하고 기(氣)는 국한된다고 하였다. [소20] □

[해설] 현실 세계에서 구성하는 기를 중시한 인물은 율곡 이이(1536~1584)이다. 이이는 16세기 후반의 조선 사회를 '중쇠기(中衰期)'로 판단해 일대 경장(更張)이 요구되는 시대로 보았다. / '이'와 '기'를 통일적으로 이해하면서 '기'를 중시한 인물은 율곡 이이이다. 이(理)와 기(氣)가 최초부터 동시에 존재하며 영원히 떨어질 수 없는 관계로 본 것으로, 존재론적 차원에서 이를 '일원론적 이기이원론' 혹은 그냥 '이기이원론'이라 한다. 참고로 이황은 '이'와 '기'를 서로 독립된 것으로 본다(즉 '이원론적 이기이원론' 혹은 그냥 '이기일원론'). / 이이는 이(理)는 두루 통하고 기(氣)는 국한된다고 보았다[이른바 '이통기국론(理通氣局論)']. 이와 기에 대한 이이의 독창적인 학설이다.

- [이이] 아홉 차례의 과거 시험에 모두 장원하여 '구도장원공'이라는 별칭을 얻었다. [국16] □

[해설] 율곡 이이(1536~1584)에 해당한다. 이이는 '구도장원공'이라는 별칭으로 불렸다.

■ 율곡 이이 [국19] [지13] □

- 현실적이며 개혁적인 성격을 가지고 있었다. 그는 『성학집요』 등을 저술하여 16세기 조선 사회의 모순을 극복하는 방안으로 통치 체제의 정비와 수취 제도의 개혁 등 다양한 개혁 방안을 제시하였다.

[해설] '현실적이며 개혁적인 성격', '『성학집요』'를 통해 율곡 이이(1536~1584)에 대한 설명임을 알 수 있다. 이이는 이기일원론적 이기론의 입장에서 기(氣)를 강조하였다. 그래서 현실적이며 개혁적인 성향이 강하였다.

- · 1566년(31세) 사간원 정언에 제수되다.
- · 1568년(33세) 이조 좌랑이 되었으나 외할머니 이씨의 병환 소식을 듣고 사퇴하다.
- · 1569년(34세) 동호독서당에 머물면서 『동호문답』을 찬진하다.
- · 1574년(39세) 승정원 우부승지에 제수되어 『만언봉사』를 올리다.
- · 1575년(40세) 홍문관 부제학에서 사퇴하고 『성학집요』를 편찬하다.

[해설] 율곡 이이(1536~1584)를 가리킨다. 이조 전랑(정5품)과 좌랑(정6품)에게는 삼사의 관리를 추천하는 권한, 즉 자천권이 있었다[후임을 전임자가 선발하는 자천제(自薦制) 혹은 자대제(自代制)].

- [이이] 성학집요를 저술하였다. [법20] □
  - 이황은 군주 스스로가 성학을 따라야 한다는 「성학집요」를 저술하였다[×]. [경16①] □
  - 이황은 『성학요요』를 저술하여 군주 스스로가 성학을 따를 것을 제시하였다[×]. [경15①] □

[해설] 『성학집요』를 저술한 인물은 율곡 이이이다(1575, 선조 8). 이이는 책에서 현명한 신하가 군주에게 성학을 가르쳐 군주의 기질을 변화시켜야 한다고 주장하였다. / 군주 스스로가 성학을 따라야 함을 강조한 것은 이황이 저술한 『성학십도』이다(1568, 선조 원년).

- [성학집요] 신하는 성학을 군주에게 가르쳐 기질을 변화시켜야 한다고 하였다. [서17①] □
  - (나)는 군주 스스로 성학을 따를 것을 주장하였다[×]. [서13] □

[해설] 『성학집요』에 나오는 내용이다. 이이는 『성학집요』에서 현명한 신하가 군주에게 성학을 가르쳐 군주의 기질을 변화시켜야 한다고 주장하였다(1575, 선조 8). / (이이가 아니라) 이황이 『성학십도』에서 군주 스스로 성학을 따를 것을 주장하였다(1568, 선조 원년).

■ 성학집요(이이) [지22] [서17②] [서13] [법15] □

- 기(氣)를 강조하였으며 『동호문답』, 『성학집요』 등을 저술하였다.

[해설] 율곡 이이(1536~1584)와 관련된 내용이다[각 1569(선조 2)/1575(선조 8)].

- 올해 초가을에 비로소 저는 책을 완성하여 그 이름을 『성학집요』라고 하였습니다. 이 책에는 임금이 공부해야 할 내용과 방법, 정치하는 방법, 덕을 쌓아 실천하는 방법과 백성을 새롭게 하는 방법이 실려 있습니다. 또한 작은 것을 미루어 큰 것을 알게 하고 이것을 미루어 저것을 밝혔으니, 천하의 이치가 여기에서 벗어나지 않을 것입니다. 따라서 이것은 저의 글이 아니라 성현의 글이옵니다.

[해설] 밑줄 친 '저'는 율곡 이이(1536~1584)를 가리킨다. 이이가 제왕의 학(學)을 위해 『성학집요』를 지어 선조에게 바친 것은 1575년(선조 8)의 일이다.

- 이 책은 왕과 사대부를 위해 왕도 정치의 규범을 체계화한 것으로 통설, 수기, 정가, 위정, 성현도통 등으로 구성되어 있다. 이 책은 성리학의 정치 이론서인 『대학연의』를 보완함으로써 조선의 사상계에 널리 영향을 미쳤다.

[해설] 왕과 사대부를 위해 왕도 정치의 규범을 체계화했다는 점, 통설, 수기, 정가, 위정, 성현도통 등으로 구성되었다는 점 등은 모두 이이의 『성학집요』에 대한 설명이다. 이황으로 오해할 수 있다(주의).

- 제왕의 학문은 기질을 바꾸는 것보다 절실한 것이 없고, 제왕의 정치는 정성을 다해 어진 이를 등용하는 것보다 우선하는 것이 없을 것입니다. 기질을 바꾸는 데는 병을 살펴 약을 쓰는 것이 효과를 거두고, 어진 이를 쓰는 데는 상하가 틈이 없는 것이 성과를 얻습니다.
  - 성학집요 -

[해설] 일종의 성학군주론(聖學君主論)으로 사림의 성장을 바탕으로 성리학적 통치 이념이 강화되어간 16세기 당시(후반)의 모습을 잘 보여준다(이황의 『성학십도』도 해당).

- [이이] 『동호문답』을 저술하였다. [지22] □

[해설] 『동호문답』을 저술한 인물은 율곡 이이(1536~1584)이다(1569, 선조 2). 왕도 정치의 이상을 문답 형식으로 서술한 책이다.

- [이이] (가)는 도학의 입문서인 『격몽요결』을 저술하였다. [지13] □

[해설] 『격몽요결』은 이이가 학문을 시작하는 이들을 가르치기 위해 편찬한 책이다(1577, 선조 10). 해주에서 학도들을 가르친 경험을 바탕으로 기초 교육에 대해 정리한 것으로, 국왕의 학문을 위해 저술한 『성학집요』, 관학 교육을 위해 저술한 『학교모범(學校模範)』에 대응한다[각 1575(선조 8)/1582(선조 15)].

- 이이는 『주자서절요』, 『동호문답』을 저술하여 16세기 조선 사회의 모순을 극복하는 방안으로 통치 체제의 정비와 수취 제도의 개혁 등 다양한 개혁 방안을 제시하였다[x]. [경15①] □

[해설] 율곡 이이는 『동호문답』을 저술하여 16세기 조선 사회의 모순을 극복하는 방안으로 통치 체제의 정비와 수취 제도의 개혁 등 다양한 개혁 방안을 제시하였다(1569, 선조 2). 『주자서절요』는 (이이가 아니라) 퇴계 이황(1501~1570)의 저술이다(1561, 명종 16).

- [이이] 기자의 행적을 정리한 『기자실기』를 편찬했다. [서17①] □
  └ 사림이 추구하는 왕도 정치가 기자에서 시작되었다는 평가를 담은 『기자실기』를 저술하였다. [서17②] □

[해설] 이이는 기자[중국 상(은)나라 말기~주나라 초기로 추정, 기원전 11세기]에 대한 내용을 정리하여 『기자실기』를 저술하였다(1580 선조 13). 기자가 동이족을 교화시키고 고조선을 건국했으며 단군과 단군 조선의 존재 자체를 부정하는 중화사상이 담겨 있다. 그리하여 우리나라를 소중화로 파악하는 성리학적 세계관이 반영된 책이다.

- [이이] 기호학파를 형성하였다. [법20] □
  └ 기호학파의 학문적 시조가 되는 사람이다. [기17] □

[해설] 기호학파의 학문적 시조가 되는 인물은 율곡 이이(1536~1584)이다. 즉 기호학파는 기호 지방을 근거지로 (이황이 아니라) 율곡 이이의 문인과 성

혼의 문인이 결합하여 형성된 학파이다. 참고로 기호 지방이란 예전에 기전(畿田)(기중) 지방과 호서 지방을 함께 부르는 지명으로, 오늘날로 치면 경기도와 충청도를 포괄하고, 더 넓게는 황해도 남부 지역까지 포함하기도 한다. 역사적 개념에서의 기호학파는 경기도와 충청도 지역의 이이 · 성혼의 문인과 학자들의 집단을 지칭한다.

- [이이] 그의 학설은 성혼, 송익필, 김장생 등의 기호 지방 학자들에게 주로 계승되었다. [경13②] ☐

[해설] 우계 성혼(1535~1598), 구봉 송익필(1534~1599), 사계 김장생(1548~1631) 등의 기호 지방 학자들에게 학설이 주로 계승된 이는 (이황이 아니라) 율곡 이이(1536~1584)이다.

- [조식] 노장사상을 포용하고 학문의 실천성을 강조하였다. [지14②] ☐
  - 조식은 노장사상에 포용적이었으며 학문의 실천성을 특히 강조하였다. [경16①] ☐
  - 경과 의를 근본으로 하는 실천적 성리학풍을 강조하였다. [서17②] ☐
  - 이기론의 탐구보다는 의리와 명분의 실천을 중요시하게 되었다. [법15] ☐
  - 철학적 문제를 토론하는 것보다 의리와 명분 실천을 중시하였다. [기17] ☐

[해설] 노장사상을 포용하였으며, 학문의 실천성을 강조한 인물은 남명 조식(1501~1572)이다. / 조식은 성리학을 중시하면서도 천문, 지리, 의학, 복서(卜筮)[점술], 병학(兵學) 등의 이른바 잡학에도 관심을 가졌다. 노장사상에 포용적이어서 퇴계 이황으로부터 '노장에 물든 병통'이 있다는 비판을 받았다. 학문의 실천성을 특히 강조하였다(광해군 대 북인에게 영향). 반면 이황의 경우 이기론의 탐구, 즉 철학적 문제의 토론을 중시하였다.

- [조식] 서리망국론을 부르짖으며 당시 서리의 폐단을 강력하게 비판하였다.* [국16] ☐

[해설] 서리망국론을 부르짖으며 서리의 폐단을 강력하게 비판한 인물은 남명 조식(1501~1572)이다[무진봉사, 1568(선조 원년)]. 율곡 이이도 동조하였고, 이후 성호 이익과 다산 정약용도 향리론에서 같은 주장을 펼친 바 있다. 참고로 같은 해 퇴계 이황도 곧이어 무진봉사, 정확하게는 무진육조소((戊辰六條疏)를 선조에게 올렸다.

4 편찬 사업

- 동국사략 [서12] ☐
  - 동국사략 – 저자 권근은 여왕을 여주(女主)로 폄하하였다.* [회21] ☐
  - 박상의 『동국사략』은 외국의 사서를 500여 종이나 인용한 기전체적 분류사로, 삼국사기나 고려사의 누락을 보충하는 등 정통사체에 대한 인식을 심화시켰다[X]. [경11②] ☐

[해설] 조선 시대에 '동국사략'이라는 명칭의 사서가 여러 번 편찬되었다. 첫 번째는 양촌 권근(1352~1409)과 이첨, 하륜 등이 편찬한 『동국사략』으로 태종 3년인 1403년에 나왔다. 두 번째는 몽암 유희령(1480~1552)이 중종 대에 서거정(1420~1488)의 『동국통감』이 너무 방대하고 상세하여 읽기에 불편하다고 보고, 이를 읽기 쉽게 간략하게 정리한 『표제음주동국사략』이 있다(1540년대~1550년대). 세 번째는 눌재 박상(1474~1530)이 『동국통감』을 바탕으로 16세기 초(중종 대로 추정)에 편찬한 『동국사략』이 있다(기자를 단군보다 더 높이 평가, 조선 중기 사림파의 역사 인식 반영). 마지막으로 현채(1856~1925)가 1906년에 편찬한 『동국사략』이 있다. / [회21] 『동국사략』의 저자 양촌 권근(1352~1409)은 여왕을 여주(女主)로 폄하하였다(1403, 조선 태종 3). 권근은 『동국사략』에서 춘추대의론에 입각한 준엄한 역사 비평을 가하고, 명분에 맞지 않는 명호(名號)를 과감하게 바꾸었다. 즉 삼국의 연기를 사실에 맞게 즉위년칭원법(卽位年稱元法)을 따르지 않고, 유년칭원법(踰年稱元法)을 썼다("하늘에 두 태양이 없고, 땅에는 두 임금이 동시에 있을 수 없다"는 이유). 또 거서간·차차웅·이사금과 같은 신라의 고유한 왕호가 비야(鄙野)하다는 이유로 모두 왕으로 고쳐 썼다. 또한, 여왕·태후·태자 등의 칭호도 제후의 명분에 맞지 않는다 하여, 여주·대비·세자로 고쳐 썼다. / [경11②] 외국의 사서를 500여 종이나 인용한 기전체적 분류사로, 『삼국사기』나 『고려사』의 누락을 보충하는 등 정통사체에 대한 인식을 심화시킨 사서는 조선 후기 옥유당 한치윤(1785~1814)의 『해동역사』이다(1814, 순조 14).

- 조선왕조실록은 사관이 국왕 앞에서 기록한 시정기, 각 관청의 문서를 모아 만든 사초 등을 종합, 정리하여 편년체로 편찬되었다[X]. [경15②] ☐
  - 『조선왕조실록』 [경15③] ☐

[해설] 『조선왕조실록』은 사관이 국왕 앞에서 기록한 사초('시정기'가 아니다), (사초를 포함해) 각 관청의 문서를 모아 (춘추관에서 편철하여 만든) 만

든 시정기('사초'가 아니다) 등을 종합, 정리하여 편년체로 편찬되었다. '사초'와 '시정기'의 위치가 서로 바뀌었다.

- 조선왕조실록 사고가 세워졌다.* [법23] ☐

[해설]『조선왕조실록』사고(史庫)*가 설치된 곳은 처음 두 군데에서 네 군데로, 다시 다섯 군데로 변화하였다(5사고 체제). 자세히 살펴보면, 고려의 내사고(개경(개경))와 외사고(지방)의 2원 체제로 운영되던 방식을 조선 시대에도 계승, 조선 초에는 한양의 춘추관 사고와 지방의 충주 사고, 이렇게 2원 체제로 운영되었다. 그러다 세종 대(재위 1418-1450, 제4대)에 경상도 성주 사고와 전라도 전주 사고가 추가되어 4사고 체제로 확대되었다. 그러던 중 1592년에 발발한 임진왜란으로 전주 사고를 제외한 춘추관, 충주 및 성주의 사고가 모두 불타 실록이 소실되면서 사고는 지역 중심지에서 산으로 옮겨지게 되었다. 조선 후기에는 전주 사고본을 복사한 뒤 위치를 바꿔 한양의 춘추관 사고를 비롯해 강화도의 마니산 사고, 평안도 영변의 묘향산 사고, 경상도 봉화의 태백산 사고, 강원도(현 강원특별자치도) 평창의 오대산 사고의 5사고 체제로 운영되었다. 그러다가 병자호란 때 강화도 마니산 사고가 크게 파손되고 이후 1660년(현종 원년)에 화재까지 발생하면서 인근의 강화도 정족산 사고로 이전하게 되었고, 묘향산 사고는 후금(뒤에 청)의 침입을 우려해 전라도 무주의 적상산 사고로 이전하였다. 따라서 지방의 4사고는 정족산·적상산·태백산·오대산 사고로 확정되었다(전체로는 한양의 춘추관 사고가 포함된 '5사고 체제').

*사고(史庫): 실록을 보관하기 위하여 국가에서 설치한 일종의 창고

- [문종] 기전체 역사서인『고려사』와 편년체 역사서인『고려사절요』가 완성되어 편찬되었다. [경13②] ☐

[해설] 기전체 역사서인『고려사』는 문종 1년인 1451년에 완성(세종 31년인 1449년에 편찬 시작)되었으며, 편년체 역사서인『고려사절요』역시 문종 2년인 1452년에 완성되어 편찬되었다.

- [문종]『고려사』 [경15③] ☐

└고려사 [기18] ☐

└(가) - 편년체의 사서이다[✗]. [기18] ☐

[해설]『고려사』는 조선 문종 원년인 1451년에 편찬되었으며, 기전체 사서이다.

- [문종] 고려사절요 [서12] ☐

└『고려사절요』편찬 [경21①] ☐

└『고려사절요』 [경15③] ☐

└고려의 역사를 자주적 입장에서 정리한『고려사절요』를 편찬하였다. [경20①] [경18③] ☐

[해설]『고려사절요』는 조선 문종 2년인 1452년에 편찬되었다(『고려사』완성 후 약 5개월여 만에 완성). 기전체를 취한『고려사』와는 달리 편년체로 구성하였다(주의). 절재 김종서(1383~1453)를 포함 모두 28인의 춘추관 수사관들이 편찬에 참여하였다. 이 중 김종서와 정인지(1396~1478) 등 21인은『고려사』편찬에도 참여한 바 있다.

- [성종]『삼국사절요』* [서18②] ☐

[해설]『삼국사절요』는 조선 세조 대 편찬을 시작하여 성종 대 노사신, 서거정 등이 완성한 삼국의 역사서이다(1476, 성종 7)(단군 조선~삼국).『동국통감』의 고대사 부분을 다시 손질해 간행한 것이다(편년체).

- [동국통감(성종)] 고조선부터 고려 말까지의 역사를 정리하였다. [국19] ☐

└고조선부터 고려 말까지 역사를 정리하였다. [경14①] ☐

└『동국통감』은 고조선부터 고려 말까지의 역사를 편년체로 서술하였다. [지14①] ☐

└고조선부터 고려 말까지 역사를 정리한『동국통감』을 간행하였다. [경20①] ☐

└고조선부터 고려 말까지의 역사를 정리한『동국통감』을 간행하였다. [경18③] ☐

└고조선부터 고려 말까지의 역사를 정리한『동국통감』편찬에 참여하였다(서거정). [회17] ☐

└성종 때에는 고조선부터 고려 말까지의 역사를 정리한 편년체 통사로서『동국사략』이 간행되었다[✗]. [경15②] ☐

└단군 조선을 우리 역사의 시작으로 본 통사이다. [지21]☐

└국왕, 훈신, 사림이 서로 합의하여 통사 체계를 구성하였다. [국20]☐

└세가지, 열전 등으로 구성되었다[x]. [경14①]☐

└동국통감 [지11②] [서12] [회16]☐

└『동국통감』 [경15③]☐

[해설] 고조선[단군 조선]부터 고려 말까지의 역사를 (편년체로) 정리한 사서[최초의 통사]는 『동국통감』이다(1485, 성종 16)[조선 후기 순암 안정복(1712~1791)의 『동사강목』도 같은 시기 다룸, 주의]. 단군 조선을 우리 역사의 시작으로 본 것이다. 왕명으로 신숙주(1417~1475)가 편찬 작업을 진행하다 사망하여 이후 노사신(1427~1498)이 주축이 되어 서거정(1420~1488) 등 10인이 정리하였다(국왕, 훈신, 사림이 서로 합의하여 통사 체계를 구성). / [경15②] 『동국사략』이라는 이름으로 편찬된 역사서는 여러 권이 있다(『동국사략』, 관련 선지 및 해설 참조). / [경14①] 세가, 지, 열전 등으로 구성된 형식을 기전체라고 한다. 『동국통감』은 편년체 사서이다.

■ 동국통감 [서12][경14①]☐

· 이 책은 세조 때에 편찬에 착수하였는데, 서거정 등이 고조선에서 고려 말까지의 역사를 정리한 편년체 역사서이다.

[해설] '세조 때에 편찬에 착수하였는데, 서거정 등이 고조선에서 고려 말까지의 역사를 정리한 편년체 역사서'라는 내용이 나와 있다. 성종 16년(1485)에 편찬된 『동국통감』을 가리킴을 알 수 있다.

· 일찍이 세조께서, "우리 동방에는 비록 여러 역사서가 있으나 장편으로 되어 귀감으로 삼을 만한 것이 없다."라고 말씀하시고, 관리들에게 명하여 편찬하게 하셨지만 제대로 이루어지지 못하였습니다. 주상께서 그 뜻을 이어받아 서거정 등에게 편찬을 명하였습니다. (중략) 이 책을 지음에 명분과 인륜을 중시하고 절의를 숭상하여, 난신을 성토하고 간사한 자를 비난하는 것을 더욱 엄격히 하였습니다.

[해설] 주어진 자료가 말하는 역사서는 조선 성종 16년인 1485년에 간행된 『동국통감』임을 알 수 있다.

· [동국세년가(세종)] 왕명으로 단군조선에서 고려 말까지의 역사를 노래 형식으로 정리하였다.* [국20]☐

[해설] 왕명으로 단군 조선에서 고려 말까지의 역사를 노래 형식으로 정리한 책은 조선 세종 대에 편찬된 『동국세년가』이다(1436, 세종 18). 참고로 역사적 사실을 노래 형식으로, 즉 시가로 읊어 기록하는 방식을 영사체(詠史體)라고 한다.

· [문종] 우리나라 전쟁사를 정리한 『동국병감』을 편찬하였다. [국21]☐

└역대의 전쟁을 체계적으로 정리한 『동국병감』을 편찬하였다. [경20①]☐

└『동국병감』은 고조선에서 고려 말까지의 전쟁을 정리한 병서이다. [국19]☐

└『동국병감』과 같은 병서를 간행하여 원나라의 침략에 대비하였다[x]. [국14]☐

└문종 때에는 김종서의 주도하에 중국과 우리나라의 역대 전쟁사를 정리한 「병장도설」이 편찬되었다[x]. [경17①]☐

└『동국병감』, 『병장도설』을 간행하여 군사 훈련 지침서로 사용하였다[x]. [경15①]☐

└『동국병감』 [경18③]☐

[해설] 우리나라 전쟁사를 정리한 『동국병감』이 편찬된 것은 문종 대(재위 1450-1452)이다. 중국과 우리나라의 역대 전쟁사이다(위만 조선~고려 말). 정확한 연도나 편찬자는 확실히 알 수 없다. 다만 완성[편찬]된 사실만 확인할 수 있다. 또한 간행도 되지 않았다. 실질적으로 간행이 이루어져 전국에 반포되고 열람이 이루어진 것은 선조 41년인 1608년의 일이다. 따라서 편찬 시기상 원의 침략에 대비하였다는 [국14]의 선지는 옳지 않다(원나라, 1271-1368). / 『병장도설』은 성종 23년인 1492년에 간행된 『진법(陣法)』(군사 훈련 지침서)을 영조 18년 1742년에 책명을 바꾸어 간행[복간]한 책이다. 참고로 영조 때는 또 『병장도설』의 체제를 본떠서 5군영을 중심으로 한 중앙군의 진법, 조련, 편성, 기구 등을 설명한 『속병장도설』이 간행되었다(1749, 영조 25). / 『동국병감』은 문종 대 (김종서의 주도로) 편찬된 중국과 우리나라의 역대 전쟁사이다(위만 조선~고려

말)(군사 훈련 지침서 X).

- 『삼강행실도』는 모범적인 효자·충신·열녀를 다룬 윤리서이다. [국19] ☐
  ㄴ 백성들의 윤리서인 『삼강행실도』를 편찬하였다. [국17①] ☐
  ㄴ [세종] 『삼강행실도』와 『효행록』을 간행하였다.* [회22] ☐
  ㄴ 『삼강행실도』를 편찬하였다. [회21] ☐
  ㄴ 삼강행실도를 간행하였다. [소19①] ☐
  ㄴ 충신, 효자, 열녀 등의 행적을 그리고 설명한 『삼강행실도』가 편찬되었다. [서13] ☐
  ㄴ 효자, 충신, 열녀 등의 사례를 뽑아서 만든 백성들의 윤리서인 『삼강행실도』이다. [지12②] [회15] ☐

  [해설] 『삼강행실도』는 조선 세종 대에 편찬된 백성 교화 목적의 책이다(1434, 세종 16)[세종(재위 1418~1450), 제4대]. 직제학 설순(?~1435) 등이 왕명을 받아 우리나라와 중국의 서적에서 군신·부자·부부의 삼강에 모범이 될 만한 충신·효자·열녀의 행실을 모아 그림과 함께 편찬하였다(언행록, 교훈서). / 『효행록』을 설순 등이 개정하여 중간(重刊)한 것은 세종 10년인 1428년의 일이다. 『효행록』의 경우 고려 후기[충목왕 대(재위 1344-1348), 제29대] 권부(1262~1346)와 그의 아들 권준(1281~1352)이 역대 효행에 관한 기록을 모아 편집한 책이 있다(이제현 서문).

■ 삼강행실도(세종) [지17②] [경17②] [경16②] ☐

- 우리 주상 전하가 근신(近臣)에게 …(중략)… 명령하여 편찬하는 일을 맡게 하였다. …(중략)… 가만히 생각건대, 임금과 어버이와 부부의 인륜인 충·효·절의의 도는 하늘이 내려 준 천성으로서 사람마다 같은 것이니, 천지의 시작과 더불어 생겨났고 천지가 끝날 때까지 없어지지 않는다.　　　　　　　　　　　　　　　　　　　　　「삼강행실도」

  [해설] 주어진 자료는 『삼강행실도』에 대한 설명이다. 출처는 『세종실록』 권56 세종 14년(1432) 6월의 기사이다. 집현전에서 『삼강행실』을 편찬하여 서와 전문을 더불어 올린 내용이다[글에 그림을 추가하는 과정을 거쳐 2년 뒤에 편찬(간행)한 것으로 추정].

- 삼강은 인도의 근본이니, 군신·부자·부부의 도리를 먼저 알아야 할 것이다. 이제 내가 유신에게 명하여 고금의 사적을 편집하고 아울러 그림을 붙여 만들어 이름을 '삼강행실'이라 하고, 인쇄하게 하여 서울과 외방에 널리 펴고자 한다.

  [해설] 집현전 부제학 설순(?~1435) 등이 왕명을 받아 우리나라와 중국의 각종 서적들에서 군신, 부자, 부부의 삼강에 모범이 될 만한 충신, 효자, 열녀의 행실을 모아 만든 『삼강행실도』이다. 세종 16년인 1434년에 편찬되었다.

- 천하의 떳떳한 다섯 가지가 있는데 삼강이 그 수위에 있으니, 실로 삼강은 경륜의 큰 법이요 일만 가지 교화의 근본이며 원천입니다. … 선덕 신해년에 우리 왕께서 측근의 시하에게 이렇게 명령하셨습니다. … '간혹 훌륭한 행실과 높은 절개가 있어도, 풍속 습관에 옮겨져서 보고 듣는 자의 마음을 흥기시키지 못하는 일도 또한 많다. 내가 그 중 특별히 남달리 뛰어난 것을 뽑아서 그림과 찬을 만들어 중앙과 지방에 나누어 주고, …' 고 하시고 … (후략)

  [해설] '천하의 떳떳한 다섯 가지가 있는데 삼강이 그 수위에 있으니'라는 내용에 이어 '삼강은 경륜의 큰 법이요 일만 가지 교화의 근본이며 원천입니다'는 내용이 나와 있다. 이를 통해 주어진 자료가 가리키는 책은 세종 16년인 1434년에 간행된 『삼강행실도』임을 알 수 있다

- [세종] 한글로 석가모니의 일대기를 풀이한 책이 저술되었다(석보상절). [서13] ☐
  ㄴ [수양 대군(세조)] 석보상절을 한글로 번역하여 편찬하였다. [법22] ☐

  [해설] 세종은 수양 대군(이후 세조)에게 명을 내려 한글로 석가모니의 일대기를 풀이한 『석보상절』을 짓도록 하였다(1446, 세종 28).

- 『세종실록지리지』 [경17②] ☐

  [해설] 『세종실록지리지』는 단종 2년인 1454년에 완성되었다. 『세종장헌대왕실록』, 즉 『세종실록』에 실려 있는 전국 지리지이다.

- [세조] 간경도감을 두어 『월인석보』를 언해하여 간행하였다[X]. [서17②] ☐
  ㄴ 간경도감을 설치하여 불교 경전을 한글로 번역하여 간행·보급하였고, 원각사지 10층 석탑을 건립하였다. [경16①] ☐

└불교 장려 [회18] □

[해설] 세조는 태조, 세종과 마찬가지로 불교를 개인적으로 깊이 신봉하였다. 그리고 실제로 불교를 장려하였다. 불경을 번역하고 간행하는 간경도감을 설치(1461, 세조 7)하여[~1471(성종 2)](1461.6~1471.12),『법화경』,『금강경』,『심경』,『원각경』,『영가집』등 10종의 불경을 언해하여 간행하게 하는 한편,『대장경』50권을 필인(畢印)하기도 하였다[간경도감의 불서 간행 사업은『교장』의 중수와 불서의 언해가 주 대상, 간행 사업 결과 불교와 정음(한글)의 밀접한 관계가 수립]. 그런데 [서17②]에서 본 선지가 옳은 선지로 제시되었는데『월인석보』(언해본)*를 간행한 것은 간경도감 설치 전인 세조 5년인 1459년의 일**이고(교서관에서 간행, 국역 증보판), 이후 여러 사찰에 의해 번각*** 보시되었을 뿐 간경도감에서 다시 간행한 기록은 보이지 않는다[간경도감 본사 언행본 간행 목록(10종)에서도 미확인]. 의아하여 기존 해설들을 살펴봤지만 '간경도감'과 '『월인석보』'를 따로 주목해서 세조 대라는 사실만 설명할 뿐 주어진 선지의 문장 그대로 간경도감에서『월인석보』를 언해하여 다시 간행한 사실이 있는지에 대해서는 언급하지 않았다. 따라서 해당 문제는 사실상 '출제 오류'로 판단된다****[간행도감 본사가 아닌 지방 분사 간행 목록 미확인, 하지만 이 시기 언해본 불경은 모두 서울(한성)에서, 지방 분사에서 간행된 것은 한문본 불경이라는 지적이 있음(국사편찬위원회,『(신편)한국사』27, 373쪽)].

*『월인석보』: 세조가 수양 대군 시절인 1447년(세종 29)에 한문본『석가보』를 기초로 해서 지은『석보상절』과 그것을 참고해 세종이 지은『월인천강지곡』을 합편해서 간행한 불경 언해서이다(『월인천강지곡』의 내용을 본문으로 하고, 이에 대응하는『석보상절』의 내용을 주석으로 편집). / 원각사는 세조 11년인 1465년에 창건되었고, 원각사(지) 10층 석탑을 건립한 것은 이년 뒤인 1467년(세조 13)의 일이다.

**국사편찬위원회의『(신편)한국사』26, 269쪽에는 다음과 같이 서술되어 있다. "세조 대의 불사 가운데 무엇보다도 역사에 길이 남을 대불사는 한문 경전뿐이었던 당시에 불경을 우리글로 번역하여 간행한 일이었다. 세조는 동왕 5년에 《월인석보》를 간행하였고, 7년 6월에 간경도감을 설치하여 많은 불교 전적을 우리 글로 번역하여 간행토록 하였다. 그 이듬해에는 《능엄경언해》를 완성한 것을 비롯하여 《법화경》·《금강경》·《심경》·《원각경》·《영가집》 등을 계속해서 국역으로 간행하였다."

***번각(飜刻): 한 번 새긴 책판을 본보기로 삼아 그 내용을 다시 새김.

****간경도감에서는 불경을 한문본과 언해본[한문을 한글, 즉 훈민정음('정음'이라고 함)으로 번역]으로 구분하여 간행하였다[1461(세조 7)~1471(성종 2)][언해본이 중심. 학문승들의 연구와 주소인 장소(章疏)도 대대적으로 판각]. 그런데『월인석보』는 간경도감 설치 2년 전에 간행된 불경 언해서[한글 불경]이기 때문에 [서17②]의 선지는 사실상 틀렸다고 봐야 한다(해당 문제에서는 옳은 선지로 간주)[『월인천강지곡』은 훈민정음으로 지은 악장체의 찬불가이고(1449, 세종 31),『석보상절』은 한글[훈민정음]과 한자를 병용하여 찍은 불경 언해서(1447, 세종 29)]. 간경도감 설치 후『월인석보』를 추가로 간행한 사실이 있는지 국사편찬위원회 한국사데이터베이스 사이트 (『세조실록』포함)를 검색해 보았으나 그에 마땅한 내용을 발견하지 못하였다.

• [성종]『국조오례의』를 편찬하여 국가의 예법과 절차를 정하였다. [지17②] □
└『국조오례의』는 국가의 여러 행사에 필요한 의례를 정비한 의례서이다. [국19] □
└국가 행사 때 사용될 의례 규범서인『국조오례의』이다. [회15] □
└(다) - 성종 때에 편찬된 예서이다. [기18] □
└『국조오례의』가 편찬되었다. [회23] □
└『국조오례의』 [경18③] [경17②] □
└국조오례의 [회16] [기18] □

[해설]『국조오례의』가 편찬된 것은 성종 5년인 1474년의 일이다. 보한재 신숙주(1417~1475), 창재 정척(1390~1475) 등이 오례(五禮)를 중심으로 완성하였다(1474, 성종 5).

• [성종]『국조오례의』가 편찬되고『동국여지승람』이 만들어졌다. [국18] □
└국가 행사 때 사용할 의례 규범서인『국조오례의』이다. [지12②] □
└『동국여지승람』이 편찬되었다. [회23] [경13②] □
└동국여지승람 [국24] □

[해설]『국조오례의』와『동국여지승람』이 편찬된 것은 모두 성종 대(재위 1469-1494, 제9대)의 일이다[각 1474(성종 5)/1481(성종 12)]. / 참고로 (각 군현의 위치와 역사, 면적, 인구, 특산물 등 상세한 정보를 담은)『신증동국여지승람』이 완성된 것은 중종 25년인 1530년의 일이다.

■ **국조오례의(성종)** [경13②] ☐

왕의 명으로 이 책을 완성하였다. 그 내용은 제사에 대한 길례, 왕실의 관례와 혼례에 대한 가례, 사신 접대에 대한 빈례, 군사 의식에 대한 군례, 상례 의식에 대한 흉례이다.

[해설] 성종 대에 편찬된 『국조오례의』를 가리킨다(1474, 성종 5).

- [중종] 이륜행실도를 간행하였다. [회18] ☐
- ㄴ『이륜행실도』가 간행되었다. [경13②] ☐
- ㄴ이륜행실도 [회16] ☐

[해설] (이륜의 윤리를 진작하기 위해) 『이륜행실도』를 간행한 왕은 중종이다(1518, 중종 13). 여기서 말하는 '이륜(二倫)'이란 장유(長幼)와 붕우(朋友)의 윤리(장유유서, 붕우유신)를 가리킨다.

■ **이륜행실도(중종)** [국18] ☐

지금 국왕께서 풍속을 바꾸려는 데에 뜻이 있으므로 신은 지극하신 뜻을 받들어 완악한 풍속을 고치고자 합니다. …(중략)… 『이륜행실(二倫行實)』로 말하면 신이 전에 승지가 되었을 때에 간행할 것을 청했습니다. 삼강이 중한 것은 아무리 어리석은 부부라도 모두 알고 있으나, 붕우·형제의 이륜에 이르러서는 평범한 사람들이 제대로 모르는 경우가 있습니다.

[해설] 중종 때 간행된 『이륜행실도』를 가리킨다(1518, 중종 13). 모재 김안국(1478~1543)의 건의를 받아들여 장유(長幼)와 붕우(朋友)의 윤리를 진작하기 위하여 편찬하였다.

- [중종] 각 군현의 위치와 역사, 면적, 인구, 특산물 등 상세한 정보를 담은 『신증동국여지승람』을 완성하였다. [경18③] ☐

[해설] 각 군현의 위치와 역사, 면적, 인구, 특산물 등 상세한 정보를 담은 『신증동국여지승람』이 완성된 것은 중종 25년인 1530년의 일이다.

- [태종] 전국 지도로서 팔도도가 처음으로 제작되었다.* [서13] ☐
- ㄴ「팔도도」는 양성지 등이 세조 때 완성하였으며, 북방 영토를 실측하여 만들었다[x](동국지도).* [회17] ☐

[해설] '팔도도'는 태종 2년(1402)에 이회(?~?)가 만든 우리나라의 전국 지도이다. 조선 시대 최초의 지도이나 원본은 남아 있지 않다. 이회는 '혼일강리역대국도지도' 제작에도 참여하였다. / 세조 때 (정척과) 눌재 양성지(1415~1482) 등이 완성하였으며, 북방 영토를 실측하여 만든 지도는 '동국지도'이다(1463, 세조 9). 조선 후기 정상기(1678~1752)가 제작한 '동국지도'와 같은 명칭이다.

- [태종] 혼일강리역대국도지도는 중국에서 들여온 곤여만국전도를 참고하였다[x]. [국23] ☐
- ㄴ왕의 명령으로 혼일강리역대국도지도를 제작하는 관리 [법20] ☐
- ㄴ유럽과 아프리카 대륙까지 묘사하였다. [국18] ☐
- ㄴ중국이 세계의 중심이라는 중화사상이 반영되었다. [국18] ☐
- ㄴ이 지도의 작성에는 이슬람 지도학의 영향이 있었다. [국18] ☐
- ㄴ세계 지도인 「혼일강리역대국도지도」는 중국과 조선을 크게 그렸다는 특징이 있다. [회17] ☐
- ㄴ우리나라에 해당하는 부분은 백리척을 사용하여 과학화에 기여하였다[x](동국지도). [국18] ☐
- ㄴ공민왕 때에 나흥유가 만들어 왕에게 바친 『혼일강리도』는 조선 태종 때 이회 등이 만든 『혼일강리역대국도지도』의 토대가 되었다[x].* [경11②] ☐

[해설] '혼일강리역대국도지도'는 조선 태종 2년인 1402년에 제작된 세계 지도이다(좌정승 김사형, 우정승 이무와 이회 등)*. '곤여만국전도'는 1602년 (선조 35)에 이탈리아인 선교사 마테오 리치(1552~1610)가 명의 북경에서 제작한 것을 1708년(숙종 34)에 조선에서 모사한 세계 지도이다. '혼일강리역대국도지도'의 중앙(중심)에는 중국이 위치해 있다. 따라서 중국이 세계의 중심이라는 중화사상이 반영되어 있음을 알 수 있다. 또 지도에 표기된 아랍어 지명, 녹색의 바다, 청색의 하천, 백색의 토지는 이슬람 계통의 지구의(地球儀)와 채색법이 동일하다. 따라서 이슬람 지도학의 영향이 있다고 볼 수 있다. / [회17] '혼일강리역대국도지도'에서는 (중국과) 우리나라가 크게 그려져 있다. 17세기에 마테오 리치의 곤여만국전도가 들어오기 전까지는 가장 훌륭하고, 사실상 유일한 세계 지도였다. / [국18] 백리척을 최초로 사용한 지도는 조선 후기 정상기(1678~1752)의 '동국지도'이다(영조 연간인 1740년대 제작 추정). / [경11②] 공민왕 때에 무신 나흥유(?~?)가 고려와 중국의 지도를 만들고 여러 왕조의 흥망과 국토 변천·연혁을 자세히 기록하여 왕에게 바쳤다는 기록은 있으나 '혼일강리도'를 바친 것은 아니다. '혼일강리역대국도지도'를 '역대제왕혼일강리도'라고도 한다.

*혼일강리역대국도지도: 정종 원년인 1399년 김사형(1341~1407)이 중국(명)으로부터 가져온 두 장의 지도 즉, '성교광피도'와 '혼일강리도'를 기초로 하고, 최신의 조선 지도와 일본 지도를 결합·편집하여 만들었다. '성교광피도'에는 중국 이외의 지역이 자세히 그려져 있고, '혼일강리도'에는 중국 역대 왕조의 강역과 도읍이 상세히 표시되어 있었다. '혼일강리역대국도지도'는 현존하는 동양의 세계 지도 가운데 가장 오래된 지도이다.

■ **혼일강리역대국도지도(태종)** [국18] [소20] ☐

- 1402년 제작된 이 지도는 조선 학자들에 의해 제작된 세계 지도이다. 권근의 글에 의하면 중국에서 수입한 '성교광피도'와 '혼일강리도'를 기초로 하고, 우리나라와 일본의 지도를 합해서 제작하였다고 한다.

[해설] '혼일강리역대국도지도'는 조선 태종 2년인 1402년에 제작된 세계 지도이다. 우리나라가 상대적으로 몇 배나 크게 그려져 있지만, 현전하는 동양 최고의 세계 지도이고, 당시로서는 동서양을 막론하고 가장 훌륭한 세계 지도로 평가받고 있다.

- 이 지도는 아라비아 지도학의 영향을 받아 만들어진 원나라의 세계 지도를 참고하고 여기에 한반도와 일본 지도를 첨가한 것이다. 현재 원본은 전하지 않으며 후대에 그린 모사본이 일본에 전한다.

[해설] 지도도 제시되어 있는 바 곧 조선 태종 2년인 1402년에 제작된 세계 지도인 '혼일강리역대국도지도'임을 알 수 있다.

- [세조] 조선 전기를 대표하는 『동국지도』를 완성하였다.* [경20①] ☐

[해설] 조선 전기를 대표하는 '동국지도'가 (정척과 양성지 등에 의해) 완성된 것은 조선 세조 9년인 1463년의 일이다. 주의할 것은 조선 후기 정상기(1678~1752)가 100리 척을 사용해 만든 조선 지도인 '동국지도'도 있다는 점이다(1740년대 제작). 흔히 '동국지도'라 함은 숙종 대까지는 전국을 그린 지도를 일반적으로 지칭하는 말이었고, 영조 대 이후부터는 정상기가 제작한 '동국지도'를 지칭하였다.

- 서양 문물의 수용, 곤여만국전도 [법17] ☐

[해설] '곤여만국전도'는 조선 숙종 34년인 1708년에, 마테오 리치(1552~1610)가 북경에서 제작(1602)한 것을 모사한 세계 지도이다

- [세종] 지리서의 편찬이 추진되어 『신찬팔도지리지』를 편찬하였다.* [경20①] [경18③] ☐
  └『신찬팔도지리지』가 편찬되었다.* [경13②] ☐

[해설] 지리서의 편찬이 추진되어 조선 왕조 최초의 지리서인 『신찬팔도지리지』가 편찬된 것은 조선 세종 14년인 1432년의 일이다.

- [신숙주] 일본의 동정을 담은 『해동제국기』를 저술하였다. [국21] ☐
  └『해동제국기』 [국18] ☐

[해설] 일본의 동정을 담은 『해동제국기』를 저술한 인물은 보한재 신숙주(1417~1475)이다(1471, 성종 2). 왕명으로 일본의 정치, 외교, 사회, 풍속, 지리 등을 종합적으로 정리하여 기록하였다.

■ 해동제국기 [경21②]

전하께서 신에게 명하여 해동 여러 나라와 조빙(朝聘)으로 왕래한 고사(故事), 관곡(館穀)을 주어 예우한 전례를 찬술해 가지고 오라 하셨다. 나는 삼가 옛 문적을 상고하고, 보고 들은 것을 덧붙여서, 지도를 그리고 간략히 세계(世系)의 본말과 풍토를 서술하고, 우리나라에서 접대하던 절차에 이르기까지 수집해 모아 책을 만들어 올렸다.

[해설] 주어진 자료는 세조의 명으로 과거 자신이 다녀온 각 지역(일본, 대마도, 류큐 왕국 등)의 정치, 외교, 풍속, 지리 등을 종합적으로 정리하여 기록한 신숙주(1417~1475)의 『해동제국기』를 가리킨다(1471, 성종 2).

5 과학 기술의 발달

- [세종] 『농사직설』은 정초 등이 왕명을 받아 편찬한 것이다. [국15]
  └ 전통적 농업 기술을 정리한 『농사직설』이 편찬되었다. [국24]
  └ 농업 기술을 발달시키기 위해 『농사직설』이 간행되었다. [지14①]
  └ 정초, 변효문 등이 왕명에 의해 우리나라 풍토에 맞는 농법을 정리한 『농사직설』을 편찬하였다. [법22]
  └ 중국 농사법에서 탈피하여 우리나라 풍토에 맞는 농법으로 편찬된 『농사직설』이다. [회15]
  └ 세종 때에는 촌로들의 실제 경험을 존중하여 우리나라의 기후 풍토에 알맞은 독자적인 농법을 정리한 「농사직설」이 편찬되었다. [경17①]
  └ (나) - 노농(老農)들의 경험을 토대로 하여 서술되었다. [기18]
  └ 조선 초기 농업 기술의 발전 성과를 반영한 영농의 기본 지침서는 세종 대 편찬된 『농가집성』이었다[X]. [서14]
  └ 『농사직설』과 같은 농업 서적을 간행하였다. [경20②]
  └ 『농사직설』 편찬 [지20]
  └ 『농사직설』 [서23] [서18②] [경12③]
  └ 농사직설 [법16] [기18] [소22]

[해설] 『농사직설』은 세종 대에 문신 정초(?~1434), 변효문(1396~1461) 등이 왕명을 받아 편찬된 조선 전기의 대표적 농서이다(1429, 세종 11)(관찬) [세종(재위 1418~1450), 제4대]. 농민의 경험을 반영하여 우리나라 풍토에 맞는 농법을 정리한 우리나라 최초의 독자적인 농서이자 농사의 개설을 해설하여 놓은 농서 중 현존하는 가장 오래된 책이기도 하다(이후 성종 대, 효종 대, 숙종 대 등 수차례 간행). / [서14] 『농가집성』은 효종 때 문신이자 농학자인 신속(1600~1661)이 편찬한 것으로(1655, 효종 6), 『농사직설』을 계승하면서 벼농사 중심의 수전 농법을 소개하여 이앙법 보급에 영향을 주었다.

■ 농사직설(세종) [국17②] [국14] [지22] [경15②] [소19①]

- 농사는 천하의 대본이다. 예로부터 성왕(聖王)이 이를 힘쓰시 아니한 사람이 없었다. …(중략)… (가) 께서는 정사에 힘을 써 더욱 백성 일에 마음을 두셨다. 지방마다 풍토가 같지 아니하여 곡식을 심고 가꾸는 법이 각기 맞는 게 있어. 옛 글과 다 같을 수 없다 하여, 여러 도의 감사에게 명하여 고을의 늙은 농부들에게 물어 이미 그 효과가 입증된 것을 아뢰게 하시고 …(하략)…

  -『농사직설』-

[해설] 출처가 『농사직설』로, 세종 11년인 1429년에 정초, 변효문 등에 의해 편찬된 농서이다[(가)는 곧 세종].

- 지금 우리 왕께서도 밝은 가르침을 계승하시고 다스리는 도리를 도모하시어 더욱 백성들의 일에 뜻을 두었다. 여러 지방의 풍토가 같지 않아 심고 가꾸는 방법이 지방에 따라서 차이가 있기 때문에 옛 글의 내용과 모두 같을 수가 없었다. 이

- 에 각 도의 감사들에게 명령하시어, 주·현의 노농(老農)을 방문하여 그 땅에서 몸소 시험한 결과를 자세히 듣게 하시었다. 또 신 정초(鄭招)에게 명하시어 말의 순서를 보충케 하시고, 신 종부소윤 변효문(卞孝文) 등이 검토해 살피고 참고하게 하여, 그 중복된 것은 버리고 절실하고 중요한 것은 취해서 한 편의 책을 만들었다.

[해설] 노농에게 물어봤다는 내용, 정초와 변효문이라는 인물 등을 통해 주어진 자료의 책은 조선 세종 11년인 1429년에 편찬된 『농사직설』을 가리킴을 알 수 있다. 주어진 자료는 『농사직설』의 서문이다[『세종실록』권44 세종 11년(1429) 5월 기사].

- 임금께서 오방(五方)의 풍토가 다르니 농사의 방법도 각각 그 마땅힘이 있어 옛 글과 모두 같을 수 없다 하셨다. 각 도 감사에게 명하여 여러 마을의 나이 많은 농부에게 농사 경험을 묻게 하고 신하 정초와 변계문에게 중복된 것을 버리고 꼭 필요한 것만 뽑아 한편의 책으로 엮게 하셨다.

[해설] 위와 같은 내용의 자료이다(출처 동일).

- 『농상집요』는 중국 화북 지방의 농사 경험을 정리한 것으로서 기후와 토질이 다른 조선에는 도움이 될 수 없었다. 이에 농사 경험이 풍부한 각 도의 농민들에게 물어서 조선의 실정에 맞는 농법을 소개한 이 농서가 편찬되었다.

[해설] 농사 경험이 풍부한 도민들의 이야기를 참고하여 조선의 실정에 맞는 농법을 소개한 농서는 『농사직설』이다(1429, 세종 11).

- 풍토에 따라 곡식을 심고 가꾸는 법이 다르니, 고을의 경험 많은 농부를 각 도의 감사가 방문하여 농사짓는 방법을 알아본 후 아뢰라고 왕께서 명령하셨다. 이어 왕께서 정초와 변효문 등을 시켜 감사가 아뢴 바 중에서 꼭 필요하고 중요한 것만을 뽑아 『농사직설』을 편찬하게 하셨다.

[해설] 『농사직설』이 편찬된 해는 세종 11년인 1429년이다.

- [세조] 강희맹은 성종 때 「양화소록」을 저술하여 화초 재배법을 소개하였다[×]. [경17①]

[해설] 『양화소록』을 지은 이는 (강희맹이 아니라) 인재 강희안(1417~1464)이다. 또 세조 때 완성하였다. 원명은 『청천양화소록(菁川養花小錄)』이다[1449(세종 31)~1465(세조 11)년 사이 집필 추정, 강희맹이 편찬한 『진산세고』안에 함께 수록, '세고(世稿)'는 한 집안의 글을 모은 책을 가리킴, 강희안은 강희맹의 형]. 사숙재 강희맹(1424~1483)이 지은 것은 『금양잡록』이다(1492, 성종 23).

- [성종] 경기 지역의 농사 경험을 토대로 금양잡록을 편찬하였다(강희맹). [지16②]
  └ 강희맹이 경기 지역의 농사 경험을 토대로 『금양잡록』을 편찬하였다. [법22]
  └ 『금양잡록』 [서20]
  └ 금양잡록 [소22]

[해설] 성종 때 강희맹(1424~1483)은 경기 지역의 농사 경험을 토대로 『금양잡록』을 편찬[간행]하여 널리 보급하였다(1492, 성종 23)[성종(재위 1469~1494) 제9대].

■ 금양잡록 [소22]

- <농서 소개>
- 1492년(성종 23)에 간행
- 곡물 이름을 이두와 한글로 표기
- 저자가 직접 농사를 지어 보고 저술
- 당시 경기도 지역의 관행 농업을 정리

[해설] 주어진 자료 속 '농서'는 사숙재 강희맹(1424~1483)이 간행한 『금양잡록』이다(1492, 성종 23).

- [세종] 간의를 만들어 천체를 관측하였다. [지23] □
  └천체 관측 기구인 혼의, 간의 등을 제작하였다. [지16②] □
  └간의, 혼천의 등 천체 관측 기구를 제작하였다. [기15] □
  └세종 대 해와 달 그리고 별을 관측하기 위해 간의대(簡儀臺)라는 천문대를 운영하였다. [서14] □

[해설] 혼의(渾儀)는 천체의 운행과 그 위치를 측정하여 천문 시계의 구실을 한 기구로, 선기옥형(璇璣玉衡), 혼천의(渾天儀)라고도 한다(1433, 세종 15). 간의(簡儀)는 오늘날의 각도기(角度器)와 비슷한 구조를 가졌으며, 혼천의를 간소화한 것이다(1437, 세종 19). 행성과 별의 위치, 시간의 측정, 고도와 방위를 정밀하게 측정할 수 있는 조선 시대의 천문 관측 기기 중의 하나이다. 대간의와 소간의를 만들었다. 간의대(簡儀臺)는 경복궁 안에 설치된 천문 관측대[천문대]로 여러 천문 관측 기구를 비치, 운영하였다(1434, 세종 16).

- [세종] 혜정교와 종묘 앞에 앙부일구를 처음 설치하였다. [기16] □
  └휴대용으로 작은 앙부일구를 제작하였다. [서24①] □

[해설] 혜정교와 종묘 앞에 앙부일구를 처음 설치한 것은 조선 세종 16년인 1434년의 일이다. / 앙부일구는 일종의 공중(용) 해시계로 세종 16년인 1434년에 처음 만들어졌다. 시간을 측정하고 계절까지 동시에 알 수 있었으며 당시 종묘 외 대궐과 종로 네거리에도 설치되었다. 이천(1376~1451)과 장영실(1390년경~?)이 제작한 것으로 알려져 있다[문신이자 천문학자였던 이순지(?~1465)라는 설도 있음]. 앙부일부는 이후 약간씩 변형되며 꾸준히 제작되었는데, 휴대용 앙부일구도 제작되었다.

- [세종] 현주일구, 천평일구가 만들어졌다.* [기16] □

[해설] (휴대용 해시계인) 현주일구, 천평일구가 만들어진 것은 세종 19년인 1437년의 일이다.

■ 앙부일구(세종) [법13] [기19] □

- 이것을 혜정교와 종묘 앞에 처음으로 설치하여 해 그림자를 관측하였다. 집현전 직제학 김돈이 명을 짓기를, '…구리를 부어서 그릇을 만들었는데, 모양이 가마솥과 같다. 지름에는 둥근 송곳을 설치하여 북에서 남으로 마주 대하게 하였고, 움푹 파인 곳에서 (선이) 휘어서 돌게 하였으며, 점을 깨알같이 찍었는데, 그 속에 도(度)를 새겨서 반주천(半周天)을 그렸다. … 길가에 설치한 것은 보는 사람이 모이기 때문이다. 이로부터 백성도 이것을 만들 줄 알게 되었다.'라고 하였다.

[해설] 주어진 자료 속 '이것'은 조선 세종 대에 제작된 해시계인 앙부일구를 가리킨다(1434, 세종 16).

- 무엇을 하든 간에 / 때를 아는 것보다 중한 것이 없겠거늘
  밤에는 경루가 있지만 / 낮에는 알 길이 없더니
  구리를 부어 기구를 만드니 / 형체는 가마솥과 같고
  반경에 원거를 설치하여 / 남과 북이 마주하게 하였다
  구멍에 꺾임을 따라 도는 것은 / 점을 찍어서 그러하다
  내면에는 도수를 그어 / 주천의 반이 되고
  귀신의 몸을 그리기는 / 어리석은 백성 때문이요
  각과 분이 또렷한 것은 / 햇볕이 통하기 때문이요
  길가에 두는 것은 / 구경꾼이 모이는 때문이니
  이로 비롯하여 / 백성이 작흥할 것을 알게 되리라

[해설] 조선 세종 16년인 1434년에 제작된 일종의 해시계인 앙부일구임을 알 수 있다. 참고로 원거(圓鋸)란 글자 그대로의 의미는 모양이 둥근톱이지만, 여기서는 남북으로 가로질러 설치한 '둥근 막대'를 뜻한다. 앙부일구에서는 또 정중앙에 '겨자씨 같은' 구멍을 내 햇빛이 그쪽으로 통과하도록 하였다. 위의 자료에 나온 바와 같이 문신이자 천문학자였던 집현전 직제학 김돈(1385~1440)이 지은 명(銘)이다.

- [세종] 자격루 [경12③] ☐

  [해설] 자동 시보 장치를 갖춘 물시계인 자격루는 세종 16년인 1434년에 제작되었다. 천체의 운행과 위치를 측정하는 혼천의를 제작한 인물인 장영실(1390년경?~1450?)이 만들었다(1433, 세종 15)

- [세종] 측우기를 사용하여 강수량을 측정하였다. [서24①] ☐
  └한양의 관상감과 각 지방의 군현에 측우기를 설치하여 강우량을 측정하였다. [기15] ☐

  [해설] 강우량을 측정하는 측우기를 처음 만든 것은 세종 24년인 1442년의 일이다. / 관상감은 천문·지리·역수(曆數)·점산(占算)·측후(測候)·각루(刻漏) 등에 관한 일을 담당하기 위해 예조 내에 설치한 관서이다(1466, 세조 12).

- [세조] 토지 측량 기구로 인지의와 규형을 제작하였다. [경15①] ☐
  └토지 측량 기구인 인지의와 규형을 제작하여 토지 측량과 지도 제작에 활용하였다. [경12③] ☐
  └조선왕조실록에는 계절의 변화와 1년의 길이를 측정하기 위해 규형을 설치하였다는 기록이 있다[X]. [기15] ☐

  [해설] 토지 측량 기구로 인지의(印地儀)와 규형(窺衡)을 제작한 것은 세조 12년인 1466년의 일이다. 각도와 축척(縮尺)의 원리를 이용하여 토지의 원근과 높낮이를 측량하는 데 사용되었다. (고려 시대 과학 기술을 묻는 문제에서 부적절한 선지로 제시). /『조선왕조실록』에는 계절의 변화와 1년의 길이를 측정하기 위해 (규형이 아니라) 혼상(渾象)을 설치하였다는 기록이 있다(1437, 세종 19). 규형은 세조가 직접 제작한 토지 측량 기구이다(1466, 세조 12).

- [태조] 천상열차분야지도는 하늘을 여러 구역으로 나누고 별자리를 표시한 그림이다. [국23] ☐
  └태종 때에는 고구려의 천문도를 바탕으로 천상열차분야지도를 돌에 새겼다[X]. [경15①] ☐
  └고구려 시대에 만들어진 천상열차분야지도는 우리나라 최초의 천문도이다[X]. [기11] ☐
  └별자리를 그린 '천상열차분야지도'를 제작하였다. [경20②] ☐
  └『천상열차분야지도』가 제작되었다. [경13②] ☐
  └천상열차분야지도 제작 [법16] ☐

  [해설] '천상열차분야지도'는 고구려의 천문도, 즉 고구려 시대 평양에서 각석한 천문도(평양성도) 비석의 탁본을 가지고 만든 천문도로, 조선 태조 4년인 1395년에 제작되었다(1395.12). '천상열차분야지도 각석'이라고도 하며 (종이가 아닌) 돌(검은색 대리석, 흑요암)에 음각으로 새긴 석각 천문도이다. 세계에서 두 번째로 오래된 천문도이다.

- [세종] 역법서인『칠정산』을 편찬하였다. [지23] ☐
  └역법서인『칠정산』을 간행하고『농사직설』을 편찬하였다. [회14] ☐
  └중국의 수시력과 아라비아의 회회력을 참고하여 우리나라 역사상 최초로 서울을 기준으로 천체 운동을 정확하게 계산한 역법서인 '칠정산'을 만들었다. [경16②] ☐
  └조선 시대에 만들어진 칠정산은 서울을 기준으로 천체 운동을 정확하게 계산하여 만들었다. [기11] ☐
  └한양 기준 역법서의 편찬, 칠정산 [법17] ☐
  └『칠정산내외편』 [서23] ☐
  └칠정난내외편 [경12③] ☐
  └칠정산 개발 [법16] ☐
  └『칠정산』 [서20] ☐

  [해설] 역법서인『칠정산(내·외편)』이 모두 편찬[간행]된 것은 세종 26년인 1444년의 일이다.『칠정산』(내편)은 원의 수시력(과 명의 대통력)을 연구·해석하여 만들었으며(세종 24년인 1442년에 일단 완성하여 편찬),『칠정산』(외편)은 아라비아[서역]의 역법인 회회력까지 연구·해설하여 만들었

다.『칠정산』(내편) 편찬은 세종의 명을 받은 정흠지(1378~1439), 정초(?~1434), 정인지(1396~1478) 등이 주도하였으며(내편 서문 기록, 하지만 실제로는 실무자인 이순지와 김담이 편찬 담당), 이로써 우리나라 역사상 최초로 한양을 기준으로 천체 운동을 계산한 역법서, 다시 말해 우리나라 실정에 맞는 역(법)서가 비로써 출현하게 되었다.『칠정산』(외편) 편찬은 세종이 실무자인 이순지(1406?~1465), 김담(1416~1464) 등에게 회회력을 참고하여 조선의 실정에 맞도록 다시 교정할 것을 명하여 이루어졌다(세종 26년인 1444년에 완성, 내편과 함께 간행). 이처럼 역법 연구에서 주도적인 역할을 한 이들은 이순지와 김담과 같은 실무자들이었다. 이들은 실제 관측을 행하고, 역법의 원리에 대한 이론적인 연구를 수행하였다. / [회14]『농사직설』을 편찬한 것은 세종 11년인 1429년의 일이다.

■ 칠정산 편찬 [지16②] [지14①] [지13] [서23] [서13] [법14] [경19①] [기16] [소18②]

- 우리나라의 역법은 고려 시대에 당의 선명력을 사용하다가 충선왕 때 원의 수시력을 채용하였고, 공민왕 때 명의 대통력을 들여온 이후 조선도 이것을 사용하였다. 그러나 이러한 역법들은 모두 우리나라의 현실과는 차이가 있었으므로 이를 기초로 새로운 역법서를 편찬하였다. 이는 우리나라의 실정에 맞는 조선력이었던 것이다.

[해설]『칠정산』(내·외편)을 편찬하게 된 역사적 과정에 대한 설명이다(1444, 세종 26).

- 우리나라는 삼국 시대 이래 중국에서 역서(曆書)를 수입해서 사용하였다. 그러나 우리나라와 중국의 위치가 달라 중국의 역서를 그대로 사용하기 어려웠고, 역법(曆法) 자체도 완벽하지 못하여 오차가 많았다. 이에 왕은 정인지, 정초, 정흠지 등에게 명하여 우리 고유의 역법서(曆法書)를 만들도록 명하였다.

[해설] 주어진 자료 속 밑줄 친 '왕'은『칠정산』(내편)』을 제작하도록 명한 조선의 세종(재위 1418-1450, 제4대)을 가리킨다.

- 정초, 정인지 등이 원의 수시력을 참고하여 한양을 기준으로 태양과 달의 운동, 태양의 입출입 시각 등을 상세히 기록한 새로운 역법인 (가)을(를) 만들었다.

[해설] 정초, 정인지 등이 원의 수시력을 참고하여 한양을 기준으로 만든 새로운 역법서는『칠정산』(내·외편)이다.『칠정산』(내·외편)은 조선 세종 대에 만들어졌다(1444, 세종 26).『칠정산』(내편)은 원의 수시력과 명의 대통력을 연구·해석한 것이며,『칠정산』(외편)은 서역(아라비아)의 회회력을 연구·해설한 것이다.

- 왕은 원나라의 수시력을 참고하여 역법을 만들게 하였다. 그 책의 말미에 동지·하지 후의 일출·일몰 시각과 밤낮의 길이를 나타낸 표가 실려 있는데, 우리나라 역사상 최초로 한양을 기준으로 하여 계산한 것이다.

[해설] '원나라의 수시력을 참고하여 역법을 만들게 하였다', '우리나라 역사상 최초로 한양을 기준으로 하여 계산하였다'는 내용을 통해 세종 때 만들어진『칠정산』(내편)임을 알 수 있다(1444, 세종 26).

- 조선은 개국 후에도 여전히 고려 때 사용하였던 중국의 역법을 썼으나 우리 실정에 맞지 않는 점이 있었다. (가) 이/가 즉위한 후 정인지, 정초 등에게 명하여 한양을 기준으로 천체의 운행을 관측하도록 하고, 수시력과 회회력을 자세히 살펴 우리의 실정에 맞게 바로잡아『칠정산 내편』과『칠정산 외편』을 만들게 하였다.

[해설] 주어진 자료 속 '(가)'는 세종을 가리킴을 알 수 있다.

- 왕이 이순지, 김담 등에게 명하여 중국의 선명력, 수시력 등의 역법을 참조하여 새로운 역법을 만들게 하였다. 이 역법은 내편과 외편으로 구성되었다. 내편은 수시력의 원리와 방법을 해설한 것이며, 외편은 회회력(이슬람력)을 해설, 편찬한 것이다.

[해설] '중국의 선명력, 수시력 등의 역법을 참조하여', '내편과 외편으로 구성'되었다는 점으로 미루어 보아 주어진 자료는 조선 세종 대에 만들어진『칠정산』에 대한 설명임을 알 수 있다(1444, 세종 26). 특히『칠정산』(내편)은 우리나라 역사상 최초로 한양[서울]을 기준으로 천체 운동을 계산한 역법서이다.

- 왕께서 학자들에게 명하여 선명력과 수시력 등 여러 역법의 차이를 비교하여 교정하도록 하였다. 또한 정인지, 정흠지, 정초 등에게 명하여『태음통궤』와『태양통궤』등 중국 역서를 연구하여 우리 실정에 맞는 이 역서(曆書)를 편찬하도록 하였다. (중복 출제)

[해설] '선명력'과 '수시력'라는 말, '정인지', '정흠지', '정초'라는 인물, '중국 역서를 연구하여 우리 실정에 맞는 역서를 편찬하게 하였다'는 내용 등을 통해 조선 세종 대에 만들어진『칠정산』에 대한 내용임을 알 수 있다(1444, 세종 26).

- 세종이 예문제학 정인지 등에게 명하여 ㉠ 을/를 지었다. 처음에 고려 최성지가 충선왕을 따라 원나라에 들어가서『수

시력』을 얻어 돌아와서 추보하여 사용하였다. 그러나 일월교식(일식과 월식이 같이 생기는 것)과 오행성이 움직이는 도수에 관해 곽수경의 산술을 알지 못하였다. 조선이 개국해서도 역법은 『수시력』을 그대로 썼다. 『수시력』에 일월교식 등이 빠졌으므로 임금이 정인지·정초·정흠지 등에게 명하여 추보하도록 하니 ……
— 『연려실기술』 -

[해설] 주어진 자료 속 '㉠'은 역법서인 『칠정산』(내편)과 『칠정산』(외편), 즉 『칠정산』(내외편)(七政算內外篇)』을 가리키는 것임을 알 수 있다(1444, 세종 26). 특히 『칠정산』(내편)은 한양[서울]을 기준으로 역법을 교정한 우리나라 최초의 역법서이자 원의 수시력에 대한 해설서이기도 하다. 참고로 고려 초에는 당의 선명력을 사용하였으나, 충선왕 대에 원의 수시력을 받아들였다. 즉 충렬왕 대에 수시력이 도입되었고(1281, 충렬왕 7), 충선왕 대에 이르러 수시력이 채용되어 실제로 사용되기 시작한 것이다[충선왕을 수행한 최선지(1265~1330)가 원에서 『수시력경』을 구하여 귀국, 1303~1304년경 충선왕의 명으로 수시력 습득].

*추보(追補): 이미 완성된 것에 다시 덧붙임.

- [태조]『향약제생집성방』* [국17②] ☐
[해설] 『향약제생집성방』은 권중화, 김사형, 김희선, 조준 등이 찬한 것을 제생원에서 편찬한 의학서이다(1398, 태조 7). 유실되어 책의 구체적인 내용은 알 수 없었는데 고려 말의 의학서인 『삼화자향약방』이 원본으로 사용되었다고 한다.

- [세종]『의방유취』 [국17②] [지19] [서18②] [경12③] ☐
  └『의방유취(醫方類聚)』 [서19②]
  └의학 백과사전인 의방유취를 편찬하였다. [법13] ☐
  └세종 대 동양 의학에 관한 서적과 이론을 집대성한 의학 백과서전인『의방유취』가 편찬되었다. [서14] ☐
  └당시 동아시아 의학을 종합한 의서인『의방유취』가 편찬되었다. [서24①] ☐
[해설] 『의방유취(醫方類聚)』는 조선 세종 27년인 1445년에 왕명으로 (김순의, 노중례, 김유지 등에 의해) 편찬된 동양 최대의 의학 백과사전이다(중국과 국내 의서를 부문별로 정리). 교정과 수정을 거쳐 간행된 것은 성종 8년인 1477년의 일이다(266권 264책).

- [세종]『향약채취월령』* [국17②] [서23] ☐
[해설] 『향약채취월령(鄕藥採取月令)』은 세종 13년인 1431년에 왕명으로 (유효통, 노중례, 박윤덕 등에 의해) 간행된 의약서이다.

- [세종]『향약집성방』이 편찬되었다. [국23] ☐
  └『향약집성방』 [국17②] [지19] [서20] [경17②] ☐
  └향약집성방 [기18] ☐
  └우리 풍토에 맞는 약재와 치료법을 정리한 향약집성방을 편찬하였다. [지16②] ☐
  └우리 풍토에 알맞은 약재와 치료 방법을 개발하여 정리한『향약집성방』을 편찬하였다. [경20①] ☐
  └(라) - 현존하는 우리나라 최고의 의약서이다[✗]. [기18] ☐
  └우리 풍토에 알맞은 약재와 치료 방법을 개발, 정리하여『향약집성방』을 편찬하고,『의방유취』를 간행하였다. [경15③] ☐
  └우리 풍토에 알맞은 약재와 치료 방법을 개발·정리하여 '향약집성방'을 편찬하고, '의방유취'라는 의학 백과사전을 간행하였다. [경16②] ☐
  └『향약집성방』과『의방유취』를 편찬하였다. [경15②] ☐
[해설] 『향약집성방』은 우리 풍토에 맞는 약재와 치료법을 제시한 의약서이다. 세종 15년인 1433년에 편찬되었다. 각종 병론(病論)과 처방을 적은 점, 전통적인 경험에 기초한 점, 조선의 약재를 중시한 점이 특징이다. /『의방유취』를 간행한 것은 세종 27년인 1445년의 일이다. / 참고로 (고려 말의 의학서인)『삼화자향약방』은 조선 초『향약재생집성방』과『향약집성방』의 편찬에 많은 기여를 하였다([경11②]). / 현존하는 우리나라 최고(最古)의 의약서는 (『향약집성방』이 아니라) 고려 고종 시기에 상·중·하권으로 편찬하여 1책으로 출간된『향약구급방』이다(1236~1251).

■ 향약집성방 [서20]□
- 1433년(세종 15)에 편찬되었다.
- 각종 병론(病論)과 처방을 적었다.
- 전통적인 경험에 기초했다.
- 조선의 약재를 중시했다.

[해설] <보기>에서 설명하는 책(의약서)은 『향약집성방』임을 알 수 있다(1433, 세종 15).

- [세종, 중종] <향약집성방>, <이륜행실도>가 간행되었다. [기16]□
[해설] 『향약집성방』이 간행된 것은 세종 15년(1433)이지만 『이륜행실도』가 간행된 것은 중종 13년인 1518년의 일이다(관련 선지 및 해설 참조).

  └[명종] 구황촬요* [소22]□
[해설] 『구황촬요』는 흉년[기근]이 들었을 때 대처하는 방법을 적은 구황서이다(1554, 조선 명종 9) 세종이 지은 『구황벽곡방』 속에서 요긴한 것을 가려뽑아 한글로 번역하여 원문과 함께 실었다. 흉년이 들어 곡식이 귀하게 되었을 때의 대비책으로 소나무껍질·참깨·대추·밤 등 잡물을 먹어 연명하는 방법과 굶주려 부종이 생겼을 경우의 치료법 등을 기술하였다. 이후 현종 대에 신속(1600~1661)이 『구황보유방』(일종의 『구황촬요』의 속편)을 지어 이와 합편하여 간행하였다(1660, 현종 원년).

- [태조] 조선 초기 140여 명의 인쇄공이 소속된 최대 인쇄소는 교서관이었다.* [서14]□
[해설] 조선 초기 인쇄소인 교서관(校書館)을 설치하고 인쇄공을 배치하였다(1392, 태조 원년). 교서관은 조선 태조 때 경서의 인쇄나 제사에 쓰이는 향과 축문 등의 제작을 위해 '교서감(校書監)'으로 처음 설치된 관서이다. 태종 때 지금의 이름으로 고쳤으며, 정조 때 규장각에 편입되었다(1782, 정조 6).

- [태종] 주자소를 설치하여 계미자를 주조하였다. [지19]□
  └주자소를 설치하고 계미자를 주조하였다. [지16①] [경15②]□
  └주자소가 설치되어 계미자를 비롯한 다양한 활자를 주조하였다. [법23]□
  └주자소를 설치하고 구리로 계미자를 주조하여 종전보다 두 배 정도의 인쇄 능률을 올렸다. [경16②]□
  └계미자 주조 [경21①]□
[해설] 주자소를 설치하여 계미자를 주조한 국왕은 태종(재위 1400-1418)이다(1403, 태종 3)(세종 대 만든 금속 활자와 구분하는 문제 출제). / [경16②] 종전보다 두 배 정도의 인쇄 능률을 올린 것은 밀랍 대신 식자판(植字版)을 조립하는 방법을 창안한 세종 대이다(관련 선지 및 해설 참조).

- [세종] 금속 활자인 갑인자가 주조되었다. [국23]□
  └금속 활자인 갑인자를 주조하였다. [소18②]□
  └개량된 금속 활자인 갑인자가 주조되었다. [기19]□
  └갑인자를 주조하였다. [지23]□
  └경자자(庚子字), 갑인자(甲寅字) 등 금속 활자를 주조하였다. [지16②]□
  └세종 대에 만든 갑인자는 글자가 아름답고 인쇄하기 편한 우수한 활자이다. [기15]□
[해설] (개량된) 금속 활자인 갑인자가 주조된 것은 세종 16년인 1434년의 일이다. 참고로 세종 대에 주조된 금속 활자로는 경자자(1420, 세종 2), 갑인자(1434, 세종 16), 병진자(1436, 세종 18) 등이 있다.

- [세종] 밀랍 대신 식자판을 조립하는 방법이 창안되었다.* [서13]□
  └계미자, 갑인자 등 정교하고 아름다운 활자가 만들어졌고, 세조 때에는 식자판을 조립하는 방법을 창안하여 인쇄 속도도 빨라졌다[×].* [경15①]□

[해설] 조선 초에 계미자(1403, 태종 3), 갑인자(1434, 세종 16) 등 정교하고 아름다운 활자가 만들어졌다. 그리고 밀랍 대신 식자판(植字版)을 조립하는 방법을 창안하여 인쇄 속도가 빨라진 것은 (세조 대가 아니라) 세종 대이다(주의). 종전에는 밀랍으로 활자를 고정시키는 방법을 사용하였으나, 이제는 밀랍 대신 삭자판을 조립하는 방법을 창안하여 종전보다 두 배 정도의 인쇄 능률을 올렸다(7차 고등학교 국사 교과서).

- [세종] 화약 무기의 제작과 그 사용법을 정리한 '총통등록'을 편찬하였다.* [경16②] □

[해설] 『총통등록』이 편찬된 것은 세종 30년인 1448년의 일이다. 『총통등록』은 화포 제작법과 그 규격 및 화약 사용법에 관한 병기 기술서이다.

- 문종 대 개발된 화차(火車)는 신기전이라는 화살 100개를 설치하고 심지에 불을 붙이는 일종의 로켓포였다. [서14] □

[해설] 왕세자 시절부터 화약 무기에 많은 관심을 가졌던 문종(재위 1450-1452, 제5대)은 화차를 개발하였다(1451, 문종 원년). 사실 태종 9년인 1409년에 화차가 처음 개발되었으나 이때의 화차는 실전에 사용되지 않았으며, 문종 때의 화차가 임진왜란 초에 개량되어 실전에 활용되었다.

6 양반 문화의 발달(문학, 공예, 그림, 건축 등)

- 우리나라 역대 문장의 정수를 모은 『동문선』을 편찬하였다. [국21] □
  └ 『동문선』이 편찬되어 우리 문학의 독자성을 강조하였다. [국20] □
  └ 『동문선』: 우리 풍토에 맞는 약재와 치료법을 정리하였다[✗]. [서18①] □
  └ 동문선 [회16] □

[해설] 우리나라 역대 문장의 정수를 모은 시문선집인 『동문선』이 편찬된 것은 조선 성종 9년인 1478년의 일이다. 동문선은 문신 서거정(1420~1488)이 중심이 되어 편찬된 우리나라 역대 시문선집이다. / [서18①] 우리 풍토에 맞는 약재와 치료법을 정리한 책[의약서]은 『향약집성방』이다 (1433, 세종 15).

▌동문선 [지12①] □

전하께서는 … 신 서거정 등에게 명해 제가(諸家)의 작품을 뽑아 한 질을 만들게 하셨습니다. 저희들은 전하의 위촉을 받아 삼국 시대로부터 지금에 이르기까지 사(辭), 부(賦), 시(詩), 문(文) 등 여러 문체를 수집하여 이 중 문장과 이치가 순정하여 교화에 도움이 되는 것을 취하고 분류하여 130권을 편찬해 올립니다.

[해설] 왕의 명으로 서거정 등이 제가(諸家)의 작품을 뽑아 사(辭), 부(賦), 시(詩), 문(文) 등 여러 문체를 수집하였다는 설명이다. 이는 『동문선』에 대한 내용으로, 당시의 왕은 조선의 성종(재위 1469-1494, 제9대)이다.

- [서거정] 민간에 떠도는 한담을 모은 『필원잡기』가 편찬되었다.* [기19] □

[해설] 사가정(호) 서거정(1420~1488)이 민간에 떠도는 한담을 모은 『필원잡기』를 편찬한 것은 성종 18년인 1487년의 일이다.

- 김시습이 『금오신화』를 저술하였다. [국18] □
  └ 15세기에는 성현에 의해 평양, 개성, 경주 등 옛 도읍지를 배경으로 남녀 간의 사랑과 불의에 대한 비판 등 민중의 생활 감정과 역사의식을 담은 「필원잡기」가 간행되었다[✗]. [경17①] □

[해설] 매월당 김시습(1435~1493)이 『금오신화』를 저술한 것은 성종 대(재위 1469-1494, 제9대)의 일이다. / 평양, 개성, 경주 등 옛 도읍지를 배경으로 남녀 간의 사랑과 불의에 대한 비판 등 민중의 생활 감정과 역사의식을 담은 작품은 김시습의 「금오신화」이다. 참고로 성현(1439~1504)의 유사한 성격의 작품으로는 「용재총화」가 있고(1525, 중종 20), 「필원잡기」는 서거정이 『동국통감』을 편찬한 후 정사(正史)에는 실을 수 없는 이야기들을 따로 엮어낸 책이다(1487, 성종 18).

- [최부] 『표해록』* [국18] □

[해설] 『표해록』은 문신인 금남 최부(1454~1504)가 1488년(성종 19)에 지은 표해 기행록이다. 최부가 1488년 윤1월 제주를 떠나 고향 나주로 가다 풍랑을 만나 표류하다 중국 절강성 영파부 해안에 도착한 후 온갖 고난을 겪은 뒤, 명의 호위로 북경과 요동, 의주를 거쳐 같은 해 6월 한성[서울]으

로 돌아오기까지의 여정을 담고 있다.

- 분청사기는 청자에 백토의 분을 칠한 것으로, 서민 문화가 발달하는 조선 후기에 성행하였다[x]. [지11①]
  - 분청사기가 전국의 자기소와 도기소에서 널리 만들어졌다. [법13]
  - 실용과 검소를 중요하게 여기는 사회 기풍으로 인하여 백자와 분청사기가 널리 사용되었다(조선 후기). [기15]
  - 소박한 무늬와 자유로운 양식의 분청사기가 유행하였다. [기15]
  - 15세기에는 고려자기의 비법을 계승한 분청사기가 유행하였으나, 16세기에는 백자가 유행하였다. [경11②]
  - 청자에 백토의 분을 칠한 것으로, 안정된 그릇 모양과 소박하고 천진스러운 무늬가 어우러져 정형화되지 않으면서 구김살 없는 우리의 멋을 잘 표현한 분청사기가 유행하였다. [경15③]

[해설] 분청사기는 청자에 백토의 분을 칠한 것으로 조선 전기인 15세기에 널리 만들어져 유행하였다. 조선 후기에 유행한 것은 청화 백자이다. / 조선 초기인 15세기에는 고려자기의 비법을 계승한 분청사기가 유행하였으나, 16세기에는 (순수) 백자가 유행하였다. 조선 후기인 17세기 이후에는 청화 백자가 유행하였다(순백자 포함).

- [세종] 소리의 장단과 높낮이를 표현할 수 있는 정간보를 창안하였다.* [서13]
  - 조선 시대에는 정간보를 만들어 음악의 원리와 역사를 체계화하였다[x].* [지11①]

[해설] 「정간보(井間譜)」는 세종이 창안한 우리나라 최초의 악보로, 소리의 장단과 높낮이를 표현한 국악 기보법의 하나이다. 악보의 모양이 井(우물 정)이 위아래로 연결된 모양이라고 해서 붙여진 이름이다[1447년(세종 29) 6월 이전 창안 추측]. 조선 전기부터 오늘날까지 쓰이고 있는 한국 국악의 대표적인 기보법이다. 또 정간보는 음의 길이, 즉 리듬을 헤아릴 수 있는 유량(有量)악보이다. 창안 당시까지도 중국에는 이렇게 음의 길이를 명확하게 표시할 수 있는 악보가 없었기에 '동양 최초의 유량악보'라는 평가를 받고 있다. / 조선 시대에 음악의 원리와 역사를 체계화한 것은『악학궤범』이다(1493, 성종 24).

- [성종] 정읍사, 처용가 등이 한글로 수록된 악학궤범이 편찬되었다. [지12①]
  - 『악학궤범』과『동국여지승람』을 편찬하였다. [경15②]
  - 악학궤범 [회16]

[해설] 성종은 궁중 음악을 집대성하여 악서(樂書)인『악학궤범』을 편찬하였는데 정읍사, 처용가 등이 한글[훈민정음]로 수록되었다(1493, 성종 24). /『동국여지승람』을 편찬한 것은 성종 17년인 1486년의 일이다.

- 조선 시대 가사, 시조, 가곡 등은 아악을 발전시켜 연주한 것이다[x]. [지11①]
  - 아악의 종류로는 가사, 시조, 가곡 외에 각 지방의 민요와 판소리 등이 있었다[x]. [경11②]

[해설] 조선 시대에 가사, 시조, 가곡은 아악이 아닌 속악을 발전시켜 연주한 것이다. / 아악(雅樂)은 '정아한 음악'이라는 뜻으로, 일종의 궁중 음악이다. 좁은 뜻으로는 '문묘제례악'만을 가리키고, 넓은 뜻으로는 궁중 밖의 민속악에 대한 궁중 안의 의식에 사용되던 음악을 가리킨다.

- [세종] 현실 세계와 이상 세계를 표현한「몽유도원도」가 그려졌다. [국14]
  - 안평 대군의 꿈을 바탕으로 안견이 몽유도원도를 그렸다. [서13]
  - 안견은 몽유도원도를 통해 우리나라 산천의 아름다움을 사실적으로 그렸다[x]. [경11②]
  - 일본의 텐리(天理) 대학에 소장되어 있다. [기18]
  - 안견의 몽유도원도(해외 유출 문화재) [지14②]
  - 비슷한 시기의 작품으로 정선의 금강전도와 압구정도가 있다[x].* [기18]
  - 우리나라 고유의 정서와 자연을 표현하였다[x]. [기18]
  - 문인 화가의 그림으로 시적인 낭만적 정서가 반영되었다[x]. [기18]

[해설] 몽유도원도(夢遊桃源圖)는 화원 안견(?~?)이 세종의 셋째 아들인 안평 대군의 꿈 이야기를 듣고 3일 만에 그린 그림이다(1447, 세종 29). / 안견의 몽유도원도는 조선 전기 작품으로, 현재 일본의 텐리대학교에 소장되어 있다. 2009년에 한국에서 전시되어 화제가 된 바 있다. / [경11②] 안견의 몽유도원도는 안평 대군이 1447년 4월 20일 꿈속에서 본 도원[이상 세계] 이야기를 듣고 3일 만에 그린 것이다(1447, 세종 29). 우리나라 산천의 아름다움을 사실적으로 그린 그림[화풍]은 조선 후기의 진경 산수화이다. / [기18] 겸재 정선(1676~1759)의 금강전도와 압구정도는 조선 후기의 작품이다. / 우리나라 고유의 정서와 자연을 표현한 것은 조선 후기의 진경 산수화이다. / 몽유도원도를 그린 안견(?~?)은 문인이 아니라 도화원 소속 화원이다.

- 강희안의 고사관수도 [지14②] ☐
  └ 고사관수도 [서21] ☐

[해설] 인재 강희안(1417~1464)의 고사관수도는 조선 전기의 작품으로 국립 중앙 박물관에 소장되어 있다(15세기 중엽).

- 송하보월도* [서21] ☐

[해설] 송하보월도는 학포 이상좌(1465~?)의 작품(산수화)이다(15세기 말~16세기 초 추정).

- 궁궐, 관아, 성문, 학교 건축이 발달했던 고려 시대와 대조적으로 사원 건축이 발달하였다[×]. [경11②] ☐

[해설] 조선 전기인 15세기에는 궁궐과 도성, 사찰 건축이, 16세기에는 서원 건축이 대표적으로 이루어졌다.

- 서울 흥인지문 [국22] ☐

[해설] 서울 흥인지문은 조선 전기의 목조 건축물이다. 조선의 수도인 한양의 4대문 중의 하나로 동쪽의 대문이다. 속칭 '동대문'으로 한성도성[한양도성]의 축조와 함께 태조 5년인 1396년에 처음 지어졌다.

- 합천 해인사 장경판전 [국22] [지24] ☐
  └ 해안사 장경판전 [서18①] ☐

[해설] 합천 해인사 장경판전은 조선 전기의 목조 건축물이다(15세기). 팔만대장경[판]을 봉안하기 위해 지어진 목판 보관용 건축물로 경남 합천군 가야산에 위치한다. 참고로 15세기에는 궁궐과 도성 건축, 사찰 건축이, 16세기에는 서원 건축이 대표적으로 이루어졌다. 합천 해인사 장경판전은 1995년에 유네스코 세계 유산으로 등재되었다.

- 무위사 극락전* [서18①] ☐
  └ 무위사 극락전, 화엄사 각황전, 법주사 팔상전 등의 건축물이 만들어졌다[×]. [기15] ☐

[해설] 강진 무위사 극락전은 조선 전기인 15세기의 사찰 건축물이다. 세종 12년(1430)에 건립된 주심포 양식의 대표적인 불전으로, 맞배지붕 형식을 갖추고 있다. 극락전 내부에는 삼존을 안치하고 후불벽 양 측벽에는 성종 7년(1476)에 그린 벽화가 있다. 고려 말기 건축이 곡선재를 많이 쓴 데 비하면 극락전은 직선재를 써서 측면관이 간결하면서도 짜임새가 균형을 잘 이루고 있다. 조선 초기 양식을 어느 건물보다 유감없이 발휘하고 있다. / 무위사 극락전은 15세기의 건축물로 조선 전기가 맞지만, 화엄사 각황전과 법주사 팔상전은 17세기의 건축물로 조선 후기에 해당한다.

- [세조] 서울의 원각사 안에 대리석 10층탑을 건립하였다(서울 원각사지 십층 석탑). [지12①] ☐
  └ 대리석으로 만든 원각사지 10층 석탑은 이 시기의 중요한 건축물이다. [경14②] ☐
  └ 원각사지 10층 석탑 [경19②] [기17] ☐

[해설] 서울 원각사 안에 10층 석탑을 건립한 왕은 세조이다. 세조 13년인 1467년에 조성되었다. / [경14②] 고려 시대의 문화에 대해 묻는 문제의 옳지 않은 선지로 출제되었다.

■ **서울 원각사지 십층 석탑** [국21] ☐

1919년 3월 1일 탑골 공원에서 민족 대표 33인이 서명한 독립 선언서가 낭독되었다. 이 공원에 있는 탑은 왕이 세운 것으로 경천사 10층 석탑의 영향을 받았다.

[해설] 주어진 자료 속 '탑'은 조선 세조 13년인 1467년에 세워진 서울 원각사지 십층[10층] 석탑을 가리킨다. 따라서 밑줄 친 '왕'은 조선 세조(재위 1455-1468, 제7대)이다.

● 사진으로 보는 조선 전기의 문화

▲ 성학십도(이황) [기17]
▲ 오죽헌(이이) [소20]
▲ 자운 서원(이이) [소20]
▲ 혼일강리역대국도지도(태종) [소20]
▲ 혼천의(세종) [기12]
▲ 앙부일구(세종) [소19①]
▲ 분청사기 철화어문 호 [법20]
▲ 몽유도원도(안견) [기18]
▲ 고사관수도(강희안) [기15]

[해설] [소20] 오죽헌과 자운 서원. 강릉의 오죽헌은 율곡 이이(1536~1584)가 태어난 곳으로 전면 3칸, 측면 2칸의 단층 팔작지붕 양식을 취하고 있다. 또 경기도 파주에 위치한 자운 서원은 해당 지방 유림들이 공의로 율곡 이이의 학문과 덕행을 기리기 위하여 창건한 사원이다(1615, 광해군 7).
[해설] [기12] 혼천의. 천체의 운행과 그 위치를 측정하던 천문 관측 기구이다(사진은 그 일부).
[해설] [법20] 분청사기 철화어문 호(항아리). 분청사기는 고려 말인 14세기 말부터 제작되기 시작하여 조선 초기(15세기)에 크게 유행하였다.

주제 36 왜란과 호란(양 난의 극복)

1 왜란의 발발과 전개

• 임진왜란이 발발하였다. [국23] ☐

└임진왜란(1592) [지23] [지19] [서16] ☐

[해설] 임진왜란이 일어난 것은 조선 선조 25년인 1592년 4월의 일이다[1592.4.14(음력)/1592.5.24(양력)][~1598.11.19(음력)/1598.12.16(양력) 정유재란 포함](이하 별도 표시가 없는 것은 모두 음력).

• 군민들이 첨사 정발의 지휘 아래 왜군과 싸웠으나 패배하였다. [경18①] ☐

└첨사 정발은 부산포에서, 도순변사 신립은 상주에서 일본군과 맞서 싸웠지만 패배하였다[✗]. [지17①] ☐

[해설] 첨사 정발(1553~1592)이 부산포[부산진]에서 왜군과 싸운 것은 맞지만(1592.4.14, 부산진 전투), (삼도) 도순변사 신립(1546~1592)이 싸운 곳은 (충북) 충주의 탄금대이다(탄금대 전투)(1592.4.26~28). 경북 상주에서 일본군과 맞서 싸운 인물은 순변사 이일(1538~1601)이다(상주 전투)(1592.4.25).

■ 임진왜란 발발 [법15] ☐

적선이 바다를 덮어오니 부산 첨사 정발은 마침 절영도에서 사냥을 하다가, 조공하러 오는 왜라 여기고 대비하지 않았는데 미처 진(鎭)에 들어오기도 전에 적이 이미 성에 올랐다. 이튿날 동래부가 함락되고 부사 송상현이 죽었다.

[해설] 주어진 자료는 선조 25년인 1592년 4월에 발생한 임진왜란을 가리킨다[1592.4.13(음력)/1592.5.23(양력)].

• 신립 장군은 충주에서 일본군에게 패배하였다. [법24] ☐

└신립 장군이 충주의 탄금대에서 왜군과 싸웠으나 패배하였다. [경18①] ☐

[해설] (삼도도순변사) 충장공 신립(1546~1592)이 (충북) 충주의 탄금대에서 왜군과 싸웠으나 패한 것은 임진왜란 발발 직후인 1592년 4월의 일이다(4.26~28).

• 선조는 세자와 함께 의주로 피난하고, 임해군과 순화군을 함경도와 강원도로 보내 근왕병을 모집하게 하였다. [회16] ☐

└선조가 의주로 피난하고 명나라에 구원병을 요청하는 사신을 보냈다. [회15] ☐

[해설] 선조가 세자[광해군]와 함께 의주로 피난하고, 임해군과 순화군을 함경도와 강원도로 보내 근왕병을 모집하게 한 것은 임진왜란이 발발한 직후인 1592년 4월 말의 일이다[1592.4.30(양력 6월 9일)]. 이어 같은 해 5월 3일(양력 6월 12일) 한성 함락, 같은 해 5월 18일(양력 6월 27일) 임진강 전투 패배(도원수 김명원)로 임진강 방어선 붕괴, 같은 해 5월 29일(양력 7월 8일) 개성 함락, 같은 해 6월 15일 (양력 7월 23일) 평양 함락. 다급해진 선조는 그 전인 6월 11일(양력 7월 19일) 평양성을 빠져나와 의주로 피신하였다[6월 22일(양력 7월 30일) 의주 도착]. 선조는 피란 도중에 명에 사신을 파병하여 구원을 요청하였다. 명에서는 파병 여부의 의논이 분분했으나 병부상서 석성(1537~1599)의 주장으로 1592년 7월(음력)부터 원병이 파견되었다. / 임해군(1574~1609)은 선조의 맏아들[첫째 서자]이고, 순화군(?~1607)은 선조의 여섯 번째 왕자이다. 임해군과 순화군은 왜군[가토 기요마사]이 함경도에 침입했을 때 잡혀 왜군의 포로가 되었다(1593년 8월에 풀려남).

한성[한양] 함락 [지19]

경성에는 종묘, 사직, 궁궐과 나머지 관청들이 또한 하나도 남아 있는 것이 없으며, 사대부의 집과 민가들도 종루 이북은 모두 불탔고 이남만 다소 남은 것이 있으며, 백골이 수북이 쌓여서 비록 치우고자 해도 다 치울 수 없다. 경성의 수많은 백성들이 도륙을 당했고 남은 이들도 겨우 목숨만 붙어 있다. 굶어 죽은 시체가 길에 가득하고 진제장(賑濟場)에 나아가 얻어먹는 자가 수천 명이며 매일 죽는 자가 60~70명 이상이다.

– 성혼, 『우계집』에서 –

[해설] 임진왜란이 일어난 직후 한성[한양]이 왜군에 의해 점령된 상황을 기술한 내용이다. (우계) 성혼(1535~1598)의 문집인 『우계집』에 실려 있다. 한성이 왜군에게 점령된 것은 개전 20일 만인 1592년 5월 2일(양력 6월 11일)의 일이다(일본군 제1군과 제2군).

- [곽재우] 홍의장군이라 칭하였다. [지23]
  - 의령을 거점으로 봉기하였다. [지23]
  - 익숙한 지리를 활용한 기습 작전으로 일본군에 타격을 주었다. [지23]

[해설] 망우당[충익공] 곽재우(1552~1617)는 붉은 옷을 입고 선두에서 많은 일본군을 무찔러 홍의장군이라 불렸다. 곽재우는 임진왜란 당시 자신의 고향 경남 의령에서 군사를 모아 일본군에 맞서 싸웠다. 통솔력이 강하고 애국심과 실천력이 뛰어났으며, 의령 남강 북안의 정암진에서 익숙한 지리를 활용한 기습 작전으로 일본군에 타격을 주었다(1592.5.26)(양력 7월 5일). 정암진 전투는 의병이 최초로 왜군[일본군]과 싸워 승리한 전투이다(왜군의 전라도 진격을 막음).

- 이순신이 이끄는 수군이 적군을 맞아 첫 승리를 한 것은 옥포 해전이다. [지15①]
  - 이순신이 이끄는 수군이 옥포에서 첫 승리를 거두었다. [회20]
  - 조선 수군이 옥포에서 첫 승리를 거두었다. [경18①]
  - 이순신 지휘하의 수군 [지11②]

[해설] 충무공 이순신(1545~1598)은 옥포에서 왜선 30여 척을 격파하며 처음으로 승리하였다(1592.5.7)(양력 6월 16일). 옥포는 오늘날의 경남 거제시 옥포동 앞바다이다.

- 이순신이 사천 해전에서 거북선을 처음 사용하였다.* [기17]

[해설] 경남 사천 앞바다에서 벌어진 사천 해전은 이순신 함대가 두 번째로 출전해 치른 해전이다(1592.5.29)(양력 7월 8일). 사천포 해전이라고도 하는데 거북선이 실전에 처음 투입되었다. 왜선 13척을 격침시켰다.

- 왜군이 평양을 점령하였다. [경18①]

[해설] 왜구가 평양(성)을 점령한 것은 선조 25년인 1592년 6월의 일이다(1592.6.15)(양력 7월 23일).

- 이순신이 한산도에서 왜군을 크게 무찔렀다. [경21①]
  - 이순신 장군이 한산도 앞바다에서 왜의 수군을 격퇴하고 제해권을 장악하였다. [국16]
  - 이순신이 이끄는 수군이 한산도에서 일본 수군을 대파하여 해상권을 장악하였다. [회16]
  - 왜군이 총공격을 가해오자 이순신 함대는 한산도 앞바다로 적을 유인하여 대파하였다. [서23]

[해설] 한산도 대첩이 일어난 것은 1592년 7월의 일이다(1592.7.8)(양력 8월 14일). / 왜군이 총공격을 가해오자 이순신의 함대가 한산도 앞바다로 적을 유인하여 대파하였다.

■ 건주여진의 파병 제안* [법22]

건주(建州)의 여진족이 왜적을 무찌르는 데 2만 명의 병력을 지원하겠다고 하자, 명군 장수 형군문이 허락하려 하였다. 그러나 명 사신 양포정은 만약 이를 허락한다면 명과 조선의 병력, 조선의 산천 형세를 여진족이 알게 될 수 있다고 하여 거절하였다.

[해설] 건주의 여진족이 병력을 지원하겠다는 의사를 밝혔으나 명이 거부하였다. 즉 임진왜란이 발발한 1592년(선조 25) 9월 건주여진이 명의 병부에 파병 의사를 전달하였으나 명에 의해 거절되었다(1592.9.17).

- [제1차 진주(성) 대첩] 김시민은 진주성에서 왜군에 맞서 싸워 대승을 거두었다. [경21①]
  - 진주 목사 김시민이 왜의 대군을 맞아 격전 끝에 진주성을 지켜냈다. [국16]
  - 진주에서 목사 김시민이 3,800여 명의 병력으로 2만여 명의 일본군을 맞아 성을 방어하는 데 성공했다. [서23]
  - 김시민이 이끄는 군관민이 왜군 2만여 명과 진주성에서 격돌하여 방어에 성공하였다. [회16]

[해설] 진주 목사 충무공 김시민(1554~1592)이 왜의 대군[2만여 명]을 물리친 것은 선조 25년인 1592년 10월의 일이다(진주(성) 1차 대첩)[1592.10.6(음력)/11.9(양력)](진주 목사 김시민 전사). 참고로 2차 진주(성) 대첩은 이듬해인 1593년 6월에 있었다[1593.6.21~29(음력)/7.19~27(양력)](경상우병사 최경회, 충청병사 황진, 진주 목사 서예원, 창의사 김천일 등, 조선 측 지휘관 및 군·관·민 6만여 명 모두 전사).

- 조선과 명나라 군대가 합세하여 평양성을 탈환하였다. [국16]
  - 조선군은 명나라 지원군과 연합하여 일본군에게 뺏긴 평양성을 탈환하였다. [지17①]
  - 이여송이 거느린 5만여 명의 명나라 지원군이 조선군과 합하여 평양성을 탈환하였다. [서23]
  - 조선과 명의 연합군이 평양성 전투에서 승리하였다. [법16]
  - 조·명 연합군이 평양에서 일본군을 격퇴하였다. [회24]
  - 조·명 연합군은 평양성을 탈환하였다. [경21①]
  - 평양성을 일본군에게서 탈환하였다. [회20]

[해설] 조선과 명의 군대(조·명 연합군)가 합세하여 평양성을 탈환한 것은 선조 26년인 1593년 1월의 일이다(평양성 탈환)(1593.1.8). / 이여송(1549~1598)이 거느린 5만여 명의 명나라 지원군이 조선군과 합세하여 평양성을 회복하였다.

■ 조·명 연합군의 평양성 탈환 [법24]

명군 도독 이여송이 대병력의 관군을 거느리고 곧바로 평양성 밖에 다다라 제장에게 부서를 나누어 본성을 포위하였습니다. 조선의 장군들이 군사를 거느리고 가서 매복하고 함께 대로로 나아가니 왜적들은 사방으로 도망가다가 복병의 요격을 입었습니다.

[해설] 임진왜란 때 조·명 연합군이 평양성을 탈환한 것은 선조 26년인 1593년 1월의 일이다(평양성 전투, 1953.1.8).

- 조·명 연합군이 평양성을 탈환하고, 왜군을 추격하다가 고양의 벽제관에서 패하였다. [회16]

[해설] 조·명 연합군이 평양성을 탈환하고, 왜군을 추격하다가 (경기도) 고양의 벽제관에서 패한 것은 1593년 1월의 일이다(1593.1.27).

- 권율 장군이 행주산성에서 왜군을 크게 무찔렀다. [국16]
  - 권율은 행주산성에서 왜군을 대파하였다. [경21①]

└권율이 행주산성에서 대승을 거두었다. [회20] □
└행주산성에서 일본군을 크게 무찔렀다. [지23] □
└권율이 행주산성에서 1만여 명의 병력으로 전투를 벌여 3만여 명의 병력으로 공격해 온 일본군을 물리쳤다. [서23] □

[해설] 행주산성에서 일본군을 크게 무찌른 인물은 충장공 권율(1537~1599)이다(행주 대첩)(1593.2.12). 행주산성은 지금의 경기도 고양시 덕양산 정상에 위치한다. 행주산성의 전투는 임진왜란의 3대첩(三大捷) 중의 하나로, 권율은 이 공로로 도원수(都元帥)가 되었다.

• 권율이 행주산성에서 일본군의 공격을 격파하였다. [지18] □

[해설] 충장공 권율이 행주산성에서 일본군의 공격을 격파한 것은 1593년 2월의 일이다(행주 대첩).

• 권율의 행주 대첩, 김시민의 진주 대첩, 이순신의 한산도 대첩은 모두 승리한 싸움이다. [지15①] □

[해설] 권율의 행주 대첩, 김시민의 진주(성) 대첩, 이순신의 한산도 대첩은 조선이 왜군을 크게 물리친 전투로, 임진왜란 3대 대첩으로 불린다. 참고로 진주(성) 대첩은 두 차례 벌어졌다. 1차는 1592년 10월로, 진주의 군·관·민(진주목사 김시민 지휘)이 힘을 합쳐 10배에 이르는 왜군을 물리쳤다. 2차는 이듬해인 1593년 6월로, 진주 군·관·민(진주목사 서예원 지휘)과 의병들이 왜군들의 파상 공세를 여러 차례 막아냈으나 중과부적으로 거의 모든 장병과 민간인이 전사하였다(진주성 함락).

■ 전란의 참상* [기14] □

어느 명나라 병사가 마산으로 가는 길에 어린아이가 죽은 어머니에게로 기어가서 가슴을 헤치고 그 젖을 빨고 있는 것을 보고 너무 가여워서 데려다가 군중에서 길렀다. 그는 나에게 말하기를 '왜적은 아직 물러가지 않고 백성들은 이처럼 처참한 형편이니 장차 어떻게 하겠습니까' 하고 탄식하기를 …
― 유성룡, <징비록> ―

[해설] 주어진 자료 속 사건은 임진왜란을 가리킨다. '명나라 병사'는 당시 명의 부총병 사대수(?~?)이다. 해당 시기는 행주 대첩이 있었던 1593년 2월 이후부터 아직 한성을 수복하지 못한 같은 해 4월 사이이다. 임진왜란의 참상을 잘 보여준다.

■ 왜군의 휴전[강화] 제의 [법14] □

조·명 연합군과 이순신의 활약으로 전세가 불리해진 왜군은 명에게 휴전을 제의하였다. 이에 따라 명과 왜군의 휴전 회담이 시작되었다.

[해설] 임진왜란 때의 일이다. 선조 26년인 1593년 4월부터 휴전[강화] 회담이 시작되었다.

• [제2차 진주(성) 대첩] 진주성이 함락되고 수많은 사람들이 살상되었다. [회20] □

[해설] 진주성이 함락되고 수많은 사람들이 살상된 것은 선조 26년인 1593년 6월 제2차 진주(성) 대첩 시의 일이다[1593.6.21~29(음력)/7.19~27(양력)].

• 휴전 협상이 진행되는 동안 조선은 훈련도감을 설치해 군대의 편제를 바꾸었다. [지17①] □
└조선은 기민 구제와 정병 양성을 목적으로 훈련도감을 설치하였다. [기17] □
└조선 전기 임시 기구로 설립되어 임진왜란을 계기로 상설기구화되었다[X](비변사). [회19] □
└[훈련도감] 포수, 사수, 살수로 조직되었다. [법18] □
└포수(砲手), 살수(殺手), 사수(射手)로 구성되었다. [회19] □
└포수, 사수, 살수 등 삼수병으로 조직되었다. [소20] □
└포수, 사수, 살수의 삼수병을 편성하고 급료를 지급하였다. [회17] □
└급료를 지급하는 상비군 제도였다. [회19] □

└장기간 근무를 하고 일정한 급료를 받는 상비군으로 삼수병이 편성되었다. [회15]
└명나라 척계광이 저술한 『기효신서』의 영향으로 설치되었다. [회19]
└1881년(고종 18) 군제 개혁으로 별기군이 설치되면서 폐지되었다.* [회19]

[해설] 일본군[왜군]이 휴전을 제의하자 조선은 훈련도감을 설치하여 포수, 사수, 살수 등 삼수병을 양성하였다(1593.8). 훈련도감을 '훈국'이라고도 하였다. / [회19] 조선 전기 (중종 5년인 1510년에 일어난 삼[3]포왜란으로 인해) 임시 기구로 설립되어 임진왜란을 계기로 상설기구화된 것은 (훈련도감이 아니라) 비변사이다. 정확하게 말하면 비변사가 상설기구화된 것은 명종 10년인 1555년에 일어난 을묘왜변 때문이고 임진왜란을 거치면서 명실상부한 국가 최고 정무 기구로 기능하게 되었다. / 훈련도감은 명나라 척계광(1528~1588)이 저술한 『기효신서』의 영향을 받았다. 척계광은 명 말기의 장수로 왜구의 침입을 물리치는 데 큰 공을 세웠다. 실제로 설치하게 된 것은 서애 유성룡(1542~1607)과 명의 장수 낙상지(?~?)의 권유 때문이다.

■ 훈련도감 설치 [법18]

국왕의 행차가 서울로 돌아왔으나, …… 이때에 임금께서 도감을 설치하여 군사를 훈련시키라고 명하시고 나를 그 책임자로 삼으시므로, …… 얼마 안 되어 수천 명을 얻어 조총 쏘는 법과 창, 칼 쓰는 기술을 가르치게 하였다. 또 당번을 정하여 궁중을 숙직하게 하고, 국왕의 행차가 있을 때 이들로써 호위하게 하니 민심이 점차 안정되었다.
- 서애집 -

[해설] '임금께서 도감을 설치하여 군사를 훈련시키라고 명하시고'라는 부분과 자료의 출처가 『서애집』[서애 유성룡(1542~1607)의 시문집]으로 나와 있는 점에서 주어진 자료는 임진왜란 발발 이듬해인 1593년(선조 26) 8월 임시로 조직된 훈련도감에 대한 것임을 알 수 있다.

• 의주로 피난했던 국왕 일행이 한성으로 돌아왔다.* [지18]

[해설] 의주로 피난했던 국왕(선조) 일행이 한성으로 돌아온 것은 임진왜란이 일어난 이듬해인 1593년 8월의 일이다(양력으로는 1593년 10월 4일). 1593년 2월에 있었던 권율의 행주 대첩으로 왜군은 사기가 꺾여 4월에 강화를 조건으로 일단 한성에서 철수하여 남으로 퇴각하였다(1593.4.18). 선조는 환도 전에 이미 임시 기구로 훈련도감을 설치하여 군사 훈련을 강화하였다(1593.8)(『속대전』에서 상설 기구로 규정). 그리고 투항해 온 왜군에게 조총 쏘는 방법과 탄환 만드는 기술을 관군에게 가르치도록 하였다.

■ 일본과의 휴전[강화] 회담 [기17]

명의 사신이 배에 오르자 우리 사신 일행도 배에 올랐다. 이에 앞서 사카이(界)에 도착했을 때, 우리나라에서 잡혀온 사람들이 앞을 다투어 찾아왔다. … 왜장들도 말하기를 화친이 이루어지면 사신과 함께 포로들을 돌려보내겠다고 하더니 … 이때에 이르러 화친이 성사되지 못해 다시 죽이려 한다는 말을 듣게 되자 목 놓아 우는 포로들이 얼마인지 알 수 없었다.
- 일본왕환일기 -

[해설] '왜장들'이라는 말에서 힌트를 얻어 추론하면, 주어진 자료는 임진왜란과 관련된 것임을 알 수 있다. 출처가 『일본왕환일기』인데, 임진왜란 당시인 1596년(선조 29) 8월 명의 책봉사 심유경(1537~1597)과 부사 양방형(1574~1615)을 따라 휴전[강화] 회담을 위해 일본에 다녀온 조선의 문신 황신(1560~1617)이 쓴 사행일기(使行日記)이다(같은 해 8월~11월까지 기록).

• 일본군의 재침으로 정유재란이 일어났다. [법16]

[해설] 일본[왜]과의 휴전[강화] 회담의 결렬로 정유재란이 일어난 것은 선조 30년인 1597년 1월의 일이다[정유재란(1597.1~1598.12)].

• 원균이 이끄는 조선 수군이 칠천량에서 크게 패배하였다. [지18]

[해설] 원균(1540~1597)이 이끄는 조선 수군이 칠천량(경상도 거제도와 칠천도 사이의 해협)에서 일본 수군에게 크게 패배한 것은 1597년(선조 30) 7월의 일이다(칠천량 해전).

- 조선을 도우러 온 명군이 충청도 직산에서 왜군과 맞붙어 승리하였다. [기17] □

[해설] 조선을 도우러 온 명군이 충청도 직산에서 왜군과 맞붙어 승리한 것은 선조 30년인 1597년 9월의 일이다(직산 전투, 1597.9.7).

- 이순신이 명량에서 일본 수군을 격파하였다. [지18] □

[해설] 충무공 이순신(1545~1598)이 명량에서 일본 수군을 격파한 것은 정유재란 시기인 1597년 9월의 일이다(명량 대첩, 1597.9.16).

■ 명량 대첩 [법16] □

○○○이(가) 진도에 도착해 보니 남아 있는 배가 10여 척에 불과하였다. …… 적장 마다시가 200여 척의 배를 거느리고 서해로 가려다 진도 벽파정 아래에서 ○○○과(와) 마주치게 된 것이다. 12척의 배에 대포를 실은 ○○○은(는) 조류의 흐름을 이용하기로 하였다. 물의 흐름을 이용해 공격에 나서자 그 많은 적도 당하질 못하고 도망치기 시작하였다.

- 징비록 -

[해설] 주어진 자료의 '○○○'는 이순신(1545~1598)이며 주어진 싸움은 선조 30년(정유년) 1597년 9월에 있었던 명량 대첩을 가리킴을 알 수 있다. 이순신이 이끄는 조선 수군은 불과 12척의 배로 울돌목의 좁은 수로에서 일본 수군을 대파하였다.

- 전세가 불리해지고 도요토미 히데요시가 죽자 일본군이 철수함으로써 전란이 끝났다. [지17①] □

[해설] 휴전 회담의 결렬로 재차 침입[정유재란(1597.1~1598.12)]한 일본군은 직산 전투와 명량 대첩에서의 패배, 도요토미 히데요시(1537~1598)의 사망 등으로 결국 조선에서 철수하였다. / 도요토미 히데요시가 사망한 때는 1598년 8월이다(1598.8.18).

- 폭탄의 일종인 비격진천뢰가 만들어졌다.* [기19] □

[해설] 비격진천뢰는 군사 무기[화기]로 일종의 포탄이다. 발화 장치를 활용한 비격진천뢰를 발명한 인물은 조선 선조 때 군기시 화포장이었던 이장손(?~?)이다. 폭탄, 화약 철편(鐵片), 뇌관을 속에 넣고 겉은 쇠로 박처럼 둥글게 싼 것으로, 먼 거리에 쏘아 터지게 하였다. 임진왜란이 발발한 1592년(선조 25)에 실전에 사용되어 큰 효과를 거두었다(경주 탈환전, 해군 함포에도 이용).

- 일본의 도자기 문화가 발달하였다. [법22] □

[해설] 임진왜란 당시 일본군은 조선의 도공들을 다수 납치해갔고, 그 결과 일본의 도자기 문화가 발달하게 되었다. 임진왜란이 일본에 미친 영향에 해당한다.

2 광해군의 정치

- 광해군 즉위 [경16②] □

[해설] 광해군이 조선의 제15대 왕으로 즉위한 것은 1608년 2월의 일이다(1608.2.2)[광해군(재위 1608~1623)].

- 영창 대군이 사망하였다. [지23] □

[해설] 영창 대군(1606~1614)이 사망한 것은 광해군 6년인 1614년의 일이다[1614.2.10(음력)/ 3.19(양력)].

- 후금(金)의 건국* [경17①] □

[해설] 후금(金)이 건국된 것은 광해군 8년인 1616년의 일이다. 동아시아사 관련 내용이다.

- 경희궁 [지20] □

[해설] 경희궁은 광해군 때 별궁으로 창건되었다(1617, 광해군 9). 본래 명칭은 경덕궁으로, 동궐인 창덕궁에 대하여 서궐이라 불리고 중요시되었다. 광해군 대에 궁궐 (보수) 공사가 많아 벌어져 민의 원성이 높았다.

- 임진왜란 때 활약한 충신과 열녀를 조사하여 추앙하였다. [서17②] □

[해설] 광해군은 국가의 정표 정책*을 통하여 임진왜란 때의 효자·충신·열녀들을 적극적으로 포상하고, 또한 이들의 실적을 수록·반포하여 민심을 격려하고자 하였다(재위 9년인 1617년에 『동국신속삼강행실도』 편찬).

*정표 정책: 정표(旌表)란 착한 행실을 세상에 드러내어 널리 알린다는 뜻이다. 조선 왕조는 태조 때부터 순종 대까지 삼강오륜을 근저로 한 정표 정책을 지속적으로 추진하였다.

- 명과 후금 사이에서 중립 외교로 대처하였다. [소18②] □
  - 명과 후금 사이에서 실리를 추구하는 중립 외교 정책을 펼쳤다. [지18] □
  - 명과 후금 사이에서 신중한 중립 외교를 펼쳤다. [법14] □
  - [북인] 광해군 집권 당시에는 중립 외교를 적극적으로 주장하였다. [경13①] □
  - 대외적으로 명과 후금의 싸움에 휘말리지 않으면서 실리적인 외교 정책을 펼쳤다. [지14①] □
  - 명나라의 요청으로 강홍립을 도원수로 삼아 약 1만 3천 명의 원병을 파견하였다. [경16②] □
  - [북인] (가)는 명과 후금 사이에서 중립 외교를 폈다[x]. [법17] □

[해설] 명과 후금 사이에서 중립 외교 정책을 펼친 것은 광해군 대(재위 1608-1623, 제15대)의 일이다. / [법17] 명과 후금 사이에서 중립 외교를 편 세력은 (서인이 아니라) 북인이다. 참고로 남인과 북인은 동인에서 갈라진 붕당이다. 즉 문제에서 제시된 '(가)'는 서인이다.

- 강홍립은 후금의 감정을 자극하지 않기 위해 후금과 휴전을 맺었다. [지15①] □
  - 강홍립이 이끄는 조선군은 후금에 항복하였다. [법24] □
  - 강홍립이 후금에 항복하였다. [지23] □

[해설] 광해군은 재위 10년인 1618년 7월 5도 도원수 강홍립(1560~1627)을 보내 명을 지원하면서도 상황에 따라 대처하도록 하여 강홍립은 후금에 항복하였다. 광해군은 명의 계속된 원군을 거절하면서 후금과 친선을 꾀하는 중립 외교를 택하였다. / 강홍립(1560~1627)이 후금에 항복한 것은 광해군 11년인 1619년의 일이다(사르후 전투*).

*사르후 전투: 조·명 연합군이 후금[청]의 군대가 만주의 사르후에서 맞서 싸운 전투로 조·명 연합군이 대패하였다. 이후 명청 교체의 분수령이 된 전투로 평가되고 있다(1619.3.1~3.4)(사르후 전투, 상간하다 전투, 아부달리 전투, 부차 전투가 순차적으로 발생). 사르후 전투를 심하 전투[심하 전역, 기미년 전역, 기미년의 심하 전역]이라고도 부른다.

■ 광해군의 중립 외교(강홍립 파병) [지24] [소22] [소18②] □

- 당초에 강홍립 등이 압록강을 건너게 된 것은 왕이 명 조정의 지원군 요청을 거부하기 어려워 출사시킨 것이었다. 우리나라는 애초부터 그들을 원수로 대하지 않아 싸울 뜻이 없었다. 그래서 왕이 강홍립에게 비밀리에 명령을 내려 오랑캐와 몰래 통하게 하였던 것이다.

[해설] 주어진 자료 속 밑줄 친 '왕'은 조선의 제15대 국왕인 광해군(재위 1608-1623)을 가리킨다. 5도 도원수 강홍립(1560~1627)이 파병되었다가 후금에 항복한 것은 광해군 11년인 1619년 3월의 일이다(사르후 전투).

- 후금이 명에 대하여 전쟁을 포고하자, 명은 조선에 원군을 요청하였다. 왕은 강홍립을 도원수로 삼아 군대를 이끌고 명을 지원하게 하되, 적극적으로 나서지 말고 상황에 따라 대처하도록 명령하였다. 조·명 연합군이 후금군에 패하자 강홍립은 후금에 항복하였다. 이후에도 명의 원군 요청은 계속되었지만, 왕은 이를 적절히 거절하면서 후금과 친선을 꾀하는 중립적인 정책을 취하였다.

[해설] '후금', '강홍립', '조·명 연합군' 등의 말들로 보아 주어진 자료에서 밑줄 친 '왕'은 광해군을 가리킴을 알 수 있다. 조·명 연합군이 후금군에게 패한 전투는 1619년 3월 초에 있었다(사르후 전투, 상간하다 전투, 아부달리 전투, 부차 전투가 순차적으로 발생).

- 왕이 배은망덕하여 천명을 두려워하지 않고 속으로 다른 뜻을 품어 오랑캐에게 성의를 베풀었다. 기미년(1619) 오랑캐

를 정벌할 때는 은밀히 강홍립을 시켜 동태를 보아 행동하게 하였다. …(중략)… 우리를 오랑캐와 같은 금수가 되게 하였으니, 어찌 그 통분함을 다 말할 수 있겠는가.

[해설] 주어진 자료 속 밑줄 친 '왕'은 명과 후금 사이에서 실리적 중립 외교를 펼친 광해군을 가리킨다. 주어진 자료는 인조반정 선공 직후 인목 대비(1584~1632)가 광해군을 폐위하면서 반포한 교서의 일부이다[『인조실록』권1 인조 원년(1623) 3월 기사]. 광해군을 폐위한 이유를 설명한 것 중에서 외교 사안에 대한 내용으로, 광해군의 정책을 크게 비판하고 있음을 알 수 있다.

- 인조반정 [지23][경16②][경12③] □
  - 서인이 반정을 일으켜 정권을 장악하였다. [법21] □
  - (나): 인조를 옹립한 인조반정을 주도하였다. [법11] □
  - 광해군의 정책에 반발하여 반정이 일어났다. [법15] □
  - ㉠은 인조반정을 주도하였다[✗]. [경13②] □

[해설] 인조반정이 발생한 것은 광해군 15년인 1623년의 일이다(1623.3). 광해군의 정책에 반발한 서인이 반정을 주도하여 정권을 장악하였다. 남인도 일부 참여하거나 동의하였지만 주도한 것은 아니다. / [경13②]의 ㉠은 동인을 가리킴(㉡은 서인).

■ 인조반정 [법14][경13①] □

- 김류, 이귀, 이괄 등 서인이 광해군을 무력으로 몰아내고 능양군을 추대하여 왕으로 삼았다. 광해군과 대북파는 명을 배신하고 폐모살제(廢母殺弟)의 패륜을 저질렀다는 죄목으로 쫓겨났다.

[해설] 광해군 15년인 1623년 3월에 서인의 주도로 일어난 인조반정에 대한 설명이다.

- 적신 이이첨과 정인홍(鄭仁弘) 등이 또 그의 악행을 종용하여 임해군(臨海君)과 영창 대군을 해도(海島)에 안치하여 죽이고, 대비를 서궁(西宮)에 유폐하고 대비의 존호를 삭제하는 등 그 화를 헤아릴 수 없었다. 선왕조의 구신들로서 이의를 두는 자는 모두 추방하여 당시 어진 선비가 죄에 걸리지 않으면 초야에 숨어버림으로써 사람들이 모두 불안해하였다. 또 토목 공사를 크게 일으켜 해마다 쉴 새가 없었고, 간신배가 조정에 가득 차고, 임금이 윤리와 기강이 이미 무너져 종묘사직이 망해가는 것을 보고 개연히 난을 제거하고 반정(反正)할 뜻을 두었다. <조선왕조실록>

[해설] 주어진 자료는 인조반정 당시의 상황과 과정을 반정군의 입장에서 정리한 것이다[『인조실록』권1 인조 원년(1623) 3월 기사]. 인조반정은 1623년(광해군 15) 3월 서인 일파가 광해군 및 대북파를 몰아내고 능양군 종을 왕[인조]으로 옹립한 사건이다.

■ 계축일기 [법12] □

내가 비록 부덕하더라도 일국의 국모 노릇을 한 지 여러 해가 되었다. __(가)__ 은(는) 선왕(先王)의 아들이다. 나를 어미로 여기지 않을 수 없는데도 내 부모를 죽이고 품속의 어린 자식을 빼앗아 죽였으며, 나를 유폐하여 곤욕을 치르게 했다. 어디 그뿐인가, 중국이 우리나라를 다시 일으켜 준 은혜를 저버리고, 속으로 다른 뜻을 품고 오랑캐에게 성의를 베풀었다.

-「계축일기」-

[해설] 출처로「계축일기」가 제시되어 있는 바 인목 대비(1584~1632) 폐비 사건이 일어난 1613년 계축년(광해군 5)을 기점으로 한 궁중의 비사를 인조반정(1623) 뒤 대비의 측근인 나인 또는 그 밖의 사람이 기록한 수필 형식의 글이다(궁중 수필)(인목 왕후 또는 딸인 정명 공주가 지었다는 견해도 있음). 따라서 주어진 자료 속 '(가)'는 광해군을 가리킴을 알 수 있다.

3 호란의 발발과 전개

- 모문룡이 가도에 주둔하였다. [경21②] □
  - 가도(椵島) 사건 [경17①] □

[해설] (후금의 요동 공격에 쫓긴 명의 요동 도사) 모문룡(1576~1629)이 (철산) 가도(椵島, 평안도 철산군 앞바다 소재)에 주둔한 것은 광해군 13년인 1621년부터의 일이다(동강진 설치)(수군이 주력). 이후 모문룡의 가도 주둔은 명과 후금, 조선 사이에 미묘한 갈등을 야기하였다(~1637).

- [인조] 이괄이 난을 일으켰다. [국24] □
  - 이괄의 난을 진압하였다. [법12] □
  - 공로 평가에 불만을 품은 이괄이 난을 일으켰다. [경16②] □
  - 이괄이 평안북도에서 반란을 일으켜 서울까지 점령하는 사태가 벌어졌다. [경18①] □
  - 이괄의 일파는 후금의 조선 침입을 종용하였다. [경11②] □
  - 이괄의 난 [지19] [경12③] □

[해설] 이괄의 난이 일어난 것은 인조 2년인 1624년의 일이다[인조(재위 1623~1649), 제16대]. 병마절도사 겸 부원수였던 이괄(1587-1624)은 인조반정에서 논공행상에 불만을 품고 반란을 일으켰다. 한성[한양]을 무혈점령했지만 도원수 장만이 거느린 관군과 길마재에서 결전했다가 참패 후 도망하다 부하에게 피살되었다. 정묘호란이 일어나게 된 한 원인[배경]이기도 하다.

- [서인] 친명배금 정책을 추진하였다(인조). [소18②] □
  - 명의 원군 요청에 적절히 대처하고 후금과 친선을 도모하였다[✗]. [경13①] □
  - 대의명분보다 실리를 중요시하는 외교 정책을 제시하였다[✗]. [경13①] □

[해설] 친명배금 정책이 추진된 것은 인조반정(1623) 후의 일이다. 서인들이 주도하였고 인조도 이에 동의하였다. / [경13①] 서인은 명의 원군 요청에 최대한 응하려고 하였으며, 후금과의 친선 도모에는 반대하였다. 집권 후에는 이른바 '친명배금' 정책을 추진하였다(실질적으로 추진한 적은 없다는 반론 있음). / 서인은 '실리'보다 (명에 대한) 대의명분을 중요시하는 외교 정책을 제시하였다. '실리'와 '대의명분'이 서로 바뀌었다.

- [정묘호란] 후금의 태종이 광해군을 위한다는 명분으로 황해도 평산까지 쳐들어 왔다. [지14①] □
  - 후금의 태종은 광해군을 위하여 보복한다는 명분을 내걸고 '정묘호란'을 일으켰다. [경18①] □
  - 인조가 강화도로 피난하였다. [국24] □
  - 정묘호란 [경16②] [경12③] □

[해설] 후금이 광해군을 위한다는 명분으로 황해도 평산까지 쳐들어온 것은 인조 때 발생한 정묘호란 때의 일이다(1627, 인조 5). / 인조가 강화도로 피란한 것은 재위 5년인 1627년에 일어난 정묘호란 때이다. 그리고 1636년(인조 14) 12월에 발생한 병자호란 때도 강화도로 피란하려 하였으나 청군의 진격 속도가 빨라 강화도로 가지 못하고 남한산성으로 피신하였다.

■ 정묘호란 [법15] [경17①] □

- 정주 목사 김진이 아뢰기를, "금나라 군대가 이미 선천·정주의 중간에 육박하였으니 장차 얼마 후에 안주에 도착할 것입니다." 하였다. 임금께서 묻기를, "이들이 명나라 장수 모문룡을 잡아가려고 온 것인가, 아니면 전적으로 우리나라를 침략하기 위하여 온 것인가?" 하니, 장만이 아뢰기를, "듣건대 홍태시란 자가 매번 우리나라를 침략하고자 했다고 합니다." 하였다.

[해설] 주어진 자료는 인조 5년(1627)에 발생한 정묘호란임을 알 수 있다(1627.1). 당시 명의 장수 모문룡(1576~1629)은 평안도 가도(피섬)[철산군 앞바다에 위치]에 진을 치고 있었다(광해군 13년인 1621년부터 주둔).

- 대금국(大金國) 한(汗)은 조선 국왕(朝鮮國王) 제(弟)에게 글을 전한다.(「인조실록」 권17, 인조 5년 8월 14일 정미)

[해설] 1627년(인조 5)에 일어난 정묘호란 때임을 알 수 있다(형제의 맹약 체결). 1월에 후금군이 침략하였고, 같은해 3월 초 정묘약조를 맺고 조선과 후금은 형제국이 되었다.

- [정묘호란] 정봉수가 용골산성에서 항전하였다. [국24] □
  - 정봉수가 의병을 일으켜 후금의 군대를 물리친 전투를 확인한다[탐구 주제]. [법11] □

[해설] 인조 5년(1627년) 정묘호란이 발생하였을 때 무신 정봉수(1572~1645)가 평안북도 철산에서 의병을 일으켜 후금의 군대를 물리친 바 있다(용골산성). 이때 포로로 붙잡혔던 수천 명의 동포도 구출하였다.

- [정묘호란] 조선은 청과 굴욕적인 형제의 맹약을 맺었다. [국17②] □
  - 정묘호란의 결과로 후금은 조선과 형제의 맹약을 맺고, 조공과 국경에서의 관무역을 조건으로 철군하였다. [경11②] □
  - 후금은 조선에 숙질 관계를 요구했다[x]. [서24②] □

[해설] 조선이 청[후금]과 굴욕적인 '형제의 맹약'을 맺은 것은 정묘호란 때의 일이다(1627, 정묘약조). 병자호란 때 인조는 삼전도에서 굴욕적인 항복을 하였으며, 그 결과 청과 군신 관계를 맺었다. / 후금이 조선에 요구한 관계는 숙질(叔姪)* 관계가 아니라 형제 관계이다. 정묘호란 때 조선과 후금은 '형제의 맹약'을 맺었다(1627, 정묘약조). 참고로 병자호란 때 조선이 청과 맺은 관계는 군신 관계이다[1616년 건국한 후금은 1636년 4월 (정식으로) 칭제건원하면서 국호를 대청(大淸)으로 고침].

*숙질(叔姪): 삼촌과 조카를 아울러 이르는 말

- 후금은 시장을 열어 교역할 것을 조선에 요구했다.* [서24②] □

[해설] 후금은 대기근과 명과의 전쟁 등으로 부족한 물자를 조선으로부터 최대한 확보하고자 하였다. 그리고 세력이 커질수록 더욱 더 많은 물자를 조선에게 세폐(歲幣)[해마다 보내는 공물]의 명목으로 요구하였다. 또한 압록강과 두만강 부근에서 시장 교역을 할 것을 지속적으로 요구하였다. 그리하여 정묘호란 직후에는 압록강변에 중강 개시를 열었고, 병자호란 직후에는 두만강변에 회령 개시를 열었다.

- 조선은 후금의 사신 용골대를 참수하고 항전 의지를 보였다[x]. [서24②] □
  - 후금이 황제를 칭하자 조선은 명과 연합하여 선전 포고를 하였다[x]. [서24②] □

[해설] 용골대(1596~1648)는 청[후금]의 장수로 병자호란 직전인 1636년(인조 14) 2월에 사신으로 와서 청 황제의 존호를 쓰고, 군신의 의(義), 즉 군신 관계를 맺을 요구하였다(용골대는 이전과 이후 고려에 사신으로 수시로 옴). 병자호란 때 인조가 삼전도(지금의 서울 송파)에서 청 태종(재위 1626-1643, 제2대, 홍타이지)에게 항복의 예를 행하도록 안내하였다. / 후금이 1636년(인조 14)에 황제를 칭하고 조선에 대해 군신 관계를 요구하면서 종전보다 무리한 세폐(歲幣)와 정병(精兵) 3만까지 요구하자 (2월에 용골대가 사신으로 왔을 때) 조선은 청에 대해 선전 포고[선전의 교서 내림]하였다(명과 연합하지 않음).* 하지만 준비가 없는 가운데 내린 선전 포고는 결국 이듬해 1월 삼전도의 굴욕으로 이어지고 말았다.

*1636년 3월 팔도에 하달한 교서에서 인조는 후금과의 관계가 파국에 이르러 조만간 전쟁이 일어날 듯하니 대비하라고 지시하였다. 그런데 평안도 관찰사 홍명구(1596~1637)**에게 보낸 문서[교서]가 마침 본국으로 돌아가던 후금 사신 일행에게 탈취되어 청 태종에게 전달되었다[이때의 선전의 교서를 '절화교서(絶和敎書)'라고도 함].

**홍명구는 병자호란이 일어나자 평양의 자모산성(慈母山城)을 지키다가 인조로부터 근왕군을 이끌고 상경하라는 지시를 받고 평안도 병마사 유림(1581~1643)과 함께 5,000여 명의 평안도 근왕군을 구성(홍명구는 그중 2,000여 명)해 남하하다가 (강원도 철원) 김화(金化)에 이르러 청의 대병(1만여 명)과 맞닥뜨렸다. 이에 죽음을 무릅쓰고 싸우다 전사하였다(탑동 전투)(이후 유림이 격퇴). 병자호란 때 조선군이 승리한 경우는 이 김화 전투[홍명구가 전사한 탑동 전투 포함]와 전라도 병마절도사 김준룡(1586~1642)의 (경기도 용인) 광교산 전투뿐이다(각 1637.2.22/1637.1.29~31).

- 병자호란 [지23] [지19] [경12③] □
  - 청으로부터 군신 관계의 체결을 요구받았다. [법14] □
  - 후금이 국호를 청(淸)이라 고치고 조선에 대하여 군신(君臣)의 관계를 맺을 것을 요구해 왔다. [경18①] □

[해설] 병자호란이 발발한 것은 조선 인조 14년인 1636년 12월*의 일이다[1636.12.9~1637.1.30(음력)/1636.12.28~1637.2.24(양력)]. 이듬해인 1637년 1월 말까지 진행되었으며, 청군에 의해 한성이 점령되었지만 임진왜란 때처럼 모두 불타지는 않았다. / 청으로부터 군신 관계의 체결을 요구받은 것은 병자호란 직전의 일이다. 후금은 1636년 2월 용골대와 마부태 등을 보내 조선에게 이전의 형제 관계를 군신 관계로 바꿀 것을 강요하였

으며 같은 해 4월에 홍타이지[청 태종](재위 1626-1643, 제2대)은 스스로를 황제로 칭하고 국호를 청(淸)이라 고쳤으며, 조선이 왕자, 대신, 척화론자를 인질로 보내 사죄하지 않으면 공격하겠다고 위협하였다.

*병자호란이 발생한 병자년 음력 12월 9일은 양력으로 1637년 1월 4일에 해당한다는 지적이 있다.

■ 충정공 윤집의 상소 (병자호란) [국17②] [법24] □

- 윤집(尹集)이 상소하기를, "화의가 나라를 망친 것은 어제오늘의 일이 아니고 옛날부터 그러하였으나 오늘날처럼 심한 적이 없었습니다. 명나라는 우리나라에 있어서 부모의 나라이고 노적은 우리나라에 있어서 부모의 원수입니다. … 지난 날 성명께서 크게 분발하시어 의리에 의거하여 화의를 물리치고 중외에 포고하고 명나라에 알리시니, 온 동토(東土) 수천 리가 모두 크게 기뻐하여 서로 고하기를, '우리가 오랑캐가 됨을 면하였다.'고 하였습니다." -『인조실록』-

[해설] 삼학사[홍익한, 윤집, 오달제] 중 한 명인 충정공 윤집(1606~1637)의 상소이다. 청이 침략해 온 병자호란 때 척화를 주장하다 청에 끌려가 처형되었다. 주어진 자료는 병자호란 발발 직전의 상소이다(아래 자료 해설 참조). '지난날 성명께서 크게 분발하시어 의리에 의거하여 화의를 물리치고 중외에 포고하고 명나라에 알리시니'라는 부분은 1636년 3월 8도에 하달한 선전 교서[즉 절화교서]를 가리킨다(관련 선지 해설 참조).

- 화의가 나라를 망친 것은 어제 오늘의 일이 아니고 옛날부터 그러하였으나 오늘날처럼 심한 적은 없었습니다. 명은 우리 나라에는 부모의 나라이고 노적은 우리나라에는 부모의 원수입니다. … 어찌 차마 이런 시기에 다시 화의를 제창할 수 있겠습니까?

[해설] 『인조실록』 인조 14년(1636) 11월 8일 기사로, '부교리 윤집이 최명길의 죄를 논한 상소'의 앞부분이다. 즉 병자호란 때 청과의 화의를 적극 반대한 척화론자[주전론자]로 홍익한(1586~1637), 오달제(1609~1637)와 함께 청에 잡혀가 처형된 삼학사 중 한명인 윤집(1606~1637)이 당시 이조판서였던 최명길(1586~1647)의 화의론[주화론]을 (병자호란 발발 한 달여 전에) 비판하는 내용이다(병자호란 발발 전부터 주전론과 주화론 논쟁 이미 발생). 임진왜란 때 명 신종(만력제)(재위 1572-1620, 제13대)이 군사를 보내 조선을 도와 준 것을 이르는 말인 재조지은(再造之恩)*의 사고가 잘 나타나 있다.

*재조지은(再造之恩): '거의 망하게 된 나라(왕조)를 구원해 주어 도와준 은혜'라는 뜻으로 임진왜란 이후 명에 대한 강력한 '부채 의식' 및 '보은 이데올로기'로 작용하였다.('소중화 의식' 형성에도 기여).

- [병자호란] 임경업이 백마산성에서 항전하였다. [회24] □

[해설] 충민공 임경업(1594~1646)이 백마산성에서 항전한 것은 병자호란 때의 일이다(1636, 인조 14). 청군은 이때 사실 백마산성을 피해 한성[한양]으로 곧바로 진격하였다. 백마산성은 평안북도 의주군(북한 지명으로는 피현군)에 위치한다.

- 병자년에 청군이 서울을 점령하자 인조는 강화도로 피난하여 항전하였다[✗]. [지15①] □
  └ 외적의 침입으로 국왕이 남한산성에 피신하였다(병자호란). [법16] □
  └ (가) - 병자호란 때 인조가 이곳으로 피난하여 대항하였다. [회21] □

[해설] 병자년(1636)에 청 태종이 대군을 이끌고 쳐들어오자 인조는 (처음에 강화도로 가려 했으나 청군의 빠른 진격 속도 때문에 가지 못하고 대신) 남한산성으로 피신하여 45일간 대항하였으나 결국 삼전도(지금의 서울 송파)에서 항복하고 청과 군신 관계를 맺었다.

■ 남한산성 [회21] □

조선 시대에 유사시 임시 수도로 기능할 수 있도록 험준한 산세를 이용하여 축성한 것이다.

[해설] 주어진 자료는 남한산성을 가리킨다. 이괄의 난을 겪은 뒤 인조 2년(1624)에 지금처럼 다시 고쳐 쌓았다.

■ 주화론과 척화론의 대립(병자호란) [회15]

최명길이 마침내 국서를 가지고 비국에 물러가 앉아 수정을 가하였는데, 김상헌이 밖에서 그 글을 보고는 통곡하면서 찢어버리고 임금을 뵙기를 청하였다.

[해설] 지천[문충공] 최명길(1586~1647)과 청음[문정공] 김상헌(1570~1652), 그리고 '국서'가 언급된 것으로 보아 병자호란 때의 일임을 알 수 있다(1637.1)[『인조실록』 권34, 인조 15년(1637) 1월 18일 '예조 판서 김상헌이 최명길이 지은 국서를 찢고 주벌을 청하다.']. 여기서 '비국'은 비변사이다. 그리고 '국서'는 청과의 강화 문서를 가리킨다. 최명길이 김상헌이 찢은 문서를 주워 모으며 "조정에 이 문서를 찢어버리는 사람이 반드시 있어야 하고, 또한 나 같은 자도 없어서는 안 된다"고 한 말은 유명하다.

- [병자호란] 최명길 - 청나라의 군신 관계 요구에 대해 무력 항쟁을 주장하였다[x]. [지16①]
  ↳ [김상헌과 최명길] (나) - 청에 대한 외교 노선을 두고 논쟁을 벌였다. [법15]
  ↳ 윤집 등 성리학자들은 주화론을, 지천 최명길 등의 양명학자들은 척화 주전론을 주장하였다[x]. [경11②]

[해설] 청이 조선에 군신 관계를 요구하자 지천 최명길(1586~1647)은 외교를 통해 해결해야 한다고 주장하였다(주화론). 병자호란 때 남한산성에서 무력 항쟁을 주장한 이들은 김상헌, 윤집, 홍익한, 오달제 등이다(척화 주전론). / 윤집(1606~1637) 등 성리학자들은 (주화론이 아니라) 척화 주전론을, 최명길 등의 양명학자들은 (척화 주전론이 아니라) 주화론을 주장하였다. '척화 주전론'과 '주화론'의 위치가 서로 바뀌었다.

■ 조선의 항복 의사에 대한 청 태종의 답서 [국24]

홍서봉 등이 한(汗)의 글을 받아 되돌아왔는데, 그 글에, "대청국의 황제는 조선의 관리와 백성들에게 알린다. 짐이 이번에 정벌하러 온 것은 원래 죽이기를 좋아하고 얻기를 탐해서가 아니다. 본래는 늘 서로 화친하려고 했는데, 그대 나라의 군신이 먼저 불화의 단서를 야기시켰다."라고 하였다.

[해설] 주어진 자료는 청에 항복하겠다는 의사를 전달한 뒤 당시 좌의정이었던 홍서봉(1572~1645) 등이 인조의 항복 의식을 협의하기 위해 청군 진영으로 갔다가 돌아왔을 때의 일이다(1637.1.29).

- [병자호란] 인조는 삼전도에 나가 굴욕적인 항복을 하였다. [법24]
  ↳ 인조가 항복하고 청나라에 사대하게 되었다. [회15]
  ↳ 삼전도에서 인조가 항복 의식을 하였다. [회24]
  ↳ 삼전도(三田渡)의 항복 [경17①]
  ↳ 삼전도비가 세워졌다. [국24]
  ↳ 삼학사(三學士)가 심양에 끌려가 죽임을 당하였다. [경18①]

[해설] 인조가 삼전도(三田渡)(지금의 서울 송파)에 나가 청 태종(재위 1626-1643, 제2대, 홍타이지)에게 굴욕적인 항복*을 한 것은 1637년 1월 30일(음력)의 일이다(삼전도의 굴욕). / [국24] 남한산성으로 피신한 인조는 45일간 항전하다 1637년 1월 30일 결국 청 태종에게 굴복하여 삼전도에서 항복하였다. 청 태종은 귀환하면서 삼전도비를 건립할 것을 명하였다(1637, 인조 15). 원래의 비명은 '삼전도청태종공덕비'이다. / [경18①] 삼학사(三學士), 즉 홍익한, 윤집, 오달제가 척사(斥邪)의 주모자로 중국 심양[선양]에 끌려가 죽임을 당한 것은 병자호란 직후의 일이다. 이들은 심양에서 모진 고문과 회유에도 척화의 뜻을 굽히지 않고 결국 참형을 당하였다(1637.3.5). 조선 조정은 이들의 충절을 기려 홍익한에게는 충정(忠正), 윤집에게는 충정(忠貞), 오달제에게는 충렬(忠烈)이라는 시호를 내리고 모두 영의정을 추증하였다.

*항복의 예로 세 번 절하고 아홉 번 머리를 조아리는 예, 즉 '삼배구고두례(三拜九叩頭禮)' 또는 '삼궤구고두례(三跪九叩頭禮)'를 행하였다.

- [병자호란 이후] 조선은 복수설치(復讎雪恥)를 과제로 삼았다. [국17②]
  ↳ 효종 재임시 '복수설치(復讎雪恥)'라는 정치적 의식이 대두되었다. [경11②]
  ↳ 숭정처사(崇禎處士), 대명거사(大明居士)로 자처하며 출사를 거부하는 인물이 있었다. [국17②]

[해설] 조선은 청에게 항복한 후 복수설치(復讐雪恥)를 과제로 삼고 북벌론을 펼쳤다. 복수설치란 '원수를 갚아 부끄러움을 씻는다'는 뜻이다. / 효종 때 북벌 의식이 가장 크게 고조되었다. / 병자호란 이후 숭정처사(崇禎處士), 대명거사(大明居士)로 자처하며 출사를 거부하는 인물, 즉 '친명 사대주의자'들이 생겨났다. 숭정처사의 '숭정'은 명의 마지막 황제인 숭정제(재위 1628-1644, 즉 명 의종)를 가리킨다. 참고로 임진왜란 이후 조선의 조정과 친명 사대주의자들 사이에서는 조선이 명으로부터 이른바 '재조지은(再造之恩)'*을 입은 것으로 여기는 생각이 널리 확산되었다.

*재조지은(再造之恩): 임진왜란 때 거의 멸망하게 된 조선을 구원하여 도와 준 은혜

- [병자호란 이후] 임경업 – 효종을 도와 북벌을 계획하고 국방력 강화에 주력하였다[x]. [지16①] ☐

[해설] 효종을 도와 북벌을 계획하고 국방력 강화에 주력한 것은 송시열, 송준길, 이완 등 서인 세력이다. 충민공 임경업(1594~1646)은 이괄의 난을 진압할 때 공을 세워 두각을 나타냈으며 병자호란 이후 청을 돕기 위해 전쟁에 참여하였으나 명과 내통하여 체포되었다가 탈출하여 명으로 망명한 '친명배청파' 무장이다[1640(인조 18)~1643(인조 21)]. 청과 싸우다가 생포되었는데 인조의 요청으로 조선으로 압송되어 형틀에서 장살되었다(1646, 인조 24).

■ 소현 세자에 대한 인조의 불만 [서17①] ☐

전일 ㉠세자가 심양에 있을 때 집을 지어 고운 빨간 빛의 흙을 발라서 단장하고, 또 ㉡포로로 잡혀간 조선 사람들을 모집하여 둔전을 경작해서 곡식을 쌓아 두고는 그것으로 진기한 물품과 무역을 하느라 ㉢관소의 문이 마치 시장 같았으므로, ㉣임금이 그 사실을 듣고 불평스럽게 여겼다.

[해설] '세자가 심양에 있을 때' '포로로 잡혀간 조선 사람들', '임금이 그 사실을 듣고 불평스럽게 여겼다'는 등의 부분에서 제시된 자료는 병자호란과 관련이 있음을 짐작할 수 있다. 여기서 '임금'은 인조를, '세자'는 소현 세자를 가리킨다.

- ㉠ 세자 – 북경에서 아담 샬과 만나 교류하였다. [서17①] ☐

[해설] ㉠은 소현 세자(1612~1645)로 병자호란 직후 심양에 인질로 끌려갔다(1637.2~1645.2). 청의 사신 및 학자들과 교류하였는데 북경에서 독일 출신 예수회 신부인 아담 샬(1591~1666)과도 교류하였으며(1644, 인조 22) 귀국할 때 천주교 서적, 서양 서적, 과학 기구 등을 가지고 왔다(1645, 인조 23).

- ㉡ 포로 – 귀국한 여성 중에는 가족들의 천대와 멸시를 받는 이도 있었다. [서17①] ☐

[해설] ㉡은 청에 포로로 끌려갔다 송환된 여성들이다(속환녀·환향녀).

- ㉢ 관소 – 심양관은 외교적 기능을 담당하기도 하였다. [서17①] ☐

[해설] ㉢은 심양관으로, 소현 세자와 봉림 대군 등이 인질로 끌려가 거주하던 관소이다

- ㉣ 임금 – 전쟁의 치욕을 벗기 위해 북벌론을 적극 추진하였다[x]. [서17①] ☐

[해설] ㉣의 '임금'은 인조(재위 1623-1649, 제16대)이고, 전쟁의 치욕을 벗기 위해 북벌론을 적극 추진한 임금은 후대인 효종(봉림 대군)(재위 1649-1659, 제17대)이다.

- 청에 인질로 끌려갔던 봉림 대군이 귀국하였다. [지23] ☐

[해설] 병자호란 때 청에 인질로 끌려갔던 봉림 대군(1619~1659, 이후 효종)이 귀국한 것은 인조 23년인 1645년 5월의 일이다(같은 해 2월에 먼저 귀국하였던 소현 세자가 4월에 급사).

VI 조선 후기의 사회 변화

주제 37 조선 후기 통치 체제의 변화

주제 38 붕당 정치의 전개와 탕평 정치

주제 39 양 난 이후의 대외 관계

주제 40 상품 화폐 경제의 발달

주제 41 신분제의 동요와 향촌의 변화

주제 42 실학의 발전과 새로운 사상의 등장

주제 43 서민 문화의 발전

주제 44 세도 정치와 농민 봉기

주제 45 흥선 대원군의 개혁 정치와 양요

주제 37 조선 후기 통치 체제의 변화

1 정치·군사 제도의 변화

- (중앙) 5군영 (지방) 속오군 [지17①]□
  - 중앙군을 5군영으로 편성하였다. [서21]□
  - 국방력 강화를 위해 5군영 체제를 완비하였다. [소22]□
  - 훈련도감 등 5군영이 설치되어 남인의 권력을 뒷받침하였다[✗]. [기13]□
  - 양반부터 노비까지 모두 속오군에 편입시켰다. [서21]□
  - [속오군] 신분 구분 없이 노비에서 양반까지 편성되었다. [법18]□
  - 속오군제 실시로 양반이 군역을 면제받았다[✗]. [회21]□
  - [속오군 체제] 위로는 양반부터 아래로는 노비에 이르기까지 '편제되어, 평상시에는 생업에 종사하면서 향촌 사회를 지키다가 적이 침입해 오면 전투에 동원되는 체제 [경12②]□

  [해설] 5군영과 속오군은 조선 후기의 군사 제도이다. / 중앙군을 5군영으로 편성한 것은 조선 후기의 일이다. 숙종 8년인 1682년에 금위영이 설치됨으로써 5군영 체제가 완성되었다(훈련도감, 어영청, 총융청, 수어청, 금위영). / 5군영이 뒷받침한 붕당은 (남인이 아니라) 서인이다. / 양반부터 노비까지 모두 지방군인 속오군에 편입시킨 것은 임진왜란 중의 일이다(1594, 선조 27). 제승방략 체제가 효과적이지 못한 사실이 드러남에 따라 진관을 복구하고 속오법에 따라 군대를 편제하였다(속오군 체제). 속오군은 상비군이 아니라 일종의 예비 병력의 성격을 지닌 군대로 군역을 면제받았던 일부 양반 계층에게 군역을 부담시켰다.

- 지방군 방어 체제는 16세기 후반 진관 체제였다가, 임진왜란 이후 제승방략 체제로 복구되고 속오법에 따라 군대가 편제되었다[✗]. [경15③]□
  - 병자호란 이후에는 진관을 복구하고 속오법에 따라 군대를 편제하였다[✗]. [기14]□

  [해설] 지방군 방어 체제는 16세기 후반 (진관 체제가 아니라) 제승방략 체제였다가, 임진왜란 이후 진관이 복구되면서 속오군 체제로 편제되었다[조선 명종 때 을묘왜변(1555, 명종 10)을 계기로 진관 체제에서 제승방략 체제로 전환]. 각 지역의 군사를 한곳에 모아 놓고 중앙에서 장수를 파견하여 방어하는 제승방략 체제가 임진왜란 때 실효를 거두지 못한 탓이다. / (임진왜란 발발 초 제승방략 체제가 효과적이지 못한 사실이 드러남에 따라) 임진왜란 중인 1594년(선조 27)에 진관을 복구하고 속오법에 따라 군대를 편제하였다(속오군 체제).

▌조선의 지방 방어 체제 [경12②]□

조선 전기에 실시되던 (가) 체제는 많은 외적의 침입에 효과가 없었다. 이에 16세기 후반에 이르러 (나) 체제가 수립되었으나 임진왜란 중에 큰 효과를 거두지 못하자 (가) 체제를 복구하였다.

[해설] 조선의 지방 방어 체제에 관한 것으로, 이를 통해 자료 속 '(가) 체제'는 진관 체제, '(나) 체제'는 제승방략 체제임을 알 수 있다. 조선 명종 때 을묘왜변(1555, 명종 10)을 계기로 진관 체제에서 제승방략 체제로 전환하였다.

- [훈련도감] 임진왜란 중에 설치되었다. [소21]□
  - 포수, 사수, 살수의 삼수병으로 편제되었다. [지23]□

  [해설] 훈련도감은 임진왜란이 일어난 이듬해인 1593년(선조 26) 8월에 설치되었다(포수, 사수, 살수의 삼수병으로 편제).

- [인조] 후금의 침입에 대비하여 어영청을 설치하였다. [기19] ☐
  - 1626년 도성 수비를 목적으로 기병과 훈련도감군의 일부를 주축으로 어영청을 설치함으로써 임란 중에 만들어진 훈련도감을 포함해서 5군영의 체제가 완성되었다[x]. [경18③] ☐
  - 어영청 [지15②] ☐

[해설] 어영청은 5군영 중의 하나로 왕을 호위하던 군영이다(1623, 인조 원년). 5군영의 체제가 완성된 것은 어영청이 아니라 금위영이 설치되었을 때이다(1682, 숙종 8). 설치 초기에 한성의 도성을 숙위하는 업무를 담당한 것은 맞다. / 효종은 어영청을 중심으로 북벌 계획을 추진하였다. 효종은 무신 이완(1602~1674)을 어영대장으로 임명하고 도성 안에 어영창을 두는 등 어영군을 북벌의 핵심부대로 양성하고자 하였다(1652, 효종 3).

- [인조] 호위청, 총융청, 수어청 등의 부대를 창설하여 국방력을 강화하였다. [지18] ☐
  - 1624년 서울과 경기의 경비를 강화하기 위해서 총융청을 설치하고 경기 내의 군인을 여기에 소속시켜 경기 지역의 제진을 통솔케 하였다. [경18③] ☐
  - [남한산성] 조선 후기에 5군영 가운데 수어청을 이곳에 설치하였다. [회21] ☐
  - 1682년 서울에 총포병과 기병을 위주로 한 정예 부대인 수어청을 두었다[x]. [경18③] ☐

[해설] 호위청, 총융청, 수어청 등의 부대를 창설하여 국방력을 강화한 것은 인조 대(재위 1623-1649, 제16대)의 일이다. 호위청은 반정 후 궁성을 경호하기 위하여 인조 원년인 1623년에 설치한 군영이다(이른바 호위 4청 중 하나로 국왕의 근접 호위 담당). 하지만 표면적인 이유와는 달리 반정 공신들의 정치적 기반 유지책과 결부되어 표면적인 이유와는 달리 왕권의 약화를 가져왔다. 현종 대에 호위 3청으로 개편되었다가 정조 원년(1777)에 숙위소가 궁중에 설치되면서 이듬해 호위 1청으로 축소되었다(1778, 정조 2). / [경18③] 총융청은 인조 2년인 1624년에 설치되었다. 경기 내의 군인을 여기에 소속시켜 경기 지역의 제진을 통솔하게 하였는데, 수어청이 설치된 후에는 북한산성을 중심으로 수도의 북부를 방어하게 되었다. / [회21] 조선 후기에 5군영 가운데 수어청을 설치한 곳은 남한산성이다(1627, 인조 5). / [경18③] 수어청은 인조 5년인 1627년에 설치되었다. 숙종 8년인 1682년에 설치된 군영은 금위영이다.

■ 서인의 권력 기반 [법22] ☐

(가) 은/는 반정을 주도하여 정권을 잡은 이후 훈련도감을 비롯하여 새로 설치된 어영청, 총융청, 수어청의 병권을 장악하여 권력 유지의 기반으로 삼았다.

[해설] 주어진 자료 속 '반정'은 1623년 3월에 일어난 인조반정을, '(가) 붕당'은 서인을 가리킨다.

- [숙종] 병권 장악을 위해 금위영을 설치하였다. [국14] ☐

[해설] 금위영이 설치된 것은 숙종 8년인 1682년의 일이다. 금위영은 훈련도감, 어영청과 함께 국왕 호위와 수도 방어의 핵심 군영이었다.

- [숙종] 금위영을 발족시켜 5군영 제도가 성립되었다. [서18②] ☐
  - 훈련별대를 정초군과 통합하여 금위영을 발족시켰다. [지18] ☐
  - 1652년 남한산성에 금위영을 두고 광주 및 그 부근의 제진을 경비케 하였다[x]. [경18③] ☐
  - 훈련도감, 어영청, 총융청, 수어청, 금위영이 설치되면서 17세기 말에는 5군영 체제가 갖추어졌다. [경15③] ☐

[해설] 금위영을 발족시켜 5군영 제도가 성립된 것은 숙종 대이다(1682, 숙종 8). 훈련도감의 별대를 병조 산하의 정초군과 통합하여 금위영을 발족시켰다. / [경18①] 남한산성에 주둔한 군영은 (금위영이 아니라) 수어청이다. / 금위영의 설치로 말미암아 중앙군으로서의 5군영 체제가 완성되었다.

- [영조] 수도 방어 체계를 강화하고 「수성윤음」을 반포하였다.* [서18②] ☐
  - 양역의 군포를 1필로 통일하는 균역법을 시행하였고, 『수성윤음』을 반포하여 수도 방어 체제를 개편하였다. [경13①] ☐

[해설] 수도 방어 체계를 강화하고 『수성윤음』을 반포한 것은 영조 때이다(1751, 영조 27). 『수성윤음』이란 영조가 직접 도성 수비에 대해 내린 명령으로, 그 내용은 한성부 5부의 백성들은 누구를 막론하고 수도 방위를 맡고 있는 훈련도감·어영청·금위영의 3군문에 소속되어 평시에는 훈련을 받고, 유사시에는 조총이 있는 사람은 조총을 가지고, 총이 없는 사람은 활이나 돌을 가지고, 도성의 지정된 위치에 올라가서 수도를 방어하도록 하

였다. / 균역법을 시행한 것은 영조 26년인 1750년의 일이다.

- [정조] 서울 주변의 네 유수부가 서울을 엄호하는 체제를 구축하였다.* [서18②] ☐
[해설] 서울 주변의 네 유수부(留守府)가 서울을 엄호하는 체제를 구축한 것은 정조 대이다(1793, 정조 17). 강화·개성·광주(경기)·수원의 네 곳에 설치되었다(4도 유수부 체제). 유수부란 옛 도읍지나 행행지 및 군사적인 요지[요충지]에 설치되었던 관청이다. 원래 유수부라는 행정 구역이 있는 것이 아니라 부(府) 가운데 유수(留守)를 장관으로 하는 것을 유수부라고 하였다. 고려 시대에도 설치된 바 있다.

- [조선 후기 통치 체제의 변화] 양반 중심 체제의 확립과 민생을 안정시키고자 하였다. [기12] ☐
[해설] 관련 자료(조선 후기 통치 체제의 변화) 및 해설 참조

■ **조선 후기 통치 체제의 변화** [기12] ☐
- *정치 구조 - 비변사의 기능이 강화되었다.
　　*군사 제도 - 5군영 편성 및 속오군 체제로 정비하였다.
　　*수취 체제 - 영정법, 대동법, 균역법이 실시되었다.

[해설] 주어진 자료들의 공통점으로는 양 난 이후 허물어져가는 양반 중심 체제를 다시 확립하고, '민생을 안정'시키고자 한 것으로 볼 수 있다.

2 수취 제도의 개편

- [광해군] 토지 대장과 호적을 새로 정비하였다.* [서17②] ☐
[해설] 선조의 뒤를 이은 광해군은 전쟁의 뒷수습을 하고자 노력하였다. 먼저, 토지 대장과 호적을 새로 만들어 국가 재정 수입을 늘렸고, 전쟁으로 피폐해진 산업을 일으켰다. 또 성곽과 무기를 수리하고 군사 훈련을 실시하는 등 국방에 힘을 기울였다. 그리고 전란 중에 질병이 널리 퍼져 인명의 손상이 많았던 경험을 되살려 구암 허준(1539~1615)으로 하여금 『동의보감』을 편찬하게 하였다(7차 고등학교 국사 교과서)(『동의보감』은 사실 허준이 선조 대부터 집필 중).

※ 지난 고등학교 국사 교과서(국정)에서는 광해군 대에 양전(量田)을 시행하여 토지 대장을 새로 만들었다고 기술하고 있고 서울대학교 출판문화원에서 낸 『역사용어사전』에도 광해군 5년인 1613년에 삼남 지역에서 양전이 실시된 것으로 나온다. 그런데 선조 36년의 계묘양전과 인조 12년의 갑술양전 사이에 양전이 시행되지 않았다는, 따라서 토지 대장을 새로 만들지 않았다는 한 전문 연구자의 '강력한' 주장이 있다. 실제로 실록(『광해군일기』)을 살펴보니 『광해군일기』에서 광해 4년(1612) 11월과 윤11월 기사에 '하삼도에 차견할 양전사'나 '균전사 파견' 등에 관한 기사가 몇 개 있다. 하지만 이후에도 계속해서 주무 관청인 호조(戶曹)에서 양전의 시행 필요성을 강조하는 내용의 말들이 나오는 것으로 봐서 '제대로' 시행되지는 못한 것으로 판단된다. 국사편찬위원회에서 펴낸 각종 자료에서도 광해군 대의 양전 사업에 대해서는 사실상 언급이 없다.

- 양전 사업 실시 [국12] ☐
└ 황폐해진 농지를 개간하도록 권장하고 전국적인 양전 사업을 시행하였다. [지17①] ☐

[해설] 양 난 이후 농토와 전세 확보를 위해 황폐해진 농지에 대한 개간 사업과 양전 사업(양안에서 누락된 은결을 찾아내 양전에 올림)이 활성화되었다. 선조 36년(1603) 전국적 규모의 계묘양전을 통해 54만결 수준의 토지 결수를 확보하였고, 인조 12년(1634)의 갑술양전에서는 삼남의 토지 결수만 89만 5,491결을 확보하였다.* 그리하여 숙종 46년(1720) 경자양전에서는 전국의 토지 결수가 139만 5,333결 수준으로 회복하였다.

*17세기 이후 전국적인 규모의 양전 사업으로 1603년(선조 36)에 시행된 것을 들 수 있으며, 그 외에 삼남 혹은 도의 규모로 이루어진 것으로는 1613년(광해군 5)의 삼남 양전, 1634년(인조 12)의 삼남 양전, 1663년(현종 4)의 경기도 양전, 1665년(현종 6)의 함경도 양전, 1669년(현종 10)의 충청도 및 황해도 양전, 1709년(숙종 35)의 강원도 양전, 1719년(숙종 45)과 1720년(숙종 46)에 시행된 것을 들 수 있다(『역사용어사전』, 서울대학교 출판문화원), 926쪽).

■ 양 난 이후의 농촌 [국12]

임진왜란과 병자호란을 거치면서 농촌 사회는 심각하게 파괴되었다. 수많은 농민이 전란 중에 사망하거나 피난을 가고 경작지는 황폐화되었다. 그러나 농민의 조세 부담은 줄어들지 않았다. 양 난 이후 조선 정부의 가장 큰 어려움은 농경지의 황폐와 전세 제도의 문란이었다.

[해설] 양 난 이후 '농경지의 황폐화와 전세 제도의 문란'을 극복하기 위해 조선 정부가 시행한 개간 사업과 양전 사업에 대한 설명이다.

- [인조] 영정법을 도입하였다. [법22]
  - 조세 제도를 개편하여 영정법을 시행하였다. [서20]
  - 영정법이 제정되어 복잡한 전세 방식이 일원화되었다. [국20]
  - 인조 대에 풍년이나 흉년에 따라 전세를 조절하는 영정법을 시행하였다[✗]. [경12①]
  - 영정법을 시행하고, 호패법을 시행하여 호구 파악에 힘썼다. [회14]

[해설] 영정법이 제정되어 복잡한 전세 방식이 일원화된 것은 조선 인조 13년인 1635년의 일이다(토지 1결당 미곡 4두로 고정)(전세의 정액화). 사실 15세기 말부터 공법을 엄격히 적용하지 않고 최저 세율은 4~6두(斗)를 징수하는 것이 관례화되어 있던 것을 법령화한 것이다. 정식 명칭은 영정과율법(永定課率法)이다. / 호패법을 다시 시행한 것은 인조 4년인 1626년의 일이다(1627년 폐지).* / [경12①] 영정법은 풍년이나 흉년과 상관없이 전세를 최저 세율인 토지 1결당 미곡 4두로 고정하여 과세하는 전세 징수법이다. ※ 영정법은 삼정[전정(전결세·결세)·군정(군포)·환정(환곡)] 중 전정(田政)에 해당하는 수세제(收稅制)이다.

*참고로 호패법은 처음 실시된 1413년(태종 13)에서, 지속적으로 실시되기 시작한 1675년(숙종 원년)까지의 260여 년 사이에 실제로 실시된 것은 불과 10년여에 불과하였다.『세종실록』에서는 그나마 호패를 받은 사람은 전체 인구 중 1~2할이라 하였고,『성종실록』에서는 호패를 받은 사람 가운데 실제로 국역을 담당한 양인은 1~2할에 불과하였다고 하였다. 따라서 호패법이 백성들에게 크게 호응 받은 정책은 아니었다고 볼 수 있다.

■ 영정법 제정 [법16] [경15③]

- 마침내 연분9등법을 파하였다. 삼남 지방은 각 등급으로 결수를 정해 조안에 기록하였다. 영남은 상지하(上之下)까지만 있게 하고, 호남과 호서 지방은 중지중(中之中)까지만 있게 하였다.

[해설] 주어진 자료는 인조 13년인 1635년에 시행된 영정법과 관련이 있다. 참고로 출처는『만기요람』이며, 첫 문장 앞에 '인조 갑술년(1635) 양전 뒤에'가 있으며, 마지막 문장 뒤에 '나머지 5도는 모두 하지하(下之下)로 정하여 전대로 수세한다'는 문장이 들어간다.

- 처음 삼남 지방은 정해진 결수로 조세 대장에 기록하되 … 나머지 5도는 모두 하지하(下之下)로 정하여 징수하였다. 이후 경기·삼남·해서·관동 모두 1결에 4두를 징수하였다.

[해설] 인조 13년(1635)에 시행된 영정법에 대한 설명이다.

- [인조] 영정법을 제정하여 풍흉에 상관없이 토지 1결당 전세를 고정하였다. [지11①]
  - [영정법] 풍흉에 상관없이 1결당 4~6두를 조세로 징수하였다. [지17①]
  - 풍흉에 관계없이 1결당 쌀 4~6두씩을 내게 하였다. [법18]
  - 풍흉에 관계없이 토지 1결당 4~6두의 세금을 징수했다. [서22②]
  - 풍흉에 관계없이 전세를 토지 1결당 미곡 4두로 고정시켰다. [기15]
  - 풍흉에 관계없이 일정하게 조세를 거두었다. [법24]
  - 전세를 풍흉에 관계없이 토지 1결당 미곡 4~6두로 고정시켰다. [지24]
  - 토지에 부과하는 세금을 4~6두로 고정하였다. [서23]
  - 농민 부담을 낮추기 위해 전세를 토지 1결당 미곡 4두로 고정하였다(영정법). [지16②]

┗전세(田稅)를 토지 1결당 미곡 4두로 고정하는 영정법을 처음 실시하였다. [경19①] □

┗전세를 1결당 4두로 고정시켰다. [법12] □

┗연분9등법에 의해 복잡하게 적용되던 전세율을 고정시켰다. [서15] □

┗영정법에서는 연분9등법을 따르지 않고 풍흉에 관계없이 전세를 토지 1결당 미곡 4두로 고정시켰다. [경14①] □

┗전세가 풍흉에 관계없이 토지 1결당 미곡 4두로 정해졌다. [지13] □

┗양전하는 자[尺]을 통일하였고, 전세율은 1결당 4말~6말로 고정시켰다. [국17②] □

[해설] 전세율을 1결당 4말~6말로 고정한 것은 인조 13년(1635)에 시행된 영정법이다(전세의 정액화). 양전하는 자[尺]을 통일한 것은 효종 4년(1653)에 시행된 양척동일법을 가리킨다. 참고로 곡물의 수량을 재는 도량형의 기준인 '두[斗]'와 '말'은 같은 용어이고, 그 아래 한 말[斗]의 1/10인 '되[升]'가 있다(작 〈홉 〈되[升] 〈말[斗] 〈섬[석][斛]).

• [인조] 토지 등급을 대부분 하등으로 정하여 전세를 경감해 주었다. [지17②] □

┗영정법에 따라 전세의 비율이 이전보다 다소 낮아져 대다수 농민의 부담이 경감되었다[✗]. [경14①] □

┗㉠ 제도 하에서는 전세의 비율이 이전보다 다소 낮아졌으나, 대다수의 농민에게는 크게 도움이 되지 못했고, 오히려 부담이 더 늘어났다. [경15③] □

[해설] 토지 등급을 대부분 하등으로 정하여 전세를 경감해 준 조선의 왕은 인조이다. 인조 13년(1635)에 시행된 영정법을 가리킨다. 정식 명칭은 영정과율법으로, 풍흉에 관계없이 토지의 등급에 따라, 고정적으로 전세를 내게 하였다. 전라·경상·충청도에서는 대부분의 토지에서 1결당 4~6두씩(6두는 하중전, 4두는 하하전), 그 밖의 지역에서는 모든 토지에서 4두씩 징수하였다. 외견상 전세가 크게 줄어든 것이나 사실은 15세기 말 이래의 전세 징수의 관례를 법제화한 것이다. / 영정법 시행으로 전세의 비율이 이전보다 다소 낮아졌으나, [각종 부가세가 추가되고, 삼수미세(1결당 미곡 2.2두)까지 신설되는 바람에] 대다수의 농민에게는 크게 도움이 되지 못하였고, 오히려 부담이 전반적으로 더 늘어났다. 더구나 지주들이 소작 농민들에게 영정법에 따른 전세[세금]를 전가시켰다.

• (나) - 결작으로 부족한 세수를 보충하였다[✗]. [법16] □

┗(나) - 광해군 때 경기도에서 처음 실시되었다[✗]. [법16] □

[해설] 결작(1결당 쌀 2두)으로 부족한 세수를 보충한 것은 균역법 시행 때이다(1750, 영조 26)[문제에서 (나)는 영정법 관련 자료]. / 광해군 때 경기도에서 처음 실시된 것은 대동법이다(1608, 광해군 즉위년).

• 영조 대에 토지 1결당 쌀 4두를 징수하였다.* [법19] □

[해설] (풍흉에 상관없이) 토지 1결당 쌀 4두를 징수한 것은 영정법이다(1635, 인조 13). 전세의 정액화에 해당한다. 영정법이 인조 대에 처음 시행되어 영조 대에도 계속 유지되었으므로 주어진 선지는 표현상 틀린 선지가 아니다(주의). 영정법을 인조 대에 시행했다는 사실을 기계적으로만 암기하고 있으면 자칫 헷갈리기 쉬운 고난도 선지이다.

• [비총제(비총법)] 노비 신공과 결세는 그 해의 작황을 참작하여 중앙에서 일방적으로 도별 총액을 할당하였다.* [국17②] □

[해설] 노비 신공(身貢)과 결세(結稅)*를 그 해의 작황을 참작하여 중앙에서 일방적으로 도별 총액을 할당한 제도는 비총제(比總制)이다. 조선 후기 수취 체제의 개편(전세의 영정법, 공납의 대동법)으로 징세액은 낮아졌으나 농민의 대부분이 토지를 소유하지 못한 소작농이어서 실질적인 도움이 되지 못하였을뿐 아니라 국가에서 부족한 세수를 보충하기 위하여 대동미와 삼수미, 결작 등의 세금과 각종 명목의 수수료, 운송비 등을 추가로 징수함에 따라 농민들의 부담이 오히려 가중되는 결과를 가져왔다. 그리하여 숙종 연간부터 국가의 총세원을 확보하려는 의도에서 징수할 세금의 총액을 미리 정해놓고 각 지역[지방]에 할당하는 비총제[비총법]**을 시행하였다[영조 대인 1760년(영조 36)에 법제화]. 물론 비총제 시행 후에도 수확이 없는 빈 땅에 전세를 부과하거나 납세자와 아무 관계가 없는 땅의 전세를 전가하는 백지징세(白地徵稅)의 폐단이 발생하였다.

*신공(身貢)과 결세(結稅): 공·사노비가 소속 관서 또는 상전에게 신역(身役) 대신 바치는 일정한 양의 반대 급부[현물]이다. 또 결세란 토지의 결복(結卜, 면적 단위 또는 면적을 재는 행위)에 따라 매기던 조세, 즉 쉽게 말해 토지세를 뜻한다. 흔히 '전결세'라고 부른다. 조선 후기 전결세의 대표 3가지는 전세, 대동세, 삼수미세로, 이를 전삼세(田三稅)라고 하였다.

비총제[비총법]: (조세 부과의 기준인) 연분(年分)을 정하는 방법의 하나로, 매년 가을 8월에 호조에서 그 해의 기후와 작황을 고려하여 상당년(농사의 작황이 다른 해와 대등한 해)과 상호 비교하고, 총수를 결정하여 급재(給災)* 절차를 취한 다음 세액(稅額)을 결정하는 일종의 '총액제' 방식의 수취 제도이다. 국가에서 전세(田稅) 수입의 근원이 되는 전답(田畓)의 실결수(實結數)를 조사하여 국가의 총세원(總稅源)을 확보하려는 의도로 실시하였다. 이렇듯 수확 전에 세금을 미리 정하고 촌락[군현] 단위로 공동 납부하도록 한 것인데 매해 생산량의 변화를 파악하는 행정상의 번거로움을 줄이고 그에 필요한 행정 비용을 절약할 수 있다는 장점이 있다는 지적이 있으나 이것은 어디까지나 정부 측의 행정상의 편의만을 고려한 설명일 뿐이다. 일반적으로 비총이라 함은 전세 수취 방식을 의미하나 이후 각종 부세가 점차 전결세화되어가는 상황 때문에 여타(그 밖의 다른) 부세(대동세와 군역, 노비신공 등) 수취 방식과 환곡 등에도 (비총제라는 총액제 방식이) 적용되었고, 이에 각 도와 군현에서는 할당된 부세에 대응하기 위해 민고(民庫)****를 설치하거나 각종 계를 운영해 공동납(共同納)으로 대응하였다.

***급제(給災): 재해 정도를 따져 부세를 경감하는 조세 제도

****민고(民庫): 원래 지방 군현에서 정규 부세 이외의 각종 잡역에 대응하기 위하여 설치하여 운영한 재정 기구이다. 민고는 법제상 설치된 기구가 아니었으므로 군현마다 획일적이지 않고, 개별적으로 운영되었다. 보통 보민고(補民庫), 대동고(大同庫), 방역고(防役庫) 등의 명칭으로 불리기도 하였는데 고마고, 군기고 등 특정 잡역에 대응하기 위하여 설립된 민고도 있었다.

- [방납의 폐단] 공물을 서리, 상인 등이 대납하고 더 많은 대가를 농민에게 요구하였다. [회21] □

[해설] 공물을 서리, 상인 등에게 대납하게 하자 이들 대납(업)자들이 대납 후 더 많은 대가를 농민에게 요구하는 방납의 폐단이 발생하였다. 이를 시정하기 위해 시행된 것이 대동법이다(1608, 광해군 즉위년).

- [이이] 방납의 폐단을 개선하기 위해 수미법을 주장하였다. [지14②] □
  └사회 문제 해결 방안으로 수미법 실시를 적극 주장하였다. [기17] □

[해설] 방납의 폐단을 개선하기 위해 (대공)수미법(공물변통론)을 주장한 대표적인 인물이 율곡 이이(1536~1584)이다. 참고로 정암 조광조(1482~1519)와 서애 유성룡(1542~1607)도 수미법을 건의한 바 있다.

- [대동법] 공납의 폐단을 막기 위해 실시하였다. [국23] □
  └공납 제도의 문제점을 보완하기 위해 대동법을 실시하였다. [서17②] □
  └방납의 폐단을 바로 잡기 위한 조치였다. [기17] □
  └방납의 폐단을 시정하기 위해 공물 대신 쌀로 납입하게 하였다. [회14] □
  └[방납의 폐단] 제 고장에서 나지 않는 물건을 공물로 내게 하거나, 서리가 상인과 결탁하여 공납물을 미리 국가에 바치고 그 값을 비싸게 책정하여 농민에게 받아냈다. [경13①] □
  └일반 백성들의 공물 부담을 줄여주기 위해 대동법을 시행하였다. [회15] □
  └대동법은 부족한 국가 재정을 보완하고 농민의 부담을 경감하기 위한 개혁론으로 제기되었다. [경14①] □
  └인징, 족징 등 폐단이 심각하여 이 제도가 도입되었다[x]. [경17②] □

[해설] 광해군 대에 공납의 폐단, 즉 방납으로 인해 생긴 폐단[방납의 폐단]을 시정하고자 대동법을 경기도에 한하여 처음 실시하였다(1608, 광해군 즉위년)(공물 부담 경감 목적으로 시행)[광해군(재위 1608 1623), 제15대]. / [경17②] 인징(隣徵), 족징(族徵) 등의 폐단이 심각해진 것은 세도 정치기 군정(군포)에서이다. 또 다른 군정의 폐단으로는 같은 동리 사람들에게 군포를 징수하는 동징(洞徵)[인징·족징으로 볼 수도 있음], 15세 군역 대상이 아닌 15세 이하 어린아이에게도 징수하는 황구첨정(黃口簽丁), 사망한 지 오래된 사람을 군적에 올려놓고 징수하는 백골징포(白骨徵布)가 있었다. 17세기 초에 대동법이 시행된 배경으로는 (공납에서의) 방납의 폐해로 백성들의 공납 부담이 늘어났기 때문이다. 참고로 방납의 폐단으로는 1~2년의 공물을 미리 징수하는 인납(引納), 해당 지역의 특산물이 없는데도 징수하는 불산(不産) 공물, 대납자가 대신 납부하고 시가의 몇 배를 징수하는 대납(代納), 대납자와 지방 관리(서리)의 농간으로 공물을 일부러 불합격시켜 어쩔 수 없이 대납자에게 맡기도록 하는 점퇴(點退) 등이 있었다.

※ [경17②]의 선지도 적절하다고 보아 해당 문제를 '출제 오류'로 보는 견해가 있다. 하지만 가장 적절한 설명을 고르는 문제이기 때문에 인징, 족징과 같은 '말세적인' 형태의 폐단을 대동법의 직접적인' 시행 배경으로 볼 수는 없다고 판단된다. '방납의 폐해'와 (삼정 중의 하나인) '군정의 폐단(문란)'은 징수의 대상이나 방식, 또한 징수의 강도가 다르다. 그 차이를 부인할 수는 없다.

■ 방납의 폐단(공납의 폐단) [서22②] [서19②] [법19] [법16]

- 지금 호조에서 한 나라의 살림을 맡아 보면서도 어느 지방의 어떤 물건의 대납인지, 또 대납의 이익이 얼마나 되는지도 살피지 않은 채 모두 부상들에게 허가하여 이 일을 맡기고 있습니다. 세금도 정해진 것보다 지나치게 많이 거두는 경우가 많습니다.

[해설] 방납의 폐단 중 하나인 '대납(代納)'이라는 말이 나오는 것으로 보아 주어진 자료는 대동법의 시행 배경과 관련이 있음을 짐작할 수 있다[『세조실록』권 33 세조 10년(1464) 5월 '양성지가 세금을 거두는 일에 대해서 상언하다.'].

*방납(防納): 공물(貢物)을 바칠 의무를 진 백성이 직접 바치는 것을 막고 대납(代納)한 다음 그 값을 배로 받아내던 일. 공물은 백성이 토산물(土産物)로 바치는 것이 일반적이나 토산물이 아닌 백성이 얻기 어려운 것이나 만들기 어려운 것이 부과되었을 경우에는 현물(現物)을 사서 바쳐야 하는데, 개인이 직접 바치게 할 경우 궁방(宮房)·관청(官廳)의 수요(需要) 시기와 그 품질·규격 등이 맞지 않는 것이 보통이므로 경주인(京主人) 등을 시켜 대납케 하고 그 대가를 납공(納貢)할 자에게 받게 하였다. 그런데 상인(商人)·하급 관리 등이 끼어들어 본인이 직접 바칠 수 있는 것까지 바치지 못하게 하고 대납한 다음 그 대가를 배로 징수하였다.

- 정인홍이 아뢰기를 "민생이 곤궁한 것은 공상할 물건은 얼마 되지도 않는데 방납으로 모리하는 무리에게 들어가는 양이 거의 3분의 2가 넘고, 게다가 수령이 욕심을 부리고 아전이 애를 먹여서 그 형세가 마치 삼분오열로 할거하듯 하니 민생이 어찌 곤궁하지 않겠습니까." - 선조실록 -

[해설] 내암 정인홍(1535~1623)이 '방납'의 폐단을 지적하고 있다[『선조실록』권15 선조 14년(1581) 1월 '정인홍이 방납의 폐를 민생의 곤궁의 원인이라고 아뢰다.']. 정인홍은 남명 조식의 수제자로 후일 광해군 대 북인의 영수가 되는 인물이다.

- 여러 도감에 바치는 물품은 각 고을에서 현물로 바치려고 해도 여러 궁방에서 방납하는 것을 이롭게 여겨 각 고을에다 협박을 가하여 손을 쓸 수 없도록 합니다. 그러고는 그들의 사물(私物)로 자신에게 납부하게 하고 억지로 높은 값을 정하는데 거위나 오리 한 마리의 값이 소나 말 한 마리이며 조금만 시일을 지체하면 갑절로 징수합니다. -『선조실록』-

[해설] 궁방(宮房)*에 의한 방납(공물 대신 납부)의 폐단이 나와 있는 바 이를 해결하기 위한 정책으로 대동법이 시행되었다[『선조실록』권118 선조 32년(1599) 10월 '헌부가 궁가에 의한 방납 금지를 청하다.']. 대동법은 공물[특산물]을 쌀, 옷감(삼베·면포), 동전(이른바 대동미, 대동포, 대동전) 등으로 바치게 한 납세 제도이다. 백성들의 공납 부담을 덜어주기 위해 시행하였으며, 토지 결수를 기준으로 부과하였다(1결당 쌀 12두) (공납의 전세화).

* 궁방(宮房): 국왕과 세자를 제외한 왕실의 직계 가족과 역대 여러 임금으로부터 분가한 왕자[대군]·공주[옹주] 등의 집[궁가]를 가리킨다. 이들에게는 궁방전이 지급되었고, 조세도 면제되는 등 특혜가 주어졌다(특별 신분). 그럼에도 부당한 사적 이익을 취하는 경우가 많아 사회적 문제를 일으켰다.

- 각 고을에서 공물을 상납하려 할 때 각 관청의 사주인들이 여러 가지로 농간을 부려 좋은 것도 불합격 처리를 하기 때문에 바칠 수가 없게 되었습니다. 이리하여 사주인은 자기가 갖고 있는 물품으로 관청에 대신 내고 그 고을 농민들에게는 자기가 낸 물건 값을 턱없이 높게 쳐서 열 배의 이득을 취하니, 이것은 백성의 피와 땀을 짜내는 것입니다. -『선조실록』-

[해설] 주어진 자료는 각 관청의 사주인(私主人)*들에 의한 방납(공물 대신 납부)의 폐해(폐단)를 제시한 것으로, 이를 해결하기 위해 실시한 제도는 대동법이다[1608(광해군 즉위년)~1708(숙종 34)] [『선조실록』권217 선조 40년(1607) 10월 '공물 방납 등에 관해 간원에서 상소하다.'].

* 사주인(私主人): 조선 전기의 세종~선조 때까지 약 2세기 동안 중앙의 각사(各司)에 소속되어 외방공리(外方貢吏) 및 번상 군인들에게 숙식을 제공하고 세공물을 일시 보관하며 그것의 방납을 맡아하던 특수 상인이다.

- [대동법] 광해군 때 경기도에서 처음으로 실시되었다. [지16②]
  └[광해군] 전국에 『대동법』을 실시하였다[×]. [지24]
  └인조 때 처음으로 경기도에서 시행하였다[×]. [국16]
  └대동법을 처음으로 경기도에 시행하였다. [지14①]
  └대동법을 처음 실시하여 공납을 토지 기준으로 걷었다(광해군). [법24]
  └대동법은 경기도에 시험적으로 시행되고 이어서 점차 전국으로 확대되었다. [경12①]
  └경기도에서 대동법을 처음 실시하였다. [경19①]

└처음에는 경기도에서 시험적으로 시행되었다. [서20] ☐

└경기도에 한하여 대동법을 실시하였다. [소22] ☐

└경기도에 대동법을 시행하였다. [법12] ☐

└경기도에 대동법 실시를 명하는 국왕(광해군) [지14②] ☐

└경상도 지역에서 처음 실시되었다[×]. [회19] ☐

└광해군 시기에 실시하였다. [서19②] ☐

└대동법을 실시하였다. [법14] [소19①] ☐

[해설] [국16] 대동법을 처음 경기도에서 시행한 것은 인조 대(재위 1623-1649, 제16대)가 아니라 광해군 대(재위 1608~1623, 제15대)이다. 광해군은 영의정 이원익(1547~1634)*, 호조참의 한백겸(1552~1615) 등의 주장으로 경기도(전국 X)에서 처음으로 대동법을 실시하였다(1608, 광해군 즉위년). 그리하여 전문적인 용어로, 이때의 대동법을 '경기선혜법'이라고 부른다. 이후 대동법은 경기도와 강원도, 충청도와 전라도에 확대 시행되다가 숙종 대에 이르러 함경도와 평안도를 제외한 전국에서 실시되었다(1708, 숙종 34).

*오리 이원익(1547~1634)이 선조 7년인 1574년에 율곡 이이가 황해 감사로 부임할 때 군관으로 수행하여 군적을 정리한 적이 있다. 그리고 이후 황해도의 군적이 전국에서 가장 잘 정비되었다는 평을 들었다. 이원익이 이이의 (대공)수미법(공물변통론)을 계승하여 광해군 초반 대동법 논의를 주도했던 것에는 이러한 연유가 있다.

■ **대동법 시행** [국23] [국11] [지16②] [지15②] [지13] [서22] [서15] [법11] [경17②] ☐

- 임진왜란 이후에 우의정 유성룡도 역시 미곡을 거두는 것이 편리하다고 주장하였으나, 일이 성취되지 못하였다. 1608년에 이르러 좌의정 이원익의 건의로 (가) 을/를 비로소 시행하여, 민결(民結)에서 미곡을 거두어 서울로 옮기게 하였다.
　　- 『만기요람』 -

[해설] 주어진 자료 속 '(가)'는 대동법을 가리킨다[1608(광해군 즉위년)~1708(숙종 34)]. 참고로 『만기요람』은 순조 8년인 1808년 정부 재정과 군정의 내역을 모아 놓은 책이다.
*민결(民結): 백성이 소유한 논밭의 결수(結數), 쉽게 말해 백성의 토지를 의미한다.

- 영의정 이원익이 아뢰기를, "각 고을에서 바치는 공물이 각급 관청의 방납인들에 의해 중간에서 막혀 물건 하나의 가격이 몇 배 또는 몇 십 새, 몇 백 배가 되어 그 폐단이 이미 고질화되었습니다. 그러니 지금 마땅히 별도로 하나의 청을 설치하여 이 법을 시행하도록 하소서."라고 하니 왕이 따랐다.

[해설] <보기 1>의 밑줄 친 '이 법'은 대동법을 가리킴을 알 수 있다[1608(광해군 즉위년)~1708(숙종 34)][『광해군일기』 권4 광해 즉위년(1608) 5월 '선혜청을 설치하다.'].

- 영의정 이원익이 의논하기를, "각 고을에서 진상하는 공물이 각 사의 방납인들에 의해 중간에서 막혀 물건 하나의 가격이 몇 배 또는 몇십 배, 몇백 배가 되어 그 폐단이 이미 고질화되었는데, 기전(畿甸)의 경우는 더욱 심합니다. 그러니 지금 마땅히 별도로 하나의 청(廳)을 설치하여 매년 봄·가을에 백성들에게서 쌀을 거두되, 1결당 매번 8말씩 거두어 본청(廳)에 보내면 본청에서는 당시의 물가를 보아 가격을 넉넉하게 헤아려 정해 거두어들인 쌀로 방납인에게 주어 필요한 때에 사들이도록 함으로써 간사한 꾀를 써 물가가 오르게 하는 길을 끊으셔야 합니다. …(후략)…"

[해설] '영의정 이원익'이라는 인물, 공물의 폐단이 이미 고질화되었다는 점, '거두어들인 쌀로 방납인에게 주어'라는 부분 등을 통해 제시된 자료는 광해군 때부터 시행된 대동법과 관련이 있음을 알 수 있다(위 자료와 출처 동일). 참고로 '기전(畿甸)'은 '경기도 일대'를 가리킨다.

- 이때에 이원익이 ㉠ 을 시행할 것을 청하니, 봄가을로 민전 1결에 각기 8말의 쌀을 내어 경창(京倉)에 수납하게 하고, 때때로 각 관아의 사주인(私主人)에게 나누어 주어 스스로 상공(上供)을 교역하여 바치게 하였다. 이로써 물화를 저축하고 시장에서 값을 오르내리게 하여 그 수를 넉넉히 남겼던 것이다.
　　- 『택당집』 -

[해설] '이원익'이라는 인물, '민전 1결에 각기 8말의 쌀을 내어 경창(京倉)에 수납하게' 한다는 부분, 이를 '각 관아의 사주인(私主人)에게 나누어 주어 스스로 상공(上供)을 교역하여 바치게 하였다'는 부분들에서 광해군 때 실시된 대동법임을 알 수 있다(1608, 광해군 즉위년). 출처인 『택당집』은 한문 4대가의 한 사람인 택당 이식(1584~1647)의 문집이다.

- 광해군 즉위년에 이원익 등의 주장에 따라 경기도에서 처음 시행하였다. 그 후 실시 지역이 확대되어 숙종 34년에는 평안도와 함경도를 제외한 전국에서 실시되었다. 이를 관할하는 관청으로 선혜청을 두었다.

[해설] 대동법의 시행과 관할 관청[선혜청]에 대한 설명이다.

- 이 법은 광해군 즉위년 이원익의 주장에 따라 먼저 경기도에서 시험 삼아 실시되었다. 그 뒤 찬반양론이 매우 심하게 충돌하는 가운데 인조 원년에는 강원도에, 17세기 중엽에는 충청·전라·경상도 순으로 확대되었다. 숙종 34년에는 황해도까지 실시하여 드디어 전국에 걸쳐 시행되었다. 이 법이 전국적으로 실시되는 데 100년이란 기간이 걸린 것은 양반 지주들이 심하게 반대하여 이들의 이해를 배려하면서 시행하였기 때문이다.

[해설] 밑줄 친 '이 법'은 광해군 즉위년인 1608년에 경기도에 처음 시행된 대동법을 가리킨다. 인조 원년은 인조반정이 일어난 해로 1623년이고, 숙종 34년은 1708년이다.

- "토지 1결마다 2번에 걸쳐 8두씩 거두어 본청에 수납하고, 본청은 그때의 물가 시세를 보아 쌀로써 공인에게 지급하여 수시로 물건을 납부하게 하소서."라고 하니, 임금(광해군)이 이에 따랐다.

[해설] 주어진 자료는 광해군 즉위년인 1608년에 시행된 대동법(전문 용어로는 '경기선혜법') 시행에 대한 설명이다.

- 각 도의 공물은 이제 미포(米布)로 상납한다. 공인으로 삼은 사람에게 그 가격을 넉넉히 계산해 주어 관청 수요에 미리 준비하게 한다. 그러나 본래 정해진 공물 그대로를 상납하는 이는 제때 내야 한다. (공인)

[해설] '공물을 이제 미포로 상납', '공인' 등은 조선 광해군 대에 처음 시행된 대동법을 가리킨다. 주어진 자료는 『속대전』 호전에 기록된 내용이다.

- ○ 갑: 호(戶)에 부과하던 공물을 토지에 부과하게 되면서 땅이 많은 대가(大家)와 거족(巨族)이 불만을 가져 원망을 하고 있으니 가뜩이나 어려운 시기에 심히 걱정스럽군.
  ○ 을: 부자는 토지 소유에 비례하여 많은 액수의 세금을 한꺼번에 내기 어렵다고 불평하지만, 수확과 노동력이 많은 부자가 가난한 사람도 여태껏 그럭저럭 납부해온 것을 왜 못 내겠소?

[해설] '호(戶)에 부과하던 공물을 토지에 부과'하게 되었다는 점, '땅이 많은 대가(大家)와 거족(巨族)이 불만을 가져 원망을 하고' 있다는 점에서 대화에 나타난 수취 제도는 대동법임을 짐작할 수 있다.

- 이 제도가 처음 경기도에서 실시되자 토호와 방납인들은 그동안 얻었던 이익을 모두 잃게 되었다. 그래서 온갖 수단을 다 동원하여 왕에게 폐지할 것을 건의했으나, 백성들이 이 제도가 편리하다고 하였기 때문에 계속 실시하기로 하였다.

(중복 출제) - 『열조통기』 -

[해설] '처음 경기도에서 실시되자 토호와 방납인들은 … 이익을 모두 잃게 되었다'는 내용으로 미루어 보아 '이 제도'는 조선 광해군 대에 처음 실시한 대동법을 가리킴을 알 수 있다(1608, 광해군 즉위년). 대동법은 방납의 폐단을 막기 위해 실시되었다. 『열조통기』는 조선 태조부터 제21대 영조에 이르기까지의 국왕의 야사기문(野史記聞)을 시대 순서로 정리한 책이다[순암 안정복(1712~1791) 편찬].

- [대동법] 공물 부과 기준이 가호에서 토지로 바뀌었다. [국22] ☐
  └토지 결수를 과세 기준으로 삼았다. [국16] ☐
  └과세 기준을 가호 단위에서 토지 결수로 바뀌었다. [서20] ☐
  └부가 기준이 가호에서 토지로 바뀌는 결과를 가져왔다. [서15] ☐
  └각 고을에서 가호(家戶)를 기준으로 공물을 부과하였다[✗]. [국11] ☐
  └호(戶)를 기준으로 하였기 때문에 농민의 세금 부담이 줄어들었다[✗]. [국11] [경17②] ☐
  └토지 결수를 기준으로 1결당 쌀 12두를 납부하게 하였다. [서19②] ☐
  └토지 소유자에게 1결당 미곡 12두를 조세로 징수하였다. [지17①] ☐
  └토지 1결당 미곡 12두를 거두어 세입의 결손을 보완하고자 하였다. [회15] ☐
  └대체로 토지 1결당 쌀 12두를 부과하였다. [지11②] ☐

[해설] 대동법에서 공물 부과 기준은 가호(家戶)가 아니라 토지[토지 결수]이다(1608, 광해군 즉위년)(공납의 전세화). 토지를 기준으로 하였기 때문에 토지가 없거나 적은 농민의 세금 부담은 줄어들고 반대로 지주의 부담은 늘어나는 효과가 있었다. 공물을 가호를 기준으로 부과한 것은 대동법 이전에 해당한다. 시행 초기에는 일 년에 두 번 토지 1결당 8두씩을 납부하게 하였으나 점차 토지 1결당 미곡[쌀] 12두로 내게 하였다.

- [대동법] 공납의 호세화가 촉진되었다[x]. [법19] ☐
  - (가) - 가구에 부과하던 공납을 전세화했다. [법16] ☐
  - 토산물을 토지 결수에 따라 거둔 제도로 공납을 전세화하였다. [기13] ☐
  - 대동법의 시행으로 공납이 전세화되어 농민은 대체로 토지 1결당 미곡 12두만 납부하면 되었다. [경14①] ☐

[해설] 대동법의 시행으로 말미암아 공납의 호세화가 아니라 '전세화'가 촉진되었다. 앞에서 설명하였듯이 대동법의 공물 부과 기준이 가호(家戶)가 아니라 토지[토지 결수]이기 때문이다. / 대동법은 공납을 전세화한 것이다. 더 전문적인 용어로는 공물을 '전결세화'하였다고 표현한다.

- [대동법] (가): 전세를 정액화하였다[x]. [법11] ☐

[해설] 전세를 정액화한 것은 (대동법이 아니라) 영정법이다[토지 1결당 미곡 4두, 1635(인조 13)].

- [대동법] 공물을 각종 현물 대신 쌀·베·동전으로 징수하였다. [국11] ☐
  - 공물을 토지의 결수에 따라 쌀, 무명, 동전 등으로 납부하게 했다. [서22②] ☐
  - 공물 대신에 쌀, 삼베 등을 납부하게 하였다. [법12] ☐
  - 토산물로 징수하던 공물을 쌀이나 무명, 동전 등으로 통일하였다. [지17①] ☐
  - 특산물 대신 쌀, 무명, 삼베, 동전 등을 바칠 수 있게 되었다. [법15] ☐
  - 쌀 대신 삼베나 무명, 동전 등으로 납부할 수도 있었다. [지11②] ☐
  - 지역에 따라 쌀 대신 포나 화폐로 납부하는 대납을 허용하였다. [회19] ☐
  - 토지 소유자에게 공납을 쌀·동전 등으로 내게 하였다. [법24] ☐
  - 대동법은 집집마다 부과하여 토산물을 징수하던 공물 납부 방식을 토지의 결수에 따라 쌀, 삼베나 무명, 동전 등으로 납부하게 하는 제도였다. [경12①] ☐
  - ㉠: 상품 화폐 경제의 발달 [경11②] ☐ [관련 자료('대동법의 시행 과정과 결과') 참조]
  - 대동법의 시행으로 공물 납부는 모두 쌀을 납부하는 것으로 바뀌었다[x]. [지11①] ☐
  - 전국의 농민이 공납을 현물로 납부하게 되었다[x]. [지13] ☐

[해설] 대동법은 (백성들의 공납 부담을 덜어주기 위하여) 집집마다 현물로 납부하던 공납을 토지 결수를 기준으로 쌀[미], 베[포목][포], 동전[전]으로 내게 한 납세 제도이다(각 대동미, 대동포, 대동전)(1결당 쌀 12두). / 대동법의 시행으로 공물은 현물 납부에서 쌀, 베, 동전의 납부로 바뀌었으나 (상공의 부족분을 부정기적으로 차정하여 공납케 하는) 별공(別貢)과 (지방의 토산물을 임금에게 바치는) 진상(進上)은 예전 그대로 현물로 납부해야 하였다(1608, 광해군 즉위년).

- 대동미는 크게 상납미(上納米)와 유치미(留置米)로 나뉬었다.* [회19] ☐
  - 운영 과정에서 유치미(留置米)는 증가하고 상납미(上納米)는 감소하였다[x].* [경17②] ☐

[해설] 대동미는 크게 상납미(上納米)와 유치미(留置米)*로 나뉘었다. 그리고 운영 과정에서 (지방 관아의) 유치미(留置米)가 줄어들어 지방 관아의 수탈이 다시 증가하게 되었다.

*유치미(留置米): 거두어들인 대동미 가운데 일부를 지방 관아의 경비에 사용하도록 하기 위해 남겨둔 것을 가리킨다(나머지는 중앙에 상납).

- [대동법] 경기도에서 시범 실시된 이후 평안도와 함경도를 제외한 전국으로 확대 실시되었다. [지11②] ☐
  - 광해군 대에 이원익이 주도하여 전국적으로 시행하였다[x]. [회14] ☐
  - 대동법을 전국으로 확산시켰다. [회22] ☐
  - ㉡: 지주들의 반발 초래 [경11②] ☐ [관련 자료('대동법의 시행 과정과 결과') 참조]

└[김육] 대동법의 확대 실시에 기여하였다. [경21①] □

[해설] 대동법은 광해군 대에 영의정인 오리 이원익(1547~1634)이 주도하여 (전국적으로가 아니라) 경기도에 한정하여 처음으로 시범적으로 시행되었다(1608, 광해군 즉위년). 이후 100여 년에 걸쳐 평안도와 함경도를 제외한 전국으로 확대 실시되었다(1608~1708). / 대동법이 전국으로 확산된 것은 효종 대(재위 1649-1659. 제17대)와 숙종 대(재위 1674-1720, 제19대)이다(각 충청도와 전라도/경상도와 황해도).* / 대동법의 확대 실시에 기여한 인물은 잠곡 김육(1580~1658)이다.

*대동법은 1608년(광해군 즉위년) 경기도에 선혜법이라는 이름으로 시험적으로 실시되기 시작한 이후 1623년(인조 원년) 강원도, 1651년(효종 2) 충청도, 1658년(효종 9) 전라도의 해읍(海邑), 1662년(현종 3) 전라도의 산군(山郡), 1666년(현종 7) 함경도, 1678년(숙종 4) 경상도, 1708년(숙종 34) 황해도의 순으로 100년 동안에 걸쳐 확대 실시되었다.

■ 대동법 추가[확대] 시행 [국16] [법18] [법12] □

- 우의정 김육이 아뢰다. "(중략) (가) 는/은 역을 고르게 하여 백성을 편안케 하니 실로 시대를 구할 수 있는 좋은 계책입니다. (중략) 다만 교활한 아전은 명목이 간단함을 싫어하고 모리배들은 방납하기 어려움을 원망하여 반드시 헛소문을 퍼뜨려 어지럽게 할 것입니다. 삼남에는 부호가 많은데 이 법의 시행을 부호들이 좋아하지 않으나 국가에서 법령을 시행할 때에는 마땅히 소민들이 원하는 대로 해야 합니다."

[해설] 주어진 자료는 우의정 잠곡 김육(1580~1658)이 호서·남 지방의 대동법 시행을 건의하여 대신과 의논하는 내용이다[『효종실록』권2 효종 즉위년(1649) 11월 '우의정 김육이 호서·남 지방의 대동법 시행을 건의하여 대신과 의논하다.']. 따라서 자료 속 '(가) 세금 제도'는 대동법이다.

- 현물로 바칠 벌꿀 한 말의 값은 본래 목면 3필이지만, 모리배들은 이를 먼저 대납하고 4필 이상을 거두어 갑니다. 이런 폐단을 없애기 위해 이 법을 시행하면 부유한 양반 지주가 원망하고 시행하지 않으면 가난한 농민이 원망한다는데, 농민의 원망이 훨씬 더 큽니다. 경기와 강원에서 이미 시행하고 있으니 충청과 호남 지역에도 하루빨리 시행해야 합니다.

[해설] '현물'과 '대납'이라는 낱말, '이 법을 시행하면 부유한 양반 지주가 원망하고 시행하지 않으면 가난한 농민이 원망'한다는 부분, '충청과 호남 지역에도 하루빨리 시행해야' 한다는 부분 등을 통해 제시된 법이 대동법을 가리킴을 알 수 있다(위 자료와 출처 동일).

- 좌의정 박세채(朴世采)가 상소를 올려, "해서(=황해도) 일대는 부역이 번다하고 무거워 백성들이 제대로 살아가지 못합니다.… 신이 이 고장을 왕래한 지가 거의 30년이나 되는데, 다른 여러 도에서 실시하는 (가) 을/를 시행하지 못하는 것을 한탄하는 말을 많이 들었습니다. 대개 그 법의 기원은 율곡 이이에게서 시작된 것인데, 그 동안에 선혜청(宣惠廳)을 두었으며, 먼저 관동(=강원도)과 경기에 시행했는데, 명칭은 달랐지만 실속은 같았습니다. 그 뒤에 호남(湖南)과 영남(嶺南)에도 시행하였으니, 백성들이 모두 신뢰하였습니다."라고 하였다.

[해설] (가)가 시행된 곳의 이름이 쭉 나오고 있는 것을 통해 자료에서 제시된 '(가) 제도'란 바로 광해군 즉위년(1608)에 처음으로 시행된 후 차례로 여러 도에 확대 적용된 대동법임을 알 수 있다[『숙종실록』권27 숙종 20년(1694) 8월 '좌의정 박세채가 해서 지방의 대동법 시행을 건의하다.']. 그 법의 기원이 율곡 이이에게서 시작된 것'이라는 말은 이이(1536~1584)가 주장한 (대공)수미법[공물변통론]을 가리킨다. 주어진 자료는 좌의정 남계 박세채(1631~1695)가 해서 지방(지금의 황해도)의 대동법 시행을 건의하는 내용이다[『숙종실록』권27 숙종 20년(1694) 8월 기사]. 참고로 박세채는 이이의 조제보합설(調劑保合說)을 모범으로 한 탕평론[황극탕평설]을 적극 개진, 영·정조 대에 탕평책을 시행할 수 있는 중요한 이론적 기반을 제공하였다.

■ 대동법의 시행 과정과 결과 [경11②] □

대동법이란 민호에게 토산물을 부과·징수하던 공납을 농토의 결수에 따라 ㉠ 미곡, 포목, 전화(錢貨)로 납부하게 하는 제도였다. 이 제도는 우선 경기도에 시험 삼아 실시된 이후 점차 확대되어 ㉡ 전국으로 실시되는데 100년이라는 기간이 소요되었다. 정부는 수납한 미곡, 포목, 전화를 ㉢ 공인(貢人)에게 지급하여 필요한 물품을 구입하여 썼다. 농민들은 1결당 미곡 12두를 내었으나 시일이 지나면서 왕실에 상납하는 ㉣ 진상이나 별공은 여전히 부담하였고, 상납미의 비율은 점차 증가하였다.

[해설] 대동법의 시행으로 말미암아 '필요한 물품을 정부 대신 구입해 납품하는 공인(貢人)'이 등장하게 되었는데, 이로 인해 수공업과 상업이 발달하게 되었다. ㉠~㉣은 관련 선지 및 해설 참조.

- [대동법] 이 법을 시행하면서 관할 관청으로 선혜청을 설치하였다. [국16] □
  - 대동미를 관리하는 기관으로 선혜청을 설치하였다. [회19] □
  - 선혜청 [지15②] □
  - (가) - 담당 기관으로 사창을 설치하였다[x]. [법16] □
  - 공물 조달이 선혜청에서 상평청으로 일원화되었다[x]. [지11②] □

  [해설] 대동법 실시에 따라 대동법을 관창하는 관청인 선혜청이 설치되었다(1608, 광해군 즉위년). 상납미인 대동미, 대동포, 대동전의 출납을 관리하고 공인에게 공가를 지급한 후 물품을 받아 타 관청에 공급하였다. 함경도와 평안도를 제외한 6도에 지청을 두었는데, 대동법이 지방별로 100년에 걸쳐 시행되었기 때문에 지청의 설치 연대도 100년의 차이가 난다(경기청~해서청). / [법16] 사창(社倉)은 각 지방 군현의 촌락에 설치된 곡물 대여 기관이다.

- [대동법] 공인이 등장하는 계기가 되었다. [소18②] □
  - 이 정책의 실시로 정부에 관수품을 조달하는 공인이 등장했다. [서22②] □
  - 공인에게 비용을 지급하고 필요 물품을 조달하였다. [국23] □
  - (가)의 실시로 공인이라는 특허 상인이 등장하게 되었다. [법18] □
  - 공인이 등장하여 상품 수요가 증가하게 되었다. [기11] □
  - 왕실과 관청에서 필요한 수요품을 구해 납품하는 덕대가 등장하였다[x]. [서19②] □

  [해설] 대동법의 시행으로 왕실과 관청에서 필요한 물품[수요품]을 대신 구매하여 납품하는 어용상인 '공인(貢人)'이 등장하였다. 그리하여 백성들은 자신들의 공납을 대행하는 공인에게 비용을 지급하고 필요 물품[즉 공물]을 조달하게 하였다. / [서19②] 덕대(德大)는 광산의 전문 경영인이다[다른 말로 '혈주(穴主)'].

- [대동법] 공인이 활약하여 수공업이 활기를 띠고 상품 수요가 증가하였다. [지13] □
  - [조선 후기] 공인이 상업 활동을 주도하였다. [국13] □
  - (가): 공인의 활동으로 상품 화폐 경제가 한층 발전하였다. [법11] □
  - ㉢: 수공업과 상업의 쇠퇴 [x] [경11②] □ [관련 자료('대동법의 시행 과정과 결과') 참조]

  [해설] 공인은 대동법의 시행으로 말미암아 비로소 등장한 상인이다. 정부로부터 대가[돈]를 받고 정부에서 필요한 물품을 대신 사서 납품하였다. 이에 수공업이 발달하였으며 상품 수요도 증가하였다.

- [대동법] 토지가 없거나 적은 농민은 공물 부담이 경감되었다. [국11] □
  - 대동법으로 인해 농민의 부담이 크게 늘었다[x]. [서19②] □

  [해설] 대동법은 토지 결수를 기준으로 삼았기 때문에 토지가 없거나 적은 농민의 부담은 줄고, 지주의 부담이 늘어났다. / 대동법으로 인해 농민의 부담이 (크게 늘어난 것이 아니라 다소나마) 줄어들었다.

- [대동법] 장시의 확대에 기여하였다. [국23] □

  [해설] 대동법의 시행으로 물품 구매와 상품 수요가 증가하면서 상품 화폐 경제, 구체적으로는 장시(場市)가 한층 발전하였다. 즉 대동법의 시행은 전국적인 장시의 확대에 기여하였다.

- [대동법] 물품의 수요와 공급이 증가하면서 상품 화폐 경제가 발전하였다. [국11] □
  - 물품 구매와 상품 수요가 증가하면서 상품 화폐 경제가 한층 발전하였다. [서19②] □
  - 상품 화폐 경제의 발달에 영향을 주었다. [법19] □

  [해설] 대동법의 시행으로 공인이 등장하여 공가를 받고 왕실이나 관청에서 필요한 물건을 한 번에 사 납품하게 되면서 물품의 수요와 공급이 증가하여 상품 화폐 경제가 발전하였다(조선 후기).

- [대동법] 이 법이 시행된 후에도 왕실에 대한 진상은 계속되었다. [국16] □

- ㄴ이 법이 실시된 뒤 현물 징수가 완전히 없어졌다[x]. [서20]□
- ㄴ(가) 시행 이후에는 현물 납부가 완전히 사라지게 되었다[x]. [법18]□
- ㄴ별공(別貢)과 진상(進上)은 그대로 남아 있었다. [경17②]□
- ㄴㄹ: 농민들의 현물 징수 잔존 [경11②]□ [관련 자료: '대동법의 시행 과정과 결과') 참조]
- ㄴ(가)의 시행으로 줄어든 재정을 보충하고자 선무군관포가 신설되었다[x]. [법18]□

[해설] 대동법이 실시된 이후에도 현물로 내는 별공(別貢)과 진상(進上) 등의 현물 징수는 여전히 계속되어 백성들[농민들]에게 고통을 안겨 주었다. 참고로 대동법 시행의 또 다른 문제점으로, 지방 관아의 유치미(留置米)가 줄어들어 지방 관아의 수탈이 다시 증가한 점과 대동세가 토지를 가지지 못한 소작농에게 전가되는 현상이 발생했다는 점도 들 수 있다. / 줄어든 재정을 보충하고자 (부유한 양민들에게 부과하는) 선무군관포가 신설된 것은 (대동법이 아니라) 균역법 시행 때문이다(1750, 영조 26)

- [대동법] 1894년(고종 31) 세제 개혁으로 지세(地稅)에 통합될 때까지 존속되었다.* [회19]□

[해설] 대동법은 고종 31년인 1894년(갑오개혁) 세제 개혁으로 지세(地稅)에 통합[조세의 지세화와 금납화]될 때까지 조선 후기 내내 유지되었다.

- [중종] 군적수포제 실시 [국12]□

[해설] 군역 제도가 문란해지자 이를 제도화하여 역의 대가로 군포를 징수하는 군적수포제가 실시된 것은 중종 36년인 1541년의 일이다.

- [군역의 폐단] 감영과 병영이 독자적으로 군포를 거두면서 군포 부담이 증가하였다. [회21]□
- ㄴ폐단을 시정하기 위해 숙종~영조 대에 걸쳐 다양한 양역변통론이 제기되었다. [회15]□

[해설] 영조는 군역의 폐단을 시정하기 위해 균역법을 시행하였다(1750, 영조 26). 그 이유는 당시 감영과 병영이 독자적으로 군포를 거두면서 (백성들의) 군포 부담이 증가하였기 때문이었다[군역[군정]의 폐단]. / 17세기 후반[숙종 대]부터 양인 장정에게 군역을 부과하는 제도 자체를 개선하자는 논의가 전개되었는데, 이를 양역변통론(良役變通論)이라 한다. 소위 '양역사조(良役四條)'라 불리는 유포(遊布), 호포(戶布), 구포(口布), 결포(結布)가 균역법이 시행되기 전 마지막 논의 선상에 올랐던 양역변통론이다. 유포론은 군역을 지지 않는 교생(校生)·군관(軍官)·한량(閑良) 등의 한유자층에게도 군포를 거두자는 안이며, 구포는 신분과 관계없이 성인 남녀에게 포목 혹은 동전[구전]을 수취하는 안이다. 유포론은 한유자층을 조사해 군안에 포함시키는 과정에서 폐단이 야기되고 새로 확보되는 양역자 수도 많지 않을 것으로 예견되었다. 구포론 양반, 부녀자층의 강한 반발이 예상되었기 때문에 실현 가능성이 낮았다. 결국 가호의 크기에 따라 포 혹은 동전을 거두는 호포[호전]론과 양인에게 1필의 군포를 거두되 부족분은 토지에 부과하는 결포론이 살아남았다.

■ 군역[군정]의 폐단 [법24] [회21]□

- 이 시에서 나타낸 조세 제도를 감면한 뒤 발생한 재정 부족 문제를 해결한 방법은 무엇일까요? / 남편은 세상을 떴으나 뱃속에 아기가 있었지요. …… 포대기에 쌓인 갓난아기 장정으로 군적에 올려서 문이 닳도록 찾아와 군포를 바치라고 독촉하고 어제는 아기를 업고 관가에 점호를 받으러 갔다오. …… 점호라고 받고 돌아오니 아기는 이미 죽어 있었지요.

[해설] 조선 후기의 여항 시인인 정민교(1697~1731)의 서사시 군정탄(軍丁歎)이다. 조선 후기 군정의 폐단[문란]** 중 하나인 황구첨정(黃口簽丁)의 폐단이 잘 드러나 있다. 영조(재위 1724-1776, 제21대)는 이러한 군정의 폐단을 막고자 재위 25년인 1750년에 균역법을 시행하였지만 군정의 폐단은 쉽게 사라지지 않았다. 19세기 세도 정치기에 이르러 오히려 더욱 심해졌다(삼정의 폐단[문란]으로 확대).

* '이 시에서 나타낸 조세 제도를 감면한 뒤'라는 문구는 무슨 뜻인지는 알겠지만 일종의 비문('조세 제도를 감면'?)이다. '이 시와 관련한 조세 제도를 시행한 뒤' 정도로 고치는 것이 바람직하다.
**조선 후기 군정의 폐단[문란]으로 족징(族徵), 인징(隣徵), 백골징포(白骨徵布), 황구첨정(黃口簽丁) 등이 있었다. 족징은 납부 대상자가 사망, 도망하였을 때 그 친족에게 대신 징수하는 것이고. 인징은 그 이웃에게 대신 징수하는 것이다. 백골징포는 이미 죽은 사람을 군적에 올려놓고 강제로 징수하는 것이고, 황구첨정은 군역 대상이 아닌 15세 이하의 어린아이에게도 군포를 징수하는 것이다.

- 현재 10여 만 호로써 50만 호가 져야 할 양역을 감당해야 합니다. 한 집안에 비록 남자가 4, 5명 있어도 모두 군역에서 벗어나지 못합니다. 군포를 마련할 길이 없어 마침내 죽거나 도망을 가게 되고, 이러한 자의 몫을 채우기 위해 황구첨정 등의 폐단이 생겨나는 것입니다.

[해설] 『영조실록』에 실린 글로, 병조판서 홍계희(1703~1771)가 양역의 폐단에 대해 왕세자(사도 세자)에게 아뢴 내용이다 [영조실록』권75 영조 28년(1752) 1월 기사. 당시 조정에서 족징(族徵), 인징(隣徵), 동징(洞徵), 백골징포(白骨徵布), 황구첨정(黃口簽丁) 등 군역[군정, 양역]의 폐단에 대한 논의가 많았다[세도 정치기 군정(군포)의 폐단 부분 참조].

- [균역법(감필론)] (가)는 방납의 폐단을 해결하기 위한 방책이었다[x]. [법13] ☐

[해설] 방납의 폐단을 해결하기 위한 방책은 (균역법이 아니라) 대동법이다.

- [균역법(감필론, 호포론)] (나)는 성리학적 명분론을 바탕으로 양반의 반발이 심하였다. [법13] ☐
  └ (가)는 영조, (나)는 흥선 대원군 때 법제화되었다. [법13] ☐
  └ (가), (나) 모두 과세 대상이 확대되는 계기가 되었다. [법13] ☐

[해설] (가)는 감필론, (나)는 호포론이다[자료('균역법 시행 이전의 양역변통론' 참조)]. 호포론에 대해 성리학적 명분론을 바탕으로 한 양반의 반발이 심하였다(양반불역론). 옳은 설명이다. 18세기 당시에 그러하였다는 것이고, 결국 흥선 대원군에 의해 1871년(고종 8)에 실시되었다(호포법). / (가)의 감필론은 영조 때 균역법으로, (나)의 호포론은 흥선 대원군 때 법제화되었다. / 균역법(감필론)이나 호포법(호포제) 시행은 모두 과세 대상이 확대되는 결과를 낳았다.

■ 균역법 시행 이전의 양역변통론 [법13] ☐

- (가) 8도 군포는 수량이 90만 필(疋)에 지나지 않는데, 절반인 45만 필의 돈을 내어놓고 군포 1필을 감해 준다면, 2필을 바치던 무리들이 반드시 힘을 펼 수 있을 것입니다. (감필론)

[해설] 균역법 시행 전에 논의된 다양한 양역변통론 중 감필론(減疋論)에 대한 설명이다. 당시 결포론(結布論)과 함께 유력한 양역변통론으로 떠오르고 있었다. 영조는 감필론으로 균역법을 최종 확정하였다.

- (나) 호역(戶役)으로써 군역(軍役)을 대신하고 … 호수(戶數)에 따라 귀천(貴賤)과 존비(尊卑)를 물론하고 일체로 부역(賦役)을 균평하게 한다면 내는 자는 심히 가볍고 거두는 자도 손실이 없을 것입니다.

[해설] 균역법 시행 전에 논의된 다양한 양역변통론 중 호포론(戶布論)에 대한 것임을 알 수 있다(관련 선지 및 해설 참조).

- [영조] 군역의 부담을 줄여주기 위해 균역법을 시행하였다. [국13] ☐
  └ 군역 부담을 줄여주기 위하여 균역법을 시행하였다. [경12③] ☐
  └ 군역의 부담을 줄이기 위해 균역법을 시행하였다. [지12①] ☐
  └ 양인들이 지던 군포의 부담을 줄여주기 위해 시행되었다. [서15] ☐
  └ 농민의 군포 부담을 1년에 1필로 줄여 주었다. [지16②] ☐
  └ 농민들의 군포 부담이 2필에서 1필로 줄어들었다. [법19] ☐
  └ 군역 부담자의 군포 부담을 1필로 정하였다. [지12②] ☐
  └ 군역의 폐단을 막기 위해 군포를 1필로 경감하였다. [회14] ☐
  └ 군포를 12개월마다 1필만 내게 하였다. [회17] ☐
  └ 균역법 제정 [회19] ☐
  └ [균역법] 영조에 의해 실시되었다. [기17] ☐
  └ 균역청에서 관장하다가 호조로 이관되었다[x]. [회14] ☐
  └ 균역청 [지15②] ☐

[해설] 영조는 군역의 부담을 줄여주기 위해 1년[12개월]에 2필을 내던 군포를 1필로 줄이는 균역법을 시행하였다(1750, 영조 26). / 균역청은 균역법을 실시하면서 관련 업무를 관장하기 위하여 설치한 관청이다. 또 균역법 실시 이후 관련 업무를 (마땅히) 호조에서 균역청으로 이관하였다(반대로 서술)[회14].

■ 균역법 시행 [국15] [지17①] [지12②] [서21] [법20] [법12] [법11] [회17] [경16①] [기13] □

- (왕이) 양역을 절반으로 줄이라고 명하셨다. 왕이 말하였다. "호포나 결포는 모두 문제점이 있다. 이제는 1필로 줄이는 것으로 온전히 돌아갈 것이니 경들은 대책을 강구하라."

[해설] '양역을 절반으로 줄이라고', 명하셨다는 내용이나, '1필'로 줄이는 내용으로 보아 주어진 자료는 영조 대에 실시된 균역법을 가리킨다(1750, 영조 26)[『영조실록』권71 영조 26년(1750) 7월 '양역의 절반을 감하라고 명하다.'].

- 왕이 양역을 절반으로 줄이라고 명령했다. "…… 호포(戶布)나 결포(結布) 모두 문제가 있다. 이제 1필을 줄이는 것으로 온전히 돌아갈 것이니 경들은 1필을 줄였을 때 생기는 세입 감소분을 보충할 방법을 강구하라."

[해설] '양역'을 절반으로 줄인다는 부분에서 주어진 자료는 영조 때 시행된 균역법임을 알 수 있다(위 자료와 출처 동일). 줄어든 세입은 결작 부과, 선무군관포 부과, 잡세의 이관 등으로 보충하였다.

- "백성의 뜻을 알고 싶어 재차 대궐문에 나아갔더니, 몇 사람의 유생이 '전하께서는 백성을 해친 일이 없는데 지금 이 일을 하는 것을 신은 실로 마음 아프게 여깁니다.'라고 말하고, 방민(坊民)들은 입술을 삐쭉거리면서 불평하고 있다고 말하니, 비록 강구(康衢)에 노닌들 어찌 이보다 더하겠는가. 군포(軍布)는 나라의 반쪽이 원망하고 호포는 한 나라가 원망할 것이다. 지금 내가 어탑에 앉지 않는 것은 마음에 미안한 바가 있어서 그러한 것이다. 경 등은 알겠는가? 호포나 결포나 모두 구애되는 단서가 있기 마련이다. (중략) 경 등은 대안을 잘 강구하라" 하였다.

[해설] 조선 후기 군포의 문제점을 개선하기 위해 영조가 시행한 균역법(1750, 영조 26)에 대한 것임을 알 수 있다(위 자료와 출처 동일). 자료에 나오는 강구(康衢)라는 말은 '사방으로 두루 통하는 번화한 큰 길거리'를 뜻한다. 또 어탑(御榻)은 임금이 앉는 상탑(牀榻)을 가리킨다(궁궐 정전에서 임금이 앉는 자리에 단을 높여 놓은 시설). 어좌 아래 부분이다.

- 나라의 100여 년에 걸친 고질 병폐로서 가장 심한 것은 양역이다. 호포니 구전이니 유포니 결포니 하는 주장들이 분분하게 나왔으나 적당히 따를 만한 것이 없다. 백성은 날로 곤란해지고 폐해는 갈수록 더욱 심해지니, …(중략)… 이웃의 이웃이 견책을 당하고 친척의 친척이 징수를 당하고, 황구는 젖 밑에서 군정으로 편성되고 백골은 지하에서 징수를 당하며 …(후략)

[해설] '양역'이라는 말, '호포니 구전이니 유포니 결포니 하는 주장들'이 제기되었다는 구절, '황구'와 '백골'이라는 말에서 제시된 자료가 조선 후기 군역의 폐단에 대한 것임을 알 수 있다. 중략 이후 부분은 수령과 아전들이 군포 징수를 위해 '인징', '족징', '황구첨정', '백골징포' 등의 편법을 동원한 사실을 가리킨다. 주어진 자료는 전라 감사 조영로(?~?)가 양역의 폐단에 대해 상소한 내용이다[『영조실록』권66 영조 23년(1747) 10월 기사. 참고로 '황구(黃口)'는 의미상 다섯 살 미만의 어린아이를 뜻한다. 군역의 폐단을 시정하기 위해 실시된 제도가 영조 대의 균역법이다(1750, 영조 26).

- 나라의 100년에 걸친 고질 병폐로 가장 심한 것이 양역이다. 호포니 유포니 결포니 구전이니 하는 주장들이 분분하게 나왔으나 적당히 따를 만한 것이 없다. … 이웃의 이웃이 견책을 당하고 친척의 친척이 징수를 당하고, 황구는 젖 밑에서 군정으로 편성되고 백골은 지하에서 징수당하며 …

- <영조실록> -

[해설] 위와 같은 출처의 자료이다. 균역법이 실시되기까지의 다양한 양역변통론이 제시되었다. 호포론(戶布論)은 양반, 상민 따질 것 없이 모든 가호(家戶)에서 군포를 받자는 주장이고, 유포론(遊布論)은 군역 기피자를 색출하여 군역의 의무를 지우자는 주장이다. 결포론(結布論)은 수포(收布) 대상을 사람 단위에서 토지 면적 단위로 전환하자는 주장이다. 결포론 내에서 다시 1인 2필씩 내는 군포를 1필로 반감하자는 감필론(減疋論)[즉 감필 결포론]이 제기되어 균역법 시행 직전에 유력한 안으로 대두하였다(결국 감필론[감필 결포론]이 채택되어 균역법으로 최종 확정). 구전론(口錢論)은 일종의 인두세로, 양반 개인을 단위로 돈을 받자는 주장이다. 양반 개인이 아닌 가호를 단위로 포를 내자고 주장한 호포론보다 양반들에게서 더 큰 반발을 받았다.

- 임진왜란 이후 군역 대신 군포를 징수하여 1년에 2필을 납부하게 하였다. 그런데 군적이 제대로 정리되지 않았고, 지방관의 농간까지 겹쳐 실제 납부액이 훨씬 많았다. 이에 이 법을 제정하여 군포 부담을 절반으로 줄여 주었다.

[해설] <보기>의 밑줄 친 '이 법'은 조선 영조 26년인 1750년에 시행된 균역법을 가리킨다(매년 2필씩 바치던 군포를 1필로 줄여 줌).

- 그는 균역법을 시행하여 백성들에게 큰 부담이 되었던 군역 부담을 줄여주었고, 형벌 제도를 개선하여 가혹한 형벌을 금지하였다.

[해설] 균역법이 시행된 것은 영조 26년인 1750년이고, 압슬형과 같은 가혹한 형벌을 폐지하고 사형수에 대한 삼복법(三覆法)을 엄격하게 시행한 것

도 영조 대의 일이다[각 1725(영조 원년)/1729(영조 5)]

- 적전(籍田)을 가는 쟁기를 잡으시니 근본을 중시하는 거동이 아름답고, 혹독한 형벌을 없애라는 명을 내리시니 살리기를 좋아하는 덕이 성대하였습니다. …(중략)… 정포(丁布)를 고루 줄이신 은혜로 말하면 천명을 받아 백성을 보전할 기회에 크게 부합되었거니와 위를 덮어 아래를 더하며 어염세(魚鹽稅)도 아울러 감면되고, 여자·남자가 기뻐하여 양잠·농경이 각각 제자리를 얻었습니다. (중복 출제)
- (가) 대왕 시책문 -

[해설] 내용이 길고 어려워 보이지만 결론은 세금을 크게 줄여주었다는 것이 요지이다. 특히 균역법 시행을 가리키는, '정포(丁布)를 고루 줄이신 은혜로 말하면 천명을 받아 백성을 보전할 기회에 크게 부합되었거니와'라는 부분을 통해 제시된 자료에서 말하는 왕은 조선의 영조(재위 1724-1776, 제21대)임을 알 수 있다(1750, 영조 26)[『영조실록』 권127 영조 대왕 시책문(諡冊文)*]. 참고로 적전(籍田)이란 임금이 몸소 농민을 두고 농사를 짓던 논밭을 가리킨다.

*시책문(諡冊文): 임금이나 후비의 시호를 정할 때 생존 시의 업적과 덕행을 칭송한 글이다.

- 감면한 것을 계산하면 모두 50여 만 필에 이른다. 돈으로 계산하면 1백여 만 냥이다. 아문과 군대의 비용을 줄인 것이 50여 만 냥이다. 부족한 부분은 어세, 염세, 선세와 선무군관에게 받은 것, 은여결에서 받아들이는 것으로 충당하였는데, 모두 합하면 십 수만 냥이다.

[해설] 주어진 자료는 영조 26년인 1750년에 시행된 균역법에 대한 것임을 알 수 있다. 균역법 시행으로 줄어든 재정을 충당한 내역이 나와 있다.

- [균역법] (나): 공납을 전세화한 것이다[✗]. [법11] ☐

[해설] 공납을 전세화한 것은 (균역법이 아니라) 대동법이다.

- [균역법] 결작세가 신설되면서 지주들의 부담이 증가하였다. [국20] ☐
  ㄴ지주에게 토지 1결당 2두의 결작미를 징수하였다. [지16②] ☐
  ㄴ지주에게 결작이라 하여 토지 1결당 미곡 2두씩을 부담시켰다. [지24] ☐
  ㄴ지주에게는 결작이라고 하여 토지 1결당 미곡 2두를 부담케 하였다. [회17] ☐
  ㄴ지주에게 결작을 부담시켰다. [법12] ☐
  ㄴ토지 소유자에게 결작을 부과하였다. [소18②] ☐
  ㄴ균역법의 시행으로 감소된 재정은 지주에게 결작이라 하여 토지 1결당 미곡 2두를 부담시켰다. [경12①] ☐
  ㄴⓒ의 시행으로 감소된 재정은 지주에게 결작이라고 하여 토지 1결당 미곡 2두를 부담시켜 충당하였다. [경15③] ☐
  ㄴ농민은 1년에 군포 1필을 부담하고 지주는 결작을 부담하였다. [기15] ☐
  ㄴ평안도와 함경도를 제외한 6도의 토지 1결당 쌀 2두씩을 부과하였다. [지12②] ☐
  ㄴ전(錢)으로 결작을 납부하는 지주 [지14②] ☐
  ㄴ토지에 부과되는 결작의 부담이 소작 농민에게 돌아가는 경우도 있었다. [회17] ☐
  ㄴ지주의 결작을 대신 내야 한다며 한숨 쉬는 소작농 [법17] ☐

[해설] 균역법 실시로 부족한[줄어든] 재정[군포 수입]을 메우기 위하여[보충하고자] 토지[논밭]의 소유자들에게 결작세라는 부가세(1결당 쌀 2두)가 신설되었다(1750, 영조 26). 이로 말미암아 지주들의 부담이 증가하였다. / 균역법을 시행하면서 부족해진 군포 수입을 결작세[결작미]를 신설하여 보충하였다. 그 외 해세, 어장세, 선박세, 선무군관포 등을 부과하였다. / 지주의 결작(1결당 쌀 2두)을 대신 내야 한다며 한숨 쉬는 소작농은 조선 후기에 볼 수 있는 모습이다(1750년 균역법 시행 후, 지주가 자신이 내야 하는 결작을 소작농에게 전가). / [경15③]의 ⓒ은 과전법에서의 전세 수취 방식(수확량의 1/10세)을 가리키나 무시함.

- [균역법] 부유한 양민에게 선무군관포를 내게 하였다. [법24] ☐
  ㄴ일부 상류층에게 선무군관이라는 칭호를 주고 군포 1필을 납부하게 하였다. [기11] ☐
  ㄴ일부 양반층에게 선무군관이라는 칭호를 주고 군포 1필을 납부하게 하였다[✗]. [지17①] ☐

┗상인 양인 일부에게 선무군관(選武軍官)이라는 칭호를 주는 대신 군포를 부과하였다. [회15] □

┗절감된 군포의 수입을 보충하기 위해 종래 군역이 면제되었던 양반들에게 선무군관이라는 칭호를 주는 대신 군포 1필씩을 내게 하였다[×]. [회17] □

┗농민들에게 1년에 군포 1필만 부담시키고 줄어든 수입은 선무군관포 등으로 보충하였다. [기13] □

[해설] (일부) 부유한 양민에게 선무군관포를 내게 한 것은 균역법 실시(1750, 영조 26)에 따른 재정 부족 문제를 해결하기 위한 방책 중의 하나이다. 그 외 1결당 쌀 2두의 결작, 해세·어장세·선박세 등을 징수하였다. / [회17] [출제 오류] 선무군관포를 부과한 대상은 '일부 양반층'이 아니라 '일반 상류층(양인 포함)[부유한 상층 양인 일부]'이다. 주어진 문제에서 본 선지가 정답으로 제시되었으나(균역법에 대한 옳은 설명), '일부 양반층'이라는 부분이 모호하다는 이의 제기가 수용되어 결국 '정답 없음'으로 최종 결정되었다(따라서 본 선지는 틀린 것으로 봐야 함). 요컨대 양반들은 종래 군역이 면제되었고, 선무군관포도 부과되지 않았다.

• [균역법] 각 아문이나 궁방에서 받아들이던 어세, 염세, 선세를 균역청에서 관할케 하였다. [회17] □

┗균역청에서 어세, 염세, 선세를 관할하게 하였다. [회15] □

[해설] 균역청에서 어세, 염세, 선세를 관할하게 한 것은 줄어든 군포 수입을 보충하기 위해서였다(국가 재정으로 귀속).

• [균역법] 균역법을 시행하여 양반과 상민이 똑같이 군포를 부담하게 하였다[×]. [서19①] □

┗양반들도 군역을 지는 것으로 개선하였다[×]. [지12②] □

┗(나): 양반과 노비도 군포를 납부하게 되었다[×]. [법11] □

[해설] 균역법을 시행하여 군포의 부담을 줄여준 것은 맞지만 이는 상민에게만 해당하고 양반은 제외되었다. 즉 균역법에서 양반들은 군역을 지지 않았다(양반불역론). / 균역법에서 양반과 노비는 군포를 납부하지 않았다.

• [균역법] 균역청에서 관리하다가 선혜청이 통합하여 관리하였다.* [지12②] □

[해설] 처음에는 균역청에서 관리하다가 경비 절감의 목적으로 영조 29년인 1753년에 선혜청으로 통합해 관리하였다.

주제 38 붕당 정치의 전개와 탕평 정치

1 붕당 정치의 전개와 변질

■ 사림 세력의 붕당 분화 [경17①] [경14①]

- 선조가 즉위하면서 사림 세력이 대거 중앙 정계로 진출하여 정국을 주도하게 되었다. 사림 세력은 척신 정치의 잔재를 어떻게 청산할 것인가를 둘러싸고 갈등을 겪다가 김효원을 지지하는 (㉠)세력과 심의겸을 지지하는 (㉡)세력으로 나뉘었다. 이후 (㉠)세력은 정여립 모반 사건 등을 계기로 온건파인 (㉢)세력과 급진파인 (㉣)세력으로 나뉘었다.

[해설] 동서 붕당의 시작(1575, 선조 8)에서부터 동인이 다시 남인과 북인으로 분화되는 과정[1589(선조 22)/1591(선조 24)]에 대한 설명이다. ㉠은 동인, ㉡은 서인, ㉢은 남인, ㉣은 북인을 가리킨다.

- 사림이 ㉠동인과 서인으로 나뉜 후, 동인이 우세한 가운데 정국이 운영되었다. 동인은 ㉡온건파인 남인과 급진파인 북인으로 나뉘었다. 그 후 ㉢서인과 남인이 격렬하게 대립하였으며, 나중에는 서인에서 갈라져 나온 ㉣노론과 소론이 치열하게 경쟁하였다.

[해설] 조선 시대 붕당의 전개 과정에 대한 설명이다.

- [동인] 남인과 북인으로의 분화 [지15②]
  └ 동인이 남인과 북인으로 분화하였다. [법21]
  └ 동인이 남인과 북인으로 분열되는 결과를 가져왔다. [회16]
  └ ㉠은 정철의 처벌 문제를 둘러싸고 강경파와 온건파로 분열하였다. [경19①]
  └ ㉡의 학설을 따르는 이들은 처음에는 동인을 형성하였다가, 이후 남인으로 분화하였다[✗]. [기13]

- 남북 분당 [기14]

[해설] 동인은 서인에서 제외된 다수의 신진 세력으로 구성되어 있었는데, 정여립 모반 사건 이전부터 퇴계 문인인 유성룡(1542~1607) 일파와 화담·남명 문인인 이발(1544~1589) 일파 사이에 알력이 있었다. 그러다가 선조 22년인 1589년에 발생한 정여립 모반[역모] 사건을 계기로 남인과 북인으로 분화되기 시작하였다. 그리고 결정적으로 2년 뒤에 발생한 세자 책봉 문제인 '세자 건저(의) 사건(건저의 문제, 즉 세자 책봉 문제)'*에서 송강 정철(1536~1593)을 비롯한 서인에 대한 처벌 수위를 둘러싸고[논죄하는 과정에서] 온건한 입장인 남인과 강경한 입장인 북인으로 갈려 대립[분열]하였다(1591. 선조 24)(요컨대 서인에 대한 처벌 수위에 대한 의견 차이로 동인 분열). / 동인은 서인에서 제외된 다양한 계열의 신진 세력으로 구성되어 있었는데, 1589년(선조 22)에 발생한 정여립 모반 사건 이전부터 퇴계 문인인 유성룡 일파와 화담·남명 문인인 이발 일파 사이에 알력이 있었다. / [기13]의 ㉡은 주기론을 가리킴. 주기론을 따르는 이들은 처음부터 서인을 형성하였다.

*건저의(建儲議) 사건: 왕세자를 책봉하는 의론으로, 선조가 후궁인 인빈 김씨의 소생 신성군을 왕세자로 마음에 두고 있었는데, 정철이 광해군을 후대하였다가 선조의 미움을 사게 된 사건이다. 사실 동인인 이산해(1539~1609)와 유성룡이 정철과 같이 건저의를 하기로 해놓고 정작 선조 앞에서 정철이 세자 세우기를 청하자 이산해(1539~1609)와 유성룡은 한마디 말도 하지 않았다. 이미 인빈 김씨로부터 "정철이 먼저 세자 세우기를 청한 뒤에 우리 모자를 죽이려 한다"는 하소연을 들은 선조는 정철에게 크게 노하였다. 동인 이산해와 유성룡이 서인 정철을 속인 셈이다.

■ **관동별곡**(송강 정철) [회20] □

江湖(강호)에 病(병)이 깁퍼 竹林(듁님)의 누엇더니,
關東(관동) 八百里(팔빅니)에 方面(방면)을 맛디시니,
어와 聖恩(셩은)이야 가디록 罔極(망극)ᄒᆞ다.

- 『관동별곡(關東別曲)』-

[해설] 송강 정철(1536~1593)의 유명한 가사 작품인 『관동별곡』의 첫 구절이다(1580, 선조 13). 정철이 속한 붕당은 서인이다(정철은 서인의 영수).

• 임진왜란 시기 의병 활동을 ⓒ 출신이 주도하였다. [경19①] □
 └임진왜란이 끝난 뒤 ㉣이 집권하여 광해군 때까지 정국을 주도하였다. [경17①] □

[해설] 임진왜란 시기 의병 활동은 (서인이 아니라) 동인, 그중에서도 북인이 주도하였다. 해당 문제에서 ⓒ은 서인을 가리키나 무시함. / 해당 문제에서 ㉣은 북인을 가리킴. 임진왜란이 끝난 뒤 북인이 집권하여 광해군 때까지 정국을 주도한 것은 사실이다.

• 광해군 대 – 북인이 집권하였다. [지23]
 └[북인] 조식 학파를 중심으로 형성되었다. [법22] □
 └(ㄹ) 세력은 대체로 조식과 서경덕 문인들이 주류를 이루며, 광해군을 지지하였다. [회15] □
 └선조가 사망하고 광해군이 즉위하자 실권을 장악하였다. [회20] □
 └인목 대비의 폐위를 주장하였다. [법23] [법22] □
 └인조반정으로 몰락하였다. [지16②] [법24] □

[해설] 광해군 대에는 (동인에서 갈라진) 북인이 집권하였다. 북인은 (선조의 계비이자 영창대군을 낳은) 인목 대비(1584~1632)의 폐위를 주장하였다(동인에서 갈라져 나옴). / 인조반정으로 몰락한 붕당은 북인이다(1623, 광해군 15). 이귀(1557~1633), 김유(1571~1648) 등 서인 일파(남인도 참여)가 정변을 일으켜 광해군을 폐위시키고 광해군의 조카인 능양군 이종(1595~1649)을 왕위(인조, 재위 1623-1649, 제16대)에 앉혔다.

• 인조 대 – 남인이 집권하였다[✗]. [지23] □

[해설] 광해군 15년인 1623년 3월에 인조반정을 주도하여 인조가 즉위하였고, 이후 인조 대(재위 1623-1649, 제16대)에 정권을 독점한 붕당[집권 세력]은 (남인이 아니라) 서인이다.

• [서인] 인조반정을 주도하여 집권 세력이 되었다. [국23] □

[해설] 인조반정을 주도하여 집권 세력이 된 붕당은 서인이다(1623, 인조 원년).

• [예송 배경] 서인이 우세한 가운데 남인의 세력이 성장하였다. [지11①] □
 └왕권 강화와 신권 강화에 대한 입장 차이가 있었다. [지11①] □
 └효종의 왕위 계승의 정통성 문제와 관련이 있었다. [지11①] □

[해설] 인조반정(1623)을 일으킨 서인 세력이 병권을 장악하여 우세하였으나 예송(禮訟)을 통해 남인 세력이 성장하였다. / 예송은 신권을 강화하려는 서인과 왕권을 강화하려는 남인의 입장 차이가 드러난 사건이다. / 예송은 차남으로 왕위에 오른 효종의 정통성과 관련이 있다.

• 현종 때 두 차례의 예송이 발생하면서 서인과 남인 사이의 대립이 격화되었다. [경15③] □
 └현종 때 두 차례의 예송이 발생하면서 ⓒ과 ⓓ 사이에 대립이 격화되었고, 이때 ⓒ은 상대적으로 신권을 강조하였다.
[경17①] □

[해설] 효종과 효종비가 각 사망했을 때 인조의 계비인 자의 대비[조대비]의 복제가 어떠해야 할 것인지를 놓고 서인과 남인이 크게 대립하였다. 1차 예송인 기해예송(1659) 때는 서인의 1년설이 승리하였지만, 2차 예송인 갑인예송(1674)에서는 남인의 1년설이 승리하였다. / [경17①]에서 ⓒ은 서인, ⓓ은 남인을 가리킴. 현종 때 두 차례의 예송이 발생하면서 서인과 남인 사이에 대립이 격화되었다. 서인이 1차 예송(기해예송, 1659)에서 1년

설을, 2차 예송(갑인예송, 1674)에서 9개월설을 내세운 것은 효종이 적장자가 아님을 근거로 든 것이기 때문에(효종의 정통성 불인정) 왕권이 아닌 신권(臣權)을 강조한 것이 된다.

■ 서인과 남인 사이의 예송 [법24]

효종의 사망과 관련하여 인조의 계비 자의 대비의 복제(服制)가 쟁점이 되었다. (가) 은/는 효종이 적장자가 아니라는 근거를 들어 왕과 사대부에게 같은 예가 적용되어야 한다는 입장을 내세웠다. 반면 (나) 은/는 왕에게는 일반 사대부와 다른 예가 적용되어야 한다고 주장하였다.

[해설] (인조의 계비인) 자의 대비[조대비](1624~1688)의 복상 문제로 예송이 일어난 것은 현종 대(재위 1659-1674, 제18대)의 일이다[1차 예송(기해예송)-1659(현종 즉위년)/2차 예송(갑인예송)-1674(현종 15)]. 그중 1차 예송인 기해예송은 효종의 사후 발생한 예송으로 결과적으로 서인의 기년설(1년설)이 채택되었다(서인 승리)[참고로 2차 예송(갑인예송)에서는 기년설(1년설)을 주장한 남인 승리, 서인은 대공설(9개월설) 주장]. 예송은 결국 차남으로 왕위에 오른 효종의 정통성을 인정함(장자로 대우)으로서 왕권을 강화하려는 남인과 효종의 정통성을 인정하지 않음(장자로 대우하지 않음)으로서 신권을 강화하려는 서인 간의 권력 투쟁[이념 대립]이었다.

- [현종] 두 차례에 걸친 예송이 일어났다. [국17①]
  └서인과 남인이 두 차례에 걸쳐 예송을 전개하였다. [지20]
  └[서인] 예송 논쟁으로 남인과 대립하였다. [법22]
  └서인과 남인 간의 예송 논쟁 [지15②]
  └(다) - 효종의 왕위 계승에 대한 정통성과 관련하여 남인과 서인이 대립하였다. [기14]
  └ⓒ - 예송 논쟁에서 나타난 예론의 차이는 신권을 강화하려는 서인과 왕권을 강화하려는 남인 사이의 정치적 입장과 연결되었다. [경14①]
  └왕위 계승에 대한 정통성과 관련하여 두 차례의 예송이 발생하였다. [국15]
  └대비의 복상 문제로 두 차례 예송이 전개되었다. [법19]
  └자의 대비의 복상 문제로 예송이 일어났다. [지24]
  └자의 대비의 복상 문제로 붕당 간 대립이 발생하였다. [소22]
  └[조선 후기의 사상 동향] 복상 기간에 대한 견해차로 인해 예송(禮訟)이 전개되었다. [지17②]
  └예송 논쟁 [기14]

[해설] 현종 대에 자의 대비*의 복상 문제[복상 기간 문제]로 남인과 서인 사이에 두 차례에 걸쳐 예송(禮訟)**이 일어났다. 1차 예송(기해예송(1659, 현종 즉위년) 때는 서인이, 2차 예송(갑인예송)(1674, 현종 15) 때는 남인이 승리하였다[두 차례 모두 1년설인 기년(복)설이 채택]. 예송은 차남으로 왕위에 오른 효종의 정통성을 인정함(장자로 대우)으로써 왕권을 강화하려는 남인과 효종의 정통성을 인정하지 않음(장자로 대우하지 않음)으로써 신권을 강화하려는 서인 간의 권력 투쟁[이념 대립]이었다. / [경14①] ⓒ은 서인과 남인을 가리킴.

*자의 대비: 16대 국왕인 인조의 계비인 장렬 왕후(1624~1688)이다. 현종 대의 대왕대비(현 왕의 할머니)로 조대비라고도 하였다.
**예송(禮訟)은 차남으로 왕위에 오른 효종의 정통성과 관련한 논쟁으로 효종의 사망 시(1차, 기해 예송)와 효종비의 사망 시(2차, 갑인 예송) 두 차례 발생하였다. 인조의 계비인 자의 대비의 복제를 두고 서인은 효종이 차남이므로 1년설[기년(복)설](자최복 입음)과 9개월설[대공(복)설](대공복 입음)을, 남인은 왕위에 올랐으므로 3년설[참최(복)설](참최복 입음)과 1년설[기년(복)설]을 각 주장하였다. 1차 예송 때는 서인의 의견이, 2차 예송 때는 남인의 의견이 채택되었다[두 차례 모두 1년설인 기년(복)설이 채택].

- [기해예송(1차 예송)] 기해예송은 효종이 사망하자 조대비가 상복을 3년복으로 입을 것인가, 1년복으로 입을 것인가를 둘러싸고 일어났다. [지14②]
  └효종이 죽자 인조의 계비의 복상 기간에 대해 서인과 남인 사이에 논쟁이 일어났다. [회15]
  └윤휴가 송시열 등을 공격하면서 일어났다. [회16]

└ 기해예송은 서인의 주장대로 조대비가 효종을 위해 1년복을 입는 것으로 결정되었다. [지14②] ☐

└ (가)의 주장을 한 붕당은 신권 강화를 중시하였고, (나)의 주장을 한 붕당은 왕권 강화를 중시하였다. [경15②] ☐

└ (가) - 서인들은 자의 대비의 복상을 9개월로 정하였다[x]. [법16] ☐

└ (가) - 남인들은 자의 대비가 둘째 아들의 복상을 입어야 한다고 주장했다[x]. [법16] ☐

└ 1차 예송에서 승리한 서인이 집권하였다. [법21] ☐

└ 기해예송에서 (가)의 주장이 채택되었다. [경15②] ☐

└ 1659년, 기해예송 [회16] ☐

└ 기해예송 [경12②] ☐

[해설] 기해예송은 효종이 사망하자 인조의 계비인 자의 대비[조대비]가 상복을 3년 입을지, 1년 입을지를 두고 서인과 남인이 벌인 논쟁이다(1659, 현종 즉위년). 기해예송 때는 서인의 주장에 따라 자의 대비가 효종을 위해 1년복을 입는 것으로 결정되었다. / [회16] 남인인 백호 윤휴(1617~1680)가 서인인 우암 송시열(1607~1689) 등을 공격하면서 일어난 사건은 기해예송이다. 효종 사망 시 서인인 송시열이 인조의 계비 자의 대비의 복상을 1년으로 해야 한다고 주장하자 윤휴 등이 3년으로 할 것을 주장하여 이른바 예송이 발생한 적이 있다. / 남인들은 자의 대비가 (둘째 아들의 복상이 아니라) 왕의 복상을 입어야 한다고 주장하였다(3년복). / [경15②]의 (가)는 남인, (나)는 서인을 가리키거나 무시함.

■ 기해예송(1차 예송) [국23] [지16②] [지11①] [법23] [법16] [경15②] ☐

• 효종이 승하한 후 효종의 계모(繼母)인 자의 대비의 복상 문제로 서인과 남인들 사이에 논쟁이 벌어졌다.

[해설] 현종 즉위년인 1659년에 발생한 기해예송(1차 예송)을 가리킨다.

• 상소하여 아뢰기를, "신이 좌참찬 송준길이 올린 차자를 보았는데, 상복(喪服) 절차에 대하여 논한 것이 신과는 큰 차이가 있었습니다. 장자를 위하여 3년을 입는 까닭은 위로 '정체(正體)'가 되기 때문이고 또 전중(傳重: 조상의 제사나 가문의 법통을 전함)하기 때문입니다. ……(중략)… 무엇보다 중요한 것은 할아버지와 아버지의 뒤를 이은 '정체'이지, 꼭 첫째이기 때문에 참최 3년복을 입는 것은 아닙니다."라고 하였다.   -『현종실록』-

[해설] 서인 송준길(1606~1672)의 의견에 반대하여 남인인 미수 허목(1595~1682)(당시 장령)이 '참최 3년복[참최(복)설, 3년설]'을 주장하고 있는 내용이다[1차 예송(기해예송), 1659(현종 즉위년)][『현종실록』권2 현종 1년(1660) 4월 '장령 허목의 상소문']. 하지만 1차 예송에서는 결과적으로 서인의 기년(복)설(1년설)이 채택되었다.

• 소현 세자가 일찍 세상을 뜨고 효종이 인조의 제2 장자로서 종묘를 이었으니, 대왕대비께서 효종을 위하여 3년의 상복을 입어야 할 것은 예제로 보아 의심할 것이 없는데, 지금 그 기간을 줄여 1년으로 했습니다. 대체로 3년의 상복은 장자를 위하여 입는데 그가 할아버지, 아버지의 정통을 이을 사람이기 때문입니다. 지금 효종으로 말하면 대왕대비에게는 이미 적자이고, 또 왕위에 올라 존엄한 몸인데, 그의 복제에서는 2년 상복을 입을 수 없는 자와 동등하게 되었으니, 어디에 근거를 둔 것인지 신(臣)은 모르겠습니다.

[해설] 예송과 관련된 자료로, 자의 대비의 복상이 거의 끝나가는 현종 1년(1660) 3월에 사헌부 장령이자 남인인 미수 허목(1595~1692)이 상복 문제를 다시 제기하면서 '참최 3년복[참최설, 3년설]'을 주장하고 있는 내용이다[1차 예송(기해예송), 1659(현종 즉위년)][『현종개수실록』권2 현종 1년(1660) 3월 '장령 허목이 상소하여 예에 어긋난 상복 규정을 개정할 것을 청하다.']. 하지만 1차 예송에서는 결과적으로 서인의 기년설(1년설)이 채택되었다.

• 기해년의 일은 생각할수록 망극합니다. 그때 저들이 효종 대왕을 서자처럼 여겨 대왕 대비의 상복을 기년복(1년 상복)으로 낮추어 입도록 하자고 청했으니, 지금이라도 잘못된 일은 바로잡아야 하지 않겠습니까?

[해설] '기해년의 일은 생각할수록 망극'하다는 부분, '효종 대왕을 서자처럼 여겨 대왕대비의 상복을 기년복(1년 상복)으로 낮추어 입도록 하자고 청했'다는 부분 등에서 주어진 자료 속 붕당은 기해예송(1659) 때 패배한 남인 세력임을 알 수 있다[『현종실록』권12 현종 7년(1666) 3월 '복제에 대한 경상도 유생 유세철 등 천여 명의 상소'].

• (가) 효종은 임금이셨으니 새 어머니인 인조 임금의 계비는 돌아가신 효종에 대해 3년 상복을 입어야 합니다. 임금의 예는 보통 사람과 다릅니다. (남인) (중복 출제)

(나) 효종은 형제 서열상 차남이셨으니 새 어머니인 인조 임금의 계비는 돌아가신 효종에 대해 1년복만[1년복을] 입어야 합니다. 천하의 예는 모두 같은 원칙에 따라야 합니다. (서인) (중복 출제)

[해설] (가)에서 임금과 보통 사람은 다르니 3년간 상복을 입어야 한다고 주장한 정치 세력은 남인이다. (나)에서 임금과 사대부의 예가 같으므로 1년간 상복을 입어야 한다고 주장한 정치 세력은 서인이다. 현종 때 효종이 죽자 인조의 계비인 자의 대비의 복상 기간을 두고 서인과 남인이 대립한 기해예송(1659)에 대한 내용이다.

- [갑인예송(2차 예송)] 갑인예송은 효종비가 사망하자 조대비가 상복을 1년복으로 입을 것인가, 9개월복으로 입을 것인가를 둘러싸고 일어났다. [지14②] □
  └ 갑인예송에서 남인은 조대비가 9개월복의 상복을 입어야 한다고 주장하였다[x]. [지14②] □
  └ 효종비가 사망한 후, (나)의 주장을 한 붕당은 자의 대비 조씨(조대비)가 1년복을 입어야 한다고 주장하였다[x]. [경15②] □
  └ 1674년, 갑인예송 [회16] □

[해설] 갑인예송은 효종비가 사망하자 인조의 계비인 자의 대비(조대비)가 상복을 1년 입을지, 9개월 입을지를 두고 서인과 남인이 벌인 논쟁이다(1674, 현종 15) / 갑인예송에서 자의 대비가 9개월의 상복[9개월설][대공(복)설]을 입어야 한다고 주장한 것은 (남인이 아닌) 서인이다. / [경15②]의 (나)는 서인을 가리킴. 효종비가 사망한 후 일어난 예송은 곧 갑인예송이다.

- [남인] 갑인예송에서 왕권을 강조하며 기년복을 주장하였다. [국18] □
  └ (ㄷ) 세력은 효종과 효종비에 대한 자의 대비의 상복 문제를 놓고 사대부와 같은 예로 행해야 한다고 하여 신권을 강화하려고 하였다[x]. [회15] □
  └ 제2차 예송에서 기년설을 주장하였다. [지16①] □

[해설] 갑인예송(2차 예송)은 현종 15년(숙종 즉위년이기도 함)인 1674년에 일어났다. 서인의 9개월설[대공(복)설]에 대해 남인이 주장한 1년설[기년(복)설]이 승리하였다. / '(ㄷ)'은 해당 문제에서 남인을 가리킴. 남인은 효종과 효종비에 대한 자의 대비의 상복 문제를 놓고 왕의 예로 행해야 한다고 하여 왕권을 강화하려고 하였다. 사대부와 같은 예로 행해야 한다고 하여 신권을 강화하려고 한 세력은 서인이다.

- 남인이 제2차 예송을 통해 집권하였다. [서21] □
  └ 2차 예송에서 남인이 승리하였다. [경18②] □
  └ (나)의 주장은 1차, 2차 예송에서 모두 채택되었다[x]. [법17] □

[해설] 남인이 제2차 예송(갑인예송)을 통해 집권한 것은 현종 15년인 1674년의 일이다. / 남인의 주장이 채택된 것은 2차 예송 때이다(1년설). 1차 예송 때에는 서인의 주장이 채택되었다(1년설). 이렇게 보면 두 차례의 예송에서 '1년설'이 모두 승리한 셈이다.

- [남인] 예송에서 왕의 예는 일반 사대부와 다르다고 주상하였다. [경20①] □
  └ 효종의 비가 죽었을 때 시어머니인 자의 대비가 대공복을 입어야 한다고 주장하였다[x]. [경20①] □
  └ 자신들의 학문적 정통성을 확립하기 위하여 조식을 높이고 이언적과 이황을 폄하하였다[x]. [경20①] □
  └ 경종이 즉위하자 그가 병약하다는 이유를 들어 이복동생 연잉군을 세제로 책봉할 것을 요구하였다[x]. [경20①] □

[해설] [고산 윤선도(1587~1671)가 속한] 남인은 예송에서 왕의 예는 일반 사대부와 다르다고 주장하였다(1차 예송 때 3년설, 2차 예송 때 1년설)(주어진 문제의 자료가 윤선도의 연시조인 '오우가'). 반면 예송에서 서인은 효종의 경우 적장자가 아님을 들어 왕과 사대부가 동일한 예가 적용되어야 한다고 주장하였다. / 효종의 비가 죽었을 때[즉 1674년의 2차 예송(갑인예송)] 시어머니인 자의 대비(조대비)가 대공복*[즉 9개월설 주장]을 입어야 한다고 주장한 붕당은 서인이다(남인은 기년복, 즉 1년설 주장). / 자신들의 학문적 정통성을 확립하기 위하여 조식을 높이고 이언적과 이황을 폄하한 붕당은 북인이다(광해군 대 집권). 원래 이언적(1491~1553)과 이황(1501~1570), 조식, 서경덕의 학문을 계승한 이들은 동인(신진 사림)으로 같은 붕당이었으나 1591년(선조 24) 건저의 문제[세자 책봉 문제]***가 발생했을 때 서인인 정철에 대한 처벌 수위를 놓고 강경파인 북인과 온건파인 남인으로 갈라섰다. / 경종이 즉위하자 그가 병약하다는 이유를 들어 이복동생 연잉군[이후 영조]을 세제로 책봉할 것을 요구한 붕당은 노론이다. 그 결과 신임사화가 발생하여 노론 4대신(김창집, 이이명, 이건명, 조태채)을 비롯한 다수의 노론 인물이 화를 입었다(1721~1722).

*대공복(大功服): 대공친(大功親)**의 상사(喪事)에 9개월 동안 입는 복제
**대공친(大功親): 대공복(大功服)을 입어야 하는 친족, 즉 종형제, 출가 전의 종자매, 중자부, 중손, 중손녀, 질부, 남편의 조부모, 남편의 백숙부모, 남편의 질부 등을 통틀어 일컫는다.
***건저의 문제 : '건저의(建儲議)'란 말 그대로 '왕세자를 책봉하는 의론'이란 뜻으로, 선조가 후궁 인빈 김씨의 소생 신성군을 마음에 두고 있었으나 송강 정철이 광해군을 세자로 추대하였다가 선조의 미움을 사 실각하게 된 사건을 가리킨다(세자 책봉 문제).

■ 예송 [법17] [법11] □

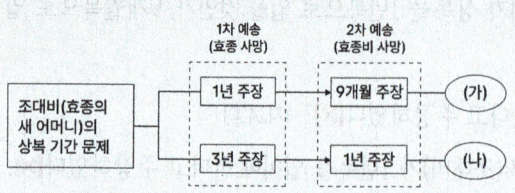

[해설] 예송의 전개 과정이 도표로 제시되어 있다. 1차 예송(기해예송, 1659)에서 1년을 주장하고, 2차 예송(갑인예송, 1674)에서 9개월을 주장한 '(가) 세력'은 서인이다. 이어 1차 예송에서 3년을 주장하고, 2차 예송에서 1년을 주장한 '(나) 세력'은 남인이다.

구분	(가) 붕당	(나) 붕당
효종 복상기간(1차) 기해 예송	3년	1년
효종 복상기간(2차) 갑인 예송	1년	9개월
근 거	국조오례의	주자가례
정치적 입장	왕권 강화	신권 강화

[해설] 조선 시대 예송이 <표>로 정리되어 있다. 효종의 복상 기간에 대한 1차 예송(기해예송, 1759)과 효종비의 복상 기간에 대한 2차 예송(갑인예송, 1774)이 나와 있다. 기해예송에서『국조오례의』를 근거로 3년(상)을, 갑인예송에서는 1년(상)을 주장한 붕당은 '남인'이다. 반면 기해예송에서 『주자가례』를 근거로 1년(상)을, 갑인예송에서는 9개월(상)을 주장한 붕당은 '서인'이다. 참고로 관련 자료들을 살펴본 바『주자가례』보다는『경국대전』이 더 합당해 보인다.

■ 오우가(고산 윤선도)* [경20①] □

내 버디 몇치나 ᄒ니 水石(수석)과 松竹(송죽)이라.

東山(동산)의 ᄃᆞᆯ 오르니 긔 더옥 반갑고야.

두어라 이 다숫 밧긔 또 더ᄒᆞ야 머엇ᄒᆞ리.

[해설] 고산 윤선도(1587~1671)가 56세 때인 1642년(인조 20)에 지은 연시조 '오우가(五友歌)'이다. 윤선도가 속한 붕당은 남인이다(남인의 가문에서 태어남). 치열한 당쟁으로 인하여 일생을 거의 벽지의 유배지에서 보냈다(20여 년의 유배 생활, 19년의 은거). / 남인 윤선도는 기해예송[1차 예송] 때 서인과 대립하다 1660년 함경도 삼수로 유배된 적이 있다. 경사(經史)에 해박하고 의약·복서(卜筮)·음양·지리에도 통하였으며, 특히 시조에 더욱 뛰어나다는 평가를 받고 있다.

• [예송] 이 논쟁 직후 (나)에 의해 사화가 발생하여 정국이 혼란해졌다[x]. [법17] □

[해설] (네 번의) 사화가 발생하여 정국이 혼란해진 것은 주로 16세기의 일이다. 사화는 예송과 환국이 일어난 17세기 후반 이전의 일이다.

• [숙종] 환국의 정치 형태가 출현하였다. [서13] □

└ 노론과 소론의 대립으로 환국이 일어났다[x]. [법15] □

└사림의 정치적 대립을 격화시켜 반정과 환국을 초래하였다. [법15]☐

[해설] 환국(換局) 정치는 숙종 대에 남인과 서인의 대립으로 발생하였다[해당 문제에서 제시된 이인좌의 난은 영조 대의 일(1728, 영조 4)]. / [법15] 환국 과정에서 남인에 대한 처벌 수위를 놓고 서인이 강·온 양 파로 분리되면서 노론과 소론으로 분화되었다. / 사림의 정치적 대립을 격화시켜 반정과 환국을 초래한 것은 (주로) 17세기의 일이다.

- [환국과 탕평책] ㄱ. (가)에 들어갈 용어는 예송이다[×]. [법21]☐
  └ㄴ. (나)에 들어갈 용어는 탕평책이다. [법21]☐
  └ㄷ. (다)의 과정에서 송시열이 죽임을 당하였다. [법21]☐
  └ㄹ. (라)의 정책을 펴기 위해 5군영을 설치하였다[×]. [법21]☐

[해설] 아래 자료[환국와 사화, 탕평책] 중 위쪽 자료 참조. 'ㄱ'은 틀리고, 'ㄴ'은 옳은 설명이다[(가)에 들어갈 용어는 환국]. / ㄷ. 서인의 영수 우암 송시열(1607~1689)이 죽임[사사]을 당한 것은 숙종 15년(1689)에 일어난 기사환국 때이다(남인 집권). / ㄹ. 5군영은 조선 후기 수도 및 그 외곽을 방어하기 위해 설치되었던 다섯 군영으로 (영·정조의) 탕평책과는 관련이 없다.

■ 환국과 사화, 탕평책 [법21][법12]☐

- 숙종 때에 이르러 여러 차례 **(가)** 이/가 발생하면서 붕당 간의 대립은 더욱 격화되었다. 숙종은 집권 붕당이 바뀔 때마다 상대 당의 인사들을 정계에서 축출하였다. 숙종 말년에 노론과 소론은 왕위 계승을 놓고 대립하였을 뿐만 아니라 왕권을 위협하였다. 이후 연이어 즉위한 영조와 정조는 붕당 정치의 폐해를 줄이기 위해 **(나)** 을/를 시행하였다.

[해설] 주어진 자료 속 '(가)'는 환국(換局)을, '(나)'는 탕평책(蕩平策)을 가리킴을 알 수 있다(관련 선지 및 해설 참조).

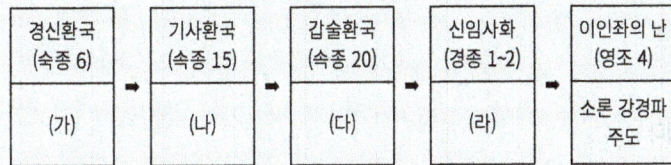

[해설] 숙종 대의 환국과 경종 대의 사화, 영조 대 초의 이인좌의 난이 시간 순으로 제시되어 있다.

- 숙종 대 – 서인이 노론과 소론으로 갈라졌다. [지23]☐
  └[서인] 노론과 소론으로의 분화 [지15②]☐
  └노론과 소론으로 분화되었다. [법24]☐
  └노론과 소론으로 분열되었다. [법23]☐
  └(가): 노론과 소론으로 분파되었다. [법11]☐
  └환국을 거치며 노론과 소론으로 갈라섰다. [법21]☐
  └(가)는 숙종 때 노론과 소론으로 분화되었다. [법17]☐
  └(나)의 주장을 한 붕당은 경신환국 이후 노론과 소론으로 분열하였다. [경15②]☐
  └서인이 송시열을 영수로 하는 노론과 윤증을 중심으로 하는 소론으로 갈라졌다. [지14①]☐
  └[노론] 송시열을 중심으로 세력을 확대하였다. [법24]☐
  └노론은 윤증을 중심으로 결집하여 실리를 중시하는 한편 적극적인 북방 개척을 주장하는 경향을 보였다[×]. [경15③]☐
  └㉣ - 노론은 실리를 중시하고 북방 개척을 주장하는 경향을 보이며, 소론은 대의명분을 중시하고 민생 안정을 강조하는 경향을 보였다[×]. [경14①]☐

[해설] 서인이 노론과 소론으로 갈라지기 시작한 것은 1680년(숙종 6) 경신환국[경신대출척] 직후 남인에 대한 처벌을 놓고 강·온 양 파로 분리되면서이다. 이때 강경 입장을 취한 사람들이 노장파로 노론, 온건 입장을 취한 사람들이 소장파로 소론이 되었다. 특히 1683년에 노장파인 김익훈(1619~1689)(김장생의 손자)과 김석주(1634~1684)[이상 외척 척신(훈척)] 등이 남인을 발본색원하려고 남인 역모설을 조작하자 소장파인 한태동(1646~1687)[이후 소론의 거두] 등이 같은 서인의 조지겸(1639~1685) 등과 함께 이에 반대하는 상소를 올린 것이 노론과 소론으로의 분리되는 데 결정적인 계기로 작용하였다(노론은 송시열 중심으로, 소론은 윤증 중심으로 결집). / [법11]의 (가)는 남인을 가리키나 무시함. / [경15③] [경14①] 명재 윤증(1629~1714)을 중심으로 결집하여 실리를 중시하는 한편 적극적인 북방 개척을 주장하는 경향을 보인 붕당은 (노론이 아니라) 소론이다. 노론은 우암 송시열(1607~1689)을 중심으로 결집하였으며, 대의명분을 중시하고 민생 안정을 강조하였다.

- [숙종 대] 특정 붕당이 정권을 독점하는 일당 전제화의 추세가 대두되었다. [국15] □
  └특정 붕당이 정권을 독점하는 일당 전제화의 추세가 대두되었다. [기14] □
  └경신환국 이후 특정 붕당의 득세 현상이 강해졌다. [회24] □

[해설] 특정 붕당이 정권을 독점하는 일당 전제화의 추세는 환국 이후 나타났으므로 숙종 대(재위 1674-1720, 제19대)에 해당한다. / [회24] 숙종 대에는 경신환국(1680, 숙종 6), 기사환국(1689, 숙종 15), 갑술환국(1694, 숙종 20) 등 세 차례의 환국이 발생하였다. 이러한 환국으로 말미암아 특정 붕당, 특히 서인(이후 노론)의 득세 현상(일당 전제화 현상)이 강화되었다.(경종 즉위 초 소론이 노론을 공격한 신임사화 발생의 배경).

- 박세채는 (㉠)이란 말을 사용하면서 서인과 남인을 서로 조정하여 화합시켜 붕당 정치 형태를 회복할 것을 촉구했다. [지12②] □

[해설] 박세채(1631~1695)가 붕당 정치 형태를 회복할 것을 촉구한 것은 이른바 박세채의 '황극탕평설'이다(1683, 숙종 9). 이이의 조제보합설(調劑保合說)을 모범으로 한 탕평론[황극탕평설]으로, 영·정조 대에 탕평책을 시행할 수 있는 중요한 이론적 기반이 되었다. 참고로 박세채가 처음 이 설을 제기한 것은 노론과 소론의 파당적 대립을 막기 위해서였다.

- [숙종] 왕이 직접 나서서 환국을 주도하였다. [지11①] □
  └환국 [지12②] □

[해설] 환국을 주도한 이는 숙종으로 예송[현종 대 발생] 이후의 일이다.

- [경신환국] 남인들이 대거 관직에서 쫓겨나고 허적과 윤휴 등이 처형되었다. [지20] □
  └서인이 허적이 역모를 꾸몄다고 고발하여 남인을 축출하고 집권하였다. [서21] □
  └허적의 서자 허견의 역모 사건이 빌미가 되었다. [회16] □
  └허적·윤휴 등 남인의 중심인물을 몰아내고 서인 정권이 수립되었다. [경18②] □
  └남인이 역모 혐의를 받아 몰락하고 서인 정권 수립 [법12] □
  └[서인] 경신환국으로 정권을 장악하였다. [법24] □
  └경신환국을 통해 정국을 주도하였다. [지16②] □
  └서인이 정국을 주도하였다. [소22] □
  └2차 예송 논쟁 이후 서인이 남인을 역모로 몰아 숙청하고 정권을 장악한 경신환국으로 붕당 정치가 변질되기 시작하였다. [경11②] □
  └㉢이 ㉡을 역모로 몰아 정권을 독점한 경신환국 이후 ㉢은 ㉡에 대한 처벌 등의 문제로 분열되었다[×]. [경17①] □
  └1680년, 경신환국 [회16] □
  └경신환국 [경16②] [경12②] [기14] □

[해설] 남인들이 대거 관직에서 쫓겨나고 묵재 허적(1610~1680)과 백호 윤휴(1617~1680) 등이 처형된 것은 경신환국 때의 일이다(1680, 숙종 6)('경신대출척'이라고도 부름). 경신환국을 통해 서인이 남인을 몰아내고 정권을 장악하였다(정국 주도). / 1680년 3월 당시 남인의 영수이며 영의정인 허적이 조부를 위한 잔치[연시연(延諡宴), 시호를 받은 데 대한 잔치]를 열었는데 숙종이 궁중에서 쓰는 천막을 보내려고 하였으나 벌써 허적이 가져간 뒤였다. 이에 숙종이 노하여 허적의 집을 염탐하게 하니 주로 남인들만 모인 것(서인 피살에 대한 유언비어로 서인들 대거 불참)을 알고

다시 노하여 영의정은 물론 조정의 요직을 모두 서인으로 바꾸었다. 이어 같은 해 4월에 정원로(?~1680)가 허적의 서자 허견(?~1680)의 역모를 고변하였다(이른바 '삼복의 변'). 인조의 손자이며 숙종의 5촌인 복창군, 복선군, 복평군 3형제가 허견과 결탁하여 역모하였다는 것이다. 허적은 처음에는 그 사실을 몰랐다고 하여 죽음을 면하였으나 뒤에 악자(惡子)를 엄호하였다 하여 죽임을 당하였다. / [경17①] ⓒ은 서인, ⓔ은 남인을 가리킴. 숙종 6년인 1680년에 발생한 경신환국으로 서인이 집권하게 되었는데, 이때 남인에 대한 처벌 등의 문제로 분열(강경파인 노론과 온건파인 소론)한 당파는 서인이다. 제시된 선지에서는 ⓒ과 ⓔ이 서로 바뀌었다.

■ 경신환국 [소22]

허적과 허견의 사가(私家)의 부가 왕실보다 많은 것은 백성의 피땀을 뽑아낸 물건이 아닌 것이 없으며, 복선군 이남은 집 재물이 허적과 허견보다 많으니, 지금 적몰한 뒤에는 모두 백성을 구호해 주는 비용으로 돌리면 어찌 조정의 아름다운 뜻이 아니겠습니까.

[해설] '허적과 허견', '복선군 이남'이라는 인물이 제시된 것으로 보아 주어진 자료는 숙종 6년인 1680년에 발생한 '경신환국[경신대출척]'과 관련된 것임을 알 수 있다(1680, 숙종 6)[『숙종실록』9권 숙종 6년(1680) 4월 기사, 사헌부 보고]. 당시 서인은 남인의 영수격인 허적(1610~1680)이 역모를 꾸몄다고 고발하여 남인을 축출하고 집권하였다.

- [남인] 기사환국으로 정권을 장악하였다. [국23]
  ㄴ 기사환국으로 다시 집권하였다. [지16②]
  ㄴ 기사환국을 통해 재집권하였다. [법23]
  ㄴ 남인은 장희빈이 낳은 왕자가 세자로 책봉되는 과정을 거쳐 집권하였다. [서21]
  ㄴ 장희빈의 소생이 세자가 되면서 남인 재집권 [법12]

[해설] 기사환국으로 정권을 장악한 붕당은 남인이다(1689, 숙종 15). 기사환국은 숙종이 장씨의 아들 윤(이후 경종)을 원자로 책봉하고 장씨를 희빈으로 삼는 문제를 둘러싸고[장희빈 또는 희빈 장씨(1659~1701)] 남인과 서인(당시 노론과 소론으로 분열 중) 사이에 발생한 사건이다. 인현 왕후 민씨(1667~1701)를 지지하던 서인이 몰락하고, 남인이 승리하여 집권하였다(1689, 숙종 15).

- [기사환국] (나) - 서인의 몰락과 남인의 집권으로 이어졌다. [법16]
  ㄴ 송시열과 김수항 등이 처형당하였다. [지20]
  ㄴ 노론의 영수 송시열이 사사되었다. [회16]
  ㄴ (나) - 서인이 노론과 소론으로 분화되는 결과를 초래하였다[✗]. [법16]
  ㄴ 1689년, ㉠   [회16]

[해설] 기사환국의 발생으로 서인이 몰락하고 남인이 다시 집권하게 되었다(1689, 숙종 15). 서인[노론]의 영수 우암 송시열(1607~1689)과 문곡 김수항(1629~1689) 등이 이때 처형[사사]되었다. / 서인이 노론과 소론으로 분화되는 결과를 초래한 것은 숙종 6년인 1680년에 발생한 경신환국 때이다. 남인에 대한 처분을 놓고 강경파인 노론과 온건파인 소론으로 분화되었다.

■ 기사환국 [법16] [기19] [소22]

- 숙종 14년 소의 장씨가 아들을 낳자 숙종이 이듬해 이 아들을 원자로 삼아 정호할 것을 명하였으나 송시열이 이에 대해 강력하게 반대하였다.

[해설] '숙종', '소의 장씨', '원자', '정호', '송시열' 등의 말들을 통해 숙종 15년인 1689년에 발생한 기사환국과 관련된 것임을 알 수 있다.

- 오랫동안 세자가 없다가 무진년에 귀인 장씨가 아들을 낳자 왕께서 아주 사랑하여 세자 탄생의 예로써 높이려 하였다. 그러나 송시열과 김수항이 불만의 말을 하자 왕께서 아주 싫어하셨다. 사람들은 김수항과 송시열이 당할 재앙이 이에서 싹텄다고 하였다.

[해설] 주어진 자료 속 밑줄 친 '왕'은 조선의 제19대 왕인 숙종(재위 1674-1720)을 가리킨다. 무진년은 숙종 14년인 1688년이다. 귀인 장씨가 낳은 아

들이 곧 경종(재위 1720-1724, 제20대)이다. 출처는 1740년대 남하정(1678~1751)이 저술한 붕당에 관한 책인『동소만록』(권2)이다.
- 송시열은 산림의 영수로서 나라의 형세가 고단하고 약하여 인심이 물결처럼 험난한 때에 감히 송의 철종을 끌어대어 오늘날 원자의 명호를 정한 것이 너무 이르다고 하였으니, 이런 것을 그대로 두면 무도한 무리들이 장차 연달아 일어날 것이니 당연히 멀리 내쫓아야 할 것이다.

[해설] '송시열'이라는 인물, '원자의 명호'라는 내용 등을 통해 주어진 자료는 숙종 15년인 1689년에 일어난 '기사환국'과 관련된 것임을 알 수 있다 [『숙종실록』 20권 숙종 15년(1689) 2월 기사]. 기사환국으로 말미암아 서인이 몰락하고 남인이 집권하였다.

- [갑술환국] 인현 왕후가 복위되고 노론과 소론이 정계에 복귀하였다. [지20]□
  └ 노론과 소론이 민비를 복위하는 과정을 거쳐 집권하였다. [서21]□
  └ 인현 왕후 복위의 계기가 되었다. [회16]□
  └ 폐비 민씨의 복위로 서인 정권 재수립 [법12]□
  └ 1694년, 갑술환국 [회16]□
  └ 갑술환국 [지11②][경12②]□

[해설] (폐비) 민비, 즉 인현 왕후(1667~1701)가 복위되고 노론과 소론이 정계에 복귀하여 집권한 것은 갑술환국 때의 일이다(1694, 숙종 20). 우의정 민암(1636~1694)을 비롯한 집권 남인이 폐출된 인현 왕후 민씨[폐비 민씨]의 복위 운동을 벌이는 서인을 몰아내려 하였으나 숙종이 마음을 돌려 도리어 남인의 처사를 문제 삼고 서인의 폐비 민씨 복위 운동을 옳게 여기면서 남인을 몰아내고 서인[노론과 소론]을 등용하는 환국을 단행하였다(당시 숙종이 마음에 두고 있던 무수리 출신의 후궁 최씨 독살설도 영향).

- [장길산] 광대 출신으로 승려 세력과 함께 봉기하여 서울로 들어가려고 하였다.* [지14②]□

[해설] 광대 출신으로 승려 세력과 함께 봉기하여 서울로 들어가려 한 인물은 조선 숙종 때의 장길산(?~?)이다.(1696, 숙종 22). 숙종이 체포하고자 하였으나 끝내 잡히지 않았으며, 홍길동(洪吉童), 임꺽정(林巨正)과 더불어 조선의 3대 도둑으로 불리고 있다.

- [숙종] 무고의 옥* [경12②]□

[해설] 무고의 옥이 발생한 것은 숙종 27년인 1701년의 일이다. 1701년 폐비 민씨(인현 왕후)가 사망한 직후 폐비 민씨를 모함한 일이 드러나 장희빈(1659~1701)과 그 오빠 장희재(?~1701) 등 장씨 일파가 처형되었으며, 이를 옹호한 소론 대신들도 귀양 또는 파면되었다.

- [숙종] 이순신에게 현충이라는 시호를 내리고 강감찬 사당을 건립하였다.* [국18]□

[해설] 이순신에게 현충이라는 시호가 내려지고, 강감찬 사당이 건립된 것은 숙종 대인 1709년(숙종 35)의 일이다.

- [조선 후기] 재야에서 공론을 주도하는 지도자로서 산림(山林)이 존중되었다. [국13]□

[해설] '산림(山林)'이란 재야에서 공론을 주도하는 지도자를 가리키는 말로, (조선 선조 때 출현한) 붕당 정치가 발달한 조선 후기에 사림의 사상적 지도자로서 존중되었다.

- [경종] 노론이 연잉군의 세제 책봉을 주장하였다. [소22]□
  └ 왕위 계승 문제를 둘러싼 소론의 노론 공격(신임사화) [법12]□
  └ 김창집, 이이명 등 노론 4대신이 희생되었다. [회16]□
  └ 신임사화 [경12②]□

[해설] 경종 즉위 직후 노론이 연잉군(후일 영조)의 세제 책봉을 주장한 것은 경종 원년인 1721년의 일이다. 이어 왕위 계승 문제[왕통 문제]와 관련하여 소론이 노론을 공격하여 숙청한 사건인 신임사화가 발생하였다. 경종 원년인 1721년 신축년과 재위 2년인 1722년 임인년에 일어난 사화라 하여 신임사화로 부른다. 이때 김창집(1648~1722), 이이명(1658~1722), 이건명(1663~1722), 조태채(1660~1722) 등 노론 4대신을 비롯한 노론의 수많은 인물이 화를 입었다(200여 명). 목호룡의 고변 사건*이 결정적 계기가 되었다.

*목호룡의 고변 사건: 목호룡(1684~1724)의 고변으로 옥사가 발생한 것은 경종 2년인 1722년의 일이다. 1722년 음력 3월에 소론측에 가담한 목호룡이 노론이 세 가지 수단(삼급수, 즉 칼, 독약, 폐출의 세 가지 수단)을 통해 경종을 시해하거나 내쫓으려 했다고 고변하였다.

■ 신임사화 [회24]

신축·임인년 이래로 조정에서 노론, 소론, 남인의 삼색이 날이 갈수록 더욱 사이가 나빠져서 서로 역적이란 이름으로 모함하니 이 영향이 시골에까지 미치게 되어 하나의 싸움터를 만들었다. 그리하여 서로 혼인을 하지 않을 뿐만 아니라 다른 당색끼리는 서로 용납하지 않는 지경에 이르렀다.

[해설] 조선 경종(재위 1720-1724, 제20대) 초의 상황을 가리킨다. 이때 소론이 노론을 공격한 신임사화*가 발생하였다.

*신임사화: 왕통 문제(왕위 계승 문제)와 관련해 소론이 노론을 공격하여 숙청한 사건이다. 경종 원년인 1721년 신축년과 재위 2년인 1722년 임인년에 일어 사화라 하여 신임사화라 부른다.

• 3사의 언론 기능이 변질되었으며 3사는 각 붕당의 이해관계를 대변하기도 하였다. [경15③]

[해설] 조선 후기인 17세기 이후 붕당의 정치적 비중이 높아짐에 따라 삼사의 언론도 붕당의 이해관계에서 벗어나기 어려웠다. 정국의 주도권을 잡은 권력 집단[집권 붕당]은 자기 붕당의 이익을 확보하고 상대 세력을 견제하기 위해서 삼사 언론을 활용하였다. 반면 정국 주도권을 잡지 못한 집단은 삼사 언론을 통하여 주도 집단의 정책상 잘못이나 개인적 비리를 논핵하고, 이를 통해 자신의 세력 기반을 확보하려 하였다.

2 탕평 정치의 전개

• [숙종] 인사 관리를 통하여 세력 균형을 유지하려는 탕평론을 제시하였으나, 명목상의 탕평에 그쳤다. [경17①]

└㉠은 상황에 따라 한 당파를 일거에 내몰고 상대 당파에게 정권을 모두 위임하는 편당적인 인사 관리로 일관하여 환국이 일어나는 빌미를 제공하기도 하였다. [경17①]

[해설] 숙종 대(재위 1674-1720, 제19대)에 제기된 탕평론의 한계에 대한 설명이다.

• [영조] 일당 전제화에 따라 공론보다 개인이나 가문의 이익을 우선시하였다. [법19]

[해설] 일당 전제화에 따라 공론보다 개인이나 가문의 이익을 우선시하게 된 것은 노론이 최종 집권하게 되는 영조 대(재위 1724~1776, 제21대) 이후의 일이다.

• [영조] 이인좌는 소론·남인 세력을 규합하여 난을 일으켰다[이인좌의 난]. [지16①]

└일부 소론 세력이 주도하여 이인좌의 난을 일으켰으나 진압되었다. [경18②]

└이인좌의 난을 진압하였다. [기16]

└이인좌의 난 [지14②] [회19] [경16②]

└소론과 남인이 권력을 장악하였다[x]. [서13]

[해설] 영조 즉위 초기, 권력에서 소외된 소론과 남인 일부가 경종의 죽음에 영조가 관련되어 있다고 주장하면서 난을 일으켰다(1728, 영조 4). 이인좌(1695·1728)의 난은 무신년에 일어났다고 하여 '무신란'이라고도 부른다. 참고로 영조를 왕위에 올린 정치 세력은 노론이다.

■ 이인좌의 난 [서13]

적(賊)이 청주성을 함락시키니, 절도사 이봉상과 토포사 남연년이 죽었다. 처음에 적 권서봉 등이 양성에서 군사를 모아 청주의 적괴(賊魁) 이인좌와 더불어 군사 합치기를 약속하고는 청주 경내로 몰래 들어와 거짓으로 행상(行喪)하여 장례를 지낸다고 하면서 상여에다 병기(兵器)를 실어다 고을 성 앞 숲 속에다 몰래 숨겨 놓았다. … 이인좌가 자칭 대원수라 위서(僞書)하여 적당 권서봉을 목사로, 신천영을 병사로, 박종원을 영장으로 삼고, 열읍(列邑)에 흉격(凶檄)을 전해 병마(兵馬)를 불러 모았다. 영부(營府)의 재물과 곡식을 흩어 호궤(犒饋)하고 그의 도당 및 병민(兵民)으로 협종(脅從)한 자에게 상을 주었다.

- 조선왕조실록, 영조 4년 3월 -

[해설] '청주의 적괴 이인좌'라는 내용과 '『조선왕조실록』 영조 4년(1728)'에 있었던 일이라는 점을 단서로 이인좌의 난에 대한 내용임을 알 수 있다. 적괴(賊魁)는 도적의 우두머리를, 위서(僞書)는 가짜 편지를, 흉격(凶檄)은 마음속을, 영부(營府)는 군대가 주둔하고 거처하는 곳을, 호궤(犒饋)는 군사들에게 음식을 주어 위로하는 일을, 협종(脅從)은 남의 위협에 못 이겨 복종한 것을 뜻한다.

- [영조] 서원을 붕당의 근거지로 인식하여 대폭 정리하였다. [국22] ☐
  - 붕당의 폐단을 제거하기 위해 서원을 대폭 정리하였다. [지16②] ☐
  - 국가에서는 향촌 교화를 위해 서원의 설립을 장려하였다[x]. [법13] ☐
  - 서원의 수를 대폭 줄였다. [법14]
  - 서원을 대폭 정리하였다. [법12]

[해설] 서원을 붕당의 근거지로 인식하여 (숙종 대에 남설된 서원을) 대폭 정리한 것은 영조 17년인 1741년의 일이다(170여 개의 서원과 사우에 대한 훼철 강행). 숙종 대에 서원이 크게 증가하여 문제가 되기 시작하였다(흥선 대원군 이전에 영조도 이와 같이 서원을 정리한 적이 있음)(주의) / [법13] 국가에서 향촌 교화를 위해 서원의 설립을 장려한 것은 16세기의 일이다(조선 전기). 하지만 숙종 대에 서원이 남설되는 바람에 18세기에 이르러 영조는 서원을 대폭 줄였다.

- [영조] 산림의 존재를 부정했다. [법19] ☐
  - 재야 산림의 공론을 인정하지 않았다. [회22] ☐
  - 산림을 중용하였다[x]. [법14] ☐
  - 산림(山林)의 존재를 인정하지 않고, 그들의 본거지인 서원을 상당수 정리하였다. [국13] ☐

[해설] 영조는 왕과 신하 사이의 의리를 바로 세워야 한다며 붕당을 없애자는 논리에 동의하는 탕평파를 중심으로 정국을 운영하였다. 그리고 붕당의 뿌리를 제거하고자 당시 공론의 주재자로 인식되던 (재야) 산림(山林)*의 존재를 인정하지 않았고 그들의 본거지인 서원을 대폭 정리하였다(7차 고등학교 국사 교과서)(1741, 영조 17). / 영조는 붕당 세력을 약화시키기 위해 산림의 존재를 인정하지 않고, 그들의 본거지인 서원을 상당수 정리하였다. 구체적으로 설명하자면, 탕평 정국을 확대하기 위해서 붕당의 근거지로 활용되는 서원과 사우(祠宇)의 사건(私建) 또는 사향(私享)을 금지시켜 남설 경향을 막았다. 1741년(영조 17)에는 이를 어긴 170여 개소의 서원과 사우에 대한 훼철을 강행하였다. 이로써 숙종 때까지 매년 10여 개씩 늘던 서원과 사우가 일시에 그치게 되었다.

*산림[山林]: 산림처사(山林處士)의 준말로, 사전적 의미로는 '학덕은 높으나 벼슬하지 않고 은거하던 고명한 선비'를 가리킨다. 하지만 실제로는 정치 일선에 뜻을 두지 않고 학문을 연마하여 높은 수준에 도달한 인물들로, 인조 대 이후 오히려 벼슬하는 관리들보다 더 높은 정치적 권위를 지니고, 국가 운영 및 국왕과 세자의 교육에 참여한 인물들을 가리킨다.

- [영조, 정조] 국왕을 중심으로 탕평책이 시행되었다. [회24] ☐

[해설] 국왕을 중심으로 탕평책이 시행된 것은 영·정조 대이다. 영조는 탕평책을 실시하면서 성균관 앞 반수교 옆에 탕평비까지 세웠다(1742, 영조 18)(영조는 완론 탕평, 정조는 준론 탕평책 시행).

- [영조] 붕당을 없애자는 논리에 동의하는 관료들을 중심으로 탕평 정국을 운영하였다. [국15] ☐
  - 탕평파를 중심으로 정국이 운영되었다. [법15] ☐
  - 각 붕당의 인물을 고르게 등용하였다. [법14] ☐

[해설] 영조는 즉위 직후 탕평 교서를 발표하고 붕당을 없애자는 논리에 동의하는 온건하고 타협적인 관료들을 중심으로 탕평 정국을 운영하였다(완론 탕평)(1725, 영조 원년). 실제로는 노론과 소론을 번갈아 등용하였다. / 정조 대에도 탕평파를 중심으로 정국이 운영되었다.

- 영조가 시행한 탕평책은 붕당 간의 세력 균형을 유지하여, 왕권을 강화하고 정국을 안정시키려는 것이다. [서12] ☐

[해설] 영조는 붕당 사이의 균형 관계를 조성할 수 있는 힘은 왕권에 있다고 보았다. 이에 영조는, 노론과 소론을 조정하면서 일련의 군제 개혁과 경제 개혁을 단행하여 왕권의 기반을 구축하여 갔다. 나아가, 영조는 그를 지지하는 새로운 세력 집단인 이른바 탕평파(蕩平派)를 육성, 그들로 하여금 정국을 주도하게 하였다. 이로써 치열하던 정쟁은 어느 정도 억제되었다.

- [영조] 당파와 관계없이 인물을 등용하는 완론 탕평을 실시하였다. [국12] ☐
  - 탕평의 의지를 반영하여 성균관 입구에 탕평비를 세웠다. [서23] ☐
  - 탕평파를 육성하고 탕평비를 건립하였다. [법21] ☐

┕완론 탕평 – 어느 당파든 온건하고 타협적인 인물을 등용하여 왕권에 순종시킨다. [서14]☐

┕당파의 옳고 그름을 명백히 가리는 적극적인 준론 탕평(峻論蕩平) 정책을 추진하였다[x]. [경13①]☐

┕왕과 신하 사이의 의리를 바로 세워야 한다며, 붕당을 없애자는 논리에 동의하는 탕평파를 중심으로 정국을 운영하였다.
[경17①]☐

┕완론(緩論) 중심의 탕평 정치가 행하여졌다. [서13]☐

┕탕평 정치 [지11②]☐

[해설] 붕당(당파)을 가리지 않고 어느 붕당이든 온건하고 타협적인 인물을 중심으로 등용[탕평파 육성]하는 '완론 탕평'을 실시한 왕은 영조(재위 1724-1776, 제21대)이다(영조는 자신의 탕평책을 지지하는 신하들을 중용). 반면 정조(재위 1776-1800, 제22대)는 왕이 각 붕당의 주장이 옳은지 그른지를 명백하게 가리는 '준론 탕평'을 실시하였다. / 영조는 탕평의 의지를 반영하여 (또 붕당의 폐해를 경계하기 위해) 성균관 앞 반수교 옆에 탕평비를 건립하였다(1742, 영조 18).

■ **영조의 탕평 [붕당 혁파] 정책** [법22] [법14] [회22] [경20①] [경13①] [소20]☐

· 우리나라는 원래 땅이 협소하여 인재 등용의 문도 넓지 못하였다. 그런데 근래에 와서 인재 임용이 당에 들어 있는 사람만으로 이루어지고, 조정의 대신들이 서로 공격하여 공론이 막히고 서로를 반역자라 지목하니 선악을 분별할 수 없게 되었다. 지금 새로 일으켜야 할 시기를 맞아 과거의 허물을 고치고 새로운 정치를 펴려 하니, 유배된 사람은 경중을 헤아려 다시 등용하되 탕평의 정신으로 하라. 지금 나의 이 말은 위로는 종사를 위하고 아래로 조정을 진정하려는 것이니, 이를 어기면 종신토록 가두어 내가 그들과는 나라를 함께 할 뜻이 없음을 보이겠다.

[해설] 조선 영조(재위 1724-1776, 제21대)가 즉위년인 1724년에 반포한 탕평 교서이다[『영조실록』 권3 영조 원년(1725) 1월 기사]. 그럼에도 불구하고 집권 초반에는 과거의 관행이 이어지면서 소론과 노론의 정치적 대립이 계속되었다. 급기야 재위 4년인 1728년 경종을 따르던 소론 준론[강경파]과 남인 급진파에 의해 전국 규모의 반란인 이인좌의 난[무신란]이 일어났다.

· 당론(黨論)의 폐단이 거의 1백 년이나 되었으니 어찌 갑자기 크게 변할 수 있겠습니까마는 세월을 두고 힘쓰면 혹 줄어드는 보람이 있을 것입니다. 위에서 지극한 정성으로 탕평하시면, 신하로서 어찌 감동하는 마음이 없겠습니까?

[해설] 주어진 자료는 영조 대에 추진된 탕평책에 대한 것임을 알 수 있다. 참찬관 김시형(1681~1750)의 말이다[『영조실록』 권19 영조 4년(1728) 8월 기사]. 참고로 이때 영조의 답변은 다음과 같다. "다른 일에는 감동하더라도 당에만은 본디 감동하는 마음이 없다. 무편 무당(無偏無黨)을 위에 있는 사람 때문에 말하는 것인가, 아래에 있는 사람 때문에 말하는 것인가? 접때 왕도 탕탕(王道蕩蕩)으로 글제를 냈더니, 무편 무당으로 오로지 위에 있는 사람이 이끄는 것이 어떠하냐에 달려 있었다."

· **(가)** 은/는 붕당의 이익을 대변하던 이조 전랑의 후임자 천거권과 3사 관리 선발 관행을 혁파하고, 탕평 의지를 내세우기 위해 성균관 앞에 탕평비를 세웠다.

[해설] 주어진 자료 속 '(가)'는 조선의 제21대 국왕인 영조를 가리킨다[각 1741(영조 17)/1742(영조 18)].

· 원만하여 편벽되지 않음은 곧 군자의 공정한 마음이고, 편벽되어 원만하지 않음은 바로 소인의 사사로운 마음이다.

[해설] 위의 내용이 담긴 비석은 영조가 재위 18년인 1742년에 세운 탕평비이다.

· 두루 하면서 무리 짓지 않는 것이 곧 군자의 공신이고,

무리 짓고 두루 하지 않는 것은 바로 소인의 사심이다.

(周而不比 乃君子之公心)

(比而不周 寔小人之私意)

[해설] 주어진 자료의 비문은 영조가 세운 탕평비에 새긴 글이다(1742, 영조 18).

· 왕은 임금이 신민의 부모와 같다는 군부일체론(君父一體論)을 강조하였으며, 당파의 시비를 가리지 않고 어느 당파이든 온건하고 타협적인 인물을 등용하여 왕권에 순종시키는 데에 주력하였다. 또한, 기유처분(己酉處分)으로 노·소론 내 온건론자들을 고르게 등용해 초기의 탕평책의 기초를 마련하였는데, 이때 인사 정책으로 쌍거호대(雙擧互對)의 방식을 취하였다.

[해설] 주어진 자료 속 밑줄 친 '왕'은 조선의 제21대 국왕인 영조(재위 1724-1776)임을 알 수 있다.

*기유처분(己酉處分): 1729년(영조 5)에 경종 연간에 발생한 신임옥사를 둘러싼 노론과 소론의 정치 의리를 절충하여 처분을 내린 것을 말한다. 쉽게 말해 전년도(1728)에 발생한 이인좌의 난 이후 영조가 각 붕당 모두에 역적과 충신이 있으므로 붕당을 타파하고 각 붕당의 인재를 고루 사용하겠다는 일종의 선언이다.

**쌍거호대(雙擧互對)의 방식: 주요 관직에 각 당의 인사를 분배하여 배치하는 방식이다. 예를 들어 이조(吏曹)의 경우 이조 판서에 노론을 임명하면, 이조 참판에는 소론을 임명하고, 이조 참의에 노론을, 그리고 전랑에 소론을 임명하는 방식이다.

- (가) 은/는 붕당 사이의 대립이 심해지면서 왕권이 불안해지자 국왕을 중심으로 정치 세력 간의 균형을 유지하려 하였다. 또한 붕당의 근거지였던 서원을 정리하고, 민생 안정을 위해 신문고를 부활시키는 등의 정책을 실시하였다.

[해설] 주어진 '(가)'는 조선의 제21대 왕인 영조(재위 1724-1776)임을 알 수 있다. 앞의 내용은 탕평책을 실시한 것을 가리키는 것이다(영조 즉위년인 1724년에 '탕평 교서' 내림). 또 서원을 정리한 것은 재위 17년 1741년의 일이고, 신문고를 부활시킨 것은 재위 47년인 1771년의 일이다.

- [영조] 3사의 관리 추천권을 없앴다. [법19]
  └ 이조 전랑의 권한을 약화시켰다. [법14]
  └ 이조 전랑의 후임자 천거권을 축소하였다. [기16]

[해설] 언론 3사의 관리 추천권(통청권)인 자천제(自薦制)*를 없앤 왕은 영조이다(1741, 영조 17). 붕당 혁파 정책의 일환으로 혁파된 것이다. 자대제(自代制)라고도 한다.

* 이조·병조의 전랑(銓郎)(정5품의 정랑과 정6품의 좌랑)과 예문관 참하관인 봉교·대교·검열 등의 사관(史官)들은 일반적인 인사 운영[해당 관청 당상관이 선발하고, 필요한 경우 사헌부·사간원 양사에서 심사하고 동의하는 서경(署經)을 거쳐 이조에서 임명]과는 달리 후임을 전임자가 선발하였다.

■ 이조 전랑의 자천제 폐지 [지16①]

경연에서 신하들이 "붕당(朋黨)이 나누어지는 것은 전랑(銓郎)으로부터 비롯되었으므로 그 권한을 없애야 합니다."라고 하였다. 왕도 역시 이를 인정하여 이조 낭관(郎官)과 한림(翰林)들이 자신의 후임을 자천(自薦)하는 제도를 폐지하도록 명하였다. 그 결과 이조 전랑의 인사 권한이 축소되었다.

[해설] '붕당이 나누어지는 것은 전랑(銓郎)으로부터 비롯되었다'는 지적에 왕이 이를 인정하여 이조 낭관(郎官)과 한림(翰林)들이 자천하는 제도를 폐지하였다는 내용이다. 영조는 붕당의 기반을 약화시키기 위해 산림을 제거하고, 서원을 정리하였으며 이조 전랑의 자천제를 폐지하고, 삼사[3사]의 언론 활동을 억제하였다(1741, 영조 17).

■ 영조가 스스로 말한 자신의 업적 [지22]

팔순 동안 내가 한 일을 만약 나 자신에게 묻는다면
첫째는 탕평책인데, 스스로 탕평이란 두 글자가 부끄럽다.
둘째는 균역법인데, 그 효과가 승려에게까지 미쳤다.
셋째는 청계천 준설인데, 만세에 이어질 업적이다.
…(하략)…

- 『어제문업(御製問業)』 -

[해설] 자료 속 밑줄 친 '나'는 조선의 제21대 국왕인 영조(재위 1724-1776)를 가리킨다. 출처로 나와 있는 『어제문업(御製問業)』은 영조가 80세가 된 1773년(재위 49)에 영조가 지난 재위 기간의 치적을 여섯 가지로 정리하고 평가한 4언8구체의 율문이다('어제'란 임금이 직접 지은 글이라는 뜻).*

*영조는 여기서 당쟁을 막으려 한 탕평책, 균역이 승려에게까지 고루 미치게 한 균역법, 만세에 이어질 업적이라는 청계천 준설, 여종[여노비]에게 부과된 공역 폐지, 서얼들에 청요직 개방[등용], 환모(還耗) 폐지를 자신의 여섯 가지 치적으로 꼽았다. 여기서 환모란 춘궁기에 빌린 다음에 추수 후에 갚는 곡식이 새와 쥐에 의해 훼손될 것을 가정해서 10%를 더 받는 제도를 일컫는 것으로, 이를 영조가 경국대전[속대전]에 따라 폐지하였다.

- [영조] 노비종모법이 시행되었다. [회22] □
  └노비의 해방과 양인의 확대가 종모법을 통해 촉진되었다. [서24②] □
  └아버지가 노비라도 어머니가 양민이면 자식을 양민으로 삼는 법이 실시되었다. [경12①] □
  └1731년(영조 9) 양인 인구를 확보하기 위해 노비종모법을 시행하였다. [회19] □
  └노비 인구를 제도적으로 줄이기 위한 노비종모법이 확정되었다. [서24②] □

[해설] (노비 인구를 줄이고 양인 인구를 확보하기 위하여) 노비종모법이 시행된 것은 영조 7년인 1731년의 일이다(노비 해방에 기여). 참고로 조선 전기에는 '일천즉천' 곧 부모 중 한쪽이 노비면 자녀를 노비로 삼는 원칙이 적용되었다.

- [영조] 형벌 제도를 개선해 가혹한 악형을 없앴다.* [서19①] □
  └가혹한 형벌을 폐지하고 사형수에 대한 삼심제를 엄격하게 시행하였다.* [경12③] □

[해설] 영조는 즉위 후 형벌 제도를 개선하여 가혹한 악형을 없앴다. 압슬형과 같은 가혹한 형벌을 폐지하고, 사형을 받지 않고 죽은 자에게는 추형을 금지시켰다.(1725, 영조 원년)[낙형(烙刑)은 1732년(영조 8), 얼굴에 먹물로 글자를 새기는 경자형(黥刺形)은 1740년(영조 16에 금지]. 또한 사형수에 대한 삼심제(사형삼심제)를 엄격하게 시행하여 형살(刑殺)에 신중을 기하게 하였다[(금부)삼복법(禁府三覆法)](1729, 영조 5)(사형삼복제)(이상『속대전』에서 법제화). 이를 사수삼복제(死囚三覆制)·사죄삼복제(死罪三覆制)라고도 하며, 또는 삼복주(三覆奏)·삼복계(三覆啓)라고도 한다(세종 대의 삼복법 관련 선지 및 해설 참조).

- [영조] 죄인의 가족을 잡아 가두는 법을 폐지하고, 노비에 대한 상전의 사적인 형벌을 철저하게 금하였으며, 신문고를 다시 설치하여 백성들의 억울한 일을 풀어주려 하였다. [경19②] □

[해설] 영조는 『속대전』을 편찬하면서 형전에서 형사 절차 법규를 정비하여 죄인의 가족을 잡아 가두는 법을 폐지하였다(1746, 영조 22). 또한 재위 50년(1774)에는 노비에 대한 상전의 사적인 형벌을 철저하게 엄금하였다. 백성들의 억울한 일을 풀어주기 위하여 신문고를 다시 설치한 것은 재위 47년인 1771년의 일이다. 참고로 영조는 죄인을 가족과 함께 변방으로 옮겨 살게 한 형벌인 전가사변형(全家徙邊刑)도 폐지하였다(1744, 영조 20). 단 죄인의 가족에게 중형을 내리는 연좌법과 죄인의 스승, 아들, 남편, 아비를 죽이는 노륙법은 (제1차) 갑오개혁 때 비로소 폐지되었다.

- [영조] 백성의 여론을 정치에 반영하기 위해 신문고 제도를 부활하였다. [국14] □
  └백성의 여론을 직접 정치에 반영하기 위하여 신문고 제도를 부활하였다. [경19①] □
  └백성들의 여론 정치를 활성화시키고자 하였다. [기12] □ (참고용)
  └ⓛ - 신문고 제도를 부활하였다. [서14] □

[해설] 영조는 백성의 억울한 일을 해결해주기 위해 신문고 제도를 부활시켰다(1771, 영조 47)[태종 원년인 1401년에 '등문고'라는 이름으로 처음 설치(한 달 뒤 신문고로 이름 바뀜)(명종 대와 효종 대까지는 신문고 대신 징이나 꽹과리를 쳐서 억울함을 호소하는 격쟁제 실시)]. 창덕궁의 진선문과 시어소의 건명문 남쪽에 신문고를 다시 설치하였다. 민원 해결뿐 아니라 왕권에 적대적인 세력을 색출하고 제거하는 데도 기능하였다. / [기12] 관련 자료(조선 후기 통치 체제의 변화) 및 해설 참조. 백성들의 여론 정치가 활성화된 시기로는 조선 초기와 영·정조 시대를 들 수 있다. 대표적으로 세종이 공법을 실시하기 위해 징기간 여론을 조사한 것이거니 영조가 균역법을 시행하기 전 군역 폐단의 실상을 조사하고 백성들의 의견을 폭넓게 수렴한 것이 있다. 하지만 이는 어디까지니 백성들의 여론을 개혁에 반영함으로써 왕조 체제를 안정시키기 위한 것이었지 백성들의 여론 정치 자체를 '활성화'시키고자 하는 목적에서 추진된 것으로 보기는 어렵다(주의). 해당 선지는 조선 후기 통치 체제의 변화를 추진한 목적과 관련된 문제에서 제시된 것으로, 특정한 역사적 사실과 관련하여 정답 여부를 따져야 할 것이다. 여기서는 옳거나 틀린 것이 아니라 참고용으로 덧붙였다.

- [영조] 1760년 청계천 준설 사업을 실시하였다. [서24①] □
  └청계천 준설 사업으로 일자리를 만들어주고 홍수에 대비하게 하였다. [서19①] □
  └청계천 준설 [기16] □
  └청계천 정비 [법20] □

[해설] 영조는 재위 36년인 1760년에 준천사를 설치하여 청계천을 준설하고 홍수에 대비하였다. 당시 한성[서울]의 개천(지금의 청계천)의 홍수 피해가 막심하였다. 참고로 영조가 홍봉한(1713~1778) 등 청계천 준설 공사에 공이 있는 신하들의 노고를 치하하며 지은 시로, 『어전준천제명첩』에 담긴 어제사언시(御製四言詩)가 있다. 또 영조가 (한성의 홍수 예방을 위해 실시한) 청계천 준설 공사 현장을 지켜보는 모습을 담은 그림인 「수문상친림관역도」가 있다.

- [영조] 사도 세자가 죽임을 당한 이후, 시파와 벽파로 나뉘게 되었다. [회15]
  └(라) - 사도 세자의 죽음에 대한 태도 차이로 노론이 시파와 벽파로 분열되었다. [기14]

[해설] 사도세자(1735~1762)가 죽임을 당한 이후, (노론이) 시파와 벽파로 나뉘게 된 것은 18세기 후반의 일이다(1762, 영조 38). 임오년에 일어났다 하여 '임오화변'이라고 부른다(사도 세자 사건). / [기14]의 (라)는 경신환국(1680, 숙종 6)을 가리키나 무시함.

- 영조는 『속대전』, 『속오례의』, 『동국문헌비고』 등을 편찬하여 시대의 변화에 맞게 문물제도를 정비하였다. [서19①]
  └『속대전』과 『속오례의』 등을 편찬하여 문예 부흥의 기틀을 마련하였다. [서24①]
  └『속대전』, 『속오례의』 등을 편찬하였다. [지16①]
  └국가의 문물제도를 시의에 맞게 재정비하려는 목적으로 『속대전』, 『속오례의』, 『속병장도설』 등 많은 편찬 사업을 이룩하였다. [경13①]
  └속병장도설 [서11]

[해설] 『속대전』과 『속오례의』 등을 편찬하여 문예 부흥의 기틀을 마련한 왕은 조선의 제21대 왕인 영조(재위 1724-1776)이다[각 1746(영조 22)/1744(영조 20)]. / 『속병장도설』이 편찬된 것은 영조 25년인 1749년의 일이다. 5군영을 중심으로 한 중앙군의 진법, 조련, 편성, 기구 등을 설명한 병서로, 앞서 간행한 『병장도설』의 체제를 본뜬 것이다. 『병장도설』은 성종 23년인 1492년에 간행된 『진법(陣法)』을 영조 18년인 1742년에 책명을 바꾸어 간행[복간]한 책이다.

- [영조] 『속대전』을 편찬하여 법전 체제를 정비하였다. [국14]
  └『속대전』을 편찬하여 법전 체계를 정리하였다. [경12③]
  └[속대전] 영조는 법전 체계를 수정·보완하여 (ⓒ)을 편찬하였다. [지12②]
  └영조 때 『대전회통』을 편찬하여 제도와 권력 구조의 개편 내용을 정리하였다[x]. [회18]
  └법령을 정비하여 속대전을 편찬하였다. [서20]
  └속대전을 편찬하여 법전 체제를 정리하였다. [경16①] [기14]
  └『속대전』을 편찬하였다. [지11①]
  └속대전을 편찬하였다. [서21] [소20]
  └속대전 편찬 [법20]
  └속대전 [지11②]

[해설] 영조는 『속대전』을 편찬한 것은 재위 22년인 1746년의 일이다. / [회18] 영조 때 제도와 권력 구조의 개편 내용을 정리하여 편찬한 법전은 (『대전회통』이 아니라) 『속대전』이다. 『경국대전』 시행 이후에 공포된 법령 중에서 시행할 법령만을 추려서 편찬한 것이다.

■ 영조의 정책 [지16②]

- ○ 속대전을 편찬하여 법령을 정비하였다.
  ○ 사형수에 대한 삼복법(三覆法)을 엄격하게 시행하였다.
  ○ 신문고 제도를 부활시켜 백성들의 억울함을 풀어주고자 하였다.

[해설] 『속대전』을 편찬하고, '삼복법(三覆法)'을 엄격하게 시행하였으며, 신문고 제도를 부활시킨 왕은 영조이다[각 1746(영조 22)/ 1729(영조 5)/1771(영조 47)].

- [영조] 무원록* [서11]

[해설] 법의학서인 『무원록』을 수정하여 편찬한 것은 영조 22년인 1746년의 일이다(추정). 참고로 정조 대에 내용을 더욱 보완하고 한글로 번역한 『증수무원록언해』를 간행(1792, 정조 16)하였으며, 영조 대의 책도 『증수무원록대전』이라는 제목으로 다시 간행하였다.

- [영조]『동국문헌비고』가 편찬되었다. [지22] □
  - 역대 문물을 정리한 동국문헌비고를 편찬하였다. [법13] □
  - 신문고 제도를 부활시키고『동국문헌비고』등을 편찬하여 문물과 제도를 정비하였다. [경20①] □
  - ⓒ은/는『동국문헌비고』와『속대전』등을 편찬하였다. [경20②] □
  - 『동국문헌비고』 [서16] [경18③] □
  - 동국문헌비고 [서11] □

[해설]『동국문헌비고』가 편찬된 것은 영조 46년인 1770년의 일이다. 익익재 홍봉한(1713~1778)이 왕명에 따라 편찬한 사적으로 우리나라의 지리, 경제, 문화를 체계적으로 서술한 백과사전이다(1770, 영조 46). 참고로 고종 때 이를 증보한『증보문헌비고』가 간행되었다(1903~1908, 고종 40~순종 2)./ 신문고 제도가 부활된 것은 영조 47년인 1771년의 일이다.

- [영조] 전국적인 지리지와 지도의 편찬을 활발하게 추진하여『여지도서』,『동국여지도』등이 간행되었다. [경13①] □

[해설]『여지도서』는 영조 33년(1757)에서 영조 41년(1765)에 각 읍에서 편찬한 읍지를 모아 성책한 전국 읍지이다. 또『동국여지도』는 여암 신경준(1712~1781)이 영조 46년경(1770)에 제작한 지도이다(이때『팔도지도』도 제작).

- 1776 정조 즉위 [지16①] □
  - 효장 세자의 후사(後嗣)로서 왕위에 올랐다. [기19] □

[해설] 효장 세자의 후사(後嗣)[양자]로서 왕위에 오른 왕은 정조(재위 1776-1800, 제22대)이다. 효장 세자(1719~1728)는 영조의 첫째 아들로 진종(眞宗)으로 추존되었다(1776, 정조 즉위년).

■ 사도 세자의 아들, 정조 [경20②] □

"아! (㉠)은/는 (㉡)의 아들이다. (㉢)께서 종통(宗統)의 중요함을 위하여 나에게 효장 세자(孝章世子)를 이어받도록 명하신 것이다. 아! 전일에 (㉢)께 올린 글에서 '근본을 둘로 하지 않는 것(不貳本)'에 관한 나의 뜻을 볼 수 있을 것이다. … 이미 이런 분부를 내리고 나서 괴귀(怪鬼)와 같은 나쁜 무리들이 이를 빙자하여 추숭(追崇)하자는 의논을 한다면 (㉢)께서 유언하신 분부가 있으니, 마땅히 해당 형률로 논죄하고 (㉢)의 영령(英靈)께도 고하겠다."

[해설] 문제 해결을 위한 중요한 실마리는 영조의 첫째 아들(맏아들)인 효장 세자(1719~1728, 후에 '진종(眞宗)'으로 추존)가 언급되었다는 점이다. 이를 통해 효장 세자를 이어받도록 명한 이는 곧 조선의 제21대 왕인 영조(재위 1724-1776)이고(따라서 ㉢은 영조), 명을 받은 이는 곧 영조에 이어 즉위한 제22대 왕 정조(재위 1776-1800)임을 알 수 있다(따라서 ㉠은 정조). 그렇다면 ㉡은 정조의 친부(아버지)인 사도 세자(思悼世子)[장헌 세자(莊獻世子)][1735~1762, 후에 '장조(莊祖)'로 추존]임을 알 수 있다. 주어진 자료는『정조실록』권1 정조 즉위년(1776) 3월의 기사이다. 정조가 빈전 문밖에서 대신들을 소견하고 사도 세자에 관한 명을 내리는 내용이다.

■ 만월명월주인옹, 조선 정조 [국18] [국14] [경19②] [경19②] □

- 달은 하나이며 물은 수만이다. 물이 달을 받으므로 앞 시내에도 달이요, 뒤 시내에도 달이다. 달의 수는 시내의 수와 같은데 시내가 만 개에 이르더라도 그렇다. 그 이유는 하늘에 있는 달이 본디 하나이기 때문이다. 달은 본래 천연으로 밝은 빛을 발하며, 아래로 내려와서는 물을 만나 빛을 낸다. 물은 세상 사람이며, 비추어 드러나는 것은 사람들의 상이다. 달은 태극이며, 태극은 바로 나다. (중복 출제)

[해설] 정조(재위 1776~1800, 제22대)의 유명한 글인 '만월명월주인옹(滿月明月主人翁)'이다. 정조 자신의 문집인『홍재전서』(권10)에 실려 있다. 자신의 덕치(德治)가 온 백성에게 고루 퍼지기를 바라는 군주의 마음이 잘 드러나 있다.

- 달은 하나이나 냇물의 갈래는 만 개가 된다. …(중략)… 나는 그 냇물이 세상 사람들이라는 것을 안다. 빛을 받아 비추어서 드러나는 것은 사람들의 상이다. 달이라는 것은 태극이요, 태극은 나이다.

[해설] 위와 같은 내용의 자료이다.
- 국왕은 행차 때면 길에 나온 백성들을 불러 직접 의견을 들었다. 또한 척신 세력을 제거하여 정치의 기강을 바로 잡았고, 당색을 가리지 않고 어진 이들을 모아 학문을 장려하였다. 침전에는 '탕탕평평실(蕩蕩平平室)'이라는 편액을 달았으며, "하나의 달빛이 땅 위의 모든 강물에 비치니 강물은 세상 사람들이요, 달은 태극이며 그 태극은 바로 나다."라고 하였다.

[해설] '백성들을 불러 직접 의견을 들었다', '당색을 가리지 않고', '탕탕평평실' 등의 내용을 통해 정조에 대한 설명임을 알 수 있다. 정조는 각 붕당의 주장이 옳은지 그른지를 판단하는 준론 탕평을 추진하였으며 왕권을 강화하기 위해 다양한 정책을 시행하였다.

- 규장각을 강력한 정치 기구로 육성하였다. [지11①]
  └ [규장각] 본래 역대 왕의 글과 책을 수집, 보관하기 위한 기구로 설치되었다. [지11②]
  └ 정조는 왕의 권력과 정책을 뒷받침하기 위해 규장각을 설립하였다. [서12]
  └ 규장각을 설치하였다. [소19①]
  └ 규장각 설치 [지14②]
  └ 규장각 [서14]

[해설] 규장각이 창덕궁에 설치된 것은 정조 즉위년인 1776년의 일이다. 이때는 왕실 도서관 기능, 즉 역대 왕의 글과 책을 수집, 보관하기 위한 기구로 설치한 것이었다. 하지만 재위 5년인 1781년에 이르러 정조는 규장각을 세종 대의 집현전과 같은 학술 및 정책 연구 기관으로 육성하고자 규장각의 기능을 재정비(비서실의 기능과 문한 기능을 통합)하고 본격 가동시켰다. 요컨대 규장각을 통해 붕당의 비대화를 막고 왕권을 뒷받침하는 강력한 정치 기구로 육성하고자 한 것이다.

■ 규장각 [국12]

국왕께서 왕위에 즉위한 첫 해에 맨 먼저 도서집성 5천여 권을 연경의 시장에서 사오고, 또 옛날 홍문관에 간직했던 책과 강화부 행궁에 소장했던 책과 명에서 보내온 책들을 모았다. … 창덕궁 안 규장각 서남쪽에 열고관을 건립하여 중국본을 저장하고, 북쪽에는 국내본을 저장하니, 총 3만권 이상이 되었다.

[해설] 여러 서적을 모아 '규장각 서남쪽에 열고관을 건립'하였다는 내용으로 자료 속 밑줄 친 '국왕'은 정조임을 알 수 있다(1776, 정조 즉위년). 규장각은 창덕궁에 설치된 왕실 도서관으로 역대 왕의 글과 책을 수집·보관하는 기능을 하였다. 주어진 자료는 '규장각 총목이 완성되었다'는 내용을 담은 『정조실록』 권11 정조 5년(1781) 6월 기사이다.

- 서얼 출신의 학자를 검서관에 기용하고 공노비의 해방을 추진하는 등 서얼과 노비에 대한 차별을 개선하기 위해 노력하였다. [서19①]
  └ 서얼 출신 학자들이 규장각 검서관으로 등용되었다. [법13]
  └ 유득공 등 서얼들을 규장각 검서관으로 임용하였다(정조). [법24]

[해설] 서얼 출신의 학자를 규장각 검서관*에 기용하고 공노비의 해방을 추진한 것은 (영조가 아니라) 정조이다. 정조 3년인 1779년에 이덕무, 박제가, 유득공, 서이수가 규장각 검서관으로 등용되었다(사[4]검서관).

*규장각 검서관: 정조는 규장각 외각에 검서관(檢書官)이라는 [정직(正職)이 아닌] 잡직(雜職)을 두고 초대 검서관으로 서얼 출신인 이덕무, 박제가, 유득공, 서이수를 임명하였다(이른바 '사[4]검서관(四檢書官)'). 이들의 기본 임무는 규장각 각신(閣臣)을 보좌하고 문서를 필사하는 것이었는데, 정조는 문신들이 매월 강(講)을 할 때 왕과 신하들 사이에 논의되는 내용을 검서관으로 하여금 기록하고 서명하여 보관하게 하는 등 이들에게 중요한 역할을 맡겼다.

- [정조] 초계문신제를 시행하여 관리들을 재교육하였다. [지16①]
  └ 초계문신제를 신설하여 인재 재교육 정책을 추진하였다. [경20①]
  └ 당하관 관료의 재교육을 위해 초계문신 제도를 시행하였다. [국12]

└젊은 관료의 재교육을 위해 초계문신 제도를 시행하였다. [서23] □

└관료의 재교육을 위해 초계문신제를 시행하였다. [회22] □

└인재를 양성하기 위해 초계문신제를 시행하였다. [서20] □

└중·하급 관리 중에서 유능한 인사를 재교육하는 초계문신 제도를 실시하였다. [기14] □

└신진 인물이나 중·하급 관리 중에서 유능한 인사를 재교육하는 초계문신 제도를 시행하였다. [경16①] □

└신진 인물이나 중·하급 관리 중에서 유능한 인사를 재교육하는 초계문신 제도를 시행하고, 규장각을 강력한 정치 기구로 육성하였다. [경15③] □

└ⓒ - 초계문신제를 실시하였다. [서14] □

└ⓒ은 초계문신 제도를 실시하고, 규장각을 정치 기구로 육성하였다. [경17①] □

└스스로 초월적 군주로 군림하면서 스승의 입장에서 신하들을 양성하고 재교육시키기 위한 방편으로 초계문신 제도를 시행하였다. [경19②] □

└초계문신 제도를 실시하였다. [지11①] [법12] □

└초계문신 제도를 시행하였다. [법24] □

└초계문신제 실시 [법20] □

[해설] 정조는 신진 인물이나 중하급 관리들 중에서 능력 있는 자들을 (스승의 입장에서) 재교육하는 초계문신제[초계문신 제도]를 시행하였다(1781, 정조 5). / 규장각을 강력한 정치 기구로 육성한 것 역시 정조 대의 일이다. 규장각은 처음에는 역대 왕의 글과 책을 수집, 보관하기 위한 기구로 규장각을 창설하였는데(1776, 정조 즉위년) 재위 5년인 1781년에 이르러 세종 대의 집현전과 같은 학술 및 정책 연구 기관으로 육성하고자 규장각의 기능을 재정비하고 본격 가동시켰다.

■ 초계문신제 시행 [지21] [법22] □

· 왕은 노론과 소론, 남인을 두루 등용하였으며 젊은 관료들을 재교육하기 위해 초계문신제를 시행하였다. 또 서얼 출신의 유능한 인사를 규장각 검서관으로 등용하였다.

[해설] 밑줄 친 '왕'은 조선의 제22대 왕인 정조(재위 1776-1800)를 가리킨다.

· (나) 은/는 초계문신제를 실시하여 개혁 세력을 육성하였으며, 통공 정책을 실시하여 육의전을 제외한 시전의 금난전권을 폐지하였다.

[해설] 주어진 자료 속 '(나)'는 조선의 제22대 국왕인 정조(재위 1776-1800)이다[각 1781(정조 5)/1791(정조 15)].

■ 정조의 정책 [지11②] [서24①] [법19] □

· 창덕궁에 규장각을 설치하고 개혁 정치의 중심 공간으로 삼았다.
· 화성을 건설하고 자주 화성 행차에 나섰다.
· 시전 상인의 금난전권을 폐지하는 신해통공을 추진하였다.

[해설] 주어진 <보기>의 정책을 실시한 왕은 조선의 제22대 왕인 정조(재위 1776-1800)를 가리킴을 알 수 있다. 왕실 도서관이자 학문 연구 기관인 규장각을 설치한 것은 정조 5년인 1781년의 일이고, 수원 화성을 건설한 것은 재위 18년인 1794년부터 재위 20년인 1796년의 일이다(1794.2~1796.9)(사적 제3호)(1997년에 유네스코 세계 유산에 등재됨). 시전 상인의 특권[금난전권]을 축소하는 신해통공을 단행한 것은 정조 15년인 1791년의 일이다.

· 정조는 ㉠준론 탕평을 추진하여 영조 때에 세력을 키워 온 척신을 제거하였다. 이어 권력에서 배제되었던 ㉡남인 계열 인물을 중용하였고, ㉢규장각을 강력한 정치 기구로 육성하였다. 또한 자유로운 상업 행위를 허락하는 ㉣통공 정책을

실시하는 등 사회 전반에 걸친 개혁을 추진하였다.

[해설] 정조(재위 1776-1800, 제22대)가 추진한 각종 정책들이 제시되어 있다(㉠~㉣) [지11②] 관련 선지 및 해설 참조).

- 왕은 서얼과 노비에 대한 차별을 완화하였으며, 민생의 안정과 문화 부흥에도 힘썼다. 또, 전통 문화를 계승하면서 중국과 서양의 과학 기술을 받아들였다. …… 그 밖에, 외교 문서를 정리한 동문휘고, 병법서인 무예도보통지 등을 편찬하여 문물제도를 재정비하였다.

[해설] 정조의 문물제도 정비와 관련된 정책들에 대한 설명이다. 정조는 즉위하자마자 「서얼허통절목」을 반포하여 서얼의 관직 진출을 공식적으로 허용하였고(1777, 정조 원년)(정유절목), 서얼 4인, 즉 이덕무·박제가·유득공·서이수를 규장각 검서관으로 발탁하였다(1779, 정조 3). 또한 노비 추쇄를 금지하기 위하여 노비추쇄관을 혁파하였으며(1778, 정조 2), 이어 노비추쇄법을 폐지하였다(1785, 정조 9)(1785.9)(이 해에 편찬된 『대전통편』에 반영). 덧붙여 (외교 문서를 정리한) 『동문휘고』를 편찬한 것은 재위 12년인 1788년이고, 『무예도보통지』를 편찬한 것은 재위 14년인 1790년의 일이다.

- [정조] ㉠ - 서원을 대폭 정리하였다[X]. [서14] ☐

[해설] 서원 정리는 (정조가 아닌) 영조의 업적이다(1741, 영조 17)(관련 자료 및 해설 참조).

- [정조] 각 붕당의 주장이 옳은지 그른지를 명백히 가리는 적극적인 탕평책을 추진하였다. [국13] [경17①] ☐
  ┗각 붕당의 주장이 옳은지 그른지를 명백히 가리는 적극적인 탕평책을 실시하였다. [경15③] ☐
  ┗[준론 탕평] 각 붕당의 주장이 옳은지 그른지를 명백히 가리는 것이었다. [지11②] ☐
  ┗준론 탕평 – 당파의 옳고 그름을 명백히 가린다. [서14] ☐
  ┗당파의 옳고 그름을 명백히 밝히는 정치가 시작되었다. [서13] ☐
  ┗㉠와/과 ㉡은/는 탕평책을 실시하였다. [경20②] ☐

[해설] 각 붕당의 주장이 옳은지 그른지를 명백히 가리는 적극적인 탕평책은 정조의 '준론 탕평'을 가리킨다. 참고로 영조는 당을 가리지 않고 온건하고 타협적인 인물을 중심으로 탕평파를 육성하여 정국을 주도하게 하는 '완론 탕평'을 추진하였다

- [남인] 정조 시기에 탕평 정치의 한 축을 이루었다. [국23] ☐
  ┗[남인 계열] 대표적 인물은 채제공, 이가환, 정약용 등이었다. [지11②] ☐

[해설] 정조 시기에 탕평 정치의 한 축을 이룬 붕당으로 남인을 들 수 있다(다만 노론이 주도 세력)(준론 탕평). / 정조가 중용한 남인 계열 인물로는 채제공, 이가환, 정약용 등이 대표적이다.

- [정조] ㉠ - '환국'을 시도하였다[X]. [서14] ☐

[해설] 환국은 정국을 주도하는 붕당과 견제하는 붕당의 교체가 급격하게 전환되는 사태를 이르는 말로 정조가 아닌 숙종 때 발생하였다.

- 영·정조의 탕평 정치 결과 모든 정파가 골고루 등용되어 공평한 권력 배분이 이루어졌다[X]. [경11②] ☐
  ┗붕당 정치의 폐단을 극복하고자 하였다. [기12] ☐

[해설] 조선 후기 영·정조가 나름의 탕평 정치[탕평책]를 통해 붕당 정치의 폐단을 극복하고자 하는 노력을 펼쳤지만 결과적으로 실패하였다. 오히려 노론의 일당 전제화가 공고해지는 추세를 막을 수 없었다. 그 결과 정조 사후인 19세기 전반, 세도 정치가 도래하였다.

- [정조] 장용영이 창설되었다. [지22] ☐
  ┗장용영을 설치하였다. [법24] [소20] ☐
  ┗왕권을 강화하기 위해 장용영이라는 친위 부대를 창설하였다. [국12] ☐
  ┗친위 부대인 장용영을 설치하여 왕권을 뒷받침하는 군사적 기반을 갖추었다. [경19①] [경15③] ☐
  ┗친위 부대인 장용영을 설치하여 왕권을 뒷받침하는 군사적인 기반을 갖추었다. [경12③] ☐
  ┗㉡은 친위 부대인 장용영을 설치하여 왕권을 뒷받침하는 군사적 기반을 갖추었다. [경17①] ☐

└친위 부대인 장용영을 설치하였다. [국24] ☐

└장용영을 설치하여 군사권을 장악하였다. [법22] ☐

[해설] 정조는 각 군영을 약화시키고 병권을 장악하기 위해 국왕 친위 부대인 장용영을 설치하였다(1793, 정조 17). 도성인 한성[서울]에 내영을, 수원 화성에 외영을 두었다. 하지만 정조 사후인 순조 2년(1802)에 폐지되고 말았다.

■ **장용영 설치** [서23] ☐

이 왕은 반대 세력을 무력으로 제압하고 자신의 신변을 보호하기 위한 친위 부대로 장용영을 설치하였다. 장용영은 기존에 국왕의 호위를 담당하던 숙위소를 폐지하고 새롭게 조직을 갖추어 편성된 부대다.

[해설] 장용영을 설치한 것은 조선의 제22대 국왕인 정조 대(재위 1776-1800)의 일이다(1793, 정조 17).

• 정조는 수원 화성의 건설을 토해 개혁의 이상을 과시하고자 하였다. [서12] ☐

└ⓒ은/는 수원 화성을 건설하였다. [경20②] ☐

└수원 화성의 건설을 시작하였다. [법20] ☐

[해설] 수원 화성을 건설한 인물은 정조이다. 정조 18년인 1794년 2월에 수원 화성의 건설을 시작하여 정조 20년인 1796년 9월에 완공하였다.

• [정조] 사도 세자의 무덤을 옮기고 화성을 축조하였다. [국22] ☐

└팔달산 아래에 화성을 건설하였다. [지11①] ☐

└ⓛ - 화성 건설에 힘썼다. [서14] ☐

└대유둔전이라는 국영 농장을 설치하였다(수원 화성).* [회22] ☐

[해설] 사도 세자의 무덤을 옮기고 화성을 축조한 것은 정조 20년인 1796년의 일이다(1794.2~1796.9). 정조는 [오늘날의 (경기) 수원에] 화성을 세워 자신의 정치적 이상을 실현하기 위한 도시로 육성하고자 하였다(팔달산은 수원시 중심에 있는 산). / [회22] 대유둔전(大有屯田)이라는 국영 농장이 설치된 것은 정조 19년인 1795년의 일이다. 대유둔전을 설치한 것은 수원 화성의 신도시 건설에 필요한 재원을 조달하고, 동시에 (흉년에 따른) 진휼 재원을 확보하기 위해서이다(국영 둔전 설치론의 구현). 화성의 북문 밖에 설치되었다. 참고로 둔전은 원래 변경이나 군사 요지에 설치하여 군량에 충당한 토지로 관청의 경비를 보충하려는 목적으로 설치하기도 하였다(군둔전/관둔전).

• [수원 화성] (나) - 거중기, 녹로 등을 사용하여 축성하였다. [회21] ☐

└(나) - 중국의 축성 기술을 도입하여 벽돌로만 성벽을 쌓았다[×]. [회21] ☐

└(가), (나) - 유네스코 세계 문화유산으로 등재되었다. [회21] ☐

[해설] 수원 화성은 거중기, 녹로, 유형거(遊衡車)* 등을 사용하여 축성하였다. 녹로는 활차[노느래]를 이용하여 무거운 물건을 들어 올리는데 쓰이던 기구이다. 성을 쌓거나 큰 집을 지을 때 사용되었다. / 수원 화성은 중국이나 유럽의 성곽 노시와는 달리 주어진 자연환경[지형]을 최대한 활용하여 지었으며, 처음으로 벽돌을 사용하기는 하였지만 일부에 그쳤다. / (가)의 남한산성은 2014년에, (나)의 수원 화성은 1997년에 유네스코 세계 유산에 등재되었다.

*유형거(遊衡車): 짐을 실어 나르는 수레

■ 현륭원과 수원 화성 [법24] [회21]

- 정조가 아버지 사도(장헌) 세자의 무덤을 화산으로 옮기면서 팔달산 아래 축성한 것이다.

[해설] 정조 20년인 1796년에 축조된 수원 화성을 가리킨다(1794.2~1796.9).

- 국왕은 현륭원(顯隆園)을 수원에 봉안하고 1년에 한 번씩 참배할 준비를 하였다. 옛 규례에는 한강을 건널 때 용배[龍舟]를 사용하였으나, 그 방법이 불편한 점이 많다 하여 배다리의 제도로 개정하고 묘당으로 하여금 그 세목을 만들어 올리게 하였다. 그러나 뜻에 맞지 않았기에 국왕은 주교지남(舟橋指南)을 편찬하였다.

[해설] 현륭원은 조선 정조의 아버지인 사도 세자(1735~1762)의 묘이다. 원래 경기도 양주군에 있었고 수은묘라 하였는데 정조 즉위년(1776)에 영우원으로 고쳤고, 정조 13년(1789)에 경기도 화성군으로 옮긴 후 현륭원이라 칭하였다. 또『주교지남』은 한강에 설치된 배다리, 즉 주교(舟橋)의 운영 방안을 담은 책이다(1790, 정조 14). 이를 통해 주어진 자료 속 밑줄 친 '국왕'은 조선의 제22대 국왕인 정조(재위 1776-1800)를 가리킴을 알 수 있다.

- 정약용은 요하네스 테렌츠의『기기도설』을 참고하여 거중기를 제작하였다. [경17②]

[해설] 다산 정약용(1762~1736)은 (예수회 선교사인) 요하네스 테렌츠(1576~1630)의『기기도설』을 참고하여 거중기를 제작하였다(1792, 정조 16).『기기도설』은 청을 통해 들어왔으며 정조가 정약용에게 준 것으로 기록되어 있다.

■ 거중기(정약용) [경21②]

활차(滑車)를 이용하여 무거운 물건을 운반하는 것은 두 가지 편리한 점이 있으니 첫째는 사람의 힘을 줄이는 것이고, 둘째는 무거운 물건을 떨어뜨리지 않고 안전하게 운반하는 것입니다. …… 크고 작은 바가 서로 통하고 서로 튕기는 방법을 이용하면 천하에 무거운 물건이 없습니다.

[해설] 다산 정약용(1762~1836)의 저술을 총정리한『여유당전서』에 수록된「기중도설(起重圖說)」의 총설로, 거중기의 원리를 간략하게 설명한 내용이다.

- [정조] 민(民)의 상언과 격쟁의 기회를 늘려주었다.** [지12①]

[해설] 정조는 화성 행차 시 일반 백성들의 상언과 격쟁의 기회를 늘려 이들의 의견을 정치에 반영하고자 하였다.

- [정조] ⓒ은 서얼과 노비에 대한 차별을 완화하였으며, 상공업을 진흥시키기 위하여 자유로운 상업 행위를 허락하는 통공 정책을 시행하였다. [경17①]

[해설] 정조의 문물제도 정비와 관련된 정책들에 대한 설명이다. 정조는 즉위하자마자「서얼허통절목」을 반포하여 서얼의 관직 진출을 공식적으로 허용하였고(1777, 정조 원년)(『정유절목』), 서얼 4인, 즉 이덕무·박제가·유득공·서이수를 규장각 검서관으로 발탁하였다(1779, 정조 3). 또한 노비 추쇄를 금지하기 위하여 노비추쇄관을 혁파하였으며(1778, 정조 2), 이어 노비추쇄법을 폐지하였다(1785, 정조 9)(1785.9)(이 해에 편찬된『대전통편』에 반영). 상공업을 진흥시키기 위하여 자유로운 상업 행위를 허락하는 통공 정책 즉, 신해통공을 시행한 것은 정조 15년인 1791년의 일이다. / 해당 문제에서 ⓒ은 영조를 기리키나 무시함.

- [정조] 노비추쇄법을 폐지하였다. [회22]
  └1778(정조 2) 노비 추쇄를 금지하기 위해 노비추쇄관을 혁파하였다. [회19]

[해설] 노비추쇄법이 폐지된 것은 조선 정조 9년인 1785년의 일이다(1785.9)(이 해에 편찬된『대전통편』에 반영). 그 전인 정조 2년(1778)에 이미 노비 추쇄를 금지하기 위해 노비추쇄관을 혁파한 바 있다.

- [정조] 수령이 향약을 주관하여 권한이 강화되었다.* [법19]
  └군현 단위의 향약을 수령이 직접 주관하게 하여 지방 사족의 향촌 지배력을 억제하였다.* [기14]

[해설] 정조 대에 이르러 (사림의 영향력을 줄이고자) 수령이 향약을 주관하게 함으로써 수령의 권한이 강화되었다[1786(정조 10)으로 추정].

- [정조] 통치 규범을 재정리하기 위하여 대전통편을 편찬하였다. [국12] ☐
  - 정조 때 통치 규범을 전반적으로 재정리하기 위해『대전통편』을 편찬하였다. [회18] ☐
  - 『대전통편』편찬과 같은 법전 재정비를 통하여 국가의 집권 체제를 확립하고 왕권을 강화하고자 하였다. [경19②] ☐
  - 『대전통편』을 편찬해 통치 체제를 정비하였다. [법21] ☐
  - 대전통편을 편찬하여 법령을 정비하였다. [법22] ☐
  - 대전통편을 편찬하였다. [서21] ☐
  - 『대전통편』을 편찬하였다. [소20] ☐
  - 『대전통편』이 편찬되었다. [회23] ☐
  - 대전통편 [국24] [지12②] [지11②] ☐
  - 『대전통편』 [경15③] ☐

[해설] 법전인『대전통편』을 편찬하여 통치 규범을 재정비한 것은 정조 9년인 1785년의 일이다.『경국대전』과『속대전』및 그 뒤의 법령을 통합해 편찬하였다.

- [정조] 동문휘고* [서11] [기16] ☐
  - 『동문휘고』* [경15③] ☐

[해설] 외교 문서를 정리한『동문휘고』가 편찬된 것은 정조 12년인 1788년의 일이다.

- [정조] 탁지지 편찬* [법20] ☐
  - 문물제도의 정비를 반영한『탁지지』등을 편찬하였다.* [경20①] ☐
  - 『탁지지』* [경15③] ☐

[해설] 호조의 행정 사례집인『탁지지』가 편찬된 것은 정조 12년인 1788년의 일이다.

- [정조] 추관지* [기16] ☐

[해설] 형조의 형법 사례집인『추관지』가 편찬된 것은 정조 5년인 1781년의 일이다(1791년 증보).

- [정조] 전운옥편* [서11] ☐

[해설]『전운옥편』이 편찬된 것은 정조 20년인 1796년의 일이다(추정).『전운옥편』은『강희자전』의 체제를 본떠서 만든 한자 사전이다.

- [정조]『무예도보통지』 [경15③] ☐
  - 무예도보통지를 간행하였다. [법24] ☐
  - 『병학통』과『무예도보통지』를 편찬하였다.* [서24①] ☐

[해설] 군사 훈련 교범인『병학통』과『무예도보통지』가 편찬된 것은 각 정조 즉위년인 1776년과 재위 14년인 1790년의 일이다.『병학통』은 형조판서 겸 지훈련원사인 장지항이 편찬하였다.『무예도보통지』는『병학통』을 비롯한『병학지남』,『속병장도설』등의 여러 병서들을 다시 집대성하여 편찬한 것으로, 규장각 검서관인 이덕무(1741~1793)와 박제가(1750~1805)가 장용영 소속 장교 백동수(1743~1816) 등과 함께 작업하였다. /『무예도보통지』는 일종의 무예 해설서이자 실전 훈련서로 전투 동작을 그림과 글로 해설하였다.

■ 무예도보통지 [지12①] ☐

이 책이 완성되었다. … 곤봉 등 6가지 기예는 척계광의『기효신서』에 나왔는데 … 장헌 세자가 정사를 대리하던 중 기묘년에 명하여 죽장창 등 12가지 기예를 더 넣어 도해(圖解)로 엮어 새로 신보를 만들었고, 상(上)이 즉위하자 명하여 기창 등 4가지 기예를 더 넣고 또 격구, 마상재를 덧붙여 모두 24가지 기예가 되었는데, 검서관 이덕무·박제가에게 명하여 … 주해를 붙이게 했다.

[해설] '격구, 마상재를 덧붙여', '24가지 기예', '검서관 이덕무, 박제가' 등의 내용을 통해 정조 때 편찬된『무예도보통지』를 가리킴을 알 수 있다 (1790, 정조 14).

- 정조는 문물제도의 정비를 위하여『동국여지승람』을 편찬하였다[x]. [서12] □

[해설]『동국여지승람』은 성종 12년인 1481년에 노사신(1427~1498), 양성지(1415~1482), 강희맹(1424~1483) 등이 편찬한 지리지이다.

- [정조] <고금도서집성>을 저술하였다[x].* [기16] □

[해설]『고금도서집성』은 청의 백과사전이다(1725, 청 옹정제 3/조선 영조 원년). 당시에는 이와 같은 백과사전을 유서(類書)라고 하였다. 정조 원년인 1777년에 청에 사은사로 파견된 이은(1722~1781), 서호수(1736~1799) 등이 정조의 명령에 따라 이를 한 부 구입해온 바가 있다.

- 홍재전서 [기16] □

[해설] 정조의 문집인『홍재전서』가 편찬되기 시작한 것은 정조 23년인 1799년의 일이다. 정조 사후 말년의 저술들을 덧붙여 심상규(1766~1838) 등이 1801년(순조 원년)에 재편집하였고, 1814년(순조 14)에 간행되었다(60권 60책).

◉ 사진으로 보는 붕당 정치의 전개와 탕평 정치

▲ 거중기(정약용) [기14] □   ▲ 수원 화성 [기14] □

[해설] [기14] 왼쪽의 사진은 정약용이 설계한 거중기이다. 오른쪽의 사진은 조선 정조 대에 건설된 수원 화성이다(1794.2~1796.9)(화서문과 서북공심돈의 모습). 수원 화성 건설에 거중기가 실제로 만들어져 사용되었다.

주제 39 양 난 이후의 대외 관계

1 청과의 관계

- 17세기: 정묘호란과 병자호란의 패배로 인해 청에 대한 문화적 열등감이 팽배해졌다[x]. [지12①] □
  └ 병자호란 이후 조선은 청에 대하여 표면상으로 사대 관계를 맺었으나 청에 대한 적개심이 오랫동안 남아 있어서 북벌 정책을 추진하기도 하였다. [경12②] □
  └ 청을 정벌하자는 북벌 운동 추진 [법15] □

[해설] 정묘호란과 병자호란의 패배로 청에 대한 적개심이 커졌으며, 청에 대한 문화적 우월감으로 북벌론이 제기되었다. / 특히 (명 멸망 후) 재조지은적(再造之恩的) 사고*의 작용으로 청을 정벌하자는 북벌 운동이 추진되었다. 특히 효종 대(재위 1649-1659, 제17대)에 그러하였다(관련 선지 및 해설 참조).

*재조지은(再造之恩): '거의 망하게 된 것을 구원하여 도와준 은혜'를 뜻하는 말로, 임진왜란 때 명이 군사를 내어 일본의 침략을 막아주어 조선이 왕조를 유지할 수 있었다는 의식을 가리킨다. 일종의 숭명의식(崇明意識)으로, 줄여서 '재조'라고도 하였다.

- [기축봉사] 송시열이 제출하였다. [서22①] □
  └ 효종에게 올린 글이다. [서22①] □
  └ 북벌 정책에 대해 논하였다. [서22①] □
  └ 청의 문물 수용을 건의하였다[x]. [서22①] □

[해설] 청의 문물 수용을 건의하는 글들은 북학론적 성격을 지니고 있다. 기축봉사는 그 반대인 북벌론적 성격의 글이다(1649, 효종 즉위년). 정확하게는 외양(外攘)이 아닌 내수(內修) 중심의 북벌론이다(내수외양론).

■ 기축봉사(송시열) [서22①] [경21①] □

- 우리나라는 실로 신종 황제의 은혜를 입어 임진왜란 때 나라가 폐허가 되었다가 다시 존재하게 되었고 백성은 거의 죽었다가 다시 소생하였으니, 우리나라의 나무 한 그루와 풀 한 포기와 백성의 터럭 하나하나에도 황제의 은혜가 미치지 않은 것이 없습니다. 그런즉 오늘날 크게 원통해 하는 것이 온 천하에 그 누가 우리와 같겠습니까?

[해설] 우암 송시열(1607~1689)이 효종 즉위년인 1649년에 올린 상소문인 「기축봉사」의 일부로 당시의 주류 세력인 서인(이후 노론)이 화이론*적 세계관인 북벌론**이 강하게 투영된 글이다(『송자대전』). 참고로 임진왜란 때 명 신종(만력제, 재위 1572-1620)이 군사를 보내 조선을 도와 준 것을 이르는 말로, '재조지은(再造之恩)'이라는 말이 있다. '거의 망하게 된 나라(왕조)를 구원해 주어 도와준 은혜'라는 뜻으로 명에 대한 강력한 '부채 의식' 및 '보은 이데올로기' 역할을 하였다('소중화 의식' 형성에도 기여).

*화이론(華夷論): 중화를 존중하고 오랑캐를 물리친다는 뜻으로, 조선의 대외 정책에 골간이 된 사상이다. 일종의 성리학적 명분론으로, '존화양이론' 또는 '존주론(尊周論)'이라고도 한다(초정 박제가의 『북학의』에 들어 있는 '존주론'이 아닌 일반론적 '존주론').

**북벌론(北伐論): 명(明)과의 의리를 지키고 병자호란의 치욕을 갚기 위하여 청(淸)에 대한 전쟁을 준비해야 한다는 주장이다. 존명 사대의 명분론적 성격이 강하다.

- 오늘날에 시세를 헤아리지 않고 경솔히 오랑캐와 관계를 끊다가 원수는 갚지 못하고 패배에 먼저 이르게 된다면, 또한 선왕께서 수치를 참고 몸을 굽혀 종사를 연장한 본의가 아닙니다. 삼가 원하건대 전하께서는 마음을 굳게 정하시기를, '이 오랑캐는 임금과 아버지의 큰 원수이니, 맹세코 차마 한 하늘 밑에 살수 없다'고 하시어 원한을 축적하십시오.

[해설] 위와 같은 내용의 자료이다. 위 자료의 뒷부분이다.

- [효종] 명에 대한 의리를 지켜 청에 복수하자는 북벌을 추진하였다. [국14] ☐
  - 적극적인 북벌 운동을 계획하고 어영청을 2만여 명으로 확대하였다. [지14①] ☐
  - 북벌 운동이 전개되었다. [법19] ☐
  - 북벌 운동을 전개하였다. [법12] ☐
  - 박연은 훈련도감에 소속되어 서양식 대포의 제조법과 조종법을 가르쳤다. [경17②] ☐
  - 하멜이 가져온 조총 기출을 도입하여 서양식 무기를 제조하였다. [서18②] ☐
  - 하멜이 가져온 조총의 기술을 활용하여 서양식 무기를 제조하였다. [지14①] ☐

[해설] 적극적인 (배청)북벌 운동을 계획하여 어영청을 중심으로 군대를 양성하고 성곽을 수리한 왕은 효종(재위 1649-1659, 제17대)이다. / 박연(1595~1668?)은 조선 인조 때 제주도에 표류했다 귀화한 네덜란드인이다(1627, 인조 5). 본명은 얀 야너스 벨테브레이(J.J.Weltevree)이다. 명에서 전래된 홍이포의 제조법과 조종술을 조선군에게 가르쳤다. / 하멜(?~1692) 역시 효종 대 제주도에 표류된 네덜란드인으로, 조총 기술을 활용하여 서양식 무기를 만들었다(1653, 효종 4).

- [서인] 북벌론을 주장하였다. [법22] ☐
  - (가) - 북벌에 필요한 군사력을 강화하고자 하였다. [경21①] ☐
  - (ㄴ) 세력은 군대를 양성하고 성곽을 수리하는 등 북벌을 주장하며, 정권 유지를 도모하였다. [회15] ☐

[해설] 북벌론을 주장한 붕당은 서인이다(특히 효종 대)([경21①]의 (가)와 [회15]의 (ㄴ) 세력은 서인을 가리킴). 서인의 영수인 우암 송시열(1607~1689)은 효종 즉위년인 1649년에 「기축봉사」를 올려 북벌론을 주장한 바 있다. 북벌론은 명과의 의리를 지키고 병자호란의 치욕을 갚기 위하여 청에 대한 전쟁을 준비해야 한다는 주장이다. 존명 사대의 명분론적[화이론적] 성격이 강하다. / 병자호란 당시 청과의 강화 조약에 군신의 예를 갖추고 명의 연호를 폐지하며 세자를 인질로 보낸다는 조항과 함께 성곽 증축이나 수리는 반드시 (청의) 사전 허락을 받아야 한다는 조항도 있었다. / 어영청이 북벌 운동의 중심이 되었다.

- [효종] 남한산성을 복구하고 어영청을 확대하였다. [지18] ☐

[해설] 남한산성을 복구하고 어영청을 확대한 것은 효종 대의 일이다. 효종은 북벌의 선봉 부대인 어영청을 대폭 개편하고 금군(禁軍)을 기병화하였다(1652, 효종 3). 또한 한성 외곽의 방비를 튼튼히 하고자 강화도, 안흥, 남한산성, 자연도(경기도 부천시)로 사람을 보내어 성지(城池)를 보수하고 군량을 확충하였다. 표류해 온 하멜과 그 일행을 훈련도감에 들여 조총, 화포 등의 신무기를 개량, 보수한 것도 효종 대의 일이다.

■ 병자호란 이후의 북벌론 [지18] [법15] ☐

- 병자년 일이 완연히 어제와 같은데, 날은 저물고 갈 길은 멀다고 하셨던 성조의 하교를 생각하니 나도 모르게 눈물이 솟는구나. 사람들은 그것을 점점 당연한 일처럼 잊어가고 있고 대의(大義)에 대한 관심도 점점 희미해져 북녘 오랑캐를 가죽과 비단으로 섬겼던 일을 부끄럽게 생각지 않고 있으니 그것을 생각한다면 그 아니 가슴 아픈 일인가.

  -『조선왕조실록』-

[해설] '병자년 일'이 완연히 어제와 같다는 내용, '성조의 하교'라는 점, 결정적으로 '북녘 오랑캐를 가죽과 비단으로 섬겼던 일'을 부끄럽게 생각지 않고 있다는 내용 등에서 제시된 대의(大義)는 효종이 추진한 북벌론을 가리킴을 알 수 있다. 여기서 병자년 일이란 곧 청이 침략한 병자호란(1636)을 가리킨다.

- 우리나라가 중국을 섬겨 온 것이 2백여 년이다. 의리로는 군신이며, 은혜로는 부자와 같다. 임진년에 입은 은혜는 만세토록 잊을 수 없다. …… 광해군은 배은망덕하여 천명을 두려워하지 않고, 속으로 다른 뜻을 품고 오랑캐에게 성의를 베풀었다.

  (재조지은)

[해설] 주어진 자료에서 밑줄 친 내용은 임진왜란 때 명 신종(만력제)이 군사를 보내 조선을 도와 준 것을 이르는 말로, '재조지은(再造之恩)'을 가리킨다. '거의 망하게 된 나라(왕조)를 구원해 주어 도와준 은혜'라는 뜻으로 명에 대한 강력한 '부채 의식' 및 '보은 이데올로기'로 작용하였다('소중화 의식' 형성에도 기여).

- 조선 후기 북학 운동의 한계를 느낀 지식인들은 북벌 운동을 전개하였다[x]. [서18②] □
  ㄴ(나) - 화이론에 따라 국제 문제를 해결하고자 하였다[x]. [경21①] □
  ㄴ(나) - 청의 중국 지배 현실을 인정해야 한다고 주장하였다. [경21①] □

[해설] 조선 후기에 (배청)북벌 운동은 북학 운동의 한계 때문이 아니라 병자호란 이후 청에 대한 적대감으로 일어났다. 참고로 북학 운동이란 18세기 중반 홍대용(1731~1783)과 박지원(1737~1805)과 같은 노론 집권층의 젊은이들이 제기한 것으로, 집권층 내부에서 배태된 개혁 운동이었다(따라서 선지는 순서가 뒤바뀜). 북학 운동은 기존의 조선 성리학을 완전 부정한 것이 아니라 그 가치 체계는 인정하되 부국강병하기 위해서는 청의 기술 문명을 도입해야 한다는 논리였다. 호락논쟁에서 인물성동론을 주장한 낙론 편을 취하였다. / [경21①] (나)는 해당 문제에서 북학론을 주장한 세력[남인(이후 소론 포함)과 노론 일부]을 가리킴. 화이론(華夷論)*에 따라 국제 문제를 해결하고자 한 것은 (북학론이 아니라) 북벌론이다. / 북학론을 주장한 실학자들은 숭명반청 의식에서 벗어나 청의 중국 지배 현실을 인정해야 한다고 주장하였다.

*화이론(華夷論): 중화를 존중하고 오랑캐를 물리친다는 뜻으로, 조선의 대외 정책에 골간이 된 사상이다. 일종의 성리학적 명분론으로, '존화양이론' 또는 '존주론(尊周論)'이라고도 한다(초정 박제가의 『북학의』에 들어 있는 '존주론'이 아닌 일반론적 '존주론').

- 조선 후기 중국과의 외교와 무역에 은이 대거 소비되면서 은광이 활발하게 개발되었다.* [서18②] □

[해설] 조선 후기 중국과의 외교와 무역에 은이 대거 소비되면서 은광이 활발하게 개발되었다. 특히 효종 2년인 1651년에 민간의 광산 개발 참여를 허용하는 설점수세제가 처음 실시되기도 하였다.

- [효종] 나선 정벌이 단행되었다. [지22] □
  ㄴ나선 정벌에 조총 부대가 파견되었다. [기19] □
  ㄴ청의 요구로 조선의 조총 부대가 동원되었다(나선 정벌). [회24] □
  ㄴ청의 요구에 따라 조총 부대를 영고탑으로 파견하였다.* [지20] □
  ㄴ나선 정벌 [경12③] □

[해설] 나선 정벌이 단행된 것은 조선 효종 대(재위 1649-1659, 제17대)의 일이다. 두 차례 단행되었는데, 1차 파견은 효종 5년인 1654년(변급 통솔)에, 2차 파견은 효종 9년인 1658년(신류 통솔)에 이루어졌다.

■ 신류 장군의 시 [회24] □

만리 출정에서 성공하는 것은 세상에 드문 일이거늘
나그네 마음은 어찌하여 다시 긴 한숨인가
이번 원정은 심하(深河)의 전쟁과 달라
김공(金公)*이 죽어 돌아오지 못함이 오히려 부럽도다.

- 신류 장군이 선생 후에 지은 시 -

*김공(金公): 강홍립과 함께 심하 전투에 참여했다가 목숨을 잃은 김응하(1580~1619)를 일컫는다.

[해설] 신류(1619~1680)는 제2차 나선 정벌*을 단행한 무신이다. 심하(深河)의 전쟁은 심하 전투[사르후 전투]**를 가리킨다.

*나선 정벌: 청의 요청으로 효종 대(재위 1649-1659, 제17대)에 두 차례 나선[러시아] 정벌이 단행(조총 부대 파견)되었다(효종 5년인 1654년[무신 변급(?~?) 통솔]/효종 9년인 1658년[무신 신류(1619~1680) 통솔]).

**심하 전투: 광해군 11년인 1619년 3월, 후금의 누르하치를 정벌하기 위해 출병한 명과 조선의 연합군이 후금군과 싸운 전투이다. 일명 사르후 전투(심하 전역, 기미년 전역, 기미년의 심하 전역)라고도 하는데 이 전투에서 조·명 연합군은 후금군에게 대패하였다. 이후 명청 교체의 분수령이 된 전투로 평가되고 있다(1619.3.1~4).

- [숙종] 국경을 획정하고자 백두산정계비를 세웠다. [국22] □
  ㄴ청과 국경을 정하기 위해 백두산정계비를 세웠다. [지24] □
  ㄴ청과 국경선을 정하고 백두산정계비를 세웠다. [서20] □

┗청과 국경을 확정하여 정계비를 세웠다. [법12]□
┗청과 국경을 확정하고 백두산에 정계비를 세웠다. [경16②]□
┗청과의 경계를 정한 백두산정계비가 세워졌다. [기19]□
┗조선과 청의 국경을 정하는 백두산정계비를 세웠다. [법22]□
┗백두산 아래에 정계비를 설치하여 청나라와 경계선을 정하였다. [서24①]□
┗백두산정계비를 세워 중국과의 국경선을 정하였다. [법14]□
┗백두산정계비를 세워 서쪽으로 압록강, 동쪽으로 토문강을 경계로 삼았다. [지14①]□
┗18세기: 청과 국경 분쟁이 일어나 양국 대표가 백두산 일대를 답사하고 정계비를 세웠다. [지12①]□
┗만주 지방에 관한 국경 분쟁으로 조선과 청은 정계비를 세워 국경을 확정하였다. [경12②]□
┗청 건국 후 조선과 청은 양국의 모호한 경계를 확정하기 위해 1712년 백두산정계비를 세웠다. [경12③]□
┗백두산정계비가 세워졌다. [회22]□
┗백두산정계비 건립 [회19]□
┗백두산정계비 [경13①]□

[해설] 청과 조선이 국경[경계]을 획정하고자 백두산 일대를 답사하고 백두산정계비를 세운 것은 숙종 38년인 1712년의 일이다[청의 오라총관 목극등(1664~1735)과 조선의 접반사 박권(1658~1715)].

- [백두산정계비] 조선과 청의 대표는 현지답사를 생략한 채 비를 세웠다[×]. [서17①]□
┗국경 지역 조선인의 산삼 채취나 사냥이 비 건립의 한 배경이었다. [서17①]□
┗조선 숙종 대 세워진 비석의 비문 내용이다. [서17①]□
┗토문강의 위치는 간도 귀속 문제와도 관련이 되었다. [서17①]□
┗후일 간도 귀속 문제가 발생하는 원인이 되었다. [회20]□

[해설] 조선과 청의 대표는 현지답사를 생략하지 않았다. 백두산 일대를 답사한 후 국경을 정하여 백두산정계비를 세웠다. / 청이 자신들의 근거지로 성역화한 만주 지방에 조선인 일부가 들어가 산삼을 채취하거나 사냥하면서 국경 문제가 발생하였다. / 토문강의 위치를 놓고 19세기 들어 간도 귀속 문제가 발생하였다. 조선은 송화강 (유역), 청은 두만강으로 해석하였다. / 백두산정계비는 조선 숙종 38년인 1712년에 세워졌다.

■ 백두산정계비 [서17①] [회20] [경21②] [경12③] [기12]□

- 청과 조선은 1712년 백두산에 '서쪽은 압록강, 동쪽은 토문강을 경계로 한다'는 백두산정계비를 세워 양국의 경계를 정하였다.

[해설] 조선과 청 사이의 경계[국경]를 정한 백두산정계비가 세워진 것은 숙종 38년 1712년의 일이다..

- 오라총관 목극등은 국경을 조사하라는 교지를 받들어 이곳에 이르러 살펴보고 서쪽은 압록강으로 하고 동쪽은 토문강으로 경계를 정해 강이 갈라지는 고개 위에 비석을 세워 기록하노라.

[해설] '오라총관 목극등', '국경을 조사', '압록강'과 '토문강' 등의 말을 통해 제시된 비문은 백두산정계비임을 알 수 있다. 백두산정계비는 조선 숙종 때 청과 국경을 확정하여 세운 비석이다(1712, 숙종 38).

- 오라총관 목극등(穆克登)이 황지를 받들고 변계를 조사한 결과 서쪽의 경계선은 압록강이고, 동쪽은 토문강이므로 분수령 상에 비를 세워 기록으로 삼는다.

[해설] 조선 숙종 38년인 1712년에 청의 오라총관 목극등(1664~1735)과 조선의 접반사 박권(1658~1715)이 만나 백두산에 세운 경계비, 즉 백두산정계비의 비문 내용임을 알 수 있다.

- 박권이 보고하였다. "총관이 백두산 산마루에 올라 살펴보았는데, 압록강의 근원이 산허리의 남쪽에서 나오기 때문에 이미 경계로 삼았으며, 토문강의 근원은 백두산 동쪽의 가장 낮은 곳에 한 갈래 물줄기가 동쪽으로 흘렀습니다. 총관이

이것을 가리켜 두만강의 근원이라 하고 말하기를, '이 물이 하나는 동쪽으로 하나는 서쪽으로 흘러서 나뉘어 두 강이 되었으니 분수령 고개 위에 비를 세우는 것이 좋겠다.'라고 하였습니다."

[해설] 주어진 자료는 조선과 청 사이에 국경을 정해 백두산정계비를 세운 것과 관련된 것임을 알 수 있다(『숙종실록』 51권 숙종 38년(1712년) 5월 23일 을사 '접반사 박권이 백두산 정계의 일에 대해 치계하다'). 백두산정계비를 세운 것은 조선 숙종 38년인 1712년의 일이다.

• ……西爲鴨綠 東爲土門 故於分水嶺上…… (서위압록 동위토문 고어분수령상)

서쪽은 압록이 되고, 동쪽은 토문(土門)이 되므로, 분수령 위에 돌을 새겨 기록한다.

[해설] 조선 숙종 38년인 1712년에 세워진 백두산정계비의 비문 내용이다. 한자 원문에 '돌을 새겨 기록한다'는 뜻의 '늑석위기(勒石爲記)'가 빠졌다.

• 조선 후기에 폐4군을 복구하고 건립하였다.* [회20] □

[해설] 4군은 조선 세종 때 서북 방면의 여진족을 막기 위하여 압록강 유역에 설치한 국방상의 요지, 즉 여연·무창·우예·자성을 가리킨다. 하지만 단종 3년인 1455년에 여연·무창·우예를 폐하였고, 세조 5년인 1459년에 자성(군)마저 폐하여 4군이 철폐되었다. 그 결과 이 지역은 오랫동안 폐사군(廢四郡)으로 불리며 주민의 거주가 금지되었다. 18세기 후반 홍양호, 정약용 등이 군사 방어의 거점으로 이 지역을 주목해 재개발을 건의한 바 있으며, 몇 번의 치열한 복군 노력 끝에 정조 12년인 1788년에 무창이 복군되었고, 마침내 고종 6년인 1869년에 자성군(여연·우예·자성)이 복군되었다.

2 일본과의 관계

• 조선은 포로의 송환 교섭을 위해 일본에 사신을 파견하였다. [서16] □

└ 일본에 회답 겸 쇄환사가 파견되었다. [회22] □

[해설] 임진왜란 때 의병을 일으켜 일본에 대항한 사명 대사 유정(1544~1610)은 임진왜란이 끝나자 선조의 명으로 일본에 파견되어 에도 막부의 (초대) 쇼군인 도쿠가와 이에야스(德川家康)(1542~1616)를 만나 강화를 맺고 이듬해에 전란 때 잡혀간 3,000여명의 포로를 데리고 귀국하였다[1604(선조 37)~1605(선조 38)][이때의 명칭은 탐적사(探賊使)]. / '회답 겸 쇄환사(回答兼刷還使)'란 '일본에서 보낸 국서에 회답 국서를 전하고 피로인을 쇄환하기 위해 파견한 사절'이라는 뜻으로, 임진왜란 이후 단절된 국교를 회복하고자 일본의 요청으로 파견된 사신 일행을 가리키는 말이다. 1607년(선조 40) 정사(正使) 여우길(1567~1632) 일행이 회답 겸 쇄환사로 처음 일본에 파견되었고, 이후 1617년(광해군 9)과 1624년(인조 2) 두 차례 더 파견된 적이 있다[인조 14년(1636)에 이르러 통신사라는 칭호를 다시 사용].

• 임진왜란 이후 조선은 일본과의 외교 관계를 단절하여 서로 왕래가 전혀 없었다[x]. [경12②] □

[해설] 임진왜란 이후 조선은 광해군 원년인 1609년에 일본과 기유약조를 맺고 국교를 정상화하였다. 그리하여 부산포에 왜관을 설치하고 교역을 재개하였다(세견선 20척, 세사미두 100석).

• 왜란이 끝난 후 조선은 일본사에 통신사를 파견하여 국교 재개를 요청하였다[x]. [서18②] □

└ [광해군] 기유약조를 체결하여 제한된 범위의 교섭을 허용하였다. [소22] □

└ 조선은 일본과 기유약조를 체결하여 제포만 개항하고 세견선 25척, 세사미두 100석의 제한된 교역을 허용하였다[x].

[기17] □

└ 기유약조 [경19②] □

[해설] 왜란이 끝난 후 통신사 파견을 요청한 나라는 (조선이 아닌) 일본이다. 조선과 일본은 광해군 원년인 1609년 6월에 기유약조를 맺어 국교를 재개하였다. / 조선은 일본과 기유약조를 체결하여 [제포(지금의 창원)가 아니라] 부산포를 개항하고 세견선 (25척이 아니라) 20척, 세사미두 100석의 제한된 교역만을 허용하였다.

■ 조선과 일본의 국교 재개 노력 [경19②]

임진왜란 이후 에도(도쿠가와) 막부가 경제적 어려움 해결하고 막부로서의 위상을 높이기 위해 조선에 국교 재개를 요청하였다. 조선도 1607년 부산 두모포에 다시 왜관을 설치한 이후 북방에서 여진의 세력이 커짐에 따라 일본과의 관계를 안정시키려고 하였다.

[해설] 임란 이후 조선과 왜의 국교 재개 노력과 관련된 내용이다. 두모포(현 부산 동구청 자리)에 왜관이 설치된 것은 된 선조 40년인 1607년의 일이다.

- 통신사 파견을 통한 문화 전파 역할 담당 [법15]

[해설] (조선이) 통신사(通信使)*를 파견한 곳은 (중국 쪽이 아니라) 일본이다. 조선 시대에 통신사가 처음으로 파견된 것은 세종 11년인 1429년의 일이다(정사 박서생의 사절단, 교토에 파견). 참고로 막부 장군이 조선 국왕에게 파견하는 사절은 일본국왕사라고 하였다.

*통신사(通信使): 조선 시대 전 기간에 걸쳐 총 20회(조선 전기 8회, 조선 후기 12회) 이루어졌다. 통신사에 대한 일본인의 관심은 매우 높아서 통신사 일행이 방문한 곳마다 정치가나 관료들뿐만이 아니라 일반 무사를 비롯한 문인, 묵객, 서민들까지 통신사들에게 서화, 시문, 글씨 등을 줄 것을 요청하였다. 그리하여 이들은 이를 병풍, 회권(두루마리 그림), 판화 등의 형태로 만들어져 널리 유행되었다. 한편 통신사들은 국내로 돌아와 일본에서 겪은 견문록**을 남기기도 하였다.

**견문록(見聞錄): 견문록은 보고 들은 지식을 기록하여 놓은 글이란 뜻으로, 보통 외국에 파견된 사신들의 사행록(使行錄) 속에 포함되어 있다. 중국 원(元)에서부터 명(明)을 거쳐 청(淸)까지 조선 외교 사절단의 공식 및 비공식 기록인 사행록은 시대별로 부르는 이름에 차이가 있다. 먼저 원 때 중국을 다녀온 사행 기록에는 빈왕록(賓王錄)이라는 이름을 붙였으며, 명 때 중국을 다녀온 사행 기록에는 '천자에게 조회하러 간다'는 의미의 조천(朝天)이라는 말을 넣어 조천록(朝天錄)이라 이름 붙인 경우가 많았다. 이후 명이 망하고 청이 들어선 후에는 조천이라는 말이 오랑캐를 떠받드는 의미가 되어 소중화(小中華) 의식을 가지고 있었던 조선의 사대부들은 그냥 청의 수도였던 베이징의 옛 이름인 연경(燕京)을 넣어 그 사행 기록을 연행록(燕行錄)이라 이름 붙였다.

주제 40 상품 화폐 경제의 발달

1 농촌 경제의 변화

- 시비법과 이앙법 등의 발달로 농민층에서 광작이 성행하였다. [지19] □
  - 이앙법이 전국적으로 보급되었다. [국17①]
  - 직파법(直播法)에서 이앙법(移秧法)으로 변화 [회14]

  [해설] 시비법과 이앙법 등의 발달로 농민층에서 광작(廣作)이 성행한 것은 조선 후기의 일이다. / 조선 후기에 이르러 (논농사에서) 직파법(直播法)에서 이앙법(移秧法)으로 변화하였다

- [모내기법(이앙법)] 모내기법이 전국적으로 보급되었다. [소19①] □
  - 모내기법이 확산되어 벼와 보리의 이모작이 가능해졌고, 노동력이 크게 절감될 수 있었다. [서13] □
  - 모내기법이 확산되고 광작 현상으로 부유한 농민이 생겨났다. [기14] □
  - 이앙법의 보급으로 적은 노동력으로 넓은 면적의 토지를 경작할 수 있게 되었다. [회16] □
  - 직파법보다 풀 뽑는 노동력을 절약할 수 있었다. [국21] □
  - 농사에 필요한 노동력이 절감되어 광작이 가능해졌다. [법18] □
  - 머슴을 고용하여 농토를 직접 경영하는 지주가 생겨났다. [법18] □
  - 벼와 보리의 이모작이 전국적으로 확대되었다. [지14①] □
  - 벼·보리의 이모작이 가능해져 보리농사가 성행하였다. [법18] □
  - 세종 때 편찬된 『농사직설』에도 등장한다. [국21] □
  - 『경국대전』의 수령칠사 항목에서도 강조되었다[×].* [국21] □

  [해설] 세종 대 편찬된 『농사직설』에 이앙법, 즉 모내기법에 대해 언급되어 있다(1429, 세종 11). 하지만 이때에는 제초에는 편하나 큰 가뭄을 만나면 위험한 농법이라는 식으로 기록되어 있다. 그리고 『경국대전』의 수령칠사 항목에서 첫 번째로 '농업을 장려'하는 항목이 있지만, 그렇다고 모내기법(이앙법)을 장려한 것은 아니다([국21] 고난도 선지). 조선 후기에 이르러 모내기법의 본격적인 도입[전국적 보급]으로 말미암아 직파법보다 풀 뽑는[제초하는] 노동력을 절약할 수 있었고, 그 결과 경작지의 규모를 확대해 넓은 토지를 경작하는 광작[대규모로 농지를 경작하는 광농 등장]이 가능해졌다. / [지14①] 벼와 보리의 이모작은 조선 초에 가능해졌고 조선 후기에 이르러 전국적으로 확대되었다.

- [모내기법(이앙법)] 농민 수입의 증가로 농촌 내 빈부 격차가 줄어들었다[×]. [법18] □

  [해설] 모내기법(이앙법)의 확산으로 농민 수입이 증가하였으며, 이로 인해 농촌 내 빈부 격차가 (줄어드는 것이 아니라 반대로) 벌어지게 되었다.

▌모내기법(이앙법) [국21] [서13] [법18] [회15] □

- 가물 때도 마르지 않는 무논을 가려 2월 하순에서 3월 상순까지에 갈아야 한다. 그 무논의 10분의 1에 모를 기르고 나머지 9분에는 모를 심을 수 있게 준비한다. 먼저, 모를 기를 자리를 갈아 법대로 잘 다듬고 물을 빼고서 부드러운 버드나무 가지를 꺾어다 두텁게 덮은 다음 밟아 주며, 바닥을 볕에 말린 뒤 물을 댄다. …… 모가 4촌(寸) 이상 자라면 옮겨 심을 수 있다.

  [해설] 주어진 자료는 유암 홍만선(1643~1715)이 지은 『산림경제』에 나오는 내용이다. 묘종(苗種)하는 법, 곧 이앙(移秧)에 대해 설명하고 있다. 『산림경제』는 농업과 일상생활에 관한 광범위한 사항을 기술한 소백과사전적인 책이다(숙종 연간 간행).

- "이앙(移秧)을 하는 것은 세 가지 이유다. 김매기 노력을 더는 것이 첫째요, 두 땅의 힘으로 모 하나를 서로 기르는 것이 둘째며, 좋지 않을 것은 솎아내고 성싱하고 튼튼한 것을 고를 수 있는 것이 셋째다."

  [해설] 주어진 자료는 이앙법(모내기법)의 장점을 소개하는 내용으로 풍석 서유구(1764~1845)의 『임원경제지』의 일부이다(1827, 순조 27). 이앙법은 조선 후기에 일반화되었다. 『임원경제지』는 순조 대의 실학자 풍석 서유구(1764~1845)가 지은 농서로 홍만선의 『산림경제』를 토대로 한국과 중국의 저서 900여 종을 참고, 인용하여 엮어낸 농업 위주의 백과전서이다(1827, 순조 27).

- 일반적으로 모내기법을 귀중하게 여기는 이유는 세 가지가 있다. 김매기의 수고를 줄이는 것이 첫째이다. 두 땅의 힘으로 하나의 모를 서로 기르는 것이 둘째이다. 옛 흙을 떠나 새 흙으로 가서 고갱이를 씻어 내어 더러운 것을 제거하는 것이 셋째이다. 어떤 사람은 모낸 모가 큰 가뭄을 만나면 모든 노력이 허사가 된다 하여 모내기법을 위험한 방도라고 말한다. 그러나 여기에는 그렇지 않은 점이 있다. 무릇 벼를 심는 논에는 물을 끌어들일 수 있는 하천이나 저수지가 꼭 필요하다. 이러한 것이 없다면 벼논이 아니다. 벼논이 아닌 곳에서 가뭄을 우려한다면 어찌 유독 모내기법에 대해서만 그렇다고 하는가.

  -『임원경제지』-

  [해설] 모내기법(이앙법)의 장점 세 가지에 대한 설명이다.

- 대개 이 농법을 귀중하게 여기는 이유는 다음과 같다. 두 땅의 힘으로 하나의 모를 서로 기르는 것이고, …(중략)… 옛 흙을 떠나 새 흙으로 가서 고갱이를 씻어 내어 더러운 것을 제거하는 것이다. 무릇 벼를 심는 논에는 물을 끌어들일 수 있는 하천이나 물을 댈 수 있는 저수지가 꼭 필요하다. 이러한 것이 없다면 볏논이 아니다.

  -『임원경제지』-

  [해설] 주어진 자료 속 밑줄 친 '이 농법'은 조선 후기에 전국으로 널리 확산된 모내기법(이앙법)을 가리킨다.

- 광작을 하여 수확을 증대시켰고, 그 수확물을 장시에 내다 팔았다. [회16] □
  - 양반 지주들은 소작지의 면적을 줄이고 노비나 머슴을 고용하여 직접 농지를 경영하였다. [회16] □
  - 광작(廣作)이 성행하게 되었는데, 광작은 지주도 할 수 있고, 병작인도 할 수 있었다. [회15] □
  - 광작(廣作)의 성행 [회14] □

  [해설] 양반 지주들은 소작지의 면적을 줄이고 노비나 머슴을 고용하여 직접 농지를 경영하였다. 이앙법 보급으로 인하여 노동력이 절감되었고, 이에 따라 양반 지주들에 의한 광작이 행해졌음을 보여준다.

- [조선 후기] 쌀의 상품화가 활발해지면서 밭을 논으로 바꾸는 현상이 증가하였다. [회15] □
  - 쌀의 상품화가 활발하여 쌀의 수요가 늘면서 밭을 논으로 바꾸는 현상이 늘어났다. [기11] □
  - 쌀의 수요가 늘면서 밭을 논으로 바꾸는 현상이 활발하였다. [국11] □
  - 상품 작물 재배가 늘면서 쌀에 대한 수요가 줄었다[✗]. [법21] □
  - 쌀의 상품화로 밭을 논으로 만드는 농부 [법17] □

  [해설] 쌀의 수요가 늘면서 밭을 논으로 바꾸는 현상은 쌀의 상품화가 활발해진 조선 후기의 일이다. / 조선 후기에는 상품 작물 재배가 늘어났는데 그렇다고 하여 쌀에 대한 수요가 줄지는 않았다(별개의 문제). 오히려 쌀이 주곡이 되면서 밭을 논으로 만들만큼 쌀에 대한 수요는 늘어났다. / 쌀의 상품화로 (논을 넓히기 위하여) 밭을 논으로 만드는 농부는 조선 후기에 볼 수 있는 모습이다.

- [조선 후기 농촌 사회] 수리 시설의 발달* [회14] □

  [해설] 양 난을 거친 후 황폐한 농촌을 재건하려는 노력이 행해졌다. 국가에서는 외세의 침략과 극심한 한재로 인한 경제생활의 피폐를 극복하기 위해 농업생산과 밀접한 관련이 있는 수리 시설을 축조하고 보완하는 정책을 시행하였다. 현종 3년(1662)에 제언사(堤堰司)를 설치하고 『진휼제언사목(賑恤廳堤堰事目)』을 발표하여 중앙에서 파견된 관리와 지방관이 제언을 감독하도록 함으로써 수리 시설을 정비해갔다. 즉 제언 안의 토지를 궁방이 절수(折收)하거나 토호가 모경(冒耕)하는 것을 방지하고, 빈민들에게 곡식을 주면서 제언을 수축하도록 하는 빈민 구휼책 및 수리 시설 축조 정책을 실시하였다. 또한 각 도 도사(都事)에게 제언을 감독하는 임무를 맡겼으며, 아울러 낭청(郞廳)·암행어사(暗行御史) 등을 각 지역에 파견하여 제언을 조사하고 감독하도록 지시하기도 하였다. 제언을 통한 수리 정책은 정조 대에 이르러 꽃을 피웠다. 정조는 암행어사에게 제언

이 있는 지역을 함부로 훼손하여 경작하는 곳은 없는지, 혹은 제언이 잘 유지되는가를 살피라는 분부를 내리기도 하였다. 정조는 즉위한 지 2년 (1778) 만에 『제언절목(堤堰節目)』을 제정하고 나아가 22년(1798)에는 '구농서윤음(求農書綸音)'을 발표하여 농업 진흥책을 마련하도록 하였다. 『제언절목』은 왕실이나 세력가들이 제언 안에서 함부로 경작하는 것을 막기 위한 것이다. 그리고 '구농서윤음'에 응하여 당시 농촌 지식인들이 조정에 올린 글에는 저수지를 축조하는 기술 등이 기술되었다. 그 결과 18세기말 19세기 초가 되면 저수지가 많이 축조되어 3천 5백 개 이상에 달함으로써 조선 건국 이래 최고 수준에 이르게 되었다.

- [견종법] 고랑에 작물을 심도록 하였다. [국21] □
  - 밭농사에서 농업 생산력의 발전을 가져온 농법이었다. [국19] □
  - 밭농사에서는 견종법이 보급되었다. [국17①] □
  - 견종법의 확산(조선 후기) [법19] □

[해설] 고랑*에 작물을 심도록 한 것은 밭농사에서의 견종법이다(논농사의 모내기법과 관련 없음). 참고로 이전까지의 농종법에서는 이랑*에 파종하였다. 조선 후기에 이르러 밭농사에 견종법이 (확대) 시행됨으로써 밭농사에서 농업 생산력의 발전을 가져왔다.
*'고랑'은 두둑한 땅과 땅 사이에 길고 좁게 들어간 곳을 이르는 말이며, '이랑'은 그와 반대로 두둑한 땅과 땅 사이에 흙을 쌓아 올린 곳을 이르는 말이다.

■ 견종법의 확대 [국19] □

- ○ 작은 보습으로 이랑에다 고랑을 내는데, 너비 1척, 깊이 1척이다. 이렇게 한 이랑, 즉 1묘 마다 고랑 3개와 두둑 3개를 만들면, 두둑의 높이와 너비는 고랑의 깊이와 너비와 같아진다. 그 뒤 고랑에 거름 재를 두껍게 펴고, 구멍 뚫린 박에 조를 담고서 파종한다.

[해설] 주어진 자료는 밭을 갈아 이랑과 고랑을 만든 다음 고랑에 씨를 뿌려서 재배하는 견종법에 대한 것이다. 원래 자료에는 위에 하나의 자료가 더 있는데, 조선 후기에 활성화된 상품 작물의 재배와 관련된 것이다(정약용의 『경세유표』).

- 농업 생산력이 증대되고 도시 인구가 증가하였다. [법13] □

[해설] 조선 후기의 사회 모습을 묻는 문제로, 조선 후기의 농업 생산력과 도시 인구 추세에 대한 설명이다.

- 상품 화폐 경제의 발달로 쌀을 비롯하여 인삼, 면화, 고추 등의 상품 작물을 재배하였다. [회16] □
  - 대동법의 영향으로 상품 화폐 경제가 활발해졌고 담배, 인삼 등 상품 작물의 재배가 많아졌다. [경20②] □
  - 상업적 농업의 보급 [회14] □

[해설] 조선 후기에 이르러 상업적 농업, 즉 상품 작물[상업 작물] 재배가 널리 행해졌다.

- [담배] 인삼과 더불어 대표적인 상업 작물로 재배되었다. [국19] □
  - 면화, 담배 등 상품 직물을 재배하였다. [국17①] □
  - 인삼·담배 등의 상품 작물이 널리 재배되었다. [서17②] □
  - 담배, 인삼, 채소 등의 상품 작물을 널리 재배하였다. [기15] □
  - 일부 농민은 인삼, 담배, 채소, 면화 등과 같은 상품 작물을 재배해 높은 수익을 올렸다. [시13] □

[해설] 담배는 인삼과 더불어 대표적인 상업 작물로 재배되었다. / 조선 후기에는 장시가 발달하면서 인삼과 담배 등 시장에 내다 팔기 위한 상품 작물이 널리 재배되었다. 상품 작물의 재배하는 농가의 가계 수입이 증가하였다.

- [고구마] 『감저보』, 『감저신보』에서 재배법을 기술하였다.* [국19] □

[해설] 『감저보』, 『감저신보』는 모두 고구마의 재배법에 관한 책이다. 참고로, 『감저보』는 강필리(1713~?)가 저술한 것이고(1766, 영조 42), 『감저신보』는 김장순(?~?)이 편찬한 책이다(1813, 순조 13).

■ 상품 작물의 재배 [국19] [법23] [법14] [회16] [소19①]

- "서도 지방 담배, 한산 모시, 전주 생강, 강진 고구마, 황주 지황 밭에서의 수확은 모두 상상등전의 논에서 나는 수확의 10배에 이른다."
  - 정약용, 『경세유표』 -

[해설] 조선 후기에 등장한 상품 작물 재배와 관련된 것임을 알 수 있다. 각 지방의 다양한 상품 작물들이 차례로 제시되어 있다. 상품 작물 재배가 높은 수익[수익률]을 가져다줌을 말하고 있다.

- O 서울 안팎과 번화한 큰 도시에 파·마늘·배추·오이 밭 따위는 10묘의 땅에서 얻은 수확이 돈 수만을 헤아리게 된다. 서도 지방의 담배 밭, 북도 지방의 삼밭, 한산의 모시밭, 전주의 생강 밭, 강진의 고구마 밭, 황주의 지황 밭에서의 수확은 모두 상상등전(上上等田)의 논에서 나는 수확보다 그 이익이 10배에 이른다.

[해설] 주어진 자료는 조선 후기에 활성화된 상품 작물의 재배와 관련된 것이다. 원래 자료에는 아래에 하나의 자료가 더 있는데 견종법에 대한 것이다. 주어진 자료는 정약용의 『경세유표』에 나온다(1817, 순조 17).

- 밭에 심는 것은 9곡(九穀)뿐이 아니라 모시, 오이, 배추, 도라지 등의 농사를 잘 지으면 조그만 밭이라도 얻는 이익이 헤아릴 수 없이 크다. 한성 내외의 읍과 도회지의 파밭, 마늘밭, 배추밭, 오이밭에서는 10무(畝)의 땅으로 많은 돈을 번다. 서쪽 지방의 담배밭, 북쪽 지방의 삼밭[麻田], 한산 지방의 모시밭, 전주의 생강밭, 강진의 고구마밭, 황주의 지황밭은 모두 다 논 상상등(上上等)보다 그 이익이 10배에 달한다.
  - 『경세유표』 -

[해설] 주어진 자료는 상품 작물 재배가 성행하였던 조선 후기의 경제 상황에 대한 내용이다.

- 폐를 끼치는 것으로는 담배만한 것이 없습니다. 추위를 막지도 못하고 요깃거리도 못 되면서 심는 땅은 반드시 기름져야 하고 흙을 덮고 김매는 수고는 대단히 많이 드니 어찌 낭비가 아니겠습니까? 그리고 장사치들이 왕래하며 팔고 있어 이에 쓰는 돈이 적지 않습니다. 조정에서 전황(錢荒)에 대해 걱정하고 있는데, 그 근원을 따져 보면 여기에서 비롯된 것이 아니라고는 장담할 수 없습니다. 만약 담배 재배를 철저히 금한다면 곡물을 산출하는 땅이 더욱 늘어나고 농사에 힘쓰는 백성들이 더욱 많아질 것입니다.

[해설] 담배를 상품 작물로 재배하기 시작한 것은 조선 후기의 일이다. 주어진 자료는 '금군 김경증의 소회[생각]'로 나오는 내용이다[『일성록』 정조 10년 (1786) 1월 22일 기사]. 참고로 『정조실록』 권50 정조 22년(1798) 11월 기사에는 '농서를 권장하고 농서를 구하는 구언 전지(求言傳旨)에 대한 배의 등 27명의 상소문'이 올라와 있는데 상소문을 올린 이들은 모두 담배의 재배[경작]가 곡식의 생산을 줄인다며 반대하였다. 이에 대해 정조는 이로운 점과 해로운 점이 엇비슷하다는 이유로 유보하는 식의 비답(批答)을 내렸다. 참고로 성호 이익(1681~1764)은 담배를 피울 때의 이로운 점 다섯 가지와 해로운 점 열 가지를 언급한 후 이로움보다는 해로움이 더 많다고 하면서 담배[연초]의 폐해를 주장한 바 있다(『성호사설』).

- 이른 새벽 보슬비에 담배 심기 참 좋다네
  담배 모종 옮겨다가 울 밑 밭에 심어 보세
  금년 봄엔 가꾸는 법 영양법을 배워 들여
  황금 같은 잎담배를 팔아 일 년 살아보세

[해설] 17세기 이후 재배되기 시작한 담배에 대한 시(詩)임을 짐작할 수 있다. 실제로 이 시는 다산 정약용(1762~1836)이 지은 '장기 농가(長鬐農歌)'라는 연시 중의 하나이다.

- 병작지를 얻기 어려워진 농민들은 도시로 옮겨가 상공업에 종사하거나 임노동자가 되었다. [회15]

[해설] 광작과 상품 작물의 재배로 농민들 간에 경제적 격차가 발생하였다. 즉 부유해진 일부 농민들과 부를 축적하지 못한 대다수 농민들로 분화되었는데 후자는 토지를 잃고 도시의 임노동자가 되거나 영세 상인으로 전락하였다.

- 일부 지방에서 도조법으로 지대를 납부하였다. [국17①]
  └ 지주에 대한 지대 납부 방식이 타조법에서 도조법으로 바뀌어 갔다. [서13]
  └ 새로운 지대 관행으로 일정 액수를 지대로 납부하는 도조법이 확산되어 갔다. [회15]

┗정률 제도인 타조법으로 지대 납부 방식이 바뀌어 갔다[x]. [기14] ☐

┗지대 납부 방식이 타조법으로 바뀌었다[x]. [법21] ☐

┗도조법의 유행(조선 후기) [법19] ☐

[해설] 조선 후기에 이르러 정해진 액수의 지대를 납부하는 도조법(賭租法)이 일부 지역에서 실시되었다[정액 지대(제)]. 도조법은 정률 제도인 타조법(打租法)*에 비해 소작인에게 유리하였다. / 조선 후기에 지주권이 약해지고 전호권이 성장하면서 정해진 비율의 지대(대체로 절반)를 내던 타조법에서 일정 금액의 지대를 내는 도조법으로 점점 바뀌어 갔다.

*타조법(打租法): 고려 시대부터 행하여진 병작반수 계통의 지대로, 일종의 정률 지대(제)이다. 그 비율은 대체로 수확물의 1/2이었다.

2 수공업과 광업의 발달

• 상인 자본이 장인에게 돈을 대는 선대제가 성행하였다. [법21] ☐

┗수공업에서 자금과 원자재를 미리 받아 제품을 만드는 선대제가 활발해졌다. [서13] ☐

┗상인들의 자금과 원료를 미리 받아 제품을 생산하는 선대제가 성행하였다. [기12] ☐

┗정부 자본의 통제를 받는 선대제 수공업이 발달하였다[x]. [기14] ☐

[해설] 조선 후기에 민간 수공업이 발달하면서 자금과 원자재를 상인에게 미리 받아 물건을 만드는 선대제(先貸制)가 활발하였다(선대제 수공업). / 정부 자본의 통제를 받는 관영 수공업은 쇠퇴하고 공인이나 상인으로부터 자본과 원료를 받는 선대제 수공업이 발달하였다. 철기와 유기 분야에서는 독립(자영) 수공업자도 등장하였다.

• [조선 후기 광업] 자본과 경영이 분리된 생산 방식이었다. [서20] ☐

┗청과의 무역으로 민간인의 광산 채굴을 허용하였다. [서20] ☐

┗17세기 이후 민간인의 광산 채굴을 허용하였다. [서20] ☐

┗민간업자가 광산 경영에 참여하여 부를 누리기도 하였다. [법15] ☐

┗정부의 통제 정책으로 잠채가 사라졌다[x]. [서20] ☐

┗정부의 적극적인 광산 개발 정책에 따라 18세기 중엽부터는 잠채 현상이 사라졌다[x]. [경16②] ☐

[해설] 조선 후기에 광산 경영에서 덕대제(德大制)가 등장했는데, 이는 자본(물주)과 경영(덕대나 혈주)이 분리된 생산 방식이었다. / 청과의 무역으로 은의 수요가 증가하였다(은 생산 및 유통 활발). / 17세기 이후 민간인의 광산 채굴을 허용하였다. 광산에 '점(店)'을 설치할 수 있게 하고 그에 따른 세금을 징수하였다[설점수세제, 1651(효종 2)]. / 민간업자가 광산 경영에 참여하여 부를 쌓기도 하였다. / 조선 후기에 이르러 정부가 적극적인 광산 개발 정책을 펼치자[설점수세(제)(1651, 효종 2), 수령수세(제)(1775, 영조 51) 등] 불법적인 잠채(潛採)가 성행하게 되었다. 잠채란 광물을 몰래 채굴하거나 채취하는 행위를 말한다.

• [광업] ㉠: 연은분리법(회취법)이라 부른다.* [기17] ☐

┗㉡: 단천(端川) 은광이 대표적이다. [기17] ☐

┗㉢: 사행 무역, 개시·후시 무역의 방식이 있었다. [기17] ☐

┗㉣: 정부가 농민을 역에 동원하여 채굴하는 방식이다[x]. [기17] ☐

[해설] 관련 자료(조선 시대 광업의 발달) 참조. / 연은분리법(鉛銀分離法) 또는 단천연은법(端川鍊銀法)은 16세기 초 연산군 대에 고안된 것으로, 금속의 녹는점을 이용해 은광석에서 순수 은을 추출하는 기술이다. 은광석과 납을 섞어 태워 혼합물을 만든 뒤 이것을 다시 가열해 녹는점이 낮은 납은 재에 스며들고 순수한 은만 남게 하는 방식이다. 당시 조선 최대의 은광이 있던 함경도 단천 은광에서 개발되었다. / 사행 무역, 개시·후시 무역에 대해서는 관련 선지 해설 참조. / 17세기 이후인 조선 후기에 이르러 정부가 농민을 역에 동원하여 채굴하는 방식이 아니라 광산 시설을 설치한 후 민간에게 경영을 맡기고 대신 채취한 광물을 수세하는 설점수세 방식이 도입되었다(1651, 효종 2). 그러다가 숙종 때는 다시 호조의 별장이 광산 경영을 지휘 감독[별장제]하다가(1687, 숙종 13) 영조 때에는 이러한 별장제를 폐지하고 수령이 직접 수세하는 수령 수세제가 도입되었다(1775, 영조 51). 이때의 광산 경영은 물주가 시설과 자금을 대고 덕대(德大)나 혈주(穴主)가 전문적으로 경영하는 형태였다(광군과 제련 노동자들을 고용하여 채굴·제련). 요컨대 조선 후기에 이르러 민영 광산이 크게 증가하였다.

■ 조선 시대 광업의 발달 [기17]

㉠ 조선 전기에는 은을 제련하는 획기적인 기술이 개발되었다. 그러나 ㉡ 조선의 은광 개발이 본격화된 것은 17세기 이후 ㉢ 청과의 무역에서 은의 수요가 늘어나면서부터였다. ㉣ 이 시기 조선의 광산 개발에서는 근대적 생산 방식이 나타나고 있었다.

[해설] 관련 선지 및 해설 참조

- [효종] 민간의 광산 개발 참여를 허용하는 설점수세제를 처음 실시하였다. [국18]
  └덕대가 노동자를 고용하여 광산을 개발하기도 하였다(효종 이후). [지11①]
  └광산 경영 방식에서 덕대제가 유행하기 시작하였다(조선 후기). [국24]
  └덕대가 상인 물주에게 자본을 조달받아 광물을 채굴하고 제련하는 것이 일반적이었다. [기11]
  └정부에서 덕대를 직접 고용해 광산 개발을 주도하였다[✗]. [법21]

[해설] 설점수세제를 처음 실시한 것은 효종 대(재위 1649-1659)의 일이다(1651, 효종 2). 참고로 숙종 대에 별장제(1687, 숙종 13)가 시행되었으며, 영조 대에는 별장제가 폐지되고 수령이 직접 수세하는 수령수세제(1775, 영조 51)가 시행되었다. / 설점수세제의 실시로 민간이 금광이나 은광을 경영할 수 있게 되자 경영 전문가인 덕대(德大)가 물주(物主)에게 자본을 조달받아 채굴업자, 채굴노동자, 제련 노동자 등을 고용하여 광물을 채굴하는 방식이 나타났다(민영 광산의 증가). / 덕대(德大)는 일종의 광산 전문 경영자로 광주(鑛主)와 계약을 맺고 덕대 자신의 책산으로 광업을 경영하였다. / 조선 후기 광업에서 전문 경영자인 덕대[또는 혈주(穴主)]를 고용한 자는 (정부가 아니라) 자본주인 (상인) 물주이다. 물주가 시설과 자금을 댔다.

- 금광·은광을 몰래 개발하는 잠채가 번창하였다. [서17②]

[해설] 조선 후기에는 사채(私採)를 허용하였는데 광산 개발의 이득이 컸기 때문에 몰래 개발하는 잠채(潛採)가 성행하였다.

■ 조선 후기의 광산[금광] 개발 [국17①]

황해도 관찰사의 보고에 따르면, 수안군에는 본래 금광이 다섯 곳이 있었다. 올해 여름에 새로 39개소의 금혈을 뚫었는데, 550여 명의 광꾼들이 모여들었다. 도내의 무뢰배들이 농사를 짓지 않고 다투어 모여들 뿐만 아니라 다른 지방에서 이익을 쫓는 무리들도 소문을 듣고 몰려온다. …(중략)… 금점을 설치한 지 이미 여러 해가 된 곳에는 촌락이 즐비하고 상인들이 물품을 유통시켜 큰 도회지를 이루고 있다.

[해설] 수안군의 '금광', '금혈', '금점' 등의 말을 통해 제시된 자료는 조선 후기에 활성화된 광산 개발과 관련된 내용임을 알 수 있다[『비변사등록』 188책 정조 22년(1798) 7월 기사]. 조선 전기에는 부역을 동원하여 광산을 개발하였으나 후기에는 민간인에게 광물 채굴권을 주고 세금을 받는 형태로 운영되었다.

3 상업 발달과 화폐 유통

- [조선 후기 경제의 발달] 지방에서 물물교환의 장소로 장시가 처음 등장하였다[✗]. [회18]
  └공인과 사상 등의 활동이 두드러지면서 상품 유통이 활성화되었다. [회18]
  └장시가 전국적으로 확산되고, 상공업 발달로 화폐가 전국적으로 유통되었다. [기12]
  └지방민의 교역 장소로 장시가 정기적으로 열렸으며, 보부상들이 장시들을 하나의 유통망으로 연결시키는 역할을 담당하였다. [회20]

[해설] 지방에서 물물교환의 장소로 장시가 처음 등장한 것은 조선 초기의 일이다. 처음에는 한성 부근에서 시작되었다가 점차 지방으로 확산되었다. 조선 후기에 이르러 정시로 열리는 장시의 수가 크게 늘어나고 상품 유통도 전국적으로 활성화되었다. / [기12] 숙종 8년인 1682년에 발행된 상평통보가 이후 전국적으로 유통되기 시작하였다.

- 전국적으로 발달한 장시를 토대로 한 사상들이 성장하였다. [국12] ☐
  - 사상의 활동은 개성, 평양, 의주, 동래 등 지방 도시에서도 활발하였다. [지11①] ☐

[해설] 조선 후기에는 전국적으로 발달한 장시를 토대로 개성, 평양, 의주 등에 사상(거상)들이 성장하였다. / 사상의 활동은 칠패나 송파 등 도성 주변에서 이루어졌으나 개성, 평양, 의주, 동래 등 지방에서도 활발하였다. 조선 후기의 대표 사상으로 한성의 경강상인, 개경의 송상, 평양의 유상, 의주의 만상, 동해의 내상 등이 있었다.

- 특정 상품들을 독점 판매하는 도고 상업이 성행하였다. [국12] ☐
  - 도고라 불리는 독점적 도매상인이 활동하였다. [서17②] ☐
  - 상업 자본가로 성장한 도매상인인 도고들은 자본을 바탕으로 상품을 독점하여 부를 축적하였다. [회20] ☐

[해설] 특정 상품을 독점 판매하는 도고 상업은 대규모 자본을 이용해 많은 이윤을 남기면서 조선 후기에 성행하였다. / 대동법의 시행으로 공인(貢人)이 등장하여 독점적 도매상인인 도고(都賈)로 성장하였다.

■ 조선 후기의 도고(「허생전」) [국12] [법21] ☐

- "내 조금 시험해 볼 일이 있어 그대에게 만 금(萬金)을 빌리러 왔소." 하였다. 변씨는 "그러시오"하고 곧 만 금을 내주었다. …… 대추, 밤, 감, 배, 석류, 귤, 유자 등의 과실을 모두 두 배 값으로 사서 저장하였다. 허생이 과실을 몽땅 사들이자 온 나라가 잔치나 제사를 치르지 못하게 되었다. 그런지 얼마 아니 되어서 두 배 값을 받은 장사꾼들이 도리어 열 배의 값을 치렀다.

[해설] 주어진 자료는 연암 박지원(1737~1805)의 한문 단편 소설인 「허생전」이다(저술 연대 미상, 1880년대 전후 추정). 「허생전」은 독서만 일삼던 가난한 선비가 굶주림에 지친 처로 말미암아 가출한 후, 이름난 부자를 찾아가서 돈을 빌리고 그 돈을 크게 불려서 부자에게 모두 주고 자신은 빈손으로 귀가한다는 내용을 담고 있다. 하지만 이는 표면적 줄거리이고, 그 과정에서 조선 후기 사회가 안고 있는 정치, 경제, 사회, 외교 등의 문제점을 허생이라는 선구적 안목을 지닌 지식인을 통해 비판함과 아울러 조선 후기 사회가 나아가야 할 방향을 제시한 작품이다. 박지원의 실학사상 특히 이용후생에 대한 관심이 가장 잘 함축되어 있는 작품으로 평가받고 있다.

- 허생은 안성의 한 주막에 자리 잡고서 밤, 대추, 감, 귤 등의 과일을 모두 값을 배로 주고 사들였다. 그가 과일을 도고하자, 온 나라가 제사나 잔치를 치르지 못할 지경에 이르렀다. 따라서 과일값은 크게 폭등하였다. 그는 이에 10배의 값으로 과일을 되팔았다. 이어서 그는 그 돈으로 곧 호미, 삼베, 명주 등을 사 가지고 제주도로 들어가 말총을 모두 사들였다. 말총은 망건의 재료였다. 얼마 되지 않아 망건 값이 10배나 올랐다. 이렇게 하여 그는 50만 냥에 이르는 큰돈을 벌었다.

[해설] '허생'이 주인공인 것으로 보아 연암 박지원의 『허생전』임을 알 수 있다. '도고', '10배의 값으로 되팔았다', '말총을 모두 사들였다', '망건 값이 10배나 올랐다'라는 내용들은 조선 후기에 등장한 독점적 도매상인인 도고 와 관련된 설명이다.

- [시전] 국역의 형태로 궁중과 관청에 필요한 물품을 조달할 의무가 있었다. [지12①] ☐
  - 시전은 보부상을 관장하여 독점 판매의 혜택을 오래 누렸다[×]. [지12①] ☐

[해설] 시전 상인은 왕실이나 관청에 물품을 공급하고 특정 상품에 대한 독점 판매권을 부여받은 (어용)상인으로, 허가 받지 않은 난전 상인을 억제하였다. 보부상은 관허 상인으로 지방의 장시를 돌며 이득을 취하였으며 시전 상인, 공인(貢人)과 마찬가지로 금난전권이라는 독점적 특권을 받았다.

- [정조] 신해통공이 시행되었다. [지21] ☐
  - 신해통공이 단행되었다. [경21②] ☐
  - 신해통공을 단행해 상업 활동의 자유를 확대하였다. [지16②] ☐
  - 상공업을 진흥시키기 위해 통공 정책을 단행하였다. [서23] ☐
  - 통공 정책을 실시하여 자유로운 상업 활동의 범위를 확대하였다. [경20①] ☐

┗통공 정책을 실시하였다. [기12] □

┗㉣은 국가의 재정 확보를 위한 것이다. [기12] □

┗신해통공 [회19] □

[해설] 신해통공을 단행하여 육의전을 제외한 시전 상인의 금난전권을 폐지하고 상업 활동의 자유를 확대한 왕은 정조이다(1791. 정조 15). / [기12]의 ㉣은 통공 정책 실시를 가리킴(바로 위 선지).

• [정조] 금난전권을 제한하려는 통공 정책이 시작되었다. [국20] □

┗신해통공을 반포하여 육의전의 금난전권을 폐지하였다[✗]. [국19] □

┗신해통공으로 육의전의 금난전권이 폐지되었다[✗]. [지12①] □

┗신해통공으로 금난전권을 폐지하였다. [국17①] □

┗신해통공으로 육주비전(육의전)을 제외한 나머지 시전 상인의 금난전권을 철폐하였다. [회18] □

┗정조 때 신해통공을 통해 모든 시전이 가진 금난전권의 특권을 없애고 모든 상품의 자유로운 판매를 허용하였다[✗]. [회20] □

┗육의전을 제외한 시전 상인의 금난전권을 폐지하여 사상(私商)의 자유로운 시장 활동을 어느 정도 가능케 했다. [경19②] □

┗육의전을 제외한 시전 상인의 특권을 폐지하였다. [국14] □

┗육의전을 제외한 시전 상인들의 금난전권을 철폐하였다. [법24] □

┗육의전을 비롯한 시전의 금난전권이 철폐되었다[✗]. [지11②] □

┗시전 상인의 금난전권을 제한하였다. [국13] □

┗시전 상인들의 금난전권을 없앴다. [법14] □

┗㉠은/는 금난전권을 폐지하였다. [경20②] □

┗금난전권 폐지를 반기는 상인 [지14②] □

[해설] 시전 상인들의 특권인 금난전권(禁亂廛權)*을 제한하려는 통공 정책, 즉 신해통공이 시행된 것은 조선 정조 15년인 1791년의 일이다. 신해통공의 반포로 '육의전 외' 시전 상인의 금난전권이 폐지되었다. 즉 육의전의 금난전권은 그대로 인정되었다(주의). 신해통공으로 육의전을 제외한 시전의 금난전권을 폐지함으로써 정조는 (사상들의) 자유로운 상행위를 보장하고자 하였다. / [회20] 육의전이 취급하는 상품(비단, 명주, 무명, 모시, 종이, 어물)은 제외되어야 하기에 '모든 상품의 자유로운 판매'라는 부분은 잘못되었다('모든 시전이 가진 금난전권의 특권을 없애고'도 잘못).

*금난전권(禁亂廛權): 시전이 정부에 국역을 지는 대신 얻어낸 독점적 특권이다. 금난전권을 통해 시전은 조선 후기에 이르러 새로이 성장하는 비시전계 상인인 난전 또는 사상(私商)과의 경쟁을 배제하고 이윤을 독점할 수 있었다(정부로는 세수입 증대에 기여). 금난전권의 성립 시기는 17세기 초로 보는 견해가 지금까지 일반적이었으나, 최근 17세기 후반으로 보는 견해가 제기되었다. 금난전권은 시전 상인들이 자체적으로 시안(市案)에 등록되지 않은 난전에 대해 난전물을 압수하는 속공권(屬公權)과 난전인을 체포, 구금하는 착납권(捉納權)으로 구성되었다. 처음에는 몇몇 시전에 대한 특별한 권리로 주어졌고 권리 내용도 시전마다 달랐으나, 18세기 전반 시전이 늘어나면서 시안에 등록된 모든 시전에 주어지는 일반적인 권리로 주어졌다.

■ 신해통공 [지14①] [서20] [경19①] □

• 채제공이 아뢰기를, "평시서로 하여금 30년 이내에 신설된 시전을 모두 혁파하게 하십시오, 형조와 한성부에 분부하여 육의전 이외에는 금난전권을 행사하지 못하게 하십시오."라고 하니, 왕이 허락하였다.

[해설] 주어진 자료 속 밑줄 친 '왕'은 조선의 제22대 왕인 정조(재위 1776-1800)임을 알 수 있다[『정조실록』권32 정조 15년(1791) 1월 '저자의 백성들에게 육전 이외에서도 매매할 수 있도록 허락하다.']. 자료에 나온 조치는 정조 15년인 1791년에 단행된 신해통공이다. 번암 채제공(1720~1799)은 정조 대의 중신으로, 남인의 영수이자 시파이다.

• 백성들이 육전[육의전(六矣廛)] 이외에는 허가받은 시전 상인들과 같이 장사를 할 수 있도록 하셨다. 채제공이 아뢰기를, "(전략) 마땅히 평시서(平市署)로 하여금 20, 30년 사이에 새로 벌인 영세한 가게 이름을 조사해 내어 모조리 없애도록 하고, 형조와 한성부에 분부하여 육전이 아니라면 난전이라 하여 잡혀 오는 자들을 처벌하지 말도록 할 뿐만 아니라 잡

아 온 자를 처벌하시면, 장사하는 사람들은 서로 매매하는 이익이 있을 것이고 백성들도 가난에 대한 걱정이 없어질 것입니다. 그 원망은 신이 스스로 감당하겠습니다."라고 하니 왕께서 따랐다.

[해설] <보기>의 정책은 조선 정조 15년인 1791년에 단행된 신해통공이다(위 자료와 출처 동일).

- 내가 장단 적소에 있을 때 해서 면포 상인의 왕래가 끊이지 않은 것을 보았는데 길 가는 사람들이 통공 발매의 효과라 하였다. 작년 겨울 서울의 면포 가격이 이 때문에 등귀하지 않아 서울 사람들이 생업을 즐길 수 있게 되었다.

[해설] '통공 발매의 효과', '서울의 면포 가격이 등귀하지 않아 생업을 즐길 수 있게 되었다'는 조선 후기 정조가 시행한 신해통공(1791)과 관련된 내용이다. 출처는 채제공(1720~1799)의 시문집 『번암집』이다. 정조 15년(1791) 11월(양력 12월)에 일어난 '진산 사건(신해박해)' 때 천주교[서학] 신봉자(신서파)를 옹호한다는 이유로 공서파(攻西派)의 탄핵을 받아 파직되고 경기도 장단에 유배되었을 때의 기록이다(1792, 정조 16). 공서파에 대해서는 주제 43의 관련 해설 참조

- 십전통보가 주조되어 유통되었다.* [기19] □
  └십전통보* [서23] □

[해설] 십전통보가 처음 주조된 것은 조선 후기인 1646년경(인조 24) 개성 지방에서이다. 이를 효종 2년인 1651년에 우의정 한흥일(1587~1651)의 건의에 따라 유통이 허락되었다(십전의 액면가로 통용). 오늘날 화폐는 철저히 국가에서만 발행하지만 당시 조선 시대에는 주전소가 전국 수십 군데를 헤아릴 정도로 제각각이었다. 효종 대에 이러한 민간의 사주전(私鑄錢)을 허락해준 것이다. 또 이때 행전사목(行錢事目)을 제정·실시하여 백성들이 동전 50문씩 지니고 다닐 것을 의무화하였다. 하지만 계속적인 유통에는 실패하였다. 다시 유통되기 시작한 것은 정조 이후의 일이다.

- 18세기 후반부터 세금과 지대도 동전으로 대납할 수 있도록 하였다. [회18] □

[해설] 18세기 후반에는 화폐의 유통이 활성화되면서(특히 상평통보) 세금과 지대도 동전으로 대납할 수 있게 되었다[조세의 금납화] [지대의 금납화].

- [조선 후기의 동전 유통 실태] 숙종 대, 동전이 전국적으로 유통되었다. [지13] □
  └숙종 이후 전국적으로 유통된 동전은 교환 수단으로 뿐만 아니라 재산 축적의 수단으로 여겨져 동전의 부족 현상인 전황이 발생하기도 하였다. [회20] □
  └18세기 전반, 동전 공급 부족으로 전황이 발생하였다. [지13] □
  └18세기 후반, 동전으로 세금이나 소작료를 납부하는 비중이 증가하였다. [지13] □

[해설] 인조 때 상평통보가 처음 주조되었지만(1633, 인조 11), 잘 유통되지 않다가 숙종 대에 이르러 전국적으로 널리 유통되기 시작하였다(1678, 숙종 4). / 18세기 전반에 지주나 대상인들이 화폐를 고리대나 재산 축적에 이용하면서 동전 부족 현상인 전황(錢荒)이 발생하였다. / 18세기 후반에는 동전의 사용이 활발해져 각종 세금이나 소작료를 동전으로 납부하는 경우가 많아졌다.

- [숙종] 상평통보를 발행하여 화폐 경제를 촉진하였다. [서19②] □
  └1678년 주조된 상평통보가 점차 전국적으로 유통되었으며, 환이나 어음 같은 신용 화폐도 사용되었다.* [경16②] □

[해설] 상평통보를 발행하여 화폐 경제를 촉진한 것은 조선 숙종 8년인 1682년의 일이다(주조 건의는 1678년). 참고로 이전인 인조 11년(1633)에도 상평통보를 발행한 적이 있으나 결과가 좋지 않아 발행을 중지한 일이 있다. / [경16②] 조선 후기(18세기)부터 (개성 상인을 중심으로) 어음(於音)이나 환(換) 같은 금융 방식이 널리 이용되었다(19세기에는 일반 상거래에 보편적으로 사용). 어음은 발행인의 신용에 기초하여 화폐 유통비를 절감하고 운영 자본금의 일시적 증식을 도모할 수 있는 신용 증서로 널리 사용되었다. 엽전 유통 지역에서 '엽전 어음'이 사용되었다.

- 상업 활동이 활발해지면서 삼한통보 등의 동전을 만들어 유통하였다[✗]. [국15] □
  └교환 경제의 발전은 해동통보를 비롯한 여러 화폐의 사용을 확산시켰다[✗]. [서13] □

[해설] 삼한통보는 고려 숙종 때 만들어진 화폐이다[주전도감, (1102, 숙종 7)]. 또 해동통보 역시 고려 숙종 때 발행된 화폐이다(1102, 숙종 7). 조선 후기 상업의 발달로 상평통보가 널리 유통되어 세금 및 소작료도 동전으로 납부하였다.

- 상업이 활성화되면서 선박을 이용한 운수업도 발전하였다. [국12] □
  └선상은 선박을 이용해서 각 지방의 물품을 거래하였다. [국15] □
  └선상의 활동으로 전국의 포구가 하나의 유통권으로 형성되어 갔다. [기13] □

[해설] 조선 후기에는 상업이 활성화되면서 선박을 이용한 운수업이 발달하여 선상, 객주와 거간 등이 포구에서 성장하였다. 특히 객주(客主)는 조선 후기의 사상도고(私商都賈)를 대표하는 상인 중 하나로, 물상객주, 보행객주, 여각 등이 있었다(관련 선지 및 해설 참조). 선상(船商)은 선박을 이용해서 각 지방의 물품을 거래하였다. 한강을 근거지로 서남 연해안을 오가며 미곡, 소금 등을 거래한 경강상인이 대표적이다. 선상의 활약으로 전국 각지의 포구가 하나의 유통권을 형성해 갔다. / 선상은 말 그대로 배를 이용하는 상인이다. 배를 이용해 각 지방의 물품을 구입하고, 구입한 물건을 포구에서 처리하던 상인이다. 그중에서도 한강을 중심으로 교역 활동을 하던 경강상인이 대표적인 선상이었다. 이들은 한강을 근거지로 하여 주로 서남 연해안을 오가며 미곡·소금·어물 등을 거래하였다.

- [조선 후기 포구] 강경, 원산 등이 상업 중심지로 성장하였다.* [국15] □

[해설] 이전에 포구는 주로 세곡을 운반하고 보관하는 역할을 하였으나 조선 후기에 이르러 상업 활동이 활발해지면서 상업의 중심지로 성장하였다. 칠성포, 강경포, 원산포 등이 대표적이다.

- 포구에 객주나 여각이 크게 발달하였다(조선 후기). [지14①] □
  └포구가 새로운 상업 중심지로 되었고, 포구에서의 상거래는 장시보다 규모가 컸다. [경15②] □
  └포구를 거점으로 상업 활동을 하는 상인으로 선상, 객주, 여각 등이 있었다. [회18] □
  └포구에서 상품 매매를 중개하며 성장한 덕대 [X] [법20] □
  └포구에서 물품을 거래하는 객주 [법14] □

[해설] 조선 후기에 이르러 포구(浦口)가 상업 중심지로 크게 성장하여 객주와 거간 등과 같은 중간 상인이 발달하였다(포구에서의 상거래 발달). / 물자의 집산지, 유통 중심지인 포구에서는 객주(와 여각), 거간(중개인), 선상 등이 활동하였다. 이들에 의해 도매업, 창고업, 위탁 판매업, 숙박업, 운송업, 어음 발행과 같은 금융업이 포구(와 지방의 큰 장시)를 중심으로 발달하였다. 개항 후 무역업의 발달과 상회사 설립으로 이어졌다. / [법20] (조선 후기에) 포구에서 상품 매매를 중개하며 성장한 이들은 '덕대'가 아니라 '객주(또는 거간)'이다. 덕대(혹은 혈주)는 광산의 전문 경영자이다.

■ 조선 후기 포구의 성장 [국15] □

배에 물건을 싣고 오가면서 장사하는 장사꾼은 반드시 강과 바다가 이어지는 곳에서 이득을 얻는다. 전라도 나주의 영산포, 영광의 법성포, 흥덕의 사진포, 전주의 사탄은 비록 작은 강이나 모두 바닷물이 통하므로 장삿배가 모인다. …(중략)… 그리하여 큰 배와 작은 배가 밤낮으로 포구에 줄을 서고 있다. -『비변사등록』-

[해설] '전라도 나주의 영산포, 영광의 법성포' 등등이 제시되어 있고, '큰 배와 작은 배가 밤낮으로 포구에 줄을 서고 있다'는 부분이 나와 있다. 이를 통해 포구가 발달한 조선 후기의 상황임을 알 수 있다.

- 지방 장시의 객주와 여각은 상품의 매매뿐 아니라 숙박·창고·운송 업무까지 운영하였다(조선 후기). [지17①] □
  └객주나 여각은 주로 포구에서 상품의 매매를 중개하고, 부수적으로 운송, 보관, 숙박, 금융 등의 영업도 하였다. [경15②] □
  └객주나 여각은 상품의 매매를 중개하고, 숙박, 금융 등의 영업도 하였다. [국15] □
  └객주나 여각을 중심으로 금융업, 운송업 등이 발달하였다. [기14] □
  └객주의 물건 독점으로 제사 물품 준비에 한숨 쉬는 아낙네 [법17] □

[해설] 지방 장시의 객주(와 여각)의 활동이 활발해진 시기는 포구를 중심으로 한 상업이 발달한 조선 후기이다. 특히 객주는 조선 후기의 사상도고(私商都賈)를 대표하는 상인 중 하나로, 여각((旅閣)), 여객주인(旅客主人), 선주인(船主人) 등으로도 불렸다(취급하는 분야에 따라 객주를 물상객주, 보행객주, 여각 등으로 나눔). 여각은 여객주인을 달리 부르던 말로, 선상 및 보부상 등의 상인들 사이에서 상품의 보관 및 전달 등을 담당하는 한편, 숙박시설을 제공하였다(즉 '객주=여각=여객주인'). / 객주(와 여각)는 지방 선상들의 상품을 위탁받아 매매를 중개하고 운송, 숙박, 금융업도 부수적으로 겸하였다. / 객주의 물건 독점으로 제사 물품 준비에 한숨 쉬는 아낙네는 조선 후기에 볼 수 있는 모습이다.

■ **객주와 여각의 발달** [기11] ☐

객주나 여각은 각 지방의 선상이 물화를 싣고 포구에 들어오면 그 상품의 매매를 중개하고, 부수적으로 운송, 보관, 숙박, 금융 등의 영업도 하였다. 객주와 여각은 지방의 큰 장시에도 있었다.

[해설] 객주와 여각이 활발하게 활동한 시기는 조선 후기에 해당한다. 이들은 고려 시대부터 있었던 것으로 추측되나 조선 후기에 이르러 포구와 지방의 큰 장시를 중심으로 크게 발달[성장]하였다.

- 경강상인은 중강 후시나 책문 후시를 통해 청과의 사무역에 종사하였다[×]. [지15①] ☐

[해설] 경강상인은 한강을 근거지로 한 선상으로 서 한강과 서남 해안을 오가며 미곡, 소금, 어물을 운송 및 판매하여 이익을 얻었다. 중강 후시나 책문 후시를 통해 청과의 사무역에 종사한 거상은 의주 만상이다.

4 대외 무역

- 청(淸)과의 무역이 활발해지면서, 국경 지대를 중심으로 공적으로 허용된 무역인 개시와 사적인 무역인 후시가 이루어졌다. [경15②] ☐

└17세기 중엽 이후 국경 지대를 중심으로 공적으로 허용된 개시가 열렸는데, 중강 개시, 회령 개시, 경원 개시, 동래 개시가 있었다. [회20] ☐

└중강에서 후시가 열려 사무역이 이루어졌다. [기19] ☐

[해설] 청(淸)과의 무역이 활발해지면서, 국경 지대를 중심으로 공적으로 허용된 무역인 개시(開市)와 사적인 무역인 후시(後市)가 이루어졌다. / 중강에서 후시가 열려 사무역이 이루어진 것은 조선 후기의 일이다(양 난 이후).

- 청에서 수입하는 물품은 비단, 약재, 문방구 등이었고, 청으로 수출하는 물품은 은, 종이, 무명, 인삼 등이었다. [지15①] ☐

[해설] 대청 무역에서는 주로 비단, 약재, 문방구 등을 수입하고 은을 비롯하여 종이, 무명, 인삼 등을 수출하였다.

- 조선: 명과의 교류에서 중강 개시와 책문 후시가 전개되었다[×]. [국21] ☐

[해설] 중강 개시와 책문* 후시가 전개된 것은 (명이 아니라) 청과의 교류에서이다. 중강 개시와 책문 후시는 모두 조선 후기 대청 무역과 관련된 교역 장소[시장]로, 중강 개시는 의주의 대안인 중강(압록강의 난자도)에서 열렸던 공무역(관무역)('개시 무역'이라 함)이었고, 책문 후시는 만주의 책문(만주 구련성과 봉황성의 중간에 위치)에서 이루어지던 사무역('후시 무역'이라 함)을 가리킨다. 그리고 의주를 중심으로 활약한 만상(灣商)이 책문 후시를 통해 청과의 무역을 주도하였다.

*책문(柵門): 조선 후기 청(淸)과의 밀무역을 행하던 지명이다(책문 후시). 만주의 구련성(九連城)과 봉황성(鳳凰城) 사이에 위치하였으며 중강 후시(中江後市)가 혁파될 무렵인 현종 원년(1660)부터 청과 조선의 사신들이 내왕하는 기회를 이용하여 요동의 차호(車戸)와 의주·개성의 상인들 사이에 통상이 이루어지기 시작한 것에서 연유하였다.

- 조선 초기 – 개시 무역에 종사하여 많은 부를 축적하였다[×]. [지12①] ☐

[해설] 개시(開市)는 조선 후기에 중국과 일본을 상대로 한 대외 무역이다. 시기가 잘못되었다(조선 초기 ×). 북관 개시, 왜관 개시, 중강 개시 등이 있었다. 개성의 송상, 의주의 만상, 동래의 내상 등 개시 무역에 종사하여 많은 부를 축적한 신분 계층은 상민(층)이다.

- 국제 무역에서 사적인 무역이 허용되면서 상인이 무역 활동에 적극적으로 참여하였고, 특히 의주의 만상은 대일본 무역을 주도하였다[×]. [경16②] ☐

└국제 무역에서 사적인 무역이 허용되면서 상인이 무역 활동에 적극적으로 참여하였는데, 특히 내상(萊商)은 대중국 무역을 주도하면서 재화를 많이 축적하였다[×]. [경15②] ☐

[해설] 대일본 무역을 주도한 거상은 (의주의 만상이 아니라) 동래의 내상(萊商)이다. / 내상은 (대중국 무역이 아니라) 대일본 무역을 주도하면서 재화를 많이 축적하였다. 내상은 동래 상인이며, 왜관 개시를 통해 대일 무역에 종사하였다.

- [조선 후기] 개성의 송상은 전국에 송방(松房)이라는 지점을 개설해서 활동하였다. [지17①]

[해설] 개성의 송상(松商)이 전국에 송방(松房)이라는 지점을 개설한 때는 조선 후기이다. 참고로 조선 후기의 거상 중에는 평양을 거점으로 활동한 유상(柳商)도 있다.

- 17세기 이후 일본과의 관계가 정상화되면서 대일 무역이 활발하게 전개되었다. [지15①]

[해설] 17세기 이후 일본과의 관계가 정상화되면서 대일 무역이 활발해졌다. 일본에서 은, 구리, 황 등이 들어오고 인삼, 쌀, 무명 등이 수출되었다. 일본에서 들여온 은을 청에 수출하여 중간이득을 취하기도 하였다.

- 동래의 내상은 일본과의 사무역을 통해 거상으로 성장하기도 하였다. [지15①]

[해설] 대일 무역은 부산포에 설치된 왜관을 중심으로 전개되었다. 동래의 내상은 사무역을 통해 거상으로 성장하였다.

● 사진으로 보는 상품 화폐 경제의 발달

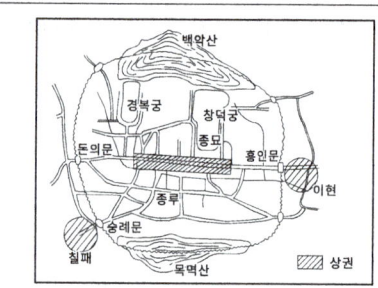
▲ 조선 후기 한성의 상권 [법17]

▲ 경직도 [법15]

▲ 상평통보 [법15]

[해설] [법17] 조선 시대 한성의 상권 지도. 종루와 이현, 칠패가 한성 내의 상권임이 표시되어 있다. 이들 지역에서 장사를 한 이들은 이른바 사상(私商)으로 금난전권을 가진 시전 상인과 대립하였다. 사상이 활발하게 활동한 조선 후기의 상황을 보여주고 있음을 알 수 있다

[해설] [법15] 농사와 잠직(누에 치고 비단 짜는 일)을 그린 풍속화인 경직도(耕織圖)이다. 조선 후기에 유행하였다

[해설] [법15] 상평통보. 조선 숙종 4년(1678)에 주조되어 이후 전국적으로 유통된 화폐이다.

주제 41 신분제의 동요와 향촌의 변화

1 신분제의 동요와 신분 상승을 위한 노력

- [조선 후기 신분제의 동요 원인] 납속의 혜택에 대하여 조사해본다. [법20] □
  - 공명첩을 구입한 사람들의 신분을 조사해본다. [법20] □
  - 전란으로 재정적 타격을 받은 정부가 납속책을 실시하고 공명첩을 발급함으로써, 서얼은 이를 이용하여 관직에 나아갈 수 있게 되었다. [경12①] □
  - 납속책 실시와 공명첩 발급 [기12] □
  - 선무군관포의 부과 대상에 대하여 조사해본다[×]. [법20] □
  - 서원 숫자의 변화를 조사해본다[×]. [법20] □

[해설] 신분 상승 방법으로는 족보 위조와 매입, 납속 및 공명첩*, 소청, 상소, 전공(戰功), 도망 등이 있었다. / 공명첩은 이른바 돈이나 곡식을 바치고 받았던 명예직 임명장으로, 임진왜란 이후 신분 상승 방법 중의 하나였다. / 향리와 서얼은 납속책과 공명첩을 이용하여 관직에 나아갈 수 있게 되었다. 참고로 임진왜란 중에 시행된 납속사목(納粟事目)에 따르면 향리와 서얼은 바치는 미곡의 액수에 따라 그에 맞는 관직을 받을 수 있었다. / [법20] 선무군관포는 균역법 실시(1750, 영조 26)로 말미암아 부족해진 군포 수입을 보충하기 위해 부유한 양민에게 선무군관이라는 칭호를 주고 징수한 세금(조세)이다(1결당 쌀2두). 신분제의 동요 원인과는 직접적인 관련이 없다. / 서원은 조선 중기 이후 학문 연구와 선현 제향을 위하여 사림들이 설립한 사설 교육 기관이자 향촌 자치 운영 기구이다. 신분제의 동요 원인과는 직접적인 관련이 없다.

*공명첩(空名帖): 이름 쓰는 곳을 비우고 내리는 관직 증명서이다. 당시에는 이 외에도 반역 등으로 강등된 고을의 명예를 회복시켜주는 문서인 면향첩(免鄕帖), 서얼에게 과거 시험 응시 자격을 주는 문서인 허통첩(許通帖) 등 온갖 증명서를 남발하여 각종 공사에 들어갈 재원을 확보하였다.

- [공명첩] 양반 수의 증가를 야기하였다. [기17] □
  - 세금 징수의 근거 자료로 활용되었다[×]. [기17] □
  - 부계 중심의 가족 제도를 뒷받침하였다[×]. [기17] □
  - 국가 재정을 보충하기 위해 발행되었다. [기17] □

[해설] [기17]에 제시된 사진 자료는 임진왜란 때부터 발급되기 시작한 공명첩이다. 수취자의 이름을 기재하지 않은 이른바 백지 임명장이다. / 양반 수의 증가를 야기하였다. 공명첩을 통해 신분 상승을 도모할 수 있었기 때문에 상민과 양반 수의 증가를 불러왔다. / 세금 징수의 근거 자료로 활용된 것으로는 호적(호적 대장)과 양안(토지 대장)을 들 수 있다./ 부계 중심의 가족 제도를 뒷받침한 것으로는 족보(族譜)를 들 수 있다. / 공명첩은 전란으로 인해 부족해진 국가 재정을 보충하기 위해 발행되었다.

▌조선 후기 신분의 동요 [국16] [지16②] [법20] [경12①] [기12] □

- 옷차림은 신분의 귀천을 나타내는 것이다. 그런데 어찌된 까닭인지 근래 이것이 문란해져 상민·천민들이 갓을 쓰고 도포를 입는 것을 마치 조정의 관리나 선비와 같이 한다. 진실로 한심스럽기 짝이 없다. 심지어 시전 상인들이나 군역을 지는 상민들까지도 서로 양반이라 부른다.

[해설] '옷차림은 신분의 귀천을 나타내는 것'이라는 부분, '근래 이것이 문란해져 상민·천민들이 갓을 쓰고 도포를 입는 것을 마치 조정의 관리나 선비와 같이 한다'는 부분 등에서 조선 후기에 나타난 신분제의 동요와 관련된 자료임을 알 수 있다[『일성록』정조 10년(1786) 1월 22일 '인정문에 나아가 조참을 행하였다.'].

- 근래 세상의 도리가 점점 썩어가서 돈 있고 힘 있는 백성들이 갖은 방법으로 군역을 회피하고 있다. 간사한 아전과 한통속이 되어 뇌물을 쓰고 호적을 위조하여 유학(幼學)이라 칭하면서 면역하거나 다른 고을로 옮겨 가서 스스로 양반 행세

를 하기도 한다. 호적이 밝지 못하고 명분의 문란함이 지금보다 심한 적이 없다.

-『일성록』-

[해설] '간사한 아전과 한통속이 되어 뇌물을 쓰고 호적을 위조'한다는 부분과 '호적이 밝지 못하고 명분의 문란함이 지금보다 심한 적이 없다'는 부분 등으로 미루어 보아 조선 후기에 발생한 신분제 변동과 관련된 내용임을 알 수 있다(위 자료와 출처 동일, 위 사료 아랫부분).

<표> (단위: %)

시기	양반 호	상민 호	노비 호	합계
1729년	26.29	59.78	13.93	100
1765년	40.98	57.01	2.01	100
1804년	53.47	45.61	0.92	100
1867년	65.48	33.96	0.56	100

[해설] 주어진 <표>를 살펴보면 양반 호가 1729년에서 1867년으로 갈수록 점점 큰 폭으로 늘어나고 있음을 알 수 있다(26.29% → 40.98% → 53.47% → 65.48%). 반면 노비 호는 급격하게 감소하고 있음을 알 수 있다(13.93% → 2.01% → 0.92% → 0.56%). 이를 통해 제시된 조선 후기에 이르러 신분제가 크게 동요하였음을 알 수 있다.

시기	양반 호	상민 호	노비 호
1729	26.29	59.78	13.93
1765	40.98	57.01	2.01
1804	53.47	45.61	0.92
1867	65.48	33.96	0.56

[해설] 위의 자료와 같은 자료로, 울산 지역의 신분 비율의 변화를 나타낸 [표]이다. [표]를 살펴보면, 양반 호는 계속해서 증가하고 있으며, 상민 호는 계속해서 감소하고 있다. 노비 호는 급격하게 줄어들고 있다.

- 근래 아전의 풍속이 나날이 변하여 하찮은 아전이 길에서 양반을 만나도 절을 하지 않으려 한다. 아전의 아들, 손자로서 아전의 역을 맡지 않은 자가 고을 안의 양반을 대할 때 맞먹듯이 너, 나 하며 자(字)를 부르고 예의를 차리지 않는다.

-『목민심서』-

[해설] 조선 후기 신분제의 동요 현상을 보여주는 정약용의 저술이다.

- 양반 호구의 증가 [회14] □

└ 붕당의 일당 전제화로 양반 몰락 [×] [기12] □

[해설] 양반 호구가 증가한 것도 조선 후기의 일이다(각 지역 호적 대장에서 급증). 특히 18세기를 거치면서 급격히 증가하였다. / 붕당의 일당 전제화로 (노론을 제외한) 양반이 몰락한 것은 양반층의 분화와 관련이 있다. 하지만 이는 양반 호 자체가 증가하는 전체 신분의 변화 현상과는 직접적인 관련이 없다. 즉 붕당의 일당 전제화가 양반 호의 증가를 가져온 것은 아니다.

조선 후기 지주제의 확대 [국12] □

지금 호남의 백성들을 볼 때 대략 100호가 있다고 한다면, 그중 다른 사람에게 토지를 빌려주고 지대를 받는 자는 불과 5호에 지나지 않고, 자기 토지로 농사짓는 자는 25호이며, 타인의 토지를 빌려 지으면서 지대를 바치는 자가 70호나 된다.

(다산 정약용이 당시 농민들의 실태를 지적한 것)

[해설] 해당 문제에서 '정약용'이란 단서와 함께 '지대를 받는 자는 불과 5호'(지주호), '자기 토지로 농사짓는 자는 25호'(자작농호), '지대를 바치는 자가 70호'(소작농호)라는 설명이 나와 있다. 조선 후기의 사회 경제적 모순에 의해 경자유전의 법칙이 무너진 현실을 날카롭게 지적하고 있다(지주제 확대)(출처:『여유당전서』). 한편 신분제도 급격히 동요하였는데, 호적 대장에서는 양반호가 급증하였다(반면 상민호는 감소)(해당 문제에서 묻는 내용임, 관련 자료 참조).

- 중인 세력의 성장 [회14]

[해설] 중인 세력이 성장한 것은 조선 후기의 일이다. 중인은 좁은 의미의 중인과 넓은 의미의 중인으로 구분할 수 있는데, 좁은 의미로는 주로 중앙의 여러 기술관청에 소속되어 있는 역관·의관·율관(律官)·산관·화원 등 기술 관원을 총칭하였다(즉 '기술직 중인'). 이들은 잡과 시험에 합격하여 선발된 기술 관원이거나 잡학 취재(取才)를 거쳐서 뽑힌 기술 관원으로서 모두가 동반(東班) 소속의 관원이었다. 넓은 의미의 중인으로는 중앙의 기술관을 비롯하여 지방의 기술관, 그리고 서얼(庶孼), 중앙의 서리(胥吏)와 지방의 향리(鄕吏), 토관(土官)·군교·교생 등 여러 계층을 포괄적으로 일컬었다. 아무튼 이들 중인들은 일반적으로 양반 사대부 계층에 비하여 차별 대우를 받았으며, 신분과 직업은 세습되었다.

- 유교의 적서 구분에 의해 서얼에 대한 차별이 심했기 때문에 서얼은 관직에 진출하지 못하였다[✕]. [서18②]
  └ 세종 때 서얼차대법이 제정되어 서얼의 문과 응시가 제한되었다[✕]. [경21①]

[해설] 조선 시대에 서얼은 문과에 응시하는 것이 금지되었으나 무반 등에 진출할 수는 있었다(『경국대전』). 또 서얼들은 신분 상승을 위하여 끊임없이 노력하였고 그 수도 계속 늘어나자 조선 명종 초인 1550년대에 들어와서는 서얼 허통(許通)이 되어 양인 첩의 경우에는 손자부터 과거에 응시할 수 있게 되었다(합격 문서에 서얼 출신임을 명기)[따라서 허통 요구는 단순히 관직 진출이 아니라 과거를 통한 청요직(관련 선지 및 해설 참조) 진출 여부가 관건]. 이후에도 차별 완화 조치가 취해지다가 결정적으로는 철종 2년인 1851년에 신해허통을 통해 서얼들의 관직 진출에 대한 법적 제한이 철폐되었다. 참고로 서얼이란 양반의 자손 가운데 첩의 소생을 이르는 말이다. 서(庶)는 양인(良人) 첩의 자손을, 얼(孼)은 천인(賤人) 첩의 자손을 말한다. / 서얼의 문과 응시를 제한[금지]한 서얼차대법[서얼금고법]이 제정된 것은 태종 15년인 1415년의 일이다(이후 『경국대전』에서 법제화).

- 서얼은 수차례에 걸친 집단 상소를 통해 관직 진출의 제한을 없애 줄 것을 요구하였다. [국20]
  └ 서얼의 청요직 진출이 부분적으로 허용되었다. [지16②]
  └ 서얼에 대한 차별이 더욱 심화되었다[✕]. [지12②]

[해설] 서얼은 수차례에 걸친 집단 상소를 통해 관직 진출의 제한을 없애 줄 것을 요구하였다. 마침내 철종 2년인 1851년 신해허통을 통해 서얼들의 관직 진출에 대한 법적 제한이 철폐되었다. / 조선 후기에 이르러 서얼의 청요직 진출을 허용해줄 것을 요구하는 신분 상승 운동이 계속해서 전개되었다. 그 결과 정조 때 서얼 허통이 일부 이루어졌다. / 서얼에 대한 차별은 점차 완화되었다. 재차 강조하지만 1851년(철종 2)의 신해허통으로 서얼의 관직 진출에 대한 법적 제한이 소멸되었다.

■ 『경국대전』의 서얼차대법(서얼금고법)과 통청 운동 [지22] [법20] [경21②]

서얼의 자손들이 과거에 응시하고 벼슬에 진출하지 못하게 하는 것은 우리나라의 옛 법이 아니다. …… 영락 13년 우대언 서선 등이 아뢰기를, "서얼의 자손은 현직에 서용하지 말아 적서의 분별을 하소서."라고 하였으니, 이것으로 본다면 영락 13년 이전에는 현직에도 서용되었던 것이며, 그 이후에는 다만 과거에 응시하고 정반(正班)에 진출하는 것만을 허락하지 않았을 뿐이다. 그런데 (가) 을/를 편찬한 뒤로부터 금고(禁錮)를 가하기 시작했으니, 현재 아직 백년도 되지 못한다.

- 『패관잡기』 -

[해설] 조선 전기에 서얼을 차대한 사실이 나와 있다. 주어진 자료 속 '(가)'는 조선의 기본 법전인 『경국대전』을 가리킴을 알 수 있다. 『경국대전』은 성종 대에 6전 체제로 완성되어 반포되었다(1485, 성종 16). 참고로 자료 속 '영락'은 명 성조 영락제 대(재위 1403-1424, 제3대)의 연호로, 영락 13년은 조선 태종 15년인 1415년에 해당한다. 또 출처인 『패관잡기』는 명종 대 어숙권(?~?)이 지은 수필집이다.

- 이들의 과거 응시와 벼슬을 제한한 것은 우리나라의 옛 법이 아니다. 그런데 『경국대전』을 편찬한 뒤부터 이들을 금고(禁錮)하였으니, 아직 백 년이 채 되지 않았다. 또한 다른 나라에 이러한 법이 있다는 말은 듣지 못했다. 경대부(卿大夫)의 자식인데 오직 어머니가 첩이라는 이유만으로 대대로 이들의 벼슬길을 막아, 비록 훌륭한 재주와 쓸만한 자질이 있어도 이를 발휘할 수 없게 하였으니, 참으로 안타깝다.

[해설] 밑줄 친 '이들'은 서얼을 가리킨다. 서얼은 기술직 중인과 함께 중인[중간층]에 속하였으며, 계속해서 자신들의 신분을 상승시켜 줄 것을 요청하는 통청(通淸) 운동*을 펼쳤다. 그 결과 조선 철종 2년인 1851년에 이르러 서얼들에 대한 관직 진출상의 법적 제한이 소멸하였다(신해허통). 출처는 조선 중기의 서얼 출신 학자 어숙권(?~?)이 저술한 『패관잡기』(권2)이다(1545~1567년 저술 추정).

*통청(通淸) 운동: 서얼, 기술직 중인과 같은 중간 계층이 상위 관직으로의 진출을 허용해 줄 것을 요구한 일종의 신분 차별 폐지 운동이다.

- (황경헌 등 하삼도의 유생들이 상소하여 아뢰다.) 작위의 높고 낮음은 조정에서만 써야 할 것이고 적자와 저자의 구별은 한 집안에서만 통용되어야 할 것입니다. …… 공사천 신분이었다가 면천된 이들은 벼슬을 받기도 하고 아전이었다가 관직을 받은 이들은 높은 자리에 오르기도 하는데 저희들은 한번 낮아진 신분이 대대로 후손에게 이어져 영구히 서족(庶族)이 되어 훌륭한 임금이 다스리는 세상임에도 그저 버려진 사람들이 되어 있습니다.

[해설] 주어진 자료(상소)는 정조 때의 일로 중인(여기서는 서얼)이 자신들의 신분을 상승시켜 줄 것을 요청하는 일종의 통청(通淸)이다[『정조실록』 권 6 정조 2년(1778) 8월 기사 '서얼의 상서 치록을 요구하는 삼남 유생 황경헌 등의 상소']. 통청 운동은 조선 후기에 발생한 일로, 1851년(철종 2) 신해허통 결과 드디어 서얼들에 대한 관직 진출상의 법적 제한이 소멸하였다.

교산 허균의 유재론 [서18①]

하늘이 재능을 균등하게 부여하는데 관리의 자격을 대대로 벼슬하던 집안과 과거 출신으로만 한정하고 있으니 항상 인재가 모자라 애태우는 것은 당연한 것이다. 어느 시대, 어느 나라에서 노비나 서얼이어서 어진 인재를 버려두고, 어머니가 개가했으므로 재능을 쓰지 않는다는 것은 듣지 못했다.

[해설] 주어진 자료는 교산 허균(1569~1618)의 「유재론(遺才論)」이다. 「유재론」에서 허균은 중국의 사례(범증엄, 진관, 반양귀, 사마양저, 위청, 왕부)와 대비하여 우리나라에서 인재를 버리는 것은 하늘을 거스르는 것임을 밝히고, 인재 등용 방법을 개선할 것을 강한 어조로 촉구하였다. 주로 적서차별에 의한 서얼들의 등용 제한을 비판한 한문 수필로, 문집인 『성소부부고』에 수록되어 있다. 맥락은 다소 다르지만 다산 정약용의 「기예론」과 함께 읽어볼 필요가 있다.

- 기술직 중인에 해당하는 인물로는 정조 때 규장각 검서관으로 등용된 유득공, 박제가, 이덕무 등이 있다[X]. [국20]
  └[박제가] 서얼 출신으로 규장각 검서관에 등용되었다. [지16①]

[해설] 정조 때 규장각 검서관으로 등용된 유득공, 박제가, 이덕무 등은 서얼에 해당한다. / 초정 박제가(1750~1805)는 서얼 출신으로 규장각 검서관에 등용되었다. 청에 다녀와 『북학의』를 저술하여 청의 문물을 적극적으로 수용하자고 하였다. 수레와 선박의 이용을 강조하고, 생산과 소비를 우물물에 비유하여 생산을 자극하기 위해 소비를 권장해야 한다고 주장하였다.

- 서얼의 신분 상승 운동은 기술직 중인에게 자극을 주었다. [국20]
  └[통청 운동] 서얼 차별이 발단이 되었다. [회23]

[해설] 서얼의 신분 상승 운동(통청 운동)은 기술직 중인에게 자극을 주었다. 이들도 철종 때에 대규모 소청 운동을 시도하였다. 하지만 실패하였다. / 서얼 차별이 발단이 된 사회 운동은 통청 운동이다. 즉 조선 후기에 서얼들은 자신들의 신분을 상승시켜 줄 것을 요청하는 일종의 통청(通淸) 운동을 펼쳤다. 그 결과 마침내 1851년(철종 2) 신해허통으로 서얼들에 대한 관직 진출상의 법적 제한이 소멸하였다.

기술직 중인(의관과 역관)이 처한 사회적 상황 [국15] [지12②]

- 아! 우리는 본시 모두 사대부였는데 혹은 의(醫)에 들어가고 혹은 역(譯)에 들어가 7, 8대 또는 10여 대를 대대로 전하니 …(중략)… 문장과 덕(德)은 비록 사대부에 비길 수 없으나, 명공(名公) 거실(巨室) 외에 우리보다 나은 자는 없다.

[해설] '우리는 본시 모두 사대부'라는 부분, '의에 들어가고 혹은 역에 들어가 대대로 전한다'는 부분 등에서 밑줄 친 '우리'는 조선 시대의 중인 계층(그 중에서도 기술직 중인)을 가리킴을 알 수 있다(출처, 『상원과방』).

- 이들은 본시 모두 사대부였는데 또는 의료직에 들어가고 또는 통역에 들어가 그 역할을 7~8대나 10여 대로 전하니 사람들이 서울 중촌(中村)의 오래된 집안이라고 불렀다. 문장과 대대로 쌓아 내려오는 미덕은 비록 사대부에 비길 수 없으나 유명한 재상, 지체 높고 번창한 집안 외에 이들보다 나은 자는 없다. 비록 나라의 법전에 금지한 바 없으나 자연히 명예롭고 좋은 관직으로의 진출은 막히거나 걸려 수백 년 원한이 쌓여 펴지 못한 한이 있고 이를 호소할 기약조차 없으니 이는 무슨 죄악이며 무슨 업보인가?

- 『상원과방』 -

[해설] 본시 사대부였는데, '의료직'과 '통역' 일을 하고 있다는 내용으로 미루어 보아 밑줄 친 '이들'은 협의의 중인인 기술직 중인(의관과 역관)들을 가

리키는 것임을 알 수 있다. 출처인 『상원과방』은 역과(譯科) 합격자 명단을 수록한 책[명부]이다(유사한 책으로 『상원방목』, 『상원방안』, 『역과방목』 등도 있음). 주어진 자료는 『상원과방』에 실린 중인 통청 운동(1851, 철종 2) 관련 기록이다.

■ 역관(기술직 중인) [지12①] □

공(公)은 열일곱에 사역원(司譯院) 한학과(漢學科)에 합격하여, 틈이 나면 성현(聖賢)의 책을 부지런히 연구하여 쉬는 날 없었다. 경전과 백가에 두루 통달하여 드디어 세상에 이름이 났다. … 공은 평생 고문(古文)을 좋아하였다.   - 완암집 -

[해설] '사역원 한학과에 합격하였다'는 내용을 통해 밑줄 친 '공(公)'이 속한 신분 계층은 역관으로 (기술직) 중인임을 알 수 있다. 참고로 『완암집』은 여항 시인 정내교(1681~1759)의 시문집이다(1765. 영조 41).

- [기술직 중인] 이들도 문과와 생원, 진사시에 응시할 수 있었다. [지12②] □
  └ 조선 후기에는 시사(詩社)를 조직하여 문예 활동을 하였다. [지12②] □
  └ 시사를 결성하고 문학 활동을 하는 중인 [기17] □
  └ 정조 때 이덕무, 박제가 등이 규장각 검서관으로 기용되어 활동하였다[✗]. [지12②] □

[해설] 기술직 중인도 문과와 생원, 진사시에 응시할 수 있었다. / 조선 후기에 이르러 이들은 시사(詩社)를 조직하여 문예 활동을 하였다. 시사란 시를 짓고 즐기기 위한 모임으로 오늘날의 시 동호회와 같다. 시계(詩稧)·수계(修稧)라고도 한다. / 정조 때 규장각 검서관으로 기용된 이덕무, 박제가 등은 (같은 중인이지만 기술직 중인이 아닌) 서얼 출신이다.

- [기술직 중인] 기술직 중인은 주로 기술직에 종사하며 축적한 재산과 탄탄한 실무 경력을 바탕으로 신분 상승을 추구하였다. [국20] □
  └ 집단으로 상소하여 청요직(淸要職) 허통(許通)을 요구하였다. [국15] □
  └ [역관] 조선 후기 – 소청 운동을 통해 신분 상승 운동을 전개하였다. [지12①] □
  └ 외래문화 수용에 선구적 역할을 한 역관 [법20] □
  └ 서울의 중인들은 상소를 통해 통청 운동을 전개하였다. [지11②] □
  └ 대규모 통청 운동으로 중앙 관직 진출이 허락된 기술직 중인 [✗] [법20] □
  └ 영·정조 때에 중인들은 대규모의 소청 운동을 일으켜 신분 상승에 성공하였다[✗]. [기11] □
  └ 연합 상소 운동이 성공하여 명예롭고 좋은 관직(청요직)으로 진출하게 되었다[✗]. [지12②] □

[해설] 조선 후기에 이르러 중인들(특히 서얼)의 청요직(淸要職) 허통(許通) 요구[통청 운동, 소청 운동, 연합 상소 운동]가 빈번하게 제기되었다. 그 결과 서얼의 경우 1851년(철종 2)에 이르러 관직 진출에서의 법적 제한이 소멸[청요직으로 진출]되었다(신해허통). 반면에 기술직 중인도 대규모의 통청 운동을 벌였으나 신분제가 폐지되는 1894년 갑오개혁 때까지 끝내 이루어지지 못하였다(결국 실패, 서얼의 통청 운동과 차이, 주의). / 서울의 중인들은 상소를 통해 통청 운동을 전개하였다. 옳은 설명이다. 1851년에 신해허통으로 서얼들이 허통되자 (기술직) 중인들도 1850년대에 연합 상소 운동을 전개하였다. 하지만 실패하였다. / [기11] 영·정조 때에 중인들이 대규모의 소청 운동을 일으켰지만 신분 상승에는 성공하지 못하였다.

*청요직(淸要職): 학식과 덕망이 높은 청직(淸職)과 요직(要職)을 뜻한다. 청직은 홍문관이나 예조처럼 청정한 관직이고, 요직은 이조, 병조 관료를 감찰·탄핵하는 대관과 국왕을 간쟁·봉박하는 간관의 대간처럼 실권을 가진 관직이다. 청현직(淸顯職)이라고도 부른다.

■ 기술직 중인의 통청 운동 [국20] □

- 오래도록 막혀 있으면 반드시 터놓아야 하고, 원한은 쌓이면 반드시 풀어야 하는 것이 하늘의 이치다. (가) 와/과 (나) 에게 벼슬길이 막히게 된 것은 우리나라의 편벽된 일로 이제 몇 백 년이 되었다. (가) 은/는 다행히 조정의 큰 성덕을 입어 문관은 승문원, 무관은 선전관에 임명되고 있다. 그런데도 우리들 (나) 은/는 홀로 이 은혜를 함께 입

지 못하니 어찌 탄식조차 없겠는가?

[해설] '벼슬길이 막히게 되'었다는 점, (가)은/는 다행히 조정의 큰 성덕을 입었지만 (나)은/는 홀로 이 은혜를 함께 입지 못하였다는 점에서 주어진 자료 속 '(가)'는 서얼이고(1851년 신해허통), '(나)'는 좁은 의미의 중인, 즉 기술직 중인을 가리키는 것임을 알 수 있다[출처, 『상원과방』. 중인 통청 운동(1851, 철종 2) 관련 기록].

- 『연조귀감』* - 역사학 [지14①] ☐

[해설] 『연조귀감』은 경상도 상주의 향리 후손인 이진흥(1724~1776)이 중인에 속하는 향리에 관계된 기록 및 그들 중 뛰어난 인물의 전기를 모아 엮은 책이다(1777, 정조 원년). 향리와 양반의 혈통이 같으므로 양반과 같은 대우를 받아야 한다고 주장하여 조선 후기 향리층의 성장과 의식 변화를 알 수 있다. 서적과 관련 분야를 묻는 문제로 바르게 연결되었다.

■ 이향견문록(향리) [경15③] ☐

이항인(里巷人)들은 일컬을 만한 경학이나 내세울 만한 공훈도 없다. 시사(詩社)를 조직하여 기록할 만한 시나 문장을 남긴 사람이 있다하더라도 널리 알려지지 않았다. 아! 슬프다. 내가 여러 문집에 있는 사람은 찾아내고, 기록되지 아니한 사람은 직접 써서 이 책을 간행한 까닭이 바로 여기에 있다.

[해설] 『호산외기』(1844, 헌종 10)를 쓴 조희룡(1789~1866)이 유재건(1793~1880)이 지은 『이향견문록』(1862, 철종 13)에 붙인 서문에 나오는 글이다. 『이향견문록』은 중인 이하 신분 중 뛰어난 행적을 남긴 사람들을 기록한 책이다.

- 농민층의 분화 [회14] ☐

[해설] 조선 후기에 이르러 농경 기술의 혁신과 경영 합리화, 특히 토지 소주의 집중 현상으로 인하여 농민층도 점점 분화하였다. 부농으로 성장하는 일부 농민들이 생겨나는가 하면, 대다수 농민들은 토지에서 밀려나 임노동자로 전락하였다.

- [경영형 부농] 일반 서민 중에서도 부를 축적하여 지주가 되는 사람이 있었다. [지12②] ☐

[해설] 일반 서민 중 부(富)를 축적하여 지주가 되는 사람이 있었다. 조선 후기에 이르러 이른바 '경영형 부농'이 등장하였다.

- 균역법 실시 이후 공노비의 신공은 점진적으로 감소되어 노가 1필로 줄고, 비의 신공은 폐지되었다.* [서24②] ☐

[해설] 조선 시대의 노비는 크게 공노비와 사노비로 나뉜다. 또 공노비는 다시 그들의 의무에 따라 선상노비(選上奴婢)[또는 입역노비(立役奴婢)]와 납공노비(納貢奴婢)로 구분되었다. 16세 이상 60세까지의 공노비 중 선상노비는 매년 일정 기간 동안 소속 관청에 무상으로 노역에 종사하였고, 납공노비는 매년 일정액의 신공(身貢)을 바쳐야 했다. 신공은 태종 8년(1408)에 추포(麤布)로 노는 5필, 비는 4필로 규정하였다가 세종 7년(1425)에 대폭 삭감되었고, 세조 때는 노 면포 1필과 쌀 2말, 비는 면포 1필과 쌀 1말로 정해졌다(『경국대전』에 법제화). 이후 면포로 통일되어 노는 2필, 비는 1필 반을 바치도록 하였다. 사노비의 경우 외거노비도 그에 준해 상전에게 신공을 바쳤다. 조선 후기에 이르러 노비의 신공을 덜어주기 위한 조치가 때때로 취해졌고 영조 20년인 1744년에 이르러 『속대전』에서 노비의 신공액 중 각 반 필씩 덜어주기로 한 것이 법제화되었다. 균역법 실시 후인 영조 31년(1755)에는 다시 반 필씩을 삭감, 노(奴)는 1필, 비(婢)는 반 필씩 바치도록 하였다. 그리고 드디어 영조 50년인 1774년에 비공(婢貢)을 혁파하고 단지 노에게만 1필을 바치도록 하였다.

- 공노비의 신공과 양인의 군역 부담이 동일해지면서 공노비 유지의 실익이 없어졌다.* [서24②] ☐

[해설] 영조 50년(1774) 노(奴)의 신공이 1필로 줄고, 비(婢)의 신공이 폐지되어 공노비의 신공과 양인의 군역 부담이 1필로 동일해지면서 공노비 유지의 실익이 없어졌다. 그 결과 순조 원년인 1801년에 이르러 6만여 명의 공노비가 해방되었다(순조의 명에 의해 왕실 재정의 관리를 맡아보던 내수사 및 각 궁방, 중앙 관서의 노비안이 소각되고 공노비 6만여 명이 해방되어 양민이 됨).

- [순조] 공노비 6만 6천여 명을 양인으로 해방시켰다. [국14] ☐
  └ 순조는 공노비 중 일부를 양인으로 해방시켜 주었다. [서18②] ☐
  └ 일부를 제외한 공노비를 해방하였다. [회22] ☐

┗1801년(순조 1) 공노비의 노비안을 불태우고, 6만 6천여 명의 내시노비(內寺奴婢)를 양인으로 해방시켰다. [회19] □

┗공노비는 사노비보다 더 가혹한 수탈과 사회적 냉대를 받았다[x]. [지12②] □

┗정조는 노비 추쇄를 금지하는 등 노비제를 완화하고 나아가 혁파할 뜻이 컸지만 이루지 못하고 순조 1년에 (㉢)의 부분 혁파 조치만이 이루어지게 된다. [지12②] □

┗관노비의 해방 [회14] □

[해설] 공노비 6만 6천 여 명이 해방된 것은 순조 원년이자 신유년인 1801년의 일이다)(노비호 감소). 내수사와 각 관방의 노비 원부[노비안]를 불태우고 공노비[내시노비(內寺奴婢)] 6만 6천여 명을 (양인으로) 해방하였다(공노비 해방). / 일반적으로 사노비가 공노비보다 더 가혹한 대우를 받았다, 참고로 사노비까지 혁파된 것은 갑오개혁 때(제1차)이다(1894, 고종 31)(노비 제도의 최종 폐지)(주의).

2 사회 정책과 농민 공동체

(관련 기출 자료 없음)

3 향촌 지배 질서의 변화

• 향·소·부곡의 소멸 [x] [회14] □

[해설] 지방의 특수 행정 조직인 향·소·부곡이 소멸한 것은 조선 전기의 일이다(삼국 시대부터 존재, '소'는 고려 시대에 등장).

• 향촌 사회에서 지주로 농민을 지배하던 계층은 사족(士族)이었다. [경16①] □

┗향회를 통해 향촌 사회의 여론을 주도하면서 향촌을 지배하였던 기존의 사족들을 구향이라고 하였다. [경18③] □

[해설] 향촌 사회에서 지주로 농민을 지배하던 계층은 사족(士族)이었다(재지사족). 사족은 향안을 작성하고 향규를 제정하였다(7차 고등학교 국사 교과서). 조선 후기 신향(新鄕)의 등장으로, 이들은 구향(舊鄕)이 되었다. .

• 향안은 임진왜란 전후 시기에 각 군현마다 보편적으로 작성되었다. [국12] □

[해설] 향안(鄕案)은 지방 사족의 명단으로 임진왜란을 전후의 시기에 각 군현마다 보편적으로 작성되었다. 향안에 이름이 오른 사족은 그들의 총회인 향회(鄕會)를 통하여 자신들의 결속을 다지고 지방민을 통제하였는데, 이들 향회의 운영 규칙이 향규(鄕規)이다(7차 고등학교 국사 교과서).

• [사림(재지사족), 구향(층)] 사족들이 형성한 동족 마을이 증가하였다. [국16] □

┗재지사족은 동계와 동약을 통해 향촌 사회에 대한 영향력을 유지하려 하였다. [국20] □

┗양반은 촌락 단위보다는 군현 단위의 동약을 실시하였다[x]. [경12①] □

┗촌락 단위의 동약을 실시하고, 문중 중심으로 서원과 사우를 많이 세웠다[조선 후기]. [국15] □

┗촌락 단위의 동약이 실시되고 동족 마을이 만들어졌다. [지15①] □

┗유향소를 복립하여 향리를 감찰하고 향촌 사회의 풍속을 바로잡으려 하였다. [국15] □

┗동계* [경12①] □

[해설] 조선 후기 부농층이 등장하여 수령[권권]과 결합, 향촌에서의 자신들의 지위를 위협하자 재지사족들[사림, 구향]은 동성[동족] 마을을 만들어 족적 결합을 강화하였다. 그리하여 촌락 단위의 동약을 실시하고, 문중 중심으로 서원과 사우를 세워 향촌에서의 자신들이 지위를 지키고자 하였다. 촌락 단위의 동약을 실시하게 되는 것은 양반층의 권위가 약화되어 군현 단위로 실시되던 향약을 유지하기 힘들어졌기 때문이다. / [경12①] 동계(洞契;洞稧)는 조선 중기 이후 사림(양반, 재지사족)들이 자신들 중심의 신분 질서와 부세제(賦稅制)를 유지하기 위하여 만든 동 단위[촌락 단위]의 자치 조직이다. 향약과 유사한 성격의 동약(洞約)도 두었으며, 이를 통해 촌락민을 (사실상) 지배하였다. 동의(洞議), 동안(洞案)이라고도 하였다.

■ 조선 후기의 향회 모습 [지15②]

향회라는 것이 한 마을 사민(士民)의 공론에 따른 것이 아니고, 수령의 손 아래 놀아나는 좌수·별감들이 통문을 돌려 불러 모은 것에 불과합니다. 그 향회에서는 관의 비용이 부족하다는 핑계로 제멋대로 돈을 거두고 법을 만드니, 일의 원통함이 이보다 심한 것이 없습니다.

[해설] '향회'라는 말, 향회에서 제멋대로 돈을 거두고 법을 만든다는 내용에서 조선 후기 향촌 사회와 관련된 자료임을 알 수 있다.

- [사림(재지사족), 구향(층)] 사족의 향촌 지배력이 약화되었다. [지15②]
  └문중 의식을 고양하고 문중 서원이나 사우 건립을 확대하였다. [지13]
  └양반층의 결속을 위한 납속책 확대 시행을 지지하였다[x]. [지13]
  └향회를 통한 수령권의 견제와 이서층의 통제를 강화하였다[x]. [지13]

[해설] 조선 후기에 이르러 수령의 권력이 강해지면서 재지 사족의 향촌 지배력이 점차 약해졌다. 조선 후기의 양반들은 점점 약해지는 자신들의 지위를 다시 강화하기 위해 문중 의식을 고양하고 문중을 중심으로 서원이나 사우 건립을 확대하였다. / [지13] 납속책은 부농층[신향]이 합법적으로 신분을 상승시킬 수 있는 방법이었다. 따라서 양반들[재지사족, 구향]은 지지하지 않았다. / 향회를 통한 수령권의 견제와 이서층의 통제를 강화한 것은 조선 초기 양반들의 향촌 지배에 대한 설명이다. 조선 후기에 향회는 점차 수령이 세금을 부과할 때 의견을 묻는 자문 기구로 전락하였다.

- 조선 후기 상품 화폐 경제가 발달하면서 경제력을 확보한 일부 부농층은 사족들의 향촌 지배권에 도전하기 시작하였다. 이들은 향안에 이름을 올리려고 하였으며, 향회를 장악하고자 하였다. 이처럼 새롭게 성장한 이들을 신향이라 한다. [경18③]
  └[향전의 배경] 경제력을 바탕으로 한 부농층의 성장 [기15]

[해설] 신향[부농층]의 등장과 동향에 대한 설명이다. 향전이 발생하게 된 배경이기도 하다.

- 신향층은 수령과 그를 보좌하는 향리층과 결탁하였다. [국20]
  └부농층이 관권과 결탁하여 향임직에 진출하였다. [국16]
  └부농층은 수령과 결탁하여 향안에 이름을 올렸다. [법18]
  └부농층이 성장하여 향임직에 진출하였다. [지15①]
  └[신향] 관권과 결탁하고 향회를 장악하여, 향촌 사회에서 영향력을 키우려 하였다. [국15]
  └부농층은 종래의 재지사족(在地士族)이 담당하던 정부의 부세 제도에 적극 참여하였다. [경12①]

[해설] 조선 후기에 이르러 새롭게 성장한 부농층이 관권[수령권]과 결탁하여 향회를 장악[향임직에 진출]하고 향촌 사회에서 영향력을 키우려고 하였다. 이들을 신향(층)이라고 한다. 신향은 경제력을 바탕으로 기존 재지사족[구향, 사림]이 담당하던 부세 제도 운영에도 적극 참여하려고 하였다 (즉 부농층이 '신향'으로 성장하여 구향과 향전 벌임).

- 경제적으로 성장한 일부 부농층은 향회를 장악하며 상당한 지위를 확보하기도 하였다. [국12]
  └수령과 결탁한 부농층은 향촌 사회를 완전히 장악하였다[x]. [법18]

[해설] 조선 후기 경제력을 바탕으로 성장한 일부 부농층은 관권과 결탁하여 향안에 이름을 올리고 향회를 장악하면서 향촌 사회에서 지위를 확보해갔다. / 수령과 결탁한 부농층은 향촌 사회를 '완전히' 장악하지는 못하였다(주의). 구향의 대응이 만만찮았고, 향전 결과 오히려 수령과 향리의 권한만이 강해져 이들도 또한 수령과 향리의 수탈 대상이 되고 말았다.

■ 부농층의 성장 (신향의 등장) [지13]

지금까지 향촌 사회에서 영향력을 행사하였던 양반은 새로 성장한 부농층의 도전을 받았다. 경제력을 갖춘 부농층은 수령을 중심으로 한 관권과 결탁하여 향안에 이름을 올리는가 하면, 향회를 장악하여 향촌 사회에서 영향력을 키우려고 하였다. 부농층은 종래의 재지 사족이 담당하던 정부의 부세 제도 운영에 적극 참여하였으며 향임직에 진출하거나 기존 향촌 세력과 타협하면서 상당한 지위를 얻었다.

[해설] '부농층의 도전', '수령을 중심으로 한 관권과 결탁하여 향안에 이름을 올리고 향회를 장악하여 향촌 사회에서 영향력을 키우려고 하였다' 등을 통해 조선 후기 경제력을 바탕으로 성장한 부농층, 즉 신향에 대한 설명임을 알 수 있다.

- 수령이 세금을 부과할 때 향회가 자문 역할을 하였다. [지15①] □

[해설] 조선 전기 양반[재지사족]들의 권리를 대변하던 향회는 조선 후기에 들어서면서 수령이 세금을 부과할 때 자문 역할을 하는 기구로 전락하였다.

- [향전] 양반 사족과 부농층이 향촌의 주도권 다툼을 벌였다. [지15②] □
  └신향들은 지금까지 지배층으로 군림하던 구향들과 향촌 지배권을 둘러싸고 경쟁하였다. 이를 '향전'이라 한다. [경18③] □
  └구향과 신향 사이의 대립 [기19] □
  └향권을 둘러싼 구향과 신향 간의 향전 억제 [국17①] □
  └위 자료에서 교파는 구향을, 약파는 신향을 가리킨다[x]. [경18③] □

[해설] 향전은 조선 후기에 이르러 기존 양반과 부농층이 향촌의 지배권을 두고 다툰 현상을 가리킨다. 기존 양반(구향)만으로 구성되었던 향회[향청]에 부유한 양민, 즉 부농층(신향)이 참여하면서 향촌 주도권을 놓고 구향과 신향 간에 다툼이 발생한 것이다(향전). 권한이 강화된 수령과 향리가 향전을 억제하였다. / [경18③] 관련 자료: '향전(鄕戰)'의 맨아래('보성군에 교파와 약파가 있다') 참조. 주어진 자료에서 향교에 다니는 자들인 교파는 (구향이 아니라) 신향을, 향약을 주관하는 자들인 약파는 (신향이 아니라) 구향을 가리킨다.

■ 향전(鄕戰) [국20] [지15①] [법18] [경18③] [기15] □

- ○ 근래 사족들이 향교에 모여 의논하여 수령을 쫓아내는 것이 고질적인 폐단입니다.
  ○ 영덕의 구향(舊鄕)은 사족이며, 소위 신향(新鄕)은 모두 향리와 서리의 자식입니다. 근래 신향들이 향교를 주관하면서 구향들과 서로 마찰을 빚고 있습니다.

[해설] 사족들이 향교에 모여 수령을 쫓아내는 폐단이 있다는 부분과 '구향(舊鄕)'과 '신향(新鄕)'이라는 용어를 통해 조선 후기 지방 사회에서 발생한 구향과 신향 간의 향전(鄕戰)에 대한 것임을 알 수 있다. 위 자료의 출처는 『영조실록』권30, 영조 7년(1731) 9월 기사('문묘 천동으로 군수를 무함한 윤학해를 처벌하자는 면천 유학 임태등 등의 상소')이고, 아래 자료의 출처는 『승정원일기』영조 23년(1747) 6월 기사이다.

- 황해도 봉산 사람 이극천이 향전(鄕戰) 때문에 투서하여 그와 알력이 있는 사람들을 무고하였는데, 내용이 감히 말할 수 없는 문제에 저촉되었다.

[해설] '향전'이라는 말을 통해 주어진 자료는 조선 후기에 일어난 향촌 지배 질서의 변화와 관련된 사실임을 알 수 있다.

- 영덕의 오래된 가문은 모두 남인이며, 이른바 신향(新鄕)은 모두 서리와 품관의 자손으로 자칭 서인이라고 하는 자들이다. 근래 신향이 향교를 주관하면서 구향(舊鄕)과 마찰을 빚었다. - 승정원일기 -

[해설] '신향'과 '구향'이라는 말을 통해 주어진 자료는 조선 후기의 향전과 관련이 있음을 알 수 있다(맨 위 자료 두 번째의 출처 동일, 원문과 동일).

- ■ 영덕의 구향(舊鄕)은 사족이며, 소위 신향(新鄕)은 모두 향리와 서리의 자식입니다. 근래 신향들이 향교를 주관하면서 구향들과 서로 마찰을 빚고 있습니다. -『승정원일기』-
- ■ 전국의 각 고을에는 향안(鄕案)이 있어서 한 고을의 기강이 되었다. 그런데 요즘 몇몇 탐학한 수령이 매향에 방해되는 것을 꺼려, 향전(鄕戰)을 빌미삼아 향안을 불살라 버렸다. 이로 말미암아 고을의 기강이 문란해지고 위아래의 구별이 없게 되었다. -『일성록』-

[해설] 조선 후기에 발생한 구향과 신향 사이의 향전에 대한 기록들이다. 아래 자료의 출처는 『일성록』정조 21년(1797) 2월 13일기사('전 지평 김광우가 상소한 데 대해, 비답을 내렸다.')이다.

- 보성군에 교파와 약파가 있다. 교파는 향교에 다니는 자들이고, 약파는 향약을 주관하는 자들이다. 서로 투쟁이 끊이지 않고 모함하는 일이 갈수록 더하여 갔다. 드디어 풍속이 도에서 가장 나빠졌다. - 정약용,『목민심서』-

[해설] 다산 정약용(1762~1836)의 『목민심서』예전 6조 중 '교민(敎民)'편에 나오는 글이다(1818, 순조 18).

- 향전의 전개 속에서 수령의 권한이 강화되었다. [국20] □
  - 향전은 수령과 향리의 권한이 강해지는 결과를 가져왔다. [법18] □
  - 관권의 강화로 수령과 향리 세력 강화 [기12] □
  - 수령과 향리의 영향력이 약해졌다[x]. [지15②] □
  - 향반의 성장으로 인한 권권의 약화 [x] [기15] □
  - 향회가 수령의 부세 자문 기구로 변질되었다. [국16] □
  - 향회는 수령의 부세 자문 기구로 전락하였다. [지15②] □
  - 수령은 경재소와 유향소를 연결하여 지방 통치를 강화하였다[x]. [국20] □
  - 유향소를 통제하기 위하여 경재소가 설치되었다[x]. [국16] □

[해설] 조선 후기에 이르러 향촌 사회에서는 새롭게 대두한 부농층인 신향(층)과 기존의 지배층인 재지사족, 즉 구향(층) 사이에 향촌 사회의 지배권을 둘러싼 '향전(鄕戰)'이 전개되었다. 향전의 전개 속에서 오히려 수령(과 향리)의 권한이 강화되었다(수령권·관권이 강해짐). 그리하여 18세기 이후 수령을 중심으로 한 관권이 강해지면서 향회가 점차 수령의 부세 자문 기구로 변질되었다. / [기12] 관권의 강화로 수령과 향리 세력이 강화된 것은 향촌 사회의 변화와 관련이 있다(향전). 하지만 이는 향촌 사회의 신분제 변화의 결과를 반영한 것이지 그 변화에 영향을 준 배경은 아니다(해당 문제에서 묻는 질문과 관련, '울산 지역의 신분 비율의 변화를 나타낸 표가 제시되어 있고 이와 같은 결과가 나타나게 된 배경'을 물음). / [국20] [국16] 경재소(京在所)는 조선 전기인 세종 때 해당 지방 출신의 고위 관리를 통해 그 지방의 유향소를 통제[감독]하기 위해 설치된 중앙 기구로 선조 36년인 1603년에 영구히 폐지되었다(이때 유향소도 향청, 또는 향소로 명칭이 변경). 또 유향소는 지방의 품관들에 의해 조직되어 지방 군현의 수령을 보좌하던 일종의 자문 기관(향리 규찰, 향풍 교정 등의 일도 수행)으로 임진왜란 이후 수령권이 강화되면서 지위가 격하되었다. 즉 조선 후기에 유향소(향청, 향소)는 구향(층)인 재지사족[사림]과 관련이 있으며, 수령은 오히려 유향소(향청, 향소)와 대립하였다[재지사족은 신향(층)과 대립한 구향(층)].

- 중앙 관직에 진출할 수 있던 고려 시대의 향리와 달리 조선의 향리는 수령을 보좌하는 아전으로 격하되었다. [서18②] □
  - 수령의 행정 실무를 보좌하는 세습적인 아전으로 활동하였다. [법22] □

[해설] 향리가 (고려 시대와 달리) 수령의 행정 실무를 보좌하는 세습적인 아전으로 (전락하여) 활동한 것은 조선 후기의 일이다.

- [향전] 세도 정치 아래에서 농민 수탈이 극심해지는 배경이 되었다. [법18] □

[해설] 신향과 구향 간의 향전은 결과적으로 수령과 향리의 권한만을 강하게 만들었기 때문에(특히 수령권 강화) 19세기 세도 정치에서는 탐관오리화된 이들에 의한 수탈이 더욱 심해질 수밖에 없었다.

- 두레* [경12①] □

[해설] 두레는 조선 후기 이앙법의 보급과 더불어 향촌 사회에 새롭게 출현한 공동 노동 조직이다. 두레는 원시적 유풍인 공동 노동체 조직이며 농촌 사회의 상호 협력, 감찰을 목적으로 촌락 단위로 조직되었다. 성별, 선후, 세대별, 농악 유무 등 다양한 기준에 따라 여러 형태의 두레가 있었다. 두레가 이행하는 공동 노동의 형태는 모내기·물대기·김매기·벼베기·타작 등 논농사 경작 전 과정에 적용되었으며, 특히 많은 인력이 합심하여 일을 해야 하는 모내기와 김매기에는 거의 반드시 두레가 동원되었다. 또한 마을의 공동 잔치로 풋굿이나 호미씻이와 같은 논농사 이후의 놀이도 함께하였다. 대체로 모내기나 추수를 마친 뒤 공동 작업에 직접 참여한 사람들이 모여, 음식과 술을 먹고 농악에 맞추어 여러 가지 연희를 곁들여 뛰고 놀면서 농사로 인한 노고를 잊고 결속을 재확인하였다.

4 가족 제도의 변화와 여성의 지위 하락, 기타

- 부계 위주로 족보를 편찬하면서 동성 마을을 이루어 나갔다(조선 후기). [서14] □
  - 동성 마을이 많아지고 부계 중심의 족보가 편찬되었다. [경14①] □

[해설] 조선 후기에 이르러 문중(門中) 의식이 강해짐에 따라 동성 마을이 많아지고 부계 중심의 족보가 편찬되었다.

- [족보] 조선 후기에 부유한 농민들은 족보를 사거나 위조하기도 하였다. [지17①] □

└조선 초기의 족보는 친손과 외손을 구별하지 않고 모두 수록하였다. [지17①] ☐

└현존하는 가장 오래된 족보는 성종 7년에 간행된 『문화 류씨 가정보』이다[x]. [지17①] ☐

└조선 시대에는 족보가 배우자를 구하거나 붕당을 구별하는 데 중요한 자료로 활용되기도 하였다. [지17①] ☐

[해설] 조선 후기에 이르러 족보를 사거나 위조하는 일이 많아졌다. / 조선 초기는 후기와 달리 친손과 외손을 구별하지 않고 모두 수록하였다. / 현존하는 가장 오래된 족보는 성종 7년(1476)에 간행된 『안동 권씨 성화보』이다[중국 성화 연간에 만들어진 것이라 하여 '성화보'라 불림, 양촌 권근(1352~1409)의 아들 권제(1387~1445)가 중국의 『소씨보(蘇氏譜)』를 모방하여 편찬하기 시작]. 『문화 류씨 가정보』는 그 후인 중종 18년(1523)에 간행되었다. / 족보가 혼인과 붕당 형성에 중요한 자료로 이용되었다.

• 장남 이외의 아들도 제사에서 그 권리를 잃어 갔다. [법11] ☐

└아들이 없으면 양자를 들이는 대신에 딸과 외손자가 제사를 지냈다[x]. [경14①] ☐

[해설] 조선 후기에는 장자 중심[부계 중심]의 가족 제도가 확립되었다(성리학적 종법 질서의 강화). 따라서 장남 이외의 아들도 제사에서 그 권리를 잃어 갔다. / 아들이 없으면 양자를 들이는 대신에 딸과 외손자가 제사를 지낸 것은 고려 시대의 풍습이다.

• 자녀는 연령순으로 호적에 기재되는 것이 일반적이었다[x]. [법11] ☐

└남녀를 구분하지 않고 태어난 순서대로 족보에 기재하였다[x]. [경14①] ☐

[해설] 자녀가 연령순으로(태어난 순서대로) 호적에 기재되는 것이 일반적이었던 것은 고려 시대의 일이다. 족보 기재 역시 마찬가지이다.

• 대를 잇는 자식은 5분의 1의 상속분을 더 받는 것 외에 다른 형제와 같은 대우를 받았다[x].* [법11] ☐ (조선 전기)

[해설] 대를 잇는 자식은 5분의 1의 상속분을 더 받는 것 외에 다른 형제와 같은 대우를 받은 것은 조선 전기의 일이다(『경국대전』 규정). 정확하게는 제사를 승계하는 승중자(承重子)가 봉사조로 1/5을 더 받았다.

• [친영 제도] 남자는 대개 결혼 후에 바로 친가에서 거주하였다. [국17②] ☐

└혼인 풍습 중 친영 제도가 정착되었던 시기의 사회상(조선 후기) [법11] ☐

└부계 중심의 가족 제도 발달로 친영 제도가 정착되고, 아들들은 균등한 재산 상속을 받게 되었다[x]. [기11] ☐

└혼인은 친영제에서 남귀여가혼으로 변화되었고, 재산은 균등하게 상속되었다[x]. [경14①] ☐

└자손이 없으면 무후(無後)라 하고 양자를 널리 맞아들였다. [국17②] ☐

└아들을 먼저 기록하고 딸을 그 다음에 기록하였다. [국17②] ☐

[해설] 남자가 결혼 후에 바로 친가에서 거주한 것은 친영혼으로 조선 후기의 일이다. 조선 전기까지는 신부집(외가)에서 혼례를 치르고 신부집(외가)에서 혼인 생활을 시작하는 남귀여가혼[서류부가혼, 부귀부가혼]의 풍습[풍속]*이 더 일반적이었다. 요컨대 조선 후기에 이르러 혼인은 '남귀여가혼'에서 '친영제'로 변화하였다. 또 재산은 (균등하게가 아니라) 장자 중심으로 상속되었다. 균등한 재산 상속을 받은 것은 고려 시대와 조선 전기에 해당한다. / [국17②] 자손이 없으면 무후(無後)라 하고 양자를 널리 맞아들인 것은 조선 후기의 일이다. (족보나 호적 등에) 아들을 먼저 기록하고 딸을 그 다음에 기록한 것은 조선 후기의 일이다. 조선 전기까지는 아들과 딸 구별없이 출생 순시대로 기록하였다.

*남귀여가혼(男歸女家婚): 신랑이 신부집에 가서 혼례를 치르고 신부집에서 혼인 생활을 시작하는 풍습이다. 빈면에 '친영제(親迎制)'는 신랑집에서 혼례를 치르고, 혼인 생활도 신랑집에서 시작하는 풍습이다.

※ [참고]: 혼인의 형태는 크게 취가혼(聚嫁婚)과 초서혼(招壻婚)으로 나누어진다. 취가혼은 혼인을 하여 처음부터 남자 집에서 사는 것인데, 이것은 철저한 남성 위주의 가부장적인 특성을 나타내는 혼인 풍습이다(조선 후기의 친영 제도). 이에 대하여 초서혼은 솔서혼(率壻婚) 또는 데릴사위라고도 하며, 평생 동안 처갓집에서 사는 경우와 어느 일정한 기간 동안만 사는 경우가 있는데, 남귀여가혼은 후자의 경우에 해당하는 혼인 형태이다. 기록상으로는 고구려의 서옥제에서 비롯된다.

• 여자의 지위가 상승하여 딸도 아들처럼 부모의 재산을 상속받았다[x]. [지12②] ☐

└여성의 재가가 비교적 자유롭게 이루어졌다[x]. [법11] ☐

[해설] 조선 후기에 이르러 대가족 중심의 종법 질서(가부장제)가 강화되어 여자의 지위는 도리어 하락하였다. / 여성의 재가가 비교적 자유롭게 이루어진 것은 고려 시대의 일이다.

- 17세기~18세기 초반 조선을 비롯한 삼국은 농업 기술이 발달하고 농경지가 늘어나서, 결과적으로 인구가 많이 증가하였다.

  [국14] ☐

  └ 18세기 중반 이후 조선의 급격한 인구 증가는 삼남 지방의 개발과 인구 유입 때문이었다[x]. [국14] ☐

  └ 명대 초기 1억 4천만 명 정도였던 중국의 인구는 청대 초기 3억 명을 돌파하였고, 19세기 중반에 4억 2천만 명에 이르렀다.

  [x] [국14] ☐

  └ 17세기 이후 일본의 인구는 정체 현상을 보이는데, 이러한 경향은 18세기까지 지속되었다[x]. [국14] ☐

[해설] [사진 자료: '인구 변화 추세 그래프' 참조] 조선, 중국(청), 일본 삼국은 17세기부터 18세기 초에 거쳐 인구가 급증하였는데 이는 농업 기술의 발달과 농경지의 증가 때문이었다. 동아시아 관련 내용으로 한국사 시험에 출제하는 것은 바람직하지 않다(이하 동일). / 조선의 경우 18세기 중반이 아닌 17세기 중반에 인구가 급증하였다. 18세기 중반경에는 증가하기는 하나 완만하다. / 명이 건국된 것은 1368년(14세기 후반)으로 1억이 되지 않았으며, 청은 1636년(17세기 전반)에 건국되었으므로 3억 명을 돌파했다는 설명은 그래프와 맞지 않는다(1.3억 명에서 1.4억 명 사이). / 일본의 인구는 17세기 초부터 정체된 것이 아니라 급증하기 시작하였으며, 18세기 중반까지 증가세가 이어지고 있다.

◉ 사진으로 보는 신분제의 동요와 향촌의 변화

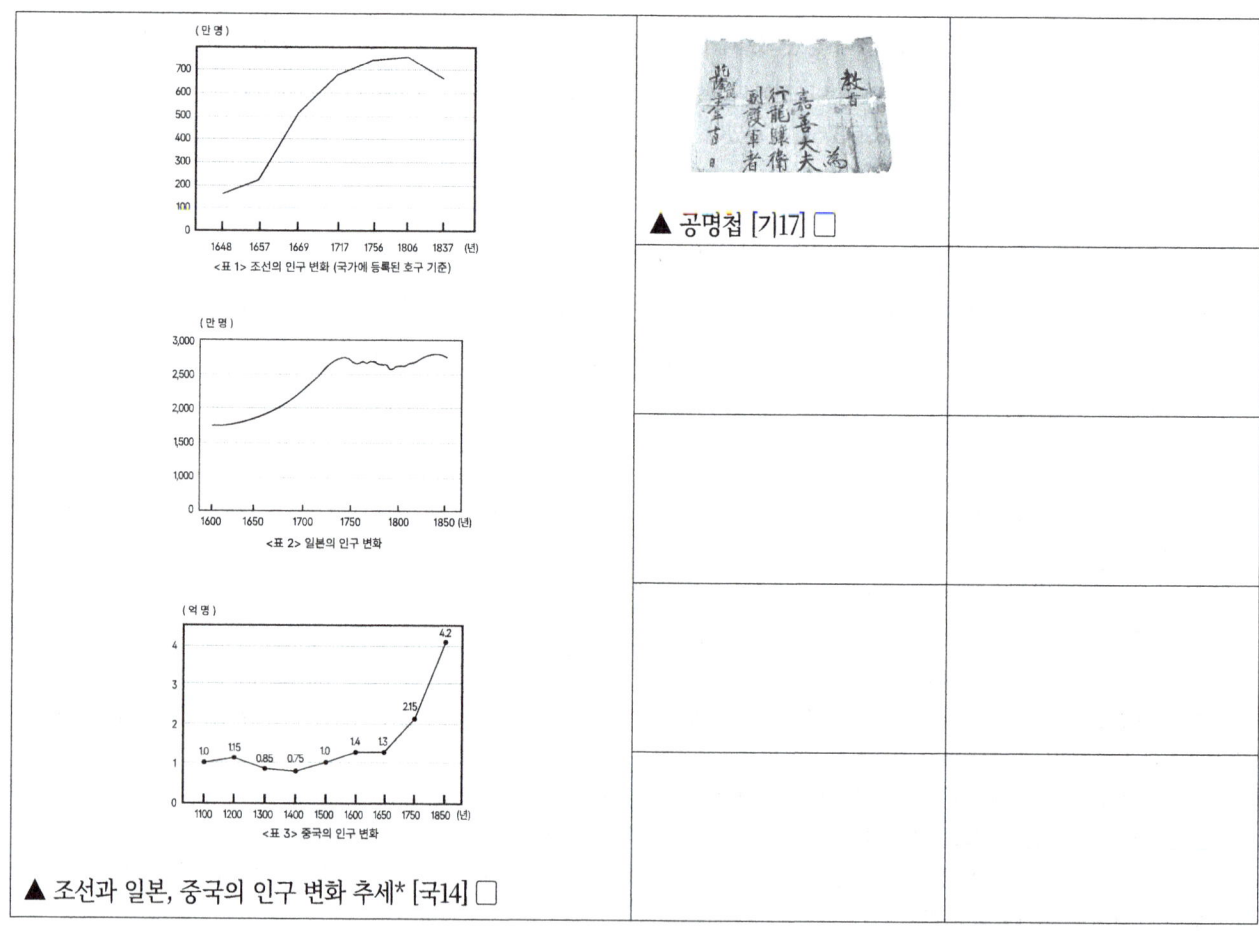

▲ 공명첩 [기17] ☐

▲ 조선과 일본, 중국의 인구 변화 추세* [국14] ☐

[해설] [국14] [인구 변화 추세 그래프] 조선, 일본, 중국의 인구 변화가 그래프로 제시되어 있는 바 정도의 차이는 있으나 17세기부터 18세기에 삼국 모두 인구가 폭발적으로 증가하고 있음을 알 수 있다.

주제 42 실학의 발전과 새로운 사상의 등장

1 성리학의 절대화와 실학의 등장

• [노론] 화이론적 명분론을 강화하고 성리학을 절대화하였다. [지13] ☐

[해설] 화이론적 명분론을 강화하고 성리학을 절대화한 이들은 서인, 그리고 이를 이은 노론이다.

• [성리학적 명분론] 경제적으로 지주 전호제를 관철시키려 하였다. [기12] ☐
└사회적으로 양반 중심의 지배 질서와 가족 제도에 응용되었다. [기12] ☐
└대외 관계는 존화양이 사상으로 17세기에 친명배금 정책을 수립하였다. [기12] ☐
└사상적으로 국초부터 성리학 이외의 사상과 학문 등은 철저히 배격하였다[x]. [기12] ☐

[해설] 성리학적 명분론은 경제적으로 지주 전호제를 관철시키려 하였다. 옳은 설명이긴 하지만 사실 좀 문제가 있는 선지이다. 왜냐 하면 성리학자들이 '명분'으로는 '(보국)안민'을 중요시하므로 토지 문제에서 자신들의 이익을 극대화하는 지주 전호제를 대놓고 주장하지는 않기 때문이다. 과전법이 시간이 지남에 따라 점점 무너져버리고 결국 명종 대에 이르러 전주 전객제가 소멸되고 지주 전호제가 확산되기 시작하였다. / 사회적으로 양반 중심의 지배 질서와 가족 제도에 성리학적 명분론이 응용되었다. / 대외 관계는 존화양이 사상으로 17세기에 친명배금 정책을 수립하였다. 하지만 이는 곧 정묘호란(1627, 인조 5)과 병자호란(1636, 인조 14)을 야기한 화근이 되었다. / 사상적으로 성리학 이외의 사상과 학문 등을 철저히 배격한 것은 조선 후기의 일이다. 국초에는 성리학 이외의 사상과 학문 등에도 비교적 관용적이었다(훈구파). 물론 삼봉 정도전(1342~1398)의 『불씨잡변』과 같이 불교에 대해 비판적인 견해가 존재하였지만 훈구파의 전체적인 성향이 그러하였다는 뜻이다.

• 윤휴는 주자의 사상과 다른 모습을 보여 사문난적으로 몰렸다. [국14] ☐
└유교 경전의 독자적 해석을 시도하여 사문난적으로 몰렸다. [법13] ☐
└주자의 학설을 비판하여 사문난적으로 몰렸다. [소20] ☐

[해설] 남인인 백호 윤휴(1617~1680)는 조선 숙종 때 주자의 사상과 다른 해석으로 (서인에게) 사문난적(斯文亂賊)*으로 몰려 죽임을 당하였다. / 이외에 미수 허목(1595~1682)[남인], 고산 윤선도(1587~1671)[남인], 명재 윤증(1629~1714)[소론], 서계 박세당(1629~1703)[소론] 등이 (서인·노론에게) 사문난적으로 비난받았다.

*사문난적(斯文亂賊): 주자적 유교(儒敎)에 대한 교리를 다르게 해석했던 이들을 비난하기 위해 사용된 말이다. 원래 유교 반대자를 비난하는 용어였으나 조선 중기 이후 당쟁이 격렬해지면서부터 그 뜻이 매우 배타적(排他的)이 되어 유교의 교리 자체를 반대하지 않더라도 그 교리의 해석을 주자(朱子)의 방법에 따르지 않는 사람들까지도 사문난적으로 몰았는데 송시열이 윤휴를 사문난적으로 몰았던 것이 대표적인 사례이다. 주류 붕당인 서인(이후 노론)이 다른 붕당을 공격[비판]하기 위해 사용한 이데올로기적 용어이다.

• [조선 후기의 사상 동향] 노론과 남인 간에 인성(人性)·물성(物性) 논쟁이 전개되었다[x]. [지17②] ☐
└호락논쟁은 인성과 물성이 같다고 주장하는 노론과, 다르다고 주장하는 소론 사이의 논쟁이다[x]. [지11①] ☐
└이황을 계승한 남인들은 인간과 사물의 본성에 관한 문제를 두고 호락논쟁을 벌였다[x]. [경12①] ☐

[해설] 호락논쟁(湖洛論爭)은 조선 후기에 기호학파인 노론 내부에서 인간과 사물의 본성이 같은지 다른지를 놓고 호론(湖論)과 낙론(洛論)으로 나뉘어 전개된 논쟁이다('호락시비' 혹은 '인물성동이논쟁'이라고도 함). 권상하(1641~1721), 한원진(1682~1751), 윤봉구(1683~1767) 등 충청도 일대에 기반을 둔 호론은 인성과 물성이 다르다는 인물성이론(人物性異論)을 주장하였고, 이간(1677~1727), 이재(1680~1746), 김창협(1651~1708) 등 한성과 경기 일대에 기반을 둔 낙론은 인성과 물성이 같다는 인물성동론(人物性同論)을 주장하였다. / 인성(人性)과 물성(物性) 논쟁이 (가장 치열하게) 전개된 것은 18세기 초기의 일이다. 같은 당파인 서인, 노론 계통의 학자인 한원진과 이간(권상하 문하) 사이에 특히 치열하게 전개되었다. 한원진은 인성과 물성이 (근본적으로) 다르다고 보는 인물성이론을 주장하였으며, 이간은 인성과 물성이 같다고 보는 인물성동론을 주장하였다. 인물성이론을 주장하는 학자들이 대부분 충청도에 살고 있어서 호학(湖學) 또는 호론(湖論)이라고 칭하였으며, 인물성동

론을 주장하는 학자들이 대부분 한성[서울]과 경기 지방에 살고 있어서 낙학(洛學) 또는 낙론(洛論)이라고 하였다.

- **[호락논쟁]** 18세기 중엽 노론 내부에 주기설과 주리설의 분파가 생겨 일어났다. [국13] □
  - 18세기에는 인간과 사물의 본성이 다르다고 주장하는 호론과, 이를 같다고 주장하는 낙론 사이에서 논쟁이 벌어졌다. [국14] □
  - 호론은 인성과 물성이 다르다고 보는 인물성이론을 내세웠다. [국13] □
  - 낙론은 인성과 물성이 같다는 인물성동론을 주장하였다. [국14] □
  - 호론은 북학파의 과학 기술 존중과 이용후생 사상으로 이어졌다[×]. [국14] □

[해설] 18세기에 기호학파인 노론 내부에서 인간과 사물의 본성이 같은지를 두고 호론과 낙론으로 나뉘어 호락논쟁이 전개되었다. 인간과 사물의 본성이 다르다는 주장이 '인물성이론'이고, 그렇지 않고 같다는 주장이 '인물성동론'이다. 권상하, 한원진 등 충청도 일대에 기반을 둔 호론은 인성과 물성이 다르다는 인물성이론을 주장하였다. 이간, 이재, 김창협 등 한성과 경기 일대에 기반을 둔 낙론은 인성과 물성이 같다는 인물성동론을 주장하였다. / [국14] 북학파의 과학 기술 존중과 이용후생 사상으로 이어진 것은 (호론이 아니라) 낙론이다. 호론은 북벌론 및 위정척사 사상에 영향을 주었다.

- **[호론]** 조선을 중화로, 청을 오랑캐로 보는 명분론으로 이어진다. [서22②] □
  - 주로 충청도 지역의 학자들이 중심이 되었다. [서22②] □
  - 영조 때에 한원진과 윤봉구로 대표되는 충청도 노론은 인성(人性)과 물성(物性)은 다르다고 보는 '인물성이론(人物性異論)'을 내세웠다. [경18①] □
  - 한양 인근에 사는 노론들이 주류를 형성하였다[×]. [회18] □
  - 대표적인 학자로는 한원진이 있다. [서22②] □
  - 호론의 주장에는 청나라를 중화로 보려는 대의명분론이 깔려 있었다[×]. [경18①] □
  - 한말 위정척사 사상으로 계승되었다. [회18] □
  - 성리학 이해에 탄력적이었다[×]. [회18] □
  - 청의 문물을 도입하자고 주장하였다[×]. [회18] □
  - 강화학파의 형성에 기여하였다[×]. [회18] □

[해설] 조선을 중화로, 청을 오랑캐로 보는 (대의) 명분론으로 이어진 것은 호론(湖論)이다('명'이 아니라 '청'임에 주의). 호론의 주장은 북벌론을 이어받으면서 다시 한말의 위정척사 운동, 항일 의병 운동으로 이어졌다. / 주로 충청도 지역의 학자들이 중심이 된 것은 호론이다. 한양 인근에 사는 노론들이 주류를 형성한 것은 (호론이 아니라) 낙론(洛論)이다(한성과 경기 지역 중심). 호론은 충청도 지역을 중심으로 형성되었다. / 대표적인 학자로 한원진((1682~1751)이 주장한 것은 호론이다. 우암 송시열(1607~1689)로 대표되는 노론의 학통을 이어받은 남당 한원진(1682~1751)은 본연지성(本然之性)과 기질지성(氣質之性)의 관계를 논하면서 인성(人性)과 물성(物性)이 다르다는 전통적 입장, 즉 호론을 피력하였다[낙론을 주장한 외암 이간(서인 산림 권상하의 제자)과 논쟁]. 요컨대 한원진과 이간의 논쟁에서 호락논쟁이 발생하였다. / [회18] 성리학 이해에 탄력적이었던 이들은 성혼(1535~1598)의 사상을 계승한 소론들이었다. 양명학과 노장사상도 수용하였다. / 청의 문물을 도입하자고 주장한 이들은 박지원(1737~1805)과 박제가(1750~1805)로 대표되는 북학파들이다. / 강화학파의 형성에 기여한 인물은 양명학의 정제두(1649~1736)이다.

■ 호론(湖論) [회18] □

이(理)는 본래 하나이다. 그러나 형기를 초월하여 말하는 것이 있고, 기질로 인하여 이름 지은 것이 있고, 기질을 섞어 말한 것이 있다. 형기를 초월한 것으로 말하면, 곧 태극이라는 명칭이 이것으로, 만물의 이가 동일하다. 기질로 인하여 이름 지은 것으로 말하면, 곧 건순오상(健順五常)의 이름이 이것으로, 사람과 동물의 본성이 같지 않은 것이다. 기질이 섞여 있는 것으로 말한다면, 곧 선악의 성이 이것으로, 사람과 사람, 동물과 동물이 또한 같지 않은 것이다. -『남당집』-

[해설] 내용 중에 '사람과 동물의 본성이 같지 않다'는 표현이 있는데, 이것이 바로 조선 후기의 호락논쟁에서 '인간과 사물의 본성이 다르다(인물성이론)'고 본 호론(湖論)의 입장과 일치한다. 참고로『남당집』은 이이와 송시열로 대표되는 노론의 학통을 이어받은 남당 한원진(1682~1751)의 시문집으로, 여기서 그는 본연지성(本然之性)과 기질지성(氣質之性)의 관계를 논하여 인성(人性)과 물성(物性)이 다르다는 전통적 입장, 즉

호론을 피력하였다[낙론을 주장한 이간(서인 산림 권상하의 제자)과 논쟁].
*건순오상(健順五常): 건순과 오상의 덕을 뜻한다. 건순은 『주역』 건괘(乾卦)의 덕(德)인 건과 곤괘(坤卦)의 덕인 순이며, 오상은 인간이 하늘에서 받은 다섯 가지 덕, 즉 인의예지신(仁義禮智信)을 가리킨다.

- [낙론] 인간과 사물의 본성이 같다는 인물성동론의 입장을 보였다. [지13]
  - 이간, 김창협 등으로 대표되는 서울 중심의 노론은 인성과 물성이 같다는 '인물성동론(人物性同論)'을 주장하였다. [경18①]
  - 조선 후기 실학 운동으로 이어지는 사상적 기반이 되었다. [서22②]
  - 낙론의 주장은 북학파의 과학 기술 존중과 이용후생 사상으로 이어졌다. [경18①]

[해설] 인간과 사물의 본성이 같다는 '인물성동론(人物性同論)'은 기호학파 가운데 낙론(洛論)의 주장이다. 박지원, 박제가 등 중상주의 실학자들에게 계승되었다(박제가의 사상과 연관된 문제로 출제). / 조선 후기 실학 운동으로 이어지는 사상적 기반이 된 것은 (호론이 아니라) 낙론이다. 낙론의 주장은 북학파의 과학 기술 존중과 이용후생 사상으로 이어졌다.

- [서인(노론)] (가) - 명 황제의 제사를 지내기도 하였다. [경21①]
  - 명나라 신종에게 재조지은(再造之恩)을 갚기 위해 만동묘를 설치하였다. [경13①]
  - 괴산에 만동묘가 건립되었다. [경21②]

[해설] 명의 두 황제(신종과 의종)의 신위를 모시는 사당인 만동묘가 1704년(숙종 30) 충북 괴산(청천면 화양동)에 세워졌다. 기사환국(1689, 숙종 15)으로 우암 송시열(1607~1689)이 사사(賜死)될 때 송시열이 자신의 제자인 권상하(1641~1721)에게 유명(遺命)한 것을 권상하가 실행한 것이다. / [경21①]의 (가)는 서인(이후 노론) 세력을 가리킴.

- 창덕궁 안에 대보단을 설치하였다.* [회22]
  - 대보단(大報壇) 설치* [경17①]

[해설] 창덕궁 안에 대보단(大報壇)이 설치된 것은 숙종 30년인 1704년의 일이다. 임진왜란 때 원군을 보내주어 조선을 구해준 명 신종 만력제(재위 1572-1620, 제13대)의 은혜, 이른바 '재조지은(再造之恩)'을 기리기 위해서였다.

- [정제두] 강화학파를 형성하였다. [법20] [소21]
  - 양명학을 연구하여 강화학파를 형성하였다. [지24]
  - 양명학을 수용하여 강화학파를 형성하였다. [소20]
  - 지식과 행동의 통일을 주장하였으며, 강화학파를 이끌었다. [기18]

[해설] [처음에는 주자학을 공부하다가] 양명학을 연구[수용]하여 강화학파를 형성한 인물은 하곡 정제두(1649~1736)이다. 1709년(숙종 35) 강화도 하곡으로 옮겨 살면서 양명학 연구에 집중하였다(관직 잠시 지냄). 양명학은 심즉리(心卽理)를 내세우고, 지행합일[지행일치]의 실천을 위주로 하는 치양지설(致良知說)*을 주장한 신 유가 철학이다. / [기18] 지식과 행동의 통일은 곧 양명학의 지행합일론을 가리킨다.
*치양지설(致良知說): 만인의 선천적, 보편적 마음의 본체인 양지(良知)를 실현함을 뜻한다.

- [정제두] 존언, 만물일체설로 지행합일 이론을 체계화하였다.* [지13]

[해설] 『존언』, 『만물일치설』 등을 저술하여 양명학의 지행합일 이론을 체계화한 인물은 하곡 정제두이다(50세 전후 저술 추정).

- [소론] 정제두 등이 양명학을 본격적으로 수용하였다. [지16②]
  - 성리학을 중심에 두면서도 양명학의 심성론을 인정하였다. [지14②]
  - 소론 성리학자들은 양명학이나 노장사상 등을 수용하였다. [경12①]

[해설] 서인은 노론과 소론으로 분열하였는데 하곡 정제두(1649~1736) 등 소론이 양명학과 노장사상을 수용하였다. / 성리학에 중점을 두면서도 양명학의 심성론을 인정한 것은 소론이다 [소론의 영수 윤증(1629~1714)].

- [이수광] 『지봉유설』 [지20]

┗이수광이 『지봉유설』에서 마테오 리치의 『천주실의』를 소개하였다. [서22①] □

┗이수광은 『지봉유설』을 저술하여 문화 인식의 폭을 확대하였고, 한백겸은 『동국지리지』를 저술하여 우리나라의 역사 지리를 치밀하게 고증하였다. [경15①] □

┗지봉유설 [서18①] □

┗이수광 – 한백겸 [기13] □

[해설] 『지봉유설』을 지은 인물은 지봉 이수광(1563~1628)이다(1614, 광해군 6). 『지봉유설』은 광해군 대에 편찬된 우리나라 최초의 백과사전적인 저술이다[백과사전(유서)의 효시]. / 『지봉유설』에서 마테오 리치(1552~1610)의 『천주실의』가 소개되었다. 마테오 리치가 지은 『천주실의』가 한글로 번역된 것은 18세기 후반의 일이다. / 구암 한백겸(1552~1615)이 『동국지리지』를 저술하여 우리나라의 역사 지리를 치밀하게 고증한 것은 광해군 7년인 1615년의 일이다. / [기13] 지봉 이수광과 구암 한백겸은 조선 후기 실학의 개척자들로 평가받고 있다(비슷한 주장을 한 사람들로 묶는 문제).

• [중농학파와 중상학파] (가) 학파의 선구적인 인물은 유수원으로, 『반계수록』을 저술하였다[×]. [경15②] □

┗(나) 학파의 이익은 나라를 좀먹는 여섯 가지 폐단을 지적하였다[×]. [경15②] □

┗(나) 학파의 홍대용은 『의산문답』에서 지전설을 주장하였다. [경15②] □

┗(나) 학파의 박지원은 생산과 소비의 관계를 우물물에 비유하여 절약보다 소비를 권장해야 한다고 주장하였다[×]. [경15②] □

[해설] 해당 문제에서 '(가) 학파'는 중농학파를, '(나) 학파'는 중상학파를 가리킨다(관련 자료 참조). 중농학파의 선구적인 인물은 (유수원이 아니라) 반계 유형원(1622~1673)으로, 『반계수록』을 저술하였다(1670, 현종 11). / 성호 이익(1681~1763)은 (중상학파가 아니라) 중농학파로, 나라를 좀먹는 여섯 가지 폐단을 지적하였다. / 중상학파에 속하는 담헌 홍대용(1731~1783)은 『의산문답』에서 지전설을 주장하였다(1766, 영조 42). / 연암 박지원(1737~1805)이 중상학파인 것은 맞다. 하지만 (『북학의』에서) 생산과 소비의 관계를 우물물에 비유하여 절약보다 소비를 권장해야 한다고 주장한 이는 초정 박제가(1750~1805)이다(1778, 정조 2).

중농학파와 중상학파 [경15②]

18세기 전반에 농업 중심의 개혁론을 제시한 실학자들을 (가) 학파라고도 하는데, 이 학파는 공통적으로 농민 생활의 안정을 위한 토지 제도의 개혁을 중요하게 생각하였다. 이에 비하여 18세기 후반에 청나라 문물을 적극적으로 수용하여 이용후생에 힘쓰자고 주장한 이들은 (나) 학파라고도 한다.

[해설] 농업 중심의 개혁론을 펼친 중농학파와 상공업 중심의 개혁론을 펼친 중상학파에 대한 설명이다.

2 농업 중심의 개혁론

• 농촌 사회의 모순을 중점적으로 해결하려는 경세치용론이었다. [지13] □

┗경세치용학파 [기15] □

┗농민 생활의 안정을 위해 토지 제도의 개혁을 적극 주장하였다(경세치용학파). [기15] □

[해설] 경세치용론을 주장한 대표 인물로는 유형원, 이익, 정약용 등이 있다. 경세치용학파 또는 중농주의 실학자라고 한다.

• [유형원] 반계수록 [국22] [회16] □

┗『반계수록』을 저술하였다. [서23] □

┗반계수록을 저술하였다. [법20] □

┗유형원, 『반계수록』 [경18②] □

┗농촌 사회의 현실을 스스로 체험하면서 『반계수록』을 썼다. [경12②] □

- 유형원은 백과사전적 성격을 지닌『반계수록』을 저술하였다[x]. [서15]
- 유형원은 '반계수록'을 저술하였고, 결부법 대신에 경무법을 사용할 것을 주장하였다. [경16②]
- 유형원은 '반계수록'에서 소비 촉진을 통한 생산력의 증대를 역설하였다[x]. [서15]
- 유형원 [서19②] [서18①]

[해설]『반계수록』은 균전제 및 농촌 사회와 민생에 관련된 제도의 개혁을 주장한 것으로, (중농주의 실학파의 선구자인) 반계 유형원(1622~1673)의 저술이다(1670, 현종 11)[『반계수록』을 저술한 시기는 대략 1659년(효종 10)에서 1664년(현종 5) 사이로 추정]. / [서15]『반계수록』은 주로 나라를 다스리는 데 필요한 제도 개혁의 방법을 다루고 있다. 농업이나 상업 문제 외에도 백성들의 교육이나 관리 제도의 개혁, 군사 조직의 개편, 노비 세습 폐지 등 개혁 관련 사항을 을 다루고 있지 백과사전적 성격을 지녔다고 볼 수는 없다. / [경16②] 유형원은 문서상에서만 확인할 수 있고 동시에 세금을 걷기 위한 제도인 결부법(結負法)을 실지 면적을 단위로 하는 경무법(頃畝法)으로 개혁하여 정확한 (토지) 측량을 실시해야 한다고 주장하였다. 참고로 토지 조사 사업이 끝나는 1918년에 일제는「조선지세령」을 개정해 토지 비옥도에 따라 과세 토지의 면적이 다르게 산정되던 결부제를 폐지하였다. 그 대신 평(坪)과 정보(町步)라는 면적 단위를 기준으로, 토지의 절대 면적을 파악하고 해당 토지의 가격에 비례해 지세를 부과하였다. / 소비 촉진을 통한 생산력의 증대를 역설한 이는 [반계 유형원(1622~1673)이 아니라] 초정 박제가(1750-1805)이다. 또한 반계 유형원은 (이용후생학파가 아니라) 경세치용학파에 속한다.

- [유형원] 호구에 부과하던 역역을 토지에 일괄 부과함으로써 민생 안정과 국가 재정을 충실히 할 것을 내세웠다.* [경13①]

[해설] 반계 유형원(1622~1673)의 주장이다. 역역(力役)이란 전통적 수취 체제인 조(租)·용(庸)·조(調) 가운데 백성의 노동력을 무상으로 징발하는 용(庸)에 해당된다. 조선 시대는 역(役)의 하나인 요역(徭役)을 가리킨다[불특정 민을 징발, 요역 외 특정 인신에게 부과하는 신역·직역 있음]. 요부(徭賦)·잡역(雜役)·호역(戶役)·부역(賦役) 등이라고도 하였다.

- 유형원은 농촌 사회의 안정을 위해 토지 재분배가 필요하다고 주장했다. [서24①]

[해설] 반계 유형원(1622~1673)은『반계수록』에서 사·농·공·상 신분에 따라 토지를 차등 있게 재분배하여 자영농을 육성할 것을 주장하였다(균전론). 호구에 부과하던 역역을 토지에 일괄 부과함으로써 민생 안정과 국가 재정의 충실을 기하고자 한 것이다.

- [유형원] 균전론을 내세워 사농공상 직업에 따라 토지를 분배하여 자영농을 육성할 것을 주장하였다. [서20]
  - 사·농·공·상 모두에게 차등을 두어 토지를 재분배함으로써 모든 국민을 자영농으로 안정시키고자 하였다. [경13②]
  - 『반계수록』에서 신분에 따라 토지를 차등 있게 재분배하자고 주장하였다. [국17①]
  - 유형원의 균전론은 신분에 따른 토지 차등 분배를 주장하였다. [경12③]
  - 신분에 따라 차등 있게 토지를 분배하는 균전론을 내세웠다. [법23]
  - 신분에 따라 차등 있게 토지를 재분배하고, 조세와 병역도 조정하자! [기14]
  - 관리, 선비, 농민 등에게 차등을 두어 토지를 분배할 것을 주장하였다. [법18]
  - ㉡은 관리, 선비, 농민 등에게 차등을 두어 토지를 분배하자는 토지 개혁론의 일부이다. [경19②]
  - 신분 차별 없이 모든 사람에게 균등한 토지 분배를 강조하였다[x]. [법18]
  - 정약용: 농업 중심 개혁론의 선구자로 균전론을 제시하였다[x]. [서14]
  - 유형원은 한 가정의 생활을 유지하는 데 필요한 규모의 토지를 영업전으로 정한 다음, 영업전은 법으로 매매를 금지하고, 나머지 토지만 매매를 허용하자는 균전론(均田論)을 주장하였다[x]. [경15①] (이익의 한전론)
- 균전 [서17①]

[해설] 균전론을 내세워 사농공상 직업에 따라 토지를 분배하여 자영농을 육성할 것을 주장한 학자는 반계 유형원(1622~1673)이다. 호구(戶口)에 부과하던 역역을 토지에 일괄 부과함으로써 민생 안정과 국가 재정의 충실을 기하고자 한 것이다. 유형원이『반계수록』을 저술한 것은 대략 1659년(효종 10)에서 1664년(현종 5) 사이로 추정된다. / 다산 정약용(1762~1836)은 실학을 집대성한 인물로 공동 농장 제도인 여전론과 정전제를 주장하였다. / [경19②] ㉡은 해당 문제에서 '연암 박지원의 한전론(자료명)'을 가리키나 무시함. / 한 가정의 생활을 유지하는 데 필요한 규모의 토지를 영업전으로 정한 다음, 영업전은 법으로 매매를 금지하고, 나머지 토지만 매매를 허용하자는 주장은 [유형원의 균전론(均田論)이 아니라] 이익의 한전론이다.

■ 반계 유형원의 균전론[균전제] [서17①] [법18] □

- 중농학파인 유형원은 토지 개혁을 주장하였는데, "반계수록"에서 자영농을 육성하는 방법으로 (가) 을/를 주장하였다.

[해설] 반계 유형원(1622~1673)이 주장한 토지 개혁론은 '균전론'이다. 관리, 선비, 농민 등에게 차등을 두어 토지를 분배할 것을 주장하였다.

- (㉡) 법은 시행할 수 없다. (㉡)은 농지와 인구를 계산하여 분배해 주는 것인데, 호구의 증감이 달마다 다르고 해마다 다르다. 금년에는 갑의 비율로 분배하였다가 명년에는 을의 비율로 분배해야 하므로 조그마한 차이는 산수에 능한 자라도 살필 수 없고 토지의 비옥도가 경마다 묘마다 달라 한정이 없으니, 어떻게 균등하게 하겠는가.

[해설] (주어진 자료의 아래 문단) '농지와 인구를 계산하여 분배해 주는 것'은 유형원이 주장하는 균전론과 관련이 있다. 유형원은 국유 토지를 관리, 양반, 농민 등에게 차등을 두어 토지를 재분배하고 자영농을 육성하자고 주장하였다.

- 유형원: 자영농 육성을 위한 토지제의 개혁뿐만 아니라 양반 문벌제도, 과거제, 노비제의 모순도 지적하였다. [서14] □
  └유형원 – 노비 제도를 근절시켜 평등 사회를 형성하자고 주장하였다[x]. [경11②] □

[해설] 반계 유형원(1622~1673)은 자영농 육성을 위해 균전론을 주장하고, 양반 문벌제도, 과거제, 노비제 등 신분제를 비판하였다(성호 이익도 폐단 지적). / 유형원이 노비 제도의 문제점에 주목하고 노비의 세습제를 개혁하거나 여러 다른 방법으로 노비의 수를 줄여가야 한다고 주장한 것은 맞다. 하지만 그렇다고 하여 '평등 사회를 형성 '하자고 주장한 것은 아니다. 노비 제도 대신 고공(雇工) 제도를 실시해야 한다고 보았는데 이는 곧 유형원의 생각이 자영 농민을 육성(자연히 노비는 줄이거나 최종적으로는 없애는 것)하여 민생의 안정과 국가 경제를 바로잡는 데 있었기 때문이다 (경자유전의 원칙과 균전제 주장).

- [유형원] 자영농을 중심으로 군사와 교육 제도를 재정비해야 한다. [법20] □

[해설] 자영농을 중심으로 군사와 교육 제도를 재정비해야 한다는 주장을 한 인물은 반계 유형원(1622~1673)이다(『반계수록』). 균전제를 실시하여 자영농을 육성하고, 그것을 바탕으로 하여 교육과 과거, 관직의 정비, 국방과 군사 제도 등의 개혁을 두루 논하였다(주의).

- [이익] 성호사설 [국22] [서18①] [회16] □
  └『성호사설』을 저술하였다. [서23] □
  └성호사설을 저술하였다. [법20] □
  └이익,『성호사설』 [경18②] □
  └천지·인사·만물·경사·시문 등 5개 부문으로 나누어 우리나라와 중국의 문화를 백과사전식으로 소개·비판한『성호사설』을 저술하였다. [서18①] □

[해설] 『성호사설』은 성호 이익(1681~1763)의 대표적 저술이다. 평소에 기록해 둔 글과 제자들의 질문에 답한 내용을 집안 조카들이 정리한 것이다 (1740년경, 영조 16년경).

■ 성호사설과 이익의 주장 [경13①] [소18②] □

- ㉠ 은(는) 천지, 만물, 인사, 경사, 시문 등 5개 부문으로 나누어 우리나라 및 중국의 문화를 백과사전식으로 소개·비판한 책을 지었다. ㉠ 은(는) 붕당이 선비들의 먹이다툼에서 생겼다고 보고 선비들도 농사를 짓고, 과거 시험의 주기를 3년에서 5년으로 늘려 합격자를 줄일 것을 주장했다.

[해설] 주어진 자료 속 '㉠'은 성호 이익(1681~1763)을 가리키고, 지은 책은 곧『성호사설』을 가리킨다.

- 한문으로 번역된 서양 학문들을 접하면서 더욱 영역이 확대되고 깊이가 심화되었고, 많은 제자를 길러 학파를 형성하였다.『성호사설』은 그의 대표적인 저서이다.

[해설] 주어진 자료는 조선 후기의 대표적인 중농학파 성호 이익(1681~1763)을 가리킨다.

- [이익] 성호학파를 형성하였다. [법19] □
  └ 노론 계열의 실학자이다[x]. [법19] □
  └ 이익은 전라도 부안의 우반동에서 제자들을 양성했다[x].* [서24①] □

[해설] 성호 이익을 중심으로 성호학파 또는 이익학파가 형성되었다(경세치용학파로 칭하기도 함)(주의). / 성호 이익(1681~1763)은 노론 계열의 실학자가 아니라 남인이다. 주요 중농학파(경세치용학파) 실학자인 유형원과 정약용 역시 모두 남인이다. / [서24①] 전라도 부안의 우반동에 칩거한 인물은 (성호 이익이 아니라) 반계 유형원(1622~1673)이다. 유형원은 혼란한 세상을 피해 32세에 부안 우반동에 들어와 52세에 사망할 때까지 오로지 학문 연구에만 몰두하였다.

- 이익은 『곽우록』을 저술하여 국가 제도 전반에 대한 의견을 제시하였다. [서15] □
  └ 『곽우록』을 저술하여 국가적 문제의 해결책을 제시하고자 하였다. [기19] □
  └ 『곽우록』에서 토지 매매를 제한하는 한전제를 제시하였다. [회22] □
  └ 토지의 매매를 제한하는 한전론을 주장하였다. [지24] □
  └ 토지 소유에서 한전론을 주장하였다. [경21①] □
  └ 토지 소주의 상한선을 정하여 겸병 방지를 주장하고 『곽우록』을 썼다. [경12②] □
  └ (가) - 매매할 수 없는 토지를 통한 자영농 육성을 주장하였다. [소18②] □
  └ 자영농 육성을 위한 한전론을 주장하였다. [회17] □
  └ 이익은 토지 제도 개혁론으로 한전론을 주장하고, 나라를 좀먹는 여섯 가지의 폐단을 지적하였다. [경17①] □
  └ 이익이 관리, 선비, 농민 등 신분에 따라 차등 있게 토지를 재분배하자는 한전론(限田論)을 주장하고, 나라를 좀먹는 여섯 가지의 폐단을 지적하기도 하였다[x]. [경15①] □
  └ ㉠은 『곽우록』의 내용으로 조선 후기 상품 작물 경작의 현실을 반영하여 토지 소유의 상한선을 제시하였다[x]. [경19②] □
  └ ㉠은 한 마을 사람들이 토지를 공동 경작한 후 균등하게 분배한다는 토지 개혁론과 관계가 있다[x]. [경19②] □
  └ 곽우록 [법16] □

[해설] 성호 이익(1681~1763)은 『곽우록』*을 통해 한전론[한전제] 등 국가 제도 전반에 대한 의견을 제시하였다(국가적 당면 문제의 해결책 제시). / 『곽우록』에서 토지 매매를 제한하는 한전제(限田論)를 제시한 인물은 성호 이익(1681~1763)이다(저술 연대 미상). 이익은 자영농의 몰락을 막기 위하여 기본적인 생활에 필요한 최소한의 토지이자 매매 불가능한 영업전(永業田)을 설정[할당]하였다(일종의 '토지 소유의 하한선' 제시). / 토지 소유에서 한전론을 주장한 인물은 성호 이익(1681~1763)이다. 참고로 연암 박지원도 한전론적 토지 개혁안[한전론]의 중요성을 인정하는 주장을 펼친 바 있다[『연암집(燕巖集)』의 「한민명전의(限民名田議)」, 1799(정조 23)]. / [경15①] 관리, 선비, 농민 등 신분에 따라 차등 있게 토지를 재분배하자는 주장[균전론]을 한 실학자는 유형원(1622~1673)이다. / [경19②]의 ㉠은 '성호 이익의 한전론[한전제]'(자료명)으로 자영농의 몰락을 막기 위하여 기본적인 생활에 필요한 최소한의 토지이자 매매 불가능한 영업전을 설정[할당]해 주자는 『곽우록』의 내용을 담고 있다(일종의 '토지 소유의 하한선' 제시)(토지 소유의 상한선 x). 한 마을 사람들이 토지를 공동 경작한 후 균등하게 분배한다는 토지 개혁론은 다산 정약용(1762~1836)의 여전론이다.

*『곽우록』: '곽우록(藿憂錄)'이란 책명은 재야에 있는 평민은 국가의 문제를 논할 자격이 없지만, 국가 정책이 잘못되면 백성이 직접 피해를 입기 때문에 이를 좌시할 수 없어 분수에 넘치는 안을 제시하는 '천민의 걱정'이라는 뜻으로 붙인 이름이다(저술 연대 미상).

- [이익] 영업전을 설정하여 최소한의 농민 생활을 보장하고자 하였다. [법18] □
  └ 이익의 한전론은 영업전 이외의 토지 매매 허용을 주장하였다. [경12③] □
  └ 이익 - 영업전의 매매를 허가하는 한전론의 실시를 주장하였다[x]. [경11②] □
  └ 국가는 한 집의 재산을 계산하여 토지 몇 부(負)를 한 호의 영업전으로 한다. [회24] □
  └ 농가 경제를 안정시키는 방법으로 매 호마다 영업전(永業田)을 갖게 하고, 그 나머지 토지는 매매를 허락하여 토지 균등을 이루자고 주장하였다. [경13①] □

┗한 가정의 생활을 유지하는 데 필요한 최소한의 토지는 국가에서 지급하자! [기14] □

┗한전 [서17①] □

┗이익 [서19②] □

[해설] 영업전(永業田)*을 설정하여 최소한의 농민 생활을 보장하고자 한 것은 성호 이익(1681-1763)이다. 이익은 『곽우록』에서 토지[영업전] 매매를 제한하는 한전론을 제시하였다(집필 시기 미상). / 성호 이익의 한전론은 영업전 이외의 토지 매매 허용을 주장하였다. 더 정확하게 표현하면, 영업전을 설정하고 이의 매매를 금지할 것을 주장하였다.

*영업전(永業田): 본래 중국의 당에서 균전제를 실시하면서 지목을 자손에게 상속하는 영업전과 국가에서 환수하여 다시 분배하는 구분전으로 나눈 데서 비롯되었다. 그리고 고려의 영업전은 이와 달리 국가의 직역 체계에 포섭된 지배층만이 분급 대상이었으며 상속도 직역을 승계할 때만 가능하였다(직역의 자동 승계, 즉 직역 세습이 예견되는 양반, 서리, 군인 등이 주된 지급 대상).

■ 성호 이익의 한전론(한전법) [서19②] [서18①] [법23] [법19] [회23] [경19②] □

- 국가는 마땅히 한 집의 재산을 헤아려 전(田) 몇 부(負)를 한정하여 1호(戶)의 영업전(永業田)을 삼기를 당나라의 조제(租制)처럼 해야 한다. 그렇다고 해서 많이 소유한 자의 것을 줄이거나 빼앗지 않고, 모자라게 소유한 자라고 해서 더 주지 않는다. 돈이 있어 사고자 하는 자는 비록 천백 결(結)이라도 모두 허가하고, 토지가 많아 팔고자 하는 자도 단지 영업전 몇 부 이외에는 역시 허가한다.

[해설] 주어진 자료는 실학자 성호 이익(1681~1763)이 『곽우록』에서 밝힌 한전론(限田論)이다. 이익은 자영농의 몰락을 막기 위하여 기본적인 생활에 필요한 최소한의 토지이자 매매 불가능한 영업전을 설정(할당)하였다(일종의 '토지 소유의 하한선' 제시).

*부(負): 토지(농토) 면적 또는 수확량을 나타내는 단위

- 국가는 마땅히 한 집의 재산을 헤아려서 토지 몇 부를 한 집의 영업전으로 하여 당나라의 제도처럼 한다. 땅이 많은 자는 빼앗아 줄이지 않고 모자라는 자도 더 주지 않는다. 돈이 있어 사고자 하는 자는 비록 1,000결이라도 허락해 준다. …… 오직 영업전 몇 부 안에서 사고파는 것만을 철저히 살핀다. …… 사는 자는 다른 사람의 영업전을 빼앗은 죄로 다스리고, 구입한 자는 값을 따지지 않고 그 땅을 다시 돌려준다.

[해설] 위와 같은 내용의 자료이다.

- 국가는 마땅히 한 집의 생활에 맞추어 재산을 계산해서 토지 몇 부(負)를 한 호[1호]의 영업전으로 한다. [그러나] 땅이 많은 자는 빼앗아 줄이지 않고 미치지 못하는 자도 더 주지 않으며, 돈이 있어 사고자 하는 자는 비록 천백 결이라도 허락해[허락하여] 주고, 땅이 많아서 팔고자 하는 자는 다만 영업전 몇 부 이외에는 허가한다[허락하여 준다]. (중복 출제)

[해설] 국가가 토지 몇 부(負)를 한 호의 영업전으로 한다는 내용, 땅이 많아서 팔고자 하는 자는 영업전 몇 부 이외에는 허락한다는 내용을 통해 성호 이익(1681~1763)이 『곽우록』에서 주장한 한전론(限田論)을 가리킴을 알 수 있다.

- 국가는 마땅히 한 집의 재산을 헤아리고 전(田) 몇 부(負)를 한정하여 1호(戶)의 영업전(永業田)으로 삼는다. … 가난한 백성이 만약 현재 남아 있는 토지를 가지고 항구적으로 생업을 영위할 토대로 삼는다면 어찌 조금은 도움이 되는 방법이 아니겠는가.

[해설] 주어진 자료는 성호 이익(1681~1763)이 『곽우록』에서 제시한 (토지 매매를 제한하는) 한전론(限田論)을 가리킨다.

- 국가는 한 집의 재산을 올바로 측량하고 농토 및 부(負)를 한정하여 한 집의 영업전으로 만들어 주되 당나라 제도처럼 운영한다. 농토가 많은 사람은 빼앗지 않고, 모자라는 사람에게도 더 주지 않으며 [중략] 농토가 많아서 팔려고 하는 사람에게도 영업전 몇 부를 제외하고는 역시 허락한다.

[해설] 위와 같은 내용의 자료이다.

- [이익] (가)를 주장한 인물은 천주교를 수용했다[✗]. [회23] □

└(가)를 주장한 인물은 유배지에서 실학을 집대성했다[x]. [회23] □

[해설] 성호 이익은 서학은 (학문적 차원에서) 수용하였으나 천주교에 대해서는 거리를 두고 경계하였다. 해당 문제에서 (가)는 이익의 한전론을 가리킴. / 유배지에서 실학을 집대성한 인물은 다산 정약용(1762~1836)이다. 전남 강진의 다산 초당이 대표적인 유배지이다.

- [이익] 나라를 좀먹는 여섯 가지의 폐단을 지적하였다. [법23] □
└이익은 나라를 좀먹는 악폐로 노비 제도, 과거 제도, 양반 문벌, 사치와 미신, 승려, 게으름 등을 들었다. [지11①] □
└이익은 노비 제도, 과거 제도, 양반 문벌 제도, 사치와 미친 숭배, 성리학, 게으름 등 여섯 가지를 '나라의 좀'이라고 규정하여 그 시정을 주장하였다[x]. [경16②] □
└노비제, 과거제 등 여섯 가지를 '나라의 좀'으로 규정하였다. [경21②] □

[해설] 성호 이익(1681~1763)은 나라를 좀먹는 6가지 악폐로 노비 제도, 과거 제도, 양반 문벌, 사치와 미신, 승려, 게으름을 들었다. / [경16②] '성리학'이 아니라 '승려'이다.

- [이익] 화폐 제도의 문제점을 지적하며 폐전론을 주장하였다. [서21] □
└화폐를 폐지할 것을 주장하였다. [회24] □

[해설] 화폐 제도의 문제점을 지적하며 폐전론(廢錢論)을 주장한 인물은 성호 이익(11681~1763)이다(『성호사설』「만물문」).

- [정약용] (나): 중농학파/대표 저서 '여유당전서' [법16] □

[해설] 대표 저서가 '여유당전서'인 중농학파는 다산 정약용(1762~1836)이다.

■ 탕론(정약용) [회24] [경21②] □

- 대체 천자는 어찌하여 있게 되었는가? 다섯 가(家)가 하나의 인(隣)이 되는데, 다섯 가의 추대를 받은 자가 인장(隣長)이 될 것이며 …… 다섯 인이 일 리(里)가 되는데 다섯 인의 추대를 받은 자가 이장(里長)이 될 것이며 …… 여러 현의 우두머리들의 공동 추대를 받은 자가 제후가 될 것이며, 제후들의 공동 추대를 받은 자가 천자가 될 것이므로, 천자란 무릇 군중이 밀어서 그 자리에 오른 것이다.

[해설] 다산 정약용(1762~1836)의 「탕론(湯論)」이다(『여유당전서』잡문)(정조 21년인 1797년 황해도 곡산 부사를 마친 뒤에 집필한 것으로 추정). 「탕론(湯論)」은 무도한 하(夏)의 걸왕(桀王)을 멸하고 은(殷)을 세운 탕왕(湯王)을 변호하면서, 역성혁명(易姓革命)의 정당성을 옹호한 논설이다.

- 무릇 천자란 무엇 때문에 있는 것인가. 하늘이 천자를 공중에서 내려보내서 세운 것인가, 아니면 땅에서 솟아나게 하여 천자가 된 것인가. …… 여러 현장(縣長)들이 함께 추대한 자가 제후가 되며, 제후들이 함께 추대한 자가 천자가 되니, 천자란 민중이 추내하여 만든 것이다.

[해설] 위와 같은 내용의 자료이다.

■ 기예론(정약용) [기18] □

어찌하여 하늘은 천한 금수(禽獸)에게 후하게 하고 귀하게 해야 할 인간에게는 야박하게 하였는가. 그것은 인간에게는 지혜로운 생각과 교묘한 궁리가 있으므로 기예(技藝)를 익혀서 제 힘으로 살아가게 한 것이다. …… 온갖 공장의 기예가 정교하면 궁실과 기구를 만들고 성곽과 배, 수레, 가마 따위도 모두 편리하고 튼튼하게 될 것이니, 진실로 그 방법을 다 알아서 힘껏 시행한다면 나라는 부유해지고 군사는 강성해지고 백성도 부유하면서 오래 살 수 있을 것인데 이를 알면서도 고치지 않는구나.

[해설] 다산 정약용(1763~1836)의 「기예론」이다(『여유당전서』)(1800년 전후 집필 추정, 3부로 구성). 이 글에서 정약용은 기술 발달을 역사의 발전으로 보고 대중을 역사 발전의 동인으로 파악하는, '진보론적' 학자의 면모를 보여준다. 맥락은 다소 다르지만 교산 허균의 「유재론」과 함께 읽어볼 필요가 있다.

- [정약용] 토지 개혁을 위해 여전제 실시를 제안하였다. [지16①] ☐
  - (나)는 여전론을 토지 제도 개혁안으로 제시하였다. [법16] ☐
  - 정약용 – 일종의 공동 농장 제도인 여전제를 주장하였다. [경11②] ☐
  - 정약용의 여전론은 토지 공동 소유·경작, 수확물 공동 배분을 주장하였다. [경12③] ☐
  - 마을 단위로 토지를 공동 경작하여 분배할 것을 제안하였다(여전론). [서21] ☐
  - 마을 토지를 공동 경작하고, 노동량에 따라 소득을 분배할 것을 주장하였다(여전론). [기18] ☐
  - 한 마을을 단위로 토지를 공동 소유하고 공동 경작할 것을 강조하였다(여전론). [법18] ☐
  - 토지를 공동으로 소유·경작하여, 노동량에 따라 수확량을 배분하자고 제안했다(여전론). [경20②] ☐
  - (가) - 토지를 공동 경작하여 노동량에 따라 분배하는 여전론을 주장하였다. [소18②] ☐
  - 30호 정도를 1여(閭)로 만들고, 여민(閭民)이 여(閭)의 토지를 공동으로 경작하도록 한다. [회24] ☐
  - 처음에는 여전론, 이후에는 정전제를 내세워 자영농 육성을 위한 토지 제도 개혁을 주장하였다. [서20] ☐
  - 정전제를 현실에 맞게 실시할 것을 주장하였다. [회17] ☐
  - 여전론을 제안하였다. [법19] [회24] ☐
  - 여전론을 주장하였다. [소21] ☐
  - 정약용 [서19②] ☐
  - 여전 [서17①] ☐
  - 정전 [서17①] ☐

[해설] 여전제[여전법] 실시를 제안한 인물은 다산 정약용(1762~1836)이다(여전론). 여전제는 한 마을을 단위로 토지를 공동 소유·경작하고 노동량에 따라 수확물을 분배하는 공동 농장 제도이다. / 정약용은 중국의 정전제, 유형원의 균전론, 이익의 한전론을 모두 비판하고 한 마을을 단위로 하여 토지를 공동으로 소유하고, 공동으로 경작하여 노동량에 따라 분배하는 여전론과 국가가 장기적으로 토지를 사들여 농민들에게 나누어주고 자영농을 육성해야 한다는 정전제를 주장하였다(정전론). / [소18②]의 (가)는 성호 이익을 가리키나 무시함.

■ **여전론[여전법]** [서23] [서19②] [법20] [경12②] ☐

- 지금 농사를 하고자 하는 사람은 토지를 얻고, 농사를 하지 않는 사람은 토지를 얻지 못하도록 한다. 즉 여전(閭田)의 법을 시행하면 나의 뜻을 이룰 수 있을 것이다. …… 무릇 1여의 토지는 1여의 사람들로 하여금 공동으로 경작하게 하고, 내 땅 네 땅의 구분 없이 오직 여장의 명령만을 따른다. 매 사람마다의 노동량은 매일 여장이 장부에 기록한다. 가을이 되면 무릇 오곡의 수확물을 모두 여장의 집으로 보내어 그 식량을 분배한다. 먼저 국가에 바치는 공세를 제하고, 다음으로 여장의 녹을 제하며, 그 나머지를 날마다 일한 것을 기록한 장부에 의거하여 여민들에게 분배한다.

[해설] 주어진 자료 속 밑줄 친 '나'는 다산 정약용(1762~1836)을 가리킨다. 정약용의 여전론[여전법]이다.

- 무릇 1여의 토지는 사람들에게 공동으로 경작하게 하고, 내 땅 네 땅의 구분 없이 오직 여장의 명령만을 따른다. 매 사람의 노동량은 매일 여장이 장부에 기록한다. …… 국가에 바치는 공세를 제하고, 다음으로 여장의 녹봉을 제하며, 그 나머지를 날마다 일한 것을 기록한 장부에 의거하여 여민들에게 분배한다.

[해설] 주어진 자료 속 '주장'은 여전론이고, 주장한 이는 다산 정약용(1762~1836)이다..

- 산과 강을 지세 기준으로 구역을 획정하여 경계를 삼고, 그 경계선 안에 포괄되어 있는 지역을 1여로 한다. 여(閭) 셋을 합쳐서 이(里)라 하고 이 다섯을 합쳐서 방(坊)이라 하고 방 다섯을 합쳐서 읍(邑)이라 한다. 1여에는 여장(閭長)을 두며 무릇 1여의 토지는 1여의 인민이 공동으로 경작하도록 하고, 내 땅 네 땅의 구별을 없이 하며 오직 여장의 명령에만 따른다.

[해설] 위와 같은 내용의 자료이다. 중복되는 부분에 유념해서 읽어보도록 한다.

- 정약용은 『반계수록』에서 정전론을 주장하였다[x]. [경12③] □
[해설] 다산 정약용(1762~1836)이 정전론을 주장한 것은 맞지만, 『반계수록』은 반계 유형원(1622~1673)의 저술이다(1670, 현종 11).

■ **정전제[정전법]** [서17①] □

(㉠) 법은 시행할 수 없다. (㉠)은 모두 한전이었는데, 수리시설이 갖춰지고 메벼와 찰벼가 맛이 좋으니 수전을 버리겠는가. (㉠)이란 평평한 농지인데 나무를 베어 내노라 힘을 들였고 산과 골짜기가 이미 개간되었으니, 이러한 밭을 버리겠는가.

[해설] (위 문단에서) '한전', '평평한 농지(평전)'라는 말이 나온다. 정약용은 고대 중국에서 정전제가 가능했던 이유로 중국의 토지가 한전과 평전으로 이루어졌기 때문이며 수전과 산전이 많은 조선에서는 중국의 정전제를 그대로 적용하기 힘들다고 주장하였다. 정약용은 대신 국가가 장기적으로 토지를 사들여 농민들에게 나누어주고 자영농을 육성하는 정전제를 주장하였다(정전론).

- [정약용] 목민심서 [국22] [회16] □
  └ 『목민심서』를 저술하였다. [서23] □
  └ 목민심서를 저술하였다. [법20] □
  └ 『목민심서』를 저술하는 등 실학을 집대성하였다. [서18①] □
  └ '목민심서'와 '경세유표' 등의 저술을 남겼다. [법23] □
  └ 『목민심서』, 『경세유표』 등을 저술하였다. [경21②] □

[해설] 『목민심서』는 지방관[수령]의 도리와 역할에 대해 논한 것으로, 다산 정약용(1762~1836)의 저술이다(1818, 순조 18). / 『경세유표』는 국가 제도의 개혁 방향을 제시한 저술이다(1817, 순조 17).

■ **목민심서(정약용)** [지17①] □

오늘날 백성을 다스리는 자는 백성에게서 걷어들이는 데만 급급하고 백성을 부양하는 방법은 알지 못한다. …… '심서(心書)'라고 이름 붙인 까닭은 무엇인가? 백성을 다스릴 마음은 있지만 몸소 실행할 수 없기 때문에 그렇게 이름 붙인 것이다.

[해설] '백성을 다스리는 자'라는 내용과 '심서(心書)'라는 말 등에서 다산 정약용(1762~1836)을 가리킴을 알 수 있다. 정약용의 『목민심서』는 지방관(목민관)의 도리에 관한 내용을 담고 있다.(1818, 순조 18)

- [정약용] 18년간 유배 생활을 하면서 『경세유표』를 썼다. [경12②] □
  └ 정약용은 지방 행정의 개혁에 대하여 쓴 「경세유표」, 중앙 행정의 개혁에 대하여 쓴 「목민심서」 등을 비롯하여 500여 권의 저술을 남겼다[x]. [경17①] □
  └ 정약용은 지방 행정의 개혁에 대하여 쓴 「경세유표」 등을 비롯하여 500여 권의 저술을 남겼다[x]. [경15①] □

[해설] 다산 정약용이 쓴 「경세유표」는 중앙 행정의 개혁에 대해 쓴 저술이고, 「목민심서」는 지방관(수령)의 도리와 역할에 대해 논한 것이다[각 1817(순조 17)/1818(순조18)]. 어떻게 보면 『목민심서』를 지방 행정의 개혁에 대해 쓴 저술로도 볼 수 있다. 정약용은 약 500여 권의 저술을 남겼다(『여유당전서』).

■ **경세유표(정약용)** [회17]

『주례』에 나타난 주나라 제도를 모범으로 하여 중앙과 지방의 정치 제도를 개혁해야 한다. 정치적 실권을 군주에게 몰아주고, 군주가 수령을 매개로 민을 직접 다스리도록 하되, 민의 자주권을 최대로 보장하여 아랫사람이 통치자를 추대하는 형식에 의하여 권력이 짜여져야 한다.

[해설] 주어진 자료는 중앙 행정의 개혁을 제시한 『경세유표』이며, 자료와 같은 주장을 펼친 인물은 다산 정약용(1762~1836)이다.

- [흠흠신서] 정약용은 '경세유표'에서 형옥의 임무를 맡은 관리들이 유의할 사항을 예로 들어 설명하였다[x]. [경16②]
[해설] 다산 정약용이 형옥의 임무를 맡은 관리들이 주의할 사항을 예로 들어 설명한 저술은 (『경세유표』가 아니라) 『흠흠신서』이다(1822, 순조 22). 『경세유표』는 중앙 행정의 개혁을 논한 저술이다.

- 유형원과 이익의 사상을 계승한 김정희는 토지 제도 개혁론을 비롯하여 많은 저술을 남겼다[x]. [국14]
[해설] 유형원과 이익의 사상을 계승하여 토지 제도 개혁론을 비롯한 많은 저술을 남긴 인물은 (김정희가 아닌) 다산 정약용이다. 추사 김정희(1786~1856)는 고증학과 금석학에 뛰어나 북한산 순수비를 고증하고, 서화에 뛰어나 추사체를 완성한 인물이다.

- [정약용] (나)는 서얼 출신으로 정조 때 규장각 관원으로 채용되었다[x]. [법16]
[해설] 서얼 출신으로 정조 때 규장각 관원[검서관]으로 채용된 실학자는 (정약용이 아니라) 초정 박제가(1750~1805)이다[문제에서 (나)는 정약용으로 제시]. 박제가 외에도 이덕무, 유득공, 서이수가 있다[이른바 '규장각 4검서(관)'].

- 정약용은 중국이 세계의 중심이라는 세계관을 거부하고 지구 자전을 주장했다[x]. [서24②]
[해설] 중국이 세계의 중심이라는 세계관을 거부하고 지구 자전설을 주장한 인물은 (정약용이 아니라) 담헌 홍대용(1731~1783)이다.

3 상공업 중심의 개혁론

- 이용후생학파 [기15]
  └청과 적극 교류하면서 선진 문물을 수용하려 하였다(이용후생학파). [기15]
- 유수원: 우서를 저술하여 상공업의 진흥을 위한 사농공상의 직업적 평등과 전문화를 주장하였다. [서14]
  └유수원은 『우서』를 저술하여 상공업의 진흥과 기술의 혁신을 강조하고, 사농공상의 직업 평등과 전문화를 주장하였다. [경15①]
  └『우서』에서 사농공상의 평등과 전문화를 주장하였다. [회22]
  └유수원은 '우서'에서 사농공상의 직업적 평등과 전문화를 주장하였다. [기15]
  └사농공상은 직업적으로 평등해야 한다. [법20]

[해설] 농암 유수원(1694~1755)은 중상주의 실학파(이용후생학파)(북학파)의 선구자로, 『우서』를 저술하여 상공업의 진흥을 위한 사농공상의 직업적 평등화와 전문화를 강조하였다[영조 재위 초인 1729(영조 5)~1737년경(영조 13) 집필 추정].

- [유수원] 『우서』에서 상업적 경영을 통해 농업 생산성을 높여야 한다고 주장하였다. [국17①]
  └토지 제도의 개혁보다는 농업의 상업적 경영과 기술 혁신을 통해 생산성을 높이자! [기14]
  └상업에 있어서는 상인 간의 합자를 통한 경영 규모의 확대와 상인이 생산자를 고용하여 생산과 판매를 주관할 것을 주장하였다. [경13②]
  └유수원 – 이익 [x] [기13]

[해설] 『우서』는 농암 유수원(1694~1755)의 저술이다. 상인 간의 합작을 통한 경영 규모의 확대와 상인이 생산자를 고용하여 생산과 판매를 주관할 것을 주장하였다. / [기13] 농암 유수원은 이용후생학파(중상학파)에 속하나 성호 이익(1681~1763)은 경세치용학파(중농학파)에 속한다(비슷한 주

장을 한 사람들로 묶는 문제).

- **[김대문]*** 우리나라에서 처음으로 지전설을 주장하였다. [지17①] ☐
  - 조선에서 처음으로 지전설을 주장하였다. [지16①] ☐
  - 김석문은 저서『역학도해』를 통해 지전설을 주장하였다. [경17②] ☐
  - 김석문은『역학도해』에서 우리나라에서 처음으로 지전설을 주장하여 우주관을 전환시켰다. [경19②] ☐
  - 『역학도해』에서 지전설을 주장하였다. [기19] ☐
  - 중국 중심 세계관의 극복, 지전설 [법17] ☐

[해설] 우리나라에서 최초로 지전설을 주장한 사람은 대곡 김석문(1658~1735)이다[『역학도해』(본래 책명은『역학이십사도총해』)](1697, 숙종 23). 담헌 홍대용에게 영향을 주었다. / 지전설이 김석문, 이익, 홍대용 등에 의해 주장된 것은 조선 후기인 18세기의 일이다[홍대용의『의산문답』, 1766(영조 42)]. * 김대문은 중상주의 실학자는 아니지만 홍대용과의 관계로 이곳에 둠.

■ 담헌 홍대용 [경13②] ☐

그는 청을 왕래하면서 얻은 경험을 토대로 여러 가지 저술을 남겼다. 그는 저술 속에서 성인 남자에게 2결의 토지를 나누어 주고 병농일치의 군대 조직을 제안하였다. 그리고 실옹(實翁)과 허자(虛子)의 문답 형식을 빌어 지금까지 믿어온 고정 관념을 상대주의 논법으로 비판하였다.

[해설] 주어진 자료 속 밑줄 친 '그'는 중상학파(이용후생학파) 실학자 담헌 홍대용(1731~1783)을 가리킨다. 성인 남자에게 2결의 토지를 나누어 주자는 균전제는『임하경륜』에 나오는 주장이다(문집인『담헌서』내집 권4에 수록). 또 마지막 문장은『의산문답』에 나오는 내용이다(관련 선지 및 해설 참조).

- **[홍대용]** 지전설을 주장하여 중국 중심의 세계관을 비판하였다. [지24] ☐
  - 지전설을 바탕으로 중국 중심의 세계관을 비판하였다. [회22] ☐
  - 천체가 운행하는 것이나 지구가 자전하는 것은 그 세가 동일하니, 분리해서 설명할 필요가 없다. [회24] ☐
  - 지구가 둥글다는 것을 인정하고, 중국이 세계의 중심이라는 생각을 비판했다. [경20②] ☐
  - 지구 자전설을 주장하고 인간이 다른 생명체보다도 우월하지 않다는 것 등 파격적인 우주관을 피력하였다. [경13②] ☐
  - 홍대용은 김석문과 함께 지전설을 주장하였고, 지구가 우주의 중심이 아니라는 무한우주론을 주장하였다. [경19②] ☐
  - 홍대용은 지구가 중심이 아니라는 무한우주론을 주장하여 성리학적 세계관을 비판하였다. [기11] ☐
  - 홍대용은『우서』에서 지구 자전설을 주장하고, 다른 별들에도 우주인이 있을 수 있다는 것을 피력했다[x]. [서24①] ☐
  - 무한우주론, 지구 구형(球形)설, 지전(地轉)설 등을 제시하여 중국 중심의 세계관을 비판하였다. [기18] ☐
  - 지전설을 제기하였다. [회24] ☐
  - 『의산문답』 [지20] ☐
  - 의산문답 [회16] ☐

[해설] 담헌 홍대용(1731~1783)은『의산문답』에서 지구 구형설과 함께 지구 지전설, 무한 우주론 등을 주장하면서 중국 중심의 세계관, 성리학적 세계관을 비판하였다(1766, 영조 42). / [회24] '천체가 운행하는 것이나 지구가 자전하는 것은 그 세가 동일하니, 분리해서 설명할 필요가 없다'는 것은 담헌 홍대용(1731~1783)이 지은『의산문답』에 나오는 내용이다(1766, 영조 42)(지전설). / [경13②] 인간이 다른 생명체보다도 우월하지 않다는 것 등 파격적인 우주관이 곧 무한 우주론이다. / [서24①] 담헌 홍대용(1731~1783)은 (『우서』가 아닌)『의산문답』에서 지구 자전설을 주장하고, 다른 별들에도 우주인이 있을 수 있다는 이른바 무한 우주론도 피력하였다(1766, 영조 42)(중국 중심의 세계관 비판).『우서』를 지은 인물은 농암 유수원(1694~1755)이다(1729~1737년간 집필 추정).

■ 담헌 홍대용의 지구 자전설[지전설]과 무한 우주론 [국17①] [국14] [회22]

- 중국은 서양과 180도 정도 차이가 난다. 중국인은 중국을 중심으로 삼고 서양을 변두리로 삼으며, 서양인은 서양을 중심으로 삼고 중국을 변두리로 삼는다. 그러나 실제는 하늘을 이고 땅을 밟는 사람은 땅에 따라서 모두 그러한 것이니 중심도 변두리도 없이 모두가 중심이다.

[해설] 중국과 서양 모두 '중심도 변두리도 없이 모두가 중심이다'는 담헌 홍대용(1731~1783)의 지구설, 즉 땅이 구형(球形)이라는 주장에 나오는 내용이다(『의산문답』).

- 천체가 운행하는 것이나 지구가 자전하는 것은 그 세가 동일하니, 분리해서 설명할 필요가 없다. 생각건대 9만 리의 둘레를 한 바퀴 도는 데 이처럼 빠르며, 저 별들과 지구와의 거리는 겨우 반경(半徑)밖에 되지 않는데도 오히려 몇 천만 억의 별들이 있는지 알 수가 없다. 하물며 은하계 밖에도 또 다른 별들이 있지 않겠는가!

[해설] '지구 자전'과 '몇 천만 억의 별들', '은하계의 또 다른 별들'이라는 부분에서 홍대용의 지전설과 무한 우주론에 대한 것임을 알 수 있다(『의산문답』).

- 하늘에 가득한 별들이 각기 계(界) 아닌 것이 없다. 성계(星界)로부터 본다면, 지구 역시 하나의 별에 불과할 것이다. 헤아릴 수 없이 수많은 계(界)들이 공중에 흩어져 있는데, 오직 이 지구만이 공교롭게 중앙에 위치해 있다는 것은 이럴 이치가 없다. 이렇기 때문에 계 아닌 것이 없고 자전하지 않는 것이 없다고 하는 것이다. 다른 계에서 보는 것도 역시 지구에서 보는 것과 같을 것이니, 다른 계에서 각기 저마다 중앙이라 한다면 각 성계(星界)가 모두 중계(中界)일 것이다.

[해설] 지구가 우주의 한복판[공중의 중앙]에 있다는 주장에 대한 반론으로, 담헌 홍대용(1731~1783)의 『의산문답』(1766, 영조 42)에 나오는 내용이다.

- 하늘에서 본다면 어찌 안과 밖의 구별이 있겠느냐? 그러니 각각 자기 나라 사람끼리 서로 사랑하고, 자기 임금을 높이며, 자기 나라를 지키고, 자기 풍속을 좋게 여기는 것은 중국이나 오랑캐나 마찬가지다.   - 『의산문답』 -

[해설] 출처가 『의산문답』으로 되어 있는 바 이 책에서 무한 우주론('다른 별들에도 우주인이 있을 수 있다')과 지전설[지구 자전설]을 주장한 인물은 담헌 홍대용(1731~1783)이다(1766, 영조 42). 이로써 중국 중심의 세계관을 비판하였다.

- 홍대용은 코페르니쿠스의 지구 자전과 공전을 설명한 『지구전요』를 저술하였고, 뉴턴의 만유인력설과 같은 서양의 과학을 소개한 『명남루총서』를 저술하기도 하였다[x].* [경17②] ☐

[해설] 니콜라우스 코페르니쿠스(1473~1543)의 지구 자전과 공전을 설명한 『지구전요』를 저술한 이는 [홍대용(1731~1783))이 아니라] 혜강 최한기(1803~1877)이다(1857, 철종 8). 아이작 뉴턴(1642~1726)의 만유인력설과 같은 서양의 과학을 소개한 『명남루총서』 역시 최한기의 저술을 모아 놓은 총서이다.

- [홍대용] 동·서양 수학을 정리하여 『주해수용』을 저술하였다.* [기19] ☐

[해설] 수학서 『주해수용』을 저술한 인물은 담헌 홍대용(1731~1783)이다(영조 연간 저술)(『담헌서』에 수록).

- [홍대용] 『임하경륜』에서 성인 남자에게 2결의 토지를 나누어 주자고 주장하였다. [국17①] ☐
 └ 『임하경륜』을 통해서 성인 남자들에게 2결의 토지를 나누어 줄 것을 주장하였다. [국14] ☐

[해설] 『임하경륜』은 담헌 홍대용(1731~1783)의 저술이다(문집인 『담헌서』 내집 권4에 수록). 홍대용은 여기서 성리학적 세계관을 부정하고, 양반들도 일을 해야 한다고 보았다. 성인 남자에게 2결의 토지를 나누어 주자는 균전제를 주장하였다.

- 홍대용은 청나라에 다녀와 쓴 『열하일기』에서 청 문물을 소개했다[x]. [서24②] ☐

[해설] 청에 다녀와 쓴 『열하일기』에서 청 문물을 소개한 인물은 (홍대용이 아니라) 연암 박지원(1737~1805)이다. 박지원은 연행사(燕行使)를 수행한 후 귀국한 직후 『열하일기』를 저술하였다(1780년 10월 말 귀국 후 3년에 걸쳐 완성).

■ 담헌 홍대용의 토지 개혁론(균전제) [기19]

아홉 도의 전답(田畓)을 고루 나누어 3분의 1을 취해서 아내가 있는 남자에 한해서는 각각 2결(結)을 받도록 한다. (그 자신에 한하며 죽으면 8년 후에 다른 사람에게 옮겨 준다.) 전원(田園) 울타리 밑에 뽕나무와 삼[麻]을 심도록 하며, 심지 않는 자에게는 벌로 베를 받는데, 부인이 3명이면 베[布] 1필, 부인이 5명이면 명주[帛] 1필을 상례(常例)로 정한다.

[해설] 담헌 홍대용(1731~1783)의 토지 개혁론(균전제)이다. 『담헌서』에 수록된 『임하경륜』에 나오는 글이다. 한전론이 그러하듯 균전론[균전제]도 반계 유형원(1622~1673)만 주장한 것이 아니었음을 알 수 있다(주의).

- 18세기 중엽 이후 청나라를 배우자는 학풍을 '북학'이라 한다. [서24①]
  [해설] 북학론은 조선 후기에 등장한 새로운 학문으로 청의 문물을 수용하여 부국강병을 이루자는 주장이다. 연암 박지원(1737~1805)이 박제가가 지은 『북학의』의 서문으로 작성한 글에 관련 내용이 잘 나타나 있다[실리론적(실용론적, 현실론적, 실학론적) 세계관인 '북학론'].

- [박지원] 열하일기 [국22] [회16]
  └ 『열하일기』 [국18]
  └ 열하일기를 저술하였다. [법20] [법19]
  └ 『열하일기』를 저술하였다. [경21①]
  └ 박지원, 『열하일기』 [경18②]
  └ 노동하지 않는 양반 유학자를 비판하면서 『열하일기』를 썼다. [경12②]
  └ 박지원은 청에 갔던 기행문인 『연기』를 저술하였다[×].* [서15]
  └ 『열하일기』에서 수레와 선박 이용의 필요성을 강조하였다. [경21②]
  └ 박지원은 청에 다녀와 『열하일기』를 저술하고 상공업의 진흥을 강조하면서 수레와 선박의 이용, 화폐 유통의 필요성 등을 주장하였다. [경17①]
  └ 은광의 개발, 화폐의 유통, 선박과 수레의 사용 등을 주장하여 유통 경제의 활성화를 주장하였다. [경13①]
  └ 영농 방법의 혁신, 상업적 농업의 장려, 농기구의 개량 등 경영과 기술적인 측면의 개선을 통해 농업을 발전시키고자 하였다. [경13②]
  └ 박지원은 청에 다녀와 『열하일기』를 저술하여 생산과 소비와의 관계를 우물물에 비유하면서 생산을 자극하기 위해서는 절약보다 소비를 권장해야 한다고 주장하였다[×]. [경15①]
  └ 박지원 [지21] [서19②]

[해설] 『열하일기』는 연암 박지원(1737~1806)이 1780년(정조 4)에 청 고종인 건륭제(재위 1735-1796, 제6대)의 칠순연(七旬宴)을 축하하기 위해 사행하는 삼종형을 수행하여 건륭제의 피서지인 열하를 여행하고 돌아온 여정을 소상하게 기록한 연행록이다(귀국 후 3년여에 걸쳐 집필). / [서15] 『연기』는 담헌 홍대용(1731~1783)이 북경을 반문하고 쓴 기행문이다. 연암 박지원은 청에 다녀와 『열하일기』를 저술하여 청의 문물을 소개하고 은광의 개발, 수레와 선박의 이용, 화폐 유통의 필요성 등을 주장하였다. / 영농 방법의 혁신, 상업적 농업의 장려, 농기구의 개량 등 경영과 기술적인 측면의 개선을 통해 농업을 발전시키고자 한 실학자는 연암 박지원이다. / [경15①] 생산과 소비와의 관계를 우물물에 비유하면서 생산을 자극하기 위해서는 절약보다 소비를 권장해야 한다고 주장한 실학자는 초정 박제가(1750~1805)이다[『북학의』(1778, 정조 2)].

- [박지원] 「양반전」, 「호질」 등을 지어 놀고먹는 양반을 비판하였다. [서21]
  └ (나) - 「양반전」과 「호질」 등의 한문 소설을 통해 양반을 비판하였다. [소18②]
  └ 『양반전』을 지어 양반의 허례와 무능을 풍자하였다. [회22]

[해설] 「양반전」과 「호질」 등의 한문 소설을 지어 양반의 허례와 무능을 풍자한 인물은 연암 박지원(1737~1805)이다(저술 연대 미상). / [소18②]의 (나)는 초정 박제가를 가리키나 무시함.

- [박지원] (나)를 주장한 인물은 중국에 다녀온 경험이 있다. [회23] ☐
  - (나)를 주장한 인물은 문답 형식의 과학사상서를 저술했다[x]. [회23] ☐
  - (가)와 (나)를 주장한 두 인물은 서로 교류하면서 개혁안을 발전시켰다[x]. [회23] ☐

[해설] 연암 박지원은 1780년(정조 4)에 청 건륭제의 칠순연을 축하하기 위해 사행하는 삼종형을 수행하여 청 고종의 피서지인 열하를 여행하고, 돌아온 여정을 소상하게 기록한 연행일기인 『열하일기』를 남겼다. 문제에서 (가)는 이익의 한전론을, (나)는 박지원의 한전론을 가리킨다. / 문답 형식의 과학사상서인 『의산문답』을 저술한 인물은 담헌 홍대용(1731~1783)이다(1766, 영조 42). 홍대용은 이 책에서 지구 구형설과 함께 지전설, 무한 우주론 등을 주장하면서 중국 중심의 세계관, 성리학적 세계관을 비판하였다. / (가)의 성호 이익과 (나)의 연암 박지원은 서로 교류한 적이 없다.

- [박지원] 농업 생산력을 높이는 데 관심을 기울였으며, 화폐 유통의 필요성을 주장했다. [경20②] ☐
  - ⓒ의 저자는 영농 방법의 혁신, 상업적 농업의 장려, 수리 시설의 확충 등을 통한 농업 생산력 향상에 관심을 기울였다. [경19②] ☐
  - 박지원 - 유형원 [x] [기13] ☐

[해설] 농업 생산력을 높이는 데 관심을 기울였으며, 화폐 유통의 필요성을 주장한 사람은 연암 박지원이다. 구체적으로는 한전법의 중요성을 인정하면서도 영농법의 혁신, 상업적 농업의 장려, 농기구 개량, 관개 시설의 확충 등과 같은 경영과 기술적 측면의 개선을 통해 농업 생산력을 높이는 문제에 더 큰 관심을 보였다. [경19②]의 ⓒ은 자료명 '연암 박지원의 한전론' 참조 / [기13] 연암 박지원(1737~1805)은 이용후생학파에 속하나 반계 유형원(1622~1673)은 경세치용학파(중농학파)에 속한다(비슷한 주장을 한 사람들로 묶는 문제).

■ 연암 박지원의 개혁론 [지20] [회16] ☐

- 서울의 노론 집안에서 태어난 그는 『양반전』을 지어 양반 사회의 허위를 고발하였다. 그는 또한 한전론을 주장하였으며, 상공업 진흥에도 관심을 기울여 수레와 선박의 이용 등에 대해서도 주목하였다.

[해설] 주어진 자료 속 밑줄 친 '그'는 조선 후기의 실학자 연암 박지원(1737~1805)을 가리킨다.

- ㉠그는 한전론의 중요성을 인정하면서도 영농법의 혁신, 상업적 농업의 장려, 농기구 개량, 관개시설의 확충 등과 같은 경영과 기술적 측면의 개선을 통해 농업 생산력을 높이는 문제에 더 큰 관심을 보였다.

[해설] 밑줄 친 '㉠그'는 연암 박지원을 가리킨다.

■ 북학의 서문(박지원) [경21①] ☐

우리를 저들과 비교해 본다면 진실로 한 치의 나은 점도 없다. 그럼에도 단지 머리를 깎지 않고 상투를 튼 것만 가지고 스스로 천하에 제일이라고 하면서 지금은 옛날의 중국이 아니라고 말한다. 그 산천은 비린내 노린내 천지라고 나무라고, 그 인민은 개나 양이라고 욕을 하고, 그 언어는 오랑캐말이라고 모함하면서, 중국 고유의 훌륭한 법과 아름다운 제도마저 배척해 버리고 만다.

[해설] 연암 박지원(1737~1805)이 박제가가 지은 『북학의』의 서문에 작성해준 글로(서문에 박제가, 박지원, 서명응의 글이 차례로 게재), 비주류 세력인 남인(이후 소론 포함)의 실리론적(실용론적, 현실론적, 실학론적) 세계관인 '북학론'이 잘 나타나 있다. 북학론은 청의 앞선 문물을 계속 거부할 것이 아니라 받아들이자는 주장이다. / 『북학의』에는 박제가(1750~1805)와 박지원, 보만재 서명응(1716~1787) 세 사람의 서문이 차례로 실려 있다.

■ 연암 박지원의 한전론 [국22] [서21] [회23] [경19②] ☐

- 토지를 겸병하는 자라고 해서 어찌 진정으로 빈민을 못살게 굴고 나라의 정치를 해치려고 했겠습니까? 근본을 다스리고자 하는 자라면 역시 부호를 심하게 책망할 것이 아니라 관련 법제가 세워지지 않은 것을 걱정해야 할 것입니다. …(중략)… 진실로 토지의 소유를 제한하는 법령을 세워, "어느 해 어느 달 이후로는 제한된 면적을 초과해 소유한 자는 더는

토지를 점하지 못한다. 이 법령이 시행되기 이전부터 소유한 것에 대해서는 아무리 광대한 면적이라 해도 불문에 부친다. 자손에게 분급해 주는 것은 허락한다. 만약에 사실대로 고하지 않고 숨기거나 법령을 공포한 이후에 제한을 넘어 더 점한 자는 백성이 적발하면 백성에게 주고, 관(官)에서 적발하면 몰수한다."라고 하면, 수십 년이 못 가서 전국의 토지 소유는 균등하게 될 것입니다.

[해설] 주어진 자료는 농촌 문제의 핵심을 지주 전호제에 의한 토지 겸병에 있다고 보고, 토지 겸병의 폐단을 제거하고자 토지 (소유) 상한선을 설정한 연암 박지원(1737~1806)의 한전론이다[「한민명전의(限民名田議)」, '토지의 소유를 제한하는 법령'이 곧 한전제를 가리킴]. 박지원은 위와 같이 법령 공포 후 상한선 이상을 구입한 지주의 토지를 몰수하고, 또 토지의 분할 상속을 허용하면 수십 년이 못 되어 나라 안의 토지가 균등하게 될 것으로 보았다. 박지원이 (충남) 면천 군수를 지낼 때 작성한 글이다(1797~1800).

- 토지 소유를 제한하는 법령을 세우십시오. 모년 모월 이후부터 제한된 토지보다 많은 자는 더 가질 수 없고, 그 법령 이전부터 소유한 것은 비록 광대한 면적이라 해도 불문에 부치며, 그 자손에게 분급해 주는 것은 허락하고, 혹시 사실대로 하지 않고 숨기거나 법령 이후에 제한을 넘어 더 점유한 자는 백성이 적발하면 백성에게 주고, 관아에서 적발하면 관아에서 몰수하십시오. 이렇게 한다면 수십 년이 못 가서 전국의 토지는 균등하게 될 것입니다. ─「한민명전의」─

[해설] 출처가 「한민명전의(限民名田議)」로 되어 있는 바 이상을 통해 제시된 <보기>는 연암 박지원(1737~1805)의 한전론적 토지 개혁안임을 알 수 있다. 「한민명전의」는 박지원이 (충남에서) 면천 군수를 지낼 때 작성한 것으로, 『과농소초』를 지어 바칠 때 덧붙였다(1798, 정조 22).

- 토지 소유를 제한하는 법령을 세우십시오. … 토지 소유를 제한하면 겸병한 자가 없어지고, 겸병한 자가 없어지면 산업이 균등하게 될 것입니다. 산업이 균등하게 된 후에야 백성이 모두 안정되어 각기 제 토지를 경작하게 되고, 근면한 사람과 나태한 사람의 구별이 드러나게 될 것입니다.

[해설] 주어진 자료는 연암 박지원(1737~1805)이 제시한 한전론적 토지 개혁안[한전론]이다(『한민명전의』).

- 진정 한제(限制)를 만들어서 모년 모월 이후 이 한제 이상으로 많은 자는 더 이상 사들이지 못하게 하고, 법령 공포 이전에 사들인 것은 비록 산천을 경계로 할 정도로 광점하더라도 불문에 붙인다. [중략] 법령 공포 후에 한제를 넘어서 가점(加占)하는 자는 백성들이 적발하면 백성에게 주고, 관에서 적발하면 몰수한다.

[해설] 위와 같은 내용의 자료이다. 첫 문장의 '한제(限制)'가 곧 위 자료들의 '토지의 소유를 제한하는 법령'을 가리킴을 알 수 있다(한전제).

- 박지원은 서양 서적을 참고하여 거중기 등 건축 기계를 제작했다[x]. [서24②] ☐

[해설] 서양 서적(『기기도설』)을 참고하여 거중기 등 건축 기계를 제작한 인물은 (박지원이 아니라) 다산 정약용(1762~1836)이다(1789, 정조 13). 거중기는 수원 화성 축조는 물론 한강에 배다리를 놓는 데도 활용되었다.

- [박제가] 『북학의』를 저술하여 청 문물의 수용을 역설하였다. [서21] ☐
  └ 『북학의』에서 소비를 권장하여 생산을 촉진하자고 주장하였다. [국17①] ☐
  └ 『북학의』를 저술하였다. [서23] [회24] ☐
  └ (가): 중상학파/대표 저서 '북학의' [법16] ☐
  └ 박제가, 『북학의』 [경18②] ☐
  └ 『북학의』 [지20] ☐

[해설] 『북학의』는 초정 박제가(1750~1805)의 대표적인 저술이다(1778, 정조 2). 청의 풍속과 제도를 시찰하고 돌아와서 그 견문한 바를 기록한 책이다. 여기서 박제가는 청과의 통상을 강화할 것과 수레와 선박의 이용을 역설하였다. 특히 생산과 소비의 관계를 우물물[샘물]에 비유하며 적극적인 소비 권장을 주장하였다. 참고로 『북학의』 서문에는 박제가, 박지원(1737~1805), 서명응(1716~1787)의 글이 차례로 실려 있다.

- [박제가] 청과의 통상과 수레의 이용을 주장하였다. [지24] ☐
  └ 상공업을 육성하고 선박, 수레, 벽돌 등 발달된 청의 기술을 적극적으로 수용하자고 제안하였다. [서20] ☐

┗수레와 선박의 이용을 확대해야 한다. [법20]☐

┗청에서 행하는 국제 무역에 참여해야 한다. [법20]☐

┗홍대용: 무역선을 파견하여 청에서 행해지는 국제 무역에도 참여해야 한다고 주장하였다[✗]. [서14]☐

┗청나라에 다녀와 상공업의 진흥을 강조하였다. [회17]☐

┗박제가 - 홍대용 [기13]☐ (이용후생학파) (중상학파)

┗박제가 [지21]☐

[해설] 박제가는 『북학의』에서 청과의 통상은 물론 선박, 수레, 벽돌 등 발달된 청의 기술을 적극적으로 수용할 것을 주장하였다(상공업 진흥 주장) 참고로 연암 박지원(1737~1805)도 수레와 선박의 이용을 확대해야 한다는 주장을 펼쳤다. / 청에서 행해지는 국제 무역에 참여해야 한다고도 주장하였다. / [서14] 담헌 홍대용(1731~1783)은 청에 왕래하며 얻은 경험을 통해 『임하경륜』, 『의산문답』 등의 저술을 남겼으며 지전설을 주장하여 중국이 세계의 중심이라는 성리학적 세계관을 부정하였다.

■ **초정 박제가와 북학의** [지21] [회24] [소18②]☐

- 서얼 출신으로 이덕무, 유득공 등과 친분을 쌓고, 채제공의 수행원으로 청에 다녀왔으며 수레, 배의 이용과 신분 차별의 타파를 주장하였다. 『북학의』를 저술하였다.

[해설] 주어진 자료 속 인물은 초정 박제가(1750~1805)를 가리킨다.

- **(가)** 는/은 『북학의』를 저술하여 청의 선진 기술을 적극적으로 수용할 것과 상공업 육성 등을 역설하였다. 한편, **(나)** 는/은 중국 및 일본의 방대한 자료를 참고하여 『해동역사』를 편찬함으로써, 한·중·일 간의 문화 교류를 잘 보여주었다.

[해설] 『북학의』를 저술한 인물은 초정 박제가(1750~1805)이고(1778, 정조 2), 『해동역사』를 편찬한 인물은 옥유당 한치윤(1765~1814)이다(1814, 순조 14). 『해동역사』의 경우 500여 종의 중국 및 일본의 자료를 참고하여 민족사 인식의 폭을 넓히는 데 이바지하였다는 평가를 받고 있다.

- 존주(尊周)*는 존주 그대로이며, 이적(夷狄)**은 이적 그대로이다. 주나라와 이적은 반드시 분별이 있다. 이적이 중화를 어지럽혔다하여 주나라의 오랜 전통마저 배척했다는 말을 듣지 못했다. …… 청나라가 천하를 차지한 지 1백여 년이 지났다. …… 그런데 여기에 있는 사람들을 모조리 오랑캐라 하고 중국의 법마저 함께 폐기해 버린다면 크게 옳지 못하다. 진실로 백성에게 이롭다면 그 법이 비록 오랑캐에게서 나왔다 하더라도 성인은 장차 취할 것이다.

*존주(尊周): 문명화된 중화 **이적(夷狄): 오랑캐

[해설] 초정 박제가(1750~1805)가 지은 『북학의』에 나오는 내용이다(1778, 정조 2)(『북학의』 외편, 「존주론」).

- [박제가] 생산과 소비를 우물물에 비유하였다. [기18]☐

┗(가)는 생산력을 높이기 위해 소비를 권장해야 한다고 주장하였다(우물론). [법16]☐

┗재물을 우물에 비유하여 소비를 권장해야 한다고 주장하였다. [경21②]☐

┗박제가 - 소비와 생산의 관계를 우물(井) 물에 비유하여 절약보다 소비 촉진을 강조하였다. [경11②]☐

┗비유하건대, 재물은 대체로 샘과 같다. 퍼내면 차고, 버려 두면 말라 버린다. [회24]☐

┗양반의 상업 종사를 강조하였고, 절약보다는 소비를 권장해야 한다고 주장했다. [경20②]☐

┗생산을 자극하기 위해서는 절약보다는 소비를 권장하여야 한다! [기14]☐

┗(나) - 소비의 중요성을 강조하며 상공업 진흥을 주장하였다. [소18②]☐

[해설] 생산력을 높이기 위해 소비를 권장해야 한다고 주장한 실학자는 초정 박제가이다. 우물론*을 주장하였다. 참고로 박제가는 청에서 행해지는 국제 무역에 참여해야 한다고도 주장하였다[『북학의』, 1778(정조 2)].

*박제가의 '우물론': 소비와 생산의 관계를 우물물에 비유하면서 절약보다 소비를 권장하였다.

초정 박제가의 우물론 [지24] [지13] [서20] [법20] [경21①] [경18②] [기13]

- 검소하다는 것은 물건이 있어도 남용하지 않는 것을 말하는 것이지 자신에게 물건이 없다 하여 스스로 단념하는 것을 말하는 것이 아니다. 지금 우리나라 안에는 구슬을 캐는 집이 없고 시장에 산호 따위의 보배가 없다. 또 금과 은을 가지고 가게에 들어가도 떡을 살 수 없는 형편이다. …… 이것은 물건을 이용하는 방법을 모르기 때문이다. 이용할 줄 모르니 생산할 줄 모르고, 생산할 줄 모르니 백성은 나날이 궁핍해지는 것이다.

[해설] 『북학의』에 나오는 '우물론'과 관련된 글로, 이를 통해 <보기>의 글을 쓴 학자는 조선 후기의 실학자 초정 박제가(1750~1805)임을 알 수 있다(1778, 정조 2). '대저 재물은 우물과 같다'는 문장이 <보기>의 마지막 문장 다음에 바로 나온다.

- 지금 우리나라 안에는 구슬을 캐는 집이 없고 시장에 산호 따위의 보배가 없다. 또 금과 은을 가지고 가게에 들어가 도 떡을 살 수가 없는 형편이다. …… 이것은 물건을 이용하는 방법을 모르기 때문이다. 이용할 줄 모르고, 생산할 줄 모르니 백성은 나날이 궁핍해지는 것이다. 대저 재물은 우물과 같다. 퍼 쓸수록 자꾸 가득 차고 이용하지 않으면 말라 버린다. 그러므로 비단을 입지 않아 나라 안에 비단 짜는 사람이 없다.

[해설] 주어진 자료 속 주장(우물론)을 편친 인물은 초정 박제가(1750~1805)임을 알 수 있다.

- 이용할 줄 모르니 생산할 줄 모르고, 생산할 줄 모르니 백성은 나날이 궁핍해지는 것이다. 비유하건대, 대체로 재물은 우물과 같다. 퍼내면 가득 차고, 버려두면 말라 버린다. 그러므로 비단을 입지 않아서 나라에 비단 짜는 사람이 없게 되면, 여공이 쇠퇴한다. 쭈그러진 그릇을 싫어하지 않고 기교를 숭상하지 않아서 공장이 숙련되지 못하면 기예가 망하게 된다.

[해설] 일종의 '우물론'으로 이를 주장한 인물은 조선 후기의 실학자 초정 박제가(1750~1805)이다.

- 비유하건대, 재물은 대체로 샘과 같다. 퍼내면 차고 버려 두면 말라 버린다. 그러므로 비단 옷을 입지 않아서 나라에 비단 짜는 사람이 없게 되면 여공(女紅)이 쇠퇴하게 되고, 쭈그러진 그릇을 싫어하지 않고 기교를 숭상하지 않아서 수공업자가 기술을 익히는 일이 없게 되면 기예가 망하게 되며, 농사가 황폐해져서 그 법을 잃게 되므로 사농공상의 사민이 모두 곤궁하여 서로 구제할 수 없게 된다.

[해설] '재물은 대체로 샘과 같다. 퍼내면 차고 버려두면 말라 버린다'는 내용은 박제가의 '우물론'이다. 생산력을 높이기 위해 소비를 해야 한다는 주장이다. 참고로 여기서 '여공(女紅)'은 길쌈질을 뜻한다.

- 비유컨대, 재물은 대체로 우물과 같은 것이다. 퍼내면 차고, 버려두면 말라 버린다. 그러므로 비단옷을 입지 않아서 나라에 비단을 짜는 사람이 없게 되면 여공이 쇠퇴하고, 찌그러진 그릇을 싫어하지 않고 기교를 숭상하지 않아서 장인이 작업하는 일이 없게 되면 기예가 망하게 된다.

[해설] 이른바 소비의 중요성을 강조한 초정 박제가(1750~1805)의 '우물론'임을 알 수 있다. 박제가는 조선 후기의 중상학파(이용후생학파)에 속한다.

- 비유하건대, 재물은 대체로 샘과 같은 것이다. 퍼내면 차고, 버려두면 말라 버린다. 그러므로 비단옷을 입지 않아, 나라에 비단을 짜는 사람이 없어지면 여공이 쇠퇴하고, … 사농공상의 사민이 모두 곤궁하여 서로 구제할 수 없게 된다.

[해설] 위와 같은 내용의 자료이다.

- 대체로 재물은 비유하건대 샘과 같은 것이다. 퍼내면 차고, 버려두면 말라 버린다. 그러므로 비단옷을 입지 않아서 나라에 비단을 짜는 사람이 없게 되면 여공이 쇠퇴하고, 쭈그러진 그릇을 싫어하지 않고 기교를 숭상하지 않아서 나라에 공장이 도야하는 일이 없게 되면 기예가 망하게 되며 농사가 황폐해져서 그 법을 잃게 되므로 …… 사농공상의 사민이 모두 곤궁하여 서로 구제할 수 없게 된다.

[해설] 위와 같은 내용의 자료이다. 공통된 내용을 중심으로 살펴보도록 한다.

- [박제가] (가)는 '양반전'과 '호질'에서 양반의 부패를 풍자하였다[X]. [법16]

[해설] 「양반전」과 「호질」에서 양반의 부패를 풍자한 실학자는 연암 박지원(1737~1805)이다[문제에서 (가)는 박제가].

- [박제가] 규장각 검서관으로 활동하였다. [경21①]

[해설] 박제가는 서얼 출신으로 이덕무, 유득공, 서이수와 함께 (정조에 의해) 규장각 검서관으로 등용되어 활동한 바 있다(1779, 정조 3).

- 한치윤은『기언』을 지어 토지 제도의 개혁을 주장하였다[x].* [서17②] □

[해설]『기언』은 미수 허목(1595~1682)의 시문집이다(1689, 숙종 15). 옥유당 한치윤(1765~1814)이 지은 것은 기전체 형식의『해동역사』이다(1814, 순조 14).

4 국학 연구의 확대

- 민족의 전통과 현실에 대한 관심이 깊어지면서 우리의 역사, 지리, 국어 등을 연구하는 국학이 발달하였다. [지11①] □

[해설] 조선 후기에 이르러 실학의 발달과 함께 민족의 전통과 현실에 대한 관심이 깊어지면서 우리의 역사, 지리, 국어 등을 연구하는 국학이 발달하였다.

- [조선 후기의 문화] 주자학에 대한 비판이 높아짐에 따라 역사 서술에서 강목체는 사라졌다[x].* [지16①] □

[해설] 강목체는 역사를 연·월·일순에 따라 강과 목으로 기록하는 것으로 주자에 의해 체계가 잡혔다. 우리나라에서 강목체 역사 서술은 성리학이 발전한 17세기 이후 나타났으며, 홍여하(1620~1674)의『동국통감제강』, 안정복(1712~1791)의『동사강목』등이 대표적이다[각 1672(현종 13)/1778(정조 2)].

- 홍여하는『휘찬여사』에서 기자-마한-신라를 정통국가로 내세웠다.* [회23] □

[해설] 남인인 목재 홍여하(1620~1674)가 쓴『휘찬여사』는 기전체(주자의 강목법을 가미한 기전체)로 쓴 고려의 시대사이다[1639년(인조 17) 범례와 초고 완성, 1659년경(효종 10) 완성, 간행은 홍여하 타계 후 100년 후].『휘찬고려사』라고도 한다. 대체로『고려사』를 간추린 내용이나, 누락된 것도 보충하고 있다. 서인인 시남 유계(1607~1664)의『여사제강』이 호란 후 벌호(伐胡)[북벌] 즉 반청 운동을 주도하던 서인의 정치 노선을 반영하는 역사서(1667, 현종 8)라면 홍여하의『휘찬여사』는 그와 반대되는 시각에서 씌어졌다. 따라서 서인의 군왕지의론(君王之義論)에 입각한 대신 주도의 권력 구조를 반대하고 군신지은(君臣之恩)의 새로운 군신 관계를 통한 왕권 강화를 강조하였으며, 벌호에 따른 군비 강화와 그로 인한 부세의 부담 증대를 비판하였다. 그리고 기자-마한-신라를 정통 국가로 내세웠는데(영남 남인의 입장), 이 점은 홍여하의 또 다른 역사서인『동국통감제강』에 훨씬 더 자세히 기술되어 있다(1672, 현종 13).『동국통감제강』은 조선 초기의『동국통감』을 주자의 강목법에 의거해 재정리한 것으로 기자 이후 삼국 시대까지를 취급하였다(편년체이자 강목체).* 또 여기서 홍여하는 기자의 전통이 마한을 거쳐 신라로 이어졌다고 하여 기자-마한-신라를 정통 국가로 내세웠다.

*강목체(綱目體): 역사를 연·월·일순에 따라 강(綱)과 목(目)으로 기록하는 편찬 체제를 말한다. 여기서 강은 기사의 큰 줄거리를 기록한 것으로 보통 큰 글씨로 기록한다. 목은 강의 하위 항목(강의 내용을 구체적으로 서술한 것)으로, 보통 작은 글씨로 기록하거나, 강보다 1~2칸 들여 쓴다. 우리나라에서 강목체 역사 서술은 성리학이 발전한 17세기 이후 나타났으며, 홍여하의『동국통감제강』, 안정복의『동사강목』등이 대표적이다.

- 조정은『동사보유』를 저술하면서 옛 기록의 신화와 전설 등을 다수 수록하였다.* [회23] □

[해설] 한수 조정(1551~1629)이 쓴『동사보유』는 단군 조선에서부터 고려 말까지의 역사를 편년체로 기술한 역사서이다[1646(인조 24) 간행]. 고기(古記)에 실린 신화와 설화들을 많이 수록하였다.

- 허목의 동사 [지18] □

└허목은 중농 정책의 강화, 부세의 완화, 호포제 실시 반대 등을 주장하였다.* [지11①] □

└부세를 완화하고, 서얼 허통을 방지하며, 호포제 실시를 반대하였다(허목).* [경13①] □

└허목은 '기언'을 저술하였고, 붕당 정치와 북벌 정책의 폐단을 시정하기 위해 왕과 육조의 기능 약화, 호포제의 적극적인 실시 등을 주장하였다[x].* [경16②] □

[해설] 미수 허목(1595~1682)의『동사』는 17세기의 역사서(기전체)로, 단군에서 삼국 시대까지의 역사를 서술하였다(1667, 현종 8). 단군과 고구려를 높이 평가하였다. / 남인의 영수였던 미수 허목(1595~1682)은 육경학에 관심을 두고 불교에도 개방적인 태도를 보였으며 중농 정책의 강화, 부세 완화, 호포제 실시 반대 등을 주장하였다. / 미수 허목(1595~1682)은 자신의 시문집『기언(記言)』에서 붕당 정치와 북벌 정책의 폐단을 비판하였다(1689, 숙종 15). 하지만 이는 나라를 오래 보전하기 위해서였으며, 이를 위해 왕과 육조의 기능을 약화시켜야 한다거나 호포제를 실시해야 한다는 주장은 하지 않았다. 호포제의 경우는 오히려 반대하였다.

- 유계의 여사제강* [지18] □

[해설] 시남 유계(1607~1664)의 『여사제강』 역시 17세기의 역사서로, 고려의 역사를 편년체로 다룬 사서이다(1667, 현종 8). 고려의 재상 중심의 권력 구조를 높이 평가하고 북벌 정책을 옹호하였다.

- 홍만종의 『동국역대총목』은 단군 정통론의 입장에서 기술하였다.* [국19] □

[해설] 장주[현묵자] 홍만종(1643-1725)의 『동국역대총목』은 단군 정통론의 입장에서 기술하였다(1705, 숙종 31). 참고로 1712년(숙종 38)에는 역대 시화의 집대성이라 할 수 있는 『시화총림(詩話叢林)』(전4권)을 편찬하기도 하였다.

- 동사회강* [경12②] □

[해설] 『동사회강』은 숙종 연간에 노촌 임상덕(1683~1719)이 지은 저서로, 삼국과 (통일) 신라, 고려 말까지 다룬 통사이다(1710년대). 삼국 시대를 무통(無統)의 시대로 간주하고, 신라 통일 이후와 고려 통일 이후만을 정통의 시대로 인정하였다. 발해 관련 내용은 없다.

- 이익은 실증적이며 비판적인 역사 서술을 제시하고, 중국 중심의 역사관에서 벗어나 우리 역사를 체계화할 것을 주장하였다. [경15②] □

[해설] 성호 이익(1681~1763)은 실증적이며 비판적인 역사 서술을 제시하고, 중국 중심의 역사관에서 벗어나 우리 역사를 체계화할 것을 주장하였으며, 민족에 대한 주체적 자각을 높이는 데 이바지하였다. 그리하여 이익의 제자 순암 안정복(1712~1791)은 『동사강목』을 저술하여 이익의 역사 의식을 계승하였다(1778, 정조 2).

■ 성호 이익의 역사관(시세론) [기14] □

이 사람은 실증적이며 비판적인 역사 서술을 제시하고, 중국 중심의 역사관을 벗어나 우리 역사를 체계화할 것을 주장하였으며, 민족에 대한 주체적 자각을 높이는 데 이바지하였다.

[해설] 밑줄 친 '이 사람'은 성호 이익(1681~1763)을 가리킨다. 이익의 역사관인 「시세론(時勢論)」에 대한 설명이다. 이익은 남인계 실학자로, 역사를 움직이는 힘을 시세(時勢), 행·불행(幸·不幸), 시비(是非)의 순으로 보면서 종래의 주관적이고 의리, 시비(옳고 그름, 즉 '도덕') 위주의 인식 태도를 벗어나 객관적이며 비판적·실증적인 태도를 지녀야 한다고 믿었다(여기서 행·불행은 '운이나 우연'을 가리킴). 따라서 문헌에 대한 충분한 고증과 비판이 없이 주관적인 억측이나 요량으로 역사를 서술해서는 안 된다고 보았다. 나아가 사가(史家)의 임무를 '시세를 정확히 파악'하는 것에 있지 단편적인 사실의 시비를 가리는 데 있지 않다는 사론을 펼쳤다(『성호사설』). 이익의 이와 같은 역사관은 고증 사학의 토대를 구축한 것으로 평가를 받는 그의 제자 순암 안정복(1712~1791)의 『동사강목』 집필로 이어졌다(1778, 정조 2).

- 안정복 [지21] □
  - 한국사의 독자적인 정통론을 체계화하였다. [법23] □
  - 우리 역사의 독자적 정통론을 세워 이를 체계화하였다. [지15②] □
  - 안정복은 『동사강목』을 통하여 한국사의 정통론을 세워 중국 중심의 역사 인식을 탈피하고자 하였다. [경11②] □
  - 안정복은 「동사강목」을 저술하여 조선 시대의 정치와 문화를 야사를 중심으로 정리하였다[x]. [경16①] □
  - 안정복은 조선 시대의 정치와 문화를 정리하여 『동사강목』을 저술하여 우리 역사의 독자적 정통론을 세워 이를 체계화하였다[x]. [경15①] □
  - 안정복의 동사강목 [지18] □
  - 『동사강목』 [서16] □
  - 동사강목 [국24] [서12] [경12②] □

[해설] 단군 조선에서 시작하는 한국사의 독자적인 (삼한) 정통론을 체계화한 인물은 순암 안정복(1712~1791)이다[『동사강목』(1778, 정조 2)]. 『동사강목』에서 안정복은 고조선부터 고려 말[고려 공양왕]까지의 역사를 서술하였다(조선 시대 X). 정통 국가, 정통 군주를 강조하여 서술하였는데, 기자 조선과 마한, 통일 신라, 고려를 정통 국가로, 마한이 멸망한 뒤의 삼국 시대는 정통 국가가 없는 시대로 보았다(삼한 정통론). 따라서 위만 조

선, 부여, 궁예, 발해 등을 우리나라 역사(본국사)에서 제외하고 외기(外記)에 넣었다.『동사강목』을 통해 안정복은 역사 시실을 치밀하게 고증하여 고증 사학의 토대를 쌓았다는 평가를 받고 있다.

- [동사강목] 고조선부터 고려에 이르는 역사를 체계적으로 정리하였다. [국22] □
  - 안정복의『동사강목』에는 고조선으로부터 고려 말까지의 역사가 서술되어 있다. [경12①] □
  - 안정복은 각종 서적을 참고하여 조선 시대 역사를 기술한『동사강목』을 편찬하였다[X]. [지15] □
  - 안정복의『동사강목』은 기사 본말체로 역사를 서술하였다[X]. [지22] □

[해설] 고조선부터 고려에 이르는 역사를 (명분과 의리에 바탕을 둔 성리학적 사관에 입각하여) 체계적으로 정리한 역사서는 순암 안정복(1721~1791)이 저술한『동사강목』이다(1778, 정조 2)(영조 때 집필을 시작하여 정조 초에 완성). 고조선에서 고려 마지막 왕인 공양왕까지를 다루었으며, 정통 국가·정통 군주에 대해 구별하여 서술하였다. 즉 기자 조선과 마한, 통일 신라, 고려를 정통 국가로, 마한이 멸망한 뒤의 삼국 시대는 정통 국가가 없는 시대로 보았다(마한을 중시하고 삼국을 무통으로, 즉 정통 국가가 아닌 국가로 봄). / [지22] 순암 안정복(1721~1791)의『동사강목』은 기사 본말체가 아니라 편년체의 일종인 강목체로 역사를 서술하였다(1778, 정조 2).

- [동사강목] 정통은 단군·기자·마한·신라 문무왕·고려 태조를 말한다.* [회24] □

[해설] '정통은 단군·기자·마한·신라 문무왕·고려 태조를 말한다'는 것은 순암 안정복(1721~1791)의『동사강목』에 나오는 내용이다(1778, 정조 2)(『동사강목』의 범례에서 제시*)(편년체이자 강목체).『동사강목』은 고조선에서 고려 공양왕까지를 다루었으며, 정통 국가·정통 군주에 대해 구별하여 서술하였다. 즉 기자 조선과 마한, 통일 신라, 고려를 정통 국가로, 마한이 멸망한 뒤의 삼국 시대는 정통 국가가 없는 시대로 보았다(삼한 무통). 그리고 정통이 아닌 위만 조선, 부여, 궁예, 발해 등은 우리나라 역사(본국사)에서 제외하고 외기(外記)에 넣었다. 참고로 홍여하(1620~1674)의『동국통감제강』은 기자의 전통이 마한을 거쳐 신라로 이어졌다고 하여 기자-마한-신라를 정통 국가로 내세웠고(1672, 현종 13)[이전에 쓴「휘찬여사」**에서도 기자-마한-신라를 정통 국가로 내세움, 영남 남인의 입장), 홍만종(1643~1725)의「동국역대총목」은 단군 정통론의 입장에서 단군-기자-마한-(삼국 무통)-통일 신라-고려-조선을 정통으로 하였다(1705, 숙종 31). 단군-기자-마한-(삼국 무통)-통일 신라-고려-조선을 정통으로 보았다.

*정확하게는 "정통(正統)은 단군·기자·마한·신라 문무왕【9년 이후】·고려 태조【19년 이후】를 말한다【신라는 고구려에 대해 나라를 합병한 예를 썼으므로 통일한 이듬해에 정통을 이었다. 고려는 견훤(甄萱)에게 도적을 평정한 예를 썼으므로 통합한 해에 정통을 이었다】. 무통(無統)은 삼국이 병립한 때를 말한다【구사(舊史)에는 백제가 의자왕(義慈王)에서 그쳤으나, 의자왕 뒤에 왕자 풍(豊)이 3년 동안 즉위하였으므로 이제 풍으로 대를 이었다】"로 표현되어 있다.

**『휘찬여사』: 홍여하가 기전체(주자의 강목법을 가미한 기전체)로 쓴 고려의 시대사이다[1639년(인조 17) 범례와 초고 완성, 1659년경(효종 10) 완성, 간행은 홍여하 타계 후 100년 후].『휘찬고려사』라고도 한다. 대체로『고려사』를 간추린 내용이나, 누락된 것도 보충하고 있다. 서인의 군왕지의론에 입각한 대신 주도의 권력 구조를 반대하고 군신지은의 새로운 군신 관계를 통한 왕권 강화를 강조하였으며, 벌호[북벌]에 따른 군비 강화와 그로 인한 부세의 부담 증대를 비판하였다.

■ 동사강목(안정복) [지18] [지15②] [지11②] □

- ○ 단군으로부터 고려에 이르기까지의 우리 역사를 치밀한 고증에 입각하여 엮은 통사이다.
  ○ 마한을 중시하고 삼국을 무통(無統)으로 보는 입장에서 우리 역사를 체계화하였다.

[해설] 주어진 자료는 정조 2년인 1778년에 완성된 순암 안정복(1721~1791)의『동사강목』을 가리킨다(1778, 정조 2).『동사강목』은 고조선에서 고려 공양왕까지를 다루었으며, 정통 국가·정통 군주에 대해 구별하여 서술하였다. 즉 기자 조선과 마한, 통일 신라, 고려를 정통 국가로, 마한이 멸망한 뒤의 삼국 시대는 정통 국가가 없는 시대로 보았다.

- ○ 고조선부터 고려 말까지의 역사를 서술하였다.
  ○ 우리 역사의 독자적인 정통론을 세워 이를 체계화하였다.
  ○ 역사 사실을 치밀하게 고증하여 고증 사학의 토대를 쌓았다.

[해설] '고조선부터 고려 말까지의 역사를 서술하였다'는 점, '우리 역사의 독자적인 정통론을 세워 이를 체계화하였다'는 점, '역사 사실을 치밀하게 고증하여 고증 사학의 토대를 쌓았다'는 점을 통해 제시된 내용으로 편찬된 조선 후기의 역사서는 순암 안정복(1712~1791)의『동사강목』임을 알 수 있다.

- 삼국사에서 신라를 으뜸으로 한 것은 신라가 가장 먼저 건국했고, 뒤에 고구려와 백제를 통합하였으며, 또 고려는 신라

를 계승하였으므로 편찬한 것이 모두 신라의 남은 문적(文籍)을 근거로 했기 때문이다. …(중략)… 고구려의 강대하고 현저함은 백제에 비할 바가 아니며, 신라가 차지한 땅은 남쪽의 일부에 불과할 뿐이다. 그러므로 김씨는 신라사에 쓰여진 고구려 땅을 근거로 했을 뿐이다.

[해설] 김부식의 『삼국사기』를 비판하고 있다. 안정복(1712~1791)이 저술한 『동사강목』(1778)의 일부로, 성리학적 사관에 입각하여 고조선부터 고려 말까지의 역사를 강목체로 서술하였다. '단군 조선-기자 조선-마한-통일 신라'의 정통론을 내세웠다. 우리 역사의 독자적 정통론을 세워 이를 체계화하였다고 볼 수 있다. 안정복은 중국 중심의 역사관에서 탈피하고자 하였다.

- [안정복] 조선 시대의 역사를 서술한 『열조통기』를 편찬하였다.* [지17①] ☐

[해설] 『열조통기』는 조선 시대의 역사를 왕별로 서술한 역사서로 순암 안정복(1712~1791)이 지었다. 조선 태조 원년(1392)에서 영조 41년(1765)에 이르는 동안의 사실(史實)을 여러 책에서 뽑아 엮었다[정조 24년(1800)에 간행].

- [이종휘] 『동사』에서 조선의 자연환경과 풍속, 인성의 독자성을 강조하였다. [국14] ☐
  └ [동사] 단군-부여-고구려의 흐름에 중점을 두어 만주 수복을 희구하였다. [지15②] ☐
  └ 이종휘는 『동사』를 지어 고구려사에 대한 관심을 고조시켰다. [서17②] ☐
  └ 이종휘는 『동사』에서 의병 경험을 살려 역대 애국 명장들의 활약을 비중 있게 다루었다[x]. [회23] ☐
  └ 이종휘의 『동사』는 일본 연구를 통해 고대사의 시야를 해외로 확장하는 데 기여하였다[x]. [경12①] ☐
  └ 이종휘는 「동사」에서 고구려 역사 연구를, 유득공은 「발해고」에서 발해사 연구를 심화하였다. [경15①] ☐
  └ 이종휘는 「동사」에서 고구려 역사 연구를, 유득공은 「발해고」에서 발해사 연구를 심화하였다. 이들은 고대사 연구의 시야를 만주 지방까지 확대시킴으로써 한반도 중심의 협소한 사관을 극복하는 데 힘썼다. [경17①] ☐

[해설] 수산 이종휘(1731~1797)는 고구려사를 연구하여 『동사』를 저술하였다(1803, 순조 3). 고대사 연구 범위를 만주 지방까지 확대하여 반도 중심의 협소한 사관을 극복하는 계기가 되었다. / 『동사』에서는 조선의 자연환경과 풍속, 인성의 독자성을 강조하였다. / 이종휘는 소론이자 양명학자로서 정통 주자학의 폐쇄성을 비판한 바 있다. 역사서 『동사』는 고대부터 고려 시대까지 서술한 기전체 역사서이다(1803, 순조 3). 고조선과 삼한, 그리고 부여·고구려 계통의 역사와 문화를 다루었는데, 부여·고구려·백제·예맥·옥저·비류 등을 모두 단군의 후예로 간주하고, 발해 또한 고구려의 후계자로 인정함으로써 이들이 만주에 세웠던 나라들이 본래 우리의 강토였음을 분명히 하였다. / [회23] 의병 경험을 살려 역대 애국 명장들의 활약을 비중 있게 다룬 역사서는 북인인 죽유 오운(1540~1617)이 쓴 『동사찬요』이다(1609, 광해군 원년). 『동사찬요』는 신라 시조로부터 고려 멸망까지의 사적을 『동국통감』, 『삼국사기』, 『고려사』 등을 참고로 하여 요약한 신라와 고려의 역사서이다. 특히 열전에서 임진왜란 때 경상도에서 의병에 참여했던 경험을 살려 역대 애국 명장의 활약을 드러내고 있다. 기자조선을 높였으며, 박상(1474~1530)의 『동국사략』을 따라 신라 중심으로 서술하였다.

- [유득공] 발해사를 우리나라 역사로 체계화할 목적으로 『발해고』를 저술하였다. [서18①] ☐
  └ 유득공은 「발해고」를 저술하여 발해사 연구를 심화하였다. [경16①] ☐
  └ 발해고 [경12②] ☐

[해설] 발해사를 우리나라 역사로 체계화할 목적으로 『발해고』를 저술한 인물은 영재 유득공(1748~1807)이다(1784, 정조 8).

- [발해고] 만주 지역까지 우리 역사의 범위를 확장하였다. [국22] ☐
  └ 고대사 연구의 시야를 만주 지방까지 확대하여 한반도 중심의 협소한 사관을 극복하는 데 힘썼다. [경14①] ☐

[해설] 만주 지역까지 우리 역사의 범위를 확장한 역사서는 영재 유득공이 지은 『발해고』이다(1784, 정조 8). 참고로 수산 이종휘(1731~1797)가 지은 『동사』도 같은 평가를 받고 있다(1803, 순조 3)(고구려사 연구).

- 유득공의 『발해고』에는 남북국이라는 용어가 사용되었다. [지22] ☐
  └ 발해를 한국사에 포함시켜 남북국 시대론을 주장하였다. [경12②] ☐
  └ '남북국 시대'라는 용어는 조선 후기 실학자 유득공이 『발해고』에 기록한 남북국사라는 용어에서 비롯되었다. [경20②] ☐

[해설] '남북국'이라는 용어가 처음으로 사용된 역사서는 영재 유득공의 『발해고』이다(1784, 정조 8). 『발해고』에 기록된 '남북국사'라는 용어에서 비롯되었다.

- [유득공] 통일 신라와 발해가 병립한 시기를 남북국 시대로 설정하여 발해를 우리 역사의 체계 속에 적극적으로 포용하였다. [서20]

[해설] 영재 유득공이 지은 『발해고』의 역사적 의미이다(1784, 정조 8).

■ 발해고(유득공) [국22] [법24] [법12] [소19①]

- (나) 역사서에는 다음과 같은 서문이 실려 있다. "부여씨와 고씨가 망한 다음에 김씨의 신라가 남에 있고, 대씨의 발해가 북에 있으니 이것이 남북국이다. 여기에는 마땅히 남북국사가 있어야 할 터인데, 고려가 그것을 편찬하지 않은 것은 잘못이다."

[해설] '남북국', '남북국사'라는 말에서 주어진 자료 속 '(나) 역사서'는 영재 유득공(1748~1807)이 지은 『발해고』를 가리킴을 알 수 있다(1784, 정조 8).

- 옛날에는 고씨가 북에서 고구려를, 부여씨가 서남에서 백제를, 박·석·김씨가 동남에서 신라를 각각 세웠으니, 이것이 삼국이다. 여기에는 반드시 삼국사가 있어야 할 것인데, 고려가 편찬한 것은 잘한 일이다. 그러나 부여씨와 고씨가 멸망한 다음에 김씨의 신라가 남에 있고, 대씨의 나라가 북에 있으니 이것이 남북국이라고 하면서 여기에는 마땅히 남북사가 있어야 할 터인데, 고려가 편찬하지 않은 것은 잘못이다.

[해설] 영재 유득공(1748~1809)이 『발해고』를 편찬하면서 이를 쓰게 된 이유를 서문에서 밝힌 내용이다[1784, 정조 8, '발해고서(渤海考序)']. 따라서 자료에서 말하는 '대씨의 나라'는 곧 대조영(재위 698-719)의 나라, 발해를 가리킴을 알 수 있다.

- 부여씨와 고씨가 망한 다음에 김씨의 신라가 남에 있고 대씨의 (가) 이/가 북에 있으니 이것이 남북국이다. 여기에는 마땅히 남북국사가 있어야 할 터인데 고려가 편찬하지 않은 것은 잘못이다. 저 대씨는 어떤 사람인가. 바로 고구려 사람이다. 그들이 차지하고 있던 땅은 어떤 땅인가. 바로 고구려의 땅이다.

[해설] 주어진 자료는 '남북국'이라는 말이 처음으로 사용된 유득공(1748~1809)의 『발해고』에 나오는 내용이다(1784, 정조 8).

- 부여씨가 망하고 고씨가 망하게 되니 김씨가 그 남쪽 땅을 차지하고 대씨가 그 북쪽 땅을 차지하여 (나) 라 하였다. 이것을 남북국이라 한다.

[해설] 위와 같은 내용의 자료이다. 주어진 자료 속 '(나)'는 발해를 가리킨다.

- 유득공은 『동사강목』을 지어 고조선부터 고려 말까지의 우리 역사를 체계적으로 정리하였다[✗]. [서22①]

[해설] 『동사강목』을 지은 이는 순암 안정복(1721~1791)이다(1778, 정조 2). 고조선에서 고려 공양왕까지를 다루었으며, 정통 국가·정통 군주에 대해 구별하여 서술하였다. 즉 기자 조선과 마한, 통일 신라, 고려를 정통 국가로, 마한이 멸망한 뒤의 삼국 시대는 정통 국가가 없는 시대로 보았다. 영재 유득공(1748~1809)이 지은 역사서로는 『발해고』가 있다(1784, 정조 8). 여기서 '남북국 시대'라는 용어가 처음으로 사용되었다.

- [이긍익] 연려실기술 [지11②]
  └ 이긍익은 우리나라 역대 문화를 백과사전식으로 정리하였다. [서24②]
  └ 이긍익은 조선 시대의 정치와 문화를 정리하여 『연려실기술』을 저술하였다. [경15②]
  └ 이긍익은 500여 종의 중국 및 일본의 자료를 참고하여 『연려실기술』을 편찬하여 민족사 인식의 폭을 넓히는 데 이바지하였다[✗]. [경15①]

[해설] 완산 이긍익(1736~1806)은 우리나라 역대 문화를 『연려실기술』에서 백과사전식으로 정리하였다(1776, 영조 52). 『연려실기술』은 백과사전식으로 구성된 기사 본말체 사서이자 일종의 정치 야사집이다. 부친(원교 이광사(1705~1777)*의 유배지인 전남 완도의 신지도에서 42세 때(1777, 정조 원년)부터 저술하기 시작하여 타계할 때까지 약 30년 동안에 걸쳐 완성하였다(1911년 간행). / 500여 종의 중국 및 일본의 자료를 참고하여 민족사

인식의 폭을 넓히는 데 이바지한 것은 [이긍익(1736~1806)의 『연려실기술』이 아니라] 한치윤(1765~1814)의 『해동역사』이다(1814, 순조 14).

*원교 이광사: 소론 집안 출신으로 1755년(영조 31) 나주 괘서[벽서] 사건에 연루되어 종신 유배형을 받았다. 총 23년간의 유배 생활 끝에 유배지에서 생을 마쳤다.

- 한치윤 [지21] □
  - 한치윤의 해동역사 [지18] □
  - [해동역사] 중국 및 일본의 자료를 망라한 기전체 사서로 민족사 인식의 폭을 넓혔다. [지15②] □
  - 중국 및 일본의 자료를 참고하여 민족사 인식의 폭을 넓히는데 이바지하였다. [경14①] □
  - 한치윤은 『해동역사』를 저술하면서 500여 종의 중국, 일본 자료를 참고하였다. [회23] □
  - 한치윤은 500여 종의 중국 및 일본의 자료를 참고하여 기전체 형식의 『해동역사』를 저술하였다. [경16①] □
  - 해동역사 [지12①] [지11②] [서12] [경12②] □
  - 『해동역사』 [경18②] □

[해설] 『해동역사』를 집필한 인물은 옥유당 한치윤(1765~1814)이다(1814, 순조 14). 『해동역사』는 다양한 외국의 자료를 인용한 19세기의 기전체 역사서로, 단군에서 고려까지의 역사를 다루었다[유서(類書)로 불리는 백과사전 X]. 단 열전(列傳)은 없다. / 『해동역사』는 500여 종의 중국 및 일본의 자료[사서]를 참고하여 민족사 인식의 폭을 넓히는 데 이바지하였다는 평가를 받고 있다(문헌고증적이고 백과사전식으로 서술). 편찬자의 의견과 교감(校勘)*을 붙이면서 자신의 역사 해석과 고증을 시도하였다.

*교감(校勘): 같은 종류의 여러 책을 비교하여 차이 나는 것들을 바로잡는 일

- 「요계관방지도」에는 우리나라 북방 지역과 만주, 만리장성을 포함하여 중국 동북 지방의 군사 요새지가 상세히 그려져 있다.* [회17] □

[해설] '요계관방지도'는 병조판서 이이명(1658~1722)이 제작한 군사적 목적의 관방(關防)* 지도이다(1706, 숙종 32).
*관방(關防): '국경을 지킴', '변방의 방비를 위하여 설치한 요새'의 뜻이다. 따라서 관방 지도란 지금의 '국방용 지도'라 할 수 있다.

- 곤여만국전도 같은 세계 지도가 전해짐으로써 보다 과학적이고 정밀한 지리학의 지식을 가지게 되었다. [국12] □
  - 『곤여만국전도』 같은 세계 지도가 전해짐으로써 보다 과학적이고 정밀한 지리학의 지식을 가지게 되었다. [경19②] □

[해설] 원래의 '곤여만국전도'는 1602년(선조 35)에 이탈리아인 선교사 마테오 리치(1552~1610)가 명의 북경에서 제작한 것으로 사신들에 의해 이듬해인 1603년(선조 36)에 의해 전해졌다. 이후 숙종 대인 1708년(숙종 34)에 이를 채색하여 모사하였다(이른바 채색된 '곤여만국전도').

- [조선 후기의 문화] 서양인이 제작한 세계 지도의 전래로 조선인들의 세계관이 확대되었다. [지16①] □

[해설] 조선 후기에 이르러 '곤여만국전도' 등 서양인들이 제작한 세계 지도가 전래되면서 조선인들의 세계관이 확대되었다.

- 동국지도는 정상기가 실제 거리 100리를 1척으로 줄인 백리척을 적용하여 제작하였다. [국23] □
  - 정상기의 「동국지도」는 최초로 100리척을 사용한 과학적인 지도이다. [회17] □
  - 정상기의 『동국지도』는 최초로 100리척을 사용하여 정확하고 과학적인 지도 제작에 공헌하였다. [경12①] □
  - 정상기는 백리척을 이용하여 『동국지도』를 제작하였다. [서19②] □
  - 100리척을 사용한 동국지도를 제작하였다. [법13] □
  - 100리척을 사용한 동국지도가 제작되었다. [기19] □
  - 정상기는 최초로 백 리를 한 자로 축소한 『동국여지도』를 만들어 우리나라의 지도 제작 수준을 한 단계 높였다[X]. [서22①] □
  - [정상기] 『동국지도』를 만들어 지도 제작의 과학화에 기여하였다. [국14] □

[해설] '동국지도'는 농포자 정상기(1678~1752)가 실제 거리 100리를 1척으로 줄인 백리척을 (처음으로) 적용하여 제작하였다(1740년대 제작 추정). 백리척이란 100리(약 40km)를 1척으로 줄여서 나타내는 축척 표기법이다. / 정상기가 만든 지도는 '동국여지도'가 아니라 '동국지도'이다. '동국여지도'는 여암 신경준(1712~1781)이 영조 46년인 1770년경에 편찬한 지도이다.

42 실학의 발전과 새로운 사상의 등장

- 김정호는 『대동여지도』를 편찬하기 이전에 이미 『청구도』 등을 제작하였다. [서19②] □

  [해설] 고산자 김정호(1804~1866)가 '대동여지도'를 편찬한 것은 조선 철종 12년인 1861년의 일이고, '청구도'를 제작한 것은 순조 34년인 1834년의 일이다.

- 『대동여지도』가 완성되자 나라의 기밀을 누설시킬 우려가 있다고 하여 판목은 압수 소각되었다[x]. [서19②] □

  [해설] 고산자 김정호(1804~1866)가 편찬한 '대동여지도'의 판목(목판)은 현존한다(현재 국립 중앙 박물관 소장, 12장 현존). 2008년에 보물 제1581호로 지정되었다.

- 대동여지도는 거리를 알 수 있도록 10리마다 눈금을 표시하였다. [국23] □
  └ 「대동여지도」는 산맥, 하천, 포구, 도로망을 정밀하게 표시하고 거리를 알 수 있도록 10리마다 눈금을 표시하였으며, 목판으로 인쇄하였다. [회17] □
  └ 김정호의 『대동여지도』는 최초로 100리 척을 사용하여 산맥, 하천, 포구, 도로망을 정밀하게 표시하였다[x]. [경15①] □

  [해설] 고산자 김정호(1804~1866)가 편찬한 '대동여지도'는 거리를 알 수 있도록 10리마다 눈금을 표시하였다(22첩의 목판본 지도)(1861, 철종 12). '대동여지도'는 현재 국립 중앙 박물관에 소장 중이며 12장이 현존한다. / 최초로 100리 척을 사용한 지도는 [김정호(?~1866)의 '대동여지도'가 아니라] 정상기(1678~1752)의 '동국지도'이다(1740년대 제작).

- [조선 후기의 지도 편찬] 모눈종이를 이용한 정밀한 지도도 제작되었다.* [서19②] □

  [해설] 조선 후기에 이르러 모눈종이를 이용한 정밀한 지도가 제작되었다. 조선 후기에는 일정한 크기의 사각형 방안(方案) 위에 지도를 그렸다(방안법* 적용). 모눈종이라고 할 수 있는 방안을 사용한 종이(방안지) 위에 지도를 그리면 위치·거리·방향의 정확성이 상대적으로 높아지게 된다(군사용 지도에도 적용). 하지만 모눈종이를 이용해 지도를 작성하는 방안법은 중국처럼 아주 넓은 평지나 아주 넓은 사막이 많은 나라, 길이 직선으로 반듯한 나라에는 딱 맞는 방법이지만 조선처럼 넓은 평지보다는 산이 많고 길도 구불구불한 나라에서는 실제로 그렇게 적합하지 않다. 그래서 정상기가 '동국지도'를 제작하면서 백리척을 적용한 것은 그전의 방안법보다는 진일보한 것으로 평가할 수 있다(이전보다 더 실제에 가까운 방위와 거리 계산이 가능).

  *방안법(方案法): 지도상에 일정한 간격의 종횡선을 그리거나 투명 필름 위에 일정 간격의 눈금을 만들어 지도 위에 겹쳐 놓은 다음 숫자를 헤아려 계산하면 된다. 또 비슷하게 사각형을 헤아려 계산하는 방법이 하나 더 있는데, 안팎의 면적을 눈대중으로 계산하지 않고 곡선이 통과하는(사선이 그려진) 사각형을 둘로 나누어 가산해 주는 방법이다.

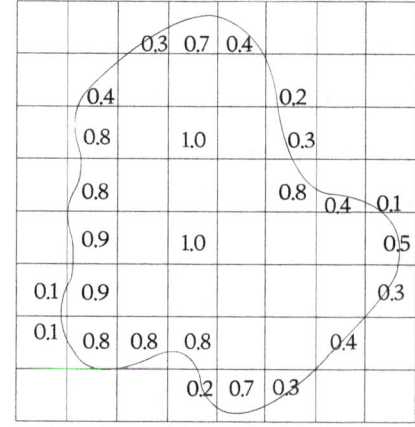 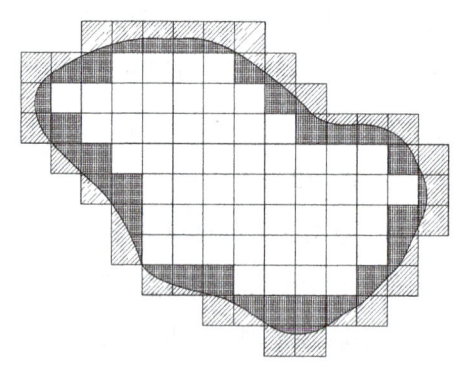

- 출처: 네이버 지식백과 -

- [한백겸] 『동국지리지』를 저술하여 역사지리 연구의 단서를 열어 놓았다. [국14] □
  └ 한백겸은 『동국지리지』에서 고대사의 지명을 새롭게 고증하였다. [회23] □
  └ 『동국지리지』 [서16] □

[해설] 『동국지리지』는 광해군 때 구암 한백겸(1552~1615)이 지은 역사지리서로, 여러 고서(古書)에서 한국 지리에 관한 사항을 뽑아 엮은 책이다(1615, 광해군 7). 문헌 고증뿐 아니라 답사를 통해 고대사의 지명을 새롭게 고증하였다(위치 및 강역에 대한 자신의 의견을 밝힘). 고구려가 만주에서 시작되었음[고구려의 발상지가 만주 지방이라는 점] 처음 고증하였고, 삼한의 위치도 고증하였다.

• [이중환] 전국의 자연환경과 인물, 풍속 등을 정리한 『택리지』를 저술하였다. [서18①] □
  └ 이중환의 『택리지』는 각 지역의 경제생활까지 포함하여 집필되었다. [서22①] □

[해설] 『택리지』는 (청담[청화산인]) 이중환(1690~1756)이 현지답사를 기초로 전국의 자연환경과 인물, 풍속 등을 정리한 인문지리서이다(1751, 영조 27). 특히 전국 8도 각 지역의 지리적 조건과 경제의 상호 관련성을 밝혀 놓아 우리나라 최초의 지리경제학의 지평을 연 것으로 평가받고 있다.

• [신경준] 훈민정음운해 [국24] □

[해설] 여암 신경준(1712~1781)이 『훈민정음운해』를 지은 것은 영조 26년인 1750년의 일이다. 『훈민정음』 반포 이후 최초로 저술된 전반적인 연구 논설로, 역학(易學)의 원리를 응용하면서 여러 모로 음운을 도해하여 고찰하였다. 『훈민정음도해』라고도 한다.

• 국어에 대한 연구도 활발하여 신경준의 『고금석림』과 유희의 『언문지』가 나왔다[X]. [서22①] □
  └ 이의봉은 『고금석림』을 편찬하여 우리의 어휘를 정리하였다.* [서17②] □
  └ 이의봉의 『고금석림』에는 방언과 해외 언어가 정리되어 있다.* [경12①] □
  └ 유희는 『언문지』를 지어 우리말의 음운을 연구하였다. [서17②] □

[해설] 『고금석림』이라는 사전을 편찬한 이는 (나은) 이의봉(1733~1801)이다. 우리말의 사투리(방언)와 어휘[이상 내편]와 해외의 언어[이상 외편]가 정리되었다(1789, 정조 13). 신경준(1712~1781)이 지은 음운 연구서로는 『훈민정음운해』가 있다[영조 26년(1750)경]. 그리고 유희(1773~1837)는 『언문지』를 지어 우리말의 음운을 연구하였다(1824, 순조 24).

• [권문해] 대동운부군옥* [서18①] □

[해설] 『대동운부군옥』은 조선 선조 때 (초간) 권문해(1534~1591)가 편찬한 (일종의) 백과전서이다. 편찬 직후 선조에게 바쳐 나라에서 간행하려고 하였으나, 임진왜란이 발발하여 중단되었다. 정조 때인 1798년에 이르러서야 초판이 나왔다.

• [이규경] 오주연문장전산고 [서18①] □
  └ 방대한 문화 백과사전을 편찬하였다. [회17] □

[해설] 『오주연문장전산고』는 (청장관) 이덕무(1741~1793)의 손자 (오주거사[소운거사]) 이규경(1788~1863)이 쓴 백과사전 형식의 저술이다(1850년대 편집)(60권 60책 1,417항목). 우리나라는 물론 중국과 여러 외방(外方)의 고금사물(古今事物)을 백과사전식으로 찬술하였다.

• 유서(類書)로 불리는 백과사전이 널리 편찬되었다. [국20] □
  └ 여러 영역을 항목별로 나눈 백과사전적 서술로 문화 인식의 폭을 확대하였다. [지15②] □
  └ 문화 인식의 폭이 확대되어 백과사전류의 저서가 편찬되었다. [법23] □

[해설] 유서(類書)*로 불리는 백과사전이 널리 편찬된 것은 조선 후기의 일이다. / 조선 후기에 이르러 지봉 이수광(1563~1628)의 『지봉유설』, 성호 이익(1681~1763)의 『성호사설』, 청장관 이덕무(1741~1793)의 『청장관전서』, 풍석 서유구(1764~1845)의 『임원경제지』, 오주거사[소운거사] 이규경(1788~?)의 『오주연문장전산고』와 같은 백과사전류의 저서가 많이 편찬되었다(이규경은 이덕무의 손자).

*백과사전[유서(類書)]: 경사(經史)·시문(詩文)·지리·인명 등 장르별 유서(類書)·유집(類集)이 조선 초기까지 나왔으나, 본격적인 백과사전류는 조선 후기인 17세기에 들어 이수광(李睟光)의 『지봉유설』이 효시이다(1614, 광해군 6) 이어 김육의 『유원총보』(1644, 인조 22)와 오명리의 『고금설원』(1654, 인조 22), 『동국문헌비고』(1770, 영조 46, 관찬), 『성호사설』(이익, 1740년경), 『대동운부군옥』(권문해, 1798), 『오주연문장전산고』(이규경, 1850년대), 『임하필기』(이유원, 1871), 『물명고』(유희, 1820년대), 『잡동산이』(안정복)(영조 대), 『재물보』(이성지, 1798), 『견첩록』(저자 및 연도 미상) 등이 나왔다.

5 과학 기술의 발달

• 소현 세자는 청에서 서양의 문물에 관심을 가지고, 천문 관련 서적 등을 가져왔다. [국17②] □

[해설] 병자호란 때 굴복하여 청에 볼모로 끌려간 소현 세자(1612~1645)는 청에서 서양의 문물에 관심을 가졌고, 귀국 시 천문 관련 서적을 가져왔다(1645년 음력 2월 귀국, 동년 4월 돌연사).

- 유클리드 기하학을 중국어로 번역한 기하원본이 도입되기도 하였다.* [국12] □

[해설] 마테오 리치(1552~1610)가 유클리드 기하학을 중국어로 번역한 『기하원본』이 도입된 것은 조선 후기의 일이다. 이익과 정약용 등 많은 학자들이 이 책을 인용하거나 언급하였다. 건륭제 대(재위 1735-1795, 제6대) 완성된 총서『사고전서』에도 수록되었다.

- 청에서 사용하는 시헌력을 채택하였다. [법12] □
  └ 김육, 김상범의 노력으로 청나라를 통해 시헌력을 도입하였다. [경16①] □

[해설] 청에서 사용하는 시헌력을 (정식으로) 채택한 것은 효종 대(재위 1649-1659, 제17대)이다(1653, 효종 4)(처음 도입은 인조 대). 잠곡 김육(1580~1658)이 도입을 건의하였다[김상범(?~1655?)은 당시 관상감관].

- 동의보감 [국11] □
  └『동의보감』[서20] [서16] □
  └『동의보감(東醫寶鑑)』[서19②] □
  └[광해군] 동의보감을 편찬하게 하였다. [법12] □
  └허준이『동의보감』을 완성하였다. [소22] □
  └허준이『동의보감』을 편찬하였다. [지24] □
  └우리나라 풍토에 맞는 처방과 약재 등이 기록되어 있다. [지24] □
  └허준의『동의보감』은 우리나라뿐 아니라 중국 및 일본의 의학 발전에 큰 영향을 끼쳤는데, 예방 의학에 중점을 둔 것이다. [서22①] □

[해설]『동의보감』은 구암 허준(1539~1615)이 우리나라의 전통 한의학을 체계적으로 정리한 동양 최대의 의서로 우리나라뿐만 아니라 중국, 일본에서도 간행될 정도로 우수한 의학서로 간주되고 있다(조선과 중국의 의서 집대성). 허준이 동의보감 집필을 끝낸 것은 광해군 2년인 1610년이고(선조 대부터 집필 시작) 내의원에서 간행된 것은 3년 뒤인 1613년(광해군 5)의 일이다. 2009년에 유네스코 세계 기록 유산으로 등재되었다. /『동의보감』은 양생(養生)*의 철학을 바탕으로 하여 의학에서 예방의 중요성을 전면적으로 인식한 세계 최초의 의학서라는 평가를 받고 있다.
*양생(養生): 몸을 튼튼하게 하고 병이 생기지 않게 해서 오래 살기 위하여 음식, 운동, 정서, 성생활 등 생활 준칙을 규칙적으로 하는 방법

- 『벽온신방』- 양명학 [x] [지14①] □

[해설]『벽온신방』은 효종 때 황해도에서 전염병이 유행하자 의관 안경창(1604~?)이 왕명을 받아 편찬한 의학 서적이다(1653, 효종 4).『벽온방』에서 약재의 난해한 것은 빼고, 속방의 쓰기 쉬운 것을 첨가한 후 언해[한문을 한글로 풀이함]를 붙여 간행하였다. 서적과 관련 분야를 묻는 문제로 의학 분야이지 양명학 분야(철학 또는 사상[종교])가 아니다.

- [정약용] 지석영은 서양 의학의 성과를 토대로 서구의 종두법을 최초로 소개하였다[x]. [국15] □
  └홍역 관련 의서를 종합해『마과회통』을 저술하였다. [지17①] □
  └마과회통 [국11] □
  └『마과회통(麻科會通)』[서19②] □

[해설] 서양의 우두 종두법을 최초로 소개한 것은 지석영(1855~1935)이 아닌 조선 후기의 실학자인 정약용의『마과회통』이다(1798, 정조 22). 즉『마과회통』은 정약용(1762~1836)이 홍역(마진)에 대해 연구하여 쓴 의서로 영국의 의사인 에드워드 제너(1749~1823)의 우두 종두법을 처음으로 소개하였다.

- 방약합편* [국11] □

[해설]『방약합편』은 황도연(1808~1884)의 저서를 아들이 증보하여 편찬한 것으로 의방과 약물에 관한 내용을 체계적으로 정리하여 한의학의 대중화에 기여하였다(1884, 고종 21).

- 동의수세보원 [국11]
  └『동의수세보원』: 중국과 일본의 자료를 참고하여 민족사 인식을 확대하였다[x]. [서18①]

[해설] 『동의수세보원』은 동무 이제마(1837~1900)의 저술로, 사상 의학(四象醫學)에 관한 이론과 치료법들을 묶어 놓은 책이다(1894, 고종 31)(1901년 완간). / 중국과 일본의 자료를 참고하여 민족사 인식을 확대한 책으로는 한치윤(1765~1814)의 『해동역사』를 들 수 있다.

■ 동의수세보원(이제마) [국11]

사람의 체질을 태양인·태음인·소양인·소음인으로 구분하여 치료하는 체질 의학 이론으로, 오늘날까지도 한의학계에서 통용되고 있다.

[해설] 사람의 체질을 태양인·태음인·소양인·소음인으로 구분하여 치료하는 이제마(1837~1900)의 '사상 의학'에 대한 설명이다.

- 신속은 『농가집성』을 펴내 벼농사 중심의 농법을 소개하였다. [국11]
  └[신속]『농가집성』을 펴내 이앙법 보급에 공헌하였다. [지17①]
  └라: 신속의 저술로 이앙법을 언급하였다. [서17①]
  └신속이 벼농사 중심의 수전 농법을 소개한 『농가집성』을 편찬하였다. [법22]
  └농가집성의 내용을 읽으며 공부하는 농부 [법23]
  └『농가집성』 [서17①]

[해설] 이앙법[모내기법]을 소개한 『농가집성』이 (이지당) 신속(1600~1661)에 의해 편찬된 것은 조선 효종 6년인 1655년의 일이다. 조선 초의 『농사직설』을 계승하면서 벼농사 중심의 수전 농법을 소개하여 이앙법 보급에 영향을 주었다.

- [박세당] 색경 [지18]
  └『색경』 [서17①]
  └나: 박세당의 저술로 과수, 축산, 기후 등에 중점을 두었다. [서17①]
  └『색경』- 지리학 [x] [지14①]

[해설] 『색경』은 숙종 대 서계 박세당(1629~1703)이 지은 저술로 지방의 농경법을 연구해 꾸민 일종의 농법 기술서이다(1676, 숙종 2). '색경'이란 '농사에 관한 경서'라는 뜻으로, 각종 개별 작물과 과일, 화훼, 가축, 포유류, 조류, 양어·양잠 등에 대한 설명을 담고 있다. 심지어 술 담그기·초 담그기와 같은 농산 제조법과 농사를 점치는 법까지 덧붙였다. 소백과사전적인 책의 선구자 격인 저술[저서]이다. / 『색경』은 박세당이 성리학적 농서인 『농가집성』을 비판하고 과수, 축산, 기후 등에 중점을 두고 저술한 농업 관련 서적[농서]이다.

- [홍만선]『산림경제』는 박세당이 과수, 축산 등을 소개한 것이다[x]. [국15]
  └가: 홍만선의 저술로 농업, 임업, 축산업, 식품가공 등을 망라하였다. [서17①]
  └산림경제 [지18]
  └『산림경제』 [서17①]

[해설] 『산림경제』는 서계 박세당(1629~1703)이 아니라 유암 홍만선(1643~1715)이 저술한 농서로, 농업과 일상생활에 관한 광범위한 사항을 기술한 소백과사전적인 책이다. 조선 후기의 농업 기술 발전에 기여하였다(숙종 연간 간행).

- [정조]『해동농서』를 편찬하도록 하였다. [국18]
  └서호수는 우리 고유의 농학을 중심에 두고 중국 농학을 선별적으로 수용하여 한국 농학의 새로운 체계화를 시도하였다. [국12]

[해설] 『해동농서』는 문민공 서호수(1736~1799)가 지은 농서로 1798~99년경에 편찬되었다. 우리 고유의 농학에 중심을 두고 중국 농학을 선별적으로 수용하여 한국 농학의 새로운 체계화를 시도한 저술로 평가받고 있다. 북학파의 시조인 서명응(1716~1787)[『북학의』서문 작성]의 아들이자 서

유구(1764~1845)의 아버지[부친]로, 1799년에는 정조의 문집인『홍재전서』의 속편을 편찬하기도 하였다.

- [박지원]『과농소초』는 홍만선이 화초 재배법에 대해 저술한 것이다[x]. [국15] □
  - 다: 정약용의 저술로 농업 기술과 농업 정책에 관하여 논하였다[x]. [서17①] □
  - 박지원은 농업 관계 저술인『과농소초』를 펴내기도 했다. [서24①] □
  - 『과농소초』 [지20] [서17①] □
  - 과농소초 [지18] □

[해설]『과농소초』는 정조 대에 연암 박지원(1737~1805)이 지은 농서로, 농업 기술과 농업 정책을 아울러 논하고, 그 개혁책으로 한전법(限田法)을 제시하였다(1799, 정조 23)(영농 방법의 혁신, 상업적 농업, 즉 상업 작물 재배 장려, 수리 시설 확충 등 농업 생산력을 높일 방안 제시). 박지원이 정조의 '권농정구농서윤음(勸農政求農書綸音)'을 받고서 지어 바친 농서이기도 하다.

■ 과농소초(박지원) [경20②] □

옛날에 백성에는 네 가지 부류가 있었습니다. 이는 사농공상입니다. 사의 업은 오래되었습니다. 농공상의 일은 처음에 역시 성인의 견문과 생각에서 나왔고, 대대로 익힌 것을 전승하여 각기 자신의 학문이 있었습니다. …… 그러나 사의 학문은 실제로 농공상의 이치를 포괄하는 것이므로, 세 가지 업은 반드시 사를 기다린 뒤에 완성됩니다. 일반적으로 이른바 농업에 힘쓰는 것이나, 상업을 유통시켜 공업에 혜택을 준다고 했을 때 그 힘쓰는 것이나, 상업을 유통시켜 공업에 혜택을 준다고 했을 때 그 힘쓰게 하고 유통시키고 혜택을 주게 하는 것은 사가 아니라면 누가 하겠습니까?

[해설] 주어진 자료는 연암 박지원(1737~1805)이 저술한『과농소초』의 '제가총론 후부설(諸家總論後附說)'에 나오는 내용이다[1798, 정조 22].『과농소초』는 정조의 권농정구농서윤음(勸農政求農書綸音)을 연암이 받들어 지은 농서(農書)이다. 책에서 농업 기술과 농업 정책을 아울러 논하고, 그 개혁책으로 한전법(限田法)을 제시하였다(「한민명전의(限民名田議)」).

- [서유구] 임원경제지 [지18] [법16] □
  - 농촌 생활 백과사전인 임원경제지가 편찬되었다. [서13] □

[해설]『임원경제지』는 순조 때의 실학자 풍석 서유구(1764~1845)가 지은 농서이다(1827, 순조 27)(조선 후기). 홍만선의『산림경제』를 토대로 한국과 중국의 저서 900여 종을 참고, 인용하여 엮어낸 농업 위주의 백과전서이다(농촌 생활을 위한 백과사전). 농업 기술과 농업 경제의 양면에서 종전의 농업이 크게 개량되어야 한다는 점을 주장하고 있다.

■ 풍석 서유구 [지18] □

- O 종래의 조선 농학과 박물학을 집대성하였다.
  O 전국 주요 지역에 국가 시범 농장인 둔전을 설치하여 혁신적 농법과 경영 방법으로 수익을 올려서 국가 재정을 보충할 것을 제안했다.

[해설] 순조 대의 실학자 풍석 서유구(1764~1845)에 대한 설명이다.

- [최한기] 우주 현상과 지리, 문화 현상을 상술한『지구전요』를 편찬하였다.* [기19] □
  - 이광정은『지구전요』에서 지구의 자전과 공전을 함께 주장하였고, 자전과 공전설이 코페르니쿠스의 것임을 밝혔다[x].*
  [경19②] □

[해설] 우주 현상과 지리, 문화 현상을 상술한『지구전요』를 편찬한 인물은 혜강 최한기(1803~1877)이다(1857, 철종 8). 이 시기『기학』도 집필하였다. 최한기는 천문·지리·농학·의학·수학 등 학문 전반에 박학하여 1,000권의 저서를 남겼다(현재 15종 80여 권이 남아 전해짐). /『지구전요』에서 지구의 자전과 공전을 함께 주장하였고, 자전과 공전설이 코페르니쿠스의 것임을 밝힌 것은 맞다. 그런데 이 책은 혜강 최한기(1803~1877)의

저술(세계 지리서)이다(1857, 철종 8). (해고[눌옹]) 이광정(1552~1627)은 선조 대의 문신으로 주청사(奏請使)로 명에 사신으로 가서 돌아올 때 '곤여만국전도'를 구입하여 가져온 적이 있다(1603, 선조 36).

6 새로운 사상의 등장

- [예언 사상] 이 사상을 근거로 몰락한 양반의 지휘 아래 평안도에서 난이 일어났다. [국20] ☐
  └ 홍경래의 난에 사상적 영향을 끼쳤다. [법13] ☐

[해설] 몰락한 양반의 지휘 아래 평안도에서 (홍경래의) 난이 일어난 것은 조선 순조 11년인 1811년의 일이다. 각종 비기, 도참설, 정감록 등의 예언 사상이 영향을 끼쳤다[세상을 구원할 정진인(鄭眞人) 제시]. 원래 해당 문제에서 '이 사상'은 동학사상을 가리킴.

- [천주교] 안정복은 성리학의 입장에서 천주교를 비판하는 『천학문답』을 저술하였다.* [국14] ☐
  └ [안정복] 성리학의 입장에서 천주교를 비판하는 『천학문답』을 저술하였다.* [서16] ☐
  └ 안정복이 천주교를 비판하는 『천학문답』을 저술하였다.* [지19] ☐

[해설] 순암 안정복(1712~1791)은 성리학적 입장에서 천주교를 비판하는 『천학문답』과 『천학고』를 저술한 것은 정조 9년인 1785년의 일이다. 유교적 입장에서 총 31항에 걸쳐 문답 형식으로 천주 교리를 비판하여, "천주교는 후세의 천당·지옥설을 믿어 현실을 고통으로 엮어 금수(禽獸)의 세계로 생각하며, 인간 자신이나 세속사를 구시(仇視)하여 결국은 부모군신(父母君臣)의 의(義)를 파멸시키고 극기(克己)의 정신을 모르게 하는 것이다"라고 하여, 천주교의 비현실성·비관주의·비윤리성·비사회성 등을 지적하였다. / 안정복의 『천학문답(天學問答)』은 이익(1681~1763)의 「천주실의발(天主實義跋)」(『성호사설』) 이래 신후담(1702~1761)의 「서학변(西學辨)」(1724, 경종 4), 홍정하(1684~?)의 「증의요지(證疑要旨)」와 「천주실의증의(天主實義證疑)」 등 18세기에 활발하게 저술된 일련의 천주교 비판서 계열에 속한다.

- [조선 후기의 사상 동향] 서울 부근의 일부 남인 학자는 천주교를 수용하였다. [지17②] ☐
  └ 남인 계열의 실학자들이 신앙으로 받아들였다. [법13] ☐

[해설] 천주교는 (17세기) 처음 학문적 대상인 서학으로 소개되었다가 18세기 후반 한성[서울] 부근의 남인 실학자들을 중심으로 점차 신앙의 대상으로 수용되었다.

- 마테오 리치가 지은 천주실의는 이 시기에 한글로 번역되어 천주교의 유포에 기여하였다. [지11②] ☐

[해설] 이탈리아의 예수회 선교사 마테오 리치(1552~1610)가 지은 『천주실의』가 (일반 대중을 위하여) 한글로 번역된 것은 (19세기가 아니라) 18세기 후반의 일이다(해당 문제는 19세기 조선 사회에 대해 묻는 문제임).

- [천주교] 이승훈이 북경에서 영세를 받았다. [지19] ☐
  └ 이승훈이 북경에서 서양 신부에게 영세를 받고 돌아왔다. [서22①] ☐
  └ [이승훈] 스승 이벽의 권유로 북경에 갔다가 서양인 신부의 세례를 받고 귀국하였다. [서16] ☐

[해설] 만천 이승훈(1756~1801)이 스승 이벽(1754~1785)의 권유로 청의 북경[베이징]에 갔다가 서양인 신부의 세례를 받은 것은 정조 8년인 1784년의 일이다(우리나라 최초의 영세 교인). 당시 이승훈은 동지사의 서장관인 부친을 따라 청에 가시 북경[베이징] 천주교당 북당(北堂)에서 교리 공부를 한 뒤, 이듬해인 1784년 2월에 남천주당에서 예수회의 루이 드 그라몽 신부(1736~1812)로부터 세례를 받았다(세례명 '베드로'). 신유박해 때 순교하였다.

- [천주교] 윤지충이 모친상 때 신주를 불사르고 천주교 의식을 행하였다. [서22①] ☐
  └ [신해박해] 모친상을 당해 신주를 불태운 것이 알려지면서 박해가 일어났다. [서15] ☐

[해설] 전라도 진산의 선비이자 천주교 신자인 윤지충(1759~1791)이 모친상 때 부모의 제사를 거부하고 위패[신주]*를 불태우면서 천주교 의식을 행한[천주교식으로 장례를 치른] 것은 정조 15년인 1791년의 일이다. 윤지충은 이 때문에 외사촌 권상연(1750~1791)과 함께 처형되었는데 이를 신해박해[신해사옥](1791) 혹은 '진산 사건'이라 한다(1791. 11).

*위패[신주]: 종이로 만든 신주(神主)를 지방(紙榜)이라 하고, 나무로 만든 신주를 위패(位牌)라고 한다.

- [천주교] 1791년 윤지충은 어머니 상(喪)에 유교 의식을 거부하여 신주를 없애고 제사를 지내 권상연과 함께 처형을 당하였다. [국14] ☐

┌윤지충과 권상연을 사형에 처하고, 진산군(珍山郡)은 현(縣)으로 강등하라는 명이 내려졌다. [법24] □

[해설] 전라도 진산의 선비이자 천주교 신자인 윤지충(1759~1791)은 모친상을 당하자 신주[위패]를 없애고 천주교식으로 장례를 치러 권상연과 함께 사형되었다.

• [천주교] 윤지충 사건을 계기로 하여 기해박해가 일어났다[x]. [지19] □

[해설] 윤지충 사건을 계기로 하여 일어난 박해는 기해박해(1839, 헌종 5)가 아니라 신해박해(1791, 정조 15)이다. 신해박해는 신해사옥[신해교난] 또는 진산 사건이라고 하는데 조선 최초의 박해 사건이다. 윤지충 사건이란 전라도 진산군에 사는 선비이자 천주교 신자인 윤지충이 1791년 여름 모친상을 당하자 외사촌 권상연과 함께 어머니의 유언대로 유교식 상장(喪葬)의 예를 하지 않고 조문도 받지 않았으며, 로마 가톨릭 예식으로 장례를 치러 종친들을 분노케 한 것을 말한다.

• [천주교] 이가환, 황사영, 이기경 [서16] □

[해설] 금대 이가환(1742~1801)은 만천 이승훈(1756~1800)의 영향을 받아 천주학에 관심을 갖게 되어 천주 교리서를 한글로 번역하기도 하였다. 1801년 신유박해(신유사옥) 때 순교하였다. / 황사영(1775~1801)은 신유박해의 내용을 베이징에 있는 서양인 주교에게 알리려 하였으나 발각되었다(황사영 백서 사건, 1801). / 이기경(1756~1819)은 이승훈, 이벽 등을 통해 천주교를 접하였으나 주자학과 다름을 알고 배척하였으며 관련 저서로는 『벽위편』, 『사교징치』 등이 있다.

• [천주교] 이 사상에 대해 순조 즉위 이후 대탄압이 가해졌다(신유박해). [국20] □

┌순조 즉위 후 정권을 장악한 노론 벽파가 반대파를 정계에서 제거하려고 박해를 일으켰다. [서15] □

┌이승훈이 최창현·홍낙민 등과 함께 서소문 밖에서 참수되었다. [법24] □

[해설] 순조 즉위 직전인 1800년 1월부터 대탄압이 가해진 사상은 천주교이다(신유박해, 1801). 이때 이승훈(1756~1801), 이가환(1742~1801), 정약전(1758~1816) 등 남인 학자와 청의 신부 주문모(1752~1801)가 처형되었다(1801.2~4). (원래 해당 문제에서 '이 사상'은 '동학사상'을 가리킴). 만천 이승훈은 최초의 천주교 영세자(세례 교인, 세례명 '베드로')이다.

• [신유박해] 천주교 신자를 박해하는 과정에서 '황사영 백서 사건'이 일어났다. [지16①] □

┌[천주교] 신유사옥 때 황사영은 군대를 동원하여 조선에서 신앙의 자유를 보장받게 해달라는 서신을 북경에 있는 주교에게 보내려다 발각되었다[황사영 백서 사건]. [국14] □

┌황사영이 북경에 있는 프랑스인 주교에게 군대를 동원하여 조선에서 신앙과 포교의 자유를 보장받을 수 있도록 청하는 서신을 보내려다 발각되었다. [서22①] □

┌황사영 백서 사건을 계기로 심한 탄압을 받았다. [회24] □

┌황사영 백서 사건이 발생하였다. [경21②] □

┌황사영 백서 사건이 일어났다. [법24] □

└"전선 수백 척과 정예 병사 5, 6만을 얻어서 대포 등 예리한 무기를 많이 싣고 우리나라 해변에 와서 국왕에게 글을 보내기를, '우리는 전교를 목적으로 온 것이지 재물을 탐하여 온 것이 아니므로 선교사를 용납하여 받아들여 달라.'라고 해 주소서."
[경19②] □

[해설] 순조 즉위 직전인 1801년 1월에 이승훈, 정약종 등 남인 학자와 청나라 신부가 사형당하고 정약전, 정약용은 유형되는 신유박해가 발생하였다. 이에 천주교 신자 황사영(1775~1801)이 신해박해[신유사옥]의 전말과 조선에서 신앙의 자유를 보장하기 위해 군대 동원 요청을 적은 백서[밀서]를 북경[베이징] 교구장인 구베아 주교(AleXandre de Gouvea, ?~1808)에게 보내려다 발각되었는데 이를 '황사영 백서[밀서] 사건'이라고 한다. / 황사영 백서는 신유박해가 일어나자 천주교 신자인 황사영이 신앙의 자유를 강구하기 위해 베이징 주교에게 보내고자 하였던 일종의 청원서이다.

*황사영 백서 작성: 황사영이 외국 군대의 출병을 요청하는 백서를 작성한 후 갖고 있다 체포된 것은 순조 원년인 1801년 9월의 일이다(황사영 백서 사건). 1801년 1월부터 시작된 신유박해를 피해 충청도 제천의 배론이라는 토기 굽는 마을로 피신하여 토굴에 숨어 지내며 황사영은 박해의 경과와 재건책에 대한 자신의 의견을 길이 62cm, 너비 38cm의 흰 비단에다 총 122행, 도합 12,384자를 검은 먹글씨로 깨알같이 작성하였다.

*황사영 백서 내용: 1785년(정조 9) 이후의 조선 교회의 사정과 박해에 대하여 간단히 설명한 다음, 신유박해의 상세한 전개 과정과 순교자들의 간단한 약전을 적었다. 그리고 주문모 신부의 활동과 자수, 그의 죽음에 대하여 증언하였다. 끝으로, 폐허가 된 조선 교회를 재건하고 신앙의 자유를 획득할 수 있는 방안에 대하여 언급하였다.

- [천주교] 기해사옥 때 흑산도로 유배를 간 정약전은 그 지역의 어류를 조사한 『자산어보』를 저술하였다[x]. [국14]
  - └ 『자산어보』- 의학 [x] [지14①]
- [해설] 손암 정약전(1758~1816)은 기해사옥[기해박해](1839)이 아닌 신유사옥[신유박해](1801) 때 (전남 신안군에 속하는) 흑산도로 유배되었다. 그곳에서 그 지역의 어류를 조사하여 『자산어보』를 저술하였다(1814, 순조 14). 『자산어보』는 정약전(1758~1816)이 흑산도로 유배되면서 근해의 어류를 직접 채집·조사하여 편찬한 어류학 서적이다.

■ 천주교 박해 [서15] [법13] [회24]

- 우리나라에서 (가)을/를 금하시는 것은 그 뜻이 정녕 어디에 있습니까? 먼저 그 뜻과 이치가 어떠한지 물어보지도 않고 지극히 죄악이라는 말로 사교(邪敎)라 하여 반역의 법률로 다스려 신유년 앞뒤로 인명이 크게 손상하였으나 한 사람도 그 원인을 알아보지 않았습니다. …(중략)… 이 도는 천자로부터 서민에 이르기까지 날마다 사용하고 늘 실행해야 할 도리이니 가히 해가 되고 난(亂)으로 된다고 할 수 없습니다.
  -정하상, <상재전서>

- [해설] 주어진 자료 속 '(가)'는 천주교를 가리킨다. 신유년의 일은 곧 순조 원년인 1801년에 일어난 신유박해를 가리킨다. 정하상(1795~1839)은 신유박해 때 순교한 정약종(1760~1801)의 아들이자 정약용(1762~1836)의 조카이다(세례명 '바오로'). 1839년(헌종 5)에 일어난 기해박해 때 모친, 누이와 함께 순교하였다. 「상재상서(上宰相書)」는 '재상에게 올리는 글'이라는 뜻으로, 기해박해 때 박해의 주동자인 우의정 이지연(1777~1841)에게 천주교 교리의 정당성을 알리고자 작성한 글이다(자료 속 출처 <상재전서>는 오기).

- 죽은 사람 앞에 술과 음식을 차려 놓는 것은 ㉠ 에서 금하는 바입니다. 살아 있을 동안에도 영혼은 술과 밥을 받아 먹을 수 없거늘 하물며 죽은 뒤에 영혼이 어떻게 하겠습니까? 먹고 마시는 것은 육신의 입에 공급하는 것이요, 도리와 덕행은 영혼의 양식입니다. 비록 지극한 효자라 할지라도 맛 좋은 것이라 하여 부모가 잠들어 있는 앞에 차려 드릴 수 없는 것은 잠들었을 동안은 먹고 마시는 때가 아닌 까닭입니다. 잠시 잠들었을 때도 그러하거늘 하물며 영원히 잠들었을 때는 어떻겠습니까?
  - 정하상, 『상재상서』 -

- [해설] 주어진 자료 속 '㉠'은 천주교를 가리킨다. 출처인 『상재상서(上宰相書)』는 1839년(헌종 5) 기해박해가 일어나자 천주교 신자 정하상(1795~1839)이 우의정 이지연(1777~1841)에게 천주교 교리의 정당성을 알리고자 쓴 최초의 호교론 문서이다.

- 프란치스코 교황은 16일 오전 순교자 124위 시복미사에 앞서 한국 최대 순교 성지이자 이번에 시복될 124위 복자 중 가장 많은 27위가 순교한 서소문 성지를 참배했다. 이곳은 본래 서문 밖 순교지로 불리는 천주교 성지였다. 한국에 천주교가 들어온 후 박해를 당할 때마다 이곳에서 많은 사람들이 처형당했으니 ……「황사영백서」로 알려진 황사영도 이곳에서 처형되었다.
  -『한국일보』, 2014년 8월 16일 -

- [해설] '프란치스코 교황', '서소문 성지'라는 내용, '황사영'이라는 인물 등을 통해 신유박해(1801)와 관련된 것임을 알 수 있다. 신유박해를 알리는 황사영 백서 사건(1801)으로 말미암아 천주교 탄압이 더욱 심해졌다.

- [천주교] 함께 붙잡혀 박해를 받은 정하상은 『상재상서』를 통해 포교의 정당성을 주장하였다(기해박해). [서15]
  - └[상재상서] "비록 지극한 효자라 할지라도 맛 좋은 것이라 하여 부모가 잠들어 있는 앞에 차려 드릴 수 없는 것은 잠들었을 동안에는 먹고 마시는 때가 아닌 까닭입니다. [중략] 사람의 자식이 되어 어찌 허위와 가식의 예로써 이미 돌아간 부모를 섬기겠습니까?" [경19②]
  - └[기해 척사윤음] "잘못된 집안 자손이나 벼슬길이 막힌 첩 자손이나 뜻을 잃고 나라를 원망하는 무리들, 아래로는 어리석은 백성, 그릇된 행위를 하는 무리들이 서로 교우라 부르며, 사실을 두루 숨기고 한편이 되었다." [경19②]
- [해설] 기해박해 때의 일로, 정하상(1795~1839)이 『상재상서』를 통해 포교의 정당성을 밝혔으나 결국 앵베르(1797~1839) 주교, 모방(1803~1839)·샤스탕(1803~1839) 신부(이상 프랑스 파리 외방전교회 소속) 등과 함께 처형되었다(1839, 헌종 5) / [경19②] 위에 제시된 내용은 1839년(헌종 5) 기해박해가 일어나자 천주교 신자 정하상(1795~1839)이 우의정 이지연(1777~1841)에게 천주교 교리의 정당성을 알리고자 쓴 최초의 호교론

문서인『상재상서(上宰相書)』이다. 아래에 제시된 내용은 기해박해 도중 반포된 척사윤음이다(기해 척사윤음, 1839.10). 당시 권력의 중심이었던 풍양 조씨 가문의 조인영(1782~1850)이 작성하였다. 안동 김씨 집권기에 비해 풍양 조씨 집권기에 상대적으로 천주교에 대한 박해가 심하였다(주의).

- [천주교] 최초의 한국인 신부 김대건이 귀국하여 포교 중 순교하였다(병오박해). [지19] ☐
  └ [김대건] 신부가 되어 충청도 당진(솔뫼)을 근거로 포교하다가 붙잡혀 처형되었다. [서16] ☐

[해설] (우리나라) 최초의 한국인 신부 김대건(1821~1846)(세례명 '안드레아')이 귀국하여 포교 중 순교한 것은 병오박해 때의 일이다(1846, 헌종 12). 즉 김대건은 자신의 고향인 충청도 당진을 근거로 포교하다가 붙잡혀 병오박해 때 순교하였다(현재 '솔뫼성지' 조성).

- [천주교] 대원군 집권기에 발생한 대규모 박해로, 프랑스 선교사를 비롯한 수천 명의 희생자를 낳았다(병인박해). [서15] ☐
  └ 프랑스 선교사와 천주교 신자들이 처형당하였다. [소18②] ☐
  └ 병인박해 [서24①] ☐

[해설] 병인박해를 가리킨다. 병인박해는 6년간 네 차례에 걸쳐 전개되었는데 첫 번째는 1866년 봄, 두 번째는 1866년 여름에서 가을까지, 세 번째는 1868년, 네 번째는 1871년으로 모두 8,000여 명의 순교자가 발생하였다(1868년의 세 번째를 '무신사옥', 1871년의 네 번째를 '신미사옥'이라고 부르기도 함). 프랑스 주교 2명*과 선교사 9명도 처형되었다. 병인박해는 병인양요가 일어나는 구실이 되었다[1866.10(제1차 원정)/1866.11(제2차 원정)]..

*프랑스 주교 2명: 베르뇌(BerneuX, 張敬一, 1814~1866) 주교와 다블뤼(Daveluy, 安敦伊, 1818~1866) 주교를 가리킨다. 베르뇌 주교는 서울의 새남터에서 처형되었고, 다블뤼 주교는 충남 당진시 합덕읍 신리에서 처형되었다.

- [천주교] 안동 김씨의 세도 정치 시기에 더욱 탄압받았다[×]. [법13] ☐

[해설] (천주교가) 안동 김씨의 세도 정치 시기에 더욱 탄압받은 것은 아니다. 세도 정치기에 일어난 주요 천주교 박해 사건으로는 신유박해(1801), 기해박해(1839), 병오박해(1846)를 들 수 있는데[가장 박해 규모가 컸던 병인박해(1866)는 고종 대], 여기서 신유박해만 안동 김씨의 세도 정치 시기에 해당하고 나머지 두 개가 풍양 조씨의 세도 정치 시기에 속한다[순조 대(재위 180-1834)와 철종 대(재위 1849-1863)가 안동 김씨의 세도 정치 시기에 해당하고, 헌종 대(재위 1834-1849)가 풍양 조씨의 세도 정치 시기에 속함].

※ 본 선지는 세도 정치 시기를 집권 세력에 따라 그 성격을 구분할 것을 요구하는 것으로, 어떻게 보면 무척 까다롭지만 역사 이해 및 인식 측면에서는 '세련된' 문항이라고 볼 수 있다

- [철종] 동학이 창시되었다. [지21] ☐

[해설] 수운 최제우(1824~1864)가 동학을 창시한 것은 조선 철종 11년인 1860년 4월의 일이다.

- 최제우가 동학을 창도하였다. [국14] ☐
  └ 최제우의 동학 창시 [국15] ☐
  └ 조선 후기 사회 불안이 계속되는 상황에서 최시형이 동학을 창시하였다[×]. [경16②] ☐
  └ 1860년대에 등장한 동학은 누구나 평등하다는 사상을 가지고 있었다. [경14②] ☐

[해설] 동학이 창시된 것은 철종 대(재위 1849-1863, 제25대)이다(1860, 철종 11). 조선 후기 사회 불안이 계속되는 상황에서 동학이 창시되었는데 창시자는 해월 최시형(1827~1898)이 아니라 수운 최제우(1824~1864)이다. 해월 최시형은 동학의 제2대 교주이다.

■ 동학 교리 [경19②] ☐

그 교리는 유고, 불교, 도교 세 교의 내용을 대충 취하여 부연하고 또 하느님이 세상을 주관한다는 기독교의 주장을 취하여 하느님이 인간의 화와 복을 실제로 맡고 있다고 한 것으로서 시골 백성들이 많이 믿었으며 보국안민을 빌었다.

[해설] 주어진 자료에서 말하는 종교는 수운 최제우(1824~1864)가 철종 11년(1860)에 창시한 동학임을 알 수 있다. 동학은 시천주와 인내천(人乃天)을 강조하고 보국안민(輔國安民)을 표방하였다. 또 조선 왕조를 부정하는 후천개벽(後天開闢)을 제시하였다.

- 동학의 최제우가 혹세무민으로 처형당한 이후 이필제의 난이 일어났다.* [경20②] □

[해설] 동학의 교조 최제우가 혹세무민(惑世誣民)으로 처형당한(1864년 4월) 이후 이필제의 난이 (경북 영해에서) 일어난 것은 고종 8년인 (음력) 1871년 3월의 일이다. 동학 제2대 교주 최시형도 참여하였으며, 교조 최제우의 순교 '원일(冤日)'인 3월 10일을 봉기일로 잡았다.

- 인간주의, 평등주의를 부르짖은 동학이 농촌 사회를 중심으로 교세를 확장했다. [서24②] □

[해설] 인간주의, 평등주의를 부르짖은 동학이 수운 최제우(1824~1864)에 의해 창시된 것은 철종 11년인 1860년의 일이다. 최제우는 마음속에 한울님을 모시는 시천주(侍天主)를 강조하였다. 참고로 시천주 사상은 제2대 교주인 해월 최시형(1827~1898)에 의해 사인여천(事人如天)으로, 제3대 교주인 의암 손병희(1861~1922)에 의해 인내천(人乃天)으로 발전하였다. 최제우는 1864년 3월 혹세무민의 죄로 처형되었다.

- 동학이 농민들에게 환영을 받은 이유로는 교리에 주문과 부적 등 민간 신앙의 요소들이 결합되어 있었기 때문이다. [경14②] □

[해설] 동학 교리에는 유교, 불교, 도교뿐 아니라 농민들에게 친숙한 전통적인 민간 신앙이 융합되어 있었다. 동학은 세도 정치 하에서 수탈당하고 억압받던 농민들을 위로하고 간난한 생활을 실제로 구제하고자 하였다. 특히 신분을 초월하여 모든 인간이 평등해야 한다는 주장은 농민들에게 큰 환영을 받았다.

- [동학] 『동경대전』을 기본 경전으로 삼았다. [회24] □
  └ 이 사상을 바탕으로 『동경대전』과 『용담유사』가 편찬되었다. [국20] □
  └ 최시형은 교세를 확대하면서 『동경대전』과 『용담유사』를 펴내어 교리를 정리하는 한편, 의식과 제도를 정착시켜 교단 조직을 정비하였다. [경14②] □

[해설] 해월 최시형(1827~1898)의 주도로 동학사상을 바탕으로 한 『동경대전』과 『용담유사』가 편찬되었다. 『동경대전』은 동학의 경전이고, 『용담유사』는 동학의 포교가사집이다[각 1880년(고종 17)/1881년(고종 18)]. / 동학 조직은 초기에 접제(接制)를 실시하고 이후 접의 상위 조직으로 포(包) 조직을 만들었다. 그리고 최시형이 있던 처소를 법헌(法軒)이라 하였는데, 나중에 최시형 자신을 지칭하는 의미로 변하였다. 요컨대 동학 조직은 '법헌-포-접'의 형태로 조직화되었다.

- [동학] 시천주와 인내천 사상을 강조하였다. [법13] □
  └ "한울님이 대답하길 '그렇지 않다. 나에게 신령한 부적이 있으니 [중략] 나에게 이 부적을 받아 질병으로부터 사람을 구하고, 나에게 주문을 받아 나를 위해 세상 사람들을 가르치면 너 또한 [중략] 덕을 천하에 펼 수 있으리라.'라고 하셨다." [경19②] □

[해설] 시천주와 인내천 사상을 강조한 종교는 (천주교가 아니라) 동학이다. 시천주(侍天主)는 최제우가 창시한 동학의 근본 사상으로 말 그대로 '하느님[천주]을 모신다'는 뜻이다. 인내천(人乃天)은 동학의 제3대 교주 손병희(1861~1922)가 주장한 동학의 기본 사상으로 '사람이 곧 하늘[한울]'이라는 뜻이다. / '한울님이 대답하길~라고 하셨다'는 내용은 동학의 시천주(侍天主)사상에 해당한다.

주제 43 서민 문화의 발전

1 한글 소설과 사설시조, 기타 문학

• 『홍길동전』, 『춘향전』 등과 같이 신분제를 비판하거나 탐관오리를 응징하는 한글 소설이 유행하였다. [경20②] □
  └[홍길동전] 허균이 이 인물을 주인공으로 하여 정치의 부패상을 비판한 소설을 썼다. [지14②] □
  └허균 [서18①] □

[해설] (조선 후기에) 『홍길동전』, 『춘향전』 등과 같이 신분제를 비판하거나 탐관오리를 응징하는 한글 소설이 유행하였다. / 『홍길동전』은 교산 허균(1569~1618)이 임진왜란 후 사회 제도의 결함, 특히 적서(嫡庶)의 신분 차이 타파와 부패한 정치를 개혁하려는 생각을 작품화한 것이다.

• 중인층을 중심으로 시사가 결성되어 문학 활동을 벌였다. [국20] □

[해설] 중인층을 중심으로 시사(詩社)가 결성되어 문학 활동을 벌인 것은 조선 후기의 일이다.

• 『어우야담』을 비롯한 야담·잡기류가 성행하였다. [국20] □

[해설] 『어우야담』을 비롯한 야담·잡기류가 성행한 것은 임란 이후인 조선 후기의 일이다. 어우당 유몽인(1559~1623)이 『어우야담』 10여 권을 완성한 것은 광해군 14년인 1622년의 일이다.

• [조선 후기의 사상 동향] 정조는 기존의 문체에 얽매이지 않는 신문체를 장려하였다[X]. [지17②] □

[해설] 정조는 1788년 서학에 대한 문제가 본격화되자 이를 능동적으로 헤쳐나가기 위하여 당시 유행하던 패관잡기체의 문체를 불순하다고 배격하고 이를 한문 문체를 개혁한 순정고문(醇正古文)으로 환원시키려는 일종의 '문체 반정(문체 순정, 문체 파동)' 정책을 펼쳤다. '반정(反正)'이란 말 대신 당시에는 '비변문체(丕變文體)', '문체지교정(文體之矯正)', '귀정(歸正)'이란 용어가 사용되었다. 문제 반정 정책은 노론 벽파를 중심으로 한 공서파(功西派)*의 공격으로부터 남인 시파를 보호하고자 하는 계획된 여론 조성 정책이라는 지적이 있지만 반면 이와 같은 정조의 문체 반정으로 말미암아 18세기의 문예 운동이 위축되는 결과를 초래한 것으로도 평가되고 있다.

*공서파(功西派): 여기서는 천주교를 믿지 않고 반대하는 세력을 가리킨다. 반면 천주교를 믿는 세력은 신서파(信西派)라 하였다. 참고로 인조반정 직후 공신인 서인이 비공신 서인과 대립하는 과정에서 공신 서인들이 공서파(功西派)로 지목받은 적이 있다. 즉 이때 공신의 특권을 보장해야 한다는 공서파와 반정의 명분을 지켜야 한다는 청서파(淸西派)로 나뉘어져 갈등하였다.

■ 정조의 문체 반정 [회23] □

왕이 대사성 김방행에게 이르기를, "성균관 시험의 시험지 중에 만일 조금이라도 패관잡기에 관련되는 답이 있으면 비록 전편이 주옥같을지라도 하고(下考)로 처리하고 이어 그 사람의 이름을 확인하여 과거를 보지 못하도록 하여 조금도 용서가 없어야 할 것이다. 내일 승보시(陞補試)를 보일 때 여러 선비를 모아두고 직접 이 뜻을 알려주어 실효가 있게 하라. … 일전에 남공철의 대책(對策) 중에도 소품(小品)을 인용한 몇 구절이 있었다. … 오늘 이 하교가 있었음을 듣고서 마음을 고쳐먹고 다시 올바른 길로 가기 전에는 그가 비록 대궐에 들더라도 감히 경연에 오르지는 못할 것이다. 남공철의 지제교 직함을 우선 떼도록 하라. … 정관(政官)으로 하여금 문신 중에서 그런 문체를 쓰는 자들을 자세히 살펴 다시는 교수(敎授)의 후보자로 추천하지 말도록 하라." 하였다.

[해설] 조선 정조 16년인 1792년 10월 청에 사신으로 가는 동지정사 박종악(1735~1795)과 대사성 김방행(1738~1793)을 접견하는 자리에서 정조가 패관소기(稗官小記) 및 일체의 중국 서적을 사오지 말 것을 명하는 내용이다[『정조실록』 권36 정조 16년(1792) 10월 '동지 정사 박종악 등에게 당판의 수입 금지와 소설 문체 사용의 금지를 명하다.']. 이른바 '문체 반정(문체 순정, 문체 파동)'과 관련된 내용이다.

- 위선적인 양반의 생활을 풍자하는 '양반전', '허생전' 등의 한문 소설이 유행하였다. [법19] □

[해설] 위선적인 양반의 생활을 풍자하는 「양반전」, 「허생전」 등의 한문 소설이 유행한 것은 조선 후기의 일이다(18세기 후반). 두 작품 모두 연암 박지원(1737~1805)의 작품이다(저술 연대 미상). 관련 작품이 자료로 제시될 수 있다.

- 서얼이나 노비 출신의 문인들이 등장하였고, 황진이와 같은 여류 작가들도 활동하였다[x]. [법19] □

[해설] 서얼이나 노비 출신의 문인들이 등장하였고, 황진이(?~?, 중종 대 인물)와 같은 여류 작가들도 활동한 시기는 16세기이다(조선 중기). 차후 관련 작품들이 시험에서 자료로 제시될 수 있다(주의).

- 격식에 구애받지 않고 감정을 표현하는 사설시조가 유행하였다. [법23] □
  └ 평민의 감정을 솔직하게 표현한 사설시조가 유행하였다. [기15] □

[해설] 사설시조가 유행한 것은 조선 후기의 일이다. 장시조(長時調) 또는 장형시조(長形時調)라고도 한다. 평시조의 틀에서 두 구 이상에서 틀을 벗어나 각각 그 자수(字數)가 10자 이상으로 늘어난 시조이다. 형식은 일반적으로 초장·종장이 짧고, 중장이 대중없이 길며, 종장의 첫 구만이 겨우 시조의 형태를 지니는 것과, 3장 중에서 2장이 여느 시조보다 긴 것이 있다. 이 역시 차후 관련 작품들이 시험에서 자료로 제시될 수 있다(주의).

- 직업적인 광대나 기생이 산조와 잡가 등을 창작하여 발전시켰다.* [경15③] □

[해설] 산조(散調)는 전통 음악에 속하는 기악 독주곡의 하나이다. 잡가(雜歌)는 조선 후기 서민층에서 불리던 민속악이다.

2 판소리와 탈놀이

- [조선 후기의 문화] 판소리나 탈춤이 유행하여 서민들의 문화생활을 풍요롭게 하였다. [지16①] □
  └ 양반의 위선을 풍자한 탈춤이 유행하였다. [기15] □
  └ 판소리, 잡가, 가면극이 유행하였다. [법19] □

[해설] 조선 후기에 이르러 판소리와 탈춤이 서민들에게 큰 사랑을 받았다. / 판소리, 잡가, 가면극이 유행한 것은 조선 후기의 일이다. 관련 작품이 시험에서 자료로 제시될 수 있다(주의).

3 풍속화와 민화, 기타 회화

- 생활 모습을 그린 풍속화와 출세와 장수, 행운과 복을 비는 민화가 크게 유행하였다. [경20②] □
  └ 서당 교육의 보급으로 서민 문화가 발달하면서 풍속화와 민화가 크게 유행하였다. [기13] □
  └ 호랑이를 소재로 민화를 그리는 화가 [기17] □

[해설] 조선 후기에는 풍속화와 민화가 크게 유행하였다. / 서당 교육의 보급으로 서민 문화가 발달한 것도 조선 후기의 일이다. / 호랑이를 소재로 한 대표적인 민화는 호작도(虎鵲圖)이다. 호작도는 호랑이와 까치를 함께 그린 그림으로 '작호도' 혹은 '까치호랑이도'라고도 부른다.

- 김홍도는 섬세하고 정교한 필치로 정조의 화성 행차와 관련된 병풍, 행렬도, 의궤 등 궁중 풍속을 많이 남겼다.* [경16②] □

[해설] 단원 김홍도(1745~1806?)는 어린 시절 표암 강세황(1713~1791)의 지도로 그림을 그렸고, 그의 추천으로 도화서 화원(畵員)이 되어 정조 대에 최고의 화가로 활약하였다. 산수, 인물, 도석, 불화, 화조, 풍속 등 모든 장르에 능하였지만 특히 산수화와 풍속화에서 뛰어난 작품을 남겼다. 참고로 병풍, 행렬도, 의궤 등 궁중 풍속을 그린 그림은 역사적 사건이나 행사 또는 인물의 행적 등을 그린 그림으로, 기록화라고 한다.

- 신윤복은 도시인의 풍류 생활과 부녀자의 풍속을 해학적으로 표현하였다. [지11②] □
  └ 신윤복은 주로 도시인의 풍류 생활과 부녀자의 풍속, 남녀 사이의 애정 등을 감각적이고 해학적인 필치로 묘사하였다.
  [경16②] □
  └ 신윤복의 미인도 [지14②] □

[해설] 혜원 신윤복(1758~?)은 단원 김홍도, 긍재 김득신과 더불어 조선 시대 3대 풍속화가로 지칭된다. / 신윤복의 '미인도'는 조선 후기의 작품으로 간송미술관에 소장되어 있다.

- 김득신의 '파적도'가 그려진 시기 [경20②] □

[해설] (도화서 화원인) 긍재 김득신(1754~1824)의 풍속화 '파적도(破寂圖)'가 그려진 것은 18세기 후반경이다(추정). 따라서 김득신의 '파적도'가 그려진 시기란 곧 조선 후기를 가리킨다. 그리고 '파적도'는『긍재풍속화첩』중 '야묘도추(野猫盜雛)'('들고양이가 병아리를 훔치다')를 가리키는 바 들고양이의 등장으로 인하여 조용한 여염의 집에 혼란이 펼쳐지는 장면이라 하여 이러한 이름이 붙여졌다. 병아리를 잡아 물고 도망가는 들고양이와 이에 놀란 닭, 이를 긴 담뱃대로 제지하려는 집주인 인물의 모습이 잘 포착되어 있다.

- [민화] 민중의 미적 감각과 소박한 정서를 반영한 그림이 유행하였다. [서13] □

[해설] 민중의 미적 감각과 소박한 정서를 반영한 그림은 조선 후기에 유행한 민화(民畵)이다.

- 진경 산수화와 풍속화가 유행하였다. [국14] □

[해설] 진경 산수화와 풍속화는 조선 후기에 널리 유행하였다.

- [조선 후기의 문화] '진경산수'가 유행하여 우리 산천에 대한 사실적인 묘사가 많아졌다. [지16①] □
  └우리의 자연을 사실적으로 그려 회화의 토착화가 이루어지게 되었다. [기11] □
  └18세기에 들어 중국의 화풍을 배격하고 우리의 고유한 자연과 풍속을 있는 그대로 묘사한 진경 산수(眞景山水)의 화풍이 등장했으며, 정선은 진경 산수화의 대가로 '금강전도', '인왕제색도' 등을 그렸다[×]. [경16②] □

[해설] 18세기 전반 우리 자연을 사실적으로 그리는 진경 산수화가 유행하였는데 겸재 정선(1676~1759)의 인왕제색도, 금강전도 등이 대표적이다. / 우리의 자연을 사실적으로 그려 회화의 토착화가 이루어지게 된 것은 18세기의 일이다. 겸재 정선이 추구한 진경 산수화가 그것이다. / [경16②] 진경 산수화는 중국의 화풍을 배격한 것이 아니라 겸재 정선이 (우리나라의 종래의 실경 산수화 전통에다가) 18세기 들어 새롭게 유행하기 시작한 중국의 남종화법(南宗畵法)을 가미하여 새로운 화격[필법]으로 개척한 것이다.

- 정선은 바위산을 선으로 묘사하고, 흙산을 묵으로 묘사하는 기법을 활용하였다. [지11②] □
  └정선의 인왕제색도 [지14②] □

[해설] 겸재 정선(1676~1759)은 바위산을 선으로 묘사하고, 흙산을 묵으로 묘사하는 기법을 활용하였다. / 정선의 '인왕제색도'는 조선 후기 진경 산수화의 대표적인 작품으로, 현재 삼성미술관 리움에 소장되어 있다.

- [정선] 서양화 기법을 수용하여 남녀 사이의 애정을 감각적이고 해학적으로 묘사하였다[×]. [경14②] □
  └산수화, 기록화, 신선도 등을 많이 그렸지만, 정감어린 풍속화를 그린 것으로 유명하다[×]. [경14②] □
  └우리나라의 고유한 자연을 사실적으로 표현하려는 진경 산수화를 즐겨 그렸다. [경14②] □
  └고금의 필체를 연구하여 굳센 기운과 다양한 조형성을 갖춘 글씨체를 창안하였다[×]. [경14②] □

[해설] 남녀 사이의 애정을 감각적이고 해학적으로 묘사한 인물은 혜원 신윤복(1758~?)이다. 서양화 기법(원근법과 명암법, 음영법)을 수용한 인물은 강세황(1713~1791)이다(영통동구도, 1757). / 산수화, 기록화, 신선도 등을 많이 그렸지만, 정감어린 풍속화를 그린 것으로 유명한 인물은 단원 김홍도(1745~?)이다. 겸재 정선(1676~1759)은 우리나라의 고유한 자연을 사실적으로 표현하려는 진경 산수화를 즐겨 그렸다. / 고금의 필법을 연구하여 굳센 기운과 다양한 조형성을 갖춘 글씨체를 창안한 인물은 추사 김정희(1786~1856)이다(추사체).

- 강세황은 서양화 기법을 반영하여 사물을 실감나게 표현하였다. [지11②] □

[해설] 표암 강세황(1713~1791)은 서양화 기법을 반영하여 사물을 실감나게 표현하였다. '영통동구도'를 대표로 들 수 있다(1757, 영조 33).

- 김정희의 '묵란도', '세한도', 장승업의 '홍백매도', '군마도' 등은 19세기의 대표적인 작품들이다.* [경16②] □

[해설] 추사 김정희(1786~1856)의 '묵란도', '세한도', 오원 장승업(1843~1897)의 '홍백매도', '군마도' 등은 19세기의 대표적인 작품들이다. 참고로 '홍백매도', '군마도'라는 이름의 그림들이 많으므로 주의할 필요가 있다. 장승업은 그만의 개성 넘치는 필치로 그렸다. 그리고 장승업은 문인 출신이 아니기 때문에 그의 그림을 '문인화'라고 부르면 틀린 설명이 된다(주의).

- [헌종] 세한도가 제작되었다(김정희). [지19] □

[해설] 세한도가 제작된 것은 추사 김정희(1786~1856)가 59세였던 헌종 10년(1844)의 일이다. 유배 생활 중에도 자신을 도와준 역관 이상적(1804~1865)에게 주기 위해 고마움의 마음을 담아 그렸다.

- 김정희는 우리의 정서와 개성을 추구하는 단아한 글씨의 동국진체를 완성하였다[x]. [지11②] □

[해설] 추사 김정희(1786~1856)가 완성한 서체는 추사체이다. 우리의 정서와 개성을 추구하는 단아한 글씨의 동국진체를 완성한 인물은 원교 이광사(1705~1777)이다. 우리 고유의 서체를 뜻하는 동국진체는 원래 옥동 이서(1662~1723)가 서법을 정립하였고, 원교 이광사에 이르러 완성되었다.

- 『금석과안록』: 북한산비가 진흥왕 순수비임을 밝혔다(김정희). [서18①] □
  └[김정희] 북한산 신라 진흥왕 순수비를 처음으로 고증하였다. [회22] □
  └김정희는 「금석과안록」을 지어 북한산비가 진흥왕 순수비임을 밝혔다. [경16①] □

[해설] 『금석과안록』은 추사 김정희가 쓴 금석문에 관한 저서로, 여기서 신라 진흥왕의 북한산 순수비와 황초령 순수비를 판독·해설하여 고증하였다(1852, 철종 3).

4 공예와 음악, 건축

- 조선 백자는 규산(석영)과 산화알루미늄을 주성분으로 한 태토로 모양을 만들고 그 위에 유약을 발라 대략 1,300~1,350도에서 구워 만든다.* [지11①] □

[해설] 조선 백자의 제조방식에 대한 설명이다. 조선 중기인 16세기 이후 전국에 걸쳐 널리 확산[유행]하였다.

> ■ 청화 백자(까치호랑이문 항아리) [법19] □
>
> 이 시기에는 형태가 단순하고 꾸밈이 거의 없는 것이 특색인 백자가 유행하였고, 흰 바탕에 푸른 색깔로 그림을 그린 청화 백자도 많이 만들어졌다. 특히, 청화 백자는 문방구, 생활용품 등의 용도로 많이 제작되었다.
>
> [해설] 일반적으로 백자가 만들어지기 시작한 것은 고려 초부터이나 순수 백자[순백자]가 유행한 것은 16세기이고, 청화 백자가 유행한 것은 임진왜란이 지난 17세기 이후(조선 후기)의 일이다.

- 김제 금산사 미륵전은 다층 건물이나 내부가 하나로 통한다. [국19] □
  └금산사 미륵전은 다포 양식과 팔작지붕으로 지어졌으며, 고려 후기에 권문세족의 지원을 받아 세워진 건물이다[x].
  [경17②] □
  └김제 금산사 미륵전 [지24] □
  └금산사 미륵전 [서18①] □

[해설] 김제 금산사 미륵전은 다층 건물이나 내부가 하나로 통한다. 겉모양만 3층이고 내부는 통층(通層)으로 된 법당이다(3층 법당)(같은 17세기 사원 건축물이자 5층 목탑인 보은 법주사 팔상전도 통층 구조). / (김제) 금산사 미륵전이 다포 양식과 팔작지붕으로 지어진 것은 맞다. 하지만 고려 후기가 아니라 조선 후기인 17세기에 지어진 사원 건축물이다(1635, 인조 13)(보은 법주사 팔상전과 구례 화엄사 각황전도 17세기 건축물).

- 김제 금산사 미륵전, 보은 법주사 팔상전, 논산 쌍계사 등이 이 시기를 대표하는 불교 건축물이다. [법19] □

[해설] 김제 금산사 미륵전, 보은 법주사 팔상전은 17세기, 논산 쌍계사(대웅전)[이외 부안 개암사, 안성 석남사]는 18세기를 대표하는 불교 건축물이다.

- 구례 화엄사 각황전 [국24] □
  └화엄사 각황전은 다층식 외형을 지녔다. [지18] □

[해설] 구례 화엄사 각황전은 조선 후기인 18세기 초에 중건된 건축물이다(1702, 숙종 28)(조선 후기의 대표적인 건축물 중 하나). 대웅전과 직각을 이루고 있으며 웅장하고 단아한 멋을 풍기고 있다. 정면 7칸, 측면 5칸이고 중층 팔작지붕 다포집 양식을 취하고 있다(2층=다층식 외형). 원래 이름

이 장육전(丈六殿)이었으나 숙종이 각황전이라는 이름으로 사액하여 각황전이라 하였다. 참고로 구례 화엄사에는 사사자 삼층 석탑, 각황전 앞 석등, 동과 서의 오층 석탑, 원통전 앞 사자탑 등의 유물이 있다.

- 법주사 팔상전은 다층 목탑으로, 내부는 하나로 통하는 구조로 되어 있다. [경17②] □
  - (나) 은 우리나라에 남아 있는 조선 시대 건축물 중 유일한 5층 목탑이다. [지24] □
  - 법주사 팔상전 앞을 지나고 있는 승려 [기17] □
  - 보은 법주사 팔상전 [지24] □
  - 법주사 팔상전 [서18①] [경14①] □

[해설] 보은 법주사 팔상전은 조선 후기인 17세기의 사찰 건축물로 우리나라 유일의 목조 5층탑(5층[다층] 목탑)이다. 정유재란 때 불에 탔는데, 선조 38년인 1605년에 재건되고 인조 4년인 1626년에 다시 수리하였다. 벽의 사방에 각 면 2개씩 모두 8개의 변상도(變相圖)*가 그려져 있어 팔상전이란 이름이 붙었다. 법주사 안에는 석련지(국보 제64호)와 쌍사자 석등(국보 제5호)도 있다. / (보은) 법주사 팔상전은 5층[다층] 목탑으로, 내부는 3층까지 하나로 통하는 구조로 되어 있다. 즉 김제 금산사 미륵전과 마찬가지로 법당 내부가 하나로 통하는, 통층(식) 구조로 되어 있다(둘 다 17세기의 대표적인 사원 건축물)(금산사 미륵전은 '3층 법당').

*변상도(變相圖): 일종의 종교화로, 불교 경전의 내용이나 그 교의를 알기 쉽게 상징적으로 표현한 그림

● 사진으로 보는 서민 문화의 발전

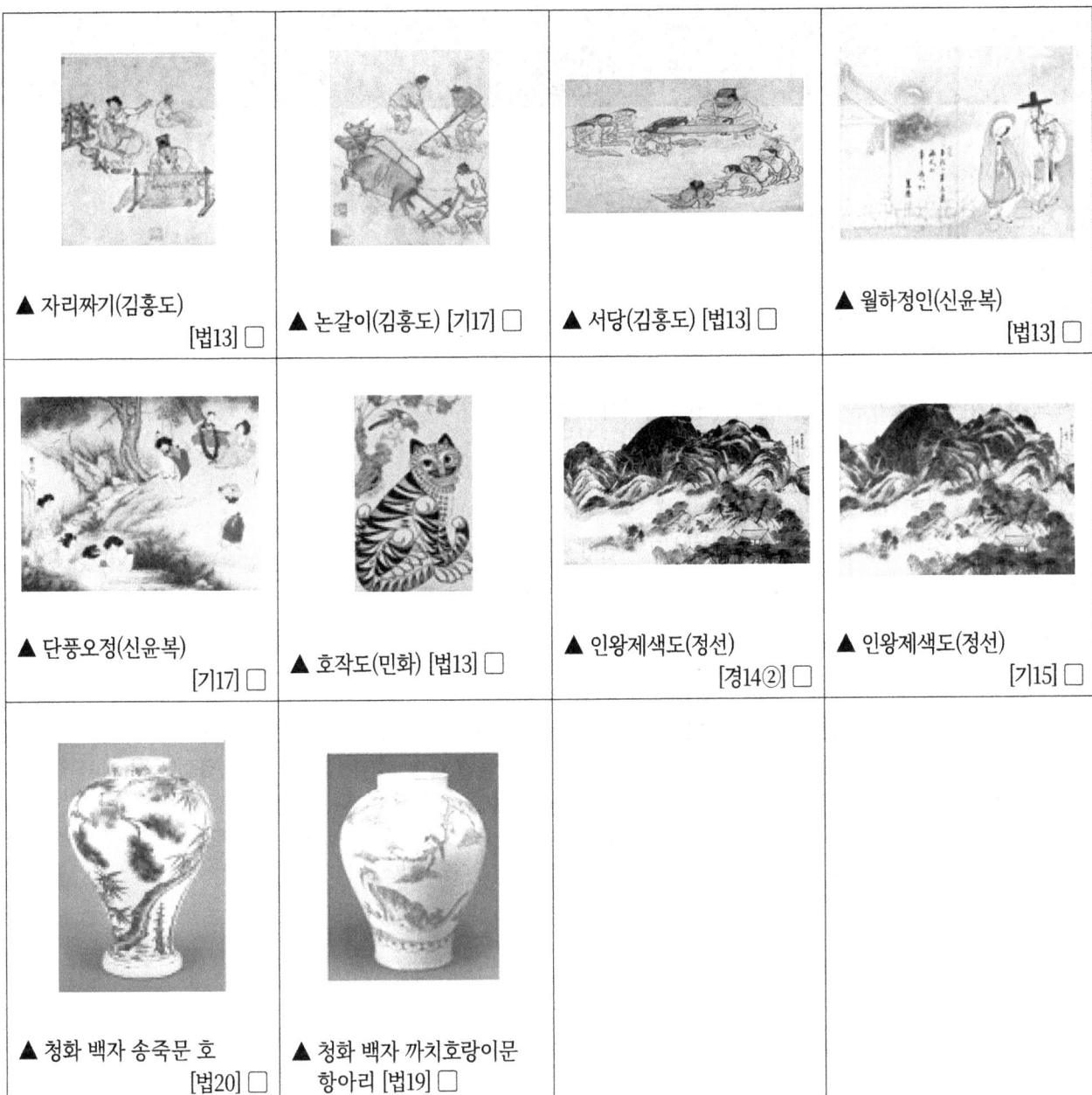

[해설] [법13] 세 개의 그림이 제시되었다. 맨 왼쪽의 그림은 단원 김홍도(1745~?)의 풍속화 '자리짜기'이다. 가운데 그림은 민화로 까치와 호랑이가 같이 나온다고 하여 '호작도(虎鵲圖)'라고 부른다. 맨 오른쪽의 그림은 혜원 신윤복(1758~?)의 풍속화 '월하정인'이다.

[해설] [법20] 청화 백자 송죽문 호[항아리]. 임진왜란 이후인 17세기에 널리 생산, 보급되었다(16세기에는 순수 백자 유행).

[해설] [법19] 청화 백자 까치호랑이문 항아리[호]. '청화 백자 작호문 호'라고도 한다. 조선 시대에 까치와 호랑이는 새해를 맞이하여 화를 멀리하고 복을 부르는 여러 상징물 중의 하나였다. 그림으로 그려 세화(歲畫)로 선물하거나 집의 대문에도 붙이기도 하는데, 이 경우 그림을 문배(門排)라고 부른다.

주제 44 세도 정치와 농민 봉기

1 세도 정치의 전개와 폐단

• 1800 순조 즉위 [지16①]

[해설] 정조(재위 1776~1800, 제22대)가 1800년 6월 28일 창경궁의 영춘헌에서 승하하고, 순조가 같은 해 7월 4일 창덕궁 인정문에서 조선의 제23대 국왕(재위 1800~1834)으로 즉위하였다.

• [세도 정치기] 풍양 조씨 등 특정 가문이 정권을 장악하였다. [지22]
└왕실과 혼인을 맺은 일부 가문이 정권을 장악하였다. [법24]
└외척 가문이 권력을 독점하였다. [회24]
└정치 집단은 소수의 가문 출신으로 좁아지면서 그 기반이 축소되었다. [국15]
└19세기 세도 정치는 일부 양반 세도 가문에 권력을 집중시켜 왕권의 약화를 초래함으로써 개방과 근대화에 능동적으로 대처할 수 없게 하였다. [경11②]
└세도 정치 [지11②]

[해설] 풍양 조씨 등 특정 가문이 정권을 장악한 것은 조선의 세도 정치기*의 일이다(순조, 헌종, 철종, 19세기 전반). 정조 사후 순조가 어린 나이로 왕위에 오르면서 왕과 정치 세력 간의 균형이 깨지고 소수의 가문이 정치권력을 독점하는 세도 정치가 3대(순조, 헌종, 철종)에 걸쳐 지속되었다(~19세기 중반).

*세도 정치기: 정조 사후, 순조-헌종-철종에 이르는 60년 간 소수 가문(안동 김씨를 중심으로 한 풍양 조씨, 대구 서씨, 연안 이씨, 풍산 홍씨, 반남 박씨 등 6대 가문)이 권력을 장악한 시기를 말한다. 특히 순조, 철종 대의 안동 김씨와 헌종 대의 풍양 조씨의 세도가 강하였다.

■ 세도 정치(기) [서24②]

___(가)___ (이)란 종래의 붕당 정치가 변질된 형태인 일당 전제화마저 거부하고 특정 가문이 권력을 독점하는 정치 형태를 말한다. 순조, 헌종, 철종의 3대 60여 년 동안 왕정과 왕권은 이름뿐이었다. 정권은 안동 김씨 또는 풍양 조씨 등 외척의 사유물이 되었다.

[해설] 주어진 자료 속 '(가)'는 세도 정치(기)를 가리킨다(세도 정치에 대한 설명).

• [세도 정치기] 왕실의 외척이 군사권을 계속하여 독점 장악하였다. [서13]
└순조 초에 훈련도감이 벽파 세력에 의해 혁파되고, 군영 대장 후보자를 결정할 권한은 당시 권력 집단이 장악한 비변사가 가지고 있었다[✗]. [국11]

[해설] 왕실의 외척이 군사권을 계속하여 독점 장악하는 현상은 세도 정치기에 나타났다. / 순조 초 벽파 세력은 훈련도감을 정치권력의 기반으로 삼고, 비변사의 요직을 차지하는 등 권력을 독점하였다. 옳지 않은 설명이다.

• [순조] 탕평 정치를 정리한 『만기요람』을 편찬하였다.* [국21]
└『만기요람』이 편찬되었다.* [회23]

[해설] 『만기요람』이 편찬된 것은 순조 8년인 1808년의 일이다. 심상규(1766~1838)와 서영보(1759~1816) 등이 왕명에 따라 편찬하였는데, 이 책은 조선 후기의 재정과 군정에 관한 사항을 모아놓은 책이다.

- [19세기 조선 사회] 중앙 정치 참여층이 경화 벌열로 압축되고 중앙 관인과 재지사족 간에 존재했던 경향의 연계가 단절되면서 전통적인 사림의 공론 형성은 거의 불가능해졌다. [국11] □
  └ 환곡은 본래 진휼책의 하나였지만, 각 아문에서 환곡의 모곡을 재정 수입의 주요 항목으로 이용하면서 부세와 다름없이 운영되었다. [국11] □

[해설] 19세기 전반기는 세도 정치기로 소수 가문이 권력을 장악하면서 양반층도 권반, 향반, 잔반 등 분화가 일어났으며 중앙과 지방의 연계가 단절되면서 전통적인 사림의 공론 형성이 어려워졌다. / 환곡은 춘대추납(春貸秋納)의 진휼책이었으나 환곡의 모곡을 재정 수입의 주요 항목으로 이용하면서 부세와 다름없이 운영되었다.

- [19세기 부세 제도, 도결(都結)] 군역, 환곡, 잡역 중 일부 또는 전부를 토지에 부과하여 화폐로 징수하였다.* [국17②] □
  └ 제도적으로 신분에 따른 부세의 차별이 거의 남지 않게 되었음을 의미한다.* [국17②] □
  └ 수령과 아전이 횡령한 관곡을 민의 토지에 부세로 부과하는 수단이 되었다.* [국17②] □

[해설] 19세기 부세 제도인 도결(都結)에서는 군역, 환곡, 잡역 중 일부 또는 전부를 토지에 부과하여 화폐로 징수하였다. 도결은 조선 후기 조세 수취 방식의 하나로, 군역이나 환곡, 잡역 같은 각종 세액들을 토지에 부과해서 세금을 매기는 방식을 의미한다. 즉 군현에 할당된 전세(田稅)·대동세(大同稅)를 비롯하여 군역세(軍役稅)나 포탈한 환곡(還穀) 그리고 각종 부가세 등을 (19세기 이후) 전화(錢貨)로 환산하여 토지 결수를 기준으로 분배하고 이를 화폐로 납부하게 한 수취 방식이다. / 제도적으로는 신분에 따른 부세의 차별이 거의 남지 않게 되었음을 의미한다. 도결은 각종 부세 부담을 '토지를 중심으로 일원화'하여 징수하는 방식이다. / 수령과 아전이 횡령한 관곡을 민의 토지에 부세로 부과하는 수단이 되었다. 도결 액수 책정과 도결 집행 과정에서 이와 같은 수령과 향리의 농간이 작용하여 부세 부담의 불균등을 심화시켰고, 이는 결국 농민 항쟁의 주요한 원인이 되었다[19세기 삼정의 문란 중 하나인 전정의 폐해, 수령이나 향리가 지방 군현의 공곡(公穀)이나 공전(公錢)을 횡령하였을 때, 이를 지역 주민에게 전가하면서 도결 방식을 활용, 도결이 포괄하는 부세의 내용이 고을마다 다르며, 단위 면적에 부과되는 세액도 시기와 장소에 따라 각각 달라서 수령이나 향리들이 중간에서 수탈을 할 여지가 많음].

- 세도 정치기에 향회는 수령과 향리들을 견제하고 지방 통치를 대리하는 기구로 성장하였다[×]. [국12] □

[해설] 수령과 향리들을 견제하고 지방 통치를 대리하는 기구로 성장한 것은 조선 전기 향회(鄕會)에 대한 설명이다. 세도 정치기의 향회는 점차 수령이 세금을 부과할 때 의견을 묻는 자문 기구로 전락하였다.

- 농민들은 전정, 군정, 환곡 등 삼정의 문란으로 고통을 받았다. [지16②] □
  └ [군정의 폐단] 족징(族徵), 인징(隣徵), 백골징포(白骨徵布), 황구첨정(黃口簽丁) 등의 폐단이 있었다. [회15] □

[해설] 조선 후기, 특히 세도 정치기에 농민들은 삼정의 문란으로 고통을 받았다. / 군정의 경우 인징(隣徵), 족징(族徵), 동징(洞徵), 백골징포(白骨徵布), 황구첨정(黃口簽丁) 등의 폐단이 있었는데, 인징(隣徵)은 군역 대상자[의무자]가 도망가거나 사망하거나 실종되었는데도 이웃에게 군포를 징수하는 것을 말하고, 족징(族徵)은 같은 경우 친척에게 군포를 징수하는 것을 말한다. 같은 동리 사람들에게 군포를 징수하는 동징(洞徵)도 있는데 인징·족징으로 볼 수도 있다. 백골징포(白骨徵布)는 사망한 지 오래된 사람을 군적에 올려놓고 징수하는 것이고, 황구첨정(黃口簽丁)은 15세 군역 대상이 아닌 15세 이하 어린아이에게 징수하는 행위이다. 이러한 불법적인 관행을 법으로 금지되었지만, 지방 관청에서는 재정적인 이유로 자의적으로 계속 시행하였다.

■ 군정의 폐단 [회15] □

갈밭마을 여인 울음도 서러워라. 현문(懸門) 향해 울부짖다 하늘보고 호소하네. 군인 남편 못 돌아옴은 있을 법도 한 일이나, 예부터 남절양(男絶陽)은 들어보지 못했노라. 시아버지 죽어서 이미 상복 입었고, 갓난아이 배냇물도 안 말랐는데, 3대의 이름이 군적에 실리다니. 달려가서 억울함을 호소하려 해도 범 같은 문지기 버티어 있고, 이정(里正)이 호통하여 단벌 소만 끌려가네. 남편 문든 칼을 갈아 방안으로 뛰어들자, 붉은 피 자리에 낭자하구나. 스스로 한탄하네, '아이 낳은 죄로구나.'

- 『목민심서』 「애절양(哀絶陽)」 -

[해설] 조선 후기 극심해진 군정의 폐단과 관련한 내용이다. 출처에서 알 수 있듯이 다산 정약용(1762~1836)이 저술한 『목민심서』에 나온다(1818, 순조 18). 『목민심서』는 지방관(수령)의 도리와 역할에 대해 논한 저술이다.

- 부유한 농민들은 군포를 피하기 위해 양반 신분을 위조하거나 사들였다. [서24②] □

[해설] 조선 후기에 부를 축적한 농민들[부농층]은 그 재력을 바탕으로 하여 양반의 족보를 사거나 위조하는 방법으로 양반의 신분을 얻었다. 양반의 신분을 얻게 되면 자신과 자손의 군역 부담을 면할 수 있었다. 그리고 양반 지배층의 수탈을 피하고 부를 축적하는 과정에서 편의를 얻을 수 있었으며, 향촌 사회에서 나름대로 행세할 수도 있었다(신향층으로 성장). 19세기 전반 세도 정치기에는 이러한 추세는 더욱 확대되었다.

- 1834 헌종 즉위 [지16①] □

[해설] 헌종은 조선의 제24대 국왕(재위 1834-1849)이다.

- 1849 철종 즉위 [지16①] □

[해설] 철종은 조선의 제25대 국왕(재위 1849-1863)이다.

2 농민 봉기의 발생

- [세도 정치기] 지방민의 불만이 평안도와 삼남 지방에서 민중 봉기로 표출되었다. [서24②] □

[해설] 지방민의 불만이 평안도에서는 순조 11년(1811) 홍경래의 난으로[1811.12~1812.4(음력)]으로, 삼남 지방에서는 철종 13년(1862) 임술 농민 봉기(진주 농민 봉기 포함)로 표출되었다. 지역 차별과 지배층의 수탈, 즉 삼정의 문란[폐해]에 항거하여 전국 곳곳에서 민란이 발생하였다.

- [조선 후기 평안도] 평안도 사람들은 서북인이라 하려 차별을 받았다. [지17②] □
  └두 차례의 호란 직후 사회가 불안정해져 인구가 급감하였다[×]. [지17②] □
  └영·정조 대에 들어서 문과 합격자 중 평안도 출신자의 비중이 높아졌다. [지17②] □
  └중국과의 무역량이 증가하면서 의주, 평양, 정주 등지의 상인들이 많은 부를 축적하였다. [지17②] □

[해설] 조선 시대에 평안도 사람들은 서북인이라 하여 차별을 받았다. 서북인 차별은 19세기 초 홍경래의 난이 일어나게 된 원인 중 하나로 작용하였다(1811.12). / 두 차례의 호란(정묘호란·병자호란) 직후 사회가 안정되어 인구는 서서히 증가하기 시작하였다. / 영·정조 대에 당파와 지역을 크게 가리지 않는 탕평책이 시행되면서 평안도 출신자의 문과 합격자 비중이 높아졌다. / 조선 후기에 이르러 대청 무역의 성장으로 의주, 평양, 정주 등지의 상인들이 많은 부를 축적하였다. 만상(의주)과 유상(평양)을 떠올리면 알 수 있다.

- [순조] 홍경래의 난이 발생하였다. [지22] [지21] □
  └홍경래의 난이 일어나 평안도 청천강 이북 지역을 장악하였다. [지16②] □
  └홍경래를 중심으로 한 세력이 청천강 이북을 점령하였다. [법16] □
  └홍경래의 난의 지도자들은 지방 차별 타파를 내세웠다. [지11①] □
  └평안도 지역에 대한 차별과 지배층의 수탈에 항거하였다. [법22] □
  └(나) - 지배층의 수탈과 서북민 차별이 봉기 원인이었다. [법12] □
  └서북 지방에 대한 차별의 타파를 내세웠다. [회24] □
  └홍경래의 난은 서북 지방의 몰락 양반과 영세 농민, 중소 상인, 광산 노동자 등이 참여하였다. [지11②] □
  └홍경래의 지휘 하에 영세 농민, 중소 상인, 광산 노동자 등이 합세하여 봉기하였다. [경17①] □
  └홍경래를 중심으로 일어난 농민 봉기 [법17] □
  └홍경래의 난 [회15] □

[해설] 홍경래의 난이 발생한 것은 조선 순조 11년인 1811년의 일이다[1811.12~1812.4(음력)/1812.1~1812.5(양력)]. / 홍경래(1771~1812), 우군칙(1776~1812) 등은 세도 정치의 폐해[지배층의 수탈]와 서북인[서북민]에 대한 차별 대우에 불만을 품고 난을 일으켰다[봉기하였다]. / 홍경래의 난에는 서북 지방의 몰락 양반과 영세 농민, 중소 상인, 광산 노동자 등이 참여하였다.

- [19세기 조선 사회] 홍경래의 난을 계기로 국가는 삼정이정청을 설치하여 삼정의 개선 방안을 모색하였으며, 각지의 사족들

또한 상소문을 올려 해결 방안을 제시하였다[x]. [국11] ☐

[해설] 홍경래 난이 아닌 진주 농민 봉기[임술 농민 봉기]를 계기로 삼정이정청이 설치되었다(1862).

■ **홍경래의 난** [국14] [지24] [법24] [법12] [회24] ☐

- 평서 대원수는 급히 격문을 띄우노라. …(중략)… 조정에서는 서쪽 땅을 더러운 흙처럼 버렸다. 권세 있는 집의 노비들도 서쪽 사람을 보면 반드시 평안도 놈이라 일컫는다. 서쪽 땅에 있는 자로서 어찌 억울하고 원통하지 않겠는가.

[해설] 평안도 지역에 대한 차별과 지배층의 수탈에 항거하여 홍경래의 난이 일어난 것은 조선 순조 11년인 1811년의 일이다[1811.12~1812.4(음력)/1812.1~1812.5(양력)]. 홍경래의 난 때 작성된 격문이다(야사 총서인 『패림』에 수록).

- 평서 대원수는 급히 격문을 띄우노니 관서 지역의 부로자제와 공사천민은 모두 이 격문을 들으라. … 조정에서는 관서 지역을 썩은 흙과 같이 버렸다. 심지어 권세 있는 집의 노비들도 서토 사람만 보면 반드시 '평안도 놈'이라고 말한다. 어찌 억울하고 원통하지 않은 자 있겠는가. … 이제 격문을 띄워 먼저 여러 고을의 군후에게 알리노니, 절대로 동요하지 말고 성문을 활짝 열어 우리 군대를 맞으라.

[해설] 위와 같은 내용의 자료이다.
*부로자제(父老子弟): 성인 어른과 아이 모두를 일컫는 말
**군후(君侯): 원래는 제후를 높여 부르는 말이나 여기서는 문맥상 관청[관아]의 관리를 가리킨다.

- 홍경래는 괴수요, 우군칙은 참모였으며, 이희저는 소굴의 주인이요, 김창시는 선봉이었다. 김사용과 홍총각은 손발의 역할을 하였다. 그 졸개로는 의주부터 개성에 이르는 지역의 거의 대부분 부호·대상들이 망라되었다.

[해설] 주어진 자료는 조선 순조 11년(1811)에 발생한 홍경래의 난을 가리킴을 알 수 있다.

- ○○○을/를 필두로 김사용, 우군칙, 김창시와 장사인 홍총각, 부유한 상공업자인 이희저 등이 반란군의 지휘부를 구성하였다. 반란군은 정주성에 들어가 4개월 가까이 관군과 대치하다가 성이 함락되면서 진압되었다.

[해설] 주어진 자료 속 '사건'은 홍경래(1771~1812), 우군칙(1776~1812) 등의 주도로 순조 11년인 1811년 평안도에서 일어난 홍경래의 난이다.

- 보잘 것 없는 나, 소자가 어린 나이로 어렵고 큰 유업을 계승하여 지금 12년이나 되었다. 그러나 나는 덕이 부족하여 위로는 천명(天命)을 두려워하지 못하고 아래로는 민심에 답하지 못하였으므로, 밤낮으로 잊지 못하고 근심하며 두렵게 여기면서 혹시라도 선대왕께서 물려주신 소중한 유업이 잘못되지 않을까 걱정하였다. 그런데 지난번 가산(嘉山)의 토적(土賊)이 변란을 일으켜 청천강 이북의 수많은 생령이 도탄에 빠지고 어육(魚肉)이 되었으니 나의 죄이다.

- 『비변사등록』 -

[해설] '소자가 어린 나이로 어렵고 큰 유업을 계승하여 지금 12년이 되었다', '가산 토적이 변란을 일으켜 청천강 이북의 수많은 생명이 도탄에 빠지고 어육이 되었다'는 설명으로 순조 11년인 1811년에 발생한 홍경래의 난에 대한 내용임을 알 수 있다[『비변사등록』 순조 11년(1811) 12월 '토적이 발생한 지역인 관서의 도신 수신 수령 문무사민 이서 군교에서 내린 윤음'].

- (가)-(나)-(다)의 순서로 발생하였다[x]. [법12] ☐

[해설] 해당 문제에서 (가)는 임꺽정의 난, (나)는 홍경래의 난, (다)는 만적의 난을 가리킴. '(다)-(가)-(나)'의 순서로 발생하였음을 알 수 있다[각 1198(고려 신종 원년) / 1559~1562(조선 명종 14-17) / 1811(조선 순조 11)].

- [19세기 농민 봉기] 몰락한 양반이 민란을 주도하기도 했다. [지11①] ☐

[해설] 19세기 초에 발생한 홍경래의 난은 몰락한 양반이 민란을 주도하였다(1811, 순조 11).

- [진주 농민 봉기(임술 농민 봉기)] 이 사상을 근거로 단성에서 시작된 농민 봉기는 진주로 이어졌다[x]. [국20] ☐
  └진주에서 시작되어 함경도 일대까지 전국으로 확산되었다(임술 농민 봉기). [법15] ☐
  └임술 농민 봉기의 사상적 뒷받침이 되었다[x]. [회24] ☐

[해설] 경상도 단성(현)에서 시작된 민 봉기가 진주로 이어진 것은 1862년(철종 13)의 진주 농민 봉기이다(진주 농민 봉기 이후 삼남 지방, 이어 제주도와 함경도 일대까지 전국으로 농민 봉기가 확대되었는데 이를 임술년(1862년)에 일어난 농민 봉기라 하여 '임술 농민 봉기'로 칭함). 삼정의 폐단이 가장 큰 원인이었다. 농민들을 조직하고 봉기를 주도한 이들은 몰락 양반, 농촌 지식인, 재지(在地) 명망가들이었다. (해당 문제에서 '이 사상'은 동학사상을 가리킴.) / [회24] 천주교 관련 문제의 오답 중 하나로 제시되었다.

• [진주 농민 봉기(임술 농민 봉기)] 환곡의 폐단을 없애라. [지12②] □

[해설] 진주 농민 봉기는 환곡의 폐단 때문에 일어났다(1862, 철종 13). 따라서 '환곡의 폐단을 없애라'는 옳은 요구 사항이다(질문에서 '농민 봉기의 요구 사항으로 옳은 것'을 물음). 진주 농민 봉기의 수습책으로 삼정이정청이 (임시로) 설치되었다(안핵사로 파견된 박규수 건의).

• 진주 농민 항쟁은 봉기 세력이 유계춘의 지도 아래 진주성을 점령하기도 하였다. [지11②] □

[해설] 몰락 양반 출신 유계춘(1816?~1862)은 김수만, 이귀재 등과 함께 진주 농민 봉기를 처음부터 계획하고 주도한 인물이다(당시 47세경으로 추정). 2월 18일 수곡리 수곡 장터에서 대대적인 시위를 벌이기 시작하였고 덕산 장터에서는 철시를 강행하였다. 이후 진주성으로 몰려가 부정한 관리들을 불태워 죽였다. 그리고 자진 해산하기까지 4일 동안 부정 향리들을 닥치는 대로 붙잡아 치죄하였다(4명 타살, 수십 명 부상).

■ 진주 농민 봉기 [지24] [지12②] [법16] [소21] □

• 백낙신의 폭정을 견디다 못한 진주 백성 수만 명이 무리를 지어 서리들의 가옥 수십 호를 불사르고 부수며, 아전들을 둘러싸고 백성의 재물을 횡령한 일, 환곡을 포탈하거나 강제로 징수한 일들을 면전에서 문책하였다.

[해설] 조선 철종 13년(1862)에 일어난 진주 농민 봉기를 가리킨다(임술 농민 봉기).

• 주민 수만 명이 머리에 흰 수건을 두르고 손에 나무 몽둥이를 들고 무리를 지어 진주 읍내에 모여 서리들의 가옥 수십 호를 불사르고 부셔서 그 움직임이 결코 가볍지 않았다. 병사가 해산시키고자 하여 장시에 나가니 흰 수건을 두른 백성들이 땅 위에서 그를 빙 둘러싸고는 …(중략)… 여러 번 문책했는데, 조금도 거리낌이 없었다. 그리고 병영으로 병사를 잡아 들어가서는 이방 권준범과 포리 김희순을 곤장으로 수십 대 힘껏 때리니 여러 백성들이 두 아전을 그대로 불 속에 던져 넣어 태워버렸다.

[해설] '주민 수만 명이 머리에 흰 수건을' 둘렀다는 점, '진주 읍내'에 모였다는 점에서 주어진 자료(『임술록-영호민변일기』)는 1862년 진주에서 발생한 농민 봉기[진주 농민 봉기(전국적으로 확대된 것이 임술 농민 봉기)]임을 알 수 있다.

• 이번에 진주의 난민들이 큰 소동을 일으킨 것은 오로지 백낙신이 탐욕을 부려 백성들을 수탈하였기 때문입니다. 병영에서 이미 써 버린 환곡과 전세 6만 냥 모두를 집집마다 배정하여 억지로 받아내려 하였습니다. 이로 인해 진주 지역의 인심이 들끓게 되었고 많은 사람들의 분노가 폭발하여 결국 큰 반란이 발생하게 되었던 것입니다. -『철종실록』-

[해설] 자료 속 밑줄 친 '반란'은 곧 조선 철종 13년인 1862년에 일어난 진주 농민 봉기(임술 농민 봉기)임을 알 수 있다[『철종실록』권14 철종 13년(1862) 4월 '경상도 안핵사 박규수가 진주 민란의 원인이 전 부병사 백낙신의 탐욕으로 인한 것이었음을 치계하다.'].

• 진주의 난민들이 소동을 일으킨 것은 오로지 전 우병사 백낙신이 탐욕을 부려 수탈하였기 때문입니다. …(중략)… 이에 민심이 들끓고 노여움이 일제히 폭발해서 전에 듣지 못하던 변란으로 나타난 것입니다.

[해설] 위와 같은 내용의 자료이다.

• [진주 농민 봉기] 삼정의 문란을 바로잡기 위해 삼정이정청을 설치했다. [국22] □
└삼정의 문란을 개혁하기 위해 삼정이정청을 설치하였다. [법22] □
└삼정 문제를 해결하기 위해 삼정이정청을 설치하였다. [국14] □
└농민들의 불만을 무마하기 위해 삼정이정청을 설치하였다. [지16①] □
└삼정이정청 설치의 직접적인 계기가 되었다. [회24] □
└[철종] 삼정이정청을 설치해 농민의 불만을 해결하려 하였다. [지16②] □

└삼정이정청을 설치하고 수취 제도 개혁을 강구하였다. [법16] ☐

└삼정이정청이 설치되었다. [지19] ☐

└삼정이정청을 설치하였다. [소21] [소20] ☐

└삼정이정청 설치 [법22] ☐

└삼정이정청 [서22②] ☐

[해설] 삼정이정청(三政釐整廳)은 (진주 농민 봉기의 원인인) 삼정의 문란[폐단]을 시정하기 위해 임시로 설치한 관청이다(1862.5, 철종 13)(안핵사*로 파견된 박규수 건의). / 진주 농민 봉기(1862.2)가 발생하자 정부에서는 환재 박규수(1807~1877)를 안핵사로 파견하였고, 조사를 마친 박규수의 건의를 수용하여 임시 관청인 삼정이정청을 설치하였다.

*안핵사(按覈使): 조선 후기 지방에서 민란이나 봉기가 발생했을 때 이의 처리[수습]를 위해 파견된 임시 직책이다. 목사, 군수 등 인근 지역의 수령이 주로 임명되었으나 때로는 중앙의 관리인 경관(京官)이 임명되기도 하였다. 안핵사는 사건의 원인과 진행 등의 전말과 상황에 대해 조사하고 이를 중앙에 보고하였다. 또, 사건의 처리 방안을 건의하여 조정의 지시에 따라 이를 수습하려 하였다. 사실 안핵사가 파견된다 하여 특별한 대책을 내놓기 어려웠으므로 관리들은 임명을 꺼려하였다. 또 민란이 일어날 때마다 안핵사가 파견되었던 것도 아니다.

• 민란의 결과 부세 제도의 근본적 개혁이 이루어졌다[×]. [지11①] ☐

[해설] 민란(진주 농민 봉기)이 발생하자 조선 정부는 삼정이정청을 설치하여 삼정의 폐해를 시정하고자 하였으나 큰 효과를 거두지 못하였다(1862, 철종 13).

• 임술 농민 봉기를 주도했다. [법19] ☐

└임술 농민 봉기 [경13①] ☐

└임술 민란은 삼남 지방에서 가장 치열하게 일어났다. [지11①] ☐

└'임술 민란'이라고도 불린다. [회24] ☐

[해설] 임술 농민 봉기가 발생한 것은 철종 13년이자 임술년인 1862년의 일이다. 단성과 진주에서의 농민 봉기 이후 전국 각지에서 봉기가 발생하였다. / 임술 농민 봉기는 탐관오리와 토호의 탐학에 저항하여 발생하였는데 단성에서 시작되어 진주로 파급되었으며 삼남 지방에서 가장 치열하게 일어났다(1862, 철종 13). / [회24] '임술 민란'은 조선 철종 13년인 1862년에 일어난 임술 농민 봉기를 가리킨다. 같은 해 2월에 일어난 진주 농민 봉기를 비롯해 그해 전국 각지에서 농민 봉기가 일어났다('삼정 문란'이 주된 원인).

• 명화적(明火賊)의 활동을 계승하였다.* [회24] ☐

[해설] 명화적(明火賊)은 밤중에 횃불을 들고 습격한다고 해서 비롯된 표현으로 '명화 강도(明火强盜)'나 '화적(火賊)'이라고도 한다. 조선 시대에 무리를 지어 부잣집 등을 습격하거나 공물 등을 약탈하던 도적떼를 지칭하는 말로 폭넓게 사용되었으며, 조선 후기에는 농민층의 분화와 더불어 더욱 규모가 커지고 세력이 확대되었다. 특히 1860년대 이후에는 삼정(三政)의 문란과 기근 등으로 전국 각지에서 명화적의 활동이 일상화되며 농민 반란의 성격을 띠기도 하였다. 지주와 상인, 관료 등이 이들의 주된 약탈 대상이 되었는데, 지방에서 중앙으로 운송하는 조세를 약탈해 중앙 정부의 재정 관리를 위협하였다. 문제와는 상관이 없으나 선지는 대한 제국 시기 삼남 지방을 중심으로 활동한 무장 농민군 집단인 활빈당(活貧黨) 등과 연결된다(1899~1905)(외병에 흡수).

주제 45 흥선 대원군의 개혁 정치와 양요

1 왕권 강화를 위한 국정 혁신 노력

- 1863 고종 즉위 [지16①] [법19] □

[해설] 1863년 12월 8일 철종(재위 1849~1863, 제25대)이 창덕궁 대조전에서 승하하고, (흥선군 이하응의 둘째 아들 이명복) 고종이 같은 해 12월 13일 창덕궁 인정문에서 조선의 제26대 국왕(재위 1863~1907)으로 즉위하였다.

■ 흥선 대원군의 집권과 개혁 정책 [지15①] [법16] [경18①] [기16] [소20] □

- 1863년 철종이 죽자 아들을 왕위에 올린 그는 세도 정치로 인해 흐트러진 국가 기강을 바로잡아 민심을 수습하고, 땅에 떨어진 왕권을 강화하기 위하여 여러 개혁 정책을 과감히 추진하였다.

[해설] 철종 사후 아들을 왕위에 올렸다는 부분, 세도 정치로 인해 흐트러진 국가 기강을 바로잡기 위해 여러 개혁 정책을 추진하였다는 점에서 밑줄 친 '그'는 흥선 대원군(1821~1898)을 가리킴을 알 수 있다(집권 1863.12~1873.11).

- 철종이 후사 없이 사망하면서 고종이 어린 나이에 즉위하였다. 그러자 고종의 아버지인 흥선 대원군이 실권을 잡았다. 대원군은 삼정의 문란을 진정시키기 위한 각종 정책을 폈다.

[해설] 철종 승하 후 익성군(翼成君)이 고종으로 즉위하고 그의 부친인 흥선 대원군(1821~1898)이 섭정의 대권을 대왕대비*로부터 받아 집권한 것은 1863년 12월의 일이다. 당시 대왕대비인 신정 왕후(1818~1890)가 1866년 2월까지 수렴청정을 하였다.

*대왕대비: 여기서는 순조의 세자인 익종의 왕비이자 헌종의 모친인 신정 왕후 조씨[이른바 '조대비', 1899년 신정 익황후로 추증]를 가리킨다.

- "나는 천리(千里)를 끌어다 지척(咫尺)으로 삼겠으며, 태산(泰山)을 깎아 내려 평지(平地)를 만들고, 또한 남대문을 3층으로 높이려 한다."
  - 『매천야록』 -

[해설] 흥선 대원군이 집권 직후 대신들에게 한 말로, 강력한 개혁 의지를 피력하고 있다. 그리하여 비변사를 혁파하고, 의정부와 삼군부를 부활시켰다[비변사와 의정부의 업무 분장(1864.2), 비변사의 의정부로의 흡수 통합과 폐지(1865.3) 등].

- 그가 집권한 후 어느 회의 석상에서 음성 높여 여러 대신들에게 말하기를 "나는 천리(千里)를 끌어다 지척(咫尺)으로 삼겠으며, 태산을 깎아 내려 평지를 만들고, 또한 남대문을 3층으로 높이려 하는데, 여러분들은 어떻게 생각하오?"라고 하였다.
  - 매천야록 -

[해설] 주어진 자료 속 밑줄 친 '그'는 흥선 대원군을 가리킨다.

- 어느 공회 석상에서 음성을 높여 여러 대신에게 말하기를, "나는 천리(千里)를 끌어다 지척(咫尺)을 삼겠으며 태산(泰山)을 깎아 내려 평지를 만들고 또한 남대문을 3층으로 높이려 하는데, 여러 공들은 어떠시오?"라고 하였다. …… 대저 천리 지척이라 함은 종친을 높인다는 뜻이요, 태산 평지라 함은 노론을 억압하겠다는 뜻이다.
  - 『매천야록』 -

[해설] 주어진 자료 속 밑줄 친 발언을 한 인물은 흥선 대원군이다.

- [흥선 대원군] 능력 위주로 인재를 등용하였다. [서11] □

[해설] (안동 김씨 세력을 포함한 세도 가문을 일소하고 당파·지역·신분을 넘어) 능력 위주로 인재를 등용하고자 한 것 역시 세도 정치를 타파하고 왕권을 강화하려는 흥선 대원군의 정책에 해당한다.

- [흥선 대원군] 비변사를 철폐하였다. [소20] □
  - 비변사 폐지 [법22] □
  - 비변사의 기능을 강화하였다[✗]. [국23] □

┗비변사의 기능 강화 [x] [경12②] □

┗정치 제도를 개혁하기 위하여 비변사의 기능을 강화하였다[x]. [경18①] □

┗비변사 당상들이 중요한 권력을 장악하였다[x]. [지19] □

┗[비변사] 흥선 대원군 집권 이후에 폐지되었다. [기19] □

┗흥선 대원군 집권 시기에 폐지되었다. [법16] □

┗고종 대에 비변사를 설치하여 근대화 사업 전반을 관장하였다[x]. [서19①] □

┗비변사를 사실상 폐지하고, 의정부와 삼군부의 기능을 부활시켰다. [서12] □

┗비변사를 폐지하고, 의정부와 삼군부의 기능을 회복시켰다. [서11] □

┗비변사를 폐지하였고, 의정부와 삼군부의 기능을 회복시켜 왕권을 강화하였다. [경15③] □

┗비변사의 권한과 기능을 의정부와 삼군부로 이관시키고, 비변사를 해체하였다. [회18] □

┗의정부와 삼군부의 기능을 부활시켜 각각 정치와 군사의 최고 기관으로 삼았다. [경18①] □

┗의정부와 삼군부를 통합하고, 비변사의 기능을 확대하였다[x]. [경12①] □

┗의정부와 삼군부의 기능을 회복하였다. [국13] □

┗의정부의 기능을 부활시켰다. [지15①] □

┗삼군부를 부활시켰다. [소20] □

┗삼군부가 부활되고 삼수병이 강화되었다. [지19] □

[해설] 흥선 대원군(1821~1898)은 집권 직후 왕권 강화를 위하여 비변사를 혁파하고 의정부와 삼군부(三軍府)를 부활시켜 각 정치와 군사의 최고 기관으로 삼았다(1865.3. 고종 2)(왕권 강화 정책의 일환). 요컨대 비변사는 주로 국방과 치안 관계만을 맡고 다른 사무는 일체 의정부에 넘겼다가 곧 비변사를 의정부에 통합시켰다(비변사 혁파). 삼수병은 훈련도감에 소속된 포수·사수·살수(병)을 가리킨다. '(비변사) 당상'은 당상관. 즉 정3품 통정대부(문신), 정3품 절충장군(무신) 이상의 품계를 가진 고위직 관리[벼슬아치]를 뜻한다. / [소20] 삼군부는 이때 다시 조선 초기처럼 군무(軍務)와 숙위를 담당하고 변방에 관한 사항을 관장할 수 있게 되었다. 그러다 고종 17년인 1880년 12월에 통리기무아문이 설치되어 그에 소속하면서 폐지되었다.

• [흥선 대원군] 만동묘가 철폐되었다. [서20] □

┗만동묘를 철폐하였다. [기16] □

┗만동묘를 철폐하고 폐단이 큰 서원을 철폐하도록 하였다. [경18①] □

┗만동묘 철폐를 비롯한 서원 정리 추진 [법15] □

┗만동묘 건립을 주도하였다[x]. [국21] □

┗만동묘만 남기고 사액 서원은 철폐하였다[x]. [지15①] □

[해설] 명의 신종과 의종을 모시고 제사지내기 위한 사당인 만동묘(萬東廟) 건립을 주도한 인물은 우암 송시열(1607~1689)의 유명(遺命)을 받든 그의 제자 한수재[수암] 권상하(1641~1721)이다(1704, 숙종 30). 만동묘는 충북 괴산군 청천면 화양동에 지어졌다. 그런데 흥선 대원군은 백성에 대한 양반과 유생의 횡포를 막고 정부의 지방 통제력을 강화하려는 목적에서 만동묘(와 화양동 서원)를 철폐하였다(1865.3, 고종 2). 또 그 전해인 1864년(고종 원년)7월부터 서원 철폐[훼철]를 시작하여 1871년(고종 8) 3월 전국의 서원 600여 곳 중 47곳만 남겼다.

• [흥선 대원군] 서원을 대폭 줄이는 정책을 추진하였다. [지21] □

┗양반들의 근거지인 향교를 47개소만 남기고 철폐하였다[x]. [서12] □

┗서원 정리 [경12②] □

[해설] 흥선 대원군은 서원을 대폭 줄이는 정책을 추진하였다(1864. 고종 원년). 전국의 서원 중 47개소를 제외한 600여 곳을 철폐하였다(1864년 7월부터 시작하여 1871년 3월에 완료). / 흥선 대원군이 철폐한 기구는 (향교가 아니라) 서원이다.

흥선 대원군의 만동묘, 서원 철폐 [국23] [서17②] [법21] [회18] [경13①]

- 그가 크게 노하여 말하기를, "진실로 백성에게 해되는 것이 있으면 비록 공자가 다시 살아난다고 하더라도 나는 용서치 않겠다. 하물며 서원은 우리나라 선유를 제사하는 것인데 지금에는 도둑의 소굴이 됨에 있어서랴."라고 하였다. … 그리하여 일시에 서원을 철폐시킬 수 있었다. -『대한계년사』-

[해설] 흥선 대원군(1821~1898)은 집권 직후부터 서원을 대폭 철폐하기 시작하였다([1864(고종 원년)~1871(고종 8)].

- 그가 "백성을 해치는 자는 공자가 다시 살아난다 해도 내가 용서하지 않을 것이다."는 단호한 결의로 47개소만 남기고 대부분의 서원을 철폐하였다. -『대한계년사』-

[해설] 흥선 대원군의 서원 철폐 정책을 가리킨다.

- 그는 만동묘와 폐단이 큰 서원을 철폐하도록 명령을 내렸다. 선비들 수만 명이 대궐 앞에 모여 만동묘와 서원을 다시 설립할 것을 청하니, 그가 크게 노하여 병졸로 하여금 몰아내도록 하였다. -『대한계년사』-

[해설] 흥선 대원군이 만동묘를 철폐한 것은 고종 2년인 1865년 3월의 일이다.

- 선비들 수만 명이 대궐 앞에 모여 만동묘와 서원을 다시 설립할 것을 청하니, (가) 이/가 크게 노하여 한성부의 조례(皂隸)와 병졸로 하여금 한강 밖으로 몰아내게 하고 드디어 천여 곳의 서원을 철폐하고 그 토지를 몰수하여 관에 속하게 하였다. -『대한계년사』-

[해설] 자료 속 '(가)'는 집권자인 흥선 대원군(1820~1898)을 가리킨다. 흥선 대원군에 의해 만동묘가 철폐된 것은 고종 2년인 1865년 3월의 일이고, 전국의 서원 중 47개소를 제외하고 모두 철폐[훼철]한 것은 고종 8년 1871년 3월의 일이다(600여 곳 철폐, 고종 원년인 1864년 7월부터 철폐 시작). 만동묘는 명의 신종과 의종을 제사지내기 위해 설립한 사당이다.

*조례(皂隸): 중앙[서울]의 각 관아에서 부리던 하급 군관을 가리킨다. 일종의 경아전(京衙前)으로 경호, 경비, 사령(使令) 등의 잡역에 종사하였다.

- 8도의 선비들이 서원을 건립하여 명현을 제사하고 …… 그 폐단이 백성의 생활에 미쳤다. (가) 은/는 만동묘를 철폐하고 폐단이 큰 서원을 각 도에 명하여 철폐하도록 하였다. 선비들 수만 명이 대궐 앞에 모여 만동묘와 서원을 다시 설립할 것을 청하니, (가) 이/가 크게 노하여 한성부의 조례와 병졸로 하여금 한강 밖으로 몰아내게 하고 …… 드디어 1천여 개소의 서원을 철폐하고 그 토지를 몰수하여 관에 속하게 하였다. 이 때문에 선비들의 기운이 크게 막혔다.

[해설] 만동묘와 서원을 철폐했다는 점에서 주어진 자료 속 '(가)'는 흥선 대원군을 가리킴을 알 수 있다.

- [흥선 대원군]『대전회통』을 편찬하였다. [국23]
  └대전회통을 편찬하였다. [서21] [서11]
  └『대전회통』이 편찬되었다(고종). [지21]
  └대전회통을 편찬하여 통치 체제를 재정리하였다. [지12①]
  └『대전회통』,『육전조례』등 새로운 법전을 편찬하였다. [서12]
  └<대전회통>, <육전조례>를 편찬하였다. [기16]
  └법치 질서를 정비하기 위해『대전회통(大典會通)』을 간행하였다. [경12①]
  └고종 때 통치 규범을 재정리하여『대전통편』을 편찬하였다[X]. [회21]
  └대원군은 왕권 강화와 중앙 집권 체제 확립을 위해『속대전』을 편찬하였다[X]. [회18]
  └대전회통 [지11②]

[해설] 흥선 대원군은『대전회통』,『육전조례』등 새로운 법전을 편찬하여 통치 체제를 재정비하였다[각 1865년(고종 2)/1867년(고종 4)].『대전회통』은『대전통편』이후 80년간의 수교(受敎), 각종 조례 등을 보첨, 정리한 조선 최후의 통일 법전이다.『육전조례』는 각 관청에서 맡은 사목 및 시행 규례를 수록한 책이다. / [회21]『대전통편』이 편찬된 것은 정조 9년인 1785년의 일이다. / [회18] 대원군이 왕권 강화와 중앙 집권 체제의 확립을 위해 편찬한 것은 (『속대전』이 아니라)『대전회통』이다(고종 2, 1865).

- 임진왜란 때 소실된 경복궁이 중건되었다. [지22] □
  └ 임진왜란 때 불타버린 경복궁을 중건하였다. [서12] □
  └ 임진왜란 때 소실되었던 경복궁을 중건하여 왕실의 위엄을 회복하려고 하였다. [회18] □
  └ 임진왜란 때 소실된 경복궁을 재건하고, 광화문 앞의 육조 거리 등 한양의 도시 구조를 복원하였다.* [경18①] □
  └ 경복궁을 중건하였다. [서11] [소19①] □

[해설] 임진왜란 때 소실된 경복궁을 중건[재건]하기 시작한 것은 고종 2년인 1865년 4월(음력)부터의 일이다(~1868). 경복궁을 중건한 것은 흥선 대원군의 왕권 강화를 위한 국정 혁신 노력에 속한다. 외척의 세도에 밀려 추락한 왕실의 존엄과 권위를 회복하려는 것이다(영건도감 설치). 경복궁의 웅장한 모습을 되살려 왕실의 위엄을 과시하고 육조 등의 관청 건물을 새로이 단장하여 숭례문[남대문]에서 광화문에 이르기까지 도로 양편에 즐비하게 하였으며, 종묘·사직·도성 사대문의 개수를 통해 실로 수도로서의 위용을 갖추어나갔다(고종 13년인 1876년 11월 경복궁에 큰 화재가 나 내전 830여 칸이 소실되었으며 그리하여 고종 25년인 1888년에 이르러 재차 중건함).

- [경복궁 중건] 경복궁 중건을 위해 당백전과 청전(淸錢)을 발행했고 이에 따라 화폐의 가치가 하락하고 물가가 폭등하였다[×]. [경20②] □
  └ [조선 후기의 동전 유통 실태] 19세기 전반, 군사비 지출을 보완하기 위하여 당백전을 주조하였다[×]. [지13] □
  └ 경복궁 중건을 위해 당백전과 청전(淸錢)을 발행했고 이에 따라 화폐의 가치가 하락하고 물가가 폭등하였다[×]. [경20②] □
  └ 당백전으로 물건을 사는 농민 [지14②] □
  └ 당백전 [기16] □

[해설] 경복궁 중건을 위해 흥선 대원군이 당백전을 주조한 것은 고종 3년인 1866년의 일이다(1866.11~1867.4). 그리고 당백전 발행 중단 이후 (국가의 재정적 손실을 보충하기 위하여) 밀수입된 청전(淸錢)의 국내 통용을 합법화한 것은 1867년의 일이다(~1874). 따라서 당백전은 발행한 것이 맞지만 청전은 발행한 것이 아니라 국내 유통을 허용해 준 것이다. 그렇지만 두 화폐의 유통으로 말미암아 화폐의 가치가 하락하고 물가가 폭등한 점은 옳다. / 당백전은 군사비 지출을 보완하기 위해 주조된 것이 아니라 흥선 대원군이 경복궁의 중건 비용을 마련[감당]하기 위해 주조한 화폐[동전]이다. 그런데 당백전의 법정 가치는 상평통보의 100배였지만 실제 가치는 이에 미치지 못하여 곧 화폐 가치가 폭락하였고, 결국 시행 6개월 만에 폐지되었다. 요컨대 당백전은 상평통보보다 100배의 명목 가치로 통용된 악화로, 물가만 폭등시키고 말았다.

■ 경복궁 중건 [지21] [지19] [경12②] [소19①] □

- 철종이 죽고 고종이 어린 나이로 왕이 되자, 고종의 아버지인 (가) 가/이 실권을 장악하였다. (가) 는/은 임진왜란 때 불탄 후 방치되어 있던 경복궁을 중건하였다. 이때 원납전이라는 기부금을 징수하는 일이 벌어졌으며 당백전이라는 화폐도 발행되었다.

[해설] 주어진 자료 속 '(가)'는 흥선 대원군(1821~1898)을 가리킨다.

- 이때 거두어들인 돈을 '스스로 내는 돈'이라는 뜻에서 원납전이라 하였다. 그런데 백성들은 입을 삐죽거리면서 '원납전 즉 원망하며 바친 돈이다.'라고 하였다.
  － 『매천야록』에서 －

[해설] 흥선 대원군이 집권 후 경복궁 중건을 위해 원납전을 강제로 징수한 내용이다(1865, 고종 2). 따라서 밑줄 친 '이때' 재위한 국왕은 조선의 제26대 왕인 고종(재위 1863-1907)이다.

- 에-에헤이야 얼널널 거리고 방에 흥에로다

  을축년 4월 초3일에 경복궁 새 대궐 짓는데 헛방아 찧는 소리다

  조선의 여덟 도 좋다는 나무는 경복궁 짓노라 다 들어간다

  도편수란 놈의 거동 보소 먹통 메고 갈팡질팡한다

  남문 밖에 떡장수들아 한 개를 베어도 큼직큼직 베어라

  남문 밖에 막걸리 장수야 한 잔을 걸러도 큰 애기 솜씨로 걸러라

  에- 나 떠난다고 네가 통곡말고 나 다녀올 동안 네가 수절을 하여라

  에- 인생을 살면 몇 백년 사나 생전 시절에 맘대로 노세

남문 열고 바라 둥당 치니 계명 산천에 달이 살짝 밝았네
경복궁 역사가 언제나 끝나 그리던 가족을 만나 볼까

[해설] 제시된 노래는 흥선 대원군이 집권 후 추진한 경복궁 중건(1865~1868)과 관련된 것이다(경복궁을 주제로 한 경기 민요인 '경복궁 타령', 지은 이와 지어진 연대는 미상이며, 경기 선소리패들이 즐겨 불렀다 함).

- 장령(掌令) 최익현이 올린 상소의 대략은 이러하였다.
  ○ 첫째는 토목 공사를 중지하는 일입니다.
  ○ 둘째는 백성들에게 세금을 가혹하게 거두는 정사를 그만두는 것입니다.
  ○ 셋째는 당백전을 혁파하는 것입니다.
  ○ 넷째는 문세(門稅)를 받는 것을 금지하는 것입니다.

[해설] 장령(掌令) 최익현(1833~1906)이 올린 상소의 대략이다(1868, 고종 5). 첫째로 토목 공사를 중지하라는 것과 셋째로 당백전을 혁파하라는 내용 등이 나와 있다. 흥선 대원군이 집권 후 추진한 경복궁 중건을 비판하면서 시정을 건의하고 있음을 알 수 있다. 참고로 장령은 사헌부의 정4품 관직이다.

- [최익현] 사헌부 장령에 임명되자 국정 개혁을 위한 상소를 올려 흥선 대원군을 비판하였다.* [회22]□

[해설] 면암 최익현(1833~1906)은 사헌부 장령에 임명되자 국정 개혁을 위한 상소를 올려 흥선 대원군을 비판하였다(1868, 고종 5). 이른바 '무진소(戊辰疏)'로, 토목 공사 중지, 수탈 정책 중지, 당백전 철폐, 사대문세(四大門稅)* 폐지 등을 주장하였다.

*사대문세(四大門稅): 경복궁 중건을 위한 예산 마련의 방편으로 한양의 사대문을 통과하는 사람들에게 통행세를 부과하였다. 즉 고종 4년인 1867년 2월부터 성문을 통과하는 물품과 수량에 따라 차등을 두고서 사정없이 세금을 거두어 들였다. 가격이 낮은 농산물류는 수레마다 두 푼, 봇짐은 한 푼을 받았고 가격대가 높은 공산품은 그보다 두 배를 받았다. 이로 인해 백성들 사이에서 사대문세는 악세(惡稅)라는 원성이 일었다.

- [흥선 대원군] 국가 재정을 확보하기 위하여 양전 지계 사업과 호구 조사를 실시하였다[×](고종). [회18]□

[해설] 국가 재정을 확보하기 위하여 양전 지계 사업과 호구 조사를 실시한 인물은 (흥선 대원군이 아니라) 고종이다. 1896년(고종 33) 호구 조사 규칙을 제정하였으며, 1899년(고종 36)부터 양전 지계 사업을 실시하였다(~1904).

2 민생 안정을 위한 삼정 문란 시정 노력

- 삼정 개혁 [경12②]□

[해설] 흥선 대원군은 삼정의 문란을 해결하기 위해 우선 무명잡세(정당한 세목을 붙이지 않고 받는 잡다한 세금)를 혁파하였다. 그리고 전정의 경우 양전 사업을 실시하고, 은결을 색출하였다. 군정의 경우 군포제 대신 양반에게도 군포를 징수하는 호포제를 실시하였다(1871, 고종 8). 마지막으로 환정, 즉 환곡의 경우 면 단위로 설치하여 자체적으로 운영하는 사창제를 시행하였다(1867, 고종 4).

- [흥선 대원군] 사창제를 실시하였다. [국23]□
  └사창 제도를 실시하였다. [기12]□
  └환곡제의 폐단을 없애려고 지역민들이 자치적으로 운영하는 사창제를 시행하였다. [회18]□
  └환곡제를 면민이 공동 출자하여 운영하는 사창제로 전환하였다[고종]. [지16②]□
  └폐단이 심했던 환곡제를 개혁하여 사창제를 실시하였다. [경12①]□
  └경기, 삼남, 해서 등지에 사창제를 실시하였다. [지15①]□
  └ⓒ은 양반 중심의 향촌 질서를 유지하기 위한 것이다. [기12]□

[해설] 흥선 대원군은 폐단이 심했던 환곡제를 개혁하여 향촌민들이 공동 출자하여 자치적으로 운영하는 사창제를 실시하였다(1867, 고종 4). / [기12] (조선 시대에) 사창 제도를 실시한 것은 여러 번이다. 구체적으로 예를 들면, 세종 30년인 1448년, 문종 원년인 1451년, 선조 11년인 1578년, 숙종 즉위년인 1674년, 정조 21년인 1797년, 고종 4년인 1867년이 있다. 하지만 결국 오래 가지 못하였다는 공통점이 있다. 또 ⓒ은 사창 제도 실시를 가리킴. 사창 제도는 각 지방 군현의 촌락에 설치된 곡물 대여 기관으로, 촌락을 기반으로 한 민간 자치적 구호 기관의 성격을 띤 구황 시설의 하나이다. 달리 말하면 조선 전기인 15~16세기에 양반(사족) 중심의 향촌 질서를 유지하기 위해 실시한 자치적 구휼 제도이다.

- 호포제를 실시하여 양반들에게도 군포를 징수하였다. [지16①] □
  - [호포제] 군포에 대한 양반들의 면세 특권이 폐지되었다. [국20] □
  - 상민들만 내던 군포를 양반에게도 징수하는 호포제를 실시하였다. [서12] □
  - 군정의 문란을 해결하기 위하여 호포제가 실시되었다. [법16] □
  - 군역 부담의 폐단을 시정하려고 양반에게도 군포를 징수하는 호포제를 실시하였다. [회18] □
  - 군포를 호 단위로 부과하여 양반에게도 군역의 부담을 주었다. [기13] □
  - 종래에 상민(常民)에게만 징수해 온 군포를 양반에게까지 확대·징수하였다. [경12①] □
  - 토지를 기준으로 군포를 부과한 것이었다[X]. [기17] □
  - 은결을 색출하고 호포제를 실시하였다. [법21] □
  - 양반에게 군포를 부담하게 하였다. [지15①] □
  - 양반에게도 군포를 징수하게 되었다. [기17] □
  - 양반에게도 군포를 징수하였다. [소18②] □
  - 호포제 시행 [회23] □

[해설] 호포제는 (토지가 아니라) 호(戶)를 단위로 군역[군포]을 징수하는 세금 제도이다. 농민 장정뿐 아니라 양반에게까지 군역의 의무를 확대한 것이다. 조선 시대에는 '양반불역론(兩班不役論)'이라 하여 양반들은 군역을 지지 않았기 때문에 시행이 논의될 때마다 양반들의 저항이 거셌다. 그 결과 조선 시대에 거의 끝나가는 고종 8년인 1871년에 이르러서야 비로소 시행되었다. / 민생 안정을 위한 군정 개혁책으로 호포법[호포제]를 실시함으로써 양반들에게도 비로소 군포를 징수할 수 있게 되었다([단 이때도 양반은 입역(立役) 대상에서 제외]. 호포법의 시행으로 군포에 대한 양반들의 면세 특권이 비로소 폐지된 셈이다.* / [법21] 은결(隱結)이란 탈세를 목적으로 전세 부과 대상에서 부정·불법으로 누락시킨 토지이다. 따라서 은결 색출이란 탈세를 목적으로 은닉된 땅[토지]를 찾아내 세금을 부과하는 일을 가리킨다. 흥선 대원군이 양전 사업을 실시하여 은결을 색출한 것은 전정[삼정의 하나]을 바로잡기 위해서였다[호포제(동포제)는 군역제(군정)와 관련이 있고, 사창제는 환곡제(환정)와 관련].

*흥선 대원군의 호포법 시행을 양반과 상민을 평등하기 위한 것이 아니라 세원을 양반층까지 확대하여 수세액을 늘리려는 목적으로 시행한 세원 확장 정책이었다는 비판적 연구가 있다.

■ 호포법(호포제) 시행 [국21][법19][기17] □

- 군역에 뽑힌 장정에게 군포를 거두었는데, 그 폐단이 많아서 백성들이 뼈를 깎는 원한을 가졌다. 그런데 사족들은 한평생 한가하게 놀며 신역(身役)이 없었다. …(중략)… 그러나 유속(流俗)에 끌려 이행되지 못하였으나 갑자년 초에 그가 강력히 나서서 귀천이 동일하게 장정 한 사람마다 세납전(歲納錢) 2민(緡)을 바치게 하니, 이를 동포전(洞布錢)이라고 하였다.

『매천야록』

[해설] 주어진 자료는 고종 8년인 1871년에 시행된 '동포법', 즉 호포법(호포제)을 가리킨다. 따라서 밑줄 친 '그'는 당시 집권자인 흥선 대원군(1820~1898)임을 알 수 있다.

- 나라 제도로서 인정(人丁)에 대한 세를 신포(身布)라 하였는데 충신과 공신의 자손에게는 모두 신포가 면제되어 있었다. 이 법이 시행된 지도 이미 오래됨에 턱없이 면제된 자가 많았다. 그 모자라는 액수는 반드시 평민에게 덧붙여 징수하여 보충하고 있었다. 대원군은 이를 수정하고자 동포(洞布)라는 법을 제정하였다.

[해설] 흥선 대원군이 도입한 호포법(호포제)을 가리킨다(1871, 고종 8). 자료 속 '동포라는 법', 동포법이 곧 호포법이다. 동포제는 호포제로 이행해가는 과정에서 나타난 과도기적 형태로, 집단 수취 체제라는 점을 제외하면 호포제와 거의 일치한다.* 동포제[동포법]는 군포를 양반과 상민을 구별하지 않고, 각 읍내 민호의 대소에 따라 분배, 징수하였으므로 양반도 평민과 함께 군포를 납부해야 하였다. 이를 동포(洞布)라는 명목으로 집단 납부하기 때문에 반상의 구별이 전혀 없는 호포제[호포법]에 비하면 양반의 반발을 크게 사지 않아 과도적으로 실시될 수 있었다. 자료의 출처는 박제형(?~?)의 『근세조선정감(近世朝鮮政監)』이다(1886, 고종 23).

*호포제는 19세기에 들어와 지역적인 편차를 보이면서 마을 단위로 군포를 납부하는 동포제(洞布制)로 진행되었다. 다만 이때의 동포는 본격적인 동포가 아니었다(부분적인 동포제). 철종 13년인 1862년에 발생한 임술 농민 봉기 이후 동포제의 확대 시행을 요구하는 농민들의 요청이 더욱 거세졌

고 결국 흥선 대원군 집권기인 고종 8년(1871)에 이르러 전면적인 동포제[동포법], 호포제[호포법]가 시행되었다[단 이때도 양반은 입역(立役) 대상에서 제외].

- 동포(洞布)라는 법을 제정하였다. 가령 한 동리에 200호가 있으면 매호에 더부살이 호가 약간씩 있는 것을 정밀하게 밝혀내어 계산하고, 군포를 부과하여 고르게 징수하였다. 이 때문에 예전에는 면제되던 자라도 군포를 바치지 않을 수 없게 되었다.
- 박제형, '근세조선정감' -

[해설] 위 자료와 곧바로 연결되는 내용이다('대원군은 이를 수정하고자 동포(洞布)라는 법을 제정하였다'). 여기서 동포법이 곧 호포법이다(1871, 고종 8).

- 호포제가 실시되었지만 백성의 부담은 줄지 않았다. [회21] □

[해설] 호포제가 실시된 것은 조선 고종 8년인 1871년의 일이다. 호포제는 양반도 평민과 마찬가지로 군포를 부담한다는 점에서 획기적인 조치였으나, 신분의 구별을 위해 신분 간 세액에 차등을 두는 등 완전한 균부(均賦)의 원칙을 적용한 것은 아니었다. 또 양반 세력이 여전히 강력한 지역에서는 호포제가 제대로 시행되지 못하였고, 그 시행에 반대하는 여론에 부딪혀 더 이상의 개혁을 이루지는 못하였다.

3 통상 수교 거부 정책과 양요

- [흥선 대원군] 통상 수교 거부 정책을 추진하였다. [국23] □
  - 통상 수교 정책을 실시하였다[x]. [서11] □
  - 통상 수교 거부 정책을 고수했기 때문에 서양 선박에 필요한 물자의 제공과 난파된 선박의 선원 구조도 거절하였다[x].
    [경20②] □

[해설] 흥선 대원군은 집권 내내 통상 수교 거부 정책을 추진하였다. / 흥선 대원군은 통상 수교 거부 정책을 고수하였지만, (침략 목적으로 접근하지 않는 한) 서양 선박에 필요한 물자의 제공과 난파된 선박의 선원 구조는 거절하지 않았다. 실제로 고종 3년인 1866년 5월, 표류하다 평안도 철산에 정박한 미국의 선박 서프라이즈호를 구조해 주었다.

- 미국 상선 제너럴 셔먼호는 평양 주민을 약탈하였다. [서18②] □

[해설] 미국 상선 제너럴 셔먼호는 평양 주민을 약탈하였고, 이에 평안도 관찰사 박규수(1807~1876)는 군민들과 제너럴 셔먼호를 불태웠다(1866.7).

- 미국 상선 제너럴 셔먼호가 격침되었다. [국14] □
  - 미국 상선 제너럴 셔먼호 격침 [경15③] □
  - 평양의 관민이 제너럴 셔먼호를 불태웠다. [지21] □
  - 평양의 대동강에서 제너럴 셔먼호 사건이 일어났다. [소18②] □
  - 제너럴 셔먼호 사건의 영향을 파악한다. [법17] □
  - 제너럴 셔먼호 사건 [서24①] [경13①] □
  - 박규수는 화공 작전을 펴서 프랑스 군대를 공격하였다[x]. [서18②] □

[해설] 제너럴 셔먼호 사건이 일어난 것은 고종 3년인 1866년 7월의 일이다(1866.7.21). 제너럴 셔먼호는 미국의 무역선[상선(商船)]으로 평양의 대동강을 거슬러 올라와 폭압적으로 통상을 요구하는 만행을 저지르다 평양 관민들에 의해 불태워졌다(마침 박규수가 평안도 관찰사로 재직 중, 평양 주민 12명이 사상하였고, 선원 24명은 화재로 전원 사망). 이 사건은 이후 미국의 아시아 함대 사령관인 존 로저스 제독(1812~1888)이 이끄는 미군이 강화도에 침입하는, 이른바 이후 신미양요가 일어나는 빌미[계기]가 되었다. / 평양의 관민이 미국 상선인 제너럴 셔먼호를 불태운 것은 고종 3년인 1866년 7월의 일이다(제너럴 셔먼호 사건). / [서18②] (당시 평안도 관찰사였던) 박규수는 화공 작전을 펴서 (프랑스군이 아닌) 미군을 공격하였다.

- [병인양요] 프랑스 선교사와 천주교도가 처형당한 것이 원인이 되었다. [지24] □
  - (가)는 자국인 신부의 처형을 구실로 강화도를 침략하였다. [법20] □
  - 이 전쟁의 결과로 인하여 9명의 프랑스 신부를 처형하는 병인박해(1866)가 일어나게 되었다[x]. [경11②] □
  - 병인양요의 발생 [소18②] □

└1866 병인양요. [법21] □

└병인양요 [서11] □

[해설] 프랑스군 침략의 빌미가 된 것은 1866년 2월부터 발생한 병인박해 때문이었다. 이때 프랑스 주교 2명*과 선교사 9명, 많은 천주교 신자가 적발되어 처형되었다. 불과 수개월 사이에 국내 신도 8,000여 명이 학살되었는데, 이후에도 해를 넘어 1860년대 내내 진행되었다. 이때 탈출에 성공한 리델 신부(1830~1884)가 톈진에 있던 프랑스 극동 함대 사령관 (피에르 구스타브) 로즈 제독(1812~1882)에게 이 사실을 알렸고, 로즈 제독은 이를 빌미로 같은 해 10월 조선을 침략하였다. / 자국인 신부의 처형을 구실로 강화도를 침략한 국가는 프랑스이다[병인양요, 1866.10(제1차 원정)/1866.11(제2차 원정)]. / [법20]의 '(가)'는 러시아를 가리키나 무시함. / [경11②] 9명의 프랑스 신부를 처형하는 병인박해가 일어난 것은 병인양요가 일어나기 직전부터였다(1866.2). 병인박해가 오히려 병인양요가 일어나게 된 배경으로 작용하였다. 반대로 서술하였다. / 불과 수개월 사이에 국내 신도 8,000여 명이 학살되었는데, 해를 넘어 1860년대 내내 진행되었다. 병인박해 때 탈출에 성공한 리델 신부(1830~1884)가 톈진에 있던 프랑스 극동 함대 사령관 로즈 제독에게 이 사실을 알렸고, 로즈 제독은 이를 빌미로 같은 해 10월 조선을 침략하였다(병인양요, 1866.10~11).

*프랑스 주교 2명: 베르뇌(BerneuX, 張敬一, 1814~1866) 주교와 다블뤼(Daveluy, 安敦伊, 1818~1866) 주교를 가리킨다. 베르뇌 주교는 서울의 새남터에서 처형되었고, 다블뤼 주교는 충남 당진시 합덕읍 신리에서 처형되었다.

• [병인양요] 이 사건 당시 정족산성에서 양헌수 부대가 승리를 거두었다. [지17②] □

└양헌수 부대가 정족산성에서 분전하였다. [기12] □

└양헌수 부대는 광성보 전투에서 결사 항전하였으나 퇴각하였다[✕]. [서18②] □

└병인양요의 전개 과정을 조사한다. [법17] □

[해설] 정족산성에서 양헌수 부대가 승리를 거둔 것은 병인양요 때의 일이다(1866.10). / [서18②] 양헌수 부대는 광성보가 아닌 정족산성에서 프랑스군에 대적하여 승리를 거두었다(병인양요, 1866.11). 광성보 전투에서 결사 항전한 것은 어재연 부대이다. 순무중군 어재연(1823~1871)은 전사하였다.

• [병인양요] 병인년에 프랑스인이 강화도를 점령하자 양헌수가 정족산성에 들어가 그들과 맞서 싸웠다. [지16①] □

└한성근 부대는 문수산성에서, 양헌수 부대는 정족산성(삼랑성)에서 프랑스 군대와 전투를 벌였다. [경20②] □

└한성근, 양헌수 부대가 문수산성, 정족산성에서 프랑스군을 격퇴하였다. [경11②] □

└문수산성·정족산성 전투 [서24①] □

[해설] 병인양요는 천주교 신부와 신자를 처형한 병인박해(1866.2)를 구실로 프랑스가 강화도를 침범한 사건으로 한성근(문수산성)과 양헌수(정족산성)에서 분전하였다[각 1866.10(제1차 원정)/1866.11(제2차 원정)].

■ 병인양요 [법24] □

정족산성 수성장 양헌수가 … 우리 군사들이 좌우에 매복했다가 일제히 총탄을 퍼부었습니다. 저들은 죽은 자가 6명이고 아군은 죽은 자가 1명입니다.

[해설] 순무천총 양헌수(1816~1888)가 이끄는 부대가 정족산성에서 활약한 것은 병인양요 때(1866.10~11)의 일이다[1866.11, 이 외 한성근 부대가 문수산성에서 활약(1866.10)].

• [병인양요] 프랑스 함대가 강화부를 점령하였다. [지24] □

└프랑스가 강화도 외규장각 도서를 약탈하였다. [지15②] □

└프랑스군이 강화도의 주요 시설을 불태우고 외규장각 도서를 약탈하였다. [법22] □

└외규장각이 소실되었고 의궤 등을 약탈당했다. [지24] □

└외규장각 도서가 약탈되는 사건이 일어났다. [소18②] □

┕[프랑스] 외규장각의 문서와 문화재를 약탈하였다. [서24②] □

┕외규장각의 문화재와 서적, 병기 등을 약탈해갔다. [기12] □

┕<외규장각 의궤> 145년 만에 2011년 의궤 반환 …… [법17] □

[해설] 프랑스 극동 함대 사령관 로즈 제독(1812~1882)이 이끄는 프랑스군은 1866년 10월 14일 강화도 갑곶진에 상륙하였고, 15~16일 강화성을 공격하여 함락시켰다(11월 9일 양헌수가 지킨 정족산성에서 패한 후 퇴각 결정). 강화성을 점령한 프랑스군은 그 일대를 수색하여 은괴와 각종 서적[외규장각 의궤], 귀중품, 무기 등을 약탈하였다. / 병인양요 때 강화도를 침범한 프랑스군은 강화도에 보관 중이던 외규장각의 문화재와 도서[서적]를 비롯한 각종 병기들을 약탈해 갔다(1866.10~11).

• 오페르트의 통상 수교 요구가 거절당하였다. [소18②] □

┕오페르트가 남연군의 묘 도굴을 시도하였다. [지21] □

┕오페르트가 남연군의 무덤을 도굴하려 하였다. [지16①] □

┕오페르트가 남연군묘 도굴 사건을 일으킨 원인이 되었다. [지17②] □

┕오페르트 도굴 사건의 결과를 분석한다. [법17] □

┕독일 상인 오페르트가 덕산군에 상륙하여 남연군의 무덤을 도굴하다가 실패하고 돌아갔다. [법22] □

┕오페르트 도굴 미수 사건 [국22] □

┕오페르트 도굴 사건 [서24①] [경13①] □

[해설] 독일계 유대 상인인 오페르트(1832~1903)가 (두 차례에 걸친 통상 수교 요구를 거절당하자) 통상 수교를 압박하기 위한 목적으로 흥선 대원군의 부친인 남연군 묘 도굴을 시도하려다 실패한 것은 고종 5년인 1868년 5월(양력 6월)의 일이다 ('오페르트 도굴 사건' 또는 '오페르트 도굴 시도 사건'). 결과적으로 오페르트의 이러한 잘못된 행위는 서양에 대한 경계심만 더욱 강화시키고 말았다. / 흥선 대원군의 부친인 남연군(1788~1836)의 묘는 충남 예산 덕산면에 위치한다.

■ **오페르트 도굴 시도 사건** [법24] [법18] □

• 너희 나라와 우리나라의 사이에는 애당초 소통이 없었고, 또 서로 은혜를 입거나 원수진 일도 없었다. 그런데 이번 덕산 묘소에서 저지른 변고야말로 어찌 인간의 도리상 차마 할 수 있는 일이겠는가?

[해설] '덕산묘소'라는 말에서 주어진 자료는 고종 5년인 1868년 5월에 있었던 남연군 무덤 (충남 예산 덕산면에 소재) 도굴 시도 사건, 즉 오페르트 도굴 시도 사건임을 알 수 있다.

• 삼가 말하건대 남의 무덤을 파는 것은 예의가 없는 행동에 가깝지만 무력을 동원하여 백성들을 도탄 속에 빠뜨리는 것보다 낫기 때문에 하는 수 없이 그렇게 하였습니다.

[해설] 독일 상인[독일계 유대 상인] 오페르트(1832~1903)가 흥선 대원군 부친인 남연군(1788~1836) 묘 도굴을 시도하다 실패한 이른바 '오페르트 도굴 시도 사건'을 가리킨다(1868.5).

• [신미양요] 제너럴 셔먼호 사건을 빌미로 일어났다. [지15②] □

┕제너럴 셔먼호 소각 사건을 구실로, 프랑스의 극동 함대 사령관 로즈(Rose) 제독이 7척의 군함을 이끌고 강화도에 침입하였다[✗]. [경11②] □

┕흥선 대원군이 척화비를 세우는 계기가 되었다. [국24] □

┕1871 신미양요 [법21] □

┕신미양요 [국22] [서24①] [서11] [경15③] [경13①] [경12②] □

[해설] 신미양요가 일어난 때는 고종 8년인 1871년 4월(음력)(양력으로는 6월)의 일이다. 제너럴 셔먼호 사건(1866.8)*을 빌미로 일어났다. / [경11②] 제너럴 셔먼호 '소각' 사건을 구실로, 강화도에 침입한 나라는 미국이다(신미양요, 1871.4). 함대 사령관도 프랑스 극동 함대 사령관 로즈(1812~1882)가 아니라 미국 아시아 함대 사령관 로저스(John Rodgers) 제독(1828~1882)이다. 공격 당시 군함 5척(함포 85문)에 병력 1,230

명이었다.

*제너럴 셔먼호 사건: 고종 3년인 1866년 7월 대동강을 거슬러 평양 경내까지 와서 통상을 요구하다 거절당하자 횡포를 일삼은 미국 상선 제너럴 셔먼호를 평양 관민이 불태워 격침시킨 사건이다.

- [신미양요] 미군이 강화도의 초지진을 함락하고 광성보를 공격하였다. [법22] □
  └[미국] 제너럴 셔먼호 사건을 구실로 광성보를 공격하였다. [서24②] □
  └미군이 광성보를 공격해 점령하였다. [지21] □

[해설] 미군이 강화도의 광성보를 공격해 (어재연 부대를 물리치고) 점령한 것은 고종 8년인 1871년 4월의 일이다(신미양요).

- [신미양요] 신미년에 미국인이 강화도를 침범하자 어재연이 광성보에서 그들과 맞서 싸웠다. [지16①] □
  └어재연이 강화도 광성보 전투에서 전사하였다. [지24] □
  └어재연이 광성보에서 결사 항전하였다. [지15②] □
  └어재연의 수비대가 광성보에서 결사적으로 항전하였다. [기12] □
  └어재연이 이끄는 부대가 전력의 열세로 결국 함락당하였다. [법18] □
  └어재연이 이끄는 조선군은 프랑스군을 상대로 승리를 거두었다[X]. [서18②] □

[해설] 신미양요는 제너럴 셔먼호 사건(1866.8)을 구실로 미국이 강화도의 초지진과 덕진진을 점령하였고, 진무중군 어재연(1823~1871)이 강화도 광성보[광성진]에서 격렬하게 항전하였다(1871.4). 어재연이 강화도로 급파되면서 데리고 간 부대는 훈련도감에서 2초(1초는 125명), 금위영과 어영청, 총융청 등에서 각군 1초씩을 뽑은 총 1,000여 명의 군사들이었다. 이들은 광성보 소속의 3개 돈대에 조정 배치되었다[각종 대포 143문도 동원, 어재연 장군 동생인 어재순(1826~1871)도 참전하여 싸우다 전사]. / 어재연이 이끄는 조선군은 프랑스군이 아닌 미국에 대적하다가 광성보에서 대부분 전사하였다.

■ 광성보[광성진] 전투 [국20] [지17②] [법24] [소18②] □

- 미군이 제너럴 셔먼호 사건을 구실로 광성보를 침공하였다. 어재연이 이끄는 조선군은 격렬히 항전했지만, 미군에 패하고 말았다. 그러나 조선 정부는 굴복하지 않았고, 결국 미군은 물러갔다.

[해설] 광성보 전투가 있었던 것은 고종 8년인 1871년 4월(음력)(양력으로는 6월)의 일이다.

- 그들 조선군은 비상한 용기를 가지고 응전하면서 성벽에 올라 미군에게 돌을 던졌다. 창칼로 상대하는데 창칼이 없는 병사들은 흙을 쥐어 적군 눈에 뿌렸다. 모든 것을 각오하고 한 걸음 한 걸음 다가드는 적군에게 죽기로 싸우다 마침내 총에 맞아 죽거나 물에 빠져 죽었다.

[해설] '미군'이라는 말을 통해 주어진 자료의 사건은 신미양요 당시 어재연 장군(1823~1871)과 그의 아우 어재순 장수(1826~1871) 등이 전사한 광성보[광성진] 전투에 대한 것임을 알 수 있다(1871, 고종 8), 주어진 자료의 출처는 미국의 동양학자이자 목사인 윌리엄 그리피스(1843~1928)가 지은 『은자의 나라 한국(Corea, the Hermit Nation)』이다(1882, 고종 19).

- 수백 명에 달하는 조선군이 전사한 전투가 모두 종식되고, 1시 정각에 김빌리 부대장이 연락 장교를 기함으로 파견, 로저스에게 전승 소식을 보고하였다. 광성보를 점령하였다가 작약도로 철수하였다. 어재연 등이 이끄는 조선군 수비대는 격렬한 항전을 벌였지만 패배하고 말았다.

[해설] '광성보'와 '어재연'이라는 말이 나와 있다. 주어진 자료는 1871년 4월에 있었던 신미양요, 구체적으로는 광성보 전투에 대한 것임을 알 수 있다. 신미양요가 발생한 직접적인 원인은 1866년 8월 평양의 대동강에서 제너럴 셔먼호가 평양 군민들에 의해 전소되는 사건 때문이다. 미국의 존 로저스 제독(1812~1882)은 미 정부의 지시(사건 진상 조사)로 이 사건을 빌미 삼아 강화도를 침공하였다.

- 흉악한 적들을 무찌르다가 수많은 총알을 고슴도치의 털처럼 맞아서 순직하였으니 … 죽은 진무중군 어재연에게 특별히 병조 판서와 지삼군부사의 관직을 내리노라

[해설] 진무중군 어재연(1823~1871)이 강화 광성보에서 로저스 제독이 이끄는 미군에 맞서 항전한 것은 신미양요 때의 일이다(1871.4)[『고종실록』 8권 고종 8년(1871) 4월 28일 '서양군과 싸우다 전사한 어재연 등에게 관직을 추증하고 표창하다.'].

- [흥선 대원군] 전국 여러 곳에 척화비를 세우도록 했다. [국22] □
  └[신미양요] 전국 여러 곳에 척화비가 세워지는 계기가 되었다. [지17②] □
  └신미양요 이후 전국에 척화비를 건립하였다. [기16] □
  └사건 직후 척화비 비문을 만드는 계기가 되었다. [기12] □
  └이 전쟁을 직후 전국 각지에 척화비(斥和碑)를 건립하여 쇄국 정책의 의지를 표명하였다. [경11②] □
  └척화비 건립 [서24①] □

[해설] 신미양요 직후 흥선 대원군의 주도로 한성[서울] 종로와 전국 각지에 척화비*가 세워진 것은 고종 8년인 1871년 5월의 일이다(서울 종로 네거리, 경기도 강화, 경상도 동래군·함양군·경주·부산진 등). 참고로 임오군란 이후 대원군이 청에 납치되어가고, 정부가 개화 정책을 펼치게 되자 전국의 척화비들은 철거되거나 파묻혔다.

*척화비 비석 표면에 '洋夷侵犯 非戰則和 主和賣國(서양 오랑캐가 침입하는데, 싸우지 않으면 화친하자는 것이니, 화친을 주장함은 나라를 파는 것이다)'라는 주문(主文)을 큰 글자로 새기고, '戒我萬年子孫 丙寅作辛未立(우리들의 만대자손에게 경계하노라. 병인년에 짓고 신미년에 세우다)'라는 내용을 작은 글자로 새겼다.

- 서계 사건을 계기로 일본 내에서 정한론이 등장하였다.* [경20②] □

[해설] 서계 사건을 계기로 일본 내에서 정한론이 등장한 것은 1873년을 전후해서이다. 여기서 서계 사건이란, 일본이 1868년 11월 대마도주를 통해 조선에 서계(書契, 외교 문서라 할 수 있는 국가 간의 공식 문서)를 보내왔는데, 조선 정부가 '대일본(大日本)', '황상(皇上)' 등의 표현법 등 서계의 서식과 격식에 문제가 있다는 이유로 수리를 거부한 것을 말한다. 참고로 1872년에는 일본의 외무대승(外務大丞) 하나부사 요시모토(花房義質)(1842~1917)가 군함을 이끌고 부산에 도착하였으나, 조선 정부가 '왜사(倭使)가 군함을 타고 와서 상대해줄 수 없다'고 냉대하여 수개월 동안 체류하다 되돌아가는 일도 있었다.

※ 해당 문제에서는 흥선 대원군 집권 시기의 내용 중 적절한 것을 묻는 문제인데 관련 선지는 그에 해당한다. 흥선 대원군이 집권한 시기는 1863년(고종 즉위년) 12월에서 1873년(고종 10) 11월까지이다.

◉ 사진으로 보는 흥선 대원군의 개혁 정치와 양요

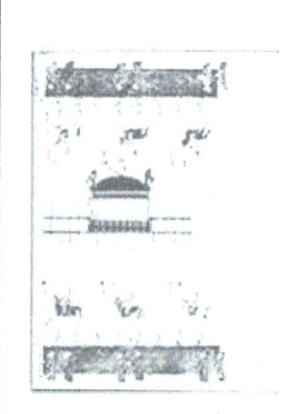
▲ 외규장각 의궤 [법17] □

▲ 조선 왕실 의궤[외규장각 의궤]와 박병선 박사 [기12] □

[해설] [기12] 2011년 우리나라로 귀환된 조선 왕실 의궤[외규장각 의궤]와 이를 위해 노력하신 박병선 박사(1929~2011)가 제시되어 있다. 사진 속의 조선 왕실 의궤가 프랑스군에 의해 약탈된 것은 병인양요 때의 일이다(1866.10~11).

Ⅶ 개항과 근대 국가 수립 노력

주제 46 개항과 개화 정책의 추진

주제 47 개화파의 형성과 갑신정변

주제 48 동학 농민 운동

주제 49 갑오·을미개혁

주제 50 독립 협회의 창립과 활동

주제 51 대한 제국과 광무개혁

주제 52 일제의 국권 침탈

주제 53 일제의 국권 침탈에 대한 항거

주제 54 열강의 경제 침탈과 경제적 구국 운동

주제 55 근대 문물의 수용과 근대 의식의 성장

주제 46 개항과 개화 정책의 추진

1 조선의 문호 개방

- 일본의 운요호가 초지진을 포격하였다. [지21] □
  └ 운요호가 강화도 초지진을 공격하였다. [지16①] □
  └ 운요호가 강화도의 초지진을 포격하고 군대를 영종도에 상륙시켜 살인과 약탈을 자행하였다. [법22] □
  └ 운요호 사건에 대해 알아본다. [법17] □
  └ 1875 운요호 사건 [법21] □
  └ 운요호 사건 [경17②] □

[해설] 일본의 군함 운요호가 (강화도의) 초지진을 포격한 것은 고종 12년인 1875년 9월의 일이다(미국의 포함 외교 모방).

- 최익현은 일본과 통상을 반대하는 「오불가소(五不可疏)」를 올렸다.* [지17①] □

[해설] 1875년(고종 12) 9월 일본이 고의로 운요호 사건을 일으키고 개항을 요구하자 최익현은 일본과 통상을 반대하는 『오불가소(五不可疏)』를 올렸다(1876.1). 지부복궐척화의소[병자지부(복궐)소(丙子持斧<伏闕>疏)]라고도 한다](최익현은 이 상소로 말미암아 흑산도로 유배되었다가 1879년에 해배).

▌운요호 사건 [지15①] □

1875년 9월 일본 군함의 불법 침입으로 조선군과 일본군이 포격전을 벌였다. 조선이 문호 개방에 미온적인 태도를 보인다는 이유였다. 이에 일본은 포격전의 책임을 조선측에 씌워 전권 대사를 파견하고 무력으로 개항을 강요하였다.

[해설] '1875년 9월 일본 군함의 불법 침입'이라는 부분, 일본이 전권 대사를 파견하고 무력으로 개항을 강요하였다는 부분에서 1875년에 발생한 운요호 사건임을 알 수 있다. 운요호 사건을 계기로 조선과 일본은 이듬해 강화도 조약을 체결하였다(1876.2).

- 강화도 조약을 체결하였다. [지20] □
  └ 강화도 조약이 체결되었다. [회22] □
  └ '운요호 사건' 이후 체결된 것이다. [지14②] □
  └ 운요호 사건을 구실로 강압적인 문호 개방을 강요하여 강화도 조약 체결 [경13①] □
  └ 이 조약은 조선이 일본과 불평등하게 맺은 강화도 조약(조·일 수호 조규)이다. [경12②] □
  └ [일본] 조선과 강화도 조약을 맺었다. [법24] □
  └ 1876 강화도 조약 [법17] [법12] □
  └ 1876 조·일 수호 조규 [회20] □
  └ 강화도 조약 [서22①] [서11] [회23] [기18] [소18②] □

[해설] 강화도 조약[정식 명칭 '조일 수호 조규']이 체결된 것은 1876년(고종 13) 2월(음력)의 일이다(1876.2.3). 강화도 조약은 일본의 운요호 사건(1875) 이듬해에 체결되었다(전문과 총 12개의 조항으로 구성).

- [강화도 조약] 조선은 자주국으로 일본과 동등권을 갖는다. [서19①] □

┗(가) - 조선이 자주국임을 명시하였다. [회20] □
┗일본인 거주 지역 내에서의 치외 법권을 인정한다. [서19①] □
┗영사 재판권을 허용하였다. [경12②] □
┗치외 법권의 인정 [지11②] □
┗(다)-강화도 조약을 통해 치외 법권과 최혜국 대우를 보장받았다[×]. [법15] □
┗조선 해안의 자유로운 측량권을 부여하였다. [경12②] □
┗일본 선박의 조선 연해 측량을 인정한다. [서19①] □
┗"조선국은 일본국의 항해자가 자유로이 해안을 측량하도록 허가한다"는 조약을 맺었다. [경12③] □
┗우리나라 최초의 근대적 조약으로 치외 법권과 해안 측량권 등을 내주었다. [경17①] □
┗인천과 부산에 일본 공관을 둔다[×]. [서19①] □ (한성[서울]에 공사관(공관), 인천과 부산에는 영사관)
┗곡물 수출 금지 [×] [지11②] □ (조일 통상 조약)
┗양화진 개방 [×] [지11②] □ (조청 상민 수륙 무역 장정)
┗내지 통상 허용 [×] [지11②] □ (조청 상민 수륙 무역 장정)

[해설] 조선은 자주국으로 일본과 동등권을 갖는다는 내용은 제1조[제1관]*에 들어가 있다 ('조선국은 자주의 나라이며, 일본국과 평등한 권리를 보유한다'). / 강화도 조약 제10조[제10관]에서 일본인 거주 지역 내에서의 치외 법권[영사 재판권]이 인정되었다. / 강화도 조약(조일 수호 조규)에서 '최혜국 대우'를 보장받지는 않았다. 최혜국 대우는 조미 수호 통상 조약에서 처음 규정되었다(1882.5, 제2조). / 일본 선박의 조선 연해 측량을 인정하는 내용은 제7조[제7관]에 들어가 있다(해안 측량권). / 강화도 조약 제4조[제4관]에서 종래 조선국 부산 초량항에 설립되어 있던 일본 공관[왜관]을 '혁제'하고 새로 수립된 '조관[영사관]'에 빙준(憑準)하여 무역 사무를 조판(措辦)한다고 규정하였다(조판이란 '조처하여 마무리 짓는다'는 뜻). 또 제2조[제2관]에서 '일본국 정부는 지금부터 15개월 후에 수시로 조선국 서울에 사신을 파견해서 예조판서를 직접 만나 교제 사무를 상의할 수 있다'고 규정하여 조선의 서울인 한성에 공사관을 지을 수 있는 근거를 마련하였다. 실제로 일본은 이후 한성에 공사관을 설치하였으며(1877.5. 추정) 개항장인 부산과 원산, 인천에 영사관을 설치하여 직원을 (개항 전부터) 파견하였다. / 곡물 수출을 금지한 조항은 없다. 단 1883년 7월에 체결된 (개정) 조일 통상 조약에서 방곡령에 대한 규정을 상세하게 명시하였다(제37조에 방곡령 규정 명시). / (개항장이 아닌 한성의) 양화진을 개방하게 된 것은 1882년 8월 조선과 청이 체결한 조청 상민 수륙 무역 장정에서이다. / 내지 통상을 허용하게 된 것 역시 조청 상민 수륙 무역 장정을 통해서이다.

*옛 조약 원문에서는 '조(條)'가 아닌 '관(款)'으로 표기하였다. 관(款)은 당시 조약에서 자주 사용된 구성 항목 명칭으로 법률의 구성 체계 및 순서에서 조(條)의 상위 항목이지만 그냥 조(條)로 보면 된다(이하 동일).

• [강화도 조약] 일본의 자유로운 연해 측정을 허용하였다. [지15①] □
┗일본국 항해자가 자유롭게 조선 해양을 측량하도록 허가하였다. [지12②] □
┗해안 측량권을 인정하였다. [법13] □
┗해양 측량권을 부정하였다[×]. [경17②] □

[해설] 강화도 조약 제7조(제7관)에는 (일본의 항해자가) 조선 해안을 자유롭게 측량하도록 허가하는 조항이 있다(해안 측량권). 명백히 조선의 주권인 해안 측량권을 침해하는 규정[조항]이다.

• [강화도 조약] 개항지 지정이 약정되면서 군산항, 목포항, 양화진이 차례로 개항되었다[×]. [지13] □
┗㉠으로 부산에 이어 인천, 원산 순으로 개항되었다[×]. [경17①] □
┗부산·인천·울산 3항구를 개항하여 무역을 허용하였다[×]. [경12②] □
┗강화도 조약에 따른 개항장을 조사한다[탐구 활동]. [법17] □
┗1880 원산 개항 [법21] □
┗1883 인천 개항 [법21] □

[해설] 조일 수호 조규(강화도 조약) 제5조(제5관)의 규정에 따라 개항한 곳은 부산, 원산, 인천이다. (기존의) 부산이 조약 체결 당해인 1876년에, 원산이 1880년에, 인천이 1883년에 차례로 개항하였다.

- [강화도 조약] 양국 관리는 양국 인민의 자유로운 무역 활동에 일체 간섭하지 않는다고 규정하였다. [경17②] □
[해설] 강화도 조약, 즉 조일 수호 조규 제9조(제9관)에서는 양국 관리가 양국 인민의 자유로운 무역 활동에 일체 간섭하지 않는다는 규정이 들어 있다.

- [강화도 조약] 개항장에 일본 군인을 주둔하게 하는 규정을 두었다[x]. [지12②] □
[해설] 강화도 조약에 개항장에 일본 군인을 주둔하게 하는 규정은 없다. 러·일 간에 교환된 베베르·고무라 각서에 나오는 규정이다(1896.5).

■ **조일 수호 조규[강화도 조약]** [국23] [지14②] [지13] [지12②] [지11②] [서20] [서18①] [법24] [경19②] [경12②] □

- 조선국은 ___㉠___ 으로 일본국과 평등한 권리를 보유한다. 금후 양국이 화친의 성의를 표하고자 할진대 모름지기 서로 동등한 예의로써 상대할 것이며 추호도 경계를 넘어 침입하거나 시기하여 싫어함이 있어서는 아니될 것이다.

[해설] 주어진 자료는 조선과 일본이 1876년 2월에 맺은 강화도 조약의 제1조[제1관]이다. 여기서 조선은 자주의 나라, 즉 '자주국'으로 규정되어 청의 종주권이 부인되었다. 따라서 자료 속 '㉠'에는 자주국이라는 용어가 들어가야 한다(다른 선택지로 '인근국'도 제시).

- **조약**의 서문
  (제1관) 조선국은 자주의 나라이며, 일본과는 평등한 권리를 갖는다.
  (제2관) 15개월 후에 양국은 서로 사신을 파견한다.
  (제3관) 이 조약 이후 양국 공문서는 일본어를 쓰되 향후 10년간은 조선어와 한문을 사용한다. (이하 중략)

[해설] 주어진 조약은 1876년 2월에 조선과 일본이 체결한 조일 수호 조규, 즉 강화도 조약을 가리킨다(제1조~제3조).

- ○ 조선국은 자주국으로 일본국과 평등한 권리를 보유한다. (제1조)
  ○ 경기, 충청, 전라, 경상, 함경 5도 연해 중에서 통상하기 편리한 항구 두 곳을 택하여 지정한다. (제5조)

[해설] 조선이 일본과 1876년 2월에 체결한 조일 수호 조규(강화도 조약)이다. 제1조와 제5조에 해당한다.

- <제1관> 조선국은 자주국으로서 일본국과 평등한 권리를 보유한다.
  <제7관> 조선의 연해 도서는 지극히 위험하므로 일본의 항해자가 자유로이 해안을 측량함을 허가한다.

[해설] 조일 수호 조규[강화도 조약]의 제1조와 제7조이다. 제7조에서 일본에게 자유로운 해안 측량권을 부여하고 있음을 알 수 있다.

- 제1관 조선은 자주국이며 일본과 똑같은 권리를 갖는다.
  제4관 조선 정부는 부산 외에 2개 항구를 개항하고 일본인이 와서 통상을 하도록 허가한다. 이곳에서 토지를 빌려 집을 짓거나 조선 인민에게 집을 빌리도록 허가한다.
  제5관 경기, 충청, 전라, 경상, 함경 5도 중에서 연해의 통상하기 편리한 항구 두 곳을 골라서 지명을 지정한다.
  제7관 조선국 연해의 도서와 암초를 조사하지 않아 매우 위험하다. 일본국 항해자가 자유로이 해안을 측량하도록 허가한다. 위치와 깊이를 상세히 조사하여 지도를 만들어 두 나라 선객이 위험을 피하고 안전하게 항해할 수 있게 한다.
  (해안 측량권을 부여한 불평등 조항)
  제8관 이제부터 일본국의 정부는 조선에서 지정한 각 항구에 일본 상인을 관리하는 관청을 수시로 설치하고, 양국에 관계되는 안건이 제기되면 소재지의 지방 장관과 만나서 토의 처리한다.
  제9관 양국 인민의 무역에 대하여 양국 관리는 조금도 이에 간여하지 않으며 제한을 설정하거나 금지하거나 방해하지 못한다.
  제10관 일본국 인민이 조선국 항구에서 죄를 지었거나 조선국 인민에게 관계되는 사건은 모두 일본국 관원이 심판한다. 조선국 인민이 죄를 범하고 일본국 인민과 관계되는 사건은 모두 조선국 관원이 조사한다. 단, 각각 해당 국가의 국법으로 심판하되 공평하도록 하여야 한다. **(치외 법권을 부여한 불평등 조항)**

[해설] 강화도 조약이 불평등 조약임을 보여주는 대표적인 조문으로 해안 측량권을 부여한 제7조와 치외 법권을 부여한 제10조를 들 수 있다.

- 제4관 조선국 부산 초량진에는 일본국 공관이 있어 오랫동안 양국 인민의 통상 구역이 되어 있다. 이제 마땅히 종전의 관례와 세견선 등의 일을 혁파하고 새로 만든 조약에 의거하여 무역 사무를 처리하도록 한다. 또한, 조선국 정부는 따로 제5관에 기재된 2개의 항구를 열어 일본국 인민의 왕래 통상함을 들어주어야 한다.

[해설] 조일 수호 조규[강화도 조약]의 제4조이다. 개항장에서의 일본인의 왕래 및 교역을 허가하는 내용이다.

- 양국 관리는 양국 인민의 자유로운 무역 활동에 일체 간섭하지 않는다. (제8조)　　　　　　　　- ○○ 수호 조규 -.

[해설] 조일 수호 조규[강화도 조약]의 제8조이다.

- 제10관 일본국 인민이 조선국 지정의 각 항구에 머무는 동안에 죄를 범한 것이 조선국 인민에 관계되는 사건일 때에는 일본국 관원이 재판한다.

[해설] 조일 수호 조규[강화도 조약]의 제10조이다. 치외 법권에 대한 내용이다.

- 제10조: 일본인이 조선국 지정의 각 항구에 머무는 동안에 죄를 범한 것이 조선인에 관계되는 사건일 때에는 모두 일본국 관원이 심판할 것이다.

[해설] '일본인이 죄를 범한 것이 조선인에 관계되는 사건일 때 모두 일본국 관원이 심판한다'고 나와 있다. 치외 법권에 대한 내용으로, 일본과 맺은 불평등 조약인 강화도 조약에 대한 것임을 알 수 있다.

- 일본국 인민이 조선국의 각 항구에서 머무르는 동안 죄를 범한 것이 조선국 인민과 관계되는 사건일 때에는 모두 일본국 관원이 심판한다. (제10조)

[해설] 고종 13년인 1876년 2월 조선과 일본 사이에 체결된 최초의 근대적 국제 조약인 조일 수호 조규, 즉 강화도 조약의 내용이다(1876.2.27)(치외 법권을 규정한 제10조).

- [흥선 대원군] 강화도 조약 체결 직전 화서학파의 적극적인 지지를 받았다[×]. [서17②] □

[해설] 화서학파는 화서 이항로(1792~1868)의 제자들로 이루어진 학파로 1870년대에 개항 반대 운동을 펼쳤다(위정척사 운동). 고종의 친정은 1873년부터 시작되어 강화도 조약이 체결된 1876년에 흥선 대원군은 이미 실각한 상태였다(흥선 대원군의 활동에 대해 묻는 문제).

- 1차 수신사절 [서17①] □
  └ [김기수] 『일동기유』를 저술한 인물에 의해 전래되었다.* [경21②] □

[해설] 일본에 1차 수신사[창산 김기수(1832~?)]가 파견된 것은 고종 13년인 1876년 4월의 일이다(~6월). 일본의 문물을 시찰한 내용을 기록한『일동기유』는 이듬해인 1877년 2월에 집필되었다(시험에 자료로 제시될 수 있음).

■ 수신사 파견 [법13] [경17②] □

저번에 사절선이 온 것은 오로지 수호(修好) 때문이니 우리가 선린(善隣)하는 뜻에서도 이번에는 사신을 전위(專委)하여 수신(修信)해야겠습니다. 사신의 호칭은 수신사라 하고 김기수를 특별히 차출하고 따라가는 인원은 일을 아는 자로 적당히 가려서 보내십시오. 이는 수호 조약을 체결한 뒤에 처음 있는 일이니, 이번에는 특별히 당상관을 시켜 서계(書契)를 가지고 들어가게 하고, 이 뒤로는 서계를 옛날처럼 동래부에 내려 보내어 에도로 옮겨 보내는 것이 어떠하겠습니까. (중복 출제)
　　　- <승정원일기>

[해설] 주어진 자료는 1876년 2월에 조선과 일본이 체결한 조일 수호 조규, 즉 강화도 조약을 가리킨다.

*전위(專委): 전임(專任)과 같은 말로, 어떤 일을 전적으로 맡거나 맡긴다는 뜻이다.

- [조일 수호 조규 부록] 개항장에서는 일본 화폐가 통용되었다.* [국23] □

[해설] 조일 수호 조규[강화도 조약]에 이어 추가로 체결한 조일 수호 조규 부록(부속 조약)에 의해 개항장에서 일본 화폐를 사용할 수 있게 되었다(제8조)(1876.8). 일본인 거류지 설정 등의 내용도 담겨 있다.

*조일 수호 조규 제11조[제11관]에는 양국이 6개월 안으로 합의한 내용의 세부 사항을 보충한다는 구절이 있다. 조일 수호 조규 부록과 조일 무역 규칙(조일 통상 장정)은 이에 따라 체결된 것이다.

- [조일 수호 조규 부록] 개항장 부산에서 일본인 간행이정(間行里程)은 10리로 한정한다.* [지13] □

[해설] 조일 수호 조규로 조선을 개항시킨 일본은 조일 수호 조규 부록을 통해 개항장에 일본인 거주 지역을 설정하고 일본 화폐를 유통시켰다(각 제4조/제8조). 주어진 선지는 제4조[제4관]에 규정된 내용이다.

■ 조일 수호 조규 부록* [법21] □

제7관 일본국 인민은 본국의 현행 여러 화폐를 사용해 조선국 인민이 소유한 물품과 교환할 수 있다. 조선국 인민은 그 교환한 일본국의 여러 화폐로 일본국에서 생산한 여러 가지 화물을 구매할 수 있다.

[해설] 일본 화폐의 조선 내 유통을 허용하는 내용으로, 조일 수호 조규(강화도 조약)를 보완하기 위해 같은 해(1876) 8월에 체결된 (조일 수호 조규) 부록을 가리킨다(이때 조일 무역 규칙도 체결).

- 1876 조·일 무역 규칙 [회20] □ (조일 통상 장정)
  └(나) - 일본 정부에 소속된 선박의 항세를 면제하였다. [회20] □ (조일 통상 장정) (제7조)
  └최혜국 대우와 무관세 조항이 함께 명문화되면서 불평등 무역이 조장되었다[×]. [지13] □ ('1883' 개정 조일 통상 장정)
  └[조일 무역 규칙] 조일 통상 장정(1876) - 곡물 유출을 막는 방곡령 규정이 합의되었다[×]. [국16] □ ('1883' 개정 조일 통상 장정)

[해설] 조·일 무역 규칙 제7조[제7칙]에서 일본 정부에 소속된 선박의 항세를 면제하였다(1876.8). / [지13] 일본의 최혜국 대우는 1883년 7월 '개정' 조일 통상 장정(조일 무역 규칙을 첫 번째 '조일 통상 장정'으로, 이후 1883년에 개정된 것을 '개정 조일 통상 장정'이라 함)이 체결되면서 비로소 규정되었다. 무관세 조항은 1876년의 조일 무역 규칙[조일 통상 장정] 때 이미 들어간 내용이다. / [국16] 조일 통상 장정[조일 무역 규칙](1876.8)은 무관세 및 무항세, 무제한 양곡 유출 등을 허용하였다. 이후 1883년 7월 개정 때 관세 및 곡물 유출을 막는 방곡령 규정이 들어갔다(각 제9조 / 제37조) ('개정 조일 통상 장정', 보통 이때의 통상 장정을 '조일 통상 장정'으로 부르는 경우가 많으므로 주의를 요한다. 문제에서 연도가 표기된 것도 어느 통상 장정을 가리키는지 명확하게 구분을 해주기 위해서이다).

■ 조일 무역 규칙(조일 통상 장정) [국19] [지19] [지13] [법21] [법18] □

- 강화도 조약에 이어 몇 달 뒤 체결되었다. 양곡의 무제한 유출을 가능하게 한 규정과 일본 정부에 소속된 선박은 항세를 납부하지 않는다는 규정이 들어 있었다.

[해설] 고종 13년인 1876년 8월에 체결한 (최초의 통상 장정인) 조일 무역 규칙을 가리킨다(자료에서 언급된 규정은 각 제6칙과 제7칙에 해당)(강화도 조약 제11조에서 통상 장정을 맺기로 규정). 같은 달에 조일 수호 조규 부록도 체결되었다. 항세(港稅)는 항만의 유지 및 개량에 충당하기 위해 부과하는 세금이다.

- 조약 체결 이후 조선국 항구에 거주하는 일본인은 쌀과 잡곡을 수출, 수입할 수 있게 되었으며, 일본국 소속의 선박은 항세를 납부하지 않게 되었다. (제6칙) (제7칙)

[해설] 1876년 8월에 체결된 조일 무역 규칙의 제6칙과 제7칙의 규정이다.

- O 조선국 항구에 머무르는 일본은 쌀과 잡곡을 수출·수입할 수 있다. (제6칙)

  O 일본국 정부에 소속된 모든 선박은 항세(港稅)를 납부하지 않는다. (제7칙)

[해설] 1876년 8월에 체결한 (최초의 통상 장정인) 조일 무역 규칙이다(각 제6칙/제7칙). 일본의 수출입 상품에 대한 무관세와 양곡의 무제한 유출을 허용하였다.

- 조선국 여러 항구에 거주하는 일본인은 쌀과 잡곡을 수출입할 수 있다. (제6칙)

  - ○○ 무역 규칙 -

[해설] 조일 무역 규칙의 제6칙의 규정이다.

- 제6칙 이후 조선국 항구에 거주하는 일본 인민은 양미와 잡곡을 수출입할 수 있다.

  [해설] 일본으로의 양곡의 무제한 유출을 허용하는 내용으로, 조일 수호 조규 부록과 같은 날 체결된 조일 무역 규칙이다(제6칙). 일본과 맺은 최초의 통상 장정으로, 일본 상인의 침투를 용이하게 하는 내용들로 채워져 있다.

- 일본과의 무관세 무역을 항의하는 동래 부민* [서17②] □

  [해설] 일본과의 무관세 무역은 1876년 8월 조일 무역 규칙부터 관련 조항이 신설되는 1883년 7월 개정 조일 통상 장정까지 행해졌다. 조약 내용이 바뀐 시점을 알아야 하는 고난도 선지이다.

2 개화 정책의 추진

- 개화 정책을 추진할 기구로 통리기무아문을 설치하였다. [지20] □
  - 개화 정책 추진 기구로 통리기무아문을 설치하였다. [회23] □
  - 통리기무아문을 설치하여 개화 정책을 추진하였다. [지18] □
  - 통리기무아문을 설치하고 그 아래에 12사를 두었다. [국22] □
  - 정부는 통리기무아문을 새로 설치하여 정국을 운영하였다. [법18] □
  - 5군영이 2영으로 통합되고 통리기무아문이 신설되었다. [법16] □
  - 정책을 전담할 기구로 통리기무아문을 설치하였고, 신식 군대인 별기군을 창설하였다. [경17①] □
  - 통리기무아문이 설치되었다. [서20] □
  - 통리기무아문의 설치 [법13] □
  - 통리기무아문 설치 [법22] □
  - 통리기무아문이 철폐되었다. [경21①] □

  [해설] 개화 정책을 추진할 기구로 통리기무아문을 설치한 것은 고종 17년인 1880년 12월의 일이다. 그 아래에 12사를 두었다. 임오군란으로 인해 1882년(고종 19) 6월에 폐지되었다. / 5군영이 2영으로 통합된 것은 고종 18년인 1881년 11월의 일이다. / 통리기무아문이 철폐된 것은 고종 32년인 1895년 3월의 일이다[외부(外部)로 개편]. / [경17①] 신식 군대인 별기군이 창설된 것은 고종 18년인 1881년 5월의 일이다.

- 통리교섭통상사무아문에서 나오는 외국인* [회19] □

  [해설] 통리교섭통상사무아문은 고종 19년인 1882년 12월 외교 통상 사무를 관장할 목적으로 통리아문을 확충·개편하여 만든 관청이다(1885년 4월 폐지)(주제 47의 ❸ 갑신정변 이후의 국내외 정세에서 묄렌도르프 관련 선지 및 해설 참조).

- 부국강병을 목표로 개화 정책을 추진하는 과정에서 별기군을 창설하였다. [회15] □

  [해설] 부국강병을 목표로 개화 정책을 추진하는 과정에서 신식 군대인 별기군을 창설한 것은 고종 18년인 1881년 5월의 일이다. 5군영에서 신체가 강건한 80명의 지원자를 특선하였다. 별기군의 훈련 담당 교관으로 일본인 호리모토 레이조(?~1882)를 고용했으며, 소속 군인은 서구식 신식 무기로 훈련을 받았다.

▎별기군 창설 [법22] □

개항 후 국방을 강화하고 근대화하기 위하여 윤웅렬이 중심이 되어 5군영으로부터 80명을 선발하여 별기군을 창설하였다. 또한 서울의 일본 공사관에 근무하는 공병 소위 호리모토를 교관으로 초빙하였다.

[해설] 신식 군대인 별기군이 창설된 것은 고종 18년인 1881년 5월의 일이다.

- 5군영 대신 무위영과 장어영 등 2영을 설치하였다. [지12①] □

└종래의 5군영을 2영으로 개편하였다. [회23] □

[해설] 5군영을 무위영과 장어영 등 2(군)영으로 개편한 것은 고종 18년인 1881년 11월의 일이다. 즉 기존의 군사 조직인 5군영과 무위소를 무위영과 장어영으로 통폐합하였다.

- 김홍집이 수신사로 일본에 파견되었다. [법16] □

└2차 수신사절 [서17①] □

[해설] (예조 참의) 김홍집(1842~1896)이 일본에 2차 수신사가 파견된 때는 고종 17년인 1880년 5월(음력, 이하 음력)의 일이다(양력으로는 7월). 같은 해 6월 하순 부산을 출발하여 7월 초 도쿄에 도착하였다. 그리고 1개월 동안 체류하다 8월 초 귀로에 올라 8월 말에 복명하였다. 이때 미국과의 수교에 영향을 준 『조선책략』을 가져와 고종에게 바쳤다.

- [김홍집] 황쭌셴의 『조선책략』을 가져와 널리 유포하였다. [지21] □

└청나라 사람 황준헌이 작성한 『조선책략』의 내용이다. [서22②] □

└주일 청국 외교관 황준헌이 저술하였다(조선책략). [경21②] □

└『조선책략』이라는 책이 국내에 소개되었다. [회23] □

└강화도 조약 체결 이전 조선에 널리 퍼졌다[x]. [국24] □

└조선책략이 유포되었다. [소19①] □

└조선책략의 유포 [소18②] □

[해설] 고종 17년인 1880년 5월(음력)(양력으로는 7월) 2차 수신사로 일본에 간 김홍집(1842~1896)이 청의 외교관 황준헌[황쭌셴](1848~1905)을 만나 대화를 나누고 『조선책략』*을 받아 가져온 것은 같은 해 8월(음력) 말의 일이다. 상술하자면 1880년(고종 17) 음력 7월 초 일본 도쿄에 도착한 도원 김홍집(1842~1896)은 그곳에서 주일 청국 외교관[참찬] 황준헌(1848~1905)을 만나 대화를 나누었으며 그에게서 『조선책략』을 받았고, 귀국 후 같은 해 8월(음력) 하순 복명하면서 고종에게 바쳤다. 그리고 고종은 『조선책략』을 살펴본 후 이를 필사하여 조정의 신하들은 물론 널리 유림들까지 읽어보게 하여 의견을 구하였다(국내 유포).

*『조선책략』: 청의 주일 참사관 황준헌(1848~1905)이 작성한 것으로 되어 있지만, 실은 청의 초대 주일 공사인 하여장(1838~1891)의 구상이 그대로 투영된 것이었다. 당시 청은 이리(伊犁: 중국 위구르·신장 지역) 문제로 러시아와의 전쟁이 현실로 다가서자 일본과 손을 잡고 조선을 이용하여 러시아에 대항하고자 하였다. 또 속국으로 여기는 조선에 미국과 일본 등을 끌어들이면 미국, 일본 등이 중국 편에서 함께 간섭해 러시아가 조선을 침략하는 걸 막을 수 있으리라는 계산으로 황준헌에게 조선책략을 작성하게 하였다. 요컨대 러시아를 견제[방어]하기 위해 조선이 '친중국(親中國), 결일본(結日本), 연미국(聯美國)'하여 자체의 자강을 도모할 것을 권하였다(조선이 추진해야 할 당면 외교 정책 제시).

- [조선책략] 조·미 수호 통상 조약 체결에 영향을 끼쳤다. [경21②] □

[해설] 『조선책략』에서는 '조선이 친중국(親中國), 결일본(結日本), 연미국(聯美國)하여 자체의 자강을 도모해야 한다'는 내용을 담고 있는데 이러한 청의 의도는 조미 수호 통상 조약 체결에 영향을 끼쳤다(1882.5)(청의 이홍장이 조약 체결 주선).

■ **조선책략** [국24] [지17①] [서22②] [법20] □

- 러시아를 막을 수 있는 조선의 책략은 무엇인가? 중국과 친하고 [親中] 일본과 맺고 [結日] 미국과 연합해 [聯美] 자강을 도모하는 길 뿐이다.

[해설] '러시아를 막기 위해 중국과 친하게 지내고, 일본과 맺고, 미국과 연합해야 한다'는 내용은 청의 외교관인 황준헌[황쭌셴](1848~1905)이 작성한 『조선책략』의 핵심 내용이다. 『조선책략』은 2차 수신사로 일본에 파견된 김홍집에 의해 조선에 들어와 유포되었다(1880, 고종 17).

- 조선은 실로 아시아의 요충을 차지하여 지리적으로 반드시 쟁탈의 대상이 될 것인 바, 조선이 위태로워지면 중앙 및 동아시아의 정세도 날로 위급해질 것이므로 러시아가 영토를 확장하려 한다면 반드시 조선으로부터 시작할 것이다. … 그렇다면, 오늘날 조선의 책략은 러시아를 막는 일보다 더 급한 것이 없을 것이다. 러시아를 막는 책략은 무엇인가? 중국과 친하고 일본과 맺고, 미국과 연결함으로써 자강을 도모할 따름이다.

[해설] 주어진 자료는 주일 청국 외교관 황준헌이 저술한 『조선책략』을 가리킨다. 『조선책략』은 제2차 수신사로 일본에 파견되었던 도원 김홍집 (1842~1896)이 받아서 가져왔다(고종에게 복명 시 바침, 1880.8).

- 조선 땅은 실로 아시아의 요충을 차지하고 있어 열강들이 서로 차지하려고 할 것이다. 조선이 위태로우면 중국도 위급해진다. __(가)__ 이/가 영토를 넓히고자 한다면 반드시 조선이 첫 번째 대상이 될 것이다. …… 그렇다면 오늘날 조선이 세워야 할 책략으로 __(가)__ 을/를 막는 것보다 더 급한 일이 없다. __(가)__ 을/를 막는 책략은 무엇인가? 중국과 친하고, 일본과 맺고, 미국과 이어짐으로서 자강을 도모할 뿐이다.

[해설] 주어진 자료는 제2차 수신사로 일본에 갔다온 김홍집이 가져와 고종에게 올린 『조선책략』임을 알 수 있다(친중국, 연일본, 결미국)(1880.9) 따라서 자료 속 '(가)'는 러시아이다.

- 조선이라는 땅덩어리는 실로 아시아의 요충을 차지하고 있어 그 형세가 반드시 다툼을 불러올 것이다. 조선이 위태로우면 중동(中東)이 형세도 위급해진다. 따라서 러시아가 강토를 공략하려 한다면 반드시 조선이 첫 번째 대상이 될 것이다. …(중략)… 러시아를 막을 수 있는 조선의 책략은 무엇인가? 오직 중국과 친하며, 일본과 맺고, 미국과 연합함으로써 자강을 도모하는 길뿐이다.

[해설] 주어진 자료는 '친중국 결일본 연미국'이라는 외교 정책을 권장한 『조선책략』을 가리킨다. 도원 김홍집(1842~1896)은 고종 17년인 1880년에 제2차 수신사로 일본에 파견되었다가 청의 외교관인 황준헌(1848~1905)으로부터 『조선책략』을 얻었고, 이를 고종에게 복명하면서 바쳤다 (1880.8).

- [박영효] 1882년 수신사로 일본에 다녀왔고, 일제 강점기에는 일제로부터 후작을 받고 중추원 고문에 임명되었다(제4차 수신사). [경20①] □

└ 박영효 [서24②] □

[해설] 1882년 수신사(특명 전권 대신 겸 수신사)*로 일본에 다녀왔고, 일제 강점기에는 일제로부터 후작을 받고 중추원 고문에 임명된 인물은 춘고 박영효(1861~1939)이다.

*수신사(修信使): 1876년에 체결된 조일 수호 조규(강화도 조약) 이후부터 주일 조선 공사가 파견되기 전까지 일본에 파견된 사절단이다. 총 네 차례 파견되었는데 1차 수신사[창산 김기수]는 강화도 조약 체결 직후인 1876년 4월에(~윤6월), 2차 수신사[도원 김홍집]는 통상 장정을 개정하여 관세를 설정하는 문제 등으로 1880년 6월에(~8월), 3차 수신사[조병호]는 관서 설정을 확정하기 위해 1881년 8월에(~11월), 마지막으로 4차 수신사[박영효]는 임오군란을 수습하기 위해 1882년 8월에(~11월) 일본에 파견되었다. 4차 수신사의 공식 명칭은 '특명 전권대신 겸 수신사'이다.

■ 특명 전권대신 겸 수신사 박영효 [서24②] □

1882년 임오군란 직후 일본에 파견된 __(가)__ 은/는 청국의 요구를 무시하고 새 국기를 만들었다. 그 후 __(가)__ 은/는 각 국의 외교 사절난이 참석한 각종 공식 행사상에 새 국기를 당당하게 내걸었다. 그가 귀국한 지 2개월 후인 1883년 1월 27일 정부는 __(가)__ 이/가 제작한 태극기를 국기로 삼는다고 공식적으로 반포하였다.

[해설] 주어진 자료 속 '(가)'는 임오군란 직후 특명 전권대신 겸 수신사로 일본에 파견된 박영효(1861~1939)를 가리킨다. 주어진 자료는 박영효가 일본에 가면서 태극기를 처음 만들어 사용한 내역을 서술한 것이다(박영효를 최초의 국기 제안자로 봄). 박영효가 고안한 태극무늬의 기를 고종이 1883년 1월 "태극 주위에 4괘(四卦)를 배(配)한다"고 공포함으로써 정식 국기로 채택되었다(1886년 청에서 발간한 책에 수록된 "대청국속 고려국기"를 최초의 국기로 보는 견해 있음).

- [조사 시찰단] 일본에 파견되어 활동하였다. [지12②] □

└ 일본에 조사 시찰단을 파견하였다. [법21] □

[해설] 일본에 파견된 '이들'로는 조사 시찰단(朝士視察團)(1881.4)*과 수신사(1차~4차)를 들 수 있다.

*조사 시찰단(朝士視察團): 일본의 근대 문물을 배워 오기 위해 파견된 사절단이다(1881.4~윤7). 위정척사론에 바탕을 둔 반대 여론이 심하여 암행어사 형식으로 '비밀리에' 파견하였다. 이들은 약 4개월에 걸쳐 일본의 정부 각 부처 및 육군, 세관, 포병 공창, 산업 시설, 도서관, 박물관 등을 조사하였

고, 귀국 후 국내에 개화 여론을 확대하는 데 큰 역할을 하였다. 과거에는 신사유람단(紳士遊覽團)이라고 불렀다.

- 청에 영선사를 파견하였다. [지20] ☐
  - 청나라에 영선사를 파견하여 무기 제조 기술을 배우게 하였다. [회23] ☐
  - 청에 영선사로 파견된 김윤식에 의해 소개되었다. [국24] ☐
  - 영선사 [서17①] ☐
  - 김윤식 [지23] ☐

[해설] 청에 영선사(領選使)*를 파견한 것은 고종 18년인 1881년 9월의 일이다(~1882.11). 청의 무기 제조법을 주로 시찰하여 귀국 후 기기창을 설립에 도움이 되었다. / [국24]『조선책략』과 관련된 오답 선지 중 하나로 제시됨. / 운양 김윤식(1835~1922)은 온건 개화파로, 영선사로 청에 파견된 바 있다(1881.9~1882.11).

*영선사(領選使): 중국의 선진 문물(신식 무기의 제조와 사용법)을 견학하고 미국과의 수교 문제 등을 사전 조율하기 위해 청에 파견된 사절단이다. 온건 개화파인 운양 김윤식(1835~1922)이 이끌었다(1881.9~1882.11). 이듬해 6월에 발발한 임오군란의 여파로 조기 귀국하였으나 이를 계기로 기기창(근대적 무기 제조 공장)이 설립되는데 기여하였다(1883.3).

- [영선사] 이들의 활동을 계기로 근대적 병기 공장인 기기창이 설치되었다. [지12②] ☐
  - 정부의 재정 지원으로 외국에서 3년 간 교육을 받았다[x]. [지12②] ☐
  - 기기창 설치 [법22] ☐

[해설] 영선사의 파견은 근대적 병기 공장[근대적 무기 제조 공장]인 기기창의 설치로 이어졌다(1883.3). 영선사가 파견된 기간은 길어야 1년 남짓(1881.9~1882.11)이다(임오군란의 여파로 조기 귀국). 특히 유학생들은 신병·무재·유고(有故) 등 이유로 그 전에 반수 이상이 중도에 귀국하였다.

■ 영선사 [지12②] ☐

이들이 받은 교육 내용은 주로 서양의 말과 문장, 탄약 제조, 화약 제조, 제도, 전기, 소총 수리 등이었다. 그러나 이들 가운데에는 자질이 부족하여 교육에 어려움을 느끼다가 자퇴하는 사람들도 있었다.

[해설] '서양의 말과 문장, 탄약 제조, 화약 제조, 전기, 소총 수리 등'을 배웠다는 부분을 통해 북양대신 이홍장(1823~1901)의 권유로 청의 기기국(천진)에 파견된 영선사에 대한 것임을 알 수 있다(1881.9).

- 미국에 보빙사라는 사절단을 파견하였다. [국22] ☐
  - 수호 통상 조약을 체결한 미국에 보빙사를 파견하였다. [회23] ☐
  - 보빙사 [서17①] ☐
  - 민영익 [서24②] ☐

[해설] 미국에 보빙사(報聘使)*라는 사절단을 파견한 것은 고종 20년인 1883년 7월의 일이다(~1884.5). / [운미[죽미] 민영익(1860~1914)은 명성 황후의 친정 조카[척족]으로 처음에는 개화당의 일파로 활약하였으나 점차 보수파로 바뀐 인물이다. 보빙사의 전권대신으로 미국에 다녀오기도 하였다.

*보빙사(報聘使): 전권대신 민영익(1860~1914)을 대표로 한 보빙사가 파견된 것은 고종 20년인 1883년 7월의 일이다(~1884.5). 전권대신 민영익과 부대신 홍영식(1855~1884), 종사관 서광범(1859~1897) 등으로 구성된 보빙사는 (조미 수호 통상 조약 체결에 따른) 미국 공사의 부임에 대한 답례로 파견된 것이며, 미국 뉴욕에서 체스터 앨런 아서 미국 대통령(재임 1881-1885, 제21대)을 접견하였다. 이어 보스턴 만국 박람회를 참관하고, 병원, 전신 회사, 우체국 등을 시찰하였다.

보빙사 파견 [서19②] [법24]

- 정부는 __(가)__ 공사의 서울 부임에 답례할 겸 서구의 근대 문물을 시찰하기 위해 1883년 __(가)__ 에 보빙사를 파견하였다. 보빙사의 구성원은 민영익, 홍영식, 서광범 등 11명이었다.

[해설] <보기>의 밑줄 친 '(가) 국가'는 미국임을 알 수 있다(외교 사절단인 보빙사 파견은 1883년 7월부터 1884년 5월까지).

- 조선은 김기수와 김홍집을 수신사로 __(가)__ 에 파견하였다. __(나)__ 에는 김윤식을 영선사로 삼아 무기 제조 기술 등을 배우는 유학생을 보냈다. 또한 조선은 민영익 등을 보빙사로 __(다)__ 에 파견하였다.

[해설] 주어진 자료 속 '(가)'는 일본, '(나)'는 청, '(다)'는 미국을 가리킨다. 조선은 강화도 조약[조일 수호 조규](1876)과 임오군란(1882) 직후 일본에 수신사를 파견하였다. 그리고 고종 18년인 1881년 9월에는 청에 영선사를 파견하였다(~1882.11). 마지막으로 조미 수호 통상 조약 체결(1882.5) 이후 미국이 푸트 공사(1826~1913)를 조선에 파견하자(1883.4), 미국에 대한 기대가 컸던 고종이 그에 대한 답례로 1883년(고종 20) 7월에 보빙사를 미국에 파견하였다(~1884.5).

- [고종] 새로 태어난 노비 자녀에게 노비 세습을 금지하였다. [회22]
  └ 1894년 노비 세습제가 폐지되었다[✗]. [서24②]
  └ 1886년(고종 23) '사가노비절목(私家奴婢節目)'을 제정하여 노비 세습제를 폐지하였다. [회19]
  └ 고종에 의해 노비 세습 제도가 혁파된 후 갑오개혁으로 신분 제도가 폐지되어 노비는 사라지게 되었다. [기11]

[해설] 새로 태어난 노비 자녀에게 노비 세습을 금지한 것은 고종 23년인 1886년 3월의 일이다(노비 세습제 혁파). 고종은 「사가노비절목(私家奴婢節目)」을 제정하여 구활(救活)·자매(自賣)·세전(世傳) 등의 목적을 가리지 않고 노비의 역을 자기 한 몸에 한하게 하여 노비 소생이 노비의 역을 잇는 것을 법적으로 혁파하였다.

3 서양 열강과의 조약 체결

- 조·미 수호 통상 조약 체결 [국22]
  └ 임오군란을 계기로 체결되었다[✗]. [국21]
  └ 『조선책략』의 영향을 받았다. [국21]
  └ 조선책략의 영향으로 체결되었다. [법13]
  └ 미국과 '조·미수호통상조약'이 체결되었다. [지16①]
  └ [조미 수호 통상 조약] 조선이 처음으로 서양 국가와 외교 관계를 맺었다. [지15②]
  └ (가)와 조선은 서양 국가 중에 최초로 조약을 체결하였다[✗]. [법20]
  └ 조선이 서양 국가와 맺은 최초의 조약으로 치외 법권과 최혜국 대우를 규정하고 있다. [경17①]
  └ 1882 조·미 수호 통상 조약 [회20]

[해설] (조선과 미국 사이에) 조미 수호 통상 조약이 체결된 것은 고종 19년인 1882년 4월(음력, 양력으로는 5월)의 일이다. 임오군란이 일어난 것은 1882년 6월(음력, 양력으로는 7월)로 조약 체결 이후의 일이다. 그리고 조미 수호 통상 조약은 『조선책략』의 영향을 받아 [청의(청 북양대신 이홍장의) 주선으로] 체결되었다('친중국, 결일본, 연미국'). / [법20]의 (가)는 러시아를 가리킴.

조미 수호 통상 조약 [국19] [소18②]

- 김홍집이 일본에서 황준헌의 『조선책략』을 가져 오면서 그 내용의 영향으로 체결되었으며, 청의 적극적인 알선이 있었다. 거중조정 조항과 최혜국 대우의 규정이 포함되어 있었다.

[해설] 고종 19년인 1882년 4월(음력, 양력으로는 5월)에 조선과 미국이 체결한 조미 수호 통상 조약을 가리킨다. 참고로 조선의 조약문 상의 명칭은 'Chosen'이었다. 조선 입장에서 전조인 고려(Korea)라고 불리는 것에 거부감이 심하였다.

- 제5조 무역을 목적으로 조선국에 오는 미국 상인 및 상선은 모든 수출입 상품에 대하여 관세를 지불해야 한다.

(조선의 관세 자주권 인정)

제14조 본 조약에 의하여 부여되지 않은 어떤 권리나 특혜를 다른 나라에 허가할 경우 이와 같은 권리나 특혜는 미국 관민과 상민에게도 무조건 균점된다. (최혜국 대우 규정)

[해설] 주어진 조약은 조선과 미국이 1882년 5월에 맺은 조미 수호 통상 조약이다. 1880년 2차 수신사로 일본에 다녀온 김홍집이 가져와 유포된 『조선책략』의 영향이 컸다. '친중국, 결일본, 연미국'해야 한다는 주장을 담고 있는데, 주일 청 외교관이었던 황준헌이 지은 것이다. 사실 조미 수호 통상 조약을 체결하게 된 것도 청(북양 대신 이홍장)의 알선 때문이었다.

- [조미 수호 통상 조약] 거중조정을 규정하였다. [법13] [경17②] □
  └ (라) - 거중조정의 원칙과 최혜국 대우 조항을 규정하였다. [회20] □
  └ 최혜국 대우 조항이 포함되었다. [국21] □
  └ 최혜국 대우가 인정되어 불평등 조약으로 평가받는다. [경17②] □
  └ 영사 재판권이 인정되었다. [국21] □

[해설] 조미 수호 통상 조약의 제1조에서는 거중조정*을, 제14조에서는 최혜국 대우를 규정하였다. 제3조는 치외 법권 조항으로, 미국의 영사 재판권이 인정되었다. 덧붙여 제5조에는 (최초로) 조선의 관세 자주권을 인정하는 내용이 들어가 있다.

*거중조정(居中調整): 국제 분쟁을 국제기구나 국가 또는 개인 등 제3자의 권고로 평화적으로 해결하는 것을 뜻한다.

■ 고종의 거중조정 요청 [국21] □

1905년 8월 4일 오후 3시, 우리가 앉아있는 곳은 새거모어 힐의 대기실, 루스벨트의 저택이다. 새거모어 힐은 루스벨트의 여름용 대통령 관저로 3층짜리 저택이다. …(중략)… 대통령과 마주하자 나는 말했다, "감사합니다. 각하, 저는 대한 제국 황제의 친필 밀서를 품고 지난 2월에 헤이 장관을 만난 사람입니다. 그 밀서에서 우리 황제는 1882년에 맺은 조약의 거중조정 조항에 따른 귀국의 지원을 간곡히 부탁했습니다."

[해설] 주어진 자료 속 '조약'은 고종 19년인 1882년 4월(음력, 양력으로는 5월)에 조선과 미국이 맺은 조미 수호 통상 조약임을 알 수 있다. 자료 속 '우리'는 당시 하와이 한인 대표인 윤병구(1880~1949)와 미국 조지 워싱턴 대학에 재학 중이던 이승만(1875~1965)이다[미국 국무장관 윌리엄 태프트(1859~1930, 이후 제27대 대통령 역임)의 주선으로 미 대통령 시어도어 루스벨트(집권 1901-1909, 제25대)와 만남]. 참고로 당시 미국 언론에 의하면 이때 윤병구와 이승만이 고종 황제가 아니라 (신흥 정치 세력인) 일진회를 대표한다고 발언한 것으로 보도되었다("우리는 황제의 대표자가 아니라 일진회라는 단체의 대표자로서 대통령에게 청원서를 전달할 것을 위임받았다. … 수천 명의 회원들로 이뤄진 일진회가 빠르게 성장하고 있으며, 곧 국무를 장악하고 정부 구실을 할 것이다."). 즉 이들이 '고종 밀사'가 아니었다는 뜻이다(다른 해석 있을 수 있음). 어쨌든 이들의 거중조정 요청은 미국에 의해 거부[무시]되었다.

- [조미 수호 통상 조약] ㉡은 ㉠과 달리 관세 조항이 들어 있었다. [경17①] □

[해설] 해당 문제에서 '㉡'은 조미 수호 통상 조약을, '㉠'은 강화도 조약을 가리킴. ㉡은 ㉠과 달리 관세 조항이 들어 있었다(제5조에서 조선의 관세 자유권 인정). 일본과의 무관세 문제를 해결한 것은 1883년 7월에 체결한 (개정) 조일 통상 장정에서이다.

- ㉠, ㉡, ㉢ 모두 조선에 불평등한 조약이었다. [경17①] □

[해설] 해당 문제에서 '㉠'은 강화도 조약(조일 수호 조규), '㉡'은 조미 수호 통상 조약, '㉢'은 조청 상민 수륙 무역 장정을 가리킨다. 공통적으로 모두 조선에 불평등한 조항을 담은 조약이었다.

- 조러 수호 통상 조약* [국19] □

[해설] 조선과 러시아 사이에 조러 수호 통상 조약이 체결된 것은 고종 21년인 1884년 5월의 일이다. 당시 주청 러시아 대사였던 베베르(1841~1910)가 조선에 들어와 조약을 맺었다.

- [조불 수호 통상 조약] 천주교의 포교권 인정이 규정되어 있다. [지14②] ☐
  └[천주교] 갑오개혁 이후 신앙의 자유를 얻었다[x]. [회24] ☐
- [해설] 천주교의 포교권을 인정한 조약은 1886년(고종 23) 5월에 체결된 조불 수호 통상 조약이다. 사실 이 점은 해석상의 문제로, 조약에서 포교권이 직접 규정되지는 않았지만 조선과 프랑스 모두 사실상 포교의 자유가 허용된 것으로 보았다. / [회24] 천주교와 관련된 문제의 틀린 선지 중 하나로 제시되었다.

4 개화 정책에 대한 반발

- [양반 유생층] 개항 전후 – 외세 침략에 맞서 위정척사 운동을 주도하였다. [지12①] ☐
  └위정척사 운동을 전개하였다. [회24] ☐
- [해설] 개항기[19세기 후반] 외세의 침략에 맞서 위정척사 운동을 주도한 신분 계층은 양반 유생층이다. 양반 유생층은 정학(正學)인 성리학과 정도(正道)인 성리학적 질서를 수호하고(위정), 성리학 이외의 모든 종교와 사상을 사학(邪學)으로 간주하여 배격(척사)하였다. 시기별로 강조점이 다른데 1860년대에는 통상 반대 운동을, 1870년대에는 개항 반대 운동을, 1880년대에는 개화 반대 운동을, 1890년대 이후에는 항일 의병 운동을 펼쳤다.

- [위정척사 운동] 대원군의 쇄국 정책을 뒷받침하였다. [국12] ☐
  └일본과 관련하여 왜양일체론을 내세웠다. [국12] ☐
  └동도서기론과 문명개화론을 주장하였다[x]. [국12] ☐
  └영남 유생들의 만인소 운동이 일어났다. [국12] ☐
- [해설] 위정척사 운동은 서양의 무력 침략에 대항해 척화주전론을 주장하여 흥선 대원군의 쇄국 정책(통상 수교 거부 정책)을 뒷받침하였다. 동도서기론은 동양의 정신문화에 서양의 기술을 받아들이자는 의견으로 온건 개화파가, 문명개화론은 서양의 기술뿐만 아니라 문화와 풍습까지 받아들여야 한다는 의견으로 급진 개화파가 주장하였다. 즉 위정척사 운동과는 반대된다. / 1870년대 일본이 개항을 요구하자 위정척사파인 최익현과 유인석 등은 왜양일체론, 개항불가론을 내세우고 개항 반대 운동을 전개하였다. / 1880년 8월 제2차 수신사로 일본에 다녀온 김홍집에 의해 『조선책략』이 국내에 들여와 (고종에 의해) 유포되자 위정척사파인 영남 유생들이 만인소를 올려 개화 반대 운동을 전개하였다(영남만인소, 1881.2).

- 이항로는 척화주전론을 주장하며 통상 반대 운동을 전개하였다. [서19②] ☐
  └(가) : 최익현 – 일본의 세력 확대에 맞서 척화주전론을 주장하였다[x]. [법15] ☐
  └[기정진, 위정척사파] (가)는 양이론을 주장하며 흥선 대원군의 통상 수교 거부 정책을 지지하였다. [기14] ☐
  └(가)는 성리학적 가치관 수호와 외양(外攘)을 위한 내수(內修)를 강조하였다. [기14] ☐
- [해설] 화서 이항로(1792~1868)는 척화주전론을 주장하며 통상 반대 운동을 전개하였다('병인위척상소', 1866.9). / 1860년대 통상 반대 운동을 이끈 인물은 화서 이항로(1792~1868)이다. / [법15]의 (가)는 1860년대를 가리킴 / [기14]의 (가)는 노사 기정진(1798~1879)을 가리킴. 내수외양(內修外攘)이란 안으로는 국내의 정치를 잘 다스려지지(至治)를 이루고 밖으로는 외적을 물리쳐 평화를 유지한다는 뜻으로 유교 정치사상에서 국난을 극복하기 위한 방법으로 제시되는 대표적인 정책 이념 중 하나이다.

■ 화서 이항로와 노사 기정진의 (위정)척사론 [기14] [기13] ☐

- 전하께서는 … 사학의 무리를 잡아 베게 하시고, 밖으로는 장병으로 하여금 바다를 건너오는 적을 정벌케 하소서.
- [해설] 화서 이항로(1792~1868)가 척화주전론을 내세우며 통상이 불가하다며 올린 상소문이다('병인위척상소', 1866.9). 당시 동부승지로 발탁되어 한성에 들어온 이항로는 10월 사직이 윤허될 때까지 여러 차례 상소를 올렸다.
- 저들 교활한 오랑캐는 자기들의 생각하는 바를 눈 속의 못으로 삼아 갖은 방법을 다하여 구멍과 간격을 뚫어 반드시 우리와 교통을 하고자 바랄 뿐이니 그 밖에 또 다른 이유가 있겠습니까. 만일 교통의 길을 열면 저들의 영위하는 바는 사사건건 뜻대로 이루어져 점차 막힘이 없어 2~3년이 지나지 않아서 전하의 백성으로서 서양 사람으로 변하지 않는 자가 얼마 되지 않을 것이다, 전하는 장차 누구와 더불어 임금 노릇을 하시려 하십니까? (기정진 상소문 『노사집(蘆沙集)』 3).

[해설] 위정척사 운동의 대표적인 인물 가운데 한 사람인 노사 기정진(1798~1879)의 상서문이다. 병인양요가 발생했을 때의 일로 상소문에서 서양 오랑캐의 침략을 막기 위해서는 군사 훈련, 무기, 인재 등용 등 몇 가지 대책을 세워 국력을 키워야 한다고 주장하였다.

■ 시기별 위정척사 운동 [법15]

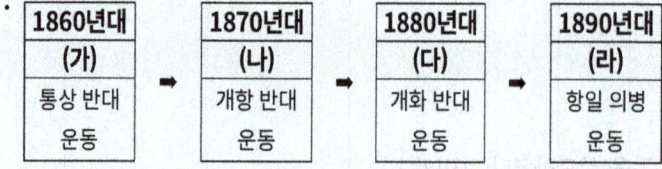

[해설] 1860년대에서부터 1890년대까지의 위정척사 운동이 도표로 제시되어 있다. 이에 따르면 1860년대에는 통상 반대 운동을, 1870년대에는 개항 반대 운동이 중심이 되었다. 이어 1880년대에는 개화 반대 운동이 펼쳐졌으며, 1890년대에는 항일 의병 운동이 터져 나왔다.

- [최익현] 왜양일체론(倭洋一體論)을 주장하였다. [국20]
  └ 최익현은 왜양일체론을 내세우며 개항 반대 운동을 전개하였다. [서19②]
  └ (나) : 이항로 – 미국 및 러시아와의 수교를 모두 반대하는 상소를 올렸다[x]. [법15]

[해설] 왜양일체론(倭洋一體論)을 주장한 이는 면암 최익현(1833~1906)으로, 위정척사론에 해당한다(1870년대의 개항 반대론). (강화도 조약 체결 협상 중이었던 시기에) 왜양일체론을 내세우며 개항 반대 운동을 전개하였다('병자지부복궐소', 1876.1). / 1870년대 개항 반대 운동을 이끈 인물은 면암 최익현이다. / [법15]의 (나)는 1870년대를 가리킴.

■ 최익현의 병자지부복궐소(왜양일체론) [지23] [회22] [기13]

- 일단 강화를 맺고 나면 저 적들의 욕심은 물화를 교역하는 데 있습니다. …(중략)… 저들이 비록 왜인이라고 하나 실은 양적(洋賊)입니다. 강화의 일이 한번 이루어지면 사학(邪學)의 서적과 천주의 상(像)이 교역하는 가운데 섞여 들어갈 것입니다.

[해설] 주어진 자료는 면암 최익현(1833~1906)의 '병자지부복궐소'이다(1876.1)(「지부복궐척화의소」라고도 함). 강화도 조약 체결 협상이 진행 중이었던 당시 최익현은 다섯 가지 이유를 내세우며 개항에 반대하였다(1870년대의 위정척사 운동). 주어진 자료는 두 번째 이유에 해당한다. 개항을 반대하는 다섯 가지 이유는 다음과 같다. 첫째, 일본 제국주의의 침탈 야욕은 그 속성이 무한하여 결코 그 야욕을 모두 채워줄 수가 없다. 둘째, 개항으로 우리의 유한한 토산품과 일본의 무한한 공산품 양자 간에 교역이 이루어지면, 우리의 경제는 파탄지경에 빠져 일본에게 철저히 예속된다. 셋째, 일본은 금수와 다름없는 서양과 같기 때문에, 서양의 천주교가 전국에 범람하여 성리학의 윤리·도덕적 질서가 붕괴된다. 넷째, 제국주의는 야수적 침략 속성을 가지고 있어 재물을 약탈하고 부녀를 겁탈하는 등 반인륜적 침탈 행위가 자행된다. 다섯째, 지금 일본과의 화친 문제는 사람으로 남느냐 짐승으로 전락하느냐 하는 이른바 '인수(人獸)'의 문제가 달려 있기 때문에, 과거 청의 침략으로 야기된 중화와 오랑캐, 곧 '화이(華夷)'의 문제였던 병자호란과는 그 본질이 다르다. 곧 일본과 개항하면 삼천리 강토가 금수와 같은 세상으로 전락하게 될 것이다. 그리고 최익현은 덧붙여 일본이 서양의 앞잡이로서 속으로는 깊이 연계되어 있다는 점, 일본인이 서양 옷을 입고 서양 대포를 사용하고 서양 선박을 타고 있다는 점 등을 들어 왜양일체론을 주장하였다.

- 일단 강화를 맺고 나면 저들은 물화를 교역하는 데 욕심을 낼 것입니다. … 저들이 비록 왜인이라고 하나 실은 양적입니다.

[해설] 위와 같은 내용의 자료이다.

- 일단 강화를 맺고 나면 적들이 욕심내는 것은 물화(物貨)를 교역하는 데에 있습니다. 저들의 물화는 대부분 지나치게 사치스럽고 기이한 노리개로, 손으로 만든 것이어서 한정이 없습니다. 반면 우리의 물화는 대부분 백성의 생명이 달린 것으로 땅에서 생산되어 한정이 있습니다. 이같이 피와 살이 되어 백성의 목숨이 걸려 있는 유한한 물화를 가지고 저들의 사치스럽고 기이하며 마음을 좀먹고 풍속을 해치는 물화와 교환한다면, 해마다 그 양이 수만에 이를 것입니다. 그러면 몇 년 지나지 않아 동토(東土) 수천 리에 전답은 황폐해지고 집은 다 쓰러져 다시 보존하지 못하게 되고, 나라도 반드시 뒤

따라 망하게 될 것입니다. 이것이 바로 강화가 난리와 멸망을 부르는 까닭의 둘째 이유입니다.

[해설] 위와 같은 내용의 자료이다. 두 번째 이유가 상세하게 설명되어 있다. 이와 같은 주장은 사실 화서 이항로(1792~1868)가 이전에 제기한 내용을 반복한 것이다.

- [영남만인소]『조선책략』에 대한 반발로 발생한 사건이었다. [지17②] □
  └영남 지역의 유생들이 만인소를 올렸다. [지16①] □
  └영남 유생들이 만인소를 올렸다. [서20] □
  └이만손 등이 만인소를 올렸다. [서22②] □
  └이만손 등이 영남만인소를 올렸다. [소22] □
  └이만손 등 영남 유생들의 반발을 불러일으켰다. [국24] □
  └영남 유생들은 "조선책략"의 내용을 비판하였다. [법18] □
  └(다) : 이만손 – 조선책략의 유포를 반대하고 영남만인소를 올렸다. [법15] □
  └기정진 등 영남 유생들이 만인소를 올려『조선책략』을 들여온 김홍집의 처벌을 요구하였다[x]. [서19②] □
  └영남만인소를 주도하였다. [법12] □

[해설]『조선책략』에 대한 반발로 발생한 사건은 만여 명의 영남 유림들이 연명하여 올린 영남만인소이다(1881.2). 영남만인소가 올라온 것은 1880년 6월 2차 수신사로 파견된 김홍집이 들여온『조선책략』의 유포 때문이다(1880.8). / 고종 18년인 1881년 2월 (이황의 후손인) 이만손(1811~1891)이 전참판 강진규(1817~?), 친족인 이만운(1815~?) 등과 함께 소두(疏頭)가 되어『조선책략』의 내용을 비판하고, 위정척사[정부의 개화 정책 비판]를 주장하는 집단 상소인, 만인소[영남만인소]를 올렸다. 이후 같은 해 5월에는 경기·충청 유생들이, 윤7월에는 강원도 유생들이 척사 상소를 올렸다. / 만인소를 올려『조선책략』을 들여온 김홍집(1842~1896)의 처벌을 요구한 영남 유생들의 대표[소두]는 이만손, 강진규, 이만운이다(영남만인소, 1881.2). 노사 기정진(1798~1879)도 화서 이항로(1792~1868)와 함께 1860년대에 활약한 대표적인 위청척사론자(통상 반대)지만, 1879년에 이미 사망하였다. / [법15]의 (다)는 1880년대를 가리킴.

▌영남만인소 [서24②] [법23] [경21②] [기13] □

- 수신사 김홍집이 가져와 유포한 황준헌의 사사로운 책자를 보노라면, …… 러시아·미국·일본은 같은 오랑캐입니다. ……

[해설] 고종 18년인 1881년 2월에 올라온 영남만인소로, 제2차 수신사로 일본에 파견되었던 도원 김홍집(1842~1896)이 가져온『조선책략』에 대해 거세게 비판하였다. 상소의 대표[소두]는 이만손(1811~1891), 강진규(1817~?), 이만운(1815~?)이다(위정척사 운동).

- 러시아, 미국, 일본은 같은 오랑캐입니다. 그들 사이에 누구는 후하게 대하고, 누구는 박하게 대하기는 어려운 일입니다.

[해설] 도원 김홍집(1842~1896)이 가지고 와 유포한『조선책략』에 대한 반대 의견이다(영남만인소, 1881.2).

- ▨▨ (가) (이)라는 한 책이 유포되는 것을 보고서 저도 모르게 머리털이 쭈뼛 서고 간담이 떨리었으며, 곧이어 통곡하며 눈물을 흘리고 말았습니다. …… 러시아는 우리와 본래 혐의가 없습니다. 그런데도 헛되이 다른 사람의 이간질을 믿어서 우리의 위신을 손상시키고, 원교(遠交)를 믿고 근린(近隣)을 도발하여 만약 이를 구실로 침략해 온다면 장차 어떻게 막으시겠습니까?

[해설] 주어진 자료 속 '(가)'는『조선책략』이고, 주어진 자료는 이를 비판한 영남만인소임을 알 수 있다(1881.2).

- __(가)__ 은/는 본래 우리와 혐의가 없는 나라입니다. 공연히 남의 말만 듣고 틈이 생기게 된다면 우리의 위신이 손상될 뿐 아니라, 이를 구실로 침략해 온다면 장차 이를 어떻게 막을 것입니까?
  -『일성록』, 영남만인소 -

[해설] 이만손(1811~1891)을 소두(疏頭)로 한 1만여 명의 영남 유생들이『조선책략』의 유포에 반대하여 올린 영남만인소에 나오는 내용이다[1881.2, 고종 18](위정척사 운동의 하나인 1880년대의 개화 반대 운동).『조선책략』은 도원 김홍집(1842~1896)은 고종 17년인 1880년에 제2차 수신사로 일본에 파견되었다가 청의 외교관인 황준헌(1848~1905)으로부터 얻어 고종에게 복명하면서 바친 책으로(1880.8), 조선에게 '친중국 결일본 연미국'이라는 외교 정책을 권장하는 내용이 담겨 있었다. 이를 통해 주어진 자료 속 '(가)'는 러시아를 가리킴을 알 수 있다.

- 홍재학은 주화매국의 신료를 처벌하고 서양 물품과 서양 서적을 불태울 것을 주장하였다.* [서19②] □

[해설] (강원도의 유생) 홍재학(1848~1881)은 주화매국(主和賣國)의 신료를 처벌하고 서양 물품과 서양 서적을 불태울 것을 주장하였다('만언척사소', 1881.7). 옳은 설명이다. 그런데 홍재학은 상소문에서 당시 개화 정책에 앞장섰던 김홍집·이유원 등의 개화 관료들에 대한 규탄뿐만 아니라 국왕까지도 비판하는 과격함을 보여 위정자들의 격분을 샀고, 결국 참형을 당하고 말았다.

- 고종은 척사윤음을 내려 유생들의 불만을 달랬다.* [서22②] □

[해설] 『조선책략』의 유포로 영남만인소가 올라오는 등 그에 반대하는 유생들의 상소가 빗발치자 고종은 1881년 5월에 천주교를 배척하는 척사윤음(斥邪綸音)을 내려 유생들의 불만을 달랬다. 척사윤음은 일종의 천주교 박해령(천주교 박해의 법적 근거)으로, 19세기 총 4차례 내려졌다(1801년, 1839년, 1866년, 1881년).

*신사년(1881) 고종의 척사윤음: 이때의 척사윤음은 사실 천주교도들을 직접 박해하려는 목적이 아니라 영남만인소를 포함한 유림들의 상소를 무마하기 위한 차원에서 반포되었다. 한문과 함께 한글로도 번역되어 반포되었다. 정식 명칭은 '어제 유대소신료급중외민인척사윤음'이다. 윤음(綸音)이란 국왕이 백성들에게 내리는 훈주의 문서[일종의 '교지']로 의례적인 것에서부터 국가의 위기 상황에서 특별히 내려지는 것 등 매우 다양하다.

- [임오군란] 구식 군인에 대한 차별 대우가 발단이 되었다. [소21] □
  └별기군에 비해 차별을 받던 구식 군인들이 일으켰다. [지24] □
  └별기군에 비해 차별받던 구식 군인들이 민겸호 집과 일본 공사관을 습격하고 흥선 대원군이 재집권 [경13①] □
  └정부의 개화 정책에 반대하는 서울의 하층민들도 참여하였다. [지16②] □
  └1882 임오군란 [법17] [법12] □
  └임오군란 [법21] [회23] [경15③] [기18] [소18②] □

[해설] 고종 19년인 1882년 6월 임오군란 당시 영군들이 봉기하자 당시 조정의 개화 정책 및 일본의 경제 침탈로 곤란을 겪던 한성[서울]의 하층민들이 봉기에 합세하면서 봉기가 더욱 확산되었다[1882.6.9~7.13(음력)/1882.7.23~8.30(양력)]. / [경13①] 민겸호(1838~1882)는 여흥 민씨로 당시 척족 세력의 중심인물이었다. 병조판서 겸 선혜청당상을 맡고 있었으며 '도봉소 사건'*을 격화시켜 임오군란을 일으킨 주범이다.

* 도봉소 사건: 임오군란의 시발점이 된 사건이다. 1882년 6월 5일 선혜청 도봉소에서 무위영 소속 구 훈련도감 군병들에게 물에 젖어 썩었거나 겨와 돌이 섞여 있는 쌀을, 그것도 1석의 군료를 반 석도 못 되게 지급하자 군병들은 그에 대한 해명을 요구하였다. 하지만 군병들은 해명은커녕 도리어 모욕을 당하자 분노하여 창리와 무위영 영관들을 구타하였다. 그리고 그 소식을 전해 들은 민겸호의 지시로 주동자 4~5명이 포도청으로 잡혀갔고 곧 이들이 고문당하고, 사형에 처해질 것이라는 소문이 퍼졌다.

■ 임오군란 [지16②] [법16] [소22] □

- 임오년 서울의 영군(營軍)들이 큰 소란을 피웠다. 갑술년 이후 대내의 경비가 불법으로 지출되고 호조와 선혜청의 창고도 고갈되어 서울의 관리들은 봉급을 못 받았으며, 5영의 병사들도 가끔 결식을 하여 급기야 5영을 2영으로 줄이고 노병과 약졸들을 쫓아냈는데, 내쫓긴 사람들은 발붙일 곳이 없으므로 그들은 난을 일으키려 했다.

[해설] '임오년 서울의 영군(營軍)들이 큰 소란을 피웠다'는 점, '호조와 선혜청의 창고도 고갈되어 … 5명의 병사들도 가끔 결식을 하여 급기야 5명을 2명으로 줄이고' 등을 통해 주어진 자료는 고종 19년인 1882년 6월에 발생한 임오군란을 가리킴을 알 수 있다.

- ○○○○
  1. 배경
     - 민씨 정부의 개화 정책에 대한 반발
     - 별기군에 대한 우대 정책
  2. 경과
     - 무기고 파괴, 민씨 정권 고관 살해
     - 흥선 대원군 재집권
     - 청군 개입해 난 진압

3. 결과 : ▇▇▇▇▇▇▇▇▇▇▇▇▇▇▇▇

[해설] 고종 19년인 1882년 6월에 발생한 임오군란을 가리킨다. 임오군란의 결과를 묻고 있다.

- 임금은 변이 일어났다는 소식을 듣고 급히 대원군을 불렀으며 대원군은 난병들을 따라 들어갔다. (중략) 민겸호가 황급히 대원군을 쳐다보고 호소하되, "대감, 날 좀 살려 주시오!" 하였다. 대원군은 쓴웃음을 지으며, "내 어찌 대감을 살릴 수 있겠소." 하였다. -『매천야록』-

[해설] 주어진 자료는 고종 19년인 1882년 6월에 발생한 임오군란과 관련된 내용이다.

■ 흥선 대원군의 재집권 [국22] [서24①]

- 대원군은 이 변란으로 인하여 다시 정권을 잡았으며, 크고 중요한 벼슬자리가 많이 바뀌었다. …… 대세를 좇는 무리들은 다시 운현궁으로 돌아오니 수레와 말이 구름과 같았다. 민씨 일가는 모두 숨어서 나타나지 못했다. …… 왕후는 충주에 있으면서 몰래 사람을 보내 소식을 보냈으며, 민태호에게 밀사를 보내 청국 정부에 급박함을 알리도록 명하였다.

[해설] 주어진 자료 속 밑줄 친 '㉠ 변란'은 구식 군인들에 대한 차별 대우로 발생한 임오군란을 가리킴을 알 수 있다[1882.6.9.~7.13(음력)/1882.7.23~8.30(양력)(출처: 박은식의『한국통사』). 임오군란을 계기로 흥선 대원군이 일시적으로 재집권하였다.

- 고종이 즉위한 직후에 실권을 장악한 그는 러시아를 견제하기 위해 천주교 선교사를 통해 프랑스와 교섭하려 했다. 하지만 천주교를 금지해야 한다는 유생의 주장이 높아지자 다수의 천주교도와 선교사를 잡아들여 처형한 병인박해를 일으켰다. 이후 고종의 친정이 시작됨에 따라 물러난 그는 임오군란이 일어났을 때 잠시 권력을 장악했지만, 청군의 개입으로 곧 물러났다.

[해설] 주어진 자료 속 밑줄 친 '그'는 곧 흥선 대원군(1821~1898)을 가리킨다.

- [임오군란] 통리기무아문을 폐지하고 5군영을 부활하였다. [국21]
  └[흥선 대원군] 임오군란 직후 통리기무아문을 폐지하였다. [서17②]

[해설] 흥선 대원군(1821~1898)은 임오군란으로 잠시 재집권했을 때 (국내외의 군국기무를 총괄하던) 통리기무아문을 폐지하고 5군영을 부활시켰다(1882, 고종 19).

- [임오군란] 별기군을 폐지하고 5군영을 복구하였다. [지18]

[해설] 별기군을 폐지하고 5군영을 (일시적으로) 복구한 것은 임오군란 직후의 일이다(1882, 고종 19). 개화 정책(군제 개편)의 일환으로 별기군이 창설된 것은 그 이전인 1881년(고종 18)의 일이다(1881.5).

- [임오군란] 흥선 대원군은 청으로 압송되었다. [소18③]
  └㉠의 책임을 물어 청은 흥선 대원군을 자국으로 압송하였다. [서24①]
  └[청] 흥선 대원군을 자국으로 납치하였다. [법24]

[해설] 청은 임오군란[봉기]의 책임을 물어 흥선 대원군을 납치한 후 중국 톈진 보정부에 억류하였다)(1885년 8월 귀국).

- ㉡의 결과, 조선은 청과 조·청 상민 수륙 무역 장정을 체결하여 청이 조선에 간섭하는 근거가 되었다. [서24①]

[해설] 청은 임오군란 진압 직후인 1882년 8월 조선에 조청 상민 수륙 무역 장정을 체결을 강요하였다. 조청 상민 수륙 무역 장정 관련 선지 및 자료 참조. ㉡은 갑신정변을 가리키나 무시함.

■ 조청 상민 수륙 무역 장정 체결 [국24] ☐

정부의 개화 정책이 추진되면서 구식 군인과 도시 하층민이 반발하였다. 제대로 봉급을 받지 못한 구식 군인들이 난을 일으키고 도시 하층민이 여기에 합세하였으나 청군에 의해 진압되었다. 이후 청은 조선에 군대를 주둔시키고 조선의 내정에 개입하였다. 또 (가) 을 체결하여 조선이 청의 속방임을 명문화하고 청 상인의 내륙 진출을 인정받았다.

[해설] 주어진 자료는 조선 고종 19년인 1882년 6월에 발생한 임오군란에 대한 것임을 알 수 있다(~7월까지 진행). 이때 청은 봉기의 책임을 물어 흥선대원군을 납치하여 중국 톈진 보정부에 억류하였다(1885년 8월 귀국). 그리고 같은 해 8월에는 주어진 자료에 제시된 내용을 담은 조청 상민 수륙 무역 장정을 체결하였다(1882.8.23). 장정 제4조에서 중국 상인이 양화진을 비롯한 조선 내륙으로 진출할 수 있는 권리, 즉 내지 통상권이 최초로 규정되었다.

• [임오군란] 차관 도입을 위한 수신사 파견의 계기가 되었다. [국16] ☐

[해설] 차관 도입을 위한 수신사 파견의 계기가 된 사건은 고종 19년인 1882년 6월에 발생한 임오군란이다. 임오군란을 수습하기 위해 박영효(1861~1939)를 정사로 한 제4차 수신사*가 같은 해 8월에 일본으로 출발하여 9월 초에 도쿄에 도착하였다(~11.28). 박영효 일행은 임오군란으로 일본에 피해를 준 것에 대해 사과하는 일종의 '사죄사'의 성격을 지녔는데, 국정 시찰이라는 표면적인 명목 외 제물포 조약에서 합의된 위로금 및 보상금 문제를 해결하는 임무, 또 일본으로부터 차관을 도입하는 임무 등을 갖고 있었다.

*1~3차 수신사와는 달리 이때의 공식 명칭은 '특명 전권대신 겸 수신사'이다.

• 일본과 제물포 조약을 체결하였다. [서22②] ☐
└조선은 일본과 제물포 조약을 체결하였다. [소22] ☐
└제물포 조약을 근거로 실행한 것이다. [서17②] ☐
└제물포 조약 [국24] [서17①] ☐

[해설] 임오군란 사후 처리를 위하여 조선 정부는 일본과 제물포 조약을 체결하였다(1882.7).

• 임오군란이 일어나고 제물포 조약이 체결되어 일본에 배상금을 지불하였다. [지17①] ☐
└㉠의 결과, 조선은 일본과 제물포 조약을 체결하여 배상금을 지불하였다. [서24①] ☐
└[제물포 조약] 공사관 경비를 구실로 일본 군대가 주둔하게 되었다. [지15①] ☐
└일본 공사관의 호위를 명목으로 일본군의 서울 주둔을 허용하였다. [경12②] ☐
└일본 공사관에 군인을 두어 경비하게 하고 그 비용은 조선이 부담하게 하였다. [지12②] ☐
└일본이 공사관에 경비병을 주둔시켰다. [법16] ☐

[해설] 임오군란은 고종 19년인 1882년 6월에 발생하였다. 임오군란 진압 직후 조선과 일본 사이에 제물포 조약이 체결되었다(1882.7). 주된 내용은 일본에게 배상금을 지불하고 사죄단을 파견한다는 것이다(각 제4조/제6조). 또 공사관 보호의 명분으로 일본 경비병을 상주시키는 내용도 들어갔다(제5조).

• 청은 군대를 상주시키고 조선의 내정에 간섭하였다. [경11②] ☐

[해설] 청이 군대를 상주시키고 조선의 내정에 간섭하기 시작한 것은 임오군란 진압 이후부터의 일이다(1882.6).

• 이 조약을 체결하게 된 사건 이후에도 청은 조선에 군대를 계속 주둔시키는 한편, 유리한 조건으로 조선과 통상 관계를 맺었다. [경18③] ☐
└이 조약의 제5조에는 공사관 경비를 위해 약간의 병력을 한성에 주둔시킨다고 하였지만, 실제로는 1개 대대의 병력을 주둔시키고 그 비용은 조선에 부담시켰다. [경18③] ☐
└이 조약 체결의 결과 일본군의 한성 주둔으로 조선을 둘러싼 청·일의 무력 충돌 위험이 커지면서 불안한 상황이 전개되었다.
[경18③] ☐

ㄴ이 조약에 근거하여 청·일 양국은 장차 조선에 군대를 파병할 때에는 상대국에 서로 알릴 것 등을 약속하는 새로운 조약을 체결하였다[✗]. [경18③]

[해설] '이 조약'은 조선과 일본이 맺은 제물포 조약을 가리킨다[1882.7.17(음)/1882.8.30(양)]. / 임오군란 이후에도 청은 조선에 군대를 계속 주둔시키는 한편, 유리한 조건으로 조선과 통상 관계를 맺었다. 1882년 8월(양력으로는 10월)에 맺은 조청 상민 수륙 무역 장정이 그것이다 [1882.8.23(음)/1882.10.4(양)]. / 제물포 조약 5조와 달리 일본은 실제로는 1개 대대의 병력을 주둔시키고 그 비용을 조선에 부담시켰다. / 제물포 조약의 체결로 말미암아 일본군이 한성에 주둔하게 되었으며, 청·일의 무력 충돌 위험이 커지면서 불안한 상황이 (계속) 전개되었다. / 청·일 양국이 장차 조선에 군대를 파병할 때에 상대국에 서로 알릴 것 등을 약속한 조약은 갑신정변 진압 이듬해에 청과 일본이 따로 맺은 톈진 조약이다 (1885.4).

■ 제물포 조약 [경21①] [경18③]

- 제1조 지금으로부터 20일 이내에 조선국은 흉도들을 잡고 그 수괴를 엄히 징계한다.
  제5조 일본 공사관에 약간의 군사를 두어 경비하게 한다.

[해설] 주어진 '(가) 조약'은 고종 19년인 1882년 7월(양력으로는 8월)에 임오군란의 사후 처리를 위해 조선과 일본 사이에 체결된 제물포 조약이다.

- 1조. 지금부터 20일을 기한으로 하여 조선국이 흉도들을 잡아 그 수괴를 엄격히 심문하여 엄하게 징벌한다.
  4조. 흉도들의 포악한 행동으로 인하여 일본군이 입은 손해와 공사를 호위한 해군과 육군의 군비 중에서 50만 원을 조선국에서 보충한다.
  5조. 일본 공사관에 군사 약간을 두어 경비를 서게 한다. 병영을 설치하거나 수선하는 일은 조선국이 맡는다.
  6조. 조선국은 사신을 특파하여 국서를 가지고 일본국에 사과한다.

[해설] 임오군란을 수습하고자 조선과 일본이 1882년 7월에 맺은 제물포 조약의 내용이다.

주제 47 개화파의 형성과 갑신정변

1 개화파의 형성과 분화

• 박규수 [지23] ☐

[해설] 환재 박규수(1807~1876)는 개화사상의 선구자로 연암 박지원(1737~1805)의 손자이기도 하다.

• [동도서기론] 근대 문물 수용의 사상적 기반이 되었다. [국20] ☐
  └중체서용을 바탕으로 한 양무운동과 같은 개혁을 추진하려 하였다. [기12] ☐
  └전근대적인 토지 제도를 개혁하고 신분제를 폐지하려 하였다. [기12] ☐
  └서구 기술을 도입하고 근대 산업을 육성하려 하였다. [기12] ☐
  └동학 농민군의 요구를 받아들여 갑오개혁을 추진하였다[✗]. [기12] ☐

[해설] 동도서기론(東道西器論)은 일종의 온건 개화론(온건 개화파의 개화 노선)으로, 근대 문물 수용의 사상적[이론적] 기반이 되었다(급진 개화파들의 변법 개화론에 대해서는 갑신정변 관련 선지 및 해설 참조). / 중체서용을 바탕으로 한 (청의) 양무 운동과 같은 개혁을 추진하려 하였다. / 전근대적인 토지 제도를 개혁하고 신분제를 폐지하려 하였다. 신분제 폐지는 제1차 갑오개혁을 통해 개혁하였고, 전근대적인 토지 제도는 광무 양전 사업을 통해 개혁하고자 하였다. / 서구 기술을 도입하고 근대 산업을 육성하려 한 것은 옳은 설명이다. 광무개혁을 통해 본격적으로 시도하였다. / 온건 개화파들이 추진한 갑오개혁은 동학 농민군의 요구를 받아들여 추진한 것이 아니다.

▌ 양원 신기선의 동도서기론 [기12] ☐

동서고금을 막론하고 바뀔 수 없는 것은 도(道)이고, 자주 변화하여 고정될 수 없는 것은 기(器)이다. 삼강, 오상(五常)과 효제충신을 도라 하고, 예악(禮樂), 형정(刑政), 복식(服飾), 기용(器用)을 기라 한다. … 진실로 때에 맞고 백성에 이롭다면 비록 오랑캐 법일지라도 행할 수 있다.

[해설] 전통적인 제도와 사상은 지키되 근대 서구적인 기술은 받아들이자는 개화사상인 전형적인 동도서기론(東道西器論)이 제시되어 있다. 1880년대 초 두 문신인 운양 김윤식(1835~1922)과 양원 신기선(1851~1909) 등(온건 개화파)이 주창하기 시작하였는데, 위 글은 『신기선전집』에 수록되어 있다(신기선의 저서 『양원집』과 『유학경위』).

▌ [참고] 전 장령 곽기락의 동도서기론 [한능검 심화 48회] ☐

우리 조정은 정학(正學)을 숭상하고 이단을 물리쳐서 만백성을 바르게 이끌어 오늘에 이르렀습니다. …… 비록 황준헌의 책자로 말하더라도 그 글이 바른가 바르지 못한가 그 말이 좋은가 나쁜가에 대해 신은 진실로 모르지만 …… 기계에 관한 기술과 농업 및 식목에 대한 책이 이익이 된다면 선택하여 시행할 일이지, 굳이 그들의 것이라고 해서 좋은 법까지 배척할 필요는 없습니다.

[해설] 이른바 '채서(採西)'의 주장을 담아 전 장령 곽기락(1825~?)이 고종 18년인 1881년 6월에 올린 상소이다[『일성록』 고종 18년(1881) 6월 기사]. 상소문에서 사용한 '서양의 기술을 배우되, 우리의 도는 지킨다'는 학기수도(學器守道)란 말에서 동도서기(東道西器)적 발상을 엿볼 수 있다. 흥미로운 것은 곽기락이 개화파가 아니라 위정척사파쪽에 가까운 유생이었다는 점이다.

■ 유생 윤선학의 동도서기론 [국20] ☐

군신, 부자, 부부, 붕우, 장유의 윤리는 인간의 본성에 부여된 것으로서 천지를 통하는 만고불변의 이치이고, 위에 존재하는 것으로서 도(道)가 됩니다. 이에 대해 배, 수레, 군사, 농사, 기계가 국민에게 편리하고 나라에 이롭게 하는 것은 외형적인 것으로서 기(器)가 됩니다. 신이 변혁을 꾀하고자 하는 것은 기(器)이지 도(道)가 아닙니다. … 옛날의 범선과 오늘의 증기선은 선박의 예와 지금이 다름입니다. 옛날의 소나 말이 끄는 수레와 오늘의 증기 기차는 차의 예와 지금이 다릅니다. 옛날의 파발과 오늘의 전선에 의한 통첩으로 순식간에 왕래하며 마치 서로 얼굴을 마주봄과 같은 것은 역전의 예와 지금이 다름입니다. 오늘날 나라를 다스리는 자가 서양법의 편리함을 인정하지 않고 옛 제도의 불편하고 우둔함을 전적으로 쓴다면, 이것은 부강의 도(道)를 생각지 않는 것입니다. 엎드려 바라건대, 전하는 준재를 널리 선발하여 기계 제조의 관리를 두시고, 그들로 하여금 해외에 출입케 해서 제조법을 배워오게 하여 급속히 그 효용을 보게 하면, 그 뛰어난 기술이 어찌 다른 나라보다 앞설 수 없다 하겠습니까? (추가)

[해설] 1882년 12월 유생 윤선학(?~?)이 올린 상소로, 동도서기론(東道西器論)을 담고 있다[『승정원일기』 고종 19년(1882) 12월 기사]. 앞서 살펴봤듯이 그 전해인 1881년 6월 전 장령(掌令) 곽기락(1825~?) 역시 채서(採西)의 주장을 담은 상소를 올린 바 있다. 이처럼 전직 관료와 일부 유생들이 올린 상소는 정부의 개화 정책을 뒷받침하면서 동도서기의 논리를 체계화하는 데 기여하였다. 참고로 같은 해 8월에 충주 유학 지석영이, 9월에는 직강 박기종, 고영문이 동도서기론에 입각한 소를 올렸다. / 고딕 부분은 해설자가 덧붙인 것임.

- [변법 개화론] 갑신정변 주도 세력의 견해를 대변하였다. [국20] ☐

[해설] 갑신정변 주도 세력(급진 개화파)의 견해를 대변한 것은 일본의 메이지 유신처럼 급진적인 개혁론이다(청의 변법 자강론과 비슷한 변법 개화론). 동도서기론은 청의 양무 개화론과 비슷한 온건 개화론이다.

- [급진 개화파] 일본에서 차관을 도입하여 국가 재정을 보충하자고 하였다.* [경12①] ☐

[해설] 김옥균, 홍영식, 박영효, 서광범 등을 중심으로 하는 급진 개화파는 일본에서 차관을 도입하여 당시 만성적인 재정난에 허덕이던 국가 재정을 보충하고자 하였다. 그리하여 임오군란(1882)을 전후하여 차관 교섭을 하였고 박영효가 제4차 수신사로 일본에 갔을 때 김옥균과 서광범도 수행하여 일단 17만원의 차관을 들여왔고(불리한 조건), 김옥균은 추가로 이듬해인 1883년 6월부터 1884년 4월까지 일본에 건너가 300만원의 차관 교섭을 벌였으나 결국 실패하여 '집권 사대당'으로부터의 비난에 직면하였다(갑신정변의 추진 배경 중 하나).

2 갑신정변

- [급진 개화파] 갑신정변을 주도하였다. [지12②] ☐
  └김옥균 등이 갑신정변을 일으켰다. [지24] ☐
  └1884 갑신정변 [법19] [법13] [법12] ☐
  └갑신정변 [서22①] [서11] [경17②] [경15③] [경13①] [기18] ☐
  └갑신정변 발생 [지24] ☐
  └최익현 등의 유생들에 의해 주도되었다[×]. [소21] ☐
  └김옥균 [서24②] ☐

[해설] 갑신정변을 주도한 이들은 김옥균, 홍영식, 박영효, 서광범 등의 급진 개화파이다. / 갑신정변이 일어난 것은 고종 21년인 1884년 12월(양력)의 일이다[1884.10.17~19(음력)/1884.12.4~6(양력)]. / 갑신정변은 최익현 등의 유생들에 의해 주도되지 않았다(위정척사파). / 고균 김옥균(1851~1894)은 갑신정변을 주도한 급진 개화파의 중심인물이다.

- [홍영식] 1881년에 조사 시찰단으로 일본에 다녀왔고, 1884년에 우정총국이 설립되자 우정국 총판에 임명되었다. [경20①] ☐

[해설] 1881년 조사 시찰단으로 일본에 다녀왔고, 1884년에 우정총국이 설립되자 우정국 총판에 임명된 인물은 금석 홍영식(1855~1884)이다. 명문가 출신으로 급진 개화파의 김옥균(1851~1894), 박영효(1861~1939)와 함께 갑신정변을 일으킨 주도 인물이다. 갑신정변 때 고종을 끝까지 호위하다 청군에게 피살되었다.

- 우정총국 개국 축하연을 이용해 정변을 일으켰다. [지21] □
  └ 우정총국 개국 축하연을 이용하여 정변을 일으켰다. [소19①] □
  └ 개화당 요인들이 우정국 개국 축하연 때에 정변을 일으켰다. [경11②] □
  └ 개화파가 우정총국 개국 축하연을 이용해 정변을 일으켜 정권을 장악하였다. [지17①] □
  └ 우정총국의 낙성 축하연을 기회로 정변을 일으켜 새로운 정부를 수립하였다. [서23] □

[해설] 갑신정변은 급진 개화파가 우정총국 개국[낙성] 축하연을 이용해 일으킨 정변이다[1884.10.17~19(음력)/188412.4~6(양력)].

- 혜상공국의 폐지 등을 주장한 정변이 발생하였다. [지19] □
  └ 혜상공국 폐지 등의 정강을 발표하였다. [지24] □
  └ 혜상공국을 폐지하여 자유로운 상업의 발전을 꾀하였다. [기14] □

[해설] 혜상공국의 폐지 등을 주장한 정변이 발생한 것은 1884년 12월(음력 10월)의 갑신정변이다. 갑신 혁신[개혁] 정강 제9조에 혜상공국의 폐지가 나와 있다. 참고로 혜상공국이 폐지(혁파)된 것은 1904년의 일이다. 1898년 황국 협회가 창립될 때 여기에 이속되었다가 1899년에 상무사로 개칭된 바 있다.

- 이 사건의 주모자들은 청과 종속 관계를 청산하여 자주독립을 확고히 하고자 하였다. [서23] □

[해설] 갑신정변 개혁 정강 14개조 중 제1조에 해당하는 옳은 설명이다.

- (가) : 서구식 민주 공화국 설립을 목표로 활동하였다[×]. [법11] □

[해설] 급진 개화파들이 서구식 민주 공화국 설립을 목표로 활동한 것은 아니다.

■ 갑신정변 [국16] [서24①] [서23] [서15] [법15] [법13] [소22] [소21] □

- 급진 개화파는 우정총국 낙성 기념 축하연을 이용하여 정변을 개시하였다. 이어 급진 개화파는 국가 전반의 개혁 정책을 담고 있는 혁신 정강 14개조를 공포하였다.

[해설] 급진 개화파가 일으킨 갑신정변에 대한 설명이다[1884.10.17.~19(음력)/1884.12.4~6(양력)](밑줄은 시험지 표시).

- 이날 밤 우정국에서 낙성연을 열었는데 총판 홍영식이 주관하였다. 연회가 끝나갈 무렵 담장 밖에 불길이 일어나는 것이 보였다. 이때 민영익도 우영사로서 연회에 참가하였다가 불을 끄기 위해 먼저 일어나 문 밖으로 나갔다. 밖에 흉도 여러 명이 휘두른 칼을 맞받아치다가 민영익이 칼에 맞아 당상 위로 돌아와 쓰러졌다. …… 왕이 경우궁으로 거처를 옮기자 각 비빈과 동궁도 황급히 따라갔다. …… 깊은 밤, 일본 공사가 군대를 이끌고 와 호위하였다. -『고종실록』-

[해설] 주어진 자료 속 사건은 고종 21년인 1884년 12월에 일어난 갑신정변을 가리킴을 알 수 있다[『고종실록』권21 고종 21년(1881) 10월 '민영익이 우정국 낙성식에서 피살되고 김옥균 등이 일본 공사에게 원조를 청하다.'].

내각 명단			
좌의정	이재원	우의정	홍영식
전후영사	박영효	좌우영사	서광범
병조참판	서재필	호조참판	김옥균

[해설] '내각 명단'이라는 제목으로 좌의정에 이재원, 우의정에 홍영식, 전후영사에 박영효, 좌우영사에 서광범, 병조참판에 서재필, 호조참판에 김옥균이 표시되어 있다. 이렇게 보면, 제시된 인물들은 대부분 김옥균을 포함한 급진 개화파인 것으로 미루어 보아 갑신정변 때 발표된 내각 명단임을 알 수 있다.

- 청나라 제독군문 원세개가 대궐에 들어와 호위했다, 일본 군대는 퇴각했으며 임금은 북관묘에 행차하셨다. 홍영식과 박

영교는 죽임을 당했다. 박영효. 김옥균, 서광범, 서재필 등은 일본군을 끼고 도망쳤다. 임금이 환궁할 때에 원세개는 하도감에 주둔하고 있었다.

-『매천야록』-

[해설] 주어진 자료는 고종 21년인 1884년 12월(음력 10월)에 발생한 갑신정변과 관련된 내용이다.

- 임오군란 이후부터 청은 우리나라에 자주 내정 간섭을 하였다. 나는 청나라 당으로 지목되었고, 청국이 우리의 자주권을 침해하는 데 분노해 이 사건을 일으켰던 이는 일본 당으로 지목되었다. 그 후 일이 허사로 돌아가자 세상은 그를 역적이라 하였는데, 나는 정부에 몸을 담고 있어 그를 공격할 수밖에 없었다. 그러나 그 마음은 결코 다른 나라에 있지 않았고, 애국하는 데 있었다.

-『속음청사』-

[해설] 주어진 자료 속 밑줄 친 '이 사건'은 모두 고종 21년인 1884년 12월(음력으로는 10월)에 일어난 갑신정변을 가리킨다. 출처인『속음청사』는 온건 개화파 관료였던 운양 김윤식(1835~1922)의 일기이다.

- 4~5명의 개화당이 사건을 일으켜서 나라를 위태롭게 한 다음 청나라 사람의 억압과 능멸이 대단하였다. …(중략)… 종전에는 개화가 이롭다고 말하면 그다지 싫어하지 않았으나 이 사건 이후 조야(朝野) 모두 '개화당은 충의를 모르고 외인과 연결하여 매국배종(賣國背宗)하였다'고 하였다.

-『윤치호일기』-

[해설] '4~5명의 개화당'이라는 부분, '개화당이 충의를 모르고 외인과 연결하여 매국배종(賣國背宗)하였다'는 부분에서 제시된 '사건'은 갑신정변을 가리킴을 알 수 있다(1884, 고종 21). 김옥균, 박영효 등의 급진 개화파가 주도하였다.

- 전에는 개화당을 꾸짖는 자도 많이 있었으나, 개화가 이롭다는 것을 말하면 듣는 사람들도 감히 크게 반대하지 않았다. 그런데 이 사건을 겪은 뒤부터 조정과 민간에서 모두, "이른바 개화당이라고 하는 자들은 충의를 모르고 외국인과 연결하여 나라를 팔고 겨레를 배반하였다."라고 말하고 있다.

-『윤치호일기』-

[해설] 주어진 자료 속 밑줄 친 '이 사건'은 모두 고종 21년인 1884년 12월(음력으로는 10월)에 일어난 갑신정변을 가리킨다. 출처인『윤치호 일기』는 좌옹 윤치호(1865~1945)가 작성한 일기이다(1883년 1월~1943년 10월).

- 그들의 실패는 우리에게 무척 애석한 일이다. 내 친구 중에 이 사건을 잘 아는 이가 있는데, 그는 어쩌다 조선의 최고 수재들이 일본인에게 이용당해서 그처럼 큰 잘못을 저질렀는지 참으로 애석하다고 했다. 진실로 일본인이 조선의 운명과 그들의 성공을 위해 노력을 다했겠는가? 우리가 만약 국가적 발전의 기미를 보였다면 일본인들은 백방으로 방해할 것이 자명한데 어찌 그들을 원조했겠는가?

-『한국통사』-

[해설] '어쩌다 조선의 최고 수재들이 일본인에게 이용당해서'라는 부분, '진실로 일본인이 조선의 운명과 그들의 성공을 위해 노력을 다했겠는가?'라는 부분 등을 통해 밑줄 친 '그들'은 갑신정변을 일으킨 급진 개화파임을 가리킴을 알 수 있다.

- "가히 아까운 일이다. 일류 재사(才士)가 일본인에게 팔려 이러한 큰일을 저질렀다. …… 저들 일본인이 어찌 다른 나라의 백성을 위하여 남의 아름다운 덕을 진실로 도와 이루고자 하는 사람이겠는가 …… 김옥균이 망명하여 도쿄에 있으면서 다시 거사를 도모하려 했으나 저들은 이내 추방하여 오가사와라 섬에 유폐시켰으니 어찌 그를 아껴서 도와준다고 하겠는가."

[해설] 주어진 자료 속 밑줄 친 'ⓒ 큰일'은 김옥균(1851~1894)을 비롯한 급진 개화파들이 우정총국 개국 축하연을 이용하여 일으킨 갑신정변을 가리킨다. 위의 자료와 같은 내용이다(박은식의『한국통사』).

- [갑신 정강(14개조 혁신 정강)] 문벌을 폐지하고 인민 평등의 권리를 제정하고 능력에 따라 관리를 등용할 것. [법15] □ (제2조)
  └ 전국에 걸쳐 지조법을 개혁할 것. [서14] □ (제3조)
  └ 전국적으로 지조법(地租法)을 개혁하여 아전들의 부정을 막고 백성의 곤경을 구제하며, 더불어 국가 재정을 넉넉하게 할 것.

[회17] □

47 개화파의 형성과 갑신정변

└지조법을 개정하여 관리의 부정을 막고 백성을 구제하며 국가 재정을 충실케 한다. [경16①] □

└지조법을 개혁하여 국가 재정을 넉넉히 한다. [법14] □

└지조법을 개혁한다. [법13] □

└지조법을 개혁하고 혜상공국을 폐지하려 하였다. [지13] (각 제3조/제9조)

└지조법을 시행하고 호조로 재정을 일원화하였다. [지17①] □ (각 제3조/제12조)

└지조법을 실시하고, 호조로 재정을 일원화하였으며, 혜상공국을 폐지하여 자유로운 상업의 발전을 꾀하였다.
[경17①] □ (각 제3조/제12조/제9조)

└정부에 지조법 개혁을 요구하여 교정청을 통해 실시되었다. [법15] □

└내시부를 없애고 그 중에 우수한 인재를 등용한다. [국15] □ (제4조)

└내시부를 없애고 그 가운데서 재능있는 자가 있으면 뽑아 쓴다. [지14②] □

└각 도의 환곡 제도를 영원히 없앨 것. [서14] □ (제6조)

└보부상 단체인 혜상공국을 혁파한다. [서15] □ (제9조)

└혜상공국을 없앨 것 [서14] □

└재정을 모두 호조에서 관할하도록 할 것. [서14] □ (제12조)

└의정부, 6조 외의 불필요한 관청은 없앤다. [서15] □ (제14조)

└의정부와 6조 외의 불필요한 관청은 모두 없앤다. [경18②] □

[해설] 급진 개화파가 일으킨 갑신정변 당시 발표된 14개조 정강의 내용이다. (국가 재정의 확보를 위한) 지조법 시행[개혁]은 제3조, 호조로의 재정 일원화는 제12조, 혜상공국 폐지는 제9조, 내시부 폐지는 제4조에 해당한다. / 정부가 개혁 기구인 교정청을 설치한 것은 고종 31년인 1894년 6월 11일의 일이다(~6.25)[제1차 갑오개혁 시기]. 하지만 일본군의 경복궁 점령과 그에 대한 압박으로 교정청은 설치된 지 불과 2주만에 폐지되고 군국기무처가 대신 설치되었다(1894.6.25). / 환상미를 영구히 받지 않는다고 하여 환곡제를 폐지한 것은 제6조에 해당한다. / 혜상공국 혁파는 제9조에 해당한다. 혜상공국을 혁파하여 특권적 상업 체제를 없애고 자유로운 상업의 발전을 추구하였다. / 모든 재정을 호조로 통합하여 국가 재정을 일원화한 것은 제12조에 해당한다. / 의정부, 6조 외에 불필요한 관청을 없애는 것은 정강의 제14조에 해당한다. 제13조와 함께 입헌 군주제를 실시하고 내각 제도를 수립하려 하였다.

- [갑신 정강(14개조 혁신 정강)] 내각 제도를 수립하고, 인민 평등권 확립과 조세 개혁 등을 추진하였다. [서21] □

[해설] 내각 제도를 수립하고, 인민 평등권 확립과 조세 개혁 등을 추진한 것은 갑신정변 때의 일이다(14개조 혁신 정강, 즉 갑신 정강의 내용, 차례로 제13조와 제14조/제2조/제3조)

■ **갑신 정강(14개조 혁신 정강)** [서14] [법20] [법11] [소18②] □

- 첫째, 대원군을 가까운 시일 안으로 나라에 돌아오게 하도록 할 것.
  둘째, 문벌을 없애 인민이 평등한 권리를 갖는 제도를 제정할 것.
  ⋮

[해설] '대원군을 가까운 시일 안으로', '인민이 평등한 권리를 갖는'은 갑신정변을 일으킨 급진 개화파가 개화당 정부를 수립한 후 제시한 14개조 혁신 [개혁] 정강이다.

- 1. 흥선 대원군을 빨리 귀국시키고 종래 청에 행하던 조공의 허례를 폐지한다.
  9. 혜상공국을 혁파한다.
  12. 모든 재정은 호조에서 관할한다.

[해설] 갑신정변 때 발표된 갑신 정강(14개조 혁신 정강)임을 알 수 있다.

- 1. 청에 잡혀간 흥선 대원군을 곧 돌아오게 하고, 종래 청에 대하여 행하던 조공의 허례를 폐지한다.

  2. 문벌을 폐지하여 인민 평등의 권리를 세워 능력에 따라 관리를 임명한다.

  13. 대신과 참찬은 매일 합문 안의 의정부에 모여 정령을 결하고 반포한다.

[해설] 주어진 자료는 급진 개화파의 혁신[개혁] 정강 14개조이다. 1884년 12월 갑신정변 때 발표된 것으로 알려져 있다.

- ·청에 잡혀간 흥선 대원군을 곧 돌아오게 하며, 종래의 청에 대하여 행하던 조공의 허례를 폐지한다. (제1항)

  ·지조법을 개혁해 관리의 부정을 막고 백성을 보호하며, 국가 재정을 넉넉하게 한다. (제3항)

  ·혜상공국을 혁파한다. (제9항)

  ·대신과 참찬은 의정부에 모여 정령을 의결하고 반포한다. (제13항)

[해설] 주어진 자료는 갑신정변 때 급진 개화파들이 실현하고자 한 혁신[개혁] 정강 14개조이다(1884.12). 제시된 항목은 위에서부터 차례로 제1항, 제3항, 제9항, 제13항에 해당한다.

- 일본 공사관이 불타고 일본군이 청군에 패퇴하였다. [국16] □

[해설] 청의 군사가 개입하여 일본군은 철수하면서 갑신정변은 실패하였다. 개화당 세력을 지원한 일본 공사관이 이때 습격을 당하였다.

- 갑신정변 당시 청군의 원조를 요청하였다. [서17②] □

 ㄴ(가) : 집권층의 요구로 파병된 청 병력에 의해 좌절되었다. [법11] □

[해설] 갑신정변이 일어나자 집권층인 민씨 세력은 위기를 느끼고 임오군란 때와 마찬가지로 청군의 원조를 요청하였다. 당시 청군은 한성[서울]에 주둔 중이었다.

- [갑신정변 관련 인물] 박영효, 윤치호 [x], 김옥균, 김홍집 [x] [서16] □

 ㄴ[김홍집과 김옥균] 개화의 속도와 범위 문제에 대해 의견을 달리 하였다. [법15] □

[해설] 좌옹 윤치호(1865~1945)는 개화파와 교류하였으나 갑신정변에는 참여하지 않았다. 독립 협회에 가담하여 서재필(1864~1951)에 이어 독립 협회 회장을 맡았다. / 고균 김옥균(1851~1894)은 급진 개화파로 갑신정변을 주도하였다. 갑신정변의 실패로 일본과 청에 망명하였으나, 1894년 3월 중국 상하이에서 홍종우(1854~1913)에 의해 암살되었다(1894.3.28). / 도원 김홍집(1842~1896)은 온건 개화파로, 갑오개혁을 주도하였으나 아관 파천으로 김홍집 내각이 붕괴되면서 피살되었다(1896.2.11). / 김홍집은 온건 개화파, 김옥균은 급진 개화파이다.

■ 춘고 박영효 [서16] □

- ·1872년 철종의 딸 영혜 옹주와 결혼

  ·1884년 갑신정변에 참여함. 실패 후 일본 망명

  ·1894년 내무대신에 임명됨. 다음해 일본 망명

  ·1910년 국권 피탈 이후 일본의 작위를 받고 동아일보사 초대 사장, 중추원 의장·부의장, 일본 귀족원 의원 등 역임

[해설] '영혜 옹주와 결혼'하고, '갑신정변에 참여'하였으며, '1894년 내무대신'에 임명되고, 한일 병합 후 '일본의 작위'를 받은 인물은 춘고 박영효(1861~1939)이다. 박영효는 환재 박규수(1807~1877)의 천거로 1872년(고종 9) 4월 철종의 딸이자 고종의 사촌인 영혜 옹주(1858~1872)와 혼인하여 부마가 되었다.

- [서광범] 갑신정변 이후 일본을 거쳐 미국에 망명하였고, 1894년에 귀국하여 제2차 김홍집 내각의 법무대신이 되었다.*

[경20①] □

[해설] 갑신정변 이후 일본을 거쳐 미국에 망명하였고(1885.5), 1894년 12월에 귀국하여 (이때 수립된) 제2차 김홍집 내각의 법부대신이 된 인물은 위산 서광범(1859~1897)이다.

급진 개화파와 갑신정변의 역사적 의미 [경12①] □

청나라에 대한 종속 관계를 청산하고 인민 평등권의 내용과 능력에 따른 인재의 등용을 표방하였으며 행정 조직의 개편과 조세 제도의 개혁을 모색하였다. 우리나라에서 처음으로 근대 국가를 건설하려 하였던 사건으로 큰 의미가 있다. 또한 양반 지주층 일부가 중심이 되어 위로부터의 근대화를 꾀하였다는 점에서 의의가 있다고 하겠다.

그러나 이 사건은 외세의 조선 침략을 촉진하는 결과를 가져왔으며, 농민들의 바람인 토지 문제의 해결에 적극적이지 않았다는 한계가 있다.

[해설] 주어진 자료는 1884년 12월(음력10월)에 일어난 갑신정변에 대한 역사적 평가이다.

• [갑신정변] 한성 조약 체결의 계기가 되었다.
  └ 한성 조약 [국24] [서17①] □

[해설] 갑신정변 진압 직후 조선과 일본은 수습을 위하여 한성 조약을 맺었다(1885.1). 주요 내용은 일본에 사의를 표하고 피해를 보상하는 것이었다. 참고로 청과 일본 사이에 따로 텐진 조약이 체결되었다(1885.4).

한성 조약 [경21①] □

제1조 조선국은 국서를 일본국에 보내 사의를 표명한다.

제4조 일본 공관을 새로운 곳으로 옮겨 신축하는 것은 마땅히 조선국에서 기지와 방옥을 교부해 공관 및 영사관으로 사용할 수 있도록 한다. 수축 중건에는 조선국이 다시 2만 원을 지불해 공사비를 충당한다.

[해설] 주어진 '(나) 조약'은 고종 22년인 1885년 1월에 갑신정변의 사후 처리를 위해 조선과 일본 사이에 체결된 '한성 조약'임을 알 수 있다. 방옥(房屋)이란 큰 방 안에 따로 규모가 작게 만든 아랫방으로, 여기서는 '건물' 정도로 보면 된다.

• 청·일 양국 군대가 조선에서 철수하는 것 등을 내용으로 하는 텐진 조약이 체결되었다. [국17①] □
  └ ⓒ의 영향으로 청과 일본은 향후 조선에 군대 파병 시 서로 알린다는 내용의 텐진 조약을 체결하였다. [서24①] □
  └ 이 사건 이후 청과 일본은 텐진 조약을 체결해 향후 조선으로 군대 파견 시 상대국에게 알리도록 하였다. [서23] □
  └ 청과 일본 사이에 텐진 조약이 체결되었다. [경21①] □
  └ (가)와 (나) - 텐진 조약을 체결하였다. [법24] □
  └ 청과 일본은 조선에 대한 파병권을 동등하게 가졌다. [지15①] □
  └ 일본은 조선에 주둔시켰던 군대를 철수하였다. [지12②] □
  └ 텐진 조약 [국24] [서22①] [서17①] [경12②] □

[해설] 청과 일본 사이에 텐진 조약이 체결된 것은 1885년 4월(양력)의 일이다[1885.4.18(양력)/1885.3.4(음력)]. 합의한 주요 내용은 청일 양군이 조선에서 동시 철병[철수]하며, 장차 조선에 군대를 파견할 시에는 상대국에 문서로 알릴 것(동시 파병) 등이었다. 후일 동학 농민 운동(1894) 때 양군이 동시 출병하여 청일 전쟁이 일어나는 빌미가 되었다. 참고로 텐진 조약 체결 전인 1885년 1월에 조선과 일본은 갑신정변의 수습을 위한 한성 조약을 체결한 바 있다. / [법 24]의 (가)는 청, (나)는 일본을 가리킴.

텐진 조약 [서17①] □

1. 청·일 양국 군대는 4개월 이내에 조선에서 동시 철병할 것.
2. 청·일 양국은 조선 국왕의 군대를 교련하여 자위할 수 있게 하되, 외국 무관 1인 내지 여러 명을 채용하고 두 나라의 무관은 조선에 파견하지 않을 것.

3. 장차 조선에서 변란이나 중대사로 두 나라 중 한 나라가 출병할 필요가 있을 때는 먼저 문서로 조회하고 사건이 진정된 뒤에는 즉시 병력을 전부 철수하여 잔류시키지 않을 것.

[해설] 청일 양국 군대가 조선에서 동시 철병한다는 내용과 한 나라가 출병할 필요가 있을 때는 다른 나라에 먼저 문서로 조회한다는 내용에서 갑신정변 후 청과 일본이 맺은 톈진 조약임을 알 수 있다(1885.4).

3 갑신정변 이후의 국내외 정세

- 조선의 중립화론 대두 [소18②] □

[해설] 조선의 중립화론이 (크게) 대두된 것은 영국이 거문도를 무단 점령하는 사건이 일어났을 때이다(1885.4). 대표적으로 주한 독일 부영사였던 부들러(1846~1893)와 유길준(1856~1914)이 중립화론을 제시하였지만 조선 정부와 열강들에 의해 모두 무시되었다.

- 독일 부영사 부들러는 조선의 영세 중립국화를 건의하였다. [국17①] □
  └ 부들러가 조선의 영세 중립 선언을 권고하였다. [경21①] □
  └ 조선을 중립화하자는 주장이 대두되었다. [법13] □
  └ '조선 중립화론'을 제기하였다. [경21②] □

[해설] 한성[서울] 주재 독일 부영사 부들러(Hermann Budler, 1846~1893)가 스위스식 영세 중립국화를 건의한 것은 1885년 3월의 일이다. 당시 외무장관이었던 운양 김윤식(1835~1922)에게 권고하였다. / 거문도를 영국군이 무단으로 점령하는 사건을 전후하여 서구 열강들의 치열한 경쟁으로 조선을 둘러싼 갈등이 고조됨에 따라 조선을 중립화하자는 주장이 내외국인을 막론하고 수시로 곳곳에서 대두되었다(일본 외무경 이노우에 가오루의 조선 중립화론, 외교 협판 묄렌도르프의 벨기에식 조선 중립화론, 주 조선 독일 부영사 부들러의 영세중립론, 유길준의 조선 중립론 등). 참고로 러일 전쟁 때는 전쟁 발발 직전에 대한 제국이 국외 중립 선언(1904.1.22)을 하였으나 일제는 이를 무시하고 전쟁을 일으켰다.

- [유길준] 한반도의 중립화론을 집필하였다. [법12] □

[해설] 한반도의 중립화론을 집필한 대표적인 인물로 구당 유길준(1856~1914)을 들 수 있다(1885년 말경 집필). 사실 당시 조선 정부의 외교 정책은 인아거청(引俄拒淸)책, 즉 '러시아를 끌어들여 청의 영향력을 줄이려 하는 정책'을 추구하였기에 갑신정변 주도 세력과의 연계를 의심받아 연금 상태에 있던 유길준은 신변을 염려하여 자신의 중립화론을 세간에 공표하지 않았다.

■ 구당 유길준의 중립화론 [경20①] □

우리나라가 아시아의 인후에 처해 있는 지리적 위치는 유럽의 벨기에와 같고, 중국에 조공하던 처지는 터키에 조공하던 불가리아와 같다. 그런데 불가리아가 중립 조약을 체결한 것은 유럽 여러 대국들이 러시아를 막으려는 계책에서 나온 것이었고, 벨기에가 중립 조약을 체결한 것은 유럽의 여러 대국들이 자국을 보전하려는 계책에서 나온 것이었다. 대저 우리나라가 아시아의 중립국이 된다면 러시아를 방어하는 큰 기틀이 될 것이고, 또한 아시아의 여러 대국들이 서로 보전하는 성약도 될 것이다. 오직 중립만이 우리나라를 지키는 방책인데, 우리 스스로가 제창할 수도 없으니 중국에 청하여 처리해야 할 것이다. 중국이 맹주가 되어 영국, 프랑스, 일본, 러시아 같은 아시아에 관계있는 여러 나라들과 화합하고 우리나라를 참석시켜 같이 중립 조약을 체결토록 해야 될 것이다. 이것은 비단 우리나라만을 위한 것이 아니라 중국의 이익도 될 것이고, 여러 나라가 서로 보전하는 계책도 될 것이니 무엇이 괴로워서 하지 않겠는가.

[해설] 주어진 자료는 거문도 사건(영국군 점령) 직후 유길준(1856~1914)이 제시한 중립화론이다(1885.6).

- 러시아의 남하 정책에 대응하여 영국 함대가 거문도를 불법 점령하였다. [국17①] □
  └ [영국] 거문도를 불법으로 점령하였다. [서19②] □
  └ 영국이 거문도를 불법 점령하였다. [법23] □

└영국이 거문도를 불법으로 점령하였다. [소22] □

└영국이 거문도를 점령하였다. [지24] [회20] □

└영국이 불법적으로 거문도를 점령하였다. [법17] □

└[영국] 거문도를 불법 점령하였다. [서24②] [법24] □

└(가)는 남해의 전략적 요충지인 거문도를 불법 점령하였다[✗]. [법20] □

└(나): 동아시아의 세력 확장을 위해 거문도를 불법 점령한 영국 군인들 [법11] □

└1885 거문도 사건 [법13] □

└거문도 사건 [서17②] [법21] [소18②] □

[해설] 영국 함대가 (러시아의 남하를 막는다는 명목으로) 거문도를 불법 점령한 것은 고종 22년인 1885년 4월의 일이다(거문도 사건)(~1887.2). 이후 조선 정부의 항의와 청의 중재로 영국은 러시아로부터 침략 의사가 없음을 확인받은 후 철수하였다(청의 중재로 1887년 2월에 철수). 이 사건으로 주 조선 독일 부영사 부들러(H. Budler)(1846~1893)와 구당 유길준(1856~1914)은 한반도 중립화론을 제기하였다. / [법20]의 '(가)'는 러시아를 가리킴.

• 당오전을 발행하는 기사* [서17②] □

[해설] 당오전은 1883년에 주조되어 1894년까지 유통된 화폐로, 거문도 사건 당시에도 사용되었다(해당 문제에서 묻는 내용, '거문도 사건이 전개된 동안, 당시 사람들이 볼 수 있었던 모습').

• [묄렌도르프] 우리나라 최초의 서양인 고문이었다. [법15] □

└묄렌도르프가 고문으로 파견되었다. [경21①] □

[해설] 우리나라 최초의 서양인 고문은 독일인 (파울 게오르크 폰) 묄렌도르프(Möllendorff, Paul Georg von, 1848~1901)이다. 청 북양대신 이홍장(1823~1901)의 추천으로 통리아문{1882년 7월 통리기무아문 폐지 후 다시 개편된 기구}의 참의·협판을 역임하면서 외교 및 세관 업무를 맡았다[즉 재정 및 외교 고문], 한국명 '목인덕(穆麟德)'][1882년 12월 입국][마젠창(마건상)(?~?)과 함께 파견됨]. 이후 러시아 공사 (카를) 베베르(1841~1910)와 협조하여 1884년 5월 조러 수호 통상 조약을 체결하는 데 기여하였다(갑신정변 때 개화파 반대)(조선에 러시아 세력을 끌어들였다 하여 외무협판에 재직 중이던 1885년 12월 이홍장의 압력으로 해임).

• [김옥균, 급진 개화파] (나)는 평등사상의 소유자들로서 신분의 차별을 없애고 일본의 메이지 유신을 본떠 정치를 쇄신하는 한편 『조선책략(朝鮮策略)』을 비판하였다[✗]. [기14] □

└(나)는 왜양일체론으로 친정 사대당을 결성하여 아래로부터의 개혁을 추진하였다[✗]. [기14] □

[해설] 김옥균(1851~1894)을 중심으로 한 급진 개화파들은 평등사상의 소유자들로서 신분의 차별을 없애고 일본의 메이지 유신을 본떠 정치를 쇄신하고자 하였다. 하지만 『조선책략(朝鮮策略)』을 비난한 세력은 위정척사파들이다(영남만인소, 1881.2). / 왜양일체론은 위정척사파들의 주장이다. 또 ('친정'?이 아니라, 오류임) 친청(親淸) 사대당을 결성한 것은 온건 개화파들이다. 아래로부터의 개혁을 추진한 것은 동학 농민군들이다. 급진 개화파들은 '위로부터의 개혁'을 추진하였다.

■ **국왕 폐하께 대한 탄원(김옥균)** [기14] □

밖으로는 널리 구미 각국과 신의로써 친교하고, 안으로는 정치를 개혁하여 어리석은 인민을 문명의 도(道)로 가르쳐야 합니다. 또한 상업을 일으켜서 재정(財政)을 확충하고 군사를 길러야 합니다. 이와 같이 할 수만 있다면 영국은 마침내 거문도에서 철수하게 될 것입니다. 그 밖의 여러 나라도 역시 침략의 뜻을 버리게 될 것입니다. [국왕 폐하께 대한 탄원 (1886.7.9., 김옥균《동경매일신문 발표문》]

[해설] 급진 개화파의 지도자인 김옥균(1851~1894)의 글이다. 갑신정변 실패 후 일본으로 망명한 상황에서 작성한 탄원서이다.

● 사진으로 보는 개화파의 형성과 갑신정변

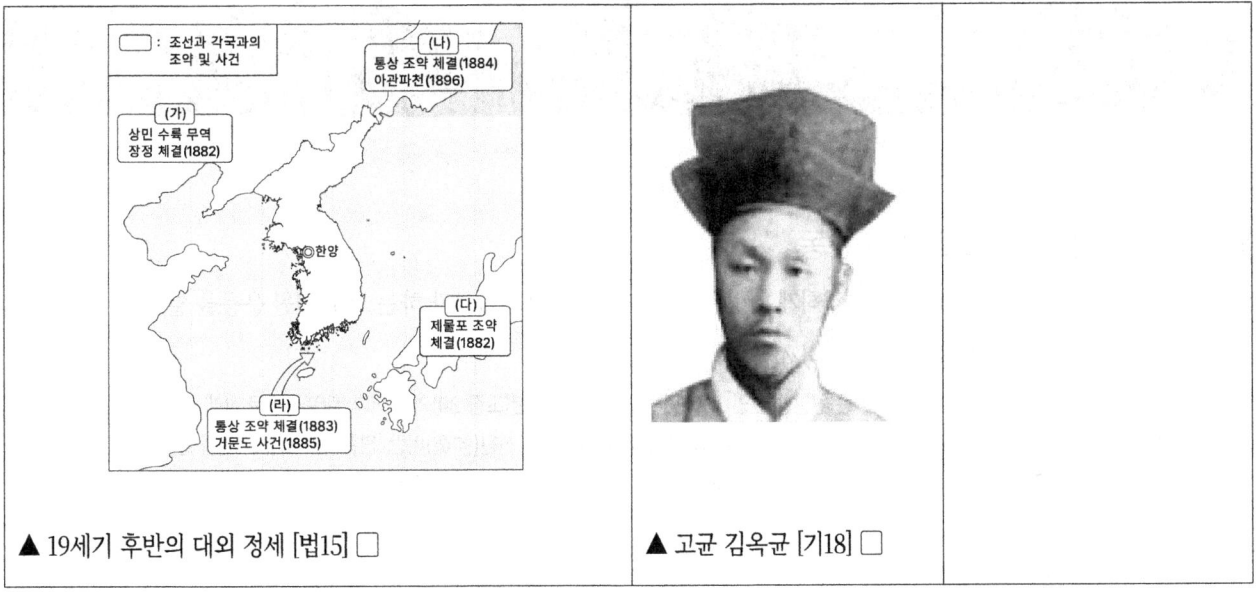

▲ 19세기 후반의 대외 정세 [법15] ☐　　　▲ 고균 김옥균 [기18] ☐

[해설] [법15] 개화기에 조선이 외국과 맺은 각종 조약과 관련 사건이 지도에 표시되어 있다. (가)에는 조청 상민 수륙 무역 장정이, (나)에는 조러 (수호) 통상 조약과 아관 파천이, (다)에는 제물포 조약이, (라)에는 조영 (수호) 통상 조약과 거문도 사건이 나와 있다.

주제 48 동학 농민 운동

1 동학의 교세 확장과 교조 신원 운동

- 교세가 확장되면서 대중 집회를 열고, 억울하게 처형된 교조 최시형의 원을 풀고자 하는 교조 신원 운동을 벌였다. [경15①] ☐
  └ 교조(教祖)의 신원(伸寃)을 요구하였다. [회24] ☐

[해설] 교조 신원 운동이 벌어진 것은 동학 농민 운동 발생 전인 1892년(고종 29)~1893년(고종 30)의 일이다. 대표적으로 삼례 집회(1892.11), 서울 복합 상소(1893.2), 보은 집회(1893.3)를 들 수 있다[집회를 '취회(聚會)'라고도 함]. 신원(伸寃)이란 '원통하고 억울한 일을 풀어 버린다'는 뜻으로, 이는 곧 동학 교주의 처형이 부당한 일이었음을 정부가 인정함으로써 동학을 합법화해달라는 요청이다.

- 삼례 집회(교조 신원 운동) [국15] ☐
  └ 동학교도들이 전라도 삼례에서 교조 신원을 요구하는 집회를 벌였다. [법22] ☐

[해설] 동학교도가 교조인 수운 최제우(1824~1864)의 신원을 주장하며 삼례 집회를 개최한 것은 고종 29년인 1892년 11월의 일이다(전북 완주군 삼례읍 일대).

- 동학교도가 궁궐 앞에서 교조 신원을 주장하는 집회를 열었다. [국18] ☐

[해설] 동학교도가 경복궁 광화문 앞에서 교조 신원을 주장하는 집회를 연 것은 1893년 2월의 일이다(서울 복합 상소). 병란의 양상[이필제의 난]으로 진행된 1871년의 제1차 교조 신원 운동, 1892년의 제2차 교조 신원 운동에 이은 제3차 교조 신원 운동으로 평가되고 있다.

- 보은 집회 [기16] ☐

[해설] 충북 보은에서 동학교도들은 척왜양창의(斥倭洋倡義)와 보국안민(輔國安民)을 기치로 내세웠다(1893.3) 척왜양창의는 '일본과 서양 세력을 배척하고 의를 일으킨다'는 뜻이고, 보국안민은 '국가를 도와 백성을 편안하게 한다'는 뜻이다. 동학 창시자의 죄를 풀어달라는 구호를 전면에 내세우고 있지는 않지만 교조 신원 운동의 연장으로 본다.

2 동학 농민 운동의 전개와 의의

- 1894년 동학 농민 운동 [법13] ☐
  └ 1894년 동학 농민 운동은 폐정 개혁안을 기치로 내걸고 일어난 반봉건, 반외세 운동이었다. 이를 계기로 청·일 전쟁이 일어났고, 조선에는 김홍집 내각이 수립되어 갑오개혁을 추진했다. [경13②] ☐
  └ 동학 농민 운동 [기18] ☐

[해설] 동학 농민 운동은 반봉건, 반외세 운동의 성격을 가지고 있다.

- 고부 군수 조병갑이 만석보를 쌓아 수세를 강제로 거두었다. [국19] ☐

[해설] 고부 군수 조병갑(1844~1912)이 만석보를 쌓아 수세를 강제로 거둔 것은 고부 농민 농기가 일어나기 전해인 1893년(고종 30)의 일이다.

▌고부 농민 봉기 모의(결의 사항) [지24] ☐

1. 고부성을 격파하고 군수 조병갑의 목을 베어 매달 것.
1. 군기창과 화약고를 점령할 것.
1. 군수에게 아첨하여 백성을 침탈한 탐욕스러운 아전을 쳐서 징벌할 것.

1. 전주 감영을 함락하고 서울로 곧바로 향할 것.

[해설] 주어진 자료[결의 사항]는 1893년 11월(음력) 전북 고부(지금의 전북 정읍)에서 전봉준(1855~1895) 등 20명이 봉기를 일으키기로 결의한 후 각 마을의 집강들에게 보낸 사발통문(沙鉢通文)의 내용이다. 이후 전봉준은 농민을 이끌고 고부 관아를 습격하였다(1894.1.10)(고부 농민 봉기).

- [고부 농민 봉기] 조병갑의 탐학에 맞서 고부 관아를 습격하였다. [소19①]□
  └고부 관아 습격 [국15]□
  └고부 봉기 발생 [법16]□
  └고부에서 만석보가 허물어졌다. [법24]□
  └고부에서 일어난 민란은 동학 농민 운동의 발단이 되었다. [회17]□
  └동학 농민 운동은 1894년 전라도 고부에서 시작되었다. [경17①]□
  └고부 농민 봉기는 조병갑의 학정에 항거한 사건이며, 정부는 안핵사 이용태를 파견하여 동학교도를 색출하고 탄압하였다.
   [경14①]□
  └고부 군수 조병갑에 대한 불만과 단발령 실시에 항거하여 1894년 전라도 고부에서 시작되었다[×]. [경15①]□
  └고부 농민 봉기 [기16]□
  └고부현 봉기 [서21]□

[해설] (전북 정읍) 고부현 봉기가 일어난 것은 고종 31년인 1894년 1월 10일(음력)(양력으로는 2월 15일)의 일이다[동학 접주 전봉준(1855~1895)이 농민을 이끌고 고부 관아 습격]. / [경15①] 고부 농민 봉기는 단발령 실시(을미개혁 때인 음력 1895년 11월에 공포) 이전의 일이다.

- 조선 정부가 조병갑을 파면하고 박원명을 고부 군수로 임명하였다. [법22]□

[해설] 조선 정부가 고부 군수 조병갑을 파면하고 박원명(1847~?)을 고부 군수로 새로 임명한 것은 1894년 2월 16일의 일이다(고부 농민 봉기). 참고로 동학 농민군의 제1차 봉기가 일어난 것은 고부군 안핵사로 임명된 이용태의 잘못된 일처리 때문이었다(1894년 3월).

- 안핵사 이용태가 농민을 동학도로 몰아 처벌하였다. [국19]□

[해설] 안핵사 이용태(1854~1922)가 농민을 동학도로 몰아 처벌한 것은 1894년 3월의 일이다. 이와 같은 안핵사 이용태의 잘못된 행동은 (동학 농민군의) 제1차 봉기의 계기가 되었다. 당시 장흥부사였던 이용태는 2월 16일 고부군 안핵사로 명을 받자 병을 핑계로 시간을 끌다 3월 2일 고부로 들어가 농민들을 무작정 잡아들이고 집을 불태우는 등 만행을 저질러(신임 군수 박원명 협박) 동학 농민군이 제1차 봉기를 일으키는 결정적인 계기를 조성하였다.

■ 고부 농민 봉기와 안핵사 파견 [법11]□

- ○ 농민군 이끌고 고부 관아 습격 → 군수 추방, 아전 징벌
  ○ 정부, 안핵사로 이용태 파견 → 동학 농민군 탄압

[해설] 1894년 1월 고부 농민 봉기가 발생하였을 때의 일을 가리킨다(1894.1~3).

- 동학 농민 운동의 전개 [법13]□
  └동학 농민군의 제1차 봉기 시 동학 교단의 남접과 북접이 합세하였다[×]. [회17]□

[해설] 동학 농민 운동이 (본격적으로) 전개된 것은 1894년 3월의 일이다(제1차 봉기). / 동학 교단의 남접과 북접이 합세한 것은 동학 농민군의 (제1차 봉기 시가 아니라) 제2차 봉기 시의 일이다.

- 백산에서 전봉준이 보국안민을 위해 궐기하라는 통문을 보냈다. [국18]□

┗전봉준과 손화중 등이 이끄는 동학 농민군은 백산에서 4대 강령과 격문을 발표하였다. [회17] □

┗농민군은 전봉준을 총대장으로, 김개남·손화중을 총관령으로, 김덕명과 오시영을 총참모로 정하는 등 지휘 체계와 조직을 세우고 백산에 '호남창의대장소'를 설치하였다.* [경20①] □

┗보국안민, 제폭구민의 대의를 위해 봉기할 것을 호소하였다. [지16②] □

┗보국안민, 제폭구민을 기치로 내걸었다. [소21] □

┗백산 집결 [법16] □

┗동학 농민군 [지11②] □

[해설] 백산에서 전봉준과 동학 농민군이 집결하여 '호남창의대장소'를 세우고 보국안민, 제폭구민을 위해 궐기하라는 통문을 전국에 보낸 것은 1894년 3월(음력)의 일이다(고부 백산 대회)(1894년 3월 25일과 26일 양일)(고부는 현재의 전북 부안).

■ 백산 격문(호남 창의 대장소 격문) [법22] [기16] □

• 우리가 의로운 깃발을 들어 이곳에 이름은 그 뜻이 결코 다른 데 있지 아니하고 창생을 도탄 속에서 건지고 국가를 반석 위에 두고자 함이다. 안으로는 양반과 탐학한 관리의 목을 베고 밖으로 횡포한 강적의 무리를 내몰고자 함이다.

[해설] 동학 농민군이 전북 고부(현재 부안) 백산에 모여 제1차 봉기를 일으켰을 때 발표한 [호남 창의 대장소(大將所)] 격문이다(이른바 '백산 격문')(격문 앞부분)(1894.3.25~26).

• 우리가 의(義)를 들어 이에 이르렀음은 그 뜻이 결코 다른 데 있지 않다. 백성을 도탄에서 건지고 국가를 반석 위에 두고 자 함이라. 안으로는 탐학한 관리의 머리를 베고, 밖으로는 횡포한 강적의 무리를 구축하고자 함이라. 양반과 부호 앞에 고통을 받는 민중, 수령과 방백 밑에 굴욕을 받는 아전들은 우리와 같이 원한이 깊은 자이라. 조금도 주저치 말고 이 시각 으로 일어서라.
- 동학 농민군 백산 격문 -

[해설] 출처가 '동학 농민군 백산 격문'이라고 되어 있는 바 이는 1894년 3월 25일과 26일(음력, 이하 동일) 양일에 있었던 고부 백산(白山) 때의 격문 임을 알 수 있다(동학 농민 운동).

■ 동학 농민군의 4대 강령 [지11②] [법15] [소18②] □

• ○ 사람을 죽이지 말고 가축을 잡아먹지 말라.
  ○ 충효를 다하여 세상을 구하고 백성을 평안하게 하라.
  ○ 일본 오랑캐를 몰아내고 나라의 정치를 깨끗이 하라.

[해설] '사람을 죽이지 말고 가축을 잡아먹지 말라'는 내용의 강령이 나와 있다. 이어 '충효를 다하여 세상을 구하고 백성을 평안하게 하라'는 강령[동학 의 정치 구호인 '제폭구민', '보국안민'], '일본 오랑캐를 몰아내고 나라의 정치를 깨끗이 하라'는 강령[동학의 정치 구호인 '척왜양창의']이 나와 있다. 이를 통해 제시된 강령을 내세운 것은 동학 농민 운동을 일으킨 동학 농민군들임을 알 수 있다. 참고로 위의 세 가지 강령 외에 '군대를 몰 고 서울로 들어가 권귀를 진멸하라'는 강령이 하나 더 있어 이른바 '동학 농민군의 4대 강령'이 발표되었음이 정년(1856~1925)이 집필한 『대한 계년사』에 기술되어 있다(1910).

• 1. 사람을 죽이지 말고 물건을 해하지 말라.
  2. 충효를 다하며, 세상을 구하고 백성을 평안하게 하라.
  3. 일본 오랑캐를 쫓아 버리고 왕의 정치를 깨끗이 하라.
  4. 군대를 몰고 서울로 들어가 권세가와 귀족을 모두 없애라.

[해설] 1894년에 일어난 동학 농민군이 내세운 강령이다.

• 첫째, 사람을 함부로 죽이지 말고 가축을 잡아먹지 말라. (不殺人 不殺物)
  둘째, 충효를 다하여 세상을 구하고 백성을 편안케 하라. (忠孝雙全 濟世安民)

셋째, 일본 오랑캐를 몰아내고 나라의 정치를 바로 잡는다. (逐滅倭夷 澄淸聖道)

넷째, 군사를 몰아 서울로 쳐들어가 권신귀족을 모두 제거한다. (驅兵入京 盡滅權貴)

- 정교, 『대한계년사』 -

[해설] 위와 같은 내용의 자료이다.

- 백산에서 격문을 발표하고, 황토현에서 관군에 승리하였다. [소19①] ☐

[해설] 동학 농민군이 전북 고부(현재 부안) 백산에서 격문을 발표한 것은 고종 31년인 1894년 3월의 일이다(1894.3.25~26). 또 황토현에서 승리한 것은 같은 해 4월의 일이다(1894.4.6~7).

- 농민군이 황토현에서 감영군을 격파하였다. [국19] ☐
 └황토현 전투 [국15] [서21] [법16] ☐

[해설] 고부와 태인에서 봉기한 농민군이 황토현에서 (전라도) 감영군을 격파한 것은 1894년 4월 6일과 7일(음력)의 일이다. 이후 농민군은 황룡촌 전투에서도 (중앙) 경군에 승리한 후 전주를 점령하였다[각 1894.4.23/4.27(음력)].

- 홍계훈이 이끄는 경군 선발대가 장성 황룡촌 전투에서 농민군에 패하였다. [경20①] ☐
 └황토현 전투와 장성 황룡촌, 우금치 등에서 관군을 물리치고 북상하여 전주성을 점령하였다[✗]. [경15①] ☐
 └황룡촌 전투 [경15②] ☐

[해설] 양호초토사 홍계훈(?~1895)이 이끄는 경군 선발대가 장성 황룡촌 전투에서 농민군에 패한 것은 1894년 4월 23일(음력)의 일이다(황룡촌 전투). 참고로 홍계훈은 이후 명성 황후 시해 사건[을미사변] 때 광화문을 지키다가 피살되었다. / 동학 농민군은 제2차 봉기 때인 1894년 11월에 벌어진 공주 우금치 전투에서는 대패하였다[1894.11.9~11(음력)].

- 전주성 점령 [국15] ☐

[해설] 동학 농민군이 전주성을 점령한 것은 1894년 4월 27일(음력)의 일이다. 장성 황룡촌 전투에서 중앙 경군을 격퇴한 지 나흘 후의 일이다.

■ **전주성 점령** [법16] ☐

동학의 무리가 금구현을 거쳐 전주 삼천에 주둔하였다가 이날 전주부에 돌입한 것이다. 전주감사 김문현 등은 동학의 무리가 갑자기 뛰어듦을 보고 군졸을 급히 동원하여 전주부민과 더불어 사문(四門)을 파수하였으나 동학의 무리가 별안간 사방을 포위하고 기세가 심히 맹렬하매 성을 지키는 군졸 등이 놀라 흩어져 버렸다.

[해설] 동학 농민군이 전주성을 점령할 때의 상황에 대한 설명이다.

- 전주 화약 [서21] [경15②] [기16] ☐
 └전주 화약 체결 [서18②] ☐
 └[전봉준] 전주성을 점령하고 정부와 전주 화약을 맺었다. [법12] ☐
 └전주성을 점령하고, 관군과 화약을 체결하였다. [소19①] ☐
 └전주성을 점령한 농민군은 토지 개혁 등 자신들의 요구를 담은 폐정 개혁안을 제출하여 관군과 전주 화약을 맺었다.
  [경12②] ☐
 └동학 농민군과 관군이 전주 화약을 체결하였다. [법22] ☐
 └집강소 및 폐정 개혁에 관한 규정이 포함되었다. [서17②] ☐

[해설] 전주 화약이 체결된 것은 고종 31년인 1894년 5월 8일(음력)의 일이다[양력 6월 11일]. 전주 화약이란 1894년 5월 8일 동학 농민 전쟁 진압을 빌미로 출동한 청과 일본군에게 주둔의 빌미를 주지 않기 위해 동학 농민군과 조선 정부가 맺은 화약이다. 동학 농민군은 화약의 조건으로 폐정 개혁안을 제시하였고 조선 정부가 이를 받아들였다. 폐정 개혁안에는 신분제의 폐지와 삼정의 개혁 등이 들어 있었는데 토지 개혁의 요구는 소유권의 균분에서 경작권의 균분으로 하향 조정되었다.

■ 전주 화약 [국19] [서17②]

- 청군과 일본군의 개입으로 사태가 악화되자 농민군은 폐정 개혁을 제시하며 정부와 (가) 을/를 맺었다. 이에 따라 농민군은 해산하였다.

[해설] 1894년 5월 8일(음력) 동학 농민군이 조선 정부와 맺은 전주 화약을 가리킨다.

- 심문자: 작년 3개월간 무슨 사연으로 고부 등지에서 민중을 크게 모았는가?
  답변자: 고부 군수의 수탈이 심하여 민심이 억울하고 통한스러워 의거를 하였다.
  심문자: 흩어져 돌아간 후에는 무슨 일로 봉기하였는가?
  답변자: 안핵사 이용태가 의거 참가자 대다수를 동학도로 몰아 체포하여 살육하였기 때문이다.
  심문자: (가) 이후 다시 봉기를 일으킨 이유는 무엇인가?
  답변자: 일본이 군대를 거느리고 경복궁을 침범하였기 때문이다.

[해설] 고부 등지에서 민중을 크게 모았고, 안핵사 이용태로 말미암아 봉기한 일 등이 나와 있다. 이를 통해 제시된 자료('전봉준 공초')는 동학 농민 운동임을 알 수 있다. '(가)'는 1차 봉기 결과 관군과 동학 농민군이 맺은 전주 화약을 가리킨다(1894.5).

- 농민군은 청·일 양군에 대한 철병 요구와 폐정 개혁을 조건으로 관군과 전주 화약을 맺고 해산하였다. [경20①]

[해설] 농민군이 청·일 양군에 대한 철병 요구와 폐정 개혁을 조건으로 관군[조선 정부]과 전주 화약을 맺고 해산한 것은 1894년 5월 8일(음력)의 일이다(전주 화약).

■ 고부 농민 봉기에서 집강소 설치 사이 [국19]

방금 안핵사 이용태의 보고에 따르면 "죄인들이 대다수 도망치는 바람에 조사하지 못하였다."라고 하였다.
- 『승정원일기』 -

↓
(가)
↓

전봉준은 금구 원평에 앉아 (전라) 우도에 호령하였으며, 김개남은 남원성에 앉아 좌도를 통솔하였다. - 『갑오약력』 -

[해설] (가) 위에서 이용태가 안핵사로 파견된 것은 고부 농민 봉기를 조사하기 위해서이다(1894.3)[『승정원일기』 고종 31년(1894) 4월 24일 기사]. (가) 아래는 동학 농민군이 전주 화약(1894.5) 이후 집강소 설치 합의(1894.7)를 통해 폐정 개혁안을 직접 실시할 때의 일이다. 출처인 『갑오약력』은 전주의 유생 정석모(1871~?)가 동학 농민 운동의 초기 과정과 자신이 겪은 사실을 적은 저술이다(흥선 대원군 계열의 인물).

- 전주 화약 후 전라도를 중심으로 집강소가 설치되어 폐정 개혁이 추진되었다. [회17]
  └ 농민군은 전주 화약의 체결로 전라도 일대에 집강소를 설치하여 치안과 행정을 담당하였다. [경14①]
  └ 전주 화약 이후 동학 농민군은 내정을 개혁할 목적으로 전라도 53개 군에 집강소를 설치하여 한 사람의 집강과 그 아래 서기, 성찰, 집사, 동몽 등의 임원을 두었다. [경17①]
  └ 폐정 개혁 12조를 실현할 목적으로 전라도 53개 군에 민정 기관을 설치하였다. [경15①]

└농민군은 삼남(三南) 지역에 자치적 개혁 기구인 집강소를 설치하여 해당 지역의 치안을 유지하고 잘못된 행정을 개혁해 나갔다[x]. [경12②] □

└전라도 각지에 집강소가 설치되었다. [법24] □

└집강소를 설치하고 폐정 개혁을 시도하였다. [지24] □

└집강소를 설치하여 부패한 행정을 개혁하였다. [소18②] □

└집강소를 설치하였다. [소21] □

[해설] '녹두장군' 전봉준(1855~1895)과 전라도 관찰사 김학진(1838~1917) 사이에 (농민들의 독자적인 자치 기구이자 민정 기관인) 집강소(執綱所) 설치가 최종 합의된 것은 1894년 7월 6일(음력)의 일이다. 전주 화약 체결 이후에도 일부 지역에서 동학 농민군과 지방 관아의 갈등이 불거지자 김학진은 효유문을 발표하여 폐정 개혁을 위한 집강소 설치를 허용하였다. 그리고 집강소의 운영에 관해 협의하기 위하여 6월 초 전주 감영에서 전봉준과 회담을 열었다(6월 15일경부터 전라도 53개 군현에 사실상의 집강소 설치 시작)([대도소(大都所)를 중심으로 전라도 일대에 설치]. 집강소가 전라도 지역만이 아니라 전라도 외 여러 곳에서 설치되었다는 연구도 있으나 아직 통설은 아니다(즉 삼남 지역 X).

• [폐정 개혁안] 탐관오리의 죄상을 조사하여 엄징하였다. [회18] □

[해설] 탐관오리의 죄상을 조사하여 엄징할 것을 요구한 단체는 동학 농민군이다[폐정 개혁안 2조, '탐관오리는 그 죄목을 사득(査得)해 일일이 엄징할 것'].

• [폐정 개혁안] 노비 문서를 불태워라. [지12②] □ (제5조) (이하 동일) (갑오개혁 때 반영)

└노비 문서는 불태워 버린다. [법14] □

└칠반천인(七班賤人)의 대우를 개선하고 백정(白丁)이 쓰는 패랭이를 벗겨 버릴 것. [회17] □ (제6조)

└과부의 재가를 허용하라. [지12②] □ (제7조) (이하 동일) (갑오개혁 때 반영)

└젊어서 과부가 된 여성의 재혼을 허용한다. [서20] □

└무명의 잡다한 세금은 일체 거두지 않는다. [서20] □ (제8조) (갑오개혁 때 반영)

└무명 잡세는 일체 거두지 않는다. [경16①] □

└무명 잡세는 거두지 않는다. [경18②] □

└왜와 통하는 자는 엄중히 징벌한다. [서20] □ (제10조) (이하 동일) (갑오개혁 때 반영 X)

└왜적(倭賊)과 통하는 자는 엄징한다. [법14] □

└토지를 골고루 나누어 경작하게 하라. [지12②] □ (제12조) (이하 동일) (갑오개혁 때 반영 X)

└토지는 균등히 나누어 경작한다. [서20] □

└토지의 평균 분작을 실현한다. [서15] □

└토지는 평균하여 분작한다. [서14] □

└토지를 평균으로 분작한다. [법13] □

└토지의 평균으로 나누어 경작하게 할 것. [법15] □

[해설] 노비 문서를 불태울 것을 요구한 것은 동학 농민 운동의 폐정 개혁안 12개조* 중 제5조에 해당한다(1894.6). / (청상)과부의 재가를 허용할 것을 요구한 것은 제7조에 해당한다. 갑오개혁에 반영되었다[제1차 갑오개혁에서 봉건적 악습인 조혼과 과부의 재가 금지, 고문과 연좌법 등을 폐지하였다]. / 무명의 잡다한 세금은 일체 거두지 않는다는 제8조에 해당한다. 갑오개혁에 반영되었다[제1차 갑오개혁에서 탁지아문으로 재정을 일원화하였다. 기타 은본위 화폐 제도를 도입하고, 조세의 금납화를 꾀하였다]. / 왜와 통하는 자는 엄중히 징벌한다는 것은 제10조에 해당한다. / 공채와 사채를 모두 무효로 하자고 주장한 것은 제11조에 해당한다. / 토지를 골고루 나누어 경작하게 하라는 요구한 것은 제12조에 해당한다(평균 분작).

*동학 농민군의 폐정 개혁안은 처음부터 12개조라는 형태로 일정한 안이 마련되어 제시된 것이 아니라 운동의 전개 과정에서 내용이 첨가되고 수정된 것이다. 그리하여 최초 봉기 때의 4개조에서 시작하여 6개조, 9개조, 13개조, 24개조의 폐정 개혁안이 제시되다가 실질적인 집강소 설치 시점(1894.6)에 이르러 12개조로 정리되었다(전주 화약 때 전봉준 등이 강화의 조건으로 초토사에게 제시, 즉 12개조는 집강소의 폐정 개혁안인 셈이다).

동학 농민군의 폐정 개혁안 [서23] [경14①] ☐

- ㄱ. 횡포한 부호를 엄히 다스린다. (제3조)
- ㄴ. 불량한 유림과 양반의 무리를 징벌한다. (제4조)
- ㄷ. 외국인에게 의지하지 말고 관민이 협력하여 전제 황권을 공고히 한다[×]. (헌의 6조 중 제1조)
- ㄹ. 무명의 잡세는 모두 폐지한다. (제8조)
- ㅁ. 중대 범죄를 공판하되 피고의 인권을 존중한다[×]. (헌의 6조 중 제4조)

[해설] 동학 농민 운동 시 동학 농민군이 제시한 폐정 개혁안 12개조 중 일부이다. 헌의 6조의 내용이 뒤섞여 있다(동학 농민군의 폐정 개혁 12개 조항으로 옳지 않은 것을 모두 고르는 문제).

- ·탐관오리는 그 죄상을 조사하여 엄징한다. (제2조)
- ·노비 문서는 모두 소각한다. (제5조)
- ·칠반천인(七班賤人)의 대우를 개선하고, 백정이 쓰는 평량갓을 없앤다. (제6조)
- ·관리 채용에는 지벌을 타파하고 인재를 등용한다. (제9조)
- ·토지는 평균 분작한다. (제12조)

[해설] 주어진 자료는 동학 농민군이 제시한 폐정 개혁 12개조이다.

- 조선 정부는 농민들의 요구에 대응하여 삼정이정청을 설치하였다[×]. [지15②] ☐

[해설] 삼정이정청은 철종 때 진주 농민 봉기(1862)가 발생하자 삼정의 폐단을 시정하기 위해 임시로 설치한 관청이다(안핵사 박규수 건의 수용).

- 청이 조선 정부의 요청으로 파병하자, 일본은 임오군란 때 맺은 톈진(천진) 조약을 구실로 파병하였다[×]. [경14①] ☐
  └청이 조선에 파병하자 일본도 톈진 조약을 내세워 즉각 대규모의 병력을 조선에 파견함으로써, 청과 일본 사이에 전쟁의 기운이 감돌았다. [경13②] ☐

[해설] 청이 조선 정부의 요청으로 파병하자, 일본도 (임오군란 때가 아니라) 갑신정변 후 맺은 톈진(천진) 조약을 구실로 파병하였다(1885.4).

- 전주 화약 이후 조선 정부는 청·일 군대의 철수를 요청하였다. [지15②] ☐
  └청·일 양국군의 동시 철수를 요구하였다. [법13] ☐

[해설] 동학 농민군의 진압을 위해 조선 정부는 청에 군사적 지원을 요청하였다. 그러자 톈진 조약을 핑계로 일본군도 조선에 상륙하였다. 동학 농민군과 전주 화약(1894.5.8)을 맺은 정부는 청·일 양국에 군대의 철수를 요청하였지만 묵살되었다. / 청·일 양국군의 동시 철수를 요구한 것은 갑신정변 직후(1884)와 동학 농민 운동 때 전주 화약이 체결된 직후(1894)의 일이다.

- 일본군의 경복궁 점령 [국15] ☐
  └일본군 경복궁 점령 [기16] ☐
  └일본군과 함께 경복궁을 침범하였다. [국16] ☐
  └일본군이 경복궁을 점령한 데 이어 선전 포고도 없이 청일 전쟁을 일으켰다. [경20①] ☐

[해설] 일본군이 경복궁을 침범[점령]한 것은 고종 31년인 1894년 6월 21일(음력)(양력으로는 7월 23일)의 일이다(경복궁 점령 사건). 청·일 전쟁을 일으킨 것은 이틀 후인 6월 23일(양력 7월 25일)이다.

- 청·일 전쟁의 발발 [국15] ☐
  └청일 전쟁이 발발된 시기 [서21] ☐
  └청일 전쟁 발발 [법16] ☐
  └1894 청·일 전쟁 [법12] ☐

┗청일 전쟁이 시작되었다. [회20] ☐
┗청과 일본 사이에 전쟁이 발발하였다. [지24] ☐
┗일본군이 풍도의 청군을 공격하면서 성립하였다. [서17②] ☐
┗(가) - 조선에 대한 청의 종주권을 뺏기 위한 목적이 컸다. [회21] ☐

[해설] 조선 정부의 파병 요청으로 청군이 아산만에 상륙하자 일본도 텐진 조약(1885.4)을 구실로 파병하여 경복궁을 점령하면서 청일 전쟁이 발발하였다[1894.6.23(음력)/1894.7.25(양력)]~1895.4.17.(양력)]. / 일본이 청일 전쟁을 도발한 것은 조선에 대한 청의 종주권을 빼앗아 자국의 영향력을 확대하기 위한 목적이 컸다.

• 남접 세력이 우금치에서 다시 봉기함으로써 청일 전쟁을 유발하였다[✗]. [법15] ☐

[해설] 남접 세력이 북접 세력과 힘을 합쳐 제2차 봉기를 일으키기로 결의한 후 집결한 곳은 충남 논산이다[1894.10.9(음력, 이하 음력)]. 이어 공주로 진군한 뒤 같은 해 11월 9일 우금치 전투를 벌였다(~11월 12일). 청일 전쟁이 발발한 것은 1894년 6월 23일의 일이다. 동학 농민군의 제2차 봉기가 청일 전쟁을 유발한 것이 아니라 청일 전쟁의 발발로 동학 농민군이 제2차 봉기를 일으킨 것이다. 선후 관계가 바뀌었다(선지 전체가 오류).

• 청·일 전쟁 발발 직후에도 전라도 지역을 중심으로 집강소가 운영되었다. [지15②] ☐
┗전라도 53군에 자치적 민정 기구인 집강소가 설치되었다. [서21] ☐
┗농민들이 집강소를 설치하고 폐정 개혁을 추진하였다. [법16] ☐
┗집강소를 설치하고 폐정 개혁을 추진하였다. [소19①] ☐
┗전주에서 해산한 후 집강소를 설치하고 행정과 치안을 담당하였다. [법15] ☐
┗동학 농민군은 대도소(大都所)를 중심으로 전라도 일대에 독자적인 자치 기구인 집강소를 설치하였다. [경20②] ☐
┗집강소 [서22②] ☐

[해설] 조선 정부와 전주 화약을 체결한 동학 농민군은 집강소를 설치하고 폐정 개혁안을 실천에 옮겼다. 청일 전쟁 발발 직후에도 계속 유지되었다. / 집강소는 동학 농민군이 정부와의 합의로 설치한 일종의 농민 자치 기구이자 자치적 민정 기구이다(1894년 7월 6일에 전봉준과 전라도 관찰사인 김학진 사이에 집강소 설치 합의). 동학 농민군은 호남 지방[전라도]의 각 군현[53군현]에 집강소를 설치하여 폐정 개혁안을 실행하였다(제1차 갑오개혁 때의 일).

■ 동학 농민군의 신분 해방 행위 [경20②] ☐

대개 적은 천한 노비들로 구성되어 있었으므로 양반들을 가장 미워하였다. 길에서 갓을 쓴 사람을 만나면 갑자기 달려들어 '너도 양반이냐'며 갓을 빼앗아 찢어 버렸다. …… 주인을 협박하여 노비 문서를 불태우고 천민에서 면해 줄 것을 강요하였다. 이들 중 몇몇은 주인을 결박하여 주리를 들고 곤장을 때리기도 하였다. 이 무렵 노비가 있는 집안에서는 이런 소문을 듣고 노비 문서를 불태워 화를 피하기도 하였다.

- 황현, 『오하기문』 -

[해설] 주어진 자료 속 내용과 출처(황현, 『오하기문』)를 제시된 자료는 동학 농민 운동과 관련된 것임을 알 수 있다.

• 일본군이 경복궁을 점령한 후 전라도와 충청도 지역의 농민군이 연합하였다. [지15②] ☐

[해설] 일본군이 경복궁을 점령하고 조선의 내정에 간섭하자 동학 농민군은 외세를 몰아내기 위해 다시 봉기하였다(1894.9). 이를 제2차 봉기라고 하는데 남접(전라도 지역)뿐만 아니라 그동안 소극적이었던 북접(충청도 지역)도 합세하였다.

• 동학 농민군이 제2차 봉기를 일으켰다. [회20] ☐
┗삼례 2차 봉기 [서21] ☐

[해설] (전북) 삼례에서 동학 농민군의 제2차 봉기가 일어난 것은 1894년 9월의 일이다[1894.9.12(음력)/10.10(양력)]. 이때는 전봉준(1855~1895), 김개남(1853~1894)이 이끄는 남접 중심이었다.

■ 전봉준의 2차 봉기 호소문[격문] [법22] □

일본 오랑캐가 분란을 야기하고 군대를 출동하여 우리 임금님을 핍박하고 우리 백성들을 뒤흔들어 놓았으니 어찌 차마 말할 수 있겠습니까. …… 지금 조정의 대신들은 망령되이 자신의 몸만 보전하고자 위로는 임금님을 협박하고 아래로는 백성들을 속이며 일본 오랑캐와 내통하여 삼남 백성들의 원망을 샀습니다.

[해설] 동학 농민군이 충남 논산에 집결하여 제2차 봉기를 일으킬 때 전봉준이 충청 감사에게 동참을 호소한 글[격문]이다(일본군의 경복궁 점령과 내정 간섭으로 제2차 봉기가 일어났음을 밝힘)(1894.10.9).

- 남접군과 북접군이 논산에서 합류하여 연합군을 형성하였다. [국19] □
  - 손병희의 북접 농민군과 전봉준의 남접 농민군이 충청도 논산에서 합류하였다. [경20①] □
  - 제2차 농민 봉기는 손병희가 이끄는 남접과 전봉준이 이끄는 북접이 연합하여 전개되었다[✗]. [경20②] □
  - 논산에서 남·북접의 동학군이 집결하였다. [국18] □
  - 남·북접군의 논산 집결 [국15] □

[해설] 동학 농민군이 재봉기하여 전봉준이 이끄는 남접군과 손병희(1861~1922)가 이끄는 북접군이 충남 논산에 집결하여 연합군을 형성한 것은 제2차 봉기 때의 일이다[1894.10.9(음력)/11.6(양력)]. 남북접 연합군은 이후 공주로 진군하였다.

■ 전봉준의 2차 봉기[신문 조서] [법12] □

피고는 일본 군대가 대궐에 들어갔다는 말을 듣고 필시 일본인이 우리나라를 병합하고자 하는 뜻인 줄 알고 일본병을 물리치고 그 거류민을 국외로 쫓아낼 마음으로 다시 기병(起兵)을 도모하였다. 9월경 태인을 출발하여 삼례역에 이르러 그곳을 기병하는 핵심 본부로 삼았다.

[해설] '일본 군대가 대궐에 들어갔다는 말을 듣고(경복궁 점령 사건, 1894.6.21)'와 '9월경'에 다시 기병한 사실 등으로 미루어 보아 주어진 자료는 동학 농민 운동의 제2차 봉기와 관련된 것임을 알 수 있다. 전봉준(1855~1895)이 체포 후 받은 신문 조서의 내용이다.

- 동학 농민군은 화승총으로 무장한 관군과 싸우기 위해 장태를 이용하였다. [경20②] □

[해설] 동학 농민군은 화승총으로 무장한 관군과 싸우기 위해 장태를 이용하였다. 여기서 장태란 대나무를 쪼개 만든 원통형의 물건으로 원래는 그 안에서 닭이나 병아리를 키우던 둥지로 사용하였다. 그리고 장태 밑에 바퀴를 달고 장태 안에 볏짚을 가득 채워 굴리면서 관군의 탄환을 막아 내는 전투용(수비용) 수레로 만들었다.

- 양반, 부호들로 조직된 민보군은 관군과 일본군 등으로 구성된 진압군과 연계하여 동학 농민군을 공격하기도 하였다. [경12②] □

[해설] 민보군(民保軍)은 원래 요새지마다 산성을 쌓고, 병란이 터지면 농민들이 자전자수(自戰自守)하자고 주장한 연해변 유생들의 방위론에 따라 편제된 군사 조직이다(고종 대). 이 외 별도로 동학 농민 운동 때에도 농민군을 진압하기 위해 유생들이 민보군을 조직하기도 하였다. 이른바 농민군에 맞서 보수 세력이 조직한 반동학의 자위 조직이라고 할 수 있다.

- 우금치 전투에서 동학군이 일본군과 격전을 벌였다. [국18] □
  - 우금치에서 관군과 일본군에게 패하였다. [소19①] □

┗ 동학 농민군은 공주 우금치에서 패배 후 전세를 회복하지 못하였다. [회17] ☐

┗ 공주 우금치 전투에서 농민군은 잘 훈련된 일본군과 그들의 최신 병기 앞에서 수천 명에 이르는 희생자를 낸 채 끝내 패하고 말았다. [경20①] ☐

┗ 한성 조약을 빙자하여 조선에 파견된 일본군에게 농민군은 공주 우금치에서 패하였고, 지도부가 체포되면서 이 운동은 실패로 끝났다[x]. [경17①] ☐

┗ 우금치 전투 [국15] [서21] [법16] [경15②] [기16] ☐

[해설] 공주 우금치 전투에서 동학군이 관군 및 일본군과 격전을 벌인 것은 고종 31년인 1894년 11월 9일의 일이다[1894.11.9~11(음력)/12.5~7(양력)] (이미 10월 23일과 24일 양일 공주 우금치 일대인 이인, 효포 등에서 전투가 벌어졌다. 이를 1차 전투[1차 접전]로, 우금치 전투를 2차 전투[2차 접전]로 보기도 함). 우금치 전투(1차 포함)에서 동학 농민군은 무기의 열세를 극복하지 못하고 대패하였다(1만여 명의 농민군 중 공주 우금치 전투 후 생존한 사람은 5백여 명에 불과). 이후 (전남) 장흥 (석대들) 전투와 (충북) 보은 (북실) 전투(이상 1894년 12월) 등이 이어졌지만 압도적인 화력을 가진 관군과 일본군에게 진압되었다. / 일본군이 조선에 파견된 것은 한성 조약이 아니라 갑신정변 후 청과 일본이 맺은 텐진 조약 때문이다(1885.4). 한성 조약은 갑신정변으로 인해 피해를 입은 일본에게 배상금을 지급하는 것을 내용으로 조선과 일본이 맺은 조약이다(1885.1).

• 남접과 북접의 농민군은 우금치 전투에서 패배하였고, 보은 전투에서 대패한 후 해산하였다. [경14①] ☐

[해설] 남접과 북접의 농민군은 공주 우금치 전투에서 대패하였고(1894.11.9~11), 보은 전투에서 패배한 후 해산하였다. 공주 우금치 전투 이후에 있었던 사실상 동학 농민군의 마지막 전투로는 '장흥 (석대들) 전투'(1894.12.13)와 '보은 (북실) 전투'(1894.12.17)가 있다.

• 동학 농민군의 잔여 세력은 활빈당, 영학당, 남학당 등을 조직해 항일 투쟁을 계속하였다. [경20②] ☐

┗ 동학 농민군의 잔여 세력 가운데 일부는 이후 활빈당 등과 같은 반(反)봉건적, 반(反)침략적 민족 운동을 지속하기도 하였다. [경12②] ☐

[해설] 동학 농민군은 1894년 말 일본군과 관군의 공격으로 궤멸되었지만 이후에도 잔여 세력은 활빈당, 영학당, 남학당 등을 조직해 항일 투쟁을 계속하였다.

• 당시의 집권 세력과 일본 침략 세력의 탄압으로 실패하였지만, 이들의 요구는 갑오개혁에 부분적으로 반영되었다. [경17①] ☐

[해설] 폐정 개혁안 관련 선지 참조. 갑오개혁에 '부분적으로' 반영되었다. 만약 '전면적으로' 또는 '모두'라는 식으로 표현되었다면 잘못된 것이다(주의).

■ 동학 농민 운동의 역사적 의미 [법14] [경15①] ☐

• 동학 농민 운동은 안으로 정치와 사회 개혁을 이루고 밖으로는 외세의 침략을 막으려 했던 대규모 농민 운동이었다. 비록 정부와 일본군의 공격으로 실패하였지만 농민군의 반봉건적 개혁 요구는 갑오개혁에 영향을 끼쳐 전통적 봉건 질서의 붕괴를 촉진하였다. 그리고 반침략적 정신은 의병 운동에 투영되어 외세에 저항하는 구국 무장 투쟁으로 이어졌다.

[해설] 동학 농민 운동의 역사적 의미에 대한 설명이다.

• 새야 새야 녹두새야
  윗녘 새야 아랫녘 새야
  전주 고부 녹두새야
  함박 쪽박 열나무 딱딱 후여

  새야 새야 녹두새야
  녹두밭에 앉지 마라

  새야 새야 팔왕(八王)새야
  네 무엇하러 나왔느냐
  솔잎 댓잎이 푸릇푸릇
  하절인가 하였더니

  백설이 펄펄 흩날리니
  저 강 건너 청송 녹죽이 날 속인다

녹두꽃이 떨어지면

청포장수 울고 간다

[해설] 주어진 민요는 '녹두장군'으로 불렸던 전봉준(1855~1895)이 주도한 동학 농민 운동(1894)과 관련된 것이다. 동학 농민 운동 당시 전봉준을 녹두장군이라고 불렀기 때문에 '녹두'는 전봉준을 가리킨다. 또한 시어 중 '팔왕(八王)'은 전봉준 '전(全)'의 파자(破字)(한자의 자획을 나누거나 합하여 길흉을 점침 또는 그런 점)로 해석한다. 이후 전국에 퍼진 전래 민요와 가요에서는 두 번째 연의 '새야 새야 녹두새야' 부분이 '새야 새야 파랑새야'로 바뀌었다.

● 사진으로 보는 동학 농민 운동

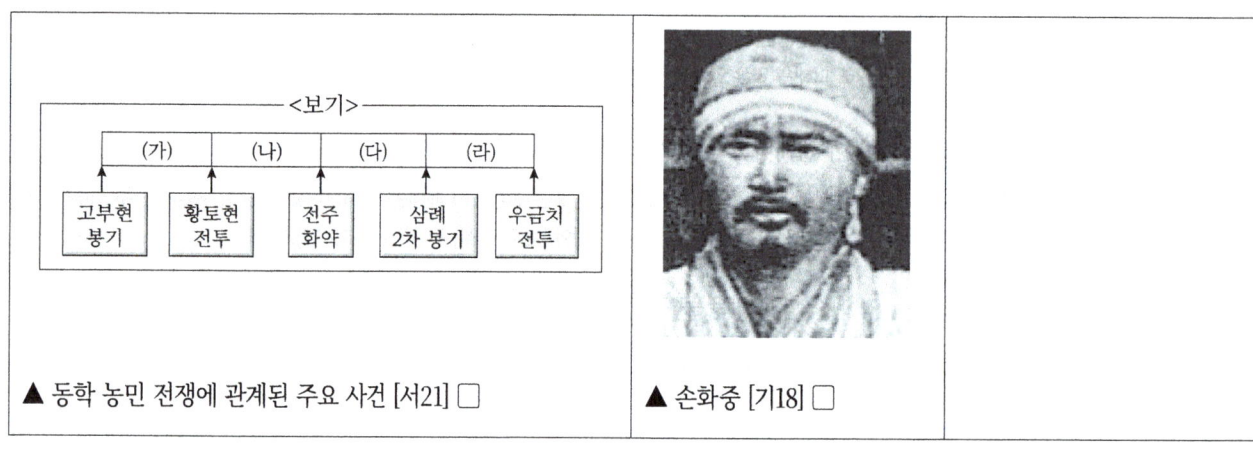

▲ 동학 농민 전쟁에 관계된 주요 사건 [서21] □

▲ 손화중 [기18] □

[해설] [기18] 손화중(1861~1895)은 (전북) 정읍 출신의 동학 대접주로, 동학 농민 운동의 3대 지도자 중 한 명이다(전봉준, 김개남, 손화중). 공주 우금치 전투 후 나주성을 공격하였으나 다시 실패하였다. 이듬해인 1895년 1월 초 체포되어 한성[서울]로 이송되어 심문을 받았다. 같은 해 3월(양력으로는 4월) 전봉준, 최경선, 김덕명, 성두환 등과 함께 처형되었다.

주제 49 갑오·을미개혁

1 갑오개혁

- 1894 갑오개혁 [법17] ☐
  └ 갑오개혁 [국22] [법21] [기18] [소18②] ☐
  └ 갑오개혁 실시 [지24] ☐

[해설] (제1차) 갑오개혁이 시작된 때는 고종 31년인 1894년 7월의 일이다.

- 조선 정부가 개혁 기구인 교정청을 설치하였다. [법22] ☐
  └ (가): 농민의 요구를 반영한 개혁을 시도하려는 교정청 관리들 [법11] ☐
  └ 교정청 설치 [경15②] ☐

[해설] 조선 정부가 개혁 기구인 교정청을 설치한 것은 1894년 6월 11일의 일이다(~6.25). 하지만 일본군의 경복궁 점령(6.21)과 그에 대한 압박으로 교정청은 설치된 지 불과 2주 만에 폐지되고 군국기무처가 대신 설치되었다(1894.6.25).

- [제1차 갑오개혁] 군국기무처를 중심으로 개혁이 추진되었다. [국17①] ☐
  └ 군국기무처를 두고 여러 건의 개혁안을 처리하였다. [지20] ☐
  └ 군국기무처를 설치하고 국가의 주요 정책에 대한 개혁을 추진하였다. [경17①] ☐
  └ 군국기무처를 설치하고 개혁안을 상의하여 결정하였다. [기13] ☐
  └ 군국기무처의 주도 하에 추진되었다. [지16②] ☐
  └ 군국기무처라는 임시 특별 기구가 설치되었다. [회16] ☐
  └ 군국기무처가 설치되었다. [소22] [소19①] ☐
  └ 군국기무처 설치 [지18②] [서14] [법22] [경15②] ☐
  └ 군국기무처 [서22②] ☐

[해설] 군국기무처가 설치된 것은 1894년(고종 31) 6월의 일이다(1894.6.25)(~12.17). 군국기무처는 제1차 갑오개혁을 이끈 (초정부적) 최고 정책 결정 기구[입법 기구]이다[실질적으로는 1895.7.28~10.29까지 210건의 의안을 심의·통과]. 일본이 조선의 자주적 개혁을 무산시키고자 일본군으로 경복궁을 포위[점령]한 후, 협박을 통해 만든 임시 기구이기도 하다.

▌군국기무처 [국13] [서22②] ☐

- 총재 1명, 부총재 1명, 그리고 16명에서 20명 사이의 회의원으로 구성되었다. 이밖에 2명 정도의 서기관이 있어서 활동을 도왔고, 또 회의원 중 3명이 기초 위원으로 선정되어 의안의 작성을 책임졌다. 총재는 영의정 김홍집이 겸임하고, 부총재는 내아문독판으로 회의원인 박정양이 겸임하였다.

[해설] '총재 1명, 부총재 1명', '회의원', '김홍집', '박정양'과 관련된 기구는 군국기무처이다. 군국기무처는 제1차 갑오개혁(1894)을 추진하기 위해 조직된 초정부적 입법 기구이다.

- ·1894년 국정 전반에 걸쳐 개혁을 수행하기 위해 신설된 기관
  ·3개월 동안 개혁 법령을 토의, 공포한 입법 기구
  ·총재 김홍집을 비롯하여 유길준 등 개혁 관료들이 주도

[해설] 주어진 <보기>에 해당하는 기관은 (제1차) 갑오개혁을 이끈 최고 정책 결정 기구인 군국기무처를 가리킨다(1894.6.25~12.17). 원래 자주적인 내정 개혁을 위해 교정청을 설치하였는데(1894.6.11), 일본군의 경복궁 점령(6.21)과 그에 대한 압박으로 교정청이 폐지되고 6월 25일에 군국기무처가 설치되었다.

• [김홍집] 군국기무처 총재를 역임하였다. [국21] □
└ 갑오개혁 당시 군국기무처의 총재관으로 활동하였다. [서17②] □
└ 김홍집 [지23] □

[해설] 군국기무처 총재를 역임한 인물은 도원 김홍집(1842~1896)이다(1894.7-12). 김홍집은 제2차 수신사로 활약하였으며, 갑오개혁 당시 총리대신으로 개혁을 주도하였다.

• [제1차 갑오개혁] 중국 연호의 사용을 폐지하였다. [지16②] □
└ 청나라와의 관계를 끊기 위해 중국 연호를 폐지하였다. [서11] □
└ 중국 연호를 폐지하고 개국 기년을 사용하였다. [회18] □
└ 청의 연호를 쓰지 않고 개국 기년을 사용하였다. [법18] □
└ 국내외의 공사 문서에는 개국 기원을 사용할 것. [법15] □

[해설] 청과의 전통적인 관계를 끊기 위해 청의 연호 사용을 폐지하고 조선 왕조의 '개국 기년(開國紀年)'을 사용하여 청과의 대등한 관계를 나타냈다(청의 종주권 부인).* 이로써 1894년(고종 31)은 개국 503년이 되었다.
*참고로 을미개혁 때는 '건양(建陽)'이라는 연호를 제정하였으며, 대한 제국을 선포한 1897년 10월 직후 다시 '광무(光武)'라는 연호를 제정하여 자주독립과 전제 황권의 성립을 대내외적으로 표방하였다. 그리하여 이때의 정부를 '광무 정부(광무 정권)', 이때 추진된 개혁을 '광무개혁'이라고 한다.

■ 개국 기년 사용 [회20] □

이제부터 청의 연호를 사용하지 않고, 개국 기년을 사용하도록 한다. 우리 조선이 건국된 해를 기준으로 삼아 연도를 표시하도록 하라.

[해설] '개국 기년을 사용한다'는 부분에서 주어진 자료는 제1차 갑오개혁 때의 일임을 알 수 있다(1894.7~12).

• [제1차 갑오개혁] 6조를 8아문으로 개편하였다. [소20] □

[해설] 6조를 8아문으로 개편한 것은 제1차 갑오개혁 때의 일이다(1894.7~12), 특히 7월과 8월에 중앙 정치 제도를 집중적으로 개편하였다.

• [제1차 갑오개혁] 재정을 탁지아문으로 일원화시켰다. [법12] □

[해설] 재정을 탁지아문으로 일원화한 것은 제1차 갑오개혁 때의 일이다. 그 외 경제 분야의 개혁으로 은본위제 채택(은본위제 화폐 제도 확립), 조세 금납화, 도량형 통일 등을 단행하였다.

• [제1차 갑오개혁] 은본위 화폐 제도를 실시하였다. [국13] □
└ 은본위 화폐 제도와 조세의 금납화를 시행하였다. [회18] □
└ 은본위 화폐 제도와 조세의 금납화를 실시하였다. [회16] □
└ 각 도의 각종 세금은 화폐로 내게 한다. [국11] □

[해설] 제1차 갑오개혁 때 경제 분야의 개혁으로 탁지아문으로 재정 일원화, 은본위제 채택(은본위 화폐 제도 확립), 조세 금납화, 도량형 통일 등이 이루어졌다(1894.7~12). 이 중 조세의 금납제는 각종 세금을 화폐로 내게 한 것이다.

• [제1차 갑오개혁] 화폐 제도를 은본위제로 개혁하고자 신식 화폐 발행 장정을 공포하였다.* [지18] □

[해설] 화폐 제도를 은본위제로 개혁(은화가 본위 화폐, 동화가 보조 화폐)하고자 신식 화폐 발행 장정을 제정·공포한 것은 갑오개혁 때인 1894년의 일이다(1894.7). 이로써 일본의 1원·20전·10전·5전·2전·1전의 경화가 조선에 유입되었고 '백동화 인플레이션'이 초래되었다(1910년에 폐지).

- [제1차 갑오개혁] 과거 제도와 신분제를 폐지한다. [지11①] □
  └과거제를 폐지하였다. [법19] □
  └과거 제도를 폐지하였다. [법12] □
  └과거제를 폐지한다. [법13] □
  └노비제가 법적으로 완전히 폐지되었다. [회22] □
  └공사 노비 제도가 폐지되는 결과를 가져왔다. [법22] □
  └공사 노비법을 타파하고 과부의 재가를 허용하였다. [기14] □
  └공노비(公奴婢)와 사노비(私奴婢)에 관한 법을 일체 혁파하고 사람을 사고파는 일을 금지한다. [회17] □
  └공사 노비법을 혁파할 것 [서14] □

[해설] 과거 제도와 신분제가 폐지된 것은 제1차 갑오개혁 때의 일이다(1894.7~12).

- [제1차 갑오개혁] 신분 제도의 폐지와 조혼 금지 등의 악습 혁파를 주장하였다. [경13②] □

[해설] 신분 제도의 폐지와 조혼 금지 등의 악습이 혁파된 것은 갑오개혁(1차) 때의 일이다(1894.7~12). '주장'한 것으로 따지자면, 동학 농민군의 폐정 개혁 12조에 '노비 문서를 불태워 버릴 것(5조)'과 '청상과부의 개가를 허락할 것(7조)' 정도가 나온다.

- [제1차 갑오개혁] 과부가 된 여성의 개가를 허용한다. [국11] □

[해설] 과부의 개가 허용은 동학 농민 운동의 폐정 개혁안에서 제기되어 갑오개혁 당시 실현되었다. 이 조항은 봉건제의 폐습을 타파한 것이다(갑오개혁과 동학 농민 운동에서 공통적으로 제기된 개혁안)(주의).

- [제1차 갑오개혁] 죄인 자신 이외의 모든 연좌율을 폐지한다. [국11] □

[해설] 제1차 갑오개혁 때 고문과 연좌제도 폐지되었다.

- [제1차 갑오개혁] 동학 농민 운동의 요구를 일부 수용하였다. [지16②] □

[해설] 제1차 갑오개혁에서 갑신정변과 동학 농민 운동의 요구가 일부 반영되었다.

■ 제1차 갑오개혁 [지16②] [법20] [법11] □

- ○ 6조를 8아문으로 개편
  ○ 과거제 폐지
  ○ 은본위 화폐제 실시
  ○ 도량형 통일

[해설] 제1차 갑오개혁 때의 일임을 알 수 있다(1894.7~12).

- ○ 공·사 노비 제도를 모두 폐지하고, 인신매매를 금지한다.
  ○ 연좌법을 폐지하여 죄인 자신 외에는 처벌하지 않는다.
  ○ 과부의 재혼은 귀천을 막론하고 그 자유에 맡긴다.

[해설] '공·사 노비 제도를 모두 폐지하고', '연좌법을 폐지', '과부의 재혼은 … 자유에 맡긴다' 등의 내용을 통해 제시된 개혁은 1894년의 갑오개혁(제1차)임을 알 수 있다. 일본의 주도로 군국기무처가 설치되어 추진되었지만 농민의 불만과 개혁 요구 등이 일정 부분 반영되었다.

- 1. 이후 국내외 공사(公私) 문서에 개국 기원을 사용한다.
  6. 남자 20세, 여자 16세 이하의 조혼을 금지한다.
  8. 공사 노비법을 혁파하고 인신매매를 금지한다.

[해설] 1894년에 단행된 제1차 갑오개혁 시 단행된 개혁안들의 일부임을 알 수 있다(1894.7~12)(제시된 개혁안들은 주로 1894년 7월과 8월에 단행).

- [제1차 갑오개혁] 경무청을 창설하였다.* [경21①] ☐

[해설] 종래의 포도청을 폐지하고 내무아문 산하에 일본식 경찰 제도를 본뜬 경무청을 설치한 것은 제1차 갑오개혁 때의 일이다(1897.7)(경무청관제직장). 경무청은 5개의 경무지서(이후 경무서)와 50개의 순검번소를 관장하였다. 또 종래의 전옥서를 폐지하고 감옥서를 설치하여 경무청 소속 아래 두었다.

■ 제2차 갑오개혁 [법19] [법12] ☐

- 청일 전쟁에서 승기를 잡은 일본은 조선의 내정에 적극 간섭하기 시작하였다. 흥선 대원군을 물러나게 하고 군국기무처를 폐지하였으며, 김홍집·박영효 연립 내각을 구성하고 개혁을 단행하였다.

[해설] 제1차 갑오개혁을 추진한 군국기무처가 폐지된 것은 1894년 12월이므로, 이는 곧 제2차 갑오개혁을 의미한다(1894.12~1895.8). 이른바 '김홍집·박영효 연립 내각'이 구성된 것은 1894년 12월 17일의 일이다(~1895.7). 김홍집은 총리대신, 박영효는 내무대신(1894년 7월 귀국), 서광범은 법무대신(1894년 12월 귀국)으로 각 발탁되었는데, 박영효를 빼고 그냥 '제2차 김홍집 내각'으로 부르기도 한다.

- 제1호 내가 제가한 공문 식제(式制)를 반포하게 하고 종전의 공문 반포 규례는 오늘부터 폐지하며 승선원, 공사청도 아울러 없애도록 한다.

  제3호 내가 동지날에 백관들을 거느리고 태묘(太廟)에 나아가 우리나라가 독립하고 모든 제도를 이정(釐正)한 사유를 고하고, 다음 날에는 태사(太社)에 나아가겠다.

  제4호 박영효를 내무대신으로, 서광범을 법무대신으로 …(중략)… 삼도록 하라고 명하였다.

  - 이상은 총리대신 김홍집, 외무대신 김윤식, 탁지대신 어윤중, 학무대신 박정양이 칙령을 받았다.

[해설] 기존의 김홍집 내각에 박영효와 서광범이 참여해 제2차 갑오개혁을 추진하게 되는 제2차 김홍집 (연립) 내각 구성에 대한 칙령(제1호~제8호)임을 알 수 있다[1894.12(음력으로 11월 21일). '공사청'은 내시들의 직무소이고, '태묘'는 '종묘', '태사'는 '사직(단)'을 가리킨다. '이정(釐正)'은 정리하여 바로 잡아 고친다는 뜻이다. 참고로 칙령 제1호는 공문서에 국문[한글]을 기본으로 할 것을 규정한, 즉 한글을 공식 문자로 할 것을 규정[천명]한 역사적 사료이다.

- 국정 개혁의 기본 방향을 담은 홍범 14조를 공포하였다. [지20] ☐
  └ 개혁의 기본 강령인 『홍범 14조』를 발표하였다. [국22] ☐
  └ 고종이 홍범 14조를 발표하였다. [지21] ☐
  └ 홍범 14조를 조종의 영전에 고하오니 굽어 살펴 주소서. [기13] ☐
  └ 홍범 14조가 발표되었다. [회20] ☐
  └ 홍범 14조를 반포하는 임금 [법15] ☐
  └ 홍범 14조 발표 [서18②] ☐
  └ 홍범 14조 반포 [서15] ☐

[해설] 개혁의 기본 강령인 홍범 14조를 고종이 발표한 것은 고종 32년인 1895년 1월의 일이다(1895.1.7). 제1차 갑오개혁과 을미개혁 사이인, 이른바 제2차 갑오개혁 시기에 해당한다(1894.12~1895.8). 청으로부터의 독립, 신분 제도와 과거 제도 폐지 등 당시로서는 매우 혁신적인 내용을 담았다. / [기13] 홍범 14조의 서고문(誓告文)에 나오는 내용이다. 여기서 조종(祖宗)은 '임금의 조상'을 뜻한다.

- [홍범 14조] 왕실 사무와 국정 사무를 모름지기 나누어 서로 뒤섞지 아니한다. [지14②] ☐ (제4조) (이하 동일)
  └ 왕실과 국정 사무의 분리 [국23] ☐
  └ 조세의 부과와 징수, 경비의 지출은 모두 탁지아문이 관할한다. [국15] ☐ (제7조) (이하 동일)
  └ 조세의 징수와 경비 지출은 모두 탁지아문에서 관할한다. [경16①] ☐
  └ 탁지아문에서 조세 부과 [국23] ☐

└ 장관(將官)을 교육하고 징병법을 적용하여 군사 제도의 기초를 확립한다.* [회17] □ (제12조)
└ 문벌에 구애받지 않고 인재 등용의 길을 넓힌다. [경18②] □ (제14조)

[해설] 왕실과 국정 사무의 분리는 홍범 14조의 제4조에 해당한다('왕실 사무와 국정 사무를 분리하여 서로 혼동하지 않는다.'). / 탁지아문에서 조세 부과는 홍범 14조의 제7조에 해당한다('조세 부과와 징수 및 경비 지출은 모두 탁지아문에서 관장한다.'). / '장관(將官)을 교육하고 징병법을 적용하여 군사 제도의 기초를 확립한다'는 홍범 14조 중 제12조에 해당한다('장교(將校)를 교육하고 징병을 실시하여 군제의 기초를 확립한다.'). / 제14조에는 '문벌에 구애받지 않고 인재 등용의 길을 넓힌다'는 내용이 나온다('인물을 쓰는 데 문벌 및 지벌에 구애되지 말고, 선비를 두루 구하여 널리 인재를 등용한다.').

■ **홍범 14조** [국23] [서21] [법18] [경18②] [소20] □

- 고종은 문무백관을 거느리고 종묘에 나가 내정 개혁 및 자주 독립을 선포하는 독립 서고문을 바치면서 국정 개혁의 기본 강령이라고 할 수 있는 (가)을(를) 1894년 12월 반포하였다.

[해설] 1894년 12월(음력)(양력으로는 1895년 1월)에 반포하였다는 내용이 나와 있다. 이를 통해 주어진 자료 속 '(가)'는 홍범 14조를 가리킴을 알 수 있다.

- 이제부터는 다른 나라를 의지하지 않으며 융성하도록 나라의 발걸음을 넓히고 백성의 복리를 증진시켜 자주독립의 터전을 공고하게 할 것입니다. …(중략)… 이에 저 소자는 14개 조목의 홍범(洪範)을 하늘에 계신 우리 조종의 신령 앞에 맹세하노니, 우러러 조종이 남긴 업적을 잘 이어서 감히 어기지 않을 것입니다.

[해설] 주어진 자료 속 '14개 조목'은 조선 고종 32년인 1895년 1월에 발표된 '홍범 14조'를 가리킨다(1895.1.7). 홍범 14조는 제2차 갑오개혁을 이끈 기본 강령이다(1894.12~1895.7).

- 청국에 의존하는 관념을 버리고 자주독립의 기초를 세운다. (제1조)
- 왕실 사무와 국정 사무는 반드시 분리하여 서로 뒤섞이는 것을 금한다. (제4조)
- 조세의 부과와 징수, 경비의 기출은 모두 탁지아문에서 관할한다. (제7조)

[해설] 주어진 자료는 고종 32년인 1895년 1월에 반포된 '홍범 14조'임을 알 수 있다.

- 청 나라에 의존하는 생각을 끊어버리고 자주독립의 터전을 튼튼히 세운다. (제1조)
- 왕실에 관한 사무와 나라 정사에 관한 사무는 반드시 분리시키고 서로 뒤섞지 않는다. (제4조)
- 조세나 세금을 부과하는 것과 경비를 지출하는 것은 모두 탁지아문에서 관할한다. (제7조)
- 의정부와 각 아문의 직무와 권한을 명백히 제정한다. (제5조)
- 지방 관제를 빨리 개정하여 지방 관리의 직권을 제한한다. (제10조)

[해설] 주어진 <보기>의 자료는 고종 32년인 1895년 1월에 반포된 홍범 14조이다. 홍범 14조는 제2차 갑오개혁의 방향을 제시한 국정 개혁의 기본 강령이나(1894.12~1895.7).

- 1. 청에 의존하는 생각을 버리고 사주독립의 기초를 세운다.
  2. 왕위 계승의 법칙과 종친·외척과의 구별을 명확히 한다.
  6. 납세는 법으로 정하고 함부로 세금을 거두지 않는다.
  9. 왕실과 관청의 1년 회계를 계획한다.

[해설] 6은 조세 법정주의를 선언한 것이다. 홍범 14조는 최초의 근대적 헌법의 성격을 지녔다는 평가를 받고 있다.

- 어윤중 [서24②] □

[해설] 일재 어윤중(1848~1896)은 온건 개화파 중 한 명으로, 특히 갑오개혁 때 탁지부대신으로 재정 개혁을 주관하는 등 경제 개혁을 통해 부국강병을 이루고자 했던 재정 전문 관료이다. 조사 시찰단의 일원으로 일본에 다녀오기도 하였다. 1896년 2월 아관 파천 직후 제4차 김홍집 내각이 붕괴하고 고종이 내각에 참여한 대신들을 역적으로 규정함에 따라 고향 충북 보은으로 피신하던 도중 경기도 용인에서 피살되었다(1896.2.17).

- 『교육입국 조서』를 작성해 공포하였다. [국22] □
  - 교육입국 조서가 반포되었다. [법23] □
  - 교육입국 조서 발표의 배경이 되었다. [서22①] □
  - 교육입국 조서를 발표하고 근대 학교를 세웠다. [소18②] □
  - 고종은 광무개혁의 일환으로 교육입국 조서를 반포하며 지·덕·체를 아우르는 교육을 내세웠고, 이에 따라 소학교, 한성 사범 학교 등이 설립되었다[X]. [경16②] □
  - 이 발표에 따라 한성 사범 학교가 설립되었다. [서22①] □
  - 한성 사범 학교가 설립되었다. [법18] □
  - 한성 사범 학교 개교 [기17] □

[해설] 교육입국 조서는 고종이 조칙*으로 발표한 교육에 관한 특별 조서이다(1895.2.2). / 교육입국 조서 발표의 배경이 된 것은 홍범 14조이다(1895.1). / 한성 사범 학교가 설립[개교]된 것은 교육입국 조서의 발표에 따른 것이다(1895.4). 참고로 한성 외국어 학교가 설립된 것은 한 달 뒤인 1895년 5월의 일이다(두 학교 모두 교육입국 조서에 의거해 설립). / 교육입국 조서가 반포된 것은 광무개혁의 일환이 아니다. 그 전인 갑오개혁 때의 일이다.

*조칙(詔勅): 임금이 신하에게 내리는 글의 총체(한문 문체의 하나). 조령, 제고라고도 한다. 임금의 말[명령]을 문서로 발포하는 것을 총칭하여 이르는 용어로 보면 된다.

- [제2차 갑오개혁] 재판소를 설치하여 사법권과 행정권을 분리시켰다. [국13] □
  - 재판소를 설치하여 사법권을 행정권에서 분리하였다. [회18] □
  - 지방 재판소와 고등 재판소를 개설하였다. [경21①] □
  - 재판소를 설치하여 사법 제도의 근대화를 꾀하였으며, 교육입국 조서를 반포하고 교육 개혁을 추진하였다. [경20①] □
  - 재판소를 설치하였다. [법19] □

[해설] 재판소를 설치하여 사법권과 행정권을 분리시킨 것은 제2차 갑오개혁 때이다(1894.12~1895.7). 제1차 갑오개혁을 이끈 군국기무처는 제1차 갑오개혁 종료와 함께 폐지되었다. / 제2차 갑오개혁 때 지방 재판소와 고등 재판소가 개설되었다. / 제2차 갑오개혁 때 사법권을 독립시켜 지방 재판소와 개항장 재판소, 순회 재판소, 고등 재판소를 설치하였다. 법관 양성소도 이때 설치되었다. / 교육입국 조서는 1895년 2월에 반포되었으며, 그에 따라 같은 해 4월과 5월에 각 한성 사범 학교, 한성 외국어 학교가 설립되었다(일본에 유학생 파견).

- [제2차 갑오개혁] 의정부를 내각으로 개편하고, 지방 제도를 8도에서 23부로 바꾸었다. [서21] □

[해설] 제2차 갑오개혁 때의 일이다(1894.12~1895.7).

- [제2차 갑오개혁] 전국을 23부 337군으로 개편하였다. [국11] □
  - 군현제를 폐지하고 전국을 23부 337군으로 개편하였다. [회18] □
  - 지방 제도는 전국을 23부로 개편한다. [지11①] □
  - 전국을 23부로 재편한다. [법12] □
  - 8도를 23부로 개편하였다. [법19] □

[해설] 지방 제도가 8도에서 23부로 개편된 것은 제2차 갑오개혁 때이다(1894.12~1895.7). 즉 (군현제를 폐지하고) 8도를 23부 337군으로 개편하였다.

2 을미개혁(제3차 개혁)

- [청일 전쟁] 청과 일본이 시모노세키 조약을 체결하였다. [법24] □
  - (가) - 시모노세키 조약을 체결하고 전쟁을 종결하였다. [회21] □

[해설] 청일 전쟁을 종결하기 위해 청과 일본이 시모노세키 (강화) 조약을 체결한 것은 1895년 4월의 일이다(1895.4.17).

- [시모노세키 조약] 청은 랴오둥 반도와 타이완 등을 일본에 할양하였다. [지15①]
  └(가) - 그 결과 일본은 청에게 랴오둥 반도와 타이완을 할양받았다. [회21]
  └시모노세키 조약 [서17①]

[해설] 시모노세키 조약은 청일 전쟁에서 승리한 일본이 청과 맺은 강화 조약이다(1895.4.17). 청으로부터 요동 반도[랴오둥 반도]와 타이완 등을 할양받았으나 삼국 간섭에 굴복하여 랴오둥 반도는 반환하였다. / 삼국 간섭이란 시모노세키 조약 속에 포함되어 있던 일본의 랴오둥 반도 영유에 반대하여 러시아, 프랑스, 독일이 공동으로 랴오둥 반도를 청에 반환하도록 일본 정부에 압력을 가하여 관철시킨 사건이다(1895.4.23). 하관(下關) 조약, 마관(馬關) 조약이라고도 부른다.

■ 시모노세키 조약 [지24]

제1조 청국은 조선국이 완전무결한 독립 자주국임을 확인한다. 아울러 조선의 청에 대한 공물 헌납 등은 장래에 완전히 폐지한다.
제4조 청국인 군비 배상금으로 은 2억 냥을 일본국에 지불할 것을 약정한다.

[해설] 청일 전쟁 결과 청과 일본 사이에 체결된 시모노세키 조약의 내용이다(1895.4.17).

- 삼국 간섭에 참여하였다. [서19②]
  └(가): 일본이 요동 반도를 차지하는 것을 포기하라고 권고하는 삼국의 대표들 [법11]
  └1895년 일본은 청·일 전쟁에서 승리했지만, 러시아가 주도한 삼국 간섭으로 한 발짝 뒤로 물러나야 했다. 이틈에 조선 조정은 배일 친러 정책을 표방했다. [경13②]

[해설] (러시아 주도의) 삼국 간섭이 있었던 것은 1895년 4월의 일이다(1895.4.23). 삼국 간섭이란 청일 전쟁 결과 청과 일본 사이에 강화 조약인 시모노세키 조약이 체결되었을 때(1895.4.17), 그 속에 포함되어 있던 일본의 랴오둥 반도 영유에 반대하여 러시아, 프랑스, 독일이 공동으로 랴오둥 반도를 청에 반환하도록 일본 정부에 압력을 가한 사건을 가리킨다. / [서19②] 여기서 삼국은 러시아, 독일, 프랑스이다. 문제의 자료로 제시된 미국은 해당하지 않는다. / [법11]의 '(가)'는 고부 농민 봉기와 제1차 갑오개혁 사이의 시기를 가리킴.

- 을미사변 발발 [국19]
  └을미사변 [지22] [서15]
  └일본 공사가 주동이 되어 명성 황후를 시해하였다. [법15]
  └일제는 명성 황후를 시해한 후 친일 내각을 수립하였다. [경11②]

[해설] 명성 황후(1851~1896)가 일본 자객들에 의해 시해된 을미사변이 발발한 것은 1895년(고종 32) 10월 8일[양력]의 일이다(음력으로는 8월 20일)(1895, 고종 32). / 명성 황후가 시해된 후 (친러 성향의 제3차 김홍집 내각이 무너지고 친일 성향의) 제4차 김홍집 내각이 수립되었다.

- [을미개혁 추진 배경] 명성 황후 시해 [법13]
  └명성 황후의 시해 [경12③]

[해설] 을미개혁이 추진된 배경으로는 명성 황후가 시해된 을미사변을 들 수 있다(1895.10, 제4차 김홍집 내각 수립).

- 청·일 전쟁은 조선의 지배권을 둘러싸고 청·일 간에 일어난 전쟁이었다. 또한 을미사변은 일본이 조선의 친러 세력을 차단하기 위해 일으킨 테러 행위였다. [경13②]

[해설] 청일 전쟁과 을미사변에 대한 설명이다.

- 1895 을미개혁 [법13]
  └태양력과 '건양' 연호를 사용하고 단발령을 실시하였다. [서24②]

[해설] 을미개혁이 추진된 것은 고종 32년인 1895년 8월(양력으로는 10월)에서 이듬해인 1896년 2월까지이다(아관 파천 직전까지). / 태양력과 '건양' 연호를 사용하고 단발령을 실시한 것은 을미개혁(이른바 '제3차 갑오개혁') 때의 일이다(1895.8~1896.2), 고종 32년인 1895년 음력 11월 17일

을 양력 1896년 1월 1일로 정하면서(태양력 채택) 연호를 건양(建陽)으로 정하였다(~1897년 8월 16일까지 사용). 또 이때 단발령도 시행되었다(음력 1895년 11월 15일 공포).

- [을미개혁] 태양력을 사용하고 건양이라는 연호를 제정하였다. [지13] □
  └태양력을 사용하였으며, 연호를 건양이라 하였다. [기13] □
  └태양력을 사용하고 종두법을 시행한다. [법13] □
  └건양이라는 연호를 제정하였다. [소20] □
  └건양이라는 연호를 사용하였다. [경21①] □
  └'건양' 연호 사용 [경11②] □
  └건양이라는 연호를 사용하고 친위대와 진위대를 설치하였다. [기14] □
  └태양력을 사용하도록 하였다. [소20] □
  └태양력 도입 [법16] □
  └태양력 사용 [경11②] □
  └'종두법 실시 [경11②] □

[해설] 태양력을 사용하고 건양이라는 연호를 제정한 것은 을미개혁 때의 일이다(1895.8~1896.2). (치사율 높은 전염병인) 천연두를 박멸하기 위하여 종두법을 시행한 것도 을미개혁 때의 일이다. / [기14]의 친위대와 진위대 설치에 대해서는 관련 선지 및 해설 참조

■ **을미개혁** [법11] [회20] □
- ○ 태양력 사용
  ○ 종두법 시행
  ○ 소학교 설치
  ○ '건양'이라는 새 연호 사용

[해설] 을미개혁 때 추진된 개혁들이다(1895.8~1896.2).

- 다가오는 11월 17일을 양력 1월 1일로 새로 정할 것이다. 또 연호를 건양으로 다시 정할 것이니, 공사문서에 적용하도록 하라.

[해설] 태양력을 사용하고, 연호를 '건양'으로 정한다는 부분에서 주어진 자료는 을미개혁(이른바 '제3차 갑오개혁') 때의 일임을 알 수 있다.

- [을미개혁] 군대는 친위대와 진위대를 설치한다. [지11①] □
  └친위대, 진위대를 설치하였다. [법19] □
  └중앙에 친위대, 지방에 진위대를 설치하였다. [법18] □
  └서울에 친위대, 지방에 진위대를 설치하였다. [법12] □
  └지방에 진위대를 설치하고, 건양이라는 연호를 제정하였다. [서21] □

[해설] 중앙군으로 친위대(와 시위대), 지방군으로 진위대가 설치된 것은 을미개혁 때의 일[개혁]이다(1895.8~1896.2). 건양이라는 연호를 제정한 것도 을미개혁 때의 일이다.

■ 친위대와 진위대 설치 [법13] ☐

- 제1조 국내의 육군을 친위와 진위 2종으로 나눈다.
  제2조 친위는 경성에 주둔하여 왕성 수비를 전적으로 맡는다.
  제3조 진위는 부(府) 혹은 군(郡)의 중요한 지방에 주둔하여 지방 진무와 변경 수비를 전적으로 맡는다.

[해설] 주어진 개혁은 을미개혁 때의 일이다(1895.8~1896.2).

- [을미개혁] 단발령 공포 [서15] ☐
  └단발령 실시 [경11②] ☐
  └단발령 [경12③] ☐

[해설] 단발령이 공포된 것은 1895년 11월(음력)의 일[개혁]이다. 구체적으로는 을미개혁의 일환으로 단발령이 시행된 것은 음력 1895년 11월 17일로, 양력으로는 1896년 1월 1일에 해당한다(음력 1895년 11월 15일 공포)(당시 태양력도 시행). 이후 단발령의 철회를 요구하는 상소문이 빗발치고 의병 운동이 계속되자 단발을 개인의 자유의사에 맡긴다고 하면서 1897년(고종 34) 8월 공식적으로 단발령을 철회하였다(이후 1900년대 초에 다시 시행).

- 우편 사무 시작* [경11②] ☐

[해설] 을미개혁 때의 일이다(1895.8~1896.2). 개성, 수원, 충주, 안동, 대구, 동래에 우체사를 설치하였다(1895.6). 우체사를 설치한 것은 을미개혁 이전이지만 우편 사무를 실제로 시작한 것은 을미개혁 때의 일로 볼 수 있다.

- 소학교 설립* [경11②] ☐

[해설] 을미개혁 때의 일이다(1895.8~1896.2). 1895년 8월 1일 소학교령을 공포하였고, 한성[서울]에 8개의 관립 소학교를 설립하였다(1895.11)(전국 각 도에 100여 개의 공립 소학교 설립). 참고로 이후 1906년 8월에 공포된 보통학교령으로 소학교의 명칭이 보통학교로 바뀌었다(수업 연한도 6년에서 4년으로 단축).

3 아관 파천

- 춘생문 사건 발발 [서15] ☐
  └정동구락부 세력이 주도하였다(춘생문 사건). [국16] ☐

[해설] 춘생문 사건이란 명성 황후계 친미·친러파의 관리와 군인들이 친일 정부(제4차 김홍집 내각)를 타도하고 새 정부를 세우고자 하는 목적에서 고종을 미국 공사관으로 옮기려다 실패한 사건으로, 1895년 11월에 기도되었다(1895.11.28). 요컨대 을미사변 이후 친일 정부에 포위되어 불안과 공포에 떨고 있던 국왕 고종을 궁 밖으로 나오게 하여 친일 정권을 타도하고 새 정권을 수립하려고 했던 사건이다. 800여 명의 군대를 동원했으나 사전에 이 계획을 알고 있던 친일 정부군에 의해 진압되었다. 경복궁의 춘생문(春生門) 담을 넘으려 했기 때문에 '춘생문 사건'으로 부른다. / 민영환, 윤치호, 이상재 등의 정동구락부 세력('정동파')이 주도하였으며 거사 실패 후 이들 정동파 인사들은 미국 및 러시아 공사관 또는 선교사 집으로 피신하였다.

- 고종이 러시아 공사관으로 기처를 옮기게 되었다. [국17①] ☐
  └고종이 러시아 공사관으로 처소를 옮겼다. [법15] ☐
  └(가)의 공사관으로 을미사변 이후 신변의 위협을 느낀 고종이 피신하였다. [법20] ☐
  └고종이 러시아 공사관으로 거처를 옮김에 따라 김홍집 내각이 무너지고 이범진·이완용 내각이 새로 출범 [경13①] ☐
  └1895년 을미사변과 단발령을 계기로 의병 운동이 일어났고, 1896년 고종은 러시아 공사관으로 피신했다. [경13②] ☐
  └아관 파천이 일어났다. [회20] ☐
  └아관 파천의 전개 [소18②] ☐

└1896 아관 파천 [법19] [법12] □

└아관 파천 [서18②] [서15] [경17②] □

[해설] 고종이 러시아 공사관[한자어로 '아관(俄館)']으로 거처를 옮긴 아관 파천이 일어난 것은 1896년(고종 33) 2월의 일이다(1896.2.11). 고종은 1896년 2월 11일(양력) 러시아 공사 베베르(1841~1910)와 친미파(이범진, 이완용, 이윤용 등)의 도움을 받아 러시아 공사관으로 거처를 옮기는 데 '성공'하였다(을미사변 이후 신변의 위협을 느낌). 이로 인해 제4차 김홍집 내각이 무너지고 친러·친미파 인사로 구성된 이범진·이완용 내각이 새로 출범하였다. 참고로 러시아 공사관에 도착한 고종은 총리대신 김홍집, 내부대신 유길준, 농상공부대신 정병하, 군부대신 조희연, 법부대신 장박 등을 역적으로 규정하고 그들을 체포하여 처형하도록 명령하였다. 이에 흥분한 군중이 퇴청하던 김홍집과 정병하를 살해하였고(1896.2.11), 피신한 탁지부대신 어윤중은 (경기도) 용인에서 붙잡혀 살해되었다(1896.2.17). 유길준, 조희연, 권형진, 우범선 등은 일본으로 망명하였다. 잠적했던 외부대신 김윤식도 결국 체포되어 제주도로 종신 유배되었다.

◉ 사진으로 보는 갑오·을미개혁

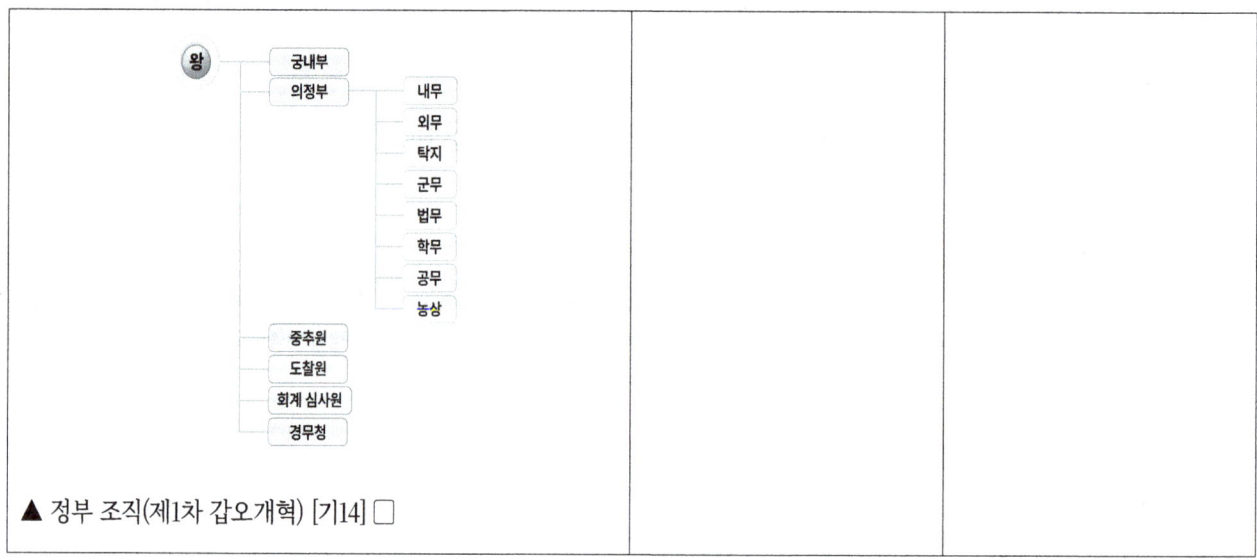

▲ 정부 조직(제1차 갑오개혁) [기14] □

[해설] [기14] 조선의 정부 조직이 표로 제시되어 있다. 궁내부가 설치되어 있고 의정부 아래에, 내무·외무·탁지 등 8개의 관청[아문]이 설치되어 있다. 또한 경무청이 설치되어 있는 것으로 보아 제시된 정부 조직은 제1차 갑오개혁 때(1894.7~1894.12)의 것임을 알 수 있다[제2차 갑오개혁 때(1894.12~1895.8)는 농상무아문과 공무아문이 통합되어 농상공부로 개편].

주제 50 독립 협회의 창립과 활동

1 아관 파천 이후의 상황

- 고종이 러시아 공사관에 머무르고 있었다. [경21②] □

[해설] 아관 파천으로 고종이 러시아 공사관에 머문 것은 1896년 2월에서 1897년 2월까지이다(1896.2.11~1897.2.20).

- 친러 성향의 내각이 수립되어 러시아의 정치적 간섭이 강화되었고, 열강의 이권 침탈도 심해졌다. [서20] □
  └ 프랑스와 독일이 광산 채굴권을 요구하였다. [법11] □

[해설] 친러 성향의 내각이 수립되어 러시아의 정치적 간섭이 강화되었고, 열강의 이권 침탈도 심해진 것은 고종 33년(1896)에 있었던 아관 파천 이후의 일이다(1896.2.11). / 프랑스와 독일 등이 광산 채굴권을 요구한 것은 고종이 러시아 공사관으로 피난한 직후부터이다(아관 파천). 그 결과 독일은 1897년에 광산 채굴권(광지는 1898년에 강원도의 당현 금광으로 확정)을, 프랑스는 1901년에 광산 채굴권(광지는 1907년 평북 창성 금광으로 확정)을 획득하였다(그 외 러시아, 영국, 일본, 이탈리아가 광산 채굴권 획득).

- 아관 파천 이후 정부는 일본의 강요로 급진적으로 추진되었던 갑오개혁의 제도 개혁을 재조정하는 작업에 착수하였다.* [서12] □
  └ 단발령 철회를 논의하는 관리들* [법15] □
  └ 단발령을 폐지하였다.* [회16] □

[해설] 1895년 11월(음력)에 단행된 단발령은 아관 파천 이후 수립된 친러파 내각에 의해 철회되었다(1897.8). 즉 친러파 내각이 들어서면서 일본의 압력에 의해 일련의 개혁들이 급진적으로 추진되었다는 백성들의 반발(상소와 의병 운동으로 표출)과 조정 내의 '반성'이 일어남에 따라 이전의 개혁들이 다시 혁파되기 시작하였다(의정부 다시 설치, 13도제 도입, 단발을 개인의 자유의사에 맡긴다는 형식으로 단발령 철회 등). / 단발령 철회를 요구하는 상소와 의병 운동이 빗발치자 고종 34년인 1897년 8월 단발을 개인의 자유의사에 맡김으로써 공식 철회하였다(하지만 1902년 8월에 군인·경찰·관원들을 대상으로 재차 단발 시행).

- 지방 행정 체제를 23부에서 13도로 개편하였다.* [법18] □

[해설] 지방 행정 체제를 23부에서 13도로 개편한 것은 고종 33년인 1896년 8월의 일이다. 제2차 갑오개혁 때부터 시행하던 23부제(1895.6)를 폐지하고 종전의 조선 8도 중 남부(충청·전라·경상)와 북부(평안·함경)의 5개 도를 남·북도로 나누어 13개로 만들었다.

- [아관 파천] 베베르-고무라 각서 체결에 영향을 끼쳤다.* [경21②] □

[해설] 베베르-고무라 각서 체결에 영향을 끼친 사건은 아관 파천이다(1896.2). 베베르-고무라 각서는 1896년 2월 11일 고종이 아관 파천을 단행한 이후 러시아와 일본 사이에 조선의 내정 문제에 관한 긴급 사안을 놓고 잠정적인 타협을 한 각서이다(1896.5). 전세 4개조로 되어 있는데, 주요 내용은 고종의 신변 안전 및 조선 대신의 임명에 관한 문제, 조선 내의 전신선 보호 문제와 러·일의 경비병 배치 건 등이다. 이후 러시아와 일본은 모스크바에서 다시 고위급의 협상을 하게 되는데, 그것이 로바노프-야마가타 의정서이다(1896.6).

* 로바노프-야마가타 의정서: 러시아 외상 로바노프와 일본 특사 야마가타 아리토모가 1896년 6월 조선과 관련하여 체결한 조약이다. 베베르-고무라 각서를 바탕으로 하였고, 본 조약 4개 조항과 비밀 조관 2개 조항으로 구성되었다. 러시아와 일본은 상호 아관 파천을 인정한 가운데 조선의 재정 문제는 러일 양국이 공동으로 대응하고, 러시아와 일본이 같은 수의 군인을 주둔시키며, 일본은 기존의 전신선을 유지하고 러시아는 한성[서울]에서 국경까지 전신선을 가설한다는 등의 내용을 담고 있다. 러시아와 일본이 서로 어느 한 국가의 조선에 대한 영향력 증대를 막기 위한 상호 견제 조치였다고 볼 수 있다(조선의 정치적, 군사적 자주권이 크게 침해됨).

2 독립 협회의 창립과 활동

- 서재필을 중심으로 민중 계몽을 위한 독립신문이 창간되었다. [국17①] □

└독립신문은 한글과 영문을 사용하였으며, 근대적 지식 보급과 국권·민권 사상을 고취하였다. [서13] ☐

└윤치호가 주필이 된 후 관민 공동회를 주도하는 역할을 수행하였다. [지16①] ☐

[해설] 우리나라 최초의 민간 신문인 독립신문이 창간된 것은 1896년(고종 33) 4월의 일이다(1896.4.7). / 독립신문은 내국인과 외국인을 대상으로 하여 한글과 영문으로 만들었다. 근대 사상과 학문, 국권·민권 사상을 고취하였다. 우리나라 최초의 민간 신문이다. 주의할 것은 독립 협회의 기관지는 1896년 11월에 창간된 『대조선독립협회보』이지 독립신문이 아니라는 점이다(1896.11.30~1897.8.15, 통권 제18호).

■ **독립신문** [서22②] [법14] [경13①] ☐

- 1896년 4월 7일에 창간된 이 신문은 1899년 12월 4일 폐간될 때까지 약 3년 8개월 동안 발간되었다. 최초의 민간 신문인 동시에 처음으로 한글 전용과 띄어쓰기를 시도하며 한글판, 영문판을 발행하였다. ___㉠___ 와/과 만민 공동회의 정치적 활동을 옹호하고 대변하였다.

[해설] 주어진 자료 속 신문은 독립신문이고, '㉠'은 독립 협회를 가리킨다(1896.7.2).

- 우리는 첫째, 편벽되지 아니한 고로 무슨 당에도 상관이 없고, 상하귀천을 달리 대접하지 아니하고, 모두 조선 사람으로만 알고, 조선만을 위하여 공평히 인민에게 말할 터인데, 우리가 서울 백성만 위한 것이 아니라 조선 인민을 위하여 무슨 일이든지 대언하여 주려 함. 우리는 바른대로만 신문을 할 터인 고로, 정부 관원이라도 잘못하는 이 있으면 우리가 말할 터이요, 사사로운 백성이라도 무법한 일을 하는 사람을 찾아 신문에 설명할 터임. 또 한쪽에 영문으로 기록하기는 외국 인민이 조선 사정을 자세히 모른즉, 혹 편벽된 말만 듣고 조선을 잘못 생각할까 보아 실상 사정을 알게 하고자 하여 영문으로 조금 기록함.

[해설] 주어진 자료는 국문판과 영문판을 동시 발행한 독립신문의 창간사이다(1896.4.7).

- 독립 협회 결성 [서15] ☐

└독립신문 창간 후 발족되었다. [회15] ☐

└독립 협회 활동의 영향을 받았다. [지16②] ☐

└독립 협회 [기18] [소18②] ☐

└독립 협회 해산 [지24] ☐

[해설] (고종의 허락을 받고) 송재 서재필(1864~1951)[미국명 필립 제이슨] 등이 중심이 되어 독립 협회가 결성된 것은 고종 33년인 1896년 7월의 일이다(1896.7.2)[정부의 외부(外部)에서 창립 총회 개최]. 결성 직후 독립 협회는 손상된 자주국으로서의 권위를 회복하기 위해 러시아 공사관에 머물던 고종의 환궁을 요구하였다. / 독립 협회는 독립신문 창간 후 발족되었다. 독립신문은 1896년 4월에 창간되었고, 독립 협회가 발족된 것은 같은 해 7월의 일이다. / [지24] 광무 2년이자 고종 35년인 1898년 12월 28일에 내려진 고종의 민회 금압령으로 독립 협회는 '사실상' 해체되었다.

■ **독립 협회** [기11] ☐

- ■ 서재필과 개화 지식인들이 중심이 되어 만들었다.
  - ■ 독립문과 독립관을 건설하였다.
  - ■ 최초로 근대적 의회 설립을 주장하였다.

[해설] 주어진 자료가 가리키는 단체는 1896년 7월에 창립된 독립 협회이다(1896.7.2).

- [독립 협회] 『독립신문』을 발간하고 독립문을 건설하였다. [서24②] ☐

[해설] 독립 협회가 (우리나라 최초의 민간 신문인) 『독립신문』을 발간한 것은 고종 33년인 1896년 4월의 일이다(1896.4.7)(같은 해 7월 2일 독립 협회 설립 이전임). 『독립신문』은 창간 이듬해인 1897년 1월부터 한글판[국문판]과 영문판으로 분리하여 발행되었다. 그리고 독립 협회의 주도로 독

립문이 건설된 것은 광무 원년[고종 34]인 1897년 11월의 일이다(1897.11.20). 왕실과 국민의 성금을 모아 중국 사신을 맞이하던 영은문 자리 부근에 세웠다.

- 영은문이 있던 자리 부근에 독립문을 세웠다. [국22]□
  └독립문이 건립되었다. [지22]□
  └독립문 완공 [기17]□
  └영은문(迎恩門)과 모화관(慕華館)을 없앴다. [경12①]□
  └[독립 협회] 독립문 건립과 독립 공원 조성을 추진하였다. [서22②]□

[해설] 독립 협회의 주도로 영은문(迎恩門)이 있던 자리 부근에 독립문이 세워진 것은 1897년 11월의 일이다(11월 20일 완공)(1896년 11월 정초식 거행). / 독립 공원은 독립문과 전 모화관(慕華館)을 개수한 독립관 일대를 대상으로 만들어졌으며 과수·관상목·화초와 여러 가지 관목을 심었다(독립문이 세워질 때 조성).

- [독립 협회] 항일 의병 활동을 적극적으로 지원하여 국권을 수호하고자 하였다[×]. [기11]□

[해설] 독립 협회는 항일 의병 활동을 적극적으로 지원한 적이 없다. 오히려 반외세, 반일 의병에 부정적이어서 이들을 '토벌 대상'으로 보았다. 항일 의병을 도적[비적]으로 칭하고 청을 이긴 일본의 은혜를 강조하였다. 이토 히로부미와 이완용을 찬양하기도 하였다[독립신문 논설 참조(1896년 6호/1897년 114호/1898년 별호 등)].

- [독립 협회] '구국 운동 상소문'을 지었다.* [법23]□

[해설] (자주 국권 회복을 요청하는) '구국 운동 상소문'을 지은 단체는 독립 협회이다(1898.2.21). 일명 '구국 선언 상소문'으로도 불리는 구국 운동 선언과, 같은 해인 1898년 3월 10일 열린 제1차 만민 공동회를 통해 독립 협회는 국권 수호 운동이자 민중적 정치 운동을 본격적으로 펼치기 시작하였다(같은 해 2월 27일 회칙 개정과 임원 개편 단행, 회장 이완용, 부회장 윤치호, 서기 남궁억, 회계 이상재·윤효정 등).

- [독립 협회] 자유 민권 운동과 국민 참정권 운동을 전개하였다. [경13②]□
  └자유 민권 운동과 의회 설립 운동을 추진하였다. [소21]□

[해설] 독립 협회는 자유 민권 운동(국민 참정권 운동 포함)과 자주 국권 운동, 자강 개혁 운동을 추진하였다. 의회 설립 운동은 자유 민권 운동(국민 참정권 운동)의 일환이다.

- [독립 협회] 국민 계몽을 위해 회보를 발간하고 만민 공동회 등 대규모 집회를 열었다. [지20]□
  └계몽적, 사회적, 정치적 주제의 토론회를 개최하였다. [서22②]□
  └토론회 활동 이후 민중 세력의 참여가 두드려졌다. [회15]□
  └독립 협회는 1898년에 대구, 평양 등지에 지회를 설립하고, 서울에서는 만민 공동회를 열어 개혁 운동을 대중적으로 확산시켰다. [경12①]□

[해설] 독립 협회는 국민 계몽을 위해 회보[기관지]를 발간[「대조선독립협회회보」(1896.11.30), 국내 최초의 잡지]하고 (1898년에 이르러서는) 계몽적, 사회적, 정치적 주제의 토론회, 즉 만민 공동회를 개최하였다(1898.3~12).

독립 협회 개최 강연회[토론회] [지20]

일자	주제
1897. 8. 29.	조선에 급선무는 인민의 교육
1897. 9. 5.	도로 수정하는 것이 위생에 제일 방책
⋮	⋮
1897. 12. 26.	인민의 귀로 듣고 눈으로 보는 것을 개명케 하려면 우리나라 신문이며 다른 나라 신문지들을 널리 반포하는 것이 제일 긴요함

[해설] 독립 협회는 1898년(고종 35) 만민 공동회를 열기 전해인 1897년(고종 34)에 다양한 주제에 대한 강연회[토론회]를 개최하였다.

- ○ 재물정사(財物政事)는 비유컨대 사람의 온몸의 피와 맥과 같으니 그 혈맥을 보호하여 기르는 것은 각각 자기들에게 있지 남이 보호하여 주고 길러주지 못한다.
- ○ 국내에 금·은·석탄광이 있으면 마땅히 스스로 취하여 그 이익을 얻을 것이지 하필 외국에 넘겨 본국은 날로 가난케 하고 타인으로 하여금 부강케 하리오.
- ○ 대한 토지는 선왕의 크신 업이요 1천 2백만 인구의 사는 땅이니 한 자, 한 치라도 다른 나라 사람에게 빌려주면 이는 곧 선왕의 죄인이요 1천 2백만 동포 형제의 원수이다.

[해설] 주어진 자료들은 토지와 광물 등의 자원(에 대한 이권)을 외국에 넘기는 것에 대해 반대[비판]하는 주장들로, 고종의 아관 파천 이후 가속화된 열강의 이권 침탈에 대해 독립 협회가 연 강연회(토론회)에서 발표되었다.

독립 협회의 활동(자주 국권 운동, 자유 민권 운동, 자강 개혁 운동) [국22] [법14] [소21]

- 정부에서 일하는 관리는 임금의 신하요 백성의 종이니 위로 임금을 섬기고 아래로는 백성을 섬기는 것이라. …(중략)… 바라건대 정부에 계신 이들은 관찰사나 군수들을 자기들이 천거하지 말고 각 지방 인민으로 하여금 그 지방에서 뽑게 하면, 국민 간에 유익한 일이 있는 것을 불과 1~2년 동안이면 가히 알리라. (국민 참정권의 실현) - 독립신문, 1896.4.14. -

[해설] 주어진 자료는 독립 협회의 자유 민권 운동과 관련이 있음을 알 수 있다(국민 참정권의 실현). 참고로 독립 협회의 활동은 크게 '자주 국권 운동'과 '자유 민권 운동', '자강 개혁 운동' 세 가지로 나눌 수 있다.

- 아관 파천 이후 러시아의 영향력이 강화되고 열강의 이권 침탈이 가속화되었다. 이러한 가운데 서재필 등은 (가) 을/를 만들었다. (가) 은/는 고종에게 자주독립을 굳건히 하고 내정 개혁을 단행하라는 내용이 담긴 상소문을 제출하였으며, 만민 공동회를 개최하여 외국의 간섭과 일부 관리의 부정부패를 비판하였다.

[해설] 주어진 자료 속 '(가)'는 독립 협회를 가리킨다(1896.7).

- 대한 제국 수립을 전후하여 (가) 은/는 열강의 이권 침탈에 반대하는 운동을 전개하였다. 러시아는 군사 교관과 재정 고문을 파견하여 내정 간섭을 하고 절영도 조차와 한러 은행 설립 등을 요구하였다. 이에 (가) 은/는 민중 대회인 만민 공동회를 열어 적극적인 반대 운동을 전개하였고, 고종은 이에 힘입어 러시아의 요구를 거절하였다.

[해설] 주어진 자료 속 '(가)'는 독립 협회임을 알 수 있다. 러시아는 1897년 7월 절영도(지금의 부산 영도) 조차를 요구(1889년에도 요구)하였는데, 독립 협회가 이에 대한 반대 운동을 펼쳐 결국 좌절시키는 데 성공하였다(1898.2).

- [러시아] (나)-석탄 저장고를 확보하기 위해 절영도를 조차하고자 하였다. [법15]
  - 러시아가 일본의 선례에 따라 석탄고의 설치를 위해 절영도의 조차를 요구하였다. [경12③]
  - 러시아가 절영도의 조차를 요구하였다. [법11]

[해설] 러시아는 석탄 저장고를 확보하기 위해 절영도(오늘날의 부산 영도)를 조차하고자 하였다(1897.7)(1889년에도 요구). 이에 독립 협회는 그에 반대하는 운동을 전개하여 무산시켰다(1898.2). / 참고로 독립 협회는 미국과 일본, 서구 열강 등의 이권 침탈에 대해서는 공개적으로 비판하지 않았다[열강들을 편파적으로 대함, 즉 영국을 중심으로 한 서구 열강의 러시아 견제(봉쇄) 정책에 편승하였다는 비판이 제기].

• [독립 협회] 러시아의 내정 간섭과 이권 요구에 반대하였다. [법23] ☐

└ 러시아의 절영도 조차 요구를 저지하였다. [법13] [회18] ☐

[해설] 독립 협회는 러시아의 내정 간섭과 이권 요구를 적극적으로 비판하였다. 러시아는 고종 34년(광무 원년)인 1897년에 군사 교관과 재정 고문을 파견하여 내정 간섭을 하고 절영도 조차와 한러 은행 설립 등을 요구하였다[1897년 7월 절영도(지금의 부산 영도) 조차 요구(1889년에도 요구한 바 있음)]. 특히 절영도 조차의 경우 독립 협회가 이에 대한 반대 운동을 강하게 펼쳐 결국 좌절시키는데 성공하였다(1898.2)(관련 사료 →『동래항 절영도에 아병함 소유 석탄고 조차지를 아공사가 청구하는 데 관한 청의서』).

• [독립 협회] 만민 공동회와 관민 공동회를 개최하였다. [회15] ☐

[해설] 독립 협회는 1898년에 이르러 만민 공동회와 관민 공동회를 개최하였다.

• [독립 협회] 만민 공동회를 열어 러시아의 내정 간섭을 규탄하였다. [서24②] ☐

└ 만민 공동회를 개최하여 러시아의 침략 정책을 강력하게 규탄하였다. [지15②] ☐

└ 반러 운동을 적극적으로 전개하였다. [서22②] ☐

└ 외국인 고문의 즉시 철수를 요구하였다. [법13] ☐

[해설] 독립 협회는 러시아의 침략 정책[내정 간섭과 이권 요구]에 반대하기 위하여 광무 2년[고종 35]인 1898년 3월 한성[서울]에서 처음 만민 공동회를 개최하였다(이후 반러 운동을 적극적으로 전개). / [법13] 외국인 고문의 즉시 철수를 요구한 것은 독립 협회가 만민 공동회를 통해 러시아의 군사 교관, 재정 고문의 철수를 요구한 것을 가리킨다(1898.3)(실제로 관철).

• 만민 공동회에서 상권 수호 구호를 외치는 상인 (1898.12)[법15] ☐

[해설] 만민 공동회가 (처음) 열린 것은 1898년 3월의 일이다(~1898.12).

만민 공동회 [법12] [회18] ☐

• 회원 김정현이 급히 배재 학당으로 가서 교사 이승만 및 학도 40~50인과 함께 경무청 앞에 갔고 다른 회원들은 백목전 도가(都家)*에 모여 윤시병을 만민 공동회 회장으로 삼아 경무청 앞으로 갔다. 이때 인민들이 다투어 모인 자가 수천인이었다.
- <대한계년사> -

*도가: 상인들이 모여 의논하는 집

[해설] 주어진 자료는 독립 협회가 개최한 만민 공동회와 관련된 것임을 알 수 있다. 참고로 이승만(1875~1965)은 1895년에 배재 학당에 입학하였으며, 1898년 당시 독립 협회의 만민 공동회에 적극적으로 참여한 바 있다.

• ◦ 슬프다. 대한 사람들은 남에게 의지하고 힘입으려는 마음을 낳을 진져. 청국에 의지하지 말라, 송이나 사환에 지나지 못하리로다. 일본에 의지하지 말라, 내종에는 내장을 잃으리로다. 노국에 의지하지 말라, 필경에는 몸뚱이까지 삼킴을 받으리라. 이 모든 나라에 의지하고 힘입으려고는 아니할지언정 친밀치 아니치는 못하리라. - ○○ 신문 -

◦ 내가 일전에 학교에 갈 때 종로를 지나다가 보니 태극기는 일월(日月) 같이 높이 달고 흰 구름 같은 천막이 울타리 담장처럼 넓게 펼쳐져 있었습니다. 나무 울타리 안에 수많은 사람들이 모여 있었습니다. 제가 어떤 사람들에게 물으니, "정부 대신을 초청하여 묻고 토론할 일이 있어 집회가 열렸소."라고 했습니다.
- 대한계년사 -

[해설] 첫 번째 자료는 '유지각한 사람의 말'이라는 제목으로 나간 독립신문의 사설이다(1898.1.20). 독립 협회의 자주 국권 사상이 잘 나타나 있다. 두 번째 자료는 종로에 수많이 사람들이 모여 "정부 대신을 초청하여 묻고 토론할 일이 있어 집회가 열렸다"는 등의 내용으로 보아 1898년 10월 독립 협회의 주도로 열린 관민 공동회를 가리킴을 알 수 있다. 출처인『대한계년사』는 문신이자 애국 계몽 운동가인 정교(1856~1925)가 1864년(고종 원년)부터 대한 제국이 망할 때까지 47년간의 역사를 편년체로 기술한 책이다(1910).

- [독립 협회] 입헌 군주제 수립을 목표로 활동하였다. [법20] □
  - 의회를 설립하고 내정 개혁을 추진하였다. [소18②] □
  - 독립 협회는 궁극적으로 군주제를 폐지하고 대외적으로 자주성을 갖는 공화제를 실시하고자 하였다[x]. [경12①] □
  - 국민 참정권의 실현 [법14] □

[해설] 입헌 군주제 수립을 목표로 활동한 (대표적인) 단체로는 독립 협회가 있다. 독립 협회는 1898년 10월 자강 개혁 운동으로 관민 공동회 활동을 펼치면서 (공화제가 아니라) 입헌 군주제 수립을 기도하였다(그 결과 '헌의 6조' 채택)(채택된 헌의 6조를 실시하기 위하여 박정양 내각이 '(의회식) 중추원 신관제'를 공포, 1898.11.4). 참고로 입헌 군주제를 처음 추구한 것은 갑신정변으로 갑신 정강(14개조 혁신 정강)에서 표명되었다(제13조와 제14조). 그리고 애국 계몽 운동 단체 중에 입헌 군주제 수립을 목적으로 창설된 헌정 연구회가 있다(1905.5). / 독립 협회의 활동은 크게 '자주 국권 운동'과 '자유 민권 운동', '자강 개혁 운동' 세 가지로 나눌 수 있다. 국민 참정권의 실현은 이 중 자강 개혁 운동에 속한다.

- 관민 공동회가 개최되었다. [법23] □

[해설] (독립 협회 주최로 서울 종로에서) 관민 공동회가 개최된 것은 고종 35년(광무 2)인 1898년 10월의 일이다(1898.10.28~11.3).

- 독립 협회가 개최한 관민 공동회에서 헌의 6조가 결의되었다. [지17②] □
  - 관민 공동회를 종로에서 개최하고 헌의 6조를 채택하였다. [지13] □
  - 만민 공동회를 개최하여 헌의 6조를 채택하였다. [기11] □
  - 헌의 6조를 결의하고 국왕에게 건의하였다. [법12] □
  - (나)를 수용한 고종은 「조치 5조」를 반포하였다.* [서21] □

[해설] 독립 협회가 개최한 관민 공동회에서 (6개항의 국정 개혁안인) 헌의 6조가 결의된 것은 1898년 10월의 일이다(1898.10.29). / 헌의 6조를 수용한 고종은 즉시 이를 보완하는 '조칙 5조'를 반포하였다(1898.10.31). 즉 헌의 6조에 자신의 5개조 약조를 더하여 향후 권력 기구의 정비와 개혁 정책의 추진을 약속한 것이다. / [기11]의 '만민 공동회'는 '관민 공동회'로 바꾸는 것이 바람직하다(해당 문제에서는 옳은 답으로 제시).

- [헌의 6조] 외국인에게 기대지 아니하고 관민이 동심협력하여 전체 황권을 견고케 할 것. [서17①] □ (제1항)
  - 외국인에게 의지하지 않고 관민이 한마음으로 협력하여 전제 황권을 공고히 할 것. [회17] □
  - 외국과의 이권에 관한 조약은 각 대신과 중추원 의장이 합동 날인하여 시행할 것. [법15] □ (제2항)
  - 재정은 모두 탁지부에서 전담하여 맡고, 예산과 결산은 인민에게 공포한다. [지14②] □ (제3항)
  - 국가 재정은 탁지부가 전관하고 예산과 결산을 인민에게 공포할 것. [경16①] □
  - 전국의 재정은 궁내부 내장원으로 이속하고 예산과 결산은 중추원의 승인을 거칠 것. [x] [서17①] □
  - (나)에서는 정부의 예산과 결산을 인민에게 공표할 것을 주장하였다. [서21] □
  - 모든 중대 범죄는 공개 재판을 시행하되, 피고가 끝까지 설명하여 마침내 자복(自服)한 후에 시행할 것. [서17①] □ (제4항)
  - 칙임관은 황제가 정부에 자문하여 그 과반수의 의견에 따라 임명한다. [국15] □ (제5항)
  - 칙임관은 황제가 정부에 자문하여 그 과반수 의견에 따라 임명한다. [경18②] □
  - 칙임관은 황제가 정부에 자문을 구하여 그 과반수에 따라 임명할 것. [서17①] □

[해설] 외국과의 이권에 관한 조약은 각 대신과 중추원 의장이 합동 날인하여 시행할 것은 헌의 6조 중 제2항의 내용이다. / 재정을 탁지부에서 전담하고 재정 체계를 확립하여 예·결산을 국민에게 공개하는 것은 제3항의 내용이다. / 중대 범죄 공개 재판은 제4항, 칙임관 임명과 관련된 것은 제5항의 내용이다.

- [독립 협회] 중대한 범죄는 공판하되 피고의 인권을 존중할 것을 주장하였다. [서24②] □

[해설] 헌의 6조에 규정된 내용이다(제4조).

헌의 6조 [국17①] [서24②] [서21] [법23] [법20] [법19] [법11] [경13②]

- 1. 외국인에게 의지하지 말고, 관·민이 [한마음으로] 힘을 합하여 전제 황권을 견고하게 할 것.
  (외국인에게 의부 아니하고 관민이 동심합력하여 전제 황권을 견고케 할 것.) [서21]
  2. 외국과의 이권에 관한 조약은 각 대신과 중추원 의장이 합동 날인하여 시행할 것.
  3. 국가 재정은 탁지부에서 전관하고, 예산과 결산을 국민에게 공포할 것.
  4. 중대 범죄를 공판하되, 피고의 인권을 존중할 것.
  5. 칙임관(勅任官)을 임명할 때에는 정부의 자문을 받아 다수의 의견에 따를 것.
  6. 정해진 규정을 실천할 것. (1~6항 중복 출제)

[해설] '전제 황권을 견고하게' 한다는 점, '중추원'과 '탁지부' 등이 제시되어 있다는 점 등에서 주어진 건의문은 관민 공동회에서 결의된 6개 항의 국정 개혁안인 헌의 6조(1898.10)임을 알 수 있다[1898년(광무 2) 10월 29일].

- 1. 외국인에게 의지하지 말고 관민이 합심하여 황제권을 공고히 할 것.
  2. 외국과의 이권에 관한 계약과 조약은 해당 부처의 대신과 중추원 의장이 함께 날인하여 시행할 것.
  3. 재정은 탁지부에서 전담하여 맡고 예산과 결산을 국민에게 공포할 것.

[해설] 주어진 <보기>는 독립 협회 주도로 열린 관민 공동회에서 결의된 6개 항의 국정 개혁안인 '헌의 6조'이다[1898년(광무 2) 10월 29일](관민 공동회, 1898.10.28~11.3). 따라서 <보기>의 내용을 주도한 세력은 독립 협회임을 알 수 있다(1896.7~1898.12).

- ·외국인에게 기대하지 아니하고 관민이 동심협력하여 전제 황권을 공고히 할 것. (제1항)
  ·국가 재정은 탁지부에서 모두 관리하고 예산, 결산을 국민에게 공포할 것. (제3항)
  ·지방관을 임명할 때에는 정부에 그 뜻을 물어 중의에 따를 것. (제5항)
  ·중대 범죄를 공판하되, 피고의 인권을 존중할 것. (제4항)

[해설] 주어진 자료는 독립 협회가 개최한 만민 공동회에서 나온 헌의 6조이다(1898.10). 제시된 항목은 위에서부터 차례로 제1항, 제3항, 제5항, 제4항에 해당한다.

- 정부의 지원을 받아 설립된 이 단체는 고종에게 아래의 문서를 재가 받았어요.
  1. 외국인에게 의지하지 말고 관민이 합심하여 황제권을 공고히 할 것.
  2. 외국과의 이권에 관한 계약과 조약은 해당 부처의 대신과 중추원 의장이 함께 날인하여 시행할 것.
  ……

[해설] 독립 협회 주도로 열린 관민 공동회에서 결의된 6개 항의 국정 개혁안인 '헌의 6조'이다[1898년(광무 2) 10월 29일](관민 공동회, 1898.10.28~11.3).

- 2. 모든 정부와 외국과의 조약에 관한 일은 각부 대신과 중추원 의장이 합동으로 서명, 날인하여 시행할 것.
  4. 중내 범죄는 공개 재판을 시행하되, 피고가 죄를 사백한 후에 시행할 것.

[해설] 주어진 자료는 헌의 6조의 내용이다.

- [중추원] 대한 제국에서는 정부의 자문 기구로 개편되었고, 독립 협회가 의회로의 개편을 시도하였다. [시14]

[해설] 대한 제국에서 정부의 자문 기구로 개편되었고, 독립 협회가 의회로의 개편을 시도한 기관은 중추원이다. 고종 35년이자 광무 2년인 1898년 10월 수구파 내각이 물러가고 박정양 내각이 구성되어 관민 공동회에서 채택된 헌의 6조를 실시하기 위한 (의회식) 중추원 (신)관제가 공포되었다(1898.11.4). 그러자 수구 반동 세력들이 독립 협회가 왕정을 폐지하고 공화정을 실시하려 한다는 유언비어를 퍼뜨리고 고종을 충동하여 박정양의 진보적 내각을 전복시키고 독립 협회를 혁파시켰다(광무 2년이자 고종 35년인 1898년 12월 28일에 내려진 고종의 민회 금압령으로 독립 협회는 사실상 해체됨). 이로써 눈앞에 둔 의회식 중추원의 실시도 좌절되고 말았다.

■ 중추원 (신)관제 [경21①]

제1조 중추원은 다음 사항을 심의하고 의정하는 처소로 할 것.
　　① 법률과 칙령의 제정, 폐지 혹은 개정에 관한 사항
　　② 의정부에서 토의를 거쳐 임금에게 상주하는 사항
　　③ 칙령에 의하여 의정부에서 문의하는 사항
　　④ 의정부에서 임시 건의에 대해 문의하는 사항
　　⑤ 중추원에서 임시 건의하는 사항
　　⑥ 인민이 건의하는 사항
제3조 의장은 대황제 폐하께옵서 문서로 임명하시고, 부의장은 중추원 공천에 의해 임명하시고, 의원 반수는 정부에서 공로가 있는 자로 회의하여 추천하고, 반수는 인민 협회에서 27세 이상의 사람이 정치, 법률, 학식에 통달한 자로 투표 선거할 것.

[해설] '중추원 (신)관제'가 반포된 것은 고종 35년(광무 2년)인 1898년 11월의 일이다(1898.11.4).

- [황국 협회] 보부상 중심의 단체로 황권 강화를 통한 부국강병을 행동 지침으로 삼았다. [지20]
  └ [독립 협회] 황국 협회와 협력하면서 개혁을 추구하였다[×]. [회15]

[해설] 보부상 중심의 단체로 황권 강화를 통한 부국강병을 행동 지침으로 삼은 단체는 황국 협회이다(1898.6). 황국 협회는 독립 협회 활동에 대항하기 위해 수구파 정부[관료들]에 의해 조직된 어용 단체이다.

■ 좌절된 입헌 군주제의 꿈 [법13]

나라라 하는 것은 사람을 두고 이름이니, 만일 빈 강산에 초목금수만 있고 해와 달만 내왕하는 곳이면 어찌 나라라고 칭하리오. 그러므로 사람이 토지에 의거하여 나라를 세울 때 임금과 정부와 백성이 동심합력하여 나라를 세웠나니, …… 백성의 권리로 나라가 된다고 말하는 것이오. …… 해외 강국이 와서 나라를 빼앗는데 종묘사직과 임금과 나라 이름을 그대로 두고 사람의 권리와 토지 이익만 가져가고 또 총명 강대한 백성을 옮겨다 가두고 주장을 하나니, …… 관심이 합심하여 정부와 백성의 권리가 절반씩 함께 한 후에야 대한이 억만 년 무강할 줄로 나는 아노라.　　　　- 1898.12.15.

[해설] 주어진 자료는 독립신문의 기사이다. 입헌 군주제의 이상을 표현하고 있다. 독립 협회는 의회식 중추원 개편을 통해 입헌 군주제를 실현코자 하였으나 고종과 수구 세력들의 반격으로 좌절되고 말았다.

- 해산된 후 헌정 연구회·대한 자강회로 이념이 계승되었다. [회15]

[해설] 독립 협회는 (1898년 12월에) 강제로 해산되었지만 헌정 연구회(1905.5), 대한 자강회(1906.4)로 이념이 계승되었다.

- (나) : 일제의 화폐 정리 사업에 저항하였다[×]. [법11]

[해설] 일제의 화폐 정리 사업이 있었던 기간은 1905년에서 1909년까지이다. 해당 문제에서 '(나)'는 관민 공동회에서 도출된 헌의 6조를 가리킴(이하 동일).

- (나) : 흥선 대원군의 재집권으로 타격을 받았다[×]. [법11]

[해설] 흥선 대원군(1821~1898)이 재집권한 것은 임오군란 때의 일이다[1882.6.9(음력)/1882.7.23(양력)]. 흥선 대원군은 집권층의 요구로 파병된 청 병력에 의해 (재집권한 지 33일 만에) 납치되어 청으로 압송되었다[1882.7.13(음력)](중국 텐진 보정부에 억류되었다가 1885년 8월 귀국).

◉ 사진으로 보는 독립 협회의 창립과 활동

▲ 송재 서재필 [기]18]

[해설] [기18] 송재 서재필(1864~1951). 조선의 문신이자 대한 제국의 정치인, 언론인이다. 독립신문을 창간하고 독립 협회를 설립하여 이끌었다. 미국에서는 의사로 활동하였다[미국명, 필립 제이슨(Philip Jaisohn)]. 1977년 대한민국 건국 공로 훈장 대한민국장이 추서되었다.

주제 51 대한 제국과 광무개혁

1 대한 제국의 수립

• 러시아 공사관에 머물던 고종은 1897년 2월 경복궁으로 환궁하였다[x]. [경18①] ☐

└덕수궁 [지20] ☐

[해설] 고종은 러시아 공사관에서 1년여 간의 칩거를 끝내고 경운궁(이후 1907년에 덕수궁으로 개칭)으로 환궁하였다(1897.2.20).

■ **덕수궁(경운궁)** [지20] ☐

이곳은 원래 성종의 형인 월산 대군(月山大君)의 집이 있던 곳으로, 선조가 임진왜란 뒤 임시 거처로 사용하면서 정릉동 행궁으로 불리었고, 광해군 때는 경운궁이라 하였다. 아관 파천 후 고종이 이곳에 머물렀다. 주요 건물로는 중화전, 함녕전, 석조전 등이 있다.

[해설] 월산 대군(1454~1488)의 집터이자 정릉동 행궁, 경운궁으로 불린 이곳은 바로 덕수궁이다.

• 경운궁을 정궁으로 삼았다. [국16] ☐

[해설] 경운궁[덕수궁]을 정궁으로 삼은 것은 고종이 러시아 공사관에서 돌아온 직후이다(1897.2).

• [대한 제국의 성립] 을미사변 이후 위축된 국가 주권을 지키고 고종의 위상을 높여야 한다는 여론이 높아졌다. [서16] ☐

└고종은 러시아 공사관에 있는 동안 경운궁을 증축하였다. [서16] ☐

└고종은 연호를 광무라 하고 경운궁에서 황제 즉위식을 거행하였다[x]. [서16] ☐

└경운궁으로 환궁한 고종은 1897년 연호를 광무로 정하고, 황제 즉위식을 거행하고 국호를 대한 제국이라 선포하였다.
 [서12] ☐

└환구단에서 황제 즉위식을 거행하였다. [법15] ☐

[해설] 대한 제국이 수립된 것은 고종이 아관(러시아 공사관)에서 돌아온 해인 1897년 10월의 일이다(대한 제국은 한일 병탄 조약이 체결된 1910년 8월까지 존속). / 고종은 을미사변 이후 신변에 위협을 느껴 러시아 공사관으로 거처를 옮겼다(아관 파천, 1896.2). 이로 인해 친러 내각이 수립되었고, 열강의 이권 침탈이 심해지자 외세의 간섭을 막아 국가 주권을 지키고 고종의 위상을 높여야 한다는 의견이 대두되었다. / 고종은 러시아 공사관에 있는 동안 경운궁(현 덕수궁)을 증축하였고 이후 경운궁으로 환궁하였다(1897.2.20). / 고종은 국호를 대한 제국, 연호를 광무라 하고 (경운궁이 아닌) '환구단[원구단]'에 나아가 황제 즉위식을 거행하였다(1897.10.12).

• 대한 제국 수립 [서15] ☐

└대한 제국 설립 [법21] ☐

└1897 대한 제국 [법17] ☐

└대한 제국은 입헌 군주제와 의회 설립을 통한 민주주의 체제를 지향하였다[x]. [경18①] ☐

└대한 제국 [기18] ☐

[해설] 대한 제국이 수립[설립]된 것은 1897년 10월의 일이다(1897.10.12). / 대한 제국은 '대한국 국제'(1899.8)를 통해 오히려 황권을 강화한 전제 군주제를 표방하였을 뿐 입헌 군주제나 의회 설립을 통한 민주주의 체제를 지향한 적은 없다.

■ 대한 제국 수립 [경18①] [소22]

- 러시아 공사관에 머물던 고종은 환궁하여 1897년 10월 12일 황제 즉위식을 거행하고, 국호를 '대한(大韓)'으로 바꾸었다. 또한 1899년 '대한국 국제(大韓國國制)'를 발표하여 만국 공법(국제법)상 근대 국가의 모습을 갖추었다.

[해설] 고종은 아관[러시아 공사관]에서 환궁한 후 1897년 10월에 환구단[원구단]에서 황제로 즉위하고, 대한 제국의 수립을 선포하였다. 또 1899년 8월에는 대한국 국제를 반포하였는데, 제5조에서 황제에게 육·해군의 통수권이 있음을 명시하였다(같은 조에서 군대의 편제를 정하고 계엄을 명할 수 있는 권한도 부여).

- 어려운 때를 만났으나, 하늘이 도와 위기를 모면하고 안정되었으며 독립의 터전을 세우고 자주의 권리를 행사하게 되었다. 이에 여러 신하들과 백성들이 글을 올려 황제의 칭호를 올리라고 제의하였다. 여러 차례 사양하다가 끝내 사양할 수 없어서 하늘과 땅에 제사를 지내고 황제의 자리에 올라 국호를 (가) (으)로 정하였다. -『승정원일기』-

[해설] 주어진 자료는 고종이 재위 34년인 1897년 10월에 황제의 자리에 오르고 국호를 '대한 제국'으로 정한 사실에 대한 사료이다(1897.10.12)[『승정원일기』 고종 34년(1897) 9월 10일 '황제에 올랐으므로 고사를 상고하여 대사령을 행한다는 봉천승운 황제의 조령']. 따라서 자료 속 '(가)'는 '대한' (제국)을 가리킨다.

2 광무개혁

- 1897년 고종은 환궁해 대한 제국을 선포하고, 광무개혁을 단행했다. [경13②]
- 광무 연호가 사용되고 있었다. [경21②]

[해설] 광무(光武) 연호가 사용된 것은 대한 제국 수립 직전인 1897년 8월의 일이다. 순종이 즉위하는 1907년 8월까지 사용되었다.

- [광무개혁] 구본신참의 개혁 방향을 제시하고, 대한국 국제를 제정하여 황권을 강화하였다. [지11①]
  └ 구본신참의 개혁 원칙을 정하고 대한국 국제를 선포하였다. [지20]
  └ 구본신참(舊本新參)의 원칙 아래 개혁 정책을 수행하였다. [경12①]
  └ 광무개혁은 '옛것을 근본으로 하고 새로운 것을 참작한다.'는 구본신참을 원칙으로 황제의 주도하에 진행되었다. [서12]
  └ '옛것을 근본으로 하고 새로운 것을 참작한다.'라는 구본신참의 원칙을 내세워 개혁을 추진하였다. [경20①]
  └ 옛것을 근본으로 삼고 새 것을 참고한다는 뜻을 표방하였다. [경13②]

[해설] 광무개혁은 옛것을 근본으로 하고 새로운 것을 참작한다는 '구본신참(舊本新參)'을 개혁의 방향으로 제시하고 대한국 국제를 반포(1899.8)하여 황권을 더욱 강화하였다(1897~1904).

■ 광무개혁 [지13]

독립 협회가 해산된 후 대한 제국은 황제 중심의 근대 국가를 수립하기 위하여 노력하였다. …(중략)… 대한 제국의 개혁 이념은 옛 법을 근본으로 하고 새로운 제도를 참작한다는 것이었다. 갑오개혁이 지나치게 급진적으로 진행되었다고 생각하여 점진적인 개혁을 추구한 것이었다.

[해설] 대한 제국이 '옛 법을 근본으로 하고 새로운 제도를 참작한다'는 구본신참의 원칙하에 실시한 개혁은 광무개혁이다(1897~1904).

- 「대한국 국제」를 만들어 공포하였다. [지21]
  └ 「대한국 국제」를 반포하였다. [소22]
  └ 대한국 국제를 반포하였다. [서22②]
  └ 대한국 국제를 발표하였다. [소20]

┗대한 제국의 헌법이라 할 수 있는 대한국 국제를 발표하였다. [서16] □

┗황제권 수호와 절대화에 필요한 대한국 국제 제정 [경14①] □

┗광무 정권은 대한국 국제(大韓國國制)를 공포하여 통치권을 국왕에게 집중시키되 중추원을 개편하여 의회적 기능을 갖도록 하였다[✗]. [경12①] □

[해설] 대한국 국제가 만들어져 공포된 것은 고종 36년(광무 3)인 1899년 8월의 일이다(1899.8.17)(총 9개조). / 대한국 국제는 독립 협회가 해산된 이듬해인 1899년(광무 3) 8월에 반포된 대한 제국의 헌법으로, 대한 제국이 전제 국가이며 황제권이 무한함을 강조하였다(황제권 강화). 참고로 대한국 국제가 실상은 제도적으로 황제 1인의 전제 국가를 지향하지 않았기 때문에 대한 제국의 근대성을 부정해서는 안 된다는 한 저명한 학자의 반론이 있다. 대한국 국제는 국제 사회에 자주독립국임을 선언하는 것이 목적이었고, 의정 대신 회의에서 의결한 사항은 모두 황제와 중추원으로 동시에 보내 동의를 구하는 견제 체제가 갖춰져 있었다는 것이다. / 중추원을 개편하여 '의회적 기능'을 갖도록 하고자 했던 것은 독립 협회이다(관민 공동회, 헌의 6조, 결과적으로 실패).

• [대한국 국제] (가)에서는 입법·사법·행정의 모든 권력이 황제에게 있음을 천명하였다. [서21] □

┗(가)에 따른 전제 정치 선포에 반발하며 독립 협회는 의회 개설 운동을 전개하였다[✗]. [서21] □

┗1899년 제정된 대한국 국제는 대한 제국이 만세불변의 민주주의 국가임을 천명하였다[✗]. [서12] □

┗'대한국 국제'는 황제에게 육·해군의 통수권이 있음을 명시하였다. [경18①] □

┗대한 제국의 헌법인 '대한국 국제'는 국민의 기본권과 통치권에 대한 규정을 두었다[✗]. [경18①] □

┗헌법을 제정해 '주권재민'의 원칙을 실현하려 하였다[✗]. [법16] □

┗입헌 군주제의 도입을 시도해 민주주의를 발전시켰다[✗]. [법16] □

┗입헌 군주제와 의회 정치 추진 [✗] [경14①] □

┗전제 군주권의 강화 [법14] □

[해설] 대한국 국제에서는 입법·사법·행정의 모든 권력이 황제에게 있음을 천명하였다(특히 제3조, 무한한 군주권 천명). 즉 대한국 국제는 전제 황권에 대한 규정만 두었다. / 독립 협회가 의회 개설 운동을 전개한 것은 관민 공동회 때의 일이고(1898.10~11), 대한국 국제가 반포된 것은 이듬해인 1899년(광무 3) 8월의 일이다. / [서12] 대한국 국제는 대한 제국이 만세불변의 (민주주의 국가가 아니라) 황제국(전제 정치 국가)임을 천명하였다. / [법16] 헌법을 제정해 '주권재민'의 원칙을 실현하려 한 것이 아니다. 오히려 그 반대로 황제권을 강화하였다. / 입헌 군주제의 도입을 시도해 민주주의를 발전시키려 한 것이 아니다. 오히려 대한 제국은 의회식 중추원 (신)관제를 반포(1898.11)하는 데 협력한 독립 협회를 공격하여 강제로 해산시켰다(1898.12).

• [대한국 국제] 대한국 대황제는 육군을 통솔하고 편제를 정하며 계엄과 해엄을 명한다. [지14②] □ (제5조)

┗대한국 대황제는 각 조약 체결 국가에 사신을 파견하고, 선전 강화(宣戰講和) 및 제반 조약을 체결한다. [국15] □ (제9조)

[해설] 대한국 국제는 1899년(광무 3) 8월에 발표된 일종의 대한 제국의 헌법으로, 대한 제국이 전제 국가임을 강조하였다(황제권 강화). 육군 통솔과 관련된 내용은 대한국 국제 제5조의 내용이며, 조약 체결 국가에 사신을 파견하는 것과 관련된 내용은 제9조의 내용이다.

대한국 국제 [지24] [서21] [서14] [법16] [경17①] □

• 제1조 대한국은 세계 만국에 공인되어온[공인된] 바 자주독립한 제국이니라. (중복 출제)

[해설] 주어진 자료는 고종이 반포한 대한국 국제의 제1조이다(1899.8). 고종은 1897년(고종 34) 10월 국호를 '대한 제국'으로 선포하고 이후 광무개혁을 실시하였으며, 1899년 8월 대한국 국제를 반포하여 전제 군주 체제를 더욱 강화하였다.

• 대한 제국의 정치는 이전으로 보면 500년 전래하시고 이후로 보면 만세에 걸쳐 불변하오실 전제 정치니라. (제2조)

[해설] 1899년(광무 3) 8월에 반포된 '대한국 국제' 중 일부이다(제2조).

• 제1조 대한국은 세계 만국에 공인된 자주독립한 제국이다.
제2조 대한 제국의 정치는 이전으로부터 500년이 내려왔고 이후로도 만세에 걸쳐 변치 않을 전제 정치이다.

제3조 대한국 대황제는 무한한 군권을 향유하니 공법에서 말한 바 자립 정체이다.

제4조 대한국 신민이 대황제가 향유하는 군권을 침해할 행위가 있으면 신민의 도리를 잃은 자로 인정할 것이다.

[해설] 주어진 법령은 광무 3년이자 고종 36년인 1899년 8월에 반포된 대한국 국제이다. 한국 최초의 근대적 헌법으로, 고종 황제의 무한한 군주권이 천명되었다.

- 제1조, 대한국은 세계 만국에 공인된 자주독립 제국이니라.
  제2조, 대한국의 정치는 만세불변할 전제 정치이니라.
  제3조, 대한국 대황제께서는 무한한 군권을 향유하시느니라.
  제5조, 대한국 대황제께서는 육·해군을 통솔하시고 계엄·해엄을 명하시느니라.

  - 대한 제국에서 1899년 제정한 대한국 국제 -

- 1899년(고종 36) 대한국 국제를 제정하면서 신분제를 철폐함에 따라 노비제가 사라지게 되었다[x]. [회19] □

  [해설] 신분제를 철폐함에 따라 노비제가 사라지게 된 것은 (1899년 8월 대한국 국제 제정 시가 아니라) 1894년 갑오개혁(제1차) 때의 일이다 (1894.7~12).

- 교전소* [서22②] □
  └법규교정소를 설치한다는 내용이 들어 있었다.* [서17②] □

  [해설] 교전소(校典所)는 (고종이 경운궁으로 환궁한 직후 내정 개혁을 둘러싼 논란이 분분하던 중) 신법과 구법을 절충하고, 그에 관한 법전을 펴내기 위해 중추원 안에 설치한 기관이다(1897.3). 이후 1899년 6월에 법규교정소로 개편되었고(독립 협회 세력 배제) 이곳에서 같은 해 8월 대한국 국제가 반포되었다.

- 황제권 강화 작업의 일환으로 원수부가 설치되었다. [국17①] □
  └황제의 군사권을 강화하고자 원수부를 설치하였다. [지13] □
  └황제가 군권을 장악하기 위해 원수부를 설치하고 황제를 호위하는 군대를 증강하였다. [지11①] □
  └원수부를 설치해 황제가 군대를 통솔하였다. [법16] □
  └원수부 설치 [법22] □

  [해설] 광무개혁은 전제 군주 체제를 강화하려는 것이다. 그 일환으로 황제의 군사권 강화를 위해 원수부가 설치된 것은 광무 3년(고종 36)인 1899년 6월의 일이다. 원수부에 육·해군을 통솔하는 권한이 부여되었다. / 고종은 군권 장악을 위해 원수부를 설치(1899.6)하고 중앙군인 친위대와 황제를 호위하는 시위대를 증강하였다.

- 시위대와 진위대를 증강하였다.* [지19] □

  [해설] 중앙군으로 친위대와 시위대, 지방군으로 진위대가 처음 설치된 것은 을미개혁 때의 일이다(1895.8~1896.2). 이후 대한 제국 시기 계속 확대 강화하여 1900년대 초에는 친위대 2개 연대, 시위대 2개 연대, 진위대 6개 연대 규모에 달하였다(국왕의 호위를 맡은 호위군도 호위대로 확대 개편).

- 황실 재정을 담당하는 내장원의 기능을 확대하였다. [지19] □
  └근대적인 재정 일원화를 위해 내장원의 업무를 탁지부로 이관하였다[x]. [지11①] □
  └황실 재정을 담당하는 내장원의 기능을 확대하고, 이를 바탕으로 황실 주도의 개혁 사업을 추진하였다. [경20①] □
  └다양한 시책을 통한 황실 재정 확충 [경14①] □

  [해설] 을미개혁 때 내수사를 개편하여 내장원(內藏院)을 설치한 바 있다(1895, 고종 32). 하지만 곧 기구를 축소하여 내장사로 고쳤는데, 광무개혁 때인 1899년(광무 3년이자 고종 36)에 다시 내장원으로 승격시켜 황실의 재정을 확충하는 데 집중하도록 하였다. 그리하여 종래 탁지부, 농상공부에서 관할하던 전국의 광산, 철도, 홍삼 제조, 백동화 제조, 수리 관계 사업 등을 궁내부의 내장원으로 이관하였다.(이후 계속 기능 강화). / [지11①] 근대적인 재정 일원화를 위해 내장원의 업무를 탁지부로 이관할 것을 주장한 것은 독립 협회가 관민 공동회에서 결의한 헌의 6조(국정 개혁

안)에 나오는 내용이다(1898, 고종 35).

- 조세 수입을 늘리기 위해 양전 사업을 실시하였다. [서11] □
  └양전 사업과 상공업 진흥책을 적극 추진하였고 양전 사업에 의하여 근대적 토지 소유권 제도라 할 수 있는 지계가 일부 지역에 발급되었다. [경17①] □

  [해설] 광무개혁의 일환으로 조세 수입을 늘리기 위해 양전 사업이 실시되었다(1899~1904). 이때 지계가 '일부 지역'에 발급되었다.

- 양전 사업을 시행하고자 양지아문을 설치하였다(광무개혁). [지18] □
  └양지아문을 설치하여 일부 지역에서 양전 사업을 실시하였다. [서12] □
  └양지아문을 설치하고 근대적 토지 소유권을 인정하였다. [회18] □
  └양전 사업을 실시해 지주 전호제를 폐지하였다[x]. [법16] □

  [해설] 대한 제국은 근대적 토지 소유권 제도를 확립하고자 1898년에 양지아문을 설치하였다. 양전 사업은 1899년부터 1904년까지 시행되었다. / 양전 사업을 실시해 (지주 전호제를 폐지한 것이 아니라) 근대적 토지 및 지세 제도를 마련하고자 하였다

- 양전 사업을 실시하여 지계를 발급하였다. [국13] [회16] □
  └양전 사업을 실시하여 지계를 발급한다. [지11①] □
  └양전 사업을 실시하고 지계를 발급하였다. [지15①] □
  └양전 사업을 실시하여 토지 소유자에게 지계를 발급하였다. [기14] □
  └양전 사업을 시행하여 지계를 발급하였다. [회24] □
  └토지 조사 사업을 시행하여 지계를 발급하였다. [서19①] □
  └재정 확보를 위해 양전 사업을 실시하고, 일부 지역에서는 토지 소유권을 보장하는 문서인 지계를 발행하였다. [경20①] □
  └독립 협회는 양전 지계 사업을 시행하여 농민의 토지 소유권을 근대법적으로 인정하고 지주제를 점차 개혁하고자 하였다[x].
   [경12①] □
  └토지 소유자에게 지계를 발급하였다. [소22] □
  └토지 소유자에게 지계가 발급되었다. [소19①] □
  └토지 소유권을 인정하는 증명서로 지계를 발급하였다. [소21] □
  └양전과 지계 발급 사업 실시 [경14①] □
  └지계를 발급하여 토지 소유권을 공고히 하였다. [서19②] □
  └지계 발급을 위한 지계아문 설치 [국23] □
  └양전 지계 사업 [서14] □

  [해설] 대한 제국 시기 대한 제국 정부, 즉 광무 정부[광무 정권]는 광무개혁의 일환으로 양전 사업을 실시하였다. 그리하여 지계아문을 설치하고 근대적 토지 소유권[토지 소유 증명서]인 지계를 발급하였다(1899~1904). 양전 사업을 실시하기 위하여 양지아문을 설치한 것은 광무 2년인 1898년, 뒤이어 양지아문을 병합한 지계아문을 설치한 것은 광무 5년인 1901년의 일이다.

■ 광무 양전 사업 [법13] □

지계 업무를 소관 지방으로 가서 실시하되 전답·산림·천택·가옥을 모두 조사 측량하여 결부와 사표의 분명함과 칸수 및 척량의 적확함과 시주 및 구권의 증거를 반드시 확인한 후 발급할 것. (제10조)

[해설] '지계'라는 말을 통해 주어진 자료는 광무개혁 때 추진된 양전 사업(광무 양전 사업)과 관련된 것임을 알 수 있다(1899~1904)(지계아문직원급처우규정, 1901.10) (위 자료는 같은 해 11월 부분 개정 때 명문화되어 삽입된 규정이다. 제10조). 참고로 사료 속 용어 중 '사표(四標)'란 사방의 경계표를 가리키는 말이며, '시주(時主)'는 현재의 땅주인 혹은 당시의 땅주인을, '구권(舊券)'은 예전의 문서나 증서 등을 뜻한다.

• 상무사 조직* [서14] □

└보부상을 지원하기 위해 상무사를 조직하였다.* [서11] □

[해설] 상무사(商務社)는 1899년 5월 외국 상인의 상권 침탈을 막는다는 명목 하에 보부상을 거느려 다스리던 관청이다(평시서를 상무사로 삼음). 전국 보부상단의 업무를 포함하여 상업과 국제 무역, 기타 상행위에 관한 업무를 관장하였다.

• 상공업 진흥책을 펼쳐 황실 스스로 공장을 설립하거나 민간 회사 설립을 지원하였다. [지11①] □

[해설] 광무개혁 때는 상공업 진흥책[식산흥업 정책]을 펼쳐 섬유, 철도, 운수, 광업, 금융 등 근대적인 공장과 회사를 설립하였다.

• 서북 철도국을 설치해 경의철도 부설 사업을 추진했다.* [서19①] □

└서북 철도국 개설* [서14] □

[해설] 서북 철도국을 설치해 (한성[서울]과 신의주 간) 경의철도 부설 사업을 추진하였다. 1900년 9월 궁내부에 설치되었다.

• 우편 학당, 전무 학당, 상공업 학교, 의학교, 광산 학교 등을 설립하였다. [서19①] □

└외국어 학교 설립 [서14] □

[해설] 광무개혁 시기 우편 학당, 전무(電務) 학당, 상공(업) 학교, 외국어 학교, 의(醫)학교, 광산 학교, 기예 학교 등 각종 학당과 학교가 집중적으로 설립되었다. 외국어 학교의 경우 1891년 5월에 일어 학교, 1894년 2월에 영어 학교, 1895년 10월 법어[프랑스어] 학교(法語學校), 1896년 5월에 아어[러시아어] 학교(俄語學校), 1897년 5월에 한어[중국어] 학교(漢語學校), 1898년 9월에 덕어[독일어] 학교(德語學校)가 세워졌다. 또한 1895년 5월에 제정된 외국어 학교 관제를 보충하기 위하여 1900년 6월 외국어 학교 규칙이 제정·공포되었다. / 광무 개혁 시기 모범 양잠소, 공업 전습소 등이 설립되어 근대적 기술이 보급되었다[각 1902(광무 6)/1906(광무 10)].

• 고급 장교의 양성을 위해 무관 학교를 설립하였다.* [서11] □

└장교 양성을 위해 무관 학교를 설치하였다.* [경13②] □

└[무관 학교] 근대적 사관 양성을 목적으로 하였다.* [법17] □

[해설] 근대식 사관 양성을 목적으로 한 교육 기관으로 대한 제국 수립 초기에 무관 학교가 설립[설치]되었다(1898.7). 군부 소속으로 고급 장교의 양성을 목적으로 하였다.

• 한성은행, 대한천일은행 등 민족계 은행을 지원하였다. [국16] □

└대한천일은행 등 금융 기관 설립 [국23] □

[해설] 한성은행이 설립된 것은 고종 34년이자 광무 원년인 1897년 2월의 일이다(지금의 신한은행). 또 (황실의 지원을 받아) 대한천일은행이 설립된 것은 고종 36년이자 광무 3년인 1899년 1월의 일이다(초대 은행장 민병석). 두 은행 모두 민족계 은행으로, 특히 대한천일은행은 설립 시부터 고종 황제의 적극적인 지원을 받았다(광무개혁 중 하나인 식산흥업 정책의 일환, 1906년까지 황실과 고위층이 이용하는 특수 은행의 성격을 지님, 이후 경영진을 쇄신하여 민간 은행화)(지금의 우리은행).

• 이민 업무를 담당하는 수민원을 설치하였다.* [경21①] □

[해설] 외국 여행권을 관장하는 수민원(綏民院, 궁내부 부속기관)이 설치된 것은 1902년(고종 39년, 광무 6)의 일이다. 대한 제국 정부가 펼친 광무개혁에 속한다.

■ 대한 제국 시기의 상황* [국16] □

외국 사람들이 조계지를 지키지 않고 도성의 좋은 곳에 있는 집은 후한 값으로 사고 터를 넓히니 잔폐(殘廢)한 인민의 거주지가 침범을 당한다. 또한 여러 해 동안 도로를 놓고 있기 때문에 집들이 줄어들었다. 탑동(塔洞) 등지에 집을 헐고 공원을 만든다 하니 …(중략)… 결국 집 없는 사람이 태반이 될 것이다.
- 매일신문 -

[해설] '조계지를 지키지 않고 도성의 좋은 곳에 있는 집은 후한 값으로 사고 터를' 넓힌다는 부분과 '매일신문' 등을 통해 대한 제국 시기인 19세기 말경임을 짐작할 수 있다(1897-1910). 매일신문은 1898년 4월에 창간된 우리나라 최초의 일간지로 1899년 4월에 폐간되었다. 매일신문 발행 연도를 잘 알기 힘들므로 외국인들이 집터를 넓힌다는 점(조약 체결 이후 시기)과 공원을 만든다는 점, 그리고 주어진 선지들을 통해 자료에 나타난 상황을 추론할 수밖에 없다(출제에 적합한 자료는 아니라고 판단됨). 탑동(塔洞)은 서울 종로 2가 일대를 가리킨다(서울 원각사지 10층 석탑 주변).

주제 52 일제의 국권 침탈

1 러일 전쟁

- [러시아] 용암포를 강제 점령하고 조차를 요구하였다. [서19②] □
  └ 러시아가 용암포를 점령하고 조차를 요구하였다. [법23] □
  └ (가) - 러시아가 용암포를 점령하였다. [경21①] □

[해설] (평북 용천의 압록강 하구에 위치한 하항[부두]인) 용암포를 강제 점령하고 조차를 요구한 국가는 러시아이다(1903.7). 러시아는 이미 1903년 4월에 용암포와 압록강 하구를 점령하였다(1903.4~1904.3).

- 대한 제국 정부의 국외 중립 선언 [서18①] □

[해설] 대한 제국 정부가 국외 중립을 선언한 것은 러일 전쟁이 발발하기 직전인 1904년 1월 23일의 일이다. 일본과 러시아의 갈등이 고조되어 전쟁 분위기가 나타났기 때문이며, 양국의 전쟁에 휩쓸리지 않기 위해서였다.

- 러일 전쟁 [지22] □
  └ 1904 러·일 전쟁 [법13] □
  └ 러일 전쟁 발발 [지17②] □
  └ 러·일 전쟁의 발발 [법13] □
  └ 러·일 전쟁 발발 [지24] □

[해설] 러일 전쟁이 발발한 것은 1905년 2월 10일의 일이다(일본이 러시아에 선전 포고, 1905년 9월 5일 강화 조약인 '포츠머스 조약' 체결). 러일 전쟁에서 일본의 선전 포고 후 전개 과정은 다음과 같다. 일본군 한국 상륙(1904. 4) → 압록강 전투(1904. 5) → 만주군 일본총사령부 설치(1904. 6) → 랴오양 부근에서 접전(1904. 8) → 사허후이 전투(190. 10) → 헤이거우타이 전투(1905. 1) → 펑톈(봉천) 회전(1905. 3) → 대한 해협에서 일본 연합 함대와 러시아 발틱 함대 대해전(1905. 5)

- 일본이 러시아와의 전쟁을 개시했다. [서24②] □
  └ 일본이 제물포에 있는 러시아 군함을 공격하며 러일 전쟁을 일으켰다. [서23] □
  └ 일본군이 인천항에 정박한 러시아 군함 2척을 공격 [서18①] □
  └ (가) - 일본이 랴오둥 반도의 뤼순항을 기습 공격하였다. [회21] □

[해설] 일본이 여순(뤼순) 군항의 러시아 군함을 기습 공격하여 러일 전쟁을 일으킨 것은 1904년 2월 8일의 일이다(질문, 1904년에 일어난 사건 찾기). 이어 다음날인 2월 9일 인천항[제물포]에 정박하고 있던 러시아 군함 2척을 공격하면서 일본군이 제물포[인천]를 통해 한성[서울]에 진입하였다.

- 일본군이 러시아에 선전 포고 [서18①] □

[해설] 일본은 러시아와의 갈등이 고조되자 1904년 2월 6일 국교를 단절하고, 2월 10일 선전 포고를 하였다.

- 러·일 전쟁은 만주와 조선의 지배권을 둘러싸고 러·일 간에 일어난 전쟁이었다. 러·일 전쟁에서 영국과 미국은 러시아를 지지했다[x]. [경13②] □

[해설] 러일 전쟁에서 영국과 미국은 (러시아가 아닌) 일본을 지지하였다.

- [가쓰라-태프트 밀약] 미국은 한국에서 일본의 보호권 확립을, 일본은 미국의 필리핀 지배를 인정하였다. [서15] □
  └ 미국은 일본과 가쓰라·태프트 밀약을 체결해 미국의 필리핀 지배를 확인받고 일본의 조선 지배를 승인했다. [경13②] □

ㄴ일본과 미국이 극동의 평화를 구실로 미국의 필리핀 지배와 일본의 한국 지배를 상호 인정하며 가쓰라·태프트 밀약을 체결하였다. [경18③] □

ㄴ일본과 미국이 극동의 평화를 구실로 미국의 필리핀 지배와 일본의 한국 지배를 상호 인정하는 조약을 맺었다. [기14] □

ㄴ일본이 상대국에게 필리핀에서의 독점권을 승인하고 한국에서의 독점적 지배권을 인정받은 조약 [경12②] □

ㄴ가쓰라·태프트 밀약 [경12②] □

[해설] 미국과 일본이 가쓰라·태프트 밀약을 체결한 것은 1905년 7월의 일이다(1905.7.29). 이를 통해 일본은 한국[대한 제국]에 대한 보호권을, 미국은 필리핀 지배를 서로 인정받았다. 그런데 이 밀약의 내용은 서명된 문서나 조약의 형태가 아니라 서로의 합의를 기록한 각서로만 존재하여, 그 내용도 1924년까지 공개되지 않았다. 각서에는 다음 3가지 사항에 합의하였다는 내용이 나온다. 첫째, 미국이 필리핀을 통치하고, 일본은 필리핀을 침략할 의도를 갖지 않는다. 둘째, 극동의 평화 유지를 위해 미국·영국·일본은 동맹 관계를 확보해야 한다. 셋째, 미국은 일본의 한반도에 대한 지배적 지위를 인정한다. 그리하여 가쓰라·태프트 밀약은 일본이 제국주의 열강의 승인 아래 한반도의 식민화를 노골적으로 추진하는 직접적인 한 계기가 되었다. 참고로 당시 필리핀에 대한 미국의 소유권은 확고하며 또 미국은 필리핀에 대한 어떠한 간섭도 독자적으로 저지할 수 있는 능력을 보유하고 있었기 때문에 일본이나 다른 열강으로부터 필리핀의 안보에 대한 보장 같은 것은 필요없었다고 보아 이 밀약[협약]은 밀약이 아니라 기존의 정세에 대한 의견 교환에 불과한 것이었다는 주장도 있다.

*가쓰라·태프트 밀약: 일본의 내각 총리대신이자 임시 외무대신이었던 가쓰라 다로[桂太郞]와 미국의 육군장관 윌리엄 태프트(William Howard Taft, 이후 미국의 제 27대 대통령이 됨) 사이에 맺어진 비밀 협약[비밀 협정]

- [제2차 영일 동맹] 영국은 한국에서 일본의 특수 이익을, 일본은 영국의 인도 지배를 서로 승인하였다. [서15] □

ㄴ[영국] (라)-러시아를 견제하기 위해 일본과 동맹을 체결하였다. [법15] □

ㄴ일본은 한국에 대한 일본의 독점적 지배권을 인정받기 위해 제2차 영·일 동맹을 맺었다. [기14] □

ㄴ영·일 동맹 [경12②] □

[해설] 일본은 1905년 8월 영국과 제2차 영일 동맹을 체결하여 한국[대한 제국]에서 일본의 특수 이익과 영국의 인도 지배를 인정하였다(1905.8.12.). / 1910년 한일 병탄 전까지 영국은 일본과 두 차례 동맹을 체결하였는데 제1차 영일 동맹은 1902년 1월에 맺었다. 제1차 영일 동맹은 동아시아의 현상 유지를 목적으로 하는 방어 동맹이었다면 제2차 영일 동맹은 러시아의 복수전을 우려하는 일본의 안보를 보장한다는 의미를 가진 공수 동맹의 성격이 강하다는 평이 있다.

- [포츠머스 강화 조약] 일본은 러시아로부터 한국에 대한 지도·보호 및 감독의 권리를 인정받았다. [서15] □

ㄴ러시아는 일본이 한국에 대하여 정치·군사·경제 등에 관한 특수 권리를 가지는 것을 인정하는 조약을 체결하였다. [기14] □

ㄴ(가) - 포츠머스 강화 조약을 체결하고 전쟁을 종결하였다. [회21] □

ㄴ[러시아] 일본과 포츠머스 강화 조약을 맺었다. [서24②] □

ㄴ포츠머스 조약이 체결되었다. [법23] □

ㄴ포츠너스 조약 [경12②] □

[해설] (러일 전쟁을 끝내기 위해) 미국의 중재로 일본과 러시아 사이에 포츠머스 강화 조약이 체결된 것은 1905년 9월의 일이다(1905.9.5). (전쟁에서 사실상 패배한) 러시아는 대한 제국에 대한 일본의 독점적 우위권(한국에 대한 지도·보호 및 감독의 권리)을 인정하였다(제1조). 하지만 배상금을 지불하는 규정을 두지 않아 일본 내에서는 자국 정부의 강화 조약 체결을 비판하는 여론이 일어났다. / [회21]의 '(가)'는 러일 전쟁을 가리킴.

■ 포츠머스 강화 조약 [법24] [법21] [기14] □

- 일본은 러시아의 발틱 함대를 격파하고 승기를 잡았지만, 전쟁 비용이 거의 바닥이 나고 있었다. 러시아도 국민의 봉기로 혼란에 빠져들고 있었다. 이에 양국은 한국에서 일본의 정치·군사·경제 등에 관한 특수 권익을 인정하는 내용의 포츠머스 조약을 체결하였다.

[해설] 주어진 자료는 러일 전쟁과 관련된 것임을 알 수 있다(1904.2~1905.9). 러시아와 일본 사이에 포츠머스 강화 조약이 체결된 것은 1905년 9월의 일이다. 참고로 '러시아 국민의 봉기'란 1905년 1월 '피의 일요일'이라는 참극에 이어 같은 해 12월 무장 봉기로 확대된 사건을 가리킨다(러시아 1905년 혁명).

- 전쟁 발발 후 얼마되지 않아 러일 전쟁에서 승리한 일본은 러시아와 포츠머스 조약을 통해 조선에서의 독점적 지배권을 인정받았다.

[해설] 미국의 중개로 포츠머스 강화 조약이 체결된 것은 1905년 9월의 일이다(1905.9.5).

- 러시아는 일본이 한국에서 정치상 군사상 및 경제상의 특수한 이익을 갖는다는 것을 승인하고 일본 정부가 한국에서 필요하다고 인정하는 지도, 보호 및 감리의 조치에 대해 방해하거나 간섭하지 않을 것을 약속한다. (제1조)

[해설] 러일 전쟁 결과 (전쟁에서 사실상 패배한) 러시아가 대한 제국에서 일본의 독점적 우위권을 인정한 포츠머스 강화 조약의 내용이다(제1조).

2 일제의 국권 침탈

- 1904년 러·일 전쟁이 일어났고, 1905년 일본이 승리했다. 1905년 일본의 강제로 을사조약이 체결되어 대한 제국은 외교권을 빼앗겼다. 이에 전국적으로 의병 운동이 일어났다. [경13②] □

[해설] 1900년대에 일어난 주요 사건들에 대한 설명이다.

- 한일 의정서 체결 [서18①] □
  └1904년 2월 한·일 의정서 [서16] □
  └(나): 대한 제국의 국외 중립 선언을 무시하고 강제로 체결한 것이다. [법11] □
  └러·일 전쟁의 원활한 수행을 위해, 일본이 대한 제국의 국외 중립 선언을 무시하고 체결하였다. [경17②] □
  └(나) - 일본이 전략상 필요한 곳을 제공받게 되었다. [회21] □
  └한·일 의정서 [경18③] □

[해설] 한일 의정서가 체결된 것은 1904년 2월 23일의 일이다. 일본은 대한 제국의 국외 중립 선언을 무시하였으며, 일본군이 전략상 필요한 군사적 요지와 시설을 마음대로 사용할 수 있다는 조항을 강제하였다. 또 대한 제국은 일본의 동의없이 제3국과 조약을 체결할 수 없게 되었다.

- [한일 의정서] 한국 정부의 법령 제정 및 중요한 행정상의 처분은 미리 통감의 승인을 거쳐야 한다[x].

[경20①] □ (한일 신협약 제2조)

  └대한 정부는 일본 정부가 추천한 외국인 1명을 외교 고문으로 삼아 외부에 용빙하여 외교에 관한 중요한 사무는 일체 그의 의견을 물어서 시행해야 한다[x]. [경20①] □ (제1차 한일 협약 제2조)
  └제3국의 침해나 혹은 내란으로 인하여 대한 제국 황실의 안녕과 영토의 보전에 위험이 있을 경우에는 일본 제국 정부는 속히 정황에 따라 필요한 조치를 취할 수 있다. [경20①] □ (제4조)
  └일본국 정부는 한국과 타국 간에 현존하는 조약의 실행을 완수하는 임무를 담당하고 한국 정부는 지금부터 일본국 정부의 중개를 거치지 않고서는 국제적 성질을 가진 어떤 조약이나 약속을 맺지 않을 것을 서로 약속한다[x]. [경20①] □ (을사늑약 제2조)

[해설] 맨 위부터 1907년 7월에 체결된 한일 신협약(정미 7조약)의 제2조, 1904년 8월에 체결된 제1차 한일 협약의 제2조, 1904년 2월에 체결된 한·일 의정서의 제4조 (이로 인해 한성[서울]을 비롯한 전국의 군사적 요지와 시설이 일본군에 의해 점령당함), 1905년 11월에 강요된 을사늑약의 제2조에 해당한다.

■ 한일 의정서 [서23] [법11] [회21] [경17②] [경16①] [기18] □

- 일본은 미국과 영국의 지원을 받고 (가)을/를 일으켰다. 이 전쟁이 일어날 위험이 닥치자 대한 제국은 국외 중립을 선언하였다. 그러나 일본은 개전하자마자 서울에 군대를 주둔시키고 (나)의 체결을 강요하였다.

[해설] 주어진 '(가)'는 1904년 2월에 일어난 러일 전쟁, '(나)'는 역시 1904년 2월에 강요된 한일 의정서를 가리킨다(1904.2.23).

- 한일 양국 간에 오래도록 변하지 않는 친교를 유지하고 동양 평화를 확립하기 위하여, 대한 제국 정부는 대일본 제국 정부를 확신하여 시정 개선에 관한 충고를 받아들인다. (제1조)

[해설] 한일 의정서의 제1조의 내용이다.

- 제1조 한·일 양국 사이에 항구적이고 변함없는 친교를 유지하고 동양 평화를 확립하기 위하여 대한 제국 정부는 대일본 제국 정부를 확고하게 믿고 시정 개선에 관한 충고를 받아들인다.

  제4조 … 대일본 제국 정부 전항의 목적을 성취하기 위하여 군사 전략상 필요한 지점을 상황에 따라 차지하여 이용할 수 있다.

[해설] 1904년 2월에 발생한 러일 전쟁의 원활한 수행을 위해, 일본이 대한 제국의 국외 중립 선언을 무시하고 체결한 한일 의정서임을 알 수 있다 (1904.2.23).

- 제3국의 침해나 내란으로 인하여 대한 제국 황실의 안녕과 영토 보전에 위험이 있을 경우 대일본 제국 정부는 신속하게 상황에 따라 필요한 조치를 취할 수 있다. 그리고 대한 제국 정부는 이러한 대일본 제국의 행동이 용이하도록 충분한 편의를 제공한다. 대일본 제국 정부는 앞 조관의 목적을 성취하기 위하여 군사 전략상 필요한 지점을 상황에 따라 수용할 수 있다. (제4조)

[해설] 주어진 자료는 일제의 기습 공격으로 러일 전쟁이 발발한 직후(1904.2.8), 일제의 강요로 체결된 한일 의정서를 가리킨다(1904.2.23)(제4조). 이를 통해 일제는 한성[서울]을 비롯한 전국의 군사적 요지와 시설을 마음대로 점령하여 사용할 수 있게 되었다.

- 제4조 제3국의 침해 또는 내란으로 대한 제국 황실의 안녕과 영토 보전에 위험이 있을 경우에는 대일본 제국 정부는 곧 필요한 조치를 취할 것이며, …… 대일본 제국 정부는 전항의 목적을 달성하기 위하여 전략상 필요한지점을 수시로 사용할 수 있다.

[해설] 한일 의정서 제4조의 내용이다.

- 제4조 제3국의 침해나 혹은 내란으로 대한 제국 황실의 안녕과 영토 보전에 위험이 있을 경우에는 대일본 제국 정부는 속히 정황에 따라 필요한 조치를 취할 수 있다. 그러나 대한 제국 정부는 위 대일본 제국의 행동을 용이하게 하기 위하여 충분한 편의를 제공한다.

[해설] 위와 같은 내용의 자료이다.

- [제1차 한일 협약] (가): 러·일 전쟁의 전세가 유리하게 전개됨에 따라 한국을 식민지로 만들기 위한 내정 간섭을 강화한 것이다. [법11] □
  ㄴ(나) - 일본인 고문관을 각 부처에서 의무적으로 고용하게 되었다. [회21] □
  ㄴ제1차 한·일 협약 [경18③] □

[해설] 제1차 한일 협약에서 일본인 고문관을 각 부처에서 의무적으로 고용하도록 규정하였다(1904.8.22).

- [제1차 한일 협약] 대한 제국은 재정과 외교 부문에 일본이 추진하는 외국인 고문을 두게 되었다. [서19①] □
  ㄴ재정·외교 고문의 초빙 등을 주 내용으로 하는 제1차 한·일 협약을 체결하였다. [기14] □
  ㄴ일본인 메가타를 재정 고문으로, 미국인 스티븐스를 외교 고문으로 임명하도록 하였다. [국17①] □
  ㄴ제1차 한·일 협약(한일 외국인 고문 용빙에 관한 협정서)이 조인되었다. [법23] □
  ㄴ재정 및 외교 고문 용빙이 규정되었다. [경21②] □
  ㄴ1904년 8월 제1차 한·일 협약(한·일 협정서) [서16] □

[해설] 일제가 재정 고문과 외교 고문을 임명토록 한 것은 한일 협약(제1차) 때의 일이다(1904.8.22)[제1차 한일 협약의 정식 명칭은 '한일 외국인 고문 용빙에 관한 협정서'이며, '외국인용빙협정(外國人傭聘協定)', '한일협정서(韓日協定書)'라고도 함]. 이로써 이른바 '고문 통치[고문 정치]'가 실시되었다. 일제는 재정 고문에 메가타 다네타로(1853~1926), 외교 고문에 더럼 스티븐슨(1851~1908)을 두어 대한 제국의 내정과 외교에 간섭하였다.

- [제1차 한일 협약] 재정 고문 메가타가 화폐 정리 사업을 실시하는 근거가 되었다. [지18] □

[해설] 메가타 다네타로가 재정 고문으로 파견된 것은 러일 전쟁 중에 체결된 제1차 한일 협약에 따른 것이다(1904.8.22).

■ 제1차 한일 협약 [법24] [법11] [경21①] [경18③] [경16①]

- 제1조 대한 제국 정부는 대일본 제국 정부가 추천한 일본인 1명을 재정 고문에 초빙하여 재무에 관한 사항은 모두 그의 의견을 들어 시행할 것.

[해설] 1904년 8월에 체결된 제1차 한일 협약임을 알 수 있다. 메가타 다네타로가 재정 고문으로 초빙되었다.

- 제1조 대한 제국 정부는 대일본 제국 정부가 추천하는 일본인 1명을 재정 고문으로 하여 대한 정부에 용빙하고, 재무에 관한 사항은 일체 그 의견을 물어 시행할 것.

[해설] 외교와 재정 고문을 파견하도록 규정한 제1차 한일 협약임을 알 수 있다(1904.8, '고문 정치' 시작).

- 대한 제국 정부는 대일본 제국 정부가 추천하는 일본인 1명을 재정 고문으로 삼아 재무에 관한 사항은 모두 그의 의견을 따른다. (제1조)

[해설] 1904년 8월에 체결된 제1차 한일 협약에 나오는 조항이다.

- 대한 정부는 일본 정부가 추천한 일본인 1명을 재정 고문으로 삼아 대한 정부에 용빙하여 재무에 관한 사항은 일체 그의 의견을 물어서 시행해야 한다. (제1조)

[해설] 위와 같은 내용의 자료이다.

- 일본은 메가타를 대한 제국의 재정 고문으로, 오랜 기간 일본 정부에서 일했던 스티븐스를 외교 고문으로 파견하였다. 이로써 일본은 대한 제국의 재정과 외교에 본격적으로 간섭하기 시작하였다.

[해설] 러일 전쟁 중이던 1904년 8월에 체결된 제1차 한일 협약이 야기한 결과이다.

- 일본이 시설 개선의 명목으로 차관을 제공하였다.* [법11]

[해설] 일본이 시설 개선의 명목으로 차관을 (본격적으로) 제공하기 시작한 것은 1904년 8월 제1차 한일 협약 이후부터이다. 이때 재정 고문으로 온 메가타에 의해 1906년까지 4차례에 걸쳐 총 1,150만 원의 차관을 제공하였다. 이는 곧 1907년 2월 국채 보상 운동이 일어나게 되는 원인이 되었다.

- 러일 전쟁 승리 이후 일본은 대한 제국의 외교권을 박탈하는 조약을 체결하여 대한 제국을 일본의 보호국으로 만들었다. [서20]

[해설] 을사늑약은 러일 전쟁 승리 이후 일제가 대한 제국의 외교권을 박탈하기 위해 강요한 것으로, 이로써 대한 제국은 사실상 일제의 보호국이 되었다 (1905.11.17).

- 을사늑약 체결 [국22] [지24]
  └ 을사조약 강제 체결 [국19]
  └ 1905 을사늑약 [법19] [법17] [법13]
  └ 1905 을사조약 [법13]
  └ 을사조약 [경17②]
  └ 1905년 제2차 한·일 협약(을사늑약) [서16]
  └ 제2차 한·일 협약 [경18③]
  └ 일본은 대한 제국의 외교권을 박탈하고 통감부를 설치하였다. [서19①]
  └ 일본은 한국의 외교권을 박탈하고 통감부를 설치하였다. [서15]
  └ (나) - 통감부를 설치하고 한국의 독자적인 외교권을 박탈하였다. [회21]
  └ 외교권이 박탈되고 통감부가 설치되었다. [소20]
  └ [을사늑약] 조선 총독부를 설치한다는 조항이 포함되어 있다[✗]. [지21]

┗(나) - 그 결과 청·미국·영국 등의 주한 공사들이 철수하였다. [회21] □
┗헤이그 특사 사건 직후 일제의 강요로 체결되었다[x]. [지21] □
┗방곡령 시행 전에 미리 통보해야 한다는 합의가 실려 있다[x]. [지21] □
┗일본의 중재 없이 국제적 성격을 가진 조약을 체결할 수 없다는 내용이 담겨 있다. [지21] □
┗일제에 의해 강제로 체결된 조약이다. [기17] □
┗조약문에 통감부가 관리하는 행정용 어새를 찍었다[x]. [기17] □
┗대한매일신보는 이 조약이 무효임을 선언하는 고종의 친서를 게재하였다. [기17] □
┗(가)-(다)-(나) 순서로 조약이 체결되었다. [법24] □

[해설] 이토 히로부미의 방한 직후 을사늑약[을사조약] 체결이 강요[강제]된 것은 1905년 11월의 일이다(1905.11.17). 이로 인해 대한 제국의 외교권이 박탈되고, 이듬해 2월에 통감부가 설치되었다(1906.2.1). 전문 연구자들의 연구 결과 '체결'된 것이 아닌 '원천 무효'라는 사실이 현재 명백하게 밝혀진 상황이기 때문에 '강요[강제]'라고 표시하는 것이 바람직하다[이른바 '을사조약 체결 강요,' '억지로 맺은 조약'이라는 뜻의 늑약(勒約)이라는 용어도 '강제지만 조약을 맺었다'는 내용이 함축하고 있기에 부적절]('을사늑약'이 현재 교과서 편수 용어). 따라서 [기17]에서 '일제에 의해 강제로 체결된 조약이다'는 선지를 해당 문제에서는 옳은 설명으로 보고 있지만 문제의 정답 여부와는 상관없이 이상의 이유에서 정확한 표현이라고 볼 수는 없다고 봐야 한다(출제상의 아쉬움). / 을사늑약을 제2차 한일 협약이라고도 한다. / [법24] (가)는 제1차 한일 협약(1904.8), (다)는 포츠머스 조약(1905.9). (나)는 제1차 한일 협약, 즉 을사늑약(1905.11)이다. / [지21] 조선 총독부가 설치된 것은 한일 병탄 직후 1910년 10월 1일의 일이다(같은 해 9월 30일 총독부 및 소속 관서의 관제 공포). 조선 총독부가 아닌 통감부 설치가 제3조에 규정되어 있다(을사늑약 제3조 조항 참조). 또 헤이그 특사 사건 직후 일제의 강요로 체결된 조약은 한일 신협약(정미 7조약)이다(1907.7). 방곡령 시행 전에 미리 통보해야 한다는 합의가 실려 있는 조약은 (개정) 조일 통상 장정이다(1883.7). 을사늑약 제4조에는 일본의 중재 없이 국제적 성격을 가진 조약을 체결할 수 없다는 내용이 담겨 있다

• [을사늑약] 대한 제국 황제의 서명 날인이 없이 조인되었다. [경21②] □
┗고종이 도장을 찍거나 서명을 하지 않았다. [기17] □

[해설] 대한 제국 황제의 서명 날인이 없이 조인된 '조약'은 제2차 한일 협약, 즉 을사늑약이다(1905.11).

■ **을사늑약** [국17②] [지21] [법24] [경16①] [기17] [기14] □

• 이토가 황제를 협박하여 강제로 체결한 이 조약 때문에 조선은 일본의 보호국이 되었다.

[해설] 주어진 자료는 1905년 11월의 을사늑약에 대한 것이다(1905.11.17).

• 제1조 일본국 정부는 동경의 외무성을 경유하여 금후 한국의 외국과의 관계 및 사무를 감리, 지휘할 수 있고, 일본국의 외교 대표자와 영사는 익국에 있는 한국의 신민 및 이익을 보호할 수 있다.

[해설] 1905년 11월에 강요된 제2차 한일 협약, 즉 을사늑약에 규정된 내용이다(제1조).

• 제1조 일본국 정부는 재동경 외무성을 경유하여 금후 한국의 외국에 대한 관계 및 사무를 감리·지휘하며, 일본국의 외교 대표자 및 영사는 외국에 재류하는 한국의 신민(臣民) 및 이익을 보호한다.
제2조 일본국 정부는 한국과 타국 사이에 현존하는 조약의 실행을 완수할 의무가 있으며, 한국 정부는 금후 일본국 정부의 중개를 거치지 않고는 국제적 성질을 가진 어떤 조약이나 약속도 하지 않기로 상약한다.

[해설] 주어진 자료는 1905년 11월에 강요된 을사늑약을 가리킨다(1905.11.17) 제1조와 제2조를 통해 일제가 대한 제국 주권의 핵심인 외교권을 박탈하였음을 알 수 있다.

• 한국 정부는 금후 일본국 정부의 중개를 거치지 않고서는 국제적 성질을 가진 어떠한 조약이나 약속을 하지 않을 것을 약속한다. (제2조)

[해설] 제2차 한일 협약, 즉 을사늑약의 제2조이다.

• 일본 정부는 그 대표자로 한국 황제 밑에 1명의 통감을 두되, 통감은 전적으로 외교에 관한 사항을 관리하기 위하여 경

성에 주재하고 친히 한국 황제를 만날 수 있는 권리를 가진다. 또한, 일본 정부는 한국의 개항장 및 일본 정부가 필요하다고 인정하는 지역에 이사관을 설치할 권리를 가지며, 이사관은 통감의 지휘하에 종래 재(在)한국 일본 영사에게 속하였던 모든 권리를 집행한다. (제3조)

[해설] 주어진 자료는 1905년 11월에 강요된 제2차 한일 협약, 즉 을사늑약을 가리킨다.

- 한국 황제 밑에 1명의 통감을 두되 통감은 오로지 외교에 관한 사항을 관리하기 위해 경성에 주재하고 친히 한국 황제 폐하를 만날 수 있는 권리를 가진다. (제3조)

[해설] 1905년 11월에 강요된 제2차 한일 협약, 즉 을사늑약에 규정된 내용이다(제3조).

- 미국에 대하여 거중조정을 요구하였다. [법13] ☐

[해설] 미국에게 거중조정을 요구한 것은 1905년 11월 을사늑약 직후의 일이다. 당시 고종은 을사늑약에 동의한 바 없음을 지적하면서 국제법에 의거해 을사늑약이 무효임을 관련 열강들에게 알리는, 이른바 '을사늑약 무효 외교' 활동을 애써 펼치고 있었다. 그중 하나로 호머 헐버트(1863~1949)를 미국 정부에 특사로 보내 미국의 중재를 요청하였으며(러시아에는 이용익, 독일에는 프랑스인 트레물레 파견), 같은 해 12월에는 주프랑스 공사 민영찬(1873~?)까지 미국으로 건너가게 해 헐버트와 함께 조미 수호 통상 조약의 '거중조정 조항(제1조)'에 따른 거중조정을 의뢰하게 하였다. 하지만 미국은 당시 가쓰라-태프트 밀약(1905.7)을 맺은 상태로 고종의 요청을 무시하였다. 도리어 미국 국무장관은 대한 제국의 외교권이 상실되었다고 보고 새로 외부대신 임시 서리가 된 이완용(1858~1926)의 요구에 따라 주미 한국 공사관의 재산과 공문서 일체를 일본에 넘기는 데 협조하였다. / 주제 46의 ❸ 서양 열강과의 조약 체결에서 '고종의 거중조정 요청' 자료 및 해설 참조

▌고종 황제가 대프랑스 대통령에게 보낸 친서 [법23] ☐

대한 제국 대황제는 대프랑스 대통령에게 글을 보냅니다. 일본은 우리나라에 불의한 일을 자행하였습니다. 다음은 그에 대한 증거입니다. 첫째, 우리 정무 대신이 조인하였다고 운운하는 것은 정당하지 않으며 위협을 받아 강제로 이루어진 것입니다. 둘째, 저는 조인을 허가한 적이 없습니다. 셋째, 정부 회의 운운하나 국법에 의거하지 않고 회의를 한 것이며 일본인들이 강제로 가둔 채 회의한 것입니다. 상황이 그런즉 이른바 조약이 성립되었다고 일컫는 것은 공법을 위배한 것이므로 의당 무효입니다. 당당한 독립국이 이러한 일로 국체가 손상당하였으므로 원컨대 대통령께서는 즉시 공사관을 이전처럼 우리나라에 다시 설치해주시기를 바랍니다.

[해설] '공사관을 이전처럼 다시 설치해 달라'고 요청한 부분 등을 통해 주어진 자료는 1905년 11월에 있었던 '을사늑약(제2차 한일 협약)'과 관련된 사료임을 알 수 있다(1905.11.17)(1906년 6월 22일자). 을사늑약은 러일 전쟁 승리 이후 일본이 대한 제국의 외교권을 박탈하기 위해 강요한 것으로, 이를 통해 대한 제국은 사실상 일본의 보호국이 되었다(이듬해인 1906년 2월 통감부 설치). / 을사조약으로 인해 주한 일본 공사관은 철폐되어 통감부로 그 기능이 넘겨졌으며, 전국 각지의 (일본) 영사관은 이사청으로 개편되었다. 또한 1906년 1월 31일 각국의 영사관이 모두 철수하였다.

- 통감부가 설치되었다. [지22] ☐
  └통감부가 설치되어 조선의 모든 내정에 간섭하였다. [경11②] ☐
  └초대 통감으로 이토 히로부미가 임명되었다. [서24②] ☐
  └통감부 설치 [법22] ☐

[해설] (을사늑약의 강요 결과) 일제의 통감부가 설치된 것은 1906년 2월의 일이다(1906.2.1)(제3조에 의거해 설치)(이른바 '통감 정치' 실시). 초대 통감으로 이토 히로부미(1841~1909)가 부임하였다. 정확하게는 1906년 2월 1일부터 통감부의 업무가 개시되었으나 이토는 한 달 뒤인 3월 2일에야 한성[서울]에 왔다(그 사이에 조선 주둔군 사령관 하세가와 요시미치가 통감 업무 대리).

- 이사청에 관리가 파견되었다.* [법23] ☐

[해설] 이사청(理事廳)은 통감부의 지방 기관으로, 통감부와 함께 설치되었다. 일제는 이를 위해 1905년 12월에 '통감부급이사청관제'를 스스로 공포하였다.

■ 러시아의 제2차 만국 평화 회의 초대 [법16]

러시아는 **회의** 초청장을 대일 견제와 설욕의 감정이 고조된 시기에 한국 측에 발송하였다. **회의**에 대한 제국을 초청한 까닭은 주창국인 러시아가 패전에도 불구하고 한국의 '독립'을 명분삼아 그들의 기득권을 최대한 유지하기 위함이었다. 다시 말해 회의의 초청은 러시아가 일본의 '한국' 보호에 타격을 주기 위해 다수의 열강이 한국의 독립을 보장하도록 할 목적으로 특사 파견을 '의도적으로 유도하기' 위한 것이었다.

[해설] 주어진 러시아 황제(니콜라이 2세)(재위 1894-1917)의 제창으로 열리는 헤이그 만국 평화 회의(제2차)(1907.6~10)에 러시아가 한국을 초대한 의도를 서술한 자료이다(제1차 회의는 1899년 5월 헤이그에서 열림)(1906년 4월 고종에게 비밀리에 초청장 보냄). 고종은 초대에 응하여 헤이그에 특사를 파견하였는데(1907.4), 일제는 이를 빌미로 고종을 강제 퇴위시켰다(1907.7.20).

- [을사늑약] 고종이 헤이그에 특사를 파견하는 계기가 되었다. [지18] □
  └최익현이 의병 운동을 처음 시작한 원인이 되었다. [지18] □

  └최익현 의병 부대 [지11②] □

[해설] 고종이 네덜란드 헤이그에 특사를 파견하게 된 것은 대한 제국의 외교권을 빼앗은 제2차 한일 협약(을사늑약) 때문이다(1905.11). 제2차 한일 협약으로 말미암아 '통감 정치'가 전개되었다. / 면암 최익현(1833~1906)이 의병 운동을 처음 시작하게 된 원인 역시 제2차 한일 협약 때문이다. 최익현은 국권을 회복하고자 1906년 윤4월 전북 태인에서 의병을 일으켰다.

- 고종은 헤이그의 만국 평화 회의에 특사를 보내 억울함을 호소하려고 하였다. [서19①] □
  └(나) - 고종 황제가 헤이그에 특사를 파견하였다. [경21①] □
  └고종은 헤이그에서 열리던 만국 평화 회의에 이상설, 이준, 이위종을 특사로 파견 [경13①] □
  └헤이그에 이상설, 이준, 이위종을 특사로 파견하였다. [소20] □
  └헤이그에서 열린 제2차 만국 평화 회의에 특사가 파견되었다. [서24②] □
  └만국 평화 회의에 이상설 등이 파견되었다. [서19②] □
  └고종의 헤이그 특사 파견 [서17②] □

[해설] 고종이 헤이그의 (제2차) 만국 평화 회의*에 특사를 파견한 것은 1907년 4월경*의 일이다. 1907년 6월 네덜란드 헤이그에서 열리는 제2차 만국 평화 회의에 을사늑약 강요의 불법성을 폭로하기 위해서였다(헤이그 특사 사건)(을사늑약으로 말미암아 대한 제국의 외교권 박탈, 통감부 설치로 사실상 일제의 보호국화됨)[헤이그 회의가 개최된 것은 6월 15일(~10월 18일까지 개최)]. 보재 이상설(1870~1917), 일성 이준(1859~1907), 이위종(1887~?) 3인의 특사[호머 헐버트(1863~1949)가 사실상 제4의 특사라는 유력한 설 있음**]가 헤이그에 도착한 것은 회의가 이미 시작된 직후인 6월 25일로, 특사들은 7월까지 활동하였다(7월 14일 이준 열사 순국).

*이때는 고종 황제의 신임장[위임장]을 받은 이준이 한성[서울]을 떠나 연해주 블라디보스토크에서 이상설과 만나 신임장을 전달한 때이다(4월 20일, 이준이 3월 하순에 고종 황제와 만나 신임장 받음). 당시 이상설은 1년 전인 1906년 4월에 이미 대한 제국을 떠나 북간도 용정촌에 머무르고 있었다. 그리고 두 특사는 6월 중순 시베리아 철도 편으로 당시 러시아의 페테르스부르크(지금의 상 페테르부르크)에 도착하여 주(駐)러시아 공사 이범진의 아들 이위종과 합류하였다.

** 호머 헐버트(1863~1949)는 이미 1906년 6월에 특사로 임명되어 을사늑약으로 폐쇄됐던 9개국 공사관의 부활을 위한 외교 활동을 시작하였으며 헤이그 특사들의 활동도 적극 지원하였다. 그리하여 헤이그 특사를 헐버트를 포함한 4인으로 봐야 한다는 유력한 견해가 있다.

■ 보재 이상설 [법18] [소19①]

- ·1907년 헤이그 만국 평화 회의 밀사로 임명되었다.
- ·1909년 밀산 한흥동에 독립운동 기지를 건설하였다.
- ·1914년 대한 광복군 정부의 대통령이 되었다.

[해설] 주어진 자료 속 인물은 보재 이상설(1870~1917)을 가리킨다.

- 그는 을사조약이 체결되자 조약의 무효를 주장하는 상소를 올렸다. 1906년에는 이동녕 등과 함께 간도 용정촌에서 서전서숙을 설립하여 항일 민족정신을 높이기 위해 온 힘을 다하였다. 1907년 이준, 이위종 등과 함께 고종의 특사로 헤이그 만국 평화 회의에 참석하려다가 일본의 방해로 좌절되었다. 이 사건으로 국내에서는 구러석 재판이 진행되어 사형이 선고되었다.

[해설] 주어진 자료 속 밑줄 친 '그'는 보재 이상설(1870~1917)이다.

■ 호머 헐버트의 활약 [법15]

1886년 우리나라에 왔다. 을사늑약 사건 후 고종의 밀서를 휴대하고 미국에 가서 국무장관과 대통령을 면담하려 했으나 실현하지 못하였다. 1906년 다시 내한하였으며, 고종에게 헤이그에서 열리는 제2차 만국 평화 회의에 밀사를 보내도록 건의하였다. 그는 이상설 등 헤이그 특사보다 먼저 도착하여 '회의시보'에 한국 대표단의 호소문을 싣게 하는 등 한국의 국권 회복을 위해 노력하였다.

[해설] 주어진 자료 속 인물은 한국의 국권 회복을 위해 노력한 미국인 호머 헐버트(1863~1949)이다. 1886년(고종 23)에 우리나라에 왔다는 것은 그 해에 개교한 육영 공원의 교사로 초빙되어 온 것을 말한다.

- 헤이그 특사 파견을 문제 삼아 고종 황제를 강제로 퇴위시켰다. [국17①]
└일본이 헤이그 특사 파견을 빌미삼아 고종을 강제 퇴위시켰다. [서23]
└일본은 헤이그 특사 파견을 문제 삼아 고종 황제를 강제로 퇴위시키고, 대한 제국의 군대를 해산하는 조약을 체결했다. [서20]
└고종이 강제로 퇴위되고 군대가 해산되었다. [소20]
└일제가 고종을 강제로 퇴위시키는 빌미가 되었다. [법16]
└고종 황제의 강제 퇴위 [국15] [경12③]
└고종 강제 퇴위 [지17②]
└고종 퇴위 [법13]

[해설] 헤이그 특사 파견 문제로 고종이 강제로 퇴위된 것은 1907년 7월의 일이다(1907.7.20). 그리고 4일 뒤 한일 신협약(정미 7조약)의 체결을 강제한 후(1907.7.24) 군대마저 해산시켰다(1907.8.1).

- [한일 신협약(정미 7조약)] 헤이그 특사 사건을 계기로 체결되었다. [경21②]

[해설] 한일 신협약이 강요된 것은 헤이그 특사 사건 때문이다(1907.4~7).

- [한일 신협약(정미 7조약)] 통감이 추천한 일본인을 대한 제국의 관리로 임명하도록 하였다. [국17①]
└통감이 추천하는 일본인을 한국 관리에 임명한다는 내용을 담고 있다. [지18]
└일본은 대한 제국의 각 부에 일본인 차관을 두어 내정을 간섭하였다. [서19①]

└각 부의 차관에 일본인이 임명되어 이른바 차관 정치가 시작되었다. [서19②] □

└(나) - 대한 제국의 군대를 해산하는 조항을 담았다. [회21] □ (부속 비밀 각서)

└(다): 고종의 강제 퇴위 후 체결된 한·일 신협약의 결과이다. [법11] □ (부속 비밀 각서)

└1907년 한·일 신협약(정미 7조약) [서16] □

└한·일 신협약 [경18③] □

[해설] 통감이 추천한 일본인을 대한 제국의 관리로 임명하도록 한 것은 한일 신협약 때문이다(1907.7.24)(제5조 한국 정부는 통감이 추천하는 일본인을 한국 관리에 용빙할 것). 이로써 이른바 '차관 통치[차관 정치]'가 시작되었다.

■ 한일 신협약(정미 7조약) [지18] [서19②] [서17②] [법11] [경21①] [경16①] □

- 일제는 군대를 증강해 강압적 분위기를 조성한 다음 친일 내각과 이 협약을 체결했다. 이 협약을 체결할 때, 일제는 대한 제국 군대의 해산을 요구해 관철시켰다. 이때 해산된 군인의 상당수는 일본군과 격전을 벌인 후 의병 부대에 합류하였다.

[해설] 친일 내각과 협약을 체결할 때 '대한 제국 군대의 해산'을 요구하여 관철시켰다는 내용이 나와 있는 것으로 보아 제시된 협약은 1907년 7월 24일에 맺은 한일 신협약을 가리킴을 알 수 있다. 한일 신협약은 법령 제정권, 관리 임명권, 행정권, 일본 관리의 임명 등 7개항으로 되어 있으며(그래서 '정미 7조약'이라고도 부름).

- 제1조 한국 정부는 시정 개선에 관하여 통감의 지도를 받는다.
  제2조 한국의 법령 제정 및 중요한 행정상의 처분은 미리 통감의 승인을 거친다.
  제4조 한국 고등 관리의 임면은 통감의 동의로써 이를 시행한다.
  제5조 한국 정부는 통감이 추천하는 일본인을 한국 관리에 임명한다.

[해설] 한일 신협약 7개항 중 제1조, 제2조, 제4조, 제5조가 제시되어 있다.

- ·한국 정부는 시정 개선에 관하여 통감의 지도를 받을 것. (제1조)
  ·한국 정부의 법령 제정 및 중요한 행정상의 처분은 미리 통감의 승인을 거칠 것. (제2조)
  ·한국 고등 관리의 임면은 통감의 동의로써 이를 행할 것. (제4조)
  ·한국 정부는 통감이 추천하는 일본인을 한국 관리에 임명할 것. (제5조)

[해설] 위와 같은 내용의 자료이다.

- 한국 고등 관리의 임면은 통감의 동의로써 이를 행할 것. (제4조)

[해설] 한일 신협약의 제4조이다.

- 제5조 한국 정부는 통감이 추천하는 일본인을 한국 관리로 임명할 것.

[해설] 한일 신협약의 제5조이다.

- 가서 제3-1. 육군 1대대를 존치하여 항궁 수위를 담당하게 하고 기타 부대는 해체한다. 제5. 중앙 정부 및 지방청에 일본인을 한국 관리로 임명함.

[해설] 대한 제국 군대를 해산한 한일 신협약의 부속 비밀 각서이다(1907.7.24). 대한 제국 군대 해산은 1907년 8월 1일부로 단행되었다.

- 일본이 대한 제국 군대를 강제 해산시켰다. [서23] □

└일본이 대한 제국 군대를 강제로 해산시켰다. [서24②] □

└한일 신협약(정미 7조약)] 대한 제국 군대가 해산되었다. [서19②] □

└(가) - 대한 제국의 군대가 해산되었다. [경21①] □

└일제에 의한 군대 해산 [국15] □

┕대한 제국 군대 해산 [서17②] □

┕군대 해산 [경12③] □

[해설] 일제가 헤이그 특사 파견을 문제 삼아 고종 황제를 강제로 퇴위시키고(1907.7.20), 한일 신협약, 즉 '정미 7조약' 체결(1907.7.24) 당시 맺은 부수 비밀 각서[각서 제3-1]에 근거하여 대한 제국의 군대(중앙군인 시위대와 지방군인 진위대)를 강제 해산시킨 것은 1907년 8월 1일의 일이다.

■ **대한 제국 군대 해산** [국17①] [경21②]

《관보》 호외

짐이 생각건대 쓸데없는 비용을 절약하여 이용후생에 응용함이 급무라. 현재 군대는 용병으로서 상하의 일치와 국가 안전을 지키는 방위에 부족한지라. 훗날 징병법을 발표하여 공고한 병력을 구비할 때까지 황실 시위에 필요한 자를 빼고 모두 일시에 해산하노라.

[해설] '황실 시위에 필요한 자를 빼고 군대를 모두 해산한다'는 내용에서 1907년 8월 1일에 단행된 군대 해산과 관련된 자료임을 알 수 있다. 1907년 7월 24일에 강요된 한일 신협약(정미 7조약)의 부수 비밀 각서에 의하여 대한 제국 군대가 8월 1일부로 해산되었고, 당시 시위대 제1대대장이었던 박승환(1869~1907)이 그에 항거하여 자결하였다.

· 한국 황제는 외관상으로는 아직까지 통치권을 보유하고 있는 것으로 보이며, 한국 대신들은 당분간은 일본인에 의해 대체되지 않고 있습니다. 조약이 공포되고 난 며칠 후, 이로 인하여 한국 민중의 동요가 그렇게 극심하게 증대되지 않았음이 확인된 후에야 그때까지 비밀에 붙여졌던 추가 협약 사실이 공포되었는데, 그 내용은 한국 황제가 자신의 군대를 해산한다는 것이었습니다.
- 오스트리아·헝가리 제국 외교 보고서 -

[해설] 주어진 자료 속 밑줄 친 '조약'은 1907년 7월에 강요된 한일 신협약(정미 7조약)을 가리킨다.

• 일본은 1909년 신문지법을 제정하여 언론에 대한 탄압을 강화하였다[×]. [경16①] □

[해설] 신문지법이 제정·공포된 것은 광무 11년인 1907년 7월의 일이다(광무신문지법)(이완용 내각의 제1호 법률).

• 사립학교령이 공포되었다.* [경21①] □

[해설] 사립학교령이 제정·공포된 것은 1908년 8월의 일이다(같은 해 10월 1일부터 시행). 한국인이 설립하는 사립학교 설립을 규제하기 위하여 만들어졌다.

• [기유각서] 대한 제국의 사법권을 빼앗고 감옥 사무를 장악하였다. [국17①] □

┕대한 제국의 사법권을 빼앗고 감옥 사무를 일본 정부에 위탁하도록 하였다. [경17②] □

┕사법권과 경찰권을 빼앗겼다. [서19②] □

[해설] 대한 제국이 사법권과 감옥 사무 권한을 빼앗긴 것은 1909년 7월에 강요된 기유각서에 의해서였다(1909.7.12). 대한 제국 총리대신 이완용(1858~1926)과 제2대 조선 통감 소네 아라스케(1849~1910) 사이에 교환되었다(총 5개조). 이어 이듬해인 1910년 6월에는 (일반)경찰권마저 위탁 각서의 명의로 빼앗았다.

• 대한 제국 경찰권 박탈 [서17②] □

[해설] 일제가 대한 제국의 경찰권을 박탈한 것은 1910년 6월의 일이다(1910.6.24)('한국의 경찰사무위탁에 관한 각서'). 국권 피탈에 반대하는 한국민의 저항을 진압할 목적으로 대한 제국의 경찰권을 일제 통감부가 완전히 장악한 것이다.

• 일진회를 앞세워 한일 합방을 청원하게 하였다. [지13] □

┕일진회 [경12③] □

[해설] 일진회는 1904년 8월에 만들어진 대표적인 친일 매국 단체로 1905년에 일본에 외교권을 넘길 것을 주장하였으며, 1909년 12월에는 통감부에 한일 병합 청원서를 제출하였다. 일제의 대한 제국 국권 침탈에 적극적으로 앞장섰다(1910년 한일 병탄 직후 해체).

• 1909 남한 대토벌 작전 [법13] □

[해설] 일제가 이른바 '남한 대토벌 작전'을 전개한 것은 1909년 9월과 10월의 일이다. 이로 인해 다수의 의병들이 희생되었다. 참고로 1906년에서 1911년까지 항일 의병과 일본군경 간에 약 3천여 회의 전투가 벌어졌고, 이 과정에서 1만 7,779명이 전사하고 3,706명이 부상하였으며, 2,139명이 피체되었다는 통계가 있다.

• 한일 강제 병합 [지16①] □
  └1910 한일 병합 [법13] □
  └(가), (나), (다)의 순서로 체결된 후 한일 병합 조약이 체결되었다[x]. [법11] □
  └총리대신 이완용과 조선 통감 데라우치 사이에 조약이 체결되어 국권을 상실하였다. [서20] □
  └국권 강탈 [법21] □
  └국권 피탈(1910년) [법20] □
  └1910 국권 피탈 [법19] □
  └국권 피탈 [경17②] □

[해설] [법11]에서 [(가), (나), (다)의 순서가 아니라] (나). (가), (다)의 순서로 체결된 후 한일 병합 조약이 체결되었다. 해당 문제에서 (가)는 제1차 한일 협약(1904.8), (나)는 한일 의정서(1904.2), (다)는 한일 신협약의 부속 비밀 각서(1907.7)였다. 참고로 '병합'이라는 용어는 일제가 의도한 것이기 때문에 '병탄'이라는 용어를 사용함이 타당하다('한일 병탄'). / 총리대신 이완용과 조선 통감 데라우치 사이에 조약(한일 병탄 조약)이 체결되어 (대한 제국의) 국권이 상실된 것은 1910년 8월의 일이다(1910년 8월 22일 조약 체결, 같은 해 8월 29일 공포, '경술국치').

■ 한일 병탄 [기14] □

2대 통감 데라우치는 조약을 통해 조선의 통치권을 빼앗았다. 이로써 조선은 일본의 식민지가 되었다.

[해설] 1910년 8월의 한일 병탄 조약을 가리킨다(1910.8.29).

주제 53 일제의 국권 침탈에 대한 항거

1 을사늑약에 대한 항거

- 장지연이 민족의식을 고취하는 '시일야방성대곡'을 황성신문에 발표하였다. [국15] □
  └ 체결의 부당함을 알리고자 장지연은 《황성신문》에 「시일야방성대곡」을 게재하였다. [경17②] □
  └ [황성신문] 을사조약 체결을 비판하는 사설을 발표하였다. [법12] □
  └ [장지연] 『황성신문』의 주필을 역임하였다. [국24] □

[해설] 을사늑약[제2차 한일 협약] 강요 당시 황성신문의 주필이었던 위암 장지연(1864~1921)은 자사 신문인 황성신문에 「시일야방성대곡」이라는 논설을 게재[발표]하여 일제를 규탄하였다(1905.11.20). 참고로 황성신문은 한서 남궁억(1863~1939)이 국한문 혼용체로 발행하였으며 주 독자층이 양반 유생들이었다(1898~1910).

■ 시일야방성대곡(황성신문) [국24] [지16①] [서24②] [서20] □

- 이 날을 목 놓아 우노라[是日也放聲大哭]. …(중략)… 천하만사가 예측하기 어려운 것도 많지만, 천만 뜻밖에 5개조가 어떻게 제출되었는가. 이 조건은 비단 우리 한국뿐 아니라 동양 삼국이 분열할 조짐을 점차 만들어 낼 것이니 이토(伊藤) 후작의 본의는 어디에 있는가?

[해설] 주어진 자료[논설]을 작성한 인물은 1905년 11월 을사늑약이 강요 당시 황성신문의 주필이었던 위암 장지연(1864~1921)이다(「시일야방성대곡」을 게재한 날은 1905년 11월 20일).

- 천하의 일이 측량하기 어렵도다. 천만 뜻밖에도 5조약을 어떤 이유로 제출하였는고. 이 조약은 비단 우리나라만 아니라 동양 3국이 분열하는 조짐을 나타내는 것인 즉 이토 히로부미의 본래 뜻이 어디에 있느냐? …(중략)… 오호라 찢어질 듯한 마음이여! 우리 2,000만 동포들이여! 살았느냐? 죽었느냐? 단군 기자 이래 4,000년 국민정신이 하룻밤 사이에 졸연히 망하고 멈추지 않았는가? 아프고 아프도다, 동포여 동포여!

[해설] '5조약'과 '이토 히로부미'라는 말, '국민정신이 하룻밤 사이에 졸연히 망하고 멈추지 않았는가?'라는 부분에서 을사늑약의 부당성을 비판한 위암 장지연(1864~1921)의 「시일야방성대곡」임을 알 수 있다(1905.11.20)(위 자료와 이어짐).

- …… 그러나 슬프도다. 저 개돼지만도 못한 이른바 우리 정부의 대신이란 자들은 자기 일신의 영달과 이익이나 바라면서 위협에 겁먹어 머뭇대거나 벌벌 떨며 나라를 팔아먹는 도적이 되기를 감수하였던 것이다. 아, 4,000년의 강토와 500년의 사직을 다른 나라에 갖다 바치고, 2,000만 국민을 타국의 노예가 되게 하였으니, …… 아! 원통한지고, 아! 분한지고. 우리 2,000만 타국인의 노예가 된 동포여! 살았는가, 죽었는가? 단군, 기자 이래 4,000년 국민정신이 하룻밤 사이에 갑자기 망하고 말 것인가. 원통하고 원통하다. 동포여! 동포여!

[해설] 위와 같은 내용의 자료이다(위 자료의 중략 부분에 해당하는 내용이 나옴, 표현이 조금씩 다름).

- 오호라! 저 개, 돼지만도 못한 소위 우리 정부 대신이란 자들이 영달과 이득을 바라고 거짓된 위협에 겁을 먹고서 머뭇거리고 벌벌 떨면서 달갑게 나라를 파는 도적이 되어, 4천년 강토와 5백년 종사를 남에게 바치고 2천만 목숨을 몰아 다른 사람의 노예로 만들었으니, …… 아! 원통하고 분하도다. 우리 남의 노예가 된 2천만 동포여! 살았느냐? 죽었느냐? 단군 기자 이래 4천년 국민정신이 하룻밤 사이에 별안간 망하고 끝났도다! 아! 원통하고 원통하도다! 동포여 동포여!

[해설] 위와 같은 내용의 자료이다.

- 민영환이 일제에 대한 저항을 강력하게 표현한 유서를 남기고 자결하였다. [국15] □

[해설] 1905년 11월 17일 일제가 을사늑약을 강요하자 민영환(1861~1905)은 일제에 대한 저항을 강력하게 표현한 유서를 남기고 자결하였다(1905.11.30). 이어 같은 해 12월 문신 조병세(1827~1905)와 송병선(1836~1905) 등도 자결로서 항거하였다.

■ 민영환의 유서 [경15②] □

대한 2천만 동포에게 남기는 글

슬프다! 국치와 민욕이 이에 이르렀으니, 우리 인민은 장차 생존 경쟁 속에서 모두 멸망하게 되었다. 무릇 삶을 요하는 자는 반드시 죽고, 죽음을 기하는 자는 반드시 삶을 얻는다는 것을 여러분은 어찌 모르겠는가. 영환은 다만 한번 죽음으로써 우러러 황은에 보답하고 우리 2천만 동포에게 사죄하노라. 영환은 죽었다 하더라도 죽은 것이 아니다. 여러분을 구천지하에서 반드시 도울 것이다. 부디 우리 동포 형제들은 천만으로 분려를 배가하여 자기를 굳게 하고 학문에 힘쓰고 결심육력하여 우리의 자유와 독립을 회복하면 죽은 자가 마땅히 땅속에서 기뻐 웃을 것이다. 슬프다. 그러나 조금도 실망하지 말라.

[해설] '국치'라는 말, '영환'이라는 이름 등에서 주어진 글은 을사늑약의 체결 소식에 분노하여 자결한 충정공 민영환(1861~1905)이 남긴 유언임을 알 수 있다.

- [자신회] 5적 암살단을 조직하였다.* [지14②] □

[해설] 5적 암살단을 조직한 대표적인 단체는 나철[나인영](1863~1916)과 오기호(1865~1916) 등이 조직한 자신회(自新會)이다(1907.2)(당시 다수의 암살단 활동). 1907년 3월에 결사대들을 보내 을사오적을 저격(권중현만 저격)하였으나 미수에 그쳤다. 참고로 그 해에 기산도(1878~1928)와 김석항, 김일제, 이근철 등의 조직(단체명 별도 없음. '5적 암살단'으로 통칭)도 을사오적을 저격하고자 하였다(1906년 2월 을사오적 이근택 집에 침입하여 공격, 미수).

- 장인환이 샌프란시스코에서 외교 고문 스티븐스를 사살하였다. [지14②] □

[해설] 장인환 의사(1876~1930)는 1908년 3월 미국 샌프란시스코[캘리포니아주 오클랜드역]에서 제1차 한일 협약(1904.8)으로 일제에 의해 임명되었던 친일 외교 고문 더럼 스티븐스(Durham Stevens, 1851~1908)를 사살하였다(1908.3.23). 처음에는 전명운(1884~1947)이 스티븐스를 향해 권총을 쏘았으나 격발되지 않았다. 그러자 전명운은 스티븐스에게 달려가 그의 얼굴을 가격하였고, 스티븐스가 이에 맞서 전명운을 때리려고 하는 순간 장인환이 총을 쏘았다. 하지만 첫발은 전명운의 어깨를 맞혔고, 연달아 쏜 두 번째 발이 스티븐스를 맞추었다(이틀 후 사망).

- 안중근이 만주 하얼빈에서 이토 히로부미를 사살하였다. [국15] □
  └ 안중근이 만주 하얼빈 역에서 초대 통감이었던 이토 히로부미를 사살하였다. [지14②] □
  └ 안중근이 하얼빈에서 이토 히로부미를 사살하였다. [기14] □
  └ 안중근이 하얼빈에서 이토 히로부미를 저격하였다. [소20] □
  └ 만주 하얼빈 역에서 안중근이 이토 히로부미를 처단하였다. [회15] □
  └ [안중근] 일본에서 순국하였다[×]. [지22] □
  └ 한인 애국단 소속이었다[×]. [지22] □
  └ 「동양평화론」을 집필하였다. [지22] □
  └ 연해주에서 의병 투쟁을 전개하였다. [지22] □

[해설] 안중근 의사(1879~1910)(세례명 '도마')는 1909년 10월 만주 하얼빈 역에서 (대한의군 참모중장 자격으로) 대한 제국 침략의 '원흉' 이토 히로부미(당시 일제 추밀원 의장, 1909년 6월 조선 통감 사임)를 사살하였다(1909.10.26). 안중근 의사는 (일본이 아닌) 중국 뤼순 형무소에 수감되었다가 1910년 3월 26일 순국하였다. 백범 김구(1876~1949)에 의해 한인 애국단이 중국 상하이에서 결성된 것은 1931년 10월의 일이다. 안중근 의사는 중국 랴오닝성[요령성] 다롄[대련]의 뤼순 형무소에서 순국하기 직전까지 『동양평화론』을 집필하였다. 안중근 의사는 1907년 7월 북간도로 망명하였고 같은 해 11월경에 연해주로 건너가서 의병 투쟁을 전개하였다. 1908년에는 '대한의군 참모중장 겸 특파 독립대장 및 아령지구 사령관'의 자격으로 두만강을 건너 국내로 침투, 일본군과 격전을 벌이기도 하였다.

53 일제의 국권 침탈에 대한 항거

■ 안중근 의사 [지22]

오늘날 사람은 모두 법에 의하여 생활하고 있는데 실제로 사람을 죽인 자가 벌을 받지 않고 생존할 도리는 없는 것이다. …(중략)… 나는 한국의 의병이며 지금 적국의 포로가 되어 와 있으므로 마땅히 만국공법에 의해 처단되어야 할 것으로 생각한다.

[해설] 주어진 자료 속 '나'는 이토 히로부미(1841~1909)를 1909년 10월 26일 만주 하얼빈 역에서 사살하고 재판을 받은 안중근 의사(1879~1910)를 가리킨다.

- 이재명이 이완용을 습격해 중상을 입혔다. [지14②]

[해설] 이재명 의사(1887~1910)는 1909년 12월 한성[서울] 명동 성당 앞에서 이완용(1858~1926)을 습격하여 중상을 입히고 현장에서 체포되었다. 이 듬해인 1910년 9월 순교[사형]하였다.

2 항일 의병 항쟁

- [을미의병] 을미사변에 반발하여 의병을 일으켰다. [소19①]
  - 단발령의 실시로 위정척사 사상에 바탕을 둔 의병 운동이 시작되었다. [국17①]
  - (나): 단발령 공포에 분노하여 항일 의병을 일으키는 유생과 민중들 [법11]
  - 명성 황후 시해 사건과 단발령으로 의병 운동이 확산되었다. [국17②]
  - 명성 황후 시해 사건이 일어나고 단발령이 실시되었다. [기15]
  - (가) - 명성 황후 시해와 단발령에 반발하여 일어났다. [법13]
  - 그들은 국모 시해와 단발령에 반발하여 일어났다. [경18②]

[해설] 을미년인 1895년 10월에 일어난 을미사변[명성 황후 시해 사건]과 11월에 단행된 단발령을 계기로 전국에서 의병이 일어났다. 의암 유인석(1842~1915), 습재 이소응(1852~1930) 등 유생들의 주도로 거병하였다. / 단발령이 시행된 것은 음력 1895년 11월 17일로, 양력으로는 1896년 1월 1일에 해당한다(음력 1895년 11월 15일 공포).

- [을미의병] 충의를 위해 역적을 토벌한다는 명분을 내걸고 유생들이 주동하였다. [지16②]
  - (라): 신돌석 – 평민 의병장으로서 일월산을 근거로 유격전을 펼쳤다[x]. [법15]
  - 위정척사론을 계승한 유생들이 주도하였다. [회23]
  - 위정척사 사상을 가진 유생들이 결성하였다. [회18]

[해설] 충의를 위해 역적을 토벌한다는 명분을 내걸고 유생들이 주동한 것은 을미의병 때의 일이다(1895). / 신돌석(1878~1908)이 평민 의병장으로서 일월산을 근거로 유격전을 펼친 것은 을사의병 때의 일이다(1905). / 을사의병은 위정척사론을 계승한 유생들, 즉 의암 유인석(1842~1915), 습재 이소응(1852~1930) 등이 주도하였다(1895~1896). 이듬해인 1896년 2월 고종이 해산 권고 조칙을 내리자 대부분 해산하였다. / [법15]의 (라)는 1890년대를 가리킴.

- [유인석] 위정척사 운동의 계승과 실천을 강조하였다. [서13]
  - 단발령과 왕비 시해를 계기로 의병 운동을 일으켰다. [법12]

[해설] 위정척사 운동의 계승과 실천을 강조한 대표적인 인물로 의병장 의암 유인석과 습재 이소응을 들 수 있다(1895.12). 유인석은 1896년 1월 (경기도) 지평에서 거의하여 (충북) 단양에서 첫 전투를 벌였고 (강원도) 영월에서 의병장으로 추대되었다. 또 같은 해 2월 (충북) 충주로 진군하여 충주성을 장악하였다. 이후 같은 해 5월 (충북) 제천에서 패전하고 강원도로 퇴각했다가 북상하여 만주로 망명하여 그곳에서 활약하였다(같은 해 9월 혼강변에서 따라온 의병 해산). 화서학파의 사상과 의병 활동을 기록한 『소의신편』을 간행하였으며 고종에게 상소문을 올려 러시아 연해주로 망명할 것을 건의하는 데 참여하기도 하였다(각 1902/1910). 이소응 역시 1896년 1월 (강원도) 춘천에서 봉기하였고 의병장에 올랐다(춘천 의병). 「효고팔도열읍(曉告八道列邑)」이라는 제하의 격문을 발표하였는데 유인석의 거의 명분과 일치하였다. 2월 초 급파된 관군과 (경기도) 가평에서 싸웠으나 패전하였다. 이에 의병장을 이진응에게 넘기고 제천으로 내려가 유인석의 의병진에 합류하였다. 이후 제천에서 패전하자 은둔하다 1898년 봄 유인석을 따라 서간도로 망명하였다.

의암 유인석의 창의문 [법23] [회23] [기13] [소20] ☐

- 이미 국모의 원수를 생각하며 이를 갈았는데, … 이에 감히 먼저 의병을 일으키고서 마침내 이 뜻을 세상에 포고하노라 [포고하노니]. …… (중복 출제)

[해설] 복수보형(復讐保形)의 기치를 내건 의암 유인석(1842~1915)의 창의문으로, 을미사변과 단발령 시행을 계기로 일어난 을미의병 때의 일이다 (1895.12).

- 우리 국모의 원수를 생각하며 이미 이를 갈았는데, 참혹한 일이 더하여 우리 부모에게서 받은 머리털을 풀 베듯이 베어 버리니 이 무슨 변고란 말인가.

[해설] 위와 같은 내용의 자료이다. 단발령이 시행된 것은 음력 1895년 11월 17일로, 양력으로는 1896년 1월 1일에 해당한다(음력 1895년 11월 15일 공포).

- 격문을 띄워 팔도의 여러 고을에 고하노라. … 우리 국모의 원수를 생각하며 이미 이를 갈았는데, 참혹한 일이 더하여 우리 부모에게서 받은 머리털을 풀 베듯이 베어 버리니 이 무슨 변고란 말인가. 이에 감히 의병을 일으키고 마침내 이 뜻을 세상에 포고하노니, 위로는 공경에서 아래로는 서민에까지 어느 누가 애통하고 절박하지 않으랴.

[해설] 위와 같은 내용의 자료이다.

- [을미의병] 고종이 해산 권고 조칙을 내리자 대부분 해산하였다. [법21] ☐
  └ 유인석, 이소응 등 위정척사 사상을 가진 유생이 주도하였고, 농민들이 가담하여 전국으로 확대되었으나, 고종의 해산 권고 조칙에 의해 스스로 해산하였다. [경15②] ☐

[해설] 고종이 해산 권고 조칙*을 내리자 대부분 해산한 의병은 을미의병이다(1895~1896).
*의병 해산 권고 조칙: 1896년 2월 18일 고종의 1차 해산 조령, 1896년 2월 18일 내부대신(죽천 박정양)의 훈시, 1896년 2월 27일 고종의 2차 해산 조령이 내려졌다.

- 의병 잔여 세력이 활빈당 등의 무장 결사를 조직하였다. [법21] ☐

[해설] 활빈당(活貧黨) 등의 무장 결사가 조직된 것은 1899년경의 일이다(~1904). 삼남 지방 각지에서 조직되었다. 을미의병 운동에 가담했던 농민군들은 해산 후 대부분 흩어져 화적(火賊) 상태로 지내다 독립 협회와 만민 공동회의 반일 자주독립 운동에 희망을 걸었지만 이마저 좌절되자 1899년경부터 저마다 농민군 집단을 형성하여 저항 운동을 벌였다. 특히 전라도 지역에서 활동하던 영학당은 봉기 실패 후 활빈당에 합류한 대표적인 농민군이다.

- [을사의병] 논설 '시일야방성대곡'에 자극받아 활동을 전개하였다. [회23] ☐

[해설] 황성신문 사장이자 주필이었던 장지연(1864~1921)이 쓴 논설 「시일야방성대곡」에 자극받아 활동을 전개한 의병은 을사의병이다(1905.11.20). 논설 3일 전에 강요된 을사늑약에는 러일 전쟁 승리로 기고만장해진 일제가 대한 제국의 외교권을 박탈하고 통감부를 설치하는 등 대한 제국을 사실상 일본의 보호국으로 삼는 내용이 규정되었다(1905.11.17).

- [을사의병] 일본이 강제로 을사조약을 체결하고 외교권을 박탈하였다. [기15] ☐
  └ 유생과 전직 관료, 평민 출신 등 다양한 계층에서 의병을 일으켰다. [국17②] ☐
  └ 신돌석과 같은 평민 출신의 의병장이 처음으로 등장하였다. [국17①] ☐
  └ (나) - 평민 의병장이 처음 등장하여 활약하였다. [법13] ☐
  └ 평민 출신 의병장인 신돌석이 항일 의병 활동을 시작했다. [경18②] ☐
  └ 평민 출신 의병장 신돌석이 처음으로 등장하여 강원도·경상도의 해안 지역을 무대로 활약하였다. [경15②] ☐
  └ 신돌석은 강원도 태백산 일대에서 의병을 일으켰다. [기14] ☐
  └ 신돌석이 민중적 기반으로 전개한 항일 의병 전투를 살펴본다 [탐구 주제]. [법11] ☐
  └ 평민 출신 의병장인 신돌석이 등장하여 호남 지역에서 유격전을 벌였다[✗]. [지11①] ☐

53 일제의 국권 침탈에 대한 항거 673

┗을사늑약에 반대하여 의병에 가담한 농민 [기16] □

[해설] 1905년 11월에 강요된 을사조약[을사늑약]을 계기로 전국에서 일어난 의병이 일어났다. 이때의 의병이 곧 을사의병이다(을미의병 및 정미의병과 구분)(1905~1906). 을사의병 때는 유생과 전직 관료는 물론 평민 출신 등 다양한 계층에서 의병이 일어났다(을사의병의 주요 특징)(주의). / 신돌석(1878~1908)은 일어난 을사의병 때 평민 의병장으로 활약하였다. 활동 무대는 (호남이 아니라) 경상북도와 강원도 남부 지역이다.

• [최익현(을사의병)] 「청토오적소(請討五賊疏)」를 올려 을사조약 파기와 매국 오적 처단을 주장하였다. [회22] □

┗전북 태인의 무성 서원에서 의병을 일으켰다. [회22] □

┗대마도에서 옥중 순국하였다. [회22] □

[해설] 최익현은 을사늑약이 강요된 직후인 1905년 11월 '청토오적소(請討五賊疏)'를 올려 을사조약 파기와 매국 오적[을사 오적] 처단을 주장하였다. 최익현은 이듬해인 1906년 윤4월 전북 태인[정읍]의 무성 서원에서 의병을 일으켰다. 최익현은 같은 동포인 진위대와의 싸움을 피하고자 자발적으로 체포된 후 대마도로 유배되어 옥중 순국하였다(1906.11.17). 의병을 일으킬 때 역적을 토벌하는 소인, '창의토적소(倡義討賊疏)'를 올렸다(이때 궐기를 촉구하는 「포고팔도사민(布告八道士民)」을 돌리고 일본 정부에 죄를 묻는 「기일본정부(寄日本政府)」도 발표).

• [정미의병] 고종이 퇴위 당하자 의병 투쟁에 앞장섰다. [법20] □

┗헤이그 특사 사건으로 고종 황제가 퇴위당하고 군대가 해산되었다. [기15] □

┗고종의 강제 퇴위와 군대 해산이 계기가 되었고, 해산된 군인이 합류하면서 의병의 전투력이 강화되었다. [경15②] □

[해설] (1907년 7월 20일) 고종이 퇴위 당하자 의병 투쟁에 앞장선 것은 정미의병이다(연합 의병 부대인 '13도 창의군' 결성).

• [정미의병] 군대 해산에 반발한 군인들은 의병 부대에 합류하였다. [지16②] □

┗'한·일 신협약'으로 해산된 군인들이 의병에 합류하기 시작했다. [경18②] □

┗해산된 군인의 합류로 전투력이 크게 향상되었다. [지11①] □

┗진위대의 해산 군인과 합세하여 전력을 강화하였다. [회23] □

┗정미의병 발생 [국22] □

[해설] 한일 신협약, 즉 정미 7조약의 부수 비밀 각서에 따른 군대 해산에 반발한 군인들은 1907년 8월 이후 전국 각지의 의병 부대에 합류하기 시작하였다(정미의병). 일제에 의해 해산된 군인들(중앙군인 시위대와 지방군인 진위대)이 의병이 합류하면서 의병 조직과 화력이 강화되어 '의병 전쟁'으로 발전하였다.

• [정미의병] 유생 출신 의병장을 중심으로 13도 연합 의병 부대가 결성되었다. [국17②] □

┗연합 의병 부대인 13도 창의군이 결성되어 서울 진공 작전을 계획하였다. [국17①] □

┗전국의 의병 부대가 연합 전선을 형성하여 서울 진공 작전을 시도하였다. [지11①] □

┗다른 지방의 의병과 힘을 합쳐 서울 진공 작전을 시도하였다. [회23] □

┗13도 창의군을 조직하고 서울 진공 작전을 추진하였다. [지24] □

┗13도 창의군을 결성하여 서울 진공 작전을 시도하였다. [법21] □

┗이인영, 허위 등을 중심으로 서울 진공 작전을 추진하였다. [국22] □

┗이인영, 허위 등의 주도로 13도 창의군을 결성하고, 서울 진공 작전을 펼쳤다. [경15②] □

┗이인영을 총대장으로 하는 13도 연합 의병 부대(창의군)가 서울 진공 작전을 시도하였다. [국15] □

┗13도 창의군이 결성되었다. [국24] □

┗13도 창의군 서울 진공 작전 전개 [국19] □

┗13도 창의군의 서울 진공 작전 [서17②] □

[해설] 정미의병이 발생한 것은 1907년 8월의 일이다. 고종의 폐위(강제 퇴위)와 정미 7조약의 부수 비밀 각서에 따른 군대 해산에 반발하여 전국에서 의병이 일어났다. 그리고 유생 출신 의병장을 중심으로 13도 연합 의병 부대, 즉 13도 창의군이 1907년 12월에 결성되었다(1907.12.6). 이때 총

병력은 1만여 명에 이르렀고, 이 가운데 해산된 군인 3,000명이 포함되었다(전 병력을 24개 진으로 하는 12도 창의대진소로 편성). 관동 의병장 이인영(1868~1909)이 창의대장[총대장], 왕산 허위(1855~1908)가 군사장으로 임명되었다. 13도 창의군은 각국 영사관에 자신들을 (국제법상의) 교전 단체로 인정해 줄 것을 요구하면서 1908년 1월 서울[한성] 진공 작전을 펼쳐 서울 근교(동대문 밖 30리 지점)까지 진격하였다(동대문 밖에 전군을 이동시켜 부대를 정비한 후 통감부를 공격하고 을사늑약을 파기한 후 국권 회복을 하고자 계획). 하지만 1월 15일경 일본군의 선제공격을 받고 후퇴하였다(1월 28일 서울 진공 작전을 포기하고 최종 철수).

■ 13도 창의군 [법21] [법13] [소20] □

- 군사장은 미리 군비를 신속히 정돈하여 철통과 같이 함에 한 방울의 물도 샐 틈이 없는지라. 이에 전군에 명령을 전하여 일제히 진군을 재촉하여 동대문 밖으로 진격할 때, 대군은 긴 뱀의 형세로 천천히 전진하게 하고, …… 3백 명을 인솔하고 선두에 서서 동대문 밖 삼십 리 되는 곳에 나아가 전군이 모이기를 기다려 일거에 서울로 공격하여 들어가기로 계획하더니, 전군이 모이는 시기가 어긋나고 일본군이 갑자기 진격해 오는지라, 여러 시간을 격렬히 사격하다가 후원군이 이르지 않아 할 수 없이 퇴진하였다.

[해설] 주어진 자료는 1908년 1월에 있었던 13도 창의군의 서울 진공 작전과 관련된 사료이다. 대한매일신보 1909년 7월 30일자 기사로 '의병장 총대장 이인영씨 약사 속편'이라는 제목으로 게재되었다(일부).

- 군대를 움직이는 데 가장 중요한 것은 개별 부대의 고립을 피하고 일치단결하는 데 있으니 각 도 의병을 통일하여 둑을 무너뜨리는 형세로 경기로 쳐들어간다면 온 천하에 우리 물건이 안 되는 것이 없을 것이다.

[해설] '각 도 의병', '경기'라는 말을 통해 주어진 자료는 1908년 1월 서울 진공 작전을 펼쳤던 '13도 창의군'과 관련이 있음을 알 수 있다. 구체적으로는 관동 의병 대장으로 추대된 이인영(1867~1909)이 원주에서 춘천, 양주로 진출하면서 각도 의병장에게 띄운 격문이다(1905.9.25). 참고로 이때 아래 자료인 '해외 동포에게 보내는[드리는] 격문'도 발표하였다.

-                      <해외 동포에게 드리는 격문>

동포들이여! 우리는 함께 뭉쳐 우리의 조국을 위해 헌신하여 우리의 독립을 되찾아야 한다. 우리는 야만 일본 제국의 잘못과 광란에 대해서 전 세계에 호소해야 한다. 간교하고 잔인한 일본 제국주의자들은 인류의 적이요, 진보의 적이다. 우리는 모두 일본놈들과 그들의 첩자, 그들의 동맹인과 야만스런 제국주의 군인을 모조리 죽이는 데 힘을 다해야 한다.

                                                   - 대한 관동 창의대장 이인영 -

[해설] 관동 의병장 이인영(1867~1909)은 1907년 12월에 조직된 13도 창의군의 총대장(군사장은 허위)이라는 중책을 맡았다. 하지만 1908년 1월 서울 진공 작전을 앞둔 상황에서 부친상을 이유로 귀향하였다. 주어진 자료는 '대한관동창의대장 이인영'의 이름으로 해외 동포에게 보내는 격문이다(1905.9.25).

- 군사장 허위는 미리 군비를 신속히 정돈하여 철통과 같이 함에 한 방울의 물도 샐 틈이 없는지라, 이에 전군에 전령하여 일제히 진군을 재촉하여 동대문 밖으로 진격하였다.

[해설] 주어진 자료는 1908년 1월 13도 창의군에 의해 단행된 서울 진공 작전임을 알 수 있다. 1만 의병을 24개 진으로 나누어 작전을 벌였다. 먼저 300명의 선발대가 허위의 지휘 하에 동대문 밖 30리(약 10km) 지점(오늘날 서울 중랑구 망우리 일대)까지 진격하였으나, 일본군의 병력이 우세하였기 때문에 더 이상 전진하지 못하고, 또 후속 부대와의 연락이 끊어져 고전을 겪었다(1908.1.15). 의병 부대는 얼마 후 서울 진공을 이루지 못한 채 철수하였다(1908.1.28).

- [13도 창의군] 각국 영사관에 교전 단체로 인정해 줄 것을 요구하였다. [법21] □
  └ 각국 영사관에 통문을 보내는 등 외교 활동을 벌였다. [회23] □

[해설] 13도 창의군[정미의병]은 각국 영사관에 자신들을 국제법상의 교전 단체로 인정해 줄 것을 요구하였다. 관동 '창의대장' 이인영은 이미 1907년 9월경 한성[서울]에 밀사를 보내 각국 영사관에 비밀리에 호소문을 보냈다.

- [정미의병] (다) - 전 계층이 참여한 전국적인 항일 구국 운동으로 발전하였다. [법13] □

[해설] 고종 황제의 강제 폐위(1907.7.20)와 대한제국 군대 해산(1907.8.1) 이후 일어난 정미의병은 이전과 달리 전국적인 규모로 일어났다(해산 군인 가세로 전력 면에서도 강화되어 '의병 전쟁'으로 발전).

- [정미의병] 일본군의 '남한 대토벌 작전'으로 의병 부대의 근거지가 초토화되었다. [국17①] □
  - 일본의 '남한 대토벌 작전'으로 인해 의병 투쟁은 크게 타격을 받았다. [지11①] □
  - 일본군의 '남한 대토벌 작전' 이후 많은 의병들은 간도와 연해주 등으로 근거지를 옮겨 일제에 항전을 계속했다. [경18②] □
  - 일본이 호남 지역 의병들에 대한 남한 대토벌 작전을 전개하였다. [기15] □
  - 의병 부대들은 간도와 연해주로 이동하여 의병 기지를 건설하였다. [국17②] □
  - (라) - 만주, 연해주 등지로 근거지를 옮겨 항전을 계속하였다. [법13] □

[해설] 일제는 의병 운동이 가장 활발하게 일어난 호남 지방의 의병을 진압하기 위해 1909년 9월부터 10월까지 '남한 대토벌 작전'을 전개하였다. 이로 인해 의병들은 큰 타격을 입고 세가 위축되었다. 하지만 이후 의병들은 만주[간도]와 연해주 등지로 근거지를 옮겨 항전을 계속하였다('국외 독립 운동 기지 건설'로 방향 전환).

■ **정미의병(항일 의병의 전투 상황)** [지11①] [경12③] □

- 항일 의병 투쟁은 을사조약과 일본의 침략에 항거하는 을사의병으로 다시 불타올랐다. 이어서 ___㉠___ 와 ___㉡___ 을 계기로 정미의병이 거세게 일어나 항일 의병 전쟁이 전국적으로 전개되었다. 그러나 일본군의 무자비한 진압 작전과 남한 대토벌 작전 등으로 의병 투쟁의 기세가 꺾였으며, 많은 의병들이 만주와 연해주로 이동하여 훗날 독립군으로 전환하였다.

[해설] 주어진 내용으로 보아 ㉠과 ㉡에는 1907년에 일어난 사건이 들어가야 함을 알 수 있다. 해당 문제에서 '㉠'에는 고종 황제의 강제 퇴위'(1907.7.20), '㉡'은 군대 해산(1907.8.1)이 들어간다(주어진 선지).

연도	전투 횟수	참가 의병 수
1907(8월~12월)	323	44,116
1908	1,452	69,832
1909	898	25,763
1910	147	1,891
1911(1월-6월)	33	216

[해설] 1907년부터 1911년까지 전투 횟수와 참가 의병수가 제시되어 있어 고종의 강제 퇴위와 군대 해산으로 일어난 정미의병과 관련된 자료임을 알 수 있다.

3 애국 계몽 운동

- [사회 진화론] 우등한 사회가 열등한 사회를 지배하는 것이 당연하다고 보았다. [국20] □

[해설] 우등한 사회가 열등한 사회를 지배하는 것이 당연하다고 본 사상은 사회 진화론이다. 1900년대 애국 계몽 운동에 영향을 주었다.

- 헌정 연구회 [경18①] □

[해설] 한민족의 정치의식 고취와 입헌 정치 체제 수립을 목적으로 헌정 연구회가 결성된 것은 1905년 5월의 일이다.

- [대한 자강회] 헌정 연구회의 활동을 계승하여 월보를 간행하고 지회를 설치하였다. [국20] □
  - 교육·산업 진흥을 위한 지회 설치 [서24①] □
  - 대한 자강회 [국24] [지14②] [경18①] □

[해설] (1905년 5월 설립된) 헌정 연구회의 활동을 계승하여 『대한 자강회 월보』를 간행하고 전국 각지에 지회를 설치한 단체는 대한 자강회이다(애국 계몽 단체). 1906년 4월 한성[서울]에서 세워졌다(~1907.8). / 1907년 8월 고종 황제의 강제 퇴위 반대 운동을 전개하다 보안법에 의해 강제 해산되었다.

■ **대한 자강회** [지15②] [법11] [경18①]

- 헌정 연구회를 모체로 설립된 단체로 독립을 위해 '자강(自强)'을 주장하였다. 자강의 방법으로는 교육을 진작하고 산업을 일으켜 흥하게 하는 것이라 강조하였으며, 전국 각지에 지회를 설치하고 월보의 간행과 강연회를 개최하였다.

[해설] 주어진 자료 속 '단체'는 1906년 4월 한성[서울]에서 결성된 대한 자강회를 가리킨다.

- 무릇 나라의 독립은 오직 자강(自强)의 여하에 달려 있는 것이다. …(중략)… 그러나 자강의 방도를 강구하려 할 것 같으면 다른 곳에 있지 않고 교육을 진작하고 산업을 일으키는 데 있으니 무릇 교육이 일어나지 않으면 민지(民智)가 열리지 않고 산업이 일어나지 않으면 국부가 증가하지 못하는 것이다. 교육과 산업의 발달이 곧 자강의 방도임을 알 수 있는 것이다. (대한 자강회 취지서)

[해설] '무릇 나라의 독립이 자강(自强)의 여하에 달려 있다'는 내용, '교육과 산업의 발달이 곧 자강의 방도'라는 내용에서 제시된 자료는 1906년 4월에 조직된 대한 자강회와 관련이 있음을 알 수 있다('대한 자강회 취지서'). 대한 자강회는 『대한 자강회 월보』를 간행하였으며 전국 각지에 지회를 설치하였다.

- 무릇 우리나라의 독립은 자강에 있음이라. 오늘날 우리 한국은 3천리 강토와 2천만 동포가 있으니 힘써 자강하여 단체가 합하면 앞으로 부강한 전도를 바랄 수 있고 국권을 능히 회복할 수 있을 것이다. 자강의 방법으로는 교육을 진작하고 산업을 일으켜 흥하게 하면 되는 것이다. 무릇 교육이 일지 못하면 민지(民智)가 열리지 못하고 산업이 늘지 못하면 국부가 부강할 수 없다. 그런즉 민지를 개발하고 국력을 기르는 길은 무엇보다도 교육과 산업을 발달시키는 데 있지 않겠는가?

(대한 자강회 취지서)

[해설] 무릇 우리나라의 독립은 '자강'에 있다는 내용이 나와 있다. 이어 '자강'의 방법으로 교육을 진작하고 산업을 일으켜 흥하게 하여야 함을 강조하고 있다(위의 자료와 출처 동일).

- [대한 자강회] 고종의 강제 퇴위 반대 운동을 전개하다가 일본의 탄압으로 해산되었다. [지15②]
  └고종 강제 퇴위 반대 운동에 앞장섰다. [법23]
  └고종 황제 퇴위 반대 운동을 주도하였다. [회18]
  └월보를 간행하고 고종 퇴위 반대 운동을 벌였다. [법13]
  └고종의 퇴위 반대 운동을 전국적으로 전개하였다. [경12②]
  └고종 퇴위 반대 운동을 전개하였다. [소21]
  └고종 강제 퇴위 반대 운동으로 해산되었다. [서11]
  └(가): 정미 7조약 체결에 반대하는 투쟁을 전개하였다. [법11]
  └(가): 일제의 통감부 설치를 반대하는 투쟁을 전개하였다[x]. [법11]
  └보안법에 의해 강제로 해산되었다. [법16]

[해설] 대한 자강회는 1907년 8월 고종 황제의 강제 퇴위 반대 운동을 전개하다 보안법에 의해 강제 해산되었다(1907.8.21)(같은 해 11월에 조직된 대한 협회의 전신이기도 함). / (통감부가 새로 제정한) 보안법(1907.7)에 의해 강제로 해산된 단체로는 대한 자강회를 들 수 있다(1907.8). 고종 강제 퇴위 반대 운동을 했다는 이유로 보안법을 적용하여 해산시켰다. 대한 자강회는 고종 강제 퇴위 직후 체결된 정미 7조약(한일 신협약)에 대해서도 반대하였다. / 일제의 통감부가 설치된 것은 1906년 2월의 일이다. 1905년 11월 을사늑약 결과 대한 제국은 일제의 보호국으로 전락하고 말았다.

- **대한 협회*** [경18①]

[해설] 대한 협회가 결성된 것은 1907년 11월의 일이다. 고종 퇴위 반대, 정미 7조약 체결 반대 투쟁을 벌이다 해산된 대한 자강회를 재정비하여 결성된 애국 계몽 단체이다.

- [신민회] 비밀 결사로 조직되어 실력 양성 운동을 전개하였다. [서11]☐
  └안창호, 양기탁, 신채호, 이동녕 등 인사들이 비밀 결사로 조직하였다. [경12②]☐
  └[신채호] 양기탁·이동녕 등과 함께 항일 비밀 결사인 신민회 활동에 참여하였다. [회14]☐
  └신민회 [지20] [지14②] [서24①]☐

[해설] 신민회는 애국 계몽 운동가들이 국권 회복을 위해 1907년 4월에 비밀리에 조직한 단체이다. / 신민회는 비밀 결사로 조직되어 실력 양성 운동을 전개하였다. / 신민회는 도산 안창호(1878~1938)와 우강 양기탁(1871~1938) 등을 중심으로 국내에서 결성된 항일 비밀 결사이다(1907.4~1911.9). 국권 회복을 위한 다양한 애국 계몽 활동(교육 구국 운동, 계몽 강연 및 서적·잡지 출판 운동, 민족 산업 진흥 운동 등)과 독립군 양성 활동 등을 펼쳤다. 한일 병탄 이후 일제가 조작한 105인 사건으로 해체되었다(1911.9).

- [신민회] 국권 회복과 공화 정체의 국민 국가 건설을 목표로 하였다. [서11]☐
  └(나): 공화 정체의 근대 국민 국가 건설을 위해 노력하였다. [법11]☐
  └국권 회복과 입헌 군주 체제의 국민 국가 건설을 목표로 삼은 비밀 조직이었다[X]. [경15①]☐
  └민주 공화정의 수립 [법14]☐

[해설] 신민회는 국권 회복과 (입헌 군주 체제가 아닌) 공화 정체의 국민 국가 건설을 목표로 하였다.

- [신민회] 외곽 단체로 청년 학우회를 만들었다.* [회22]☐

[해설] 신민회는 외곽 단체로 (서울에서) 청년 학우회를 만들었다(1909.2). 청년 학우회는 도산 안창호(1878~1938) 평생의 지론이 결집된 수양 단체로, 이후 미국 샌프란시스코에서 창립된 흥사단(1913.5)의 전신이다. 선실력 양성론과 인격 수양론을 내세웠다.

- [신민회] 대성 학교와 오산 학교를 설립하였다. [법13]☐
  └대성 학교, 오산 학교 등을 설립하였다. [회22]☐
  └대성 학교, 오산 학교 설립 [서24①]☐
  └대성 학교와 오산 학교를 세워 민족 교육을 실시하였다. [법13]☐
  └평양에 대성 학교, 정주에 오산 학교를 건립하였다. [경12②]☐
  └대성 학교, 오산 학교, 서전서숙, 보성 학교는 국내에 설립된 교육 기관이다[X]. [경16②]☐

[해설] 평양에 대성 학교(1908.9), 평북 정주에 오산 학교(1907.12)를 설립한 단체는 신민회이다(1907.4). / 대성 학교, 오산 학교, 보성 학교는 국내에 설립된 교육 기관이 맞지만 서전서숙은 북만주[간도]에 세워졌다(1906.8).

- [신민회] 대성 학교, 태극 서관 등을 운영하여 우리 민족의 자주성을 지키려고 하였다. [기11]☐

[해설] 대성 학교, 태극 서관 등을 운영하여 우리 민족의 자주성을 지키려고 한 단체는 신민회이다(1907.4).

- [신민회] 평양에서 자기 회사, 대구에서 태극 서관을 운영하였다. [회14]☐
  └자기 회사·태극 서관을 설립하여 민족 산업 육성에 노력하였다. [법13]☐
  └자기 회사, 소방직 공장, 소연초 공장 등을 설립하였다. [회22]☐

[해설] 자기 회사·태극 서관을 설립하여 민족 산업 육성에 노력하였다. 평양 자기 제조 주식회사가 대표적이다(1908.10). / 태극 서관은 서적의 출판과 보급을 목적으로 설립된 신민회의 산하 기관으로 1908년 5월 평양에서 문을 열었으며, 1910년 8월에는 서울에도 지점을 열었다. 대구에서도 운영되었다(정확한 시기는 불명). 신민회원들의 연락 장소 및 집회 장소로 자주 활용되었다.

- [신민회] 학술 간행 단체인 조선 광문회와 서점인 태극 서관을 만들었다.* [회22]☐
  └조선 광문회* [국24] [경12③]☐

[해설] 신민회는 산하 기관[외곽 단체]으로 학술 간행 단체인 조선 광문회와 서점인 태극 서관을 만들었다(각 1910.10/1908.5). 조선 광문회는 신민회 회원 중 민족 문화와 근대 국사학의 창립에 관심을 가지고 고전이 보존과 간행을 주장하는 회원들의 요청에 의해 경성[서울]에서 만들어진 고전[고서] 연구 및 발간[출판] 기관이다. 고문, 주간, 종사(從事)로 편성하였는데, 육당 최남선(1890~1957)이 주간을 담당하여 회의 사무를 총괄하였다[백암 박은식(1859~1925)도 관계](주의). 참고로 1908년 11월에 창간된 잡지 『소년』은 최남선의 개인잡지가 아니라 신민회의 기관지로 창간된 것이다.

■ 신민회 [지14②] [서24①] [서11] [법20] [법13] [법11] [회22] □

- 안창호, 양기탁, 이승훈이 중심이 되어 조직한 비밀 결사 단체로, 국권을 회복한 뒤 공화정체의 국가를 수립하고자 하였다. 이를 위해서는 실력 양성에 온 힘을 쏟아야 한다고 규정하고 무엇보다 국민을 새롭게 할 것을 주장하였다.

[해설] 주어진 자료 속 '단체'는 1907년 4월에 결성된 신민회를 가리킴을 알 수 있다.

- 안창호, 양기탁 등이 중심이 되어 회원 800여 명이 참여하여 결성된 단체로 평양에 대성 학교와 정주에 오산 학교를 세워 민족 교육을 실시하였다. 또한 평양에 자기 회사를 운영하여 민족 자본 육성에도 힘썼다.

[해설] 주어진 자료 속 '단체'는 1907년 4월에 비밀 결사 형태로 결성된 신민회임을 알 수 있다.

- ○ 이 단체의 중심인물이 안창호, 양기탁, 신채호 등이다.
  ○ 서북 지방의 기독교인들이 다수 참가한 항일 비밀 결사 조직이다.
  ○ 공화 정체의 근대 국가 수립을 목적으로 했다.
  ○ 일제가 날조한 105인 사건으로 국내 조직이 해체되었다. (1911.9)

[해설] 주어진 독립운동 단체는 1907년 4월에 결성된 신민회임을 알 수 있다.

- 평양 대성 학교와 정주 오산 학교를 설립하였고 민족 자본을 일으키기 위해 평양에 자기 회사를 세웠다. 또한 민중 계몽을 위해 태극 서관을 운영하여 출판물을 간행하였다. 그리고 장기적인 독립운동의 기반을 마련하여 독립 전쟁을 수행할 목적으로 국외에 독립운동 기지 건설을 추진하였다.

[해설] '대성 학교', '오산 학교', '자기 회사', '태극 서관', '국외에 독립운동 기지 건설' 등의 내용은 모두 신민회와 관련이 있다. 신민회는 비밀 결사 단체로 실력 양성을 통한 국권 회복과 공화정체를 목표로 삼았다(1907.4).

- 여기에서 위는 천지의 신에게 묻고 아래로는 동포형제와 상의하여 드디어 하나의 모임을 미국 캘리포니아주 리버사이드에서 발기한다. 그 이름을 ㉠이라/이라고 한다. ㉠은/는 무엇 때문에 일어났는가. 완고하고 부패한 국민 생활을 개혁할 새로운 사상이 시급히 필요하며, 우둔한 국민을 깨우칠 수 있는 새로운 교육이 시급히 필요하고, 식어 버린 뜨거운 마음을 다시 살리기 위해 새로운 제창이 시급히 필요하며, 쇠약해진 원기를 북돋울 새로운 보양이 시급히 필요하고, 타락한 도덕을 되살릴 새로운 윤리가 시급히 필요하며, 쇠퇴한 문화를 부흥시킬 새로운 학술이 시급히 필요하고, 미약한 산업을 일으킬 새로운 모범이 시급히 필요하며, 부패한 정치를 일신할 새로운 개혁이 필요하다. 〈신민회 결성 취지문〉

[해설] '새로운'이라는 말이 계속 나오는 것에서 짐작할 수 있듯이 주어진 자료 속 '㉠'은 1907년 4월에 비밀리에 결사된 신민회를 가리킨다(주어진 자료는 '신민회 결성 취지문[대한 신민회 취지서]' 중 일부, 1909년 3월 헌병대 기밀문서로 통감부에 보고).

- "…… 무릇 우리 대한인은 내외를 막론하고 통일 연합으로써 그 진로를 정하고 독립 자유로써 그 목적을 세움이니, 이것이 원하는 바이며 품어 생각하는 것이다. 간단히 말하면 오직 신정신을 불러 깨우쳐서 신단체를 조직한 후에 신국가를 건설할 뿐이다. ……" 〈신민회 결성 취지문〉

[해설] 주어진 자료는 1907년 4월 비밀리에 결성된 신민회의 결성 취지문이다(위 자료의 아랫부분).

- (가) 의 목적은 한국의 부패한 사상과 습관을 혁신하여 국민을 유신케 하며, 쇠퇴한 발육과 산업을 개량하여 사업을 유신케 하며, 유신한 국민이 통일 연합하여 유신한 자유 문명국을 성립케 한다고 말하는 것으로서, 그 깊은 뜻은 열국 보호 하에 공화정체의 독립국으로 함에 목적이 있다고 함. - 일본 헌병대 기밀 보고(1908) -

[해설] '공화정체의 독립국'에 목적이 있다는 점에서 주어진 자료 속 '(가)'는 1907년 4월에 결성된 신민회를 가리킴을 알 수 있다.

- [신민회] (나): 국내에서 전개된 계몽 운동의 한계를 극복하는 데 기여하였다. [법11] □

[해설] 신민회는 실력 양성 운동을 넘어 해외 독립운동 기지 건설론을 제기하였고, 실제로 건설에 앞장섰다.

- [신민회] 해외 독립운동 기지 건설에 앞장섰다. [법20] □
  └ 해외 독립군 기지 건설 운동을 벌였다. [법12] □
  └ 국외 독립군 기지 건설 운동을 전개하였다. [회18] □
  └ 이회영 형제의 헌신으로 남만주에 독립운동 기지를 건설하였다. [법13] □
  └ 해외에 삼원보와 같은 독립운동 기지를 건설하였다. [경12②] □
  └ 만주와 연해주에 독립군 기지를 건설하였다. [경15①] □
  └ 만주에 독립군 기지를 마련하였다. [소21] □
  └ 표면적으로는 문화적, 경제적 실력 양성 운동을 전개하면서, 내면적으로는 국외 독립군 기지의 건설에 의한 실력 양성을 기도하였다. [경15①] □

[해설] 신민회는 1909년경부터 강경파를 중심으로 해외 독립운동 기지 건설에 앞장섰다(온건파는 교육과 산업 경제면에서의 실력 양성을 주장). / 이회영 형제의 헌신으로 남만주에 독립운동 기지를 건설하였다(삼원보, 1911년 봄). / [경15①] 만주와 연해주에 독립군 기지를 건설하였다는 선지는 적절한 설명이다. 만주 서간도에 삼원보와 신흥 강습소 등을 세웠고, 연해주에는 권업회, 대한 광복군 정부 등에 신민회 (좌파) 계열의 인물들이 참여하였다. 단, 주의할 점은 1910년 3월에 개최된 신민회 긴급 간부 회의에서는 일단 독립군 기지를 일제의 통치력이 미치지 않는 청국령 만주 일대에 설치한다는 것이었기 때문에, 또 실제로 신민회가 순수하게 건설한 독립군 기지는 만주에만 한정되기에 이 선지는 잘못 표현된, 냉정하게 평가하면 '잘못 출제된' 선지라고 볼 수도 있다.

- [신민회] 무장 투쟁을 통해 독립을 이루어야 한다.* [국12] □

[해설] 신민회 내부에서는 실력 양성을 우선하는 세력과 자주독립을 우선하는 세력이 있었다. 이후 후자의 경우 1910년 8월 한일 병탄을 전후하여 해외에 독립운동 기지를 세우고 무장 투쟁을 통해 독립을 이루어야 한다는 주장으로 이어졌다.

- [신민회] 테라우치 총독 암살 미수 사건에 연루되었다. [경12②] □

[해설] 테라우치 총독 암살 미수 사건에 연루된 단체는 신민회이다(이른바 '안악 사건', 1910.12). 일제는 이 사건의 배후에 신민회가 있다고 주장하며 이른바 105인 사건을 일으켰다(1911.9).

- 신민회는 일제가 날조한 105인 사건으로 와해되었다. [국19] □
  └ 일제가 날조한 105인 사건으로 와해되었다. [지24] □
  └ 105인 사건으로 비밀 결사 단체가 해체되었다. [회15] □
  └ 일제가 '105인 사건'을 일으켜 윤치호 등을 체포하였다. [지17②] □
  └ 일제에 의해 조작된 소위 105인 사건으로 탄압을 받았다(신민회). [서19①] □
  └ 일제가 날조한 105인 사건으로 인해 와해되었다. [경12①] □
  └ 신민회의 국내 조직은 105인 사건으로 인하여 와해되었다. [경15①] □

[해설] 일제가 날조한 105인 사건으로 비밀 결사 신민회가 사실상 와해된 것은 1911년 9월의 일이다(1907.4~1911.9). 600여 명의 애국지사를 검거·투옥하였으며 야만적인 고문을 가하여 허위 자백을 강요하였다(김근형 등 두 명이 사망하고 많은 사람이 불구자가 됨).

- [서우 학회(서북 학회)] 기관지로 잡지 『서우』를 간행하였다.* [회22] □

[해설] 기관지로 잡지 『서우(西友)』를 간행한 단체는 서우 학회이다(1906.12). 서우 학회는 인재 양성과 민중 의식 개혁을 목적으로 관서 지역(평안도·황해도) 출신의 인사들이 중심이 되어 조직된 애국 계몽 운동 단체로, 1908년 1월 서북 학회로 발전하였다.

주제 54 열강의 경제 침탈과 경제적 구국 운동

1 청과 일본의 무역 경쟁

- 원산과 인천이 개항되어 일본과의 무역이 시작되었다. [법18] □

  [해설] 강화도 조약[조일 수호 조규] 체결로 원산과 인천이 개항되어 일본과의 무역이 시작된 것은 각 1880년(원산)과 1883년(인천)의 일이다.

- [개항장 무역] 개항장에서 조선인 객주가 중개 활동을 하였다. [국21] □
  - 조·청 무역 장정으로 청국에서의 수입액이 일본을 앞질렀다[x]. [국21] □
  - 일본 상인은 면제품을 팔고, 쇠가죽·쌀·콩 등을 구입하였다. [국21] □
  - 조·일 통상 장정의 개정으로 곡물 수출이 금지되기도 하였다. [국21] □

  [해설] 개항장에서는 조선인 객주가 (내륙 시장과의 사이에서) 중개 활동을 하였다(거류지 무역). 옳은 설명이다. 그리고 1882년 8월에 체결된 '조청 상민 수륙 무역 장정'으로 이후 청국에서의 수입액이 급속하게 증가하였다. 하지만 청일 전쟁 승리로 일본이 재차 확실히 우위에 설 때까지 일본을 앞지르지는 못하였다[1892년에 대략 45%(청):55%(일본) 수준]. 조일 통상 장정이 개정된 것은 1883년 7월의 일이다('개정 조일 통상 장정'). 이 때 비로소 일본의 물품에 관세를 부과할 수 있게 되었으며, 1개월 전에 통보한다는 조건으로 방곡령을 시행할 수 있게 되었다(각 제9조/제37조).

- [임오군란] 이 사건을 진압한 청은 조선과 조청 수륙 무역 장정을 체결하였다. [서23] □
  - 조·청 상민 수륙 무역 장정이 체결되었다. [법16] [소19①] □
  - [조청 상민 수륙 무역 장정] 갑신정변 이후 체결된 것이다[x]. [지14②] □
  - 1882 조·청 상민 수륙 무역 장정 [회20] □
  - 조·청 상민 수륙 무역 장정 [국24] [서11] □

  [해설] 조청 상민 수륙 무역 장정이라는 불평등 조약이 체결된 것은 (임오군란을 진압한 직후인) 1882년(고종 19) 8월의 일이다. 장정 제4조에서 중국 상인이 양화진을 비롯한 조선 내륙으로 진출할 수 있는 권리, 즉 내지 통상권이 최초로 규정되었다.

- [조청 상민 수륙 무역 장정] (다) - 청의 북양대신과 조선 국왕은 대등한 권리를 갖는다고 규정하였다. [회20] □

  [해설] 조·청 상민 수륙 무역 장정 제1조에서 청의 북양 대신과 조선 국왕이 대등한 권리를 갖는다고 규정하여 조선을 만국공법적인 평등 관계가 아니라 종래의 조공 관계에 가탁한 청의 속국으로 취급하였다. 전문(前文)에서 아예 조선을 '속방(屬邦)'*으로 표현하였다.

  *속방(屬邦): 법적으로는 독립국이지만, 실제로는 정치나 경제·군사면에서 다른 나라에 지배되고 있는 나라를 가리킨다. 청은 자국을 조선의 종주국으로 자처하였다.

- 조·청 상민 수륙 무역 장정을 체결하여 청나라 상인에게 통상 특혜를 허용하였다. [국17①] □
  - 조·청 수륙 무역 장정(1882) - 서울에서 청국 상인의 개점이 허용되었다. [국16] □
  - 양화진에 청국인 상점을 허용하는 조약이 체결되었다. [지19] □
  - 북경과 한성, 양화진에서 양국 상인의 무역을 허용하고, 지방관이 발행한 여행 허가증이 있으면 내지행상도 할 수 있다고 규정하고 있다. [경17①] □
  - (가)-내지 통상권을 획득하여 일본을 경제적으로 압박하였다. [법15]
  - 내지 통상권을 허용하였다. [법13] □
  - ⓒ 체결 이후 청과 일본의 상권 경쟁이 치열해졌다. [경17①] □

  [해설] 조청 상민 수륙 무역 장정에서는 청국인에게 한성[서울]의 양화진에 점포를 개설할 수 있는 권리와 개항장 밖의 내륙 통상권[내지 통상권](제4조)과 연안 무역권(제3조) 등의 특권을 인정하였다. 치외 법권도 인정되었다(제2조). 완전히 불평등한 조약으로, 이후 타국과의 조약 개정에도 악영향을 미쳤다. / 해당 문제에서 ⓒ은 조청 상민 수륙 무역 장정을 가리킴. 청과 일본 사이의 상권 경쟁은 청일 전쟁 때까지 지속되었다.

조청 상민 수륙 무역 장정 [국23] [지24] [지14②] [서18①] [법12] □

- 조선은 오랫동안 제후국으로서 중국에 대해 정해진 전례가 있다는 것은 다시 의논할 여지가 없다. …(중략)… 이번에 제정한 수륙 무역 장정은 중국이 속방을 우대하는 뜻이니만큼, 다른 조약 체결국들이 모두 똑같은 이익을 균점하도록 하는 데 있지 않다.

[해설] 임오군란을 진압한 청에 의해 강요된 조청 상민 수륙 무역 장정의 전문(前文)이다(1882.8.23). 제4조에서 중국 상인이 양화진을 비롯한 조선 내륙으로 진출할 수 있는 권리, 즉 내지 통상권이 최초로 규정되었다.

- 이 수륙 무역 장정은 중국이 속방(屬邦)을 우대하는 뜻에서 상정한 것이고, 각 대등 국가 간의 일체 동등한 혜택을 받는 예와는 다르다.

[해설] 조청 상민 수륙 무역 장정의 전문(前文) 속 내용이다.

- 수륙 무역 장정은 중국이 ⓒ 을 우대하는 후의에서 나온 것인 만큼 다른 각국과 일체 균점하는 예와는 같지 않으므로 여기에 각항 약정을 한다.

[해설] '수륙 무역 장정'이라는 말이 나오면서 중국의 후의에서 나왔다는 내용이 나와 있다. 따라서 주어진 자료는 임오군란을 수습하는 과정에서 체결된 조청 상민 수륙 무역 장정임을 알 수 있다(1882.8). 장정의 전문(前文)으로 조선에 대한 청의 종주권이 명시되어 있다('속방'으로 표현). 자료 속 ⓒ에는 '속방'이라는 용어가 들어간다(해당 문제에서 다른 선택지로 '우방'도 제시).

- 제2조 중국 상인이 조선 항구에서 만일 개별적으로 신소(伸訴)를 제기하였을 경우에는 중국 상무위원에 넘겨 심의·처리한다. …(후략)…

  제4조 …(전략)… 조선 상인이 북경(北京)에서 규정에 따라 물건을 팔고 사도록 하며 중국 상인이 조선의 양화진과 서울에 들어가서 영업소를 차려놓을 수 있도록 허락하는 외에 각종 화물을 내륙 지방으로 운반하여 상점을 차려놓고 파는 것은 승인하지 않는다.

[해설] 중국 상인이 '양화진과 서울'에서의 영업할 수 있다고 규정한 것으로 보아 제시된 조약은 임오군란 발생(1882.8) 후 이를 진압하러 청군을 이끌고 온 위안스카이(원세개, 1859~1916)에 의해 체결된 조청 상민 수륙 무역 장정임을 알 수 있다(1882.8).

- 제4관 중국 상인이 조선의 양화진 및 한성에 영업소를 개설할 경우를 제외하고, 각종 화물을 내륙으로 운반하여 상점을 차리고 파는 것을 허가하지 않는다. 단, 내륙 행상이 필요한 경우에 지방관의 허가서를 받아야 한다.

[해설] 임오군란 결과 고종 19년인 1882년 8월 조선과 청이 체결한 조청 상민 수륙 무역 장정이다.

- [조일 통상 장정] 일본 상인의 내지 통상권에 대한 허가가 규정되어 있다. [지14②] □

 ┗1883 조·일 통상 장정 [회20] □

[해설] 일본은 1883년 7월 조선과 체결한 '개정' 조일 통상 장정을 통해 최혜국 대우를 적용하면서 내지 통상이 가능해졌다. 1876년 8월에 맺은 조일 무역 규칙을 첫 번째 '(조일) 통상 장정'이라고도 하는데, 이때 무관세 및 무항세, 무제한 양곡 유출 등이 허용되었다. 그리고 1883년 7월 개정 때 관세 및 곡물 유출을 막는 방곡령 규정이 들어갔다(각 제9조/제37조)('개정 조일 통상 장정', 보통 이때의 통상 장정을 '조일 통상 장정'으로 부르고 1876년의 통상 장정을 '조일 무역 규칙'으로 부름)(주의).

- 개정 조일 통상 장정(1883) - 일본과 수출입하는 물품에 일정 세율이 부과되었다. [국16] □

 ┗(마 – 일본 물품에 대한 관세를 폐지하였다[✗]. [회20] □

[해설] 개정된 조일 통상 장정(1883.7)에서는 일본에 수출입하는 물품에 관세를 부과하였다(제9조). 1876년 8월에 체결된 조·일 무역 규칙(첫 번째 조일 통상 장정)에서 허용한 '무관세'를 시정한 것이다.

■ (개정) 조일 통상 장정 [지19] □

- O 입항하거나 출항하는 각 화물이 세관을 통과할 때에는 세칙에 따라 관세를 납부해야 한다. (제9조)
  O 조선 정부가 쌀 수출을 금지하고자 할 때에는 반드시 먼저 1개월 전에 지방관이 일본 영사관에게 통고해야 한다.
  (제37조)

[해설] 1883년 7월에 체결된 (개정) 조일 통상 조약을 가리킨다. 위의 조항은 제9조(제9관), 아래의 조항은 제37조(제37관)에 해당한다.

- [1890년의 경제 상황] 쌀값이 올랐다. [지12②] □
  └면공업 발전에 타격을 주었다. [지12②] □
  └지주나 부농의 경제적 형편이 어려워졌다[×]. [지12②] □
  └지방관의 방곡령 발령을 초래하기도 하였다. [지12②] □

[해설] 쌀이 일본으로 많이 수출되어(국내 쌀 감소) 그만큼 쌀값이 올랐다. / 일본 면제품의 과다 수입으로 국내 면공업 발전은 그만큼 타격을 받을 수밖에 없었다. / 쌀값이나 콩값이 올랐으므로 지주나 부농의 경제적 형편이 어려워진 것이 아니라 오히려 나아졌다. / 쌀과 콩의 유출로 지방관이 방곡령(防穀令)*을 발령하였다. 참고로 강화도 조약 이후 러일 전쟁까지 백여 차례 정도 방곡령이 내려졌는데, 1890년에는 황해도에서 선포되었다.

*방곡령(防穀令): 함경도 관찰사 조병식(1823~1907)은 고종 26년인 1889년 10월 방곡령을 선포하였다. 조병식이 방곡령을 선포한 근거가 된 것은 고종 20년인 1883년 7월 조선이 일본과 체결한 (개정) 조일 통상 장정이다(제37조 방곡령 시행에 대한 규정). 참고로 같은 해 5월에 황해도에서도 방곡령이 선포되었고(황해도 관찰사 조병철), 이듬해인 1890년 2월에도 같은 황해도에서 다른 관찰사에 의해 방곡령이 선포되었다(황해도 관찰사 오준영).

■ 1890년 대일 무역 실태 [지12②] □

<1890년 대일 수출입 상품의 품목별 비율>

수출 상품		수입 상품	
품목	비율	품목	비율
쌀	57.4%	면제품	55.6%
콩	28.3%		
기타	14.3%	기타	44.4%

※ 자료: 『통상휘찬』

[해설] 1890년 대일 수출입 상품의 품목별 비율이 제시되어 있다. 수출 상품으로 쌀이 절반이 넘으며 콩의 비중도 28%가 넘는다. 수입품으로는 면제품이 역시 절반을 넘고 있다.

- 한·청 통상 조약(1899) - 대한 제국 황제와 청 황제가 대등한 위치에서 조약을 체결하였다. [국16] □
  └한·청 통상 조약이 체결되었다. [지24] □
  └청과 대등한 입장에서 통상 조약을 체결하였다. [소22] □

[해설] 한청 통상 조약은 고종이 광무 3년(고종 36)인 1899년 9월 청 황제와 대등한 입장에서 체결한 근대적 통상 조약이다(전문 15조)(1899.9.11). 대한 제국의 박제순(1858~1916)과 청의 초대 주한 공사 서수붕(?~1901)이 전권의 자격으로 체결하였다. 조청 상민 수륙 무역 장정의 종속적 규정을 일절 배제하고, 쌍무적 권리와 의무만을 규정하였다.

■ **한청 통상 조약** [경21②] □

- 제1관 앞으로 대한국과 대청국은 영원히 우호를 다지며 양국 상인과 인민이 거류하는 경우 모두 온전히 보호와 우대의 이익을 얻는다.

  제2관 이번 조약을 맺은 이후부터 양국은 서로 병권대신을 파견하여 피차 수도에 주재시키고, 아울러 통상 항구에 영사 등의 관원을 설립하는 데 모두 편의를 봐줄 수 있다.

  제5관 재한국 중국 인민이 범법(犯法)한 일이 있을 경우에는 중국 영사관이 중국의 법률에 따라 심판 처리하며, 재 중국 한국 인민이 범법한 일이 있을 경우에는 한국 영사관이 한국의 법률에 따라 심판 처리한다.

[해설] 주어진 조약은 광무 3년이자 고종 36년인 1899년 9월에 체결된 '한청 통상 조약'이다.

2 열강의 이권 침탈

- 러시아가 압록강 유역의 산림 채벌권을 획득하였다. [국23] □

[해설] 러시아가 (두만강과) 압록강 유역의 산림 채벌권을 획득한 것은 고종 33년인 1896년의 일이다(울릉도도 포함).

- [미국] 운산 금광 채굴권을 차지하였다. [서19②] □

[해설] 미국은 고종 32년인 1895년 7월 (평북) 운산 금광 채굴권을 차지하였다.

- 금본위 화폐제가 시행되고 있었다. [경21②] □

[해설] 금본위 화폐제가 시행된 것은 1905년 6월 1일부터이다(1894년 제1차 갑오개혁 때 은본위제 시행). 이후 재정 고문 메가타에 의해 본격적인 화폐 정리 사업이 단행되었다.

- 메가타 재정 고문이 화폐 정리 사업을 시도하였다. [지19] □
  └일본인 메가타가 재정 고문으로 부임하여 화폐 정리 사업을 시작하였다. [지17②] □
  └(가) 조약 체결로 메가타는 화폐 정리 사업을 실시하였다. [법24] □
  └[화폐 정리 사업] 재정 고문 메가타의 주도로 시행되었다. [소22] □
  └(가) - 화폐 정리 사업이 추진되었다. [경21①] □
  └화폐 정리 사업 실시 [경21①] □

[해설] 메가타 다네타로(1853~1926)가 대한 제국의 재정 고문이 되어 화폐 정리 사업을 실시한 것은 1905년 7월의 일이다(~1909.12). 메가타가 재정 고문으로 초빙된 것은 1904년 8월에 맺은 제1차 한일 협약 때문이다.

- [화폐 정리 사업] 한국 상인들이 경제적으로 큰 타격을 받았다. [국13] □
  └한국 상업 자본에 큰 타격을 주었다. [소22] □
  └일본 제일은행이 중앙은행의 역할을 하게 되었다. [국13] □
  └일본 제일은행이 한국의 중앙은행 지위를 확보하게 되었다. [소22] □
  └은행권의 발행이 용인되면서 제일은행권이 조선의 본위 화폐가 되었다. [지13] □
  └액면가대로 바꾸어 주는 화폐 교환 방식을 따랐다[×]. [국13] □
  └구 백동화 남발에 따른 물가 상승이 이 조치에 영향을 끼쳤다. [국13] □

[해설] 화폐 정리 사업으로 한국 상인들은 큰 타격을 받았다. 또 일본 제일은행을 조선의 중앙은행으로 만들어 조선의 재정 및 화폐, 금융을 지배하였다. 액면가가 아닌 화폐 상태에 따라 갑·을·병종으로 구분하고 이에 따라 교환해주었는데 질이 나쁜 백동화 등은 교환해주지 않았다. 메가타는 구 백동화 남발에 따른 물가 상승을 잡는다는 명목상의 이유를 내걸고 화폐 정리 사업을 실시하였다.

■ **화폐 정리 사업(구 백동화 교환에 관한 건)** [국13] [소22] □

- 제1조: 구 백동화 교환에 관한 사무는 금고로 처리케 하여 탁지부 대신이 이를 감독함.

  제3조: 구 백동화의 품위(品位)·양목(量目)·인상(印象)·형체(形體)가 정화(正貨)에 준할 수 있는 것은 매 1개에 대하여 금 2전 5푼의 가격으로 새 화폐로 교환함이 가함.

[해설] '구 백동화 교환', '탁지부', '새 화폐로 교환' 등의 말은 1905년 7월부터 재정 고문 메가타가 실시한 화폐 정리 사업과 관련이 있다(1905~1909) (구 백동화 교환에 관한 건)(탁지부령 제1호)(1905.6.29). 메가타는 일본 제일은행권을 본위 화폐로 삼아 조선의 백동화와 엽전을 새 화폐로 교환하게 하여 조선 경제를 일본에 종속시키고자 하였다.

- 제1조 구 백동화 교환에 관한 사무는 금고로 처리하게 하여 탁지부 대신이 이를 감독한다.

  제2조 교환을 위해 제출한 구 백동화는 모두 화폐 감정인이 감정하도록 한다. 화폐 감정인은 탁지부 대신이 임명한다.

  제3조 구 백동화의 품질, 무게, 무늬, 형체가 정식 화폐 기준을 충족할 경우, 1개당 금 2전 5리로 새로운 화폐와 교환한다. (중략) 단, 형태나 품질이 조악한 백동화는 매수하지 않는다.

[해설] 주어진 자료는 재정 고문으로 온 일본의 메가타 다네타로(1853~1926)의 주도로 시행된 화폐 정리 사업과 관련이 있다(1905.7~1909.12)(위 자료와 출처 동일).

- 화폐 제도의 개혁과 중앙은행의 창립을 추진하였다.* [지19] □

[해설] 일본의 재정 고문 메가타에 의해 화폐 정리 사업이 단행되었으며 일본의 제일은행권을 본위 화폐로 삼았다(1905.7~1909.12). 1909년 10월 우리나라 최초의 중앙은행인 한국은행이 설립되었다(1911년 3월에 조선은행으로 개칭)(대한 제국 시기에 해당).

- [신민회] 화폐 정리 사업에 반대하는 활동을 하였다[x]. [서11] □

[해설] 화폐 정리 사업은 구래의 한화를 폐지하고 식민지 통화 제도를 수립하면서 그에 수반되는 새로운 금융 제도를 형성하는 과정이었다. 동시에 조선 정부로부터 경제 주권 중 하나인 화폐 발행권을 탈취하는 과정이기도 하였다. 그 과정에서 황실 재산이 강탈당하고, 수많은 상공인들이 파산하는 등 큰 피해가 초래되었다(1905~1909). / 신민회의 활동은 크게 교육 구국 운동, 계몽 강연 및 서적·잡지 출판 운동, 민족 산업 진흥 운동, 청년 운동, 무관 학교 설립 및 독립군 기지 창건 운동으로 나눌 수 있다. 그리고 민족 산업 진흥 운동은 민족 산업 자본의 발흥을 촉진하기 위한 일종의 실업 장려 운동으로 평양에 자기 제조 주식회사를 세운 것을 비롯하여 협성동사(協成同事)·상무동사(商務同事)·조선 실업 회사, 안악의 소방직(小紡織) 공장·연초 공장 등을 세웠으며, 사리원의 모범 농촌 등을 주도하였다(교육 구국 운동과 같은 큰 성과는 내지 못함). 요컨대 화폐 정리 사업에 반대하는 활동을 한 것은 없다.

- 동양 척식 주식회사가 설립되었다. [지22] □
  └ 동양 척식 주식회사의 설립식에 참석한 기자 [지16②] □

[해설] 동양 척식 주식회사가 설립된 것은 1908년 12월의 일이다(이듬해인 1909년 2월부터 운영 개시).

- [동양 척식 주식회사] 역둔토나 국유 미간지를 약탈하려는 국책 회사였다. [국18] □

[해설] 역둔토나 국유 미간지를 약탈하려는 국책 회사는 일제가 세운 동양 척식 주식회사이다(1908.12). 참고로 '척식(拓殖)'이란 국외의 영토나 미개지를 개척하여 자국민의 이주와 정착을 정책적으로 촉진함을 뜻한다.

3 경제 침탈에 대한 조선 정부와 상인의 대응

- 보부상들을 보호할 목적으로 혜상공국이 설치되었다. [국12] □

[해설] 보상단과 부상단을 합하여 군국아문 소속 기구로 혜상공국이 설치된 것은 고종 20년인 1883년의 일이다(1883.8).

- 쌀 유출이 허용되면서 쌀값이 폭등하고 쌀의 상품화가 촉진되었다. [지13] □

[해설] 조일 수호 조규(강화도 조약), 조일 수호 조규 부록(부속 조약), 조일 무역 규칙(통상 장정) 등 이들 일련의 조약들로 말미암아 쌀의 무제한 유출이 허용됨으로써 쌀값이 폭등하고 쌀의 상품화가 더욱 촉진되었다.

- 함경도 관찰사 조병식이 곡물 수출을 막는 방곡령을 내렸다. [국19] ☐
  └함경도의 방곡령에 불복하여 일본 상인이 손해 배상을 요구하였다. [국23] ☐
  └함경도 방곡령 사건으로 일본과 외교적 마찰이 일어났다. [지19] ☐

[해설] 함경도 관찰사 조병식(1823~1907)이 곡물 수출을 막는 방곡령을 내린 것은 고종 26년인 1889년 10월의 일이다(이른바 '제2차 방곡령 사건'). / 함경도의 방곡령에 불복하여 일본 상인이 손해 배상을 요구하였다. 방곡령 시행 전에 미리 통보해야 한다는 합의가 규정된 조약은 (개정) 조일 통상 장정이다(1883.7)(제37조). / 함경도 방곡령 사건으로 일본과 외교적 마찰이 일어났다. 참고로 이미 같은 해 5월에는 황해도에서 방곡령 사건이 발생하였다(이듬해인 1890년 2월 황해도에서 다시 발생, 각 제1차/제3차 방곡령 사건).

- 황국 중앙 총상회가 조직되어 상권 수호 운동을 전개하였다. [국23] ☐
  └시전 상인을 중심으로 황국 중앙 총상회가 조직되었다. [국19] ☐
  └시전 상인들이 경제적 특권 회복을 요구하였다. [지14①] ☐
  └외국 상인과의 상권 경쟁을 위해 시전 상인이 만든 척식 회사였다[×]. [국18] ☐

[해설] 황국 중앙 총상회는 한성[서울]의 시전 상인들이 자신들의 경제적 특권을 회복[독점적 이익 수호]하고 동시에 외국 상인의 침투와 불법 행위에 대항하여 민족적 권익을 수호하기 위해 조직되었다(1898.9). 황국 중앙 총상회가 상권 수호 운동을 본격적으로 전개한 것은 고종 35년(광무 3)인 1898년 9월부터의 일이다(~1898.12). / 황국 중앙 총상회는 일종의 상인 단체[경제 단체]이지 개척과 식민 사업을 하는 '척식 회사'가 아니다. / 독립 협회와 함께 상권 수호 운동을 전개하였으나 독립 협회와 함께 수구파 정부에 의해 탄압받으면서 해산되었다.

▌**황국 중앙 총상회*** [지14①] ☐

이 단체는 본격적으로 자신을 수호하는 운동을 벌이기에 앞서 정부로부터의 허가 과정에서 유배에 처해진 회장의 유배 해제를 주장하는 강경한 상소를 올렸다. 정부의 반응이 소극적이자 이 단체는 독립 협회의 민권 운동을 적극 지원하는 것이 그들의 운동에 부합하는 것이라고 생각하였다. 그리하여 이 단체는 독립 협회가 사회 운동의 일환으로 전개한 노륙법과 연좌법의 부활 저지 운동에 적극 참가하였다.

[해설] '자신을 수호하는 운동', '독립 협회의 민권 운동을 적극 지원'은 황국 중앙 총상회의 활동과 관련이 있다(1898.9). 노륙법(孥戮法)은 죄인[범죄자]뿐 아니라 자식을 비롯한 온가족을 몰살하는[처형하는][참형을 적용시키는] 연좌법이다(갑오개혁 때 폐지). 그리고 연좌법은 죄인과 일정한 친인척 관계가 있는 사람들에게 연대 책임을 지워 처벌하는 법이다(사형, 유배를 포함하여 다양하게 처벌). 노륙법은 가장 가혹한 방식의 연좌법인 셈이다. 황국 중앙 총상회는 상권 수호 운동 이전에 독립 협회의 자유 민권, 자강 개혁 운동에 적극 참여하고 지원하였다.

- [종로 직조사] 종로의 백목전 상인이 주도가 된 직조 회사였다.* [국18] ☐

[해설] 종로의 백목전 상인이 주도가 된 직조 회사는 종로 직조사이다(1900.5)(면포 생산 회사). 한성[서울] 종로 백목전도가(白木廛都家)에 세워졌다.

4 황무지 개간권 요구 반대 운동

- 일본이 황무지 개간권을 요구하였다. [법11] ☐
  └일제는 우리 정부가 소유하고 있던 막대한 면적의 황무지에 대한 개간권을 일본인에게 넘겨주도록 강요하였다. [경12③] ☐

[해설] 일본이 황무지 개간권을 요구한 것은 러일 전쟁 중이던 1904년 6월의 일이다. 같은 해 7월 보안회가 결성되어 일제의 요구를 좌절시키는 데 성공하였다.

- 일제의 황무지 개간권 요구를 반대하기 위해 보안회가 창설되었다. [국19] ☐
  └[보안회] 황무지 개간권 요구에 대응하여 설립된 특허 회사였다. [국18] ☐
  └보안회의 주도로 일본의 황무지 개간권 반대 운동이 일어났다. [국24] ☐

└[황무지 개간권 요구 반대 운동] 보안회가 주도하였다. [지16②]

└보안회의 황무지 개간권 반대 운동 [기11]

└보안회 [지14②] [경18①]

[해설] 일제의 황무지 개간권 요구를 반대하기 위해 (대한)보안회가 창설된 것은 1904년 7월의 일이다(1904.7.13). 보안회는 일제의 황무지 개간권 요구에 대항하여 전 중추원의관인 성암 송수만(1857~?)과 심상진(?~?) 등의 주도로 설립된 단체이다. 한편 같은 시기[이틀 앞서] 다른 이들(이도재, 김종한, 박용화 등)에 의해 일본인들에게 개간 사업을 넘길 것이 아니라 우리가 직접 회사를 설립하여 자주적으로 개간 사업을 하자는 취지에서 (근대적 농업 회사인) 농광 회사도 설립되었다(1904.7.11~8.10). 하지만 일제가 황무지 개간권 요구를 철회함에 따라 본격적인 활동을 하지 못한 채 한 달 만에 해체되었다.

• [보안회] 일본이 황무지 개간을 구실로 토지를 약탈하려 하자 대중적 반대 운동을 벌였다. [지20]

└일본의 황무지 개간에 대한 대중적인 반대 운동을 일으켜 이를 철회시키는데 성공하였다. [지15②]

└일제의 황무지 개간권 요구 거부 운동을 벌였다. [법12]

└일제의 황무지 개간권 요구에 반대하였다. [법23] [법13]

└일제의 황무지 개간권 요구에 반대하였다. [소21]

└일제의 황무지 개간권 요구를 철회시켰다. [서11]

└일제의 황무지 개척권 요구를 철회하게 만들었다. [서11]

└일제의 황무지 개간 요구를 철회시켰다. [서11]

└일제의 황무지 개간권 요구 반대 [서24①]

[해설] 일본이 황무지 개간을 구실로 토지를 약탈하려 하자 대중적 반대 운동을 벌인 단체는 보안회이다(1904.7). 보민회(保民會)라고도 불렀다. 보안회는 전 중추원 의관인 성암 송수만(1857~?)과 심상진(?~?) 등이 중심이 되어 설립되었다. 결국 일제의 황무지 개간 요구를 철회시켰다.

• [보안회] 외국 공사관에 문서를 보내 일본의 토지 침탈을 규탄하였다. [회24]

[해설] 보안회에서는 전국에 통문을 보내고, 외국 공사관에도 문서를 보내는 등 일본의 토지 침탈을 규탄하였다. 그 결과 대한 제국 정부가 일제의 황무지 개간권 요구를 거절할 것임을 발표하여 보안회의 황무지 개간권 요구 반대 운동은 일단 성공하였다(같은 해 9월 '협동회'로 명칭 바꿈).

■ 보안회 [회24]

『만국공법』제2장에 따르면 "한 나라는 반드시 국토를 독점적으로 관할하여 통제하고 운영할 수 있는 권리를 가진다. 따라서 국가는 토지, 물산, 민간, 재산 등을 관리할 권한을 가지며, 다른 나라는 이 권리를 함께 가질 수 없다."라고 하였습니다. 또한 "국가는 비록 토지를 관할하는 전권을 가지고 있지만, 조금이라도 이를 타국에게 매각할 수는 없다. 이는 한 나라가 공유하는 권리이지 한 사람이 사유하는 권리가 아니다. ……"라고 하였습니다. 지금 이 일본 공사의 도리에 어긋난 행동은 고금에 없었으며, 공법을 살펴보면 모든 일이 다 어그러지고 위배되어 그 비루함이 만 배나 더 심합니다.

- 『황성신문』, 1904. 7. 23. -

[해설] 주어진 자료는 일본의 황무지 개간권 요구*에 대항하기 위하여 서울에서 조직된 항일 단체인 보안회를 가리킨다(1904.7.13). 보안회는 전 중추원 의관인 성암 송수만(1857~?), 심상진(?~?), 원세성(?~?) 등이 중심이 되어 조직된 항일 단체로, 보민회(保民會)라고도 불렀다.

*일제는 당시 러일 전쟁 수행을 위해 대한 제국의 교통·통신 기관을 강제 접수하고 각종 이권을 빼앗는 등 경제적 침탈을 강화하였다. 이런 가운데 일제는 1904년 6월 나가모리 도키치로(長森藤吉郎)라는 일본인을 시켜 궁내부(宮內府) 산하 어공원(御供院)이 관장하던 산림·천택(川澤)과 황무지 개간권(開墾權)을 요구하였다. 이 사실이 알려지자 관리들과 유생들이 반대 상소 운동을 벌였고, 신문사들도 반대 사설을 싣는 등 강력 반발하였다. 그러나 일제는 일본 공사[하야시 곤스케(林權助)]를 통해 압력을 넣는 등 더욱 적극적으로 나왔다. 보안회의 활약으로 일제는 1908년 12월 동양 척식 주식회사를 설치할 때까지 황무지 개간권 요구를 미룰 수밖에 없었다.

- 송수만, 심상진은 대한 자강회를 조직하고 일본의 황무지 개척에 반발하는 운동을 전개하여 이를 철회시켰다[✗]. [서16]
[해설] 보안회에 대한 설명이다. 대한 자강회는 헌정 연구회를 모체로 하며 윤효정, 장지연이 주축이 되어 창립하였으며 고종의 강제 퇴위 반대 운동을 주도하다가 강제 해산되었다(1906.4~1907.8).

■ 농광 회사 [국18]

- O 이 회사의 고금(股金, 주권)은 액면 50원씩이고, 총 1천만 원을 발행하고, 주당 불입금은 5년간 총 10회 5월씩 나눠서 낸다.
- O 이 회사는 국내 진황지 개간, 관개 사무와 산림천택(山林川澤), 식양채벌(殖養採伐) 등의 사무 이외에 금·은·동·철·석유 등의 각종 채굴 사무에 종사한다.

[해설] 위의 자료만으로는 솔직히 어느 회사를 가리키는지 짐작할 수 없다. 다만, 아래의 자료에서 나오는 '국내 진황지 개간'이라는 용어에 주목하여 밑줄 친 '이 회사'는 일제의 황무지 개간권 요구 반대 운동과 관련하여 설립된 농광 회사와 관련되어 있음을 추정할 수 있을 뿐이다(1904.7). 농광 회사는 일제의 토지 침탈 기도에 맞서, 이도재, 김종한, 박용화 등에 의해 개간 사업을 목적으로 설립된 근대적 농업 회사이다(1904.7.11~8.10) (보안회와 같은 목적을 가진 다른 단체).

5 국채 보상 운동

- [국채 보상 운동 배경] 일제는 화폐 정리와 시설 개선 등의 명목을 내세워 우리 정부로 하여금 일본으로부터 거액의 차관을 들여오게 하였다. [경12③]

[해설] 대한 제국이 일제로부터 거약의 국채를 지게 된 것은 일제가 화폐 정리와 시설 개선 등의 명목을 내세워 대한 제국 정부로 하여금 일본으로부터 거액의 차관을 들여오게 한 탓이다. 1907년까지 들여온 차관 총액은 대한 제국의 1년 예산과 맞먹는 1,300만 원에 달하였다.

- 경제적 독립을 이룩하기 위해 국채 보상 운동이 일어났다. [회15]
└ 일본이 과도한 차관을 들여와 재정 간섭을 강화하자, 대구에서 국민이 정부를 대신하여 외채를 갚자는 운동이 일어났다. [경18③]
└ 국채를 갚아 일본의 경제적 간섭에서 벗어나려 하였다. [회24]
└ 대구에서 국채 보상 운동이 시작되었다. [국24]
└ 일본의 차관을 국민의 힘으로 갚자는 국채 보상 운동 [기11]

[해설] 경제적 독립을 이룩하려는 목적에서 국채 보상 운동이 일어난 것은 1907년 2월의 일이다(~1908.7). 대구에서 김광제(1866~1920), 서상돈(1850~1913) 등의 발의로 시작되었으며, 대한매일신보, 황성신문, 제국신문 등 당시 항일 언론들로부터 적극적인 후원을 받으면서 전국으로 확산하였다(전국 각지에서 '국채 보상'의 이름을 붙인 20여 개의 단체가 창립) (통감부의 방해와 탄압 때문에 실패).

- 1907년 대구에서 시작되어 전국으로 확산되었다. [지23]
└ 대구에서 시작되어 전국으로 확대되었다. [지16②]
└ 금주, 금연 등을 강조하는 국채 보상 운동이 전개되었다. [기14]
└ 금주·금연을 통한 모금 활동 전개 [서24①]
└ 국채 보상 운동이 전개되었다. [회24] [회17]

[해설] 국채 보상 운동은 1907년 2월 대구에서부터 시작되어 전국으로 확산되었다(국채 보상 운동 기성회 조직)(~1908.7). 대한매일신보, 황성신문, 제국신문 등의 언론이 적극적으로 후원하였다.

- [국채 보상 운동 기성회] 일본에 진 빚을 갚자는 국채 보상 운동을 일으켰다. [국22] □

[해설] 일본에 진 빚을 갚자는 국채 보상 운동이 일어난 것은 1907년 2월의 일이다(~1908.7). 국채 보상 운동 기성회가 조직되어 이 운동을 이끌었다.

- 대한매일신보, 만세보 등의 언론 기관이 참여하였다. [지14①] □
  └[대한매일신보] 국채 보상 운동을 지원하였다. [소19①] □
  └대한매일신보의 후원을 받았다. [소20] □

[해설] 대한매일신보, 만세보, 황성신문, 제국신문 등의 언론들이 국채 보상 운동을 처음부터 적극적으로 지원하였다(신문 캠페인 벌임).

- 대한 자강회 등의 애국 계몽 운동 단체가 참여하였다. [지14①] □

[해설] 1906년 4월 설립된 대한 자강회는 1907년 2월부터 시작된 국채 보상 운동에 적극 동조하여 같은 해 3월 1일 임시 평의회에서 이 운동에 적극 참여할 것을 결의하였다. 또 이를 실행하기 위한 (국채 보상 운동) 기성회를 전국적으로 조직하는 데에도 참여하였다.

■ 국채 보상 운동 [지23] [지16①] [경12③] □

- 남자는 담배를 끊고 부녀자들은 비녀·가락지 등을 팔아서 민족 언론 기관에 다양한 액수의 돈을 보내며 호응했다. 이는 정부가 일본으로부터 빌린 차관 1,300만 원이라는 액수를 상황하여 경제적 독립을 이룩하기 위한 것이었다.

[해설] '남자는 담배를 끊고 부녀자들은 비녀·가락지 등을 팔아서'라는 부분과 '정부가 일본으로부터 빌린 차관 1,300만 원'이라는 부분, '경제적 독립'이라는 부분을 통해 1907년 2월부터 시작된 국채 보상 운동을 가리킴을 알 수 있다.

- 지금 우리들은 정신을 새로이 하고 충의를 떨칠 때이니, 국채 1,300만 원은 우리 대한 제국의 존망에 직결된 것입니다. 이것을 갚으면 나라가 보존되고 이것을 갚지 못하면 나라가 망할 것은 필연적인 사실이나, 지금 국고에서는 도저히 갚을 능력이 없으며, 만일 나라에서 갚지 못한다면 그때는 이미 삼천리 강토는 내 나라 내 민족의 소유가 못 될 것입니다.

  -『대한매일신보』-

[해설] 주어진 자료는 1907년 2월 대구에서부터 시작된 국채 보상 운동을 가리킨다(~1908.7)(대한매일신보 1907년 2월 22일자 기사).

- 국채 1,300만 원은 우리 대한의 존망에 관계가 있는 것이다. 갚아 버리면 나라가 존재하고 갚지 못하면 나라가 망하는 것은 대세가 반드시 그렇게 이르는 것이다. 현재 국고에서는 이 국채를 갚아 버리기 어려운즉 장차 삼천리 강토는 우리나라와 백성의 것이 아닌 것으로 될 위험이 있다. 토지를 한번 잃어버리면 다시 회복하기 어려운 것이다.

  - 대한매일신보, 1907년 2월 22일 -

[해설] 위와 같은 내용의 자료이다(빠지거나 추가된 부분 확인).

- [어운형] 나라 빚을 갚아 일본의 간섭에서 벗어나자!* [회20] □

[해설] 몽양 여운형(1886~1947)이 주장했을 만한 구호로 제시되었다. 여운형의 이력[경력] 중에 1907년 '국채보상 단연동맹지회'를 설립한 것이 있다. 상술하면, 1907년 2월 국채 보상 운동이 일어나자 고향인 경기도 양평에서 '국채보상 단연동맹 양평지회'를 조직하고 자주 장터를 찾아 담배를 끊어 국채를 갚자는 연설[계몽 강연]을 하였다.

- 통감부는 양기탁을 횡령 혐의로 구속하는 등 탄압하였다. [지14①] □
  └총독부의 탄압과 방해로 실패하였다[×]. [지16②] □

[해설] 통감부는 대한매일신보의 공동 창간자이자 주필로 국채 보상 운동을 적극적으로 돕던 우강 양기탁(1871~1938)에게 횡령 누명을 씌워 구속하는 등 국채 보상 운동을 탄압하였다(베델을 국외로 추방하는 공작 펼침). / 국채 보상 운동은 (총독부가 아니라) 통감부의 방해로 실패하였다. (조선) 총독부가 설치된 것은 한일 병탄 직후인 1910년 10월 1일의 일이다(통감부 폐지).

주제 55 근대 문물의 수용과 근대 의식의 성장

1 사회 구조와 의식의 변화

- [여권통문] 평양의 양반 부인들이 발표하였다[×]. [서22①] □
  ↳[찬양회] 여학교 설립을 주장하는 『여권통문』을 발표하였다. [지24] □
  ↳발표를 계기로 찬양회가 조직되었다. [서22①] □

[해설] (여권통문) 평양의 양반 부인들이 아니라 서울 북촌의 양반 여성[부인]들이 주축이 되었다(1898.9.1). / 발표를 계기로 찬양회*가 조직되었다 (1898.9.12).

*찬양회(贊襄會)는 양성원(養成院), 순성회(順成會), 찬양회(讚揚會) 등으로도 불렸으며 통문에 '신체 수족 이목이 남녀 간에 다름이 없는데 어찌하여 여자는 병신 모양으로 평생을 심규에 처하여 남자의 절제를 받는가? 여학교를 세워 남녀평등을 이룩'할 것을 주장하였다. 교육받을 권리와 직업권 및 정치 참여권을 내용으로 하는 찬양회의 통문은 천부 인권 사상에 기초한 것으로 이후 찬양회는 여학교 설립 운동과 여성의 계발 등의 사업을 추진하였다. 독립 협회가 이끈 만민 공동회의 자유 민권 운동에도 참가하였다.

■ 여권통문 [지20] [경17②] □

- "북촌의 어떤 여자 중에서 군자(君子) 수 삼인이 개명(開明)에 뜻이 있어 여학교를 설시하라는 통문(通文)이 있기에 놀랍고 신기하여 우리 논설을 삭제하고 다음에 기재한다."

[해설] 우리나라 최초의 여성 운동 단체로 꼽히는 찬양회가 고종 35년이자 광무 2년인 1898년 9월에 발표된 이른바 '여권통문'에 관한 사료이다. 황성신문 1898년 9월 8일자에 처음 보도되었다(독립신문도 이후 보도).

- 우리보다 먼저 문명개화한 나라들을 보면 남녀평등권이 있는지라, 어려서부터 각각 학교에 다니며, 각종 학문을 다 배워 이목을 넓히고, 장성한 후에 사나이와 부부의 의를 맺어 평생을 살더라도 그 사나이에게 조금도 압제를 받지 아니한다. 이처럼 대접을 받는 것은 다름 아니라 그 학문과 지식이 사나이 못지않은 까닭에 그 권리도 일반과 같으니 어찌 아름답지 않으리오.

[해설] 주어진 <보기>는 서울 북촌 양반 여성들이 주축이 되고 300여 명의 여성들이 찬동해 이루어진 '여권통문'이다(1898년 9월 1일 공표, 일종의 '여성 권리 선언문'). 그리고 이들은 여권통문을 먼저 돌린 직후 찬양회(贊襄會)를 조직하였다.

2 근대 시설의 도입과 언론, 의학의 발달 등

- 우정총국으로 출근하는 관리 [회19] □

[해설] 우정총국이 만들어진 것은 1884년 5월의 일이다(급진 개화파인 홍영식이 책임자인 총판). 갑신정변으로 말미암아 같은 해 12월에 폐지되었다.

- 만국 우편 연합 가입* [기18] □

[해설] 대한 제국이 만국 우편 연합에 가입한 것은 1900년 1월의 일이다.

- 근대 교통 시설로서 서울로부터 전차와 기차가 운행되기 시작하였다. [경14②] □
  ↳노량진에서 제물포행 전차를 타는 상인 [×] [기16] □

[해설] 최초의 전차(서대문~청량리)가 광무 3년이자 고종 36년인 1899년 5월에 개통되었고, 최초의 철도인 경인선이 이듬해인 1900년 11월에 개통되었다(한성[서울] 서대문에서 청량리까지의 최초의 '전차'가 1899년 5월에 개통, '철도'인 경인선의 경우 한성[서울] 노량진에서 제물포[인천]까지

가 1900년 11월에 개통). / [기16] 노량진에서 제물포행 '기차'가 운행된 것이지 '전차'가 운행된 것은 아니다(주의).

• 경인선에 이어 일본이 경부선, 경의선을 가설하였다. [회21] ☐
└우리나라 최초의 철도인 경인선이 개통되었다. [경19①] ☐
└경인선이 개통되었다. [회17] ☐
└경인선 개통 [기17] ☐

[해설] 우리나라 최초의 철도인 경인선이 개통된 것은 광무 4년(고종 37)인 1900년 11월의 일이다(1900.11.12). 이때 한강 철교가 준공되면서 노량진 한성[서울]과 제물포[인천] 전 구간이 개통되었다. 경인선은 일본이 미국인 제임스 모스(Morse,J.R.)(?~?)에게 특허된 부설권을 사들여서 개통하였다. 일본은 이후 경부선(1905.5), 경의선(1906.4)도 가설하였다.

■ 경인선 개통 [법16] [기16] ☐

• 경인 철도 회사에서 어저께 개업식을 거행하는데, 인천에서 화륜거가 떠나 삼개 건너 영등포로 와서 내외국 빈객들을 수레에 영접하여 앉히고 오전 9시에 떠나 인천으로 향하는데, 화륜거 구르는 소리는 우레 같아 천지가 진동하고 기관거의 굴뚝 연기는 반공에 솟아오르더라.
　　- 독립신문(1***.9.19) -

[해설] 주어진 자료로 미루어 보아 1900년 11월에 있었던 경인선 개통과 관련된 사실임을 알 수 있다[노량진(서울)과 제물포(인천) 사이 완공]. 정확하게는 한강 철교가 미준공된 상태로 처음 '개통'한 1899년 9월의 상황이다.

• 화륜차 소리는 우레와 같아 천지가 진동하고, 기관차의 굴뚝 연기는 하늘 높이 솟아오르더라.
　차창에 앉아서 밖을 내다보니 산천초목이 모두 움직이는 것 같고, 나는 새도 미처 따르지 못하더라.

[해설] 철도(경인선)가 처음 개통(한강 철교 미준공으로 정확하게는 미완공)되었을 때 기차를 직접 타본 후의 소감이 잘 나타나 있다. 출처는 위 자료와 같은 독립신문이다(1899.9).

• [경부선] 서울과 부산 간 철도가 개통되었다. [법12] ☐
└조선의 식민 지배를 위해 경부선을 건설하였다. [회15] ☐

[해설] 서울과 부산 간 철도[경부선]가 정식 개통된 것은 1905년 5월의 일이다(1905.5.25). / 조선[대한 제국]의 식민 지배를 위해 경부선을 건설한 것은 1901년 8월에서 1904년 12월의 일이다(완공). 1905년 1월 1일에 영업이 개시되었고, 같은 해 5월 25일에 한성[서울] 남대문 정거장(지금의 서울역) 광장에서 개통식을 거행하였다.

■ 경부 철도 합동 조관* [기18] ☐

제1조 한국 정부는 경성-부산 사이에 철도를 부설 사용하는 건 및 경과하는 곳의 강과 내에 다리를 놓는 권리로 일본의 경부 철도 회사 발인에 허가하고 ……

[해설] 주어진 자료는 「경부 철도 합동 조관(京釜鐵道合同條款)」이다(1898.9) 이로써 경부철도의 부설권이 일본인 회사에 강압적으로 특허되었다. 참고로 동학 농민 운동 중이던 1894년 8월(양력)에 조선 정부와 일본은 일본군의 경복궁 철수를 조건으로 7개 항의 「조일 잠정 합동 조관(朝日 暫定合同條款)」을 체결했는데 그 1항에 경부선과 경인선 부설(철도 건설)과 관련된 내용이 들어간 바 있다.

• 경의선 철도 개통식을 보는 학생 [지16②] ☐

[해설] 경의선 철도는 1906년 4월에 개통되었다. 1905년에 평양-신의주 구간이 완공되어 용산-신의주 구간의 직통 운전이 시작되었으며 1906년에 청천강, 대동강 철교가 준공되면서 전 구간이 개통되었다(사실은 일제의 군용 철도로 같은 해 9월에 통감부로 철도 관련 모든 권리 이관, 한반도 철도 일본 국유화).

• 한성 전기 회사를 통하여 서울에 전차 노선을 개통하였다. [국16] ☐
└서대문에서 청량리 사이에 전차 운행이 시작되었다. [법12] ☐

55 근대 문물의 수용과 근대 의식의 성장　691

└전차는 서대문과 청량리 구간에서 최초로 운행되었다. [회21] □

└전차 안에서 제국신문을 읽고 있는 학생 [법15] □

[해설] 한성 전기 회사를 통해 한성[서울]에 전차가 개통된 것은 광무 3년인 1899년 5월의 일이다(서울 동대문에서 전차 개통식 열림)(전차 노선이 서대문에서 종로를 거쳐 청량리까지 이어짐). 전차의 개통은 서울의 경관과 일상을 송두리째 바꿨다. / 제국신문이 창간된 것은 1898년 8월의 일이다.

• 한성 전기 회사는 발전소를 세우고 서울에 전등을 가설하였다. [회21] □

[해설] 한성 전기 회사가 세워진 것은 고종 35년(광무 2년)인 1898년 1월의 일이다. 주로 한성의 전차, 전등 사업을 운영하였다. 전차 사업의 예를 보면 1899년 5월에 개통한 남대문~홍릉 간 전차 노선 부설 사업이 있다(차후 1899년 12월에 개통된 종로~용산 간 전차 노선과 연결). 전등 사업으로는 1901년 8월에 완성한 동대문전등발전소가 있다. 이를 통해 한성[서울]에 점화된 전등 총수는 380수, 5만 5,000촉 등이었다.

• 최초의 근대식 병원인 광혜원이 설립되었다. [법17] □

└최초의 서양식 병원인 광혜원이 설립되었다. [법12] □

└광혜원이 설립되었다. [회17] □

└[호러스 알렌] 광혜원의 설립에 깊이 관여하였다. [법15] □

└서양 의학이 보급되면서 근대 의료 시설인 광혜원을 설립하여, 지석영에게 책임을 맡겼다[x]. [경14②] □

[해설] 최초의 근대식 병원인 광혜원이 설립된 것은 1885년(고종 22) 4월(양력)의 일이다. 하지만 문을 연 지 13일 만에 대중을 구제한다는 뜻의 '제중원'으로 이름을 바꾸었다. 광혜원의 설립에 깊이 관여한 외국인은 미국인 선교사[북장로교]이자 의사인 호러스 알렌(Horace. N. Allen, 1858~1932)이다. / 종두법을 보급한 송촌 지석영(1855~1935)이 광혜원의 책임을 맡은 적은 없다.

• 세브란스 병원에서 치료받는 환자 [기16] □

[해설] 세브란스 병원은 고종 22년인 1885년 2월(음력)(양력으로는 4월)에 개원한 광혜원이 시초이다. 한성부 남대문역 앞에 1904년 9월 새로운 병원을 준공하면서 거액 후원자의 이름을 따서 세브란스 병원으로 개칭하였다. 참고로 지금의 서울 서대문구 신촌으로 병원 시설을 이전한 것은 1962년의 일이다.

• 1898년에 최초의 고딕식 벽돌 건축물인 명동 성당이 완공되었다[x]. [회21] □

└서울에는 명동 성광과 덕수궁 석조전과 같은 서양식 건축물이 세워졌다. [경14②] □

└명동 성당에서 예배를 보는 천주교 신자 [법16] □

[해설] 중세 고딕식의 명동 성당이 준공[완공]된 것은 고종 35년(광무 2)인 1898년 5월의 일이다. 그런데 최초의 고딕식 벽돌 건축물은 고종 29년인 1892년에 완공된 서울의 약현 성당이다. / 덕수궁 석조전이 세워진 것은 1909년의 일이다.

• 덕수궁 석조전은 서양 고딕 양식의 건물이다[x]. [지18] □

[해설] 덕수궁 석조전은 [(서양 중세인 12~14세기경의) 서양 고딕 양식이 아니라] 엄격한 비례와 좌우 대칭이 특징인 19세기 (그리스풍의) 신고전주의 양식의 건축물이다(1910년 12월 완공). 외관(외부 양식)이 그러하고 내부는 화려하고 장식성이 강한 18세기 로코코 양식으로 꾸며져 있다. 우리나라의 최초의 서양식 건물로, 고종 황제의 접견실 등으로 사용하기 위해 지어졌다.

• 재정 확보를 위하여 전환국을 설립하였다. [국23] □

└전환국에서 새로운 화폐를 발행하게 되었다. [소22] □

└전환국이 설립되어 당오전(當五錢)을 발행하였다. [경19①] □

[해설] 재정 확보를 위하여 상설 조폐 기관인 전환국을 설립한 것은 고종 20년인 1883년 7월의 일이다(~1904). 당오전이 발행된 것은 같은 해 2월로 상시적인 주전을 위해 특별히 전환국을 설치하여 지속적으로 당오전을 주조하게 하였다. 하지만 조악한 화폐인 당오전의 발행은 물가 폭등을 불러일으켰다.

- 대동폐* [기16]

[해설] 대동폐는 1882년(고종 19)에 은으로 만든 최초의 근대적 화폐이다. 앞면에는 '대동일전', '대동이전', '대동삼전'이라고 적혀 있으며, 뒷면에는 작은 원 안에 호조에서 만들었음을 나타내는 '호(戶)' 자가 새겨져 있다.

- 박문국에서는 신문을 발간하였고, 기기창에서는 서양 무기를 제조하였다. [경14②]

[해설] 박문국은 인쇄·출판에 관한 사무를 관장하기 위하여 설치된 기관이고(1883.8, 고종 20), 기기창은 근대식 무기를 제조하기 위하여 건립한 기기국 소속 무기 공장(근대적 무기 제조 공장)이다(1883.3, 고종 20).

- 박문국을 설치하여 한성순보를 발간하였다. [법17]
  └ 박문국이 설립되어 『한성순보』를 발간하기 시작하였다. [경19①]
  └ 『한성순보』를 창간하였다. [국24]

[해설] 박문국을 설치하여 한성순보를 발간한 것은 고종 20년인 1883년 10월의 일이다. 한성순보는 순 한문 신문으로 열흘마다 발행하는 것이 원칙이었다(박문국 설치는 같은 해 8월).

- [한성순보] 우리나라 최초의 신문으로 1883년 창간되었으며, 한문체로 발간된 관보의 성격을 띠었다. [서17①]
  └ 우리나라 최초의 신문인 한성순보는 관보적 성격을 띠고 한문으로 발행되었다. [경16①]
  └ 우리나라 최초의 신문인 한성순보는 관보의 성격을 띠고 10일에 한 번 한문으로 발행되었다. [서13]
  └ 1883년에 우리나라 최초의 근대 신문인 한성순보가 창간되었다. [회21]
  └ (나) - 박문국에서 발행한 신문으로 갑신정변을 비판 보도하였다[X]. [기15]
  └ 박문국에서 인쇄하였다. [소19①]
  └ 한성순보를 배포하는 공무원 [서17②]
  └ 한성순보 [지23]

[해설] 한성순보는 우리나라 최초의 신문으로, 박문국에서 관보로 10일에 한 번 한문으로 발행되었다(1883.10). 갑신정변 때 사옥과 활자·인쇄 시설 등이 모두 불에 타버려 부득이 1년 만에 종간되었다(~1884.12). 이후 고종 23년인 1886년 1월에 한성주보로 제호를 바꾸어 주간 신문으로 다시 발간되었다.

■ 한성순보 [서17①]

그러므로 우리 조정에서도 박문국을 설치하고 관리를 두어 외국의 기사를 폭넓게 번역하고 아울러 국내의 일까지 기재하여 국중에 알리는 동시에 열국에까지 널리 알리기로 하고, 이름을 旬報라 하며…

[해설] 박문국을 실시하여 국내의 일을 기재한다는 내용, '旬報(순보)'라는 말을 통해 주어진 자료는 한성순보를 가리킴을 알 수 있다(1883.10).

- [한성주보] 최초로 국한문을 혼용하였고, 내용에 따라 한글 혹은 한문만을 쓰기도 하며 독자층을 넓혀 나가고자 하였다. [서17①]

[해설] 한성주보에 대한 설명이다(1886.1). 한성주보는 내용에 따라 한글 혹은 한문만을 쓰기도 하였으며, 최초로 상업 광고를 게재한 바 있다

- 독립신문이 발간되었다. [회17]
  └ 『독립신문』의 창간을 지원하였다. [지19]
  └ [독립신문] 우리나라 최초의 민간 신문이었다. [소19①]
  └ 서재필이 《독립신문》을 창간하는 배경이 되었다. [경17②]
  └ [독립신문] 한글판, 영문판을 따로 출간하여 대중 계몽을 통한 근대화를 촉진하고, 외국인에게 조선의 실정을 제대로 홍보

하여 조선이 국제 사회에서 완전한 근대적 자주 독립 국가로 자리매김하는 것을 목표로 하였다. [서17①]

[해설] 독립신문이 창간된 것은 고종 33년(건양 원년)인 1896년 4월 7일이다(창간호 발행)(대한 제국 시기에 속하지 않음)(주의).

■ **독립신문** [지23]

- O 서재필이 정부 지원을 받아 창간하였다.
  O 한글판을 발행하여 서양의 문물과 제도를 소개하였다.
  O 영문판을 발행하여 국내 사정을 외국인에게도 전달하였다.

[해설] 독립신문을 가리킨다(1896.4). 독립신문은 우리나라 최초의 민간 신문으로, 내국인과 외국인을 대상으로 하여 한글과 영문으로 만들었다. 근대 사상과 학문, 국권·민권 사상을 고취하였다.

• 제국신문 [지23]

└『제국신문』기사를 작성하는 기자 [국23]

└제국신문을 읽고 있는 여성 [회19]

└(가) - 순한글로 만들어 하층민과 부녀자들이 많이 구독하였다. [기15]

└[제국신문] 이종일은 순한글로 간행한 황성신문을 발간하여 정치 논설보다 일반 대중을 위한 사회 계몽 기사를 많이 실었다.
　　[✗] [서16]

└순한글로 간행된 제국신문은 창간 이듬해 이인직이 인수하였고, 이후 제국신문은 친일지로 개편되었다[✗]. [경16①]

└순한글로 간행된 제국신문은 창간 이듬해 이인직이 인수하여 친일지로 개편되었다[✗]. [서13]

[해설] 제국신문은 1898년 8월 묵암[옥파] 이종일(1858~1925)에 의해 창간되었다(대한 제국 시기 발행). 순한글로 간행되어 일반 민중[하층민과 부녀자들]이 많이 구독하였다(1910년 8월 한일 병탄을 목전에 두고 일제에 의해 폐간됨). / [서16] 한서 남궁억(1863~1939)이 발행한 황성신문은 민족주의 성향이 강했으며 국한문 혼용체로 발행되었다. 1898년 8월 창간에서 1910년 8월 폐간될 때까지 경영난을 겪으면서도 과감한 논조로 국권 회복과 민중 계몽 기관으로서의 구실을 다하는 데 앞장섰다. / [경16①] [서13] '친일' 언론인이자 소설가인 이인직(1862~1916)이 인수하여 친일지로 개편된 (개화기) 언론은 천도교의 만세보이다(1906.6~1907.6). 참고로 이인직(1862~1916)이 관여한 언론으로는 일진회 기관지 국민신보와 천도교 기관지 만세보, 이완용 내각의 기관지 대한신문이 있다.

• [황성신문] 국한문 혼용체를 사용한 일간지로 주로 유학자층의 계몽에 앞장섰다. [서17①]

└황성신문은 국·한문 혼용으로 발간되었고, '시일야방성대곡'을 게재하였다. [서13]

└(다) - 국한문 혼용체로 쓴 '시일야방성대곡'의 논설을 게재하였다. [기15]

└국·한문 혼용체를 사용한 황성신문은 장지연의 '시일야방성대곡'을 실어 을사조약을 비판하고 민족의식을 고취하였다. [경16①]

└황성신문을 읽고 있는 양반 [기16]

└황성신문 [지23]

[해설] 황성신문은 한서 남궁억(1863~1939)이 국한문 혼용체로 발행하였으며 주 독자층이 양반 유생[지식인]들이었다(1898.9)(~1910.8). 민족주의 성향이 강하여 을사늑약이 강요되었을 때 이를 성토하는 위암 장지연(1864~1921)의 「시일야방성대곡」이 게재되었다(1905.11.20). 장지연은 당시 황성신문의 주필이었다.

• [황성신문] 을사조약 체결을 비판하는 '시일야방성대곡'이라는 사설이 발표되었다. [국11]

[해설] 을사늑약 강요를 비판하는 위암 장지연(1864~1921)이 「시일야방성대곡」을 발표한 신문은 황성신문이다(1905.11.20).

• [황성신문] 남궁억이 창간한 국한문 혼용체의 신문으로 민족의식을 고취하였다. [지16①]

[해설] 황성신문은 한서 남궁억(1863~1939)이 창간한 국한문 혼용체의 신문으로 민족의식을 고취하였다(1898.9). 황성신문은 민족주의 성향이 강하였다.

- 영국인 베델을 발행인으로 한 『대한매일신보』를 창간하였다. [국22] □
  ㄴ[대한매일신보] 언론 검열을 피하기 위해 영국인 베델을 발행인으로 초빙하였다. [지16①] □
  ㄴ대한매일신보는 영국인 베델과 양기탁에 의하여 설립되었고, 경제적 국권 회복 운동인 국채 보상 운동에도 앞장섰다. [경16①] □
  ㄴ대한매일신보가 창간되어 경부선 철도 부설을 비판하였다. [기14] □
  ㄴ[어니스트 베델] 대한매일신보의 발행인이었다. [법15] □
  ㄴ대한매일신보가 발간되고 있었다. [경21②] □

[해설] 영국인 언론인 어니스트 베델(Ernest Bethell, 1872~1909)(한국명 '배설')을 발행인으로 한 대한매일신보가 창간된 것은 1904년 7월의 일이다(~1910.8). / [기14] 경부선이 정식 개통된 것은 1905년 5월의 일이다(1905.5.25). 경부선을 건설한 시기는 1901년 8월에서 1904년 12월까지이다(완공). 1905년 1월 1일에 영업이 개시되었고, 같은 해 5월 25일에 한성[서울] 남대문 정거장(지금의 서울역) 광장에서 개통식을 거행하였다.

- [대한매일신보] 고종은 을사조약의 부당성을 폭로하는 친서를 발표하였다.* [국11] □
  ㄴ(라) - 항일 언론으로 고종의 '을사조약 무효화 선언'을 게재하였다.* [기15] □
  ㄴ고종은 을사조약의 불법성을 폭로하는 친서를 양기탁과 영국인 베델의 대한매일신보를 통하여 발표하였다.* [서16] □

[해설] 고종은 강압적으로 '체결'된 을사조약이 무효임을 대한매일신보를 통하여 선언하고, 러시아·독일·미국·프랑스 네 나라에 공동 대책을 취해 줄 것을 요청하는 친서를 발표하여 일제의 침략을 규탄하였다(1906년 1월 29일, 을사조약 무효와 통감 파견 반대 공식 선언 국서 작성).

- [대한매일신보] 국민의 힘으로 국채를 갚아야 한다는 운동을 주도하였다. [국11] □
  ㄴ영국인 베델을 발행인으로 내세운 대한매일신보는 양기탁을 중심으로 국채 보상 운동에 앞장섰다. [서13] □
  ㄴ양기탁이 신민회를 조직하면서 신민회의 기관지 역할을 하였다. [국11] □

[해설] 대한매일신보는 영국인 베델(1872~1909)을 발행인으로 하였으며, 우강 양기탁(1871~1938)을 중심으로 국채 보상 운동에 앞장섰고 의병 운동에도 호의적이었다(1904.7~1910.8).

■ 대한매일신보 [국11] [소19①] □

- 신문으로는 여러 가지 신문이 있었으나, 제일 환영을 받기는 영국인 베델이 경영하는 이 신문이었다. 관 쓴 노인도 사랑 방에 앉아서 이 신문을 보면서 혀를 톡톡 차고 각 학교 학생들은 주먹을 치고 통론하였다.   - 유광열, 『별건곤』 -

[해설] '영국인 베델이 경영하는 신문'이라는 내용에서 대한매일신보임을 알 수 있다. 대한매일신보는 양기탁과 영국인 베델이 1904년부터 발행한 반일 성향의 민족계 신문이다.

- 영국인 베델이 서울에 신문사를 창설하여 (가) (이)라고 하고, 박은식을 주필로 맞이하였다. …(중략)… 각 신문사에서도 의병들을 폭도나 비류(匪類)로 칭하였지만 오직 (가) 은/는 의병으로 칭하며, 그 논설을 조금도 굴하지 않고 일본인의 악행을 게재하여 들으면 들은 대로 모두 폭로하였다. 그러므로 사람들은 모두 그 신문을 구독하여 한때 그 신문은 품귀 상태에까지 이르렀고, 1년도 못 되어 매일 간행되는 신문이 7천~8천 장이나 되었다.   - 『매천야록』 -

[해설] 주어진 자료 속 '(가) 신문'은 1904년 7월에 창간된 대한매일신보를 가리킨다(~1910.8).

- [신채호] 『황성신문』, 『대한매일신보』 등에서 언론 활동을 하였다.* [회14] □

[해설] 단재 신채호(1880~1936)는 황성신문과 대한매일신보 등에서 언론 활동을 한 경력이 있다(논설 기자 및 주필로 활약).

- [만세보] 오세창 등 천도교 측에서 발행하여 일진회 등의 매국 행위를 비판하였다. [지16①] □
  ㄴ[손병희] 만세보를 발간하여 민족의식을 고취하였다. [서13] □

[해설] 만세보는 천도교의 기관지로, 동학의 3대 교주인 의암 손병희(1861~1922)가 동학을 천도교로 개편하고 만세보를 발간하여 민족의식을 고취하였다(1906.6~1907.6). / 만세보는 천도교의 기관지이며 국한문 혼용으로 발행되었다. 하지만 창간 이듬해(1907) 이인직(1862~1916)이 인수하여 친일지로 개편되었다.

3 근대 교육의 전개

- 원산 학사: 함경도 덕원 주민들이 기금을 조성하여 설립한 학교이다. [서18②]
  - 함경도 덕원 주민들이 원산 학사를 세웠다. [법17]
  - 우리나라 최초의 근대적 사립 학교인 원산 학사가 설립되었다. [경19①]
  - 관민이 합심하여 설립하였다. [법17]
  - 원산 학사 설립 [경15③]

[해설] 원산 학사는 1883년(고종 20) 8월 함경도 덕원 주민들이 기금을 조성하여 설립한 학교이다. 우리나라 최초의 근대적 사립 학교이다.

- 동문학: 정부가 설립한 외국어 교육 기관으로 통역관을 양성하였다. [서18②]

[해설] 동문학(同文學)은 1883년에 정부가 설립한 외국어 교육 기관으로, 통역관을 양성하였다. 동문학이 설립된 근본 목적은 영어 통역관을 양성하는 일이었다. 따라서 학교라기보다는 통역관(특히 영어 통역관) 양성소의 성격을 갖는다. 젊고 총명한 자 40여 명을 선발하여 오전·오후반으로 나누어 영어, 일본어, 서양의 필산(筆算)을 가르쳤다. 1886년 9월 우리나라 최초의 근대식 학교인 육영 공원이 세워지자 문을 닫았다.

- 근대 교육 기관인 육영 공원이 설립되었다. [국24]
  - 근대식 교육 기관인 육영 공원을 설립하였다. [소22]
  - 육영 공원(育英公院)을 설립해 서양의 새 학문을 교육했다. [지17①]
  - 좌원과 우원의 두 반으로 편성되었다. [법17]
  - [호머 헐버트] 육영 공원의 교사로 초빙되었다. [법17]
  - 최초의 사립 학교인 육영 공원은 함경도 덕원 주민들과 개화파 인사들의 합자로 설립되었으며, 외국어·자연 과학·국제법 등 근대 학문과 함께 무술을 가르쳤다[×]. [경16②]

[해설] 육영 공원은 고종 23년인 1886년 9월에 설립되었다(~1894.1). 육영 공원은 근대적 공립 학교로 선발 인원은 35명이고, 좌원과 우원의 두 반으로 편성되었다. 지원 자격은 좌원의 경우 '7품 이하 젊은 현직 관리', 우원의 경우 '15~20세의 양반 자제'였다(문·무관, 유생 중에 어리고 총명한 자 40명 선발). 영어, 수학, 자연 과학 등을 교과목으로 하였으며 헐버트(1863~1949), 길모어(1858~1933), 벙커(1853~1932) 등 미국인 3인을 교사로 초빙하였다. / [경16②] 우리나라 최초의 근대 학교이자 사립 학교로 관심이 합심하여[즉 함경도 덕원·원산 주민들과 덕원부사 겸 원산감리 정현석(1817~1899), 서북경략사 어윤중(1848~1896), 원산항 통상 담당의 통리기무아문 주사인 승지 정현시(정현석의 아들) 등 관의 지원] 설립된 학교는 육영 공원이 아니라 원산 학사이다(1883.8). 설립 초기에 문예반과 무예반으로 편성하였다.

▌육영 공원 [법17]

문·무관, 유생 중에 어리고 총명한 자 40명을 뽑아 입학시키고 벙커와 길모어 등을 교사로 초빙하여 서양 문자를 가르쳤다. 문관으로는 김승규와 신대균 등 여러 명이 있고, 유사로는 이만재와 서상훈 등 여러 명이 있었다. 사색당파를 골고루 배정하여 당대 명문 집안에서 선발하였다.
- 매천야록 -

[해설] 주어진 자료는 고종 23년인 1886년 9월에 개교한 육영 공원을 가리킨다.

- 배재 학당: 선교사 아펜젤러가 서울에 설립한 사립 학교이다. [서18②]
  - 배재 학당, 숭실 학교, 경신 학교, 정신 여학교는 개신교 선교사들이 설립한 사립 학교이다. [경16②]

[해설] 배재 학당은 미국 감리교 선교사인 아펜젤러(1858~1902)가 고종 22년인 1885년 한성[서울]에 설립한 사립 학교이다. 숭실 학교는 미국 북장로교 선교사인 베어드(1862~1931)가 고종 34년인 1897년 평양에 설립한 사립 학교이다. 경신 학교는 미국의 북장로교 선교사인 언더우드(1859~1916)가 고종 22년인 1885년 한성[서울]에 설립한 사립 학교이다. 정신 여학교는 미국 북장로교 선교사인 애니 엘러스(1860~1938)가 고종 24년인 1887년 한성[서울]에 설립한 사립 학교이다(초기 명칭은 '정동 여학당'). 언더우드가 설립한 경신 학교와 함께 한국 장로교단 최초의 남매 학교이다. 애니 엘러스는 당시 제중원 소속의 여의사였다. 육영 공원의 교사로 초빙된 벙커(1853~1932)와 결혼한 후 감리교 선교사로 소속을 바꾸었다.

- 경신 학교: 고종의 교육입국 조서에 따라 설립된 관립 학교이다[x].* [서18②] □

[해설] 경신 학교는 미국 북장로교 선교사 언더우드(1859~1916)가 고종 22년인 1885년 한성[서울]에 세운 사립 학교이다. 1895년 2월에 반포된 교육입국 조서에 따라 설립된 관립 학교는 한성 사범 학교와 한성 외국어 학교이다(각 1895.4/1895.5).

- 최초의 중등 교육 기관인 한성 중학교가 설립되었다.* [법12] □

[해설] 최초의 중등 교육 기관인 한성 중학교가 설립된 것은 고종 37년이자 광무 4년인 1900년 10월의 일이다.

4 국학 연구

- [유길준]『서유견문』 [국18] □
  └ 서유견문을 출간한 유길준 [서17②] □
  └ 1894년 제1차 갑오개혁 당시 군국기무처의 회의원으로 참여하였고, 후에 국어 문법서인 『조선문전』을 저술하였다. [경20①] □

[해설] 『서유견문』은 구당 유길준(1856~1914)이 1881년 일본에 갔을 때부터 구상하여 준비하다가 집필한 서양 기행문이다(1889년 탈고). 1895년(고종 32) 4월에 출간하였으며, 서양 각국의 지리, 역사, 정치, 교육, 법률, 행정 등 광범위한 분야를 서술하였다. / 유길준은 1894년 제1차 갑오개혁 당시 군국기무처의 회의원(외아문 참의 겸 군국기무처 회의원)으로 참여하였고(을미사변 직후 조직된 제4차 김홍집 내각에서는 내부대신이 됨), 국어 문법서인 『조선문전』도 저술하였다(1897~1902).

- 국문 연구소를 설립하였다. [법23] □
  └ 국문 연구소가 만들어져 국문의 정리와 국어의 이해 체계가 확립되기 시작하였다. [경14②] □
  └ 국문 연구소에서 국문법을 연구하는 학자 [법16] □
  └ 국문 연구소 [국24] □

[해설] 한글 연구 기관인 국문 연구소가 (대한 제국 정부의 학부 내에) 설립된 것은 1907년 7월의 일이다.

- 『말의 소리』를 지은 주시경은 국어 연구 학회를 창립하였는데, 이것이 뒷말 조선어 연구회의 모체가 되었다.* [서24①] □

[해설] 개화기의 한글학자 한힌샘 주시경(1876~1914)은 학부 내에 설치된 국문 연구소의 연구 위원으로 활동하면서 국문법을 정리하였다(1907.7). 이 때 다수의 책을 저술하였는데, 『말의 소리』는 1914년에 편찬되었다. 국어 연구 학회는 순종 2년인 1908년 8월에 국어를 연구할 목적으로 조직된 학술 단체이다(~1911.9).

- 박은식이 저술한 『이순신전』을 읽고 있는 학생 [회19] □

[해설] 백암 박은식(1859~1925)이 『이순신전』을 지은 것은 1915년의 일이다.

- 장지연은 『동사강목』을 지어 서양식 역사 서술 체계를 적극 도입하였는데 이를 신사체(新史體)라 불렀다[x].* [서24①] □

[해설] 『동사강목』은 조선 정조 2년인 1778년에 순암 안정복(1712~1791)이 지은 역사서이다(편년체 역사 서술의 한 형식인 강목체* 사서). 고조선에서 고려 공양왕까지를 다루었으며, 정통 국가·정통 군주를 구별하여 서술하였다. 즉 기자 조선과 마한, 통일 신라, 고려를 정통 국가로, 마한이 멸망한 뒤의 삼국 시대는 정통 국가가 없는 시대로 보았다. 그리고 1907년부터 전통적인 편년체에서 벗어나 서양식 역사 서술 체계(예를 들어 '상고사-중고사-근고사' 또는 '태고사-상고사-중고사-근세사' 등으로 시기 구분)를 도입한 '신사체(新史體)'가 나타나기 시작하였는데[백당 현채(1856~1925)의 『중등교과 동국사략』을 신사체를 시도한 최초의 한국사 교과서로 봄], 위암 장지연(1864~1921)이 관여하지는 않았다. 다만 이후 황성신문 관련 지인의 신사체 책에 장지영이 교정을 한 적은 있다[석농 유근(1861~1921)의 『초등본국역사』, 1908]. 장지연이 역사 연구에 많은 관심을 가지고 『동국유사』, 『일사유사』, 『대한최근사』, 『대동기년』 등의 저서가 있는 것으로 소개되지만 장지연은 역사를 전문적으로 연구한 학자라기보다는 기본적으로 유학에 관심을 가진 언론인으로 높은 평가를 받고 있다.

*강목체(綱目體): 역사를 연·월·일순에 따라 강과 목으로 기록한다. 우리나라에서 강목체 역사 서술은 성리학이 발전한 17세기 이후 나타났으며, 홍여하의 『동국통감제강』(1672, 현종 13), 안정복의 『동사강목』(1778, 정조 2) 등이 대표적이다.

- [신채호] 을지문덕, 최영, 이순신 등 애국 명장의 전기를 써서 애국심을 고취하였다. [지17①]□
  - 최남선은 을지문덕, 강감찬, 최영, 이순신 등의 애국 명장에 관한 전기를 써서 애국심을 고취하였다[×]. [서16]□
  - 『을지문덕전』, 『최도통전』 등을 저술하였다.* [경21②]□
  - <을지문덕전>을 간행하여 자주정신을 일깨웠다. [법19]□

[해설] 애국 명장의 전기를 써서 대한인의 애국심을 고취한 대표적인 역사가는 단재 신채호(1880~1936)이다. 『을지문덕전(乙支文德傳)』(1908)을 비롯하여 『최도통전(최영장군전)』(1909), 『이순신전』(1908) 등 영웅 전기를 지어 발간하였다. / 신채호는 신문 논설만이 아니라 청의 사상가인 양계초(1873~1929)의 『이태리건국삼걸전(伊太利建國三傑傳)』(1907)을 번역한 것을 비롯하여 다양한 역사서나 위인전을 번역·저술하였다 [『이순신전』의 원제는 『수군제일위인 이순신전(水軍第一偉人 李舜臣傳)』이고, 『최도통전』의 최영(1316~1388)의 역사 전기 소설로 원제는 『동국거걸 최도통전(東國巨傑 崔都統傳)』이다]. / 육당 최남선(1890~1957)은 박은식과 함께 조선 광문회를 조직하고 민족의 고전을 간행하였다(1910.10). 광문회는 출판 활동을 위한 신민회의 표면 단체이기도 하다.

- [신채호] 『독사신론』에서 민족을 역사 서술의 주체로 설정하고 사대주의를 비판하였다. [국19]□
  - (가) - 독사신론을 연재하여 민족주의 사학의 발판을 마련하였다. [지12①]□
  - 『대한매일신보』에 「독사신론」을 발표하여 민족주의 사학의 연구 방향을 제시하였다. [소21]□
  - 대한매일신보에 '독사신론'을 연재하여 일본의 식민사관에 대항할 수 있는 민족주의 사학의 발판을 마련하였다. [경16②]□
  - 신채호는 대한매일신보에 '독사신론'을 연재하여 일본의 식민주의 사관에 대항할 수 있는 민족주의 사학의 발판을 마련하였다. [경14②]□
  - 신채호는 『독사신론』 등의 사론을 발표하여 만주와 부여족을 중심에 둔 새로운 역사 체계를 세우기 시작했다. [서24①]□
  - 독사신론을 통해 역사학의 방향을 제시하였다. [서13]□
  - <독사신론>을 지어 식민사관을 비판했다. [법19]□
  - 신채호가 대한매일신보에 독사신론을 연재하였다. [법23]□
  - 『독사신론』을 발표하였다. [국24]□

[해설] 『독사신론』에서 민족을 역사 서술의 주체로 설정하고 사대주의를 비판한 인물은 단재 신채호(1880~1936)이다. / 신채호가 대한매일신보에 『독사신론』을 연재한 것은 1908년 8월의 일이다(1908.8~12)(『독사신론』은 미완성 논설). 여기서 신채호는 기자와 위만으로 이어지는 기존의 역사 인식 체계를 거부하고 단군에서 부여, 고구려로 계승되는 고대사 인식 체계를 제시하였다. 즉 한민족은 부여족, 선비족, 지나족, 말갈족, 여진족, 토족 등 여섯 종족으로 이루어져 있는데, 이 가운데 단군 자손인 부여족이 다른 다섯 종족을 정복하고 흡수함으로써 동국(東國) 역사의 주류가 되었다고 보았다. / 신채호는 민족을 역사 서술의 중심에 둔 민족주의 사학자이다.

독사신론 [소19①]□

국가의 역사는 민족의 소장성쇠(消長盛衰)의 상태를 서술할지라. 민족을 빼면 역사가 없으며 역사를 빼면 역사가 없으며 역사를 빼어 버리면 민족의 그 국가에 대한 관념이 크지 않을지니, 오호라 역사가의 책임이 그 역시 무거울진저 …(하략)…

[해설] 민족주의 사학을 정초한 단재 신채호(1880~1936)가 『독사신론』에서 제시한 주장이다(1908).

5 문예와 종교의 새 경향

- 원각사 설립 [기17]□

[해설] 최초의 서양식 사설 극장인 원각사(圓覺社)가 설립된 것은 1908년 7월의 일이다[원각사(圓覺寺)라는 사찰이 따로 있음](주의).

- [20세기 초 사회 현상] 신극 운동이 일어나 민족의식을 고취하였다[x]. [지11②] □
  └ 외국의 역사서 혹은 문학 작품들이 우리말로 번역되어 소개되었다. [지11②] □
  └ 외국의 건국과 흥망의 역사서를 번역하여 민족의 독립 의지와 역사의식을 높이려 하였다. [경14②] □ (대한 제국 말기의 국학 연구)
  └ 찬송가 등이 보급되면서 서양의 근대 음악이 자리잡기 시작하였다.* [지11②] □
  └ 기독교계에서는 영적 각성 운동으로 대부흥 운동이 일어났다.* [지11②] □

[해설] 신극 운동이 일어나 민족의식을 고취한 것은 1920년대 이후이다. 토월회를 중심으로 일어났으며, 1931년에는 극예술연구회가 결성되어 '진정한 의미의 신극'을 수립하고자 하였다. 주의할 것은 신극이 시작된 시기는 1908년 최초의 서양식 극장인 원각사가 세워지면서부터라는 점이다(『은세계』와 『치악산』 등 공연). / 외국의 역사서 혹은 문학 작품들이 우리말로 번역되어 소개되었다. 1900년대부터 『미국 독립사』, 『월남 망국사』, 『서사(스위스) 건국지』, 『애국 부인전(잔다르크전)』, 『이태리 건국 삼걸전』 등 외국의 독립과 흥망사를 다룬 역사서가 번역되어 간행되었다. 또 『천로역정』, 『로빈슨 표류기』, 『걸리버 여행기』, 『이솝 이야기』 등과 같은 문학 작품들도 번역되었다. / 찬송가 등이 보급되면서 서양의 근대 음악이 자리잡기 시작하였다. 옳은 설명이다. 특히 서양식 악곡에 우리말 가사를 붙여 부르는 창가가 유행하였다. / 기독교계에서는 영적 각성 운동으로 대부흥 운동이 일어났다. 1903년 원산 부흥 운동에서 시작되어, 1907년 평양 대부흥 운동, 1909년~1911년 백만인 구령 운동 등으로 이어졌다.

- 도쿄 유학생들을 중심으로 토월회가 결성되어 남녀평등, 봉건적 인습 비판 등을 주제로 작품을 만들어 순회공연을 열었다. [경20②] □

[해설] 도쿄 유학생들을 중심으로 신극 운동 단체인 토월회가 결성된 것은 1923년 5월경의 일이다. 남녀평등, 봉건적 인습 비판 등을 주제로 작품을 만들어 순회공연을 열었다.

- 나철이 대종교를 창시하였다. [법23] □
  └ 대종교 창시 [기19] [기18] □

[해설] 홍암 나철(1863~1916)이 대종교를 창시한 것은 1909년 1월의 일이다. 처음에는 명칭이 단군교였다가 이듬해인 1910년 7월 대종교로 개명하였다(민족 고유의 종교).

- [대종교] 단군 신앙을 중심으로 한 종교 운동을 전개하였다. [서11] □

[해설] 단군 신앙을 중심으로 한 종교 운동을 전개한 단체는 대종교이다(1910.7). 대종교의 처음 명칭은 단군교이다(1909.1).

- 손병희는 일진회가 동학 조직을 흡수하려 하자, 천도교를 창설하고 정통성을 지키려 하였다. [국11] □
  └ 제3대 교주인 손병희는 친일 세력을 내쫓고, 단군 신앙을 기반으로 창시된 대종교와 통합하여 동학을 천도교로 개편하였다[x]. [경14②] □
  └ [천도교] 양반과 상민을 차별하지 않는다. [법19] □

[해설] 일진회가 동학을 흡수하려하자 동학의 제3대 교주 의암 손병희(1861~1922)는 친일 세력을 색출하고 천도교로 개편하여 정통성을 유지하려 하였다. 손병희가 동학을 천도교로 개편한 것은 1905년 12월의 일이다. 이듬해 초 (머물고 있던 일본에서) 귀국하여 교단 조직을 새롭게 정비하였다. / 단군 신앙을 기반으로 한 대종교가 나철(1863~1916)에 의해 창시된 것은 1909년 1월의 일이다(이때는 단군교라 하였고 1910년 7월에 대종교로 이름을 바꿈). / '양반과 상민을 차별하지 않는다'는 천도교의 교리 중 일부이다.

■ 동학의 인내천 사상 [국20] [법19] □

사람이 곧 하늘이라. 그러므로 사람은 평등하며 차별이 없나니, 사람이 마음대로 귀천을 나눔은 하늘을 거스르는 것이다. 우리 도인은 차별을 없애고 선사의 뜻을 받들어 생활하기를 바라노라. (중복 출제)

[해설] '사람이 곧 하늘이라'는 곧 인내천(人乃天)을 일컫는 말로, 이를 통해 제시된 자료는 동학사상에 대한 것임을 알 수 있다(최시형의 최초 설법)(7차 고등학교 국사 교과서). 참고로 인내천('사람이 곧 한울')은 동학의 제3대 교주인 의암 손병희(1861~1922)에 의해 확립된 동학사상의 중심 교리이다[1905년 전후로 간행된 『대종정의설(大宗正義說)』에서 공식적으로 확립].

- [천도교] 『만세보』라는 기관지를 발간하였다. [경12②] ☐
  └만세보 창간 [기18] ☐

[해설] 『만세보』라는 기관지를 발간한 (종교) 단체는 천도교이다(1906.6).

- 김택영은 전국의 유림들과 더불어 대동 학회를 결성한 후 유교를 통한 애국 계몽 활동을 펼쳤다[×].* [국11] ☐

[해설] 대동 학회는 친일파 이완용(1858~1926), 조중응(1860~1919) 등이 일제의 지원을 받고 조직한 친일 유교 단체이다(1907). 창강 김택영(1850~1927)은 문인이자 학자로, 을사늑약 이후 중국으로 망명하여 문장과 학문으로 이름을 떨쳤다. 시에서는 신위, 산문에서는 박지원을 가장 높이 평가하였다.

- [박은식] 대한매일신보에 애국적인 논설을 썼다. [지20] ☐

[해설] 백암 박은식(1859~1925)이 주로 관여한 언론은 황성신문이다. 황성신문이 위암 장지연(1864~1921)의 「시일야방성대곡」으로 정간되었다가 1906년 1월 복간되었을 때부터 1910년 9월 폐간될 때까지 황성신문의 주필로 활동하였다. 대한매일신보에는 주로 객원으로서만 논설을 기고하였다. 참고로 단재 신채호(1880~1936)가 1905년 말~1906년 초 당시 총무였던 우강 양기탁(1871~1938)의 천거로 대한매일신보 논설 기자로 옮겨와 일하다 주필로 활동한 적이 있다.

- [박은식] 유교 개혁의 뜻을 담은 「유교구신론」을 집필하였다. [지20] ☐
  └대동사상을 수용한 유교구신론을 주장하였다. [국17①] ☐
  └실천적인 새로운 유교 정신을 강조하는 유교구신론을 주장하였다. [지14②] ☐
  └박은식은 『유교구신론』을 지어 유교가 민주적이고 평등한 종교로 거듭나야 한다고 주장했다. [국11] ☐
  └유교구신론을 써서 유교의 개혁을 주장하였다. [서22①] ☐
  └유교구신론을 발표하여 유교 개혁을 주장하였다. [소20] ☐
  └유교구신론을 저술하였다. [법12] ☐
  └양명학을 토대로 대동사상을 주창하였다.* [서13] ☐

[해설] 대동사상을 수용한 「유교구신론」을 주장한 인물은 백암 박은식(1859~1925)이다[1909.3(『서북학회 월보』에 발표)]. 박은식은 「유교구신론」에서 주자학 중심의 유교를 비판하고 유교도 시대 변화에 맞춰 변화해야(민주적이고 평등한 종교로 거듭나야) 한다고 주장하였다. / 박은식은 유교가 새 시대에 맞게 전승되기 위해서는 양명학을 보급해야 하며 실천 윤리적인 측면을 강조해야 한다는 「유교구신론」을 주장하였다. / 박은식은 『한국통사』, 『한국독립운동지혈사』 등을 저술하기도 하였다(각 1915.6/1920.12). / 박은식은 양명학과 사회 진화론을 조화시킨 대동사상을 주창하고 이를 기반으로 민족 종교인 대동교(大同敎)를 (장지연 등과 함께) 창건한 바 있다(1909.9)(민족정신을 기초로 유교를 조직화한 민족적 종교 운동).

■ 백암 박은식의 유교구신론 [국19] [지14②] [서13] [경16②] ☐

- 무릇 동양의 수천 년 교화계(敎化界)에서 바르고 순수하며 광대 정밀하여 많은 성현들이 전해주고 밝혀 준 유교가 끝내 인도의 불교와 서양의 기독교와 같이 세계에 큰 발전을 하지 못함은 어째서이며 …(중략)… 유교계에 3대 문제가 있는지라. 그 3대 문제에 대하여 개량하고 구신(求新)을 하지 않으면 우리 유교가 흥왕할 수가 없을 것이다.

[해설] 유교의 구신을 강조하고 있다는 점에서 백암 박은식(1859~1925)이 지은 「유교구신론」을 가리킨다(1909.3). 주어진 자료는 「유교구신론」의 첫째 문단에 해당한다[『서북학회 월보』(제1권 제10호), 1909년 3월 1일].

- 무릇 동양의 수천 년 교화계(敎化界)에서 바르고 순수하며 광대 정밀하여 많은 성인이 뒤를 이어 전하고 많은 현인이 강명(講明)하는 유교가 끝내 인도의 불교와 서양의 기독교와 같이 세계에 대발전을 하지 못함은 어째서이며, 근세에 이르러 침체 부진이 극도에 달하여 거의 회복할 가망이 없는 것은 무슨 까닭이뇨. …… 그 원인을 탐구하여 말류(末流)를 추측하니 유교계에 3대 문제가 있는지라. 그 3대 문제에 대하여 개량(改良) 구신(求新)을 하지 않으면 우리 유교는 흥왕할 수가 없을 것이며 …… 여기에 감히 외람됨을 무릅쓰고 3대 문제를 들어서 개량 구신의 의견을 바치노라.
  　　　　　　　　　　　　　　　　　　　　　　　　　　　　　　　　- 서북학회 월보 제1권 -.

[해설] '유교계에 3대 문제', '개량 구신을 하지 않으면 우리 유교는 흥왕할 수가 없을 것이며'의 내용들을 통해 주어진 자료는 백암 박은식이 작성한 「유

교구신론」(1909)을 가리킴을 알 수 있다. 강명(講明)은 연구하여 밝힌다는 뜻이다.
- 유교계에 3대 문제가 있는지라. 그 3대 문제에 대하여 개량(改良) 구신(求新)을 하지 않으면 우리 유교가 흥왕할 수 없을 것이며, …(중략)… 여기에 감히 외람됨을 무릅쓰고 3대 문제를 들어서 개량 구신의 의견을 바치노라.

  첫째는, 유교파의 정신이 오로지 제왕(帝王) 측에 존재하고, 인민 사회(人民社會)에 보급할 정신이 부족함이오,

  둘째는, 여러 나라를 돌아다니면서 세계의 주의(主義)를 바꾸려는 생각을 강론하지 아니하고, 또한 내가 동몽(童夢)을 찾는 것이 아니라 동몽이 나를 찾는 주의를 지킴이오,

  셋째는, 우리의 대한(大韓) 유가에서 간이 직절(簡易直切)한 법문(양명학)을 구하지 아니하고, 질질 끌고 가는 대로 내버려 두는 공부(주자학)를 전적으로 숭상함이라.

[해설] 주어진 자료는 백암 박은식이 펼친 「유교구신론」이다(1909.3)(자료에 제시된 그대로 줄바꿈함).

- 이른바 3대 문제는 무엇인가. 첫째는 유교계의 정신이 오로지 제왕 측에 있고, 인민 사회에 보급할 정신이 부족함이오, 둘째는 여러 나라를 돌아다니면서 천하를 변혁하려 하는 정신을 강구하지 않고, 내가 동몽(童夢)을 찾는 것이 아니라 동몽이 나를 찾는다는 생각을 간직함이오, 셋째는 우리 대한의 유가에서 쉽고 정확한 법문을 구하지 아니하고 질질 끌고 되어 가는 대로 내버려 두는 공부만을 숭상함이다.

[해설] 주어진 자료는 「유교구신론」의 둘째 문단이다. 동몽(童夢)은 남자인 아이, 남자아이, 사내아이를 뜻한다.

- [박은식] 친일적 대동 학회에 대항하여 대동교를 창시하였다.* [경21②]

[해설] 백암 박은식(1859~1925)과 위암 장지연(1864~1921) 등은 1909년 9월 친일적 대동 학회(이후 '공자교'로 개칭)에 대항하여 (일종의 유교 단체인) 대동교(大同敎)를 창시하였다. 민족정신을 기초로 유교를 새롭게 개혁하려는 민족적 종교 운동의 일환이었다[중국의 사상가 강유위(캉유웨이)(1858~1927)의 대동사상으로부터 영향 받음].

- [한용운] (나) - 조선 불교 유신론을 통해 새로운 사회의 방향을 추구하였다. [지12①]
  └ 한용운은 『조선불교유신론』을 지어 불교를 한층 현대적이고 사회 개혁적인 방향으로 개혁하려고 했다. [서24①]

[해설] 「조선불교유신론」*을 주장한 인물은 만해 한용운(1879~1944)이다.

*만해 한용운은 1910년대 초에 조선 불교의 개혁을 위해 「조선불교유신론」을 집필한 바 있다(1910년 탈고, 1913년 간행). 서론을 포함하여 모두 17장으로 이루어진 각 항목에서 한용운은 불교의 교리에서부터 시작하여 승단의 제도와 의식, 사찰의 조직, 승려의 취처(聚妻) 문제에 이르기까지 조선 불교 전반에 걸쳐 다각적인 비판을 가하였다. 한용운은 훌륭하게 유신하는 자는 훌륭하게 파괴하는 자라 하여, 기존의 모든 것을 파괴해야 한다고 주장하였으며, 이는 깨뜨려 없애자는 것이 아니고 낡은 습관을 새로운 세대에 맞도록 고치는 것이 바로 개혁임을 역설하였다.

● 사진으로 보는 근대 문물의 수용과 근대 의식의 성장

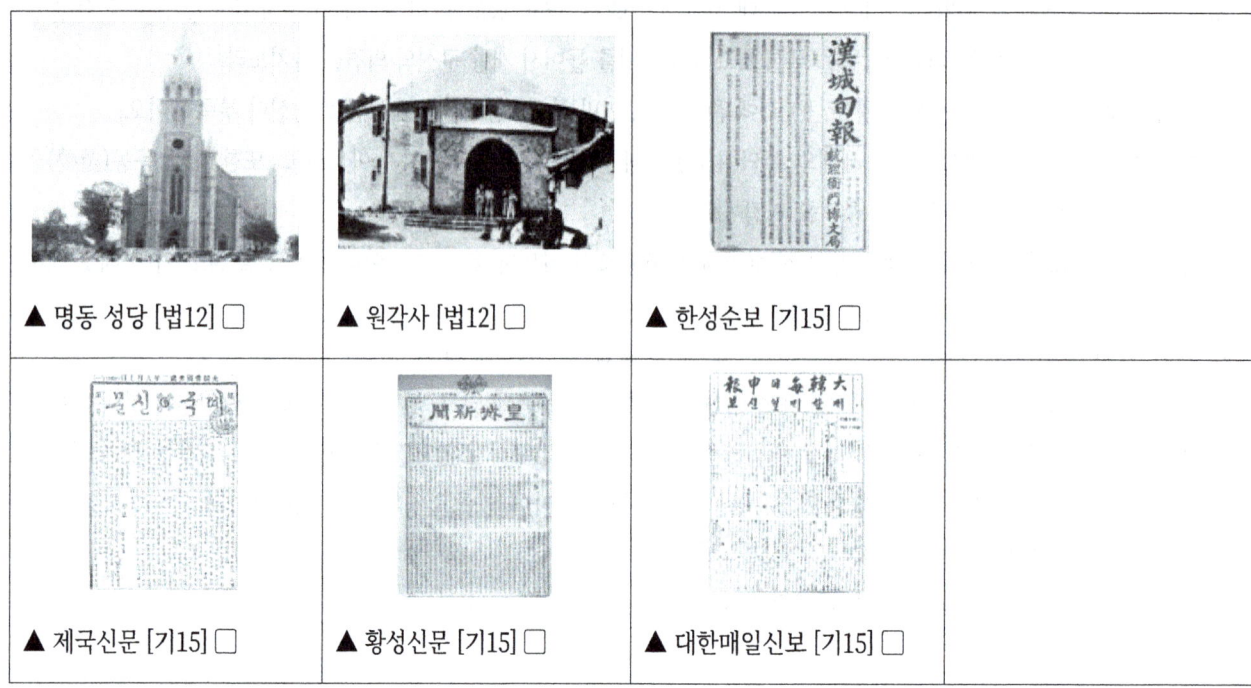

[해설] [법12] 명동 성당과 원각사 관련 사진이 제시되어 있다. 명동 성당이 완공된 것은 고종 35년이자 광무 2년인 1898년 5월의 일이고, 원각사가 개설된 것은 1908년 7월의 일이다.

VIII 일제의 강점과 민족 운동의 전개

주제 56 일제의 무단 통치와 문화 통치

주제 57 일제의 민족 말살 통치와 전시 동원 체제

주제 58 1910년대 국내외 민족 운동

주제 59 3·1 운동

주제 60 대한민국 임시 정부의 수립과 활동

주제 61 실력 양성 운동의 추진

주제 62 민족 협동 전선 운동

주제 63 사회·경제적 민족 운동

주제 64 민족 문화 수호 운동

주제 65 1920년대의 무장 독립 투쟁

주제 66 의혈 투쟁과 1930년대 무장 독립 투쟁

주제 67 일제 강점기 경제·사회·문화의 변화

주제 68 건국 준비 활동

주제 56 일제의 무단 통치와 문화 통치

1 일제의 식민지 통치 제도 구축

• 조선 총독부 설치 [회15] □

[해설] 조선 총독부가 설치된 것은 1910년 10월의 일이다(1910.10.1~1945.9.28).

※ 조선 통감과 총독은 다음과 같다.

조선 통감	1대	이토 히로부미(伊藤博文)*(1841~1909)	1906.3~1909.6
	2대	소네 아라스케(曾禰荒助)(1849~1910)	1909.6~1910.5
	3대	데라우치 마사다케(寺内正毅)*(1852~1919)	1910.5~1910.10
조선 총독	1대	데라우치 마사다케(寺内正毅)*(1852~1919)	1910.10~1916.10
	2대	하세가와 요시미치(長谷川好道)(1850~1924)	1916.10~1919.8
	3대	사이토 마코토(齋藤實)*(1858~1936)	1919.8~1927.12
	임시(권한 대행)	우가키 가즈시게(宇垣一成)(1868~1956)	1927.4~1927.12
	4대	야마나시 한조(山梨半造)(1868~1944)	1927.12~1929.8
	5대	사이토 마코토(齋藤實)*(1858~1936)	1929.8~1931.6
	6대	우가키 가즈시게(宇垣一成)(1868~1956)	1931.6~1936.8
	7대	미나미 지로(南次郎)(1874~1955)	1936.8~1942.5
	8대	고이소 구니아키(小磯國昭)*(1880~1950)	1942.5~1944.7
	9대	아베 노부유키(阿部信行)*(1875~1953)	1944.7~1945.9

*일제 내각 총리 역임

• 중추원을 개조하여 우리 옛 법령과 풍속을 연구하였다.* [국16] □
└중추원은 총독부 자문 기구로서 1919년 3·1 운동이 일어나기 전까지는 수시로 개최되어 식민 행정에 간여하였다[×].

[경18①] □

[해설] 중추원은 고종 31년인 1894년 국왕의 자문 기관으로 설치되었다. 이후 1898년 10월 열린 관민 공동회에서 채택된 헌의 6조를 실시하기 위하여 박정양 내각이 '(의회식) 중추원 신관제'를 공포, 1898.11.4)하였다가 고종의 변심으로 좌절된 바 있다. 이후 대한 제국 중추원은 황제의 형식적 자문 기관으로 전락하였다. / 중추원이 우리의 옛 관습과 제도를 연구하게 된 것은 한일 병합 이후인 일제 강점기 때의 일이다. 중추원은 1910년 10월 총독부 자문 기구로 설치되었으나 1919년 3·1 운동이 일어나기 전까지 한 차례도 개최되지 않았다(조선 총독부 중추원 관제).

2 무단 통치와 경제 수탈

• 헌병 경찰 제도를 실시하였다. [서22①] □
└헌병 경찰제를 실시하였다. [회21] □
└헌병 경찰제가 실시되었다. [소19①] □
└헌병 경찰이 칼을 차고 민간의 치안 및 행정 업무를 처리하도록 하였다. [지13] □

[해설] 헌병 경찰 제도를 실시한 것은 1910년대, 무단 통치기에 해당한다.*

*일제는 1910년 한일 강제 병탄 직후부터 헌병 경찰제를 시행하였다(~1919년 3·1 운동이 발생할 때까지 실시, '무단 통치기'). 하지만 법령상으로 헌병 경찰제는 이미 강제 병탄 이전에 도입되었다. 1907년 10월 '한국 주차(駐箚) 헌병에 관한 건'을 통하여 한국에 주둔하는 헌병이 치안 유지에 관한 경찰 업무까지 장악하도록 규정하였다. 병탄 직전에는 한국주차군 헌병사령관이 경무총감을 겸임하게 하고, 1910년 6월 29일 '통감부 경찰관서 관제'를 공포하여 헌병 조직과 경찰 조직을 완전히 통합하면서 헌병 경찰제가 확립되었다. 이러한 제도는 조선 총독부로 이어져 헌병 경찰은 일제 무단 통치의 핵심 조직이 되었다.

- 1910년대 일본은 우리 민족을 회유하기 위하여 문화 통치를 펼쳤다[X]. [경13①] □

[해설] 일제가 우리 민족을 회유하기 위하여 문화 통치를 펼친 것은 (1910년대가 아니라) 1920년대이다.

■ 무단 통치기(1910년대) [국22] □

한국을 식민지로 삼은 일제는 헌병에게 경찰 업무를 부여한 헌병 경찰제를 시행했다. 헌병 경찰은 정식 재판 없이 한국인에게 벌금 등의 처벌을 가하거나 태형에 처할 수도 있었다. 한국인은 이처럼 강압적인 지배에 저항해 3·1 운동을 일으켰으며, 일제는 이를 계기로 지배 정책을 전환했다. 일제가 한국을 병합한 직후부터 3·1 운동이 벌어진 때까지를 (가) 시기라고 부른다.

[해설] 주어진 자료 속 '(가) 시기'는 1910년대로 일제의 무단 통치 시기에 해당한다.

- 조선 형사령·조선 태형령 제정* [서24①] □

[해설] 조선 형사령과 조선 태형령이 제정(·공포)된 것은 1912년 3월의 일이다(1912.3.18)(4월 1일부터 시행). 참고로 조선 태형령은 1920년 3월에 폐지되었으나 조선 형사령은 일제 강점기에 12번이나 개정되었으며 1953년 9월 형법이 제정될 때까지 효력을 유지하였다.

- 『조선 태형령』이 공포되었다. [국20] □
  └ 태로 볼기를 때리는 태형령을 제정하였다. [회15] □
  └ 조선 태형령을 제정하여 조선인을 탄압하였다. [소22] □
  └ 조선 태형령과 경찰범 처벌 규칙을 만들어 시행하였다. [법14] □
  └ 조선인에게 태형을 가하는 헌병 경찰 [소18②] □
  └ 1912 조선 태형령 제정 [법18] □
  └ 조선 태형령 제정 [서24②] □

[해설] 조선 태형령이 제정(·공포)된 것은 1912년 3월의 일이다(1912.3.18)(4월 1일부터 시행)(~1920.3). 한국인에게만 적용된 전근대적 성격의 악법이었다.

■ 조선 태형령 [지16②] [법11] [소19①] □

- 제1조 3개월 이하의 징역 또는 구류에 처하여야 할 자는 그 정상에 따라 태형에 처할 수 있다.

　　　(3월 이하의 징역 또는 구류에 처하여야 할 자는 그 정상에 따라 태형에 처할 수 있다.) (법11)

　제6조 태형은 태로써 볼기를 치는 방법으로 집행한다.

　제11조 태형은 감옥 또는 즉결 관서에서 비밀리에 집행한다. (법11)

　제13조 본령은 조선인에 한하여 적용한다.
　　　　　　　　　　　　　　　　　　　　　　　　　　　　　　-『조선 총독부 관보』-

[해설] '태형'이라는 말, '조선인에 한하여 적용한다'는 부분을 통해 제시된 법령이 1912년 4월에 제정(·공포)된 조선 태형령임을 알 수 있다(1920년 3월에 폐지). 일제는 1910년대에 범죄 즉결례(1910.12), 조선 태형령 등의 차별적 법령을 제정하여 한국인을 억압하였다. 제11조는 [법11]에서 추가로 제시한 항목이다.

- 제7조 태형은 태 30 이상일 경우에는 이를 한 번에 집행하지 않고 30을 넘길 때마다 1횟수를 증가시킨다. 태형의 집행은

하루 한 회를 넘을 수 없다.

제11조 태형은 감옥 또는 즉결 관서에서 비밀리에 행한다.

제13조 본령은 조선인에 한하여 적용한다. -『조선 총독부 관보』-

[해설] 일제의 무단 통치기인 1912년 4월에 제정(·공포)된 조선 태형령임을 알 수 있다(1920년 3월에 폐기).

- 경찰범 처벌 규칙 [회21] □

[해설] 경찰범 처벌 규칙이 제정(·공포)되어 시행된 것은 1912년 4월의 일이다(1912.4.1).

■ 경찰범 처벌 규칙 [법11] □

제1조 다음의 각 호에 해당하는 자는 구류 또는 과료에 처한다.

2. 일정한 주거 또는 생업 없이 이곳 저곳 배회하는 자

8. 단체 가입을 강요하는 자

14. 신청하지 않은 신문, 잡지, 기타의 출판물을 배부하고 그 대금을 요구하거나 억지로 그 구독 신청을 요구하는 자

20. 불온한 연설을 하거나 또는 불온 문서, 도서, 시가(詩歌)를 게시, 반포, 낭독하거나 큰 소리로 읊는 자

21. 남을 유혹하는 유언비어 또는 허위 보도를 하는 자 -『조선 총독부 관보』-

[해설] 일제가 1912년 4월부터 시행한 경찰범 처벌 규칙이다(1912.4.1)(부령 제40호). 모두 87개조로 구성되었으며 항일 투쟁뿐 아니라 일상생활도 엄격히 단속하도록 적용되었다. 1908년 통감부령 제44호로 발포했던 경찰범 처벌령을 강화한 것이다.

- 보통학교 수업 연한을 4년으로 정한『조선교육령』이 공포되었다. [국23] □
  └[제1차 조선 교육령] 식민지 국민으로서 지켜야 할 의무를 강조하면서, 낮은 수준의 실업 교육을 통해서 식민지 공업화에 필요한 노동력을 확보하려 하였다. [경14②] □
  └제1차 조선 교육령 발표 [국24] □

[해설] 보통학교 수업 연한을 4년으로 정한 조선 교육령이 (제정·)공포된 것은 1911년 8월의 일이다(제1차 조선 교육령). 참고로 (3·1 운동의 영향으로) 개정(·공포)된 제2차 조선 교육령에서는 일제 본국과 동일하게 보통학교의 수업[학제] 연한을 6년으로 늘렸다(1922.2).

- 학교 교실에서는 교사들이 제복과 착검을 하고 수업을 실시하여 학생들에게 공포심을 불러일으켰다. [기11] □
  └제복을 입고 칼을 차고 있는 교원 [소18②] □

[해설] 무단 통치기에는 교원[교사]들도 헌병 경찰처럼 제복과 착검을 하고 수업을 실시하였다.

- 서당 규칙을 발표하여 개량 서당을 탄압하였다.* [기16] □

[해설] 총독부가 서당 규칙을 공포하여 개량 서당[개량 서당 설립 운동]을 통제하고 탄압한 것은 1918년 2월의 일이다(1918.2.21). 서당의 설립을 허가제로 전환하여 반일적인 사당의 설립을 막으려 하였다. 이어 1929년 6월에는 서당 규칙을 개정하여 서당에 의한 민족 교육을 근본적으로 억압, 차단하였다.

- 『회사령』이다. [국17②] □
  └회사령을 공포하였다. [지15①] □
  └회사령 공포를 듣고 있는 상인 [지16②] □
  └회사령을 공포하여 회사를 설립할 경우 총독부의 허가를 받도록 하였다. [경16②] □

└회사령이 제정되고 한국인의 회사 설립이 어려워졌다. [법16] □

└조선인 상공인들의 자본 축적을 막기 위해 회사령을 발표하였다. [회18] □

└우리 민족 기업을 탄압하고 조선인의 회사 설립을 통제하기 위하여 '회사령'을 공포하여 회사를 설립할 경우 총독부의 허가를 받도록 하였다. [경18①] □

└회사령 [회16] □

[해설] 회사[기업]를 설립하기 위해서는 총독의 허가를 받아야 한다는 내용의 회사령이 제정·공포된 것(부칙 포함 총 20개 조항)은 1910년 12월의 일이다 (1910.12.29)(1911년 1월 1일부터 시행). 이것은 이른바 '허가제 회사령'으로 일제가 우리 민족 기업의 성장과 발전을 억압하기 위해 만든 악법이다(동시에 일본 자본의 진출 용이). 그리고 두 차례의 개정을 거쳐 1920년 3월에 이르러서는 기업 발전을 저해한다는 이유로 철폐[폐지]되었는데 (신고제[계출제]화)(1920년 3월 31일 폐지), 이 또한 일본 자본과 회사[기업]의 진출을 더욱 용이하게 하기 위한 목적에서 역으로 폐지한 것이다.

■ **회사령** [국23] [국17②] [법24] [회24] □

· 일제는 회사령을 공포하여 일본 자본의 과도한 조선 진출을 막는 동시에 조선인 자본가의 성장을 막고자 하였다.

[해설] 회사 설립 시 총독의 허가를 받도록 하는 회사령(허가제 회사령)이 제정·공포된 것은 1910년 12월의 일이다.

· 제1조 회사의 설립은 조선 총독의 허가를 받아야 한다.

  제5조 회사가 본령이나 본령에 따라 나오는[본령에 의거하여 발하는] 명령과 허가 조건을[에] 위반하거나 공공질서와 선량한 풍속에 반하는 행위를 할 때 조선 총독은 사업의 정지[와 금지], 지점의 폐쇄, 또는 회사의 해산을 명할 수 있다.

[해설] 일제가 1910년 12월에 제정·공포한 회사령이다. 제1조에 회사를 설립하려면 조선 총독의 허가를 받아야 한다고 규정하였다.

· 제1조 회사의 설립은 조선 총독의 허가를 받아야 한다.

  제2조 조선 밖에서 설립된 회사가 한국에 본점 또는 지점을 설치하고자 하는 경우, 조선 총독의 허가를 받아야 한다.

  제3조 조선 밖에서 설립되어 조선에서 사업을 운영하는 것을 목적으로 하는 회사가 그 사업을 경영하는 경우, 조선에 본점 또는 지점을 설립하여야 한다.

[해설] 위와 같은 내용의 자료이다.

· 일본은 광산·어장·산림 등 자원에 대해서도 수탈을 강화하였다. [경18①] □

└어업령, 삼림령, 광업령 등을 제정하여 각종 자원을 독점하기 시작하였다. [서23] □

└조선 어업령을 공포하여 모든 어민의 기득권을 부인하고 새로이 면허·허가를 받아 조업하도록 하였다. [경16②] □

└조선 광업령을 공포하여 광업권에 대한 허가제를 실시하였다. [경16②] □

└조선 광업령, 조선 어업령 [회16] □

[해설] 일제는 대한 제국의 광산·어장·산림 등 자원에 대해서도 각종 관련 법령을 제정하여 수탈을 강화하였다. (조선) 어업령과 삼림령이 제정·공포된 것은 1911년 6월, 광업령이 제정·공포된 것은 1915년 12월의 일이다. 1910년대에 제정된 법령들이다.

· 조선식산은행령을 공포하였다.* [회21] □

[해설] 조선식산은행령이 제정·공포된 것은 1918년 6월의 일이다. 같은 해 10월에 조선식산은행이 설립되었다. 1942년 9월에 조선식산은행령을 개정하였다.

· 식민지 수탈 정책의 경제 구조는 일제의 상품과 자본을 수출하고, 한국의 식량과 원료를 수탈할 수 있도록 바꾸는 것이었다.
[서11] □

[해설] 일제의 경제 침탈과 관련하여 옳은 내용의 선지 중 하나로 제시되었다(7차 고등학교 국사 교과서).

· 토지 조사 사업을 실시하였다. [서23] □

┗한·일 병합 조약이 체결된 직후 신속하게 사업이 시작되었다. [서16] □
┗일본은 국권 침탈 이후 본격적으로 토지 침탈 정책을 추진하기 위하여 '토지 조사 사업'을 실시하였다. 경18① □
┗식민 통치에 필요한 안정적 재정 기반의 확보를 위해 토지 조사 사업을 실시하였다. [회18] □
┗일제에 의한 토지 조사 사업의 목적은 우리나라를 식민지화하면서 그에 필요한 제반 경비를 마련하기 위한 안정적인 재정 수입원을 확보하는 것이다. [서11] □
┗지세를 안정적으로 확보하기 위해 시행되었다. [법19] □
┗경자유전의 원칙을 실현하기 위한 방안이었다[x]. [법13] □
┗토지 조사 사업을 시작하였기 (때문입니다.) [법11] □
┗일제의 토지 조사 사업에 반대하였다. [회24] □

[해설] 일제가 토지 조사 사업을 실시한 것은 1910년부터 1918년까지이다(무단 통치 시기). 한일 병탄 전인 1910년 3월에 이미 토지 조사국이 설치되고, 1912년부터 본격적인 조사가 시작되었다(총독부 안에 임시 토지 조사국 설치). 토지 조사령이 공포된 것은 1912년 8월의 일이다. / [회18] 일제가 토지 조사 사업을 시행한 궁극적인 목적은 지세(地稅)를 안정적으로 확보하기 위해서였다(즉 '재정 안정'). / [법13] 토지 조사 사업은 근대적 토지 및 지세 제도를 마련하고자 하는 주된 목적에서 이루어진 것으로 경자유전(耕者有田)의 원칙을 실현하기 위한 것은 아니었다(광무 양전 사업도 마찬가지임). / [회24] 보안회와 관련한 문제에서 틀린 선지 중 하나로 제시되었다.

• [토지 조사 사업] 토지 현황 파악을 위해 전국적으로 토지 소유권을 조사하였다. [지15②] □
┗일제는 1910년 토지 조사국을 설치하고 1912년 토지 조사령을 공포하였다. [지11②] □
┗전국의 토지를 측량하여 소유권 및 지적(地籍)을 확정한다는 명분으로 실시하였다. [지11②] □
┗토지의 소유권과 가격에 대한 대대적인 조사를 진행하였다. [국11] □
┗토지 조사 사업은 전통적 사유권에 입각하여 이를 정밀하게 조사하여 추진하였다[x]. [서13] □

[해설] 일제는 1910년 (3월에 임시) 토지 조사국을 설치하고 1912년 8월에 토지 조사령을 공포하였다. 이로써 전국에 걸쳐 토지 조사 사업을 본격적으로 실시하였다(~1918). / [서13] 토지 조사 사업은 기한부 신고제로 소작권, 도지권, 입회권 등 전통적 사유권은 인정하지 않고 지주의 소유권만 인정하였다.

• [토지 조사 사업] 국가가 지주에게 농지를 매입하여 영세 농민에게 매각하는 방식이다[x]. [경15③] □

[해설] 토지 조사 사업은 국가가 지주에게 농지를 매입하여 영세 농민에게 매각하는 방식이 아니라 오히려 영세 농민들의 경작권을 부정하고 소유권만을 인정함으로써 수많은 농민들을 기한부 계약에 의한 소작농으로 전락시켜 '식민지 지주제'가 강화되는 결과를 낳았다.

• [토지 조사 사업] 역둔토, 궁장토를 총독부 소유로 만들었다. [국21] □
┗역둔토나 궁장토 등의 소유권은 조선 왕실에게 귀속되었다[x]. [지11②] □
┗대한 제국 정부 소유지와 황실 소유지, 미신고 토지 및 소유 관계가 불분명한 토지 등은 통감부가 모두 강제로 빼앗았다[x]. [경15③] □
┗명의상의 주인을 내세우기 어려운 동중·문중 토지의 상당 부분이 조선 총독부의 소유가 되었다. [서16] □
┗토지 조사 사업은 경작 농민들이 가지고 있던 도지권(賭地權)을 인정하지 않았다. [서13] □
┗관습적인 경작권을 부정하는 정책을 공포하였다(1910년대). [서13]
┗소작인들이 경작권을 인정받지 못하였다. [소21] □
┗농민의 관습적 경작권이 인정되었다[x]. [법19] □
┗농민은 관습적인 경작권을 제도적으로 인정받게 되었다[x]. [경15③] □
┗1910년에 시작된 토지 조사 사업은 토지에 대한 지주의 권리만 일방적으로 인정하여 농민이 오랫동안 누려왔던 관습적인

경작권을 부정하였다. [서11]

└ 1910년대 시작된 토지 조사 사업은 토지의 소유권, 토지 가격, 지형 및 용도를 조사한 것으로, 토지에 대한 지주의 권리와 농민의 경작권을 함께 인정하였다[x]. [경14①]

└ 토지 조사 사업은 주로 조선인 대지주들의 토지를 대상으로 하였기에, 사업 결과로 이들이 가장 큰 타격을 입었다[x].
[지11②]

└ 농상공부를 주무 기관으로 하였다[x]. [국21]

└ 토지 약탈을 위해 동양 척식 회사를 설립하였다. [국21]

└ 토지 조사 사업과 병행하여 일본인 농업 이민과 일본인 지주들이 증가했다. [지11②]

[해설] 토지 조사 사업 결과 역둔토나 궁장토는 총독부 소유가 되었다(토지 조사령은 주로 민유 농경지에 대한 것이고 역둔토, 궁장토와 같은 '국유지(공유지)'에 대해서는 그 전에 상당 부분 약탈 진행). 이후 동양 척식 주식회사에 불하되었다(1908년 12월 설립). / [경15③] 대한 제국 정부 소유지와 황실 소유지, 미신고 토지 및 소유 관계가 불분명한 토지 등을 모두 강제로 빼앗은 것은 맞지만 통감부가 아니라 (조선) 총독부가 그러하였다. 통감부는 1910년 8월 한일 병탄 전의 일제의 통치 기구이다(을사늑약으로 설치). / 명의상의 주인을 내세우기 어려운 동중·문중 토지의 상당 부분이 조선 총독부의 소유가 되었다. / 토지 조사 사업은 경작지에 대해 소작인이 행사할 수 있었던 도지권을 인정하지 않았다. / 토지 조사 사업에서는 기한부 신고제를 통해 소유권만을 인정했을 뿐 농민의 관습적 경작권은 인정되지 않았다. / [지11②] 토지 조사 사업은 조선인 대지주들의 토지뿐만 아니라 미신고 토지, 왕실이 소유한 토지, 학교나 문중 토지 등 모든 토지를 대상으로 하였다. 틀린 사실이다. / [국21] 토지 조사 사업의 주무 기관은 총독부 안에 설치된 임시 토지 조사국이다(1910.9). 참고로 농상무아문과 공무아문을 합쳐 농상공부로 개편한 것은 제2차 갑오개혁 때의 일이다(8아문을 7부로 개편)(1894.12~1895.8). 일제는 조선인으로부터 빼앗은 토지를 동양 척식 주식회사를 통해 일본인 농업 이민자와 일본인 지주들에게 불하(拂下)하였다.

*불하(拂下): 국가나 공공 단체가 국민(개인)에게 토지나 건물 등의 재산을 팔아넘기는 일

■ 토지 조사 사업 [국18] [서16] [경19②]

- 지금까지 토지 소유자는 권리의 득실, 이전과 변경을 사문기(私文記)나, 점유를 하고 있다는 사실을 각 사람의 권리를 원용함을 상례로 하였다. 이 때문에 분쟁이 끊이지 않고 해결이 어려웠는데 이에 특별히 조사국을 설치하여 지적(地積)의 어지러움을 정리하고 소유권을 확인하며 재정의 기초를 세우게 하려고 한다.

[해설] '(토지) 조사국'을 설치한다는 구절을 통해 일제가 한일 병탄 이전부터 추진해 오던 토지 조사 사업과 관련된 것임을 알 수 있다(1910~1918). 통감부가 탁지부 산하에 토지 조사국을 설치한 것은 1910년 1월의 일이다. 그리고 곧 토지 조사 전반의 계획을 담은 「한국토지조사계획서」를 제출하고 2개월 뒤인 3월에는 「토지 조사국 관제」를 공포하여 정식으로 토지 조사국을 설립하였다.

- 지주는 조선 총독이 정하는 기간 내에 (가) 혹은 그것의 출장소 직원에게 신고해야 한다. 만약 제출을 태만히 하거나 신고서를 제출하지 않을 시에는 당국에서 해당 토지에 대해 소유권의 유무 등을 조사하다가 소유자를 알지 못하는 경우에 지주가 없는 것으로 간주하여 국유지로 편입할 수 있다.

[해설] 지주가 조선 총독이 정하는 기간 내에 (가) 혹은 출장소 직원에게 신고해야 한다는 내용이 나와 있다[(가)는 임시 토지 조사국(장)]. 뒤이어 토지에 대한 소유권의 유무 등을 조사한다는 내용이 나오는 것으로 보아 제시된 자료는 1910년부터 1918년까지 진행된 토지 조사 사업에 대한 것임을 알 수 있다. 1912년 8월 토지 조사령 시행에 즈음하여 『조선 총독부 관보』에 발표된 자료로 추정된다(편집된 글이라 유사한 것들은 있지만 일치하는 것은 찾기 어려움).

- 만약 지주가 정해진 기한 내에 조사국 혹은 조사국 출장소원에게 신고 제출을 게을리 하거나 신고를 제출하지 아니하는 때는 당국에서 이 토지에 대해 지주의 소유권 유무 등을 심사하여 만약 소유자로 인정하지 못할 경우에는 이 토지를 지주가 없는 것으로 간주하여 당연히 국유지로 편입하는 수단을 집행할 것이니, 일반 토지 소유자는 고시에 의한 신고 제출을 게을리 하지 말도록 하였더라.

-「매일신보」-

[해설] '정해진 기한 내에 조사국 혹은 조사국 출장소원에게 신고 제출'을 하라는 내용, 그렇지 않을 경우 지주의 소유권 유무를 조사하여 국유지로 편입하겠다는 내용이 나와 있다. 일제의 토지 조사 사업과 관련된 신문 보도 기사임을 알 수 있다.

- 토지 조사령이 공포되었다. [국22] □
  - 토지 조사령 [회16] □

[해설] 토지 조사 사업을 실시하기 위한 토지 조사령이 공포된 것은 1912년 8월의 일이다(1912.8.13). 조선 총독부 제령 제2호로 총 19개 조와 부칙으로 구성되어 있다.

■ 토지 조사령 [국21] [국16] [법23] [법19] [법13] [경15③] [소21] □

- 제1조 토지의 조사 및 측량은 본령에 따른다.
  제4조 토지 소유자는 조선 총독이 정한 기간 내에 주소, 성명 또는 명칭 및 소유지의 소재, 지목, 자 번호, 사표, 등급, 지적, 결수를 임시토지조사국장에게 신고해야 한다. 단 국유지는 보관 관청이 임시 토지 조사 국장에게 통지해야 한다.

[해설] 일제가 1912년 8월, 근대적 토지 제도의 확립을 빌미로 공포된 토지 조사령이다(19개 조와 부칙으로 구성)[『조선 총독부 관보』(제13호)] (1912년 8월 13일).

- (제1조) 토지의 조사 및 측량은 본령에 의한다.
  (제4조) 토지 소유자는 조선 총독이 정한 기간 내에 주소·씨명, 명칭 및 소유지의 소재, 지목, 자번호(字番號), 사표(四標), 등급, 지적, 결수(結數)를 임시 토지 조사 국장에게 신고해야 한다. 단, 국유지는 보관 관청이 임시 토지 조사 국장에게 통지해야 한다.

[해설] 주어진 자료는 토지 조사령이다.

- 1. 토지의 조사 및 측량은 이 영에 의한다. (제1조)

  …(중략)…

  4. 토지의 소유자는 조선 총독이 정한 기간 내에 주소, 성명·명칭 및 소유지의 소재, 지목, 자번호, 사방의 경계표, 등급, 지적, 결수를 임시 토지 조사 국장에게 신고해야 한다. 다만, 국유지는 보관 관청이 임시 토지 조사 국장에게 통지하여야 한다. (제4조)

  ……

[해설] 위와 같은 내용의 자료이다.

- 토지 소유자는 조선 총독이 정하는 기간 내에 주소·씨명, 명칭 및 소유지의 소재, 지목 등을 임시 토지 조사 국장에게 신고해야 한다. 단, 국유지는 보관 관청이 임시 토지 국장에게 통지해야 한다. (제4조)

[해설] 1912년 8월에 공포된 토지 조사령으로, 토지 조사 사업에 대한 것임을 알 수 있다.

- 제4조 토지 소유자는 조선 총독이 정하는 기간 내에 주소, 성명, 명칭 및 소유지의 소재, …… 결수를 임시 토지 조사 국장에게 신고해야 한다.
  제17조 임시 토지 조사국은 토지 대장 및 지적도를 작성하고, 토지의 조사 및 측량에 대해 사정으로 확정한 사항 또는 재결을 거친 사항을 이에 등록한다.
  - 조선 총독부, 『조선 총독부 관보』-

[해설] 주어진 자료(법령)는 일제가 1912년 8월에 공포한 토지 조사령임을 알 수 있다. 일제 조선 총독부는 이를 근거로 1918년까지 토지 조사 사업을 강행하였다.

- 제17관 임시 토지 조사국은 토지 대장 및 지도를 작성하고, 토지의 조사 및 측량한 것을 사정하여 확정한 사항 또는 재결을 거친 사항을 이에 등록한다. (제17조)

[해설] 주어진 자료는 토지 조사령이다.

- [토지 조사령] 토지와 임야를 함께 조사하도록 하였다[x]. [국16] □
  - 토지 등급은 물론 지적, 결수, 지목 등을 신고하도록 하였다. [국16] □

┗지역별 지가와 그것의 1.3%를 지세로 하는 과세 표준을 명시하였다[x].* [국16] □

┗본 법령에 따라 토지 소유를 증명하는 토지 가옥 증명 규칙과 시행 세칙이 공포되었다[x].* [국16] □

[해설] 토지 조사령에 따르면 토지 조사 사업은 기한부 신고제로 실시되었는데 토지의 소유권, 토지의 등급과 가격, 지형, 지목 등을 모두 신고해야 하였다. 그리고 신고 기간이 짧고 복잡하여 신고를 하지 못한 사람들이 많았다. 일제는 이들 미신고 토지를 모두 약탈하였다. 그리고 토지 조사 사업은 '토지'만을 대상으로 하였다. 임야에 대한 약탈은 1911년 공포된 산림령을 기반으로 추진되었다. 지세와 관련된 부분은 토지 조사령이 아니라 1918년 개정된 조선 지세령을 통해 지역별 지가와 그것의 1.3%를 지세로 하는 과세 표준을 명시하였다. 토지 가옥 증명 규칙은 외국인의 부동산 소유를 특정 지역에서 국내 전 지역으로 확대한 법령으로 대한 제국 시기 실시되었다(1906.10).

• [토지 조사 사업] 많은 일반 민유지가 총독부 소유로 되었다. [지16②] □

[해설] 1910년대 실시된 일제의 토지 조사 사업의 결과 중 하나이다.

• [토지 조사 사업] 소유권 분쟁을 인정하지 않아 분쟁은 발생하지 않았다[x]. [서16] □

[해설] 일제가 공동 소유 등을 인정하지 않으면서 국유화된 토지, 공동 소유의 토지 등에서 소유권 및 경계 확정 분쟁이 끊임없이 제기되었다.

• [토지 조사 사업] 사업의 결과 조선 총독부의 재정 수입이 크게 증가하였다. [서16] □

┗조선 총독부의 지세 수입이 증가하였다. [소21] □

┗재정의 확보에 기여하였다. [법13] □

┗이 사업은 소유권 미확인 토지나 은결을 파악하여 식민지 통치를 위한 재정을 확보하고 토지를 상품화하여 일본인의 토지에 대한 투자를 보장하였다. [경15③] □

┗일본인 농업 이주민이 지주로 성장할 수 있었다. [소21] □

┗일본인 지주 증가 [경19②] □

[해설] 토지 조사 사업 결과 미신고 토지 및 공공 기관의 토지, 공동 소유의 토지와 산림, 황무지 등이 모두 총독부의 소유가 되어 재정 수입이 크게 증가하였다. 광무 양전 사업도 재정의 확보에 기여한 공통점이 있다. / 또한 토지 조사 사업 결과 일본인 지주가 증가하였다. 일제는 강탈한 토지를 동양 척식 주식회사를 통해 한반도로 이주해온 일본인들에게 싼 가격으로 불하하였고, 이들 일본인 농업 이주민들은 손쉽게 지주로 성장할 수 있었다.

• 토지 조사 사업을 실시하여 근대적 토지 소유 관계를 확립하고, 식민지 지주 소작제를 수립하였다. [서22②] □

┗토지 조사 사업은 근대법에 입각해 지주 중심의 자본주의 체제를 이룩한 것이라고 할 수 있다. [서13] □

┗근대적 토지 소유권을 확립하였다. [법13] □

┗농민의 토지 소유권 확대[x] [경19②] □

┗지주의 토지 소유권은 강화되었다. [법19] □

┗기한부 계약에 따라 소작인이 증가했다. [법19] □

┗지주-소작제 강화 [경19②] □

[해설] 토지 조사 사업 결과 근대적 토지 소유권을 확립하였다. 광무 양전 사업도 근대적 토지 소유권을 확립하려는 공통점이 있다. / 근대적 토지 소유권을 확립을 목적으로 내세웠지만 토지 조사 사업은 결과적으로 지주의 토지 소유권이 강화되는 쪽으로 귀결되었다. 즉 지주-소작제가 강화되었다('식민지 지주제' 강화). 반면 농민의 토지 소유권은 (확대된 것이 아니라 반대로) 축소되었다.

• [토지 조사 사업] 토지 매매가 보다 쉽게 이루어질 수 있었다. [법13] □

[해설] 토지 조사 사업 결과 토지 매매가 보다 쉽게 이루어질 수 있었던 것은 사실이다. '토지 소유권'을 확인하고 확립하는 사업이었던 만큼 토지 매매 및 양도가 이전보다 더욱 자유로워졌다. / 광무 양전 사업과의 공통점 중 하나이다.

• 토지 조사 사업과 산미 증식 계획 등의 결과 지주의 수는 감소하고 자작농의 수는 증가하였다[x]. [서11] □

[해설] 토지 조사 사업과 산미 증식 계획 등의 결과 지주의 수는 (감소한 것이 아니라) 증가하고, 자작농의 수는 (증가한 것이 아니라) 감소하였다. 이른바 '식민지 지주제'가 형성되었다.

- [토지 조사 사업 결과] 화전민, 이주민 증가 [경19②] ☐

  [해설] 토지를 빼앗긴 한국인은 화전민이 되거나 도시를 포함한 다른 지역으로 이주할 수밖에 없었다(만주나 연해주 등 국외로의 이주 포함).

3 문화 통치와 경제 수탈

■ '문화 통치' 표방 [서24①] [경16②] [기18] ☐

- 총독은 문무관 어느 쪽이라도 임용될 수 있는 길을 열고, 나아가 헌병에 의한 경찰 제도를 바꿔 경찰에 의한 경찰 제도를 채택할 것이다. 그리고 복제도 개정하여 일반 관리와 교원이 제복을 입고 칼을 차던 것을 폐지하고, ……

  [해설] 일제가 1919년 3·1 운동 이후 실시한 이른바 '문화 통치'에 대한 설명이다. 주어진 자료는 1919년 4월 당시 일본 내각 수상 하라 다카시(1856~1921)가 제시한 식민지 조선의 지배 정책 개혁안인 4대 원칙 중 일부이다.

- 다른 한편으로 지방 자치를 실시하여 민의 창달의 길을 강구하고, 교육 제도를 개정하여 교화 보급의 신기원을 이루었고, 게다가 위생 시설의 개선을 촉진하였다. …… 일본인과 조선인 사이의 차별 대우를 철폐하고 동시에 조선인 소장층 중 유력자를 발탁하는 방법을 강구하여, 군수·학생장 등에 발탁된 자가 적지 않다.

  [해설] 1919년 9월 제3대 조선 총독으로 부임한 사이토 마코토[제3대(1919-1927), 제5대(1929-1931)]가 이듬해인 1920년 봄에 발표한 「조선 통치에 대하여」라는 제목의 시정 방침이다(1927년에 물러간 후 1929년에 제5대 총독으로 다시 부임). 1910년대의 무단 통치를 '문화 통치'로 바꾸겠다는 정책을 발표하였으나 오히려 군병력을 늘렸고 위장된 자치론을 이용하여 민족주의 세력을 분열시키고자 하였다.

- ·친일 분자를 귀족·양반·유생·부호·실업가·교육가·종교가 등에 침투시켜 각종 친일 단체를 조직케 할 것.
  ·종교적 사회 운동을 이용하기 위해 사찰령을 개정하여 불교 각 종파의 총 본산을 경성에 두고, 이를 관장하거나 원조하는 기관의 회장에 친일 분자를 앉히는 한편 기독교에 대해서도 상당한 편의와 원조를 제공할 것.
  ·친일적인 민간 유지자(有志者)에게 편의와 원조를 제공하고, 수재 교육의 이름 아래 조선 청년을 친일 분자의 인재로 양성할 것.
  ·조선인 부호·자본가에 대해 일·선(日·鮮) 자본가의 연계를 추진할 것.

  [해설] 일제가 3·1 운동 후 친일파를 적극 양성하는 방향으로 정책 변경을 시도한 사실과 관련된 자료임을 알 수 있다. 주어진 자료는 사이토 총독이 새로운 조선 통치 방침으로 구상한 일종의 '친일파 육성 및 민족 분열 정책'인 「조선 민족 운동에 대한 대책」이다(1920).

- [1920년대] 철수는 시위를 벌이다 보통 경찰에게 체포되었다. [회17] ☐
  └영수는 종로에 있는 화신 백화점의 레스토랑에서 점심을 먹었다[✗]. [회17] ☐
  └제한적으로 언론·출판의 자유가 허용되어, 성수는 한글 신문을 발간할 수 있었다. [회17] ☐
  └민국은 사회주의 운동을 하다 체포되어 치안 유지법 위반으로 기소되었다. [회17] ☐
  └영희는 조선 여성 동우회에 가입하여 계몽 운동을 전개하였다. [회17] ☐

  [해설] 일제는 1919년 3·1 운동 이후 이른바 '문화 통치'를 시행하면서 헌병 경찰제를 폐지하고 보통 경찰제를 도입하였다. / 우리나라 최초의 근대식 백화점인 화신 백화점이 세워진 것은 1931년 9월의 일이다(서울 종로 2가에 위치). / 일제가 '문화 통치'를 시행하면서 일부 언론·출판의 자유를 허용하여 한글 신문을 발간할 수 있게 되었다. 대표적으로 동아일보와 조선일보가 1920년부터 발행되기 시작하였다. / 치안 유지법이 제정(·공포)된 것은 1925년 4월의 일이다(같은 해 5월부터 시행). / 조선 여성 동우회는 1924년 5월 박원희(1898~1928), 정종명(1896~?), 김필애(1896~?) 등의 주도로 경성[서울]에서 조직된 최초의 사회주의 여성 단체이다. 신여성 운동 교육 및 훈련, 강연회를 통해 기존의 계몽적 여성 교육론을 비판하고 사회주의 여성 해방론을 주장하였다(해당 문제가 '1920년대의 시대적 상황'을 묻는 문제여서 옳은 선지로 처리했지만 '계몽 운동을 전개하였다'는 부분은 사실 문제가 좀 있는 표현이다).

- 동아일보와 조선일보가 창간되었다. [서21] ☐

└조선인이 발행한 신문을 검열하였다. [소22] □

[해설] 동아일보가 창간된 것은 1920년 4월 1일이고, 조선일보가 창간된 것은 1920년 3월 5일이다(조선일보가 한 달 가량 빨리 창간). / 일제는 1919년 3·1 운동을 계기로 무단 통치에서 문화 통치로 정책을 전환하고 조선일보와 동아일보와 같은 신문의 발행, 『개벽』과 『신생활』과 같은 잡지의 발행을 허가하였으나(각 1920.6/1922.3) 엄격한 검열을 실시하여 언론의 자유를 제약하였다.

■ 동아일보 창간 [국20] □

문화 통치의 일환으로 한글 신문의 발행이 허용되었다. 이에 따라 (가) 이/가 창간되었다. (가) 은/는 자치 운동을 모색하던 이광수의 「민족적 경륜」을 실어 비판받기도 하였으나, '일장기 말소 사건'으로 일제로부터 정간 처분을 받기도 하였다.

[해설] 주어진 '(가)'는 1920년 4월에 창간된 동아일보이다. 춘원 이광수(1892~1950)의 「민족적 경륜」이 실린 것은 1924년 1월 2일부터 6일까지이다(5회 연재). 또 일장기 말소 사건으로 무기 정간 처분을 받은 것은 1936년 8월의 일이다.

• 2차 조선 교육령이 공포되었다. [기18] □

└제2차 조선 교육령 발표 [국24] [서24②] □

[해설] 제2차 조선 교육령이 제정·공포[개정]된 것은 1922년 2월의 일이다. 3·1 운동 이후 한국인에 대한 차별 교육 및 교육 기회의 제한에 대한 비판을 의식하여 이를 시정하는 듯한 내용을 일부 반영하고 대학에 대한 규정도 포함시켰다. / 제2차 조선 교육령에서는 보통학교의 수업[학제] 연한을 일제 본국과 동일하게 6년으로 늘렸다(~제3차 조선 교육령이 제정·공포되는 1938년 3월까지 적용).

■ 제2차 조선 교육령 [법12] [경21①] □

· 제2조 국어를 상용하는 자의 보통 교육은 소학교령, 중학교령 및 고등여학교령에 의함[의한다] (중복 출제)

제3조 국어를 상용치 아니하는[상용하지 않는] 자에[자에게] 보통 교육을 하는 학교는 보통학교, 고등보통학교 및 여자고등보통학교로 함[한다]. (중복 출제)

제5조 보통학교의 수업 연한은 6년으로 함[한다]. 보통학교에 입학하는 자는 연령 6년 이상의 자로 함. [단, 지역의 정황에 따라 5년 또는 4년으로 할 수 있다.] (중복 출제)

제7조 고등보통학교의 수업 연한은 5년으로 함. 고등보통학교에 입학하는 자는 수업 연한 6년의 보통학교를 졸업한자 또는 조선 총독이 정하는 바에 의하여 이와 동등 이상의 학력이 있다고 인정된 자로 함.

[해설] 보통학교의 수업 연한[학제 연한]을 (기존의 4년에서) 6년으로 한다는 내용에서 주어진 법령은 1919년 3·1 운동 이후 바뀐 일제의 제2차 조선 교육령임을 알 수 있다(1922.2).

• 경성 제국 대학이 설립되었다. [국24] [국20] [법12] [경21①] □

└경성 제국 대학으로 계승되었다. [법17] □

[해설] 경성 제국 대학이 설립된 것은 1924년 5월의 일이다(예과 먼저 개설). 이때는 중등학교 졸업자를 대상으로 2년제 예과를 설치한 것이고, 2년 뒤인 1926년 5월에 본과(3년제 법문학부와 4년제 의학부)를 설치하였다. 총장에는 조선 총독부 정무총감이 취임하였다. 한국인의 고등 교육 기관 설립을 봉쇄할 목적으로 설립한 것이며, 독립 의식을 고양시킬 수 있는 정치·경제·이공 등의 학부는 설치되지 않았고, 일제의 식민 통치에 효과적으로 이용할 수 있는 법문학부·의학부만 설치된 셈이다(이공학부 설치는 1941년 4월).

• 신간회 설립을 허가하였다가 탄압하였다. [회15] □

[해설] 신간회 설립을 허가하였다가 탄압한 것은 1920년대인 '문화 통치' 시기의 일이다(1927.2~1931.5).

• [회사령] 1920년대에 폐지되었다. [국17②] □

┗조선 총독부가 회사령을 폐지하는 계기가 되었다. [지18] □
┗회사령을 폐지하여 회사 설립을 신고제로 바꾸었다. [기16] □
┗회사령이 폐지되어 일본 자본의 침투가 증가했다. [서13] □
┗회사령을 철폐하여 일본 자본이 조선에 자유롭게 유입될 수 있게 하였다. [국11] □
┗일제는 회사령을 폐지하여 한반도에 대한 경제 침략을 본격화하였다. [회19] □
┗1920년대 실시된 회사령은 우리 민족의 기업 설립을 방해하였다[x]. [경13①] □
┗일제에 의해 시행된 회사령의 반포는 일본 자본의 우리나라 진출을 용이하게 하였다. [서11] □
┗회사령 폐지 2 [서24②] □

[해설] 1910년 12월에 제정·공포된 '허가제 회사령'은 우리 민족의 자본과 회사의 성장을 억제하기 위한 조치였다(일본 자본의 진출 용이). 그러다 두 차례 개정을 거쳐 1920년 3월(3월 31일 폐지)에 기업 발전을 저해한다는 이유로 철폐[폐지]되었다(신고제[계출제]화됨). 그 목적은 역으로 일본 자본과 회사의 진출을 더욱 용이하게 하기 위한 것이었다.

• 산미 증식 계획을 시작하였다. [회21] □
┗조선의 쌀 생산을 늘려 일본에 수출하기 위해 산미 증식 계획이 추진되었다. [회18] □
┗공업화로 인한 일본 내 식량 부족 문제 해결을 위한 산미 증식 계획을 실시하였다. [서23] □
┗[산미 증식 계획] 공업화로 인한 일본의 식량 부족 문제를 해결하고자 실시하였다. [지15②] □
┗식량 생산을 대폭 늘려 일본으로 더 많은 쌀을 가져가기 위해 이른바 산미 증식 계획을 세워 추진하였다. [서22②] □
┗쌀 생산량의 증가보다 일본으로의 수출량 증가가 두드러졌다. [서15] □
┗산미 증식 계획의 추진으로 일제에 의한 식량 수탈이 늘어나면서 우리 민족의 식량 사정이 악화되었다. [기11] □
┗만주로부터 조, 수수, 콩 등의 잡곡 수입이 증가하였다. [서15] □
┗만주산 조, 콩 등 잡곡의 수입이 증대되었을 것이다. [서14] □
┗한국인의 1인당 연간 쌀 소비량이 이전보다 줄어들었다. [서15] □
┗많은 수의 소작농이 이를 통해 자작농으로 바뀌었다[x]. [서15] □
┗1920년대 이후 소작 쟁의가 격화되었을 것이다. [서14] □

[해설] 공업화로 인한 일본 내 식량 부족 문제를 해결하고자 산미 증식 계획을 수립한 것은 1920년의 일이다(~1934)(산미 증식 계획의 목적). 산미 증식 계획 결과 쌀 생산량이 늘었으나 그 이상 수탈하여 조선의 식량 부족은 더욱 나빠졌다(한국 농민의 생활은 오히려 더 궁핍해짐). 더구나 미단작화 현상(논농사 중심)이 가속화되었다. / 쌀 수탈량이 증산량보다 많아 한반도의 식량 부족 현상은 심화되었다. / 쌀이 부족해지자 만주에서 조, 콩, 수수 등 잡곡을 수입하였으나 근본적인 해결책은 되지 못하였다. / 한국인의 1인당 연간 쌀[미곡] 소비량은 (이전에 비해) 크게 감소하였다. / [서15] 산미 증식 계획의 실시로 대지주는 큰 이익을 얻었으나 중소 지주와 자작농은 몰락하였으며, 소작농의 부담도 가중되었다. / 1920년대 소작농이 증가하면서 소작농의 지위는 하락하여 지주와 소작농이 대립할 경우 일본 경찰은 지주의 편을 들었다. 이에 1920년대에는 소작 쟁의가 격화되었다.

■ 산미 증식 계획 [서15] [서14] [서13] [법11] □

• 더 많은 쌀을 일본으로 가져가기 위해 추진된 (가) 정책으로 말미암아 소작농들은 수리 조합비나 비료 대금을 비롯한 각종 비용 부담이 늘어나 자·소작농 가운데 토지를 잃고 소작농이나 화전민으로 전락하는 농민들이 많아졌다.

[해설] '더 많은 쌀을 일본으로 가져가기 위해 추진된 정책'은 1920년대에 실시된 산미 증식 계획이다(1920~1934).

• 일본은 1910년대 이후 자본주의 경제가 급속하게 발전하면서 농민들이 도시에 몰려 식량 조달에 큰 차질이 빚어졌다. 이를 해결하기 위해 ㉠ 을 추진하였는데, 이는 토지 개량과 농사 개량을 통해 식량 생산을 대폭 늘려 일본으로 더 많은 쌀을 가져가고 우리나라 농민 생활도 안정시킨다는 목표로 추진되었다.

[해설] 일본이 1910년대 이후 식량 조달에 큰 차질이 빚어지자 이를 해결하기 위해 추진하였다는 내용을 통해 '㉠'은 1920년대에 실시된 산미 증식 계획을 가리킴을 알 수 있다(~1934). 일제는 산미 증식 계획을 추진하면서 발생한 비용을 농민들에게 부담시켰으며, 쌀 생산을 강요하여 조선의 농업 구조가 논농사 중심(미단작화)으로 바뀌었다.

-
(가) 쌀 생산량과 수출량(단위 : 만석)			
연도	생산량	수출량	국내 1인당 소비량
1912~1916 평균	1,230	106	1,124(0.72석)
1917~1921 평균	1,410	220	1,190(0.69석)
1922~1926 평균	1,450	434	1,016(0.59석)
1927~1931 평균	1,580	661	919(0.50석)
1932~1936 평균	1,700	876	824(0.40석)

(나) 농가 경영별 농민 계급 구성 비율(단위 : %)				
연도	지주	자작농	자작 겸 소작농	소작농
1916	2.5	20.1	40.6	36.8
1922	3.7	19.7	35.8	40.8
1925	3.8	19.9	33.2	42.2
1928	3.7	18.3	32.0	44.9
1932	3.6	16.3	25.3	52.8

[해설] 주어진 표 '(가)'는 쌀의 생산량과 수출량이 증가한 반면 국내 1인당 소비량이 감소하였음을 보여준다. 표 '(나)'는 농민 계급 구성 표로 지주는 늘었으나 자작농이 줄고 소작농이 늘어났음을 보여준다. 표 (가)와 (나)는 1920년대 실시된 산미 증식 계획과 관련이 있다(1920~1934).

- ○ 질문: 산미 증식 계획을 실시하는 과정에서 쌀 생산은 늘어났는데 한국 농민의 생활은 오히려 궁핍해졌습니다. 그 이유는 무엇일까요?

  ○ 답변: 여러 요인이 있는데, 그중 하나는   (가)   때문입니다.

[해설] 주어진 자료 속 '(가)'에 들어갈 적절한 내용은 '수리 조합비, 비료 대금 등 비용 부담이 늘어났기'이다(해당 문제에서 주어진 선지 중 가장 적절한 내용).

- [산미 증식 계획] 수리 조합비, 비료 대금 등 비용 부담이 늘어났기 (때문입니다.) [법11] ☐
  └만주에서 잡곡을 대량 수입하였기 (때문입니다). [✗] [법11] ☐

[해설] 산미 증식 계획 결과 한국 농민의 생활이 오히려 궁핍해진 이유에 대한 답변으로 적절한 것을 묻는 문제이다. 여러 요인이 있는데, 그중 하나는 일제가 수리 조합비, 비료 대금, 곡물 운반비 등의 비용을 농민에게 증가하여 비용 부담이 늘어났기 때문이다. / 만주에서 잡곡을 대량 수입한 것은 한국 농민의 생활이 오히려 궁핍해진 이유나 원인이 아니라 결과에 해당한다(해당 문제에서는 틀린 선지가 됨).

- 연초 전매 제도에 따라 조합에 수매되는 담배* [국18] ☐

[해설] 일본인 업자에게 특혜를 준 연초 전매 제도는 1921년 4월에 공포하였다(연초전매령). 식민지 재정 수입을 늘리려는 의도에서 철도 사업과 함께 (연초) 전매 제도를 본격적으로 도입한 것이다(간접소비세적 성격으로 한국인의 부담 더욱 가중).

- 1923년 대지진이 발생했는데, 조선인들이 우물에 독을 탔다는 유언비어가 퍼져 적어도 6,000여 명의 조선인들이 학살당하였다. [서22②] ☐

[해설] 1923년 9월 1일 일본 간토[관동] 지방에서 대지진이 발생했는데, 조선인들[한국인들]이 우물에 독을 탔다는 유언비어가 퍼져 적어도 6,000여 명의 한국인이 경찰관과 자경단에 의해 학살당하는 일이 일어났다(관동 대지진[간토 대지진] 조선인 학살 사건).

- 치안 유지법을 제정하였다. [서23] ☐
  └치안 유지법이 제정되었다. [법12] [소19①] ☐
  └치안 유지법을 통해 언론·집회·결사를 탄압하였다. [경16②] ☐

└치안 유지법을 제정하여 항일 민족 운동을 탄압하였다. [기16]

└사회주의자들을 탄압하기 위해 치안 유지법을 만들었다. [법14]

└치안 유지법을 제정하는 관리 [소18②]

└치안 유지법 제정 [서24①]

└치안 유지법 [회21]

[해설] 치안 유지법이 제정(·공포)된 것은 1925년 4월의 일이다(같은 해 5월부터 시행). 1928년 4월 일부 개정하여 '국체' 변혁에 대한 조항과 '사유 재산'의 부인에 대한 조항을 분리하였고, 특히 국체 변혁을 도모하는 것에 대해서는 사형까지 가능하도록 처벌 규정을 강화하였다. 치안 유지법이 폐지된 것은 8·15 광복 직후인 1945년 10월 15일의 일이다(연합군 총사령부 명령). / 치안 유지법에 의해 사회주의자들은 물론 비타협적 민족주의자들도 탄압받았다.

■ **치안 유지법** [국20] [서18①]

- 제1조 국체를 변혁 또는 사유재산제를 부인할 목적으로 결사를 조직하거나 그 정을 알고 이에 가입하는 자는 10년 이하의 징역 또는 금고에 처함.

  제2조 전조의 제1항의 목적으로 그 목적한 사항의 실행에 관하여 협의한 자는 7년 이하의 징역 또는 금고에 처함.

[해설] 주어진 법령은 일제가 1925년 4월에 제정(·공포)한 치안 유지법이다(같은 해 5월부터 시행). 전문 및 7개 조항으로 이루어져 있다. 제1조에는 치안 유지법을 제정한 목적이, 제2조부터 5조까지는 목적 사항의 실행에 대하여 협의하거나 선동한 자 및 재산상의 이익을 공여한 자를 처벌하는 규정을 두고, 제7조에서는 국외에서의 행위도 처벌하도록 규정하였다.

- 국체를 변혁하는 것을 목적으로 결사를 조직하는 자 또는 결사의 임원, 그의 지도자로서의 임무에 종사하는 자는 사형, 무기 또는 5년 이상의 징역 또는 금고에 처한다. (중략)

  사유 재산 제도를 부인하는 것을 목적으로 결사를 조직하는 자, 결사에 가입하는 자, 또는 목적 수행을 위한 행위를 돕는 자는 10년 이하의 징역 또는 금고에 처한다. (제1조)

[해설] 주어진 자료는 1925년 4월에 제정(·공포)된 치안 유지법이다(같은 해 5월부터 시행). 천황제 및 식민 체제, 자본주의 체제를 부정하는 사회주의 단체의 조직과 활동을 금하는 것을 주된 목적으로 하였다(사실상 모든 독립운동을 처벌하는 데 적용).

- [치안 유지법으로 처벌된 사건] 김상옥의 종로경찰서 폭탄 투척 사건* [X] [서18①]

└조선 공산당 사건* [서18①]

└수양동우회 사건* [서18①]

└조선어 학회 사건* [서18①] [회17]

└치안 유지법에 의해 구금되는 독립운동가의 모습 [법24]

[해설] 의열단원 김상옥(1890~1923)의 종로경찰서 폭탄 투척 사건은 1923년 1월 12일에 발생하였다. 같은 해 1월 22일 김상옥은 피신 중 일본 경찰대와 접전하다가 순국(자결)하였다. 치안 유지법 제정 이전에 발생한 사건이다. / 조선 공산당이 처음 조직된 것은 1925년 4월이다. 이후 1928년 7월까지 네 차례에 걸쳐 조선 공산당 사건이 발생하여 관련자들이 체포되었다. / 수양동우회 사건이 발생한 것은 1937년 6월이다. / 조선어 학회 사건이 발생한 것은 1942년 10월이다. 재판이 진행 중이었던 1943년 12월에 한뫼 이윤재(1888~1943)가, 1944년 2월에 한징(1886~1944)이 옥중에서 순국하였다. / 치안 유지법은 8·15 해방 직후 연합군 총사령부의 명령에 의하여 1945년 10월 15일 폐지되었다.

※ 단순히 치안 유지법 자체를 묻는 문제가 아니라 치안 유지법으로 처벌된 사건을 묻는 문제는 개별 사건들이 어떤 법으로 처벌되었는지를 알아야 하는, 따지고 보면 무척 고난도의 문제이다. 그리고 자칫 출제 범위를 벗어날 수 있지만, 지나치게 지엽적이고 세세한, 그래서 사실은 불필요한 내용을 다룬 다른 고난도 문제에 비해서는 나름 역사적 의미도 있는, 좋은 의미의 '고급스러운' 고난도 문제라 볼 수 있다.

주제 57 일제의 민족 말살 통치와 전시 동원 체제

1 병참 기지화 정책

- 만주 사변 발생 [국23] □
  └ 만주 사변 [지16①] [회15] [소18②] □
  └ 만주 사변(1931년) [법20] □

[해설] 일본 관동군에 의해 만주 사변이 발생한 것은 1931년 9월의 일이다(1931.9.18). 이후 일제의 만주 침략이 본격화되었고 이듬해 일제의 괴뢰국인 만주국이 세워졌다(1932.3).

- 1930년대 이후 전쟁이 시작되면서 보통 경찰제가 헌병 경찰제로 바뀌었다[x]. [경13①] □

[해설] (1910년대에 실시하던) 헌병 경찰제는 '문화 통치'가 시행된 1920년대부터 보통 경찰제로 바뀌었다.

- 원료 확보를 위한 남면북양 정책이 추진되었다. [국23] □
  └ 공업 자원의 확보를 위하여 남면북양 정책을 시행하였다. [국21] □

[해설] (공업) 원료 확보를 위한 남면북양 정책이 추진된 것은 1932년부터의 일이다(1932.9). 한반도의 남쪽에는 목화를 재배하도록 하고, 북쪽에는 양 사육을 강요한 것으로, 일제의 이른바 공업 원료 증산[수탈] 정책이다(일제 패망 시까지 시행).

- 1930년대 이후 일제는 일본을 발전된 공업 지역으로, 만주를 농업과 원료 생산 지대로 만들고, 한반도를 경공업 중심의 중간 지대로 만들기 위해 조선 공업화 정책을 펼쳤다. [경14①] □
  └ 일본 자본가들의 과잉 자본을 조선에 투자하고, 전쟁에 필요한 필수품 조달을 위해 군수 공업을 위주로 하는 공업화 정책이 추진되었다. [서22②] □

[해설] 1930년대 이후 일제가 추진한 조선 공업화 정책에 대한 설명이다. / 일본 자본가들의 과잉 자본을 조선에 투자하고, 전쟁에 필요한 필수품 조달을 위해 군수 공업을 위주로 하는 공업화 정책이 (본격적으로) 추진된 것은 산미 증식 계획이 중단된 1934년부터의 일이다(남면북양 정책을 포함한 병참 기지화 정책 추진).

조선 공업화 정책 [회24] □

만주 사변을 일으킨 일제는 전쟁 물자의 효율적 생산과 안전한 수송을 위하여 조선 공업화를 추진하기 시작하였다.

[해설] 일제가 만주 사변을 일으킨 것은 1931년 9월의 일이다(1931.9.18). 이듬해인 1932년 3월 1일, (일제에 의해) 만주국이 세워졌다.

- 부전강과 허천강에 발전소를 건설하였다.* [회21] □

[해설] 부전강에 (수력)발전소를 건설한 것은 1920년대 중반부터이다. 1929년에 제1발전소가 처음 준공되었다(이후 일제 강점기에 제4발전소까지 준공, 8.15 해방 이후인 1961년에 제5·6발전소 완공). 또 허천강에 (수력)발전소를 건설하기 시작한 것은 1937년으로 1940년에 제1·제2발전소가, 1943년에 제3·제4발전소가 준공되었다. 부전강과 허천강 모두 함경남도에서 발원하는 강이다.

- 산미 증식 계획이 폐지되었다. [국23] □

[해설] 산미 증식 계획이 폐지[중단]된 것은 1934년의 일이다(1920~1934). 농업 공황으로 인한 쌀 가격의 폭락과 조선 쌀의 수출에 따른 일본의 농촌 경제 악화 때문이었다.

- 일제는 수풍 발전소와 흥남 질소 비료 공장을 건설하였다.* [회19] □

[해설] 일제가 (평안북도에) 수풍 발전소를 건설한 것은 1937년 10월의 일이다(1943년 11월 준공). 그런데 (함경남도) 흥남 질소 비료 공장이 건설되기 시작한 것은 1927년 5월의 일이다(정식 명칭은 조선 질소 비료 주식회사, 노구치 재벌).

- 일제는 중일 전쟁을 일으키고 한반도를 병참 기지로 이용하였다. [회19] □

[해설] 일제가 중일 전쟁을 일으킨 것은 1937년 7월의 일이다. 이때 일제는 한반도를 중국 침략을 위한 병참 기지로 이용하였다.

2 농촌 진흥 운동

- 농촌 경제의 안정화를 명분으로 농촌 진흥 운동을 전개하였다. [국11] □
  └우가키 총독이 농촌 개발을 명분으로 농촌 진흥 운동을 주장하였다. [지13] □
  └농촌 진흥 운동을 홍보하는 조선 총독부 직원의 모습 [법24] □

[해설] (농민의 자력갱생을 내세운) 관제 농민 운동인 농촌 진흥 운동이 전개되기 시작한 것은 1932년의 일이다(~1940).* / 우가키 총독(집권 1931-1936, 제6대)**이 농촌 개발을 명분으로 농촌 진흥 운동을 주장한 것은 1932년이다.

*농촌 진흥 운동은 1940년 12월 국민 총력 운동이 본격화됨에 따라 막을 내렸다.
**우가키 가즈시게(1868~1956)는 1927년에도 임시로 총독이 된 바 있다.

- 춘궁 퇴치, 농가 부채 근절을 목표로 내세웠다. [국21] □
  └춘궁 퇴치·자력갱생 등을 내세웠다. [지15②] □

[해설] 농민들의 소작 쟁의가 격렬해지자 일제는 1930년대에 이르러 농민 회유책의 일종으로 춘궁 퇴치, 농가 부채 근절을 목표로 내세운 일종의 관제 사업인, 농촌 진흥 운동을 펼쳤다(1932~1940). '춘궁 퇴치, 차금(借金) 퇴치, 차금 예방'의 세 가지 목표를 내세우고, 조선 농촌의 '자력갱생'을 도모한다고 선전하였다.

- 소작농을 보호한다는 명목으로 소작 조정령을 발표하였다. [지15②] □

[해설] 소작농을 보호한다는 명목으로 (조선) 소작 조정령을 발표[제정]한 것은 1932년 12월의 일이다(1933년 2월부터 시행). 지주와 소작농 사이에 분쟁이 발생하면 당국에 조정 신청을 하도록 하였는데 대규모의 소작 쟁의가 발생하지 못하도록 하기 위한 목적으로 실시되었다.

3 황국 신민화 정책

- 우리 민족을 일본 국민으로 동화시키기 위해 민족 말살 정책을 추진했다. [서22②] □
  └황국 신민 서사 암송, 창씨개명 강요 등을 통해 일제는 우리 민족의 정체성을 파괴하려 하였다. [기11] □

[해설] 우리 민족을 일본 국민으로 동화시키기 위해 민족 말살 정책을 본격적으로 추진한 것은 일제 강점기 말, 정확하게는 중일 전쟁이 발발한 1937년 7월 이후부터의 일이다.

- 일본에 충성하자는 황국 신민 서사를 암송하게 하였다. [국21] □
  └황국 신민 서사 암송을 강요하였다. [소19①] □
  └황국 신민 서사를 암송하는 학생 [소18②] □
  └황국 신민 서사를 암송하는 청년 [국23] □
  └'황국신민서사'를 아동은 물론 성인에게도 암송하도록 강요하였다. [지16①] □
  └학생들이 황국 신민 서사를 암송하였다. [법16] □

[해설] 일본에 충성하자는 황국 신민 서사를 만들어 암송하게 한 것은 중일 전쟁 발발 직후인 1937년 10월부터이다. 황국 신민 서사에는 중등학교 이상 일반인용[성인용]과 아동용, 두 종류가 있었다.

■ 황국 신민 서사(중등학교 이상 일반인용) [서23]

- 1. 우리는 황국 신민이다. 충성으로써 군국(君國)에 보답한다.
  2. 우리들 황국 신민은 서로 믿고 아끼고 협력하여 단결을 공고히 한다.
  3. 우리들 황국 신민은 괴로움을 참고 몸과 마음을 굳세게 하는 힘을 길러 황도(皇道)를 선양한다.

[해설] 주어진 자료는 황국 신민 서사, 그중에서도 중등학교 이상 일반인용 황국 신민 서사임을 알 수 있다(기타 '아동용'* 있음). 황국 신민 서사는 중일 전쟁이 발발한 직후인 1937년 10월부터 암기하여 제창하도록 강제되었다.

*황국 신민 서사(아동용)
1. 저희는 대일본 제국의 신민(臣民)입니다.
2. 저희는 마음을 합하여 천황 폐하에게 충의(忠義)를 다합니다.
3. 저희는 괴로움을 참고 몸과 마음을 굳세게 하여 훌륭하고 강한 국민이 되겠습니다.

■ 일제의 황국 신민화 정책과 전시 동원 [지16①]

- ○ 일제는 한민족을 일본인으로 동화시켜 '충성스럽고 선량한 황국 신민'으로 만들기 위하여 황국 신민화 정책을 본격적으로 추진하였다.
- ○ 일제는 한국의 엄청난 자원을 약탈하고, 한국인을 침략 전쟁에 동원하기 위해 끌고가 강제 수용하고 노예처럼 혹사시켰다.

[해설] 일제 강점기 말에 추진된 일제의 황국 신민화 정책과 전시 동원 정책에 대한 설명이다.

- 아침마다 궁성 요배를 강요하였다. [국21]
  └ '궁성 요배'라 하여 서울의 남산을 비롯하여 전국 각지의 중요한 장소에 신사를 세우고 예배하도록 하였다[X]. [지16①]
  └ 일제는 대륙 침략을 본격화하면서 신사 참배를 강요하였으며, 이에 저항하는 종교 교단과 지도자들을 박해하였다.

[경14②]

[해설] 아침마다 궁성 요배*를 강요한 것은 1937년 중일 전쟁 발발 이듬해인 1938년부터의 일이다. 1938년 2월 조선 총독부는 매월 1일을 애국일로 지정해놓고 '신사 참배'를 강요했으며, 예배당에 국기를 게양해 놓고, 예배 전에 국기에 경례를 하고, 황궁을 향해 절하는 '황궁 요배'를 하고, 국가(기미가요)를 부른 후에, 일왕에게 충성을 다짐하는 '황국 신민 서사'를 암송하고 '묵도'하게 하였다. / 경성[서울]의 남산을 비롯하여 전국 각지에 세워진 신사(神社)에서 예배하는 행위는 궁성 요배가 아니라 신사 참배이다(주의).

*궁성 요배: 일왕의 궁성이 있는 방향(도쿄 궁성)으로 고개를 숙여 매일 아침 절을 하도록 하였다. '황성 요배(타이완)', '황거 요배', '동방 요배(만주국)' 등으로도 불렸다.

- 창씨개명 조치가 시행되었다. [국22]
  └ 일본식 성과 이름으로 고치는 창씨개명을 시행하였다. [지15②]

[해설] 한민족의 민족정신을 말살하기 위하여 성씨와 이름을 일본식으로 고치는 창씨개명 조치가 시행된 것은 1940년 2월부터이다. 1936년 6월 새 조선 총독으로 임명된 미나미 지로는 내선일체를 내세우며 한국인의 황민화를 꾀했으며 그 일환으로 1939년 11월 조선민사령(제령 제19호)을 개정하여 창씨개명과 서양자 제도*를 신설하였다.

*서양자(婿養子) 제도: '서양자'란 사위를 삼을 목적으로 입양시키는 양자를 뜻한다. 양친자 관계의 발생 또는 소멸이 전적으로 혼인 관계의 발생이나 소멸에 따르는 점에서 양자(제도)와 다르다. 우리나라의 전통적 제도가 아니기 때문에 서양자로서의 신고 사례는 거의 없었다.

■ **소설 속에 묘사된 창씨개명** [법16]

김군과 그의 아버지는 경찰서에 가서 새로운 이름을 등록해야 했다. 새 이름은 귀에 설게 들렸다. '이와모토' 새 이름을 입에 담아 보았다. 우리의 새 이름, 나의 새 이름, '이와' - 암석(岩), '모토' - 토대(本), '이와모토' -岩本. '그래, 이게 우리의 다른 이름, 일본식 이름이야.'
- 재미 동포 리처드 김의 자전적 소설 -

[해설] 1940년 2월부터 시행된 '창씨개명'에 대한 것임을 알 수 있다. 참고로 제시된 자료는 재미 소설가 김은국(1932~2009)의 『잃어버린 이름』이라는 자전적 소설이다(1979).

- [제3차 조선 교육령 개정] 조선 교육령을 개정하여 황국 신민화 정책을 실시하였다. [회15]
  - 1930년대에 들어와서 한국인의 반일 감정을 무마하기 위하여 조선어를 선택 과목으로 규정하고, 최초의 대학 기관인 경성 제국 대학을 설립하였다[X]. [경14②]
  - 보통학교 명칭을 소학교로 개칭 [서24①]
  - 조선어가 선택 과목이 되었다. [경21①]

[해설] 조선 교육령을 개정하여 황국 신민화 정책을 실시한 것은 제3차 개정 때의 일이다(1938.3). / [경14②] 일제가 제3차 조선 교육령 개정을 통해 조선어[국어와 국사]를 필수 과목에서 수의(隨意) 과목, 즉 선택 과목으로 변경한 것은 옳다. 하지만 경성 제국 대학을 설립한 것은 (1930년대가 아니라) 1920년대인 1924년의 일이다(예과 먼저 개설). 경성 제국 대학 관련 선지 및 해설 참조 / [서24①] 제3차 조선 교육령에서 보통학교 명칭을 '소학교'로 개칭하였다. 고등 보통학교는 '중학교', 여자 고등 보통학교는 '고등 여학교'로 개칭되었다.

■ **제3차 조선 교육령** [경18②]

- 제1조 소학교는 국민 도덕의 함양과 국민 생활의 필수적인 보통의 지능을 갖게 함으로써 충량한 황국 신민을 육성하는 데 있다.
  제13조 심상 소학교의 교과목은 수신, 국어(일어), 산술, 국사, 지리, 이과, 직업, 도화, 소공, 창가, 체조이다. 조선어는 수의 과목으로 한다.

[해설] 주어진 법령 제13조에서 수의(隨意) 과목이란 곧 선택 과목을 뜻한다. 이를 통해 1938년 3월에 개정된 제3차 조선 교육령임을 알 수 있다.

- 황국 신민 의식을 강화하고자 소학교를 국민학교로 개칭하였다. [국21]
  - 초등 교육 기관의 명칭이 국민학교로 변경되었다. [국22]
  - 소학교 대신 국민학교라는 명칭을 사용토록 하였다. [법14]
  - 소학교가 국민학교로 개칭되었다. [경21①]
  - 국민학교령을 공포하여 수신 교육을 강화하였다. [회21]
  - 소학교에 등교하는 조선인 학생 [국23]
  - 국민학교에 등교하는 학생의 모습 [법24]

[해설] 황국 신민 의식을 강화하고자 초등 교육 기관의 명칭을 (소학교에서) '국민학교'로 변경된 것은 1941년 3월의 일이다(제3차 조선 교육령 일부 개정, '국민학교령'). 참고로 김영삼 정부 시기인 1995년 8월 11일 "일제의 잔재를 깨끗이 청산하고 민족정기를 바로 세우기 위해 국민학교의 명칭을 변경한다"는 발표와 함께 1996년 3월 1일부로 '초등학교(初等學校)'로 명칭을 변경하였다. / 초등 교육 기관의 명칭이 보통학교에서 소학교로 다시 변경된 것은 제3차 조선 교육령 때인 1938년 3월의 일이다(1895년에 소학교령, 1906년에 보통학교령).

- 내선일체, 황국 신민화 등이 제창되어 우리말과 글을 사용할 수 없게 되었다. [회15]

[해설] 일제 강점기 말에 이르러 일제는 조선인을 '황국 신민' 즉 일본인으로 만들기 위한 여러 가지 황국 신민화 정책을 시행하였다. 신사 참배, 궁성 요배, 국기 게양, 황국 신민 서사 제창, 기미가요 보급, 일본어 보급, 지원병 제도 실시, 제3차 조선 교육령 개정, 창씨개명 등이 그러한 황민화 정책에 속한다.

- [제4차 조선 교육령] 조선어 교육을 폐지하였다. [서13] ☐

[해설] 조선어와 조선사[한국사] 교육을 폐지한 것은 1943년 4차 교육령에서이다(1943.3). 개정의 목적을 황국(皇國)의 도(道)에 입각한 국민연성(國民鍊成)에 두었다.

4 억압 통치 강화

- 조선 사상범 보호 관찰령 [회21] ☐
  └ 조선 사상범 보호 관찰령 제정 [서24①] ☐

[해설] (치안 유지법 위반자를 감시하기 위해) 조선 사상범 보호 관찰령이 제정(·공포)된 것은 1936년 12월의 일이다(1936.12.12). 치안 유지법 위반자 중 집행 유예나 형집행 종료 또는 가출옥한 자들을 보호관찰할 수 있도록 한 법령으로, 독립운동 관련자들을 계속 감시하기 위한 악법이다. 나아가 1941년 2월에는 실질적인 행위가 없더라도 범죄를 일으킬 우려가 있다는 자의적인 판단만으로 사상범을 체포·구금할 수 있도록 한 조선 사상범 예방 구금령이 제정(·공포)되었다(1941.2.12)(같은 해 3월 10일부터 시행).

- 조선 사상범 예방 구금령을 제정하였다. [서23] ☐
  └ 조선 사상범 예방 구금령이 제정·공포되었다. [법21] ☐
  └ 조선 사상범 예방 구금령 [회21] ☐

[해설] 조선 사상범 예방 구금령이 제정·공포된 것은 1941년 2월의 일이다.

- 조선어 학회 사건이 발생하였다. [법12] ☐
  └ 조선어 학회를 강제로 해산시켰다. [서13] ☐
  └ 일제는 한글 연구로 민족의식이 고취되는 것을 막기 위해 조선어 학회를 강제로 해산시켰다. [경18②] ☐
  └ 조선어 학회 사건으로 옥고를 치렀다. [지20] ☐

[해설] 일제가 조선어 학회 사건을 일으켜 조선어 학회를 강제로 해산시킨 것은 1942년 10월의 일이다. / [법12] 이때는 제3차 조선 교육령이 제정·공포(1938.3)되어 적용을 받던 시기이다(해당 문제에서 제2차 조선 교육령을 자료로 제시하고 해당 법령의 시행기에 있었던 사실을 물음).

- 한글을 사용하는 신문과 잡지를 강제 폐간시켰다. [법14] ☐

[해설] 한글을 사용하는 신문과 잡지를 강제 폐간시킨 것은 1940년 8월의 일이다. 동아일보와 조선일보도 이때 폐간되었다(1940.8.10)(총독부 기관지 매일신보만 남음).

5 전시 동원 체제 강화

- 중일 전쟁 발발 [회22] ☐
  └ 중·일 전쟁 [지16①] [소18②] ☐
  └ 중·일 전쟁(1937년) [법20] ☐
  └ 중국 본토에서 중일 전쟁이 발발하였다. [법21] ☐
  └ 일제가 중·일 전쟁을 일으키자 각지의 무장 세력을 결집할 필요가 있었다. [법11] ☐

[해설] 중국 본토에서 중일 전쟁이 발발한 것은 1937년 8월의 일이다(1937.8.15. 전면전 발발, 같은 해 7월 7일 루거우차오 사건 발생).

- 육군 특별 지원병령을 제정하여 지원병을 선발하였다. [국18] ☐
  └ 육군 특별 지원병령 공포 [회22] ☐

[해설] 육군 특별 지원병령이 제정·공포된 것은 1938년 2월의 일이다(같은 해 4월부터 시행). 참고로 해군 특별 지원병령이 1943년 7월에 제정·공포되면서 지원병 제도는 해군으로까지 확대되었다.

육군 특별 지원병 제도 [서24②]

지금 조선에서는 지원병 제도가 실시되어, 겨우 3년 만에 벌써 그 지망자 10만을 헤아리게 되었으니 …(중략)… 한 사람이라도 더 많이 지원시켜서 모두 다 군복 입혀 총 메어 저 교련하는 마당에 세워 주세요. -『삼천리』-

[해설] 육군 특별 지원 지원병제가 처음 생긴 것은 1938년 2월의 일이다. 그러다 1943년 10월에 학도 지원병제가 실시되면서부터 학생[학도]들도 모집 대상이 되었다. 이듬해인 1944년 4월부터는 징병제가 실시되었다(같은 해 8월까지 제1기 징병 검사 실시). 주어진 자료는 당시 잡지 『삼천리』의 사장이자 문인[시인]이었던 파인 김동환(1901~?)(친일 반민족 행위자)의 글이다('국방 관념과 상무열의 고취')[『삼천리』제12권 제7호, 1940.7.1].

• 『국가 총동원법』이 제정되었다. [국23]
└ 국가 총동원법이 선포되었다. [소19①]
└ 국가 총동원법이 시행되었다. [법16]
└ 국가 총동원법을 제정하여 인력과 물자를 수탈하였다. [기16]
└ 전쟁 물자 동원을 내용으로 한 국가 총동원법이 적용되었다. [국22]
└ 일제가 태평양 전쟁을 일으킨 이후 제정하였다[✗]. [국17②]
└ 『국가 총동원법』이다. [국17②]
└ 국가 총동원법 제정 [소18②]
└ (가) - 국가 총동원법 제정 [회22]
└ 국가 총동원법 [회21]

[해설] 국가 총동원법이 제정·공포된 것은 1938년 4월의 일이다(같은 해 5월 5일부터 시행)(총 50개 조와 부칙으로 구성). 이 법은 처음에 일본 내지[본국]에만 적용되었다가 곧 칙령 제316호로 동법을 조선, 타이완(臺灣) 및 가라후토(樺太, 남사할린)에서도 일본 내지와 동일하게 시행한다고 공포되었다. 당시 일본 본토인 내지와 식민지인 외지 사이의 법 적용이 달랐으므로, 법 시행을 동일하게 하기 위하여 이와 같은 조치를 취한 것이다. 일제가 태평양 전쟁을 일으킨 것은 1941년 12월 8일의 일이다.

• '만보산 사건'을 일으키기 직전에 국가 총동원법을 제정·공포하였다[✗]. [지16①]

[해설] 만보산 사건은 1931년 중국 지린성에서 일제의 농간으로 조선인과 중국인이 벌인 유혈 사태이며, 한국의 인적·물적 자원 수탈을 위한 국가 총동원법은 1938년 4월에 제정·공포되었다(5월부터 시행).

국가 총동원법 [국18] [국17②] [지15②] [서22①] [법21] [법14]

제1조 국가 총동원이란 전시에 국방 목적을 달성하기 위해 국가의 전력을 가장 유효하게 발휘하도록 인적 및 물적 자원을 운용하는 것이다. (중복 출제)

제2조 정부는 전시에 국가 총동원상 필요할 때는 정하는 바에 따라 제국 신민을 징용하여 총동원 업무에 종사하게 할 수 있다. [서22①]

제4조 정부는 전시에 국가 총동원상 필요하다고 인정될 때에는[필요할 때에는] 칙령이 정하는 바에 따라서[따라] 제국 신민을 징용하여 총동원 업무에 종사하도록[종사하게] 할 수 있다. (중복 출제)

제4조 제국 신민을 징용하여 총동원 업무에 종사하게 할 수 있다. 단 병역법의 적용을 방해하지 않는다. [법21]

제7조 정부는 칙령이 정하는 바에 따라 노동 쟁의의 예방 혹은 해결에 관한 명령, 작업소 폐쇄, 작업 혹은 노무의 중지 …(중략)… 등을 명할 수 있다.

> 제7조 노동 쟁의의 예방 혹은 해결에 관하여 필요한 명령을 내리거나 작업소의 폐쇄, 작업 혹은 노무의 중지 등 노동 쟁의에 관한 행위의 제한 혹은 금지를 행할 수 있다. [법21]
>
> 제8조 정부는 전시에 국가 총동원상 필요할 때는 칙령이 정하는 바에 따라 물자의 생산·수리·배급·양도 및 기타의 처분·사용·소비·소지 및 이동에 관해 필요한 명령을 내릴 수 있다. [서22①]
>
> 제8조 정부는 전시에 국가 총동원상 필요할 때는 칙령이 정하는 바에 따라 물자의 생산, 수리, 배급, 양도, 기타의 처분, 사용, 소비, 소지 및 이동에 관하여 필요한 명령을 내릴 수 있다. [법14]
>
> 제8조 물자의 생산·수리·배급·양도 기타의 처분, 사용·소비·소지 및 이동에 관하여 필요한 명령을 내릴 수 있다. [법21]
>
> [해설] 전시에 '국가 총동원상' 필요하다고 인정될 때에는 제국 신민을 징용할 수 있다는 내용과 칙령이 정하는 바에 따라 노동 쟁의의 예방 혹은 해결에 관한 명령 등을 명할 수 있다는 내용으로 미루어 볼 때 중일 전쟁 이듬해인 1938년 4월에 일제가 제정·공포한 국가 총동원법을 가리킴을 알 수 있다(5월 시행). 전쟁 수행에 필요한 인적(노동력)·물적 수탈을 목적으로 한 법이다.

- 국민 총동원령이 발표되어 징병, 징용, 학도병 등으로 우리 민족은 일본의 전쟁터로 끌려가게 되었다. [기11] ☐

[해설] 국가 총동원법에 의해 '국민 총동원령'이 내려질 수는 있지만 일제 강점기 말에 그와 같은 명칭으로 내려진 명령은 없다. 국가 총동원법의 오기가 아닌지 추정한다. 그렇지 않다면 선지의 문장에 제시된 그대로 각종 개별 하위 동원 법령들을 묶어, 즉 일반화해서 칭한 경우가 아닌지 판단된다.

- (가) - 가격 등 통제령 제정* [회22] ☐

[해설] (상인의 폭리 행위와 투기적 모리배 행위를 금지하기 위해) 가격 등 통제령이 제정된 것은 1939년 9월의 일이다.

- 기업 정비령과 기업 허가령을 시행하여 기업 통제를 강화하였다.* [서23] ☐

[해설] 기업 허가령을 시행한 것은 1941년 12월, 기업 정비령을 시행한 것은 1942년 5월의 일이다(추진 기관으로 조선 중요 물자 영단 설립). 일제는 기업 정비를 명분으로 한국인의 기업을 일제 독점 자본의 군수 하청 공장으로 재편성하였다.

- 징병과 징용을 실시하였다. [서13] ☐

[해설] 일제는 전쟁에 필요한 인력 확보를 위해 1939년 10월 징용령을(일본 내지[본국] 적용), 1944년 4월에는 징병제를(한국 적용) 실시[시행]하였다.

- 국민 징용령을 공포하였다. [서22①] ☐
  - 노동력 동원을 위해 국민 징용령을 시행하였다. [소22] ☐
  - 국민 징용령을 공포하여 강제적인 노무 동원을 실시하였다. [국18] ☐
  - 국민 징용령을 근거로 한국인이 공장에 강제 동원되었다. [법16] ☐
  - 국민 징용령, 임금 통제령 등을 시행하여 조선인 노농력을 통제하고자 하였다.* [회18] ☐

[해설] 일제가 국민 징용령을 제정·공포한 것은 1939년 7월이고, 시행한 것은 같은 해 10월의 일이다. 조선 총독부가 임금 통제령을 조선에서 시행한 것은 1939년 8월이다(일제 본국에서는 같은 해 3월 발령).

- 태평양 전쟁 발발 [국23] ☐
  - 진주만 기습 [회22] ☐

[해설] 일제의 미국 진주만 기습으로 태평양 전쟁이 발발한 것은 1941년 12월의 일이다(1941.12.8).

- 한정된 물자를 군수 공업에 집중시키기 위해 생활필수품 통제령을 실시하였다.* [회18] ☐
  - 물자 통제령을 공포하여 배급제를 확대하였다.* [국18] ☐

[해설] 물자 통제령으로 철강재, 전력, 식량 등 전쟁 물자에서부터 생활필수품에 이르기까지 배급 제도를 확대하였다(1941.12). 같은 해 4월에 이미 생활필수품[생활필수물자] 통제령이 공포된 바 있는데 이를 더욱 확대한 것이다.

- 1940년대 전시 동원 체제 하에서 세금을 늘리고 저축을 강요하여 마련된 자금은 군수 기업에 집중 지원되었다. [경14①] □

[해설] 1941년 12월 태평양 전쟁을 일으킨 일제는 세금을 늘리고 저축을 강요하면서 마련된 자금을 군수 기업에 집중적으로 지원하였다(7차 고등학교 국사 교과서, 일부 내용 변형).

- 학도 지원병 제도가 실시되었다. [국20] □
  └학도 지원병제를 실시하였다. [회24] □
  └학도 지원병 제도를 강행하여 학생들을 전쟁터로 내몰았다. [국11] □
  └(나) - 학도 지원병제 실시 [회22] □
  └지원병 – 학생들도 모집 대상이었다. [지19] □
  └지원병 – 처음에는 징병제에 따라 동원되기 시작하였다[x]. [지19] □

[해설] 일제 강점기 말에 (육군) 지원병제가 처음 생긴 것은 1938년 2월의 일이다. 그러다 학생들도 모집 대상이 된 것은 1943년 10월에 학도 지원병제가 실시되면서부터이다. 그리고 이듬해인 1944년 4월부터 (강제적) 징병제가 실시되었다(같은 해 8월까지 제1기 징병 검사 실시). 요컨대 징병제는 지원병제 이후에 실시되었다(1944.4).

- 학도 지원병제와 징병제를 시행하였다. [서22①] □

[해설] 학도 지원병제가 시행된 것은 1943년 10월이고, 징병제가 시행된 것은 1944년 4월의 일이다.

- 군 인력 보충을 위해 처음에 '징병 제도'를 실시했으나 이후에는 '지원병 제도'로 바꾸었다[x]. [지16①] □

[해설] 전쟁을 수행하기 위해 일제는 처음 (육군) 지원병 제도(1938.2)를 실시하였으며, 이후 이를 강화한 (학도) 지원병 제도(1943.10), 징병 제도(1944.4)를 연이어 실시하였다.

■ **일제 강점기 말의 징병(자서전)** [지13] □

7월 20일, 학생들과 체조를 하고 있었는데 면사무소 직원이 징병 영장을 가져왔다. 흰 종이에는 '징병영장' 그리고 '8월 1일까지 함경북도에 주둔한 일본군 나남 222부대에 입대하라'고 적혀 있었다. 7월 30일, 앞면에는 '무운장구(武運長久)' 뒷면에는 '축 입영'이라고 적힌 붉은 천의 어깨 띠를 두르고 신사를 참배한 후 순사와 함께 나룻배를 타고 고향을 떠났다. 용산역에서 기차를 탈 때까지 순사는 매섭게 나를 감시하였다.

[해설] '징병 영장', '신사 참배' 등을 통해 민족 말살 정책과 전시 동원 체제임을 알 수 있다. 특히 1944년 4월부터 징병제가 시행되었다(출처 확인 불가)(2009 개정 검정 고등학교 한국사 교과서 출처 추정).

- 근로 보국대 일원으로 공사장에서 일하는 아주머니* [회19] □

[해설] 근로 보국대가 조직되기 시작한 것은 1938년 7월 이후의 일이다. 중일 전쟁 도발 후 공포한 국가 총동원법(1938.4)과 함께 각종 통제 법령의 대상인 '상시 요원'에 포함되지 않는 '임시 요원'인 학생, 여성, 농촌 노동력을 근로 보국대라는 이름으로 강제 동원하였다. 도로, 철도, 비행장, 신사(神社) 등의 건설에 동원하였는데, 때로는 일제의 군사 시설 건설에도 파견되었다.

- 여자 정신 근로령을 통해 여성에 대한 강제 동원이 이루어졌다. [서23] [회15] □
  └여자 근로 정신령을 만들었다. [서22①] □
  └여자 정신 근로령 제정 [서24②] □
  └여자 정신대 근로령 공포 [회22] □

[해설] (한국인 여성을 강제 동원한) 여자 정신(대) 근로령이 제정·공포된 것은 1944년 8월의 일이다('여자 근로 정신령'이라고도 함).

- 정신대 – 국민 징용령에 근거한 조직이었다[×]. [지19] ☐
  └정신대 – 물자 공출 장려를 목표로 결성하였다[×]. [지19] ☐

[해설] 국민 징용령이 생긴 것은 1939년 7월의 일이다(10월 시행). 이후 1944년 8월에 이르러 한국인에게도 확대 적용한 강제 징용으로 바뀌었다(만 16세 이상 40세까지의 남자). 그리고 '정신대'는 국민 징용령이 아니라 여자 정신 근로령에 근거한 조직이다(1944.8). '정신대(挺身隊)'는 물자 공출 장려가 아니라 인력 수탈을 목표로 결성된 것이다.

■ 신고산 타령 [지19][서23] ☐

- 신고산이 우르르 함흥차 가는 소리에
  ㉠ 지원병 보낸 어머니 가슴만 쥐어뜯고요.
  …(중략)…
  신고산이 우르르 함흥차 가는 소리에
  ㉡ 정신대 보낸 어머니 딸이 가엾어 울고요.

[해설] '신고산이 우르르 함흥차 가는 소리에'가 반복되는 함경도 지방의 (신)민요인 '신고산 타령'이다('어랑 타령'이라고도 부름). 원래는 1914년 경원선 개통 이후 함남 도청 소재지였던 함흥으로 봇짐을 싸서 떠나는 한 여인을 안타깝게 노래한 내용이었으나 태평양 전쟁 이후 민요 가사를 바꿔 불러 당시의 전시 체제를 비판하는 노래가 되었다.

- 신고산이 우르르 화물차 가는 소리에
  금붙이 쇠붙이 밥그릇마저 모조리 긁어 갔고요.
  어랑어랑 어허야
  이름 석 자 잃고서 족보만 들고 우누나.

[해설] 위와 같은 내용의 자료이다(위 자료 다음에 나오는 내용).

- 쌀·잡곡에 대한 배급 제도와 공출 제도가 실시되었다. [지15②] ☐
  └미곡 공출제와 식량 배급제를 실시하였을 것이다. [서14] ☐
  └공출제를 실시하여 미곡을 강제로 거두었다. [소22] ☐

[해설] 쌀·잡곡에 대한 (식량) 배급 제도를 실시한 때는 1939년이며, 미곡 공출제가 (본격적으로) 시행된 것은 1941년부터이다. 일제(조선총독부)는 1939년 말에 조선 미곡 통제령, 조선 미곡 배급 조정령을 제정·공포하여 조선 쌀의 통제를 제도화하고 공출 및 배급 제도를 실시하였으며, 1941년 미곡년도부터 수이출 미곡만이 아니라 조선 내 소비에 대해서도 공출하면서 공출제가 본격화되었다. 미곡 강제 공출이 시행된 것은 1944년 6월의 일이다. / 식량 배급 정책은 1939년 대한해(大旱害)에 대한 대책으로 마련된 「식량배급계획요강」(1939.10.16)이 효시이다. 한해지(旱害地)의 식량 대책으로 수립된 것이다. 이어 1940년 5월부터 전 도시 지역에 식량 배급이 이루어졌다. 식량 배급 방법은 처음에 전표제(매출표제)에 의해 실시되었으며, 1943년부터 통장제로 일원화되었다. 배급량은 1941년에는 일반 성인 1일 2합7작, 노동자 6합이었으나 점차 배급량이 감소하였으며, 배급 식량 중 잡곡 비율도 계속 증가하였다. 농촌 지역에는 처음에는 '자기 소비량'을 인정하였으나 1943년부터는 전량 공출하고 도시 거주자와 마찬가지로 배급을 받도록 하였다(농민에게는 특배의 형태로 만주좁쌀, 콩깻묵 등의 대용식을 배급하였으나 이것도 부족하여 농민들은 사실상 초근목피를 일상식하함).

※일제 법령들 중에서는 일본 본토에서 제정·시행하는 것과 당시 식민지 조선[조선 총독부]에서 이를 다시 적용하여 제정·시행하는 것 사이에 명칭 및 시간적 차이가 발생하는 경우가 많다. 그런데 관련 서적과 백과사전 등에서 관련 내용을 명확히 구분하여 기술하지 않아 혼동을 야기하곤 한다. 하지만 일제 강점기 시대 문제는 모두 1910년대와 1920년대, 30년대 후반 이후의 강점기 말로 시기를 구분하여 내기 때문에 문제를 푸는 데에는 큰 지장이 없다(같은 시기의 문제를 내다가는 질문이나 자료, 선지 등에서 명확하게 진술하지 않는 한 자칫 출제 오류를 범하기 쉬움).

- 조선 식량 관리령을 시행하여 곡물을 강제로 공출하였다. [서23] ☐
  └미곡 공출 제도를 실시하였기 (때문입니다.) [법11] ☐

[해설] 조선 식량 관리령이 시행[제정·공포]된 것은 1943년 9월의 일이다(실행 기관으로 조선 식량 영단 설립). / 미곡 공출 제도가 실시된 것은 1941년부터이다. 1939년 대흉작으로 식량 사정이 악화된 가운데 전시 군량을 확보하기 위해서였다. 일제는 1939년 '미곡 배급(조합) 통제법'을 제정하

여 미곡의 시장 유통을 금하고 농민의 자가 소비분 대부분까지도 헐값으로 강제 공출시켰다. 이어 1943년에는 '식량 관리법'을 제정하여 맥류·면화·마류(麻類)·고사리 등 40여 종에 대해서까지 공출 제도를 확대·적용하였다.

■ 일제 강점기 말의 상황 [회21] [소18②] □

- 말을 막 배우는 아이의 첫마디와 죽어 가는 노인의 마지막 말, 그것이 '하이큐[배급]'라는 말을 우리는 조선인에게서 수없이 들었다. 배급표로 지급되는 쌀, 정확히 말해서 대체물[옥수수·수수]은 아무리 길어도 2주일을 넘기지 못하였다. 생선·달걀, 그 밖의 다른 식료품은 일본인에게만 지급되었다. …(중략)… 서울에서 대부분의 가게와 수리점이 문을 닫았다. 배급소 근처에는 헤아릴 수 없을 만큼 많은 사람들이 줄 서 있었다. 사람들은 굶주림뿐만 아니라 추위에도 고통을 당하였다.

[해설] 주어진 자료에서 그가 목격했던 시기는 배급제가 실시되던 일제 강점기 말임을 알 수 있다. 러시아의 역사학자 파냐 샤브쉬나(1906~1998)의 『식민지 조선에서』라는 책에 나오는 내용이다. 샤브쉬나는 1939년 1월 주조선 소련 총영사관의 부영사로 임명된 남편 샤브쉰을 뒤따라 1940년 3월 경성[서울]에 왔다.

- 식량 배급제가 실시되어 우리 가족들 모두 배급 통장을 가지고 있었고, 애국반을 통해 한 반에 한두 켤레씩 제공된 고무신은 차례를 정해 지급받았다. 힘겨운 생활은 이것으로 그치지 않았다. 언니는 여자 정신 근로령에 따라 군수 공장에서 강제 노동에 시달렸고, 옆집 오빠는 징용되어 사할린으로 간 지 1년이 되었는데 생사도 알 길이 없다고 한다.

[해설] '식량 배급제' '애국반' '여자 정신 근로령', '징용'등의 말을 통해 주어진 자료는 일제 강점기 말의 상황임을 알 수 있다(2009 개정 검정 고등학교 한국사 교과서 출처 추정)(※ 현 검정 한국사 교과서에 수록된 자료의 출제 가능성 높음)(주의).

- 금속류 회수령을 제정하여 주요 군수 물자를 공출하였다.* [국18] □

[해설] 금속류 회수령이 제정된 것은 1941년 9월의 일이다. 식기, 제기와 같은 그릇은 물론이고 농기구를 비롯해 교회의 종이나 절의 불상까지 빼앗아 무기로 만들었다.

- 공출 제도를 강화하여 놋그릇, 농기구까지 수탈하였다. [지13] □

[해설] 일제는 태평양 전쟁 도발 이후 전쟁을 위한 군량과 자원 확보를 위해 미곡 및 금속 공출 제도를 실시하여 수탈을 더욱 강화하였다.

- 마을에 애국반을 편성하여 일상생활을 통제하였다. [지15②] □

[해설] 일제는 한국인의 생활을 철저하게 통제하기 위해 1938년 7월 국민정신 총동원 조선 연맹을 결성하고 그 아래 10호 단위로 애국반*을 편성하였다(『애국반』, 『총동원』 등의 선전 책자 간행). 1940년 10월 국민 총력 조선 연맹으로 개편되었다.

*애국반(愛國班): 인적, 조직적으로 동원 가능한 자원이 빈약했던 식민지 조선에서 총독부가 주축이 되어 만든 최하부 말단 조직이다. 총독부는 애국반 단위를 통해 주민들에게 후방에서의 마음가짐과 임무에 대해 선전하면서 노동력과 자원 등을 체계적으로 동원하려 하였다. 그동안 매스컴은 물론 공식 교육이나 각종 단체 활동의 영향력 밖에 있었던 대부분의 조선인, 특히 가계를 이끌어 가는 주부를 비롯한 일반 주민들을 설득과 동원의 대상으로 포섭하려는 것이다. 애국반 조직의 규모는 1938년 10월 말 애국반 수 28만, 반원 수 409만여 명이었던 것이 1939년 2월 말에는 31만여에 425만여 명의 반원으로 급증, 주민 대부분을 망라하게 되었다. 초기에는 황민화를 위하여 신사 참배와 반상회에의 참가를 요구하였으나, 전쟁의 확대와 함께 갖가지 동원을 위한 기초 단위로, 즉 근로 봉사, 저금, 국채 매입, 국어[일본어] 보급, 금은 식기 공출 등을 위한 말단 단위의 조직으로서 기능하였다.

주제 58 1910년대 국내외 민족 운동

1 국내의 민족 운동

- [1910년대] 대한 독립 의군부와 대한 광복회 등의 비밀 결사들이 활동하였다. [법11] □

[해설] 1910년대 국내에는 대한 독립 의군부(1912.9)와 대한 광복회(1915.7) 등의 비밀 결사들이 결성[조직]되어 활동하였다.

- 비밀 결사 운동을 추진하고자 독립 의군부를 만들었다. [국22] □
  - 임병찬이 독립 의군부를 조직하였다. [국19] □
  - 의병장으로 활동하였던 임병찬이 1912년 고종 황제의 비밀 지령을 받아 의병들을 규합하여 결성하였다(독립 의군부). [경17①] □
  - 고종의 밀칙을 받아 대한 독립 의군부가 조직되었다. [서24②] □
  - [독립 의군부] 고종의 밀명을 받아 결성되었다. [지24] □
  - 독립 의군부 [서24] □

[해설] 비밀 결사 운동을 추진하고자 유생 돈헌 임병찬(1851~1916)이 고종의 밀지[밀명]를 받아 (전라도를 거점으로) (대한) 독립 의군부를 만든 것은 1912년 9월의 일이다(~1913.5)(전라도 순무대장). 복벽주의(復辟主義)*를 추구[표방]하였다(1912.9~1913.5).
*복벽주의(復辟主義): '복벽'이란 물러났던 임금을 다시 왕위에 올리는 것을 뜻하는 바 대한 제국의 군주정 회복을 목표로 한 운동이나 사상을 가리킨다.

- 임병찬이 주도한 독립 의군부는 항일 운동을 전개하였다. [지23] □
  - [독립 의군부] 의병 운동을 계승한 비밀 결사였다. [법14] □

[해설] 돈헌 임병찬이 주도한 독립 의군부가 항일 운동을 전개하기 시작한 것은 1912년 9월부터이다(~1913.5). 임병찬은 을사의병 때 면암 최익현(1833~1906)과 사제의 의를 맺고 함께 싸운 의병장 출신이다.

- ㉠은 일본 정부와 조선 총독부에 한국 침략의 부당성을 밝히고 국권 반환을 요구하는 서신을 보냈다. [경17①] □

[해설] ㉠은 (대한)독립 의군부를 가리킨다. 일본(일본 총리대신과 조선 총독부)에 국권 반환 요구서를 제출하고자 하였다.

- 독립 의군부는 공화국의 건설을 목표로 하였다[x]. [국15] □
  - 공화제를 지향하였다[x]. [법14] □
  - [독립 의군부] 나라를 되찾은 후 고종을 복위시키려는 목표를 세우고 전국적인 의병 봉기를 준비하였다. [서19①] □

[해설] 독립 의군부는 1912년 9월 임병찬이 고종의 밀명에 따라 유생과 의병을 규합하여 조직한 단체로 전제 군주제의 복구(복벽주의)를 추구하였다. / (이 시기) 공화제를 지향한 단체는 박상진(1884~1921)에 의해 조직된 대한 광복회이다(1915.7).

▌독립 의군부 [서24①] [법14] □

- 임병찬은 고종의 지시로 독립 의군부를 몰래 조직하였다. 그는 안으로 의롭고 용감한 사람들을 선발하여 기회를 보아 조선의 독립을 선언하고, 밖으로는 문명 열강의 도움을 받아 독립을 회복하려 하였다.

[해설] 돈헌 임병찬(1851~1916)이 조직한 독립 의군부는 복벽주의(고종 복위)를 바탕으로 하였고, 일제에 국권 반환 요구서를 제시하였다(1912.9).

- 이 시기의 독립운동은 대체로 무력 항쟁을 기본으로 하여 독립군을 양성하거나 지원하는 방법을 택했다. 그러나 독립 후의 국가에 대해서는 대한 제국의 회복을 주장하는 측과 주권재민의 공화국을 건설하려는 측의 노선 차이가 있었다.

대한 제국의 회복을 추구하는 대표적 단체는 __(가)__ 를 들 수 있는데, 한말에 최익현과 더불어 의병 전쟁에 참가한 바 있던 임병찬이 주도한 이 단체는 전라도 지역을 중심으로 활동하였다.

[해설] 주어진 자료 속 '(가)'에 들어갈 단체는 돈헌 임병찬이 고종의 밀지를 받아 조직한 복벽주의(復辟主義) 단체인 (대한) 독립 의군부이다(1912.9~1913.5). 독립 의군부는 조선 총독부에 국권 반환 요구서를 제출하려 하였다.

- [독립 의군부] 민족 자본의 육성을 강조하였다[x]. [법14] □
  └의연금을 받아 군자금을 확보하였다[x]. [법14] □ (대한 광복회)

[해설] 민족 자본의 육성을 강조한 것은 1920년대 실력 양성 운동에서이다. 하지만 상당수의 실력 양성 운동론자들이 차후 친일파로 전락하고 말았다. / 의연금을 받아 군자금을 확보한 단체는 대한 광복회이다. 강령에 그렇게 규정되어 있다.

- 독립 의군부와 대한 광복회는 모두 1910년대 국내에서 결성된 단체이다. [국15] □

[해설] 독립 의군부는 1912년 9월에 전라도[전라남북도]에서, 대한 광복회는 1915년 7월에 대구(이전 경북 달성)에서 비밀리에 각 조직되었다. 특히 대한 광복회는 박상진(1884~1921)을 중심으로 조직된 단체로 공화주의를 목표로 하였다.

■ 독립 의군부와 대한 광복회 [국15] □

일제의 가혹한 탄압으로 독립운동은 큰 제약을 받게 되었다. 그러나 그러한 제약 속에서도 비밀 결사의 형태로 독립운동 단체가 결성되었다. 독립 의군부와 대한 광복회는 모두 이러한 비밀 결사 단체였다.

[해설] 독립 의군부는 1912년 9월, 대한 광복회는 1915년 7월에 조직되었다. 대한 광복회는 대구에서 박상진(1884~1921)을 중심으로 조직된 단체로 공화주의를 목표로 하였다. 백야 김좌진(1889~1929)도 참여하였다.

- 대한 광복회 [지14②] [서24①] [서20] [경12③] □
  └박상진을 총사령으로 하여 군대식 조직을 갖추었다. [경21②] □
  └박상진을 총사령으로 하여 군대식 조직을 갖추고, 공화 정부 수립을 목표로 활동한 대한 광복회가 결성되었다. [경18③] □
  └풍기 광복단과 조선 국권 회복단의 일부 인사가 통합하여 만들었다. [경18②] □
  └조선 국권 회복단 [경12③] □

[해설] 대한 광복회는 1915년 7월 대구에서 (풍기) 광복단*과 조선 국권 회복단**의 일부 인사가 통합하여 비밀리에 결성된 독립운동 단체이다(~1918.1). 의병장 허위(1854~1908)의 문하인 고헌 박상진(1884~1921)을 주축으로 하였으며 국권 회복과 공화정체의 국민 국가 수립을 목표로 삼았다(1918년 1월에 전국의 조직망 발각).

*(풍기) 광복단: 1913년 12월 경북 풍기 지역에서 비밀 결사로 조직된 독립운동 단체이다.
**조선 국권 회복단: 1915년 1월 대구(이전의 경북 달성)에서 유림들을 중심으로 조직된 항일 비밀 결사 단체[독립운동 단체]이다. 같은 해 7월 대한 광복회 결성에 조직 일부가 참여하였다.

- 독립 의군부는 박상진을 중심으로, 대한 광복회는 임병찬을 중심으로 한 조직이었다[x]. [국15] □

[해설] 독립 의군부는 임병찬, 대한 광복회는 박상진을 중심으로 조직되었다. 중심인물의 이름이 서로 바뀌었다.

- 대한 광복회는 고종의 비밀 지령을 받아 조직되었다[x]. [국15] □ (독립 의군부)

[해설] 고종의 비밀 지령을 받아 조직된 단체는 임병찬의 독립 의군부이다(1912.9~1913.5).

■ **대한 광복회** [서22①] [경18②] [경12③] ☐

- 이 단체는 조선 국권 회복단의 박상진이 풍기 광복단과 제휴하여 조직하였다. 무력 투쟁을 통한 독립을 목표로 하였고, 군자금 모집, 독립군 양성, 무기 구입, 친일 부호 처단 등 활동을 전개하였다.

[해설] <보기>의 밑줄 친 '이 단체'는 박상진(1884~1921)의 주도로 대구(이전의 경북 달성)에서 결성된 대한 광복회를 가리킨다(1915.7~1918.1).

- - 부호의 의연 및 일본인이 불법 징수하는 세금을 압수하여 무장을 준비한다.
  - 남북 만주에 사관 학교를 설치하여 독립 전사를 양성한다.
  - 중국과 러시아에 의뢰하여 무기를 구입한다.
  - 일인 고관 및 한인 반역자를 수시 수처에서 처단하는 행형부를 둔다.

[해설] 1915년 7월 풍기 광복단과 조선 국권 회복단의 일부 인사가 통합하여 만든 대한 광복회(박상진 총사령)의 강령임을 알 수 있다(공화주의 표방).

- ⑤ 은(는) 경주에서 대구로 향하던 일제의 수송 차량을 습격하여 거액의 현금을 빼앗은 뒤 이 자금으로 무기를 구입하였고, 각 지방 부호들의 재산 상태를 조사한 후 그 재산에 비례하여 독립운동 자금을 납부하도록 배당하였다. 이 과정에서 ⑤ 은(는) 독립운동에 비협조적이거나 자금 제공을 거부하는 자, 또는 일제에 밀고하는 친일파를 처단하여 광복의 의지를 온 세상에 밝혔다. 그 대표적인 사건이 전 관찰사 장승원과 도고 면장 박용하 사살 사건이었다.

[해설] 주어진 자료 속 밑줄 친 '⑤'은 박상진(1884~1921)을 중심으로 1915년 7월에 조직된 대한 광복회를 가리킨다. 대한 광복회는 공화주의를 표방하였으며, 풍기 광복단과 조선 국권 회복단의 일부를 통합하여 대구에서 결성되었다.

- [대한 광복회] 공화주의 이념에 따라 공화 정치를 실현하는 것을 목표로 하였다. [서22①] ☐

[해설] 대한 광복회는 공화주의 이념에 따라 공화 정치를 실현하는 것을 목표로 하였다. 독립운동 기지 건설을 위한 군자금 모집 활동을 전개하고 친일파를 처단하는 활동을 펼쳤다(1918년 1월에 전국의 조직망 발각).

- 대한 광복회를 체포하려는 헌병 경찰의 모습 [법24] ☐

[해설] '대한 광복회'와 '헌병 경찰'이라는 말에서 1910년대, 즉 무단 통치기에 볼 수 있는 모습이다.

2 국외의 민족 운동

- [북간도(동만주)] 간민회를 기반으로 서전서숙과 명동 학교 등 학교를 세워 민족 교육을 실시하였다[x]. [서19①] ☐
  └간도에 서전서숙이라는 사립 학교를 건립하였다. [경12②] ☐
  └[이상설] 서전서숙을 설립하였다. [법18] ☐

[해설] 서전서숙(이상설)이 (연길·용정을 중심으로) 북간도([동만주] 지역에 세워진 것은 1906년 8월, 명동 학교(김약연)가 세워진 것은 1908년 4월의 일이다. 연길에서 조직된 한인 자시 기구인 간민 교육회(1907년 8월, 1909년 7월 또는 1910년 3월도 보기도 함)가 간민회로 개칭된 것은 1913년 4월의 일이다(1914년 3월 해산되었다가 1919년 대한 국민회[간도 국민회]로 계승됨). 해당 문제[서19①]는 서간도[남만주] 지역의 독립운동에 대해 묻는 문제로, 선지 자체로도 설립된 시기가 바뀌어 틀렸다. / 보재 이상설(1870~1917)은 1906년 봄 북간도 용정으로 망명하여 8월경 그곳에서 항일 민족 교육의 요람인 서전서숙을 건립하고 숙장이 되었다.

- [북간도(동만주)] 독립운동 기지인 한흥동이 건설되었다. [국17①] ☐

[해설] 한흥동이 건설된 곳은 중·소 접경 지역인 북만주 밀산부이다(이상설, 이승희 등)(1909). 밀산부 한흥동은 서간도 삼원보와 함께 당시 만주의 유력한 독립운동 기지였다.

- [북간도(동만주)] 중광단을 결성하였다(대종교). [법19] ☐
  └대종교는 중광단을 조직하여 항일 무장 투쟁을 전개하였다. [서24②] ☐
  └대종교 교인들이 결성하였고 북로 군정서에 합류하였다. [경21②] ☐

┗민족주의 성격이 강한 천도교는 중광단과 북로 군정서군을 결성하여 항일 무장 투쟁을 벌였다[x]. [경15①] □

[해설] (중국 지린성, 즉 북간도[동만주] 왕청에서) 중광단이 결성된 것은 1911년 3월로, 대종교와 관련이 있다. / 대종교 교인들이 결성하였고 북로 군정서에 합류한 조직은 중광단이다. 중광단은 1919년에 이르러 대한 군정회, 대한 군정부로 개편하다가 같은 해 12월 대한민국 임시 정부의 승인을 받아 대한 군정서(북로 군정서)로 다시 개편되었다. 총재로 서일(1881~1921), 총사령관으로 김좌진(1889~1930), 연대장으로 이범석(1900~1972) 등이 임명되었다. / [경15①] 중광단과 북로 군정서군을 결성하여 항일 무장 투쟁을 벌인 것과 관련된 종교 단체는 (천도교가 아니라) 대종교이다(주의).

- [서간도(남만주)] 자치 기관인 경학사와 부민단이 만들어졌다. [국17①] □
  ┗[이회영] 독립운동 단체인 경학사를 조직하였다. [지20] □
  ┗이상룡 등이 서간도 지역의 삼원보에 터를 잡고 조직하였다. [경18②] □
  ┗유화연 삼원보에 경학사와 부민단을 세우고 신흥 강습소를 설립하여 독립군 간부를 양성하였다. [경17②] □
  ┗경학사 [국13] □
  ┗부민단 [국13] □

[해설] 경학사와 부민단이 만들어진 곳은 서간도[남만주]의 삼원보라는 지역이다([우당 이회영(1867~1932), 성재 이시영(1869~1953) 등이 주도]. 경학사는 이회영, 이시영 등이 서간도 삼원보에서 설립한 최초의 자치 단체로 실력 향상과 항일 의식 고취를 목표로 하였으며(1911.4) 신흥 강습소를 설치하였다(1911.6)(이후 1919년 5월 신흥 무관 학교 설립). 부민단은 경학사가 1911년, 1912년 연속된 흉년으로 사실상 해체 지경에 이르자 허혁(1851~1939), 석주 이상룡(1858~1932) 등의 주도로 서간도 합니하에서 조직된 자치 기관이다(1912년 가을경). 훈련과 농사를 병행하였다(이후 1919년 4월 한족회로 확대 개편하고, 같은 해 5월에는 서로 군정서 조직).

■ 신민회의 해외 독립운동 기지 건설 운동 [국13] □

1907년에 설립된 신민회 회원들은 1909년 말 이후 일본의 한국 병합이 목전에 있다고 보고, 국외로 나가 독립운동을 전개할 필요가 있다는 데 의견을 같이 하였다. 이에 따라 신민회 회원들은 1910년 초 이후 국외로 나가기 시작하였다. 신민회의 이회영, 이시영, 이상룡 등은 1911년 압록강 건너 서간도로 옮겨가 삼원보에 자리 잡았다. 이들은 여러 단체와 기관을 설립하여 독립운동 기지 건설 운동을 전개하였다.

[해설] 신민회가 서간도에서 설립한 단체와 기관으로는 경학사와 부민단, 신흥 무관 학교 등을 들 수 있다(각 1911/1912/1919)(해당 문제에서 주어진 선지).

■ 우당 이회영의 활동 [지20] [서19①] □

- 경술년(1910)에 여러 형제들이 모여서 같이 만주로 갈 준비를 하였다. …… 그(1867~1932)는 1만여 석의 재산과 가옥을 모두 팔고 큰집, 작은집이 함께 압록강을 건너 떠났다. 그는 만주에서 독립군 양성 기관인 신흥 강습소를 설립하였다.

[해설] 주어진 자료 속 밑줄 친 '그'는 우당 이회영(1867~1932)을 가리킴을 알 수 있다.

- 8월 초에 여러 형제분이 모여서 같이 만주로 갈 준비를 하였다. 비밀리에 땅과 집을 파는데, 여러 집을 한꺼번에 처분하니 얼마나 어려우리요. 그때만 해도 여러 형제분 집은 예전 대갓집이 그렇듯이 종살이를 하는 사람이 수없이 많았고 (……) 우리 집 어른(이회영)은 옛날 범절을 따지지 않고 위아래 구분 없이 뜻만 같으면 악수하여 동지로 대접하였다. (……) 1만여 석의 재산과 가옥을 모두 팔고 경술년(1910) 12월 30일에 큰집, 작은집이 함께 압록강을 건너 떠났다.

  - 이은숙, 『민족 운동가 아내의 수기, 서간도 시종기』 -

[해설] 만주에 독립운동 기지를 만들기 위해 서간도(남만주)로 간 이회영 형제들은 1911년 봄 신흥 강습소를 세우는 데 기여하였다. 『서간도 시종기』는 독립운동가 우당 이회영(1867~1932)의 아내인 이은숙(1889~1979)의 독립운동 관련 회고록이다. 서간도로 망명한 것에서부터 중국 베이징, 국내에서의 독립운동 과정 및 다양한 역사적 사실들을 증언하였다(1966년 완성, 1975년 출간).

- [이회영] 3·1 운동 민족 대표 33인 중 한 명이었다[x]. [지20]
[해설] 우당 이회영(1867~1932)은 3·1 운동 민족 대표 33인 중에 속하지 않는다.

- [경학사] 독립군 양성을 위한 신흥 강습소를 설치하였다. [서22①]
  └신흥 강습소를 만들어 민족 교육과 독립군 양성을 추진하였다. [서19①]
[해설] 독립군 양성을 위한 신흥 강습소를 설치한 단체는 서간도(남만주)의 자치 기관인 경학사(이후 부민단)이다(1911.6).

- [서간도(남만주)] 독립군을 양성하기 위해 신흥 무관 학교를 설립하였다. [지21]
  └신흥 무관 학교를 세워 독립군을 양성하였다. [기17]
  └신흥 무관 학교를 설립하였다. [소19①]
  └신흥 무관 학교 [국13]
[해설] 신흥 무관 학교는 이회영, 이시영 등이 1911년 6월에 설립한 신흥 강습소에서 개편한 독립군 양성 학교이다. 1919년 5월 서간도에서 설립되었다. / 참고로 신흥 강습소는 1913년 5월에 학교 명칭을 신흥 중학교로 바꾸고 중학반과 군사반을 두었으나, 중학반은 얼마 뒤 지역의 다른 중학교로 넘기고 군사반에 전력하였다. 1914년에 백두산 서쪽 기슭에 백서 농장을 만들어 대규모 병력이 머무를 수 있는 군영을 세웠으며, 그곳에서 농사를 지으면서 군사 훈련을 하였다. 1919년 3·1 운동 이후 수많은 청년들이 찾아오고, 일본군 출신의 지청천과 김경천 등이 망명하여 신흥 중학교에 참여하게 됨에 따라 같은 해 5월 류허현 고산자로 본부를 옮기면서 신흥 무관 학교로 명칭을 바꾼 것이다.

- [중국] 동제사* [서11]
[해설] 동제사가 중국 상하이에서 예관 신규식(1880~1922) 등에 의해 결성된 것은 1912년 7월의 일이다. 중국으로 망명해온 독립운동가와 유학생들을 규합하여 '동주공제(同舟共濟)(한마음 한뜻으로 같은 배를 타고 피안에 도달하자)'를 표방하면서 조직되었다. 회원은 3백여 명에 달하였고 유럽과 미국 등지에서도 활동하였다.

- [중국] 「대동단결선언」을 발표하였다. [지21]
  └대동단결 선언 발표 [지17②]
  └공화주의를 주장하는 내용의 대동단결 선언을 작성해 발표하였다. [지18]
[해설] 대동단결 선언이 중국 상하이에서 발표된 것은 1917년 7월의 일이다. 신규식, 박용만, 박은식, 신채호, 조소앙 등 해외에 거주하던 독립운동가 14명이 통합적인 독립운동 조직을 결성하고 민족 대회를 개시하기 위해 작성하였다. 국한문 혼용[한글과 한문]으로 쓰였으며, 1910년 순종의 주권 포기를 국민에 대한 주권 양여로 간주하며, 일제가 지금 한반도를 점거하고 있기에 재외 동포가 주권을 행사하여야 한다는 국민주권설[공화주의]을 주창하면서 (민족 대회 개최를 통한) 임시 정부의 수립을 촉구하였다.

- [신한 청년당(신한 청년단)] 파리 강화 회의에 김규식을 파견하는 것이 논의되었다. [국17①]
  └상하이의 신한 청년단은 파리 강화 회의에 보낼 독립 청원서를 작성하여 김규식을 대표로 파견하였다. [경19①]
  └1919년 신한 청년당에서는 독립 청원서를 작성하여 김규식을 파리 강화 회의에 대표로 파견하였다. [경12①]
  └[김규식] ⓒ - 신한 청년당 대표로 파리 강화 회의에 파견되었다. [기13]
  └파리 강화 회의에 신규식을 대표로 파견하여 이 사건의 진상을 널리 알렸다[x]. [국14]
  └파리 강화 회의에 대표를 파견하였다. [지23]
  └파리 강화 회의에서 김규식의 활동 [국11]
  └신한 청년단 [서11]
  └김규식 [소22]
[해설] 파리 강화 회의에 우사 김규식(1881~1950)을 민족 대표로 파견한 조직은 1918년 8월 중국 상하이에서 조직된 신한 청년당[신한 청년단]이다. 파리 평화 회의*가 열리기 시작한 1919년 1월에 민족 대표 파견을 결정하였다. 김규식은 같은 해 3월 13일 프랑스 파리에 도착하여 한국 대표관을 개설하고 본격적인 독립 외교 활동에 들어갔다. 그리고 같은 해 4월 11일 대한민국 임시 정부가 수립되자 대한민국 임시 정부의 대표로도 위촉받았다(4월 13일에 외무총장 임명장과 파리 강화 회의 전권대사 신임장을 전보로 받음, 김규식의 요청도 있었음). 5월 12일 파리 강화 회의에 참석

하여 독립 청원서를 제출하였다. / [기13]의 ⓒ은 우남 이승만을 가리키나 무시함.

*파리 평화 회의: 제1차 세계 대전 종전 후 1919년 1월부터 약 1년 간 간격을 두고 프랑스 파리에서 평화 체제를 논의한 일련의 회담들을 가리킨다 (1919.1.18.~1920.1.21). 처음 약 5개월 간은 승전국인 영국과 프랑스, 미국, 이탈리아, 일본 5개국 주도로 기본 협의(평화 회의)가 이루어졌고, 이후 패전국과의 조약 협상(강화 회의)이 1920년 1월까지 순차적으로 진행되었다.

• [여운형] 파리 강화 회의에 대표를 보내 일제의 침략상을 알리자!* [회20] ☐
 └여운형 [소22] ☐

[해설] 몽양 여운형(1886~1947)이 주장했을 만한 구호로 제시되었다. 여운형의 이력 중에 1918년 상하이에서 신한 청년당을 조직한 것이 있다. 신한 청년당은 1918년 12월에 독립 청원서를 미국의 윌슨 대통령에게 보냈으며 이듬해인 1919년 1월에는 영어에 능숙한 김규식을 파리 강화 회의에 파견해 조선의 독립을 촉구하였다.

• [이승만] ⓒ - 국제 연맹에 위임 통치를 청원하였다. [기13] ☐

[해설] 우남 이승만(1875~1965)은 1919년 2월 국제 연맹에 위임 통치를 청원한 바 있다(미국의 윌슨 대통령에게 제출). 이후 1923년 전반기에 열린 국민 대표 회의에서 창조파(특히 신채호)가 이승만의 이와 같은 행동을 비판하였다.

• [연해주] 1905년 이후 민족 운동가들이 독립운동을 위한 정치적 망명을 시작해 여러 곳에 한인 집단촌이 형성되고 많은 민족 단체와 학교가 설립되었으며, 항일 의병 및 독립운동이 활발히 전개되었다. [서22②] ☐
 └연해주 지역에 한인 집단촌인 신한촌이 건설되고, 대한 광복군 정부가 조직되었다. [경20①] ☐
 └연해주 지역에 대한 광복군 정부가 설립되었다. [국24] ☐
 └[이상설] 연해주에서 대한 광복군 정부 수립을 주도하였다. [소19①] ☐
 └신한촌에서 대한 광복군 정부를 수립하였다. [경17②] ☐
 └대한 광복군 정부 수립 [기19] ☐
 └대한 광복군 정부 [서24①] ☐

[해설] 대한 광복군 정부는 일종의 망명 정부로 연해주 블라디보스토크에서 조직되었다(1914년 상반기경으로 추정). 보재 이상설(1870~1917)이 대한 광복군 정도령(正都領)[정통령]으로, 성재 이동휘(1873~1936)가 부도령[부통령]으로 임명되었다. / 러시아 연해주에서는 1905년 이후 민족 운동가들이 독립운동을 위한 정치적 망명을 시작해 여러 곳에 한인 집단촌이 형성되고 많은 민족 단체와 학교가 설립되었으며, 항일 의병 및 독립운동이 활발히 전개되었다. 특히 1911년 봄[1911년 5월]부터 연해주 블라디보스토크에 신한촌이 건설되기 시작하였고(1937년 한인 강제 이주 때까지 존속, 일명 '신개척리'로 불림), 같은 해 12월에는 한인 자치 단체인 권업회가 창립되었다(항일 독립운동 단체이자 연해주 재러 한인의 권익 옹호 기관, 1912년 4월에 권업신문 발행). 또 1914년 상반기[전반기]에 대한 광복군 정부가 결성되었다(정확한 시기는 확인 불가).

• [연해주] 성명회 조직* [법11] ☐

[해설] (연해주 블라디보스토크에서) 독립운동 단체인 성명회(聲明會)가 조직된 것은 1910년 8월의 일이다(1910.8.23). 일제가 한국을 강점, 병합하려는 움직임이 명확해지자 블라디보스토크를 중심으로 한 시베리아 지방의 애국 동포들이 한인 학교에서 한인 대회를 개최하고 일제의 한국 병합을 저지하기 위한 항쟁 기관으로 이상설 등의 주동으로 성명회를 결성하고 취지서를 발표하였다.

• [연해주] 13도 의군에 참여하였다(이상설).* [법18] ☐
└[유인석] 연해주에서 13도 의군을 결성하여 도총재로 추대되었다.* [회22] ☐

[해설] 13도 의군은 1910년 6월 러시아 블라디보스토크에서 조직된 의병 부대이다. 유인석, 이상설, 이범윤 등이 힘을 모았다. 고종의 망명 정부 수립을 기도하였다. / 연해주(블라디보스토크)에서 13도 의군이 결성되어 도총재로 추대된 인물은 의암 유인석(1842~1915)이다(1910.6).

• [연해주] 독립운동 단체인 권업회가 조직되었다. [국17①] ☐
 └연해주의 신한촌에서는 의병과 계몽 운동가들이 힘을 모아 권업회를 조직하였다. [국11] ☐
 └블라디보스토크에 최초의 임시 정부를 수립하였다. [서22①] ☐

└권업회 [국13] [서11] □

[해설] 권업회가 조직된 곳은 연해주인 러시아 블라디보스토크 신한촌이다[유인석, 홍범도 등의 의병과 애국 계몽 운동가들, 최재형(1860~1920)과 같은 귀화한 애국 한인들이 힘을 합쳐 1911년 2월 조직]. 권업신문 발간(1912.4), 사관 학교인 대전 학교 설립(1913)(중국 길림성 왕청현 나자구진 태평촌 위치), (최초의 임시 정부인) 대한 광복군 정부 수립 추진(1914년 상반기, 1914년 9월 대한 광복군 정부 수립의 건립 모체인 권업회의 해산으로 사실상 해체) 등의 활동을 하였다.

- [이상설] 권업회를 결성하였다. [법18] □

[해설] 권업회는 1911 2월 설립 직후 초대 회장에 최재형(1860~1920), 부회장에 홍범도(1868~1943)를 선임하였으나 같은 해 12월 총회에서 회칙을 개정하였고, 보재 이상설(1870~1917)을 의장에, 이종호(1885~1932)를 부의장에 선임하였다.

- [연해주] 블라디보스토크에서 이상설, 이동휘 등이 중심이 된 대한 광복군 정부가 수립되었다. [지14②] □
└대한 광복군 정부, 대한 국민 의회 등의 독립운동 기지를 설립하였다. [서19①] □
└[이상설] 신한촌에서 대한 광복군 정부를 수립하였다. [법12] □
└대한 광복군 정부의 군사 훈련에 참여한 청년 [지16②] □
└러시아에 대한 광복군 정부가 조직되는 모습 [법23] □
└대한 광복군 정부 결성 [법11] □

[해설] 러시아의 연해주 블라디보스토크 신한촌에서 일종의 망명 정부인 대한 광복군 정부가 조직된 것은 1914년 상반기[전반기]의 일이다(정확한 날짜 불명). 권업회를 이끈 보재 이상설(1870~1917)을 중심으로 조직된 일종의 망명 정부이다. 이상설이 대한 광복군 정도령(正都領)[정통령], 성재 이동휘(1873~1935)가 부도령[부통령]을 맡았다. 대한 광복군 정부는 사관학교를 설립하는 등 무장 항일 운동의 터전을 만드는 등 활약하였다. 하지만 1914년 8월 제1차 세계 대전이 일어나자 일제와 손을 잡은 러시아 정부의 압박으로 같은 해 9월 해체되고 말았다. / [서19①] 대한 국민 의회가 러시아 연해주 블라디보스토크에서 조직된 것은 1919년 3월의 일이다(전로 한족회 중앙 총회가 개편된 것).

- [이동휘] 비밀 결사 조직인 신민회에 참여하였다. [국12] □
└블라디보스토크에 대한 광복군 정부라는 임시 정부를 수립하였다. [국12] □
└하바로프스크에서 한인 사회당을 결성하기도 하였다. [국12] □
└대동 보국단을 조직하고 진단이라는 잡지를 발간하기도 하였다[×].* [국12] □
└한인 사회당. [서11] □

[해설] 성재 이동휘(1873~1935)는 비밀 결사 조직인 신민회에 참여하였으며, 일제가 조작한 105인 사건 당시 검거되어 투옥되었으나 무혐의로 석방되었다. 이후 이상설, 이종호 등과 1914년 전반기에 러시아 블라디보스토크에서 대한 광복군 정부를 수립하였다[이상설이 대한 광복군 정도령(正都領), 이동휘가 부도령]. / 또한 이동휘는 극동 방면의 공산주의 선전 위원의 원조 아래 하바로프스크를 근거지로 한인 사회당을 결성하기도 하였다(1918.4). 1919년 대한민국 임시 정부 수립 시에는 국무총리로 취임하였다. / 대동 보국단을 조직하고 『진단(震檀)』이라는 잡지를 발행한 인물로는 백암 박은식(1859~1925), 예관 신규식(1879·1922) 등이 해당한다(1915년 5월 직후 조직 추정).

■ 성재 이동휘의 활동 [국12] □

그는 함경도 단천 출신으로 한성으로 올라와 무관 학교에 입학하였고, 졸업 후 시위대 장교로 군인 생활을 시작하였다. 강화도 진위대 대장 시절에는 공금을 횡령한 강화 부윤이 자신을 모함하자, 군직을 사직하기도 하였다. 그는 군인이면서도 계몽 운동을 중요하게 생각하여 강화읍에 보창 학교를 세워 근대적 교육을 시작하였다. 그러나 고종 황제의 강제 퇴위와 군대 해산을 전후하여 무력 항쟁과 친일파 대신 암살 등을 계획하였으며, 강화 진위대가 군대 해산에 항의하여 봉기하자 이에 연루되어 체포되기도 하였다.

[해설] '함경도 단천 출신', '무관 학교 입학', '시위대 장교', '강화 진위대 대장', '보창 학교', '고종 황제의 강제 퇴위와 군대 해산을 전후하여 무력 항쟁' 등의 내용들을 통해 성재 이동휘(1873~1935)를 가리킴을 알 수 있다.

- 대한 국민 의회를 조직하였다. [법18] ☐
  └ 대한 국민 의회 조직 [법11] ☐
  └ 손병희, 박영효, 이승만 [회21] ☐

[해설] 대한 국민 의회는 1919년 3월 러시아의 블라디보스토크에서 건립된 임시 정부 성격의 단체이다(1919.3.17). 의장에 문창범(1870~1938), 부의장에 김철훈(1885~1938), 서기에 오창환(?~?)이 선출되었다. 일명 '노령 정부'라고도 한다. 대통령에 손병희(1861~1922), 부통령에 박영효(1861~1939), 국무총리에 이승만(1875~1965)이 지명되었다.

■ 하와이 내 한인 사회의 형성 [국17①] ☐

1903년에 우리나라 공식 이민단이 이곳에 도착하였다. 이주 노동자들은 사탕수수 농장, 개간 사업장, 철도 공사장 등에서 일하며 한인 사회를 형성하여 갔다. 노동 이민과 함께 사진결혼에 의한 부녀자들의 이민도 이루어졌다. 또한 한인합성협회 등과 같은 한인 단체가 결성되었다.

[해설] '1903년에 우리나라 공식 이민단'이 도착한 곳으로, 이주 노동자들이 '사탕수수 농장' 등에서 일하였으며, '사진결혼'을 했다는 점에서 미국의 하와이임을 짐작할 수 있다.

- [참고] 샌프란시스코에서 흥사단을 창립하였다. [한능검 심화 48회] ☐

[해설] 도산 안창호(1878~1938)는 1913년 5월 미국 샌프란시스코에서 흥사단을 창립[창설, 결성]하여 교민들에게 민족의식을 심어주고자 하였다(1913.5.13). 흥사단은 공립 협회와 구국 운동 비밀 결사 단체인 신민회에 뿌리를 두고 있으며, 신민회 산하 청년 학우회가 흥사단의 전신이다. 안창호는 무실(務實), 역행(力行), 충의(忠義), 용감(勇敢)이라는 4대 정신을 강조하였다.

- [박용만] 무장 항일 투쟁을 위해 하와이로 건너가 대조선 국민군단을 결성하였다. [국22] ☐
  └ 하와이에 대조선 국민군단을 창설하였다. [지18] ☐
  └ 대조선 국민군단 창설 [법11] ☐
  └ 국민군단 [경12③] ☐

[해설] 무장 항일 투쟁을 위해 하와이로 건너가 (독립군 사관 양성을 목적으로) 대조선 국민군단을 결성한 인물은 우성 박용만(1881~1928)이다(1914.6). / 국민군단은 박용만의 주도로 1914년 6월 미국 하와이에서 조직된 항일 군사 단체이다. '대조선 국민군단'이라고도 한다. 군사 훈련을 실시하였으며, 미주 한인 사회에 항일 독립 전쟁론을 전파하였다.

- [하와이] 군사 양성 기관인 대조선 국민군단이 창설되었다. [국17①] ☐

[해설] 대조선 국민군단이 창설된 곳은 미주 지역인 하와이이다(박용만)(1914.6). 군사 훈련을 실시하고 독립 전쟁을 준비하였다.

주제 59 3·1 운동

1 3·1 운동의 배경

- 1910년대 일제의 경제적 약탈과 사회적·정치적 억압으로 인해 일제에 대한 분노와 저항은 전 민족적으로 고조되었다. [경12①] ☐

  └ 1917년 러시아 혁명 직후 레닌은 자국 내 100여 개 이상의 소수 민족에 대해 민족 자결의 원칙을 선언하였다. [경12①] ☐

  [해설] 3·1 운동이 일어나게 된 대내외적 배경에 대한 설명이다.

- 미국 대통령 윌슨이 민족 자결주의를 제창하였다. [법16] ☐

  └ 미국 대통령 윌슨의 민족 자결주의는 제1차 세계 대전 이후 지구상의 모든 식민지 처리에 적용되었다[X]. [경19①] ☐

  └ 1918년 미국 대통령 윌슨은 제1차 세계 대전 후 지구상의 모든 식민지 처리에 민족 자결주의를 적용하자고 주장하였다. [X] [경12①] ☐

  [해설] 미국 대통령 우드로 윌슨(재임 1913-1921, 제28대)이 민족 자결주의를 제창한 회의는 제1차 세계 대전 종결 후 열린 파리 강화 회의이다(1919.1~1920.1)(1918년 1월 의회에 제출한 연두 교서에서 밝힌 '14개 조 평화 원칙' 속에서 처음 제시). / 미국 대통령 윌슨의 민족 자결주의는 제1차 세계 대전 이후 지구상의 모든 식민지 처리에 적용된 것이 아니라 패전국의 식민지 처리에만 적용되었다. 윌슨의 민족 자결주의가 지닌 한계라 할 수 있다.

- 동경 유학생들이 2·8 독립 선언을 하였다. [서21] ☐

  └ 일본에서 2·8 독립 선언서가 발표되었다. [국24] ☐

  └ 조선 청년 독립단의 이름으로 독립 선언서를 발표하였다. [경18②] ☐

  [해설] 동경[도쿄] 유학생들이 2·8 독립 선언을 한 것은 1919년 2월의 일이다(1919.2.8). 최팔용(1891~1922), 서춘(1894~1944), 백관수(1889~1951) 등 재일 동경[도쿄] 유학생들이 조직한 (재일본 동경) 조선 청년 독립단이 주도하였다(1918.12). 2·8 독립 선언은 3·1 운동을 촉발시킨 국외 배경 중 하나이다.

2 3·1 운동의 준비와 전개

- 3·1 운동 [지24] [지16①] [서19②] [서14] [회15] [경11②] ☐

  └ 3·1 운동(1919년) [법20] ☐

  └ 1919 3·1 운동 발생 [법18] ☐

  [해설] 3·1 운동이 일어난 것은 1919년 3월 1일의 일이다.

- 『기미독립선언서』에는 '조선 건국 4252년'으로 연도를 표기하였다.* [국19] ☐

  [해설] '조선 건국 4252년'은 곧 '단기 4252년'으로, (서기) 1919년에 해당한다.

> **■ 기미 독립 선언서(공약 3장)** [지24] [소20] ☐
> - 1. 오늘날 우리의 이 행동은 정의와 인도 그리고 생존과 존엄함을 지키기 위한 민족적 요구에서 나온 것이니, 오직 자유로운 정신을 발휘할 것이며 결코 배타적 감정으로 치닫지 말라.
> - 1. 마지막 한 사람까지 마지막 한순간까지 민족의 정당한 의사를 마음껏 발표하라.

1. 일체의 행동은 무엇보다 질서를 존중하며, 우리의 주장과 태도를 어디까지나 떳떳하고 정당하게 하라.

[해설] 주어진 자료는 3·1 운동 때 발표된 기미독립선언서 중 만해 한용운(1879~1944)이 추가한 '공약 3장'이다.

- 금일 오인(吾人)의 이 거사는 정의 인도 생존 존영을 위하는 민족적 요구이니, 오직 자유적 정신을 발휘할 것이요, 결코 배타적 감정으로 일주(逸走)지 말라.
- 최후의 한사람까지, 최후의 한순간까지 민족의 정당한 의사를 쾌히 발표하라.
- 일체의 행동은 가장 질서를 존중하여 오인의 주장과 태도로 하여금 어디까지든지 광명정대하게 하라.

[해설] 위와 같은 내용의 자료이다. 표현이 다름에 주의한다(원문 한자에 충실).

- [탑골 공원] 일제 강점기에는 파고다 공원으로 불렸다. [기19] □
  └ 한성부 도시 개조 사업 과정에서 조성되었다. [기19] □
  └ 민족 대표 33인이 이 장소에서 독립 선언서를 낭독하였다[×]. [기19] □
  └ 대리석으로 만들어진 서울 원각사지 십층 석탑이 있다. [기19] □

[해설] 탑골 공원은 일제 강점기에는 파고다 공원으로 불렸다. / 한성부 도시 개조 사업 과정에서 조성되었다. 1896년 9월 당시 내부대신이자 총리대신 서리인 죽천 박정양(1842~1905)의 이름으로 공포된 내부령 제9호 '한성 내 도로의 폭을 규정하는 건'에서부터 도로 정비 사업[치도 사업]이 본격화되었다(~1897). 참고로 1883년과 1894년에도 치도 사업이 있었다. / 민족 대표 33인이 독립 선언서를 낭독한 곳은 경성[서울] 인사동의 태화관이다(1919.3). / 대리석으로 만들어진 서울 원각사지 십층 석탑이 있다(관련 자료 및 해설 참조).

■ 3·1 운동 [국19] [국14] [법22] [법13] □

- 동대문 밖에서 다시 한 번 일대 시위운동이 일어났다. 이 날은 태황제의 인산날이었으므로 망곡하러 모인 군중이 수십만이었다. 인산례(因山禮)가 끝나고 융희제(순종)와 두 분의 친왕 이하 여러 관료와 궁속들이 돌아오다가 청량리에 이르렀다. 이때 곡 소리와 만세 소리가 일시에 폭발하여 천지가 진동하였다.

[해설] 주어진 자료 속 '민족 운동'은 1919년의 3·1 운동을 가리킴을 알 수 있다.

- 만세 시위가 확산되자, 일제는 헌병 경찰은 물론이고 군인까지 긴급 출동시켜 시위 군중을 무차별 살상하였다. 정주, 사천, 맹산, 수안, 남원, 합천 등지에서는 일본 군경의 총격으로 수십 명의 사상자를 냈으며, 화성 제암리에서는 전 주민을 교회에 집합, 감금하고 불을 질러 학살하였다. - 박은식, 『한국독립운동지혈사』 -

[해설] '만세 시위', '헌병 경찰', '화성 제암리' 등의 말을 통해 3·1 운동과 관련된 자료임을 알 수 있다.

- … 오늘은 한국의 위대한 날이다. … 오후 2시, 중학교를 비롯한 각급 학교들이 일본의 한국 지배에 항거하는 시위를 벌였고, 거리로 나가 양손을 위로 올리고 모자를 흔들며 '대한 독립 만세'를 외치며 행진을 하기 시작했다. 거리의 사람들 역시 이 대열에 합류했고, 도시 전역에 기쁨의 외침 소리들이 울려 퍼졌다. … 최근 일본 정부는 소위 '역도들'을 제압할 수 있는 더 '근본적인 대책'을 마련했다고 한다. 우리는 맨손으로 단순히 '독립 만세'를 외치는 사람들에게 … 보병대 2사단, 포병대 1사단, 기병대 2사단이 일본으로부터 파병되고 난 후 … 마을들이 불타고 있다는 소문이 무성하다는 것이다. -『노블일지』-

[해설] 주어진 자료는 1919년 3월에 시작된 '3·1 운동'을 가리킨다. 출처가 『노블일기』로, 미국 감리교 선교사 매티 윌콕스 노블(1872~1956)(여)이 1892년부터 1934년까지 작성한 일기이다.

- 상쾌한 아침의 나라라는 뜻을 지닌 조선은 일본의 총칼 아래 민족정신을 무참하게 유린당했다. …(중략)… 조선 민족은 독립 항쟁을 줄기차게 계속하였다. 그중에서도 중요한 것은 1919년의 독립 만세 운동이었다. - 네루, 『세계사 편력』 -

[해설] 인도에서 수상을 역임한 정치가이자 민족 운동 지도자인 자와할랄 네루(1889~1964)의 『세계사 편력』이라는 책에서 뽑은 내용이다. 1919년의 3·1 운동을 가리킨다.

- 3·1 운동을 전국으로 확산시켰다. [법16] □
  └㉠은 비폭력적 시위에서 무력적인 저항 운동으로 확대되어갔다. [경11②] □

[해설] [경11②]의 '㉠'은 3·1 운동을 가리킴. 3·1 운동이 전국으로 확산된 것은 1919년 3월 이후의 일이다. 초기에는 비폭력적 시위로 전개되었으나 지방[전국]으로 확대되는 과정에서 무력적인 저항 운동으로 확대되는 경향을 보였다.

- 무력 항쟁의 의지를 담은 대한 독립 선언서를 발표하였다. [서22①] □

[해설] 무력 항쟁의 의지를 담은 대한 독립 선언서가 발표된 것은 1919년 3월의 일이다(1919.3.17). 예전에는 1918년 11월~12월경에 발표된 것으로 알려져 '무오 독립 선언서'라고도 하였으나 최근 선언서 원본이 발굴되어 1919년 3월 초 조소앙(1887~1958)이 초안을 작성하고 중순경에 발표*된 것으로 밝혀졌다(만주와 연해주, 중국, 미국 등 해외에서 활동 중인 독립운동가 39명의 명의로 발표, 사전 동의 내지 양해가 이루어지지 않음). 따라서 일제 강점기 우리 민족 최초의 독립 선언서이며, 2·8 독립 선언과 3·1 운동에 선구적 영향을 주었다는 예전의 해설은 이제 타당하지 않게 되었다.

*정원택의 『지산외유일지』에는 "1919년 음력 2월 1일(양력 3월 2일) 조소앙이 선언서를 기초하였고 음력 2월 10일(양력 3월 11일) 선언서 4천부를 석판으로 인쇄하여 서북간도와 노령, 구미, 북경, 상해 및 국내, 일본으로 발송하였다"고 기록되어 있다(반론 있음). 한 전문 연구자는 1919년 3월 17일에 발표된 것으로 설명하고 있다.

■ 대한 독립 선언서 [기19] □

궐기하라 독립군! 독립군은 일제히 천지를 휩쓸라! 한번 죽음은 인간의 면할 수 없는 바이니 개, 돼지와 같은 일생을 누가 구차히 도모하겠는가? …… 황천(皇天)의 명령을 받들고 일체의 못된 굴레에서 해탈하는 건국임을 확신하여 육탄 혈전으로 독립을 완성하라.

[해설] 1919년 3월에 발표된 대한 독립 선언서다1919.3.17). 조소앙이 초안을 작성하였고, 39명의 명의로 발표되었다(사전 동의 내지 양해 X).

- 한성 정부* [회21] □
  └이승만, 이동휘 [회13] □

[해설] 1919년 4월 경성[서울]에서 '국민 대회'의 형식을 거친 한성 정부가 조직되었다(1919.4.23). 집정관 총재에 이승만, 국무총리 총재에 이동휘 등이 지명되었다.

- 만주, 연해주, 일본 등지에서도 만세 운동이 벌어졌다. [경19①] □

[해설] 국내에서 일어난 3·1 운동의 영향으로 해외 즉 만주, 연해주, 일본, 미주 등지에서도 만세 운동이 벌어졌다.

3 3·1 운동의 의의 및 영향

- 일제는 무단 통치를 이른바 '문화 통치'로 바꾸었다. [국14] □
  └일제가 교활한 '문화 통치'를 표방하게 되었다. [법13] □
  └3·1 운동은 일본의 통치 방법을 바꾸는 결정적인 계기가 되었다. [경13①] □
  └㉠으로 인해 일제는 식민 통치 방식을 무단 통치에서 문화 통치로 바꾸었다. [경11②] □

[해설] 3·1 운동은 일제의 통치 방식을 '무단 통치'에서 이른바 '문화 통치'로 바꾸는 계기가 되었다. / [경11②]의 ㉠은 3·1 운동을 가리킴.

- 독립운동의 중요한 분기점이 된 대규모의 만세 운동이었다. [국14] □

[해설] 3·1 운동은 모든 계층이 참여한 일제 강점기 우리 역사상 최대 규모의 민족 운동이다. 학생, 농민, 노동자 등으로 민족 운동의 주체가 확대되어 이후 다양한 민족 운동이 전개되는 계기가 되었다.

- [대한민국 임시 정부] 3·1 운동을 계기로 중국 상하이에서 수립되었다. [지11②] □
  └이를 계기로 대한민국 임시 정부가 수립되었다. [법13] □

└대한민국 임시 정부 수립에 영향을 주었다. [법22] ☐
└대한민국 임시 정부 수립의 계기가 되었다. [소20] ☐

[해설] 3·1 운동을 계기로 중국 상하이에 국내외의 독립운동가들이 모여 대한민국 임시 정부를 수립하였다(1919.4.11).

▌대한민국 임시 정부의 수립 [지21] ☐

탑골 공원에 모인 수많은 학생과 시민이 독립 선언식을 거행하고 만세를 부르며 거리를 행진하였다. 이후 만세 시위는 전국으로 확산되었다. 이 운동을 계기로 독립운동가 사이에는 독립운동을 더욱 조직적으로 전개하자는 공감대가 형성되어 (가) 가/이 만들어졌다. (가) 는/은 구미 위원부를 설치하는 등 적극적으로 독립운동을 펼쳐 나갔다.

[해설] 주어진 자료 속 '(가)'는 1919년 4월 중국 상하이에서 조직된 대한민국 임시 정부를 가리킨다(1919.4.11).

• 제1차 세계 대전 승전국의 식민지에서 일어난 최초의 반제 민족 운동이다. [경19①] ☐

[해설] 3·1 운동의 역사적 의의 중 하나이다(일본은 당시 승전국). 특히 인도, 중국에 영향을 주었다.

• 세계 약소민족의 독립운동에도 커다란 자극을 주었다. [국14] ☐
└㉠은 중국의 5·4 운동, 인도의 비폭력·불복종 운동 등에 영향을 주었다. [서14] ☐

[해설] 3·1 운동은 인도주의적 운동으로 중국의 5·4 운동, 인도의 비폭력·불복종 운동 등 세계 약소민족의 독립운동에 영향을 주었다.

• 3·1 운동을 계기로 운동 이념상 복벽주의는 점차 청산되었다. [지14①] ☐

[해설] 3·1 운동을 계기로 조선 왕조의 회복을 바라는 복벽주의는 점차 힘을 잃고 정치 체제로 민주 공화제가 정착되었다.

• 해외의 무장 독립 투쟁이 더욱 치열하게 전개되었다. [법13] ☐

[해설] 대한민국 임시 정부 수립을 계기로 해외의 무장 독립 투쟁이 더욱 치열하게 전개되었다.

◉ 사진으로 보는 3·1 운동

▲ 탑골 공원[원각사지 십층 석탑(왼쪽), 팔각정(오른쪽)] [기19] ☐

주제 60 대한민국 임시 정부의 수립과 활동

1 대한민국 임시 정부의 수립

- 임시 정부 수립 직후 임시 의정원을 구성하였다[x]. [서17②]
  └ 국민 대표 기관으로서 임시 의정원을 두고, 기관지 『독립신문』을 발간하였다. [경12①]
  └ 이동녕 [회21]

[해설] 입법 기관인 임시 의정원이 1919년 4월 10일 중국 상하이의 프랑스 조계지에서 조직되었고, 대한민국 임시 정부가 하루 뒤인 4월 11일 수립되었다. 초대 임시 의정원 의장에는 석오 이동녕(1869~1940), 부의장에는 해석 손정도(1872~1931)가 선출되었고(제2대 임시 의원원 의장 역임) 우남 이승만(1875~1965)을 국무총리로 하는 국무원이 구성되었다. / 임시 정부의 활동과 독립운동 상황을 국내외에 알리기 위해 기관지로 독립신문을 발간한 것은 1919년 8월부터의 일이다(~1925.9)(1919년 8월 21일에 '독립'이란 이름으로 창간한 것을 같은 해 10월에 '독립신문'으로 명칭 변경).

- [대한민국 임시 정부 수립] 거족적인 민족 운동이 일어난 후 조직적으로 독립운동을 추진할 필요가 있었다. [법11]
  └ 3·1 운동 이전에 설립되어 국내외의 3·1 운동을 주도하였다[x]. [경13②]

[해설] 대한민국 임시 정부가 설립[수립]된 것은 3·1 운동 직후인 1919년 4월 11일의 일이다.

- [대한민국 임시 정부] 만주 지역의 무장 투쟁 세력들도 참여하였다. [서17②]

[해설] 대한민국 임시 정부에는 연해주의 성재 이동휘(1873~1935)를 비롯한 만주의 무장 투쟁 세력들도 참여하였다.

- 우리 역사상 최초의 공화제 정부였다. [경12②]
  └ 삼권 분립에 기초한 민주 공화국이다. [서12]

[해설] 대한민국 임시 정부는 우리 역사상 최초의 공화제 정부이다. 대한민국 임시 정부를 1919년 4월 처음 조직하면서 만든 대한민국 임시 헌장 제1조에 명백하게 나타나 있다. 입법 기관인 임시 의정원, 행정 기관인 국무원, 사법 기관인 법원으로 구성된 최초의 삼권 분립에 입각한 민주 공화정체의 정부였다. 민주주의에 입각한 근대적 임시 헌법도 갖추었다.

- 자유주의와 사회주의를 기본 이념으로 표방하였다[x]. [지11②]

[해설] 대한민국 임시 정부는 우리나라 최초로 삼권 분립에 입각한 민주 공화정체를 표방하였다. 대한민국 임시 헌장 제1조에 '대한민국은 민주 공화제로 한다'고 규정하였다[임시 헌장은 선포문(전문과 10개 조)과 선서문, 정강(6개 항)으로 구성].

■ 대한민국 임시 정부의 임시 헌장 [국23] [법11]

- '신인 일치(神人一致)로 중외 협응(中外協應)하야 한성(漢城)에서 의(義)를 일으킨 이래 30여 일간에 평화적 독립을 3백여 주에 광복하고, … 항구히 자주독립의 복리로 아(我) 자손 여민(子孫黎民)에게 세전(世傳)하기 위해 임시 의정원의 결의로 임시 헌장을 선포하노라'

[해설] '한성(漢城)에서 의(義)를 일으킨 이래'와 '임시 의정원'이라는 말들을 통해 주어진 자료(선언)는 1919년 3·1 운동 직후 수립된 대한민국 임시 정부와 관련이 있음을 알 수 있다(1919.4.11). 주어진 자료는 대한민국 임시 헌장의 선포문 중 전문이다(선포문은 전문과 10개 조로 구성).

- 제1조 대한민국은 민주 공화제로 함.

  …(중략)…

민국 원년 3월 1일 우리 대한 민족이 독립을 선언한 뒤 …(중략)… 이제 본 정부가 전 국민의 위임을 받아 조직되었으니 전 국민과 더불어 전심(專心)으로 힘을 모아 국토 광복의 대사명을 이룰 것을 선서한다.

[해설] 3·1 운동이 일어난 1919년 4월 11일 중국 상하이에서 조직된 대한민국 임시 정부가 발표한 임시 헌장이다[임시 헌장은 선포문(전문과 10개 조)과 선서문, 정강(6개 항)으로 구성]. 이후의 개정 내역은 관련 선지 및 해설 참조

- 초대 대통령은 이승만, 국무총리에 이동휘가 임명되었다. [경13②] ☐
  └ 초대 대통령은 이승만, 국무총리는 김구였다[×]. [서12] ☐
  └ 초대 대통령에는 이승만, 국무총리에는 안창호가 임명되었다[×]. [경19①] ☐
  └ 초대 대통령으로 김구가 선출되었고, 입법·사법·행정의 3권이 분립된 근대적 헌법을 제정·공포하였다[×]. [경16②] ☐
  └ [김구] 상해 임시 정부의 초대 경무국장으로 활동하였다. [경20②] ☐
  └ 초대 경무국장(警務局長)으로 김구가 재직하였다.* [경19①] ☐
  └ 이승만 [회21] ☐

[해설] 1919년 9월에 통합된 대한민국 임시 정부의 초대 대통령[임시 대통령]은 우남 이승만(1875~1965)으로 맞지만, 국무총리는 (백범 김구가 아니라) 성재 이동휘(1873~1935)였다(1919.9.11). / 김구는 중국 상하이 임시 정부의 초대 경무국장으로 활동하였다(1919.8). 이어 1923년에 내무총장, 1924년에 국무총리 대리, 1926년에 국무령에 각 취임하였다. / 대한민국 제1차 개헌[임시 헌법]은 대통령 중심제를 채택하되 내각 책임제를 절충한 형태였으며, 구황실을 우대한다고 하여 대한 제국을 계승함을 분명히 하였다(제7조)(임시 정부 법령 제2호)(1919.9.11). 입법(4장 임시 의정원)·사법(6장 법원 및 사법관)·행정(3장 임시 대통령, 5장 국무원)의 3권이 분립된 근대적 헌법으로, 이후 개정된 임시 헌법 가운데 헌법전으로서의 체제가 가장 잘 정비된 헌법으로 평가되고 있다(총 8장 58조).

- 안창호 [회21] ☐

[해설] 도산 안창호(1878~1938)는 통합된 대한민국 임시 정부의 노동국 총판으로 임명되었다(1919.9). 대한민국 임시 정부가 처음 조직되었을 때는 내무총장에 임명된 바 있다(1919.4).

- 이동휘 [회21] ☐

[해설] 성재 이동휘(1873~1935)는 통합된 대한민국 임시 정부의 국무총리로 임명되었다(1919.9).

■ 대한민국 임시 정부 구성 [회21] [경20②] ☐

대한민국 임시 정부(1919.4)	대한 국민 의회 (1919.3)	한성 정부 (1919.4)
국무총리: (가) 내무총장: (나) 군무총장: (다)	대통령: (라) 부통령: (마) 국무총리: (가)	집정관 총재: (가) 국무총리 총재: (나)

[해설] 대한민국 임시 정부가 창설된 1919년 4월의 국무총리, 내무총장, 군무총장이 누구인지를 묻고 있다(1919.4.11). 또 대한 국민 의회가 창설된 1919년 3월 당시의 대통령, 부통령, 국무총리가 누구인지(1919.3.17), 한성 정부가 창설된 1919년 4월의 집정관 총재, 국무총리 총재가 누구인지를 묻고 있다(1919.4.23). 차례대로 살펴보면, (가)는 이승만, (나)는 안창호, (다)는 이동휘, (라)는 손병희, (마)는 박영효이다. 그런데 한성 정부의 국무총리 총재는 '이동휘'이다. 따라서 문제에서 한성 정부의 국무총리 총재 부분을 '(다)'로 표시해야 하는데 '(나)'로 표시하는 오류를 저지르고 말았다. 결국 이 문제는 원래 정답을 ①로 의도하였지만, 제시 자료의 출제 오류로 '정답 없음'으로 최종 귀결되었다.

직명	성명	연령	출생지	임명연월일	사직연월일
경무국장	㉠	44	신천	1919.8.12	·

<내무부 직원 명부(1919년 12월 말일 현재)>中

[해설] 출생지가 (황해도) 신천이고 경무국장에 임명된 때가 1919년 8월 12일이다. 연령이 44세라는 것에서 제시된 ㉠의 인물이 출생한 해는 1876년 임을 알 수 있다. 또 여기서 말하는 경무국장은 곧 일본 조선 총독부의 직명이 아니라 대한민국 임시 정부의 직명임을 짐작할 수 있는 바 이를 통해 제시된 인물은 곧 백범 김구(1876~1949)를 가리킴을 알 수 있다.

2 대한민국 임시 정부의 활동

• 파리 강화 회의에 대표를 파견하였다. [회20] □

└ 파리 강화 회의에 대표를 파견해 독립을 주장하게 되었다. [서11] □

[해설] 파리 강화 회의 대표로 파견된 우사 김규식(1881~1950)은 사실 신한 청년당(신한 청년단)에 의해 이미 1919년 1월에 파리 강화 회의 대표로 선임되었는데, 1919년 3월 31일 파리 도착 후 대한민국 임시 정부가 수립되자 임시 정부의 외무총장 겸 파리 위원부 대표[전권 대사]로도 위촉되어 활동하였다(4월 13일에 외무총장 임명장과 파리 강화 회의 전권대사 신임장을 전보로 받음, 김규식의 요청도 있었음). 5월 12일 파리 강화 회의에 참석하여 독립 청원서를 제출하였다.

• 연통제와 교통국을 조직하였다. [회20] □

└ 교통국을 두고 연통제를 실시하였다. [경12②] □

└ 연통제, 교통국 등을 통해 독립 자금 모금과 정보 수집 활동 등을 하였다. [기11] □

[해설] 대한민국 임시 정부가 비밀 행정 조직인 연통제를 운영하기 시작한 것은 1919년 7월, 교통국을 조직한 것은 같은 해 8월경의 일이다.

• 비밀 행정 조직인 연통부를 설치하였다. [국23] □

└ 본국과의 연락을 위해 연통제를 실시하였다. [지11②] □

└ 본국과의 연락을 위해 연통제를 실시했다. [서12] □

└ 연통제를 통해 국내외를 연결하였다. [서11] □

└ 연통제를 통해 국내외를 연결하였다. [서11] □

└ 국내 항일 세력들과 연락하기 위해 연통제를 운영하였다. [서17②] □

└ 대한민국 임시 정부는 국내외를 연결하는 비밀 행정 조직으로 연통제를 실시하였으나, 일제에게 그 조직이 발각되어 와해되있다. [경16②] □

[해설] 대한민국 임시 정부가 비밀 행정 조직인 연통부[연통제]를 설치한 것은 1919년 7월의 일이다. 경성[서울]에 총판을 두고 각 도·군·면에 독판·군감·면감을 두었는데, 국내에는 9개도 1부 45개군에 조직을 두고 만주에는 3개 총판부가 있었다(서울 중구에 서울 연통부 터 있음). 연통제의 임무는 법령 및 공문의 전포, 군인 모집, 시위운동 계획, 애국 성금 갹출 등 다양하였다. 하지만 주로 국내 북서 지방에 집중되었다.

대한민국 임시 정부의 연통제 조직과 내부 갈등 [국22] □

3·1 운동 직후에 만들어진 (가) 은/는 연통제라는 비밀 행정 조직을 만들었으며, 국내 인사와의 연락과 이동을 위해 교통국을 두었다. 또 외교 선전물을 간행하여 일제 침략의 부당성을 널리 알리고자 하였다. 그러나 이러한 활동은 뚜렷한 성과를 내지 못하였다. 그러한 가운데 (가) 의 활동 방향을 두고 외교 운동 노선과 무장 투쟁 노선 사이에서 갈등이 빚어지기도 하였다.

[해설] 주어진 자료 속 '(가)'는 1919년 3·1 운동 과정에서 만들어진 대한민국 임시 정부를 가리킨다(1919.4.11).

- 국내와의 연락을 위해 교통국을 두었다. [지21] ☐

[해설] 대한민국 임시 정부는 국내와의 연락을 위해 교통부 산하에 통신 연락 상설 기구인 교통국을 두었다(1919년 8월경). 연통부[연통제]와 함께 자금 수합 임무도 맡았다.

- 백산 상회가 설립되었다. [기18] ☐

[해설] 백산 상회는 독립운동가이자 실업가인 백산 안희제(1885~1943)가 1914년 9월 부산에서 이유석, 추한식 등과 함께 세운 회사[민족 기업]로, 1919년 5월 백산 무역 주식회사로 확장 개편하였다(~1927). 국내의 대구·서울·원산과 만주 지역의 안동[安東]·펑톈[奉天] 등지에 지점 또는 연락 사무소를 설치하였고, 대한민국 임시 정부의 모든 경비를 조달하였다[안희제가 파견한 윤현진(1892~1921)이 임시 정부의 재정 차장을 맡음].

- 기관지로 『독립신문』을 발행하였다. [국23] [서12] ☐
  └기관지로 독립신문을 창간하였다. [서14] ☐
  └기관지로 독립신문을 간행하였다. [경12②] ☐
  └기관지로 독립신문을 간행하여 배포하였다. [서11] ☐
  └기관지로서 『독립신문』을 발행하였다. [지11②] ☐
  └[독립신문] 대한민국 임시 정부의 기관지 역할을 하였다. [소19①] ☐

[해설] 대한민국 임시 정부는 임시 정부의 활동과 독립운동 상황을 국내외에 알리기 위해 기관지로 독립신문을 발간하였다(1919.8~1925.9)(1919년 8월 '독립'이란 이름으로 창간한 것을 같은 해 10월에 '독립신문'으로 명칭 변경). 독립신문 외 기타 기관지로 신대한보(新大韓報)·신한청년보(新韓靑年報)·공보(公報) 등도 간행하여 독립 정신을 홍보하고 임시 정부의 소식을 국내외 각지에 알렸다.

- 독립신문을 간행하고 한일 관계 사료집을 편찬하였다. [기11] ☐

[해설] 대한민국 임시 정부는 기관지로 독립신문을 간행하고, 국제 연맹에 우리 민족의 독립을 요청하기 위하여 『한일관계사료집』을 편찬하였다(각 1919.8.21/1919.9.23).

- 외교 운동을 위해 미국에 구미 위원부를 설치하였다. [국22] ☐
  └미국에 구미 위원부를 두어 외교 활동을 전개하였다. [서11] ☐
  └외교를 위해 미국, 이탈리아, 독일에 각각 위원부를 두었다[x]. [경12②] ☐
  └구미 위원부를 설치하였다. [서14] ☐

[해설] 대한민국 임시 정부는 외교 활동을 위해 미국에 구미 위원부를 설치하였다(1919.9). 하지만 국제적인 외교를 통해서 일제의 만행을 알리고 독립을 알려야 한다는 주장(이승만의 외교론)은 당시 무장 투쟁을 중시하는 세력으로부터 많은 비판을 받았다. / 외교를 위해 미국과 프랑스, 영국에 각 위원부를 두었다(1919.9). 구미 위원부, 파리 위원부, 런던 위원부가 그것이다. 하지만 실제로 활동한 것은 미국의 구미 위원부뿐이다.

- 국제적인 외교를 통해서 일제의 만행을 알리고 우리나라의 독립을 알려야 한다. [국12] ☐

[해설] 국제적인 외교를 통해서 일제의 만행을 알리고 독립을 알려야 한다는 주장은 대한민국 임시 정부의 공식 정책이지만 오로지 외교로만 해야 한다는 이승만 주장[외교론]은 무장 투쟁을 중시하는 세력으로부터 많은 비판을 받았다.

- 독립 공채를 발행하였다. [국23] ☐
  └국외 거주 동포에게 독립 공채를 발행하였다. [서17②] ☐

[해설] 대한민국 임시 정부가 국내외 거주 동포들을 대상으로 독립 공채[애국 공채]를 발행하기 위해 조례와 규정을 각 제정·공포한 것은 1919년 11월의 일이다(1920년 4월부터 시행)(교통국와 연통제 활용).

- [조소앙] 임시 정부의 국무 위원이었다. [지17①] ☐

[해설] 조소앙(1887~1958)은 대한민국 임시 정부의 국무 위원, 외무 총장, 의정원 의장 등으로 활동하였다.

- 사료 편찬부에서 박은식의 『한국독립운동지혈사』를 간행하였다. [서12] ☐

[해설] 사료 편찬부(임시 사료 편찬소)에서 백암 박은식(1859~1925)의 『한국독립운동지혈사』를 간행하였다(1920.12).

▌한국독립운동지혈사(박은식) [경21②] ☐

우리 민족은 맨손으로 분기하고 붉은 피로써 독립을 구하여 세계 혁명사에 있어 한 신기원을 이룩했다. …… 갑진(甲辰)의 정서 6조와 을사조약 체결 이래 독립운동이 하루라도 그친 적이 없었으니, 독립을 위해 순사(殉死)한 우리의 의병이 수십만이요, 독립을 위해 순사한 우리의 열사가 천백이며, 우리의 지사단(志士團) 중 아직 죽지 않고 국내외로 바삐 뛰어다녀, 독립을 부르짖으면서 국혼(國魂)을 불러일으키는 자 또한 수없이 많다.

[해설] '국혼(國魂)'이라는 말을 통해 주어진 자료는 백암 박은식(1859~1925)의 저술임을 알 수 있다. 『한국독립운동지혈사』 서문에 나오는 글이다(1920.12).

3 국민 대표 회의의 개최와 결렬

- [1920년대 전반] ㉠ - 교통국과 연통제 조직이 일제에 발각되었다. [법21] ☐
  - ㉡ - 외교 활동에 대한 무장 투쟁론자의 비판이 거세졌다. [법21] ☐
  - ㉢ - 주로 외교론을 비판하는 무장 투쟁론자들로 구성되었다[×]. [법21] ☐
  - ㉣ - 헌법을 고쳐 대통령 중심의 집단 지도 체제로 전환하였다[×]. [법21] ☐

[해설] 아래 자료('국민 대표 회의 소집 요구와 임시 정부의 침체'의 두 번째 자료) 참조. ㉠ 임시 정부의 비밀 행정망인 교통국과 연통제 조직이 1921년경 일제에 발각되어 사실상 해체되었다. 따라서 임시 정부가 이 시기 '위기 상태'에 빠졌다는 것은 옳은 설명이다. / ㉡ 임시 정부의 외교 활동이 성과를 거두지 못하자 무장 투쟁론자의 비판이 거세졌다. 옳은 설명이다. / ㉢ 주로 외교론을 비판하는 무장 투쟁론자들로 구성된 것은 (개조파가 아니라) 창조파이다. 이들은 임시 정부를 해체하고 새로운 정부를 조직해야 한다고 주장하였다. / ㉣ 국민 대표 회의 결렬(1923.6) 이후 임시 정부는 1925년 4월 제2차 개헌을 단행하여 '국무령 중심의 내각 책임제'로 전환하였다(1919년 9월 제1차 개헌 시 대통령 중심제, 1927년 3월 제3차 개헌 시 국무 위원 중심의 집단 지도 체제로 전환).

▌국민 대표 회의 소집 요구와 임시 정부의 침체 [국17①] [법21] ☐

- 베이징 방면의 인사는 분열을 통탄하며 통일을 촉진하는 단체를 출현시키고 상하이 일대의 인사는 이를 고려하여 개혁을 제창하고 있다. …(중략)… 근본적 대해결로써 통일적 재조를 꾀하여 독립운동의 신국면을 타개하려고 함에는 다만 민의뿐이므로 이에 ㉠ 의 소집을 제창한다.

[해설] '통일적 재조를 꾀하여', '독립운동의 신국면을 타개'하려고 한다는 부분에서 '㉠'은 1923년 1월에 개최된 국민 대표 회의를 가리킴을 알 수 있다(1923.1.3~5.15)(창조파와 개조파 회의)(이후 6월 7일까지 개조파를 제외한 창조파만 회의).

- 대한민국 임시 정부는 1921년을 고비로 ㉠위기 상태로 빠졌다. 임시 정부 내에서 ㉡독립운동의 노선을 둘러싼 갈등도 나타났다. 각계의 독립운동 지도자들은 이 국면을 타개하고자 국민 대표 회의를 열어 독립운동의 새로운 방향을 모색하였다. 하지만 임시 정부의 진로 문제를 놓고 ㉢개조파와 창조파가 대립하여 회의는 결렬되었다. 이후 ㉣지도 체제가 개편되었지만 대한민국 임시 정부는 한동안 침체 상태에 빠졌다.

[해설] 관련 선지 및 해설 참조

■ 국민 대표 회의 선언문 [국21]

본 회의는 2천만 민중의 공정한 뜻에 바탕을 둔 국민적 대화합으로 최고의 권위를 가지고 국민의 완전한 통일을 공고하게 하며, 광복 대업의 근본 방침을 수립하여 우리 민족의 자유를 만회하며 독립을 완성하기를 기도하고 이에 선언하노라. …(중략)… 본 대표 등은 국민이 위탁한 사명을 받들어 국민적 대단결에 힘쓰며 독립운동이 나아갈 방향을 확립하여 국민적 대단결에 힘쓰며 독립운동이 나아갈 방향을 확립하여 통일적 기관 아래에서 대업을 완성하고자 하노라.

[해설] 주어진 자료는 1923년 2월 21일자로 발표된 '국민 대표 회의 선언문'이다. 따라서 밑줄 친 '회의'는 1923년 1월 중국 상하이에서 개최된 국민 대표 회의임을 알 수 있다(~5월 15일까지 진행, 이후 6월 7일까지 개조파를 제외한 창조파만 회의).

- 국민 대표 회의를 개최하였다. [지12②]
  - 국민 대표 회의 개최 [국24]
  - 국민 대표 회의를 소집하였다. [서14][회20]
  - 국내외의 독립운동 상황을 점검하고 새로운 활로를 모색하기 위하여 상하이에서 국민 대표 회의가 열렸다. [경18③]
  - 대한민국 임시 정부는 국내외의 독립운동 상황을 점검하고 새로운 활로를 모색하기 위하여 상하이에서 국민 대표 회의를 열었다. [경15①]

[해설] 독립운동에 대한 노선 갈등과 이승만의 위임 통치안 제출 등이 원인이 되어 1923년 1월 중국 상하이에서 국민 대표 회의가 소집되었다(1923.1.3~6.7). / 세계 각지에서 120여 개 단체, 120여 명의 대표들이 중국 상하이에 모여 독립운동의 방략에 대해 논의하였는데, 1923년 6월까지 모두 74차례의 회의가 진행되었다. 하지만 임시 정부를 해체하고 새로운 정부를 조직해야 한다는 '창조파'와 임시 정부를 그대로 유지하면서 실정에 맞게 효과적으로 개편, 보완하여야 한다는 '개조파'가 계속 극렬히 대립하다 결국 결렬되고 말았다(1923.5.15)(이후 6월 7일까지 창조파만 회의).

- 창조파와 개조파 등의 주장이 대립되었다. [국17①]
  - 독립운동의 방략을 둘러싸고 창조파와 개조파가 갈등하였다. [법11]
  - 국민 대표 회의를 개최하여 대한민국 임시 정부의 새로운 진로를 모색하는 과정에서 창조파와 개조파가 대립하였다. [경16②]
  - 상하이에서 개최된 국민 대표 회의는 창조파와 개조파의 대립으로 결렬되었다. [회19]

[해설] 국민 대표 회의 내내 창조파와 개조파가 대립하다 결국 회의 자체가 결렬되고 말았다(1923.1.3~6.7).

- [창조파] 국민 대표 회의에서 새로운 정부 수립을 주도하였다. [소19①]
  - 임시 정부를 대체할 새로운 조직을 만들자는 주장이 나왔다. [국21]
  - (가) - 국민 대표 회의의 개최를 처음 요구하였다[x]. [법12]
  - (나) - 이승만의 독립 청원서 제출을 비판하였다. [법12]
  - (다) - 연해주 지역에서 활동하던 인물들을 중심으로 구성되었다[x]. [법12]

[해설] 국민 대표 회의에서 개조파와 창조파가 대립하였는데, 창조파의 주장이 바로 '임시 정부를 대체할 새로운 조직[정부]을 만들자는 주장'이다(임정 고수파는 아예 회의 자체를 반대, 즉 회의 불참). / [법12]에서 (가)는 개조파, (나)는 창조파, (다)는 임정 고수파(현상 유지파)를 가리킴. 국민 대표 회의의 개최를 처음 요구한 것은 (개조파가 아니라) 창조파이다. 창조파는 이승만이 독립 청원서(위임 통치 청원서)를 (미국 윌슨 대통령에게) 제출한 사실(1919.2)을 비판하였다. 연해주 지역에서 활동하던 인물들을 중심으로 구성된 것은 (임정 고수파가 아니라) 창조파이다.

- [신채호] 국민 대표 회의에 창조파의 일원으로 참여하였다. [회14]

[해설] 단재 신채호(1880~1936)는 국민 대표 회의에서 임시 정부를 해체하고 새로운 조직을 만들자는 창조파의 주동 역할을 하였다(안창호, 이동휘를 중심으로 하는 임시 정부 개조파와 대립).

- (가), (나) - 국무령 중심의 집단 지도 체제를 제기하였다[x]. [법12]□

[해설] 국무령 중심의 집단 지도 체제를 제기한 것은 [(가)의 개조파, (나)의 창조파가 아니라] (다)의 임정 고수파(현상 유지파)이다. 국민 대표 회의에서 개조파와 창조파가 결렬하게 대립하다 결국 두 파 모두 회의장을 떠남으로써 국민 대표 회의는 최종 결렬되었다. 그 결과 대한민국 임시 정부의 힘은 매우 약화되었고, 남은 임정 고수파들에 의해 임시 정부는 1925년 4월 국무령 중심의 내각 책임제로 개편되었다(2차 개헌).

■ 국민 대표 회의를 둘러싼 여러 정치 세력의 주장 [법12]□

정치 세력	주장
(가)	• 대한민국 임시 정부 개조 • 민족주의 실력 양성
(나)	• 새로운 대한민국 임시 정부 건설 • 무장 투쟁 강조
(다)	• 임시 정부 유지 • 국민 대표 회의 불참

[해설] '(가)'는 글자 그대로 개조파이고, '(나)'는 창조파, '(다)'는 임정 고수파(현상 유지파)를 가리킴을 알 수 있다. 국민 대표 회의가 중국 상하이에서 개최된 것은 1923년 1월의 일이다(~같은 해 6월까지 진행).

- 회의 결과 대한민국 임시 정부가 큰 타격을 입게 되었다. [법16]□

[해설] 국민 대표 회의에서 창조파와 개조파가 계속 대립할 대 임정 고수파에 속하는 김구가 내무령 제1호를 내어 국민 대표 회의의 해산을 명하면서 국민 대표 회의는 끝내 결렬되었다. 혈연과 지연, 이념을 넘어서 독립운동의 역량을 하나로 결집하는 데는 실패하였으나, 국내외에 산재해 있었던 민족의 지도자들이 한자리에 모여 독립운동의 방향과 방법을 두고 심도 높은 논의를 진행하였다는 점을 들면서 중요한 의의가 있다고 보는 평가도 있다. 하지만 국민 대표 회의의 결렬은 독립운동 세력을 결집시키지 못하는 대한민국 임시 정부의 취약성 또는 무력함을 고스란히 드러냈다는 점에서 부작용이 훨씬 더 컸다고 봐야 한다. 이후 임시 정부는 '정부'가 아니라 일개 독립운동 단체로 전락했다고 보는 시각도 있다.

■ 국민 대표 회의와 결렬 직후의 상황 [지16①]□

대한민국 임시 정부의 노선과 활동을 재평가하고 분열된 독립운동 전선을 통일하기 위해 상하이에서 국민 대표 회의가 소집되었다. 그러나 이 모임에서 임시 정부의 조직만 개조하자는 개조파와 완전히 해체한 후 새 정부를 구성하자는 창조파 등이 팽팽하게 맞섰다. 그 후 헌법을 개정하여 국무령 중심의 의원 내각제로 바꾸고, 박은식을 제2대 대통령으로, 이상룡을 국무령으로 추대하였다.

[해설] '상하이에서 국민 대표 회의가 소집'되었다는 부분, 개조파와 창조파 등이 팽팽하게 맞섰다는 부분은 1923년 1월에서 6월까지의 일을 가리킨다. 그 후 국무령 중심의 의원 내각제로 바꾸고, 박은식을 (임시로) 제2대 대통령으로 추대한 것은 1925년 4월의 일이다(2차 개헌).

4 대한민국 임시 정부의 변화

- 이승만을 탄핵하고 박은식을 임시 대통령으로 추대했다. [서23]□
  - ↳ 1925년 이승만을 해임시킨 뒤 두 번째로 헌법을 개정하여 주석제를 채택하였다[x]. [경13②]□
  - ↳ [이승만] 대한민국 임시 정부의 대통령이었으나 탄핵을 당하였다. [서24②]□

[해설] 우남 이승만(1875~1965)을 탄핵하고 백암 박은식(1859~1925)을 (제2대) 임시 대통령으로 추대한 것은 1925년 3월의 일이다(1925.3.23). / 이승만을 해임시킨 뒤 두 번째로 헌법을 개정(제2차 개헌)하여 (주석제가 아니라) 국무령 중심의 내각 책임제를 채택하였다(1925.4). 주석제를 채

택한 것은 4차 개헌 때의 일이다(1940.10). / 대한민국 임시 정부의 대통령이었으나 탄핵을 당한 인물은 우남 이승만이다. 1925년 3월 23일 임시 의정원에서 임시 정부 대통령 이승만을 심판, 면직하고, 같은 날 박은식을 임시 헌법 제12조에 의하여 임시 정부 대통령으로 선거하였다(대한민국 임시 정부 공보 제42호).

• 박은식이 임시 대통령으로 선출되었다. [국21] □
  └(가) - 대한민국 임시 정부에서 처음으로 대통령을 역임하였다[×]. [지12①] □
  └[박은식] 대한민국 임시 정부의 2대 대통령을 역임하였다. [서22①] □
  └대한민국 임시 정부 2대 대통령을 역임하였다. [경15②] □

[해설] 백암 박은식이 (대한민국 임시 정부 의정원에서) 임시 대통령으로 선출된 것은 1925년 3월의 일이다(1925.3.23). / 대한민국 임시 정부의 초대 대통령은 우남 이승만이다. 박은식은 임시였지만 사실상 제2대 대통령을 역임하였다(1925.3~8). 사망하기 직전인 1925년 9월 국무령으로 석주 이상룡(1858~1932)을 추천하였다(같은 해 7월에 임시 정부의 체제를 대통령 중심제에서 국무 위원제로 바꿈).

• [제2차 개헌] 국무령 중심의 내각 책임제를 채택하였다.* [서14] □
[해설] 대한민국 임시 정부는 1925년 4월 2차 개헌을 통해 국무령 중심의 내각 책임제를 채택하였다.

■ **국무 위원제 채택**(제3차 개헌) [서23] □

대한민국 임시 정부는 헌법을 개정하여 집단 지도 체제인 국무 위원제를 채택했다. 즉, 5~11인의 국무 위원 가운데 한 사람을 주석으로 선출하되, 주석은 대통령이나 국무령과 같이 특별한 권한을 갖지 않고 다만 회의를 주재하는 권한만 갖게 했다.

[해설] 대한민국 임시 정부가 국무 위원 중심의 집단 지도 체제를 채택한 것은 1927년 3월의 제3차 개헌 때의 일이다(임시 약헌).

• 제1차 개헌(1919) 임시 헌법 – 대통령 중심제와 내각 책임제 절충* [경19②] □
  └제2차 개헌(1925) 임시 헌장 – 국무총리 중심의 내각 책임 지도제* [×] [경19②] □ (임시 헌법) (국무령 중심)
  └제3차 개헌(1927) 임시 약헌 – 국무 위원 중심의 집단 지도 체제* [경19②] □
  └제4차 개헌(1940) 임시 약헌 – 주석 지도 체제로 강력한 지도력 발휘* [경19②] □

[해설] 대한민국 임시 정부의 임시 헌장 개정 명칭과 그 내용에 대해 묻고 있는 문제이다. 그전까지는 대체로 개정 내용과 관련된 문제만 출제되었는데 2019년도에는 그것에 덧붙여 임시 헌장의 개정 명칭*까지 묻고 있는 점이 이색적이다(지나치게 세부적). / 1925년 4월에 공포된 제2차 개헌의 임시 헌장 개정 명칭은 ('임시 헌장'이 아니라) '임시 헌법'이고, 개정 내용은 (국무총리가 아니라) 국무령 중심의 내각 책임 (지도)제이다.

*대한민국 임시 정부는 1919년 4월 11일 전문 10조의 임시 헌장을 선포하였다. 이후 같은 해 1919년 9월 통합 정부를 구성한 이래에 1919년 9월 임시 헌법(제1차 개헌), 1925년 4월 임시 헌법(제2차 개헌), 1927년 3월 임시 약헌(제3차 개헌), 1940년 10월 임시 약헌(제4차 개헌), 1944년 4월 임시 헌장(제5차 개헌) 이렇게 다섯 차례에 걸쳐 헌법을 개정하였다.

■ **대한민국 임시 정부의 개헌 과정** [경17①] □

개헌	시기	정치 체제
1차	1919년	㉠ 대통령제
2차	1925년	㉡ 국무 위원 집단 지도 체제
3차	1927년	㉢ 국무령 중심의 내각 책임제
4차	1940년	㉣ 주석제
5차	1944년	㉤ 주석·부주석제

[해설] ㉠ 1919년 9월의 제1차 개헌은 대통령제로, 옳다. / ㉡ 1925년 4월의 제2차 개헌은 국무령 중심의 내각 책임 (지도)제이다. 틀리다. / ㉢ 1927년 3월의 제3차 개헌은 국무 위원 집단 지도 체제이다. 틀리다. (즉 '㉡'과 '㉢'의 정치 체제가 서로 바뀌었다.) / ㉣ 1940년 10월의 제4차 개헌은 주석제로, 옳다. / ㉤ 1944년 4월의 제5차 개헌은 주석·부주석제로, 옳다.

주제 61 실력 양성 운동의 추진

1 실력 양성론의 대두

- 일제는 친일파를 육성하고 민족주의 세력을 회유하여 민족 운동을 분열시켰다. [국11] □

[해설] 일제는 1919년의 3·1 운동을 계기로 친일파를 육성하고 민족주의 세력을 회유하여 분열을 유도하는 이른바 '문화 통치'를 실시하였다.

- 일제의 식민 지배를 인정하고 그 밑에서 정치적 실력 양성을 해야 한다. [국12] □
  └일제와 타협하여 자치권과 참정권을 획득하자고 주장하였다. [회14] □
  └이광수 [서24②] □
  └최린* [서24②] □
  └김성수 [서24②] □

[해설] 춘원 이광수(1892~1950)는 일제의 식민 지배를 인정하고 그 안에서 자치 운동을 전개하여 정치적 실력을 양성해야 한다고 주장하였다. / 일제와 타협하여 자치권과 참정권을 획득하자고 주장한 것은 이광수와 고하 송진우(1887~1945), 고우 최린(1878~1958) 같은 타협적 민족주의자들이다. 이들은 1924년에서 1926년에 걸쳐 '연정회' 결성을 시도하였으나 끝내 무산되었다. / [서24②] 일제 강점기 '문화 통치'에 기대를 걸면서 조선 의회의 설립을 추진하는 등 자치 운동을 주도한 인물에 대해 묻는 문제이다. 일제와 타협하여 자치권과 참정권을 획득하자고 주장한 것은 고하 송진우, 인촌 김성수(1891~1955), 춘원 이광수, 고우 최린, 육당 최남선(1890~1957)과 같은 타협적 민족주의자들이다. 이광수는 소설가이자 언론인, 최린은 천도교인이자 언론인, 김성수는 기업인이자 교육자, 언론인, 정치인으로 모두 친일 반민족 행위자이다.

■ 타협적 민족주의론(자치론) [국12] [법18] □

- 그러면 지금의 조선 민족에게는 왜 정치적 생활이 없는가? (그 대답은 가장 단순하다.) 일본이 조선을 병합한 이래로 조선에게는 모든 정치 활동을 금지한 것이 첫째 원인이다. … 지금까지 해 온 정치적 운동은 모두 일본을 적대시하는 운동뿐이었다. 이런 종류의 정치 운동은 해외에서나 할 수 있는 일이고, 조선 내에서는 허용되는 범위 내에서 일대 정치적 결사를 조직해야 한다는 것이 우리의 주장이다.

[해설] '조선 내에서는 허용되는 범위 내에서 일대 정치적 결사를 조직해야 한다'는 내용은 이광수, 최린 등이 주장한 타협적 민족주의론(자치론)을 가리킨다. 주어진 자료는 춘원 이광수(1892~1950)가 1924년 1월 동아일보에 발표한 「민족적 경륜」이라는 글이다(1924.1). 여기서 이광수는 '자치론'을 주장하여 일대 풍파를 일으켰다(타협적 민족주의론). 참고로 이광수는 이미 1922년 5월에 종합지 『개벽』에 「민족개조론」을 발표한 바 있다. 원문에는 첫째 문장과 둘째 문장 사이에 '그 대답은 가장 단순하다'는 문장이 들어간다.

- 지금의 조선 민족에게는 왜 정치적 생활이 없는가? …… 일본이 조선을 병합한 이래로 조선에게는 모든 정치 활동을 금지한 것이 첫째 원인이다. …… 지금까지 해 온 정치적 운동은 모두 일본을 적대시하는 운동뿐이었다. 이런 종류의 정치 운동은 해외에서나 할 수 있는 일이고, 조선 내에서는 허용되는 범위 내에서 일대 정치적 결사를 조직해야 한다는 것이 우리의 주장이다.
  - 이광수, 동아일보 -

[해설] 위와 같은 내용의 자료이다.

2 물산 장려 운동

- 물산 장려 운동이 시작되었다. [국20] □

└물산 장려 운동이 전개되었다. [회24] □

└물산 장려 운동 [지24] [서19②] □

└물산 장려 운동이 확산되었을 것이다. [서14] □

[해설] 물산 장려 운동은 1920년 8월 평양에서 고당 조만식(1883~1950) 등의 주도로 처음 시작된 일종의 국산품 애용 운동이자 민족 경제 자립 실천 운동이다(조선 물산 장려회 조직). 자작회(自作會), 토산 애용 부인회가 경성[서울]에서 조직된 이후 더욱 활성화되었다(각 1922.12/1923.2).

- 조만식 등에 의해 평양에서 시작되어 전국으로 확산되었다. [지18] □
  └평양에서 시작하여 전국으로 확산되었다. [법13] □
  └(나): 평양에서 시작되어 전국으로 확산되었다. [법11] □
  └평양에서 조만식 중심으로 시작되어 전국적으로 확산되었다. [기15] □
  └물산 장려 운동에 적극 참여하였다. [소19①] □

[해설] 1920년 8월 평양에서 고당 조만식(1883~1950) 등의 주도로 시작된 물산 장려 운동은 1923년 1월 경성[서울]에서도 물산 장려회가 조직되는 등 전국적인 운동으로 확산되었다. 1920년 3월 회사령 폐지로 일본 자본과 물산의 본격적인 한반도 진출(식민지 조선에 지부 설치)로 인한 경제적 예속에 대항하기 위해 일어났다.

- [물산 장려 운동] 실력 양성 운동의 일환으로 추진된 것이다. [서11]
  └민족 산업의 보호와 육성을 위해 국산품 애용 등을 주장하였다. [법21] □
  └이 운동은 주로 1910년대부터 시작되어 해방이 될 때까지 계속되었다[×]. [서11] □
  └물산 장려 운동은 조선 물산 장려회를 중심으로 전개되었다. [서11] □
  └이 운동에는 주로 지식인, 청년, 학생, 부녀자들이 동참하였다. [서11] □
  └이 운동은 토산의 장려를 내걸면서 소생산자 중심의 자급을 주장했다. [서11] □

[해설] 실력 양성 운동의 일환으로 추진되었다. / 민족 산업의 보호와 육성을 위해 국산품 애용 등을 주장하였다. / 물산 장려 운동이 시작된 것은 1920년 8월 평양에서부터이다. 대략 1930년대 초반까지 이어졌다.

- 조선 물산 장려회를 조직하였다. [지23] [지17②] □
  └조선 물산 장려회를 조직해 물산 장려 운동을 펼쳤다. [지21] □
  └[조선 물산 장려회] 방직, 고무, 메리야스 공장을 육성하여 경제 자립을 이루자는 운동을 전개하였다. [지15②] □

[해설] 조선 물산 장려회가 평양에서 처음 조직된 것은 1920년 8월의 일이다. 또한 1923년 1월 경성[서울]에서도 같은 명칭의 조선 물산 장려회가 조직되었다. 조선 물산 장려회는 민족 기업(방직, 고무, 메리야스 공장)을 육성하여 경제 자립을 이루자는 물산 장려 운동을 전개하였다(1920년대 초).

- 조선 총독부의「회사령」에 맞서기 위해 전개되었다[×]. [지22] □
  └회사령 제정과 일본 상품에 대한 관세 철폐 움직임에 대항하였다[×]. [기15] □

[해설] 물산 장려 운동은 조선 총독부의「회사령」에 맞서기 위해 전개된 운동이 아니라 오히려 종래의 허가제「회사령」(1910.12) 폐지 등을 계기[1920년 3월, 회사령 폐지로 신고제(계출제)화됨]로 일본 자본의 조선 진출이 용이해지자 이를 저지하여 '민족 자본'을 지키기 위해 전개된 운동이다. / [기15] 물산 장려 운동은 회사령 제정(1910.12)이 아니라 폐지(신고제[계출제]화)(1920.3)와 일본 상품에 대한 관세 철폐(1923.4) 움직임에 대항하여 일어난 운동이다(즉 뒷부분은 옳지만 앞부분은 틀리다). 일제는 이를 통해 일본 자본과 기업의 (식민지 조선으로의) 진출을 꾀하였다.

- (가) - 조선과 일본 간의 관세 철폐 정책에 대항하였다. [지13] □
  └일본 상품에 대한 관세 철폐 움직임에 대응하여 시작되었다. [법13] □

[해설] '조선'과 일본 사이에 관세가 철폐된다는 소식이 전해지자 경성[서울]을 중심으로 물산 장려 운동을 전개하여 민족 산업을 육성·보호하려는 움직임이 일어났다(1923년 1월 경성[서울]에서 조선 물산 장려회 조직). 즉 일본 상품에 대한 관세 철폐 움직임에 대응하여 물산 장려 운동이 서울을 중심으로 전국으로 확산되었다. / 일제는 1923년 4월을 기하여 관세를 철폐함으로써 일본 자본과 상품의 '조선' 진출을 용이하게 하였다.

- [조선 물산 장려회] 민족 자본의 육성을 위해 자급자족, 토산품 애용 등을 주장하며 물산 장려 운동을 벌였다. [국17②] ☐

  [해설] 민족 자본의 육성을 위해 자급자족, 토산품 애용 등을 주장하며 물산 장려 운동을 벌인 단체는 조선 물산 장려회이다[평양(1920.8), 경성[서울](1923.1)].

- 일부 사회주의자는 자본가 계급을 위한 운동이라고 비판하였다. [지22] ☐
  └ 사회주의 계열은 자본가와 일부 상인의 이윤 추구를 비판하였다. [기15] ☐
  └ (가) - 사회주의 성향의 운동 세력이 주도하였다[×]. [지13] ☐
  └ (가)는 사회주의자 주도로 전개되었다[×]. [법14] ☐
  └ 사회주의 운동이 크게 확산되는 계기가 되었다[×]. [법13] ☐

  [해설] 물산 장려 운동은 민족주의 계열이 주도하였으며 사회주의 계열은 '중산 계급의 이기적 운동(실력 양성 운동)'이라고 비판하였다.

■ 사회주의자들의 물산 장려 운동 비판 [법13] ☐

이 운동의 사상적 도화수가 된 것은 누구인가? 저들의 사회적 지위로 보나 계급적 의식으로 보나 결국 중산 계급임을 벗어나지 못하였으며, 적어도 중산 계급의 이익에 충실한 대변인인 지식 계급 아닌가. … 실상을 말하면 노동자에게는 … 말할 필요가 없는 것이다. … 그네는 자본가 중산 계급이 양복이나 비단 옷을 입는 대신 무명과 베옷을 입었고, 저들 자본가가 위스키나 브랜디나 정종을 마시는 대신 소주나 막걸리를 먹지 않았는가? …… 이리하여 저들은 민족적, 애국적 하는 감상적 미사(美辭)로써 눈물을 흘리면서 이해가 전혀 상반한 노동 계급의 후원을 갈구하는 것이다.

- 이성태, "동아일보" -

[해설] 주어진 글에서 비판하고 있는 운동은 1920년 8월부터 시작된 물산 장려 운동이다[동아일보 1923년 3월 20일, '중산 계급의 이기적 운동: 사회주의가 본 물산 장려 운동'].

- 조선에 사는 일본인이 일본 자본에 대항하기 위해 일으켰다[×]. [지22] ☐

  [해설] 물산 장려 운동은 조선에 사는 일본인이 일본 자본에 대항하기 위해 일으킨 것이 아니다. 반대로 조선에 사는 한국인[조선인]이 일본 자본에 대항하기 위해 일으킨 운동이다.

- 황성신문, 대한매일신보 등의 적극적인 지원을 받았다[×]. [법13] ☐

  [해설] 황성신문, 대한매일신보 등의 적극적인 지원을 받은 것은 (물산 장려 운동이 아니라) 국채 보상 운동이다(1907.2~1908.7).

- '내 살림 내 것으로', '조선 사람 조선 것' 등의 표어를 내걸었다. [지16①] ☐
  └ '조선 사람 조선으로! 우리 것으로만 살자!'라는 구호를 주장하였다. [기15] ☐

  [해설] '내 살림 내 것으로', '조선 사람 조선 것' 등의 표어를 내건 경제적 구국 운동은 물산 장려 운동이다. 1920년 8월 평양에서 조만식 등이 물산 장려회를 조직한 이후 전국적으로 확대되었다.

- [여운형] 조선 사람은 조선 사람이 만든 물건을 쓰자! [×] [회20] ☐

  [해설] 몽양 여운형(1886~1947)이 (공개적으로) 주장했을 만한 구호가 아닌 것으로 제시되었다. 여운형의 이력 중에는 물산 장려 운동과 관련된 것이 없다. 여운형은 물산 장려 운동이 활발하게 전개된 1920년대 전반에는 중국에서 활약하였고, 1929년 7월 상하이 주재 일본 영사관 경찰부에 체포되어 국내로 압송되었다.

■ 물산 장려 운동 [지18] [지13] [서11] [법14] [법11] [기15] □

- 비록 우리 재화가 남의 재화보다 품질상 또는 가격상으로 개인 경제상 다소 불이익이 있다 할지라도 민족 경제의 이익에 유의하여 이를 애호하며 장려하여 수요하며 구매하지 아니치 못할지라.

[해설] '민족 경제의 이익'과 '우리 재화를 애호하자'는 식의 내용으로 미루어 보아 주어진 자료는 1920년 8월 평양에서 고당 조만식(1883~1950) 주도로 시작된 물산 장려 운동과 관련된 것임을 알 수 있다. 구체적으로는 1920년 8월 평양에서 창립된 조선 물산 장려회의 설립 취지문이다(일부). 조선인들의 공덕심(公德心)과 공익심(公益心)을 강조하면서 국산품 애용과 생산 진흥을 주창하였다.

- 조선 사람은 조선 사람이 만든 물건만 쓰고 살자고 하는 운동이 일어나고 있다. 그렇게 하면 조선인 자본가의 공업이 일어난다고 한다. …(중략)… 이 운동이 잘 되면 조선인 공업이 발전해야 하지만 아직 그렇지 않다. …(중략)… 이 운동을 위해 곧 발행된다는 잡지에 회사를 만들라고 호소하지만 말고 기업을 하는 방법 같은 것을 소개해야 한다.   - 개벽 -

[해설] 1920년 8월 평양에서, 그리고 1923년 1월 서울에서 재차 발족된 물산 장려 운동과 관련된 자료이다. 주어진 자료는 천도교에서 펴낸 잡지 『개벽』 제40호(1923년 10월)에 게재된 한 기사('썻던 탈을 버서나는 物産奬勵, 牛年間 歲月의 힘은 과연 크다-物産奬勵의 歸結')이다. 긴 글의 극히 일부를 편집하였다. 참고로 잡지 『개벽』은 1920년 6월에 창간되었다(~1926.8)(강제 폐간).

- "우리에게 먹을 것이 없고 의지하여 살 것이 없으면 우리의 생활은 파괴가 될 것이다. … 우리는 이와 같은 견지에 서서 우리 조선 사람의 물산을 장려하기 위하여 조선 사람은 조선 사람이 지은 것을 쓰고, 둘째 조선 사람은 단결하여 그 쓰는 물건을 스스로 제작하여 공급하기를 목적하노라."   - <산업계> -

[해설] 주어진 자료는 1923년 1월 경성[서울]에서 발표된 '조선 물산 장려회 취지서'이다[조선 물산 장려회 기관지인 『산업계』 1923년 11월에 실림(창간호)].

- 우리가 우리의 손에 산업의 권리 생활의 제일 조건을 장악하지 아니하면 우리는 도저히 우리의 생명·인격·사회의 발전을 기대하지 못할지니 …(중략)… 우리 조선 사람의 물산을 장려하기 위하여 조선 사람은 조선 사람이 지은 것을 사서 쓰자.

[해설] 주어진 자료는 1923년 1월 경성[서울]에서 발표된 조선 물산 장려회 취지서로, 바로 위 자료의 아랫부분이다.

- 첫째, 의복은 남자는 무명베 두루마기를, 여자는 검정 물감을 들인 무명 치마를 입는다.
  둘째, 우리 손으로 만든 토산품은 우리 것을 이용하여 쓴다.
  셋째, 일상용품은 우리 토산품을 사용하되, 부득이한 경우 외국 상품을 사용하더라도 경제적 실용품을 써서 가급적 절약을 한다.

[해설] 1923년 1월 경성[서울]에서 발표된 조선 물산 장려회 취지서의 일부로, '제1기의 실행 조건'으로 제시된 것이다.

- 의복은 우선 남자는 두루마기, 여자는 치마를 음력 계해 정월 1월부터 조선인 산품 또는 가공품을 염색하여 착용할 것이며, 일용품은 조선인 제품으로 대응하기 가능한 것은 이를 사용할 것.

[해설] 위와 같은 내용의 자료이다. 음력 계해 정월은 곧 1923년 1월을 가리킨다.

3 민립 대학 설립 운동

- 일부 민족주의 진영에서는 교육을 통해 실력을 양성하자는 문화 운동을 전개하였다. [국11] □
  └ (가)와 (나)는 민족의 실력 양성을 목표로 전개되었다. [법14] □

[해설] 제1차 세계 대전 이후 식민지 조선에서는 일제에 의해 낮은 수준의 실용 교육만이 실시되었는데 일부 민족주의자들이 이에 대항하여 민립 대학 설립 운동(1922), 문맹 퇴치 운동(1920년대) 등 교육을 통해 실력을 양성하자는 문화 운동을 전개하였다(항일 민족 운동). / [법14] 물산 장려 운동[(가)]과 민립 대학 설립 운동[(나)]은 민족의 실력 양성을 목표로 전개되었다. 옳은 설명이다.

- 고등 교육 기관을 설립하기 위해 민립 대학 설립 운동을 시작하였다. [지21] □
  └ 고등 교육 기관으로서 대학을 설립하려는 운동을 펼쳤다. [경13①] □ (조선 민립 대학 설립 기성회)
  └ 조선인의 고등 교육 기회 확대를 위한 민립 대학 설립 운동 [기11] □

└고등 교육 기관인 대학을 설립하고자 하였다. [소21] □

└(가)는 조만식, (나)는 이상재를 지도자로 전개되었다. [법14] □

└민립 대학 설립 운동 [지24] □

[해설] 고등 교육 기관을 설립하기 위해 민립 대학 설립 운동이 시작된 것은 1922년 11월의 일이다(조선 민립 대학 설립 기성회 결성). / 민립 대학 설립 운동은 우리[한국인]의 힘으로 고등 교육 기관인 대학을 설립하고자 전개한 운동이다. 1920년 6월 조선 교육회 설립 발기회가 개최되면서 처음 시작되었고, 1922년 11월 (조선) 민립 대학 설립 기성 준비회가 조직되면서 본격화되었다. 1923년 3월에는 조선중앙기독교청년회관에서 민립 대학 기성회 발기[창립] 총회가 개최되기도 하였다. 하지만 이후 계속 시도된 민립 대학 설립 운동은 일제의 집요한 방해와 강압으로 경성 제국 대학 외에 단 하나의 민립 또는 사립 대학도 설립되지 못하였다. / [법14] (가)의 물산 장려 운동은 고당 조만식(1883~1950), (나)의 민립 대학 설립 운동은 월남 이상재(1850~1927)를 지도자로 하여 전개되었다.

• 조선 민립 대학 기성회가 창립되었다. [국19] □

└조선 민립 대학 기성회를 창립하였다. [지23] □

└민립 대학 설립 운동의 주요 배경이 되었다. [회23] □

└1923 민립 대학 설립 기성회 조직 [법18] □

[해설] 조선 민립 대학 설립 기성회가 창립된 것은 1922년 11월의 일이다. 이듬해인 1923년 3월에 조선 민립 대학 (설립) 기성회 발기[창립] 총회가 열렸다(1923.3.29)(민립 대학 설립 운동).

■ 민립 대학 설립 운동 [지13] [법14] [법11] [소22] □

• 정치와 외교도 교육을 기다려서 비로소 그 효능을 다할 것이요. 산업도 교육을 기다려서 비로소 그 작흥(作興)을 기할 것이니, 교육은 우리들의 진로를 개척함에 있어서 유일한 방편이요, 수단임이 명료하다. 그런데 교육에도 단계와 종류가 있어서 …(중략)… 사회 최고의 비판을 구하며, 유위유능(有爲有能)한 인물을 양성하려면 최고 학부의 존재가 가장 필요하도다.

[해설] 주어진 자료는 (조선) 민립 대학 설립 운동과 관련된 것이다(1922.11). 구체적으로는 1923년 3월에 열린 조선 민립 대학 설립 기성회 발기[창립] 총회에서 제시된 발기 취지서이다(1923.3.29)(발기 취지서의 앞부분).

• 민중의 보편적 지식은 보통 교육으로 능히 수여할 수 있으나 심원한 지식과 심오한 학리는 고등 교육에 기대하지 아니하면 불가할 것은 설명할 필요도 없거니와 사회 최고의 비판을 구하며 유능한 인물을 양성하려면 최고 학부의 존재가 가장 필요하도다.

[해설] '최고 학부의 존재가 가장 필요하다'는 구절로 미루어 보아 주어진 자료는 1922년 11월에 결성된 조선 민립 대학 설립 기성회에 의해 추진된 (조선) 민립 대학 설립 운동에 대한 것임을 알 수 있다. 발기 취지서의 내용으로, 위 자료 아랫부분['중략' 부분]이다(일부 겹침).

• 민중의 보편적인 지식은 보통 교육으로 가능하지만, 심오한 지식과 학문적 이치는 고등 교육이 아니면 불가하며 (중략) 오늘날 우리 조선인도 세계 문화 민족의 일원으로 남과 어깨를 나란히 하고 우리의 생존을 유지하며 문화의 창조와 향상을 기도하려면, 대학의 설립이 아니고는 다른 방도가 없도다.

[해설] 위와 같은 내용의 자료이다.

• 유감스러운 것은 우리에게 아직도 대학이 없는 일이라. 물론 관립 대학도 조만간 개교될 터지만 …(중략)… 우리 학문의 장래는 결코 일개 대학으로 만족할 수 없다. 그처럼 중대한 사업을 우리 민중이 직접 영위하는 것은 오히려 우리의 의무이다.

[해설] 조선 민립 대학 기성회 발기 취지서의 사실상 마지막 부분이다.

• [민립 대학 설립 운동] (나)는 전국적인 모금 운동의 형태로 전개되었다. [법14] □

[해설] 1922년 11월 월남 이상재(1850~1927)를 중심으로 조선 민립 대학 설립 기성회가 조직되었고, 이듬해인 1923년 3월에는 민립 대학 설립 기성회 발기[창립] 총회가 개최되었다. 여기서 당국[총독부]의 시책을 기다릴 것이 아니라 조선인의 힘으로 대학을 설립하자는 결의가 이루어져 '한민족 1천만이 한 사람 1원씩'이라는 구호 아래 3년 동안 1천만 원의 민립 대학 설립 기금을 모금할 것이 계획되었다.

- (나) - 민족 연합 전선 단체인 신간회의 후원을 받았다[×]. [지13] ☐

[해설] (나)는 민립 대학 설립 운동을 가리킴. 아래 선지도 동일 / 민립 대학 설립 운동은 1922년 11월부터 전개되었으며, 신간회는 1927년 2월에 결성되었다. 시기적으로 맞지 않다. 신간회의 후원을 받은 것은 광주 학생 항일 운동이다(1929.11).

- (나) - 조선 학생 과학 연구회와 연계한 6·10 만세 운동을 전개하고 격문을 작성하였다[×].* [지13] ☐

[해설] 민립 대학 설립 운동은 1924년 5월 일제의 경성 제국 대학 설립(예과 설치)으로 좌절되었다. 6·10 만세 운동은 1926년 6월에 일어났다. 조선 학생 과학 연구회는 1925년 11월 경성[서울]에서 창립된 학생 운동 단체이다. 6·10 만세 운동에서 주도적 역할을 하였다.

- (가): 일제가 경성 제국 대학을 설립하고, 방해하였다. [법11] ☐

[해설] 일제는 경성 제국 대학을 설립하는 방식으로 민립 대학 설립 운동을 방해하였다(1924년에 예과 먼저 개설).

- (가), (나): 사회 진화론의 입장에서 추진된 민족 운동이다. [법11] ☐
└(가), (나): 성과를 거두지 못하자 비타협적 민족 운동이 강화되었다[×]. [법11] ☐

[해설] (가)는 민립 대학 설립 운동을, (나)는 물산 장려 운동을 가리킴. 모두 사회 진화론의 입장에서 추진된 민족 운동으로, 일종의 '민족 실력 양성 운동'에 해당한다. 비타협적 민족 운동가들이 이들 운동을 이끌었는데 성과를 거두지 못하여 자연히 비타협적 민족 운동이 약화될 수밖에 없었다.

- 가뭄과 홍수로 인해 중단되었다. [지22] ☐

[해설] 가뭄과 홍수로 인해 중단된 운동은 (조선) 민립 대학 설립 운동이다. 일제의 방해와 1923년부터 거듭된 수해와 가뭄 등의 재해로 모금이 지지부진하게 되면서 대학 설립 신청조차 하지 못하고 끝을 맺었다.

4 민중 계몽 운동

- 브나로드 운동과 문자 보급 운동이 전개되었다. [법12] ☐
└언론 기관과 조선어 학회가 한글 보급을 통한 문맹 퇴치 운동을 펼쳤다. [법11] ☐
└언론을 통한 국민 계몽과 문맹 퇴치 운동, 민립 대학 설립 운동 등을 추진하였다. [국17②] ☐

[해설] 브나로드 운동*(동아일보)과 문자[한글] 보급 운동(조선일보)이 전개된 것은 1920년대 말에서 1930년대 전반기까지의 일이다(1929~1934). / 언론 기관인 동아일보와 조선일보가 국민 계몽과 문맹 퇴치 운동을 추진하였다. 조선의 학회(조선어 연구회)도 1920년대 후반부터 한글 보급과 선전에 힘썼다(기관지 『한글』간행, 1931년부터 한글 강습 시작) / 조선 민립 대학 설립 기성회가 추진한 민립 대학 설립 운동은 1920년대 전반기의 일이다(1922.11).

* 브나로드 운동: 동아일보사가 주축이 되어 일으킨 농촌 계몽 운동이다. 동아일보는 1931~1934년까지 4회에 걸쳐 전국적인 문맹 퇴치 운동을 전개하였다. 제3회까지 이 운동은 '브나로드(v narod)'라고 불렸으나 제4회부터는 계몽 운동으로 명칭이 바뀌었다. 본래 브나로드는 '민중 속으로'라는 뜻의 러시아말로 러시아 말기에 지식인들이 이상 사회를 건설하려면 민중을 깨우쳐야 한다는 취지로 만든 구호이다.

- [조선일보] 한글 보급 운동에 앞장서 『한글원본』을 만들었다. [국20] ☐

[해설] 한글 보급 운동에 앞장서 『한글원본』(1930.11)을 만든 곳은 조선일보이다(1929~1934)(문자 보급 운동).

- [동아일보] 브나로드 운동이라는 농촌 계몽 운동을 전개하였다. [국20] ☐
└문맹 퇴치와 미신 타파를 목적으로 브나로드 운동을 전개하였다. [지21] ☐

[해설] 동아일보는 1930년대 초에 브나로드 운동이라는 농촌 계몽 운동을 전개하였다(1931~1934).

- 청년 학생들이 농민을 대상으로 사회 계몽 활동을 전개하였다. [회14] ☐

[해설] 청년 학생들이 농민을 대상으로 사회 계몽 활동을 전개한 것은 1920년대 말과 1930년대 전반의 일이다(1929~1934). 조선일보 주도의 문자 보급 운동과 동아일보 주도의 브나로드 운동에 적극적으로 참여하였다.

◉ 사진으로 보는 실력 양성 운동의 추진

▲ 물산 장려 운동 표어
[지22]

[해설] [지22] 물산 장려 운동 표어. 맨왼쪽에는 '우리는 먼저 물품을 만들자. 우리의 원료 자본 기술로', 가운데에는 '조선 물산을 팔고 사자. (조선 물산을) 먹고 입고 쓰자', 맨오른쪽에는 '남의 만든 상품을 사지 말자. 사면 우리는 점점 못살게 된다'라는 표어가 차례로 제시되어 있다[물산 장려 운동(1920.8~1930년대 말)].

주제 62 민족 협동 전선 운동

1 6·10 만세 운동

- 6·10 만세 운동을 사전에 계획하였다. [지23] ☐
  └ 6·10 만세 운동을 주도하였다. [법16] ☐
  └ 6·10 만세 운동 [지24] [서19②] [서14] [경11②] ☐

[해설] 6·10 만세 운동은 1926년 6월 10일 순종의 장례일[인산일]을 계기로 일어난 만세 시위 운동이다. 천도교와 사회주의(조선 공산당) 계열, 그리고 학생 단체가 사전에 계획하였지만 중간에 천도교와 사회주의 계열의 지도부가 일제에 발각되어 검거되는 바람에 학생 단체(조선 학생 과학 연구회 등) 중심으로 만세 운동이 실행되었다.

- ⓒ은 일제의 수탈 정책과 식민지 교육에 대한 반발로 발생하였다. [경11②] ☐

[해설] ⓒ은 6·10 만세 운동을 가리킴. 6·10 만세 운동은 일제의 수탈 정책(특히 산미 증식 계획)과 식민지 교육에 대한 반발로 발생하였다.

- 순종의 국장일에 만세 시위 사건이 일어났다. [서21] ☐
  └ 순종의 국장일에 학생들이 만세 시위를 벌이고 시민들이 가세하였다. [법21] ☐
  └ ⓒ은 순종의 장례일에 대규모 만세 시위를 계획하였다. [서14] ☐

[해설] 순종의 국장일[장례일, 인산일]에 만세 시위 사건이 일어난 것은 1926년 6월 10일의 일이다(6·10 만세 운동). 학생들을 중심으로 추진된 대규모 만세 시위운동이다.

▌6·10 만세 운동 [국24] ☐

순종의 인산일을 기하여 '동양 척식 주식회사를 철폐하라!', '일본인 지주에게 소작료를 바치지 말자!' 등의 격문을 내건 운동이 일어났다.

[해설] 주어진 자료는 1926년 6월에 발생한 6·10 만세 운동을 가리킨다. 천도교와 사회주의(조선 공산당) 계열, 그리고 학생 단체가 사전에 계획하였지만 중간에 천도교와 사회주의 계열의 지도부가 일제에 발각되어 검거되는 바람에 학생 단체(조선 학생 과학 연구회 등)가 만세 운동을 실행하였다.

- 민족 유일당 운동의 계기가 되었다. [지12①] ☐
  └ 국내외에서 민족 유일당 운동이 촉발되는 계기가 되었다. [법13] ☐
  └ 준비 과정에서 천도교와 조선 공산당 등이 연대하였다. [법22] ☐
  └ ⓒ은 준비 과정에서 사회주의 계열과 민족주의 계열이 연대하여 민족 유일당을 결성할 수 있는 공감대가 형성되었다.
  [서14] ☐

[해설] 1926년 순종의 인산일에 전개된 6·10 만세 운동은 준비 과정에서 사회주의 계열과 민족주의 계열이 연대[민족주의 계열인 천도교와 사회주의 계열인 조선 공산당 등이 연대]하여 민족 유일당을 결성할 수 있는 공감대가 형성되었다. 그리하여 비타협적 민족주의계와 사회주의계가 통합된 신간회 결성에 영향을 주었다(1927.2). / 1920년대 후반, 만주와 중국 지역에 분산되어 있던 독립운동 단체들을 하나로 통합하려는 민족 유일당 운동이 일어났다.

2 신간회의 결성과 해소

• [민족 해방 운동] 1920년대에는 민족주의 운동과 사회주의 운동으로 분화되었다. [지14①] ☐

[해설] 1920년대 전반 사회주의 사상이 유입되면서 독립운동은 민족주의 운동, 사회주의 운동으로 분화되었다.

• 자치론이 확산될 것을 우려하여 민족 협동 전선 운동이 전개되었다. [법11] ☐

[해설] 자치론이 확산될 것을 우려하여 민족 협동 전선 운동이 전개된 것은 1920년대 후반의 일이다. 그 결과 결성된 단체가 바로 신간회이다(1927.2).

• 조선 민흥회 [서17①] ☐

[해설] 사회주의 계열인 서울 청년회와 민족주의 계열인 조선 물산 장려회가 함께 결성한 민족 협동 전선 단체인 조선 민흥회가 창립된 것은 1926년 7월로, 시기적으로 정우회 선언과 신간회에 앞선다.

• 민족 협동 전선론에 따라 정우회가 조직되었다. [지16②] ☐
└ 정우회 [지20] [서17①] ☐

[해설] 정우회는 1926년 4월 4개의 사회주의 단체(화요회, 북풍회, 조선 노동당, 무산자 동맹회)가 모여 결성된 합법적 사회주의 운동 단체이다(4단체 합동 위원회가 정우회로 발전적 해체)(화요회 주도).

• '정우회 선언'이 발표되었다. [국19] ☐

[해설] 합법 사회주의 운동 단체인 정우회가 정우회 선언을 발표한 것은 1926년 11월의 일이다(1926.11.15). 분파 투쟁의 청산, 사상 단체의 통일 등을 내용으로 하는, 사회주의 운동의 새로운 방향을 밝힌 선언이다(비타협적인 민족주의 진영과의 협동 전선[일시적인 공동 전선의 필요성] 제창).

■ 정우회 선언 [국17②] [기18] ☐

• 민족주의적 세력에 대하여는 그 부르주아 민주주의적 성질을 분명히 인식함과 동시에 과정상의 동맹자적 성질도 충분히 승인하여, 그것이 타락하지 않는 한 적극적으로 제휴하여 대중의 이익을 위해서도 종래의 소극적인 태도를 버리고 싸워야 할 것이다.

[해설] 주어진 자료는 1926년 11월 사회주의 세력에 의해 발표된 정우회 선언이다(부분). 정우회 선언은 이듬해인 1927년 2월에 신간회가 창립되는 한 배경이 되었다.

• …… 우리가 승리를 향해 구체적으로 전진하기 위해서는 현실적으로 가능한 모든 조건을 충분히 이용하지 않으면 아니 될 것이다. 따라서 민족주의적 세력에 대해서는 그 부르주아 민주주의적 성질을 분명히 인식함과 동시에 또 과정적 동맹자적 성질도 충분히 승인하여 그것이 타락하는 형태로 출현되지 아니하는 것에 한하여는 적극적으로 제휴하여 ……

[해설] 1926년 11월 사회주의 세력이 발표한 '정우회 선언'이다(부분). 정우회 선언을 한 계기로 이듬해인 1927년 2월에 신간회가 조직되었다.

• [신간회 창립 배경] 중국 1차 국·공 합작의 영향을 받았다. [기18] ☐
└ 정우회 선언을 계기로 결성되었다. [소19①] ☐

[해설] 중국의 제1차 국·공 합작(1924.1~1927.7), 정우회 선언(1926.11) 모두 신간회 창립(1927.2)에 영향을 미쳤다.

• 신간회가 창설되었다. [국24] ☐
└ 비타협적 민족주의와 사회주의 세력이 연합하여 신간회를 조직하였다. [국11] ☐
└ 비타협적 민족주의 세력과 사회주의 세력이 연합하였다. [서19①] ☐
└ 사회주의 계열과 비타협적 민족주의 계열의 합작으로 구성되었다(신간회). [서18①] ☐
└ 민족주의 세력과 사회주의 세력의 협동 전선인 신간회 창립 [기11] ☐

┗이를 계기로 신간회가 결성되었다. [지12①] □

┗신간회 [지20] [서17①] □

┗1927 신간회 설립 [법18] □

[해설] 신간회가 경성[서울]에서 '민족 유일당 민족 협동 전선'의 표어 아래 창설된 것은 1927년 2월의 일이다(1927.2.15). / 신간회는 비타협적 민족주의 세력[계열]과 사회주의 세력[계열]이 민족 협동 전선 운동의 일환으로 힘을 합쳐 결성한 단체이다(민족 유일당 운동). 강령으로 '정치적·경제적 각성, 민족의 단결을 공고히 함, 기회주의자 배척'을 내세웠다. / 신간회는 6·10 만세 운동에 자극 받아 일어난 민족 유일당 운동으로 1927년 2월에 월남 이상재(1850~1927), 민세 안재홍(1891~1965), 벽초 홍명희(1888~1968) 등이 중심이 되어 결성되었다(~1931년 5월 해소될 때까지 활동).

■ 신간회 결성 [지21] [서17①] [서11] [경13①] □

- 1920년대 국내에서는 일본과 타협해 실익을 찾자는 자치 운동이 대두하였다. 비타협적인 민족주의자들은 이를 경계하면서 사회주의 세력과 연대하고자 하였다. 사회주의 세력도 정우회 선언을 발표해 비타협적 민족주의 세력과 제휴를 주장하였다. 그 결과 비타협적 민족주의 세력과 사회주의 세력은 1927년 2월에 이 단체를 창립하고 이상재를 회장으로 추대하였다.

[해설] '정우회 선언', '비타협적 민족주의 세력과 제휴', '(월남) 이상재(1850~1927)를 회장으로 추대' 등을 통해 밑줄 친 '이 단체'는 신간회를 가리킴을 알 수 있다.

- 일제의 민족 분열 정책과 자치 운동론의 등장에 대응하여, 민족 해방 운동의 단결과 통일적 대응을 모색하던 사회주의 진영과 타협적 민족주의 진영은 1926년 (㉠) 선언을 계기로, 1927년 1월 (㉡)를 발기하였다. 이어서 서울청년회계 사회주의자와 물산 장려 운동 계열이 연합한 (㉢)와도 합동할 것을 결의, 마침내 2월 15일 YMCA 회관에서 (㉡) 창립 대회를 가졌다.

[해설] '일제의 민족 분열 정책'과 '자치 운동론', '비타협적 민족주의 진영'이라는 부분에서 민족 협동 전선 운동의 일환으로 탄생한 신간회와 관련된 것임을 알 수 있다. '㉠'에는 정우회, '㉡'은 신간회, '㉢'은 조선 민흥회가 차례대로 들어간다.

- 이 단체가 조직되었다. 각 당파가 망라된 통일 조직인 이 단체는 전국 각지에 150여 개의 지회를 두고 활발한 활동을 전개하였다 '. 부녀자들의 통일 단체인 근우회 역시 이 무렵 창설되었다. 이 무렵에는 국내뿐만 아니라 해외에도 수많은 혁명 단체들이 조직되었다. 동북의 책진회, 상해의 대독립당촉성회와 같은 단체는 국내에서 활발한 활동을 전개하고 있던 이 단체와 깊은 연계를 맺고 있던 통일 조직이었다. ―「조선 민족해방운동 30년사」『구망일보』―

[해설] '각 당파가 망라된 통일 조직이고, 전국 각지에 150여 개의 지회를 두고 활발한 활동을 전개하였다'는 내용이 나와 있다. 이어 '부녀자들의 통일 단체인 근우회 역시 이 무렵 창설되었다'는 내용이 나와 있다. 이를 통해 제시된 자료가 가리키는 단체는 1927년 2월에 결성된 신간회임을 알 수 있다. /『구망일보(救亡日報)』는 중국 상하이에서 당시 발간된 항일 신문이다.

- 조선 사정 연구회, 정우회와 같은 좌우 협력 운동의 단체로 결성되었다. 이 단체에는 조선일보 계열의 민족주의자, 천도교 구파, 불교인, 사회주의자들이 참여했으며, 전국에 약 140여 개의 지회가 있었고, 약 4만여 명의 회원이 가입하였다.

[해설] 신간회의 성격(좌우 협력 운동 단체)과 지회 개수, 회원수에 대한 설명이다.

- [신간회] (ㄱ) - 농민, 노동자, 상인이 주류를 이룬 가운데 각계각층이 망라되었다. [회15] □

[해설] 신간회는 노동자, 농민, 상인, 기자, 회사원, 교원, 학생 등 각계각층의 회원을 확보하였다. 1930년대 초 3만 9천여 회원 중 농민이 2만여 명(54%)에 달하였다.

■ 신간회 조직 의의와 활동 [회15] [기11] □

- 신간회는 3·1 운동 이후 민족주의자와 사회주의자들이 처음으로 민족 연합 전선을 구축하여 독립운동을 펼쳤다는 점에서 그 의의가 크다. 전국에 약 140여 개소의 지회를 두고, (ㄱ)약 4만 명의 회원을 확보했다. 자매단체로 (ㄴ)근우회가 있

었다. 신간회는 각 지방을 순회하면서 강연회를 열었고, (ㄷ)강령을 마련하고, 노동 쟁의와 소작 쟁의, 동맹 휴학 등을 지도했는데, (ㄹ)원산 노동자 총파업과 (ㅁ)광주 학생 운동을 지원한 것은 대표적 활동이었다.

[해설] 신간회가 조직된 의의와 신간회가 펼친 다양한 활동이 제시되어 있다. 밑줄 친 부분(ㄱ~ㅁ), 관련 선지 및 해설 참조

- ■ 비타협적 민족주의 계열과 사회주의 계열이 연대하여 만든 민족 운동 단체
  ■ 광주 학생 항일 운동에 진상 조사단을 파견함.
  ■ 자매단체로 근우회가 있음.

[해설] 주어진 단체는 1927년 2월에 창립된 신간회이다.

- [신간회 강령] '기회주의의 일체 부인'을 강령으로 제시하였다. [서11] □
  └ '기회주의 일체 부인'을 강령으로 내세웠다. [경21②] □
  └ 기회주의를 배격하고 정치·경제적 각성을 촉구하였다. [서11] □
    └(ㄷ) - 강령은 '정치적·경제적 각성을 촉구함, 단결을 공고히 함, 기회주의를 일체 부인함.'이었다. [회15] □

[해설] 기회주의를 배격하고 정치·경제적 각성을 촉구한 단체는 신간회이다(1927.2).

■ 신간회 강령 [지23] [지17②] [서19①] [회19] [경12①] [소21]

- 一. 우리는 정치적, 경제적 각성을 촉진함.
  一. 우리는 단결을 공고히 함.
  一. 우리는 기회주의를 일체 부인함.

[해설] 주어진 자료는 신간회의 강령이다. 신간회는 사회주의 계열과 비타협적 민족주의 계열이 민족 협동 전선 차원에서 힘을 합쳐 결성된 단체이다(1927.2.15). 사실 1927년 1월 조선일보에 발표된 신간회의 최초 강령은 '1. 조선 민족으로서 정치, 경제의 구경적* 해결을 도모한다', '2. 우리는 단결을 공고히 하는 것을 목적으로 한다'. '3. 우리는 기회주의를 일체 부인한다'였다.
*구경(究竟)은 마지막에 이르는 것을 뜻하므로 '구경적'이란 '종국적', '최종적' 정도로 이해할 수 있다.

- ·우리는 정치·경제적 각성을 촉진함.
  ·우리는 단결을 공고히 함.
  ·우리는 기회주의를 일체 부인함.

[해설] 위와 같은 내용의 자료이다.

- 1. 우리는 정치·경제적 각성을 촉구한다.
  1. 우리는 단결을 공고히 한다.
  1. 우리는 기회주의를 일체 부인한다. (중복 출제)

[해설] 위와 같은 내용의 자료이다.

- - 우리는 정치적, 경제적 각성을 촉진한다.
  - 우리는 단결을 공고히 한다.
  - 우리는 기회주의를 일체 부인한다.

[해설] 위와 같은 내용의 자료이다.

- 민족 협동 전선의 성격을 표방하였다. [소21] □

[해설] 신간회는 (비타협적 민족주의 세력과 사회주의 세력이 힘을 합쳐 결성한 단체로) 민족 협동 전선의 성격을 표방하였다. 창립 당시 '민족 유일당 민족 협동 전선'을 표어로 제시하였다.

- 설립 당시 회장은 이상재, 부회장은 홍명희가 맡았다. [서18①] □

[해설] 신간회 설립 당시의 회장으로 월남 이상재(1850~1927)가 추대되었고, 부회장으로는 벽초 홍명희(1888~1968)가 뽑혔다. 그런데 홍명희는 바로 사퇴하여 우당[애당] 권동진(1861~1947)이 부회장으로 발표되었다.

- [조선일보] 신간회가 결성되자 신간회 본부와 같은 역할을 하게 되었다. [국20] □
  └ 안재홍 [서24②] □

[해설] 신간회가 결성되었을 때 신간회 본부와 같은 역할을 한 곳은 조선일보이다(경성[서울] YMCA 회관에서 창립 총회 개최). 조선일보의 간부 이상재(당시 조선일보 사장), 신석우(1895~1953), 안재홍 등 조선일보 출신 인사들이 신간회 창립과 초기 활동에서 크게 활약하였다. / 민세 안재홍(1891~1965)은 조선일보 사장 겸 주필, 신간회 총무 등으로 활약한 언론인이자 사회 운동가이다. 또한 조선학 운동(1934~1938)을 이끈 민족 운동가이자, 신민족주의를 내세운 사학자, 정치가이기도 하다. 비타협적 민족주의자에 속한다.

- 전국에 140여 개소의 지회와 약 4만 명의 회원을 확보하였다. [서19①] □
  └ 전국에 140여 개소의 지회를 두고, 약 4만 명의 회원을 확보하였다. [서18①] □

[해설] 신간회는 1930년대 초 전국에 140여 개소의 지회와 3만 9천여 명, 즉 약 4만 명의 회원을 확보하였다(농민이 약 2만여 명). 일본에까지 지회가 조직되었다.

- [신간회 정책 및 활동] 동양 척식 주식회사 폐지를 주장하였다. [회19] □
  └ 일본인의 조선 이민을 반대하였다. [회19] □
  └ 조선 소년 연합회를 창설하고자 하였다[×]. [회19] □
  └ 여성의 법률상 및 사회적 차별을 없애고자 하였다. [회19] □
  └ 노동 운동과 연계하여 최저 임금제를 요구하였다. [회19] □

[해설] 신간회의 정책과 활동*은 크게 사회적인 것과 정치적인 것으로 나눌 수 있다. 먼저 사회적인 것으로는 일종의 계몽 운동을 들 수 있다. 웅변 대회와 연설회를 개최하여 미신 타파, 검은 옷 착용, 조혼 금지, 단연(斷煙)과 아편 흡연 추방, 매춘과 풍기 문제 등을 주제로 삼았다. 여성의 공법·사법상의 차별 철폐, 백정 대우의 개선, 인신 매매 금지, 실업, 질병, 양로, 재해보험 실시에 대한 주장도 있었다. 야학의 운영도 계몽 운동에 포함된다. 다음으로는 일종의 생활, 생존권 수호 운동을 들 수 있는데 소비조합[협동조합]의 설치가 가장 일반적이었다. 노동자·농민 본위의 금융 기관 설치에 대한 주장도 있었다. 생존권 수호 운동은 반제 운동으로서의 성격을 강하게 띠었으며 대부분 농민·노동 운동 및 사상 운동이 결합된 형태였다. 농민들의 소작료와 소작권 보호 문제에 대한 개입이 가장 일반적이었다. 동척 이민이나 불이회사와 같은 일본인 대지주 농장의 이민 반대, 토지 개량 조합의 철폐, 호세의 인하, 수리 조합의 횡포 타파 혹은 수리 조합 설치의 반대, 혹세(酷稅)[가혹한 세금]의 폐지, 조선인 본위의 산업 정책, 노동 조건과 노임에 대한 민족적 차별 철폐, 각군 농회(農會) 반대, 조선인 착취 기관의 철폐, 최저임금제 확립 등과 같은 반제 운동의 성격을 갖고 있는 요구도 해당된다. 이북 지역에서는 농업 문제보다 공업화에 따른 문제들이 지역 주민들의 생존권을 위협하였다. 사회적인 것으로 마지막은 반봉건 운동을 들 수 있다. 각종 농업 문제는 필연적으로 반봉건 운동이 될 수밖에 없고 특히 유림(儒林) 단체와 관련된 문제가 그에 해당한다(향교 문제 포함). 정치적인 것으로는 언론·출판·집회·결사의 자유에 대한 요구가 가장 광범위하게 논의되었고, 제령과 보안법 등 조선 민족을 억압하는 각종 법령의 철폐, 단결권과 파업권 보장, 8시간 노동제 실시, 소년·부인의 야간 노동과 갱내 노동 금지 등에 요구가 제기되었다. 조선인의 차별 문제, 군대 주둔 반대, 조선인 본위의 교육과 조선어 사용 등 한층 민족 문제에 접근된 안들도 토의되었다. / [회19] 조선 소년 연합회는 1927년 10월에 결성된 어린이 운동 연합 단체이다. 방정환, 조철호 등의 소년 운동 협회, 정홍교, 박준표 등의 오월회 등 전국 52개 단체 대표들이 참가하여 창립하였다.

*신간회가 창립 1년 후인 1928년 봄에 내건 6개 항의 당면 투쟁 슬로건은 다음과 같다. 1. 조선 농민의 교양에 적극적으로 노력한다. 2. 조선 농민의 경작권을 확보하고, 외래 이민을 방지한다. 3. 조선인 본위의 교육을 확보한다. 4. 언론·집회·결사·출판의 자유를 확보하기 위한 운동을 전개한다. 5. 협동 조합 운동을 지지하고 지도한다. 6. 염색의를 착용시키며 단발을 려행(勵行)하고 백의 및 망건을 폐지한다. 여기서 려행(勵行)이란 힘써 행함 또는 행하기를 장려함의 뜻이다.

- 농민·노동 운동 지원, 수재민 구호 등의 활동을 전개하였다. [기18] □

[해설] 신간회는 전국 순회강연을 통하여 민족의식을 고취하며, 일제 식민 통치의 잔학상을 규탄하였다. 그리고 수재민 구호 운동, 재만 동포 옹호 운동 등 사회 운동을 전개하는 한편, 농민 운동, 학생 운동을 지원하는 활동도 전개하였다(6차 고등학교 국사 교과서).

- 광주 학생 항일 운동이 일어나자 조사단을 파견하였다. [지23] ☐
  - 광주 학생 항일 운동에 조사단을 파견하였다. [법16] ☐
  - 광주 학생 항일 운동을 조사하고 지원하였다. [회24] ☐
  - 광주 학생 항일 운동의 진상 조사 활동을 펼쳤다. [지17②] ☐
  - 광주 학생 항일 운동을 지원하였다. [지12②] ☐

[해설] 신간회는 1929년 11월 광주 학생 항일 운동이 일어나자 조사단을 파견하여 진상을 파악하는 등 광주 학생 항일 운동을 적극 지원하였다.

- 1929년에 광주 학생 운동이 일어나자 민중 대회의 개최를 계획했다. [서19①] ☐
  - 1929년 광주 학생 운동이 일어나자 '민중 대회'를 열어 항일(抗日) 열기를 확산시키려고 하였다. [경12①] ☐
  - 광주 학생 항일 운동의 진상을 조사하고 이를 알리는 대회를 개최하고자 하였다. [지21] ☐
  - 광주 학생 의거의 진상을 보고하기 위한 민중 대회를 열 것을 계획하였다. [경13①] ☐

[해설] 신간회는 1929년 11월 광주 학생 운동이 일어나자 조사단을 파견하여 진상을 파악하는 등 광주 학생 항일 운동을 적극 지원하였다. 특히 같은 해 12월 신간회 중앙 본부에서는 광주 학생 항일 운동을 계기로 삼아 언론 및 종교 세력, 청년 및 노동 단체 등과 함께 대규모의 민중 대회를 준비하였으나 일제 경찰에 사전에 발각되어 조병옥, 이관용, 허헌 등 다수의 간부들이 체포되었다(1929년 12월 13일 예정, 이른바 '민중 대회 사건').

- 조선인 본위의 교육 제도 실시를 주장하였고, 원산 노동자 총파업을 지원하였다. [국17②] ☐

[해설] 신간회는 1927년 2월 창립 후 각 지방의 지회를 중심으로 순회 강연회를 개최하여 민중을 계몽하고 민족의식을 고취하는 한편 조선인 본위의 교육 제도 실시, 타협적 민족 운동 배격, 착취 기관 철폐 등을 주장하였다. 또한 노동 쟁의와 소작 쟁의, 동맹 휴학 등 사회 운동도 적극 지원하였다. 원산 노동자 총파업이 일어났을 때도 이를 적극 지원하였다(1929.1~4).

- 1920년대 중엽에는 신간회가 해소되고 혁명적 농민 조합 운동이 격렬하게 전개되었다[×]. [지14①] ☐
  - 국내 최대 좌우 합작 단체인 신간회가 해소되었다. [경16②] ☐
  - 사회주의자들이 해소론을 주장하였다. [기18] ☐

[해설] 신간회는 1927년 2월에 결성되어 1931년 5월에 해소되었으며, 혁명적 농민 조합 운동이 격렬하게 전개된 것도 1930년대 초반의 일이다. 참고로 신간회 해체와 관련하여 당시 '발전적 해체'라는 뜻에서 해소(解消)라는 용어가 사용되었으나 해체와 큰 차이는 없다. 1930년대 이후 새로이 구성된 신간회 집행부(김병로 집행위원장 대리 체제)의 '온건화'가 비판받았다. 신간회가 해소된 것은 일제의 탄압으로 인한 주요 간부들의 투옥과 민족주의 진영에게 주도권을 빼앗긴 사회주의 진영의 불만, 코민테른의 좌편향적인 '12월 테제'의 채택(1928.12) 등이 영향을 미쳤다.

■ 신간회 해소론 [법16] ☐

창립 당시에는 소위 민족적 단일한 정치 투쟁 단체로 이 회가 필요했지만 그 후 본회의 통일적 운동의 발자취를 돌아보면 너무나 막연하여 종잡을 수 없음을 통감하지 않을 수 없다. 따라서 최근 본회의 근본정신인 비타협주의를 무시하고 합법 운동으로 방향을 전환하려는 민족적 개량주의자가 발호한 것은 본회의 근본적 모순으로부터 온 당연한 귀결이라고 할 수 있지 않겠는가. 그렇다면 우리들은 이 같은 불순한 도정을 따라온 회의 존립을 그대로 용인할 수 없으므로 첨예한 계급 단체를 조직하고 본회를 해소하는 것은 당연하다고 생각한다.

[해설] 주어진 자료 속 '단체'는 1927년 2월에 조직된 신간회임을 알 수 있다. 자료는 1930년 12월 6일 열린 부산지회 정기 대회 석상에서 회원 김봉한이 제안한 '신간회 해소론'이다(신간회 내부에서 공개적으로 가장 먼저 제기). 신간회는 1931년 5월에 해소되었다.

3 광주 학생 항일 운동

- 광주 학생 항일 운동 [서19②] [서14] [경11②] □
  └ 광주 학생 독립 운동 [서18①] □
  └ 1929 광주 학생 항일 운동 발생 [법18] □
  └ 한·일 학생 간의 충돌 사건을 계기로 광주 학생 항일 운동이 일어났다. [경15①] □
  └ 한·일 학생 간 충돌이 있었다. [회22] □

[해설] 한국인 학생과 일본인 학생 간의 충돌에서 비롯된 광주 학생 항일 운동이 일어난 것은 1929년 11월 3일의 일이다(~1930.3). 신간회 중앙 본부에서 진상 조사단을 파견하였다.

- 한국인 학생과 일본인 학생 사이의 충돌에서 비롯되었다. [법22] □

[해설] 한국인 학생과 일본인 학생 사이의 충돌에서 비롯된 민족 운동은 광주 학생 항일 운동이다.

- ⓒ은 민족 차별 중지, 식민지 교육 제도 철폐 등을 요구하며 대규모 가두시위를 벌였다. [서14] □
  └ 조선인 본위의 교육 제도를 실시할 것을 주장하였다. [경13①] □
  └ (ㅁ) - '우리의 교육은 우리들 손에 맡겨라. 일본 제국주의를 타파하라. 8시간 노동제를 채택하라.'는 내용의 전단을 뿌리며 만세를 불렀다[×]. [회15] □

[해설] 광주 학생 항일 운동은 식민지 차별 교육을 배경으로 발생한 민족 운동이다. 민족 차별 중지, 식민지 교육 제도 철폐 등을 요구하며 대규모 가두시위를 전개하였다. / (ㅁ)의 '광주 학생 운동'의 격문에서는 '조선인 본위의 교육 제도를 확립할 것', '식민지적 노예 교육 제도를 철폐할 것', '교내에 경찰의 침입을 절대 반대한다', '검거자를 즉시 우리 손으로 탈환하자' 등을 주장하였다. 따라서 교육 문제를 다룬 앞의 첫 내용은 맞지만 나머지 두 내용은 옳지 않다(각 독립운동과 노동 운동과 관련된 내용).

▌광주 학생 항일 운동 [국24] [법21] [법17] □

- 광주에서 한국인 학생과 일본인 학생 사이에 일어난 충돌을 계기로 학생들이 총궐기하는 운동이 일어났다.

[해설] 1929년 11월 3일 발생한 광주 학생 항일 운동을 가리킨다(~1930.3).

- 검거자를 즉시 우리의 힘으로 구출하자.
  교내에 경찰관 침입을 절대 반대하자.
  조선인 본위의 교육 제도를 확립하자.
  민족 문화와 사회 과학 연구의 자유를 획득하자.
  전국 학생 대표자 회의를 개최하라.

[해설] 주어진 자료는 1929년 11월 3일에 일어난 광주 학생 항일 운동과 관련된 격문이다.

- 학생, 대중이여 궐기하라! 우리의 슬로건 아래로!
  ·검거된 학생들을 즉시 우리 손으로 탈환하자.
  ·경찰의 교내 진입을 절대 반대한다.
  ·언론·출판·집회·결사·시위의 자유를 획득하자.
  ·식민지적 노예 교육 제도를 철폐하라.
  ·전국 학생 대표자 회의를 개최하라.

  - 학생 투쟁 지도 본부 격문 -

[해설] 주어진 자료는 1929년 11월 3일에 발생한 광주 학생 항일 운동과 관련된 격문이다.

- 신간회에서 진상 조사단을 파견하였다. [법17] □
  └신간회의 후원으로 확산되었다. [법22] □
  └신간회의 지원을 받아 전국으로 확산되었다. [소20] □

[해설] 신간회의 후원으로 확산된 민족 운동은 광주 학생 항일 운동이다(1929.11~1930.3). / 광주 학생 항일 운동이 발생하자 신간회에서 진상 조사단을 파견하였다. 신간에는 이전에도 학생들의 동맹 휴학과 퇴학 사건 발생 시 원인을 조사하고 학교 당국에 경고문을 보내기도 하였다.

- ⓒ은 3·1 운동 이후 최대의 민족 운동으로 신간회 설립에 영향을 주었다[✗]. [경11②] □

[해설] 'ⓒ'은 1929년 11월에 발생한 광주 학생 항일 운동을 가리킴. 신간회가 창립된 것은 1927년 2월의 일이다. 선후가 바뀌었다.

- [광주 학생 항일 운동] 학도 지원병제의 폐지를 요구하였다[✗]. [법17] □
  └대한민국 임시 정부의 수립에 영향을 주었다[✗]. [법17] □
  └일제가 허용하는 범위 내에서 자치권을 획득하자는 운동을 벌였다[✗]. [법17] □

[해설] (일제에 의해) 학도 지원병제가 생긴 것은 1943년 10월의 일이다. / 대한민국 임시 정부의 수립에 영향을 준 민족 운동은 1919년 3월에 발생한 3·1 운동이다. / 일제가 허용하는 범위 내에서 자치권을 획득하자는 운동을 벌인 것은 이광수, 최린과 같은 타협적 민족주의 세력이다(1920년대 이후 일제 패망 때까지).

- 전국으로 확대되어 이듬해까지 동맹 휴학 투쟁이 계속되었다. [법21] □

[해설] 전국으로 확대된 학생들의 시위운동은 1930년 3월 초까지 그치지 않고 계속되었다. 국외에서도 연대의 움직임이 나타나 만주와 일본의 조선인 학교, 유학생들도 시위운동을 벌이기도 하였다. 중국 본토나 미국, 연해주 등지에서도 학생 시위와 연대하려는 움직임이 나타났다. 일제의 자료에 따르면 광주 학생 항일 운동에 참여한 학교는 모두 194개, 참여한 학생은 5만 4천여 명에 이르는 것으로 보고되었다(당시 전체 학생의 60% 수준). 이 과정에서 1,600여 명이 구속되었으며 학교에서는 580여 명이 퇴학, 2,300여 명이 무기정학을 받았다.

주제 63 사회·경제적 민족 운동

1 다양한 분야의 민족 운동

- [천도교 소년회] 어린이날을 제정하고, 잡지 『어린이』를 창간하였다. [지24] ☐
  └ 어린이날을 제정하고, 잡지 『어린이』를 발간하였다. [소21] ☐
  └ 방정환과 조철호를 중심으로 어린이 운동이 전개되면서 처음으로 5월 5일을 어린이날로 정하였다. [경20②] ☐

[해설] 어린이날을 제정하고, 잡지 『어린이』를 발간한 단체는 천도교 소년회이다(1921.5). 1923년 3월에 (아동) 잡지 『어린이』가 발간되었고, 같은 해 5월 1일이 어린이날로 공식 제정하였다. / 소파 방정환(1899~1931)과 관산 조철호(1890~1941)를 중심으로 어린이 운동이 전개되었고, 1922년에 처음으로 어린이날을 정하였다(5월 1일)(비공식). 이후 1923년 3월 일본 도쿄에서 방정환(당시 천도교 청년회 도쿄지회장)을 중심으로 색동회가 창립되었는데 이 단체가 같은 달 아동 잡지 『어린이』를 창간하고, 같은 해 5월 1일을 어린이날로 공식 제정하고 기념하는 행사를 열었다(천도교에서는 '천도교 소년회'의 소년 운동으로 간주)[천도교 소년회 주도로 조선 소년군, 불교 소년회 등 각 소년 운동 단체들이 참여한 '조선소년운동협회'(1923.4)에서 공식 채택]. 1927년부터는 5월 첫째 월요일을 어린이날로 변경하였다(1937년 일제에 의해 어린이날 행사 금지). 5월 5일이 어린이날이 된 것은 8·15 광복 이듬해인 1946년 5월 5일 이후부터이다. 1946년 5월의 첫 번째 일요일이 5일이어서 그렇게 되었고, 이후부터는 요일에 상관없이 매년 5월 5일이 어린이날로 정해졌다.

■ 어린이 선언문(소년 운동의 기초 조건) [경18③] ☐

- 1. 어린이를 재래의 윤리적 압박으로부터 해방하여 그들에 대한 완전한 인격적 예우를 허하게 하라.
  2. 어린이를 재래의 경제적 압박으로부터 해방하여 만 14세 이하의 그들에 대한 무상 또는 유상의 노동을 폐하게 하라.
  3. 어린이 그들이 고요히 배우고 즐겁게 놀기에 족한 각양의 가정 또한 사회적 시설을 행하게 하라.

[해설] 소파 방정환(1899~1931)이 1923년 5월 1일에 발표한 어린이 선언문이다. 선언문은 '소년 운동의 기초 조건'(제시된 위 자료)과 '어른들에게'(9개 조항), '어린 동무들에게'(6개 조항), 당부하는 내용을 담은 '후문(後文)'으로 구성되어 있다. 참고로 그 전에 천도교 소년회는 창립 1주년이 되는 1922년 5월 1일을 우리나라 최초의 어린이의 날로 정하고 여러 기념행사를 벌이면서 '어린이날 선전문'을 배포한 바 있다[정확한 기록은 없지만 당시 어린이 운동을 주도하던 천도교 소년회의 김기전(1894~?)이 작성]. 7개 조항으로 구성되어 있는데, '1. 어린 사람을 헛말로 속히지 말아 주십시오. 2. 어린 사람을 늘 가까이 하시고 자주 이야기하여 주십시오. 3. 어린 사람에게 경어를 쓰시되 늘 부드럽게 하여 주십시오. 4 어린 사람에게 수면과 운동을 충분히 하게 하여 주십시오. 5. 이발이나 목욕 같은 것을 때맞춰 하도록 하여 주십시오. 6. 나쁜 구경을 시키지 마시고 동물원에 자주 보내 주십시오. 7. 장가나 시집 보낼 생각 마시고 사람답게만 하여 주십시오'로 되어 있다(즉 1922년의 어린이날 선전문).

- 소년 운동으로 확대되어 조선 소년군이 창설되는 계기가 되었다.* [회23] ☐

[해설] 소년 운동으로 확대되어 조선 소년군이 (서울 중앙고등보통학교, 현 중앙고에서) 창설된 것은 1922년 10월의 일이다(1922.10.5)(한국스카우트 운동의 기원). 창립 첫해 8명으로 시작된 조선 소년군은 4년 만에 전국 학생 1만여 명이 참여하는 학생 운동 조직으로 성장하였다. / 조선 소년군을 창설한 이는 중앙고 체육교사였던 관산 조철호(1890~1941)이다. 그는 학생들에게 종종 '너희는 민족의 화랑이다. 민족을 구하는 선봉이 되라'고 당부했다고 한다.

- 조선 청년 연합회에 출입하는 일본인 고문* [국18] ☐

[해설] 조선 청년 연합회는 1920년 12월에 조직된 청년 운동 단체의 연합 기관이다. 1919년 3·1 운동을 계기로 각지에서 설립된 청년회의 역량을 결집하여 민족 운동의 동력으로 활용하려는 목적으로 결성되었다.

- 조선 소년 연합회가 결성되었다.* [기18] ☐

[해설] 조선 소년 연합회가 (경성[서울]에서) 결성된 것은 1927년 10월의 일이다. 전국의 소년 운동 단체 대표들이 모여 결성하였다.

- 근우회 [지20] [서17①] [서20] [경12③] ☐
  - 근우회 결성의 사상적 기반이 되었다. [회23] ☐
  - 여성의 지위 향상과 생활 개선 등을 행동 강령으로 삼았다. [회14] ☐
  - 봉건적 인습 타파, 여성 노동자의 임금 차별 철폐 등을 주장했다. [지24] ☐
  - (ㄴ) - 여성의 단결, 남녀평등, 여성 교육 확대, 여성 노동자 권익 옹호 등을 전개하였다. [회15] ☐
  - [해설] 신간회의 자매단체이자 여성 운동 단체인 근우회가 (경성[서울]에서) 결성된 것은 1927년 5월의 일이다(1927.5.11). 항일 구국 운동과 여성 지위 향상[여권] 운동에 앞장섰다.

■ 근우회 창립 취지서 [지24] [지20] [회14] ☐

- (가) 발기 취지(發起趣旨)

  인간 사회는 많은 불합리를 산출한 동시에 그 해결을 우리에게 요구하고 있다. 여성 문제는 그중의 하나이다. …… 과거의 조선 여성 운동은 분산되어 있었다. 그것에는 통일된 조직이 없었고 통일된 지도 정신도 없었고 통일된 항쟁이 없었다. …… 우리는 우리 조선 자매 전체의 역량을 공고히 단결하여 운동을 전반적으로 전개하지 아니하면 아니 된다.

  -『동아일보』, 1927.5.11. -

  [해설] 주어진 자료 속 '(가) 단체'는 근우회를 가리킨다(1927.5). 신간회의 자매단체의 성격을 띠며 항일 구국 운동과 여성 지위 향상 운동에 주력하였다(근우회의 창립 취지서)

- 우리 사회에서도 여성 운동이 제기된 것은 또한 이미 오래되었다. 그러나 회고하여 보면 여성 운동은 거의 분산되어 있었다. 그것에는 통일된 조직이 없었고 통일된 목표와 정신도 없었다. …(중략)… 우리가 실제로 우리 자체를 위해, 우리 사회를 위해 분투하려면 우선 조선 자매 전체의 역량을 공고히 단결하여 운동을 전반적으로 전개하지 않으면 아니 된다.

  [해설] 주어진 자료는 1927년 5월 서울 YMCA 강당에서 발기한 근우회의 창립 취지문이다.

- 우리는 운동상[운동상(運動上)] 실천으로부터 배운 것이 있으니 우리가 실제로 우리 자체를 위해[위하여], 우리 사회를 위해[위하여] 분투하려면 우선 조선 자매 전체의 역량을 공고히 단결하여 운동을 전반적으로 전개해야 하는 것이다[전개하지 아니하면 아니된다]. 일어나라! 오너라! 단결하자! 분투하자! 조선의 자매들아! 미래는 우리의 것이다. (중복 출제)

  -『한국 근대 민족 해방 운동사』-

  [해설] 주어진 자료는 1927년 5월에 결성된 최대의 독립운동 및 여성운동 단체인 근우회의 창립 취지서이다.

- [형평 운동] 조선 형평사를 조직하였다. [지23] ☐
  - 백정의 사회적 차별을 철폐하고자 하는 형평사가 창립되었다. [지16②] ☐
  - 백정에 대한 차별 철폐를 요구하였다. [법22] ☐
  - 백정에 대한 차별을 철폐하는 운동을 전개하였다. [소21] ☐
  - 백정들이 신분 차별 타파를 위한 사회 운동을 전개하였다. [회14] ☐
  - 백정은 자신들에 대한 차별 대우를 폐지하여 저울처럼 평등한 세상을 만들겠다는 의지를 모아, 경남 진주에서 조선 형평사를 창립하였다. [경18③] ☐
  - 진주에서 조선 형평사가 창립되었다. [국24] ☐
  - 진주에서 시작되어 전국으로 확대되었다. [회23] ☐
  - [해설] 조선 형평사가 경남 진주[진주 청년 회관]에서 이학찬(?~?), 강상호(1882~1957), 신현수(1893~1961), 장지필(1898~1970년대) 등을 중심으로 조직된 것은 1923년 4월의 일이다(1923.4.25, 조선 형평사 창립[발기] 총회). / 형평사를 창립하여 형평 운동을 펼친 이들은 80여 명의 백정 출

신들과 사회 운동가들이었다(양반 출신의 지식인들도 참여). 형평 운동은 백정에 대한 사회적 차별 철폐를 요구한 사회 운동이다. 사회주의 계열 단체들과도 협력하였다.

*일본에서 유학까지 마친 지식인이었지만 백정 출신이라는 이유로 취업을 거부당한 장지필과 자신이 백정이라는 이유로 자녀의 입학이 거부당한 이학찬 등이 형평사 설립을 주도하였다. 그리고 이에 동조했던 양반 출신 지식인 강상호, 신현수, 천석구(?~?) 등이 단체 설립에 참여하였다.

- [백정] 형평사를 창립하고, 평등한 대우를 요구하는 형평 운동을 펼쳤다. [국15] □

[해설] 일제 강점기 형평사를 창립하고, 평등한 대우를 요구하는 형평 운동을 펼친 이들은 여전히 사회적 차별을 받던 백정들이다(1923.4). 형평사는 경남 진주에서 조직되었다.

▌형평 운동 [법22] [회23] □

- 공평은 사회의 근본이고 애정은 인류의 근본 강령이다. 그런 까닭으로 우리는 계급을 타파하고 모욕적 칭호를 폐지하여 교육을 장려하며, 우리도 참다운 인간이 되는 것을 기대하는 것이 본 사의 큰 뜻이다. (창립 선언문)

[해설] 주어진 자료는 조선 형평사가 경남 진주[진주 청년 회관]에서 조직될 당시 발표한 창립 선언문(일부)이다(1923.4.25)(조선 형평사 발기 총회). 형평사를 창립하여 형평 운동을 펼친 이들은 80여 명의 백정 출신들과 사회 운동가들이었다.

- 진주성 내 동포들이 궐기하여 형평사라는 단체를 조직하여 계급 타파 운동을 개시할 것이라고 한다. …… 어떤 자는 고기를 먹으면서 존귀한 대우를 받고, 어떤 자는 고기를 제공하면서 비천한 대우를 받는다. 이는 공정한 천리(天理)에 따를 수 없는 일이다.

[해설] 주어진 자료는 1923년 4월 경남 진주에서부터 시작된 형평 운동을 가리킨다(당시 조선일보 사설). 당시 『조선일보』는 "진주의 백정 동포가 일어나 형평사라는 단체를 조직하고 계급 타파 운동을 시작하려고 한다. 이는 말할 나위도 없이 시대에 적합한 행동으로 생각된다. 철저한 노력을 백정 동포에게 바란다."고 지지하였다. 『동아일보』역시 "현재 우리 사회가 일제의 차별 제도와 다를 바 없다고 반성하며 자유 평등이 세계 대세이자 인권 존중에 입각한 운동이다."라며 높이 평가하였다.

2 농민 운동과 노동 운동

- '암태도 소작 쟁의'가 일어났다. [국19] □
  └암태도 소작 쟁의가 일어났다. [기18] □
  └암태도 소작 쟁의를 주도적으로 이끌었다. [지17②] □
  └암태도 소작 쟁의 [서18①] □
  └소작 쟁의 [서14] □
  └㉣의 대표적인 사례는 암태도 소작 쟁의로 1년여에 걸친 부쟁에도 효과가 없었다[✗]. [서14] □

[해설] 암태도 소작 쟁의가 일어난 것은 1923년 8월의 일이다(~1924년 8월까지 진행)(전남 신안군 암태도). 1년여의 쟁의 끝에 소작민들의 요구가 결국 수용되었다.

- 조선 노농 총동맹의 적극적 참여로 대중적인 기반이 확충되있다. [지18] □

[해설] 노동 운동·농민 운동의 지도 단체인 조선 노농 총동맹이 결성된 것은 1924년 4월의 일이다. 물산 장려 운동은 일종의 민족 실력 양성 운동으로 노농 운동과는 지도층 및 대중적 기반이 다르다.

- 농민 운동이 활성화되면서 전국적인 농민 운동 단체인 조선 농민 총동맹이 결성되어 보다 조직적으로 농민 운동을 이끌었다. [경20②] □

[해설] 농민 운동이 활성화되면서 전국적인 농민 운동 단체인 조선 농민 총동맹이 결성된 것은 1927년 9월의 일이다.

- [농민 운동] 일본인의 조선 이민을 반대하였다. [경13①] □

[해설] 일본인의 조선 이민을 반대한 것은 농민 운동 단체들이다(결의 사항). 소작권 보호를 위해 일제의 동양 척식 주식회사가 주도하는 이민, 즉 '동척 이민'에 반대하였다.

- [원산 총파업] 원산에서 일본인이 한국인 노동자를 구타한 사건을 계기로 총파업을 일으켰다. [지19] ☐
  └ 노동 조건의 개선을 요구한 원산 노동자 총파업이 일어났다. [지16②] ☐
  └ 원산에서 일제 강점기 최대 규모의 노동 쟁의를 일으켰다. [법21] ☐
  └ (ㄹ) - 일제 강점기 노동 운동 중 가장 규모가 큰 것이었다. [회15] ☐
  └ 원산 노동자들의 총파업을 이끈 운동이었다. [소20] ☐
  └ 원산 총파업 [서18①] ☐

[해설] (함경남도) 원산에서 일본인 감독이 한국인 노동자를 구타한 사건을 계기로 일어난 사건은 '원산 총파업'이다. 1929년 1월부터 4월까지 진행되었다(1929.1.13~4.6). 일제 강점기 최대 규모의 노동 운동으로 중국과 소련, 프랑스 노동자들로부터 격려 전문을 받았다.

- [원산 총파업] 중국, 소련, 프랑스 노동자들이 격려 전문을 보냈다. [기18] ☐

[해설] 중국, 소련, 프랑스 노동자들이 격려 전문을 보낸 단체는 원산 총파업을 일으킨 원산 노동 연합회이다(원산 총파업).

- [노동 운동] 원산 총파업을 계기로 조직적으로 전개될 수 있었다. [지18] ☐

[해설] 1920년대의 대표적인 노동 쟁의인 원산 총파업이 일어난 것은 1929년 1월의 일이다(~4월).

- 단천 산림조합 시행령 반대 운동* [서18①] ☐

[해설] 한 삼림 간수가 도벌 혐의를 씌워 임신부를 폭행한 사건을 계기로 단천 산림조합[삼림조합] 시행령 반대 운동이 일어난 것은 1930년 7월의 일이다(면사무소 습격, 단천 농민조합 사건). 1929년 3월 함경도 단천에서 삼림 소유주(농민)들에게 삼림조합 가입을 강요하자 이에 반대 운동이 일어났다. 반대 이유는 삼림조합이 삼림을 소유하고 있는 농민들에게 과중한 조합비를 부담시킬 뿐 아니라 자기 소유의 삼림에서조차도 삼림조합의 허가를 얻고 소정의 수수료를 지불해야만 임산물을 채취할 수 있게 허용하였기 때문이다(삼림에 대한 수탈 강화, 1911년 삼림령 제정).

3 사회주의 사상의 수용과 조선 공산당 창당

- 농민, 노동자를 단결시켜 일제를 타도해야 한다.* [국12] ☐

[해설] 농민, 노동자를 단결시켜 일제를 타도해야 한다는 주장은 사회주의자의 농민·노동 운동론이다. 특히 1928년 12월에 채택된 코민테른 결정서(12월 테제)에서 조선 공산당에게 종래의 인텔리 중심의 조직 방식을 버리고 공장과 농촌으로 들어가 노동자와 농민을 대상으로 하여 아래로부터 재조직할 것을 요구함에 따라 더욱 강조되었다.

- 북풍회* [서17①] ☐

[해설] 북풍회(北風會)는 1924년 11월 경성[서울]에서 조직된 사회주의 단체이다. 일본 도쿄에서 조선 유학생들이 중심이 되어 조직한 북성회의 국내 지부이기도 하다. 북풍회는 이듬해 1925년 4월 17일 경성[서울]에서 화요회(火曜會)·무산자동맹회(無産者同盟會) 회원들과 함께 비밀리에 조선 공산당 조직에 참여, 사회주의 운동을 주도하였다.

- 고려 공산 청년회* [서17①] ☐

[해설] 고려 공산 청년회는 1925년 4월 경성[서울]에서 조직된 사회주의 비밀 청년 조직이다(책임비서 박헌영). 조선 공산당이 결성된 다음날인 1925년 4월 18일 경성[서울] 박헌영(1900~1955)의 집에서 김단야(1899~1938)·임원근(1900~1963)·조봉암(1898~1959)·김찬(1894~?)·권오설(1897~1930) 등이 모여 결성하였다. 결성 후 국제공산청년동맹에 조직 결성을 보고하고 승인을 얻기 위해 조봉암을 모스크바로 파견하였다.

주제 64 민족 문화 수호 운동

1 한글[국어] 연구

- 조선어 연구회가 창립됨으로써 국어 연구가 본격화되었다. [경16②]
  └ 조선어 연구회 [국24]

[해설] 조선어 연구회가 창립된 것은 1921년 12월로, 국어를 연구하고 보급·선전할 목적으로 조직된 학술 단체이다.

▌조선어 연구회 [국24]

- ○ '가갸날'을 제정하였다.
  ○ 기관지인 『한글』을 창간하였다.

[해설] '가갸날'은 한글날을 뜻하는 순우리말이자 '한글날'의 처음 이름으로 조선어 연구회가 1926년 11월에 『훈민정음』 반포 480주년을 맞은 기념식에서 정하였다. 이후 1928년 11월 한글날로 이름을 바꾸었다. 조선어 연구회가 기관지인 『한글』을 창간한 것은 1927년 2월의 일이다. 한글의 보급과 선전을 위하여 간행하였다. 이를 통해 주어진 자료에서 설명하는 단체는 조선어 연구회를 가리킴을 알 수 있다(1921.12). 1931년 11월 조선어 학회로 명칭을 변경하였다.

- 조선어 학회는 우리말 큰사전 편찬을 시작하였다. [지15②]
  └ 『우리말 큰사전』 편찬을 준비하였다. [법23]

[해설] 조선어 연구회(1931년 11월에 '조선어 학회'로 명칭 변경)가 우리말 큰사전 편찬 사업을 추진한 것은 1929년부터이다. 1942년 10월 일제에 의해 조작된 '조선어 학회 사건'으로 말미암아 편찬 작업이 (일시) 중단되었다(즉 일제 강점기에는 일제의 방해로 출판되지 못함). 원고는 일제에 압수되었다가, 해방 직후인 1945년 9월 서울역 창고에서 발견되었다. 이후 1947년에 『조선말 큰사전』 두 권이 한글 학회의 이름으로 처음으로 간행되었으며, 1950년의 3권부터는 『큰사전』이라는 이름으로 1957년까지 총 6권이 간행되었다(완간).

- [조선어 학회] 한글 맞춤법 통일안을 제정하였다. [지17②]
  └ 한글 맞춤법 통일안을 만들었다. [법23]
  └ 조선어 학회가 한글 맞춤법 통일안을 발표하였다. [서21]

[해설] 조선어 학회가 한글 맞춤법 통일안을 제정하여 발표한 것은 1933년 10월의 일이다.

▌조선어 학회 [법23]

최현배, 이극로 등이 중심이 된 (가) 은/는 '표준어 및 외래어 표기법 통일안'을 제정하는 등 한글 표준화에 기여하였다. 이에 일제는 1942년 (가) 을/를 독립운동 단체로 간주하여 회원들을 대거 검거하였다. 일제는 이들을 고문하여 자백을 강요하였고 이윤재, 한징이 옥사하였다.

[해설] 주어진 자료 속 '(가)'는 조선어 학회를 가리킴을 알 수 있다. 조선어 학회는 1933년 10월에 한글 맞춤법 통일안을 제정하였다. 또 '조선어표준어 사정위원회'를 두고 1935년부터 표준어를 사정하여 이듬해인 1936년 10월 『사정한 조선어 표준말 모음』을 간행하였다. 참고로 조선어 학회는 1931년 11월 조선어 연구회에서 명칭을 변경한 바 있다. 그리고 일제가 조작한 조선어 학회 사건이 일어난 것은 1942년 10월의 일이다.

2 한국사 연구

■ 일제 강점기 한국사의 발전 [경18②]

일제에 맞서 민족 문화를 수호하려는 국학 운동은 국어 연구와 더불어 한국사 분야에서도 활발히 전개되었다. 우리 근대 역사학은 바로 이러한 일제의 식민사학에 대항하여 민족사를 수호하고 민족의 독립을 달성하고자 하는 과정에서 발전하였다.

[해설] 일제 강점기 한국사, 특히 민족주의 역사학의 발전 특징에 대한 설명이다.

- [민족주의 사학] 민족정신을 강조하여 우리의 고유한 특색과 전통을 찾았다. [서20]

[해설] 민족정신을 강조하여 우리의 고유한 특색과 전통을 찾은 것은 민족주의 사학이다('민족혼', '민족얼' 등).

- [박은식] 민족정신으로서 조선 국혼을 강조하였다. [지23]
  └ 우리의 민족정신을 '혼'으로 파악하고, '혼'이 담겨 있는 민족사의 중요성을 강조하였다. [서15]
  └ 박은식 [서14]

[해설] 민족정신으로서 조선 국혼을 강조한 인물은 민족주의 사학자 백암 박은식(1859~1925)이다. 『한국통사』, 『한국독립운동지혈사』를 저술하였다(각 1915.6/1920.12).

- [박은식] '나라는 형(形)이고 역사는 신(神)'이라고 주장하였다. [국19]

[해설] 백암 박은식(1859~1925)은 『한국통사』에서 '나라는 형(形)이고 역사는 신(神)'이라는 주장을 펼쳤다(1915.6).

- [박은식] 『한국통사』를 저술하였다. [국24]
  └ 일본의 침략상을 폭로하는 『한국통사』를 저술하였다. [지20]
  └ (나) - 한국통사와 한국독립운동지혈사를 저술하였다. [소19①]
  └ '한국통사'와 '한국독립운동지혈사'를 저술하여 일제의 불법적인 침략을 규탄하였다. [경16②]
  └ 『한국통사』와 『한국독립운동지혈사』 등을 저술하여 일제의 침략을 비판하고 민족정신을 고양하였다. [회14]
  └ 『한국통사(韓國通史)』를 저술하여 일본의 침략 과정을 논하였다. [경12②]
  └ 박은식은 『한국통사』, 『한국독립운동지혈사』, 『5000년간 조선의 얼』을 저술하여 일제에 의한 한국 고대사의 타율성과 정체성을 반박하면서 우리 고대사의 독자성을 부각시켰다[×]. [경15①]
  └ 박은식은 대한민국 임시 정부 수립에 참여하면서 일제의 불법적인 한국 침략과 부단히 전개되는 한국 독립운동사를 정리하였다. [경18②]
  └ 『한국독립운동지혈사』를 저술하였다. [서22①] [경15②] [소18②]

[해설] 백암 박은식(1859~1925)은 일본의 침략상을 폭로하는 『한국통사』와 『한국독립운동지혈사』를 저술하였다(각 1915.6/1920.12). / 박은식이 대한민국 임시 정부 참여 후에 정리한 한국 독립운동사가 곧 『한국독립운동지혈사』이다. / [경15①] (백암) 박은식이 『한국통사』 『한국독립운동지혈사』를 저술한 것은 맞지만 『5000년간 조선의 얼』은 위당 정인보(1893~1950)의 저술이다. 또 일제에 의한 한국 고대사의 타율성과 정체성을 반박하면서 우리 고대사의 독자성을 부각시킨 민족주의 사학자는 단재 신채호(1880~1936)이다. / [소19①]의 (나)는 신채호를 가리키나 무시함.

■ 한국통사(국혼론) [지12①] [서22①] [기19] [소20] [소18②] □

- 나라는 없어질 수 있으나 역사는 없어질 수 없으니 그것은 나라는 형체이고 역사는 정신이기 때문이다. … 정신이 보존되어 없어지지 않으면 형체는 부활할 때가 있을 것이다.

[해설] '역사는 정신이기 때문에 없어질 수 없다'는 내용으로 '민족혼'을 강조한 백암 박은식(1859~1925)의 주장임을 알 수 있다. 주어진 자료는 『한국통사』 서문[서언]의 일부이다(1915).

- 옛 사람이 이르기를, 나라는 없어질 수 있으나 역사는 없어질 수 없다고 하였으니, 그것은 나라는 형체이고 역사는 정신이기 때문이다. 이제 한국의 형체는 허물어졌으나, 정신만이라도 오로지 남아 있을 수 없는 것인가.

[해설] '나라는 형체이고 역사는 정신'이라는 표현에서 <보기>의 글은 백암 박은식(1859~1925)의 글임을 알 수 있다(『한국통사』, 1915.6).

- 옛 사람이 말하기를 나라는 멸망할 수 있으나 그 역사는 결코 없어질 수 없다고 했으니, 이는 나라가 형체라면 역사는 정신이기 때문이다. 이제 우리나라의 형체는 없어져 버렸지만, 정신은 살아남아야 할 것이다.

[해설] 주어진 글을 쓴 역사학자는 우리 민족의 '혼'을 강조한 백암 박은식(1859~1925)이다[제시된 글은 『한국통사』(1915)의 서문 중 일부].

- 대개 국교(國敎)·국학·국어·국문·국사는 혼(魂)에 속하는 것이요, 전곡·군대·성지(城地)·함선·기계는 백에 속하는 것으로 혼의 됨됨은 백(魄)에 따라 죽고 사는 것이 아니다. 그러므로 국교와 국사가 망하지 않으면 그 나라도 망하지 않는 것이다. 오호라 한국의 백은 이미 죽었으나, 이른바 혼은 살아있는가, 없는가

[해설] 주어진 자료는 '민족혼'을 강조한 백암 박은식(1859~1925)이 쓴 글이다. 『한국통사』의 결론 부분에 나온다.

- 대개 국교·국학·국어·국문·국사는 혼(魂)에 속하는 것이요, 전곡·군대·성지·함선·기계 등은 백(魄)에 속하는 것으로 혼의 됨됨은 백에 따라서 죽고 사는 것이 아니다. 그러므로 국교와 국사가 망하지 않으면 그 나라도 망하지 않는 것이다. 오호라! 한국의 백은 이미 죽었으나 소위 혼은 남아 있는 것인가?

[해설] 민족주의 사학자 백암 박은식(1859~1925)이 『한국통사』(1915)에서 피력한 주장이다(이른바 '국혼론')

■ 백암 박은식 [서14] □

1915년에는 국혼을 강조한 『한국통사』를, 1920년에는 전 세계 민중의 힘에 의한 일본의 패망을 예견한 『한국독립운동지혈사』를 지었다.

[해설] '국혼'을 강조한 『한국통사』와 민중의 힘에 의한 일본의 패망을 예견한 『한국독립운동지혈사』를 저술한 인물은, 대표적인 민족주의 사학자인 백암 박은식(1859~1925)이다(각 1915.6/1920.12).

- 신채호: 1915년 근대적 역사 인식에 입각한 최초의 한국 근대사로 평가되는 『한국통사(韓國通史)』를 저술 [×] [경12①] □

[해설] 『한국통사(韓國通史)』를 서술한 역사가는 (신채호가 아니라) 백암 박은식(1859~1925)이다(1915.6).

- [신채호] 『조선상고사』와 『조선사연구초』를 저술하였다. [국17①] □
└ 고대사 연구에 매진하여 『조선상고사』를 저술하였다. [경12②] □
└ (가) - 고대사 연구에 주력하여 조선상고사를 저술하였다. [소19①] □
└ 안확은 신채호의 고대사 연구를 계승·발전시켜 『조선사연구초』라는 단행본을 엮어냈다[×]. [경18②] □
└ 신채호 [서14] □

[해설] 『조선상고사』*와 『조선사연구초』**를 저술한 인물은 단재 신채호(1880~1936)이다. 낭가사상을 중시하였으며 의열단의 조선 혁명 선언을 통해 민중에 의한 혁명을 강조하였다. / [소19①]의 (가)는 백남운을 가리키나 무시함. / [경18②] 자산 안확(1886~1946)의 저서로는 『조선문명사』와 『조선문학사』 등이 있다. 안확은 역사학자이자 국어학자인 일종의 '국학자'이다. 동시에 조선 국권 회복단, 3·1 운동 등에 참여한 독립운동가이기도 하다.

* 『조선상고사』: 신채호가 우리나라의 상고 시대의 역사를 서술한 책으로, 단군 시대에서부터 백제의 멸망과 그 부흥 운동까지 담겨 있다. 1931년에 조선일보 학예란에 연재되었으며, 1948년에 이르러서야 단행본으로 출간되었다. 본래 이 책은 신채호가 의도한 '조선사' 서술의 한 부분이었는데, 연

재가 상고사 부분에서 끝났기 때문에 『조선상고사(朝鮮上古史)』로 불리게 되었다.

**『조선사연구초』: 신채호가 1924년 10월부터 1925년 3월까지 동아일보에 연재한 글을 1929년에 단행본으로 간행한 것이다. 주로 한국 고대사에 관한 글들이었고, 고려 시대에 일어난 묘청의 난(1135, 고려 인종 13)을 '조선일천년래 제일대사건'으로 평가한 글도 이 책에 실려 있다.

- [신채호] 역사를 '아(我)와 비아(非我)의 투쟁'으로 해석했다(조선상고사). [법19] □
  - 신채호는 역사를 '인류 사회의 아(我)와 비아(非我)의 투쟁'이라고 규정하고 민족주의 사학을 주장하였다. [회20] □
  - 박은식: 『조선상고사(朝鮮上古史)』에서 역사는 "인류 사회의 아(我)와 비아(非我)의 투쟁"이라고 주장 [×] [경12①] □
  - 신채호 [서14] □

[해설] 단재 신채호는 역사를 '아(我)와 비아(非我)의 투쟁'으로 해석하였다. 『조선상고사』(1931)에 관련 내용이 서술되어 있다.

■ 단재 신채호의 역사관 [지17①] [회14] [경12②] [소21] □

- 역사란 무엇이뇨. 인류 사회의 아와 비아의 투쟁이 시간부터 발전하며 공간부터 확대하는 심적 활동의 상태의 기록이니, 세계사라 하면 세계 인류의 그리되어 온 상태의 기록이며, 조선사라 하면 조선 민족의 그리되어 온 상태의 기록이니라.

[해설] '역사를 '(인류 사회의) 아(我)와 비아(非我)의 투쟁'으로 본 역사가는 단재 신채호(1880~1936)이다. 유명한 구절로, 『조선상고사』(1931)에 나온다.

- 역사란 무엇이뇨? 인류 사회의 아(我)와 비아(非我)의 투쟁이 시간부터 발전하며 공간부터 확대되는 정신적 활동 상태의 기록이니 …… 조선 역사라 함은 조선 민족의 그리되어 온 상태의 기록인 것이다.

[해설] 주어진 자료는 단재 신채호(1880~1936)의 역사관이 잘 드러난 글이다(『조선상고사』, 1931).

- 역사란 무엇이뇨? 인류 사회의 '아(我)'와 '비아(非我)'의 투쟁이 시간부터 발전하며 공간부터 확대되는 심적 활동의 상태의 기록이니, 세계사라 하면 세계 인류의 그리되어 온 상태의 기록이며, 조선사라면 조선 민족의 그리되어 온 상태의 기록이니라. 무엇을 '아'라 하며 무엇을 '비아'라 하느뇨? 깊이 팔 것 없이 얕게 말하자면, 무릇 주관적 위치에 선 자를 아라 하고 그 외에는 비아라 하나니.

[해설] 주어진 사료는 단재 신채호의 역사관을 잘 보여주는 글이다(『조선상고사』, 1931).

- 역사란 무엇이뇨. 인류 사회의 '아(我)'와 '비아(非我)'의 투쟁이 시간에서 발전하여 공간까지 확대하는 심적 활동 상태의 기록이다.

[해설] 위와 같은 내용의 자료이다.

- [신채호] (나) - 낭가사상을 강조하여 민족 독립의 정신적 기반을 만들려고 하였다. [지12①] □

[해설] 낭가사상(郎家思想)이란 신채호가 1920년대에 체계화한 전통적인 민족 고유의 사상이다. 한민족의 원시 종교인 수두제[蘇塗祭(소도제)] 신앙에서 유래하였다고 하면서 신라의 화랑 제도도 고구려의 '선배*[선인(仙人)] 제도를 모체로 하여 성장 발전한 것으로 보았다. 유·불·선 가운데 바로 선교(仙敎)를 한국의 전통 사상이라고 파악하고 그것을 낭가사상의 핵심으로 간주하였다.

* 선배(仙輩): 고구려의 '선배'는 원래 제천 행사에서 열리는 각종 시합에서 승리한 사람을 일컫는 말이었다. 선인(先人)이나 선인(仙人), 혹은 검은 천의 옷(皁帛)을 입어 조의(皁衣)라고도 불렀다. 평소 학문과 수박(手博), 격검(擊劍), 사예(射藝), 기마(騎馬), 턱견이(택견), 깨금질, 씨름 등 각종 기예를 익혔으며, 멀고 가까운 산을 찾아 탐험을 하고, 시가와 음악을 익히고, 공동으로 한 곳에서 숙식을 같이 하였다. 전시에는 전장에 나아가 죽는 것을 영광으로 알아, 공익을 위하여 한 몸을 희생하였다. 그래서 신라 화랑(도)이 이들을 모방한 것이라는 견해가 있다.

- [신채호] 우리 고대사를 중국 민족에 필적하는 강건한 민족의 역사로 서술했다. [국17②] □

[해설] 신채호는 대한 제국기 역사 교과서에 무비판적으로 수용된 식민 논리를 비판하면서 단군의 후예인 부여족과 만주를 중심으로 조선의 역사를 다시 쓸 것을 제안하였다. 한민족의 역사 무대도 한반도에 국한하지 않고 만주를 비롯하여 중국의 산서·하북·산동·강소성까지 넓혔다.

- 신채호는 『조선상고문화사』를 저술하여 대종교와 연결되는 전통적 민간 신앙에 관심을 보였다.* [국11] □

[해설] 단재 신채호는 고대사 연구를 통해 민족주의 역사학을 확립하였으며, 『조선상고문화사』를 저술하여 대종교와 연결되는 전통적 민간 신앙에 관심을 보였다. 『조선상고문화사』는 1910년대 후반 대종교의 초청으로 간 서간도에서 동창 학교의 교재로 사용하기 위해 지어진 것으로 추정하며 (당시 명칭은 '조선사'), 1931년에 '조선상고사'와 함께 조선일보에 연재되었다.

- [신채호] 「동국고대선교고」. 「꿈하늘」, 『조선사론』 등을 저술하였다.* [기19] ☐

[해설] 「동국고대선교고」, 「꿈하늘」, 『조선사론』 등을 저술한 인물은 단재 신채호(1880~1936)이다. 「동국고대선교고(東國古代仙敎考)」는 말 그대로 우리나라 고유의 종교인 선교(仙敎)[신선교]에 대해 논한 역사 논설이다[대한매일신보(1910년 3월 11일자)]. 「꿈하늘[夢天]」은 1916년경에 쓴 신채호의 소설로, 역사를 '아(我)와 비아(非我)의 싸움'으로 보는 신채호의 역사관이 투영된 작품이다. 『조선사론』은 8·15 해방 이후인 1946년에 발간된 신채호의 역사 관련 유고(제1집)이다. 참고로 2016년 단재 선생 순국 80주기 기념 학술 회의에서 북한에 상당량의 신채호 유고 원고가 남아 있는 것으로 보고되었다.

- [신민족주의 사학] 신채호와 박은식의 사학을 계승하였다. [서20] ☐
└ 신민족주의를 제창하여 민족주의의 한계를 극복하려 하였다. [서13] ☐

[해설] 단재 신채호(1880~1936)와 백암 박은식(1859~1925)의 사학을 계승한 것은 신민족주의 사학이다. 신민족주의 사학자들로는 문일평(1888~1936), 안재홍(1891~1965), 정인보, 손진태(1900~1950), 조윤제(1904~1976), 이인영(1911~?)(이상 출생 순)(특히 안재홍과 손진태, 이인영이 기여) 등이 있다.

■ 민세 안재홍의 저술과 활동 [경21①] ☐

그는 신채호의 고대사 연구를 계승 발전시켜 고대 국가의 사회 발전 단계를 해명하는 많은 논문을 발표하여 해방 후 『조선상고사감』이라는 단행본을 엮어냈고, 우리나라의 전통 철학을 정리하여 『불함철학대전』과 『조선철학』을 저술하였다. 또한 '신민족주의와 신민주주의'라는 독창적인 이론을 제시하고, 이에 의거하여 극좌와 극우를 배격하고 만민공생의 통합된 민족 국가를 건설하려 하였다.

[해설] 주어진 자료 속 밑줄 친 '그'는 민세 안재홍(1891~1965)을 가리킴을 알 수 있다. 『조선상고사감』을 가리킴을 1947~1948년에 출간되었고, 『불함철학대전』과 『조선철학』을 집필한 것은 1940년의 일이다. 안재홍은 '민족정기'를 강조하였다. 참고로 해방 후 안재홍의 주요 저술로는 『신민족주의와 신민주주의』(1945), 『한민족의 기본 진로』(1949) 등을 들 수 있다.

- [문일평] '조선심'의 개념을 중시하고 한글을 그 결정체로 보았다. [지14②] ☐
└ 문일평은 '조선심'을 강조하고 조선심의 결정체로서 '조선글'을 주장하였다. [회20] ☐
└ 조선심을 강조하며 역사 대중화를 위해 노력하였다. [소20] ☐

[해설] '조선심(朝鮮心)'을 중시한 인물은 호암 문일평(1888~1936)이다. 문일평은 언론인으로도 활약하였다.

■ 호암 문일평의 신민족주의 역사관 [서15] ☐

㉠은 조선 시대에 민중을 위해서 노력한 정치가들과 혁명가들을 드러내고, 세종과 실학자들의 민족 지향, 민중 지향, 실용 지향을 높이 평가하는 사론을 발표하여 일반 국민의 역사의식을 계발하는 데 기여하였다. 또한 국제 관계에서 실리적 감각이 필요함을 절감하고, 이러한 시각에서 『대미관계 50년사』라는 저서를 내기도 하였다.

[해설] 세종과 실학자들의 민족 지향, 민중 지향, 실용 지향을 높이 평가하는 사론을 발표하였다는 부분, 특히 『대미관계 50년사』라는 저서를 냈다는 점이 나와 있다. 솔직히 배경지식 없이 이 정도 정보만으로는 '㉠'이 누구인지 쉽게 알기 어렵다. 호암 문일평(1888~1936)은 '조선심', '조선사상'을 강조하였다. 『대미관계 50년사』는 1934년 조선일보에 연재되었다(1934.7.15~12.18).

- [정인보] 민족주의 사학을 계승하여 조선의 얼을 강조하였다. [지23] ☐

└정인보 [서14] ☐

[해설] 민족주의 사학을 계승하여 '조선의 얼'을 강조한 인물은 민족주의 사학자 위당 정인보(1893~1950)이다. 1935년에 동아일보에 '오천년간 조선의 얼'을 연재하면서 '조선의 얼(민족의 얼)'을 강조하였다. 정인보는 또한 양명학을 연구하였으며 민세 안재홍(1891~1965)과 함께 실학 연구를 주도하여 『정다산(여유당)전서』를 간행하기도 하였다(1935). 해방 이후인 1946년에는 『조선사연구』를 펴냈다.

• [정인보] '조선얼'을 강조하며 '조선학 운동'을 펼쳤다. [국19] ☐
└『5천년간 조선의 얼』이라는 글을 동아일보에 연재하였다. [국17①] ☐
└'5천년간 조선의 얼'이라는 글을 써서 민족정신을 고취하였다. [지14②] ☐
└'5천년간 조선의 얼'이라는 글을 동아일보에 연재하여 민족정신을 고취하였다. [지17①] ☐
└동아일보에 연재한 '5천년간 조선의 얼' 등을 통하여 주체적인 역사의식을 강조하였다. [경16②] ☐

[해설] '조선의 얼(민족의 얼)'을 강조하며 '조선학 운동'을 펼친 인물은 위당 정인보(1893~1950)이다. 『5천년간 조선의 얼』은 동아일보에 1935년 1월부터 '일장기 말소 사건'으로 무기 정간을 당하는 1936년 8월까지 440회 연재되었다. 저서로 『조선사연구』, 『국사대요』 등이 있다.

• 정인보는 '민족의 혼'을 강조하고, 저술을 통해 국가를 구성하고 있는 두 요소를 '혼'과 '백'이라고 하였다 [x]. [회20] ☐
└정인보: "국가는 멸할 수 있어도 역사는 멸할 수 없다."고 하면서 역사를 국혼(國魂)과 국백(國魄)의 기록이라 주장 [x]
[경12①] ☐
└정인보는 '민족의 얼'을 강조하였으며, 『조선사연구』 등을 저술하였다. [경18②] ☐

[해설] '민족의 혼'을 강조하고, 저술을 통해 국가를 구성하고 있는 두 요소를 '혼(魂)'과 '백(魄)'이라고 한 인물은 (위당 정인보가 아니라) 백암 박은식(1859~1925)이다. 박은식은 『한국통사』(1915)와 『한국독립운동지혈사』(1920)를 저술하였다.

• 안재홍은 우리나라 역사를 통사 형식으로 쓴 『조선사연구』를 편찬하였다 [x]. [국11] ☐

[해설] 『조선사연구』는 (민세 안재홍이 아닌) 위당 정인보(1893~1950)의 저서이다. 안재홍의 저서로는 『조선상고사감』이 있다(1947년 상권/1948년 하권 출판).

• 정인보는 광개토왕릉 비문을 연구하여 일본 학자의 고대사 왜곡을 바로잡는 데 기여하였다. [국11] ☐

[해설] 정인보는 '얼'을 중시하였으며, 광개토왕릉 비문을 연구하고 '광개토경평안호태왕릉비문석략'을 발표하여 일본 학자의 고대사 왜곡을 바로 잡는 데 기여하였다.

• [정인보, 안재홍] 조선학 운동을 주도하였다. [경21②] ☐
└실학에서 자주적인 근대 사상과 우리 학문의 주체성을 찾으려 하였다. [국17②] ☐

[해설] (민족 운동의 고유성과 세계성을 찾으려는) 조선학 운동을 주도한 대표적인 인물로는 위당 정인보(1893~1950), 민세 안재홍(1891~1965), 호암 문일평(1888~1939)을 꼽을 수 있다. / 실학에서 자주적인 근대 사상과 우리 학문의 주체성을 찾으려 한 사학자로는 위당 정인보와 민세 안재홍을 들 수 있다. 이들은 1934년 다산 정약용의 서거 99주년을 기념하여 그와 관련된 논문을 발표하면서 조선학 운동을 불러일으켰다(1934년에서 1938년에 걸쳐 『여유당전서』 간행).

• [정인보, 안재홍] 『여유당전서』를 발간하여 조선 후기 실학자들을 재평가하였다. [지17②] ☐
└정약용 서거 99주년을 기념하여 『여유당전서』를 간행하면서 조선학을 제창하였다. [소21] ☐

[해설] 정약용 서거 99주기(1936)를 맞아 『여유당전서』를 발간하여 조선 후기 실학자들을 재평가한 인물은 조선학 운동을 전개한 위당 정인보, 민세 안재홍, 호암 문일평 등이다. 『여유당전서』는 1938년까지 간행되었는데 총 154권 76책으로 구성되었다.

• [1930년대] 역사학: 민족주의 역사가들 사이에서 이른바 '조선학' 운동이 시작되었다. [서18①] ☐
└문일평, 안재홍 등도 조선 문화의 독자성과 우수성을 강조하는 조선학 운동을 전개하였다. [경18②] ☐
└[정인보] 민족 문화의 고유성과 세계성을 찾으려는 조선학 운동에 참여하였다. [소20] ☐

┗[문일평] 1930년대에 조선학 운동을 주도하였다. [서15]☐

┗안재홍 [서14] [소22]☐

[해설] 민족주의 역사가들 사이에서 이른바 '조선학 운동'이 추진된 것은 1930년대이다(1934~1938). 1934년 봄(3월)에 위당 정인보(1893~1950)와 민세 안재홍(1891~1965)이 다산 정약용의 서거 99주년을 기념하여 정약용에 관련된 논문을 발표하면서 시작되었다. / 안재홍은 신민족주의 사학자로 『조선상고사감』을 저술하였으며 조선일보 사장을 역임하였다(1930년부터 1940년까지 고대사 연구 결과 완성, 1947년 7월에 상권, 1948년 4월에 하권 간행)(1931~1932년 조선일보 사장 역임). / 정인보는 안재홍, 문일평 등과 함께 조선학 운동을 주도하였다. 또한 1935년에 동아일보에 '오천년간 조선의 얼'을 연재하면서 '조선의 얼(민족의 얼)'을 강조하였다.

• [손진태] 『진단학보』를 발간한 진단 학회의 발기인으로 활동하였다. [국17①]☐

[해설] 진단 학회를 발기하고 『진단학보』를 발간한 대표적인 인물로는 두계 이병도(1896~1989), 한뫼 이윤재(1888~1943), 남창 손진태(1900~1950) 등이 있다(1934.5). 『진단학보』는 1934년 11월에 창간되었다.

■ **남창 손진태의 신민족주의론** [국17①]☐

계급 투쟁은 민족의 내부 분열을 초래할 것이며, 민족의 내쟁은 필연적으로 민족의 약화에 따르는 다른 민족으로부터의 수모를 초래할 것이다. 계급 투쟁의 길은 우리가 반드시 취해야 할 필요는 없고, 민족 균등이 실현되는 날 그것은 자연 해소되는 문제다. …(중략)… 이 세계적 기운과 민족적 요청에서 민족 사관은 출발하는 것이며, 민족사는 그 향로와 방법을 명백하게 과학적으로 지시하여야 할 것이다.

-『조선민족사 개론』-

[해설] '계급 투쟁'이 아니라 '민족 균등'을 강조하면서, '민족 사관'을 내세우고 있다. 이를 통해 민족 사관을 가진 역사가임을 짐작할 수 있다. 남창 손진태(1900~1950)의 글로, 신민족주의 역사학을 주창하였다.

• 조선사 편수회 인사들이 청구 학회를 결성하였다. [법23]☐

┗총독부가 설치한 조선사 편수회는 식민주의 사관을 토대로 조선사를 편찬하여 한국사의 왜곡에 앞장섰다. [경14②]☐

┗한국 학자들에 의해 순수 학술 연구 단체인 청구 학회가 조직되어 일제 식민사학에 대항하여 한국사의 실증적 연구에 힘썼다[x].

[경15①]☐

[해설] 조선사 편수회(와 경성 제국 대학 법문학부) 인사들이 청구 학회를 결성한 것은 1930년 5월의 일이다. 한국 및 만주 지역의 극동 문화를 연구하기 위해 조직하였으나 식민사관에 입각한 왜곡된 연구를 하였다. / 청구 학회는 일제 강점기에 경성 제국 대학과 조선 총독부가 만든 직속 기구인 조선사 편수회가 중심이 되어 조직된 어용 학술 단체이다(1930.5). 식민사관에 입각한 연구를 수행하였으며 계간지 『청구논총』을 발간하였다. 이에 대항해 양심적인 한국 학자들을 중심으로 조직된 단체가 진단 학회이다(1934.5)(같은 해 11월부터 『진단학보』 발간). 주의할 것은 청구 학회에도 엄연히 한국인 회원들이 일부 참여하고 있었다는 점이다. / 조선사 편수회는 『조선사』의 편찬을 목적으로 조선 총독부의 총독 직할 기관으로 만들어진 어용 단체이다(1925.6). 그 전신으로 조선사 편찬 위원회가 있다(1922.12).

• [식민 사학] 일선동조론을 유포하였다. [법21]☐

[해설] 말 그대로 '일본인과 조선인의 조상은 동일하다'는 일선동조론(日鮮同祖論)을 유포한 것은 일제의 식민 사학이다.

• [실증주의 사학(실증 사학)] 역사학의 주관적 해석을 배제하고 문헌 고증을 중시하였다. [서20]☐

┗진단 학회를 결성하여 진단학보를 발간하였다. [법21]☐

┗실증 사학의 입장에서 연구하는 진단 학회를 조직하였다. [지20]☐

┗실증 사학자들은 랑케 사학을 수용하여 실증주의를 표방하고 진단 학회를 설립하였다. [회20]☐

[해설] 역사학의 주관적 해석을 배제하고 문헌 고증을 중시한 것은 실증주의 사학이다(진단 학회). / 진단 학회를 결성하여 『진단학보』를 발간한 것은 실증(주의) 사학이다(각 1934.5/1934.11). / 실증 사학의 입장에서 연구하는 진단 학회가 조직된 것은 1934년 5월의 일이다. 이병도, 이윤재, 이희승, 손진태, 조윤제 등이 실무를 맡았으며, 같은 해 11월부터는 『진단학보』를 발행하였다.

- 진단 학회의 결성과 진단학보의 발행을 주도하였다. [지15①]
  └진단 학회를 조직하고 철저한 문헌 고증으로 한국사를 객관적으로 서술하려 하였다. [소21]
  └(나) - 진단학회의 결성을 주도하였다. [소19①]
  └진단 학회 창립을 준비하는 학자 [법16]
  └이병도, 손진태 등이 진단학보를 발간하였다. [법23]
  └진단 학회에 참여하여 『진단학보』 발간에 기여하였다. [기19]
  └진단 학회에 소속되어 활동하였다. [소18②]
  └진단 학회가 설립되었다. [국24]
  └진단 학회 [경12③]

[해설] (일제[청구 학회]의 한국사 왜곡에 맞서) 진단 학회가 설립된 것은 1934년 5월의 일이다. 이후 진단 학회는 문헌 고증을 중시하는 실증주의 사학을 정립하는 데 기여하였다. 같은 해 11월에는 『진단학보』를 발간하였다. / [소19①]의 (나)는 신채호를 가리키나 무시함.

- [진단 학회] 순수 학문을 표방하면서 식민주의 사학에 학문적으로 대항하려 하였다. [국17②]

[해설] 순수 학문을 표방하면서 식민주의 사학에 학문적으로 대항하려 한 사학자로는 두계 이병도(1896~1989), 남창 손진태(1900~1950), 동빈 김상기(1901~1977), 이상백(1904~1966), 치암 신석호(1904~1981) 등과 같은 실증주의 사학자들을 들 수 있다(이른바 '실증 사학'). 이들은 1934년 5월에 진단 학회를 조직하고, 같은 해 11월에는 『진단학보』를 발간하였다.

- [이병도] 진단 학회를 조직하여 문헌 고증을 중시하는 실증주의 사학을 정립하였다. [지23]
  └진단 학회를 창립하여 한국사의 실증적 연구에 힘썼다. [서15]

[해설] (청구 학회의 한국사 왜곡에 반발하여) 진단 학회를 조직함으로써 문헌 고증을 중시하는 실증주의 사학을 정립한 대표적인 인물로는 두계 이병도(1896~1989), 남창 손진태(1900~?) 등을 들 수 있다. (1934.5)(1934년 11월부터 『진단학보』 발행)

- [백남운] 마르크스 유물사관을 바탕으로 한국사를 연구하였다. [지23]
  └유물사관의 입장에서 한국사를 연구하였다. [소18②]
  └백남운은 마르크스주의 역사학에 입각하여 한국사의 발전 과정을 변증법적 역사 발전 법칙에 따라 서술하였다. [회20]
  └(가) - 유물사관의 영향을 받아 사회경제 사학을 내세웠다. [소19①]
  └한국사의 발전 과정을 사회경제 사학의 관점에서 서술하였다. [서20]
  └백남운 [서14]

[해설] 마르크스 유물사관, 즉 사적 유물사관에 입각하여 한국사를 연구한 대표적인 역사가는 백남운(1894~1979)이다. 백남운은 사회경제 사학의 관점에서 한국사를 서술하였다. / 백남운과 같은 사회경제 사학자들은 (민족주의 사학과 일제의 정체성론을 반박하면서) 한국사의 발전 과정을 사회경제 사학의 관점에서 서술하였다. / 백남운은 유물사관을 바탕으로 한국사에 대한 체계적 이해를 최초로 시도하였으며, 식민 사학의 정체성 이론을 반박하고 『조선사회경제사』(1933), 『조선봉건경제사(상)』(1937) 등을 저술하였다. 참고로 1930년대에 유물사관에 입각하여 한국사를 연구한 인물로는 백남운 외 이청원(1914~?), 이북만(1908~?), 김광진(1903~1986), 도유호(1905~1982) 등이 있고, 1940년대에는 인정식(1907~?), 노동규(1904~?), 박극채(?~?), 윤행중(?~?), 박문규(1906~?), 김한주(1913~?)와 후일 북한 학계를 이끌어간 김석형(1915~1996), 박시형(1910~2001), 전석담(1916~?) 등을 들 수 있다.

■ 사회경제 사학자 백남운 [지15①]

1930년대 『조선사회경제사』, 『조선봉건사회경제사』 등을 저술하여 유물사관의 입장에서 한국사를 체계적으로 이해하고자 하였다.

[해설] 사회경제 사학자 백남운(1894~1979)을 가리킨다. 『조선사회경제사』(1933)와 『조선봉건사회경제사(상)』(1937) 등을 저술하였고, 유물사관을 바탕으로 한 한국사의 '과학적인' 이해를 시도하였다.

- 백남운이 조선사회경제사를 저술하였다. [법23] [법21] □
  - [백남운]『조선사회경제사』를 저술하여 세계사적 보편성 속에서 한국사를 해석하였다. [지17①] □
  - 『조선사회경제사』에서 식민주의 사학의 정체성 이론을 반박하였다. [기19] □
  - 한국사가 세계사의 보편적 법칙에 입각하여 발전하였음을 강조하였다. [서15] □
  - 한국사를 세계사적 보편성 속에서 연구하면서 일제가 주장한 정체성론을 비판하였고, '조선사회경제사'를 편찬하였다. [경16②] □
  - 한국사가 세계사의 보편적 발전 법칙에 입각하여 발전하였음을 강조하면서 식민주의사관의 정체성 이론을 반박하는 사회경제 사학이 백남운 등에 의해 1930년대에 대두되었다. [경15①] □
  - 백남운에 의해 대두된 사회경제 사학은 한국사가 세계사의 보편적인 발전 법칙에 입각하여 발전하였음을 강조하면서 식민주의사관의 정체성 이론을 반박하였다. [경14②] □
  - 유물사관에 바탕을 두고 한국사가 세계사의 보편 법칙에 따라 발전하였다는 점을 강조하였다. [소21] □
  - 백남운: 한국사의 발전 법칙성을 추구하는 사회경제 사학을 통해, 식민 사학의 정체성론(停滯性論)을 비판 [경12①] □

[해설] 『조선사회경제사』를 저술하여 세계사적 보편성 속에서 한국사를 해석하고 일제의 정체성론을 부정한 역사가는 백남운(1894~1979)이다(1933). 1937년에는 속편인 『조선봉건사회경제사(상)』을 저술하였다.

- [백남운] 일제 식민 사학의 정체성론을 극복하는 근거를 제공하였다. [국17②] □
  - 식민 사학 중 정체성론의 근거를 무너뜨리는 데에 기여하였다. [서22①] □
  - 한국사가 정체적이며 타율적이라 주장하는 식민 사학을 비판하였다. [지15①] □
  - 식민사관의 정체성론을 비판하였다. [소18②] □
  - 유물사관에 바탕을 두고 식민사관의 정체성론을 비판하였다. [경15②] □
  - 유물사관으로 식민 사학의 정체성 이론을 반박했다. [법19] □

[해설] 백남운의 사회경제 사학은 일제 식민 사학의 정체성론을 극복하는 근거를 제공하였다(반식민 사학). / 백남운은 유물사관을 바탕으로 한국의 발전 과정을 변증법적 역사 발전 과정에 따라 서술하여 한국사가 정체적이며 타율적이라는 식민 사학을 비판하였다. / 백남운은 사회경제 사학자로, 세계사적 발전 법칙인 사적 유물론(유물사관)에 입각한 『조선사회경제사』와 『조선봉건사회경제사(상)』을 저술하였다(각 1933/1937).

- 백남운 등의 사회경제 사학자들은 민족주의 사학자들의 정신사관을 비판하기도 하였다. [국11] □
  - [사회경제사학] 실증사학의 영향을 받았다[✗]. [법21] □
  - 대표적인 인물로 백남운이 있다. [법21] □

[해설] 백남운(1894~1979) 등 사회경제 사학자들은 민족주의 사학자들의 정신사관을 비판하였으며, 유물사관으로 한국사의 발전 과정을 연구하였다. / 사회경제 사학은 실증(주의) 사학에 대해 비판적이었다.

■ 백남운의 『조선사회경제사』 [국17②] [지23] [서20] [법23] [법21] [소19①] □

- 근세 조선사에서 유형원·이익·이수광·정약용·서유구·박지원 등 이른바 현실학파(現實學派)라고 불러야 할 우수한 학자가 배출되어, 우리의 경제학적 영역에 대한 선물로 남겨준 업적이 결코 적지 않다. …… 후쿠다 도쿠조(福田德三)는 조선에서 봉건 제도의 존재를 전면적으로 부정했다는 점에서 그에 승복할 수 없는 것이다.

[해설] 조선사에는 봉건 제도가 존재하지 않았다는 후쿠다 도쿠조(1874~1930)와 같은 식민 사학자들의 주장에 맞서 조선사 역시 세계사적인 일원론적 역사 법칙에 의해 다른 민족과 거의 같은 궤도로 (보편적인) 발전 과정을 거쳐왔다고 주장한 인물은 사회경제 사학자인 백남운(1894~1979)이다(유물사관). 그가 쓴 『조선사회경제사』(1933)의 서문(머리글)에 이와 관련된 주장이 잘 담겨져 있다(중간 부분).

- 나의 조선경제사의 기도(企圖)는 사회의 경제적 구성을 기축으로 대체로 다음과 같은 제 문제를 취급하려 하였다.
  - 제1. 원시 씨족 공산체의 태양(態樣)
  - 제2. 삼국의 정립 시대의 노예 경제
  - 제3. 삼국 시대 말기 경부터 최근세에 이르기까지의 아시아적 봉건 사회의 특질
  - 제4. 아시아적 봉건 국가의 붕괴 과정과 자본주의 맹아 형태
  - 제5. 외래 자본주의 발전의 일정과 국제적 관계
  - 제6. 이데올로기 발전의 총 과정

[해설] 사회경제 사학자 백남운(1894~1979)이 저술한 『조선사회경제사』(1933) 서문[머리글]의 일부(마지막 부분)이다(1937년에는 『조선봉건사회경제사(상)』 저술). 조선사에는 봉건 제도가 존재하지 않았다는 후쿠다와 같은 식민 사학자들의 주장에 맞서 조선사 역시 세계사적인 일원론적 역사 법칙에 의해 다른 민족과 거의 같은 궤도로 (보편적인) 발전 과정을 거쳐 왔다고 반론하였다. 실제 본론은 '원시 씨족 사회', '원시 부족 국가의 제형태', '노예 국가 시대'의 3편으로 구성되었다. 노예제 사회의 존재를 밝혀서 한국사에서도 세계사적 기본 법칙에 따라 역사가 전개되었음을 분명히 하고자 하였다.

- 우리 조선의 역사적 발전의 전 과정은 가령 지리적 조건, 인종학적 골상, 문화 형태의 외형적 특징 등 다소의 차이는 인정되더라도, 다른 문화 민족의 역사적 발전 법칙과 구별되어야 하는 독자적인 것이 아니다. 세계사적인 일원론적 역사 법칙에 의해 다른 민족과 거의 같은 궤도로 발전 과정을 거쳐 왔다. (중복 출제)

[해설] 우리 역사의 보편성을 주장한 점을 통해 주어진 자료는 사회경제 사학자 백남운(1894~1979)의 글임을 알 수 있다(『조선사회경제사』, 1933) [서론의 제1장 조선경제사의 방법론(제1절 조선사 연구의 방법론)]. 사회경제 사학은 사적 유물론(유물사관)에 입각하여 한국사를 파악하면서 일제의 식민사관은 물론 민족주의 사학까지 비판하였다.

- 우리 조선의 역사적 발전의 전 과정은 가령, 지리적 조건, 인종학적 골상, 문화 형태의 외형적 특징 등에서 다소의 차이는 인정되더라도, 외관적인 소위 특수성은 다른 문화 민족이 역사적 발전 법칙과 구별되어야 하는 독자적인 것은 아니며, 세계사적·일원론적인 역사 법칙에 의해 다른 여러 민족과 거의 같은 궤도로 발전 과정을 거쳐 온 것이다.

[해설] 위와 같은 내용의 자료이다. 백남운은 일원적 역사 발전 법칙의 적용, 즉 사적 유물론을 통해서만 과거와 현재의 역사를 살필 수 있다고 보았고, 결국 그 방법론에 의하여 한국사의 발전 단계를 이해하고자 하였다. 생산력의 발전과 계급 투쟁을 역사의 기본 축으로 하여 한국사에 적용시켰다.

- 그 발전 과정의 완만한 템포, 문화 양상의 특수한 농담(濃淡)은 결코 본질적인 특수성이 아니다. "니그로는 니그로다. 다만 그는 일정한 상태 아래서 노예가 된다." 즉 조선 민족의 발전사는 그 과정이 아시아적이라고 하더라도 사회 구성의 내면적 발전 법칙 그 자체는 오로지 세계사적인 것이며, 삼국 시대의 노예제 사회, 통일 신라기 이래의 동양적 봉건 사회, 이식 자본주의 사회는 오늘날에 이르기까지 조선 역사의 단계를 나타내는 보편사적인 특징이다.

[해설] 백남운(1894~1979)의 『조선사회경제사』(1933)에 나오는 내용이다[서론의 제1장 조선경제사의 방법론(제1절 조선사 연구의 방법론)]. 위 자료 바로 아랫부분이다(고딕 부문은 해설자가 덧붙인 것임).

- [백남운] 『조선 민족의 진로』라는 글에서 '연합성 신민주주의'를 제창하였다.* [지15①] □
  └ '연합성 신민주주의'를 제창하였다.* [경21②] □

[해설] 백남운(1894~1979)은 1945년 8·15 광복 이듬해인 1946년 4월에 작성한 『조선 민족의 진로』라는 글에서 연합성 신민주주의를 내세워 진정한 민족 해방을 위해 민족주의자와 공산주의자가 연합해야 한다고 주장하였다. 연합성 신민주주의는 조선 신민당의 정치 노선으로 채택되었으며 조선 인민당의 부르주아 민주주의 혁명론과 크게 다르지 않았다. 당시의 사회적 과제를 민족 해방과 사회 해방으로 나누어 설정하였으며, 일부 자산 계급과의 연합을 주장하였다[중국 공산당 지도자 마오쩌둥(1893~1976)의 '신민주주의론'과 유사하다는 평가 받음]. 민족적 과제와 사회적 과제가 구분되는 것은 아니라고 하면서 일차적으로 민족적 과제를 더욱 강조하는 입장이었다(제일의 정치 과제로 '민족적 대동단결' 내세움).

3 종교계의 활동

- [천도교] 『개벽』, 『신여성』, 『어린이』 등의 잡지를 발행하였다. [국20] □

    └천주교는 『개벽』, 『신여성』 등의 잡지를 발행하였다[✗]. [서24②] ☐

    └『개벽』, 『어린이』 등의 잡지를 발행하였다. [법23] ☐

    └'신여성', '삼천리' 등의 잡지가 발행되는 모습 [법23] ☐

    └잡지 '신여성'과 '어린이'를 발간하였다. [법19] ☐

[해설] 『개벽』(1920.6), 『어린이』(1923.3), 『신여성』(1923.9), 『학생』(1929.3) 등의 잡지를 발행한 단체는 천도교이다(천주교 ✗). / [법23] 문인[시인] 파인 김동환(1901~?)의 주도로 『삼천리』라는 (대중) 잡지가 발간된 것은 1929년 6월의 일이다.

• [개신교] 신사 참배 거부 운동을 전개하였다. [지23] ☐

    └일부 개신교계에서는 신차 참배 거부 운동을 벌이기도 하였다. [서24②] ☐

[해설] 신사 참배 거부 운동을 전개한 것은 기독교계이다(신앙 수호를 위한 항일 운동). 1935년 11월 평양 기독교계 사립학교장 신사 참배 거부 사건에서 비롯되어 일제가 패망하는 1945년까지 계속되었다(1935~1945). 일제는 1938년 2월 '기독교에 대한 지도 대책'을 세워 일반 신도들의 신사 참배를 더욱 강화하기로 하였다. 그에 따라 일부 학교와 교단에서는 굴복하기도 하였으나 저항하여 스스로 폐교하거나 '신사 참배 강요 금지 청원 운동' 또는 '신사 참배 거부 권유 운동'을 벌이는 경우도 있었다. 신사 참배 거부 운동으로 폐교된 학교는 기독교 중에서도 주로 장로교계 학교들이었다[북장로교계 학교 8개교, 남장로교계 10개교가 1938년에 폐교(북장로교계 학교인 숭실 전문 학교는 이때 완전히 문을 닫음)].

*1938년 9월 평양에서 개최된 제27회 장로파 총회에서는 결국 일제의 신사 참배 요구에 굴복하여 "우리는 신사 참배는 종교가 아니며 또한 그리스도교의 교리에 반하지 않는다는 점을 이해하고, 신사 참배가 애국적 국가 의식인 것을 자각한다. 따라서 신사 참배를 솔선수행하고, 나아가 국민정신 총동원 운동에 참가한다"는 성명을 발표하였다.

• 불교에서는 사찰령 폐지 운동을 전개하였다. [서24②] ☐

[해설] 사찰령은 일제가 한국 불교를 통제하기 위하여 1911년 6월에 제정된 법률이다. 이에 만해 한용운의 주도로 설립된 조선 불교 유신회(1920.6)에서는 총독부에 사찰령 폐지에 관한 건백서를 제출하는 등 지속적인 폐지 운동을 전개하였다(특히 1922년과 1923년에 집중).

• [한용운] 3·1 운동 때 민족 대표 33인의 한 사람이며, 일제의 사찰령에 반대하였다. [지14②] ☐

    └한용운은 일본 불교계의 침투에 대항하면서 민족 불교의 자주성을 지키기 위해 노력하였다. [국11] ☐

[해설] 민족 대표 33인 중 한 사람이며 일제의 사찰령에 반대한 인물은 한용운이다. 사찰령은 일제가 한국 불교를 통제하기 위하여 1911년 6월에 제정되었다. 한용운의 주도로 설립된 조선 불교 유신회(1920.6)에서는 총독부에 사찰령 폐지에 관한 건백서를 제출하는 등 지속적인 폐지 운동을 전개하였다(특히 1922년과 1923년 집중). / 일본이 한국 불교를 일본 불교에 예속시키려는 사찰령과 승려법을 실시하자 한용운은 사찰령 폐지와 불교계 혁신 운동을 전개하였으며 1930년대 만당을 조직하여 불교의 자주성 유지 및 불교 대중화 운동을 전개하였다.

4 문예계의 활동

• [1910년대] 신문에 연재 중인 소설 무정을 읽는 학생 [국18] ☐

[해설] 소설 『무정』은 춘원 이광수(1892~1950)의 작품으로, 1917년 매일신보에 연재되었다(1917.1~6). 한국 최초의 현대 장편소설로 근대 문명에 대한 동경과 신교육사상, 자유연애의 찬양 등을 주된 주제로 하였다.

• [1920년대] 문 학: 민중 생활에 관심을 기울인 신경향파 문학이 대두하여 식민 통치에 대한 저항 문학으로 발전했다. [서18①] ☐

[해설] 민중 생활에 관심을 기울인 신경향파 문학이 대두하여 식민 통치에 대한 저항 문학으로 발전한 것은 1920년대이다. 1925년 8월에 카프(KAPF, 조선 프롤레타리아 예술가 동맹)가 결성되고, 이듬해인 1926년 1월에 준기관지『문예 운동』도 발간되었다. 일명 '신경향파'로 불리는 카프(KAPF)는 박영희(1901~?), 김기진(1903~1985), 이상화(1901~1943), 송영(1903~1979) 등이 계급 의식에 입각한 조직적인 프롤레타리아 문학과 계급 혁명 운동을 목적으로 발기하였으며, 발족과 함께 조명희(1894~1938), 최학송[최서해](1901~1932), 박팔양(1905~1988), 이기영(1895~1984), 윤기정(1903~1955), 한설야(900~1976), 임화(1908~1953), 안막(1910~?), 김남천(1911~1953) 등이 가담하였다.

• 한용운의 '님의 침묵'을 읽는 학생 [법16] ☐

[해설] 만해 한용운(1879~1944)의 시집 『님의 침묵』이 출간된 것은 1926년의 일이다. "님은 갔습니다. 아아, 사랑하는 나의 님은 갔습니다."로 시작되는 표제시 「님의 침묵」을 비롯하여 「알 수 없어요」, 「비밀」, 「첫 키스」, 「님의 얼굴」 등 초기 시작품이 모두 수록되어 있다. 한용운의 시는 불교적인 비유와 고도의 상징적 수법을 탁월하게 사용한 수작으로 평가받고 있다.

나운규의 영화, 아리랑 [서18①]

영진은 전문학교를 다닐 때 독립 만세를 부르다가 왜경에게 고문을 당해 정신 이상이 된 청년이었다. 한편 마을의 악덕 지주 천가의 머슴이며, 왜경의 앞잡이인 오기호는 빚 독촉을 하며 영진의 아버지를 괴롭혔다. 더욱이 딸 영희를 아내로 준다면 빚을 대신 갚아줄 수 있다고 회유하기까지 하였다. (중략) 오기호는 마을 축제의 어수선한 틈을 타 영희를 겁탈하려 하고 이를 지켜보던 영진은 갑자기 환상에 빠져 낫을 휘둘러 오기호를 죽인다. 영진은 살인 혐의로 일본 순경에게 끌려가고, 주제곡이 흐른다.

[해설] 주어진 자료는 1926년 10월 단성사에서 개봉한 나운규(1902~1937)의 영화 '아리랑'의 줄거리이다. 나운규가 감독하고 주연(영진 역)한 (무성)영화 아리랑이 경성[서울] 종로의 단성사(1907.6)에서 첫 상영된 것은 1926년 10월의 일이다(1926.10.1). 우리 민족의 슬픔과 애환을 담은 영화 아리랑은 이후 폭발적인 인기를 끌면서 이후 2년 6개월 동안 전국을 돌며 상영되었다.

• [1930년대] 음 악: 일본 주류 대중음악의 영향을 받은 트로트 양식이 정립되었다.* [서18①]

[해설] 일본 주류 대중문학의 영향을 받은 트로트 양식이 정립된 것은 1930년대 중반이다(4박자 곡). 일본 엔카의 번안곡으로 처음 출발하였다.

• [1940년대] 영 화: 일제는 조선영화령을 공포하여 영화를 전시 체제의 옹호와 선전의 수단으로 사용하였다.* [서18①]

[해설] 일제가 조선영화령을 공포하여 영화를 전시 체제의 옹호와 선전의 수단으로 사용하기 시작한 것은 1940년 1월부터의 일이다. 1942년에 영화 제작사들을 통폐합, 조선영화제작주식회사라는 단일 회사를 발족시킴으로서 영화 산업을 사실상 국유화하였다. 이때 제작된 영화는 대부분 일제 군국주의를 선전하거나 홍보하는 내용을 담았다.

주제 65 1920년대의 무장 독립 투쟁

1 독립군 부대의 편성과 활동

• 독립군이 봉오동·청산리 전투에서 일본군을 크게 무찔렀다. [국13] □

└ 봉오동과 청산리 전투에서 큰 승리를 하였다. [기14] □

└ 홍범도의 대한 독립군은 봉오동 전투에서, 김좌진의 북로 군정서군은 청산리 전투에서 크게 승리하였다. [지11①] □

└ 홍범도의 대한 독립군과 김좌진의 북로 군정서군 등이 봉오동과 청산리에서 일본군과 전투를 벌여 큰 승리를 거두었다.

[경16②] □

[해설] 독립군이 봉오동·청산리 전투에서 일본군을 크게 무찌른 것은 1920년의 일이다(각 1920.6/1920.10).

• [홍범도와 김좌진] 대한민국 임시 정부에 참여함 [✗] [법17] □

[해설] 홍범도(1868~1943)는 대한민국 임시 정부에 참여한 적이 없다. 북로 군정서[대한 군정서]로 개편하게 된 것은 대한민국 임시 정부의 권고 때문이다(1919. 12)(주제 58의 '중광단' 관련 선지 및 해설 참조). 따라서 김좌진(1889~1930)은 대한민국 임시 정부와 연관 관계가 있다고 볼 수 있다.

■ 홍범도와 김좌진 [법17] □

구분	홍범도(1868~1943)	김좌진(1889~1930)
출신	가난한 농민의 아들, 포수	홍성 지주의 아들
1907년 전후	의병 항쟁에 가담	애국 계몽 운동 (교육 운동) 전개
1910년대	연해주와 만주에서 활동	국내 비밀 결사에 가입하여 활동
3.1 운동 이후	대한 독립군 조직	북로 군정서 조직
1920년	(가)	
1921년 이후	연해주에서 후진 양성	만주에서 독립군 활동, 신민부 간부

[해설] 독립운동가 홍범도(1868~1943)와 김좌진(1889~1930)의 이력이 제시되어 있다. 김좌진이 가입한 국내 비밀 결사는 대한 광복회이다(1915.7).

• ■ 홍범도가 이끄는 대한 독립군은 봉오동 전투에서 일본군에게 승리를 거두었다.

■ 북로 군정서군과 대한 독립군 등은 김좌진의 지휘로 청산리에서 일본군에게 독립군 사상 최대의 승리를 거두었다.

[해설] 홍범도가 이끈 봉오통 전투는 1920년 6월에, 김좌진이 이끈 청산리 전투는 1920년 10월에 일어났다. 두 전투 모두 북간도(동만주) 지역에서 일어났다(해당 문제와 관련).

2 봉오동 전투

- 독립군 연합 부대가 봉오동 전투에서 승리하였다. [국16] □
  - 홍범도가 이끄는 대한 독립군 등이 봉오동에서 승리를 거두었다. [회15] □
  - 홍범도가 이끄는 대한 독립군은 봉오동에서 일본군 1개 대대를 격파하였다. [경12①] □
  - 홍범도, 최진동, 안무 등이 연합하여 봉오동에서 일본군을 급습하여 크게 이겼다. [경20①] □
  - 홍범도, 최진동 연합 부대의 봉오동 전투 [국11] □
  - 봉오동 전투 [서14] [회14] [소21] □

[해설] 홍범도(1868~1943)의 대한 독립군은 최진동(1882~1941)의 군무 도독부군, 안무(1883~1924)의 국민회군[국민회 독립군]과 연합하여 봉오동(중국 지린성 왕청현)에서 일본군을 상대로 대승을 거두었다(1920.6.7).

- 홍범도가 이끄는 대한 독립군을 비롯한 연합 부대는 봉오동 전투에서 대승을 거두었다. [지14②] □

[해설] 홍범도의 대한 독립군을 비롯한 연합 부대가 봉오동 전투에서 일본군에 대승을 거둔 것은 1920년 6월의 일이다(1920.6.7).

▮ 봉오동 전투 [경19②] □

6월 7일 상오 7시 북간도에 주둔한 아군 7백은 북로 사령부 소재인 왕청현 ○○○을 향하여 행군하다가 뜻하지 않게 같은 곳을 향하는 적군 3백을 발견하였다. 아군을 지휘하던 ○○○, ○○○ 두 장군은 즉시 적을 공격하였고 급사격으로 적 1백 20여 명의 사상자를 내게 하고 도주하는 적을 즉시 추격하여 현재 전투 중에 있다.

[해설] 주어진 자료 속 사건은 1920년 6월에 있었던 봉오동 전투를 가리킨다(대한민국 임시 정부의 기관지 독립신문 85호). 자료 속 '○○○, ○○○'은 '홍범도(1868~1943), 최명록(?~1945)'이다.

- [홍범도] 산포수들을 모아 의병을 구성하였다. [서18①] □
  - 주요 활동지는 함경도 삼수, 갑산 등지였다. [서18①] □
  - 1920년 청산리 전투에서 일본군을 격파하였다. [서18①] □
  - 13도 창의군을 결성하고 서울 진공 작전을 개시하였다[×]. [서18①] □

[해설] 홍범도는 1907년 전국적인 의병 봉기(정미의병)에 자극을 받고 있던 중 같은 해 9월 일제가 '총포 및 화약류 단속법'을 공포하고 포수들의 총을 회수하려 하자, 11월에 산포대를 조직하였다. 홍범도의 산포대는 북청·후치령을 중심으로 갑산·삼수·혜산·풍산 등지에서 유격전을 벌였다. / 홍범도는 1920년 6월 봉오동 전투에서 승리한 후(대한 독립군) 10월 청산리 전투에서 김좌진 장군이 이끄는 북로 군정서군의 제1연대장으로 참가하여 다시 큰 전과를 세웠다. / 정미의병 당시 13도 창의군을 결성하고 서울 진공 작전을 개시한 대표적인 인물로는 창의대장 이인영(1867~1909)과 군사장 허위(1854~1908)를 들 수 있다(홍범도는 13도 창의군 및 서울 진공 작전 참여 ×).

▮ 의병장 홍범도 [서18①] □

그는 평안도 양덕 사람으로 (중략) 체격이 장대하고 지기가 왕성하였는데, 비록 글은 배우지 못하였으나 천성적인 의협심이 있어, 남을 돕는 일을 급무로 삼은 연유로 사람들이 많이 따랐다. 1907년 겨울에 차도선, 송상봉, 허근 등 여러 사람들과 의병을 일으켜 (중략) 전투를 벌였다.

[해설] 주어진 자료만으로는 솔직히 '그'가 누구인지 정확하게 알기 어렵다. 하지만 선지들을 살펴보면, 결국 <보기>의 '그'는 포수 출신의 의병장 홍범도(1868~1943)임을 짐작할 수 있다. 홍범도가 정미의병 때 봉기하였음을 알 수 있다.

- 일제가 중국 마적을 매수하여 훈춘의 민가, 일본 영사관을 습격하고, 이를 핑계로 일본 군대를 두만강 이북으로 출병시켰다. [경19②]

[해설] 봉오동 전투에 패한 일제는 '간도 지역 불령선인 초토화 계획'이라는 토벌 작전을 수립하였다. 중국 마적을 매수하여 훈춘의 민가, 일본 영사관을 습격하고(이상 이른바 '훈춘 사건'), 이를 핑계로 일본 군대를 두만강 이북으로 출병시킨 것도 이러한 계획의 일환이었다(5개 사단에서 차출한 2만 5천여 명 간도로 출병).

3 청산리 대첩

- 봉오동에서 패배한 일본군의 반격으로 시작되었다. [소22]

[해설] 봉오동에서 대패한 일본군의 반격으로 시작된 전투가 바로 청산리 대첩이다(1920.10.21~26).

- [북로 군정서군] 청산리 지역에서 일본군과 접전을 벌여 대승을 거두었다. [지19]
  - 북로 군정서군을 중심으로 청산리 전투에서 승리하였다. [기17]
  - 김좌진이 이끄는 북로 군정서군이 백운평 전투와 천수평, 어랑촌 전투에서 대승을 거두었다. [법21]
  - 김좌진이 이끄는 북로 군정서는 청산리에서 일본군 1200여 명을 사살하는 큰 승리를 거두었다. [경12①]
  - 백운평 전투를 시작으로 일본군과 6일 동안 10여 회에 걸친 전투를 벌여 크게 승리하였다. [경19②]
  - 청산리 대첩 [소21]
  - 청산리 전투 [서14]

[해설] 청산리 지역에서 일본군과 접전을 벌여 대승을 거둔 단체는 백야 김좌진(1889~1930)이 이끈 북로 군정서군을 포함한 독립군 연합 부대이다(청산리 대첩). 1920년 10월 21일부터 26일까지 일주일 동안 청산리 계곡의 백운평 전투를 시작으로 천수평, 완루구, 어랑촌, 고등하 등지에서 대소 10여 차례 교전하였다('청산리 대첩'). 참고로 중광단, 북로 군정서는 대종교 계열과 관련이 있다.

- [김좌진, 홍범도] 청산리 전투에서 일본군을 크게 물리침 [법17]

[해설] 홍범도와 김좌진은 1920년 10월 같이 협력하여 청산리 전투에서 일본군을 크게 물리쳤다(1920.10.21~26).

- [북경 군사 통일회] 중국 베이징에서 신채호, 신숙, 박용만 등 임시 정부의 외교 중심 노선에 반대하는 인사들을 중심으로 만들어졌다.* [기13]

[해설] 1920년 9월 초 중국 베이징[북경]에서 이회영, 신숙, 박용만, 신채호 등 임시 정부의 외교 중심 노선에 반대하는 인사 9명이 '군사 통일 촉성회'를 발기하였다. 이들은 분산된 독립군 부대들의 지휘 계통과 독립운동 노선의 통일을 추구하였다. 그리하여 이듬해인 1921년 4월 베이징에서 군사 통일 주비회를 열었다(이때 설립한 단체가 '북경 군사 통일회', 대체로 박용만과 신숙의 지지 단체들). 이후 이승만의 비리를 문제 삼아 임시 정부의 해산을 요구하였으나 거부되었다. 이후 모든 문제를 국민 대표 회의에 이관하고 정회하였다.

4 독립군 부대의 시련과 재정비

- 일본군이 청산리 대첩 패전에 대한 보복으로 간도 동포를 무차별로 학살하였다. [법21]
  - [간도] 일제는 독립군을 토벌한다는 명목으로 조선인 마을을 파괴하였으며, 경신참변을 일으켜 조선인들을 대량 살육하기도 하였다. [서22②]
  - 일본군이 간도 참변을 일으켜 우리 동포를 학살하였다. [경15①]
  - 일본군이 만주에서 우리 동포를 학살하였다. [기14]
  - 간도 학살(경신참변) [서14]

[해설] 간도 학살[간도 참변](경신참변)은 1920년 봉오동 전투와 청산리 전투에서 참패한 일제가 보복으로 만주에 사는 한국인을 무차별 학살한 사건이다(1920.10~1921.4). 이로 인해 많은 무장 단체들이 와해되고 독립군들은 간도를 떠나 러시아 등 각지로 흩어졌다. / 일제는 독립군을 토벌한다는 명목으로 북간도[동만주]의 조선인 마을을 파괴하였으며, 경신참변을 일으켜 조선인들을 대량 살육하였다.

■ 간도 참변[경신참변] [국13] [소18②] □

- 만주에 출병한 일본군은 청산리 대첩을 전후해서 독립군의 근거지를 없앤다는 명분으로 간도의 한인 마을에 들어가 우리 동포를 무차별 학살하고 집과 학교, 교회 등을 불태우는 반인륜적 만행을 저질렀다.

[해설] 이른바 '간도 참변'에 대한 설명이다(1920.10~1921.4).

- 경신년에 왜군이 내습하여 31명이 살고 있는 촌락을 방화하고 총격을 가하였다. 나도 가옥 9칸과 교회당, 학교가 잿더미로 변한 것을 보고 그것이 사실임을 알았다. 11월 1일에는 왜군 17명, 왜경 2명, 한인 경찰 1명이 와서 남자들을 모조리 끌어내어 죽인 뒤 …(중략)… 남은 주민들을 모아 일장 연설을 하였다.

[해설] 1920년 10월부터 발생한 간도 참변(경신참변)에 대한 설명이다(1921년 4월까지 진행). 독립운동 채근식(?~?)의 『무장독립운동비사』에 나오는 내용이다(1949).

- 서일을 총재로 하는 대한 독립군단이 조직되었다. [국24] □
  └ 서일을 총재로 조직된 대한 독립군단은 일본군을 피해 러시아 영토인 자유시로 집결하였다. [법21] □
  └ 독립군 통합 부대가 자유시로 이동하게 되었다. [소22] □
  └ 청산리 전투에서 승리한 후 러시아령으로 이동하였다. [회19] □
  └ 전력을 보전하기 위하여 자유시로 이동하였다. [법14] □
  └ 대한 광복군단을 조직하여 자유시(스보보드니)로 이동하였다[×]. [경17②] □

[해설] 백포 서일(1881~1921)을 총재로 하는 대한 독립군단이 조직된 것은 1920년 12월의 일이다(독립군 통합 부대, 약 3천5백 명 규모). 대한 독립군단은 당시 독자적인 활동을 하던 여러 독립군 부대가 회의를 거쳐 통합 조직한 항일 독립군 부대이다(3,500여 명 규모). 북로 군정서, 대한 독립군, 간도 국민회, 대한 신민회, 의군부(義軍府), 혈성단(血誠團), 광복단, 도독부·야단(野團), 대한 정의군정사(大韓正義軍政司) 등 10개 단체가 통합하였다. 이후 대한 독립군단은 1921년 1월 중순에서 3월 중순경 일본군을 피해 러시아 영토인 자유시로 집결하기 시작하였다(같은 해 6월에 자유시 참변 발생). / [경17②] 자유시(스보보드니)로 이동한 단체는 대한 독립군단(총재 서일)이다(1920.12). 선지의 '대한 광복군단'은 해당 명칭의 독립군 부대는 없으며 단지 출제를 위해 지어낸 것으로 보인다(오답 유도를 위해 '독립'을 '광복'으로 변경한 것으로 추정).

- 연해주의 자유시로 이동한 독립군은 적색군에 의해 무장 해제를 당하였다. [지11①] □
  └ 대한 독립군단이 자유시에서 참변을 당하였다. [소20] □
  └ [대한 독립군단] 자유시 참변을 겪고 러시아 적군에 무장 해제를 당하였다. [지19] □
  └ 적색군에 의해 무장 해제를 당하였다. [기14] □
  └ 자유시 참변으로 피해를 입었다(대한 독립군단). [법12] □
  └ 자유시 참변 [서14] [회14] [소11] [소18②] □

[해설] 간도 참변 이후 연해주의 자유시로 이동한 독립군은 소련의 적색군에 의해 무장 해제를 당하는 시련을 겪었다(1921.6.28)(시베리아 연해주를 점령하고 있던 일본군을 협상으로 철수시킬 목적에서 러시아, 즉 볼셰비키 공산당이 독립군에게 무장 해제를 요구). 자유시 참변은 1921년 6월 러시아 자유시에서 내전 중이던 소련군(러시아 적군)이 서일(1881~1921)을 총재로 하는 대한 독립군단을 포위하여 무장 해제를 시킨 사건이다(정확하게는 사할린 의용대가 러시아 적군의 포위와 집중 공격으로 쓰러진 참변, 정확한 전사자의 숫자는 전하는 자료마다 기록이 다름).

- 미쓰야 협정이 체결되기 직전까지 활약하였다. [국19] □
  └ 미쓰야 협정이 체결되는 계기가 되었다. [지12①] □

└일제와 만주 군벌 사이에 독립군의 탄압, 체포, 구속, 인도에 관한 이른바 미쓰야 협정이 맺어짐으로써 독립군의 활동은 큰 위협을 받게 되었다. [경15①] □

└'재만 한인 단속 방법에 관한 협약'이 맺어짐으로써 독립군의 활동은 큰 위협을 받게 되었다.* [경18②] □

[해설] 미쓰야 협정이 체결된 것은 1925년 6월의 일이다(1926.6.11). 조선 총독부 경무국장 미쓰야 미야마쓰(三矢宮松)(1880~1959)와 중국의 만주 군벌 장쭤린(張作霖)(1875~1928) 사이에 체결된 협정이다. 만주에서 활약하는 우리 독립군의 공동 소탕 및 체포된 독립군의 일제 인도 등의 내용을 담고 있다. / '재만 한인 단속 방법에 관한 협정'은 곧 1925년 6월 조선 총독부와 만주의 군벌 장쭤린 사이에 맺어진 '미쓰야 협정'을 가리킨다.

5 3부 통합 운동(국외 민족 유일당 운동)

• 통의부 조직* [회14] □

[해설] (대한) 통의부가 만주에서 조직된 것은 1922년 8월의 일이다. 간도 참변[경신참변]과 자유시 참변 등으로 침체된 만주의 독립군이 독립 전쟁 전선의 재정비와 투쟁 역량의 강화를 위하여 연합적인 독립군단을 결성하려는 움직임의 일환이었다. 1922년 2월 서로 군정서, 대한 독립단 등 독립군 단체 대표가 모여 만든 통합 조직체인 대한 통군부가 모체가 되었다. 같은 해 8월 8개 단체 대표가 모인 남만 한족 통일회가 개최되었고 여기서 새로운 통합 기구로 대한 통의부가 결성되었다(민정과 군정을 겸비한 군정부 형태). 이후 참의부, 정의부에 흡수되었다.

• 만주에서 참의부, 정의부, 신민부 등 3부가 조직되었다. [지23] □

└독립군의 통합 운동으로 참의부, 정의부, 신민부가 조직되어 각각 입법부, 사법부, 행정부의 역할을 담당하였다[✗].

[지11①] □

└참의부 [서20] □

└정의부 조직 [회14] □

[해설] 만주에서 군정 기관과 민정 기관의 기능을 함께 한 독립군 3부가 조직된 것은 1920년대 중반이다. 구체적으로 참의부[육군 주만 참의부], 정의부, 신민부 등 3부가 1924년 6월에서 1925년 3월 사이에 조직되었다[1924년 6월 참의부 조직(중국 남만주)(대한민국 임시 정부로부터 정식 인준을 받음, 1923년 8월부터 교섭), 1924년 11월 정의부 조직, 1925년 3월 신민부 조직]. / 간도 참변 이후 독립군을 3부로 재정비하여 참의부, 정의부, 신민부가 조직되었는데 이들이 입법부, 사법부, 행정부의 역할을 담당한 것이 아니라 각각 행정, 입법, 사법의 민정 기관과 독립군의 훈련과 작전을 담당하는 군정 기관을 갖추었다.

■ 3부 성립 [소18②] □

참의부, 정의부, 신민부는 동포 사회를 이끌어 가는 민정 조직과 독립군의 훈련 및 작전을 담당하는 군정 조직을 갖추고 있었다.

[해설] 참의부와 정의부는 1924년에, 신민부는 1925년에 정비되어, 이른바 1925년경에는 만주 지역에 '3부'가 성립되었다.

• [육군 주만 참의부] 압록강에서 사이토 총독을 저격하였다.* [회19] □ (마시탄 의거)

[해설] 압록강에서 국경 순시 중이던 사이토 총독[제3대(1919-1927), 제5대(1929-1931)]을 저격한 군(軍)은 육군 주만 참의부의 결사대이다(1924.5)(육군 주만 참의부, 즉 참의부는 같은 해 6월에 대한민국 임시 정부로부터 직할 부대로 정식 인준을 받음). 정확하게는 평북 위원군 마시탄의 대안에서 습격한 바 이를 일명 '마시탄 의거'라고 한다.

• 대종교 계통 인사들이 신민부를 결성하였다. [국16] □

└김좌진을 중심으로 한 신민부가 조직되었다. [지16②] □

[해설] 자유시 참변으로 큰 타격을 받은 김좌진(1889~1930)은 북만주로 돌아와 대한 독립군단을 중심으로 1925년 3월에 신민부를 결성하였다(참고로 1924년 6월 참의부, 1924년 11월 정의부 설립)(3부 성립).

- 민족 유일당 운동을 전개하였다. [회24]☐

[해설] 민족 유일당 운동은 1920년대 중반 이후 만주와 중국 지역에 분립되어 있던 독립운동 단체들이 하나로 통합되기 위해 전개한 운동이다. 그리하여 만주에서는 참의부, 정의부, 신민부가 차례로 조직되었으며(1924년 6월 참의부, 1924년 11월 정의부, 1925년 3월 신민부 조직), 이후 다시 3부 통합 운동이 벌어져 1928년 12월에 혁신 의회(개인 본위 통합 주장, 한국 독립군 결성)가, 1929년 4월에 국민부(단체 본위 통합 주장, 조선 혁명군 결성)가 각 조직되었다. 중국에서는 북경에서 '한국독립유일당 북경촉성회'가 창립된 것을 시작으로(1926.10), '한국유일독립당 상해촉성회', '한국유일독립당 광둥촉성회', '한국유일독립당 난징촉성회' 등이 차례로 창립되었다(각 1927.4/1927.5/1927.9). 국내에서도 그 영향을 받아 1927년 2월 민족 협동 전선인 신간회가 결성되었다(1927.2.15).

- 민족 유일당 운동의 결과『조선의 농민 및 노동자의 임무에 관한 테제』가 발표되었다[x]. [서24②]☐

[해설] 『조선의 농민 및 노동자의 임무에 관한 테제』는 1928년 12월 코민테른 집행 위원회 정치 서기국이 채택한 조선 공산당 재조직에 관한 결정서로, 일명 '12월 테제'이다(1928년 7~8월 소련 모스크바에서 열린 코민테른 제6차 대회 결정서 '식민지·반식민지 국가에서의 혁명 운동에 대하여'에 기초). 민족 유일당 운동의 결과물이 아니다. 결정서[테제]의 주요 내용은, 조선 공산당은 종전과 같은 인텔리 중심의 조직 방법을 버리고 공장·농촌으로 파고들어가 노동자와 빈농을 조직해야 하며, 민족 개량주의자들을 근로 대중으로부터 고립시켜야 한다는 것이다. 이전의 코민테른의 방침과는 달리 좌편향적이었다.

- 참의부, 정의부, 신민부의 3부가 혁신 의회와 국민부로 재편되었다. [법21]☐
  └3부 통합 운동 [소21]☐

[해설] 3부 통합 운동이 (본격적으로) 벌어진 것은 1928년에서 1929년까지이다. 그 결과 1928년 12월에 혁신 의회(개인 본위 통합 주장, 한국 독립군 결성)가, 1929년 4월에 국민부(단체 본위 통합 주장, 조선 혁명군 결성)가 조직되었다(사실상 3부 통합에 실패).

- 민족 유일당 운동의 일환으로 국민부를 결성하였다. [국16]☐

[해설] (육군 주만) 참의부, 정의부, 신민부를 통합하여 남만주에서 1929년 4월 국민부가 결성되었다. / 민족 유일당 운동이란 국내외 독립운동의 모든 세력을 규합하여 통일된 정당을 조직하자는 운동으로 중국 관내는 물론 만주의 3부 통합 운동도 이에 속한다(국내 신간회의 민족 협동 전선 운동도 포함).

- 국민부가 조선 혁명당을 결성하는 모습 [법23]☐
  └민족 유일당 운동 차원에서 조선 혁명당이 참가하였다[x]. [국21]☐

[해설] 국민부는 만주에서의 3부 통합 운동에서 단체 본위 통합을 주장하면서 1929년 4월에 결성된 조직이다[그 전에 개인 본위 통합을 주장하면서 혁신 의회가 1928년 12월에 조직, 한국 독립군 결성]. 국민부가 (중국 지린성에서) 정당적 성격을 갖춘 자매기관으로 조선 혁명당을 결성한 것은 1929년 9월의 일이다.(남만주) 한국 독립당과 함께 당시 대표적인 민족주의 계열 조직이었다. / [국21] 1923년 1월 중국 상하이에서 개최된 국민 대표 회의와 관련된 문제로, 오답 중 하나로 제시되었다.

주제 66 의혈 투쟁과 1930년대 무장 독립 투쟁

1 의열 투쟁의 전개

- [강우규] 새로 부임하는 사이토 조선 총독에게 폭탄을 투척하는 의거를 일으켰다. [지18] ☐
  └ [박은식] 대한 국민 노인 동맹단을 조직하여 활동하였다. [기19] ☐

[해설] (경성[서울]역에서) 새로 부임하는 사이토 조선 총독[제3대(1919~1927), 제5대(1929~1931)]에게 폭탄을 투척한 인물은 (대한국민노인동맹당 소속의) 강우규 의사(1855~1920)이다(1919.9.). / 연해주 블라디보스토크에서 대한 국민 노인 동맹단을 조직하여 활동한 인물 중에 백암 박은식(1859~1925)이 있다(취지서를 쓰고 지도자로 활동)(1919년 1월 혹은 3월 조직 추정). 박은식, 김치보, 정남교, 김익지 등 약 2,005명의 가입 명단이 있는데, 여성들도 상당수 참여하였다. 대표적인 인물로 제3대 총독으로 부임하는 사이토 마코토를 암살하고자 남대문역(오늘날의 서울역)에서 폭탄을 투척한 강우규(1859~1920)를 들 수 있다(국내 파견).

- [의열단] 1919년 지린(길림)에서 조직되었다. [회17] ☐
  └ 1919년에 조직되어 일제 침략 기관 파괴와 침략 원흉의 응징을 목적으로 삼았다. [기13] ☐
  └ 만주 길림에서 김원봉이 중심이 되어 조직하였다. [서13②] ☐
  └ 3·1 운동 이후 만주 길림에서 김원봉, 윤세주 등이 조직하였다. [경17②] ☐
  └ 3·1 운동 이후 만주 길림에서 김원봉, 윤세주 등이 조직한 단체이다. [경16①] ☐
  └ 1919년 만주에서 일본의 요인 암살과 식민 통치 기관 파괴를 목적으로 소수 정예의 대원으로 구성되었다. [경17①] ☐
  └ 일제 요인 암살, 식민 통치 기구 파괴를 활동 목표로 삼았다. [서13] ☐
  └ 국내의 요인 암살, 식민 통치 기관 파괴 활동을 전개하였다. [법13] ☐
  └ 일본 제국 의회와 황궁을 공격할 계획을 세웠다. [국16] ☐
  └ 임시 정부 요인과 제휴한 투탄 계획을 추진하였다. [국16] ☐
  └ 김구 선생이 상하이에서 조직하였다[✗]. [법13] ☐
  └ 의열단에 가입하는 신흥 무관 학교 출신 청년 [국18] ☐
  └ 의열단 단원으로 의거를 벌임 [법17] ☐
  └ 의열난 [서20] [서11] [경12③] ☐

[해설] 의열단은 1919년 11월 만주 지린성[길림]에서 김원봉이 중심이 되어 비밀리에 조직되었다(1919.11.9.). '정의(正義)의 사(事)를 맹렬히 실행한다'는 뜻의 의열단은 일제 요인의 암살, 식민 통치 기구 파괴를 활동 목표로 삼았다. / 일본 제국 의회와 황궁을 공격할 계획은 의열단원 김지섭(1884~1928)과 관련된 사실이다(1924). 임시 정부 요인과 제휴한 투탄 계획을 추진한 것은 의열단원 나석주(1892~1926)와 관련된 사실이다(심산 김창숙 지원). 나석주는 1926년 12월에 국내에 잠입하여 경성[서울]의 식산 은행과 동양 척식 주식회사에 투탄하였다. 이후 추격하는 일경과 접전을 벌이다 자결하였다. / 김구 선생(1876~1949)이 상하이에서 조직한 것은 한인 애국단이다(1931.10). / [국18] 의열단 창단 당시의 단원은 대체로 신흥 무과 학교 출신이 중심이었다. 고문으로는 김대지(1891~1943)·황상규(1891~1931)가 맡았고, 단원으로는 김원봉·윤세주·이성우·곽경[곽재기]·강세우·이종암·한봉근·한봉인·김상윤·신철휴·배동선[배중세]·서상락·권준의 13명이었다(이 중 이성우, 강세우, 이종암, 신철휴, 서상락, 권준이 신흥 무관 학교 출신). 단장은 김원봉이 맡았다. 창단 직후 '공약 10조'와 뒤에 '5파괴', '7가살(可殺)'이라는 행동 목표를 독립운동의 지침으로 채택하였다.

*의열단을 '창단'할 수 있었던 것은 김원봉 1인이 아니라 한말의 의병 투쟁, 대한 광복회의 의열 투쟁, 그를 이은 일봉 김대지(1891~1943), 백민 황상규(1891~1931)와 같은 이들의 의열 정신과 경험에 근거하여 이루어진 것으로 보는 설득력 높은 견해가 있다[줄리아 리(김주영), 『줄리아의 가족 순례기』(2014)].

■ 의열단 조직과 '공약 10조' [지17②] [경17②] □

- 1919년 김원봉, 윤세주 등이 만주 지린성에서 조직한 이 단체는 일제(日帝)의 요인 암살과 식민 지배 기관 파괴를 목표로 삼았다. 이 단체는 신채호가 작성한 조선 혁명 선언을 이념적 지표로 내세웠다.

[해설] 1919년 (11월) 김원봉, 윤세주 등이 만주 지린성에서 조직하였다는 점, 일제의 요인 암살과 식민 지배 기관 파괴를 목표로 삼았다는 점, 신채호가 작성한 조선 혁명 선언(1923.1)을 이념적 지표로 내세웠다는 점에서 밑줄 친 '단체'는 의열단을 가리킴을 알 수 있다.

- 1. 천하의 정의의 사(事)를 맹렬(猛烈)히 실행하기로 함.
  2. 조선의 독립과 세계의 평등을 위하여 신명(身命)을 희생하기로 함.
  3. 충의의 기백과 희생의 정신이 확고한 자라야 단원이 된다.
  …(중략)…
  9. 일(一)이 구(九)를 위하여 구가 일을 위하여 헌신함.
  10. 단의를 배반한 자는 척살한다.

[해설] 만주 지린성에서 1919년 11월 결성한 후 정한 의열단의 '공약 10조'이다. 의열단은 이와 함께 '5파괴, 7가살(可殺)'이라는 행동 목표도 정하였다. 김대지, 황상규의 지도와 김원봉과 윤세주 등 10여 명에 의해 조직되었다.

■ 약산 김원봉 [경13②] □

___그___ 는 경상도 밀양 출생으로 1919년 만주 길림에서 다른 12명의 동지와 함께 의열단을 결성하였다. 곧 의열단은 국내에 대규모로 폭탄을 들여와 일본 관공서를 폭파하려고 하였으며, 침략에 앞장선 일본 군인들에 대한 저격에 나섰다. 해방 후 남한 단독정부 수립에 반대하여 월북한 후 요직을 맡았다가 연안파로 몰려 숙청을 당하였다.

[해설] 주어진 자료 속 '그'는 약산 김원봉(1898~1958)을 가리킨다. 김원봉 생애에 대한 약사(略史)이다.

- [의열단] 민중의 직접 폭력 혁명으로 강도 일본을 무너뜨리는 목표를 설정하였다. [국17②] □
  └개인 폭력 투쟁을 통해 민중 직접 혁명을 달성하려 하였다. [법13] □
  └민중 혁명에 의한 민중적 조선의 건설을 지향하였다. [서11] □

[해설] 의열단이 중국 지린성[길림]에서 결성된 것은 1919년 11월의 일이다(1919.11.9). / 의열단은 민중의 직접 폭력 혁명으로 강도 일본을 무너뜨리는 목표를 설정하였다. 단재 신채호(1880~1936)가 기초한 조선 혁명 선언을 활동 지침으로 삼았다(1923.1). / 민중 혁명에 의한 민중적 조선의 건설을 지향한 단체는 의열단이다(1919.11)(신채호가 작성한 '조선 혁명 선언' 참고).

- [의열단] 1920년 박재혁은 밀양 경찰서에 폭탄을 투척하는 의거를 결행하였다[×]. [서17①] □

[해설] 박재혁(1895~1921)은 의열단원으로, 1920년 9월 '부산 경찰서'에 폭탄을 투척하였다. 밀양 경찰서에 폭탄을 던진 인물은 '최수봉'(1894~1921)이다(1920.12). 박재혁은 사형 선고를 받고 대구형무소에 복역 중 1921년 5월 단식으로 순국하였다. 최수봉 역시 사형 선고를 받고 대구형무소에서 같은 해 7월 교수형을 받고 순국하였다.

- [의열단] 이 단체에 속한 김익상이 조선 총독부에 폭탄을 투척하였다. [지17②] □
  └일제 식민 지배의 중심 기관인 조선 총독부에 폭탄을 던졌다. [서22①] □

[해설] 일제 식민 지배의 중심 기관인 조선 총독부에 폭탄을 투척한 인물은 의열단원인 김익상(1895~1941)이다(1921.9).

- 오성륜, 김익상, 이종암이 상해 황포탄에서 일본 육군대장 다나카 기이치를 저격하였다.* [서18①] □

[해설] 의열단원 오성륜(1898~1947), 김익상, 이종암(1896~1930)이 상하이 황포탄에서 일본 육군대장 다나카 기이치(1864~1929)를 저격한 것은 1922년 3월의 일이다. 불행히도 이로 말미암아 신혼여행차 상하이에 왔던 한 영국인 여성이 총탄을 맞아 사망하고 말았다.

의열단의 활약 [지18] [서22①] [소19①]

- 김원봉이 이끈 이 조직은 1920년대에 국내와 상하이를 중심으로 활발한 의거 활동을 전개하였다.

[해설] 밑줄 친 '이 조직'은 의열단을 가리킨다(1919.11).

- 1922년 3월, 중국 상하이에서 (㉠)이/가 일본 육군대장 타나카 기이치(田中義一)를 암살하고자 한 사건이 발생했다. 이 때 체포된 독립운동가들은 일본 경찰에 인도되어 심문을 받게 되었는데, 그 심문 과정에서 (㉠)에 속한 김익상이 1921년 9월 조선 총독부 건물에 폭탄을 던져 의거의 당사자라는 사실이 밝혀졌다.

[해설] 주어진 자료 속 '㉠ 조직'은 김원봉이 1919년 11월 만주에서 결성된 의열단을 가리킨다.

- 조선 안에 있는 모든 관청을 폭탄으로 깨트리고 조선 안 관공리를 암살하며 뒤로 아라사의 무서운 힘을 업고 앞으로는 독립을 열망하는 청년을 앞세운 (가) 사건의 일부가 조선 안에서 계획을 실행하려다가 미리 발각된 일은 …(중략)… (가) 은/는 단장 김원봉을 중심으로 오년 전에 설립된 조선 독립당의 비밀 단체이니 …(하략)…

- 『동아일보』-

[해설] 자료 속 (가) 단체는 1919년 11월 만주 지린성[길림]에서 조직된 의열단임을 알 수 있다. 동아일보 1923년 4월 12일자 기사로('조선안에 있는 모든 관청을 폭발탄으로 깨트리려 하든 義烈團事件의 內容, 금일 경무국에서 발표할터'), 일명 '황옥 경부 폭탄 사건'을 가리킨다. 1923년 경기부 경찰부 소속 경부인 황옥(1885~?)이 의열단 단원과 합심하여 일제 주요 기관을 파괴하기 위한 폭탄을 중국에서 국내로 반입했다가 발각된 사건이다. 김지운 감독의 영화 밀정(2016)의 모티브가 된 사건이기도 하다.

- [의열단] 이 단체의 소속원으로 나석주, 김상옥, 김익상 등이 있다. [서13]
  ㄴ나석주, 김상옥, 김익상, 박재혁 등이 활동하였다. [법13]

[해설] 의열단원 나석주(1892~1926)는 1926년 12월 동양 척식 주식회사에 폭탄을 던졌고, 김상옥(1890~1923)은 1923년 1월 종로 경찰서에 폭탄을 던졌다. 또 김익상(1895~1941)은 1921년 8월 조선 총독부에 폭탄을 던졌으며, 박재혁(1895~1921)은 1920년 9월 '부산 경찰서'에 폭탄을 투척하였다. 거사를 치른 날짜를 중심으로 보면 역순으로 제시되었다.

- [의열단] 독립지사들에게 잔인한 고문을 일삼던 종로경찰서에 폭탄을 던져 큰 피해를 주었다(김상옥). [서22①]
  ㄴ종로 경찰서에 폭탄을 투척하다!(탐구 주제) - 김익상(인물) [X] [법19]

[해설] 독립지사들에게 잔인한 고문을 일삼던 종로 경찰서에 폭탄을 던진 인물은 의열단원 김상옥(1890~1923)이다(1923.1).

- [의열단] 『조선혁명선언』을 활동 지침으로 삼았다. [지24]
  ㄴ신채호의 『조선혁명선언』을 강령으로 활동하였다. [회24]
  ㄴ「조선혁명선언」을 강령으로 삼아 의열 투쟁을 전개하였다. [시21]
  ㄴ자료의 선언문을 강령으로 삼고, 민중의 직접 혁명을 정식 노선으로 천명하여 활동하였다. [기13]
  ㄴ신채호는 『조선혁명선언』에서 민중 직접 혁명론을 주장했다. [서24②]
  ㄴ[신채호] 김원봉의 요청을 받아 들여 「조선혁명선언」을 작성하였다. [지20]
  ㄴ신채호는 김원봉의 요청으로 '조선 혁명 선언'을 지어 의열단의 투쟁 노선과 행동 강령을 제시하였다. [경18③]
  ㄴ1923년에 김원봉이 작성한 「조선 혁명 선언」에는 ㉡의 노선이 잘 제시되어 있다 [X]. [경17①]
  ㄴ신채호는 이 단체를 위하여 「조선혁명선언」을 작성하였다. [회17]
  ㄴ[신채호] 의열단의 기본 정신이 나타난 조선 혁명 선언을 저술하였다. [소20]
  ㄴ타협주의를 배격하고, 의열단의 선언인 「조선혁명선언」을 작성하였다. [회14]
  ㄴ조선 혁명 선언을 집필하였다. [법12]

└조선 혁명 선언을 작성하였다(신채호). [경15②] □

[해설] 「조선혁명선언」을 활동 지침으로 삼은 단체는 1919년 11월 중국 만주 지린성[길림]에서 조직된 의열단이다. 단재 신채호(1880~1936)는 의열단장 약산 김원봉(1898~1958)의 부탁을 받고 1923년 1월 중국 상하이에서 「조선 혁명 선언」을 작성하였다. / 의열단장 약산 김원봉의 요청을 받아들여 「조선 혁명 선언」을 작성한 인물은 단재 신채호이다(1923.1). 선언(문) 작성 시 무정부주의자인 류자명(1894~1985)이 일부 도움을 주었다. / [경17①] 해당 문제에서 ⓒ은 의열단을 가리킴(김원봉이 조선 혁명 선언을 작성하였다는 부분이 잘못).

■ 조선 혁명 선언 [국16] [지22] [지19] [지14②] [지12①] [서18①] [서17①] [서13] [법19] [법13] [경16①] [기13] □

- 강도 일본이 우리의 국호를 없이 하며, 우리의 정권을 빼앗으며, 우리의 생존적 필요조건을 다 박탈하였다. (중략) 혁명의 길은 파괴부터 개척할지니라. 그러나 파괴만 하려고 파괴하는 것이 아니라 건설하려고 파괴하는 것이니, 만일 건설할 줄을 모르면 파괴할 줄도 모르며, 파괴할 줄을 모르면 건설할 줄도 모를지니라. 건설과 파괴가 다만 형식상에서 보아 구별될 뿐이요. 정신상에서는 파괴가 곧 건설이니, 이를테면 우리가 일본 세력을 파괴하려는 것이, (하략)

[해설] '강도 일본', '혁명의 길은 파괴부터 개척할지니라'는 내용, '정신상에서는 파괴가 곧 건설'이라는 내용 등에서 제시된 자료(선언문)은 신채호가 지은 「조선 혁명 선언」임을 알 수 있다(1923)[무정부주의자(아나키스트) 류자명(1894~1985) 도움(중국에서 농학자로 활동)]. 일종의 의열단 선언문으로 의열단의 초기 노선과 행동 강령이 잘 나타나 있다. 주어진 자료는 선언의 첫째 부분과 다섯째 부분이다.

- (…) 강도 일본이 우리의 국호를 없이 하며, 우리의 정권을 빼앗으며, 우리 생존적 필요조건을 다 박탈하였다. …… 이상의 사실에 의하여 우리는 일본 강도 정치, 곧 다른 민족의 통치가 우리 조선 민족 생존의 적임을 선언하는 동시에, 우리는 혁명 수단으로 우리 생존의 적인 강도 일본을 살상하는 것이 곧 우리의 정당한 수단임을 선언하노라. (…) (중복 출제)

[해설] 주어진 자료는 선언의 첫째 부분이다(첫째 부분의 가장 앞문장과 끝문장).

- 우리는 일본 강도 정치 즉 이족 통치가 우리 조선 민족 생존의 적임을 선언하는 동시에, 우리는 혁명 수단으로 우리 생존의 적인 강도 일본을 살벌함이 곧 우리의 정당한 수단임을 선언하노라.

[해설] '일본 강도 정치'라는 부분, '혁명 수단으로 우리 생존의 적인 강도 일본을 살벌함'이라는 부분 등을 통해 제시된 자료는 단재 신채호가 의열단장 약산 김원봉(1898~1958)의 요청으로 작성한 조선 혁명 선언임을 알 수 있다(1923.1)(주어진 자료는 선언 첫째 부분에 해당). 의열단은 조선 혁명 선언을 활동 지침서로 삼았다.

- 내정 독립이나 참정권이나 자치를 운운하는 자 누구이냐? 너희들이 '동양 평화', '한국 독립 보전' 등을 담보한 맹약이 먹도 마르지 아니하여 삼천리강토를 집어 먹힌 역사를 잊었느냐? … 민중은 우리 혁명의 대본영이다. 폭력은 우리 혁명의 유일한 무기이다.

[해설] 주어진 자료의 앞부분('내정 독립이나~역사를 잊었느냐?')는 선언 둘째 부분에 해당하고 그 뒷부분은 선언의 끝부분인 다섯째 부분의 맨마지막 구절(선언의 맨마지막 구절)이다.

- …… 이상의 이유에 의하여 우리는 우리의ㅡ 생존의 적인 강도 일본과 타협하려는 자나 강도 정치 하에서 기생하려는 주의를 가진 자나 다 우리의 적임을 선언하노라. …… 민중은 우리 혁명의 중심부이다. 폭력은 우리 혁명의 유일한 무기이다. 우리는 민중 속에 가서 민중과 손을 잡아 ……(증략)…… 이상적 조선을 건설할지니라.

[해설] 주어진 자료의 앞부분('이상의 이류에~적임을 선언하노라')은 선언 둘째 부분 마지막 구절에 해당하고 그 뒷부분은 다섯째 부분의 마지막 구절이다.

- 우리는 '외교', '준비' 등의 미련한 꿈을 버리고 민중 직접 혁명의 수단을 취함을 선언하노라. 조선 민족의 생존을 유지하자면 강도 일본을 쫓아내야 하고[내쫓을 지며], 강도 일본을 쫓아내려면[내쫓을 지면] 오직 혁명으로써만 가능하니[혁명으로써 할 뿐이니], 혁명이 아니고는 강도 일본을 쫓아낼[내쫓을] 방법이 없는 바이다. (세 번 출제) 우리는 민중 속에 가서 민중과 손을 잡아 끊임없는 폭력, 암살, 파괴, 폭동으로써 강도 일본의 통치를 타도하고 …… (생략)

[해설] 주어진 자료의 앞부분('우리는~취함을 선언하노라')은 선언 셋째 부분 마지막 구절에 해당하고 그 뒷부분은 넷째 부분의 처음 구절이다. 그리고 마지막 문장('우리는 민중 속에 가서~강도 일본의 통치를 타도하고')은 다섯째 부분(선언의 마지막 부분)이다.

- …… 강도 일본을 쫓아내려면 오직 혁명으로만 가능하며, 혁명이 아니고는 강도 일본을 쫓아낼 방법이 없는 바이다.

…… 우리의 민중을 깨우쳐 강도의 통치를 타도하고 우리 민족의 신생명을 개척하자면 양병 10만이 폭탄을 한번 던진 것만 못하며, 천억 장의 신문, 잡지가 한 번의 폭동만 못할지니라. ……

[해설] 단재 신채호가 작성한 「조선 혁명 선언」이다(1923.1). 첫째 문장은 넷째 부분의 처음 구절이며 둘째 문장은 넷째 부분의 중간 구절이다.

- 이제 폭력의 목적물을 대략 열거하건대, 조선 총독 및 각 관공리, 일본 천황 및 각 관공리, 정탐노·매국적, 적의 일체 시설물, 이 밖에 각 지방의 신사나 부호가 비록 현저히 혁명 운동을 방해한 죄가 없을지라도 언어 혹 행동으로 우리의 운동을 완화하고 중상하는 자는 폭력으로써 대응할지니라.

[해설] 「조선 혁명 선언」의 넷째 부분 마지막 구절에 해당한다. '정탐노(偵探奴)'는 정탐하는 사람을 낮잡아 이르는 말이다.

- 민중은 우리 혁명의 대본영(大本營)이다. 폭력은 우리 혁명의 유일한 무기이다. 우리는 민중 속으로 가서 민중과 손을 맞잡아 끊임없는 폭력-암살, 파괴, 폭동-으로써 강도 일본의 통치를 타도하고 우리 생활에 불합리한 일체의 제도를 개조하여 인류로써 인류를 압박하지 못하며, 사회로써 사회를 박탈하지 못하는 이상적 조선을 건설할지니라.

[해설] 의열단의 활동 지침인 「조선 혁명 선언」의 끝부분인 다섯째 부분(선언의 맨마지막 구절)이다.

- 김지섭이 일왕의 궁성으로 들어가는 니주바시에 폭탄을 던졌다. [회22] □

[해설] 일왕을 살해할 목적으로 일본 도쿄에서 일왕 궁성으로 들어가는 니주바시[이중교]에 폭탄을 던진 김지섭(1884~1928)은 의열단원이다(1924.1.3)('니주바시 투탄 의거'). 원래 제국 의회가 개최되는 때에 맞추어 회의장에 투탄하려고 하였으나 마침 제국 의회가 휴회 중이어서 거사 대상을 일왕을 폭사하는 쪽으로 목표를 수정하였다.

- 나석주가 동양 척식 주식회사에 폭탄을 투척하였다. [지14②] □
  └ 위 단체의 단원 나석주는 조선 총독부에 폭탄을 투척하였다[x]. [경16①] □
  └ 동양 척식 주식회사에 들어가 그 간부를 사살하고 경찰과 시가전을 벌이기도 하였다. [서22①] □
  └ 1926년 나석주는 식민지 대표 착취 기관인 식산 은행과 동양 척식 주식회사에 들어가 폭탄을 던지고 권총으로 관리들을 저격하였다. [서17①] □

[해설] 의열단원인 나석주(1892~1926)가 조선 식산 은행과 동양 척식 주식회사에 폭탄을 투척한 것은 1926년 12월의 일이다. 거사 후 의사는 자신을 추격하는 경찰과 접전을 벌였고, 그 과정에서 한 일본 경감을 사살한 후 자결하였다(1926.12.28). / 조선 총독부에 폭탄을 투척한 의열단원은 김익상(1895~1941)이다(1921.9).

- [의열단] 1926년 이후 테러 활동을 중심으로 한 단체의 활동에 한계를 느끼고, 단원들 대부분이 황포 군관 학교에 입교하여 군사 훈련을 받았다. [기13] □

[해설] 의열단은 1924년경 중국인을 포함하여 약 70여 명의 단원을 보유하였다. 그리고 1925년 상반기까지 파괴·암살 등의 의열 투쟁에 힘을 쏟았다. 하지만 이후 이것만으로는 일제를 축출할 수 없다고 판단하고 활동 방향을 바꾸었다. 의열단 단장인 약산 김원봉(1898~1958)이 1926년 3월 황포 군관 학교에 입학(제4기)하여 같은 해 10월 졸업한 후 의열단 개조를 위한 전체 회의를 개최하여 의열단을 장차 '혁명 정당'으로 전환할 것을 결정하였다. 그리고 이 결정을 바탕으로 하여 의열단은 1927년 초에 조직을 개편하였다(광동에 중앙집행위원회를, 상하이와 무창 및 남창에 지방집행위원회를 둠).

- [의열단] 일부 구성원을 황포 군관 학교에 보내 군사 훈련을 받도록 하였다. [지18] □
  └ 단원들이 황포 군관 학교에 입학하여 군사 교육을 받았다. [경17②] □
  └ 많은 단원들이 황포 군관 학교에 입학하여 군사 교육 및 간부 훈련을 받았다. [회17] □
  └ 1920년대 후반 무장 투쟁 노선으로 전환하였다. [법13] □
  └ 조선 혁명 간부 학교를 설립하여 군사력 양성을 꾀하였다. [경21②] □
  └ 혁명 투사·독립운동 지도자를 양성하기 위한 조선 혁명 간부 학교를 설립·운영하였다. [경17②] □

[해설] 의열단은 1920년대 중반까지 개별적[개인적] 의열 활동에 집중하였으나 이의 한계를 인식하고, 일부 구성원을 황푸 군관 학교에 보내 군사 훈련을 받도록 하였다(1926년 이후). 또한 1932년 10월에는 조선 혁명 간부 학교를 설립하고, 조선 민족 혁명당 결성에도 참여하는 등 더욱 체계적인 항일 투쟁으로 방향을 전환하였다(약산 김원봉이 중국 국민당과 교섭하여 난징 교외에 조선 혁명 간부 학교 설립). 참고로 황푸 군관 학교는 중국 국민당의 지도자이자 혁명가인 쑨원(1866~1925)이 중국 국민 혁명에 필요한 군사 간부를 양성하기 위해 광저우에 설립한 군사 교육 기관이다(1924~1931).

- [김원봉과 신채호] 김원봉은 조선 의용대를 결성하였고, 신채호는 '국혼'을 강조하였다[×]. [지22] □
  └ 김원봉은 신흥 무관 학교를 세웠고, 신채호는 형평사를 창립하였다[×]. [지22] □
  └ 김원봉은 조선 건국 동맹을 조직하였고, 신채호는 식민사학의 한국사 정체성론을 반박하였다[×]. [지22] □
  └ 김원봉은 황포 군관 학교에서 훈련받았고, 신채호는 민족주의 역사 서술의 기본 틀을 제시하였다. [지22] □

[해설] (중국 관내인 후베이성 우한의 한커우[한구]에서) 조선 의용대를 결성을 이는 약산 김원봉이 맞지만, '국혼'을 강조한 이는 백암 박은식(1859~1925)이다. / 신흥 무관 학교를 세운 이들은 서간도 지역의 독립운동가들이고(1919.5), 형평사를 창립한 이들은 경남 진주의 백정 출신들(관련 선지 및 해설 참조)이다(1923.4) / 조선 건국 동맹을 조직한 이는 몽양 여운형(1886~1947)이고(1944.8), 식민 사학의 한국사 정체성론을 반박한 이는 사회경제 사학자인 백남운(1894~1979)이다(1933년에 『조선사회경제사』, 1937년에 『조선봉건사회경제사(상)』 출간). / 김원봉은 황포 군관 학교에 4기생으로 입교하여 훈련받은 바 있고(1926.3~10), 신채호 역시 (백암 박은식과 함께) 민족주의 역사 서술의 기본 틀을 제시한 인물이다[『독사신론』(1908.8), 『조선사연구초』(1925), 『조선상고사』(1931)].

- [의열단] 민족 혁명당 창당에 가담하였다. [국16] □
  └ 민족 혁명당 결성에 참여하였다. [소19①] □

[해설] (조선) 민족 혁명당은 1935년 7월 중국 난징[남경]에서 의열단(김원봉), 조선 혁명당(최동호), 신한 독립당(신익희), 한국 독립당(조소앙), 미주 한인 독립당(김규식) 등 여러 독립운동 단체가 규합하여 만들어졌다(민족 연합 전선의 일환).

- [의열단] 후에 이 단체의 계통 인사들은 조선 의용대를 조직하였다. [서13] □
  └ 1930년대 후반 이 단체의 주요 인사들은 조선 의용대를 조직하였다. [회17] □
  └ 일본이 중·일 전쟁을 일으키자 군사 조직인 조선 혁명군을 조직하여 무력으로 대항하였다[×]. [경13②] □

[해설] 약산 김원봉은 1935년 (조선) 민족 혁명당을 출범한 후 조직적 무장 투쟁의 필요성을 느껴 그 산하에 조선 의용대를 조직하였다(1938.10). 조선 의용대는 중국 관내(중국 우한 한커우)에서 결성된 최초의 한인 무장 부대이다(조선 의용대 관련 선지 및 해설 참조). 상술하자면 조선 민족 혁명당이 민족 연합 전선을 강화하기 위해 1937년 12월 난징에서 다른 단체들과 함께 조선 민족 전선 연맹을 결성하였고, 조선 민족 전선 연맹이 중국 국민당의 지원을 받아 1938년 10월 산하에 조선 의용대를 창설하였다(조선 민족 전선 연맹 관련 선지 및 해설 참조). / [경13②] 1937년 7월 중일 전쟁이 일어나자 김원봉이 중국 우한에서 (양세봉이 지휘한 조선 혁명군이 아니라) 조선 의용대를 조직하여 무력으로 대항하였다(1938.10).

1930년대 초 임시 정부의 상황 [회20] □

민족 운동 전선이 이념과 노선의 차이로 분열된 상황에서 임시 정부는 자금난에 시달려, 독립운동의 중추 역할을 감당하기 어렵게 되었다. 1920년대 후반에 안창호 등을 중심으로 민족유일당을 건설하자는 운동이 전개되었지만 별다른 성과를 거두지 못하였다. 이 무렵 만보산 사건과 만주 사변이 일어났다.

[해설] 만보산 사건이란 1931년 7월 중국 만주 길림성 장춘현 만보산 지역에서 농지 개간에 필요한 수로 개설을 둘러싸고 조선 농민과 중국 농민들이 충돌한 유혈 사건이다. 일제의 술책으로 한국민과 중국민의 반목이 계속되어 국내에서 다수인 중국인이 피살되기도 하였다. 또 만주 사변은 9월 18일 일제 관동군이 만주 봉천(심양) 외곽 유조구의 만철 선로를 스스로 폭파하고 이를 중국의 소행이라고 트집 잡아 만주를 침략한 사건이다. 이와 같은 위기 상황을 타개하기 위하여 대한민국 임시 정부는 김구의 주도로 같은 해(1931) 10월 일제의 주요 인물 제거를 목표로 하는 한인 애국단을 조직하였다.

- [김구] 적극적인 의열 활동을 위해 한인 애국단을 만들었다. [지20] □
  - 의열 투쟁을 전개하고자 한인 애국단을 조직하였다. [서23] □
  - 의열 활동 전개를 위하여 한인 애국단이 조직되었다. [법15] □
  - 이 기관을 활성화시키기 위한 방안으로 김구는 한인 애국단을 조직하였다. [기11] □
  - 한인 애국단을 조직하여 적극적인 의열 투쟁을 전개하였다. [경13②] □
  - 한인 애국단을 조직하였다. [지12②] [서24②] [회20] □
  - 한인 애국단을 결성하였다. [법12] □
  - 상해에서 한인 애국단을 결성하였다. [경20②] □
  - [한인 애국단] 임시 정부 활동에 활기를 불어넣고자 결성하였다. [지19] □
  - 1931년 대한민국 임시 정부의 침체를 극복하기 위해 김구가 결성하였다. [경17①] □
  - 대한민국 임시 정부 국무 위원인 김구에 의해 결성되었다. [경21②] □
  - 한인 애국단 조직 [회15] [기19] □
  - 한인 애국단 창설 [국24] □
  - 한인 애국단 [서23] [서21] □

[해설] 적극적인 의열 활동[의열 투쟁]을 위해 백범 김구(1876~1949)의 주도로 중국 상하이에서 1931년 10월 의열 단체인 한인 애국단이 조직되었다. / [기11]의 '이 기관'은 대한민국 임시 정부를 가리킴.

■ 한인 애국단 [회22] [경21②] □

- ⑤은/는 이에 제1차의 전쟁사를 세상에 공개하노니 이는 결코 과장의 의미에서 나온 것도 아니요, 또한 이것을 선전의 재료로 삼자는 바도 아니다. 다만, 우리의 진실된 마음을 피력하여 한국 삼천만 인민이 모든 굴욕을 받으며 분투해 온 간난신고를 읍소하여 세간의 인도주의자들의 공론을 구하고, 아울러 이로써 살얼음 위를 걷는 것 같은 위험에 처해 있는 중화민족에게 다소나마 참고와 도움이 된다면 다행일 뿐이다. ……(중략)…… 그러므로 우리 한국은 한국을 위하여 광복을 꾀하려고 하면 반드시 먼저 중국을 구해야 하고, 중국을 위하여 광복을 꾀함에도 한국은 또한 중국을 구해야 할 것이다. 이것이 바로 내가 입이 닳도록 애원하며 우리 한·중 양국 동지에게 다 같이 각성하여 전장에 목숨을 함께 바치자는 까닭이다.

[해설] 백범 김구(1876~1949)가 1932년 12월 출간한『도왜실기』(백범일지)의 중국어 초판에 쓴 서문이다. '⑤'은 한인 애국단을 가리킨다.

- 본단(本團)은 일찍부터 실행을 중하게 여기고 발언을 피하여 왔다. 그런 까닭으로 이번 최흥식, 유상근 두 의사의 다롄[大連] 사건에 대해서도 일체 침묵을 지켰으나, 놈들 간악한 적은 여러 가지로 요언(謠言)을 만들어내고, 또 다롄 폭탄 사건은 국제 연맹 조사 단원을 암살하려는 음모라고 선전하고 있으나 이는 우리가 승인할 수 없는 바이다. …… 본단은 왜적 이외에는 어느 나라 사람이나 다 같이 친우로 대하려 하며 절대로 해치지 않으니, 이것은 홍커우 공원 사건이 증명하고 있는 바이다.

[해설] 밑줄 친 '본단'은 대한민국 임시 정부 국무 위원이었던 백범 김구(1876~1949) 주도로 결성된 한인 애국단을 가리킨다(1931.10). 그리고 한인 애국단원 최흥식(1909~1932), 유상근(?~1945) 두 의사의 '다롄[대련] 의거 미수 사건'은 1932년 5월에 있었던 일로, 일제 인사들(관동군 사령관 혼조 시게루, 남만주철도주식회사 사장 우치다 고사이, 관동청장관 마노스케 야마오카 등)이 리튼 단장이 이끄는 국제 연맹 조사단 방문(1932.5.26)에 참석한다는 정보를 입수하고 이들 일제 인사들을 폭살하기 위해 두 의사를 파견하였으나 사전에 발각되어 미수에 그친 사건을 가리킨다. 참고로 그 직전인 1932년 4월에는 '조선 총독(우가키 가즈시게) 암살 미수 사건'도 있었다[한인 애국단원 유진만(1912~1966), 이덕주(1908~1935) 파견]. 주어진 자료는 일제가 '다롄 폭탄 사건'을 국제 연맹 조사단을 암살하려 했다고 모함[악선전]한 내용에 대해 변호하는 한인 애국단의 선언서이다(『신보』 1932년 8월 13일 보도).

- [한인 애국단] 상하이 사변 직후 일본 이즈모호를 폭파하기로 하였으나 실패하였다.* [회22] ☐
  - 이덕주는 조선 총독부 총독을 저격하고자 계획했으나 사전에 체포되어 실패하였다.* [회22] ☐

[해설] 상하이 사변 직후 일본 이즈모호를 폭파하기로 하였으나 실패하였다(1932.2). 중국인 잠수부들을 고용, 상하이 주둔 일본군 사령부의 이즈모호를 폭파하고자 하였으나 배 밑에 폭탄을 장착하는 과정에서 머뭇거리다가 발각되어 실패하였다. / 조선 총독부 총독(우가키 가즈시게)을 저격하고자 계획했으나 사전에 체포되어 실패한 이덕주(1908~1935)는 한인 애국단원이다[1932년 4월에 체포, 상하이에서 유진만(1912~1966)과 함께 귀국].

- 한인 애국단원 이봉창과 윤봉길 등이 의열 활동을 전개하였다. [법11] ☐
  - ⓒ에서 활동한 사람으로는 이봉창과 윤봉길이 있다. [경17①] ☐
  - [한인 애국단] 이봉창이 단원으로 활동하였다. [지24] ☐

[해설] 이봉창(1900~1932)과 윤봉길(1908~1932)은 한인 애국단원이다. 특히 이봉창은 제1호 한인 애국단원이다. 일본 도쿄에서 일왕 히로히토를 향해 수류탄을 던졌으나 성공하지 못하였다(1932.1.8). / [경17①]의 ⓒ은 한인 애국단을 가리킴.

- [한인 애국단] 이 단체의 소속원인 이봉창은 일왕 폭살을 시도하였다. [서13] ☐
  - 이 조직에 속한 이봉창이 일왕이 탄 마차 행렬에 폭탄을 던졌다. [지18] ☐
  - 이봉창이 동경에서 일왕 히로히토에게 폭탄을 던졌다. [서18①] ☐
  - 이봉창은 도쿄에서 일본 국왕을 처단하려는 의거를 행하였다. [회17] ☐
  - 1932년 1월 이봉창은 도쿄에서 관병식을 마치고 돌아가는 일왕 히로히토를 저격하였다. [서17①] ☐
  - 이봉창은 도쿄에서 일왕 히로히토를 향해 수류탄을 던졌으나 성공하지 못하였다. [회22] ☐

[해설] 일왕이 탄 마차 행렬에 폭탄을 던져 일왕 폭살을 시도한 이봉창 의사(1900~1932)는 한인 애국단 소속이다(1932.1.8). 이봉창 의사는 1932년 1월 일본 도쿄 사쿠라다문(櫻田門)에서 관병식을 마치고 돌아가던 일왕(히로히토)에게 폭탄을 투척하여 일왕의 암살을 기도하였다.

■ 이봉창 의사의 일왕 폭살 기도 [국13] [법12] ☐

- 상해의 한국 독립 투사 조직에 속해 있는 한국의 한 젊은이는 비밀리에 도쿄로 건너갔다. 그는 마침 군대를 사열하기 위해 마차에 타고 있던 일본 천황에게 수류탄을 던졌다. 그는 영웅적인 행동 후에 무자비하게 살해되었다. 이 사건은 전 일본에 충격을 주었다. 이 사건은 일본 군국주의자들에게 한국인들은 결코 그들에게 지배될 수 없다는 것을 당당히 보여 준 것이다.

[해설] '상해의 한국 독립투사 조직에 속해 있는 한국의 한 젊은이는 비밀리에 도쿄로 건너가 일본 천황에게 수류탄을 던졌다'는 내용으로 미루어 보아 1932년 1월에 있었던 이봉창 의거를 가리킴을 알 수 있다(1932.1.8).

- 아침 일찍 프랑스 공무국에서 비밀리에 통지가 왔다. 과거 10년간 프랑스 관헌이 나를 보호하였으나, 이번에 나의 부하가 일왕에게 폭탄을 던진 것에 대해서는 일본의 체포 및 인도 요구를 거절할 수 없다는 것이다. 중국 국민당 기관지 <국민일보>는 "한국인이 일왕을 저격하였으나 불행히도 맞지 않았다."고 썼다.

[해설] 주어진 자료 속 '사건'은 이봉창 의사(1901~1932)가 1932년 1월 일본 도쿄에서 일왕 투폭 미수 사건을 가리키고, 밑줄 친 '나'는 이를 주도한 백범 김구(1876~1949)이다(『백범일지』).

- [한인 애국단] 상하이 홍커우 공원 의거를 일으켰다. [소19①] ☐
  - 윤봉길이 상해 홍구 공원에서 열린 일본의 천장절 행사에 폭탄을 던졌다. [서18①] ☐
  - 윤봉길이 상하이 홍커우 공원에서 일왕 탄생 축하 행사 겸 전승 축하식장에 폭탄을 던졌다. [회22] ☐
  - 상하이 홍커우 공원에서 열린 일본군의 상하이 점령 축하 기념식장에서 폭탄을 던져 일본군을 살상하였다. [서22①] ☐

- 윤봉길이 상하이에서 폭탄을 던져 일본군 장성과 다수의 고관을 살상하였다. [경20①]
- 1932년 4월 윤봉길은 상하이 훙커우 공원에서 일제의 요인들을 폭살시키는 의거를 결행하였다. [서17①]
- 윤봉길의 상하이 훙커우 공원 의거 [국11]
- 한국 광복군 형성의 기초가 되었다. [지12①]

[해설] 중국 상하이 훙커우 공원에서 열린 일제의 천장절 및 전승 축하식에서 폭탄을 던져 많은 일본군 장성과 고관들을 살상한 인물은 한인 애국단 소속[한인 애국단원]의 매헌 윤봉길(1908~1932) 의사이다(1932.4.29). / [지12①] 윤봉길 의거를 계기로 중국 국민당 정부는 대한민국 임시 정부에 대한 지원을 강화하고, 중국 영토 내 무장 활동을 승인하면서 1940년 9월 한국 광복군(총사령부)까지 조직될 수 있었다.

▍윤봉길 의사의 상하이 훙커우 공원 의거 [국11] [지24] [지12①]

- 일제는 1월 28일 일본 승려 사건을 계기로 전쟁을 도발하였다. 일본은 이때 시라카와(白川) 대장을 사령관으로 삼아 중국과의 전쟁을 승리로 이끌었다. 그는 이해 봄 야채상으로 가장하여 일본군의 정보를 탐지한 뒤, 4월 29일 이른바 천장절 겸 전승 축하 기념식에 폭탄을 투척하기로 하였다. 식장에 참석하여 수류탄을 투척함으로써 파견군 사령관 시라카와, 일본 거류민 단장 가와바다 등은 즉사하였다.

[해설] 4월 29일 이른바 천장절 겸 전승 축하 기념식에 폭탄을 투척하기로 하였다는 내용으로 미루어 보아 1932년 윤봉길 의거에 대한 설명임을 알 수 있다.

- 김구는 상하이 각 신문사에 편지를 보내 자신이 이 의거의 주모자임을 스스로 밝혔다. 이 편지에서 김구는 윤봉길이 휴대한 폭탄 두 개는 자신이 특수 제작하여 직접 건넨 것이며, 일본 민간인을 포함하여 다른 나라 사람이 무고한 피해를 입지 않도록 신중을 기하라고 당부하였음을 강조하였다.

[해설] 한인 애국단원 매헌 윤봉길(1908~1932)이 중국 상하이 훙커우 공원에서 열린 천장절 및 전승 축하식에서 폭탄을 던져 일본군 장성과 고관들을 살상한 것은 1932년 4월의 일이다(1932.4.29)('상하이 훙커우 공원 의거'). 한인 애국단은 백범 김구(1876~1949) 주도로 1931년 10월 창설된 의열 단체이다. 위 자료에서 김구가 상하이 각 신문에 '윤봉길 의거'의 주모자임을 밝히는 편지를 보낸 것은 1932년 5월 9일이다(일제에 의해 수배되고 현상금 60만원 걸림, 당시 중국 국민당 총재 장제스(1887~1975)가 김구 보호 지시).

- 한국의 독립 운동에 냉담하던 중국인이 한국 독립운동을 주목하게 되었고, 이후 중국 정부는 대한민국 임시 정부에 대한 지원을 강화하였다. 이 사건을 계기로 중국 정부가 중국 영토 내에서 우리 민족의 무장 독립 활동을 승인함으로써 한국 광복군이 탄생할 수 있었다.

[해설] 중국인이 한국 독립운동에 주목하게 되었고, 중국 정부가 대한민국 임시 정부를 지원한 계기가 된 사건으로, 윤봉길 의사의 상하이 훙커우 공원 의거를 가리킨다(1932.4).

- [흑색공포단] 백정기, 이강훈, 원심창이 상해 육삼정에서 일본 공사 아리요시를 암살하려고 시도하였다.* [서18①]

[해설] 흑색공포단원 백정기(1896~1934), 이강훈(1903~2003), 원심창(1906~1971)이 중국 상하이 육삼정(고급 요리점)에서 일본 공사 아리요시(1876~1937)를 암살하려고 시도한 것은 1933년 3월의 일이다('상하이 육삼정 사건'). 흑색공포단은 무정부주의 운동 단체인 남화한인청년연맹(1930년 4월 조직)이 중국인, 일본인 무정부주의자와 연대하여 결성한 항일구국연맹이라는 연합체의 행동부를 일컫는 명칭이다.

- [김구] 1932년 상인 대한교민단 의경대장으로 임명되었다.* [경20②]

[해설] 백범 김구(1876~1949)는 1932년 1월 (중국 상하이 대한교민단 제1차 정무 위원회를 통해) 대한교민단 의경대장으로 임명되었다.

- 하얼빈에서 순국한 여성 독립운동가!(탐구 주제) - 남자현(인물) [법19]

[해설] 남자현 지사(1872~1933)는 1919년 3·1 운동이 일어나자 간도로 건너가 서로 군정서에 가입하고 여자 권학회를 조직하는 등 계몽 활동에 힘쓴 독립운동가이다('독립군의 어머니'로 불림). 조선 총독 사이토 마코토의 암살을 기도하였고, 하얼빈을 방문한 국제 연맹 리튼 조사단에 혈서('소선 독립원')를 써서 끊어진 손가락과 동봉하여 전달, 조국의 독립을 호소하였다. 1933년 3월 1일(만주 괴뢰 정부 건국일) 동지들과 함께 관동군 사령관이자 만주국 전권 대사인 무토 노부요시(1868~1933)를 암살하려는 계획을 세웠으나 그 직전 체포되었다. 옥중에서 일제의 악독한 고문으

로 사경에 이르렀으며 병보석으로 석방된 수일 후 고문의 여독으로 하얼빈에서 순국하였다(무토는 같은 해 8월 황달로 사망).

- [민족 해방 운동] 1930년대 후반에는 통일 전선 운동과 무장 투쟁이 활발하게 전개되었다. [지14①]

[해설] 1930년대 후반 일제의 중국 침략이 본격화되면서 중국 내 각종 독립운동 단체들은 대립을 지양하고 통일 전선을 형성하여 대일 무장 투쟁을 활발하게 전개하였다.

② 해외 동포의 활동

- 연해주의 한국인이 중앙아시아로 강제 이주되는 모습 [법23]

[해설] 일제의 침략을 우려한 (소련 공산당 서기장) 스탈린(1879~1953)에 의해 연해주의 한국인('고려인')이 중앙아시아로 강제 이주된 것은 1937년 9월부터이다(약 17만여 명이 순차적으로 강제 이주).

▮ 소련의 연해주 한인 강제 이주 [서22②] [법11]

- 국권 피탈 이후 많은 한국인이 이곳으로 이주하였다. 일제가 만주 침략에 이어 중일 전쟁을 도발하자 일본군이 이곳을 침략하기 위해 한국인을 첩자로 이용한다는 소문이 떠돌기 시작했고 이것이 강제 이주의 구실이 되었다. 이곳의 한인들은 두 달 동안 곡식 씨앗과 옷가지, 책꾸러미들만을 보따리에 싸든 채 화물 열차에 실려 중앙아시아로 끌려갔다.

[해설] 주어진 자료 속 밑줄 친 '이곳'은 러시아령인 연해주를 가리킨다.

- 우즈베키스탄의 늪 지대에 내팽겨쳐진 고려인들은 땅굴 속에서 겨울을 난 후 늪지를 메워 목화 농사를 해야만 했다. 그러나 우리 가족을 먹여 살릴 삼촌 두 명은 농장에서 일한 경험도 없는 데다, ㉠ 에 살 때 광부 일을 했기 때문에 일자리를 찾아 탄광 도시 카라칸다로 갔다. … 고려인들의 주식인 쌀은 물론이고 간장, 된장도 전혀 구할 수가 없었다. 할 수 없이 우즈베키스탄 사람들이 먹는 보리빵으로 끼니를 때웠다. 그것도 아주 부족했다.

[해설] 소련 공산당 서기장 스탈린(1879~1953)에 의해 연해주의 한국인('고려인')이 중앙아시아로 강제 이주된 것은 1937년 9월부터이다(약 17만여 명이 순차적으로 강제 이주).

③ 한·중 연합 작전의 전개

- 1930년대 초 만주에서의 독립 전쟁은 한국 독립군과 조선 혁명군이 중심이 되어 추진되었다. [지11①]
  └ 조선 혁명군, 한국 독립군이 만주에서 중국인 부대와 연합하였다. [기17]
  └ 중국군과 연합하여 일본군에 대항하였다. [기14]
  └ 만주 사변 이후 한·중 연합 작전의 전개 [국11]
  └ 한·중 연합 작전을 전개함 [법17]

[해설] 만주 사변(1931.9) 이후 지청천(1888~1957)이 이끄는 한국 독립군은 중국 호로군과 함께 북만주에서, 양세봉(1896~1934)이 이끄는 조선 혁명군은 중국 의용군과 함께 남만주에서 (한·중) 연합 작전을 전개하였다(1930년대 전반, 주로 1931년~1934년).

- 남만주에 조선 혁명군이 창설되었다. [국13]
  └ [조선 혁명군] 만주에서 중국 의용군과 연합 작전을 수행하였다. [지13]
  └ 3부 통합으로 성립된 국민부 산하의 군대였다. [법12]
  └ 일본이 중·일 전쟁을 일으키자 군사 조직인 조선 혁명군을 조직하여 무력으로 대항하였다[✗]. [경19①]
  └ 조선 혁명군 [서21]

[해설] 남만주에서 조선 혁명군(양세봉 총사령)이 창설된 것은 1929년 5월의 일이다(~1938.9). 1930년대 전반 중국 의용군과 연합 작전을 수행하였다(한·중 연합 작전). 주로 남만주 지역에서 활동하였다(참고로 한국 독립군은 북만주 지역에서 활동). / 3부 통합으로 성립된 국민부 산하의 군대는 조선 혁명군(양세봉 총사령)이다(1929년 4월 국민부 조직). 참고로 혁신 의회 산하의 군대가 한국 독립군(지청천 총사령)이다(1928년 12월 혁신 의회 조직).

▌조선 혁명군과 중국 의용군의 합의문 [법18]

중국(의용군)과 한국 양국의 군민은 한마음 한뜻으로 일제에 대항하여 싸우고, 인력과 물자는 서로 나누어 쓰며, 합작의 원칙하에 국적에 관계없이 그 능력에 따라 항일 공작을 나누어 맡는다.

[해설] 1930년대 초 일본군과 만주군(일제의 괴뢰 국가인 만주국의 군대, 1932.3)에 맞서 싸우기 위해 조선 혁명군(양세봉)과 중국 의용군이 맺은 합의문이다(1932)[『광복』 제1권 제4기(1941.6.20)]. 참고로 1931년에는 한국 독립군(지청천)과 중국 호로군도 이와 유사한 내용의 합의문을 작성한 바 있다([기18]의 관련 자료 참조).

- [조선 혁명군] 양세봉이 총사령관이었다. [국19]
  └ 양세봉을 중심으로 활동하였다. [법18]
  └ 남만주 지역에서 양세봉이 이끌었다. [기18]
  └ 양세봉이 이끄는 부대가 일본군을 격퇴하였다. [소22]

[해설] 양세봉(1896~1934)이 총사령관이었던 한국인 부대는 남만주 지역에 활약한 조선 혁명군이다(조선 혁명당의 산하 부대)(80여 차례 전투, 일본군 천여 명 격퇴)

- [조선 혁명군] 영릉가 전투와 흥경성 전투 등에서 일본군을 격퇴하였다. [기18]
  └ (다) - 양세봉이 이끄는 군대로, 영릉가 전투와 흥경성 전투에서 일본군을 격퇴하였다. [서21]
  └ 중국 의용군과 연합하여 영릉가 전투, 흥경성 전투에서 일본군에 크게 승리하였다. [경19②]
  └ 중국 의용군과 함께 영릉가와 흥경성 등지에서 일본군을 물리쳤다. [기15]

[해설] 양세봉(1896~1934)이 이끄는 군대로, 영릉가 전투와 흥경성 전투에서 (중국 의용군과 연합하여) 일본군을 격퇴한 부대는 (한국 독립군이 아니라) 조선 혁명군이다(각 1932.3-7/1933.6). 참고로 조선 혁명군은 1933년 7월 중순 무순현 노구대에서 1개 연대 규모의 일본군과 교전하여 2일간 격전을 치른 적이 있으며('노구대 격전' 또는 '노구대 전투'), 양세봉 사후인 1935년 8월경에는 통화현 쾌대무자에서 일본군 기병대를 격퇴하였다('쾌대무자 전투').

- 조선 혁명군이 양세봉의 지휘 아래 영릉가에서 일본군을 격파하였다. [지23]
  └ [양세봉] 조선 혁명군을 이끌고 영릉가 전투에서 대승을 거두었다. [서18②]
  └ 중국 의용군과 연합하여 영릉가 전투에서 일본군을 물리쳤다. [지18]
  └ 중국 의용군과 힘을 합쳐 영릉가 전투에서 일본군을 물리쳤다. [지17②]
  └ 양세봉의 조선 혁명군이 영릉가 전투에서 승리하였다. [법21]
  └ 양세봉이 이끄는 조선 혁명군은 중국 의용군과 연합하여 영릉가 전투에서 일본군을 무찔렀다. [지14②]

[해설] 조선 혁명군이 양세봉의 지휘 아래 (중국 의용군과 연합하여) 영릉가에서 일본군(만주군 포함)을 격파한 것은 1932년 3월의 일이다(중국 항일 의용군과 연합한 한·중 연합 작전, 같은 해 7월까지 전개). 영릉가는 중국 랴오닝성[요령성] 신빈현에 위치한 지명이다.

■ **[참고] 영릉가 전투**(조선 혁명군) [2015 개정 검정 고등학교 한국사 교과서]

- (1932년 3월 12일) 조선 혁명군과 중국 의용군의 한중 연합군은 영릉가의 뒷산에 대기하고 있다가 적을 요격하여 수 시간의 격전이 벌어졌다. 적은 마침내 30여 명의 사상자를 내고 일몰과 함께 패퇴하고 말았다. …… 영릉가는 드디어 아군에게 점령되었다.

[해설] 조선 혁명군의 영릉가 전투와 관련된 내용이다(1932.3~7)[『한국독립운동사』].

- 때는 해동 무렵이어서 얼음이 풀린 소자강은 수심이 깊었다. 게다가 성애장이 뗏목처럼 흘러내렸다. 하지만 이 강을 건너지 못하면 영릉가로 쳐들어갈 수 없다. 밤 12시 정각까지 영릉가에 들어가 공격을 알리는 신호탄을 울려야만 했다. 양 사령은 전사들에게 소자강을 건너라고 명령하고 나서 자기부터 언 강물에 뛰어들었다. 강을 무사히 건넌 양 사령은 강행군에 거추장스런 바지를 벗어던지고 잠방이 차림으로 나섰다. 전사들은 사령을 본받아 다 잠방이만 입고 행군했으나 찬바람이 살을 에웠다.

[해설] 위의 자료와 마찬가지로 조선 혁명군의 영릉가 전투와 관련된 내용이다[잡지『봉화』(중국 연변)].

- [조선 혁명군] 양세봉의 지휘 아래 흥경성 전투에 참여하였다. [지18]

[해설] 양세봉의 지휘 아래 흥경성 전투에 참여한 부대는 조선 혁명군(양세봉 총사령)이다(1933.6). 흥경성은 중국 랴오닝성[요령성] 신빈현에 위치한다(영릉가 남동쪽).

- [한국 독립군] 만주 지역에서 활동했던 한국 독립당의 산하 조직이었다. [지18]
  └ 북만주 지역에서 주로 활동하였다. [법18]
  └ 한국 독립군 [서21]

[해설] 한국 독립군(지청천 총사령)은 한국 독립당의 산하 조직이다(북만주). 만주 사변 직후인 1931년 10월경에 창립되었다. 북만주 지역에서 주로 활동하였다.

■ **한국 독립군의 활약** [지18]

(㉠)은/는 1933년에 중국인 부대와 연합하여 동경성 전투 등을 치르며 큰 전과를 올렸고, 대전자령에서는 일본군을 기습 공격하여 승리를 거두었다.

[해설] 주어진 자료 속 '㉠'은 한국 독립당의 산하 부대로 지청천(1888~1957)이 이끈 한국 독립군을 가리킴을 알 수 있다. 한국 독립군은 중국 호로군과 연합해 쌍성보(1932.9·11), 경박호(1933.2), 사도하자(1933.4), 동경성(1933.6), 대전자령 전투(1933.7) 등에서 일본군(만주군 포함)을 격퇴하였다.

■ **한국 독립군과 중국 호로군의 합의문** [기18]

- 1. 한·중 양군은 최악의 상황이 오는 경우에도 장기간 항전할 것을 맹세한다.
- 2. 중동 철도를 경계선으로 서부 전선은 중국이 맡고, 동부 전선은 한국이 맡는다.
- 3. 전시의 후방 전투 훈련은 한국 장교가 맡고, 한국군에 필요한 군수품은 중국군이 공급한다.

[해설] 1930년대 초반 한국 독립군(지청천)이 중국 호로군과 맺은 합의 내용이다(1931)[『한국광복군소사』(1943.3.1)]. 앞서 밝혔듯이 조선 혁명군(양세봉)과 중국 의용군도 유사한 내용의 합의문을 작성한 바 있다(1932)([법18]의 관련 자료 참조).

- • [한국 독립군] 쌍성보 전투와 동경성 전투 등에서 큰 전과를 올렸다. [기18]
  - (라) - 지청천이 이끄는 군대로, 항일 중국군과 함께 쌍성보 전투, 동경성 전투 등에서 일본군을 격퇴하였다. [서21]
  - 한국 독립군은 중국의 항일 무장 세력과 연합하여 쌍성보 전투, 사도하자 전투, 대전자령 전투 등에서 일본군을 격파하였다. [경20②]
  - 중국의 항일 무장 세력과 연합하여 쌍성보 전투, 사도하자 전투, 대전자령 전투 등에서 일본군을 격파하는 큰 전과를 올렸다. [경18②]
  - 중국 호로군과 한·중 연합군을 편성하여 쌍성보·사도하자·경박호·동경성·대전자령 전투 등 여러 전투에서 일본군을 상대로 큰 승리를 거두었다. [경19②]
  - 쌍성보와 대전자령 전투에서 커다란 전과를 거두었다. [법14]

[해설] 지청천(1888~1957)이 이끄는 군대로, 항일 중국군(중국 호로군)과 함께 쌍성보 전투, 동경성 전투 등에서 일본군을 격퇴한 것은 (조선 혁명군이 아니라) 한국 독립군이다(각 1932.9·11/1933.6). / [경19②] 경박호 전투는 한국 독립군이 중국 호로군[길림 자위군, 길림 구국군 등]*과 연합하여 일본군과 만주(국)군 연합 부대를 만주의 경박호 연변에서 섬멸한 전투이다(1933.2).

*1930년대 전반 당시 다양한 명칭의 항일 중국군이 일어났는데, 북만주 일대는 '중국 호로군'으로, 남만주 일대는 '중국 의용군'으로 통칭해서 보면 된다.

- • [지청천] 한국 독립군을 이끌고 쌍성보 전투에서 일본군을 격파하였다. [서18②]
  - 북만주의 쌍성보 전투 등에서 일본군을 격퇴하였다. [경13②]
  - 쌍성보 전투에서 일본군을 격파하였다. [법18]
  - 쌍성보에서 일본군과 교전하였다. [회19]
  - 쌍성보에서 항전하는 한국 독립당 군인 [국23]

[해설] 쌍성보 전투가 벌어진 것은 1932년 9월과 11월 두 차례이다. 쌍성보 전투는 한국 독립당 소속의 한국 독립군(지청천 총사령)이 중국 호로군과 연합하여 일·만주군과 벌인 전투이다. 쌍성보는 흑룡강성 하얼빈 서남방에 위치한다.

- • [한국 독립군] 쌍성보, 대전자령 등에서 일본군을 격파하였다. [법12]
  - 한국 독립군이 한·중 연합 작전으로 쌍성보에서 전투를 전개하였다. [소20]
  - 한·중 연합 작전으로 전개되었다(대전자령 전투). [소22]

[해설] 쌍성보, 대전자령 등에서 일본군을 격파한 부대는 한국 독립군(지청천 총사령)이다(각 1932.9·11/1933.7).

- • [한국 독립군] 한국 독립당의 산하 부대로 동경성 전투도 수행하였다. [국19]
  - 한국 독립군이 한·중 연합 작전으로 동경성에서 승리하였다. [국16]

[해설] 한국 독립군((지청천 총사령)은 한국 독립당의 산하 부대로 중국 호로군과 연합 작전을 펼치면서 쌍성보 전투(1932.9·11), 경박호 전투(1933.2), 사도하자 전투(1933.4), 동경성 전투(1933.6), 대전자령 전투(1933.7) 등을 수행하였다.

■ 사도하자 전투(한국 독립군) [국19]

아군은 사도하자에 주둔 병력을 증강시키면서 훈련에 여념이 없었다. 새벽에 적군이 황가둔에서 이도하 방면을 거쳐 사도하로 진격하여 왔다. 그런데 적군은 아군이 세운 작전대로 함정에 들어왔고, 이에 일제히 포문을 열어 급습함으로써 적군은 응전할 사이도 없이 격파되었다.

[해설] '사도하자'라는 지명을 통해 제시된 자료 속 전투가 1933년 4월 만주의 사도하자에서 한국 독립군(지청천)과 중국 호로군[길림 구국군]이 연합하여 일만 연합군과 벌인 사도하자 전투임을 알 수 있다(1933.4.15)[『광복』제2권 제1기(1942.1.20) '9·18 후 동북 지역 한국 독립군의 殺賊略史']. 사도하자는 흑룡강성 영안현에 위치한다.

- [한국 독립군] 대전자령 전투에서 일본군을 격파하였다. [국19] □

[해설] 대전자령 전투에서 일본군을 격퇴한 기관은 한국 독립군(지청천 총사령)이다. 한국 독립군은 1933년 7월 대전자령에서 중국 호로군과 연합하여 일본군을 격파하였다(한·중 연합 작전). 대전자령은 중국 지린성 왕청현에 위치한다. 대전자령 전투는 봉오동 전투, 청산리 전투와 함께 우리나라 항일 무장 투쟁사 3대 대첩으로 평가받고 있다.

▌대전자령 전투(한국 독립군) [서18②] [소22] □

- "대전자령의 공격은 이천만 대한 인민을 위하여 원수를 갚는 것이다. 총알 한 개 한 개가 우리 조상 수천수만의 영혼이 보우하여 주는 피의 사자이니 제군은 단군의 아들로 굳세게 용감히 모든 것을 희생하고 만대 자손을 위하여 최후까지 싸우라."

[해설] '대전자령'이라는 말만 보고도 1930년대 전반 한·중 연합 작전으로 진행된 대전자령 전투임을 알 수 있다. 대전자령 전투는 한국 독립군과 중국 호로군의 연합으로 1933년 7월 초에 일본군을 격파한 전투이다. 주어진 자료는 지청천이 전투를 앞두고 독립군들에게 당부한 말이다.

- 6월 30일 오후 1시경 일본군의 전초 부대가 지나간 뒤, 화물 자동차를 앞세우고 본대가 대전자령으로 들어오기 시작했다. (중략) 한국 독립군은 사격과 함께 바위를 굴러 일본군을 살상하고 자동차와 우마차를 파괴해 적을 완전히 고립시켰다. (중략) 4~5시간에 걸쳐 치열하게 전개되었는데, 일본군은 130여 명 이상이 살상되었고 일부 부대가 빠져나가는 데 그쳤다.

[해설] 주어진 자료 속 전투는 한국 독립군(지청천 총사령)의 대전자령 전투를 가리킨다(1933.7).

- [한국 독립군] 임시 정부의 요청으로 지도부 대부분이 중국 관내로 이동하였다.* [기18] □

[해설] 대한민국 임시 정부의 요청으로 지도부 대부분이 중국 관내(關內)로 이동한 항일 무장 단체는 한국 독립군이다(지청천 총사령). 상술하자면 1930년대 초 중국 관내에서 김구와 김원봉 등은 중국 국민당 정부의 협조를 얻어 한인 청년들을 중국 군관 학교에 입학시켜 군사 교육을 받도록 하여, 독립 전쟁을 수행할 정예 간부를 양성하고자 하였다. 이에 중국 정부는 뤄양[洛陽]의 중앙 육군 군관 학교 분교에 '한국 청년 군사 간부 특별 훈련반'을 설치하였고, 김구는 만주의 독립군 간부와 청년들을 중국 관내로 이동시켜 교육시키고자 하였다. 이때 지청천이 교관 겸 책임자로 선정되었다. 이러한 계획은 한국 독립군에도 전해져 1933년 10월 한국 독립당의 당수(黨首) 홍진(1877~1946) 및 한국 독립군 총사령관 지청천(1888~1957)을 비롯하여 주요 간부와 군관 학교 지원자 40여 명이 베이징[北京]을 거쳐 관내로 이동하였다. 총사령관을 비롯한 주요 간부들이 만주를 떠나게 되면서 한국 독립군은 사실상 해체되었다.

4 만주 항일 유격 투쟁의 전개

- 동북 항일 연군을 중심으로 치열한 항일 유격전이 전개되었다.* [국13] □
  └동북 항일 연군* [서23] □

[해설] 만주 지역에서 동북 인민 혁명군이 동북 항일 연군으로 개편되기 시작한 것은 1936년 3월부터의 일이다(~1937.10). 조선인 대원은 동북 항일 연군 제1로군에 많이 편입되었다. 동북 항일 연군은 항일 유격전을 활발하게 펼쳤다.

- 1936년 조국 광복회를 결성하고 항일 통일 전선의 구축을 시도하였다.* [경19①] □
  └함경남도 보천보의 일제 통치 기구를 공격하였다(조국 광복회).* [법19] □

[해설] 조국 광복회는 무장 투쟁 계열의 항일 인민 전선 조직[민족 통일 전선 단체]이다. 원래 명칭은 '재만한인조국광복회'로 남만주에서 활동하던 동북 항일 연군의 한(국)인 간부들이 주도하여 결성되었다(1936.6). 조국 광복회는 1937년 6월 함경남도 보천보의 일제 통치 기구를 공격하였다.

5 중국 관내의 항일 투쟁

- 대한민국 임시 정부를 주도한 한국 독립당을 결성하였다. [지17①] □
  └충칭에서 활동하는 한국 독립당 당원들 [경21①] □

[해설] 한국 독립당은 중국 상하이에서 김구(1876~1949), 조완구(1881~1954), 윤기섭(1887~1959), 이시영(1869~1953) 등 민족주의 계열의 인사들이 창립한 독립운동 단체이다(1930.1). 3부 통합 운동의 일환으로 북만주에 세워진 (임시) 혁신 의회 계열의 한국 독립당과 이름은 같지만 다른 정당이다(동명이당). 이후 1930년대에 여러 좌우 정당들이 이합집산하다가 민족 진영 3당이 다시 모여 한국 독립당이 충칭에서 1940년 5월에 새롭게 창당되었다[중간에 조소앙 주도의 (재건) 한국 독립당도 일시적으로 존재, 1935.9]. 요컨대 (혁신 의회 계열이 아닌 임시 정부 계열의) 한국 독립당이 1930년 1월에 처음, 1940년 5월에 두 번째로 창당되었다고 정리하면 된다. / [경21①] 한국 광복군 총사령부는 중국의 충칭에서 창설되었으며, 당시 대한민국 임시 정부의 핵심(여당격) 정당으로 '한국 독립당'이 있었다[1940년 5월 8일 기존의 3당(재건 한국 독립당과 조선 혁명당, 한국 국민당)이 해체 선언을 하고 통합한 '한국 독립당(줄여서 '한독당')'을 창당함. 이를 흔히 '통합 한독당' 혹은 '중경 한독당'이라 부름].

• [조소앙] 한국 독립당을 창당하였다. [지17①] ☐
  └삼균주의 이론을 주창, 대한민국 임시 정부의 기본 이념과 정책 노선으로 채택되었다. [경13②] ☐
  └[삼균주의] 정치·경제·교육의 균등을 주장하였다. [지17①] ☐
  └조소앙 [소22] ☐

[해설] 조소앙(1887~1958)이 참여한 한국 독립당이 (중국 상하이에서) 처음 창당된 것은 1930년 1월의 일이다(1930.1.25)(이동녕, 안창호, 김구 등 참여, 대한민국 임시 정부의 여당 역할). 한국 독립당은 이후 (조선) 민족 혁명당으로의 통합을 위해 1935년 5월 해체되었다가 민족 혁명당이 점점 사회주의 계열에 의해 주도되자 조소앙 등이 다시 탈당해 한국 독립당을 재건하였다(1935. 9.25)(김구는 같은 해 11월에 한국 국민당 창당). / 조소앙이 말하는 '삼균'은 정치, 경제, 교육의 균등이다.

■ 조소앙의 삼균주의 [지17①] [소22] ☐

• 우리나라의 건국 정신은 삼균 제도(三均制度)의 역사적 근거를 두었으니 선조들이 분명히 명한 바 「수미균평위(首尾均平位)하야 흥방보태평(興邦保泰平)하리라」하였다. 이는 사회 각층 각급의 지력과 권력과 부력의 향유를 균형하게 하야 국가를 진흥하며 태평을 보유(保維)하려 함이니 홍익인간(弘益人間)과 이화세계(理化世界)하자는 우리 민족의 지킬 바 최고 공리(公理)임.

[해설] 삼균 제도(三均制度)가 나와 있는데, 대한민국 임시 정부가 1941년에 공포한 대한민국 건국 강령의 일부이다(1941.11.28). 조소앙(1887~1958)은 쑨원(1866~1925)의 삼민주의와 사회주의의 영향을 받아 개인 간, 민족 간, 국가 간에 균등을 의미하는 삼균주의를 제창하였다.

• (가) 의 약력
  · 1917년 대동단결 선언 발표 참여
  · 1919년 대한민국 임시 정부 국무 위원
  · 1930년 상하이에서 이동녕 등과 한국 독립당 결성
  · 1941년 대한민국 임시 정부의 건국 강령에서 삼균주의 제창
  · 1945년 대한민국 임시 정부 외무부장
  · 1950년 제2대 국회 의원 최다 득표로 당선

[해설] 약력으로 보아 주어진 자료 속 '(가)'는 조소앙(1887~1958)을 기리킴을 알 수 있디(본명은 용은, 호기 소앙).

• 김원봉의 주도로 의열단, 한국 독립당, 조선 혁명당 등의 대표들이 난징에 모여 한국 대일 전선 통일 동맹을 출범시켰다. [경20②] ☐

[해설] 약산 김원봉(1898~1958)의 주도로 의열단, 한국 독립당, 조선 혁명당 등의 대표들이 난징에 모여 한국 대일 전선 통일 동맹을 출범시킨 것은 1932년 11월의 일이다.

• 중국 국민당 정부는 뤄양(낙양) 군관 학교에 한인 특별반을 설치하고 간부를 양성할 수 있도록 지원하였다. [경20②] ☐

[해설] 중국 국민당 정부가 뤄양(낙양) 군관 학교(중국중앙육군군관학교 낙양분교)에 한인 특별반을 설치하고 간부를 양성할 수 있도록 지원한 것은 1934년 3월의 일이다. 하지만 1935년 4월 1기생 62명이 배출한 후 한인 특별반이 폐지되고 말았다.

• [(조선) 민족 혁명당] 한국 독립당, 조선 혁명당 등과 함께 민족 혁명당을 결성하였다. [지19] ☐

└의열단을 중심으로 조선 혁명당, 한국 독립당 등이 참여하여 만들었다. [서24②] □

└한국 독립당, 조선 혁명당, 의열단을 비롯한 여러 단체의 인사들이 민족 혁명당을 창건하였다. [경20①] □

└민족주의 계열과 사회주의 계열이 만든 중국 관내 최대 규모의 통일 전선 정당이었다. [서24②] □

└민주 공화국 수립, 토지 국유화 등을 내걸고 항일 운동을 전개하였다. [서24②] □

└김구 등 임시 정부를 고수하려는 세력이 탈당하면서 통일 전선 정당으로서의 성격이 약해졌다[×]. [서24②]

└민족 혁명당 [국14] □

[해설] (조선) 민족 혁명당은 1935년 7월 중국 난징[남경]에서 의열단(김원봉), 조선 혁명당(최동호), 신한 독립당(신익희), 한국 독립당(조소앙), 미주 한인 독립당(김규식) 등 여러 독립운동 단체(5당 대표 14명)가 규합하여 만들어졌다(민족 연합 전선의 일환). / 의열단은 한국 독립당, 조선 혁명당 등과 함께 민족 연합 전선의 성격을 지닌 (조선) 민족 혁명당 결성에 참여하였다(1935.7). / 민족 혁명당은 당의(黨義), 당강(黨綱)에서 밝혔듯이 민주 공화국 수립, 토지 국유화, 대규모 생산 기관의 국유화, 민주적 권리의 보장 등을 내걸고 항일 운동을 전개하였다. / [서24②] 김구 등 임시 정부를 고수하려는 세력은 탈당한 것이 아니라 아예 처음부터 참가하지 않았다. 하지만 민족 혁명당이 김원봉이 이끄는 의열단계가 당권을 장악하자 이에 불만을 느낀 조소앙의 한국 독립당계가 1935년 9월 하순 이탈하였고, 1937년 3월에는 지청천계도 이탈하여 4월 조선 혁명당을 (재)결성함으로써 통일 전선 정당으로서의 성격이 약해졌다[이른바 '민족대당(民族大黨)'으로서의 성격 상실].

▌(조선) 민족 혁명당 [서24②] □

본 당은 혁명적 수단으로써 원수이며 적인 일본의 침탈 세력을 박멸하여 5천년 독립 자주해 온 국토와 주권을 회복하고 정치, 경제, 교육의 평등에 기초를 둔 진정한 민주 공화국을 건설하여 국민 전체의 생활 평등을 확보하고 나아가 세계 인류의 평등과 행복을 촉진한다.

[해설] 주어진 <보기>는 1935년 7월 중국 난징에서 결성된 (조선) 민족 혁명당의 당의(黨義)의 전문(前文)이다. 삼균주의는 1930년 1월 중국 상하이에서 결성된 한국 독립당의 당의에 처음 들어갔는데, 이를 기초한 조소앙이 민족 혁명당의 당의 제정 의원으로도 참여하였기 때문에 비슷한 문구가 당의에 들어가게 되었다.

• [김구] '삼균주의'에 입각한 한국 국민당을 결성하였다. [지20] □

└한국 국민당을 조직하여 정당 정치를 운영하였다. [서23] □

└한국 국민당을 통한 정당 정치 실시가 결정되었다. [국17①] □

[해설] '삼균주의'에 입각한 한국 국민당이 (중국 항저우에서) 결성된 것은 1935년 11월의 일이다(1935년 11월 하순). {통합을 명분으로} 같은 해 7월에 결성된 (조선) 민족 혁명당이 사회주의 계열에 의해 주도되자 그에 대항하여 만들어진 우익 중심의 정당이다(즉 한국 국민당은 우익 계열의 정당). 김구, 이동녕, 조완구, 안공근, 엄항섭, 이시영, 조성환 등이 참여하였으며 사실상 대한민국 임시 정부의 여당 역할을 하였다[백범 김구(1875~1949) 주도]. 참고로 정치·경제·교육의 균등을 골자로 하는 삼균주의는 조소앙(1887~1958)에 의해 한국 독립당 시절부터 정강·정책에 도입되었다(1930.1.25)(민족 혁명당에서 탈퇴한 조소앙이 1935년 9월에 한국 독립당을 다시 창당하였는데 삼균주의는 같은 우익 정당인 한국 국민당도 계승)(1940년 5월 3당 합당으로 김구를 중앙 집행 위원장으로 하는 한국 독립당 다시 출범). / [국17①] 국민 대표 회의에 대해 묻는 문제로, 오답 중 하나로 제시되었다.

▌백범 김구(1900년대~1930년대의 활동) [지18] □

그는 신민회 회원으로 활동하면서 해서 교육 총회에 가담해 교육 사업에 힘을 기울였으며, 안악 사건에 연루되어 일제 경찰에 체포되었다. 1923년에 열린 국민 대표 회의에서 창조파와 개조파가 대립했을 때, 그는 국민 대표 회의의 해산을 명하는 내무부령을 공포하였다. 그 뒤 그는 한국 국민당을 조직하는 등 독립운동 정당을 만들기 위해 노력하였다.

[해설] 신민회 회원으로 활동하면서 해서(황해도) 교육 총회에 가담하였다는 내용과 국민 대표 회의 때 국민 대표 회의의 해산을 명하는 내무부령을 공포하였다는 내용 등에서 백범 김구(1876~1949)를 가리킴을 알 수 있다. 김구는 국민 대표 회의가 열렸을 당시 대한민국 임시 정부 내무총장이었으며, 임시 정부 창조 혹은 개조 주장에 맞서 석오 이동녕(1869~1940)과 함께 현상 유지를 주장하였다(이른바 '임정 고수파').

- 중일 전쟁이 발발하자 조선 민족 전선 연맹을 결성하였다. [법19] □
  - 조선 민족 혁명당은 민족 연합 전선을 강화하기 위해 다른 단체들과 함께 조선 민족 전선 연맹을 결성하였다. [경18②] □
  - [조선 의용대] 조선 민족 전선 연맹이 중국 국민당의 지원을 받아 창설하였다.* [국19] □
  - 조선 민족 전선 연맹 산하에 조선 의용대를 창설하였다.* [소20] □

[해설] 조선 민족 전선 연맹이 중국 난징에서 창설[결성]된 것은 중일 전쟁 발발 직후인 1937년 12월의 일이다. 조선 민족 전선 연맹은 민족주의 좌파 계열의 (항일) 민족 연합 전선 단체이다. 조선 민족 혁명당을 비롯해 조선 민족 해방자 동맹, 조선 혁명자 연맹(일명 조선 무정부주의자 연맹), 조선 청년 전위 동맹 등 4개 단체가 참여하였다. / [경18②] 제3차 조선 교육령이 제정된 때(1938.3)와 가장 가까운 시기에 있었던 사실로 제시되었다. / 조선 민족 전선 연맹은 중국 국민당의 지원을 받아 1938년 10월 우한에서 조선 의용대를 창설하였다.

- [조선 의용대] 중국 관내에서 조직된 최초 한국인 군사 조직이었다. [지13] □
  - (나) - 중국 관내 최초의 한인 무장 부대로, 중국 국민당 정부의 지원을 받았다. [서21] □
  - 중국 관내에서 결성된 최초의 한인 무장 부대로, 중국의 지원을 받으며 대일 심리전과 후방 공작 활동을 전개하였다.
    [경18②] □
  - 중국 관내에서 조선 의용대가 설립되었다. [국24] □
  - 중국에서 조선 의용대가 결성되었다. [회24] □
  - 1938.10. 우한에서 조선 의용대 결성 [회16] □
  - 조선 의용대 [서20] □

[해설] 1938년 10월 중국 관내(關內)*인 후베이성[호북성] 우한의 한커우[한구]**에서 조직된 최초의 한국인[한인] 군사 조직은 조선 의용대이다 (1938.10.10).

*관내(關內)를 관중(關中)이라고도 하는데, 보통 중국 본토 지역을 가리킨다(만주, 즉 동북 3성은 관외). 예전 진(秦)나라 때 수도인 장안 일대 주변에 4개의 관문을 설치한 것에서 연유한다.
**우한은 중국 후베이성[호북성]의 성도(省都)이다(중국어 명칭). 그리고 우한[武漢]은 우창(武昌), 한커우(漢口), 한양(漢陽)의 세 도시를 함께 일컫는 이름이기도 하다(1949년에 합쳐짐).

■ 조선 의용대 [법12] □

중국 한커우[漢口]에서 이 부대가 조직되었다. 부대는 1개 총대, 3개 분대로 편성되었는데 100여 명의 대원은 대부분 조선 민족 혁명당원으로, 총대장은 황포 군관 학교 제4기 출신인 진국빈이며, 대일 선전 공작과 대일 유격전을 수행함을 목적으로 하였다.

[해설] 주어진 자료 속 밑줄 친 '이 부대'는 1938년 10월 중국 우한의 한커우에서 조직된 조선 의용대이다. 조선 의용대는 중국 관내에서 결성된 최초의 한인 무장 부대이다. 자료에 제시된 '진국빈'은 약산 김원봉(1898~1958)의 가명 중 하나이다.

- [김원봉] 조선 의용대를 결성하고 대적 심리전 등에서 크게 활약하였다. [서18②] □
  - 조선 의용대, 중국 국민당과 연합하다!(탐구 주제) - 김원봉(인물) [법19] □
  - 조선 의용대를 편성하여 2차 세계 대전에 가담하고 국내 진공 작전을 준비하였다[×]. [기11] □

[해설] 조선 의용대를 결성하고 대적 심리전 등에서 크게 활약한 인물은 약산 김원봉(1898~1958)이다. / [기11] 제2차 세계 대전에 가담하고 국내 진공 작전을 준비한 것은 대한민국 임시 정부 산하의 한국 광복군이다(조선 의용대 일부 참여).

- [조선 의용대] 1940년대에 옌안으로 이동하였다. [법18] □
  - 중국군과 화북 지방에서 공동 작전을 전개하였다(조선 의용대 화북 지대·조선 의용군, 이하 동일). [법14] □

┗중국 팔로군과 화북 지역에서 작전을 수행하였다. [회24] ☐

┗태항산 지역에서 일본군을 격퇴하였다. [회19] ☐

[해설] 조선 의용대는 처음 2개 구대로 구성되었으나 1940년 5월 3개 지대로 확대 개편되었다. 이때 후난성과 후베이성 일대에서 일본군과 싸웠다. 본부는 광시성의 구이린·치장을 거쳐 충칭으로 옮겼고 1940년 11월 조선 의용대의 화북 이동이 결정되었다. 그리하여 본부는 충칭에 남고 주력인 지대 병력은 1941년 3월 화북[태항산 팔로군 지역]으로 이동하였고 같은 해 7월 그곳에 있던 기존의 조선 청년 연합회 회원들과 연합하여 조선 의용대 화북 지대로 개편되었다(1941.7.7)(요컨대 투쟁 방식과 관련한 조선 의용대 내부의 의견 대립 결과, 타이항산[태항산] 팔로군 지역으로 이동한 조선 의용대 주력 대원들이 그곳의 화북 조선 청년 연합회 회원들과 통합). 그런데 1942년 5월 충칭에 있던 조선 의용대 본부가 임시 정부의 광복군 제1지대로 편입되어 화북 지대는 결국 본부 없는 지대가 되고 말았다. 그리고 같은 해 7월 허베이성 타이항산[태항산] 끝자락에 자리한 곳에서 화북 조선 청년 연합회 제2차 대회가 개최되어 조선 의용대 화북 지대는 조선 의용군으로 개편되었다(1942.7.10). 이때 중국국민혁명군 제8로군에 있던 (김)무정(1904~1951)을 사령관으로 맞이하였다. 또 마침 충칭에서 옌안(당시 중국 공산당의 본거지, 산시성 위치)을 거쳐 타이항산으로 온 김두봉(1889~1960)을 맞이하여 조선 독립 동맹이 결성되어 조선 의용군은 그 당군이 되었다(1942.7). 이후 조선 의용군은 중국군과 함께 화북 지방에서 공동 작전을 활발하게 전개하였다. / [회19] 타이항산[태항산] 지역에서 일본군을 격퇴한 군은 조선 의용대 화북 지대이다(1941.7~1942.7). 1942년 7월 조선 의용대 화북 지대는 조선 의용군으로 개편되었다(1942.7.10) / [회24] 조선 의용대 화북 지대는 중국 팔로군과 화북 지역에서 작전을 수행하였다. 특히 1941년 12월 조선 의용대 화북 지대와 일본군 사이에 벌어진 호가장 전투가 유명하다. 호가장은 중국 하북성 태항산[타이항산] 줄기에 닿는 작은 마을이다. 호가장 전투 당시 무장 선전대로 활동하던 손일봉(1912~1941), 최철호(1915~1941), 박철동(1915~1941), 이정순(1918~1941)이 다른 대원들이 포위망을 벗어날 때까지 일본군과 싸우다 순국하였다.

● 사진으로 보는 의혈 투쟁과 1930년대 무장 독립 투쟁

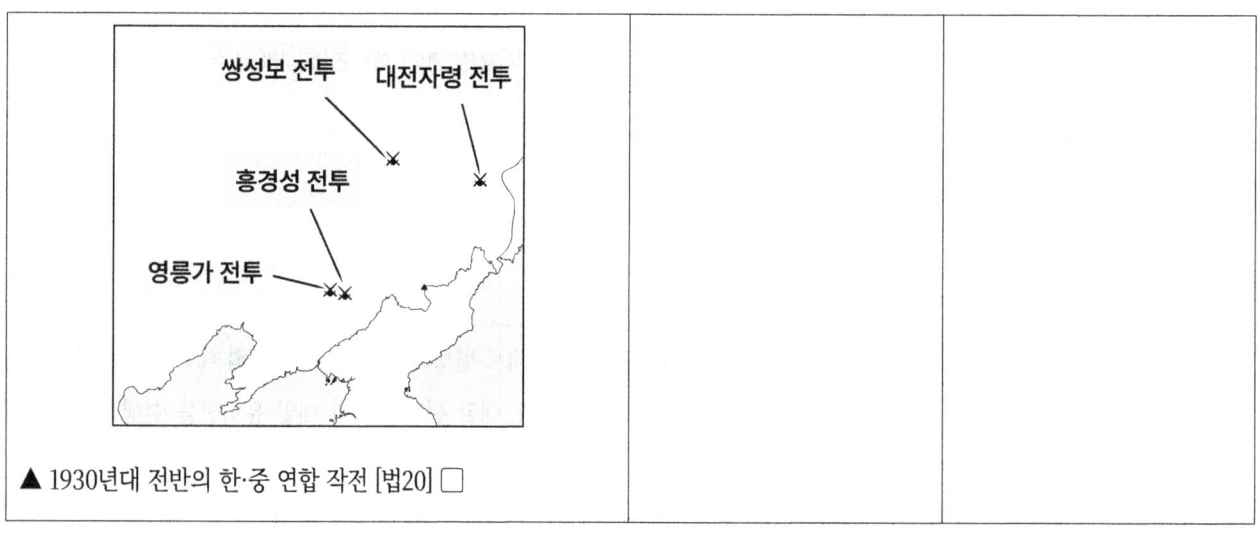

▲ 1930년대 전반의 한·중 연합 작전 [법20] ☐

[해설] [법20] '쌍성보 전투'(1932.9/11), '대전자령 전투'(1933.7), '흥경성 전투'(1933.6), '영릉가 전투'(1932.3~7)가 제시되어 있다. 앞의 두 전투는 한국 독립군(지청천 총사령)이 중국 호로군과 연합하여 일·만주군과 벌인 전투이고, 뒤의 두 전투는 조선 혁명군(양세봉 총사령)이 중국 의용군과 연합하여 역시 일·만주군과 벌인 전투이다. 지도에 표시된 전투들은 1930년대 전반에 일어났다(연표에서 관련 시기 고르는 문제).

■ 탐구 활동과 관련한 탐구 주제와 선정 인물 [법19] ☐

· ○ 탐구 목표: 인물을 통해 우리나라의 역사를 이해한다.
  ○ 탐구 절차: 탐구 주제 설정 → 대상 인물 선정 → 관련 자료 수집 → 보고서 작성·발표

[해설] 독립운동과 관련된 인물들의 활약을 묻는 문제 <보기>로 제시되었는데 의미는 없다. 다만 문제 형식만 참조

주제 67 일제 강점기 경제·사회·문화의 변화

1 경제 생활의 변화

- 도시 인구 급증의 후유증으로 토막(土幕) 집이 등장하였다. [서22②] ☐
  - 현관과 화장실을 갖춘 개량 한옥이 보급되었고 복도와 응접실, 침실 등 개인의 독립된 공간이 있는 문화 주택이 등장하였다. [경20②] ☐

[해설] 1920년대 이후 도시화가 진행되면서 경성[서울]을 비롯한 주요 도시 외곽에 토막촌이 형성되기 시작하였다(도시 빈민 문제 대두). 즉 토막촌은 일제 강점기 대표적인 빈민촌으로, 토막촌의 토막(土幕) 집은 도시 빈민들이 거적 등을 둘러 만들었다(맨 땅에 자리를 깔고 짚 등으로 지붕과 출입구를 만듦). 반면 당시 상류층은 문화 주택, 중류층은 개량 한옥 등을 짓고 생활하였다(1930년대 이후 본격화). 또 일본식 개량 주택에 한국식 온돌을 가미한 영단 주택이라는 것이 등장하였는데, 전시 체제 하에서 군수 산업체에 근무하는 노동자의 주택 부족 문제를 해결하기 위해 공급되었다.

- 도시 외곽의 토막촌에는 빈민이 살았다. [국18] ☐
  - 빈민이 토막촌을 형성하였고 걸인처럼 생활하였다. [지15①] ☐

[해설] 1920년대 이후 도시화가 진행되면서 경성[서울]을 비롯한 주요 도시 외곽에 토막촌이 형성되기 시작하여 도시 빈민 문제가 대두하였다. 토막촌은 일제 강점기 대표적인 빈민촌이다. / 일제 강점기에 도시로 사람들이 몰리면서 상류층은 문화 주택, 중류층은 개량 한옥 등을 짓고 생활하였다. 반면 빈민들은 맨 땅에 자리를 깔고 짚 등으로 지붕과 출입구를 만든 토막집을 짓고 걸인처럼 생활하였다.

- 대한천일은행 앞에서 회사원이 제국신문을 읽었다[×]. [지15①] ☐

[해설] 대한천일은행은 1899년에 설립되었으며, 국권 피탈 후인 1912년에 조선상업은행으로 개칭되었다. 또한 제국신문은 1898년 8월에 창간되어 1910년 8월에 폐간되었다. 따라서 일제 강점기에서는 볼 수 없는 생활 모습이다.

- 경성의 경우, 북촌에는 조선인이, 남촌에는 일본인이 주로 거주하였다. [서22②] ☐

[해설] 경성[서울]의 경우, 북촌에는 조선인이, 남촌에는 일본인이 주로 거주하였다. 원래 조선 시대에 청계천 북쪽 일대를 북촌, 그 남쪽 일대를 남촌으로 불렀다. 북촌이 권세 있는 양반들이 주로 모여 살았던 데 비해, 남산 기슭을 중심으로 한 남촌은 양반의 자손이긴 하나 몰락한 사람들이거나 과거에 급제하지 못해 '남산골 샌님', '남산골 딸깍발이'라 놀림을 받았던 불우한 선비들이 모여 사는 곳으로 알려져 있었다. 후에 일제 강점기에 이르러 남촌 지역을 중심으로 일본인들이 많이 거주하게 되어, 조선인 중심의 거주 지역으로서의 북촌과 일본인 중심의 거주 지역으로서의 남촌으로 불려지기도 하였다. 당시 한국 사람들은 이 남촌 지역을 흔히 '왜놈들 마을'로 불렀다.

2 사회 생활의 변화

- 일제 말 여성들이 일본식 노동복인 몸뻬의 착용을 강요당하였다. [서22②] ☐
  - 여성에게 작업복인 '몸뻬'라는 바지의 착용을 강요하였다. [지15②] ☐
  - 몸뻬를 입은 여성들이 근로 보국대에서 강제 노동을 하였다. [국18] ☐

[해설] 일제는 강점기 말에 전시 체제로 전환하면서 남성은 한복이나 양복 대신 국방색 국민복을 입게 하고, 여성은 작업복인 몸뻬 바지의 착용을 강요하였다. / 몸뻬(일본어: もんぺ)는 원래 일본 도호쿠 지방에서 전통적으로 사용된 바지로, 일제 강점기 말인 전시 체제기에 등장하여 일본과 조선의 부녀자들에게 강제로 보급된 헐렁한 바지이다('일바지' 또는 '왜바지'). 일종의 여성 근로복[작업복](남성의 경우 한복이나 양복 대신 국방색 국민복)으로 보면 된다. 일제는 국민복 착용과 함께 몸뻬 착용을 강요하였다. / 일제는 중일 전쟁 도발 후 공포한 국가총동원법(1938.4.1)과 함께 실시된 각종 통제 법령의 대상인 '상시 요원'에 포함되지 않는 '임시 요원'인 학생, 여성, 농촌 노동력을 근로 보국대라는 이름으로 강제 동원하였다('국민정신총동원근로보국운동에 관한 건, 1938.7.1). 도로, 철도, 비행장, 신사(神社) 등의 건설에 동원하였는데, 때로는 일제의 군사 시설 건설에도 파견되었다.

- 음식 조리 과정에서 왜간장, 조미료 등을 사용하였다.* [서22②] □

[해설] 음식 조리 과정에서 왜간장, 조미료 등을 사용한 것은 일제 강점기 때이다(일제 강점기의 의식주 변화). 왜간장(倭간醬)은 말 그대로 '일본식으로 만든 간장'으로 집에서 만든 재래식 간장(전통 간장)이 아닌 양조장 등에서 만든 개량된 간장을 일컫는다(일명 '양조 간장'). 또 일제 강점기에 인공 조미료인, '(양념 가루) 아지노모도(味の素)'가 들어왔다(1909년 일본에서 처음 제조).

- 상류층이 한식 주택을 2층으로 개량한 영단 주택에 모여 살았다[x]. [국18] □

[해설] 영단 주택은 일본식 개량 주택에 한국식 온돌을 가미한 주택으로, 전시 체제 하에서 군수 산업체에 근무하는 노동자의 주택 부족 문제를 해결하기 위해 공급되었다.

- 육영 공원에 입학한 청년이 선교사로부터 영어를 배웠다[x]. [지15①] □

[해설] 육영 공원은 1886년 조선 정부가 세운 최초의 근대식 관립 학교이다. 미국인 교사를 초빙하여 상류층 자제들에게 근대 학문을 교육하였다. 따라서 일제 강점기에서는 볼 수 없는 생활 모습이다.

- 서울의 학생이 미국인이 운영하는 전차를 타고 등교하였다[x]. [지15①] □

[해설] 전차는 1899년 서대문과 청량리 노선이 처음 개통되었다. 이어 1900년에 용산과 종로, 남대문과 서대문 사이 노선도 운행되었다. '미국인이 운영하는 전차'라는 구절도 옳지 않다. 일본 회사에 전차 설치 및 운영권이 넘어갔다. 따라서 일제 강점기에서는 볼 수 없는 생활 모습이다.

■ [참고] 일제 강점기의 경성 [한능검 심화 53회] □

■ 주제: 경성의 거리 풍경

일제 강점기 경성은 청계천을 경계로 한국인이 사는 북촌과 일본인이 주로 사는 남촌으로 나뉘어 도시화가 이루어졌다. 도시 빈민인 토막민은 청계천이나 도시 외곽에 터를 잡았다. (지도 및 사진 자료 생략)

3 대중문화의 보급과 체육 활동

- 번화가에서 최신 유행의 모던걸과 모던보이가 활동하였다. [국18] □

[해설] 1920년대 이후 경성 등 도시를 중심으로 대중문화가 유행하면서 모던걸과 모던보이가 등장하였다. 일제 강점기 대중문화는 더 많이 출제될 수 있는 분야 중 하나이다(주제 64의 '4 문예계의 활동' 참조).

주제 68 건국 준비 활동

1 대한민국 임시 정부

- 주석제를 채택하고 한국 독립당을 처음 결성하였다. [회20] □
  - 1940.5. 한국 독립당 창당 [회16] □

[해설] 대한민국 임시 정부가 주석제를 채택한 것은 1940년 10월 제4차 개헌 때의 일이고, 한국 독립당이 (중국 상하이에서) 처음 결성된 것은 1930년 1월의 일이다. 이후 1940년 5월에 (중국 충칭에서) 민족 진영만의 통합을 통해 한국 독립당이 새롭게 출범하였다. 흔히 '통합 한독당' 혹은 '중경 한독당'이라 부른다. 대한민국 임시 정부의 여당 역할을 하였다.

- 대한민국 임시 정부는 정부, 당(한국 독립당), 군(광복군)의 삼위일체 체제를 확립하였다. [회21] □

[해설] 충칭 시기에 이르러 대한민국 임시 정부는 정부, 당(한국 독립당), 군(광복군)의 삼위일체 체제를 확립하였다.
*충칭 임시 정부 시기: 1940년 4월~1945년 8월

■ 대한민국 임시 정부, 주석 중심제로 개편(제4차 개헌) [지12②] □

일제의 중국 침략이 가속화되자 우리나라 독립운동 단체들은 항일 세력을 한 곳으로 모으는 데 힘을 기울였다. 그리하여 민족주의 계열의 세 개 정당을 한국 독립당으로 통합하는 데 성공하였다. 한국 독립당은 김구가 중심이 된 단체로서 대한민국 임시 정부의 집권 정당의 성격을 가졌다. 한국 독립당을 중심으로 한 대한민국 임시 정부는 주석 중심제로 정부 체제를 개편하여 독립 전쟁을 전개할 강력한 지도 체제를 확립하였고, 그 후 _____.

[해설] 한국 독립당이 나오고, 대한민국 임시 정부가 주석 중심제로 정부 체제를 개편하였다는 내용이 나와 있다. 임정이 주석 중심제로 개편한 것은 1940년 10월(제4차 개헌)의 일이다.

- 대한민국 건국 강령이 상정되었다. [국21] □
  - 대한민국 건국 강령을 발표하였다. [지12②] □
  - 대한민국 임시 정부에서 건국 강령을 제정하였다. [국13] □
  - 대한민국 임시 정부는 건국 강령을 발표하였다. [지15②] □
  - 삼균주의를 바탕으로 한 건국 강령이 채택되었다. [국17①] □
  - 삼균주의를 바탕으로 한 건국 강령이 공포되었다. [법15] □
  - 삼균주의를 바탕으로 대한민국 임시 정부가 '대한민국 건국 강령'을 발표하였다. [국15] □
  - 조소앙의 삼균주의에 기초한 건국 강령을 반포하였다. [서23] □
  - 복국과 건국의 구상을 담은 대한민국 건국 강령을 발표하였다. [회21] □
  - 대한민국 임시 정부는 김구를 주석으로 하는 단일 지도 체제를 만들고 『대한민국 건국 강령』을 제정하였다. [국20] □
  - 『대한민국건국강령』은 안창호의 삼균주의를 이론적 틀로 삼았다[x]. [서24②] □
  - 건국 강령을 발표하는 대한민국 임시 정부의 각료 [경21①] □

┗1941.11. 대한민국 건국 강령 발표 [회16] □

┗건국 강령을 공포하였다. [서14] □

[해설] 조소앙(1887~1958)(본명 용은, 호 소앙)의 삼균주의에 기초한 대한민국 건국 강령이 (대한민국 임시 정부의 국무 회의에) 상정되어 약간의 수정을 거쳐 통과된 것은 1941년 11월의 일이다(같은 해 11월 28일 『임시정부공보(臨時政府公報)』를 통해 임시 정부 국무 위원회 명의로 공포). 대한민국 건국 강령은 제1장 총강(總綱) 7개조, 제2장 복국(復國) 10개조, 제3장 건국(建國) 7개조 등 합계 3개 장과 24개 항으로 구성되었다. 총강에서는 민족의 역사를 통해 향후 민족이 나아가야 할 방향을 제시하였다. 복국과 건국에서는 빼앗긴 국토와 주권을 회복하여 신국가를 건설하기까지의 단계를 설정하고, 각 단계마다 수행해야 할 임무와 절차 등을 규정하였다. 광복 이후 새 나라의 건국을 위한 일종의 청사진을 밝힌 것으로 1944년 4월 제5차 개헌[임시 헌장*]의 기초가 되었다. / [국20] 대한민국 임시 정부가 백범 김구(1876~1949)를 주석으로 하는 단일 지도 체제를 만든 것은 그 전인 1940년 10월의 일이다(제4차 개헌, 주석 지도 체제). / [서24②] 『대한민국건국강령』은 [도산 안창호(1878~1938)가 아니라] 조소앙(1887~1958)의 삼균주의를 이론적 틀로 삼았다. 대한민국 건국 강령이 발표된 것은 1941년 11월의 일이고, 조소앙의 삼균주의는 새로운 국가 건설을 위한 이념으로 정치·경제·교육의 균등을 강조한 것이다.

*대한민국 임시 정부는 1919년 9월 통합 정부를 구성한 이래에 1919년 9월 임시 헌법(제1차 개헌), 1925년 4월 임시 헌법(제2차 개헌), 1927년 3월 임시 약헌(제3차 개헌), 1940년 10월 임시 약헌(제4차 개헌), 1944년 4월 임시 헌장(제5차 개헌) 이렇게 5차례에 걸쳐 헌법을 개정하였다.

■ 대한민국 건국 강령 [지19] [법24] [법19] [회24] [기11] □

- _____(가)_____ 건국 강령

1. 우리나라는 우리 민족이 반만년 이래로 같은 말과 글과 국토와 주권과 경제와 문화를 가지고 공동한 민족정기를 길러 온, 우리끼리 형성하고 단결한 고정적 집단의 최고 조직임.

2. 우리나라의 건국 정신은 삼균 제도의 역사적 근거를 두었으니 … 이는 사회 각 계급·계층이 지력과 권력과 부력의 향유를 균평하게 하여 국가를 진흥하며 태평을 보전 유지하라고 한 것이니, 홍익인간과 이화세계하자는, 우리 민족의 지켜야 할 최고의 공리임.

[해설] 삼균주의를 기초로 한 대한민국 임시 정부의 건국 강령이 (임시 정부 공보를 통해) 발표된 것은 1941년 11월의 일이다(1941.11.28). 조소앙(1887~1958)이 기초한 안을 약간의 수정을 거쳐 국무 회의에서 통과시켰다(임시 정부 국무 위원회 명의로 공포). 주어진 자료는 제1장 건국 강령의 총강[총칙] 부분이다.

- 이른바 보통 선거 제도를 실시하여 정권(政權)을 균히 하고 국유 제도를 채용하여 이권(利權)을 균등하게 하고 공비 교육으로써 학권(學權)을 균히 하며, 국내외에 대하여 민족 자결의 권리를 보장하여서 민족과 국가의 불평등을 고쳐버릴 것이니 …

[해설] 주어진 자료는 대한민국 임시 정부가 조소앙(1887~1958)의 삼균주의를 바탕으로 확정한 대한민국 건국 강령이다(1941.11). 건국 강령은 크게 제1장 총강, 제2장 복국, 제3장 건국으로 구성되어 있는데 위 자료는 제1장 총강 6항에 나오는 내용이다.

- 보통 선거제를 실시하여 정권을 고르게 하고, 국유제를 채용하여 이권을 고르게 하고, 공비 교육으로 학원을 고르게 하며, 국내외에 대하여 민족 자결의 권리를 보장하여 민족과 민족 및 국가와 국가의 불평등을 없을 것이며, 이를 국내에 실현하면 특권 계급이 곧 소멸하고, 소수 민족이 침략당하는 일을 모면하고, 정치와 경제와 교육의 권리가 고르게 되어 높낮이가 없어지니, 동족과 이민족에 대하여 또한 이렇게 한다.

[해설] '정치와 경제와 교육의 권리가 고르게 되어'라는 부분 등을 통해 주어진 자료는 대한민국 임시 정부가 발표한, 삼균주의를 기초로 한 건국 강령임을 알 수 있다(1941.11)(위 자료는 제1장 총강 6항).

- 삼균 제도를 골자로 한 헌법을 실시하여 정치와 경제와 교육의 민주적 시설로 실제상 균형을 도모하며 전국의 토지와 대생산기관의 국유가 완성되고 전국의 학령 아동 전체가 고급 교육의 면비수학(무상교육)이 완성되고 보통선거가 구속없이 완전히 실시되어 …… 자치 조직과 행정 조직과 민중 단체와 민중 조직이 완비되어 삼균 제도가 배합 실시되고 경향 각층의 극빈 계급에게 물질과 정신상 생활 정도와 문화 수준이 제고 보장되는 과정을 건국의 제2기라 함.

[해설] 대한민국 임시 정부가 1941년 11월에 발표한 대한민국 건국 강령이다. 삼균주의를 바탕으로 하였는데, 삼균주의란 독립 후의 국가 건설에서 정치, 경제, 교육에서의 균등을 실현한다는 정치사상을 가리킨다. 위 자료는 제3장 건국에 나오는 내용이다.

- 건국 시기의 헌법상 경제 체제는 국민 각개의 균등 생활 확보 및 민족 전체의 발전, 국가를 건립 보위함과 연환(連環) 관계를 가진다. 그러므로 국가를 건립 보위함과 연환(連環) 관계를 가진다. 그러므로 다음에 나오는 기본 원칙에 따라서 경제 정책을 집행하고자 한다.

  가. 규모가 큰 생산 기관의 공구와 수단 …(중략)… 은행·전신·교통 등과 대규모 농·공·상 기업 및 성시(城市) 공업 구역의 주요한 공용 방산(房産)은 국유로 한다.

  나. 적이 침략하여 점령 혹은 시설한 일체 사유 자본과 부역자의 일체 소유 자본 및 부동산은 몰수하여 국유로 한다.

[해설] 1941년 11월 대한민국 임시 정부가 조소앙의 삼균주의에 바탕을 두고 발표한 대한민국 건국 강령이다. 위 자료는 제3장 건국에 나오는 내용이다(앞의 자료 뒷부분).

- 임시 정부는 한국 광복군을 조직하고 대일 선전 포고를 하였다. [법11] □
  └ 대한민국 임시 정부는 1941년 12월, 일본에 정식으로 선전 포고를 하였다. [회24] □
  └ 1941년 일제에 대일 선전 성명서를 발표하였다. [법24] □
  └ 1941.12. 대한민국 임시 정부, 대일 선전 포고 [회16] □

[해설] 대한민국 임시 정부가 한국 광복군(총사령부)을 조직하고 대일 선전 포고를 한 것은 1940년대의 일이다(각 1940.9/1941.12). / 대한민국 임시 정부가 대일 선전 성명서를 발표한 것은 1941년 12월의 일이다(1941.12.10). 임시 정부가 연합군의 일원으로 참전하여 전후 처리에서 연합국의 지위를 인정받기 위한 조치였다(하지만 전쟁이 끝날 때까지 임시 정부 승인을 받지 못함). 참고로 1945년 2월에는 독일에도 선전 포고를 하였다(1945.2.28).

■ 대일 선전 성명서 [국20] [법21] □

- 우리는 3천만 한국 인민과 정부를 대표하여 삼가 중·영·미·소·캐나다 기타 제국의 대일 선전이 일본을 격패케 하고 동아를 재건하는 가장 유효한 수단이 됨을 축하하여 이에 특히 다음과 같이 성명한다.

  1. 한국 전 인민은 현재 이미 반침략 전선에 참가하였으니 한 개의 전투 단위로서 추축국에 선전한다.
  2. 1910년의 합방 조약과 일체의 불평등 조약의 무효를 거듭 선포하며 아울러 반(反) 침략 국가인 한국에 있어서의 합리적 기득 권익을 존중한다.

  …(중략)…

  5. 루스벨트·처어칠 선언의 각 조를 견결히 주장하며 한국 독립을 실현키 위하여 이것을 적용하여 민주 진영의 최후 승리를 축원한다.

[해설] 주어진 자료는 대한민국 임시 정부가 (일본의 미국 진주만 기습 공격 3일 후인) 1941년 12월 10일에 발표한 대일 선전 성명서이다(중국 충칭에서 발표, [법21]에서 물은 문제[주어진 자료는 아래 자료], 주제 첨부 사진 참조).

- 1. 한국의 전체 인민은 현재 이미 반침략 전선에 참가해오고 있으며, 이제 하나의 전투 단위로서 추축국에 선전한다.
  2. 1910년 한일 병합과 일체의 불평등 조약은 무효이며, 아울러 반침략 국가가 한국에서 합리적으로 얻은 기득 권익이 존중될 것임을 거듭 선포한다.
  3. 한국, 중국과 서태평양에서 왜구를 완전히 몰아내기 위하여 최후의 승리를 거둘 때까지 혈전한다.

[해설] 위와 같은 내용의 자료이다.

- 임시 정부가 충칭으로 이동한 이후 국무령 중심의 내각 책임제로 정부 형태가 개편되었다[×]. [경16②] □

[해설] 국무령 중심의 내각 책임제로 정부 형태가 개편된 것은 제2차 개헌 때의 일이다(1925.4). 대한민국 임시 정부가 충칭으로 이동한 것은 1940년 4월의 일이다. 옳지 않은 설명이다(대한민국 임시 정부의 정부 개편에 대해서는 주제 60에서 관련 부분 참조).

- 민족 혁명당과 사회주의 계열 단체 인사가 합류하였다. [법24] ☐

  [해설] 대한민국 임시 정부에 민족 혁명당과 사회주의 계열 단체 인사가 합류한 것은 1942년 10월부터의 일이다(좌우의 정치적 통일 추진). 군사적 통일로는 이미 조선 의용대의 일부가 1942년 5월 한국 광복군 제1지대로 편입되었다. 그리하여 임정 정부는 좌우연합[좌우합작] 정부로 변화하였고, 임시 의정원은 좌우합작의 '통일 의회'가 되었다(즉 좌익 계열의 인사들에게 정부와 의정원에 일정 몫의 자리 분배).

- [김구] 주석·부주석 체제하의 대한민국 임시 정부에서 주석을 역임하였다. [국19] ☐
  └[제5차 개헌] 주석·부주석제로 개헌 [국24] ☐
  └국무 회의에 참석하는 대한민국 임시 정부의 부주석 [경21①] ☐

  [해설] 주석·부주석 체제하의 대한민국 임시 정부에서 주석을 역임한 인물은 백범 김구(1876~1949)이다[부주석은 우사 김규식(1881~1950)]. 임시 정부가 주석·부주석제로 바뀐 것은 제5차 개헌 때의 일이다(1944.4, 주석·부주석 지도 체제), / 대한민국 임시 정부에 '부주석'제가 신설된 것은 제5차 개헌 때인 1944년 4월의 일이다.

■ 대한민국 임시 정부 국무 위원회 구성(제5차 개헌) [법15] ☐

- · 주석 : 김구
- · 부주석 : 김규식
- · 국무 위원 : 이시영, 조성환, 조소앙, … 김원봉, 김성숙

[해설] 주석으로 김구가 보이고, 부주석으로 김규식이 나와 있다. 이를 통해 제시된 자료는 대한민국 임시 정부가 주석·부주석 지도 체제를 도입한 제5차 개헌 이후의 상황임을 알 수 있다(1944.4).

- [대한민국 임시 정부] 중국 충칭에서 한국 광복군을 조직하였다. [지17②] ☐
- └대한민국 임시 정부는 1940년 충칭에서 한국 광복군을 창설하였는데[질문] [국14] ☐
- └대한민국 임시 정부가 지청천을 총사령으로 하는 한국 광복군을 창설하였다. [지14②] ☐
- └대한민국 임시 정부가 한국 광복군을 결성하였다. [회24] ☐
- └대한민국 임시 정부가 한국 광복군을 창설하였다. [기17] ☐
- └충칭에서 정규군인 한국 광복군을 창설하였다. [법24] ☐
- └임시 정부에서 한국 광복군을 조직하였다. [소20] ☐
- └1940년 만주와 시베리아 지역에서 활동하고 있던 신흥 무관 학교 출신의 독립군 간부와 중국 대륙에 흩어져 있던 수많은 애국 청년을 모아 창설하였다(한국 광복군). [경17①] ☐
- └일본이 중일 전쟁을 일으킨 이후 임시 정부는 광복군을 결성하고, 대일 전선에 참가하여 인도, 미얀마 전선까지 진출하였다. [경16②] ☐
- └중국 국민당 정부의 지원을 받아 창설되었다. [기15] ☐
- └한국 광복군 조직 [회16] ☐
- └한국 광복군 창설 [국24] [기19] ☐
- └한국 광복군 [서23] [서21] ☐

[해설] 대한민국 임시 정부가 지청천(이청천)(1888~1957)을 총사령으로 하는 한국 광복군(총사령부)을 중국의 충칭에서 창설한 것은 1940년 9월의 일이다(1940.9.17). 단 이때는 한국 광복군 총사령부만 창설하였다. 이후 총사령부 예하에 4개 지대를 편성하고 병력 모집을 위한 징모 분처(5개)를 설치하여 (징모를 위한) 대원들을 파견하였다. 그리고 1945년에 이르러 한국 광복군은 미군과의 합작으로 국내 정진군을 통한 국내 진입 작전을 추진하였다[미국 전략 정보국(OSS)과 합작].

- [한국 광복군] 총사령에 이청천, 참모장에 이범석을 선임하였다. [국14]□

[해설] 한국 광복군은 총사령관에 지청천(이청천), 참모장에 이범석(1900~1972)을 선임하고 신흥 무관 학교 출신의 독립군과 중국 각지에서 활동하던 청년들을 모아 창설되었다.

- [한국 광복군] 초기에는 중국 군사 위원회의 지휘와 간섭을 받았다. [서15]□
  └ 중국 군사 위원회는 '한국 광복군 행동 9개 준승'을 통해 광복군의 활동을 통제하고자 했다. [회21]□
  └ '한국 광복군 행동 9개 준승'으로 인하여, 한국 광복군은 해방 때까지 중국 군사 위원회의 지휘를 받아야만 했다[x].
  [회24]□

[해설] 재정적으로 어려움을 겪고 있던 한국 광복군은 중국 국민당 정부의 원조를 받았다. 그리고 초기에는 한국 광복군 행동 준승 9개항에 따라 중국 국민당의 군사 위원회의 지휘와 간섭을 받아야만 하였다. / 중국 군사 위원회는 「한국 광복군 행동 9개 준승」을 통해 광복군의 활동을 통제하려 하였다(1941.11). 그리하여 한국 광복군은 군비와 재정, 훈련 등에 대한 중국[국민당]의 지원을 받을 수 있었지만 부대의 편제와 병력의 규모, 부대의 지휘와 운영 등에 대해서는 중국[국민당]의 지휘를 받았다. 그러나 임시 정부는 한국 광복군의 독자성을 확보하기 위해 끊임없이 노력하였고, 결국 1944년 8월 중국[국민당] 군사 위원회로부터 「한국 광복군 행동 9개 준승」의 취소를 통보받았다. 최종적으로는 1945년 4월 새로운 군사 협정인 「원조한국광복군판법」을 체결함으로써 중국군과 함께 대일 항전을 전개할 수 있게 되었다.

■ 한국 광복군 [지13] [서23] [서15] [서14] [법14] [회19] [경21①]□

- 대한민국 임시 정부는 충칭에서 광복군을 창립하였다. 총사령에는 지청천, 참모장에는 이범석이 임명되었다.

[해설] 한국 광복군이 창립된 것은 1940년 9월의 일이다(1940.9.17)(이때 한국광복군 총사령부 창설).

- 대한민국 임시 정부에서는 만주 지역의 독립군과 각처에 산재해 있던 무장 투쟁 세력을 모아 충칭에서 이 단체를 창설하였다.

[해설] 대한민국 임시 정부가 무장 투쟁 세력을 모아 충칭에서 창설한 단체라는 점에서 한국 광복군을 가리킴을 알 수 있다(1940.9).

- 대한민국 임시 정부는 1919년 정부가 공포한 군사 조직법에 의거하여 중화민국 총통 장개석 원수의 특별 허락으로 중화민국 영토 내에서 (가) 을(를) 창설함을 선포한다. 중화민국 국민과 합작하여 우리 두 나라의 독립을 회복하고자 공동의 적인 일본 제국주의자들을 타도하기 위하여 연합군의 일원으로 항전을 계속한다.

[해설] 주어진 '(가)'는 1940년 9월에 창설된 한국 광복군을 가리킨다(한국 광복군 선언문).

- 대한민국 임시 정부는 대한민국 원년 정부가 공포한 군사 조직법에 의거하여 중화민국 총통 장개석 원수의 특별 허락으로 중화민국 영토 내에 광복군을 조직하고, 대한민국 22년 9월 17일 한국 광복군 총사령부를 창설함을 이에 선언한다.

[해설] '대한민국 22년'은 대한민국 임시 정부가 세워진지 22년이란 뜻으로 곧 '1940년'을 가리킨다(1919~)[한국 광복군(총사령부)이 중국의 충칭에서 창설된 1940년 9월 17일을 뜻함].

- 이번 연합군과의 작전에 모든 운명을 거는 듯하였다. 주석(主席)과 우리 부대의 총사령관이 계속 의논하는 것을 옆에서 들었기 때문에 더욱 일의 중대성을 절감하였다. 드디어 시기가 온 것이다! 독립 투쟁 수십 년에 조국을 탈환하는 결정적 시기가 온 것이다. 이때의 긴장감은 내가 일본 군대를 탈출할 때와는 다른 긴장감이었다. 목적은 같으나 그때는 막연한 미지의 세계에 뛰어드는 것이었지만 이번에는 분명히 조국으로 가는 것이 아닌가? - 『장정』 -

[해설] '주석과 우리 부대의 총사령관', '독립 투쟁 수십 년에 조국을 탈환하는 결정적 시기'라는 내용에서 밑줄 친 우리 부대가 대한민국 임시 정부의 정규군인 한국 광복군임을 알 수 있다(1940.9). 출처『장정(長征)』은 학도병으로 징집되었다가 일본군 부대에서 탈출하여 한국 광복군에 들어간 김준엽(1920~2011)이 저술한 자서전[회고록]이다(1987). 참고로 관련된 또 다른 인물인 장준하(1918~1975)의 『돌베개』(1971)도 있다.

- 나는 목숨을 걸고 탈출하여 …… 충칭으로 가는 길에 6,000리 장정의 길에 나섰고 …… 이범석 장군의 부관이 되어 시안에 있는 제2지대로 찾아가서 OSS 특별 훈련을 받았다. 국내 지하 공작원으로 진입하려고 하던 때에 투항을 맞이하였다.

[해설] 위와 같은 출처인 『장정』에 나오는 내용이다.

- 우리 군은 임시 정부에 직속된 국군이나 범한국의 혼을 가진 열혈 청년은 모다 한데 뭉치어 위국헌신할 가장 범위 크고

원만한 기구이다. 삼십 년 전 우리나라를 망친 것은 우리 부형의 죄과이고, 삼십 년 후인 금일 조국을 능히 광복할만한 기회를 당하야 뭉치지 못하면 우리의 천대 선조와 억만대 후손에게 대하여 더 말할 수 없는 대죄인이 되는 것이다.

[해설] 주어진 자료에서 말하는 '우리 군(軍)'은 한일 병탄 이후 30년 만인 1940년 9월에 조직된 대한민국 임시 정부의 한국 광복군을 가리킨다. 위 자료는 한국 광복군의 기관지 『광복』 제1권 제1기(한국어판)(1941)에 제시된 창간사이다(일부).

- 한국 광복군은 김원봉이 이끌던 조선 의용대의 병력을 통합하였다. [국20] □
  - 김원봉이 이끄는 조선 의용대 세력은 이념의 차이로 인하여 한국 광복군에 편입되지 못하였다[×]. [회24] □
  - [한국 광복군] 조선 의용군과 연합하여 일본에 대해 선전 포고를 하였다[×]. [국14] □
  - 김원봉이 이끄는 조선 의용대의 일부를 통합하여 군사력을 증강하였다. [서15] □
  - 조선 의용대원의 일부가 한국 광복군에 편입되었다. [법15] □
  - 일부 대원이 한국 광복군에 편입되었다(조선 의용대). [법12] □
  - 조선 민족 혁명당이 이끄는 조선 의용대의 일부가 한국 광복군에 합류하였다(김원봉). [경13②] □
  - 한국 광복군에 합류를 선언하는 조선 의용대 군인 [경21①] □
  - 1942년 광복군에 합류한 조선 의용대는 광복군 3지대로 편성되었다[×](광복군 1지대). [회21] □
  - 1942년 설립된 조선 의용군의 일부는 화북으로 이동하고 남은 병력은 한국 광복군에 합류하였다[×]. [경20②] □
  - 1942.10. 조선 민족 혁명당, 임시 정부에 참여 [회16] □

[해설] 1938년 10월에 조직된 조선 의용대 중 일부가 1940년 말부터 이듬해 여름까지 황하를 건너 화북(태항산 팔로군 지역)으로 이동하여 조선 의용대 화북 지대를 구성하였다(1941.7). 이어 이들이 1942년 7월에 (화북) 조선 독립 동맹이 지도하는 조선 의용군으로 개편되었다. 그리고 그 직전인 같은 해 5월(1942.5)에 그동안 충칭에 있던 조선 의용대 본부에 남아 있던 병력이 한국 광복군에 합류하였다(광복군 제1지대에 편입, 약산 김원봉이 광복군 부사령관과 제1지대장 겸임)(총사령은 지청천). 이와 같은 '군사적 통합'은 중국 국민당 정부의 강력한 '권고'가 큰 영향을 미쳤다. / [회21] 1942년 5월 광복군에 합류한 조선 의용대는 광복군 (제3지대가 아니라) 제1지대로 편성되었다. 또 기존의 4개 지대(1·2·3·5지대)는 통합하여 제2지대로 편성되었다(2개 지대로 개편된 것). 참고로 광복군 제3지대 편성이 승인된 것은 1945년 3월의 일이다. / [국14] [경20②] 한국 광복군이 약산 김원봉이 이끌던 조선 의용대의 병력(화북 지역으로 이동하지 않고 충칭에 남아 있던 본부 병력)을 통합한 것은 1942년 5월의 일이다. 한국 광복군은 (조선 의용군이 아닌) (충칭 본부에 남아 있던) 조선 의용대를 흡수[통합]하여 전력을 보강하였다(주의). 그리고 태평양 전쟁이 발발하자 대일 선전 포고를 한 것은 그 이전인 1941년 12월 10일의 일이다('대일 선전 성명서').

- ㉣은 연합군과 공동으로 인도와 미얀마 전선에 참전하였고, 미국과 협조하여 국내 진공 작전을 준비하였으나, 일본의 패망으로 실현하지 못하였다. [경17①] □
  - [대한민국 임시 정부] 한국 광복군을 창설하여 국내 진공 작전을 계획하였다. [회24] □

[해설] ㉣은 한국 광복군을 가리킴. 인도와 미얀마 전선에 참전한 것은 영국군의 요청에 의해서이다(1943.8). / 대한민국 임시 정부는 중국의 임시 수도인 충칭에서 1940년 9월 한국 광복군(총사령부)을 조직하였다(1940.9.17). 그리고 미군과 연계하여 국내 정진군을 편성하고 국내 진공 작전을 준비하였다. 1945년 초부터 미국 전략 정보국[사무국](OSS, Office of Strategic Service)의 도움을 받아 1945년 8월 18일 수도 서울 탈환을 목표로 한 국내 진공 작전을 준비하였는데(같은 해 3월 국내 정진군 총사령부 조직), 같은 해 8월 15일 일제의 무조건 항복으로 작전이 무산되고 말았다.

- 영국군의 요청에 따라 인도, 미얀마 전선에 한국 광복군이 파견되었다. [국20] □
  - [한국 광복군] 영국군의 요청으로 일부 병력을 인도와 버마(미얀마) 전선에 참전시켰다. [국14] □
  - 인도, 미얀마 전선에서 영국군과 공동 작전을 펼쳤다. [지13] □
  - 연합군과 인도와 미얀마 전선에 참전하였다. [기14] □
  - 1943.8. 한국 광복군 인면전구 공작대 파견 [회16] □

[해설] 영국군의 요청에 따라 인도, 미얀마 전선에 한국 광복군이 파견된 것은 1943년 8월의 일이다. 당시 10여 명의 비전투 대원들(인면전구 공작대)이 인도·미얀마 전선에 파견되어 영국군과 공동 작전을 펼쳤다(한·영 군사 상호 협정서 체결). 이들은 인도 캘커타에서 특수 공작전과 대적 선전 방송

과 관련된 훈련을 받고 1944년 2월부터 그와 관련된 활동을 수행하였다. / [회16] 인면전구(印緬戰區)에서 '인'과 '면'은 인도와 미얀마를 가리키는 한자어이다. 따라서 인면전구는 인도·미얀마 전선을 뜻한다.

- [한국 광복군] 미국 전략 정보처(OSS)와 협력하면서 국내 진공을 준비하였다. [국14] ☐
  - 미국 전략 정보국(OSS) 지원 아래 국내 진공 작전을 준비하였다. [지19] ☐
  - 미국 전략 정보처(OSS)와 협력하여 국내 진공 작전을 계획하였다. [법19] ☐
  - 미국 전략 정보처와 함께 국내 진공 작전을 계획하였다. [기15] ☐
  - (가) - 미 전략 사무국(OSS)과 협력하여 국내 진공 작전을 계획하였다. [서21] ☐
  - 광복군은 미국 전략 정보국(OSS)과 합작하여 국내 진입을 준비하였다. [회21] ☐
  - 한국 광복군이 국내 진공 작전을 준비하였다. [국13] ☐
  - 국내 정진군을 통한 국내 진입 작전이 추진되었다. [법15] ☐
  - 중국 주둔 미국 전략 정보국(OSS)과 합작하여 국내 진공 작전을 계획하였으나 실현되지 못했다. [서15] ☐
  - 국내 진공 작전을 계획하였으나 일본의 패망으로 기회가 무산되었다. [법14] ☐
  - 미국과 전략적으로 협력하였다. [회19] ☐

[해설] 대한민국 임시 정부는 태평양 전쟁이 발발하자 다음날 바로 대일 선전 포고(1941.12.9)를 한 후 미군 전략 정보국(OSS, Office of Strategic Services)['미국 전략 정보처' 또는 '미국 전략 사무국'으로도 불림]의 지원 아래 1945년 초부터 국내 진공 작전을 본격적으로 준비하였다(1945년 3월에 국내 정진군 총사령부 조직, 1945년 8월 18일 수도 서울 탈환을 목표로 한 최종 계획 수립). 참고로 문제에 따라 국내 진공 작전의 주체가 한국 광복군이거나 대한민국 임시 정부가 되기도 함(주의). / 한국 광복군은 지청천, 이범석 등을 중심으로 중국에 주둔한 미군과 연합하여 특수 훈련을 실시하는 등 국내 진공 작전(국내 정진군 편성)을 계획하였으나 일제의 때이른 항복으로 무산되었다(1945.8.15).

- 태평양 전쟁 발발 후에는 수백 명의 조선인 청년들이 미군에 입대하여 일본군과 싸웠다. [서22②] ☐

[해설] 태평양 전쟁 발발 후에 수백 명의 조선인 청년들이 미군에 입대하여 일본군과 싸운 것과 관련된 지역은 미주 지역이다(특히 하와이와 미국 본토).

- 대한민국 임시 정부의 승인을 요구하였다. [지12②] ☐

[해설] 대한민국 임시 정부는 연합국에 계속해서 '정부'로 승인해 줄 것을 요구하였으나 끝내 거부되었다(임시 정부는 8·15 광복 이후 국내로 귀국한 직후부터 '임정 봉대론' 추진).

2 조선 독립 동맹과 조선 건국 동맹, 기타

- 중국 화북 지방에서 조선 독립 동맹이 결성되었다. [지23] ☐

[해설] 중국 화북 지방에서 조선 독립 동맹이 결성된 것은 1942년 7월의 일이다(1942.7.10)(화북 조선 청년 연합회 제2차 대회에서 결정). 즉 조선 독립 동맹은 화북 조선 청년 연합회(1941.1)가 발전적으로 개편된 조직이다.

- 강령에서 조선 민주 공화국 건설을 목표로 하였다.* [회22] ☐

[해설] 강령에서 '조선 민주 공화국' 건설을 명시적 목표로 내세운 조직[단체]은 조선 독립 동맹이다(1942.7). 하지만 1941년 11월 발표된 대한민국 임시 정부의 건국 강령에도, 또 1944년 8월 비밀리에 조직된 건국 동맹의 강령에도 실질적인 목표는 민주 공화국 건설[수립]이었다.

■ 조선 독립 동맹 강령 [기15] ☐

1. 본 동맹은 조선에 대한 일본 제국주의의 지배를 전복하고 독립 자유의 조선 민주주의 공화국을 수립할 목적으로 다음 임무를 실현하기 위해 싸운다.
   (1) 전 국민의 보통 선거에 의한 민주 정권의 수립

(6) 조선에 있는 일본 제국주의자의 일체 자산 및 토지를 몰수하고, 일본 제국주의와 밀접한 관계에 있는 대기업을 국영으로 귀속하며, 토지 분배를 실행한다.
(9) 국민 의무 교육 제도를 실시하고, 이에 필요한 경비는 국가가 부담한다.

[해설] 주어진 자료는 1942년 7월 결성된 조선 독립 동맹의 강령이다(1942.7.10).

- [김두봉] 화북 조선 독립 동맹의 주석으로 선출되어 활동하였다. [서18②]

[해설] 화북 조선 독립 동맹의 주석으로 선출된 인물은 백연[백련] 김두봉(1889~1960)이다. 부주석으로는 최창익(1896~1956)과 한빈(1901~1957)이 선출되었고, 휘하 군대로 조선 의용군을 두고 김무정(1905~1952)을 총사령관으로 임명하였다.

- 조선 독립 동맹은 조선 의용대 화북 지대를 기반으로 조선 의용군을 조직하였다. [국20]
  └조선 의용대 화북 지대를 조선 의용군으로 개편하였다. [법24]
  └화북 지방에서 조선 의용군을 결성하여 일제에 저항하였다. [법19]
  └[조선 의용군] 중국 공산군과 함께 화북에서 항일전을 벌였다. [지13]
  └중국 공산당의 팔로군과 함께 활동하였다. [기15]
  └중국의 화북 전선에서 일본군에 대항하여 팔로군과 연합 작전을 전개하였다. [서15]
  └조선 의용군 [서23]

[해설] 조선 독립 동맹이 조선 의용대 화북 지대(1941.7~1942.7)*를 기반으로 조선 의용군을 조직한 것은 1942년 7월의 일이다[조선 의용대 화북 지대가 (조선 독립 동맹이 지도하는) 조선 의용군으로 개편된 것임, 이때 조선 독립 동맹도 발족][조선 의용군은 한국 광복군에 합류하지 않음(주의)]. 조선 의용군은 이후 중국 공산당의 팔로군과 함께 중국 화북 지역에서 항일전을 벌였다.

*조선 의용대 화북 지대는 화북 지역에서의 무장 투쟁을 위하여 타이항산[태항산] 팔로군 지역으로 이동한 조선 의용대 주력 대원들이 그곳의 화북 조선 청년 연합회 회원들과 통합하여 만든 조직이다(1941.7.7).

- 여운형은 조선 건국 동맹을 조직하였다.* [지15②]
  └비밀 결사인 조선 건국 동맹이 결성되었다. [국24]
  └'조선 건국 동맹'이 조직되었다. [경18①]
  └건국 동맹 조직 [기19]
  └노농군 편성을 목적으로 군사 위원회를 조직하였다.* [회22]

[해설] 몽양 여운형(1886~1947)의 주도로 국내[경성(서울)]에서 좌익과 우익이 모두 참가한 조선 건국 동맹이 비밀리에 조직된 것은 1944년 8월의 일이다. 건국 동맹은 노농군 편성을 목적으로 군사 위원회를 조직하였다. 8·15 광복 직후 조직된 조선 건국 준비 위원회의 기반이 되었다.

- [여운형] 일제의 패망에 대비하여 건국을 준비하자! [회20]

[해설] 해당 문제에서 몽양 여운형이 일제 강점기 말에 주장했을 만한 구호로 제시되었다. 조선 건국 동맹을 비밀리에 조직한 만큼 이와 같은 구호가 충분히 가능하다.

- 경성 부민관에 폭탄을 투척하였다. [국16]

[해설] 경성 부민관 폭탄 의거는 1945년 7월에 발생한 일이다(1945.7.24). 경성부 부민관(현 서울특별시의회 의사당)에서 '아시아 민족 분격 대회'가 개최되자 대한 애국 청년단원인 조문기(1927~2008), 유만수(1924~1975), 강윤국(1926~2009) 등이 부민관에 폭탄을 설치하여 일제의 고위 관부와 친일파를 제거하고자 하였다

3 국제 사회의 한국 독립 약속

• 카이로 선언 [지17②] [서23] □
└미국, 영국, 중국의 정상이 모여 회담을 한 후 나온 선언이다. [서18①] □
└카이로 회담에서 한국의 독립을 약속하였다. [법12] □
└한국 문제를 언급하여 '적당한 시기(in due course)'에 한국을 독립시킬 것을 결의하였다. [경18①] □
└(가)는 포츠담 회담에서 발표되었다[×]. [서17②] □
└(가), (나)는 8·15 해방 직전에 발표되었다[×]. [서17②] □
└카이로 회담 [경12③] □

[해설] 카이로 선언이 발표된 것은 1943년 12월 1일의 일이다. 한국인의 노예 상태에 유의하여 '적당한 시기(in due course)'에 독립시킨다는 내용을 담고 있다. 1943년 11월 22일부터 26일까지 미국의 루스벨트 대통령, 영국의 처칠 총리, 중화민국의 장제스 군사위원회 위원장이 이집트의 카이로에서 회담을 개최하고 회의에서 합의한 내용을 선언으로 발표한 것이다(제1차 카이로 회담). / 카이로 회담이 열렸던 것은 1943년 11월(1차)과 12월(2차)의 일이다[각 1943.11.22~26(1차)/1943.12.2~7(2차)]. 참고로 중간인 1943년 11월 28일에서 12월 1일까지 테헤란 회담이 있었는데, 여기에 미국의 루즈벨트 대통령, 영국의 처칠 총리, 소련의 스탈린 서기장이 참석하여 (제1차) 카이로 회담 결과를 공유하였다(카이로 선언이 12월 1일에 발표된 것은 제1차 카이로 회담의 내용에 대한 스탈린의 동의가 필요했기 때문). 테헤란 회담을 마치고 귀로에 다시 루즈벨트와 처칠이 튀르키예의 이노뉴 대통령을 초청하여 회담을 했는데 이것이 제2차 카이로 회담이다.

■ **카이로 선언** [지17②] [서18①] [서17②] □

• 조선 인민의 노예 상태에 유의하여 적당한 시기에 맹세코 조선을 자주독립시킬 것을 결의한다.

[해설] 1943년 11월 22일에서 26일까지 열린 카이로 회담(1차) 결과 도출된 유명한 '카이로 선언'에서 한국 관련 내용이다(1943년 12월 1일 발표).

• 국내·외에서 줄기차게 전개된 독립운동은 연합국이 한국의 독립을 약속하는 데에 영향을 미쳤다. 1943년에 미국의 루스벨트 대통령과 영국의 처칠 수상, 중국의 장제스 총통은 '한국인이 노예적 상태에 있음에 유의하여 적당한 절차(in due course)를 밟아 한국을 독립시키기로 결의한다'는 내용이 담긴 (㉠)을 발표하였다.

[해설] 주어진 자료 속 '㉠'에 들어갈 말은 카이로 회담(1차) 결과 도출된 유명한 카이로 선언이다(1943.12.1).

• 각 군사 사절단은 일본국에 대한 장래의 군사 행동을 협정하였다. (중략) 앞의 3대국은 조선 인민의 노예 상태에 주의하여 적당한 시기에 맹세코 조선을 자주독립시킬 결의를 한다.

[해설] 3대국이 조선 인민의 노예 상태에 유의하여 적당한 시기에 조선을 자주독립시킬 결의를 하였다는 내용이 나와 있다. 이를 통해 1943년 12월 1일 발표된 카이로 선언임을 알 수 있다. 임정 요인들은 1943년 7월 중국의 장제스 주석을 방문하여 한국의 독립을 위해 힘써줄 것을 요청하였다. 카이로 선언에서 한국을 '적당한 시기에' 독립시킨다는 구절이 들어간 것은 이러한 노력 '들'이 십분 반영된 것이라 볼 수 있다(한국을 독립시켜 영향력을 발휘하려는 장제스의 의도도 반영).

• 얄타 회담 [서23] [경12③] □
└얄타 협정 [지17②] □
└미국의 루즈벨트 대통령이 20~30년간의 신탁통치안을 처음으로 제안하였다. [서18①] □

[해설] 얄타 회담이 열린 것은 1945년 2월 4일의 일이다(~2월 11일). 미국의 대통령 루즈벨트, 영국 총리 처칠, 소련 서기장 스탈린이 참석하여 전후 처리 방안에 대해 논의하였다. / 얄타 협정은 연합국인 미국, 영국, 소련의 국가 수반인 루즈벨트, 처칠, 스탈린이 소련령인 얄타에서 1945년 2월에 회담을 갖고 발표한 협정이다(2월 11일, 전쟁 완수와 전후 처리에 대한 일련의 협의 내용이 담김). / 회담에서 미국의 루즈벨트 대통령은 한국에 대해 20~30년간의 신탁 통치안을 실시할 의사를 스탈린에게 밝혔다(비공식 회담).

• 포츠담 선언 [지17②] [서23] [경14①] □
└이 선언에서 연합국은 일본에 무조건 항복을 요구하였다. [서18①] □

┗[포츠담 회담] 소련은 일본과의 전쟁에 참전할 것을 결정했다. [서18①] □
┗3국 정상들은 독일에 모여 한국의 독립을 재확인하였다. [경18①] □

[해설] 포츠담 선언이 발표된 것은 1945년 7월 26일의 일이다(1945.7.17~8.2). 독일의 베를린 근교인 포츠담에서 미국, 영국, 소련 3개국 수뇌들이 나치 독일이 항복한 이후 유럽의 재건[전후 질서 구축]과 태평양 전선 종결을 논의하는 회담[세 번째 전시 회담]을 하는 과정에서, 일본의 무조건 항복을 요구하고 제2차 세계 대전 후의 대일 처리 방침을 표명하였다(공동 선언). 회담에서 한국 독립을 약속한 카이로 선언이 재확인되었다.

● 사진으로 보는 건국 준비 활동

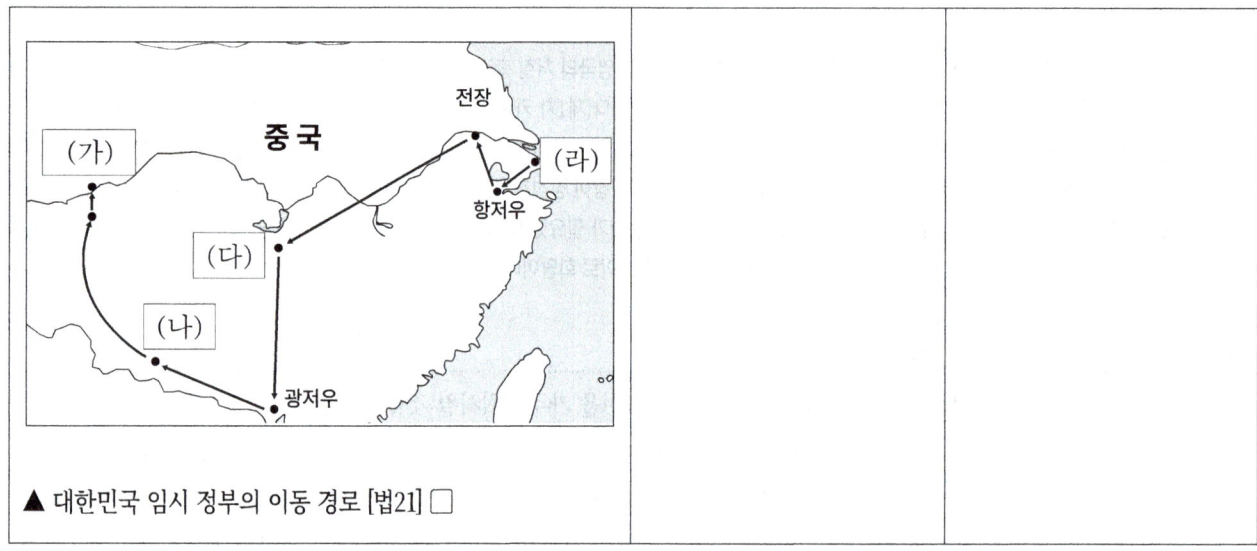

▲ 대한민국 임시 정부의 이동 경로 [법21] □

[해설] [법21] 중국 상하이에서 출발한 대한민국 임시 정부가 장기간의 이동을 거쳐 (가) 충칭에 안착한 것은 1940년 4월의 일이다. 참고로 (라)는 상하이, (다)는 창사(1937), (나)는 류저우(1938)이고[(가) 바로 아래가 치장(1939)], 임시 정부가 상하이를 떠나게 된 것은 매헌 윤봉길(1908~1932)의 의거로 일제의 표적(김구에게 현상금이 걸리고 수배됨)이 된 탓이다(1932.4).

IX 대한민국의 발전

주제 69 8·15 광복과 통일 정부 수립을 위한 노력

주제 70 대한민국 정부의 수립

주제 71 6·25 전쟁

주제 72 이승만 정부와 4·19 혁명

주제 73 5·16 군사 정변과 박정희 정부

주제 74 5·18 민주화 운동과 민주주의의 발전

주제 75 산업화와 경제 성장

주제 76 사회·문화의 변화

주제 77 통일을 위한 노력

주제 69 8·15 광복과 통일 정부 수립을 위한 노력

1 8·15 광복과 좌우익 세력의 갈등

- (8·15) 광복 (1945년) [국13] [지16①] □
  - 8·15 광복 [법21] [회16] [소19①』 □
  - 8·15 해방(1945년) [법20] □
  - 1945 해방 [법15] □
  - 1945 광복 [기13] □
  - 조국의 광복 [회22] □

■ 일제의 패망과 백범 김구의 탄식 [서24②] [회15] [기13] □

- 아! 왜적이 항복! 이 소식은 내게 희소식이라기보다는 하늘이 무너지고 땅이 꺼지는 일이었다. 수년 동안 애를 써서 참전을 준비한 것도 모두 허사로 돌아가고 말았다.

[해설] 대한민국 임시 정부의 주석 백범 김구(1876~1949)가 미국 전략 정보국(OSS)과 연합하여 국내 진공 작전을 추진하는 계획을 세워놓았는데 일본의 '빠른 항복'으로 그 계획이 무산된 것을 아쉬워하면서 한 말이다(『백범일지』).

- 왜적이 항복한다 하였다. 아! 왜적이 항복! 이것은 나에게 기쁜 소식이라기보다는 하늘이 무너지는 듯한 일이었다. 천신만고 끝에 수년 동안 애를 써서 참전할 준비를 한 것도 다 허사이다. 시안과 푸양에서 훈련을 받은 우리 청년들에게 여러 가지 비밀 무기를 주어 산둥에서 미국 잠수함에 태워 본국으로 들여보내어 국내의 중요한 곳을 파괴하거나 점령한 뒤에 미국 비행기로 무기를 운반할 계획까지도 미국 육군성과 다 약속이 되었던 것을 한번 해보지도 못하고 왜적이 항복하였으니……

[해설] 주어진 자료 속 '나'는 일제 패망 소식을 듣고 감회를 자신의 일기에 적어놓은 백범 김구(1876~1949)를 가리킨다(『백범일지』).

- 왜적이 항복한다 하였다. 이것은 내게 기쁜 소식이라기보다는 하늘이 무너지는 듯한 일이었다. 천신만고 끝에 수년 동안 애를 써서 참전할 준비를 한 것이 다 허사이다. 시안과 푸양에서 훈련을 받은 우리 청년들을 미국 잠수함에 태워 본국에 들여보내 국내의 중요한 곳을 파괴하거나 점령한 뒤에 미국 비행기로 무기를 운반할 계획까지도 미국 육군성과 다 약속이 되었던 것을 한번 해 보지도 못하고 왜적이 항복했으니……'
  -『백범일지』-

[해설] 출처가 『백범일지』로 되어 있는데, 백범 김구(1876~1949)가 쓴 자서전이다(1929년 상하이와 1942년 충칭에서 집필, 1947년 12월 출판).

- 조선 건국 준비 위원회가 결성되었다. [국24] [국19] □
  - 조선 건국 준비 위원회를 조직하였다. [소19①] □
  - 조선 건국 준비 위원회 결성 [경12③] [소20] □
  - 서울에서 건국 준비 위원회가 조직되었다. [국16] □
  - 여운형, 안재홍 등을 중심으로 조선 건국 준비 위원회가 조직되었다. [국15] □
  - 여운형, 안재홍 등 좌우익이 참여한 조선 건국 준비 위원회를 결성하였다. [회16] □

- [조선 건국 준비 위원회] 여운형, 안재홍 등이 중심인물이었다. [소18②] ☐
- [여운형] 좌우 연합의 조선 건국 준비 위원회를 조직하였다. [기12] ☐
- 조선 건국 위원회를 조직하고 위원장으로 활동하였다(여운형). [지14②] ☐
- ⓒ은(는) 8·15 광복과 동시에 조선 건국 동맹을 확대 개편하여 조선 건국 준비 위원회를 결성하였다. [경15③] ☐
- [안재홍] 조선 건국 준비 위원회의 결성에 참여하였다. [경21①] ☐
- 조선 건국 동맹을 기반으로 조선 건국 준비 위원회가 조직되었다. [지20] ☐
- 조선 건국 준비 위원회가 치안과 행정을 담당하였다. [법12] ☐
- 미군 진주 시까지 치안 유지 활동 등을 수행하였다(조선 건국 준비 위원회). [회22] ☐
- 국내 치안을 담당하기 위해 치안대를 조직하였다. [회19] ☐
- 중도 우파와 온건 좌파를 중심으로 구성되었다. [회19] ☐
- 일본의 항복 선언 직후, 대한민국 임시 정부의 김구 주석을 중심으로 건국 준비 위원회가 결성되었다[x]. [회24] ☐
- 8·15 해방 이전에 결성되었다[x]. [회22] ☐
- 미 군정 선포 직후 결성되었다[x]. [경21②] ☐

[해설] 조선 건국 준비 위원회(줄여서 '건준')가 결성된 것은 8·15 광복 직후인 1945년 8월 16일의 일이다(~9월 7일). 몽양 여운형(1886~1947)(위원장)(중도 좌파)과 민세 안재홍(1891~1965)(부위원장)(중도 우파)이 주도되었으며 서울, 평양 등 전국 각지에서 조직되었다. / ['남한' 진주군 사령관 하지 중장(1893~1963)에 의해] 군정이 선포된 것은 1945년 9월 9일이다('인공' 불인정). 그리고 9월 12일에는 군정 장관으로 미군 제7사단장 아치볼드 아널드 소장(1889~1973)이 임명되었다. / [경15③]의 ⓒ은 백범 김구를 가리키나 무시함.

■ 조선 건국 준비 위원회 [회22] [회19] [소18②] ☐

- ㉠은/는 우리 동포의 열렬한 성원과 기대 속에 16일에는 경성 중앙 방송국을 통하여 준비 위원의 자격으로 안재홍 씨가 마이크를 통하여 해방될 우리 민족에게 제1성을 보내었다. ―『매일신보』―

[해설] 주어진 자료 속 '㉠'은 조선 건국 준비 위원회(줄여서 '건준')를 가리킨다.

- 8·15 해방 직후 전국에 145개의 지부를 조직하였다.
- 여운형이 중심이 되어 조직된 조선 건국 동맹이 모태가 되었다.

[해설] 주어진 자료들은 조선 건국 준비 위원회를 가리킨다.

- <위원회 개요>
  · 결성: 조선 건국 동맹을 기반으로 결성
  · 활동: 전국에 지부 설치, 치안대 조직
  · 해체: 좌익 세력이 주도권 장악, 우익 세력의 이탈, 조선 인민 공화국 선포 후 해체

[해설] 주어진 자료에 제시된 '위원회'는 8·15 광복 직후 결성된 (조선) 건국 준비 위원회이다(1945.8.16). 여운형이 위원장, 안재홍이 부위원장이었다. 조선 인민 공화국(줄여서 '인공')이 선포된 것은 1945년 9월 6일이다.

- 조선 건국 준비 위원회를 조직하는 성과를 냈다. [지21] ☐

[해설] 미소 공동 위원회와 관련 없는 오답의 하나로 제시되었다.

- [여운형] 광복 직후 안재홍 등과 함께 조선 건국 준비 위원회를 만들었다. [국22] ☐

[해설] 광복 직후 민세 안재홍(1891~1965) 등과 함께 조선 건국 준비 위원회를 만든 인물은 몽양 여운형(1886~1947)이다(1945.8.16).

- [조선 건국 준비 위원회(건준)] 좌파의 적극적인 개입으로 탈퇴한 우파도 있었다. [회19] ☐

[해설] 재건파 공산당의 적극적인 개입으로 건준이 점점 '좌경화'되어가자 부위원장 안재홍 계열의 우파가 불만을 품고 탈퇴하여 별도의 조직을 창당하였다(국민당).

- [조선 건국 준비 위원회(건준)] '결정적 시기의 무장봉기' 전술을 구상하였다[x]. [회22] ☐

[해설] 결정적 시기에 국내외가 호응하여 일제에 대항하는 대중적 무장봉기를 일으킨다는 전술은 중일 전쟁이 일어난 직후 국내외 독립운동 세력에서 등장하였다. 만주의 조국 광복회, 동북 항일 연군의 정세 인식과 노선에서 이러한 점들이 분명히 드러나고, 국내에서도 이재유 그룹, 원산 그룹, 경성콤그룹 등 사회주의 세력들도 이러한 전술을 구상하였다. 8·15 광복 직전 건국 동맹을 비롯한 국내 독립운동 세력들과 전국 각지에 존재했던 소규모 비밀 결사에서도 본격적인 무장화를 준비하면서 이와 같은 전술이 구체화되었다.

■ 조선 건국 준비 위원회 선언과 강령 [법21] [경21②] ☐

- 조선 전(全) 민족의 총의를 대표하며 이익을 보호할 만한 완전한 새 정권이 나와야 하며, 이러한 새 정권이 확립되기까지의 일시적 과도기에 있어서 본 위원회는 조선의 치안을 자주적으로 유지하며 한 걸음 더 나아가 조선의 완전한 독립 국가 조직을 실현하기 위하여 새 정권을 수립하는 한 개의 잠정적 임무를 다하려고 한다.

[해설] 8·15 해방 직후인 1945년 9월 2일 조선 건국 준비 위원회가 발표한 선언이다(강령도 포함되어 있음). 따라서 밑줄 친 '본 위원회'는 조선 건국 준비 위원회(줄여서 '건준')을 가리킨다.

- ·우리는 완전한 독립 국가 건설을 기함.
  ·우리는 전 민족의 정치적, 경제적, 사회적 기본 요구를 실현할 수 있는 민주주의 정권 수립을 기함.
  ·우리는 일시적 과도기에 있어서 국내 질서를 자주적으로 유지하며 대중 생활의 확보를 기함.

[해설] 조선 건국 준비 위원회가 발표한 3개의 강령이다. 조선 건국 준비 위원회(서기국)가 1945년 9월 2일 '선언'과 함께 발표하였다.

- [조선 건국 준비 위원회(건준)] 조선 인민 공화국의 수립을 선포하였다. [법21] ☐
  └조선 인민 공화국 수립 선포 [법15] ☐
  └이승만을 주석으로 하는 정부 수립을 선포하였다. [경21②] ☐
  └이승만을 주석으로, 여운형을 부주석으로 추대하였다. [회19] ☐
  └'조선 민주주의 인민 공화국'을 선포하였다[x]. [회19] ☐

[해설] 조선 건국 준비 위원회는 연합군으로부터 정부로 인정받기 위하여 1945년 9월 6일 조선 인민 공화국(줄여서 '인공')의 수립을 선포하였다(주석에 이승만, 부주석에 여운형, 국무총리에 허헌). 하지만 미군정은 인공을 정부로 인정하지 않았다(미군정의 인공 부인). / 건준은 연합군에게 정부로 인정받기 위하여 연합군이 상륙하기 직전인 1945년 9월 6일 급히 '조선 인민 공화국'(줄여서 '인공')을 선포하였다. '조선 민주주의 인민 공화국'이 북한에서 선포된 것은 1948년 9월 9일의 일이다. 용어가 비슷하여 헷갈릴 수 있지만 두 개는 엄연히 다른 역사적 명칭이다.

■ 맥아더 포고령 제1호 [법12] [회20] ☐

- 제1조 북위 38도선 이남의 조선 영토와 조선 인민에게 대한 통치의 모든 권한은 당분간 본관의 권한 하에 시행한다.

(중복 출제)

제2조 정부 등 모든 공공사업 기관에 종사하는 유급·무급 직원과 고용인, 그리고 기타 중요한 제반 사업에 종사하는자는 별도의 명령이 있을 때까지 종래의 정상 기능과 업무를 수행할 것이며, 모든 기록 및 재산을 보호, 보존하여야 한다.

(중복 출제)

제5조 군정 기간 동안 영어를 모든 목적을 위해 사용하는 공용어로 한다.

[해설] 주어진 조항은 1945년 8·15 광복 직후 미군[연합군]이 한반도[남한(북위 38도선 이남의 조선)]에 주둔하면서 발표한 포고령이다. 정식 명칭은 '태평양 방면 미 육군 총사령관 맥아더 포고령 제1호'이다(1945.9.7).

- 미 군정청이 설치되었다. [국23] □

[해설] 미 군정청이 설치[공식 출범]된 것은 1945년 9월의 일이다(1945.9.20).

- 한반도에서 미군과 소련군의 군정이 시작되었다. [국16] □
  └ 미군이 진주하여 북위 38도선 이남에 군정을 선포하였다. [회20] □

[해설] 일제의 무조건 항복으로 한반도에 급히 진주하게 된 미군과 소련군에 의해 군정이 시작되었다. / 미군이 진주하여 북위 38도선 이남에 군정을 선포한 것은 1945년 9월 9일의 일이다. 이어 '남한' 진주군 사령관 하지 중장(1893~1963)은 아베 총독을 비롯한 일본인·조선인 고위 관료들을 해임하지 않고 있다가 연합군 최고 사령관 더글러스 맥아더(1880~1964)의 강력한 지시를 받아 이들을 해임한 후 12일 미군 제7사단장 아치볼드 아널드 소장(1889~1973)을 군정 장관으로 임명하였다.

- [미군정] 친일파 대다수를 처벌하였다[x]. [회20] □
  └ 조선 건국 준비 위원회를 조직하였다[x]. [회20] □
  └ 조선 인민 공화국의 권위를 인정하지 않았다. [회20] □
  └ 대한민국 임시 정부를 공식 정부로 인정하였다[x]. [회20] □
  └ 사회주의 세력과 연합하여 인민 위원회를 구성하였다[x]. [회20] □

[해설] 미군정 시기 친일파 대다수가 처벌된 적은 없다. 옳지 않은 설명이다. / 조선 건국 준비 위원회는 조선 건국 동맹의 여운형을 중심으로 하여 전국에 걸쳐 자발적으로 조직되었다(8.16). / 조선 건국 준비 위원회는 연합군에게 정부로 인정받기 위하여 미군 진주 직전인 1945년 9월 6일 조선 인민 공화국(줄여서 '인공') 수립을 선포하였으나, 다음날인 9월 7일에 진주한 미군은 '인공'을 인정하지 않았다. '남한' 진주군 사령관 하지 중장은 9월 9일 군정을 선포하고, 9월 12일 군정 장관에 미군 제7사단장 아치볼드 아널드 소장을 임명하였다. 미군정은 처음에 총독부 체제를 그대로 유지하였다. / 미군정은 대한민국 임시 정부를 공식 정부로 인정하지 않았다[임정 정부 요인들은 '개인 자격'으로 귀국(1진 → 1945.11.23 / 2진 → 1945.12.2)]. / 사회주의 세력과 연합하여 인민 위원회를 구성한 세력은 '북한'(북위 38도선 이북의 조선)에 진주한 소군정이다.

- 한국 민주당을 결성하여 미군정에 적극적으로 참여하였다. [지14②] □
  └ 민족주의 우파 세력은 한민당을 결성하여 독립 준비에 박차를 가하였다. [회19] □
  └ [안재홍] 한국 민주당 결성을 주도하였다[x]. [경21①] □

[해설] 한국 민주당을 결성하여 미군정에 적극적으로 참여한 인물로는 대표적으로 고하 송진우(1887~1945), 인촌 김성수(1891~1955) 등 우익 인사들을 들 수 있다. 한국 민주당은 1945년 9월 16일 송진우, 김성수, 김병로(1887~1964), 장덕수(1894~1947), 조병옥(1894~1960), 윤보선(1897~1990) 등 민족주의 우파 계열의 지식인과 언론인, 자산가를 중심으로 설립된 정당이다(1949년 2월 10일 민주 국민당으로 명칭 변경). 현 '민주당'의 역사적 뿌리이기도 하다. / 한국 민주당은 우익 세력들에 의해 결성되었다(1945.9.16). 당수격인 수석 총무에 고하 송진우가 선정되었다. 민세 안재홍(1891~1965)이 참여한 정당은 중도우파적 성격을 지닌 국민당이다(1945.9.24)[같은 해 9월 1일 안재홍이 창당한 조선 국민당을 재창당].

■ 8·15 광복 직후에 결성된 정당들(조선 인민당, 한국 민주당, 국민당) [국14] □

- ㄱ. 여운형 등이 중심이 되어 결성하였으며, 진보적 민주주의를 표방하면서 좌우 합작을 추진하였다.
  ㄴ. 송진우 등이 중심이 되어 결성하였으며, 인민 공화국을 부정하고 대한민국 임시 정부의 법통을 계승하려 하였다.
  ㄷ. 안재홍 등이 중심이 되어 결성하였으며, 신민족주의를 내세워 평등 사회를 건설하려 하였다.

[해설] 여운형 등 중도 좌파 세력 중심으로 결성하여 진보적 민주주의를 표방하며 좌우 합작을 추진한 정당은 조선 인민당이다(1945.11.12). 송진우 등을 중심으로 인민 공화국 반대를 선언하고 대한민국 임시 정부의 법통을 계승하려 한 정당은 한국 민주당이다(1945.9.16). 안재홍 등의 중도 우파 세력이 결성한 것으로 신민주주의와 신민족주의를 표방하여 평등 사회 건설을 목표로 한 정당은 국민당이다(1945.9.24).

- 조선 공산당 북조선 분국이 조직되어 책임비서로 김일성을 선출하였다[x].* [회20] □

[해설] 1945년 10월 10~13일에 걸쳐 북조선 서북5도 대표자 및 열성자 대회가 열리고, 여기서 조선 공산당 북조선 분국이 만들어졌다. 책임비서에 김용범(1902~?), 제2비서로 (김)무정(1905~1952)과 오기섭(1903~?)이 각 선출되었다.

- 이승만을 중심으로 독립 촉성 중앙 협의회가 발족되었다. [국15] ☐
  - [이승만] 미국에서 귀국한 후 독립 촉성 중앙 협의회를 구성하였다. [지14②]
  - ㉠은(는) 1945년에 독립 촉성 중앙 협의회를 발족시켰다. [경15③] ☐
  - 독립 촉성 중앙 협의회의 결성을 주도하였다. [법21] ☐
  - 독립 촉성 중앙 협의회의 회장에 추대되었다. [경21①] ☐

[해설] (200여 개 정당과 사회단체들이 조선호텔에 모여) 독립 촉성 중앙 협의회(줄여서 '독촉')가 결성[발족]된 것은 1945년 10월의 일이다 (1945.10.23)(~1946.1.18). 독촉의 회장으로 우남 이승만(1875~1965)이 추대되었다.

- 한국 독립당 [국14] ☐

[해설] 1945년 8·15 해방 이후 활동한 한국 독립당(줄여서 '한독당')은 1940년 5월 기존의 3당(재건 한국 독립당과 조선 혁명당, 한국 국민당)이 통합하여 새로 출범한 한국 독립당을 가리킨다(1940.5.8). 흔히 '통합 한독당' 혹은 '중경 한독당'이라 부른다. 대한민국 임시 정부의 여당 역할을 하였다. 그리고 한독당의 시초는 1930년 1월 중국 상하이에서 김구, 조완구, 윤기섭, 이시영 등 민족주의 계열의 인사들이 창립한 (같은 명칭의) 한국 독립당이다.

- 조선 신민당* [국14] ☐

[해설] 1946년 2월 (화북) 조선 독립 동맹과 조선 의용군 출신들이 주축이 되어 창당한 북한의 정당이다(~8월).

- 중경 임시 정부 요인들이 귀국하였다. [회16] ☐

[해설] 중경 임시 정부 요인들이 귀국한 것은 1945년 11월 23일(1진)과 같은 해 12월 2일(2진)의 일이다. 모스크바 3국 외상 회의가 개최된 것은 1945년 12월 16일(~26일까지 진행)이므로, 그 전에 해당한다.

- 모스크바 3국 외상 회의가 개최되었다. [국19] ☐
  - 모스크바에서 3국 외상 회의가 열렸다. [법11] ☐
  - 모스크바 3국 외상 회의 [국13] [서23] [법17] ☐
  - 모스크바 3국 외상 회의 개최 [지14①] [법15] ☐
  - (가): 모스크바 3국 외상 회의가 개최되었다. [소20] ☐
  - 모스크바 3상 회의에서 한반도 문제가 논의되었다. [지15②] ☐
  - (나)의 결정에는 미국, 영국, 소련이 참여하였다. [서17②] ☐
  - 3국의 외무장관이 모스크바에 모여 한국의 독립 시기를 의논하였다. [법16] ☐
  - 모스크바 삼상 회의에서 한국 문제에 관한 4개 항의 결의서를 채택하였다. [회20] ☐
  - '한국 문제에 관한 4개항의 결의서'를 결정하였다. [경18①] ☐
  - 모스크바 3국 외상 회의 개최 [소19①] ☐
  - 모스크바 3국 외상 회의 [회16] [경14①] ☐
  - 미국의 트루먼 대통령, 영국의 처칠 수상, 소련의 스탈린 등 3개국 정상들이 참석하였다[x]. [경13①] ☐

[해설] 제2차 세계 대전 이후의 문제 처리를 목적으로 모스크바 3국 외상 회의가 (소련의 모스크바에서) 개최된 것은 1945년 12월 16일의 일이다(~26일까지 진행, 결정문은 27일 발표)[미국과 영국, 소련의 외상(외무장관)이 참여]. 1943년 12월 1일의 카이로 선언에서 한국의 독립이 처음으로 약속되었으며, 모스크바 3국 외상 회의에서는 이의 실현 방안이 논의되었다. 회의 결과 모스크바 3국 외상 회의 결정문이 발표되었다. / [경13①] 미국의 트루먼 대통령, 영국의 처칠 수상, 소련의 스탈린 등 3개국 정상들이 참석한 회의는 1945년 7월에 열린 포츠담 회담이다(1945.7.17~8.2)(7월 26일에 포츠담 선언 발표).

■ 모스크바 3국 외상[3상] 회의 [국24] [지11①] [회22]

- 미국, 소련, 영국의 외상들이 삼상 회의를 개최하고 '한국 문제에 관한 4개항의 결의서'(신탁 통치안)를 결정하였다.

[해설] 모스크바 3상 회의를 가리킨다. 결정문이 발표된 것은 1945년 12월 27일의 일이다.

- 미국, 영국, 소련 3국의 외무 장관이 모인 이 회의에서는 한국의 민주주의적 임시 정부 수립과 이를 위한 미·소 공동 위원회의 설치, 최대 5년간의 신탁 통치 방안 등이 결정되었다.

[해설] 주어진 자료 속 밑줄 친 '이 회의'는 당시 소련의 수도인 모스크바에서 열린 '모스크바 3국 외상 회의'를 가리킴을 알 수 있다. 회의가 개최된 것은 1945년 12월 16일의 일이다(~12월 26일). 그리고 12월 27일에 모스크바 3국 외상 회의 결정문이 발표되었다.

- 1945년 12월 (가) 결정을 둘러싸고 좌우의 대립은 격화되었다. 즉, 신탁 통치에 반대하는 우익과 (가) 결정안에 찬성한 좌익이 대립하게 되어 결국 자주독립의 통일 국가를 수립하지 못한 채 민족 분단의 길로 가게 되었다.

[해설] 주어진 자료 속 '(가)'는 모스크바 3상 회의를 가리킨다(1945.12).

- [모스크바 3국 외상 회의 결정문(한국 정부 수립 방안)] 임시 민주주의 정부의 수립 [회22] □ (첫 번째 항목)
  └ 임시 민주 정부 수립 [서17①]
  └ 미·소 공동 위원회의 설치 [회22] □ (두 번째 항목)
  └ 미·소 공동 위원회 개최 [서17①] □
  └ 미·소 공동 위원회와 한국의 정당 및 사회단체의 협의 [서17①] □
  └ 이 회의에서 미·소 양국은 2항을 결정하는 과정에서 협의의 대상인 정당 및 사회단체 선정 문제를 놓고 진통을 겪었다[×]. [경13①] □
  └ 미·소 공동 위원회와 임시 정부는 최고 5년간의 신탁 통치 협정 작성 [회22] □ (세 번째 항목)
  └ 미·소 공동 위원회와 임시 민주 정부 협의 하에 미, 영, 중, 소에 의한 신탁 통치 방안 결정 [서17①] □
  └ 카이로 선언의 원칙을 구체적으로 실행에 옮기기 위한 방안에서 나온 것이다. [국11] □
  └ 미국의 즉각적인 독립안과 소련의 신탁 통치안이 대립하면서 나온 절충안이었다[×]. [국11] □
  └ (나)의 결정에 따라 좌우 합작 위원회가 만들어졌다[×]. [서17②] □
  └ 조선의 완전한 독립을 저해하는 일체의 반동 세력 박멸 [×] [회22] □

[해설] 모스크바 3국 외상 회의는 전후 문제를 처리하기 위해 미국, 영국, 소련 3국의 외상이 소련의 모스크바에 모인 것을 말한다(1945. 12.16~26). 여기서 한반도 문제도 다뤄졌는데, 한국에 임시 민주 정부를 수립하기 위해 미소 공동 위원회를 설치하고(이상 제4항), [개최된 미·소 공동 위원회(미소공위)에서] 조선의 민주주의 제정당 및 사회단체와 협의하여(이상 제2항) 임시 민주 정부를 수립한 다음 임시 민주 정부와 협의하여 최고 5년 동안(5년 이내의 기한)의 4개국(미국, 영국, 중국, 소련) 신탁 통치 협정(후견의 협정)을 맺는다(이상 제1항과 제3항)는 결정문이 채택되었다(12월 27일 발표). 여기서 알 수 있듯이 중요한 것은 '임시 민주 정부 수립'이 먼저였고, 신탁 통치 여부는 협의의 대상이었지만, 국내에서는 신탁 통치만이 부각되어 격렬한 '신탁 통치 정국'이 전개되었다. / 미·소 양국이 협의의 대상인 정당 및 사회단체 선정 문제를 놓고 진통을 겪은 것은 이 결정문으로 말미암아 개최된 미소 공동 위원회에서이다(1946년 제1차, 1947년 제2차). / [국11] 모스크바 3국 외상 회의 결정문은 (미국이 아닌) 소련의 즉각적인 독립안과 (소련이 아닌) 미국의 신탁 통치안이 대립하면서 나온 절충안이었다. 한국에 임시 민주 정부를 수립하기 위해 미소 공동 위원회를 설치하는 내용이 들어 있었다. / [회22] 조선의 완전한 독립을 저해하는 일체의 반동 세력 박멸과 관련된 내용은 모스크바 3상 회의 결정문에 들어가 있지 않다.

■ 모스크바 3국[삼국] 외상 회의 결정문 [국16] [국11] [지11①] [서17②] [경13①] □

- 1. 조선을 독립 국가로 재건설하며 조선을 민주주의적 원칙하에 발전시키기 위한 조건을 조성하고 …(중략)… 임시조선 민주주의 정부를 수립할 것이다.

2. 조선 임시 정부의 구성을 원조할 목적으로 …(중략)… 남조선 미합중국 관구와 북조선 소 연방국 관구의 대표자들로 공동 위원회가 설치될 것이다. 그 제안을 작성하는 데 있어 공동 위원회는 조선의 민주주의 정당 및 사회단체와 협의해야 한다.

3. 공동 위원회의 제안은 최고 5년 기한으로 4개국 신탁 통치를 협의하기 위하여 미국·영국·중국·소련 여러 나라 정부가 공동 참작할 수 있도록 조선 임시 정부와 협의한 후 제출되어야 한다.

4. 남·북 조선에 관련된 긴급한 제문제를 고려하기 위하여 …(중략)… 2주일 이내에 조선에 주둔하는 미국, 소련 양군 사령부 대표로서 회의를 소집할 것이다.

[해설] 주어진 자료는 1945년 12월에 열린 모스크바 3국 외상 회의에서 채택된 결정문[결정서]이다(1945.12.16~26). 회의가 끝난 직후 약간의 조정을 거쳐 1945년 12월 27일 발표되었다.

- 조선을 독립시키고 민주 국가로 발전시키는 동시에, 가혹한 일본의 조선 통치 잔재를 빨리 청산하기 위해 조선에 임시 민주주의 정부를 수립한다.

[해설] 모스크바 3국[삼국] 외상 회의 결정문의 첫 번째 항목이다(일부)(결정문은 총 4개 항으로 구성).

- 조선 임시 정부의 구성을 원조할 목적으로 먼저 그 적절한 방안을 마련하기 위하여 남조선 합중국 관구와 북조선 소련 관구의 대표자들로 공동 위원회가 설치될 것이다.

[해설] 모스크바 3국[삼국] 외상 회의 결정문의 두 번째 항목이다(부분).

- 공동 위원회의 역할은 조선인의 정치적·경제적·사회적 진보와 민주주의 발전 및 조선 독립 국가 수립을 도와줄 방안을 만드는 것이다. 또한, 조선 임시 정부 및 조선 민주주의 단체를 참여시키도록 한다. 공동 위원회는 미·영·소·중 4국 정부가 최고 5년 기간의 4개국 통치 협약을 작성하는 데 공동으로 참작할 수 있는 제안을 조선 임시 정부와 협의하여 제출해야 한다.

[해설] '공동 위원회', '조선 임시 정부', '미·영·소·중 4국 정부가 최대 5년 기간 4개국 통치 협약' 등을 통해 모스크바 3국 외상 회의 결정문을 가리킴을 알 수 있다. 총 4개 항 중 세 번째 항목에 해당한다.

- [김구] 모스크바 3국 외상 회의의 결정 사항이 알려지자 신탁 통치 반대 운동을 펼쳤다. [국22] ☐
  └모스크바 3상 회의 성명을 반박하고 신탁 통치 반대 운동을 주도하였다. [기12] ☐
  └이 소식을 접한 김구, 이승만 등의 우익 세력은 즉각적으로 대대적인 신탁 반대 운동에 나섰다. [경13①] ☐
  └탁치 반대 국민 총동원 위원회를 조직하였다. [국18] ☐
  └[한국 독립당] 신탁 통치 반대 운동을 하였다. [지12②] ☐
  └신탁 통치 반대 운동을 펼쳤다(김구). [서24②] ☐
  └신탁 통치 반대 [회15] ☐
  └㉠ - 모스크바 3상 회의의 결정을 지지하였다[×]. [기13] ☐
  └[이승만과 김구] 모스크바 3국 외상 회의의 결정 지지 여부를 놓고 대립하였다[×]. [법15] ☐
  └㉠과 ㉡ 모두 신탁 통치안에 반대하였다. [경15③] ☐

[해설] 백범 김구(1876~1949)는 모스크바 3국 외상 회의의 결정 사항이 알려지자 즉각 그에 반대하여 신탁 통치 반대 운동을 펼쳤다(1945.12.28). 1945년 12월 28일 김구와 임시 정부가 중심이 되어 각계 대표자들의 회합이 열리고, 김규식과 연명으로 4개국 원수에게 보내는 결의문이 채택되고, 각계 대표 70여 명으로 신탁 통치 반대 국민 총동원 위원회가 조직되었다[임정 계열(한국 독립당) 주도](이른바 '신탁 정국' 형성). / [법15] 이승만과 김구가 모스크바 3국 외상 회의의 결정 지지 여부를 놓고 대립한 적은 없다. 둘 모두 이때는 모스크바 3상 회의 결정에 담긴 '신탁 통치(안)'를 절대 반대하여 '반탁 운동'을 펼쳤다. / [기13]의 ㉠은 김구를, [경15③]의 ㉠은 이승만을, ㉡은 김구를 가리킴.

- 신탁 통치 반대 운동이 일어났다. [법12] ☐

└신탁 통치 반대와 남북한에서 외국 군대의 철수 [지16②]

[해설] 신탁 통치 반대 운동이 거세게 일어난 것은 1945년 말과 1946년 초로, 모스크바 3국 외상 회의 결정문 때문이었다. / 백범 김구의 한국 독립당과 관계된 내용이다(해당 문제).

■ **탁치 반대 국민 총동원 시위 대회 선언문** [지12②]

카이로, 포츠담 선언과 국제 헌장으로 세계에 공약한 한국의 독립 여부는 금번 모스크바에서 개최한 3국 외상 회의의 신탁 관리 결의로 수포로 돌아갔으니, 다시 우리 3천만은 영예로운 피로써 자주독립을 획득하지 아니하면 아니 될 단계에 들어섰다. 동포여! 8·15 이전과 이후, 피차의 과오와 마찰을 청산하고자 우리 정부 밑에 뭉치자. 그리하여 그 지도하에 3천만의 총역량을 발휘하여 신탁 관리제를 배격하는 국민운동을 전개하여 자주독립을 완전히 획득하기까지 3천만 전 민족의 최후의 피 한 방울까지라도 흘려서 싸우는 항쟁 개시를 선언한다.

[해설] '모스크바에서 개최한 3국 외상 회의의 신탁 관리 결의'라는 부분, '신탁 관리제를 배격하는 국민운동을 전개'라는 부분 등에서 제시된 자료는 김구(임정, 한국 독립당)가 주도한 신탁 통치 반대 운동과 관련된 것임을 알 수 있다('탁치 반대 국민 총동원 시위 대회 선언문', 1945.12.31). 선언문 다음에 추가로 3개 항의 선서문과 4개 항의 결의문도 있다(생략).

• 주한 미국 육군 사령부는 국내 치안을 명분으로 남조선 국방 경비대를 창설하였다.* [회20]

└남조선 국방 경비대 발족* [기18]

[해설] 주한 미국 육군 사령부가 국내 치안을 명분으로 남조선 국방 경비대를 창설한 것은 1946년 1월의 일이다(1946.1.15)(줄여서 '국방 경비대'). 참고로 경기도 양주군 노해면 공덕리(태릉, 지금의 육군 사관 학교)에서 1개 중대가 창설되고 이를 모체로 1개 연대로 증편한 것을 효시로, 8개 도청 소재지에 각 1개 중대씩이 편성되었다. 같은 해 6월 15일에 조선 경비대로 개칭되었다.

2 통일 정부 수립을 위한 노력

• 미·소 공동 위원회가 개최되었다. [국23] [국16]

└서울에서 미·소 공동 위원회가 개최되었다. [법12]

└제1차 미·소 공동 위원회 개최 [소20] [소19①]

└미국과 소련은 회의 결정 안을 실천하기 위하여 미·소 공동 위원회를 3차례에 걸쳐 실시하였다[×]. [경13①]

[해설] 미소 공동 위원회가 처음으로 개최된 것은 1946년 3월의 일이다(제1차). 하시만 결럴된 후 이듬해인 1947년 5월에 제2차 미소 공동 위원회가 개최되었다. 두 차례의 미소 공동 위원회는 모두 미·소 양측의 의견 차이(협의 내상 선정 문제)로 최종 결렬되고 말았다[제1차 미·소 공동 위원회, 1946.3.20~5.6/제2차 미소 공동 위원회, 1947.5.21~10.18]. / 참고로 1946년 1월 16일 덕수궁 석조전에서 미소 공동 위원회 본 회의 준비를 위한 예비회담이 개최되었다(~2월 6일).

• 임시 민주 정부 수립을 논의하기 위한 제1차 미·소 공동 위원회가 개최되었다. [지23]

└민주주의 임시 정부 수립을 논의하기 위해 제1차 미·소 공동 위원회가 열렸다. [지20]

└제1차 미·소 공동 위원회 [경12③]

└1차 미·소 공동 위원회 개최 [기18]

└1차 미·소 공동 위원회 [법17]

[해설] 임시 민주 정부 수립을 논의하기 위해 (제1차) 미소 공동 위원회가 (서울 덕수궁 석조전에서) 개최된 것은 1946년 3월의 일이다(1946.3.20~5.6). 하지만 미·소 양측의 의견 차이(협의 대상 선정 문제)로 미소 공동 위원회는 결렬되고 말았다(이듬해에 어렵게 다시 열린 제2차 미소 공동 위원회도 같은 이유로 결렬).

- 공동 위원회에서 소련은 표현의 자유를 내세워 모든 단체의 회담 참여를 주장하였다[x]. [국11] ☐

[해설] 미소 공동 위원회에서 모든 단체의 회담 참여를 주장한 것은 (소련이 아닌) 미국이다. 소련은 신탁 통치 결정을 지지하는 단체만을 협의 대상으로 참여시키자고 주장하였다. 결국 이와 같은 대립으로 미소 공동 위원회는 최종 결렬되었다.*

*미소 공위 5호 성명[미소 공위 공동 성명 제5호]: (제1차) 미소 공위 회담이 난항을 계속하던 4월 5일, 소련 측은 과거에 반탁 운동을 했더라도 향후 삼상 회의 결정을 지지하겠다고 성명하는 정당·사회단체들은 협의 대상으로 삼을 수 있다는 양보안을 내놓았다. 이에 양측은 협상을 계속하였고, 결국 4월 18일, 모스크바 결정을 지지하기로 선언한 한국의 민주주의 정당 및 사회단체들과 협의하겠다는 미소 공동 위원회 5호 성명이 발표되었다. 회담 지속의 돌파구가 열린 셈이다. 그리하여 미군정은 5호 성명이 발표 후, 미소 공동 위원회 참여의 정당성을 발표하는 담화를 발표하며 우익 단체들을 5호 성명에 서명하도록 적극 설득하였다. 그럼에도 불구하고 (미군정의 자문 기관인) 우익 성향의 민주의원 일부 의원들이 5호 성명에 대한 지지를 거부하자, 미군정 사령관 하지(1893~1963)가 4월 27일, 5호 성명에 서명한다고 해서 그것이 곧 신탁 통치를 찬성하는 표시는 아니라는 특별 담화를 발표하였다. 그 결과 끝까지 미소 공동 위원회 참여를 거부하던 대부분의 우익 정당 및 단체들이 5호 성명에 서명하였다. 그러자 협의되지 않은 미군정의 일방적인 담화 발표와 이로 인한 반탁 단체들의 미소 공동 위원회 대거 참여에 소련이 다시 거부 의사를 밝혀 돌파구를 찾는 듯했던 회담이 결국 무기 휴회를 맞고 말았다.

- [(제1차) 미소 공동 위원회] 미·소 양측의 의견 차이로 결렬되었다. [지21] ☐
  └서울에서 제1차 미소 공동 위원회가 열렸으나 협의 대상을 둘러싼 이견으로 결렬되었다. [회20] ☐
  └미소 공동 위원회가 결렬되었다. [지14①] ☐

[해설] 1946년 3월에 열린 (제1차) 미소 공동 위원회는 물론 이듬해인 1947년 5월에 열린 제2차 미소 공동 위원회 모두 미·소 양측의 의견 차이(협의 대상 선정 문제)로 결렬되었다[결렬 시기는 각 1946.5.6(제1차)./1947.10.18(제2차)].

- 이승만이 '정읍 발언'을 발표하였다. [법17] ☐
  └이승만, 정읍 발언에서 남한만의 정부 수립 주장 [서19①] ☐
  └이승만이 정읍에서 남한 단독 정부 수립을 주장하였다. [회20] ☐
  └이승만은 정읍에서 남쪽만이라도 먼저 정부를 수립하자고 주장하였다. [경20②] ☐
  └이승만 정읍 발언 [기18] ☐
  └정읍 발언 [법21] ☐

[해설] 이승만은 지방 순회 중이던 1946년 6월 3일, 전북 정읍에서 남한만의 단독 정부 수립을 주장하였다(정읍 발언). 이러한 주장은 6월 5일 전북 이리(지금의 익산), 6월 25일 경기도 개성 방문에서도 이어졌다. 앞선 5월의 남한 단정론을 부인하던 입장에서 선회하여 남한 단정론을 역설한 것으로 큰 정치적 파장을 일으켰다.

■ 이승만의 정읍 발언 [국18] [경15③] [경14①] [기13] ☐

- 우리는 남방만이라도 임시 정부 혹은 위원회 같은 것을 조직하여 38도선 이북에서 소련이 철퇴하도록 세계 공론에 호소해야 할 것이다.

[해설] 남한 단독 정부 수립을 제기한 우남 이승만(1875~1965)의 정읍 발언이다(1946.6.3).

- 우리는 남방만이라도 임시 정부 혹은 위원회 같은 것을 조직하여 38도선 이북에서 소련이 철퇴하도록 세계 공론에 호소하여야 될 것이니 여러분도 결심하여야 될 것이다.

[해설] 이승만이 1946년 6월 남행 중 전북 정읍에서 한 말이다(정읍 발언). 남한 단독 정부 수립을 제시한 발언으로 정치적 파장을 불러왔다.

- ㉠은(는) '이제 우리는 무기 휴회된 공위가 재개될 기세도 보이지 않으며, 통일 정부를 고대하나 여의케 되지 않으니 우리는 남방만이라도 임시 정부 혹은 위원회 같은 것을 조직하여 38이북에서 소련이 철퇴하도록 세계 공론에 호소하여야 할 것이니 여러분도 결심하여야 될 것이다.'고 하였다.

[해설] ㉠은 우남 이승만을 가리킨다.

- 이제 우리는 무기 휴회된 미소 공동 위원회가 재개될 기색도 보이지 않으며, 통일 정부를 고대하나 여의케 되지 않으니, 우리는 남방만이라도 임시 정부 혹은 위원회 같은 것을 조직하여 38이북에서 소련이 철퇴하도록 세계 공론에 호소하여

- 통일 정부 수립을 위해 좌우 합작 운동을 펼치다!(탐구 주제) - 여운형(인물) [법19] □

[해설] 몽양 여운형(1886~1947)은 좌우 합작 위원회를 조직하여 좌우 합작 운동을 펼쳤다.

■ 여운형의 좌우익 합작 주장 [소19①] □

단독 정부가 출현한다면 나뿐 아니라 전 민족이 반대할 것이다. 나는 민전이나 민주의원을 초월한 통일 기관의 필요를 적극적으로 제창한다. …(중략)… 현재 좌우익은 악화된 감정과 경제적 이해에 관한 문제로 대립되어 있다. 감정은 피차에 풀고 좌우익이 합작해 우리 민족 전체의 의사를 대표하는 통일 기관을 만들어야 할 것이다. -『중외신보』-

[해설] 1946년 2월 14일에 결성된 (우익의) 남조선대한국민대표민주의원(줄여서 '민주의원'으로 약칭)과 같은 해 2월 15일에 결성된 (좌익의) 민주주의민족전선(줄여서 '민전'으로 약칭)이 언급된 것으로 보아 이 직후의 시기에 제기된 주장임을 짐작할 수 있다. 실제로 좌우 합작 운동을 추진하던 몽양 여운형이 1946년 6월 12일 (언론을 통해) 밝힌 내용이다.

- 좌우 합작 위원회가 구성되었다. [국23] □
  └ 좌우 합작 위원회를 구성하고 좌우 합작 7원칙을 발표하였다. [지19] □
  └ 여운형과 김규식은 좌우 합작 위원회를 구성하였다. [지20] □

[해설] (미군정의 지지와 후원으로) 몽양 여운형(1886~1947)과 우사 김규식(1881~1950) 주도의 좌우 합작 위원회가 구성된 것은 1946년 7월의 일이다(1946.7.25). 그리고 동 위원회에 의해 좌우 합작 7원칙이 발표된 것은 같은 해 10월 7일의 일이다. 참고로 좌우 합작 위원회가 해체된 것은 이듬해인 1947년 10월이다(1947.10.6).

- 한반도 내의 좌익 세력은 좌우 합작 위원회를 구성하여 회의 결과를 총체적으로 지지하였다[x]. [국11] □

[해설] 좌익 세력은 처음에는 반탁 운동을 전개하였으나 곧 모스크바 3상 회의 결과를 총체적으로 지지하는 방향으로 선회하였다(1946.1). 좌우 합작 위원회는 미소 공동 위원회(제1차)가 결렬된 이후 미군정의 지지 및 후원으로 여운형과 김규식 등의 '중도파'가 중심이 된 조직이다.

- 좌우 합작 위원회를 주도하였다. [지12②] □
  └ 중도 세력이 좌우 합작 운동을 추진하였다. [법11] □
  └ 여운형, 김규식 등이 좌우 합작 운동을 전개하였다. [회16] □

[해설] 좌우 합작 위원회를 주도한 것은 여운형과 김규식 등 중도파 세력[중도 세력]이다(1946~1947). 1946년 7월에 좌우 합작 위원회가 결성되었고, 같은 해 10월에 '좌우 합작 7원칙'을 발표하였으나 좌우익 세력이 모두 외면하였다.

- [좌우 합작 위원회] 여운형과 김규식 등이 주도하였다. [법19] □
  └ 김규식과 여운형이 교대로 위원장을 맡았다. [경21②] □
  └ 김구, 김규식 등이 주도하여 조직하였다[x]. [서12] □
  └ 박헌영 등 좌익 세력의 지지를 받았다[x]. [서12] □
  └ 조선 공산당과 한민당이 참여하였다[x]. [법19] □
  └ 남한만의 단독 정부 수립에 반대하였다. [서12] □
  └ 미 군정의 반대와 탄압 속에서 활동하였다[x]. [서12] □

└이승만의 정읍 발언을 지지하였다[x]. [법19] ☐

　└모스크바 3국 외상 회의의 결정을 반대하였다[x]. [서12] ☐

　└모스크바 3국 외상 회의 결정에 반대하였다[x]. [법19] ☐

[해설] 좌우 합작 위원회는 여운형과 김규식, 안재홍 등 중도파들이 주도하였다(미군정 지지). / 박헌영(1900~1955)이 주도한 좌익 세력은 좌우 합작 7원칙을 반대하였다. / [법19] 조선 공산당과 한민당은 좌우 합작 위원회에 참여하지 않았다. / 좌우 합작 위원회는 좌우 합작을 통해 모스크바 국외상 회의 결정문에 제시된 민주주의 임시 정부를 수립하여 '조국의 완전 독립'을 달성하려고 하였기 때문에 남한만의 단독 정부 수립은 (당연히) 반대하였다(좌우 합작 7원칙 참조). / 좌우 합작 위원회는 (김구가 아니라) 여운형과 김규식 등 중도파의 주도로 조직되었다(1946.7.25). / [서12] 미군정은 좌우 합작 위원회의 활동을 적극 지지[후원]하였다. 오히려 미군정에 의해 좌우 합작 위원회가 조직되고 활동할 수 있었다고 볼 수 있다. / [법19] 좌우 합작 위원회는 단독 정부 수립을 주장한 이승만의 정읍 발언(1946.6.3)을 지지하지 않았다(위원회 자체가 정읍 발언 이후에 구성). / [서12] [법19] 좌우 합작 위원회는 (제1차 미소 공동 위원회의 활동이 좌절된 시기에 탄생한 것으로) 모스크바 3국 외상 회의의 결정을 (반대한 것이 아니라) 지지하였다. 따라서 모스크바 3국 외상 회의의 결정에서 시작된 (제1차) 미소 공동 위원회의 활동 속개를 원하였다.

• [여운형] 좌우 합작 위원회를 구성해 좌우 합작 7원칙을 발표하였다. [국22] ☐

　└좌우 합작 위원회의 '좌우 합작 7원칙'이 선포되었다. [국15] ☐

　└좌·우 합작 위원회, '좌·우 합작 7원칙'에 합의 [서19①] ☐

　└좌우 합작 7원칙 합의 [법17] ☐

[해설] (여운형, 김규식, 안재홍과 같은 중도파가 중심이 된) 좌우 합작 위원회가 좌우 합작 7원칙을 발표한 것은 1946년 10월의 일이다(1946.10.7).

• 좌우 합작 7원칙이 발표되었다. [국24] [국19] ☐

　└[좌우 합작 위원회] 좌우 합작 7원칙을 발표하였다. [소18②] ☐

　└좌우 합작 7원칙 발표 [법15] [기18] ☐

　└(라): 좌우 합작 7원칙이 발표되었다. [소20] ☐

　└[이승만] 좌우 합작 7원칙을 지지하였다[x]. [국18] ☐

　└[좌우 합작 7원칙] 한국의 민주 독립을 보장한 모스크바 3국 외상 회의의 결정에 따라 좌우 합작으로 민주주의 임시 정부를 수립한다. [경18③] ☐ (제1항)

　└미·소 공동 위원회의 속개를 요청하는 공동 성명을 발표한다. [경18③] ☐ (제2항)

　└미·소 공동 위원회의 속개를 요청하는 공동 성명 발표 [지16②] ☐

　└미소 공동 위원회의 속개 [서15] ☐

　└친일파 민족 반역자를 처리할 조례를 본 합작 위원회에서 심리 결정하여 실시하게 한다[x]. [경18③] ☐ (제4항)

　└입법 기구의 권능과 구성 방법 및 운영 등에 관한 사항은 본 합작 위원회에서 작성하여 적극적으로 실행한다.

[경18③] ☐ (제6항)

　└토지의 유상 분배 및 중요 산업 사유화 [x] [지16②]

　└토지의 무상 몰수, 무상 분배 [x] [서15]

　└외국 군대의 철수 [x] [서15]

[해설] 좌우 합작 7원칙이 발표된 것은 1946년 10월 7일의 일이다. 이승만은 좌우 합작 위원회가 제안한 좌우 합작 7원칙을 수용하지 않았다. / 좌우 합작 7원칙에는 미소 공동 위원회의 속개를 요청하는 내용이 담겨 있다(제2항). / 좌우 합작 7원칙에서는 농민에게 토지를 무상으로 분배하며, 중요 산업을 국유화하고자 한다는 내용이 담겨 있다(제3항). / [경18③] 좌우 합작 7원칙 중 네 번째 항목에서 친일파 및 민족 반역자를 처리할 조례를 본 위원회의 입법 기구에 제안하여 입법 기구로 하여금 심의 결정하여 실시케 한다는 내용이 나와 있다(제4항)(즉 '본 합작 위원회'에서 심리 결정하는 것이 아님)(주의). / [서15] 토지의 무상 몰수, 무상 분배는 북한에서 실시된 토지 개혁(1946.3.5)과 관련이 있다. 좌우 합작 7원칙에서는 몰수, 유조건 몰수, 체감 매상 등으로 토지를 농민에게 무상으로 분여할 것[나누어 줄 것]을 주장하였다(제3항). / [서15] 외국 군대의 철수 주장은 좌우 합작 위원회와 관련이 없다.

■ 좌우 합작 7원칙 [지23] [지16①] [서15] [서12] [법19] [경18③] □

- 중도파의 여운형과 김규식 등은 통일 정부 수립을 위해 운동을 전개하였다. 소련과 합의를 통해 한반도 문제를 해결하려던 미군정도 이를 지원하였다. 이들은 1946년 7월 하순 위원회를 구성하고, 이해 10월 몇 가지 원칙에 합의하고 이를 발표하였다.

[해설] 좌우 합작 위원회가 1946년 10월 7일에 좌우 합작 7원칙을 발표하게 된 배경에 대한 설명이다.

- 조선의 좌우 합작은 민주 독립의 단계요, 남북통일의 관건인 점에서 3천만 민족의 지상 명령이며, 국제 민주화의 필연적 요청이었음에도 불구하고 저간의 복잡다단한 내외 정세로 오랫동안 파란곡절을 거듭해 오던 바, 10월 4일 좌우 대표가 회담한 결과 좌측의 5원칙과 우측의 8원칙을 절충하여 7원칙을 결정하였다.

[해설] '조선의 좌우 합작'이라는 부분과 '10월 4일 좌우 대표가 회담한 결과 … 7원칙을 결정'하였다는 부분에서 1946년 10월 7일에 발표된 좌우 합작 7원칙과 관련된 내용임을 알 수 있다. 주어진 자료는 합작 7원칙과 입법 기관에 대한 좌우 합작 위원회의 건의문이다. 이어 성명서와 좌우 합작 7원칙이 제시되어 있다(동아일보 1946년 10월 8일자 보도).

- 조선의 좌우 합작은 민주 독립의 단계요, 남북통일의 관건인 점에서 3천만 민족의 지상 명령이며, 국제 민주화의 필연적 요청이었음에도 불구하고 저간의 복잡다단한 내외 정세로 오랫동안 파란곡절을 거듭해 오던 바, 드디어 …(중략)… 다음과 같은 7원칙을 결정하였다.

[해설] 위와 같은 내용의 자료이다.

- 본 위원회의 목적을 달성하기 위하여 기본 원칙을 아래와 같이 의정함.
  1. 조선의 민주 독립을 보장한 삼상 결정에 의하여 남북을 통한 좌우 합작으로 민주주의 임시 정부를 수립할 것.
  2. 미소 공동 위원회 속개를 요청하는 공동 성명을 발표할 것.
  3. 토지 개혁에 있어 몰수, 유조건 몰수, 체감 매상 등으로 토지를 농민에게 무상으로 분여하여 적정 처리하고, 중요산업을 국유화하여 ….
  4. 친일파 민족 반역자를 처리할 조례를 본 합작 위원회에서 입법 기구에 제안하여 …… 실시하게 할 것.

[해설] 주어진 자료는 좌우 합작 위원회가 1946년 10월 7일에 발표한 '좌우 합작 7원칙'임을 알 수 있다.

- ○ 조선의 민주 독립을 보장한 삼상 회의 결정에 의하여 남북을 통한 좌우 합작으로 민주주의 임시 정부를 수립할 것. (제1항)
  ○ 토지 개혁에 있어서 몰수, 유조건 몰수, 체감매상 등으로 토지를 농민에게 무상으로 나누어 주며, …(중략)… 민주주의 건국 과업 완수에 매진할 것. (제3항)
  ○ 입법 기구에 있어서는 일체 그 권능과 구성 방법 운영에 관한 대안을 본 합작 위원회에서 작성하여 적극적으로 실행을 기도할 것. (제6항)

[해설] 좌우 합작 위원회가 1946년 10월에 발표한 좌우 합작 7원칙을 가리킨다(1946.10.7)(위에서부터 첫 번째, 세 번째, 여섯 번째 원칙에 해당).

- ·미소 공동 위원회 속개를 요청하는 공동 성명을 발표할 것. (제2항)
  ·친일파, 민족 반역자 처리 문제는 장차 구성될 입법 기구에서 처리할 것. (제4항)

[해설] '미소 공동 위원회 속개를 요청하는 공동 설명을 발표할 것'(2항)이라는 내용이 나와 있다. 이어 '친일파, 민족 반역자 처리 문제는 장차 구성될 입법 기구에서 처리할 것'(4항)이라는 내용이 나와 있다. 좌우 합작 위원회가 1946년 10월 7일 제시한 좌우 합작 7원칙임을 알 수 있다.

- 미군정은 좌우 합작을 추진하는 한편 남조선 과도 입법 의원 창설을 공포하였다.* [경20②] □

[해설] 미군정이 좌우 합작을 추진하는 한편 남조선 과도 입법 의원 창설을 공포한 것은 1946년 8월 24일의 일이다(군정 장관 러치). 참고로 몽양 여운형(1886~1947), 우사 김규식(1881~1950) 등을 중심으로 하는 좌우 합작 위원회가 결성된 것은 같은 해 7월 25일이며, 남조선 과도 입법 의원이 정식으로 개원한 것은 같은 해 12월 12일의 일이다(10월 21일부터 31일에 걸쳐 민선 의원 45명을 간접 선거로 선출). 미군정 당국은 1946년 5월 6일 미소 공동 위원회(제1차)가 무기 휴회되자 좌우 합작 운동을 적극 알선하는 한편, 온건한 좌우파들을 중심으로 하는 과도 입법 의원을 구상하였다('조선 인민이 요구하는 법령을 조선 인민의 손으로 제정하는 입법 기관의 창설').

- **[김규식]** 남조선 과도 입법 의원의 의장을 역임하였다. [국18] □
  └ 남조선 과도 입법 의원의 의장이 되었다. [경21①] □

  [해설] (미군정이 정권을 인도하기 위해 설립한) 과도적 성격을 띤 남조선 과도 입법 의원의 의장으로 취임한 인물은 우사 김규식(1881~1950)이다(1946.12~1948.5). 남조선 과도 입법 의원은 1946년 12월 12일에 개원하였다.

- **[안재홍]** 국민당 창당을 주도하고 미군정에서 민정 장관을 역임하였다.* [지15①] □

  [해설] 국민당 창당을 주도하고 미군정에서 민정 장관을 역임한 인물은 민세 안재홍(1891~1965)이다(1945.9.24, 중도우파적 성격의 국민당 창당) (1947년 2월 미군정의 민정 장관 취임하여 1948년 6월까지 재임). 신민족주의 사학자로『조선상고사감』을 저술하였다[1938년부터 1942년 사이에 조선일보 등에 연재되었으며 1947년에 상권이, 이듬해인 1948년에 하권이 간행].

- **[여운형]** 한반도 분단을 막고 통일 정부를 수립하자! [회20] □

  [해설] 몽양 여운형(1886~1947)이 주장했을 만한 구호로 제시되었다.

- **트루먼 독트린*** [지17②] □

  [해설] 트루먼 독트린이란 미국의 제33대 대통령인 해리 트루먼(재임 1945-1953)이 1947년 3월에 의회에서 선언한 미국 외교 정책을 가리킨다. 요지는 공산주의 세력의 확대를 저지하기 위하여 자유와 독립의 유지에 노력하며, 소수자의 정부 지배를 거부하는 의사를 가진 여러 나라에 대해 군사적·경제적 원조를 제공한다는 것이었다. 이 원칙에 입각하여 당시 공산 세력으로 인해 직접적인 위험에 직면하고 있던 그리스와 터키의 반공(反共) 정부에 대해 미국의 경제적·군사적 원조가 제공되었다. 이후 이 원칙은 미국 외교 정책의 기조가 되었으며, 유럽 부흥 계획과 북대서양 조약으로 구체화되어 갔다.

■ 몽양 여운형 생애 [회20] □

(가) 선생의 생애	
연도	활동
1907	국채보상 단연동맹지회 설립
1918	상하이에서 신한 청년당 조직
1921	고려 공산당에 가입
1944	조선 건국 동맹 조직
1945	조선 건국 준비 위원회 결성
1946	좌우 합작 운동 주도
1947	서울 혜화동 로터리에서 피격·사망

[해설] 연도별 활동상으로 보아 주어진 '(가) 선생'은 몽양 여운형(1886~1947)을 가리킴을 알 수 있다.

- 2차 미·소 공동 위원회가 개최되었다. [법17] □
  └ 제2차 미·소 공동 위원회 개최 [법21] □

  [해설] 제2차 미소 공동 위원회가 개최된 것은 1947년 5월의 일이다 (1947.5.21~10.18) 하지만 그 전해와 마찬가지로 협의 대상 선정 문제에 대한 의견 차이를 극복하지 못하여 7월경에 사실상 다시 결렬 위기에 봉착하고 말았다.

- 한반도 문제가 유엔에 이관되었다. [법11] □
  └ 한반도 문제의 처리를 유엔으로 넘기자고 주장하였다(미국). [지12②] □
  └ 유엔에 한국 문제 이관 [소19①] □

  [해설] 미소 공동 위원회가 사실상 결렬되었다고 판단한 미국은 1947년 9월 17일 한반도[한국] 문제의 처리를 유엔(UN)으로 넘겼다.

- 제2차 미·소 공동 위원회 결렬 [서19①] [경14①] □

  [해설] 제2차 미소 공동 위원회가 최종 결렬된 것은 1947년 10월 18일의 일이다(제62차 본회의). 미국은 1947년 9월 미소 공동 위원회가 사실상 결렬되자 한국 문제를 국제 연합, 즉 유엔(UN)으로 이관시켰다(1947.9.17).

■ 한반도 문제의 유엔(UN) 이관 [법11] □

지난 2년 간 미국은 얄타 협정을 실천하는 방도에 관하여 소련과 합의를 통해 한국을 독립시키고자 노력하여 왔으나 한국 독립 과업은 2년 전에 비해 추호도 진전된 것이 없다. 미·소 양군 점령 지구 간에는 38도선을 경계로 물자 교류 및 교통 왕래가 거의 두절된 상태이며 이로 말미암아 한국의 경제는 불구 상태에 빠졌는데, 이와 같은 상태를 계속 용인할 수 없다. 서울에서 두 차례 개최한 미·소 공동 위원회는 합의를 보지 못하고 있는 형편이므로 더 이상 미·소 양국의 교섭에 의하여 한국 문제를 해결하려는 기도는 다만 한국의 독립을 지연시킬 뿐이다.

[해설] 1947년 9월 제2차 미소 공동 위원회가 사실상 결렬되자 미국은 9월 17일 한국 문제를 유엔에 이관하는 조치를 취하였다(한반도 문제 유엔 이관). 그 결과 같은 해 11월 14일 유엔 총회에서 한국 문제 해결을 위해 유엔 한국 임시 위원단을 설치하는 안, 또 그 감시 하에 1948년 3월까지 남북 (자유) 총선거를 실시하는 안이 결의되었다(덧붙여 국회 및 정부 수립 후 미·소 양군 철수 결의안까지 3개 안 결의).

- 유엔 총회에서 유엔 감시 하에 인구 비례에 의한 남북한 총선거의 실시가 결의되었다. [국15] ☐
  └ UN에서 인구 비례에 따른 남북한 총선거를 실시할 것을 결정하였다. [회20] ☐
  └ 유엔 감시 하의 총선거로 정부를 수립한다는 결정을 내렸다. [지21] ☐
  └ 유엔 감시 하의 남북한 총선거 실시 [지16①] ☐
  └ 유엔(UN) 감시 하의 남북한 총선거 실시 [서15] ☐
  └ 유엔 총회에서 남북 총선거 결정 [경14①] ☐

[해설] 1947년 9월 미소 공동 위원회(제2차)가 사실상 결렬되자 미국은 한반도 문제를 국제 연합, 즉 유엔(UN)에 이관하였다(1947.9.17). 이어 유엔 총회에서 같은 해 11월 유엔 감시 하에 인구 비례에 의한 남북한 총선거의 실시가 결의되었다(1948.11.14).

- 김구의 '삼천만 동포에게 읍고함'이라는 글이 발표되었다. [국15] ☐

[해설] 백범 김구(1876~1949)가 단독 정부 수립을 막기 위해 '삼천만 동포들에게 읍고함'이라는 글을 발표한 것은 1948년 2월의 일이다(1948.2.10).

■ 삼천만 동포에게 읍고함(김구) [국18] [지14②] [법21] [법18] [경15③] [경14①] [기12] ☐

- 나는 통일된 정부를 달성하려다 38도선을 베고 쓰러질지언정 일신의 구차한 안일을 위하여 단독 정부를 세우는 데는 협력하지 아니하겠다.

[해설] 단독 선거에 반대하여 남북 협상에 참가한 김구의 '삼천만 동포에게 읍고함'이라는 성명서이다(1948.2.10)(일부, 성명서의 종결 부분). 북조선 인민 위원회는 이후 1948년 6월 제2차 연석 회의를 (황해도) 해주에서 개최할 것을 김구와 김규식에게 제의하였는데 이때 양자는 북쪽에서도 단독 정부를 수립하겠다는 것은 또 다른 민족 분열이라 하여 참가를 거부하였다.

- 우리가 기다리던 해방은 우리 국토를 양분하였으며, 앞으로는 그것을 영원히 양국의 영토로 만들 위험성을 내포하고 있다. …… 나는 통일된 정부를 건설하려다 38도선을 베고 쓰러질지언정 일신의 구차한 안일을 위하여 단독 정부를 세우는 데에는 협력하지 아니하겠다.

[해설] '나는 통일된 조국을 건설하려다 38도선을 베고 쓰러질지언정 일신의 구차한 안일을 취하여 단독 정부를 세우는 데에는 협력하지 아니하겠다'는 내용은 백범 김구(1876~1949)가 발표한 '삼천만 동포에게 읍고함'이란 성명서의 중심 내용이자 종결 부분이다(1948.2.10).

- 우리가 기다리던 해방은 우리 국토를 양분하였으며, 앞으로는 그것을 영원히 양국의 영토로 만들 위험성을 내포하고 있다. … 마음속의 38도선이 무너지고야 땅 위의 38도선도 철폐될 수 있다. … 나는 통일된 정부를 건설하려다 38도선을 베고 쓰러질지언정 일신의 구차한 안일을 위하여 단독 정부를 세우는 데에는 협력하지 않겠다.

[해설] 위의 자료와 사실상 같은 부분이다. 중간에 '감농적인' 문장이 하나 더 있다.

- 미군정 아래에서 육성된 그들은 경찰을 시켜 선거를 독점하도록 배치하고 인민의 자유를 유린하고 있다. (중략) 나는 통일된 조국을 건설하려다 38선을 베고 쓰러질지언정, 일신의 구차한 안일을 위하여 단독 정부를 세우는 데는 협력하지 않겠다.

[해설] 단독 정부 수립이 가시화된 1948년 2월 10일 발표된 백범 김구의 '삼천만 동포에게 읍고함'이라는 성명서이다. '미군정 아래에서~유린하고 있다'는 성명서의 중간 부분이고 '나는 통일된~협력하지 않겠다'는 성명서의 중심 내용이자 종결 부분이다.

- ⓒ은(는) '한국이 있고야 한국 사람이 있고, 한국 사람이 있고서야 민주주의도 공산주의도 또 무슨 단체도 있을 수 있는 것이다. 그러면 우리의 자주 독립적 통일 정부를 수립하여야 하는 이때에 있어서 어찌 개인이나 자기의 자주 독립적 사리 사욕을 탐하여 국가 민족의 백년대계를 그르칠 자가 있으랴.'고 하였다.

[해설] 단독 정부 수립이 가시화된 시점인 1948년 2월 10일에 발표한 백범 김구의 '삼천만 동포에게 읍고함'이라는 성명서이다. 성명서의 후반 부분이

다. 자료 속 'ⓒ'은 백범 김구를 가리킨다.

- 마음속의 38선이 무너지고야 땅 위의 38선도 철폐될 수 있다. …… 나는 통일된 조국을 건설하려다 38선을 베고 쓰러질지언정, 일신의 구차한 안일을 위하여 단독 정부를 세우는 데는 협력하지 않겠다.

[해설] 성명서의 후반부와 종결 부분이다. '마음속의 38선이~철폐될 수 있다'는 바로 위 자료의 세 문장 뒤에 나온다.

- 현시에 있어서 나의 유일한 염원은 3천만 동포와 손을 잡고 통일된 조국의 달성을 위하여 공동 분투하는 것뿐이다. 이 육신을 조국이 수요(需要)로 한다면 당장에라도 제단에 바치겠다. 나는 통일된 조국을 건설하려다 38도선을 베고 쓰러질지언정 일신에 구차한 안일을 취하여 단독 정부를 세우는 데는 협력하지 않겠다.

[해설] 성명서의 중심 내용이자 종결 부분이다

- 김구와 김규식이 남북 협상을 제의하였다. [국19] ☐
  └ 김구, 김규식 등이 남북 협상을 추진하였다. [지14①] ☐
  └ [김구] 통일 정부 수립을 위한 남북 협상을 추진하였다. [지14②] ☐
  └ 단독 정부 수립을 반대하고 이북에 남북 협상을 제안하였다(김구). [기12] ☐
  └ 통일 정부 수립을 위하여 남북 정치 요인 회담을 제의하였다(김규식). [서24②] ☐

[해설] 백범 김구(1876~1949)와 우사 김규식(1881~1950)이 (단독 정부 수립에 반대하여 북측에) 남북 협상을 제의한 것은 1948년 2월 16일의 일이다(서울의 소련군 대표부를 통해 전달 의뢰). / [서24②] 김구는 1948년 2월 16일 김규식과 연서로 통일 정부 수립을 위한 남북 정치 요인 회담[남북 지도자 회담]을 북한에 제의하였다. 하지만 북한은 이에 대한 회답을 곧바로 보내지 않다가 2월 26일 유엔 소총회에서 남한 만의 선거가 결의된지 한 달 뒤인 3월 25일에서야 갑자기 4월 14일부터 남북의 정당·사회 단체 대표자들이 모여 연석 회의를 개최하자고 (역)제안하였다. 그 후 재차 이러저러한 협의가 진행되어 결국 4월 하순 평양에서 남북 협상이 이루어졌다.

- 유엔 소총회, 가능한 지역에서만 총선거 실시 결의 [서19①] ☐
  └ 5·10 총선거 실시를 결정하였다. [소18②] ☐

[해설] 유엔(UN) 소총회에서 가능한 지역에서만의 총선거 실시를 결의한 것은 1948년 2월 26일이다(찬성 31, 반대 2, 기권 11로 채택). 참고로 유엔 소총회 결의에도 불구하고 유엔 한국 임시 위원단 내부에서는 남한만의 단독 선거가 바람직하지 않다는 의견이 계속 제기되어 논란을 일으키다가 같은 해 3월 12일 찬성 4개국, 반대 2개국 기권 2개국으로 5월 10일 선거를 감시하기로 최종 결정하였다.

■ **유엔 소총회 결의안** [국23] ☐

소총회는 …(중략)…· 한국 인민의 대표가 국회를 구성하여 중앙 정부를 수립할 수 있도록 선거를 시행함이 긴요하다고 여기며, 총회의 의결에 따라 국제 연합 한국 임시 위원단이 접근할 수 있는 지역에서 결의문 제2호에 기술된 계획을 시행함이 동 위원단에 부과된 임무임을 결의한다.

[해설] 소련에 의해 입북이 거부된 유엔 한국 임시 위원단(UNTCOK)의 보고를 받고 열린 유엔 소총회에서는 1948년 2월, 접근 가능한 남한만의 단독 선거를 실시한다는 결정을 하였다(1948.2.26)(유엔 소총회 의결).

- 김구·김규식이 남북 협상을 위해 북한을 방문하였다. [국13] ☐
  └ [김구] 평양에서 열린 남북 협상 회의에 참석하였다. [지18] ☐
  └ [김구, 김규식] 38도선을 넘어 북한 지도부와 남북 협상을 가졌다. [법21] ☐
  └ 김구와 김규식 등이 통일 정부 수립을 위한 남북 협상을 벌였다. [회20] ☐
  └ (다): 김구와 김규식이 남북 협상을 제안하여 평양에서 회의가 개최되었다. [소20] ☐
  └ 남북 지도자 회의가 개최되었다. [법11] ☐

└남북 지도자 회의 [경14①] ☐

└남북 협상 [회15] ☐

[해설] 한국 독립당의 백범 김구(1876~1949)와 민족자주연맹의 우사 김규식(1881~1950) 등이 남북 협상*을 위해 북한을 방문한 것은 1948년 4월의 일이다(남한만의 단독 선거에 반대).

*남북 협상: 1948년 4월 19일에서 23일까지 평양에서 '남북 연석 회의'[정식 명칭은 '남북조선(전조선)제정당사회단체대표자연석회의']가 열렸다. 그리고 뒤이어 남북한 주요 단체 대표들(15명 참석) 간에 두 차례의 회의(4월 27일과 30일)가 또 열렸는데, 이를 '(15인) 남북 지도자 협의회'[정식 명칭은 '남북조선(전조선)제정당사회단체지도자협의회']라 한다. 그런데 또 '4김 회담'이라고 하여 김구와 김규식, 김일성과 김두봉 간의 회담이 4월 26일과 30일에 각 진행되었다(4월 28일 김규식과 김일성의 개별 회담 별도, 2김 회담). 정리하면 보통 남북 연석 회의는 4월 19일부터 23일까지 진행된 본회의를 지칭한다. 그리고 현재의 통설은 4월 19일부터 30일까지 진행된 연석 회의 본회의와 남북 지도자 협의회, 4김 회담을 모두 통틀어 '남북 협상'으로 보고 있다. 원래 김구와 김규식은 평양에 와 '남북 요인 회담'(즉 2월부터 요구하던 남북 정치 요인 회담[남북 지도자 회담])을 강력히 요청하였는데 이렇게 볼 때 [법11]과 [경14①] 선지에서 말하는 '남북 지도자 회의'는 '(15인) 남북 지도자 협의회'와 '4김 회담'을 가리키는 것으로 볼 수 있다.

※ [지18]처럼 '남북 협상 회의'라는 용어는 교과서나 한국사 관련 단행본 등에서는 사용하지 않는다(어색함). '남북 협상' 안에 여러 회의[회담]가 이미 들어가 있기 때문에 그냥 총괄해서 '남북 협상'이라고만 표기하는 것이 일반적이다.

■ 백범 김구의 남북 협상 [국22] ☐

한국 국민당을 이끌던 그는 독립운동 세력을 통합하고자 한국 독립당을 결성해 항일 운동을 주도하였다. 광복 직후 귀국한 그는 정부 수립을 위한 활동을 이어나갔으며, 남한 단독 선거가 결정되자 김규식과 더불어 남북 협상을 위해 평양을 방문하기도 하였다.

[해설] 주어진 자료 속 밑줄 친 '그'는 백범 김구(1876~1949)를 가리킨다. 한국 독립당이 최초로 (중국 상하이에서) 결성된 것은 1930년 1월이고, 한국 국민당이 결성된 것은 1935년 11월, 한국 독립당이 새롭게 결성된 것은 1940년 5월의 일이다(통합 한독당 혹은 중경 한독당). 그리고 김구가 우사 김규식(1881~1950)과 함께 남북 협상을 위해 평양을 방문한 것은 1948년 4월의 일이다.

• [김구] 한국 민주당을 결성하였다[×]. [법18] ☐

└5·10 총선거에 불참하였다. [법18] ☐

└단독 정부 수립에는 반대하였으나 5·10 총선거에 후보로 출마하였다[×]. [경20②] ☐

└ⓒ은(는) 남한 단독 정부 수립을 강력하게 반대하였다. [경15③] ☐

└정부 수립을 위한 5·10 총선거 반대 투쟁을 전개하였다[×]. [기12] ☐

└건국 준비 위원회를 주도하였다[×]. [법18] ☐

└제헌 국회에서 대통령으로 당선되었다[×]. [법18] ☐

[해설] 백범 김구(1876~1949)가 속한 정당은 (한국 민주당이 아니라) 한국 독립당(줄여서 '한독당')이다. 우익 세력들에 의해 한국 민주당(줄여서 '한민당')이 결성된 것은 1945년 9월이다(1945.9.16). / 김구는 단독 정부 수립에 반대하고 통일 정부를 수립하기 위하여 우사 김규식(1881~1950)과 함께 남북 협상에 나섰다. 1948년 5월에 실시된 5·10 총선거에는 불참하였다. / [기12] 김구가 정부 수립을 위한 5·10 총선거에 반대는 하였지만 그렇다고 반대 투쟁을 전개하지는 않았다. / [법18] 건국 준비 위원회를 주도한 인물은 몽양 여운형(1886~1947)이다[민세 안재홍(1891~1965)도 부위원장으로 참여]. / 제헌 국회에서 대통령으로 당선된 인물은 우남 이승만(1875~1965)이다(1948.7.20).

주제 70 대한민국 정부의 수립

1 정부 수립을 둘러싼 갈등

• 제주도에서 4·3 사건이 발생하였다. [법17] □
  └제주 4·3 사건이 발생했다. [서24②] □
  └제주 4·3 사건 발생 [서16] □
  └제주도 4·3 사건 [경12③] □
  └제주 4·3 사건 [경14①] □

[해설] 제주 4·3 사건이 일어난 것은 1948년 4월 3일의 일이다. 이로 인해 제주도에서는 총선거가 실시되지 못하였다. / 제주 4·3 사건은 미군정기였던 1947년 3월 1일 경찰의 발포 사건*에서 시작되어 한라산 금족 구역이 해제된 1954년 9월 21일까지 7년 7개월에 걸쳐 제주도에서 일어난 일련의 사건들을 가리킨다. '4·3'이라는 명칭은 1948년 4월 3일에 발생한 대규모 소요 사태(남로당의 '무장 봉기')에서 유래한다. / 김대중 정부 시기인 2000년 1월, 희생자들의 명예 회복을 위한 특별법이 제정되었다(2000.1.12). 특별법의 명칭은 '제주4·3사건 진상규명 및 희생자 명예회복에 관한 특별법'**으로 희생자와 그 유족들의 명예를 회복시켜줌으로써 인권 신장과 민주 발전 및 국민 화합에 이바지하는 것을 목표로 하였다. 참고로 정부 차원의 『제주 4·3 사건 진상 조사 보고서』가 발간된 것은 노무현 정부 시기인 2003년 10월의 일이다(2003.10.15). 2022년에는 정부 차원의 4·3 추가 진상 조사가 착수되었다[2024년에 보고서 작성 개시, 현재 『제주 4·3 사건 추가 진상 조사 보고서 I』 발간(제주 4·3 평화 재단 사이트에서 공개].

*1947년 3월 1일 제주 북국민학교에서 삼일절 기념 제주도 대회가 열려 2만5천~3만여 명의 주민이 모였다. 이날 행사를 끝낸 군중들이 가두시위에 들어갔다. 시위대가 미군정청과 경찰서가 있던 관덕정을 지나가고, 200명 정도의 군중이 시위 행렬을 구경하고 있던 도중 사건이 하나 터졌다. 오후 2시 45분경 기마경찰 소속의 한 경위가 시위를 막기 위해 군중들을 헤치다 제북교에서 관덕정으로 들어서는 길 모퉁이를 돌려 할 때 고빗길에서 서성대던 한 어린이가 경위가 탄 말의 발굽에 채였는데 경위가 이를 모르고 지나가버렸다. 이에 분노한 군중들이 기마경찰을 비난하며 몰려들었고, 기마경찰들은 황급히 도망쳤다. 군중들은 도망가는 기마경찰들을 향해 돌을 던졌고, 돌팔매질과 더불어 거리가 난장판이 되기 시작하자, 경찰서에 있던 경찰들이 군중이 경찰서를 습격하는 줄 알고 응원 온 경찰들과 함께 관덕정 주변의 사람들에게 발포하기 시작하였다. 이로 인해 6명이 죽고 8명이 부상을 입었다.

**2021년 2월 국회에서 의결된 '제주4·3사건 진상규명 및 희생자 명예회복에 관한 특별법' 개정안이 3월 16일 국무 회의를 통과하였다. 이로써 특별 재심 조항이 신설되고, 국가 차원의 피해 보상 근거를 명시해 명예 회복에 더 힘이 실릴 수 있게 되었다.

• 여수·순천 10·19 사건 발생 [서16] □
  └여수·순천 10·19 사건 [법17] [회17] □

[해설] 여수·순천 10·19 사건이 일어난 것은 대한민국 정부 수립 직후인 1948년 10월 19일의 일이다(1948.10.19~27). 당시 여수에 주둔 중이던 조선 국방 경비대 14연대 소속 장병들이 제주(도) 4·3 사건을 진압하라는 이승만 정부의 출동 명령을 거부하고 일으킨 반란이다. 1955년 7월 '빨치산 토벌이 마무리될 때까지(서남 지구 전투 사령부 해산) 토벌군에 의한 무리한 토벌 작전으로 막대한 민간인 인명 피해가 발생하였다.

2 대한민국 정부 수립

• 5·10 총선거가 실시되었다. [국24] [국23] [지14①] □
  └남한에서 5·10 총선거가 실시되었다. [법17] □
  └5·10 총선거 [국13] [서23] [법21] □
  └5·10 총선거 실시 [소20] [소19①] □
  └UN 소총회 결의에 따른 총선거 실시 [법15] □
  └유엔 감시 하에 남한에서 총선거가 실시되었다. [국16] □

└남한에서는 유엔 한국 임시 위원단의 감시 아래 총선거가 실시되었다. [지11①] □

└유엔 한국 임시 위원단의 감시하에 남한만의 총선거가 실시되었다. [경20②] □

└5·10 총선거가 남한에서 실시되어 제헌 의회가 구성되었다. [국14] □

[해설] 유엔(UN) 소총회 결의(1948.2.26)에 따라 같은 해인 1948년 5월 10일 총선거가 실시되었다(5·10 총선거). 실시 결과 제헌 국회가 구성되었으며(1948.5.31), 제헌 국회에서 국호를 대한민국으로 정하고 민주 공화제의 헌법을 제정하였다(1948.7.17). 단 이때 제주(도) 4·3 사건으로 말미암아 제주도에서는 선거를 실시하지 못하였다.* 총선거에서 무소속 입후보자들이 대거 당선되었다(총 200석 중 85석).

*총선거 결과 전체 의석 200석 중에 제주도 2개구를 제외하고 198개구에서 198명의 제헌 국회 의원이 선출되었다. 제주도는 4·3 사건으로 선거가 무기한 연기되었다가 이듬해에 치러졌다.

■ 5·10 총선거 [기15] □

21세 이상 모든 국민에게 투표권이 부여된 우리나라 최초의 보통 선거로, 직접, 평등, 비밀, 자유 원칙에 따라 실시된 민주 선거였다.

[해설] '우리나라 최초의 보통 선거'라고 했으므로, 1948년 5월에 치러진 '5·10 총선거'를 가리킴을 알 수 있다. 이를 통해 구성된 국회는 제헌 국회이다(1948년 5월 31일 개원하여 1950년 6월까지 활동, 당시는 임기가 2년).

- [이승만] 5·10 총선거에 불참하였다[×]. [국18] □

[해설] 우남 이승만(1875~1965)은 5·10 총선거 결과로 구성된 제헌 국회에서 대통령으로 선출되었다(1948.7.20). 5·10 총선거에 불참한 대표적인 인물은 백범 김구(1876~1949)와 우사 김규식(1881~1950)이다.

- [조소앙] 제헌 국회 의원에 당선되었다[×]. [지17①] □

[해설] 조소앙(1887~1958)은 5·10 총선거에 불참하였다. 하지만 이후 1950년 5월 30일에 치러진 2대 총선에서는 출마하여 국회 의원으로 당선되었다.

- 제헌 국회 개원 [법17] □

└제헌 국회 설립 [회15] □

[해설] 제헌 국회가 개원[설립]한 것은 1948년 5월 31일의 일이다. / 1948년 5·10 총선거 결과 설립된 것인데, 백범 김구는 이 선거에 참여하지 않았다.

- 제헌 국회가 구성되어 헌법을 제정하였다. [지20] □

└제헌 국회에서 대한민국의 헌법이 제정, 공포되었다. [국15] □

└[제헌 국회] 민주 공화제를 핵심으로 한 제헌 헌법을 만들었다. [지21] □

[해설] 제헌 국회가 대한민국의 헌법을 제정, 공포한 것은 1948년 7월의 일이다(1948.7.17)(제헌 헌법 반포, 제헌절).

- [제헌 헌법] 이 헌법에서는 친일 반민족자의 처벌, 토지 개혁을 통한 지주제 폐지, 지하자원과 산업의 국유화, 사기업에서 노동자들의 이익 참가권 등을 규정하였다. [경19②] □

└국회에서 간선제 방식으로 대통령에 이승만, 부통령에 이시영이 선출되었고, 이승만 대통령은 대한민국 정부의 수립을 국내외에 선포하였다. [경19②] □ (제53조)

└대통령과 부통령은 국민의 보통·평등·직접·비밀 선거에 의하여 각각 선출한다[×]. [경18②] □

└대통령 간선제 [법20] □

└농지는 농민에게 분배하며 그 분배의 방법, 소유의 한도, 소유권의 내용과 한계는 법률로써 정한다. [경18②] □ (제86조)

└이 헌법을 제정한 국회는 단기 4278년 8월 15일 이전의 악질적인 반민족 행위를 처벌하는 특별법을 제정할 수 있다.

[경18②] □ (제101조)

┗이 헌법을 제정한 국회는 이 헌법에 의한 국회로서의 권한을 행하며 그 의원의 임기는 국회 개회일로부터 2년으로 한다.

[경18②] □ (제102조)

[해설] 제헌 헌법에서 친일 반민족자의 처벌, 토지 개혁을 통한 지주제 폐지, 지하자원과 산업의 국유화, 사기업에서 노동자들의 이익 참가권 등이 규정되었다(각 제101조/제86조/제85조와 제87조/제18조 '영리를 목적으로 하는 사기업에 있어서는 근로자는 법률의 정하는 바에 의하여 이익의 분배에 균점할 권리가 있다.'). / [경19②] [경18②] [법20] 제헌 헌법에서는 대통령 간선제를 규정하였다. 그 외 대통령 간선제를 채택한 헌법으로는 '제7차 개헌'(1972.12), '제8차 개헌'(1980.10)을 들 수 있다. / 국회에서 간선제 방식으로 대통령에 우남 이승만(1875~1965), 부통령에 성재 이시영(1869~1953)이 각 선출되었다(7.20)(7월 24일 취임). 즉 제헌 헌법 제53조에서는 대통령과 부통령은 국회에서 무기명 투표로써 각각 선거한다고 규정하였다. 오늘날처럼 국민의 보통·평등·직접·비밀 선거에 의하여 선출하지 않았다. / 제헌 국회 의원의 임기는 2년이었다(제헌 헌법 제102조 규정). 그래서 제2회 국회 의원 선거가 1950년 5월 30일에 치러졌다.

■ 제헌 헌법 [지17①] [서24②] [경19②] □

- 유구한 역사와 전통에 빛나는 우리들 대한 국민은 기미 3·1 운동으로 대한민국을 건립하여 세계에 선포한 위대한 독립 정신을 계승하여, 이제 민주 독립 국가를 계승함에 있어서, 정의·인도와 동포애로써 민족의 단결을 공고히 하여, 모든 사회적 폐습을 타파하고 민주주의 제도를 수립하여 정치·경제·사회·문화의 모든 영역에서 각인의 기회를 균등히 하고 [하략]

[해설] 주어진 자료는 곧 1948년 7월 17일에 공포된 제헌 헌법이다[제헌 헌법 전문(前文)].

- 유구한 역사와 전통에 빛나는 우리들 대한 국민은 기미 3·1 운동으로 대한민국을 건립하여 세계에 선포한 위대한 독립 정신을 계승하여 이제 민주 독립 국가를 재건함에 있어서 정의, 인도와 동포애로써 민족의 단결을 공고히 하며 모든 사회적 폐습을 타파하고 민주주의 제도를 수립하여 정치, 경제, 사회, 문화의 모든 영역에 있어서 각인의 기회를 균등히 하고 능력을 최고도로 발휘케 하며 각인의 책임과 의무를 완수케 하여……

[해설] 1948년 7월 12일 제헌 국회에서 통과된 제헌 헌법의 전문(前文)이다. 헌법의 제정 이유와 앞으로 나아가야 할 방향이 제시되어 있다. 같은 해 7월 17일 서명·공포되어 그날로 발효되었다(제헌절).

- 대통령과 부통령은 국회에서 무기명 투표로 각각 선거한다.

[해설] 제헌 헌법 제53조의 내용이다. 제헌 헌법은 이처럼 대통령 간선제를 채택하였다. 제53조는 이 문장 다음에 선거 방식에 대해 기술하고 있다('재적 의원 3분지 2 이상의 출석과 출석 의원 3분지 2 이상의 찬성 투표로써 당선'을 결정)('대통령과 부통령은 국무총리 또는 국회 의원을 겸하지 못함'도 명시).

- 제헌 국회에서 대통령에 이승만, 부통령에 이시영을 선출하였다. [지23] □

┗[제헌 국회] 이승만을 대통령, 이시영을 부통령으로 선출하였다. [지19] □

[해설] 제헌 국회에서 대통령에 우남 이승만(1875~1965), 부통령에 성재 이시영(1869~1953)을 선출한 것은 1948년 7월 20일의 일이다(7월 24일 취임).

※ 역대 대통령 재임 시기는 다음과 같다.

구분	성 명	재임 기간	구분	성 명	재임 기간
1대~3대	이승만(1875~1965)	1948.7~1960.4	15대	김대중(1924~2009)	1998.2~2003.2
4대	윤보선(1897~1990)	1960.8~1962.3	16대	노무현(1946~2009)	2003.2~2008.2
5대~9대	박정희(1917~1979)	1963.12~1979.10	17대	이명박(1941~현재)	2008.2~2013.2
10대	최규하(1919~2006)	1979.12~1980.8	18대	박근혜(1952~현재)	2013.2~2017.3
11대~12대	전두환(1931~2021)	1980.9~1988.2	19대	문재인(1953~현재)	2017.5~2022.5
13대	노태우(1932~2021)	1988.2~1993.2	20대	윤석열(1960~현재)	2022.5~현재
14대	김영삼(1928~2015)	1993.2~1998.2			

* 역대 대통령 선거(대선)와 국회 의원 선거(총선)는 주제 72 별표 참조

- 대한민국 정부 수립 [국13] [법23] [법21] [기18] ☐
  └대한민국 정부가 수립되었다. [회14] ☐
  └대한민국 정부 수립 선포 [지14①] ☐
  └대한민국 정부 수립 [회16] ☐

[해설] 대한민국 정부가 수립된 것은 1948년 8월 15일의 일이다. '대한민국 정부 수립 국민 축하식'이 중앙청(구 조선 총독부 청사)에서 거행되었다. 참고로 대한민국 정부는 1948년 12월 12일 프랑스 파리에서 열린 제3차 유엔 총회에서 다수 국가의 지지로 승인되었다(찬성 48, 반대 6, 기권 1, 유엔 총회 결의안 제195호 제2항).

- [대한민국 정부 수립] 이승만은 국회에서 차지한 의석 비율을 참고하여 여러 당파를 아우르는 내각을 구성하고, 조봉암 등 중도 세력도 등용하여 정치적 안정을 도모하였다. [경19②] ☐
  └그동안 이승만과 노선을 같이 했던 한국 민주당은 각료 배분에서 최대 다수석을 차지함으로써 여당으로서의 면모를 과시하였다[X]. [경19②] ☐

[해설] 이승만은 국회에서 차지한 의석 비율을 참고하여 여러 당파를 아우르는 내각을 구성하고, 죽산 조봉암(1898~1959) 등 중도 세력도 등용하여 정치적 안정을 도모하였다. / [경19②] 한국 민주당(한민당)은 이승만과 노선을 같이 하였지만 이승만의 견제로 각료 배분에서 사실상 소외되어 야당으로 전락하였다. 정통 한민당원으로는 김도연(1894~1967)만이 재무장관에 임명되었다. 정부 형태 선택, 국무총리 지명에서 벌어진 이승만과 한민당의 갈등은 이로써 더욱 증폭되었다.

- 북한 정부가 수립되었다.* [국13] ☐
  └북한에 조선 민주주의 인민 공화국이 수립되었다.* [서24②] ☐
- ⓒ - 조선 민주주의 인민 공화국 정부 수립을 선포하였다.* [회16] ☐

[해설] 북한 정부(조선 민주주의 인민 공화국)가 수립된 것은 1948년 9월의 일이다(1948.9.9).

- [북한 정권 수립 과정] 북조선 임시 인민 위원회 성립* [서18①] ☐
  └토지 개혁 실시* [서18①] ☐
  └북조선노동당 결성* [서18①] ☐
  └조선 인민군 창설* [서18①] ☐
  └최고 인민 회의 대의원 선거 실시* [서18①] ☐
  └조선 민주주의 인민 공화국 성립* [서18①] ☐

[해설] 북조선 임시 인민 위원회가 성립된 것은 1946년 2월 8일이다. 참고로 소련의 지원을 받은 김일성파의 주도로 조선공산당 북조선 분국이 1945년 10월 23일 출범하였다. 또 같은 해 12월에 이르러 '북조선공산당'이라는 명칭을 사용하기로 결의하였다. 이 과정에서 국내파 공산주의자들은 조직 원칙에 어긋난다는 이유로 반대하였으나 그대로 통과되어 두 계파 간에 갈등이 야기되었다. 북조선 인민 위원회가 출범한 것은 1947년 2월 22일의 일이다. / 토지 개혁이 실시된 것은 1946년 3월 5일이다. / 북조선노동당이 공식 결성된 것은 1946년 8월 29일이다. / 조선 인민군이 창설된 것은 1948년 2월 8일이다. / 최고 인민 회의 대의원 선거가 실시된 것은 1948년 8월 25일이다(8·25 총선). 남과 북에서 대의원 572명이 선출되었다고 발표되었다. / 조선 민주주의 인민 공화국이 성립된 것은 1948년 9월 9일이다.

3 반민족 행위 처벌 문제

- 국회에서 반민족 행위 처벌법을 제정하였다. [국13] ☐
  └제헌 국회는 『반민족행위처벌법』을 제정하였다. [경20②] ☐
  └「반민족행위처벌법」이 제정되다. [지21] ☐
  └반민족 행위 처벌법이 제정되었다. [지14①] ☐

ㄴ반민족 행위 처벌법을 제정하였다. [소18②] ☐
ㄴ반민족 행위 처벌법을 제정하였다. [회16] ☐
ㄴ반민족 행위 처벌법 제정 [회15] [기18] ☐
ㄴ친일파 청산을 위해 반민족 행위 처벌법을 제정하였다. [기17] ☐
ㄴ친일파를 청산하기 위한 「반민족행위처벌법」이 공포되었다. [지23] ☐
ㄴ일제의 잔재를 청산하고 민족정기를 바로잡기 위해 『반민족 행위 처벌법』을 제정하였다. [지11①] ☐
ㄴ반민족 행위 처벌법이 통과되었다는 뉴스를 듣는 시민 [법16] ☐
ㄴ반민족 행위 처벌법 [기15] ☐

[해설] 제헌 국회가 친일파 처벌 및 일제의 잔재 청산을 위해 「반민족행위처벌법」을 제정·공포한 것은 정부 수립 직후인 1948년 9월의 일이다 (1948.9.22). 그리고 이 법에 근거하여 '반민족행위특별조사위원회', 이른바 '반민특위'가 다음 달인 10월에 구성되었다(1948.10.23)[제헌 국회, 1948.5.31~1950.5.30]. 제헌 헌법 101조에 '이 헌법을 제정한 국회는 단기 4278년 8월 15일 이전의 악질적인 반민족행위를 처벌하는 특별법을 제정할 수 있다'고 규정하였다(단기 4278년은 서기 1945년). / 백범 김구(1876~1949)는 '5·10 총선거'에 불참으로써 대한민국 정부 수립에 관여하지 않았다. 오히려 남과 북의 단독 정부 수립을 비판하면서 강력히 반대하였다. 따라서 반민족 행위 처벌법 제정과 관련한 활동을 하지 않았다.

▌반민족 행위 처벌법 [지17①] [지22] [회18] ☐

- 제1조 일본 정부와 통모하여 한·일 합병에 적극 협력한 자, 한국의 주권을 침해하는 조약 또는 문서에 조인한 자와 (이를) 모의한 자는 사형 또는 무기 징역에 처하고, 그 재산과 유산의 전부 혹은 2분의 1 이상을 몰수한다. (중복 출제)

  제2조 일본 정부로부터 작위를 받은 자 또는 일본 제국 의회의 의원이 되었던 자는 무기 또는 5년 이상의 징역에 처하고 그 재산과 유산의 전부 혹은 2분의 1 이상을 몰수한다.

  제3조 일본 치하 독립운동자나 그 가족을 악의로 살상·박해한 자 또는 이를 지휘한 자는 사형, 무기 또는 5년 이상의 징역에 처하고 그 재산의 전부 혹은 일부를 몰수한다.

[해설] '한일 합병에 협력한 자에 대한 처벌', '작위를 받은 자에 대한 처벌', '독립운동자를 살상·박해한 자에 대한 처벌' 등이 규정되어 있다. 이를 통해 1948년 9월 제헌 국회에서 (제헌 헌법 제101조에 근거하여) 제정된 반민족 행위 처벌법, 즉 '반민법'을 가리킴을 알 수 있다(1948.9.22).

- 일본 정부와 공모하여 한·일 합병에 적극 협력한 자, 한국의 주권을 침해하는 조약 또는 문서에 조인한 자와 모의한 자는 사형 또는 무기 징역에 처하고 그 재산과 유산의 전부 혹은 2분의 1 이상을 몰수한다. (제1조)

[해설] 1948년 9월에 제정된 반민족 행위 처벌법, 이른바 '반민법'을 가리킨다(제1조).

- [반민족 행위 처벌법] 이 법률은 제헌 국회에서 제정되었다. [지22] ☐
ㄴ이 법령의 제정은 제헌 헌법에 명시된 사항이었다. [지17①] ☐
ㄴ이 법률은 농지 개혁법이 제정된 후 제정되었다[✗]. [지22] ☐
ㄴ이 법령은 여수·순천 10·19 사건 직후에 국회에서 통과되었다[✗]. [지17①] ☐
ㄴ이 법률에 의해 반민특위와 특별 재판부가 구성되었다. [지22] ☐
ㄴ이 법령에 따라 특별 재판부가 설치되었다. [지17①] ☐
ㄴ이 법률에 의해 친일 경력을 지닌 고위 경찰 간부가 체포되었다. [지22] ☐
ㄴ이 법령에 따라 반민족 행위자들이 실형을 선고받았다. [지17①]
ㄴ(가) - 미 군정기에 발표되었다[✗]. [회18] ☐
ㄴ(가) - 법의 집행을 위해 반민족 행위 특별 조사 위원회가 설치되었다. [회18] ☐

[해설] 반민족 행위 처벌법, 즉 '반민법'은 제헌 국회*에서 제정되었다(1948년 9월 7일 국회 통과). 제헌 헌법에 명시된 사항이었다(제10장 부칙 제101조에서 규정, '이 헌법을 제정한 국회는 단기 4278년 8월 15일 이전의 악질적인 반민족행위를 처벌하는 특별법을 제정할 수 있다'). / [지22] [지17①] 반민법이 공포된 것은 제정된 지 2주 후인 1948년 9월 22일이고, 농지 개혁법이 제정·공포된 것은 이듬해인 1949년 6월 21일의 일이다. 또 여수·순천 10·19 사건이 일어난 것은 1948년 10월 19일에 발생하였다. 참고로 이 사건 직후에 국회에서 통과된 주요 법령으로는 국가보안법을 들 수 있다(11월 20일 국회에서 통과되었고, 12월 1일 공포). / [지22] 반민법에 근거하여 1948년 10월 23일 국회 의원 10명으로 구성된 반민족 행위 특별 조사 위원회(줄여서 '반민특위')와 특별 재판부, 특별 검찰부가 설치되었다. / 이후 반민법에 의해 친일 경력을 지닌 고위 경찰 간부가 체포되었다(노덕술, 김태식 등). 반민특위의 활동으로 친일혐의자 478명에게 구속 영장이 발부되어 305명이 체포되고 221명이 기소되었다. 그중 40명이 재판을 받아 12명이 실형을 선고받았다.

*제헌 국회: 헌정 사상 최초의 의회로, 1948년 5월 31일에 개원하여 제2대 국회가 국회 의장을 선거하기 전날인 1950년 6월 18일까지 존속하였다.

• [제헌 국회] 반민족 행위 특별 조사 위원회를 구성하였다. [국23] [국22] □
└ 반민족 행위 특별 조사 위원회가 구성되어 친일 행위를 조사했다. [서24②] □
└ 친일파 청산을 위해 반민족 행위 특별 조사 위원회를 설치하였다. [서19②] □
└ 친일 청산을 위해 '반민특위'가 설치되었다. [서24②] □
└ 일제 잔재를 청산하기 위해 반민족 행위 특별 조사 위원회가 구성되었다. [회14] □
└ (나): 반민족 행위 특별 조사 위원회가 설치되었다. [소20] □
└ 반민족 행위 특별 조사 위원회가 구성되었다. [국24] □
└ 반민족 행위 특별 조사 위원회 설치 [서16] □

[해설] 제헌 국회는 친일파를 처벌하고 일제의 잔재를 청산하기 위하여 1948년 9월 반민족 행위 처벌법(반민법)을 제정하고 곧 이에 근거하여 같은 해 10월 반민족 행위 특별 조사 위원회(줄여서 '반민특위')와 특별 재판부, 특별 검찰부를 구성하였다(1948.10.23, 반민특위는 국회 의원 10명으로 구성*). 이듬해인 1949년 1월 5일 중앙청 205호실에 사무실을 차리고, 8일 친일 기업인이었던 박흥식(1903~1994)을 체포함으로써 본격적인 활동에 들어갔다(~1949.8.31).

*반민특위의 활동을 주도할 조사 위원은 각 도에서 1명씩 호선된 10명의 국회 의원으로 구성되었다. 김상돈(서울), 조중현(경기), 박우경(충북), 김명동(충남), 오기열(전북), 김준연(전남), 김상덕(경북), 김효석(경남), 이종순(강원), 김경배(황해, 제주)가 조사 위원으로 선출되었으며, 김상덕(1891~1956)과 김상돈(1901~1986)이 위원장과 부위원장으로 각 선출되었다.

• 『반민족행위처벌법』의 시효가 단축되었다. [국17②] □

[해설] 경찰에 의한 반민특위 습격(1949.6.6), 국회 프락치 사건(1949년 4월 말~8월 중순)* 등 이승만 정부의 '반민특위'에 대한 전방위적인 압박으로 인해 1949년 7월 반민특위의 활동이 사회의 불안을 조성한다는 이유로 「반민족행위처벌법」의 (공소)시효가 8월 말까지로 앞당겨지는 사태까지 벌어졌다(일부 국회 의원들이 이와 같은 내용의 반민법 개정안을 제출하여 가결됨), 이후 같은 해 9월 다시 법률이 개정되어 특별 조사 위원회[반민특위], 특별 재판부, 특별 검찰부는 결국 같은 해 10월에 해체되었다. 그리고 반민법도 6·25 전쟁 중이던 1951년 2월에 폐지되고 말았다.

*국회 프락치 사건: 1949년 5월부터 8월까지 이승만 정부에 대해 비판적이고 친일파 석결에 적극적이었던 '소장파' 국회 의원 10여 명을 남조선노동당의 프락치 활동을 하였다는 혐의를 씌워 검거한 사건이다.

• ㉠ - 반민법과 반민특위를 구성하였지만 친일파 처벌은 미미하였다. [기13] □

[해설] 반민법을 제정하고 반민특위를 구성하였지만 결과적으로 친일파 처벌은 미미하였다(각 1948/9/1948.10). 이승만 정부가 노골적으로 친일파 청산을 방해한 탓이다.

• [김구] ㉠ - 반민특위에서 활동하였다[✗]. [기13] □

[해설] 백범 김구(1876~1949)는 1948년 5·10 총선거에 참여하지 않았고, 같은 해 8월의 대한민국 정부 수립에도 관여하지 않았다.

• 안두희의 김구 암살 [서16] □

[해설] 백범 김구가 1949년 6월 26일 경교장에서 육군 포병 소위 안두희(1917~1996)에 의해 암살되었다. 백범 암살범 안두희는 1947년 서북 청년회에 가입한 후 반공주의자로 변하였다. 1953년 복권되었으나 여러 차례 피습을 당하다 1996년 10월 민간인 박기서(당시 47세)의 방망이[정의봉]를 맞고 사망하였다.

4 농지 개혁

- [제헌 국회] 무상 몰수, 무상 분배 방식의 농지 개혁법을 제정하였다[x]. [기17] □

  [해설] 농지 개혁법을 제정·공포한 것은 1949년 6월로, (무상 몰수, 무상 분배 방식이 아니라) 유상 몰수, 유상 분배 방식이었다(농지 개혁법 시행은 1950년 3월).

- [농지 개혁법] 이승만 정부가 추진한 개혁 법안이다. [법11] □
  - 제헌 헌법에 의거하여 특별법의 형태로 제정되었다. [회18] □
  - 제헌 국회는 '경자유전'을 원칙으로 하는『농지개혁법』을 공포하였다. [경20②] □
  - [제헌 국회] 농지 개혁법 [기15] □
  - 자영농 육성을 목적으로 실시되었다. [법11] □
  - 이 법은 농지를 농민에게 적절히 분배함으로써 농가 경제의 자립과 농업 생산력의 증진으로 인한 농민 생활의 향상 내지 국민 경제의 균형과 발전을 기함을 목적으로 하였다. [경18②] □

  [해설] 농지 개혁법은 1949년 6월 21일 제헌 헌법에 의거하여 특별법의 형태로 제정·공포되었다(법률 제31호). 제헌 헌법 (제6장 경제) 제86조에 '농지는 농민에게 분배하며 그 분배의 방법, 소유의 한도, 소유권의 내용과 한계는 법률로써 정한다'고 규정하였다. 또 농지 개혁법 제1조에는 '본법은 헌법에 의거하여 농지를 농민에게 적정히 분배함으로써 농가 경제의 자립의 목적과 농업 생산력의 증진으로 인한 농민 생활의 향상 내지 국민 경제의 균등과 발전을 기함을 목적으로 한다'고 규정하였다. 참고로 시행을 위한 개정안과 동법 시행령이 공포된 것은 이듬해인 1950년 3월 10일의 일이다(농지 개혁법 시행). / 농지 개혁법은 제헌 국회에서 처리되었다[제헌 국회, 1948.5.31~1950.5.30]. / [경18②] '이 법은 농지를~목적으로 하였다'라는 문장은 농지 개혁법 제1조의 규정이다.

- 농지 개혁법 공포 [회23] □
  - 농지 개혁법 시행 [서16] □
  - 미군정 시기에 제정되었다[x]. [법18] □
  - 소작료는 1/3제로 제한하였다[x]. [지15①] □
  - 이에 영향을 받아 북한에서도 토지개혁 법령이 제정되었다[x]. [법18] □
  - 북한의 토지 개혁에 커다란 영향을 끼쳤다[x]. [법11] □
  - 한국 민주당과 지주층의 반발로 중단되었다[x]. [지24] □

  [해설] [지15①] 농지 개혁법의 실시로 '소작제'가 폐지되고 경자유전의 원칙이 수립되었다. / [법18] 북한에서 토지 개혁 법령을 제정하여 토지 개혁을 단행한 것은 농지 개혁법이 제정·공포되기 3년 전인 1946년 3월의 일이다(1946.3.5). / [지24] 농지 개혁법은 한국인 지주 소유 농지에 대한 개혁이었다. 한국 민주당과 지주층의 반발로 농지 개혁법의 입법과 개정, 시행까지는 오랜 기간이 소요되었다. 하지만 농지 개혁법은 1950년 3월에 개정안과 시행령을, 같은 해 4월에 시행 규칙까지 제정되면서 중단없이 추진되었다(농지 개혁법 시행). 참고로 한국 민주당(줄여서 '한민당')은 1949년 2월 대한 국민당과 합당하여 민주 국민당(줄여서 '민국당')으로 재출범하였다(1949.2.10).

- [농지 개혁법] 유상 매수, 유상 분배를 원칙으로 하였다. [지15①] [기11] □
  - 유상 매수, 유상 분배의 방식으로 시행되었다. [지24] □
  - 유상 매수, 유상 분배 방식으로 추진되었다. [법11] □
  - 유상 매수와 유상 분배 원칙을 적용하였다. [회19] □
  - '유상 매수, 유상 분배'의 원칙에 따라 농지 개혁이 실시되었다. [서24②] □
  - 유상 매수·무상 분배의 방식으로 실시되었다[x]. [법18] □
  - (가) 무상 몰수, 유상 분배 방식의 농지 개혁법이 실시되었다[x]. [법15] □
  - 지주 소유 토지를 몰수하여 농민에게 무상으로 분배하였다[x]. [지16②] □

└가구당 농지 소유를 3정보 이내로 제한하였다. [지15①] □
└3정보 이상 농지는 국가에서 유상으로 몰수하였다. [회19] □
└토지 소유 상한선을 5정보로 하였다[×]. [서24②] □
└정부는 농지를 매입하는 대가로 지가 증권을 발급하였다. [경18②] □
└정부는 재정 부족으로 지가 증권을 발행하였다. [회19] □
└농지를 매각한 지주는 지가 증권을 교부받았다. [지15①] □
└분배받은 농민은 평년 생산량의 30%를 5년간 상환하였다. [지19] □
└농지 매수자는 평년 생산량의 30%씩을 5년간 나누어 상환하였다. [회19] □
└(나) - 6·25 전쟁 이후에 공포되었다[×]. [회18] □

[해설] 국가가 부재지주의 토지를 유상 매입하여 영세 농민에게 유상 분배하였다(즉 '유상 몰수, 유상 분배' 방식을 취함) / 토지의 분배는 가구당 3정보 이내로 제한하였다(주의). 제12조에서 '농지의 분배는 농지의 종목, 등급 및 농가의 능력 기타에 기준한 점수제에 의거하되 1가구당 총 경영 면적 3정보를 초과하지 못한다'고 규정하였다. / 농지를 매각한 지주에게는 지가 증권(地價證券)*을 교부하였다. / 농지의 매각 지가는 1년 평년 생산량[소출]의 1.5배로 하였으며, 매년 평년 생산량의 30%를 5년간 균등 상환하도록 하였다. / 농지 개혁법이 제정·공포된 것은 1949년 6월이고 (실제로) 실시[시행]된 것은 6·25 전쟁이 발발하기 직전인 1950년 3월이다(1950년 4월에 시행 규칙 공포). 참고로 농지 개혁은 1957년에 종결되었으며 귀속 농지 20만 정보와 일반 농지 27만 정보를 합해 총 47만 정보가 분배되었다.

*지가 증권(地價證券): 지주에게 정부가 매수한 토지의 보상금으로 지급한 유가 증권이다. 정부의 재정 부족 탓에 그러하였는데, 이승만 정부는 지주들이 이를 기업에 투자토록 유도하였다. 하지만 의도한 대로의 성과를 거두지는 못하였다. 유가 증권이란 일정한 재산에 관한 권리를 담고 있는 증서라는 뜻이다(경제학 용어). 어음, 수표, 채권, 주권, 선하 증권, 상품권 등이 해당한다.

- [농지 개혁법] 법령 및 조약에 의하여 몰수 또는 국유로 된 농지와 소유권의 명의가 분명하지 않은 농지는 정부에 귀속하게 하였다. [경18②] □

└농가 아닌 자의 농지는 매수하고, 자경하지 않는 자의 농지는 매수를 보류하도록 하였다[×]. [경18②] □

[해설] 법령 및 조약에 의하여 몰수 또는 국유로 된 농지와 소유권의 명의가 분명하지 않은 농지는 정부에 귀속하게 하였다(제5조 1항). / 농가 아닌 자의 농지는 매수하고, 자경하지 않는 자의 농지도 (원칙상) 매수하였다. 단, (예외적으로) 질병, 공무, 취학, 기타 부득이한 사유로 인하여 일시 이농한 자의 농지는 소재지 위원회의 동의로써 시장, 군수가 일정 기한까지 보류를 인허하였다(제5조 2항).

■ 농지 개혁법 [국17②] [지24] [지19] [지16②] [지15①] [서24②] [법18] [법11] [회19] [회18] [기11] □

- 제1조 본법은 헌법에 의거하여 농지를 농민에게 적절히 분배함으로써 …(중략)… 농민 생활의 향상 내지 국민 경제의 균형과 발전을 기함을 목적으로 한다.

  제17조 농지의 분배는 농지의 종목, 등급 및 농가의 **능력** 기디에 기준한 점수제에 의거히되 1가당 총경영면적 3정보를 초과하지 못한다.

[해설] 주어진 법령은 1949년 6월에 제정·공포되고 1950년 3월에 시행된 농지 개혁법이다(각 1949.6.21/1950.3.10).

- 제1조 본법은 헌법에 의거하여 농지를 농민에게 적절히 분배함으로써 농가 경제의 자립과 농업 생산력의 증진으로 인한 농민 생활의 향상 내지 국민 경제의 균형과 발전을 기함을 목적으로 한다.

  제17조 일체의 농지는 소작, 임대차 또는 위탁 경영 등 행위를 금지한다.

[해설] 주어진 법령은 1949년 6월 21일에 제정·공포된 농지 개혁법이다. 이듬해인 1950년 3월 10일에서야 시행되었다. '유상 몰수, 유상 분배' 방식으로 농지를 분배하였다.

- 제5조 정부는 농가가 아닌 자의 농지를 매수한다.

  제12조 농지의 분배는 1가구당 총 경영 면적 3정보를 초과하지 못한다.

  제13조 상환은 5년간 균분 연부로 하고 매년 정부에 납입해야 한다.

[해설] 주어진 자료(법안)는 1949년 6월에 제정·공포되고 1950년 3월에 시행된 농지 개혁법이다(요약된 것).

- 제5조 정부는 다음에[아래에] 의하여 농지를 취득한다. (정부는 다음에 의하여 농지를 매수한다.)
    1. 다음의[아래의] 농지는 정부에 귀속한다.
        (가) 법령 및 조약에 의하여 몰수 또는 국유로 된 토지[농지]
        (나) 소유권의 명의가 분명하지 않은 농지 ([지19]에서는 제5조 여기까지만 제시됨)
    2. 다음의[아래의] 농지는 본법 규정에 의하여[적당한 보상으로] 정부가 매수한다.
        (가) 농가 아닌 자의 농지
        (나) 자경하지 않은 자의 토지[농지]
        (다) 본 법 규정의 한도를 초과하는 부분의 농지 ([지15①]에서는 제5조의 2항만이 제시됨)
    …(중략)…
    제12조 농지의 분배는 1가구당 총 경영 면적 3정보를 초과하지 못한다.
    [제12조 농지의 분배는 농지의 종목, 등급 및 농가의 능력 기타에 기준한 점수제에 의거하되 1가당 총 경영 면적 3정보를 초과하지 못한다.] [법18]

[해설] '농지'라는 말, 농지의 분배는 1가구당 총 경영 면적 3정보를 초과하지 못한다'는 부분을 통해 제시된 법령은 이승만 정부 때 실시된 농지 개혁법임을 알 수 있다. 이승만 정부는 경자유전의 원칙에 따라 농지를 농민에게 분배하여 자영농을 육성하기 위해 농지 개혁법을 실시하였다(1949.6 제정·공포되어 실제로 시행된 것은 1950.3). 즉 산림과 임야를 제외한 3정보 이상의 농지를 지닌 부재지주의 농지를 국가에서 유상 매입하고, 영세 농민에게 3정보를 한도로 유상 분배하는 방식을 통해 자작농을 육성하고자 하였다.

- 제1조 본법은 헌법에 의거하여 농지를 농민에게 적절히 분배함으로써 농가 경제의 자립과 농업 생산력의 증진으로 인한 농민 생활의 향상 내지 국민 경제의 균형과 발전을 기함을 목적으로 한다.
    제5조 1. 법령 및 조약에 의하여 몰수 또는 국유로 된 농지, 소유권의 명의가 분명치 않은 농지는 정부에 귀속한다.
         2. 농가 아닌 농지, 자경하지 않는 자의 농지, 3정보를 초과하는 부분의 농지, 과수원 등 다년성 식물 재배 토지를 3정보 이상 자영하는 자의 소유인 다년생 식물 재배 이외의 농지는 정부가 매수한다.
    제12조 농지의 분배는 농지의 종목, 등급 및 농가의 능력 기타에 기준한 점수제에 의거하되 1가당 총 경영 면적 3정보를 초과하지 못한다.

[해설] 주어진 법안은 1949년 6월에 제정·공포되고, 1950년 3월에 시행된 농지 개혁법이다.

- 제5조 정부는 다음에 의하여 농지를 취득한다.
    1. 다음의 농지는 정부에 귀속한다.
        (가) 법령 및 조약에 의하여 몰수 또는 국유로 된 농지
        (나) 소유권의 명의가 분명하지 않은 농지
    2. 다음 농지는 적당한 보상으로 정부가 매수한다.
        (가) 농가 아닌 자의 농지
        (나) 자경하지 않는 자의 농지

[해설] 주어진 <보기>는 유산 매수, 유상 분배를 규정한 농지 개혁법을 가리킨다.

- 농가가 아닌 자의 농지, 자경하지 않는 자의 농지, 3정보를 초과하는 부분의 농지, 과수원 등 3정보 이상 자영하는 자의 소유인 다년성 식물 재배 이외의 농지는 정부가 매수한다. (제5조)

[해설] 1949년 6월에 제정·공포된 농지 개혁법이다(제5조 2항). 유상 몰수, 유상 분배 방식을 취하였고, 한 가구당 3정보를 상한으로 분배하였다.

- ○ 3정보 이상을 초과하는 농가의 토지나 부재지주의 토지를 국가에서 매수하고 이들에게 각자 증권을 발급하여 농지의 연 수확량의 150%를 한도로 5년 동안 보상하도록 한다.
  ○ 국가에서 매수한 농지는 영세 농민에게 3정보를 한도로 분배하고 그 대가를 5년간에 걸쳐 수확량의 30%씩 상환곡으로 수납하게 한다.

[해설] 농지 개혁법에 규정된 유상 몰수와 유상 분배와 관련된 내용들이다. 특정 조항이 아니라 몰수 및 분배와 관련된 조항들을 합쳤다. 유상 몰수에 관한 위의 자료는 제5조와 제8조의 주요 내용을 합쳐 재서술한 것으로 보이고, 유상 분배와 관련된 아래의 자료는 제11조, 제12조, 제13조의 주요 내용을 합쳐 재서술한 것으로 보인다.

- [농지 개혁법] 농지 이외 임야도 포함되었다[×]. [지19]
  - 농지와 과수원, 임야가 대상이 되었다[×]. [서24②]
  - 신한 공사가 보유하던 토지를 분배하였다[×]. [지19]
  - 신한 공사를 통해 농지를 관리하였다[×]. [서24②]
  - 중앙 토지 행정처가 분배 업무를 주무하였다[×]. [지19]
  - 협동조합이 모든 농지를 소유하게 되었다[×]. [지16②]

[해설] 농지 개혁법에서는 농지 이외 임야는 포함되지 않았다. / 농지 개혁법은 산림과 임야를 제외한 3정보 이상의 농지를 지닌 부재지주의 농지를 국가에서 유상 매입하고 영세 농민에게 3정보를 한도로 유상 분배하는 법률로 자작농 육성을 위해 실시되었다(주의). 또 과수원의 경우 제2조에서 '본법에서 농지는 전, 답, 과수원, 잡종 기타 법적 지목 여하에 불구하고 실제 경작에 사용하는 토지 현장에 의한다'고 규정하였고, 또 제6조 2항에서 '자영하는 과수원, 종묘포, 상전 기타 다년성 식물을 재배하는 농지'는 매수하지 않는다고 규정하여 자영할 경우 농지 개혁의 대상에서 벗어남을 알 수 있다. / 신한 공사는 미군정 산하 기관이자 공기업으로, (일본 및 일본인의 몰수된 귀속) 토지 및 재산을 관리하였다(1946.3). 1948년 3월에 그 재산 일체를 중앙 토지 행정처로 넘기고 해산하였다(1948.3). 농지 개혁법과는 상관없다. / [지19] 농지 개혁법에서 농지 분배 업무를 주관한 기구는 중앙 토지 행정처가 아니라 농림부(농지 관리국)이다. 또한 1가구당 3정보 이내의 토지를 소유하도록 제한하였다. / [지16②] '협동조합'이란 경제적으로 약소한 처지의 사람들이 경제적 이익을 추구하기 위해 만든 조직이다. 농지 개혁법은 유상 매수, 유상 분배 방식으로 농지를 농민에게 분배하는 법이다(예외적으로 정부에 귀속되는 농지 규정 있음). 참고로 협동조합과 유사한 용어로 북한의 협동 농장이 있다. 6·25 전쟁 이후 1950년대 북한에서 시행된 일종의 농업 집단 경작 정책인 농업 협동화 정책에 의해 수립된 일종의 국영 농장이다. 1956년부터 시행되기 시작하여 불과 1년 후인 1957년에 총 농가의 96%, 총 농지 면적의 94%가 농업 협동화되었고 결국 1958년 8월 북한은 농업 협동화 작업이 완료되었다고 발표하였다. 북한의 농업 협동화는 단순히 농산물의 증대만을 목표로 하지 않고 일제의 식민지적 경제 형태를 사회주의적 형태로 전면 개혁하여 사회주의 국가 건설을 수월하게 이루고자 한 것이다. 하지만 급격한 농업 협동화는 노동 의욕을 저하시키는 분배 구조를 가져 초기의 성과와는 다르게 점진적으로 북한의 농업 생산량을 감소시키는 한계로 작용하였다.

- [농지 개혁법] 6·25 전쟁으로 한동안 중단되었다. [서24②]

[해설] 농지 개혁 시행 초인 1950년 6월 6·25 전쟁이 발발하여 한동안 중단되었다. 그리하여 당초의 5년 상환 계획이 늦추어져서 1961년 5월 11일 「농지개혁사업정리요강(農地改革事業整理要綱)」을 제정하여 1964년까지 종결하도록 기간을 연장하였다.

- [농지 개혁법] 이 법의 실시 결과 많은 지주들이 몰락하였다. [기11]
  - 소작지가 크게 줄어들고 자작지가 늘어났다(농지 개혁법 시행 결과). [지16②]
  - 농지 개혁이 실시되어 농민들은 자작농으로 발전하게 되었다. [국14]
  - 법령이 실시되어 자작농이 크게 증가하였다. [법18]
  - 자작농이 감소하고 소작농이 증가하는 결과를 낳았다[×]. [지24]
  - 토지를 분배받은 농민이 다시 소작농으로 전락하기도 하였다. [기11]
  - 농민들이 자작농화하여 자본주의로의 발전이 저해되었다[×]. [기11]

[해설] 이승만 정부는 1949년 6월 유상 매입, 유상 분배를 골자로 하는 농지 개혁법을 제정·공포하고 1950년 3월부터 농지 개혁을 본격적으로 실시[시행]하였다. 그 결과 지주제가 없어지고 경자유전의 원칙에 입각한 자작농이 성장하기 시작하기 시작하였다(소작제의 폐지, 지주의 몰락, 자영농의 성장 등). / 농지 개혁법의 실시 결과 많은 지주들이 몰락하였고, 다수의 농민들이 자작농화하였다(자작농 증가, 소작농 감소). 물론 토지를 분배받은 농민 중 일부는 다시 소작농으로 전락하기도 하였지만 결과적으로 이후 대한민국이 자본주의로 발전하는 데 크게 기여하였다(대부분의 학자들이 동의, 즉 대한민국의 농지 개혁은 성공적인 개혁으로 평가).

- [농지 개혁법] 상환 자금을 대충자금으로 활용하였다[×].* [회19]

[해설] '대충자금(Counterpart Fund)'이란 미국으로부터 대외 원조를 받을 때 우리 정부가 원조의 증여분에 상당하는 달러액과 같은 액수의 자국 통화를 (중앙은행의) 특별 계정에 예치[적립]하는 것을 말한다(통화 안정, 생산 증강 등의 충당을 위해 예금을 환출할 때 미국의 승인을 받아야 함). 따라서 (원조와 관련된 사실이지) 농지 개혁에 따른 상환 자금과는 상관이 없다.

◉ 사진으로 보는 대한민국 정부의 수립

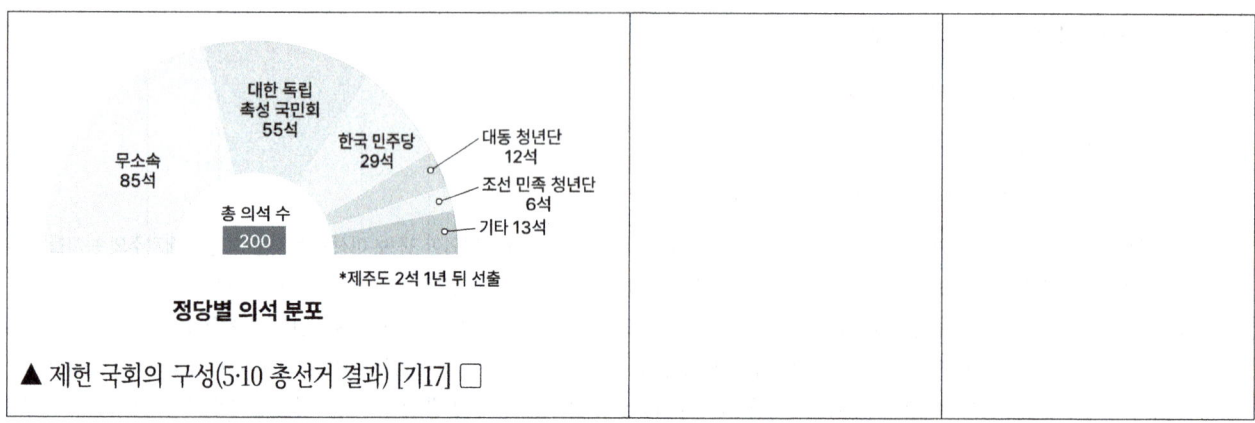

▲ 제헌 국회의 구성(5·10 총선거 결과) [기17] □

[해설] [기17] 장당별 의석 분포 상황이 원그래프로 제시되어 있다. 무소속이 총 의석 수 200석 중 85석을, 대한 독립 촉성 국민회가 55석, 한국 민주당이 29석을 차지하고 있다. 이를 통해 주어진 자료 속 '국회'는 1948년 5·10 총선거 결과 무소속 입후보자들이 대거 당선된 제헌 국회임을 알 수 있다. 같은 해 5월 31일 개원하였다.

주제 71 6·25 전쟁

1 6·25 전쟁의 배경

• 애치슨 선언이 발표되었다. [국15] □

└미국이 한반도를 미국의 태평양 지역 방위선에서 제외한다는 애치슨 선언을 발표하였다. [지23] □

[해설] 미국의 국무장관 딘 애치슨(1893~1971)이 내셔널프레스클럽[전미신문기자협회 주최]에서 행한 연설(연설명 '아시아에서의 위기')에서 '애치슨 선언[라인]'을 발표한 것은 1950년 1월의 일이다(1950.1.12). 조정된 미국의 태평양[극동] 방위선을 발표한 것으로 방위선에서 한국과 타이완, 인도차이나 반도가 빠졌다['알래스카(알류산 열도)-일본-오키나와-필리핀'으로 연결되는 라인(이른바 '애치슨 라인')으로 밝힘].

• 한·미 상호 방위 원조 협정을 체결하는 계기가 되었다.* [지19] □

[해설] 한미 상호 방위 원조 협정이 체결된 것은 1950년 1월의 일이다(1950.1.26). 경제 및 군사 원조에 관한 협정으로, 전문과 8개 조로 구성되었다(조약 제4호)[1953년 10월에 체결된 한미 상호 방위 조약과 구분할 것(주의)]. 1949년 10월에 제정된 '상호 방위 원조법'에 의거하여 미국 정부가 원조를 제공하는 것과 한국이 이를 접수하는 것을 규정하는 상호간의 양해 사항을 명시함을 목적으로 하였다.

• 제2대 국회 의원 총선거가 실시되었다. [국17②] □

[해설] 제2대 국회 의원 총선거가 실시된 것은 1950년 5월 30일의 일이다. 제헌 국회 의원 선거(1948년 5·10 총선거)에 참가하지 않았던 남북 협상파와 중도 계열이 선거해 참가해 평균 10.5 대 1이라는 높은 경쟁률을 기록하였다(총 210석). 선거 결과 무소속이 총정원의 60%인 126석이나 당선되었고, 민주 국민당과 대한 국민당이 각 24석(11.4%), 국민회가 14석(6.6%), 대한 청년당이 10석(4.76%), 대한 노동 총연맹과 일민 구락부가 각 3석, 사회당이 2석, 민족 자주 연맹이 1석, 기타가 3석을 차지하였다.

2 6·25 전쟁의 발발과 전개

• 6·25 전쟁 발발(1950.6.25) [국15] [국13] [법23] □

└한국 전쟁 발발 [회16] □

└6·25 전쟁 [기18] □

• 북한은 38도선 전 지역에 걸쳐 남침을 감행하였다. [지11①] □

└북한군 남침 시작 [소20] □

[해설] 북한이 38도선 전 지역에 걸쳐 남침을 감행한 것은 1950년 6월의 일이다(1950.6.25).

• 유엔 안전보장이사회에서 유엔군 파병이 결정되었다. [국15] □

[해설] 북한군이 무력으로 남침을 강행하자 유엔(UN)은 즉각 안전보상 이사회를 열고 대한민국을 지원하기로 결의하였다. 1950년 6월의 일이다(1950.6.27)(유엔 안전보장이사회 제83호 결의안). 참고로 1950년 7월 7일 채택된 유엔 안전보장이사회 제84호 결의안에서 미국 주도의 '통합된 사령부' 구성이 결정되었다.

• 인천 상륙 작전이 실시되었다. [국15] □

└인천 상륙 작전 개시 [소20] □

└국군과 유엔군이 인천 상륙 작전을 감행하였다. [지23] □

└유엔군이 인천 상륙 작전에 성공하였다. [서22②] □

[해설] 국군과 유엔군이 인천 상륙 작전을 실시한 것은 1950년 9월 15일의 일이다.

• 서울 수복(1950.9.28) [국15] □

[해설] 인천 상륙 작전 후 국군과 유엔군이 서울을 수복한 것은 1950년 9월 28일의 일이다.

• 평양 탈환 [소20] □

[해설] 국군과 유엔군(UN군)이 평양을 탈환한 1950년 10월 19일의 일이다.

• 중국군이 대규모 병력을 파견하기 시작하였다. [서22②] □

[해설] 중국군[중공군]이 대규모 병력을 파견하기 시작한 것은 1950년 10월 중순의 일이다. 10월 19일 팽덕회(1898~1974)를 사령관으로 하는 '중국 인민 지원군'은 '항미원조 보가위국(抗美援朝保家衛國)(미국에 맞서 조선[북한]을 도와 가정과 조국을 지키자)'을 명분으로 소련 공군의 엄호 없이 안동(지금의 단둥), 집안 등지에서 압록강을 넘어 참전하였다(1차 공세 시 약 26만여 명, 이후 약 240만 명 이상 참전).

• 중국군의 참전으로 인해 한국군은 서울에서 후퇴하게 되었다. [국15] □

[해설] 유엔군의 참전으로 국군은 압록강까지 진격하였으나 중국군이 참전하면서 분위기가 반전되어 다시 서울을 빼앗겼다(1·4 후퇴, 1951). 중국군의 참전한 것은 1950년 10월이고(1950.10.19), 평양에서 후퇴한 것은 같은 해 12월의 일이다(1950.12.4).

■ 중국군[중공군] 공세에 따른 철수(흥남 철수 작전) [소20] □

• ○ 아군은 38선 이북에서 대대적인 철수를 계획하였다.
 ○ 아군과 피난민들이 흥남 부두에서 모든 선박을 동원하여 해상으로 철수를 시작하였다.

[해설] (서부 전선에서) 아군이 중국군[중공군]의 공세에 밀려 38선 이남 지역으로 대대적인 철수를 계획한 것은 1950년 11월 말에서 12월 초의 일이다. 인해전술(人海戰術)을 앞세운 중공군의 공격에 평양 방어를 고수하다가는 유엔군 주력이 섬멸될 위험이 있다고 판단한 것이다(결정한 이는 미 제8군 사령관 워커 중장). 이에 따라 12월 4일부터 본격적인 평양 철수가 시작되었다. 또 (동부 전선에서) 아군과 피난민들이 흥남 부두에서 해상으로 철수를 시작한 것은 1950년 12월 15일의 일이다(~12월 23일까지 진행, 이른바 '흥남 철수 작전') 동시에 동부 전선에서도 장진호 전투*에서 큰 피해를 입은 미 제10군단과 국군 제1군단은 원산이 적중에 넘어가 퇴로가 차단되자 흥남 해상으로 철수할 수밖에 없었으며, 이때 흥남 주변으로 몰려든 10만여 명의 북한 주민들을 외면하지 않고 함께 철수하는 역사적인 철수 작전을 감행하였다.

* 장진호 전투: 미 제10군단 예하 미 제1 해병 사단(1만 3천여 명)이 서부 전선 부대와 접촉을 유지하기 위해 장진호(함경남도 장진군의 호수로, 개마고원의 저수지) 북쪽으로 진출하던 중 중공군 제9병단 예하 7개 사단에 의해 포위당하자 그곳(장진호 계곡)에서 벗어나기 위해 치열하게 싸우면서 철수한 작전을 가리킨다(1950.11.27~12.11).

• 국민 방위군 사건이 일어났다. [국17②] □

└국민 방위군 사건 [기18] □

[해설] 국민 방위군 사건이 일어난 것은 1951년 1월의 일이다(~4월). 1951년 1월 15일 국회에서 국민 방위군 사건*이 폭로되었다(같은 날 '제2국민병 비상대책위원회' 결성). 같은 해 4월 국회에서 국민 방위군의 해체가 결의되었다(1951.4.30).

* 국민 방위군 사건: 6·25 전쟁 1·4 후퇴 당시 국민 방위군 일부 고급 장교들의 부정부패에 의해 약 5~9만 명의 장정들이 굶주림과 추위, 병으로 사망한 사건이다.

• [정전 협정(휴전 협정)] 소련이 정전을 제안하였고 유엔군과 공산군이 이를 받아들이면서 정전 회담이 시작되었다.

[경18②] □

└판문점 부근에서 휴전 회담이 열리기 시작하였다. [서22②] □

└정전 회담의 주요 쟁점은 군사 분계선 설정 문제, 포로 교환 문제 등이었다. [경18②] □

└협상 과정에서 휴전 반대 운동이 있었다. [지15①] □

└협정 조인으로 발췌개헌 파동이 야기되었다[×]. [지15①] □

┗협상 과정에서 정부는 반공포로를 석방하였다. [지15①] □

[해설] 소련의 제안으로 1951년 7월 11일 정전 회담이 개성에서 처음 개최되었다. 그러다 공산군의 위협 문제로 같은 해 9월 6일 판문점으로 회담 장소를 옮기고 10월 25일 다시 회담이 진행되었다(1951.10.25). 하지만 전쟁 포로 문제 등으로 대립하면서 9개월 간 회담이 중지되었다. 판문점은 경기도 파주시 진서면 선적리에 위치한다. / 정전으로 인해 민족 분단이 영구화될 것을 우려한 이승만 정부에 의해 휴전 반대 범국민 운동이 활발하게 전개되었다. / 발췌 개헌이 통과된 것은 1952년 7월 4일로, 정전 협정이 조인된 1953년 7월 27일보다 이전의 사건이다. / 정전 협상 과정에서 이승만 정부는 한미 상호 방위 조약 체결과 북진 통일을 주장하면서 반공 포로를 석방하였다(1953.6.18).

• 평화선 선언* [기18] □

[해설] (이승만 대통령이) '평화선'을 선언한 것은 1952년 1월의 일이다(1952.1.18). 평화선은 한국 연안 수역의 보호를 위해 선언한 일종의 해양 주권선이다('대한민국 인접 해양의 주권에 대한 대통령의 선언'). 일명 '이승만 라인'이라고도 한다. 이로 인해 일본과 영토 논쟁(어로 마찰)이 벌어졌는데, 같은 해 9월 유엔군 사령관 마크 클라크(1896~1984)가 북한의 침투를 막고 전시 밀수출입품의 유통 봉쇄를 위해 '클라크 라인'이라는 해상 방위 수역을 한국 연안해에 선포하였고 이것이 평화선과 거의 비슷한 수역선이어서 일본과의 논쟁은 자연적으로 해소되었다(1965년 6월 한일 조약에서 평화선이 사실상 철폐됨).

• 이승만 정부가 북한 송환을 거부하는 반공 포로를 석방하였다. [지23] □
┗이승만 정부가 반공 포로 석방 조치를 실행하였다. [서22②] □
┗이승만 대통령이 반공 포로를 석방하였다. [경20①] □

[해설] 정전 협정(휴전 협정)에 반대한 이승만 정부가 북환 송환을 거부하는 반공 포로를 전격 석방한 것은 1953년 6월의 일이다(1953.6.18). 이로 인해 이승만 정부와 연합국(특히 미국) 사이에 긴장이 고조되었다.

3 6·25 전쟁의 결과와 영향

• 휴전 협정 체결(1953.7.27) [국15] □
┗휴전 협정 조인 [경15①] [기18] □
┗판문점에서 휴전 협정이 체결되었다. [지17①] □
┗6·25 전쟁에 대한 휴전 협정이 체결되었다. [회20] □
┗유엔군과 한국군, 중국군, 북한군은 1953년 7월 27일에 정전 협정에 조인하였다[✗]. [경18②] □
┗정전 협정에서 양측은 현 전선을 군사 분계선으로 정하고, 군사 분계선 남북 각각 2km 지역을 비무장 지대로 설치하였다. [경18②] □

[해설] 판문점에서 휴전 협정이 체결된 것은 1953년 7월의 일이다(1953.7.27). / 1953년 7월 27일에 조인된 정전 협정 당사자는 유엔군과 중국군·북한군이다. 한국군[대한민국]은 조인하지 않았다[따라서 휴전 협정의 당사자가 아님(형식상)].

> **정전 협정[휴전 협정]** [지15①] □
>
> 군사 분계선을 확정하고 쌍방이 이 선에서 2km씩 후퇴하여 비무장 지대를 설정한다. 비무장지대는 완충 지대로서 적대 행위로 인해 우려되는 사건을 미리 방지한다. (제1조 제1항)
>
> [해설] '군사 분계선을 확정'한다는 부분, '2km씩 후퇴하여 비무장 지대를 설정'한다는 부분에서 1953년 7월에 체결된 정전 협정임을 알 수 있다(전문과 부칙 포함 5개 조로 구성).

• 협정 조인 이후 정부는 미국과 한미 상호 방위 조약을 체결하였다. [지15①] □
┗한미 상호 방위 조약 체결 [회17] □

└한·미 상호 방위 조약 체결 [경15①]

[해설] 이승만 정부는 정전 협정 조인 직후인 1953년 10월 미군의 한국 주둔, 미군의 군사 기지 설치, 한국군의 작전 지휘권의 유엔군 사령부 양도 등을 내용으로 하는 한미 상호 방위 조약을 미국과 체결하였다(1953.10.1). 이듬해인 1954년 11월에 발효되었다(1954.11.18).

■ 한미 상호 방위 조약 [법23]

- 제3조 각 당사국은 타 당사국의 행정 지배하에 있는 영토와 각 당사국이 타 당사국의 행정 지배하에 합법적으로 들어갔다고 인정하는 금후의 영토에 있어서 타 당사국에 대한 태평양 지역에 있어서의 무력 공격을 자국의 평화와 안전을 위태롭게 하는 것이라 인정하고 공통한 위험에 대처하기 위하여 각자의 헌법상의 수속에 따라 행동할 것을 선언한다.

  제4조 상호적 합의에 의하여 미합중국의 육군, 해군과 공군을 대한민국의 영토 내와 그 부근에 배치하는 권리를 대한민국은 이를 허여하고 미합중국은 이를 수락한다.

[해설] 주어진 자료[조약]는 6·25 전쟁이 휴전 체제로 종결된 직후 체결된 한미 상호 방위 조약이다(1953.10.1). 1953년 7월 27일 휴전 협정이 조인된 직후인 8월 8일 서울에서 변영태(1892~1969) 외무장관과 존 (포스터) 덜레스(1888~1959) 미 국무장관 사이에 가조인된 한미 상호 방위 조약은 10월 1일 워싱턴에서 정식으로 조인되었다(1954년 11월 18일 발효)(전문과 본문 6조 및 부속 문서로 구성).

주제 72 이승만 정부와 4·19 혁명

1 1950년대의 이승만 정부

- 자유당을 창당하였다. [법21] □
  - 이승만이 여러 우익 단체를 모아서 자유당을 창당하였다. [회20] □
  - 이승만 정권은 1951년 국민회, 대한 청년당, 노동 총연맹, 농민 총연맹, 대한 부인회 등 우익 단체를 토대로 자유당을 조직하였다. [서16] □

[해설] 1950년 5월의 제2대 국회 의원 선거에서 참패를 겪은 이승만은 지지 기반 유지를 위해 6·25 전쟁 중인 1951년 12월 임시 수도 부산에서 국민회, 대한 청년당, 노동 총연맹 등 우익 단체를 토대로 자유당을 조직하였다(12월 17일 원외 자유당, 12월 23일 원내 자유당).

- [발췌 개헌(제1차 개헌)] 임시 수도 부산에서 개정되었다. [지20] □
  - 발췌 개헌 [경15①] [기15] □

[해설] 임시 수도 부산에서 개정된 헌법은 1952년 7월에 공포된 제1차 개헌 헌법이다(이른바 '발췌 개헌'). / 발췌 개헌은 제2대 국회에서 처리되었다(제헌 국회 X)[제2대 국회, 1950.5.31~1954.5.30].

- [발췌 개헌(제1차 개헌)] 대통령 직선제를 포함한 발췌 개헌안이 국회에서 통과되었다. [지23] □
  - 대통령 직선제와 국회의 국무 위원 불신임제 [지11②] □
  - 헌법 개정으로 대통령 선출 방식이 국회 간선제에서 국민 직선제 방식으로 바뀌었다. [경20①] □
  - 자유당은 대통령 선거를 간선제에서 직선제로, 국회를 단원제에서 양원제로 하는 발췌 개헌안을 제출하여 통과시켰다.
  [경20②] □
  - 대통령 직선제와 국회 양원제를 골자로 하였다. [회21] □
  - 대통령 직선제, 국회 양원제 [서20] □
  - 발췌 개헌안 통과에 영향을 주었다. [지19] □

[해설] (비상계엄이 선포된 가운데) 대통령 직선제를 포함한 발췌 개헌안(제1차 개헌안)이 국회에 제출되어 통과된 것은 1952년 7월의 일이다(1952.7.4)(같은 해 7월 7일 공포, 제1차 개헌인 '발췌 개헌'). 이승만은 이와 같은 헌법 개정을 통해 같은 해 8월 5일에 실시된 제2대 대통령 선거에서 당선되었다. 6·25 전쟁 중 있었던 사실이다. / 1952년 7월에 통과된 '발췌 개헌안'(제1차 개헌안)은 대통령 직선제와 국회의 국무 위원[국무원] 불신임제가 핵심 내용이었다. 기타 부통령도 직접 선거로 선출하였으며 국무 위원은 국무총리의 제청에 의하여 대통령이 임명하도록 하였다.

■ **발췌 개헌(제1차 개헌)** [회20] □

대통령이 계엄령을 선포한 가운데 개헌에 반대하는 국회 의원들을 감금하고 국회에서 대통령 직선제를 골자로 하는 개헌안을 통과시켰다.

[해설] 6·25 전쟁 중이었던 1952년 7월에 통과된 제1차 개헌, 이른바 '발췌 개헌'을 가리킴을 알 수 있다.

- 초대 대통령에 한하여 중임 제한 조항을 적용하지 않는다는 내용의 개헌안이 국회에 제출되었다. [경20②] □

[해설] 초대 대통령에 한하여 중임 제한 조항을 적용하지 않는다는 내용의 개헌안이 국회에 제출된 것은 1954년 11월 18일의 일이다. 이후 11월 27일 비밀 투표로 표결한 바 이것이 바로 그 유명한 '사사오입 개헌(제2차 개헌)'이다.

- [사사오입 개헌(제2차 개헌)] '사사오입'의 논리로 통과되었다. [지20] □
  └사사오입 개헌이 이루어졌다. [경21②] □
  └이승만 정권은 1954년 의회에서 부결된 대통령 직선제 개헌안을 사사오입의 논리로 통과시켰다[×]. [서16] □
  └초대 대통령의 중임 제한 철폐 [지11②] □
  └중임 제한 철폐 [법20] □
  └일부 국회 의원들은 사사오입 개헌을 비판하였다. [회22] □
  └국무총리제 폐지, 개별 국무 위원에 대한 불신임 인정 등이 포함되었다.* [회21] □
  └제2차 개정 헌법 공포 [법23] □
  └사사오입 개헌 [회17] [경15①] [기15] □

[해설] '사사오입'의 논리로 통과된 헌법은 1954년 11월에 공포된 제2차 개헌 헌법이다(이른바 '사사오입 개헌')(1954.11.29). 제2차 개헌안의 핵심 내용은 초대 대통령[이승만 대통령]의 중임 제한 철폐이다. 즉 이승만 정부는 장기 집권을 위해 1954년 초대 대통령의 중임 제한 철폐 개헌안을 사사오입의 논리로 통과시켰다. [서16] '의회에서 부결된 직선제 개헌안'은 1952년의 발췌 개헌안을 가리킨다. / [지11②] [법20] '사사오입 개헌'의 주된 목적은 초대 대통령에 한하여 중임 제한을 철폐하는 것이었다(이승만 대통령이 종신 대통령이 될 수 있는 길을 열어 둔 것). / [회21] 국무총리제(와 국무원 연대책임제) 폐지(강력한 대통령제로의 전환을 의미), 개별 국무 위원(국무원)에 대한 불신임 인정, 대통령 유고 시 부통령이 그 지위 승계, 국민투표제 신설 등도 포함되었다. 주의할 것은 1960년 6월의 제3차 개헌과 마찬가지로 사사오입 개헌(제2차 개헌)에서도 국회는 양원제로 규정되었다는 점이다(1952년 7월의 제1차 개헌[발췌 개헌] 때부터 양원제 규정 들어감)(주의)./ 사사오입 개헌은 제3대 국회에서 처리되었다(제헌 국회 X)[제3대 국회, 1954.5.31~1958.5.30].

■ 사사오입 개헌(제2차 개헌) [지17①] [법21] [법16] [회21] [회20] [경20①] □

- 국회에서 개헌안에 대해 표결한 결과 재적 인원 203명의 2/3에 못 미치는 135명이 찬성하였으나 사사오입의 논리를 펴 억지로 개헌안을 통과시켰다.

[해설] 1954년 11월 29일에 통과된 제2차 개헌, 이른바 '사사오입 개헌'에 대한 설명이다.

- 개헌안에 대한 국회 표결 결과, 재적 의원 203명, 재석 의원 202명, 찬성 135표, 반대 60표, 기권 7표였다. 이것은 헌법 개정에 필요한 의결 정족수(재적 의원의 3분의 2 이상)인 136표에 1표가 부족한 135표 찬성이므로 부결된 것이었다. 그러나 자유당 간부회는 재적 의원 203명의 3분의 2는 135.333…이므로 이를 사사오입하면 135명이 개헌 정족수가 된다고 주장하였다. 이들은 이 주장을 자유당 의원 총회에서 채택하고, 국회에서 야당 의원들이 퇴장한 가운데 '번복 가결 동의안'을 상정하여 통과시켰다.

[해설] 이승만 정부 시기인 1954년 11월에 발생한 유명한 '사사오입 개헌(제2차 개헌)'에 대한 내용이다(1954.11.29).

- 투표 결과 찬성표가 135표였다. 당시 국회의 재적 의원 203명의 2/3은 135.333…명이었으므로 당연히 136명이 찬성해야 개헌안이 통과될 수 있었으나, 정부 여당은 사사오입, 즉 반올림하면 135가 된다는 논리를 내세워 통과시켰다.

[해설] 이승만 정부 시기의 '사사오입 개헌'을 가리킨다(1954.11, 제2차 개헌).

- 대통령과 부통령의 임기는 4년으로 하며, 1차 중임할 수 있다. 단, 이 헌법 공포 당시의 대통령에 대하여 중임 제한을 적용하지 아니한다.

[해설] 2차 개헌 때의 내용이다(1954, 사사오입 개헌).

- 제31조 입법권은 국회가 행한다. 국회는 민의원과 참의원으로써 구성한다.
  제55조 대통령과 부통령의 임기는 4년으로 한다. 단, 재선에 의하여 1차 중임할 수 있다. 대통령이 궐위된 때에는 부통령
   이 대통령이 되고 잔임 기간 중 재임한다.
  부 칙 이 헌법 공포 당시의 대통령에 대하여는 제55조 제1항 단서의 제한을 적용하지 아니한다.

[해설] 주어진 자료(헌법 개헌안)는 초대 대통령에 한해 중임 제한을 철폐한 제2차 개헌, 이른바 '사사오입 개헌'이다(1954.11). 주의할 것은 1960년 6월

의 제3차 개헌과 마찬가지로 제2차 개헌에서도 국회는 양원제로 규정되었다는 점이다(1952년 7월의 제1차 개헌[발췌 개헌] 때부터 양원제 규정).

- 제55조 대통령과 부통령의 임기는 4년으로 한다. 단, 재선에 의하여 1차 중임할 수 있다. 대통령이 궐위된 때에는 부통령이 대통령이 되고 잔임 기간 중 재임한다.

  부 칙 이 헌법 공포 당시의 대통령에 대하여는 제55조 제1항 단서의 제한을 적용하지 아니한다.

  - 대한민국 관보 제1228호 -

[해설] 주어진 자료는 초대 대통령에 한해 중임 제한을 철폐한 유명한 '사사오입 개헌(제2차 개헌)'이다(1954.11).

- 부통령 선거에서 민주당의 장면 후보가 당선되었다. [회20] □
  └ 정·부통령 선거에서 대통령에 자유당의 이승만, 부통령에 민주당의 장면이 당선되었다. [경20①] □

[해설] 민주당의 장면 후보(1899~1966)가 부통령으로 당선된 것은 1956년 5월에 치러진 (5·15) 제3대 정부통령 선거 때의 일이다(1956.5.15).

- [북한] 김일성이 연안파를 숙청하고 주체를 강조하기 시작하였다.* [회20] □

[해설] 김일성(1912~1994)이 연안파를 숙청하고 주체를 강조하기 시작한 것은 1956년 8월의 일이다(이른바 '8월 종파 사건'). 김일성은 그 전해인 1955년 12월 '전국선전선동일꾼대회'에서 '사상 사업에서 교조주의와 형식주의를 퇴치하고 주체를 확립할 데 대하여'라는 연설에서 자주성을 의미하는 '주체'라는 용어를 최초로 사용하였다(사상·선전·문화 방면의 교조주의와 형식주의를 비판하며 '주체'를 강조). 참고로 1960년대 초 중·소 분쟁이 본격화되자 김일성은 주체사상을 내세우며 '수령 유일 (지도) 체제'를 수립하였다(1967). 김일성 유일 (지도) 체제가 제도화된 것은 사회주의 헌법이 채택된 1972년 12월의 일이다.

- 조봉암이 진보당을 결성하였다. [서19②] □
  └ 조봉암이 진보당을 창당하였다. [경20①] □

[해설] 죽산 조봉암(1898~1959)이 진보당을 결성한 것은 1956년 11월의 일이다(1956.11.10)(~1958.2).

진보당 창당 선언문과 강령 [회23] [경21②] □

- 우리 진보당은 오늘 국민 대중의 절대적 기대와 촉망을 받으면서 우렁찬 고고(呱呱)의 소리를 울렸습니다. 우리 진보당은 광범한 근로 민중의 이익 실현을 위하여 노력하고 투쟁하는 근로 대중 자신의 민주적 혁신적 정당입니다.

[해설] 죽산 조봉암(1898~1959) 주도로 진보당이 창당될 때 발표된 선언문(진보당 창당 선언문)이다(1956.11.10).

*고고(呱呱)의 소리: 아이가 세상에 나오면서 처음 우는 울음소리나 젖먹이의 우는 소리를 뜻하나 여기서는 값있고 귀중한 것이 처음으로 발족함을 알리는 소식을 비유적으로 표현한 말이다.

- 1. 우리는 원자력 혁명이 재래할 새로운 시대의 출현에 대응하여 사상과 제도의 선구적 창도로서 세계 평화와 인류복지의 달성을 기한다.

  2. 우리는 공산 독재는 물론 자본가와 부패 분자의 독재도 이를 배격하고 진정한 민주주의 체제를 확립하여 책임 있는 혁신 정치의 실현을 기한다.

  ...

  5. 우리는 교육 체계를 혁신하여 점진적으로 국가 보장제를 수립하고, 민족적 새 문화의 창조로써 세계 문화에 기여를 기한다.

[해설] 주어진 자료는 죽산 조봉암(1898~1959)의 주도로 1956년 11월에 창당된 진보당의 강령이다(1956.11.10)

* 역대 대통령 선거(대선)와 국회 의원 선거(총선)는 다음과 같다(역대 대통령 재임 시기는 주제 70 별표 참조).

구분		선거일	당선자(소속 정당)	득표 2위 후보자(소속 정당)	선거 방식
대통령 선거 (대선)	1대	1948년 7월 20일	이승만(대한독립촉성국민회)	김구(무소속)	간접
	2대	1952년 8월 5일	이승만(자유당)	조봉암(무소속)	직접
	3대	1956년 5월 15일	이승만(자유당)	조봉암(무소속)	
	4대	1960년 3월 15일*	이승만(자유당, 단독 후보)		
		1960년 8월 12일	윤보선(민주당)	김창숙(무소속)	간접
	5대	1963년 10월 15일	박정희(민주공화당)	윤보선(민정당)	직접
	6대	1967년 5월 3일	박정희(민주공화당)	윤보선(신민당)	
	7대	1971년 4월 27일	박정희(민주공화당)	김대중(신민당)	
	8대	1972년 12월 23일	박정희(민주공화당, 단독 후보)		간접
	9대	1978년 7월 6일	박정희(민주공화당, 단독 후보)		
	10대	1979년 12월 6일	최규하(무소속, 단독 후보)		
	11대	1980년 8월 27일	전두환(무소속, 단독 후보)		
	12대	1981년 2월 25일	전두환(민주정의당)	유치송(민주한국당)	
	13대	1987년 12월 16일	노태우(민주정의당)	김영삼(통일민주당)	직접
	14대	1992년 12월 18일	김영삼(민주자유당)	김대중(민주당)	
	15대	1997년 12월 18일	김대중(새정치국민회의)	이회창(한나라당)	
	16대	2002년 12월 19일	노무현(새천년민주당)	이회창(한나라당)	
	17대	2007년 12월 19일	이명박(한나라당)	정동영(대통합민주신당)	
	18대	2012년 12월 19일	박근혜(새누리당)	문재인(민주통합당)	
	19대	2017년 5월 9일	문재인(더불어민주당)	홍준표(자유한국당)	
	20대	2023년 3월 9일	윤석열(국민의힘)	이재명(더불어민주당)	

구분		선거일	정원	선거 결과(제3당까지)
국회 의원 선거 (총선)	1대	1948년 5월 10일	200	무소속 85, 대한독립촉성국민회 55, 한국민주당 29
	2대	1950년 5월 20일	210	무소속 126, 민주국민당·대한국민당 24
	3대	1954년 5월 20일	203	무소속 68, 민국당 15, 자유당 14
	4대	1958년 7월 2일	233	자유당 126, 민주당 79, 무소속 27
	5대	1960년 7월 29일	233	민주당 175, 무소속 49, 사회대중당 4
	6대	1963년 11월 26일	175	공화당 110, 민정당 41, 민주당 13
	7대	1967년 6월 8일	175	공화당 130, 신민당 44, 대중당 1
	8대	1971년 5월 25일	204	공화당 113, 신민당 89, 국민당·민중당 1
	9대	1973년 2월 27일	219	유정회 73, 공화당 73, 신민당 52
	10대	1978년 12월 12일	231	유정회 73, 공화당 69, 신민당 61
	11대	1981년 3월 25일	276	민정당 151, 민한당 81, 국민당 25
	12대	1985년 2월 12일	276	민정당 147, 신민당 67, 민한당 35
	13대	1988년 4월 26일	299	민정당 125, 평민당 79, 통일민주당 59
	14대	1992년 3월 24일	299	민자당 149, 민주당 97, 국민당 31
	15대	1996년 4월 11일	299	신한국당 139, 국민회 79, 자민련 50
	16대	2000년 4월 13일	273	한나라당 133, 새천년민주당 115, 자민련 17
	17대	2004년 4월 15일	299	열린우리당 152, 한나라당 121, 민주노동당 10
	18대	2008년 4월 9일	299	한나라당 153, 통합민주당 81, 자유선진당 18
	19대	2012년 4월 11일	300	새누리당 152, 민주통합당 127, 통합진보당 13
	20대	2016년 4월 13일	300	더불어민주당 123, 새누리당 122, 국민의당 38
	21대	2020년 4월 15일	300	더불어민주당 163, 미래통합당 84, 미래한국당 19
	22대	2024년 4월 10일	300	더불어민주당 161, 국민의힘 90, 국민의미래 18

*부정 선거

- [진보당(조봉암)] 대중의 자각과 단결을 강조했다.* [회23] □
  - 평화적 방식에 의한 조국 통일을 주장했다. [회23] □
  - 민생 안정을 내세워 「농어촌고리채정리법」을 제정하다[x]. [회23] □
  - 자본주의와 공산주의를 모두 비판하며 대안으로 일민주의를 제시했다[x]. [회23] □

[해설] 1955년 10월 진보당 결성 제1차 추진 준비 위원회가 개최되고, 같은 해 12월에 조봉암, 서상일, 박기출, 이동화, 김성숙(金成璹), 박용희, 신숙, 신백우, 양운산, 장지필, 정구삼, 정인태 등 12명의 발기인 명의로 "진정한 혁신은 오로지 피해를 받고 있는 대중 자신의 자각과 단결 위에서만 실현될 수 있다는 것을 깊이 인식하고, 관료적 특권 정치, 자본가적 특권 경제를 쇄신하여 진정한 민주 책임 정치와 대중 본위의 균형 있는 경제 체제를 확립할 것을 기약하고 국민 대중의 토대 위에서 선 신당을 발기하고자 한다"는 「진보당 발기 취지문」을 발표하였다[진보당 창당은 이듬해인 1956년 11월]. / 진보당과 당수 조봉암(1898~1959)은 사회주의와 자본주의의 이념과 노선과는 다른 '제3의 길'을 표명하면서 평화적 방식에 의한 조국 통일을 주장하였다. 하지만 이승만 정부는 진보당과 조봉암의 평화통일론을 구실로 간첩 혐의를 씌워 진보당의 정당 등록을 취소하고 당수 조봉암을 처형하였다(진보당이 해체된 것은 1958년 2월, 당수 조봉암의 사형이 집행된 것은 1959년 7월). / (국가 재건 최고 회의가) 민생 안정을 내세워 「농어촌고리채정비법」을 제정·공포한 것은 1961년 6월의 일이다(1961.6.10). 이는 군사 정부가 농어촌[농가]의 고리대를 억제하여 민심의 지지 기반을 확보하고 농촌 부흥의 기틀을 마련하기 위해서 시행하였다. / 자본주의와 공산주의를 모두 비판하며 대안으로 일민주의(一民主義)를 제시한 것은 대한민국 정부 수립 이듬해인 1949년 4월의 일이다. 당시 초대 대통령인 이승만이 공산주의에 맞서는 국가 정책의 기본 방침으로 내세운 이념('일민주의 정신과 민족 운동'이라는 제목의 담화 발표)으로 초대 문교부 장관이었던 안호상(1902~1999)이 체계화하였다.

- 평화통일론을 주장한 진보당의 정당 등록이 취소되었다. [지17①] □
  - 진보당이 해체되고 조봉암이 사형을 당하였다. [기19] □
  - 진보당 사건 [기18] □

[해설] 2차 개헌(사사오입 개헌)으로 대통령에 다시 당선된 이승만은 죽산 조봉암(1898~1959)의 평화통일론을 구실로 간첩 혐의로 씌워 조봉암을 처형하고(1959.7), 진보당의 정당 등록을 취소하였다(진보당 사건, 1958.1/ 진보당 해체, 1958.2).

- [이승만 정부] 진보당 사건으로 조봉암을 처형하였다. [법21] □
  - 조봉암이 진보당 사건으로 사형에 처해졌다. [서24②] □
  - 대통령 후보였던 조봉암이 간첩 혐의로 사형에 처해졌다. [회20] □
  - 진보당 당수 조봉암 등을 간첩 혐의로 사형에 처하였다. [회18] □

[해설] 진보당 사건으로 평화 통일론을 주장한 진보당 당수 조봉암(1898~1959)을 사형에 처한 것은 1959년 7월의 일이다(1959.7.31). 사사오입 개헌과 더불어 모두 이승만 정부 시기에 일어난 사실이다. 참고로 2011년 1월 20일 대법원은 조봉암에 대한 재심에서 무죄 판결을 내렸다.

- 자유당은 『국가보안법』 개정안에 반대하기 위해 반공 투쟁 위원회를 구성하였다[x]. [경20②] □

[해설] (여당인) 자유당이 반공 투쟁 위원회를 구성한 것은 「국가보안법」 개정안에 반대하기 위해서가 아니라 빔아(민주당과 무소속)의 반대를 저지하기 위해서였다(1958.12.2). 당시 민주당과 무소속 의원 95명은 연합하여 '국가보안법 반대 투쟁 위원회'를 구성하였다.

- 이승만 정권은 신국가보안법을 제정하였고 반공청년단을 조직하였으며 진보당의 조봉암을 간첩 혐의로 사형에 처하였다. [서16] □
  - '대통령의 명예를 훼손하는 자는 10년 이하의 징역에 처한다'는 내용을 담은 『국가보안법』 개정안이 국회에서 통과되었다. [경20②] □
  - 신국가보안법이 국회에서 통과되었다. [경21②] □

[해설] 이승만은 장기 집권에 위협이 되는 조봉암을 진보당 사건을 일으켜 구속하고(1958.1) 신국가보안법을 제정(1958.12)(이른바 '2·4 파동')한 후 간첩 혐의로 사형에 처하였다(1959.7). / [경21②] 이승만 정부에 의해 신국가보안법이 국회에서 통과된 것은 1958년 12월 24일의 일이다['보안법 파동', '2·4 (보안법) 파동'](제3차 개정). 이승만 정부는 이날 국회에서 경위권을 발동시킨 가운데 자유당 단독으로 신국가보안법을 통과시켰다. 신국가보안법의 주요 내용은 첫째, 보안법 적용 대상의 확대. 둘째, 이적 행위 개념의 확대. 셋째, 정부나 국가를 변란에 빠뜨릴 목적으로 구성된 결

사 또는 집단의 지령을 받고 그 이익을 위하여 선전·선동하는 행위에 대한 처벌 규정의 신설. 넷째, 군인 및 공무원의 선동 행위에 대한 처벌 규정의 신설. 다섯째, 헌법상 기관의 명예 훼손 행위에 대한 처벌 규정의 신설. 여섯째 사법 경찰관의 조서, 증거 능력 인정 및 구속 기간 연장 가능. 일곱째, 군 정보 기관의 간첩 수사에 대한 법적 근거 마련 등이다. 이후 허위 사실을 적시·유포하는 행위에 대한 처벌 조항까지 추가되었다. 자유당이 신국가보안법안을 국회에 제출한 것은 8월로 간첩을 색출하고 좌경 세력을 발본색원한다는 명분을 내세웠다. 참고로 '다섯째, 헌법상 기관의 명예 훼손'에서 '헌법상 기관'은 곧 대통령, 국회 의장, 대법원장을 가리킨다.

2 4·19 혁명과 장면 정부

- [3·15 부정 선거] 제4대 정·부통령 선거에서 자유당이 공무원과 관변 단체를 동원하여 부정 선거를 저질렀다. [지11②] □
  └자유당 정권은 대대적으로 3·15 부정 선거를 저질렀다. [기16] □
  └3·15 부정 선거 [기18] □
  └4·19 혁명 발발의 중요한 계기가 되었다. [서15] □
  └이승만의 대통령 당선 가능성이 높은 상황에서 실시되었다. [서15] □
  └정부는 이 선거를 규탄하는 시위의 배후에 공산주의 세력이 개입되었다고 발표하였다. [서15] □

[해설] 제4대 정·부통령 선거에서 자유당이 공무원과 관변 단체를 동원하여 부정 선거를 저질렀다. 이것이 유명한 '3·15 부정 선거'이다(1960.3.15). 선거 당시 야당(민주당) 대표 후보였던 조병옥(1894~1960)이 사망하였다(1960년 2월 15일). 여당(자유당)이 부정 선거를 한 것은 이승만이 고령임을 대비해 이기붕(1896~1960)을 부통령으로 당선시키기 위해서였다. / 정부는 마산에서 불법 선거 비판 시위가 일어나자 이의 배후에 공산 세력이 있다고 조작하여 사태를 수습하려 하였다.

■ 이승만 정부의 3·15 부정 선거 계획 [서15] □

- ·총 유권자의 40%에 해당하는 표를 자유당 후보에게 기표하여 투표 당일 투표함에 미리 넣어 놓는다.
  ·나머지 60%의 유권자는 3인, 5인, 9인조로 묶어 매수 혹은 위협을 통해 자유당 후보에게 투표하도록 한다.
  ·투표소 부근에 여당 완장을 착용한 완장 부대를 배치하여 야당 성향의 유권자를 위협한다.
  ·야당 참관인은 적당한 구실을 만들어 투표소 밖으로 내쫓는다.

-『동아일보』, 1960년 3월 4일 -

[해설] '총 유권자의 40%에 해당하는 표를 투표 당일 투표함에 미리 넣어 놓는다'는 부분, '야당 성향의 유권자를 위협'하고 '야당 참관인을 투표소 밖으로 내쫓는다'는 부분 등을 통해 제시된 자료가 1960년 실시된 정·부통령 선거(3·15 부정 선거)와 관련이 있음을 알 수 있다. 주어진 자료는 당시 야당인 민주당이 이승만 정부의 부정 선거 감행 방법을 입수하여 언론에 폭로한 것이다.

- 마산 시민들이 3·15 부정 선거 규탄 시위를 전개하였다. [서24①] □

[해설] (경남) 마산 시민들이 3·15 부정 선거 규탄 시위를 전개한 것은 1960년 3월 15일의 일이다(제1차 마산 시민 항쟁). 그리고 실종된 김주열(1943~1960)*이 실종 27일째인 4월 11일 최루탄이 눈에 박힌 채 유기되어 마산 중앙부두에서 발견되자 재차 규탄 시위가 발생하였고(제2차 마산 시민 항쟁), 이는 곧 4·19 혁명을 촉발하는 결정적 계기로 작용하였다.

* 마산 상업 고등학교(마산상고) 입학 예정이었던 김주열(1943~1960)은 1960년 3월 15일 경남 마산에서 벌어졌던 3·15 부정 선거 규탄 시위에 참석했다가 최루탄을 눈에 맞고 사망하였다. 같은 해 4월 11일 김주열의 시신이 마산 중앙부두 앞바다에서 발견되었고, 4·19 혁명이 일어나는 주요 계기가 되었다. 1995년 4월 11일 마산상고는 김주열에게 명예 졸업장을 수여하였다.

■ 김주열 열사 시신 발견 [회22] □

11일 상오 11시 30분경 마산 중앙부두 앞바다에서 오른쪽 눈에 파편이 박힌 17, 8세의 학생풍 변사체가 발견되어, 3·15 사건 이후 행방불명자를 못 찾고 있던 당지 시민들을 긴장시켰다. 시체는 낚시꾼에 의하여 발견되어 경찰에 신고된 것인데

……(하략)……　　　　　　　　　　　　　　　　　　　　　　　　　　　　　　　　　　　-『매일신보』-

[해설] 마산에서 열린 3·15 부정 선거(제4대 정·부통령 선거) 규탄 시위에 참석했다 경찰이 쏜 최루탄을 눈에 맞고 사망한 김주열(1944~1960)의 시신이 발견되었다는 신문 기사이다(3월 15일 밤 실종, 4월 11일 마산 중앙부두에서 발견). 이후 시민들의 시위가 전국적으로 확산되는 결정적인 계기가 되었다.

- 자유당의 독재와 부정 선거를 규탄하는 대규모 시위가 일어났다. [회14] □

[해설] 1960년 3·15 부정 선거 이후 자유당의 독재와 부정 선거를 규탄하는 대규모 시위가 전국 곳곳에서 일어났다(4·19 혁명). 특히 김주열 열사의 시신이 발견된 4월 11일 이후 더욱 그러하였다.

- 3·15 부정 선거에 대항하여 4·19 혁명이 일어났다. [지23] □
  - 정·부통령 부정 선거에 학생, 시민들이 항의하였다. [회22] □
  - 3·15 부정 선거를 규탄하였다. [소19①] □
  - 4·19 혁명이 발생하였다. [소21] □
  - 4·19 혁명 [지22] □
  - 1960 4·19 혁명 [법13] [기13] □
  - 4·19 혁명이 일어나다. [지21] □
  - [4·19 혁명 구호] 3·15 부정 선거 다시 하라! [법19] □

[해설] 4·19 혁명은 이승만 정부가 1960년 제4대 정·부통령 선거(3월 15일 시행, 부통령 선거는 사실 제5대에 해당)에서 노골적이고 대대적인 부정 선거를 자행한 것에서 비롯되었다(3·15 부정 선거)(1960.4.19).

■ 서울대 문리대 4·19 선언문 [서19②] [경21②] □

- 상아의 진리탑을 박차고 거리에 나선 우리는 질풍과 같은 역사의 조류에 자신을 참여시킴으로써 이성과 진리, 그리고 자유의 대학 정신을 현실의 참담한 박토에 뿌리려 하는 바이다. <중략> 무릇 모든 민주주의 정치사는 자유의 투쟁사다. 그것은 또한 여하한 형태의 전제로 민중 앞에 군림하던 '종이로 만든 호랑이' 같이 헤슬픈 것임을 교시한다. <중략> 근대적 민주주의의 근간은 자유다. <하략>
　　　　　　　　　　　　　　　　　　　　　　　　　　　　　　　　　- 서울대학교 문리과대학 학생 일동 -

[해설] <보기>의 선언문은 1960년 4·19 혁명 당시 발표된 '서울대 문리대 4·19 선언문'이다.

- 상아의 진리탑을 박차고 거리에 나선 우리는 질풍과 같은 역사의 조류에 자신을 참여시킴으로써, 이성과 진리, 그리고 자유의 대학 정신을 현실의 참담한 박토에 뿌리려 하는 바이다.

[해설] 1960년 4·19 혁명 당시 발표된 '서울대 문리대 4·19 선언문'이다(일부).

■ 대학 교수단의 4·25 시국 선언문 [지22] [서24②] [법17] [소18②] □

- 이번 4·19 참사는 우리 학생 운동 사상 최대의 비극이요, 이 나라의 정치적 위기를 극복하기 위한 중대 사태이다. 이에 대한 철저한 반성과 규정이 없이는 이 민족의 불행한 운명을 도저히 만회할 길이 없다. 우리 전국 대학교 교수들은 이 비상시국에 대처하여 양심의 호소로서 다음과 같이 우리의 소신을 전한다.

[해설] 대학 교수단이 '쓰러진 학생의 피에 보답하라'는 시국 선언문을 발표하고 대통령 퇴진을 요구하며 가두 시위행진을 벌인 것은 이승만 정부 시기인 1960년 4월 25일의 일이다(1960년의 '4·19 혁명')(간략한 서문과 14개 항으로 구성). 이어 다음날인 4월 26일, 미국마저 자신을 더는 지지하지 않는다는 사실을 확인한 이승만 대통령은 하야 성명을 발표하였다(이승만 대통령은 다음 날인 27일에 사임서를 제출한 후 경무대를 떠

남). 위 자료는 선언문의 서문(序文)이다.
- 마산, 서울 기타 각지의 데모는 주권을 빼앗긴 국민의 울분을 대신하여 궐기한 학생들의 순수한 정의감의 발로이며 부정과 불의에 항거하는 민족정기의 표현이다. …… 3·15 선거는 불법 선거이다. 공명선거에 의하여 정·부통령 선거를 다시 실시하라. (제1항)

[해설] 1960년에 일어난 4·19 혁명 때 발표된 '대학 교수단의 선언문'이다.

- 1. 마산, 서울 기타 각지의 데모는 주권을 빼앗긴 국민의 울분을 대신하여 궐기한 학생들의 순수한 정의감의 발로이며 부정과 불의에는 언제나 항거하는 민족정기의 표현이다.
  3. 합법적이고 평화적인 데모 학생에게 총탄과 폭력을 거리낌 없이 남용하여 참극을 빚어낸 경찰은 자유와 민주를 기본으로 한 대한민국의 국립 경찰이 아니라 불법과 폭력으로 권력을 유지하려는 일보 정부 집단의 사병이다.

- 「대학 교수단 4·25 선언문」-

[해설] 1960년에 일어난 4·19 혁명 때 발표된 '대학 교수단의 선언문'이다.

- 1. 마산, 서울 기타 각지의 학생 데모는 주권을 빼앗긴 국민의 울분을 대신하여 궐기한 학생들의 순진한 정의감의 발로이며 부정과 불의에 항거하는 민족정기의 표현이다.
  2. 데모를 공산당의 조종이나 야당의 사주로 보는 것은 고이의 곡해이며 학생들의 정의감에 대한 모독이다.
  5. 3·15 선거는 불법 선거이다. 공명선거에 의하여 정·부통령 선거를 다시 실시하라.

[해설] 주어진 선언문이 발표된 민주화 운동은 1960년 4월에 발생한 4·19 혁명이다.

■ 4·19 추모시 [기16]

눈이 부시네 저기 난만히 멧등마다
그 날 쓰러져 간 젊음 같은 꽃 사태가
맺혔던 한이 터지듯 여울여울 붉었네.

그렇듯 너희는 지고 욕처럼 남은 목숨
지친 가슴 위엔 하늘이 무거운데
연련히 꿈도 설워라 물이 드는 이 산하.

- 이영도, '진달래' -

[해설] 출처로 (시조시인) 이영도(1916~1976)의 '진달래(-다시 4·19 날에)'가 제시되어 있다(1968년에 출판한 시조집 『석류』에 수록). 1960년의 4·19 혁명을 추모한 시이다.

- (가)는 유신 체제에 대한 저항이었다[x]. [법17]
  ㄴ(가)로 인해 신군부가 권력을 장악하게 되었다[x]. [법17]

[해설] (가)는 4·19 혁명을 가리킴. 4·19 혁명은 (유신 체제에 대한 저항이 아니라) 이승만 정부에 대한 저항이다. / 신군부가 권력을 장악하게 되는 것은 1980년 5월에 발생한 '5·18 민주화 운동' 때이다.

- 이승만 대통령이 하야하였다. [서19②]
  ㄴ(가) - 이승만이 하야하는 계기가 되었다(4·19 혁명). [법19]
  ㄴ대통령의 하야 발표를 이끌어냈다. [소18②]

└대통령이 하야하는 계기가 되었다. [소19①] □

└이승만이 하야 성명을 발표한 후 허정을 수반으로 하는 과도 정부가 수립되었다. [지11②] □

[해설] (4·19 혁명 결과) 1960년 4월 26일 이승만 대통령이 하야하였다. 이승만 대통령은 4월 26일에 하야를 표명하고 다음 날인 27일에 사임서를 제출한 후 경무대(당시 대통령 집무실 겸 관저로 사용된 곳, 이후 청와대)를 떠났다.

■ 이승만 하야 성명 [소21] □

- ○ 국민이 원한다면 대통령직을 사임할 것이다.
- ○ 지난번 정·부통령 선거에서 많은 부정이 있었다고 하니 선거를 다시 실시하도록 지시하였다.
- ○ 선거로 인한 모든 불미스러운 것을 없게 하기 위하여 이미 이기붕 의장에게 공직에서 완전히 물러나도록 하였다.

[해설] 주어진 자료는 4·19 혁명으로 인한 이승만의 '하야 성명'이다(1960.4.26).

• 이승만 대통령의 하야로 허정 과도 정부가 구성되었다. [서24①] □

[해설] 이승만 대통령의 하야로 허정(1896~1988) 과도 정부*가 구성된 것은 1960년 4월 27일의 일이다(~1960.6.15).

* 허정 과도 정부: 제1공화국 붕괴 직후인 1960년 4월 27일 구성되어 1960년 6월 15일까지 존속한 과도 정부이다(제3차 개헌 이룸). 같은 해 7월 29일 총선거를 거쳐서 제2공화국이 탄생하였다.

• 1950년대: 자유당 정권이 붕괴하고 민주당 정권이 등장하였다[✗]. [회19] □

[해설] 자유당 정권이 붕괴하고 민주당 정권이 등장한 것은 1960년 4월에 발생한 4·19 혁명 때문이다. 같은 해 8월 민주당 정권인 장면(1899~1966) 정부가 출범하였다(같은 해 6월 제3차 개헌).

*1950년대는 1950년에서 1959년까지의 시기이다. 시기별 설명을 묻는 문제로 1960년은 1960년대에 해당한다.

• 장면 정부는 이 선거 결과를 무효로 하고 재선거를 실시하였다[✗]. [서15] □

[해설] 장면 정부는 3·15 부정 선거를 무효로 하고 재선거를 실시하여 탄생한 정부이다(허정 과도 정부가 재선거 관리).

• 과도 정부가 출범하고, 내각 책임제와 양원제를 골자로 하는 헌법으로 개정되었다. [국14] □

└내각 책임제와 양원제 국회를 특징으로 하는 개헌이 이루어졌다. [서22②] □

└내각 책임제와 국회 양원제의 개헌을 하였다. [기17] □

[해설] 4·19 혁명으로 이승만 대통령이 하야하고 허정 과도 정부가 수립되었다. 허정 과도 정부는 3·15 선거 내용을 무효로 하고 양원제[민의원(하원에 해당)과 참의원(상원에 해당)] 국회와 내각 책임제[의원 내각제]로 개헌하였다(제3차 개헌)(1960.6.15). 그에 따라 7월 29일에 총선거가 다시 실시되었으며 그에 따라 장면 정부[장면 내각][제2공화국]가 출범하였다(1960.8.12~1961.5.16).

• [제3차 개헌] 민의원과 참의원으로 구성된 국회 조항이 있다. [지20] □

└3차 개헌(1960.6.) - 의원 내각제, 양원제 채택 [법20] □

└국회 양원제 규정 [법20] □

└내각 책임제 실시 [지11②] □

[해설] 제3차 개헌 헌법에는 내각 책임제[의원 내각제]와 국회 양원제[즉 민의원과 참의원으로 구성된 국회 조항(제31조)] 관련 규정이 있었다. 참고로 제1차 개헌[발췌 개헌] 때(1952.7) 국회 양원제가 규정되어 제4차 개헌 때(1960.11)까지 지속되었다가 제5차 개헌(1962.12)에 이르러 단원제로 바뀌었다. 그리고 제1차 개헌 때 국회 양원제 규정[참의원(상원에 해당)과 민의원(하원에 해당)]이 있었으나 부통령에 민주당의 장면이 부통령[참의원 의장을 겸함]에 당선되자 이승만 정부가 참의원 선거를 막아 사실상 단원제 국회로 존속하였다.

■ 제3차 개헌 [지20] [법11] [회18] □

- 허정을 수반으로 하는 과도 정부가 수립되어, 내각 책임제와 양원제를 골자로 하는 헌법으로 개정하였다.

[해설] 1960년 6월에 공포된 제3차 개헌에 대한 설명이다. 이승만 하야 이후 허정(1896~1988)이 과도 정부[내각] 수반과 대통령 권한 대행(1960.4.27~6.15, 1960.6.23~8.12)을 맡았다.

- 정부에서는 6월 15일 국회에서 통과된 개헌안을 이송받자 이날 긴급 국무 회의를 소집하고 정식으로 이를 공포하였다. 이로써 개정된 새 헌법은 16일 0시를 기해 효력을 발생케 되었는데 새 헌법이 공포됨으로써 16일부터는 실질적인 내각 책임 체제의 정부를 갖게 되었으며 허정 수석 국무 위원은 자동으로 국무총리가 된다.　　　　-『경향신문』, 1960.6.16. -

[해설] 주어진 자료 속 '새 헌법'은 1960년 6월에 공포된 제3차 개헌 헌법을 가리킨다(1960.6.15).

- 제32조 민의원 의원의 정수와 선거에 관한 사항은 법률로써 정한다. 참의원 의원은 특별시와 도를 선거구로 하여 법률이 정하는 바에 의하여 선거되며 그 정수는 민의원 정원 수의 4분의 1을 초과하지 못한다.
  제53조 대통령은 양원 합동 회의에서 선거하고 재적 국회 이원 3분의 2 이상의 투표를 얻어 당선된다.
  제71조 국무원은 민의원에서 국무원에 대한 불신임 결의안을 가결한 때에는 10일 이내에 민의원 해산을 결의하지 않는 한 총사직하여야 한다.

[해설] 주어진 내용의 헌법은 양원제와 의원 내각제를 규정한 제3차 개헌이다(1960.6). 제3차 개헌을 통해 탄생한 정부는 장면 정부(내각)이다. 참고로 제3차 개헌을 '내각 책임제 개헌', 5개월 뒤에 있었던 제4차 개헌(1960.11)을 '소급입법 개헌'이라고 부르기도 한다. '국무원'은 지금의 국무 회의, 즉 내각에 해당한다.

- 내각 책임제 개헌안이 의결되어 총선거가 실시되었다. [서24①] □

[해설] 내각 책임제 개헌안, 즉 제3차 개헌안이 개헌이 의결된 것은 1960년 6월 15일이고(국회에서 통과된 당일로 공포·시행), 제5대 국회 의원 총선거가 실시된 것은 같은 해 7월 29일이다('7·29 총선거'). 참고로 이로써 장면 개각이 같은 해 8월 12일 출범하여 이듬해 5월 16일 박정희 주도의 군사 정변이 일어날 때까지 존속하였다('장면 정부' 또는 '제2공화국'으로도 부름).

- 총선거 결과 민주당의 윤보선과 장면이 각각 대통령과 국무총리에 선임되었다. [지11②] □
  └윤보선이 대통령으로 취임하였다. [서24①] □
  └장면 정권이 수립되었다. [서19②] □

[해설] (1960년 7·29) 제5대 총선거 결과 민주당의 해위 윤보선(1897~1990)과 운석 장면(1899~1966)이 각 대통령과 국무총리에 선임되었다(제2공화국 수립). / 윤보선이 제4대 대통령으로 취임한 것은 (4·19 혁명 이후인) 1960년 8월 12일의 일이다(~1962.3.22). / 장면 정부[내각]이 수립된 것은 1960년 8월 19일의 일이다(~1961.5.16).

■ 장면의 국무총리 취임 연설 [경21①] □

셋째로, 부정 선거의 원흉들과 발포 책임자에 대해서는 이미 공소가 제기되어 있으므로 사법부에서 법과 혁명 정신에 의하여 엄정한 판결을 내릴 것으로 믿고 ……

여섯째로, 경제 건설과의 균형상 국방비의 과중한 부담을 경감시키기 위하여 점차적 감군을 주장하여 온 우리 당의 정책을 실현하고자 국제 연합군 사령부와 협의하여 신년도부터 약간 감군할 것을 계획 중에 있으며, 동시에 새로운 장비를 도입하기 위한 계획도 이미 수립되어 있음을 양해하시기를 바란다.

[해설] '경제 건설', '감군', '국제 연합군 사령부와 협의' 등의 내용 때문에 박정희 정부 시기와 관련된 것처럼 보이지만 사실 주어진 자료[시정 연설]은 장면 정부 시기의 것이다(1960.8~1961.5). 1960년 8월 27일 장면(1899~1966)이 국무총리에 취임 인사를 하면서 행한 시정 연설이다. 이것과 같은 해 9월 30일 민의원에서 행한 시정 연설을 통해 장면은 3·15 부정 선거와 관련된 반민주 행위자를 처벌하기 위한 법적 근거를 마련하고, 사회 질서를 안정시키며, 국가의 안보 체제를 확립하면서 경제와 사회 발전을 통해 국력을 신장하고, 우리 민족의 숙원인 평화적 통일을 이루겠다는 정견을 밝혔다.

- 반민주행위자공민권제한법이 제정되었다.* [기19]□

[해설] 「반민주행위자공민권제한법」이 제정·공포된 것은 1961년 1월의 일이다(1961.1.6). 1960년 3·15 부정 선거 때 반민주 행위를 한 자의 공무원이 되는 자격 및 선거권·피선거권을 제한하기 위한 법이다(반민주 행위자들의 공민권 제한 및 처벌). 1960년 10월 반민주 행위자에 대한 법원의 판결이 너무 관대하게 내려져 그에 대한 반발로 이뤄졌다.

- 민주당이 분화되어 신민당이 창당되었다.* [경21②]□

[해설] 민주당이 (윤보선을 중심으로 하는 구파와 장면을 중심으로 하는 신파로) 분화된 후 (구파에 의해) 신민당이 창당된 것은 1960년 12월의 일이다(1960.12.10).

- 민족 자주 통일 중앙 협의회가 조직되었다.* [서19②]□

[해설] (혁신계 인사들에 의해) 민족 자주 통일 중앙 협의회가 조직된 것은 1961년 2월의 일이다(1961.2.25).

- 혁명 이후 남북통일 문제에 대한 논의가 전혀 이루어지지 않았다[x]. [국14]□

[해설] 4·19 혁명 이후 1960년 8월 장면 정부[내각]이 들어서자 통일에 대한 열기가 높아지면서 다양한 통일 방안이 논의되었다(통일 논의 분출). 이듬해에 발생한 5·16 군사 정변의 한 빌미가 되었다.

- 장면 정권은 경제 개발 5개년 계획을 실행했으나 군사 정변으로 중단되고 말았다[x]. [지11②]□
  └ 경제 제일주의를 내세워 경제 개발 5개년 계획을 마련하였다. [회18]□
  └ 경제 개발 5개년 계획안이 마련되었다. [기17]□
  └ 경제 개발 5개년 계획이 수립되었다. [경21①]□

[해설] 장면 정부[내각]이 경제 개발 5개년 계획을 마련한 것은 맞지만 실행하지는 못하였다. 즉 1961년 4월 말에서 5월경에 경제 개발 5개년 계획안 성안이 완료된 바 있다(공식적으로는 미발표, 언론에서는 개요 보도). 대신 박정희 정부[국가 재건 최고 회의]가 이를 토대로 종합 경제 재건 5개년 계획과 이어 제1차 경제 개발 계획의 청사진을 제시한 후 본격적으로 실행하였다. 즉 장면 정부 때의 경제 개발 5개년 계획을 수정하여 실제로 발표하고 추진한 것은 박정희 정부 때이다. / 박정희는 5·16 군사 정변을 일으킨 직후 장면 정부가 짜놓았던 경제 개발 5개년 계획을 토대로 1961년 7월 종합 경제 재건 5개년 계획을 발표하였고 같은 해 9월 제1차 경제 개발 5개년 계획 초안을 완성하였다. 이어 이듬해인 1962년 1월 제1차 경제 개발 5개년 계획의 청사진을 제시하였다. / [경21①]은 박정희 정부 시기로 받아들일 수도 있지만 다른 선지들을 살펴볼 때 문장을 사실 그대로 해석하여 장면 정부 시기의 사실로도 간주할 수 있다(해당 문제에서 문장을 더 정확하게 표현해주는 것이 좋음).

- [장면 정부(내각)] 반공법을 폐지하고 국가보안법으로 흡수, 통합하였다[x]. [회18]□

[해설] 반공법을 폐지하고 관련 내용을 국가보안법으로 흡수, 통합한 것은 전두환 정부 시기의 일이다(1980.12). 반공법은 5·16 군사 정변 직후인 1961년 7월에 제정되었다.

■ 2대 악법 반대 운동 [기19]□

(가) 정권과 그 호위 세력들은 소위 '반공임시특별법' 및 '국가보안법' 보강 등 인류 역사상 그 유례를 찾아볼 수 없는 반민주·반민족 악법을 공공연히 획책하고 있다. …… 현행법만으로는 공산 간첩을 잡지 못한다는 억지보다 더한 억지가 또한 어디에 있는가. 이런 전 논리적 대중 우롱을 받아들일 만큼 이 민족은 무지하지 않다.

[해설] 1961년 3월 10일 장면 정부가 당시 크게 활성화되어 있던 통일 운동과 노동 운동 등을 억압하기 위하여 '반공임시특별법'과 '집회 및 시위 운동에 관한 법률(일명 데모규제법)' 시안을 공개하였다[(가)는 곧 '장면' 정부]. 그러자 야당과 재야 세력 및 학생들[혁신 정당과 진보적 학생 단체 및 사회 단체들]은 이를 '2대 악법'으로 규정하고 (5·16 군사 정변이 발생할 때까지) 이에 대한 반대 투쟁에 나섰다. 참고로 장면 정부는 '반공임시특별법'에 대한 반대에 대응하여 이를 고집하지 않고 현행 국가보안법을 수정하는 방향으로 전환하는 방안(국가보안법 보강 시도)을 제시하였으나, 이 역시 광범위한 반대에 부딪혔다.

※ [주의] '국가보안법'이란 말로 인하여 주어진 자료를 이승만 정부 때인 1958년 12월에 일어난 '(국가)보안법 파동'['2·4 (보안법) 파동'](제3차 개정)으로 혼동할 가능성이 있다(1958.12.24)(주의).

- 남북 학생 회담을 판문점에서 개최할 것을 민족통일전국학생연맹이 제의했다. [서24②] □

[해설] 남북 학생 회담을 판문점에서 개최할 것을 민족통일전국학생연맹(줄여서 '민통련')*이 제의한 것은 1961년 5월 5일의 일이다. 민족통일전국학생연맹이 결성 준비 대회를 개최하면서 공동 선언문을 발표하였는데, 구체적 실천 방안으로 남북 학생 회담을 제안한 것이다. '이 땅이 뉘 땅인데 오도 가도 못하는가, 가자 北으로! 오라 南으로! 만나자 판문점에서!'라는 슬로건도 이때 제출되었다. 하지만 곧이어 일어난 5·16 군사 정변으로 조직 결성은 이루어지지 못했고 관련자들은 체포되어 실형을 언도받았다.

* 민족통일전국학생연맹(민통련): 장면 정부 시기 대학생들의 통일 운동은 혁신 세력의 지지를 받으면서 전국적으로 영향을 확대하기 시작하였는데, 그 시발은 1960년 11월 1일 발기 대회를 가진 서울대 '민족통일연맹'이었다. 이후 전국적으로 대학가에 민족통일연맹 조직이 결성되기 시작하였으며 경북고등학교에까지 파급될 정도였다. 이러한 흐름 속에 1961년 5월 5일 전국 17개 대학 대표가 참석한 가운데 '민족통일전국학생연맹 결성 준비 대회'가 개최되어 공동 선언문을 발표하게 되었다.

◉ 사진으로 보는 이승만 정부와 4·19 혁명

▲ 장면 정부 시기의 통일 운동 [기17] □

[해설] [기17] 주어진 사진에는 '가자 북(北)으로! 오라 남(南)으로! 판문점(板門店)!'이라는 글자가 쓰여 있는 플래카드[현수막]를 들고 사람들이 행진하고 있다. 장면 정부 시기 빈번하게 발생한 통일 운동과 관련된 자료이다.

주제 73 5·16 군사 정변과 박정희 정부

■ 5·16 군사 정변과 1960년대의 박정희 정부

· 5·16 군사 정변 [법23] [법19] □

[해설] 5·16 군사 정변이 발생한 것은 1961년 5월의 일이다. 제2군 부사령관 박정희(1917~1979) 육군 소장의 주도로 육군사관학교 5기 및 8기 출신 군인들이 주동이 되어 제2공화국을 무너뜨리고 정권을 장악하였다.

■ 군사 혁명 위원회의 성명서와 '혁명 공약' [서24②] [회23] □

· 친애하는 애국동포 여러분!

은인자중하던 군부는 드디어 금조 미명을 기해서 일제히 행동을 개시하여 국가의 행정, 입법, 사법의 3권을 완전히 장악하고 이어 군사 혁명 위원회를 조직하였습니다. 군부가 궐기한 것은 부패하고 무능한 현 정권과 기성 정치인들에게 이 이상 더 국가와 민족의 운명을 맡겨둘 수 없다고 단정하고 백척간두에서 방황하는 조국의 위기를 극복하기 위한 것입니다.

[해설] 장면 정부 시기인 1961년 5월 16일, 박정희(1917~1979) 육군 소장이 주도한 군사 정변이 발생한 직후 조직된 군사 혁명 위원회에서 라디오 방송을 통해 발표된 성명서이다[군사 혁명 위원회 의장 장도영 중장(1923~2012) 명의로 발표]. 이어 6개 항의 '혁명 공약'을 발표하고 비상계엄령을 선포하였다(5월 19일 군사 혁명 위원회를 '국가 재건 최고 회의'로 개칭).

· 첫째, 반공을 국시의 제1의(義)로 삼고 지금까지 형식적이고 구호에만 그친 반공 체제를 재정비 강화한다.

둘째, 유엔 헌장을 준수하고 국제 협약을 충실히 이행할 것이며 미국을 위시한 자유 우방과의 유대를 더욱 공고히 한다.

…

다섯째, 민족의 숙원인 국토 통일을 위하여 공산주의와 대결할 수 있는 실력 배양에 전력을 집중한다.

[해설] 1961년 5월 16일 박정희가 주도한 군사 정변이 발생한 직후 조직된 군사 혁명 위원회에서 발표된 6개항의 '혁명 공약'이다(3일 뒤인 5월 19일 군사 혁명 위원회를 '국가 재건 최고 회의'로 개칭).

· 국가 재건 최고 회의를 만들었다. [소21] □

[해설] ·(5·16 군사 정변으로) 국가 재건 최고 회의가 만들어진 것은 1961년 5월 19일의 일이다(~1963.12). '군사 혁명 위원회'를 개칭한 것이다.

· 사회 정화를 명분으로 다수의 폭력배를 검거했다*. [회23] □

[해설] 5·16 군사 정변 직후 박정희 군사 정부는 '사회 정화'와 '구악(舊惡) 일소'를 명분으로 이정재, 임화수, 유지광 등 다수의 (정치)폭력배를 검거하여 사형, 장기 징역형 또는 강제 노력에 동원하였다(선전 효과를 극대화하기 위하여 체포된 200여 명의 정치 깡패를 1961년 5월 21일 속박당한 채 팻말을 목에 걸게 하고 가두행진을 벌였다). 참고로 전두환 정부 초기인 1980년 11월에 국무총리 소속의 기구로 사회 정화 업무의 효율적인 수행을 명목으로 사회 정화 위원회가 출범한 바 있다.

· [국가 재건 최고 회의] 민생 안정을 위해 농가 부채 탕감, 화폐 개혁 등을 실시하였다*. [서19②] □

[해설] (국가 재건 최고 회의에 의해) 민생 안정을 위해 농가(농어촌) 부채 탕감, 화폐 개혁* 등이 실시된 것은 각 1961년 6월(농어촌 고리채 정리법 공포, 1961.6.10)과 1962년 6월의 일이다(제3차 화폐 개혁, 1962.6.10).

*화폐 개혁: 대한민국에서 화폐 개혁(긴급 통화 조치)가 단행된 것은 모두 세 차례이다. 제1차 화폐 개혁은 1950년 6월 '6·25 전쟁'의 발발로 북한 인민군이 대한민국의 법화인 (구)조선은행권을 남발하자 이를 막기 위해 단행되었다[(신)한국은행권 1백원권과 1천원권을 일본에서 인쇄해서 유포, 1950년 9월부터 1953년 1월까지 전선의 변화에 따라 지역별로 나누어 실시]. 제2차 화폐 개혁은 1953년 2월 17일, 전쟁 중에 남발된 통화와 그에 따른 인플레이션을 수습하고 경제 부흥 자금을 조달하려는 의도로 시행되었다(원 → 환, 구화폐와 신화폐의 교환 비율 100:1), 제3차 화폐 개혁은 5·16 군사 정

변 약 1년여 후인 1962년 6월 10일, 재정 적자를 해소하고 경제 개발 자금을 마련하려는 목적에서 시행되었다(환 → 원, 교환 비율 10:1)(국가 재건 최고 회의 주도, 긴급 금융 조치도 함께 단행).

• 중앙정보부를 창설해 권력 기반을 마련했다.* [회23] □

[해설] 중앙정보부를 창설해 권력 기반을 마련한 것은 5.16 군사 정변 직후인 1961년 6월 10일의 일이다. 국가 재건 최고 회의 직속으로 발족된 정보 및 수사 기관이다. 약칭 '중정'이라고 불렀다.

• [박정희 정부] 한일 회담 타결을 추진했다. [회23] □

[해설] 한일 회담 타결을 추진한 정부는 박정희 정부이다. 1962년 11월 김종필·오히라의 비밀 회담 결과 '김종필·오히라 메모'가 도출되었고, 1965년 6월 한·일 협정이 정식으로 조인됨으로써 한·일 국교가 정상화되었다.

• 윤보선이 대통령직에서 물러났다.* [소21] □

[해설] 해위 윤보선(1897~1990)이 군부 세력과 갈등을 빚다 대통령직(제4대)에서 물러난 것은 1962년 3월의 일이다(1962.3.22). 이에 따라 국가 재건 최고 회의 의장 박정희가 이틀 후 대통령 권한 대행이 되었다(1962.3.24)(국가 재건 최고 회의 의결).

• 5차 개헌(1962.12.) - 대통령 직선제 [법20] □
  └ 대통령 중심제와 국회 단원제 실시를 골자로 하였다. [회21] □
  └ 4년제 대통령 중심제와 단원제 국회의 권력 구조를 골자로 한다. [회17] □
  └ (개헌 연도) 1962 (주요 내용) 대통령 직선제 시행, 헌법 개정 시 국회 의결을 거쳐 국민 투표 실시, 헌법 재판소 폐지
  [회24] □ (표로 제시)
  └ (나) 개헌은 국가 재건 최고 회의에서 주도하였다. [회24] □
  └ (가)에서는 국회를 단원제로 하였다. [회24] □
  └ (가)는 '발췌 개헌'이라고도 한다[x]. [회24] □

[해설] 대통령 중심제(로의 환원)와 국회 단원제 실시를 골자로 한 개헌안은 제5차 개헌(제3공화국 헌법)이다(1962.12.26)(이듬해인 1963년 12월부터 효력 발생). / [회24] 제5차 개헌은 국가 재건 최고 회의에서 주도하였다. (나)는 문제에서 제9차 개헌을 가리키나 무시함. 제5차 개헌은 국가 재건 최고 회의에서 1962년 11월 민정 이양을 위한 헌법 개정안을 의결한 것을 같은 해 12월 국민 투표로 확정, 공포한 것이다. 또 5차 개헌에서는 국회를 단원제로 하고 또 대통령제와 소선거구제를 채택하였다. 법원에 위헌 법률 심사권을 부여하였으며, 경제 과학 심의회와 국가 안전 보장 회의를 설치한 것도 있다. '발췌 개헌'은 1952년 7월 임시 수도 부산에서 공포된 제1차 개헌을 가리킨다(1952.7.7).

• 한일 협정 체결에 반대하여 '민족적 민주주의 장례식 및 성토대회'가 개최되었다.* [서24②] □

[해설] 한일 협정 체결에 반대하여 '민족적 민주주의 장례식 및 성토대회'가 서울대에서 2천여 명의 서울 지역 대학생들과 시민들이 결집한 가운데 개최된 것은 박정희 정부 시기인 1964년 5월 20일의 일이다. 장례식의 조사는 당시 서울대 문리대(미학과)에 재학 중이던 시인 김지하(1941~2022)가 작성하였다.

• 한일 협정 체결을 반대하는 6·3 시위가 있었다. [국21] □
  └ 굴욕적인 한일 회담에 반대하는 학생 시위가 전개되었다. [서19②] □
  └ 6·3 시위가 전개되었다. [경21②] [소21] □
  └ [6·3 시위 구호] 굴욕적인 대일 외교 결사반대한다! [법19] □
  └ (다) - 한일 회담에 반대하고 정권의 퇴진을 요구했다. [법19] □
  └ 6·3 시위 [지22] □

[해설] (굴욕적인) 한일 협정 체결을 반대하는 6·3 시위가 있었던 것은 박정희 정부 시기인 1964년 6월의 일이다(1964.6.3).

• [대일굴욕외교반대범국민투쟁위원회] 한·일 기본 조약 체결에 반대하는 성명을 내놓았다. [국22] □

[해설] 한·일 기본 조약 체결에 반대하는 운동이 본격적으로 벌어진 것은 1964년부터의 일이다. 같은 해 3월에 민정당, 민주당 등 5개 야당 대표들과 언론계, 학계, 종교 단체, 사회 문화 단체 등 야권 인사 200여 명이 '대일굴욕외교반대범국민투쟁위원회(위원장 윤보선, 줄여서 '범국민투위')'를 결성하였다(1964.3.9). 이후 한일 협정 체결을 반대하는 학생들의 6·3 시위가 벌어졌고 한일 기본 조약이 실제로 체결되는 이듬해까지 한일 협정 반대 운동이 계속 이어졌다.*

*한·일 양국이 한·일 기본 조약에 합의한 것은 1965년 2월 15일이고, 같은 해 4월 3일에는 '어업', '청구권', '재일 한인의 법적 지위' 등 3개 현안을 일괄 타결하고 각 협정에 조인하였다. 이에 야당과 학생들을 중심으로 하는 대규모 시위가 전국에서 다시 발생하였고, 같은 해 6월 22일 한일 협정 정식 조인 이후까지 시위가 이어졌다(한일 협정 반대 운동).

- 해방 이후 단절되었던 일본과의 국교가 정상화되었다. [서22②] ☐
  └ 박정희 정부는 한·일 협정을 체결하여 양국의 국교를 정상화하였다. [기16] ☐
  └ 일본과 국교 정상화를 추진하였다. [법21] ☐
  └ 한·일 국교를 정상화하였다. [법16] ☐
  └ 1965 한·일 국교 정상화 [법13] ☐
  └ 한·일 협정이 체결되었다. [소21] ☐
  └ 한일 기본 조약 조인 [법23] [법18] ☐

[해설] 8.15 광복 이후 단절되었던 일본과의 국교가 정상화된 것은 1965년 6월의 일이다(한일 국교 정상화)(같은 해 12월 발효). 한·일 양국이 한·일 기본 조약에 합의한 것은 1965년 2월 15일이고, 같은 해 4월 3일에는 '어업', '청구권', '재일 한인의 법적 지위' 등 3개 현안을 일괄 타결하고 각 협정에 조인하였다. 이어 6월 22일 한일 협정이 정식으로 조인되었다. 한편 이에 반대하는 '한일 협정 반대 운동'도 거세게 일어났다.

- 일본과 대일 청구권 문제에 합의하고 『한일 기본 조약』을 체결하다. [국20] ☐
  └ [한일 기본 조약] 위안부 문제가 주요한 의제로 논의되었다[✗]. [서18②] ☐
  └ 조약에 반대하여 학생들이 6·10 민주 항쟁을 일으켰다[✗]. [서18②] ☐
  └ 조약 협의를 위해 중앙정보부장 이후락이 특사로 파견되었다[✗]. [서18②] ☐
  └ 재일 교포의 법적 지위 및 대우에 관한 협정도 함께 체결되었다. [서18②] ☐

[해설] 일본과 대일 청구권 문제에 합의하고 「한일 기본 조약」을 체결한 것은 1965년 6월의 일이다(1965.6.22)(같은 해 12월 18일 발효). / 한일 기본 조약 협상 과정에서 위안부 문제는 전혀 논의되지 않았다('위안부 문제'는 1990년대에 이슈화 됨). / 학생들이 6·10 민주 항쟁을 일으킨 것은 전두환 정부의 호헌 철폐와 독재 때문이다(1987). 한일 기본 조약 발표를 반대한 것은 1964년의 6·3 시위이다. / 중앙정보부장 이후락(1924~2009)이 특사로 파견된 것은 1972년의 7·4 남북 공동 성명이다. 한일 기본 조약에는 김종필(1926~2018)이 파견되었다. / 한일 기본 조약에서 '재일 교포의 법적 지위와 대우에 관한 협정'도 함께 체결되었다.

■ 한일 국교 정상화(한일 기본 조약) [서18②] [법11] ☐

- 일본의 사과와 정당한 보상을 요구하는 시민, 학생들의 격렬한 반대를 억누르고 정부가 한·일 국교를 정상화하였다.

[해설] '일본의 사과와 정당한 보상을 요구하는 시민, 학생들의 격렬한 반대'는 곧 1964년의 '6·3 시위'를 가리킨다.

- 제2조: 1910년 8월 22일 및 그 이전에 대한 제국과 일본 제국 간에 체결된 모든 조약 및 협정이 이미 무효임을 확인한다.
  제3조: 대한민국 정부가 국제 연합 총회의 결의 제195(III)호에 명시된 바와 같이 한반도에 있어서의 유일한 합법 정부임을 확인한다.

[해설] 1965년 6월 22일 체결된 한일 기본 조약의 내용이다(같은해 12월 발효).

■ **김종필·오히라 각서와 브라운 각서[메모]** [국18] □

- (가) 일본 측은 한국 측에 무상원조 3억 달러, 유상원조 (해외경제협력기금) 2억 달러, 그리고 수출입은행 차관 1억달러 이상을 제공한다.
  (나) 미국 정부가 한국과 약속했던 1억 5천만 달러 규모의 차관 공여와 더불어 …(중략)… 한국의 경제 발전을 돕기위한 추가 AID차관을 제공한다.

[해설] (가)에 일본이 한국에 무상원조 3억 달러, 유상원조 2억 달러를 제공한다는 내용은 1965년 6월에 조인된 한일 협정의 기초가 된 김종필·오히라 각서[메모]의 내용이다(1962.11.12). (나)에서 미국 정부가 1억 5천만 달러 규모의 차관과 더불어 AID차관*을 제공한다는 각서는 1966년 3월에 약속받은 브라운 각서를 가리킨다(1966.3.7). 박정희 정부는 브라운 각서를 통해 (베트남 파병의 대가로) 국군의 전력 증강과 함께 경제 개발에 필요한 기술 및 차관 제공을 미국으로부터 약속받았다.

* AID차관: 개발도상국의 경제 개발을 목적으로 미국이 제공한 장기 융자의 하나로 이른바, 개발 차관이다. 미국은 1950년대 이후 개발도상국에 대한 무상 원조에서 차관으로 지원 정책을 변경하였다. 미국 대외원조법(FAA) 중의 경제 원조 분야인 국제개발법(Act for International Development, AID)을 근거로 두고 있어 'AID차관'이라고 부른다.

- 베트남 파병에 필요한 조건을 명시한 브라운 각서를 체결하였다. [국23] □
  └ 베트남 파병을 시작하고 『브라운 각서』를 체결하다. [국20] □
  └ [베트남 파병] 브라운 각서를 체결하는 이유가 되었다. [지19] □
  └ (나) 미국으로부터 브라운 각서를 통한 경제 지원을 약속받았다. [법15] □
  └ 브라운 각서 체결 [법18] □

[해설] 베트남 파병에 필요한 조건을 명시한 브라운 각서가 체결된 것은 박정희 정부 시기인 1966년 3월의 일이다(1966.3.7). 브라운 각서란 미국 정부가 한국군 월남 증파의 선행 조건에 대한 양해 사항을 당시 주한 미국 대사였던 (윈스럽 길먼) 브라운(1907~1987)을 통하여 한국 정부에 전달한 공식 통고서이다(총 14개 항). 박정희 정부는 브라운 각서를 통해 미국으로부터 국군의 전력 증강과 경제 개발에 필요한 기술 및 차관 제공을 보장받았다.

- 한국군이 베트남전에 참전하였다. [회14] □
  └ 1960년대 경제 개발 계획의 추진에 기여하였다(베트남 파병). [지19] □
  └ 베트남 파병 [회18] □

[해설] 베트남 파병을 시작한 것은 1964년 9월의 일이다(~1973.3)(전투 병력 파병은 1965년 10월부터). / 베트남 전쟁 파병을 통해 획득한 달러[외자]는 1960년대 경제 개발 계획을 추진하는데 큰 도움이 되었다.

■ **베트남 파병** [지19] □

우리가 원했든 원하지 안했든 이미 이 전쟁에 직접적인 관계를 맺었고 파병을 찬반(贊反)하던 국민이 이젠 다 힘과 마음을 합해서 파병된 용사들을 성원하고 있거니와 근대 전쟁이 전투하는 사람만의 전쟁이 아니라 온 국민이 참가하는 '총력전' 이라는 것을 알고 이 전쟁의 승리를 위해 **모든 국민의 단합을 호소하는** 바이다.

[해설] 1964년 9월부터 1973년 3월까지 베트남에 파병한 사실과 관련된 자료이다(1960년대 일간지 사설, 구체적 출처 미확인). 베트남 파병을 통해 우리나라는 미국과 국군의 전력 증강 및 경제 개발에 필요한 기술과 차관 제공을 미국으로부터 약속받는 브라운 각서를 체결할 수 있었고(1966.3), 베트남 파병을 통해 획득한 달러[외자]는 1960년대 경제 개발 계획을 추진하는데 큰 도움이 되었다.

- 3선 개헌 반대 운동이 일어났다. [서21] □

[해설] 제3선 개헌 반대 운동*이 일어난 것은 박정희 정부 시기인 1969년 6월에서 9월까지이다[같은 해 9월 14일 일요일 새벽 2시에 3선 개헌(제6차 개헌)이 국회 별관에서 날치기 통과]. 3선 개헌 반대 범국민 투쟁 위원회가 조직되어 1969년의 3선 개헌 반대 시위[투쟁]를 주도하였다(민주화 운

동). 3선 개헌 반대 범국민 투쟁 위원회가 발기한 것은 1969년 7월이고(1969.7.17), (박정희) 대통령의 3선 연임을 허용하는 개헌안이 통과된 것은 같은 해 9월의 일이다(1969.9.14).** 3선 개헌 반대 범국민 투쟁 위원회에는 당시 야당인 신민당 국회 의원과 정치 활동 정화법 해금인사, 재야인사, 각계 인사 등 총 329명이 참여하였다[위원장 김재준(1901~1987) 목사].

**1969년 9월 14일 일요일 새벽 2시 국회 본회의장에서 점거 농성을 하고 있던 야당(신민당) 의원들을 피하여 국회 제3별관에서 여당계 의원 122명이 모여 기명 투표 방식으로 투표하여 찬성 122표, 반대 0표로 (3선) 개헌안을 변칙 통과시켰다. 그 후 개헌안은 10월 17일 국민 투표에서 총유권자의 77.1% 참여에 65.1% 찬성을 얻어 확정되었으며, 10월 21일에 공포 및 시행되었다.

- 제6차 1969년 대통령 3선 허용 [서21] □
  - [제6차 개헌] 대통령 3회 연임 허용 [서20] □
  - 6차 개헌(1969.10.) - (가) [법20] □
  - 대통령의 3선 허용 [법20] □
  - 대통령의 3선 연임을 허용하고 대통령에 대한 탄핵 소추 결의 요건 강화를 골자로 한다. [회17] □
  - 대통령의 삼선 연임과 국회 의원의 국무 위원 겸직을 허용하였다. [회21] □

[해설] 대통령 3회[3선, 삼선] 연임을 허용한 개헌은 '3선 개헌(제6차 개헌)'이다(1969.10)(대통령 직선제).

- 1960년대: 장기집권을 획책한 박정희의 사사오입 개헌에 맞서 학생들과 재야인사들이 그 반대 투쟁을 전개하였다.[X]
  [서18②] □
  - 1960년대: 장기집권을 획책한 '3선 개헌'에 맞서 3선 개헌 반대 투쟁을 전개하였다. [회19] □

[해설] 1969년 9월, 박정희 정부는 장기 집권을 꾀하여 3선 개헌안을 추진하였으며, 이에 반대하여 재야인사들이 반대 투쟁을 전개하였다(1969.6~12). 사사오입 개헌(제2차 개헌)은 박정희가 아닌 1954년 11월 이승만 정부 때 통과된 개헌안이다. 헌법상 대통령이 3선을 할 수 없는 제한을 철폐하는 조항이 들어가 사실상 이승만의 영구 집권(종신 대통령)을 가능하게 하였다. / 반대 투쟁에도 불구하고 제6차 개헌은 같은 해 9월 국회를 통과한 후 10월에 공포되고 말았다(1969.10.21).

- 김대중의 제7대 대통령 선거 출마 [법18] □

[해설] 김대중(1924~2009)이 제7대 대통령 선거에 제1 야당[신민당] 후보로 출마한 것은 1971년 4월의 일이다(1971.4.27)('40대 기수론'). 선거 결과 박정희 후보(민주공화당)가 90만표 차이로 김대중 후보를 앞서 당선되었다. 후일 중정 관계자나 전문가들은 당시 중앙정보부장 이후락(1924~2009)이 주도한 부정 선거나 박정희 정부의 관권 선거가 없었다면 김대중 후보가 100만표 차이로 앞섰을 것으로 추정하였다. 선거 결과에 위협을 느낀 박정희는 대통령 직선제를 없애고 장기 집권을 위한 유신 체제를 도입하였다.

2 유신 체제의 성립과 붕괴

- 10월 유신을 단행하여 대통령에게 강력한 통치권을 부여하였다. [회14] □

[해설] 10월 유신을 단행하여 대통령에게 강력한 통치권을 부여하는 초헌법적 비상조치를 취한 것은 1972년 10월의 일이다(1972.10.17. 곧이어 '유신 헌법'이라 일컬어지는 제7차 개헌 단행, 1972.12.27).

- 대통령의 중임 제한을 없애고 간선제를 골자로 하는 헌법을 제정하였다. [국13] □
  - 대통령 간선제 실시 [지11②] □

[해설] 대통령의 중임 제한을 없애고 간선제를 골자로 하는 헌법을 제정한 것은 1972년 10월의 제7차 개헌, 즉 유신 헌법이다(1972.10.27. 비상 국무 회의에서 개헌안 의결·공고 ⇨ 1972.11.21. 국민 투표로 확정 ⇨ 1972.12.27. 공포·시행). / 대통령 간선제를 채택한 헌법으로는 '제헌 헌법'(1948.7), '제7차 개헌'(1972.12), '제8차 개헌'(1980.10)이 있다.

- [제7차 개헌(유신 헌법)] 통일 주체 국민 회의에서 대통령을 뽑는다는 내용의 개헌안을 통과시켰다. [국22] □
  - 통일 주체 국민 회의의 대의원이 대통령을 뽑도록 규정하였다. [서24②] □
  - 통일 주체 국민 회의라는 새로운 주권 수임 기구를 만들어 대통령을 간선제로 선출하고, 대통령의 중임 제한을 없애는 것

을 골자로 한다. [회17] ☐

[해설] 통일 주체 국민 회의에서 대통령을 뽑는다는 내용의 개헌안은 곧 제7차 개헌안 즉 '유신 헌법'을 가리킨다(1972년 12월 공포). 제39조 ①항에 '대통령은 통일 주체 국민 회의에서 토론 없이 무기명 투표로 선거한다'는 내용이 규정되어 있다(제47조에 임기 6년 규정)(1972.12.27). 개헌안이 (비상 국무 회의에서) 통과된 것은 1972년 10월 27일의 일이다. 같은 해 10월 17일에 단행된 초헌법적 비상조치(이른바 '10월 유신')로 말미암아 당시 국회는 해산되었다. / 대통령 간선제 실시가 핵심 내용이었던 개헌안으로는 제7차 개헌안(유신 헌법)(1972.12)과 제8차 개헌안(1980.10, 7년 단임제 채택)을 들 수 있다.

• 유신 헌법이 공포되다. [지21] ☐
└ 유신 헌법 공포 [법19] ☐
└ 유신 헌법의 국민투표 통과 [서16] ☐
└ 1972 유신 헌법 [법15] ☐
└ 1972 10월 유신 [기13] ☐
└ 제7차 1972년 유신 헌법 대통령 간선제(임기 6년) [서21] ☐
└ 7차 개헌(1972.12) - 대통령 권한 강화 [법20] ☐

[해설] 제7차 개헌인 이른바 '유신 헌법'이 공포·시행된 것은 1972년 12월의 일이다)1972.12.27). 유신 헌법이 국민투표에서 통과된 것은 1972년 11월의 일이다(11월 21일의 국민투표에서 91.9%의 투표율과 91.5%의 찬성률로 확정).

• [제7차 개헌(유신 헌법)] 대통령은 국회를 해산할 수 있다. [지22] ☐
└ 대통령이 국회를 해산할 권한을 갖는다. [법21] ☐
└ 대통령의 임기는 7년으로 하며, 중임할 수 없다[✗]. [지22] ☐
└ 대통령의 연임을 3회까지만 허용한다[✗]. [법21] ☐
└ 대법원장은 대통령이 국회의 동의를 얻어 임명한다. [지22] ☐
└ 대통령은 국정 전반에 걸쳐 필요한 긴급조치를 할 수 있다 [지22] ☐

[해설] 유신 헌법에서는 대통령이 국회를 해산할 권한을 갖는 규정을 두었다(제59조 1항, '대통령은 국회를 해산할 수 있다.'). / 유신 헌법에서는 대통령의 연임이 무제한으로 가능하였다('6년 임기' 문구는 있지만 중임 제한 문구가 없고, 통일 주체 국민 회의에서 간접 선출하도록 하여 사실상 영구 집권이 가능). / 또 유신 헌법에서는 대법원장을 대통령이 국회의 동의를 얻어 임명하게 하는 규정을 두었다(제103조 1항, '대법원장인 법관은 대통령이 국회의 동의를 얻어 임명한다.'). / 마지막으로 유신 헌법에서는 대통령은 국정 전반에 걸쳐 필요한 긴급조치를 할 수 있게 하는 규정을 두었다(제53조 1항, '대통령은 천재·지변 또는 중대한 재정·경제상의 위기에 처하거나, 국가의 안전보장 또는 공공의 안녕질서가 중대한 위협을 받거나 받을 우려가 있어, 신속한 조치를 할 필요가 있다고 판단할 때에는 내정·외교·국방·경제·재정·사법 등 국정 전반에 걸쳐 필요한 긴급조치를 할 수 있다.').

• [제7차 개헌(유신 헌법)] 통일 주체 국민 회의 설치를 규정한 조항이 있다. [지20] ☐
└ 대통령은 통일 주체 국민 회의에서 간선 [서20] ☐

[해설] 통일 주체 국민 회의 설치를 규정한 조항이 있었던 헌법은 1972년 12월에 공포된 제7차 개헌 헌법(이른바 '유신 헌법')이다[제3장 통일 주체 국민 회의(제35조~제42조)].

• 1970년대: 유신 개헌을 통해 평화적으로 민주화를 추진할 수 있는 법률적 기틀을 제공하였다[✗]. [서18②] ☐
└ 1970년대: '유신 헌법'을 통해 대통령 단임제의 법률적 기틀을 제공하였다[✗]. [회19] ☐

[해설] 1972년 12월, 박정희 정부의 유신 개헌(제7차 개헌)으로 대통령의 권한이 극대화되면서 장기 집권이 가능해졌다. 유신 헌법은 박정희 대통령의 장기 집권을 위한 개헌이었고, 국민의 기본권 침해, 권력 구조상에서 대통령 권한의 비대로 독재를 가능하게 한 악법[헌법]이었다. 특히 '긴급조치' 조항은 대표적인 비민주적 독소 조항이었다(2013년 3월 헌법재판소가 긴급조치 1·2·9호에 대해 전원 일치 의견으로 위헌 결정). / '유신 헌법'에서는 대통령 단임제가 아니라 임기 6년의 대통령 간선제를 채택하였으며, 무제한 연임이 가능하도록 규정하였다.

■ 제7차 개헌(유신 헌법) [국21] [지22] [서19②] [법23] [법21] [법13] [경19①] [소21]

- 이 헌법은 한 사람의 집권자가 긴급조치라는 형식적인 법 절차와 권력 남용으로 양보할 수 없는 국민의 기본 인권과 존엄성을 억압하였다. 그리고 이러한 권력 남용에 형식적인 합법성을 부여하고자 …(중략)… 입법, 사법, 행정 3권을 한 사람의 집권자에게 집중시키고 있다.

[해설] 주어진 자료 속 '헌법'은 박정희 정부 시기인 1972년 12월에 공포된 제7차 개헌, 즉 '유신 헌법'을 가리킨다. 유신 헌법은 1972년 12월부터 제8차 개헌이 이루어진 1980년 10월까지 시행되었다(1972.12.27~1980.10.27).

- 제38조 ① 대통령은 통일에 관한 중요 정책을 결정하거나 변경함에 있어서, 국론 통일을 위하여 필요하다고 인정할 때에는 통일 주체 국민 회의의 심의에 붙일 수 있다.
  ② 제1항의 경우에 통일 주체 국민 회의에서 재적 대의원 과반수의 찬성을 얻은 통일 정책은 국민의 총의로 본다.
  제40조 통일 주체 국민 회의는 국회 의원 정수의 3분의 1에 해당하는 수의 국회 의원을 선거한다.

[해설] '통일 주체 국민 회의'라는 말을 통해 주어진 헌법은 1972년 12월 27일에 공포된 제7차 개헌(유신 헌법)을 가리킴을 알 수 있다. 제7차 개헌, 즉 유신 헌법은 제8차 개헌안이 공포되는 1980년 10월 27일까지 존속하였다.

- 제39조 ① 대통령은 통일 주체 국민 회의에서 토론없이 무기명 투표로 선거한다.
  ② 통일 주체 국민 회의에서 재적 대의원 과반수의 찬성을 얻은 자를 대통령 당선자로 한다.

[해설] '통일 주체 국민 회의'에 의한 대통령 선출 방식이 포함된 헌법은 곧 1972년 12월에 공포된 제7차 개헌(유신 헌법)이다.

- 제39조 (제1항) 대통령은 통일 주체 국민 회의에서 토론없이 무기명 투표로 선거한다. (중복 출제)
  제40조 (제1항) 통일 주체 국민 회의는 국회 의원 정수의 1/3에 해당하는 수의 국회 의원을 선거한다. (중복 출제)
  제43조 대통령은 조국의 평화적 통일을 위한 성실한 의무를 진다.
  제47조 대통령의 임기는 6년으로 한다.

[해설] 1972년 12월에 공포된 제7차 개헌(유신 헌법)이다.

- 6년 임기의 대통령은 통일 주체 국민 회의에서 선출된다.

[해설] 7차 개헌 때의 내용이다(1972, 유신 헌법). 제39조와 제47조에 관련 내용이 규정되어 있다.

- 제39조 대통령은 통일 주체 국민 회의에서 토론 없이 무기명 투표로 선거한다.
  제40조 통일 주체 국민 회의는 국회 의원 정수의 3분의 1에 해당하는 수를 선거한다.
  제53조 대통령은 천재지변 또는 중대한 재정·경제상의 위기에 처하거나, 국가의 안전 보장 또는 공공의 안녕질서가 중대한 위협을 받을 우려가 있어 신속한 조치를 할 필요가 있다고 판단될 때에는 내정·외교·국방·경제 등 국정 전반에 걸쳐 필요한 긴급조치를 할 수 있다.

[해설] 주어진 '헌법'은 제7차 개헌으로 1972년 12월에 공포된 유신 헌법임을 알 수 있다(1980년 10월 제8차 개헌으로 폐지될 때까지 적용).

- ○ 대통령의 임기가 6년으로 중임 제한이 없으며, 통일 주체 국민 회의에서 토론 없이 무기명으로 선출한다.
  (제47조) (제39조)

- ○ 대통령이 국회 의원 정수의 3분의 1에 대한 추천권을 가지며, 국회 해산을 명할 수 있다. (제40조) (제59조)

- ○ 대통령은 필요한 경우 국민의 자유와 권리를 잠정적으로 제한하는 긴급조치권을 가지며, 긴급조치는 사법적 심사의 대상이 아니다. (제53조)

[해설] 위에서부터 유신 헌법(제7차 개헌)의 제47조(임기 6년), 제39조(통일 주체 국민 회의에서 선거), 제40조(국회 의원 후보자 추천권), 제59조(국회 해산), 제53조(긴급조치권)에 해당한다.

- 투표는 이 헌법 제39조의 규정에 따라 토론 없이 무기명으로 투표용지에 후보자 성명을 기입하는 방법으로 진행되었다. 투표 결과는 찬성 2,357표, 반대는 한 표도 없이 무효 2표로 박정희 후보를 선출하였다.

[해설] 주어진 자료 속 밑줄 친 '이 헌법'은 유신 헌법을 가리킨다. 이에 따라 1972년 12월 23일 서울 장충체육관에서 열린 통일 주체 국민 회의 투표에서 박정희는 반대표가 단 1표도 나오지 않은 채 제8대 대통령으로 선출되었다.

- 헌법을 부정·반대·왜곡하는 일체의 행위를 금하는 긴급조치 1호가 공포되었다. [경19①] □
  └ⓒ - 권력 강화와 체제에 도전하는 운동의 탄압 수단인 긴급조치권이 있었다. [기13] □

[해설] 헌법을 부정·반대·왜곡하는 일체의 행위를 금하는 긴급조치 1호가 공포된 것은 1974년 1월의 일이다(1974.1.8). 장준하(1918~1975)를 비롯한 재야인사들의 유신 헌법 개헌 청원 서명 운동을 저지하기 위하여 선포되었다(긴급조치권은 유신 헌법 53조에 규정). / 유신 헌법(제7차 개헌)에는 권력 강화와 체제에 도전하는 운동을 탄압할 수 있는 긴급조치권이 있었다. 1980년 10월에 공포된 제8차 개헌에서 '비상 조치권'으로 명칭을 바꾸고 그 권한을 축소하였다. 예방적 발동제를 폐지하였으며, 기간에 제약을 두고 사후에 국회의 승인을 받도록 하는 등 많은 제약을 가하였다. 1987년 10월에 공포된 제9차 개헌에서는 그 권한을 더욱 축소하여 비상 조치권이란 용어도 폐지하고, 제3공화국에서처럼 긴급 재정·경제 명령 및 처분권과 긴급 명령권으로 바꿈으로써 그 권한을 제한시켰다. 그러나 계엄에 관한 규정은 그대로 답습하였다.

■ 긴급조치 [서21] □

모두 9차례 발표된 법령으로 마지막으로 선포된 9호에 따르면 헌법을 부정·반대 또는 개정을 요구하거나 이를 보도하면 영장 없이 체포할 수 있었다. 이로 인해 많은 학생, 지식인, 야당 정치인, 기자 등이 구속되었다.

[해설] 주어진 <보기> 속 '법령'은 1970년대 유신 헌법 하에서 실시된 '긴급조치'(헌법적 효력을 가진 특별 조치)를 가리킨다(유신 헌법은 1972년 12월부터 제8차 개헌이 이루어진 1980년 10월까지 시행).

- 김대중 납치 사건 발생* [서16] □

[해설] 일본 도쿄에 체류 중이던 당시 야당 인사 김대중(1924~2009)이 박정희 정부의 중앙정보부 요원들에 의해 납치된 것은 1973년 8월의 일이다(1973.8.8). 김대중은 5일 후 서울의 자택 부근에서 풀려났지만 한국 공권력의 일본 주권 침해라는 한일 간의 외교 문제로 비화되었다. 2007년 '국정원 과거사 진실규명위'의 조사 보고에 따르면 김대중 납치 사건은 당시 중앙정보부장 이후락(1924~2009)의 지시에 의한 것으로 확인되었다.

- 천주교정의구현전국사제단이 조직되었다.* [기19] □

[해설] 천주교정의구현전국사제단(약칭 '정의구현사제단')이 강원도 원주에서 결성[조직]된 것은 박정희 정부 시기인 1974년 9월의 일이다(1974.9.26). 제2차 바티칸 공의회의 정신에 따라 사제의 양심에 입각하여 교회 안에서는 복음화 운동을, 사회에서는 민주화와 인간화를 위해 활동함을 표방하였다.

- 3·1 민주 구국 선언을 발표하였다. [국23] [소21] □
  └「3·1 민주 구국 선언」이 발표되었다. [서21] □
  └재야인사들이 명동 성당에 모여 '3·1 민주 구국 선언'을 발표하였다. [서19②] □
  └명동 성당에서 열린 3·1절 기념 미사에서 각계 대표들이 긴급조치 철폐 등을 요구한 '민주 구국 선언'을 발표했다. [서24②] □
  └3·1 민주 구국 선언 [소22] □

[해설] 서울의 명동 성당에서 재야인사들이 3·1 민주 구국 선언*을 발표한 것은 1976년 3월의 일이다(1976.3.1).
*박정희 정부 시기인 1976년 3월 1일, 장기 독재를 비판하는 3·1 민주 구국 선언이 서울 중구에 위치한 명동 성당에서 발표되었다. 윤보선(1897~1990), 김대중(1924~2009), 문익환(1918~1994), 김승훈(1939~2003), 함석헌(1901~1989), 함세웅(1942~), 안병무(1922~1996) 등 각계 지도층의 재야인사들이 모여 발표한 선언으로, 이들은 선언문에서 긴급조치 철폐, 민주 인사 석방, 의회 정치 회복, 대통령 직선제 요구, 사법권 독립 등과 함께 박정희 정권 퇴진을 요구하였다. '3·1 민주 구국 선언 사건' 또는 '명동 사건'이라고도 한다.

- YH 무역 사건이 일어났다. [법23] □
  └방직 회사인 YH 무역의 여성 노동자들이 신민당사에서 농성을 벌였다. [경19①] □

[해설] YH 무역 (여성) 노동자들(187명)이 야당[신민당] 당사에서 농성한 것은 박정희 정부 말기인 1979년 8월의 일이다(1979.8.9~11)('YH 무역 농성 사건'). 정부 당국은 8월 11일 새벽 2시 1,200여 명의 서울시경 경찰 기동대를 투입하여 무차별적인 폭력으로 농성을 진압하였다[진압 과정에서 노동자 김경숙(1958~1979)이 후두부에 치명적인 가격을 당하고 추락사].

- 김영삼 신민당 당수 국회 제명 [서16] □

[해설] 김영삼 당시 신민당 총재가 뉴욕타임즈 인터뷰 내용을 이유로 국회 의원에서 제명된 것은 1979년 10월의 일이다(1979.10.4).

- 부·마 민주 항쟁이 일어났다. [국21] [소21] □
  - 정부의 인권 탄압과 긴급조치를 비판하였다. [법14] □
  - 야당 당수를 국회에서 제명한 것이 계기가 되었다. [법14] □
  - 부마 민주 항쟁이 일어나자 공수 부대가 투입되었다. [서24②] □
  - 부·마 민주 항쟁 [소22] □
  - 부마 민주 항쟁 [서24②] □

[해설] 부마 민주 항쟁이 일어난 것은 박정희 정부 시기인 1979년 10월 16일의 일이다(~10.20). 야당[신민당] 당수(김영삼)를 국회에서 제명한 것(1979.10.4)이 한 원인으로 작용하였으며, 인권 탄압과 긴급조치를 비판하였다. 유신 체제가 붕괴하는 계기가 되었다. 참고로 문재인 정부 시기인 2019년 9월 17일 국무 회의에서 민주화에 기여한 점이 인정되어 부마 민주 항쟁이 발발한 10월 16일을 국가 기념일로 지정하였다. / [서24②] 부마 민주 항쟁이 일어나자 박정희 정부는 공수 부대를 투입하였다. 10월 16일 부산에서 학생들의 시위가 확대되어 대규모 반정부 시위가 발생하였고, 18일과 19일에는 마산 및 창원 지역으로 시위가 확산되자 박정희 정부는 18일 0시 부산 지역에 비상계엄령을, 20일 정오에 마산 및 창원 일원에 위수령을 발동하고 공수 부대를 출동시켰다.

- 10·26 사태 [법13] □

[해설] 1979년 10월 26일 중앙정보부장 김재규(1926~1980)가 서울 종로구 중앙정보부 안가(安家)에서 대통령 박정희(1917~1979)를 암살한 사건을 가리킨다(10.26 사건). 직접적인 원인으로는 부마 민주 항쟁의 처리 방식을 두고 중앙정보부장 김재규(온건론)와 대통령 경호실장 차지철(1934~1979)(강경론) 사이의 대립 때문이었다. 이전부터 박정희 정부의 실권을 두고 양자가 대립하였고, 이 무렵부터 갈등이 심화되었다(차지철 역시 현장에서 사망).

주제 74 5·18 민주화 운동과 민주주의의 발전

1 5·18 민주화 운동

• 12·12 군사 반란 [서24②] □

[해설] 군부 내 사조직인 '하나회' 중심의 신군부 세력에 의해 12·12 군사 반란이 일어난 것은 최규하 정부 시기인 1979년 12월의 일이다(1979.12.12). 당시 계엄사령관이었던 정승화 육군참모총장(1929~2002)을 '김재규 내란에 방조한 혐의'가 있다는 이유로 최규하 대통령의 재가도 없이 강제로 연행하는 과정에서 유혈 충돌이 발생하였다(하극상 사건). 영화 서울의 봄(2023)의 모티브가 된 사건이기도 하다.

• 전국에 계엄령을 선포하고, 모든 정치 활동을 정지시켰다. [국13] □
ㄴ12·12 사태 이후 신군부가 계엄령을 전국에 확대하였다. [기16] □
ㄴ신군부가 비상계엄을 확대하였다. [회22] □

[해설] 전국에 계엄령을 선포하고 모든 정치 활동을 정지시킨 것은 박정희 사후 등장한 신군부 세력이다. / 신군부가 비상계엄을 확대한 것에서 비롯된 사건은 5·18 민주화 운동이다(1980.5). / 1979년 12·12 사태로 군부를 장악한 신군부가 집권 시나리오에 따라 계엄령을 전국에 확대한 것은 1980년 5월 17일의 일이다(5·18 민주화 운동 발발 배경).

• 5·18 민주화 운동 [지22] [서24②] [소22] □
ㄴ5·18 민주화 운동이 일어나다. [지21] □
ㄴ1980 5·18 광주 민주화 운동 [법15] □

[해설] 5·18 민주화 운동이 일어난 것은 최규하 정부 시기인 1980년 5월 18일의 일이다(~5월 27일 새벽).

• [5·18 민주화 운동] 계엄령 해제하고 신군부 퇴진하라! [법19] □ (5·18 민주화 운동 구호)
ㄴ학생들은 비상계엄령 해제와 신군부 퇴진을 요구하였다. [법14] □
ㄴ신군부 세력의 퇴진을 요구하였다. [소19①] □
ㄴ신군부 세력의 권력 장악을 막고자 하였다. [소18②] □

[해설] 학생들이 비상계엄령 해제와 신군부 퇴진을 요구한 민주화 운동은 1980년 5월에 일어난 '5·18 민주화 운동'이다(1980.5.18~27).

• 시위대가 시민군을 조직하여 계엄군에 맞섰다. [소18②] □
ㄴ[광주 시민군 궐기문] 우리 시민군은 온갖 방해에도 불구하고 여러분의 안전을 끝까지 지킬 것입니다. 또한 협상이 올바른 방향대로 진행되면 우리는 즉각 총을 놓겠습니다. [서17②] □

[해설] 시위대가 시민군을 조직하여 계엄군에 맞선 것은 1980년 5월의 5·18 민주화 운동이다. / '시민군', '안전', '협상', '총' 등의 말이 나와 있다. 5·18 민주화 운동 당시 발표된 「광주 시민군 궐기문」('우리는 왜 총을 들 수밖에 없었는가?')이다(1980.5.25). 당시 시민군 대변인 윤상원(1950~1980)이 작성하여 당일 궐기 대회 때 낭독되었다.

광주 시민군 궐기문 [소19①] □

우리는 왜 총을 들 수밖에 없었는가? 그 대답은 너무나 간단합니다. 너무나 무자비한 만행을 더 이상 보고 있을 수만 없어서 너도나도 총을 들고 나섰던 것입니다. …(중략)… 계엄 당국은 18일 오후부터 공수 부대를 대량 투입하여 시내 곳곳에서 학생, 젊은이들에게 무차별 살상을 자행하였으니!

-「광주 시민군 궐기문」-

[해설] 주어진 자료는 1980년 5월 전라도 광주를 중심으로 전개된 '5·18 민주화 운동'와 관련된 사료이다(「광주 시민군 궐기문」)(1980.5.25).

2 전두환 정부[제5공화국]의 수립

- 국가 보위 비상 대책 위원회가 구성되었다. [국13] □
  └국가 보위 비상 대책 위원회를 구성하였다. [법16] □
  └국가 보위 비상 대책 위원회가 조직되었다. [법23] □
  └국가 보위 비상 대책 위원회를 설치하고 언론 매체를 통폐합했다. [회23] □

[해설] 신군부 세력이 국가 보위 비상 대책 위원회(줄여서 '국보위')를 구성[조직]한 것은 5·18 민주화 운동이 진압된 직후인 1980년 5월의 일이다(1980.5.31). / 언론 매체를 통폐합한 것은 1980년 11월이다. 즉 5·18 민주화 운동이 진압된 직후인 1980년 5월 31일에 국보위가 설치되었고, 같은 해 11월 14일에 신문과 통신이 통폐합되고 방송이 공영화 조치가 취해졌다. / 정확하게 따지면 국보위 설치는 최규하 정부 시기(1979.12.21~1980.8.16)(전두환이 정치적 실권을 장악한 실세), 언론 통폐합은 전두환 정부 시기(1980.8.27~1988.2.24)의 일이다.

- 제8차 1980년 (가) (7년 단임) [서21] □
  └대통령의 임기를 7년 단임으로 하고, 대통령 선거인단이 대통령을 간접 선출하는 것을 골자로 한다. [회17] □
  └대통령 간선제 [서21] □

[해설] 대통령 간선제를 채택한 헌법으로는 '제헌 헌법'(1948.7), '제7차 개헌'(1972.12), '제8차 개헌'(1980.10)이 있다.

- [제8차 개헌] 대통령의 임기는 5년으로 한다[×]. [법21] □
  └통일 주체 국민 회의에서 대통령을 선출한다[×]. [법21] □
  └(나) - 종신 집권이 가능한 대통령제로 개헌했다[×]. [법19] □
  └대통령 간선제와 국회 의원 비례대표제를 채택하였다. [회21] □

[해설] 제8차 개헌(1980.10.27)에서는 대통령 간선제로 (5년이 아니라) 7년 단임이었다(제45조). 5년 단임이 된 것은 제9차 개헌이다(1987.10). / 제8차 개헌은 (통일 주체 국민 회의가 아니라) '대통령 선거인단'이 대통령을 선출하였다. / 5·18 민주화 운동을 진압하고 출범한 제5공화국의 헌법은 제8차 개헌으로, (종신 집권이 가능한 대통령제가 아니라) 7년 단임의 대통령 간선제를 채택하였다. 종신 집권이 가능한 대통령제로 개헌한 것은 이른바 '유신 헌법'으로 불리는 제7차 개헌 때의 일이다(1972.12). / 대통령 간선제와 국회 의원 비례대표제를 채택한 것은 제8차 개헌이다.

■ 제8차 개헌 [지17①] [법21]

- 대통령의 임기는 7년이며 중임할 수 없다.

[해설] 8차 개헌 때의 내용이다(1980.10.27). 제45조의 내용이다.

- 집권 준비를 마친 전두환은 통일 주체 국민 회의를 통해 제11대 대통령으로 선출되었다. 그러나 국민의 반발과 악화된 국제 여론을 의식하여 개헌을 단행하였다. 새 헌법에 따라 실시된 선거에서 전두환은 다시 대통령에 당선되었다.

[해설] 전두환(1931~2021)이 사퇴한 최규하(1919~2006) 대통령에 이어 제11대 대통령으로 선출된 것은 1980년 8월 27일이고(서울 장충체육관), 새 헌법에 따라 전두환이 제12대 대통령에 다시 당선된 것은 이듬해인 1981년 2월 25일의 일이다(대통령 선거인단의 간접 선거로 실시)(제5공화국 출범). 새 헌법은 제8차 개헌에 따른 헌법이다(1980.10.27).

- 공직자 부정행위 방지를 위한 공직자 윤리법을 제정하였다.* [기19] □

[해설] 공직자 부정행위 방지를 위한 공직자 윤리법이 처음 제정된 것은 전두환 정부 시기인 1981년 12월의 일이다(1981.12.31)(1983년 1월 1일부터 시행). 참고로 공직자 윤리법을 (전면) 개정하여 (4급 이상) 고위 공직자 재산을 공개한 것(재산 등록 의무화)은 김영삼 정부 시기인 1993년 6월의 일이다(1993.6.11)(주의)(관련 선지 및 해설 참조).

3 6월 민주 항쟁

- 신한 민주당이 창당되어 국회에 진출하였다.* [기19] ☐

[해설] 신한 민주당(줄여서 '신민당')이 창당된 것은 1985년 1월이다(1985.1.18). 같은 해 2월 12일에 치러진 제12대 국회 의원 선거에서 지역구 50석, 전국구 17석을 차지하는 돌풍을 일으켰다.

- 신민당이 직선제 개헌을 위한 서명 운동을 전개하였다*. [서21] ☐

[해설] 신민당이 직선제 개헌을 위한 서명 운동을 전개한 것은 1985년 12월의 일이다. 당시 김대중과 김영삼은 (약칭 '민추협')*를 중심으로 '민주제 개헌 1000만 명 서명 운동'을 벌이기로 결정하면서 본격적으로 개헌 운동에 나섰다.

* 민주화추진협의회(민추협): 1984년 5월 야당의 양대 세력인 김영삼과 김대중 두 진영이 결집하여 조직한 민주화 운동 조직체이다. 제도 정치권 진입을 목적으로 각종 성명서 및 기자 회견을 통하여 군부 독재 반대 민주화 운동을 전개하였다. 1985년 1월 신한 민주당(신민당) 창반의 기반이 되었다.

- 부천 경찰서에서 성고문 사건이 발생하였다*. [기19] ☐

[해설] (경기도) 부천 경찰서에서 성고문 사건이 발생한 것은 전두환 정부 시기인 1986년 6월의 일이다(1986.6.6~7). 같은 해 5월 3일에 있었던 사건 (5·3 인천 사태*)의 관련자 색출을 명목으로 연행되어 온 학생 운동가 권인숙(1964~)을 문귀동 경장이 진술을 강요하며 성고문을 자행하였다.

*5·3 인천 사태: 1986년 5월 3일 인천에서 열린 신한 민주당(신민당)의 개헌추진위원회 경인지부 결성 대회가 재야 및 학생 운동권의 격렬한 시위로 무산된 사건이다.

- 금강산댐 사건으로 위기를 조성하였다.* [기19] ☐

[해설] 금강산댐 사건으로 위기가 조성된 것은 1986년 10월과 11월의 일이다. 전두환 정부는 이에 대항해 '평화의 댐' 건설을 추진하였다(국민 성금 모금도 진행). 하지만 김영삼 정부 시기인 1993년 감사원 감사 결과 북한의 금강산 댐 위협과 이를 대비하기 위한 평화의 댐 건설의 필요성이 부풀려진 것으로 밝혀졌다.

- 전두환 정부는 4·13 호헌 조치를 발표하였다. [기16] ☐
  └ 4·13 호헌 조치 [서24②] ☐

[해설] 전두환 정부가 4·13 호헌 조치를 발표한 것은 1987년 4월의 일이다(6월 민주 항쟁). 호헌 조치란 군사 독재 정권 유지를 위해 일체의 개헌 논의를 중단시키고 현행[기존] 헌법[8차 개헌 헌법]을 유지한다고 선언한 조치이다. 하지만 이러한 호헌 조치는 오히려 국민들의 민주화 요구에 불을 댕기는 역효과를 낳았다(6월 민주 항쟁 발발 계기로 작용).

- 민주 헌법 쟁취 국민 운동 본부가 결성되었다. [서21] ☐
  └ 민주 헌법 쟁취 국민 운동 본부가 '고문살인 은폐 규탄 및 호헌 철폐 국민 대회'를 전국 22개 지역에서 동시다발적으로 개최했다. [서24②] ☐

[해설] 민주 헌법 쟁취 국민 운동 본부가 결성된 것은 1987년 6월 민주 항쟁 직전인 1987년 5월의 일이다(1987.5.27). '호법반대 민주헌법쟁취 국민운동본부'에서 '6·10 국민 대회 선언문'을 발표하였고, 항쟁 결과 6·29 민주화 선언이 나왔다(1987.6.10~29).

■ 이한열의 부상과 사망 [법14] ☐

지난 6월 9일 오후 교내 시위 도중 경찰이 쏜 최루탄 파편에 맞아 중상을 입고 입원 중인 연세대생 이한열군이 4일째 의식을 회복하지 못한 채 중태다. 연세대 상경대 교수 일동은 '이한열군 사건에 당하여'라는 제목의 성명서를 작성하여 "이번 불상사에 대한 책임을 통감하여 학생 시위와 이 같은 불상사를 유발하는 오늘의 현실을 개탄한다."면서 당국은 최루탄 난사를 포함한 과잉 진압을 금지하고 이 같은 사태의 재발을 방지하기 위한 근본적인 대책을 수립하라고 요구하였다.

[해설] 주어진 자료는 1987년 6월에 일어난 6월 민주 항쟁과 관련된 것임을 알 수 있다. 당시 연세대 경영대생 이한열(1966~1987)은 교내 시위 도중 경찰이 쏜 최루탄 파편에 맞아 중상을 입고 치료 중 7월 5일 끝내 사망하고 말았다.

- 1987 6월 민주 항쟁 [법13] □
  └ 6월 민주 항쟁 [회23] [소22] □
  └ 직선제 개헌을 요구하는 학생, 시민들의 시위가 있었다. [회22] □

[해설] 6월 민주 항쟁이 일어난 것은 전두환 정부 시기인 1987년 6월의 일이다(1987.6.10~6.29).

■ 6월 민주 항쟁 [국13] □

- O 박종철 사건
  O 4·13 호헌 조치
  O 6·10 국민 대회 개최
  O 민주 헌법 쟁취 국민 운동 본부 결성:

[해설] '박종철 사건', '4·13 호헌 조치', '6·10 국민 대회', '(호법반대) 민주헌법쟁취 국민운동본부 결성'은 모두 1987년의 6월 민주 항쟁과 관련이 있다. 이 중 '박종철 사건'은 1987년 1월 14일 서울대 인문대생 박종철(1965~1987)이 치안본부 남영동 대공분실에서 수배된 선배의 행방과 관련된 조사를 받던 중 수사관들의 고문(전기고문과 물고문 가함)으로 사망한 사건이다('박종철 고문치사 사건'). 같은 해 5월 18일 천주교 정의구현전국사제단의 성명을 통하여 사건이 축소 조작되었음이 폭로되었다. 이후 관련 추모 집회와 규탄 대회가 직선제 개헌 논의와 연결되면서 6월 민주 항쟁이 촉발되었다.

- [6·10 국민 대회 선언문] 무엇보다 우리는 이른바 4·13 대통령의 특별 조치를 국민의 이름으로 무효임을 선언한다. [서17②] □

[해설] 4·13 특별(호헌) 조치(1987)에 대해 무효를 선언한다는 내용이 나와 있다. 6월 민주 항쟁을 주도한 국민 운동 본부가 발표한 선언문 속 내용이다.

■ 6·10 국민 대회 선언문 [서22②] [법17] [회17] [회16] [기19]

- 국민 합의 배신한 4·13 호헌 조치는 무효임을 전 국민의 이름으로 선언한다. 오늘 우리는 전 세계 이목이 우리를 주시하는 가운데 40년 독재 정치를 청산하고 희망찬 민주 국가를 건설하기 위한 거보를 전 국민과 함께 내딛는다. 국가의 미래요 소망인 꽃다운 젊은이를 야만적인 고문으로 죽여 놓고 그것도 모자라 뻔뻔스럽게 국민을 속이려 했던 현 정권에게 국민의 분노가 무엇인지를 분명히 보여주고, 국민적 여망인 개헌을 일방적으로 파기한 4·13 폭거를 철회시키기 위한 민주 장정을 시작한다.

[해설] 주어진 자료는 1987년 6월 민주 항쟁 당시 '호법반대 민주헌법쟁취 국민운동본부'의 명의로 발표된 '6·10 국민 대회 선언문'이다(선언문의 맨앞 부분).

- 오늘 우리는 진 세계[세계의] 이목이 우리를 주시하는 가운데 40년 독재 정치를 청산하고 희망찬 민주 국가를 건설하기 위한 거보를 전 국민과 함께 내딛는다. 국가의 미래요 소망인 꽃다운 젊은이를 야만적인 고문으로 죽여 놓고[,] 그것도 모자라[모자라서] 뻔뻔스럽게 국민을 속이려 했던 현 정권에게 국민의 분노가 무엇인지를[무엇인지] 분명히 보여주고[,] 국민적 여망인 개헌을 일방적으로 파기한 4·13 폭거를 철회시키기 위한 민주 장정을 시작한다. (중복 출제)

[해설] 위와 같은 내용의 자료이다.

- 국가의 미래요 소망인 꽃다운 젊은이를 야만적인 고문으로 죽여 놓고 …… 현 정권에게 국민의 분노가 무엇인지를 분명히 보여주고, 국민적 여망인 개헌을 일방적으로 파기한 4·13 호헌 조치를 철회시키기 위한 민주 장정을 시작한다.

[해설] 위와 같은 내용의 자료이다.

- …… 헌법 개정의 주체는 오로지 국민이다. 국민 이외의 어느 누구도 이 신성한 권리를 대행하거나 파기할 수 없다. 그러므로 국민적 의사를 전적으로 묵살한 4.13 폭거는 시대적 대세인 민주화를 거스르려는 음모요, 국가 권력의 주인인 국민을 향한 도전장이 아닐 수 없다. ……

[해설] '4·13 폭거'는 곧 1987년 4월 13일 전두환 정부가 취한 '4·13 호헌 조치'를 가리키므로, 주어진 자료와 관련된 정권은 곧 전두환 정부를 가리킨다. 이때의 전두환 정부 시기는 1981년 2월부터 1988년 2월까지 해당한다. 위 자료는 6·10 국민 대회 선언문의 중간 부분이다.

- [6월 민주 항쟁 구호] 호헌 철폐, 대통령 직선제 개헌 쟁취하자! [법19] ☐
  └학생과 시민들이 민주 헌법 쟁취를 구호로 내세웠다. [법14] ☐

[해설] '호헌 철폐, 대통령 직선제 개헌 쟁취하자!'는 1987년 6월 민주 항쟁의 핵심 요구 사항이 담겨 있는 대표적인 구호이다.

- [6월 민주 항쟁] (나)는 대통령이 하야하는 계기가 되었다[x]. [법17] ☐
  └(가), (나)의 결과로 헌법이 개정되었다. [법17] ☐

[해설] (이승만) 대통령이 하야(1960.4.26)하는 계기가 된 것은 (6월 민주 항쟁이 아니라) 1960년 4월의 4·19 혁명이다[해당 문제에서 (가)는 4·19 혁명, (나)는 6월 민주 항쟁을 가리킴]. / (가)의 결과로 1960년 6월에 제3차 개헌이, 같은 해 11월에는 제4차 개헌이 이루어졌다. 또 (나)의 결과로 1987년 10월에 제9차 개헌이 이루어졌다.

- 6·29 민주화 선언 [지22] ☐
  └6·29 선언 [서22①] ☐
  └6·29 선언이 발표되는 계기가 되었다(6월 민주 항쟁). [소18②] ☐

[해설] 노태우(1932~2021) 당시 여당(민정당) 대표(차기 여당 대선 후보)가 6·29 민주화 선언을 발표한 것은 전두환 정부 시기인 1987년 6월의 일이다(1987.6.29)(6월 민주 항쟁).

- [6·29 민주화 선언] 오늘의 이 시점에서 저는 사회적 혼란을 극복하고, 국민적 화해를 이룩하기 위하여 대통령 직선제를 택하지 않을 수 없다는 결론에 이르게 되었습니다. [서17②] ☐

[해설] 1987년 6월 29일 노태우 당시 여당(민정당) 대표가 발표한 6·29 선언의 내용이다.

■ 6·29 민주화 선언 [회18] ☐

- ○ 여야 합의 하에 조속히 대통령 직선제 개헌을 하고 새 헌법에 의해 대통령 선거를 통해 평화적 정부 이양을 실현토록 해야겠습니다.
  ○ 직선제 개헌이라는 제도의 변경뿐만 아니라, 이의 민주적 실천을 위하여는 자유로운 출마와 공정한 경쟁이 보장되어 국민의 올바른 심판을 받을 수 있는 내용으로 대통령 선거법을 개정하여야 합니다.
  ○ 우리 정치권은 물론 모든 분야에 있어서의 반목과 대결이 과감히 제거되어 국민적 화해와 대단결을 도모하여야 합니다. 그러한 의미에서 과거에 어떠하였던 간에 김대중 씨도 사면·복권되어야 한다고 생각합니다.

[해설] 주어진 자료는 6월 민주 항쟁 결과 당시 노태우 여당(민정당) 대표가 발표한 6·29 민주화 선언이다(전두환 정부 시기의 사건).

- (라) - 이한열 등의 희생을 통해 직선제 개헌에 성공했다. [법19] ☐

[해설] 6월 민주 항쟁에서는 이한열 등의 희생을 통해 직선제 개헌에 성공하였다(6·29 민주화 선언). 5년 단임의 대통령 직선제로 개헌되었다(제9차 개헌).

- 대통령 직선제 개헌을 추진하였다. [국23] ☐
  └직선제 개헌이 이루어졌다. [소19①] ☐
  └5년 단임의 대통령 직선제 개헌이 이루어졌다. [국13] ☐
  └5년 단임의 대통령 직선제를 골자로 한다(제9차 개헌). [회17] ☐

└연임이 안 되는 임기 5년의 대통령을 직선제로 선출하게 되었다. [서22②] □

└제9차 1987년 (나) (5년 단임) [서21] □

└(개헌 연도) 1987 (주요 내용) 직선제를 통한 5년 단임 대통령제 시행, 비상 조치권 및 국회 해산권 폐지, 헌법 재판소 부활
[회24] □ (표로 제시)

└(나)는 6월 민주 항쟁을 계기로 개정하였다. [회24] □

└대통령 직선제 및 5년 단임 [서20] □

└대통령 직선제 [서21] □

└대한민국 헌법 전문에는 우리 국가의 정통성이 대한민국 임시 정부에 있음을 밝히고 있다. [경16②] □

[해설] 6월 민주 항쟁 결과 6·29 민주화 선언이 나왔으며, 같은 해 10월 임기 5년[5년 단임]의 대통령 직선제를 골자로 하는 제9차 개헌(현행 제6공화국 헌법)이 이루어졌다(10월 29일 공포, 1988년 2월 25일부터 시행). 여야 합의에 의해 채택되고 공포된 현행 헌법이기도 하다. 참고로 1987년 12월 13일 제13대 대통령 선거가 치러졌다('1노 3김' 구도 형성)(여당 후보 노태우 당선). / 대한민국 현행 헌법(제9차 개헌) 전문에는 우리 국가의 정통성이 대한민국 임시 정부에 있음을 밝히고 있다.

• 1980년대: 6월 민주 항쟁을 통해 군사 정권을 종식시키고 선거를 통해 문민 정부가 출범하였다[x]. [서18②] □

└1980년대: 최초로 문민 정부가 탄생함으로써 민주 정치의 초석을 놓았다[x]. [회19] □

[해설] 1987년, 6월 민주 항쟁을 통해 독재를 타도하고 직선제 개헌을 이루었다. 하지만 문민 정부는 1993년 2월에 출범한 김영삼 정부를 가리킨다. / 최초의 문민 정부인 김영삼 정부가 탄생한 것은 (1980년대가 아니라) 1993년 2월의 일이다(~1998.2). 이를 통해 비로소 민주 정치의 초석이 놓이게 되었다.

4 직선제 개헌 이후의 정부

• [노태우 정부] 여소야대 정국을 돌파하기 위하여 3당 합당을 하였다. [서24①] □

[해설] 여소야대 정국을 돌파하기 위하여 3당 합당을 한 것은 노태우 정부 시기인 1990년 1월의 일이다(1990.1.22). 3당 합당으로 민주 자유당(줄여서 '민자당')이라는 거대 여당이 탄생하였다(당시 여당인 민주 정의당과 야당인 통일 민주당, 신민주 공화당이 합당).

• [노태우 정부] 소련, 중국과 교류를 확대하였다. [법21] □

[해설] 소련, 중국과 교류를 확대한 것은 노태우 정부 시기의 일이다(1988.2~1993.2). 한·소 수교가 이루어진 것은 1990년 9월이며, 한·중 수교가 이루어진 것은 1992년 8월이다.

• [노태우 정부] (다) - 북방 외교를 통해 공산권 국가들과 외교 관계를 맺었다. [기16] □

└북방 외교의 적극 추진 [서17②] □

[해설] 동구 공산주의 국가, 소련, 중국 등과의 북방 외교를 적극 추진한 것은 노태우 정부 시기의 일이다. 1990년 9월에 한·소 수교가 이루어지고(1990.9.30), 약 2년 뒤인 1992년 8월에 한·중 수교가 체결되었다(1992.8.24). 이외 노태우 정부는 당시 동구권의 여러 사회주의 국가들과도 수교하였다.

■ 노태우 정부의 북방 외교 [법11] □

정부는 동유럽 공산주의 국가 및 소련, 중국과 외교 관계를 수립하는 북방 정책을 추진하였고, 유엔에 남북한이 함께 가입하는 성과를 올렸다.

[해설] 노태우 정부가 펼친 북방 외교와 1991년 9월 18일에 있었던 남북한 유엔 동시 가입에 대한 설명이다.

■ **[참고] 남북한 유엔 동시 가입 기념 경축사[한·소 수교]** [한능검 고급 45회] □

우리는 지난 2년 동안 지난날 냉전 체제의 다른 한쪽 종주국이었던 소련과 국교를 열고 우호 협력하는 관계를 이루었습니다. 우리는 동중부 유럽 국가들과도 외교 관계를 수립하였으며 이웃 중국과도 무역 대표부를 교환 설치하였습니다. …… 이러한 변화 속에서 이루어지는 남북한의 유엔 가입은 한국 전쟁 이후 남북 관계의 가장 큰 전환일 것입니다.

[해설] 주어진 자료는 1991년 8월 15일 행해진 노태우 대통령의 제47주년 광복절 경축사이다. 노태우 대통령은 소련, 중국 등 사회주의권과의 '북방 외교'를 추진하여 이들 국가들과 수교하였는데, 1989년 2월 1일 헝가리와 수교한 것을 시작으로(한국·헝가리 수교), 1990년 9월 30일 사회주의 종주국 소련과도 수교하였다(한·소 수교).

■ **[참고] 노태우 대통령의 중국 방문[한·중 수교]** [한능검 심화 51회] □

대한민국 대통령, 중국 최초 방문

9월 27일부터 30일까지 노태우 대통령이 대한민국 대통령으로는 최초로 중국을 공식 방문하였다. 베이징에서 진행된 회담에서 양국 정상은 지난달 성사된 한중 수교의 의의를 높이 평가하면서 우호 협력 관계를 발전시키자고 하였다. 또한 양국 정상은 한반도의 긴장 완화가 한국 국민의 이익에 부합될 뿐 아니라 동북아시아 평화와 안정에 유익하며, 이와 같은 추세가 계속 발전해 나가야 한다는 데 합의하였다. (1992년)

[해설] 우리나라가 중국, 즉 중화 인민 공화국과 국교를 수립한 것은 1992년 8월 24일의 일이다(한·중 수교). 그 전인 1990년 10월 20일에 한·중 무역 대표부가 교환 설치된 바 있다.

- 대한민국 제14대 대통령 선거 실시 [경17①] □

[해설] 대한민국 제14대 대통령 선거가 실시된 것은 1992년 12월 18일이다. 총 8명의 후보가 출마하였고, 여당인 민주 자유당[민자당] 김영삼 후보가 당선되었다(41.96% 득표). 선거 초반부터 여당인 민주 자유당 김영삼 후보(1928~2015), 제1 야당인 민주당 김대중 후보(1924~2009), 통일 국민당 정주영 후보(1915~2001)의 3자 대결 구도를 보였다. 김영삼 후보는 '한국병'을 치유해야 한다며 '신한국 창조'를 기치로 내세웠고, 김대중 후보는 정권 교체의 필요성을 호소하며 '이번에는 바꿉시다'를 내걸었다. 정주영 후보는 다른 후보보다 경제 운용 능력에 우위가 있음을 선전하며 '경제대통령론'을 펼쳤다.

- [김영삼 정부] 「공직자 윤리법」을 개정하여 고위 공직자 재산을 공개하였다. [회21] □
  └ 고위 공무원의 재산 등록을 의무화하였다. [소21] □

[해설] 「공직자 윤리법」을 전면 개정하여 (4급 이상) 고위 공직자[공무원]의 재산을 공개하도록 한 것(재산 등록 의무화)은 김영삼 정부 시기*인 1993년 6월의 일이다(1993.6.11). 이때 공직자윤리위원회에 재산심사권을 부여하였으며 처벌 규정도 강화하는 등 현행 공직 윤리 제도의 기틀이 마련되었다. 참고로 공직자 부정행위 방지를 위한 공직자 윤리법이 처음 제정된 것은 전두환 정부 시기인 1981년 12월의 일이다(시행은 1983년 1월)(주의).

*김영삼 정부 시기: 제6공화국 2기 정부로, 1993년 2월 25일~1998년 2월 25일까지 존속하였다.

- [김영삼 정부] 금융 실명제를 실시하고, 하나회를 해체하였다. [서24①] □

[해설] 금융 실명제가 실시된 것은 김영삼 정부 시기인 1993년 8월의 일이다(1993.8.12). 발표된 다음날인 8월 13일부터 전격 실시되었다. 또 군(軍) 내부의 사조직인 '하나회'가 김영삼 정부 출범 초인 1993년 3월부터 해체되기 시작하였다(김영삼 대통령이 권영해 국방부 장관과 함께 숙청 주도). 이때 하나회 출신인 김진영 육군참모총장과 서완수 기무사령관이 전격 보직 해임되고 비하나회 출신이 임명되었다. 이후 4월에 2~4차 숙청이 이루어졌다(4월 2일 2차 숙청 때, 안병호 수방사령관과 김형선 특전사령관 경질). 같은 해 5월에는 1979년 '12·12'에 연관된 장성들이 전역 조치되었다(이후 1994년 10월까지 진행).

- [김영삼 정부] 금융 실명제가 전격적으로 실시되었다. [지17②]
  └ 금융 실명제가 실시되었다. [법20] □

ㄴ탈세와 부정부패를 차단하기 위해 금융 실명제를 실시하였다. [회21]

ㄴ(가) - 탈세와 부정부패를 막기 위해 금융 실명제를 실시하였다. [기16]

ㄴ금융 실명제 개시(開始) [지16①]

ㄴ금융 실명제 전면 실시 [서17②]

ㄴ금융 실명제의 실시 [지15②]

ㄴ금융 실명제 실시 [서22①] [회23] [회18] [경17①]

[해설] 금융 실명제가 전격적으로 실시된 것은 김영삼 정부 시기인 1993년 8월의 일이다(1993.8.12). / [기16]의 (가)는 김대중 정부 시기를 가리키나 무시함.

■ 금융 실명제 실시 [법23] [법16] [소19①]

- 저는 이 순간 엄숙한 마음으로 헌법 제76조 1항의 규정에 의거하여, 「금융실명 거래 및 비밀보장에 관한 대통령 긴급명령」을 반포합니다. 아울러 헌법 제47조 3항의 규정에 따라, 대통령의 긴급 명령을 심의하기 위한 임시 국회 소집을 요청하고자 합니다. …(중략)… 이 시간 이후 모든 금융 거래는 실명으로만 이루어집니다.

[해설] 모든 금융 거래를 실명으로만 이루어지도록 한 이 조치는 곧 김영삼 정부 시기인 1993년 8월에 있었던 금융 실명제이다(1993.8.12).

- 저는 이 순간 엄숙한 마음으로 헌법 제76조 제1항의 규정에 의거하여, 『금융실명 거래 및 비밀보장에 관한 대통령 긴급명령』을 반포합니다. …… 금융 실명제에 대한 우리 국민의 합의와 개혁에 대한 강렬한 열망에 비추어 국회 의원 여러분이 압도적인 지지로 승인해 주실 것을 믿어 의심치 않습니다. 친애하는 국민 여러분, 드디어 우리는 금융 실명제를 실시합니다. 이 시간 이후 모든 금융 거래는 실명으로만 이루어집니다. 금융 실명제가 실시되지 않고는 이 땅의 부정부패를 원천적으로 봉쇄할 수가 없습니다.

[해설] 금융 실명제가 전격 실시된 것은 김영삼 정부 시기인 1993년 8월의 일이다.

- 금융 실명 거래 및 비밀 보장에 관한 긴급 명령 발표

[해설] 김영삼 정부 시기인 1993년 8월에 단행된 금융 실명제를 가리킨다.

- [김영삼 정부] 지방 자치제를 전면적으로 실시하였다. [법21]

ㄴ지방 자치 단체장 선출을 포함한 지방 자치제를 전면적으로 실시하였다. [회21]

ㄴ지방 자치제를 전면 실시하였다. [법16]

ㄴ(나) 지방 자치 단체장 선거를 실시하였다. [경17②]

[해설] 지방 자치제를 전면적으로 실시한 것은 김영삼 정부 시기인 1995년 6월의 일이다(1995.6.27)('6·27 지방 선거'). 1961년 5·16 군사 정변 이후 처음으로 전국 동시 지방 선거가 실시되었다(제1회 전국 동시 지방 선거). / 법 개정(제9차 개정 지방자치법과 지방의회의원선거법)에 따라 지방 자치 단체장 선거가 (다시) 실시된 것은 김영삼 정부 때인 1995년 6월의 일이다(6·27 지방 선거). 이때 35여 년 만에 광역 및 기초 단체장을 새로 뽑았다. 참고로 광역 및 기초 의회 의원 선거도 이때 실시하였다(이때가 두 번째로, 이미 노태우 정부 시기인 1991년 3월에 기초 의회 의원 선거 실시).

■ 지방 자치제 전면 실시 [서24①]

"광역 및 기초 단체장과 의원을 뽑는 이번 선거를 계기로, 우리나라는 전면적인 지방 자치를 실시하게 됩니다. …… 지방 자치는 주민 개개인의 건설적 에너지가 지역 발전으로 수렴이 되고 나아가서 국가 발전으로 이바지하는 데 참뜻이 있습니다."

[해설] 지방 자치제가 전면 시행된 것은 김영삼 정부 시기인 1995년 6월의 일이다(1995.6.27)(5·16 군사 정변 이후 처음으로 전국 동시 지방 선거 실시). 주어진 자료는 '지방 선거 실시에 즈음한 대통령 특별 담화문'이다(1995.5.30).

- [김영삼 정부] 역사 바로 세우기 운동 [법16] ☐
  └ 전두환, 노태우 두 전직 대통령이 반란죄 및 내란죄로 수감되었다. [회21] ☐
  └ 전두환 구속 [법19] ☐

[해설] 역사 바로 세우기 운동이 펼쳐진 것은 김영삼 정부 시기로, 노태우·전두환 전직 대통령 두 명이 반란죄 및 내란죄로 구속되고, '5·18 특별법'이 국회에서 제정된 1995년 11월~12월에 가장 고조되었다. / 전두환 전대통령이 (군사 반란 주도와 수뢰 혐의로) 구속된 것은 김영삼 정부 시기인 1995년 12월의 일이다(1995.12.3)(노태우 전대통령은 같은 해 11월 16일 구속·수감). 참고로 두 전직 대통령은 1997년 12월 '국민 대화합'을 명분으로 김영삼 대통령에 의해 특별 사면으로 풀려났다(1992.12.22)(김대중 대통령 당선인과 합의).

- 1990년대: 대선 결과에 따라 평화적 정권 교체가 실현되었다. [서18②] ☐
  └ 1990년대: 대통령 직선제 개헌을 통해 마침내 군사 정권을 종식시키고 국민의 정부를 출범시켰다[×]. [회19] ☐
  └ 김대중 대통령 당선 [법19]
  └ 1998 김대중 정부 출범 [법15] ☐
  └ 1988 김대중 대통령 취임 [기13] ☐

[해설] 1997년 12월, 제15대 대통령 선거 결과 야당인 새정치국민회의의 김대중 후보가 여당인 한나라당의 이회창 후보 등을 이기고 대통령에 당선되었다(1997.12.18). 이로써 한국 헌정사상 최초로 야당에 의한 평화적 정권 교체가 실현되었다. / 대통령 직선제 개헌이 이루어진 것은 1987년 10월에 공포된 제9차 개헌을 통해서이다(1987.10.29). 또 '국민의 정부'는 곧 김대중 정부를 가리키는 말로, 1998년 2월에 출범하였다.

- [김대중 정부] ㉣ - 외환 위기를 극복하고, 대북 화해 협력 정책으로 남북 정상 회담을 개최하였다. [기13] ☐

[해설] 외환 위기를 극복하고, 대북 화해 협력 정책으로 남북 정상 회담을 개최한 것은 김대중 정부 수립 이후의 일이다(해당 문제 관련). / (제1차) 남북 정상 회담 관련 선지 및 해설 참조

- [김대중 정부] (가) - 상록수 부대를 동티모르에 파병하였다.* [경17②] ☐

[해설] 우리나라 PKO(Peacekeeping Operation, 유엔 평화 유지 활동) 참여 역사상 최초로 (포르투갈에서 독립한) 동티모르에 상록수 부대를 평화 유지군으로 파병한 것은 김대중 정부 시기인 1999년 10월의 일이다(~2003.10). 파병 인원은 총 444명(상록수 부대 436명, 유엔 평화 유지군 사령부 참모 8명)(당시 12개국에서 파병).

◉ 사진으로 보는 5·18 민주화 운동과 민주주의의 발전

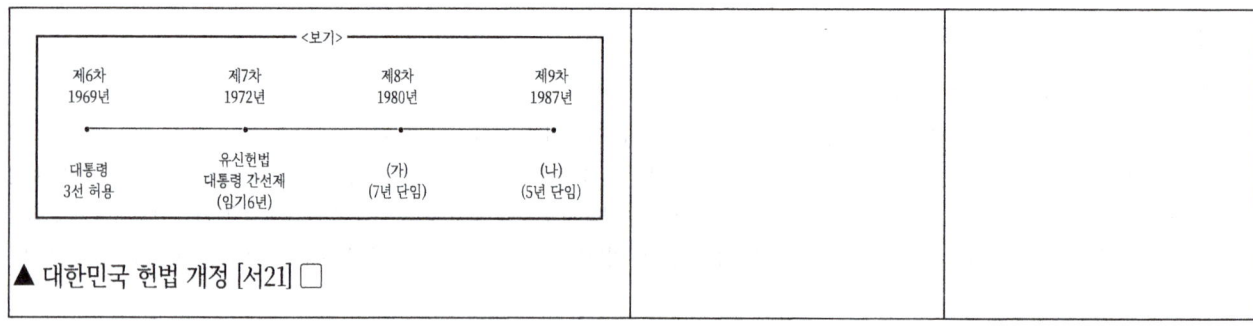

▲ 대한민국 헌법 개정 [서21] ☐

주제 75 산업화와 경제 성장

1 6·25 전쟁 이전의 경제

- [미군정기] 해외로부터 귀환인이 급증하여 식량이 부족했다.* [국20] ☐
  └ 38도선 분할 점령 이후 식료품 부문의 생산이 크게 위축되었다.* [국20] ☐
  └ 미군정이 재정 적자를 메우기 위해 화폐를 과도하게 발행했다.* [국20] ☐
  └ 미곡수집제 폐지, 토지개혁 실시를 주장하는 대규모 시위가 일어났다[X].* [국20] ☐

[해설] [국20] 관련 자료[그래프] 참조(1945년 8월~1946년 1월까지의 식료품, 연료, 곡물의 물가 지수 제시). 8·15 광복 직후 해외로부터 귀환인이 급증하여 식량이 부족했다. 이하 세 번째 선지까지 모두 옳은 현상이다. 하지만 네 번째 선지는 해당 시기가 1946년 1월 이후의 일이기 때문에 옳지 않다(미군정기 중에서도 제한된 시기에 일어난 사회 현상을 묻는 문제, 관련 그래프 참조). 요컨대 미군정이 미곡수집령을 공포한 것은 1946년 1월 25일의 일이다(법령 제45호). 미군정은 처음에 쌀의 자유 판매를 허용하였으나 쌀의 매점매석, 그리고 과대 소비로 이어져 쌀값이 폭등하게 되자 미곡수집령을 통해 강제 공출제를 재개하게 된 것이다. 하지만 강제력을 동원한 쌀(식량)의 공출과 배급제는 다시 쌀값의 폭등으로 이어졌고(1946년 3~4월 식량 위기가 절정에 달함) 전국적인 인플레와 실업으로 이어졌다. 결국 같은 해 9월 미곡수집제 폐지와 토지 개혁 실시(북한에서는 이미 3월에 실시) 등을 주장하는 대규모 시위(9월 총파업)와 '10월 대구(·경북) 사건[항쟁]'이 발생하였다.

- [미군정기] 신한 공사가 설립되었다. [기17] ☐

[해설] 귀속 재산 처리를 위해 신한 공사가 설립된 것은 미 군정기* 때인 1946년 3월의 일이다(1948년 3월 해체). 신한 공사는 일제의 귀속 재산을 소유·관리하던 회사이다. 귀속 재산이란 미군정에 몰수된 일제 강점기 시기 일본인 소유의 재산(농지, 주택, 기업 등)을 일컫는 말이다. 적산(敵産)이라고도 하였다.

* 미국의 군정청이 38도선 이남을 통치한 시기를 '미군정기'라고 하는데, 그 시기는 여러 의견이 있지만, 군정청이 공식 출범한 1945년 9월 20일부터 한국인에게 행정권이 사실상 이양된 1948년 7월 12일까지로 보는 것이 적절하다고 판단된다.

- [이승만 정부] 한미 원조 협정을 체결하였다.* [국21] ☐

[해설] 한미 원조 협정이 체결된 것은 이승만 정부 시기인 1948년 12월의 일이다(1948.12.10). 한국의 경제적 위기를 방지하고 국력 부흥을 촉진하며 국내 안정을 확보하기 위하여, 미국 정부가 재정적, 물질적, 기술적 원조를 제공하는 데 목적을 두었다. 1961년 2월에 한미 경제 원조 협정으로 대체되었다.

- [이승만 정부] 귀속 재산 처리법을 공포하였다.* [서19①] ☐

[해설] 일제가 남긴 재산 처리를 위한 귀속 재산 처리법이 제정·공포된 것은 이승만 정부 시기인 1949년 12월의 일이다(1949.12.19). 귀속 재산을 유효 적절하게 처리함으로써 산업 부흥과 국민 경제의 안정을 도모하기 위한 목적으로 제정되었다. 대상은 1948년 9월 11일 대한민국 정부와 미합중국 정부 간에 체결된 '재정 및 재산에 관한 최초 협정' 제5조에 의하여 대한민국 정부에 양도된 영토 안에 있는 일체의 일본인 소유의 재산으로, 농지는 이 법이 아닌 농지 개혁법에 의해 처리되었다(주의).

▌귀속 재산 처리법 [법20] ☐

- 제2조 본 법에서 귀속 재산이라 함은 … 대한민국 정부에 이양된 일체의 재산을 지칭한다. 단, 농경지는 따로 농지개혁법에 의하여 처리한다.

  제3조 귀속 재산은 본 법과 본 법의 규정에 의하여 발하는 명령이 정하는 바에 의하여 국용 또는 공유재산, 국영 또는 공영 기업체로 지정되는 것을 제외하고는 대한민국의 국민 또는 법인에게 매각한다. - 귀속 재산 처리법 -

[해설] 자료에 나와 있듯이 1949년 12월에 제정·공포된 '귀속 재산 처리법'이다(전문 46개 조와 부칙으로 구성).

- [이승만 정부] 농지 개혁에 따른 지가증권을 발행하였다. [국21] ☐

[해설] 농지 개혁에 따른 지가증권(地價證券)을 발행한 것은 1950년 3월부터이다. 1949년 6월에 농지 개혁법이 제정·공포되었으나 농지 개혁 실시를 위한 입법 조치[예산 조치]가 갖추어지지 않아 시행되지 않다가, 이듬해인 1950년 3월에 개정 법률안이 통과(공포)되면서부터 본격적으로 시행되기 시작하였다.

- [6·25 전쟁] 한미 경제 조정 협정을 체결하였다.* [서19①] ☐ (마이어 협정)

[해설] 한미 경제 조정 협정이 체결된 것은 6·25 전쟁 중이던 1952년 5월의 일이다(1950.5.24). 한국 정부와 미국 정부가 이미 한국에 공여되고 있던 대한 경제 원조와 관련해 각자의 역할과 양자 간의 관계를 조정하고자 맺은 협정이다. 정식 명칭은 '대한민국과 통일사령부간의 경제 조정에 관한 협정'으로 한국의 재무부 장관 백두진(1908~1993)과 미국의 특사 마이어(?~?)가 대표하여 흔히 '마이어 협정'이라고 부른다. 한국의 주권을 침해함이 없이 국제 연합군 총사령부 군사력의 유효한 지원을 보장하고 한국 국민의 고난을 구제하며, 한국의 건전한 경제를 수립·유지하기 위하여 한국과 통일사령부 사이의 경제 문제를 조정하는 데 목적이 있었다.

2 6·25 전쟁 직후의 경제

- [이승만 정부] 제분, 제당, 면방직 등 삼백 산업을 적극 지원하였다. [국21] ☐
  └소비재 중심인 제분, 제당, 면방직 등의 삼백 산업이 발달하였다. [기12] ☐
  └미국의 원조로 소비재 공업이 성장하였고 밀가루, 설탕, 면화 산업 등 삼백 산업이 중심을 이루었다. [서16] ☐
  └미국의 원조에 힘입어 삼백 산업이 발전하였다. [회16] ☐
  └미국의 잉여 농산물을 가공하는 삼백 산업을 육성하였다. [법19] ☐
  └삼백 산업이 발달하였다. [법20] [소19①] ☐

[해설] 6·25 전쟁 직후인 1950년대에는 (미국의 원조 물자를 바탕으로 한) 제분, 제당, 면방직 등 소비재 공업인 삼백 산업이 발달하였다(넓게 보면 1940년대 말부터로 볼 수 있음, 이승만 정부 시기).

- 미국의 공법 480호(PL480)에 따른 잉여 농산물이 도입되었다.* [국17②] ☐

[해설] 미국의 공법 480호(PL480)(Public Law 480)에 따른 잉여 농산물이 (우리나라에) 도입된 것은 1956년부터의 일이다. PL480은 미국의 '농업 수출 진흥 및 원조법(Agricultural Trade Development and Assistance Act)'을 가리키는 바, 미국이 이를 법제화한 것은 자국의 농산물 가격을 유지하고 농산물 수출을 진흥하는 한편 제3세계의 식량 부족을 완화하기 위해서였다(1954). 이후 이 규정에 따라 잉여 농산물 원조를 각국에 제공하였는데, 대한민국은 1955년에 이 법의 제1조에 따라 협정을 체결하였고 1956년부터 잉여 농산물 원조를 받기 시작하였다.

- [장면 정부] 유엔의 지원으로 충주에 비료 공장을 설립하였다.* [국18] ☐

[해설] 국제 연합, 즉 유엔(UN)의 지원으로 충북 충주에 비료 공장이 준공된 것은 1961년 4월의 일이다(1961.4.29)(행정안전부 국가기록원 자료). 미국 국무성의 국제개발처(AID) 자금을 지원받아 1955년 9월에 착공한 것이다. 식량 증산과 보급에 필요한 필수적인 요소 비료 대량 생산 능력을 갖춰 당시로서는 최신식 공장이었다.

3 박정희 정부의 수출 지향 경제 발전

- 장기적인 경제 발전을 위해 경제 개발 5개년 계획을 수립하였다. [서22②] ☐
  └경제 개발 5개년 계획을 추진했다. [회23] ☐

[해설] 장기적인 경제 발전을 위해 경제 개발 5개년 계획을 수립하여 발표한 것은 사실상 박정희 정부 시기(군사 정부 시기, 1962년 3월까지 대통령 윤보선)인 1962년 1월의 일이다(1962.1.13)(제1차 경제 개발 5개년 계획 시행). 참고로 경제 개발 5개년 계획은 이후 1997년 폐지될 때까지 총 7차례 이루어졌다.

- 제1차 경제 개발 5개년 계획을 추진하였다. [국21] ☐

┖제1차 경제 개발 5개년 계획이 추진되었다. [국12] [회16] ☐

┖제1차 경제 개발 5개년 계획이 실시되었다. [서19①] ☐

┖군사 정부가 '경제 개발 5개년 계획'을 추진하였다. [국17②] ☐

┖1962 제1차 경제 개발 5개년 계획 [법15] ☐

[해설] 제1차 경제 개발 5개년 계획이 추진된 것은 1962년 1월부터이다(~1966). 경제 자립 달성을 위한 공업화 기반 구축을 목표로 추진되었다(1960년대 정부의 경제 정책).

• 화폐 개혁이 단행되었다(제3차 화폐 개혁).* [경21①] ☐

[해설]. 대한민국에서 화폐 개혁(긴급 통화 조치)이 단행된 것은 모두 세 차례이다. 제1차 화폐 개혁은 1950년 6월 '6·25 전쟁'의 발발로 북한 인민군이 대한민국의 법화인 (구)조선은행권을 남발하자 이를 막기 위해 단행되었다[(신)한국은행권 1백원권과 1천원권을 일본에서 인쇄해서 유포, 1950년 9월부터 1953년 1월까지 전선의 변화에 따라 지역별로 나누어 실시]. 제2차 화폐 개혁은 1953년 2월 17일, 전쟁 중에 남발된 통화와 그에 따른 인플레이션을 수습하고 경제 부흥 자금을 조달하려는 의도로 시행되었다(원 → 환, 구화폐와 신화폐의 교환 비율 100:1), 제3차 화폐 개혁은 5·16 군사 정변 약 1년여 후인 1962년 6월 10일, 재정 적자를 해소하고 경제 개발 자금을 마련하려는 목적에서 시행되었다(환 → 원, 교환 비율 10:1)(국가 재건 최고 회의 주도, 긴급 금융 조치도 함께 단행).

• 국가 기간산업인 울산 정유 공장이 가동되었다.* [국18] ☐

[해설]. 국가 기간산업인 울산 정유 공장이 (정상) 가동된 것은 1964년 4월의 일이다(1964.4.1). 하루 3만 5천 배럴 규모의 울산 정유 공장이 가동됨에 따라 석유의 안정적인 공급이 가능해졌다.

• 베트남 파병을 계기로 베트남 특수를 누리게 되었다. [국12] ☐

┖ⓒ - 한일 국교 정상화와 베트남 파병으로 경제 개발에 도움이 되었다. [기13] ☐

[해설] 베트남 파병은 1964년 9월부터 시작되었고(~1973.3), 추가 파병에 대한 보상 조치로 미국으로부터 한국군의 장비 현대화 지원 및 경제 원조를 받는 등(브라운 각서 체결, 1966.3) 등 베트남 특수를 누렸다. / [기13]의 ⓒ은 1960년 4·19 혁명과 1972년 10월 유신 사이의 시기를 가리킴. 한일 국교 정상화와 베트남 파병은 경제 개발에 도움이 되었다(각 1965.6/1964.9).

• [1960년대] 미국의 무상 원조가 경제 개발의 주요 재원으로 활용되었다[x]. [국12] ☐

[해설] 미국의 무상 원조가 경제 개발의 주요 재원이었던 시기는 1950년대이다(삼백 산업 발달). 1958년에 미국은 유상 차관으로 전환하면서 경제 성장률이 하락하기 시작하였다.

• [1960년대] 경제 건설에 필요한 재원 조달을 위해 한·일 협정이 체결되었다. [국12] ☐

[해설] 박정희 정부가 국민들의 반대에도 불구하고 1965년 6월 한일 기본 조약 체결[한일 국교 정상화]을 서두른 까닭 중의 하나는 일본으로부터 경제 건설을 위한 재원 조달을 약속 받은 것에 있었다는 평가가 있다(1965.6.22, 같은 해 12월 18일 발효).

▌1960년대의 수출 주도 성장 전략 [지17②] ☐

제1차 경제 개발 5개년 계획을 시행할 무렵에 우리나라 정부는 국내에서 산업 개발 자금을 확보하려 하였다. 이에 통화 개혁을 실시했으나 목적을 달성하지 못했고, 결국 외국 차관을 들여왔다. 제2차 경제 개발 5개년 계획이 적용된 때에는 화학, 철강 산업에 대한 투자도 이루어졌다. 이 두 차례의 경제 개발 계획이 시행된 시기에 수출 주도 성장 전략이 자리를 잡았다.

[해설] 제1차 경제 개발 5개년 계획은 1962년에서 1966년까지, 제2차 경제 개발 5개년 계획은 1967년에서 1971년까지 추진되었다.

- 경부 고속 도로가 개통되었다. [국18] □
  └경부 고속 국도(도로)가 개통되었다. [소19①] □
  └경부 고속 국도가 개통되었다. [기17] □
  └경부 고속 국도가 건설되었다. [지17②] □
  └경부 고속 도로 개통 소식을 전해 듣는 시민 [법16] □

[해설] 경부 고속 도로[경부 고속 국도]가 개통된 것은 1970년 7월의 일이다(1970.7.7, 착공한 것은 1968년 2월, 왕복 4차선). 1968년 12월에 개통된 경인 고속 도로(우리나라 최초의 고속 도로)에 이어 두 번째로 만들어졌다.

- 마산에 수출 자유 지역이 건설되었다. [국18] □
  └마산과 익산을 수출 자유 무역 지역으로 선정하여 외자를 유치하였다. [기12] □

[해설] 마산과 익산(당시 이리)을 수출 자유 지역으로 선정하여 외자를 유치하기 시작한 것은 1970년대 전반의 일이다(각 1970.3/1973.10) / 마산에 수출 자유 지역이 건설된 것은 1970년 5월(착공)에서 1973년 1월(완공) 사이이다(제1공구 지정, 기반 조성기). 1970년 1월 1일 공포된 수출자유지역설치법에 의거해 같은 해 3월에 마산 수출 자유 지역이 설정되었다. 2000년 7월에 「자유무역지역의지정등에관한법률」이 공포되면서 '마산 자유 무역 지역'으로 명칭이 변경되었다. / 익산(당시 이리) 수출 자유 지역이 건설된 것은 1973년 10월(착공)에서 1974년 10월(완공)이다. 익산이 수출 자유 지역으로 선정된 것은 1973년 10월의 일이다. 익산 역시 2000년 7월에 '익산 자유 무역 지역'으로 명칭이 변경되었다.

- 중화학 공업을 적극 육성하였다. [법19] □
  └수출 주도형 중화학 공업화 [지15②] □
  └(다) 중화학 공업화 정책을 추진했으며 수출액이 100억 달러를 넘어섰다. [법15] □

[해설] 1970년대에 이르러 박정희 정부는 중화학 공업을 적극 육성하는 정책을 추진하였다. 1973년 1월에는 중화학 공업 정책이 선언되기도 하였다('중화학 공업 육성 선언'). / 제3, 4차 경제 개발 5개년 계획의 실시로 1970년대에는 중화학 공업이 수출 분야에서 큰 비중을 차지하게 되었다.

■ 수출 자유 지역 설치 및 중화학 공업 단지 조성 [경15②] □

마산, 이리(익산)에 수출 자유 지역이 만들어져 많은 외국인 기업이 들어섰다. 또 울산, 포항, 창원, 여천(여수), 구미 등에 새로운 공업 단지를 조성하여 철강, 조선, 기계, 전자, 비철금속, 석유 화학 등 중화학 공업이 크게 발전하였다.

[해설] 주어진 경제 정책을 실시한 정부는 박정희 정부이다. 수출자유지역설치법(1970.1)에 의해 설정된 마산 수출 자유 지역은 1973년 1월에 완공되었으며, 이리(현재 익산) 수출 자유 지역은 1974년 10월에 완공(1973년 10월 착공)되었다. 또 박정희 정부는 1973년 1월 '중화학 공업 육성 선언'을 하였다.

- 제3차 경제 개발 5개년 계획이 실시되다. [국20] □
  └제3차 경제 개발 5개년 계획 실시 [지16①] □

[해설] 제3차 경제 개발 5개년 계획이 실시된 것은 1972년 1월의 일이다(~1976).

- 통일벼의 전국적 보급* [지15②] □

[해설] 통일벼, 유신벼 등 다수확 신품종이 보급되기 시작한 때는 1972년부터이다. 신품종 통일벼는 한국인이 먹는 자포니카(Japonica)와 다수확 품종인 인디카(Indica)를 교배한 것으로 시험 재배에서 다수확성이 확인되어 '기적의 쌀'로 주목을 받았다. 유신벼는 통일벼의 후속 품종으로 밥맛을 개선한 것이었다. 통일벼가 전국적으로 재배되면서 쌀 수확량이 급속히 높아져 1977년에 우리나라는 드디어 쌀의 완전한 자급을 달성하게 되었다.

- 제4차 경제 개발 계획이 추진되었다. [법23] □

[해설] 제4차 경제 개발 (5개년) 계획이 추진된 것은 박정희 정부 시기인 1977년부터의 일이다(~1981). '성장·형평·능률의 이념 하에 자력 성장 구조를 확립하고 사회 개발을 통하여 형평을 증진시키며 기술을 혁신하고 능률을 향상시키는 것'을 목표로 하였다.

- 수출액 100억 달러를 돌파하다. [국20] ☐
  - 수출 100억 달러를 달성하였다. [법20] ☐
  - 연간 수출 총액이 늘어나 100억 달러를 돌파하였다. [지17②] ☐

[해설] 우리나라가 수출액 100억 달러를 돌파한 것은 (박정희 정부 시기인) 1977년 12월의 일이다(1977.12.22).

■ **수출의 날 기념식[기념사]** [국23] ☐
나는 우리 국민이 선천적으로 타고난 재질을 최대한으로 활용하여 다각적인 생산 활동을 더욱 활발하게 하고, …(중략)… 공산품 수출을 진흥시키는 데 가일층 노력할 것을 요망합니다. 끝으로 나는 오늘 제1회 『수출의 날』 기념식에 즈음하여 …(중략)… 이 뜻깊은 날이 자립경제를 앞당기는 또 하나의 계기가 될 것을 기원합니다.

[해설] 수출의 날은 원래 우리나라가 처음 수출 1억 달러를 달성한 1964년 11월 30일을 기념해 지정한 것이다. 이후 1990년부터 '각종 기념일등에 관한 규정'에 따라 무역의 날로 명칭을 바꾸었고 2011년 12월 5일 우리나라가 세계에서 아홉 번째로 무역 규모 1조 달러를 달성한 것을 기념하기 위해 2012년부터 12월 5일로 다시 날짜를 변경하였다. 따라서 주어진 자료 속 밑줄 친 '나'는 박정희 대통령(1917~1979)을 가리킨다. 1964년 12월 5일 서울 태평로 시민 회관(지금의 서울시 의회)에서 제1회 수출의 날 기념식을 열었다.

- 유신 체제가 성립되었고, 2차례의 오일 쇼크와 중화학 공업 과잉 중복 투자에 따른 경제 불황이 있었다. [국17②] ☐
  - 오일 쇼크를 거치며 경제 성장이 둔화되었다. [회16] ☐

[해설] 유신 체제가 성립되었고(1972.10), 2차례의 오일 쇼크(석유 파동, 1974.1/1978.10)와 중화학 공업 과잉 중복 투자에 따른 경제 불황(1970년대 후반)이 있었던 것은 1970년대이다(오일 쇼크를 '석유 파동'이라고도 부름).

- 제2차 석유 파동으로 경제가 침체에 빠지다. [국20] ☐

[해설] 제2차 석유 파동[오일 쇼크]으로 경제가 침체에 빠진 것은 1978년 10월의 일이다(제1차 석유 파동은 1974년 1월 발생).

3 1980년대 이후 한국 경제의 비약적인 성장

- [전두환 정부] 저금리, 저유가, 저달러의 3저 호황을 경험하다. [국20] ☐
  - 저유가, 저금리, 저달러의 3저 호황으로 고도성장이 가능하였다. [회16] ☐
  - 저금리·저유가·저달러의 '3저 호황'으로 위기를 벗어났다. [기12] ☐
  - (나) - 3저 호황을 통해 무역 수지 흑자를 달성하였다. [기16] ☐
  - 6월 민주 항쟁과 저금리, 저유가, 저달러의 3저 호황이 있었다. [국17②] ☐
  - 3저 호황이 나타났다. [기17] ☐

[해설] 저금리, 저유가, 저달러의 3저 호황을 경험한 것은 전두환 정부 말기인 1986년에서 노태우 정부 초기인 1988년 사이이다. [6월 민주 항쟁(1987.6)과 저금리, 저유가, 저달러의 3저 호황(1986~1988)이 있었던 것은 1980년대이다.] / [기16]의 (나)는 박정희 정부 시기를 가리키나 무시함. / [기12] 저금리·저유가·저달러의 '3저 호황'으로 위기를 벗어난 것은 1980년대의 일이다(1986~1988)(1980년대 경제 상황에 대해 묻는 문제). 사실 '위기'라는 말이 좀 걸린다. 왜냐하면 두 번에 걸친 석유 파동은 모두 1970년에 있었기 때문이다(1974/1978). 물론 그 여파가 1980년대 초에는 영향을 미쳤을 수도 있었겠지만 중반경까지 영향을 주었는지는 의문스럽다. 그러므로 전두환 정부 시기(특히 후반)는 (위기에서 벗어났다고 표현하기보다는) 고도성장이 시작된 시기라고 표현하는 것이 더 바람직해 보인다.

- [노태우 정부] 국제 노동 기구(ILO) 가입* [경17①] ☐

[해설] 국제 노동 기구(ILO)(International Labour Organization)에 우리나라가 가입한 것은 노태우 정부 시기인 1991년 12월의 일이다. 국제 노동 기구는 노동자의 노동 조건 개선 및 지위 향상을 위해 설치된 국제 연합의 전문 기구이다.

- [김영삼 정부] 우루과이 라운드의 타결로 쌀 시장과 서비스 시장을 개방하였다.* [기12] ☐

  [해설] 우루과이 라운드(Uruguay Round)는 이전까지 세계 무역 질서를 이끌어 온 관세 및 무역에 관한 일반 협정(GATT) 체제의 문제점을 해결하고 이 체제를 다자간 무역 기구로 발전시키려는 국가 간 협상이다. (전두환 정부 시기인) 1986년에 협상이 시작되었고, (김영삼 정부 시기인) 1993년 12월 타결되었다. 1994년 4월 모로코의 마라케시에서 세계 무역 기구(WTO) 설립, 정부 조달 협정 등을 포함한 마라케시 합의문이 채택되었다.

- [김영삼 정부] 경제 협력 개발 기구에 가입하다. [국20] ☐
  └경제 협력 개발 기구(OECD)에 가입하였다. [지17②] [서19①] [법19] [소19①] ☐
  └한국이 경제 협력 개발 기구(OECD)에 가입하였다. [법23] ☐
  └경제 협력 개발 기구(OECD) 가입 [경17①] ☐
  └OECD 회원국으로 가입하였다. [법20] ☐
  └OECD 가입 [경17②] ☐

  [해설] 우리나라가 경제 협력 개발 기구(OECD)(Organization for Economic Cooperation and Development)에 (29번째 회원국으로) 가입한 것은 김영삼 정부 시기인 1996년 12월의 일이다(1996.12.12).

- [김영삼 정부] (라) 자유 무역이 확대되는 가운데 외환 보유고 부족으로 위기를 맞았다(외환 위기). [법15] ☐
  └국제 통화 기금에 2백억 달러의 구제 금융 지원을 요청하였다. [회18] ☐
  └외환 위기가 닥쳐 IMF로부터 구제 금융을 지원받았다. [회16] ☐
  └금 모으기 운동 전개 [경17②] ☐

  [해설] 자유 무역이 확대되는 가운데 외환 보유고 부족으로 위기를 맞은 것은 김영삼 정부 말기인 1997년 12월의 일이다(외환 위기). 김영삼 정부는 국가 부도 사태를 막기 위해 국제 통화 기금(IMF)(International Monetary Fund)에 2백억 달러의 구제 금융 지원을 요청하였다(1997.11.21)('IMF 구제 금융 사태')(같은 해 12월 3일에 IMF와 양해 각서 체결). / 금 모으기 운동이 (주로) 전개된 것은 김영삼 정부 말인 1998년 1월과 2월이다(김대중 정부 초인 같은 해 4월까지 전개). 참고로 달러 모으기 운동도 함께 전개되었다.

- [김대중 정부] (라) - 국제 통화 기금(IMF)의 지원금을 앞당겨 상환하여 위기를 극복하였다. [기16] ☐

  [해설] 국제 통화 기금(IMF)의 채무를 조기 상환한 것은 김대중 정부 시기인 2001년 8월의 일이다(2001.8.23). / (라)는 노무현 정부를 가리키나 무시함.

- [김대중 정부] 자유 무역 협정(FTA)을 통해 시장 개방을 확대하였다. [법19] ☐

  [해설] 자유 무역 협정(FTA)을 통해 시장 개방을 확대한 것은 김대중 정부 시기부터이다. 1988년 11월 대외경제조정위원회에서 자유 무역 협정(FTA)을 추진하기 시작하였는데, 최초로 한-칠레 자유 무역 협정(FTA)이 노무현 정부 시기인 2004년 4월 1일부터 발효되었다.*

* 미국과의 자유 무역 협정, 즉 한·미 FTA를 체결한 것은 노무현 정부 시기인 2007년 6월의 일이다(2007.6.29). 그리고 협정이 발효된 것은 이명박 정부 시기인 2012년 3월이다(2012.3.15). 참고로 이후 미국의 한미 FTA 개정·수정 요청으로 개정 협상을 거친 뒤 문재인 정부 시기인 2019년 1월에 한미 FTA가 다시 발효되었다(2019.1.1). 중국과 자유 무역 협정(FTA)을 체결한 것은 박근혜 정부 시기인 2015년 11월 10일의 일이다(같은 해 12월 20일 공식 발효).

● 사진으로 보는 산업화와 경제 성장

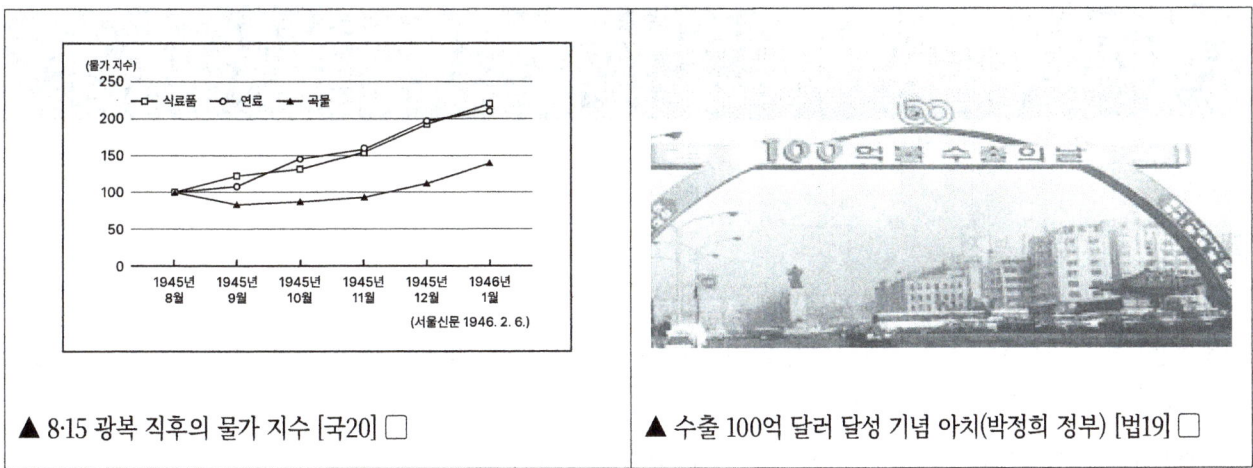

▲ 8·15 광복 직후의 물가 지수 [국20]

▲ 수출 100억 달러 달성 기념 아치(박정희 정부) [법19]

[해설] [국20] 주어진 그래프를 살펴보면, 식료품과 연료의 물가가 1945년 8월에서 1946년 1월까지 불과 반년 만에 250% 상승한 것을 알 수 있다. 또한 곡물 역시 처음에는 물가가 낮아졌다가 1945년 12월에 오르기 시작하여 1946년 1월에 150%로 급등한 것을 알 수 있다. 이를 통해 8·15 광복 직후 생필품의 물가가 크게 오른 사실을 확인할 수 있다.

[해설] [법19] 주어진 자료는 '100억불 수출의 날'이라는 제목의 기념 아치를 찍은 사진이다. 박정희 정부 시기인 1977년 12월의 일이다(1977.12.22). 이 시기에 박정희 정부는 중화학 공업을 적극 육성하는 정책을 추진하였다(1973년 1월에 '중화학 공업 육성 선언').

주제 76 사회·문화의 변화

1 대한민국 사회의 발전

• 혼·분식 장려 정책으로 도시락 검사를 받는 학생들* [법16] □

[해설] 혼·분식 장려 정책이 추진된 것은 1962년 11월의 일이다[군사 정부 시기, 당시 윤보선 대통령의 사퇴(3월)로 박정희가 대통령 권한 대행으로 집권]. 참고로 1950년대에는 절미 운동이 펼쳐졌다.

• [연대별 인구 정책 상징 표어] 덮어 놓고 낳다 보면 거지꼴을 못 면한다[1960년대].* [국17②] □

└딸 아들 구별 말고 둘만 낳아 잘 기르자[1970년대].* [국17②] □

└잘 키운 딸 하나 열 아들 안 부럽다[1980년대].* [국17②] □

[해설] 연대별 인구 정책을 상징하는 표어들이 제시되어 있다. 우선 '덮어 놓고 낳다 보면 거지꼴을 못 면한다'는 1960년대에 나온 표어이다. '딸 아들 구별 말고 둘만 낳아 잘 기르자'는 1970년대에 강조된 표어이다. 주의할 것은 이 표어의 일부분은 이미 1960년대 말에 나왔으나 이와 같은 문장의 표어로 정리되어 크게 강조된 시기는 1970년대라는 점이다. 마지막으로 '잘 키운 딸 하나 열 아들 안 부럽다'는 1980년대에 강조된 표어이다.

• 주민등록증 발급이 시작되었다.* [경21①] □

[해설] 주민등록증 발급이 시작된 것은 박정희 정부 시기인 1968년 11월부터이다(1968.11.21). 18세 이상 모든 국민에게 주민등록증이 발급되면서 이전에 사용된 시민증과 도민증은 자동 폐지되었다. 주민등록증 발급과 함께 주민등록번호도 각 개인에게 부여되었다.

• 향토 예비군 제도가 창설되었다. [기19] □

└향토 예비군 창설 [경15①] □

[해설] 대전에서 향토 예비군이 창설된 것은 박정희 정부 시기인 1968년 4월의 일이다(1968.4.1). 직전인 1월 21일 북한 무장 공비의 청와대 습격 시도 사건을 계기로 자주적 방위 태세를 강화하기 위한 조치라는 명목으로 창설되었다.

• [박정희 정부] 근면·자조·협동을 바탕으로 하는 새마을 운동을 전개하였다. [회18] □

└주택 개량, 도로 및 전기 확충 등도 추진하였다. [지24] □

└새마을 운동이 전개되었다. [소19①] □

└새마을 운동의 추진 [지15②] □

[해설] 박정희 정부는 1970년 4월부터 도시와 농촌의 균형 있는 발전을 위해 새마을 운동을 전개하였다. 처음에는 주택 개량, 도로 및 전기 확충 등과 같은 생활 환경 개선에 집중하다가 1970년대 중반부터는 소득 증대 사업으로 무게 중심이 옮겨갔다.

• 와우아파트 붕괴 사건이 발생하였다.* [기19] □

[해설] 서울 마포구 창전동에 위치한 와우아파트가 붕괴하는 사건이 발생한 것은 박정희 정부 시기인 1970년 4월의 일이다(1970.4.8). 준공 4개월 만에 일어난 사고로 33명이 사망하고 39명이 중경상을 입었다. 이후 건축물 안전 진단이 대폭 강화되었고, 시민 아파트 추가 건설 계획이 전면 폐기되었다.

• 전태일이 근로기준법 준수를 요구하며 분신하였다. [법23] □

└전태일 분신자살 사건 [법18] □

[해설] 서울 동대문 평화시장의 미싱사이자 노동운동가인 전태일(1948~1970)이 근로기준법 준수를 요구하며 (서울 동대문 평화시장에서) 분신한 것은 박정희 정부 시기인 1970년 11월의 일이다(1970.11.13).

- 광주 대단지 사건이 일어났다. [법23]

[해설] 광주 대단지 사건이 일어난 것은 박정희 정부 시기인 1971년 8월의 일이다(1971.8.10). 당시 경기도 광주 대단지(지금의 경기도 성남시)에서는 이주민 수만여 명(5만여 명)이 정부의 무계획적인 도시 정책과 졸속 행정에 반발하며 도시를 점거하는 시위를 벌였다.

- [전두환 정부] 국민 연금 제도를 도입하였다.* [법16]

[해설] 국민 연금 제도를 도입[시행]한 것은 전두환 정부 말기인 1988년 1월의 일이다(1986년 12월 기존의 '국민복지연금법'을 '국민연금법'으로 전면 개정한 것).

- [김대중 정부] 국민 기초 생활 보장법이 시행되었다. [법23]
  └ 「국민기초생활보장법」을 제정하여 저소득층·장애인·노인 복지를 향상시켰다. [회21]

[해설] (경제적 취약 계층을 위한) 국민 기초 생활 보장법이 시행된 것은 김대중 정부 시기인 2000년 10월의 일이다(2000.10.1). 국민 기초 생활 보장법이 제정된 것은 그 전해인 1999년 9월이다(1999.9.7).

- [김대중 정부, 노무현 정부] 호주제 폐지 운동을 전개하였다(호주제폐지운동본부). [지24]

[해설] (양성평등 실현을 위한) 호주제 폐지 운동이 본격적으로 전개된 것은 김대중 정부 시기인 1999년 5월 여성 단체 연합이 '호주제폐지운동본부'를 발족하면서부터이다. 노무현 정부 시기인 2005년 3월에 이르러 호주제 폐지 관련 법률이 공포되었고(2005.3.31)(호주제 폐지 관련 민법 개정안이 국회를 통과한 것은 그 직전인 2005년 3월 2일), 호주제가 실제로 폐지된 것은 노무현 정부 말기인 2008년 1월의 일이다(2008.1.1)(시행일).

- [노무현 정부] 친일반민족행위 진상규명 위원회를 조직하였다.* [서24①]

[해설] (친일진상규명법에 따라) 친일반민족행위 진상규명위원회가 조직된 것은 노무현 정부 시기인 2005년 5월의 일이다(~2009.11). 친일반민족행위 조사 대상자 선정 및 조사, 관련 자료의 수집 및 분석, 조사 보고서 발간 및 사료 편찬 등의 일을 하였다.

2 교육과 대중문화의 성장

- 미군정기: 미국식 민주주의 교육과 6-3-3학제가 도입되었다.* [지17①]

[해설] 미군정기인 1946년에 미국식 민주주의 교육과 6-3-3제, 남녀 공학제가 도입되어 현재까지 이어지고 있다. 정부 수립 이듬해인 1949년 12월 교육법을 제정하면서 미국의 6-3-3-4제를 도입하였다.

- 1950년대: 경제적 어려움 속에서도 초등학교 의무 교육제가 시행되었다.* [지17①]

[해설] 이승만 정부는 1950년대에 초등학교 의무 교육제(정확하게는 초등 교육 의무 제도화)를 실시하였다. 우리나라의 의무 교육은 1950년 6월 1일부터 시작되었으나 법률로 정한 것은 1948년 7월 제헌 헌법(제31조), 1949년 12월 교육법(제8조), 그리고 1952년 4월 교육법 시행령이 제정·공포되면서이다. 6·25 전쟁으로 실행이 지연되었다가 1953년 7월에 의무 교육 완성 6개년 계획을 수립하여 의무 교육의 추진을 위한 계기를 마련하였다. 이 계획은 1954~1959학년도의 6개년에 걸쳐 6·11세 학령 아동의 96%를 취학시킬 것을 골자로 하는 것이었는데, 그 결과 취학률 96%를 웃도는 데 성공하였다.

- [박정희 정부] 국민 교육 헌장을 선포하였다. [국21]
  └ 국민 교육 헌장 제정 [서16]
  └ 1970년대: 국가주의 이념을 강조한 국민 교육 헌장이 제정되었다[×]. [지17①]

[해설] (국가주의 이념을 강조한) 국민 교육 헌장이 제정되어 선포된 것은 1968년 12월의 일이다(1968.12.5).

- 1960년대: 입시 과열을 막기 위해 중학교 무시험 추첨제가 도입되었다. [지17①]

[해설] 초등학생들의 과열된 입시 경쟁을 막기 위해 1969년에 중학교 무시험 추첨제를 도입하였다.

- [전두환 정부] 중·고생의 교복 자율화 [회18]

[해설] 중·고생의 교복 자율화가 시행된 것은 1883년 신학기(즉 3월)부터로, 전두환 정부 시기에 해당한다. 이때 두발 자율화도 동시에 이뤄졌다.

• 잡지『사상계』가 창간되었다.* [경21①] ☐

[해설] 잡지『사상계』가 장준하(1918~1975)에 의해 창간된 것은 1953년 4월의 일이다(1953.4.1).

• 소설 '자유부인'을 읽고 있는 사람들* [법16] ☐

[해설] 소설가 정비석(1911~1991)의 작품『자유부인』은 1954년 1월부터 8월까지 서울신문에 연재되어 독자들로부터 폭발적인 반응을 불러일으켰다.

• 우리말 '큰사전' 완간* [기18] ☐

[해설]『우리말 큰사전』이 (한글 학회에 의해) 완간된 것은 1957년 10월의 일이다(총 6권). 1929년 10월 조선어사전편찬회가 조직되어 작업에 들어간 지 28년 만인 1957년 10월 완간된 것이다. 각 권의 발행일은 1권이 1947년 10월, 2권이 1949년 5월. 3권이 1950년 6월, 4권이 1957년 8월, 5권이 1957년 6월, 6권이 1957년 10월 9일이다. 1권과 2권의 책명은『조선말 큰사전』이고 지은이도 조선어 학회였으나, 조선어 학회가 한글 학회로 개칭(1949)되면서 3권부터는 지은이가 한글 학회로 바뀌고 책명도『큰사전』이 되었다.

• 서울 올림픽 개최 [지16①] [서22①] ☐

└88 서울 올림픽 대회 개최 [경17②] ☐

└1988 서울 올림픽 [기13] ☐

[해설] 서울 올림픽(제24회)이 개최된 것은 노태우 정부 시기인 1988년 9월의 일이다(1988.9.17~10.2).

• 한·일 월드컵 대회 개최 [지16①] ☐

[해설] 한일 월드컵 대회(제17회)가 개최된 것은 김대중 정부 시기인 2002년 5월의 일이다(2002.5.31~6.30).

주제 77 통일을 위한 노력

1 남북의 긴장 고조

• [박정희 정부] 북한 민족보위성 정찰국 소속의 무장 공비 31명이 청와대를 기습하기 위해 서울에 침투하였다.* [경19①] ☐

[해설] 북한 민족보위성 정찰국 소속의 무장 공비 31명이 청와대를 기습하기 위해 서울에 침투한 것은 1968년 1월의 일이다('1·21 사태').

• [박정희 정부] 판문점 도끼 살인 사건* [회20] ☐

└판문점에서 북한군 30여 명이 도끼와 낫 등으로 유엔군과 한국군을 공격하였다.* [경19①] ☐

[해설] 판문점에서 북한군 30여 명이 도끼와 낫 등으로 유엔군과 한국군을 공격한 것은 1976년 8월의 일이다['판문점(팔일팔) 도끼 만행 사건']. / 판문점 도끼 살인 사건이 벌어진 것은 1976년 8월 18일의 일이다. 당시 판문점 공동경비구역 안에서 미루나무 가지치기 작업을 감독하던 미군 장교 두 명이 북한군의 공격을 받아 살해되었다.

• [전두환 정부] 아웅산 묘소 폭파 사건* [회18] ☐

[해설] 미얀마의 옛 수도이자 현 최대 도시인 랭군(현재의 양곤) 아웅산 묘소에서 폭파 (암살) 사건이 일어난 것은 전두환 정부 시기인 1983년 10월의 일이다(1883.10.9). 당시 북한은 전두환 대통령을 암살하고자 이러한 테러 행위를 자행하였다. 묘소에 도착하지 않았던 전두환 대통령은 테러를 모면했지만, 대통령 공식 수행원과 수행 보도진 17명이 사망하고 10여 명이 중경상을 입었다. 현장에 있던 미얀마인 3명도 사망하였다.

• [김대중 정부] 북한 핵확산 금지 조약 탈퇴* [회20] ☐

[해설] 북한이 핵확산 금지 조약을 탈퇴한 것은 김대중 정부 말인 2003년 1월 10일이다. 참고로 북한은 (전두환 정부 시기인) 1985년 12월에 핵확산 금지 조약(NPT)에 가입하였으나 김영삼 정부 초인 1993년 3월 탈퇴를 선언한 바 있다(제1차 북핵 위기). 하지만 이후 미국과의 협상을 거쳐 (북미) 제네바 합의로 탈퇴가 보류되었다(1994.10.21). 이후 다시 갈등이 심화되어 2002년 북한이 영변 원자로를 재가동하고 이어 이듬해인 2003년 1월 핵확산 금지 조약(NPT)을 탈퇴함으로써 제네바 합의가 파기되고 제2차 북핵 위기가 발생하였다. 북한은 (노무현 정부 시기인) 2006년 10월 9일 풍계리 핵 실험장에서 핵 실험이 성공했다고 공식 발표하였다.

2 남북 관계 진전을 위한 노력

• [박정희 정부] 7·4 남북 공동 성명이 발표되었다. [국21] [법23] ☐

└7·4 남북 공동 성명을 발표하였다. [소22] [소20] ☐

└7·4 남북 공동 성명이 발표되다. [지21] ☐

└박정희 정부 - 7·4 남북 공동 성명 [국17②] ☐

└통일 3대 원칙이 언급된 7·4 남북 공동 성명을 발표하였다. [국22] ☐

└민족 통일을 위한 남북 공동 성명이 발표되었다. [지17①] ☐

└7·4 남북 공동 성명 발표 [서16] [법18] [경17②] [경13②] ☐

└7·4 남북 공동 성명 [지11①] [서14] [회23] [회20] [경19①] [경12③] ☐

└1972 7·4 남북 공동 성명 [법14] ☐

└1972년 7·4 남북 공동 성명 [경15①] ☐

└1985년에 서울과 평양에서 7·4 남북 공동 성명이 동시에 발표되었다[✗]. [경14②] ☐

[해설] (자주, 평화, 민족 대단결이라는) 통일 3대 원칙이 언급된 7·4 남북 공동 성명이 (박정희 정부에 의해) 발표된 것은 1972년 7월의 일이다(1972.7.4). 남북한의 당국자들이 비밀리에 상호 방문한 끝에 남과 북은 '자주, 평화, 민족 대단결'이라는 통일 3원칙에 합의하였고, 통일 문제 해결을 위한 남북 조절 위원회를 구성·운영하기로 하였다고 발표하였다. / 7·4 남북 공동 성명 발표 직후, 긴급조치권이 포함된 헌법 개정(유신 헌법)이 이루어졌다(1972.10). 북한도 1972년 12월 사회주의 헌법을 채택하여 김일성 유일 체제를 강화하였는데, 이처럼 7·4 남북 공동 성명은 남과 북의 진정한 통일 노력이라기보다는 남과 북이 서로 자신들의 정치권력 강화에 이용하였다는 치명적인 약점을 갖고 있다.

- [7·4 남북 공동 성명] ㉡ - 통일의 3대 원칙을 천명하였다. [서14] □
  └ 자주적 통일과 평화적 통일, 민족 대단결 도모를 원칙으로 하였다. [기12] □
  └ 남북한은 자주, 평화, 민족 대단결의 통일 원칙을 내세운 공동 성명을 발표하였다. [경15②] □
  └ 남과 북은 7·4 남북 공동 성명서에서 자주·평화·민족대단결의 통일 원칙에 합의하였다. [회14] □

[해설] 자주, 평화, 민족 대단결이라는 통일 3대 원칙이 언급된 7·4 남북 공동 성명은 (박정희 정부에 의해) 1972년 7월 발표되었다(1972.7.4).

■ 7·4 남북 공동 성명 [지18] [지13] [지12①] [서18②] [법15] [법14] [경16①] [경15③] [경12③] [기16] □

- 쌍방은 오랫동안 서로 만나보지 못한 결과로 생긴 남북 사이의 오해와 불신을 풀고 긴장의 고조를 완화시키며 나아가서 조국 통일을 촉진시키기 위하여 다음과 같은 문제들에 완전한 견해의 일치를 보았다.

  1. 쌍방은 다음과 같은 조국 통일 원칙들에 합의를 보았다.
     첫째, 통일은 외세에 의존하거나 외세의 간섭을 받음이 없이 자주적으로 해결하여야 한다.
     둘째, 통일은 서로 상대방을 반대하는 무력행사에 의거하지 않고 평화적 방법으로 실현하여야 한다.

     ···(중략)···

  4. 쌍방은 지금 온 민족의 거대한 기대 속에 진행되고 있는 남북 적십자 회담이 하루빨리 성사되도록 적극 협조하는 데 합의하였다.

     ···(후략)···

[해설] 통일을 '자주적으로' 해결할 것과 '평화적 방법으로' 실현할 것이라는 내용, '남북 적십자 회담'의 성사에 대한 합의 등을 통해 주어진 자료는 자주·평화·민족 대단결이라는 통일의 3대 원칙을 공식 천명한 7·4 남북 공동 성명(1972)을 가리킴을 알 수 있다.

- 쌍방은 다음과 같은 조국 통일 원칙들에 합의를 보았다.
  첫째, 통일은 외세에 의존하거나 외세의 간섭을 받음이 없이 자주적으로 해결하여야 한다.
  둘째, 통일은 상대방을 반대하는 무력행사에 의거하지 않고 평화적 방법으로 실현하여야 한다.
  셋째, 사상과 이념, 제도의 차이를 초월하여 우선 하나의 민족으로서 민족적 대단결을 도모하여야 한다.

[해설] 주어진 자료는 박정희 정부 시기인 1972년 7월 발표된 '7·4 남북 공동 성명'이다. 통일 3대 원칙이 제시되어 있다.

- 쌍방은 다음과 같은 조국 통일 원칙들에 합의를 보았다. … 통일은 외세에 의존하거나 외세의 간섭을 받음이 없이 자주적으로 해결하여야 한다.

[해설] 박정희 정부 시기의 7·4 남북 공동 성명의 첫째 항목이다(1972.7).

- 통일은 외세에 의존하거나 외세의 간섭을 받음이 없이 자주적으로 해결하여야 한다. 통일은 서로 상대방을 반대하는 무력행사에 의거하지 않고 평화적인 방법으로 실현하여야 한다. 사상과 이념, 제도의 차이를 초월하여 우선 하나의 민족으로서 민족적 대단결을 도모하여야 한다.

[해설] 박정희 정부가 발표한 7·4 남북 공동 성명의 통일 3대 원칙이다(1972.7).

- ○ 통일은 외세에 의존하거나 외세의 간섭을 받음이 없이 자주적으로 해결하여야 한다.
  ○ 통일은 서로 상대방을 반대하는 무력행사에 의거하지 않고 평화적 방법으로 실현하여야 한다.
  ○ 사상과 이념·제도의 차이를 초월하여 우선 하나의 민족으로서 민족적 대단결을 도모하여야 한다.

[해설] '통일은 … 자주적으로 해결', '평화적 방법으로 실현', '민족적 대단결을 도모'하여야 한다는 내용은 1972년 발표된 7·4 남북 공동 성명의 3대

원칙을 가리킨다. 7·4 남북 공동 성명을 통해 남북은 분단 이후 최초로 통일의 기본 원칙에 합의하였다.

- 첫째, 통일은 외세에 의존하거나 외세의 간섭을 받음이 없이 자주적으로 해결하여야 한다.

  둘째, 통일은 서로 상대방을 반대하는 무력행사에 의거하지 않고 평화적 방법으로 실현하여야 한다.

  셋째, 사상과 이념, 제도의 차이를 초월하여 우선 하나의 민족으로서 민족적 대단결을 도모하여야 한다. (3회 출제)

[해설] 박정희 정부 시기 발표된 7·4 남북 공동 성명의 통일 3대 원칙이다(1972.7).

- 1. 통일은 외세에 의존하거나 외세의 간섭을 받음이 없이 자주적으로 해결하여야[해결해야] 한다.
  2. 통일은 서로 상대방을 반대하는 무력행사에 의거하지 않고 평화적 방법으로 실현하여야[실현해야] 한다.
  3. 사상과 이념, 제도의 차이를 초월하여 우선 하나의 민족으로서 민족적 대단결을 도모하여야 한다. (중복 출제)

[해설] 박정희 정부 시기인 1972년 7월 발표된 '7·4 남북 공동 선언(문)'이다.

- [7·4 남북 공동 성명] 남북 조절 위원회를 구성하기로 합의한 내용이 담겨 있다. [지18] □
  └합의문 발표 이후 남북 조절 위원회가 설치되었다. [지13] □
  └남북 조절 위원회를 설치하였다. [서18②] □
  └남북 조절 위원회가 설치되었다. [법22] [소18②] □
  └남북 조절 위원회 설치 [서24②] [회18] □
  └남북 조절 위원회 회담 [서17②] □

[해설] 남북 조절 위원회는 1972년 7월 4일 발표된 '7·4 남북 공동 성명' 이후 통일 문제 합의를 위해 같은 해 11월 설치된 협의 기구이다(1972.11.30). 합의 사항의 추진과 남북 사이의 문제 해결, 그리고 통일 문제의 해결을 위해 남북 조절 위원회를 구성해 운영하기로 하는 내용이 7·4 남북 성명에 포함되어 있었다(제6항). 하지만 이듬해인 1973년 8월 북한이 박정희 정부의 '6·23 선언'과 '김대중 납치 사건'을 구실로 일방적으로 대화 중단을 선언함으로써 중단되었다.

- [박정희 정부] 남북 적십자 1차 회담 [회20] □
  └최초의 남북 적십자 회담이 개최되었다. [소18②] □
  └최초로 이산가족 상봉을 위한 남북 적십자 회담이 열렸다. [소20] □

[해설] 남북 적십자 1차 회담[본회담]이 있었던 것은 1972년 8월의 일이다(1972.8.29). / 1971년 9월부터 이듬해인 1972년 8월까지 예비회담이 총25차례 개최되었으며(판문점 중립국감독위원회 회의실), 1972년 8월부터 이듬해인 1973년 7월까지 본회담이 7차례 개최되었다(서울과 평양). / [소20] 최초로 이산가족 상봉을 위한 남북 적십자 회담이 열린 것은 박정희 정부 시기인 1971년 9월의 일이다(~1972.8). 단, 이때는 예비회담이고, 본회담은 이듬해인 1972년 8월부터 시작되었다.

※ [소20]의 '회담'은 '예비회담'이 아니라 '본회담'을 가리키는 것으로 보아야 하므로 본 선지도 정답으로 볼 수 있다는 한 응시생의 의견이 제기되었다. '예비회담'은 '본회담'을 언제 어떻게 열 것인지에 대한 말 그대로 '예비'의 성격을 지니므로 '최초의 (정식) 회담'으로 볼 수 없다는 점을 근거로 든다. 하지만 선지의 문맥상 의미는 분명 '최초의 남북 적십자 회담이 열린 시기'를 뜻하는 것이지 그 회담이 예비회담인지 본회담인지를 구분하지 않았다. 즉 회담에서 이산가족 상봉과 관련한 구체적인 논의를 했는지 여부를 따지는 것은 아니다. 그럼에도 선지의 표현이 오독을 유발할 정도로 명확하지 못하였다는 점은 출제상의 잘못이라고 볼 수 있다. 문제의 난이도를 높이려는 의도에서 불분명한 표현의 문장을 선지를 제시하는 것은 자칫 '정답 오류'로 이어질 수 있다.

- [7·4 남북 공동 성명] 남과 북에서 정치권력의 강화에 이용되었다. [법14] □
  └(가) 발표 직후, 긴급조치권이 포함된 헌법 개정이 이루어졌다. [법15] □
  └북한에서 국가 주석제가 도입되었다. [지12①] □

[해설] 7·4 남북 공동 성명 발표된 1972년 10월 긴급조치권이 포함된 헌법 개정(제7차 개헌, 유신 헌법)이 이루어졌다. 북한도 1972년 12월 사회주의 헌법을 채택하여 김일성 유일 체제를 강화하였는데, 이처럼 7·4 남북 공동 성명은 남과 북의 진정한 통일 노력이라기보다는 남과 북이 서로 자신들의 정치권력의 강화에 이용하였다는 치명적인 약점을 갖고 있다. / [지12①] 북한에서 국가 주석제가 도입된 것은 7·4 남북 공동 성명 직후의 일이다(1972.12). 최고 인민 회의 제5기 1차 회의에서 기존에 시행해 온 '인민 민주주의 헌법'을 폐지하고, '조선민주주의 인민공화국 사회주의헌법'

을 채택하였다. 새롭게 제정된 '사회주의 헌법'의 핵심은 '국가 주석제'를 시행하여 김일성 유일 지도 체제를 제도화한 것이다.

- **[박정희 정부]** 6·23 평화 통일 외교 정책 선언이 발표되었다. [경16①] □
  - 1973년 6·23 평화 통일 외교 정책 선언 [경15①] □
  - 6·23 평화 통일 외교 정책 선언 [회15] □
  - 남북한은 서로 내정을 간섭하지 않으며, 호혜 평등 원칙 아래 모든 국가에게 문호를 개방하기로 하였다. [기12] □

[해설] 6·23 평화 통일 외교 정책 선언이 발표된 것은 박정희 정부 시기인 1973년 6월의 일이다(1973.6.23). 총 7개 항으로 되어 있으며 ① 남북 간 상호 내정 불간섭과 상호 불가침, ② 북한의 국제 기구 참여 불반대, ③ 통일에 장애가 되지 않는다는 전제 하에 남북한이 함께 유엔에 가입, ④ 모든 국가에 문호를 개방하며 이념과 체제를 달리하는 국가들도 대한민국에 문호를 개방할 것을 촉구한다는 것을 주요 내용으로 하고 있다(흔히 '6·23 선언'이라고 부름).

- **[전두환 정부]** 민족 화합 민주 통일 방안을 제시하고, 남북한의 이산가족이 각각 서울과 평양을 처음으로 방문하였다.* [경15②] □
  - 민족 화합 민주 통일 방안* [경12③] □

[해설] 민족 화합 민주 통일 방안은 전두환 정부 시기인 1982년 1월 제시된 통일 방안이다(1982.1.22)[전두환 정부: 1980.9~1988.2, 제11~12대]. 이 방안은 ① 양측 주민들의 뜻을 대변하는 남북한 대표들로 민족 통일 협의 회의를 구성하고, ② 이 협의 기구에서 민족·민주·자유·복지의 이상을 추구하는 통일 민주 공화국의 완성을 위한 통일 헌법 초안을 마련하며, ③ 이에 대하여 남북한 전역에서 민주 방식의 자유로운 국민 투표를 실시하여 헌법안을 확정·공포하고, ④ 확정된 통일 헌법에 따라 총선거를 실시하여 통일 국회와 정부를 구성함으로써 통일을 완성한다는 것을 기본 골격으로 하고 있다. 참고로 이후 전두환 정부는 실천 조치의 일환으로 국토통일원 장관의 성명을 통하여 20개항의 시범 실천 사업을 추진해 나갈 것을 북한에 제의하였다. 그 내용은 서울과 평양 간의 도로 연결, 남북 이산가족의 편지 교류 및 상봉 실현, 남북한 군사 책임자 간의 직통 전화 설치·운용 등 시급히 해결되어야 할 사항들을 담았다. 그러나 이러한 제5공화국의 통일 정책은 북한의 계속적인 거부로 실질적인 성과를 거두지 못하였다. / 이산가족 방문 관련 사항은 관련 선지 및 해설 참조

- **[전두환 정부]** 남북 이산가족 상봉이 최초로 이루어졌다. [법22] □
  - 남북 이산가족이 서울과 평양을 처음 방문하였다. [지12①] □
  - 분단 이후 최초로 이산가족 상봉 행사가 개최되었다. [회19] □
  - 분단 이후 최초로 남북한 이산가족의 상봉이 실현되었다. [경16①] □
  - 최초로 남·북 이산가족이 상봉하였다. [법18] □
  - 1972년에 남북한의 이산가족이 각각 서울과 평양을 처음으로 방문하였다[✗]. [경14②] □

[해설] 남북 이산가족이 서울과 평양을 처음 방문한 것(남북 이산가족 고향 방문단 및 예술 공연단 교환 방문)은 전두환 정부 시기인 1985년 9월의 일이다(1985.9.20~23). 당시 남북 간 50명 규모였으며, 9월 21일과 22일 양일에 걸쳐 이산가족 상봉이 이루어졌다. 이때 예술 공연단도 (남북으로) 교환되어 공연하였다.

- **[노태우 정부]** 민족자존과 통일 번영을 위한 특별 선언(7·7 선언)* [경13②] □
  - 민족자존과 통일 번영을 위한 특별 선언(7·7 선언)이 발표되었다.* [소20] □

[해설] 민족자존과 통일 번영을 위한 특별 선언(7·7 선언)이 발표된 것은 노태우 정부 시기인 1988년 7월의 일이다(1988.7.7)[노태우 정부: 1988.2~1993.2, 제13대]. 정식 명칭은 '민족자존과 통일 번영을 위한 대통령 특별 선언'으로, 흔히 '7·7 선언'으로 부르며, 북한과 중국, 소련에 대한 개방 정책을 뜻하는 6개의 대북 정책을 담고 있다. 구체적으로는 남북 동포의 상호 교류 및 해외 동포의 남북 자유 왕래 개방, 이산가족 생사 확인 적극 추진, 남북 교역과 문호 개방, 비군사 물자에 대한 우방국의 북한 무역 용인, 남북 간의 대결외교 종결, 북한의 대미·대일 관계 개선 협조 등의 내용이다. 이 선언을 계기로 노태우 정부는 이후 공산권과의 국교 수립 및 교류를 확대하는 북방 정책을 적극적으로 추진하였다.

- **[노태우 정부]** 한민족 공동체 통일 방안이 발표되었다.* [회19] □
  - 한민족 공동체 통일 방안* [경12③] □

[해설] 한민족 공동체 통일 방안이 발표된 것은 노태우 정부 시기인 1989년 9월의 일이다(1989.9.11). 1988년 7월의 '민족자존과 통일 번영을 위한 특별 선언(7·7선언)'을 계승하는 정책으로, 국회에서 대통령의 특별 선언을 통해 발표되었다. 첫째, 통일의 원칙으로 자주·평화·민주를 제시하고 통

일 국가의 미래상으로는 자유·인권·행복이 보장되는 민주 국가를 제시하였다. 둘째, 통일 국가의 수립 절차는 남북 대화의 추진으로 신뢰 회복을 기해나가는 가운데 남북 정상 회담을 통해 민족 공동체 헌장을 채택한다. 그리고 남북의 공존공영과 민족 사회의 동질화, 민족 공동 생활권의 형성 등을 추구하는 과도적 통일 체제인 남북 연합을 건설한다. 이어서 통일 헌법이 정하는 바에 따라 총선거를 실시하여 통일 국회와 통일 정부를 구성함으로써 완전한 통일 국가인 통일 민주 공화국을 수립하는 것으로 되어 있다.

- [노태우 정부] 남북한은 유엔에 동시 가입하고, 화해와 불가침 및 교류·협정에 관한 합의서를 채택하였다. [경15②] □

[해설] 남북한이 유엔에 동시 가입하고(1991.9), 화해와 불가침 및 교류·협정에 관한 합의서를 채택한 것(1991.12)은 노태우 정부 시기의 일이다.

- [노태우 정부] 남북한이 유엔에 동시 가입하다. [지21] □
  - 남한과 북한은 함께 유엔에 가입하였다. [지17①] □
  - 남북한이 동시에 유엔에 가입하였다. [법20] [경16①] □
  - 남북한이 유엔에 동시 가입하였다. [소20] [소18②] □
  - 남과 북이 동시에 유엔에 가입하였다. [서18②] □
  - 남북이 유엔에 동시 가입하였다. [지17②] □
  - (나) - 남북한이 UN에 동시 가입하였다. [경17②] □
  - 1960년에 남북한 유엔 동시 가입이 실현되었다[×]. [경14②] □
  - 남북한 동시 유엔(UN) 가입 [서22①] □
  - 남북한 동시 유엔 가입 [회18] □
  - 남북 동시 유엔 가입 [서24②] □

[해설] 남북한이 유엔(UN)에 동시 가입한 것은 노태우 정부 시기인 1991년 9월의 일이다(1991.9.18).

■ 남북 유엔 동시 가입 [법20] [소22] □

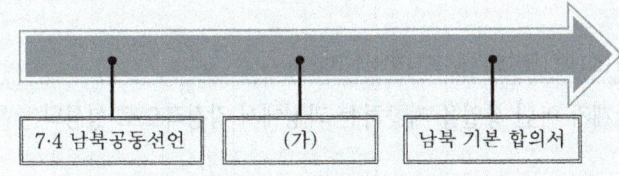

7·4 남북공동선언 — (가) — 남북 기본 합의서

[해설] 7·4 남북 공동 선언이 있었던 것은 박정희 정부 시기인 1972년 7월의 일이다. / 남북 기본 합의서가 교환된 것은 노태우 정부 시기인 1991년 12월 13일의 일이다. / 남북한이 동시에 유엔에 가입한 것은 노태우 정부 시기인 1991년 9월 18일의 일이다.

- 의장, 사무총장, 그리고 존경하는 각국 대표 여러분. 나는 3년 전 바로 이 자리에서 온 세계의 젊은이들이 인종과 종교, 이념과 체제의 벽을 넘어 화합의 한마당을 이룬 서울 올림픽의 신선한 감명을 전했습니다. (중략) 이제 남북한의 유엔 가입으로 한반도는 평화 공존의 시대를 맞았습니다. 남북한은 이를 바탕으로 평화를 정착시키고 통일을 앞당기는 적극적인 관계를 이루어 나가야 합니다.

[해설] 주어진 자료는 남북한이 유엔(UN)에 동시 가입한 제46차 유엔 총회에서 노태우 대통령이 행한 (유엔 총회) 기조연설 내용이다(1991.9.24). 제24회 서울 올림픽이 개최된 것은 노태우 정부 시기인 1988년 9월의 일이고(1988.9.17~10.2), 남북한이 유엔(UN)에 동시에 가입한 것도 노태우 정부 시기인 1991년 9월의 일이다(1991.9.18).

- [노태우 정부] '남북 사이의 화해와 불가침 및 교류·협력에 관한 합의서'가 체결되었다. [지17②] □
  - 남북한 사이의 화해와 불가침 및 교류·협력에 관한 합의서 채택(남북 기본 합의서) [경13②] □

- 남북 간의 화해와 불가침 및 교류 협력에 관한 합의서 [서14] □
- 남북 기본 합의서와 동시에 작성된 문서이다. [지18] □
- 남북한이 유엔에 동시 가입한 직후 발표되었다(남북 기본 합의서). [법14] □
- 고위급 회담을 통해 남북 기본 합의서가 채택되었다. [회19] □
- (가)에는 자주, 평화, 민족 대단결의 통일 원칙이 담겨 있다[✗]. [기14] □
- (가)는 남북 정부 당국의 체제 강화에 이용되기도 하였다[✗]. [기14] □
- 남북 기본 합의서를 채택하였다. [소22] □
- 남북 기본 합의서 채택 [서24②] [회23] □
- 1991년 남북 기본 합의서 [경15①] □
- 12·13 남북 기본 합의서 [회15] □
- 남북 기본 합의서 [지11①] [경19①] □
- ㉢ - 남북 정상 회담의 성과였다[✗]. [서14] □

[해설] '남북 사이의 화해와 불가침 및 교류·협력에 관한 합의서', 즉 남북 기본 합의서는 노태우 정부 시기인 1991년 12월 합의되었다(1991.12.13). / (평양에서 열린) 남북 정상 회담의 성과로 발표된 (최초의) 것은 2000년 6·15 남북 공동 선언이다. / [기14] 자주, 평화 민족 대단결의 통일 원칙이 담겨 있는 것은 (남북 기본 합의서가 아니라) 박정희 정부 시기의 7·4 남북 공동 성명이다. 남북 정부 당국의 체제 강화에 이용되기도 한 것 역시 1972년 7월 발표된 7·4 남북 공동 성명이다.

- [남북 기본 합의서] 남북 화해와 상호 불가침의 기본 지침을 정하고 남북 교류와 협력 방안을 담았다. [기12] □

[해설] 남북 기본 합의서의 정식 명칭은 '남북 사이의 화해와 불가침 및 교류·협력에 관한 합의서'이다. 따라서 자연히 남북 화해와 상호 불가침의 기본 지침을 정하고 남북 교류와 협력 방안을 담고 있다. 전문(前文)과 총 4장 25개 조로 이루어져 있는데, 제1장은 남북 화해, 제2장은 남북 불가침, 제3장은 남북 교류 협력에 관한 내용, 제4장은 수정 및 (합의서) 발효에 관한 내용을 담았다. 그밖에도 각 장마다 협의 실천 기구인 분과 위원회·공동 위원회·남북 연락 사무소에 관한 조항들을 설정하였다.

■ 남북 기본 합의서 [지11①] [서22①] [서17②] [법22] [법18] [경17②] [경16①] [경15③] [기16] [기14] [기12] □

- 남과 북은 … 쌍방 사이의 관계가 나라와 나라 사이의 관계가 아닌 통일을 지향하는 과정에서 잠정적으로 형성되는 특수 관계라는 것을 인정하고, …

  제1조 남과 북은 서로 상대방의 체제를 인정하고 존중한다.

  제4조 남과 북은 상대방을 파괴·전복하려는 일체 행위를 하지 아니한다.

[해설] 주어진 <보기 1>의 선언문은 노태우 정부 시기인 1991년 12월 체결된 '남북 기본 합의서(남북 간의 화해와 불가침 및 교류·협력에 관한 합의서)'이다(1991.12.13)[전문(前文)과 총 25개 조로 구성].

- 남과 북은 …… 쌍방의 관계가 나라와 나라 사이의 관계가 아닌 통일을 지향하는 과정에서 잠정적으로 형성되는 특수 관계라는 것을 인정하고, ……

  제1조 남과 북은 서로 상대방의 체제를 인정하고 존중한다.

  제9조 남과 북은 상대방에 대해 무력을 사용하지 않으며 상대방을 무력으로 침략하지 아니한다.

[해설] 1991년 12월 체결된 남북 기본 합의서이다(전문과 제1조, 제9조).

- 남과 북은 분단된 조국의 평화적 통일을 염원하는 온 겨레의 뜻에 따라 7·4 남북 공동 성명에서 천명된 조국 통일 3대 원칙을 재확인하고, 정치 군사적 대결 상태를 해소하여 민족적 화해를 이룩하고, 무력에 의한 침략과 충돌을 막고 긴장 완화와 평화를 보장하며, 다각적인 교류·협력을 실현하여 민족 공동의 이익과 번영을 도모하며, 쌍방 사이의 관계가 나라와 나라 사이의 관계가 아닌 통일을 지향하는 과정에서 잠정적으로 형성되는 특수 관계라는 것을 인정하고, 평화 통일을 성취하기 위한 공동의 노력을 경주할 것을 다짐하면서, 다음과 같이 합의하였다.

[해설] 주어진 자료는 노태우 정부 시기인 1991년 12월 13일에 체결된 남북 기본 합의서이다[전문(前文)].

- 남과 북은 … 7·4 남북 공동 성명에서 천명된 조국 통일 3대 원칙을 재확인하고, 정치·군사적 대결 상태를 해소하여 민족적 화해를 이룩하고 …

[해설] 위와 같은 내용의 자료이다.

- 제1조 남과 북은 서로 상대방의 체제를 인정하고 존중한다.
  제2조 남과 북은 상대방의 내부 문제에 간섭하지 아니한다.
  제3조 남과 북은 상대방에 대한 비방, 중상을 하지 아니한다.
  제4조 남과 북은 상대방을 파괴, 전복하는 일체 행위를 하지 아니한다.

[해설] 위와 같은 내용의 자료이다.

- 제1조 남과 북은 서로 상대방의 체제를 인정하고 존중한다.
  제4조 남과 북은 상대방을 파괴·전복하려는 일체 행위를 하지 아니한다.
  제15조 남과 북은 민족 경제의 통일적이고 균형적인 발전과 민족 전체의 복리 향상을 도모하기 위하여 자원의 공동개발, 민족 내부 교류로서의 물자 교류, 합작 투자 등 경제 교류와 협력을 실시한다.

[해설] 노태우 정부 시기인 1991년 12월 발표된 남북 기본 합의서이다.

- 1. 남과 북은 서로 상대방의 체제를 인정하고 존중한다.
  ···(중략)···
  9. 남과 북은 상대방에 대하여 무력을 사용하지 않으며 상대방을 무력으로 침략하지 아니한다.

[해설] 주어진 합의안은 노태우 정부 때 발표된 남북 기본 합의서임을 알 수 있다(1991.12).

- 1. 남과 북은 서로 상대방의 체제를 인정하고 존중한다.
  9. 남과 북은 상대방에 대하여 무력을 사용하지 않으며 상대방을 무력으로 침략하지 아니한다.

[해설] 노태우 정부 시기인 1991년 12월 발표된 남북 기본 합의서이다.

- ○ 남과 북은 서로 상대방의 체제를 인정하고 존중한다. (제1조)
  ○ 남과 북은 상대방에 대하여 무력을 사용하지 않으며, 상대방을 무력으로 침략하지 아니한다. (제9조)

[해설] 노태우 정부 시기인 1991년 12월 채택된 남북 기본 합의서의 내용이다(각 제1조/제9조).

- ＊ 남과 북은 서로 상대방의 체제를 인정하고 존중한다. (제1조)
  ＊ 남과 북은 상대방에 대하여 무력을 사용하지 않으며, 상대방을 무력으로 침략하지 아니한다. (제9조)

[해설] 위와 같은 내용의 자료이다.

- 남과 북은 서로 상대방의 체제를 인정하고 존중한다. … 남과 북은 상대방에 대하여 무력을 사용하지 않으며, 상대방을 무력으로 침략하지 아니한다. (제1조) (제9조)

[해설] 위와 같은 내용의 자료이다.

- 남과 북은 상대방에 대하여 무력을 사용하지 않으며 상대방을 무력으로 침략하지 아니한다. …… 민족 전체의 복리 향상을 도모하기 위하여 자원의 공동 개발, 민족 내부 교류로서의 물자 교류, 합작 투자 등 경제 교류와 협력을 실시한다.
  (제9조) (제15조)

[해설] 주어진 자료는 노태우 정부 시기인 1991년 12월 13일 한국과 북한 사이에 합의된 '남북 사이의 화해와 불가침 및 교류·협력에 관한 합의서', 즉 남북 기본 합의서이다. 제9조와 제15조에 규정된 내용이다.

- [노태우 정부] 한반도 비핵화에 관한 공동 선언이 채택되었다. [지12①] □
  └한반도 비핵화에 대한 공동 선언에 남북한이 합의하였다. [법14] □
  └남북한이 비핵화 공동 선언을 체결하였다. [법20] □

└합의문 중에는 한반도 비핵화 문제가 포함되었다. [지13]

└한반도 비핵화에 관한 공동 선언 채택 [회18]

[해설] 남북한이 한반도 비핵화 공동 선언에 합의한 것은 노태우 정부 시기인 1991년 12월의 일이다(1991.12.31). / 1991년 12월 31일 남북한이 함께 한반도의 비핵화를 약속한 공동 선언을 발표하였다('한반도 비핵화 공동 선언'). 한반도를 비핵화함으로써 핵전쟁의 위험을 제거하여 한반도의 평화를 정착하고, 평화 통일에 유리한 조건과 환경을 조성하며, 아시아는 물론 세계의 평화와 안전에 이바지하자는 취지에서 남북한이 공동 채택한 선언이다.

■ 한반도 비핵화 공동 선언 [경17②]

- 1. 남과 북은 핵무기의 시험, 제조, 생산, 접수, 보유, 저장, 배치, 사용을 아니한다. (제1항)
  2. 남과 북은 핵에너지를 오직 평화적 목적에만 이용한다. (제2항)
  3. 남과 북은 핵재처리 시설과 우라늄 농축 시설을 보유하지 아니한다. (제3항)

  …(후략)…

[해설] 노태우 정부 시기인 1991년 12월 남북이 합의[발표](가서명)한 한반도 비핵화 공동 선언의 내용이다(1991.12.31)(전문과 6개 조문[항]으로 구성). 이듬해인 1992년 2월 19일 발효되었다. 나머지 제4~6항은 다음과 같다. '4. 남과 북은 한반도의 비핵화를 검증하기 위하여 상대측이 선정하고 쌍방이 합의하는 대상들에 대하여 남북핵통제공동위원회가 규정하는 절차와 방법으로 사찰을 실시한다.', '5. 남과 북은 이 공동 선언의 이행을 위하여 공동 선언이 발효된 후 1개월 동안 남북핵통제공동위원회를 구성·운영한다.', '6. 이 공동 선언은 남과 북이 각기 발효에 필요한 절차를 거쳐 그 문본을 교환한 날부터 효력을 발생한다.'

• 김영삼 정부 – 남북 기본 합의서 [✗] [국17②]

[해설] 남북 기본 합의서가 채택된 것은 (김영삼 정부 시기가 아니라) 노태우 정부 시기인 1991년 12월의 일이다(1991.12.13).

• [김영삼 정부] 북한 핵시설 동결과 경수로 발전소 건설 지원 등을 명시한 '북·미 제네바 기본 합의서'가 채택되었다.* [지17②]

[해설] 북한의 핵문제를 해결하기 위해 북한과 미국 사이에 '북·미 제네바 기본 합의서'가 채택된 것은 김영삼 정부 시기인 1994년 10월의 일이다(1994.10.21)[김영삼 정부: 1993.2~1998.2, 제14대]. 이른바 '제네바 합의'는 비공개 양해 각서이다. 이로써 1995년 3월 북한에 경수형 원자로 제공을 위한 KEDO(한반도에너지개발기구)가 설립되고 2000년에 그 착공에 들어갔다. 하지만 2001년에 미국 뉴욕에서 '9·11 테러'가 발생하였고 미국의 부시 행정부가 북한을 3대 테러 국가로 지목한 후 결국 북한이 NPT(핵 확산 금지 조약) 탈퇴를 공식 선언(2003.1)하여 제네바 합의는 파기되었다(책임 소재를 둘러싸고 논쟁 있음).

• [김대중 정부] 분단 후 처음으로 금강산 관광 사업이 실현되었다. [지17②]

└금강산 관광 사업을 추진하기로 결정했다는 내용이 수록되어 있다. [지18]

└민간 차원의 교류가 크게 확대되고, 금강산 관광이 실현되었다. [경15②]

└최초로 금강산 관광이 시작되었다. [법20]

└해로를 통한 금강산 관광업이 시작되었다. [회19]

└금강산 해로 관광이 시작되었다. [소20]

└금강산 관광 사업이 시작되었다. [법22]

└금강산 관광이 시작되었다. [서18②] [법18]

└금강호(유람선)를 이용한 금강산 관광 허용 [회18]

[해설] 분단 후 처음으로 금강산 관광 사업이 실현된 것은 김대중 정부 시기인 1998년 11월의 일이다(금강산 해로 관광)(1998.11.19)[김대중 정부: 1998.2~2003.2, 제15대]. 동해항에서 실향민과 관광객 등 1,400명을 실은 현대 금강호가 11월 18일 첫 출항을 하였다. 그리고 현대 금강호는 다음 날인 19일 금강산 고성항에 도착하였다. 참고로 육로를 통한 금강산 관광(금강산 육로 관광)이 노무현 정부 초인 2003년 9월부터 시작되면서 해로 관광은 2004년 1월 중단되었다.

- (가)와 (나) 사이에 해로를 통한 금강산 관광이 처음으로 시작되었다. [법15] ☐

  [해설] 해당 문제에서 (가)는 7·4 남북 공동 성명, (나)는 6·15 (남북) 공동 선언을 가리킴. 해로를 통한 금강산 관광이 처음으로 시작된 것은 김대중 정부 시기인 1998년 11월의 일이다. 육로 관광이 시작된 것은 노무현 정부 시기인 2003년 9월의 일이다[노무현 정부: 2003.2~2008.2, 제16대].

- [김대중 정부, 노무현 정부, 문재인 정부] 남북 정상 회담 개최 [서17②] ☐

  [해설] 남북 정상 회담이 개최된 것은 김대중 정부 시기인 2000년과 노무현 정부 시기인 2007년, 문재인 정부 시기*인 2018년의 일이다. 문재인 정부 때는 판문점에서 남북 정상 회담이 (처음으로) 개최되었다(2018.4.27)[문재인 정부: 2017.5~2022.5, 제19대].

  *문재인 정부 시기에는 총 네 차례의 남북 정상 회담이 이루어졌다. 첫 번째가 2018년 4월 27일의 (제1차) 판문점 회담이었고, 두 번째가 2018년 5월 26일의 (갑작스런) (제2차) 판문점 회담이다. 세 번째는 2018년 9월 18일에서 20일까지 평양에서 열린 제3차 정상 회담이다. 네 번째가 2019년 6월 30일 판문점에서 열린 '남북미 정상 회담'이다.

- 김대중 정부 – 6·15 남북 공동 선언 [국17②] ☐
  - 6·15 남북 공동 선언을 발표하였다. [소22] ☐
  - 6·15 남북 공동 선언이 발표되었다. [소20] ☐
  - 2000년 6·15 남북 공동 선언 [경15①] ☐
  - 6·15 남북 공동 선언 발표 [경13②] ☐
  - 6·15 남북 공동 선언 [지11①] [서24②] [서14] [회15] [경19①] [경12③] ☐
  - (가) - 해방 이후 최초로 남북 정상 회담이 열렸다. [경17②] ☐
  - 합의 내용은 6·15 남북 공동 선언으로 정리되었다. [지13] ☐
  - 평양에서 남북 정상 회담을 갖고 6·15 남북 공동 선언을 발표하였다. [서24①] ☐
  - 2000년에 평양에서 남북 정상 회담이 이루어져 6·15 남북 공동 선언이 발표되었다. [경14②] ☐

  [해설] 6·15 남북 공동 선언이 있었던 것은 김대중 정부 시기인 2000년 6월의 일이다(2000.6.15). 당시 김대중(1924~2009) 대통령은 2000년 6월 13일에 평양을 방문하여 북한의 김정일(1942~2011) 국방위원장과 여러 차례 회담하였고, 그 결과 6월 15일에 남북 공동 선언[6·15 남북 공동 선언]을 발표하였다(5개 조항으로 구성).

- [6·15 남북 공동 선언] 분단 후 최초로 열린 남북 정상 회담의 결과로 발표된 성명서이다. [지18] ☐
  - 경제 협력을 통하여 민족 경제를 균형적으로 발전시키고, 제반 분야의 협력과 교류로 신뢰를 도모하였다. [기12] ☐ (제2항)
  - 통일을 위한 남측의 연합제 안과 북측의 낮은 단계의 연방제 안의 공통성을 인정하는 선언을 발표하였다. [경16①] ☐ (제2항)
  - (나)에 따라 남한 기업이 개성에 공업 단지를 조성하였다. [기14] ☐
  - (나)는 한반도 비핵화에 대한 공동 선언과 함께 발표되었다[✗]. [서14] ☐
  - ㉠ - 한반도 비핵화를 선언하였다[✗]. [서14] ☐
  - ㉠ - 남북한 동시 유엔 가입에 합의하였다[✗]. [서14] ☐
  - (나)는 남북한 정부 간에 최초로 공식 합의한 남북 기본 합의서이다[✗]. [법15] ☐

  [해설] 분단 후 최초로 열린 남북 정상 회담은 김대중 정부 때의 남북 정상 회담(2000.6)이며, 이때 발표된 성명서는 '6·15 공동 선언'이다. / 6·15 남북 공동 선언은 2000년 6월 채택된 것으로 통일 문제의 자주적 해결, 남측의 연합제와 북측의 연방제 사이의 공통성 인정 등을 내용으로 하였다. / [기14] 6·15 (남북) 공동 선언(특히 남북 경제 협력과 교류를 규정한 제4항)에 따라 이후 개성 공단[개성 공업 지구]이 조성되었다(관련 선지 및 해설 참조). / [서14] 한반도 비핵화를 선언(가서명)한 것은 노태우 정부 시기인 1991년 12월 31일의 일이다(한반도 비핵화 공동 선언 발표). / 남북한이 동시에 유엔에 가입하기로 합의한 것은 1991년 12월 채택된 남북 간의 화해와 불가침 및 교류 협력에 관한 협의서(남북 기본 합의서)이다.

■ 6·15 남북 공동 선언 [지12①] [서18②] [법22] [법19] [법18] [법15] [회18] [경17②] [경15①] [경15③] [기16] [기14] [소18②] □

- 1. 남과 북은 나라의 통일 문제를 그 주인인 우리 민족끼리 서로 힘을 합쳐 자주적으로 해결한다.
  2. 남과 북은 남측의 연합제 안과 북측의 낮은 단계의 연방제 안이 서로 공통성이 있다고 인정한다.

[해설] 남과 북이 통일을 위해 연합제와 연방제 사이의 공통성을 인정한다는 내용은 김대중 정부 시기인 2000년 6월 15일 한국과 북한이 평양에서 공통으로 발표한 '6·15 (남북) 공동 선언(문)'이다. 주어진 자료는 5개 항의 합의 사항 중 두 번째 항에 해당한다(선언에는 5개의 합의 사항 외 김정일 국방위원장이 적절한 시기에 서울을 방문한다는 내용도 명시됨).

- 1. 남과 북은 나라의 통일 문제를 그 주인인 우리 민족끼리 서로 힘을 합쳐 자주적으로 해결해 나가기로 하였다.
  2. 남과 북은 나라의 통일을 위한 남측의 연합제 안과 북측의 낮은 단계의 연방제 안이 서로 공통성이 있다고 인정하고 앞으로 이 방향에서 통일을 지향시켜 나가기로 하였다. (중복 출제)

[해설] 주어진 자료(선언문)는 김대중 정부 시기인 2000년 6월 발표된 '6·15 (남북) 공동 선언'이다.

- 1. 나라의 통일 문제를 우리 민족끼리 서로 힘을 합쳐 자주적으로 해결해 나가기로 하였다.
  2. 나라의 통일을 위한 남측의 연합제 안과 북측의 낮은 단계의 연방제 안이 서로 공통성이 있다고 인정하고, 이 방향에서 통일을 지향하기로 하였다. (3회 출제)

[해설] 김대중 정부 시기인 2000년 6월 발표된 '6·15 (남북)공동 선언(문)'이다.

- ·남과 북은 통일 문제를 서로 힘을 합쳐 자주적으로 해결해 나가기로 하였다. (제1항)
  ·남과 북은 나라의 통일을 위한 남측의 연합제 안과 북측의 낮은 단계의 연방제 안이 서로 공통성이 있다고 인정하고 앞으로 이 방향에서 통일을 지향해 나가기로 하였다. (제2항)
  ·남과 북은 올해 8.15에 즈음하여 흩어진 가족, 친척 방문단을 교환하며, 비전향 장기수 문제를 해결하는 등 인도적 문제를 조속히 풀어나가기로 하였다. (제3항)

[해설] 주어진 자료는 2000년 6월 합의된 6·15 남북 공동 선언문이다.

- 남과 북은 나라의 통일을 위한 남측의 연합제 안과 북측의 낮은 단계의 연방제 안이 서로 공통성이 있다고 인정하고, 앞으로 이 방향에서 통일을 지향시켜 나가기로 하였다. (제2항) (중복 출제)

[해설] 김대중 정부 시기인 2000년 6월 15일 한국과 북한이 평양에서 공통으로 발표한 6·15 (남북) 공동 선언(문)이다.

- 남과 북은 나라의 통일을 위한 남측의 연합제 안과 북측의 낮은 단계의 연방제 안이 서로 공통성이 있다고 인정하고 …
  (제2항)

[해설] 김대중 정부 시기인 2000년 6월 체결된 6·15 (남북) 공동 선언문의 내용이다.

- 2. 남과 북은 나라의 통일을 위한 남측의 연합제와 북측의 낮은 단계의 연방제 안이 공통성이 있다고 인정하고 이 방향에서 통일을 지향시켜 나가기로 하였다.
  4. 남과 북은 경제 협력을 통하여 민족 경제를 균형적으로 발전시키고, 사회, 문화, 체육, 보건, 환경 등 제반 분야의 협력과 교류를 활성화하여 서로의 신뢰를 다져나가기로 하였다. (중복 출제)

[해설] 김대중 정부 시기인 2000년 6월 체결된 6·15 (남북) 공동 선언문의 내용이다.

- 남과 북은 경제 협력을 통하여 민족 경제를 균형적으로 발전시키고, 사회, 문화, 체육, 보건, 환경 등 제반 분야의 협력과 교류를 활성화하여 서로의 신뢰를 다져나가기로 하였다. (제4항)

[해설] 주어진 자료는 2000년 6월 합의된 6·15 남북 공동 선언문이다.

- ㉠ - ㉡ - ㉢ 순으로 발표되었다 [X]. [서14] □

[해설] <보기>의 ㉠은 6·15 남북 공동 선언, ㉡은 7·4 남북 공동 성명, ㉢은 남북 간의 화해와 불가침 및 교류 협력에 관한 합의서를 가리킴. 발표된 순서는 ㉡ 7·4 남북 공동 성명(1972.7) ⇨ ㉢ 남북 간의 화해와 불가침 및 교류 협력에 관한 협의서(남북 기본 합의서)(1991.12) ⇨ ㉠ 6·15 남북 공동 선언(2000.6)이다.

- • [6·15 남북 공동 선언] 경의선 철로 복원 사업이 착공되었다. [법18] □
  └ 경의선 철도 복구 사업을 추진하였다. [소18②] □

[해설] 6·15 남북 정상 회담 직후에 열린 남북 장관급 회담에서 경의선 철도(서울~신의주) 및 도로(문산~개성)를 연결하기로 합의하였다. / 경의선 철로 복원 사업이 착공된 것은 두 차례(북한의 새로운 주장 때문)로 2000년 9월과 2002년 9월 있었다. 이어 2003년 6월는 연결식이 있었다 (2003.6.14). 2007년 12월 문산~봉동 간 화물열차 운행을 위해 개통되었으나 남북 관계가 다시 냉각되어 2008년 12월부터 중단되었다. / 상세한 내용은 '경의선 및 동해선 철도' 관련 선지 해설 참조.

- • [김대중 정부] (나) 이후 남북한 이산가족 간의 서신 교환이 실시되었다.* [법15] □
  └ 합의 직후 이산가족 상봉이 실현되었다.* [법14] □

[해설] 6·15 (남북) 공동 선언 이후 남북한 이산가족 간의 상봉과 서신 교환이 실시되었다. 구체적으로는 2000년 9월 제2차 남북 적십자 회담에서 제2차 방문단 교환 및 생사·주소 확인, 서신 교환, 면회소 설치·운영에 합의하였고(이때 실질적인 서신 교환이 이루어지지는 않음, 서신을 교환한다는 원칙에만 합의), 이어 이듬해인 2001년 1월 제3차 남북 적십자 회담에서 제3차 방문단 교환 및 '제1차 서신 교환' 등이 합의되어 같은 해 3월 15일에 판문점을 통해 이산가족 서신이 처음으로 교환되었다(각 300통).

- • [6·15 남북 공동 선언] 합의 결과로 경의선 및 동해선 철도가 연결되었다. [지13] □
  └ [김대중 정부] 경의선과 동해선 연결을 위한 복원 공사 착수 [회18] □
  └ [노무현 정부] 경의선과 동해선 철도가 연결되었다. [서18②] □
  └ 경의선 철도가 다시 연결되었다. [지12①] □

[해설] 6·15 남북 공동 선언으로 경의선 복원 및 동해선 철도 연결 등 남북 교류 사업이 활성화되었다. 선언 직후 남북 장관급 회담을 통해 경의선 복원 공사가 착수되었는데[이때 경의선 철도(서울~신의주)뿐 아니라 문산과 개성 간 도로를 연결하는 것도 합의됨] 남측의 경우 2000년 9월 착공하여 2001년 임진강(역)까지 개통하고 2002년 4월 [문산(역)에서] 도라산(역)까지 열차 운행을 개시하였다(이때는 남측 경의선 전 구간 복구 X). 북측도 2002년 9월에서야 착공을 시작하였다. 그리고 노무현 정부 시기인 2003년 6월 14일 남북 양쪽 비무장지대 군사분계선에서 남북 공동으로 궤도 연결식*을 거행하였다(우리나라의 경우 2003년 12월 도라산역까지의 경의선 철도 전 구간 복구 완료). / 동해선 철도 연결 사업의 경우 고성 제진~북한 감호까지의 구간은 노무현 정부 시기인 2007년 5월에 연결되었지만 강릉~고성 제진 구간은 공사비가 많이 소요되고 노무현 정부 말기 예산 편성이 어려워 착공이 미뤄졌다. (참고로 단절된 강릉~고성 제진 104.6km 구간을 연결하면 부산에서 기차를 타고 동해안을 따라 북한을 거쳐 시베리아를 횡단해 유럽까지 육로로 이동하는 것이 가능해짐.) / 그리고 마침내 노무현 정부 말기인 2007년 5월 17일 연결 구간**에서 군사분계선을 처음으로 넘는 경의선, 동해선 시험 운행이 이루어졌다. 같은 해 10월에 열린 제2차 남북 정상 회담 합의에 의해 2007년 12월 11일에 경의선, 동해선이 모두 개통되었다(경의선 복원 및 동해선 철도 연결 사업 완료). 하지만 이명박 정부 초 남북 관계가 다시 냉각됨에 따라 경의선, 동해선 철도 운행은 중단되고 말았다. / 요컨대 김대중 정부 시기에 경의선, 동해선 철도를 연결하여 복원하기로 합의하고 실제로 궤도 공사를 착공하였다. 그리고 노무현 정부가 이를 이어 받아 공사를 완료하고 시험 운행을 한 후 남북 정상 간의 최종 합의(제2차 남북 정상 회담 합의)로 개통하였다. 하지만 이명박 정부 시기 남북 관계의 경색으로 운행이 전면 중단되었다고 정리할 수 있다.

*궤도 연결식: 이때 열린 행사의 명칭은 '경의선, 동해선 철도 연결식'이다. 이때는 그냥 군사분계선 구간만 연결시킨 것이고 실제로 운행될 수 있는 상태는 아니었다. 경의선의 경우 남쪽 지역은 이미 공사가 끝났지만 북쪽 지역은 개성 지역까지 궤도 부설 작업이 아직 되지 않았기 때문이었다. 동해선도 남쪽의 경우 군사분계선으로부터 백미터, 북쪽은 4백미터 구간만 부설 작업이 끝난 상태였다.

**경의선의 경우 당시 우리[남측]는 문산역에서 개성역 구간을, 북측은 금강산청년역에서 제진역 구간을 각 연결하였다.

- • [노무현 정부] 개성 공업 지구가 조성되었다. [법20] □
  └ 개성 공단 조성 [법19] □
  └ 개성 공단 건설 사업이 시작되었다. [법18] □
  └ 남북 경제 협력 사업으로 개성 공단이 착공되었다. [회19] □

[해설] (남북 경제 협력을 위한) 개성 공업 지구가 조성되기 시작한 것은 노무현 정부 시기인 2003년 6월부터의 일이다. 김대중 정부 시기인 2000년 6월 제1차 남북 정상 회담 이후 남북 간 교류가 활발해져 같은 해인 2000년 8월 한국의 현대아산(주)과 북한 사이에 공업지구 건설이 합의되었고 (2000.8.29), 2002년 8월 개성 공단 착공 추진이 최종 합의되었다. 이어 노무현 정부 시기인 2003년 6월 이르러 개성 공단 착공식이 비로소 거행되었다(2003.6.30). 2004년 6월에는 시범단지 부지 조성을 완료했으며 같은 해 10월 '개성공업지구관리위원회사무소'가 개소하였다. 2004년 12월에 이르러 시범단지 분양 기업에서 생산된 제품의 첫 반출이 이루어졌다[노무현 정부: 2003.2-2008.2, 제16대].

- [노무현 정부] 제2차 남북 정상 회담이 개최되었다. [법22] ☐
  └ 제2차 남북 정상 회담을 개최하였다. [소22] ☐

[해설] 제2차 남북 정상 회담이 개최된 것은 노무현 정부 시기로, 2007년 10월 2일의 일이다(~10.4). 회담을 끝마친 후 10·4 남북 공동 선언이 발표되었다.

- 노무현 정부 – 10·4 남북 공동 선언 [국17②] ☐
  └ 10·4 남북 정상 회담 [지11①] ☐
  └ 10·4 남북 공동 선언 [회15] ☐

[해설] 10·4 남북 공동 선언이 발표된 것은 제2차 남북 정상 회담 직후인 2007년 10월 4일의 일이다([노무현(1946~2009) 대통령과 김정일(1942~2011) 국방위원장이 합의하고 선언]. 정식 명칭은 '남북 관계 발전과 평화 번영을 위한 선언'이다. 평화 정착, 공동 번영, 화해·통일에 대한 현안에 대해 협의하고 종전 선언 추진 등 8개 항목이 제시되었다.

■ 10·4 남북 공동 선언 [경15③] [기16] ☐

- 1. 6·15 공동 선언을 고수하고 적극 구현해 나간다.
  4. 현 정전 체제를 종식시키고 항구적인 평화 체제를 구축하기 위한 종전 선언을 협력해 추진하기로 하였다.

[해설] 노무현 정부 시기인 2007년 10월에 발표된 '10·4 (남북) 공동 선언(문)'이다(2007.10.4).

- 남과 북은 해주 지역과 주변 해역을 포괄하는 서해 평화 협력 특별 지대를 설치하고, … 개성 공업 지구 1단계 건설을 빠른 시일 안에 완공하고, 2단계 개발에 착수하기로 하였다. (제3항)

[해설] 노무현 정부 시기에 개최된 제2차 남북 정상 회담에서 합의한 10·4 (남북) 공동 선언(문)의 내용이다(제3항).

- [이명박 정부] 5·24 대북 조치* [회15] ☐

[해설] 5·24 대북 조치가 있었던 것은 이명박 정부 시기인 2010년 5월의 일이다(2010.5.24). 천안함 피격 사건(2010.3.26)의 책임을 물어 북한에 가한 대북 제재 조치이다[이명박 정부: 2008.2-2013.2, 제17대]. 주요 내용은 '북한 선박의 남측 해역 운항 및 입항 금지', '남북 간 일반 교역 및 물품 반·출입 금지', '우리 국민의 방북 불허 및 북한 주민과의 접촉 제한', '대북 신규 투자 금지', '영·유아 등 순수 인도적 지원을 제외한 대북 지원 사업의 원칙적 보류' 등이다.

- [문재인 정부] 4·27 판문점 선언* [경19①] ☐

[해설] 4·27 판문점 선언이 발표된 것은 문재인 정부 시기인 2018년 4월의 일이다(2018.4.27).* 판문점 평화의 집에서 발표되었으며, 핵 없는 한반도 실현, 연내 종전 선언, 남북공동연락사무소 개성 설치, 이산가족 상봉 등을 천명하였다[문재인 정부: 2017.5-2022.5, 제19대].

*문재인 정부 시기에는 총 네 차례의 남북 정상 회담이 이루어졌다. 첫 번째가 2018년 4월 27일의 (제1차) 판문점 회담이었고, 두 번째가 2018년 5월 26일의 (갑작스런) (제2차) 판문점 회담이다. 세 번째는 2018년 9월 18일에서 20일까지 평양에서 열린 제3차 정상 회담이다. 네 번째가 2019년 6월 30일 판문점에서 열린 '남북미 정상 회담'이다.

X 특별 주제

주제 78 한국사의 바른 이해

주제 79 통시대

주제 80 지역사(향토사)

주제 81 간도와 독도

주제 82 유네스코 등재 유산

주제 78 한국사의 바른 이해

1 역사의 의미와 역사 학습의 목적

- [사실로서의 역사] 건국 초에 향리의 자제를 뽑아 서울에 머물게 하여 출신지의 일에 대하여 자문하였는데, 이를 기인이라고 한다. [지11①] □
  - 궁예와 견훤의 흉악한 사람됨이 어찌 우리 태조와 서로 겨룰 수 있겠는가. [×] [지11①] □ (기록으로서의 역사)
  - 묘청 등이 승리하였다면 조선사가 독립적, 진취적으로 진전하였을 것이니, 이 사건을 어찌 일천년래 제일대사건이라 하지 아니하랴. [×] [지11①] □ (기록으로서의 역사)
  - 토문 이북과 압록 이서의 땅이 누구의 것인지 알지 못하게 하였으니 (중략) 고려가 약해진 것은 발해를 차지하지 못하였기 때문이다[×]. [지11①] □ (기록으로서의 역사)

[해설] 고려 시대의 기인 제도를 사실 그대로 설명하고 있으므로, 사실로서의 역사에 해당한다. / 궁예와 견훤을 '흉악한' 사람으로 본 것은 역사가의 가치관 즉 사관이 개입된 것으로, 기록으로서의 역사에 해당한다. / 묘청의 서경 천도 운동을 역사가(신채호)가 '일천년래 제일대사건'으로 여긴 것으로, 기록으로서의 역사에 해당한다. / '고려가 약해진 것이 발해를 차지하지 못하였기 때문'이라고 자신의 의견을 밝히고 있다. 기록으로서의 역사에 해당한다.

▎ 사실로서의 역사 [지11①] □

역사가는 자기 자신을 숨기고 과거가 본래 어떠한 상태에 있었는가를 밝히는 것을 자신의 지상 과제로 삼아야 하며, 이때 오직 역사적 사실로 하여금 말하게 하여야 한다.

[해설] 과거 사실의 객관적 복원을 강조하며, 역사가의 가치관이 개입되지 않은 '사실로서의 역사'에 대한 설명이다.

- [기록으로서의 역사] 사실로서의 역사를 강조하는 실증주의적 역사관을 잘 드러내고 있다[×]. [경19①] □
  - 역사는 사실과 기록이라는 두 가지 측면으로 구성되어 있다. [경19①] □
  - 카(E. H. Carr)가 쓴 『역사란 무엇인가?』에 나오는 문구이다. [경19①] □
  - 역사가의 주관적인 해석 과정은 객관적인 과거 사실만큼이나 역사를 형성하는 데 중요하다. [경19①] □

[해설] 해당 문제의 주어진 자료는 영국의 역사학자 에드워드 핼릿 카(E.H.Carr)(1892~1982)의 저서 『역사란 무엇인가?』(1961)에 나오는 유명한 구절이다. 카는 기록으로서의 역사를 강조하는 역사가로, 사실로서의 역사를 강조하는 실증주의적 역사관(독일의 역사가 랑케가 대표)과 다른 상대주의적 역사관을 제시하였다.

▎ 기록으로서의 역사 [경19①] □

역사가와 역사적 사실은 상호 불가분의 관계이다. 사실을 갖추지 못한 역사가는 뿌리가 없기 때문에 열매를 맺을 수 없다. 반면에 역사가가 없다면 사실은 생명이 없는 무의미한 존재일 뿐이다. 역사란 무엇일까? 이 질문에 대한 나의 궁극적인 답변은 다음과 같다. 역사는 역사가와 사실이 끊임없이 겪는 상호 작용의 과정이며, 이는 현재와 과거의 끊임없는 대화인 셈이다.

[해설] 영국의 역사학자 에드워드 핼릿 카(E.H.Carr)(1892~1982)의 저서 『역사란 무엇인가?』(1961)에 나오는 유명한 구절이다.

- [사료 탐구 자세] 사료는 '과거에 있었던 사실'이므로 그대로 '사실로서의 역사'라고 판단한다[x].* [국16] □
  └사료를 이해하기 위해 그 사료가 기록된 당시의 전반적인 시대 상황을 살펴본다.* [국16] □
  └사료 또한 사람에 의해 '기록된 과거'이므로, 기록한 역사가의 가치관을 분석한다.* [국16] □
  └동일한 사건 또는 같은 시대를 다루고 있는 여러 다른 사료와 비교·검토해 본다.* [국16] □

  [해설] 사료는 (조사되어 기록된 과거로) '사실로서의 역사'가 아니라 '기록으로서의 역사'에 해당한다. 참고로 사료(史料)란 역사 연구에 필요한 문헌이나 유물, 문서, 기록, 건축, 조각 따위를 이르는 말이다(사전적 정의). 사료를 이해하려면 당시의 전반적인 시대 상황을 살펴봐야 한다. 또 사료를 이해하려면, 기록한 역사가의 가치관을 분석해야 한다. 그리고 여러 다른 사료를 잘 비교·검토해야 더욱 명확한 역사를 도출할 수 있다. 사료 자체가 객관적 의미의 역사를 드러내지는 않는다.

■ **사료 탐구 자세*** [국17] □

역사라는 말은 사람에 따라 다양한 뜻으로 사용되고 있지만, 일반적으로 '과거에 있었던 사실'과 '조사되어 기록된 과거'라는 두 가지 뜻을 지니고 있다. 즉, 역사는 '사실로서의 역사'와 '기록으로서의 역사'라는 두 측면이 있다. 전자가 객관적 의미의 역사라면, 후자는 주관적 의미의 역사라 할 수 있다. 우리가 역사를 배운다고 할 때, 이것은 역사가들이 선정하여 연구한 '기록으로서의 역사'를 배우는 것이다.

[해설] 역사를 '사실로서의 역사'와 '기록으로서의 역사'를 구분해 설명하고 있다. '과거에 있었던 사실', '객관적 의미의 역사'는 전자, 즉 사실로서의 역사에 속하고, '조사되어 기록된 과거'와 '주관적 의미의 역사'는 후자, 즉 기록으로서의 역사에 속한다.

2 한국사와 세계사

- [한국사의 올바른 이해] 조선이 일본의 식민지로 전락하였던 것은 분권적인 봉건 제도가 없었기 때문이다[x].* [지14①] □
  └한국사는 한국인의 주체적인 역사이며 사회 구성원들의 총체적인 삶의 역사이다.* [지14①] □
  └한국사의 보편성과 특수성의 문제는 세계사 안에서 한국사를 올바르게 보는 관점을 제공한다.* [지14①] □
  └다양한 기준에 의거해 시대 구분을 하더라도 한국사의 발전 양상에 주목할 필요가 있다.* [지14①] □

  [해설] 한국사에서는 봉건 사회가 형성되지 못해 조선 사회가 낙후되었다는 주장으로, 일제의 식민사관 중 정체성론에 해당한다. / 한국사는 우리 민족의 주체적인 역사이며, 사회 구성원들의 총체적인 삶의 역사이다. / 한국사는 우리 민족만의 특수성을 지니고 있으면서도 인류 역사에 따른 보편성도 나타난다. 보편성과 특수성을 통해 세계사 안의 한국사를 올바르게 인식해야 한다. / 한국사를 다양한 기준에 따라 시대 구분을 하더라도 한국사의 발전 양상 및 특수성에 대한 인식이 필요하다.

- [기전체 역사 서술] 사마천의 『사기』* [지11②] □

[해설] 기전체* 역사 서술에 가장 큰 영향을 끼친 역사가와 그 저술을 묻는 문제이다. 배경지식이 필요한 동아시아사 관련 내용으로, 정답은 사마천(기원전 145?~기원전 86?)과 그가 저술한 『사기(史記)』이다(기원전 108년과 기원전 91년 사이에 본격적으로 저술한 것으로 추정).
*기전체(紀傳體): 인물 중심으로 서술하는 역사 시술법으로, 본기(本紀), 세가(世家), 표(表), 지(志), 열전(列傳)으로 구성된다. 여기서 본기는 황제의 업적이고, 세가는 제후의 전기이며, 표는 연표, 지는 제도 문물, 열전은 각 분야의 저명한 인물의 전기를 다루었다. 정사(正史)는 반드시 기전체로 구성되어야 했기 때문에 기전체를 '정사체'라고도 부른다.

- [기전체 역사 서술] 유지기의 『사통』* [x] [지11②] □
  └사마광의 『자치통감』* [x] [지11②] □
  └주희의 『통감강목』* [x] [지11②] □

[해설] 당의 유지기(661~721)가 쓴 『사통(史通)』은 역사 이론과 역사 비평의 고전으로 꼽히는 저서이다(710). / 북송의 사마광(1019~1086)이 쓴 『자치통감』은 통치에 도움이 될 만한 자료들을 뽑아 묶은 편년체 역사서이다(1065~1084). 기원전 403년부터 기원후 960년에 이르기까지 1,362년간의 역사를 1년씩 묶어서 편찬하였다. / 송의 주희(1130~1200)가 쓴 『(자치)통감강목』은 사마광의 『자치통감』을 강(綱)과 목(目)으로 나누어 편찬한, 강목체의 효시가 되는 사서이다. 줄여서 그냥 『강목』이라고도 부른다. 참고로 강목체를 편년체의 변종으로 보기도 한다. 출제 범위를 넘는 동아시아사 관련 내용이다.

주제 79 통시대

☞ 선지형 <보기>로 제시된 경우는 제외, '주제'는 최근 5개년 것만 참고로 제시함(타 주제 관련 부분에 이미 통시대 문제 각 자료 및 선지 등이 다 들어가 있음). 24년도 시험 중 지방직과 국회직에서 통시대 문제가 출제되었다(보훈청 추천 서울시 시험에서도 출제). 문화유산이 사진 이미지로 제시되는 형식은 대부문 법원직에서 출제되었다(기타 기상직, 소방직, 경찰직, 국회직, 서울시, 지방직에서 예외적으로 극히 일부 출제).

1 두 시대

• 주제 – 도교 관련 문화유산 (삼국 시대, 남북국 시대) [법22] ☐

[해설] 해당 문제(16번) 관련 각 선지 및 해설 참조

• 주제 – 고려와 조선 시대의 건축물 [지24] ☐

[해설] 해당 문제(13번) 관련 각 선지 및 해설 참조

• 주제 – 고려와 조선 시대의 농서 [법22] ☐

[해설] 해당 문제(22번) 관련 각 선지 및 해설 참조

• [고려와 조선 시대의 토지 제도] ㉠ - 후삼국 통일 과정에서 공을 세운 사람들에게 준 토지였다. [회17] ☐

└㉡ - 관직의 높고 낮음과 함께 인품을 반영하여 토지를 지급하였다. [회17] ☐

└㉢ - 지급액이 전체적으로 감소하였지만 18등급의 현직 관료 모두에게 전지와 시지를 지급하였다[X]. [회17] ☐

└㉣ - 현직 관료에게만 과전을 지급하는 직전제로 바꾸었다. [회17] ☐

└㉤ - 지방 관청에서 그 해의 생산량을 조사하여 거두고, 관리에게 나누어 주는 방식으로 바꾸었다. [회17] ☐

[해설] 고려 태조가 시행한 역분전은 후삼국 통일 과정에서 공을 세운 사람들에게 준 토지이다(940, 태조 23). / 고려 경종 때의 전시과에서는 관직의 높고 낮음과 함께 인품을 반영하여 토지에 지급하였다(시정 전시과, 976). / 고려 문종 때에 완성된 전시과에서는 지급액이 전체적으로 감소하였다(경정 전시과, 문종 30). 하지만 18등급의 현직 관료 모두에게 전지와 시지를 지급하지는 않았다. 시지는 14등급까지만 지급하였다(즉 15~18등급의 경우 시지를 지급받지 못함). / 조선 세조 때에 현직 관료에게만 과전을 지급하는 직전제로 바꾸었다[직전법, 1466(세조 12)]. / 조선 성종 때에 지방 관청에서 그 해의 생산량을 조사하여 거두고, 관리에게 나누어 주는 방식으로 바꾸었다[관수 관급제, 1470(성종 원년)].

고려와 조선 시대의 토지 제도 [회17] ☐

고려 태조 때에는 ㉠역분전을 나누어 주었고, ㉡경종 때에 전시과 제도를 만들었다. 전시과는 목종 때의 개정을 거쳐 ㉢문종 때에 완성되었다. 고려 후기 이래로 누적된 전시과 제도의 모순을 해결하기 위해서 고려 말에 과전법이 만들어졌다. 그러나 세습되는 토지도 있었기 때문에 점차 새로 관직에 등용된 관리에게 줄 토지가 부족하게 되어, ㉣세조 때에 개선할 필요가 있었다. 또한 관료들이 수조권을 행사하는 과정에서 과다하게 수취하는 일이 잦아지자 ㉤성종 때에 수조 방식을 시정하였다.

[해설] 관련 선지 및 해설 참조

2 세 시대 이상

• 주제 – 각 시대별 그릇[토기와 도자기](선사 시대, 고려 시대, 조선 시대) [법20] □

[해설] 해당 문제(15번) 관련 각 자료 및 해설 참조

• 주제 – 각 시대별 문화유산[천문대, 비석, 불상, 고분](삼국 시대, 남북국 시대, 고려 시대) [회24] □

[해설] 해당 문제(3번) 관련 각 자료 및 해설 참조

• 주제 – 각 시대별 봉기(남북국 시대, 고려 시대, 조선 시대) [지24] □

[해설] 해당 문제(18번) 관련 각 자료 및 해설 참조

• 주제 – 각 시대별 감찰 기관(삼국 시대, 남북국 시대, 고려 시대, 조선 시대) [서24②] □

[해설] 해당 문제(11번)(보훈청 추천) 관련 각 자료 및 해설 참조

• [지방 행정 제도] 통일 신라 – 촌의 행정은 촌주가 담당하였다. [국18] □
└ 발해 – 전국 330여 개의 모든 군현에 수령을 파견하였다[✕]. [국18] □
└ 고려 – 촌락 지배 방식으로 면리제가 확립되었다[✕]. [국18] □
└ 조선 – 향리 통제를 위하여 사심관을 파견하였다[✕]. [국18] □

[해설] 통일 신라의 지방 행정 제도는 9주 5소경이다(685, 신문왕 5). 9주에는 총관(이후 '도독')이 군에는 태수가, 현에는 현령이 파견되었다. 촌은 촌주가 담당하였다. / 발해의 지방 행정 제도는 5경 15부 62주이다. 5경은 15부 중 중앙과 사방의 요충지에 두었고, 15부에는 도독, 62주에는 자사를 임명하였다. 주 아래에 현이 있었는데(부주현 체제) 현에는 현승이 통솔하였다. 하지만 발해는 지방의 토착 지배층[수령, 대수령]을 통한 간접 지배 방식을 취하였다. / 고려의 지방 행정 제도는 5도 양계, 3경제 4도호부 8목이다. 5도에는 안찰사가 파견되었고, 도에는 주·군·현이 설치되었다. 모든 지역에 지방관을 파견하지는 못하였다. 면리(面里)라는 말은 고려 시대부터 등장하였지만 제도로서 본격적으로 실시하기 시작한 것은 조선 초기이고, 조선 후기에 이르러 정착되었다. / 향리 통제를 위해 사심관을 둔 것은 고려 태조 때이다(935, 태조 18). 신라의 마지막 왕인 김부(경순왕)가 항복해오자 그를 경주의 사심관으로 삼았다. 동시에 여러 공신을 각 출신주의 사심관으로 임명해 부호장(副戶長) 이하의 향직(鄕職)을 다스리게 한 것에서 비롯되었다. 성종 대인 996년(성종 15)에 2인 이상의 사심관을 임명하는 제도로 정해졌다.

■ 우리나라 탑의 양식 [지16①] □

우리나라 탑의 영식은 목탑 양식에서 석탑 양식으로 이행되었다. 우리의 산천에는 화강암이 널려 있어 석재를 구하기가 쉬웠기 때문이었다. 반면 중국에서는 황토가 많아 전탑이 유행하였는데, ㉠신라에서 이를 본떠 석재를 벽돌 모양으로 잘라서 만든 탑을 만들기도 하였다. 통일 이후 신라는 백제의 석탑 양식을 받아들여 비례와 균형을 갖춘 새로운 석탑 양식을 만들어 내었다. 불교가 더욱 대중화되고 토착화되었던 고려 시대에는 안정감은 부족하나 층수가 높아지고 다양한 형태의 석탑이 건립되었다. ㉡고려 후기에는 원나라의 영향을 받은 석탑도 만들어졌다.

[해설] ㉠ 석재를 벽돌 모양으로 잘라서 만들어진 탑은 (경주) 분황사탑(분황사 모전 석탑)이다(634, 선덕 여왕 3). ㉡ 고려 후기, 원의 영향을 받아 만들어진 탑은 (개경) 경천사(지) 10층 석탑이다(1348, 충목왕 4). 신라의 (경주) 분황사탑은 현재 3층까지만 남아 있다. 고려 후기에 제작된 (개성) 경천사지 10층 석탑은 원의 영향을 받았으며, 조선 시대 (서울) 원각사(지) 10층 석탑(1467, 세조 13)에 영향을 주었다.

■ 시대별 감찰 기관 [서24②] □

우리나라의 감사 제도가 문헌상 처음 나타나는 것은 1,300여 년 전 신라 시대입니다. 당시 중앙 관부의 하나로 설치된 사정부에서는 백관의 기강 등을 규찰하는 임무를 담당하였습니다. 이후 고려 시대와 조선 시대에도 사헌부, 사간원에서 감사 활동을 하였으며, 조선 시대의 감사 제도 중 특이한 것은 16세기 초에 생긴 암행어사 제도를 들 수 있습니다.

[해설] 주어진 <보기>에서 밑줄 친 기관인 '사헌부'는 조선 시대에 언론 활동, 풍속 교정, 백관에 대한 규찰과 탄핵 등을 관장하던 기구이다. 즉 관리 감찰 기구[기관, 관청]이다.

* 신라는 관리 감찰을 위하여 사정부를 두었다. 태종 무열왕 6년인 659년의 일이다.『삼국사기』에는 진흥왕 5년인 544년에 사정부의 경(卿)을 임명했다는 기록이 나오는데, 이를 통해 백관을 감찰하는 기능을 가진 관서가 이때부터 있었다는 사실을 알 수 있다(즉 감찰 업무의 중요성이 커져 659년에 사정부로 격상됨, 동시에 최고 책임자를 '영(令)'으로 상향 조정). 또 지방관을 감찰하기 위해 외사정을 파견한 것은 문무왕 13년인 673년의 일이다. 외사정은 행정 통제와 관리 감찰을 위해 설치한 외관직으로, 근무지는 지방[9주]이었지만 주·군의 장관 밑에 소속되지 않고 중앙의 감찰 기구인 사정부 소속의 권원이었을 것으로 추정하고 있다.

- [시대별(시기별) 국경선] (가) 신라가 삼국을 통일했을 때의 국경선이다. [서11] □
  └(나) 공민왕 때 자주 정책으로 영토를 수복했을 때의 국경선이다[×]. [서11] □
  └(다) 고려 태조 왕건이 북진 정책을 실시하여 확보한 국경선이다[×]. [서11] □
  └(라) 세종 때 김종서 장군이 4군 6진을 개척하여 확보한 국경선이다[×]. [서11] □
  └(마) 고려가 거란의 침략을 물리친 후 천리장성을 축조했을 때의 국경선이다[×]. [서11] □

[해설] 자료('시대별 국경선' 지도) 참조. (가)는 신라가 삼국을 통일했을 때의 국경선이다. 옳은 설명이다. 대동강에서 원산만을 잇는 영역을 점유하였다(676, 문무왕 16). / 공민왕 때 자주 정책으로 영토를 수복했을 때의 국경선은 [(나)가 아니라] (라)이다[1356(공민왕 5), 쌍성총관부가 차지하고 있던 철령 이북의 땅 수복]. / 고려 태조 왕건이 북진 정책을 실시하여 확보한 국경선은 [(다)가 아니라] (나)이다(청천강에서 영흥만까지). / 세종 때 김종서(1383~1453)가 4군 6진을 개척하여 확보한 국경선은 [(라)가 아니라] (마)이다. / 고려가 거란의 침략을 물리친 후 천리장성을 축조했을 때의 국경선은 [(마)가 아니라] (다)이다(압록강에서 도련포까지).

■ 시대별 국경선 [서11] □

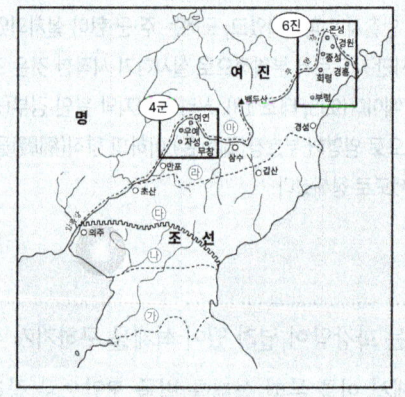

[해설] 지도 아래에서부터 위쪽으로 시대별 국경선이 '㉮, ㉯, ㉰, ㉱, ㉲'로 표시되어 있다 (관련 내용은 위의 선지 및 해설 참조).

■ 역사의 라이벌 [법15] □

<도서 출판 계획>
○ 제목 : 역사의 라이벌
○ 목차별 내용

목차	대상 인물	선정 이유
1	묘청과 김부석	(가)
2	김상헌과 최명기	(나)
3	김홍집과 김옥균	(다)
4	이승만과 김구	(라)

[해설] 관련 선지 해당 부분 참조

주제 80 지역사(향토사)

1 국내

• [남경(서울)] 고려 문종 대에 남경이 설치되었다. [국20] □

[해설] 고려 문종 대(재위 1046-1083, 제11대)에 남경(南京)이 설치되었는데 이때의 '남경'은 지금의 서울 지역이다(1067, 문종 21). 참고로 문종 대에 이르러 북진 정책이 퇴조하고 도참사상(풍수지리설)이 유행함에 따라 남경이 새로운 명당으로 대두되었고 이후 3경 중의 하나로 꼽히게 되었다 [중경(개경·개성)·서경(평양)·남경(서울), 이때 동경(경주)이 3경에서 밀려남].

■ 고구려 장수왕의 한성[서울] 함락 [국20] □

장수왕은 군사 3만을 거느리고 백제를 침공하여 왕도인 이 지역을 함락시켜, 개로왕을 살해하고 남녀 8천 명을 사로잡아 갔다.

[해설] 고구려 장수왕의 공격으로 백제의 한성(위례성)이 함락당한 사실을 가리키는 것으로 475년(고구려 장수왕 63/백제 개로왕 21)의 일이다[이로 말미암아 백제는 웅진(지금의 공주)으로 천도]. 이때 피살된 개로왕은 백제의 제21대 왕(재위 455-475)이다.

• [강화도] 외규장각 동학 농민 운동 [X] [지23] □

└고려궁지 대몽 항쟁 [지23] □

└고인돌 청동기 문화 [지23] □

└광성보 신미양요 [지23] □

[해설] 강화도의 유적과 관련 주제를 연결하는 문제이다. 외규장각은 동학 농민 운동이 아니라 조선 고종 3년인 1866년 10월에 발생한 병인양요와 관련이 있다(~1866.11). 당시 프랑스군이 강화도의 주요 시설을 불태우고 외규장각에 있던 각종 왕실 관련 도서를 약탈하였다. 강화 고려궁지는 대몽 항쟁 때의 궁궐터이다[1232(고려 고종 19)~1270(고려 원종 11)]. 고인돌은 청동기 시대의 대표적인 유물이다(강화 고인돌 유적). 광성보는 조선 고종 8년인 1871년 4월(양력으로는 6월)에 발생한 신미양요의 가장 치열한 격전지이다. 진무 중군 어재연(1823~1871)을 비롯한 350여 명이 순국하였다.

• [강화도] 이곳에 대장도감을 설치하여 재조대장경을 만들었다. [지21] □

└대장도감 설치 [경21①] □

[해설] 대장도감을 설치하여 재조대장경판[팔만대장경판]을 만든 곳은 강화도이다(1236, 고려 고종 23). 본사는 피난 도읍지인 강화(도)에 두었고, 분사는 진주 관내의 남해현에 두어 판각을 분담케 하였다. / 대장도감이 설치된 것은 고려 고종 23년인 1236년의 일이다(몽골의 제3차 침입 시, 1235~1239).

• [강화도] 프랑스가 병인박해를 구실로 침입하였다. [회16] □

[해설] 프랑스가 병인박해(1866.2)를 구실로 침입한 곳은 강화도이다(1866.10~11).

• [개경(개성)] 강조가 군사를 이끌고 이곳으로 들어와 김치양 일파를 제거하였다. [지18] □

[해설] 서북면 도순검사 강조(?~1010)가 목종의 모후인 천추 태후(964~1029)의 정부(情夫) 김치양(?~1009) 일파를 제거한 곳은 개경[개성]이다(1009, 목종 12).

• [서경(평양)] 고려 태조가 북진 정책의 전진 기지로 삼았다. [국20] □

[해설] 고려 태조가 북진 정책의 전진 기지로 삼은 지역은 서경, 지금의 평양이다[922년경(태조 5)으로 추정].

■ **서경[평양]** [국23] [지21] [지18] [법17] □

• 장수왕은 남진 정책의 일환으로 수도를 이곳으로 천도하였다.

[해설] 고구려가 평양으로 천도한 것은 장수왕 15년인 427년의 일이다.

• 장수왕은 수도를 이곳으로 옮겨 왕권을 강화하고 남진 정책을 추진하였다.

[해설] 장수왕이 427년(장수왕 15)에 평양으로 도읍을 옮긴 사실을 가리킨다(평양 천도).

• 나는 삼한(三韓) 산천의 음덕을 입어 대업을 이루었다. (가) 는/은 수덕(水德)이 순조로워 우리나라 지맥의 뿌리가 되니 대업을 만대에 전할 땅이다. 왕은 춘하추동 네 계절의 중간달에 그곳에 가 100일 이상 머물러서 나라를 안녕케 하라.
  -『고려사』-

[해설] 주어진 자료는 고려 태조 왕건이 남긴 '훈요 10조'의 일부이다(제5조)[『고려사』권2 세가 권제2 태조 26년 4월 '왕이 훈요 10조를 내리다']. 그러므로 '(가) 지역'은 오늘날의 평양, 즉 서경을 가리킨다.

• 고려 정종 때 이곳으로 천도 계획을 세웠으나 실현되지 못했고, 문종 때 이곳 주위에 서경기 4도를 두었다.

[해설] 앞 문장은 고려 정종 때(재위 945-949, 제2대) 이곳으로 천도 계획을 세웠으나 실현하지 못했다는 내용이고, 뒷 문장은 문종 때(재위 1046~1083, 제11대) 이곳 주위에 서경기 4도를 두었다는 내용이다. '이곳'은 현재의 평양인 서경을 가리킨다. 문종 16년인 1062년에 분사 제도의 일환으로 개경의 경기에 준하는 서경기(西京畿) 4도(四道)가 설치되었다. 분사 제도란 중앙 정부의 행정 기구와 비견되는 독립적인 행정 기구, 즉 분사를 부도(副都)로 생각하는 지역(여기서는 서경)에 나누어 설치하는 것을 말한다.

• 묘청은 이곳으로 천도하여 칭제건원과 금을 정벌할 것을 주장하였다.

[해설] 고려 인종 13년인 1135년에 일어난 묘청(?~1135)의 서경 천도 운동을 가리킨다. 여기서 '서경'은 오늘날의 평양이다.

• 묘청은 이곳으로 수도를 옮길 것을 주장하였다.

[해설] 묘청(?~1135)이 펼친 서경 천도 운동에서 '서경'은 바로 지금의 평양을 가리킨다(1135, 고려 인종 13). 묘청은 난을 일으키면서 연호를 천개, 군대를 천견충의군이라 하였다(묘청의 난).

• [서경(평양)] 조위총이 정중부 등의 타도를 위해 이곳에서 반란을 일으켰다. [지18] □

[해설] 서경 유수 조위총(?~1176)이 정중부(1106~1179) 등의 타도를 주장하면서 반란을 일으킨 곳은 서경[평양]이다(1174~1176).

• [서경(평양)] 몽골이 이곳에 동녕부를 두었다. [지21] □

[해설] 몽골이 동녕부를 둔 곳은 서경[평양]이다(1270, 고려 원종 11). 고려는 끈질긴 요구 끝에 충렬왕 16년인 1290년에 동녕부를 돌려받았다.

• [평양] 제너럴 셔먼호 사건이 발생하였다. [국23] □

[해설] 제너럴 셔먼호 사건이 일어난 곳은 평양이다(1866,7, 고종 3). 횡포를 일삼은 미국 상선 제너럴 셔먼호를 평양 관민이 불태워 격침시켰다. 이 사건은 후일 신미양요의 빌미가 되었다(1871, 고종 8).

• [평양] 물산 장려 운동이 시작된 지역을 찾아본다[탐구 활동]. [법17] □

[해설] 1920년 8월 물산 장려 운동이 처음으로 벌어진 곳은 평양이다. 조만식(1883~1950) 등의 주도로 조선 물산 장려회가 설립되었다. 참고로 1923년 1월에도 동일한 명칭의 조선 물산 장려회가 경성[서울]에서 조직되었다.

• [평양] (나) - 남북 정상 회담(2000년, 2007년)이 개최되었다. [법16] □

[해설] 남북 정상 회담[2000년(제1차), 2007년(제2차)]이 평양에서 개최되었다.

• [공주 명학소(대전)] 망이·망소이가 반란을 일으켰다. [국23] [국20] □
  └ 망이·망소이가 이곳에서 봉기하였다. [지21] □

[해설] 망이(?~?)·망소이(?~?)가 반란을 일으킨 곳은 공주 명학소이다(1176, 고려 명종 6). 그래서 이를 '망이·망소이의 난' 또는 '공주 명학소의 난'이라고 부른다. 공주 명학소는 지금의 대전광역시 서구 탄방동 일대로 추정하고 있다. 탄방동(炭坊洞)이라는 현재의 지명이 숯방이·숯뱅이, 즉 숯을 굽는 마을이라는 뜻으로 망이와 망소이를 비롯한 명학소민이 숯을 생산하는 하층의 신분과 관련이 있음을 짐작할 수 있다.

- [충북 청주] 이곳에서 현존 세계 최고의 직지심체요절이 간행되었다. [지18] □

[해설] 현존 세계 최고의 『직지심체요절』이 간행된 곳은 충북 청주 교외에 있던 흥덕사이다(1377, 우왕 3).

- [충남 웅진성(공주)] 외곽에 나성이 축조되었다[×]. [경21②] □
  └ 김헌창의 난이 일어난 곳이다. [경21②] □
  └ 사비성 혹은 소부리성으로 불렸다[×].* [경21②] □ (부소산성)
  └ 북성, 내성 중성, 외성으로 구성되었다[×].* [경21②] □ (평양성)

[해설] 외곽에 나성이 축조된 곳은 고려의 도읍인 개경[개성]이다. 1009년(목종 12)에서 1029년(현종 20)까지 축조되었다. / (웅진 도독이었던) 김헌창이 난을 일으킨 곳이 바로 웅진[충남 공주]이다(822, 헌덕왕 14) / 사비성 혹은 소부리성으로 불린 곳은 사비[충남 부여]이다(현재 명칭은 '부소산성'). / 북성, 내성, 중성, 외성으로 구성된 도성은 고구려의 평양성이다.

■ 웅진성[충남 공주 공산성] [경21②] □

동성왕 22년 봄, 대궐 동쪽에 임류각(臨流閣)을 세웠는데, 높이가 다섯 길이었다. 또한 연못을 파고 기이한 짐승을 길렀다. 신하들이 이에 항의하여 글을 올렸으나 듣지 않고 다시 간(諫)하는 자가 있을까 염려하여 대궐 문을 닫아 버렸다.

- 『삼국사기』 -

[해설] 동성왕은 백제의 제24대 왕(재위 479-501)으로 재위 22년은 500년에 해당한다. 22대인 문주왕 때 이미 (한성에서) 웅진(공주)로 천도하였기 때문에 이때 대궐이 위치한 도성(都城)*은 웅진성(지금의 '공주 공산성')을 가리킨다.

*도성: 한 나라의 도읍을 둘러싼 성곽. 즉 왕성(王城)을 뜻한다.

- [전남 순천] 보조국사 지눌이 수선사 결사를 주도하였다. [국20] □
  └ 지눌이 이곳에서 수선사 결사 운동을 펼쳤다. [지21] □
  └ 지눌이 이곳을 중심으로 수선사 결사 운동을 전개하였다. [지18] □

[해설] 보조국사 지눌(1158~1205)이 수선사[송광사] 결사를 주도한 곳은 전남 순천(의 수선사)이다(1205, 희종 원년). 참고로 그 전인 명종 20년(1190)에 지눌은 공산(公山), 즉 지금의 대구 지역(대구 팔공산)의 거조사에서 이미 신앙 공동체인 결사(結社)를 조직한 바 있다.

- [거문도] 영국이 러시아를 견제하기 위해 점령하였다. [회16] □

[해설] 영국이 러시아를 견제하기 위해 점령한 곳은 거문도이다(1885.4~1887.2). 거문도는 오늘날 전남 여수시 삼산면에 딸린 섬이다. 서도, 동도, 고도의 세 섬(옛 이름은 삼도, 삼산도, 거마도)으로 이루어져 있는데 영국군이 점령한 곳은 이 중 '고도'이다.

- [대구] (라) - 물산 장려 운동이 처음 시작되었다[×]. [법16] □

[해설] 물산 상려 운동이 처음 시작된 곳은 (대구가 아니라) 평양이다(1920.8). 대구에서 처음 시작된 운동으로는 국채 보상 운동을 들 수 있다(1907.2).

■ 경주 지역의 문화재 [기18] □

2016년 9월 12일 경북 경주시 남남서쪽 8km 지역에서 리히터 규모 5.8의 지진이 발생하였다. …… 문화재청은 경주 지역 문화 유적의 정밀 조사를 실시하여 피해 상황을 점검하였다.

[해설] 해당 문제의 선지에는 경주 분황사 모전 석탑, 첨성대, 불국사 3층 석탑(석가탑)과 백제의 익산 미륵사지 석탑이 각 제시되었다.

- [경남 진주] 1923년 조선 형평사가 결성되었다. [국23]□
  - 백정들이 조직한 조선 형평사의 활동을 알아본다[탐구 활동]. [법17]□

[해설] 1923년 4월 조선 형평사가 결성된 곳은 경남 진주이다(1923.4.24). 양반 출신 사회 운동가들과 백정 출신 지신인들이 모여 '백정도 참다운 인간이 되게 한다'는 목적 하에 형평사를 설립하였다.

- [부산] 러시아가 저탄소 설치를 위해 조차를 요구하였다. [회16]□

[해설] 러시아가 (함대의 연료 보급을 위한) 저탄소 시설 설치를 위해 조차를 요구한 곳은 절영도(지금의 부산 영도)이다(1897). 사실 이전부터 계속 요청하다 이 시기에 이르러 강압적으로 요구하였다.

- [(고려 시대) 의주] 청천강변에 위치하여 도호부가 설치된 곳이다[×]. [국17①]□
  - 강동 6주 가운데 하나인 흥화진이 있던 곳이다. [국17①]□
  - 요(遼)와 물품을 거래하던 각장이 설치된 곳이다. [국17①]□
  - 요(遼)와 금(金)의 분쟁을 이용하여 회복하려고 시도한 곳이다. [국17①]□

[해설] 도호부는 고려와 조선 시대에 군사적 중심지 역할을 한 지방 행정 기관이다. 4도호부에서 5도호부로, 이후에는 3도호부로 변화하였다. 의주는 도호부에 해당하지 않으며, (청천강변이 아닌) 압록강변에 위치하고 있다. 강동 6주의 하나인 흥화진은 현재의 의주에 해당한다. 고려 때 의주[당시 지명은 '보주(保州)']에 각장(榷場)이 설치되었다. 각장은 고려가 거란·여진 등 북방 민족과의 교역을 위해 설치한 무역장이다. 거란(요)이 의주 일부를 차지하고 보주라고 칭하였는데, 고려 예종 때 보주를 두고 요(거란)와 금(여진) 사이에 분쟁이 일어났다. 그 틈을 타 고려는 보주를 회복하였는데 인종 때 금이 반환을 요구하였다.

- [의주] (가) - 임진왜란 때 선조가 피난하였다. [법16]□

[해설] 임진왜란 때 선조는 (평안북도) 의주로 피란하였다(1592년 5월 평양성을 거쳐서 6월에 의주 도착). '의주파천', '의주몽양', '의주몽진'으로 표현하기도 한다. 참고로 선조는 이듬해인 1593년 10월에서야 환도하였다. 참고로 지진, 홍수 등의 재난을 피하여 옮겨감은 '피난(避難)'을, 주로 전쟁과 관련된 난리를 피하여 옮겨감은 '피란(避亂)'으로 표기하는 것이 바람직하다.

- [화주(함경도 영흥)] 쌍성총관부가 설치되었다. [국23]□

[해설] (몽골에 의해) 쌍성총관부가 설치된 곳은 화주 지역(지금의 함경남도 영흥)이다(1258. 고려 고종 45). 철령 이북 땅을 관할하고 있던 쌍성총관부가 수복된 것은 공민왕 재위 5년인 1356년의 일이다.

- [원산] (다) - 강화도 조약 체결에 따라 개항이 이루어졌다. [법16]□

[해설] 강화도 조약 체결에 따라 개항이 이루어진 곳은 부산(1876), 원산(1880), 인천(1883)이다.

2 해외

- [중국 지린성] 의열단이 근거지로 삼았던 지역을 살펴본다[탐구 활동]. [법17]□

[해설] 의열단이 조직된 곳은 중국의 만주 지린성[길림]이다(1919.11.9). 이후 얼마 뒤에 근거지를 중국 베이징으로 옮기고, 상하이에서 단원들을 포섭하였다.

3 북한

- [1950년대 북한 상황] 박헌영 등 남로당계 간부들이 숙청되었다.* [서11]□
  - 연안파의 김무정 장군이 숙청되었다.* [서11]□
  - 주민들의 생산 노동 참여를 경쟁시키기 위해 '천리마 운동'을 전개하였다.* [서11]□
  - '주체사상'을 노동당의 유일사상으로 규정하였다[×].* [서11]□

└ 농업 협동화에 의한 협동 농장 건설이 추진되었다.* [서11] □

[해설] 박헌영(1900~1955) 등 남로당계 간부들이 숙청되기 시작한 것은 6·25 전쟁 중인 1952년 말부터이다(박헌영은 1953년 8월 체포되어 1955년 12월에 처형됨). / 연안파의 김무정 장군(1905~1952)이 숙청된 것은 1950년 10월의 일이다. / 주민들의 생산 노동 참여를 경쟁시키기 위해 '천리마 운동'을 전국적으로 전개하기 시작한 것은 1956년 12월부터이다. / '주체사상'을 노동당의 유일사상으로 규정한 것은 1972년 12월 사회주의 헌법이 제정되었을 때이다. / 농업 협동화에 의한 협동 농장 건설이 추진된 것은 1953년 8월부터이다(조선 노동당 제6차 당 중앙위원회 전원회의에서 결정). 1958년 8월까지 진행되었다.

● 사진으로 보는 지역사(향토사)

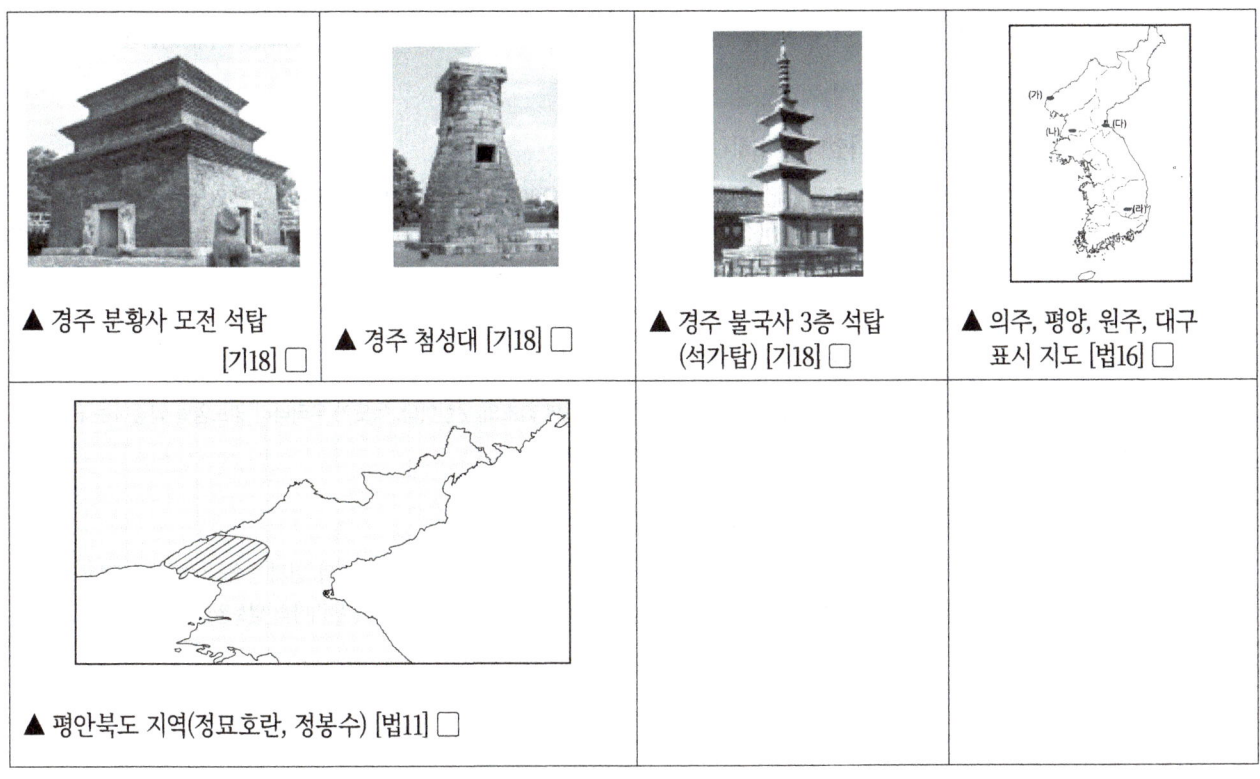

▲ 경주 분황사 모전 석탑 [기18] □	▲ 경주 첨성대 [기18] □	▲ 경주 불국사 3층 석탑 (석가탑) [기18] □	▲ 의주, 평양, 원주, 대구 표시 지도 [법16] □
▲ 평안북도 지역(정묘호란, 정봉수) [법11] □			

[해설] [기18] 경주 분황사 모전 석탑. 선덕 여왕 3년인 634년에 건립되었다. / 경주 첨성대. 선덕 여왕 대(재위 632-647, 제27대)에 축조되었다[633(선덕 여왕 2) 혹은 647(선덕 여왕 16)]. / 경주 불국사 3층 석탑[석가탑]. 경덕왕 대(742-765, 제35대)에 건립되었다(경덕왕 10년인 751년 불국사 중건 이후).

주제 81 간도와 독도

1 간도

- 이범윤이 간도 시찰원으로 파견되었다. [서20] □
  └대한 제국은 이범윤을 관리사로 파견하여 이 지역의 우리 주민을 보호하고자 하였다. [기11] □

[해설] 이범윤(1856~1940)이 처음에 간도 시찰원 자격으로 파견된 것은 1902년 6월의 일이다. 1903년 7월에 북변 간도 관리사(間島管理使)가 되었다.

- 간도 교민의 보호를 위해 북변도관리를 설치하였다. [서11] □
  └간도가 함경도의 행정 구역으로 편입되었다. [기18] □

[해설] 대한 제국은 간도 교민의 보호를 위해 북변도관리(北邊島管理)를 설치하였다(1903.7). 이범윤이 1903년 8월에 북변 간도 관리사로 임명되어 간도에 대한 직접적인 관할권을 행사하게 되었다(1902년 6월에 시찰원 명목으로 파견). / 간도가 함경도의 행정 구역으로 편입된 것은 1903년 7월의 일이다.

- 이범윤의 보고문 - 은주시청합기* [x] [국17①] □

[해설] 이범윤은 간도 관리사로 파견된 인물이며,『은주시청합기』는 독도에 관한 일본 최초의 문헌이다. 독도가 우리나라 영토임을 입증하는 근거로 옳게 짝지어지지 않았다.

- 조선국 교제 시말 내탐서 - 어윤중의 서북 경략사 임명장* [x] [국17①] □

[해설] 「조선국 교제 시말 내탐서」는 울릉도와 독도를 한국의 영토로 밝힌 일본 외무성 관리의 보고서이다(1870). 일재[충숙공] 어윤중(1848~1896)이 서북 경략사로 임명된 것은 간도 거주 한민족에 대한 청의 철수 요구 때문이다(1882, 고종 19). 독도가 우리나라 영토임을 입증하는 근거로 옳게 짝지어지지 않았다.

- 19세기 이후 간도가 우리 민족의 생활 터전으로 바뀌면서 청과의 영유권 분쟁이 발생하였다. [경12③] □
  └조선의 관리들은 토문(土門)의 해석을 두만강이라고 주장하였다. [경12③] □
  └현재 중국은 ⊙의 토문강을 자신에 유리하게 쑹화강의 한 지류로 해석하고 있다[x]. [기12] □

[해설] 백두산정계비 관련 선지 및 자료 참조 / 19세기 후반 토문강에 대한 해석을 둘러싸고 청과 조선 사이에 영유권 분쟁이 발생하여 두 차례에 걸친 감계 회담이 열렸다(1885/1887). 이때 조선의 관리들은 토문(土門)을 만주 내륙의 '쑹화강[송화강] 상류'라고 주장한 반면 청의 관리들은 '두만강 상류'라고 주장하였다. / [기12] 현재 중국은 토문강을 자신에 유리하게 (쑹화강의 한 지류가 아니라) 두만강 상류로 해석하고 있다.

- 청국과 간도 협약을 체결하였다. [지15①] □
  └청과 일본이 간도 협약을 체결하였다. [기18] □
  └일본이 안봉선 철도 부설권을 얻는 대가로 청에 귀속시켰다(간도). [회16] □
  └일본이 남만주 철도 부설권을 획득하는 댓가로 청에 넘겨줌으로써 우리 영토에서 상실되었다[x]. [기11] □
  └1909년 일본은 '간도에 관한 청일 협정'을 체결하여 간도 영유권을 청에 넘겨주었다. [기12] □
  └(나) 조약 체결로 청과 일본 간의 간도 협약이 체결되었다. [법24] □
  └우리의 외교권을 빼앗은 일제가 1909년 간도 협약을 체결하여 남만주의 철도 부설권을 얻는 대가로 간도를 청의 영토로 인정하였다. [경12③] □

└만주로 진출하려던 일본은 청과 협약을 체결하여 안동과 봉천을 연결하는 철도 부설권을 차지하는 대신 간도를 청의 영토로 인정하였다. [경18③]□

[해설] 일제는 1909년 9월 청과 남만주의 철도 부설권(안동과 봉천을 연결하는 안봉선과 함경도 회령에서 만주 장춘을 연결하는 길회철도 부설권)과 광산 채굴권(안봉선 주변의 푸순 탄광을 비롯한 여러 광산의 채굴권)을 얻는 대가로 간도를 청의 영토로 인정하는 간도 협약을 체결하였다(남만주 철도와의 병행선 부설 계획도 포기). 대한 제국과는 아무런 상의나 협의가 없이 일본 멋대로 대한 제국의 영토 관련 외교 사안을 청과 협의한 것이다(을사늑약으로 대한 제국의 외교권 박탈)([법24]의 '(나) 조약'은 을사늑약을 가리킴)([경12③]도 참고). 일제는 간도 협약을 통해 경의선-안봉선-남만주 철도를 단일 궤도로 구축하여 대륙으로 통하는 길을 확보하고자 하였다[일본 육군의 대부 야마가타 아리토모(1838~1922)의 발언]. / [기11] 남만주 철도 부설권은 이미 러시아가 1898년에 획득하여 (동청 철도의 지선으로) 남만주 철도를 건설하였고(1901년 개통) 일제는 러일 전쟁을 통해 남만주 철도의 남부 구간, 즉 장춘~대련 구간을 전리품으로 획득하였다. 따라서 '남만주 철도 부설권'을 얻는 대가로 간도를 넘겼다는 식의 선지들은 엄밀히 말해 모두 틀렸다. 단, 이를 고유 명사가 아니라 남만주에 위치하는 철도의 부설권이라는 식의 보통 명사로 억지로 이해하면 옳은 것이 된다(즉 [경12③]처럼 '남만주의 철도 부설권'이라고 하면 옳지만 [기11]처럼 '남만주 철도 부설권'이라고 하면 틀린 것으로 봐야 한다. 따라서 [기11]은 사실상 '출제 오류'에 해당된다고 본다). 사진 자료로 첨부한 '만주 철도와 한반도 북부 철도' 참조

- [간도 참변(경신참변)] 항일 독립군 활동의 결과로 이 지역에 거주하는 우리 민족이 일제에 의해 대규모로 학살되는 비극을 맞기도 하였다. [기11]□

[해설] 1920년 10월에 발생한 간도 참변[경신참변]을 가리킨다(~1921.4). 관련 선지 및 해설 참조.

2 독도

- 『삼국사기』에 의하면 신라 지증왕 때 이사부가 우산국을 정벌하여 울릉도와 독도를 우리 영토로 편입하였다. [회14]□
  └울릉도가 통일 신라 시대에 이사부의 우산국 정벌로 인해 신라 영토로 편입된 이후, 독도도 고려·조선 말까지 우리나라 영토로 이어져 내려왔다[×]. [경11②]□

[해설] 신라의 장군이자 정치가인 이사부(?~?)가 지략을 사용하여 우산국을 정벌한 것은 신라 지증왕 13년인 512년의 일이다[지증왕(재위 500-515), 제22대]. / 이사부가 우산국을 정벌한 것은 (통일 신라 시대가 아니라) 삼국 시대의 일이다(512, 지증왕 13).

■ 우산국 정복 이야기 [서24①]□

기록에 의하면 지금으로부터 1,800여 년 전 ___(가)___ 13년에 이 섬을 정벌하여 조선의 영토로 삼은 것이 오늘 우리 땅이 되게 된 시초인 것만은 틀림없다. 그 당시 이 섬은 우산국이라는 별개의 독립한 나라였는데, 육지로 가장 가까운 곳이 수로(水路) 400리 가량 떨어진 강원도 울진뿐인데 충무공 같은 해상의 전략가나 군함도 없이 이 우산국을 쳐서 무찌른 당시 이야기가 흥미롭다.　　-『별건곤』

[해설] 주어진 자료 속 '(가)'는 신라 지증왕(재위 500-514, 제22대)을 가리킨다. 이사부(?~?)가 우산국을 복속한 것은 신라 지증왕 13년인 512년의 일이다. 『별건곤』은 1926년 개벽사에서 창간한 잡지이다.

- 『고려사』에서는 우산국에서 고려 정부에 토산물을 바친 기록이 수록되어 있다.* [회14]□

[해설] 고려 건국 이후 우산국은 계속해서 고려의 지배를 받았다. 태조 때 우산국은 백길과 토두를 고려 정부에 사신으로 보내 토산물을 바쳤고, 태조는 이들에게 관직을 주었다(930, 태조 13). 덕종 원년(1032)에서 '우직도(울릉도)' 성주가 아들을 보내서 토산물을 바쳤다. 참고로 현재의 울릉도를 지칭하는 지명으로 사용된 과거의 명칭으로는 우산(于山), 울릉(鬱陵), 우릉(于陵), 우릉(羽陵), 우릉(芋凌), 무릉(武陵), 우산(芋山), 우산도(芋山島), 우산(羽山), 우산국(于山國) 등이 있었고, 독도는 우산(于山)(1454), 삼봉도(三峯島)(1476), 가지도(可支島)(1794), 석도(石島)(1900) 등이 있었다.

- 『세종실록지리지』, 『동국여지승람』 등의 문헌에 의하면 울릉도와 함께 경상도 울진현에 소속되어 있었다[×].* [경12②]□

└『세종실록지리지』강원도 울진현 조(條)에서 "우산, 무릉 두 섬이 (울진)현 정동(正東) 바다 한가운데 있다." 하여 독도를 강원도 울진현 소속으로 구분하고 있다.* [경11②]

[해설] 『세종실록지리지』, 『동국여지승람』 등의 문헌에는 (독도가) 울릉도와 함께 (경상도가 아니라) 강원도 울진현에 소속되어 있었다. 세종 대 정부는 실사를 통해 동해의 섬들을 파악하였는데 논의를 거쳐 울릉도를 '무릉(도)'로, 독도를 울릉도 외의 한 섬을 가리키는 '우산(도)'으로 확정하였다(명칭 혼동 주의).

■ 『세종실록지리지』에 기록된 울릉도와 독도 [기12]

우산, 무릉 두 섬이 울진현 정동쪽 바다 가운데 있다. 두 섬의 거리가 멀지 아니하여 날씨가 맑으면 가히 바라볼 수 있다.

[해설] 『세종실록지리지』에 기록된 내용으로, '우산'은 독도, '무릉'은 울릉도를 가리킨다(1454, 조선 단종 2).

- 『팔도총도』는 울릉도와 독도를 별개의 섬으로 하여 그림으로 그려놓은 최초의 지도가 되었다.* [경12②]

[해설] '팔도총도(八道總圖)'는 『신증동국여지승람』의 내용을 보충하기 위한 부도로, 첫머리에 수록되어 있다(1530, 중종 25). '동람도(東覽圖)'라고도 부른다. 독도를 울릉도의 (동쪽이 아니라) 서쪽에 그려놓았다[큰 한 장의 전도로 그린 것이 아니라 책으로 또는 도첩으로 묶여진 지도(책으로 묶어 철이 되는 지도책이나 접철식의 지도)].

- 조선 숙종 대 안용복은 일본으로 가서 울릉도와 독도가 우리의 영토임을 확인받았다. [회14]

└조선 숙종 때 안용복은 울릉도에 출몰하는 일본 어민을 쫓아내고 일본에 건너가 독도가 조선의 영토임을 확인받았다. [경12②]

└안용복이 일본에 가서 울릉도와 우산도가 우리 영토임을 확인받았다. [경16②]

└이 지역이 우리 영토임을 입증하는 과정에서 일본을 상대로 큰 활약을 한 인물은 안용복이다. [기11]

[해설] 안용복(?~?)은 숙종 대의 어부이자 민간 외교가로 활약한 인물이다. 안용복은 울릉도와 독도가 조선 땅임을 일본의 막부 정부가 인정하도록 하기 위해 일본에 두 차례 건너갔다[첫 번째는 1693년(숙종 19)이고, 두 번째는 1696년(숙종 22)]. 귀국 후 귀양에 처해졌으나 이후 조선과 일본 사이에 울릉도(와 독도)에 대한 분쟁이 없어졌다(안용복의 공로).

- 일본 막부는 1699년에 다케시마(竹島: 당시 일본에서 울릉도를 일컫던 말)와 부속 도서를 조선 영토로 인정하는 문서를 조선 조정에 넘겼다.* [경11②]

[해설] 안용복의 활약 결과 일본 막부가 취한 조치이다. 1696년(숙종 19) 일본 어부들의 울릉도 도해(渡海)를 금지하였고, 1699년(숙종 22)에는 울릉도의 조선 영유권을 공식적으로 인정하였다(독도는 울릉도에 속함). 이후 조선의 문헌뿐 아니라 일본의 여러 옛 지도에서도 독도를 조선 땅으로 표시하였다.

- 『통항일람』은 19세기 중반에 일본에서 기록한 사서로, 안용복에게 독도가 조선의 땅임을 인정하는 사료가 기록되어 있다.* [경11②]

[해설] 『통항일람(通航一覽)』은 주자학자이자 외교관인 하야시 후쿠사이(1801~1859)가 막부의 명령을 받아 외교 관련 문서를 정리하여 편찬한 책이다(1853, 철종 4)(일종의 '외교 사료집'). 부산 왜관을 비롯한 다양한 외국과 교류한 사례를 모았다.

- 일본의 은주시청합기(1667년)* [국20]

└일본의 삼국접양지도(1785년)* [국20]

└일본의 태정관 지령문(1877년) [국20]

└독도는 일본과 상관이 없다는 태정관 지령을 내렸다. [지15①]

└일본 태종관이 독도가 자국의 영토가 아니라는 지시를 내렸다. [기18]

└일본의 시마네 현 고시(1905년) [×] [국20] ☐

[해설] 일본의 『은주시청합기』(1667, 현종 8)는 독도에 관한 일본 최초의 문헌으로, 독도가 대한민국의 영토임을 알 수 있는 옳은 자료이다. / 일본의 '삼국접양지도'(1785, 정조 9)는 울릉도와 독도가 한국의 것임을 밝힌 일본의 지도로, 역시 독도가 대한민국의 영토임을 알 수 있는 옳은 자료이다. / 일본의 「태정관 지령문」(1877.3, 고종 14)도 독도가 대한민국의 영토임을 알 수 있는 옳은 자료이다. 1877년 3월 일본의 최고 권력 기관인 태정관은 "일본해 내 죽도 외 한 섬을 판도 외로 정한다."는 지령을 내려 독도는 자국의 영토가 아님을 분명히 밝혔다. / 일본의 「시마네 현 고시」(1905, 고종 42)는 일제가 러일 전쟁 중인 1905년 2월에 독도를 무주의 무인도로 규정하고 자국의 시마네 현에 독도를 편입시킨 행정 조치이다. 독도가 대한민국의 영토임을 부인한 조치이다.

• 19세기 말 조선 정부에서는 적극적인 울릉도 경영에 나서 주민의 이주를 장려하였다. [경12②] ☐

[해설] 조선 정부는 고종 19년인 1882년에 울릉도 개척령을 내리고, 이듬해인 1883년에는 고균 김옥균(1851~1894)을 울릉도와 독도를 포함한 동남제도의 개척사로 임명하였다. 그리하여 이주민 16호 54명을 모집하여 이주시켰다. 식량과 곡식의 종자, 가축과 무기 등도 지원하였다.

• 대한 제국기 울릉도를 울도군으로 승격시키고 관할 구역으로 석도(독도)를 규정하였다. [회14] ☐
└독도를 울릉군 관할로 한다는 내용의 대한 제국 칙령 제41호가 공포되었다. [지17②] ☐
└조선은 19세기 말 울릉도에 군을 설치하여 관리를 파견하고 독도까지 관할하게 하였다. [경12②] ☐
└대한 제국 칙령 제41호를 공표하였다. [기18] ☐
└대한 제국 칙령 제41호 – 삼국접양지도* [국17①] ☐

[해설] 대한 제국 칙령 제41호는 울릉도를 군으로 승격시키고 독도[석도]를 울릉도 관할로 한 관제 개정 명령이다(1900.10, 고종 37[광무 4]). '삼국접양지도'는 울릉도와 독도를 한국의 것으로 밝힌 일본의 지도이다(1785, 정조 9). 독도가 우리나라 영토임을 입증하는 근거로 옳게 짝지어졌다.

■ 대한 제국 칙령 제41호 [지15①] [회16] ☐

• ○ 울릉도를 울도로 개칭하여 강원도에 부속하고 도감을 군수로 개정하며 군등(郡等)은 5등으로 할 것.
  ○ 군청은 태하동에 두고, 울릉 전도(全島)와 죽도·석도를 관할할 것.

[해설] '울릉도를 울도로 개칭'한다는 부분, '울릉 전도(全島)와 죽도·석도를 관할'한다는 부분을 통해 제시된 자료는 '대한 제국 칙령 제41호'임을 알 수 있다(1900.10).

• 대한 제국 칙령 제41호 제2조에는 "군청 위치는 태하동으로 정하고, 관할 구역은 울릉 전도와 죽도, ㉠석도(石島)로 한다."라고 기록되어 있다.

[해설] 대한 제국 칙령 제41호는 1900년 10월에 대한 제국 정부에 의해 발표되었으며(관보에 게재), 여기서 밑줄 친 ㉠인 '석도'는 곧 독도를 가리킨다.

• 일본이 불법으로 독도를 자국 영토로 편입하였다. [서23] ☐
└일본이 러·일 전쟁 중에 불법적으로 편입하였다(독도). [회16] ☐
└일본은 17세기 이래 독도가 일본 소유였다고 주장하면서 1905년 다시 일본 영토로 편입하는 조치를 취하였다. [기12] ☐
└일제는 청일 전쟁 중 독도를 시네마 현에 편입시켜 일본의 영토로 만들었다[×]. [회14] ☐
└(다) 조약 이후 일본은 독도를 불법 점령하였다[×]. [법24] ☐

[해설] 일제가 불법으로 독도를 자국 영토로 편입시킨 것은 러일 전쟁 중인 1905년 2월의 일이다(1월 28일 내각 회의에서 결정하고 2월 22일 독도를 무인도로 규정한 후, 자국의 시네마 현에 무단 편입시킴)(시마네 현 고시 제40호). / [법24] '(다) 조약'은 1905년 9월 일본과 러시아가 맺은 포츠머스 (강화) 조약을 가리킴.

• 미쓰야 협정 – 시마네 현 고시 제40호 [×] [국17①] ☐

[해설] 미쓰야 협정은 일제와 만주 군벌이 만주에서 활약하는 우리 독립군을 체포하여 일본에 넘기기로 한 1920년 중반의 협정이며(1925.6), 시마네 현 고시 제40호는 일제가 러일 전쟁 중 독도를 자기 영토로 무단 편입한 조치이다(1905.2). 독도가 우리나라 영토임을 입증하는 근거로 옳게 짝지어 지지 않았다.

◉ 사진으로 보는 간도와 독도

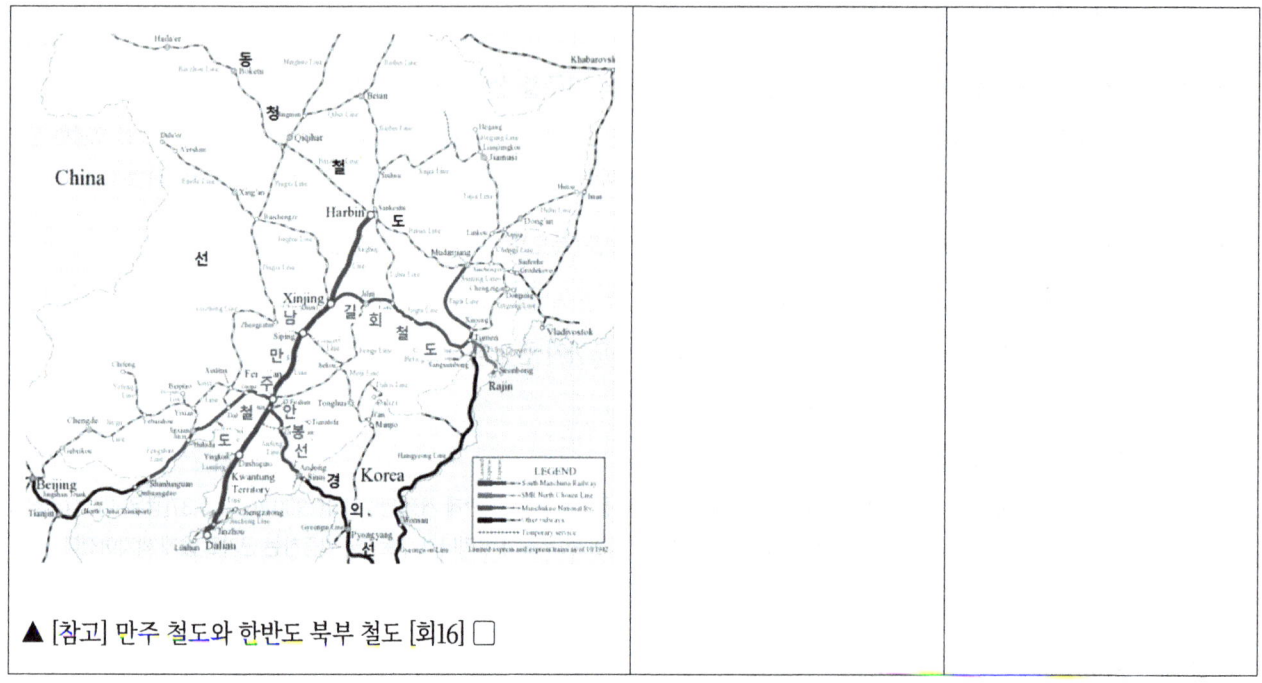

▲ [참고] 만주 철도와 한반도 북부 철도 [회16] □

[해설] [회16] 간도 협약 관련 선지 및 해설 참조

주제 82 유네스코 등재 유산

1 세계 유산(문화·자연·복합 유산)

■ 유네스코 등재 유산 [국13] □

유네스코가 세계 문화 유산으로 등재한 우리나라의 문화유산은 종묘, 해인사 장경판전, 불국사와 석굴암, 수원 화성, 창덕궁, 경주 역사 유적 지구, 고창·화순·강화의 고인돌 유적, 안동 하회마을과 경주 양동마을, 조선 시대 왕릉 등이다. 또 훈민정음, 조선왕조실록, 승정원일기, 직지심체요절, 해인사 고려 대장경판 및 제경판, 조선 왕조 의궤, 동의보감, 일성록, 5·18 민주화 운동 기록물 등이 유네스코의 세계 기록 유산으로 등재되어 있다.

[해설] 유네스코 등재 유산에 대한 설명이다. 개별 유네스코 등재 유산에 대한 문제 자료로 제시되었다.

- [고창·화순·강화의 고인돌 유적] 청동기 시대의 돌무덤이다. [국13] □

[해설] 고창·화순·강화의 고인돌 유적은 청동기 시대의 유적으로, 다양한 형식의 고인돌이 많이 밀집되어 있다.

- 공주 송산리 고분군에는 전축분인 6호분과 무령왕릉이 있다. [국21] □ (공주 무령왕릉과 왕릉원)

[해설] 옳은 설명이다. 참고로 북쪽에 위치한 4기의 고분과 남쪽의 5호분은 현실(玄室)(분묘의 내부에서 가장안쪽에 있는 방)과 현실로 들어가는 길인 연도를 네모꼴로 다듬은 돌로 축조한 석실분이다. 공주 송산리 고분군은 2021년 9월 '공주 무령왕릉과 왕릉원'으로 이름이 바뀌었다. 또한 부여 능산리 고분군도 '부여 왕릉원'으로 명칭이 변경되었다.

- 무령왕릉에는 무덤 주인공을 알려주는 지석이 있었다. [국22] □
  └ 무령왕릉은 벽돌무덤으로 중국 남조의 영향을 받았다. [회14] □
  └ 무령왕릉 지석 [기15] □

[해설] 백제의 공주 무령왕릉과 관련된 사실로 옳은 설명이다. 본 문제에서 가리키는 유네스코 세계 유산은 공주시, 부여군, 익산시에 위치한 백제 역사 유적 지구이다. 2015년에 우리나라의 12번째 세계 유산으로 등재되었다. / 무령왕릉은 공주 송산리 고분군에 속한다. 참고로 2015년에 이를 포함한 '백제 역사 유적 지구'가 유네스코 세계 유산으로 등재된 바 해당 문제가 출제된 2014년도에는 등재되지 않아 옳지 않은 설명으로 제시되었다. / (백제) 무령왕릉 지석이 만들어진 것은 무령왕 다음 왕인 성왕 대(재위 523-554, 제26대)이다(만들어진 순서를 묻는 문제).

■ 공주 지역 문화유산 [기18] □

이 도시는 2015년, 유네스코에서 지정한 우리나라의 12번째 세계 문화유산과 관련된 지역이다. 유네스코는 이 도시의 역사 유적지인 아래 두 곳을 포함해 '백제역사유적지구'를 지정하였다.

[해설] 주어진 자료 속 밑줄 친 '이 도시'는 충남 공주를 가리킨다. 아래 두 곳 중 하나인 공주 공산성은 웅진 시대(475~538)의 도성[수도, 왕성]인 웅진성이다. 공주 송산리 고분군(현 공주 무릉왕릉과 왕릉원)에는 전축분인 6호분과 무령왕릉 등 총 7기의 고분이 전시되고 있다(북쪽에 위치한 4기의 고분과 남쪽의 5호분은 돌로 축조한 석실분)(그 외 미확인 고분 상당수 존재)(사진으로 보는 유네스코 등재 유산 참조).

- [부여] 정림사지에는 백제의 5층 석탑이 남아 있다. [국22] □

[해설] 부여 정림사지 오층 석탑을 가리킨다(7세기 조성). 부여 정림사지 오층 석탑은 전형적인 백제탑 형식이자 우리나라 석탑의 시조로 평가받고 있다.

• 능산리 고분군에는 계단식 돌무지무덤이 있다[×]. [국22] □

[해설] (고구려 계통의) 계단식 돌무지무덤은 백제 한성 시대의 고분 양식으로, 서울의 석촌동 고분[2호분]이 대표적이다. 능산리 고분군은 사비 시대의 고분으로 굴식 돌방무덤 양식을 취하고 있다.

• [익산] 미륵사지에는 목탑 양식의 석탑이 있다. [국22] □

[해설] (전북) 익산 미륵사지 석탑을 가리킨다(639, 백제 무왕 40).
* 2009년 초 미륵사지 석탑 심초에서 백제 무왕의 왕후가 넣은 금제 사리기**가 발견되었는데 이로써 미륵사를 창건한 이가 무왕과 선화 공주라고 기록한 『삼국유사』의 신빙성이 의심받게 되었다. 사리기를 통해 백제 무왕의 왕후는 백제 귀족 좌평 사택적덕(?~?)의 딸인 것으로 밝혀졌다.
**사리기(舍利器): 석가모니 부처의 유골인 사리(舍利)를 담는 그릇을 총칭하는 명칭이다. 사리병이나 사리함, 사리호 등의 용기를 가리킨다. 사리기 안에 탑을 조성한 내력을 적어 넣어둔다.

• 경주 역사 유적 지구 [지15②] [경12①] □

[해설] 경주 역사 유적 지구는 2000년에 유네스코 세계 유산으로 등재되었다. / [지15②]의 <보기> ㄱ. 계림 ㅁ. 첨성대 → 월성 지구 / ㄴ. 나정(蘿井) ㄷ. 포석정 ㅂ. 배리 석불 입상 → 남산 지구 / ㄹ. 분황사 → 황룡사 지구 (남산 지구에 해당하는 문화유산을 찾는 문제)

■ 경주 역사 유적 지구 [지15②] □

2000년 12월에 유네스코 세계 유산으로 지정된 경주 역사 유적 지구는 남산 지구, 월성 지구, 대릉원 지구, 황룡사 지구, 산성 지구로 세분된다. 이 중에 남산 지구에 해당하는 문화유산으로는 (   ) 등이 있다.

[해설] 2000년 12월 유네스코 세계 유산으로 지정된 경주 역사 유적 지구에 대해 나와 있다. 유적의 성격에 따라 5개의 지구로 나뉘는데 신라 불교 미술의 보고라고 할 수 있는 남산 지구, 신라 왕조의 궁궐터인 월성 지구, 고분군 분포 지역인 대릉원 지구, 신라 불교의 정수를 보여주는 황룡사 지구, 왕경 방어 시설을 보여주는 산성 지구가 그것이다.

■ 가야 고분군 [법24] □

김해·고령 등 (가) 고분군 7곳, 유네스코 세계 문화 유산됐다.

유네스코 "고대 문명의 주요 증거"

한반도 남부에 남아 있는 유적 7곳을 묶은 고분군이 유네스코 세계 문화 유산됐다. … (가) 은/는 기원 전후부터 562년까지 주로 낙동강 유역을 중심으로 번성한 작은 나라들의 총칭이다.

- 2023. 9. 8. □□ 일보 -

[해설] 2023년 9월 가야 연맹의 고분군인 '가야 고분군'이 유네스코 세계 문화유산으로 지정되었다(2023.9.17). 유적 7곳은 김해 대성동 고분군, 함안 말이산 고분군, 합천 옥전 고분군, 고령 지산동 고분군, 고성 송학동 고분군, 창녕 교동과 송현동 고분군, 남원 유곡리와 두락리 고분군이다.

• 석굴암은 통일 신라 시대에 조성된 석굴 사원이다. [회14] □
└석굴암 [경12①] [기15] □

[해설] 석굴암은 1995년 유네스코 세계 유산으로 등재되었다. 참고로 유네스코 등재 유산은 크게 세계 유산(문화·자연·복합 유산)과 인류 무형 유산, 세계 기록 유산으로 구분된다.

• [종묘] 조선 시대 왕과 왕비의 신주를 모셨다. [국13] □
└종묘 [지20] [경12①] □

[해설] 종묘는 조선 왕조의 역대 왕과 왕비의 신주(神主)(죽은 사람의 이름과 죽은 날짜를 적은 나무로 된 위패, 종이면 지방이라고 함)를 모신 사당으로 정면이 매우 길고 수평이 강조된 건물이다. 1995년 유네스코 세계 유산으로 등재되었다.

- 해인사 장경판전 [경12①] □
  └해인사 장경판전은 고려인의 호국 염원이 담긴 팔만대장경을 보관하고 있다. [회14] □
  └1995년에 유네스코 세계 문화유산에 등재되었다. [기19] □

[해설] (팔만대장경판을 소장한) 해인사 장경판전은 1995년 유네스코 세계 유산으로 등재되었다. 참고로 팔만대장경(판)[고려 대장경판 및 제경판]은 2007년 세계 기록 유산으로 등재되었다(주의).

- 창덕궁은 조선 시대 궁궐의 양식을 잘 보존하고 있다. [회14] □
  └창덕궁 [지20] □

[해설] 창덕궁은 조선 태조 5년인 1405년에 이궁으로 세워졌다. 정문인 돈화문, 정전(正殿)*으로 인정전이 있다. 그 외 창덕궁 동남쪽에 만들어진 사대부 주택 양식의 건물인 낙선재(왕이 책을 읽고 쉬는 공간, 즉 서재 겸 사랑채로 조성)와 북쪽의 정원인 후원(後苑) 등이 있다. 1996년 유네스코 세계 유산으로 등재되었다.

* 정전(正殿): 임금이 정사를 돌보던 곳(건물)

- 경복궁 [×] [경12①] □

[해설] 경복궁은 아직 유네스코 세계 유산에 등재되지 않았다. 현재 등재를 추진하지도 않고 있다.

- 한양 도성 [×] [지20] □

[해설] '2019년 12월 31일 기준'(질문에 표시)으로 세계 유산으로 등재된 것이 아닌 문화유산을 찾는 문제에서 선지로 출제되었다. 한양 도성은 2021년에 잠정 목록에 올랐으나 2017년 진행된 자문 기구 심사에서 '등재 불가' 판정을 받았다. 현재 '한양의 수도 성곽'이라는 이름으로 '한양 도성, 북한산성, 탕춘대성'의 세계 유산 등재를 추진하고 있다(2023년 9월 예비 평가 신청서 제출).

- 남한산성은 병자호란 때 인조가 피난했던 산성이다. [국21] □
  └남한산성은 축성 기술의 발달 단계를 보여준다. [회14] □
  └남한산성 [지20] □

[해설] 남한산성은 병자호란 때 인조가 피난했던 산성이다(1636, 인조 14). 남한산성은 2014년 유네스코 세계 유산으로 등재되었다.

- 화성 [지20] □
  └수원 화성 [경12①] □

[해설] (수원) 화성은 1997년 유네스코 세계 유산으로 등재되었다.

- 양산 통도사는 금강계단 불사리탑이 있는 삼보 사찰이다*. [국21] □

[해설] 삼보(三寶)는 불교의 신행 귀의대상인 불(佛)·법(法)·승(僧)을 가리키는 말로, 경남 양산이 통도사(通度寺)가 불('불보 사찰'), 합천 가야산의 해인사(海印寺)가 법('법보 사찰'), 전남 순천의 송광사(松廣寺)가 승('승보 사찰')에 해당한다. 양산 통도사는 2018년 유네스코 세계 유산으로 선정된 바 있다.*

* '산사, 한국의 산지 승원'이 2018년 유네스코 세계 유산으로 선정되었다. 총 7군데로 경남 양산의 통도사. 경북 영주의 부석사, 경북 안동의 봉정사, 충북 보은의 법주사, 충남 공주의 마곡사, 전남 순천의 선암사, 전남 해남의 대흥사가 그에 해당한다.

2 인류 무형 유산

우리나라 인류 무형 유산에 대해서도 출제될 법한데 이상하게도 아직까지 한 번도 출제된 적이 없다. 참고로 2024년 현재 등재된 우리나라의 인류 무형 유산은 다음과 같다(총22건). 1. 종묘제례(宗廟祭禮) 및 종묘제례악(宗廟祭禮樂)(2001), 2. 판소리(2003), 3. 강릉단오제(2005), 4. 남사당놀이(2009), 5. 처용무(處容舞)(2009), 6. 영산재(2009), 7. 제주 칠머리당 영등굿(2009), 8. 강강술래(2009), 9. 가곡(歌曲), 국악 관현반주로 부르는 서정적 노래(2010), 10. 매사냥, 살아있는 인류 유산 (2010), 11. 대목장(大木匠), 한국의 전통 목조 건축(2010), 12. 한산(韓山)모시짜기(2011), 13. 택견,

한국의 전통 무술(2011), 14. 줄타기(2011), 15. 아리랑, 한국의 서정 민요(2012), 16. 김장, 한국의 김치를 담그고 나누는 문화(2013), 17. 농악(農樂)(2014), 18. 줄다리기(2015), 19. 제주 해녀 문화(2016), 20. 씨름, 한국의 전통 레슬링(2018), 21. 연등회(燃燈會), 한국의 등 축제(2020), 22. 탈춤, 한국의 가면 춤극(2022). 23. 한국의 장 담그기 문화(2024).

※ [참고] 한국사능력검정시험 심화 제71회 시험(2024.8.10.)에서 처용무가 출제되었다. 그리고 선지로 종묘제례 및 종묘제례악, 판소리, 영산재, 탈춤 관련 내용이 제시되었다. 인류 무형 유산은 출제될 가치가 있다(등재 목록 체크). 2024년 12월 '한국의 장 담그기 문화'가 (23번째) 인류 무형 유산으로 등재되었다.

3 세계 기록 유산

- [우리나라 보유 세계 기록 유산] 조선왕조실록-비변사등록-대동여지도-5·18 민주화 운동 기록물[×] [기14] □

  └ 삼국사기-동의보감-직지심체요절(하권)-난중일기 [×] [기14] □

  └ 조선왕조의궤-훈민정음-목민심서-해인사 팔만대장경 [×] [기14] □

  └ 승정원일기-일성록-새마을운동 기록물-5·18 민주화 운동 기록물 [기14] □

[해설]『조선왕조실록』은 2001년에, 5·18 민주화 운동 기록물은 2011년에 각 등재되었다. 하지만『비변사등록』과 '대동여지도'는 등재되지 않았다(2014년 기준, 이하 동일). /『동의보감』은 2009년에,『직지심체요절(하권)』은 2001년에,『난중일기』는 2013년에 각 등재되었다. 하지만『삼국사기』는 등재되지 않았다. /『조선왕조의궤』는 2007년에,『훈민정음(해례본)』은 1997년에, 해인사 팔만대장경(판)은 2007년에 각 등재되었다. 하지만『목민심서』는 등재되지 않았다. /『승정원일기』는 2001년에,『일성록』은 2011년에, 새마을 운동 기록물은 2013년에, 5·18 민주화 운동 기록물은 2011년에 각 등재되었다.

- [팔만대장경(판)] 국보 제32호로 현재 합천 해인사에 보관되어 있다. [기19] □

[해설]『팔만대장경(판)』[『고려 대장경판 및 제경판』]은 2007년 세계 기록 유산으로 등재되었다. 참고로 (『팔만대장경(판)』을 소장한) 해인사 장경판전은 1995년 유네스코 세계 유산으로 등재되었다(주의). /『팔만대장경(판)』은 고려 고종 23년인 1236년에 판각을 시작하여 고종 38년인 1251년에 판각을 마쳤으며, 현재 합천 해인사에 보관되어 있다.

- [조선왕조실록] 태조에서 철종 때까지의 역사를 편년체로 기록하였다. [국13] □

  └ 조선왕조실록 [서22②] □

[해설]『조선왕조실록』은 조선 태조부터 철종까지의 역사를 편년체로 기록한 역사서이다. 춘추관 관원들이 참여하여 편찬하였다(실록청 설치). 진실성과 신빙성이 매우 높다는 점에서 의의가 크다. 1997년에 유네스코 세계 기록 유산으로 등재되었다.

- 승정원일기 [서22②] □

[해설]『승정원일기』는 왕명의 출납을 관장하는 국왕의 비서 기관인 승정원에서 작성하였다. 승정원에서 매일매일 취급한 문서와 사건을 기록한 일기로, 임진왜란 때 이전의 기록이 소실되어 인조 원년인 1623년부터 고종 31년인 1894년까지 270여 년간의 일기만이 남아 있다. 2001년에 유네스코 세계 기록 유산으로 등재되었다.

- 『승정원일기』는 역대 왕의 훌륭한 언행을『실록』에서 뽑아 만든 사서이다[×].* [국21] □

  └ 후대에 모범이 될 만한 역대 국왕의 행적을 기록한『국조보감』이다.* [지12②] [회15] □

[해설] 역대 왕의 훌륭한 언행을『실록』에서 뽑아 만든 사서는『국조보감』이다.『국조보감』은 후대 왕의 교육용 사서로, 역대 왕의 업적이나 치적 가운데 모범이 될 만한 사실만을 모아 편찬하였다(편년체). 세조 때 처음 태조·태종·세종·문종 4대의 것을 모아『사조보감』을 완성하였다(1458, 세조 4). 이후 숙종 대에『선묘보감』이, 영조 대에『숙묘보감』이, 정조 대에 다시『국조보감』이(이전 것들을 합침) 편찬되었다. 마지막으로 헌종 대에『삼조보감』이 편찬되어 다시『국조보감』에 합쳐졌다.

- [조선 왕조 의궤] 조선 초기부터 제작되었으나, 임진왜란 이전의 것은 현재 남아 전해지는 것이 없다. [경14①] □

  └ 병인양요 때 프랑스군에게 약탈당하였다. [국13] □

  └ 1866년 프랑스군이 강화도를 침략하였다가 40여일 만에 물러가면서 외규장각에 있던 다수의 의궤를 약탈하였다. [경14①] □

  └ 프랑스 국립 도서관에는 신미양요 때 프랑스군이 약탈해 간 어람용 의궤가 소장되어 있다[×]. [지14②] □

┖프랑스 국립 도서관에 보관되어 있던 외규장각 의궤는 2011년 임대의 형식으로 우리나라에 반환되어 현재 국립 중앙 박물관에 보관되어 있다. [경14①] □

┖조선 왕조 의궤는 유네스코 세계 기록 유산으로 등재되었다. [지17②] □

┖왕실의 행사에 사용된 도구, 복식 등을 그림으로 남겨 놓았다. [지14②] □

┖이두와 차자(借字) 및 우리의 고유한 한자어(漢字語) 연구에도 귀중한 자료이다. [지14②] □

┖왕실 혼례와 장례, 궁중의 잔치, 국왕의 행사 등 국가의 중요한 행사를 기록하였다. [지14②] □

┖왕의 행적과 국정 전반을 기록한 것으로 천재지변에 관한 기록까지 소상히 담고 있어 자료적 가치가 매우 높다[×]. [경14①] □

┖정조 때 화성 행차 일정, 참가자 명단, 행차 그림 등을 수록한 의궤가 편찬되었다. [지17②] □

┖가례 도감 의궤의 말미에 그려진 반차도에는 당시 왕실 혼례의 행렬 모습이 담겨 있다. [지17②] □

┖가례 도감 의궤는 임진왜란 이후부터 편찬되기 시작하였다[×]. [지17②] □

[해설] 『조선왕조의궤』는 조선 초기부터 제작되었으나, 임진왜란 이전의 것은 현재 남아 전해지는 것이 없다. 임진왜란으로 인해 소실된 사료가 상상 이상으로 엄청났다. 임진왜란 당시 전체 사료의 98~99%의 사료가 소실되었다고 추산하는 학자도 있다. / [지14②] (신미양요가 아니라) 병인양요 때 프랑스군에서 강화도에 보관 중이던 『조선왕조의궤』를 약탈하였다(1866.10~11). 병인양요 당시 프랑스군은 외규장각에서 300여 책의 문서를 약탈한 것을 자국으로 가져가 프랑스 파리 국립 도서관에 보관하였다. 그리고 『의궤(儀軌)』는 박병선 박사(1928~2011)에 의해 국내에 알려져 2011년 영구대여 형식으로 우리나라에 반환되었다. 현재 국립 중앙 박물관에 소장되어 있다. / [지17②] 『의궤』는 2007년 유네스코 세계 기록 유산으로 등재되었다. / [지14②] 『의궤』에는 왕실의 행사에 사용된 도구, 복식 등이 그림으로 그려져 있고 행사의 진행과 비용 등도 상세히 기록되었다. / 『의궤』는 이두와 차자 및 우리 고유 한자어 연구에 도움이 되는 귀중한 자료이다. / 『의궤』는 조선 왕실에서 혼례와 장례, 궁중의 잔치, 국왕의 행차 등 국가에 중요한 행사가 있을 때 훗날 참고하기 위해 남긴 기록이다. / [경14①] 왕의 행적과 국정 전반을 기록한 것으로 천재지변에 관한 기록까지 소상히 담고 있어 자료적 가치가 매우 높은 것은 (『의궤』가 아니라) 『실록(實錄)』이다. 『의궤』는 왕실이나 국가의 주요 행사의 내용을 정리한 것이다. / [지17②] 정조 때 화성 행사 일정, 참가자 명단, 행차 그림 등을 수록한 『원행을묘정리의궤』가 만들어졌다. 정조는 1795년 윤2월 9일부터 16일까지 8일간 어머니 혜경궁 홍씨(1735~1815)를 모시고 부친 사도 세자(1735~1762)의 묘소인 현륭원에 행차하였다. / 『가례도감의궤』는 조선의 국왕과 왕비, 왕세자와 왕세자빈의 가례(嘉禮)*에 관한 사실을 그림과 문자로 정리한 『의궤』(기록·서책)이다. 『가례도감의궤』의 그림에서 중요한 것은 국왕이나 왕세자가 별궁으로 가서 왕비나 왕세자빈을 맞이하여 궁으로 돌아오는 행렬을 그린 「친영 반차도」이다. 가례도감이 설치된 것은 태조 6년인 1397년부터이므로 가례도감 의궤도 조선 전기부터 만들어진 것으로 추정된다. 하지만 현재는 인조 5년(1627)에 행해진 소현 세자와 강빈(姜嬪)의 가례에서부터 고종 33년(1906)에 행해진 순종과 순정황후의 가례까지 총 20종만 남아 있다.

* 가례(嘉禮): 오례[길례(吉禮)·군례(軍禮)·가례(嘉禮)·흉례(凶禮)·빈례(賓禮)] 중 하나로 왕의 성혼이나 즉위, 또는 왕세자·왕세손·황태자·황태손의 성혼 및 책봉 의식을 가리키는 말이다. 왕자와 왕녀의 가례에 대해서는 『의궤』가 아니라 『등록(謄錄)』으로 남아 있다.

■ 조선 왕조 의궤 [지15②] [경11②] □

· 1975년 서지학자 박병선 박사는 이곳 도서관에서 조선 시대 도서가 보관되어 있음을 발견하고 목록을 정리하여 그 존재를 알렸다. 그 후 1990년대 초 한국 정부가 반환을 공식 요청하기에 이르렀다. 그 결과 2011년에 '5년마다 갱신이 가능한 대여 방식'으로 반환되었다.

[해설] '조선 시대 도서'로, 한국 정부가 반환을 공식 요청하여, 2011년에 5년마다 갱신이 가능한 대여 방식으로 반환된 문화유산은 외규장각 도서이다. 1866년 병인양요 때 프랑스군이 외규장각을 불태우고, 그중 일부 서적(『조선왕조의궤』)를 약탈해 갔다.

· 침략을 통하여 약탈한 문화재를 본국에 돌려주어야 한다는 움직임이 유네스코를 중심으로 일어나고 있다. 프랑스가 한국에서 이 전쟁을 통하여 약탈해 간 외규장각 고문서가, 영구 임대 형식으로 2011년에 한국에 반환된 것도 이러한 움직임의 일환이다.

[해설] 프랑스가 (강화도의) 외규장각 고문서[『의궤』]를 약탈해간 것은 1866년 10월에 발생한 병인양요 때의 일이다(~1866.11).

· 동의보감 [서15] □

[해설] 『동의보감』은 구암 허준(1539~1615)이 저술한 의학서로 다양한 의학 지식을 집대성하였다(선조 대부터 집필 시작, 광해군 2년인 1610년 집필 완료, 내의원에서 광해군 5년인 1613년에 출간). 2009년에 세계 기록 유산으로 등재되었다.

• 난중일기 [서15] ☐

[해설] 『난중일기』는 충무공 이순신(1545~1598)이 임진왜란 당시 작성한 친필 일기로 당시 해전을 연구하는 데 매우 중요한 기록이다. 2013년에 세계 기록 유산으로 등재되었다.

• 일성록* [서22②] [서15] ☐

[해설] 『일성록』은 조선 정조(재위 1776-1800, 제22대)가 왕위에 오르기 전인 세손 시절부터 일상생활과 학문 등을 성찰하며 쓴 일기로, 왕위에 오른 후에는 규장각 신하들에게 일지의 형식으로 작성하게 하였다(정조의 『존현각일기』에서 유래, 영조 36년인 1760년부터 기록되기 시작, 정조 9년인 1785년에 처음으로 『일성록』 편찬). 『일성록』은 국왕의 동정과 국정을 기록한 일기로, 대한 제국이 망하는 1910년까지 약 150년간 기록되었다). 2011년 유네스코 세계 기록 유산으로 등재되었다.

■ 일성록 [서22②] ☐
· 조선 후기 국정 운영 내용을 매일 정리한 기록이다.
· 국왕의 일기 형식으로 작성되었다.
· 유네스코 세계 기록 유산으로 등재되었다.

[해설] 주어진 자료가 가리키는 기록물은 조선의 정조가 왕위에 오르기 전인 세손 시절부터 쓴 일기에서 유래한 『일성록』이다.

• 비변사등록* [✗] [서22②] [서15] ☐

[해설] 『비변사등록』은 『비국등록』*이라고도 불렸는데, 조선 중·후기의 국가 최고 회의 기관이었던 비변사의 활동[매일매일의 업무 내용]에 대한 일기체 기록이다. 『승정원일기』, 『일성록』과 함께 조선 후기의 모습을 알 수 있는 대표적인 사료이다. 임진왜란 당시 다른 기록과 함께 소실되어 이전의 것은 사라지고, 현재는 광해군 9년인 1617년부터 고종 29년인 1892년까지 총 276년간의 기록만 남아 있다. 아직 세계 기록 유산으로 등재된 바 없다.

*비변사(備邊司)를 비국(備局)·묘당(廟堂)·주사(籌司)라고도 불렀다.

◉ 사진으로 보는 유네스코 등재 유산

▲ 공산성(충남 공주)
[기18] ☐

▲ 송산리 고분군(충남 공주)
[기18] ☐

[해설] 관련 자료 및 해설 참조

- 이상. 수고하셨습니다. -

한국사 만점과 합격을 응원합니다.

공무원 9급 한국사 기출 체킹

초판 발행 | 2025년 1월 25일

해설 | 김진규(공기출 한Pro)

펴낸 곳 | 큐히스토리

주소 | 서울특별시 도봉구 도봉로 100마길 54

내용 및 구입 문의 | 010-4549-3714

등록 | 682-94-01829

카페 | https://cafe.naver.com/historyofkoreaq9po

이메일 | scarabs@naver.com

ISBN | 979-11-990964-0-0 / 13910

가격 | 39,000원

*Copyright by 큐히스토리

저작권법에 의거하여 해설자의 동의 없는 이 책의 무단 전재와 무단 복제를 금합니다.

Memo

Memo

Memo

Memo

Memo

Memo